DROIT FISCAL GÉNÉRAL

DROIT FISCAL GÉNÉRAL

4e ÉDITION

Jean Lamarque
Professeur émérite de l'université Panthéon-Assas (Paris II)

Olivier Négrin
Professeur à l'université d'Aix-Marseille
Doyen honoraire de la Faculté de droit et science politique de l'université Lumière-Lyon 2

Ludovic Ayrault
Professeur à l'université Panthéon-Sorbonne (Paris I)

LexisNexis®

© LexisNexis SA
141, rue de Javel – 75015 Paris

Avertissement de l'Éditeur

Toute utilisation ou traitement automatisé, par des tiers, de données personnelles pouvant figurer dans cet ouvrage sont formellement interdits.

DANGER
LE
PHOTOCOPILLAGE
TUE LE LIVRE

Le logo qui figure sur la couverture de ce livre mérite une explication. Son objet est d'alerter le lecteur sur la menace que représente pour l'avenir de l'écrit, tout particulièrement dans les domaines du droit, de l'économie et de la gestion, le développement massif du photocopillage.

Le Code de la propriété intellectuelle du 1er juillet 1992 interdit en effet expressément la photocopie à usage collectif sans autorisation des ayants droit. Or, cette pratique s'est généralisée dans les établissements d'enseignement supérieur, provoquant une baisse brutale des achats de livres au point que la possibilité même pour les auteurs de créer des œuvres nouvelles et de les faire éditer correctement soit aujourd'hui menacée.

Siège social : 141, rue de Javel – 75015 Paris

ISBN 978-2-7110-2556-5

Avant-propos de la quatrième édition

Rédigé dans l'esprit du cours de Droit fiscal général que le premier signataire de ces lignes a publié jusqu'en 1998 dans la collection « Les Cours de droit », le présent ouvrage est à jour des textes publiés et de la jurisprudence intervenue jusqu'à la fin du deuxième trimestre 2016.

Jean Lamarque, Olivier Négrin et Ludovic Ayrault

Le 29 septembre 2016

Sommaire

PREMIÈRE PARTIE

LA NOTION D'IMPOSITION, CRITÈRE DU DROIT FISCAL

1. – **Définition du droit fiscal.** Le droit fiscal peut être défini comme *l'ensemble des règles juridiques relatives aux impositions*.

Son champ d'application recouvre la notion d'imposition, le régime juridique des différents impôts, les conditions d'élaboration et d'application de la loi fiscale, les administrations compétentes en matière fiscale, les prérogatives de ces administrations, les obligations des contribuables et les garanties qui leur sont accordées, et enfin, le contentieux fiscal.

La définition du droit fiscal qui a été donnée appelle des précisions essentielles.

2. – **Fondement juridique de la définition : article 34 de la Constitution.** La première concerne son fondement juridique. La notion d'imposition sur laquelle elle repose et d'où est tiré le critère du droit fiscal a des bases constitutionnelles. Elle est entendue au sens strict de l'article 34 de la Constitution, dans l'interprétation qui lui a été donnée par le Conseil constitutionnel et le Conseil d'État pour définir l'expression « impositions de toutes natures ».

En vertu de l'article 34, « la loi fixe les règles concernant : – l'assiette, le taux et les modalités de recouvrement des impositions de toutes natures ».

L'expression ne s'applique pas à toutes les catégories de prélèvements de caractère obligatoire. Elle ne s'applique pas, en particulier, aux cotisations de sécurité sociale. Elle vise exclusivement des prélèvements de caractère fiscal, mais tous ces prélèvements, quelle qu'en soit la nature, dès lors qu'ils présentent le double caractère obligatoire et fiscal : ce sont ces prélèvements, et eux seuls, qui constituent les « impositions de toutes natures » au sens de l'article 34.

3. – **Notion d'« impositions de toutes natures ».** Une deuxième précision concerne la notion d'« impositions ».

L'article 34 fixe l'étendue de la compétence du législateur en matière d'impositions et, bien qu'il ne le précise pas, pose le principe fondamental suivant lequel une imposition ne peut être créée que par la loi.

Mais il n'existe pas de définition constitutionnelle ou légale de la notion d'« impositions ».

Le juge n'en a non plus jamais donné de définition synthétique à laquelle il se référerait habituellement dans ses décisions.

Cette lacune est d'autant plus regrettable que l'on confond très souvent, et pas seulement dans le langage courant, imposition, impôt, taxe, redevance, contribution, droits, etc.

Il est donc nécessaire de définir très exactement la notion d'imposition. Cette définition ne peut être donnée que par la doctrine, mais ce n'est pas une raison pour contester d'emblée sa valeur, ni pour se priver de l'aide qu'elle peut apporter, ne serait-ce que d'un point de vue méthodique. On est seulement en droit d'exiger d'une telle définition qu'elle colle globalement à la réalité.

Dans les commentaires de la doctrine et les conclusions des commissaires du Gouvernement, on retrouve très souvent l'idée que la catégorie des impositions de toutes natures serait une catégorie fourre-tout, qui regrouperait tous les prélèvements obligatoires dont le produit est affecté à une personne publique et qui ne seraient ni des taxes parafiscales, ni des redevances pour services rendus, ni des cotisations sociales. À l'appui de cette opinion, on invoque toujours l'arrêt d'assemblée du Conseil d'État du 20 décembre 1985[(1)]. Cette conception négative de la notion « d'impositions de toutes natures » n'apparaît pas justifiée et ne peut, du reste, être fondée sur cette décision du Conseil d'État.

Il apparaît possible de donner, sur la base de critères précis, une définition de l'impôt qui constitue le gros de la catégorie des impositions de toutes natures, et c'est à partir de cette définition que l'on peut préciser la notion d'impositions de toutes natures en distinguant l'impôt (au sens strict du terme) d'autres prélèvements de caractère non obligatoire ou de caractère obligatoire.

4. – **Dualité de la notion : impôt et taxe.** Une troisième précision, fondée sur l'application de critères strictement juridiques, est destinée à éviter les confusions d'ordre terminologique et à faciliter d'emblée la compréhension des développements qui suivent.

L'expression « impositions de toutes natures », qui est utilisée par l'article 34 de la Constitution, s'applique uniquement à l'impôt et à la taxe.

La notion d'« imposition » ne doit donc pas être confondue avec celle d'« impôt ».

L'expression « impositions de toutes natures » sert seulement de dénominateur commun.

Il faut préciser encore que le terme de « taxe » a été supplanté ces dernières années par celui, assez pléonastique, de « taxe fiscale » pour distinguer ce type

(1) CE, 20 déc. 1985, n° 31927, *Sté Éts Outers : RFDA* 1986, p. 513, concl. Ph. Martin ; *RJF* 1986, n° 194, chron. Crouzet ; *Dr. fisc.* 2006, n° 23, comm. 1112.

d'impositions des taxes parafiscales, aujourd'hui disparues, qui n'entraient pas dans la catégorie des « impositions de toutes natures » au sens de l'article 34.

Dans les développements qui suivent, seul sera utilisé le terme de taxe, étant entendu que la taxe a nécessairement un caractère fiscal comme l'impôt et qu'elle est donc, comme celui-ci, une imposition.

5. – **Importance de la définition de l'impôt.** Dernière précision : c'est à partir de la définition doctrinale de l'impôt, qui est, sans comparaison aucune, le prélèvement fiscal le plus important et revêt aussi les formes les plus variées, qu'il est possible de faire la distinction avec la taxe et de préciser le contenu de la notion d'« impositions de toutes natures ».

Le titre 1 est consacré ainsi à la définition juridique de l'impôt. Le critère tiré du caractère obligatoire de l'impôt et de la taxe ne permet pas seulement de différencier ces « impositions » d'autres prélèvements de caractère administratif. Les applications multiples qu'il est susceptible de recevoir font apparaître qu'il n'existe pas de notion uniforme de l'impôt et de la taxe, ce qui justifie, par conséquent, l'emploi, par l'article 34, de l'expression très générale d'« impositions de toutes natures ».

6. – **Catégories d'impositions.** Les développements du Titre 1, quelle que soit leur ampleur, n'épuisent pas cependant toutes les questions que soulève la notion d'imposition. La définition juridique de l'impôt doit être complétée par l'examen des différentes catégories d'impositions, à partir d'une analyse purement fiscale des éléments constitutifs de l'impôt, et notamment de la matière imposable. C'est l'objet du Titre 2, dans lequel sont décrites les caractéristiques proprement fiscales des différentes impositions et les conséquences qui résultent de cette spécificité sur leur régime juridique et contentieux.

7. – **Notion de régime fiscal.** L'examen des différentes catégories d'impositions révèle un troisième aspect du droit fiscal qui est trop souvent négligé.

Chaque impôt obéit à des règles qui lui sont propres, que l'on ne retrouve pour aucun autre, en ce qui concerne en particulier la matière imposable ou les personnes imposables.

Il existe toutefois un ensemble de dispositions concernant l'établissement, le recouvrement, le contrôle et le contentieux de l'impôt qui s'applique uniformément (ou presque) aux impositions les plus importantes et que l'on peut considérer pour cette raison comme un régime en quelque sorte commun à ces impositions ; on l'appellera : le régime fiscal. Il s'agit simplement d'un critère d'ordre qui permet d'introduire dans le champ d'application du droit fiscal une distinction entre les impositions, suivant qu'elles sont ou ne sont pas soumises entièrement à ce régime (Titre 3).

TITRE 1

LA DÉFINITION JURIDIQUE DE L'IMPÔT

8. – Il existe une définition juridique de l'impôt, relativement précise, qu'il est possible de décomposer en ses éléments essentiels (Chapitre 1). Cette définition permet de distinguer l'impôt d'autres types de prélèvements, notamment de la taxe (Chapitre 2). Il est nécessaire, après ces distinctions, d'apporter un certain nombre de précisions juridiques ou simplement terminologiques, notamment sur la distinction entre la nature d'imposition et celle de créance fiscale (Chapitre 3).

CHAPITRE 1

LES ÉLÉMENTS DE LA DÉFINITION

9. – **Définition de l'impôt.** L'impôt peut être défini comme *un prélèvement pécuniaire, de caractère obligatoire, effectué en vertu de prérogatives de puissance publique, à titre définitif, sans contrepartie déterminée, en vue d'assurer le financement des charges publiques de l'État, des collectivités territoriales et des établissements publics administratifs.*

Cette définition s'applique sans restriction ni réserve aux impôts traditionnels, et de loin les plus importants, ceux dont l'État tire la quasi-totalité de ses recettes fiscales (impôt sur le revenu, impôt sur les sociétés, taxe sur la valeur ajoutée, taxe intérieure sur les produits pétroliers, droits d'enregistrement, impôt de solidarité sur la fortune).

Une observation analogue peut être faite pour les impôts des collectivités locales, compte tenu du produit des quatre principaux impôts (la contribution économique territoriale qui remplace la taxe professionnelle depuis 2010, la taxe foncière sur les propriétés bâties, la taxe d'habitation et la taxe foncière sur les propriétés non bâties).

Il faut donc relativiser les réserves que cette définition appelle pour les prélèvements qui présentent le caractère d'impôt et dont les caractéristiques remettent en question les deux critères de l'absence de contrepartie ou de la nature de la personne morale bénéficiaire du prélèvement.

10. – **Critères exclus.** Précisons immédiatement que l'impôt ne peut être défini comme un prélèvement sur le patrimoine des personnes privées. Les personnes publiques peuvent être assujetties également à l'impôt : c'est le cas, en particulier, des établissements publics qui sont soumis à l'impôt sur les sociétés sur les bénéfices tirés de l'exploitation de leurs services publics industriels et commerciaux, des communes, qui peuvent être assujetties à la taxe sur la valeur ajoutée pour certaines activités, de l'État lui-même, qui est redevable de la taxe foncière pour les immeubles dont il est propriétaire, etc. L'imposition des personnes publiques, qui relève de régimes assez complexes, est d'ailleurs l'un des secteurs les plus intéressants de l'autonomie du droit fiscal à l'égard du droit administratif (V. *infra*, n°s 1107 et s).

Il ne faut pas confondre non plus la notion d'impôt avec le régime juridique de l'impôt, ni, par conséquent, valoriser la définition qui peut en être donnée par le recours à des principes de valeur constitutionnelle, tels que le principe d'égalité devant l'impôt ou le principe de nécessité de l'impôt, consacrés par les articles 13 et 14 de la Déclaration des droits de l'homme et du citoyen de 1789, que l'on examinera avec les principes fondamentaux du droit fiscal. Le législateur doit respecter ces principes et le Conseil constitutionnel peut censurer les dispositions de la loi fiscale qui n'y sont pas conformes. Mais on ne saurait faire du respect de ces principes constitutionnels un élément de la définition de l'impôt, sans entrer dans des discussions laborieuses et, de toute façon, stériles. Un prélèvement conserve le caractère d'impôt même si son régime juridique est contraire à un principe constitutionnel, tel que celui de l'égalité devant l'impôt.

Il faut donc s'en tenir à une définition juridique de caractère purement technique.

SECTION 1

UN PRÉLÈVEMENT PÉCUNIAIRE

11. – **Assiette.** Le caractère pécuniaire peut être examiné aux trois points de vue de l'assiette, de la liquidation et du recouvrement de l'impôt.

L'assiette (ou base de l'impôt) est le plus souvent constituée elle-même *d'éléments monétaires.* L'impôt est prélevé sur une certaine somme d'argent ou sur une valeur convertie en termes monétaires (lorsqu'il faut, par exemple, évaluer des avantages en nature). C'est le cas de l'impôt sur le revenu (IR), de l'impôt sur les sociétés (IS), de la taxe sur la valeur ajoutée (TVA), etc.

L'impôt peut aussi être basé sur des *éléments matériels.* Le droit indirect de consommation sur les alcools et les boissons alcooliques est calculé ainsi sur le nombre, et non pas la valeur pécuniaire d'hectolitres. Les tarifs sont fixés par les articles 402 bis et 403 du CGI, soit par hectolitre en volume pour les produits intermédiaires tels que, par exemple, les vins doux naturels (47,11 à compter du 1er janvier 2016, soit par hectolitre d'alcool pur pour les alcools, tels que les eaux de vie 1 737,56 €).

De même, la taxe intérieure de consommation sur les produits pétroliers (TIPP) : l'unité de perception est l'hectolitre et non pas la valeur de ces produits. Le tarif est, par exemple, pour 2016, de 64,12 € (indice 11) ou 67,39 € (indice 11 bis) par hectolitre sur le supercarburant sans plomb[(1)].

12. – **Liquidation.** En ce qui concerne la *liquidation*, c'est-à-dire l'application d'un tarif à la base, le taux de l'impôt consiste le plus souvent en un certain pourcentage arithmétique, par exemple du montant des revenus (IR) ou des bénéfices (IS), du chiffre d'affaires (TVA) ou des évaluations (droits d'enregistrement). Le tarif est dit *ad valorem*.

Le tarif à appliquer à la base peut aussi être constitué par une certaine somme d'argent : c'est le cas de la TIPP et, généralement des droits indirects, tel le droit sur la consommation des alcools qui vient d'être rappelé. Ce tarif est dit « spécifique ».

13. – **Recouvrement.** C'est surtout au stade du *recouvrement* que le caractère pécuniaire de l'impôt prend toute sa signification. L'impôt est perçu en argent (remise d'espèces ou de chèques, virement à un compte bancaire ou postal).

(1) C. douanes, art. 265.

Certaines des exceptions que comporte ce principe ont disparu. La plus connue concernait la taxe des prestations que les communes avaient la faculté d'instituer en vue de pourvoir aux dépenses des voies communales et des chemins ruraux. Cette taxe pouvait être acquittée en nature, au moyen d'un certain nombre de journées de travail (en principe sept au maximum) que le redevable effectuait lui-même sur les voies de la commune. La mise en œuvre de la législation sur la modernisation des bases de la fiscalité directe locale a entraîné la suppression, à compter du 1er janvier 1974, de diverses taxes, dont la taxe des prestations.

Ce mode de recouvrement, qui évoque les corvées de l'ancien régime, est un procédé totalement archaïque. Il n'est plus concevable que dans les pays en voie de développement où l'argent est rare et où ce mode de perception de l'impôt permet d'utiliser les services de personnes sans travail.

14. – **Recouvrement. Exceptions. Paiement en nature.** Les dispositions prévues dans le Code général des impôts visent principalement à faciliter le paiement des droits de succession.

Le paiement de ces droits en valeurs du Trésor a toujours existé(2).

Le législateur a institué ces dernières années de nouveaux dispositifs dans ce but, et dans un premier temps, le paiement par remise d'œuvres d'art(3). Cette procédure, d'abord limitée au paiement des droits de succession, a été rendue applicable aux droits dus sur les mutations à titre gratuit entre vifs ainsi qu'au droit de partage. Prévue à l'article 1716 bis du Code général des impôts, elle s'inscrit dans le cadre des mesures qui tendent à assurer la protection du patrimoine national ; elle répond à la préoccupation de lutter contre le transfert à l'étranger des œuvres d'art françaises.

L'article 1716 bis a été complété, depuis, à plusieurs reprises pour rendre possible le paiement des droits de mutation à titre gratuit, essentiellement dans un but de protection de la nature et de l'environnement, d'abord, par la remise d'immeubles situés dans les zones d'intervention du Conservatoire de l'espace littoral et des rivages lacustres(4), puis par la remise d'immeubles en nature de bois, forêts ou espaces naturels pouvant être incorporés au domaine forestier de l'État(5).

Le législateur avait prévu des dispositions analogues concernant la remise d'immeubles dans le but de faciliter la création d'habitations à loyer modéré(6) ou la remise de blocs de titres de sociétés cotées, en tant que dotation destinée à financer un projet de recherche ou d'enseignement(7). Mais ces dispositions ont été abrogées par la loi n° 2011-1978 du 28 décembre 2011(8).

La loi prévoyant que l'impôt de solidarité sur la fortune est acquitté selon les mêmes règles que les droits de mutation par décès(9), le paiement de cet impôt peut être effectué suivant l'un ou l'autre de ces modes de paiement exceptionnels (remise d'œuvres d'art ou d'immeubles).

(2) CGI, art. 1715.
(3) L. n° 68-1251, 31 déc. 1968, art. 2.
(4) L. n° 95-1346, 30 déc. 1995.
(5) L. n° 2001-602, 9 juill. 2001.
(6) L. n° 2500-32, 18 janv. 2005.
(7) L. n° 2007-1199, 10 août 2007, relative aux libertés et responsabilités des universités, art. 31.
(8) L. 28 déc. 2011, art. 53-X-A.
(9) CGI, art. 1723 ter – 00 A.

Les conditions d'application de la procédure de règlement des droits par remise d'œuvres d'art ou d'immeubles sont fixées par décret en Conseil d'État(10).

Il existe d'autres cas de possibilité de paiement en nature : ainsi pour la contribution à la collecte, la valorisation et l'élimination des déchets prévue en matière de distribution gratuite d'imprimés publicitaires dans le cadre de la taxe générale sur les activités polluantes (TGAP)(11). – V. *infra*, n° 287.

SECTION 2

UN PRÉLÈVEMENT DE CARACTÈRE OBLIGATOIRE

15. – **Liaison avec le principe de la légalité fiscale.** Le caractère obligatoire de l'impôt n'est que l'expression juridique d'une réalité pleinement conforme au sens étymologique du mot.

Il s'agit d'un prélèvement imposé unilatéralement, d'une obligation qui « pèse » sur le contribuable. Un versement dont la détermination est subordonnée à l'accord de la personne qui doit le régler ne peut présenter le caractère d'une imposition au sens de l'article 34 de la Constitution(12). V. *infra*, n°s 906 et s.

Le lien de droit en vertu duquel le contribuable peut être contraint par l'État de payer la dette d'impôt découle directement de la loi qui le constitue débiteur. Aucun acte de volonté du contribuable n'est susceptible d'intervenir dans ce rapport juridique qui, dans son principe et son contenu, est déterminé unilatéralement. L'obligation fiscale traduit essentiellement une relation de dépendance, l'une des plus étroites qui soient. Ce double caractère unilatéral et contraignant explique cependant la limite que comporte l'obligation fiscale dans tout État de droit : à savoir que *l'impôt ne peut être établi que par la loi*.

Le caractère obligatoire de l'impôt et le principe de la légalité fiscale sont ainsi étroitement liés.

Ce lien est la traduction, sur le plan du droit, de l'idée politique de *consentement à l'impôt* qui s'affirme dans le principe suivant lequel l'impôt ne peut être créé que par les représentants du peuple.

16. – **Exceptions et tempéraments.** Le principe du caractère obligatoire de l'impôt reçoit cependant un certain nombre d'exceptions ou de tempéraments. Ces dérogations sont toujours prévues par le législateur ; mais elles laissent place à une demande du contribuable, ou à la liberté de choix qui lui est laissée dans un cas déterminé ou à une décision prise par l'organe délibérant d'une collectivité locale composé des représentants des contribuables : c'est en ce sens que l'on peut parler d'une atténuation du caractère obligatoire de l'impôt.

Il n'est pas question de faire ici l'inventaire de l'ensemble des dispositions qui révèlent cet aspect du droit fiscal, tant elles sont nombreuses et variées, mais seulement de rappeler les données de base.

(10) CGI, ann. II, art. 384 A et s.
(11) C. env., art. L. 541-10-1.
(12) Cons. const., 29 déc. 1989, n° 89-268 DC, *Loi de finances pour 1990* : *RJF* 1990, p. 127 ; *Dr. fisc.* 1990, comm. 57.

§ 1. – Les exceptions

17. – **Nature de ces exceptions.** Les exceptions au principe du caractère obligatoire de l'impôt portent sur le principe même de l'imposition.

Il ne faut pas toutefois commettre de confusion à cet égard. Les moyens d'éviter de payer l'impôt au moins en partie, bien entendu en dehors de la fraude fiscale, existent. Ils sont nombreux et peuvent même être la conséquence d'une application régulière de la loi.

Mais le caractère obligatoire de l'impôt n'est pas en cause lorsque le consommateur, en renonçant à faire l'acquisition d'un bien ou d'un service dont le prix comprend la taxe sur la valeur ajoutée, échappe par là même au paiement de cet impôt. Il ne l'est pas davantage lorsque le contribuable limite son activité pour payer moins d'impôt sur le revenu, parce qu'il estime que les revenus complémentaires dont il disposera en travaillant davantage ne sont pas à la mesure des efforts ou des sacrifices à faire pour obtenir ces disponibilités, en raison d'une ponction fiscale supplémentaire.

Il ne faut pas confondre non plus la situation qui est évoquée ici avec celle des contribuables qui bénéficient en matière d'impôt sur le revenu de l'un ou l'autre des allègements qui s'appliquent de plein droit sous la forme d'un abattement forfaitaire ou d'une déduction spéciale, ou qui utilisent l'une des multiples possibilités offertes par la loi, généralement dans un but d'incitation fiscale (appelées couramment « niches fiscales »), et consistant en un crédit d'impôt ou une réduction d'impôt auxquels ouvrent droit des investissements ou des dépenses d'une nature particulière.

Les personnes qui bénéficient d'un crédit ou d'une réduction d'impôt peuvent être imposables sur la totalité de leurs revenus. Ces mesures n'affectent pas la détermination du revenu imposable, ni donc le caractère obligatoire de l'impôt, mais seulement le montant qui sera dû effectivement par le contribuable, après déduction du crédit ou de la réduction d'impôt.

Les exceptions dont il est question ici sont d'une nature tout à fait différente. Contrairement à ce que l'on pourrait supposer *a priori*, elles jouent d'ailleurs dans les deux sens : soit la non-application de l'impôt, soit, ce qui est apparemment plus curieux, la soumission volontaire à l'impôt.

Seules deux hypothèses seront retenues ici pour la non-application de l'impôt : celle des régimes d'exonération sur demande du contribuable, et celle des impositions facultatives des collectivités territoriales.

A. – Les régimes d'exonération sur demande du contribuable

18. – Cette hypothèse intéresse les personnes dont la situation, quant à leurs revenus, leurs bénéfices ou leurs biens, entre normalement dans le champ d'application de l'impôt ; elles sont toutefois exonérées de celui-ci, en tout ou en partie, par une disposition expresse de la loi, mais – et c'est là que réside l'exception au principe du caractère obligatoire –, elles ne bénéficient de cette exonération que si elles en demandent le bénéfice.

Toutes les exonérations ne s'appliquent pas de plein droit. Il n'entre pas dans les attributions obligatoires de l'administration des impôts de rechercher systématiquement les contribuables qui ont droit à une exonération. Il en est dont l'application effective dépend d'une décision des intéressés : ils doivent en faire la demande expresse pour en bénéficier. La loi peut même leur laisser peu de temps pour prendre leur décision. La demande d'exonération doit être présentée dans un certain délai pour pouvoir être admise. Le contribuable doit, en outre, apporter toutes les justifications nécessaires au succès de sa demande et qu'il est seul en mesure de détenir.

Les exonérations sur demande peuvent avoir un caractère temporaire. Elles sont instituées dans un but économique ou social et sont de natures très variées. Elles touchent toutes les catégories de contribuables. Il n'y a rien de commun, cependant, entre l'exonération des bénéfices des entreprises nouvelles pour l'impôt sur le revenu ou l'impôt sur les sociétés, l'exonération des biens professionnels en matière d'impôt de solidarité sur la fortune et les taxes foncières ou la taxe d'habitation.

La formule de l'exonération sur demande du contribuable apparaît inadaptée au but recherché, lorsque l'exonération est prévue pour des raisons sociales. Les exonérations de ce type se transforment rapidement en exonérations de plein droit assorties éventuellement d'une mesure de dégrèvement d'office[13].

B. – Les impositions facultatives des collectivités territoriales

19\. – **Notion d'imposition facultative.** Un impôt, même s'il est perçu au profit d'une collectivité territoriale, ne peut être institué que par le législateur. Mais la perception effective de cet impôt à l'intérieur de la commune ou du département peut être subordonnée à une délibération du conseil municipal ou du conseil général pour décider de le mettre en application, et donc, des représentants des contribuables de ces collectivités. C'est le cas des taxes dites « facultatives », qu'il faut bien distinguer des taxes obligatoires.

Certaines taxes sont dites *obligatoires*, parce qu'elles sont perçues obligatoirement par les communes. Les unes entrent dans la catégorie des impôts directs. Ce sont principalement (malgré leur dénomination légale de taxe) : la taxe foncière sur les propriétés bâties, la taxe foncière sur les propriétés non bâties, la taxe d'habitation, la taxe professionnelle (remplacée depuis 2010 par la contribution économique territoriale) et d'autres impôts de moindre importance, telles la redevance communale des mines[14], l'imposition forfaitaire sur les pylônes supportant des lignes électriques dont la tension est au moins égale à 200 kilovolts[15], la taxe sur les éoliennes maritimes (dont le produit est affecté en partie au Comité national des pêches maritimes et des élevages marins)[16], l'imposition forfaitaire sur les entreprises de réseaux (IFER) prévue aux articles 1519 D à 1519 HA du Code général des impôts (IFER sur les éoliennes terrestres et hydroliennes, sur les installations de production d'électricité d'origine nucléaire ou

(13) Par ex., pour la taxe d'habitation en faveur des personnes de condition modeste, CGI, art. 1414 et s.
(14) CGI, art. 1519.
(15) GGI, art. 1519 A.
(16) CGI, art. 1519 B et D. n° 2012-103, 27 janv. 2012, relatif à l'utilisation des ressources issues de cette taxe.

thermique à flamme, sur les centrales de production d'électricité d'origine photovoltaïque ou hydraulique, IFER sur les transformateurs électriques, IFER sur les stations radioélectriques, IFER sur les installations gazières et sur les canalisations de transport de gaz naturel et d'autres hydrocarbures), taxe additionnelle à la taxe foncière sur les propriétés non bâties pour certaines catégories de propriétés (telles que les carrières, terrains à bâtir, terrains d'agrément, etc.) prévue à l'article 1519 I du même code.

D'autres impôts obligatoires entrent dans la catégorie des contributions indirectes : impôt sur les spectacles, jeux et divertissements(17). Un autre fait partie des droits d'enregistrement : la taxe additionnelle à certains droits d'enregistrement sur les mutations à titre onéreux notamment d'immeubles et de fonds de commerce(18).

D'autres taxes (qui sont aussi en réalité des impôts) sont appelées *facultatives*, parce que leur application effective à l'intérieur du territoire communal dépend d'une délibération du conseil municipal.

20. – **Domaine des impositions facultatives. Code général des impôts.** C'est le cas de la surtaxe sur les eaux minérales(19), de la taxe forfaitaire sur la cession de terrains nus rendus constructibles(20), la taxe annuelle sur les friches commerciales situées sur le territoire de la commune(21).

21. – **Code général des collectivités territoriales.** La plupart des taxes facultatives figurent dans le Code général des collectivités territoriales : taxe communale sur la consommation finale d'électricité, qui a remplacé la taxe sur l'électricité(22), taxe locale sur la publicité extérieure(23), taxe de séjour(24), taxe sur les entreprises exploitant des engins de remontée mécanique(25), prélèvement progressif sur le produit des jeux dans les casinos(26), versement destiné aux transports en commun(27), taxe sur les activités commerciales non salariées à durée saisonnière(28), taxe sur les déchets réceptionnés dans une installation de stockage de déchets ménagers et assimilés ou un incinérateur de déchets ménagers(29).

Tous ces prélèvements dénommés généralement « taxe » sont en réalité des impôts au sens strict du terme.

En revanche, la taxe d'enlèvement sur les ordures ménagères, qui entre dans la catégorie des impôts directs et qui est également facultative, est une véritable taxe(30), V. *infra*, n° 107.

(17) CGI, art. 1559.
(18) CGI, art. 1584.
(19) CGI, art. 1582.
(20) CGI, art. 1529. Cette taxe est assise sur la plus-value dégagée lors de cette cession et est déclarée et versée selon les mêmes modalités que l'impôt sur le revenu afférent à la plus-value résultant de la même cession. Elle a ainsi « le caractère d'un impôt direct » ; les litiges relatifs à cette imposition relèvent donc de la juridiction administrative : T. confl., 18 nov. 2013, n° 3917, *Sté Le Domaine de Flotin* : *AJDA* 2014, p. 481.
(21) CGI, art. 1530. V. *infra*, n° 66.
(22) CGCT, art. L. 2333-2.
(23) CGCT, art. L. 2333-6 et s.
(24) CGCT, art. L. 2333-26 et s.
(25) CGCT, art. L. 2333-49 et s.
(26) CGCT, art. L. 2333-54 et s.
(27) CGCT, art. L. 2333-64 et s.
(28) CGCT, art. L. 2333-88 et s.
(29) CGCT, art. L. 2333-92.
(30) CGI, art. 1520.

La taxe locale d'équipement, qui a été remplacée par la taxe d'aménagement dans les conditions examinées avec les contributions en matière d'urbanisme (V. *infra*, n°s 75 et 78) constituait un cas particulier. Cette taxe (en réalité un impôt qui était établi sur la construction, la reconstruction et l'agrandissement des bâtiments de toute nature), était instituée de plein droit, soit dans les communes de 10 000 habitants et au-dessus, soit dans les communes de la région parisienne figurant sur une liste arrêtée par décret ; mais le conseil municipal pouvait décider de renoncer à la percevoir. Dans les autres communes, et notamment dans celles de moins de 10 000 habitants, la taxe locale d'équipement était mise en application par une délibération du conseil municipal(31).

La taxe d'aménagement reste dans une certaine mesure une taxe de caractère facultatif.

C. – Option pour l'imposition

22. – Cette exception vise des personnes qui deviennent imposables de leur propre chef, alors qu'elles pourraient échapper à l'imposition (V. *infra*, n°s 939 et s.).

Cette hypothèse est celle de l'imposition volontaire : une personne va demander à être assujettie à l'impôt pour bénéficier des avantages qu'il comporte. Ce n'est donc pas un cas de « masochisme fiscal ». C'est en particulier *le système de l'option pour la TVA* ; le but de l'intéressé est de bénéficier du droit à déduction des taxes qui grèvent ses acquisitions de produits ou services et de pouvoir transférer ce droit aux acquéreurs de ces mêmes produits et services (par ex., l'option susceptible d'être exercée dans certaines conditions par les personnes qui donnent en location des locaux nus)(32).

Il ne faut pas confondre avec cette hypothèse celle du « zèle fiscal » qui peut pousser un contribuable à demander à être inscrit au rôle des contributions directes d'une commune pour être éligible au conseil municipal(33).

§ 2. – Les tempéraments

23. – Les *tempéraments* atténuent seulement le caractère contraignant de l'impôt. Le contribuable ne peut échapper à l'impôt ; mais la loi lui accorde la possibilité de choisir le mode d'imposition qui lui permet de réaliser une économie d'impôt ou qui lui paraît, pour l'avenir, le plus favorable à ses intérêts.

A. – Option pour un régime d'imposition

24. – Le régime d'imposition est un ensemble de règles qui déterminent l'assiette et la liquidation de l'impôt ainsi que les obligations comptables et fiscales, notamment déclaratives, des contribuables.

(31) CGI, art. 1585 A et s.
(32) CGI, art. 260.
(33) C. élect., art. L. 228 : sont éligibles au conseil municipal tous les électeurs de la commune et les citoyens inscrits au rôle des contributions directes ou justifiant qu'ils devaient y être inscrits au 1er janvier de l'année de l'élection. – V. par ex., CE, 14 oct. 1967, *Élections municipales de Bastia* : *Rec. CE* 1967, p. 378.

Les régimes d'option sont multiples (option des sociétés de personnes pour l'impôt sur les sociétés, des SARL de famille pour le régime des sociétés de personnes, pour le prélèvement libératoire sur les produits de placements à revenu fixe, pour le régime d'intégration fiscale, etc.).

Le plus connu est l'option pour un régime réel d'imposition. Les contribuables qui sont normalement soumis à un régime forfaitaire d'imposition pour leurs bénéfices, en fonction du montant de leur chiffre d'affaires ou de leurs recettes, peuvent opter pour un régime réel d'imposition qui leur permet de déduire les charges réellement exposées, alors que dans le cadre du régime forfaitaire, le montant de celles-ci est évalué par application d'un pourcentage forfaitaire des recettes.

Ces options sont prévues dans les trois grandes catégories de bénéfices professionnels. Les contribuables placés autrefois sous le régime du forfait BIC (avant sa suppression par la loi de finances pour 1999) et, depuis le 1er janvier 1999, sous celui du régime des micro-entreprises, peuvent opter pour un régime réel d'imposition (34). Les contribuables relevant autrefois du régime de l'évaluation administrative pour les bénéfices non commerciaux (également supprimé par la loi de finances pour 1999) et aujourd'hui du régime déclaratif spécial (appelé plus communément micro-BNC), peuvent opter pour le régime de la déclaration contrôlée (35). Les exploitants agricoles qui sont soumis de plein droit au régime du forfait ont une option, soit pour le régime simplifié, soit pour le régime du réel normal (36).

Par exemple, le contribuable exerçant une activité libérale qui, en début d'activité, après un investissement qui génère des frais financiers et des amortissements importants et donc des charges élevées, en regard de recettes faibles n'excédant pas le plafond de 32 900 € HT (à partir du 1er janvier 2014), et qui relève ainsi normalement du régime déclaratif spécial (micro BNC), a intérêt à opter pour le régime de la déclaration contrôlée qui lui permet de déduire un montant de charges supérieur à celui résultant de l'abattement de 34 % prévu dans le régime déclaratif spécial.

B. – Règles particulières d'imposition

25. – Ces règles laissent aux contribuables le choix entre des modes d'imposition qui concernent, soit l'assiette, soit la liquidation de l'impôt. Ce choix a une portée plus limitée que dans le cas précédent de l'option pour un régime d'imposition ; mais son intérêt est loin d'être négligeable, le contribuable pouvant réaliser une économie substantielle d'impôt.

26. – **Assiette.** La règle particulière dont se prévaut le contribuable peut porter seulement sur *un élément de l'assiette de l'imposition*.

L'exemple le plus simple qui puisse être donné concerne la déduction des frais professionnels.

Le revenu imposable est un revenu net d'où sont déduits les frais professionnels. Il existe deux systèmes de déduction de ces frais pour les traitements et salaires. La déduction forfaitaire de 10 % s'applique de plein droit, sauf option expresse dans la déclaration annuelle des revenus pour la déduction des frais réels. Dès lors qu'ils

(34) CGI, art. 50-0.
(35) CGI, art. 102 ter.
(36) CGI, art. 69 II et III.

peuvent justifier que le montant des frais qu'ils ont réellement engagés excède le montant de la déduction forfaitaire, les contribuables ont intérêt à choisir le second système ; il en résultera une réduction de leur charge fiscale.

27. – **Liquidation.** La règle particulière peut instituer *un dispositif spécial en matière de liquidation*. L'un des exemples les plus caractéristiques qui puisse être donné intéresse l'imposition des revenus exceptionnels (par ex., la distribution de réserves d'une société, la fraction imposable d'une indemnité de licenciement ou le montant exceptionnel des droits d'auteur tirés de la vente d'un ouvrage à la suite de l'attribution d'un prix)(37).

Ce dispositif concerne aussi l'imposition des revenus différés (par ex., des arriérés de loyers ou des rappels de salaires).

En vue d'atténuer les effets de la progressivité du barème de l'impôt sur le revenu, l'article 163 ancien du CGI autorisait les contribuables ayant réalisé de tels revenus à demander, pour l'établissement de l'impôt, la répartition (ou étalement) de ces revenus par parts égales sur l'année de leur réalisation et les années antérieures non couvertes par la prescription. L'administration établissait alors autant d'impositions qu'il y avait d'années concernées par cette répartition, sans qu'il soit cependant possible de remonter à des années antérieures à celle de l'échéance normale des revenus différés ou à des années antérieures à celle au cours de laquelle le contribuable avait exercé ou exploité l'activité génératrice des revenus exceptionnels. Le système était assez compliqué, car les règles de liquidation à appliquer à chacune des impositions correspondant respectivement aux années d'étalement étaient différentes (taux de l'impôt, majorations ou réductions éventuelles, etc.) ou pouvaient l'être en fonction de l'évolution de la situation de famille du contribuable (quotient familial).

Dans un souci de simplification, la loi de finances rectificative pour 1992, n° 92-1476 du 31 décembre 1992 a remplacé le régime de l'étalement par un système de quotient, technique qui était déjà utilisée pour l'imposition des plus-values immobilières à long terme et les bénéfices agricoles exceptionnels(38).

Le système du quotient évite la remise en cause des impositions des années antérieures. Ainsi, dans le cas général de la réalisation d'un revenu exceptionnel au cours d'une année, lorsque le montant de ce revenu dépasse la moyenne des revenus nets d'après lesquels le contribuable a été soumis à l'impôt sur le revenu au titre des trois dernières années, l'intéressé peut demander que l'impôt correspondant soit calculé en ajoutant le quart du revenu exceptionnel net à son revenu net global imposable et en multipliant par quatre la cotisation supplémentaire ainsi obtenue.

L'imposition des revenus exceptionnels ou différés selon la règle du quotient est une faculté qui est simplement offerte au contribuable ; celui-ci doit expressément en faire la demande.

28. – **Assiette et liquidation.** La règle particulière peut intéresser *à la fois l'assiette et la liquidation* de l'impôt. L'exemple qui va être donné maintenant constitue un cas particulier de fractionnement de l'assiette et de la liquidation qui aboutit à la création unilatérale, par le contribuable, d'une nouvelle personne imposable.

En matière d'impôt sur le revenu, le contribuable peut réclamer des impositions distinctes pour ses enfants, lorsque ceux-ci tirent un revenu de leur travail

(37) Tel le prix Goncourt : CE, 31 juill. 1992, req. n° 67321 : *RJF* 1992, n° 1288.
(38) CGI, art. 163 0A.

ou d'une fortune indépendante de la sienne[39]. Ces enfants deviennent alors des contribuables à part entière, autrement dit, acquièrent le statut de personne imposable indépendante.

Ici encore, c'est le souci de bénéficier d'un avantage qui explique la décision du contribuable. Il faut supposer que les montants cumulés de l'imposition distincte d'un enfant (ou des impositions distinctes des enfants) et de l'imposition du foyer (des époux seuls) seront inférieurs au montant de l'imposition établie après application du quotient familial, mais dont les bases comprenaient les revenus de l'enfant (ou des enfants).

SECTION 3

UN PRÉLÈVEMENT EFFECTUÉ EN VERTU DE PRÉROGATIVES DE PUISSANCE PUBLIQUE

29. – **Prérogatives spéciales du droit fiscal.** L'impôt est établi et perçu en vertu de prérogatives exorbitantes du droit commun, qui n'ont d'équivalent ni en droit privé, ni même, pour certaines d'entre elles, en droit administratif.

La généralisation de la formule de la déclaration contrôlée et des régimes d'imposition d'après le bénéfice réel a entraîné un accroissement et une extension des prérogatives conférées à l'administration fiscale pour contrôler les déclarations et évaluer elle-même les bases d'imposition en cas de carence du contribuable.

Ces pouvoirs sont exorbitants du droit commun : droit de communication, vérification de comptabilité, examen contradictoire de la situation fiscale personnelle combiné avec la procédure de la demande de justifications sur l'origine des crédits portés aux comptes bancaires, droit de perquisition des locaux professionnels ou même du domicile avec la visite des coffres bancaires, procédures d'imposition d'office, pouvoir de sanction, etc.

Le contribuable est constitué débiteur par voie de décision unilatérale ; l'administration se délivre à elle-même un titre exécutoire, en vertu de son privilège du préalable (par ex., rôle en matière d'impôts directs, avis de mise en recouvrement de la TVA ou des droits d'enregistrement).

30. – **Cumul avec les procédures du droit commun.** *A priori*, on pourrait concevoir un système dans lequel le recouvrement de l'impôt serait assuré uniquement suivant les procédures du droit commun. Le caractère obligatoire de l'impôt n'implique pas nécessairement le recours à des prérogatives de puissance publique du moins pour le recouvrement ; c'est une raison supplémentaire de faire la distinction entre ces deux éléments pour définir l'impôt. Effectivement, les comptables publics chargés du recouvrement ont la faculté d'utiliser les procédures du droit commun, notamment les différentes formes de saisies (saisie-attribution, saisie des rémunérations, saisie-vente des meubles, saisie immobilière), l'action paulienne, l'hypothèque

(39) CGI, art. 6-2.

judiciaire, etc. Mais aux mesures conservatoires et aux voies d'exécution du droit commun s'ajoutent des procédures spéciales, dont certaines sont inconnues non seulement en droit privé, mais même en droit administratif : c'est le cas de la procédure redoutable de l'avis à tiers détenteur. Les comptables disposent, en outre, de privilèges particuliers pour assurer le recouvrement de l'impôt, sans parler de la responsabilité solidaire des tiers qui est prévue dans de très nombreux cas.

Depuis 1954, le législateur s'est efforcé d'accroître les garanties des contribuables. Mais il a reconnu parallèlement de nouveaux pouvoirs à l'administration ou renforcé ceux qu'elle détenait déjà. On ne saurait donc considérer que l'évolution législative s'est produite uniquement dans le sens d'une libéralisation du système.

Malgré toutes les réformes, le droit fiscal reste plus imprégné de puissance publique que le droit administratif. Plus encore que celui-ci, il est toujours un droit d'inégalité entre le fisc et les contribuables.

SECTION 4

UN PRÉLÈVEMENT EFFECTUÉ À TITRE DÉFINITIF

31. – Impôt et emprunt forcé. L'impôt ne peut faire l'objet d'une restitution de la part de la personne publique qui en est bénéficiaire.

Ce caractère permet de le distinguer de l'*emprunt forcé*. Le dernier emprunt obligatoire a été institué en France par l'ordonnance n° 83-354 du 30 avril 1983. Il était destiné à contribuer au financement des actions engagées par l'État en faveur du développement industriel et du soutien de l'emploi. Cet emprunt, d'une durée de trois ans, devait être obligatoirement souscrit par les redevables de l'impôt sur les grandes fortunes en 1983 et les contribuables dont la cotisation d'impôt sur le revenu due au titre de 1981 excédait 5 000 F. Le montant de la souscription s'élevait à 10 % de ces impôts. L'emprunt était rémunéré par un intérêt au taux brut de 11 % l'an, versé en une seule fois lors du remboursement du capital. Les intérêts ont, bien entendu, été soumis eux-mêmes à l'impôt sur le revenu.

Le caractère obligatoire de la souscription, qui résultait, du reste, des dispositions expresses de l'ordonnance du 30 avril 1983, ne pouvait être contesté par le double motif que cet emprunt devait être remboursé par l'État et qu'il portait intérêt[40].

Il est même arrivé, ces dernières années, que le législateur ait offert aux contribuables un *choix entre l'impôt et l'emprunt forcé*. C'est ainsi qu'il a prévu que les contribuables pouvaient s'acquitter de la majoration exceptionnelle de l'impôt sur le revenu de 1975 par voie de souscription à un emprunt[41].

32. – Impôt perçu à titre temporaire. Le *principe de la non-restitution de l'impôt* a reçu plusieurs *exceptions* ces dernières années, notamment celle de l'impôt perçu à titre temporaire.

(40) CE, 17 mai 1989, n° 89.548 : *RJF* 1989, n° 897.
(41) L. n° 76-987, 29 oct. 1976, art. 1er.

La majoration de l'impôt sur le revenu de l'année 1973 a fait ainsi l'objet d'une restitution, intervenue entre le 30 juin et le 15 juillet 1975, dont le montant variait selon le taux de la majoration (le remboursement était intégral pour une majoration de 5 % et était respectivement de la moitié, du tiers ou du quart pour les majorations de 10 %, 15 % et 20 %).

33. – **Impôt illégalement établi.** On notera surtout que l'impôt n'est un prélèvement effectué à titre définitif que s'il a été *légalement établi*. Dans le cas contraire, le contribuable peut demander, dans un certain délai, la décharge ou la réduction de son imposition.

L'action dont il dispose alors obéit aux règles spéciales de la procédure fiscale ; ce n'est pas l'action du droit commun en restitution de l'indu, qui a pu être utilisée à une certaine époque pour la restitution des taxes contraires au droit communautaire.

L'administration a elle-même la faculté de prononcer d'office le dégrèvement ou la restitution des impositions qui comportent une surtaxe[(42)].

34. – **Cas particulier de la taxe sur la valeur ajoutée.** Certaines exceptions au principe du caractère définitif de l'impôt s'expliquent par des raisons de *stricte justice*. C'est le cas pour la taxe sur la valeur ajoutée (TVA) qui a été perçue à l'occasion de ventes ou de services qui sont par la suite résiliés ou annulés ou lorsque les créances correspondantes sont devenues définitivement irrécouvrables ; si cette TVA ne peut être imputée sur la taxe due pour les affaires faites ultérieurement, elle est remboursée à la personne qui l'a facturée[(43)].

Mais mis à part ces cas, toute personne qui mentionne la TVA sur une facture est en principe redevable de la taxe du seul fait de sa facturation[(44)].

35. – **Incitations de caractère économique. Ancien avoir fiscal.** Il est des incitations de caractère économique dont le mécanisme peut aboutir à une restitution d'une fraction de l'impôt.

C'était le cas, qui mérite d'être rappelé, de l'avoir fiscal prévu à l'article 158 bis du Code général des impôts, avant sa suppression, à partir du 1er janvier 2005, par la loi de finances pour 2004, n° 2003-1311 du 30 décembre 2003 (art. 93), cette suppression étant compensée, pour les seuls associés personnes physiques, par un abattement et un crédit d'impôt.

Seul est rappelé ici le mécanisme de ce dispositif. L'avoir fiscal est à la fois un élément d'assiette de l'impôt, un moyen de paiement et un titre de créance fiscale contre l'État.

Un élément d'assiette : les personnes qui perçoivent des dividendes distribués par des sociétés françaises disposent à ce titre « d'un revenu constitué par les sommes qu'elles reçoivent de la société [et] par un avoir fiscal représenté par un crédit ouvert sur le Trésor ». Ce crédit d'impôt est égal à la moitié des sommes effectivement versées par la société lorsque le bénéficiaire est une personne physique (seul cas qui sera retenu ici pour l'exemple qui suivra).

Instrument de paiement : l'avoir fiscal est reçu en paiement de l'impôt sur le revenu dû par le bénéficiaire.

(42) LPF, art. R. 211-1.
(43) CGI, art. 272.
(44) CGI, art. 283-3.

Titre de créance sur le Trésor : il est restitué partiellement aux personnes physiques dans la mesure où son montant excède celui de l'impôt dont elles sont redevables. La restitution est totale lorsque le bénéficiaire n'est pas imposable à l'impôt sur le revenu faute de revenu suffisant.

En tant qu'élément d'assiette et de moyen de paiement, il fonctionne de la manière suivante : lorsqu'il bénéficie à une personne physique, le montant de l'avoir fiscal est ajouté, dans un premier temps, à celui des dividendes, en vue de la détermination de l'impôt sur le revenu de l'actionnaire. Dans un second temps, le montant de l'avoir fiscal est déduit du montant de l'impôt sur le revenu.

Prenons le cas, par exemple, d'une personne physique qui a perçu des dividendes de 2 200 € provenant de bénéfices de 6 600 € sur lesquels la société a versé au Trésor l'impôt sur les sociétés au taux normal de 33,1/3 %. À ces dividendes de 2 200 € est attaché un avoir fiscal de 1 100 €. Supposons que cet actionnaire soit imposable à l'impôt sur le revenu au taux de 40 %, compte tenu de la tranche d'imposition dans laquelle il se trouve, en raison de l'importance de ses autres revenus. L'impôt sur le revenu dont il sera redevable à raison de ses dividendes est égal à 2 200 + 1 100 × 40 % = 1 320 € ; mais il pourra déduire de l'impôt sur le revenu (auquel il est assujetti pour l'ensemble de ses revenus) les 1 100 € de l'avoir fiscal. Le montant effectif de cet impôt (en tant qu'il s'applique aux seuls dividendes) s'élèvera ainsi à 220 € (au lieu de 880 € sans avoir fiscal : 2 200 × 40).

Dans l'esprit du législateur qui a institué ce dispositif[(45)], l'avoir fiscal avait pour but d'atténuer la charge fiscale résultant, pour les bénéfices distribués, de l'application successive de l'impôt sur les bénéfices des sociétés au niveau de la société distributrice et ensuite de l'impôt sur le revenu dû par les bénéficiaires des dividendes. Le crédit d'impôt que constituait l'avoir fiscal, et qui était attribué au bénéficiaire des dividendes, pouvait être considéré comme une restitution d'une fraction de l'impôt sur les sociétés acquitté par la société, qui était devenue, du reste, de plus en plus importante. Le taux de l'impôt sur les sociétés, qui était à l'origine de 50 %, a été abaissé progressivement jusqu'à 33,33 %. Mais cet abaissement n'avait pas eu d'incidence sur le montant de l'avoir fiscal. Le système pouvait conduire ainsi à une restitution pratiquement totale de l'impôt sur les sociétés. À la suite de la réduction du taux de l'impôt sur les sociétés, l'avoir fiscal pouvait même être regardé encore plus comme un simple acompte versé par la société sur l'impôt sur le revenu dû par l'actionnaire, bénéficiaire des dividendes.

Cette analyse économique ne cadre pas cependant exactement avec la véritable nature juridique de l'avoir fiscal, qui était à la fois un revenu entrant dans la base imposable du bénéficiaire, ainsi qu'un moyen de paiement de l'impôt[(46)]. L'avoir fiscal constituant un revenu, il a été jugé ainsi que l'administration peut appliquer la procédure contradictoire de rectification prévue à l'article L. 55 du LPF pour procéder à la reprise des avoirs fiscaux dont elle a accordé la restitution, dans le délai prévu aux articles L. 169 à 189 du LPF[(47)].

36. – Impôts compensatoires. Cette hypothèse intéresse principalement la restitution éventuelle des impôts perçus en contrepartie de l'autorisation de construire (V. *infra*, n° 54).

C'était aussi le cas de la restitution de la taxe sur le défrichement des bois et forêts dans le cas de boisement compensateur[(48)], taxe instituée dans un but de protection de la forêt et qui a été supprimée, à compter du 1er janvier 2001, par la loi de finances pour 2000, n° 99-1172 du 30 décembre 1999. Le texte prévoyait que le propriétaire qui procédait, dans un délai de cinq ans, au boisement de terrains d'une superficie au moins équivalente à celle qui avait donné lieu au

(45) L. n° 65-566, 12 juill. 1965.

(46) Cons. const., 29 déc. 1999, n° 99-424 DC, *Loi de finances pour 2000*, consid. 26, regardant l'avoir fiscal comme « un supplément de revenu ». – CE, sect., 27 sept. 2006, n° 260.050, *Sté Janfin* : *Dr. fisc.* 2006, n° 47, comm. 744, concl. Olléon et p. 1999, étude O. Fouquet ; *RJF* 2006, n° 1583 et p. 1083, chron. Bénard. – CAA Paris, plén., 15 mars 2007, n° 04.3397, *SA Axa* : *RJF* 2007, n° 950.

(47) CE, 24 avr. 2012, n° 343709, *Abbey National* : *RJF* 2012, n° 735 ; *BDCF* 2012, n° 89, concl. L. Olléon.

(48) CGI, art. 1723 ter A anc. – C. for., art. L. 314-8.

versement de la taxe, pouvait bénéficier d'une restitution de celle-ci, lorsque le boisement était réalisé dans le département de situation des bois défrichés ou dans un département limitrophe.

SECTION 5

UN PRÉLÈVEMENT EFFECTUÉ SANS CONTREPARTIE DÉTERMINÉE

37. – **Évolution du critère.** Suivant la définition traditionnelle qui en est donnée, l'impôt est un prélèvement sans contrepartie déterminée pour celui qui le paie.

Cet élément constitue, avec le caractère obligatoire, le noyau de la notion d'impôt. Depuis G. Jèze, l'absence de contrepartie déterminée est le critère fondamental de l'impôt, tant pour la jurisprudence que pour la doctrine[(49)].

Le caractère opérant du critère ne peut être remis en cause pour la majeure partie de la fiscalité, c'est-à-dire pour les impôts d'État ou les quatre grandes impositions obligatoires des communes : « la taxe foncière sur les propriétés bâties est établie sans contrepartie, en application des dispositions du Code général des impôts ; elle présente ainsi le caractère d'une imposition »[(50)]. L'absence d'affectation des recettes correspondantes exclut nécessairement l'existence d'un lien entre le paiement de l'impôt et la nature des prestations publiques dont le redevable est susceptible de bénéficier. La « contribution commune » à laquelle il doit participer sert à couvrir l'ensemble des charges publiques.

Cependant, depuis plusieurs dizaines d'années, notamment dans le droit de l'urbanisme et dans le domaine social, sont apparus des types de prélèvements auxquels est reconnu le caractère d'impôt, qui répondent au but de compenser un surcroît de charges publiques et dont sont constituées redevables les personnes mêmes qui bénéficient des dépenses correspondantes.

La relation qui était établie traditionnellement entre l'impôt et l'absence de contrepartie n'est donc plus absolue.

Cette évolution conduit à établir une distinction entre deux grandes catégories d'impôts : les impôts contributoires et les impôts compensatoires.

Il est nécessaire d'apporter préalablement quelques explications concernant les impositions affectées à la sécurité sociale.

38. – **Impositions affectées à la sécurité sociale.** Les impositions affectées à la sécurité sociale ne constituent pas une catégorie distincte de celles qui viennent d'être rappelées. Elles appartiennent *grosso modo* à l'une ou l'autre des catégories des impositions contributoires ou compensatoires. La présentation à part de ces impositions correspond seulement à un souci d'ordre, en même temps qu'elle met en lumière la fiscalisation croissante des recettes de la sécurité sociale (V. *infra*,

(49) G. Jèze, *Cours de finances publiques*, 1935-1936, p. 31 et s.
(50) CE, 10 déc. 2012, n° 342.421, *Goffredi* : *RJF* 2013, n° 172.

n° 146). Elle permet aussi d'apporter un certain nombre de précisions sur le caractère d'imposition qui a été reconnu aux différents prélèvements d'où la sécurité sociale tire ses ressources supplémentaires.

Les impôts et taxes affectés à la sécurité sociale, qui représentent près de 30 % du total de ses recettes, regroupent l'ensemble des ressources de nature fiscale affectées à des régimes obligatoires de sécurité sociale (régime général, régime agricole, régimes spéciaux) et à des organismes, appelés « fonds » ou « caisse », qui ont le caractère d'établissement public administratif, notamment : la Caisse nationale des allocations familiales (CNAF), le Fonds de solidarité vieillesse (FSV), la Caisse nationale d'assurance vieillesse des travailleurs salariés (CNAVTS), la Caisse nationale de l'assurance maladie des travailleurs salariés (CNAMTS), l'Agence centrale des organismes de sécurité sociale (ACOSS), le Fonds de réserve pour les retraites, la Caisse nationale du régime social des indépendants (RSI), la Caisse d'amortissement de la dette sociale.

Les impôts affectés à la sécurité sociale, auxquels est reconnu le caractère d'impositions de toute nature au sens de l'article 34 de la Constitution, comprennent principalement :

– la contribution sociale généralisée (CSG)[51] ; V. *infra*, n°s 52 et 149 ;

– la contribution sociale de solidarité des sociétés[52], fixée à 0,13 % du chiffre d'affaires ; cette contribution à la charge des sociétés, instituée par la loi n° 70-13 du 3 janvier 1970, et dont le régime a été modifié en dernier lieu par la loi n° 2012-1404 du 17 décembre 2012 de financement de la sécurité sociale pour 2013 (art. 12), est destinée à financer certains régimes de protection sociale des travailleurs non salariés des professions non agricoles ; elle était recouvrée autrefois par la Caisse nationale de l'organisation autonome d'assurance vieillesse des professions industrielles et commerciales (ORGANIC) ; depuis le décret n° 2007-709 du 4 mai 2007, elle est recouvrée par la Caisse nationale du régime social des indépendants (RSI). Pour le Conseil constitutionnel, cette contribution fait partie des impositions de toutes natures[53]. La Cour de cassation a décidé au contraire qu'elle était dépourvue de caractère fiscal et qu'elle avait la nature de cotisation sociale[54]. La qualification retenue par la Cour de cassation est la même pour la CSG et la CRDS, V. *infra*, n° 155 ;

– le prélèvement social de 4,5 % sur les revenus du patrimoine et les produits de placement[55], auquel s'ajoutent une contribution additionnelle de 0,03 %[56] et le prélèvement de solidarité de 2 % institué par la loi précitée de financement de la sécurité sociale pour 2013 (art. 3), codifiés sous l'article 1600-0 S du CGI, qui frappe dans des conditions différentes les revenus du patrimoine et les produits de placements soumis à la CSG[57] ;

– des taxes sur les vins doux naturels, vins de liqueurs et autres produits intermédiaires[58], sur le rhum et autres alcools[59], sur les vins et cidres[60], sur les bières et boissons non alcoolisées[61].

Le législateur a créé, en outre, toujours dans le domaine de la fiscalité sur les boissons affectée aux régimes sociaux : la cotisation sur les boissons alcoolisées de plus de 18 % en volume[62] (V. *infra*, n° 47), une taxe sur les boissons dites « premix »[63] et une contribution sur les boissons contenant des sucres ajoutés[64].

(51) CGI, art. 1600-OC et s. et CSS, art. L. 136-1 et s.
(52) CSS, art. L. 651-1 et s.
(53) Cons. const., 30 déc. 1991, n° 91-302 DC, *Loi de finances pour 1992*, consid. 12 : *JO* 31 déc.
(54) Cass. soc., 16 nov. 1995, *SARL Roman* : *RJF* 1996, n° 36. – Cass. soc., 28 nov. 1996, *Sté Continental Airlines* : *RJF* 1997, n° 24. – Cass. soc., 12 juill. 2001, *Sté Champenoise d'hypermarchés* : *RJF* 2001, n° 1377. – Cass. 2e civ., 18 janv. 2005, n° 03-30406, inédit. – Cass. 2e civ., 22 janv. 2009, n° 07-20.140, *Caisse d'épargne de Midi-Pyrénées* : *D.* 2009, p. 572.
(55) CSS, art. L. 245-14 et s. et CGI, art. 1600-OF bis.
(56) CSS, art. L. 245-13.
(57) CSS, art. L. 136-6 et L. 136-7.
(58) CGI, art. 402 bis.
(59) CGI, art. 403.
(60) CGI, art. 438.
(61) CGI, art. 520 A.
(62) CSS, art. L. 245-7.
(63) CGI, art. 1613 bis.
(64) CGI, art. 520 B.

La loi de financement de la sécurité sociale pour 2013 a augmenté fortement le droit spécifique sur les bières ; son rendement devrait passer de 300 M€ à 480 M€ ; le produit en est affecté à raison de 61 % à la branche vieillesse du régime des exploitants agricoles, et de 39 % à la Caisse nationale d'assurance maladie des travailleurs salariés[(65)].

Le législateur avait institué, par l'article 25 de la loi de financement de la sécurité sociale pour 2013, une taxe spécifique « sur les boissons énergisantes » contenant un seuil minimal de 220 mg de caféine pour 1 000 ml ou un seuil minimal de 300 mg de taurine pour 1 000 ml. Ces boissons sont considérées comme favorisant l'alcoolisme des jeunes, le mélange de l'alcool avec ces boissons énergisantes constituant un cocktail détonant provoquant une « ivresse express », très en vogue chez les jeunes[(66)].

Le Conseil constitutionnel a, dans sa décision n° 2012-659 DC du 13 décembre 2012, déclaré ces dispositions contraires à la Constitution au motif que le législateur aurait établi une imposition qui n'est pas fondée sur des critères objectifs et rationnels en rapport avec l'objectif poursuivi, dès lors que les boissons énergisantes ne contiennent pas en elles-mêmes d'alcool ;

– des droits sur les tabacs[(67)] ;

– les deux contributions à la charge des établissements de vente en gros de spécialités pharmaceutiques et des entreprises assurant l'exploitation d'une ou plusieurs spécialités pharmaceutiques[(68)], auxquelles s'ajoute la « contribution au titre de médicaments destinés au traitement de l'hépatite C » depuis la loi n° 2014-1554 du 22 décembre 2014 de financement de la sécurité sociale pour 2015 (art. 3)[(69)] ;

– la contribution des entreprises de préparation de médicaments dite « taxe sur la publicité pharmaceutique »[(70)], ainsi que la contribution sur le chiffre d'affaires à la charge des entreprises assurant l'exploitation d'une ou plusieurs spécialités pharmaceutiques[(71)] ;

– les taxes sur la vente des médicaments, produits de santé, dispositifs médicaux et dispositifs médicaux de diagnostic *in vitro*[(72)] ;

– la contribution pour le remboursement de la dette sociale (CRDS), affectée à la Caisse d'amortissement de la dette sociale (CADES), qui a été créée par l'ordonnance n° 96-50 du 24 janvier 1996[(73)].

39. – Impôts contributoires et impôts compensatoires. Égalité devant l'impôt et égalité devant les charges publiques. La distinction qu'il convient de faire entre impôts contributoires et impôts compensatoires n'est pas seulement d'ordre pédagogique. Elle a une valeur explicative certaine et débouche ou devrait déboucher sur des régimes juridiques comportant des éléments de différenciation au plus haut niveau, notamment celui du contrôle de la constitutionnalité.

Elle permet, en effet, d'éclairer une autre distinction entre deux principes fondamentaux dont on discerne mal aujourd'hui les champs d'application respectifs dans la jurisprudence du Conseil constitutionnel : le principe d'égalité devant l'impôt et le principe d'égalité devant les charges publiques. Le premier a vocation à régir essentiellement la contribution commune qui doit être également répartie entre « tous les citoyens », en raison de leurs facultés, conformément à l'article 13 de la Déclaration de 1789. En revanche, il ne peut, par définition, s'appliquer aux contributions spéciales qui visent à faire participer certaines catégories de citoyens

(65) Doc. AN 2012, Rapport de la commission des affaires sociales, n° 302, t. 1, p. 258 et s.
(66) Doc. AN 2012, n° 302, préc., p. 272.
(67) CGI, art. 575 et CSS, art. L. 241-2.
(68) CSS, art. L. 138-1 et L. 138-10.
(69) CSS, art. L. 138-19-1, mod. par L. n° 2015-1702, 21 déc. 2015 de financement de la sécurité sociale pour 2016 (art. 4).
(70) CSS, art. L. 245-1 et s.
(71) CSS, art. L. 245-6.
(72) CGI, art. 1600-0 N à 1600-O R.
(73) CGI, art. 1600-OG et s. – CE, 4 nov. 1996, n° 177162, *Assoc. de défense des sociétés de courses : RFDA* 1996, p. 1099, concl. Maugüé ; *RJF* 1997, n° 509. – TA Lyon, 9 mars 1999, n° 98-1599, *Pignard : RJF* 1999, n° 1625, avec la note.

ou d'entreprises à la couverture d'un surcroît de charges publiques dans des secteurs particuliers, comme ceux de l'urbanisme ou de la sécurité sociale. C'est un autre principe qui est en cause ici : le principe d'égalité devant les charges publiques. Force est de reconnaître cependant que cette distinction n'est pas faite distinctement par la jurisprudence du Conseil constitutionnel.

§ 1. – Impôts contributoires

40. – **Contrepartie.** L'*absence de contrepartie déterminée* pour le contribuable reste le critère essentiel de cette catégorie d'impôts.

Le terme de « contributoire » utilisé ici est relié à la notion de « contribution commune » de l'article 13 de la Déclaration de 1789.

La catégorie des impôts contributoires englobe notamment les impôts qui permettent à l'État de financer ses dépenses de souveraineté, liées à l'exercice des grandes fonctions étatiques et que l'on pourrait considérer en conséquence comme des impôts « de puissance publique » : impôt sur le revenu, impôt sur les sociétés, taxe sur la valeur ajoutée, impôt de solidarité sur la fortune, taxe intérieure sur les produits pétroliers, droits d'enregistrement, droits de timbre et impôts indirects.

Les impôts d'État qui constituent « la contribution commune » ont pour caractéristique essentielle d'être sans contrepartie déterminée pour la personne qui en est redevable. C'est la raison pour laquelle les recettes dégagées par ces impôts ne reçoivent pas d'affectation particulière.

Un impôt dont le produit est affecté au financement d'une catégorie déterminée de dépenses publiques peut être sans contrepartie pour le redevable.

Il en va différemment lorsque le prélèvement est opéré à l'occasion d'une mission de service public ou de police et qu'il peut être considéré pour le redevable comme la contrepartie de cette prestation publique.

Le critère tiré de l'absence de contrepartie déterminée n'est donc pas le seul qui doive être retenu. Il y a lieu de prendre aussi en considération le cas où l'impôt est la contrepartie de l'exercice d'une mission d'intérêt général.

Cette distinction appelle un certain nombre d'observations complémentaires concernant les rapports entre contrepartie et affectation.

A. – Absence de contrepartie

41. – **L'exemple de la taxe sur les nuisances sonores aériennes.** Cet exemple, tiré d'une situation qui peut paraître assez marginale, est donné parce qu'il permet d'illustrer très simplement la définition du critère de l'impôt.

Les riverains des aéroports les plus importants subissent de graves nuisances. Il est donc légitime qu'ils bénéficient d'un système d'aides pour l'insonorisation des bâtiments d'habitation, des établissements d'enseignement ou de soins, ou même en vue du rachat des immeubles les plus exposés au bruit et du relogement de leurs occupants.

Le financement de ces aides avait d'abord été assuré au moyen d'une taxe parafiscale, et seulement au profit des riverains des aérodromes d'Orly et de

Charles-de-Gaulle, gérés par Aéroport de Paris, qui était alors un établissement public industriel et commercial. L'institution de cette taxe parafiscale était en soi d'une légalité douteuse, et de toute façon, le procédé ne pouvait être utilisé pour les grands aéroports de province.

La taxe parafiscale a donc été supprimée et remplacée par une redevance complémentaire à la redevance d'atterrissage, dite « redevance pour atténuation des nuisances phoniques », créée par le décret n° 84-28 du 11 janvier 1984.

Un autre décret n° 84-29 du même jour avait autorisé Aéroport de Paris à percevoir cette redevance sur les aérodromes d'Orly et de Roissy-Charles-de-Gaulle.

Ces décrets ont fait l'objet d'un recours pour excès de pouvoir à l'occasion duquel le Conseil d'État a fait une application remarquable du principe traditionnel dans l'arrêt du 13 novembre 1987, *Syndicat national des transporteurs aériens*(74).

La redevance, perçue par l'exploitant de l'aérodrome, était mise à la charge des compagnies aériennes. Mais les riverains de l'aéroport étaient, par définition, les seuls bénéficiaires des prestations financées au moyen de la redevance. Le Conseil d'État a considéré que celle-ci n'était « la contrepartie d'aucune prestation » servie aux exploitants d'aéronefs. Il a jugé en conséquence que la redevance pour atténuation des nuisances phoniques ne pouvait présenter le caractère de redevance pour service rendu, mais avait le caractère d'une imposition, qui ne pouvait être instituée qu'en vertu d'une loi : d'où l'annulation des décrets du 11 janvier 1984.

Le législateur est intervenu à plusieurs reprises (L. 1992, 1998, 2003, 2006) et après toutes sortes d'avatars a créé une « taxe sur les nuisances sonores aériennes » (qui est en réalité un impôt), dont les dispositions sont codifiées à l'article 1609 quatervicies A du Code général des impôts, après avoir occupé malencontreusement un article du Code des douanes au titre de la taxe générale sur les activités polluantes (TGAP).

B. – Contrepartie de l'exercice de missions d'intérêt général

42. – Ce critère, qui s'écarte de la définition générale de l'impôt, a reçu des applications dans deux domaines que recouvre une distinction possible entre deux cas.

Le prélèvement peut être opéré à l'occasion du contrôle par l'autorité administrative d'une activité exercée par le redevable ; mais celui-ci ne peut être regardé comme le seul bénéficiaire de cette prestation publique. Il peut l'être aussi dans un but de prévention contre des risques pour la sécurité des personnes ou des biens qui pèsent simultanément sur un ensemble de personnes ; chacune d'elles est alors appelée à contribuer au financement des dépenses générées par l'exécution de ces services.

On pourrait évoquer ici une notion d'« impôt-redevance » et la taxe d'aéroport dont il est question ci-dessous est, à cet égard, assez caractéristique. Aucune confusion n'est cependant possible avec la redevance ou la taxe qui seront examinées ultérieurement, en raison de l'individualisation des services rendus dans ces deux cas. Au contraire, dans l'hypothèse de la contrepartie de l'exercice de missions d'intérêt général, si le redevable est individualisé lors du paiement, *l'exécution de ces missions reste impersonnelle.*

(74) *RDP* 1988, p. 274, concl. O. Van Ruymbeke ; *JCP* G 1988, II, 20977, note J. Dufau.

43. – **Opérations de contrôle.** De nombreuses opérations, notamment de *contrôle* ou de *police*, ne sont pas effectuées dans le seul intérêt du prestataire du service correspondant, mais dans l'intérêt général. Le prélèvement qui est exigé à l'occasion de ces prestations ne présente pas alors le caractère d'une rémunération pour service rendu, mais revêt le caractère d'une imposition, bien que le juge ne se prononce pas toujours expressément sur sa nature juridique.

Le contrôle sur la qualité des *vins à appellation d'origine* offre un premier exemple de ce type de prélèvements. Ce contrôle n'a pas été institué dans le seul intérêt des producteurs ; il a pour objet un intérêt général de protection des consommateurs. Le Conseil d'État a décidé en conséquence que le paiement, par les viticulteurs, des frais occasionnés par les opérations de ce contrôle, ne correspond pas à la simple rémunération d'un service rendu à ces derniers et que, dès lors, il ne pouvait être mis à leur charge que par la loi(75).

Le caractère d'imposition du prélèvement, dont la création entre, en conséquence, dans la compétence du législateur, a été reconnu à de nombreuses contributions, redevances, ou même dépenses, telles les dépenses correspondant à l'exécution des analyses, expertises ou contrôles nécessaires pour l'application de la législation sur les installations classées en vertu de l'article L. 514-8 du Code de l'environnement(76).

Le financement de l'organisation de l'agrément des vins et autres produits à appellation d'origine contrôlée est assuré actuellement par des « cotisations » prélevées sur les producteurs de ces produits et qui, « nonobstant leur caractère obligatoire, demeurent des créances de droit privé ».

Un problème de qualification analogue s'est posé pour :

– la contribution imposée aux membres des associations syndicales de sylviculteurs pour financer les moyens de lutte contre les incendies de forêt dans les Landes de Gascogne(77) ;

– la « redevance » versée par les centres de contrôle technique des voitures particulières (astreintes à la visite technique prévue par les articles R. 323-1 et s. du Code de la route) au titre de leur surveillance administrative par les services de l'État(78) ;

– les contributions annuelles visées à l'ancien article L. 367-10 du Code de la santé publique, qui étaient versées au Conseil national et aux conseils régionaux de la formation médicale continue par le fonds d'assurance formation et par les unions des médecins exerçant à titre libéral(79) ;

– la redevance à verser à l'Office des migrations internationales par la personne qui subit le contrôle médical auquel étaient assujettis en vertu de l'article L. 341-2 ancien du Code du travail, les étrangers qui présentaient une demande initiale de titre de séjour ; le Conseil d'État a jugé que ce contrôle médical « n'a pas été institué dans le seul intérêt de ces personnes, mais a essentiellement pour objet la protection de la santé publique ; que, dès lors, ce contrôle médical ne constitue pas un service rendu pouvant donner lieu à la perception d'une redevance » et il a déclaré en conséquence illégal l'arrêté interministériel qui avait institué cette redevance(80) ;

– la taxe annuelle de gestion et de contrôle des autorisations à laquelle sont assujettis les titulaires d'autorisations relatives à des réseaux et services de télécommunication mentionnés aux

(75) CE, 22 déc. 1978, n° 97730, *Synd. viticole des Hautes Graves de Bordeaux* : *Rec. CE* 1978, p. 525 ; *D.* 1979, p. 125, note P. Delvolvé ; *RJF* 1979, p. 370, concl. Genevois.
(76) CE, 26 mars 1997, *Sté Elf Antargaz* : *Rec. CE* 1997, p. 111.
(77) CE, 18 janv. 1985, *d'Antin de Vaillac* : *Rec. CE* 1985, p. 12.
(78) CE, 6 oct. 1997, *Assoc. des réseaux de contrôle automobile* : *RJF* 1997, n° 1092.
(79) CE, ass., 3 juill. 1998, req. n° 184.605, *Synd. des médecins Aix* : *Rec. CE* 1998, p. 267 ; *AJDA* 1998, p. 844, chron. Raynaud et Fombeur.
(80) CE, 20 mars 2000, *Gisti* : *Rec. CE* 2000, p. 122 ; *AJDA* 2001, p. 188, note S. Hennette-Vauchez.

articles L. 33-1 et L. 34-1 du Code des postes et télécommunications, qui présente le caractère d'une imposition non visée par le Code général des impôts[81] (V. *infra*, n° 277).

Ce sont encore des dispositions fiscales qui sont visées par le décret n° 2011-2062 du 29 décembre 2011 relatif aux taxes prévues aux articles L. 311-13, L. 311-14 et L. 311-15 du Code de l'entrée et du séjour des étrangers et du droit d'asile et par le décret n° 2012-812 du 16 juin 2012 relatif à la contribution spéciale et à la contribution forfaitaire représentative des frais de réacheminement d'un étranger dans son pays d'origine, qui sont prévues à l'article L. 8253-1 du Code du travail.

Un problème différent s'est posé pour le financement de l'organisation de l'agrément des vins et autres produits à appellation d'origine contrôlée qui est assuré actuellement par des « cotisations » prélevées sur les producteurs de ces produits, en application d'accords interprofessionnels rendus obligatoires par des arrêtés interministériels dans les conditions fixées par les articles L. 632-3 à L. 632-6 du Code rural et de la pêche maritime. Le Tribunal des conflits a jugé que les cotisations perçues par ces organismes agricoles, dénommées « cotisations volontaires obligatoires », présentent le caractère de « créances de droit privé » en dépit de ce caractère obligatoire[82].

Le Conseil constitutionnel a décidé qu'elles ne constituaient pas « des impositions de toutes natures » au sens de l'article 34 de la Constitution[83]. La Cour de justice de l'Union européenne a jugé de son côté que ce dispositif n'est pas incompatible avec les stipulations de l'article 107 TFUE sur le régime des aides (V. *infra*, n° 522).

44. – **Cas du transport aérien. Services de sécurité et de sûreté.** Les opérations qui ont pour objet d'assurer l'inspection et le filtrage des passagers et des bagages à main, le contrôle des bagages de soute, celui des personnes, des aéronefs et des véhicules ayant accès à des zones réservées des aérodromes, et qui sont « effectuées à titre permanent dans l'intérêt général des usagers du transport aérien et des populations survolées (...) ne sont pas exercées directement et principalement au profit des transporteurs aériens dans des conditions susceptibles de donner lieu à l'établissement de redevances pour services rendus »[84].

Un prélèvement qui est destiné à rémunérer les activités de sûreté assurées par les gestionnaires d'aérodromes présente le caractère d'imposition[85].

Le Conseil d'État avait déjà jugé dans le domaine du transport aérien que la rémunération de services correspondant à des missions d'intérêt général qui incombent, par nature, à l'État, ne peut être financée au moyen de redevances[86].

Cette jurisprudence a entraîné l'intervention du législateur. La loi de finances pour 1999, n° 98-1266 du 30 décembre 1998, dont les dispositions sont codifiées à l'article 1609 quatervicies du Code général des impôts, a institué une « taxe d'aéroport » (en réalité un impôt) perçue au profit des personnes publiques ou privées exploitant des aérodromes.

(81) CE, 29 oct. 2012, n° 334987, *Autorité de régulation des communications électroniques et des postes (ARCEP)* : *RJF* 2013, n° 111 ; *BDCF* 2013, n° 11, concl. Mme Legras.

(82) T. confl., 17 oct. 2011, n° 3828, *SCEA du Chéneau* : *RFDA* 2011, p. 1122, concl. J.-D. Sarcelet, note B. Seiller. Sur l'application de ces dispositions, V. aussi : CE, 4 oct. 2013, n° 355.299, *Synd. des producteurs de carottes* : *RJF* 2014, n° 103. – Sur la question, V. M. Collet, *La consolidation du mécanisme des « cotisations volontaires obligatoires » (CVO)* : *RFDA* 2013, p. 1113.

(83) Déc. 17 févr. 2012, n° 2011-221 QPC : *D.* 2012, 506.

(84) CE, 23 juin 2000, n° 189.168, *Chambre syndicale des transports aériens* : *Dr. fisc.* 2001, comm. 155, concl. Bachelier ; *JCP G* 2001, IV, n° 1634.

(85) CE, 23 juin 2000, préc.

(86) CE, sect., 10 févr. 1995, nos 148.035 et 145607, *Chambre syndicale du transport aérien* : *CJEG* 1995, p. 146, concl. Arrighi de Casanova ; *RJF* 1995, n° 491 ; *AJDA* 1995, p. 403, note Broussolle. – CE, sect., 20 mai 1998, req. n° 179.784, *Synd. des compagnies aériennes autonomes* : *RJF* 1998, n° 883.

Elle est due par toute entreprise de transport aérien public et s'ajoute au prix acquitté par le client, ce qui pourrait la faire ressembler à une redevance.

Elle est assise sur le nombre de passagers et la masse de fret et de courrier embarqués par l'entreprise sur l'aérodrome.

Le produit de la taxe est affecté sur chaque aérodrome au financement, d'une part, des services de sécurité-incendie-sauvetage, de lutte contre le péril aviaire et de sûreté, et d'autre part, des mesures effectuées dans le cadre des contrôles environnementaux.

La même loi, dont les dispositions sont reprises à l'article 302 bis K du Code général des impôts, a créé une « taxe de l'aviation civile » au profit du budget annexe « Contrôle et exploitation aériens » et du budget général de l'État. Elle a la même assiette que celle de la taxe d'aéroport et est destinée, au moins en partie, à financer des dépenses de même nature.

45. – L'institution de ces deux impositions s'est heurtée à l'hostilité du Sénat. Il a rappelé son attachement au principe d'un financement par l'impôt général des sujétions normales supportées par l'État du fait de ses missions essentielles. Les observations reproduites ci-dessous montrent bien l'évolution de la notion d'impôt au regard du critère de la contrepartie.

Il faut financer les sujétions normales auxquelles la mission, régalienne par excellence, de préservation de la sûreté publique expose l'État.

La taxe d'aéroport suscite à l'évidence des problèmes juridiques qui ne sont d'ailleurs que le reflet des questions politiques qu'elle pose.

Le dispositif de la taxe en fait l'exact équivalent d'une redevance, même si en tant que taxe le prélèvement nouvellement institué obéira à un régime juridique différent de celui des redevances : elle devra ainsi en particulier faire l'objet d'un vote par le Parlement.

Mais, sur le fond, la taxe d'aéroport, imposition spécifique assise sur le passager aérien et prélevée sur les compagnies pour financer des missions d'intérêt général ne différerait pas des redevances. Formellement, la ressemblance avec les redevances serait assurée par un calcul du tarif de la taxe épousant au plus près possible les coûts aéroport par aéroport et, surtout, par une absence totale d'affectation budgétaire de son produit et donc d'imputation budgétaire des charges qu'il serait censé couvrir.

Avec la question du choix de la nature de l'imposition appelée à financer les coûts des missions d'intérêt général en cause, on aborde une difficulté de principe.

Votre commission des finances s'est systématiquement opposée en la matière à des solutions où une redevance mise à la charge d'une catégorie spéciale d'usagers ou une taxe spécifique viendrait financer l'exercice normal de missions d'intérêt général.

Le dispositif proposé par le gouvernement n'est donc pas satisfaisant puisque les principes républicains d'ailleurs enracinés dans l'article 13 de la Déclaration des droits de l'homme et du citoyen veulent que les dépenses de sûreté soient financées à partir d'une contribution commune, générale.

On ne peut non plus se contenter de se référer aux spécificités du transport aérien. Cette justification à laquelle renvoient les propos du ministre devant l'Assemblée nationale s'inspire, semble-t-il, de deux considérations : le fait qu'une proportion réduite de la population se transporte par la voie des airs ; le fait qu'à l'étranger la taxation spécifique est de pratique répandue et qu'elle soit consacrée par l'OACI...

Quant au premier argument, on voit bien que sa généralisation pourrait déboucher sur une révolution fiscale susceptible d'anéantir l'idée même de contribution commune. Appliqué à l'ensemble des dépenses publiques, il pourrait déboucher sur un financement par voie de contributions spécifiques imposées aux seuls bénéficiaires des biens produits à l'aide de la dépense publique.

Ainsi, seuls les habitants des quartiers en difficulté seraient appelés à financer les mesures destinées à régler les problèmes qu'ils doivent affronter, seuls les clients de la SNCF devraient financer les forces de police mobilisées par le souci d'assurer la tranquillité du transport ferroviaire, etc. Une telle argumentation suppose des ajustements tels qu'elle ne peut sans débat sur ses conséquences et prolongements être produite à l'appui de la solution proposée par le gouvernement »[87].

Le Conseil constitutionnel a rejeté cependant cette argumentation dans sa décision n° 98-405 DC du 29 décembre 1998 (V. *infra*, n° 47).

C. – Contrepartie et affectation

46. – **Absence de contrepartie. Conséquences.** L'absence de contrepartie déterminée entraîne une conséquence importante : à savoir que *les conditions dans lesquelles le produit des impôts est utilisé ne peuvent être utilement contestées* devant le juge de l'impôt.

Le Conseil d'État a même condamné à une amende pour recours abusif un contribuable qui demandait une réduction de son impôt sur le revenu au seul motif que certaines dépenses effectuées par les services de l'État dans le département où il habitait étaient entachées de diverses irrégularités[88].

47. – **Affectation de l'impôt.** Suivant la jurisprudence du Conseil constitutionnel, le produit d'une imposition peut être affecté à un établissement public industriel ou commercial[89], et, à plus forte raison, à des établissements publics administratifs, tels que les fonds ou caisses nationales de la sécurité sociale[90]. – V. aussi *supra*, n° 38.

Il a jugé par la suite qu'« aucun principe fondamental reconnu par les lois de la République n'interdit que le produit d'une imposition soit attribué à un établissement public ou à une personne privée chargée d'une mission du service public »[91]. Il a décidé en conséquence que le législateur avait pu prévoir que le produit de la taxe d'aéroport serait perçu au profit des personnes publiques ou privées exploitant des aérodromes.

La fiscalité affectée a connu ces dernières années un développement considérable qui crée des difficultés budgétaires et économiques. Elle a fait l'objet d'un rapport du Conseil des prélèvements obligatoires (CPO) rendu public le 4 juillet 2013, qui porte sur les impositions de toutes natures affectées à des « tiers » autres que les collectivités territoriales et les organismes de sécurité sociale. Le champ retenu par le CPO comprend, pour 2013, 214 taxes affectées à 453 organismes bénéficiaires pour un rendement total de 28 Md€. Il s'agit pour l'essentiel de taxes bénéficiant à des agences de l'État (14,6 Md€), aux chambres consulaires (1,9 Md€), à des organismes techniques ou professionnels (1,4 Md€), et aux dispositifs de solidarité nationale tels que la contribution au service public de l'électricité, le Fonds national d'aide au logement ou le Fonds national des solidarités actives (10 Md€)[92].

(87) Commission des finances du Sénat, Rapport général, 1998-1999, n° 66, t. 3, p. 214 et Annexe n° 25, p. 84 et s.
(88) CE, 18 juin 1980, n° 18.246 : *RJF* 1980, p. 373.
(89) Cons. const., 28 juin 1982, n° 82-140 DC : *Dr. fisc.* 1982, comm. 1462.
(90) Cons. const., 14 janv. 1983, n° 82-152 DC, concernant la cotisation sur les boissons alcooliques instituée au profit de la Caisse nationale de l'assurance maladie des travailleurs salariés.
(91) Cons. const., 29 déc. 1998, n° 98-405 DC, *L. fin. 1999*.
(92) Conseil des prélèvements obligatoires, *La fiscalité affectée (constats, enjeux et réformes)*, juill. 2013.

48. – Absence de lien entre affectation et contrepartie. Exemple des redevances des agences de l'eau. Mais l'affectation de l'impôt n'implique pas l'existence d'une contrepartie pour le redevable.

Même lorsque l'impôt est affecté, le redevable ne peut se prévaloir de l'absence de contrepartie pour refuser de s'acquitter de sa dette.

Cet aspect a été mis en lumière par la jurisprudence concernant une redevance perçue par les agences financières de bassin[93].

Les agences financières de bassin, qui ont été créées par la loi n° 64-1245 du 16 décembre 1964 (appelées aujourd'hui agences de l'eau) ont pour objet non seulement de lutter contre la pollution des eaux, mais également de veiller à l'équilibre des ressources et des divers besoins en eau dans chaque bassin. Les personnes publiques ou privées rendent nécessaire ou utile l'intervention de l'agence, dans la mesure où elles effectuent des prélèvements sur la ressource en eau, même si ceux-ci sont suivis de restitution. Il s'ensuit qu'une agence peut instituer une redevance à raison des prélèvements effectués en vue de l'irrigation.

Le redevable en cause avait soutenu qu'il ne pouvait être assujetti à la redevance d'irrigation, en invoquant notamment le moyen tiré de la circonstance que l'agence n'aurait réalisé ni financé aucun travail dans la zone où il était installé.

Le Conseil d'État a jugé que cette circonstance était sans incidence sur la légalité de la redevance, en considérant que « les redevances perçues par les agences financières de bassin doivent être rangées au nombre des impositions, et ne sont pas dès lors perçues en contrepartie d'un service rendu directement à l'assujetti ».

L'emploi de la locution « dès lors » est très révélateur. L'absence de contrepartie directe n'est pas seulement le critère de l'impôt, lorsque le prélèvement n'a effectivement aucune contrepartie possible. La notion d'impôt s'oppose encore à ce que le redevable puisse, pour échapper au paiement, invoquer l'absence de contrepartie, même dans le cas où une contrepartie au moins indirecte aurait pu exister du fait de l'affectation de l'impôt au financement d'ouvrages dans l'intérêt des redevables.

La loi n° 2006-1772 du 30 décembre 2006 sur l'eau et les milieux aquatiques a remplacé les redevances de la loi de 1964 par des redevances pour pollution de l'eau, pour modernisation des réseaux de collecte, pour pollutions diffuses, pour prélèvement sur la ressource en eau, pour stockage d'eau en période d'étiage, pour obstacle sur les cours d'eau et pour protection du milieu aquatique. Les dispositions nouvelles sont codifiées dans le Code de l'environnement sous les articles L. 213-10 et suivants.

49. – Absence de lien entre affectation et contrepartie. Cas des anciennes taxes parafiscales et des impositions de remplacement. La taxe parafiscale pouvait avoir une contrepartie qui n'était pas toutefois, dans le cas général, ni directe, ni immédiate. Mais elle présentait un caractère obligatoire et le Conseil d'État en avait tiré des conséquences très significatives en ce qui concerne le lien existant entre le paiement de la taxe et la contrepartie éventuelle.

Il a jugé ainsi que la circonstance qu'une catégorie d'entreprises entrant dans le champ d'application d'une taxe parafiscale ne bénéficierait pas en fait des activités de l'organisme au profit duquel elle est instituée ne peut avoir pour effet de les dispenser du paiement de la taxe[94]. Les entreprises peuvent être assujetties à une taxe parafiscale dès lors qu'elles sont seulement susceptibles de bénéficier des actions

(93) CE, 1er juin 1994, n° 129.805, *SCA du Piada* et n° 129.727, *Letierce* : *RJF* 1994, n° 928 ; *Dr. fisc.* 1994, comm. 1694.
(94) CE, 10 déc. 1986, n° 59.689 : *Dr. fisc.* 1987, comm. 766, concl. de Guillenchmidt ; *RJF* 1987, n° 197.

d'ordre économique et social financées à l'aide du produit de cette taxe[95]. Aucune règle, ni aucun principe général du droit n'exigent non plus que les personnes assujetties soient les bénéficiaires exclusifs et directs de ces actions[96].

Le régime des impositions créées par la loi de finances rectificative pour 2003, n° 2003-1312 du 30 décembre 2003, pour remplacer les taxes parafiscales, devrait être dominé par les mêmes règles de base (V. *infra*, n° 60).

La redevance audiovisuelle créée par la loi de finances pour 2005, qui a une contrepartie directe et immédiate, soulève un problème particulier de qualification (V. *infra*, n° 117).

§ 2. – Impôts compensatoires

50. – **Compensation d'un surcroît de charges publiques.** Le développement des fonctions administratives en matière économique et sociale, les exigences de plus en plus contraignantes de l'intérêt général dans le domaine de l'urbanisme et de l'environnement et notamment l'aggravation du déficit de la sécurité sociale ont entraîné l'apparition d'impôts d'un nouveau type qui dérogent très largement aux principes de la fiscalité traditionnelle.

Ces impôts peuvent être classés dans trois sous-catégories.

A. – Absence de contrepartie

51. – **Contributions sociales.** Certaines contributions qui frappent notamment les entreprises industrielles et commerciales ne sont exigées de celles-ci que parce qu'elles sont considérées comme tirant bénéfice de l'accroissement de charges publiques d'une certaine catégorie.

L'impôt présente un caractère compensatoire dès lors qu'il vise à compenser cet accroissement de charges publiques. Mais il ne comporte aucune contrepartie pour celui qui le paie.

C'est surtout dans le domaine social que sont apparues ces dernières années les impositions de ce type, telles que la cotisation sur les boissons alcooliques[97] ou les diverses contributions des laboratoires pharmaceutiques. Il est très significatif, dans ce dernier cas, que l'imposition soit assise sur l'augmentation des frais de prospection et d'information des praticiens afférents à l'exploitation des spécialités pharmaceutiques remboursables[98] ou sur l'accroissement du chiffre d'affaires au titre de certains médicaments[99] ; V. *infra*, n° 67.

B. – Absence de contrepartie individualisée

52. – **Cas de la contribution sociale généralisée (CSG).** Cette sous-catégorie des impôts compensatoires comprend des impositions qui, en raison de l'étendue

(95) CE, 9 avr. 1999, n° 177.538, *Sté Strafor : Dr. fisc.* 1999, comm. 769, concl. Arrighi de Casanova ; *RJF* 1999, n° 802.
(96) CE, 24 mars 1999, n° 178.919, *Assoc. nationale des expéditeurs de fruits et légumes : RJF* 1999, n° 663. – CE, 9 avr. 1999, préc.
(97) CSS, art. L. 245-7.
(98) CSS, art. L. 245-2.
(99) CSS, art. L. 138-10.

de leur champ d'application, sont très proches des impôts contributoires de type traditionnel. Elles s'en distinguent cependant par le fait qu'elles sont destinées à couvrir un surcroît de charges publiques qu'entraîne le fonctionnement de services dont les redevables sont aussi bénéficiaires. Mais le supplément d'impôt auquel ils sont assujettis ne comporte pas de contrepartie individualisée.

Il est permis de considérer que la CSG instituée en 1991 est de ce type. Le Conseil constitutionnel a précisé très clairement l'esprit des trois contributions créées par la loi de finances pour 1991 : « ces contributions nouvelles entrent dans la catégorie des "impositions de toutes natures" visées à l'article 34 de la Constitution et dont il appartient au législateur de fixer les règles concernant l'assiette, le taux et les modalités de recouvrement ; (...) [elles] constituent des impositions et non des cotisations de sécurité sociale ; (...) dans la mesure où [elles] *ont pour finalité commune la mise en œuvre du principe de solidarité nationale*, la détermination des redevables des différentes contributions ne saurait aboutir à une rupture caractérisée de l'égalité devant les charges publiques entre tous les citoyens ; (consid. 9, 24 et 29) » « l'institution (...) de contributions sociales dont les assiettes respectives sont très largement définies, a pour but *d'associer au financement des dépenses de sécurité sociale l'ensemble de la population, compte tenu d'une évolution qui a étendu le champ d'application des prestations sociales* (...) le produit des contributions nouvelles est versé à la Caisse nationale des allocations familiales ; il est destiné (...) à *l'allègement à due concurrence des prélèvements affectés à la sécurité sociale* ; ces prélèvements se caractérisent par une prépondérance de cotisations qui ne sont ni assises sur l'ensemble des revenus ni soumises à une règle de progressivité ; en outre, à la différence des cotisations sociales, les contributions nouvelles ne seront pas déductibles de l'impôt sur le revenu, dont les taux sont progressifs ; (...) dans ces conditions, le choix par le législateur d'un taux unique applicable aux contributions sociales qu'il institue ne peut être regardé comme contraire à l'article 13 de la Déclaration des droits de l'homme et du citoyen »[(100)].

Le Conseil d'État ne pouvait que reconnaître le caractère d'imposition à la CSG, en raison de l'autorité de chose jugée découlant de la décision du Conseil constitutionnel. Il a confirmé à cette occasion, d'une part, le principe suivant lequel la notion de cotisation sociale est fondée sur la relation existant entre l'obligation de cotiser et la vocation à prestation et, d'autre part, la distinction qu'il y a lieu de faire entre les cotisations sociales et les impositions à finalité sociale, telles que la contribution sociale généralisée et la contribution pour le remboursement de la dette sociale ; celles-ci, en l'absence de contrepartie individualisée, présentent le caractère d'impositions de toutes natures (V. *infra*, n° 147).

C. – Existence d'une contrepartie individualisée

53. – **Fiscalité de l'urbanisme.** Les impôts compensatoires peuvent aussi comporter une contrepartie individualisée, directe et immédiate. C'est le cas de nombreux

(100) Consid. 40 et 41. – Cons. const., 28 déc. 1990, n° 90-285 DC, *CSG : Dr. fisc.* 1991, n° 14, p. 612, chron. L. Philip ; *JCP* G 1991, 1, 3522, chron. F. Quérol ; *RJF* 1991, p. 127 ; *Dr. soc.* 1991, p. 338, note X. Prétot.

prélèvements qui relèvent de la fiscalité de l'urbanisme. Ces prélèvements représentent une participation des redevables aux dépenses supplémentaires d'équipements publics auxquelles sont exposées les collectivités locales.

Il en est même un, le versement pour dépassement du plafond légal de densité[101], qui s'apparente à un prix pur et simple (V. *infra*, n° 72).

À l'exception de ce versement, il n'existe pas de lien d'équivalence financière objective entre le montant de l'impôt et la contrepartie économique reçue. Le redevable retire cependant un avantage certain du paiement de l'impôt qui peut être regardé dès lors comme venant en compensation de l'autorisation de construire.

Le caractère d'impôt a été reconnu à ces prélèvements.

C'était le cas de l'ancienne participation pour dépassement du coefficient d'occupation du sol prévue à l'article L. 332-1 du Code de l'urbanisme. C'était ou c'est toujours celui d'autres impôts : taxe locale d'équipement, taxe départementale des espaces naturels sensibles, taxe pour le financement des dépenses des conseils d'architecture, d'urbanisme et de l'environnement, redevance sur les constructions de locaux à usage de bureaux, des locaux commerciaux et des locaux de stockage dans la région parisienne prévue aux articles L. 520-1 et suivants du Code de l'urbanisme, redevances d'archéologie préventive.

Le caractère compensatoire de ces impôts est confirmé par la règle suivant laquelle ils constituent, du point de vue fiscal, un élément du prix de revient de l'ensemble immobilier[102] ou un élément du prix de revient du terrain sur lequel est édifiée la construction[103].

54. – **Droit à restitution.** Une autre confirmation du caractère compensatoire peut être trouvée dans le droit du redevable à restitution totale ou partielle de l'impôt, dans des conditions qui font l'objet de dispositions spéciales[104].

SECTION 6

UN PRÉLÈVEMENT DESTINÉ À ASSURER LE FINANCEMENT DES CHARGES PUBLIQUES

55. – L'impôt est un prélèvement destiné à assurer *le financement des charges publiques de l'État, des collectivités territoriales et des établissements publics administratifs.*

(101) C. urb., art. L. 112-2.

(102) CGI, art. 302 septies B-II, pour la taxe d'aménagement et le versement pour sous-densité (V. *infra*, n°s 90 et 91) et, autrefois, pour la taxe locale d'équipement, la taxe départementale des espaces naturels sensibles et la taxe pour le financement des dépenses des conseils d'architecture, d'urbanisme et d'environnement.

(103) CGI, art. 302 septies B-I pour le versement pour dépassement du plafond légal de densité et la redevance pour construction dans la région parisienne.

(104) V. par ex., pour la taxe d'aménagement, C. urb., art. L. 331-30 prévoyant la restitution lorsque le redevable justifie qu'il n'a pas donné suite à l'autorisation de construire ou d'aménager. Cet article reprend les dispositions de l'article 1723 quinquies du Code général des impôts applicables en matière de taxe locale d'équipement : CE, 12 mars 2014, n° 354 825, *Sté Espace Habitat Construction* : *RJF* 2014, n° 574.

Ce dernier élément de la définition appelle deux séries d'observations concernant les exceptions au monopole fiscal des personnes morales de droit public et la distinction entre charges publiques et dépenses fiscales.

§ 1. – Les exceptions au monopole des personnes morales de droit public

56. – En principe, l'impôt est perçu exclusivement au profit de *personnes morales de droit public* : l'État, les collectivités territoriales (communes, départements, régions), des établissements publics administratifs.

Mais les personnes morales de droit public ont perdu ce monopole, du moins sur le plan du principe.

57. – **Établissements publics administratifs. EPCI.** Nombreux sont les établissements publics administratifs qui sont bénéficiaires d'impôts, notamment dans le domaine social et à l'échelon national, ce mode de gestion permettant de tourner l'obstacle de la règle de la non-affectation des recettes.

On peut citer encore le cas des chambres de commerce et d'industrie et celui des agences de l'eau (V. *supra*, n° 48).

Une place à part doit être faite, au sein des établissements publics administratifs, à la catégorie particulière des établissements publics de coopération intercommunale (EPCI), qui peuvent percevoir des impôts et taxes : syndicats de communes, communautés urbaines, communautés de communes, communautés d'agglomération.

Il faut, du reste, faire une distinction suivant que les EPCI sont dotés ou non d'une fiscalité propre. Les établissements à fiscalité propre reçoivent directement certains impôts locaux, notamment la contribution économique territoriale (qui a remplacé la taxe professionnelle depuis 2010). En l'absence de fiscalité propre, ils dépendent des contributions versées par les communes membres. Divers avantages prévus par la loi visent à favoriser la fiscalité propre (dotation d'intercommunalité, dotation propre).

On ne peut donc plus se borner à évoquer le cas des impôts perçus au profit des communes. Au 1er mars 2015, il y avait 2 133 EPCI à fiscalité propre(105).

58. – **Établissements publics industriels et commerciaux.** Le cas d'établissements publics industriels et commerciaux bénéficiaires d'impôts reste assez exceptionnel. On peut mentionner l'Office national interprofessionnel des grandes cultures (anciennement Office national interprofessionnel des céréales), l'Office national interprofessionnel des produits de la mer et de l'aquaculture (OFIMER)… et le Centre national de la chanson, des variétés et du jazz(106).

Le critère tiré de la nature juridique de l'organisme bénéficiaire permettait de distinguer notamment l'impôt de la taxe parafiscale, laquelle était perçue au profit d'organismes privés ou d'établissements publics industriels et commerciaux (V. *infra*, n° 130).

(105) *AJDA* 2014, p. 259, obs. J.-M. Pastor. – J. Waline, *Droit administratif*, Dalloz, 2016, n° 277.
(106) L. n° 2002-5, 4 janv. 2002, art. 30.

59. – **Personnes morales de droit privé.** Jusqu'à ces dernières années, il était exclu qu'un impôt pût être prélevé directement au profit de personnes morales de droit privé. L'interposition d'une personne publique permettait seule d'assurer éventuellement le financement de leurs dépenses de fonctionnement. C'était le cas de la taxe pour le financement des dépenses des conseils d'architecture, d'urbanisme et de l'environnement (CAUE), qui était établie par délibération du conseil général et dont le produit était perçu au profit du département, mais en vue d'assurer le financement des dépenses de ces conseils(107) (V. *infra*, n° 89). La loi n° 77-2 du 3 janvier 1977 sur l'architecture prévoit qu'ils sont créés, dans chaque département, sous la forme d'une association. Ils ont, entre autres, pour mission de développer l'information, la sensibilité et l'esprit de participation du public dans le domaine de l'architecture, de l'urbanisme et de l'environnement.

Il a déjà été rappelé que suivant le Conseil constitutionnel, « aucun principe fondamental reconnu par les lois de la République n'interdit que le produit d'une imposition soit attribué à un établissement public ou à une personne privée chargée d'une mission de service public »(108).

Le juge constitutionnel a complété sa doctrine dans la décision n° 2001-448 DC du 25 juillet 2001 concernant la loi organique relative aux lois de finances. Après avoir défini les ressources et les charges de l'État, l'article 2 de cette loi prévoit dans son second alinéa que « les impositions de toute nature ne peuvent être directement affectées à un tiers qu'à raison des missions de service public confiées à lui et sous les réserves prévues par les articles 34, 36 et 51 ». Pour le Conseil, il résulte de la combinaison de ces dispositions que l'affectation directe à un tiers des impositions de toute nature, et seulement à raison des missions de service public confiées à lui, ne peut être réalisée que sous la triple condition que la perception de ces impositions soit autorisée par la loi de finances de l'année, que, lorsque l'imposition concernée a été établie au profit de l'État, ce soit une loi de finances qui procède à cette affectation et qu'enfin le projet de loi de finances de l'année soit accompagné d'une annexe explicative concernant la liste et l'évaluation de ces impositions(109).

60. – **Impositions perçues en remplacement des taxes parafiscales.** Ce dispositif a permis de trouver un financement nouveau pour les actions spécifiques, de caractère économique ou social, à la suite de la suppression des taxes parafiscales prévue, à partir du 1er janvier 2004, par la loi organique du 1er août 2001 (art. 63) – (V. *infra*, nos 123 et s.).

Il a permis aussi d'éviter l'écueil des anciennes taxes parafiscales qui, n'entrant pas dans les prévisions de l'article 4 de l'ordonnance du 12 janvier 1959, dissimulaient en réalité des « impositions de toutes natures », dès lors qu'elles étaient

(107) CGI, art. 1599 B aujourd'hui abrogé.

(108) Cons. const., 29 déc. 1999, n° 98-405 DC pour la taxe d'aéroport.

(109) Cons. const., 25 juill. 2001, n° 2001-448 DC, consid. 10 : *RFDA* 2001, p. 1205, note L. Tallineau ; *LPA* 13 sept. 2001, n° 183, note Schoettl ; *ibid.* 10 oct. 2001, n° 202, note Camby ; *RDP* 2001, p. 1455, note F. Luchaire ; *AJDA* 2002, note P. Jan. – V. aussi : CAA Paris, 14 févr. 2002, n° 97-1058, *Territoire de la Nouvelle-Calédonie : Dr. fisc.* 2002, n° 44, comm. 863, concl. Kimmerlin : est légale la délibération du congrès du Territoire de Nouvelle-Calédonie portant création d'un impôt intitulé « contribution sociale » dont le produit est attribué à une personne privée chargée d'une mission de service public, en l'espèce, une caisse de compensation des prestations familiales, des accidents du travail et de prévoyance des travailleurs.

destinées à assurer le financement d'actions qui excédaient l'intérêt économique ou social d'un secteur d'activité particulier et visaient à la réalisation d'objectifs généraux d'intérêt national[(110)].

Les taxes parafiscales ont été remplacées par de nouveaux prélèvements présentant le caractère d'imposition au sens de l'article 34 de la Constitution, qui ont été institués par la loi de finances rectificative pour 2003, n° 2003-1312 du 30 décembre 2003, dans ses articles 71 à 77[(111)] modifiés ou complétés à plusieurs reprises.

Ces dispositions n'ont pas été codifiées. Il ne faut donc pas chercher les règles applicables à ces impositions nouvelles dans le CGI.

Ce sont, énumérées à *l'article 71* : – la taxe pour le développement des industries de l'ameublement ainsi que des industries du bois, – la taxe pour le développement des industries du cuir, de la maroquinerie, de la ganterie et de la chaussure, – la taxe pour le développement des industries de l'horlogerie, bijouterie, joaillerie et orfèvrerie, ainsi que des arts de la table, – la taxe pour le développement des industries de l'habillement, – la taxe pour le développement des industries mécaniques (dite taxe Corem), – la taxe pour le développement des industries des matériaux de construction regroupant les industries du béton, de la terre cuite et des roches ornementales et de construction, – la taxe pour le développement de l'industrie de la transformation des corps gras végétaux et animaux, – la taxe pour le développement des industries de la fonderie, – la taxe pour le développement des industries de la transformation des matières plastiques et des composites à matrice organique.

Les trois dernières (corps gras, fonderie, plasturgie) ont été créées par l'article 137 de la loi n° 2015-1785 du 29 décembre 2015, de finances pour 2016[(112)].

Ce même texte a également harmonisé les règles relatives au recouvrement, au contrôle et au contentieux de l'ensemble des taxes prévues par l'article 71 de la loi du 30 décembre 2003. À défaut de paiement de la taxe, un titre de perception est établi par le directeur de l'organisme affectataire, mais le recouvrement de ce titre est effectué par le comptable compétent de la Direction générale des finances publiques. Les réclamations contentieuses relatives à l'assiette de la taxe sont traitées par les directeurs des organismes affectataires. Les contestations relatives au recouvrement de la taxe et aux poursuites, de même que les réclamations d'assiette sont présentées, instruites et jugées selon les règles applicables en matière d'impôts directs.

La loi du 30 décembre 2003 prévoit d'autres taxes dans ses articles 72 à 77 : – la taxe pour le développement de l'industrie de la conservation des produits agricoles, – la taxe perçue autrefois au profit de l'Office national interprofessionnel des produits de la mer et de l'aquaculture (OFIMER), qui a été affectée à l'établissement national des produits de l'agriculture et de la mer (FranceAgriMer)[(113)], – la taxe sur les spectacles de variétés, perçue au profit du Centre national de la chanson, des variétés et du jazz, – la taxe sur les spectacles perçue au profit de l'Association pour le soutien du théâtre privé.

La taxe affectée au centre technique interprofessionnel des fruits et légumes a été supprimée par la loi n° 2014-1654 du 29 décembre 2014 de finances pour 2015 (art. 31).

Toutes ces taxes (art. 71 à 77) sont assises généralement sur le chiffre d'affaires hors taxes. Elles sont perçues au profit d'*organismes de droit privé* (centres techniques industriels, comités interprofessionnels de développement, associations), à l'exception de la taxe sur les spectacles de variétés, affectée au Centre national de la chanson qui est un établissement public industriel et commercial en application de la loi n° 2002-5 du 4 janvier 2002 relative aux musées de France (art. 30), et de

(110) CE, ass., 26 oct. 1990, n° 61172, *Union fédérale des consommateurs : Dr. fisc.* 1991, n° 21-22, comm. 1149, concl. Fouquet ; *RJF* 1990, p. 823, concl. ; *CJEG* 1991, p. 57, concl., pour la taxe parafiscale sur certains produits pétroliers instituée par un décret du 8 avril 1983. – CE, sect., 27 mars 2000, n° 197173, *Agence de l'environnement et de la maîtrise de l'énergie : Dr. fisc.* 2000, n° 42, comm. 788, concl. Arrighi de Casanova, pour la taxe sur la pollution atmosphérique.
(111) *Dr. fisc.* 2004, n° 4.
(112) *Dr. fisc.* 2016, n° 1.
(113) C. rur. pêche marit., art. L. 621-1.

la taxe affectée à FranceAgriMer, qui est un établissement public administratif créé par l'ordonnance n° 2009-325 du 25 mars 2009. FranceAgriMer perçoit, en outre, la taxe sur les céréales perçue autrefois au profit de l'Office national interprofessionnel des céréales (ONIC), qui était un établissement public industriel et commercial, et qui était devenu depuis la loi n° 2006-11 du 5 janvier 2006 d'orientation agricole, l'Office national interprofessionnel des grandes cultures. Les dispositions afférentes à la taxe sur les céréales sont codifiées dans le Code général des impôts[114].

On peut ajouter la taxe pour le développement de la formation professionnelle dans les métiers de la réparation de l'automobile, du cycle et du motocycle, instituée à compter du 1er janvier 2004 au profit de l'Association nationale pour la formation automobile[115].

Toutes ces taxes ont en réalité le caractère d'impôt.

La redevance audiovisuelle, qui a remplacé aussi une taxe parafiscale, a les caractéristiques essentielles d'une taxe (V. *infra*, n° 121).

§ 2. – Dépenses publiques et dépenses fiscales

61. – L'impôt a toujours pour objet de procurer à l'État, aux collectivités territoriales et aux établissements publics administratifs les ressources financières dont ils ont besoin pour *couvrir leurs dépenses publiques.*

Il peut viser parallèlement d'autres objectifs de caractère économique ou social. Bien que cette distinction ne soit pas toujours facile, deux cas principaux doivent être distingués suivant que la règle fiscale se voit assigner un but de dissuasion ou d'incitation. Ce n'est que dans le second que l'on peut parler de dépenses fiscales.

62. – Dissuasion et incitation. Relativité de la distinction. Exemple de l'éco-pastille. Dissuasion et incitation sont souvent confondues, ce qui est presque inévitable. Un exemple de cette confusion peut être tiré de la création récente de l'« éco-pastille », qui est une taxe additionnelle à la taxe sur les certificats d'immatriculation des véhicules (carte grise), consistant en un « malus » applicable aux voitures particulières les plus polluantes. Cette imposition a été créée par la loi de finances rectificative pour 2007, n° 2007-1824 du 25 décembre 2007 (art. 63) dont les dispositions (modifiées) sont codifiées à l'article 1011 bis du Code général des impôts. Doivent être assujettis à cette taxe les véhicules dont le taux de rejet de CO_2 excède une certaine limite et ceux dont la puissance fiscale est supérieure à 5 CV. Cette taxe, a été présentée comme visant à encourager l'achat et l'utilisation de véhicules moins polluants ; mais on peut y voir aussi bien une imposition destinée à dissuader l'acquisition de véhicules plus polluants. Le caractère incitatif ou dissuasif est nécessairement fonction des réactions personnelles des futurs acquéreurs, compte tenu de leurs disponibilités financières, au regard des taux qui sont prévus.

(114) CGI, art. 1619.
(115) CGI, art. 1609 sexvicies.

L'expression d'« incitation » est utilisée parfois, même par le juge, dans des cas qui relèveraient plutôt de la dissuasion[116]. Effectivement, la nuance peut paraître assez mince entre le fait « d'inciter un contribuable à adopter un comportement conforme aux objectifs de la loi » et le fait de « le dissuader de persister dans un comportement jugé négatif par le législateur ».

La distinction apparaît toutefois assez claire si elle est fondée sur les relations qui existent, d'une part, entre la dissuasion et l'imposition supplémentaire et, d'autre part, l'incitation et l'avantage fiscal qui génère des dépenses fiscales[117].

A. – Dissuasion fiscale

63. – **Définition. Exemples.** La dissuasion tend à détourner le contribuable d'un projet, à l'amener à ne pas intervenir dans un domaine déterminé, à ne pas poursuivre son activité dans les conditions où il l'exerce et, d'une manière plus générale, à renoncer à un comportement considéré comme préjudiciable à un intérêt collectif.

Elle se réalise au moyen de l'*imposition supplémentaire* à laquelle il sera assujetti, s'il refuse de renoncer à son projet ou d'abandonner son activité ou de modifier son comportement. La mesure fiscale de caractère dissuasif s'applique nécessairement à des situations de ce type.

Les dispositions de la loi fiscale qui poursuivent un but de dissuasion sont nombreuses. On peut rappeler ainsi la législation sur la fiscalité immobilière de 1963 ; l'imposition, au titre des revenus, de certains profits immobiliers était motivée par le souci de lutter contre la spéculation et par là même de faciliter et d'encourager la construction. Mais la fonction attribuée à l'imposition dans ce domaine s'est vite émoussée.

La fiscalité de l'affichage publicitaire avait aussi officiellement un but dissuasif ; mais elle est loin d'avoir eu cet effet.

Autres exemples :

– le prélèvement spécial de 33 % perçu sur la fraction des bénéfices industriels et commerciaux qui résulte de la production, de la distribution ou de la représentation des films pornographiques ou d'incitation à la violence[118] ou des œuvres de même nature diffusées sur support vidéographique[119] ou des opérations de vente et de location portant sur des publications qui ont fait l'objet d'au moins deux des interdictions prévues par la loi sur les publications destinées à la jeunesse[120] ;

– l'application d'un taux majoré pour la taxe sur le prix des entrées aux séances organisées par les exploitants d'établissements de spectacles cinématographiques en cas de représentation d'œuvres ou de documents à caractère pornographique ou d'incitation à la violence[121] ;

(116) Cons. const., 19 déc. 2000, n° 2000-437 DC, *Loi de financement de la sécurité sociale pour 2001*, consid. 37, concernant une taxe applicable aux entreprises pharmaceutiques.

(117) A. Pando, *Débats autour de la « fiscalité comportementale »* : LPA 2014, n°s 87-88.

(118) CGI, art. 1605 sexies.

(119) CGI, art. 1605 septies.

(120) CGI, art. 1605 octies.

(121) C. cinéma, art. L. 115-2.

– la taxe spéciale dont sont redevables les distributeurs de films pornographiques ou d'incitation à la violence, dans les conditions prévues à l'article L. 116-2 du Code du cinéma et de l'image animée ;
– la non-application du taux réduit de la TVA pour un ensemble d'opérations prévues à l'article 279 bis du Code général des impôts, toujours en raison de leur caractère pornographique ou d'incitation à la violence.

On pourrait mentionner encore qu'en application des dispositions de l'article 235 ter MB du Code général des impôts, le prélèvement spécial de 33 % prévu à l'article 1605 sexies s'applique également aux bénéfices industriels et commerciaux réalisés par les établissements dont l'accès est interdit aux mineurs en raison de leur caractère licencieux ou pornographique.

Ce prélèvement spécial a fait l'objet d'une décision qui mérite d'être rappelée ; le Conseil d'État a refusé de transmettre au Conseil constitutionnel une question prioritaire de constitutionnalité fondée sur la liberté d'entreprendre et la libre concurrence[(122)].

La dissuasion fiscale qui s'attache à l'objectif d'intérêt général de protection de l'ordre public que constitue, dans l'intention du législateur, la lutte contre la multiplication des lieux de vente et de rencontre à caractère pornographique, peut l'emporter ainsi sur le principe de la libre concurrence en dépit de la protection dont celui-ci bénéficie par le droit communautaire. Le Conseil d'État relève ainsi dans l'arrêt du 2 mars 2011, que « si la libre concurrence peut être une exigence, notamment pour garantir le respect du principe d'égalité ou de la liberté d'entreprendre, elle n'est pas, en elle-même, au nombre des droits et libertés garantis par la Constitution » au sens et pour l'application de l'article 61-1 de la Constitution.

Quant à la taxe sur les services d'informations ou interactifs à caractère pornographique (minitel rose), créée par la loi n° 89-936 du 29 décembre 1989[(123)], elle est restée pratiquement inappliquée ; la jurisprudence du Conseil d'État a rendu ce dispositif inapplicable[(124)].

64. – **Taxe annuelle sur les logements vacants.** Cette taxe a été instituée à compter du 1er janvier 1999, par la loi n° 98-657 du 29 juillet 1998 relative à la lutte contre les exclusions[(125)]. Elle vise à modifier le comportement des propriétaires de locaux d'habitation qui préfèrent conserver ces logements vacants plutôt que de les louer.

Le champ d'application en a été élargi et les taux ont été aggravés par la loi de finances pour 2013, n° 2012-1509 du 29 décembre 2012.

Elle est applicable désormais dans les communes appartenant à une zone d'urbanisation continue de plus de 50 000 habitants où existe un déséquilibre marqué entre l'offre et la demande de logements, entraînant des difficultés sérieuses d'accès au logement sur l'ensemble du parc résidentiel existant.

(122) CE, 2 mars 2011, n° 345.288, *Sté Manirys* : *Dr. fisc.* 2011, n° 18, comm. 340, concl. Geffray.
(123) CGI, art. 235.
(124) CE, 29 déc. 1993, n° 129.416 : *Dr. fisc.* 1994, comm. 637, concl. Arrighi de Casanova ; *RJF* 1994, n° 292.
(125) CGI, art. 232.

La liste des communes où cette taxe est instituée est fixée par le décret n° 2013-392 du 10 mai 2013, modifié par le décret n° 2015-1284 du 13 octobre 2015. Ainsi que l'indique la notice du décret du 10 mai 2013, la taxe sur les logements vacants concerne vingt-huit unités urbaines, contre huit auparavant, soit 1 151 communes au lieu de 811.

Il a été jugé que les personnes publiques peuvent, en principe, y être assujetties, comme les propriétaires privés(126). Elle ne peut toutefois s'appliquer à des logements qui constituent des dépendances du domaine public tels que des logements vacants dans des lycées(127). Elle ne s'applique pas non plus, depuis la modification réalisée par la loi du 29 décembre 2012, aux logements détenus par les organismes d'habitations à loyer modéré et les sociétés d'économie mixte et destinés à être attribués sous conditions de ressources.

L'assiette de la taxe est constituée par la valeur locative du logement telle qu'elle est fixée pour la taxe d'habitation. Le contrôle, le recouvrement et le contentieux sont régis comme en matière de taxe foncière sur les propriétés bâties. Elle ne peut être considérée cependant comme un impôt local(128). Son produit est versé, du reste, dans la limite d'un certain plafond, à l'Agence nationale de l'habitat, qui est un établissement public administratif.

Le taux de la taxe a été porté par la loi de finances pour 2013 à 12,5 % de la valeur locative la première année d'imposition et à 25 % à compter de la deuxième année (elle était fixée précédemment à 10 %, puis 12,5 % et 15 % respectivement pour la première, la deuxième et la troisième année).

Depuis la loi n° 2006-872 du 13 juillet 2006(129), les communes autres que celles où s'applique la taxe sur les logements vacants, peuvent, toujours dans le but de lutter contre la crise du logement, assujettir à la taxe d'habitation les logements vacants. La durée de la vacance, qui était d'abord de cinq ans, a été réduite par la loi de finances pour 2013 ; ce dispositif s'applique désormais aux logements vacants depuis plus de deux années au 1er janvier de l'année d'imposition.

La taxe est établie, dans ce cas, au nom du propriétaire ou de l'usufruitier qui dispose du local depuis le début de la période de vacance(130).

La taxe n'est pas due en cas de vacance indépendante de la volonté du contribuable.

65. – **Taxe sur les loyers élevés des logements de petite surface.** Cette taxe a été instituée par la loi de finances pour 2012, n° 2011-1977 du 28 décembre 2011 (art. 79) dont les dispositions sont codifiées à l'article 234 du Code général des impôts.

Elle a pour objectif de limiter la pratique de loyers qui sont d'autant plus abusifs qu'ils sont exigés pour des logements exigus et de personnes qui sont le plus souvent dans une situation de précarité.

Elle s'applique, depuis le 1er janvier 2012, dans les grandes agglomérations, notamment l'agglomération parisienne, aux logements donnés en location nue

(126) CE, 18 janv. 2008, n° 290.366, *Région Île-de-France* : *RJF* 2008, n° 524 ; *BDCF* 2008, n° 54, concl. Collin.
(127) CE, 18 janv. 2008, préc.
(128) CE, 6 mars 2006, n° 263.504, *Région Île-de-France* : *Dr. fisc.* 2006, n° 25, comm. 456, concl. Verclytte ; *RJF* 2006, n° 584.
(129) CGI, art. 1407 bis.
(130) CGI, art. 1408.

ou meublée, pour une durée minimale de neuf mois, et dont la surface est inférieure ou égale à 14 mètres carrés au sens du Code de la construction et de l'habitation[131].

Elle est due lorsque le montant du loyer mensuel, charges non comprises, excède un montant, fixé par décret, compris, pour 2016, entre 31,23 et 46,85 € par mètre carré de surface habitable, montant qui peut être majoré au maximum de 10 % pour les locations meublées.

La taxe, due par le bailleur, est assise sur le montant des loyers perçus au cours de l'année civile considérée.

Le caractère dissuasif de cette imposition découle, en premier lieu, de son taux, qui est déterminé en fonction de l'écart existant entre le montant du loyer mensuel charges non comprises, et la valeur du loyer mensuel de référence fixée par décret ; il varie de 10 % à 40 % suivant l'importance de cet écart. Le caractère dissuasif résulte, en second lieu, de la règle suivant laquelle la taxe n'est pas déductible des revenus soumis à l'impôt sur le revenu ou du résultat imposable à l'impôt sur les sociétés (dans le cas où le bailleur est assujetti à cet impôt).

Concernant l'établissement, le contrôle et le recouvrement de la taxe, elle suit le régime de l'impôt sur le revenu ou de l'impôt sur les sociétés.

66. – **Taxe annuelle sur les friches commerciales.** Elle a été créée par la loi de finances rectificative pour 2006, n° 2006-1771 du 30 décembre 2006 (art. 126), dont les dispositions sont codifiées à l'article 1530 du Code général des impôts. Cette taxe, que les communes ont la faculté d'instituer, à partir du 1er janvier 2008, vise à dissuader les promoteurs immobiliers et les propriétaires de laisser à l'abandon des surfaces commerciales dans un but de spéculation ou simplement par négligence, et à permettre ainsi de faciliter la revitalisation commerciale du centre-ville ou de certains quartiers. Elle peut s'appliquer essentiellement aux locaux commerciaux qui ne sont plus affectés à cette activité et qui sont restés inoccupés au cours d'une période fixée à au moins cinq ans à l'origine, et qui a été ramenée à deux ans par la loi de finances pour 2013. – V. aussi le débat sur le versement pour sous-densité, *infra*, n° 91.

67. – **Relativité des effets de la dissuasion.** D'une manière générale, la dissuasion n'est concevable que si l'imposition créée à cet effet est suffisamment lourde pour vaincre les résistances des personnes visées. Mais le législateur évite de tomber dans des excès qui pourraient, du reste, être sanctionnés par le Conseil constitutionnel, comme le montrent les réserves qu'il a faites au sujet de la taxe annuelle sur certains logements vacants[132]. Plus récemment, le Conseil constitutionnel, appelé à se prononcer sur les dispositions qui ont élargi le champ d'application de cette taxe, a précisé que ne peuvent y être assujettis des logements qui ne pourraient être rendus habitables qu'au prix de travaux importants dont la charge incomberait nécessairement à leur détenteur[133].

(131) CCH, art. R. 111-2.
(132) Cons. const., 29 juill. 1998, n° 98-403 DC, consid. 16 à 20 : *AJDA* 1998, p. 705, note Schoettl.
(133) Cons. const., 29 déc. 2012, n° 2012-662 DC, consid. 136.

Dans la grande généralité des cas, l'impôt dissuasif reste donc assez mesuré et présente cette caractéristique paradoxale de tendre à la diminution progressive de ses bases, voire à sa suppression, ce qui correspond en théorie au but poursuivi.

Mais il n'est pas non plus jusqu'ici, sauf erreur, d'exemple probant de mesure fiscale dissuasive qui ait atteint son but.

68. – **Impôt-sanction.** Cette constatation amène à s'interroger sur la nature véritable des prélèvements de cette catégorie. Le caractère d'impôt n'est pas douteux. Mais comme le législateur ne peut ignorer que l'efficacité des mesures dites dissuasives reste hypothétique, on peut se demander s'il ne faut pas voir plutôt dans le supplément d'impôt qui est institué un *impôt-sanction*.

Le Conseil constitutionnel a refusé toutefois d'accepter cette qualification pour des prélèvements dont la nature permettait d'invoquer l'idée de sanction(134).

Tel est le cas de la contribution à la charge des entreprises exploitant des spécialités pharmaceutiques, prévue à l'article L. 138-10 du Code de la sécurité sociale. Ce dispositif a notamment pour but d'inciter les laboratoires à conclure avec le comité économique des produits de santé des conventions relatives à un ou plusieurs médicaments, visant à la modération de l'évolution du prix de ces médicaments et à la maîtrise du coût de leur promotion. La contribution est due au cas où le chiffre d'affaires d'ensemble des laboratoires s'est accru d'un pourcentage excédant le taux de progression de l'objectif national de dépenses d'assurances maladie. Cette contribution a été instituée par la loi n° 98-1194 du 23 décembre 1998, de financement de la sécurité sociale pour 1999 (art. 31). Le Conseil constitutionnel a décidé qu'elle ne présentait pas le caractère d'une sanction, contrairement à ce que soutenaient les parlementaires(135).

La question de la nature d'impôt-sanction peut également se poser au sujet d'autres prélèvements, tels que : – la contribution des laboratoires pharmaceutiques prévue à l'article L. 245-2 du Code de la sécurité sociale, dite taxe sur la publicité pharmaceutique, qui est assise sur les charges de prospection et d'information en matière d'exploitation des spécialités pharmaceutiques(136) – ou la contribution prévue par l'article 118 de la loi n° 2002-73 du 17 janvier 2002 de modernisation sociale(137) ; cette contribution est mise à la charge des entreprises qui occupent plus de mille salariés et qui procèdent à la fermeture partielle ou totale d'un site ; elle peut prendre la forme soit de mesures en faveur de l'emploi, réalisées directement ou indirectement par l'entreprise concernée en application d'une convention signée avec l'État, soit d'un versement au Trésor public en cas d'absence de convention ou d'inexécution partielle ou totale de celle-ci(138).

Le juge a traité différemment le cas du prélèvement institué par la loi n° 2000-1208 du 13 décembre 2000 relative à la solidarité et au renouvellement urbain. Cette loi a eu notamment pour objet, dans le but d'assurer la mixité sociale, de stimuler la réalisation de logements sociaux dans les communes où ceux-ci représentent moins de 20 % des résidences principales. L'article L. 302-7 du Code de la construction et de l'habitation issu de cette loi institue un prélèvement sur les ressources fiscales des communes, qui est effectué chaque année et qui constitue une charge obligatoire pour la commune tant que celle-ci n'a pas atteint l'objectif fixé par la loi. Le Conseil constitutionnel a considéré que ce prélèvement ne constituait pas un impôt local(139). L'article L. 302-7 précité a été modifié par la loi n° 2013-61 du 18 janvier 2013 relative à la mobilisation du foncier public en faveur du logement et au renforcement des obligations de production de logement social (art. 14).

(134) Cons. const., 18 déc. 1998, n° 98-404 DC, consid. 25.
(135) Cons. const., 18 déc. 1998, n° 98-404 DC, consid. 25. Sur la même contribution, V. : Cons. const., 19 déc. 2000, n° 2000-437 DC, *Loi de financement de la sécurité sociale pour 2001*, consid. 29 à 38.
(136) Cons. const., 18 déc. 2001, n° 2001-453 DC, *Loi de financement de la sécurité sociale pour 2002*, consid. 42 à 48.
(137) C. trav., art. L. 321-17 en vigueur jusqu'au 31 décembre 2006.
(138) Cons. const., 12 janv. 2002, n° 2001-455 DC, *Loi de modernisation sociale*, consid. 70 à 75.
(139) Cons. const., 7 déc. 2000, n° 2000-436 DC, *Loi SRU*, consid. 37 et 38.

Une solution voisine a été retenue au sujet du prélèvement institué par l'article 4 de la loi n° 2009-323 du 25 mars 2009, « de mobilisation pour le logement et la lutte contre l'exclusion », qui devait été établi sur les ressources financières des organismes d'habitations à loyer modéré disposant d'un patrimoine locatif dans le cas où, au cours des deux derniers exercices comptables, leurs investissements annuels moyens sont restés inférieurs à une fraction de leur potentiel financier annuel moyen. Les parlementaires requérants soutenaient que ce prélèvement constituait une sanction à caractère fiscal. Le Conseil constitutionnel a considéré qu'il n'avait pas pour objet de sanctionner le manquement à une obligation fixée par la loi ou le règlement et qu'il entrait dans la catégorie des impositions de toutes natures. Il a, toutefois, déclaré le texte contraire à la Constitution en tant qu'il renvoyait à un décret en Conseil d'État le soin de définir notamment le mode de calcul du « potentiel financier » annuel moyen ainsi que la liste des investissements annuels[(140)].

Ce dispositif avait été repris dans l'article 210 de la loi de finances pour 2011, n° 2010-1657 du 29 décembre 2010, codifié à l'article L. 423-14 du Code de la construction et de l'habitation. Le Conseil constitutionnel a déclaré que les dispositions de l'article 210, qui « ont pour objet principal d'instituer une imposition », étaient conformes à la Constitution, et notamment aux dispositions de la loi organique du 1er août 2001 sur l'affectation directe à un tiers des impositions de toute nature à raison des missions de service public confiées à celui-ci[(141)]. L'article L. 423-14 du Code de la construction et de l'habitation a été abrogé par la loi précitée n° 2013-61 du 18 janvier 2013 (art. 33).

B. – Incitation fiscale

69. – **Définition. Exemples.** Les mesures incitatives visent à entraîner le contribuable à participer à la réalisation d'un projet d'intérêt public, à opter pour un mode particulier de gestion de son patrimoine à des fins d'ordre économique ou social, ou plus généralement à adopter un comportement conforme à un objectif déterminé par la loi.

Elles tendent dans tous les cas à obtenir du contribuable une action positive.

Il ne faut pas confondre ces dispositions avec les réductions d'impôt en matière de dons aux associations, ni encore moins avec le mécénat d'entreprise (dons aux œuvres et autres organismes, acquisition d'œuvres d'art)[(142)].

Le concept de dépenses fiscales ne concerne, par définition, que les mesures d'incitation. Il est utilisé pour représenter le coût des allègements fiscaux, sous toutes leurs formes, qui sont utilisés dans le cadre des politiques de caractère économique ou social et dans lesquels consistent les mesures de renonciation totale ou partielle de la puissance publique à l'impôt.

Le moteur des mesures incitatives est constitué par *l'économie d'impôt* qui est promise au contribuable. Parmi celles qui sont prévues en matière d'impôt sur le revenu ou d'impôt sur les sociétés, on peut citer, à titre d'exemples :

– les dispositions sur l'exonération des bénéfices des entreprises nouvelles qui, depuis 1977, tendent à faciliter la création d'emplois[(143)] ;

– le dispositif d'incitation à l'investissement pour favoriser le développement économique et social des départements d'outre-mer et des Territoires d'outre-mer, qui a été mis en place à partir de 1980, pour les investissements des sociétés passibles de l'impôt sur les sociétés[(144)] ou à partir de 1992, pour les investissements des particuliers[(145)] ;

(140) Cons. const., 18 mars 2009, n° 2009-578 DC, consid. 2 à 7.
(141) Cons. const., 28 déc. 2010, n° 2010-622 DC, *Loi de finances pour 2011*, consid. 38 à 46 : *RJF* 2011, n° 360.
(142) F. Perrotin, *Mécénat : un bilan exceptionnel* : *LPA* 14 juin 2016, n° 118.
(143) CGI, art. 44 sexies et s.
(144) CGI, art. 217 undecies et 217 duodecies.
(145) CGI, art. 199 undecies A.

– l'institution en 1992 du plan d'épargne en actions (PEA), pour faciliter l'investissement en actions françaises(146) ;

– les régimes spéciaux de déduction des déficits fonciers : pour les opérations groupées de restauration immobilière dans les secteurs sauvegardés en raison de leur caractère historique ou esthétique en application de la loi Malraux (1976)(147) et les dispositifs Périssol (1996), Besson (1999), Robien (2003), Borloo (2006), destinés à favoriser la construction et la location de locaux à usage d'habitation ;

– les régimes spéciaux d'amortissement exceptionnel dans un but de protection de l'environnement : matériels destinés à économiser l'énergie, investissements antipollution (épuration des eaux industrielles, lutte contre les pollutions atmosphériques et les odeurs, lutte contre le bruit, véhicules non polluants)(148) ;

– les crédits d'impôt qui sont institués dans les buts les plus variés, tels que celui qui est accordé au titre des intérêts d'emprunts afférents à l'acquisition de l'habitation principale(149).

Il n'est pas de loi de finances qui n'institue de nouvelles mesures incitatives ou ne modifie des mesures anciennes pour en proroger le plus souvent l'application.

(146) CGI, art. 163 quinquies D.
(147) CGI, art. 156-I-3°.
(148) CGI, art. 39 quinquies E, F et DA, 39 AC à AF.
(149) CGI, art. 200 quaterdecies.

CHAPITRE 2

LA DISTINCTION DE L'IMPÔT ET DES AUTRES TYPES DE PRÉLÈVEMENTS

70. – La définition qui vient d'être donnée permet de distinguer l'impôt d'autres types de prélèvements.

Trois éléments de cette définition revêtent une importance particulière : d'une part, le caractère *obligatoire* de l'impôt, d'autre part, l'*absence de contrepartie* et enfin, la nature juridique de *l'organisme bénéficiaire* du prélèvement.

Ces questions peuvent être examinées à partir d'une double distinction : d'une part, entre l'impôt et les prélèvements de caractère non obligatoire, d'autre part, entre l'impôt et les autres prélèvements de caractère obligatoire.

SECTION 1

LA DISTINCTION DE L'IMPÔT ET DES PRÉLÈVEMENTS DE CARACTÈRE NON OBLIGATOIRE

71. – Le caractère non obligatoire ne signifie pas que les prélèvements en question dépendent uniquement de la volonté des administrés. Quant à leur principe et à leur montant, ils peuvent être fixés par les collectivités publiques. Mais ils ne sont opérés qu'en fonction d'un avantage particulier qui est procuré aux intéressés. Par ailleurs, ceux-ci conservent la faculté d'y échapper, soit en renonçant à acquérir les produits ou les prestations de services en contrepartie desquels ces prélèvements sont effectués (prix, rémunération pour service rendu), soit en s'abstenant d'exécuter les opérations ou travaux qui les justifient (contributions).

Le caractère non obligatoire est entendu ici dans un sens strictement juridique ; la réalité est tout à fait différente car les contraintes psychologiques, sociales, économiques ou professionnelles font qu'il peut être difficile, sinon impossible, de s'affranchir de ces prélèvements.

§ 1. – Impôt et prix

72. – Le prix est la valeur monétaire qui est attribuée à un bien ou à un service ; il exprime le rapport d'échange qui existe à un moment donné entre ce bien ou ce service et la monnaie.

Bien que le prix d'un produit ou d'un service, quel qu'il soit, comprenne nécessairement une part d'impôt, surtout depuis la généralisation de la taxe sur la valeur ajoutée, il est assez facile de distinguer l'un de l'autre.

Il ne faut pas perdre de vue, cependant, que le prix de certains produits peut dissimuler un prélèvement fiscal beaucoup plus important que leur valeur économique proprement dite. C'est le cas, en particulier, de produits tels que les tabacs ou l'essence.

73. – **Impôt-prix. Versement pour dépassement du plafond légal de densité (PLD).** Une seconde hypothèse, beaucoup plus curieuse, concerne le cas de « l'impôt-prix ».

Le versement pour dépassement du PLD constituait un impôt de caractère facultatif pour les communes. La loi n° 2000-1208 du 13 décembre 2000 relative à la solidarité et au renouvellement urbain (art. 50) a supprimé la possibilité de créer pour l'avenir un plafond légal de densité. Mais le versement demeure applicable dans les communes où un PLD était institué au 31 décembre 1999(1). Le conseil municipal peut toutefois décider de le supprimer et il est supprimé de plein droit en cas d'institution de la participation au financement des voies nouvelles prévue par le nouvel article L. 332-11-1 du Code de l'urbanisme.

Le droit de construire est attaché à la propriété du sol. La loi n° 75-1328 du 31 décembre 1975 portant réforme de la politique foncière (art. 2) a institué toutefois un plafond légal de densité. Ce plafond peut être défini comme la limite au-delà de laquelle le droit de construire relève de la collectivité. La densité de construction exprime le rapport entre la surface de plancher d'une construction et la surface de terrain sur laquelle cette construction est ou doit être implantée. Le plafond légal de densité (ou limite de densité) peut être instauré, dans le cas général, par le conseil municipal ou par le conseil de la communauté urbaine. Cette limite ne peut être inférieure à 1 et pour la ville de Paris, à 1,5. En 1983, elle a été fixée à 3 à Paris et en général, dans les grandes villes de France, à 2.

L'édification d'une construction d'une densité excédant le plafond légal est subordonnée au versement par le bénéficiaire de l'autorisation de construire d'une somme égale à la valeur du terrain dont l'acquisition serait nécessaire pour que la densité de la construction n'excède pas ce plafond.

Exemple : édification d'une construction de 2 500 m² de surface de plancher sur un terrain de 1 000 m², acquis pour le prix de 100 000 € (soit 100 € le mètre), dans une ville dans laquelle le PLD est de 2. Le dépassement est de 500 m²/2 = 250 m². Le versement dû à ce titre s'élèvera à 250 × 100 = 25 000 €. Pour que la densité de la construction n'excède par le plafond de 2, il aurait fallu faire l'acquisition d'un terrain supplémentaire de 250 m².

(1) Les dispositions des articles 1723 octies à 1723 quaterdecies du CGI qui régissaient le VDPLD et ont été abrogées par la loi n° 2014-1655 du 29 décembre 2014 (art. 44) demeurent applicables dans les communes où un plafond légal de densité était institué le 31 décembre 1999.

Bien que le versement résultant du dépassement du plafond légal de densité puisse s'analyser comme un prix, il constitue néanmoins un prélèvement de caractère fiscal[(2)]. – V. aussi *infra*, n° 194.

§ 2. – Impôt et contributions

74. – Notion. Le système des contributions est très différent de celui des offres de concours. L'offre de concours est une contribution volontaire en espèces ou en nature, qui est proposée par une personne privée ou publique à une collectivité publique, qui l'accepte, en vue de la réalisation d'un travail public.

La contribution est au contraire exigée par la collectivité publique à l'occasion de certains travaux ou opérations accomplis par une personne privée. Mais son montant peut faire l'objet d'une discussion ; par là, elle se distingue de la redevance.

La notion de contribution, qui est très souvent absente des classifications, a pourtant une existence propre, comme le montrent bien les deux catégories de contributions qui sont examinées sous cette rubrique. Mais il faut reconnaître que les contours en sont assez flous et que l'on peut hésiter parfois sur le caractère fiscal ou non du prélèvement en cause, et donc sur le caractère de contribution. Les participations restent assez nombreuses, notamment dans le domaine de l'urbanisme. Le cas beaucoup plus traditionnel des contributions pour dégradations exceptionnelles causées aux voies publiques départementales ou communales subsiste, mais il est beaucoup moins important.

A. – Contributions du droit de l'urbanisme

75. – La loi n° 2010-1658 du 29 décembre 2010 de finances rectificative pour 2010 a réformé profondément le régime des taxes et participations d'urbanisme. Les principales mesures de cette réforme sont entrées en vigueur le 1er mars 2012 pour les autorisations de construire ou d'aménager délivrées à compter de cette date. La suppression de certaines participations n'était prévue cependant que pour le 1er janvier 2015. Avant même la date du 1er mars 2012, d'importantes modifications sont survenues ; il s'agit, en particulier, de l'abrogation, en 2010, des dispositions relatives à la cession gratuite des terrains (V. *infra*, n° 79).

Il est donc nécessaire de rappeler au moins brièvement le régime antérieur pour comprendre la portée de la réforme, sans parler du contentieux qui, pendant de nombreuses années encore, sera alimenté par l'application de dispositions anciennes.

La réforme réalisée par la loi du 29 décembre 2010 fait l'objet d'un ensemble de développements séparés *infra*, sous les n°s 88 et s.

1° Évolution du système vers la fiscalisation

76. – Les pouvoirs publics ont estimé à partir du début des années 1960 qu'il était normal et nécessaire de faire participer les opérateurs aux dépenses d'exécution des

(2) CE, 10 mars 1981, n° 24476 : *D.* 1982, 421, note H. Charles ; *Dr. fisc.* 1982, comm. 2381. – CE, 31 mai 2000, req. n° 198437, *Crépin* : *RJF* 2000, n° 937 ; *BDCF* 2000, n° 90, concl. Goulard.

équipements publics, notamment en matière d'assainissement et de voirie, rendues nécessaires par les constructions d'immeubles d'habitation et les lotissements.

Le système a évolué considérablement.

77. – **Origine. Loi du 30 décembre 1967.** À l'origine, la participation revêtait uniquement la forme de versements de sommes d'argent et de cessions gratuites de terrains.

Le système a donné lieu à de nombreux abus que la *loi d'orientation foncière du 30 décembre 1967*, modifiée par la loi n° 71-581 du 16 juillet 1971, a visé à supprimer. Ce texte a déterminé en termes limitatifs les cessions et participations qui peuvent être exigées désormais des lotisseurs aussi bien que des titulaires de permis de construire.

Le régime des participations financières a été profondément modifié avec la création de la taxe locale d'équipement par la loi du 30 décembre 1967.

L'article 72 de la loi avait posé en principe qu'aucune contribution aux dépenses d'équipements publics ne pourrait plus être exigée des constructeurs dans les communes où serait instituée la taxe locale d'équipement et dans celles qui auraient renoncé à la percevoir. Mais il prévoyait déjà plusieurs exceptions au principe du non-cumul de la taxe locale d'équipement et des participations : outre des cessions gratuites de terrain destinées à certains usages collectifs, la participation pour construction en surdensité, devenue participation pour dépassement du coefficient d'occupation du sol (supprimée par la loi n° 2000-1208 du 13 décembre 2000)[3], la participation pour raccordement à l'égout[4], les participations des riverains prévues dans la législation applicable dans les départements du Haut-Rhin, du Bas-Rhin et de la Moselle.

La loi n° 71-581 du 16 juillet 1971 a ajouté de nouvelles exceptions en prévoyant que d'autres contributions peuvent être demandées pour la réalisation des équipements des services publics industriels ou commerciaux. Le principe du caractère exclusif de la taxe locale d'équipement était dès lors vidé d'une grande partie de sa substance. Par la suite, la liste des exceptions s'est encore allongée avec le versement pour dépassement du plafond légal de densité (V. *supra*, n° 73), la taxe départementale des espaces naturels sensibles[5], la taxe pour le financement des dépenses des conseils d'architecture, d'urbanisme et de l'environnement prévue à l'article 1599 B du CGI, la participation destinée à la réalisation de parcs publics de stationnement[6], la participation spécifique pour la réalisation d'équipements publics exceptionnels[7], sans parler de la réalisation des équipements « propres » mentionnés à l'article L. 332-15 du Code de l'urbanisme.

La loi n° 2000-1208 du 13 décembre 2000 relative à la solidarité et au renouvellement urbains a abrogé purement et simplement la participation pour dépassement du COS prévue à l'article L. 332-1 du Code de l'urbanisme et, dans les conditions qui ont été mentionnées (V. *supra*, n° 73), le versement pour dépassement du PLD, ainsi que le régime de la participation demandée pour la réalisation des équipements des services publics industriels ou commerciaux (art. 46). Mais la loi a remplacé ce dernier régime par la participation au financement des voies nouvelles et réseaux prévu au nouvel article L. 332-11-1 du Code de l'urbanisme.

Le dernier est la redevance d'archéologie préventive instituée par la loi n° 2001-44 du 17 janvier 2001, qui est destinée au financement des opérations de fouilles d'archéologie[8]. L'archéologie préventive a pour objet d'assurer la détection, la conservation ou la sauvegarde par l'étude scientifique des éléments du patrimoine archéologique affecté ou susceptible d'être affecté par les travaux publics ou privés).

(3) C. urb. art. L. 332-1 anc.
(4) C. santé publ., art. L. 1331-7.
(5) C. urb., art. L. 142-2 anc.
(6) C. urb., art. L. 332-7-1 anc.
(7) C. urb., art. L. 332-8 anc.
(8) C. patr., art. L. 524-2 et s.

La liste des taxes, contributions, participations exigées des bénéficiaires d'autorisations de construire est prévue aux articles L. 332-6 et L. 332-6-1 du Code de l'urbanisme.

La fiscalité de l'urbanisme est devenue d'une rare complexité. On peut même distinguer un régime de financement de droit commun des équipements publics, comportant pour l'essentiel les contributions énumérées aux articles L. 322-6 et L. 332-6-1 du Code de l'urbanisme, et des régimes dérogatoires de financement des équipements publics avec la participation instituée dans les secteurs d'aménagement prévus à l'article L. 332-9 du Code de l'urbanisme et la participation mise à la charge des aménageurs dans les zones d'aménagement concerté prévue à l'article L. 311-4 du même code[9].

Ce rappel apparaît nécessaire avant d'apporter les précisions indispensables sur les contributions du droit de l'urbanisme auxquelles n'est reconnu aucun des deux caractères d'impôt ou de redevance.

2° Les contributions applicables avant le 1er mars 2012

a) Impôts

78. – **Taxe locale d'équipement. Autres impôts.** Le cas de la taxe locale d'équipement a déjà été évoqué (V. *supra*, n° 21). L'assiette de cette taxe est constituée par la valeur de l'ensemble immobilier comprenant les terrains nécessaires à la construction et les bâtiments dont l'édification fait l'objet de l'autorisation de construire. Cette valeur est déterminée forfaitairement en appliquant à la surface de plancher développée hors œuvre une valeur au mètre carré variable selon la catégorie des immeubles. Le taux de la taxe est fixé à 1 % de la valeur de l'ensemble immobilier, ce taux pouvant être porté jusqu'à 5 % par délibération du conseil municipal[10].

La taxe locale d'équipement est un impôt[11]. V. aussi *infra*, n° 194.

Le caractère d'impôt a été reconnu également à d'autres prélèvements mentionnés à l'article L. 332-6-1 du Code de l'urbanisme : – l'ancienne participation pour dépassement du coefficient d'occupation du sol[12] ; – le versement pour dépassement du plafond légal de densité (V. *supra*, n° 73) ; – la taxe départementale des espaces naturels sensibles prévue à l'article L. 142-2 ancien du Code de l'urbanisme, qui a été instituée pour concourir au financement de la politique du département de protection, de gestion et d'ouverture au public des espaces naturels sensibles, boisés ou non, de préservation de la qualité des sites, des paysages, des milieux naturels ; – la taxe pour le financement des dépenses des conseils d'architecture, d'urbanisme et de l'environnement[13], V. *supra*, n° 59 ; – la participation des riverains prévue par la législation applicable dans les départements du Haut-Rhin, du Bas-Rhin et de la Moselle, qui était mentionnée à l'article L. 332-6-1 du Code de l'urbanisme[14].

Le Conseil constitutionnel a tranché le problème pour la redevance d'archéologie préventive visée à l'article L. 332-6 du Code de l'urbanisme : elle entre aussi dans

(9) V. par ex. : CE, 23 déc. 2010, n° 307.124, *Sté d'équipement du biterrois* : *RJF* 2011, n° 314 ; *BDCF* 2011, n° 33, concl. Olléon.

(10) CGI, art. 1585 D et 1585 E.

(11) CE, 14 janv. 1976, req. n° 97.966, *Filluzeau* : *Dr. fisc.* 1976, comm. 516, concl. Fabre. – CE, 31 mai 2000, req. n° 198.438, *Crépin* : *RJF* 2000, n° 938 ; *BDCF* 2000, n° 90, concl. Goulard.

(12) CE, ass., 20 déc. 1985, req. n° 38.801, *Ville de Paris* : *RFDA* 1986, p. 283, concl. Latournerie ; *AJDA* 1986, p. 381, note J.-B. Auby ; *Dr. fisc.* 1986, comm. 707 ; *RJF* 1986, p. 120. – CE, sect. 16 juill. 2010, n° 294239, *Colomb* : *Dr. fisc.* 2010, n° 41, comm. 529, concl. Mme Legras ; *RJF* 2011, n° 59 ; *BDCF* 2011, n° 10, avec concl.

(13) CAA Bordeaux, 17 nov. 1998, n° 96.603, *Sté Euroloisirs* : *Dr. fisc.* 1999, n° 30, comm. 619.

(14) CE, 13 mai 1988, req. n° 39.289 : *Dr. fisc.* 1989, n° 6, comm. 215, concl. Le Roy ; *RJF* 1988, n° 888. – CE, 3 juin 1991, req. n° 61.263 : *Dr. fisc.* 1991, n° 48, comm. 2278, concl. Chahid-Nouraï ; *RJF* 1991, n° 1103. – CE, 26 févr. 2016, n° 374734 : *Dr. fisc.* 2016, n° 15, comm. 282.

la catégorie des impositions de toute nature au sens de l'article 34 de la Constitution[15]. Compte tenu des conditions de son affectation, cette redevance ne peut être considérée comme un impôt local, bien que son assiette soit régie par les règles relatives à la taxe locale d'équipement[16].

La redevance sur les constructions de locaux à usage de bureaux, des locaux commerciaux et des locaux de stockage en région d'Île-de-France prévue à l'article L. 520-1 du Code de l'urbanisme, qui ne figure pas dans la liste des prélèvements mentionnés aux articles L. 332-6 et L. 332-6-1 du même code, est aussi un impôt (V. *infra*, n° 298). Cette redevance ne doit pas être confondue avec la taxe annelle sur les locaux à usage de bureaux, les locaux commerciaux et les locaux de stockage, prévue à l'article 231 ter du Code général des impôts, perçue dans la région d'Île-de-France, qui constitue aussi un impôt.

b) Participations sans caractère fiscal

1) Cession gratuite de terrains. Abrogation

79. – **Nature juridique.** La catégorie des participations du droit de l'urbanisme sans caractère fiscal comprenait d'abord la cession gratuite de terrains[17].

Il résultait des dispositions législatives de l'article L. 332-6-1 du Code de l'urbanisme, combinées avec les dispositions réglementaires de l'article R. 332-15 du même code, que l'autorité compétente pour délivrer le permis de construire ou le permis d'aménager portant sur un lotissement pouvait exiger la cession gratuite de terrains, mais seulement en vue de l'élargissement, du redressement ou de la création des voies publiques, et à la condition que les surfaces cédées ne représentent pas plus de 10 % de la surface du terrain faisant l'objet de la demande de permis.

Le Conseil d'État a jugé que ces dispositions « n'ont pas pour objet, comme la procédure d'expropriation pour cause d'utilité publique, de priver une personne de la propriété d'un bien mais de réglementer le droit de construire ; que cette cession est encadrée par la loi en ce qu'elle ne peut excéder 10 % de la superficie du terrain et doit être justifiée par un projet précis d'opération de voirie publique conforme à l'intérêt général »[18].

Les dispositions des articles L. 332-6 et L. 332-6-1 du Code de l'urbanisme autorisant cette cession ont aussi été jugées compatibles avec les stipulations de l'article 1er du premier Protocole additionnel à la Convention européenne de sauvegarde des droits de l'homme et des libertés fondamentales[19].

La cession gratuite de terrains prévue par ces dispositions présentait le caractère d'un contrat de droit privé, qui est susceptible de faire éventuellement l'objet d'une action en nullité relevant de la compétence judiciaire[20].

(15) Cons. const., 16 janv. 2001, n° 2000-439 DC, consid. 12.
(16) CE, 23 déc. 2010, n° 307.984, *SCI des Vernes* : *RJF* 2011, n° 312.
(17) C. urb., art. L. 332-6, L. 332-6-1 et R. 332-15.
(18) CE, 20 juin 2006, n° 281.253, Lamy : *RJF* 2006, n° 1199.
(19) CE, 11 févr. 2004, n° 211.510, *Schiocchet* : *Rec. CE* 2004, p. 65 ; *RD imm.* 2004, p. 209, chron. P. Soler-Couteaux et A. Robineau ; *CJEG* 2004, p. 196, concl. Chauvaux ; *JCP* G 2004, II, 10180, note J-B. Bousquet.
(20) Cass. 1re civ., 6 janv. 2004, *Cne de Vendres* : *Bull. civ.* 2004, I, n° 9 ; *JCP* G 2004, II, 1066, note O. Renard-Payen.

Saisi d'une question prioritaire de constitutionnalité, le Conseil constitutionnel a, dans sa décision du 22 septembre 2010[21], déclaré inconstitutionnelle la disposition du *e)* du 2° de l'article L. 332-6-1 du Code de l'urbanisme prévoyant les cessions gratuites de terrains destinés à être affectés à certains usages publics qui, dans la limite de 10 % de la superficie du terrain auquel s'applique la demande, peuvent être exigées des bénéficiaires d'autorisations portant sur la création de nouveaux bâtiments ou de nouvelles surfaces construites. Il a considéré que ce texte « attribue à la collectivité publique le plus large pouvoir d'appréciation sur l'application de cette disposition et ne définit pas les usages publics auxquels doivent être affectés les terrains ainsi cédés ; qu'aucune autre disposition législative n'institue les garanties permettant qu'il ne soit pas porté atteinte à l'article 17 de la Déclaration de 1789 [sur le droit de propriété] ; que, par suite, le législateur a méconnu l'étendue de sa compétence ».

Le texte législatif d'origine[22] renvoyait à un décret le soin de préciser les conditions dans lesquelles ces cessions pourraient être obtenues des constructeurs et le décret d'application n° 77-739 du 7 juillet 1977, dont les dispositions ont été reprises à l'article R. 332-15 du Code de l'urbanisme, prévoyait que l'autorité qui délivre le permis de construire ou l'autorisation de lotissement ne peut exiger la cession gratuite de terrains « qu'en vue de l'élargissement, du redressement ou de la création des voies publiques, et à la condition que les surfaces cédées ne représentent pas plus de 10 p. 100 de la surface du terrain sur lequel doit être édifiée la construction projetée ou faisant l'objet de l'autorisation de lotissement ».

Mais l'incompétence négative qui entache une disposition de loi est appréciée indépendamment des dispositions complémentaires résultant du décret d'application prévu par la loi et la méconnaissance par le législateur de sa propre compétence peut être invoquée exceptionnellement dans le cas où est affecté un droit ou une liberté garanti par la Constitution, tel le droit de propriété. Ainsi s'explique la décision du Conseil constitutionnel (V. *infra*, n° 806).

Une disposition déclarée inconstitutionnelle sur une question prioritaire de constitutionnalité est abrogée à compter de la publication de la décision du Conseil constitutionnel ou d'une date ultérieure fixée par cette décision[23]. En l'espèce, la décision du 22 septembre 2010 a été publiée au *Journal officiel* du 23 septembre. Il a été jugé cependant, de manière contestable, qu'elle s'opposait à l'exigence des cessions de terrain prescrites avant le 23 septembre[24].

La décision du Conseil constitutionnel n'a pas toutefois une portée générale et absolue. La cession gratuite de terrains reste possible dans les zones d'aménagement concerté (ZAC). Le Conseil d'État a jugé, en effet, que la participation financière prévue à l'article L. 311-4-1 ancien du Code de l'urbanisme, qui permet de mettre à la charge d'un aménageur le coût des équipements publics à réaliser dans une ZAC, peut prendre la forme d'une cession gratuite de terrain ; cette possibilité est subordonnée toutefois à la double condition que cette cession soit destinée à répondre

(21) N° 2010-33 QPC.
(22) Loi d'orientation foncière, 30 déc. 1967, art. 72.
(23) Const., art. 62.
(24) CAA Marseille, 21 oct. 2010, n° 08-03841, *Tardieu* : *AJDA* 2010, p. 2439, note P. Durand.

aux besoins des futurs habitants ou usagers des constructions à édifier dans la ZAC et qu'elle ne fasse pas double emploi avec une participation financière qui serait demandée par ailleurs au constructeur afin de répondre à ces mêmes besoins[25].

2) Participations financières

80. – **Participations prévues aux articles L. 332-6 et L. 332-6-1 du Code de l'urbanisme.** Il s'agit de participations ou contributions dont le versement peut être exigé des bénéficiaires de l'autorisation de construire ou de l'autorisation de lotir.

La catégorie des contributions financières sans caractère fiscal comprend, outre la participation destinée à la réalisation de parcs publics de stationnement qui est retenue à titre d'exemple (V. *infra*, n° 81) et la redevance que constitue la participation pour raccordement à l'égout (V. *infra*, n° 87) : la participation spécifique pour la réalisation d'équipements publics exceptionnels prévue à l'article L. 332-8, la participation instituée dans les secteurs d'aménagements définis à l'article L. 332-9 ancien, la participation pour voirie et réseaux prévue à l'article L. 332-11-1 ancien et la réalisation des équipements propres mentionnés à l'article L. 332-15 du Code de l'urbanisme.

Ces participations ne doivent pas être regardées comme des impositions ; ce caractère non fiscal ressort expressément ou implicitement des décisions du juge[26].

Il n'est pas toujours facile de faire la distinction entre les participations financières quant à leur champ d'application respectif[27].

La fixation des participations financières est soumise à des conditions très strictes. Le Conseil d'État a jugé ainsi qu'il résulte des dispositions de l'article L. 332-9 ancien du Code de l'urbanisme que la délibération du conseil municipal instituant un programme d'aménagement d'ensemble et mettant à la charge des constructeurs une participation au financement des équipements publics à réaliser doit identifier avec précision les aménagements prévus ainsi que leur coût prévisionnel et déterminer la part de ce coût mise à la charge des constructeurs, afin de permettre le contrôle du bien-fondé du montant de la participation mise à la charge de chaque constructeur[28].

81. – **Exemple de la participation en cas de non-réalisation d'aires de stationnement.** Cette participation était prévue aux articles L. 123-1-12 et L. 332-7-1 du Code de l'urbanisme.

Le législateur a posé en principe que lorsque le bénéficiaire du permis de construire (ou de la décision de non-opposition à une déclaration préalable) ne peut satisfaire lui-même aux obligations imposées par le plan local d'urbanisme en

---

(25) CE, 3 juin 2013, n° 351.612, *Renouard* : *AJDA* 2013, p. 1194, obs. R. Pigaglio ; *RJF* 2013, n° 829.

(26) CE, 6 mars 2006, n° 266.346, *SNC Le Triangle* : *Dr. fisc.* 2006, n° 27, comm. 489, concl. Verclytte ; *RJF* 2006, n° 540 ; *BDCF* 2006, n° 63, concl., pour la participation prévue à l'article L. 332-8. – CE, 24 juin 2009, n° 305.975, *Cne de Saessolsheim* : *RJF* 2009, n° 840. – CAA Nantes, 15 déc. 2011, n° 11-0058, *Le Bayec* : *RJF* 2012, n° 474 ; *BDCF* 2012, n° 59, concl. Mme Specht, pour la participation prévue à l'article L. 332-9.

(27) CE, 24 avr. 2012, n° 340.954, *SARL Angles habitat* : *AJDA* 2012, p. 918, obs. R. Grand, sur le point de savoir si des travaux constituent un équipement propre aux lotissements au sens de l'article L. 332-15 du Code de l'urbanisme, ou un équipement public au sens de l'article L. 311-4 applicable dans les ZAC.

(28) CE, 28 juill. 2011, n° 324.123, *Cne de La Garde* : *RJF* 2011, n° 1306 ; *AJDA* 2011, p. 1589, obs. R. Grand. – CE, 30 déc. 2014, n° 361641, *Cne de Verniolle* : *RJF* 2015, n° 210.

matière de réalisation d'aires de stationnement, il peut être tenu quitte de ces obligations en justifiant, pour les places qu'il ne peut réaliser lui-même sur le terrain d'assiette ou dans son environnement immédiat, soit de l'obtention d'une concession à long terme dans un parc public de stationnement existant ou en cours de réalisation et situé à proximité de l'opération, soit de l'acquisition de places dans un parc privé de stationnement répondant aux mêmes conditions.

À défaut de pouvoir réaliser cette obligation, l'intéressé peut être tenu de verser à la commune une participation fixée par le conseil municipal, en vue de la réalisation de parcs publics de stationnement. Le montant de cette participation ne peut excéder (pour la période du 1er novembre 2013 au 31 octobre 2014) 17 713,59 € par place de stationnement (cette valeur est modifiée le 1er novembre de chaque année en fonction de l'indice du coût de la construction).

Le redevable peut en demander la restitution, non seulement en cas de péremption, de retrait ou d'annulation du permis de construire, ou de démolition en vertu d'une décision de justice pour violation d'une servitude de droit privé, mais encore dans le cas où, dans le délai de cinq ans à compter du paiement, la commune ou l'établissement public compétent n'a pas affecté le montant de la participation à la réalisation d'un parc public de stationnement(29).

82. – **Nature juridique. Exclusion du caractère d'imposition.** Le Conseil d'État a utilisé, concernant la participation pour non-réalisation d'aires de stationnement, une formule qui aboutit, dans une certaine mesure, à déplacer simplement la question ; il déclare « qu'elle doit être regardée, non comme une imposition, mais comme une participation que la loi, dans les limites qu'elle définit, autorise la commune à percevoir sur le bénéficiaire du permis de construire à raison des équipements publics dont la réalisation est rendue nécessaire par la construction »(30).

La formule a le mérite d'exclure seulement le caractère d'imposition. On peut toutefois se demander si, ainsi entendue, la « participation » constitue véritablement un prélèvement d'une nature juridique particulière, qui existerait au moins dans le droit de l'urbanisme.

La même formule se retrouve dans des arrêts où le Conseil d'État, appelé à se prononcer sur une demande de remboursement de tout ou partie d'une participation, apporte des précisions intéressantes sur la nature juridique de celle-ci.

83. – **Objet de la participation : financement de travaux publics.** Dans un arrêt de section du 22 octobre 1976, *Sté Française Thomson*, le Conseil d'État a posé en principe que les demandes dirigées contre les actes tendant à percevoir tout ou partie des sommes nécessaires au financement des travaux publics doivent être regardées comme des demandes présentées en matière de travaux publics, lorsqu'elles ne sont pas régies par des dispositions spéciales(31).

(29) C. urb., art. R. 332-22.

(30) CE, sect., 26 mars 1999, req. n° 189.805, *Vincent* : *Dr. fisc.* 1999, comm. 616, concl. Bonichot ; *CJEG* 1999, p. 277, avec concl. ; *RJF* 2000, n° 497. – CE, sect., 19 avr. 2000, n° 190.080, *SARL Le Paris* : *Dr. fisc.* 2000, comm. 1040, concl. Courtial. – CE, sect., 19 mars 2001, n° 194.861, *Palanque* : *Dr. fisc.* 2001, comm. 829 ; *RJF* 2001, n° 799. – CE, 10 oct. 2014, n° 356722, *Cne de Cavalaire-sur-Mer* : *RJF* 2015, n° 25.

(31) *Rec. CE* 1976, p. 437 ; *AJDA* 1976, p. 587 et p. 558, chron. Nauwelaers et L. Fabius. – Sur les recours en matière de travaux publics, V. R. Chapus, *Droit du contentieux administratif*, Montchrestien, 13e éd., 2008, nos 701 et s.

Le Conseil d'État a appliqué cette règle à la demande de remboursement de : – la « redevance d'équipement » instituée par un conseil municipal, qui ne trouvait de base légale dans aucune disposition législative ou réglementaire[32], – la participation financière destinée à financer la construction de voies publiques exigée d'un lotisseur en violation des dispositions codifiées à l'article L. 336-1 du Code de l'urbanisme[33], – la participation exigée en remplacement de la taxe locale d'équipement, afférente à des travaux d'aménagement de terrains, mise à la charge du titulaire du permis de construire dans une zone d'aménagement concerté[34], – la participation forfaitaire représentative de la taxe locale d'équipement qui était exigée des lotisseurs en application de l'ancien article L. 332-7 du Code de l'urbanisme[35], – la participation spécifique pour équipements publics exceptionnels prévue à l'article L. 332-8 du Code de l'urbanisme qui peut être mise à la charge du lotisseur[36].

La règle a été appliquée encore hors du champ d'application des participations visées aux articles L. 332-6 et L. 332-6-1 du Code de l'urbanisme, à une contribution dite « taxe de trottoirs » prévue à l'article L. 2333-58 du Code général des collectivités territoriales dans le cas où l'établissement des trottoirs des rues et places figurant sur les plans d'alignement a été reconnu d'utilité publique[37].

Dans certaines de ces décisions, le Conseil d'État relève que la participation est destinée au financement d'équipements publics et que la demande de remboursement ou de dégrèvement de cette participation doit être considérée comme une demande présentée en matière de travaux publics, d'où les conséquences qui en résultent sur le délai de recours contentieux[38].

Ce caractère vient éclairer la signification de la formule reproduite au début de cette rubrique, concernant la participation en cas de non-réalisation d'aires de stationnement, et que le Conseil d'État utilise dans les mêmes termes pour d'autres participations[39].

84. – **Double nature de créance contractuelle et de créance de travaux publics.** La nature d'« imposition » est exclue parce que la participation est destinée au financement d'équipements publics et qu'elle porte ainsi sur une créance de travaux publics.

La « participation » du droit de l'urbanisme repose sur une convention par laquelle le bénéficiaire du permis de construire ou de l'autorisation de lotir « s'engage à apporter une contribution financière pour l'exécution de travaux publics » : il s'agit donc d'un « contrat administratif, dont le contentieux relève de la compétence des tribunaux administratifs en application de la loi du 28 pluviôse an VIII »[40].

(32) CE, sect., 22 oct. 1976, préc.
(33) CE, sect., 13 nov. 1981, *Plunian : Rec. CE* 1981, p. 413, concl. Labetoulle ; *AJDA* 1982, p. 72, chron. F. Tiberghien et B. Lasserre.
(34) CE, sect., 12 févr. 1988, *Agence foncière de la région parisienne : AJDA* 1988, p. 331, chron. M. Azibert et M. de Boisdeffre.
(35) CE, 8 oct. 1993, n° 61621, *District urbain de l'agglomération alençonnaise : Dr. fisc.* 1994, comm. 54, concl. O. Fouquet. – CE, 10 août 2005, n° 255037, *Sté Sinka : RJF* 2005, n° 1196.
(36) CE, 6 mars 2006, n° 266346, *SNC Le Triangle : Dr. fisc.* 2006, n° 27, comm. 489, concl. Verclytte ; *RJF* 2006, n° 540 ; *BDCF* 2006, n° 63, concl.
(37) CE, 28 oct. 2002, n° 214.901, *Communauté urbaine de Strasbourg : Dr. fisc.* 2003, n° 6, comm. 99, concl. Vallée ; *RJF* 2003, n° 123 ; cette participation étant perçue par la commune sur le propriétaire riverain d'une voie publique, à raison du coût de création d'un trottoir le long de sa propriété.
(38) CE, sect., 22 oct. 1976, 13 nov. 1981, 12 févr. 1988, 28 oct. 2002, préc.
(39) CE, 8 oct. 1993, 28 oct. 2002 et 6 mars 2006, préc.
(40) CE, sect., 13 nov. 1981, préc.

Effectivement, certaines décisions font ressortir l'existence de la convention qui est annexée au permis de construire ou à l'autorisation de lotir : « dans la perspective de la réalisation par la SNC (…) d'un lotissement artisanal et commercial (…), cette société et le département (…) ont conclu (…) une convention prévoyant une participation du lotisseur, d'un montant de 1 900 000 F aux travaux d'aménagement d'un carrefour sur la route départementale (…) pour la desserte du lotissement ; cette convention a été annexée à l'autorisation de lotir et d'aménager délivrée par le maire à la SNC (…), qui a mis à la charge de celle-ci la participation susmentionnée en application des dispositions de l'article L. 332-12 du Code de l'urbanisme (…) »(41).

La collectivité locale joue toujours un rôle prépondérant dans l'élaboration de cette convention. Le montant de la participation doit être fixé en fonction de l'importance des constructions à réaliser, telles qu'elles sont déterminées par le projet ayant fait l'objet de l'autorisation administrative. L'administration dispose ainsi d'un large pouvoir d'appréciation quant à la nature et au montant de la participation exigible. Mais ce pouvoir n'exclut pas toute discussion, ni donc, la prise en compte, par la collectivité locale, des limites à ne pas dépasser, à la suite des observations et des réserves que lui présente le demandeur de l'autorisation, car celui-ci connaît, mieux que les représentants de la municipalité, ses possibilités financières après avoir défini les termes de l'équation financière de l'opération. Les modalités de paiement de la participation sont, en outre, fixées le plus souvent par voie contractuelle.

La participation ne peut donc pas être regardée comme fixée unilatéralement et l'impôt exclut, par essence, l'idée de tout accord avec le redevable (V. *supra*, n° 15).

La distinction avec la taxe locale d'équipement, qui constitue un impôt, ne s'explique pas autrement, bien que dans les deux cas les prélèvements opérés trouvent une contrepartie dans l'autorisation de construire. L'assiette et le montant de la participation ne sont pas déterminés, dans le cas le plus général, en appliquant des règles et un taux fixés à l'avance par la loi et/ou la délibération du conseil municipal, contrairement à ce qui est prévu pour la taxe locale d'équipement ou d'autres impôts du droit de l'urbanisme (V. *supra*, n° 78).

Mais lorsque le montant de la participation est déterminé par un texte, le prélèvement n'est pas transformé, de ce seul fait, en un impôt, et c'est précisément le cas de la participation pour non-réalisation d'aires de stationnement. L'obligation du redevable résulte d'abord de l'application d'une disposition réglementaire qui se situe en amont de celle qui prévoit le prélèvement : c'est l'obligation pour le constructeur de réaliser des places de stationnement, qui est instituée par le plan local d'urbanisme. Le constructeur peut, du reste, y échapper dans les conditions qui ont été décrites (V. *supra*, n° 81).

L'élément tiré de la possibilité d'une restitution n'est pas non plus déterminant, dès lors qu'un prélèvement qui présente le caractère d'un impôt, telle la taxe locale d'équipement, peut également faire l'objet d'une restitution.

Enfin, la reconnaissance du caractère fiscal ou non fiscal de la participation ne saurait dépendre de l'application de dispositions prévoyant, comme pour la participation dans le cas de non-réalisation d'aires de stationnement, que les poursuites

(41) CE, 6 mars 2006, préc.

pour le recouvrement ont lieu comme en matière d'impôts directs et que les réclamations sont présentées, instruites et jugées selon les règles de procédure applicables en matière d'impôts directs[(42)]. – V. *infra*, n° 278.

En bref, le caractère non fiscal de la participation se déduit, tant pour la collectivité locale qui est en droit de l'exiger que pour le constructeur ou le lotisseur qui en demande le remboursement, de la double nature de créance contractuelle et de créance de travaux publics.

Mais – les choses sont décidément très compliquées – la règle selon laquelle le délai de deux mois ne court pas en matière de travaux publics[(43)] n'est pas applicable aux créances assises et liquidées par une collectivité territoriale, notamment pour la participation à la réalisation d'équipements publics prévue dans le cadre d'un programme d'aménagement d'ensemble, en application de l'article L. 332-9 du Code de l'urbanisme[(44)].

85. – **Liste limitative des participations du droit de l'urbanisme.** Les dispositions des articles L. 332-6, L. 332-6-1 et L. 332-12 du Code de l'urbanisme fixent de façon limitative les contributions qui peuvent être mises à la charge des constructeurs ou lotisseurs à l'occasion de la délivrance de l'autorisation de construire ou du permis d'aménager (lotissement) : aucune autre participation ne peut leur être demandée. En cas d'erreur sur la participation financière qui peut être exigée des constructeurs, la commune peut toutefois demander au juge, dans certaines conditions, une substitution de base légale[(45)].

Ces dispositions présentant un caractère d'ordre public, toute stipulation contractuelle qui y déroge est entachée de nullité.

L'action en répétition de l'indu que prévoit l'article L. 332-30 du Code de l'urbanisme concerne non seulement les taxes et contributions imposées aux constructeurs en violation des dispositions des articles L. 311-4 et L. 332-6 du Code de l'urbanisme, mais également celles qui sont obtenues d'eux, avec leur accord, en méconnaissance des mêmes textes[(46)]. Les sommes versées ou celles qui correspondent au coût de prestations fournies sont sujettes à répétition, l'action en répétition se prescrivant par cinq ans. La prescription quinquennale ne s'applique que dans ce cas. Toutefois, lorsque la commune n'a pas réalisé les équipements prévus par le programme, la restitution de la participation au constructeur est limitée à la différence entre cette participation et la taxe locale d'équipement qui aurait été exigible en l'absence de participation[(47)].

Lorsqu'il s'agit de participations qui étaient légalement exigées des bénéficiaires d'autorisations, la demande de restitution doit être présentée dans le délai de la prescription quadriennale, conformément à la règle de droit commun[(48)].

(42) C. urb., art. R. 332-20 et R. 332-23.
(43) CJA, art. R. 421-1.
(44) CE, 11 oct. 2012, n° 340.857, *Sgherri* : *RJF* 2013, n° 51.
(45) CE, 7 juill. 2010, n° 311.477, *EARL des Noels* : substitution des dispositions de l'article L. 332-15 à celles de l'article L. 332-8, *AJDA* 2010, p. 1405 ; *LPA* 2011, n° 49, p. 10.
193 CE, 10 oct. 2007, n° 268 205, *Cne de Biot* : *AJDA* 2007, p. 1962 ; *Dr. adm.* 2008, p. 889, note B. Poujade. – CE, 17 mai 2013, n° 337 120, *Sté Isère Développement* : *RJF* 2013, n° 830.
(46) CE, 10 oct. 2007, n° 268.205, *Cne de Biot* : *AJDA* 2007, p. 1962 ; *Dr. adm.* 2008, p. 889, note B. Poujade.
(47) CE, 24 nov. 2010, n° 308.614, *Cne de Carqueiranne* : *RJF* 2011, n° 173 ; application de l'article L. 332-11 du Code de l'urbanisme pour la restitution de la participation prévue par l'article L. 332-9.
(48) CE, 13 juill. 2006, n° 266.494, *Sté Éts Laget* : *Dr. fisc.* 2006, n° 47, comm. 739, concl. Verclytte ; *RJF* 2006, n° 1367.

Lorsque le juge annule une prescription exigeant une taxe ou une contribution aux dépenses d'équipements publics, l'autorité qui a délivré l'autorisation de construire ou de lotir doit, sur le fondement des dispositions de l'article L. 332-7 du Code de l'urbanisme, prendre un arrêté mettant à la charge du constructeur ou du lotisseur une nouvelle contribution aux dépenses d'équipements publics ; ces dispositions sont seulement applicables en cas d'annulation pour illégalité de la contribution et non pas dans le cas où elle a été déclarée sans cause[49].

86. – **Participations illégales.** Force est de reconnaître qu'il n'est pas toujours facile de faire la distinction entre, d'une part, les équipements publics pour lesquels aucune contribution ne peut être demandée et, d'autre part, notamment, les équipements propres dont la réalisation peut être exigée des bénéficiaires d'autorisations d'occuper ou d'utiliser le sol en application de l'article L. 332-15 du Code de l'urbanisme.

Sous le prétexte de financer des dépenses d'équipements publics, des collectivités créent des prélèvements qui n'ont pas de contrepartie pour les redevables et qui ne correspondent non plus à aucune des participations énumérées aux articles L. 332-6 et L. 332-6-1 du Code de l'urbanisme.

Ces prélèvements revêtent alors un caractère fiscal et l'illégalité en est certaine, dès lors que seul le législateur peut créer une imposition.

Il existe une jurisprudence abondante sur la question. Ont ainsi été considérées comme illégales :

– la redevance ayant pour objet de financer le fonctionnement de structures dites « spécifiques » destinées à améliorer l'accueil des visiteurs d'une station de sports d'hiver réalisée dans le cadre d'une ZAC, qui est mise à la charge des propriétaires des terrains acquis dans le périmètre de la zone et donne lieu à une perception annuelle au profit de la commune, alors qu'elle ne constitue pas la contrepartie directe d'un service rendu aux propriétaires d'immeubles à l'occasion de l'utilisation effective de ce service[50] ;

– la délibération du conseil municipal qui institue un « droit de branchement » au réseau d'eau potable pour les habitants d'un lieu-dit, et qui s'ajoute au droit d'accès au réseau acquitté par ses utilisateurs ainsi qu'aux frais de branchement particulier, même si la commune a contribué au financement des travaux d'extension du réseau de distribution jusqu'au lieu-dit ; cette circonstance ne peut justifier légalement, eu égard notamment au caractère d'équipement public d'intérêt général d'un tel réseau, l'institution d'une redevance pour service rendu perçue sur les propriétés installées à cet endroit, et alors qu'aucune disposition législative n'autorisait la commune à instituer ce droit de branchement[51] ;

– l'institution d'un prélèvement par une commune pour assurer la participation de propriétaires d'un lotissement faisant partie d'un ensemble résidentiel de tourisme à l'entretien d'un golf, dès lors que son versement ne confère à ceux-ci aucun droit d'accès spécifique au golf[52] ;

(49) CE, 10 déc. 2012, n° 338.708, *Montravers* : *RJF* 2013, n° 169 ; *BDCF* 2013, n° 21, concl. Mme Escaut ; *AJDA* 2013, p. 447.
(50) CAA Lyon, 22 mars 1994, n° 91.305, *Cne de Risoul* : *Dr. fisc.* 1994, n° 38, comm. 1598, concl. Chanel.
(51) CE, 6 oct. 1999, *Cne de Coin-Lès-Cuvry* : *RJF* 1999, n° 1482.
(52) CE, 27 juill. 2005, n° 268.715, *Sté la Foncière du golf* : *Dr. fisc.* 2006, n° 26, comm. 471, concl. Olléon ; *RJF* 2006, n° 801.

– une contribution annuelle créée par une commune pour assurer la charge de l'entretien des espaces verts et du déneigement des parkings d'une station, qui est mise à la charge des copropriétaires des immeubles de cette station, alors que ceux-ci ne sont pas propriétaires des espaces verts et parkings au titre desquels la contribution litigieuse est demandée et n'y disposent pas non plus d'un droit d'usage spécifique[53] ;

– la convention signée entre une société et une commune prévoyant une contribution en contrepartie du raccordement du terrain à lotir au réseau public d'assainissement, dès lors que cette contribution ne correspond à aucun des cas prévus par les dispositions des articles L. 332-6, L. 332-6-1 et notamment pas de celles de l'article L. 332-15 du Code de l'urbanisme[54], V. *supra*, n° 85.

3) Cas particulier de la participation pour raccordement à l'égout

87. – **Caractère de redevance.** Cette participation est prévue à l'article L. 1331-7 du Code de la santé publique. En vertu de ce texte (dans sa rédaction antérieure à la loi n° 2012-354 du 14 mars 2012 de finances rectificative pour 2012), les propriétaires des immeubles édifiés postérieurement à la mise en service du réseau public de collecte auquel ces immeubles doivent être raccordés peuvent être astreints par la commune, pour tenir compte de l'économie réalisée par eux en évitant une installation d'évacuation ou d'épuration individuelle réglementaire, à verser une participation s'élevant au maximum à 80 % du coût de fourniture et de pose d'une telle installation. Les modifications résultant de la loi précitée du 14 mars 2012 sont applicables aux immeubles qui ont été raccordés au réseau public de collecte des eaux usées à compter du 1er juillet 2012.

Le propriétaire d'un immeuble dont les eaux usées résultent d'utilisations de l'eau assimilables à un usage domestique en application de l'article L. 213-10-2 du Code de l'environnement peut être astreint à la même obligation[55].

Les propriétaires d'immeubles déjà raccordés peuvent être assujettis au versement de cette participation lorsqu'ils réalisent des travaux d'extension ou de réaménagement de nature à induire un supplément d'évacuation d'eaux usées[56]. La participation ne peut, sans double emploi, être imposée au propriétaire ou au constructeur de l'immeuble, lorsque celui-ci a déjà contribué, en vertu d'obligations mises à sa charge par l'autorité publique, au financement d'installations collectives d'évacuation ou d'épuration pour un montant égal ou supérieur au maximum légal. En revanche, la participation reste due lorsque le propriétaire ou le constructeur a seulement contribué à l'exécution, même sous la voie publique, d'ouvrages qui, étant destinés à la conduite des eaux usées de l'immeuble vers l'égout public existant, lui évitent d'avoir à procéder à une installation individuelle[57].

---

(53) CE, 10 mars 2006, n° 276.541, *Cne de Montclar* : *RJF* 2006, n° 801.
(54) CE, 10 oct. 2007, *Cne de Biot*, préc.
(55) C. santé publ., art. L. 1331-7-1.
(56) CE, 24 juin 2009, n° 297.636, *Communauté d'agglomération de Bourges* : *RJF* 2009, n° 895.
(57) CE, 8 avr. 2013, n° 334.941, *Sté Mirabeau* : *RJF* 2013, n° 731.

Cette participation est considérée comme une redevance (V. *supra*, n° 80) et non pas une imposition[58].

Elle ne doit pas être confondue avec la taxe d'assainissement (V. *infra*, n° 125), ni non plus avec la redevance d'assainissement (V. *infra*, n° 106).

3° Régime applicable à compter du 1er mars 2012 ou du 1er janvier 2015

88. – L'article 28 de la loi n° 2010-1658 du 29 décembre 2010 de finances rectificatives pour 2010 a réalisé une réforme globale de l'ensemble de la fiscalité de l'urbanisme. De nombreuses taxes ou participations sont supprimées. Elles sont remplacées par deux impôts : la taxe unique d'aménagement et le versement pour sous-densité. Les dispositions correspondantes font l'objet de nouveaux articles du Code de l'urbanisme[59]. La mise en œuvre de cette réforme a fait l'objet de deux décrets nos 2012-87 et 2012-88 du 25 janvier 2012 et d'une circulaire du 18 juin 2013 du ministère de l'Égalité des Territoires et du Logement. Les dispositions du Code de l'urbanisme issues de la loi du 29 décembre 2010 ont elles-mêmes été modifiées notamment par la loi n° 2014-1655 du 29 décembre 2014 (art. 44) et par l'ordonnance n° 2015-1174 du 23 septembre 2015.

89. – Suppression de taxes et participations. Une distinction doit être faite suivant les dates du 1er mars 2012 ou du 1er janvier 2015. Les dispositions principales sont applicables aux demandes d'autorisations, aux déclarations préalables et aux demandes d'autorisations modificatives déposées *à compter du 1er mars* 2012. À compter de cette date, ont été supprimées la taxe locale d'équipement et ses taxes annexes : taxe complémentaire à la taxe locale d'équipement en région d'Île-de-France ; – taxe départementale des espaces naturels sensibles ; – taxe pour le financement des dépenses des conseils d'architecture, d'urbanisme et d'environnement (CAUE) ; – taxe spéciale d'équipement de la Savoie[60].

Depuis 1998, cette fiscalité représentait entre 600 et 1 100 M€ par an ; le produit de la seule taxe locale d'équipement formait entre 50 et 58 % de ce total[61].

C'est seulement *à compter du 1er janvier 2015*[62] qu'ont été supprimés : – le versement pour dépassement du plafond légal de densité ; – la participation destinée à la réalisation de parcs publics de stationnement ; – la participation pour voirie et réseaux prévue à l'article L. 332-11-1 du Code de l'urbanisme ; – la participation des riverains prévue par la législation applicable dans les départements du Haut-Rhin, du Bas-Rhin et de la Moselle.

Restent applicables au titre des *participations sans caractère fiscal* : – la participation instituée dans les secteurs d'aménagement définis à l'article L. 332-9 du Code de l'urbanisme dans sa rédaction antérieure à l'entrée en vigueur de la loi réformant la fiscalité de l'urbanisme, n° 2010-1658 du 29 décembre 2010 ou dans les périmètres

(58) CE, plén., 27 juin 1973, *Ville de Marseille : Rec. CE 1973*, p. 444 ; *Dr. fisc.* 1974, n° 10, comm. 267, concl. Mehl. – CE, sect., 17 déc. 1976, *SCI Le Clairval : Dr. fisc.* 1977, n° 25, comm. 963, concl. Fabre ; *AJDA* 1977, p. 384, note Moderne. – CE, sect., 7 janv. 1985, n° 36.101, *Ville de Grenoble : RJF* 1985, n° 435, concl. Chahid-Nouraï ; *Dr. fisc.* 1986, n° 6, comm. 166.
(59) C. urb., art. L. 331-1 et s.
(60) CGI, art. 1599-OB.
(61) Rapport de la Commission des finances de l'Assemblée nationale, 2010, n° 2998, t. 1er, p. 197 et s.
(62) L. fin. rect. 2010, n° 2010-1658, 29 déc. 2010, art. 28, I, B, 5.

fixés par les conventions visées à l'article L. 332-11-3 ; – la contribution pour la réalisation des équipements propres mentionnés à l'article L. 332-15 du Code de l'urbanisme ; – la participation spécifique pour la réalisation d'équipements publics exceptionnels prévue à l'article L. 332-8 du même code.

La taxe d'aménagement, le versement pour sous-densité et la redevance d'archéologie préventive (V. *supra*, n° 78), auxquels sont assujettis les bénéficiaires d'autorisations de construire, conformément à l'article L. 332-6 du Code de l'urbanisme, présentent le caractère d'impositions de toutes natures.

Le remplacement de la taxe locale d'équipement par la taxe d'aménagement a seulement entraîné une adaptation des règles d'assiette et de liquidation de la redevance d'archéologie préventive prévue à l'article L. 524-2 du Code du patrimoine (V. *supra*, n° 77).

La loi du 29 décembre 2010 avait prévu la suppression de la participation pour raccordement à l'égout à compter du 1er janvier 2015. La loi n° 2012-354 du 14 mars 2012 de finances rectificative pour 2012 (art. 30) a modifié cette situation. La mention qui incluait cette participation dans la liste des contributions aux dépenses d'équipements publics auxquels peuvent être tenus les bénéficiaires d'autorisations de construire a été abrogée à compter du 1er juillet 2012. La loi du 14 mars 2012 a donné cependant à l'article 1331-7 du Code de la santé publique une nouvelle rédaction qui est applicable aux immeubles raccordés au réseau public de collecte des eaux usées à compter du 1er juillet 2012 et en conséquence aux demandes d'autorisation ou aux déclarations préalables déposées à compter de cette même date. Cette contribution a reçu la dénomination nouvelle de « participation pour le financement de l'assainissement collectif ». Il n'y a aucune raison de penser qu'elle pourrait se voir reconnaître un autre caractère que celui de redevance qui avait été attribué à la participation pour raccordement à l'égout (V. *supra*, n° 87).

90. – Taxe d'aménagement. La taxe d'aménagement se substitue à la taxe locale d'équipement qui était perçue au profit des communes, aux taxes départementales (espaces naturels sensibles et financement des CAUE) et à la taxe complémentaire perçue au profit de la région Île-de-France. Elle a pour objet de financer les actions et opérations contribuant à la réalisation des objectifs des politiques d'aménagement urbain et de protection de l'environnement qui incombent aux collectivités territoriales[(63)].

Comme la taxe locale d'équipement, elle constitue, du point de vue fiscal, un élément du prix de revient de l'ensemble immobilier[(64)].

Elle comporte trois parts : – une part communale ou intercommunale qui est instituée de plein droit dans les communes dotées d'un plan local d'urbanisme ou d'un plan d'occupation des sols, sauf renonciation expresse décidée par délibération du conseil municipal ou de l'organe délibérant de l'établissement public de coopération intercommunale (EPCI), – par délibération du conseil municipal dans les autres communes, – ou par délibération de l'organe délibérant de l'EPCI compétent en matière de plan local d'urbanisme, sous réserve de l'accord des communes membres.

(63) C. urb., art. L. 101-2.
(64) C. urb., art. L. 331-1, al. 2.

La part départementale est instituée pour toutes les communes du département par délibération du conseil général. Elle est destinée à financer la politique de protection des espaces naturels sensibles prévue à l'article L. 113-8 ainsi que de nombreuses catégories de dépenses du même ordre et notamment, les dépenses des CAUE.

La part versée à la région Île-de-France est instituée par délibération du conseil régional ; elle s'applique dans toutes les communes d'Île-de-France en vue de financer des équipements collectifs, principalement des infrastructures de transport, rendus nécessaires par l'urbanisation.

Concernant les opérations imposables, la taxe s'applique aux opérations d'aménagement et aux opérations de construction, de reconstruction et d'agrandissement des bâtiments, installations ou aménagements de toute nature soumises à un régime d'autorisation en vertu du Code de l'urbanisme. Les redevables sont les personnes bénéficiaires des autorisations ou, en cas de construction sans autorisation ou en infraction aux obligations résultant de l'autorisation de construire ou d'aménager, les personnes responsables de la construction[(65)].

Le régime des exonérations est comparable à celui qui existait pour la taxe locale d'équipement. Mais de nouvelles exonérations sont prévues.

L'assiette de la taxe d'aménagement est constituée soit par la valeur, par mètre carré, de la surface de la construction, soit par la valeur des aménagements et installations, déterminée forfaitairement dans certaines conditions (résidences mobiles ou habitations légères de loisirs, piscines, etc. ; elle est fixée, par exemple, à 200 € par mètre carré pour une piscine).

La surface de la construction reçoit une nouvelle définition ; l'assiette de la taxe d'aménagement prend en compte davantage de surface.

La valeur par mètre carré de la surface de la construction a été fixée, sous réserve de certains abattements, forfaitairement à 660 €, et dans les communes de la région Île-de-France, à 748 €. Ces valeurs fixées au 1er janvier 2011 doivent être révisées au 1er janvier de chaque année par arrêté ministériel. En application de l'arrêté du 6 novembre 2015 relatif à l'actualisation annuelle, ces tarifs s'élèvent, pour la période du 1er janvier au 31 décembre 2016, respectivement aux valeurs de 701 € et 795 €.

Les taux des différentes parts de la taxe d'aménagement sont différents. Les communes ou EPCI peuvent fixer des taux dans une fourchette comprise entre 1 % et 5 % selon les aménagements à réaliser, par secteurs de leur territoire. Le taux de la part départementale ne peut excéder 2,5 % et en région Île-de-France, le taux ne peut excéder 1 %[(66)].

Le fait générateur de la taxe d'aménagement est, selon les cas, la date de délivrance de l'autorisation de construire ou d'aménager, celle de la naissance d'une autorisation tacite de construire ou celle de la décision de non-opposition à une déclaration préalable ou, en cas d'infraction, la date du procès-verbal constatant l'achèvement des constructions ou des aménagements en cause.

Le droit de reprise de l'administration s'exerce jusqu'au 31 décembre de la quatrième année qui suit, selon les cas, celle de la délivrance de l'autorisation de

(65) C. urb., art. L. 331-6.
(66) C. urb., art. L. 331-14.

construire ou d'aménager, ou celle de la décision de non-opposition ou celle à laquelle l'autorisation est réputée avoir été accordée. En cas de construction ou d'aménagement sans autorisation ou en infraction aux obligations résultant d'une autorisation, le droit de reprise s'exerce jusqu'au 31 décembre de la sixième année qui suit celle de l'achèvement des constructions ou aménagements en cause.

La taxe d'aménagement est établie et liquidée par la Direction départementale des territoires (DDT).

La taxe et la pénalité de 80 % dont elle peut être assortie (par exemple, en cas de construction sans autorisation) sont recouvrées par les comptables publics compétents comme des créances étrangères à l'impôt et au domaine (V. *infra*, n° 279).

Les réclamations concernant l'assiette de la taxe d'aménagement sont présentées, instruites et jugées selon les règles applicables en matière d'impôts directs locaux et en matière de recouvrement, selon les règles applicables en matière de créances étrangères à l'impôt et au domaine (V. *infra*, n° 279).

91. – Versement pour sous-densité (VSD). Ce nouveau prélèvement, de caractère *facultatif*, vise à promouvoir la politique de lutte contre l'étalement urbain ou, en d'autres termes « à contribuer à la densification de la construction dans certaines zones urbaines ou à urbaniser »[(67)]. C'est donc un instrument de la politique de l'urbanisme.

Le rapporteur général de Commission des finances de l'Assemblée nationale a relevé d'emblée que « le régime de ce nouveau prélèvement et ses modalités de calcul, qui appellent peut-être un paramétrage affiné, pourrait conduire à ce que le VSD demeure une mesure symbolique ouvrant le débat sur la question de la densité dans l'aménagement du territoire. En effet, il peut être aisément considéré que l'outil fiscal n'est pas le plus adapté pour modifier les comportements immobiliers dans le sens d'une densité accrue des constructions. D'une part, la fiscalité de l'urbanisme n'est finalement qu'un élément du prix de revient ou du coût de la construction, sur laquelle elle ne peut influer matériellement qu'en étant dissuasive, c'est-à-dire extrêmement lourde. D'autre part, la question de la densité paraît largement relever davantage du domaine de la prescription par la règle d'urbanisme que de celui de l'incitation par la fiscalisation »[(68)].

Les communes et EPCI compétents en matière de plan local d'urbanisme ou de plan d'occupation des sols peuvent instituer, par délibération, un seuil minimal de densité (SMD) en deçà duquel est dû le VSD.

La densité de la construction est définie par le rapport entre la surface de plancher de la construction et la surface du terrain de l'unité foncière sur laquelle cette construction est ou doit être implantée[(69)].

Le VSD est égal au produit entre, d'une part, la moitié de la valeur du terrain déclarée et, d'autre part, le rapport entre la surface manquant à la construction pour atteindre le SMD et la surface qui aurait permis de l'atteindre.

(67) *Dr. fisc.* 2001, n° 5, comm. 184.
(68) Rapp. préc., p. 220.
(69) C. urb., art. L. 331-35 et s.

Le versement pour sous-densité ne peut être supérieur à 25 % de la valeur du terrain[70].

L'exemple chiffré qui est donné dans le rapport de la Commission des finances de l'Assemblée nationale[71] confirme pleinement les réserves du rapporteur concernant la complexité et la fiabilité du dispositif.

« – Un couple souhaite construire un pavillon dans une zone U d'une commune ayant instauré le SMD. Le COS (coefficient d'occupation des sols) y est de 1. La commune a instauré un SMD de 0,6, afin de lutter contre l'étalement urbain.

Le projet porte sur un terrain de 400 m², sur lequel le couple envisage une construction R + I d'une emprise au sol de 80 m², afin de conserver un jardin avantageux. La valeur déclarée du terrain est de 140 000 €. Le projet est inférieur au SMD, car la densité de la construction est de 160 m²/400 m² = 0,4.

Le VSD qui doit être acquitté se calcule ainsi : la surface atteignant le SMD est de 0,6 × 400 m² = 240 m². Le rapport entre la surface "manquant au projet" et la surface de SMD est donc de (240 – 160)/240 = 0,33.

Ce rapport est multiplié par la moitié de la valeur du terrain d'assiette : 0,33 × 70 000 € = 23 333 €, qui est le montant que le couple devrait acquitter au titre du VSD [23 100 €, si l'on prend le chiffre de 0,33 avec ses deux décimales, au lieu de 7 comme dans l'exemple donné dans le rapport].

Rebuté par le montant de VSD qu'entraînerait ce projet, le couple décide alors de mieux utiliser la somme de 23 333 € et de participer ainsi à la poursuite de l'objectif de lutte contre l'étalement urbain (*sic*). Il modifie son plan et choisit de surélever la construction afin de disposer de combles aménagés avec deux mètres de hauteur sous plafond, afin d'y installer une salle de jeu pour les enfants et une salle de billard pour les adultes.

Dès lors, le projet porte sur une construction de 240 m² qui permet d'atteindre le SMD et donc de s'exonérer du VSD. Cette extension coûtera une surcharge de taxe d'aménagement de l'ordre de 2 400 € (au taux global de 5 %) [selon les indications fournies dans cet exemple], soit une économie fiscale globale de 21 000 € réemployée dans l'agrandissement de la construction ».

Probablement conscient de la complexité de ce mécanisme, le législateur a institué une procédure de rescrit. Le demandeur de l'autorisation de construire peut demander à connaître la position de la DDT sur l'application du versement pour sous-densité à son projet de construction[72]. À défaut de réponse dans le délai de trois mois, les propositions de solutions présentées par le contribuable dans sa demande sont opposables à l'administration. Mais la mise en œuvre de cette procédure de rescrit peut s'avérer elle-même assez lourde pour le contribuable (V. *infra*, n° 1058).

Pour le surplus, le régime du VSD, qu'il s'agisse de la liquidation, du recouvrement, du contrôle ou du contentieux est celui de la taxe d'aménagement[73].

B. – Contributions pour dégradations exceptionnelles causées aux voies publiques départementales ou communales

92. – **Caractéristiques.** Ce type de contributions existait depuis longtemps sous la dénomination de « subventions spéciales »[74]. L'ordonnance n° 59-115 du 7 janvier 1959 relative à la voirie des collectivités locales a remanié le système en en élargissant le champ d'application[75].

(70) C. urb., art. L. 331-38.
(71) Rapp. préc., p. 222.
(72) C. urb., art. L. 331-40.
(73) Pour un commentaire plus détaillé, on pourra se reporter au rapport précité de la Commission des finances de l'Assemblée nationale et à la revue *Dr. fisc.* 2011, n° 5, comm. 184.
(74) L. 21 mai 1836 et C. rur. pêche marit., art. 72.
(75) C. voirie routière, art. L. 131-8 et L. 141-9.

Elles peuvent être imposées aux entrepreneurs ou propriétaires toutes les fois qu'une voie communale ou départementale entretenue à l'état de viabilité est, habituellement ou temporairement, – soit empruntée par des véhicules qui, par leur poids, leur vitesse, leur mode de construction ou leur chargement entraînent des détériorations anormales, – soit dégradée par des exploitations de mines, de carrières, de forêts ou de toute autre entreprise.

Leur quotité est proportionnée à la dégradation causée. Elles peuvent être acquittées en argent ou en prestations en nature. À défaut d'accord amiable, elles sont réglées annuellement sur la demande des collectivités, par les tribunaux administratifs, après expertise, et recouvrées comme en matière de contributions directes ; la recherche d'un accord amiable avec les intéressés est un préalable obligatoire à la saisine du juge(76). Le tribunal administratif statue dans le cadre de ses compétences contentieuses et selon les garanties de la procédure juridictionnelle(77).

Ce système s'applique à toutes les voies des communes et des départements.

Les contributions pour dégradations exceptionnelles n'ont pas un caractère fiscal. La nature d'imposition est incompatible avec le principe suivant lequel le département ou la commune est tenu de rechercher, au préalable, un accord amiable avec les intéressés(78). Il le serait encore avec la disposition de la loi qui prévoit que le montant de la contribution doit être proportionné à la dégradation causée aux voies publiques.

Les conditions dans lesquelles peut fonctionner le système de ces contributions en limitent nécessairement le champ d'application et l'efficacité.

On comprend, dès lors, pourquoi en matière de voirie, l'État a choisi une autre formule, celle de l'impôt.

C'est le cas de la taxe spéciale dite « à l'essieu » (ou taxe spéciale sur certains véhicules routiers). Instituée par la loi de finances n° 67-1114 du 21 décembre 1967, elle est destinée à compenser les dépenses supplémentaires d'entretien et de renforcement de voirie occasionnées par la circulation de certains véhicules routiers de fort tonnage. Cette taxe est perçue par l'administration des douanes(79).

§ 3. – Impôt et redevance ou rémunération de services rendus

93. – La dénomination de rémunération de services rendus a été introduite par *l'ordonnance n° 59-2 du 2 janvier 1959* portant loi organique relative aux lois de finances (art. 3 et 5). Elle est reprise à l'article 4 de la loi organique n° 2001-692 du 1er août 2001 (art. 4).

On examinera successivement la notion, le champ d'application et le régime juridique et contentieux de la rémunération pour service rendu.

(76) CE, 3 mars 1989, req. n° 90148 : *RJF* 1989, n° 594.
(77) CAA Nancy, 20 nov. 2014, n° 13, n° NC01928, *GAEC Ferme de la Malva* : *AJDA* 2015, p. 845, note J.-F. Goujon-Fischer.
(78) CE, 6 juin 2008, n° 299.415, *Office national de la chasse* : *AJDA* 2008, p. 1845.
(79) C. douanes, art. 284 bis et s.

A. – Notion de redevance

94. – **Définition.** La redevance ou rémunération de service rendu peut être définie comme la *somme versée par l'usager d'un service public ou d'un ouvrage public déterminé et qui trouve sa contrepartie directe et immédiate dans les prestations fournies par ce service ou dans l'utilisation de l'ouvrage.*

Le Conseil constitutionnel a consacré cette définition [80].

95. – **Cas particulier des redevances d'utilisation du domaine public.** La référence à l'usage de l'ouvrage public qui est faite dans la définition précédente appelle une précision essentielle concernant l'utilisation des dépendances du domaine public. La notion de redevance ou rémunération pour service rendu qui est examinée sous cette rubrique exclut l'hypothèse des redevances dues pour l'occupation ou l'utilisation du domaine public.

Suivant la jurisprudence du Conseil d'État, il résulte de la combinaison de dispositions du Code général de la propriété des personnes publiques (CGPPP, art. L. 2122-1, L. 2125-1 et L. 2125-3), d'une part, que l'occupation ou l'utilisation du domaine public n'est soumise à la délivrance d'une autorisation que lorsqu'elle constitue un usage privatif de ce domaine public excédant le droit d'usage appartenant à tous, d'autre part, que lorsqu'une telle autorisation est donnée par la personne publique gestionnaire du domaine public concerné, la redevance d'occupation ou d'utilisation du domaine public constitue la contrepartie du droit d'occupation ou d'utilisation privative ainsi accordé. Il s'ensuit que l'occupation ou l'utilisation du domaine public dans les limites ne dépassant pas le droit d'usage appartenant à tous, qui n'est soumise à la délivrance d'aucune autorisation, ne peut, par suite, être assujettie au paiement d'une redevance.

Certaines communes avaient institué une redevance domaniale due par les établissements bancaires et les commerçants exerçant leurs activités grâce à des guichets automatiques ou des comptoirs donnant directement sur la voie publique.

Le Conseil d'État a jugé illégale l'institution de cette « taxe trottoir ». La seule présence sur le domaine public, le temps d'une transaction bancaire ou commerciale, de la clientèle des établissements bancaires et commerciaux ne peut être considérée comme constitutive d'un usage privatif du domaine public par ces établissements, dès lors que ceux-ci ne disposent d'aucune installation sur le domaine public ; elle ne peut donc être assujettie au paiement d'une redevance d'occupation du domaine public [81].

La même solution a été retenue pour la délibération de la ville de Marseille qui avait décidé de soumettre au paiement d'une redevance l'apposition de plaques professionnelles sur la façade des immeubles « posées en saillie parallèlement à la façade » [82].

---

(80) Cons. const., 6 oct. 1976, n° 76-92 L, pour les droits de port et de navigation.

(81) CE, 31 mars 2014, n° 362140, *Cne d'Avignon* : *AJDA* 2014, p. 2134, note N. Foulquier ; *LPA* 2014, n° 141, p. 14, note J.-Ph. Orlandini.

(82) CAA Marseille, 19 mai 2016, n° 14MA03832 : *AJDA* 2016, p. 1041, note D. Poupeau ; *ibid.*, p. 1456, note J.-F. Giacuzzo. – Sur la question : Ph. Lohéac-Derboulle, *Les redevances domaniales depuis l'adoption du Code général de la propriété des personnes publiques, une obscure clarté* : *RFDA* 2013, p. 1143.

1° Utilisation effective du service ou de l'ouvrage

96. – La rémunération de service rendu n'est due que par les usagers *qui utilisent effectivement le service ou l'ouvrage* mis à leur disposition.

Il s'ensuit, en particulier, qu'elle ne peut être instituée en vue de la création d'un service public ou avant la mise en fonctionnement du service, alors même que certaines dépenses auraient déjà été engagées à cet effet par la collectivité publique[83].

De même, les habitants de communes dans lesquelles le réseau d'assainissement n'a pas encore été construit et mis en service ne peuvent être regardés comme des usagers du service public de l'assainissement, bien que ce service se charge du contrôle et de l'entretien des systèmes d'assainissement non collectifs ; ils ne peuvent donc pas être assujettis à la redevance d'assainissement prévue à l'article L. 2224-12 du Code général des collectivités territoriales. Le principe « pollueur-payeur » posé à l'article L. 110-1 du Code de l'environnement, suivant lequel les frais résultant des mesures de prévention et de lutte contre la pollution doivent être supportés par le pollueur, n'a eu ni pour objet ni pour effet de modifier ce régime[84].

Cependant, si la redevance n'est due qu'à raison d'une utilisation effective du service, encore faut-il que les intéressés apportent la preuve qu'ils ne l'ont pas utilisé, et, par surcroît, cette preuve peut ne pas être suffisante. S'agissant ainsi de personnes qui demandent à être dispensées du paiement de la redevance d'enlèvement des ordures ménagères au motif qu'elles assurent personnellement l'évacuation et l'élimination de leurs déchets, en produisant à cet effet des attestations, il a été jugé qu'il est nécessaire qu'elles démontrent qu'elles ont effectué l'évacuation et l'élimination de leurs déchets conformément à l'article L. 541-2 du Code de l'environnement[85]. Mais le juge n'inverse pas la charge de la preuve en décidant que la redevance n'est pas due au motif que la propriété du requérant n'était pas accessible pour le service d'enlèvement des ordures ménagères de sorte que la collecte des ordures ménagère n'était pas assurée[86].

97. – Caractère facultatif. On peut dire que la redevance présente *un caractère facultatif* puisqu'elle n'est due que par l'usager qui utilise effectivement le service. Mais ce caractère n'exprime pas nécessairement une possibilité de refus des prestations du service. Il peut y avoir et il y a, en fait, obligation de recourir au service ou à l'ouvrage public. Au demeurant, cette possibilité de refus n'existe pas toujours en droit : il y a ainsi obligation d'adhésion à une association syndicale autorisée ; les cotisations syndicales présentent néanmoins le caractère de redevances[87], V. *infra*, n° 109.

C'est la raison pour laquelle le commissaire du gouvernement Chardeau, dans ses conclusions sur l'affaire qui a donné lieu à l'arrêt du Conseil d'État du 21 novembre 1958, *Syndicat national des transports aériens*, a proposé de rejeter le critère fondé sur la position de l'usager en face du service et de lui substituer la formule de l'équivalence financière[88]. Celle-ci a été critiquée par le doyen Trotabas qui souhaitait que la jurisprudence reste fidèle au critère de la distinction entre service obligatoire et service facultatif, critère appliqué jusque-là par le Conseil d'État. L'évolution jurisprudentielle a confirmé au contraire le principe posé en 1958.

---

(83) CE, 6 mars 1970, *Augé : Rec. CE* 1970, p. 163.

(84) CE, 6 mai 1996, *District de Montreuil-sur-Mer : RJF* 1996, n° 843. – CE, 14 nov. 2001, n° 231.740, *Cté de cnes Artois-Lys : RJF* 2002, n° 243 ; *BDCF* 2002, n° 30, concl. Bachelier.

(85) Cass. 3e civ., 26 sept. 2012, n° 11-20.393, *Synd. mixte intercommunal pour la collecte des ordures ménagères de la Vallée de l'Authion : AJDA* 2012, p. 2200.

(86) Cass. com., 26 nov. 2013, n° 12-19.074, *Simer : RJF* 2015, n° 408.

(87) CE, sect., 28 juill. 1993, *Bernadet*.

(88) *D.* 1959, p. 475, concl. Chardeau, note Trotabas.

Pourtant, force est de reconnaître que le critère du caractère facultatif de la redevance est d'un grand secours lorsqu'il faut la distinguer de la taxe et de la taxe parafiscale.

98. – **Conséquences de l'utilisation effective dans le cas d'illégalité et de rétroactivité du tarif. Jurisprudence *Anchling*.** La jurisprudence du Conseil d'État, découlant de l'arrêt de section du 28 avril 2014, confirme pleinement l'analyse traditionnelle de la redevance lorsque la délibération fixant le montant d'une redevance pour services rendus est déclarée illégale et qu'une nouvelle délibération fixe de manière rétroactive, dans le respect des motifs constituant le support de la déclaration d'illégalité, le tarif qui doit être appliqué aux usagers ayant contesté la redevance en raison de l'illégalité de la première délibération.

L'affaire soumise au Conseil d'État remettait en cause la théorie du droit administratif concernant les effets d'une déclaration d'illégalité sur l'ordonnancement juridique et la portée du principe de non-rétroactivité en matière de règlements fixant le tarif des redevances pour services rendus.

Il n'est pas question d'entrer dans la discussion juridique que soulèvent ces problèmes dont on trouvera un large écho dans les conclusions du rapporteur public et les commentaires de la doctrine. On se bornera ici à constater que la solution qui a été retenue par la Haute juridiction sur ces problèmes dans le cas de contestation du tarif est en plein accord avec la nature de la redevance pour services rendus et avec les conséquences qui se déduisent de l'utilisation effective du service durant la période d'application illégale du tarif.

Le juge judiciaire avait sursis à statuer jusqu'à ce que le tribunal administratif se soit prononcé sur la validité de délibérations fixant le prix de l'eau, adoptées par l'organe délibérant d'un syndicat intercommunal des eaux entre avril 1988 et mars 1993. Le tribunal administratif avait déclaré ces délibérations illégales par un jugement du 10 novembre 2005 pour un vice de procédure tiré de ce que le conseil syndical n'avait pas délibéré à la majorité de ses membres. À la suite de ce jugement, l'organe délibérant du syndicat intercommunal avait décidé, par une délibération de 2006, de maintenir le prix de l'eau tel qu'il avait été arrêté et facturé aux différents usagers sur la période du 11 avril 1988 au 31 décembre 2003. Le tribunal administratif était saisi de la question du caractère rétroactif ou non de cette délibération et de l'appréciation de sa légalité. Il avait jugé que cette délibération avait un caractère rétroactif mais qu'elle n'était pas entachée d'illégalité.

Le Conseil d'État a considéré que la déclaration d'illégalité des délibérations intervenues de 1988 à 1993 n'avait pas eu pour effet de faire disparaître rétroactivement ces délibérations de l'ordonnancement juridique, ni de faire revivre la délibération, précédant immédiatement celle du 11 avril 1988, par laquelle le syndicat intercommunal avait antérieurement fixé les tarifs de l'eau. Il en déduit que, pour les périodes litigieuses, en raison de cette déclaration d'illégalité, aucun tarif n'était légalement applicable aux prestations fournies aux usagers du service public de distribution d'eau qui avaient engagé une action tendant à la décharge ou à la réduction des redevances qui leur ont été réclamées et soulevé, dans ce cadre, l'exception d'illégalité des délibérations fixant le tarif de l'eau.

Il décide « toutefois, qu'eu égard à la nature et à l'objet des redevances pour service rendu, qui constituent la rémunération des prestations fournies aux usagers, cette déclaration d'illégalité ne saurait avoir pour effet de décharger les usagers ayant ainsi contesté les montants des redevance mises à leur charge de toute obligation de payer une redevance en contrepartie du service dont ils ont effectivement bénéficié [et] que, dès lors, le syndicat intercommunal a pu légalement, pour régulariser les situations nées de ces litiges, adopter une délibération fixant de manière rétroactive, dans le respect des motifs constituant le support nécessaire du jugement du tribunal administratif du 10 novembre 2005, le tarif de l'eau devant être appliqué, pour les périodes de consommation litigieuses, aux usagers ayant bénéficié du service et contesté, par la voie contentieuse, les montants de redevance mis à leur charge en raison de l'illégalité des délibérations fixant le tarif de l'eau ».

Le Conseil d'État souligne encore que le syndicat intercommunal n'a pas méconnu l'autorité de la chose jugée par le tribunal administratif en fixant le tarif de l'eau au même niveau que celui qui résultait des délibérations illégales(89).

2° Tarif

99. – Le tarif de la redevance est fixé unilatéralement par l'autorité administrative. C'est donc improprement qu'il est dit parfois qu'elle revêt un aspect contractuel. Elle se distingue par ce caractère de la contribution, dont le montant peut être discuté.

Ce caractère unilatéral permet de garantir l'application des principes d'égalité des usagers devant le service public et de non-rétroactivité du tarif(90).

100. – Égalité de traitement. Exceptions. Les usagers ont droit à une égalité de traitement. En conséquence, le tarif est basé sur des éléments de caractère général et son application ne peut être modulée en considération des personnes qui ont recours au service rendu.

Suivant la jurisprudence du Conseil d'État, la fixation de tarifs différents applicables, pour un même service rendu, à diverses catégories d'usagers d'un service ou d'un ouvrage public n'est possible que dans trois cas : – 1/lorsqu'elle est la conséquence nécessaire d'une loi ; – 2/lorsqu'il existe entre les usagers des différences de situations appréciables ; – 3/lorsqu'une nécessité d'intérêt général en rapport avec les conditions d'exploitation du service ou de l'ouvrage commande cette mesure(91).

a) Il existe une jurisprudence nombreuse sur l'appréciation des différences de situation entre usagers. L'un des cas les plus significatifs concerne les délibérations des conseils municipaux relatives à la fixation des droits d'inscription à une école nationale de musique (service public municipal de caractère administratif). Pour le Conseil d'État, eu égard à l'intérêt général qui s'attache à ce qu'un conservatoire de musique puisse être fréquenté par les élèves qui le souhaitent, sans distinction selon leurs possibilités financières, un conseil municipal « peut, sans méconnaître le principe d'égalité entre les

(89) CE, sect., 28 avr. 2014, n° 357090, *Mme Anchling* : *Rec. CE* 2014, p. 96, concl. Mme Nicolazo de Barmon ; *AJDA* 2014, p. 1265, chron. A. Bretonneau et J. Lessi ; *RFDA* 2014, p. 721, étude B. Seiller : les effets de la déclaration d'illégalité sur l'ordonnancement juridique.

(90) CE, 19 avr. 2000, n° 157920, *Cne de la Bresse* : *RJF* 2000, n° 729.

(91) CE, sect., 10 mai 1974, *Denoyez* : *AJDA* 1974, p. 298, chron. Franc et Boyon ; *RDP* 1975, p. 467, note M. Waline ; *Rev. adm.* 1974, p. 440, note Moderne. – CE, sect., 25 juin 2003, *Mme Martinet* : *Dr. fisc.* 2003, n° 52, comm. 938 et 939, concl. Collin.

usagers du service public, fixer des droits d'inscription différents selon les ressources des familles, dès lors, notamment, que les droits les plus élevés restent inférieurs au coût par élève du fonctionnement de l'école »(92).

La solution est la même pour les tarifs pratiqués par une crèche communale(93) ou un restaurant scolaire(94).

Le principe d'égalité d'accès à un service public non obligatoire, tel qu'une école de musique, doit être apprécié notamment en fonction du « lien particulier » qui unit les candidats usagers à la collectivité. Le principe d'égalité des usagers du service public ne fait pas obstacle à ce que le conseil municipal limite l'accès à ce service en le réservant à des élèves « ayant un lien particulier avec la commune et se trouvant de ce fait dans une situation différente de l'ensemble des autres usagers potentiels du service ». Un conseil municipal ne peut limiter l'accès d'une école de musique aux personnes domiciliées ou habitant dans la commune, en refusant d'accueillir des élèves qui n'ont dans cette commune que le lieu de leur travail ou qui y sont seulement scolarisés, alors qu'ils peuvent être considérés comme ayant avec celle-ci « un lien suffisant »(95).

Toutefois, le principe d'égalité n'implique pas que des abonnés à un service public se trouvant dans des situations différentes soient soumis à des tarifs différents ; le tarif peut entraîner une inégalité entre les usagers titulaires d'un abonnement individuel et ceux qui, résidant dans un immeuble collectif où l'abonnement est souscrit pour plusieurs habitations, peuvent se trouver soumis au tarif le plus élevé quelle que soit leur consommation individuelle ; bien que ces derniers se trouvent dans une situation particulière, ils peuvent légalement se voir appliquer le même tarif ; le respect du principe d'égalité entre les usagers du service public doit être apprécié en considération de la situation des abonnés et non pas de celle des bénéficiaires des prestations résultant d'un abonnement collectif(96).

b) La fixation de tarifs différents peut également être justifiée lorsqu'une considération d'intérêt général en rapport avec les conditions d'exploitation du service ou de l'ouvrage commande cette mesure.

Le principe d'égalité que doit respecter un service public industriel et commercial « s'apprécie entre usagers placés dans des situations analogues ».

Le Conseil d'État a jugé ainsi que tel n'est pas le cas des usagers qui disposent d'une piscine privée dont les besoins d'alimentation en eau sont différents de ceux des autres usagers. Il a décidé qu'un conseil municipal avait pu, bien que le requérant fût tenu, comme tous les habitants de la commune, au paiement du forfait d'eau potable calculé selon le nombre de personnes adultes résidant dans l'habitation et la superficie du jardin, instituer une « cotisation annuelle de consommation d'eau pour le remplissage d'une piscine privée », et cela, en vertu d'une délibération qui a été considérée comme ayant une portée générale, même si, en l'espèce, elle ne trouvait à s'appliquer qu'à un seul usager(97).

3° Principe de l'équivalence financière

101. – Signification du principe. Le tarif de la redevance n'est pas établi de manière discrétionnaire. La rémunération pour service rendu obéit au principe dit de *l'équivalence financière ou de proportionnalité.*

Le principe de l'équivalence financière a été posé dans un arrêt que l'on considère généralement comme une décision de principe, l'arrêt déjà cité du 21 novembre 1958, *Syndicat national des transports aériens*, à propos des redevances pour l'usage des installations des aéroports (V. *supra*, n° 97).

(92) CE, sect., 29 déc. 1997, 2 arrêts, *Cne de Gennevilliers et Cne de Nanterre* : *AJDA* 1998, p. 102, chron. Girardot et Raynaud ; *RDP* 1998, p. 899, note Borgetto.

(93) CE, 20 janv. 1989, *Centre communal d'action sociale de La Rochelle* : *Rec. CE* 1989, p. 8 ; AJDA 1989, p. 398, note Prétot.

(94) CE, 10 févr. 1993, *Ville de La Rochelle* : *LPA* 12 juill. 1993, n° 83.

(95) CE, 13 mai 1994, *Cne de Dreux*, concl. Daël : *RFDA* 1994, p. 711 ; *AJDA* 1994, p. 652, note Hecquard-Théron.

(96) CE, 14 oct. 2009, n° 300.608, *Cne de Saint-Jean-d'Aulps* : *AJDA* 2009, p. 1922, note M.-C. de Montecler ; *Rec. CE* 2009, tables p. 642, solution retenue avant l'intervention de l'article 93 de la loi n° 2000-1208 du 13 décembre 2000 qui pose le principe de l'individualisation des contrats de fourniture d'eau à l'intérieur des immeubles collectifs à usage d'habitation.

(97) CE, 14 janv. 1991, *Bachelet* : *CJEG* 1991, p. 164, concl. Stirn.

Le principe selon lequel le taux fixé doit être proportionnel à l'importance du service rendu est applicable à toutes les redevances[(98)].

Ce principe signifie qu'il doit exister un rapport de proportionnalité entre le montant de la redevance et le coût réel du service rendu à l'usager. Il s'ensuit, en particulier, que le taux de la redevance doit être calculé de telle sorte que son produit n'excède pas sensiblement le montant des dépenses occasionnées par le fonctionnement du service. Il a été jugé ainsi que la charge du fonctionnement du service d'éclairage public d'une ville et de son entretien courant, qui constitue une dépense distincte de celle de la distribution aux usagers du gaz et de l'électricité, ne saurait faire l'objet d'une imputation sur les tarifs payés par ces usagers sans méconnaître le principe d'équivalence entre le tarif et les charges du service public rendu à l'usager[(99)].

Mais un tarif ne perd pas le caractère de redevance du fait qu'il ne couvre qu'une faible proportion du coût de revient réel du service rendu aux usagers[(100)]. La redevance est légale lorsque le tarif le plus élevé demeure inférieur au coût de fonctionnement du service[(101)]. Le tarif peut aussi être dégressif ; la dégressivité résulte, par exemple, de l'institution d'une redevance comportant, comme pour le service de distribution d'eau, une partie fixe et une partie proportionnelle au volume d'eau prélevée[(102)].

102. – Infléchissement du principe. Arrêt du 16 juillet 2007. La solution retenue dans l'arrêt d'assemblée du 16 juillet 2007 marque un infléchissement de cette jurisprudence dans un cas, il est vrai, très particulier : celui des redevances dont les praticiens hospitaliers qui exercent une activité libérale doivent s'acquitter auprès de l'établissement public dans lequel ils exercent, en application des dispositions de l'article L. 6154-3 du Code de la santé publique. Le Conseil d'État a précisé que « le respect de la règle d'équivalence entre le tarif d'une redevance et la valeur de la prestation ou du service peut être assuré non seulement en retenant le prix de revient de ce dernier, mais aussi, en fonction des caractéristiques du service, en tenant compte de la valeur économique de la prestation pour son bénéficiaire »[(103)].

En l'espèce, le Conseil d'État a jugé que, s'agissant de la redevance prévue par l'article L. 6154-3 du Code de la santé publique, la valeur du service rendu par l'établissement hospitalier au praticien y exerçant une activité libérale n'est pas limitée au coût des installations techniques et des locaux mis à la disposition de celui-ci, ainsi que des dépenses de personnel exposées par l'établissement, mais peut également être appréciée au regard des avantages de toute nature qu'en retirent les praticiens hospitaliers, eu égard notamment à la possibilité qui leur est ainsi ouverte d'exercer leur activité libérale dans le cadre et avec les moyens du service, en bénéficiant le cas échéant de la notoriété qui s'attache

(98) CE, 17 mars 2016, n° 387546, *Communauté d'agglomération du Pays de Saint-Malo* : *AJDA* 2016, p. 575, note M.-C. de Montecler ; *Dr. fisc.* 2016, n° 21, comm. 339 ; *RJF* 2016, n° 579.

(99) CE, 31 juill. 2009, n° 296.964, *Ville de Grenoble* : *AJDA* 2009, p. 1522 ; *Rec. CE* 2009, tables p. 642.

(100) CE, 3 déc. 1986, *Office public d'HLM de Paris* : *Gaz. Pal.* 1987, 1, 359, note Moderne pour le tarif des usagers des jardins d'enfants.

(101) CE, 20 janv. 1989, *Centre communal d'action sociale de La Rochelle*, préc.

(102) CE, 19 avr. 2000, n° 157.920, *Cne de la Bresse* : *RJF* 2000, n° 729.

(103) CE, ass., 16 juill. 2007, *Synd. national de défense de l'exercice libéral de la médecine à l'hôpital* : *AJDA* 2007, p. 1807, chron. Boucher et Bourgeois-Machureau et p. 2057, note L. Richer ; *RFDA* 2007, p. 1269, concl. Devys, note Terneyre ; *AJDA* 2008, p. 297, note Lemoyne de Forges ; *RJF* 2007, n° 1507.

à l'établissement dans lequel ils exercent cette activité[104]. Le Conseil d'État a jugé légales les nouvelles bases de calcul de cette redevance établies par décret, en admettant qu'elles pouvaient excéder le seul coût de la prestation fournie[105].

La nouvelle règle définie par le Conseil d'État le 16 juillet 2007 a été appliquée au régime des redevances dues par les sociétés qui, ayant pour objet des prestations de services aux passagers ou aux compagnies aériennes, occupent des locaux aéroportuaires[106].

103. – Applications du principe. La redevance doit être calculée en fonction de l'importance du service rendu. La redevance instituée pour l'enlèvement des ordures ménagères doit, par exemple, tenir compte de divers éléments tels que le nombre de personnes vivant au foyer, le nombre ou le volume des sacs distribués et le poids des déchets s'ils sont pesés[107].

La redevance est illégale lorsqu'elle ne remplit pas cette condition essentielle. Le principe a été appliqué notamment dans le cas de la redevance pour l'enlèvement des ordures ménagères[108].

En vertu du principe de proportionnalité, la redevance ne peut pas non plus faire l'objet d'exonérations ou de réductions qui seraient sans lien avec le service rendu. Le Conseil d'État a jugé ainsi qu'est illégale une délibération par laquelle le conseil municipal décide d'exonérer de la redevance pour enlèvement des ordures ménagères les personnes âgées de plus de soixante-dix ans[109] ou toute une catégorie d'usagers[110].

Inversement, mais pour la même raison, un conseil municipal ne peut fixer le tarif de l'eau et le volume de consommation d'eau de manière forfaitaire pour les usagers qui font obstacle au relevé de leur compteur, dès lors que cette tarification ne se borne pas à mettre à la charge de ces usagers une consommation estimée, sous réserve d'une régularisation ultérieure, et ne comporte pas ainsi de terme directement proportionnel au volume d'eau réellement consommé par l'abonné[111].

4° Affectation au service

104. – Autre conséquence découlant du caractère de rémunération pour service rendu : la *recette* correspondante est *affectée au service*[112]. Elle doit lui être *intégralement affectée*, précise le Conseil constitutionnel[113]. La redevance ne peut servir à couvrir des dépenses étrangères au service public. La notion d'affectation est cependant entendue largement.

(104) CE, ass., 16 juill. 2007, préc.
(105) CE, 29 mai 2009, n° 318.071, *Synd. national de chirurgie plastique* : *AJDA* 2009, p. 1071.
(106) CE, 7 oct. 2009, n° 309.499, *Sté d'équipement de Tahiti* : *AJDA* 2009, p. 2439, note P.-A. Jeanneney, et p. 2480, note J.-D Dreyfus.
(107) CE, 24 mai 2006, n° 283.070, *Cne de Larnage* : *Dr. fisc.* 2006, n° 41, comm. 658 ; *RJF* 2006, n° 1127.
(108) CGCT, art. L. 2333-76 et art. L. 2333-77. – CE, 6 mai 1985, *Cne de Pointe-à-Pitre* : *JCP* G 1986, II, 20536, concl. O. Fouquet. – CE, 19 juin 1991, *Cne de Piriac-sur-mer* : *RJF* 1991, p. 657 ; *LPA* 25 sept. 1991, concl. Arrighi de Casanova.
(109) CE, 27 févr. 1998, req. n° 160.932, *Cne de Sassenay* : *RJF* 1998, n° 514.
(110) CE, 25 juin 2003, n° 240.411, *Communauté Chartreuse Guiers* : *Dr. fisc.* 2003, n° 52, comm. 938, concl. Collin ; *RJF* 2003, n° 1187.
(111) CE, 6 déc. 2002, n° 241.240, *Cne de Quaix-en-Chartreuse* : *AJDA* 2003, p. 1068, note L. Fonbaustier. – Sur la question : J.-F. Lachaume et *alii*, *Droit des services publics*, LexisNexis, 2015, n°s 159 et s.
(112) CE, 21 nov. 1958, *Synd. national des transports aériens*.
(113) Cons. const., 6 oct. 1976, n° 76-92 L.

B. – Champ d'application

105. – **Critère à sens unique.** On a émis parfois l'idée que la distinction entre la taxe et la redevance peut être fondée sur la nature du service : seuls les services publics industriels et commerciaux pourraient donner lieu à redevance ; le caractère de taxe résulterait au contraire du caractère administratif du service.

La jurisprudence n'a jamais fait cette distinction. On peut dire seulement que le critère ne joue que dans un sens : à savoir qu'un service public de caractère industriel et commercial ne peut pas en principe être financé par l'impôt ou la taxe[114]. Mais le service public conserve un caractère industriel et commercial, même dans le cas où le montant des redevances à la charge des bénéficiaires ne représente qu'une faible partie du coût du service[115].

1° Services publics industriels et commerciaux

106. – **Domaine. Exemples.** Parmi les redevances qui sont payées par les usagers de services publics industriels et commerciaux, on citera notamment : – la redevance de distribution d'eau et la redevance d'assainissement[116], laquelle ne doit pas être confondue avec la « redevance pénalité » qui présente le caractère d'une taxe (V. *infra*, n° 125) ; – la contribution financière prévue par l'article L. 1331-10 du Code de la santé publique relative au déversement d'eaux usées autres que domestiques dans les égouts publics ; – les tarifs applicables aux usagers d'un parc municipal de stationnement hors de la voie publique, ce service ayant le caractère d'un service public industriel et commercial[117] ; – la redevance pour enlèvement des ordures, déchets et résidus, qu'il s'agisse de la redevance pour l'enlèvement des ordures ménagères de l'article L. 2333-76 du Code général des collectivités territoriales (V. *infra*, n° 107), ou de la redevance d'enlèvement des ordures ménagères en provenance des terrains de camping ou aménagés pour le stationnement des caravanes prévue à l'article L. 2333-77, ou de la redevance spéciale de l'article L. 2333-78 pour l'élimination des déchets industriels banals ou des déchets des artisans et commerçants[118] ; – les redevances dues au titre des droits de port à une chambre de commerce et d'industrie par les sociétés utilisatrices des installations portuaires ; – la perception des redevances aéroportuaires[119].

(114) V. concl. Arrighi de Casanova sur CE, 29 oct. 1997, n° 144.007, *Sté Sucrerie agricole de Colleville : Dr. fisc.* 1998, comm. 249. – Le caractère d'un service s'apprécie au regard de son objet, de l'origine de ses ressources et de ses modalités de fonctionnement ; le juge judiciaire ne peut déterminer le caractère industriel et commercial d'un service public sans rechercher si la plus grande partie des ressources du service n'est pas constituée par des concours publics : Cass. soc., 24 juin 2014, n° 13-11.142, *CCI du Var : AJDA* 2014, p. 2082, note J.-F. Lachaume.

(115) T. confl., 16 oct. 2006, *Monteil : AJDA* 2006, p. 2413.

(116) CGCT, art. L. 2224-11. Un particulier est tenu au paiement de la redevance d'assainissement du seul fait du rattachement de sa propriété à un réseau unitaire d'eaux pluviales et usées se déversant dans une rivière, réseau qui relève d'un service public d'assainissement, au sens des articles L. 2224-7 et L. 2224-8, même en l'absence de raccordement à une station d'épuration : Cass. 3e civ., 29 oct. 2015, n° 14-24.618 : *D.* 2015, p. 2253. – Le litige relatif à des dommages de travaux exécutés par une commune de mise en conformité d'une installation d'assainissement non collectif et causés à des usagers du service public de l'assainissement relève de la compétence des juridictions judiciaires : T. confl., 18 mai 2015, n° 4004 : *AJDA* 2015, p. 1019.

(117) CE, 2 avr. 1997, *Cne de Montgeron : CJEG* 1998, p. 433, note J.-F. Lachaume ; *Rec. CE* 1997, tables p. 779.

(118) L'article L. 2333-78 prévoit que si cette redevance est calculée en fonction de l'importance du service rendu et notamment de la quantité des déchets éliminés, elle peut toutefois être fixée de manière forfaitaire pour l'élimination de petites quantités de déchets. Une délibération méconnaît ces dispositions en adoptant un tarif unique et forfaitaire, applicable à l'ensemble des professionnels sans distinguer selon les quantités de déchets que ceux-ci sont susceptibles de produire : CE, 17 mars 2016, *Communauté d'agglomération du Pays de Saint-Malo*, préc., n° 101.

(119) CAA Paris, 9 mars 2015, n° 13PA02239, *Sté Aaéroports de Paris : AJDA* 2015, p. 848, note L. Boissy.

La qualification du service public chargé de l'enlèvement des ordures ménagères a soulevé un problème intéressant.

107. – **Redevance et taxe d'enlèvement des ordures ménagères.** Il ne faut pas confondre la taxe d'enlèvement des ordures ménagères et la redevance pour enlèvement des ordures ménagères qui a été instituée dans un premier temps par les lois de finances pour 1974 et pour 1975(120).

L'institution de cette redevance par le conseil municipal, qui en fixe le tarif, entraîne la suppression de la taxe d'enlèvement des ordures ménagères(121).

La redevance doit être calculée en fonction de l'importance du service rendu (V. *supra*, n° 103). La taxe est établie d'après le revenu net servant de base à la taxe foncière(122).

La redevance et la taxe obéissent à des régimes tout à fait distincts. Une personne assujettie à la redevance ne peut donc pas se prévaloir d'une exonération prévue en matière de taxe(123).

Toutefois, dans les deux cas, le débiteur réel du prélèvement reste l'utilisateur du service ; la redevance entre donc éventuellement dans les charges récupérables par le bailleur(124), comme la taxe (V. *infra*, n° 118).

Le service public qui est financé au moyen de la taxe ne peut être qu'un service public administratif.

Le caractère du service, lorsqu'il est financé au moyen de la redevance, est resté incertain jusqu'au début de l'année 1992.

La Cour de cassation lui avait reconnu un caractère industriel et commercial. Le Conseil d'État s'est rallié à cette solution dans un avis de section du 10 avril 1992, *SARL Hofmiller*. Il s'est fondé principalement sur le fait que la faculté pour les communes d'instituer la redevance est directement liée à celle qui leur a été simultanément ouverte(125) d'opter pour l'assujettissement à la taxe sur la valeur ajoutée des opérations relatives au service d'enlèvement et de traitement des ordures ménagères, lorsque ce service donne lieu au paiement de la redevance. La même possibilité d'option est d'ailleurs prévue par cette disposition pour les opérations relatives à des services industriels et commerciaux, tels que la fourniture de l'eau et l'assainissement. Le Conseil d'État a estimé que le législateur a entendu permettre aux collectivités, en substituant une rémunération directe du service par l'usager à une recette de caractère fiscal (la taxe d'enlèvement des ordures ménagères), de gérer ce service comme une activité industrielle et commerciale. Dès lors, ce service, qu'il soit géré en régie ou par voie de concession, présente le caractère d'un service industriel et commercial et il appartient à la juridiction judiciaire de connaître des litiges relatifs au paiement de la redevance(126).

Le Tribunal des conflits a retenu la même solution que le Conseil d'État(127).

2° Services publics administratifs

108. – **Domaine. Exemples.** Les services rendus par *les services publics administratifs* peuvent aussi faire l'objet de redevances payées par l'usager.

---

(120) CGCT, art. L. 2333-76 et L. 2333-77.
(121) CGCT, art. L. 2333-79.
(122) CGI, art. 1522.
(123) Cass. com., 3 oct. 2006, *Martelli* : *RJF* 2007, n° 109 ; *D.* 2006, p. 2752.
(124) Cass. com., 4 juill. 2006, *Sté HLM du Massif central* : *RJF* 2006, n° 1639, pour la redevance acquittée par un office d'HLM.
(125) CGI, art. 260 A.
(126) *Dr. fisc.* 1992, comm. 1537 et *RFDA* 1994, p. 160, concl. Arrighi de Casanova ; *AJDA* 1992, p. 688, note Prétot ; *RJF* 1992, n° 844. – CE, 27 oct. 2008, n° 294.915, *Communauté de la Tinée* : *Dr. fisc.* 2009, n° 17, comm. 291, note Lamulle ; *RJF* 2009, n° 95.
(127) T. confl., 28 sept. 1999, *Roussin* : *RJF* 1999, n° 268.

On peut citer, pêle-mêle : la vente de publications, de documents et de recueils officiels, la mise à disposition d'informations statistiques, la reproduction par photocopies des documents administratifs ; – le prix de pension applicable dans les lycées ou collèges ; – les redevances universitaires (ou contributions pédagogiques, à ne pas confondre avec les droits d'inscription universitaires) ; – les droits et taxes perçus à l'entrée des musées nationaux ; – les droits d'inscription à une école nationale de musique, à un jardin d'enfants ou une crèche collective, etc.

109. – **Association syndicale autorisée.** Deux cas appellent quelques précisions complémentaires. Le premier concerne les cotisations syndicales, de caractère obligatoire, qu'une association syndicale autorisée, établissement public administratif, est habilitée à demander à ses membres propriétaires, en contrepartie de la réalisation de travaux et d'ouvrages ou de leur entretien, et proportionnellement à l'intérêt qu'y trouve chacun ; les membres de l'association sont considérés comme des usagers d'un service public administratif[128].

Le caractère de redevances pour services rendus des taxes syndicales prélevées par les associations syndicales autorisées est conforté par l'obligation qui leur est faite d'imposer chaque propriété en tenant compte de l'intérêt qu'elle a à l'exécution des dépenses[129].

110. – **Péages des autoroutes.** Le second cas concerne les péages perçus par les concessionnaires d'autoroutes auxquels a été reconnu le caractère de redevances[130]. Suivant le Conseil d'État, une société concessionnaire de la construction et de l'exploitation d'une autoroute a pour activité l'exécution d'une mission de service public administratif et exerce cette activité selon les règles du droit public ; sa profession n'est donc pas de nature commerciale au sens des dispositions du Code de commerce[131].

À la suite de la décision de la Cour de justice des Communautés européennes du 12 septembre 2000[132], et en application des dispositions de la loi de finances rectificative n° 2000-1353 du 30 décembre 2000 (art. 2), les péages perçus par les sociétés concessionnaires sont soumis, depuis le 1er janvier 2001, à la taxe sur la valeur ajoutée (TVA) au taux normal.

L'assujettissement à la TVA est sans incidence sur le caractère de la mission de service public administratif assumée par la société concessionnaire de la construction et de l'exploitation de l'autoroute. Les usagers de l'autoroute, même abonnés, sont dans une situation unilatérale et réglementaire à l'égard du concessionnaire. Il s'ensuit que les litiges pouvant naître entre les usagers et le concessionnaire quant au principe et au montant du péage, y compris quant à la délivrance de factures afférentes à ce péage, relèvent de la compétence de la juridiction administrative[133].

---

(128) CE, sect., 28 juill. 1993, *Bernardet* : *RJF* 1993, n° 1138, avec les obs. ; *Dr. fisc.* 1993, comm. 2519.
(129) CE, 2 oct. 2006, n° 278.676, *Pech* : *RJF* 2006, n° 1642 ; *BDCF* 2006, n° 153, concl. P. Collin. – CE, 22 janv. 2013, n° 346.838, *Elliott Smith* : *RJF* 2013, n° 445 ; *BDCF* 2013, n° 49, concl. Mme Escaut. – Sur le recouvrement des taxes syndicales : CE, 9 oct. 2013, n° 358505, *Geurts* : *RJF* 2014, n° 100.
(130) CE, ass., 14 févr. 1975, *Épx Merlin*.
(131) CE, avis, 6 juill. 1994, n° 156.708, *Sté des autoroutes du Nord et de l'Est de la France* : *Dr. fisc.* 1994, comm. 2153 ; *RJF* 1994, n° 1084.
(132) Aff. 276/97 : *RJF* 2000, n° 1536.
(133) T. confl., 20 nov. 2006, *Sté EGTL et Sté Transports Gautier* : *AJDA* 2007, p. 849, note N. Chahid-Nouraï et J.-L. Champy ; *RJF* 2007, n° 488.

111. – Cas particuliers. Ouvrage d'art. Imposition. En revanche, le droit départemental de passage sur un ouvrage d'art, tel le pont reliant l'île d'Oléron au continent, qui a été établi en application de la loi n° 95-101 du 2 février 1995(134), et dont le produit est exclusivement affecté à la préservation des espaces naturels, ne présente pas le caractère d'une redevance, mais celui d'une imposition(135).

112. – Rapports entre les qualités de contribuable et d'usager. Le régime des redevances de cette nature a soulevé *deux problèmes intéressants* concernant *les rapports entre les qualités de contribuable et d'usager*.

• Le premier porte sur le point de savoir si certaines *dépenses* doivent être supportées par l'usager ou le contribuable.

L'État exige de la part des sociétés concessionnaires de l'exploitation d'autoroutes, sous la forme de fonds de concours, des sommes, répercutées ensuite sur le montant des péages, qui ne sont pas directement liées à l'exploitation et à l'entretien des autoroutes. C'est le cas des « frais de gendarmerie » qui représentent les charges de fonctionnement des effectifs de gendarmerie en service sur le réseau d'autoroutes.

Le Conseil d'État a jugé que « l'exercice par la gendarmerie nationale des missions de surveillance et de sécurité des usagers qui, par nature, incombe à l'État donne par là même lieu à des dépenses qui sont étrangères à l'exploitation du réseau concédé ; ces dépenses ne sauraient dès lors faire l'objet du remboursement prévu à l'article L. 122-4 du Code de la voirie routière »(136).

C'est donc au contribuable, et non à l'usager, qu'il revient de financer les dépenses de gendarmerie sur le réseau d'autoroutes concédé.

• Le second problème concerne la gratuité de certains ouvrages d'art dont peuvent bénéficier certains usagers… en leur qualité de contribuables. Le conseil général d'un département peut, conformément aux dispositions de l'article L. 153-4 du Code de la voirie routière, fixer les tarifs de péage d'un pont en prévoyant la gratuité pour les usagers dont les véhicules sont immatriculés dans ce département, « du fait de leur situation particulière vis-à-vis de l'ouvrage d'art à péage »(137).

C. – Régime juridique et contentieux

113. – Régime juridique. La création des redevances et, à plus forte raison, la fixation des modalités d'assiette, de taux et de recouvrement n'entre pas dans la compétence législative, mais relève de l'autorité réglementaire.

Le principe s'explique par l'idée que la redevance n'est pas un prélèvement de caractère obligatoire.

Le Conseil d'État l'avait déjà adopté avant la Constitution de 1958. Le Conseil constitutionnel a consacré, depuis, le même principe(138).

(134) C. env., art. L. 321-11.

(135) CE, 10 juin 1998, *Assoc. pour la protection de l'environnement de l'Île d'Oléron* : *RJF* 1998, n° 1055 ; *RFDA* 1998, p. 1157, note J.-F. Lachaume.

(136) CE, ass., 30 oct. 1996, *Wajs et Monnier* : *RFDA* 1997, p. 726, concl. Combrexelle ; *AJDA* 1996, p. 1041, chron. Chauvaux et Girardot.

(137) CAA Bordeaux, 28 avr. 1997, *Dpt de la Charente-Maritime* : *RFDA* 1997, 941, note J.-F. Lachaume ; *AJDA* 1997, p. 849, chron. G. Vivens.

(138) Cons. const., 10 mars 1966, n° 66-38 L.

La rémunération des services rendus par l'État ne peut être établie et perçue que si elle est instituée par décret en Conseil d'État pris sur le rapport du ministre des Finances et des ministres intéressés. Le produit des rémunérations pour services rendus fait l'objet d'une évaluation dans la loi de finances de l'année.

En outre, les décrets instituant les rémunérations de services rendus par l'État deviennent caducs en l'absence de ratification dans la loi de finances de l'année qui suit[139].

Les redevances communales sont instituées par le conseil municipal, et les redevances départementales, par le conseil général.

114. – Régime contentieux. Il y a lieu d'appliquer les principes du droit commun en ce qui concerne la répartition des compétences entre les tribunaux administratifs et les tribunaux judiciaires.

La juridiction compétente pour connaître des litiges concernant les redevances est déterminée par la nature du service public. Le contentieux des redevances perçues par les services publics administratifs ressortit à la compétence des juridictions de l'ordre administratif. Le contentieux des redevances perçues par les services publics industriels et commerciaux relève de la compétence judiciaire ; cette compétence s'étend à l'appréciation de la régularité, au regard des règles du droit public, du titre de perception émis par la collectivité territoriale en vue du recouvrement de la redevance[140].

Mais lorsqu'elles sont compétentes pour connaître du fond du litige concernant une redevance, les juridictions de l'ordre judiciaire n'ont pas le pouvoir d'apprécier la légalité des règlements administratifs qui ont institué cette redevance ou en fixent les modalités d'assiette, de liquidation et de recouvrement ; il s'agit là d'une question préjudicielle de la compétence de la juridiction administrative[141].

Le principe appliqué en matière de taxe est différent (V. *infra*, n° 128).

Notons encore que les redevances n'étant pas de nature fiscale, et la demande en décharge ou en réduction présentant le caractère d'un recours de plein contentieux, la requête n'est donc pas dispensée du ministère d'avocat.

SECTION 2

LA DISTINCTION DE L'IMPÔT ET DES AUTRES PRÉLÈVEMENTS DE CARACTÈRE OBLIGATOIRE

115. – Ce sont, en réalité, trois distinctions qui doivent être faites ici.

(139) L. org., 1er août 2001, art. 4.

(140) Cass. com., 14 févr. 2012, n° 01-13.887, *Tremlet* : *RJF* 2012, n° 663. – Cass. com., 4 févr. 2014, n° 13-12.596, *Lenoir* : *RJF* 2014, n° 513, pour la redevance d'enlèvement des ordures ménagères. – Cass. com., 16 févr. 2016, n° 15-13.406, *Cté de communes Arc-Sud Bretagne* : *RJF* 2016, n° 578.

(141) Cass. com., 26 févr. 2002, *Hervo* : *Dr. fisc.* 2002, comm. 499 ; *Bull. civ.* 2002, IV, n° 45 ; *AJDA* 2002, p. 922, note S. Petit. – T. confl., 16 oct. 2006, *SA Camping les Grosses Pierres* : *RJF* 2007, n° 514. – T. confl., 12 févr. 2007, *Bernier* : *Dr. fisc.* 2007, n° 37, comm. 829 pour la redevance d'enlèvement des ordures ménagères. – T. confl., 12 oct. 2015, *Communauté de communes de la vallée du Lot* : *RJF* 2016, n° 74, pour la redevance de collecte des déchets autres que ménagers.

L'impôt doit être distingué d'une part, de la taxe, et d'autre part, des taxes parafiscales ; même si celles-ci ont été supprimées depuis le 1er juin 2004, ce rappel n'est pas sans intérêt du point de vue doctrinal. Les critères essentiels de cette double distinction sont au nombre de deux. Ils résident l'un, dans l'idée de contrepartie et l'autre, du moins pour la taxe parafiscale, dans la nature de l'organisme bénéficiaire.

Une troisième distinction doit être faite avec les cotisations sociales. Deux critères principaux peuvent être utilisés : celui de la matière imposable et celui de la nature juridique des organismes auxquels est affecté le produit de ces prélèvements. Cette distinction, qui est assurément la plus importante, est aussi celle qui soulève les plus grandes difficultés.

§ 1. – La distinction de l'impôt et de la taxe

116. – Définition. *La taxe peut être définie comme la somme exigée en contrepartie des prestations offertes par un service public ou de la possibilité d'utiliser un ouvrage public.*

Cette définition n'est que très approximative, car il est impossible de faire tenir en une phrase les réserves multiples qu'appelle l'énoncé de chacun des éléments à retenir. Le champ d'application de la taxe et son régime juridique contentieux n'appellent, au contraire, que de brèves observations.

A. – Notion de taxe

117. – L'existence d'une contrepartie est l'élément qui différencie fondamentalement la taxe de l'impôt, mais sans que s'applique le principe de l'équivalence financière, ce qui permet de la distinguer de la redevance. Quant au caractère obligatoire, s'il fait de la taxe une imposition, il doit être cependant très nuancé.

1° Contrepartie

118. – On retrouve dans la notion de taxe l'idée d'un service rendu, d'une *contrepartie et* cet élément la rapproche de la redevance.

Il en résulte au moins deux conséquences. La taxe doit être payée par celui qui est susceptible de profiter du service. La jurisprudence autorise ainsi le débiteur légal de la taxe à la récupérer sur le véritable bénéficiaire du service, même en l'absence de conventions ou d'usages contraires, ce qui n'est pas admis pour l'impôt. Par exemple, le propriétaire est assujetti à la taxe d'enlèvement des ordures ménagères sous le même rôle que celui de la taxe foncière sur les propriétés bâties ; c'est lui qui doit en verser le montant au Trésor ; mais il peut la récupérer sur le locataire, à qui elle incombe normalement puisqu'il bénéficie du service correspondant(142).

L'article 1523 du Code général des impôts prévoit que la taxe d'enlèvement des ordures ménagères « est imposée au nom des propriétaires ou usufruitiers et exigible contre eux et leurs principaux locataires ». Il a été jugé cependant que cette disposition n'a ni pour objet ni pour effet de rendre automatique la répercussion

(142) Cass. civ., 18 févr. 1941 : *Gaz. Pal.* 1941, 1, 437. – Cass. civ., 11 déc. 1950 : *S.* 1951, 1, 136.

sur le locataire du montant de cette taxe. Une société d'HLM ne peut pas récupérer ainsi sur le centre régional des œuvres universitaires et scolaires, locataire d'une résidence réservée à l'usage d'étudiants, la taxe d'enlèvement des ordures ménagères à laquelle elle est assujettie en tant que propriétaire de la résidence, à défaut de stipulation expresse en ce sens dans la convention de location de la résidence[(143)].

L'idée de contrepartie explique encore qu'il existe des taxes dont le produit est affecté à un service déterminé, par dérogation aux principes d'unité et d'universalité.

2° Absence d'équivalence financière

119. – La doctrine a considéré jusqu'à ces dernières années que la taxe se différencie de la redevance par l'absence d'équivalence financière. Il était admis que son tarif peut être fixé indépendamment du coût réel du service. L'examen de la jurisprudence pouvait laisser croire que le taux de la taxe ne doit pas être nécessairement fixé « de telle manière que son produit soit en rapport avec les dépenses occasionnées à la collectivité bénéficiaire »[(144)] ; suivant une autre formule, « un prélèvement dont le produit excède très largement les dépenses du service ne peut être regardé que comme une taxe »[(145)].

L'idée sur laquelle repose la distinction entre la taxe et la redevance n'est pas complètement abandonnée. La jurisprudence la plus récente exclut seulement l'hypothèse d'une taxe dont le tarif pourrait être fixé indépendamment du coût du service.

L'arrêt du Conseil d'État du 31 mars 2014, *Sté Auchan France*, est on ne peut plus clair[(146)]. En vertu de l'article 1520 du Code général des impôts, les communes qui assurent au moins la collecte des déchets des ménages peuvent instituer « une taxe destinée à pourvoir aux dépenses du service dans la mesure où celles-ci ne sont pas couvertes par des recettes ordinaires n'ayant pas le caractère fiscal ». La Haute juridiction a constaté que la taxe d'enlèvement des ordures ménagères a exclusivement pour objet de couvrir ces dépenses et qu'elle n'a pas le caractère d'un prélèvement opéré sur les contribuables en vue de pourvoir à l'ensemble des dépenses budgétaires. Il en résulte que « le produit de cette taxe et, par voie de conséquence, son taux ne doivent pas être manifestement disproportionnés par rapport au montant des dépenses » exposées par la commune pour assurer l'enlèvement et le traitement des ordures ménagères, « tel qu'il peut être estimé à la date du vote de la délibération fixant ce taux ».

Il s'ensuit encore que la taxe d'enlèvement des ordures ménagères ne peut avoir pour objet de financer l'élimination des déchets non ménagers, tels que ceux visés à l'article L. 2224-14 du Code général des collectivités territoriales (déchets industriels banals ou provenant des activités commerciales et artisanales), alors même que la redevance spéciale prévue à cet effet à l'article L. 2333-78 n'aurait pas été instituée. L'institution de cette taxe est obligatoire en l'absence de la redevance d'enlèvement

(143) CE, 8 oct. 2010, n° 316.723, *Sté d'HLM Un toit pour tous* : *RJF* 2011, n° 115.
(144) CE, 8 avr. 1949, *Sté des Salaisons de Gascogne* : *Rec. CE* 1949, p. 174.
(145) CE, 16 mai 1941, *Toublanc* : *Rec. CE* 1941, p. 91.
(146) CE, 31 mars 2014, n° 368111, *Sté Auchan France* : *Dr. fisc.* 2014, n° 28, comm. 434, note E. Meier et R. Torlet ; *Dr. fisc.* 2015, n° 39, comm. 586, commentaire de la DGFiP ; *RJF* 2014, n° 639 ; *BDCF* 2014, n° 62, concl. Mme Escaut.

des ordures ménagères mentionnée à l'article L. 2333-76, laquelle peut viser aussi les déchets non ménagers qui, eu égard à leurs caractéristiques et aux quantités produites, peuvent être collectés et traités sans sujétions techniques particulières.

Le passage de l'absence d'équivalence financière à l'absence de disproportion manifeste par rapport au montant des dépenses n'est pas le seul trait marquant de l'évolution de la distinction entre redevance et taxe.

Cette distinction avait déjà été remise en cause par la réforme qui a été réalisée par la loi de finances pour 2012 (art. 97), modifiée par la loi de finances rectificative pour 2013 du 29 décembre 2013 (art. 53)[147].

Les communes et les établissements publics de coopération intercommunale (EPCI) ont désormais la faculté d'intégrer dans le montant de la taxe d'enlèvement des ordures ménagères une « part incitative » assise sur la quantité et éventuellement la nature des déchets produits, exprimés en volume, en poids et en nombre d'enlèvements.

Cette réforme, qui est issue du Grenelle de l'environnement, vise ainsi à limiter, par le biais de la fiscalité, le volume des déchets. Elle aboutit aussi à rapprocher le régime de la taxe de celui de la redevance d'enlèvement des ordures ménagères.

3° Caractère obligatoire

120. – On peut dès lors considérer que le critère de la taxe réside mieux dans son *caractère obligatoire* par opposition au caractère facultatif de la redevance.

Précisons d'abord qu'il ne faut pas confondre caractère obligatoire de la taxe (pour les personnes entrant dans son champ d'application) et institution obligatoire de la taxe (au regard de la distinction entre taxes obligatoires et taxes facultatives). Il résulte ainsi des termes de l'article 1520 du Code général des impôts, que les communes qui assurent au moins la collecte des déchets des ménages « peuvent » (seulement) instituer une taxe destinée à pourvoir aux dépenses de ce service ; ces dispositions ne leur en créent pas l'obligation, même dans le cas où elles décident de supprimer la redevance pour l'enlèvement des ordures, déchets et résidus qui avait été créée précédemment[148]. La taxe prévue à l'article 1520 précité est une taxe facultative.

Le caractère obligatoire de la taxe revêt *plusieurs aspects.*

121. – **a) Service offert et non utilisé.** Il peut exprimer une *obligation au paiement* pour un *service offert* à l'assujetti, même s'il ne l'utilise pas en fait.

L'usager simplement *virtuel* du service est astreint au paiement de la taxe alors même qu'il n'utilise pas le service et ne reçoit pas la prestation correspondante. Il suffit qu'il soit dans la situation de pouvoir l'utiliser. S'il ne l'utilise pas, il reste « assujetti », alors que, dans le cas contraire, il aurait été aussi « usager ».

La comparaison entre la taxe d'enlèvement des ordures ménagères et la redevance pour l'enlèvement des ordures, déchets et résidus permet d'illustrer parfaitement ce principe et la distinction fondamentale qui doit être faite entre taxe et redevance.

(147) CGI, art. 1522 bis.
(148) CE, 8 janv. 1997, req. n° 151 795, *Sté Verrerie d'Arques : Dr. fisc.* 1997, comm. 267, concl. Goulard ; *RJF* 1997, n° 284.

La taxe est due même si l'occupant de l'immeuble desservi par le service d'enlèvement ne l'utilise pas. Au contraire, la redevance, qui est, par définition, une rémunération pour service rendu, n'est pas due par les personnes qui n'utilisent pas le service.

Par surcroît, le champ d'application territorial de la taxe est déterminé par la jurisprudence de manière très extensive.

Peu importent les difficultés auxquelles peut se heurter l'usager virtuel pour utiliser le service. L'application de cette règle est à l'origine d'une jurisprudence assez pittoresque.

Pour apprécier si une propriété doit ou non être regardée comme desservie par le service d'enlèvement, la distance à retenir n'est pas celle qui existe entre le point du passage le plus proche du véhicule du service et la maison d'habitation, mais celle qui sépare ce point de passage de l'entrée de la propriété. Le Conseil d'État a jugé ainsi qu'était passible de la taxe le propriétaire d'une maison située au milieu d'un parc de près de 5 hectares et distante de 700 mètres du point de passage le plus proche de la benne d'enlèvement des ordures ménagères, dès lors que l'entrée de la propriété est située à 200 mètres de ce point[149]. Il a été jugé plus récemment qu'entrent dans le champ d'application de la taxe des propriétés situées respectivement à 288 et 410 mètres du container installé par le service de collecte[150], une propriété dont l'entrée est distante de 215 mètres du point de ramassage le plus proche desservi par la benne à ordures[151] ou de moins de 200 mètres[152], – mais que n'entre pas dans le champ d'application de la taxe la maison faisant partie d'un lotissement qui est distant d'environ 1 700 mètres du point de passage du service[153].

122. – b) Condition de l'utilisation du service ou de l'ouvrage. Le caractère obligatoire de la taxe peut correspondre à une *condition de l'accès au service* ou à une *condition de l'utilisation de l'ouvrage public*.

C'est le cas, par exemple, des droits d'inscription universitaire qui ont été institués par l'article 48 de la loi de finances n° 51-598 du 24 mai 1951. Il ne faut pas les confondre avec les « contributions pédagogiques » qui sont susceptibles d'être prélevées à l'occasion de services facultatifs et présentent le caractère de redevances. Il n'y a pas d'équivalence financière entre le montant des droits d'inscription universitaire et la valeur des services rendus et ils ne sont pas susceptibles d'être remboursés en cas de non-utilisation du service.

La taxe due par les entreprises de transport public maritime de passagers vers des espaces protégés peut aussi être considérée comme une condition de l'accès à un service environnemental[154].

L'utilisation de l'ouvrage public peut encore donner lieu au paiement d'une imposition présentant le caractère de taxe, tel le droit départemental de passage sur les ouvrages d'art reliant les îles au continent, qui est établi en application de l'article L. 321-11 du Code de l'environnement.

Dans tous les cas mentionnés ci-dessus, l'absence d'équivalence financière entre le montant des droits exigés et la valeur des services rendus peut être considérée comme un élément déterminant pour la qualification de taxe.

(149) CE, 24 juill. 1981, req. n° 20.697 : *Dr. fisc.* 1981, comm. 2004.
(150) CAA Marseille, 8 mars 1999, *Gambini* : *RJF* 1999, n° 1311.
(151) CAA Lyon, 27 déc. 2002, n° 99-1781, *Meyer* : *RJF* 2003, n° 930.
(152) TA Melun, 30 déc. 2004, n° 03-3237, *SNC Newport* : *Dr. fisc.* 2005, n° 21, comm. 426.
(153) TA Montpellier, 25 sept. 2008, n° 05-3723, *Paoli* : *RJF* 2009, n° 604.
(154) C. douanes, art. 285 quater. – C. env., art. L. 321-12.

123. – **Contribution à l'audiovisuel public.** La contribution à l'audiovisuel public, qui est la nouvelle dénomination que la loi n° 2009-1673 du 30 décembre 2009 de finances pour 2010 (art. 32-1) a substituée à celle de redevance audiovisuelle, constitue la ressource principale des organismes du secteur public de la communication audiovisuelle dont le statut est fixé par la loi modifiée n° 86-1067 du 30 septembre 1986 relative à la liberté de communication.

Le produit attendu de la contribution à l'audiovisuel public pour 2016 s'élève à 3,8 Md€ contre 3,68 Md€ en 2015.

La loi n° 2004-1484 du 30 décembre 2004 de finances pour 2004 (art. 37) avait créé la « redevance audiovisuelle » en remplacement de la taxe parafiscale dite « redevance pour droit d'usage des appareils récepteurs de télévision » (V. *infra*, n° 132).

Le régime de la redevance audiovisuelle, mis en place par la loi de finances pour 2005 (art. 41), dont les dispositions sont codifiées aux articles 1605 à 1605 quater, 1840 W ter et 1840 W quater du Code général des impôts, est applicable depuis le 1er janvier 2005.

Le texte précise que cette redevance est instituée « au profit des sociétés et de l'établissement public visés par les articles 44, 45 et 49 de la loi n° 86-1067 ».

Ces sociétés sont toutes les sociétés « France Télévisions ». La société, dénommée France Télévisions, est chargée de définir les orientations stratégiques, de coordonner et de promouvoir les politiques de programmes et de gérer les affaires communes des sociétés, dites sociétés nationales de programme, dont elle détient la totalité du capital : les Sociétés France 2, France 3, France 5, Réseau France Outre-mer, Radio France, Radio France Internationale (art. 44).

Une société dénommée Arte-France est chargée de concevoir et de fournir les programmes et les moyens nécessaires à l'exercice des missions du groupement européen d'intérêt économique Arte issu du Traité du 2 octobre 1990 instituant une chaîne culturelle européenne. Le capital de cette société est détenu directement ou indirectement par des personnes publiques (art. 45).

L'État détient directement la totalité du capital des sociétés France Télévisions et Radio-France et, directement ou indirectement, la totalité du capital de la société Radio-France Internationale.

Ces sociétés, ainsi que les sociétés France 2, France 3, France 5 et Réseau France Outre-mer, sont soumises à la législation sur les sociétés anonymes sauf dispositions contraires de la loi. Leurs statuts sont approuvés par décret (art. 47).

L'établissement public visé à l'article 49, et au profit duquel la redevance est également instituée, est l'Institut national de l'audiovisuel, établissement public de l'État à caractère industriel et commercial. Il est chargé de conserver et de mettre en valeur le patrimoine audiovisuel national.

On rappellera seulement les deux grandes catégories de personnes redevables. Il n'est pas question ici d'évoquer les cas particuliers et les nombreuses exonérations prévues par la loi.

La première catégorie est celle des particuliers. La redevance est due par toutes les personnes physiques imposables à la taxe d'habitation au titre d'un local meublé affecté à l'habitation, dès lors qu'elles détiennent, au 1er janvier de l'année au cours de laquelle la redevance est due, un appareil récepteur de télévision ou un dispositif assimilé (constitué le plus souvent d'un écran et d'un tuner) permettant la réception de la télévision pour l'usage privatif du foyer.

La réforme réalisée par la loi de finances pour 2005 présente pour les particuliers deux particularités majeures.

La première est que la condition de détention est regardée comme remplie dès lors que le redevable n'a pas indiqué sur sa déclaration des revenus qu'il ne détient pas de téléviseur dans sa résidence principale ou secondaire.

La seconde particularité est que la redevance se trouve « adossée », pour le recouvrement, à la taxe d'habitation. La redevance audiovisuelle est due par la ou les personnes au nom desquelles la taxe d'habitation est établie. L'avis d'imposition de la redevance audiovisuelle est émis avec celui de la taxe d'habitation. De ce point de vue, le caractère fiscal est renforcé par la règle suivant laquelle la contribution à l'audiovisuel public est due par le redevable de la taxe d'habitation dès lors que l'appareil récepteur de télévision est détenu dans l'habitation, quand bien même il serait la propriété de personnes cohabitant avec le redevable sans faire partie de son foyer fiscal[155].

La seconde catégorie de redevables est celle des professionnels. La redevance est due par toutes les personnes physiques autres que les particuliers dont il vient d'être question et par les personnes morales qui détiennent, au 1er janvier de l'année au cours de laquelle la redevance audiovisuelle est due, un appareil récepteur de télévision ou un dispositif assimilé dans un local situé en France.

Dans ce second cas, la redevance est adossée à la taxe sur la valeur ajoutée (TVA). Les personnes physiques ou morales redevables de la TVA doivent déclarer la redevance audiovisuelle auprès du service des impôts chargé du recouvrement dont elles dépendent.

Le contrôle, le recouvrement, le contentieux, les garanties, sûretés et privilèges sont régis suivant la qualité du redevable, comme en matière de taxe d'habitation ou comme en matière de TVA. Le législateur a institué, en outre, des règles spéciales de contrôle et de redressement[156].

Toutefois, malgré ce renvoi à des règles applicables en matière d'impôts, la « contribution » à l'audiovisuel public, comme autrefois la « redevance » audiovisuelle, est une taxe. Elle présente effectivement toutes les caractéristiques de la taxe. La loi du 30 décembre 2004 avait déclaré, de manière très significative, instituer « une taxe dénommée redevance audiovisuelle ».

L'obligation au paiement est seulement une condition de l'accès au service. Elle est indépendante de l'utilisation effective du service : la simple détention de l'appareil récepteur entraîne l'assujettissement et le paiement, même si l'intéressé ne l'utilise pas en fait. La redevance ne présente donc pas le caractère d'une redevance au sens strict du terme, laquelle n'est due qu'en cas d'utilisation effective du service. Il ne s'agit pas non plus d'un impôt, malgré « l'adossement » à la taxe d'habitation ou à la taxe sur la valeur ajoutée, dès lors que le paiement de la redevance de l'audiovisuel a une contrepartie individualisée, même si cette contrepartie ne repose pas sur le principe de l'équivalence financière. Encore moins s'agit-il d'une contribution, en dépit de la dernière dénomination utilisée par le législateur, dès lors qu'elle est exclusive de tout accord de la part du redevable.

La taxe à la charge des opérateurs de communications d'électroniques instituée, au profit de l'État, par la loi n° 2009-258 du 5 mars 2009 relative à la communication audiovisuelle et au nouveau service public de la télévision, dont les dispositions ont été codifiées à l'article 302 bis KH du CGI, est un impôt qui est destiné à accroître les ressources du budget de l'État pour financer la charge résultant de la compensation des pertes de recettes publicitaires du groupe France Télévisions[157].

La validité de cette taxe au regard du droit communautaire avait été contestée par la Commission. Son produit annuel étant de 250 M€, le litige portait sur une somme de 1,2 Md€ dont les opérateurs espéraient le remboursement. Mais la Cour de justice de l'Union européenne a, dans un arrêt du 27 juin 2013, décidé que cette taxe n'était pas contraire au droit communautaire (aff. 485/11).

124. – c) Condition d'exercice d'une activité réglementée de loisirs. Le paiement de la taxe peut être la *condition d'exercice d'une activité de loisirs réglementée*,

(155) CE, 8 nov. 2010, n° 327.370, *Terraz* : *RJF* 2011, n° 253.
(156) LPF, art. L. 61 B.
(157) Cons. const., 3 mars 2009, n° 2009-577 DC, consid. 21 à 27. – CE, 10 oct. 2011, n° 350.872, *Sté Française du radiotéléphone* : *RJF* 2012, n° 153.

telle que la chasse ou la pêche. Pour les mêmes raisons que celles données précédemment, le caractère de taxe peut être reconnu ainsi aux redevances cynégétiques départementale ou nationale[(158)] et à la redevance pour protection du milieu aquatique due à raison de l'exercice de la pêche[(159)].

125. – **d) Sanction du refus d'utiliser le service.** Il est même un cas dans lequel le caractère obligatoire de la taxe exprime *la sanction du refus d'utiliser le service.*

C'est celui de la *taxe d'assainissement* qui a été instituée par l'article 75-II de la loi de finances pour 1966, n° 65-997 du 29 novembre 1965[(160)]. Ce texte prévoit que « tant que le propriétaire ne s'est pas conformé aux obligations (de raccordement à l'égout), il est astreint au paiement d'une somme au moins équivalente à la redevance qu'il aurait payée au service public d'assainissement si son immeuble avait été raccordé au réseau ou équipé d'une installation d'assainissement autonome réglementaire, et qui peut être majorée dans une proportion fixée par le conseil municipal dans la limite de 100 % ».

La taxe d'assainissement ne doit pas être confondue avec la participation pour raccordement à l'égout, prévue à l'article L. 1331-7 du Code de la santé publique à laquelle le Conseil d'État a reconnu le caractère de redevance (V. *supra*, n° 87) et que remplace aujourd'hui la participation pour le financement de l'assainissement collectif (V. *supra*, n° 89). Elle ne doit pas être confondue non plus avec la redevance d'assainissement, qui présente le caractère d'une rémunération pour services rendus par un service public industriel et commercial.

Appelée parfois « redevance-pénalité », la taxe d'assainissement a le caractère d'une taxe au sens précis du terme et présente donc un caractère fiscal[(161)].

Le Conseil d'État a, dans le même arrêt, utilisé au sujet du paiement de la somme prévue à l'article L. 1331-8, les trois appellations de « taxe d'assainissement », de « contribution » et d'« impôt » : mais il est vrai, pour ce dernier terme, que c'est pour lui reconnaître le caractère d'impôt « local » et de le faire entrer ainsi dans le champ d'application des dispositions des articles R. 222-13-5° et R. 811-1 du Code de justice administrative prévoyant que le tribunal administratif statue en premier et en dernier ressort sur les recours relatifs aux impôts locaux autres que la taxe professionnelle[(162)].

4° Nature d'imposition

126. – La taxe est une *imposition*. Le caractère de prélèvement obligatoire rapproche la taxe de l'impôt. On comprend, dès lors, que la jurisprudence puisse assimiler la taxe à une « imposition » ou utiliser ce terme à son sujet,

(158) C. env., art. L. 423-19 et L. 423-27.

(159) C. env., art. L. 436-1 et art. L. 213-10-12.

(160) C. santé publ., art. L. 1331-8.

(161) CE, sect., 21 nov. 1975, *Sté La Grande Brasserie Moderne : Rec. CE* 1975, p. 583 ; *AJDA* 1976, p. 570, note F. Moderne. – Cons. const., 29 déc. 1983, n° 83-166 DC, consid. 7 et 8. – T. confl., 19 déc. 1988, *Pernin* : *AJDA* 1989, p. 269, note J.-B. Auby ; *Dr. fisc.* 1989, n° 28, étude Moderne ; *RJF* 1999, p. 375. – CE, 24 sept. 2003, *Cie Générale des eaux : Dr. fisc.* 2004, n° 9, comm. 287, concl. Bachelier ; *RJF* 2003, n° 1460. – T. confl., 13 déc. 2004, *Cts Tiberghien : RJF* 2005, n° 374.

(162) CE, 5 févr. 2009, n° 306.045, *Synd. mixte assainissement du Verdunois* : *AJDA* 2009, p. 234 ; *RJF* 2009, n° 521.

bien qu'elle comporte une contrepartie et diffère à cet égard fondamentalement de l'impôt.

Le Conseil d'État utilise ce terme notamment à propos de la taxe d'enlèvement des ordures ménagères : elle « revêt le caractère d'une imposition et non d'une redevance pour service rendu »(163).

Cette assimilation ne manque pas d'intérêt en ce qui concerne les précisions terminologiques qui devront être apportées par la suite.

Le caractère obligatoire de la taxe explique aussi pourquoi elle diffère de la redevance quant à son champ d'application et à son régime : elle a un champ d'application plus limité et ne peut être créée que par la loi.

B. – Champ d'application

127. – Le principe est que les taxes ne peuvent être perçues que par des personnes publiques (l'État, les collectivités territoriales, les établissements publics administratifs) et seulement en vue d'assurer le fonctionnement de leurs services publics administratifs.

Le financement du service au moyen de taxes est, du reste, l'un des critères de la distinction entre les services publics administratifs et les services publics industriels et commerciaux. Le service se voit reconnaître un caractère administratif s'il tire la plus grande partie de ses ressources de recettes fiscales. Mais ce critère n'a qu'une portée limitée : un service public peut présenter un caractère administratif, même lorsque son financement est assuré pour l'essentiel par les recettes provenant des redevances versées par les usagers. Le financement au moyen de taxes est donc seulement un critère d'exclusion du caractère industriel et commercial du service.

C. – Régime juridique et contentieux

128. – L'obligation fiscale que la taxe fait peser sur les assujettis explique son fondement légal : elle ne peut être créée que par la loi(164).

En ce qui concerne le régime contentieux, les principes de la répartition des compétences juridictionnelles ne sont pas les principes du droit commun, comme en matière de redevances, mais les principes du droit fiscal.

Le contentieux des taxes relève des juridictions de l'ordre administratif, si elles ont le caractère de contributions directes ou de taxes assimilées aux taxes sur le chiffre d'affaires, et des juridictions de l'ordre judiciaire, si elles ont le caractère de contributions indirectes.

En outre, conformément aux principes du droit fiscal, les juridictions judiciaires, lorsqu'elles sont compétentes, ont le pouvoir d'apprécier la légalité de tous actes administratifs, réglementaires ou individuels, qui servent de fondement à la taxe(165).

(163) CE, 1er oct. 1986, req. n° 48.529 : *RJF* 1986, p. 612. – CE, 31 août 2009, n° 300.483, *SA La Sigma* : *RJF* 2009, n° 948.
(164) CE, 10 déc. 1969, *Cne de Nerville-la-Forêt* : *Rec. CE* 1969, p. 564. – CE, 15 janv. 1996, *Poirrez* : *Rec. CE* 1996, p. 1.
(165) Cass. 1re civ., 16 nov. 1982 : *Bull. civ.* 1982, I, n° 328. – Cass. com., 26 févr. 2013, n° 12-16.683, *Sté Clear Channel France* : *RJF* 2013, n° 670.

§ 2. – La distinction de l'impôt et de la taxe parafiscale

129. – **Intérêt du rappel.** La loi organique n° 2001-692 du 1er août 2001 relative aux lois de finances a abrogé l'article 4 de l'ordonnance n° 59-2 du 2 janvier 1959 qui constituait la base légale de l'institution des taxes parafiscales. Elle a prévu toutefois qu'à défaut de dispositions législatives particulières, les taxes parafiscales régulièrement perçues au cours de l'année 2003 pourraient continuer à être perçues jusqu'au 31 décembre 2003. Effectivement, la loi de finances rectificative pour 2003, n° 2003-1312 du 30 décembre 2003 a remplacé, à partir du 1er janvier 2004, les taxes parafiscales par de nouveaux prélèvements qui présentent le caractère d'imposition au sens de l'article 34 de la Constitution (V. *supra*, n° 60). L'institution des taxes parafiscales mérite toutefois d'être rappelée en raison de son double intérêt juridique et historique.

A. – Notion de taxe parafiscale

130. – **Définition.** La seule notion juridique de la parafiscalité qui peut être retenue est celle qui résulte des dispositions combinées de l'article 4 de l'ordonnance de 1959 et du décret du 24 août 1961, lequel a été remplacé par le décret n° 80-854 du 30 octobre 1980.

Les taxes parafiscales peuvent être définies comme des prélèvements obligatoires opérés dans un intérêt économique ou social au profit d'une personne morale de droit privé ou d'un établissement public industriel et commercial.

Trois caractéristiques permettent de distinguer les taxes parafiscales des autres types de prélèvements.

1° Absence de contrepartie individualisée

131. – La taxe parafiscale ne comporte *aucune contrepartie directe et immédiate* pour le redevable, ni même parfois de contrepartie indirecte ou à terme.

Cet élément est fondamental : il permet de situer les taxes parafiscales plus près de l'impôt que ne le sont la redevance et même la taxe. La personne assujettie au paiement de la taxe se trouve au moins dans la position d'usager virtuel du service. La notion de taxe parafiscale est très largement indépendante de l'idée de service rendu ou à rendre, ce qui accentue son caractère obligatoire.

Le Conseil d'État en a tiré une intéressante conséquence en matière de TVA. Les cotisations individuelles de taxe parafiscale ne doivent pas supporter la TVA lorsqu'il n'existe pas, entre ces cotisations et les avantages que chacun des assujettis peut être en mesure de retirer des services rendus par l'organisme au profit duquel la taxe parafiscale est instituée, un lien direct permettant de regarder ces services comme des prestations effectuées à titre onéreux et passibles de la TVA en vertu de l'article 256 du CGI(166).

En réalité, trois cas doivent être rappelés.

132. – Dans le premier et unique, la *contrepartie* est *directe et immédiate* ; c'est celui de la « redevance pour droit d'usage des appareils récepteurs de télévision », appelée encore « redevance de l'audiovisuel » à laquelle une jurisprudence constante, notamment du Conseil constitutionnel, avait reconnu le caractère de taxe parafiscale, pour des raisons de texte assez particulières.

133. – Second cas extrême : il est des taxes parafiscales qui ne comportent absolument *aucune contrepartie* pour ceux qui les paient. Tel était le cas de la taxe

(166) CE, avis, 25 nov. 1994, n° 160.335, *SA Airborne* : *RJF* 1995, n° 14, concl. Ph. Martin.

parafiscale qui avait été instituée, dans un premier temps, par le décret n° 73-193 du 13 février 1973 pour financer un système d'aides aux riverains des aérodromes d'Orly et de Roissy ; elle était due par les exploitants de compagnies aériennes (V. *supra*, n° 41).

134. – Dans le cas le plus général, il existe une *contrepartie*, mais elle n'est *ni directe, ni immédiate*.

Prenons, par exemple, le cas de la taxe parafiscale destinée au financement de certains organismes interprofessionnels de vins, dont les dispositions étaient codifiées dans les annexes du CGI[167].

Les organismes bénéficiaires des ressources correspondantes vont pouvoir engager une série d'actions, notamment en matière de prix et de débouchés, de publicité collective, d'accroissement de la production, d'amélioration et de contrôle de la qualité, etc.

Il y a là un service rendu à la profession dans son ensemble et, par le fait même, un service rendu aux membres de la profession, individuellement, dans la mesure où ils vont bénéficier de prix plus stables ou plus avantageux et de l'accroissement des débouchés. Mais ce service individuel n'est pas direct et immédiat et il est difficile d'en déterminer la valeur exacte.

Ce n'est là qu'un exemple, mais il est valable pour un grand nombre de taxes parafiscales.

2° Caractère obligatoire

135. – Il s'agit d'un prélèvement à *caractère obligatoire*. Ce caractère obligatoire apparaît bien lorsque la taxe parafiscale a une contrepartie au moins indirecte.

Le Conseil d'État a jugé ainsi que la circonstance qu'une catégorie d'entreprises entrant dans le champ d'application d'une taxe parafiscale ne bénéficierait pas en fait des activités de l'organisme au profit duquel elle est instituée ne peut avoir pour effet de les dispenser du paiement de cette taxe parafiscale[168].

Autre conséquence du caractère obligatoire : l'État prête ses prérogatives de puissance publique aux organismes bénéficiaires des taxes parafiscales afin d'obliger les paracontribuables à payer leur dette.

Ce second trait rapproche encore plus la taxe parafiscale de l'impôt.

3° Organismes bénéficiaires

136. – Une troisième caractéristique de la taxe parafiscale réside dans son affectation et dans la *nature juridique de l'organisme bénéficiaire*.

La taxe parafiscale est nécessairement affectée ; par là, elle se distingue de l'impôt.

L'impôt et la taxe sont prélevés au profit d'une personne publique (l'État, une collectivité territoriale locale, un établissement public administratif).

Il résulte de la définition de la taxe parafiscale qu'elle ne peut être perçue qu'au profit *d'organismes privés* ou, s'agissant de personnes publiques, qu'au profit *d'établissements publics industriels et commerciaux*.

La plupart des taxes parafiscales sont ainsi instituées au profit de centres techniques industriels ou de comités professionnels de développement économique (qui, les uns et les autres, sont définis comme des « établissements d'utilité publique ») ou d'organismes privés, organisés généralement sous la forme d'association ou de société anonyme.

Les établissements publics industriels et commerciaux bénéficiaires de taxes parafiscales sont très peu nombreux ; il s'agit à l'époque de l'Office national interprofessionnel des céréales (ONIC), de l'Office national interprofessionnel des produits de la pêche maritime et de l'aquaculture (OFIMER), de l'Agence de l'environnement et de la maîtrise de l'énergie (ADEME) et de l'Office de radiodiffusion et de télévision française (ORTF) (jusqu'à la loi n° 74-696 du 7 août 1974, pour la redevance « télé »).

---

(167) CGI, ann. II, art. 361 bis et ann. IV, art. 159 AM bis.
(168) CE, 10 déc. 1986, req. n° 59.689 : *Dr. fisc.* 1987, comm. 766, concl. de Guillenchmidt : *RJF* 1987, p. 127.

Suivant la jurisprudence du Conseil constitutionnel et du Conseil d'État, un prélèvement institué au profit d'un établissement public administratif ne peut pas présenter le caractère d'une taxe parafiscale[(169)].

B. – Champ d'application des taxes parafiscales

137. – **Secteurs concernés.** Les taxes parafiscales sont perçues soit dans un intérêt *économique* (amélioration du fonctionnement des marchés et de la qualité des produits, encouragement des actions collectives de recherche et de développement agricoles, de recherche et de restructuration industrielle), soit dans un intérêt *social* (promotion culturelle et loisirs, formation professionnelle).

Leur champ d'application est très vaste. Certaines d'entre elles sont perçues au profit d'organismes qui relèvent des *affaires culturelles* ou de la *formation professionnelle*.

Cependant, leur domaine d'élection reste le *secteur agricole*. De nombreuses taxes parafiscales du domaine agricole sont perçues par l'Association nationale pour le développement agricole (ANDA).

La parafiscalité *industrielle* permet de financer la recherche et la formation de secteurs importants, constitués essentiellement de petites et moyennes entreprises.

138. – **Réduction progressive du nombre de taxes parafiscales.** L'évolution s'est faite dans le sens d'une diminution du nombre des taxes parafiscales. Avant 1958, on en a compté jusqu'à cent cinquante, et au début des années 1970, il y en avait encore plus de cent vingt.

L'état E annexé à la loi de finances pour 2002, n° 2001-1275 du 28 décembre 2001, énumérait quarante-deux taxes parafiscales, sans grand changement par rapport aux années précédentes.

Pour la dernière année d'application, elles n'étaient plus que vingt-neuf dans la loi de finances pour 2003, n° 2002-1575 du 30 décembre 2002.

Pour l'année 2002, la parafiscalité devait produire 666,09 M€ (4,369 milliards de francs contre 4,309 en 2001). Sur ce total, une seule taxe parafiscale représentait une estimation de 197,4 M€ (1 294,9 millions de francs) : il s'agissait de la taxe perçue sur certains produits pétroliers et sur le gaz naturel au profit de l'Institut français du pétrole, établissement professionnel créé en 1944.

À l'estimation de 666,09 M€, toujours pour l'année 2002, s'ajoutaient une somme de 21,3 M€ pour la taxe sur la publicité radiodiffusée et télévisée et surtout celle de 2 119,5 M€ pour la redevance pour droit d'usage des appareils récepteurs de télévision, qui représentait ainsi à elle seule près de 76 % du montant total des taxes parafiscales.

C. – Régime des taxes parafiscales

1° Compétence du pouvoir réglementaire

139. – Le particularisme du régime juridique de cette catégorie de prélèvements tient surtout au fait que *l'institution* des taxes parafiscales ne relève pas de la compétence législative, mais de celle du *pouvoir réglementaire*.

En vertu de l'article 4 de l'ordonnance du 2 janvier 1959, complété par les dispositions du décret du 30 octobre 1980, les taxes parafiscales sont établies par des *décrets en Conseil d'État* pris sur le rapport du ministre chargé du budget et du ou des ministres intéressés et obligatoirement contresignés par le ministre de l'Économie. Dans la limite définie par le décret, des arrêtés du ministre chargé du budget, du ministre chargé de l'économie et du ou des ministres intéressés fixent, s'il y a lieu, le taux de chaque taxe.

(169) Cons. const., 23 févr. 1970, n° 70-61 L : *D.* 1970, p. 388, note Lavigne.

140. – Détournement du procédé de la fiscalité. Les taxes parafiscales sont perçues « dans un intérêt économique ou social ». Ces termes peuvent être entendus assez largement.

Les limites entre la fiscalité et la parafiscalité ne sont pas apparues toujours de manière très nette. Il est arrivé que le législateur y ait recours pour réaliser des réformes dont le financement n'aurait dû être assuré qu'au moyen de l'impôt. La création, par la loi n° 71-1130 du 31 décembre 1971 portant réforme de certaines professions judiciaires et juridiques, de la taxe parafiscale perçue à l'occasion de l'assistance et de la représentation en justice et à l'occasion de certains actes juridiques ou formalités, qui était destinée à alimenter en partie le « fonds d'organisation de la nouvelle profession d'avocat » (art. 28) en est un excellent exemple[170].

On mesurera le progrès qui a été réalisé lorsqu'on aura rappelé que c'est le législateur qui, dans la loi de finances rectificative pour 2009, n° 2009-1674 du 30 décembre 2009 (art. 54), a créé un droit de 150 € destiné au fonds d'indemnisation de la profession d'avoué près les cours d'appel à partir du 1er janvier 2011, droit qui est dû pour les parties à l'instance d'appel lorsque la constitution d'avocat est obligatoire[171].

La même observation peut être faite au sujet de la contribution pour l'aide juridique instituée par la loi n° 2011-900 du 29 juillet 2011, d'un montant de 35 €, qui était perçue par instance introduite en matière civile, commerciale, prud'homale, sociale ou rurale devant une juridiction judiciaire ou par instance introduite devant une juridiction administrative ; elle était affectée au Conseil national des barreaux. Elle a été supprimée à compter du 1er janvier 2014 par la loi de finances pour 2014[172].

Ces deux dispositifs dérogent au principe de la gratuité des actes de justice. Le Conseil constitutionnel en a admis cependant la constitutionnalité[173].

Le Gouvernement pouvait lui aussi avoir la tentation d'user de son pouvoir réglementaire pour créer des taxes parafiscales qui dissimulaient en réalité des impôts.

La légalité de l'institution de ces prélèvements doit être appréciée également au regard du droit communautaire. Les difficultés ont porté sur la compatibilité de l'institution des taxes parafiscales avec l'article 25 TCE[174], interdisant les taxes d'effet équivalant à des droits de douane, les articles 87 à 89 TCE[175] posant le principe de l'interdiction des aides publiques, l'article 90 TCE[176] interdisant les discriminations fiscales, et l'article 33 de la sixième directive du 17 mai 1977. – V. *infra*, n° 208.

141. – Contrôle du juge. La création des taxes parafiscales est placée cependant sous le contrôle du juge. Celui-ci peut rechercher si l'institution d'une taxe parafiscale répond notamment à un intérêt économique.

Le Conseil d'État a tracé, pour la première fois, la frontière entre l'impôt et la taxe parafiscale dans un arrêt d'assemblée du 26 octobre 1990, *Union fédérale des consommateurs*. Il a décidé que la compétence du pouvoir réglementaire « ne s'étend pas à l'institution de prélèvements destinés à contribuer par le financement d'actions excédant l'intérêt économique ou social propre d'un secteur d'activité particulier, à la réalisation des objectifs généraux d'intérêt national de la politique économique arrêtée par le Gouvernement »[177].

Quelques mois plus tard, le Conseil d'État a confirmé sa jurisprudence en déclarant illégal le décret n° 90-389 du 11 mai 1990 instituant la taxe sur la pollution atmosphérique au profit de l'ADEME[178] (V. *infra*, n° 287).

(170) *Dr. fisc.* 1972, comm. 37.
(171) CGI, art. 1635 bis P.
(172) CGI, art. 1635 bis Q. – D. n° 2011-1202, 28 sept. 2011 relatif au droit affecté au fonds d'indemnisation de la profession d'avoué près les cours d'appel et à la contribution pour l'aide juridique.
(173) Cons. const., 13 avr. 2012, n° 2012-231/234 QPC : *AJDA* 2012, p. 789.
(174) Art. 30 TFUE.
(175) Art. 107 à 109 TFUE.
(176) Art. 110 TFUE.
(177) *RJF* 1990, p. 823, concl. Fouquet ; *CJEG* 1991, p. 57, avec concl. ; *Dr. fisc.* 1991, comm. 1149, avec concl. ; décision concernant la taxe parafiscale sur certains produits pétroliers instituée par un décret du 8 avril 1983.
(178) CE, sect., 27 mars 2000, n° 197173, *Agence de l'environnement et de la maîtrise de l'énergie* : *JCP* G 2000, p. 671 ; la loi de finances pour 1999 (art. 45) a, entre temps, substitué la taxe générale sur les activités polluantes à la taxe sur la pollution atmosphérique.

Le juge contrôle notamment la légalité de la taxe parafiscale au regard des principes d'égalité devant les charges publiques et de non-rétroactivité.

Il vérifie, en particulier, si les règles d'exonération sont compatibles avec le principe d'égalité devant les charges publiques[(179)].

Le principe de non-rétroactivité a reçu de nombreuses applications en matière de taux.

142. – Taux. Pénalités. En ce qui concerne *le taux de la taxe parafiscale*, le juge exerce un contrôle minimum, qui inclut seulement la recherche d'une erreur manifeste d'appréciation[(180)]. Il examine notamment si ce taux n'est pas manifestement inadapté au but d'intérêt économique auquel répond l'institution de la taxe parafiscale[(181)].

Il fait également porter son contrôle sur le taux des majorations de retard qui s'ajoutent à une taxe parafiscale[(182)], sur la légalité des pénalités et des procédures de vérification des agents chargés du contrôle au regard des garanties fondamentales des personnes[(183)].

Le principe de non-rétroactivité comporte une exception remarquable en matière parafiscale. Il a été jugé, en effet, que le taux d'une taxe parafiscale peut être fixé en cours de campagne pour des produits agricoles et s'appliquer cependant à la campagne tout entière[(184)]. Mais s'il s'agit de produits commercialisés par des grossistes et sans prix de campagne, la fixation rétroactive du taux de la taxe parafiscale est illégale[(185)].

Le principe de non-rétroactivité a été très souvent invoqué. Il a été jugé ainsi qu'un arrêté ministériel ne peut donner à une taxe parafiscale un fait générateur antérieur à sa date de mise en application[(186)].

2° Autorisation de perception de la loi de finances

143. – Un autre principe, qui peut s'expliquer par le caractère obligatoire des taxes parafiscales, vient toutefois limiter assez sensiblement les pouvoirs du Gouvernement : *la perception des taxes parafiscales au-delà du 31 décembre de l'année de leur établissement doit être autorisée chaque année par une loi de finances*. À cet effet, la liste des taxes parafiscales fait l'objet d'un état qui est annexé à cette loi (état E).

3° Contrôle

144. – Il est apparu cependant que les principes posés par la seule ordonnance du 2 janvier 1959 ne permettaient pas d'exercer un *contrôle* suffisant sur le développement jugé désordonné de la parafiscalité. Le système a fait l'objet, à de nombreuses reprises, de critiques du Parlement, du Conseil d'État et de la Cour des comptes.

Ainsi s'explique le régime particulier de contrôle du Parlement mis en place par la loi de finances pour 1977, n° 76-1232 du 29 décembre 1976 (art. 81) complété par la loi de finances pour 2001, n° 2000-1352 du 30 décembre 2000 (art. 93).

(179) CE, 30 déc. 2002, n° 218.242, *Synd. national des entrepreneurs de spectacles : Dr. fisc.* 2003, n° 12, comm. 239 ; *RJF* 2003, n° 354.

(180) CE, sect., 14 mars 1975, *Sté Quiblier : Rec. CE* 1975, p. 191 ; *AJDA* 1976, p. 213, note Moderne. – CE, sect., 22 févr. 1989, n° 82.416 : *Dr. fisc.* 1989, comm. 1493, concl. Fouquet ; *RJF* 1999, p. 240.

(181) CE, 7 juin 1989, n° 75.088 : *RJF* 1990, n° 711.

(182) CE, ass., 28 mai 1976, *Centre technique des conserves agricoles : Dr. fisc.* 1977, comm. 515, concl. Latournerie ; *AJDA* 1977, p. 94, note Moderne ; *Rec. CE* 1976, p. 283.

(183) CE, 6 nov. 1991, *Fédération française des syndicats de producteurs de plans de vigne : Dr. fisc. 1992, comm. 1919, concl. Hagelsteen : RJF* 1991, n° 1587.

(184) CE, ass., 8 juin 1979, *Confédération générale des planteurs de betteraves : D.* 1979. inf. rap. p. 382, note Delvolvé ; *Rec. CE* 1979, p. 269.

(185) CE, ass., 28 mai 1976, *Centre technique des conserves de produits agricoles*, préc.

(186) CE, 2 mars 1994, n° 141185, *Synd. national des viviers d'huîtres : RJF* 1994, n° 570.

Le décret n° 80-854 du 30 octobre 1980 relatif aux taxes parafiscales, qui a remplacé le décret du 24 août 1961, et a été publié à la suite des travaux de la Commission de réforme de la parafiscalité, tendait à répondre au moins partiellement à d'autres critiques.

En vertu de l'article 2 de ce décret, la durée des taxes parafiscales *ne pouvait* en aucun cas *excéder cinq ans*. Cette disposition, qui posait le principe du *caractère provisoire* des taxes parafiscales (appelé encore principe de caducité ou de précarité), devait permettre un réexamen périodique de l'opportunité de telle ou telle taxe et par là même, inciter les organismes bénéficiaires à une meilleure gestion.

D'autres dispositions visaient à *améliorer le contrôle* des organismes bénéficiaires et celui de l'emploi du produit des taxes. Ces organismes devaient établir chaque année pour les recettes et les dépenses un programme général d'emploi qui était transmis aux autorités de tutelle. Ils devaient fournir également à ces autorités un compte rendu d'activité avant toute prorogation ou modification de la taxe ou de son taux.

Ils étaient placés sous la tutelle du ou des ministres intéressés et du ministre chargé du budget en ce qui concerne le recouvrement des taxes parafiscales ainsi que la gestion et l'utilisation des fonds en provenant. Ils étaient soumis, en outre, au contrôle économique et financier de l'État prévu par le décret du 26 mai 1955 et aux vérifications de l'inspection générale des finances.

4° Assiette et recouvrement

145. – Le régime des taxes parafiscales se présente sous des formes très variées, en ce qui concerne *l'assiette et le recouvrement.*

L'*assiette* peut être *commune* avec des impôts prélevés au profit de l'État ou d'une autre collectivité publique, notamment avec la taxe sur la valeur ajoutée. Les taxes parafiscales appartenant à cette catégorie sont assises, liquidées et recouvrées suivant les mêmes règles, sous les mêmes garanties et les mêmes sanctions que les impôts auxquels elles s'ajoutent. En outre, les réclamations auxquelles elles peuvent donner lieu sont présentées et jugées comme celles concernant ces impôts[187].

Les taxes parafiscales les plus nombreuses n'ont pas une assiette commune avec des impôts. Sauf exception, elles relèvent alors exclusivement du régime défini par *le décret du 30 octobre 1980*. On y retrouve la distinction entre le contentieux de l'assiette et le contentieux du recouvrement. Mais pour l'essentiel, les litiges relèvent de la compétence des tribunaux administratifs.

L'assiette et le recouvrement de la *redevance de télévision* ont toujours été soumis à des règles spéciales.

§ 3. – La distinction de l'impôt et des cotisations sociales

146. – Importance des prélèvements sociaux. Les impositions de toutes natures, au sens de l'article 34 de la Constitution, ne constituent que l'une des catégories de prélèvements obligatoires. Il en est une autre, d'importance aussi grande, celle des prélèvements sociaux.

Pour 2016, les prévisions des recettes perçues par les organismes de sécurité sociale s'élèvent à 472,8 Md€ contre un total de 403,6 Md€ pour les recettes (brutes) de l'État.

La distinction entre l'impôt et les prélèvements sociaux soulève de nombreux problèmes concernant d'abord la définition de ce qu'il est convenu d'appeler les « cotisations sociales ». La distinction juridique entre les deux catégories de prélèvements est tout aussi relative.

(187) CGI, ann. II, art. 337 anc.

A. – La définition des cotisations sociales

147. – **Définition large.** Cette définition est *très variable*, suivant que l'on retient une définition large ou étroite de ces prélèvements.

Dans le sens *le plus large du terme*, les cotisations sociales s'entendent de toutes les sommes versées aux institutions de protection sociale, publiques ou privées, par des personnes protégées ou par leurs employeurs, en exécution d'obligations légales ou d'obligations conventionnelles instituant un régime supplémentaire de prévoyance (maladie, retraite, etc.).

La *comptabilité nationale* adopte une définition encore plus large, en faisant une distinction entre cotisations effectives et cotisations fictives, qui est reprise dans la loi de financement de la sécurité sociale.

Les cotisations *effectives* comprennent à la fois les cotisations effectivement prélevées sur les salaires, les revenus de remplacement et les revenus des entrepreneurs individuels, ainsi que les cotisations prises en charge tant par l'État au titre de la politique de l'emploi que par les caisses de sécurité sociale pour les praticiens et auxiliaires médicaux.

Les cotisations *fictives* correspondent aux cas où l'employeur fournit directement des prestations sociales. Elles recouvrent pour l'essentiel des prestations vieillesse servies par certains régimes spéciaux (pensions civiles et militaires de l'État, SNCF, RATP, Banque de France) et des prestations maladie, invalidité et accidents du travail, servies également directement, sans contrepartie en termes de cotisations par les salariés.

148. – **Définition historique.** Il existe une définition plus *étroite*, que l'on peut qualifier d'*historique*, parce qu'elle évoque une époque bien déterminée et qu'elle s'est imposée peu à peu, au fil des ans, non seulement au grand public, mais aussi aux juristes.

Les cotisations sociales s'entendent alors des *cotisations de sécurité sociale*, de caractère obligatoire, affectées au financement des régimes de sécurité sociale mis en place à partir de l'ordonnance n° 45-2250 du 4 octobre 1945.

Le système comprend un régime général, caractérisé par la superposition d'organismes considérés comme de droit privé (caisses régionales et locales de sécurité sociale) et d'organismes de droit public (caisses nationales ou fonds présentant le caractère d'établissement public administratif). Il comprend aussi des régimes spéciaux, gérés par des personnes publiques ou, le plus souvent, par des personnes morales de droit privé.

Tous ces organismes ont pour but d'assurer la couverture totale ou partielle de risques (maladie, invalidité, vieillesse, décès, chômage, accidents du travail) ou de charges (maternité, situation de famille, logement).

Ils dispensent à cet effet des prestations en nature (par ex., remboursements des soins médicaux et des médicaments) et/ou en espèces.

Les cotisations sociales correspondent, dans cette perspective, à tous les versements qui sont faits aux organismes de sécurité sociale, afin d'acquérir ou de maintenir le droit à ces prestations.

149. – **Fiscalisation des recettes de la sécurité sociale.** La définition des cotisations sociales est compliquée par une importante *fiscalisation* des recettes de la sécurité sociale.

Dans la loi de financement n° 2015-1702 de la sécurité sociale pour 2016 du 21 décembre 2015 (Annexe C), sur un total de recettes de 472,8 Md€, 260,2 représentent les cotisations effectives, – 39,7 les cotisations fictives d'employeurs, – 3,6 les cotisations prises en charge par l'État, – et 134,9 les impôts et taxes affectés, soit près de 29 % du total.

Les *impôts et taxes affectés* regroupent l'ensemble des ressources de nature fiscale affectées à des régimes de sécurité sociale et à des organismes, appelés « fonds » ou « caisse », qui ont le caractère d'établissement public administratif (V. *supra*, n° 38).

Le facteur essentiel de la fiscalisation des recettes de la sécurité sociale reste l'institution de la contribution sociale généralisée (CSG), dont le montant jusqu'en 2013 était supérieur à celui de l'impôt sur le revenu. Pour 2014, il a été évalué à 75 Md€ contre une évaluation de 80,331 Md€ pour l'impôt sur le revenu. Pour l'année 2015, les montants étaient à peu près égaux. Mais pour 2016, celui de la CSG est redevenu supérieur : 78,7 Md€ contre 76,5 pour l'impôt sur le revenu.

Cette fiscalisation résulte non seulement de l'importance de la CSG, mais aussi de la substitution de ce prélèvement à la cotisation d'assurance maladie à la charge des salariés. Le taux de cette cotisation est passé, à partir de 1998, de 6,80 % à 7,5 % sur les revenus d'activité (salaires et revenus non salariaux). Mais pour l'impôt sur le revenu, elle n'est déductible des salaires ou des revenus non salariaux qu'à hauteur de 5,1 %. Il reste donc une fraction non déductible de 2,4 %.

Le taux de la contribution pour le remboursement de la dette sociale (CRDS) est resté fixé à 0,5 %.

B. – Le critère de la distinction

150. – La distinction entre les impositions de toutes natures au sens de l'article 34 de la Constitution et les cotisations sociales a donné lieu jusqu'en 1990 à de nombreuses controverses.

Il y a bien longtemps que, pour les salariés, les *cotisations patronales* ne sont plus considérées comme un supplément de salaire qui serait alloué individuellement à chaque assuré en rémunération de son travail(188), et qui entrerait fictivement, un instant de raison, dans le patrimoine de l'assuré(189). Ce caractère de droit privé ne permettrait pas, du reste, de résoudre notre problème, en raison du caractère obligatoire du versement (ou du reversement) de la fraction correspondante.

Aucune distinction ne peut être faite non plus suivant *la nature des revenus professionnels*, surtout depuis la généralisation de la sécurité sociale, dès lors que l'assiette des cotisations sociales est constituée, comme pour l'impôt, non seulement des rémunérations salariales, mais aussi des revenus professionnels non salariés (bénéfices industriels et commerciaux, bénéfices non commerciaux, bénéfices

(188) Cass. soc., 30 juill. 1949 : *D.* 1949, p. 565, note A. Rouast.
(189) Cass. ch. réunies, 8 juill. 1953 : *JCP* G 1953, II, 7743, note B. H.

agricoles). Le lien existant entre les deux catégories de prélèvements est encore renforcé par la règle suivant laquelle l'assiette de la cotisation est constituée par le revenu net fiscal retenu pour le calcul de l'impôt sur le revenu.

Le critère qui est retenu aujourd'hui est tiré du lien qui existe entre l'obligation de cotiser et le droit à une prestation. Mais l'application de ce critère n'exclut pas une divergence de solutions jurisprudentielles créée par l'application du droit communautaire.

1° Obligation de cotiser et vocation à prestation

151. – **Conseil constitutionnel.** Le critère de la distinction a été déterminé par le Conseil constitutionnel dans la décision n° 93-325 DC du 13 août 1993 : « les cotisations versées aux régimes obligatoires de sécurité sociale qui résultent de l'affiliation à ces régimes constituent des versements à caractère obligatoire de la part des employeurs comme des assurés ; ces cotisations ouvrent vocation à des droits aux prestations et avantages servis par ces régimes »(190).

Le Conseil constitutionnel a précisé que l'objet des cotisations de sécurité sociale, en particulier salariales, qui est d'ouvrir droit à des prestations, exclut ainsi l'application de règles propres à l'impôt fondées sur la prise en compte des facultés contributives des assurés(191).

La définition de la cotisation de sécurité sociale qui a été adoptée par la jurisprudence constitutionnelle en 1993 n'est pas jugée toutefois pleinement satisfaisante.

Ainsi que le fait observer M. X. Prétot, « les régimes d'assurance vieillesse ayant conservé à la fois leur assise socio-professionnelle originelle et un caractère fortement contributif, les cotisations qu'ils perçoivent, répondent, il est vrai, à la définition retenue par le Conseil constitutionnel. La qualification est davantage sujette à caution quant aux cotisations dues au titre des risques maladie et maternité. L'ouverture des droits demeure fonction, il est vrai, du versement au préalable des cotisations ; il doit être observé toutefois, d'une part, que le versement revêt, s'agissant au moins des prestations en nature, un caractère quelque peu symbolique [s'agissant ainsi du régime général, soixante heures de travail au cours d'un mois civil ou d'une même période de trente jours suffisent à ouvrir, pour une durée d'un an, le droit aux prestations en nature de l'assurance maladie], d'autre part, que l'affiliation à la couverture maladie universelle s'impose désormais, au reste sans aucune cotisation pour ceux dont les ressources sont inférieures à un plafond déterminé (550,75 € par mois au 1er janvier 2003), à défaut d'affiliation, en qualité d'assuré ou d'ayant droit, à un autre régime. La réserve s'impose *a fortiori* au sujet des cotisations afférentes aux branches accidents du travail et prestations familiales. Déterminées pour partie en fonction de l'étendue des risques dans l'entreprise et d'ailleurs exclusivement supportées par l'employeur, les premières traduisent l'obligation faite à ce dernier de pourvoir au financement des prestations dont le travailleur bénéficie à raison des risques qu'il encourt en développant son activité sous l'autorité et pour le profit de l'employeur, et s'avèrent ainsi plus proches des techniques de l'assurance que de la mutualisation des risques dans le cadre d'un régime contributif. Quant aux secondes, elles n'ouvrent, depuis le 1er janvier 1978, aucun droit particulier au profit de celui qui s'en acquitte, le droit aux prestations familiales étant ouvert, depuis cette date, sans condition préalable d'activité, ni de cotisation ; les seuls actifs étant appelés à pourvoir au financement d'un régime ouvert à l'ensemble de la population, on ne saurait exclure que les cotisations dues au titre de la branche famille aient acquis, depuis le 1er janvier 1978, le caractère d'une imposition de toutes

(190) Déc. Maîtrise de l'immigration, consid. 119 : *RFDA* 1993, p. 871, note B. Genevois ; *LPA* 9 sept. 1994, chron. Mathieu et Verpeaux ; *Dr. soc.* 1994, p. 69, note J.-J. Dupeyroux et X. Prétot ; *RFD const.* 1993, p. 583, note L. Favoreu.

(191) Cons. const., 6 août 2014, n° 2014-698 DC, *Loi de financement rectificative de la sécurité sociale pour 2014* : *RJF* 2014, n° 1037 ; *RF fin. publ.* 2014, n° 128, p. 217, comm. A. Barilari.

natures »[192]. – L'auteur ajoute, sur le dernier point évoqué, que, « saisi indirectement de la question à l'occasion de l'examen de la loi de financement de la sécurité sociale pour 1998, le Conseil constitutionnel a toutefois esquivé le débat »[193].

Le rapport remis au ministre du Budget en juillet 2008, intitulé « Cotisations sociales : stabiliser la norme, sécuriser les relations avec les URSSAF et prévenir les abus », présenté par M. O. Fouquet, note d'emblée que malgré le caractère commun de prélèvements obligatoires, « les différences entre les impôts et les cotisations sociales demeurent toutefois importantes (...). Le premier point de différence réside dans l'objet même des cotisations de sécurité sociale : si les impôts constituent des ressources indifférenciées du budget de l'État, les prélèvements sociaux ont pour but de financer la protection sociale des cotisants et offrent, dans certains cas, une contrepartie directe, voire proportionnelle à la cotisation versée » (p. 5).

152. – Le Conseil constitutionnel avait déjà jugé que les trois contributions de la contribution sociale généralisée (CSG) constituent des impositions de toutes natures et non pas des cotisations de sécurité sociale. Il en avait tiré la conséquence que les dispositions relatives à la CSG avaient pu figurer dans une loi de finances[194] ; V. *supra*, n° 52. Par la suite, il a confirmé que la CSG entrait dans la catégorie des impositions de toutes natures, en admettant seulement que les dispositions qui la concernent peuvent figurer dans une loi de financement de la sécurité sociale[195]. La CSG présentant le caractère d'une imposition au sens de l'article 34 de la Constitution, le Conseil constitutionnel a censuré ainsi une disposition de loi qui réduisait la contribution sur les revenus d'activité en se référant au principe d'égalité devant l'impôt[196].

153. – Conseil d'État. Le Conseil d'État a été appelé à se prononcer sur la nature de la contribution sociale généralisée dans un arrêt du 7 janvier 2004.

Il a utilisé à cette occasion le critère de la distinction entre impôt et cotisation sociale dégagé par le Conseil constitutionnel :

« L'obligation faite par la loi d'acquitter les deux contributions susmentionnées (CSG et CRDS) est dépourvue de tout lien avec l'ouverture d'un droit à une prestation ou un avantage servis par un régime de sécurité sociale ; qu'ainsi, alors même que la Cour de justice des Communautés européennes a jugé que ces mêmes prélèvements, en tant qu'ils frappaient des salaires et avaient pour objet de financer des régimes de sécurité sociale, entraient dans le champ d'application des règlements communautaires régissant le droit d'assujettir les travailleurs frontaliers à des cotisations sociales, la cour administrative d'appel de Paris n'a pas commis d'erreur de droit en jugeant que ces prélèvements ont le caractère d'impositions de toute nature et non celui de cotisations de sécurité sociale, au sens des dispositions constitutionnelles et législatives nationales »[197]. – Pour la CRDS, V. aussi *supra*, n° 38.

La référence faite dans cet arrêt à la jurisprudence de la Cour de justice des Communautés européennes appelle des explications complémentaires sur les divergences de solutions jurisprudentielles.

(192) X. Prétot, *Le financement de la sécurité sociale. Réflexions sur la légitimité des prélèvements publics : RF fin. publ.* 2004, n° 88, p. 68 et s.
(193) V. Cons. const., 18 déc. 1997, n° 97-393 DC : *Rec. Cons. const.* 1997, p. 320 ; *AJDA* 1998, p. 320 ; chron. J.-E. Schoettl ; *Dr. soc.* 1998, 164, note X. Prétot ; *RJS* 1/1998, n° 92.
(194) Cons. const., 28 déc. 1990, n° 90.285 DC, consid. 9.
(195) Cons. const., 19 déc. 1996, n° 96-384 DC, *Loi de financement de la sécurité sociale pour 1997*, consid. 8.
(196) Cons. const., 19 déc. 2000, n° 2000-437 DC, *Loi de financement de la sécurité sociale pour 2001*, consid. 9.
(197) CE, 7 janv. 2004, n° 237395, *Mme Martin* : *D.* 2004, p. 1556, note X. Prétot ; *RFDA* 2004, p. 434 ; *RJF* 2004, n° 375 ; *BDCF* 2004, n° 50, concl. Glaser.

2° Divergence des solutions jurisprudentielles

154. – Cour de justice des Communautés européennes. La Cour européenne est intervenue pour trancher un problème de délimitation du champ d'application du règlement n° 1408-71 du Conseil, du 14 juin 1971, relatif à l'application des régimes de sécurité sociale aux travailleurs salariés ou non salariés (notamment les travailleurs frontaliers) et aux membres de leurs familles, qui se déplacent à l'intérieur de la Communauté.

Le recours concernait la perception de la contribution pour le remboursement de la dette sociale (CRDS) sur les revenus d'activité et de remplacement obtenus par des travailleurs salariés et indépendants résidant en France et relevant fiscalement de cet État membre à l'occasion d'une activité professionnelle exercée dans un autre État membre et qui, de ce fait, sont soumis au régime de sécurité sociale de cet État d'emploi, conformément aux dispositions du règlement n° 1408/71. Le Gouvernement français soutenait que la CRDS a un caractère fiscal et qu'elle n'entre donc pas dans le champ d'application de ce règlement. La Commission faisait valoir que la CRDS est une cotisation de sécurité sociale et un double prélèvement contraire à l'article 13 du règlement n° 1408/71 ainsi qu'aux articles 48 et 52 TFUE.

Dans sa décision du 15 février 2000, la Cour de justice des Communautés européennes n'a pas pris parti sur la nature juridique de la CRDS. Elle s'est bornée à relever que la circonstance qu'un prélèvement soit qualifié d'impôt par une législation nationale ne signifie pas que, au regard du règlement n° 1408/71, ce même prélèvement ne puisse être regardé comme relevant du champ d'application de ce règlement. Elle a jugé que c'est le cas de la CRDS, qui présente un lien direct et suffisamment pertinent avec le régime général de sécurité sociale français pour qu'elle puisse être considérée comme un prélèvement visé par l'interdiction de double cotisation. Elle en a déduit que la règle de l'unicité de la législation applicable en matière de sécurité sociale posée par l'article 13 du règlement n° 1408/71 interdisait à la France d'exiger des personnes résidant sur son territoire, mais travaillant dans un autre État membre de la Communauté et tenues de payer leurs cotisations sociales dans cet État, qu'elles puissent être assujetties en France à des prélèvements exclusivement affectés à la sécurité sociale. L'imposition de ces personnes créait, en outre, une inégalité de traitement constituant une entrave à la libre circulation des travailleurs, contraire aux articles 48 et 52 TFUE[198].

À la suite des décisions du 15 février 2000, l'ordonnance n° 2001-377 du 2 mai 2001 a modifié les critères d'assujettissement à la CSG et à la CRDS pour mettre la législation en conformité avec le règlement du conseil du 14 juin 1971 relatif à l'application du régime de sécurité sociale aux salariés qui se déplacent dans la Communauté. L'article L. 136-1 du Code de la sécurité sociale prévoit désormais que sont assujetties à la CSG et à la CRDS les personnes qui sont considérées comme domiciliées en France pour l'établissement de l'impôt sur le revenu et qui sont à la

(198) Devenus, après modification, art. 39 et 43 TCE. – CJCE, plén., 15 févr. 2000, aff. 34/98 : *RJF* 2000, n° 436. Un arrêt identique, rendu le même jour, concerne la CSG, aff. 169/98. – La Cour de justice des Communautés européennes a confirmé sa jurisprudence concernant la CSG et la CRDS par son arrêt du 3 avril 2008, aff. C-103/06, *Derouin : Dr. fisc.* 2008, n° 22, comm. 349, note M. Bergerès.

charge d'un régime obligatoire français d'assurance maladie. L'article 45 de la loi de modernisation sociale du 17 janvier 2002 a ratifié l'ordonnance du 2 mai 2001[199].

Le Conseil d'État avait posé toutefois à la Cour de justice de l'Union européenne la question de savoir si des prélèvements fiscaux sur les revenus du patrimoine tels que la contribution sociale sur les revenus du patrimoine, la contribution pour le remboursement de la dette sociale assise sur ces mêmes revenus, le prélèvement social de 2 % et la contribution additionnelle à ce prélèvement, présentent, du seul fait qu'ils participent au financement de régimes obligatoires français de sécurité sociale, un lien direct et pertinent avec certaines des branches de sécurité sociale énumérées à l'article 4 du règlement du 14 juin 1971 relatif à l'application des régimes de sécurité sociale aux travailleurs salariés, aux travailleurs non salariés et aux membres de leur famille qui se déplacent à l'intérieur de la Communauté et entrent ainsi dans le champ d'application de ce règlement[200].

La Cour de justice de l'Union européenne a décidé, dans son arrêt du 26 février 2015, que les prélèvements sociaux appliqués aux revenus du patrimoine (CSG, CRDS, prélèvement social, contribution additionnelle au prélèvement social) présentent un lien direct avec certaines des branches de sécurité sociale énumérée à l'article 4 du règlement du 14 juin 1971 et qu'ils entrent ainsi dans le champ de ce règlement[201].

Le Conseil d'État n'a pu que tirer les conséquences de cette décision dans un arrêt du 27 juillet 2015[202].

Il résulte de l'article L. 262-24 du Code de l'action sociale et des familles que la contribution additionnelle de 2 % au prélèvement social sur les revenus du patrimoine et les produits de placement est spécifiquement affectée au financement du revenu de solidarité active. L'élément qui détermine l'application du règlement n° 1408/71 du 14 juin 1971 réside dans le lien, direct et suffisamment pertinent, que doit présenter la disposition en cause avec les lois qui régissent les branches de sécurité sociale énumérées à l'article 4 de ce règlement. Le critère déterminant est ainsi celui de l'affectation spécifique d'une contribution au financement d'un régime de sécurité sociale. La contribution additionnelle de 2 % qui, en tout état de cause, n'est pas mentionnée à l'annexe II du règlement du 14 juin 1971, n'entre pas elle-même, par sa nature, dans le champ d'application de la réglementation européenne. Il s'ensuit que la jurisprudence *de Ruyter* est inapplicable à cette contribution qui, par conséquent, ne peut faire l'objet d'une restitution[203].

155. – Cour de cassation. Avant même que la Cour de justice des Communautés européenne ne se soit prononcée dans les arrêts du 15 février 2000, la Cour

(199) *Dr. fisc.* 2002, comm. 96 et pour le rapport au Président de la République relatif à l'ordonnance n° 2001-377 : *JO* 3 mai 2001, p. 6990. – Pour une application de l'ensemble de ces dispositions : CE, 4 mai 2011, n° 330.551, *Cousin* : *Dr. fisc.* 2011, n° 37, comm. 498, concl. E. Geffray ; *RJF* 2011, n° 907 ; *BDCF* 2011, n° 92, concl.

(200) CE, 17 juill. 2013, n° 334.551, *de Ruyter* : *RJF* 2013, n° 1095 ; *BDCF* 2013, n° 121, concl. E. Crépey ; *Dr. fisc.* 2013, n° 41, comm. 466, concl. E. Crépey.

(201) CJUE, 26 févr. 2015, aff. C-623/13, *de Ruyter*, concl. E. Sharpston : *Dr. fisc.* 2015, n° 10, act. 124, note S. Quilici ; *D.* 2015, p. 784, note F. Laffaille. – C. Deleu et G. Boulet, *Contributions sociales et libre circulation des capitaux. Après l'arrêt de Ruyter, quel sort pour les affiliés à un régime de sécurité sociale hors UE ?* : *Dr. fisc.* 2016, n° 25, act. 385.

(202) CE, 27 juill. 2015, n° 334551 : *RJF* 2015, n° 966, concl. E. Crépey.

(203) CE, 19 juill. 2016, n° 392784 : *Dr. fisc.* 2016, n° 30-35, act. 477.

de cassation n'avait pas hésité à retenir une solution contraire à l'autorité de la chose jugée par le Conseil constitutionnel pour la contribution sociale de solidarité des sociétés, en décidant que ce prélèvement était dépourvu de caractère fiscal (V. *supra*, n° 38). Elle maintient cependant sa jurisprudence en affirmant toujours que « la contribution sociale de solidarité des sociétés revêt, du fait de son affectation exclusive au financement de divers régimes de sécurité sociale, la nature d'une cotisation sociale au sens du premier alinéa de l'article L. 243-6 du Code de la sécurité sociale »[204].

La Cour de cassation a reconnu d'abord à la CSG le caractère d'imposition au sens de l'article 34 de la Constitution, au seul visa de l'article 62 de la Constitution qui confère aux décisions du Conseil constitutionnel une autorité qui s'impose aux pouvoirs publics et à toutes les autorités administratives et juridictionnelles[205] ; V. *supra*, n° 52. Elle a considéré par la suite que la CSG revêt, du fait de son affectation exclusive au financement de divers régimes de sécurité sociale, « la nature d'une cotisation de sécurité sociale »[206].

C. – La relativité de la distinction juridique entre impôt et cotisations sociales

156. – **Pouvoirs du Parlement.** Lorsqu'on compare, non pas les natures juridiques, mais les *régimes juridiques* de ces prélèvements, la distinction présente un seul intérêt en ce qui concerne les *pouvoirs du Parlement.*

En vertu de l'article 34 de la Constitution, le législateur détermine les principes fondamentaux de la sécurité sociale. En matière fiscale, il est compétent pour fixer les règles concernant l'assiette, le taux et les modalités de recouvrement des impositions de toutes natures. Sa compétence est donc, en principe, plus étendue qu'en matière de sécurité sociale, mais moins cependant qu'il n'y paraît.

En réalité, le législateur est compétent pour créer des cotisations sociales, pour fixer les principales règles d'assiette et de recouvrement, pour déterminer les catégories de personnes bénéficiaires des prestations et de personnes assujetties à l'obligation de cotiser, pour définir les exonérations.

La seule distinction réside dans le fait qu'il n'est pas compétent pour fixer *les taux des cotisations.* La fixation de ces règles entre dans la compétence de l'autorité réglementaire, qui exerce ces pouvoirs après négociation avec les partenaires sociaux[207].

Au contraire, le législateur est seul compétent pour fixer les règles relatives au taux des impositions et il ne peut renoncer à l'exercice de cette compétence.

(204) Cass. 2e civ., 14 févr. 2013, n° 11-28.470, *Sté Matines* : *RJF* 2013, n° 488.

(205) Cass. soc., 25 mars 1998, *CRCAM Sud-Alliance* : *D.* 1998, somm. p. 388, obs. X. Prétot.

(206) Cass. soc., 5 avr. 2001, *Sté Idéal Fibers* : *D.* 2001, p. 1672. – Cass. soc., 18 oct. 2001, *André* : *D.* 2001, p. 3173. – Cass. 2e civ., 8 mars 2005, n° 03-30.700. – Cass. 2e civ., 10 mai 2005, n° 04.30094, inédit. Même solution pour la CRDS, Cass. 2e civ., 8 mars 2005, préc.

(207) Cons. const., n° 60-10 L, 20 déc. 1960, consid. 2. – Cons. const., 27 nov. 2001, n° 2001-451 DC, consid. 7. – Cons. const., 11 déc. 2008, n° 2008-571 DC, *Loi de financement de la sécurité sociale pour 2008*, consid. 7 et 8. – Cons. const., 13 déc. 2012, n° 2012-659, *Loi de financement de la sécurité sociale pour 2013*, consid. 12. – CE, ass., 10 juill. 1996, n° 131.678, *URSSAF de la Haute Garonne* : *Rec. CE* 1996, p. 275.

À la suite de la réforme constitutionnelle opérée par la loi du 22 février 1996 et en application des lois organiques du 22 juillet 1996 et du 2 août 2005, les compétences du Parlement ont été élargies avec l'institution des *lois de financement de la sécurité sociale*[208].

Cette réforme ne peut que rapprocher encore plus les régimes des cotisations sociales et de l'impôt.

157. – **Notion commune de charges publiques.** Le Conseil constitutionnel a toujours considéré que, la notion de « charge publique », au sens de l'article 40 de la Constitution, doit être entendue dans un sens très large et englobe non seulement toutes les dépenses de l'État figurant dans les lois de finances, mais également celles des divers régimes d'assistance et de sécurité sociale[209]. De même, *le principe d'égalité devant les charges publiques* s'applique en matière de prélèvements sociaux[210].

(208) CSS, art. LO 111-3 et s.
(209) Cons. const., 20 janv. 1961, n° 60-11 DC, *Assurances maladie des exploitants agricoles.*
(210) Cons. const., 16 janv. 1986, n° 85-200 DC, à propos de la contribution de solidarité sur le cumul des pensions de retraite et de revenus d'activité.

CHAPITRE 3

PRÉCISIONS ET DISTINCTIONS COMPLÉMENTAIRES

158. – La définition juridique de l'impôt et les distinctions avec les autres catégories de prélèvements qui viennent d'être examinées ne sont pas suffisantes pour que l'on puisse avoir une vue complète des problèmes posés par la notion d'imposition. Il faut éviter les confusions qu'engendre inévitablement une terminologie déficiente en la matière et rappeler, à tout le moins, deux autres distinctions.

SECTION 1

PRÉCISIONS COMPLÉMENTAIRES

159. – Les précisions supplémentaires qu'il est nécessaire de donner portent sur l'absence de valeur juridique des dénominations légales, le caractère non exhaustif du Code « général » des impôts et l'idée que la notion d'« imposition » ne peut être utilisée pour désigner des prélèvements autres que les impôts et les taxes.

§ 1. – Absence de valeur juridique des dénominations légales

160. – Le terme d'« impôt » est chargé de connotations que n'ont pas les expressions de contribution, redevance ou même de taxes, qui évoquent l'idée d'une contrepartie et peuvent donc apparaître, de ce fait, comme moins contraignantes. Le législateur utilise ainsi très souvent, pour désigner un prélèvement qui présente cependant le caractère d'un impôt, l'une de ces formules « allégées », comme pour atténuer le choc que provoque le terme d'impôt. Ce glissement sémantique a peut-être une explication. L'impôt sur le revenu, l'impôt sur les sociétés, l'impôt de solidarité sur la fortune sont l'expression des pouvoirs de puissance publique à l'état pur : ils ne sont que contrainte. En revanche, la taxe sur la valeur ajoutée, la plus importante des fausses taxes, n'est acquittée qu'en contrepartie de l'acquisition d'un bien ou d'un service. On comprend ainsi que le législateur soit tenté d'utiliser le terme de taxe chaque fois que le prélèvement fiscal est opéré à l'occasion de la fourniture d'un bien ou d'un service, même si celui-ci n'est pas fourni par une collectivité publique.

La prise en considération des devoirs du citoyen et l'idée de solidarité peuvent valoriser, en outre, l'expression utilisée. L'Assemblée constituante de 1791 avait proscrit ainsi le terme d'impôt pour lui préférer celui de contribution, qui mettait mieux en valeur la solidarité de tous les citoyens devant les charges publiques.

161. – Quoi qu'il en soit, il ne faut pas se fier aux dénominations légales. Le législateur utilise indifféremment les appellations les plus diverses (impôt, contribution, droit, taxe, redevance, cotisation, participation, prélèvement, etc.), et parfois les plus inattendues(1) pour désigner des prélèvements qui appartiennent, soit à la catégorie des impôts, soit à celle des taxes.

Excepté l'appellation d'impôt, qui est toujours utilisée à bon escient, ces termes peuvent n'avoir aucun lien avec la nature juridique des prélèvements correspondants. En particulier, le législateur emploie très souvent l'expression de taxe pour celle d'impôt et il lui arrive d'utiliser le mot de redevance dans un sens qui n'a rien à voir avec la définition technique de la rémunération pour service rendu.

L'impôt sur le revenu et l'impôt sur les sociétés sont bien des impôts. Mais la taxe sur la valeur ajoutée, la taxe sur les salaires, la taxe d'aménagement, la taxe foncière sur les propriétés bâties, la taxe foncière sur les propriétés non bâties, la taxe d'habitation, la taxe professionnelle et la contribution économique territoriale qui remplace cette dernière depuis 2010, etc., sont des impôts. La taxe d'enlèvement des ordures ménagères est une taxe, de même que la contribution à l'audiovisuel public. La redevance pour construction de locaux à usage de bureaux et locaux de recherche en région d'Île-de-France ainsi que la redevance perçue par les agences de l'eau sont des impôts.

§ 2. – Code général des impôts et impositions

162. – Caractère non exhaustif du Code général des impôts. Le Code général des impôts, malgré son appellation, n'est pas exhaustif. Il comprend l'ensemble des dispositions relatives aux impositions les plus importantes et les plus connues. Mais il ne mentionne même pas le cas de nombreux prélèvements qui présentent cependant le caractère d'un impôt ; pour ceux-ci, il faut se référer à des lois particulières ou à d'autres codes : Code des communes (aujourd'hui, Code général des collectivités territoriales, CGCT), Code de l'urbanisme, Code de la santé publique, Code de la sécurité sociale, Code des douanes, etc. Les taxes dont le régime est défini dans le Code général des impôts sont assez rares. On peut citer la taxe d'enlèvement des ordures ménagères(2) et la contribution à l'audiovisuel public(3).

(1) Comme celle de soulte pour le régime des rhums, CGI, art. 362 et ann. II, art. 270.
(2) CGI, art. 1520 et s.
(3) CGI, art. 1605 et s.

En revanche, le Code général des impôts contenait des dispositions concernant des prélèvements qui ne constituaient pas des impositions ; c'était le cas des taxes parafiscales[4]. Mais il ne contient toujours pas les dispositions relatives aux « taxes fiscales » pour le développement de certaines industries ou au profit de certains organismes qui ont été instituées par la loi de finances rectificative pour 2003 du 31 décembre 2003 en remplacement des taxes parafiscales (V. *supra*, n° 60).

§ 3. – La notion « d'imposition », critère du droit fiscal

163. – Il ne s'agit pas d'une catégorie juridique qui s'ajoute à toutes celles que l'on a déjà examinées, mais d'un simple rappel et d'une conclusion.

Il ressort de la jurisprudence du Conseil constitutionnel et de celle du Conseil d'État que les « impositions de toutes natures », au sens de *l'article 34 de la Constitution*, correspondent exclusivement aux deux catégories des impôts et des taxes.

Il n'y a pas cependant de commune mesure entre l'impôt et la taxe ; celle-ci n'occupe qu'une place secondaire. Impôt et imposition sont ainsi devenus synonymes dans le langage courant, bien que le terme d'imposition s'applique également à la taxe et que celle-ci ne doive pas être confondue avec l'impôt.

L'expression d'« imposition » peut être entendue dans un sens strictement juridique, conforme à la disposition fondamentale de l'article 34 de la Constitution, mais elle doit être utilisée alors de manière synthétique pour désigner tous les prélèvements qui appartiennent aux *deux catégories de prélèvements de caractère fiscal*, les deux seules qui existent, celle des *impôts* et celle des *taxes*.

C'est dans le même sens que l'on peut conclure que la notion d'imposition est le critère du droit fiscal.

164. – Cas particuliers. Les cas particuliers que l'on cite habituellement sont totalement étrangers à cette distinction ou n'y dérogent pas véritablement.

Tel est le cas des prélèvements publics opérés par l'État et les communes sur le produit des jeux dans les casinos, des prélèvements effectués au profit de l'État et de la Ville de Paris sur le produit du pari mutuel ou des prélèvements au profit de l'État sur les sommes misées sur les jeux de loterie exploités par la Française des Jeux. Ces prélèvements n'ont pas la nature d'imposition.

L'explication qui en est donnée est que les sommes représentant le montant de ces prélèvements « deviennent immédiatement propriété de l'État ou de la commune ». Le décret n° 59-1489 du 22 décembre 1959, qui réglemente les jeux dans les casinos, précise, par exemple, que « bien qu'elles ne soient pas immédiatement exigibles, les sommes représentant le montant des prélèvements progressifs et proportionnels sont la propriété de l'État (...) dès leur entrée dans la cagnotte pour les jeux de cercle (...) » (art. 18). De même, les sommes correspondant au prélèvement sur les sommes engagées au pari mutuel « deviennent la propriété de l'État dès que les rapports des enjeux ont été déterminés »[5]. Le Conseil d'État avait déjà jugé pour les casi-

(4) CGI, art. 1635 ter anc., et ann. II, art. 335 et s.
(5) L. fin. rect. pour 2006, n° 2006-1771, 30 déc. 2006, art. 139.

nos que « ces sommes sont des fonds publics que le casino doit reverser à l'État et à la commune non en tant que débiteur de droits ou taxes, mais en tant que dépositaire de fonds publics pour le compte de collectivités publiques »(6). Il a précisé depuis que les exploitants de casinos ne peuvent revendiquer la propriété d'un « bien », au sens de l'article 1er du protocole additionnel à la Convention EDH(7).

Plus récemment, s'est posé le problème de la nature juridique de la redevance due par le titulaire d'une autorisation d'établissement et d'exploitation de réseau mobile de troisième génération. Le Conseil constitutionnel a considéré que l'utilisation des fréquences radioélectriques sur le territoire de la République constituant un mode d'occupation privative du domaine public de l'État, cette redevance doit être considérée comme un revenu du domaine dont les règles de fixation ne ressortissent pas en conséquence à la compétence du législateur(8).

Les amendes pour recours abusif et les amendes civiles prévues par le Code de justice administrative(9) ou le Nouveau Code de procédure civile(10) ne présentent ni le caractère d'impôt, ni celui d'une sanction pénale ; leur création ne relève donc pas de la compétence du législateur en vertu de l'article 34 de la Constitution(11).

SECTION 2

DISTINCTIONS COMPLÉMENTAIRES

165. – Deux distinctions complémentaires doivent être faites pour rappeler, d'une part, qu'aucune correspondance ne doit être établie entre les dénominations de droit interne et celles du droit européen et, d'autre part, qu'une dissociation s'opère dans certaines situations entre les notions d'impôt et de créance fiscale ou même de créance de droit privé.

§ 1. – Dénominations du droit interne et dénominations du droit européen

166. – Droit communautaire. Aucune correspondance ne doit être établie entre les catégories du droit fiscal français et celles du droit communautaire.

L'expression de « taxe d'effet équivalant à un droit de douane » utilisée dans l'article 30 du Traité sur le fonctionnement de l'Union européenne (TFUE)(12) peut désigner des prélèvements même sans caractère fiscal. La notion d'« aide publique » au sens de l'article 107(13) est susceptible d'englober les interventions les plus diverses

(6) CE, sect., 3 nov. 1978, n° 2409 : *Dr. fisc.* 1979, n° 28, comm. 1518, concl. Fabre ; *RJF* 1978, n° 530. – Sur la question, V. : P. Amselek, *Un phénix du droit public financier. Les impositions quasi-fiscales* : *Mél. Waline*, Dalloz, 2002, p. 126 et s. – M. V. Beautsar, *Les pouvoirs publics face aux jeux du hasard et d'argent en France* : LPA 19 juill. 2002, n° 144.
(7) CE, 23 janv. 2015, n° 362580, *Sté Casino de Vichy* : *Dr. fisc.* 2015, n° 5, act. 69 ; AJDA 2015, p. 137, note J.-M. Pasteur.
(8) Cons. const., 27 déc. 2001, n° 2001-456 DC, *Loi de finances pour 2002*, consid. 27 et 28.
(9) CJA, art. R. 741-12.
(10) CPC, art. 32-1, 559, 581 et 628.
(11) CE, ass., 31 oct. 1980, *Fédération nationale des unions de jeunes avocats* : *Rec. CE* 1980, p. 394. – CE, sect., 31 oct. 1980, *Fédération de l'Éducation nationale* : *D.* 1981, inf. rap. p. 111, obs. P. Delvolvé. – CE, ass., 5 juill. 1985, *CGT et CFDT* : *AJDA* 1985, p. 626, note L. Richer ; *Gaz. Pal.* 1985, 2, 742, note Guinchard et Moussa ; *Rec. CE* 1985, p. 217.
(12) Ex-art. 25 TCE.
(13) Ex-art. 87 TCE.

en matière fiscale, parafiscale ou sociale (V. *infra*, n°s 517 et s.). Celle d'« impositions intérieures », qui est utilisée par l'article 110[14], pouvait correspondre notamment à des taxes parafiscales (V. *infra*, n°s 535 et s.).

La directive n° 69/335 du Conseil du 17 juillet 1969 « concernant les impôts indirects frappant les rassemblements de capitaux » vise principalement le droit d'apport, qui est un droit d'enregistrement pour le droit interne (V. *infra*, n° 544).

Le droit communautaire a aussi au moins une dénomination propre : celle d'« accises », qui désigne des impôts indirects en droit interne (ou l'expression synonyme de contributions indirectes).

Cette déclaration de la Cour de justice des Communautés européennes résume assez bien la situation : « selon une jurisprudence constante, la qualification d'une imposition, d'une taxe, d'un droit ou d'un prélèvement au regard du droit communautaire incombe à la cour en fonction des caractéristiques objectives de l'imposition, indépendamment de la qualification qui lui est donnée en droit national »[15]. – V. aussi, concernant la CSG et la CRDS, la divergence des solutions jurisprudentielles, *supra*, n°s 154 et 155 et sur les taxes compatibles avec le droit communautaire, *infra*, n° 208).

167. – **Convention européenne de sauvegarde des droits de l'homme et des libertés fondamentales.** On peut citer également le cas d'une contribution affectée à la sécurité sociale, présentant le caractère d'une imposition au sens de l'article 34 de la Constitution et qui, malgré son caractère fiscal, a été traitée comme en matière civile, dans le contentieux des validations législatives, sur le fondement de l'article 6,1 de la Convention européenne des droits de l'homme (V. *infra*, n° 371).

Autre exemple d'indépendance des qualifications : les stipulations de l'article 1er du Protocole n° 1 de la Convention ne réservent pas exclusivement à la loi la possibilité de prescrire les mesures qu'elles visent V. *infra*, n° 364).

§ 2. – Impôt, créance fiscale, et créance de droit privé

168. – **Intérêt des distinctions.** La distinction qu'il convient de faire dans certaines situations entre l'impôt et la nature juridique de la somme correspondante, sur le point de savoir s'il s'agit d'une créance fiscale ou d'une créance de droit privé, est un problème récent, dont l'intérêt est renforcé par le droit communautaire et le droit de la Convention européenne des droits de l'homme. Il existe, en effet, à côté des modes spéciaux de perception de l'impôt (rôle, avis de mise en recouvrement) des procédures particulières pour le recouvrement des créances des personnes publiques étrangères à l'impôt et au domaine. Les règles de prescription peuvent aussi être différentes suivant le caractère fiscal ou le caractère de droit privé de la créance.

(14) Ex-art. 90 TCE.
(15) CJCE, 4 oct. 2001, aff. 294/99, *Athineïki*, pt 27 : *RJF* 2002, n° 127 ; *Rec. CJCE* 2001, I, p. 6797, concl. Alber.

A. – Droit interne

169. – Recouvrement des sommes indûment reversées aux contribuables. La distinction entre créance fiscale et créance de droit privé doit être faite dans un certain nombre d'hypothèses.

La question de la nature juridique de la créance n'a pas manqué de se poser dans le cas où l'impôt, considéré comme non dû en tout ou en partie, a été restitué, mais où ce remboursement était erroné et où le contribuable est mis en demeure de reverser ce remboursement injustifié. Quelle est la nature juridique de cette somme qui est restée plus ou moins longtemps dans le patrimoine privé du contribuable ?

Il n'existe aucune raison particulière de faire une distinction entre la récupération par l'administration du trop-perçu par le contribuable et le cas où, à la suite d'un défaut ou d'une insuffisance de déclaration, le contribuable a conservé dans son patrimoine des fonds qu'il aurait dû affecter au paiement de l'impôt. Dans ce second cas, la créance de l'administration présente le caractère d'une créance fiscale, dès lors que le fait générateur est constitué et que l'obligation déclarative est échue ; l'administration est donc en droit, pour en obtenir le règlement, d'utiliser les procédures fiscales du droit de reprise et du recouvrement de l'impôt.

La question s'est posée notamment pour le recouvrement par l'administration d'un *avoir fiscal* restitué à tort au contribuable (V. *supra*, n° 35) ou dans le cas de *l'allègement de taxe professionnelle* qui a été consenti à tort[16].

L'administration est en droit, conformément aux dispositions de l'article 1658 du Code général des impôts, de procéder au recouvrement de la créance fiscale dont elle se prévaut en matière de taxe professionnelle, en vertu d'un rôle homologué[17].

Elle se pose parfois avec plus d'acuité : ainsi pour le remboursement forfaitaire de TVA dont bénéficient les exploitants agricoles, qui peut s'analyser en une subvention compensatrice en raison de sa nature même, ou pour le crédit d'impôt recherche, qui peut être considéré comme une aide publique à la recherche.

Le caractère de créance fiscale de la somme à reverser qui a été indûment remboursée est cependant certain en matière de *remboursement forfaitaire de TVA* obtenu irrégulièrement par un exploitant agricole[18], de crédit d'impôt recherche ou de report en arrière des déficits[19].

De la même manière, le caractère de créance fiscale de la somme à reverser qui a été indûment remboursée à une société au titre du *report en arrière des déficits* n'est pas discutable[20].

170. – Remboursement d'une imposition non acquittée. En revanche, dans le cas où l'imposition n'a pas été acquittée du fait du sursis de paiement dont bénéficiait le contribuable, il a été jugé que la créance de l'État née du remboursement opéré à

(16) CE, 2 mars 1990, req. n° 92.333, *SA Becton-Dickinson* : *Dr. fisc.* 1990, comm. 1251, concl. Liébert-Champagne ; *RJF* 1990, n° 433.

(17) CE, 27 mars 2009, n° 298.352, *Sté Colas* : *Dr. fisc.* 2009, n° 22, comm. 348, concl. Collin ; *RJF* 2009, n° 596.

(18) CE, 5 mars 1997, req. n° 141.057, *GFA Roux* : *Dr. fisc.* 1997, comm. 643, concl. Goulard ; *RJF* 1997, n° 321.

(19) CGI, art. 220 quinquies.

(20) Sur la question : E. de Crouy-Chanel, *Les délais de prescription applicables au crédit-d'impôt recherche* : *Dr. fisc.* 2000, n° 51, chron. p. 1701 et s. – M. Bergerès, *Les ambiguïtés du régime juridique de la créance de carry-back* : *Dr. fisc.* 2004, p. 711.

tort par le comptable, à la suite d'un dégrèvement, a un caractère non fiscal. Il s'ensuit que le recouvrement de cette créance n'obéit pas aux règles du droit fiscal. Le Trésor tient de l'article 1376 du Code civil un droit à répétition de l'indu(21).

171. – **Avis à tiers détenteur.** Une deuxième hypothèse concerne la procédure de recouvrement de l'impôt et plus exactement, *le procédé de l'avis à tiers détenteur* qui est utilisé par l'administration pour le recouvrement des créances fiscales. L'avis à tiers détenteur est l'équivalent d'une saisie-attribution et produit un effet d'attribution immédiate au profit du Trésor de la créance du contribuable.

La créance du contribuable recouvrée sur le tiers saisi ne conserve pas le caractère de créance fiscale. Pour la Cour de cassation, l'avis à tiers détenteur a pour effet de transporter la créance du contribuable contre le tiers dans le patrimoine du Trésor « et non de conférer à celui-ci une créance d'impôt sur ce tiers ». Il s'ensuit que le Trésor ne peut produire cette créance à titre privilégié, comme créance fiscale, lorsque le tiers détenteur est mis en redressement judiciaire(22).

172. – **Frais d'assiette et de recouvrement.** Il existe des *cas particuliers*. On en rappellera seulement deux, qui revêtent une importance particulière. L'un concerne la nature juridique des frais d'assiette et de recouvrement qui sont perçus par l'État en contrepartie de l'intervention de ses services pour l'établissement et le recouvrement des impôts locaux, en application de l'article 1641 du Code général des impôts ; ces frais ont une nature fiscale(23).

173. – **Intérêts moratoires de l'article L. 209 du Livre des procédures fiscales.** Un autre cas est celui des *intérêts moratoires* mentionnés à l'article L. 209 du Livre des procédures fiscales, qui ont pour objet de réparer le préjudice subi par l'administration du fait du retard avec lequel le contribuable s'est acquitté des impositions pour lesquelles il avait bénéficié d'un sursis de paiement ; ces intérêts ne sont que l'accessoire des impositions auxquelles ils se rattachent et constituent, par conséquent, des créances de nature fiscale(24).

B. – La répétition de l'indu en application du droit communautaire

174. – **Action en restitution défiscalisée et refiscalisée.** Suivant la jurisprudence de la Cour de cassation, la répétition de l'indu est un principe commun au droit privé et au droit public interne ainsi qu'au droit communautaire. Concernant des impôts indirects ou des droits de timbre (vignette-auto) perçus en violation du droit communautaire, elle avait « défiscalisé » l'action en restitution de ces impositions engagée sur le fondement d'arrêts de la Cour de justice des Communautés européennes (ou

(21) CAA Nantes, 9 avr. 2003, n° 00-161, *SARL Cabinet d'expertise comptable de l'Ouest* : *RJF* 2003, n° 1044. – V. sur la question, *JCl. Procédures fiscales*, Fasc. 579, *Recouvrement des sommes indûment reversées aux contribuables*.

(22) Cass. com., 16 juin 1998, *Percepteur de Montoir-de-Bretagne* : *Dr. fisc.* 1998, comm. 1136 ; *RJF* 1998, n° 1024 avec la note ; *Bull. civ.* 1998, IV, n° 201 ; *RGDP* 1999, p. 379, note J. Lamarque.

(23) CAA Bordeaux, 2 mai 1995, req. n° 93-821, *Monnier* : *Dr. fisc.* 1995, comm. 2269 : *RJF* 1995, n° 1028. – Rappr. la décision du Conseil constitutionnel concernant la majoration des frais d'assiette et de recouvrement dans le but d'assurer le financement des opérations de révision des bases des impôts directs locaux : Cons. const., 29 déc. 1993, n° 93-330 DC, consid. 2 à 4 : *Dr. fisc.* 1994, comm. 1 ; *RJF* 1994, n° 280. – Cons. const., 28 déc. 295, n° 95-369 DC : *Dr. fisc.* 1996, comm. 3 ; *RJF* 1996, n° 209.

(24) CE, 10 août 2005, n° 259.541, *Sarteur* : *RJF* 2005, n° 1305 ; *BDCF* 2005, n° 141, concl. Vallée.

de sa propre jurisprudence) établissant cette contrariété. Elle avait admis qu'il s'agissait d'une action de droit commun en répétition de l'indu, soumise notamment au délai de la prescription trentenaire[(25)].

Cette jurisprudence a entraîné l'intervention du législateur, qui « a refiscalisé » l'action en restitution. Les conditions d'exercice de cette action ont été fixées par la loi de finances rectificative pour 1989, n° 89-936 du 29 décembre 1989, dont les dispositions sont reprises à l'article L. 190 du Livre des procédures fiscales.

175. – **Maintien du caractère fiscal.** La question a encore été posée à la Cour de justice des Communautés européennes de savoir si l'inapplication, à la suite d'un de ses arrêts, d'une législation nationale qui a institué une imposition contraire au droit communautaire, aboutit à priver rétroactivement ce prélèvement de sa nature d'imposition et donc à ôter leur caractère fiscal aux rapports juridiques établis entre l'administration fiscale nationale et les personnes redevables de cette imposition.

La Cour a apporté une réponse négative à cette question. L'incompatibilité d'une imposition nationale avec le droit communautaire n'aboutit pas nécessairement à priver le prélèvement en cause de son caractère fiscal. Une éventuelle requalification des rapports juridiques établis entre l'administration fiscale d'un État membre et des assujettis lors de la perception d'une imposition ultérieurement reconnue contraire au droit communautaire relève en tout état de cause du droit national[(26)].

C. – L'action de droit privé en application de l'article 6,1 de la Convention européenne des droits de l'homme

176. – **Cas de la validation rétroactive de dispositions fiscales.** La Cour européenne des droits de l'homme a reconnu que l'article 6,1 du procès équitable est applicable aux actions juridictionnelles intentées par les contribuables pour obtenir la restitution d'impôts qu'ils ont versés en application de dispositions réglementaires que le juge a reconnues illégales, mais qui ont fait l'objet d'une validation par le Parlement.

Elle a considéré les requêtes de cette nature comme des actions portant sur des biens, au sens de l'article 1er du Protocole additionnel à la Convention, même si elles trouvent leur origine dans la législation fiscale. Elle a estimé toutefois que la validation rétroactive des dispositions fiscales peut être justifiée par un intérêt général « impérieux »[(27)]. – Sur la question, V. *infra*, n° 361.

(25) Cass. com., 17 janv. 1989, *Decelle : Dr. fisc.* 1989, comm. 754 ; *Bull. civ.* 1989, IV, n° 25 : *RJF* 1989, n° 386.
(26) CJCE, 22 oct. 1998, aff. C-10/97 à C-22/97, *Incoge : Rec. CJCE* 1998, I, p. 6307, concl. Ruiz-Jarabo Colomer ; *RJF* 1998, n° 1514, pts nos 22, 26, 28 et 29. – Sur tous ces points, V. *JCl. Procédures fiscales*, Fasc. 116-40 par J. Lamarque.
(27) CEDH, 23 oct. 1997, aff. 117/96, *National Building Society c/Royaume-Uni*.

TITRE 2

LES DIFFÉRENTES CATÉGORIES D'IMPOSITIONS

177. – La notion d'impôt peut être examinée encore au regard des distinctions qui sont fondées principalement sur *la nature de la matière imposable.* Ces classifications utilisent aussi les critères qui sont tirés, d'une part, *de l'administration compétente* pour établir, recouvrer et contrôler l'impôt et, d'autre part, l'ordre, administratif ou judiciaire, auquel appartient *la juridiction compétente* pour connaître des litiges.

Les distinctions qui sont faites habituellement sont de trois ordres. Les distinctions doctrinales n'ont pas de valeur juridique, mais elles aident à appréhender de manière concrète l'ensemble des problèmes soulevés par les distinctions juridiques. Les distinctions faites par la loi ont seules valeur juridique ; ce sont elles qui permettent de déterminer la nature juridique de l'impôt ainsi que l'administration et la juridiction compétentes. Les distinctions jurisprudentielles, dont l'intérêt est plus limité, permettent seulement de suppléer aux carences éventuelles des distinctions légales.

CHAPITRE 1

LES DISTINCTIONS DOCTRINALES

178. – Les distinctions doctrinales sont fondées essentiellement sur *la nature de la matière imposable*. De ce point de vue, elles intègrent dans leur champ notionnel les distinctions juridiques, mais sous un éclairage différent. Elles s'inspirent de considérations économiques ou sociales pour prendre en compte des éléments tels que les effets de l'impôt.

Les principales distinctions sont, d'une part, la distinction entre impôts réels et impôts personnels et, d'autre part, la distinction entre impôts sur le capital, sur le revenu et sur la dépense.

SECTION 1

IMPÔTS RÉELS ET IMPÔTS PERSONNELS

179. – Impôt réel. C'est la distinction la plus ancienne. L'impôt *réel* est celui qui frappe une opération, un bien ou une somme d'argent uniquement dans sa nature, sa valeur monétaire ou sa quantité, *abstraction faite de la personne du contribuable*.

Aux impôts assis sur les biens, on opposait autrefois les impôts assis sur les personnes, telle la capitation, établie par tête (*caput*), qui frappait directement le contribuable.

Ce type d'impôt a pratiquement disparu dans les systèmes fiscaux modernes. L'un des derniers que l'on ait connus en France est la « taxe de capitation sur les personnes ne pouvant justifier d'une activité professionnelle » qui avait été créée sous cette dénomination par la loi n° 48-978 du 16 juin 1948 portant aménagements fiscaux (*D.* 1948, législ. p. 230). Cette taxe, appelée plus communément « taxe sur les oisifs », était effectivement un véritable impôt de capitation frappant directement la personne même du contribuable. Cet impôt, d'un montant de 50 000 anciens francs, devait s'appliquer à toute personne du sexe masculin, majeure et âgée de moins de cinquante ans, qui ne pourrait pas justifier avoir exercé en 1947 une activité professionnelle susceptible de subvenir à son existence. Diverses exonérations étaient prévues, notamment au profit des étudiants, mais à la condition qu'ils soient âgés de moins de trente ans au 31 décembre 1947 et qu'ils puissent justifier d'une inscription universitaire régulière. Le législateur avait même prévu que le défaut de paiement à la date d'exigibilité pouvait donner lieu à la contrainte par corps. Il s'agissait essentiellement d'atteindre des personnes qui avaient des ressources non avouables. Cet impôt a été vivement critiqué : il n'a pas été appliqué.

La personne même du contribuable n'est plus considérée aujourd'hui comme « matière imposable », encore que l'impôt sur le revenu puisse être considéré comme une imposition sur la personne, dans la mesure où il frappe les produits du travail...

Les impôts sont assis uniquement sur des revenus, des activités, des opérations, des biens.

180. – **Impôt personnel.** La distinction de l'impôt réel et de l'impôt personnel présente toujours une grande importance. On peut même parler d'un progrès de l'impôt personnel dans les systèmes fiscaux modernes. Mais *la personnalité de l'impôt* revêt une signification totalement différente.

La détermination de la matière imposable est opérée de deux manières.

Lorsqu'elle est atteinte telle quelle, comme seule base de taxation, sans que la personne du contribuable soit prise en considération, l'impôt est dit réel : c'est le cas, par exemple, de l'impôt sur les sociétés ou de la taxe sur la valeur ajoutée.

L'impôt est dit personnel lorsqu'il est aménagé de façon à assurer une adaptation individuelle de la charge fiscale à la situation particulière du contribuable, spécialement à sa situation familiale. La personnalité de l'impôt répond à la préoccupation de réaliser plus de justice.

Le système conduit ainsi logiquement à retenir l'ensemble des « facultés » du contribuable. L'impôt personnel est donc le plus souvent un impôt de caractère global ou, suivant une expression couramment utilisée, un impôt de caractère synthétique, par opposition aux impôts réels, qui ont un caractère particulier. Les impôts qui se prêtent le mieux à l'application du système de la personnalité sont l'impôt général sur le revenu et l'impôt sur la fortune.

Divers procédés peuvent être utilisés pour réaliser la personnalité de l'impôt sur le revenu, soit au stade de l'assiette proprement dite, notamment par les mécanismes de l'exonération de certains revenus ou l'exemption fiscale du minimum vital, soit au stade de la liquidation de l'impôt, en particulier par les systèmes de la progressivité de l'impôt et du quotient familial.

SECTION 2

IMPÔTS SUR LE CAPITAL, SUR LE REVENU ET SUR LA DÉPENSE

181. – **Concepts économiques.** Cette classification est fondée sur les concepts économiques de capital, de revenu et de dépense. Elle a aujourd'hui les préférences de la doctrine, parce que c'est celle qui permet le mieux de déterminer les effets de l'impôt en ce qui concerne, d'une part, les différentes interventions de l'État en matière sociale, économique ou financière et d'autre part, l'incidence de l'impôt, notamment du point de vue de la justice fiscale.

L'impôt est un prélèvement sur la richesse. La richesse, entendue dans le sens le plus large du terme, se présente sous trois aspects.

Le *capital* est la richesse acquise, consolidée, figée pour une certaine période, et qui peut être source de revenus. C'est le patrimoine d'un individu, sa fortune...

Le *revenu*, pris dans le sens étymologique du terme, est la richesse qui provient d'une source susceptible de la créer de façon renouvelée, pendant un temps plus ou moins long.

Les revenus correspondent soit à l'existence d'un capital productif (revenus fonciers, revenus de valeurs mobilières, etc.), soit à l'exercice d'une activité (salaires rétribuant un travail, bénéfices non commerciaux des professions libérales, etc.). Ils peuvent présenter aussi un caractère mixte, c'est-à-dire résulter d'une activité exercée au moyen d'un capital (bénéfices industriels et commerciaux, bénéfices agricoles, etc.). Il peut s'agir aussi de revenus de remplacement (pensions de retraite, indemnités de chômage, etc.).

Précisons immédiatement que la notion de revenu du droit fiscal se situe nettement en dehors du cadre de la théorie du revenu conçu comme un profit susceptible de se renouveler et qu'elle s'inspire beaucoup plus de la théorie dite de « l'enrichissement » ou de « l'accroissement de valeur ».

La *dépense* : l'existence de la richesse d'un individu, au lieu d'être constatée directement par un capital ou un revenu, peut être révélée indirectement par l'emploi qu'il fait de ses ressources.

§ 1. – Les impôts sur le capital

182. – **Formes.** L'imposition du capital est susceptible de revêtir plusieurs formes. Il peut s'agir d'une *imposition annuelle* du capital. Ce type d'impôt, qui existe depuis longtemps dans certains pays, s'était heurté à de fortes réticences en France. Il a fait son apparition avec l'impôt sur les grandes fortunes (IGF) créé par la loi n° 81-1160 du 30 décembre 1981, abrogé à compter du 1er janvier 1987 par la loi n° 86-824 du 11 juillet 1986, et rétabli, sous le nom d'impôt de solidarité sur la fortune (ISF), par la loi de finances pour 1989.

Une autre forme d'imposition du capital est constituée par les *prélèvements exceptionnels sur le patrimoine*. Ce fut le cas, en France, de l'impôt de solidarité nationale institué par une ordonnance du 15 août 1945 et de la taxe spéciale sur les sociétés par actions créée pour l'année 1968 par une loi du 31 juillet 1968, dont le montant était fonction de l'importance du capital libéré des sociétés soumises à l'impôt sur les sociétés.

Le capital peut encore être imposé lors de *certains faits particuliers* : droits de succession, droits de mutation dans le cas de cessions de fonds de commerce ou d'immeubles, d'apports en société, imposition des plus-values, etc.

183. – **Imposition indirecte.** Il existe, en outre, des formes *d'imposition indirecte du capital*. Ce pouvait être le cas de la taxation d'office sur la base des dépenses personnelles, ostensibles ou notoires prévue à l'article 180 du Code général des impôts[(1)], avant la suppression de cette procédure par la loi n° 86-1317 du 30 décembre 1986 ;

(1) LPF, art. L. 71 anc.

le contribuable ne pouvait faire échec à cette évaluation en faisant valoir qu'il avait utilisé des capitaux ou réalisé des gains en capital pour faire face à ses dépenses. Ce pouvait être le cas également de l'évaluation forfaitaire minimale du revenu imposable d'après certains éléments du train de vie, en application de l'article 168 du Code général des impôts avant la modification réalisée par la loi n° 86-1317 du 30 décembre 1986 qui prévoit que le contribuable peut désormais apporter la preuve que l'utilisation de son capital lui a permis d'assurer son train de vie.

En revanche, la taxation d'office en cas de défaut de réponse à une demande de justifications, qui est prévue aux articles L. 16 et L. 69 du Livre des procédures fiscales, peut comporter, comme par le passé, une imposition indirecte du capital (par ex., pour des versements en espèces sur un compte bancaire dont le contribuable ne justifie pas en faisant valoir simplement qu'il s'agit d'économies).

§ 2. – Les impôts sur la dépense

184. – **Avantages techniques, financiers et juridiques.** Ce sont ceux qui, en France, procurent le plus de ressources à l'État. Ils présentent des avantages techniques et financiers considérables. *Avantages techniques* : ils sont supportés plus aisément par les redevables, car ils se dissimulent dans le prix des biens, des produits et des services ; ce sont des impôts indolores ou, comme on dit encore, anesthésiants. Le rôle de l'administration est simplifié au maximum, car l'impôt est collecté essentiellement par les industriels et les commerçants, ce qui facilite le contrôle des services fiscaux. Le droit à déduction des taxes acquittées en amont, qui est ouvert aux assujettis, comme dans l'actuel système de la TVA, limite les possibilités de fraude, etc.

Avantages financiers aussi : ces impôts suivent la progression de l'activité économique, car leur montant s'accroît nécessairement avec le développement des affaires. Ils s'adaptent automatiquement à la dépréciation monétaire, mais inversement, ils peuvent avoir un effet d'accélération de l'inflation.

Du point de vue de *la technique juridique*, le système des impôts sur la dépense est sans conteste beaucoup plus simple que celui de l'impôt sur le revenu.

185. – **Justice fiscale. Inconvénients. Moyens d'y remédier.** Sur le plan de *la justice fiscale*, il n'est pas impossible de remédier à leurs inconvénients, qui sont non moins incontestables que leurs avantages, en adoptant des taux différenciés suivant la nature des produits et des services, en abaissant les taux pour les produits ou services de première nécessité, ou en exonérant les opérations portant sur ces produits ou services. Par ailleurs, comme le contribuable a, dans une large mesure, la maîtrise de ses dépenses, ce type de prélèvement n'exclut pas la personnalisation de l'impôt : au contraire, cette personnalisation se réalise, dans l'impôt sur la dépense, par l'initiative et la responsabilité qui sont laissées au contribuable.

186. – **Taxes sur le chiffre d'affaires, cumulatives et uniques.** *Les taxes sur le chiffre d'affaires* constituent aujourd'hui l'exemple type d'impôts sur la dépense. Elles se divisent elles-mêmes en deux catégories.

Les taxes *cumulatives* (ou à cascade) tirent leur appellation du fait qu'elles frappent le prix des produits chaque fois qu'ils changent de mains, de telle sorte qu'il arrive un moment où l'impôt s'applique à lui-même (la taxe fait boule de neige).

Les taxes *uniques*, telles que la TVA, sont aménagées en vue d'éviter qu'un même produit ne fasse l'objet de multiples impositions lors des transactions successives auxquelles il donne lieu. C'est ainsi que la TVA est perçue seulement sur la valeur ajoutée au produit à chaque niveau de production ou de commercialisation (V. *infra*, n° 206).

187. – **Contributions indirectes. Caractéristiques.** *Les contributions indirectes* représentent une autre catégorie d'impôts sur la dépense. Elles portent, comme les taxes sur le chiffre d'affaires, sur les biens et les services qui font l'objet d'échanges. Mais alors que la taxe sur la valeur ajoutée est un impôt général qui frappe indistinctement l'ensemble de la dépense, ce sont des impôts dits « analytiques », parce qu'ils grèvent des produits ou des services déterminés.

Ce sont aussi des impôts « spécifiques », dont le montant est déterminé par unité de produit imposable (V. *supra*, n° 11) et non pas à partir d'un pourcentage du prix de vente des produits, sauf exception (impôt sur les spectacles, impôts indirects sur les tabacs manufacturés).

Les contributions indirectes sont enfin un impôt dit de « superposition », parce que la TVA se surajoute, en règle générale, à ces impositions ; autrement dit, elles sont comprises dans la base d'imposition à la TVA ; elles permettent ainsi de moduler la charge fiscale en évitant de recourir à la multiplicité des taux de TVA.

§ 3. – Les impôts sur le revenu

188. – **Inconvénients d'ordre psychologique et conséquences économiques.** Les revenus ont été considérés pendant longtemps comme les plus aptes à exprimer la capacité contributive réelle des contribuables. L'impôt général sur le revenu soulève cependant de sérieuses difficultés.

Cet impôt, parce qu'il est combiné le plus souvent avec le système de la progressivité, peut être créateur d'inhibitions ; le souci d'échapper aux tranches supérieures du barème peut inciter le contribuable à réduire volontairement ses activités professionnelles.

L'importance de l'impôt sur le revenu peut aussi pousser certains contribuables, notamment dans le secteur des services et celui des professions libérales, à augmenter artificiellement le prix de leurs services ou le montant de leurs honoraires pour compenser la part du prélèvement opéré au titre de l'impôt sur le revenu. Il en résulte une augmentation considérable du coût de nombreuses prestations et dans certaines professions, un goût immodéré pour l'argent.

L'impôt sur le revenu n'est pas non plus un stimulant pour l'épargne, dans la mesure où celle-ci est source de nouveaux revenus imposables dans la catégorie des revenus du capital.

Le système conduit surtout, et de toute façon, à *une pénalisation de l'effort*, ce qui est désastreux sur le plan moral.

Il ne tient compte, par surcroît, ni de *la pénibilité*, ni de *la durée du travail* qui est nécessaire au contribuable pour réaliser les revenus auxquels il s'applique ; il atteint de la même manière, pour un revenu égal, l'employé de bureau astreint à 35 heures de présence par semaine, l'ouvrier qui exécute des travaux pénibles ou dangereux ou bien le travailleur indépendant dont l'horaire excède soixante heures par semaine.

Il est établi, en outre, abstraction faite de *l'importance de l'investissement intellectuel* qui a été nécessaire pour l'obtention des diplômes nécessaires à l'exercice de la profession.

On peut aussi déplorer l'affaiblissement du sens de la solidarité qu'il entraîne. Ce n'est pas au moment de la perception des revenus, parfois acquis au prix de beaucoup d'efforts, que le contribuable se sent solidaire, mais lorsqu'il a conscience d'engager des dépenses que tous ne peuvent pas faire. L'impôt sur le revenu est donc moins bien supporté que l'impôt sur la dépense.

Enfin, l'expérience des procédures de contrôle et de redressement révèle la dangerosité de cet impôt pour les libertés individuelles, surtout dans le domaine des catégories des bénéfices industriels et commerciaux, des bénéfices non commerciaux et des bénéfices agricoles.

189. – Impôt discriminatoire par nature. *Les difficultés techniques* auxquelles donne lieu l'établissement de l'impôt sur le revenu sont considérables. Cet impôt ne peut s'appliquer de la même manière à toutes les catégories de revenus ; la difficulté d'imposer des revenus comme les bénéfices agricoles en est une preuve suffisante. Il est de sa nature d'être inégalitaire et source de discriminations, par le jeu, cependant nécessaire, des régimes d'imposition forfaitaire des bénéfices et des modes d'évaluation forfaitaire (notamment, en matière de traitements et salaires). Il peut s'appliquer à des revenus dont le contribuable ne dispose pas en fait (bénéfices professionnels calculés suivant le système des créances acquises, sommes inscrites à un compte courant et que l'associé ne peut prélever, revenus dont le dirigeant d'une entreprise ne dispose pas à la suite de l'exécution d'un engagement de caution, revenus affectés à l'acquisition de l'habitation principale, etc.).

Toute modification réalisée au nom de la justice fiscale ou seulement pour en atténuer le poids suscite son contraire et engendre une discrimination nouvelle ; le plafonnement des effets du quotient familial et la création des « niches fiscales » sont à cet égard très caractéristiques.

190. – Complexité extrême. L'impôt sur le revenu est devenu d'une extrême complexité : qu'il s'agisse de la détermination des dépenses et des charges déductibles du revenu global ou, à plus forte raison, de l'évaluation des bénéfices nets imposables des différentes catégories professionnelles après déduction des frais généraux et autres charges déductibles, ou du sort des plus-values réalisées au cours de l'exercice d'une activité professionnelle ou à l'occasion de la gestion du patrimoine privé.

Un indice de la complexité croissante de l'imposition directe des revenus peut être trouvé dans l'évolution des supports matériels en matière de documentation. C'est ainsi que la documentation fiscale de base (DB) publiée par la Direction générale des impôts, a augmenté de 57,4 % de 1990 à 2000[2]. Une observation analogue pourrait être faite concernant la documentation du *JurisClasseur Fiscal* (Éditions LexisNexis) ou la *Documentation Lefebvre.*

La formule de la déclaration générale d'impôt sur le revenu n° 2042, qui comporte chaque année des modifications, est encore un signe de la complexité de l'impôt sur le revenu.

Il faudrait ajouter que le système de recouvrement est nécessairement très lourd, surtout pour l'impôt sur le revenu des personnes physiques, en dépit des allègements techniques qui y ont été apportés progressivement.

On a pu croire, à plusieurs reprises, au cours des trente dernières années, que ce type d'impôt marquait un temps d'arrêt et que le système des taxes sur le chiffre d'affaires prenait de plus en plus d'ampleur. La tendance s'est inversée à la suite de la politique d'harmonisation des fiscalités européennes et de la création de contributions sociales, notamment la contribution sociale généralisée (CSG), par surcroît de caractère proportionnel, ce qui aboutit à relativiser les promesses périodiques, faites par les gouvernements, d'abaisser le montant de l'impôt sur le revenu.

On notera toutefois, à la décharge de l'impôt sur le revenu, qu'il reste un instrument efficace d'intervention économique et sociale et un moyen privilégié d'incitation fiscale, ce qui explique, du reste, en grande partie, sa complexité.

(2) Conseil des impôts, *L'imposition des revenus*, 18e rapport 2000, p. 18.

CHAPITRE 2

LES CATÉGORIES LÉGALES

191. – Le Code général des impôts, qu'il s'agisse des impôts d'État ou des impositions perçues au profit des collectivités locales, fait une distinction entre plusieurs catégories d'impôts : les impôts directs, les taxes sur les chiffres d'affaires, les contributions indirectes, les droits d'enregistrement, l'impôt de solidarité sur la fortune et les droits de timbre.

De nombreuses dispositions du Livre des procédures fiscales reprennent ces distinctions pour déterminer, soit l'administration chargée de l'établissement et du recouvrement de l'impôt, soit la juridiction compétente[1].

Les distinctions légales conservent donc un intérêt majeur. Le juge, lorsqu'il est appelé à se prononcer sur une imposition dont le législateur n'a pas précisé la nature, prend une décision qui vise d'abord à la rattacher à l'une ou l'autre des catégories prévues par la loi.

SECTION 1

IMPÔTS DIRECTS ET IMPÔTS INDIRECTS

§ 1. – La distinction originaire

192. – **Critères de la distinction.** Les impôts *directs* sont ceux qui frappent directement les biens ou les revenus d'une personne, du seul fait qu'elle possède ces biens ou dispose de ces revenus. Comme leur nom l'indique, les impôts *indirects* n'atteignent le contribuable qu'indirectement, c'est-à-dire à l'occasion de l'emploi de ses ressources ou des dépenses qu'il fait. Les impôts indirects sont donc assis sur des faits ou opérations de production, d'échange ou de consommation.

Cette distinction entraîne des conséquences importantes : le *contentieux* des contributions directes est attribué aux juridictions administratives, et le contentieux des contributions indirectes, aux juridictions judiciaires.

(1) LPF, art. L. 199.

Les critères en sont relativement simples à l'origine.

Sur le plan administratif, ces catégories d'impôts relèvent de la *compétence de deux administrations distinctes* : l'administration des contributions directes et l'administration des contributions indirectes.

Le *mode de recouvrement* fournit aussi un critère assez sûr. Les impôts directs sont recouvrés par voie de rôle nominatif, c'est-à-dire en vertu d'un titre exécutoire préalablement établi par l'administration. Les impôts indirects sont perçus au moment même où se réalisent les opérations imposables, sans émission préalable de rôle ; la dette d'impôt est déterminée immédiatement, et, dans la plupart des cas, doit être acquittée spontanément, sans intervention du service.

Du point de vue économique, les impôts directs, qui sont recouvrés auprès de chaque contribuable, sont, en principe, supportés définitivement par celui qui les paie. Au contraire, le redevable d'impôts indirects n'en est le plus souvent que le redevable légal ; il en transfère la charge effective sur d'autres personnes en majorant d'autant le montant de ses prix de vente.

§ 2. – L'évolution de la distinction

193. – **Causes.** Le développement des taxes sur le chiffre d'affaires, qu'au début l'on ne distinguait pas des impôts indirects, et l'aménagement particulier de certains impôts directs ont bouleversé ce schéma classique.

Du point de vue des compétences juridictionnelles, le contentieux des taxes sur le chiffre d'affaires, dont on sait l'importance, relève des juridictions administratives.

La distinction entre impôts directs et impôts indirects a perdu beaucoup de son intérêt en raison de la fusion des administrations traditionnelles d'assiette des impôts directs et des impôts indirects.

Certains impôts directs ne sont pas perçus par voie de rôle nominatif : impôt sur les sociétés (sauf dans le cas de redressements), taxe sur les salaires, prélèvement sur certains profits immobiliers, taxe d'apprentissage, retenues à la source, etc.

En ce qui concerne l'incidence de l'impôt, on ne saurait soutenir que tout impôt direct n'est supporté définitivement et personnellement que par celui qui le paie (cas de certaines professions libérales)...

§ 3. – L'intérêt de la distinction actuelle

194. – **Compétence juridictionnelle. Procédures de redressement. Administrations distinctes.** La distinction impôts directs – impôts indirects reste une classification légale. Elle s'impose donc toujours, ne serait-ce que pour déterminer la juridiction compétente, puisque, en vertu de l'article L. 199 du Livre des procédures fiscales, le contentieux des impôts directs relève de la juridiction administrative (tribunal administratif, cour administrative d'appel, Conseil d'État) et le contentieux des impôts indirects, des tribunaux judiciaires (tribunal de grande instance, cour d'appel, Cour de cassation).

L'application d'autres textes particuliers est toujours commandée par cette distinction. C'est ainsi que l'article L. 56 du Livre des procédures fiscales dispose que la procédure de redressement contradictoire n'est pas applicable en matière d'impositions directes perçues au profit des collectivités locales. Cette procédure s'applique donc, par *a contrario*, à des impositions qui ne présentent pas le caractère d'impôts directs, telles que (avant leur suppression) la taxe locale d'équipement(2) ou le versement pour dépassement du plafond légal de densité(3). – V. aussi *supra*, n° 78.

La distinction a connu même un regain d'intérêt à partir du 1er janvier 1993, date à laquelle les compétences que détenait précédemment la Direction générale des impôts en matière de droits indirects ont été transférées à la Direction générale des douanes et droits indirects. Deux administrations différentes sont donc compétentes, l'une, en matière d'impôts directs, et l'autre, en matière d'impôts indirects (V. *infra*, n° 225).

SECTION 2

IMPÔTS INDIRECTS, TAXES SUR LE CHIFFRE D'AFFAIRES ET TVA

195. – **Intérêt de la distinction.** Les taxes sur le chiffre d'affaires n'ont pas toujours été distinguées des impôts indirects. Les unes et les autres étant incluses dans la catégorie doctrinale de l'impôt sur la dépense et le terme d'impôt indirect ayant une connotation défavorable, il arrive couramment que journalistes, même spécialisés, hommes politiques ou syndicalistes évoquent « l'impôt indirect » à propos des taxes sur le chiffre d'affaires et notamment de la TVA (généralement pour entretenir dans l'opinion l'idée taboue suivant laquelle la TVA est un impôt moins juste que l'impôt sur le revenu parce que c'est un « impôt indirect »).

Mais la distinction doit être faite très soigneusement, ne serait-ce que parce que le contentieux de l'impôt indirect ressortit à la compétence de la juridiction judiciaire, alors que le contentieux des taxes sur le chiffre d'affaires, et notamment de la TVA, relève de la compétence du juge administratif.

On rappellera encore que les tarifs sont généralement différents au regard de la distinction entre tarif spécifique et tarif *ad valorem* (V. *supra*, n° 12). En outre et surtout, il n'est plus possible de les confondre en ce qui concerne les modalités d'assiette depuis la mise en place du système de taxation fractionnée et de la généralisation de la TVA.

(2) CE, 12 févr. 1986, n° 53.064 : *RJF* 1986, n° 386. – CE, 7 janv. 2000, n° 189.992, *Rado* : *Dr. fisc.* 2000, comm. 537, concl. Bachelier ; *RJF* 2000, n° 207. – CE, 25 avr. 2003, n° 199.190, *Sté Murinvest* : *Dr. fisc.* 2003, n° 40, comm. 700 ; *RJF* 2003, n° 853.

(3) CE, 21 déc. 1994, n° 140.835 : *Dr. fisc.* 1995, comm. 295, concl. Arrighi de Casanova ; *RJF* 1995, n° 193.

§ 1. – Les origines de la distinction

A. – L'institution des taxes sur le chiffre d'affaires

196. – Taxation en cascade et taxation unique. 1917 et 1936. La création de taxes sur le chiffre d'affaires remonte à 1917. Il a été fait application successivement, et parfois même cumulativement, lorsque les besoins financiers devenaient trop pressants, de deux types de taxation possibles : la taxation en cascade et la taxation unique.

La taxation en cascade. La loi du 31 décembre 1917 a institué une *taxe sur les paiements* qui a été généralisée et perfectionnée par une loi du 25 juin 1920 sous l'appellation de *taxe sur le chiffre d'affaires.* Cette taxe était perçue au taux de 2 % à l'occasion de chaque transaction. Des préoccupations économiques n'étaient pas absentes de cette création ; il s'agissait de raccourcir les circuits commerciaux et d'éliminer les intermédiaires qui avaient proliféré durant la guerre. C'était un impôt simple et d'une grande productivité. Mais il soulevait des critiques parce qu'il était applicable, en tant qu'impôt à cascade, sur chaque transaction et qu'il était ainsi, en raison de son incidence, un facteur de hausse du coût de la vie. On lui reprochait de plus, de favoriser les entreprises intégrées au détriment des petites et moyennes entreprises. De 1926 à 1936, il fut donc remplacé partiellement par des taxes uniques frappant certaines catégories de produits.

La taxation unique. La loi du 31 décembre 1936 supprima la taxe sur le chiffre d'affaires et la plupart des taxes uniques pour les remplacer par une *taxe unique générale à la production.* Elle était perçue au taux de 6 %, une seule fois dans le circuit, en général au dernier stade de la production. Ainsi, apparaissait déjà le souci de garantir la neutralité de l'impôt.

Mais, très vite, pressé par l'élévation constante des dépenses publiques, le législateur remit en vigueur le système de la taxation en cascade en superposant à la taxe à la production deux nouveaux impôts. Un décret-loi du 21 avril 1939 créa *la taxe d'armement, qui deviendra la taxe sur les transactions.* La loi du 6 novembre 1941 institua *la taxe locale additionnelle aux taxes sur le chiffre d'affaires,* en remplacement des droits d'octroi supprimés, pour subvenir aux besoins des collectivités locales.

B. – La taxation fractionnée et la naissance de la TVA

197. – Réforme de 1948. Paiements fractionnés. Déduction physique. La TVA va apparaître en deux étapes. La taxe à la production se perfectionne avec un *décret du 25 septembre 1948.* Elle devient une taxe à paiements fractionnés, effectués à chaque stade de la transformation matérielle ou du changement de la présentation matérielle du produit. Des taxes dont il est redevable sur ses ventes, le contribuable peut déduire celles qu'il a antérieurement acquittées lors de l'achat des matières premières entrant dans la composition du produit : c'est le système de la *déduction physique.*

Mais dans ce nouveau régime, toutes les taxes perçues en amont de la chaîne ne sont pas récupérées. Il n'entre pas que des matières premières dans le prix d'un produit, mais aussi des frais généraux et surtout l'amortissement des machines et outillages qui, ayant subi une première taxation lors de leur acquisition par l'entreprise, en subissent une seconde à l'intérieur du prix du produit fabriqué, puisque l'amortissement est un élément du prix de revient.

198. – **Réforme de 1954. Déductions financières.** D'où la réforme opérée par *la loi du 10 avril 1954*, dont l'objet a été d'autoriser, en sus des déductions physiques, les *déductions financières*, c'est-à-dire les déductions de taxes grevant le coût des machines et outillages nécessaires à la fabrication des produits.

La taxe à la valeur ajoutée était née. La réforme de 1954 répondait à deux préoccupations essentielles d'une part, favoriser *le développement des investissements*, car jusque-là, les entreprises qui faisaient un effort important de modernisation en augmentant leurs investissements se trouvaient pénalisées ; d'autre part, assurer la *neutralité fiscale* de l'impôt par le jeu des déductions financières. Un système fiscal n'est parfaitement neutre que si deux produits identiques vendus au même prix à l'utilisateur ou au consommateur supportent la même charge fiscale, quels que soient les formes, les méthodes et les circuits de production et de distribution, la longueur de ces circuits et le nombre des intermédiaires.

199. – **Taxe sur les prestations de services (TPS) et taxe locale.** La loi du 10 avril 1954 crée, en outre, la taxe *sur les prestations de services*.

Cette réforme fut complétée par le décret n° 55-465 du 30 avril 1955. Ce texte a modifié, sur certains points, le système de la TVA. Il a supprimé la taxe sur les transactions et créé au profit des collectivités locales une taxe locale remplaçant la taxe locale additionnelle à la taxe sur les transactions.

200. – **Régime applicable à partir du 1er janvier 1968. Renvoi.** L'examen des questions relatives au régime des taxes sur le chiffre d'affaires jusqu'au 31 décembre 1967, à l'évolution du système du 1er janvier 1968 au 31 décembre 1978, puis à partir du 1er janvier 1979, à l'introduction en France des dispositions de la sixième directive CEE du 17 mai 1977 est poursuivie avec l'étude de la TVA.

La TVA est devenue véritablement un *impôt général* à partir du 1er janvier 1979. Cette évolution a une importance considérable pour la distinction juridique entre taxes sur le chiffre d'affaires et TVA.

Il y a lieu seulement ici, dans la perspective de cette distinction, de relever l'existence de la dualité de notions juridiques de taxes sur le chiffre d'affaires.

§ 2. – La dualité de notions juridiques de taxes sur les chiffres d'affaires

A. – Notion communautaire

201. – **Directives du 17 mai 1977 et du 28 novembre 2006.** Les droits de douane et les taxes d'effet équivalent sont supprimés. En ce qui concerne la TVA, les États membres se sont engagés à adopter un régime de TVA conforme aux dispositions de la sixième directive n° 67/388 du 17 mai 1977 « en matière d'harmonisation de

législations des États membres relatives aux taxes sur le chiffre d'affaires. – Système commun de TVA : assiette uniforme ».

Cette directive est aujourd'hui abrogée et remplacée par la directive n° 2006/112 CE du 28 novembre 2006 relative au système commun de TVA.

Il résulte des dispositions de l'article 33 de la directive du 17 mai 1977 et, actuellement, de l'article 401 de la directive du 28 novembre 2006, que les États membres conservent la faculté de maintenir ou d'instituer des impositions de toute nature à la condition que celles-ci ne présentent pas le caractère de taxes sur les chiffres d'affaires.

La question est de savoir ce qu'il faut entendre par « taxes sur le chiffre d'affaires » au sens de ce texte.

202. – Jurisprudence de la Cour de justice des Communautés européennes. Suivant la jurisprudence de la Cour européenne, les dispositions de l'article 33 de la directive du 17 mai 1977[4] ont pour but d'empêcher que le fonctionnement du système commun de TVA soit compromis par des mesures fiscales d'un État membre grevant la circulation des biens et des services et frappant les transactions commerciales d'une façon comparable à celle qui caractérise la TVA. Les mesures fiscales de cette nature qui doivent être considérées comme des *impositions ayant le caractère de taxes sur le chiffre d'affaires* au sens de ces dispositions, sont donc *celles qui ont les caractéristiques essentielles de la TVA*[5].

203. – Caractéristiques essentielles de la TVA. Les caractéristiques essentielles de la TVA qui permettent de déterminer la notion de taxes sur le chiffre d'affaires au sens de l'article 33 de la directive du 17 mai 1977 sont les suivantes : – le caractère d'impôt général sur la consommation ; – la proportionnalité de l'impôt au prix des biens et services ; – la perception de l'impôt à chaque stade du processus de production et de distribution ; – une imposition limitée à la valeur ajoutée à chacun de ces stades, grâce au mécanisme de la déduction de la taxe acquittée en amont par l'opérateur ; – le lien entre l'impôt et le consommateur final ; la TVA est une imposition qui frappe le prix des biens et des services, quel que soit le nombre des transactions effectuées jusqu'au consommateur final, de sorte que la taxe est supportée en définitive par ce dernier[6].

---

(4) Actuellement Dir. 28 nov. 2006, art. 401.

(5) CJCE, 27 nov. 1985, aff. 295/84, *Rousseau-Wilmot : Rec. CJCE* 1985, I, p. 3759 ; *RJF* 1986, n° 1021 ; *RTDE* 1987, obs. Berlin. – CJCE, plén., 13 juill. 1989, aff. n°s 93/88 et 94/88, *Wisselink : Rec. CJCE* 1989, I, p. 2671 ; *Dr. fisc.* 1990, comm. 252, concl. Mischo, note Kornprobst ; *RTDE* 1990, p. 519, obs. Berlin ; *RJF* 1989, n° 1298. – CJCE, plén., 31 mars 1992, aff. 200/90, *Dansk Denkavit : Rec. CJCE* 1992, I, p. 2217 ; *Dr. fisc.* 1993, comm. 625, note E. Kornprobst ; *RJF* 1992, n° 925 ; *RTDE* 1993, p. 331, obs. Berlin. – CJCE, plén., 7 mai 1992, aff. 387/90, *Bozzi : Rec. CJCE* 1992, I, p. 2947 ; *RJF* 1992, n° 1594. – CJCE, plén., 16 déc. 1992, aff. 208/91, *Beaulande : Rec. CJCE* 1992, I, p. 6709 ; *RJF* 1993, n° 471 ; *D.* 1993, inf. rap. p. 20. – Sur la question, V. A. Philippart, *Les taxes cumulatives à cascade et l'article 33 de la sixième directive : BF Lefebvre* 2002, n° 10, p. 667. – Y. Bénard, *Qu'est-ce qu'une taxe sur le chiffre d'affaires ? : RJF* 2007, p. 3.

(6) CJCE, 3 mars 1988, aff. 252/86, *Bergandi*, pts 8 et 15 : *Rec. CJCE* 1988, I, p. 1343 ; *Dr. fisc.* 1988, comm. 1416 et chron. D. Berlin, p. 861 et s., *Les taxes sur le chiffre d'affaires et le droit communautaire* ; *RJF* 1988, n° 1176 ; *LPA* 25 mai 1988, n° 63, note Cartou. – CJCE, 13 juill. 1989, *Wisselink*, préc., pt 18. – CJCE, 19 mars 1991, aff. 109/90, *Giant*, pt 12 : *Rec. CJCE* 1991, I, p. 1385 ; *Dr. fisc.* 1991, comm. 2072, obs. E. K. ; *RJF* 1991, n° 1030 ; *RTDE* 1992, p. 289, obs. Berlin. – CJCE, 26 juin 1997, aff. 370/95, *Careda SA*, concl. Léger : *RJF* 1997, n° 1210. – CJCE, 3 oct. 2006, aff. 475/03, *Banca popolare di Cremona : Dr. fisc.* 2006, n° 48, comm. 754, note O. Fouquet ; *RJF* 2006, n° 1647 ; *RJF* 2007, p. 3, chron. Bénard, pour une taxe régionale sur les activités productives. – CJCE, 11 oct. 2007, aff. 283/06, *Kögaz : RJF* 2008, n° 100.

Il n'est pas requis toutefois qu'une taxe soit en tous points semblable à la TVA pour qu'elle ait le caractère d'une taxe sur le chiffre d'affaires au sens de l'article 33 précité ; il suffit qu'elle en présente les caractéristiques essentielles[(7)]. En particulier, il n'est pas nécessaire que sa répercussion sur les consommateurs soit exigée dans une facture ou un document en tenant lieu[(8)].

204. - **Impositions compatibles avec la TVA communautaire.** Un impôt ne peut être considéré comme compromettant le fonctionnement du système commun de TVA, dès lors qu'il est perçu parallèlement à la TVA, et non pas en remplacement total ou partiel de celle-ci. Le droit communautaire admet l'existence de régimes de taxation en concurrence avec la TVA. Les États membres peuvent en conséquence instituer des impôts qui n'ont pas le caractère de taxes sur le chiffre d'affaires au sens de l'article 33 de la directive du 17 mai 1977, même lorsque leur perception aboutit à un cumul avec la TVA pour une seule et même opération[(9)].

La Cour de justice des Communautés européennes a décidé ainsi que n'était pas contraire à l'article 33 la taxe perçue en France par l'État sur les appareils automatiques installés dans les lieux publics et qui procurent un spectacle, une audition, un jeu ou un divertissement (flippers, juke-boxes, etc.), instituée par la loi de finances pour 1982 et supprimée à compter du 1er janvier 1987 par la loi de finances pour 1987. Il s'agissait d'une taxe forfaitaire, dont le montant fixé par an et par appareil, variait seulement en fonction du type de l'appareil. Les recettes provenant de l'exploitation de ces appareils avaient été, en outre, assujetties à la TVA à compter du 1er juillet 1985, par la loi de finances pour 1985. La question avait été posée de savoir si la perception cumulative de la TVA et de la taxe forfaitaire d'État était compatible ou non avec l'article 33 de la sixième directive. La Cour de justice des Communautés européennes a considéré que « ne peut être considérée comme une taxe ayant le caractère de taxe sur le chiffre d'affaires une taxe qui, quoique comportant des montants différents selon les caractéristiques du bien imposé, est assise sur la seule mise à disposition du public du bien, sans considération effective des recettes pouvant être réalisées par cette mise à disposition »[(10)].

205. - **Impositions incompatibles.** La Cour de justice des Communautés européennes a fait la *première application positive de l'article 33 de la directive du 17 mai 1977* dans un arrêt d'assemblée plénière du 31 mars 1992, *Dansk Denkavit*[(11)]. Elle a jugé que l'article 33 fait obstacle à un impôt (institué en l'espèce par l'État danois) au titre du soutien au marché de l'emploi, qui : – est acquitté tant pour des activités soumises à la TVA que pour d'autres activités à caractère industriel ou commercial consistant dans la fourniture de prestations à titre onéreux ; – est perçu, en ce qui concerne les entreprises assujetties à la TVA, sur une assiette identique à celle qui est utilisée pour la TVA, c'est-à-dire sous la forme d'un pourcentage du montant des ventes réalisées, après déduction du montant des achats effectués ; – n'est pas payé, à la différence de la TVA, lors de l'importation, mais est perçu sur la totalité du prix de vente des marchandises importées lors de la première vente effectuée dans l'État membre considéré ; – ne doit pas, contrairement à la TVA, faire l'objet d'une mention distincte sur la facture et est recouvré parallèlement à la TVA[(12)].

(7) CJCE, 31 mars 1992, *Dansk Denkavit*, pt 14.
(8) CJCE, 26 juin 1997, aff. 370/95, *Careda SA*, concl. Léger, pts 23 et 26.
(9) CJCE, 13 juill. 1989, *Wisselink*, préc., pt 14.
(10) 3 mars 1988, *Bergandi*, préc.
(11) Aff. 200/90, préc., p. 95.
(12) Aff. 200/90, préc.

B. – Notion du droit interne

206. – **Inclusion de la TVA dans la catégorie légale des TCA.** Un simple coup d'œil sur la table analytique du Code général des impôts permet de constater que la taxe sur la valeur ajoutée entre dans la catégorie légale des « taxes sur le chiffre d'affaires et taxes assimilées » (titre II de la première partie concernant les impôts d'État). Mais la catégorie des taxes sur le chiffre d'affaires (ou des taxes assimilées aux TCA) comprend de nombreux autres prélèvements[13] faisant chacun l'objet d'un chapitre (chapitres VII à chapitre XX).

La TVA peut être définie comme *un impôt général sur la consommation, exactement proportionnel au prix des biens et des services, perçu à chaque stade du processus de production et de distribution, mais uniquement sur la valeur ajoutée des biens et des services à chacun de ces stades, grâce au mécanisme de la déduction de la taxe acquittée en amont par l'opérateur, et qui est répercutée sur le consommateur.*

On retrouve dans cette définition les caractéristiques qui ont été dégagées par la Cour de justice des Communautés européennes, pour déterminer la notion de taxe sur le chiffre d'affaires au sens de l'article 33 de la directive de 1977[14].

207. – **Définition de la TCA autre que la TVA.** La notion du droit interne de taxe sur le chiffre d'affaires, autre que la TVA, correspond à *une imposition qui est perçue une seule fois au terme du processus de production ou de prestation de services, est limitée à une catégorie de produits ou de services, et ne porte pas sur la valeur ajoutée, mais sur la totalité de la valeur de ce produit ou service.*

On a rappelé que le droit communautaire n'exclut pas la création ou le maintien d'impositions de cette nature.

208. – **Taxes compatibles avec le droit communautaire.** L'article 33 de la sixième directive du 17 mai 1977 a été souvent invoqué, notamment en matière de taxes parafiscales. La compatibilité d'un prélèvement national avec le droit communautaire ne dépend pas, en effet, de sa nature juridique au regard du droit interne : peu importe, en conséquence, qu'il ait ou non un caractère fiscal[15].

Il a été jugé ainsi qu'une taxe parafiscale, qui est perçue une seule fois à un seul stade (par ex., au cours du processus de production), est limitée à une catégorie de biens et ne porte pas sur la valeur ajoutée, ne constitue pas une taxe sur le chiffre d'affaires au sens de l'article 33, bien qu'elle soit assise sur la valeur des biens utilisés par les assujettis[16].

La solution retenue a été la même pour la taxe sur les services d'information ou interactifs à caractère pornographique[17].

(13) CGI, art. 302 bis K et s.
(14) Actuellement Dir. 28 nov. 2006, art. 401.
(15) CJCE, 27 nov. 1985, *Rousseau-Wilmot*, préc.
(16) CE, 31 oct. 1990, req. n° 92091, *Synd. national des industries de l'alimentation animale* : *RJF* 1990, p. 815, chron. Turot, à propos de l'ancienne taxe parafiscale de stockage du secteur céréalier, perçue au profit de l'ONIC. – CE, 29 déc. 1993, req. n° 123 345, *Sté Saumon Pierre Chevance* : *Dr. fisc.* 1994, comm. 611, concl. Arrighi de Casanova ; *RJF* 1994, n° 287. – CE, 9 nov. 1994, req. n° 136 761, *Sté Saumon Pierre Chevance* : *RJF* 1995, n° 79, pour une taxe parafiscale perçue au profit de l'Institut français de recherche pour l'exploitation de la mer (Ifremer).
(17) CE, 29 déc. 1993, req. n° 129.416 : *Dr. fisc.* 1994, comm. 637, concl. Arrighi de Casanova ; *RJF* 1994, n° 292.

Dans ses dernières décisions, le Conseil d'État a reconnu la compatibilité de la taxe sur les salaires[18] avec l'article 33 de la sixième directive. Sont soumis à cette taxe les employeurs qui ne sont pas assujettis à la TVA ou qui ne l'ont pas été sur 90 % au moins de leur chiffre d'affaires au titre de l'année civile précédant celle du paiement des rémunérations[19].

Il a jugé, d'une part, que « les cotisations de taxes sur les salaires, qui sont assises sur les rémunérations ou une partie des rémunérations versées par ses redevables, ne sont pas établies d'une manière générale sur la base des transactions réalisées par ceux-ci et portant sur des biens ou des services, ni calculées proportionnellement au prix acquitté par le client, ni perçues à chaque stade de processus de production et de distribution, après déduction des droits acquittés lors de la transaction précédente, que, dans ces conditions la taxe sur les salaires ne présente pas les caractéristiques essentielles de la taxe sur la valeur ajoutée ». Il a précisé, d'autre part, « que la circonstance que la taxe sur les salaires ne frappe que les entreprises exonérées de taxe sur la valeur ajoutée ou non soumises à cette taxe sur au moins 90 % de leur chiffre d'affaires n'a pas pour effet que de lui conférer le caractère d'une taxe sur le chiffre d'affaires prohibé par l'article 33 de la sixième directive »

209. – **Taxes incompatibles avec le droit communautaire.** Le Conseil d'État a jugé, en revanche, que la taxe sur les produits des exploitations forestières obtenus en France ou importés qu'instituait l'article 1613 du Code général des impôts avant la modification de son régime par la loi de finances pour 1991, présentait le caractère de taxe sur le chiffre d'affaires dont le maintien n'était pas compatible avec la prohibition énoncée à l'article 33 de la sixième directive[20].

La taxe forestière qui, depuis la loi de finances pour 1991, avait remplacé la taxe sur les produits des exploitations forestières pour remédier à l'incompatibilité de celle-ci avec le droit communautaire, a été elle-même supprimée par la loi de finances pour 2000, n° 99-1172 du 30 décembre 1999 (art. 57).

SECTION 3

DROITS D'ENREGISTREMENT, IMPÔT DE SOLIDARITÉ SUR LA FORTUNE, TIMBRE

210. – Dans la première partie du Code général des impôts consacrée aux impôts d'État, le titre IV vise sous la rubrique « Enregistrement, publicité foncière. Impôt de solidarité sur la fortune, timbre » un ensemble de prélèvements assez disparates, mais moins qu'ils ne pourraient le paraître à première vue.

L'imposition proportionnelle progressive qui frappe, au titre des droits d'enregistrement, les mutations de propriété à titre onéreux (ventes, échanges, apports en société) ou les mutations à titre gratuit (successions, donations) peut s'analyser comme un impôt sur le capital, au même titre que l'impôt de solidarité sur la fortune (ISF). Le principe suivant lequel les règles d'évaluation des biens soumis à l'ISF

(18) CGI, art. 231.
(19) CE, 21 déc. 2007, *SASP Football Club de Metz* : *Dr. fisc.* 2008, n° 6, comm. 167, concl. Collin, note O. Fouquet ; *RJF* 2008, n° 300. – CE, 8 juin 2011, n° 340863, *SA Balsa* : *Dr. fisc.* 2011, n° 29, comm. 425, concl. Mme Escaut ; *RJF* 2011, n° 936 et p. 811, chron. C. Raquin ; *BDCF* 2011, n° 99, concl. Mme Escaut.
(20) CE, 22 mars 1999, req. n° 164.257, *SA Commerciale d'importation* : *RJF* 1999, n° 666.

sont les mêmes que pour les droits de mutation par décès renforce la relation existant avec les droits d'enregistrement.

En revanche, il n'y a rien de commun entre ces deux types d'impositions et les droits de timbre qui sont perçus lors de la délivrance de documents ou de l'accomplissement de certaines formalités (passeport, permis de conduire, carte grise, permis de chasser, etc.).

Le seul lien qui existe entre, d'une part, les droits d'enregistrement et l'impôt de solidarité sur la fortune et, d'autre part, les droits de timbre résulte du principe suivant lequel le contentieux de tous ces prélèvements relève de la juridiction judiciaire.

CHAPITRE 3

LES CRITÈRES JURISPRUDENTIELS

211. – **Critères abandonnés.** La classification d'un impôt nouvellement créé dans l'une ou l'autre des grandes catégories légales peut résulter de la loi qui l'institue. Mais il arrive que le législateur ne détermine pas la nature juridique de cet impôt.

La jurisprudence s'est bornée pendant longtemps à appliquer des critères tirés du mode de perception de l'impôt et de l'administration chargée du recouvrement pour distinguer l'impôt direct de l'impôt indirect : un prélèvement ne constitue pas un impôt direct s'il n'est pas perçu par voie de rôle[1], ni un impôt indirect, si son recouvrement n'est pas confié à l'administration des contributions indirectes[2]. Les distinctions entre les autres catégories d'impôts ne paraissaient pas soulever de difficultés particulières.

212. – **Prélèvement fiscal innommé.** Il arrive aussi que le Conseil d'État ne se prononce pas sur la nature juridique d'un impôt et qu'il y voie simplement *un prélèvement fiscal innommé, sui generis.* C'était le cas, par exemple, de *la taxe locale d'équipement* qui ne pouvait être rattachée ni aux taxes sur le chiffre d'affaires, ni aux contributions indirectes, ni aux droits d'enregistrement ; elle ne présentait pas non plus le caractère d'un impôt direct « eu égard à l'objet auquel elle s'applique et aux modalités de son assiette », bien que les litiges relatifs à l'assiette soient de la compétence des tribunaux administratifs et que les réclamations soient présentées, instruites et jugées « comme en matière d'impôts directs »[3] ; V. *supra*, n° 78. C'est encore le caractère indéterminé du prélèvement qui explique la première décision concernant la redevance perçue par les agences financières de bassin (V. *infra*, n° 310), la redevance sur les constructions de locaux à usage de bureaux ou locaux de recherche dans la région parisienne (V. *infra*, n° 298) ou les contributions annuelles visées à l'ancien article L. 367-10 du Code de la santé publique[4] perçues par le Conseil national et les conseils régionaux de la formation médicale continue[5].

---

(1) CE, 22 avr. 1969, *Cie générale de géophysique : Rec. CE* 1969, tables p. 956. – CE, 24 juin 1960, *Dubonnet : D.* 1960, p. 631, concl. Fournier.
(2) Concl. Fournier, préc.
(3) CE, 14 janv. 1976, req. n° 97.966, *Filluzeau : Dr. fisc.* 1976, comm. 516, concl. Fabre.
(4) C. santé publ., art. L. 4133-1 et s.
(5) CE, 3 juill. 1998, n° 184.605, *Synd. des médecins Aix : Rec. CE* 1998, p. 267 ; *AJDA* 1998, p. 844, chron. Raynaud et Fombeur.

Le juge utilise actuellement deux critères, dont le principal est tiré de la nature de la matière imposable, le critère des actes et opérations de puissance publique étant subsidiaire.

SECTION 1

NATURE DE LA MATIÈRE IMPOSABLE

213. – **Caractère déterminant du critère.** Ce critère (appelé parfois improprement critère de la nature de l'impôt), qui a aujourd'hui les préférences du juge, est tiré des modalités d'assiette et de la nature de la matière imposable.

Le Conseil d'État a jugé ainsi que *la taxe sur l'électricité* (V. *infra*, n° 300) « est assise sur la part du montant de la facture d'électricité variant avec les consommations relevées ; par suite, cette taxe présente le caractère d'une contribution indirecte »(6).

La taxe spéciale sur les entreprises exploitant des engins de remontée mécanique a été considérée, en application des critères de la matière imposable, comme présentant les caractéristiques d'une taxe sur le chiffre d'affaires, au sens du droit interne(7).

Le caractère déterminant du critère de la matière imposable explique de la même manière la solution retenue pour la taxe forfaitaire, prévue à l'article 1529 du Code général des impôts, que les communes ont la faculté d'instituer sur la cession à titre onéreux de terrains nus rendus constructibles du fait de leur classement par un plan local d'urbanisme dans une zone urbaine ; cette taxe, qui est déclarée et versée selon les mêmes modalités que l'impôt sur le revenu afférent à la plus-value résultant de la même cession a le caractère d'un impôt direct(8).

L'application de ce critère peut toutefois être compliquée, soit par les règles auxquelles renvoie le législateur et qui ne correspondent pas à la nature de la matière imposable, soit par le critère de l'assimilation, soit encore par une clause spéciale de compétence juridictionnelle.

Par surcroît, dans le premier cas, une sous-distinction doit être faite suivant que le juge n'applique pas ou applique les règles de renvoi.

§ 1. – Non-application des règles de renvoi

214. – **Prélèvement de l'article 244 bis du Code général des impôts.** La loi qui institue le prélèvement peut se référer seulement aux règles applicables à un impôt déterminé, sans se prononcer directement sur sa nature juridique et, surtout, sans désigner directement la juridiction compétente.

(6) CE, sect., 24 févr. 1978, *Sté Sogeparc du Sud-Ouest* : *CJEG* 1978, p. 171, concl. Lobry ; *Rec. CE* 1978, p. 102 ; *RJF* 1978, p. 140. – CE, 14 déc. 1983, *Cne de Brionne* : *CJEG* 1984, p. 99, concl. O. Dutheillet de Lamothe.
(7) CE, 27 juin 1990, n° 79.934, *Cne des Eaux-Bonnes* : *RJF* 1990, n° 1226.
(8) T. confl., 18 nov. 2013, n° 3917, *Sté le Domaine de Flotin* : *Dr. fisc.* 2014, n° 3, comm. 83, concl. A.-M. Batut ; *RJF* 2014, n° 286.

Dans certains cas, le juge fait prédominer le critère tiré de la nature de la matière imposable sur les règles de renvoi et considère que le prélèvement a une nature juridique différente de celle qui découlerait normalement de l'application de ces règles.

C'est le critère tiré de la nature de la matière imposable qui a été utilisé par la jurisprudence au sujet de *prélèvement de 50 % sur certains profits immobiliers* réalisés par les personnes physiques ou les sociétés n'ayant pas d'établissement en France. La loi du 19 décembre 1963 prévoit, dans une disposition reprise à l'article 244 bis du Code général des impôts, que ce prélèvement est « établi et recouvré suivant les mêmes règles, sous les mêmes garanties et sous les mêmes sanctions que les droits d'enregistrement ». Il est à la charge exclusive du cédant, s'impute sur le montant de l'impôt sur les sociétés ou de l'impôt sur le revenu (il présente aujourd'hui un caractère libératoire de l'impôt sur le revenu).

Le Conseil d'État a décidé qu'il devait être « regardé comme analogue à chacun de ces deux impôts » ; il s'est fondé ainsi sur la nature de ce prélèvement. Bien que la loi se réfère expressément aux droits d'enregistrement, il n'a même pas soulevé la question de sa compétence[(9)]. L'hésitation était cependant permise. La preuve en est que la Cour de cassation avait retenu la compétence de la juridiction judiciaire pour ce même prélèvement[(10)]. Le Tribunal des conflits a décidé finalement que la juridiction administrative était compétente ; il a considéré que ce prélèvement s'imputant sur le montant de l'impôt sur le revenu ou de l'impôt sur les sociétés, il devait être regardé « comme étant de même nature que chacun de ces deux impôts »[(11)].

215. – Taxe sur les objets et métaux précieux. Une question semblable s'est posée pour la « *taxe sur les métaux précieux, les bijoux, les objets d'art, de collection et d'antiquité* », qui a été instituée par la loi n° 76-660 du 19 juillet 1976 portant imposition des plus-values et dont le régime a été modifié en dernier lieu par la loi de finances pour 2014 (art. 19).

Il s'agit d'une taxe de caractère forfaitaire, proportionnelle au prix de cession ou à la valeur en douane, à laquelle sont soumises les cessions à titre onéreux et les exportations de ces biens, au taux, selon le cas, de 10 % (métaux précieux) ou de 6 % (bijoux, objets d'art, de collection ou d'antiquités).

La taxe est due par l'intermédiaire, établi fiscalement en France qui a participé à la transaction ou, en l'absence d'intermédiaire, par l'acquéreur lorsque celui-ci est un assujetti à la TVA établi en France ; dans les autres cas, elle est due par le vendeur ou l'exportateur.

La loi de 1976 a assimilé la taxe forfaitaire à une taxe sur le chiffre d'affaires en ce qui concerne son mode de recouvrement et a prévu que les réclamations sont présentées, instruites et jugées comme en matière de taxes sur le chiffre d'affaires ou comme en matière de douane, suivant le comptable compétent.

(9) CE, 26 nov. 1975, req. n° 93.187 : *Dr. fisc.* 1976, comm. 733, concl. Latournerie ; *RJF* 1976, p. 66.
(10) Cass. com., 3 janv. 1985, *Sté Ramy* : *Gaz. Pal.* 1985, 2, 136.
(11) T. confl., 18 mars 1991, *Banque Romande* : *Dr. fisc.* 1991, comm. 1386, concl. B. Stirn ; *RJF* 1991, p. 498.

Le codificateur avait ainsi dans un premier temps intégré les dispositions de la loi de 1976 dans le titre du Code général des impôts intitulé « Taxes sur le chiffre d'affaires et taxes assimilées ».

En réalité, la taxe forfaitaire a plutôt le caractère d'une imposition directe dans la mesure où elle est destinée à remplacer la taxation d'une plus-value ; le vendeur peut opter, du reste, pour le régime général de taxation des plus-values.

Le décret de codification n° 93-1127 du 24 septembre 1993 a donc transféré logiquement ces dispositions dans le titre 1 de la première partie du Code général des impôts intitulé « Impôts directs et taxes assimilées ».

La loi de finances rectificative pour 2005, n° 2005-1720 du 30 décembre 2005, qui a modifié le régime de la taxe forfaitaire, a, en quelque sorte, conféré une valeur législative à ce transfert en insérant dans le Code général des impôts les dispositions nouvelles des articles 150 VI à 150 V M.

Le caractère d'impôt direct ne fait aucun doute. Le renvoi aux règles sur les taxes sur les chiffres d'affaires est sans incidence sur la nature de l'impôt. Le Conseil d'État a jugé que la taxe forfaitaire doit être regardée « comme une modalité particulière d'imposition des plus-values » ; il s'ensuit que le montant acquitté par un contribuable au titre de la taxe peut venir en compensation du supplément d'impôt sur le revenu qui lui incombe[12]. Parce qu'elle ne peut être regardée comme une imposition distincte de l'impôt sur le revenu, il s'ensuit encore que les stipulations de la convention franco-monégasque du 18 mai 1963 justifient que les nationaux français ayant transporté à Monaco leur domicile ou leur résidence soient soumis à cette taxe[13].

La taxe forfaitaire ne peut en tout cas présenter le caractère de taxe sur le chiffre d'affaires selon les critères communautaires[14].

§ 2. – Application des règles de renvoi

216. – Impôt de solidarité sur la fortune (ISF). Dans d'autres cas, le juge fait prédominer les règles de renvoi, en se référant, semble-t-il, à l'intention du législateur.

La solution qu'il retient alors peut être en contradiction avec la nature véritable du prélèvement. Ainsi pour l'impôt sur les grandes fortunes, remplacé aujourd'hui par *l'impôt de solidarité sur la fortune*. La loi du 30 décembre 1981 qui l'a institué prévoit que cet impôt est « assis, recouvré et acquitté et les bases d'imposition déclarées selon les mêmes règles et sous les mêmes garanties et sanctions que les droits de mutation par décès »[15].

Le Conseil d'État a jugé que cet impôt « est au nombre des droits d'enregistrement » dont le contentieux ressortit à la compétence des tribunaux de l'ordre judiciaire[16]. Il s'est fondé essentiellement sur l'intention du législateur pour retenir cette solution. L'impôt sur les grandes fortunes ne peut, quant à sa nature, être assimilé à des droits d'enregistrement. Il s'agit d'un impôt direct sur le capital.

---

(12) CE, 3 mai 2004, n° 236.669, *Besaucèle : Dr. fisc.* 2004, comm. 772, concl. Mitjavile ; *RJF* 2004, n° 773.
(13) CAA Marseille, 25 févr. 2014, n° 11-02403, *Miloe : RJF* 2014, n° 686.
(14) CE, 27 juin 2008, n° 301.343, *Sté Segame : Dr. fisc.* 2008, n° 38, comm. 501, concl. Olléon ; *RJF* 2008, n° 1213 ; *BDCF* 2008, n° 136, concl.
(15) CGI, art. 885 D et 1723 ter-00A.
(16) CE, 13 oct. 1986, n° 72.113 : *RJF* 1986, p. 690.

§ 3. – Détermination de la nature juridique de l'impôt par voie d'assimilation

217. – Vignette. Taxe sur les voitures particulières des sociétés. La solution ne fait non plus aucun doute lorsque le législateur a assimilé le prélèvement à un impôt d'une nature juridique déterminée.

C'était le cas de la taxe différentielle sur les véhicules automobiles et ce l'est toujours de la taxe sur les voitures particulières des sociétés. La loi du 30 juin 1956 a institué trois taxes distinctes sur les véhicules à moteur : une « taxe différentielle », une taxe spéciale sur les voitures de tourisme de plus de 16 CV et une taxe sur les véhicules de tourisme immatriculés au nom des sociétés.

Les dispositions de cette dernière taxe avaient été codifiées à l'article 233 du Code général des impôts. Le décret d'application du 3 septembre 1956 prévoyait qu'elle devait être assise par voie de rôle par le service des contributions directes et que les réclamations devaient être présentées, instruites et jugées, et les cotisations recouvrées comme en matière de contributions directes. Le juge administratif s'était donc reconnu compétent[17].

La taxe différentielle sur les véhicules à moteur avait été, quant à elle, dès l'origine, assimilée à un droit de timbre par le décret du 3 septembre 1956.

Par la suite, la loi n° 68-695 du 31 juillet 1968 a prévu que la taxe sur les voitures particulières des sociétés « est perçue par voie de timbre et recouvrée sous les mêmes sanctions que la taxe différentielle sur les véhicules à moteur »[18].

Le juge a considéré que cette taxe « est ainsi assimilée à un droit de timbre » dont le contentieux relève des tribunaux de l'ordre judiciaire[19].

La loi de finances pour 2006, n° 2005-1719 du 30 décembre 2005 a modifié le régime de cette taxe. Le recouvrement, le contrôle et le contentieux en sont assurés désormais selon les procédures applicables en matière de taxes sur le chiffre d'affaires[20].

§ 4. – Application d'une clause spéciale de compétence

218. – Matière douanière. TVA à l'importation. La clause législative qui attribue expressément compétence à la juridiction judiciaire ou à la juridiction administrative fait obstacle à l'application du critère tiré de la nature de la matière imposable.

Ce principe a été appliqué notamment à l'ancienne *taxe sur les produits des exploitations forestières* prévue à l'article 1613 du Code général des impôts qui était perçue par le service des douanes à l'occasion d'opérations d'importation. Cette

(17) CE, 7 juin 1972, n° 82.793 : *Rec. CE* 1972, p. 418.
(18) CGI, art. 1010.
(19) CE, 2 mai 1990, req. n° 87.666 : *RJF* 1990, n° 749.
(20) CGI, art. 1010 B. – CE, 24 juin 2013, n° 359.904, *Sté Hertz France* : *RJF* 2013, n° 988.

taxe, par sa nature, était une taxe sur le chiffre d'affaires. Mais l'article 1613 précité dérogeait expressément aux règles contentieuses applicables aux taxes sur le chiffre d'affaires en disposant que cette taxe est assise et recouvrée par le service des douanes, selon les mêmes règles, les mêmes garanties et les mêmes sanctions qu'en matière de droits de douane. L'action en restitution de la taxe sur les produits des exploitations forestières relevait en conséquence de la compétence du tribunal d'instance en premier ressort, en application de l'article 357 bis du Code des douanes[21].

La même solution est appliquée à la TVA à l'importation. L'article 292 du Code général des impôts dispose que « la base d'imposition est constituée par la valeur définie par la législation douanière, conformément aux règlements communautaires en vigueur ». L'article 1695 du Code général des impôts précise que la TVA « est perçue, à l'importation, comme en matière de douane ». Seule la juridiction judiciaire est donc compétente, en application de l'article 357 bis du Code des douanes, en matière de TVA à l'importation.

SECTION 2

LE CRITÈRE DES ACTES ET OPÉRATIONS DE PUISSANCE PUBLIQUE

219. – Le critère des *actes et opérations de puissance publique* est utilisé lorsqu'il est impossible de classer certains prélèvements dans l'une ou l'autre des grandes catégories légales. Ces prélèvements ne constituent pas toujours, du reste, des impositions. Le juge prend en considération *la nature du versement*, et non pas le mode de recouvrement, ni la nature de la matière imposable, élément qui peut être hors de cause.

Suivant la jurisprudence du Tribunal des conflits et du Conseil d'État, le contentieux des prélèvements en question se trouve alors « compris dans le contentieux général des actes et des opérations de puissance publique »[22].

Ce critère a été appliqué notamment pour l'application de la disposition prévue autrefois à l'article 1840 N sexies du Code général des impôts[23], prévoyant une amende dans le cas d'infractions aux dispositions de la loi du 22 octobre 1940 interdisant le paiement en espèces lorsque le règlement excède une certaine somme (V. *infra*, n° 356).

Le critère des actes et opérations de puissance publique a été appliqué à des impositions telles que la contribution des entreprises de préparation des médicaments instituée par une loi du 18 janvier 1983[24] ou à la taxe d'assainissement, du moins par le Tribunal des conflits (V. *supra*, n° 125).

(21) CE, 1er mars 2000, n° 176.178, *SA Éts Castel* : *Dr. fisc.* 2001, comm. 61. concl. Goulard ; *RJF* 2000, n° 538 ; *Rec. CE* 2000, p. 109. – Cass. com., 17 juill. 2001, *SA Barbe* : *Dr. fisc.* 2001, comm. 980 ; *Bull. civ.* 2001, IV, n° 146.
(22) T. confl., 10 juill. 1956, *Sté Bourgogne Bois* : *Rec. CE* 1956, p. 586 ; *AJDA* 1956, II, 458, note R. Drago. – CE, 6 mars 1992, n° 65.486, *SARL Guegan* : *RJF* 1992, n° 858 ; *Dr. fisc.* 1992, comm. 1818.
(23) Actuellement CGI, art. 1840 J.
(24) CE, 26 sept. 1986, n° 50.673, *Synd. national de l'industrie pharmaceutique* : *Rec. CE* 1986, tables p. 454.

Il l'a été plus récemment aux contributions réclamées au titre du financement du fonds du service public de la production d'électricité prévues par la loi du 10 février 2000, qui constituent un impôt[25]. Ces contributions, encore méconnues du grand public, sont destinées à compenser les surcoûts de charges correspondant aux missions de service public assurées par des opérateurs historiques de l'électricité, principalement Électricité de France. Il s'agit de trois catégories de surcoûts, aussi bien dans le domaine de la production d'électricité que dans celui de la fourniture : – les surcoûts liés à une obligation d'achat de l'électricité pour les installations de production d'électricité créée à partir des sources d'énergie renouvelable (installations éoliennes, photovoltaïques ou de biomasse) ; – les surcoûts des producteurs et des fournisseurs liés à la péréquation tarifaire dans les zones non interconnectées qui permet, notamment aux consommateurs des collectivités d'outre-mer, de bénéficier de tarifs d'électricité comparables à ceux de la métropole ; – les surcoûts des fournisseurs liés aux dispositifs sociaux, notamment à la fourniture du tarif de première nécessité.

(25) CE, 13 mars 2006, n° 255.333, *Sté Eurodif* : *Dr. fisc.* 2006, n° 38, comm. 600, concl. Mlle Vérot ; *RJF* 2006, n° 802. – CE, 13 juill. 2011, n° 318.788, *Sté Bretonne de Fonderie* : *RJF* 2011, n° 1396 ; *BDCF* 2011, n° 143, concl. Mme Legras. – CE, 9 nov. 2011, n° 323.273, *SNC Stop Hôtel Villeneuve d'Ascq* : *Dr. fisc.* 2012, n° 2, comm. 127, concl. F. Aladjidi, note A. Maitrot de la Motte. – CE, 5 mars 2012, n° 346.410, *Sté Ciments Calcia* : *RJF* 2012, n° 538 ; *BDCF* 2012, n° 64, concl. P. Collin. – CE, 5 mars 2012, n° 332284, *Sté Owens Corning Fiberglas* : *Dr. fisc.* 2012, n° 27, comm. 369 ; *RJF* 2012, n° 539. – CE, sect., avis, 22 juill. 2015, n° 388853, *Sté Praxair* : *Dr. fisc.* 2015, n° 31, act. 464 ; *RJF* 2015, n° 968 et p. 831, chron. N. Labrune. – Sur la question : O. Beatrix, *La contribution aux charges de service public de l'électricité : de l'ombre à la lumière* : *RFDA* 2012, 935 (l'auteur mentionne que la Commission de régulation de l'énergie a estimé le montant prévisionnel de ces charges à 4,3 Md€ au titre de l'année 2012). – M. Collet, *La CSPE : grandeur et décadence de la fiscalité sectorielle* : *RFDA* 2015, p. 1047. – G. Chavrier, *Le droit au remboursement de la contribution au service public de l'électricité* : *AJDA* 2015, p. 1195.

TITRE 3

LE RÉGIME FISCAL

220. – Le critère tiré de la notion d'impôt (ou d'imposition) est un critère déterminant : toutes les règles relatives à un impôt, quelle qu'en soit la nature, à quelque catégorie qu'il appartienne, font partie du droit fiscal.

Les impôts les plus connus et les plus importants sont soumis toutefois à un ensemble de règles identiques ou analogues constituant un régime juridique et contentieux qui correspond à ce qui fait la spécificité du droit fiscal. Ce régime commun à tous ces impôts peut être désigné sous l'expression de « régime fiscal ».

La définition du régime fiscal présente au moins l'intérêt de faire apparaître qu'il existe de nombreuses impositions qui ne sont pas soumises, au moins en partie, à ce régime, généralement parce qu'elles ne relèvent pas de la compétence des administrations fiscales.

CHAPITRE 1

DÉFINITION DU RÉGIME FISCAL

221. – **Définition.** Le régime fiscal peut être défini comme un ensemble de règles concernant l'établissement, le recouvrement, le contrôle et le contentieux de l'impôt, qui sont fixées par le Code général des impôts et le Livre des procédures fiscales et dont l'application est assurée par les administrations fiscales.

Chaque imposition a ses règles propres d'assiette et de recouvrement. Mais sa gestion ne relève pas nécessairement des administrations fiscales et son régime peut ne pas être fixé dans le Code général des impôts. L'originalité du régime fiscal tient ainsi d'abord à ses éléments organiques et formels. D'une part, l'application de ce régime relève de la *compétence exclusive d'administrations spéciales* : les administrations fiscales, cette expression étant utilisée ici dans un sens large. D'autre part, parce que le droit fiscal est un droit essentiellement écrit et un droit codifié, le régime fiscal peut être défini au regard de ses *sources formelles* : le Code général des impôts et le Livre des procédures fiscales. L'examen des *éléments matériels* permet de préciser le contenu du régime fiscal à partir de la distinction traditionnelle entre l'établissement, le recouvrement, le contrôle et le contentieux de l'impôt.

SECTION 1

LES ÉLÉMENTS ORGANIQUES

222. – Les agents chargés de la mise en œuvre du régime fiscal relèvent ou relevaient, compte tenu de la réserve qui va suivre, de trois directions rattachées au ministère du Budget : la Direction générale des impôts (DGI), la Direction générale des douanes et droits indirects (DGDDI) et la Direction générale de la comptabilité publique (DGCP).

L'étude des éléments organiques du régime fiscal porte essentiellement sur les attributions respectives des administrations compétentes dans notre domaine (§ 3). Mais il n'est pas possible de déterminer de manière précise, sur le plan juridique, les bases de ces attributions sans procéder préalablement à un rappel de l'évolution de l'organisation des administrations fiscales (§ 1) et de la modification des textes qui en découle (§ 2).

§ 1. – Évolution de l'organisation des administrations fiscales

223. – **Période 1940-1959.** On peut distinguer quatre grandes étapes dans cette évolution depuis la fin des années 1940.

Jusqu'en 1948, les administrations fiscales étaient très cloisonnées. Leur division reproduisait les grandes catégories légales d'impôts. Il existait à l'échelon départemental trois administrations fiscales, appelées encore « régies fiscales », chacune des trois ayant à sa tête un directeur départemental et disposant de ses propres services, notamment en matière de contrôle de l'impôt.

À l'échelon national, le ministère des Finances comprenait une Direction générale des contributions directes et du cadastre, une Direction générale de l'enregistrement, des domaines et du timbre, une Direction générale des douanes et une Direction générale des contributions indirectes.

Ces quatre directions générales ont été supprimées par le décret n° 48-689 du 16 avril 1948 qui les a remplacées par une Direction générale des impôts, une Direction générale des douanes et droits indirects et le service des Domaines.

224. – **Période 1959-1992.** L'administration dépendant de la DGI a résulté de la fusion, amorcée en 1948 et devenue effective en 1959, des trois anciennes régies fiscales. On notera, en particulier, que, contrairement à ce qui avait été prévu en 1948, les attributions en matière d'impôts indirects ont été exercées par la DGI.

Cette réforme, qui était déjà motivée en 1948 par un but d'économie des deniers publics, a permis parallèlement d'assurer l'unité et la simultanéité des opérations de contrôle fiscal de l'ensemble des impôts dus par un contribuable. La fusion des trois anciennes administrations s'est traduite par la réorganisation, sur une période plus ou moins longue, au plan départemental et local, des services existants (services d'assiette ou de recouvrement).

225. – **Période 1993-2008.** La troisième étape est liée à l'institution du « marché unique sans frontières » au 1er janvier 1993, à la suite de la directive CEE n° 91-680 du 16 décembre 1991, dont la mise en œuvre a été assurée par la loi n° 92-677 du 17 juillet 1992 relative à la TVA.

Depuis le 1er janvier 1993, les territoires des États membres de la Communauté européenne ne constituent plus des territoires d'exportation par rapport à la France et celle-ci n'est plus un territoire d'importation par rapport aux autres États membres.

Dans les échanges de biens entre États membres, le passage de la frontière ne constitue plus un fait générateur de la TVA et ne donne plus lieu à l'accomplissement des formalités douanières. Les échanges intracommunautaires intervenant désormais dans un espace sans frontières, les notions d'importation et d'exportation sont remplacées par celles d'acquisition et de livraison intracommunautaires. Les importations et exportations, au sens strict du terme, désignent les opérations en provenance ou à destination de pays tiers à la Communauté.

La suppression des frontières entre États membres de la Communauté a entraîné des transferts de compétence qui peuvent paraître logiques. Les missions concernant la TVA intracommunautaire ont été attribuées à la DGI. Elle perçoit la TVA sur les acquisitions intracommunautaires (c'est-à-dire en provenance des États membres de la communauté) qui était recouvrée jusque-là par l'administration des douanes.

La DGDDI a conservé toutefois des responsabilités importantes dans ce même domaine : l'élaboration de la base de recoupement des échanges intracommunautaires constituée à partir des déclarations d'échanges de biens à l'expédition et la mise en œuvre conjointement avec la DGI du droit d'enquête chez les assujettis pour la recherche des manquements aux règles de facturation et des opérations fictives dans les échanges intracommunautaires. Elle continue de collecter la TVA sur les importations en provenance des pays tiers.

En revanche, en application des dispositions de la loi du 17 juillet 1992 (art. 108) et d'un décret n° 92-1431 du 30 décembre 1992, la DGDDI a retrouvé certaines de ses attributions originelles et exerce les compétences qui étaient celles de la DGI avant 1993, en matière de contrôle, de recouvrement et de contentieux des contributions indirectes et d'impositions obéissant aux mêmes règles. Par dérogation à la règle nouvelle, l'administration des impôts reste compétente en matière de billetterie des établissements de spectacles[1].

On verra que ce transfert de compétences n'a pas facilité la lecture des dispositions du Livre des procédures fiscales.

226. – **2008-2009. Création de la Direction générale des finances publiques. DGFiP.** La quatrième étape est constituée par le décret n° 2008-310 du 3 avril 2008 (modifié en dernier lieu par le décret n° 2016-1234 du 19 septembre 2016) qui a créé au sein du ministère du Budget une « Direction générale des finances publiques », par la fusion de la Direction générale des impôts et de la Direction générale de la comptabilité publique.

Cette fusion vise à intégrer dans une même administration les services de la DGI et du Trésor public pour supprimer les cloisonnements et les superpositions actuelles, dans deux buts : un but d'économie, en améliorant la productivité des administrations fiscales (coût de recouvrement des recettes fiscales nettes encaissées) ; un but d'amélioration et de simplification des rapports de l'administration fiscale avec les contribuables, par la mise en place d'« hôtels des impôts » où les particuliers et les entreprises devraient disposer d'un correspondant et d'un compte unique.

Concernant le but d'économie, la Cour des comptes a relevé que la fusion avait entraîné plutôt un coût supplémentaire qu'elle a chiffré à 589 M€ pour la période de 2008 à 2012, du fait, notamment, de l'alignement des rémunérations par le haut pour tous les agents, et cela pour assurer le succès de la réforme auprès des personnels. C'est seulement dans le long terme que la fusion pourrait entraîner la suppression de plusieurs milliers de postes[2].

Cette réforme a été complétée par celle du décret n° 2009-707 du 16 juin 2009 relative aux services déconcentrés de la Direction générale des finances publiques (V. *infra*, n° 243).

(1) L. 17 juill. 1992, art. 108 et D. 30 déc. 1992, art. 3. – CGI, art. 290 quater.

(2) Cour des comptes, Rapport 2011.

227. – Dispositions transitoires. Toutefois, en application des dispositions prévues par le décret n° 2008-309 du 3 avril 2008, les services déconcentrés de la Direction générale des finances publiques ont été constitués, à titre transitoire, d'une part, des directions des services fiscaux et des directions spécialisées de la DGI et, d'autre part, des services déconcentrés de la DGCP constituant le réseau du Trésor public.

Tous ces services ont conservé, en tant que services déconcentrés de la Direction générale des finances publiques, les attributions qui leur étaient dévolues par les dispositions législatives et réglementaires applicables à la date d'entrée en vigueur du décret de fusion.

228. – Les deux administrations compétentes en matière fiscale. À la suite de la fusion des deux directions générales traditionnelles, il n'existe donc plus trois, mais deux administrations compétentes en matière fiscale : – la Direction générale des finances publiques (DGFiP) et la Direction générale des douanes et droits indirects (DGDDI).

§ 2. – Évolution des textes organiques

229. – Difficultés d'identification de l'administration compétente. Le transfert à l'administration des douanes et droits indirects, à partir du 1er janvier 1993, des compétences exercées jusque-là par la Direction générale des impôts (DGI) a entraîné la modification d'une multitude de dispositions du Code général des impôts et du Livre des procédures fiscales.

La situation était très claire auparavant. La DGI exerçait la quasi-totalité des compétences en matière fiscale. Les expressions d'« administration des impôts », « service des impôts », « agents des impôts » ou simplement d'« administration » qui étaient utilisées dans le Code général des impôts et le Livre des procédures fiscales s'appliquaient exclusivement à des services ou agents dépendant de la DGI.

Pour réserver le cas des dispositions qui, depuis le 1er janvier 1993, sont susceptibles d'être appliquées indifféremment par l'administration des impôts ou par l'administration des douanes et droits indirects, ou tout simplement dans un but que l'autorité réglementaire a considéré comme un but de simplification, les appellations qui évoquaient la compétence de la DGI à travers l'expression d'« impôts » ont été remplacées par celles d'« administration » ou d'« agents de l'administration ». De la même manière, l'expression de « comptable public » a remplacé celles de comptable du Trésor ou de comptable de la Direction générale des impôts pour réserver le cas où la compétence appartient à un comptable de la Direction générale des douanes et droits indirects (DGDDI).

Ces modifications multiples ont été l'œuvre de plusieurs décrets[3].

La lecture du Code général des impôts ou du Livre des procédures fiscales ne permet pas toujours d'identifier l'administration compétente. Cette difficulté est même aggravée par la règle suivant laquelle la désignation des fonctionnaires

(3) D. n° 93-14, 4 janv. 1993 : *JO* 5 janv. ; D. nos 94-264 à 267, 26 févr. 1993 : *JO* 28 févr., et D. nos 93-309 à 311, 9 mars 1993 : *JO* 11 mars 1993.

compétents au sein des administrations relève du pouvoir réglementaire, ce qui oblige à se reporter aux articles de la partie réglementaire pour avoir éventuellement les précisions nécessaires.

Il existe ainsi un texte, l'article R. 36 B-1 du Livre des procédures fiscales, dont l'objet est seulement de préciser que « la Direction générale des douanes et droits indirects exerce les compétences prévues aux articles (...) » (suit une énumération d'articles de la partie législative) : mais qui, à la lecture de l'un ou l'autre de ces articles législatifs, irait se reporter à l'article R. 36 B-1 de la partie réglementaire pour connaître l'autorité compétente ?

Cette indication ne se trouve qu'assez exceptionnellement dans la partie législative : c'est le cas notamment des dispositions concernant les perquisitions fiscales(4) ou le droit d'enquête(5).

À la suite de la fusion de la Direction générale des impôts et de la Direction générale de la comptabilité publique, la loi n° 2009-526 du 12 mai 2009 de simplification et de clarification du droit et d'allègement des procédures (art. 68) a autorisé le Gouvernement, dans les conditions prévues par l'article 38 de la Constitution, à prendre par ordonnance, au besoin en les simplifiant, les dispositions portant sur les missions exercées par ces deux directions générales, afin de les mettre en cohérence avec leur fusion. Le Gouvernement a été autorisé également à mettre en cohérence les autres textes mentionnant ces deux directions, leurs organes et leurs actes.

L'ordonnance n° 2010-420 du 27 avril 2010 a modifié ainsi une multitude de textes, non seulement du Code général des impôts et du Livre des procédures fiscales, mais aussi d'autres codes.

Des décrets ont également procédé à des adaptations de dispositions et à des « actualisations terminologiques »(6).

230. – **Fondement textuel du régime organique.** C'est sous ces réserves qui mettent en cause la lisibilité des textes législatifs et réglementaires, qu'on ajoutera que la définition organique du régime fiscal peut prendre appui sur les dispositions du Code général des impôts et du Livre des procédures fiscales qui :

– confient aux agents de la Direction générale des finances publiques et à ceux de l'administration des douanes et droits indirects le pouvoir d'assurer le contrôle et l'assiette des impôts ;

– confient le recouvrement des impôts aux « comptables publics compétents »(7), c'est-à-dire soit les comptables du Trésor, soit les comptables de la DGI, soit les comptables de la DGDDI, suivant la distinction qui était faite par l'article R. 258-1 du Livre des procédures fiscales avant son abrogation et, aujourd'hui, soit les comptables de la DGFiP, soit les comptables de la DGDDI ;

– définissent le contentieux de l'établissement de l'impôt comme celui des réclamations relatives aux impôts établis ou recouvrés par les agents de la DGFiP ou ceux de la DGDDI(8) ;

(4) LPF, art. L. 16 B pour l'administration des impôts et art. L. 38 pour l'administration des douanes et droits indirects.
(5) LPF, art. L. 80 F et L. 80 I.
(6) D. n°s 2012-430 et 2012-431, 29 mars 2012.
(7) LPF, art. L. 252.
(8) LPF, art. R. 190-1.

– précisent, pour le contentieux du recouvrement, que la demande préalable doit être adressée au directeur départemental des finances publiques si le recouvrement incombe à un comptable de la DGFiP, ou au directeur régional des douanes et droits indirects, si le recouvrement incombe à un comptable de la DGDDI[9].

§ 3. – Attributions des administrations fiscales

231. – On retrouve encore dans des articles du Livre des procédures fiscales les expressions de « administration des impôts », « administration fiscale », « agents des impôts »[10] et aussi d'« administration des finances » au sens des textes de l'entre-deux-guerres sur le droit de communication[11].

En revanche, à la suite de la création de la Direction générale des finances publiques, l'expression « administration des finances publiques » ne paraît pas s'être imposée dans un but de simplification terminologique. Pour respecter les dénominations légales, on examinera donc successivement les attributions de la DGFiP et celles de la DGDDI.

Cependant, la fusion de la DGI et de la Direction générale de la comptabilité publique n'a pas fait disparaître la spécificité des attributions des comptables publics, qu'ils relèvent de la DGFiP ou de la DGDDI. Dès lors, l'examen des attributions de la DGFiP qui va suivre porte en réalité sur les attributions correspondant à celles qui étaient autrefois celles de la DGI en tant qu'« administration des impôts ».

A. – Attributions de la Direction générale des finances publiques (DGFiP)

232. – **Établissement, contrôle et contentieux de l'impôt.** La DGFiP, en tant que « administration des impôts », établit *l'assiette de l'impôt sur le revenu* et des *principaux impôts directs locaux*. Elle assure *le contrôle de tous les impôts*, à l'exception des impôts indirects et de la TVA à l'importation (produits importés des pays tiers à l'Union européenne) et exerce les compétences correspondantes en matière de contentieux de ces impôts.

L'administration des impôts se compose d'une *administration centrale*, de *services à compétence nationale* et de *services déconcentrés*.

1° L'administration centrale

233. – **Réorganisation en 2008.** Les services centraux de l'administration des impôts ont été réorganisés par l'arrêté du 3 avril 2008 « portant organisation de la Direction générale des finances publiques »[12].

Le directeur général des finances publiques est assisté d'un directeur qui porte le titre de directeur général adjoint.

(9) LPF, art. R. 281-1.
(10) LPF, art. L. 15, L. 16 B, L. 45, L. 45 OA.
(11) LPF, art. L. 82 C, L. 101.
(12) *JO* 4 avr. Arrêté modifié à plusieurs reprises et en dernier lieu par un arrêté du 19 septembre 2016.

La DGFiP comprend deux directions (la direction de la législation fiscale et la direction de l'immobilier de l'État) et *huit services* ainsi que, directement placées auprès du directeur général, une délégation aux simplifications (chargée de mettre en place une démarche de simplification des procédures et d'allègement des tâches, au bénéfice des agents et des usagers), une mission « risques et audit » et une mission de coopération internationale.

Le directeur général dispose en outre d'un cabinet qui est chargé de définir et de mettre en œuvre la communication interne et externe dans toutes ses composantes. Une mission « stratégie relations aux publics » est directement placée auprès du directeur général adjoint ; elle est chargée notamment de « la qualité de service aux publics ».

Le *service du contrôle fiscal*, dont les attributions sont définies en termes assez vagues, comprend une sous-direction du contrôle fiscal (qui regroupe le bureau politique et animation du contrôle fiscal, le bureau expertise juridique et le bureau affaires internationales) ainsi que, directement placés auprès du chef du service, un bureau des affaires fiscales et pénales, une mission « pilotage » et une mission « requêtes et valorisation ».

Le bureau des affaires fiscales et pénales est chargé de l'expertise de certaines affaires fiscales et assure la gestion des affaires entraînant des poursuites correctionnelles pour fraude fiscale et de celles caractérisées par des escroqueries en matière de taxe sur la valeur ajoutée ou tout autre impôt, des oppositions à contrôle fiscal et des refus de communication ainsi que des suites réservées à ces affaires devant les juridictions compétentes. Il est également chargé de la définition des orientations en matière pénale et de la préparation des textes y afférents.

Le *service juridique de la fiscalité* comprend la sous-direction du contentieux des impôts des particuliers, la sous-direction du contentieux des impôts professionnels et, directement placés auprès du chef de service, le bureau des agréments et rescrits, la mission « simplification de la législation fiscale » et la mission d'expertise juridique et économique internationale. Cette dernière est chargée de l'instruction des accords en matière de prix de transfert, des procédures amiables et de certaines affaires fiscales à dimension internationale.

Le service de la gestion fiscale regroupe la sous-direction des particuliers, la sous-direction des professionnels et de l'action en recouvrement, la sous-direction des missions foncières, de la fiscalité du patrimoine et des statistiques.

La *direction de la législation fiscale*, dont le rôle est particulièrement important, se compose d'un bureau « coordination » directement rattaché au directeur et de quatre sous-directions. Le bureau est chargé de la coordination des projets de textes législatifs et réglementaires de nature fiscale, des relations avec le Parlement et le Conseil d'État, d'études et de statistiques en matière fiscale. Les quatre sous-directions sont spécialisées respectivement – dans la fiscalité directe des entreprises, – la fiscalité des personnes, – la fiscalité des transactions, – la prospective et les relations internationales. Le bureau E1 dépendant de cette dernière sous-direction conçoit et élabore les règles de fiscalité internationale dont il assure l'interprétation. Il négocie ces règles dans les enceintes multilatérales. Il représente le ministère dans les négociations des conventions fiscales dont il assure l'interprétation. Le bureau E2 est chargé de la prospective et des comparaisons internationales, des questions communautaires, de la coordination OCDE et des régimes particuliers (privilèges et immunités, organisations internationales, Monaco).

La direction de l'immobilier de l'État, qui a été créée par le décret n° 2016-1234 du 19 septembre 2016 et se substitue au service France Domaine, est chargée de définir et de s'assurer de la mise en œuvre de la politique immobilière de l'État et de ses opérateurs et d'en exercer la gouvernance ; elle élabore la législation et la réglementation domaniales et veille à la mise en œuvre des missions de gestion et d'évaluation domaniales.

On se bornera à mentionner les autres services visés par l'arrêté du 3 avril 2008 : service des collectivités locales – service comptable de l'État – service des ressources humaines – service « stratégie, pilotage, budget » – service des systèmes d'information.

234. – **Suppression de l'inspection générale des services.** La loi n° 77-1453 du 29 décembre 1977 accordant des garanties de procédure aux contribuables en matière fiscale et douanière avait été précédée de deux textes visant aussi à améliorer les relations entre l'administration fiscale et les contribuables : le décret n° 77-473 du 6 mai 1977 créant une « direction générale pour les relations avec le public », chargée d'animer et de coordonner l'action des services du ministère notamment dans le domaine des procédures d'accueil et de consultation des usagers[13] et l'arrêté du 1er août 1977 instituant une « inspection générale des services » à la Direction générale des impôts[14].

Aux termes de l'article 2 de cet arrêté, l'inspection générale des services devait exercer par la voie de missions sur place une fonction de contrôle, *d'enquête* et d'information à l'égard de l'ensemble des services extérieurs et de *la totalité des attributions* de la Direction générale des impôts. Le directeur général des impôts devait fixer ses règles d'activité et arrêter le programme de ses missions, et l'inspection générale des services, lui rendre compte de ses travaux par des rapports écrits.

L'inspection générale des services était composée d'un chef de mission, choisi parmi les fonctionnaires ayant la qualité de directeur adjoint ou sous-directeur au ministère, et de vingt-cinq agents choisis parmi les fonctionnaires des services extérieurs ayant au moins le grade d'inspecteur principal.

L'arrêté du 1er août 1977 créant l'inspection générale des services n'a pas été abrogé expressément.

Il est visé cependant dans l'arrêté ministériel du 22 juillet 1983 qui a créé « la mission d'expertises et de liaisons » à la Direction générale des impôts[15].

Il est indiqué dans l'article 2 de cet arrêté que « la mission, *qui n'exerce pas de fonctions de surveillance des agents*, est chargée d'assurer, par la voie d'enquêtes sur place, l'information du directeur général sur les conditions de fonctionnement de l'ensemble des services extérieurs de la direction générale des impôts ». Les responsables des services extérieurs pouvaient également proposer au directeur général des impôts son intervention dans les domaines relevant de leurs compétences.

(13) *Dr. fisc.* 1977, n° 19, comm. 797 ; *JO* 7 mai.
(14) *Dr. fisc.* 1977, n° 31, comm. 1266 ; *JO* 1er août.
(15) *JONC* 17 août 1983, p. 7571.

La mission d'expertises et de liaisons avait une composition identique à celle de l'inspection générale des services. L'arrêté du 22 juillet 1983 prévoyait dans son article 5 que les moyens en personnel dont bénéficiait l'inspection générale des services seraient mis à la disposition de la mission d'expertises et de liaisons.

La mission d'expertises et de liaisons figurait encore dans l'arrêté du 2 novembre 1998 portant organisation de la Direction générale des impôts[16].

Toutefois, pas plus que le fonctionnement de l'inspection générale des services, celui de la mission d'expertises et de liaisons n'avait fait l'objet de commentaires de l'administration.

L'arrêté du 2 novembre 1998 a été abrogé par celui du 3 avril 2008 fixant l'organisation de la Direction générale des finances publiques. L'organigramme nouveau ne fait aucune place à un service qui évoquerait l'existence de l'ancienne mission d'expertises et de liaisons, ni à plus forte raison, celle d'une inspection générale des services.

Il y a peut-être une explication. La formule utilisée par l'arrêté du 22 juillet 1983 : la mission d'expertises et de liaisons « n'exerce pas de fonctions de surveillance des agents » en dit long sur la volonté d'exclure toute intervention d'un service qui aurait pour mission d'assurer la protection des contribuables contre les excès de certains agents, sauf à supposer que tous sont par définition irréprochables. L'administration fiscale est ainsi la seule administration régalienne en contact direct avec les citoyens qui ne comporte pas d'inspection générale des services, alors qu'il existe une inspection générale des services au ministère de l'Intérieur, particulièrement active en matière de police, et une inspection générale des services judiciaires.

2° Les services à compétence nationale

235. – **Missions de contrôle fiscal.** Il existe à côté des services déconcentrés des directions qui exercent au plan national des missions de contrôle fiscal et qui ont été réorganisées par des arrêtés du 24 juillet 2000 pris en application du décret n° 97-464 du 9 mai 1997 « relatif à la création et à l'organisation des services à compétence nationale ».

L'arrêté du 3 avril 2008 relatif à des services à compétence nationale de la Direction générale des finances publiques n'a pas modifié l'organisation et les compétences de ces directions nationales, sauf pour le rattachement de la Direction des résidents à l'étranger et des services généraux.

Six directions exercent à l'échelon national des missions de contrôle fiscal.

236. – **1) DVNI. DNEF. DNVSF (généralités).** La *Direction des vérifications nationales et internationales* (DVNI) a été créée par un arrêté du 12 février 1971, *la Direction nationale d'enquêtes fiscales* (DNEF), par un arrêté du 31 janvier 1969, et *la Direction nationale des vérifications de situations fiscales* (DNVSF), par un arrêté du 17 mars 1983. Ces trois directions sont rattachées à la sous-direction du contrôle fiscal de la Direction générale des finances publiques. Les attributions de ces trois directions ont été redéfinies par trois arrêtés du 24 juillet 2000 qui ont pris effet au 1er septembre 2000, tous trois modifiés par un arrêté du 2 août 2013[17].

(16) *JO* 3 nov., p. 16 582.
(17) *JO* 10 août.

Le principe est que ces directions exercent leurs attributions sur l'ensemble du territoire national, mais concurremment avec les autres services des impôts compétents. Leur contrôle s'étend à tous les impôts dus par les personnes physiques ou morales. Aucun texte de valeur législative ou réglementaire ne fixe les critères permettant de déterminer la ou les catégories de contribuables dont la situation ou la comptabilité peut être contrôlée par les agents de ces directions (sous la réserve indiquée à l'article 2 de l'arrêté du 24 juillet concernant les compétences de la DVNI hors du territoire national ou lors des vérifications coordonnées dans le cadre de l'assistance internationale).

Les compétences de ces directions sont fixées par des instructions ou des notes de l'administration, dont le contribuable ne peut pas, du reste, se prévaloir sur le fondement de l'article L. 80 A du Livre des procédures fiscales, dès lors que ces documents sont relatifs à la procédure d'imposition[18].

237. – **Direction des vérifications nationales et internationales (DVNI).** La *DVNI* est plus spécialement chargée du contrôle des entreprises les plus importantes ou appartenant à des groupes de sociétés importants, quelle que soit la nature de leur activité. On notera, en particulier, qu'elle peut étendre sa vérification à la situation fiscale des dirigeants des entreprises vérifiées et de toutes personnes subordonnées ou interposées, quel que soit le lieu de leur domicile. Elle comprend, outre les bureaux de la direction, des brigades de contrôle et de vérifications et des brigades d'assistance au contrôle des comptabilités informatisées.

238. – **Direction nationale d'enquêtes fiscales (DNEF).** La *DNEF* a une action spécifiquement orientée vers les procédés de fraude les plus importants ou les plus élaborés (entreprises clandestines dans les secteurs de la confection, du bâtiment, de la bijouterie et des métaux précieux ; réseaux de fausses factures dans la confection, la publicité, la récupération des métaux, etc.) et vers la détection de circuits de fraude internationale.

Pour assurer sa mission, la DNEF dispose notamment de brigades d'intervention interrégionale (BII) implantées à Paris, Rennes, Bordeaux, Marseille, Lyon, Strasbourg, Lille, Toulouse et Orléans. Elle comprend encore des brigades de recherches systématiques, d'enquêtes et de recoupements, de contrôle et de vérification, ainsi que des sections de documentation et de recherche et des cellules spécialisées.

239. – **Direction nationale des vérifications de situations fiscales (DNVSF).** La *DNVSF* est spécialisée, comme le terme l'indique, dans l'examen contradictoire de la situation fiscale des personnes physiques, mais sa compétence, comme celle des autres directions, reste très générale et s'étend à tous les impôts dus par les personnes physiques ou morales.

La compétence des agents de cette direction est fonction des critères tirés de l'importance des ressources et du patrimoine des intéressés, de la qualité des personnes ou encore de l'étendue et de la complexité des opérations de contrôle.

(18) CE, 24 sept. 2003, n° 237.990, *Sté Paolo Nancéienne* : *BDCF* 2003, n° 159, concl. Bachelier.

240. – **2) Direction des résidents à l'étranger et des services généraux (DRESG).** La *DRESG* a été créée par arrêté du 24 juillet 2000. Elle a recueilli les attributions qui étaient exercées précédemment par la Direction des services généraux et de l'informatique (DSGI). Son statut a été redéfini par le décret n° 2010-1651 du 28 décembre 2010. Cette direction est un service à compétence nationale, rattaché au chef du service des ressources humaines de la DGFiP. Elle est dirigée par un directeur qui a la qualité de comptable public principal.

Elle assure notamment l'établissement et le contrôle des impositions dues par deux catégories de personnes : d'une part, les contribuables de nationalité française ou étrangère non domiciliés fiscalement en France, mais disposant de revenus de source française, ou disposant, à quelque titre que ce soit, directement ou indirectement, d'une ou de plusieurs habitations ou propriétés immobilières situées en France, et d'autre part, les fonctionnaires et agents de l'État en service à l'étranger.

Cette direction comporte des cellules spécialisées, dont le centre des impôts des non-résidents qui, après avoir été implanté à Paris (9, rue d'Uzès), est situé actuellement à Noisy-le-Grand (10, rue du Centre).

241. – **3) Direction nationale d'interventions domaniales (DNID).** La *DNID*, créée par un arrêté du 30 janvier 1969, a des attributions qui ont été redéfinies par un arrêté du 24 juillet 2000. La DNID assure notamment, concurremment avec les services déconcentrés et les autres services à compétence nationale, le contrôle des mutations à titre gratuit ou onéreux des actions, parts sociales, droits sociaux de toute nature, bons, obligations, autres valeurs mobilières et, de manière générale, tout titre ou contrat, coté ou non, représentatif d'un placement financier mobilier.

242. – **4) Direction des grandes entreprises (DGE).** La *DGE*, qui a été créée à la fin de l'année 2000, a nécessité l'intervention du législateur en raison des obligations particulières auxquelles sont soumises les entreprises qui entrent dans son champ de compétence, en matière de déclarations et de paiement de l'impôt(19). Un arrêté du 13 décembre 2000, modifié par un arrêté du 10 août 2013, a organisé la DGE. Des décrets ont précisé les obligations déclaratives et les modalités de paiement des impositions pour les contribuables relevant de ce service(20). Un décret du 13 décembre 2000 a créé un poste de comptable public à la direction des grandes entreprises(21).

La direction des grandes entreprises est un service à compétence nationale, rattaché au sous-directeur chargé des professionnels et de l'action en recouvrement ; elle est dirigée par un directeur ayant la qualité de comptable public principal(22).

La DGE assure, pour l'ensemble du territoire national, *l'assiette*, le *recouvrement* et le *contrôle* de tous les impôts dus par les personnes physiques ou morales ou groupements de personnes de fait ou de droit ou entités, quelle qu'en soit la forme juridique, qui relèvent de son champ de compétence. Il n'est pas possible d'entrer ici dans le détail des dispositions qui délimitent ce périmètre. On précisera seulement,

(19) L. fin. rect. 2000, n° 2000-1353, 30 déc. 2000, art. 32. – CGI, art. 1649 quater B quater.
(20) CGI, ann. III, art. 41-00A, et art. 344-0A et s.
(21) *JO* 15 déc.
(22) D. n° 2013-1225, 23 déc. 2013 : *JO* 27 déc.

pour fixer quelque peu les idées, que la grande entreprise est celle dont le chiffre d'affaires hors taxes ou le total de l'actif brut figurant au bilan est *supérieur ou égal à 400 millions d'euros.*

Les grandes entreprises doivent produire auprès de la DGE notamment leurs déclarations de résultats (avec l'ensemble des documents annexes) ainsi que les déclarations de TVA et leurs demandes de remboursement de crédit de TVA[(23)].

La déclaration de résultats et les déclarations de TVA font obligatoirement l'objet d'une transmission électronique.

Les entreprises qui relèvent de la DGE doivent, en outre, acquitter auprès du comptable de ce service leurs impositions, notamment l'impôt sur les sociétés, la contribution sociale sur cet impôt, la TVA[(24)]. Ces impositions doivent être acquittées par voie de télérèglement.

Le non-respect de l'obligation de transmission électronique des déclarations ou de l'obligation de paiement par télérèglement entraîne l'application d'une sanction spéciale[(25)].

La DGE ayant en charge la gestion des dossiers concernant à la fois l'assiette, le contrôle et le recouvrement des principaux impôts dont les grandes entreprises sont redevables, doit constituer ainsi l'interlocuteur fiscal unique des grandes entreprises.

Les attributions correspondantes en matière de contentieux sont exercées par la DGE[(26)].

3° Les services déconcentrés

a) Généralités

243. – Textes. Décret du 16 juin 2009. Effectifs. Le décret n° 2009-707 du 16 juin 2009, « relatif aux services déconcentrés de la Direction générale des finances publiques », modifié en dernier lieu par le décret n° 2015-1698 du 18 décembre 2015, a jeté les bases d'une nouvelle organisation. Ces services sont constitués des directions départementales des finances publiques, des directions régionales des finances publiques et des directions spécialisées.

Les directions départementales et les directions régionales des finances publiques sont créées par fusion des directions des services fiscaux et des trésoreries générales.

Les directions régionales assurent, dans le département où est situé le chef-lieu de région, la mise en œuvre des missions relevant des directions départementales. Elles sont chargées, en outre, dans le ressort territorial de la région, de diverses missions : contrôle financier déconcentré des administrations de l'État, expertise économique et financière des investissements publics, tutelle sur les ordres régionaux des experts-comptables, délivrance de l'agrément et du suivi des centres de gestion agréés et associations agréées des professions libérales.

(23) CGI, ann. III, art. 344-0A et s.
(24) CGI, art. 1681 septies, 1695 quater et ann. III, art. 406 terdecies.
(25) CGI, art. 1738 : majoration de 0,2 % du montant des droits correspondant aux déclarations déposées selon un autre procédé ou du montant des sommes dont le versement a été effectué selon un autre mode de paiement.
(26) LPF, art. R. 190-1 et R. 198-10.

Les directions spécialisées des finances publiques peuvent être créées en vue d'assurer des missions particulières, notamment en matière de contrôle fiscal ou en matière comptable. Les directions locales de finances publiques sont compétentes dans les collectivités d'outre-mer et en Nouvelle-Calédonie.

Les premières directions régionales et départementales ont été créées par arrêté du 18 juin 2009[27] et les premières nominations et affectations de directeurs régionaux et départementaux ont été opérées par un décret du 1er juillet 2009[28].

Les effectifs de la DGFiP s'élevaient au total au 31 décembre 2012 à 115 411 agents, dont 61,4 % de femmes et 38,6 % d'hommes, est-il précisé dans le rapport d'activité de la DGFiP pour 2012 (p. 5).

244. - **Statuts. Catégories A, B, C.** Les attributions de l'administration des impôts sont exercées, au niveau supérieur, par des fonctionnaires soumis au statut particulier des administrateurs des finances publiques, qui a été fixé par le décret modifié n° 2009-208 du 20 février 2009.

Les administrateurs des finances publiques sont placés à la tête des directions régionales, départementales ou locales des finances publiques. Ils dirigent des services à compétence nationale ou des directions spécialisées. Ils peuvent se voir confier la responsabilité d'une agence comptable, d'un poste comptable « à forts enjeux » ou d'un pôle de recouvrement spécialisé. Ils disposent du pouvoir hiérarchique sur les personnels de tous grades placés sous leur autorité. Ils sont investis d'attributions et d'un pouvoir de décisions propres, notamment en matière contentieuse et gracieuse.

Le corps des administrateurs des finances publiques comprend les grades d'administrateur des finances publiques et d'administrateur général des finances publiques de classe normale, de première classe et de classe exceptionnelle.

Les fonctionnaires qui exerçaient les fonctions de directeur départemental des impôts, de chef des services fiscaux, de receveur des finances et de trésorier-payeur général ont été reclassés dans l'un ou l'autre des grades du corps des administrateurs des finances publiques.

Les attributions de l'administration des impôts sont exercées également au niveau supérieur par des fonctionnaires soumis au statut particulier des personnels de catégorie A de la DGFiP, fixé par le décret n° 2010-986 du 26 août 2010. Ces fonctionnaires sont répartis dans ces grades : – administrateur des finances publiques adjoint, – inspecteur principal des finances publiques, – inspecteur divisionnaire des finances publiques, – inspecteur des finances publiques.

Les contrôleurs des finances publiques, qui sont placés sous l'autorité des fonctionnaires de catégorie A, participent à tous les travaux de l'administration des impôts, et notamment à l'assiette, au recouvrement, au contrôle et au contentieux de l'impôt. Ils peuvent effectuer des opérations de vérification et disposent du droit de communication auprès des administrations publiques et des entreprises privées[29]. Ils peuvent même être chargés de fonctions d'encadrement.

(27) *JO* 27 juin.
(28) *JO* 3 juill.
(29) LPF, art. R. 81-1.

Les contrôleurs des finances publiques sont des fonctionnaires de la catégorie B, faisant partie d'un corps soumis à un statut particulier(30).

Les agents d'exécution, appartenant à la catégorie C, forment le corps des agents administratifs des finances publiques et le corps des agents techniques régis respectivement par les décrets n° 2010-984 et n° 2010-985 du 26 août 2010. Depuis une modification apportée par le décret n° 2004-501 du 2 juin 2004, les agents administratifs, dès lors qu'ils sont titularisés, peuvent exercer le droit de communication, alors qu'auparavant ils ne pouvaient exercer ce droit qu'en agissant sur ordre écrit d'un agent ayant au moins le grade de contrôleur(31).

245. – **Définition des attributions.** Le décret modifié n° 96-804 du 12 septembre 1996 a donné une nouvelle définition des attributions des fonctionnaires de l'administration des impôts en matière d'assiette et de contrôle et étendu leurs compétences(32). Ces dispositions sont codifiées à l'article 350 terdecies de l'annexe III au Code général des impôts. Les dispositions de l'article 350 terdecies sont complétées par celles des articles 408 à 410 de l'annexe II qui résultent du décret modifié n° 71-290 du 15 avril 1971. L'article 408 de l'annexe II a reçu une nouvelle rédaction du décret n° 2013-443 du 30 mai 2013 relatif aux règles de compétence et de délégation de signature en matière de traitement des réclamations contentieuses et des demandes à titre gracieux présentées par les contribuables.

En principe, seuls les fonctionnaires de l'administration des impôts appartenant à des corps de catégorie A et B peuvent établir l'impôt et utiliser les procédures de redressement(33).

246. – **Délégations de signature.** Mais la pratique des délégations de signature modifie très sensiblement la portée de ce principe. Selon l'article 410 de l'annexe II au Code général des impôts, chaque fonctionnaire de l'administration des impôts ou de l'administration des douanes peut déléguer sa signature aux agents placés sous son autorité dans les conditions fixées selon le cas par le directeur général des finances publiques ou le directeur général des douanes et droits indirects. Les possibilités de délégation ont même été élargies par le décret n° 2003-192 du 3 mars 2003 qui a abrogé la disposition de ce texte prévoyant qu'en matière contentieuse, les délégations ne pouvaient être accordées qu'aux agents ayant au moins le grade de contrôleur. Le bénéfice de la délégation de signature en matière contentieuse ou gracieuse a été étendu sous certaines conditions aux agents de la catégorie C(34).

247. – **Compétence territoriale.** Du point de vue de la compétence territoriale, les fonctionnaires de l'administration des impôts peuvent exercer les attributions qu'ils tiennent de l'article 350 terdecies de l'annexe III au Code général des impôts à l'égard des personnes physiques ou morales qui ont déposé ou auraient dû déposer une déclaration dans le ressort territorial du service dans

(30) D. n° 2010-982, 26 août 2010.
(31) LPF, art. R. 81-1.
(32) *Dr. fisc.* 1996, comm. 1231.
(33) CGI, ann. III, art. 350 terdecies.
(34) Instr. DGI, 13 nov. 2003 : *Dr. fisc.* 2003, n° 49, instr. 13071.

lequel ils sont affectés, ainsi qu'à l'égard des personnes qui, en l'absence d'obligation déclarative, y ont été ou auraient dû y être imposées, ou qui y ont leur résidence principale, leur siège ou leur principal établissement. Ces mêmes agents, lorsqu'ils sont territorialement compétents pour procéder à une vérification de comptabilité ou à un examen contradictoire de la situation fiscale personnelle, disposent, en vertu du même texte, d'un « droit de suite » qui s'étend à l'ensemble des impositions dues par le contribuable dont la situation est vérifiée, quel que soit le lieu d'imposition ou de dépôt des déclarations. Par ailleurs, toujours en vertu de ce « droit de suite », la compétence des agents s'étend aux personnes physiques ou morales qui sont liées aux contribuables relevant de leur compétence territoriale ; ce lien s'entend notamment de l'appartenance ou du rattachement à un même foyer fiscal, d'une relation d'interposition ou de l'appartenance à un même groupe d'intérêts.

248. – Extension des compétences départementales ou régionales. Certaines directions départementales ou régionales des finances publiques peuvent exercer, dans le ressort territorial d'une ou plusieurs autres directions, à l'égard des personnes physiques, les missions d'assiette et de contrôle prévues aux articles 10 et L. 168 du Livre des procédures fiscales. Elles peuvent exercer également ces missions à l'égard des sociétés ou groupements dont le capital est détenu en tout ou partie par les personnes physiques qui relèvent de leur compétence dérogatoire, quel que soit le lieu de dépôt de déclaration ou d'imposition de ces sociétés ou groupements(35).

Ces dispositions ne s'appliquent pas aux contrôles prévus en matière d'examen contradictoire de situation fiscale personnelle ou de vérification de comptabilité(36), ni au contrôle sur demande(37), ni au contrôle prévu à l'article L. 16 D (lutte contre la fraude « carrousel » en matière de TVA intracommunautaire). En revanche, les agents des directions intéressées exercent normalement le droit de communication prévu à l'article L. 81 du Livre des procédures fiscales à l'égard de toute personne ou organisme soumis à l'exercice de ce droit.

Plusieurs arrêtés ministériels d'application sont intervenus pour autoriser les agents affectés dans des directions régionales ou départementales dénommées par ces arrêtés « importatrices » à procéder au contrôle des contribuables relevant de la compétence respective des directions régionales ou départementales correspondantes, dites « exportatrices »(38).

Plus récemment ces arrêtés ministériels ont chargé les agents des directions importatrices à procéder au contrôle des actes et déclarations liés à la détention d'avoirs à l'étranger concernant les contribuables relevant de la compétence respective des directions exportatrices(39).

---

(35) Ces dispositions, prévues d'abord à titre expérimental, sont issues du décret n° 2010-939 du 24 août 2010. Elles ont été reprises à l'article 4 du décret n° 2009-707 du 16 juin 2009, modifié en dernier lieu par le décret n° 2015-1698 du 18 décembre 2015.

(36) LPF, art. L. 12 et L. 13.

(37) LPF, art. L. 13 C et L. 13 CA.

(38) V., par ex., A. 14 mai 2014 désignant les directions « exportatrices » de Paris et des Hauts-de-Seine et les directions « importatrices » de la Lozère, de la Haute-Vienne, du Cher et de l'Indre (*JO* 5 juin).

(39) V., par ex. les arrêtés du 29 mai 2015 (*JO* 31 mai) et du 11 mai 2016 (*JO* 19 mai).

b) Services interrégionaux

249. – **Directions de contrôle fiscal.** Des directions à compétence régionale avaient été créées à partir de 1960 et institutionnalisées par un décret du 20 décembre 1969. Chacune des vingt et une régions administratives disposait d'une direction régionale, à l'exception de la région d'Île-de-France, qui a toujours fait l'objet d'une organisation particulière. Le directeur régional était investi, vis-à-vis des services départementaux, d'une mission générale d'information, de liaison, d'harmonisation et de coordination (statistiques, évaluations fiscales, domaniales ou cadastrales). La direction régionale comprenait des brigades de vérifications générales chargées de vérifier les entreprises ayant leur siège ou leur principal établissement dans la région.

Les directions régionales des impôts, de même que l'emploi de directeur régional, ont été supprimés par le décret n° 2000-439 du 23 mai 2000.

Le décret n° 2000-738 du 1er août 2000 avait remplacé les directions régionales, à compter du 1er septembre 2000, par des directions spécialisées en matière de contrôle fiscal dénommées « directions de contrôle fiscal » (DIRCOFI)[(40)] et leurs attributions avaient été fixées par un arrêté du 1er août 2000.

Le décret n° 2009-707 du 16 juin 2009 a transformé les DIRCOFI en « directions spécialisées » des finances publiques au sens de l'article 5 de ce décret. L'arrêté du 16 mars 2012, modifié en dernier lieu par un arrêté du 7 mai 2015, a créé ainsi les « directions spécialisées de contrôle fiscal ». Le nombre, le siège et la compétence territoriale de ces directions restent les mêmes que ceux des DIRCOFI. Il existe neuf directions spécialisées de contrôle fiscal qui ont leur siège à Lille, Nancy, Saint-Denis, Orléans, Lyon, Marseille, Toulouse, Bordeaux et Rennes.

Les directions spécialisées de contrôle fiscal assurent, dans la limite de leur ressort territorial et concurremment avec les autres services déconcentrés et les services à compétence nationale, toutes les opérations relatives à l'assiette et au contrôle de tous les impôts à l'égard des personnes physiques ou morales.

250. – **Région Île-de-France.** La délégation régionale pour la région Île-de-France (DRRIF) et les deux directions des vérifications de cette région (DVRIF) ont été supprimées. Les deux DVRIF sont remplacées par les deux directions spécialisées de contrôle fiscal Île-de-France-Est et Île-de-France-Ouest.

c) Services régionaux et départementaux

251. – **Directions des services fiscaux antérieures à la réforme.** Les directions des services fiscaux assuraient dans leur ressort territorial, sans préjudice des attributions exercées par les directions nationales ou les directions de contrôle fiscal, l'ensemble des missions dévolues à la Direction générale des impôts, en matière d'assiette, de contrôle et de recouvrement des impôts. Leur organisation était régie par le décret n° 2000-738 du 1er août 2000, modifié en dernier lieu par le décret n° 2008-445 du 7 mai 2008.

(40) *Dr. fisc.* 2000, comm. 641.

Il existe, avant la réforme, une *Direction des services fiscaux* dans chaque département, sauf à Paris où il en existe cinq, et dans les départements du Nord, des Hauts-de-Seine et des Bouches-du-Rhône, chacun de ces départements comprenant deux directions. L'organisation des directions des services fiscaux et les attributions de leurs agents sont fixées par un arrêté modifié du 1er août 2000, modifié en dernier lieu par un arrêté du 23 décembre 2006.

La Direction des services fiscaux située au chef-lieu de région assure les relations avec le préfet de région et les élus régionaux ainsi que la participation de l'administration fiscale aux travaux de diverses instances régionales. Dans la circonscription régionale de l'Île-de-France, ces attributions sont confiées à la « direction spécialisée pour la région d'Île-de-France et pour Paris ».

Chaque direction des services fiscaux a à sa tête un *chef des services fiscaux.*

Elle comporte un service de l'administration générale (qui assure la gestion du personnel, des locaux, des crédits, etc.), un service de l'organisation et de l'animation, chargé notamment des programmes de contrôle fiscal, un *service de la législation et du contentieux* et un service foncier. Le contrôle fiscal externe (vérifications de comptabilité, examens contradictoires de la situation fiscale personnelle) est dévolu à des agents généralement regroupés en *brigades de vérification*, placées sous l'autorité d'un inspecteur principal.

Toute direction des services fiscaux dispose d'une *brigade de contrôle et de recherches* (BCR) chargée de recoupements, enquêtes et constatations matérielles de nature à servir au contrôle de tous les impôts et d'un *centre départemental d'assiette* (CDA) (surveillance et contrôle du versement de la taxe sur les salaires, confection des rôles en matière de taxe professionnelle ainsi que des rôles supplémentaires en matière d'impôt sur les sociétés, d'impôt sur le revenu et d'impôts locaux).

252. – **Directions des finances publiques.** Dans les départements, trésorerie générale et direction des services fiscaux ont fusionné progressivement au cours de la période 2009-2011 au sein d'une direction départementale ou régionale des finances publiques, placée sous l'autorité d'un responsable unique et organisée en trois pôles (fiscalité, gestion publique, pilotage et moyens).

Les administrateurs des finances publiques placés à la tête des directions régionales ou départementales des finances publiques exercent les compétences précédemment attribuées aux trésoriers-payeurs généraux et aux directeurs des services fiscaux.

Ces directions comprennent des services et des postes comptables, notamment des services des impôts des particuliers et des pôles de recouvrement spécialisé, dont la liste, les attributions, l'organisation et le ressort territorial sont fixés par arrêté du ministre chargé du budget[41].

253. – **Service des impôts des entreprises. But de la réforme.** La Direction des services fiscaux comprenait une *recette divisionnaire des impôts* dont les attributions étaient semblables à celles des recettes de centre en ce qui concerne le recouvrement des impôts.

(41) D. n° 2009-707, 16 juin 2009, art. 7 et 8.

La recette divisionnaire des impôts est remplacée aujourd'hui par un service des impôts des entreprises, lequel a en charge la centralisation des opérations comptables de tous les postes comptables de la direction. À sa tête a été placé, au lieu du receveur divisionnaire, un « chef de service comptable de 1re ou de 2e catégorie »[42].

La Direction générale des impôts a entrepris, à partir de 2005, une vaste réorganisation des circonscriptions fiscales à l'intérieur du département.

Les compétences étaient réparties jusque-là en fonction des catégories d'impôts et des procédures internes (assiette, contrôle, recouvrement). Elles ont été progressivement réarticulées autour de la notion de catégories d'usagers.

C'est dans ce but qu'avait déjà été créée, à l'échelon national, la Direction des grandes entreprises qui est substituée pour les grandes entreprises à plusieurs services répartis en fonction d'une organisation territoriale.

La Direction générale des impôts a poursuivi le même objectif pour les petites et moyennes entreprises en regroupant les compétences du centre des impôts et de la recette des impôts au sein d'un « service des impôts des entreprises » qui est appelé à devenir leur interlocuteur fiscal unique.

Depuis le 1er janvier 2006, le service des impôts des entreprises est chargé de : – la gestion du dossier des entreprises (sociétés, entrepreneurs individuels, professions libérales, agriculteurs), ainsi que des sociétés civiles et associations et du traitement des déclarations (impôt sur les sociétés, taxes sur les salaires, TVA) ; – l'assiette de la taxe professionnelle ; – la relance des contribuables défaillants en ce qui concerne leurs obligations de déclaration et de paiement ; – le recouvrement de certains impôts d'État (TVA, impôt sur les sociétés, taxe sur les salaires, droits d'enregistrement, impôt sur la fortune).

En revanche, la recette des impôts n'existe plus en tant que telle, dans la mesure où les missions d'assiette et de recouvrement sont rassemblées au sein d'une même structure : le service des impôts.

À l'intérieur des plus petites circonscriptions, le centre des impôts et la recette ont été fusionnés en un seul service, le « centre-recette » cumulant les fonctions du centre et de la recette des impôts avec à sa tête un responsable unique.

254. – **Services des impôts des particuliers.** Il faut signaler enfin la création, par voie d'arrêtés, de « services des impôts des particuliers » (SIP), issus d'un ou plusieurs centres des impôts et d'une ou plusieurs trésoreries, qui sont des postes comptables. Un service des impôts des particuliers peut être associé à un service des impôts des entreprises pour former un service prenant la dénomination de « service des impôts des particuliers et des entreprises » (SIP-SIE), dirigé par un responsable unique.

Les services des impôts des particuliers concourent à l'ensemble des missions d'assiette, de recouvrement, de contrôle et de contentieux afférentes aux impôts directs relevant du Trésor public. Ils reçoivent en outre les déclarations relatives à l'impôt de solidarité sur la fortune et les paiements y afférents. Les listes des « services des impôts

(42) D. n° 2006-814, 7 juill. 2006.

des particuliers » et des « services des impôts des particuliers et des entreprises » sont annexées aux arrêtés de création(43).

Le rapport d'activité de la DGFiP pour 2012 indique qu'il existe actuellement 2 961 centres de finances publiques (p. 5).

255. – **Fondement législatif de la réforme.** Le législateur a avalisé cette réforme des structures des services déconcentrés de la Direction générale des impôts à l'échelon départemental, en prévoyant, dans l'article 103 de la loi de finances rectificative pour 2005, n° 2005-1720 du 30 décembre 2005 que les mots « centre des impôts », « recette des impôts », « recette principale des impôts » sont remplacés par ceux de « service des impôts » dans toutes les dispositions législatives qui s'y réfèrent notamment dans le Code général des impôts et le Livre des procédures fiscales.

B. – Attributions de l'administration des douanes et droits indirects

256. – **Réorganisation.** L'administration centrale de la Direction générale des douanes et droits indirects (DGDDI) a été réorganisée par des arrêtés modifiés du 30 avril 2002(44).

La direction générale, qui est placée sous l'autorité du directeur général des douanes et droits indirects, comprend notamment trois sous-directions qui sont chargées de la réglementation, de la lutte contre la fraude, du pilotage des contrôles, du contentieux et de la fiscalité. La sous-direction des droits indirects est chargée plus particulièrement de toutes les questions ayant trait à la fiscalité et aux droits indirects et participe à la préparation des lois de finances (recettes) et des textes à caractère fiscal.

Les services déconcentrés comprennent, à l'échelon territorial, les *directions interrégionales* (au nombre de dix), des directions régionales (quarante) et des *bureaux* (341 en 1991) situés soit sur les frontières, soit dans les départements de l'intérieur, appelés centres régionaux de dédouanement (CRD). Ces bureaux sont chargés, comme leur nom l'indique, des opérations de dédouanement des marchandises importées ou exportées. Ils comprennent à la fois des agents chargés de la constatation des droits et un receveur(45).

Il existe, en outre, des unités opérationnelles de surveillance (448 en 1991) pour la lutte contre la fraude, le contrôle des voyageurs, la surveillance du trafic commercial, etc.

Il existe aussi des services à compétence nationale. Le plus connu est la Direction nationale du renseignement et des enquêtes douanières (DNRED).

257. – **Compétences.** La question des compétences exercées par l'administration des douanes et droits indirects en matière fiscale a déjà été examinée à l'occasion du transfert des compétences qui a été réalisé à partir du 1er janvier 1993 (V. *supra*, n° 225).

(43) V. par ex. A. 11 févr. 2011 : *JO* 23 févr.
(44) *JO* 3 mai.
(45) D. n° 2007-1665, 26 nov. 2007, relatif à l'organisation des services déconcentrés de la Direction générale des douanes et droits indirects, mod. D. n° 2007-1665, 26 nov. 2007, relatif à l'organisation des services déconcentrés de la direction générale des douanes et droits indirects, mod. D. n° 2007-1665, 26 nov. 2007, relatif à l'organisation des services déconcentrés de la direction générale des douanes et droits indirects, mod. par D. n° 2016-357, 25 mars 2016.

On rappellera simplement ici que la DGDDI perçoit la TVA sur les importations en provenance de pays qui n'appartiennent pas à l'Union européenne et qu'elle exerce, en matière de contributions indirectes, les attributions qui étaient celles de la Direction générale des impôts avant 1993.

Les compétences des directeurs régionaux des douanes et droits indirects en matière de contributions indirectes sont fixées par des décrets dont les dispositions sont codifiées à l'article 289 de l'annexe II au Code général des impôts.

Pour l'exercice des missions d'assiette, de contrôle, de recouvrement et de contentieux en matière de contributions indirectes, les services et les emplois de la Direction générale des impôts correspondant aux compétences transférées à la Direction générale des douanes et droits indirects ont été placés sous l'autorité fonctionnelle de cette dernière.

C. – Attributions des comptables

258. – Compétences antérieures à la fusion. La Direction générale des impôts a ses propres comptables publics qui assurent le *recouvrement* des taxes sur le chiffre d'affaires (et notamment de la TVA), des droits d'enregistrement (à l'exception de ceux afférents à des actes soumis à la formalité fusionnée qui relèvent du bureau des hypothèques puis, à compter du 1er janvier 2013, du service chargé de la publicité foncière), de l'ISF, des droits de timbre et de divers autres impôts (impôts directs liés aux revenus de capitaux mobiliers, prélèvements sur les profits immobiliers)(46).

On a déjà rappelé que depuis le 1er janvier 1993, l'administration des impôts *perçoit la TVA sur les opérations intracommunautaires*, c'est-à-dire sur les acquisitions en provenance des États membres de la Communauté, qui était recouvrée jusqu'ici par l'administration des douanes (V. *supra*, n° 225).

Les comptables du Trésor public (ou comptables directs du Trésor) dépendaient, avant la création de la DGFiP, de la Direction de la comptabilité publique, devenue Direction générale de la comptabilité publique en vertu du décret n° 98-977 du 2 novembre 1998, et qui a été réorganisée par des arrêtés du même jour.

Cette administration assure avec ses services déconcentrés la gestion des finances de l'État et des collectivités locales. Les attributions des comptables du Trésor public procèdent de la règle de la séparation des ordonnateurs et des comptables.

Les comptables du Trésor public assurent la perception de l'impôt sur le revenu et des autres impôts directs perçus par voie de rôle (contributions sociales sur les revenus du patrimoine, impôts directs locaux, à l'exception de la taxe professionnelle dont le recouvrement est effectué par le service des impôts des entreprises depuis le 1er janvier 2008), mais aussi de recettes diverses comprenant des recettes non fiscales de l'État (par ex., amendes et condamnations pécuniaires) ou des recettes non fiscales des collectivités locales.

En ce qui concerne les services déconcentrés, le service de base est la *perception*, qui peut être dénommée également selon son importance *recette-perception* ou

(46) Le comptable public territorialement compétent peut déléguer sa signature à un fonctionnaire placé sous son autorité même si celui-ci n'a pas la qualité de comptable public : CE, 21 oct. 2013, n° 365488, *Sté Rosyca* : *RJF* 2014, n° 96.

trésorerie principale (tous ces services étaient désignés sous l'appellation de trésorerie). La circonscription de ces postes est généralement le canton. Toutefois, dans les zones très urbanisées, la circonscription peut être bornée à un quartier ou à un arrondissement, comme à Paris.

Entre la perception et la trésorerie générale, un échelon intermédiaire est constitué au niveau de l'arrondissement par la *recette des finances* : mais les recettes de finances ne sont pas uniformément réparties sur le territoire. À leur tête sont placés les receveurs des finances.

Enfin, au chef-lieu de chaque département, se trouve une trésorerie générale, dirigée par un *trésorier-payeur général* (à Paris, c'est la recette générale des finances, dirigée par le receveur général des finances).

Les trésoriers-payeurs généraux de région exercent des missions de coordination, des contrôles sur place, etc. ; mais ils ne sont pas investis d'une mission de centralisation d'écritures à un niveau régional.

259. – DGFiP. Les services des impôts des particuliers et les pôles de recouvrement spécialisé sont dirigés par un agent ayant la qualité de comptable secondaire choisi parmi les comptables directs du Trésor et les comptables de l'administration financière[47].

Les pôles de recouvrement spécialisé, qui sont des postes comptables, ont pour ressort territorial le département sauf exceptions[48].

Le comptable chargé d'un pôle de recouvrement spécialisé est compétent pour engager ou poursuivre toute procédure visant au recouvrement des créances qu'il a prises en charge directement ou dont la responsabilité lui a été transférée par un autre comptable du département[49].

Un arrêté du 26 septembre 2003 avait créé à titre expérimental, au sein des directions des services fiscaux, des postes comptables dénommés : « pôles de recouvrement ». Dans les départements où les pôles de recouvrement spécialisés sont créés, les pôles de recouvrement de même ressort territorial issus de cet arrêté du 26 septembre 2003 sont supprimés.

SECTION 2

LES ÉLÉMENTS FORMELS

260. – Généralités. Le régime fiscal, considéré d'un point de vue formel, est l'ensemble des dispositions juridiques applicables à l'établissement, au recouvrement, au contrôle et au contentieux de l'impôt, telles qu'elles sont fixées par *le Code général des impôts* (CGI) et *le Livre des procédures fiscales* (LPF). Le « Recueil des contributions indirectes et des réglementations assimilées », dans lequel l'administration a regroupé les textes relatifs aux contributions indirectes, fait toujours partie du

(47) D. n° 2009-707, 16 juin 2009, art. 15.
(48) V., par ex., A. 23 juill. 2010 : *JO* 29 août.
(49) V., par ex., A. 2 nov. 2010 : *JO* 16 nov.

Code général des impôts bien qu'il fasse l'objet d'une publication distincte, de caractère officiel.

Les dispositions contenues dans le Code général des impôts et le Livre des procédures fiscales s'appliquent, par principe, à des prélèvements qui présentent le caractère d'« impositions de toute nature » au sens de l'article 34 de la Constitution ; ces dispositions, du seul fait de leur incorporation dans ces codes, ont le caractère de règles du droit fiscal.

Il existait autrefois une seule exception : elle concernait les dispositions relatives à certaines taxes parafiscales qui étaient codifiées dans l'annexe II au Code général des impôts[(50)]. Les taxes parafiscales, on l'a vu, ont été supprimées par la loi (V. *supra*, n° 60 et n°s 129 et s.).

En revanche, le Code général des impôts ne contient pas l'ensemble de la législation et de la réglementation concernant la totalité des impositions de toute nature. C'est notamment le cas, que l'on vient d'évoquer, des dispositions relatives aux impositions qui ont remplacé les taxes parafiscales et qui ne figurent toujours pas dans le Code général des impôts. On peut regretter, du reste, qu'il n'existe pas, dans une annexe au Code général des impôts, un système de références à toutes les impositions prévues dans des lois particulières ou d'autres codes, tels que le Code général des collectivités territoriales, le Code de la sécurité sociale, le Code de la santé publique, le Code de l'urbanisme ou le Code de l'environnement.

Mais le Code général des impôts n'usurpe pas son nom, même s'il n'est pas absolument général. On y trouve tout ce qui est quotidiennement le plus important, qu'il s'agisse des grands impôts d'État (y compris cet « IR *bis* » que constitue la contribution sociale généralisée, pour laquelle le Code général des impôts renvoie seulement, il est vrai, à des articles du Code de la sécurité sociale) ou des principales impositions perçues au profit des collectivités locales. À l'exception d'impositions à fort rendement prévues dans le Code des douanes, telle la taxe intérieure sur les produits pétroliers, le Code général des impôts englobe la quasi-totalité de la fiscalité.

L'incorporation de dispositions dans le Code général des impôts n'est pas seulement un critère du caractère de droit fiscal de ces dispositions. La codification est en soi une caractéristique du droit fiscal qui permet de le distinguer notamment du droit administratif général.

Depuis 1950, il existe un Code général des impôts (CGI). L'importance prise par ce code est l'un des motifs qui ont entraîné au début des années 1980 le détachement de la plupart des dispositions concernant les procédures fiscales et le regroupement de ces dispositions dans un nouveau « code », le Livre des procédures fiscales (LPF).

§ 1. – Le Code général des impôts (CGI)

261. – Création en 1948-1950. Jusqu'en 1950, il existait un Code de l'enregistrement, un Code général des impôts directs, un Code fiscal des valeurs mobilières, un Code des taxes sur le chiffre d'affaires, un Code des contributions indirectes et un Code du timbre.

(50) CGI, art. 335 et s.

Le décret de réforme fiscale n° 48-1986 du 9 décembre 1948 prévoyait qu'il serait procédé par décrets à la refonte des codes fiscaux pour les mettre en harmonie avec les dispositions de cette réforme. Il précisait que cette codification pourrait comporter en outre des dispositions tendant à coordonner les procédures de contrôle, de recouvrement et de contentieux et à simplifier les formalités ou déclarations imposées aux redevables ; sur ces différents points, le décret était donc autorisé à modifier certaines dispositions législatives.

Le Code général des impôts a été promulgué par un décret portant règlement d'administration publique du 6 avril 1950. Il résulte de la refonte en un code unique des divers codes fiscaux qui existaient jusque-là, de la mise en harmonie de leurs dispositions avec celles du décret de réforme fiscale du 9 décembre 1948 et de la validation opérée par l'article 15 de la loi n° 48-1974 du 31 décembre 1948. Ce texte de loi a conféré valeur législative à l'ensemble des dispositions de la partie législative du Code général des impôts de 1950, dès lors qu'elles ne sont pas contraires aux dispositions du décret de réforme fiscale du 9 décembre 1948 (51).

262. – **Contenu. Annexes.** Le Code général des impôts réunit toutes les dispositions législatives concernant les impôts d'État et les impôts perçus au profit des collectivités locales et de divers autres organismes.

Il comporte, en outre, quatre annexes qui opèrent la codification des textes réglementaires d'application, suivant que ces dispositions ont revêtu ou revêtent la forme de règlements d'administration publique (ann. I), de décrets en Conseil d'État (ann. II), de décrets simples (ann. III) ou d'arrêtés ministériels (ann. IV). Ces quatre annexes ont fait l'objet de trois autres décrets et d'un arrêté du 6 avril 1950.

263. – **Décrets d'incorporation.** La loi n° 51-247 du 1er mars 1951 (art. 11) donne en permanence au Gouvernement le pouvoir de procéder par décrets à l'incorporation dans le Code général des impôts et de ses annexes des « textes législatifs ou réglementaires modifiant certaines dispositions de ce code sans s'y référer expressément ».

264. – **Évolution des techniques de codification.** Les techniques de codification en matière fiscale ont cependant évolué considérablement.

Durant une période qui s'étend en gros de 1950 jusqu'à la fin de la décennie de 1980, le législateur édicte très souvent des dispositions qui n'ont aucune relation formelle avec le Code général des impôts, soit qu'il ne crée pas directement de nouveaux articles de ce code, soit qu'il ne modifie pas des articles du Code général des impôts existants, mais seulement des textes de loi précédents. Il laisse à l'autorité réglementaire le soin de remodeler la matière législative en la transformant en articles du Code général des impôts ou en opérant les modifications des articles concernés.

En particulier, lorsque le législateur institue une imposition ou procède à une réforme importante de la fiscalité ou de la procédure fiscale, il ne crée pas directement de nouveaux articles du Code général des impôts. C'est au codificateur qu'il revient d'effectuer ce travail d'adaptation, d'harmonisation et de répartition des

(51) CE, 12 nov. 1954, *Cne de Saint-Yorre : Rec. CE* 1954, p. 589. – CE, CAPC, 21 août 1996, n° 169.681, *Combier : RJF* 1997, n° 41.

nouveaux articles dans les différentes rubriques du Code général des impôts (par ex. : L. 19 juill. 1976 portant imposition des plus-values ; L. fin. 1982 instituant un impôt sur les grandes fortunes).

Les dispositions législatives étant codifiées par décret, le principe est que le Gouvernement ne peut procéder à des modifications de fond de ces dispositions. Le juge annule ou déclare illégale la disposition du décret de codification qui modifie au fond la disposition législative. Par ailleurs, sans parler d'illégalité, le codificateur peut commettre de simples erreurs, résultant d'un oubli des dispositions à codifier ou d'une simple maladresse de rédaction.

Effectivement, durant cette première époque, les illégalités ou erreurs ne sont pas rares. Le Code général des impôts ne présente donc pas une sécurité juridique parfaite.

L'année 1990 peut être considérée comme marquant la fin de cette première période où la codification relevait essentiellement des pouvoirs du Gouvernement.

265. – **Modifications directes du Code général des impôts et du Livre des procédures fiscales par la loi.** Il suffit de comparer le contenu des lois de finances de ces dernières années avec les dispositions des décrets d'incorporation de la première période pour constater immédiatement le changement qui s'est opéré. Le législateur crée, transforme ou modifie lui-même les articles du Code général des impôts et du Livre des procédures fiscales. Même des modifications de détail infime des articles existants sont désormais réalisées directement. Le législateur exécute le travail qui était autrefois celui du codificateur.

266. – **Conséquences.** Cette évolution a eu une incidence certaine sur la sécurité juridique de la codification. Elle comporte d'ailleurs un paradoxe assez étonnant. La loi devient inintelligible lorsqu'elle use de formules comme celle-ci : « au b du 1° du IV de l'article 1417, les mots : « et 44 decies » sont remplacés par les mots « 44 decies et 44 undecies ». Ce n'est là qu'un exemple très simple parmi les milliers de dispositions du même ordre qui pourraient être citées : et il existe des modifications encore plus abracadabrantes. C'est seulement en examinant attentivement l'article correspondant du Code général des impôts ou en se reportant à un commentaire spécialisé que l'on arrive à décrypter le texte de la loi et que celui-ci revêt une signification précise alors qu'il était inintelligible à une simple lecture.

En un mot, depuis que le législateur crée du « texte codifié », ce que la codification a gagné en sécurité, la loi l'a perdu en clarté et en intelligibilité. Cette évolution ne manque pas de paraître paradoxale à une époque où « l'accessibilité et l'intelligibilité de la loi » constituent un objectif de valeur constitutionnelle : or, la codification répond à cet objectif, suivant la jurisprudence du Conseil constitutionnel.

§ 2. – Le Livre des procédures fiscales (LPF)

267. – **Création. 1977-1981.** La création du Livre des procédures fiscales s'inscrit dans le cadre beaucoup plus général d'une refonte de la codification fiscale.

La nécessité d'une refonte du Code général des impôts est apparue au législateur dès 1960, d'où la procédure prévue à l'article 78 de la loi de finances pour 1962, n° 61-1396 du 21 décembre 1961[(52)].

Ce texte dispose que « le Gouvernement procédera par décrets en Conseil d'État à une refonte du Code général des impôts en vue d'alléger ou de simplifier la présentation de ce code. Cette refonte, qui pourra notamment comporter des fusions ou divisions d'articles, ne devra entraîner aucune modification des taux, ni des règles de l'assiette et du recouvrement des impositions. Le nouveau code ne pourra être publié qu'à l'expiration du délai de trois mois après sa communication aux commissions des finances de l'Assemblée nationale et du Sénat ».

Alors que les dispositions de la loi de 1951 ne permettent qu'une codification purement formelle, l'article 78 autorise certains aménagements, certaines adaptations de forme, le « toilettage juridique » de certaines dispositions ou rubriques du code.

Longtemps en sommeil, ce projet a été relancé en 1977. Il n'a pas répondu à l'unique souci, purement technique, de simplifier la présentation du Code général des impôts et d'en améliorer la lisibilité. À la suite de l'intensification des contrôles fiscaux à partir de 1974, l'idée s'est fait jour, notamment au sein des professions judiciaires et juridiques, que l'existence d'un code distinct de procédure fiscale pouvait améliorer les garanties des contribuables. Le projet s'est précisé et affirmé à la fin de l'année 1977, lors de l'élaboration de la loi n° 77-1453 du 29 décembre 1977 accordant des garanties de procédure aux contribuables en matière fiscale et douanière. Mais le Gouvernement a craint qu'un débat parlementaire n'aboutisse à remettre en cause certaines prérogatives de l'administration fiscale. Il a donc préféré s'en tenir à la voie réglementaire que lui ouvrait l'article 78 de la loi du 21 décembre 1961 et donc, à la rédaction purement formelle d'un recueil des procédures fiscales.

Le Gouvernement a créé à la fin de l'année 1977, une « commission consultative du Livre des procédures fiscales », chargée de formuler un avis sur l'avant-projet du Livre des procédures fiscales qui était préparé par le Service de la législation fiscale en liaison avec la Direction générale des impôts et la Direction de la comptabilité publique. Elle a remis son rapport au ministre du Budget le 26 juin 1980.

Le Conseil constitutionnel a été saisi par le Gouvernement pour se prononcer sur la nature juridique des dispositions du Code général des impôts intervenues après l'entrée en vigueur de la Constitution de 1958. Dans trois décisions n° 80-113 L du 14 mai, n° 80-116 L du 24 octobre et n° 80-119 L du 2 décembre 1980, il a déclassé presque tous les textes de forme législative régissant la procédure fiscale contentieuse en leur reconnaissant un caractère réglementaire.

Le Conseil d'État a examiné les projets de décrets dans le second semestre 1980 et le projet définitif a été transmis pour avis aux commissions des finances de l'Assemblée nationale et du Sénat le 25 mars 1981, dans des conditions qui peuvent

(52) *Dr. fisc.* 1962, comm. 1.

d'ailleurs faire douter de la régularité de cette communication au regard des dispositions de l'article 78 de la loi du 21 décembre 1961[53].

268. – **Décrets du 15 septembre 1981. Entrée en vigueur le 1er janvier 1982.** Le Livre des procédures fiscales était annexé aux deux décrets n° 81-859 et n° 81-860 du 15 septembre 1981, publiés au *Journal officiel* du 18 septembre 1981. Les dispositions du Livre des procédures fiscales sont entrées en vigueur le 1er janvier 1982.

La légalité du Livre des procédures fiscales a été contestée à plusieurs reprises. Mais le juge a toujours considéré jusqu'ici que cette codification avait été régulièrement effectuée[54].

269. – **Contenu. Objectif.** Le Livre des procédures fiscales vise principalement à clarifier et à améliorer la présentation des dispositions relatives à la procédure. À cet effet, 280 articles du Code général des impôts et quelque 100 articles de ses annexes ont, à l'époque, été regroupés et divisés en articles généralement plus courts, ordonnés selon un plan plus cohérent et écrit dans une forme simplifiée et allégée. Depuis 1981, le Livre des procédures fiscales s'est accru de très nombreux articles nouveaux et on n'a pu éviter le retour à l'adjonction de lettres de l'alphabet ou des adjectifs numéraux empruntés au latin.

L'autorité réglementaire a retenu une définition de la procédure qui permet d'englober, suivant une distinction devenue classique, les procédures non contentieuses relatives à l'établissement, au recouvrement et au contrôle de l'impôt, et les procédures contentieuses proprement dites, y compris les procédures pénales. De très nombreuses et importantes dispositions ont malheureusement été disjointes des règles de procédure bien qu'elles en soient inséparables, notamment les dispositions concernant les sanctions fiscales et les commissions administratives, ce qui nuit à la cohésion de l'ensemble et aux nécessités de la pratique. Mais il y a une explication à cela.

Le Livre des procédures fiscales devait constituer primitivement le Livre VII du « nouveau Code des impôts ». C'est la raison pour laquelle il a été désigné à l'origine comme le « Livre des procédures fiscales du Nouveau Code des impôts ». Les dispositions qui n'avaient pas été incluses dans ce livre, comme celles qui viennent d'être rappelées (sanctions fiscales, commissions administratives) devaient faire l'objet d'un autre livre intitulé « dispositions communes ».

Mais le projet de refonte générale du Code général des impôts a été abandonné très rapidement après 1981.

Le projet de révision du Code général des impôts livre par livre, a été repris par la Commission supérieure de codification instituée par le décret n° 89-647 du 12 septembre 1989. Ce projet, compte tenu de l'ampleur de la tâche, devait s'étaler sur plusieurs années. Il figurait encore au programme général de codification pour la période de 1996-2000 adopté par la Commission supérieure de codification dans sa

(53) V. en ce sens les judicieuses observations de M. G. Zaquin, *Introduction au Livre des procédures fiscales* : *Dr. fisc.* 1981, n° 43.

(54) *Code de procédure fiscale*, Dalloz, 2013, p. 1. – *JCl. Procédures fiscales*, Fasc. 150, 2008, n° 21.

séance du 4 décembre 1995. Mais il n'a pas été relancé depuis cette époque ; il est donc retombé en sommeil et, semble-t-il, dans un profond sommeil…

SECTION 3

LES ÉLÉMENTS MATÉRIELS

270. – Les éléments matériels de la définition du régime fiscal sont tirés du contenu des règles applicables au recouvrement, au contrôle et au contentieux de l'impôt.

Les éléments constitutifs de l'impôt qui seront examinés (matière imposable juridiquement qualifiée, personne imposable, fait générateur et territorialité) sont essentiellement variables suivant la nature des impositions. On peut donner une définition très générale de chacun d'eux, mais il est impossible de systématiser les applications multiples qu'ils reçoivent.

Il ne peut donc exister de définition synthétique du régime fiscal en ce qui concerne *les règles de l'établissement de l'impôt*, parce que ces règles *varient naturellement pour chaque impôt*, notamment en fonction de la nature de la matière imposable et des modalités d'assiette.

Mais si la notion de régime fiscal ne présente aucune homogénéité à cet égard, il en va différemment pour ce qui est du recouvrement, du contrôle et du contentieux de l'impôt. Il existe, sous ces différents aspects, une unité de régime fiscal ou, tout au plus, une dualité de régimes.

§ 1. – Le recouvrement de l'impôt

271. – **Dualité de régimes. Rôle. Avis de mise en recouvrement.** Ainsi qu'on le verra en examinant les règles relatives au recouvrement de l'impôt, il existe *deux régimes* correspondant respectivement aux deux procédés du rôle nominatif et de l'avis de mise en recouvrement, ce dernier n'étant applicable, dans le cas général, qu'à défaut de paiement spontané de l'impôt.

On comprend ainsi que la jurisprudence ait pu pendant longtemps se fonder sur le mode de perception de l'impôt pour déterminer la nature juridique de l'impôt (V. *supra*, n° 192). Ce critère n'était pas dépourvu de toute cohérence. Il permet toujours de faire la distinction entre, d'une part, les impôts directs (IR, impôts directs locaux) et d'autre part, la TVA et les taxes sur le chiffre d'affaires, les impôts indirects, les droits d'enregistrement et les droits de timbre.

Il permet aussi de faire la distinction avec des impôts qui ne relèvent pas de l'un ou l'autre de ces régimes : tel est le cas des impôts communaux recouvrés suivant la procédure de l'état exécutoire prévue à l'article R. 2342-4 du Code général des collectivités territoriales. L'état exécutoire se distingue du rôle nominatif ou de l'avis de mise en recouvrement en ce que l'opposition qui est faite par le redevable suspend immédiatement le recouvrement, sans qu'il ait à demander le sursis de paiement comme dans le régime fiscal ordinaire, ou un sursis à exécution.

§ 2. – Le contrôle de l'impôt

272. – Unité de régime. Le contrôle de l'impôt, au sens large, tel qu'il est régi par les dispositions du Code général des impôts et du Livre des procédures fiscales, constitue un autre *élément fondamental du régime fiscal.*

Les procédures de contrôle et de rectification (ou de redressement selon l'appellation ancienne) applicables aux divers impôts, telles qu'elles sont prévues actuellement dans le Livre des procédures fiscales, ont été harmonisées et même pour les plus importants d'entre eux (TVA, IR, IS, droits d'enregistrement) uniformisées à partir de la loi du 27 décembre 1963.

Le régime fiscal se caractérise par son homogénéité en matière de contrôle, malgré l'existence de procédures particulières, telles que la procédure de rectification des prix ou évaluations pour les droits d'enregistrement[55], l'examen contradictoire de la situation fiscale personnelle pour l'impôt sur le revenu[56] le droit d'enquête pour la TVA[57], ou les procédures spéciales pour les contributions indirectes.

Il correspond à un ensemble de règles, communes à plusieurs impôts (et les plus importants), dans les trois domaines des procédures non contentieuses : – procédures de contrôle au sens strict (contrôle sur pièces, demande d'éclaircissements ou de justifications, droit de communication, vérification de comptabilité, perquisition de locaux professionnels et du domicile), – procédures de redressement (procédure de rectification contradictoire, procédures d'imposition d'office, procédure de répression des abus de droit), – et enfin procédures des sanctions fiscales.

L'examen de ces règles est repris avec l'étude des procédures fiscales.

§ 3. – Le contentieux de l'impôt

273. – Dualité de régimes. Dispositions communes. Le *régime fiscal* correspond aussi à un *régime contentieux spécial.*

Le contentieux de l'impôt ressortit à la compétence de la juridiction administrative (TVA et TCA, IR, IS, impôts directs locaux) ou à la compétence de la juridiction judiciaire (droits d'enregistrement, impôt de solidarité sur la fortune, impôts indirects, timbre). Il existe donc *deux régimes* en matière de contentieux. Mais le Livre des procédures fiscales comporte de nombreuses *dispositions communes*, en particulier, les règles relatives à *la procédure contentieuse non juridictionnelle.*

274. – Caractéristiques essentielles. Ce contentieux, dont l'étude est reprise avec celle des procédures fiscales, présente *deux caractéristiques essentielles.*

D'une part, il existe des *règles différentes* pour le contentieux de *l'établissement de l'impôt* et pour celui du *recouvrement*, et ces règles sont appliquées, soit par le

(55) LPF, art. L. 17.
(56) LPF, art. L. 12.
(57) LPF, art. L. 80 F.

juge de l'impôt (juridiction administrative ou juridiction judiciaire), soit par la seule juridiction civile. D'autre part, le contentieux de l'établissement de l'impôt et celui du recouvrement se caractérisent par l'application généralisée de *la règle du recours préalable*, qui conditionne la recevabilité de l'action en justice ; cette demande doit être présentée, suivant les cas, soit à l'administration d'assiette, soit au chef du service chargé du recouvrement.

275. - **Compétences des juges de l'impôt. Assiette et recouvrement.** Le *juge de l'impôt* est compétent pour connaître des *contestations individuelles* relatives à *l'assiette et au recouvrement* de l'impôt. Il s'agit soit du juge *administratif* (tribunaux administratifs, cours administratives d'appel et Conseil d'État par la voie du recours en cassation) en matière d'impôts directs et de taxes sur le chiffre d'affaires, soit du juge judiciaire (tribunal de grande instance, cour d'appel, Cour de cassation), en matière de droits d'enregistrement, d'impôt de solidarité sur la fortune, d'impôts indirects et de timbre. Avant la réforme réalisée par la loi n° 96-1181 du 30 décembre 1996 (art. 112-IV), le jugement des tribunaux de grande instance ne pouvait faire l'objet que d'un pourvoi en cassation.

Le juge de l'impôt, qu'il s'agisse du juge administratif ou du juge judiciaire, a plénitude de juridiction. Les questions considérées comme préjudicielles devant le juge administratif et dont la solution doit être renvoyée à la juridiction civile sont assez rares. La même observation doit être faite pour les questions préjudicielles soulevées devant le juge judiciaire de l'impôt et ressortissant à la compétence de la juridiction administrative.

En particulier, par dérogation à la règle du contentieux administratif général, le juge judiciaire de l'impôt est compétent pour apprécier la légalité des dispositions réglementaires sur lesquelles sont fondées les impositions dont le contentieux lui appartient.

Toutefois, en matière de *recouvrement, le juge administratif ou le juge judiciaire de l'impôt*, chacun pour les impôts ressortissant à ses attributions, n'est compétent, en tant que juge de l'impôt, que pour connaître des contestations portant sur l'existence de l'obligation de payer, le montant de la dette compte tenu des paiements effectués, l'exigibilité de la somme réclamée ou sur tout autre motif ne remettant pas en cause l'assiette et le calcul de l'impôt[(58)].

276. - **Compétence judiciaire exclusive. Régularité en la forme des actes de poursuite.** La juridiction *civile est seule compétente*, quelle que soit la nature de l'impôt (donc même en matière d'impôts directs et de TCA) pour connaître des contestations portant sur la *régularité en la forme des actes de poursuite* (par ex., régularité d'un commandement, d'un avis à tiers détenteur).

Les trois degrés de juridiction ont toujours existé dans ce domaine : tribunal de grande instance jusqu'au 1er janvier 1993, et depuis cette date, juge de l'exécution ou tribunal de grande instance (uniquement, pour ce dernier, en matière immobilière), cour d'appel et Cour de cassation.

(58) LPF, art. L. 281.

(58) Ibid., n° 232.

C H A P I T R E 2

IMPOSITIONS NON SOUMISES AU RÉGIME FISCAL

277. – **Généralités.** Il ne suffit pas de définir les notions d'imposition et de régime fiscal pour avoir une vue d'ensemble du droit fiscal. La réalité est plus complexe en raison de l'indépendance qui existe, dans une certaine mesure, entre la notion d'imposition et celle de régime fiscal.

L'impôt auquel s'applique intégralement le régime fiscal entre dans l'une des grandes catégories légales (impôts directs, impôts indirects, taxes sur le chiffre d'affaires, droits d'enregistrement).

La nature juridique des impositions qui ne sont pas soumises en totalité au régime fiscal reste souvent indéterminée au regard de la classification légale, ce qui est déjà révélateur. Ces impositions sont alors considérées comme présentant le caractère « d'un prélèvement fiscal innommé, *sui generis* » (V. *supra*, n° 212).

Le caractère « d'imposition », au sens de l'article 34 de la Constitution, que le juge se borne à attribuer parfois aux prélèvements de ce type, permet de tourner l'obstacle de la spécificité des distinctions légales. Les décisions du Conseil constitutionnel et du Conseil d'État concernant les premières redevances perçues par les agences financières de bassin illustrent parfaitement cette tendance jurisprudentielle (V. *infra*, n° 310).

La qualification d'imposition ne saurait cependant induire l'application intégrale du régime fiscal.

Il existe, en effet, des impositions qui ne sont pas soumises au régime fiscal ou qui n'y sont soumises que partiellement.

L'exclusion du régime fiscal se caractérise par le fait que l'un ou l'autre ou plusieurs des éléments de ce régime ne se retrouvent pas dans les différentes hypothèses qui vont être examinées, soit que les règles du Code général des impôts et du Livre des procédures fiscales ne s'appliquent pas, soit que les agents de l'administration des impôts n'interviennent pas dans l'établissement et le contrôle de l'imposition, soit qu'il existe un partage des compétences entre l'administration des impôts et celle de l'équipement, soit encore que le contentieux ne relève pas intégralement du juge de l'impôt.

Ces impositions sont très nombreuses et résistent parfois à toute classification. L'existence d'impositions non soumises au régime fiscal a été confirmée encore récemment au sujet de la taxe de gestion et de contrôle de l'autorisation due par les opérateurs titulaires d'autorisations d'exploitation relatives à des réseaux et services de télécommunications, prévue par l'article 45 modifié de la loi de finances pour 1987, n° 86-1317 du 30 décembre 1986. Cette taxe constitue « une imposition non visée par le CGI » et « en renvoyant (...) aux modalités fixées aux articles 80 à 95 du décret du 29 décembre 1962 portant règlement général sur la comptabilité publique, le législateur a entendu exclure l'application des règles relatives au contentieux des impositions de toute nature prévues au LPF »[(1)].

Ces impositions peuvent être regroupées cependant dans trois grandes catégories suivant qu'il s'agit d'impositions d'État relevant de l'administration des douanes, de prélèvements sociaux présentant le caractère d'impôt ou bien d'impositions perçues au profit des collectivités territoriales ou de certains établissements publics.

278. – **Dispositions du droit fiscal applicables à des créances sans caractère fiscal.** On rappellera seulement ici qu'inversement, certaines dispositions du régime fiscal peuvent s'appliquer à des prélèvements ou à des créances sans caractère fiscal.

C'était le cas, avant leur suppression, des taxes parafiscales, notamment celles dont l'assiette était commune avec des impôts ou taxes (V. *supra*, n° 145).

C'était aussi le cas de la participation en cas de non-réalisation d'aires de stationnement. Le régime contentieux de cette participation comportait un premier élément du régime fiscal : il prévoyait que les réclamations sont présentées, instruites et jugées selon les règles de procédure applicables en matière d'impôts directs, suivant l'article R. 332-23 du Code de l'urbanisme.

L'article R. 332-20 ancien du même code prévoyait, en outre, que la participation est recouvrée en vertu d'un titre de recette émis au vu du permis de construire par l'ordonnateur de la commune ou de l'établissement public de coopération intercommunale et que « les poursuites pour son recouvrement ont lieu comme en matière d'impôts directs » ; le recouvrement des produits communaux « comme en matière d'impôts directs » avait pour objet d'étendre au recouvrement de ces produits les modalités d'exercice des voies d'exécution prévues pour les impôts directs, et c'était là, du reste, le seul objet de cette disposition[(2)] ; V. *supra*, n° 82.

279. – **Application à des impositions des règles relatives aux créances non fiscales de l'État.** Ce cas est illustré par la nouvelle taxe d'aménagement et le versement pour sous-densité. Il est prévu que ces impositions sont recouvrées par les comptables publics selon les règles applicables en matière de créances étrangères à l'impôt et au domaine (V. *supra*, n°s 88 et s.), selon les modalités du décret modifié n° 62-1587 du 29 décembre 1962, portant règlement général sur la comptabilité publique (art. 80 à 95).

(1) CE, 29 oct. 2012, n° 334.987, *Autorité de régulation des communications électroniques et des postes (ARCEP) : RJF* 2013, n° 111 ; *BDCF* 2013, n° 11, concl. Mme Legras. – A. Couderc, *Les textes applicables au contentieux des impositions non soumises au CGI : BF Lefebvre* 7/2013, p. 389 et s.

(2) CE, 19 avr. 2000, 19 mars 2001, *SARL Le Paris*. – CE, 19 mars 2001, *Palanque*.

SECTION 1

IMPOSITIONS RELEVANT DE L'ADMINISTRATION DES DOUANES

280. – L'appellation unique de Direction générale des douanes et droits indirects, en dépit de la dualité d'attributions qu'elle implique, peut être source d'erreur sur les règles à appliquer, soit les dispositions du Code des douanes, soit les dispositions du Code général des impôts et du Livre des procédures fiscales[3]. La compétence juridictionnelle et la nature des règles de procédure applicables sont déterminées par le caractère de droits de douane ou celui d'impôt indirect du prélèvement établi et recouvré par les agents de cette administration[4].

À côté des impositions traditionnelles sur les importations en France ou les droits de douane proprement dits qui constituent ce que l'on peut appeler la fiscalité douanière par nature, il existe des impôts perçus comme en matière douanière, c'est-à-dire selon les règles prévues par le Code des douanes pour le contrôle, le recouvrement et le contentieux de ces prélèvements.

§ 1. – Fiscalité douanière par nature

281. – **Droits de douane.** Suivant la jurisprudence du Conseil constitutionnel, les *droits de douane* « ont un caractère fiscal » ; il s'ensuit que les dispositions législatives qui les concernent sont susceptibles de figurer dans une loi de finances[5].

Les droits de douane qui, autrefois, étaient principalement des droits spécifiques, visent à assurer la protection de l'agriculture, du commerce et de l'industrie. Ils ont été pendant longtemps un instrument important de la politique, et pas seulement économique, d'un pays. Cette importance a décliné d'abord avec la libéralisation du commerce international dans le cadre de l'Accord général sur les tarifs douaniers et le commerce (GATT), signé à Genève le 30 octobre 1947.

L'étape la plus importante est marquée par l'institution de l'union douanière des États membres de la Communauté. Elle comporte, d'une part, l'interdiction entre États membres des droits de douane et des taxes d'effet équivalent, et, d'autre part, l'instauration d'un tarif douanier commun (TDC) à l'égard des pays tiers. La France et les autres États membres ont perdu ainsi toute compétence pour établir des droits distincts de ceux du tarif douanier commun.

282. – **Attributions de l'administration des douanes.** Les interventions des douanes relèvent de la *Direction générale des douanes et droits indirects*, qui dépend du ministre du Budget. Cette administration a de multiples activités dans de nombreux domaines : contrôle de la régularité des échanges extérieurs (à l'importation, la douane s'assure que les produits sont soumis aux mêmes règles que celles

(3) V. par ex., Cass. com., 15 janv. 2013, n° 11-26.700, *Banque populaire Côte d'Azur* : *RJF* 2013, n° 565.
(4) Cass. com., 4 juin 2013, n° 12-13.410, *Sté Banque populaire Côte d'Azur* : *RJF* 2013, n° 989.
(5) Cons. const., 28 déc. 1990, n° 90-286 : *RJF* 1991, p. 131.

appliquées aux biens nationaux : normes techniques, réglementations sanitaires et phytosanitaires, contrefaçons ; à l'exportation, elle contribue à la protection du patrimoine artistique et culturel national), élaboration et diffusion des statistiques du commerce extérieur (la douane établit chaque mois les résultats de la balance commerciale et fournit des informations détaillées aux opérateurs et aux entreprises), lutte contre le trafic des stupéfiants et le blanchiment des avoirs illicites provenant de ce trafic, contre la toxicomanie et l'immigration clandestine, contre l'introduction en France d'animaux appartenant à des espèces de faune menacées d'extinction protégées par la convention de Washington, etc.

La Direction générale des douanes et droits indirects assure au profit du budget de la Communauté le recouvrement des droits du tarif extérieur commun sur les produits importés des pays tiers.

Elle est chargée, en outre, du recouvrement de plusieurs impositions d'État qui relèvent traditionnellement de la fiscalité douanière.

283. – **Taxe intérieure sur les produits pétroliers (TIPP).** La plus importante est la *taxe intérieure sur les produits pétroliers*. Il s'agit d'un impôt spécifique auquel s'ajoute la TVA à l'importation. La TIPP est appelée encore taxe intérieure de consommation parce qu'elle est perçue lors de la mise à la consommation, laquelle est une opération douanière qui comporte une déclaration par laquelle une personne manifeste sa volonté de libérer de la surveillance et des sujétions douanières des produits qui y étaient auparavant soumis.

284. – **TVA à l'importation.** La douane perçoit encore la *TVA à l'importation* sur les produits en provenance des pays tiers (V. *supra*, n° 257).

La législation douanière est codifiée partiellement dans le *Code des douanes*(6), et fait également l'objet de quelques dispositions dans le Code général des impôts(7).

L'article 1695 du Code général des impôts précise que la TVA est perçue, à l'importation, comme en matière de douane. L'article L. 234 du Livre des procédures fiscales, qui reproduit l'article 1790 du Code général des impôts dispose, de son côté, que les infractions relatives à l'application des taxes sur le chiffre d'affaires et des taxes assimilées à l'importation sont poursuivies et jugées selon la procédure et par les tribunaux compétents en matière douanière. Il en est de même des infractions relatives à l'assiette, à la liquidation et au recouvrement de la TVA perçue par l'administration des douanes sur les produits pétroliers, à l'exception du contentieux relatif aux déductions.

Le principe posé par les articles 1695 du Code général des impôts et L. 234 du Livre des procédures fiscales entraîne l'application des dispositions prévues par le Code des douanes en ce qui concerne notamment les pouvoirs de contrôle des agents de l'administration des douanes (droit de visite des marchandises, des moyens de transport et des personnes), la conduite des marchandises en douane, les opérations de dédouanement, la constatation des infractions douanières, les poursuites en matière douanière, la procédure devant les tribunaux, l'exécution des

(6) V. C. douanes, art. 265 et s.
(7) Importations, CGI, art. 291 à 293 A bis.

jugements, des contraintes et des obligations en matière douanière, le régime particulier de responsabilité et solidarité, etc.

§ 2. – Impositions perçues comme en matière douanière

285. – **Taxe à l'essieu. Taxe intérieure sur la consommation finale d'électricité.** L'administration des douanes assure la gestion d'autres impositions perçues au profit de l'État, telles que : – la taxe sur certains véhicules routiers, dite taxe à l'essieu[8] ; – la taxe intérieure sur la consommation finale d'électricité, dont sont redevables notamment les fournisseurs d'électricité, ceux-ci s'entendant des personnes qui produisent ou achètent de l'électricité en vue de la revendre à un consommateur final, taxe qui est prévue par l'article 266 quinquies C du Code des douanes, créé par la loi n° 2010-1488 du 7 décembre 2010 portant nouvelle organisation du marché de l'électricité (V. *infra*, n° 301) ; – la taxe générale sur les activités polluantes qui fait l'objet des articles 266 sexies et suivants du Code des douanes ; – la taxe nationale sur les véhicules de transport de marchandises, créée par la loi n° 2008-1425 du 27 décembre 2008, de finances pour 2009 (art. 153), dont l'assiette est constituée par la longueur des sections de tarification empruntées par le véhicule, exprimée en kilomètres, et dont le taux kilométrique, compris entre 0,025 € et 0,20 € par kilomètre, est fonction de la catégorie du véhicule soumis à la taxe.

286. – **Taxe nationale sur les véhicules de transport de marchandises. Ecotaxe sur les poids lourds.** L'institution d'une écotaxe sur les poids lourds est destinée dans son principe à compenser les dommages et les inconvénients résultant, notamment à l'intérieur de zones habitées, de l'augmentation de la pollution et des dangers de la circulation, sur des routes du domaine public routier national ou appartenant à des collectivités territoriales, lorsque ces routes supportent ou sont susceptibles de supporter un report de trafic en provenance des autoroutes à péage ou des sections gratuites d'autoroutes.

Elle est pleinement conforme au principe pollueur-payeur et peut avoir un effet dissuasif en facilitant les solutions alternatives telles que le ferroutage. Elle constitue aussi un moyen de financement des infrastructures de transport. Appliquée à l'intérieur de l'Union européenne, elle permet de rééquilibrer la concurrence résultant de la circulation des poids lourds en provenance d'États d'Europe du Nord qui traversent toute la France pour se rendre en Espagne ou au Portugal sans parfois consommer de carburant en France.

De nombreux parlementaires des régions frontalières ont proposé l'instauration d'une écotaxe, notamment en Alsace. L'idée a été reprise lors de la discussion de la loi de finances pour 2009, n° 2008-1425 du 27 décembre 2008 (art. 153), puis dans la loi n° 2009-967 du 3 août 2009 de programmation relative à la mise en œuvre du Grenelle de l'environnement.

(8) C. douanes, art. 284 quater.

Les dispositions concernées ont été insérées par la loi de finances pour 2009 dans le Code des douanes (art. 269 et s.) sous la dénomination de « taxe nationale sur les véhicules de transport de marchandises ». Selon les indications recueillies dans la proposition de loi de M. J.-L. Masson, c'est au total 800 000 poids lourds de plus de 3,5 tonnes qui devaient être taxés sur 15 000 kilomètres de routes, dont 5 000 kilomètres de voies locales, pour un rendement brut estimé à 1,1 Md€, dont 160 M€ à destination des collectivités territoriales(9).

L'application de cette taxe devait être effective le 20 juillet 2013 ; elle a été reportée deux fois, puis suspendue par le Premier ministre le 29 octobre 2013.

La loi de finances rectificative pour 2014, n° 2014-891 du 8 août 2014 (art. 16) a créé un nouveau dispositif toujours sous la même dénomination dans le Code des douanes. L'assiette de cette taxe était limitée à 4 000 kilomètres de routes, et son rendement brut, réduit à 550 M€. Ce dispositif a été à son tour suspendu *sine die* par le ministre de l'Écologie, le 9 octobre 2014, à la suite d'une véritable révolte des milieux professionnels des départements bretons. La résiliation du contrat de partenariat qui liait l'État à la société en charge de la collecte de la taxe a été annoncée le 30 octobre 2014 et le Gouvernement n'a pu dissimuler au grand public le coût de l'opération(10).

Ainsi que l'observe M. J.-L. Masson dans sa proposition, « cette situation inédite a conduit à la non-application de dispositions législatives pourtant votées à la quasi-unanimité par le Parlement ».

La proposition de loi qu'il a déposée tend à permettre aux régions d'instaurer une écotaxe sur les poids lourds. Les conseils régionaux auraient le pouvoir d'en fixer le taux dans une certaine limite. Dans l'intitulé du chapitre concerné du Code des douanes, la taxe « nationale » deviendrait ainsi une taxe « régionale ».

287. – **Taxe générale sur les activités polluantes (TGAP, huit impositions).** La TGAP a été instituée par la loi de finances pour 1999, n° 98-1266 du 30 décembre 1998 (art. 45) en remplacement de diverses taxes parafiscales intéressant la protection de l'environnement(11) ; V. *supra*, n° 141.

La création de la TGAP, qui s'inscrit dans la perspective de la future « écotaxe » européenne, devrait, en principe, se substituer progressivement à tous les prélèvements actuellement en vigueur dans le domaine de l'environnement. Elle a pour objectif officiel d'améliorer l'incitation à la protection de l'environnement, en application du principe pollueur-payeur, et de rompre le lien entre taxation et droit à polluer.

La TGAP porte très mal son nom. Il ne s'agit pas d'une imposition unique, mais de huit impositions (appelées aussi composantes) regroupées sous l'appellation fallacieuse de taxe générale, alors que les matières imposables, les redevables et les taux sont nécessairement différents pour chacune d'elles.

Sept taxes sont établies sur les matières suivantes(12) : – stockage et élimination des déchets, – émissions de substances polluantes dans l'atmosphère, – huiles usagées et

(9) Prop. de loi Sénat n° 44, 2015-2016, 12 oct. 2015.
(10) V. *Le Figaro* 11-12 oct. 2014, p. 6 et 7 ; *ibid.* 31 oct. 2014, p. 4.
(11) *Dr. fisc.* 1999, n° 1, comm. 1.
(12) C. douanes, art. 266 sexies.

lubrifiants, – préparations pour lessives, – matériaux d'extraction, – installations classées, – certains carburants(13).

Depuis le 1er janvier 2014, une huitième taxe est entrée en application, en vertu de l'article 47 de la loi n° 2010-1658 du 29 décembre 2010 de finances rectificative pour 2010. Elle porte sur les sacs de caisse à usage unique en matière plastique(14).

Le prélèvement concernant certains carburants, qui a été institué par la loi de finances pour 2005, n° 2004-1484 du 30 décembre 2004 (art. 32), constituait à l'origine un dispositif incitatif visant à l'incorporation de biocarburants dans les carburants.

Le régime de la TGAP sur les carburants, tel qu'il a été modifié par la loi de finances pour 2014 (art. 34) est d'une complexité extrême.

La loi de finances pour 2008, n° 2007-1822 (art. 33) a élargi le champ d'application de la TGAP due sur les lubrifiants aux huiles et aux préparations lubrifiantes à usage perdu.

Jusqu'au 31 décembre 2008, la taxe sur les déchets était due par les exploitants d'installations de *stockage* de déchets ménagers et par les exploitants d'installations d'élimination de déchets industriels spéciaux ainsi que par les personnes qui transfèrent ou font transférer des déchets industriels spéciaux vers un autre État en application de la réglementation communautaire. La loi de finances pour 2009, n° 2008-1425 du 27 décembre 2008, a soumis à la taxe sur les déchets les installations d'*élimination* de déchets ménagers par incinération, considérées jusque-là comme moins polluantes, ainsi que les transferts de déchets ménagers et assimilés vers un autre État.

Le Conseil constitutionnel, saisi d'une question prioritaire de constitutionnalité, a jugé conformes à la Constitution certaines dispositions des articles 266 sexies et 266 septies du Code des douanes en matière de stockage des déchets, sous une réserve d'interprétation concernant l'application de ces dispositions aux déchets inertes(15).

Plusieurs modifications d'importance ont été apportées par la loi de finances rectificative pour 2013, n° 2013-1279 du 29 décembre 2013 (art. 23 et 24) dans le but d'harmoniser la terminologie du Code des douanes avec celle du droit de l'environnement et du droit communautaire ; la distinction entre « déchets ménagers et assimilés » et « déchets industriels spéciaux » est remplacée par la distinction entre « déchets non dangereux » et « déchets dangereux ». Sont également modifiés les notions d'« incinération » et d'« installations de réception des déchets » ainsi que le régime d'exonération des déchets d'amiante-ciment en vue de faciliter l'élimination de cette catégorie de déchets.

La loi de finances pour 2009 a étendu le champ d'application de la TGAP due sur les émissions de substances polluantes à l'émission de poussières totales en suspension (particules fines qui, en raison de leur taille, sont susceptibles de pénétrer profondément dans le système respiratoire).

(13) C. douanes, art. 266 quindecies.
(14) C. douanes, art. 266 sexies.
(15) Cons. const., n° 2010-57 QPC, 18 oct. 2010, *Sita FD* : *RJF* 2011, n° 361. – V. aussi sur la question des déchets inertes : Cass. com., 24 mai 2011, n° 10-14.634, *Communauté d'agglomération de l'Ouest de l'Étang de Berre* : *RJF* 2011, n° 1105.

La loi n° 2012-1509 du 29 décembre 2012 de finances pour 2013 (art. 18) et la loi n° 2013-1278 du 29 décembre 2013 de finances pour 2014 (art. 33) ont étendu le champ d'application de cette TGAP (appelée encore TGAP-air) à l'émission de nouvelles substances (arsenic, mercure, plomb, zinc, etc.) ; ce sont au total dix-huit substances ou émissions qui sont désormais visées.

Il a déjà été indiqué que les tarifs sont nécessairement différents pour chacune des composantes[16]. Ces tarifs étaient relevés chaque année dans la même proportion que la limite supérieure de la première tranche du barème de l'impôt sur le revenu. La loi de finances pour 2013 (art. 19) a prévu qu'à compter du 1er janvier 2013 ils seront relevés chaque année dans une proportion égale au taux de croissance de l'indice des prix à la consommation hors tabac (donc sur l'inflation).

288. – **TGAP. Suppressions.** La loi de finances rectificative pour 2003, n° 2003-1312 du 30 décembre 2003 a supprimé, à compter du 1er janvier 2005, la taxe sur le décollage des aéronefs en tant que composante de la TGAP. Elle l'a remplacée par une taxe intitulée « taxe sur les nuisances sonores aériennes » qui est perçue au profit des exploitants des aérodromes par la Direction générale de l'aviation civile et dont le régime est codifié à l'article 1609 quatervicies A du Code général des impôts.

La TGAP, en tant qu'elle s'appliquait aux produits antiparasitaires, a été supprimée, à compter du 1er janvier 2008, par la loi n° 2006-1772 du 30 décembre 2006 sur l'eau et les milieux aquatiques (art. 101). Le législateur a institué en remplacement, une redevance pour pollutions diffuses, codifiée à l'article L. 213-10-8 du Code de l'environnement.

La loi de finances rectificative pour 2003, n° 2003-1312 du 30 décembre 2003 (art. 20) a ajouté dans le Code de l'environnement un article L. 541-10-1 qui crée une obligation de contribuer à la collecte, la valorisation et l'élimination des déchets pour toute personne physique ou morale qui, gratuitement, pour son propre compte, met à la disposition des particuliers, sans que ceux-ci en aient fait préalablement la demande, ou leur distribue des imprimés de type publicitaire, dans les boîtes aux lettres, les parties communes des habitations collectives, les locaux commerciaux, les lieux publics ou sur la voie publique.

Les dispositions de l'article L. 541-10-1 du Code de l'environnement portent sur un objet sensible du point de vue des libertés fondamentales. Dans leur rédaction première, elles avaient été déclarées inconstitutionnelles par le Conseil constitutionnel[17]. Le conseil avait jugé encore que l'exemption des imprimés gratuits faisant l'objet d'une distribution nominative instaurait une différence de traitement injustifiée avec ceux distribués de façon non nominative[18].

Le dispositif de 2003 avait un champ d'application particulièrement complexe en raison de l'application de critères cumulatifs (caractère informatif ou publicitaire, absence d'adressage, distribution ou mise à disposition dans les boîtes aux lettres,

(16) C. douanes, art. 266 nonies.
(17) Cons. const., 27 déc. 2002, n° 2002-464 DC, consid. 55 à 57 : *Dr. env.* 2003, n° 109, p. 117, obs. Ayrault.
(18) Cons. const., 29 déc. 2003, n° 2003-488 DC, consid. 6 à 12 : *Dr. env.* 2004, n° 116, p. 41, obs. Romi.

etc.). La loi n° 2007-1822 du 24 décembre 2007 de finances pour 2008 a supprimé cet inconvénient en étendant considérablement la portée du dispositif.

La contribution prévue à l'article L. 541-10-1 du Code de l'environnement peut être une contribution financière ou prendre la forme de prestations en nature et il est permis de considérer que cette contribution sous sa forme financière, comme celle qui est prévue à l'article L. 541-10 du même code, ne peut être regardée comme un versement assimilable à une imposition ou à une taxe[19]. Le texte d'origine prévoyait que la personne ou l'organisme qui ne s'en acquitte pas volontairement sous l'une ou l'autre de ces formes était soumis à la TGAP prévue à l'article 266 sexies du Code des douanes. Il s'agissait donc dans ce cas d'un impôt-sanction.

La loi de finances pour 2013 (art. 20) a supprimé, à compter du 1er janvier 2013, la sanction qui constituait la composante « imprimés papiers » de la TGAP.

Elle devrait être remplacée par une amende assortie éventuellement d'une obligation de mise en conformité, comme dans le cas de la distribution de produits générateurs des déchets[20].

La TGAP devait comprendre trois autres composantes concernant les produits chimiques pouvant présenter un risque significatif pour la santé et l'environnement[21], les éléments d'ameublement[22], et les pneumatiques[23] à la suite de la loi n° 2010-788 du 12 juillet 2010, dite « Grenelle II » (art. 198, 200 et 205).

Dans ces trois cas, l'application de la TGAP présentait aussi le caractère d'un impôt-sanction, applicable pour non-respect des obligations prévues par le Code de l'environnement. Cependant, l'article 260 sexies du Code des douanes n'avait pas été complété à cet effet. La loi de finances pour 2003 a supprimé cette extension de la TGAP qui restait virtuelle.

289. – TGAP. Affectation. La TGAP avait été affectée primitivement au budget général de l'État par la loi de finances pour 1999. La loi de financement de la sécurité sociale pour 2000 (art. 5) l'avait affectée bizarrement au Fonds de financements de la réforme des cotisations patronales de sécurité sociale (FOREC) dont la mission était de compenser le coût, pour la sécurité sociale, des exonérations de cotisations patronales aux régimes de base, notamment de celles qui sont liées à la réduction du temps du travail, en application des lois dites « Aubry » du 13 juin 1998 et du 19 janvier 2000. À la suite de la suppression du FOREC par la loi de finances pour 2004, n° 2003-1311 du 30 décembre 2003 (art. 34 et 41), le produit de la TGAP est, de nouveau, affecté au budget général de l'État depuis le 1er janvier 2004.

L'évaluation des recettes attendues pour 2016 s'élève à 273,836 M€ dans la loi de finances pour 2016.

290. – TGAP. Contrôle. Recouvrement. Compétence judiciaire. Les modalités de déclaration et de paiement des impositions composant la TGAP ont été

(19) CE, avis, 11 juill. 2011, n° 346.698, *Sté Candia* : *RJF* 2011, n° 1162.
(20) C. env., art. L. 541-10.
(21) C. env. art. L. 541-10-4.
(22) C. env., art. L. 151-10-6.
(23) C. env., art. L. 541-10-8.

simplifiées et unifiées à compter des déclarations déposées en 2003[24]. La modalité de paiement de la composante « imprimés publicitaires » est toutefois différente.

L'article 266 duodecies du Code des douanes dispose que la TGAP est contrôlée et recouvrée selon les règles, garanties, privilèges et sanctions prévus par ce même code.

Cette assimilation emporte, en vertu de l'article 357 bis du Code des douanes, la compétence des *tribunaux judiciaires* : tribunal d'instance au premier degré, quelle que soit l'importance du litige (et non pas tribunal de grande instance), cour d'appel et Cour de cassation[25], précisant que la compétence du tribunal d'instance dépend du lieu d'émission de l'avis de mise en recouvrement par le service compétent, en l'espèce, la Direction nationale du renseignement et des enquêtes douanières (DNRED).

En matière de douane, comme en matière fiscale ordinaire, lorsque la contestation est fondée sur l'illégalité d'un texte réglementaire d'application, il appartient aux tribunaux de l'ordre judiciaire de se prononcer sur la légalité de ce texte[26].

291. – Exception. Installations classées. Contrôle, recouvrement et compétence. Il existe une exception à la compétence de l'administration des douanes, prévue à l'article 266 terdecies du Code des douanes pour le prélèvement en matière d'installations classées. Par dérogation aux dispositions des articles 266 undecies et 266 duodecies du même code, les services chargés de l'inspection des installations classées contrôlent, liquident et recouvrent la TGAP à laquelle sont assujettis les établissements soumis à autorisation ou qui font courir des risques particuliers à l'environnement. Cette dérogation s'étend à la compétence juridictionnelle ; les litiges doivent être soumis au juge administratif pour la composante de la TGAP applicable aux installations classées.

SECTION 2

PRÉLÈVEMENTS SOCIAUX PRÉSENTANT LE CARACTÈRE D'IMPÔT

292. – Contribution sociale généralisée (CSG) et contribution au remboursement de la dette sociale (CRDS). Généralités. On s'en tiendra ici aux deux prélèvements les plus connus et les plus importants : la CSG et la CRDS (V. *supra*, n° 38).

La contribution sociale généralisée (CSG) a été instituée par la loi de finances pour 1991, n° 90-1168 du 29 décembre 1990 (art. 127 et s.). Elle se compose *principalement de trois contributions, de caractère proportionnel,* obéissant à des règles distinctes, assises respectivement sur *les revenus d'activité et de remplacement* (salaires, pensions de retraite, allocations de chômage et de préretraite, revenus des

(24) C. douanes, art. 266 undecies.
(25) Cass. com., 6 mai 2008, n° 07-12567, *Cne d'Audenge : D.* 2008, p. 1407.
(26) T. confl., 28 avr. 2003, *Debeaurain : RJF* 2003, n° 1286. – Cass. com., 29 janv. 2013, n° 11-28.409, *Sté Transports Chevalier : RJF* 2013, n° 564, pour la taxe intérieure de consommation sur les produits pétroliers.

professions non salariées)[27], sur *les revenus du patrimoine* (revenus fonciers, rentes viagères constituées à titre onéreux, revenus de capitaux mobiliers, plus-values professionnelles taxées à un taux proportionnel)[28] et sur *les produits de placement* (produits de placements à revenu fixe ou à revenu variable, revenus de l'épargne exonérée de l'impôt sur le revenu [les autres produits de l'épargne financière étant assujettis à la CSG au titre des revenus du patrimoine], plus-values immobilières des particuliers taxées à l'impôt sur le revenu à un taux proportionnel)[29].

La loi n° 96-1160 du 27 décembre 1996 (art. 16) a institué une *quatrième contribution sociale* sur les sommes engagées ou produits réalisés à l'occasion des *jeux*[30]. Cet article a été modifié par la loi n° 2010-476 du 12 mai 2010 relative à l'ouverture à la concurrence et à la régulation du secteur des jeux d'argent et de hasard en ligne (art. 48). Cette quatrième contribution est constituée, en réalité, de deux prélèvements ayant des assiettes et des taux différents : d'une part, la contribution sur une fraction des sommes misées, en France métropolitaine et dans les départements d'outre-mer, sur les jeux exploités par la Française des Jeux pour les tirages et les émissions et, d'autre part, une contribution sur le produit brut de certains jeux réalisé dans les casinos.

Par ailleurs, l'ordonnance n° 96-50 du 24 janvier 1996 a institué une *contribution au remboursement de la dette sociale* (CRDS), au taux de 0,50 %. Elle est calculée et recouvrée comme la CSG. Elle n'est pas déductible des bases de l'impôt sur le revenu[31].

293. – **Revenus de patrimoine et produits de placements. Application du régime fiscal.** La CSG et la CRDS sur les *revenus du patrimoine* sont établies et liquidées au vu de la déclaration d'ensemble des revenus n° 2042 et recouvrées par voie de rôle (rôle distinct de celui de l'impôt sur le revenu, mais commun aux deux contributions). La CSG et la CRDS sur *les produits de placements* sont assises et recouvrées en principe selon les mêmes règles que les prélèvements libératoires sur les revenus mobiliers ; elles sont précomptées par l'établissement payeur des revenus et reversées au service des impôts ; pour les plus-values immobilières et les plus-values sur certains biens meubles des particuliers, elles sont recouvrées par le service de la publicité foncière ou le service des impôts.

294. – **Revenus d'activité et de remplacement. Non-application du régime fiscal.** En revanche, la CSG et la CRDS sur les revenus d'activité et de remplacement sont recouvrées comme les cotisations de sécurité sociale du régime général. La CSG et la CRDS sur les salaires sont précomptées par l'employeur, lors de chaque paie, puis reversées à l'URSSAF. Concernant les revenus professionnels non salariés, pour les assujettis aux cotisations d'allocations familiales, la CSG et la CRDS sont calculées par l'URSSAF à partir de la déclaration destinée aux organismes sociaux ; celles qui sont dues sur les revenus professionnels non salariés agricoles sont recouvrées par les caisses de mutualité sociale agricole.

(27) CGI, art. 1600-OC et CSS, art. L. 136-6.
(28) CGI, art. 1600-OOC et CSS, art. L. 136-6.
(29) CGI, art. 1600-OD et CSS, art. L. 136-7.
(30) CSS, art. L. 136-7-1.
(31) CGI, art. 1600-OG.

Les *règles* en matière de sanctions, de contrôle et de contentieux sont celles qui sont *applicables aux cotisations de sécurité sociale.*

La CSG et la CRDS sur les revenus d'activité et de remplacement ne relèvent donc pas des mécanismes fiscaux ordinaires.

Le Conseil constitutionnel a décidé néanmoins que les prélèvements opérés au titre de la CSG entrent dans la catégorie des « impositions de toutes natures » visées à l'article 34 de la Constitution. Il s'agit, par conséquent, de prélèvements de caractère fiscal (V. *supra*, n°s 38, 52, 151 à 153).

Selon le Conseil constitutionnel, ce caractère n'est pas incompatible avec le fait que les organismes chargés du recouvrement de la contribution sociale sur les revenus d'activité et de remplacement (URSSAF) sont des personnes morales du droit privé, dans la mesure où ces organismes exercent une mission de service public et sont placés sous la tutelle de l'État ou sous son contrôle.

Il a décidé également que les trois principes contributions constituaient des « impositions distinctes » et que, pour l'application du principe d'égalité, la situation des personnes redevables devait donc s'apprécier au regard de chaque imposition prise isolément. Il a rejeté tous les moyens tirés de la violation de ce principe au regard des distinctions établies par la loi quant aux trois contributions. Il a jugé notamment que la différence des modes de recouvrement et la dualité des règles de contentieux ne portaient pas atteinte au principe d'égalité.

La CRDS a également le caractère d'une imposition, comme la CSG, et cela, bien que toutes ces impositions soient affectées à des établissements publics à caractère administratif.

295. – Revenus d'activité et de remplacement. Compétence judiciaire. Les juridictions judiciaires sont seules compétentes pour connaître des litiges relatifs aux prélèvements opérés, au titre de la CSG et de la CRDS, sur les revenus d'activité et les revenus de remplacement(32).

En revanche, les litiges relatifs à la CSG et à la CRDS assises sur les revenus du patrimoine et les produits de placement relèvent de la compétence de la juridiction administrative(33).

SECTION 3

IMPOSITIONS DES COLLECTIVITÉS TERRITORIALES ET DES ÉTABLISSEMENTS PUBLICS

296. – Les impositions locales qui ne sont pas soumises au régime fiscal sont très variées. Elles présentent le caractère de taxe ou impôt au sens strict du terme.

(32) CE, 22 mars 1999, req. n° 201.043, *Laré* : *RJF* 2000, n° 133. – CE, 28 avr. 2000, req. n° 216.459, *Meggle* : *Dr. fisc.* 2000, comm. 594 ; *RJF* 2000, n° 1026. – CE, 4 juin 2007, n° 269449, *Sokolow* : *RJF* 2007, n° 1177, précisant la portée de l'exception prévue au III de l'article L. 136-6 du Code de la sécurité sociale d'où il résulte que relèvent de la juridiction administrative les litiges concernant la CRDS sur les prélèvements opérés au titre des revenus d'activité et de remplacement de source étrangère.

(33) CE, 28 avr. 2000, préc.

§ 1. – Taxes

297. – Taxe d'assainissement. Le cas le plus connu est celui de la *taxe d'assainissement* ou « redevance-pénalité » prévue à l'article L. 1331-8 du Code de la santé publique (V. *supra*, n° 125).

Le Conseil d'État a précisé qu'elle constitue « un prélèvement obligatoire qui n'est pas au nombre de ceux que régissent les dispositions du CGI »[34].

Le texte institutif (repris aujourd'hui à l'article L. 1331-9 du Code de la santé publique) prévoyait déjà que les sommes dues par le propriétaire sont recouvrées comme en matière de contributions directes et que les réclamations sont présentées et jugées comme dans cette même matière.

En dépit de ce texte formel, le Conseil d'État a jugé que la règle de la réclamation préalable au trésorier-payeur général dans le contentieux des poursuites, ou au directeur des services fiscaux dans les litiges d'assiette et de liquidation n'est pas applicable au recouvrement ou à l'établissement de la taxe d'assainissement[35].

Le contentieux de ce prélèvement obligatoire est un contentieux administratif, et non pas un contentieux fiscal ; il s'ensuit que les requêtes doivent être présentées par le ministère d'un avocat[36].

§ 2. – Impôts

A. – Région Île-de-France

298. – Redevance pour construction de locaux à usage de bureaux. L'un des exemples les plus caractéristiques d'impositions non soumises au régime fiscal est fourni par la redevance pour construction de locaux à usage de bureaux et locaux de recherche en Région d'Île-de-France, qui est régie par les articles L. 520-1 et suivants du Code de l'urbanisme. La loi n° 2010-1658 du 29 décembre 2010 de finances rectificative pour 2010 a étendu le champ d'application aux locaux commerciaux et aux locaux de stockage (art. 31).

Le produit de cette redevance est attribué à la région d'Île-de-France, notamment en vue du financement d'infrastructures routières[37].

Le Conseil d'État a précisé que les litiges relatifs à l'assujettissement à cette redevance « constituent, par nature, des litiges d'ordre fiscal »[38]. Il s'agit « d'un impôt prélevé sur le contribuable sans aucune contrepartie »[39].

Le permis de construire constitue le fait générateur[40]. La détermination de l'assiette et la liquidation de la redevance font l'objet de décisions du directeur départemental de l'équipement ou, dans certaines conditions, du maire[41].

(34) CE, 1er déc. 1982, n° 31.699, *Huber* : *RJF* 1983, n° 343.
(35) CE, sect., 12 janv. 1973, *Ville du Cannet* : *Rec. CE* 1973, p. 36 ; *Rev. sc. fin.* 1973, p. 788, chron. P. Amselek. – CE, 21 mars 1984, *Lenhof* : *RJF* 1984, n° 630.
(36) CE, 1er déc. 1982, préc.
(37) C. urb., art. L. 520-4.
(38) CE, sect., 12 janv. 1973, *Anselmo* : *Rec. CE* 1973, p. 35.
(39) Concl. Galmot sur CE, sect., 3 nov. 1967, *Marc* : *AJDA* 1968, p. 124.
(40) CE, 8 mars 2002, req. n° 221.465, *Sté Cofilap* : *Dr. fisc.* 2002, comm. 601, concl. Goulard ; *RJF* 2002, n° 650.
(41) C. urb., art. R. 520-6.

La redevance est recouvrée par l'administration des domaines dans les mêmes conditions que les créances domaniales[42]. Le directeur des services fiscaux n'est compétent qu'à ce titre, pour les instances concernant exclusivement le recouvrement[43].

Les litiges relatifs à l'assiette et à la liquidation de la redevance, qui sont de la compétence des tribunaux administratifs[44], sont suivis par le ministre chargé de l'urbanisme.

Il ne faut pas confondre avec cette redevance, la taxe annuelle sur les locaux à usage de bureaux, les locaux commerciaux et les locaux de stockage également perçue dans la seule région d'Île-de-France. Celle-ci, qui a été créée par la loi de finances rectificative pour 1989, n° 89-936 du 29 décembre 1989 (art. 40), et dont la loi de finances rectificative pour 2010 (art. 31) a étendu le champ d'application aux surfaces de stationnement annexées à ces trois catégories de locaux, constitue un impôt exclusivement perçu au profit de l'État. Elle est destinée à assurer le financement d'un programme d'investissement visant à corriger les déséquilibres les plus graves que connaît la région d'Île-de-France en matière d'accès de nombre de ses habitants à des logements locatifs, d'éloignement entre leur lieu de travail et leur lieu d'habitation et de saturation des infrastructures de transport. Le contrôle, le recouvrement, le contentieux, les garanties et les sanctions relatifs à cet impôt sont régis par les règles applicables en matière de taxe sur les salaires. Il relève donc du régime fiscal[45]. – Sur le versement destiné aux transports en commun dans la région d'Île-de-France, V. *infra*, n° 305.

B. – Impositions des communes et départements

299. – Un autre exemple peut être tiré des « taxes, redevances ou versements non prévus par le Code général des impôts » mentionnés sous cette rubrique très caractéristique aux *articles L.* 2333-1 et suivants du Code général des collectivités territoriales. Il s'agit d'impôts facultatifs. Il n'est pas question ici d'examiner le régime de chacun d'eux, mais seulement de donner des exemples.

300. – Taxes sur l'électricité. La taxe sur certaines fournitures d'*électricité*[46], a été supprimée. Mais elle était soumise à un régime dont le rappel n'est pas sans intérêt.

Elle est recouvrée par EDF en même temps que les sommes qui lui sont dues au titre de la fourniture d'énergie électrique, mais son montant apparaît distinctement sur la facture.

Elle a le caractère de contribution indirecte (V. *supra*, n° 213). Les litiges individuels relatifs à l'assiette et au recouvrement de la taxe sont de la compétence judiciaire, notamment les contestations portant sur le bien-fondé de l'imposition[47].

N'étant ni établie ni recouvrée par les agents de la Direction générale des impôts, la réclamation préalable visée à l'article L. 190 du Livre des procédures fiscales doit, suivant la jurisprudence de la Cour de cassation, être présentée au maire de la commune[48].

Le juge judiciaire applique cependant des règles tirées de la procédure fiscale, notamment les dispositions de l'article L. 274 du Livre des procédures fiscales concernant le délai de quatre ans de la prescription de l'action en recouvrement[49].

(42) C. urb., art. L. 520-5.
(43) CE, 20 oct. 1976, *Mazars : Dr. fisc.* 1977, comm. 639 ; *Rec. CE* 1976, p. 436.
(44) C. urb., art. L. 520-5.
(45) CGI, art. 231 ter.
(46) Plus connue sous le nom de taxe communale ou départementale sur l'électricité, CGCT, art. L. 2333-2.
(47) Cass. com., 21 juill. 1987, *Ville de Courbevoie : Bull. civ.* 1987, IV, n° 208.
(48) Cass. com., 21 juill. 1987, préc. – Solution analogue pour la taxe départementale, la réclamation devant être présentée alors au président du conseil général : Cass. com., 11 juill. 1988 : *Bull. civ.* 1988, IV, n° 243.
(49) Cass. com., 1er févr. 1994, *Ville de Paris : RJF* 1994, n° 721. – Cass. com., 27 oct. 1997, *Sté La Belle Jardinière : RJF* 1998, n° 345.

La taxe communale et la taxe départementale sur l'électricité étaient des taxes facultatives. En fait, si tous les départements l'avaient établie, elle ne l'avait pas été dans toutes les communes ou groupements de communes. Le montant collecté en 2008 s'est élevé toutefois à 1 milliard 400 millions d'euros, dont 498 millions pour les départements et 664 millions pour les 6 935 communes qui l'ont mise en application, le surplus ayant été collecté par des communautés de communes ou d'agglomérations et des syndicats intercommunaux.

301. – **Taxes sur la consommation finale d'électricité.** Le régime des taxes facultatives a été remis en cause par la directive n° 2003/96/CE du Conseil du 27 octobre 2003 « restructurant le cadre communautaire de taxation des produits énergétiques et de l'électricité ». Ce texte fixe des niveaux *minima* de taxation pour la plupart des produits énergétiques, y compris l'électricité, le gaz naturel et le charbon, au niveau communautaire afin d'assurer le bon fonctionnement du marché intérieur et la réalisation des objectifs des autres politiques communautaires, dont la protection de l'environnement.

C'est dans ces conditions que la loi n° 2010-1488 du 7 décembre 2010 portant nouvelle organisation du marché de l'électricité a supprimé les deux taxes existantes et les a remplacées par deux nouvelles taxes, l'une au profit des communes, et l'autre, au profit des départements, toutes deux dénommées « sur la consommation finale d'électricité »[50].

L'assiette des anciennes taxes était constituée par un pourcentage d'un montant total hors taxes des factures acquittées par le consommateur, auquel était appliqué un taux qui ne pouvait dépasser 8 % pour la taxe communale ou 4 % pour la taxe départementale.

Les taxes départementale et communale sur la consommation finale d'électricité sont assises sur la quantité d'électricité fournie ou consommée, exprimée en mégawattheure ou fraction de mégawattheure. Le tarif prévu par la loi varie en fonction de la puissance souscrite. Il s'élève ainsi à 0,75 € par mégawattheure pour les consommations non professionnelles ou, pour les consommations professionnelles, lorsque l'électricité est livrée sous une puissance souscrite inférieure ou égale à 36 kilovoltampères.

Les autorités délibérantes des collectivités intéressées ont seulement la faculté de multiplier le tarif entre 0 et 8,50 pour la taxe communale ou entre 2 et 4,25 pour la taxe départementale.

Sous le régime des anciennes taxes, les industriels qui consommaient le plus d'électricité, lorsque la puissance souscrite excédait 250 kVA, n'étaient pas redevables des taxes communale et départementale. C'est la raison pour laquelle le législateur a inséré dans le Code des douanes l'article 266 quinquies C créant une taxe intérieure sur la consommation finale d'électricité fournie ou consommée sous une puissance souscrite supérieure à 250 kilovoltampères. La loi n° 2015-1786 du 29 décembre 2015, de finances rectificative pour 2015 (art. 14), a modifié ce texte en prévoyant que cette taxe, qui est dénommée « contribution au service public de l'électricité », est exigible quelle que soit la puissance souscrite (V. *supra*, n° 219).

(50) V. Avis de la Commission des finances du Sénat, Doc. 2010, n° 617.

La loi du 7 décembre 2010 a prévu que les dispositions nouvelles devaient entrer en vigueur à compter du 1er janvier 2011. Mais elle a renvoyé à un décret le soin de déterminer la notion de puissance utilisée pour déterminer le tarif de la taxe communale, de la taxe départementale et de la taxe intérieure ainsi que les modalités d'application de l'assiette de la taxe communale et de la taxe départementale lorsque les livraisons d'électricité donnent lieu, de la part des fournisseurs, à des décomptes ou encaissements successifs ou à la perception d'acomptes financiers. Ce décret n'a été publié qu'au *Journal officiel* du 29 décembre 2011 : il s'agit du décret n° 2011-1996 du 28 décembre 2011. À la même date, la loi n° 2011-1978 de finances rectificative pour 2011 du 28 décembre 2011 (art. 46) a prévu cependant que la taxe pouvait être due au titre de 2012, à la condition que la décision du conseil municipal ou du conseil général ou de l'organe délibérant du syndicat intercommunal soit adoptée au plus tard le 15 octobre 2011...

Les dispositions relatives à la taxe communale sur la consommation finale d'électricité ont été codifiées sous les articles L. 233-2 et suivants du Code général des collectivités territoriales et les dispositions de la taxe départementale sous les articles L. 3333-2 et suivants du même code (et les articles correspondants de la partie réglementaire).

Les deux taxes sur la consommation finale d'électricité relèvent toujours de la compétence des administrations communale ou départementale. En particulier, en application des dispositions de l'article L. 3333-3-2 du Code général des collectivités territoriales (auxquelles renvoie l'article L. 2333-5), l'action des comptables publics, les réclamations contentieuses relatives à l'assiette de la taxe, aux actes de poursuite et au recouvrement sont effectuées dans les conditions prévues par l'article L. 1617-5 du même code. Ce ne sont donc pas les dispositions du Code général des impôts ou du Livre des procédures fiscales qui sont applicables.

Mais il faut noter une imprégnation plus forte des règles du droit fiscal en ce qui concerne les obligations des redevables de la taxe, les demandes de renseignements ou de justificatifs, l'institution d'un examen sur place après l'envoi d'un avis de vérification et l'information donnée au redevable qu'il peut se faire assister d'un conseil, un droit de communication, une procédure de redressement spécifique et une procédure de taxation d'office précédée d'une mise en demeure, sans parler de l'application de majorations(51).

302. – Taxes sur la publicité. *La taxe sur la publicité* frappant les affiches, réclames et enseignes lumineuses(52) et la *taxe communale sur les emplacements publicitaires fixes*(53), ont été assimilées à des contributions indirectes. Leur contentieux relève donc de la compétence des tribunaux judiciaires(54). Mais lorsque le redevable invoque la prescription des créances relatives aux astreintes et à l'amende prononcées à son encontre par le juge administratif, cette contestation est relative à l'exigibilité de ces créances et relève, dès lors, de la compétence de la juridiction administrative(55).

(51) CGCT nouv., art. L. 3333-3-2.
(52) CGCT, art. L. 2333-6 et s.
(53) CGCT, art. L. 2333-21 et s.
(54) CE, 15 mars 1978, *Sté d'Affichage Noirclerc* : *Rec. CE* 1978, tables p. 727 ; *D.* 1978, somm. 217, obs. Delvolvé ; *Dr. fisc.* 1978, comm. 918 ; *RJF* 1978, p. 173. – CE, 13 mars 1987, *SA Affichage Giraudy* : *Rec. CE* 1987, tables p. 578. – Cass. com., 26 avr. 1994, *Sté Moras Affichage* : *RJF* 1994, p. 926.
(55) T. confl., 23 juin 2003, *Montaignac* : *RJF* 2003, n° 1283.

L'administration municipale est seule compétente en matière d'établissement, de recouvrement et de contrôle.

Les dispositions du Code général des collectivités territoriales relatives à ces deux taxes ont été abrogées à compter du 1er janvier 2009 et remplacées, à partir de la même date, par des dispositions qui ont créé la taxe locale sur la publicité extérieure[(56)].

Appelé à se prononcer sur une question prioritaire de constitutionnalité transmise par la Cour de cassation[(57)], le Conseil constitutionnel a déclaré conformes à la Constitution les dispositions de l'article L. 2333-16 du Code général des collectivités territoriales qui déterminent les tarifs maximaux applicables à la taxe locale sur la publicité extérieure dans certaines communes[(58)].

Les modalités d'application de la taxe locale sur la publicité extérieure ont été fixées par le décret n° 2013-206 du 11 mars 2013, dont les dispositions sont entrées en vigueur le 1er avril 2013[(59)].

La liquidation, le recouvrement et le contrôle de la taxe, la procédure de rectification contradictoire des déclarations, la procédure de taxation d'office et l'application des sanctions relèvent de la compétence de l'administration communale ou de l'établissement public de coopération intercommunale. Les règles du Livre des procédures fiscales sont inapplicables.

La TLPE est une imposition assimilée aux contributions indirectes dont le contentieux ressortit à la compétence de la juridiction judiciaire[(60)].

303. – **Taxe de séjour.** *La taxe de séjour* ne peut être instituée que dans certaines communes, notamment les communes littorales, de montagne et les stations classées[(61)].

Elle est établie sur les personnes qui ne sont pas domiciliées dans la commune et n'y possèdent pas non plus une résidence en vertu de laquelle elles sont passibles de la taxe d'habitation. Elle est perçue généralement par les hôteliers ou propriétaires qui la reversent au receveur municipal. La taxe de séjour étant un prélèvement fiscal destiné à financer des dépenses de la commune liées au tourisme, les malades hébergés dans un hôpital ne sont pas assujettis à cette taxe[(62)].

La taxe de séjour a le caractère d'une contribution indirecte au sens de l'article L. 199 du Livre des procédures fiscales[(63)], mais qui ne relève pas du régime fiscal du Code général des impôts et du Livre des procédures fiscales.

Le contentieux de la taxe de séjour relève de la compétence des tribunaux judiciaires[(64)].

La délibération par laquelle un conseil municipal décide d'instituer la taxe de séjour sur son territoire est un acte administratif détachable de la procédure d'imposition

(56) CGCT, art. L. 2333-6 et s.
(57) Cass. com., 6 févr. 2013, n° 12-40.091.
(58) Cons. const., 19 avr. 2013, n° 2013-305 QPC, *Cne de Tourville-la-Rivière : Dr. fisc.* 2013, n° 17, act. 245 ; *D.* 2013, 1006.
(59) *Dr. fisc.* 2013, n° 12, act. 153.
(60) Cass. com., 4 oct. 2011, n° 10-23.614, *Cne de Sélestat : AJDA* 2011, 2254.
(61) CGCT, art. L. 2333-26 et s.
(62) Cass. com., 3 mai 2012, n° 10-24.383, *Cne d'Hyères-les-Palmiers : RJF* 2012, n° 884.
(63) CE, 21 déc. 2006, n° 284.751, *Hospices civils de Lyon : Dr. fisc.* 2007, n° 15, comm. 417, concl. Collin ; *RJF* 2007, n° 368.
(64) CAA Bordeaux, 29 juin 1994, *Comité d'entreprise Peugeot : Rec. CE* 1994, p. 647. – TA Poitiers, 10 oct. 1996, *Bouzou : RJF* 1997, n° 92. – Cass. com., 7 déc. 2010, n° 09-16317, *Sté Les Campéoles : RJF* 2011, n° 662.

et susceptible d'être déféré au juge administratif par la voie du recours pour excès de pouvoir. Le contentieux né de l'institution de la taxe de séjour relève cependant de la juridiction judiciaire[65]. La juridiction administrative n'est donc pas compétente pour connaître de la décision, qui n'est pas détachable de la procédure d'imposition, par laquelle le maire demande à un établissement hospitalier de collecter la taxe de séjour auprès des personnes hébergées en son sein[66]. La juridiction judiciaire est seule compétente pour connaître de la contestation du titre exécutoire portant taxation d'office de la taxe de séjour et de la contestation de l'arrêté du président d'une communauté de communes en tant qu'il porte classement d'un établissement pour l'application de la taxe de séjour, mesure qui détermine l'assiette de la taxe et qui n'est pas détachable de la procédure d'imposition[67].

304. – **Versement destiné aux transports en commun.** L'assiette de ce versement est constituée par les salaires. Le versement perçu en dehors de la région d'Île-de-France est institué par délibération du conseil municipal dans les communes dont la population est supérieure à 10 000 habitants[68]. Il est affecté au financement des dépenses d'investissement et de fonctionnement des transports publics urbains ou d'autres services de transports publics.

Les employeurs sont tenus de procéder à ce versement auprès des organismes chargés du recouvrement des cotisations de sécurité sociale et des allocations familiales suivant les règles de recouvrement, de contentieux et les pénalités applicables aux divers régimes de sécurité sociale.

Il en résulte que les litiges individuels relatifs à l'assujettissement d'un employeur au versement ainsi qu'à l'assiette et au recouvrement de ce prélèvement relèvent de la compétence judiciaire[69]. Les juridictions judiciaires sont également compétentes pour apprécier par voie d'exception la légalité de la délibération par laquelle une commune ou un groupement de communes a institué le versement ou en a fixé le taux[70].

Le juge administratif, saisi d'un recours pour excès de pouvoir, reste compétent pour apprécier si les conditions légales pour instaurer cette imposition sont réunies et pour vérifier si la fixation du taux n'est pas entachée d'une erreur manifeste d'appréciation[71].

La loi prévoit un régime particulier de remboursement du versement aux employeurs dans certaines conditions (par ex., ceux qui justifient avoir effectué intégralement et à titre gratuit le transport collectif de tous leurs salariés). Les contestations relatives au remboursement de la taxe destinée au financement du transport en commun relèvent de la compétence de la juridiction administrative[72]. Le juge administratif est également compétent pour contrôler l'affectation du versement destiné au transport en commun[73].

(65) CE, 21 déc. 2006, préc. – T. confl., 15 avr. 2013, n° 3893, *Sté Châteauform' France* : *Dr. fisc.* 2013, n° 17, act. 246 ; *AJDA* 2013, 773.
(66) CE, 21 déc. 2006, préc.
(67) T. confl., 15 avr. 2013, préc. – CE, 12 juill. 1995, *Synd. de l'hôtellerie du Var* : *RJF* 1995, n° 1211.
(68) CGCT, art. L. 2333-64 et s.
(69) T. confl., 7 déc. 1998, *District urbain de l'agglomération rennaise* : *RJF* 1999, n° 358 ; *D.* 1999, p. 179, concl. J. Sainte Rose ; *Bull. civ.* 1998, T. confl., n° 14 ; *Dr. fisc.* 1999, comm. 842. – T. confl., 20 janv. 2003, *Sté Norwich Union* : *RJF* 2003, n° 1285.
(70) T. confl., 7 déc. 1998, préc.
(71) CE, 13 juill. 2007, n° 272.048, *Sté Antona* : *RJF* 2007, n° 1355.
(72) T. confl., 1er mars 1993, *Cotrami* : *Bull. civ.* 1993, T. confl., n° 4 ; *Rec. CE* 1993, p. 392 ; *JCP G* 1993, IV, 1131.
(73) CE, 7 juin 1985, *Ville d'Amiens* : *Rec. CE* 1985, tables p. 527.

305. – La répartition des compétences est la même en ce qui concerne le versement destiné aux transports en commun *dans la région d'Île-de-France*, dont l'économie est semblable au précédent, mais qui présente un caractère obligatoire[74].

C. – Droit de l'urbanisme

306. – Le régime des impositions du droit de l'urbanisme comporte en général deux particularités : d'une part, l'administration fiscale n'est pas seule compétente dans ce domaine et d'autre part, un autre juge que le juge de l'impôt est compétent pour connaître de certaines catégories de litiges.

On s'en tiendra ici à un bref rappel des dispositions concernant la taxe d'aménagement et, avant sa suppression, le versement pour dépassement du plafond légal de densité (VDPLD). Sur la réforme de la fiscalité de l'urbanisme (V. *supra*, n°s 88 et s.). – Sur la taxe locale d'équipement : V. *supra*, n° 78 ; sur le VDPLD, V. *supra*, n° 73.

307. – **Taxe d'aménagement.** Le régime de la taxe d'aménagement combine des règles spéciales, qui dérogent au régime fiscal, et des règles du Code général des impôts et du Livre des procédures fiscales.

Les services de l'État chargés de l'urbanisme dans le département sont seuls compétents pour établir et liquider la taxe[75]. Lorsqu'une demande d'autorisation de construire a été déposée, l'administration peut toutefois mettre en œuvre la procédure de rectification contradictoire prévue par l'article L. 57 du Livre des procédures fiscales[76].

Il a déjà été indiqué que la taxe d'aménagement et la pénalité dont elle peut être assortie sont recouvrées par les comptables publics comme des créances étrangères à l'impôt et au domaine[77] (V. *supra*, n° 279). Le recouvrement de la taxe et la pénalité est garanti cependant par le privilège prévu au 1 de l'article 1929 du Code général des impôts[78].

Quant aux recours, les réclamations en matière d'assiette sont présentées, instruites et jugées selon les règles applicables en matière d'impôts directs locaux, et en matière de recouvrement, selon les règles applicables en matière de créances étrangères à l'impôt et au domaine[79].

308. – **Versement pour sous-densité.** Aux termes de l'article L. 331-45 du Code de l'urbanisme, le contrôle de l'administration s'exerce dans les conditions prévues pour la taxe d'aménagement. Les litiges sont présentés, instruits et jugés dans les mêmes conditions.

309. – **Versement pour dépassement du plafond légal de densité.** Les litiges relatifs au *versement pour dépassement du plafond légal de densité*, autres que ceux qui naissent avant la délivrance du permis de construire au sujet de la valeur vénale du terrain, relèvent de la compétence de la juridiction administrative.

(74) CGCT, art. L. 2531-2 et s. – Cass. 2e civ., 28 mai 2009, n° 08-17553, *Fédération française de football* : *D.* 2009, p. 1617.
(75) C. urb., art. L. 331-19.
(76) C. urb., art. L. 331-22.
(77) C. urb., art. L. 331-24.
(78) C. urb., art. L. 331-27.
(79) C. urb., art. L. 331-31 et L. 331-32.

L'administration compétente pour statuer sur ces réclamations et produire ses observations sur les recours contentieux est celle de *l'équipement*.

En revanche, les litiges relatifs à la détermination de *la valeur vénale du terrain*, qui surgissent avant la délivrance du permis de construire, sont de la compétence de la *juridiction de l'expropriation*. L'intervention du juge de l'expropriation introduit dans le régime de ce prélèvement un élément qui modifie le jeu normal des règles du droit fiscal en matière d'assiette[80].

D. – Redevances des agences de l'eau

310. – La nature juridique des anciennes redevances perçues par les agences financières de bassin (ou agences de l'eau), qui ont été instituées par la loi n° 64-1245 du 16 décembre 1964 relative au régime et à la répartition des eaux et à la lutte contre leur pollution, est restée pendant longtemps incertaine (V. *supra*, n° 48).

Le Conseil d'État avait considéré qu'il s'agissait « de ressources d'une nature spécifique », mais le Conseil constitutionnel a décidé qu'elles doivent être rangées parmi « les impositions de toute nature » visées à l'article 34 de la Constitution[81].

Le Conseil d'État avait tiré de la qualification d'imposition une conséquence assez inattendue. Il avait jugé que les décisions par lesquelles il est statué sur les réclamations des redevables ne peuvent faire l'objet d'un recours contentieux « qu'au titre de la procédure prévue par les articles 1931 et suivants du CGI », c'est-à-dire suivant les règles de la procédure fiscale contentieuse fixées aujourd'hui aux articles R. 190-1 et suivants du Livre des procédures fiscales[82].

L'application par analogie des dispositions du Code général des impôts était assez contestable. La procédure des recours contentieux concernant ces redevances était fixée, en effet, par un texte spécial, le décret n° 66-700 du 14 septembre 1966. Ce décret prévoyait, en particulier, que les réclamations relatives à la liquidation des redevances devaient être portées devant le directeur de l'agence avant d'être soumises éventuellement à la juridiction administrative compétente, les contestations relatives aux actes de poursuites étant portées devant les tribunaux judiciaires. Le Conseil d'État a rectifié sa jurisprudence, en faisant ultérieurement application du décret du 14 septembre 1966[83].

Mais il lui est arrivé depuis de se référer encore à des dispositions du Livre des procédures fiscales, telles que celles de l'article L. 193 sur la charge de la preuve dans le cas d'imposition d'office[84].

(80) CGI, art. 1723 octies ; ann. II, art. 384 B et s.
(81) CE, 21 nov. 1973, *Sté des papeteries de Gascogne* : *Rec. CE* 1973, p. 654 ; *CJEG* 1974, p. 54, concl. Braibant ; *AJDA* 1974, p. 489, note Moderne. – Cons. const., 23 juin 1982, n° 82-124 L : *Dr. fisc.* 1982, n° 27, comm. 1426.
(82) CE, ass., 20 déc. 1985, req. n° 31.927 : *RFDA* 1986, p. 513, concl. Ph. Martin ; *D.* 1986, p. 283, note L. Favoreu ; *RJF* 1986, p. 123 ; *Dr. fisc.* 1986, comm. 1112.
(83) CE, 28 janv. 1987, req. n° 55.214 : *Dr. fisc.* 1987, comm. 1219, concl. M. Laprade.
(84) CE, 21 mai 2012, n° 328.460, *Agence de l'eau Adour-Garonne* : *RJF* 2012, n° 887 ; *AJDA* 2012, 1702.

Bibliographie générale

- **Textes.** *Code général des impôts*, Dalloz, 2016, notes G. Zaquin. – *Code général des impôts*, LexisNexis, 2016. – *Code pratique Francis Lefebvre fiscal*, 2016. – *JCl. Fiscal, Code général des impôts*, 4 vol. – *Impôts directs, Textes*, 3 vol. – *Code de procédure fiscale*, Dalloz, 2016, commentaires et annotations par J. Lamarque.
- **Ouvrages de droit fiscal général et de droit fiscal des affaires.** L. Trotabas et J.-M. Cotteret, *Droit fiscal*, Dalloz, 8e éd., 1996. – P. Beltrame et L. Mehl, *Techniques, politiques et institutions fiscales comparées*, PUF, 2e éd., 1997. – J.-J. Bienvenu et T. Lambert, *Droit fiscal*, PUF, 4e éd., 2010. – M. Bouvier, *Introduction au droit fiscal et à la théorie de l'impôt*, LGDJ, 9e éd., 2008. – M. Collet, *Droit fiscal*, PUF, 4e éd., 2013. – M. Cozian et F. Deboissy, *Précis de fiscalité des entreprises*, LexisNexis, 37e éd., 2014. – C. David, O. Fouquet, B. Plagnet et P.-F. Racine, *Les Grands arrêts de la jurisprudence fiscale*, Dalloz, 5e éd., 2009. – F. Douet, *Précis de droit fiscal de la famille*, Litec, 8e éd., 2009. – J.-P. Fradin et J.-B. Geffroy, *Traité du droit fiscal de l'entreprise*, PUF, 2003. – P.-M. Gaudemet et J. Molinier, *Finances publiques. Fiscalité*, t. II, Montchrestien, 6e éd., 1997. – G. Gest et G. Tixier, *Manuel de droit fiscal*, LGDJ, 4e éd., 1986. – J. Grosclaude et Ph. Marchessou, *Droit fiscal général*, Dalloz, 9e éd., 2013. – J. Lamarque, *Droit fiscal général*, Litec, 1999. – T. Lamulle, *Droit fiscal*, Gualino, 2009. – J.-C. Martinez et P. Di Malta, *Droit fiscal contemporain*, Litec, t. I, *L'impôt, le fisc, le contribuable*, 1986 et t. II, *Les impôts, le droit français, le droit comparé*, 1989. – P. Serlooten, *Droit fiscal des affaires*, Dalloz, 8e éd., 2009. – D. Gutmann, *Droit fiscal des affaires*, Montchrestien, 2010.
- **Notion d'imposition.** P. Amselek, *Une curiosité du droit public financier : les impositions autres que fiscales ou parafiscales : Mél. Waline*, LGDJ, 1974, note p. 89 et s. ; *Impositions et cotisations obligatoires : Mél. Philip*, Economica, 2005, p. 239. – J. Lamarque, *JCl. Procédures fiscales*, Fasc. 120 et 150. – Y. Moubachir, *Impositions et régime fiscal*, LGDJ, 2007. – O. Négrin, *Une légende fiscale : la définition de l'impôt de Gaston Jèze : RDP* 2008, p. 139. – G. Tournié, *De l'impôt et des mots : réflexions sur le déficit conceptuel du droit fiscal : ibid.*, p. 603. – M. Collet, *Constitution et prélèvements obligatoires : LPA* 2009, p. 58. – X. Prétot, *La notion d'imposition de toutes natures : RF fin. publ.* 2007, n° 100, p. 145. – G. Orsoni, *Taxinomie fiscale : Mél. Beltrame*, PUAM, 2010, p. 419. – A. Vidal, *Réforme de la fiscalité de l'aménagement et taxation des aires de stationnement : AJDA* 2012, 2000. – *Les redevances : quelle actualité ? : RF fin. publ.* 2012, n° 118. – *Les impôts affectés : RF fin. publ.* 2013, n° 123, p. 115 et s. (dossier spécial). – J.-P. Camby, *Impositions, cotisations, Constitution : RF fin. publ.* 2014, n° 128, p. 227.
- **Fiscalité de l'environnement.** E. de Crouy-Chanel, *Esquisse d'une théorie fiscale de l'écotaxe : Dr. fisc.* 2009, n° 9, étude 207. – *Fiscalité et environnement* (séries d'articles, *RF fin. publ.* 2011, n° 114). Plagnet, *Considérations sur la fiscalité de l'environnement : Mél. Cozian*, Litec, 2009, p. 883. – A. Magnant, *La taxe carbone en France : la troisième tentative est la bonne : RF fin. publ.* 2015, n° 130, p. 215 ; n° 131, p. 239.

DEUXIÈME PARTIE

LES PRINCIPES FONDAMENTAUX DU DROIT FISCAL

311. – Dégager les principes fondamentaux du droit fiscal constitue de prime abord une entreprise difficile. Marqué par une forte densité technique, le droit fiscal écrit livre l'image d'un *corpus* instable et complexe, parsemé de dispositifs dérogatoires innombrables. On aurait même peine à concevoir *a priori* un maquis normatif plus rebelle à l'identification de règles fondamentales.

Exagérément pessimiste, cette première approche mérite d'être dépassée. Sans doute est-il difficile de dégager, au sein des règles relatives aux différents impôts, des principes communs pouvant être qualifiés de fondamentaux. Il est probablement vain, en bref, de rechercher de véritables principes juridiques dans les techniques et les régimes d'imposition positifs.

On peut cependant identifier les principes fondamentaux de la matière en se dirigeant dans deux directions qui – très complémentaires – sont liées à la formation du droit fiscal et à ses principes d'application.

Des principes fondamentaux se rattachent, d'abord, aux conditions de formation des règles fiscales. L'obligation fiscale individualisée procède, dans son principe comme dans son montant, de l'application de normes générales que Gaston Jèze désignait par l'expression de « loi organique d'impôt ». Les solutions générales gouvernant la formation de cet ensemble hiérarchisé de règles (comme leurs conditions de validité respectives) sont le siège d'un premier ordre de principes fondamentaux. Ceux-ci consistent dans les règles supérieures qui s'imposent au législateur lors de l'édiction de la loi fiscale et, plus généralement, dans celles gouvernant le régime général de la loi organique d'impôt. Cette question est celle des sources du droit fiscal (Titre 1).

Les principes fondamentaux du droit fiscal se rapportent, ensuite, aux conditions générales de l'application individuelle de la loi organique d'impôt. L'examen de ces conditions fait ressortir les caractères particuliers de la situation juridique du contribuable. Étroitement liées à des mécanismes et règles touchant à la procédure fiscale, ces solutions définissent et caractérisent le statut général du contribuable (Titre 2).

TITRE 1

LES SOURCES DU DROIT FISCAL

312. – **Sources écrites et non écrites.** Les sources du droit peuvent être définies comme les modes de création des règles de droit, les procédés par lesquels ces règles s'élaborent.

La distinction qui est faite entre les *sources écrites* (Constitution, traité, loi, règlement) et les *sources non écrites* (la jurisprudence) a le mérite de la simplicité. Mais ce critère est très ambigu, parce que l'écrit est l'instrument obligé de la conservation de toute règle et qu'il est de l'essence même de la règle jurisprudentielle. Une observation analogue doit être faite au sujet de la publication que l'on pourrait considérer comme un critère complémentaire de la distinction entre la règle écrite et la règle jurisprudentielle. La publication est un élément nécessaire de la règle dans les deux cas ; seule sa fonction est différente ; la publication de la règle écrite est seulement une condition de sa force contraignante ; la diffusion de la règle jurisprudentielle est une condition de son existence même. L'écrit n'assure pas non plus, surtout dans notre domaine, la fixité du droit, et la règle jurisprudentielle ne peut se caractériser par une moindre stabilité par opposition à la norme légale.

313. – **Sources d'édiction et sources d'interprétation.** Une autre distinction peut être établie entre les *sources d'édiction* de la règle de droit (ou sources directes) et les *sources d'interprétation* (ou sources médiates). Elle paraît préférable à la distinction entre sources écrites et sources non écrites, parce que les termes d'édiction et d'interprétation sont plus expressifs pour caractériser les procédés de création de la règle de droit. Elle n'a pas seulement l'avantage de mettre d'emblée l'accent sur l'importance du pouvoir normatif du juge ; elle marque aussi les limites de ce pouvoir. L'édiction de la règle est réservée au constituant, au législateur et au gouvernement ; parce qu'« il est défendu aux juges de prononcer par voie de disposition générale et réglementaire »[(1)], c'est seulement dans l'exercice de leur pouvoir d'interprétation qu'ils peuvent dégager une jurisprudence source de droit. Cette distinction permet encore de mieux situer le rôle très particulier de la doctrine administrative dans le domaine de la fiscalité.

La doctrine, celle qui émane des ouvrages, articles ou notes de jurisprudence rédigés par des universitaires ou des praticiens, n'est pas source de droit. Elle peut

---

(1) C. civ., art. 5.

seulement influencer occasionnellement, et assez rarement en fait, les tribunaux et le législateur. Les ouvrages de droit fiscal, en particulier, sont essentiellement des travaux de synthèse et de clarification du droit destinés à faciliter une meilleure connaissance de la matière.

Il en va tout différemment de la doctrine qui est exprimée dans les circulaires, instructions et notes de la Direction générale des finances publiques (autrefois la Direction générale des impôts) et de la Direction de la législation fiscale ou même dans les réponses des ministres compétents (ministre de l'Économie et ministre du Budget).

Cette doctrine ne peut être considérée comme une source d'édiction de la règle de droit fiscal, bien qu'elle produise des effets juridiques spéciaux en application des dispositions de l'article L. 80 A du Livre des procédures fiscales relatives à la garantie contre les changements de doctrine administrative ; mais elle est incontestablement une *source d'interprétation* de la règle de droit fiscal.

On peut distinguer ainsi, à côté des sources d'édiction (traité, loi, règlement), des sources d'interprétation ; la *jurisprudence* reste la plus importante de celles-ci ; mais il ne faut pas oublier d'y inclure la *doctrine de l'administration fiscale.*

L'étude des sources d'interprétation ne sera pas reprise sous cette rubrique. C'est seulement dans les développements ultérieurs qu'on rappellera de grandes constructions jurisprudentielles comme la distinction revenu-capital, la théorie du bilan, la théorie des actes anormaux de gestion, ou dans le domaine des procédures fiscales, la vérification de comptabilité.

On retrouvera la doctrine administrative comme source d'interprétation en examinant la garantie contre les changements de doctrine administrative(2).

Les développements qui suivent porteront donc uniquement sur les normes internationales et communautaires et sur les autres sources du droit interne : la Constitution, la loi et le règlement.

(2) LPF, art. L. 80 A.

CHAPITRE 1

LES NORMES INTERNATIONALES ET COMMUNAUTAIRES

314. – Les développements qui suivent intéressent trois domaines d'application de normes autres que celles du droit interne, qui ne doivent pas être confondus, bien qu'ils soient placés, au moins en partie, sous la domination des mêmes principes.

En vertu de l'article 55 de la Constitution, « les traités ou accords régulièrement ratifiés ou approuvés ont, dès leur publication, une autorité supérieure à celle des lois, sous réserve, pour chaque accord ou traité, de son application par l'autre partie ».

Ce texte est au fondement du principe de la supériorité du traité sur la loi même postérieure, tel qu'il a été mis en œuvre par la jurisprudence à la suite de l'arrêt de la Cour de cassation du 24 mai 1975, *Sté des Cafés J. Vabre*, et de l'arrêt du Conseil d'État du 20 octobre 1989, *Nicolo* (V. *infra*, n°s 483 et 484). On sait que le juge s'est reconnu le pouvoir, dans ces décisions, d'écarter l'application de la loi contraire au traité antérieur.

Le Conseil d'État a même admis la responsabilité de l'État du fait de la méconnaissance des engagements internationaux de la France[(1)].

Le principe de la supériorité du traité est le seul qui puisse être invoqué pour l'application des conventions internationales de protection des droits de l'homme.

Le domaine des conventions fiscales internationales, notamment sur les doubles impositions, est différent. Contrairement à une idée encore trop répandue, l'application de ces conventions soulève le plus souvent un problème de détermination des champs d'application respectifs du droit international et du droit interne, et non pas nécessairement un problème de supériorité du traité ; elle obéit ainsi à des principes propres à cette matière.

Dans ces deux domaines, le principe de la prévalence des engagements internationaux ne joue que dans les rapports entre normes internationales et normes du droit interne. Dans les rapports entre normes internationales et Constitution, le principe reste celui de la supériorité de la Constitution sur les engagements internationaux[(2)] ; V. *infra*, n°s 476 à 478).

(1) CE, ass., 8 févr. 2007, *Gardedieu*, V. *infra*, n° 374. – CE, 23 juill. 2014, *Sté d'éditions*, V. *infra*, n° 641. V. toutefois, pour un cas où le requérant n'est pas fondé à rechercher la responsabilité de l'État sur le fondement de l'inconventionnalité des dispositions du droit interne : TA Nantes, 18 oct. 2013, *SAS Le Doyenné* : *AJDA* 2014, p. 693, concl. A. Gille.

(2) CE, ass., 30 oct. 1998, *Sarran*, et Cass. ass. plén., 2 juin 2000, *Fraisse*.

315. – L'application du droit communautaire, puis du droit de l'Union européenne à partir du 1er décembre 2009, est plus complexe.

L'article 88-1 de la Constitution issu, dans un premier temps, de la loi constitutionnelle n° 92-554 du 25 juin 1992, a posé en principe que « La République participe aux communautés européennes et à l'Union européenne, constituées d'États qui ont choisi librement, en vertu des traités qui les ont instituées, d'exercer en commun certaines de leurs compétences ».

La loi constitutionnelle du 25 juin 1992 a été adoptée à la suite du Traité sur l'Union européenne signé à Maastricht le 27 février 1992.

La loi constitutionnelle n° 2008-103 du 4 février 2008, applicable depuis l'entrée en vigueur du traité de Lisbonne, le 1er décembre 1999, a donné une rédaction nouvelle à l'article 88-1 : « La République participe à l'Union européenne constituée d'États qui ont choisi librement d'exercer en commun certaines de leurs compétences en vertu du traité sur l'Union européenne et du traité sur le fonctionnement de l'Union européenne, tels qu'ils résultent du traité signé à Lisbonne le 13 décembre 2007 ».

Ce principe figure parmi les normes de référence qui sont visées par le Conseil constitutionnel. C'est sur cette base qu'il a considéré que l'obligation de transposition des directives est une obligation constitutionnelle, et non pas seulement une obligation du droit de l'Union européenne(3).

Le Conseil d'État applique le même principe pour apprécier la constitutionnalité des règlements assurant directement la transposition des dispositions d'une directive(4) ; V. *infra*, n° 507.

Les applications du droit de l'Union européenne en matière fiscale ne relèvent donc plus seulement du principe traditionnel consacré à l'article 55 de la Constitution.

Les applications en matière fiscale du droit international et du droit de l'Union européenne seront examinées successivement au regard des conventions internationales de protection des droits de l'homme (Section 1), des conventions fiscales internationales (Section 2) et du droit de l'Union européenne (Section 3).

SECTION 1

LES CONVENTIONS INTERNATIONALES DE PROTECTION DES DROITS DE L'HOMME. LA CONVENTION EUROPÉENNE DE SAUVEGARDE DES DROITS DE L'HOMME ET DES LIBERTÉS FONDAMENTALES

316. – Déclaration universelle des droits de l'homme. Adoptée par l'Assemblée générale des Nations-Unies le 10 décembre 1948, la Déclaration universelle des droits de l'homme n'appelle pas de longs développements. Sans nier l'importance

(3) Cons. const., 10 juin 2004, n° 2004-496 DC, consid. 7.
(4) CE, ass., 8 févr. 2007, n° 287110, *Sté Arcelor Atlantique et Lorraine.*

de ce texte dans l'évolution de la protection internationale des droits de l'homme, l'explication repose sur l'absence de toute portée juridique dans l'ordre juridique interne, et ce en l'absence de ratification ou d'approbation. Malgré sa publication dans le *Journal officiel* de la République française du 9 février 1949, son contenu n'a donc aucune force obligatoire[(5)].

Les deux conventions ayant pour objet la protection des droits de l'homme qui sont susceptibles de recevoir application en matière fiscale, conformément au principe de la supériorité aux lois du droit international posé à l'article 55 de la Constitution, sont la Convention européenne de sauvegarde des droits de l'homme et des libertés fondamentales de 1950 (Conv. EDH) et le Pacte international relatif aux droits civils et politiques de New York de 1966. Elles sont cependant d'une importance très inégale, de sorte qu'il est préférable de procéder à un simple rappel pour la seconde.

317. – **Pacte international relatif aux droits civils et politiques.** Signé à New York le 19 décembre 1966, et publié en vertu de la loi n° 40-460 du 25 juin 1980 autorisant l'adhésion de la France à ce Pacte par le décret n° 81-76 du 29 janvier 1981, le Pacte international relatif aux droits civils et politiques est utilement invocable par les justiciables que sont les contribuables.

Les premières (et seules) applications positives du Pacte ont été faites par la Cour de cassation en 1984, lors de l'affaire du retrait ou du refus du renouvellement d'un passeport pour raisons fiscales.

Le receveur général des finances de Paris avait pris, à plusieurs reprises, des mesures de cette nature au motif que le titulaire du passeport était débiteur d'impôts à l'égard du Trésor.

La Cour de cassation a condamné cette pratique en se fondant notamment sur le contenu de l'article 12, 2 du Pacte qui stipule que « toute personne est libre de quitter n'importe quel pays, y compris le sien »[(6)].

Dans le domaine de la fiscalité proprement dite, aucune disposition du Code général des impôts ou du Livre des procédures fiscales n'a, à ce jour, été considérée comme incompatible avec des stipulations du Pacte.

Les articles 5, 12 et 16 relatives au droit de circuler librement et de choisir librement sa résidence, ne sont pas de nature à exercer une influence sur des dispositions du Code général des impôts ou du Livre des procédures fiscales qui se bornent à déterminer le lieu de déclaration, d'imposition et de contrôle de l'impôt sur les sociétés et de la TVA[(7)].

L'article 14, 1 aux termes duquel « tous sont égaux devant les tribunaux et cours de justice » n'a pas été jugé comme s'opposant au délai de quatre mois dont dispose le ministre pour faire appel du jugement rendu par un tribunal administratif en matière fiscale (LPF, art. R. 200-18)[(8)].

---

(5) CE, 18 avr. 1951, n° 94389, *Élections de Nolay* : *Rec. CE* 1951, p. 189. – CE, 11 mars 1985, n° 40231 : *Dr. fisc.* 1985, n° 25, comm. 1153 ; *RJF* 5/1985, n° 709.

(6) Cass. 1re civ., 28 nov. 1984 : *RFDA* 1985, p. 760, concl. Sadon ; *D.* 1985, p. 313, note Gavalda ; *JCP G* 1986, II, 20600, note M. Lombard ; *RJF* 1987, p. 772. – V. aussi note H. Charles : *D.* 1984, p. 56 et note J.-P. Doucet : *Gaz. Pal.* 1983, 1, 296.

(7) CE, 26 sept. 2001, n° 208238, *SARL Espace Loisirs* : *Dr. fisc.* 2002, n° 25, comm. 536, concl. G. Bachelier ; *RJF* 2001, n° 1590.

(8) CE, 3 juin 1991, n° 71610 : *Dr. fisc.* 1992, n° 16, comm. 823, concl. Chahid Nouraï ; *RJF* 1991, n° 1141.

L'article 14, 3-g, support du droit à ne pas contribuer à sa propre incrimination, n'a pas été considéré, eu égard au vocabulaire utilisé dans l'article, comme couvrant les sanctions administratives(9).

L'article 14, 7, support du principe *non bis in idem*, n'a pas été considéré comme s'opposant au cumul de sanctions administrative et pénale(10).

L'article 26 aux termes duquel « toutes les personnes sont égales devant la loi et ont droit sans discrimination à une égale protection de la loi » est considéré par le Conseil d'État comme n'étant invocable que par les personnes qui soutiennent qu'elles sont victimes d'une discrimination au regard de l'un des droits civils et politiques reconnus par le Pacte. Le moyen est donc inopérant à l'appui d'un recours pour excès de pouvoir dirigé contre des instructions ayant trait à la non-déductibilité de l'assiette de l'impôt sur le revenu de frais de procès ou de procédures(11).

318. – Convention EDH. En mettant de côté la Charte des droits fondamentaux de l'Union européenne, développée avec ce corps de règles (V. *infra*, n° 645), le principe de la supériorité des conventions internationales ayant pour objet la protection des droits de l'homme a reçu application dans notre domaine principalement, pour ne pas dire exclusivement, avec la Convention européenne de sauvegarde des droits de l'homme et des libertés fondamentales. Les développements qui suivent sont donc réservés aux conditions d'application de cette convention.

Si les contribuables invoquent couramment ses stipulations, notamment celles de l'article 6,1 ou de l'article 1er du Protocole n° 1, il faut reconnaître que leur portée reste très limitée en matière fiscale. Les stipulations de la Convention ne l'emportent sur les règles du droit national que dans des cas qui restent assez exceptionnels. Ce constat peut donc apparaître décevant au regard de l'examen minutieux auquel il faut se livrer pour déterminer exactement les conditions d'application de la Convention en matière fiscale. L'importance des développements qu'exige cet examen est encore moins à la mesure des espérances (pas toujours légitimes, il est vrai) que les contribuables mettent dans la Convention.

La Convention européenne de sauvegarde des droits de l'homme et des libertés fondamentales (Conv. EDH) du 4 novembre 1950, entrée en vigueur le 3 septembre 1953, a été ratifiée par la France en vertu de la loi du 31 décembre 1973.

La déclaration d'acceptation du droit de recours individuel, qui a été formulée le 2 octobre 1981, pour une période de cinq ans, a fait l'objet de renouvellements successifs. Ce droit, qui n'était à l'origine que facultatif, est devenu obligatoire pour tous les États parties à la Convention depuis l'entrée en vigueur, le 1er novembre 1998, du Protocole n° 11.

319. – Violation des stipulations. Moyen d'ordre public (non). Dans tous les cas, une précision essentielle s'impose : à savoir que, au même titre que pour le Pacte

(9) CE, 17 mai 2010, n° 309197, *SARL Café de la Paix* : *Dr. fisc.* 2010, n° 21, comm. 336, concl. N. Escaut, note L. Ayrault ; *RJF* 2010, n° 653.

(10) CE, avis, 4 avr. 1997, n° 183658, *Jammet* : *Dr. fisc.* 1997, comm. 660, concl. F. Loloum ; *RJF* 1997, n° 469, chron. S. Austry ; *RGDP* 1998, p. 347, chron. J. Lamarque. – P. Schiele, *La portée de la règle* non bis in idem *au regard du cumul des sanctions fiscales et pénales*, note ss Cass. crim., 20 juin 1996 : *Dr. fisc.* 1997, comm. 427.

(11) CE, 27 avr. 2011, n° 339398, *Momont* : *RJF* 2011, n° 877.

international relatif aux droits civils et politiques[12], le moyen tiré de la méconnaissance des stipulations de la Convention et de ses protocoles ou de l'incompatibilité de ces stipulations avec des dispositions du droit interne n'est pas d'ordre public ; le juge ne peut donc pas le relever d'office ; le contribuable doit le soulever en des termes clairs et précis[13].

320. – **Plan.** Une distinction fondamentale doit être faite entre les stipulations de la Convention, quant à leur applicabilité en matière fiscale, suivant qu'il s'agit de l'article 6,1 sur le droit au procès équitable ou d'autres articles garantissant des droits substantiels. Concernant ces derniers, on se limitera dans la présente édition aux articles 9 et 14 de la Convention européenne et 1er de son premier protocole.

§ 1. – Le droit au procès équitable (Conv. EDH, art. 6)

321. – **Art. 6,1.** Aux termes de l'article 6,1 de la Convention (1re phrase) : « toute personne a droit à ce que sa cause soit entendue équitablement, publiquement et dans un délai raisonnable, par un tribunal indépendant et impartial, établi par la loi, qui décidera, soit des contestations sur ses droits et obligations de caractère civil, soit du bien-fondé de toute accusation en matière pénale dirigée contre elle (...) ».

Importante par les droits qui y sont contenus, cette stipulation a une portée variable en droit fiscal, et ce au motif de l'interprétation retenue par la Cour de Strasbourg quant à son champ. Contrairement à l'apparence, l'article 6 ne comporte pas uniquement deux volets (pénal et civil) mais bien trois. Ce qui n'entre pas dans le volet pénal n'entre pas nécessairement dans le volet civil. Or, il ressort de la jurisprudence que si le droit fiscal, dans sa dimension répressive, entre bien dans le champ d'application du volet pénal de l'article 6 avec une portée effective (B), le droit fiscal non répressif n'entre que pour une faible part dans celui du volet civil (A).

A. – Portée limitée du volet civil

322. – **Trois volets.** Contrairement à l'article 47 de la Charte des droits fondamentaux de l'Union européenne, qui constitue le pendant de l'article 6 de la Convention EDH, une précision est apportée à la fin de la première phrase de ce dernier qui, telle qu'elle est interprétée par la Cour de Strasbourg, ouvre la voie à un troisième volet non couvert par les droits et garanties de l'ensemble des paragraphes de l'article 6.

La matière fiscale non répressive intégrant ce troisième volet, que l'on peut identifier – avec précaution – comme un volet de puissance publique, à ne pas confondre avec le champ du droit public tel qu'entendu dans notre ordre juridique interne, il en ressort une inapplicabilité de principe de l'article en ce domaine.

(12) CE, 21 juin 1996, n° 137885, *Allicot* : *RJF* 1996, n° 1080 ; *BDCF* 1996, n° 4, concl. Bachelier.
(13) CE, sect., 6 déc. 1995, n° 126826 : *Dr. fisc.* 1996, comm. 203, concl. Bachelier ; *RJF* 1996, n° 61, chron. Goulard. – CE, 28 juill. 1999, n° 185.525, *Grillet* : *RJF* 1999, n° 1133 ; *BDCF* 1999, n° 99, concl. Bachelier ; *Dr. fisc.* 2000, comm. 300. – CE, 27 juill. 2009, n° 297474, *SA Général Electric* : *Dr. fisc.* 2009, n° 41, comm. 499, concl. P. Collin ; *RJF* 2009, n° 928 ; *BDCF* 2009, n° 125, concl. – CE, 19 déc. 2012, n° 327.166, *SNC Kimberly Clark* : *RJF* 2013, n° 283 ; *BDCF* 2013, n° 31, concl. Mme Hedary.

1° Inapplicabilité de principe du volet civil

323. – **Unité de jurisprudence.** Si tel n'a pas toujours été le cas, une unité existe aujourd'hui entre la Cour européenne des droits de l'homme, le Conseil d'État et la Cour de cassation contre l'application de principe de l'article 6 pour contester une décision individuelle d'imposition.

324. – **Cour EDH. Arrêt *Ferrazzini c/Italie.*** Interprétée de manière autonome, la notion de « droits et obligations de caractère civil » n'est pas considérée comme intégrant les contestations portant sur les décisions individuelles d'imposition. Constante, cette solution a notamment été rappelée par la Cour européenne des droits de l'homme en formation de Grande chambre dans son arrêt *Ferrazzini c/Italie*[14]. Même si la voie vers une évolution est ouverte par l'indication – habituelle – d'une interprétation de la Convention à la lumière des conditions de vie actuelles dans la société, la solution est encore aujourd'hui la même aux motifs que la matière fiscale ressortit au noyau dur des prérogatives de puissance publique[15].

Après avoir relevé que « la Convention est un instrument vivant qui doit être interprété à la lumière des conditions de vie actuelles » et que « les relations entre les individus et l'État ont bien évidemment évolué dans de nombreux domaines au cours des cinquante années écoulées depuis l'adoption de la Convention (...) » (nos 26 et 27), elle considère que « les évolutions qui ont pu avoir lieu dans les sociétés démocratiques ne concernent toutefois pas la nature essentielle de l'obligation pour les individus ou les entreprises de payer des impôts. Par rapport à l'époque de l'adoption de la Convention, il n'y a pas là d'intervention nouvelle de l'État dans le domaine "civil" de la vie des individus. La Cour estime que *la matière fiscale ressortit encore au noyau dur des prérogatives de la puissance publique, le caractère public du rapport entre le contribuable et la collectivité restant prédominant.* La Convention et ses protocoles devant s'interpréter comme un tout, la Cour observe également que l'article 1er du Protocole n° 1, relatif à la protection de la propriété, réserve le droit que possèdent les États de mettre en vigueur les lois qu'ils jugent nécessaires pour assurer le paiement des impôts. Sans y attacher une importance décisive, la Cour prend cet élément en considération. Elle estime que le contentieux fiscal échappe au champ des droits et obligations de caractère civil, en dépit des effets patrimoniaux qu'il a nécessairement quant à la situation des contribuables » (n° 29)... « Partant, l'article 6,1 ne trouve pas à s'appliquer en l'espèce » (pt 31).

325. – **Conseil d'État.** La jurisprudence du Conseil d'État est constante dans le rejet d'une application de l'article 6 en matière fiscale non répressive pour contester une décision individuelle d'imposition[16].

326. – **Cour de cassation.** La jurisprudence de la Cour de cassation a connu une évolution. Après avoir considéré que les stipulations de l'article 6 étaient susceptibles de recevoir application en matière fiscale non répressive, un revirement a été opéré en 2004.

(14) CEDH, Gde ch., 12 juill. 2001, n° 44.759/98, *Ferrazzini c/Italie : Rec. CEDH* 2001-VII ; *Dr. fisc.* 2002, n° 10, comm. 187 ; *JCP G* 2002, I, 105, chron. F. Sudre ; *RJF* 1/2002, n° 128, chron. J. Maïa, *Illusions et promesses de l'application à la matière fiscale de la Convention européenne des droits de l'homme*, p. 3 et s. – V. également L. Gérard, *Sur l'applicabilité de l'article 6, volet civil, de la convention européenne des droits de l'homme aux contentieux fiscaux* (*À propos de l'arrêt CEDH, 12 juillet 2001, Ferrazzini c/Italie*) : *Dr. fisc.* 2002, n° 10, 9. – E. de Crouy-Chanel, *L'arrêt Ferrazzini de la Cour européenne des droits de l'homme (CEDH) (12 juillet 2001) : réflexions sur la singularité du droit public : RRJ* 2003, p. 1493 et s. – Sur la question du périmètre de la solution *Ferrazzini*, V. L. Ayrault, obs. *in Dr. fisc.* 2012, n° 9, chron. 166, nos 3 et s.

(15) CEDH, 17 juin 2014, n° 8013/12, *Zaman c/France.* – CEDH, 23 sept. 2014, n° 75.915/12, *Popovic c/Serbie.* – CEDH, 25 nov. 2014, n° 51.269/07, *Pakozdi c/Hongrie.*

(16) Pour ne citer que l'une des premières et dernières décisions parmi les centaines qui pourraient être invoquées : CE, 2 juin 1989, n° 62979, *Bussoz : Dr. fisc.* 1990, comm. 342 ; *RJF* 8-9/1989, n° 912. – CE, 2 juin 1989, n° 66604, *De Saint-Pern : Dr. fisc.* 1990, n° 1, comm. 4 ; *RJF* 8-9/1989, n° 1019. – CE, 9 nov. 2015, n° 366457, *Waldner : Dr. fisc.* 2016, n° 6, comm. 166, concl. M.-A. Nicolazo de Barmon ; *RJF* 2/2016, n° 119.

Avant l'arrêt rendu le 12 juillet 2004, la chambre commerciale de la Cour de cassation avait admis le moyen notamment en matière de procédure contentieuse du recouvrement, pour l'application de la règle prévue à l'article R. 281-5 du Livre des procédures fiscales(17). Cette solution fut reprise en matière de taxation d'office des droits d'enregistrement(18) puis solennellement confirmée dans l'arrêt *Kloeckner*, rendu le 14 juin 1996 par la formation d'assemblée plénière. Aucun doute n'était alors permis sur ce point quant à la volonté de la Haute juridiction judiciaire dès lors qu'il y était affirmé que « le droit de toute personne à un procès équitable, garanti par l'article 6,1 (...) peut être invoqué devant toute juridiction civile statuant en matière fiscale »(19). L'arrêt *Ferrazzini c/Italie* rendait toutefois difficile le maintien de cette jurisprudence.

Alors qu'elle n'y était pas juridiquement tenue, la Cour de cassation a finalement décidé le 12 juillet 2004, soit trois ans jour pour jour après l'arrêt *Ferrazzini c/Italie*, d'opérer un revirement de jurisprudence pour se caler sur celle de la Cour de Strasbourg(20). Cet arrêt est doublement remarquable : d'une part, il marque un recul sur le terrain de l'article 6 ; d'autre part, le revirement est expressément fondé sur l'arrêt *Ferrazzini c/Italie*.

Pour la Cour de cassation, « l'article 6,1 de la Convention européenne de sauvegarde des droits de l'homme et des libertés fondamentales (...) et en l'absence de toute accusation en matière pénale, n'est pas applicable au contentieux fiscal, lequel échappe au champ des droits et obligations de caractère civil, en dépit des effets patrimoniaux qu'il a nécessairement quant à la situation des contribuables ».

327. – **Conséquences de l'inapplicabilité.** Sans qu'il soit besoin de dresser un catalogue d'illustrations, une évidence s'impose : le contentieux de l'imposition étant hors champ du volet civil de l'article 6, le moyen est inopérant, et ce quel que soit le grief. Il n'est donc pas possible de l'invoquer pour contester une loi de validation(21).

L'impossibilité de pouvoir utilement invoquer la violation de l'article 6 en matière fiscale non répressive n'est toutefois nullement significative de la possibilité, pour le législateur, de porter atteinte aux droits et garanties qu'il protège. Soutenir l'inverse serait omettre que ces derniers bénéficient également, pour la plupart, d'une protection constitutionnelle ou conventionnelle.

2° Application limitée du volet civil

328. – **Exclusion des litiges non fiscaux.** On ne saurait considérer comme une exception au principe de l'inapplicabilité de l'article 6,1 au contentieux fiscal le ou

(17) Cass. com., 20 nov. 1990, n° 89-16.473, *Donsimoni* : *Bull. civ.* 1990, IV, n° 288 ; *RJF* 1/1991, n° 123.

(18) Cass. com., 4 janv. 1994, n° 91-15.601, *Bruyelle* : *Bull. civ.* 1994, IV, n° 8 ; *Dr. fisc.* 1994, n° 27, comm. 1339 ; *RJF* 4/1994, n° 498.

(19) Cass. ass. plén., 14 juin 1996, n° 93-21.710, *Kloeckner* : *Dr. fisc.* 1996, n° 30, comm. 986, concl. Y. Monnet ; *RJF* 8-9/1996, n° 1118.

(20) Cass. com., 12 juill. 2004, n° 01-11.403, *Cts Pelat* : *Bull. civ.* 2004, IV, n° 153, p. 167 ; *Dr. fisc.* 2004, n° 42, comm. 764 ; *RJF* 11/2004, n° 1218, étude B. Hatoux, p. 804 ; *RMCUE* 2005, p. 334, note J.-P. Maublanc ; *LPA* 14 janv. 2005, n° 10, note E. Garaud, p. 16 et s. ; *LPA* 27 janv. 2005, n° 19, note Th. Lambert, p. 10 à 13. – Sur cet arrêt, V. not. B. Hatoux, *Application de l'article 6,1 de la Convention européenne des droits de l'homme au contentieux fiscal. Analyse et perspectives d'un revirement du juge judiciaire* : *RJF* 11/2004, p. 804 à 807. – L. Ayrault, *Le volet civil de l'article 6,1 et le droit fiscal au lendemain de l'arrêt : Cass. com., 12 juill. 2004, Cts Pelat*, PUF, L'année fiscale, 2005.

(21) CE, 26 nov. 1999, n° 184.474, *Guénoun* : *Rec. CE* 1999, tables p. 789 ; *Dr. fisc.* 2000, n° 15, comm. 298, concl. J. Courtial ; *RJF* 1/2000, n° 138. – CE, 28 juill. 2011, n° 319.029, *SARL Imexrep* et n° 319028, *SARL Imexrep* : *Dr. fisc.* 2011, n° 47, comm. 602 ; *RJF* 11/2011, n° 1183.

les cas dans lesquels le juge est conduit à faire la distinction entre l'impôt (ou les impositions de toutes natures au sens de l'article 34 de la Constitution) et les prélèvements sans caractère fiscal.

Il a été jugé, en particulier, que les stipulations de l'article 6,1, si elles ne sont pas applicables aux prélèvements de caractère fiscal, le sont en matière de redevances. Le Conseil d'État a considéré ainsi que le litige relatif à l'institution d'une redevance d'utilisation d'un boulevard périphérique, qui correspond au prix payé par l'usager d'un ouvrage public, est une contestation portant sur des droits et obligations de caractère civil au sens des stipulations de l'article 6,1 (22). – Sur la question de l'application de la TVA aux péages des autoroutes, V. *infra*, n° 380.

La solution est la même pour les litiges relatifs à l'institution d'une redevance correspondant au prix payé par l'usager d'un service public, telle la redevance aéroportuaire prévue à l'article R. 224-1 du Code de l'aviation civile (23).

329. – **Retombées du contentieux général.** L'application de l'article 6,1 dans le contentieux général entraîne nécessairement des conséquences, d'ordre purement procédural, dans le contentieux fiscal : ainsi, à la suite de la jurisprudence de la Cour européenne des droits de l'homme qui a estimé que l'institution du commissaire du gouvernement méconnaissait l'article 6,1 du fait de la participation de ce membre du Conseil d'État au délibéré de la formation de jugement des juridictions administratives.

On ne saurait considérer cependant ces retombées du contentieux général comme autant d'exceptions au principe de l'inapplicabilité dans le contentieux fiscal des stipulations de l'article 6,1 sur le droit au procès équitable.

L'application du principe de l'impartialité du juge appellerait une observation analogue.

On pourrait évoquer encore l'arrêt du 15 octobre 2002 dans lequel la Cour européenne des droits de l'homme a condamné l'État, sur le fondement du droit à être jugé dans un délai raisonnable (art. 6,1) à réparer les dommages subis par un contribuable du fait de la longueur d'une procédure fiscale qui avait duré dix ans et dix-neuf jours pour trois degrés de juridiction (TA, CAA, et CE). La Cour n'avait admis, semble-t-il, la recevabilité de la requête en dépit du caractère fiscal du litige qu'en raison de la « coloration pénale » de l'affaire, dès lors que le requérant s'était vu infliger la majoration pour manquement délibéré (mauvaise foi) (24).

Cet arrêt est intervenu après que le Conseil d'État ait lui-même consacré le principe suivant lequel une personne peut obtenir réparation devant le juge administratif du préjudice né de la violation du droit à un délai raisonnable de jugement. Mais il ne s'est pas fondé seulement sur les articles 6,1 et 13 de la Convention européenne des droits de l'homme (droit à un recours effectif devant une instance nationale). Le principe est fondé sur ces stipulations « lorsque le litige entre dans leur champ d'application ». Le Conseil d'État précise que le droit des justiciables à ce que leurs requêtes

(22) CE, 28 juill. 2000, *Tête : Rec. CE* 2000, p. 319 ; *RFDA* 2001, p. 121, concl. H. Savoie ; *AJDA* 2000, p. 796, chron. Guyomar et Collin.

(23) CE, avis, 16 févr. 2001, n° 226155, *Synd. des compagnies aériennes autonomes : RJF* 2001, n° 739 ; *BDCF* 2001, n° 72, concl. Mignon ; *AJDA* 2002, p. 341, note D. Sabourault.

(24) CEDH, 15 oct. 2002, aff. 52.116/99, *Viezicz c/France : LPA* 4 sept. 2003, n° 177, note E. Mauléon.

soient jugées dans un délai raisonnable résulte « dans tous les cas, des principes généraux qui gouvernent le fonctionnement des juridictions administratives »[25].

C'est sur ce fondement du droit interne que repose aujourd'hui le principe de la responsabilité de l'État, en matière fiscale, du fait du préjudice résultant de la violation du droit à un délai raisonnable des jugements.

Le Conseil d'État en a fait plusieurs applications[26].

330. – Litiges périphériques à l'établissement de l'imposition. Les décisions toujours citées, dans lesquelles les instances européennes auraient admis que certains litiges peuvent être considérés comme détachables des opérations de « taxations fiscales » parce qu'ils mettent en cause la notion de « droits et obligations de caractère civil » au sens de l'article 6,1, ne paraissent pas très topiques.

La première a trait à une action en responsabilité formée par une société française, contre l'État français, en réparation du dommage que lui aurait causé le refus de la faire bénéficier d'avantages fiscaux et d'allègements de tarifs postaux. L'applicabilité de l'article 6 a été reconnue au motif que l'action du requérant avait un objet patrimonial et se fondait sur une atteinte à des droits patrimoniaux, et ce nonobstant l'origine fiscale du différend[27].

La deuxième se rapporte au droit de préemption prévu autrefois à l'article 668 du Code général des impôts puis à l'article L. 18 du Livre des procédures fiscales, avant d'être supprimé par la loi de finances pour 1997[28]. En vertu de ce texte, l'administration des impôts, pendant un délai de six mois à compter de la date de l'enregistrement ou de l'accomplissement de la formalité fusionnée, pouvait exercer un droit de préemption sur les immeubles ou fonds de commerce dont elle estimait le prix de vente insuffisant, en offrant de verser à l'acquéreur ou à ses ayants droit le montant de ce prix majoré d'un dixième. En réalité, le droit de préemption que l'administration appliquait, du reste, assez rarement, relevait d'un régime très particulier, qui dérogeait aux règles du droit fiscal et de la procédure fiscale. Le juge judiciaire s'était reconnu ainsi le pouvoir de vérifier si l'administration n'avait pas commis un détournement de procédure quant aux mobiles qui l'avait incitée à exercer ce droit, ce qui est contraire à la nature d'une prérogative de nature fiscale. Le vendeur conservait, de son côté, le droit de demander la rescision pour lésion, conformément aux articles 1674 et suivants du Code civil. Mais il est vrai que la Cour de cassation avait jugé en dernière analyse que la décision d'exercer le droit de préemption constituait une sanction fiscale[29].

La troisième concerne une action en restitution d'impositions acquittées à tort. Prenant appui sur l'arrêt *Éditions Périscope c/France*, la Cour de Strasbourg a considéré qu'il s'agit là d'actions de droit privé et que l'origine fiscale du différend était sans incidence[30].

(25) CE, ass., 28 juin 2002, n° 239575, *Min. c/Magiera* : *RFDA* 2002, p. 756, concl. F. Lamy ; *AJDA* 2002, p. 598, chron. F. Donnat et D. Casas ; *JCP G* 2003, II, 10151, note J.-J. Menuret ; *D.* 2003, p. 23, note V. Holderbach-Martin.

(26) CE, 25 janv. 2006, n° 284013, *SARL Potchou* : *Dr. fisc.* 2006, n° 27, comm. 494, concl. Struillou ; *AJDA* 2006, p. 589, chron. Cl. Landais et F. Lenica ; *LPA* 27 nov. 2006, n° 226, chron. F. Melleray et A. Claeys. – *Adde* la jurisprudence citée *in Code de procédure fiscale*, Dalloz, art. L. 207, notes 40 et s.

(27) CEDH, 26 mars 1992, n° 58/1990/249/380, *Éd. Périscope c/France* : *RJF* 8-9/1992, n° 1279.

(28) CEDH, 22 sept. 1994, n° 13.616/88, *Hentrich c/France* : *Dr. fisc.* 1994, n° 50, chron. Le Gall et L. Gérard ; *RJF* 1/1995, n° 131 ; *AJDA* 1995, p. 220, chron. J.-F. Flauss ; *D.* 1995, p. 465, note Fiorina.

(29) Cass. com., 16 juin 1987, n° 86-13.830 : *Bull. civ.* 1987, IV, n° 148.

(30) CEDH, 23 oct. 1997, n° 21319/93, *National and Provincial Building Society, Leeds Permanent Building Society c/ Royaume-Uni* : *Rec. CEDH* 1997-VII ; *RJF* 12/1997, n° 1215.

On notera toutefois que, même si les circonstances diffèrent quelque peu, à raison des montants en présence et du vote d'une loi de validation, la Cour européenne des droits de l'homme s'est écartée de cette dernière solution dans son arrêt *Beires Côrte-Real* c/*Portugal* rendu le 11 octobre 2011[31]. Le litige tenait alors au refus du Trésor public portugais de restituer la taxe automobile frappant l'importation d'un véhicule d'occasion, alors jugée incompatible par la Cour de justice des Communautés européennes. L'article 6 n'a pas été jugé applicable au motif que la Cour avait « déjà rejeté pour incompatibilité ratione materiae des griefs tirés de l'article 6, § 1 de la Convention dans des procédures similaires à celle ici en cause, dans lesquelles une taxe appliquée à l'intéressé par l'administration fiscale est reconnue par une juridiction comme indûment perçue, l'intéressé demandant par la suite, par voie d'exécution, le remboursement de la somme concernée (V. *Di Belmonte* [n° 2] c/*Italie*, 3 juin 2004, déc. n° 72665/01 ; *Intersplav* c/*Ukraine*, 31 mars 2005, déc. n° 803/02 et *SC Ghepardul* c/*Roumanie*, 14 avr. 2009, n° 29268/03, § 45) »[32].

Une telle solution marque que la nature patrimoniale n'est pas suffisante pour faire entrer le contentieux dans le champ du volet civil, ce que l'arrêt *Ferrazzini* c/*Italie* indiquait déjà en 2001 en matière fiscale, soit après les trois premiers arrêts cités[33]. Bien qu'attractif, le critère de la patrimonialité ne permet donc pas toujours d'éclipser la coloration fiscale du litige.

331. – **Visite domiciliaire. Arrêt *Ravon*.** Alors que la Cour de cassation s'était prononcée à plusieurs reprises, depuis 1993[34], sur la compatibilité des dispositions de l'article L. 16 B du Livre des procédures fiscales par rapport à la Convention européenne, ce que la chambre criminelle avait encore confirmé quelques jours avant en soutenant que « les dispositions de l'article L. 16 B du Livre des procédures fiscales, qui assurent la conciliation du principe de la liberté individuelle et des nécessités de la lutte contre la fraude fiscale, ne contreviennent pas à celles des articles 6, 8 et 13 de la Convention européenne des droits de l'homme, dès lors que le droit à un procès équitable est garanti tant par l'intervention du juge, qui vérifie le bien-fondé de la requête de l'administration des impôts, que par le contrôle effectif exercé par la Cour de cassation »[35], la Cour européenne des droits de l'homme a conclu en 2008 à leur incompatibilité sur le terrain de l'article 6,1[36]. Sans remettre en cause le principe même d'un droit de visite domiciliaire, les juges européens ont considéré que les voies de contestation de la procédure étaient insuffisantes.

Les requérants se plaignaient de ce qu'ils n'avaient pas disposé d'un recours « effectif » pour contester la régularité des visites et des saisies domiciliaires dont ils avaient fait l'objet. Invoquant l'article 6,1 ainsi que l'article 13 sur le droit au recours effectif combiné avec l'article 8 garantissant le droit pour toute personne au res-

(31) CEDH, 11 oct. 2011, n° 48225/08, *Beires Côrte-Real c/Portugal : Dr. fisc.* 2012, n° 9, 166, chron. L. Ayrault, *Droit fiscal européen des droits de l'homme : chronique de l'année 2011*, n°s 4 à 7.
(32) *Ibid.*, pt 35.
(33) CEDH, Gde ch., 12 juill. 2001, n° 44.759/98, *Ferrazzini c/Italie*, préc., pt 25.
(34) Cass. com., 9 févr. 1993, n° 91-21.699, *Feingold* : *Dr. fisc.* 1993, n° 17, comm. 938 ; *RJF* 5/1993, n° 671.
(35) Cass. crim., 6 févr. 2008, n° 07-83.871, *Sté Arcalia*.
(36) CEDH, 21 févr. 2008, n° 18497/03, *Ravon et a. c/France : Dr. fisc.* 2008, n° 12, comm. 227, note D. Ravon et Ch. Louit ; *Rev. sc. crim.* 2008, p. 598, note H. Matsopoulou ; *RJF* 5/2008, n° 571, chron. B. Hatoux, p. 454 et s. et p. 552 et s. – V. L. Ayrault, *Droit fiscal européen des droits de l'homme : chronique de l'année 2008* : *Dr. fisc.* 2009, n° 9, 222.

pect de son domicile, ils firent valoir, en particulier, que le pourvoi en cassation alors prévu contre l'ordonnance d'autorisation de visite et de saisie ne permettait pas au justiciable d'obtenir un contrôle du fondement en fait de cette ordonnance.

Le Gouvernement avait conclu à l'irrecevabilité de la requête au motif qu'elle ne portait pas sur des droits ou obligations de « caractère civil », la procédure prévue à l'article L. 16 B du Livre des procédures fiscales étant « fiscale ».

La Cour de Strasbourg a constaté que la contestation ne relevait pas du contentieux fiscal : « en son cœur se trouve la question de la méconnaissance ou non par les autorités du droit au respect du domicile. Or le caractère "civil" de ce droit est manifeste, tout comme l'est sa reconnaissance en droit interne, qui résulte non seulement de l'article 9 du Code civil (...) mais aussi du fait que la Convention, qui le consacre en son article 8, est directement applicable dans l'ordre juridique français »[37].

L'application du volet civil de l'article 6 a conduit les juges européens à vérifier le cadre juridique du droit de visite et de saisie. Or, pour ces derniers, les personnes concernées doivent bénéficier d'« un contrôle juridictionnel effectif, en fait comme en droit, de la régularité de la décision prescrivant la visite ainsi que, le cas échéant, des mesures prises sur son fondement »[38]. En outre, « le ou les recours disponibles doivent permettre, en cas de constat d'irrégularité, soit de prévenir la survenance de l'opération, soit, dans l'hypothèse où une opération jugée irrégulière a déjà eu lieu, de fournir à l'intéressé un redressement approprié »[39]. Or, si un pourvoi en cassation était prévu, il ne répondait pas à la qualification de recours effectif, faute de permettre un examen des éléments de fait fondant les autorisations litigieuses[40]. L'objet du recours est en effet uniquement de vérifier la bonne application du droit par les magistrats. Qui plus est, le contrôle *a priori* n'est pas considéré en soi comme une garantie suffisante puisque la nature même de la visite domiciliaire exclut le contradictoire[41]. Sans oublier l'absence d'obligation de porter à la connaissance de l'occupant sa faculté de saisir le juge de l'autorisation, la possibilité de poursuivre la visite hors la présence de l'occupant ou encore l'absence d'obligation d'indiquer les coordonnées du magistrat dans l'acte.

Toutes ces raisons, auxquelles s'ajoute l'incompétence du juge de l'autorisation pour apprécier la régularité des opérations une fois la visite achevée, ont conduit la Cour européenne à reconnaître la violation de l'article 6,1[42]. Le législateur a alors été contraint d'intervenir[43].

La Cour européenne des droits de l'homme et le législateur se sont abstenus de donner quelque indication que ce soit sur le contenu du contrôle « en fait » de la régularité de l'autorisation domiciliaire qui est dévolu désormais au premier président de la cour d'appel. C'est cependant pour permettre un contrôle de cette

(37) CEDH, 21 févr. 2008, n° 18497/03, *Ravon et a. c/France*, préc., pt 24.
(38) *Ibid.*, pt 28.
(39) *Ibid.*
(40) *Ibid.*, pt 29.
(41) *Ibid.*, pt 30.
(42) *Ibid.*, pt 32. L'arrêt *Ravon c/France* a été confirmé à plusieurs reprises : CEDH, 18 sept. 2008, n° 18.659/05, *Kandler et a. c/France*. – CEDH, 16 oct. 2008, n° 10.447/03, *Maschino c/France* : *Dr. fisc.* 2008, n° 49, comm. 611, note C. Louit. – CEDH, 20 nov. 2008, n° 2.058/04, *Sté IFB c/France*.
(43) L. n° 2008-776, 4 août 2008, portant modernisation de l'économie : *JO* 5 août 2008 ; *Dr. fisc.* 2008, n° 36, comm. 473.

nature même pour le passé que la loi du 4 août 2008 a institué un système jusque-là inconnu dans notre droit de recours juridictionnels rétroactifs ; il a pour conséquence de remettre en cause les arrêts rendus par la Cour de cassation entre le 1er janvier 2005 et l'entrée en vigueur de la loi du 4 août, rejetant les pourvois contre les ordonnances d'autorisation de visite domiciliaire. Les conditions dans lesquelles cette réforme est intervenue sont donc plus que critiquables(44). De même que leur conformité à la Constitution(45), ces dispositions ont été considérées comme compatibles avec les stipulations de la Convention européenne(46).

B. – Portée effective du volet pénal

332. – **Litiges rattachables à la procédure pénale.** La catégorie des litiges rattachables à la matière pénale comprend essentiellement ceux qui concernent les sanctions fiscales. On pourrait cependant en distinguer une autre, dans laquelle entreraient les litiges rattachables à la procédure qui s'applique devant le juge répressif de la fraude fiscale, mais qu'il est difficile de détacher de la procédure pénale générale.

Le rappel qui doit être fait ici concerne exclusivement la jurisprudence des instances européennes concernant la procédure applicable devant la Commission des infractions fiscales (CIF) prévue à l'article L. 228 du Livre des procédures fiscales.

Confirmant l'avis rendu par la Commission dans la même affaire(47), la Cour européenne a jugé que cette procédure entre dans le champ d'application de l'article 6,1 de la Convention(48). Ce faisant, elle a rattaché la procédure suivie devant la Commission des infractions fiscales à celle qui est applicable devant le juge pénal de la fraude fiscale, pour porter un jugement en quelque sorte global sur le caractère équitable de la procédure.

La position de la Cour européenne n'a pas entraîné cependant une modification de la jurisprudence de la Cour de cassation. Celle-ci décide, de manière constante, que le principe du contradictoire, consacré par la Cour européenne des droits de l'homme, est inapplicable devant la Commission des infractions fiscales, et ce au motif qu'il s'agit d'un organe consultatif et non pas juridictionnel et que son avis n'a pour but que de limiter le pouvoir discrétionnaire du ministre d'engager des poursuites pénales(49). Elle en a tiré notamment la conséquence que le contribuable n'a pas droit à obtenir communication du dossier que l'administration des impôts a soumis à l'appréciation de la Commission des infractions fiscales(50).

(44) J. Lamarque, *L'article L. 16 B après l'arrêt* Ravon, *libres propos d'un juriste libre : Mél. Cozian*, Litec, 2009, p. 715. – Sur l'application par le juge des dispositions de la loi du 4 août 2008, V. *Code de procédure fiscale*, Dalloz, 2015, art. L. 16 B, nos 176 et s.

(45) Cons. const., 30 juill. 2010, n° 2010-19/27 QPC, *Épx Pipolo et a. : Dr. fisc.* 2010, n° 41, comm. 526, note F. Martinet ; *RJF* 10/2010, n° 941 ; *Procédures* 2010, n° 10, comm. 393, note L. Ayrault.

(46) Cass. com., 9 mars 2010, n° 09-14.707, F-P+B, *M. Glas : Bull. civ.* 2010, IV, n° 50 ; *Dr. fisc.* 2010, n° 15, comm. 269 ; *RJF* 6/2010, n° 601. – Cass. com., 15 mars 2011, n° 10-15.889, *Sté Skip System Ltd : RJF* 7/2011, n° 830. – V. également, R. Salomon, *Droit pénal fiscal : Dr. fisc.* 2011, n° 42, comm. 565.

(47) Comm. EDH, 6 avr. 1994, n° 18.978/91, *Miailhe c/France : RJF* 7/1995, n° 936.

(48) CEDH, 26 sept. 1996, n° 18.978/91, *Miailhe c/France : RJF* 11/1996, n° 1375.

(49) Cass. crim., 28 janv. 1991, n° 90-81.606, *M. Caries*, n° 90-81.526, *M. Lavigne* et n° 89-86.597, *M. et Mme Sennesaël : Bull. crim.* 1991, n° 44 ; *Dr. fisc.* 1991, n° 21-22, comm. 1160, note G. Tixier et Th. Lamulle ; *JCP G* 1991, n° 18, IV, p. 174 ; *JCP E* 1991, pan. 499 ; *Gaz. Pal.* 1991, 1, 291, note D. Bayet ; *D.* 1991, inf. rap. p. 108 ; *RJF* 4/1991, n° 528. – Cass. crim., 19 mai 1999, n° 2128 D, *Elmalek : RJF* 8-9/1999, n° 1106. – Cass. crim., 16 mai 2001, n° 00-82.649, *Gaydamak : Dr. fisc.* 2001, n° 41, comm. 935 ; *RJF* 2/2002, n° 216.

(50) Cass. crim., 28 sept. 1992, n° 92-80.401, *Maurel : RJF* 11/1993, n° 1503. – Sur la question, L. Ayrault et M. Sieraczek, *La commission des infractions fiscales : analyse critique après trente ans d'existence : Mél. Cozian*, Litec, 2009, p. 679.

333. – **Litiges rattachables à la « matière pénale ».** Les litiges concernant les sanctions fiscales peuvent être considérés, dans une certaine mesure, comme rattachables à la « matière pénale » au sens de l'article 6,1 de la Convention, par exception au principe de l'inapplicabilité de ces stipulations dans le contentieux fiscal.

Mais une grave confusion est faite dans ce domaine depuis l'arrêt de la Cour européenne des droits de l'homme du 24 février 1994, *Bendenoun*(51), que l'on présente trop souvent comme étant à l'origine, d'une part, du principe de l'assimilation des sanctions fiscales aux sanctions pénales et, d'autre part, et partant, de l'applicabilité aux sanctions fiscales des stipulations de l'article 6,1.

Cette présentation n'est exacte que sur le second point. Ce sont là, en effet, deux questions qu'il ne faut pas confondre lorsqu'on veut mesurer l'exacte portée de l'applicabilité des stipulations de l'article 6,1 aux sanctions fiscales.

L'assimilation des sanctions fiscales aux sanctions pénales a été réalisée d'abord dans le droit interne et à une époque relativement récente.

1° Assimilation des sanctions fiscales aux sanctions pénales

a) Évolution du droit interne

334. – **Accessoire de l'impôt.** La question qui s'est posée dans un premier temps n'était pas, d'ailleurs, de savoir si les pénalités fiscales, au sens large, peuvent être assimilées à des sanctions pénales, mais si elles pouvaient être considérées comme des sanctions administratives et relever en conséquence du même régime quant à l'assimilation, au moins partielle, aux sanctions pénales.

Le juge avait été appelé à se prononcer notamment sur la majoration de 10 % pour paiement tardif des impôts directs. Le Conseil d'État avait alors jugé que cette majoration constitue simplement un « accessoire » de l'impôt(52), et la Cour de cassation, « un impôt supplémentaire »(53).

Dans sa décision du 10 mai 1952, et à propos de la majoration de 10 % prévue pour paiement tardif, le Conseil d'État a considéré qu'il s'agissait « d'accessoires de l'impôt institués pour préserver les intérêts du Trésor public ».

Dans son arrêt du 25 octobre 1960, rendu à propos du privilège mobilier du Trésor et de son application à l'ancien article 1732 du Code général des impôts, la Haute juridiction judiciaire a considéré que la majoration de 10 % prévue pour paiement tardif de l'impôt « ne présente pas le caractère d'une peine ayant pour objet de sanctionner la négligence du redevable, mais doit être considérée comme un impôt supplémentaire soumis aux mêmes règles de recouvrement que l'impôt lui-même ».

Ces solutions ont été très critiquées à l'époque par la doctrine qui estimait que les pénalités fiscales avaient « sensiblement la même nature juridique que les sanctions administratives »(54).

Ainsi que l'a souligné Maxime Chrétien, « Précisons soigneusement la portée de notre grief. Je ne reproche pas à la Cour de cassation d'avoir décidé que ces majorations d'impôts ne s'analysent point en des amendes fiscales ni, a fortiori, en des peines correctionnelles car, contrairement à ce que déclaraient les décisions annulées, ces majorations de droits (le terme "droit" étant, on le sait, fréquemment synonyme

(51) CEDH, 24 févr. 1994, n° 12.547/86, *Bendenoun c/France* : série A, n° 284 ; *Dr. fisc.* 1994, n° 21-22, comm. 989.
(52) CE, 10 mai 1952, n° 13.640 : *Rec. CE* 1952, p. 249 ; *JCP G* 1952, II, 7264.
(53) Cass. com., 25 oct. 1960, n° 57-11.284 : *Bull. civ.* 1960, IV, n° 337 ; *Rev. sc. fin.* 1961, p. 714 et s., note M. Chrétien (2e arrêt).
(54) M. Waline, *Nature juridique des pénalités fiscales* : *Rev. sc. fin.* 1949, p. 14. – V. aussi M. Chrétien, in *Rev. sc. fin.* 1961, p. 714.

du mot "impôt") se distinguent, sinon matériellement du moins formellement, des amendes fiscales et, à plus forte raison, des peines correctionnelles, aux termes même de la législation fiscale. À cet égard, elle n'a fait qu'interpréter strictement et même qu'appliquer littéralement les textes qui distinguent ces trois sortes de sanctions dites "pénalités fiscales". Mais je lui fais grief d'avoir décidé que ces majorations de droits sont des impôts supplémentaires et ne sont pas des sanctions. Et, dans la mesure où le Conseil d'État en dit autant sans le dire, il encourt, à notre avis, la même critique (...) À la différence des impositions (...) ces majorations s'analysent donc, *nolens volens*, en des sanctions proprement dites puisque l'imposition proprement dite n'est pas une sanction selon une tradition confirmée par une jurisprudence constante »[55].

Les critiques n'ont toutefois pas porté. Le Conseil d'État a confirmé sa jurisprudence, et on ne peut plus clairement, dans une décision du 26 mai 1970[56], concernant la réforme des pénalités par la loi n° 63-1316 du 27 décembre 1963, qui avait substitué en particulier la majoration de 200 % à celle de 400 % prévue jusque-là en matière de taxes sur le chiffre d'affaires, en cas de manœuvres frauduleuses.

Considérant que « les amendes fiscales qui, comme les majorations, sont déterminées en fonction du montant des droits éludés, constituent un accessoire de l'impôt » et qu'il s'ensuit « qu'elles doivent être calculées par application de la législation en vigueur pendant chaque période d'imposition », le Conseil d'État en a conclu qu'il n'y avait pas lieu d'appliquer la majoration de 200 % aux infractions commises au cours de la période d'imposition antérieure à l'entrée en vigueur de la loi du 27 décembre 1963. Ce faisant, il a refusé d'appliquer la règle de l'application immédiate de la loi répressive plus douce.

Cette jurisprudence paraissait d'autant plus sévère que l'administration avait recommandé à ses agents d'appliquer immédiatement les règles nouvelles, lorsqu'elles étaient plus favorables aux contribuables, pour la liquidation de sanctions qui, afférentes à des infractions antérieures à la loi du 27 décembre 1963, n'avaient pas encore été mises en recouvrement[57]. Mais ces recommandations n'ont pas toujours été suivies et même lorsque le ministre « déclarait admettre » en appel que le contribuable était fondé à demander le bénéfice de la loi nouvelle, le Conseil d'État s'en tenait strictement à l'application de la règle en vigueur pour la période au cours de laquelle les insuffisances d'imposition avaient été commises[58].

La solution était la même lorsque le contribuable invoquait la note du 30 décembre 1965, dès lors que la garantie contre les changements de doctrine administrative ne s'appliquait pas, à l'époque, en matière de sanctions fiscales[59].

335. – **Assimilation aux sanctions administratives.** Il a été soutenu que le Conseil d'État a rompu pour la première fois avec la théorie des « pénalités fiscales – accessoire de l'impôt » dans la décision d'assemblée du 27 avril 1979, *Yacht Motors Corporation*[60]. En jugeant que le législateur a exclu l'obligation pour l'administration de suivre une procédure contradictoire pour l'établissement des pénalités, et cela dans tous les cas, il aurait assimilé, de manière implicite, les sanctions fiscales à des sanctions administratives[61].

(55) M. Waline, *Nature juridique des pénalités fiscales* : *Rev. sc. fin.* 1949, p. 14.
(56) CE, 26 mai 1970, n° 76.193, *Sté Grasse-Arôme* : *Rec. CE* 1970, p. 354.
(57) Note 30 déc. 1963 : *Dr. fisc.* 1964, ID 2232, n° 100.
(58) CE, sect., 5 oct. 1973, n° 82.836 : *Rec. CE* 1973, p. 546 ; *Dr. fisc.* 1974, n° 3, comm. 36, concl. Mandelkern.
(59) CE, 11 déc. 1974, n° 88.718 : *Dr. fisc.* 1975, n° 14-15, comm. 542, concl. Latournerie.
(60) *RJF* 1979, n° 366, concl. contraires B. Martin-Laprade ; *Dr. fisc.* 1980, n° 2, comm. 56 et 73 ; *Rec. CE* 1979, p. 169.
(61) V. en ce sens l'opinion de S. Austry, *Les sanctions administratives en matière fiscale* : AJDA 20 oct. 2001, n° spécial, p. 51 et s.

Mais suivant une autre opinion, la décision d'assemblée du 27 avril 1979 s'inspirerait d'une analyse fondée sur le caractère mixte, indemnitaire et répressif des pénalités fiscales[62].

En revanche, il est permis de considérer qu'une des premières décisions du Conseil d'État qui marque véritablement la rupture avec la théorie de l'accessoire est celle du 5 décembre 1983, *SARL Restaurant Le Djerba*[63].

En jugeant qu'une notification de redressement qui interrompt la prescription pour les droits en principal ne l'interrompt pas pour une majoration de 100 %, dès lors que celle-ci n'a pas été constatée dans cette notification de redressement, le Conseil d'État a adopté une position qui s'écartait de la théorie de l'accessoire.

Mais cette décision est intervenue un an après la décision du Conseil constitutionnel qui a consacré le principe de l'assimilation des sanctions administratives, notamment fiscales, aux sanctions pénales, reléguant ainsi au second plan la question de la nature juridique des pénalités fiscales par rapport aux sanctions administratives.

336. – **Assimilation aux sanctions pénales. Conseil constitutionnel.** Le Conseil constitutionnel a, en effet, le premier, et pour la première fois dans une décision n° 82-155 DC du 30 décembre 1982, assimilé les sanctions fiscales aux sanctions pénales[64].

Écartant le critère organique – comme l'avait fait en 1976 la Cour de Strabsourg pour juger de l'application de l'article 6[65] – pour juger de l'application du principe de non-rétroactivité *in mitius*, les membres du Conseil ont affirmé que la limitation des effets d'une validation législative « ne s'étend pas aux majorations de droits et aux intérêts de retard ayant le caractère d'une réparation pécuniaire ». Ce faisant, un élément du régime pénal a été appliqué aux sanctions administratives fiscales.

Selon le Conseil constitutionnel, « le principe de non-rétroactivité [DDHC, art. 8] ne concerne pas seulement les peines appliquées par les juridictions répressives, mais s'étend nécessairement à toute sanction ayant le caractère d'une punition même si le législateur a cru devoir laisser le soin de la prononcer à une autorité de nature non judiciaire ».

337. – **Notion de sanction. Distinction avec l'intérêt de retard.** Le Conseil d'État a précisé dans les années qui ont suivi la distinction entre la « sanction » et « l'intérêt de retard » (l'expression de « majorations de droits ayant le caractère d'une réparation pécuniaire », qui a été utilisée par le Conseil constitutionnel, ne correspondant pas à une notion spécifique).

L'intérêt de retard a pour objet de compenser seulement le préjudice subi par le Trésor. Il est dû à raison de toute somme qui n'a pas été acquittée dans le délai légal. Il est donc, par définition, l'accessoire d'une imposition ; il est fixé proportionnellement à des droits en principal. Dès lors qu'il est le prix du temps, il doit être

(62) Concl. J. Arrighi de Casanova sur CE, avis, 5 avr. 1996, n° 176.611, *Houdmond* : *Dr. fisc.* 1996, n° 25, comm. 765.
(63) CE, 5 déc. 1983, n° 35478, *SARL Restaurant Le Djerba* : *Rec. CE* 1984, tables p. 674 ; *Dr. fisc.* 1984, n° 21, comm. 1084 ; *RJF* 2/1984, n° 213.
(64) Cons. const., 30 déc. 1982, n° 82-155 DC : *JO* 31 déc. 1982, p. 4034.
(65) CEDH, 8 juin 1976, n° 5100/71, *Engel c/Pays-Bas* : série A, n° 22.

calculé *prorata temporis*. Lorsque cette condition n'est pas rigoureusement remplie, la pénalité correspondante présente généralement le caractère d'une sanction au sens strict du terme(66).

Un problème particulier s'est posé du fait de la différence de taux de l'intérêt du droit fiscal(67) et de l'intérêt légal du droit commun. Pendant longtemps, le taux de l'intérêt de retard prévu à l'article 1727 est resté fixé à 0,75 % par mois, soit 9 % par an. Le taux de l'intérêt légal est très inférieur à cette somme, du moins à partir de l'année 1995 (5,82 %). Le juge a été amené à se prononcer ainsi sur la question de savoir si l'intérêt de 9 % prévu à l'article 1727 du Code général des impôts ne présentait pas, au moins pour partie, le caractère d'une sanction.

Le Conseil d'État a jugé que cette différence de taux ne suffisait pas à transformer l'intérêt du droit fiscal même pour partie en une sanction fiscale en considérant, notamment, que son niveau n'était pas devenu manifestement excessif au regard du taux moyen pratiqué par les prêteurs privés pour un découvert non négocié(68).

Les juridictions de l'ordre judiciaire se sont divisées sur la question. Cependant, pour la Cour de cassation et la cour d'appel de Paris, rien ne s'opposait à ce que l'intérêt de retard prévu à l'article 1727 du Code général des impôts soit supérieur à l'intérêt légal(69).

La question ne se pose plus aujourd'hui dans les mêmes termes, dès lors que le taux de l'intérêt de retard prévu à l'article 1727 a été fixé à 0,40 % par mois ; la solution retenue par le Conseil d'État et la Cour de cassation apparaît de ce fait encore plus justifiée.

La « sanction » vise à réprimer une infraction à la loi fiscale. Elle est prononcée par l'administration fiscale et c'est la raison pour laquelle le terme de « punition » est utilisé à son sujet, de préférence à celui de « peine » qui est réservé à la sanction prononcée par une juridiction répressive. Mais l'expression de « punition » contraste assurément avec la règle de l'assimilation des sanctions fiscales aux sanctions pénales et encore plus avec la notion d'« accusation en matière pénale » qui est utilisée par le droit de la Convention européenne de sauvegarde des droits de l'homme et des libertés fondamentales.

La sanction fiscale étant une mesure de répression, elle doit avoir un effet dissuasif. Dès lors qu'elle consiste en une sanction pécuniaire, le montant de celle-ci doit être suffisamment élevé pour produire l'effet dissuasif qui est recherché. Cette sanction pécuniaire ne doit donc pas représenter, même partiellement, le préjudice subi par le Trésor du fait que le contribuable ne s'est pas acquitté dans le délai légal de la somme qu'il devait.

---

(66) V. sur cette distinction, au sujet de l'application de l'intérêt de retard prévu à l'actuel article 1727 : CE, 14 avr. 1986, n° 44607 : *Dr. fisc.* 1986, n° 41, comm. 1679, concl. P.-F. Racine. – CE, 9 nov. 1988, n° 68965, *Grisoni* : *Dr. fisc.* 1989, n° 27, comm. 1360, concl. B. Martin-Laprade ; *RJF* 2/1989, n° 179. – CE, 25 oct. 1989, n° 64737 : *RJF* 1989, n° 1427. – CE, 17 févr. 1992, n° 58299, *Vermeersch* : *Dr. fisc.* 1992, n° 45, comm. 2117, concl. Ph. Martin ; *RJF* 4/1992, n° 503 et chron. J. Turot, p. 263 et s. – CE, 10 avr. 1992, n° 77318, *Institut international d'études françaises* : *Dr. fisc.* 1992, comm. 2097, concl. Ph. Martin ; *RJF* 6/1992, n° 792.

(67) CGI, art. 1727.

(68) CE, ass., avis, 14 avr. 2002, n° 239.693, *SA Financière Labeyrie* : V. *infra*, n° 402. – CE, 6 juin 2007, n° 270955, *Min. c/ Lemarinier* : *Dr. fisc.* 2007, n° 38, comm. 846 ; *RJF* 10/2007, n° 1042. – CE, 27 avr. 2009, n° 308445, *Imbert* : *Dr. fisc.* 2009, n° 27, comm. 399, concl. Mme Escaut ; *RJF* 7/2009, n° 614.

(69) Cass. com., 27 sept. 2005, nos 1321 et 1322, FS-PBIR, *Sté Octogone immobilier* et n° 1323, FS-PBIR, *Sté Montroyal* : *Dr. fisc.* 2006, n° 12, comm. 275 et n° 27, comm. 492, rapp. C. Guéguen ; *RJF* 1/2006, n° 103 ; *Procédures* 2005, n° 12, comm. 298, note J.-L. Pierre.

Les majorations proportionnelles au montant des droits le plus couramment appliquées ont représenté pendant longtemps un caractère mixte, à la fois indemnitaire et répressif. Le législateur a supprimé cette ambiguïté en consacrant, par la loi n° 87-502 du 8 juillet 1987, le principe du cumul de l'intérêt de retard et des majorations-sanctions.

L'ordonnance n° 2005-1512 du 7 décembre 2005, qui a réorganisé le régime des pénalités, a renforcé sur le plan purement formel la distinction entre l'intérêt de retard et les sanctions proprement dites. Les uns et les autres font l'objet de rubriques différentes. Les dispositions relatives à l'intérêt de retard ont été regroupées dans un article unique, l'article 1727.

338. – **Catégories de sanctions.** Les sanctions sont classées en neuf catégories par l'ordonnance du 7 décembre 2005. Elles sont cependant, en gros, de trois sortes.

Le premier groupe, qui est le moins important, englobe les sanctions pécuniaires qui ne constituent pas l'accessoire d'une imposition. Elles portent généralement l'appellation d'« amendes » ou de « pénalités »(70).

Un deuxième groupe comprend les sanctions qui s'appliquent indépendamment d'une appréciation du comportement du contribuable. Elles sont désignées habituellement sous le terme de « majorations » et sont déterminées proportionnellement aux droits en principal. Elles présentent un caractère objectif et automatique : un simple fait suffit à les rendre applicables, tel que le défaut ou le retard dans la production d'une déclaration(71).

Le troisième groupe comprend les sanctions qui visent une infraction dont la qualification est fondée sur l'appréciation du comportement du contribuable. Cette appréciation a reposé pendant longtemps sur la distinction entre bonne foi et mauvaise foi, à laquelle l'ordonnance du 7 décembre 2005 a substitué la notion de « manquement délibéré » (sous-entendu à des obligations en matière de déclaration, dans le cas d'inexactitudes ou d'omissions ou de dissimulations). Ces sanctions consistent en des majorations proportionnelles au montant du principal de l'imposition (ex-art. 1729, prévoyant, selon les cas, une majoration de 40 % ou de 80 %).

Les sanctions de ces deux derniers groupes sont en pratique celles qui sont appliquées le plus couramment. Aucune distinction n'est toutefois à faire, suivant qu'il s'agit de sanctions de caractère automatique ou de sanctions réprimant un manquement délibéré du contribuable à ses obligations.

339. – **Application des principes de valeur constitutionnelle.** C'est uniquement sur les bases constitutionnelles définies dans la décision du 30 décembre 1982 que le Conseil d'État et la Cour de cassation ont appliqué aux sanctions fiscales – et donc avant même qu'intervienne l'arrêt *Bendenoun* de la Cour européenne des droits de l'homme – le principe de non-rétroactivité de la loi fiscale répressive(72).

(70) Par ex. : CGI, art. 1734, application de l'amende de 5 000 € pour le refus de communiquer des documents soumis au droit de communication.

(71) CGI, art. 1728, cette majoration étant dans le cas général, celle de 10 %, de 40 % ou de 80 %.

(72) CE, 14 avr. 1986, n° 44.607 : *Dr. fisc.* 1986, n° 41, comm. 1679, concl. P.-F. Racine. – CE, sect., 11 déc. 1987, n° 61.531 : *Dr. fisc.* 1988, n° 19, comm. 924, concl. B. Martin-Laprade ; *RJF* 2/1988, n° 190. – Cass. com., 7 nov. 1999, n° 88-12.059, *Daloz* : *Dr. fisc.* 1989, n° 52, comm. 2533 ; *RJF* 12/1989, n° 1461, p. 682, concl. M. Raynaud ; *Bull. civ.* 1999, IV, n° 280. – Cass. com., 20 mars 1992, *Corbeau* : *Bull. civ.* 1992, IV, n° 133. – Cass. com., 9 mars 1993, *Bougarel* : *RJF* 5/1993, n° 757.

Le principe de l'application immédiate de la loi répressive plus douce a été fondé également par le Conseil d'État et par la Cour de cassation sur l'article 8 de la Déclaration de 1789 et cela, dans des avis ou des décisions intervenus après l'arrêt *Bendenoun*[(73)].

b) Évolution de la jurisprudence européenne

340. – **Matière pénale, notion autonome.** Les litiges concernant les sanctions fiscales sont rattachables à la « matière pénale » au sens de l'article 6,1 de la Convention européenne des droits de l'homme, autrement dit à la qualification autonome d'« accusation en matière pénale »[(74)].

341. – **Arrêt *Engel c/Pays-Bas.*** Bien que dépourvu de lien direct avec la matière fiscale, l'arrêt *Engel* c/*Pays* est important dans la jurisprudence de la Cour de Strasbourg[(75)]. Son contenu révèle en effet un ensemble de trois critères alternatifs que les juges européens appliquent encore aujourd'hui pour identifier une « accusation en matière pénale » au sens de l'article 6,1. Connus comme les « critères Engel », ces trois critères sont la qualification juridique interne, la nature de l'infraction et l'intensité de la sanction encourue[(76)]. Il s'en déduit qu'une « accusation en matière pénale » n'est pas nécessairement une décision prise par une juridiction, ce qui marque l'abandon du critère organique.

Alternatifs, les critères *Engel* sont, dans l'ordre d'analyse par les juges européens :

– la qualification interne retenue : les juges européens n'en tiennent cependant compte que lorsque la qualification est pénale. Pour ces derniers, en effet, « si les États contractants pouvaient à leur guise qualifier une infraction de disciplinaire plutôt que de pénale, ou poursuivre l'auteur d'une infraction "mixte" sur le plan disciplinaire de préférence à la voie pénale, le jeu des clauses fondamentales des articles 6 et 7 (...) se trouverait subordonné à leur volonté souveraine »[(77)]. La qualification nationale de la mesure litigieuse est donc sans effet lorsqu'elle n'est pas pénale. Un État membre du Conseil de l'Europe peut dès lors décider de soumettre la répression d'un comportement aux règles du droit pénal et, partant, d'ouvrir droit à l'invocation utile du moyen tiré de la violation de l'article 6,1 de la Convention EDH. La réciproque n'est pas vraie ;

– la nature de l'infraction, qui doit être pénale par nature : cette notion est définie plus précisément par référence à deux éléments cumulatifs avec, d'une part, le caractère général de la norme appliquée et, d'autre part, le but tout à la fois préventif et répressif de la mesure prise[(78)] ;

– la sanction encourue : une sanction peu importante tend, pour la juridiction européenne, à exclure la qualification d'accusation en matière pénale, à l'image de la sanction de quatre jours d'arrêt dans l'affaire précitée *Engel c/Pays-Bas*. En revanche, une peine d'emprisonnement comprise entre six mois et cinq années « par sa nature et sa gravité ressort sans nul doute de la matière pénale »[(79)].

Sans être exclue, la qualification en « accusation en matière pénale » d'une sanction pécuniaire infligée par une autorité administrative peut être délicate, du moins

(73) CE, avis, 5 avr. 1996, n° 176.611, *Houdmond : Dr. fisc.* 1996, n° 25, comm. 765, concl. J. Arrighi de Casanova ; *RJF* 5/1996, n° 607, chron. S. Austry. – Cass. com., 1er déc. 1998, *Thermoz-Bonello* : *RJF* 2/1999, n° 255.

(74) CEDH, 8 juin 1976, n° 5100/71, *Engel c/Pays-Bas* : série A, n° 22. – CEDH, 21 févr. 1984, n° 8.544/79, *Öztürk c/Allemagne* : série A, n° 73.

(75) CEDH, 8 juin 1976, n° 5100/71, *Engel c/Pays-Bas*, préc.

(76) CEDH, Gde ch., 23 nov. 2006, n° 75.053/01, *Jussila c/Finlande : Dr. fisc.* 2007, suppl. au n° 25, comm. 632, chron. L. Ayrault ; *Dr. fisc.* 2007, n° 46, étude 946, E. J. Van Brustem ; *RJF* 4/2007, n° 527.

(77) CEDH, 8 juin 1976, n° 5100/71, *Engel c/Pays-Bas*, préc., pt 81.

(78) CEDH, 21 févr. 1984, n° 8.544/79, *Öztürk c/Allemagne*, préc.

(79) CEDH, 30 nov. 2006, n° 75101/01, *Grecu c/Roumanie.*

au vu d'un seul des « critères Engel ». D'où l'intérêt d'une méthode complémentaire, d'application subsidiaire[80]. Les juges européens y ont recours lorsque l'analyse des « critères Engel », pris isolément, ne permet pas de se prononcer clairement quant à l'existence d'une accusation en matière pénale. Ces critères, au nombre de trois se transforment alors, à l'exception du premier par définition absent, en indices.

342. – **Arrêt *Bendenoun c/France*.** La Cour a confirmé cette interprétation dans un important arrêt du 24 février 1994, *Bendenoun c/France*, en jugeant que cette même majoration est assimilable à une « accusation en matière pénale » au sens de l'article 6,1[81].

La Commission européenne des droits de l'homme avait déjà une jurisprudence selon laquelle les sanctions fiscales peuvent être considérées comme ressortissant, sous certaines conditions, à la « matière pénale » au sens de l'article 6,1[82]. Elle a admis ultérieurement que la majoration pour mauvaise foi prévue à l'article 1729 du Code général des impôts est « une sanction qui, par son degré de gravité, ressortit à la matière pénale » et « qu'il s'ensuit que l'article 6 trouve à s'appliquer en la matière »[83].

Pour ce faire, les juges européens ont utilisé la méthode du faisceau d'indices en prenant appui sur les « critères Engel », du moins, et de manière logique, les deux derniers. Il s'ensuit une grille de lecture applicable aux législations des différents États membres.

Au nombre de quatre, les indices retenus par la Cour de Strasbourg sont :

– le champ d'application matériel avec les personnes visées par la disposition appliquée : s'agit-il d'une disposition d'application générale à tous les citoyens en leur qualité de contribuables ou à un groupe déterminé doté d'un statut particulier en prescrivant un comportement à peine de sanction[84] ? L'objectif est d'essayer, sans exclusive, d'isoler les sanctions disciplinaires des sanctions pénales. Ont été considérées comme d'application général la majoration pour absence de bonne foi de l'article 1729, 1 du Code général des impôts[85] ou bien encore celle encourue pour manquement à l'obligation de souscription dans les délais d'une déclaration[86] ;

– l'objectif poursuivi par la disposition appliquée : s'agit-il de réparer un préjudice ou de punir en vue d'empêcher toute réitération ? Le deuxième indice contrôlé s'intéresse ainsi à l'objet de la mesure prise : s'agit-il d'une réparation pécuniaire d'un préjudice (intérêts de retard) ou d'une punition (amende) ? Reprenant pour partie le deuxième critère *Engel*, cet indice, qu'il est difficile de dissocier du troisième, représente le critère retenu par les juridictions internes pour juger de la qualification de sanction ;

– le contenu de la norme appliquée : s'agit-il d'une norme de caractère général avec un but à la fois préventif et répressif ?

– la décision prise : s'agit-il d'une sanction d'une « ampleur considérable »[87] ? Contrairement à la méthode précédente, qui tient compte de la sanction encourue, il est ici fait référence à la décision prise.

(80) CEDH, 24 sept. 1997, n° 18.996/91, *Garyfallou c/Grèce : Rec. CEDH* 1997-V, § 33. – CEDH, 23 nov. 2006, n° 75.053/01, *Jussila c/Finlande : Dr. fisc.* 2007, suppl. au n° 25, p. 90 et s.
(81) CEDH, 24 févr. 1994, n° 12.547/86, *Bendenoun c/France : Dr. fisc.* 1994, n° 21-22, comm. 989, étude J.-P. Le Gall et L. Gérard, p. 878-885 ; *RJF* 4/1994, n° 503 et chron. G. Goulard, p. 383 et s. ; *D.* 1996, p. 385 et s., note J. Lamarque ; *JCP* G 1995, II, 22.372, note S. Frommel ; *AJDA* 1994, p. 511 et s., chron. J.-F. Flauss ; *RFDA* 1995, p. 1181 et s., note J.-P. Maublanc et L. Fernandez.
(82) Comm. EDH, déc. 12 mai 1987, n° 11.464/85, *Von Sydow c/Suède : DR* 53, p. 85.
(83) Comm. EDH, déc. 1er déc. 1992, n° 18.656/91, *Perin : AJDA* 1993, p. 487, chron. J.-F. Flauss.
(84) CEDH, 24 févr. 1994, n° 12.547/86, *Bendenoun c/France*, pt 47.
(85) *Ibid.*
(86) CEDH, 3 juin 2003, n° 54.559/00, *Morel c/France : RJF* 11/2003, n° 1337.
(87) CEDH, 24 févr. 1994, n° 12.547/86, *Bendenoun c/France*, préc., pt 47.

La Cour a retenu, en particulier, l'indice de « l'ampleur considérable » des majorations qui, en l'espèce, avaient été infligées au contribuable (422 534 FF, soit 64 415 €).

La décision *Morel c/France* rendue le 3 juin 2003 par la Cour de Strasbourg avait pu être interprétée, d'une part, comme transformant le dernier indice *Bendenoun* en un critère, qui plus est exclusif de la qualification d'accusation en matière pénale, et, d'autre part, remis en cause le caractère subsidiaire de la méthode fondée sur les indices par rapport à celle reposant sur les critères[88]. Saisis à propos de la majoration de 10 % appliquée sur le fondement de l'article 1728 du Code général des impôts, les juges européens ont en effet écarté la qualification d'accusation en matière pénale au motif de la faible importance du montant liquidé de la majoration (4 450 FF, soit 678 €). La solution avait pu surprendre vu la présence relevée des trois premiers indices *Bendenoun*. Elle a été infirmée en 2006 par la formation de Grande chambre de la Cour européenne pour qui, « il n'existe (...) pas, dans la jurisprudence de la Cour, de précédent faisant autorité qui permette de dire que la légèreté de la sanction constituerait, en matière fiscale ou autre, un facteur décisif pour exclure du champ d'application de l'article 6 une infraction revêtant par ailleurs un caractère pénal »[89]. Non seulement la méthode du faisceau d'indices de l'arrêt *Bendenoun c/France* est confirmée mais, par surcroît, son caractère subsidiaire est rétabli. La solution est d'autant plus remarquable que le montant exigé était en l'espèce plus faible que dans l'affaire *Morel c/France* (308,80 €).

2° Portée de l'assimilation au regard de l'article 6 de la Convention EDH

a) Application d'un ensemble de stipulations de la Convention EDH

343. – **Protection étendue.** La portée attachée à la qualification d'accusation en matière pénale n'est pas limitée à l'application du premier paragraphe de l'article 6. Elle emporte l'application non seulement de l'ensemble des stipulations de l'article 6, mais aussi d'autres articles du texte conventionnel.

Les contribuables peuvent ainsi utilement invoquer l'article 6,2 du texte conventionnel aux termes duquel « Toute personne accusée d'une infraction est présumée innocente jusqu'à ce que sa culpabilité ait été légalement établie » mais aussi les droits de la défense protégés par son paragraphe 3 (droit d'être informé de la nature et de la cause de l'accusation, droit de disposer d'un temps suffisant pour préparer sa défense, droit à l'assistance d'un défenseur de son choix, droit d'interroger les témoins ou d'obtenir la convocation de témoins à décharge ou bien encore droit de se faire assister gratuitement d'un interprète).

Les requérants peuvent également invoquer l'article 7 de la Convention européenne aux termes duquel : « Nul ne peut être condamné pour une action ou une omission qui, au moment où elle a été commise, ne constituait pas une infraction d'après le droit national ou international. De même il n'est infligé aucune peine plus

(88) CEDH, 3 juin 2003, n° 54.559/00, *Morel c/France* : *RJF* 11/2003, n° 1337.
(89) CEDH, Gde ch., 23 nov. 2006, n° 75.053/01, *Jussila c/Finlande* : *Dr. fisc.* 2007, suppl. au n° 25, comm. 632, chron. L. Ayrault ; *Dr. fisc.* 2007, n° 46, étude 946, E.-J. Van Brustem ; *RJF* 4/2007, n° 527 ; *AJDA* 2007, p. 903, note J.-F. Flauss.

forte que celle qui était applicable au moment où l'infraction a été commise »[90] ou bien encore l'article 4 du protocole n° 7 (principe *non bis in idem*)[91].

b) Applications des stipulations de l'article 6

344. – **Réception du moyen par les juridictions nationales.** Tant le Conseil d'État[92] que la Cour de cassation admettent le moyen tiré de la violation de l'article 6 de la Convention européenne pour contester une mesure répressive présentant la qualification d'accusation en matière pénale.

Statuant une année après l'arrêt *Bendenoun* c/*France* sur l'applicabilité de l'article 6 de la Convention européenne à propos des majorations pour manœuvres frauduleuses codifiées à l'article 1729 du Code général des impôts, le Conseil d'État a estimé, dans son avis *SARL Auto-Industrie Méric*, que « les principes que fixe ledit article 6 [de la Convention EDH] sont en revanche applicables à la contestation, devant les juridictions compétentes, des majorations d'impositions prévues à l'article 1729,1 du Code général des impôts en cas de manœuvres frauduleuses qui, dès lors qu'elles présentent le caractère d'une punition tendant à empêcher la réitération des agissements qu'elles visent et n'ont pas pour objet la seule réparation pécuniaire d'un préjudice, constituent, même si le législateur a laissé le soin de les établir et de les prononcer à l'autorité administrative, des "accusations en matière pénale" au sens des stipulations de l'article 6 précité »[93]. Même si le Conseil d'État se limitait alors à la majoration prévue à l'article 1729 du Code général des impôts dans le cas où le contribuable s'est rendu coupable de manœuvres frauduleuses, il n'est pas douteux que l'avis a une portée générale et que l'article 6,1 doit être considéré comme s'étendant à toutes les sanctions fiscales.

La Cour de cassation a procédé de même dans son arrêt *Ferreira* rendu par la chambre commerciale le 29 avril 1997[94] à une période, il faut le rappeler, où l'article 6,1 était jugé applicable à l'ensemble du contentieux fiscal, y compris non répressif[95]. La contestation visait alors l'article 1840 N quater du Code général des impôts (vignette automobile). Le volet pénal de l'article 6 a été reconnu applicable après que la mesure ait été qualifiée de « sanction ayant le caractère d'une punition ».

345. – **Champ couvert par l'article 6.** L'une des questions posées par l'application de l'article 6 de la Convention européenne de sauvegarde des droits

(90) Pour une confirmation récente en matière fiscale : CEDH, 17 mai 2016, n° 76.959/11, *Sté Oxygène plus c/France*, pt 43 : « Les critères de la "peine" sont ainsi directement transposés des trois critères Engel dégagés par la Cour pour déterminer si une procédure est de nature "pénale" au sens de l'article 6 de la Convention : la qualification de l'infraction au niveau interne, la nature de l'infraction, ainsi que la nature et le degré de sévérité de la sanction susceptible d'être infligée ».

(91) CEDH, Gde ch., 10 févr. 2009, n° 14.939/03, *Zolotoukhine c/Russie*, pt 52 : *JCP* G 2009, 143, obs. F. Sudre ; *D.* 2009, p. 2014, note J. Pradel ; *Rev. sc. crim.* 2009, p. 675, obs. D. Roets. – V. L. Ayrault, *Droit fiscal européen des droits de l'homme : chronique de l'année 2009 : Dr. fisc.* 2010, n° 8-9, 209.

(92) CE, avis, 31 mars 1995, n° 164.008, *SARL Auto-industrie Méric : Rec. CE* 1995, p. 154 ; *Dr. fisc.* 1995, n°s 18-19, comm. 1006 ; *RJF* 5/1995, n° 623, concl. J. Arrighi de Casanova, p. 326-332 ; *AJDA* 1995, p. 739, note Dreifuss. – M. Bornhauser, *La compatibilité du contentieux des pénalités fiscales avec l'article 6 de la CEDH : Dr. fisc.* 1995, n° 28, p. 1141 et s.

(93) CE, avis, 31 mars 1995, n° 164.008, *SARL Auto-industrie Méric*, préc.

(94) Cass. com., 29 avr. 2007, n° 95-20.001, *Ferreira : Bull. civ.* 1997, IV, n° 110, p. 96 ; *Dr. fisc.* 1997, n° 25, comm. 688 ; *JCP* E 1997, p. 990, note Y. Brard ; *JCP* G 1997, II, 22935, note F. Sudre ; *Dr. adm.* 1997, comm. 194 ; *RJF* 6/1997, n° 641 ; *LPA* 1er déc. 1997, p. 6, note G. Tixier et A.-G. Hamonic-Gaux ; *Gaz. Pal.* 1997, 1, p. 20 ; *Quot. jur.* 1997, n° 42, p. 10, note BV ; *RGDP* 1998, p. 126, note J. Lamarque.

(95) Cass. ass. plén, 14 juin 1996, n° 93-21.710, *Kloeckner : Dr. fisc.* 1996, n° 30, comm. 986, concl. Y. Monnet ; *RJF* 8-9/1996, n° 1118.

de l'homme et des libertés fondamentales est celle du champ couvert par ses stipulations : s'appliquent-elles uniquement aux procédures juridictionnelles ?

L'avis *SARL Auto-Industrie Méric*[(96)] avait été l'occasion, pour le Conseil d'État, de considérer que les stipulations de l'article 6, dans leur ensemble, ne concernaient que les procédures juridictionnelles et, partant, étaient sans portée sur la procédure d'élaboration et d'édiction des sanctions fiscales. Peu importait le paragraphe concerné de l'article 6[(97)].

Une telle solution se conciliait toutefois difficilement avec la jurisprudence de la Cour de Strasbourg qui, dès 1993, affirmait que si « l'article 6 (...) a pour finalité principale, au pénal, d'assurer un procès équitable devant un "tribunal" compétent pour décider "du bien-fondé de l'accusation", (...) il n'en résulte pas qu'il se désintéresse des phases qui se déroulent avant la procédure de jugement (...) D'autres exigences de l'article 6 (...), et notamment de son paragraphe 3 (art. 6-3), peuvent elles aussi jouer un rôle avant la saisine du juge du fond si et dans la mesure où leur inobservation initiale risque de compromettre gravement le caractère équitable du procès (...) »[(98)].

Un an après l'avis du Conseil d'État, la Cour européenne des droits de l'homme a même admis le moyen tiré de la violation de l'article 6 pour contester une procédure administrative non contentieuse[(99)]. Il devenait dès lors difficile de maintenir, sur ce point, l'avis *SARL Auto-Industrie Méric*. C'est ainsi que, faisant suite à la décision d'assemblée du Conseil d'État *Didier*[(100)], elle-même ayant été rendue quelques mois après l'arrêt d'assemblée de la Cour de cassation *Oury*[(101)], le Conseil d'État est revenu par sa décision *Krempff* en 2006 sur son avis de 1995 pour admettre le moyen tiré de la violation de l'article 6,1 lors de la procédure d'établissement d'une sanction fiscale[(102)], solution étendue aux articles 6,2[(103)] puis 6,3[(104)].

L'article 6 de la Convention européenne est donc opérant pour contester la procédure d'établissement d'une sanction fiscale. Le moyen n'est cependant fondé que si le manquement reproché compromet les chances du requérant d'obtenir gain de cause devant une juridiction ultérieurement saisie. Tel est bien le sens de la précision apportée par la Cour européenne dans son arrêt *Imbrioscia c/Suisse* précité, à savoir que « D'autres exigences de l'article 6 (...) peuvent elles aussi jouer un rôle avant la saisine du juge du fond si et dans la mesure où leur inobservation initiale risque de compromettre gravement le caractère équitable du procès (...) »[(105)].

346. – Article 6,1. Droit de ne pas contribuer à sa propre incrimination. Fondé sur l'article 6,1 de la Convention européenne de sauvegarde des droits de

(96) *Ibid.*
(97) CE, 10 janv. 2001, n° 211.967, *Min. c/Loubet* et n° 212.114, *Min. c/Murgis* : *RJF* 4/2001, n° 436, p. 295, chron. J. Maïa.
(98) CEDH, 24 nov. 1993, n° 13972/88, *Imbrioscia c/Suisse* : série A, n° 275, pt 36.
(99) CEDH, 17 déc. 1996, n° 19187/91, *Saunders c/Royaume-Uni* : *Rec. CEDH* 1996-VI ; *JCP* G 1997, I, 4000, chron. F. Sudre.
(100) CE, ass., 3 déc. 1999, n° 207.434, *Didier* : *Rec. CE* 1999, p. 399.
(101) Cass. ass. plén., 5 févr. 1999, n° 97-16.441, *COB c/Oury* : *JCP* G 1999, II, 10060, note H. Matsopoulou.
(102) CE, 27 févr. 2006, n° 257.964, *Krempff* : *Dr. fisc.* 2006, n° 29, comm. 513, concl. L. Olléon ; *RJF* 5/2006, n° 649. – CE, 11 déc. 2006, n° 278.806, *Pessey* : *Dr. fisc.* 2007, n° 8, comm. 212. – L. Ayrault, *Chronique de droit fiscal répressif pour l'année 2006* : *Dr. fisc.* 2007, n° 25, suppl., comm. 632.
(103) CE, 24 mars 2006, n° 257.330, *SA Martell & Co* : *Dr. fisc.* 2006, n° 39, comm. 623, concl. L. Vallée ; *RJF* 6/2006, n° 667.
(104) CE, 26 mai 2008, n° 288.583, *Sté Norelec*, préc.
(105) CEDH, 24 nov. 1993, n° 13972/88, *Imbrioscia c/Suisse*, préc., pt 36.

l'homme et des libertés fondamentales, le droit de ne pas contribuer à sa propre incrimination implique, en substance, qu'un accusé, au sens de l'article 6,1, ne peut pas être sanctionné sur la base de ses seules allégations ou pour son silence lorsque des contraintes, physiques, psychologiques ou juridiques, existent[106].

Selon la Cour de Strasbourg, « même si l'article 6 (art. 6) de la Convention ne les mentionne pas expressément, le droit de se taire lors d'un interrogatoire de police et le droit de ne pas contribuer à sa propre incrimination sont des normes internationales généralement reconnues qui sont au cœur de la notion de procès équitable consacrée par l'article 6 (art. 6) »[107].

Pleinement opérant en matière fiscale, le moyen n'a toutefois pas encore été reconnu bien fondé, du moins par les juridictions nationales. C'est ainsi qu'après avoir considéré que l'ancien article 1763 A du Code général des impôts, devenu l'article 1759 du même code, ne portait pas atteinte au principe de la présomption d'innocence (art. 6,2)[108], le Conseil d'État a rejeté le moyen tiré de la violation du droit à ne pas contribuer à sa propre incrimination[109]. Si le dispositif prévu par les articles 117 et 1759 (CGI, anc. art. 1763 A) a pour effet d'inciter une personne morale passible de l'impôt sur les sociétés à révéler des bénéficiaires de revenus présumés distribués, il ne l'oblige pas, en effet, à s'incriminer. Le dispositif s'analyse comme un dispositif d'incitation à la dénonciation et non à l'auto-incrimination. Le droit à ne pas contribuer à sa propre incrimination n'est donc pas atteint.

La violation du droit à ne pas contribuer à sa propre incrimination a toutefois été reconnue en matière fiscale en 2012 par la Cour européenne des droits de l'homme[110]. En l'espèce, et avant l'engagement d'une procédure pour soustraction d'impôt, le requérant, M. Chambaz, avait fait l'objet d'une demande d'informations par l'administration suisse concernant ses relations d'affaires avec une société de gestion de fortune et les banques qui détenaient des fonds gérés pour son compte. Des amendes lui ayant été infligées à raison de son refus de collaborer alors que les informations qu'il aurait pu communiquer pouvaient être utilisées contre lui, les juges européens ont conclu à la violation du droit qu'il avait de garder le silence afin d'éviter de s'incriminer.

347. – **Article 6,2. Présomption d'innocence. Principe de personnalité des peines et personne physique.** Le premier cas d'application positive de l'article 6 en matière fiscale concerne celle de la stipulation du § 2 de l'article 6 qui consacre la présomption d'innocence.

Pour la Cour européenne des droits de l'homme, « il existe une règle fondamentale du droit pénal, selon laquelle la responsabilité pénale ne survit pas à l'auteur de l'acte délictueux (...) De l'avis de la Cour, cette règle est aussi requise par la présomption d'innocence consacrée à l'article 6, § 2 de la Convention. Hériter

(106) CEDH, 25 févr. 1993, n° 82/1991/334/407, *Funke c/France*, pt 44 : « les particularités du droit douanier (...) ne sauraient justifier une telle atteinte au droit, pour tout "accusé" au sens autonome que l'article 6 (art. 6) attribue à ce terme, de se taire et de ne point contribuer à sa propre incrimination ».

(107) CEDH, 8 févr. 1996, n° 18.731/91, *John Murray c/Royaume-Uni*, pt 45. – V. plus récemment : CEDH, Gde ch., 1er juin 2010, n° 22.978/05, *Gäfgen c/Allemagne*, pt 168.

(108) CE, 24 mars 2006, n° 257330, *SA Martell & Co* : *Dr. fisc.* 2006, n° 39, comm. 623, concl. L. Vallée.

(109) CE, 17 mars 2010, n° 309.197, *SARL Café de la paix* : *Dr. fisc.* 2010, n° 21, comm. 336, concl. N. Escaut, note L. Ayrault ; *RJF* 6/2010, n° 653.

(110) CEDH, 5 avr. 2012, n° 11.663/04, *Chambaz c/Suisse* : *JCP G* 2012, 924, obs. F. Sudre, n° 8 ; *Dr. fisc.* 2013, n° 9, chron. 177, L. Ayrault.

dela culpabilité du défunt n'est pas compatible avec les normes de la justice pénale dans une société régie par la prééminence du droit »[(111)]. Le fait d'infliger des sanctions fiscales aux héritiers pour des actes commis par une personne décédée constitue donc une atteinte à la présomption d'innocence.

La même solution est retenue par les juridictions nationales. L'administration ne peut ainsi, sans méconnaître les dispositions de l'article 6,2, mettre à la charge des héritiers les majorations prévues à l'article 1728 et résultant de l'inobservation par le défunt de ses obligations déclaratives[(112)]. Rien ne s'oppose en revanche à ce que les héritiers soient contraints de payer la pénalité fiscale infligée au défunt antérieurement au décès[(113)]. Le Conseil constitutionnel fait la même analyse[(114)].

De la même manière, lorsqu'a été découverte une activité occulte exercée par un enfant majeur ayant opté pour le rattachement au foyer fiscal de ses parents, ces derniers sont en droit, sur le fondement de l'article 6,2, de demander la décharge de la majoration de 80 % pour défaut de production d'une déclaration à laquelle ils ont été assujettis dès lors qu'ils n'avaient manifestement pas connaissance des revenus illicites tirés par leur fils de son trafic de stupéfiants[(115)].

La même solution a été retenue pour l'application de la majoration pour mauvaise foi prévue à l'article 1729 du Code général des impôts mais avec un raisonnement différent, en faveur de la veuve d'un contribuable. Les personnes mariées sont soumises à une imposition commune et la veuve étant réputée avoir établi conjointement avec son époux les déclarations de revenus, le juge n'a appliqué le principe de la présomption d'innocence qu'après avoir constaté que l'administration n'alléguait même pas que la bonne foi de la veuve du contribuable puisse être mise en cause[(116)].

On notera toutefois que la cour administrative d'appel de Bordeaux a admis que la majoration de 80 % pour manœuvres frauduleuses soit infligée aux deux époux, et ce alors même que seul l'un d'eux s'en était rendu coupable. Prenant appui sur le raisonnement appliqué par le Conseil d'État à propos des personnes morales[(117)], les juges d'appel ont considéré que « la nécessité de préserver le caractère effectif et dissuasif des pénalités fiscales impose (...) d'appliquer le principe de personnalité des peines en tenant compte du principe d'une imposition commune des couples mariés »[(118)]. L'article 1417 du Code civil permettant à l'ex-mari « de préserver devant le juge civil ses intérêts patrimoniaux propres des conséquences fiscales des agissements frauduleux de son épouse », la cour administrative d'appel a jugé que « eu égard aux objectifs de prévention et de répression de la fraude et de l'évasion fiscale auxquels répondent les pénalités fiscales, le principe de la personna-

(111) CEDH, 29 août 1997, n° 71/1996/690/882, *AP, MP et TP c/Suisse* : *JCP* G 1998, I, 107, note F. Sudre ; *RJF* 11/1997, n° 1097 ; *AJDA* 1997, p. 989, chron. J-F. Flauss ; *RGDP* 1998, n° 4, chron. J. Lamarque.
(112) TA Rennes, 13 juin 2002, n°s 98-3.228, 98-3.239 et98-3.242, *Rouault* : *RJF* 1/2003, n° 65.
(113) CAA Lyon, 28 juin 2011, n° 09-328, *Altmann* : *RJF* 12/2011, n° 1264. – CE (na), 27 juill. 2012, n° 352200, *Altmann* : *RJF* 11/2012, n° 1035.
(114) Cons. const., 4 mai 2012, n° 2012-239 QPC : *Dr. fisc.* 2012, n° 27, comm. 365, note J.-P. Grandemange ; *RJF* 2012, n° 736. – V. *JCl. Procédures fiscales*, Fasc. 110, par J. Lamarque, n° 206.
(115) TA Rouen, 11 mai 2010, n° 09-907 : *RJF* 2011, n° 188.
(116) CAA Paris, 24 sept. 2009, n° 07-3.771, *Chaille-Boré* : *Dr. fisc.* 2010, n° 3, comm. 87 ; *RJF* 3/2010, n° 245.
(117) V. *infra*, n° 348.
(118) CAA Bordeaux, 18 mars 2014, n° 12-939, *Teles-Pinto* : *RJF* 7/2014, n° 699.

lité des peines ne fait pas obstacle à ce que les pénalités fiscales encourues à raison des agissements de l'un seulement des membres d'un couple marié soient mises à la charge commune des membres de ce couple »[119].

348. – **Principe de personnalité des peines et personne morale.** Lorsque l'auteur du manquement est une personne morale, la situation est différente, partant du constat que son activité peut être poursuivie sous une autre forme. Il est donc difficile d'appliquer la solution retenue pour les personnes physiques. S'appuyant sur la nécessité de préserver le caractère effectif et dissuasif des pénalités fiscales, le Conseil d'État a ainsi considéré en 2009 que « le principe de la personnalité des peines ne fait pas obstacle à ce que, à l'occasion d'une opération de fusion ou de scission, ces sanctions pécuniaires soient mises, compte tenu de la transmission universelle du patrimoine, à la charge de la société absorbante, d'une nouvelle société créée pour réaliser la fusion ou de sociétés issues de la scission, à raison des manquements commis, avant cette opération, par la société absorbée ou fusionnée ou par la société scindée »[120].

349. – **Article 6,3. Droits de la défense.** Aux termes de l'article 6,3 de la Convention, « Tout accusé a droit notamment à : (...) *c.* se défendre lui-même ou avoir l'assistance d'un défenseur de son choix » (...) « *e.* se faire assister gratuitement d'un interprète, s'il ne comprend pas ou ne parle pas la langue employée à l'audience ».

Le contribuable peut ainsi invoquer la méconnaissance des stipulations de l'article 6,3-*c.* pour contester la procédure d'établissement d'une pénalité fiscale dès lors que la mise en œuvre de cette procédure pourrait, dans certains cas, emporter des conséquences de nature à porter atteinte de manière irréversible au caractère équitable d'une procédure ultérieurement engagée devant le juge de l'impôt[121], mais dans cette affaire le moyen n'a pas été considéré comme fondé.

Le Conseil d'État a jugé au contraire que le seul fait pour l'administration de ne pas avoir mis un interprète à la disposition du contribuable lors de la procédure de contrôle de l'impôt ne peut entraîner les mêmes conséquences devant le juge ; il a donc écarté le moyen tiré de la méconnaissance des stipulations de l'article 6,3-*e*[122].

c) Modulation du taux des pénalités : pouvoirs du juge

350. – La question de la compatibilité des règles du droit national avec les stipulations de l'article 6 a été débattue plus particulièrement en ce qui concerne les pouvoirs du juge en matière de modération de la sanction, ou plus exactement de modulation du taux des pénalités.

Le Conseil d'État et la Cour de cassation ont, sur ce point, des positions différentes.

(119) *Ibid.*

(120) CE, avis, 4 déc. 2009, n° 329.173, *Sté Rueil Sports* : *Dr. fisc.* 2010, n° 6, comm. 181, concl. E. Glaser, note J.-L. Pierre ; *RJF* 2/2010, n° 145. – F. Deboissy et G. Wicker, *L'absence d'application du principe de personnalité des peines aux personnes morales en cas de transmission universelle du patrimoine* : *Dr. fisc.* 2010, n° 3, act. 2010. – P. Collin, *Procédures fiscales : chronique de l'année 2009* : *Dr. fisc.* 2010, n° 8, comm. 208. – M. Collet, *L'application du principe de personnalité des peines aux personnes morales en matière administrative et fiscale. À propos de l'avis du Conseil d'État du 4 décembre 2009, Société Rueil Sports* : *RJEP* 2010, n° 673, étude 5. – CE, 17 juill. 2013, n°s 356.523, 360.706 et 352.989, *Min. c/SAS Garnier Choiseul Holding* : *Dr. fisc.* 2013, n° 41, comm. 477, concl. F. Aladjidi, note F. Deboissy et G. Wicker ; *RJF* 11/2013, n° 1064.

(121) CE, 26 mai 2008, n° 288.583, *Sté Norelec*, préc. n° 345.

(122) CE, 7 nov. 2012, n° 339.441, *Roumiantsev* : *RJF* 2/2013, n° 181 ; *Procédures* 2013, n° 1, comm. 33, note L. Ayrault ; *Dr. fisc.* 2013, n° 6, comm. 147.

1) Jurisprudence du Conseil d'État

351. – Avis *Houdmond* et *Fatell*. La doctrine du Conseil d'État est nettement fixée depuis l'avis de section du 5 avril 1996, *Houdmond* (préc.) et *Fattell*, du 8 juillet 1998[123].

« Les dispositions précitées du 1 de l'article 1729 du Code général des impôts, qui, comme celles qui étaient antérieurement en vigueur, proportionnent les pénalités selon les agissements commis par le contribuable, prévoient des taux de majoration différents selon la qualification qui peut être donnée au comportement de celui-ci. Le juge de l'impôt, après avoir exercé son plein contrôle sur les faits invoqués et la qualification retenue par l'administration, décide, dans chaque cas, selon les résultats de ce contrôle, soit de maintenir ou d'appliquer la majoration effectivement encourue au taux prévu par la loi, sans pouvoir moduler celui-ci pour tenir compte de la gravité de la faute commise par le contribuable, soit, s'il estime que l'administration n'établit, ni que celui-ci se serait rendu coupable de manœuvres frauduleuses, ni qu'il aurait agi de mauvaise foi, de ne laisser à sa charge que des intérêts de retard. Les stipulations du § 1 de l'article 6 de la Convention européenne de sauvegarde des droits de l'homme et des libertés fondamentales ne l'obligent pas à procéder différemment » (avis *Fattel*, préc.).

Ces deux avis concernent les sanctions pour mauvaise foi ou manœuvres frauduleuses prévues à l'article 1729 du Code général des impôts.

Le juge de l'impôt doit appliquer le taux de majoration prévu par la loi, sans pouvoir le moduler pour tenir compte de la gravité de la faute commise par le contribuable. Le Conseil d'État a précisé que les stipulations de l'article 6,1, « ne l'obligent pas à procéder différemment ».

La jurisprudence du Conseil constitutionnel, qui a été saisi de plusieurs questions prioritaires de constitutionnalité, repose sur la même analyse[124].

L'existence d'une échelle de sanctions instituée par le législateur est suffisante pour que soit respecté le principe constitutionnel d'individualisation des peines.

352. – Taux de majoration différents. Articles 1728, 1729 et 1759 du Code général des impôts. La jurisprudence du Conseil d'État est constante pour les sanctions prévues par l'article 1729[125].

Le Conseil d'État a retenu la même solution pour les sanctions prévues à l'article 1728 du Code général des impôts dans le cas de défaut ou de retard de la déclaration[126], ou pour la pénalité pour distributions occultes prévue à l'article 1759 du Code général des impôts[127].

Dans les trois cas précédents, le législateur a introduit dans le régime des sanctions une certaine forme de modulation en prévoyant des taux de majoration différents qui sont en rapport avec la nature des agissements des contribuables, ces taux étant, selon le cas, dans l'article 1729, de 40 % ou de 80 %, dans l'article 1728, de 10 %, 40 % ou 80 %, et dans l'article 1759, de 100 % ou 75 %. Ces taux différenciés assurent une proportionnalité de la sanction à la nature de l'infraction. Le caractère

(123) N° 195664 : *RJF* 1998, n° 970, concl. Arrighi de Casanova ; *RGDP* 1998, p. 673 et s. chron. Lamarque ; *Dr. fisc.* 1998, comm. 842.

(124) Cons. const., 17 mars 2011, n° 2010-103 QPC, *Sté Seras II*. – Cons. const., 17 mars 2011, n° 2010-105 QPC, *Soares*. – Cons. const., 29 avr. 2011, n° 2011-124 QPC, *Boitel* : *Dr. fisc.* 2011, n° 27, comm. 416, note F. Subra et M. Le Tacon ; *Procédures* 2011, comm. 216, note L. Ayrault ; *RJF* 2011, n° 731. – Cons. const., 17 sept. 2015, n° 2015-481 QPC : *RJF* 12/2015, n° 1040.

(125) CE, 16 janv. 2006, n° 252.782, *Sté Edipag* : *RJF* 2006, n° 447.

(126) CE, 8 mars 2002, n° 224.304, *SARL Clinique Mazargues* : *Dr. fisc.* 2002, comm. 648, concl. Goulard ; *RJF* 2002, n° 671.

(127) CGI, art. 1763 A anc. – CE, 24 mars 2006, *SA Martell*, préc.

proportionnel de la majoration au montant de l'impôt permet d'adapter la pénalité à la gravité des conséquences du manquement commis par le contribuable.

353. – **Majoration proportionnelle à taux fixe. Existence d'autres pénalités.** Le principe posé par le Conseil d'État dans son avis *Fattell* pouvait se révéler d'une application plus malaisée dans le cas où le législateur a prévu une majoration proportionnelle, mais à un taux unique.

Le Conseil d'État a été amené ainsi à se prononcer sur l'amende de 50 % prévue par l'article 1740 ter du Code général des impôts (repris à l'article 1737) pour réprimer les infractions aux règles de facturation. Il a refusé de moduler le taux de cette amende, mais après avoir relevé que le Code général des impôts prévoyait d'autres pénalités, nettement différenciées par leur assiette et leur taux, applicables également à des contraventions aux obligations des contribuables en matière de facturation. Il a constaté que la loi elle-même avait ainsi assuré, dans une certaine mesure, la modulation des peines en fonction de la gravité des comportements réprimés[128].

Il a retenu une solution analogue pour l'amende de 5 % prévue par l'article 1788 septies du Code général des impôts (repris à l'article 1788 A, 4) pour défaut de déclaration de la TVA due à raison d'acquisitions intracommunautaires. C'est en replaçant cette pénalité dans l'ensemble des sanctions prévues, en outre, aux articles 1728 et 1729, qu'il a jugé que les dispositions de l'article 1788 septies étaient compatibles avec les stipulations de l'article 6,1, alors même qu'elles ne confèrent pas au juge un pouvoir de modulation du taux de l'amende de 5 %[129].

La question a été résolue de la même manière pour la majoration prévue dans le cas d'opposition à contrôle fiscal par l'article 1732 du Code général des impôts[130].

On peut citer toutefois une décision du tribunal administratif de Paris qui s'est reconnu le pouvoir de contrôler la proportionnalité entre le montant de la sanction et la gravité des faits réprimés au motif implicite qu'une sanction disproportionnée méconnaît les stipulations de l'article 6,1 de la Convention. Il s'agissait de l'amende de 750 € prévue à l'article 1788 A du Code général des impôts dans le cas de défaut de production de la déclaration des échanges de biens ; en l'espèce, cette amende avait été infligée au titre de plusieurs mois à raison d'une absence de déclaration de livraisons intracommunautaires facturées pour des montants allant de 160 € à 421 €[131].

354. – **Majoration proportionnelle à taux fixe. Pénalité unique. Objets d'art.** Le Conseil d'État a toutefois suivi un autre raisonnement dans le cas où la majoration proportionnelle à taux unique est la seule sanction susceptible de recevoir application. Le législateur a prévu ainsi que les infractions aux articles du Code général des impôts concernant les cessions et exportations de métaux précieux, bijoux, objets d'art, de collection ou d'antiquité entraînent l'application d'une amende égale au montant des droits éludés, sanction qui a été ramenée au taux unique de 25 % par l'ordonnance du 7 décembre 2005[132]. Le Conseil d'État a refusé de moduler le

(128) CE, 26 mai 2008, n° 288.583, *Sté Norelec*, préc.
(129) CE, 30 nov. 2007, n° 292.705, *Sté Sideme* : *RJF* 2008, n° 172, chron. J. Burguburu ; *BDCF* 2008, n° 25, concl. Olléon.
(130) CGI, art. 1730 anc. – CE, 26 déc. 2008, n° 282.995, *Gonzales-Castrillo* : *Dr. fisc.* 2009, n° 10, comm. 231, concl. Collin ; *RJF* 2009, n° 237 ; *BDCF* 2009, n° 38, concl.
(131) TA Paris, 21 janv. 2013, n° 11-01024, *SARL Doggidog* : *RJF* 2013, n° 574.
(132) CGI, art. 1761.

montant de cette amende en motivant sa décision par le simple énoncé du principe suivant lequel les stipulations du § 1 de l'article 6 « n'impliquent pas, alors même que le législateur a retenu un taux unique pour l'amende en cause, que le juge puisse en moduler l'application en lui substituant un taux inférieur à celui prévu par la loi »[(133)].

La Cour européenne des droits de l'homme s'est ralliée à cette position. Elle a jugé à l'unanimité que l'absence de modulation de la pénalité fiscale prévue à l'article 1761 ne viole pas l'article 6,1 de la Convention. Elle relève notamment que la loi elle-même proportionne dans une certaine mesure l'amende à la gravité du comportement du contribuable, puisque celle-ci est fixée en pourcentage des droits éludés, dont en l'espèce la requérante a pu amplement discuter l'assiette ; elle invoque le caractère particulier du contentieux fiscal impliquant une exigence d'efficacité nécessaire pour préserver les intérêts de l'État et observe, en outre, que ce contentieux ne fait pas partie du noyau dur du droit pénal au sens de la Convention ; elle considère enfin que le taux de l'amende fixé à 25 % n'apparaît pas disproportionné[(134)].

355. – **Notion de pouvoir de pleine juridiction.** Le Conseil d'État reprend systématiquement, dans tous ses arrêts, la formule utilisée dans l'avis *Fattell* : « le juge de l'impôt, après avoir exercé son plein contrôle sur les faits invoqués et la qualification retenue par l'administration, décide, dans chaque cas, selon les résultats de ce contrôle, soit de maintenir la majorité infligée par l'administration, soit d'en prononcer la décharge s'il estime que le contribuable n'a pas contrevenu aux règles applicables ».

Il la complète en en tirant cette conséquence : le juge de l'impôt « dispose ainsi d'un pouvoir de pleine juridiction conforme aux stipulations du paragraphe 1 de l'article 6 de la Convention ».

La notion de « pouvoir de pleine juridiction » doit s'entendre au sens du droit interne. Elle n'est pas tirée d'exigences conventionnelles. Ainsi que l'indiquait M. Arrighi de Casanova dans ses conclusions sur l'avis *Fattell*, « cette garantie existe, dès l'instant où le juge substitue son appréciation à celle de l'administration pour vérifier si les faits étaient de nature à justifier la sanction, telle qu'elle a été prévue par la loi, ce qui est également possible dans le cadre d'un recours pour excès de pouvoir »[(135)] ; en d'autres termes, elle exclut seulement un contrôle restreint.

Pour le juge européen, un « tribunal » au sens de l'article 6,1, est « un organe judiciaire de pleine juridiction », ce qui implique en matière de sanctions administratives, non seulement qu'il ait compétence pour « examiner l'ensemble des faits de la cause », mais aussi qu'il détienne « le pouvoir de réformer en tous points, en fait comme en droit, la décision entreprise »[(136)].

La notion de « plénitude de juridiction » qui impliquerait le pouvoir de réformer la décision entreprise « en tous points », même « en droit », est très ambiguë, dès lors qu'un empiétement sur les pouvoirs qui n'appartiennent qu'au législateur « en droit » est inconcevable.

(133) CE, 27 juin 2008, n° 301.342, *Melki*, et n° 301.343, *Sté Segame* : *Rec. CE* 2008, p. 247 ; *Dr. fisc.* 2008, n° 38, comm. 501, concl. Olléon ; *RJF* 2008, n° 1213 ; *BDCF* 2008, n° 136, concl. Olléon.
(134) CEDH (arrêt de chambre), 7 juin 2012, req. n° 4837/06, *Segame c/France*, pt 59 : *Dr. fisc.* 2012, n° 29, comm. 387, L. Ayrault ; *RJF* 2012, n° 888 et p. 699, chron. E. Bokdam-Tognetti ; *FR Lefebvre* 32/2012 ; p. 33, note B. Hatoux.
(135) *RJF* 1998, p. 639.
(136) CEDH, 10 févr. 1983, *Albert et Le Compte*. – CEDH, 23 oct. 1995, n° 33/1994, *Gradinger* et sur la question : F. Sudre note : *JCP* G 1997, II, 22935.

La notion de « pleine juridiction », même envisagée du point de vue du droit conventionnel, ne peut servir de fondement à un pouvoir de réformation du juge qui s'étendrait à la faculté de moduler le taux des sanctions fiscales. La position de principe adoptée par le Conseil d'État peut, du reste, trouver une confirmation dans la jurisprudence européenne, et notamment dans un avis de la Commission du 29 juin 1998, qui a estimé que l'article 1729 du Code général des impôts « prévoit et permet d'assurer la proportionnalité de la sanction aux faits reprochés ainsi qu'aux circonstances particulières de l'espèce »(137).

356. – Jurisprudence *Sté Atom*. Sanctions administratives. Dans une décision d'assemblée du 16 février 2009, *Sté Atom*, le Conseil d'État, opérant un revirement de jurisprudence, a posé en principe que la contestation des sanctions administratives ne relève pas de l'excès de pouvoir, mais du plein contentieux.

Depuis une loi du 22 octobre 1940, les règlements doivent être opérés par chèque barré ou par virement ou des moyens assimilés, lorsqu'ils dépassent une certaine somme. Cette obligation s'impose aux commerçants et aux particuliers non commerçants. Elle est prévue actuellement à l'article L. 112-6 du Code monétaire et financier.

L'article 1840 N sexies du CGI prévoyait que les infractions aux dispositions de la loi du 22 octobre 1940 « sont punies d'une amende fiscale dont le montant est fixé à 5 % des sommes indûment réglées en numéraire ».

Il s'agissait donc d'une amende au taux fixe. Cette règle a été modifiée par l'ordonnance n° 2000-1223 du 14 décembre 2000 relative à la codification de la partie législative du Code monétaire et financier. L'article L. 112-7 de ce code prévoyait que les contrevenants sont passibles d'une « amende fiscale dont le montant ne peut excéder 5 % des sommes indûment réglées en numéraire ».

L'ordonnance n° 2005-1512 du 7 décembre 2005 a remplacé l'article 1840 N sexies par un article 1840 J qui renvoie simplement au Code monétaire et financier en disposant que « les infractions aux dispositions de l'article L. 112-6 du Code monétaire et financier sont passibles d'une amende fiscale conformément aux dispositions des deuxième et troisième phrases de l'article L. 112-7 du même code ».

L'article L. 112-7 a été modifié en dernier lieu par l'ordonnance n° 2009-104 du 30 janvier 2009 qui a supprimé le qualificatif de « fiscal » pour l'amende et renforcé l'aspect variable de cette amende. Le texte nouveau prévoit que le débiteur qui a procédé à un paiement en violation des dispositions de l'article L. 112-6 est passible « d'une amende dont le montant est fixé, compte tenu de la gravité des manquements, et ne peut excéder 5 % des sommes payées en violation des dispositions susmentionnées ».

C'est surtout la substitution de la formule « dont le montant ne peut excéder 5 % » à l'expression ancienne prévoyant un taux fixe de 5 % des sommes indûment réglées en numéraire qui est significative.

En revanche, le remplacement des termes : « amende fiscale » par celui d'« amende », de même que la suppression, dans l'article L. 112-7 issu de l'ordonnance du 30 janvier 2009, de la règle prévoyant que l'amende « est recouvrée comme en matière de timbre » ne font qu'entériner des solutions jurisprudentielles.

Le Conseil d'État a jugé, en effet, depuis longtemps que l'amende prévue par la loi du 22 octobre 1940, bien que recouvrée comme en matière de timbre, ne revêt ni le caractère d'un droit de timbre ni celui d'un impôt direct ou indirect, mais constitue une sanction *administrative*. Le contentieux en est compris dès lors dans le contentieux général des actes et des opérations de puissance publique. La juridiction compétente pour connaître des contestations relatives à cette amende devant être déterminée d'après la nature de ce versement et non d'après son mode de recouvrement, son contentieux

(137) Comm. EDH, 29 juin 1998, n° 36.118/97, *Taddei c/France* : *RJF* 1999, n° 366. – Rappr., en matière de retrait automatique de points du permis de conduire de conduire : CEDH, 23 sept. 1998, n° 68/1997, *Malige c/France* : *RJF* 1998, n° 1384 ; *RDP* 1999, p. 883, note F. Sudre ; *LPA* 24 nov. 1999, n° 234, note Pellissier. – Sur la question, V. J. Burguburu, préc., p. 87 et s., qui fait observer qu'il reste difficile de tirer des conclusions d'une portée générale de l'arrêt CEDH, 4 mars 2004, n° 47.650/99, *Silvester's Horeca c/Belgique*.

ne relève pas de la juridiction judiciaire, mais de la juridiction administrative. En raison de son caractère de sanction administrative, elle ne pouvait être contestée que par la voie de recours pour excès de pouvoir et non pas dans le cadre d'un contentieux fiscal(138).

Dans l'affaire qui était soumise au Conseil d'État, le litige portait sur des paiements en espèce effectués en contravention avec les dispositions de l'article 1840 N sexies du CGI antérieurement à l'entrée en application des ordonnances n° 2000-1223 du 14 décembre 2000 et n° 2005-1512 du 7 décembre 2005.

En vertu des dispositions nouvelles, le montant de l'amende doit être modulé en fonction des circonstances propres à chaque espèce, sans que celui-ci atteigne nécessairement le plafond de 5 % fixé par la loi.

Le Conseil d'État, revenant sur sa jurisprudence antérieure, a décidé qu'il statue comme juge de plein contentieux en matière de sanctions administratives infligées aux administrés et non plus comme juge de l'excès de pouvoir. Il n'a donc pas à apprécier la légalité de la décision de sanction à la date où elle a été prise par l'administration, mais à la date à laquelle il statue. Il peut, en conséquence, faire application, le cas échéant, d'une loi nouvelle plus douce qui est entrée en vigueur entre la date à laquelle l'infraction a été commise et celle à laquelle il statue.

Effectivement, le Conseil d'État statuant comme juge de plein contentieux, a fait application des dispositions nouvelles qui prévoyaient des peines moins sévères que la loi ancienne, bien que les infractions aient été commises en l'espèce au cours des années 1994 à 1996, et a réduit l'amende à 3 % des sommes indûment réglées en numéraire(139).

Le juge administratif de l'impôt statuait déjà comme juge de plein contentieux en matière de contestation des sanctions fiscales(140).

Dans la décision *Sté Atom* du 16 février 2009, le Conseil d'État rappelle qu'il appartient au juge du fond, saisi d'une contestation portant sur une sanction administrative « de prendre une décision qui se substitue à celle de l'administration ». La question est donc posée de savoir quelle pourrait être à l'avenir l'incidence de cette jurisprudence dans tous les cas où la loi fiscale prévoit une sanction, amende ou majoration, à un taux fixe.

2) Jurisprudence de la Cour de cassation

357. – La Cour de cassation a une jurisprudence tout à fait différente de celle du Conseil d'État. Elle considère en effet comme contraire à l'article 6,1 de la Convention, une « disposition [qui] n'a pas institué à l'encontre de la décision de l'administration un recours de pleine juridiction permettant au tribunal de se prononcer sur le principe et le montant » de la sanction fiscale. Elle a décidé en conséquence qu'il y avait lieu d'écarter « dans cette mesure » l'application d'un texte, tel l'article 1840 N quater (anc.) du Code général des impôts qui prévoyait, en matière de taxe différentielle sur les véhicules à moteur (la « vignette auto ») une amende primitivement fixée à 200 % puis à 80 % des droits en principal, et dont l'application était automatique(141). Il s'ensuit qu'il appartient au juge d'apprécier la proportionnalité de la sanction au comportement du contribuable(142). C'est même une obligation(143).

(138) CE, 6 mars 1992, n° 65.486, *SARL Guegan* : *RJF* 1992, n° 858 ; *Dr. fisc.* 1992, comm. 1818. – CE, sect., 4 déc. 1992, n° 118.311, *Quiblier* : *Dr. fisc.* 1993, comm. 1902, concl. Hagelsteen ; *RJF* 1993, n° 90.

(139) CE, ass., 16 févr. 2009, n° 274000, *Sté Atom* : *Dr. fisc.* 2009, n° 15, comm. 275, rapport public Mme Legras ; *RJF* 2009, n° 470 ; *BDCF* 2009, n° 59, avec le rapport ; *RFDA* 2009, p. 259, avec le rapport ; *AJDA* 2009, p. 583, chron. S.-J. Liéber et D. Botteghi.

(140) V. encore pour ce rappel CE, 26 déc. 2008, n° 282.995, préc.

(141) Cass. com., 29 avr. 1997, *Ferreira* : *Dr. fisc.* 1997, n° 20-21, p. 700 ; *RJF* 1997, n° 641 avec la note ; *JCP* G 1997, II, 22935, note F. Sudre ; *LPA* 1997, n° 144, note Tixier et Hamonic-Gaux.

(142) Cass. com., 15 juin 1999, *Lise* : *RJF* 1999, n° 1119.

(143) Cass. com., 23 sept. 2008, n° 07-11.989, *Sté Kourou Bardage* : *Dr. fisc.* 2008, n° 47, comm. 589, note J.-P. Maublanc.

La jurisprudence *Ferreira* a été confirmée à plusieurs reprises, d'abord pour l'application de l'article 1840 N quater, puis pour les majorations applicables notamment en matière de droits d'enregistrement ou d'impôt de solidarité sur la fortune(144).

Dans l'arrêt de principe de 1997, la Cour de cassation s'est référée expressément à « la jurisprudence de la CEDH » pour justifier sa position. La question du maintien de cette solution est donc posée depuis la prise de position de la Cour européenne des droits de l'homme dans le sens de la jurisprudence du Conseil d'État. Si rien ne paraît s'opposer à ce que la Haute juridiction judiciaire impose aux juridictions du fond de vérifier l'adéquation de la sanction infligée aux circonstances de la cause, il conviendra sans doute d'abandonner la référence à la Convention européenne.

§ 2. – Droits substantiels

358. – Les dispositions de la loi fiscale, qu'il s'agisse de règles de fond ou de règles de procédure, peuvent, en raison de leur contenu, apparaître incompatibles avec l'un des droits substantiels garantis par la Convention.

Les interférences sont inévitables entre certaines stipulations de la Convention et les prérogatives des administrations fiscales dans les contentieux de l'établissement et du recouvrement de l'impôt.

Le droit de communication de l'administration fiscale, les procédures de contrôle, de vérification et de redressement sont exercés souvent dans des conditions telles que ces pouvoirs exorbitants du droit commun entrent en conflit avec le droit, prévu à l'article 8 de la Convention, au respect de la vie privée et familiale, du domicile et de la correspondance.

Les stipulations de l'article 9, qui garantissent le droit à la liberté de penser, de conscience et de religion et celles de l'article 10 sur le droit à la liberté d'expression peuvent également être invoquées, notamment dans le cas de l'imposition d'organismes à but culturel ou religieux.

Les stipulations qui garantissent ces droits substantiels sont applicables en principe dans le contentieux fiscal. Le juge de cassation considère comme manifestement erroné le motif que la convention n'est pas applicable(145).

Les stipulations de la Convention européenne de sauvegarde des droits de l'homme et des libertés fondamentales ou de ses protocoles additionnels sont invoquées aujourd'hui d'une manière quasi systématique par les contribuables devant le juge administratif ou le juge judiciaire de l'impôt.

Mais si l'on écarte les catégories des litiges des procédures fiscales qui sont rattachables à la matière pénale ou à des droits de caractère civil, le juge rejette le plus souvent le moyen tiré de l'incompatibilité des dispositions du Code général des impôts ou du Livre des procédures fiscales avec l'une ou l'autre des stipulations de la Convention, que ces dispositions concernent l'établissement ou le recouvrement de l'impôt.

(144) Cass. com., 22 févr. 2000, *Ferrière : Bull. civ.* 2000, IV, n° 39 ; *RJF* 2000, n° 737.
(145) V. par ex. : Cass. com., 13 janv. 2009, n° 07-835, *Sté Rentokil : RJF* 2009, n° 519 pour un moyen tiré de la combinaison des stipulations de l'article 14 de la Convention et de l'article 1er du Protocole n° 1.

Les décisions négatives des juridictions de l'ordre administratif ou de l'ordre judiciaire sont innombrables(146).

359. – Il existe en l'état actuel du droit et de la jurisprudence trois exceptions. La première, de loin la plus importante, concerne le droit au respect des biens prévu par l'article 1er du Protocole n° 1.

La deuxième résulte de l'application des stipulations combinées de l'article 1er du Protocole n° 1 et de l'article 14 de la Convention garantissant le principe de non-discrimination.

La troisième, et la dernière en date, porte sur la compatibilité avec l'article 9 de la Convention de certaines applications de la taxation d'office des dons manuels.

A. – Droit au respect des biens : article 1er du Protocole n° 1

360. – **Protocole n° 1, article 1er.** Cet article prévoit dans son premier alinéa que « toute personne physique ou morale a droit au respect de ses biens. Nul ne peut être privé de sa propriété que pour cause d'utilité publique et dans les conditions prévues par la loi et les principes généraux du droit international ».

Il précise dans son second alinéa que « les dispositions précédentes ne portent pas atteinte au droit que possèdent les États de mettre en vigueur les lois qu'ils jugent nécessaires pour réglementer l'usage des biens conformément à l'intérêt général ou pour assurer le paiement des impôts ou d'autres contributions ou des amendes ».

361. – **Précisions préliminaires. Contestation de nature patrimoniale et contestation portant sur des droits et obligations de caractère civil.** La demande de dégrèvement ou en restitution d'une imposition fondée sur la méconnaissance des stipulations de l'article 1er du Protocole n° 1 garantissant le droit de toute personne au respect de ses biens est de nature « patrimoniale ». Mais en dépit de cette nature, elle ne peut être regardée comme une contestation portant sur des « droits et obligations de caractère civil » au sens de l'article 6,1. La catégorie des litiges du droit fiscal entrant dans le champ d'application de l'article 1er du Protocole n° 1 ne peut donc être considérée comme faisant exception au principe de l'inapplicabilité en matière fiscale du droit au procès équitable.

Selon la jurisprudence de la Cour européenne des droits de l'homme, « l'article 6,1 de la Convention n'est pas applicable aux contestations ressortissant exclusivement au domaine du droit public et notamment aux procédures fiscales en tant que telles, puisque celles-ci n'ont pas trait à des contestations sur des droits ou obligations de caractère civil (...). Par ailleurs, et hormis les amendes imposées à titre de "sanction pénale", le fait de démontrer qu'un litige est de nature "patrimoniale" n'est pas suffisant pour qu'il soit couvert par la notion de "droits et obligations de caractère civil", notamment lorsque l'obligation, qui est de nature patrimoniale résulte d'une législation fiscale »(147) « L'article 6,1 n'est pas applicable, en principe, au titre de la notion "droits et obligations de caractère civil", à la procédure de caractère fiscal, même si les mesures fiscales en cause ont entraîné des répercussions sur les droits patrimoniaux »(148).

362. – **Distinction et liens existant entre les règles de l'article 1er du Protocole n° 1.** La Cour européenne des droits de l'homme rappelle que « l'article 1 du

(146) On en trouvera un rappel non exhaustif dans le *JCl. Procédures fiscales*, Fasc. 116-10.
(147) CEDH, 20 avr. 1999, n° 41.601/98, *Vidacar SA* : *RJF* 1999, n° 1487.
(148) CEDH, 5 oct. 1999, n° 43.604/98, *Gantzer c/France* : *RJF* 2000, n° 590. – CEDH, 8 févr. 2000, n° 49 289/99, *Bassan c/France* : *RJF* 2001, n° 423.

Protocole n° 1 garantit en substance le droit de propriété. Il contient trois normes distinctes : la première, qui s'exprime dans la première phrase du premier alinéa et revêt un caractère général, énonce le principe du respect de la propriété ; la deuxième figurant dans la seconde phrase du même alinéa, vise la privation de propriété et la subordonne à certaines conditions ; quant à la troisième, consignée dans le second alinéa, elle reconnaît aux États contractants le pouvoir de réglementer l'usage des biens, conformément à l'intérêt général ou pour assurer le paiement des impôts ou d'autres contributions ou des amendes. Cependant, les trois règles ne sont pas "distinctes", en ce sens qu'elles seraient sans lien entre elles : la deuxième et la troisième concernent des cas particuliers d'atteinte au droit au respect de ses biens et doivent dès lors s'interpréter à la lumière du principe général énoncé dans la première règle »(149).

363. – **Domaine. Établissement et recouvrement de l'impôt.** La stipulation réservant le droit des États de mettre en vigueur les lois qu'ils jugent nécessaires pour assurer « le paiement » des impositions, en dépit de ce terme qui évoque le recouvrement de l'impôt, vise aussi l'établissement des impositions et comporte dans les deux cas les mêmes contraintes pour les États.

Selon la jurisprudence bien établie de la Cour européenne des droits de l'homme, « toute ingérence, y compris celle résultant d'une mesure tendant à assurer le paiement des impôts, doit ménager un "juste équilibre" entre les exigences de l'intérêt général de la communauté et les impératifs de la protection des droits fondamentaux de l'individu. Le souci de réaliser cet équilibre se reflète dans la structure de l'article 1 tout entier, y compris dans son second alinéa : dès lors, il doit y avoir un rapport raisonnable de proportionnalité entre les moyens employés et le but poursuivi »(150).

Aucune distinction ne doit donc être faite suivant que la demande de dégrèvement ou en restitution soulève un litige se rapportant à la procédure d'imposition, ou au bien-fondé de l'impôt (principe et montant) ou à son recouvrement.

Les réserves qui sont exprimées parfois à ce sujet, notamment dans le cas des lois de validation, ne sont pas fondées sur la distinction supposée, qui résulterait des termes du second alinéa de l'article 1er du Protocole n° 1, entre le recouvrement et l'établissement de l'impôt, mais sur l'objectif recherché par la loi dont la conventionnalité est contestée.

L'application des règles du recouvrement peut, du reste, comporter des atteintes aux droits fondamentaux au moins aussi graves que les règles d'établissement de l'impôt.

La Cour européenne des droits de l'homme, le Conseil d'État et la Cour de cassation ont été appelés à se prononcer dans trois situations où la contestation est susceptible de porter sur l'application de ces stipulations.

364. – **Domaine. Référence à la « loi ».** Les stipulations de l'article 1er du Protocole n° 1 ne sauraient être interprétées comme réservant exclusivement à la loi, au sens formel de cette catégorie dans l'ordre juridique interne, la possibilité de prescrire les mesures qu'elles visent. La référence à la loi s'étend aux dispositions du droit fiscal qui, selon le droit national, présentent un caractère réglementaire, telles les dispositions du Code des impôts de la Polynésie française, qui sont issues

(149) CEDH, 23 oct. 1997, n° 117/1996, *National & Provincial Building Society c/Royaume-Uni*, pt 78 : *JCP G* 1998, 1, 107, n° 25, chron. F. Sudre ; *AJDA* 1998, p. 989, chron. J.-F. Flauss ; *RFDA* 1998, p. 990, note L. Sermet : *RJF* 1997, n° 1215. – CEDH, 6 oct. 2005, n° 1513/03, *Draon c/France*, pt 69.
(150) CEDH, 23 oct. 1997, préc., pt 80.

d'une délibération de l'assemblée territoriale de cette collectivité. Une imposition fondée sur des dispositions de caractère réglementaire ne peut, de ce seul fait, être considérée comme incompatible avec les stipulations de l'article 1er du Protocole n° 1[151].

365. – **Notion de « biens » au sens de l'article 1er du Protocole n° 1. Notion autonome.** La définition des conditions dans lesquelles le contribuable qui se prévaut des stipulations de l'article 1er du Protocole n° 1 peut être considéré comme ayant un « droit au respect de ses biens », soulève plusieurs questions.

La notion de « biens » au sens de ce texte est une notion autonome du droit européen[152].

La Cour européenne des droits de l'homme résume ainsi sa position :

« La notion de "bien" a une portée autonome qui ne se limite pas à la propriété de biens corporels et qui est indépendante par rapport aux qualifications formelles du droit interne : certains autres droits et intérêts constituant des actifs peuvent aussi passer pour des "droits patrimoniaux" et donc des "biens" aux fins de cette disposition. Dans chaque affaire, il importe d'examiner si les circonstances, considérées dans leur ensemble, ont rendu le requérant titulaire d'un intérêt substantiel protégé par l'article 1 du Protocole n° 1 (...) L'article 1 du Protocole n° 1 ne vaut que pour les biens actuels (...) Cependant, dans certaines circonstances, l'"espérance légitime" d'obtenir une valeur patrimoniale peut également bénéficier de la protection de l'article 1 du Protocole n° 1 »[153].

La Cour européenne a élargi considérablement le champ d'application de l'article 1er du Protocole n° 1 sur la notion de bien en retenant des solutions contraires au droit national : ainsi, pour une autorisation d'occupation du domaine public maritime, essentiellement temporaire et révocable, qui est néanmoins considérée comme constitutive d'un bien, ou l'octroi de subventions publiques pour une opération de caractère économique[154].

366. – **Notion de « biens ». Créance.** La méconnaissance des stipulations de l'article 1er du Protocole n° 1 ne peut être invoquée en l'absence de toute créance[155].

Mais, la créance, au sens de l'article 1er du Protocole n° 1, n'est pas seulement celle qui doit être tenue pour établie parce qu'elle a été constatée, liquidée et rendue exigible par une décision judiciaire, ni la créance qui, étant suffisamment établie par la loi, peut être exigible par toute personne remplissant les conditions que pose cette loi, tel le droit de bénéficier d'une pension de retraite[156].

367. – **Notion de « biens ». Espérance légitime.** Ce peut être aussi une créance virtuelle, mais qui, selon la jurisprudence de la Cour européenne des droits de l'homme, a une base suffisante en droit interne, notamment parce qu'elle est confirmée par une jurisprudence bien établie des tribunaux, en sorte que la personne qui la détient a une « espérance légitime » de la voir se concrétiser[157].

---

(151) CE, 11 févr. 2011, n° 309.383, *Sté Fiumarella : RJF* 2011, n° 629.
(152) CEDH, 19 juin 2008, n° 12045/06, *Ichtigiaroglou c/Grèce*.
(153) CEDH, 19 juin 2008, préc., pts 49 à 51.
(154) *AJDA* 2010, p. 2368, chron. J.-F. Flauss.
(155) CE, 3 août 2011, n° 322.041, *Sté Sirio : RJF* 2011, n° 1216 ; *BDCF* 2011, n° 132, concl. Mme Escaut.
(156) CE, 27 mai 2005, *Provin*, préc.
(157) CEDH, 20 nov. 1995, n° 17.849/91, *Pressos Compania Naviera SA c/Belgique*, pt 31. – CEDH, 6 oct. 2005, n° 1513/03, *Draon c/France*, pt 65. – CEDH, 19 juin 2008, n° 12045/06, *Ictigiarouglou c/Grèce*, préc., pt 51. – CEDH, 22 janv. 2009, n° 3991/03.

Cette notion d'« espérance légitime », qui est dérivée du principe de confiance légitime du droit allemand, reste cependant assez floue.

Le Conseil d'État l'a toutefois appliquée dans plusieurs décisions en utilisant une formule bien établie : à défaut de créance certaine, l'espérance légitime d'obtenir une somme d'argent ou la restitution d'une somme d'argent doit être regardée comme un bien au sens des stipulations de l'article 1er du Protocole n° 1(158). Ne se résumant pas au seul espoir d'obtenir gain de cause(159) – à peine de quoi l'existence même d'un organe judiciaire de pleine juridiction suffirait – l'espérance légitime suppose une base suffisante en droit, ce qui est le cas lorsqu'elle repose sur une norme parfaitement claire, précise et directement applicable(160) ou est confirmée par une jurisprudence bien établie des tribunaux(161).

L'idée d'« espérance légitime » a suscité un engouement qui a entraîné des prétentions contentieuses proches du déraisonnable : ainsi, lorsque, à la suite de l'arrêt *Ravon* de la Cour européenne des droits de l'homme du 21 février 2008, la loi du 4 août 2008 a institué, dans le cadre de mesures transitoires (au demeurant plus que contestables), un système de recours rétroactifs et que certains requérants se sont avisés qu'ils avaient été privés ainsi d'une espérance légitime : celle de demander la décharge de leur imposition en se prévalant de l'arrêt *Ravon*, comme si la mise en conformité de dispositions législatives avec les stipulations d'une convention internationale pouvait s'analyser comme la violation d'un droit au maintien de l'état du droit antérieur. Bien entendu, ce type de recours ne pouvait qu'être rejeté(162).

Cinq cas peuvent être examinés : – d'abord le plus important, la validation d'impositions, – puis la restitution d'une taxe indue au regard du droit communautaire, – la contestation par le contribuable du bien-fondé de l'imposition, – la contestation du délai de recours, – et enfin, le cas des dispositions supprimant le bénéfice d'un droit ou instituant un régime nouveau.

1° Validation d'impositions

368. – Définition. La validation, par définition rétroactive, d'impositions mises en recouvrement résulte de dispositions nouvelles de la loi qui ajoutent au texte existant en modifiant ses conditions ou même son champ d'application, et qui sont destinées à régler une situation d'une manière totalement différente de celle qu'impliquait le texte primitif. Les dispositions de la loi de validation s'appliquent généralement aux impositions qui font l'objet d'un litige en cours devant le juge. Ces

(158) CE, 19 nov. 2008, n° 292.948, *Sté Gétécom : Dr. fisc.* 2009, n° 6, comm. 179, concl. N. Escaut, note P. Fumenier ; *RJF* 2/2009, n° 186, chron. p. 99 ; *BDCF* 2/2009, n° 26, concl. N. Escaut. – CE, 22 janv. 2013, *Fédération nationale indépendante des mutuelles* (V. *infra*, n° 396).

(159) CEDH, 27 nov. 2012, n° 32212/11, *USTA c/Turquie*, spéc. pt 33.

(160) CEDH, 16 avr. 2002, n° 36677/97, *SA Dangeville c/France : Rec. CEDH 2002-III* ; *RJF* 7/2002, n° 889 ; *GAJ fisc.*, 5e éd., 2009, thème 5, P.-F. Racine ; *RFDA* 2003, p. 953, note B. Dufourq.

(161) CEDH, Gde ch., 28 sept. 2004, n° 44912/98, *Kopecky c/Slovaquie : Rec. CEDH* 2004, IX ; *JCP G* 2005, I, p. 103 ; *D.* 2005, jurispr. p. 870, note C. Birsan et J.-F. Renucci ; *AJDA* 2005, p. 541, J.-F. Flauss. – CEDH, 23 juill. 2009, n° 30345/05, *Joubert c/France : Dr. fisc.* 2009, n° 38, comm. 474, note É. J. Van Brustem ; *Procédures* 2009, comm. 315, note N. Fricero ; *Procédures* 2009, comm. 345, note L. Ayrault ; *RJF* 11/2009, n° 1041.

(162) CE, 1er févr. 2012, 2 décisions, req. n° 339.387, *Sté des logements modulaires*, et req. n° 339.388, *Pino-Garcia : Dr. fisc.* 2012, n° 17, comm. 279, concl. Mme Escaut, note S. Detraz ; *RJF* 2012, n° 438 ; *BDCF* 2012, n° 51 avec concl.

impositions sont réputées régulières par la loi de validation sous réserve des décisions de justice passées en force de chose jugée.

L'article 6,1 étant inapplicable en matière fiscale non répressive, la question de la conventionnalité de dispositions rétroactives de la loi fiscale ne peut se poser qu'au regard de l'article 1er du Protocole n° 1.

On ne peut examiner toutefois le cas particulier de la validation rétroactive d'impositions sur le fondement de l'article 1er du Protocole n° 1 sans le replacer dans un ensemble de problèmes concernant la condition de l'« intérêt général » (au sens large du terme) à laquelle est subordonnée la validation législative.

Il est nécessaire de faire à ce sujet une distinction essentielle, d'une part, suivant qu'il s'agit du contrôle de la constitutionnalité qui est exercé par le Conseil constitutionnel ou du contrôle de la conventionnalité par les juges du droit européen, et, d'autre part, suivant que l'action est fondée sur l'article 6,1 de la Convention ou sur l'article 1er du Protocole n° 1.

a) Condition de l'intérêt général. Unité de jurisprudence

369. – **Conseil constitutionnel. Motif impérieux d'intérêt général.** Aucune distinction ne doit être faite entre les lois de validation suivant qu'elles portent sur des actes d'imposition ou sur toute autre matière. Dans tous les cas, et depuis sa décision n° 2013-366 QPC du 14 février 2014, le Conseil constitutionnel n'admet la validation qu'à la condition qu'elle réponde à un « motif impérieux d'intérêt général »(163).

Avant cette décision, le Conseil constitutionnel exigeait un « but d'intérêt général suffisant », formule utilisée depuis la fin des années 1990(164) et qui avait remplacé celle employée dans les premières décisions où le Conseil constitutionnel admettait la validation simplement « pour des raisons d'intérêt général »(165).

La référence à un motif d'intérêt général « impérieux » n'est évidemment pas sans lien avec la jurisprudence de la Cour européenne des droits de l'homme, ce qui permet d'assurer une unité – quant au motif – entre le Conseil constitutionnel(166), la Cour européenne des droits de l'homme(167), le Conseil d'État et la Cour de cassation.

370. – **Contrôle de la conventionnalité au regard de l'article 6,1. Impérieux motifs d'intérêt général.** La Cour européenne des droits de l'homme n'admet la possibilité pour le législateur d'adopter une loi de validation que si elle peut être justifiée, sur le fondement de l'article 6,1, par d'impérieux motifs d'intérêt général. Le Conseil d'État et la Cour de cassation retiennent le même principe lorsqu'ils sont appelés à exercer le contrôle de la conventionnalité d'une loi de validation sur le fondement l'article 6,1.

(163) Cons. const., 14 févr. 2014, n° 2013-366 QPC, *SELARL PJA* : *RJF* 5/2014, n° 483 ; *JCP G* 2014, doctr. 548, n° 37, obs. B. Mathieu ; *AJDA* 2014, p. 1204, note J. Roux.
(164) Cons. const., 18 déc. 1998, n° 98-404 DC, *Loi de financement de la sécurité sociale pour 1999*, consid. 5. – Cons. const., 29 déc. 1999, n° 99-425 DC, *Loi de finances rectificative pour 1999*, consid. 8. – Cons. const., 11 déc. 2008, n° 2008-571 DC, *Loi de financement de la sécurité sociale pour 2009*, consid. 11 et 12.
(165) Cons. const., 29 déc. 1986, n° 86-223 DC, *Loi de finances rectificative pour 1987*, consid. 5.
(166) Cons. const., 2 mars 2016, n° 2015-525 QPC, *Sté immobilière PB 12*, consid. 3.
(167) CEDH, 23 oct. 1997, aff. 117/96, *National et Provencial Building Society*, pts 81, 82, 112.

371. – Cour européenne des droits de l'homme. La Cour européenne a fait la première application positive de ce principe en matière sociale[168].

Le recours portait sur le mode de calcul d'une indemnité dite de « difficultés particulières » par référence au salaire minimum. Le législateur étant intervenu pour valider les dispositions en cause[169], le Conseil constitutionnel avait déclaré que ces dispositions n'étaient pas contraires à la Constitution[170].

La Cour européenne des droits de l'homme a jugé que « si en principe, le pouvoir législatif n'est pas empêché de réglementer en matière civile, par de nouvelles dispositions à portée rétroactive, des droits découlant de lois en vigueur, le principe de la prééminence du droit et la notion de procès équitable consacrés par l'article 6 s'opposent, sauf pour *d'impérieux motifs d'intérêt général*, à l'ingérence du pouvoir législatif dans l'administration de la justice dans le but d'influer sur le dénouement judiciaire du litige » (n° 57), et elle relève plus loin que « la décision du Conseil constitutionnel ne suffit pas à établir la conformité de l'article 85 de la loi du 18 janvier 1994 avec les dispositions de la Convention » (n° 59)[171].

L'affaire *Lilly France* est l'exacte réplique de la précédente. Le litige portait sur d'importants redressements qui avaient été effectués, au cours de l'année 2000, en matière de contribution des entreprises pharmaceutiques assurant l'exploitation en France d'une ou plusieurs spécialités[172]. La régularité de ces redressements ayant été contestée, la loi n° 2003-1199 du 18 décembre 2003, de financement de la sécurité sociale pour 2004, avait prévu deux séries de mesures de validation :

– l'article 13, pour valider « les actions, procédures et décisions de contrôle effectuées pour cette contribution en application de l'article L. 245-6 du Code de la sécurité sociale » ;

– et l'article 73 de cette même loi pour valider les actes et opérations de recouvrement en matière de contributions prévues par le Code de la sécurité sociale notamment en tant qu'ils seraient contestés « par le moyen tiré de l'illégalité de l'agrément du ou des agents ayant procédé aux opérations de contrôle ou par le moyen tiré de l'incompétence de leur auteur ».

Le Conseil constitutionnel, saisi de la loi de financement de sécurité sociale pour 2004, avait déclaré l'article 13 contraire à la Constitution en considérant « qu'eu égard au montant des recouvrements concernés, les conditions générales de l'équilibre financier de la sécurité sociale ne pouvaient être affectées de façon significative en l'absence de validation [et] à défaut d'autre motif d'intérêt général de nature à justifier celle-ci »[173]. En revanche, il n'avait pas cru bon de soulever d'office la question de conformité à la Constitution des dispositions de l'article 73 de la même loi.

(168) CEDH, Gde ch., 28 oct. 1999, n°s 24846/94 et 34165/96 à 34173/96, *Zielinski et Pradal et Gonzalez et a. c/France* : *Rec. CEDH* 1999, VII ; *RJF* 1/2000, n° 140 ; *RJF* 1/2000, n° 140 ; *AJDA* 2000, p. 533, chron. J.-F. Flauss.

(169) L. n° 94-43, 18 janv. 1994, relative à la santé publique et à la protection sociale, art. 85 : *JCP* G 1994, III, 66, 640.

(170) Cons. const., 13 janv. 1994, n° 93-332 DC, consid. 9 et s.

(171) *JCP* G 1999, act. p. 2123 ; *RJF* 2000, n° 140. – B. Mathieu, *Les validations législatives devant le juge de Strasbourg : une réaction rapide du Conseil constitutionnel mais une décision lourde de menaces pour l'avenir de la juridiction constitutionnelle* : *RFDA* 2000, p. 289 ; *D.* 2000, somm. 179, obs. N. Fricero ; *AJDA* 2000, p. 533, chron. J.-F. Flauss ; *RFDA* 2000, p. 1254, chron. S. Bolle ; *LPA* 8 juin 2000, n° 114, note A. Boujeka.

(172) CSS, art. L. 245-1.

(173) Cons. const., 11 déc. 2003, n° 2003-486 DC, consid. 22 à 24.

Saisie à son tour du litige, la Cour de cassation avait jugé que les dispositions de l'article 73 de la loi du 18 décembre 2003 obéissaient à « d'impérieux motifs d'intérêt général », attendu qu'elles étaient destinées à éviter le développement d'un contentieux de nature à mettre en péril le recouvrement des cotisations de sécurité sociale et par suite la pérennité du système de protection sociale(174).

La Cour européenne des droits de l'homme a été appelée à se prononcer sur le litige quatre ans plus tard. Elle a estimé que « l'intervention rétroactive de l'article 73 de la loi du 18 décembre 2003 ne reposait pas sur d'impérieux motifs d'intérêt général » et que, partant, il y avait eu violation de l'article 6 (pts 50 à 58)(175).

On fera observer que la contribution prévue à l'article L. 245-1 du Code de la sécurité sociale et à laquelle sont assujetties les entreprises pharmaceutiques entre dans la catégorie des impositions de toutes natures. En dépit de son affectation à la sécurité sociale, elle présente un caractère fiscal. En principe, les dispositions de l'article 6,1 étaient donc inapplicables, mais la Cour de cassation et la Cour européenne ont statué comme en matière civile.

372. – **Conseil d'État.** Le Conseil d'État a posé le principe du contrôle de la conventionnalité des lois de validation sur le fondement de l'article 6,1 dans la décision d'assemblée du 5 décembre 1997, Mme *Lambert*, et l'avis d'assemblée du même jour, *Ministre de l'Éducation nationale*(176). Il a admis dans ces décision et avis qu'un « but d'intérêt général » ou des « motifs d'intérêt général » pouvaient justifier l'intervention rétroactive du législateur.

Le Conseil d'État a jugé pour la première fois qu'une loi de validation était incompatible avec l'article 6,1 dans la décision du 28 juillet 2000, *Tête* ; il a considéré que l'intérêt financier auquel répondaient les dispositions de cette loi ne constituait pas un « intérêt général suffisant » pour justifier la validation ; le litige portait sur un prélèvement sans caractère fiscal.

Il a retenu quatre ans après le critère tiré de l'existence « d'impérieux motifs d'intérêt général », pour se prononcer sur le moyen tiré de l'incompatibilité avec l'article 6,1 de dispositions rétroactives en matière d'assurance maladie et il a jugé en l'espèce que cette condition n'était pas remplie(177).

La condition tenant à l'existence « d'impérieux motifs d'intérêt général » a été appliquée cette fois pour écarter la loi de validation dans une contestation portant sur des droits et obligations de caractère civil(178).

373. – **Cour de cassation.** La Cour de cassation a adopté le même critère pour l'application de l'article 6,1(179).

(174) Cass. 2e civ., 8 nov. 2006, n° 05-13.821.

(175) CEDH, 25 nov. 2010, req. n° 20429/07, aff. *Lilly France* : *AJDA* 2011, p. 897, chron. L. Burgorgue-Larsen ; *D.* 2010, p. 2842, obs. R. Grand.

(176) *Rec. CE* 1997, p. 460 et p. 464, concl. Touvet (avis) ; *AJDA* 1998, p. 149, concl. Bergeal (arrêt) et p. 97, chron. Girardot et Raynaud ; *LPA* 15 juin 1998, n° 71, note J. Le Gars ; *Dr. adm.* 1998, comm. 103, obs. J.-B Auby, en matière de rémunérations de la fonction publique.

(177) CE, 23 juin 2004, *Sté Laboratoires Genevrier* : *Rec. CE* 2004, p. 256.

(178) CE, sect. 10 nov. 2010, n° 314.449, *Cnes de Palavas-les-Flots et de Lattes* : *RFDA* 2011, p. 124, concl. N. Boulouis ; *D.* 2010, p. 2842, obs. R. Grand ; *AJDA* 2010, p. 2416, chron. D. Botteghi et A. Lallet, concernant la validation de contrats irréguliers par la loi n° 2006-1772 du 30 décembre 2006 sur l'eau et les milieux aquatiques.

(179) Cass. ass. plén., 23 janv. 2004, n° 03-13.617, *SCI Le Bas Noyer c/Sté Castorama France et Bourdruges et a. c/Damotte* : *Bull. civ.* 2004, ass. plén., n° 2 ; *RJDA* 4/2004, n° 409, p. 364, rapp. C. Favre ; *LPA* 28 avr. 2004, n° 84 ; *RFDA* 2004, p. 224, note Mathieu. – Cass. 2e civ., 8 nov. 2006, *Sté Lilly France*, préc., n° 372. – Cass. 2e civ., 18 déc. 2014, n° 13-26.350, *Sté La Bovida*.

b) Doctrine du Conseil d'État. Dualité de fondements[180]

374. – **Avis *Provin* 2005.** Le Conseil d'État a précisé sa position sur la distinction entre les deux fondements de l'article 6,1 et de l'article 1er du Protocole n° 1 dans un avis d'assemblée du 27 mai 2005, *Provin*, au sujet des dispositions rétroactives de la loi de finances rectificative pour 2004 concernant le droit à pension des fonctionnaires.

L'intervention rétroactive du législateur en vue de modifier au profit de l'État des *règles applicables à des procès en cours* doit, pour être compatible avec les stipulations de l'article 6,1 de la Convention européenne des droits de l'homme, reposer sur « d'impérieux motifs d'intérêt général ».

Les stipulations de l'article 1er du Protocole n° 1 ne font pas obstacle en principe à ce que le législateur adopte de nouvelles dispositions remettant en cause, fût-ce de manière rétroactive, *des droits découlant de lois en vigueur*, à la condition que soit ménagé un juste équilibre entre l'atteinte portée à ces droits et « les motifs d'intérêt général » susceptibles de la justifier[181].

Le Conseil d'État utilise alors l'expression de « motifs suffisants d'intérêt général » lorsqu'il reconnaît l'incompatibilité des dispositions rétroactives avec l'article 1er du Protocole n° 1[182].

La technique de contrôle des lois de validation, ou si l'on préfère, la nature de ce contrôle, au regard, d'une part, de l'article 6,1 de la Convention européenne des droits de l'homme et, d'autre part, de l'article 1er du Protocole n° 1 est donc différente[183].

Cette différence s'explique essentiellement par la structure particulière de l'article 1er du Protocole n° 1 qui, après avoir posé le principe de la protection du droit de propriété, définit les conditions dans lesquelles il peut y être porté atteinte conformément à l'intérêt général.

375. – **Article 6,1. Droit absolu.** Le droit à un procès équitable garanti par l'article 6,1 est considéré comme un droit absolu, mais il n'est invocable que par la personne qui a introduit son action devant le juge avant la publication de la loi de validation[184].

---

(180) Conv. EDH, art. 6,1 et Prot. n° 1, art. 1er.

(181) CE, plén. fisc., 9 mai 2012, n° 308996, *Min. c/Sté EPI : Dr. fisc.* 2012, n° 26, comm. 355, note S. Vailhen ; *RJF* 7/2012, n° 786, p. 595, concl. J. Boucher. – V. également L. Ayrault, *Droit fiscal européen des droits de l'homme : chronique de l'année 2012 : Dr. fisc.* 2013, n° 9, 177, nos 53 et s. – S. Austry, *La petite rétroactivité est-elle compatible avec la Convention européenne des droits de l'homme ? : FR Lefebvre*, 28/2012, p. 6 ; *AJDA* 2012, p. 1392, p. 1392 et s., chron. X. Domino et A. Bretonneau. – M. Collet, *Chronique annuelle 2012 de droit fiscal : RJEP* 2013, n° 707, chron. 1, n° 68.

(182) CE, 25 avr. 2007, n° 296665, *Hébert : Rec. CE* 2007, p. 175 ; *RFDA* 2007, p. 1019, avec concl. R. Keller.

(183) CE, ass., avis, 27 mai 2005, n° 277.975, *Provin : Rec. CE* 2005, p. 212, concl. Devys ; *RFDA* 2005, p. 1003, avec concl. ; *AJDA* 2005, p. 1455, chron. C. Landais et F. Lenica. – Confirmation de la jurisprudence sur le critère tiré de l'existence « d'impérieux motifs d'intérêt général » pour la compatibilité avec l'article 6-1, en matière de sécurité sociale : CE, ass., 8 févr. 2007, n° 279.529, *Gardedieu : Rec. CE* 2007, p. 78 ; *RFDA* 2007, p. 361, concl. L. Derepas. – D. Pouyaud, *Le fondement de la responsabilité du fait des lois en cas de méconnaissance des engagements internationaux, ibid.*, p. 525. – M. Canedo-Paris, *Le juge administratif, le droit international et la responsabilité : un trio infernal ?, ibid.*, p. 789 et note ; *LPA* 7 août 2007, n° 157 ; *RJF* 2007, n° 606 ; *AJDA* 2007, p. 585, chron. F. Lenica et J. Boucher ; *D.* 2007, p. 659, chron. G. Clamour. – CE, ass., 25 avr. 2007, n° 296661, *Couegnat : Rec. CE* 2007, p. 171 ; *RFDA* 2007, p. 1019, concl. R. Keller, pour l'indemnité de résidence due à des agents contractuels du ministère de l'Équipement. – CE, ass., 21 déc. 2007, n° 298.463, *Fédération de l'hospitalisation privée : Rec. CE* 2007, p. 532 ; *AJDA* 2008, p. 2280, note H. Rihal, en matière d'assurance maladie. – Confirmation de la jurisprudence sur le critère des « motifs d'intérêt général » pour la compatibilité avec l'article 1er du Protocole n° 1. – CE, 25 avr. 2007, *Hébert*, préc.

(184) V. pour une confirmation : CE, 6 févr. 2006, n° 268.192, *Wessang : Rec. CE* 2006, p. 59.

Le Conseil d'État s'écarte sur ce point de la jurisprudence de la Cour européenne des droits de l'homme. Il subordonne l'invocabilité du moyen tiré de l'article 6,1 à la condition que le justiciable ait déposé un recours contentieux avant la publication de la loi de validation[185], alors que la Cour européenne paraît se satisfaire de l'exercice d'un recours administratif, dans une affaire où elle relève toutefois qu'il s'agissait d'une réclamation préalable de caractère obligatoire, concernant, en l'espèce, le contentieux général de la sécurité sociale[186]. Il n'est donc pas certain qu'il y ait là véritablement un point de divergence lorsqu'on s'en rapporte aux conclusions de M. Devys : « ce n'est, nous semble-t-il, que dans le cadre d'un recours administratif obligatoire préalable à toute action contentieuse, que la procédure juridictionnelle peut être, au regard de l'article 6-1, regardée comme engagée dès l'intervention d'un tel recours administratif »[187]. La précision est d'autant plus intéressante que la matière des procédures fiscales est dominée par le caractère obligatoire de la réclamation préalable devant l'administration.

376. – **Article 1er du Protocole n° 1. Droit relatif.** L'article 1er du Protocole n° 1 protège un droit seulement relatif en ce sens que le droit au respect des biens peut justifier une ingérence de l'État conformément à l'intérêt général. La condition relative à « un motif suffisant d'intérêt général » reste en deçà de celle tenant à l'existence d'« impérieux motifs d'intérêt général » qui est exigée pour admettre la compatibilité avec l'article 6,1, afin de limiter au maximum l'intervention rétroactive du législateur dans un procès en cours. La garantie de l'article 1er du Protocole n° 1 a donc de ce point de vue une portée plus réduite.

Mais elle a un champ plus large à un autre point de vue, dès lors que ce texte peut être invoqué même par une personne qui n'avait pas saisi le juge avant l'entrée en vigueur de la loi rétroactive, et qui, ultérieurement, pourra former un recours à la seule fin de s'opposer à l'atteinte portée à un bien ou à une créance qu'elle pouvait légitimement espérer voir se concrétiser sous le régime des dispositions jusque-là en vigueur.

Conformément aux principes du droit interne, nul n'ayant droit au maintien d'une réglementation existante, une personne ne peut, en cas de changement de législation, présenter utilement une demande visant à obtenir le bénéfice des dispositions anciennes après l'entrée en vigueur de la loi nouvelle.

Une autre situation soulève plus de problèmes. La décision rendue par le juge, qui est à l'origine de l'intervention rétroactive du législateur, peut, par elle-même, rendre cette intervention prévisible. Elle peut donc inciter les personnes qui se trouvent dans la même situation que le ou les bénéficiaires de cette jurisprudence et qui sont désireuses d'en obtenir le bénéfice, à se prémunir rapidement contre l'intervention du législateur en saisissant l'autorité compétente ou en formant une requête devant le tribunal avant la publication de la loi.

Pour être recevables à invoquer l'article 1er du Protocole n° 1, les personnes intéressées devraient, en bonne logique, pour que soit évité l'effet d'aubaine, présen-

(185) CE, 25 avr. 2007, *Couegnat*, préc.
(186) CEDH, 21 juin 2007, n° 12.106/03, *SCM Scanner de l'Ouest Lyonnais*, pt 29.
(187) *RFDA* 2005, p. 1009.

ter leur demande avant la date à laquelle l'intervention rétroactive du législateur est devenue prévisible. C'était l'hypothèse de l'affaire *Hébert* qui a donné lieu à l'arrêt précité du 25 avril 2007 ; l'amendement parlementaire, suscité par le Gouvernement, prévoyant la validation, qui est devenu l'article 127 de la loi de finances rectificative pour 2005 du 30 décembre 2005, avait été déposé le 7 décembre 2005 ; la validation était prévue sous réserve des décisions de justice passées en force de chose jugée et des instances en cours à la date du 7 décembre 2005 ; le commissaire du gouvernement en avait déduit que ne pouvaient donc valablement invoquer l'article 1er du Protocole n° 1 que les agents qui avaient adressé leur demande préalable à l'administration avant le 8 décembre 2005. Le Conseil d'État n'a pas retenu toutefois cette opinion ; il a décidé que les agents en cause pouvaient se prévaloir des stipulations de l'article 1er du Protocole n° 1 dès lors qu'ils avaient présenté une demande tendant au bénéfice de l'indemnité de résidence litigieuse « avant la publication de la loi ».

c) *Nature des motifs d'intérêt général*

377. – **Absence de critères déterminants. Méthode d'analyse.** La définition de la nature des motifs qui sont considérés par le juge comme d'« impérieux motifs d'intérêt général » ou « des motifs d'intérêt général suffisants », au regard respectivement de l'article 6,1 ou de l'article 1er du Protocole n° 1, paraît essentielle, puisqu'elle est à la base du contrôle de la conventionnalité de la loi de validation. Il n'existe pas cependant de critères déterminants, ni encore moins de critères qui permettraient d'établir une distinction fondée sur la nature de ces motifs. Autrement dit, le même motif peut, par sa nature même, être considéré comme un impérieux motif d'intérêt général ou un motif d'intérêt général suffisant.

Le juge se réfère nécessairement aux débats parlementaires, mais il ne s'interdit pas « d'analyser objectivement les dispositions contestées, à la lueur notamment de l'argumentation de l'administration »[188].

La solution précédente peut toutefois être considérée comme dépassée au regard de celle que le Conseil d'État a retenue au sujet des dispositions de l'article 59 de la loi n° 2003-1312 du 30 décembre 2003, de finances rectificative pour 2003, qui ont validé rétroactivement des impositions en matière de taxe professionnelle. Il a abandonné à cette occasion l'exigence d'un motif d'intérêt général « suffisant ».

1) Justifications financières

378. – **Motif normalement à lui seul insuffisant.** Le motif principal est tiré généralement de justifications financières, le ministre compétent faisant valoir que la disposition rétroactive vise à ne pas aggraver le déséquilibre des finances de l'État ou de la sécurité sociale.

Pour la Cour européenne des droits de l'homme ou le Conseil d'État dans leur appréciation de la compatibilité avec les stipulations de la Convention européenne des droits

(188) Concl. Devys, préc. *in RFDA* 2005, p. 1007 et pour le recours aux travaux préparatoires : CE, 27 mai 2005, *Provin*. – CE, 25 avr. 2007, *Couegnat*, *supra*, n° 374.

de l'homme, comme pour le Conseil constitutionnel dans le contrôle de la conformité aux principes du droit national, un simple motif financier ne permet normalement pas à lui seul de justifier une intervention rétroactive du législateur[189] ; V. *infra*, n° 380.

Le juge prend toutefois en considération l'importance de la dépense que permet d'éviter une intervention rétroactive du législateur, le montant du rendement attendu de la mesure législative ou l'économie qu'elle permet de réaliser. Il appartient dans tous les cas à l'administration d'apporter les précisions nécessaires sur l'évaluation de la dépense qu'entraînerait l'application non rétroactive de la loi.

On notera que la Cour européenne des droits de l'homme accepte de se prononcer sur la matérialité de l'argument financier invoqué par le Gouvernement ; elle relève ainsi que « la corrélation entre le risque financier invoqué et les procédures pendantes (...) n'est pas établie » et qu'il ne fournit « aucune évaluation crédible du coût virtuel de ces procédures »[190].

Rien n'exclut donc que le motif financier soit admis, comme en témoigne la précision apportée par la Cour EDH dans l'arrêt *Joubert c/France*, à savoir « le Gouvernement ne prétend pas que le montant des recettes dont l'État aurait pu être privé en raison du constat d'incompétence de ses agents par les juridictions administratives, à savoir environ 1,1 MdF [168 M€], aurait une telle importance sur son budget que l'intérêt général s'en trouverait affecté »[191]. Le Conseil constitutionnel a d'ailleurs déjà admis que le motif financier puisse constituer, pour des collectivités territoriales, un impérieux motif d'intérêt général[192]. Tout dépend donc de la proportion des crédits concernés par rapport à l'enveloppe budgétaire.

379. – **Motif impérieux d'intérêt général. Article 6,1.** Le juge a admis que constituait un « motif impérieux d'intérêt général » au regard de l'article 6,1 le souci d'éviter pour la sécurité sociale une dépense de 500 M€[193], mais a refusé d'accepter cette justification pour une dépense de 12,2 M€[194], 15 M€[195], 53 M€[196], 60 M€[197] et même de 180 M€[198].

380. – **Intérêt général suffisant. Protocole n° 1, art. 1er.** Le souci de prévenir une dépense de 35 M€ n'a pas été regardé comme présentant « un intérêt général suffisant » au regard de l'article 1er du Protocole n° 1[199].

Le Conseil d'État a même retenu depuis des solutions encore plus contraignantes en jugeant qu'une perte de recettes budgétaires évaluée à plus 100 M€ ne constituait

(189) CEDH, Gde ch., 28 oct. 1999, nos 24846/94 et 34165/96 à 34173/96, *Zielinski et Pradal et Gonzalez et a. c/France*, pt 59 : *Rec. CEDH* 1999, VII ; *RJF* 1/2000, n° 140 ; *AJDA* 2000, p. 533, chron. J.-F. Flauss. – CEDH, 23 mai 2007, n° 31501/03, *Aubert*, préc., pt 83. – Cons. const., 29 déc. 2005, n° 2005-531 DC.

(190) CEDH, 16 janv. 2007, n° 954/05, *Chiesi SA*, pt 39. – CEDH, 25 nov. 2010, n° 20429/07, *Sté Lilly France*, pts 42 et 51. – V. *supra*, n° 371.

(191) CEDH, 23 juill. 2009, n° 30.345/05, *Joubert c/France* : *Dr. fisc.* 2009, n° 38, comm. 474, note É. J. Van Brustem ; *Procédures* 2009, comm. 315, note N. Fricero ; *Procédures* 2009, comm. 345, note L. Ayrault ; *RJF* 11/2009, n° 1041.

(192) Cons. const., 24 juill. 2014, n° 2014-695 QPC, *Loi relative à la sécurisation des contrats de prêts structurés souscrits par les personnes morales de droit public : RD bancaire et fin.* 2014, comm. 165, note J. Martin.

(193) CE, 23 juin 2004, *Sté Laboratoires Genevrier*, préc.

(194) CE, 28 juill. 2000, *Tête*, préc., chiffre cité in concl. Savoie.

(195) CE, 25 avr. 2007, *Couegnat*, préc.

(196) CEDH, 28 oct. 1999, *Zielinski*, pt 59.

(197) CE, 21 déc. 2007, *Fédération de l'hospitalisation privée.*

(198) CEDH, 9 janv. 2007, *Aubert*, pt 83.

(199) CE, 25 avr. 2007, *Hébert*, préc.

pas « un motif d'intérêt général » de nature à justifier une atteinte au droit de propriété protégé par l'article 1er du Protocole n° 1, – abandonnant même, à cette occasion, le qualificatif de « suffisant »[200]. Une telle précision n'est toutefois pas nécessaire lorsque les motifs d'intérêt général ne sont pas à même de la justifier, autre formule qui aurait pu être utilisée à la place de « susceptibles de la justifier », expression que l'on retrouve d'ailleurs aussi dans l'avis Provin et qui est équivalente à « suffisant ».

Le Conseil constitutionnel a considéré que la loi de validation visant à éviter aux régimes spéciaux de sécurité sociale une dépense de 350 millions de francs (53 M€) reposait sur un motif d'intérêt général suffisant[201], alors que pour la même loi de validation la Cour européenne des droits de l'homme a estimé que cette justification ne constituait pas un motif impérieux d'intérêt général[202].

En revanche, et à titre d'illustration, le Conseil constitutionnel a déclaré contraire à la Constitution l'article 111 de la loi de finances rectificative pour 2005 qui avait pour effet de supprimer les crédits de TVA, s'élevant à plusieurs centaines de millions d'euros, dont pouvaient bénéficier les entreprises de transports routiers et autres usagers professionnels des réseaux d'autoroutes, à raison des péages acquittés au cours des années 1996 à 2000.

Le juge constitutionnel s'est fondé essentiellement sur le fait que l'article 111 avait pour principal objet, par la condition qu'il posait, de priver d'effet, pour la période antérieure au 1er janvier 2001, l'arrêt de la Cour de justice des Communautés européennes du 12 septembre 2000 et l'arrêt du Conseil d'État du 29 juin 2005, que dès lors « il portait atteinte au principe de la séparation des pouvoirs et à la garantie des droits » et que, par suite, il y avait lieu de le déclarer contraire à la Constitution « sans qu'il soit besoin d'examiner les motifs d'intérêt général qui l'inspirent »[203].

Les crédits de TVA en cause avaient été estimés pourtant à un milliard d'euros par le Gouvernement dans ses observations en défense devant le Conseil constitutionnel, et à 900 millions d'euros dans l'article de M. Bénard[204].

2) Autres motifs

381. – Faisceau de motifs. La prise en considération de l'intérêt financier est normalement liée à d'autres motifs qui sont susceptibles d'être retenus par le juge pour apprécier la compatibilité de la disposition rétroactive avec les stipulations de la Convention européenne des droits de l'homme : caractère prévisible de l'intervention législative, effet d'aubaine, multiplication des contentieux.

382. – Caractère prévisible de l'intervention législative. Le juge recherche si l'adoption de la disposition contestée était prévisible ; cette circonstance est de

(200) CE, 9e et 10e ss-sect., 21 oct. 2011, n° 314767, *Min. c/SNC Peugeot Citroën Mulhouse : Dr. fisc.* 2011, n° 50, comm. 630, concl. C. Legras, note O. Fouquet ; *RJF* 1/2012, n° 37, p. 3 et s., chron. C. Raquin ; *AJDA* 2011, p. 2521, note Y. Depigny. – V. également, L. Ayrault, *Droit fiscal européen des droits de l'homme : chronique de l'année 2011 : Dr. fisc.* 2012, n° 9, 166, n° 35 et s. – CE, plén. fisc., 9 mai 2012, n° 308.996, *Min. c/Sté EPI*, préc.

(201) Cons. const., 13 janv. 1994, n° 93-332 DC.

(202) CEDH, 28 oct. 1999, *Zielinski*, préc.

(203) Cons. const., 29 déc. 2005, n° 2005-531 DC, consid. 6 : *RJF* 2006, n° 291 ; *ibid.*, p. 267 et s., chron. Y. Bénard, *Quand l'État passe au péage : LPA* 16 janv. 2006, n° 11, note Schoettl.

(204) Sur la question : CJCE, 12 sept. 2000, aff. 276/97, *Commission c/France : Dr. fisc.* 2000, n° 45, comm. 862 ; *RJF* 2000, n° 1536. – CE, 29 juin 2005, n° 268.861, *SA Éts Louis Mazet : Dr. fisc.* 2005, n° 48, comm. 772, concl. Olléon ; *RJF* 2005, n° 1016 ; *BDCF* 2005, n° 114, avec concl.

nature à justifier le caractère rétroactif de la loi de validation[205]. Mais le caractère prévisible de l'intervention du législateur peut être indifférent[206].

383. – Limitation de l'effet d'aubaine. Le caractère rétroactif peut également être rendu nécessaire par le souci d'éviter l'effet d'aubaine et parfois même une situation d'enrichissement sans cause[207].

Toujours sur le fondement de l'article 6,1, la Cour européenne des droits de l'homme a précisé que l'intervention législative rétroactive répond « à une évidente et impérieuse justification d'intérêt général » lorsqu'elle vise à « combler un vide juridique » qui avait été constaté par une décision du Conseil d'État » ; elle insiste sur le fait que les requérants avaient « tenté de bénéficier d'un effet d'aubaine dû à la carence du pouvoir réglementaire et ne pouvaient valablement escompter que l'État resterait inactif »[208].

384. – Multiplication des contentieux. L'intérêt général qui découle de l'intérêt financier peut être renforcé par le souci du législateur d'éviter la perturbation des services administratifs et juridictionnels par suite de la multiplication des réclamations[209].

Mais la prise en compte par le législateur des considérations d'utilité publique tenant à la préoccupation d'éviter que l'annonce du dépôt du projet de loi ne se traduise par une multiplication des contentieux ne suffit pas à établir l'existence d'un impérieux motif d'intérêt général[210].

Le juge relève d'autres éléments qui, suivant les circonstances, entrent dans la catégorie des motifs impérieux d'intérêt général ou en sont exclus.

385. – Difficultés de mise en œuvre d'une réforme. Le Conseil d'État n'a pas considéré ainsi comme des motifs de cette nature les difficultés rencontrées dans la mise en œuvre d'une réforme et notamment d'une nouvelle procédure de modifications des tarifs nationaux, s'agissant en particulier de la procédure de consultation préalable des organisations nationales les plus représentatives[211].

Il avait jugé auparavant que la validation législative était justifiée par d'impérieux motifs d'intérêt général, non seulement en raison de son incidence substantielle sur l'équilibre des comptes de la sécurité sociale, mais également « eu égard à la nature des vices qui font l'objet de la validation [et] aux inconvénients d'ordre pratique qu'elle permet d'éviter »[212].

386. – Principe d'égalité. Il a considéré comme un motif impérieux d'intérêt général le souci de ne pas créer « une différence injustifiée de traitement entre les salariés de l'entreprise, selon qu'ils sont sous statut de droit public ou de droit privé »[213]. Mais il a refusé de reconnaître ce caractère à la préoccupation de ne pas aggraver l'inégalité de traitement entre contractuels et titulaires[214].

(205) CE, 27 mai 2005, *Provin*. – CE, 25 avr. 2007, *Couegnat et Hébert*, préc.
(206) CE, 6 févr. 2006, n° 268.292, *Wesang* : *Rec. CE* 2006, p. 59.
(207) Concl. Devys sur CE, 27 mai 2005, *Provin*.
(208) CEDH, 27 mai 2004, n°s 42.219/98 et 54.563/00, *Ogis-Institut Stanislas et a.*, pts 69 et 72, en matière de cotisations sociales.
(209) Cons. const., 29 déc. 1999, n° 99-425 DC, préc.
(210) CE, 6 févr. 2006, *Wessang*, préc. – CE, 21 oct. 2011, *SNC Peugeot-Citroën*, préc.
(211) CE, 21 déc. 2007, *Fédération de l'hospitalisation privée*, préc.
(212) CE, 23 juin 2004, *Sté Laboratoires Genevrier*.
(213) CE, 7 juill. 2004, *Blaise* : *Rec. CE* 2004, p. 796.
(214) CE, 25 avr. 2007, *Couegnat*, préc.

387. – Respect du droit communautaire. Le Conseil d'État a précisé encore que l'atteinte portée par la disposition rétroactive est proportionnée à l'objectif poursuivi par le législateur lorsque celui-ci est de mettre des dispositions en conformité avec le droit communautaire[(215)].

C'est aussi, mais inversement, le respect du droit communautaire et de la chose jugée par la Cour de justice des Communautés européennes, qui explique la décision du 29 décembre 2005 dans laquelle le Conseil constitutionnel a déclaré contraires à la Constitution des dispositions rétroactives en dépit des motifs d'intérêt général qui l'inspiraient (V. *supra*, n° 380).

2° Restitution d'une taxe indue au regard du droit européen

388. – Cour EDH. Arrêt SA *Dangeville*. Un second cas d'application des stipulations de l'article 1er du Protocole n° 1 est constitué par la jurisprudence de la Cour européenne des droits de l'homme, *Dangeville* et *Aon*.

La question qui a été soumise à la Cour européenne des droits de l'homme a son origine dans le refus par le Conseil d'État de reconnaître, dans un premier temps, l'effet direct des directives[(216)]. Le contribuable ne pouvait donc pas demander la décharge d'une imposition sur le fondement des dispositions d'une directive prévoyant une exonération, mais qui n'avait pas été transposée. C'est seulement en 1996 que le Conseil d'État est revenu sur cette interdiction[(217)]. – Sur cette évolution, V. *infra*, n° 566.

La Société Dangeville avait demandé, dans le délai de réclamation, la restitution de la taxe qu'elle avait acquittée à tort pour la période du 1er janvier au 31 décembre 1978, mais sa demande avait été rejetée par un jugement du 8 juillet 1982, confirmé en appel par un arrêt du Conseil d'État du 19 mars 1986.

Elle avait formé par ailleurs un recours en responsabilité qui avait été rejeté par le tribunal administratif par jugement du 23 mai 1989, puis admis par la cour administrative d'appel de Paris par un arrêt du 1er juillet 1992, mais que le Conseil d'État avait annulé en formation plénière par un arrêt du 30 octobre 1996... le même jour où il procédait à un revirement de jurisprudence sur le fond du droit (aff. *SA Cabinet Revert*).

La Société Dangeville avait contesté dès l'origine le paiement indu de la TVA. Mais, ainsi qu'elle l'avait fait valoir devant la Cour européenne des droits de l'homme, elle avait eu la malchance de voir sa réclamation fiscale jugée trop tôt et de n'avoir pas bénéficié des mêmes garanties que la Société Revert.

La Cour européenne des droits de l'homme a considéré que « l'atteinte apportée aux biens » de la société avait revêtu un caractère disproportionné : en effet, tant la mise en échec de la créance de la requérante sur l'État que l'absence de procédures internes offrant un remède suffisant pour assurer la protection du droit au respect de ses biens... ont rompu le juste équilibre entre les exigences de l'intérêt général de la communauté et les impératifs de la sauvegarde des droits fondamentaux des « individus » ; partant, il y avait eu violation de l'article 1er du Protocole n° 1[(218)].

(215) CE, 27 mai 2005, *Provin*, préc.
(216) CE, ass., 22 déc. 1978, *Cohn-Bendit*.
(217) CE, ass., 30 oct. 1996, *SA Cabinet Revert*.
(218) CEDH, 16 avr. 2002, aff. 36.677/97, *SA Dangeville* : *RJF* 2002, n° 889, pts 61 et 62.

389. – Cour EDH. Arrêt *Aon*. La Cour européenne des droits de l'homme a fait progresser sa jurisprudence avec l'arrêt *Aon*. Cette affaire mettait en cause trois sociétés qui avaient attendu le 20 décembre 1993 pour demander réparation à l'État, soit quinze années après le paiement de la TVA litigieuse, et même plus, si l'on prend en compte l'arrêt rendu le 1er juillet 1992 par la cour administrative d'appel de Paris en faveur de la société Dangeville.

Entre-temps, étaient intervenues les dispositions de la loi n° 89-936 du 29 décembre 1989, codifiées à l'article L. 190 du Livre des procédures fiscales, qui permettent à des contribuables dont les demandes sont atteintes par la forclusion au regard des règles générales de réclamation contentieuse, de se prévaloir, malgré leur inaction passée, d'une décision juridictionnelle favorable pour obtenir la restitution de sommes que cette décision révèle avoir été indûment versées. Mais les dispositions de l'article L. 190 précité fixent une limite temporelle à l'exercice de cette action en restitution, qui est déterminée par rapport à l'année où intervient la décision juridictionnelle (cette période, d'abord fixée à quatre ans, a été réduite à trois ans).

La Cour européenne a accueilli l'action intentée par ces sociétés en considérant « que le délai de prescription fiscale prévu par l'article L. 190 du Livre des procédures fiscales ne pouvait faire disparaître un droit substantiel né de la sixième directive (...) et que les requérantes bénéficiaient, lors de leurs recours, d'une créance sur l'État en raison de la TVA indûment versée pour la période du 1er janvier au 30 juin 1978. Une créance de ce genre "s'analysait en une valeur patrimoniale" et avait donc le caractère d'un bien au sens de la première phrase de l'article 1 [du Protocole n° 1], lequel s'appliquait dès lors en l'espèce ». La Cour ajoute que, « en tout état de cause, les requérantes avaient pour le moins une espérance légitime de pouvoir obtenir le remboursement de la somme litigieuse »[(219)].

3° Contestation du bien-fondé de l'imposition

390. – Imposition de sommes mises à la disposition d'un associé par voie d'inscription à un compte courant. Le bien-fondé d'une imposition, dans son principe ou son montant, peut être contesté sur le fondement de l'article 1er du Protocole n° 1. Le Conseil d'État a eu l'occasion de préciser que le moyen tiré de la méconnaissance de ce texte n'est pas inopérant en pareil cas[(220)].

Il s'agissait de sommes mises à la disposition du dirigeant d'une société par voie d'inscription au crédit de son compte courant dans les écritures de cette société, sommes qu'il avait laissées à la disposition de celle-ci et qui avaient été comprises néanmoins dans les bases de l'impôt sur le revenu en application des dispositions du Code général des impôts. Le Conseil d'État a écarté l'exception d'inconventionnalité en considérant que « l'imposition des sommes mises à la disposition d'un contribuable ne saurait être regardée comme portant par elle-même atteinte au respect des biens au sens de l'article 1er de ce Protocole ; qu'ainsi les dispositions précitées du Code général des impôts n'ont eu ni pour objet ni pour effet de porter au droit

(219) CEDH, 25 janv. 2007, n° 70.160-01, *Aon*, pts 44 et 45 : *Dr. fisc.* 2007, n° 38, comm. 852, avec en note l'opinion partiellement dissidente commune à MM. les juges Costa et Kovler ; *RJF* 2007, n° 1001. – V. sur la question : J. Turot, *Quand le juge fiscal réveillera l'adage « contra non valentem... », À propos de la condamnation de la France pour ingérence dans une créance en restitution d'une taxe indue* : *Dr. fisc.* 2007, n° 27, n° 699.

(220) CE, 15 juin 2001, n° 204999, *Amoretti* : *RJF* 2001, n° 1173 ; *Dr. fisc.* 2001, n° 41, comm. 907.

de propriété une atteinte prohibée par l'article 1er du premier protocole ». La solution est d'autant plus topique que ce motif a été substitué par le Conseil d'État au motif erroné, retenu par la cour administrative d'appel, qui était tiré du caractère inopérant de ce moyen.

391. – **Impôt de solidarité sur la fortune.** L'impôt, lorsqu'il absorbe la majeure partie des revenus disponibles, peut, dans certains cas, être considéré comme confiscatoire. Le droit au respect des biens consacré par l'article 1er du Protocole n° 1 est alors la garantie naturelle qui est susceptible d'être invoquée. Il n'a pas constitué cependant « le bouclier fiscal » qu'en attendaient les redevables de l'impôt de solidarité sur la fortune.

Selon la Cour EDH, « toute ingérence, y compris celle résultant d'une mesure tendant à assurer le paiement des impôts, doit ménager un "juste équilibre" entre les exigences de l'intérêt général de la communauté et les impératifs de la protection des droits fondamentaux de l'individu. Le souci de réaliser cet équilibre se reflète dans la structure de l'article 1 tout entier, y compris dans son second alinéa ; dès lors, il doit y avoir un rapport raisonnable de proportionnalité entre les moyens employés et le but poursuivi. Par conséquent, l'obligation financière née du prélèvement d'impôts ou de contributions peut léser la garantie consacrée par cette disposition si elle impose à la personne ou à l'entité en cause une charge excessive ou porte fondamentalement atteinte à leur situation financière »(221).

Mais, dans la même affaire, la Cour a refusé de s'immiscer dans le débat relatif à l'impôt de solidarité sur la fortune :

> « compte tenu de la marge d'appréciation dont disposent les États contractants en cette matière, et sauf à remettre en question l'appréciation des faits opérée par les juridictions internes – ce qui ne relève pas de sa compétence – la Cour n'estime pas que le paiement de l'imposition en question a porté une atteinte telle à la situation financière des requérants que l'on pourrait estimer qu'il s'agissait d'une mesure disproportionnée ou d'un abus du droit de percevoir des impôts et d'autres contributions, droit reconnu à l'État par l'article 1 du Protocole n° 1 »(222).

En l'espèce, l'ISF et l'impôt sur le revenu totalisaient une somme de 669 747 F pour 1997, alors que les revenus à prendre en compte avaient été de 787 938 F en 1996 ; pour 1998, ces deux impôts totalisaient une somme de 748 707 F, alors que les revenus de l'année 1997 avaient été de 1 720 134 F ; pour l'année 1999, le total des deux impôts s'élevait à 1 504 270 F, contre un montant de revenus de 3 688 788 F pour 1998.

La Cour européenne des droits de l'homme a ainsi conforté la position de la Cour de cassation dans la même affaire(223). Le caractère non confiscatoire de l'impôt de solidarité sur la fortune a depuis lors été confirmé à plusieurs reprises par la Cour de cassation(224).

392. – L'impôt de solidarité sur la fortune a également fait l'objet d'un autre contentieux sur le terrain de l'article 1er du Premier protocole : celui concernant l'avenant à la convention du 18 mai 1963 entre la France et la Principauté de Monaco, assujettissant à l'impôt sur la fortune à compter du 1er janvier 2002, dans les mêmes conditions que

(221) CEDH, 4 janv. 2008, nos 25.834/05 et 27.815/05, *Imbert de Tremiolles c/France* : *Dr. fisc.* 2008, n° 15, comm. 270, note É. J. Van Brustem ; *RJF* 5/2008, n° 615.
(222) CEDH, 4 janv. 2008, préc.
(223) Cass. com., 25 janv. 2005, n° 03-10.068, *Imbert de Trémiolles* : *Dr. fisc.* 2005, n° 13, comm. 327, note J.-L. Pierre ; *RJF* 2005, n° 405.
(224) V. *infra*, n° 1070.

si elles avaient leur domicile ou leur résidence en France, les personnes de nationalité française ayant transporté leur domicile ou leur résidence à Monaco depuis le 1er janvier 1989. L'approbation de l'avenant n'a été autorisée qu'avec le vote de la loi n° 2005-227 du 14 mars 2005, sa publication résultant du décret n° 2005-1078 du 23 août 2005. D'où la contestation du dispositif pour la période comprise entre 2002 et 2005.

Saisie du litige, la Cour de cassation avait jugé que cet avenant n'établissait pas de discrimination entre les Français résidant à Monaco, qu'il tendait seulement à aligner leur situation sur celle des Français résidant en France, qu'il était fondé sur un motif d'intérêt général (la lutte contre l'évasion fiscale), que les négociations entre la France et Monaco avaient déjà abouti à un accord au mois d'octobre 2001 et que l'entrée en vigueur des mesures nouvelles à compter du 1er janvier 2002 avait été publiquement annoncée dès le mois d'octobre 2001, ce qui avait incité les contribuables concernés à anticiper l'entrée en vigueur du texte. Elle en avait déduit que « l'avenant, qui ne procédait à aucune discrimination, ménageait un juste équilibre entre les exigences de l'intérêt général et les impératifs de la protection des droits des contribuables »(225).

La Cour européenne des droits de l'homme s'est prononcée sur le sujet dans le même sens en 2015(226). L'annonce publique, dès 2001, du caractère rétroactif de l'assujettissement et la recommandation faite aux redevables d'anticiper le paiement de l'imposition ont sans doute permis de soutenir une telle solution.

393. – Crédits d'impôts. Droit à déduction de la TVA. CEDH. La Cour européenne des droits de l'homme a admis que l'article 1er du Protocole n° 1 avait été méconnu dans le cas de retard de l'administration dans le remboursement de crédits d'impôts. Elle a estimé que l'intérêt patrimonial de la société contribuable constituait un « bien » au sens de ce texte, que « c'est le retard dans les remboursements qui constitue l'ingérence dans le droit au respect des biens » et que « l'atteinte portée "aux biens" a revêtu un caractère disproportionné. En effet, l'impact financier causé par l'attente des remboursements doublé de l'inexistence de tout recours efficace susceptible de remédier à la durée de cette attente, et de l'incertitude quant au moment de la liquidation des crédits, a rompu le juste équilibre qui doit exister entre les exigences de l'intérêt général de la communauté et les impératifs de la sauvegarde du droit au respect des biens »(227).

Ultérieurement, elle a jugé que le droit à déduction de la TVA est un « bien » au sens de l'article 1er du Protocole n° 1(228). L'assujetti auquel l'administration a refusé la déduction de la taxe payée à l'un de ses fournisseurs qui n'avait pas satisfait à ses obligations déclaratives, peut se prévaloir de l'espérance légitime de déduire la taxe acquittée, dès lors qu'il a pour sa part respecté l'ensemble de ses obligations et qu'il ignore que son fournisseur n'a pas, de son côté, satisfait à ses obligations(229).

(225) Cass. com., 26 oct. 2010, n° 09-15.044, *Mettey : Dr. fisc.* 2011, n° 3, comm. 117, note J.-P. Maublanc ; *RJF* 2011, n° 246.

(226) CEDH, 15 janv. 2015, nos 36918/11, 36963/11, 36967/11, 36969/11, 36970/11 et 36971/11, *Arnaud et a. c/France : Dr. fisc.* 2015, n° 13, act. 199. – L. Ayrault, *Droit fiscal européen des droits de l'homme : chronique de l'année 2015 : Dr. fisc.* 2016, n° 9, 206, nos 54 et s.

(227) CEDH, 3 juill. 2003, n° 38.746/97, *Buffalo SARL c/Italie*, pts 29, 31 et 39 : *RJF* 2003, n° 1476.

(228) La solution a été confirmée : CEDH, 18 mars 2014, n° 39689/05, *ATEV c/Bulgarie*, pt 26. – L. Ayrault, *Droit fiscal européen des droits de l'homme : chronique de l'année 2014 : Dr. fisc.* 2015, n° 9, 180, nos 11 et s.

(229) CEDH, 22 janv. 2009, n° 3991/03, *Bulves AD c/Bulgarie : Dr. fisc.* 2009, n° 25, 373, n° 10, J. Van Brustem. – L. Ayrault, *Droit fiscal européen des droits de l'homme : chronique de l'année 2009 : Dr. fisc.* 2010, n° 8-9, 209.

394. – **Créance de report en arrière de déficits. Report d'imposition des plus-values.** La créance qui résulte du report en arrière, par une société, de son déficit constitue un bien au sens de l'article 1er du Protocole n° 1, dès lors qu'elle est certaine dans son principe et dans son montant. L'article 220 quinquies du Code général des impôts dans sa rédaction antérieure à la loi de finances pour 2002, prévoyait cependant qu'en cas de fusion le transfert de tout ou partie de la créance de la société absorbée à la société absorbante ne pouvait être effectué que sur agrément de l'administration. Cette disposition avait été jugée contraire aux stipulations de l'article 1er du Protocole n° 1 dès lors qu'elle permettait à l'administration de priver une société qui en absorbe une autre d'une créance fiscale détenue par cette dernière(230). Mais cet arrêt a été cassé ; le Conseil d'État a considéré que l'agrément alors prévu au second alinéa du II de l'article 220 quinquies du Code général des impôts constituait un des éléments du régime légal de cette créance particulière(231).

En revanche, le report d'imposition d'une plus-value précédemment réalisée ne saurait être regardé comme un bien au sens des stipulations de l'article 1er du Protocole n° 1(232).

4° Contestation du délai de recours

395. – **Prescription quadriennale. Délai de réclamation.** En vertu des dispositions de l'article 1er de la loi du 31 décembre 1968, les créances sur l'État, les départements, les communes et les établissements publics sont prescrites à leur profit lorsqu'elles n'ont pas été payées dans un délai de quatre ans à partir du premier jour de l'année suivant celle au cours de laquelle les droits ont été acquis. Avant l'intervention de la loi n° 2008-561 du 17 juin 2008 portant réforme de la prescription en matière civile, le délai de prescription de droit commun, opposable aux créances ordinaires de l'État en vertu des dispositions de l'ancien article 2227 du Code civil, était fixé à trente ans par ces dispositions.

Une cour avait relevé ainsi que, eu égard au mode de calcul de la prescription quadriennale, le délai pendant lequel l'État aurait pu faire valoir d'éventuelles créances était entre six fois et sept fois et demie supérieur à celui prévu pour qu'une personne privée puisse faire valoir ses propres créances à l'encontre de l'État ; elle avait jugé que le souci d'apurer de manière prompte les dettes de l'État et d'éviter de surcharger son budget de dépenses imprévues ne saurait suffire à justifier un tel écart entre les délais de prescription concernant l'État, d'une part, et une personne privée, d'autre part, et que l'application de la prescription quadriennale était ainsi incompatible avec les stipulations de l'article 1er du Protocole n° 1(233).

Mais le Conseil d'État a annulé cet arrêt en considérant que le délai de prescription de quatre ans ne présente pas en tant que tel un caractère exagérément court

(230) CAA Marseille, 14 avr. 2011, n° 08-00793, *SA Bellon : Dr. fisc.* 2011, n° 37, comm. 504, note J. Dubois ; *RJF* 2012, n° 14.

(231) CE, 20 mars 2013, n° 349.834, *Sté Bellon* : *RJF* 2013, n° 595 ; *BDCF* 2013, n° 70, concl. Mme Cortot-Boucher ; *Dr. fisc.* 2013, n° 13, act. 178 ; le transfert de la créance est de droit dans le cadre d'une fusion depuis l'entrée en vigueur de la loi de finances pour 2002.

(232) CAA Paris, 16 déc. 2010, n° 08-05885, *Billon* : *Dr. fisc.* 2011, n° 16, comm. 317, note Y. Egloff ; *RJF* 2011, n° 582. – CE (na), 19 sept. 2011, *Billon* : *RJF* 12/2011, n° 1351.

(233) CAA Lyon, plén. fisc., 12 juill. 2011, n° 09-02807, *Sté Coopérative Bressor* : *Dr. fisc.* 2011, n° 40, comm. 549, concl. P. Monnier ; *RJF* 2012, n° 292.

et n'est pas en lui-même incompatible avec les stipulations de l'article 1er du Protocole n° 1 [(234)].

À défaut de créance certaine, l'espérance légitime d'obtenir la restitution d'une somme d'argent doit être regardée comme un bien, au sens des stipulations du premier alinéa de l'article 1er du Protocole n° 1 ; toutefois, l'instauration d'un délai de réclamation d'au moins deux ans à compter de la date de mise en recouvrement ou, à défaut, du versement de l'imposition est suffisante pour permettre aux contribuables de faire valoir utilement leurs droits ; les dispositions de l'article R. 196-1 du Livre des procédures fiscales ne méconnaissent donc pas les exigences qui s'attachent à la protection d'un droit patrimonial telles qu'elles découlent des stipulations du premier protocole [(235)].

5° Dispositions supprimant le bénéfice d'un droit ou instituant un régime nouveau

396. – **Principes directeurs.** Lorsque le législateur modifie pour l'avenir des dispositions fiscales adoptées *sans limitation de durée*, il ne prive les contribuables d'aucune espérance légitime au sens des stipulations de l'article 1er du Protocole n° 1 [(236)]. Ces stipulations ne font pas non plus obstacle en principe à ce que le législateur adopte de nouvelles dispositions remettant en cause, fût-ce de manière rétroactive, des droits patrimoniaux découlant des lois en vigueur, ayant le caractère d'un bien au sens de ces stipulations ; mais c'est à la condition de ménager un juste équilibre entre l'atteinte portée à ces droits et les motifs d'intérêt général susceptibles de la justifier. [(237)].

Le premier de ces principes explique la solution qui a été donnée pour la suppression de l'avoir fiscal et l'institution par l'article 167 bis ancien du Code général des impôts de l'*exit tax* et le second, la jurisprudence découlant de l'arrêt *Sté Epi* pour la suppression d'un crédit d'impôt.

397. – **Suppression de l'avoir fiscal.** L'article 93 de la loi de finances pour 2004 du 30 décembre 2003, entré en vigueur à compter du 1er janvier 2004, a décidé que les personnes morales ne pourraient pas utiliser en 2005 les crédits d'impôt résultant de l'avoir fiscal attaché aux dividendes distribués en 2004. Le législateur a entendu ainsi mettre fin pour l'avenir notamment au bénéfice de l'avoir fiscal auquel les fondations reconnues d'utilité publique pouvaient prétendre depuis l'entrée en vigueur de l'article 28 de la loi du 30 décembre 2002 de finances pour 2003. À l'occasion d'un recours pour excès de pouvoir dirigé contre les dispositions d'une instruction du 1er janvier 2005 qui commentaient les dispositions de la loi de finances pour 2004, le Conseil d'État a jugé que « dès le 1er janvier 2004, la Fondation de France ne pouvait plus se prévaloir de l'espérance légitime de bénéficier, en 2005, des crédits d'impôt attachés au régime de l'avoir fiscal, à raison des dividendes

(234) CE, 17 juill. 2013, n° 352.273 : *Dr. fisc.* 2013, n° 49, comm. 540, concl. F. Aladjidi, note L. Ayrault ; *RJF* 2013, n° 1110 ; *BDCF* 2013, n° 122, concl. F. Aladjidi.

(235) CE, 20 mars 2013, n° 357.948, *Gilbaut* : *Dr. fisc.* 2013, n° 16, comm. 250, concl. F. Aladjidi ; *RJF* 2013, n° 651 ; *BDCF* 2013, n° 72, concl. F. Aladjidi. – CE, 17 avr. 2015, n° 373650, *Sté Canal Plus* : *RJF* 7/2015, n° 637.

(236) CE, 22 janv. 2013, n° 355.644, *Fédération nationale indépendante des mutuelles* : *Dr. fisc.* 2013, n° 13, comm. 219, concl. Mme Escaut ; *RJF* 2013, n° 423 ; *BDCF* 2013, n° 47, avec concl.

(237) CE, plén. fisc., 9 mai 2012, n° 308.996, *Sté Epi* : *RJF* 2012, n° 785, concl. J. Boucher ; *Dr. fisc.* 2012, n° 26, comm. 355, note S. Vailhen ; *FR Lefebvre* 28/2012, note S. Austry ; *AJDA* 2012, 1392, chron. X. Domino et A. Bretonneau ; *Dr. fisc.* 2013, n° 9, étude 177, L. Ayrault.

qui lui seraient servis en 2004 [et] que dès lors, elle n'était pas fondée à soutenir que l'article 93 de la loi du 30 décembre 2003, ni par suite, les dispositions contestées de l'instruction auraient porté atteinte au droit au respect de ses biens, en méconnaissance des stipulations de l'article 1er du Protocole n° 1 »[238].

398. – **Taxation des plus-values latentes. Institution de l'*exit tax*[239].** En instituant un mécanisme nouveau de taxation des plus-values « latentes » constatées par les contribuables qui transfèrent leur domicile fiscal hors de France à compter du 9 septembre 1998, le législateur ne peut être regardé comme ayant remis en cause un avantage fiscal dont ils pouvaient escompter la pérennisation. La circonstance que de telles plus-values n'étaient auparavant pas imposées ne peut être regardée comme constituant un bien au sens de l'article 1er du Protocole n° 1. Le Conseil d'État juge en conséquence que les requérants ne pouvaient se prévaloir d'aucune espérance légitime de ne pas être imposés en France à raison des plus-values « latentes » constatées à la date du transfert de leur domicile fiscal hors de France[240].

399. – **Suppression d'un dispositif avant le terme légal. Décision *Sté Epi*.** Lorsque le législateur modifie pour l'avenir des dispositions fiscales adoptées sans limitation de durée, il ne prive les contribuables d'aucune espérance légitime au sens des stipulations de l'article 1er du Protocole n° 1.

La situation est tout à fait différente lorsque le dispositif fiscal qui, à l'origine, avait été institué pour une durée limitée, est supprimé avant le terme de cette période.

La loi de finances pour 1998 avait institué un crédit d'impôt imputable sur la contribution de 10 % sur l'impôt sur les sociétés, à raison des variations d'effectifs constatées au cours des années 1998 à 2000 ; le législateur avait fixé ainsi dès l'institution de ce crédit d'impôt la période de trois ans durant laquelle il était possible d'escompter en bénéficier, dès lors qu'il avait prévu de solder les crédits et débits d'impôt en résultant sur l'ensemble de la période de trois ans et non au terme de chaque année ; ce dispositif était donc de nature à laisser espérer son application sur l'ensemble de la période prévue.

La loi de finances pour 2000 (art. 23), entrée en vigueur le 2 janvier 2000, avait supprimé le bénéfice de ce crédit d'impôt pour les créations d'emplois intervenues au cours de l'année 1999 et constatées au 31 décembre 1999 ainsi que pour celles à intervenir au cours de l'année 2000. Rétrospectif pour l'année 2000, le texte était ainsi rétroactif pour l'année 1999.

Le Conseil d'État a jugé que la société requérante était en droit d'invoquer une espérance légitime devant être regardée comme un bien au sens des stipulations de l'article 1er du Protocole n° 1.

Après avoir posé le principe, il a jugé que la suppression du crédit d'impôt, en tant qu'elle avait été décidée à titre rétroactif pour les créations d'emplois réalisés au cours de l'année 1999, « était disproportionnée faute de motifs d'intérêt géné-

(238) CE, 2 juin 2010, n° 318.014, *Fondation de France* : *AJDA* 2010, p. 1828, note D. Bailleul ; *Dr. fisc.* 2010, n° 29, comm. 428, concl. Mme Escaut ; *RJF* 2010, n° 872 ; *BDCF* 2010, n° 97, concl.

(239) CGI, art. 167 bis anc.

(240) CE, 21 nov. 2012, n° 347.223, *Daumen* : *Dr. fisc.* 2013, n° 6, comm. 145, concl. V. Daumas ; *RJF* 2013, n° 164 ; *BDCF* 2013, n° 20, avec concl. – L. Ayrault, *Droit fiscal européen des droits de l'homme : chronique de l'année 2012* : *Dr. fisc.* 2014, n° 9, 177, nos 50 et s.

ral susceptibles de la justifier et qu'ainsi l'application rétroactive de cette suppression méconnaissait les stipulations de l'article 1er du Protocole n° 1 ».

Pour établir ces motifs d'intérêt général, l'administration avait invoqué les « effets d'aubaine » que le crédit d'impôt offrait aux entreprises et l'augmentation de recettes budgétaires résultant de la suppression de cette dépense fiscale. Le Conseil d'État a rejeté cette argumentation en observant que « d'une part, ni l'ampleur ni la nature de ces effets d'aubaine n'avaient fait l'objet d'études sérieuses et, d'autre part, que le montant annuel de la dépense était, conformément aux prévisions et sans qu'aucune dérive n'ait été alléguée, de l'ordre d'un milliard de francs par an au sein de dépenses publiques en faveur de la création d'emplois de l'ordre de 350 milliards de francs par an »(241).

Tel qu'il est interprété, l'article 1er du Premier protocole n'entrave nullement la capacité du législateur à modifier l'état du droit pour le futur. Tout au plus le limite-t-il dans celle de modifier des dispositifs juridiques existants. On le mesure bien avec la décision *Sté Epi*. Avant même de s'intéresser à l'intervention du législateur, le Conseil d'État a en effet vérifié si le dispositif juridique était à même de fonder une espérance légitime. Or, ce dernier avait une durée limitée, et ce « contrairement à d'autres mesures fiscales adoptées sans limitation de durée »(242). Ce raisonnement ne peut qu'emporter l'adhésion : nul ne peut en effet prétendre au maintien dans le temps de normes juridiques de portée générale. Une majorité politique à l'Assemblée nationale ne saurait imposer ses vues sur une majorité future. Le droit est vivant et, comme tout être vivant, il s'adapte à son environnement. La légitimité de l'espérance ne peut donc pas raisonnablement être soutenue en l'absence de terme prévu dans le dispositif. Le Conseil d'État l'a d'ailleurs clairement confirmé en janvier 2013 en indiquant que « lorsque le législateur modifie pour l'avenir des dispositions fiscales adoptées sans limitation de durée, il ne prive les contribuables d'aucune espérance légitime au sens de ces stipulations »(243). Un contribuable ne peut donc utilement invoquer l'article 1er du premier protocole pour s'opposer à la création d'un prélèvement fiscal(244) ou bien encore pour contester la suppression d'une exonération fiscale dont il bénéficie dès lors que celle-ci n'est pas limitée dans le temps(245). Partant, position également adoptée par le Conseil constitutionnel, la loi fiscale n'est pas figée. Il suffit donc au législateur de ne plus fixer de terme pour échapper à cette jurisprudence.

B. – Application combinée du principe de non-discrimination et du droit au respect des biens

1° Conditions d'application du principe de non-discrimination

400. – Article 14. Aux termes de l'article 14, « La jouissance des droits et libertés reconnus dans la présente Convention, doit être assurée, sans distinction aucune,

(241) CE, plén. fisc., 9 mai 2012, *Sté Epi*, V. *supra*, n° 399.
(242) *Ibid.*
(243) CE, 22 janv. 2013, n° 355844, *Fédération nationale indépendante des mutuelles : Dr. fisc.* 2013, n° 13, comm. 219, concl. N. Escaut ; *RJF* 4/2013, n° 423. – L. Ayrault, *Droit fiscal européen des droits de l'homme : chronique de l'année 2013 : Dr. fisc.* 2014, n° 10, 201, n° 62.
(244) CE, 21 nov. 2012, n° 347223, *Daumen : Dr. fisc.* 2013, n° 6, comm. 145, concl. V. Daumas ; *RJF* 2/2013, n° 164. – L. Ayrault, *Droit fiscal européen des droits de l'homme : chronique de l'année 2012 : Dr. fisc.* 2013, n° 9, 177, nos 50 et s.
(245) CE, 30 nov. 1994, n° 128.516, *SCI Résidence Dauphine : Dr. fisc.* 1995, n° 8, comm. 319 ; *RJF* 1/1995, n° 132 et p. 9, concl. G. Bachelier.

fondée notamment sur le sexe, la race, la couleur, la langue, la religion, les opinions politiques ou toutes autres opinions, l'origine nationale ou sociale, l'appartenance à une minorité nationale, la fortune, la naissance ou toute autre situation ».

L'expression « ou toute autre situation » a rendu possible l'invocabilité de ce texte dans le contentieux fiscal.

L'application du principe de non-discrimination posé à l'article 14 est assortie toutefois d'une *double limitation.*

401. – **Discrimination concernant un droit garanti par la Convention. Absence de discrimination.** En premier lieu, il ne peut être invoqué, suivant les termes mêmes de l'article 14, que si les discriminations concernent un droit ou une liberté garanti par la Convention ou l'un de ses protocoles. Il n'a donc pas, en soi, d'existence indépendante.

Le Conseil d'État a fait application de ce principe, pour la première fois, dans une décision du 30 juin 1994. La société requérante soutenait que la loi de validation dont il lui avait été fait application prévoyant que « les impositions dues au titre des années antérieures au 1er janvier 1987 (...) sont réputées régulières sous réserve des décisions de justice passées en force de chose jugée », instituait une discrimination prohibée par les stipulations de l'article 14, dès lors que le législateur avait introduit une distinction entre les contribuables dont la contestation avait été jugée définitivement avant l'entrée en vigueur de la loi et ceux dont le litige n'avait pas encore été tranché avant cette date.

Ces conclusions ont été rejetées avec ce considérant : « il résulte des termes mêmes de l'article 14 de la Convention que le principe de non-discrimination qu'il édicte ne concerne que la jouissance des droits et libertés reconnus par ladite Convention et par les protocoles additionnels à celle-ci, – que dès lors il appartient au contribuable qui se prévaut de la violation de ce principe d'invoquer devant le juge administratif le droit ou la liberté dont la jouissance est affectée par la discrimination alléguée, – que la société requérante n'a pas précisé devant le juge du fond et ne précise pas davantage devant le juge de cassation le droit ou la liberté, reconnus par la Convention, qui seraient méconnus par la discrimination qu'elle invoque ; que par suite elle doit être regardée comme n'entrant pas en tout état de cause dans les prévisions des stipulations de l'article 14 de la Convention et ne peut utilement s'en prévaloir (...) »(246).

Il est généralement admis aujourd'hui que le principe d'égalité devant l'impôt, en particulier, n'entre pas dans les prévisions de l'article 14 de la Convention(247). Il a été jugé encore que le refus par l'administration d'exercer le pouvoir gracieux qu'elle tient des dispositions de l'article R. 211-1 du Livre des procédures fiscales à l'égard d'un contribuable qui n'a pas présenté de réclamation dans les délais de recours contentieux, alors même qu'elle l'aurait exercé à l'égard d'un autre contribuable placé dans la même situation, ne constitue pas une discrimination prohibée par les stipulations des articles 14 de la Convention et 1er du Protocole n° 1(248).

(246) CE, 30 nov. 1994, n° 128.516, *SCI Résidence Dauphine*, préc.
(247) V. en ce sens, concl. Bachelier sur CE, 30 nov. 1994, préc. – CE, 6 avr. 2001, n° 198.537, *SCI de la Porte Perrière : Dr. fisc.* 2001, n° 42, comm. 947, concl. Bachelier ; *RJF* 2001, n° 951.
(248) CE, 3 févr. 2011, n° 322.857, *Sté Groupe Electronics : RJF* 2011, n° 499.

402. – Discrimination entre contribuables. En second lieu, et cette limitation intéresse plus particulièrement le contentieux fiscal, les stipulations de l'article 14 sont sans portée dans les rapports institués entre la puissance publique et un contribuable à l'occasion de l'établissement ou du recouvrement de l'impôt.

Le Conseil d'État a eu l'occasion de préciser ainsi que les stipulations combinées de l'article 1er du Protocole n° 1 et de l'article 14 ne peuvent être invoquées utilement que pour soutenir que des dispositions fiscales seraient à l'origine de discriminations injustifiées entre contribuables(249).

Tirant la conséquence de ce principe, le Conseil d'État a considéré que les contribuables ne peuvent invoquer, sur le fondement de l'article 14, la discrimination résultant de la différence de taux existant entre, d'une part, l'intérêt de retard au profit du Trésor institué par l'ancien article 1727 du Code général des impôts (9 % par an) et, d'autre part, les intérêts moratoires prévus aux articles L. 207 et L. 208 du Livre des procédures fiscales au profit du contribuable, qui étaient calculés à l'époque au taux de l'intérêt légal.

403. – Distinction discriminatoire. Définition. Suivant la jurisprudence du Conseil d'État, une distinction entre des personnes placées dans une situation analogue ne peut être regardée comme discriminatoire, au sens des stipulations de l'article 14, que si elle n'est pas assortie de justifications objectives et raisonnables, c'est-à-dire si elle ne poursuit pas un objectif d'utilité publique, ou si elle n'est pas fondée sur des critères objectifs et rationnels en rapport avec les buts de la disposition applicable(250).

Une différence de traitement entre contribuables ne peut être considérée comme incompatible avec les stipulations de l'article 14 de la Convention européenne des droits de l'homme, dès lors qu'elle est fondée sur un critère objectif et rationnel en rapport avec les buts de la loi interne(251).

2° Applications jurisprudentielles

404. – Décision *Sarteur*. Application positive. Le Conseil d'État a, pour la première fois, fait une application positive du principe de non-discrimination entre contribuables dans l'arrêt du 10 août 2005, *Sarteur*.

Il a posé en principe « qu'une distinction entre des personnes placées dans une situation analogue est discriminatoire, au sens des stipulations de l'article 14 (...), si elle n'est pas assortie de justifications objectives et raisonnables, c'est-à-dire si elle ne poursuit pas un objectif d'utilité publique, ou si elle n'est pas fondée sur des critères rationnels en rapport avec les buts de la loi ».

Le contribuable qui a demandé à surseoir au paiement des impositions qu'il conteste est astreint à l'obligation d'acquitter des intérêts moratoires, en vertu de l'article L. 209 du Livre des procédures fiscales, lorsque le juge administratif de l'im-

(249) CE, ass., avis, 12 avr. 2002, n° 239.693, *SA Financière Labeyrie* : *Dr. fisc.* 2002, n° 26, comm. 555, concl. F. Séners ; note Boutemy et Meier.

(250) CE, 10 août 2005, *Sarteur*, V. *infra*, n° 404. – CE, ass., 23 déc. 2011, n° 303.678, *Kandyrine de Brito Paiva*, V. *infra*, n° 498.

(251) CE, 25 oct. 2010, n° 311524, *Sté Gendry* : *RJF* 2011, n° 21, pour le régime applicable aux entreprises nouvelles. – CE, 23 déc. 2010, n° 321068, *Caisse régionale de Crédit agricole mutuel du centre-ouest* : *RJF* 2011, n° 315, en matière de taxe professionnelle.

pôt a rejeté sa demande. Ces intérêts moratoires ont pour objet de réparer le préjudice subi par le Trésor du fait du paiement tardif de l'impôt,

L'article L. 209 précité, dans sa rédaction antérieure à l'entrée en vigueur de la loi de finances rectificative n° 94-1163 du 29 décembre 1994, envisageait seulement le cas des contribuables qui ont constitué des garanties auprès du comptable du Trésor pour obtenir le sursis de paiement.

Le Conseil d'État a considéré qu'à l'inverse, les contribuables qui n'avaient pas constitué de garanties n'avaient pas obtenu légalement le sursis de paiement et n'étaient donc pas redevables des intérêts moratoires, alors même qu'ils bénéficiaient, du seul fait qu'ils avaient demandé le sursis, des dispositions de l'article L. 277 faisant obstacle à ce que le comptable du Trésor procède à la vente de leurs biens saisis à titre conservatoire.

Il a jugé que la différence de situation existant entre les contribuables suivant qu'ils avaient constitué ou non des garanties, ne justifiait pas, eu égard à l'objet de la loi, une différence de traitement et que, dès lors, les dispositions de l'article L. 209 du Livre des procédures fiscales étaient « pour ce motif, incompatibles avec les stipulations combinées de l'article 14 (...) et de l'article 1er du premier protocole additionnel ». Il a décidé en conséquence que l'article L. 209 ne pouvait recevoir application et qu'un contribuable qui avait constitué des garanties ne pouvait être assujetti aux intérêts moratoires sur la base de ce texte[252].

405. – Décision *Red Bull*. Application positive. Une seconde application positive de l'article 14 a pu être observée en 2015 à propos du contentieux afférent à la contribution sur les boissons dites énergisantes[253].

Censuré une première fois en 2012, en raison de l'incohérence qui existe à frapper des boissons sans alcool pour lutter contre la consommation d'alcool chez les jeunes[254], le dispositif a été jugé non conforme à la Constitution en 2014, cette fois-ci dans le cadre du contrôle *a posteriori*, et ce pour violation du principe d'égalité devant l'impôt[255]. Si l'objectif poursuivi avait certes été adapté, à savoir la protection de la santé publique, le régime prévu conduisait à ne frapper que les boissons ayant plus de 220 mg/l, affichées comme « énergisantes ». Celles qui, malgré cette teneur, n'étaient pas présentées comme telles, échappaient donc au prélèvement. Un différé d'application ayant toutefois été décidé par le Conseil constitutionnel, le requérant ne pouvait utilement s'en prévaloir à l'appui de sa contestation. Là se trouve la limite du recours ouvert par la révision constitutionnelle de 2008.

Rien n'excluait cependant, comme l'avait déjà précisé le Conseil d'État dans sa décision *M'Rida*[256], que la contestation soit portée sur le terrain conventionnel, et notamment – ce qui fut le cas – sur celui de l'article 14 de la Convention EDH combiné avec

(252) CE, 10 août 2005, n° 259.741, *Sarteur* : *RJF* 2005, n° 1305 ; *BDCF* 2005, n° 141, concl. Vallée : *Dr. fisc.* 2006, n° 51, p. 2179, note Collet. – CE, 10 févr. 2006, n° 270.255, *Galvaire* : *Dr. fisc.* 2007, n° 11, comm. 289, concl. Collin ; *RJF* 2006, n° 601. – Sur la question, V. aussi : J. Lamarque, *La légende de l'arrêt Sarteur*, in *Mél. Beltrame*, PUAM, 2010, p. 243 et s.

(253) CE, 10 avr. 2015, n° 377207, *Sté Red Bull on Premise et Sté Red Bull off Premise* : *Dr. fisc.* 2015, n° 26, comm. 434, concl. B. Bohnert ; *RJF* 7/2015, n° 634. – L. Ayrault, *Droit fiscal européen des droits de l'homme* : *Dr. fisc.* 2016, n° 9, 206, n° 30 et s.

(254) Cons. const., 13 déc. 2012, n° 2012-659 DC, *Loi de financement de la sécurité sociale pour 2013*, consid. 23 à 26.

(255) Cons. const., 19 sept. 2014, n° 2014-417 QPC, *Sté Red Bull On Premise* : *Dr. fisc.* 2014, n° 39, act. 489 ; *RJF* 11/2010, n° 1072.

(256) CE, ass., 13 mai 2011, n° 316.734, *M'Rida* : *Rec. CE* 2011, p. 211 ; *Dr. fisc.* 2011, n° 41, comm. 560 ; *RFDA* 2011, concl. E. Geffray, p. 789 et p. 806, note M. Verpeaux ; *AJDA* 2011, p. 1136, chron. X. Domino et A. Bretonneau. – V. S. Austry, *QPC fiscale et effets de la décision dans le temps* : *Nouv. Cah. Cons. const.* 2011, n° 33, p. 69.

l'article 1er du premier protocole additionnel. Or, une cohérence est exigée sur ce terrain, comme d'ailleurs sur celui constitutionnel. La solution était attendue : sans l'exclure systématiquement, l'indication figurant sur un emballage ne pouvait en effet, à elle seule, constituer un critère d'assujettissement lorsque l'objectif poursuivi est la protection de la santé publique. Le danger n'est pas visuel mais bien, en l'occurrence, la composition de la boisson. D'où l'incompatibilité reconnue de la disposition législative.

406. – **Applications négatives.** Le moyen tiré de la violation de l'article 14, combiné avec l'article 1er du premier protocole additionnel, est la plupart du temps rejeté. Tel fut, notamment, le cas :

– de l'article 1467, 2° du Code général des impôts qui créent une différence de traitement fiscal entre cabinets d'avocats, selon que ces derniers emploient plus ou moins de cinq salariés(257) ;

– du 3° de l'article 1460 du Code général des impôts établissant une différence de traitement entre les auteurs d'œuvres écrites et les auteurs d'œuvres audiovisuelles, qui réservent l'exonération de taxe professionnelle au profit des seuls auteurs d'œuvres écrites(258) ;

– de l'article 196 du Code général des impôts qui fixent, pour la détermination du quotient familial, les conditions dans lesquelles les enfants sont regardés comme étant à la charge du contribuable(259) ;

– de l'article 150-0 D bis du Code général des impôts qui instaurent une différence de traitement entre les contribuables ayant acquis des titres ou des parts de sociétés dont le siège est situé dans un pays membre de l'Union européenne ou de l'Espace économique européen et les contribuables ayant acquis des titres ou des parts d'une société ayant son siège social en Suisse(260) ;

– du 2 de l'article 1685 du Code général des impôts qui n'appliquent pas des règles identiques aux situations des concubins et des couples mariés(261) ;

– de l'article 150-0 D ter du Code général des impôts qui réservent le bénéfice de ce texte aux seules petites et moyennes entreprises(262) ;

– de l'article 1647 B sexies du Code général des impôts qui interdisent au crédit-preneur de déduire les loyers versés pour les biens pris en crédit-bail et donnés en location, qui ne sont pas à l'origine d'une discrimination avec le locataire de longue durée, l'un et l'autre ne pouvant être regardés comme étant dans une situation juridiquement et économiquement analogue et, par suite, comparable, dès lors que pour le crédit-preneur, le loyer versé a pour contrepartie non seulement la disposition du bien, mais aussi le droit d'opter pour son acquisition au terme du crédit, constituant ainsi une modalité de financement du bien, alors que, pour le locataire de longue durée, le loyer a pour seule contrepartie la disposition du bien mais ne permet pas d'acquérir un élément de patrimoine(263).

(257) CE (na), 8 juill. 2011, n° 348.539, *Degroux* : *RJF* 2011, n° 1054.
(258) CE, 28 juill. 2011, n° 315.028, *Aubert* : *RJF* 2011, n° 1159 ; *BDCF* 2011, n° 126, concl. Collin.
(259) CE, 24 août 2011, n° 320.321, *Zaman* : *RJF* 2011, n° 1122.
(260) CE, 21 nov. 2011, n° 329439, *De Beaumont* : *RJF* 2012, n° 128 ; *BDCF* 2012, n° 21, concl. L. Olléon.
(261) CE, 24 avr. 2012, n° 345.404, *Gelly* : *Dr. fisc.* 2012, n° 38, comm. 447 ; *RJF* 2012, n° 666.
(262) CE, 11 oct. 2012, n° 343.844 : *RJF* 2012, n° 1124 ; *BDCF* n° 12, n° 140, concl. B. Bohnert.
(263) CE, 10 juin 2013, n° 351.657, *Sté Europe Computer Systems* : *RJF* 2013, n° 897 ; *BDCF* 2013, n° 98, concl. F. Aladjidi ; *Dr. fisc.* 2013, n° 37, comm. 413.

Le Conseil d'État rejette le moyen en indiquant que la différence établie par le texte critiqué « repose sur une justification objective et raisonnable »[264], que le législateur « n'est pas tenu d'appliquer des règles identiques à des situations différentes »[265].

C. – Incompatibilité d'une imposition avec l'article 9 de la Convention

407. – Par un arrêt du 30 juin 2011, la Cour européenne des droits de l'homme a jugé, pour la première fois, qu'une imposition était contraire à l'article 9 de la Convention relatif à la liberté de pensée, de conscience et de religion[266].

Aux termes de l'article 9 de la Convention : « 1. Toute personne a droit à la liberté de pensée, de conscience et de religion ; ce droit implique la liberté de changer de religion ou de conviction, ainsi que la liberté de manifester sa religion ou sa conviction individuellement ou collectivement, en public ou en privé, par le culte, l'enseignement, les pratiques et l'accomplissement des rites. – 2. La liberté de manifester sa religion ou ses convictions ne peut faire l'objet d'autres restrictions que celles qui, prévues par la loi, constituent des mesures nécessaires, dans une société démocratique, à la sécurité publique, à la protection de l'ordre, de la santé ou de la morale publiques, ou à la protection des droits et libertés d'autrui ».

L'association des Témoins de Jéhovah avait été qualifiée de mouvement sectaire dans un rapport parlementaire rendu public en 1996[267].

Cette association avait été taxée d'office aux droits de mutation à titre gratuit, au taux de 60 %, sur le fondement de l'article 757 du Code général des impôts prévoyant l'imposition des dons manuels, à raison des sommes qu'elle avait reçues au cours des années 1993 à 1996 et qu'elle avait comptabilisées sous la dénomination d'« offrandes ».

Cette imposition s'élevait à plus de 40 M€, y compris la majoration de 80 % pour non-déclaration. En y ajoutant les intérêts de retard d'assiette et de recouvrement, la demande qu'elle avait présentée à la Cour portait sur une somme de plus de 65 M€.

Les décisions de l'autorité judiciaire qui ont validé purement et simplement la position de l'administration fiscale ne peuvent être approuvées. On peut s'étonner, en particulier, que la Cour de cassation ait pu éluder le problème qui était au centre du débat en affirmant « que la modicité des sommes données ne suffisait pas à exclure la qualification de libéralité », et procéder ainsi à un amalgame entre donation, libéralité, don manuel, offrandes[268]...

La Cour européenne des droits de l'homme, quant à elle, commence par rappeler dans son arrêt du 30 juin 2011 que, « sauf dans des cas très exceptionnels, le droit à la liberté de religion tel que l'entend la Convention exclut toute appréciation de la part de l'État sur la légitimité des croyances religieuses ou sur les modalités d'expression de celles-ci » (pt 48).

(264) CE, 21 nov. 2011, préc.
(265) CE, 24 avr. 2012, préc.
(266) *Dr. fisc.* 2011, n° 44, comm. 577, note F. Dieu ; *RJF* 2011, n° 1115. – B. Hatoux, *Liberté de pensée, de conscience et de religion et taxation ou ingérence légale et prévisibilité* : *RJF* 2011, p. 913 ; *D.* 2011, 1820. – L. Ayrault, *Dons manuels et associations* : *Dr. fisc.* 2012, n° 9, chron. 166. – Sur les suites de l'affaire : CEDH, 5 juill. 2012, n° 8916/05, *Assoc. des Témoins de Jéhovah c/France* : *Dr. fisc.* 2012, n° 51, comm. 570, note F. Deboissy et G. Wicker.
(267) J. Guyard et A. Gest, *Les sectes en France, Rapp.* AN 1995, n° 2468, cité par F. Dieu, *Dr. fisc.* 2011, n° 44, comm. 577.
(268) Cass. com., 5 oct. 2004, *Assoc. les Témoins de Jéhovah* : *RJF* 2005, n° 190.

Elle mentionne ensuite que le libre exercice du droit à la liberté de religion des Témoins de Jéhovah est protégé par l'article 9 de la Convention en se référant à des décisions où elle avait déjà tranché ce point (pt 50).

À l'époque où la Cour européenne des droits de l'homme a statué, le Conseil d'État lui-même avait émis quatre ans auparavant un avis d'où il ressort que la notion de culte doit être entendue de façon très compréhensive[269] et il avait confirmé sa position dans un arrêt du 23 juin 2000[270].

La position du Gouvernement paraissait donc indéfendable sur le caractère d'association cultuelle revendiqué par l'Association des Témoins de Jéhovah.

On s'attendait ainsi à ce que la discussion porte sur la discrimination dont l'Association avait fait l'objet, dès lors que le Gouvernement ne pouvait apporter la preuve de ce que les associations cultuelles étaient légalement imposables sur la base des dispositions de l'article 757 du Code général des impôts à raison des dons manuels qu'elles reçoivent.

L'Association aurait pu ainsi fonder sa demande sur les dispositions combinées de l'article 14 de la Convention et de l'article 1er du Protocole n° 1 sur la protection du droit au respect des biens.

Le débat a été situé tout entier sur un autre terrain : celui de l'existence d'une ingérence dans la liberté de religion et de la justification de cette ingérence, mais les motifs retenus par la Cour sont assez surprenants.

La Cour européenne a considéré que « l'imprécision de la notion de révélation contenue dans l'article 757 ne pouvait, en l'état du droit positif de l'époque, conduire la requérante à envisager que la simple présentation de sa comptabilité constituerait une telle révélation [et] qu'en définitive, la notion de révélation telle qu'interprétée en l'espèce a fait dépendre la taxation des dons manuels de la réalisation du contrôle fiscal, ce qui implique nécessairement une part d'aléa, donc une imprévisibilité dans l'application de la loi fiscale » (pt 70). Elle a déclaré finalement (pt 72) « n'être pas convaincue que la requérante était à même de prévoir à un degré raisonnable les conséquences pouvant résulter de la perception des offrandes et de la présentation de sa comptabilité à l'administration fiscale. Partant, l'ingérence n'était pas prévue par la loi au sens de l'article 9-2 de la Convention ».

La réponse apportée par la Cour européenne des droits de l'homme est fondée uniquement sur l'imprévisibilité de la loi fiscale, mais elle est loin d'être satisfaisante, ne serait-ce qu'en raison des contradictions qu'elle recèle à cet égard[271].

---

(269) CE, avis, ass., 24 oct. 1997, n° 187122, *Assoc. locale pour le culte des Témoins de Jéhovah de Riom* : *Dr. fisc.* 1997, n° 52, comm. 1365, concl. J. Arrighi de Casanova ; *RJF* 1997, n° 1038 et concl. *BDCF* 6/1997 ; *RFDA* 1998, p. 61, concl. et p. 69, note G. Gonzalez.

(270) CE, 23 juin 2000, req. n° 215.152, *Assoc. locale pour le culte des Témoins de Jéhovah de Riom* : *Dr. fisc.* 2000, n° 30, comm. 615, concl. G. Bachelier ; *RJF* 2000, n° 1099 et *BDCF* 9-10/00, concl. ; *AJDA* 2000, p. 597, note M. Guyomar et P. Collin ; *RDP* 2000, p. 1840, concl. Bachelier, et p. 1825, note A. Garay et Ph. Goni.

(271) V. pour un commentaire plus complet de l'arrêt de la Cour européenne, J. Lamarque, *JCl. Procédures fiscales*, Fasc. 116-10.

Bibliographie générale

- **Ouvrages.** V. Berger, *Jurisprudence de la Cour européenne des droits de l'homme*, Sirey, 13e éd., 2014. – G. Cohen-Jonathan, *La Convention européenne des droits de l'homme*, Economica, 1989 ; *JCl. Europe*, Fasc. 6500, 6520 et 6522. – J. Lamarque, *JCl. Procédures fiscales*, Fasc. 116-10. – L.-E. Pettiti et *alii*, *La Convention européenne des droits de l'homme*, Economica, 1999. – F. Sudre, *Droit européen et international des droits de l'homme*, PUF, 10e éd., 2015 ; *Les grands arrêts de la Cour européenne des droits de l'homme*, PUF, 7e éd., 2015.
- **Articles, chroniques et conclusions.** *CEDH et fiscalité, Bilan et perspectives*, Colloque Strasbourg, juin 1994 : *LPA* 6 juill. 1994, n° 80. – J.-F. Flauss, *Fiscalité et droits substantiels garantis par la Convention européenne : LPA* 6 juill. 1994, p. 21 et s. ; *Fiscalité et non-discrimination : AJDA* 20 oct. 2008, p. 1934. – M. Collet, *Les bienfaits du « dialogue des juges » : Dr. fisc.* 2006, n° 51, p. 2179 et s. – Concl. F. Séners sur CE, ass., avis, 12 avr. 2002, *SA Financière Labeyrie : Dr. fisc.* 2002, n° 26, comm. 555 et *BDCF* 2002, n° 83. – H. Kruger, *Portée du principe de non-discrimination au regard de la jurisprudence européenne récente : BF Lefebvre* 1996, n° 2, p. 71. – A. Lièvre-Gravereaux, *La rétroactivité de la loi fiscale : une nécessité en matière de procédures*, L'Harmattan, 2007. – P. Collin, *Procédures fiscales : l'année 2008 : Dr. fisc.* 2009, n° 9, étude 221. – L. Ayrault, *Droit fiscal européen des droits de l'homme : Dr. fisc.* 2008, hors série, comm. 14 ; *Dr. fisc.* 2009, n° 9, étude 222 ; *Dr. fisc.* 2011, n° 9, étude 240 ; *Dr. fisc.* 2012, n° 9, étude 166 ; *Dr. fisc.* 2013, n° 9, étude 177 ; *Dr. fisc.* 2014, n° 10, étude 201 ; *Dr. fisc.* 2015, n° 9, étude 180 ; *Dr. fisc.* 2016, n° 9, étude 206. – E.-J. Van Brustem, *Les lois rétroactives et la Convention européenne des droits de l'homme : Dr. fisc.* 2009, n° 25, étude 373. – L. Burgorgue-Larsen, *Chronique de jurisprudence européenne comparée (2009) : RDP* 2010, p. 1807. – B. Genevois, *La Convention européenne des droits de l'homme et la Charte des droits fondamentaux de l'Union européenne : complémentarité ou concurrence ? : RFDA* 2010, p. 437. – B. Edelman, *La Cour européenne des droits de l'homme et l'homme du marché : D.* 2011, p. 897. – S. Austry, *La « petite rétroactivité » est-elle compatible avec la Convention européenne des droits de l'homme ? FR Lefebvre* 2012, n° 28. – Chron. X. Dupré de Boulois et C. Milano : *RFDA* 2012, p. 461 et *RFDA* 2013, p. 585. – J. Andriantsimbazovina, *La CEDH, Cour éminente des droits de l'homme dans la construction européenne (Quelques réflexions sur les protocoles nos 15 et 16 à la Convention européenne des droits de l'homme) : LPA* 10 mars 2014, n° 49. – B. Pacteau, *À propos de deux arrêts de l'année 2013 concernant le rapporteur public :* Marc-Antoine, *de la Cour européenne des droits de l'homme et* Communauté d'agglomération du Pays de Martigues, *du Conseil d'État. Le rapporteur public sauvé des eaux... : RFDA* 2014, p. 47. – J.-H. Stahl, *Le rapporteur public en 2013 : après l'épreuve, ce qui change, ce qui demeure ; ibid.*, p. 51.

SECTION 2

LES CONVENTIONS FISCALES INTERNATIONALES

408. – Les législations fiscales entrent inévitablement en concurrence parce qu'elles sont l'expression de la souveraineté des États. Un revenu, pour prendre l'exemple le plus significatif, peut être imposable dans l'État où il a sa source et dans celui du domicile de la personne qui en est bénéficiaire. Par ailleurs, les personnes non domiciliées dans un État peuvent être imposées plus lourdement que les nationaux placés dans la même situation contributive, ou imposées, alors que ceux-ci ne le sont pas.

Les compétences concurrentes des États en matière fiscale sont une entrave à l'harmonie et au développement des échanges entre pays. Les États ont donc été conduits à conclure des conventions bilatérales qui sont destinées à éviter les doubles impositions et les discriminations fiscales et à assurer ainsi une meilleure protection des droits des contribuables.

§ 1. – Généralités

A. – Conventions fiscales bilatérales et conventions particulières

409. – Les conventions fiscales bilatérales ont un objet purement fiscal, ainsi que l'indique leur appellation.

Elles doivent être distinguées d'autres conventions ou accords dont on se bornera à rappeler l'existence. Ces conventions particulières peuvent être rangées dans deux catégories.

410. – La première comprend les conventions qui contiennent soit une *clause de non-discrimination fiscale*, soit la *clause de la nation la plus favorisée*. Celle-ci entraîne, en matière fiscale, l'égalité de traitement, dans un État contractant, entre les nationaux de l'autre État contractant et ceux des États tiers bénéficiant du régime le plus favorable.

Entrent dans cette première catégorie : – *les conventions d'établissement*, qui sont passées pour déterminer les règles applicables dans l'un des États contractants aux nationaux de l'autre État ; elles précisent les droits et obligations de ces derniers en ce qui concerne notamment les conditions d'entrée et de séjour, les conditions d'exercice des activités professionnelles, le droit d'investir des capitaux, l'acquisition et la disposition de biens, le rapatriement des avoirs, etc. ; – *les conventions sur l'encouragement et la protection des investissements*, qui définissent les règles relatives aux modalités de réalisation des investissements et de transfert des résultats (intérêts, dividendes, redevances, produit de la cession des investissements).

Outre le cas d'accords commerciaux qui peuvent comporter une clause de non-discrimination fiscale, il faut rappeler encore les dispositions concernant *les réfugiés et les apatrides*.

En vertu de l'article 29-1 de la convention de Genève du 28 juillet 1951 relative au statut des réfugiés, publiée par le décret n° 54-1055 du 14 octobre 1954[(272)], les États contractants ne doivent pas assujettir les réfugiés à des impôts, sous quelque dénomination que ce soit, autres ou plus élevés que ceux qui sont ou seront perçus sur leurs nationaux dans des situations analogues.

(272) *JCP G* 1954, III, 19286.

La même règle s'applique aux apatrides en vertu de l'article 29-1 de la convention de New York du 28 septembre 1954, publiée par le décret n° 60-1066 du 4 octobre 1960[273].

411. – Il existe une seconde catégorie d'accords dont font partie tous ceux qui ne comportent pas de clause spécifique de non-discrimination en matière fiscale, mais seulement des *dispositions ayant pour objet de régler au moins en partie la situation fiscale des personnes concernées.* Entrent notamment dans cette catégorie :

– *les accords de coopération culturelle, scientifique et technique,* qui contiennent des clauses relatives aux conditions d'imposition ou d'exonération des rémunérations perçues par les enseignants, coopérants et experts, ainsi qu'au régime douanier des effets et meubles personnels appartenant à ces agents ou à leur famille et des matériels nécessaires aux activités de coopération ; les accords concernant les centres culturels (instituts, offices, etc.) établis par chacun des États sur le territoire de l'autre État, contiennent aussi des dispositions d'ordre fiscal ;

– les accords relatifs aux *transports internationaux* (aériens, maritimes, routiers), pour déterminer le régime fiscal et douanier des matériels de transport, des carburants et de l'avitaillement, la perception des droits et taxes sur les transports, l'imposition des bénéfices réalisés en France par les entreprises de transport qui fait aussi l'objet des dispositions particulières de l'article 246 du Code général des impôts ;

– les accords relatifs aux *travailleurs frontaliers,* pour l'imposition de leurs rémunérations.

412. – Il faut rappeler encore, dans un ordre d'idée voisin, les dispositions de la convention de Vienne sur les relations diplomatiques du 18 avril 1961 et celles de la convention de Vienne sur les relations consulaires du 24 avril 1963, qui ont été ratifiées par la France le 20 novembre 1969 et ont été publiées par les décrets n° 71-284 et n° 71-288 du 29 mars 1971[274]. – Ces conventions ont fait l'objet d'un commentaire de la Direction générale des impôts dans une instruction du 11 septembre 1971[275], complétée par une instruction du 1er juillet 1988 de la Direction générale des impôts et du Service de la législation fiscale[276].

Elles fixent le régime fiscal applicable aux *missions diplomatiques et consulaires* et aux personnels de ces missions, en ce qui concerne les immunités accordées en matière d'impôts directs d'État ou d'impôts locaux, de taxes sur les chiffres d'affaires ou de droits d'enregistrement.

À ces dispositions, s'ajoutent celles des *conventions bilatérales consulaires* qui précisent l'étendue des immunités et privilèges prévus par la convention du 24 avril 1963 en matière de relations consulaires.

D'autres dispositions fiscales sont prévues en faveur des *organismes internationaux,* de leurs fonctionnaires ou des représentants des États membres, par les textes institutifs de ces organismes ou par des accords ultérieurs. Ils consistent essentiellement en des immunités fiscales ou des mesures spéciales en matière d'impôts d'État

(273) *JCP G* 1960, III, 26145.
(274) *JCP G* 1971, III, 37, 811 et 37, 813 ; *Dr. fisc.* 1971, n° 18, comm. 633 et 634.
(275) *Dr. fisc.* 1971, n° 44, n° 3713.
(276) *Dr. fisc.* 1988, n° 45, n° 9583 ; *BOI* 5 B-3-88.

ou d'impôts locaux, selon des modalités différentes suivant ces organismes[277]. C'est un litige sur les demandes d'indemnités présentées par l'employé d'un délégué permanent auprès de l'Organisation les Nations-Unies sur l'éducation, la science et la culture (UNESCO) qui a donné au Conseil d'État l'occasion de définir sa jurisprudence sur la responsabilité de l'État du fait des conventions internationales[278].

Les litiges les plus fréquents dans ce domaine portent sur le champ d'application *ratione personae* ou *ratione temporis* de ces stipulations ou sur leur combinaison éventuelle avec les règles coutumières du droit international qui sont souvent invoquées à titre supplétif[279]. – V. *infra*, n° 469.

B. – Modèles OCDE. ONU. UE

413. – La conclusion des conventions d'élimination des doubles impositions est facilitée par l'existence de modèles de convention élaborés par le Comité des affaires fiscales de l'Organisation de coopération et de développement économiques (OCDE). Ces conventions modèles concernent notamment les impôts sur le revenu et sur la fortune (modèle 1963, révisé) ainsi que les impôts sur les successions et l'héritage (modèle 1966, remplacé en 1982 et étendu aux impôts sur les donations entre vifs).

Le Comité des affaires fiscales procède périodiquement à des mises à jour du modèle de convention concernant le revenu et la fortune.

Le Conseil de l'OCDE a approuvé le 15 juillet 2014 la mise à jour 2014 du modèle de convention fiscale qui avait été préalablement approuvée par le Comité des affaires fiscales le 26 juin 2014[280].

Le Conseil de l'OCDE a adopté le 17 juillet 2012 une mise à jour de l'article 26 de son modèle de convention fiscale sur la clause d'échange de renseignements et du commentaire s'y rapportant[281].

Le modèle OCDE contient l'ensemble des dispositions à insérer dans une convention bilatérale concernant le champ d'application de celle-ci, les méthodes d'élimination des doubles impositions et la procédure d'assistance entre les administrations fiscales des États contractants.

---

(277) V. par ex. Convention sur les privilèges et immunités des institutions spécialisées des Nations-Unies, 21 nov. 1947. – CE, 17 déc. 2003, n° 239.677, *Heskes*, V. *infra*, n° 436. – CE, 23 juill. 2012, n° 346.486, *Brunet* : *RJF* 2012, n° 977 ; *BDCF* 2012, n° 121, concl. Mme Cortot-Boucher ; *Dr. fisc.* 2012, n° 49, comm. 548.

(278) CE, 11 févr. 2011, n° 325.253, *Ismah Susilawati* : *RFDA* 2011, p. 573, concl. C. Roger-Lacan ; *RDP* 2012, p. 491, chron. H. Pauliat. – C. Cerda-Guzman, *De la distinction entre responsabilité de l'État du fait des conventions internationales et responsabilité de l'État du fait des lois* : *RFDA* 2012, p. 38.

(279) V. notamment pour la convention sur les privilèges et immunités des Nations Unies : CE, 6 mai 1996, n° 132.230, *Guerhia* : *Dr. fisc.* 1996, n° 39, comm. 1149, concl. Arrighi de Casanova ; *RJF* 1996, n° 698. – CE, ass., 6 juin 1997, req. n° 148.683, *Aquarone* : *Dr. fisc.* 1997, comm. 836, concl. Bachelier ; *RFDA* 1997, p. 1068, concl. Bachelier ; *RJF* 1997, n° 672 ; *Dr. adm.* 1997, n° 250, note G. Teboul ; *JCP G* 1997, 11, 22945, note Teboul ; *AJDA* 1997, p. 630, chron. Chauvaux et Girardot ; *LPA* 6 févr. 1998, n° 16, note P. Martin. – G. Teboul, *Remarques sur la validité des règles coutumières internes dans l'ordre juridique français* : *RDP* 1998, p. 691. – D. Deharbe, *Les solutions Koné et Aquarone : un coup d'arrêt à la réception du droit international par le juge administratif* : *LPA* 7 août 1998, n° 94. Et sur l'exemption d'impôts pour les traitements versés par l'Union européenne : CJUE, 5 juill. 2012, aff. 558/10, *Bourges-Maunoury* : *RJF* 2012, n° 1175. – CE, 2 juill. 2014, n° 370065, *Pazdziej* : *Dr. fisc.* 2014, n° 31, comm. 481, concl. B. Bohnert ; *RJF* 2014, n° 906. – CJUE, 21 mai 2015, aff. C-349/14, *Pazdziej* : *Dr. fisc.* 2015, n° 22, act. 330 ; *RJF* 2015, n° 747 : l'article 12, alinéa 2, du protocole sur les privilèges et immunités de l'Union européenne, annexé aux traités UE, FUE et CEEA ne s'oppose pas à une réglementation nationale qui prend en considération les traitements, salaires et émoluments versés par l'Union européenne à ses fonctionnaires et autres agents pour la détermination du plafonnement de la cotisation due au titre de la taxe d'habitation en vue d'un dégrèvement éventuel de celle-ci.

(280) OCDE, communiqué 16 juill. 2014 : *Dr. fisc.* 2014, n° 30, act. 429.

(281) *BF Lefebvre* 10/2012, n° 948.

Par un communiqué du 19 juillet 2013, l'OCDE a indiqué qu'elle a soumis aux ministres des Finances du G20 réunis à Moscou une proposition destinée à renforcer la coopération fiscale internationale et la transparence en encourageant l'échange automatique de renseignements entre juridictions(282).

Elle a présenté également le 19 juillet 2013 un plan d'action, dit BEPS (*Base Erosion and Profits Shifting*), concernant l'érosion de la base d'imposition et le transfert de bénéfices qu'elle a élaboré à la demande du G20. Ce plan vise à combler les failles du système de conventions fiscales bilatérales permettant à certaines multinationales d'aboutir à une fiscalité nulle ou faible. L'OCDE se montre préoccupée par la pratique consistant à séparer officiellement le bénéfice imposable des activités qui le génèrent. En effet, à défaut de réactions multilatérales, cette situation est susceptible d'amener les États à agir de façon isolée et de recréer des situations de double imposition(283).

414. – Les négociateurs des conventions fiscales bilatérales entre pays développés et pays en développement ont aussi à leur disposition le modèle adopté dans le cadre de l'ONU en 1979 et dont une version révisée a été publiée en 2003.

Les États membres de la Communauté sont liés par une convention du 23 juillet 1990 relative à l'élimination des doubles impositions en cas de correction des bénéfices d'entreprises associées (V. *infra*, n° 466) entrée en vigueur le 1er janvier 1995(284). Cette convention a fait l'objet d'un commentaire de l'administration dans l'instruction du 23 février 2006(285). Les dix États entrés dans l'Union européenne le 1er mai 2004 ont signé, le 8 décembre 2004, une convention d'adhésion à la convention du 23 juillet 1990, qui est entrée en vigueur le 1er juillet 2008(286). La question est reprise avec l'ensemble des dispositions concernant la coopération fiscale entre États membres de l'Union européenne.

C. – Objet des conventions bilatérales

415. – Champ d'application. Définitions générales. Les dispositions des conventions sur l'élimination des doubles impositions et des discriminations fiscales portent sur des questions de fond qui sont examinées en détail dans les ouvrages de droit fiscal international.

Elles concernent, en premier lieu, le *champ d'application* de la convention (personnes visées et impôts visés) ainsi que des *définitions générales* des grandes notions utilisées dans les conventions : – domicile, résidence, établissement stable ; – la définition des grandes catégories de revenus ou de bénéfices : revenus immobiliers et agricoles, bénéfices industriels et commerciaux, bénéfices non commerciaux, salaires et traitements, redevances de la propriété industrielle, littéraire et artistique, reve-

(282) *Dr. fisc.* 2013, n° 30, act. 443.
(283) Dr. fisc. 2013, n° 30, act. 427. – R. Coin, *Introduction aux situations triangulaires : du bilatéralisme à l'harmonisation fiscale* : *Dr. fisc.* 2013, n° 24, étude 323. – J. Jarrige, *Le projet BEPS à mi-parcours : l'état des travaux de l'OCDE après un an de négociations* : *Dr. fisc.* 2015, n° 14, étude 235. – E. Marcus, *Le projet de l'OCDE de lutte contre l'optimisation fiscale des multinationales – BEPS* : *RF fin. publ.* 2015, n° 132, p. 233. – O. Debar et J.-P. Lieb, *Le projet BEPS : une refondation de l'ordre fiscal international ?* : *FR Lefebvre* 4/2016 ; *Le projet BEPS : bilan et perspectives* : *ibid.*, 38/2016.
(284) D. n° 95-144, 6 févr. 1995.
(285) *BOI* 14 F-1-06.
(286) D. 2008-694, 11 juill. 2008.

nus de capitaux mobiliers (intérêts, dividendes), revenus de droits sociaux dans les sociétés de personnes, rémunérations des dirigeants des sociétés de capitaux, gains en capital, revenus non désignés.

416. – **Définition des doubles impositions.** Elles contiennent en second lieu la *définition des doubles impositions* et des méthodes pour les éliminer.

Concernant la définition des *doubles impositions*, il faut mentionner d'abord la dualité des notions économique et juridique.

La distinction est faite dans le modèle OCDE de convention fiscale concernant le revenu et la fortune (art. 23 A et 23 B). La double imposition est dite « juridique », lorsqu'une même personne est imposable au titre d'un même revenu ou d'une même fortune par plus d'un État.

La double imposition « économique » existe dans le cas où deux personnes différentes sont imposables au titre d'un même revenu ou d'une même fortune. Elle concerne notamment le cas de transfert de bénéfices entre sociétés d'un même groupe ou celui des revenus versés par une filiale à sa société mère, lorsque le pays du siège de la filiale refuse la déduction de ces revenus de la base imposable de la filiale, alors que l'État du siège de la société mère comprend ces mêmes revenus dans la base imposable de cette dernière.

Si deux États veulent résoudre des problèmes de double imposition, ils doivent le faire par des négociations bilatérales. Lorsque la convention fiscale n'apporte pas de solution précise à des difficultés de cette nature, il leur est possible d'utiliser à cet effet la procédure amiable qui fait l'objet de dispositions dans les conventions[287].

417. – **Procédés techniques de suppression des doubles impositions.** Les conventions fiscales prévoient également les *procédés techniques de suppression des doubles impositions.*

Le problème de la double imposition en matière de revenus ne se pose pas lorsque la convention prévoit un droit d'imposition exclusif au profit de l'un des États contractants, soit l'État de la résidence du bénéficiaire du revenu, soit l'État de la source de ce revenu. L'État qui ne dispose pas du droit d'imposition doit alors exonérer les revenus en cause : c'est la méthode dite de *l'exemption*.

Le droit d'imposition peut aussi être partagé entre les deux États pour certaines catégories de revenus, notamment les revenus de capitaux mobiliers. Dans cette hypothèse, l'État de la résidence du bénéficiaire doit permettre, sous certaines conditions et dans certaines limites, la déduction de l'impôt acquitté dans l'État de la source : c'est la méthode dite de *l'imputation*.

La méthode de l'imputation peut être utilisée elle-même suivant quatre techniques : – l'imputation intégrale dans l'État de la résidence de l'impôt payé dans l'autre État, quel que soit le montant de celui-ci, – l'imputation ordinaire, qui est prévue par le modèle de convention OCDE et qui est la technique le plus généralement appliquée ; la déduction est limitée au montant de l'impôt qui serait dû dans l'État de la résidence en raison des revenus ayant leur source dans l'autre État, en l'absence de convention, – la clause de crédit pour impôt fictif, qui figure dans des

(287) Instr. 23 févr. 2006, relative aux procédures amiables d'élimination des doubles impositions : *BOI* 14 F-1-06 ; *Dr. fisc.* 2006, n° 11, 13491.

conventions conclues avec les pays en voie de développement et vise à favoriser les investissements dans ces pays ; elle prévoit qu'un montant forfaitaire de crédit d'impôt sera accordé par l'État de résidence à raison des revenus ayant leur source dans l'autre État, quel que soit le montant de l'impôt prélevé par celui-ci et même si aucun impôt n'a été prélevé ; ce crédit d'impôt viendra en déduction, dans l'État de résidence, de l'impôt dû par le résident à raison de l'ensemble de ses revenus, – la quatrième technique correspondant à des formules particulières prévues dans les conventions franco-africaines[288].

418. – Imposition du revenu global. Les dispositions des conventions intéressent également *l'imposition du revenu global,* avec notamment l'application de la règle *du taux effectif.* Cette règle a pour objet de maintenir intégralement la progressivité de l'impôt acquitté dans un État, malgré les exonérations que cet État accorde en application des accords internationaux qu'il a conclus ou auxquels il est partie ou, exceptionnellement, des dispositions de son droit interne.

En effet, lorsqu'une convention fiscale retire à la France le droit d'imposer certains revenus d'un contribuable résident de France, il serait inéquitable que cette exonération se traduise également par une atténuation du poids de l'impôt dû sur les autres revenus. Cette règle trouve à s'appliquer essentiellement en matière d'impôt sur le revenu et d'impôt sur les successions. Elle consiste à calculer l'impôt afférent aux seuls éléments – revenus ou biens – imposables en France, au taux de l'impôt correspondant à l'ensemble des éléments – revenus ou biens – qui auraient été imposés en l'absence de dispositions spécifiques exonérant certains d'entre eux.

Concrètement, l'impôt est calculé sur le montant total des revenus ou biens du contribuable mais il n'est dû qu'en proportion de la part que représentent les revenus ou les biens effectivement soumis à l'imposition dans le montant total des revenus ou des biens[289].

Cette règle a été reprise à l'article 197 C du Code général des impôts. Aux termes de ce texte, l'impôt dont le contribuable est redevable en France sur les revenus autres que les traitements et salaires exonérés en vertu des dispositions des I et II de l'article 81 A (dispositions applicables aux salariés détachés à l'étranger) et certains bénéfices non commerciaux provenant de l'exercice d'une activité libérale, est calculé au taux correspondant à l'ensemble de ses revenus, imposables et exonérés.

419. – Non-discrimination. L'article 24 de la convention modèle de l'OCDE pose le principe qu'en matière fiscale, les *discriminations* fondées sur la nationalité sont interdites et que, sous condition de réciprocité les nationaux d'un État contractant, à situation égale, ne peuvent pas être traités moins favorablement dans l'autre État contractant que les propres nationaux de ce dernier État.

L'article 24 précise ainsi que les nationaux d'un État contractant ne sont soumis dans l'autre État contractant à aucune imposition ou obligation y relative, qui est autre ou plus lourde que celles auxquelles sont ou pourront être assujettis les nationaux de cet autre État qui se trouvent dans la même situation, notamment au

(288) V. les commentaires sur les articles 23 A et 238 du modèle de convention fiscale OCDE et B. Castagnède, *Précis de fiscalité internationale*, PUF, 4e éd., 2013, nos 334 et s.
(289) Instr. DGI, 17 févr. 1983 : *BODGI* 13 G-1-83 ; *Dr. fisc.* 1983, n° 13, ID, n° 7657.

regard de la résidence. Cette disposition s'applique aussi aux personnes qui ne sont pas des résidents d'un État contractant ou des deux États contractants.

420. – Prévention de la fraude fiscale et assistance. Les conventions fiscales internationales ne visent pas seulement à éliminer les doubles impositions et les discriminations fiscales dans un but de protection des contribuables.

Elles ont également pour objet de *prévenir l'évasion et la fraude fiscales* en matière d'impôts sur le revenu et sur la fortune, afin de protéger les intérêts du Trésor des États contractants et d'assurer le respect de leur souveraineté fiscale. Ce double objet est révélé, du reste, par l'intitulé même de la plupart des conventions.

La prévention de l'évasion et de la fraude fiscales internationales implique que les États se prêtent mutuellement *assistance*. Les conventions prévoient ainsi des mesures d'assistance entre administrations fiscales des États contractants, qui viennent renforcer les procédures d'imposition et de recouvrement du droit interne.

L'organisation des recours administratifs et juridictionnels destinés à résoudre les litiges concernant l'application des dispositions conventionnelles sur l'élimination des doubles impositions ou la prévention de la fraude fiscale relève essentiellement du droit interne. Le règlement de ces différends peut faire toutefois l'objet de stipulations particulières dans les conventions[290].

§ 2. – Conditions d'applicabilité des conventions internationales

421. – Compétence du ministre des Affaires étrangères. Liste des conventions. Le ministre des Affaires étrangères est seul compétent pour proposer au gouvernement d'un État étranger l'ouverture de négociations en vue de la conclusion d'une convention fiscale ou pour accepter éventuellement la proposition analogue qui lui est présentée par un gouvernement étranger. Les négociations font l'objet de réunions techniques entre les experts fiscaux des deux pays. Si les hauts fonctionnaires de l'administration fiscale jouent un rôle prépondérant dans l'élaboration du projet de convention, le ministre des Affaires étrangères reste seul compétent pour la signature de la convention.

La France a signé une convention fiscale bilatérale destinée à éviter les doubles impositions avec plus de cent dix pays. La liste de ces conventions fait l'objet d'une publication annuelle par la Direction générale des finances publiques.

La liste des conventions fiscales bilatérales conclues par la France en vigueur au 1er janvier 2015 a été publiée par l'administration dans une mise à jour de la base *BOFIP-Impôts* du 12 mai 2015[291].

L'administration précise dans cette mise à jour qu'il convient de se reporter à la base « Pacte » du ministère des Affaires étrangères pour consulter les accords ou conventions applicables antérieurement à cette date (1er janvier 2015) ou entrés en

(290) V. Daumas, *Clauses de secret des conventions fiscales internationales : des implications à géométrie variable* : *RJF* 2011, p. 355.
(291) BOI-A NN X-000306.

vigueur plus récemment et dont les dispositions sont susceptibles de s'appliquer à une situation fiscale déterminée.

Cette liste est établie dans l'ordre alphabétique des États contractants. Elle mentionne la date de la convention, de l'accord particulier, de l'avenant ou de l'échange de lettres, avec l'indication des impôts visés dans ces différents actes, la date de publication au *Journal officiel* ainsi que les références des publications administratives concernées.

422. - **Généralités. Plan.** Les conditions d'applicabilité des traités internationaux se rapportent à l'existence de l'engagement (avec les questions relatives à la ratification ou l'approbation), l'entrée en vigueur, la réciprocité, l'effet direct des stipulations du traité et l'interprétation.

Seules seront examinées ici les conditions de l'applicabilité des conventions internationales dans l'application qui en est faite aux conventions fiscales bilatérales. – Sur le caractère d'ordre public du moyen tiré de l'applicabilité d'une convention bilatérale et donc du champ d'application de la loi, V. *infra*, n°s 431, 435, 456 et 461.

A. – Existence de l'engagement : ratification ou approbation

423. - **Constitution. Articles 52 et 53.** Aux termes de l'article 52 de la Constitution, « Le Président de la République négocie et ratifie les traités. Il est informé de toute négociation tendant à la conclusion d'un accord international non soumis à ratification ». L'article 53 précise que certains traités ou accords « ne peuvent être ratifiés ou approuvés qu'en vertu d'une loi » et qu'« ils ne prennent effet qu'après avoir été ratifiés ou approuvés ».

Il résulte de l'ensemble de ces dispositions qu'une distinction doit être faite entre trois catégories d'engagements internationaux : – les traités, relevant de la compétence du Président de la République, qui sont négociés en son nom et ratifiés par lui ; – les accords négociés sous l'autorité du Gouvernement et qui font l'objet d'une approbation ; – les accords en forme simplifiée qui peuvent porter la seule signature du ministre des Affaires étrangères.

Les conventions fiscales entrent dans les deux premières catégories.

Ainsi que le notent MM. Combacau et Sur, « la distinction entre traité et accord ne repose sur aucun critère matériel discernable et suppose une frontière mobile, tributaire de la pratique comme de l'équilibre institutionnel entre présidence et gouvernement. Elle consacre un certain partage des compétences internationales. La distribution entre accords approuvés et accords en forme simplifiée paraît davantage relever de considérations d'opportunité administrative ou pratique »[(292)]

Il faut relativiser, par ailleurs, la portée de la compétence du ministre des Affaires étrangères en matière d'accords en forme simplifiée, dès lors que la publication de ces accords fait l'objet d'un décret du Premier ministre ou même du Président de la République, comme le décret du 16 avril 2009 mentionné ci-dessous.

La question des accords en forme simplifiée a été débattue à l'occasion de l'*Accord sur la reconnaissance des grades et diplômes dans l'enseignement supérieur*, qui a été signé à Paris le 18 décembre 2008 entre les représentants de la République française et du Saint-Siège, et dont la publication au *Journal officiel* du 19 avril 2009 a fait l'objet du décret n° 2009-427 du 16 avril 2009 pris par le Président de la Répu-

(292) *Droit international public*, Montchrestien, 10e éd., 2012, p. 123. – V. aussi Circ. 30 mai 1997, relative à l'élaboration et à la conclusion des accords internationaux : *JO* 31 mai 1997, p. 8415.

blique. Le recours pour excès de pouvoir dirigé contre ce décret de publication a été rejeté par l'arrêt d'assemblée du Conseil d'État du 9 juillet 2010[293].

1° Ratification ou approbation ; distinction et effets

424. – **Nécessité d'une loi.** Tous les traités ou accords n'exigent pas en principe l'intervention d'une loi. Seule est soumise à autorisation législative la ratification ou l'approbation de ceux qui appartiennent à l'une des catégories énumérées par l'article 53 de la Constitution. Cette liste comprend notamment les traités ou accords « qui engagent les finances de l'État, ceux qui modifient des dispositions de nature législative ».

Les conventions fiscales internationales intéressent les finances de l'État, notamment par l'abandon du droit d'imposer certains revenus ou par les mesures d'imputation des impôts étrangers. Elles modifient en tout état de cause le droit interne en limitant le champ d'application de l'impôt ou en fixant des taux différents de ceux du droit commun. Leur ratification ou approbation exige donc une loi.

425. – **Effets.** Cette loi est une condition de *l'existence* de l'accord international et, dès lors qu'elle engage solennellement l'État, la ratification ou l'approbation rend le traité ou l'accord obligatoire sur le plan international.

Elle conditionne également l'incorporation de l'engagement dans l'ordre juridique interne ; mais c'est seulement la publication au *Journal officiel* qui a pour effet d'entraîner cette incorporation (V. *infra*, n° 436).

La ratification ou l'approbation est une condition nécessaire pour que la convention ou l'accord puisse avoir une autorité supérieure à celle de la loi conformément à l'article 55 de la Constitution.

426. – **Caractère insuffisant de la publication.** La publication du texte de l'engagement au *Journal officiel* n'est pas suffisante. La règle a été rappelée à plusieurs reprises notamment pour la Déclaration universelle des droits de l'homme dont le texte, adopté par l'Assemblée générale des Nations-Unies le 10 décembre 1948, a été publié au *Journal officiel* du 9 février 1949, mais n'a fait l'objet d'aucune approbation ni ratification.

Il s'ensuit qu'un contribuable ne peut utilement invoquer cette Déclaration[294].

427. – **Condition de la régularité de la publication.** La ratification ou l'approbation ne produit ses effets que si elle est régulière et la publication elle-même ne peut intervenir légalement qu'à cette condition. Ces principes ont été clairement affirmés par le Conseil d'État dans son arrêt d'assemblée du 18 décembre 1998, *SARL du Parc d'activités de Blotzheim*.

Les traités ou accords relevant de l'article 53 de la Constitution et dont la ratification ou l'approbation est intervenue sans avoir été autorisée par la loi, ne peuvent être regardés comme régulièrement ratifiés ou approuvés au sens de l'article 55. Eu égard aux effets qui lui sont attachés en droit interne, la publication d'un traité ou

(293) CE, 9 juill. 2010, n° 327.663, *Fédération nationale de la libre pensée* : *AJDA* 2010, p. 1635, chron. S-J Liéber et D. Botteghi ; *RFDA* 2010, p. 980, concl. R. Keller, note T. Rambaud et A. Roblot-Trozier ; *ibid.* 2011, p. 175, chron. C. Santulli.

(294) CE, 11 mars 1985, req. n° 40231 : *Dr. fisc.* 1985, comm. 1153 ; *RJF* 1985, n° 709. – CAA Nancy, 16 déc. 1993, req. n° 92.530 : *Dr. fisc.* 1994, comm. 1725, concl. Felmy, en matière de déductibilité de pensions alimentaires versées pour l'entretien d'enfants.

accord relevant de l'article 53 ne peut intervenir légalement que si la ratification ou l'approbation de ce traité ou accord a été autorisée en vertu d'une loi[295].

2° Contrôle de l'autorisation de ratification ou d'approbation

a) Contrôle du Conseil constitutionnel

428. – **Contrôle de la conformité des engagements internationaux à la Constitution.** Le contrôle parlementaire qu'implique l'autorisation de ratification ou d'approbation est très restreint. Les règlements des assemblées excluent, du reste, le droit d'amendement[296].

Le contrôle du Conseil constitutionnel porte sur la conformité des engagements internationaux à la Constitution. Le Conseil peut être saisi sur la base de deux dispositions.

429. – **Article 61-2.** Il peut l'être d'abord dans les conditions prévues à *l'article 61, alinéa* 2, de la Constitution. Ce texte ne vise pas explicitement les engagements internationaux comme l'article 54. Le Conseil constitutionnel accepte cependant d'examiner la conformité de l'engagement international à la Constitution en considérant que la demande qui tend à faire examiner cette conformité doit s'entendre comme concernant la loi autorisant la ratification et qu'elle entraîne, par voie de conséquence, l'examen de la convention. Il s'estime donc compétent pour examiner la constitutionnalité de la loi autorisant la ratification et celle de l'engagement international lui-même[297].

430. – **Article 54.** Le Conseil constitutionnel peut également être saisi sur le fondement des dispositions de *l'article* 54 de la Constitution. Lorsqu'il a déclaré qu'un engagement international comporte une clause contraire à la Constitution, l'autorisation de ratifier ou d'approuver l'engagement international en cause ne peut intervenir qu'après la révision de la Constitution.

C'est dans ces conditions que lui a été déférée par le Premier ministre la question de savoir si le traité signé à Luxembourg le 22 avril 1970, modifiant certaines dispositions budgétaires des traités instituant les Communautés européennes et la décision du Conseil des Communautés du 21 avril relative au remplacement des contributions financières des États membres par des ressources propres aux Communautés comportaient ou non des clauses contraires à la Constitution.

Le Conseil a considéré que la décision du 21 avril 1970 ne portait pas atteinte « aux conditions essentielles d'exercice de la souveraineté nationale »[298].

b) Contrôle du juge administratif ou judiciaire

431. – **Contrôle de l'existence de l'acte de ratification ou d'approbation.** Le juge a toujours fait porter son contrôle sur l'existence de l'acte de ratification ou

(295) *RFDA* 1999, p. 315, concl. Bachelier ; *AJDA* 1999, p. 180, chron. Raynaud et Fombeur.
(296) Cons. const., 9 avr. 2003, n° 2003-470 DC, consid. 14 à 19.
(297) Cons. const., 17 juill. 1980, n° 80-116 DC, *Convention franco-allemande d'entraide judiciaire*, cette convention concernant entre autres les infractions de nature fiscale. – Cons. const., 19 juill. 1983, n° 83-160 DC, sur la conformité à la Constitution de la loi n° 83-676 du 26 juillet 1983 portant approbation d'une convention fiscale avec le territoire de la Nouvelle-Calédonie : *Dr. fisc.* 1983, n° 32, comm. 1638 et 1639 ; *AJDA* 1984, p. 28, note J.-P. Jarnevic.
(298) Cons. const., 19 juin 1970, n° 70-39 DC, *Traité des communautés européennes : RDP* 1971, p. 172, chron. Emeri et Gautron ; *JCP* G 1970, II, 16510 et I, 2354, chron. Ruzié.

d'approbation en recherchant si le traité ou l'accord a été effectivement ratifié ou approuvé[299].

Le moyen tiré du défaut de ratification ou d'approbation est d'ordre public et doit être soulevé d'office par le juge[300].

432. – **Contrôle de la régularité.** Le Conseil d'État s'est engagé plus tardivement dans la voie du contrôle de la régularité de la ratification ou de l'approbation.

La Constitution de 1958 paraît inviter le juge à exercer ce contrôle dès lors que l'article 55 précise que les traités ou accords ne l'emportent sur les lois que s'ils ont été « régulièrement » ratifiés ou approuvés.

C'est chose faite avec l'arrêt d'assemblée du 18 décembre 1998, *SARL du Parc d'activités de Blotzheim*, déjà cité (V. *supra*, n° 427).

Le Conseil d'État a recherché si un accord intervenu sous forme d'échange de notes entre le gouvernement français et le Conseil fédéral suisse, pris sur la base des stipulations d'une convention passée entre la France et la Suisse le 4 juillet 1949, et qui avait été approuvé et publié par un décret du Président de la République du 13 mai 1996, pouvait être considéré comme couvert par la loi ayant autorisé la ratification de la convention. Il a estimé que cet engagement pouvait être regardé comme régulièrement ratifié au sens des dispositions des articles 53 et 55 de la Constitution.

Le contrôle de la régularité de la ratification ou de l'approbation d'un traité peut être exercé par la voie de l'exception d'illégalité et non pas seulement lorsque le moyen est invoqué à l'appui de recours pour excès de pouvoir formé directement à l'encontre du décret de publication qui a permis d'introduction du traité dans l'ordre juridique interne. Le juge administratif peut s'assurer qu'un traité ou accord a été régulièrement ratifié ou approuvé à l'occasion d'un litige mettant en cause l'application de l'engagement international, sans que puisse y faire obstacle la circonstance que le décret de publication dont la légalité est ainsi nécessairement contestée n'a pas été attaqué dans le délai de recours contentieux[301]. Mais un tel moyen n'est pas d'ordre public[302].

433. – **Limites du contrôle.** Le contrôle reste limité à la régularité de la ratification ou de l'approbation proprement dite. Le choix du mode de conclusion des traités et accords internationaux (procédure de ratification ou procédure d'approbation) n'est pas détachable de la conduite des relations diplomatiques et, par suite, n'est pas susceptible d'être discuté par la voie contentieuse devant le juge administratif.

Il n'appartient pas non plus au juge administratif, dès lors que la ratification ou l'approbation a été autorisée en vertu d'une loi, de se prononcer sur le moyen tiré de ce que la loi autorisant la ratification ou l'approbation serait contraire à la Constitution. Il ne peut davantage se prononcer sur le bien-fondé des stipulations d'un engagement international, sur sa validité au regard d'autres engagements internationaux souscrits par la France ou sur le moyen tiré de ce que l'autorité qui

---

(299) CE, ass., 16 nov. 1956, *Villa* : *Rec. CE* 1956, p. 433 ; *RDP* 1957, p. 123, concl. P. Laurent. – V. toutefois un cas où le juge n'a pas examiné le problème de l'existence de la ratification, au sujet de l'application, en matière d'impôt sur le revenu, de la convention sur les privilèges et immunités des Nations Unies du 13 février 1946 : CE, 6 mai 1996, n° 132330, *Guerkia* : *Dr. fisc.* 1996, n° 39, comm. 1149, concl. Arrighi de Casanova ; *RJF* 1996, n° 698.

(300) CE, 24 févr. 1967, n° 68.730, *Chauvineau* : *Rec. CE* 1967, p. 93, pour un accord entre le Gouvernement français et le Gouvernement des États-Unis, portant exonération d'une taxe, qui n'a été ni ratifié ni publié.

(301) CE, ass., 5 mars 2003, n° 242.860, *Aggoun* : *Rec. CE* 2003, p. 78, concl. Stahl ; *RFDA* 2003, p. 1214, concl. Stahl, note Lachaume ; *RDP* 2004, p. 340, note Guettier ; *AJDA* 2003, n° 14, p. 726, chron. Donnat et Casas.

(302) CE, ass., 18 déc. 1998, 5 mars 2003, préc.

a signé le traité ou l'accord au nom de la partie étrangère n'était pas habilitée pour ce faire par la Constitution ou les dispositions de droit interne de l'État étranger[303].

434. – **Conventions fiscales de droit interne.** Il faut mentionner le cas très particulier des conventions fiscales conclues entre la France métropolitaine et les Territoires d'outre-mer. Pour le Conseil constitutionnel, de telles conventions sont « de pur droit interne »[304]. Ces conventions produisent toutefois des effets analogues à ceux des conventions fiscales internationales. Les Territoires d'outre-mer, qui ont l'autonomie fiscale, doivent être regardés comme des territoires fiscaux étrangers[305].

Ces conventions relèvent, en outre, d'un régime juridique et contentieux très particulier. Il ressort ainsi des termes de la loi n° 83-676 du 26 juillet 1983 approuvant la convention fiscale conclue les 31 mars et 5 mai 1983 entre le Gouvernement de la République et le conseil du Gouvernement de Nouvelle-Calédonie, éclairés par les travaux préparatoires, que le législateur a entendu subordonner l'entrée en vigueur des dispositions de ladite convention à son approbation par les autorités compétentes de Nouvelle-Calédonie, conformément aux dispositions en vigueur dans ce territoire. Eu égard au caractère d'actes administratifs des décisions prises par les autorités du territoire de Nouvelle-Calédonie, et en l'absence de toute validation expresse par la loi, la régularité des actes par lesquels la convention a été approuvée au nom du territoire peut être contestée devant le juge administratif[306].

Les lois organiques n° 2010-92 et n° 2010-93 du 25 janvier 2010 visent à étendre les compétences fiscales attribuées respectivement aux collectivités territoriales de Saint-Martin et de Saint Barthélémy issues de la loi organique n° 2007-423 du 21 février 2007. Les dispositions nouvelles prévoient notamment des conventions conclues entre l'État et chacune de ces collectivités en vue de prévenir les doubles impositions et de lutter contre la fraude et l'évasion fiscale. Le Conseil constitutionnel a déclaré que ces lois n'étaient pas contraires à la Constitution sous certaines réserves d'interprétation[307].

B. – Entrée et maintien en vigueur

1° Modalités de la publication

435. – **Compétence du ministre des Affaires étrangères. Publication au *Journal officiel*.** L'entrée en vigueur des traités ou accords est subordonnée à leur publication.

La publication des engagements internationaux souscrits par la France est régie par le décret n° 53-192 du 14 mars 1953, modifié par le décret n° 86-707 du 11 avril 1986.

(303) CE, ass., 18 déc. 1998, *SARL du Parc d'activités de Blotzheim*, V. *supra*, n° 427. – CE, ass., 8 juill. 2002, n° 239.366, *Cne de Porta : Rec. CE* 2002, p. 260 ; *AJDA* 21 oct. 2002, p. 1005, chron. Donnat et Casas ; *LPA* 20 févr. 2003, n° 37, note P. Jan. – CE, ass., 23 déc. 2011, n° 303.678, *Kandyrine*, V. *infra*, n° 498.

(304) Cons. const., 19 juill. 1983, n° 83-160 DC, *Convention fiscale Nouvelle-Calédonie*, consid. 5 : *AJDA* 1984, p. 28, note J.-P. Jarnevic ; *JCP G* 1985, II, n° 20352, note H. Labayle.

(305) CE, 5 févr. 2001, n° 215.592, *Zucchet : Dr. fisc.* 2001, n° 30-35, comm. 729, concl. Touvet ; *RJF* 2001, n° 459.

(306) CE, ass., 19 avr. 1991, req. n° 55.242, *Faure : Dr. fisc.* 1991, comm. 1686, concl. Gaeremynck ; *RFDA* 1992, p. 35, avec concl. ; *RJF* 1991, p. 495. – Même solution : CE, 3 juin 1992, n° 100616, *Serda : RJF* 1992, n° 1235.

(307) Cons. const., 21 janv. 2010, n° 2009-597 DC, *Loi organique tendant à permettre à Saint-Barthélémy d'imposer les revenus de source locale des personnes établies depuis moins de cinq ans*. – Cons. const., 21 janv. 2010, n° 2009-598 DC, *Loi organique modifiant le livre III de la sixième partie du Code général des collectivités territoriales relatif à Saint-Martin : Dr. fisc.* 2010, n° 28, comm. 418, note Th. Dubut, qui relève la difficile transposition des règles de la fiscalité internationale en droit interne.

Le ministre des Affaires étrangères est seul chargé de pourvoir à la ratification et à la publication des conventions ou accords internationaux.

Les engagements internationaux doivent être publiés au *Journal officiel* dès lors qu'ils sont « de nature à affecter, par leur application, les droits ou les obligations des particuliers »(308).

Le Conseil d'État a jugé ainsi, dans le cas d'un échange de lettres entre les ministres des Finances de France et de Suède, dont le texte figurait en annexe d'une instruction de la Direction générale des impôts publiée au *Bulletin officiel de la Direction générale des impôts*, qu'aucun de ces documents n'était opposable aux contribuables, dès lors que l'échange de lettres n'avait jamais été régulièrement approuvé et que l'instruction qui en reproduisait et commentait les termes, n'avait, « en tout état de cause », pas été publiée au *Journal officiel*(309).

Le défaut de publication de la convention ou de l'accord intéressant le champ d'application territorial de la loi, est un moyen d'ordre public qui doit être soulevé d'office par le juge(310).

En revanche, le moyen tiré de la méconnaissance, par l'acte de publication d'un traité ou d'un accord, des dispositions de l'article 53 de la Constitution et donc du fait que cet acte serait illégal au motif que le traité ou l'accord n'a pas été régulièrement ratifié ou approuvé n'est pas d'ordre public(311).

2° Effets de la publication

436. – Le texte de la convention ou de l'accord est joint en annexe au projet de loi autorisant la ratification ou l'approbation. Il est donc possible d'en prendre connaissance lors de la publication des documents parlementaires, mais c'est à titre de simple information.

Seule la publication au *Journal officiel* des lois et décrets introduit la convention ou l'accord dans l'ordre juridique interne(312). Suivant les termes mêmes de l'article 55 de la Constitution, c'est « dès leur publication » que les traités ou accords régulièrement ratifiés ou approuvés ont une autorité supérieure à celle des lois et que leurs stipulations ont force légale à l'égard de toutes les personnes intéressées.

La convention ou l'accord qui n'a pas été régulièrement publié est inapplicable(313).

Inversement, dès lors que la convention a été régulièrement publiée au *Journal officiel*, le contribuable ne peut se prévaloir utilement du fait qu'il n'aurait connu son existence que plusieurs années après(314).

---

(308) D. 1953, art. 3.
(309) CE, 16 févr. 1990, n° 68.627, *SAS France : RJF* 1990, n° 393, concl. Ph. Martin ; *Dr. fisc.* 1990, n° 49, comm. 2265.
(310) CE, 24 févr. 1967, n° 68.730, *Chauvineau : Rec. CE* 1967, p. 93.
(311) CE, ass., 18 déc. 1998, *SARL du Parc d'activités de Blotzheim : AJDA* 1999, p. 127, chron. Raynaud et Fombeur.
(312) CE, 24 févr. 1967, req. n° 68.330, préc.
(313) CE, ass., 13 juill. 1965, *Sté Navigator : Rec. CE* 1965, p. 422, concl. Fournier ; *JCP* 1965, II, 14349, note P. L. – CE, ass., 24 févr. 1967, préc. – Cass. com., 2 mai 1972, *Gossard : Dr. fisc.* 1972, n° 48, comm. 1696 ; *Bull. civ.* 1972, IV, p. 126, n° 124. – CE, 25 oct. 1978, n° 7.313 : *RJF* 1978, n° 576 ; *Dr. fisc.* 1979, n° 1, comm. 6. – CE, 16 févr. 1990, préc. – CE, 10 juin 1992, n° 72.704, *Helmer : RJF* 1992, n° 1232 ; *Dr. fisc.* 1994, n° 13, comm. 628. – CE, 17 déc. 2003, n° 239.677, *Heskes : Dr. fisc.* 2005, n° 17, comm. 395, concl. Vallée ; *RJF* 2004, n° 249 ; *BDCF* 2004, n° 37, concl.
(314) CE, 18 juin 1980, req. n° 17.965 : *RJF* 1980, n° 715.

Un régime d'exonérations de fait résultant d'une situation illégale ne saurait davantage faire obstacle à l'application du régime fiscal découlant de l'entrée en vigueur de la convention(315).

3° Date de l'entrée en vigueur

437. – **Principe.** En principe, les stipulations d'une convention internationale ne peuvent être invoquées par l'administration ou par le contribuable que si cette convention est en vigueur au moment de la réalisation des faits ou des actes litigieux. Une convention ne peut s'appliquer à des situations constatées antérieurement à son introduction en droit interne.

La date du fait générateur de l'impôt est ainsi un critère déterminant.

De même, une contrainte délivrée par un comptable du Trésor pour recouvrer une imposition établie pour une administration fiscale étrangère manque de base légale lorsque, à la date du commandement, la convention d'assistance passée entre la France et l'État intéressé n'avait pas été approuvée, ni publiée au *Journal officiel*(316).

Cependant, les conventions contiennent très souvent une stipulation qui fixe pour leur entrée en vigueur une date différente de celle qui résulterait normalement de l'application des dispositions générales du droit interne. Elles peuvent comporter aussi des dates d'entrée en vigueur différentes selon la nature des impôts concernés.

438. – **Application rétroactive.** L'application rétroactive de la convention est possible en vertu d'une stipulation expresse. La loi autorisant la ratification est considérée comme ayant approuvé cette rétroactivité. Suivant la formule utilisée par le Conseil d'État au sujet de la Convention européenne d'extradition du 13 décembre 1957, « si l'article 55 de la Constitution subordonne l'application en France des conventions internationales à leur ratification et à leur publication, ces conventions une fois publiées doivent être appliquées dans toutes leurs dispositions, y compris celles qui leur confèrent un caractère rétroactif »(317).

C'est la solution qui a été retenue pour plusieurs conventions fiscales, et notamment pour la convention franco-algérienne du 2 octobre 1968, dont la ratification a été autorisée par une loi du 20 décembre 1969, qui a été publiée par un décret du 10 mars 1972 et qui, conformément aux stipulations expresses de son article 44, a produit ses effets en matière d'impôt sur le revenu à partir de l'imposition des revenus afférents à l'année civile 1968(318).

L'application rétroactive de la convention peut soulever de graves difficultés en remettant en cause les règles du droit interne relatives à l'exercice du droit de reprise et aux délais de prescription. C'est un litige de cet ordre que le Conseil d'État a eu à régler au sujet de la convention franco-

(315) CE, sect., 22 mars 1985, n° 41.277 : *Dr. fisc.* 1985, n° 41, comm. 1668, concl. Bissara ; *D.* 1986, p. 172, note Prévault ; *AJDA* 1985, p. 294, note L. Richer ; *RJF* 1985, n° 672, pour l'exonération de fait de l'impôt sur le revenu dont ont bénéficié les contribuables de l'Île Saint-Barthélemy (Guadeloupe) pendant plusieurs dizaines d'années.

(316) CE, 25 oct. 1978, req. n° 7.313 : *RJF* 1978, n° 576 ; *Dr. fisc.* 1979, comm. 6. – Cass. com., 2 mai 1972, *Gossard* : *Dr. fisc.* 1972, comm. 1696 ; *Bull. civ.* 1972IV, n° 124, p. 126.

(317) CE, ass., 8 avr. 1987, *Procopio* : *Rec. CE* 1987, p. 136 ; *AJDA* 1987, p. 472, concl. Schrameck. – CE, ass., 5 mars 2003, *Aggoun*, V. *supra*, n° 432.

(318) CE, 15 avr. 1983, req. n° 29.001 : *Dr. fisc.* 1983, comm. 1920, concl. Schricke ; *RJF* 1983, n° 817. – CE, 2 oct. 1985, req. n° 44.902 : *Dr. fisc.* 1985, comm. 2192, concl. Racine ; *RJF* 1985, n° 1477.

ivoirienne du 6 avril 1966, entrée en vigueur le 1er octobre 1968. Aux termes de son article 43, cette convention devait s'appliquer pour la première fois aux revenus afférents à l'année civile 1964 ou aux exercices clos au cours de cette année. Par une instruction du 20 mars 1969, l'administration avait admis de ne pas appliquer rétroactivement ces règles, lorsqu'elles conduisaient, pour les années prescrites, à des suppléments de droits. Il a été jugé que la société requérante était fondée à opposer cette doctrine à l'administration sur le fondement de l'article L. 80 A du LPF. La garantie contre les changements de doctrine administrative s'applique ainsi non seulement dans le cadre de la législation ou de la réglementation française, mais encore dans celui des conventions internationales. Il s'ensuit qu'une instruction de l'administration peut, lorsque les conditions d'application de l'article L. 80 A sont réunies, faire obstacle à l'application des stipulations d'une convention internationale(319).

4° Maintien en vigueur

439. – **Succession d'États.** Le Conseil d'État a été appelé à se prononcer sur l'intéressant problème de la succession d'États en matière fiscale dans une affaire qui a donné lieu à un arrêt du 17 septembre 2010, SA *Trans World Finances*(320).

La société française en cause avait été imposée à raison des bénéfices réalisés au Kazakhstan, au titre des années 1993 et 1994, au motif qu'ils étaient imposables en France en application de l'article 4 de la convention fiscale franco-soviétique du 4 octobre 1985. La société estimait qu'il n'existait au cours des années litigieuses aucune convention entre la France et le Kazakhstan. L'administration fiscale considérait, quant à elle, que la convention fiscale signée entre la France et l'URSS le 4 octobre 1985 était encore applicable. La cour administrative d'appel avait confirmé le maintien en vigueur de la convention franco-soviétique de 1985 au motif que l'article 29 de la convention fiscale conclue entre la France et le Kazakhstan le 3 février 1998 manifestait la volonté des deux États de continuer à appliquer la convention franco-soviétique jusqu'à l'entrée en vigueur, le 1er janvier 1996, de la convention franco-kazakhe.

La décision du Conseil d'État est fondée sur la recherche de la commune intention des parties, ainsi que le lui avait proposé son rapporteur public. L'article 29 de la convention du 3 février 1998 prévoyait dans son 3 que « Toutes les dispositions fiscales contenues dans des traités ou accords en vigueur entre la République française et la République du Kazakhstan cesseront d'avoir effet entre la France et le Kazakhstan à compter de la date à laquelle les dispositions de la présente convention deviendront effectives ».

Le Conseil d'État a rejeté la demande de la société en considérant, d'une part, qu'il ressort de l'article 12 du protocole d'accord établissant la Communauté des États indépendants, signé à Alma-Ata le 21 décembre 1991, que les États contractants, au nombre desquels figure la République du Kazakhstan, se sont en particulier engagés « à remplir les obligations internationales leur incombant aux titres des traités et accords conclus par l'ancienne Union des Républiques socialistes soviétiques » ; que, d'autre part, lors des travaux préparatoires de la loi du 14 avril 2000 autorisant l'approbation de la convention du 3 février 1998 entre la France et le Kazakhstan, le Parlement a été informé que les parties à cette convention avaient entendu assurer la continuité du cadre juridique en vigueur antérieurement et éviter la double imposition des entreprises relevant de ces deux États ; que cette volonté est traduite par les stipulations, citées ci-dessus, du 3 de l'article 29 de cette convention, lesquelles, en l'absence d'autres stipulations conventionnelles entre ces deux États applicables en matière fiscale avant le 1er janvier 1996, font nécessairement référence à la convention du 4 octobre 1985 entre la France et l'URSS ; que, dès lors, la France et le Kazakhstan avaient manifesté la volonté de continuer à appliquer cette convention pour la période antérieure à 1996.

La décision du Conseil d'État est fondée pour l'essentiel sur la stipulation du 3 de l'article 29 de la convention du 3 février 1998. On notera toutefois que c'est seulement la loi n° 2000-335 du 14 avril 2000 qui a autorisé l'approbation de cette convention, laquelle a été publiée par le décret n° 2000-991 du 4 octobre 2000 au *Journal officiel* du 12 octobre.

(319) CE, 22 déc. 1982, n° 26.338 : *Dr. fisc.* 1983, comm. 1719, concl. Rivière ; *RJF* 1983, n° 185.
(320) N° 312.725, *Dr. fisc.* 2010, n° 51, comm. 606, concl. Mme Escaut ; *RJF* 2010, n° 1221 ; *BDCF* 2010, n° 136, concl. ; *RFDA* 2011, p. 178, chron. C. Santulli.

Le 21 décembre 1991, a été signée la « déclaration d'Alma-Ata » entre certains nouveaux États issus de l'éclatement de l'URSS, dont l'État du Kazakhstan, qui se sont regroupés au sein de la « Communauté des États indépendants » (CEI), organe informel de concertation en matière d'échanges économiques.

Ces États ont déclaré notamment « garantir, *en conformité avec leurs procédures législatives*, le respect des engagements internationaux découlant des accords signés par l'ex-URSS ». Mais cette déclaration ne pouvait produire effet entre la France et le Kazakhstan, dès lors que ce pays n'avait engagé aucune procédure législative pour garantir le respect de la convention franco-soviétique, ainsi que le prévoyait la déclaration du 21 décembre 2001.

L'intention des autorités du Kazakhstan de maintenir en vigueur la convention de 1985 conclue avec la France n'aurait pu être formalisée que par un acte positif. C'est la procédure qui a été suivie notamment par le Turkménistan et la Géorgie. Le décret n° 94-988 du 8 novembre 1994 a publié un échange de lettres signé le 28 avril 1994 (et entré en vigueur à la même date) entre la France et le Gouvernement du Turkménistan. Cet accord prévoit l'ouverture de négociations entre les deux États en vue de conclure une convention fiscale tendant à éviter les doubles impositions et, jusqu'à l'adoption de cette convention, il a été décidé que la convention fiscale du 4 octobre 1985 continuerait à produire ses effets sur les territoires respectifs des deux États[(321)]. La même procédure a été utilisée avec la Géorgie en application du décret n° 97-883 du 24 septembre 1997[(322)].

Le rapporteur public a fait observer que le ministre des Affaires étrangères avait expliqué aux parlementaires, lors des travaux préparatoires de la loi du 14 avril 2000, que le Kazakhstan avait dénoncé la convention fiscale franco-soviétique en 1994, ce qui pouvait impliquer que cette même convention avait continué à s'appliquer jusque-là. Il note cependant que cet acte de dénonciation n'a jamais été produit par l'administration...

440. – Dénonciation de la convention. La dénonciation d'une convention fiscale bilatérale n'est pas une rareté lorsqu'on examine la question au regard de l'ensemble des États qui ont conclu une de ces conventions avec chacun des autres[(323)]. Concernant la France, deux cas sont à rappeler pour ces dernières années.

Le Danemark a dénoncé par note diplomatique du 10 juin 2008 la convention existant avec la France tendant à éviter les doubles impositions et à établir des règles d'assistance administrative réciproque en matière d'impôts sur les revenus et la fortune, signée à Paris le 8 février 1957. Cette dénonciation a fait l'objet du décret n° 2009-46 du 13 janvier 2009. Conformément aux stipulations de l'article 28, la convention a cessé de produire ses effets à partir du 1er janvier 2009. Les conséquences de cette dénonciation ont fait l'objet d'une instruction de l'administration du 29 juillet 2010[(324)].

À la suite du rejet de la Suisse du projet de la nouvelle convention en matière de succession signée le 11 juillet 2013, la France a dénoncé le 17 juin 2014 la convention du 31 décembre 1953 en matière d'impôts sur les successions qui était en vigueur depuis le 20 janvier 1955. Cette dénonciation a pris effet au 1er janvier 2015, date à partir de laquelle la Suisse et la France devraient appliquer chacune leurs propres règles internes en matière de successions[(325)].

C. – Réciprocité

441. – Principe. Aux termes de l'article 55 de la Constitution, les traités ou accords ont une autorité supérieure à celle des lois « sous réserve, pour chaque accord ou traité, de son application par l'autre partie ».

(321) *BF Lefebvre* 12/1994, n° 1310.
(322) *BF Lefebvre* 11/1997, n° 1061.
(323) F. Le Mentec, *La dénonciation de conventions fiscales : une tendance de fond ? : Dr. fisc.* 2012, n° 30, étude 389.
(324) *BOI* 14 B-2-10 ; *Dr. fisc.* 2010, n° 35, 14325 avec la chronique de B. Castagnède qui mentionne « une interprétation constructive des effets de la dénonciation » par l'instruction du 21 juillet 2010 : *Dr. fisc.* 2011, n° 9, 235. – V. aussi sur la question : G. Tar, *Bientôt sept ans sans convention fiscale bilatérale entre la France et le Danemark : bilan et perspectives à la lumière du droit fiscal de l'Union européenne : Dr. fisc.* 2015, n° 49, étude 710. – CAA Versailles, 4 déc. 2013, n° 12VE03209, *Sté Rezidor : RJF* 2014, n° 487 ; *LPA* 28 juill. 2014, n° 149, note F. Locatelli.
(325) *BF Lefebvre* 10/2014, n° 813. – A. Pando, *La Suisse, la France et l'Union européenne : LPA* 20 août 2014, n° 166.

Cette condition de réciprocité, qui affecte la supériorité des traités ou accords sur les lois, soulève de nombreuses difficultés.

1° Portée de la règle

442. – **Relativité de la règle.** L'application de la règle de réciprocité est assez relative.

Elle l'est d'abord au stade de l'élaboration de la loi, en application du principe posé par la Conseil constitutionnel suivant lequel l'application de la règle de réciprocité n'est pas une condition de la conformité des lois à la Constitution.

L'article 55 ne s'oppose pas notamment à ce qu'une loi édicte des mesures ayant pour objet d'harmoniser la législation nationale avec les dispositions découlant d'un traité, alors même que celles-ci ne seraient pas appliquées par l'ensemble des parties signataires. Il ne peut donc être invoqué pour contester la conformité à la Constitution d'une loi ou d'un article de loi pris pour l'application d'un traité, au motif que la condition de réciprocité ne serait pas remplie[326].

Le Préambule de la Constitution de 1946 proclame, dans son quatorzième alinéa, que la République française se « conforme aux règles du droit public international » et, dans son quinzième alinéa, que « sous réserve de réciprocité, la France consent aux limitations de souveraineté nécessaires à l'organisation et à la défense de la paix ».

Le Conseil constitutionnel, se fondant sur ces dispositions combinées avec celles de l'article 55, a précisé que les obligations nées des engagements internationaux conclus notamment « en vue (...) d'assurer le respect des principes généraux du droit public international (...) s'imposent à chacun des États parties indépendamment des conditions de leur exécution par les autres États parties ; qu'ainsi la réserve de réciprocité mentionnée à l'article 55 de la Constitution n'a pas lieu de s'appliquer (...)[327].

443. – **Solutions jurisprudentielles.** Le caractère relatif de la règle de la réciprocité ressort encore de plusieurs solutions au Conseil d'État.

Lorsque l'imposition litigieuse trouve une base légale, soit dans les stipulations de la convention internationale, soit, à défaut, dans les dispositions du Code général des impôts, il n'y a pas lieu de rechercher si la convention doit, ou non, être tenue pour inapplicable en vertu de l'article 55 de la Constitution en raison de la méconnaissance par les autorités étrangères des obligations leur incombant par réciprocité[328].

De même, lorsqu'une convention internationale et la loi française fixent des règles identiques, le refus de l'autorité fiscale étrangère de respecter la convention et l'éventuelle inapplicabilité de la convention qui pourrait en découler sont sans effet sur la détermination de l'impôt dû en France[329].

(326) Cons. const., 30 déc. 1980, n° 80-126 DC, *Loi de finances pour 1981 : Rec. jurispr. const.* 1980, *op. cit.* ; *Dr. fisc.* 1981, comm. 85 ; *RDP* 1982, p. 127, note L. Philip, à propos de certaines dispositions de la loi de finances pour 1981 ayant pour objet d'harmoniser la législation nationale avec des dispositions adoptées en cette matière par les instances de la Communauté économique européenne. – F. Luchaire, *La réserve constitutionnelle de réciprocité : RDP* 1999, p. 37.

(327) Cons. const., 22 janv. 1999, n° 98-408 DC, *Traité portant statut de la Cour pénale internationale*, consid. 12.

(328) CE, 16 févr. 1983, req. n° 28.383 : *Dr. fisc.* 1983, comm. 1444, concl. Schricke ; *RJF* 1983, n° 496.

(329) CE, 14 nov. 1984, req. n° 40.368 : *Dr. fisc.* 1985, comm. 434, concl. Bissara ; *RJF* 1985, n° 34.

Le principe de la supériorité des conventions internationales sur la loi interne ne peut non plus aboutir à une aggravation de la situation du contribuable par rapport au droit interne : c'est le principe dit de non-aggravation (V. *infra*, n° 470).

2° Mise en œuvre de la règle

444. – **Conseil d'État. Jurisprudence initiale *Rekhou*.** Le Conseil d'État a considéré pendant longtemps qu'il n'appartient pas au juge administratif d'apprécier « si et dans quelle mesure les conditions d'exécution par l'autre partie d'un traité ou d'un accord sont de nature à priver les stipulations de ce traité ou de cet accord de l'autorité qui leur est conférée par la Constitution »[(330)]. Le juge doit surseoir à statuer jusqu'à ce que le ministre des Affaires étrangères se soit prononcé sur la question de savoir si les conditions dans lesquelles les autorités étrangères appliquent les stipulations en cause sont susceptibles de les priver de leur « autorité ».

Ni la jurisprudence *Nicolo* de 1989 affirmant la primauté du traité sur la loi postérieure (V. *infra*, n° 483), ni la jurisprudence *Gisti* de 1990 concernant l'interprétation des conventions internationales (V. *infra*, n° 452) ne permettaient d'envisager l'abandon total de la jurisprudence *Reckhou* sur les obligations du juge au regard de la condition de réciprocité. Alors que l'interprétation des dispositions d'une convention internationale entre normalement dans l'office du juge, celui-ci ne peut pas disposer d'éléments d'appréciation suffisants en matière de réciprocité. La consultation du ministre des Affaires étrangères en cas de doute sur la réalisation de la condition de réciprocité apparaît donc nécessaire. Il existe un fonds commun de règles pour l'interprétation des traités, mais le juge qui déciderait qu'une convention est ou n'est pas applicable en raison de la réserve de réciprocité prendrait le risque de s'immiscer dans une appréciation mettant en cause les relations entre des États contractants. Ainsi que le fait observer M. B. Genevois, « le renvoi préjudiciel est en pareil cas admissible car il porte sur une question qui ressortit à la responsabilité propre de l'exécutif. Il s'agit moins d'une question de droit ou de fait relevant du juge que d'un problème d'opportunité politique »[(331)].

Le Conseil d'État a confirmé effectivement la jurisprudence *Rekhou*, en utilisant la même formulation, dans un litige portant sur l'application des dispositions de l'accord franco-algérien du 19 mars 1962 relatives à la coopération culturelle en matière d'équivalence de diplômes de docteur en médecine[(332)].

445. – **Cour européenne des droits de l'homme.** Cette jurisprudence a été condamnée par la Cour européenne des droits de l'homme[(333)].

L'intéressée ayant demandé au Conseil d'État de procéder au réexamen de la décision du 9 avril 1999, le Conseil d'État a rejeté cette requête ; le commissaire

(330) CE, ass., 29 mai 1981, *Rekhou : Rec. CE* 1981, p. 219 ; *RDP* 1981, p. 1717, concl. J.-F. Théry ; *ibid.* 1982, p. 410, note Blumann ; *AJDA* 1981, p. 459, chron. Tiberghien et Lasserre ; *D.* 1982, p. 137, note Calonec ; *D.* 1981. inf. rap. p. 530, obs. Delvolvé. – CE, ass., 27 févr. 1987, *Nguyen Van Giao : Rec. CE* 1987, p. 77.

(331) Note sur CE, 20 oct. 1989, *Nicolo : RFDA* 1989, p. 830.

(332) CE, ass., 9 avr. 1999, *Mme Chevrol : Rec. CE* 1999, p. 115 ; *RFDA* 1999, p. 937, note Lachaume ; *AJDA* 1999, p. 401, chron. Raynaud et Fombeur.

(333) CEDH, 13 févr. 2003, *Mme Chevrol : AJDA* 2003, p. 606, note J.-F. Flauss ; *D.* 2003, p. 931, note H. Moutouh.

du gouvernement avait fait valoir qu'il appartenait à l'intéressée de se tourner vers l'administration pour qu'elle tire les conséquences de la décision du 13 février 2003[(334)].

Pour la Cour de Strasbourg, la violation du « droit à un tribunal exerçant une compétence de pleine juridiction » au sens de l'article 6 de la Convention est constituée, dès lors que le Conseil d'État « en se fondant exclusivement sur l'avis préjudiciel du ministre des Affaires étrangères et en se considérant comme lié par lui s'est privé volontairement de la compétence lui permettant d'examiner et de prendre en compte des éléments de fait qui pourraient être cruciaux pour le règlement *in concreto* du litige qui lui était soumis ». La Cour européenne des droits de l'homme fait également grief au Conseil d'État d'avoir refusé d'organiser un débat contradictoire tant sur la question préjudicielle renvoyée que sur la réponse donnée par le ministre.

Ainsi que le fait remarquer M. J.-F. Flauss[(335)], la Cour européenne des droits de l'homme ne condamne pas le principe même de la procédure de renvoi préjudiciel au ministre, mais les conditions dans lesquelles elle est mise en œuvre et les conséquences qui peuvent en être tirées. Cette procédure pourrait être maintenue, dès lors que serait organisé un débat contradictoire sur la question elle-même et que la réponse donnée par le ministre n'aurait plus qu'une portée consultative (V. en ce sens concl. Scharwtz, préc. : « le juge administratif pourrait être ressaisi au titre de la contestation [d'une] nouvelle décision de l'administration. S'il suivait la Cour européenne des droits de l'homme, il apprécierait lui-même, au vu des observations des deux parties, l'existence de cette réciprocité »).

446. – **Jurisprudence judiciaire.** On peut citer au moins une décision dans laquelle la chambre criminelle de la Cour de cassation a soulevé d'office la question de la réciprocité et a sursis à statuer jusqu'à ce que le ministre des Affaires étrangères se soit prononcé sur ce point[(336)]. La chambre criminelle considère ainsi que la réciprocité conditionne l'applicabilité de la convention.

Les chambres civiles retiennent cependant une solution différente « en l'absence d'initiative prise par le Gouvernement pour dénoncer une convention ou suspendre son application, il n'appartient pas aux juges d'apprécier le respect de la condition de réciprocité prévue dans les rapports entre États par l'article 55 de la Constitution (...) »[(337)]. Cette jurisprudence s'inspire apparemment d'une opinion émise par M. J.-F. Théry dans ses conclusions précitées sur l'affaire *Rekhou* (l'arrêt a été rendu contrairement à ses conclusions) : « (...) par application de l'article 55 de la Constitution, une convention internationale peut être suspendue par décision de l'autorité qui a prononcé son approbation ou sa ratification et (...), tant qu'une telle mesure n'est pas intervenue, cette convention doit être réputée applicable en droit interne, avec une autorité supérieure à celle des lois »[(338)].

(334) CE, 11 févr. 2004, n° 257.682, *Mme Chevrol* : *Rec. CE* 2004, p. 67 ; *D.* 2004, p. 1414, concl. Schwartz ; *AJDA* 2004, p. 439, chron. Donnat et Casas. – Sur les suites indemnitaires de la condamnation de la France par la Cour européenne des droits de l'homme : CAA Marseille, 7 févr. 2011, n° 08-049442 : *RFDA* 2011, p. 15, concl. S. Deliancourt.

(335) Note préc.

(336) Cass. crim., 29 juin 1972, *Males* : *JCP* G 1973, II, 17, 57, note Ruzié ; *Bull. crim.* 1973, p. 595, n° 227.

(337) Cass. 1re civ., 6 mars 1984, *K...* : *Bull. civ.* 1984, I, n° 85, p. 69. – Cass. 1re civ., 23 mars 1994, *N'Guyen* : *ibid.*, p. 80, n° 105.

(338) *RDP* 1981, préc., p. 1722. – Sur la question, V. chron. S. Lemaire, *Le juge judiciaire et le contrôle de la réciprocité dans l'application des traités internationaux* : *D.* 2007, p. 2322 (l'auteur, rappelant l'opinion du professeur Lagarde, conclut que l'arme de la réciprocité ne doit pas être mise dans les mains du juge judiciaire).

447. – Conseil d'État. Revirement de jurisprudence. Arrêt *Cheriet-Benseghir*. Le Conseil d'État a abandonné sa jurisprudence traditionnelle dans un arrêt d'assemblée du 9 juillet 2010. Après avoir rappelé les termes du 14e alinéa du Préambule de la Constitution du 27 octobre 1946 : « La République française, fidèle à ses traditions, se conforme aux règles du droit public international » et relevé immédiatement après qu'« au nombre de ces règles figure la règle *pacta sunt servanda*, qui implique que tout traité en vigueur lie les parties et doit être exécuté par elles de bonne foi », le Conseil d'État a jugé « qu'il appartient au juge administratif, lorsqu'est soulevé devant lui un moyen tiré de ce qu'une décision administrative a à tort, sur le fondement de la réserve énoncée à l'article 55, soit écarté l'application de stipulations d'un traité international, soit fait application de ces stipulations, de vérifier si la condition de réciprocité est ou non remplie ; à cette fin, il lui revient, dans l'exercice des pouvoirs d'instruction qui sont les siens, après avoir recueilli les observations du ministre des Affaires étrangères et, le cas échéant, celles de l'État en cause, de soumettre ces observations au débat contradictoire, afin d'apprécier si des éléments de droit et de fait suffisamment probants au vu de l'ensemble des résultats de l'instruction sont de nature à établir que la condition tenant à l'application du traité par l'autre partie est, ou non, remplie »(339).

Le Conseil d'État n'a pas seulement abandonné sa jurisprudence *Rekhou* sur la condition de réciprocité. En invoquant les dispositions du 14e alinéa du Préambule de 1946 et le principe *pacta sunt servanda*, il est revenu également sur la jurisprudence *Aquarone*, en indiquant très clairement que l'application de la coutume internationale peut avoir un fondement constitutionnel (V. *supra*, n° 412 et *infra*, n° 469).

D. – Effet direct des stipulations du traité

448. – Le juge de l'impôt n'a pas à rechercher si la règle de droit prévue dans la convention fiscale bilatérale est directement utilisable par le contribuable. Cette règle produit des effets directs dont il est en mesure de se prévaloir.

L'effet direct est une notion essentiellement jurisprudentielle qui correspond ainsi à une condition venant s'ajouter à celles que prévoit la Constitution pour l'applicabilité des stipulations de la convention.

Elle serait apparue pour la première fois dans un arrêt du 20 avril 1984 où le Conseil d'État a jugé que la clause de la Charte sociale européenne de 1961 qui était invoquée « ne produit pas d'effet direct à l'égard des nationaux des États contractants »(340).

La Cour de cassation a jugé de son côté qu'« eu égard à leur contenu » les dispositions de l'article 11 du Pacte international relatif aux droits économiques, sociaux et culturels du 16 décembre 1966 ne produisent pas d'effet direct dans l'ordre juridique interne et ne peuvent donc être utilement invoquées en matière d'impôt de solidarité sur la fortune(341).

(339) CE, ass., 9 juill. 2010, n° 317.747, Mme *Cheriet-Benseghir* : *RFDA* 2010, p. 1133, concl. G. Dumortier, note J-F Lachaume ; *ibid.* 2011, p. 173, chron. C. Santulli ; *AJDA* 2010, p. 1635, chron. S.-J Liéber, et D. Botteghi.

(340) Req. n° 37.772, Mlle *Valton* : *Rec. CE* 1984, p. 148. – V. en ce sens chron. X. Domino et A. Bretonneau, citée *infra*, n° 449.

(341) Cass. com., 25 janv. 2005, *Imbert de Tremiolles* : *RJF* 2005, n° 405, 5.

Le Conseil d'État a appliqué la condition de « l'effet direct » à plusieurs reprises en matière fiscale, au sujet des stipulations de la convention de New York du 26 janvier 1990 relative aux droits de l'enfant.

Il a jugé ainsi que les stipulations des articles 2, 3-2, 3-3, 5, 19, 20 et 27 de cette convention ne produisent pas d'effet direct et ne peuvent, par suite, être invoquées directement(342).

Il a considéré au contraire que l'article 3-1 de cette convention est d'effet direct. Aux termes de cette stipulation, « dans toutes les décisions qui concernent les enfants, qu'elles soient le fait d'institutions publiques ou privées de protection sociale, des tribunaux, des autorités administratives ou des organes législatifs, l'intérêt supérieur de l'enfant doit être une considération primordiale ». Le Conseil d'État a, sur le fondement de ce principe, annulé pour excès de pouvoir une décision de refus d'autorisation de séjour en France(343).

La Haute juridiction s'est probablement considérée comme liée par sa jurisprudence sur l'effet direct de la clause de l'article 3-1, même en matière fiscale, mais a rejeté le moyen en considérant que les dispositions de l'article 196 du Code général des impôts, qui fixent, pour la détermination du quotient familial, les conditions dans lesquelles les enfants sont regardés comme étant à la charge du contribuable, ne méconnaissent pas les stipulations de l'article 3-1(344).

La question de l'effet direct s'est posée dans ces affaires pour les traités multilatéraux.

Le Conseil d'État a fait une application remarquable de la notion dans un litige concernant l'accord passé en 1997 entre la France et la Fédération de Russie sur « les emprunts russes », en jugeant que cet accord ne produisait pas d'effet direct pour les ressortissants français(345).

449. – La notion d'effet direct est très floue. Le Conseil d'État s'est efforcé de la préciser dans un important arrêt d'assemblée du 11 avril 2012, *Gisti*, mais elle reste une notion essentiellement relative et fonctionnelle.

Le Conseil d'État rappelle d'abord que les stipulations d'un traité ou d'un accord régulièrement introduit dans l'ordre juridique interne conformément à l'article 55 de la Constitution peuvent utilement être invoquées à l'appui d'une demande tendant à ce que soit annulé un acte administratif ou écartée l'application d'une loi ou d'un acte administratif incompatible avec la norme juridique qu'elles contiennent, « dès lors qu'elles créent des droits dont les particuliers peuvent directement se prévaloir ».

Vient ensuite la définition : sous réserve des cas où est en cause un traité pour lequel la Cour de justice de l'Union européenne dispose d'une compétence exclusive pour déterminer s'il est d'effet direct, « une stipulation doit être reconnue d'effet direct par le juge administratif lorsque, eu égard à l'intention exprimée des parties et à l'économie générale du traité invoqué, ainsi qu'à son contenu et à ses

(342) CE, 24 août 2011, n° 320321, *Zaman* : *Dr. fisc.* 2012, n° 17, comm. 275 ; *RJF* 2011, n° 1122.
(343) CE, 22 sept. 1997, n° 161.364, *Mlle Cinar* : *Rec. CE* 1997, p. 320. – V., dans le même sens : CE, 25 juin 2014, n° 359359 : *AJDA* 2014, p. 1415, note D. Poupeau.
(344) CE, 24 août 2011, *Zaman*, préc.
(345) CE, ass., 23 déc. 2011, *Kandyrine*, V. *infra*, n° 498.

termes, elle n'a pas pour objet exclusif de régir les relations entre États et ne requiert l'intervention d'aucun acte complémentaire pour produire des effets à l'égard des particuliers » ; (...) « l'absence de tels effets ne saurait être déduite [toutefois] de la seule circonstance que la stipulation désigne les États parties comme sujets de l'obligation qu'elle définit »(346).

E. – Interprétation

450. – **Objet.** L'interprétation vise à dégager le sens exact de la règle de droit international applicable. Elle peut émaner du juge ou des auteurs mêmes de la convention.

1° Interprétation par le juge

a) Pouvoirs du juge. Jurisprudence Gisti

451. – **À l'origine : interprétation du ministre des Affaires étrangères.** Le Conseil d'État s'est refusé pendant longtemps à interpréter les stipulations d'une convention internationale. Dès lors que la solution du litige est subordonnée à une question d'interprétation et que cette contestation est sérieuse, il prend une décision de sursis à statuer jusqu'à ce que le ministre des Affaires étrangères se soit prononcé(347).

Il considère que le ministre des Affaires étrangères est « seul qualifié pour donner cette interprétation »(348) et que son interprétation s'impose au juge avec une « autorité absolue »(349).

La principale atténuation apportée à ce principe résulte de l'application de la théorie de l'acte clair ; le juge se prononce lui-même lorsqu'une interprétation « résulte clairement du texte »(350).

452. – **Arrêt *Gisti* du 29 juin 1990.** Le Conseil d'État a abandonné cette jurisprudence dans un arrêt d'assemblée du 29 juin 1990, *Gisti*. Il a interprété les stipulations d'un accord franco-algérien sur les conditions d'entrée et de séjour des ressortissants algériens en France dont le sens était pourtant discuté et cela, sans se référer à la théorie de l'acte clair, admettant ainsi la pleine compétence du juge administratif pour interpréter les conventions internationales(351).

La jurisprudence *Gisti* est généralement approuvée. La doctrine a fait valoir que la procédure de renvoi pour interprétation au ministre des Affaires étrangères n'était pas compatible avec l'article 6,1 de la Convention européenne des droits

(346) CE, ass., 11 avr. 2012, n° 322.326, *GISTI* : *RFDA* 2012, p. 547, concl. G. Dumortier, note M. Gautier ; *AJDA* 2012, p. 936, chron. X. Domino et A. Bretonneau ; *RFDA* 2013, p. 417 et p. 891, chron. C. Santulli ; *LPA* 13 sept. 2012, n° 184-185, note O. Gabarda ; *RTDE* 2012, p. 928, obs. D. Ritleng. – S. El Boudouhi, *Le juge interne, juge de droit commun du droit international ? État des lieux de l'invocabilité du droit international conventionnel en droit interne, RFDA* 2014, p. 371. – D. Burriez, *Retour sur les critères de l'effet direct depuis l'arrêt Gisti du Conseil d'E de tat du 11 avril 2012 : RFDA* 2015, p. 1031.

(347) CE, 25 mars 1983, req. n° 16.649 : *RJF* 1983, n° 763 et dans la même affaire, 27 juill. 1984 : *RJF* 1984, n° 1247 ; *Dr. fisc.* 1984, comm. 1570, concl. Racine.

(348) CE, 19 mai 1972, req. n° 76.534 : *Dr. fisc.* 1973, comm. 736, concl. Delmas-Marsalet.

(349) CE, plén., 19 déc. 1975, req. n° 84.774 : *RJF* 1976, n° 77 ; *Dr. fisc.* 1976, comm. 925, concl. Fabre.

(350) CE, sect., 13 mai 1983, req. n° 28.831 : *Dr. fisc.* 1983, comm. 1568, concl. Bissara ; *RJF* 1983, n° 848, chron. Racine.

(351) CE, ass., 29 juin 1990, *Groupe d'information et de soutien des travailleurs immigrés (Gisti)* : *Rec. CE* 1990, p. 171, concl. Abraham ; *RJF* 1990, n° 1096 ; *RFDA* 1990, p. 923, note J.-F. Lachaume et p. 1085, obs. Ruzié ; *D.* 1990, p. 560, note P. Sabourin ; *AJDA* 1990, p. 621, concl. Abraham, note Teboul ; *JCP G* 1990, II. 21579, note J. Tercinet ; *LPA* 19 sept. 1990, n° 113, p. 8, note J.-F. Flauss ; *RDP* 1990, p. 1579, note Sabiani.

de l'homme et la Cour de Strasbourg a confirmé cette opinion[352]. Mais de sérieuses réserves peuvent être faites sur l'aptitude du juge à régler des questions assez inhabituelles pour lui et pour lesquelles il ne dispose pas, du reste, de tous les éléments d'appréciation de fait indispensables. Les techniques d'interprétation sont différentes en droit interne et en droit international.

453. – **Cour de cassation.** La Cour de cassation s'est ralliée à la position du Conseil d'État en posant en principe « qu'il est de l'office du juge d'interpréter les traités internationaux invoqués dans la cause soumise à son examen, sans qu'il soit nécessaire de solliciter l'avis d'une autorité non juridictionnelle »[353].

b) Principe de l'interprétation littérale de la convention

454. – **Justification.** Le principe appliqué habituellement par le Conseil d'État est celui de l'interprétation littérale de la convention. Un État ne peut être considéré comme ayant consenti des limitations à sa souveraineté fiscale que dans la stricte limite des stipulations de la convention[354].

455. – **Applications.** Les stipulations de la convention doivent seules être appliquées, nonobstant un échange de lettres entre les États contractants qui n'a été ni ratifié, ni approuvé et qui n'a été publié qu'au *Bulletin officiel de la Direction générale des impôts* en annexe à une instruction[355].

Le principe de l'interprétation littérale peut se révéler bénéfique pour les contribuables intéressés ou au contraire comporter des conséquences qu'ils peuvent considérer comme rigoureuses, comme en matière de clauses de non-discrimination (V. *infra*, n°s 488 et s.).

La convention fiscale étant d'interprétation stricte, le juge de l'impôt ne peut, par exemple, dans le silence du texte, assimiler un groupement de personnes physiques à une personne physique[356], ni déduire de l'article 7 de la *convention franco-monégasque du 18 mai 1963*, qui prévoit seulement l'imposition à l'impôt sur le revenu des nationaux français qui ont transporté à Monaco leur domicile ou leur résidence, qu'ils doivent être assujettis également à la contribution sociale de solidarité, à la contribution au remboursement de la dette sociale et au prélèvement social de 2 %, dès lors qu'il s'agit de contributions nouvelles distinctes de l'impôt sur le revenu[357].

Le Conseil d'État interprète littéralement les stipulations d'une convention, telle la convention fiscale franco-britannique du 22 mai 1968, alors surtout qu'elles doivent être comprises conformément au principe d'interprétation posé à l'article 2

(352) CEDH, 24 nov. 1994, *Cts Beaumartin : D.* 1995, p. 273, note X. Prétot ; *D.* 1996, somm. 199, obs. S. Perez.

(353) Cass. 1re civ., 19 déc. 1995, *Banque africaine de développement : Bull. civ.* 1995, I, n° 470, p. 326 ; *Gaz. Pal.* 1996, 1, 686, chron. G. Cohen-Jonathan ; *RGDP* 1996, p. 660, note Alland.

(354) CE, 16 févr. 1990, req. n° 68.627, *SAS France : Dr. fisc.* 1990, comm. 2265 ; *RJF* 1990, n° 393, concl. Ph. Martin et p. 391, chron. J. Turot. – CE, 26 juill. 2006, n° 284.930, *Sté Natexis Banques Populaires : Dr. fisc.* 2006, n° 50, comm. 791, concl. Collin, et p. 2124, étude G. Gest, *L'affaire des crédits d'impôt brésiliens ou les limites de l'interprétation littérale des conventions : RJF* 2006, n° 1421 ; *BDCF* 2006, n° 142, concl. Collin.

(355) CE, 16 févr. 1990, préc.

(356) CE, 6 mai 1996, n° 154217, *SA Quartz d'Alsace : Dr. fisc.* 1996, comm. 988, concl. Bachelier ; *RJF* 1996, n° 731 ; *BDCF* 1996, n° 3, concl. Bachelier, pour la convention franco-suisse du 9 septembre 1966.

(357) CE, avis, 10 nov. 2004, n° 268.852 : *Dr. fisc.* 2005, n° 8, comm. 237 ; *RJF* 2005, n° 163. – CE, plén., 11 avr. 2014, n° 362237, *Giorgis : Dr. fisc.* 2014, n° 21, comm. 342, concl. É. Crépey, note C. Louit ; *RJF* 2014, n° 718 et p. 635, chron. E. Bokdam-Tognetti ; *RFDA* 2014, p. 791, chron. C. Santulli. – CE, 11 juin 2014, n° 358301, *Dr. fisc.* 2014, n° 43, comm. 594, concl. M.-A. Nicolazo de Barmon, note Ch. Laroche.

de cette même convention aux termes duquel « pour l'application des dispositions de la présente Convention par un État contractant, toute expression qui n'est pas autrement définie a le sens qui lui est attribué par la législation dudit État régissant les impôts faisant l'objet de la Convention, à moins que le contexte exige une interprétation différente ». En l'espèce, l'indemnité litigieuse versée au requérant en contrepartie de sa renonciation à lever des options de souscription d'actions qui lui ont été attribuées en considération de sa qualité de gérant d'une société en commandite par actions (SCA) ne peut être regardée ni comme une rémunération reçue au titre d'un emploi salarié au sens de l'article 15 de la convention fiscale franco-britannique, ni comme une rémunération entrant dans le champ de l'article 16 de cette convention, qui ne trouve à s'appliquer qu'aux tantièmes, jetons de présence et autres rétributions similaires. Cette indemnité, alors même qu'elle est traitée par la loi fiscale française comme un élément de rémunération relevant de la catégorie des traitements et salaires en vertu des articles 80 bis et 62 du Code général des impôts, ne peut être imposée qu'au Royaume-Uni dont l'intéressé était résident fiscal à la date du fait générateur de l'imposition, en application de l'article 22 de la convention fiscale franco-britannique (clause balai), dès lors qu'elle n'est traitée dans aucun autre article de la convention[358].

Une autre règle d'interprétation doit être rappelée, qui est en relation avec le principe de subsidiarité suivant lequel le juge doit examiner la situation du contribuable au regard de la législation interne avant de l'apprécier au regard de la convention. Elle intéresse essentiellement la qualification d'une société.

Il appartient au juge de l'impôt, saisi d'un litige portant sur le traitement fiscal d'une opération impliquant une société de droit étranger, d'identifier d'abord, au regard de l'ensemble des caractéristiques de cette société et du droit qui en régit la constitution et le fonctionnement, le type de société de droit français auquel la société de droit étranger est assimilable ; compte tenu de ces constatations, il lui revient ensuite de déterminer le régime applicable à l'opération litigieuse au regard de la loi fiscale française. Ainsi que le fait observer l'annotateur d'une décision du Conseil d'État dans la *Revue de jurisprudence fiscale*, pour procéder à l'assimilation, « le juge prend en considération le droit étranger, non pas comme une règle contraignante qui s'imposerait à lui, mais comme un élément de fait concourant à la qualification de la personne morale étrangère au regard du droit fiscal français »[359].

456. – **Champ d'application de la convention. Impôts. Méconnaissance. Moyen d'ordre public.** Les stipulations d'une convention tendant à éviter les doubles impositions et à prévenir l'évasion fiscale en matière d'impôts sur le revenu et sur la fortune, en l'espèce, la convention passée entre la République française et le Royaume des Pays-Bas du 16 mars 1973, n'étant pas applicables à d'autres impôts, une cour méconnaît le champ d'application de cette convention en se fondant sur ces stipulations en

(358) CE, 4 oct. 2013, n° 351 065, *Clive-Worms* : *RJF* 2014, n° 29 ; *BDCF* 2014, n° 6, concl. Mme Cortot-Boucher ; *Dr. fisc.* 2014, n° 20, comm. 326, note N. Meurant.

(359) CE, plén., 24 nov. 2014, n° 363 556, *Sté Artémis* : *RJF* 2015, n° 102 ; *BDCF* 2015, n° 15, concl. Mme Cortot-Boucher, pour la convention fiscale du 31 août 1994 entre la France et les États-Unis. – CE, 2 févr. 2015, n° 370385 : *RJF* 2015, n° 334, pour des sociétés de droit espagnol. – E. Dinh, *Les sociétés de personnes étrangères dans l'ordre fiscal international, ou la négation de l'extranéité* : *Dr. fisc.* 2016, n° 9, chron. 196.

matière de TVA. Le moyen tiré de la méconnaissance du champ d'application de la convention est un moyen d'ordre public que le juge doit soulever d'office[(360)].

457. – **Droit des traités de Vienne.** La doctrine relève généralement que le juge s'inspire des principes du droit international public, tels qu'ils sont rappelés par les articles 31 à 33 de la convention de Vienne du 23 mai 1969 sur le droit des traités, bien que la France ne l'ait pas ratifiée : interprétation suivant le sens ordinaire à attribuer aux termes du traité dans leur contexte et à la lumière de son objet et de son but, sauf s'il est établi que les parties ont entendu conférer à un terme un sens particulier ; recours subsidiaire aux travaux préparatoires et aux circonstances dans lesquelles l'accord a été négocié et conclu.

En particulier, le Conseil d'État juge habituellement depuis plusieurs années que les stipulations d'une convention internationale « doivent être interprétées conformément au sens ordinaire à attribuer à leurs termes, dans leur contexte et à la lumière de leur objet et de leur but » : ainsi pour l'application des dispositions de la convention franco-monégasque du 18 mai 1963 sur l'absence d'assujettissement à l'impôt sur le revenu en France des ressortissants français nés à Monaco et ayant constamment résidé sur le territoire de la Principauté et pour l'extension au conjoint français de cette absence d'imposition[(361)] ; ainsi encore, pour juger qu'une personne exonérée d'impôt dans un État contractant à raison de son statut et de son activité ne peut être regardée comme assujettie à cet impôt au sens de la stipulation en cause de la convention, ni, par voie de conséquence, comme un résident de cet État pour l'application de la convention, en l'espèce la convention fiscale franco-allemande du 21 juillet 1959[(362)].

En l'absence de toute définition fixée par l'accord, le juge retient « le sens ordinaire » attribué aux termes de la convention, tels que ceux de « traitement », d'« émolument » pour la rémunération perçue par les fonctionnaires des organisations internationales[(363)].

La convention peut prévoir que, pour son application par un État contractant, « toute expression qui n'est pas autrement définie a le sens qui lui est attribué par la législation dudit État régissant les impôts faisant l'objet de la convention, à moins que le contexte n'exige une interprétation différente ». Le Conseil d'État juge ainsi que, en l'absence d'élément exigeant une interprétation différente, les intérêts moratoires afférents à une somme due constituent pour le créancier un élément accessoire de cette dernière, de même nature que la créance principale elle-même,

(360) CE, 24 juill. 2009, n° 309.278, *Sté Fis-Vopart* : *Dr. fisc.* 2009, n° 49, comm. 568, note A. Bonnet ; *RJF* 2009, n° 931 ; *BDCF* 2009, n° 126, concl. Mme Escaut.

(361) CE, 30 déc. 2014, n° 362245, *Charpentier* : *Dr. fisc.* 2015, n° 14, comm. 246 ; *RJF* 2015, n° 255. – CE, 6 mai 2015, n° 378534 : *RJF* 2015, n° 624 ; *BDCF* 2015, n° 94, concl. Mme Escaut : c'est pour le seul impôt sur le revenu que la France trouve dans l'article 7 de la convention franco-monégasque le droit d'imposer ceux de ses nationaux qui ont transporté à Monaco leur domicile ou leur résidence.

(362) CE, 9 nov. 2015, n° 370054, *LHV* : *RJF* 2016, n° 178 et p. 253, concl. M.-A. Nicolazo de Barmon ; *Dr. fisc.* 2015, n° 47, act. 646 ; *ibid.*, n° 49, act. 664, M. Pelletier, *La notion de résident dans les conventions fiscales : le Conseil d'État à contresens*. – D. Leboff et J. Saïac, *Une entité exonérée d'impôt ne peut pas bénéficier de l'application d'une convention fiscale* : *FR Lefebvre* 51/2015. – V. encore : CE, plén., 24 nov. 2014, n° 363556, *Sté Artémis*, préc., pour la convention fiscale du 31 août 1994 entre la France et les États-Unis. – CE, plén., 24 nov. 2014, n° 368935, *Sté Lufthansa* : *Dr. fisc.* 2015, n° 14, comm. 245, concl. B. Bohnert, note Ph. Legentil, pour la convention fiscale franco-allemande du 21 juillet 1959.

(363) CE, 17 déc. 2003, n° 239.677, *Heskes*, préc.

et non pas un « revenu » tiré de cette créance et, le cas échéant, distinctement imposable comme tel. Pour le commissaire du gouvernement, « le contexte réside dans tout ce qui peut éclairer l'intention des auteurs de la convention »[(364)].

Le même principe a été appliqué par le Conseil d'État dans l'arrêt d'assemblée du 28 juin 2002, *Sté Schneider Electric*, pour l'interprétation de la convention franco-suisse du 9 septembre 1966 : « en l'absence d'élément exigeant une interprétation différente, les "bénéfices" auxquels fait référence l'article 7 de la convention sont ceux déterminés selon les règles fixées par le Code général des impôts » (V. *infra*, n°s 461 et 497).

De la même manière, dès lors que la convention fiscale franco-américaine indique expressément et clairement que le crédit d'impôt destiné à éviter les doubles impositions est égal au montant de l'impôt français correspondant aux revenus de source américaine imposables aux États-Unis, les revenus nets considérés au sens de l'article 24 de cette convention doivent répondre à la définition donnée par la législation française[(365)], et s'entendre ainsi, en ce qui concerne la catégorie des traitements et salaires, après application, selon les modalités du droit interne, de la déduction forfaitaire de 10 % prévue à l'article 83 du Code général des impôts, représentative des frais professionnels, lesquels constituent des dépenses engagées en vue de l'acquisition du revenu au sens de l'article 13 du Code général des impôts[(366)].

Le juge peut aussi interpréter les stipulations des conventions, en l'espèce, la convention entre la France et le Royaume-Uni du 22 mai 1968, telles qu'elles sont « éclairées par la version en langue anglaise de la convention qui, en vertu de son paragraphe final, fait foi au même titre que la version en langue française »[(367)].

458. – Commentaires OCDE. Le Conseil d'État est appelé assez souvent à se prononcer sur l'argumentation tirée de l'interprétation qui est donnée à un article du modèle de convention OCDE dans les commentaires officiels émanant du comité des affaires fiscales de cette organisation. Ainsi que le déclarait M. Arrighi de Casanova, « il n'est pas conforme aux règles habituelles d'interprétation des traités de se fonder sur un document de ce type, ne serait-ce que parce que sur le plan juridique, l'on ne saurait confondre un comité d'experts qui a réfléchi à l'élaboration d'un modèle dans un cadre multilatéral avec les représentants habilités de deux États qui ont négocié et signé une convention bilatérale »[(368)].

La référence aux commentaires du comité des affaires fiscales de l'OCDE fait l'objet de nombreuses réserves. Une solution toutefois est acquise : à savoir qu'il n'y a pas lieu de se référer, pour interpréter les stipulations d'une convention, aux commentaires sur l'article correspondant de la convention modèle dès lors qu'ils sont

(364) CE, 27 juill. 2001, req. n° 215.124, *SA Golay Buchel France : Dr. fisc.* 2001, n° 46, comm. 1063, concl. Goulard ; *RJF* 2001, n° 1428 ; *BDCF* 2001, n° 140, concl. – V. aussi pour l'interprétation des termes *penalty* et « pénalités » utilisés dans la convention du 13 avril 1976 entre la France et l'Australie : CAA Versailles, 4 mai 2012, n° 10-4141, *SA P. France* : *RJF* 2012, n° 1153.

(365) CGI, art. 13.

(366) CAA Lyon, 2 mars 2009, n° 05-01881, *Vicard : Dr. fisc.* 2009, n° 51, comm. 592, note E. Bonneaud.

(367) CE, 27 juill. 2012, n° 337.656, *Regazzaci : Dr. fisc.* 2012, n° 41, comm. 473, concl. F. Aladjidi, note F. Le Mentec ; *RJF* 2012, n° 1012, et p. 979, chron. E. Bokdam-Tognetti ; *BDCF* 2012, n° 126, concl.

(368) Concl. sur CE, 13 oct. 1999, n° 190083, *SA Banque française de L'Orient : RJF* 1999, n° 1587. – V. aussi sur la question la chronique de E. Mignon, *ibid.*, p. 931 et l'intervention de Ph. Martin rapportée *in L'ordre fiscal international : Dr. fisc.* 2007, n° 37, comm. 822.

postérieurs à l'adoption des stipulations en cause[369] En revanche, le Conseil d'État a pu retenir une interprétation des stipulations, en l'espèce de la convention franco-britannique du 22 mai 1968, concernant la notion d'établissement stable, « éclairées par les commentaires formulés, antérieurement à l'adoption de ces stipulations, par le comité fiscal de l'OCDE sur le paragraphe 3 de l'article 5 du projet de convention-modèle établi par cette organisation en 1963, dont les termes sont similaires à ceux des stipulations précitées de la convention franco-britannique »[370].

459. – Lutte contre le *treaty shopping* et la fraude fiscale. Clauses anti-abus et notion de bénéficiaire effectif. Le modèle de convention OCDE contient au moins les trois articles 10, 11 et 12, en matière de dividendes, d'intérêts et de redevances, qui sont destinés à éviter, au moyen de l'introduction du concept de « bénéficiaire effectif », un usage incorrect de la convention, appelé encore *treaty shopping*.

L'extension du réseau des conventions de double imposition accroît le risque d'abus en facilitant le recours à des constructions juridiques artificielles visant à permettre aux intéressés de profiter à la fois des avantages fiscaux prévus par certaines législations internes et des allègements fiscaux prévus dans les conventions de double imposition. Tel serait le cas, par exemple, d'une personne (résident ou non d'un État contractant) qui agirait par l'entremise d'une entité juridique créée dans un État essentiellement pour obtenir les allègements d'impôts prévus dans les conventions conclues par cet État et auxquels cette personne n'aurait pas droit directement (Modèle de convention, commentaires sur l'article 1).

La plupart des conventions fiscales conclues par la France contiennent des clauses de « bénéficiaire effectif » dont le but est d'exclure un avantage conventionnel dans le cas où un intermédiaire s'interpose entre le créancier et le débiteur et qui réservent ainsi le bénéfice de cet avantage à la personne qui est le bénéficiaire effectif du revenu correspondant (dividende, redevance, intérêt).

Le Conseil d'État a été amené à se prononcer sur la portée de ces clauses[371].

Le Conseil d'État est allé plus loin en dégageant un principe d'interprétation nouveau des conventions bilatérales, qui est pleinement conforme à l'objectif de lutte contre la fraude fiscale de ces conventions.

En présence d'un montage constitutif de fraude à la loi ou d'abus de droit, le juge peut faire prévaloir la nécessité de la lutte contre la fraude fiscale sur une application purement formelle des stipulations de la convention, telles les clauses favorables en matière d'avoir fiscal de la convention franco-britannique du 22 mai 1968[372].

(369) CE, sect., 30 déc. 2003, n° 238.894, *SA Andritz* : *Dr. fisc.* 2004, n° 16, comm. 427, concl. Bachelier ; *RJF* 2004, n° 238, concl. Bachelier, et chron. L. Olléon : *RJF* 2004, p. 83. – CAA Paris, 6 déc. 2007, n° 06-33070, *Fondation Stichting Unilever* : *RJF* 2008, n° 409 avec l'étude de M. Austry, Gutmann et Le Roux, *ibid.*, p. 337. – CE (na), 27 oct. 2008, n° 313.135 : *RJF* 2009, n° 113. – CE, 11 avr. 2014, n° 344990, *Sté Bayerische Hypo* : *RJF* 2014, n° 667, pour la convention fiscale franco-allemande du 21 juillet 1959. – CE, 11 avr. 2014, n° 346687, *Sté Unicredit* : *RJF* 2014, n° 667, pour la convention fiscale franco-italienne du 5 octobre 1989. – CE, 11 avr. 2014, n° 359640, *Sté Caixa Geral de Depositos* : *RJF* 2014, n° 667, pour la convention fiscale franco-portugaise du 14 janvier 1971.

(370) CE, 28 mai 2014, n° 360890, *Sté Al Hayat Publishing* : *RJF* 2014, n° 839 ; *BDCF* 2014, n° 86, concl. Mme Legras.

(371) CE, 13 oct. 1999, n° 191.191, *SA Diebold Courtage* : *RJF* 1999, n° 1492 ; *BDCF* 1999, n° 125, concl. Bachelier et chron. Mignon, *ibid.*, p. 931. – V. aussi sur la question : S. Austry, S. Gelin et D. Sorel, *Les clauses de bénéficiaire effectif ont-elles un effet utile ?* : *RJF* 2008, p. 1097. – M. Vail et M. Zahnd, *La clause de limitation des avantages de la convention. Réflexions autour de l'avenant du 13 janvier 2009 à la convention fiscale franco-américaine* : *Dr. fisc.* 2009, n° 49, étude 567.

(372) CE, 29 déc. 2006, n° 283.314, *Sté Bank of Scotland* : *Dr. fisc.* 2007, n° 4, comm. 87, concl. Séners ; *RJF* 2007, n° 322 ; *BDCF* 2007, n° 33, concl. ; *RJF* 2007, p. 319, chron. Bénard. – Sur l'ensemble de la question V., Ph. Martin, *L'interprétation des conventions fiscales internationales* : *Dr. fisc.* 2013, n° 24, étude 320.

c) Principe de subsidiarité. Jurisprudence administrative

460. – Justification. La coexistence du traité et de la loi peut ne poser qu'un problème de délimitation de leurs champs d'applications respectifs, et non pas une question de supériorité du traité sur la loi. C'est dans cette perspective que l'on peut parler du principe de subsidiarité.

Ce principe signifie que le juge doit examiner la situation du contribuable au regard de la législation interne avant de l'apprécier au regard de la convention. Cette obligation peut paraître surprenante, dès lors que l'article 55 de la Constitution reconnaît aux traités et accords régulièrement ratifiés ou approuvés une autorité supérieure à celle de la loi et que le Code général des impôts réserve systématiquement les dispositions des conventions internationales. Mais, ainsi que le notait M. Martin-Laprade, « le paradoxe n'est qu'apparent si l'on remarque que les conventions internationales conclues en vue d'éviter les doubles impositions ne permettent pas, en principe, de prélever un impôt que la loi interne n'eût pas permis de prélever ; autrement dit, elles n'ont pas pour effet de donner par elles-mêmes un fondement autonome – et le cas échéant dérogatoire à la loi interne – à l'application d'un impôt. Leur objet est seulement, comme leur nom l'indique d'ailleurs, de faire éventuellement obstacle à une imposition déjà prévue par la loi interne. La hiérarchie des normes juridiques n'a donc pas lieu d'intervenir dès lors que la logique de ces conventions implique que soient d'abord définis le champ d'application et la portée de la loi interne avant que ne soient envisagées les éventuelles dérogations que celles-là apportent à celle-ci »(373).

Il en résulte une autre conséquence paradoxale. En souscrivant aux clauses d'une convention destinée à éviter les doubles impositions, « l'État se borne à abandonner une partie du droit d'imposition qu'il tient de la loi interne. Ces conventions ont donc ceci de particulier qu'elles présentent un caractère subsidiaire : l'autorité supérieure à celle des lois que l'article 55 de la Constitution confère à tout engagement international ne peut jouer que pour autant que la loi est d'abord susceptible de trouver application »(374).

La subsidiarité des conventions fiscales crée aussi une symétrie entre le caractère non imposable de gains et le caractère non déductible d'une perte ou d'une charge. Le Conseil d'État a jugé ainsi qu'une convention internationale qui prive la France de son pouvoir d'imposer un gain susceptible d'être réalisé lors de la cession de titres de participation dans une filiale fait obstacle à ce qu'une moins-value relative à une telle cession soit prise en compte pour déterminer le montant net de plus-values ou moins-values de même nature entrant dans l'assiette de l'impôt en France ; il en résulte qu'une provision qui anticipe une telle moins-value ne peut être prise en compte pour la détermination de l'assiette de l'impôt dû(375).

461. – Définition. Champ d'application de la loi. Moyen d'ordre public. Le principe de subsidiarité des conventions fiscales bilatérales est appliqué depuis long-

(373) *RJF* 1976, chron. p. 41.
(374) *RJF* 1993, p. 359, concl. Arrighi de Casanova.
(375) CE, 12 juin 2013, n° 351.702, *Sté BNP Paribas*, *Dr. fisc.* 2013, n° 46, comm. 511, concl. E. Cortot-Boucher, note E. Dinh ; *RJF* 2013, n° 911 et p. 787, chron. E. Bokdam-Tognetti ; *BDCF* 2013, n° 100, concl. E. Cortot-Boucher.

temps par le Conseil d'État. Mais il a été explicité pour la première fois dans l'arrêt d'assemblée du 28 juin 2002, *Sté Schneider Electric*, en ces termes :

« si une convention bilatérale conclue en vue d'éviter les doubles impositions peut, en vertu de l'article 55 de la Constitution, conduire à écarter, sur tel ou tel point, la loi fiscale nationale, elle ne peut pas, par elle-même, directement servir de base légale à une décision relative à l'imposition ; par suite, il incombe au juge de l'impôt, lorsqu'il est saisi d'une contestation relative à une telle convention, de se placer d'abord au regard de la loi fiscale nationale pour rechercher si, à ce titre l'imposition contestée a été valablement établie et, dans l'affirmative, sur le fondement de quelle qualification ; il lui appartient ensuite, le cas échéant, en rapprochant cette qualification des stipulations de la convention, de déterminer – en fonction des moyens invoqués devant lui ou même, s'agissant de déterminer le champ d'application de la loi, d'office – si cette convention fait ou non obstacle à l'application de la loi fiscale » (V. réf. *infra*, n° 497).

La question portant sur le champ d'application respectif de règles de droit concurrentes, le Conseil d'État a, dans l'arrêt du 28 juin 2002, confirmé le principe suivant lequel le juge doit vérifier d'office si l'argumentation que lui soumet le contribuable ne conduit pas à lui donner satisfaction d'abord sur le terrain du droit interne : c'est donc un moyen d'ordre public, ainsi que l'avaient déjà soutenu les commissaires du gouvernement[376]. C'est là, du reste, une autre particularité que comporte l'examen du champ d'application de la loi interne en matière de conventions fiscales internationales.

De la même manière, lorsqu'une somme peut être imposée en France sur le fondement d'une disposition du Code général des impôts, il est fait échec à cette imposition lorsque celle-ci est réservée à un autre pays en application des stipulations d'une convention fiscale bilatérale. Le juge de l'impôt doit alors constater, le cas échéant d'office, qu'il y a lieu d'appliquer ces stipulations et non pas les dispositions de la loi nationale prévoyant l'imposition en France[377]. – V. *infra*, n° 593.

Au contraire, le moyen tiré de l'incompatibilité d'une disposition de loi avec les objectifs d'une directive communautaire ou des dispositions d'un traité multilatéral, telles que celles de la Convention européenne des droits de l'homme, n'est pas d'ordre public (V. *supra*, n° 318)[378].

462. – **Applications.** Le principe de subsidiarité a reçu de nombreuses applications :

– *en matière de retenue à la source de l'impôt sur le revenu prévue à l'article 119 bis du Code général des impôts*[379] ;

– *pour la détermination de la résidence en France*, et la priorité à la loi nationale s'impose dans ce cas avec d'autant plus de force lorsque le traité renvoie d'abord à la législation nationale en matière de domicile fiscal, suivant le modèle établi par l'OCDE, et propose ensuite des critères propres dans le cas de conflit de loi entre les deux États en ce qui concerne le domicile[380] ;

(376) Concl. Arrighi de Casanova, préc.

(377) CE, 12 juill. 2013, n° 359.994, *Gibier* et du même jour, n° 359.994, *Aube-Martin* : *Dr. fisc.* 2013, n° 37, comm. 417, concl. B. Bohnert, note F. Le Mentec ; *RJF* 2013, n°s 1028 et 1029 ; *BDCF* 2013, n° 113, concl. Bohnert.

(378) Sur la subsidiarité des conventions fiscales, V. aussi B. Castagnède, *Précis de fiscalité internationale*, *supra*, n°s 279 et s.

(379) CE, plén., 19 déc. 1975, req. n° 84.774 : *Dr. fisc.* 1976, n° 925, concl. Fabre ; *RJF* 1976, n° 77, chron. Martin-Laprade. – CE, plén., 31 janv. 2001, req. n° 199.543, *SA Bank Polska* : *Dr. fisc.* 2002, n° 20, comm. 422, concl. Bachelier ; *RJF* 2001, n° 489 ; *BDCF* 2001, n° 54, concl. – CE, plén., 30 déc. 2002, n° 236.096, *Hanna* : *Dr. fisc.* 2003, n° 10, comm. 189 ; *RJF* 2003, n° 298, concl. Austry.

(380) CE, 17 mars 1993, req. n° 45.894, *Memmi* : *Dr. fisc.* 1993, n° 25, comm. 1293 ; *RJF* 1993, n° 612, concl. Arrighi de Casanova. – CE, 29 nov. 2000, req. n° 197.551, *Arvanitakis* : *Dr. fisc.* 2002, n° 3, comm. 24 ; *RJF* 2001, n° 215. – CAA Nancy, 23 mai 2002, *Jaccard* : *Dr. fisc.* 2002, n° 48, comm. 949 ; *RJF* 2001, n° 1041. – CE, 13 juill. 2007, n° 290266, *Sté Pacific Espace* : *RJF* 2007, n° 1302 ; *BDCF* 2007, n° 132, concl. Séners ; *Dr. fisc.* 2007, n° 43, comm. 937, note Gracia. – CE, 11 avr. 2008, n° 185583, *Chey-*

– *pour la détermination de l'établissement stable et l'application du critère du lieu de la prise des décisions stratégiques*[381] ;

– *pour la détermination du champ d'application de l'impôt sur les sociétés prévu à l'article 209 du Code général des impôts et sur la qualification d'établissement stable*[382] ;

– *en ce qui concerne la compatibilité des dispositions d'une convention fiscale avec les dispositions de l'article 209 B du Code général des impôts*[383] ;

– *pour l'application de l'article 155 A du Code général des impôts*, qui permet à l'administration de déjouer l'évasion fiscale, notamment de professionnels du sport ou du spectacle, en prévoyant que les sommes perçues par une personne domiciliée ou établie hors de France (prestataire apparent) en rémunération de services rendus par une ou plusieurs personnes domiciliées en France (prestataire réel) sont imposables au nom de ces dernières[384].

• Sur la question de la compatibilité des dispositions de l'article 155 A avec le principe de la liberté d'établissement, V. *infra*, n° 596. – On rappellera que le Conseil constitutionnel a subordonné la constitutionnalité de l'article 155 A du Code général des impôts à l'absence de double imposition[385] ;

– *pour le régime d'imposition des associés non-résidents des sociétés de personnes exerçant leur activité en France*. Dans l'affaire ayant donné lieu à l'arrêt de l'assemblée plénière du 11 juillet 2011, la société requérante, qui avait son siège en Norvège, détenait 99 % des parts d'une société civile immobilière de construction-vente dont le siège social était situé en France ; l'administration l'avait imposée à raison de sa quote-part de bénéfices. La société requérante s'était prévalue des stipulations du paragraphe 1 de l'article 22 de la convention du 19 décembre 1980 entre la France et la Norvège, réservant à la Norvège l'imposition des éléments du revenu d'un résident de cet État qui ne sont pas traités dans les autres articles de la convention (clause dite « clause balai »).

Les sociétés régies par l'article 8 du Code général des impôts, telle en l'espèce la SCI de construction-vente, ont une personnalité distincte de celle de leurs membres et exercent une activité qui leur est propre. Pour le Conseil d'État, dès lors que cette activité est exercée en France, les bénéfices réalisés par ces sociétés sont en principe imposables en France entre les mains de leurs membres, y compris de ceux qui résident hors de France, à proportion des droits qu'ils détiennent dans la société.

---

nel : *Dr. fisc.* 2008, n° 24, comm. 377, concl. Landais ; *RJF* 2008, n° 769 ; *BDCF* 2008, n° 83, concl. ; *Dr. fisc.* 2009, n° 9, étude 216, par B. Castagnède. – CE, 19 juin 2013, n° 342.340, Léandri : *RJF* 2013, n° 950 ; *BDCF* 2013, n° 105, concl. E. Crépey.

(381) CE, 7 mars 2016, n° 371435, *Cie internationale des wagons-lits* : *RJF* 2016, n° 555 et p. 794, concl. A. Bretonneau.

(382) TA Nice, 5 avr. 2001, req. n° 97-1014, *Sté de Bacquer* : *LPA* 18 févr. 2002, n° 35, note J.-P. Maublanc ; *RJF* 2001, n° 1198. – CE, 31 juill. 2009, 2 arrêts, n° 296.71, *Sté Overseas* et n° 297.933, *Sté Swiss International Air Lines* : *Rec. CE* 2009, p. 334 et 336 ; *Dr. fisc.* 2009, n° 50, comm. 580, concl. E. Glaser, note P. Dibout ; *RJF* 2009, nos 979 et 980 ; *BDCF* 2009, n° 133, concl. E. Glaser ; *ibid.*, p. 819, chron. V. Daumas, *Subsidiarité des conventions fiscales internationales : un pragmatique retour à l'orthodoxie* : *RFDA* 2010, p. 204, chron. C. Santulli.

(383) CE, ass., 28 juin 2002, *Sté Schneider Electric*, V. *infra*, n° 497.

(384) CE, 28 mars 2008, n° 271.366, *Aznavour* : *Dr. fisc.* 2008, n° 17, comm. 293, concl. Landais ; *LPA* 2 juin 2008, n° 110, note F. Perrotin ; *RJF* 2008, n° 629 ; *BDCF* 2008, n° 69, concl. – CE, 4 déc. 2013, n° 348.136, *Edmilson Gomes de Moraes* : *Dr. fisc.* 2014, n° 11, comm. 211, concl. V. Daumas, note C. de la Mardière ; *RJF* 2014, n° 210 ; *BDCF* 2014, n° 26, concl. V. Daumas. – J. Burguburu, *Quand l'article 155 A pousse sa chansonnette un peu plus loin*, chron. *in RJF* 2008, p. 447. – V. aussi B. Gouthière, *Dispositifs anti-abus et conventions fiscales* : *FR Lefebvre* 26/2008, 8, p. 9 ; *Art. 155 A du CGI : compatibilité avec les normes juridiques supérieures ?* : *BF Lefebvre* 6/2011, p. 469 et s.

(385) Cons. const., 26 nov. 2010, n° 2010-70 QPC : *Dr. fisc.* 2011, n° 6, comm. 209, note F. Dieu. – V., pour une application de la réserve faite par le Conseil : TA Montreuil, 25 mai 2012, n° 11-00961, *Couckuyt* : *Dr. fisc.* 2012, n° 46, comm. 520, note N. Peton-Philippot ;

Poussant au maximum le principe de subsidiarité, le Conseil d'État a jugé qu'il incombe au juge de l'impôt de rechercher si une convention internationale relative aux doubles impositions fait obstacle à l'imposition en France de revenus qui y sont imposables en application du droit interne ; en l'absence dans la convention applicable au litige de stipulations relatives aux revenus réalisés ou perçus par une société relevant du régime des sociétés de personnes, prévu notamment par les dispositions de l'article 8 du Code général des impôts, il lui appartient de faire application de la convention à cette société qui, eu égard à son régime, est susceptible d'être regardée comme résidente de France et de vérifier qu'aucune de ses stipulations ne s'oppose à l'imposition en France de ces revenus ; si tel est le cas, il lui revient également de vérifier qu'aucune stipulation de la convention ne s'oppose à ce que l'impôt dû en France à raison de ces revenus soit réclamé aux associés ; en l'absence d'une telle stipulation, l'associé non-résident de cette société ne peut se prévaloir ni des stipulations de la convention relatives aux divers revenus qu'elle mentionne ni de celles de l'article précisant le régime d'imposition des autres revenus dès lors que l'ensemble de ces stipulations ne sont applicables qu'aux revenus réalisés en propre par la société et non à ceux sur lesquels l'associé non-résident est imposé au prorata de sa participation au capital de cette société. Il a décidé en l'espèce que les stipulations de la convention entre la France et la Norvège et notamment celles de l'article 22 ne s'appliquent qu'aux revenus réalisés en propre par la société de personnes et non à ceux sur lesquels la société non-résidente est imposée au prorata de sa participation au capital de cette société[(386)].

Cette jurisprudence a été confirmée pour l'application des dispositions de l'article 22 de la convention franco-américaine du 31 août 1994[(387)] ;

– *pour la déduction des retenues à la source étrangères normalement déductibles du résultat imposable selon la loi fiscale nationale*[(388)].

463. – **Article 165 bis du Code général des impôts. Revenus non imposables en France en application du droit interne. Imposition sur le fondement d'une convention.** Ce texte prévoit que nonobstant toute disposition contraire du Code général des impôts, tous les revenus dont l'imposition est attribuée à la France par une convention internationale relative aux doubles impositions sont passibles en France de l'impôt sur le revenu.

Le Conseil d'État a jugé en 2009 que l'administration tient de ce texte le droit d'imposer ces revenus même s'ils ne sont pas imposables en France en application du droit interne[(389)]. Il avait paru créer ainsi une exception au principe suivant lequel une convention fiscale bilatérale ne peut pas servir de fondement à une imposition.

(386) CE, plén., 11 juill. 2011, n° 317024, *Sté Quality Invest* : *Dr. fisc.* 2011, n° 36, comm. 496, concl. L. Olléon ; *RJF* 2011, n° 1063 et p. 907, chron. C. Raquin ; *BDCF* 2011, n° 117, concl. Olléon ; *Procédures* 2011, n° 10, comm. 323, note O. Négrin.

(387) CE, 13 févr. 2013, n° 342.085, *Barlow* : *Dr. fisc.* 2013, n° 15, comm. 237, concl. F. Aladjidi ; *RJF* 2013, n° 506 ; *BDCF* 2013, n° 58, concl. – G. Gest, *Subsidiarité des conventions, fictions fiscales et associés non-résidents des sociétés de personnes françaises* : *Dr. fisc.* 2013, n° 24, étude 321.

(388) CE, 12 mars 2014, n° 362528, *Sté Céline* : *Dr. fisc.* 2014, n° 22, comm. 356, concl. Aladjidi, note Ph. Durand ; *RJF* 2014, n° 602 et p. 531, concl. Aladjidi. – E. Dinh, *Une redéfinition du principe de subsidiarité des conventions fiscales en forme d'infléchissement* : *Dr. fisc.* 2015, n° 9, chron. 172.

(389) CE, 31 juill. 2009, n° 296.471, *Sté Overseas* : *RJF* 2009, n° 979, et p. 819, chron. V. Daumas ; *BDCF* 2009, n° 133, concl. E. Glaser ; *Dr. fisc.* 2009, n° 46, act. 336, note O. Fouquet.

Un tribunal a jugé cependant qu'il ressort des travaux parlementaires de la loi n° 59-1472 du 28 décembre 1959 d'où sont issues les dispositions de l'article 165 bis du Code général des impôts qu'elles ne s'appliquent pas aux revenus dont l'exonération d'imposition est prévue par la loi fiscale et qu'elles ne permettent pas à une convention internationale relative aux doubles impositions de prévoir l'imposition de revenus exonérés notamment en application de l'article 244 bis C du même code(390).

d) Jurisprudence judiciaire. Non-application du principe de subsidiarité

464. – La Cour de cassation, contrairement au Conseil d'État, n'applique pas le principe de subsidiarité selon lequel le juge doit examiner la situation du contribuable au regard de la législation interne avant de l'apprécier au regard de la convention. Elle a réaffirmé sa jurisprudence traditionnelle dans un important arrêt d'assemblée plénière du 2 octobre 2015, en rappelant « qu'en vertu de la hiérarchie des normes, il convient de se référer, d'abord, aux conventions internationales ».

Elle a jugé ainsi, concernant une succession comprenant les parts d'une société monégasque, propriétaire d'immeubles situés en France, qu'au regard de la convention franco-monégasque du 1er avril 1950, cette société relevait de l'article 6, qui vise les actions ou parts sociales, et prévoit que, si le *de cujus* était domicilié, au moment de son décès, dans l'un des deux États, lesdits biens ne seront soumis à l'impôt sur les successions que dans cet État, et non de l'article 2, qui concerne les immeubles et droits immobiliers. L'imposition des parts sociales transmises par le décès de leur titulaire résidant à Monaco relevait de cet État et non de la France, comme le soutenait l'administration, dès lors que ces parts constituaient des biens incorporels de nature mobilière(391).

2° Procédure amiable

465. – But. La procédure amiable est prévue dans presque toutes les conventions fiscales signées par la France. Elle a pour but d'éliminer, par voie d'accord amiable entre deux administrations fiscales, les difficultés d'application et d'interprétation des conventions.

466. – Circulaire du 23 février 2006. Les procédures amiables d'élimination des doubles impositions ont fait l'objet d'une importante instruction du 23 février 2006(392).

La procédure amiable y est définie comme une voie de recours « à la disposition des contribuables » confrontés à des difficultés d'application des conventions tendant à éviter des doubles impositions.

Elle concerne à la fois le cas de double imposition juridique et celui de double imposition économique (V. *supra*, n° 416).

La procédure amiable est fondée sur des dispositions spécifiques des conventions fiscales, le plus souvent rédigées en des termes identiques ou comparables à ceux de l'article 25 du modèle de convention fiscale de l'OCDE concernant le

(390) TA Montreuil, 18 nov. 2011, n° 10-05653, *Griveau* : *RJF* 2012, n° 552 ; *FR Lefebvre* 24/2012, étude B. Gouthière.
(391) Cass. ass. plén., 2 oct. 2015, n° 14-14.256 : *RJF* 2015, n° 1066 ; note B. Gouthière ; *FR Lefebvre* 42/2015.
(392) *BOI* 14 F-1-06 ; *Dr. fisc.* 2006, n° 11, 13491, mod. par Instr. 23 déc. 2009 : *BOI* 14 F-1-09 ; *Dr. fisc.* 2010, n° 2, 14195.

revenu et la fortune. Instituée dans ce cadre, elle prévoit une obligation de moyens. Les États ne sont pas tenus d'aboutir à une solution assurant une élimination totale de la double imposition, mais doivent seulement s'efforcer de l'éliminer.

La convention européenne du 23 juillet 1990 relative à l'élimination des doubles impositions en cas de correction des bénéfices d'entreprises associées, entrée en vigueur le 1er juin 1995, a également mis en place une procédure amiable, dont les caractéristiques sont proches de celles de la procédure amiable prévue dans le cadre bilatéral. La procédure prévue par cette convention présente toutefois deux différences essentielles[393]. Elle ne vise que les prix de transfert. En outre, elle crée une obligation de résultat : à défaut d'un accord entre les autorités compétentes pour assurer une élimination de la double imposition, la convention du 23 juillet 1990 prévoit, dans une seconde phase, la mise en place d'une commission consultative dont l'avis peut s'imposer aux États en cas de désaccord persistant.

Les conditions d'application de la convention européenne d'arbitrage du 23 juillet 1990 ont fait l'objet d'un code de conduite adopté par le Conseil de l'Union européenne le 7 décembre 2004.

L'instruction du 23 février 2006 souligne dans son préambule que les procédures amiables doivent être conduites en associant les contribuables et les entreprises concernées, dans un souci de transparence mais aussi d'efficacité. Elle insiste sur le fait que l'ouverture d'une procédure amiable dans le cadre d'une convention déterminée peut être demandée en principe par toute personne physique ou morale résidente de l'un ou l'autre État partie à la convention (§ 9).

L'autorité compétente de l'État dont le contribuable s'estime être un résident reste toutefois seule habilitée à apprécier la recevabilité de sa demande (§ 89).

Quant à la transparence, la circulaire du 23 février 2006 mentionne « que la procédure amiable est une procédure semi-diplomatique. À ce titre, un contribuable n'a pas le droit d'obtenir communication des échanges écrits entre autorités compétentes des États et ne participe pas aux négociations proprement dites (...) [C'est seulement pour] assurer une meilleure compréhension et une meilleure transparence sur le traitement et l'évolution du dossier de procédure amiable [que] le contribuable est associé à son déroulement » (§ 146).

467. – Jurisprudence. Il y a loin, par ailleurs, entre l'affirmation de l'instruction selon laquelle la procédure amiable est une voie de recours « à la disposition des contribuables » et les principes dégagés par la jurisprudence.

On se bornera à rappeler ici les grandes lignes de cette procédure.

Les mesures arrêtées par les administrations fiscales des États contractants par voie d'accord amiable ne sont opposables aux contribuables que si trois conditions sont réunies :

– en premier lieu, l'existence de stipulations habilitant les administrations des États contractants à recourir à la procédure amiable ;

– en deuxième lieu, l'approbation de l'accord amiable par l'autorité compétente[394].

(393) D. n° 95-144, 6 févr. 1995.
(394) CE, 16 févr. 1990, req. n° 68.627 : *RJF* 1990, n° 393, concl. Ph. Martin et p. 391, chron. J. Turot.

Certaines dispositions sont cependant susceptibles de recevoir application sur le fondement de l'article L. 80 A du Livre des procédures fiscales. Il a été jugé ainsi que le régime optionnel d'imposition des Libanais réfugiés en France résultant de l'échange de lettres des 15 juillet et 30 septembre 1986 entre la France et le Liban n'ayant fait l'objet d'aucune publication, ne peut constituer un régime légal ou conventionnel invocable sur le terrain de la loi fiscale. Mais ce régime, dont le contenu a fait l'objet d'une large diffusion interne à l'administration, constitue une interprétation du texte fiscal au sens du premier alinéa de l'article L. 80 A(395). – Rappr. : une instruction peut être invocable par le contribuable sur le fondement de l'article 1er du décret du 28 novembre 1983 (aujourd'hui abrogé)(396) ;

– en troisième lieu, et en tout état de cause, la publication de cet accord amiable au *Journal officiel*(397).

L'administration dispose d'un pouvoir discrétionnaire pour apprécier l'opportunité d'engager la procédure amiable ; le contribuable n'a pas un droit à ce qu'elle soit mise en œuvre(398).

L'accord amiable qui est passé entre les autorités compétentes des États contractants pour régler la situation d'un contribuable déterminé peut, au regard des stipulations de la convention, être inopposable au contribuable et au juge de l'impôt(399).

§ 3. – Autorité des normes internationales

468. – Après un bref rappel sur le droit international non écrit, il y a lieu d'examiner l'autorité des normes internationales à trois points de vue concernant les rapports entre les normes internationales et la Constitution, – les rapports entre les normes internationales et les normes internes, – et la combinaison des conventions internationales.

A. – Droit international non écrit : contenu et principes généraux

469. – Rapports entre normes de droit international. Principes généraux et règles coutumières de droit international. Concernant les normes non écrites, le Conseil d'État a admis dans le contentieux général que les principes du droit international peuvent recevoir application en droit interne(400) et l'applicabilité de la coutume internationale dans l'ordre juridique français n'est pas exclue(401).

(395) TA Paris, 20 févr. 1996, req. n° 93-9438 : *RJF* 1996, n° 782. – CE, 12 mai 1997, req. n° 140887 : *RJF* 1997, n° 646 ; *Dr. fisc.* 1997, comm. 1018, concl. Loloum.

(396) CE, 16 déc. 1998, req. n° 127.404, *Sté immobilière de Font de Veyre : Dr. fisc.* 1999, comm. 439, concl. Goulard ; *RJF* 1999, n° 207 ; *BDCF* 1999, n° 21, avec concl.

(397) CE, 16 févr. 1990, préc. – CE, 10 juin 1992, req. n° 72.704 : *Dr. fisc.* 1994, comm. 628 ; *RJF* 1992, n° 1232.

(398) CE, 2 juin 1986, req. n° 44.571 : *RJF* 1986, n° 818, concl. Fouquet ; *Dr. fisc.* 1987, comm. 2178. – CAA Nancy, 10 oct. 1991, req. n° 529 : *RJF* 1992, n° 124.

(399) CE, sect., 13 mai 1983, req. n° 28.831 : *Dr. fisc.* 1983, comm. 1568, concl. Bissara ; *RJF* 1983, n° 848, chron. Racine ; *D.* 1983, p. 398, note Tixier et Foucault. – Sur la question : C. Boullez et P. Schiele, *Le règlement non contentieux des conflits en droit fiscal (procédure amiable et arbitrage en matière de droit fiscal international conventionnel) : BF Lefebvre* 1997, p. 137 et s. – B. Castagnède, *Précis de fiscalité internationale, op. cit.*, nos 97 et s., 280 et s.

(400) CE, sect., 23 oct. 1987, *Sté Nachfolger : Rec. CE* 1987, p. 319 ; *RFDA* 1987, p. 963, concl. Massot ; *AJDA* 1987, p. 725, chron. de Boisdeffre et Azibert ; *RFDA* 1988, p. 345, note Ruzié.

(401) CE, ass., 6 juin 1997, n° 399, *Aquarone*, V. *supra*, n° 412.

Le Conseil d'État a jugé cependant que ni l'article 55 de la Constitution, ni aucune autre disposition de valeur constitutionnelle ne prescrivent ni n'impliquent que le juge administratif fasse prévaloir la coutume internationale ou même un principe général de droit international sur la loi en cas de conflit entre ces normes internationales et la norme législative interne[402].

Dans les deux cas, l'alinéa 14 du Préambule de la Constitution du 27 octobre 1946 qui prévoit que « la République française, fidèle à ses traditions, se conforme aux règles du droit public international », n'est pas sans portée.

Effectivement, le Conseil d'État a admis, dans son arrêt d'assemblée du 9 juillet 2010, *Cheriet-Benseghir*, que l'application de la coutume internationale peut avoir un fondement constitutionnel (V. *supra*, n° 447).

Il a confirmé cette jurisprudence dans un arrêt de section du 23 septembre 2011. Se fondant sur les dispositions du quatorzième alinéa du Préambule de la Constitution du 27 octobre 1946, auquel se réfère le Préambule de la Constitution du 4 octobre 1958, il a jugé que la règle coutumière du droit public international d'immunité d'exécution des États, qui n'est écartée ni par la loi du 9 juillet 1991 portant réforme des procédures civiles d'exécution ni par aucune autre disposition législative, s'applique dans l'ordre juridique interne. Il a admis toutefois que la responsabilité de l'État français est susceptible d'être recherchée, sur le fondement de la rupture de l'égalité devant les charges publiques, dans le cas où son application entraîne un préjudice grave et spécial[403].

470. – Principe de non-aggravation. Le principe de non-aggravation est présenté parfois comme un principe général du droit fiscal international.

Effectivement, l'Administration a toujours interprété le principe de la supériorité des conventions internationales sur la loi interne comme ne pouvant aboutir à une aggravation de la situation du contribuable par rapport au droit interne. En d'autres termes, les dispositions de la loi interne doivent prévaloir sur celles de la convention lorsque l'application de celle-ci conduit à une aggravation de la situation du contribuable par rapport à celle qui serait la sienne au regard du droit interne, en l'absence de convention.

On invoque, à ce sujet, un arrêt du Conseil d'État[404]. Il ressort toutefois de cet arrêt, éclairé par les conclusions du commissaire du gouvernement, que le Conseil d'État n'a pas appliqué le principe de non-aggravation ; le contribuable invoquant la doctrine administrative, la décision a été fondée sur les dispositions de l'article L. 80 A du Livre des procédures fiscales.

Il a été jugé plus récemment qu'un contribuable ne peut utilement se prévaloir du principe de non-aggravation pour faire obstacle à l'application d'une convention

(402) CE, 6 juin 1997, *Aquarone*, préc. – CE, 28 juill. 2000, n° 178.134, *Paulin*, pour l'exonération à l'impôt sur le revenu des pensions versées à un ancien fonctionnaire du Bureau international du travail : *RJF* 2000, n° 1194 ; *D.* 2001, p. 387, note Tixier. – G. Teboul, *Nouvelles réflexions sur le droit international non-écrit dans la jurisprudence du juge administratif et du juge judiciaire français* : *RDP* 2001, p. 809 et s. – Sur la coutume internationale et les principes généraux du droit, V. J. Combacau et S. Sur, préc., p. 54 et s. et 107 et s.

(403) CE, sect., 23 sept. 2011, n° 329.788, *Mme Saleh* : *RFDA* 2012, p. 46, concl. C. Roger-Lacan ; *AJDA* 2011, p. 2482, note C. Broyelle ; *RDP*2012, p. 491, chron. H. Pauliat, concernant des demandes de rappels de salaires ou d'indemnités liés au licenciement d'employés de l'Ambassade du Koweït à Paris.

(404) CE, 17 déc. 1984, n° 47.293 : *Dr. fisc.* 1985, n° 11, comm. 553, concl. Fouquet ; *RJF* 1985, n° 308.

internationale en soutenant que l'application de ses stipulations rendrait sa situation moins favorable que celle résultant du seul droit interne[405].

B. – Normes internationales et Constitution

471. – Deux problèmes sont à examiner, qui portent tous deux sur la contrariété entre les dispositions du traité ou de l'accord et les dispositions de la Constitution ou les principes de valeur constitutionnelle.

Le premier est celui de l'appréciation de la conformité des normes internationales à la Constitution, et le second, celui de la supériorité ou de la non-supériorité des engagements internationaux sur la Constitution.

1° Appréciation de la conformité des normes internationales à la Constitution

a) Contrôle du Conseil constitutionnel

472. – Seul le Conseil constitutionnel peut statuer sur cette conformité. Le juge administratif ou judiciaire est incompétent pour l'examiner.

Il a déjà été indiqué que le Conseil constitutionnel peut être appelé à se prononcer suivant deux procédures : l'examen direct de la conformité de l'engagement international à la Constitution en application de l'article 54 de la Constitution et l'examen de cette conformité par voie de conséquence, à l'occasion d'un recours dirigé, en vertu de l'article 61, alinéa 2, contre la loi autorisant la ratification (V. *supra*, n° 429).

L'article 54 ne consacre aucune supériorité de principe des normes internationales sur la Constitution ; au contraire, il subordonne l'autorisation de ratifier ou d'approuver l'engagement international à la reconnaissance préalable de la conformité de celui-ci à la Constitution, et même à une révision de celle-ci s'il comporte une clause contraire à des dispositions constitutionnelles.

Dans le second cas, cet examen ne peut porter sur autre chose que la conformité à la Constitution. Le Conseil constitutionnel considère qu'« il ne lui appartient pas, lorsqu'il est saisi en application de l'article 61 de la Constitution, d'apprécier la conformité d'un engagement international aux stipulations d'un traité ou d'un accord international »[406]. Il a rejeté en conséquence le moyen tiré de ce que la convention franco-allemande d'entraide judiciaire dérogerait à la Convention européenne d'entraide judiciaire en matière pénale du 20 avril 1959.

b) Incompétence du juge administratif ou judiciaire

473. – **Juge administratif.** Le juge administratif ou judiciaire ne se reconnaît pas compétent pour apprécier la conformité à la Constitution des clauses d'une convention.

Ce principe résulte notamment des arrêts dans lesquels le Conseil d'État, saisi d'un recours en annulation du décret de publication du traité, refuse d'examiner

(405) CAA Paris, 21 déc. 2012, n° 11-02852, *Sté Globe Traders* : *RJF* 2013, n° 470. – Sur la question : V. aussi O. Fouquet et Ph. Durand : *Dr. fisc.* 2012, n° 49, comm. 547.
(406) Cons. const., 17 juill. 1980, n° 80-116 DC, *Convention franco-allemande d'entraide judiciaire*.

le moyen d'inconstitutionnalité qui est invoqué pour démontrer l'illégalité de la procédure de ratification(407) ou de la convention elle-même(408).

D'une manière générale, le moyen tiré de l'illégalité d'une convention internationale est inopérant(409).

Un contribuable ne peut non plus demander au juge d'annuler son imposition en se bornant à soutenir que les dispositions d'une convention « violeraient l'article 2 du Code civil (principe de non-rétroactivité) et les principes généraux tant du droit international que du droit interne et qu'ainsi l'imposition réclamée serait dépourvue de fondement légal »(410).

474. – **Juge judiciaire.** La jurisprudence judiciaire applique le même principe : « il n'appartient pas aux juridictions de l'ordre judiciaire de se prononcer sur la constitutionnalité des traités non plus que de la loi »(411).

475. – **Exception d'inconstitutionnalité (Const., art. 61-1).** Le principe posé par la loi constitutionnelle n° 2008-724 du 23 juillet 2008, qui fait l'objet de l'article 61-1 de la Constitution, ne modifie pas fondamentalement cette situation. Lorsque, à l'occasion d'une instance en cours devant une juridiction, il est soutenu qu'une disposition législative porte atteinte aux droits et libertés que la Constitution garantit (seul), le Conseil constitutionnel peut être saisi de cette question sur renvoi du Conseil d'État ou de la Cour de cassation (V. *infra*, n°s 796 et s.).

2° Supériorité de la Constitution sur les engagements internationaux

476. – **Arrêt *Sarran*.** Le principe de la supériorité des engagements internationaux, posé à l'article 55 de la Constitution, ne s'applique pas, dans l'ordre interne, aux dispositions de nature constitutionnelle.

Le Conseil d'État a consacré le principe contraire de la supériorité de la Constitution sur les traités dans l'important arrêt d'assemblée du 30 octobre 1998, *Sarran*(412).

La Haute juridiction était saisie d'un recours pour excès de pouvoir contre le décret du 20 août 1998 portant organisation de la consultation des populations de la Nouvelle-Calédonie prévue par l'article 76 de la Constitution, dans la rédaction qui lui a été donnée par l'article 2 de la loi constitutionnelle du 20 juillet 1998. En vertu du deuxième alinéa de l'article 76, « sont admises à participer au scrutin les personnes remplissant les conditions fixées à l'article 2 de la loi n° 88-1028 du 9 novembre 1988 ». Ce texte exige que les intéressés soient domiciliés en Nouvelle-Calédonie depuis le 6 novembre 1988. Aux termes du troisième alinéa de l'article 76, « les mesures nécessaires à l'organisation du scrutin sont prises par décret en Conseil d'État délibéré en Conseil des ministres ». Le décret du 20 août 1998 a été pris sur le fondement de ces dernières dispositions.

(407) CE, 3 mars 1961, *André* : *Rec. CE* 1961, p. 154, pour un moyen tiré de ce que la loi autorisant la ratification des traités de Rome du 25 mars 1957 serait contraire à la Constitution de 1946.

(408) CE, 4 mars 1964, *Dechamps* : *RDP* 1964, p. 1268, obs. Robert ; *JCP G* 1964, II, 13754, note Leschemelle.

(409) Arrêt *Dechamps*, préc., à propos de la convention fiscale franco-monégasque du 18 mai 1963.

(410) À propos de la convention franco-monégasque du 18 mai 1963, CE, 29 janv. 1971, req. n° 78.567 : *Rec. CE* 1971, p. 84 ; *Dr. fisc.* 1971, n° 25, comm. 912, concl. Dufour.

(411) Cass. crim., 27 févr. 1990, *Touvier* : *Bull. crim.* 1990, n° 96, p. 251.

(412) *RFDA* 1998, p. 1081, concl. Maugüé. – D. Alland, *Consécration d'un paradoxe : primauté du droit interne sur le droit international* : *RFDA* 1998, p. 1094 ; *AJDA* 1998, p. 962, chron. Raynaud et Fombeur. – L. Dubours, *Les trois logiques de la jurisprudence Sarran* : *RFDA* 1999, p. 57. – B. Mathieu et M. Verpeaux, *Le point de vue du constitutionnaliste, ibid.*, p. 67. – O. Gohin, *La Constitution française et le droit d'origine externe, ibid.*, p. 77. – J.-F. Flauss, *Contrôle de conventionnalité et contrôle de constitutionnalité devant le juge administratif* : *RDP* 1999, p. 919 ; *LPA* 23 juill. 1999, n° 146, note E. Aubin.

Les requérants estimaient que l'institution d'un corps électoral restreint méconnaissait des normes de droit interne (notamment les articles 3, 55 et 76 de la Constitution ainsi que les articles 1er et 6 de la Déclaration de 1789) et des normes de droit international(413).

Le Conseil d'État a décidé que les articles 3 et 8 du décret du 20 août 1998, qui étaient critiqués, ont fait une exacte application de l'article 76 de la Constitution.

L'article 76 ayant entendu déroger aux autres normes de valeur constitutionnelle relatives au droit de suffrage, le Conseil a écarté également le moyen tiré de la violation des articles 1er et 6 de la Déclaration de 1789 et de l'article 3 de la Constitution.

En ce qui concerne la violation des engagements internationaux, il a rejeté le moyen avec les considérants suivant :

« Considérant que si l'article 55 de la Constitution dispose que « les traités ou accords régulièrement ratifiés ou approuvés ont, dès leur publication, une autorité supérieure à celle des lois sous réserve, pour chaque accord ou traité, de son application par l'autre partie », la suprématie ainsi conférée aux engagements internationaux ne s'applique pas, dans l'ordre interne, aux dispositions de nature constitutionnelle ; qu'ainsi, le moyen tiré de ce que le décret attaqué, en ce qu'il méconnaîtrait les stipulations d'engagements internationaux régulièrement introduits dans l'ordre interne, serait par là même contraire à l'article 55 de la Constitution, ne peut lui aussi qu'être écarté ;

« Considérant que si les requérants invitent le Conseil d'État à faire prévaloir les stipulations des articles 2, 25 et 26 du pacte des Nations unies sur les droits civils et politiques, de l'article 14 de la Convention européenne de sauvegarde des droits de l'homme et des libertés fondamentales et de l'article 3 du Protocole additionnel n° 1 à cette convention, sur les dispositions de l'article 2 de la loi du 9 novembre 1988, un tel moyen ne peut qu'être écarté dès lors que par l'effet du renvoi opéré par l'article 76 de la Constitution aux dispositions dudit article 2, ces dernières ont elles-mêmes valeur constitutionnelle ».

Dans l'affaire *Sarran*, la loi constitutionnelle du 20 juillet 1998 était postérieure aux normes du droit international qui avait été invoquées par les requérants. On peut considérer cependant que le Conseil d'État ferait prévaloir de la même manière les dispositions de nature constitutionnelle sur des normes internationales postérieures à celles-ci.

477. – **Application en matière fiscale.** Le Conseil d'État a transposé, en matière fiscale, dans les rapports entre la Constitution et le droit communautaire, le principe posé par son arrêt *Sarran* le 30 octobre 1998(414).

Il s'agissait de la création d'une contribution exceptionnelle assise sur le chiffre d'affaires hors taxes réalisé en 1999 par les entreprises exploitant des spécialités pharmaceutiques remboursables à la suite de la suppression d'un prélèvement que la Cour de justice des Communautés européennes, saisie d'une question préjudicielle, avait jugé, par un arrêt du 8 juillet 1999, *Sté Baxter*, incompatible avec le Traité CE. Le Conseil d'État en avait tiré les conséquences en annulant les dispositions du décret d'application de la nouvelle contribution par un arrêt du 15 octobre 1999.

Ce décret avait été attaqué pour violation de la chose jugée par les arrêts du 8 juillet 1999 et du 15 octobre 1999, et pour incompatibilité, d'une part, avec l'article 10 du Traité CE (qui fait obligation aux États membres d'assurer l'exécution des obligations découlant du traité), l'article 6,1 de la Convention EDH, l'article 1er du premier protocole additionnel relatif au droit de propriété, et d'autre part, avec des principes généraux de l'ordre juridique communautaire, tels le principe de la confiance légitime, le principe de la sécurité juridique et le principe de loyauté ou encore le principe de primauté du droit communautaire.

Le Conseil d'État, après avoir relevé que la nouvelle contribution ne concerne pas les mêmes assujettis, retient une assiette différente, en particulier en ne permettant plus de déduire les dépenses de recherche, et en ne prévoyant pas les mêmes exonérations que la précédente, a rejeté tous les moyens des requérants en ajoutant que le principe de primauté « au demeurant ne saurait conduire, dans l'ordre interne, à remettre en cause la suprématie de la Constitution ».

(413) Conv. EDH, art. 14 ; Prot. add. n° 1, art. 3 ; Pacte international relatif aux droits civils et politiques de New York, art. 2, 25 et 26.
(414) CE, 3 déc. 2001, n° 226.514, *Synd. national de l'industrie pharmaceutique* : *Rec. CE* 2001, p. 624 ; *Dr. adm.* 2002, n° 55, note Cassia ; *RFDA* 2002, p. 166.

478. – **Jurisprudence judiciaire.** La Cour de cassation a adopté une position identique à celle du Conseil d'État : « la suprématie conférée aux engagements internationaux ne s'appliquant pas dans l'ordre interne aux dispositions de valeur constitutionnelle, le moyen tiré de ce que les dispositions de l'article 188 de la loi organique (du 19 mars 1999 relatif à la Nouvelle-Calédonie) seraient contraires au Pacte international relatif aux droits civils et politiques et à la Convention européenne de sauvegarde des droits de l'homme et des libertés fondamentales doit être écarté »[(415)].

C. – Normes internationales et normes internes. Prévalence des engagements internationaux

479. – **Principe.** La suprématie du traité sur la loi déjà affirmée par la Constitution de 1946, l'est actuellement par l'article 55 de la Constitution du 4 octobre 1958, qui proclame que les traités ou accords régulièrement ratifiés ou approuvés ont, dès leur publication, une autorité supérieure à celle des lois, sous réserve, pour chaque accord ou traité, de son application par l'autre partie.

Il s'ensuit, en particulier, que les conventions fiscales internationales l'emportent sur les dispositions du Code général des impôts.

Le principe a été réaffirmé par l'article 3-III de la loi n° 59-1472 du 28 décembre 1959, portant réforme du contentieux fiscal et divers aménagements fiscaux : « nonobstant toute disposition contraire du Code général des impôts, sont passibles en France de l'impôt sur le revenu ou de l'impôt sur les sociétés tous revenus dont l'imposition est attribuée à la France par une convention internationale relative aux doubles impositions »[(416)].

1° L'évolution de la jurisprudence

480. – **Position du problème à l'origine.** Le Conseil d'État a fait pendant longtemps une distinction suivant qu'il s'agissait d'une loi antérieure ou postérieure au traité.

Il a toujours été admis que le traité (ou l'acte dérivé en droit communautaire) l'emportait sur la loi antérieure dans la mesure où il apparaissait que celle-ci était incompatible avec celui-là (la jurisprudence n'est pas très abondante sur ce point), mais non pas dans le cas de la loi postérieure au traité.

Il faut insister d'abord sur le fait que le conflit entre le traité et la loi postérieure n'existe que dans le cas de contrariété entre les stipulations de l'un et les dispositions de l'autre.

La coexistence du traité et de la loi peut ne poser qu'un problème de délimitation de leurs champs d'application respectifs. La solution que retient le juge en pareil cas ne serait pas différente si le traité et la loi occupaient le même rang dans la hiérarchie des normes. Cette solution implique seulement que les stipulations de la convention internationale soient suffisamment précises et contraignantes pour être directement applicables aux particuliers qui entrent dans son champ d'application. Le juge administratif écarte alors les dispositions de la loi postérieure et admet,

(415) Cass. ass. plén., 2 juin 2000, *Fraisse* : *Bull. civ.* 2000, ass. plén., n° 4 ; *D.* 2000, n° 24, p. V, obs. Chagnollaud ; *LPA* 11 déc. 2000, n° 246, note P. Jan ; *Gaz. Pal.* 2000, 2, 2464, note J.-F. Flauss ; *RDP* 2000, p. 1037, note X. Prétot ; *JCP* G 2001, II, 10453, note A.-C. de Foucauld ; *D.* 2001, p. 1636, chron. B. Beignier et s. Mouton.

(416) CGI, art. 4 *bis* et 209.

en particulier, que la violation des stipulations de la convention peut être invoquée à l'appui d'un recours pour excès de pouvoir(417).

Ce cas correspond notamment à celui des conventions internationales qui sont destinées à éviter les doubles impositions et dont les contribuables peuvent se prévaloir devant le juge administratif. Le juge considère que « les dispositions générales d'une loi postérieure n'ont pas eu pour objet ou pour effet de déroger aux stipulations antérieures spéciales de la convention internationale bilatérale (...) Il ne s'agit donc pas à proprement parler d'une exception à la règle selon laquelle [le juge s'interdit] d'apprécier la conformité d'une loi à un traité mais bien plutôt de la délimitation des champs d'application respectifs de deux séries des dispositions, celles de la loi et celles du traité, qui sont également directement applicables en droit interne »(418).

Le conflit entre le traité et la loi postérieure peut aussi dans certains cas se résoudre par un effort d'interprétation du juge pour concilier les dispositions de l'un et de l'autre(419).

La jurisprudence judiciaire a préféré à une certaine époque faire prévaloir les normes internationales en présumant que le législateur avait entendu réserver l'application du traité antérieur ; c'est la théorie dite de la « réserve nécessaire ». Le Conseil d'État a parfois adopté cette position(420).

Il est cependant des cas où le conflit entre les normes internationales et les normes du droit interne ne peut être résolu par une simple interprétation des dispositions en cause.

L'idée d'abrogation ne permet pas d'expliquer que la loi puisse être écartée au profit du traité, puisqu'elle est postérieure à celui-ci.

Ces difficultés ont été résolues lorsque le juge a consacré le principe de *la prévalence du traité sur la loi postérieure.*

Il est nécessaire de rappeler les temps forts de l'évolution jurisprudentielle ; ils correspondent à autant de réponses qui ont été apportées aux questions que soulèvent les rapports entre le traité et la loi postérieure.

481. – Jurisprudence initiale du Conseil d'État, *Fabricants de semoules de France*. Il faut citer d'abord l'arrêt de section du Conseil d'État du 1er mars 1968, *Syndicat général des fabricants de semoules de France*(421).

Il s'agissait, dans cette affaire, d'un conflit entre un règlement communautaire et un texte postérieur ayant valeur législative. Le Conseil d'État a fait prévaloir la loi postérieure, mais sans préciser le fondement de sa décision.

Il arrive que le Conseil d'État utilise une formule moins explicative, mais qui confirme la distinction qui est faite à l'époque. Ainsi dans ce cas où le contribuable soutenait que la TVA lui était réclamée en violation des stipulations des articles 12

(417) CE, 30 mai 1952, *Dame Kirkwood* : *Rec. CE* 1952, p. 291 ; *RDP* 1952, p. 781, concl. Letourneur, note Waline. – CE, ass., 3 févr. 1956, *Petalas* : *Rec. CE* 1956, p. 44.

(418) Concl. Bissara sur CE, 23 janv. 1985, req. n° 17.897 : *Dr. fisc.* 1985, comm. 1530.

(419) CE, sect., 22 déc. 1961, *SNCF* : *Rec. CE* 1961, p. 738, concl. Combarnous ; *RDP* 1962, p. 646, note R.-M. Chevallier. – CE, 31 janv. 1962, *Office parisien de compensation* : *Rec. CE* 1962, p. 75.

(420) CE, 7 avr. 1965, *Hurni* : *Rec. CE* 1965, p. 225. – CE, ass., 2 mai 1975, *Mathis* : *Rec. CE* 1975, p. 279. – Auby et Drago, *Traité du contentieux administratif*, LGDJ, 1984, n° 65.

(421) *Rec. CE* 1968, p. 149 ; *AJDA* 1968, p. 235, concl. Questiaux ; *D.* 1968, p. 285, note M. L. ; *RTDE* 1968, p. 388, concl. Questiaux et note Constantinidès-Mégret. – Sur la question, V. aussi Odent, *Contentieux administratif*, IEP Paris, 1980, p. 167 et s.

et 95 du Traité CEE du 25 mars 1957 ; après avoir rappelé que les dispositions du Code général des impôts dont il était fait application en l'espèce sont issues de la loi du 6 janvier 1966 portant réforme des taxes sur le chiffre d'affaires, « laquelle est postérieure à l'entrée en vigueur dudit traité », il en déduit simplement que le moyen « est, dès lors et, en tout état de cause, inopérant »[422].

482. – **Jurisprudence du Conseil constitutionnel.** Le Conseil constitutionnel refuse d'examiner la conformité d'une loi aux stipulations d'un traité ou d'un accord international.

Le principe a été posé dans la décision n° 74-54 DC du 15 janvier 1975 dans laquelle il s'est déclaré incompétent pour examiner la conformité de la loi sur l'interruption volontaire de la grossesse à la Convention européenne des droits de l'homme[423].

Pour le Conseil, les dispositions de l'article 55 confèrent au traité, dans les conditions qu'elles définissent, une autorité supérieure à celle des lois ; mais elles ne prescrivent ni n'impliquent que le respect de ce principe doive être assuré dans le cadre du contrôle de la conformité des lois à la Constitution prévu à l'article 61.

483. – **Jurisprudence de la Cour de cassation, *Sté des Cafés J. Vabre*.** La Cour de cassation a consacré pour la première fois la primauté du traité sur la loi postérieure dans un arrêt rendu en chambre mixte le 24 mai 1975, conformément aux conclusions du procureur général Touffait[424].

L'administration des douanes entendait appliquer à la Société « Cafés J. Vabre » l'article 265 du Code des douanes instituant une taxe intérieure de consommation sur les cafés, texte de nature législative, postérieur au traité de Rome. La société quant à elle, contestait l'applicabilité de ce texte, au motif que l'article 265 était contraire à l'article 95 (§ 2) du traité de Rome qui interdit à tout État membre de frapper les produits d'un autre État membre d'impositions intérieures de nature à protéger indirectement d'autres productions. Les juges du fond avaient donné raison à la société tant en première instance qu'en appel.

L'administration des douanes invoquait à l'appui de sa thèse l'arrêt du Conseil d'État du 1er mars 1968, *Syndicat des fabricants de semoules* et, plus particulièrement, les conclusions de Mme Questiaux.

484. – **Jurisprudence du Conseil d'État, *Nicolo*.** Le Conseil d'État a abandonné sa jurisprudence de 1968 dans un important arrêt d'assemblée du 20 octobre 1989, *Nicolo*[425].

(422) CE, 23 janv. 1985, req. n° 17.897 : *Dr. fisc.* 1985, comm. 1530, concl. Bissara ; *RJF* 1985, n° 396.

(423) L. Favoreu et L. Philip, *Les grandes décisions du Conseil constitutionnel*. – B. Genevois, *La jurisprudence du Conseil constitutionnel*, Paris, STH, 1988, n° 580.

(424) Cass. civ., ch. mixte, *Administration des douanes c/Sté « Cafés J. Vabre » et a.* : *Bull. civ.* 1975, ch. mixte, n° 4, concl. Touffait ; *JCP G* 1975, II, 18180 bis ; *DS* 1975, 497, note J. Boulouis ; *AJDA* 1975, p. 567 ; note L. Favoreu et L. Philip ; *RDP* 1975, p. 1335. – J. Pirotte-Gérouville, *La primauté du droit international et la spécificité de l'ordre communautaire dans l'affaire Jacques Vabre* : *RTDE* 1976, 215.

(425) *Rec. CE* 1989, p. 190, concl. Frydman ; *AJDA* 1989, p. 756, chron. Honorat et Baptiste et p. 788, note Simon ; *D.* 1990, p. 135, note P. Sabourin et p. 57, chron. Kovar ; *JCP G* 1989, II, 21, 371, concl. Frydman et 1990, I, 3429, chron. H. Calvet ; *RFDA* 1989, p. 813, concl. Frydman, note Genevois ; *ibid.* p. 993, note Favoreu et p. 1000, note Dubouis ; *RFDA* 1990, p. 267, obs. Ruzié ; *RTDE* 1989, p. 771, concl. Frydman et note G. Isaac ; *LPA* 15 nov. 1989, n° 137, note Gruber ; *ibid.*, 11 déc. 1989, n° 148, note G. Lebreton ; *ibid.*, 13 déc. 1989, n° 149, note Derouin ; *ibid.*, 7 févr. 1990, n° 17 et 2 avr. 1990, n° 40, note J.-F. Flauss. – V. aussi E. Négrier, *Le crépuscule d'une théorie jurisprudentielle : l'écran législatif et le droit communautaire constitutionnel* : *RDP* 1990, p. 767. – J.-F. Touchard, *À propos de l'arrêt Nicolo* : *RDP* 1990, p. 801.

Le Conseil d'État a rejeté la requête en annulation des opérations électorales dont il était saisi, en jugeant que les dispositions de l'article 4 de la loi du 7 juillet 1977 relative à l'élection des représentants à l'assemblée des Communautés européennes n'étaient pas incompatibles avec les stipulations de l'article 227-1 du traité du 25 mars 1957. En examinant le bien-fondé du moyen, il a admis ainsi que le traité l'emportait sur la loi même postérieure. La solution est implicite, mais elle ne fait aucun doute, lorsqu'on se reporte aux conclusions du commissaire du gouvernement.

Après avoir rappelé les décisions antérieures du Conseil d'État, le commissaire du gouvernement note d'emblée que son propos « ne sera nullement de soutenir que ces décisions seraient critiquables sur le plan juridique », qu'il les croit « au contraire en tous points conformes à la rigueur des principes et à l'orthodoxie traditionnelle », mais qu'il lui semble cependant « qu'une autre lecture de l'article 55 infiniment souhaitable en opportunité (...) est certainement tout autant concevable en droit »[426].

La solution nouvelle est fondée exclusivement sur l'article 55 de la Constitution qui est d'ailleurs visé dans l'arrêt. Aucune distinction n'est faite sur ce fondement entre le droit international général et le droit communautaire. L'arrêt *Nicolo* est d'autant plus net à cet égard qu'il portait sur la compatibilité de dispositions de loi avec le traité du 25 mars 1957. Le Conseil d'État n'a pas invoqué « la spécificité du droit communautaire » comme la Cour de cassation dans son arrêt du 24 mai 1975, *Sté des Cafés J. Vabre*.

485. – Réactions. La jurisprudence de la Cour de cassation, puis celle du Conseil d'État ont suscité de nombreuses réactions, parfois hostiles[427].

L'arrêt *Nicolo* de 1989 apparaît, de ce point de vue, d'autant plus étonnant, qu'il est intervenu à la suite de la publication de l'étude intitulée « Droit international et droit français » adoptée le 25 avril 1985 par la section du Rapport et des Études[428], dans lequel le Conseil d'État attire l'attention sur le volume des accords internationaux par lesquels la France aurait accepté de se lier et sur les difficultés qui peuvent en résulter :

« La masse des accords internationaux par lesquels est, aujourd'hui, tenue la France est telle que, dans la mesure où ces accords sont, en vertu de l'article 55 de la Constitution, directement introduits dans notre droit interne, cette source de droit devient difficilement « maîtrisable (...) et il n'est nullement exclu que les accords dont il s'agit soient, les uns par rapport aux autres, entachés de contradictions » (p. 43).

Le rapport constate en outre que l'interprétation de certaines conventions internationales a été confiée à des juridictions spécialisées dont la mission est d'en contrôler l'application et, par là même, « de développer le droit issu de ces traités » (p. 44).

Le Conseil d'État souligne que « l'application de l'article 55 de la Constitution est en passe d'entraîner, en France, un *grave déséquilibre institutionnel*, à deux niveaux :

1° – Au niveau du pouvoir législatif d'abord, dans la mesure où les conventions internationales, négociées par le seul pouvoir exécutif (...), ne sont soumises au Parlement (...) que dans des conditions où celui-ci n'est, réellement, en mesure d'assurer son contrôle ni sur leur forme ni sur leur contenu ;

2° – Au niveau des organismes juridictionnels, ensuite, dans la mesure où la décision par laquelle le Conseil constitutionnel, le 15 janvier 1975, s'est déclaré incompétent pour statuer sur la compati-

(426) *Rec. CE* 1989, p. 192, *in fine*.
(427) V. *JCl. Procédures fiscales*, Fasc. 115, par J. Lamarque.
(428) Doc. fr., 1986, NED n° 4803.

bilité d'une loi nationale avec un accord international antérieur, a été interprétée par la Cour de cassation (dans l'arrêt *Jacques Vabre* du 24 mai 1975) comme laissant auxdits organismes juridictionnels le pouvoir de se prononcer à cet égard.

Le Parlement étant dessaisi, dans des domaines sans cesse étendus, de sa compétence législative, et l'autorité judiciaire se reconnaissant la compétence, au nom de la suprématie du droit international sur le droit interne, de faire échec, le cas échéant, à la volonté du législateur, la question peut se poser de savoir si la France ne risque pas de glisser peu à peu, par le jeu de l'article 55 de la Constitution, et plus encore, des conditions dans lesquelles il est appliqué :

– vers l'introduction en droit interne français de concepts d'inspiration étrangère qui se concilient mal avec notre propre tradition ;

– en ce qui concerne son équilibre institutionnel traditionnel, vers un déséquilibre au détriment du Parlement » (p. 44 et 45).

2° Prévalence de la convention fiscale bilatérale

486. – Application du traité et application du principe de supériorité du traité. La prévalence de la convention fiscale se réalise de deux manières.

Ainsi que ceci a déjà été noté, la coexistence du traité et de la loi interne peut ne poser qu'un problème de délimitation de leurs champs d'application respectifs (V. *supra*, n° 480). En pareil cas, il y a simplement application du traité, au lieu de la loi interne.

Il se peut aussi qu'il existe un conflit entre la loi interne et la convention qui, celui-ci, est résolu par l'application du principe de la supériorité du traité.

a) Application des stipulations de la Convention. Clauses de non-discrimination

487. – Position du problème. La plupart des difficultés que soulèvent l'application et l'interprétation de la convention fiscale bilatérale entrent dans le cadre de cette première hypothèse : ainsi, lorsqu'il s'agit de déterminer la qualité de résident, l'existence de l'établissement stable dans l'un des pays, la nature exacte des revenus perçus, etc.

L'application de la clause de non-discrimination ne pose pas un problème de nature différente. Avant le revirement de jurisprudence *Nicolo*, le juge n'hésitait pas à faire prévaloir le traité sur la loi postérieure pour l'application d'une clause de non-discrimination. L'application de cette stipulation met en cause le champ d'application de la convention bilatérale et non pas le principe de la supériorité de la convention sur la loi interne[(429)].

488. – Non-discrimination. Signification. Le principe de non-discrimination signifie concrètement que les nationaux d'un État ne peuvent être soumis, en principe, dans l'autre État contractant à des impositions, sous quelque dénomination que ce soit, autres ou plus lourdes que celles auxquelles sont ou pourraient être assujettis les nationaux de cet autre État se trouvant dans la même situation ou dans une situation analogue.

(429) CE, 7 oct. 1988, n° 82.784 : *Dr. fisc.* 1989, n° 7, comm. 239 ; *RJF* 1988, n° 1305 : une société anonyme dont le siège était situé en Belgique et qui mettait à la disposition de ses associés la villa qu'elle possédait dans les Alpes-Maritimes ne pouvait être assujettie, compte tenu de la clause d'égalité de traitement prévue à l'article 25 de la convention franco-belge du 10 mars 1964, à l'impôt sur les sociétés sur le fondement de l'article 209-A du Code général des impôts dont les dispositions étaient issues de la loi n° 76-1234 du 29 décembre 1976 (art. 13). – Même situation dans l'affaire *Benmiloud* citée *infra*, n° 490, pour un ressortissant algérien imposé, en application de l'article 244 bis A issu de la loi n° 76-660 du 19 juillet 1976, et qui peut se prévaloir des stipulations insérées dans la convention franco-algérienne du 2 octobre 1968.

Les stipulations des conventions conclues par la France s'inspirent du principe général de non-discrimination posé par l'article 24-1 de la convention modèle de l'OCDE, et tiennent compte des travaux du comité des affaires fiscales de cet organisme. Les conventions peuvent comporter toutefois de nombreuses réserves ou précisions qui aboutissent à restreindre parfois assez sensiblement le champ d'application et la portée de ce principe[430].

Les juges de l'impôt des deux ordres ont eu assez souvent l'occasion de faire prévaloir la clause de non-discrimination sur les règles du droit interne au sujet de dispositions dont la plupart ont été, par la suite, et pour cette raison, modifiées ou supprimées.

489. – **Conception littérale. Catégories de conventions.** Le juge privilégie une conception essentiellement littérale des clauses de non-discrimination.

Les commissaires du gouvernement du Conseil d'État ont recensé cinq catégories de conventions[431] : – les conventions qui ne contiennent pas de clause de non-discrimination ; – les conventions qui subordonnent expressément le bénéfice de la clause de non-discrimination à une condition de résidence ; – les conventions qui prévoient que la clause de non-discrimination s'applique aux nationaux, qu'ils soient ou non résidents d'un des États contractants[432] ; – les conventions qui ne limitent pas leur champ d'application aux seuls résidents de l'un ou des deux États contractants et qui contiennent une clause de non-discrimination ne se référant qu'à la nationalité[433] ; – les conventions qui limitent leur champ d'application aux seuls résidents et qui contiennent une clause de non-discrimination qui ne se réfère qu'à la nationalité sans référence à la résidence[434].

S'il n'existe pas de difficulté pour les conventions des trois premières catégories, il en va différemment pour la clause de non-discrimination contenue dans les conventions des quatrième et cinquième catégories.

490. – **Article 244 bis A du Code général des impôts.** La convention franco-algérienne du 2 octobre 1968 entre notamment dans la quatrième catégorie. La clause de non-discrimination qu'elle contient ne se réfère qu'à la nationalité et figure dans une convention qui ne limite pas son champ d'application aux résidents de l'un des États contractants. Il a été jugé ainsi que cette clause de non-discrimination fait obstacle à ce qu'un ressortissant algérien domicilié hors de France puisse être assujetti au prélèvement institué par l'article 244 bis A du Code général des impôts sur la plus-value qu'il a réalisée à l'occasion de la cession d'une résidence en France, dès lors qu'un Français domicilié hors de France qui aurait effectué une opération immobilière analogue aurait été exonéré de ce prélèvement[435].

(430) Sur la question, B. Castagnède, *Précis de fiscalité internationale, op. cit.*, n°s 358 et s. – J. Turot, *Conventions internationales. Le juge fiscal et les clauses de non-discrimination* : *RJF* 1990, p. 391 et s. – Ph. Juilhard, *Portée des clauses de non-discrimination* : *FR Lefebvre* 30/2003, p. 21.

(431) Concl. Bachelier, CE, 30 déc. 1996, V. *infra*, n° 490 et concl. Vallée sur CE, 11 juin 2003, *Biso*, V. *infra*, n° 491.

(432) V. par ex., Conv. franco-italienne 5 oct. 1989, art. 25, *infra*, n° 491.

(433) V. par ex., Conv. franco-britannique 22 mai 1968, art. 25, *infra*, n° 491.

(434) V. par ex., Conv. franco-italienne 29 oct. 1958, art. 22 bis.

(435) CE, 30 déc. 1996, req. n° 128.611, *Benmiloud* : *LPA* 21 avr. 1997, n° 48, note Tixier et Hamonic-Gaux ; *RJF* 1997, n° 158, concl. Bachelier ; *Dr. fisc.* 1997, comm. 309.

La solution est la même pour l'application de la clause de non-discrimination prévue dans la convention fiscale entre la France et les Pays-Bas du 16 mars 1973(436) ou dans la convention franco-suisse du 9 septembre 1966(437), ou dans la convention franco-britannique du 22 mai 1968(438) ou dans la convention franco-grecque du 21 août 1963(439), ou dans la convention entre la France et l'Allemagne du 21 juillet 1959(440).

Pour les personnes morales et la clause de non-discrimination en fonction de la nationalité, la nationalité de la personne morale résulte du lieu d'implantation de son siège social : CE, 5 juill. 2010, préc.

491. – **Article 164 C du Code général des impôts.** L'article 164 C du Code général des impôts prévoit que les personnes qui n'ont pas leur domicile fiscal en France mais qui y disposent d'une ou de plusieurs habitations sont assujetties à l'impôt sur le revenu sur une base égale à trois fois la valeur locative réelle de cette ou de ces habitations, à moins que les revenus de source française des intéressés ne soient supérieurs à cette base, auquel cas le montant de ces revenus sert de base à l'impôt. L'application des clauses de non-discrimination au regard de l'article 164 C a donné lieu à des décisions particulièrement intéressantes, qui mettent en cause la convention franco-monégasque du 18 mai 1963. Aux termes de l'article 7-1 de cette convention, « les personnes physiques de nationalité française qui transporteront à Monaco leur domicile ou leur résidence – ou qui ne peuvent pas justifier de cinq ans de résidence habituelle à Monaco à la date du 13 octobre 1962 – seront assujetties en France à l'impôt sur le revenu (...) dans les mêmes conditions que si elles avaient leur domicile ou leur résidence en France (...) ». Les ressortissants français qui résident à Monaco et disposent cependant d'une habitation en France peuvent être regardés comme ayant en France leur domicile fiscal et sont ainsi imposés sur la base de leurs revenus réels, dans la mesure où ils disposent de revenus imposables. Ils ne le sont pas selon le revenu forfaitaire défini par l'article 164 C du Code général des impôts.

Le Conseil d'État s'est prononcé sur les cas de figure des conventions appartenant aux troisième et quatrième catégories, et pour la première fois, des conventions de la cinquième catégorie, dans un arrêt du 11 juin 2003(441).

La situation dans l'affaire *Biso* est la suivante : M. et Mme B. sont respectivement de nationalité italienne et britannique. Ils résident à Monaco, mais ils disposaient en 1991-1992 de deux habitations situées dans les Alpes-Maritimes.

L'administration les a assujettis à l'impôt sur le revenu sur le fondement de l'article 164 C du Code général des impôts au titre des deux années 1991 et 1992.

(436) CAA Paris, 6 déc. 2007, n° 06-3370 : *RJF* 2008, n° 409 et p. 337, étude S. Austry, D. Gutmann, P. Leroux. – CE (na), 27 oct. 2008, n° 313.137 : *RJF* 2009, n° 113.

(437) CAA Paris, 16 oct. 2008, n° 07-1366, *Sté Adida* : *RJF* 2009, n° 482. – CE, 20 nov. 2013, n° 361.167, *Aaron* : *Dr. fisc.* 2014, n° 3, comm. 81, concl. F. Aladjidi, note A. Maitrot de la Motte ; *RJF* 2014, n° 149 ; *BDCF* 2014, n° 20, concl. F. Aladjidi, concernant l'inconventionnalité de l'imposition à un taux majoré des plus-values immobilières réalisées par des résidents suisses.

(438) CAA Paris, 9 juill. 2009, n° 07-02023, *Assoc. secrétariat de la Laine* : *Dr. fisc.* 2010, n° 21, comm. 334. – CAA Paris, 23 déc. 2010, n° 08-5504, *The Church of Scotland Trust* : *RJF* 2011, n° 638. – V. aussi : CE, 24 janv. 2014, n° 331 071, *Assoc. Secrétariat International de la Laine* : *Dr. fisc.* 2014, n° 14, comm. 255, concl. Mme Legras.

(439) CE, 5 juill. 2010, n° 309.693, *Pinacothèque d'Athènes* : *Dr. fisc.* 2010, n° 44, comm. 543, concl. Mme Cortot-Boucher, note Dieu ; *RJF* 2010, n° 1092 ; *BDCF* 2010, n° 122, concl.

(440) TA Cergy-Pontoise, 26 mai 2011, n° 07-9749 : *RJF* 2012, n° 159. – N. de Boynes, P.-A. Bachellerie et N. Message, *Les retenues à la source à l'épreuve des clauses de non-discrimination* : *BF Lefebvre* 4/2011, p. 331.

(441) N° 221.075, *Biso* : *Dr. fisc.* 2004, n° 12, comm. 355, concl. Vallée ; *ibid.*, p. 591 et s., étude C. Laroche ; *RJF* 2003, n° 1018 ; *BDCF* 2003, n° 115, concl. Vallée ; *ibid. p.* 663, chron. L. Olléon.

M. et Mme B. ont invoqué respectivement les clauses de non-discrimination contenues dans les conventions franco-italienne et franco-britannique.

Toutefois, deux conventions franco-italienne ont été successivement applicables : la convention du 29 octobre 1958 pour 1991 et la convention du 5 octobre 1989 pour l'année 1992.

Pour *l'année 1991*, la convention du 29 octobre 1958 prévoit dans son article 1er qu'elle « est applicable aux personnes physiques domiciliées en France ou en Italie » et l'article 22 bis stipule que : « Les nationaux d'un État contractant ne sont soumis dans l'autre État contractant à aucune imposition ou obligation y relative, qui est autre ou plus lourde que celle à laquelle sont ou pourront être assujettis les nationaux de cet autre État se trouvant dans la même situation ».

Le Conseil d'État juge qu'il résulte de la combinaison de l'article 1er et de l'article 22 bis que la clause de non-discrimination contenue à l'article 22 bis n'était applicable qu'aux nationaux des États contractants qui résidaient dans l'un des États contractants.

Il en déduit qu'elle n'était donc pas invocable par M. B. qui ne résidait pas dans l'un des États contractants, mais à Monaco.

Le Conseil d'État examine ensuite la situation au regard de la convention franco-britannique du 22 mai 1968. L'article 25 de cette convention prévoit que : « Les nationaux d'un État contractant ne sont soumis dans l'autre État contractant à aucune imposition ou obligation y relative qui soit différente ou plus lourde que celle à laquelle sont ou pourront être assujettis les nationaux de cet autre État se trouvant dans la même situation (...) ».

Le Conseil d'État constate que la convention franco-britannique ne contient aucun article limitant son champ d'application aux seuls nationaux résidents de l'un des États contractants et que l'article 25 est applicable aux nationaux britanniques, même s'ils ne résident pas dans l'un des États contractants.

Il s'ensuit que Mme B., qui a la nationalité britannique, entre dans le champ de la clause de non-discrimination contenue à l'article 25.

Le Conseil d'État examine dans un second temps la situation au regard de l'article 7 de la convention franco-monégasque du 18 mai 1963, dont les termes sont rapportés ci-dessus.

Il rappelle que l'article 25 de la convention fiscale franco-britannique s'oppose à ce que les nationaux de l'un des États contractants soient imposés différemment des nationaux de l'autre État contractant placés dans la même situation et il précise que « l'existence éventuelle d'une violation de cette clause de non-discrimination s'apprécie en prenant en compte non seulement les dispositions fiscales de droit interne mais également les règles fiscales qui pourraient découler d'autres conventions fiscales ».

Il constate que Mme B., résidente de Monaco depuis 1982, était dans la même situation qu'un ressortissant français résidant à Monaco depuis la même année, et disposant également d'une habitation en France.

L'administration a soumis Mme B. à l'imposition d'un revenu forfaitaire égal à trois fois la valeur locative réelle des habitations dont elle disposait en France, alors qu'un ressortissant français résidant à Monaco n'aurait pas été soumis à cette imposition ; cette différence d'imposition ne résulte que d'une différence de nationalité.

Il s'ensuit que Mme B. est en droit de soutenir que c'est en violation de l'article 25 de la convention franco-britannique qu'elle a été assujettie à l'impôt sur le revenu en application de l'article 164 C du Code général des impôts au titre de l'année 1991.

En revanche, M. B., qui avait son domicile fiscal à Monaco, mais qui a disposé des deux habitations situées dans les Alpes-Maritimes, entrait dans le champ d'application de l'article 164 C du Code général des impôts, dès lors qu'il n'a pas disposé de revenus de source française supérieurs à cette base.

Il était donc imposable à l'impôt sur le revenu en vertu de l'article 164 C du Code général des impôts. de sorte que M. et Mme B. ne pouvaient être déchargés de l'impôt sur le revenu au titre de l'année 1991.

Concernant *l'année 1992*, la convention fiscale franco-italienne du 5 octobre 1989, applicable à cette année, stipule dans son article 25 que : « Les nationaux d'un État, qu'ils soient ou non résidents de l'un des États, ne sont soumis dans l'autre État à aucune imposition ou obligation y relative, qui est autre ou plus lourde que celles auxquelles sont ou pourront être assujettis les nationaux de cet autre État qui se trouvent dans la même situation ».

Il ressort des termes mêmes de cette stipulation que M. B. peut s'en prévaloir alors même qu'il n'était pas résident de l'un des États contractants.

Le Conseil d'État en tire la conséquence que l'assujettissement de M. et Mme B. à l'impôt sur le revenu sur le fondement de l'article 164 C est contraire au principe de non-discrimination invocable pour l'année 1992 sur le fondement de l'article 25 de la convention franco-britannique du 22 mai 1968 et également de l'article 25 de la convention franco-italienne du 5 octobre 1989.

On notera qu'il résulte de cette jurisprudence que la clause de non-discrimination n'est pas une stipulation autonome par rapport à l'ensemble des stipulations de la convention dans laquelle elle est insérée. L'existence éventuelle d'une violation de cette clause s'apprécie en prenant en compte non seulement les dispositions fiscales de droit interne, mais également les règles fiscales qui pourraient découler d'autres conventions fiscales (arrêt *Biso*, préc.).

Pour une confirmation de la jurisprudence *Biso* concernant la clause de non-discrimination insérée dans les conventions de la cinquième catégorie, dans le cas où la condition de résidence fait défaut, voir les arrêts du Conseil d'État des 27 juillet 2005 et 24 janvier 2011 (442). Le Conseil d'État précise, dans ce dernier arrêt, que la résidence dans un État s'entend d'un lien personnel et non pas seulement d'une imposition sur des revenus ayant leur source dans cet État. – Sur la compatibilité des dispositions de l'article 164 C avec le principe de la liberté de circulation des capitaux et l'application de la clause de gel de l'article 65 TFUE, V. *infra*, n° 620.

492. – **Article 212 du Code général des impôts.** La portée de la clause de non-discrimination insérée dans certaines conventions a également été examinée au

(442) CE, 27 juill. 2005, n° 244.671, *Cohen* : *RJF* 2005, n° 1241 ; *BDCF* 2005, n° 136, concl. Vallée, pour la clause de l'article 22 bis de la convention franco-italienne du 29 octobre 1958. – CE, 24 janv. 2011, n° 316.457, *Moghadam* : *RJF* 2011, n° 490, pour l'article 21 de la convention du 21 juillet 1959 entre la France et l'Allemagne.

regard des dispositions de l'article 212 du Code général des impôts concernant la non-déductibilité des intérêts versés aux sociétés mères(443).

493. – **Article 209 A du Code général des impôts.** En vertu de l'article 209 A du Code général des impôts, abrogé pour les exercices ouverts à compter du 1er janvier 1982, les personnes morales dont le siège était situé hors de France et qui avaient la disposition d'une propriété immobilière située en France ou qui en concédaient la jouissance gratuitement ou moyennant un loyer inférieur à la valeur locative réelle, étaient soumises à l'impôt sur les sociétés sur une base qui ne pouvait être inférieure à trois fois à la valeur locative réelle de cette propriété.

Le juge a considéré que cette disposition était inapplicable en vertu de l'article 26 de la convention fiscale franco-suisse du 9 septembre 1966(444) ou de l'article 25 de la convention franco-belge du 10 mars 1964(445) ou de l'article 7 de la convention d'établissement franco-panaméenne du 10 juillet 1953(446).

494. – **Taxe de 3 %.** C'est encore sur le fondement du principe de la prévalence du traité que la Cour de cassation avait écarté l'application de la taxe annuelle de 3 % sur la valeur vénale des immeubles prévue aux articles 990 D et 990 E du Code général des impôts, dans leur rédaction applicable avant le 1er janvier 2008.

Elle a fait prévaloir la clause d'égalité de traitement contenue dans l'article 26 de la convention franco-suisse du 9 septembre 1966 pour décider que cette taxe ne peut être exigée d'une société de nationalité suisse à raison d'un immeuble dont elle est propriétaire en France, dès lors qu'une société française ayant son siège social en France n'est pas soumise à cette taxe(447).

La Cour de cassation a maintenu sa jurisprudence à la suite de la modification de l'article 990 D par l'article 105 de la loi n° 89-935 du 29 décembre 1989 et après la décision du Conseil constitutionnel n° 89-268 DC du 29 novembre 1989, toujours en ce qui concerne l'application de l'article 26 de la convention franco-suisse de 1966(448).

Par la suite, l'article 990 E du Code général des impôts a prévu un système d'exonération qui concerne tant les sociétés françaises que les sociétés étrangères, et si certains types de sociétés françaises n'ont pas à souscrire la déclaration n° 2746 pour bénéficier de l'exonération de la taxe de 3 %, c'est parce qu'elles sont soumises par la loi à des obligations déclaratives qui satisfont à l'objectif d'information de l'administration tel que poursuivi par l'article 990 E, 3° du Code général des impôts. La Cour

(443) CE, 14 nov. 2001, n° 233.894, *SA Andritz* : *Dr. fisc.* 2002, n° 29, comm. 620, concl. Bachelier ; *RJF* 2002, n° 145 ; *BDCF* 2002, n° 17, concl.

(444) CAA Bordeaux, 9 juill. 1991, req. n° 89-897 : *Dr. fisc.* 1992, comm. 2073. – CAA Lyon, 17 oct. 1990, req. n° 89-271 : *Dr. fisc.* 1991, comm. 137. – CAA Lyon, 6 févr. 1991, req. n° 89-541 : *Dr. fisc.* 1991, comm. 1192.

(445) CE, 7 oct. 1988, n° 82-784.

(446) CE, 16 déc. 1991, req. n° 54.611 : *Dr. fisc.* 1992, comm. 2197.

(447) Cass. com., 28 févr. 1989, *Sté Anglo-Swiss-Land* : *Dr. fisc.* 1989, comm. 943, note B. Poujade ; *RJF* 1989, n° 524 ; *RF compt.* mai 1989, p. 85, note C. Louit ; *LPA* 24 juill. 1989, n° 88, note G. Tixier et Rohmer ; *Bull. civ.* 1989, IV, n° 73, p. 47. – Confirmant TGI Grasse, 27 nov. 1986 : *Dr. fisc.* 1987, comm. 376 ; *D.* 1987, p. 508, note Tixier et Lamulle. – Cass. com., 20 juin 1989, *SCI Brise-Vent* : *Bull. civ.* 1989, IV, p. 132, n° 198. – Cass. com., 10 juill. 1989, *SA Miclauber* : *Dr. fisc.* 1989, comm. 1882.

(448) Cass. com., 15 mai 1990, *Brumar* : *D.* 1990, inf. rap. p. 144 ; *RJF* 1990, n° 742. – Cass. ass. plén., 21 déc. 1990, *SA Roval* : *JCP G* 1991, II, 21640, concl. Dontenwille ; *RJF* 1991, p. 10, avec concl. : *Dr. fisc.* 1991, comm. 614, rapp. Lemontey, et comm. 806, note Tixier et Lamulle ; *BOI* 7 Q-1-93. – V. aussi à propos de la décision n° 89-268 DC du 29 novembre 1989, P. Derouin, *La taxe annuelle de 3 % sur les immeubles possédés par les sociétés étrangères, la loi rétroactive et le Conseil constitutionnel, ou l'arroseur arrosé ?* : *Dr. fisc.* 1990, p. 184.

de cassation a jugé que les obligations déclaratives prévues par le système d'exonération de l'article 990 E ne présentent aucun caractère discriminatoire contraire à l'article 26 de la convention fiscale franco-suisse du 9 septembre 1966[(449)].

Le Conseil d'État en a tiré la conséquence qu'une société suisse ne peut bénéficier de l'option pour le paiement de la taxe forfaitaire de 15 % prévue à l'article 990 H du Code général des impôts dans le cas d'attribution d'un immeuble à des associés[(450)]. – Sur la clause de non-discrimination et la libre circulation des capitaux, V. *infra*, n° 619.

b) Application des stipulations de la convention. Stipulations conventionnelles et dispositions de droit interne de même nature

495. – **Stipulations conventionnelles et article 57 du Code général des impôts.** La question de savoir si des dispositions de droit interne peuvent s'appliquer en présence de stipulations conventionnelles de même nature, alors que le traité a une autorité supérieure à cette loi, s'est posée au sujet de l'article 57 dont les dispositions figuraient déjà dans le Code général des impôts de 1950.

Elle a été tranchée dans un sens affirmatif par le Conseil d'État dans un arrêt du 14 mars 1984 concernant les conventions fiscales franco-belge du 10 mars 1964 (art. 5), franco-italienne du 29 octobre 1958 (art. 6), franco-suisse du 9 septembre 1966 (art. 9) et franco-allemande du 21 juillet 1959 (art. 5). Ces conventions comportent des stipulations selon lesquelles les bénéfices qui ont été transférés directement ou indirectement par une entreprise de l'un des États contractant à une entreprise de l'autre État contractant qui est, comme elle, contrôlée par une autre entreprise, peuvent être inclus dans les bénéfices de la première entreprise et imposés en conséquence. Le Conseil d'État a considéré « qu'il résulte clairement de ces stipulations (...) qu'elles permettent à l'administration de l'État auquel ressortit une entreprise qui, par sa situation et par ses opérations, entre dans leur champ d'application, d'appliquer la loi fiscale interne »[(451)].

Cette solution a été confirmée : – pour le Sénégal[(452)], – pour le Brésil[(453)], – pour l'Allemagne et les Pays-Bas[(454)], – et pour la Suisse[(455)].

c) Application du principe de la supériorité du traité

496. – **Revenus d'origine indéterminée.** Ce principe reçoit application dans le cas d'incompatibilité des dispositions du droit interne avec les stipulations d'une convention fiscale.

L'hypothèse la plus simple intéresse l'imposition en France d'un résident étranger à raison de revenus d'origine indéterminée. Cette taxation est exclue lorsque ces revenus ne sont pas au nombre de ceux que mentionne la convention[(456)].

(449) Cass. com., 8 avr. 2008, *Sté Covexim : RJF* 2008, n° 906. – Cass. com., 24 mai 2011, n° 10-15149, *Sté Sparazur : RJF* 2011, n° 1102 ; *Dr. fisc.* 2011, n° 23, act. 186.
(450) CE, 17 janv. 1996, req. n° 120.646, *SA Nike : RJF* 1996, n° 322. – CE, 18 déc. 1996, req. n° 168.876, *Sté Alo : Dr. fisc.* 1997, comm. 546 ; *RJF* 1997, n° 116.
(451) CE, 14 mars 1984, req. n° 34.430 : *Dr. fisc.* 1984, comm. 1946, concl. Latournerie.
(452) CE, 25 nov. 1985, req. n° 40.288 : *Dr. fisc.* 1986, comm. 1158, concl. Racine.
(453) CE, 3 mars 1989, req. n° 77.581 : *Dr. fisc.* 1989, comm. 945, concl. Martin-Laprade, note Tixier et Lamulle.
(454) CAA Paris, 29 juin 1993, req. n° 90-245 : *Dr. fisc.* 1995, comm. 188.
(455) CE, 18 mars 1994, req. n° 68.799 : *Dr. fisc.* 1994, comm. 1703, obs. note Tixier et Lamulle.
(456) CE, 17 mars 1993, req. n° 85.894, *Memmi : RJF* 1993, n° 612, concl. Arrighi de Casanova, pour l'article 28 de la convention franco-tunisienne du 23 mai 1973. – CAA Lyon, 25 févr. 1998, req. n° 94-21487, *Arvanitakis : RJF* 1998, n° 758, pour l'article 20 de la convention franco-grecque du 21 août 1963.

497. – **Article 209 B du Code général des impôts. Arrêt *Sté Schneider électric* du 28 juin 2002.** L'un des cas les plus exemplaires est constitué par l'incompatibilité de l'article 209 B du Code général des impôts dans sa rédaction antérieure à la loi de finances 2005, avec les stipulations conventionnelles.

Ce texte dérogeait aux principes de l'imposition séparée des entreprises juridiquement distinctes et de la territorialité de l'impôt sur les sociétés, risquant ainsi de créer des situations de doubles impositions.

L'article 209 B-I prévoyait que lorsqu'une entreprise passible de l'impôt sur les sociétés détient directement ou indirectement 25 % au moins des actions ou parts d'une société établie dans un État étranger ou un territoire situé hors de France dont le régime fiscal est privilégié au sens mentionné à l'article 238 A, cette entreprise est soumise à l'impôt sur les sociétés sur les résultats bénéficiaires de la société étrangère dans la proportion des droits sociaux qu'elle y détient.

Une société française avait été assujettie, en application de ces dispositions, à un supplément d'impôt sur les sociétés à raison des résultats bénéficiaires de sa filiale suisse.

Après avoir explicité pour la première fois le principe de subsidiarité (V. *supra*, n° 461), le Conseil d'État, se prononçant au regard de la loi fiscale nationale, juge qu'il ressort des termes mêmes de l'article 209 B-I du Code général des impôts qu'il a pour objet de permettre l'imposition en France des bénéfices résultant de l'exploitation d'une société établie à l'étranger et non, contrairement à ce que soutenait l'administration, des distributions de bénéfices réputées opérées par cette société étrangère à son actionnaire résidant en France.

En ce qui concerne la portée de la convention fiscale franco-suisse du 9 septembre 1966 pour l'application de l'article 209 B du Code général des impôts, le Conseil d'État rappelle d'abord qu'aux termes du 1° de l'article 7 de cette convention (dans sa rédaction antérieure à l'avenant du 22 juillet 1997), « les bénéfices d'une entreprise d'un État contractant ne sont imposables que dans cet État, à moins que l'entreprise n'exerce son activité dans l'autre État contractant par l'intermédiaire d'un établissement stable qui y est situé ». Constatant que le terme « bénéfices » mentionné à l'article 7 n'est pas défini par la convention, il doit, dès lors, être interprété selon le principe énoncé au paragraphe II de l'article 3 de ladite convention, aux termes duquel : « pour l'application de la convention par un État contractant, toute expression qui n'est pas autrement définie a le sens qui lui est attribué par la législation dudit État régissant les impôts faisant l'objet de la convention, à moins que le contexte n'exige une interprétation différente ». En l'absence d'éléments exigeant une interprétation différente, les « bénéfices » visés par l'article 7 de la convention sont ceux déterminés selon les règles définies par le Code général des impôts. Par suite, il y a identité de nature entre les bénéfices d'exploitation de la filiale dont l'imposition est attribuée à la Suisse par l'article 7-1° et ses résultats bénéficiaires imposés en France au nom de la société mère sur le fondement de l'article 209 B du Code général des impôts.

En vertu du 1 du A de l'article 25 de la convention, les revenus visés au 1° de l'article 7 sont exonérés de l'impôt français sur les sociétés lorsqu'ils sont réalisés par une société qui a en Suisse le siège de sa direction effective et n'a pas d'établissement stable en France. L'objectif d'élimination des doubles impositions attribué à cette convention ne saurait justifier une méconnaissance de ses stipulations au seul motif que l'imposition par la France des bénéfices de la société suisse filiale n'est pas établie au nom de la société suisse mais à celui de sa société mère, qui est une entité juridique distincte et à laquelle lesdits bénéfices n'ont pas été effectivement distribués. Les stipulations de l'article 7 s'opposent ainsi à l'application des dispositions de l'article 209 B du Code général des impôts. Le Conseil d'État ajoute qu'à supposer que la convention franco-suisse ait eu un objectif de lutte contre l'évasion et la fraude fiscales, cet objectif ne permettrait pas de déroger aux règles conventionnelles faute de stipulation expresse le prévoyant[457].

Sur l'articulation des dispositions de l'article 209 B du CGI à la suite de la modification par la loi de finances pour 2005, avec les conventions fiscales internationales, V. l'instruction du 16 janvier 2007 sur l'imposition des bénéfices réalisés au travers de structures étrangères bénéficiaires d'un régime fiscal privilégié[458].

D. – Combinaison des conventions internationales

498. – On rappellera d'abord la solution retenue par le Conseil d'État suivant laquelle il ne lui appartient pas de se prononcer sur la validité d'un engagement international au regard d'autres engagements internationaux[459].

Le Conseil d'État a été amené à se prononcer sur l'important problème de la combinaison des conventions internationales dans un arrêt d'assemblée du 23 décembre 2011[460].

Le problème doit être évoqué dès lors que les principes dégagés par le Conseil d'État seraient susceptibles de recevoir application dans le cas d'une convention fiscale dont une stipulation pourrait être considérée comme incompatible avec la stipulation d'une autre convention, qu'il s'agisse d'une convention fiscale bilatérale ou d'une convention mutilatérale, telle que la Convention EDH.

Le cas de la combinaison des conventions fiscales bilatérales dans le cadre de l'Union européenne est mentionné avec le droit communautaire (V. *infra*, n° 499).

Mettant un terme à un contentieux historique, la France et la Fédération de Russie ont signé, le 27 mai 1997, un accord sur le règlement définitif des créances réciproques, publiques ou privées, de quelque nature que ce soit, nées avant le 9 mai 1945 entre les deux pays ou leurs ressortissants respectifs.

L'approbation de cet accord a été autorisée par la loi n° 97-1160 du 19 décembre 1997 et le décret n° 98-366 du 6 mai 1998 en a assuré la publication[461].

Entrent notamment dans le champ du règlement des créances, en vertu de l'article 1er de l'accord du 27 mai 1997, « les revendications relatives à tous emprunts et obligations émis ou garantis avant le 7 novembre 1917 par le Gouvernement de l'Empire de Russie ou par des autorités qui administraient une partie quelconque de l'Empire de Russie, et appartenant au Gouvernement de la République française ou à des personnes physiques ou morales françaises ».

(457) CE, ass., 28 juin 2002, *Sté Schneider électric* : *Dr. fisc.* 2002, n° 36, comm. 657, étude (même numéro) p. 113, P. Dibout (qui note que le Conseil d'État, faisant une application littérale des textes aussi bien du droit interne que de la convention franco-suisse, fonde sa décision sur une interprétation ouverte de la notion de double imposition juridique en décalage avec celle exprimée par les commentaires de la convention modèle OCDE) ; *RFDA* 2002, p. 1124, concl. Austry ; *RJF* 2002, n° 1080, chron. L. Olléon ; *BDCF* 2002, n° 120, concl. ; *FR Lefebvre* 34/2002, p. 25, note Chahid-Nouraï et P. Couturier ; *LPA* 27 août 2002, n° 171, note Boutemy, Meier et Perrot.

(458) *BOI* 4 H-1-07 ; *FR Lefebvre* 4/2007, avec les obs. B. Gouthière ; *Dr. fisc.* 2007, n° 6, 13647. – V. aussi : Th. Pons, *L'article 209 B : règle de territorialité élargie ou mesure anti-évasion ?* : *FR Lefebvre* 4/2011, p. 319. – Comp. : CAA Paris, 23 déc. 2010, n° 09-497, *SA Nord-Est* : *RJF* 2011, n° 493.

(459) CE, ass., 18 déc. 1998, *SARL du Parc d'activités de Blotzheim*, préc. *supra*, n° 433.

(460) N° 303.678, *Kandyrine de Brito Paiva* : *RFDA* 2012, p. 1, concl. J. Boucher ; Avis d'*amicus curiae*, de G. Guillaume, p. 19, et note D. Alland, p. 26 ; *AJDA* 2012, p. 201, chron. X. Domino et A. Bretonneau ; *Dr. fisc.* 2012, n° 4, act. 48, note Ph. Derouin, ; *RDP* 2012, p. 487, chron. H. Pauliat ; *RTDE* 2012, p. 929, note D. Ritleng ; *RJF* 2012, n° 288.

(461) *JO* 15 mai.

En vertu de l'article 3, la Russie s'est engagée à régler à la France, en huit versements trimestriels, une somme de 400 millions de dollars, et la France « assume la responsabilité exclusive du règlement des créances financières et réelles qu'elle a renoncé à soutenir (...), ainsi que de la répartition des sommes perçues (...) entre les personnes physiques et morales françaises, conformément à la législation française en vigueur, sans que la responsabilité de la Partie russe soit engagée à aucun titre de ce fait ».

La loi n° 98-546 du 2 juillet 1998 portant diverses dispositions d'ordre économique et financier (art. 73) et le décret n° 98-552 du 3 juillet 1998 ont fixé les conditions de recensement des personnes titulaires des créances entrant dans le champ d'application de l'accord du 27 mai 1997.

Il résulte des dispositions de la loi du 2 juillet 1998 et du décret du 3 juillet 1998 que seuls les ressortissants de nationalité française pouvaient déposer aux guichets du Trésor public, aux fins du recensement, les titres et certificats d'emprunt et de rente, les obligations, les bons, les lettres de gage et les actions.

Le Conseil d'État a été appelé à se prononcer sur le cas d'un ressortissant portugais qui avait souscrit auprès du Trésor public une déclaration de plusieurs centaines d'obligations ou d'actions au porteur émises par des institutions ou des entreprises russes avant 1917, titres qu'il prétendait avoir acquis par voie de succession d'un ressortissant français. L'enregistrement de cette déclaration lui avait été refusé, sur le fondement de l'article 6 du décret du 3 juillet 1998, au motif qu'il n'avait pas la nationalité française.

Le requérant avait soutenu, d'une part, que ce décret était illégal au regard des dispositions de l'article 73 de la loi du 2 juillet 1998 et des stipulations de l'article 1er de l'accord du 23 mai 1997 auquel cette loi renvoyait et, d'autre part, que le décret du 3 juillet 1998 créait une discrimination contraire aux stipulations de l'article 14 de la Convention EDH.

Le Conseil d'État a, en premier lieu, rappelé dans son arrêt d'assemblée du 23 décembre 2011, le principe selon lequel, lorsque le juge administratif est saisi d'un recours dirigé contre un acte portant publication d'un traité ou d'un accord international, il ne lui appartient pas de se prononcer sur la validité de ce traité ou de cet accord au regard d'autres engagements internationaux souscrits par la France.

Il a, en deuxième lieu, posé en principe qu'il lui appartient de se prononcer sur le moyen tiré de l'incompatibilité des stipulations inconditionnelles du traité ou d'un accord international dont il a été fait application par la décision en cause, avec celles d'un autre traité ou accord international ; il n'est fait exception à ce principe que dans les cas où serait en cause l'ordre juridique intégré que constitue l'Union européenne.

Le Conseil d'État a précisé en troisième lieu la méthode qui doit être suivie par le juge pour vérifier cette compatibilité ou incompatibilité. Après avoir vérifié que les stipulations de cet autre traité ou accord sont entrées en vigueur dans l'ordre juridique interne et sont invocables devant lui, il lui incombe de définir, conformément aux principes du droit coutumier relatifs à la combinaison entre elles des conventions internationales, les modalités d'application respectives des normes internationales en débat conformément à leurs stipulations, de manière à assurer leur conciliation, en les interprétant, le cas échéant, au regard des règles et principes à valeur constitutionnelle et des principes d'ordre public.

Dans l'hypothèse où, au terme de cet examen, il n'apparaît possible ni d'assurer la conciliation de ces stipulations entre elles, ni de déterminer lesquelles doivent dans le cas d'espèce être écartées, il appartient au juge administratif de faire application de la norme internationale dans le champ de laquelle la décision administrative contestée a entendu se placer et pour l'application de laquelle cette décision a été prise et d'écarter, en conséquence, le moyen tiré de son incompatibilité avec l'autre norme internationale invoquée.

Le Conseil d'État a, dans l'affaire qui lui était soumise, jugé que la cour administrative d'appel avait commis une erreur de droit en omettant de rechercher s'il était possible de regarder comme conciliables les stipulations de la Convention EDH et celles de l'accord du 27 mai 1997.

Réglant l'affaire au fond, il a jugé qu'il résultait tant de l'objet que des termes des stipulations de l'accord conclu entre la France et la Russie que le règlement des litiges liés aux créances entre les particuliers et chacun de ces États demeurait exclusivement de la compétence nationale et qu'ainsi les stipulations de cet accord ne produisaient pas d'effet direct à l'égard des particuliers. Il en a déduit qu'était inopérant le moyen tiré de la méconnaissance par la loi du 2 juillet 1998 et le décret du 3 juillet 1998 des stipulations de l'accord du 27 mai 1997.

Le Conseil d'État a rejeté ensuite le moyen tiré de la méconnaissance des dispositions combinées de l'article 14 de la Convention EDH et de l'article 1er du Protocole n° 1. Tout en admettant que le requérant avait pu se prévaloir d'un droit patrimonial qui devait être regardé comme un bien au sens de l'article 1er du Procotole n° 1 et après avoir rappelé les critères de la distinction discriminatoire au sens des stipulations de l'article 14, il a rejeté le moyen en considérant « qu'il était matériellement impossible de déterminer, pour l'ensemble des titres indemnisés, la nationalité de leurs porteurs à la date où est intervenue la dépossession ; que la France a obtenu le versement d'une indemnisation au profit des ressortissants français porteurs de titres d'emprunts russes en échange de l'abandon de sa protection diplomatique au soutien de la revendication de ces créances ; qu'eu égard à l'objet de cet accord, à la contrepartie qu'il comporte, aux modalités pratiques de sa mise en œuvre et à l'impossibilité d'identifier les porteurs de titres à la date de leur dépossession, la limitation de l'indemnisation aux seuls ressortissants français par l'article 1er de l'accord du 27 mai 1997 n'est, en tout état de cause, pas incompatible avec les stipulations de l'article 14 de la Convention EDH et de l'article 1er du premier protocole ».

Le doit fiscal a offert un cas intéressant de combinaison de la Convention EDH avec la convention franco-monégasque du 18 mai 1963 (V. *supra*, n° 455).

E. – Convention fiscale et droit de l'Union européenne

499. – Le juge de l'impôt peut vérifier la compatibilité des stipulations d'une convention fiscale avec le droit de l'Union européenne, dont il est le juge de droit commun[(462)].

Le Conseil d'État a refusé cependant de reconnaître l'existence d'une clause fiscale de la nation la plus favorisée à l'échelle de l'Union européenne[(463)].

SECTION 3

LE DROIT DE L'UNION EUROPÉENNE

500. – Généralités. Le Conseil d'État n'a fait, dans l'arrêt *Nicolo*, aucune distinction sur le fondement de l'article 55 de la Constitution, entre le droit international général et le droit communautaire[(464)].

Il n'a pas invoqué « la spécificité du droit communautaire » comme la Cour de cassation dans l'arrêt *Sté des Cafés J. Vabre* (V. *supra*, n° 483).

Cette spécificité, cependant, existait déjà à l'époque. Elle tenait principalement au fait que même les règles du droit dérivé l'emportent sur la loi postérieure.

La première application de la jurisprudence *Nicolo* en matière fiscale concerne précisément non pas un article du traité, mais un règlement du Conseil des communautés. Le Conseil d'État a décidé qu'une loi postérieure à un règlement com-

---

(462) CJCE, 14 déc. 2006, aff. 170/05, *Sté Denkavit* : *RJF* 2007, n° 374 ; *BDCF* 2007, n° 39, concl. Leendert A. Geelhoed, V. infra, n° 550. – CE, 27 juill. 2012, n° 337.656, *Regazzacci* : *Dr. fisc.* 2012, n° 41, comm. 473, concl. F. Aladjidi ; note F. Le Mentec ; *RJF* 2012, n° 1012 ; *BDCF* 2012, n° 126, concl. F. Aladjidi, pour la convention franco-britannique du 22 mai 1968.

(463) CE, 12 mai 2015, n° 366398, *Sté Gist Brocades International* : *Dr. fisc.* 2015, n° 30, comm. 499, concl. V. Daumas, note A. Maitrot de la Motte ; *RJF* 2015, n° 744 ; *BDCF* 2015, n° 111, concl. V. Daumas.

(464) Sur la substitution de l'appellation « droit de l'Union européenne » à celle de « droit communautaire », V. *supra*, n° 315.

munautaire et dont les dispositions sont incompatibles avec celles de ce même règlement ne peut constituer la base légale d'un arrêté ministériel[(465)].

Aucune distinction n'est donc à faire du point de vue de la supériorité du droit communautaire et aujourd'hui du droit de l'Union européenne entre, d'une part, les articles des traités suffisamment clairs et précis, pour qu'il soit possible de les appliquer sans intervention de mesures complémentaires d'exécution, et, d'autre part, les règlements des Conseils des ministres et de la Commission, qui sont directement applicables en vertu de l'article 288, alinéa 2, TFUE[(466)].

L'application des directives soulève des questions particulières puisque, en vertu de l'article 288, alinéa 3, TFUE, elles laissent aux instances nationales la compétence quant à la forme et aux moyens pour parvenir aux résultats qu'elles déterminent et qu'elles impliquent ainsi l'existence d'un droit national d'application. Mais elles ont toujours été considérées comme ayant force contraignante, dès lors qu'elles lient les États membres destinataires quant aux résultats à atteindre.

Quoi qu'il en soit, l'idée même de spécificité du droit communautaire est largement dépassée depuis l'entrée en application de l'article 88-1 de la Constitution, ce qui fera l'objet de la première sous-rubrique.

Pour examiner le droit de l'UE, on fera ensuite une distinction entre, d'une part, les dispositions du traité ou du droit dérivé qui *interdisent* aux États membres d'instituer ou de maintenir des prélèvements d'une nature déterminée, d'autre part, les dispositions des directives qui leur imposent *l'obligation de transposer* dans les droits nationaux les règles du droit fiscal de l'UE, et enfin les dispositions qui leur prescrivent de s'abstenir de toutes mesures susceptibles de mettre en péril la réalisation des buts de l'Union et qui leur créent dans le domaine fiscal une véritable *obligation au regard des grandes libertés de l'UE*. Un bref rappel s'impose, pour terminer, sur *les principes généraux du droit de l'UE*.

§ 1. – Intégration de l'ordre juridique communautaire à l'ordre juridique interne

A. – Conseil constitutionnel

501. – **Article 88-1 de la Constitution.** En ce qui concerne la distinction entre droit communautaire et droit international, la position du Conseil constitutionnel est très nette. Dans sa décision n° 2004-505 DC du 19 novembre 2004, *Traité établissant une constitution pour l'Europe*, le Conseil a considéré qu'en adoptant l'article 88-1, « le constituant a ainsi consacré l'existence d'un ordre juridique communautaire intégré à l'ordre juridique interne et distinct de l'ordre juridique international »[(467)].

L'article 88-1 de la Constitution dispose, dans son premier alinéa, issu de la loi constitutionnelle n° 92-554 du 25 juin 1992, que : « La République participe aux

(465) CE, 24 sept. 1990, req. n° 58.657, *Boisdet* : *RJF* 1990, n° 1408 ; *LPA* 12 oct. 1990, n° 123, concl. Laroque ; *AJDA* 1990, p. 863, chron. Honorat et Schwartz ; *RFDA* 1991, p. 172, note Dubouis.
(466) Ex-art. 249 TCE.
(467) *LPA* 29 nov. 2004, n° 238, chron. J.-E. Schoettl.

Communautés européennes et à l'Union européenne, constituées d'États qui ont choisi librement, en vertu des traités qui les ont instituées, d'exercer en commun certaines de leurs compétences ».

Le même article prévoit, dans son deuxième alinéa, inséré par la loi constitutionnelle n° 2005-204 du 1er mars 2005, qu'« elle peut participer à l'Union européenne dans les conditions prévues par le Traité établissant une Constitution pour l'Europe signé le 29 octobre 2004 ».

Le Conseil constitutionnel a été amené à compléter sa doctrine dans la décision n° 2012-653 DC du 9 août 2012. Il était saisi par le Président de la République, en application de l'article 54 de la Constitution, de la question de savoir si l'autorisation de ratifier le Traité sur la stabilité, la coordination et la gouvernance au sein de l'Union économique et monétaire, signé à Bruxelles le 2 mars 2012, devait être précédée d'une révision de la Constitution.

Il a précisé que les dispositions de l'article 88-1, « tout en confirmant la place de la Constitution au sommet de l'ordre juridique interne permettent à la France de participer à la création et au développement d'une organisation européenne permanente, dotée de la personnalité juridique et investie de pouvoirs de décision par l'effet de transferts de compétences consentis par les États membres ». Il a réservé toutefois le cas où des engagements souscrits à cette fin ou en étroite coordination avec cette fin contiennent une clause contraire à la Constitution, remettent en cause les droits et libertés constitutionnellement garantis ou portent atteinte aux conditions essentielles d'exercice de la souveraineté nationale, auxquels cas l'autorisation de les ratifier appelle une révision constitutionnelle (consid. 9 et 10).

Il a décidé finalement que ce traité ne comportait pas de clause contraire à la Constitution, mais seulement dans certaines conditions qui ont été définies notamment dans le considérant 21.

La Constitution fixe les prérogatives du Gouvernement et du Parlement dans l'élaboration et l'adoption des lois de finances et des lois de financement de la sécurité sociale. Le principe de l'annualité des lois de finances découle des articles 34 et 47 de la Constitution et s'applique dans le cadre de l'année civile ; le Conseil constitutionnel a considéré ainsi qu'introduire directement des dispositions contraignantes et permanentes imposant le respect des règles relatives à l'équilibre des finances publiques exigerait la modification de ces dispositions constitutionnelles et qu'en conséquence, si la France faisait le choix de faire prendre effet aux règles énoncées au paragraphe 1 de l'article 3 du traité, au moyen de dispositions contraignantes et permanentes, l'autorisation de ratifier le traité devrait être précédé d'une révision de la Constitution (consid. 21).

502. – **Décision du 10 juin 2004. Directive. Transposition. Obligation constitutionnelle.** Le Conseil constitutionnel a, pour l'essentiel, défini sa position dans la décision n° 2000-496 DC du 10 juin 2004, *Loi pour la confiance dans l'économie numérique* (consid. 7) :

Après avoir reproduit les termes du premier alinéa de l'article 88-1, il a décidé « qu'ainsi, la transposition en droit interne d'une directive communautaire résulte d'une exigence constitutionnelle à laquelle il ne pourrait être fait obstacle qu'en raison d'une disposition expresse contraire de la Constitution ; qu'en l'absence d'une telle disposition, il n'appartient qu'au juge communautaire, saisi le cas échéant à titre préjudiciel, de contrôler le respect par une directive communautaire tant des compétences définies par les traités que des droits fondamentaux garantis par l'article 6 du Traité sur l'Union européenne »[(468)].

Jusque-là, le Conseil constitutionnel se reconnaissait compétent, sur le fondement de l'article 61 de la Constitution, pour vérifier si la loi de transposition d'une directive respectait les principes constitutionnels[(469)].

En affirmant, dans la décision du 10 juin 2004, que la transposition en droit interne d'une directive communautaire résulte d'une « exigence constitutionnelle », le Conseil constitutionnel reconnaît que « l'ordre juridique communautaire a été intégré à l'ordre constitutionnel français par les articles 88-1 et suivants de la Constitution. Il accepte par là même de reconnaître la primauté du juge communautaire, seul chargé de faire appliquer les principes communs aux États membres ».

Ce principe comporte une seule exception : « lorsque le droit communautaire dérivé heurte de front une disposition expresse et spécifique de notre bloc de constitutionnalité »[(470)].

Le Conseil constitutionnel a précisé par la suite sa position dans plusieurs décisions.

503. – Décision du 10 juillet 2004. Dispositions inconditionnelles et précises de la directive. Pour exercer son contrôle, le Conseil constitutionnel fait une distinction suivant que les dispositions de la loi de transposition se bornent ou non « à tirer les conséquences nécessaires des dispositions inconditionnelles et précises » de la directive[(471)].

Il ne peut, à plus forte raison, que refuser « d'examiner la compatibilité d'une loi avec les dispositions d'une directive communautaire qu'elle n'a pas pour objet de transposer en droit interne »[(472)].

504. – Décisions du 29 juillet 2004 et du 27 juillet 2006. Le Conseil constitutionnel considère, dans la décision du *29 juillet 2004*, qu'il n'appartient qu'au juge communautaire de contrôler le respect par une directive communautaire « tant des compétences définies par les traités que des droits fondamentaux reconnus par l'article 6 du Traité sur l'Union européenne » et que la libre communication des pensées et des opinions proclamée par l'article 11 de la Déclaration de 1789 « est également protégée en tant que principe général du droit communautaire sur le fondement de l'article 10 de la Convention européenne de sauvegarde des droits de l'homme et des libertés fondamentales ».

Il indique ainsi de manière implicite que la réserve faite dans la décision du 10 juin 2004 concernant l'incompatibilité avec « une disposition expresse contraire

(468) Comm. J.-E. Schoettl : *LPA* 18 juin 2004, n° 122. – B. Genevois : *RFDA* 2004, p. 651. – D. Chamussy : *AJDA* 2004, p. 1937. – J.-F. Kovar : *RTDE* 2004, p. 580. – J.-Cl. Zarka : *JCP* G 2004, II, 10116. – H. Oberdorff, J.-P. Camby, A. Levade et J. Roux : *RDP* 2004, p. 869 à 935. – J. Arrighi de Casanova : *AJDA* 2004, p. 1534. – F. Chaltiel : *LPA* 2004, n°s 140 et 141. – P. Cassia : *AJDA* 2004, p. 1385. – M. Gautier et F. Melleray, *ibid. p.* 1735. – B. Mathieu : *D.* 2004, p. 739 et *AJDA* 2004, p. 1497. – P.-Y. Monjal : *LPA* 2004, n° 161. – M. Verpeaux : *Dr. adm.* 2004, n° 130.

(469) Cons. const., 3 août 1994, n° 94-348 DC, *Loi relative à la protection sociale complémentaire des salariés et portant transposition de directives du Conseil.*

(470) Comm. J.-E. Schoettl, préc.

(471) Cons. const., 1er juill. 2004, n° 2004-497 DC, *Loi relative aux communications électroniques*, consid. 19 et 20.

(472) Cons. const., 30 mars 2006, n° 2006-535 DC, *Loi pour l'égalité des chances*, consid. 28.

de la Constitution » ne peut recouvrir que des dispositions qui ne trouvent aucun équivalent dans l'ordre juridique communautaire(473).

Cette interprétation a été confirmée par la décision n° 2006-540 du 27 juillet 2006, *Loi relative au droit d'auteur et aux droits voisins dans la société de l'information*, en même temps que le Conseil constitutionnel fixe la double limite du contrôle qu'il entend exercer.

505. – **Double limite. Identité constitutionnelle de la France. Incompatibilité manifeste avec la directive.** Après avoir réaffirmé que la transposition en droit interne d'une directive communautaire résulte d'une exigence constitutionnelle, et qu'il lui appartient, lorsqu'il est saisi sur le fondement de l'article 61 d'une loi ayant pour objet de transposer en droit interne une directive communautaire, de veiller au respect de cette exigence, il déclare que « toutefois, le contrôle qu'il exerce à cet effet est soumis à une double limite (...) :

– en premier lieu, (...) la transposition d'une directive ne saurait aller à l'encontre *d'une règle ou d'un principe inhérent à l'identité constitutionnelle de la France*, sauf à ce que le constituant y ait consenti ;

– en second lieu, (...) devant statuer avant la promulgation de la loi dans le délai prévu par l'article 61 de la Constitution, le Conseil constitutionnel ne peut saisir la Cour de justice des Communautés européennes de la question préjudicielle prévue par l'article 234 du Traité instituant la Communauté européenne ; il ne saurait en conséquence déclarer non conforme à l'article 88-1 de la Constitution qu'une *disposition législative manifestement incompatible avec la directive* qu'elle a pour objet de transposer ; en tout état de cause, il revient aux autorités juridiques nationales, le cas échéant, de saisir la Cour de justice des Communautés européennes à titre préjudiciel » (consid. 17 à 20).

Ainsi que le note M. Guyomar dans ses conclusions sur l'affaire *Arcelor* (V. *infra*, n° 507), le Conseil constitutionnel ne se reconnaît compétent pour contrôler la constitutionnalité de la loi de transposition « qu'au regard des règles du bloc de constitutionnalité national qui sont sans équivalent dans le catalogue communautaire des droits fondamentaux et principes généraux du droit. Le critère tiré des dispositions expresses paraît abandonné au profit de celui des règles spécifiques ».

Le Conseil constitutionnel a fait une application remarquable de la seconde limite dans la décision n° 2006-543 du 30 novembre 2006, *Loi relative au secteur de l'énergie*. Il déclare inconstitutionnelles certaines dispositions de cette loi au motif qu'elles « méconnaissent manifestement » l'objectif d'ouverture des marchés concurrentiels de l'électricité et du gaz naturel fixé par les directives (consid. 9).

506. – **Renvoi préjudiciel à la Cour de justice de l'Union européenne.** Le Conseil constitutionnel a été saisi par la Cour de cassation d'une question prioritaire de constitutionnalité relative au respect du droit au recours par les dispositions législatives de l'article 695-46 du Code de procédure pénale transposant le mandat d'arrêt européen. Il a effectué pour la première fois à cette occasion un renvoi à titre préjudiciel à la Cour de justice de l'Union européenne d'une question por-

(473) Cons. const., 29 juill. 2004, n° 2004-498 DC, *Loi relative à la bioéthique*, consid. 4 à 6.

tant sur l'interprétation d'articles de la décision-cadre du Conseil du 13 juin 2002, relative au mandat d'arrêt européen[(474)].

La décision-cadre n° 2002-584 du Conseil du 13 juin 2002, modifiée par la décision-cadre n° 2009-299 du 26 février 2009, a institué le mandat d'arrêt européen afin de simplifier et d'accélérer l'arrestation et la remise entre les États de l'Union européenne des personnes recherchées pour l'exercice de poursuites pénales ou pour l'exécution d'une peine ou d'une mesure de sûreté privative de liberté.

La loi n° 2004-204 du 9 mars 2004 (art. 17), modifiée par la loi n° 2009-526 du 12 mai 2009, a inséré, dans le Code de procédure pénale, les articles 695-11 à 695-51 relatifs au mandat d'arrêt européen.

Les deux premiers alinéas de l'article 695-46 confient à la chambre de l'instruction la compétence pour statuer, dans les cas et conditions prévus par cet article, sur toute demande émanant des autorités compétentes de l'État membre qui a émis le mandat d'arrêt européen.

Le quatrième alinéa de l'article 695-46 dispose que « la chambre de l'instruction statue sans recours (...) dans le délai de trente jours à compter de la réception de la demande ».

Le requérant a soutenu que cette disposition porte atteinte au principe d'égalité devant la justice et au droit à un recours juridictionnel effectif.

Aux termes de l'article 88-2 de la Constitution, « la loi fixe les règles relatives au mandat d'arrêt européen en application des actes pris par les institutions de l'Union européenne ».

Dans sa première décision n° 2013-314 QPC du 4 avril 2013, le Conseil constitutionnel a considéré que, par ces dispositions particulières, le constituant a entendu lever les obstacles constitutionnels s'opposant à l'adoption des dispositions législatives découlant nécessairement des actes pris par les institutions de l'Union européenne relatives au mandat d'arrêt européen et que, par suite, il lui appartient de contrôler la conformité à la Constitution de celles de ces dispositions législatives qui procèdent de l'exercice, par le législateur, de la marge d'appréciation que prévoit l'article 34 du Traité sur l'Union européenne dans la rédaction applicable en 2002. L'article 34 prévoyait dans le *b*/du 2 que les décisions-cadres lient les États membres quant aux résultats à atteindre, tout en laissant aux instances nationales la compétence quant à la forme et aux moyens.

La dernière phrase du § 4 de l'article 27 de la décision-cadre ainsi que le *c*/du § 3 de l'article 28 indiquent simplement que « la décision est prise au plus tard trente jours après réception de la demande ».

---

(474) Cons. const., 4 avr. 2013, n° 2013-314 QPC, *Jérémy*, et à la suite de l'arrêt de la CJUE, 30 mai 2013 : Cons. const., 14 juin 2013, n° 2013-314 QPC. – Sur la question : H. Labayle et R. Mehdi, *Le Conseil constitutionnel, le mandat d'arrêt européen et le renvoi préjudiciel à la Cour de justice* : RFDA 2013, p. 461 ; *Le droit au juge et le mandat d'arrêt européen : lectures convergentes de la Cour de justice de l'Union européenne et du Conseil constitutionnel* : RFDA 2013, p. 691. – F. Chaltiel-Terral, *L'européanisation du juge constitutionnel : le dialogue renforcé entre le Conseil constitutionnel et la Cour de justice de l'Union européenne* : LPA 28 juin 2013, n° 129 et 26 juill. 2013, n° 149. – M. Gautier, *L'entrée timide du Conseil constitutionnel dans le système juridictionnel européen* : D. 2013, étude 1086. – L. Coutron et P.-Y. Gahdoun, *Premier renvoi préjudiciel du Conseil constitutionnel à la Cour de justice de l'Union européenne : une innovation aux implications incertaines* : RDP 2013, p. 1207. – B. Bonnet, *Le paradoxe apparent d'une question prioritaire de constitutionnalité instrument de l'avènement des rapports de système* : ibid, 2013, p. 1229. – J. Roux, *Premier renvoi préjudiciel du Conseil constitutionnel à la Cour de justice et conjonction de dialogues des juges autour du mandat d'arrêt européen* : RTDE 2013, p. 531. – H. Prevost-Gella, *L'instrumentalisation de la spécificité du droit de l'Union européenne par le Conseil constitutionnel* : RFDA 2015, p. 137.

Le Conseil constitutionnel a considéré qu'au regard de ces termes de la décision-cadre, une appréciation sur la possibilité de prévoir un recours contre la décision de la juridiction initialement saisie au-delà du délai de trente jours et suspendant l'exécution de cette décision exige qu'il soit préalablement statué sur l'interprétation de l'acte en cause et que, conformément à l'article 267 TFUE, la Cour de justice de l'Union européenne est seule compétente pour se prononcer à titre préjudiciel sur une telle question.

La Cour de justice de l'Union européenne, a, dans son arrêt du 30 mai 2013[475], fait observer que l'article 1er, § 3, de la décision-cadre rappelle expressément que celle-ci ne saurait avoir pour effet de modifier l'obligation de respecter les droits fondamentaux et principes juridiques fondamentaux tels qu'ils sont consacrés à l'article 6 du Traité de l'Union européenne, obligation qui, en outre, concerne tous les États membres, notamment, tant l'État membre d'émission que celui d'exécution (pt 40).

Elle relève ensuite que « tout comme dans les procédures d'extradition, dans la procédure de remise instituée par la décision-cadre le droit à un recours effectif, énoncé aux articles 13 de la CEDH et 47 de la Charte (...), revêt une importance particulière » (pt 42).

Elle a décidé finalement que les articles en cause de la décision-cadre du 13 juin 2002, telle que modifiée par la décision-cadre du 26 février 2009, ne s'opposent pas à ce qu'un État membre prévoie un recours suspendant l'exécution de la décision de l'autorité judiciaire qui statue dans un délai de trente jours, à compter de la réception de la demande.

Statuant définitivement dans une décision du 14 juin 2013, à la suite de la décision rendue par la Cour de justice de l'Union européenne, le Conseil constitutionnel a considéré qu'« en prévoyant que la décision de la chambre de l'instruction est rendue "sans recours", le quatrième alinéa de l'article 695-46 du Code de procédure pénale ne découle pas nécessairement des actes pris par les institutions de l'Union européenne relatifs au mandat d'arrêt européen » et qu'il lui appartient ainsi de contrôler la conformité des dispositions de ce texte du Code de procédure pénale aux droits et libertés que la Constitution garantit.

Il a jugé qu'en privant les parties de la possibilité de former un pourvoi en cassation contre l'arrêt de la chambre de l'instruction, les dispositions contestées de l'article 695-46 du Code de procédure pénale apportent une restriction injustifiée au droit à exercer un recours juridictionnel effectif, tel qu'il est garanti notamment par l'article 16 de la Déclaration de 1789.

Il a en conséquence déclaré les mots « sans recours » contraires à la Constitution.

Il est permis de s'interroger sur la réponse qui aurait été apportée par le Conseil constitutionnel sur la question prioritaire de constitutionnalité, si la Cour de justice de l'Union européenne avait interprété les dispositions de la décision-cadre en ce sens qu'elles s'opposaient à ce que les États membres prévoient un recours suspendant l'exécution de la décision de l'autorité judiciaire. Force aurait alors été de constater que le droit communautaire comporte moins de garanties que la Constitution, et que le droit communautaire l'emportant, la Constitution n'est plus au sommet de notre ordre juridique.

(475) Aff. 168/13.

B. – Conseil d'État

507. – Arrêt du 8 février 2007, *Sté Arcelor Atlantique*. Le Conseil d'État a été amené à se prononcer sur l'ensemble des questions concernant les rapports entre le droit interne et le droit communautaire dans l'arrêt d'assemblée du 8 février 2007, *Sté Arcelor Atlantique*(476).

L'affaire portait sur le décret du 19 août 2004 relatif au système d'échange de quotas d'émission de gaz à effet de serre pris sur le fondement des dispositions d'une ordonnance du 15 avril 2004 intégrées dans le Code de l'environnement et ratifiées par la loi de simplification du droit du 9 décembre 2004.

L'ordonnance avait pour objet de procéder à la transposition en droit interne des dispositions d'une directive du 13 octobre 2003 qui relevaient du domaine de la loi. Le décret du 19 août 2004 se bornait à reprendre, à l'identique, le contenu de l'annexe I de la directive, en ce qui concerne la soumission au système d'échange de quotas des activités de production et de transformation des métaux ferreux. Aucune disposition ne s'intercalait sur ce point entre la directive et le décret. La requête était dirigée contre le refus d'abroger l'article 1er du décret du 19 août 2004 en tant qu'il incluait, dans son champ d'application, les installations du secteur sidérurgique.

Les moyens invoqués étaient tirés pour l'essentiel de la méconnaissance de principes ou de dispositions de valeur constitutionnelle.

Le commissaire du gouvernement a invité le Conseil d'État à « s'inspirer de la démarche retenue par le Conseil constitutionnel et à procéder, à la faveur de l'examen des moyens d'inconstitutionnalité (...), au transport du bloc de constitutionnalité français vers l'ordre juridique communautaire. Cette opération de translation, qui conduira à ce que [le] contrôle de constitutionnalité s'effectue, pour partie, sous le timbre du droit communautaire, est inédite (...) ».

Cette opération de « translation » est subordonnée principalement à l'existence d'une « équivalence des protections » assurées par le droit constitutionnel et par le droit communautaire.

Mais le Conseil d'État a réaffirmé aussi à cette occasion le principe de la supériorité de la Constitution qu'il avait consacré dans l'arrêt *Sarran* (V. *supra*, n° 476).

508. – Équivalence des protections. Principe d'égalité. Le Conseil d'État a procédé à cet examen de l'équivalence pour le principe d'égalité.

Le principe constitutionnel d'égalité tel qu'il est consacré par la jurisprudence du Conseil constitutionnel et du Conseil d'État, n'implique pas que les personnes qui se trouvent dans des situations différentes doivent être soumises à des régimes différents(477).

Au contraire, le principe général du droit communautaire d'égalité comporte une telle implication.

Le Conseil d'État a, dans son arrêt du 8 février 2007, défini préalablement sa doctrine sur les rapports entre le droit interne et le droit communautaire.

(476) *Rec. CE* 2007, p. 56, concl. M. Guyomar ; *RFDA* 2007, p. 384, concl. M. Guyomar ; *Dr. adm.* 2007, n° 5, comm. M. Gautier et F. Melleray ; *LPA* 2007, n° 133, Ph. Chrestia ; *RFDA* 2007, p. 564, A. Levade ; *ibid.* p. 578, X. Magnon ; *RDP* 2007, p. 1031, J. Roux ; *RTDE* 2008, p. 263, S. Pinon.

(477) CE, ass., 28 mars 1997, *Sté Baxter*, V. *infra*, nos 587 et 842.

« La suprématie conférée aux engagements internationaux par l'article 55 de la Constitution ne saurait s'imposer, dans l'ordre interne, aux principes et dispositions à valeur constitutionnelle. Eu égard aux dispositions de l'article 88-1 de la Constitution, (...), dont découle une obligation constitutionnelle de transposition des directives, le contrôle de constitutionnalité des actes réglementaires assurant directement cette transposition est appelé à s'exercer selon des modalités particulières dans le cas où sont transposées des dispositions précises et inconditionnelles. Si le contrôle des règles de compétence et de procédure ne se trouve pas affecté, il appartient au juge administratif, saisi d'un moyen tiré de la méconnaissance d'une disposition ou d'un principe de valeur constitutionnelle, de rechercher s'il existe une règle ou un principe général du droit communautaire qui, eu égard à sa nature et à sa portée, tel qu'il est interprété en l'état actuel de la jurisprudence du juge communautaire, garantit par son application l'effectivité du respect de la disposition ou du principe constitutionnel invoqué. Dans l'affirmative, il y a lieu pour le juge administratif, afin de s'assurer de la constitutionnalité du décret, de rechercher si la directive que ce décret transpose est conforme à cette règle ou à ce principe général du droit communautaire. Il lui revient, en l'absence de difficulté sérieuse, d'écarter le moyen invoqué, ou, dans le cas contraire, de saisir la Cour de justice des Communautés européennes d'une question préjudicielle dans les conditions prévues par l'article 234 du Traité instituant la Communauté européenne. En revanche, s'il n'existe pas de règle ou de principe général du droit communautaire garantissant l'effectivité du respect de la disposition ou du principe constitutionnel invoqué, il revient au juge administratif d'examiner directement la constitutionnalité des dispositions réglementaires contestées ».

« Le principe d'égalité, dont l'application revêt valeur constitutionnelle, constitue un principe général du droit communautaire. Il ressort de l'état actuel de la jurisprudence de la Cour de justice des Communautés européennes, que la méconnaissance de ce principe peut notamment résulter de ce que des situations comparables sont traitées de manière différente, à moins qu'une telle différence de traitement soit objectivement justifiée. La portée du principe général du droit communautaire garantit, au regard du moyen invoqué, l'effectivité du respect du principe constitutionnel en cause. Il y a lieu dès lors, pour le Conseil d'État, de rechercher si la directive du 13 octobre 2003, en tant qu'elle inclut dans son champ d'application les entreprises du secteur sidérurgique, ne contrevient pas à cet égard au principe général du droit communautaire qui s'impose à elle. La question de savoir si la différence de traitement instituée par la directive est objectivement justifiée soulève une difficulté sérieuse. Par suite, il y a lieu pour le Conseil d'État de surseoir à statuer sur les conclusions de la requête dirigée contre le refus d'abroger l'article 1er du décret du 19 août 2004 jusqu'à ce que la Cour de justice des Communautés européennes, se soit prononcée sur la question préjudicielle de la validité de la directive du 13 octobre 2003 au regard du principe d'égalité en tant qu'elle rend applicable le système d'échange de quotas d'émission de gaz à effet de serre aux installations du secteur sidérurgique, sans y inclure les industries de l'aluminium et du plastique ».

La Cour de justice des Communautés européennes a jugé que l'examen de la directive du 13 octobre 2003 au regard du principe d'égalité de traitement n'avait pas révélé d'éléments de nature à affecter sa validité[(478)].

Le Conseil d'État a mis ainsi un point final à l'affaire en rejetant la requête dont il avait été saisi[(479)].

Il a réglé différemment la situation dans laquelle le décret d'application de la loi n'assure pas directement la transposition de la directive mais se borne à réitérer les dispositions législatives transposant cette directive. En pareil cas, les motifs d'inconstitutionnalité qui sont allégués par les requérants mettent directement en cause la conformité à la Constitution de ces dispositions législatives. Le Conseil d'État a jugé que la conformité de ces dispositions à des principes

(478) CJCE, 16 déc. 2008, *Sté Arcelor Atlantique* : *AJDA* 2008, p. 2365.
(479) CE, 3 juin 2009, n° 287110, *Sté Arcelor Atlantique* : *AJDA* 2009, p. 1068 et p. 1710, note F. Lafaille ; *RFDA* 2009, p. 800, concl. Guyomar et p. 1031, chron. C. Santulli.

constitutionnels ne saurait être contestée en dehors de la procédure prévue à l'article 61-1 de Constitution sur la question prioritaire de constitutionnalité(480).

509. – Tribunal des conflits. Le juge administratif est en principe seul compétent pour statuer, le cas échéant par voie de question préjudicielle, sur toute contestation de la légalité de décisions prises par l'administration dans l'exercice de ses prérogatives de puissance publique, et qui est soulevée à l'occasion d'un litige relevant à titre principal de l'autorité judiciaire.

L'exigence de bonne administration de la justice et le principe d'effectivité du droit communautaire ont amené le Tribunal des conflits à apporter une importante exception à la jurisprudence *Septfonds*.

Dans un litige mettant en cause la légalité des actes administratifs qui avaient rendu obligatoires les « cotisations interprofessionnelles volontaires rendues obligatoires » (V. *supra*, n° 43), le Tribunal des conflits a jugé qu'il appartient à la juridiction de l'ordre judiciaire, qui a été saisie du litige principal, de se prononcer elle-même, le cas échéant après renvoi à la Cour de justice, sur un moyen tiré de la méconnaissance du droit de l'Union européenne(481).

§ 2. – Les interdictions fiscales communautaires

510. – Les dispositions du traité visent à garantir soit la libre circulation des marchandises qui est fondée sur l'interdiction des droits de douane et des taxes d'effet équivalent à des droits de douane, soit l'établissement des règles de concurrence nécessaires au fonctionnement du marché intérieur, avec la double interdiction des régimes d'aides publiques susceptibles de fausser les règles du jeu de la concurrence et des impositions intérieures discriminatoires.

A. – Interdiction des taxes d'effet équivalent à des droits de douane. Articles 28 et 30 TFUE(482)

1° Portée de l'interdiction

511. – Interdiction claire et inconditionnelle. Applicabilité directe. Aux termes de l'article 28 du traité, « L'Union comprend une union douanière qui s'étend à l'ensemble des échanges de marchandises, et qui comporte l'interdiction, entre les États membres, des droits de douane à l'importation et à l'exportation et de toutes taxes d'effet équivalent, ainsi que l'adoption d'un tarif douanier commun dans leurs relations avec les pays tiers ».

(480) CE, 6 déc. 2012, n° 347.870, *Sté Air Algérie*. – P. Cassia, *Nouvelles variations sur la hiérarchie et l'agencement des normes internes, internationales et de l'Union européenne : RFDA* 2013, p. 653. – A. Roblot-Troizier et G. Tusseau, *QPC versus Arcelor : des complications contentieuses inutiles ? ibid.* p. 667. – J. Lainé, *Nouvelles précisions sur l'étendue de l'office du juge administratif dans le contrôle de légalité des actes de transposition des directives de l'Union européenne : LPA* 9 juill. 2013, n° 136.

(481) T. confl., 17 oct. 2011, n° 3828, *SCEA du Chéneau* : *Rec. CE* 2011, p. 698 ; *RFDA* 2011, p. 1122, concl. J.-D. Sarcelet, note B. Seiller et note A. Roblot-Troizier ; *AJDA* 2012, p. 27, chron. M. Guyomar et X. Domino ; *LPA* 16 mars 2012, n° 55, note C. Groulier.

(482) Ex-art. 23 et 25 TCE.

L'article 30 prévoit que « Les droits de douane à l'importation et à l'exportation ou taxes d'effet équivalent sont interdits entre les États membres. Cette interdiction s'applique également aux droits de douane à caractère fiscal ».

512. – L'extension de l'interdiction des droits de douane aux taxes d'effet équivalent vise à garantir l'effectivité de la libre circulation des marchandises.

La disposition de l'article 28, explicitée par l'article 30, énonce une interdiction claire et inconditionnelle. Cette prohibition produit des effets directs dans les relations juridiques entre les États membres et les justiciables. Toute personne intéressée peut donc contraindre une autorité nationale à respecter cette interdiction en agissant devant le juge national pour demander à celui-ci d'ordonner le remboursement des taxes d'effet équivalant à des droits de douane[(483)].

L'interdiction prévue par l'article 25 ne s'applique qu'aux échanges intracommunautaires[(484)].

La prohibition des taxes d'effet équivalent a cependant un champ d'application beaucoup plus large. Elle peut atteindre les échanges avec les pays tiers. Elle est fondée dans cette hypothèse sur les articles 25 et 133 du traité[(485)].

2° Définition des taxes d'effet équivalent

513. – Définition générale. Ainsi que la Cour de justice des Communautés européennes l'a reconnu à plusieurs reprises, « constitue une taxe d'effet équivalent à un droit de douane à l'importation et à l'exportation toute charge pécuniaire, fût-elle minime, unilatéralement imposée, quelles que soient son appellation et sa technique, et frappant les marchandises nationales ou étrangères en raison du fait qu'elles franchissent la frontière, alors même qu'elle ne serait pas perçue au profit de l'État qu'elle n'exercerait aucun effet discriminatoire ou protecteur et que le produit imposé ne se trouverait pas en concurrence avec une production nationale »[(486)].

Le Conseil d'État a retenu la même définition pour les taxes parafiscales[(487)]. Utilisant une formule lapidaire, il indique que pour qu'une taxe puisse être qualifiée de taxe d'effét équivalent à un droit de douane interdite par l'article 25 du Traité CE, ou d'imposition intérieure discriminatoire interdite par l'article 90, les recettes procurées par cette taxe doivent être affectées au profit des seuls produits nationaux[(488)].

La Cour de justice des Communautés européennes, prévoit toutefois plusieurs exceptions[(489)]. Elle admet qu'une charge frappant les marchandises en raison du fait qu'elles franchissent la frontière échappe à la qualification de taxe d'effet équivalent interdite par le traité : – si elle relève d'un système général de redevances intérieures

(483) CJCE, 17 déc. 1970, aff. 33/70, *Sace* : *JCP* G 1972, II, 17188, note R. Kovar.

(484) CJCE, 10 oct. 1978, aff. 148/77, *Hansen et Balle*, pt 22 : *Rec. CJCE* 1978, I, p. 1787. – CJCE, 7 juill. 1994, aff. 130/93, *Lamaire*, pt 15 : *RJF* 1994, n° 1294.

(485) Ex-art. 113 TCE.

(486) CJCE, 1er juill. 1969, aff. 24/68, *Commission c/République italienne*. – CJCE, 7 juin 1994, aff. 130/93, *Lamaire*, préc. – CJCE, 23 avr. 2002, aff. C-234/99, *Niels Nygård*, point 19 : *Rec. CJCE* 2002, I, p. 3657, concl. Mischo ; *Dr. fisc.* 2002, n° 39, comm. 735 ; *RJF* 2002, n° 883.

(487) CE, 21 juin 1996, *Assoc. nationale des expéditeurs et exportateurs de fruits et légumes* : *Dr. fisc.* 1996, comm. 1447, concl. Bachelier ; *RJF* 1996, n° 1103, et p. 543, chron. Austry ; *BDCF* 1996, n° 4, concl. Bachelier, pour la taxe parafiscale perçue au profit du Centre technique interprofessionnel des fruits et légumes.

(488) CE, 27 juill. 2009, n° 313.502, *Sté Montaudis* : *RJF* 2009, n° 1177 ; *BDCF* 2009, n° 148, concl. Mme Legras ; *Dr. fisc.* 2009, n° 43, comm. 513.

(489) CJCE, 7 juill. 1994, *Lamaire*, préc., pt 14. – CJCE, 23 avr. 2002, préc.

appréhendant systématiquement, selon les mêmes critères, les produits nationaux et les produits importés ou exportés, – si elle constitue la contrepartie d'un service déterminé, effectivement et individuellement rendu à l'opérateur économique, d'un montant proportionné audit service, – ou encore, sous certaines conditions, si elle est perçue en raison de contrôles effectués pour satisfaire aux obligations imposées par la réglementation communautaire.

514. – **Champ d'application.** La notion de taxe d'effet équivalent à un droit de douane est très large.

La circonstance qu'un prélèvement obligatoire, imposé en raison de l'importation ou de l'exportation d'une marchandise, est perçu au profit non pas de l'État mais d'un organisme public, n'affecte pas la qualification de ce prélèvement en tant que taxe d'effet équivalent au sens des articles 28 et 30 TFUE[490].

Aucune distinction ne doit être faite non plus entre les taxes d'effet équivalant à des droits de douane, suivant qu'elles visent des produits importés ou des produits exportés[491].

Le montant même minime de la taxe est sans importance, de même que le but en vue duquel elle est instituée[492].

Le franchissement de la frontière est considéré comme la cause déterminante de la taxe. Un prélèvement ne peut constituer une taxe d'effet équivalent que s'il frappe les marchandises nationales ou étrangères « en raison du fait qu'elles franchissent la frontière »[493]. Mais la réalisation de cette condition n'est pas nécessairement exclue du fait que le produit importé est soumis à une charge pécuniaire après le franchissement de la frontière, à l'occasion de sa transformation.

Il est cependant des cas où le franchissement de la frontière ne peut être regardé comme la cause déterminante de la taxe. La Cour de justice des Communautés européennes a reconnu ainsi le caractère de taxe d'effet équivalant à la taxe prévue à l'article 302 bis X du Code général des impôts, dite « taxe CB », mise à la charge des fabricants, importateurs et personnes qui effectuent des livraisons en France de postes émetteurs-récepteurs fonctionnant sur les canaux banalisés, importés d'États membres ou de pays tiers[494]. Ce n'est pas, en l'espèce, le franchissement de la frontière, mais la livraison en France qui entraînait l'imposition à la taxe ; l'importateur qui, après avoir introduit des postes en France, effectuait des livraisons dans un autre État membre ou dans un pays tiers n'était pas redevable de cette taxe[495].

La jurisprudence retient non pas le stade auquel le prélèvement est perçu, mais son effet[496].

---

(490) Ex-art. 23 et 25 TCE. – CJCE, 7 juill. 1994, *Lamaire*, préc., pt 17.
(491) CJCE, 7 juill. 1994, aff. 130/93, *Lamaire*, préc.
(492) CJCE, 1er juill. 1969, aff. 24/68, *Commission c/Italie : Rec. CJCE* 1969, I, p. 193, concl. Roemer.
(493) CJCE, 7 juill. 1994, *Lamaire*, préc.
(494) CJCE, 22 avr. 1999, aff. 109/98, *CRT France : RJF* 1999, n° 809 ; *Rec. CJCE* 1999, I, p. 2239, concl. Cosmas. – Sur les suites de cette affaire concernant la demande en réparation des préjudices que les intéressés estimaient avoir subi du fait de l'instauration de la taxe : CE, 3 août 2011, n° 307.164, *Sté Dirland : Dr. fisc.* 2012, n° 7, comm. 151, concl. Mme Escaut, note R. Torlet et B. Aubert ; *RJF* 2011, n° 1116 ; *BDCF* 2011, n° 132, concl. Mme Escaut.
(495) Cette taxe a été supprimée par la loi de finances pour 2000, n° 99-1172, art. 30-A-2° : *Dr. fisc.* 2000, n° 1-2, comm. 1.
(496) CJCE, 18 juin 1975, aff. 94/74, *Igav : Rec. CJCE* 1975, I, p. 699, concl. Trabudchi, pt 11.

La qualification de mesure d'effet équivalent à une restriction quantitative à l'importation ou à l'exportation peut faire problème, notamment au regard de l'un ou l'autre des régimes d'autorisations qui sont institués dans les buts les plus divers. L'intéressante décision de la cour administrative d'appel de Nantes du 3 mars 2009 en est un bon exemple. L'article L. 413-3 du Code de l'environnement soumet à autorisation administrative l'ouverture des établissements d'élevage d'animaux d'espèces non domestiques. Ces dispositions, qui ne font aucune distinction selon l'origine des animaux non domestiques élevés, vendus, loués, transportés ou présentés, et qui ont été prévues dans un but de protection de la faune sauvage et de la salubrité publique, n'ont pas pour objet de régir la production ou l'échange de marchandises entre des États membres. La Cour a jugé ainsi que l'éventuel effet restrictif des échanges intracommunautaires qu'est susceptible d'entraîner l'exigence d'une autorisation d'ouverture de ces établissements est trop aléatoire et trop indirect pour que cette obligation puisse être regardée comme une mesure d'effet équivalent à une restriction quantitative à l'importation ou à l'exportation au sens des stipulations des articles 28 et 29 du traité[497].

515. – **Exemple de l'octroi de mer.** C'est en application des articles 23 et 25 TCE[498] que la Cour de justice des Communautés européennes avait condamné le régime de l'octroi de mer appliqué dans les départements d'outre-mer avant la modification réalisée par la loi n° 92-676 du 17 juillet 1992.

Cette imposition frappait, à quelques exceptions près, l'introduction dans les départements d'outre-mer de tous les produits non originaires de ces mêmes départements, y compris ceux en provenance de la métropole, alors que les produits originaires du département intéressé en étaient systématiquement exonérés.

La France soutenait que le fait générateur de la perception de l'octroi de mer était constitué non pas par le franchissement de la frontière étatique, mais par une transaction interne. La Cour de justice des Communautés européennes a rejeté cette argumentation en précisant à cette occasion la notion de « franchissement de la frontière » et en reculant, en quelque sorte, les frontières nationales, en assimilant à celles-ci les frontières régionales. Ainsi s'explique la solution qu'elle a retenue finalement : « une taxe proportionnelle à la valeur en douane des biens perçue par un État membre sur toutes les marchandises introduites dans une région de son territoire, constitue une taxe d'effet équivalant à un droit de douane à l'importation, non seulement en tant qu'elle frappe les marchandises introduites dans cette région en provenance d'autres États membres, mais également en tant qu'elle est perçue sur les marchandises introduites dans cette région en provenance d'une autre partie de ce même État »[499].

La Cour de justice des Communautés européennes a relevé, dans son arrêt du 16 juillet 1992, que la décision du Conseil du 22 décembre 1989, qui avait autorisé la France à maintenir le régime de l'octroi de mer jusqu'au 31 décembre 1992 au plus

(497) CAA Nantes, 3 mars 2009, n° 07-02863, *Vergy* : *AJDA* 2009, p. 1415, chron. S. Degommier.
(498) Ex-art. 9 et 12 du Traité CEE.
(499) CJCE, 16 juill. 1992, aff. 163/90, *Legros* : *RJF* 1992, n° 1450, pour des marchandises en provenance d'autres États membres. – CJCE, 9 août 1994, aff. 363/93, *Lancry* : *RJF* 1994, n° 1154, pour des marchandises en provenance d'une autre région du même État membre.

tard, n'avait aucun effet rétroactif, d'où il résultait que l'octroi de mer constituait bien, dans son régime antérieur, une taxe d'effet équivalent à un droit de douane contraire au traité.

Mais, limitant exceptionnellement les effets de ses arrêts, elle a décidé que les dispositions du traité relatives aux taxes d'effet équivalant à des droits de douane ne peuvent être invoquées à l'appui de demandes visant à obtenir la restitution d'une taxe telle que l'octroi de mer, payée avant le 16 juillet 1992, sauf par les demandeurs qui ont, avant cette date, introduit un recours en justice ou soulevé une réclamation équivalente. La même solution a été retenue pour les importations en provenance directe d'État tiers n'ayant pas conclu d'accord particulier avec la Communauté(500).

La Cour de cassation a tiré les conséquences de la jurisprudence découlant des arrêts de la Cour de justice des Communautés européennes, en précisant que ces décisions s'imposent à la juridiction nationale sans que puisse lui être opposé un principe général du droit, tel le principe de la confiance légitime. Par ailleurs, dès lors que l'importateur pouvait agir en justice pour obtenir la restitution des taxes qu'il estimait contraires au droit communautaire avant que la Cour de justice des Communautés européennes, saisie par les juridictions françaises appelées à statuer sur de telles actions, se soit prononcée, la limitation dans le temps des effets de la décision prise par la Cour était compatible avec l'article 6 de la Convention européenne des droits de l'homme(501).

La Cour de justice des Communautés européennes a, par la suite, nuancé sa jurisprudence dans un arrêt du 19 février 1998(502). Elle a jugé que le système d'exonération de l'octroi de mer autorisé par la décision n° 89/688 du Conseil du 22 décembre 1989 n'était pas incompatible avec les articles 23 et 25 et que les dérogations temporaires à l'article 90 TCE(503) qu'elle prévoyait étaient justifiées conformément aux dispositions combinées des articles 299-2 et 308 TCE(504) visant à permettre le développement économique et social des départements d'outre-mer.

La loi n° 92-676 du 17 juillet 1992, puis la loi n° 2004-639 du 2 juillet 2004 relatives à l'octroi de mer visaient à tenir compte des exigences du droit communautaire(505).

516. – Anciennes taxes parafiscales. Pour les *produits importés*, une taxe parafiscale constituait une taxe d'effet équivalent dans deux cas :

– lorsqu'elle est définitivement perçue à l'importation de certains produits, alors qu'elle est remboursée à la fabrication de ces produits sur le territoire national(506) ;

– même si elle est indistinctement applicable aux produits nationaux et aux produits importés, lorsque les ressources qu'elle procure sont affectées au profit

(500) CJCE, 7 nov. 1996, aff. 126/94, *Stés Cadi Surgelés : RJF* 1997, n° 97.
(501) Cass. com., 22 oct. 2002, n° 01-960, *SA Primistères Reynoird : Dr. fisc.* 2003, n° 12, comm. 243 ; *Bull. civ.* 2002, IV, n° 147 ; *RJF* 2003, n° 247.
(502) Aff. 212/96, *Chevassus-Marche : Rec. CJCE* 1998, I, p. 743, concl. Tesauro ; *RTDE* 1998, p. 267, obs. Berlin ; *RJF* 1998, n° 894 ; *AJDA* 1998, p. 811, chron. Chavrier, Légal et de Bergues.
(503) Devenu art. 110 TFUE.
(504) Devenus art. 349 et 352 TFUE.
(505) La loi du 2 juillet 2004 a été modifiée par la loi n° 2015-762 du 29 juin 2015 (*JO* 30 juin, p. 10 979). – J.-M. Pastor, *L'adaptation nécessaire de l'octroi de mer : AJDA* 2014, p. 960.
(506) CJCE, 11 juin 1992, aff. 149/91, *Sanders Adour SNC : RJF* 1992, n° 1599 ; *Dr. fisc.* 1993, p. 357, obs. D. Berlin. – Cass. com., 7 janv. 1997, même espèce : *RJF* 1997, n° 409, pour la taxe parafiscale de stockage du secteur céréalier.

des seuls produits nationaux, de porte que les avantages qui en découlent compensent intégralement la charge grevant ces produits[507].

Pour les *produits exportés*, la Cour de justice des Communautés européennes a jugé qu'une taxe parafiscale est une taxe d'effet équivalant à un droit de douane à l'exportation dans deux cas :

– soit lorsqu'elle grève les ventes à l'exportation plus lourdement que les ventes à l'intérieur du pays ;

– soit lorsqu'elle est destinée à alimenter des activités tendant à rendre la commercialisation intérieure plus rémunératrice activités que l'exportation ou à favoriser de toute autre manière le produit destiné à la commercialisation intérieure au détriment de celui destiné à l'exportation[508].

Dans les deux cas, il était admis que les taxes parafiscales frappant des produits importés ou exportés ne constituent pas des taxes d'effet équivalent à des droits de douane lorsqu'elles entrent dans le champ de l'une ou l'autre des trois exceptions prévues par la Cour de justice des Communautés européennes (V. *supra*, n° 513).

Le juge national a appliqué scrupuleusement ces critères[509].

B. – Interdiction des aides publiques. Articles 107 à 109 TFUE[510]

1° Notion

517. – Champ d'application. L'article 107 TFUE a pour objectif de prévenir que les échanges entre États membres soient affectés par des avantages consentis par les autorités publiques qui faussent ou menacent de fausser la concurrence en favorisant certaines entreprises ou certaines productions.

La Commission européenne a publié, le 19 mai 2016, une communication qui est destinée à faire le point sur les critères de la définition de l'aide d'État à partir des interprétations de la Cour de justice de l'Union européenne[511].

L'article 107 TFUE pose le principe de l'interdiction des aides « accordées par les États ou au moyen de ressources d'État sous quelque forme que ce soit »[512].

Il peut s'agir non seulement d'avantages fiscaux ou de subventions proprement dites, mais aussi de bonifications d'intérêts, de garanties de prêts, ou d'autres garanties telle la garantie implicite illimitée accordée par la France à La Poste[513].

(507) CJCE, plén., 11 mars 1992, aff. 78/90 à 83190, *Cie commerciale de l'Ouest, Sté Picoty* : *RJF* 1992, n° 1441 ; *LPA* 1er juill. 1992, n° 79, note Cartou ; *Rec. CJCE* 1992, I, p. 1847. – CJCE, plén., 16 déc. 1992, aff. 17/91, *Lornoy* : *RJF* 1993, n° 473 ; *Rec. CJCE* 1992, I, p. 6523. – CJCE, plén., 2 août 1993, aff. 266/91, *Celbi* : *RJF* 1993, n° 1521 ; *Rec. CJCE* 1993, I, p. 4337. – CJCE, plén., 17 sept. 1997, aff. 28196, *Fazenda Publica* : *RJF* 1998, n° 1519.

(508) CJCE, 23 janv. 1975, aff. 51/74, *Van Der Hulst's Zonen* : *Rec. CJCE* 1975, I, p. 7, concl. Trabucchi.

(509) CE, 29 déc. 1993, n° 123345, *Sté Saumon Pierre Chevance* : *Dr. fisc.* 1994, comm. 611, concl. Arrighi de Casanova ; *RJF* 1994, n° 287. – CE, 9 nov. 1994, n° 136761 : *Dr. fisc.* 1995, comm. 40, concl. Arrighi de Casanova ; *RJF* 1995, n° 79, pour la taxe sur les conserves instituée au profit de l'Institut français de recherche pour l'exploitation de la mer (Ifremer). – CE, 21 juin 1996, *Assoc. nationale des expéditeurs et exportateurs de fruits et légumes*, préc. *supra*, n° 513.

(510) Ex-art. 87 à 89 TCE.

(511) J.-M. Pastor, *Clarification de Bruxelles sur les aides d'État* : *AJDA* 2016, p. 1042.

(512) Art. 107-1 TFUE.

(513) CJUE, 3 avr. 2014, aff. C-559/12 P : *AJDA* 2014, p. 767, note J.-M. Pastor. La Commission avait souligné, en premier lieu, que La Poste n'était pas soumise au droit commun relatif au redressement et à la liquidation d'entreprises en difficulté, qu'un créancier était assuré de voir sa créance remboursée dans l'hypothèse où cet établissement serait en difficulté financière et ne pourrait pas honorer ses dettes et que la garantie illimitée de l'État dont bénéficiait La Poste induisait ainsi un transfert de ressources d'État. En second lieu, la Commission avait constaté que les conditions de crédit plus favorables obtenues par La Poste grâce à une garantie illimitée constituaient un avantage sélectif, dès lors que

de prises de participation dans le capital des entreprises, de dotations en capital, de primes à l'achat de certains matériels, de mesures sociales diverses, telles que le système de participation du Fonds national de l'emploi à l'accompagnement des plans sociaux[514] ou un dégrèvement partiel des charges sociales pesant sur les bas salaires versés par les entreprises d'un secteur industriel particulier, prévu par la loi de 1996 sur le « plan textile »[515] ou même l'institution d'une taxe, telle que la taxe hydraulique instituée au profit de l'établissement public Voies navigables de France, qui a été considérée comme une aide d'État au sens de l'article 107 TFUE[516].

La taxe parafiscale pouvait être interdite au titre soit de taxe d'effet équivalent à un droit de douane (V. *supra*, n° 516), soit d'imposition intérieure discriminatoire (V. *infra*, n° 540), soit d'aide publique. L'affectation du produit de la taxe parafiscale au bénéfice des produits nationaux pouvait constituer une aide étatique, incompatible avec le marché commun, si les conditions de l'ex-article 92 étaient réunies. Une telle appréciation relevait bien entendu de la compétence de la Commission et ne pouvait intervenir qu'au terme de la procédure prévue à cet effet par l'ex-article 93[517].

518. – **Quatre critères.** La formule de l'article 107 TFUE a une portée très large, mais quatre critères doivent être réunis cumulativement pour qu'il y ait aide publique au sens du texte communautaire. Selon une jurisprudence constante, pour qu'une mesure puisse être qualifiée d'aide d'État, il doit s'agir, premièrement, d'une intervention de l'État ou au moyen de ressources d'État. Deuxièmement, cette intervention doit être susceptible d'affecter les échanges entre les États membres. Troisièmement, elle doit accorder un avantage à son bénéficiaire. Quatrièmement, elle doit fausser ou menacer de fausser la concurrence[518].

519. – **Intervention de l'État ou au moyen de ressources d'État.** Un problème important de qualification au regard de la première condition sur la notion « d'intervention de l'État ou au moyen de ressources d'État » s'est posé pour le mécanisme de financement de l'obligation d'achat de *l'électricité produite par les installations utilisant l'énergie mécanique du vent*.

Il résulte des dispositions de l'article 10 de la loi modifiée du 10 février 2000 relative à la modernisation et au développement du service public de l'électricité, qu'Électricité de France et les distributeurs non nationalisés mentionnés à l'article 23 de la loi du 8 avril 1946 ont l'obligation d'acheter, dans les conditions prévues par la loi, l'électricité produite par les installations utilisant l'énergie mécanique du vent, et des arrêtés ministériels d'application en ont fixé le prix à un montant supérieur au prix de marché de cette électricité. Les surcoûts ainsi imposés à Élec-

cette garantie, en tant qu'élément essentiel du soutien de l'État, influençait de manière positive sa notation financière et, partant, les conditions de crédit quelle était en mesure d'obtenir. Mais la garantie implicite et illimitée de l'État en faveur de l'établissement Énergies Nouvelles, établissement public industriel et commercial, n'implique pas forcément une aide d'État : Trib. UE, 26 mai 2016, aff. T-479/11 : *AJDA* 2016, p. 1099, note L. Genty.

(514) CJCE, 26 sept. 1996, aff. 241/94, *République française contre Commission* : *D.* 1997, p. 349, note J.-L. Clergerie.

(515) CJCE, 5 oct. 1999, aff. 251/97, *France c/Commission* : *Rec. CJCE* 1999, I, p. 6639, concl. Fennely ; *AJDA* 2000, p. 323, chron. Chavrier, Legal et de Bergues.

(516) CAA Paris, 25 mars 2013, n° 11-05087, *Sté Climespace* : *AJDA* 2013, p. 1553.

(517) CJCE, 16 déc. 1992, aff. 17/91, *Lormoy* : *RJF* 1993, n° 473. – CJCE, 2 août 1993, aff. 266/91, *Celbi* : *RJF* 1993, n° 1521.

(518) CJCE, 23 mars 2006, aff. 237/04, *Enirisorse SpA*, pt 39. – CJCE, 17 nov. 2009, aff. 169/08, *Présidente del Consiglio di Ministri*, pt 52. – CJUE, 11 juill. 2013, 262/12, *Vent De Colère*, concl. Jääskinen, pt 29.

tricité de France et aux distributeurs non nationalisés font l'objet d'une compensation intégrale par des contributions dues par les consommateurs finals d'électricité installés sur le territoire national, et dont le montant est calculé au prorata de la quantité d'électricité consommée (V. *supra*, n° 219).

Le Conseil d'État, saisi d'un recours pour excès de pouvoir contre les arrêtés ministériels, a, dans un arrêt n° 324.852 du 15 mai 2012, jugé que l'achat de l'électricité produite par les installations utilisant l'énergie mécanique du vent à un prix supérieur à sa valeur de marché accorde un avantage aux producteurs de cette électricité et que, eu égard à la libéralisation du secteur de l'électricité au niveau de l'Union européenne, cet avantage est susceptible d'affecter les échanges entre États membres et d'avoir une incidence sur la concurrence(519).

Toutefois, depuis l'entrée en vigueur de la loi 2003-8 du 3 janvier 2003 relative aux marchés du gaz et de l'électricité et au service public de l'énergie, les surcoûts ainsi imposés à Électricité de France et aux distributeurs non nationalisés font l'objet d'une compensation intégrale non plus par un fonds du service public de la production d'électricité alimenté par des contributions dues par les producteurs, fournisseurs et distributeurs, mais par des contributions dues par les consommateurs finals d'électricité installés sur le territoire national.

En conséquence, le Conseil d'État, se fondant, en outre, sur un précédent constitué par l'arrêt de la Cour de justice des Communautés européennes du 17 juillet 2008, *Essent Netwerk Noord BV*(520) a estimé que le mécanisme de financement de l'obligation d'achat de l'électricité produite par les installations utilisant l'énergie mécanique du vent pouvait relever de la notion d'intervention de l'État ou au moyen de ressources d'État et qu'il y avait lieu par suite, de saisir la Cour de justice de l'Union européenne de cette question.

L'avocat général, M. Jääskinen, a rappelé dans ses conclusions que, pour que des avantages puissent être qualifiés d'aides au sens de l'article 107 TFUE, ils doivent, d'une part, être accordés directement ou indirectement au moyen de ressources d'État et, d'autre part, être imputables à l'État, et que la jurisprudence a consacré le caractère cumulatif de ces deux conditions(521).

Concernant l'imputabilité de la mesure, il a précisé que c'est bien l'État qui est à l'origine du régime contesté. Quant à la condition de l'origine étatique des ressources, il a relevé que la distinction entre aides accordées par l'État et aides accordées au moyen de ressources d'État est destinée à inclure dans la notion d'aide non seulement les aides accordées directement par l'État, mais également celles accordées par des organismes publics ou privés, désignés ou institués par l'État et il ajoute : « l'article 107 TFUE comprend tous les moyens pécuniaires que l'État peut effectivement utiliser pour soutenir des entreprises. Le fait que ces moyens restent constamment sous contrôle public, et donc à la disposition des autorités nationales compétentes, suffit pour qu'ils soient qualifiés de ressources d'État et pour qu'une mesure qu'ils servent à financer entre dans le champ d'application de l'article 107... » (concl., pts 30 à 34).

(519) *AJDA* 2012, p. 1035 ; *RTDE* 2012, p. 943, obs. E. Muller.
(520) Aff. 206/06.
(521) CJCE, 16 mai 2012, aff. 482/99, *France c/Commission, dit « Stardust Marine »*, pt 24.

L'avocat général a proposé ainsi à la Cour de répondre à la question préjudicielle posée par le Conseil d'État que le mécanisme de financement de l'obligation d'achat de l'électricité produite par les installations utilisant l'énergie mécanique du vent, qui repose sur une taxe prélevée sur tous les consommateurs finals d'électricité sur le territoire national, relève de la notion d'intervention de l'État ou au moyen de ressources d'État au sens de l'article 107 TFUE.

La Cour de justice a jugé qu'il s'agit bien d'une aide d'État(522).

Le Conseil d'État n'a pu que tirer les conséquences de la décision de la Cour de justice de l'Union européenne en jugeant que l'achat de l'électricité produite par les installations utilisant l'énergie mécanique du vent à un prix supérieur à sa valeur de marché, dans les conditions définies par les arrêtés attaqués, a le caractère d'une aide d'État. Il a considéré que ces arrêtés, pris en méconnaissance de l'obligation de notification préalable à la Commission européenne prévue à l'article 88, paragraphe 3 du Traité instituant la Communauté européenne, sont entachés d'une illégalité de nature à en entraîner l'annulation. Il a, en outre, comme la Cour de justice, rejeté les conclusions tendant à ce qu'il limite dans le temps les effets de son arrêt(523).

En application des dispositions de l'article 5 de la loi du 10 février 2000, la compensation des charges imputables aux missions de service public assignées aux opérateurs électriques est assurée par une contribution due par les consommateurs finals d'électricité installés sur le territoire national, dite « contribution au service public de l'électricité ».

Avant même qu'interviennent les arrêts de la Cour de justice de l'Union européenne et du Conseil d'État, l'aide litigieuse avait été notifiée à la Commission européenne et celle-ci, par décision du 27 mars 2014, l'avait déclarée compatible avec le Traité sur le fonctionnement de l'Union européenne.

Le Conseil d'État a été saisi d'un nouveau litige dans lequel il était soutenu, d'une part, que l'obligation d'achat de l'électricité produite par les installations utilisant d'autres énergies renouvelables à un prix supérieur à sa valeur de marché avait le caractère d'une aide d'État et, d'autre part, que la contribution au service public de l'électricité faisait partie intégrante de ces aides d'État.

Dans un important avis du 22 juillet 2015, le Conseil d'État a considéré qu'il résulte de l'interprétation que la Cour de justice de l'Union européenne a donnée des stipulations du Traité sur le fonctionnement de l'Union européenne relatives aux aides d'État dans son arrêt du 22 décembre 2008 (aff. 333/07, V. *infra*, n° 527) que « pour qu'une taxe puisse être considérée comme faisant partie intégrante d'une mesure d'aide, il doit exister un lien d'affectation contraignant entre la taxe et l'aide concernée en vue de la réglementation nationale pertinente en ce sens que le produit de la taxe est nécessairement affecté au financement de l'aide et influence directement l'importance de celle-ci et, par voie de conséquence, l'appréciation de la compatibilité de cette aide avec le marché commun ».

(522) CJUE, 19 déc. 2013, aff. C-262/12, *Assoc. Vent de Colère : D.* 2014, p. 224, chron. P. Thieffry ; *AJDA* 2014, p. 7, obs. M.-C. de Montecler ; *AJDA* 2014, p. 926, note Cl. Boiteau.

(523) CE, 28 mai 2014, n° 324852, *Assoc. Vent de Colère : Dr. fisc.* 2014, n° 29, comm. 450, concl. C. Legras, note Maitrot de la Mothe et E. Dubout ; *RJF* 2014, n° 858 ; *BDCF* 2014, n° 88, conl. C. Legras ; *AJDA* 2014, p. 1127, note J.-M. Pastor et p. 1784, note O. Mamoudy ; *RFDA* 2014, p783, concl. C. Legras.

Se fondant sur cette jurisprudence et sur une analyse des dispositions de la loi du 10 février 2000, le Conseil d'État a décidé que le produit de la contribution au service public de l'électricité « n'influence pas directement l'importance des aides en cause, qui ne sont pas accordées dans la limite des recettes escomptées de cette contribution ». Il en a déduit, sans qu'il y ait lieu de poser une question préjudicielle à la Cour de justice de l'Union européenne, que cette contribution ne peut être regardée comme faisant partie intégrante de ces aides(524).

Le Conseil d'État a jugé par ailleurs que le dispositif des certificats d'économie d'énergie, bien qu'il soit imputable à l'État, ne constitue pas une aide d'État au sens des stipulations de l'article 107, paragraphe 1, du TFUE. En application des articles L. 221-1 à L. 222-9 du Code de l'énergie, les fournisseurs d'énergie dont les ventes excèdent un certain seuil sont soumis à des obligations d'économie d'énergie, dont ils s'acquittent par la détention, à la fin de chaque période de référence, de certificats d'économies d'énergie. Ces certificats, qui constituent, pour leurs détenteurs, un actif incorporel ayant une valeur monétaire, ne sont pas comparables au mécanisme des permis d'émission d'oxyde d'azote négociables, dès lors qu'ils n'ont en tant que tels pas de valeur pour les bénéficiaires par rapport à l'État et servent uniquement de preuve officielle attestant de la réalisation d'économies d'énergie éligibles au dispositif. Ils ne figurent à aucun moment dans le patrimoine de l'État, lequel n'a donc aucune possibilité de les vendre ou de les mettre en adjudication ; il n'existe par suite pas de lien suffisamment direct entre la faculté de négocier ces certificats et une renonciation par l'État à une ressource existante ou potentielle(525).

520. – **Aide susceptible de fausser la concurrence.** En ce qui concerne la deuxième condition, selon une jurisprudence constante, pour qualifier une mesure nationale d'aide d'État, il y a lieu non pas d'établir une incidence réelle de l'aide en cause sur les échanges entre les États membres et d'une distorsion effective de la concurrence, mais seulement d'examiner si cette aide est insusceptible d'affecter ces échanges et de fausser la concurrence. En particulier, lorsqu'une aide accordée par un État membre renforce la position d'une entreprise par rapport à celle d'autres entreprises concurrentes dans les échanges intracommunautaires, ces derniers doivent être considérés comme influencés par l'aide. Il n'est pas nécessaire à cet égard que l'entreprise bénéficiaire participe elle-même aux échanges intracommunautaires(526).

521. – **Intervention susceptible de favoriser une entreprise ou de créer un avantage économique.** S'agissant des troisième et quatrième conditions, sont considérées comme des aides les interventions qui, sous quelque forme que ce soit, sont susceptibles de favoriser directement ou indirectement des entreprises ou qui doivent être considérées comme un avantage économique que l'entreprise bénéficiaire n'aurait pas obtenu dans des conditions normales de marché.

(524) Avis n° 388853, 22 juill. 2015, *Sté Praxair*, V. *supra*, n° 219.
(525) CE, 9 mars 2016, n° 375 467, *Assoc. nationale des opérateurs détaillants* : *AJDA* 2016, p. 518, note J.-M. Pastor.
(526) CJCE, 15 déc. 2005, aff. 148/04, *Unicrédito italiano*, pts 54, 56 et 58. – CJCE, 10 janv. 2006, aff. 222/04, *Cassa di Risparmio di Firenze*, pts 141 à 143. – CJUE, 8 mai 2013, aff. 197/11 et 203/11, *Éric Libert*, pts 76 à 79.

La Cour de justice de l'Union européenne a précisé ainsi que l'accès privilégié à des infrastructures publiques qui ne sont pas exploitées économiquement, afin de poursuivre la réalisation d'un objectif donné, ne confère pas nécessairement un avantage constitutif d'une aide d'État. Elle a jugé ainsi que le fait d'autoriser, aux fins de créer un système de transport sûr et efficace, les taxis londoniens à circuler sur les couloirs de bus aménagés sur les voies publiques aux heures pendant lesquelles les limitations de circulation relatives à ces couloirs s'appliquent tout en interdisant aux voitures de tourisme avec chauffeur d'y circuler, sauf pour prendre et déposer des passagers les ayant préalablement réservées, n'apparaît pas comme étant de nature à impliquer l'engagement de ressources d'État ni à conférer à ces taxis un avantage économique sélectif, au sens de l'article 107, paragraphe 1, TFUE[527].

Une intervention d'État ne relève pas non plus de l'article 107 TFUE dans la mesure où elle doit être considérée comme une compensation représentant la contrepartie des prestations effectuées par les entreprises bénéficiaires pour exécuter des obligations de service public, de sorte que ces entreprises ne profitent pas, en réalité, d'un avantage financier et que cette intervention n'a donc pas pour effet de mettre ces entreprises dans une position concurrentielle plus favorable par rapport aux entreprises concurrentes[528], ce qui renvoie à la jurisprudence *Altmark* (V. *infra*, n° 525).

522. – **Cotisations volontaires obligatoires.** La Cour de justice de l'Union européenne a jugé que le dispositif des CVO est compatible avec les stipulations de l'article 107 TFUE, dès lors que ces cotisations proviennent d'opérateurs économiques privés et que leur prélèvement « n'implique aucun transfert direct ou indirect de ressources d'État »[529].

523. – **Avantages fiscaux.** Ces avantages, quelle que soit la forme qu'ils prennent, peuvent être considérés comme incompatibles avec le régime des aides : – exonération fiscale à une entreprise publique[530], – exonération de la taxe intérieure de consommation sur les produits pétroliers pour un certain nombre de produits en vue d'être utilisés comme carburant ou combustible dans le cadre de projets expérimentaux[531], – remboursement partiel de taxes sur l'énergie frappant le gaz naturel et l'énergie électrique en faveur de certaines catégories d'entreprise[532], – déductions fiscales accordées à des investisseurs prenant des participations dans les entreprises établies dans les nouveaux *Länder* allemands[533], – exonération d'impôt sur les sociétés prévue par l'ancien article 44 septies du Code général des impôts en faveur des sociétés créées pour reprendre une entreprise industrielle en difficulté[534] (V. *infra*, n° 532), – octroi de conditions particulières concernant le taux, la base et les modalités d'imposition aux impôts locaux, notamment à la taxe professionnelle,

(527) CJUE, 14 janv. 2015, aff. C-518/13, *Eventech* : *AJDA* 2015, p. 330, chron. E. Broussy et *alii.* ; *RTDE* 2015, p. 757, note A. Soloshchenkov.
(528) CJCE, 30 mars 2006, aff. 451/03, pt 59. – CJUE, 8 mai 2013, préc., pts 83 et 84.
(529) CJUE, 30 mai 2013, aff. 677/11, *Doux Élevage SNC* : *RFDA* 2013, p. 1113, chron. M. Collet (V. *supra*, n° 43).
(530) CJCE, plén., 15 mars 1994, aff. 387/92, *Banco exterior de Espana* : *RJF* 1994, n° 761.
(531) CE, 31 mai 2000, n° 192.006, *Sté Pantochim* : *RJF* 2000, n° 1141.
(532) CJCE, 8 nov. 2001, aff. 143/99, *Adria-Wien Pipeline* : *RJF* 2002, n° 248.
(533) CJCE, plén., 19 sept. 2000, aff. 156/98, *Allemagne c/Commission*, pts 25 à 28 : *Rec. CJCE* 2000, I, p. 6857, concl. Saggio ; *RJF* 2001, n° 273.
(534) déc. de la Commission, 16 déc. 2003 : *Dr. fisc.* 2003, n° 52, act. 272.

en faveur de France Télécom pour les années 1994 à 2002[535], – exonération de la taxe foncière d'une parcelle de terrain appartenant à l'État et mise à la disposition d'une entreprise dont ce dernier détient la totalité du capital et qui produit, à partir de cette parcelle, des biens et des services pouvant faire l'objet d'échanges entre les États membres sur des marchés ouverts à la concurrence[536], – régime d'aides que le Royaume-Uni envisageait de mettre à exécution concernant la réforme de l'impôt sur les sociétés par le Gouvernement de Gilbraltar[537].

En revanche, la Cour de justice de l'Union européenne, faisant application du « critère de l'investisseur avisé en économie de marché » a jugé qu'EDF ne pouvait être considérée comme ayant bénéficié d'une aide d'État, évaluée à plus de 888 M€, lors d'une restructuration de son bilan opéré en 1997, du fait du non-paiement de l'impôt sur les sociétés sur la partie de provisions créées en franchise d'impôt pour le renouvellement du réseau d'alimentation générale depuis 1956[538].

On aura encore un aperçu des problèmes que soulèvent les critères de qualification avec une décision assez sibylline concernant les exonérations fiscales accordées aux sociétés coopératives de production sur le point de savoir si elles sont constitutives d'une aide d'État au sens de l'article 107 TFUE. La Cour de justice de l'Union européenne a jugé qu'il appartient aux juridictions nationales d'apprécier plus particulièrement le caractère sélectif des exonérations fiscales concernées ainsi que leur éventuelle justification par la nature ou l'économie générale du système fiscal national dans lequel elles s'inscrivent en déterminant, notamment, si les sociétés coopératives en cause se trouvent en fait dans une situation comparable à celle d'autres opérateurs constitués sous la forme d'entités juridiques à but lucratif et, si tel est effectivement le cas, si le traitement fiscal plus favorable réservé auxdites sociétés coopératives est, d'une part, inhérent aux principes essentiels du système d'imposition applicable dans l'État membre concerné et, d'autre part, conforme aux principes de cohérence et de proportionnalité[539].

524. – Rescrits fiscaux et aides d'État. La Commission européenne a demandé des renseignements relatifs aux rescrits à l'ensemble des États membres à la suite d'une enquête entamée en juin 2013 avec quelques États. Le 11 juin 2014 et le 7 octobre 2014, elle a ouvert des enquêtes dans plusieurs affaires et, se fondant sur les informations reçues, a demandé, le 8 juin 2015, à quinze États membres de lui communiquer un grand nombre de décisions fiscales individuelles.

Ces demandes de renseignements et enquêtes visent à lui permettre d'examiner la compatibilité de certaines pratiques fiscales, reprochées notamment aux multinationales, avec les règles en matière d'aides d'État[540].

(535) CJCE, 18 oct. 2007, aff. 441/06, *Commission c/France* : *Dr. fisc.* 2007, n° 43, act. 1067.

(536) CJUE, 9 oct. 2014, aff. 522/13 : *RJF* 2015, n° 85.

(537) CJUE, Gde ch, 15 nov. 2011, aff. C-106/09 : *Dr. fisc.* 2012, n° 5, comm. 126, note E. Dubout et A. Maitrot de la Motte ; *RJF* 2012, n° 198 et p. 89, étude Mme A. Santamaria Dacal.

(538) CJUE, 5 juin 2012, aff. 124/10, *Commission c/EDF* : *AJDA* 2012, p. 1580, chron. M. Aubert, E. Broussy et F. Donnat ; *RFDA* 2012, p. 1188, note A. Cartier-Bresson.

(539) CJUE, 8 sept. 2011, aff. 78/08 à 80/08, *Ministerio dell'Economia e delle Finanze* : *RJF* 2011, n° 1404.

(540) *Enquête sur les rescrits fiscaux* : *Dr. fisc.* 2015, n° 25, act. 372. – F. Perrotin, *Le système des rulings en question* : *LPA* 2014, n° 248 ; *Rescrits : les exigences communautaires se renforcent* : *LPA* 2015, n° 119. – E. Raingeard de la Blétière, *Les décisions individuelles à la lumière des aides d'État : coup de projecteur sur un risque méconnu* : *Dr. fisc.* 2015, n° 27, actes de colloque, n° 452. – L. Leclercq et J. du Pasquier, *Aides d'État à caractère fiscal : mieux comprendre pour mieux se*

525. – **Subventions.** La Cour de justice des Communautés européennes a été saisie d'une question préjudicielle portant sur le point de savoir si des subventions publiques visant à compenser le déficit d'un service public, en l'espèce un service de transport local de personnes, sont en toute hypothèse visées par l'interdiction des aides énoncées à l'ex-article 92-1 TCE ou, eu égard à leur portée locale, s'il convient de considérer que de telles subventions ne sont, *a priori*, pas de nature à affecter les échanges entre États membres.

Elle a jugé que la condition d'application de cette stipulation selon laquelle l'aide doit être de nature à affecter les échanges entre États membres ne dépend pas de la nature locale ou régionale des services de transport fournis ou de l'importance du domaine d'activité concerné. Toutefois, des subventions publiques visant à permettre l'exploitation de services réguliers de transports urbains, suburbains ou régionaux ne tombent pas sous le coup de cette disposition dans la mesure où de telles subventions sont à considérer comme une compensation représentant la contrepartie des prestations effectuées par les entreprises bénéficiaires pour exécuter des obligations de service public(541).

La Cour de justice des Communautés européennes a précisé dans ce même arrêt qu'aux fins de l'application de ce critère, il faut vérifier si les quatre conditions suivantes sont réunies : – l'entreprise bénéficiaire a effectivement été chargée de l'exécution d'obligations de service public et ces obligations ont été clairement définies ; – les paramètres sur la base desquels est calculée la compensation ont été préalablement établis de façon objective et transparente ; – la compensation ne dépasse pas ce qui est nécessaire pour couvrir tout ou partie des coûts occasionnés par l'exécution des obligations de service public, en tenant compte des recettes y relatives ainsi que d'un bénéfice raisonnable pour l'exécution de ces obligations ; – lorsque le choix de l'entreprise chargée de l'exécution d'obligations de service public n'est pas effectué dans le cadre d'une procédure de marché public, le niveau de la compensation nécessaire a été déterminé sur la base d'une analyse des coûts qu'une entreprise moyenne, bien gérée et adéquatement équipée en moyens de transport afin de pouvoir satisfaire aux exigences de service public requises, aurait encourus pour exécuter ces obligations, en tenant compte des recettes y relatives ainsi que d'un bénéfice raisonnable pour l'exécution de ces obligations (...).

À la suite de la décision de la Cour de justice des Communautés européennes du 24 juillet 2003, l'application des dispositions de l'article 86, § 2, du Traité CE(542) aux aides d'État sous forme de compensations de service public octroyées à certaines entreprises chargées de la gestion de services d'intérêt économique général a fait l'objet d'une décision de la Commission n° 2005/842 du 28 novembre 2005.

La Cour de justice de l'Union européenne a appliqué de nouveau les principes de la jurisprudence *Altmark* dans une importante décision du 8 mai 2013, *Éric Libert*(543).

---

défendre. À propos des entreprises multinationales ayant bénéficié de rulings : *Dr. fisc.* 2015, n° 27, actes de colloque, n° 453. – E. de Fenoyl et J. Pellefigue, *Rulings fiscaux et aides d'État, la fin justifie-t-elle les moyens ?* : *BF Lefebvre* 5/2016, p. 239.

(541) CJCE, 24 juill. 2003, aff. C-280/00, *Altmark Trans* : *AJDA* 2003, p. 1739, note S. Rodrigues ; *CJEG* 2003, p. 616, note Lorieux et Thouvenin ; *D.* 2003, jurispr. p. 2814, note J.-L. Clergerie ; *AJDA* 2003, p. 2146, chron. J.-M. Belorgey, S. Gervasoni et C. Lambert ; *RTDE* 2004, p. 33, étude S. Bracq.

(542) Art. 106 TFUE.

(543) Aff. 197/11 et 203/11 : *RJF* 2013, n° 887.

Le litige au principal concernait un recours en annulation de plusieurs dispositions d'un décret flamand qui avait été introduit devant la Cour constitutionnelle (Belgique) par diverses sociétés de droit belge exerçant une activité professionnelle dans le secteur immobilier en Région flamande. Elles avaient fait valoir que les incitations fiscales et les mécanismes de subventionnement, prévus par ce décret, pourraient constituer des aides d'État illégales qui, n'ayant pas été notifiées à la Commission, seraient susceptibles de faire l'objet d'une décision de récupération.

Certaines des mesures en question visent à compenser la charge sociale à laquelle sont soumis les maîtres d'ouvrage ainsi que les lotisseurs ; elles consistent en l'application d'un taux réduit de la TVA sur la vente de logements et d'un taux réduit des droits d'enregistrement pour l'achat de terrains à bâtir, en une garantie de reprise pour les logements construits, et en des subventions d'infrastructure. D'autres mesures ont pour objectif de « réactiver » des terrains et des immeubles et consistent en une diminution de l'impôt sur les personnes physiques obtenue dans le cadre de la conclusion de conventions de rénovation, et en une réduction forfaitaire de la base imposable des droits d'enregistrement. Si le bénéficiaire de telles mesures est une personne physique, il n'en demeure pas moins que celles-ci procurent indirectement un avantage aux entreprises actives dans le secteur de la rénovation immobilière (pts 26 et 27 et 70 à 73).

La Cour de justice de l'Union européenne a jugé que les incitations fiscales et les mécanismes de subventionnement prévus dans le décret de la Région flamande sont susceptibles d'être qualifiés d'aides d'État au sens de l'article 107, § 1, TFUE, qu'il appartient cependant à la juridiction de renvoi d'apprécier si les conditions liées à l'existence d'une aide d'État sont réunies et, dans l'affirmative, s'agissant des mesures visant à compenser la charge sociale à laquelle les maîtres d'ouvrage et lotisseurs sont soumis, de vérifier si la décision de la commission n° 2005/842 du 28 novembre 2005, concernant l'application des dispositions de l'article 86, § 2(544) aux aides d'État sous forme de compensations de service public octroyées à certaines entreprises chargées de la gestion de services d'intérêt économique général, trouve néanmoins à s'appliquer à de telles mesures.

Le Conseil d'État a appliqué à plusieurs reprises les principes de la jurisprudence *Altmark*. Des subventions attribuées par la région n'ont pas pour objet de compenser les obligations de service public, dès lors qu'il n'est pas établi que le montant des aides n'excède pas les charges résultant des obligations de service public imposées aux transporteurs(545).

Par ailleurs, il résulte de l'interprétation que la Cour de justice de l'Union européenne a donnée des stipulations de l'article 107 TFUE, notamment par l'arrêt du 21 décembre 2001, *ACEA SpA*(546), que si une aide accordée à une entreprise opérant exclusivement sur des marchés fermés à la concurrence est, par nature, insusceptible d'avoir une incidence sur les échanges entre États membres et de fausser la concurrence au sens de l'article 107, tel n'est pas le cas, en revanche, d'une aide

(544) Art. 106 TFUE.
(545) CE, 23 juill. 2012, n° 343.440, *Région Île-de-France* : *RJF* 2012, n° 1174, consid. 10, pour l'application de la troisième condition posée par la jurisprudence *Altmark* de la Cour de justice des Communautés européennes.
(546) Aff. C-319/09.

accordée à une entreprise opérant à la fois sur un marché fermé à la concurrence et sur un marché ouvert à la concurrence[547].

Le Conseil d'État a appliqué encore dans deux autres affaires les critères permettant de requalifier une compensation de service public en aide d'État. Dans la première espèce, plusieurs associations ainsi qu'une communauté de communes soutenaient que la subvention allouée au concessionnaire en vue de la construction de l'aéroport Notre-Dame des Landes, constituait une aide d'État et aurait dû faire l'objet d'une notification à la Commission européenne conformément aux dispositions de l'article 108 TFUE. Il a jugé que la subvention ne revêtait pas le caractère d'une aide d'État dans la mesure où elle avait pour objet « de compenser le coût de la construction imposée par les pouvoirs publics à raison d'externalités positives que l'exploitant ne pourra valoriser », la première condition posée par la jurisprudence *Altmark* étant considérée ainsi comme satisfaite[548].

Dans la seconde affaire, qui concernait la délégation de service public conclue entre l'Office des transports de la Corse et un groupement d'entreprises de transport maritime pour la desserte de ports situés en Corse, le Conseil d'État a jugé que la circonstance que l'article 7 de cette convention puisse donner lieu à la prise d'une décision par la personne publique dont l'intervention serait subordonnée à une notification préalable à la Commission européenne, ne permet pas, à elle seule, de qualifier cette clause d'aide au sens de l'article 107 TFUE[549].

526. – Intervention des pouvoirs publics dans le capital d'une entreprise. L'intervention des pouvoirs publics dans le capital d'une entreprise, sous quelque forme que ce soit, peut constituer une aide d'État. Le seul fait que l'apport en capital a été réalisé conjointement et concomitamment avec des investisseurs privés n'exclut pas automatiquement cette qualification. Selon une jurisprudence constante, il résulte du principe d'égalité de traitement entre des entreprises publiques et des entreprises privées que les capitaux mis à la disposition d'une entreprise, directement ou indirectement, par l'État, dans des circonstances qui correspondent aux conditions normales du marché, ne sauraient être qualifiés d'aides d'État. Il y a lieu de distinguer entre, d'une part, le rôle de l'État membre actionnaire d'une entreprise et, d'autre part, celui de l'État agissant en tant que puissance publique. L'applicabilité du critère de l'investisseur privé dépend, en définitive, de ce que l'État membre concerné accorde non pas en sa qualité de puissance publique, mais en sa qualité d'actionnaire, un avantage économique à une entreprise[550].

(547) CE, 23 juill. 2012, préc. consid. 7.

(548) CE, 13 juill. 2012, req. n° 347.073, *Cté de ces d'Erdre et Gesvres et a.*, consid. 21 : *Rec. CE* 2012, p. 277 ; *AJDA* 2012, p. 1428, note D. Poupeau.

(549) CE, 13 juill. 2012, n° 355.616, *Cie méridionale de navigation*, consid. 10 : *Rec. CE* 2012, p. 282 ; *AJDA* 2012, p. 1428, note D. Poupeau. – Sur la question, V. aussi P. Thieffry, *Compensation des charges de service public. Les contradictions du « paquet Almunia »* : *AJDA* 2012, p. 300 (exposé de la problématique posée par la décision de la Commission 2012/21 du 20 décembre 2011 et de la communication de la Commission de la même date). – Sur l'illégalité des aides financières accordées par la Chambre de commerce et d'industrie de Strasbourg à la Société Ryanair, V. CAA Nancy, 18 déc. 2003 : *AJDA* 23 févr. 2004, p. 396, note L. Richer.

(550) CJUE, 4 sept. 2014, aff. C-533/12 P, *Sté nationale maritime Corse – Méditerranée (SNCM) SA* : *RFDA* 2015, p. 400, note F. Martucci ; *AJDA* 2014, p. 2295, chron. E. Broussy et *alii*.

527. – Taxe de financement de l'aide. La notion d'aide, au sens des articles 107 et 108 TFUE, peut aussi être liée à l'institution même du prélèvement destiné à assurer le financement des avantages financiers ou subventions accordés aux entreprises. Mais « pour qu'une taxe puisse être considérée comme faisant partie intégrante d'une mesure d'aide, il doit exister un lien d'affectation contraignant entre la taxe et l'aide concernées en vertu de la réglementation nationale, en ce sens que le produit de la taxe est nécessairement affecté au financement de l'aide et influence directement l'importance de celle-ci et, par voie de conséquence, l'appréciation de la compatibilité de cette aide avec le marché commun »[551].

La Cour de justice des Communautés européennes avait, dans ce même arrêt du 22 décembre 2008, invalidé la décision du 10 novembre 1997 de la Commission européenne de ne pas soulever d'objections à l'encontre de la modification d'un régime d'aides à l'expression radiophonique, tel qu'il résultait du décret n° 97-1263 du 29 décembre 1997, reconduisant la taxe pour la période 1998-2002, ce régime devant être regardé comme mis en place à la suite d'une procédure qui n'était pas valide. En conséquence, le juge national a décidé que la perception de cette taxe parafiscale sur la publicité par voie de radiodiffusion sonore et de télévision était illégale et devait être remboursée[552]. Ce contentieux a fait l'objet de l'instruction du 27 décembre 2010[553]. Il a été jugé de même que la taxe sur les services de télévision dont le produit était destiné au financement du Centre national de la cinématographie était susceptible d'affecter la concurrence et les échanges intracommunautaires et constituait de ce fait une aide d'État entrant dans le champ d'application de l'article 107 TFUE[554].

Le Conseil d'État a jugé au contraire, à propos de la contribution au service public de l'électricité, que la prise en charge des surcoûts de production dans les zones non interconnectées au réseau métropolitain continental, a pour unique objet de permettre aux consommateurs d'électricité situés dans ces zones de payer l'électricité qu'ils consomment au même prix que sur le reste du territoire national ; cette mesure, qui tend à maintenir l'égalité entre l'ensemble des consommateurs d'électricité, ne constitue pas un avantage sélectif procuré à des entreprises et ne peut, par suite, être qualifiée d'aide d'État[555].

Le Conseil d'État a été appelé encore à se prononcer sur la taxe spéciale sur les huiles destinées à l'alimentation humaine[556]. Cette taxe a été affectée au financement des prestations sociales des non-salariés agricoles, qui sont affiliés à un régime de base de sécurité sociale distinct du régime général de sécurité sociale et dont le financement, pour des raisons essentiellement démographiques, est assuré non seulement par des

(551) CJCE, 22 déc. 2008, aff. 333/07, *Sté Régie Networks* : *RJF* 2009, n° 303 ; *BDCF* 2009, n° 41, concl. J. Kokott, pour la taxe parafiscale créée par le décret n° 97-1263 du 29 décembre 1997 au profit d'un fonds de soutien à l'expression radiophonique et dont le produit est destiné à financer la subvention d'installations, une aide à l'équipement et une subvention annuelle de fonctionnement dont sont bénéficiaires les titulaires d'une autorisation de service de radiodiffusion sonore.

(552) CAA Lyon, 2 avr. 2009, n° 06-01447, *Sté Régie Networks* : *Dr. fisc.* 2009, n° 27, comm. 396, note A. Maitrot de la Motte ; *RJF* 2009, n° 1032.

(553) *BOI* 3 P-1-11 ; *Dr. fisc.* 2011, n° 3, 14.396.

(554) TA Montreuil, 12 juill. 2011, n° 09-06806, *Sté SA TF1* : *RJF* 2012, n° 430 ; les dispositions du Code général des impôts relatives à cette taxe ont été abrogées à compter du 1er janvier 2010.

(555) CE, 9 nov. 2011, n° 323.273, *SNC Stop Hôtel Villeneuve-d'Ascq* : *Dr. fisc.* 2012, n° 5, comm. 127, concl. F. Aladjidi, note A. Maitrot de la Motte ; *RJF* 2012, n° 191.

(556) CGI, art. 1609 vicies.

cotisations à la charge des intéressés, mais aussi par des recettes exprimant le choix du législateur de financer ce régime selon un principe de solidarité nationale. Il a jugé que les intéressés ne peuvent être considérés comme bénéficiant, dans ce cadre, de mesures sélectives et, dès lors, susceptibles d'être regardées comme des aides d'État ; il s'ensuit « alors même que le lien d'affectation serait contraignant, [que] la taxe ne peut être regardée comme faisant partie intégrante d'un mécanisme d'aide d'État »(557).

De même, eu égard au principe à valeur constitutionnelle d'universalité budgétaire et aux dispositions de l'article 302 bis KF du Code général des impôts instituant une contribution pour une pêche durable, il n'existait aucun lien d'affectation contraignant entre cette contribution et le plan d'action en quinze mesures pour une pêche durable et responsable ou une des mesures de ce plan ; cette contribution constituait une recette du budget général dépourvue de tout lien avec le budget du ministère en charge de la pêche et la dotation inscrite à son budget servant à financer le plan d'action pour une pêche durable ; il n'y avait pas de rapport entre le produit de la contribution et le montant des financements publics consacrés au plan ; cette contribution ne constituait donc pas une aide d'État et n'avait pas à faire l'objet d'une notification préalable à la Commission européenne(558).

Très significatif encore est l'arrêt du Conseil d'État rejetant la demande d'annulation de la délibération du comité professionnel des stocks stratégiques pétroliers (CPSSP) décidant de prélever une redevance exceptionnelle afin de financer le remboursement aux opérateurs privés mettant des stocks pétroliers à sa disposition de la contribution exceptionnelle (instituée par la loi de finances rectificative pour 2012) sur les volumes de produits pétroliers. Cette délibération ne peut être regardée comme constitutive d'une aide au sens de l'article 107,1 TFUE, dès lors que la redevance collectée par le CPSSP auprès de ses usagers a pour objet d'assurer la neutralité de la contribution exceptionnelle au regard de l'obligation de constitution de stocks de produits pétroliers prévue par les dispositions de l'article L. 642-2 du Code de l'énergie en répartissant son coût sur l'ensemble des opérateurs qui y sont tenus(559).

Suivant la jurisprudence de la Cour de justice des Communautés européennes, « aucun lien contraignant n'existe entre une taxe et l'exonération de ladite taxe en faveur d'une catégorie d'entreprises, dès lors que l'application d'une exonération fiscale et son étendue ne dépendent pas du produit de la taxe »(560). La taxe sur les surfaces commerciales instituée par l'article 3 de la loi du 13 juillet 1172 ne peut être considérée comme une aide d'État ; il s'agit « d'une imposition ayant une portée générale faisant l'objet de plusieurs exonérations, et non, comme le soutient la requérante, un assujettissement asymétrique de deux catégories d'opérateurs économiques ; en outre, l'exonération contestée par la requérante ne vise pas à compenser une obligation de service public qui serait imposée à ses bénéficiaires »(561).

(557) CE, 12 avr. 2013, n° 359.541, *SCP Becheret : RJF* 2013, n° 786 ; *BDCF* 2013, n° 86, concl. B. Bohnert.

(558) CE, 2 juill. 2014, n° 365037, *Sté Roux Poissonnier : Dr. fisc.* 2014, n° 40, comm. 599 ; *RJF* 2014, n° 958. – Même solution pour la taxe sur les services fournis par les opérateurs de communications électroniques prévue par l'article 302 bis KH du Code général des impôts : TA Montreuil, 18 nov. 2013, n° 1104049, *Sté Française du Radiotéléphone : Dr. fisc.* 2014, n° 14, comm. 254, concl. V. Restino, note S. Austry ; *RJF* 2014, n° 646.

(559) CE, 16 juill. 2014, n° 363945, *Union des importateurs indépendants pétroliers : RJF* 2014, n° 1052.

(560) CJCE, 27 oct. 2005, aff. C-266/04, *Distribution Casino France*. – CJCE, 22 déc. 2008, aff. 333/07, *Sté Régie Networks*, préc., n° 527.

(561) CE, 15 avr. 2015, n° 371910, *Sté Courir France : Dr. fisc.* 2016, n° 27, comm. 403, concl. E. Bokdam-Tognetti.

528. – **Service public assuré gratuitement. Taxe d'équarrissage. Taxe sur les achats de viandes.** La loi n° 96-1139 du 26 décembre 1996 avait institué, au lendemain du scandale de la vache folle, la taxe sur les achats de viandes, dite encore « taxe d'équarrissage », dont les dispositions ont été codifiées à l'article 302 bis Z D du Code général des impôts. Cette taxe était due par toute personne réalisant des ventes au détail de viandes et d'autres produits (volailles, charcuterie, conserves de viandes, etc.). Elle avait pour effet d'assurer gratuitement pour les éleveurs et les abattoirs la collecte et l'élimination des cadavres d'animaux et des déchets d'abattoirs. La Cour de justice des Communautés européennes a qualifié cette taxe d'aide d'État(562). Elle a estimé que le fait que les coûts de l'équarrissage ne sont supportés ni par les éleveurs, ni par les abattoirs, a nécessairement une incidence positive sur le prix de la viande, rendant donc plus compétitif ce produit dans les marchés des États membres où ces mêmes coûts grèvent normalement les budgets des opérateurs économiques concurrents. Il est apparu « évident » à la Cour qu'une telle mesure favorisait les exportations françaises de viande et affectait les échanges intracommunautaires.

Le Conseil d'État a été amené à se prononcer dans un premier temps sur l'étendue de l'obligation de restitution de la taxe sur les achats de viandes ; il l'a limitée au remboursement intégral aux distributeurs de la taxe ayant frappé les viandes importées entre 1997 et 2000, pour un montant de 400 M€(563).

Pour tenir compte de la décision de la Cour de justice des Communautés européennes, l'article 28 de la loi de finances pour 2004, n° 2003-1311 du 30 décembre 2003 a supprimé cette taxe(564) et a institué en remplacement une nouvelle taxe dite « taxe d'abattage » codifiée à l'article 1609 septvicies du Code général des impôts.

L'arrêté d'application de ces dispositions législatives ayant été attaqué, le Conseil d'État a jugé que si, en application de cet arrêté, la part que les abattoirs de la filière porcine prennent dans le financement de la taxe d'abattage diminue et se situe en dessous de la part qu'ils représentent dans les coûts du service public de l'équarrissage, tandis que les abattoirs de la filière bovine connaissent une évolution inverse, cela résulte de l'ajustement des tarifs de la taxe rendue nécessaire par l'évolution des dépenses de ce service public. Il a considéré que ces évolutions n'emportent pas de modification des éléments structurels du système de financement qui a fait l'objet de la décision de la Commission européenne du 30 mars 2004 et ne créent notamment pas une aide nouvelle au profit des abattoirs. Il a décidé en conséquence que l'arrêté ne pouvait être regardé comme instituant ou modifiant une aide au sens de l'article 87 TCE (art. 107 TFUE) et qu'il n'avait donc pas à être notifié à la Commission européenne préalablement à sa signature, en application de l'article 88 TCE (art. 108 TFUE)(565).

Entre-temps, avant même l'institution de la taxe d'abattage, le dispositif initial de la taxe sur les achats de viande avait été réformé par l'article 35 de la loi n° 2000-353 du 30 décembre 2000 de finances rectificative pour 2000(566). Cette loi avait modifié l'affectation de la taxe sur les achats de viande depuis le 1er janvier 2001 ; elle n'était plus affectée à un fonds destiné à financer les opérations d'équarrissage, mais au budget général de l'État. Pour toute la période du 1er janvier 2001 au 31 décembre 2003, le Conseil d'État a jugé que, compte tenu de l'absence de lien d'affectation contraignant entre la taxe et le service public de l'équarrissage, la taxe sur les achats de viande ne

(562) CJCE, 20 nov. 2003, aff. 126/01, *Gemo SA* : *Dr. fisc.* 2004, n° 17, comm. 440, note B. Boutemy et E. Meier ; *RJF* 2004, n° 205, chron. Turot, p. 90 ; *AJDA* 2003, p. 2176, et 2004, p. 323, chron. Belorgey.

(563) CE, 15 juill. 2004, n° 264.494, *SA Gemo* : *Dr. fisc.* 2004, n° 47, comm. 852, note B. Boutemy et E. Meir ; *RJF* 2004, n° 1061, concl. G. Goulard.

(564) *Dr. fisc.* 2004, n° 1-2, comm. 70.

(565) CE, 28 déc. 2007, n° 297 489, *Fédération nationale de l'industrie et du commerce en gros des viandes* : *RJF* 2008, n° 374.

(566) *Dr. fisc.* 2001, n° 4, comm. 35.

pouvait être considérée comme une aide qui aurait dû être notifiée à l'origine à la Commission européenne en application de l'article 88 TCE (art. 108 TFUE). Elle n'a donc pu faire l'objet d'une restitution[567].

2° Régime

529. – **Principe. Exceptions.** Le principe de l'interdiction des aides est assorti d'un certain nombre d'exceptions concernant les aides dites compatibles avec le marché commun[568] et les aides qui « peuvent être considérées » comme telles[569].

En vertu de l'article 109 TFUE, le Conseil peut déterminer les catégories d'aides qui sont dispensées de l'obligation de notification et conformément à l'article 108, paragraphe 4, la Commission peut adopter des règlements concernant ces catégories d'aides d'État. Le règlement n° 994/98 du Conseil a habilité la Commission à déclarer que plusieurs catégories d'aides d'État peuvent être exemptées de l'obligation de notification à certaines conditions : les aides en faveur des petites et moyennes entreprises, les aides en faveur de la recherche et du développement, les aides en faveur de la protection de l'environnement, les aides en faveur de l'emploi et de la formation et les aides respectant la carte approuvée par la Commission pour chaque État membre pour l'octroi des aides à finalité régionale.

Le premier règlement adopté par la Commission en 2008 expirait le 30 juin 2014[570].

La Commission a été habilitée à étendre l'exemption par catégorie à de nouvelles catégories d'aides : aides destinées à remédier aux dommages causés par certaines calamités naturelles, aides sociales au transport en faveur des habitants de régions périphériques, aides en faveur des infrastructures à haut débit, aides en faveur d'innovation, etc. Le nouveau règlement de la Commission n° 651/2014, en date du 17 juin 2014, est entré en application le 1er juillet 2014[571].

D'autres aides sont dites *de minimis*, parce qu'il s'agit d'aides considérées comme de faible montant. Elles revêtent généralement la forme de subventions, avantages fiscaux divers, garanties de prêts, etc. Elles ont fait l'objet des règlements n° 1998-2006 de la Commission du 15 décembre 2006 (secteur non agricole) et n° 1535-2007 du 20 décembre 2007 (secteur agricole). Elles sont arrivées à leur terme le 31 décembre 2013 avec une période de transition jusqu'au 30 juin 2014[572]. Les nouveaux règlements *de minimis* n° 1407-2013 (secteur non agricole) et n° 1408-2013 (secteur agricole) ont été adoptés le 18 décembre 2013.

La loi n° 2014-1545 du 20 décembre 2014, relative à la simplification de la vie des entreprises, a modifié dans son article 53 les dispositions des différents articles du Code général des impôts qui s'appliquent dans les conditions prévues par la réglementation *de minimis* afin d'intégrer dans ces mêmes articles les références directes aux nouveaux règlements[573].

(567) CE, 27 juill. 2009, n° 312.098, *Sté Boucherie du marché : Dr. fisc.* 2009, n° 43, comm. 513, concl. Mme Legras, note A. Maitrot de la Motte ; *RJF* 2009, n° 1177 ; *BDCF* 2009, n° 148, concl. – V. aussi, CE, 27 juill. 2009, n° 313.502, *Sté Montaudis : AJDA* 2009, p. 2071.
(568) Art. 107-2 TFUE, ex-art. 87-2 TCE.
(569) Art. 107-3 TFUE, ex-art. 87-3 TCE.
(570) Règl. n° 800/2008, 6 août 2008 déclarant certaines catégories d'aides compatibles avec le marché commun (règlement général d'exemption par catégorie).
(571) *AJDA* 2013, p. 1245, note D. Poupeau ; *AJDA* 2014, p. 1004, note M.-C. de Monteclerc.
(572) *La nouvelle réglementation relative aux aides de minimis : Dr. fisc.* 2014, n° 9, étude 181.
(573) *Dr. fisc.* 2015, n° 7, comm. 152.

L'interdiction des aides incompatibles[574] est elle-même conditionnelle. Les aides ne sont incompatibles avec le marché commun au sens de l'article 107-1 TFUE que « dans la mesure où elles affectent les échanges entre les États membres » parce qu'elles « faussent ou (...) menacent de fausser la concurrence en favorisant certaines entreprises ou certaines productions »[575].

530. – **Contrôle de compatibilité. Répartition des compétences.** Le régime de ces aides est soumis à un contrôle de compatibilité qui est exercé par la Commission en coopération avec les États membres[576]. Cette procédure de contrôle, de caractère contradictoire, est régie par l'article 108 TFUE[577]. Elle comporte l'application de règles qui sont communes, d'une part, à « l'examen permanent des régimes d'aides existant » dans les États membres[578] et, d'autre part, à celui des « projets tendant à instituer ou à modifier des aides »[579].

Le caractère conditionnel de l'interdiction des aides incompatibles avec le marché commun entraîne une conséquence essentielle : à savoir que l'article 107 TFUE[580] n'a pas d'effet direct[581].

En revanche, la disposition prévue dans la dernière phrase de l'article 108-3 TFUE[582] interdisant à tout État membre de mettre à exécution les mesures projetées pour instituer ou modifier des aides, avant que la procédure d'examen préalable par la Commission ait abouti à une décision finale, confère directement des droits aux particuliers[583]. Les juridictions nationales ont en conséquence l'obligation de sanctionner cette interdiction, sans que puissent être opposées les règles de droit national[584].

Cependant, les juridictions nationales ne font que sauvegarder, jusqu'à la décision finale de la Commission, les droits des justiciables face à une méconnaissance éventuelle, par les autorités étatiques, de l'interdiction édictée à l'article 108-3 TFUE, dernière phrase. Lorsque, saisies par les personnes intéressées, elles prennent une décision à cet égard, elles ne se prononcent pas pour autant sur la compatibilité des mesures d'aides avec le marché commun ; cette appréciation finale est de la compétence exclusive de la Commission, sous le contrôle de la Cour de justice des Communautés européennes[585]. Le juge peut seulement se prononcer sur le caractère opérant du moyen.

(574) Art. 107-1 TFUE.
(575) Sur le régime juridique particulier des aides d'État illégales mais compatibles avec le marché commun, V. CJCE, 12 févr. 2008, aff. C-199/06 : *AJDA* 2008, p. 874, chron. E. Broussy, F. Donnat et C. Lambert. – CJUE, 11 mars 2010, aff. C-1/09, *Centre d'exportation du livre français (Celf)* : *AJDA* 2010, p. 944, chron. M. Aubert, E. Broussy et F. Donnat ; *LPA* 21 juin 2010, n° 122, note J. Vialens.
(576) Sur la régularité du contrôle sur place des aides communautaires accordées à des exploitations agricoles effectué par les agents d'un office dans le cadre de missions relevant de la réglementation communautaire : CAA Bordeaux, 12 févr. 2015, n° 13BX00987, *France Agrimer* : *AJDA* 2015, p. 1371, concl. N. Normand.
(577) Ex-art. 88 TCE.
(578) Art. 108-1 TFUE.
(579) Art. 108-3 TFUE.
(580) Ex-art. 87 TCE.
(581) CJCE, 16 déc. 1992, aff. 17/91, *Lornoy* : *Rec. CJCE* 1992, I, p. 6523, concl. Tesauro ; *RJF* 1993, n° 473. – CE, sect., 3 nov. 1997, *Cne de Fougerolles*, V. *supra*, n° 517.
(582) Ex-art. 88-3 TCE.
(583) CJCE, 15 juill. 1964, aff. 6/614, *Costa c/ENEL* : *RTDE* 1965, p. 369, chron. J. Virole.
(584) CJCE, 11 déc. 1973, aff. 120/73, *Lorenz* : *Rec. CJCE* 1973, I, p. 1471, concl. Reischl. – CJCE, 16 déc. 1992, *Lornoy*, préc. – V. M.-C. Bergerès, *Les juridictions nationales et les aides d'État contraires au droit communautaire* : *D.* 1998, chron. p. 27.
(585) CJCE, plén., 21 nov. 1991, aff. 354/90, *Fédération nationale du commerce extérieur des produits alimentaires* : *RJF* 1992, n° 161. – CJCE, 16 déc. 1992, *Lornoy*, préc.

Il incombe, en effet, aux juridictions nationales de sanctionner, le cas échéant, l'invalidité de dispositions de droit national qui auraient institué ou modifié une aide en méconnaissance de l'obligation imposée à l'État membre d'en notifier le projet à la Commission, préalablement à toute mise à exécution. L'exercice de ce contrôle implique, notamment, de rechercher si les dispositions dont l'application est contestée concourent à l'attribution d'aides qui, au sens du paragraphe 1 de l'article 107 TFUE « affectent les échanges entre États membres »[586].

Si, toutefois l'obligation de notification pèse sur les seuls États membres, à l'exclusion des personnes intéressées[587], celles-ci ont la faculté d'attaquer devant le juge national le refus de notification qui leur est opposé par le Gouvernement ou le ministre compétent.

Ainsi que le Conseil d'État l'a jugé, la décision par laquelle le Premier ministre ou un ministre refuse de notifier un texte au titre de la réglementation communautaire des aides d'État se rattache à l'exercice par le gouvernement d'un pouvoir qu'il détient seul aux fins d'assurer l'application du droit communautaire et le respect des exigences inhérentes à la hiérarchie des normes. Toutefois, une telle décision est, y compris lorsque le texte en cause est de nature législative, susceptible d'être contestée par la voie du recours pour excès de pouvoir. Il appartient alors au juge administratif, saisi d'un tel recours, de déterminer si le texte dont la notification est demandée est relatif à une aide d'État dont la Commission doit être informée. Mais le juge administratif ne peut connaître d'une contestation dirigée contre la décision de notifier un acte au titre des aides d'État, parce que celle-ci n'est pas détachable de la procédure d'examen par la Commission[588].

531. - **Arrêt du 15 avril 2016, *Association Vent de colère !*** Cette affaire illustre les pouvoirs que le Conseil d'État a exercés en tant que juge de droit commun du droit de l'Union dans le cas où, après qu'il ait jugé une aide illégale, la Commission a décidé que cette aide n'était pas incompatible avec le marché intérieur. Il incombe aux juridictions nationales de sauvegarder, jusqu'à la décision finale de la Commission, les droits des justiciables en cas de violation de l'obligation de notification préalable des aides d'État à la Commission prévue à l'article 108, paragraphe 3. Lorsque la Commission a adopté une décision devenue définitive constatant la compatibilité de l'aide avec le marché intérieur, la sanction de l'illégalité résultant du défaut de notification n'implique pas la récupération de l'aide mise à exécution, mais les juridictions nationales sont tenues de veiller à ce que soit mis à la charge des bénéficiaires de l'aide le *paiement d'intérêts au titre de la période d'illégalité*. Telle est la solution qui a été retenue par le Conseil d'État dans l'arrêt du 15 avril 2016.

Dans sa décision du 28 mai 2014 (V. *supra*, n° 519), le Conseil d'État a annulé l'arrêté du 17 novembre 2008 fixant les conditions d'achat de l'électricité produite

(586) CE, 21 déc. 2006, n° 288.562, *SA Auchan France* : *Dr. fisc.* 2007, n° 28, comm. 735, concl. Collin, note Meier ; *RJF* 2007, n° 369 et chron. Y. Bénard, p. 195 ; *BDCF* 2007, n° 38, concl. Collin, pour la taxe sur certaines dépenses de publicité prévue à l'article 302 bis M A du Code général des impôts. – Cass. com., 23 sept. 2008, n° 06-20.945, *Sté Ecomax* : *Dr. fisc.* 2008, n° 48, comm. 600, note Maitrot de la Motte, pour l'octroi de mer.

(587) CJCE, 1er juin 2006, aff. 442/03, *P & O European Ferries (Vizcaya)*, pts 102 à 106.

(588) CE, ass., 7 nov. 2008, n° 282.290, *Comité national des interprofessions des appellations d'origine* : *RFDA* 2009, p. 111, concl. E. Glaser, note C. Mondou et A. Potteau ; *AJDA* 2008, p. 2384, chron. E. Geffray et S.-J. Liéber.

par les installations utilisant l'énergie mécanique du vent et l'arrêté du 23 décembre 2008 le complétant. Il a estimé que l'achat effectué dans ces conditions avait le caractère d'une aide d'État et que les arrêtés instituant cette aide avaient été pris en méconnaissance de l'obligation de notification préalable à la Commission prévue à l'article 108, paragraphe 3 TFUE.

Entre-temps, par une décision du 27 mars 2014, publiée au *Journal officiel de l'Union européenne* du 3 octobre 2014, la Commission a décidé de ne pas soulever d'objection à l'encontre du mécanisme de soutien à la production d'électricité à partir des installations éoliennes terrestres, tel qu'il résulte de l'arrêté du 17 novembre 2008.

Compte tenu de cette décision, le Conseil d'État a considéré qu'il lui était possible, en vertu de ses pouvoirs de juge de droit commun de l'Union, de décider que l'exécution de sa décision du 28 mai 2014 ne sera complète qu'une fois que l'État aura pris toutes les mesures nécessaires pour assurer le paiement, par chaque bénéficiaire de l'aide, des intérêts qu'il aurait acquittés s'il avait dû emprunter sur le marché le montant de l'aide accordée en application des arrêtés de 2008 annulés dans l'attente de la décision de la Commission. Il a jugé que ces intérêts sont dus sur les montants versés en application de l'arrêté du 17 novembre 2008, à proportion de la fraction de ces montants ayant la nature d'une aide, de la date de ce versement jusqu'à la date de la décision de la Commission, soit le 27 mars 2014.

Considérant, en outre, que l'État n'a pas pris les mesures propres à assurer l'exécution de l'arrêt du 28 mai 2014, le Conseil d'État a jugé qu'il doit être regardé comme n'ayant pas exécuté cette décision et qu'il y avait lieu, dans les circonstances de l'espèce, de prononcer une astreinte à son encontre(589).

532. – **Incompatibilité. Remboursement. Récupération.** Les modalités d'application de l'article 108 TFUE ont été fixées par le règlement n° 659-1999 du 22 mars 1999. En cas de décision négative concernant une aide illégale, la Commission décide que l'État membre concerné prend toutes les mesures nécessaires pour récupérer l'aide auprès de son bénéficiaire.

Les pouvoirs de la Commission en matière de récupération sont d'autant plus contraignants et les obligations de l'État membre, astreignantes, qu'aux termes du règlement du 22 mars 1999 ces pouvoirs sont soumis à un délai de prescription de dix ans, qui commence le jour où l'aide illégale est accordée, que toute mesure prise par la Commission ou un État membre, agissant à la demande de la Commission, à l'égard de l'aide illégale interrompt le délai de prescription et que chaque interruption fait courir de nouveau le délai. Par ailleurs, le délai de prescription est suspendu aussi longtemps que la décision de la Commission fait l'objet d'une procédure devant la Cour de justice de l'Union européenne.

Les particuliers peuvent invoquer « la décision de récupération » devant la juridiction nationale. Celle-ci doit en tirer toutes les conséquences, conformément au droit national, en ce qui concerne non seulement la validité des actes de mise à exécution de mesures d'aides, mais aussi la répétition des sommes en cause(590).

(589) CE, 15 avr. 2016, n° 393721 : *AJDA* 2016, p. 751, note D. Poupeau ; *LPA* 28 juin 2016, n° 128, note F. Chaltiel ; *RJF* 2016, n° 675 ; *ibid.*, p. 920, concl. E. Bokdam-Tognetti ; *ibid.*, p. 805, chron. N. Labrune.
(590) CJCE, 16 déc. 1992, *Lornoy*, préc.

L'autorité nationale compétente est tenue de retirer la décision d'octroi d'une aide qui a été attribuée illégalement.

Elle a, en premier lieu, *l'obligation de rembourser* les personnes qui ont été assujetties à la taxe établie pour le financement de l'aide, à raison des sommes indûment perçues.

Le droit communautaire ne s'oppose pas, cependant, à l'application de règles du droit national qui subordonnent le remboursement d'une contribution obligatoire à la preuve, qui incombe à l'auteur de la demande de remboursement, que l'absence d'assujettissement d'autres opérateurs constitue une aide d'État. Lorsque cette condition est susceptible de rendre impossible ou excessivement difficile l'administration d'une telle preuve, le juge national, afin d'assurer le respect du principe d'effectivité, est tenu d'avoir recours à tous les moyens procéduraux mis à sa disposition par le droit national, au nombre desquels figure celui d'ordonner les mesures d'instruction nécessaires, y compris la production par l'une des parties ou par un tiers d'un acte ou d'une pièce : un laboratoire pharmaceutique est ainsi en droit d'exciper de ce que l'absence d'assujettissement des grossistes répartiteurs à la contribution litigieuse constitue une aide d'État pour obtenir la restitution de la partie des sommes versées qui correspond à l'avantage économique injustement obtenu par ces derniers[591].

L'autorité nationale a, en second lieu, *l'obligation de récupérer* le montant de l'aide illégalement accordée, même lorsqu'elle a laissé expirer le délai prévu à cet effet dans l'intérêt de la sécurité juridique par le droit national.

L'obligation de retrait et de récupération s'impose même lorsque l'autorité nationale est à ce point responsable de l'illégalité de la décision que son retrait apparaît, à l'égard du bénéficiaire de l'aide, comme étant contraire à la bonne foi, dès lors que ce bénéficiaire n'a pas pu avoir, en raison du défaut d'observation de la procédure prévue à l'article 108 TFUE, une confiance légitime dans la régularité de l'aide. Cette obligation doit être respectée aussi lorsque le droit national l'exclut en raison de la disparition de l'enrichissement, en l'absence de mauvaise foi du bénéficiaire de l'aide[592].

En revanche, le règlement du 22 mars 1999 prévoit que la commission n'exige pas la récupération de l'aide si, ce faisant, elle allait à l'encontre d'un principe général du droit communautaire. Mais, inversement, les exigences découlant de l'exécution immédiate et effective de la décision de la Commission l'emportent sur l'effet suspensif prévu à l'article 117 du décret n° 2012-1246 du 7 novembre 2012 sur la comptabilité publique, qui s'attache au recours formé contre un titre exécutoire, quand bien même cet effet mettrait en œuvre un principe général du droit[593].

La non-récupération de l'aide peut faire l'objet d'un recours en manquement de la Commission sur la base de l'article 88-2, 2e alinéa[594].

Conformément à une jurisprudence constante, le seul moyen de défense susceptible d'être invoqué par un État membre contre le recours en manquement

(591) CJCE, 7 sept. 2006, aff. 526/04, *Laboratoires Boiron* : *RJF* 2007, n° 645 ; *Dr. fisc.* 2006, n° 38, act. 170.
(592) CJCE, plén., 20 mars 1997, aff. 24/95, *Alcan Deuschland, GmbH* : *RJF* 1997, n° 759 : *D.* 1998, p. 258, note J.-C. Fourgoux.
(593) CAA Bordeaux, 10 déc. 2015, n° 15BX01807, *CCI Pau-Béarn* : *AJDA* 2016, p. 562, concl. F. Munoz-Pauziès.
(594) CJCE, 4 avr. 1995, aff. 348/93, *Commission c/Italie* : *Rec. CJCE* 1995, I, p. 673.

introduit par la Commission, est celui tiré d'une impossibilité absolue d'exécuter correctement la décision de celle-ci exigeant la récupération de l'aide[595]. Cette condition n'est pas remplie lorsque le gouvernement défendeur se borne à évoquer les difficultés juridiques, politiques ou pratiques que présente la mise en œuvre de la décision de la Commission, sans avoir entrepris quelque démarche que ce soit auprès des entreprises en cause aux fins de récupérer l'aide[596].

Il est admis toutefois que les juridictions nationales peuvent, sous certaines conditions, prendre des mesures provisoires de suspension des actes d'injonction de remboursement de l'aide dans le cas de recours contre la décision ordonnant la récupération de celle-ci[597].

En revanche, l'annulation pour vice de forme d'un titre de recette qui a été émis par une ville afin de récupérer une aide incompatible ne doit pas avoir pour effet de reverser au bénéficiaire de l'aide les fonds correspondants à l'aide déjà restituée[598]. En l'espèce, les titres de recettes étaient dépourvus des mentions prévues par l'article 4 de la loi du 12 avril 2000 concernant les prénom, nom et qualité du signataire de la décision administrative.

Le Conseil d'État a eu l'occasion de préciser encore que les dispositions de l'article 14, paragraphe 3, du règlement n° 1999-659 du 22 mars 1999, qui impliquent de concilier le respect des procédures prévues par le droit national avec l'exigence de l'exécution effective et immédiate d'une décision de la Commission concernant une aide d'État illégale, ne font pas obstacle à l'annulation du titre de perception émis pour le recouvrement de la créance en cause. Mais si un titre de perception ne satisfait pas aux exigences de motivation, en l'espèce celles de l'article 81 du décret du 29 décembre 1962, ce vice peut être régularisé par l'émission d'un nouveau titre de perception[599].

En ce qui concerne les avantages perçus par France Télécom (V. *supra*, n° 523), la Commission n'a pas fixé le montant exact à récupérer, mais elle a estimé que le montant à rembourser devait se situer dans une fourchette de 798 M€ à 1 140 M€

(595) CJCE, 4 avr. 1995, aff. 348/93, préc. – CJCE, 29 janv. 1998, aff. 280/95, pt 13, préc. : *RJF* 1998, n° 525 ; *Rec. CJCE* 1998, I, p. 259, concl. Fennelly. – CJUE, 11 sept. 2014, aff. C-527/12, *Commission c/Allemagne*, indiquant que « cette impossibilité absolue peut être également de nature juridique lorsqu'elle découle de décisions prises par des juridictions nationales pourvu que ces décisions soient conformes au droit de l'Union » : *AJDA* 2014, p. 2301, chron. E. Broussy et *alii*. – CJUE, 12 févr. 2015, aff. C-37/14, *Commission c/République française* : *AJDA* 2015, p. 1102, note E. Broussy et *alii* : confirmation, pour des aides versées à des producteurs français de fruits et légumes, du principe selon lequel le seul moyen invocable par un État membre dans le cadre d'un recours en manquement pour non-récupération d'aides d'État incompatibles est celui qui est tiré d'une « impossibilité absolue » d'exécuter correctement la décision de la Commission.

(596) CJCE, 29 janv. 1998, aff. 280/95, préc., pts 14 à 16. – CJCE, 19 mai 1999, aff. 6/97, *Italie c/Commission*, pts 32 à 34 : *Dr. fisc.* 1999, comm. 603, note Dibout ; *Rec. CJCE* 1998, I, p. 2981, concl. Ruiz-Jarabo Colomer. – CJCE, 13 nov. 2008, aff. 214/07, *Commission c/France* : *AJDA* 2008, p. 2332, chron. E. Broussy, F. Donnat et C. Lambert ; *LPA* 8-11 mai 2009, n° 92-93, note Perrotin, pour la récupération des aides fiscales constituées par le régime d'exonération d'impôt sur les sociétés, prévu à l'ancien article 44 *septies* du Code général des impôts en faveur des sociétés créées pour reprendre une entreprise industrielle en difficulté. – CJUE, ord., 4 déc. 2014, aff. C-202/14, *Adiamix* : *Dr. fisc.* 2015, n° 30, comm. 500 : confirmation de l'obligation de récupération pour le régime d'aide résultant de l'article 44 septies du Code général des impôts. – CE, 16 mars 2016, n° 377 874, *SAS Rapa* : *RJF* 2016, n° 584 ; *AJDA* 2016, p. 574, note J.-M. Pastor : la validité de la décision de la Commission du 16 décembre 2003 n'a pas été contestée devant les juridictions de l'Union européenne et la loi de finances rectificative du 30 décembre 2004 (art. 41) a modifié l'article 44 septies ; la société requérante ne peut donc se prévaloir utilement du principe de confiance légitime.

(597) CJUE, 22 déc. 2010, aff. C-304/09, *Commission c/Italie* : *AJDA* 2011, p. 271, chron. M. Aubert, E. Broussy, F. Donnat.

(598) CJUE, 20 mai 2010, aff. 2010-09, *Scott et Kimberly Clark* : *AJDA* 2010, p. 1586, chron. M. Aubert, E. Broussy et F. Donnat.

(599) CE, 22 juill. 2015, n° 367567, *Sté Halliburton* : *Dr. fisc.* 2015, n° 31, act. 465 ; *RJF* 2015, n° 976, pour la récupération de l'aide de l'article 44 septies.

en capital, plus les intérêts à compter de la date à laquelle les aides en cause ont été mises à sa disposition, jusqu'à la date de leur récupération. Constatant qu'aucun remboursement de l'aide n'avait été effectué, la Commission a saisi la Cour de justice des Communautés européennes d'un recours en manquement contre la France qui a donné lieu à un arrêt de condamnation du 18 octobre 2007[(600)].

La Commission indique, dans un communiqué du 18 février 2011, qu'il resterait au total 1,8 Md€ d'aides à récupérer[(601)].

533. – **Versement d'intérêts.** Dans l'affaire de la taxe sur les achats de viande, la Commission européenne avait fixé les conditions devant être suivies pour le remboursement en précisant que « les montants remboursés doivent être actualisés en tenant compte des intérêts à compter de la date à laquelle ils ont été perçus jusqu'à la date du remboursement effectif. Le droit au remboursement ne peut pas être soumis à d'autres conditions, notamment celle de ne pas avoir répercuté la taxe »...

Il a été jugé que cette décision, en tant qu'elle prescrit le versement d'intérêts et définit les modalités de leur versement comporte des dispositions claires, précises et inconditionnelles, directement applicables dans l'ordre juridique interne, qui ne laissent aux autorités nationales aucun pouvoir d'appréciation pour la mise en œuvre de ces règles, en particulier au regard du droit interne »[(602)].

Il résulte de la jurisprudence de la Cour de justice de l'Union européenne que le droit de l'Union s'oppose à un régime national qui limite les intérêts octroyés lors de la restitution d'une taxe perçue en violation du droit de l'Union à ceux qui courent seulement à partir du jour suivant la date de la demande de restitution de la taxe[(603)]

Le Conseil d'État a jugé de son côté que le paiement d'intérêts n'est subordonné à aucune condition relative aux modalités de l'action en restitution de l'aide d'État illégale. Le moyen tiré de ce que les intérêts ne seraient pas dus au motif que le retard pris dans la récupération de l'aide serait imputable à l'État doit par conséquent être écarté[(604)].

534. – **Incidence sur l'application des règles du droit fiscal interne de l'incompatibilité d'une aide avec le droit communautaire.** On se bornera à citer deux exemples de cette incidence.

Le premier concerne le régime d'exonération des bénéfices prévu à l'ancien article 44 septies du Code général des impôts en cas de reprise d'une entreprise industrielle en difficulté. Il a été jugé que la décision de la Commission européenne constatant l'incompatibilité de ce régime avec le droit communautaire et ordonnant sa suppression, était directement applicable dans l'ordre juridique interne et imposait à l'administration, en vertu de l'article 249 TCE (art. 288 TFUE), et aussi longtemps que la juridiction communautaire n'avait pas constaté son invalidité, de ne pas appliquer les dispositions litigieuses[(605)].

(600) Aff. 441/06 : *Dr. fisc.* 2007, n° 43, act. 1067. – Sur les suites de cette affaire : CJUE, 8 déc. 2011, aff. 81/10, *France Télécom SA* : *AJDA* 2012, p. 315, chron. M. Aubert, E. Broussy et F. Donnat ; *RJF* 2013, n° 328.
(601) *D.* 2011, p. 812.
(602) CAA Nantes, 26 oct. 2009, n° 08-02462, *SAS Pevildis* : *RJF* 2010, n° 184 ; *BDCF* 2010, n° 24, concl. C. Hervouet ; *Dr. fisc.* 2009, n° 49, comm. 569.
(603) CJUE, 18 avr. 2013, aff. 565/11, *Mariana Irimie* : *RJF* 2013, n° 787.
(604) CE, 22 juill. 2015, n° 367567, *Sté Halliburton*, préc.
(605) CE, 28 déc. 2012, *SAS SIA Industrie* : *RJF* 2013, n° 270 ; confirmation de CAA Nantes, 9 nov. 2009, n° 08.03295 et TA Nantes, 12 nov. 2008, n° 08-2746, *Sté SIA Industrie* : *RJF* 2009, n° 545 ; *BDCF* 2009, n° 69, concl. G. Quillévéré.

Aux termes de l'article 223 A du Code général des impôts, seules peuvent être membres du groupe de sociétés celles qui ont donné leur accord et dont les résultats sont soumis à l'impôt sur les sociétés dans les conditions du droit commun. Une société qui s'est constituée en tant que société mère d'un groupe intégré, au sens de l'article 223 A précité, ne peut bénéficier du régime prévu à ce texte dès lors qu'une société anonyme, membre du groupe, n'était pas soumise à l'impôt sur les sociétés parce qu'elle bénéficiait du régime d'exonération prévu à l'article 44 septies du Code général des impôts. Le Conseil d'État a considéré que la décision du 16 décembre 2003 n'a eu, par elle-même, aucune incidence sur le régime d'imposition de la société membre du groupe et notamment, n'a pas eu pour effet de la soumettre à l'impôt sur les sociétés dont elle avait été exonérée. La décision de la Commission ne pouvait être considérée comme ayant fait obstacle à l'application des dispositions de l'article 44 septies du Code général des impôts et, en conséquence, permis l'application des dispositions de l'article 223 A du même code[606].

Les aides d'État et leur récupération ont fait l'objet de nombreuses études. Sur la présentation générale des règles relatives à la prohibition des aides d'État sous forme fiscale, on se reportera notamment à l'ouvrage de A. Maitrot de la Motte, *Droit fiscal de l'Union européenne*, Bruylant, 2012, n° 4, et p. 231 à 311.

C. – Interdictions des impositions intérieures discriminatoires. Article 110 TFUE[607]

1° Définitions. Globalisation des alinéas 1 et 2

535. – Aux termes de l'article 110 TFUE[608], « aucun État membre ne frappe directement ou indirectement les produits des autres États membres d'impositions intérieures, de quelque nature qu'elles soient, supérieures à celles qui frappent directement ou indirectement les produits nationaux similaires » (al. 1er). « En outre, aucun État membre ne frappe les produits des autres États membres d'impositions intérieures de nature à protéger indirectement d'autres productions » (al. 2).

Les dispositions de l'article 110 sont directement applicables[609]. Les ressortissants des États membres peuvent donc invoquer ces dispositions devant les administrations et les juridictions nationales pour obtenir le remboursement des impositions perçues en violation du droit communautaire.

Ces dispositions répondent à un triple but dans le système du traité. Elles constituent un complément des dispositions relatives à la suppression des droits de douane et des taxes d'effet équivalent. Elles visent à assurer la libre circulation des marchandises entre les États membres dans des conditions normales de concurrence, par l'élimination de toute forme de protection pouvant résulter de l'application d'impositions intérieures discriminatoires à l'égard de produits originaires d'autres États membres. Elles doivent garantir la parfaite neutralité des

(606) CE, 30 mars 2011, n° 335 551, *SAS Syft Holding : Dr. fisc.* 2011, n° 21, comm. 357, note P. Fumenier et C. Maignan ; *RJF* 2011, n° 689.
(607) Ex-art. 90 TCE.
(608) Ex-art. 90 TCE.
(609) CJCE, 16 juin 1966, aff. 57/65, *Lütticke : Rec. CJCE* 1966, I, p. 293. – CJCE, 16 déc. 1992, aff. 17/91, *Lornoy : RJF* 1993, n° 473.

impositions intérieures au regard de la concurrence entre produits nationaux et produits importés[(610)].

La distinction entre l'interdiction de discriminer et l'interdiction de protéger résulte de la lettre des textes. Mais sa rationalité économique ou juridique n'est pas évidente. La Cour de justice des Communautés européennes est ainsi conduite à appliquer l'article 110 « comme un tout, sans distinguer entre discrimination et protection »[(611)].

C'est une « globalisation » de ce genre qui a été opérée par la Cour de justice des Communautés européennes, dans la célèbre affaire *Humblot* concernant la vignette-auto[(612)].

Les observations qui suivent s'appliquent principalement à l'interdiction des discriminations visée à l'alinéa 1er.

2° Délimitation des champs d'application des articles 30 et 110 TFUE

536. – Les dispositions du traité relatives aux taxes d'effet équivalent et celles relatives aux impositions intérieures discriminatoires ne peuvent pas être appliquées cumulativement[(613)] ; V. *supra*, n° 513.

Les articles 28 et 30 TFUE interdisent, entre les États membres, la perception de droits de douane à l'importation et à l'exportation ou de taxes d'effet équivalent.

L'article 110 se borne à interdire la discrimination à l'encontre des produits des autres États membres par le moyen d'impositions intérieures. Le critère d'application de l'article 110 est le caractère discriminatoire ou protecteur d'une mesure d'imposition intérieure.

La caractéristique essentielle d'une taxe d'effet équivalent à un droit de douane à l'importation qui la distingue d'une imposition intérieure est que la première frappe exclusivement le produit importé, tandis que la seconde frappe à la fois des produits importés et des produits destinés à l'exportation[(614)]. V. aussi la formule utilisée par le Conseil d'État dans son arrêt du 31 juillet 2009, *Sté Montaudis, supra*, n° 513.

Une même imposition ne peut donc, dans le système du traité, appartenir *simultanément à ces deux catégories de prélèvements*[(615)].

3° Champ d'application de l'article 110 TFUE

537. – L'article 110 TFUE interdit les discriminations établies par un État membre au détriment des produits d'un autre État membre. L'expression « directement ou indirectement » qui est utilisée dans le premier alinéa, doit être interprétée

(610) CJCE, 27 févr. 1980, aff. 171/78, *Commission c/Royaume du Danemark* : GACJCE 1980, t. 2, 1991, n° 35. – CJCE, 3 mars 1988, aff. 252/86, *Bergandi*, pt 24 : *Rec. CJCE* 1988, I, p. 1343 ; *Dr. fisc.* 1988, comm. 1416 et chron. Berlin, p. 861 et s. : *Les taxes sur le chiffre d'affaires et le droit communautaire* : *RTDE* 1988, p. 347, obs. Berlin ; *RJF* 1988, n° 1176.

(611) CJCE, 27 févr. 1980, aff. 168/78, *Commission c/France* : *Rec. CJCE* 1980, I, p. 347 ; *RTDE* 1980, p. 635, obs. Berlin.

(612) CJCE, 9 mai 1985, aff. 112/84 : *Dr. fisc.* 1985, comm. 1456, concl. Verboren Van T'hemaat ; *RJF* 1985, n° 986 ; *RTDE* 1986, p. 83, obs. D. Berlin ; *Rec. CJCE* 1986, I, p. 1367.

(613) CJCE, 16 déc. 1992, aff. 17/91, *Lornoy* : *RJF* 1993, n° 473 ; *Rec. CJCE* 1992, I, p. 6523. – CJCE, 2 août 1993, aff. 266/91, *Celbi* : *RJF* 1993, n° 1521 ; *Rec. CJCE* 1993, I, p. 4337. – CJCE, 23 avr. 2002, aff. C 234/99, *Niels Nygärd*, pt 17.

(614) CJCE, 22 mars 1977, aff. 78/76, *Steinike* : *Rec. CJCE* 1977, I, p. 595, concl. J.-P. Warner. – CJCE, 3 févr. 1981, aff. 90/79, *Commission c/France*, pt 13 : *Dr. fisc.* 1982, comm. 577 ; *Rec. CJCE* 1982, I, p. 283 et s. (redevance sur les appareils de reprographie). – CJCE, 2 août 1993, aff. 266/91, *Celbi*, préc. – CJCE, 23 avr. 2002, préc.

(615) CJCE, 22 mars 1977, *Steinike*, préc.

dans un sens large. Mais compte tenu des dispositions de l'article 112 TFUE, l'interdiction prévue à l'article 110 ne vise en fait que des impôts indirects.

Sous cette réserve, la prohibition frappe les impositions intérieures de toutes natures, sous quelque forme que revête la discrimination : taux de l'imposition des produits importés supérieur à celui de l'imposition des produits nationaux, exonérations réservées à la production nationale, système ayant pour effet d'exclure d'avance les produits nationaux du régime de taxation le plus lourd, règles différentes pour le calcul de l'assiette d'une imposition selon qu'elle frappe les produits importés ou les produits nationaux, règles de perception de l'impôt appliquées de manière discriminatoire au détriment des produits importés.

On se bornera à donner ces exemples très significatifs. Un État membre manque à ses obligations en maintenant en vigueur un système imposant une taxation différente, au détriment des cigarettes blondes, pour les cigarettes brunes, qui sont presque exclusivement fabriquées dans cet État, et les cigarettes blondes, qui sont essentiellement des produits importés(616). L'article 110 TFUE s'oppose encore à ce qu'un État membre instaure une taxe sur la pollution frappant des véhicules automobiles lors de leur première immatriculation dans cet État membre, si cette mesure fiscale est aménagée de telle manière qu'elle décourage la mise en circulation, dans cet État membre, de véhicules d'occasion achetés dans d'autres États membres, sans pour autant dissuader l'achat de véhicules d'occasion de même ancienneté et de même usure sur le marché national(617). De même, l'article 110 TFUE s'oppose à une taxe sur les voitures de tourisme et les motos si et dans la mesure où le montant de cette taxe imposé aux véhicules d'occasion importés lors de leur immatriculation dans un État membre dépasse le montant résiduel le plus faible de celle-ci, incorporé dans la valeur des véhicules d'occasion similaires déjà immatriculés dans ce même État membre(618).

Il peut même s'agir d'un régime de sanctions discriminatoires : un État membre qui applique, au titre de son Code des douanes, un régime de sanctions pour les infractions à la TVA due à l'importation d'un autre État membre, qui est plus sévère que celui prévu pour les infractions à la TVA afférente aux transactions réalisées à l'intérieur du pays, manque aux obligations communautaires qui lui incombent en vertu de l'article 95 TCE (art. 114 TFUE)(619).

538. – Taxe sur la valeur ajoutée. L'article 110 TFUE peut trouver application en matière de TVA(620). Ainsi que le note M.-E. Kornprobst, le grand intérêt de cet arrêt est de rappeler que les pratiques discriminatoires contraires à l'article 110 TFUE « peuvent être non seulement actives, par l'institution d'une taxe à effets protecteurs par exemple, mais également passives, par un comportement des États qui ne permet pas d'assurer dans les faits des conditions égales de concurrence ».

(616) CJCE, 27 févr. 2002, aff. 302-00, *Commission c/France*, pts 29, 34 et 35 : *Rec. CJCE* 2002, I, p. 2055, concl. Alber ; *RJF* 2002, n° 595.

(617) CJUE, 7 avr. 2011, aff. 402/09, *Ioan Tatu* et 7 juill. 2011, aff. 263/10, *Iulian Nisipeanu* : *RJF* 2011, n° 1252.

(618) CJUE, 19 déc. 2013, aff. 437/12 : *RJF* 2014, n° 306.

(619) CJCE, plén., 2 août 1993, aff. 276/91, *Commission c/France* : *Rec. CJCE* 1993, I, p. 4413 ; *D.* 1994, p. 105, note Bergerès ; *RJF* 1993, n° 1519.

(620) CJCE, plén., 26 févr. 1991, aff. 119/89, *Commission c/Royaume d'Espagne* : *Dr. fisc.* 1991, comm. 2012, concl. Darmon et note Kornprobst.

539. – **Produits importés ou exportés.** L'interdiction de l'article 110 TFUE s'applique indifféremment aux impositions qui frappent les produits importés ou exportés[(621)]. Elle vise également les produits importés qui sont fabriqués en dehors de la Communauté, dès lors qu'ils sont mis en libre pratique sur le territoire communautaire[(622)].

Par ailleurs, un produit devient national dès lors qu'il a été importé et mis sur le marché. Tel peut être le cas de véhicules automobiles. Ainsi a-t-il été jugé que ce n'est pas parce qu'il n'y a pas de production danoise de véhicules automobiles que le Danemark n'a pas de marché de véhicules d'occasion[(623)].

540. – **Anciennes taxes parafiscales.** Les taxes parafiscales pouvaient faire l'objet de l'une ou l'autre des interdictions anciennes prévues aux ex-articles 25 et 90 TCE[(624)]. Les critères de la distinction que fait la Cour de justice des Communautés européennes sont tirés de l'affectation des ressources provenant de ce type de prélèvements.

Une taxe parafiscale, indistinctement applicable aux produits nationaux et aux produits importés, constitue une taxe d'effet équivalant à un droit de douane, interdite par l'article 25 TCE, lorsque les ressources qui en découlent sont affectées en totalité au financement d'avantages dont bénéficient exclusivement les produits nationaux et qui compensent ainsi intégralement la charge grevant ces derniers. Il y a lieu de considérer en effet que, dans une telle hypothèse, la taxe constitue, pour le produit importé, une charge pécuniaire nette, tandis que, pour le produit national, il ne s'agit que de la contrepartie d'avantages reçus.

Si les ressources provenant de la taxe ne sont que partiellement affectées à ces avantages, qui ne compensent alors qu'une partie de la charge supportée par les produits nationaux, la taxe parafiscale constitue une imposition discriminatoire interdite par l'article 90 TCE. Dans ce dernier cas, la taxe est incompatible avec l'article 95 TCE et donc interdite dans la seule mesure où elle est discriminatoire au détriment du produit importé et donc, uniquement dans la mesure où elle compense partiellement la charge supportée par le produit national appréhendé.

Lorsque les activités financées par la taxe profitent aux produits nationaux et aux produits importés imposés, mais que les premiers en tirent un profit proportionnellement plus important, la taxe constitue dans cette mesure une taxe d'effet équivalant à un droit de douane ou une imposition intérieure discriminatoire selon que l'avantage retiré par les produits nationaux imposés compense intégralement ou seulement en partie la charge qui les grève.

Il appartient à la juridiction nationale de vérifier si la charge grevant le produit national est intégralement ou partiellement compensée par l'utilisation des recettes de la taxe en cause de manière à profiter aux produits nationaux[(625)].

(621) CJCE, 29 juin 1978, aff. 142/77, *Statens Kontrol : Rec. CJCE* 1978, I, p. 1543.

(622) CJCE, 7 mai 1987, aff. 193/85, *Co-Frutta : Rec. CJCE* 1987, I, p. 2085 ; *RTDE* 1988, p. 347, obs. D. Berlin. – CJCE, 13 juill. 1994, aff. 130/92, *Oto : RJF* 1994, n° 1292 ; *Rec. CJCE* 1994, I, p. 3281.

(623) CJCE, 11 déc. 1990, aff. C-47/88, *Commission c/Royaume du Danemark : Dr. fisc.* 1991, comm. 2132, E. K.

(624) Devenus art. 30 et 110 TFUE.

(625) CJCE, plén., 11 mars 1992, aff. 78/90, *Cie ciale de l'Ouest : RJF* 1992, n° 1441 ; *LPA* 1er juill. 1992, n° 79, note Cartou ; *Rec. CJCE* 1992, I, p. 1847. – CJCE, 11 juin 1992, aff. 149/91, *Sanders Adour SNC : RJF* 1992, n° 1599, p. 4939 ; *Rec. CJCE* 1992, I, p. 3899. – CJCE, 16 déc. 1992, aff. 17/91, *Lornoy : RJF* 1993, n° 473 ; *Rec. CJCE* 1992, I, p. 6523. – CJCE, 2 août 1993, aff. 266/91, *Celbi : RJF* 1993, n° 1521 ; *Rec. CJCE* 1993, I, p. 4337. – CJCE, 17 sept. 1997, aff. 28/96, *Fazenda Publica : Rec. CJCE* 1997, I, p. 4939 ; *D.* 1997, inf. rap. p. 210, concl. Tesauro ; *RTDE* 1998, p. 261, obs. Berlin ; *RJF* 1998, n° 1519.

Le critère de la compensation des charges grevant le produit national doit être entendu dans le sens d'une équivalence pécuniaire, à vérifier au cours d'une période de référence, entre le montant global de la taxe perçue sur les produits nationaux et les avantages dont ces produits bénéficient à titre exclusif[626].

Lorsque la taxe parafiscale est contraire aux dispositions de l'article 90 TCE, l'État membre n'a pas l'obligation de la supprimer totalement ; il est simplement tenu d'éliminer les éléments facteurs de la discrimination[627].

Le critère de l'affectation du produit de la taxe parafiscale, qui est utilisé par la Cour de justice des Communautés européennes pour déterminer le caractère discriminatoire ou non du prélèvement au regard de l'article 90 TCE, est appliqué également par la Cour de cassation et le Conseil d'État[628].

Constitue ainsi une imposition intérieure discriminatoire au sens de l'article 95 TCE, la cotisation instituée par le Comité national interprofessionnel de la pomme de terre et rendue obligatoire par arrêté interministériel pour tous les membres des professions concernées, dès lors que les actions de cet organisme bénéficient spécifiquement aux produits français sans que, pour autant, la charge que représente la cotisation soit pour eux entièrement compensée[629].

541. – **Système différencié d'imposition.** Le droit communautaire n'interdit pas non plus aux États membres d'établir un système différencié d'imposition en fonction de diverses catégories de produits si les facilités fiscales accordées servent à des fins économiques ou sociales légitimes. En ce qui concerne plus précisément la progression de la taxation, les États membres sont, en principe, libres de soumettre certains produits à un système de taxation dont le montant augmente progressivement en fonction d'un critère objectif pour autant qu'il soit exempt de tout effet discriminatoire ou protecteur[630].

L'affaire de la taxe différentielle sur les véhicules à moteur illustre aussi parfaitement les deux aspects de cette jurisprudence ; la condamnation de la Cour de justice des Communautés européennes n'a pas porté sur les différences d'imposition, mais sur la rupture de la progressivité de l'impôt.

4° Rapport de similitude

542. – L'interdiction édictée par l'article 110 TFUE repose sur un rapport de similitude qui doit exister entre les produits nationaux et les produits des autres États membres.

Le critère qui a les préférences de la Cour de justice des Communautés européennes est inspiré d'une conception subjective. Il a été consacré dans l'arrêt du 17 février 1976[631] et explicité dans une série d'arrêts du 27 février 1980[632]. Suivant ce critère, « sont à considérer comme similaires des produits qui présentent au regard des consommateurs des propriétés analogues ou qui répondent aux mêmes besoins ».

(626) CJCE, 2 août 1993, *Celbi*, préc.
(627) CJCE, 25 juin 1970, *France c/Commission : Rec. CJCE* 1970, I, p. 487. – CJCE, 2 août 1993, aff. 266/91, *Celbi*, préc.
(628) Cass. com., 5 juill. 1994, *Sté Ferme du Larry : RJF* 1995, n° 355 ; *Bull. civ.* 1994, IV, p. 203, n° 257. – CE, 5 juill. 1996, *Comité national interprofessionnel de l'horticulture (CNIH) : Dr. fisc.* 1996, comm. 1486, concl. Bachelier ; *RJF* 1996, n° 1104, et p. 543, chron. Austry ; *BDCF* 1996, n° 4, concl. Bachelier. – CE, 6 nov. 1998, req. n° 178322, *CNIH : Dr. fisc.* 1999, comm. 521 ; *RJF* 1999, n° 110 ; *BDCF* 1999, n° 10, avec concl.
(629) Cass. com., 17 oct. 1995, *Comité national interprofessionnel de la pomme de terre : RJF* 1996, n° 682 ; *Bull. civ.* 1995, IV, p. 219, n° 236.
(630) CJCE, 3 mars 1988, *Bergandi*, préc., pts 29 et 31.
(631) Aff. 45/75, *Rewe Zentralfimanz : Rec. CJCE* 1976, I, p. 181.
(632) Aff. 168/78, 169/78 et 170/78 : *Rec. CJCE* 1980, I, p. 347 et s. ; *RTDE* 1980, p. 635, obs. Berlin.

Le Conseil d'État a fait une application très remarquable de ce critère au sujet de la taxe spéciale sur les huiles destinées à l'alimentation humaine, prévue à l'article 1609 vicies du Code général des impôts. Pour les huiles végétales, il résultait des tarifs en vigueur pour les périodes en litige que le tarif le plus élevé de la taxe n'était applicable qu'à l'huile d'olive tandis que les huiles de colza et de tournesol bénéficiaient de tarifs plus faibles.

Selon le Conseil d'État, « des produits sont similaires au sens [des stipulations de l'article 110 TFUE] lorsqu'ils présentent, au regard des consommateurs, des propriétés analogues ou répondent aux mêmes besoins ; pour l'appréciation du caractère de similitude de deux catégories de produits, il y a lieu de prendre en considération, d'une part, un ensemble de caractéristiques objectives, telles que leur origine, leurs procédés de fabrication, leurs qualités organoleptiques, notamment leur goût et leur texture, et, d'autre part, le fait que ces catégories de produits sont susceptibles ou non de répondre à des besoins identiques des consommateurs, cette identité s'appréciant non pas en fonction des habitudes de consommation existantes, mais au vu des possibilités d'évolution de ces habitudes, et, essentiellement, sur la base des caractéristiques objectives qui font qu'un produit est susceptible de répondre, au regard de certaines catégories de consommateurs, aux mêmes besoins qu'un autre » (consid. 3).

Il a considéré que « l'huile d'olive, en ce qu'elle provient d'un fruit et non d'une graine, est produite par un procédé mécanique et non par raffinage, a un goût et des propriétés culinaires spécifiques, présente des caractéristiques objectives qui, au regard des consommateurs, la distinguent des huiles de colza et de tournesol (...) » (consid. 4) « (...) qu'il ne résulte pas de l'instruction que la taxe spéciale sur les huiles aurait un effet protecteur des huiles de fabrication nationale, en décourageant la vente de l'huile d'olive, essentiellement importée, au profit de la vente des produits nationaux alternatifs que constituent l'huile de tournesol et l'huile de colza » (consid. 9).

Il a jugé finalement que la taxe ne présentait pas le caractère d'une imposition intérieure discriminatoire au sens de l'article 110 TFUE[633].

§ 3. – Harmonisation des législations fiscales

543. – Taxe sur la valeur ajoutée. Les États membres se sont engagés à harmoniser leurs législations fiscales dans un certain nombre de secteurs, dont le plus important reste de toute évidence celui de la TVA. Cette harmonisation est assurée au moyen de directives qui peuvent comporter, au titre des règles d'harmonisation, de véritables interdictions.

La disposition la plus connue à cet égard est celle de l'article 33 de la directive du 17 mai 1977[634], qui interdit l'institution de prélèvements ayant le caractère de taxes sur le chiffre d'affaires au sens de cette disposition, c'est-à-dire les impositions qui ont les caractéristiques essentielles de la TVA (V. *supra*, n°s 201 et s.).

(633) CE, 12 avr. 2013, n° 359.541, *SCP Becheret* : *RJF* 2013, n° 786 ; *BDCF* 2013, n° 86, concl. B. Bohnert, infirmant : CAA Paris, 21 mars 2012, n° 10-01019, *Sté Oligra France* : *RJF* 2012, n° 773, *BDCF* 2012, n° 91, concl. Y. Egloff, qui avait jugé que la taxe était incompatible avec le droit communautaire.

(634) Actuellement Dir. 28 nov. 2006, art. 401.

L'examen des dispositifs prévu pour l'harmonisation des législations fiscales en matière de TVA est inséparable de l'étude de la TVA elle-même.

544. – **Directive n° 69/335 du 17 juillet 1969 (droit d'apport en société). Directive n° 2008/7 du 12 février 2008.** La directive n° 69/335 du Conseil du 17 juillet 1969, modifiée à plusieurs reprises, « concernant les impôts indirects frappant les rassemblements de capitaux », fait partie des mesures prises pour supprimer les obstacles fiscaux qui s'opposent à la libre circulation des capitaux.

Elle vise notamment à harmoniser les règles de fixation et de perception des droits auxquels sont soumis les apports en société dans la Communauté, à l'occasion des créations de sociétés et des opérations de fusion.

La directive du 17 juillet 1969 est remplacée, depuis le 1er janvier 2009, par la directive n° 2008/7 du 12 février 2008, avec le même intitulé. Cette dernière pose le principe de la suppression définitive du droit d'apport, mais celui-ci peut être maintenu temporairement. Il n'y a donc pas de rupture totale avec l'ancienne directive. L'article 16 de la directive de 2008 précise, du reste, que les références faites à la directive abrogée s'entendent comme faites à la directive nouvelle et qu'elles sont à lire selon un tableau de correspondance figurant dans une annexe III.

Il est admis que les solutions retenues pour l'interprétation de la directive de 1969 demeurent pour la plupart valables sous le régime de la directive nouvelle.

Une précision s'impose tout d'abord lorsqu'on rapproche les termes utilisés par la directive de 1969 (droit d'apport, impôts indirects) des catégories légales du droit interne.

La qualification d'une imposition, taxe, droit ou prélèvement au regard du droit communautaire incombe à la Cour de justice des Communautés européennes, en fonction des caractéristiques objectives de l'imposition, indépendamment de la qualification qui lui est donnée en droit national(635).

La directive de 1969 fixe, dans son article 4, la liste des opérations qui sont soumises au droit d'apport. Elle prévoit également la suppression « d'impôts indirects » présentant les mêmes caractéristiques que le droit d'apport ou le droit de timbre sur les titres dont le maintien risque de remettre en cause les mesures qu'elle édicte. Ces impositions, dont la perception est interdite « sous quelque forme que ce soit » sont énumérées aux articles 10 et 11. L'article 12 fixe la liste exhaustive des taxes et des droits autres que le droit d'apport qui, par dérogation aux articles 10 et 11, peuvent frapper les sociétés de capitaux à l'occasion des opérations visées par ces dernières dispositions. L'article 7 institue un régime d'exonérations du droit d'apport.

La directive modifiée du 17 juillet 1969 a donné lieu à une abondante jurisprudence, dès lors que les dispositions prévues notamment aux articles 10 et 7 étaient formulées en termes suffisamment précis et inconditionnels pour pouvoir être invoqués directement par les justiciables devant leur juridiction nationale(636).

---

(635) CJCE, 11 nov. 1999, aff. 350/98, *Henkel Hellas*, pt 20 : *RJF* 2000, n° 317 ; *Rec. CJCE* 1999, I, p. 8013, concl. Fennelly.

(636) CJCE, 13 févr. 1996, aff. 97/94, *Sté Bautiaa* : *Dr. fisc.* 1996, comm. 299, concl. Cosmas ; *RJF* 1996, n° 401 ; *D.* 1996, p. 593, note D. Richard. – CJCE, 29 sept. 1999, aff. 56/98, *Modelo*, pts 34 et 35 : *Rec. CJCE* 1999, I, p. 6430, concl. Cosmas ; *RJF* 1999, n° 1633.

La Cour de justice des Communautés européennes, appelée à se prononcer sur les renvois préjudiciels a décidé ainsi, dans l'arrêt du 13 février 1996, *Sté Bautiaa*, que l'article 7-1 de la directive n° 69/335, tel qu'il a été modifié par la directive n° 73/80 du 9 avril 1973, concernant la fixation des taux communs du droit d'apport, applicable au 1er janvier 1976, puis par la directive n° 85/303 du 10 juin 1985, applicable au 1er janvier 1986, s'opposait à l'application de la législation française maintenant à 1,20 % le taux du droit d'enregistrement sur les apports mobiliers effectués dans le cadre d'une fusion.

Il a été jugé que la directive du 17 juillet 1969 ne s'oppose pas à ce qu'un droit d'enregistrement soit perçu en cas d'absorption de société par une autre société qui détient déjà l'intégralité des actions et des parts dans les sociétés absorbées[(637)], ni à la perception à charge des sociétés de capitaux d'un impôt tel que l'impôt sur le patrimoine net des entreprises[(638)].

La directive n° 2008/7 du 12 février 2008[(639)] ne fait pas obstacle à un droit dû annuellement par toute entreprise en raison de son inscription au registre des entreprises, même si une telle inscription présente un effet constitutif pour les sociétés de capitaux et si ce droit est également dû par ces sociétés pour la période pendant laquelle elles n'exercent que des activités préparatoires à l'exploitation d'une entreprise[(640)].

545. – **Directive n° 92/12 du 25 février 1992. Directive n° 2008/118 du 16 décembre 2008 (régime général d'accise).** La directive n° 92/12 du Conseil du 25 février 1992, relative au régime général, à la détention, à la circulation et aux contrôles des produits soumis à accises (dénommée en la matière « Directive générale ») décrit son objectif comme étant de fixer le régime des produits « soumis à accises et autres impositions indirectes » frappant directement ou indirectement la consommation de ces produits, à l'exclusion de la TVA et des impositions établies par la Communauté[(641)]. Il s'agit d'un régime d'harmonisation (les accises sont communément appelées « impôts indirects » en droit français).

La directive générale vise à éviter que des impositions indirectes supplémentaires entravent indûment les échanges. Tel serait, notamment, le cas si les opérateurs économiques étaient soumis à des formalités autres que celles prévues par la réglementation communautaire relatives aux accises ou à la TVA, étant donné qu'elles seraient susceptibles de varier d'un État membre à l'autre.

La directive n° 92/12 du 25 février 1992 a été transcrite dans la législation nationale par la loi n° 92-677 du 17 juillet 1992.

Deux autres directives, en date du 19 octobre 1992, la directive n° 92/83 relative à la définition des produits imposables et la directive n° 92/84 sur les tarifs d'impositions ont été transposées en droit national par la loi n° 92-1476 du 30 décembre 1992, de finances rectificative pour 1992.

On notera que le terme « accises » a été repris à l'article 302 B du Code général des impôts. Il correspond à la dénomination communautaire des contributions indirectes auxquelles sont assujettis les alcools, les boissons alcooliques et les tabacs manufacturés.

(637) CJCE, 27 oct. 1998, aff. 152/97, *Abbruzzi, Gas, SPA* : *Rec. CJCE* 1998, I, p. 6553, concl. Coscas ; *RJF* 1999, n° 117.
(638) CJCE, 27 oct. 1998, aff. 4/97, *Manifattura Ataliana* : *Rec. CJCE* 1998, I, p. 6469, concl. Fennelly ; *RJF* 1999, n° 118.
(639) Art. 5, § 1, *c*.
(640) CJUE, 19 avr. 2012, aff. 443/09, *Camera di Commercio* : *RJF* 2013, n° 781.
(641) Art. 1er, § I.

Les droits indirects ou « accises » comprennent le droit de circulation, le droit de consommation et le droit spécifique sur les bières.

La directive n° 92/12 a été abrogée avec effet au 1er avril 2010 par la directive n° 2008/118 du 16 décembre 2008 relative au régime général d'accise. L'article 47 de la directive n° 2008/118 précise que les références faites à la directive abrogée s'entendent comme faites à la directive nouvelle.

La directive n° 2008/118 du 16 décembre 2008 a été transposée dans le droit français par la loi n° 2009-1674 du 30 décembre 2009 de finances rectificative pour 2009 (art. 36) et par deux décrets du 9 juin 2010 : – décret n° 2010-631, relatif au suivi, au contrôle et à la dématérialisation des procédures concernant les mouvements des alcools, des boissons alcooliques et des tabacs manufacturés soumis à accise au sein de l'Union européenne ; – décret n° 2010-632, relatif au suivi, au contrôle et à la dématérialisation des procédures concernant les mouvements de produits énergétiques soumis à accise au sein de l'Union européenne.

La directive n° 2008/118 indique dans son considérant 3 que pour les produits soumis à accise auxquels elle s'applique, il y a lieu de se référer toujours à diverses directives : – directive n° 92/79 du 19 octobre 1992 concernant le rapprochement des taxes frappant les cigarettes, – directive n° 92/80 du 19 octobre 1992 concernant le rapprochement des taxes frappant les tabacs manufacturés autres que les cigarettes, – directive n° 92/83 du 19 octobre 1992 concernant l'harmonisation des structures des droits d'accise sur l'alcool et les boissons alcooliques, – directive n° 92/84 du 19 octobre 1992 concernant le rapprochement des taux d'accise sur l'alcool et les boissons alcoolisées, – directive n° 95/59 du 27 novembre 1995 concernant les impôts autres que les taxes sur le chiffre d'affaires frappant la consommation des tabacs manufacturés, – directive n° 2003/96 du 27 octobre 2003 restructurant le cadre communautaire de taxation des produits énergétiques et de l'électricité.

La Cour de justice des Communautés européennes a précisé sa jurisprudence dans une décision du 24 février 2000. Elle a constaté que l'harmonisation opérée par la directive n° 92/83 concernant l'harmonisation des structures des droits d'accises sur l'alcool et les boissons alcooliques n'était que partielle. Celles-ci se contentent, pour l'essentiel, de classer les produits en fonction de considérations objectives, liées notamment aux procédés de fabrication utilisés, de définir les conditions d'exigibilité de l'accise, d'organiser un régime de circulation des produits assujettis, de déterminer la base d'imposition et fixer des taux minimaux.

C'est pour tenir compte de la diversité des traditions fiscales des États membres en la matière et du recours fréquent aux impositions indirectes pour la mise en œuvre de politiques non budgétaires que le Conseil a inséré l'article 3, paragraphe 2, dans la directive générale. Cette disposition vise à permettre aux États membres d'établir, en sus de l'accise minimale fixée par la directive n° 92/83 sur les structures, d'autres impositions indirectes poursuivant une finalité spécifique, c'est-à-dire un but autre que budgétaire.

Elle a jugé ainsi que la France n'avait pas manqué aux obligations qui lui incombent en vertu de l'article 3, paragraphe 2, de la directive générale n° 92/12, en maintenant en vigueur les dispositions de l'article 26 de la loi n° 83-25 du 19 janvier 1983 instituant la cotisation sur les boissons alcooliques, perçue au profit de la Caisse nationale d'assurance maladie des travailleurs salariés(642).

La Cour de justice de l'Union européenne s'est prononcée plus récemment sur le recours en manquement concernant le transport en France par des particuliers des produits du tabac acquis dans un autre État membre. Il résultait des dispositions des articles 302 D, 575 G et 575 H du Code général des impôts qu'elles empêchaient l'importation en France par des particuliers de produits du tabac en provenance d'un autre État membre lorsque la quantité dépasse deux kilogrammes par véhicule individuel (et non par personne), alors même que ces quantités seraient détenues pour les besoins propres des particuliers.

La Cour a considéré qu'en utilisant un critère purement quantitatif pour l'appréciation du caractère commercial de la détention par des particuliers de tabac manufacturé en provenance d'un autre État membre et qu'en appliquant ce critère par véhicule individuel et non par personne, et de manière globale pour l'ensemble des produits du tabac, la France a manqué aux obligations qui lui incombent en vertu de la directive n° 92/12 du 25 février 1992.

La Commission avait soutenu que l'article 575 H du Code général des impôts était également contraire à l'article 34 TFUE sur la libre circulation des marchandises et l'interdiction des restrictions quantitatives à l'importation et de toutes mesures d'effet équivalent entre les États membres. La Cour a précisé que lorsqu'un domaine a fait l'objet d'une harmonisation exhaustive au niveau communautaire, toute mesure nationale y relative doit être appréciée au regard des dispositions de cette mesure d'harmonisation et non pas de celles du droit primaire, comme elle l'avait déjà jugé dans un arrêt du 14 décembre 2004, *Commission c/Allemagne*(643).

546. – **Directive n° 90-434 du 23 juillet 1990. Directive n° 2009/133 du 19 octobre 2009 (fusions, apports d'actifs, échanges d'actions).** Le titre exact de la directive n° 90/434 doit être mentionné *in extenso* : elle concerne : « le régime fiscal commun applicable aux fusions, aux scissions, scissions partielles, apports d'actifs et échanges d'actions intéressant des sociétés d'États membres différents ainsi qu'au transfert du siège statutaire d'une SE (société européenne) ou d'une SCE (société coopérative européenne) d'un État membre à un autre ».

La directive n° 90/434 a été abrogée et remplacée par la directive n° 2009/133 du 19 octobre 2009 (portant le même titre). Les références faites à la directive abrogée s'entendent comme faites à la directive n° 2009/133 et sont à lire selon le tableau de correspondance figurant à l'annexe III de cette même directive (art. 17).

547. – **À l'origine de la discrimination à rebours.** Suivant la jurisprudence du Conseil d'État, il résulte des termes de l'article 1er de la directive n° 90/434 du 23 juillet 1990 qu'elle ne crée d'obligations à l'égard des États membres qu'au regard d'opérations qui concernent des sociétés d'au moins deux États membres(644).

(642) CSS, art. L. 245-7 et s. ; CJCE, 24 févr. 2000, aff. 434197, *Commission c/France* : *RJF* 2000, n° 589, pts 17 à 19, 26 et 27.

(643) Aff. 463/01, pt 36. – CJUE, 14 mars 2013, aff. 216/11 : *RJF* 2013, n° 895. – C.-J. Berr, *Acquisition dans un autre État de l'UE et introduction de tabac en France : le système français à l'épreuve du droit communautaire* : *D.* 2013, 931.

(644) CE, 3 déc. 2014, n° 367822, *Joulin* : *RJF* 2015, n° 167 ; *Dr. fisc.* 2015, n° 6, comm. 133, concl. Mme Escaut.

En dépit de l'expression utilisée par la directive, qui vise des opérations réalisées par « des sociétés d'États membres différents », la Cour de justice des Communautés européennes a, dans l'arrêt du 17 juillet 1997, *Leur-Bloem*, appliqué les principes qu'elle pose à une situation purement interne, en l'espèce, un échange d'actions appartenant à un ressortissant néerlandais entre deux sociétés néerlandaises[(645)].

Elle s'est déclarée compétente, au titre de l'article 177 du Traité CE, pour interpréter le droit communautaire lorsque celui-ci ne régit pas directement la situation en cause, mais que le législateur national a décidé, lors de la transposition en droit national des dispositions d'une directive, d'appliquer le même traitement aux situations purement internes et à celles régies par la directive, en sorte qu'il a aligné sa législation interne sur le droit communautaire.

L'application de ce principe par le juge national soulève des difficultés redoutables lorsque la situation juridique qui lui est soumise est régie par les dispositions d'un texte unique du Code général des impôts dont certaines sont contraires à la directive que ce texte avait pour objet de transposer.

En tant qu'il porte sur des opérations réalisées entre sociétés d'États membres différents, ce texte ne peut être applicable dans celles de ses dispositions contraires à la directive ; en tant qu'il porte sur des opérations réalisées entre une société établie en France et une société établie dans un État autre qu'un État membre de l'Union européenne il reste applicable, sauf contrôle de la conventionnalité ou de l'inconstitutionnalité.

Les distinctions nécessaires ressortent de la jurisprudence du Conseil d'État. Concernant l'application de l'article 210 B du Code général des impôts, prévoyant, notamment, une exonération d'impôt sur les sociétés pour les plus-values dégagées à l'occasion d'opérations de scissions, le Conseil d'État a fait prédominer le principe de l'interprétation stricte ressortant du texte clair sur la circonstance que le législateur n'aurait pas entendu traiter moins favorablement les opérations concernant uniquement des sociétés françaises, qui sont hors du champ de la directive n° 90/434 du 23 juillet 1990, que celles qui mettent en cause les sociétés d'États membres différents, qui entrent dans le champ de cette directive. S'agissant d'une opération concernant uniquement des sociétés françaises, qui, de ce fait, est hors du champ d'application de la directive n° 90/434, il a rejeté comme inopérant le moyen tiré de ce que les dispositions de l'article 210 B du Code général des impôts devraient être écartées au motif qu'elles seraient incompatibles avec les objectifs de la directive[(646)].

Le Conseil d'État devait trancher ces questions dans un sens tout à fait différent pour l'application de la directive n° 90/435 du 23 juillet 1990 « concernant le régime des sociétés mères et filiales d'États membres différents ». Cette solution a été adoptée dans l'affaire *Société Metro Holding* du 12 novembre 2015[(647)].

(645) CJCE, 17 juill. 1997, aff. 28-95, *Leur-Bloem : Dr. fisc.* 1997, n° 38, comm. 979, p. 100, étude Ph. Derouin ; *RJF* 1997, n° 1002 ; *Rec. CJCE* 1997, I, p. 4161, concl. Jacobs.

(646) CE, 30 janv. 2013, n° 346 683, *Sté Ambulances de France : Dr. fisc.* 2013, n° 10, comm. 185, concl. Mme Legras, note O. Fouquet ; *RJF* 2013, n° 392, et p. 331 chron. Mme E. Bokdam-Tognetti ; *BDCF* 2013, n° 42, concl. Mme Legras ; *FR Lefebvre* 2013, n° 10, p. 32, note S. Austry et D. Gutmann.

(647) CE, 12 nov. 2015, n° 367 256, *Sté Métro Holding France : Dr. fisc.* 2015, n° 49, comm. 517, concl. B. Bohnert ; *RJF* 2016, n° 175.

Le régime des sociétés mères résultant des articles 145 et 216 du Code général des impôts, issu de textes législatifs antérieurs à la directive n° 90/435 du 23 juillet 1990 et qui n'a pas été modifié à la suite de l'intervention de cette directive, doit été regardé comme assurant la transposition de ses objectifs. Le Conseil d'État a considéré que le législateur n'a pas entendu traiter différemment les situations concernant uniquement des sociétés françaises, qui sont hors du champ de cette directive, et celles qui, concernant des sociétés d'États membres différents, sont seules dans son champ. Il a jugé qu'en excluant la possibilité de déduire du bénéfice net total de la société mère les produits des titres de participation auxquels aucun droit de vote n'est attaché, alors que ni l'article 4 ni l'article 1er de la directive ne prévoient une telle restriction, les dispositions de l'article 145 du Code général des impôts méconnaissent les objectifs de la directive dont elles assurent la transposition ; elles ne peuvent, dès lors, être légalement appliquées qu'aux situations concernant uniquement des sociétés françaises, qui sont hors du champ de cette directive, et le juge, saisi de moyens en ce sens, doit en écarter l'application lorsque sont en cause des sociétés d'États membres différents.

Les dispositions de l'article 145 créent cependant une différence de traitement entre les sociétés mères françaises, selon que les filiales dont elles perçoivent des distributions sont établies en France ou dans d'autres États membres de l'Union européenne. Le moyen tiré de ce qu'elles portent atteinte aux principes d'égalité devant la loi et devant les charges publiques présentant un caractère sérieux, le Conseil d'État a renvoyé au Conseil constitutionnel cette question prioritaire de constitutionnalité.

Le Conseil constitutionnel a relevé, dans une décision du 3 février 2016, que le législateur avait entendu favoriser l'implication des sociétés mères dans le développement économique de leurs filiales en édictant une condition relative aux droits de vote attachés aux titres des filiales pour pouvoir bénéficier du régime fiscal des sociétés mères.

Il a considéré que toutes les sociétés se trouvent, au regard de l'objet du régime fiscal des sociétés mères, dans la même situation. Il a constaté ainsi que la différence de traitement entre les produits de titres des filiales, qui repose sur la localisation géographique de ces filiales, est sans rapport avec l'objectif du législateur. Il en est résulté une méconnaissance des deux principes d'égalité devant la loi et devant les charges publiques qui ne pouvaient qu'entraîner une déclaration de non-conformité à la Constitution de la disposition contestée[(648)].

Le Conseil constitutionnel s'est prononcé, dans la décision du 3 février 2016, sur des dispositions de l'article 145 du Code général des impôts dans une rédaction issue de la loi du 30 décembre 1992 de finances pour 1993 prévoyant que « le régime des sociétés mères n'est pas applicable : (...) *b)* aux produits des titres

(648) Cons. const., 3 févr. 2016, n° 2015-520 QPC : *RJF* 2016, n° 366 et p. 418, étude S. Austry et D. Gutmann. – E. Raingeard de la Blétière et Ph. Durand, *Affaire Métro Holding : le principe constitutionnel d'égalité devant l'impôt au secours de la jurisprudence Leur Bloem* : *Dr. fisc.* 2016, n° 18, étude 309. – G. Blanluet, *Discrimination à rebours : le droit interne à l'épreuve du droit de l'Union européenne* : *Dr. fisc.* 2016, n° 12, comm. 233. – E. Meier et M. Valeteau, *Du subtil équilibre entre contrôle de conventionnalité et contrôle de constitutionnalité, ibid.*, comm. 241. – O. Fouquet, *La discrimination à rebours franco-européenne sanctionnée* : *Dr. fisc.* 2016, n° 6, act. 74. – N. Labrune, *Discrimination à rebours, inconstitutionnalité et inconventionnalité : deux procédures, trois juges, un casse-tête* : *RJF* 2016, p. 929.

auxquels ne sont pas attachés des droits de vote ». Le législateur avait complété le texte dans la loi du 30 décembre 2015 de finances rectificative pour 2005 en ajoutant la mention : « sauf si la société détient des titres représentant au moins 5 % du capital et des droits de vote de la société émettrice ».

Le Conseil constitutionnel a, dans une décision du 8 juillet 2016, pour les mêmes motifs que ceux énoncés dans sa décision du 3 février 2016, déclaré contraires à la Constitution les dispositions contestées qui méconnaissent le principe d'égalité devant la loi et devant les charges publiques[(649)].

548. – **Combinaison des questions préjudicielles renvoyées à la Cour de justice de l'Union européenne avec la QPC.** C'est sur une situation encore plus complexe que le Conseil d'État a été appelé à statuer en formation d'assemblée dans son arrêt du 31 *mai 2016*.

Le litige portait sur une plus-value réalisée en 1996 à l'occasion d'une opération d'échange de titres émis par deux sociétés établies en France. Cette plus-value avait été placée en report d'imposition sur le fondement des dispositions alors en vigueur des articles 92 B et 160 du Code général des impôts. Au mois d'octobre 2004, l'intéressé avait transféré son domicile fiscal en Belgique puis, en 2007, cédé la totalité des titres qu'il détenait. À la suite d'un contrôle sur pièces, l'administration fiscale avait considéré qu'il aurait dû déclarer la plus-value d'échange réalisée en 1996 à la suite de la cession des titres et elle l'avait assujetti à un supplément d'impôt sur le revenu au titre de l'année 2007.

Le requérant soutenait que les dispositions du Code général des impôts méconnaissaient les objectifs résultant des dispositions de l'article 8 de la directive n° 90/434 du 23 juillet 1990, en permettant à la France, à l'occasion de la cession des titres reçus lors de l'échange, d'imposer la plus-value réalisée lors de l'échange des titres initialement détenus et placée en report d'imposition. Selon lui, l'opération d'échange ne pouvait être regardée comme le fait générateur d'une imposition, mais comme une opération intercalaire fiscalement neutre ; c'est la cession des titres reçus en échange qui constituerait le fait générateur d'une plus-value. Les dispositions des articles 92 B et 160 n'auraient pas été interprétées de manière conforme aux dispositions de l'article 8 de la directive dont elles assurent la transposition en droit français, dans la mesure où elles s'appliquent de manière uniforme aux opérations d'échange d'actions résultant d'une opération de fusion, de scission ou d'apport, qu'elles soient réalisées entre deux sociétés d'États membres différents et donc régies par la directive, ou entre deux sociétés françaises en dehors du champ d'application de la directive.

Il soulevait, en outre, une question prioritaire de constitutionnalité, en faisant valoir qu'en cas d'incompatibilité entre les dispositions nationales et le droit communautaire, il en résulte une discrimination à rebours contraire aux principes d'égalité devant la loi et devant les charges publiques, dès lors qu'une plus-value d'échange d'actions entre sociétés françaises serait imposable en vertu des règles nationales, tandis qu'une plus-value d'échange d'actions résultant d'une opération

(649) Cons. const., 8 juill. 2016, n° 2016-553 QPC, *Sté Natixis* : *RJF* 2016/11, sur renvoi de : CE, 18 mai 2016, n° 397.316 : *RJF* 2016, n° 747, et p. 1045, concl. E. Bokdam-Tognetti.

de fusion, de scission ou d'apport entre sociétés d'États membres différents ne serait pas taxable conformément aux dispositions de la directive du 23 juillet 1990.

Le Conseil d'État a décidé de renvoyer à la Cour de justice de l'Union européenne les questions portant sur l'interprétation de l'article 8 de la directive que soulevait la contestation du requérant, et jugé qu'il n'y avait pas lieu, en l'état, de transmettre au Conseil constitutionnel la QPC.

Il a précisé toutefois (pt 17) que dans le cas où, à la suite de la décision de Cour de justice, le requérant présenterait à nouveau au Conseil d'État la QPC invoquée, l'autorité de la chose jugée par sa décision du 31 mai 2016 ne ferait pas obstacle au réexamen de la conformité à la Constitution des dispositions en cause des articles 92 B et 160 du Code général des impôts[650].

549. – **Champ d'application de la directive (fusions).** La Cour de justice des Communautés européennes a précisé dans le même arrêt du 17 juillet 1997, *Leur-Bloem*, que le régime fiscal commun qui est institué par la directive, lequel comprend différents avantages fiscaux, s'applique indistinctement à toutes les opérations de fusion, de scission, d'apport d'actifs et d'échange d'actions, sans considération de leurs motifs, qu'ils soient financiers, économiques ou purement fiscaux (pts 36 et 37).

Elle a notamment défini la notion d'apport d'actifs au sens de l'article 2, *c)* et *i)*[651] et les conditions dans lesquelles une opération de fusion entre deux sociétés d'un même groupe peut être considérée comme ayant un objectif de fraude ou d'évasion fiscale, parce qu'elle n'est pas effectuée pour des « motifs économiques valables » au sens du 11, 1, *a)* de la directive[652].

Elle a précisé, d'une part, que l'article 11, 1, *a)* ne s'oppose pas à une réglementation nationale qui soumet l'octroi des avantages fiscaux applicables à une opération de scission à la condition que la demande afférente à cette opération soit introduite dans un délai déterminé, dont les modalités de mise en œuvre sont suffisamment précises, claires et prévisibles[653] et, d'autre part, que les dispositions des articles 2, 4 et 9 ne font pas obstacle à ce qu'un apport d'actifs donne lieu à l'imposition, en ce qui concerne la société apporteuse, de la plus-value résultant de cet apport, à moins qu'elle n'acte à son bilan une réserve appropriée, à concurrence de la plus-value constatée dans le cadre dudit apport[654].

Le Conseil d'État a eu à se prononcer sur la notion de fusion. Aux termes de l'article 1844-5 du Code civil, « la réunion de toutes les parts sociales en une seule main n'entraîne pas la dissolution de plein droit de la société. Tout intéressé peut demander cette dissolution si la situation n'a pas été régularisée dans le délai d'un an (...). En cas de dissolution, celle-ci entraîne la transmission universelle du patrimoine de la société à l'associé unique, sans qu'il y ait lieu à liquidation (...) ». Le Conseil d'État

(650) CE 31, mai 2016, n° 393881, *Marc Jacob*. – E. Cortot-Boucher, *Discrimination à rebours : articulation entre la QPC et le renvoi préjudiciel à la CJUE : FR Lefebvre 31/2016*, 23 juin 2016. – L. Dutheillet de Lamothe et G. Odinet, *QPC et question préjudicielle : la logique et ses impasses : AJDA* 2016, p. 1392.

(651) CJCE, 15 janv. 2002, aff. 43/00, *Andersen*, pts 24 et 25, 28 et 29 : *Dr. fisc.* 2002, n° 28, comm. 602 ; *Rec. CJCE* 2002, I, p. 379, concl. Tizzano. – P. Dibout, *Le régime fiscal français des fusions et opérations assimilées sous la lumière de la directive du 23 juillet 1990 : Dr. fisc.* 2002, n° 27, étude 24.

(652) CJUE, 10 nov. 2011, aff. 126/10, *Foggia* : *RJF* 2012, n° 201.

(653) CJUE, 18 oct. 2012, aff. 603/10, *Pelati* : *RJF* 2013, n° 125.

(654) CJUE, 19 déc. 2012, aff. 207/11, *3D ISrl* : *RJF* 2013, n° 376.

a précisé qu'une telle opération de transmission universelle du patrimoine sur le fondement des dispositions de l'article 1844-5 du Code civil constitue une fusion au sens de l'article 2 de la directive n° 90/434 du 23 juillet 1990 et entre en conséquence dans le champ d'application de cette directive(655).

Le Conseil d'État avait, par ailleurs, dans les conditions qui ont été rappelées, précisé la portée de la jurisprudence *Leur-Bloem* dans un arrêt du 30 janvier 2013 concernant l'application des dispositions des articles 210 A et 210 B du Code général des impôts. Ces dispositions subordonnent le bénéfice du régime d'exonération d'imposition des plus-values constatées à l'occasion des scissions de sociétés à la condition que celles-ci concernent des sociétés ayant au moins deux branches complètes d'activités et que chacune des sociétés bénéficiaires des apports reçoive au moins l'une de ces branches.

L'agrément prévu à l'article 210 C du Code général des impôts ne peut être considéré comme imposant une contrainte incompatible avec le principe de la liberté d'établissement posé par l'article 49 TFUE ; il répond seulement à la nécessité, comme le permet notamment l'article 11 de la directive, de s'assurer que le régime fiscal favorable des fusions ne bénéficie pas à des opérations ayant comme objectif principal ou comme un de leurs objectifs principaux la fraude ou l'évasion fiscale(656). Le Conseil d'État a toutefois renvoyé à la Cour de justice de l'Union européenne les questions préjudicielles portant sur la compatibilité de l'article 210 C du Code général des impôts avec les stipulations de l'article 49 TFUE consacrant le principe de la liberté d'établissement(657).

550. – **Directive n° 90-435 du 23 juillet 1990. Directive n° 2011/96 du 30 novembre 2011 (mères et filiales).** La directive du 23 juillet 1990 « concernant le régime des sociétés mères et filiales d'États membres différents » vise à éliminer par l'instauration d'un régime fiscal commun, toute pénalisation de la coopération entre sociétés d'États membres différents par rapport à la coopération entre sociétés d'un même État membre et à faciliter ainsi le regroupement de sociétés à l'échelle communautaire(658).

La directive n° 90/435 a été abrogée et remplacée par la directive n° 2011/96 du 30 novembre 2011 concernant le régime fiscal commun applicable aux sociétés mères et filiales d'États membres différents. Les références faites à la directive abrogée s'entendent comme faites à la directive du 30 novembre 2011(659).

Les dispositions de la directive n° 90/435 du 23 juillet 1990 s'appliquent aux distributions de bénéfices reçues par une société mère située dans un État membre et provenant de ses filiales établies dans d'autres États membres(660).

Avant la modification réalisée par la directive n° 2003/123 du 22 décembre 2003, l'article 5-1 de la directive n° 90/435 prévoyait que les bénéfices distribués par une

(655) CE, 17 juin 2011, n° 314.667, *Sté Finaparco*, et du même jour n° 324.392, *SARL Méditerranée automobiles : Dr. fisc.* 2011, n° 37, comm. 502, concl. P. Collin, note P.-F. Racine ; *RJF* 2013, n° 1035 ; *BDCF* 2011, n° 110, concl. Collin.
(656) CAA Paris, 11 avr. 2013, n° 11-03449, *Sté Euro Parc Service : RJF* 2013, n° 912.
(657) CE, 30 déc. 2015, n° 369 311, *Sté Euro Park Service : RJF* 2016, n° 227 et p. 373, concl. F. Aladjidi.
(658) CJCE, 25 sept. 2003, aff. 58/01, *Océ Van Der Grinter*, pt 45 : *RJF* 2003, n° 2469 ; *BDCF* 2003, n° 152, concl. Tizzano.
(659) Dir. 30 nov. 2011, art. 9.
(660) CE, 3 juill. 2009, n° 317.075, *Sté Accor*, V. *infra*, n° 618.

société filiale à sa société mère sont exemptés de retenue à la source lorsque celle-ci détient une participation minimale de 25 % dans le capital de la filiale. Le nouvel article 5 prévoit une exonération pure et simple de retenue à la source pour les bénéfices distribués par une filiale à sa société mère.

De nombreux arrêts ont précisé la notion de retenue à la source, notamment au regard de l'institution de l'avoir fiscal(661).

Il convient de souligner l'intérêt que présente la solution qui a été retenue sur la combinaison de la directive n° 90-435 du 23 juillet 1990 avec les conventions bilatérales sur les doubles impositions, et d'où il résulte que l'existence de ces conventions ne peut faire obstacle au droit communautaire. Les articles 43 et 48 sur la liberté d'établissement « s'opposent à une législation nationale prévoyant, pour les seules sociétés mères non-résidentes, une imposition par voie de retenue à la source des dividendes distribués par des filiales résidentes, quand bien même une convention fiscale entre l'État membre en cause et un autre État membre, autorisant cette retenue à la source, prévoit la possibilité d'imputer sur l'impôt dû dans cet autre État la charge supportée en application de ladite législation nationale, lorsqu'une société mère est dans l'impossibilité, dans cet autre État membre, de procéder à l'imputation prévue par ladite convention »(662).

Le moyen tiré de ce qu'un texte du Code général des impôts, en l'espèce l'article 145, devrait être interprété à la lumière des dispositions de la directive n° 490/435 doit être écarté, dès lors que le législateur a fait usage de la faculté de dérogation prévue par cette directive(663).

L'affaire *Sté métro holding France* concernait l'application de la directive n° 90/435.

Le Conseil d'État a été appelé à se prononcer sur la question de la conformité à la directive n° 2011/96 de la contribution additionnelle à l'impôt sur les sociétés instituée par l'article 6 de la loi n° 2012-958 du 16 août 2012, de finances rectificative pour 2012, dont les dispositions ont été codifiées à l'article 235 ter ZCA. Les sociétés ou organismes français ou étrangers passibles de l'impôt sur les sociétés en France sont assujettis à cette contribution au titre des montants qu'ils distribuent au sens des articles 109 à 117. La contribution est égale à 3 % des montants distribués.

La contribution de 3 % a été contestée au motif qu'elle méconnaîtrait les dispositions de la directive du 30 novembre 2011 et qu'il en résulterait une atteinte au principe d'égalité en ce qui concerne les distributions réalisées notamment entre sociétés françaises.

Le Conseil d'État, saisi d'un recours pour excès de pouvoir contre les dispositions d'une instruction administrative, a fait application des principes dégagés dans son arrêt d'assemblée du 31 mai 2016 (V. *supra*, n° 548).

Il a jugé que l'appréciation de la compatibilité entre les dispositions contestées et la directive du 30 novembre 2011 dépend de la réponse à deux questions

(661) CJCE, 8 juin 2003, aff. 375/98, *Epson*, pt 23 : *RJF* 2000, n° 1186 ; *Rec. CJCE* 2000, I, p. 4243, concl. Cosmas. – CJCE, 4 oct. 2001, aff. 294/99, *Athinaïki Zythopoïïa*, pts 28 et 29 : *Dr. fisc.* 2002, n° 9, p. 402. – C. Acard et A. Rosnet, *Directive mère-fille : interdiction des mesures d'effet équivalant à une retenue à la source, la CJCE, persiste et signe : Dr. fisc.* 2002, n° 9, étude 8 ; *Rec. CJCE* 2001, I, p. 6797, concl. Alber ; *RJF* 2002, n° 127. – CJCE, 25 sept. 2003, aff. 58/01, préc., pts 47, 56 et 60.

(662) CJCE, 14 déc. 2006, aff. 170/05 *Sté Denkavit* : *RJF* 2007, n° 374 ; *BDCF* 2007, n° 39, concl. Leendert A. Geelhoed.

(663) CAA Versailles, 29 janv. 2013, n° 11-3279, *Sté Métro Holding France* : *RJF* 2013, n° 747.

qui doivent être renvoyées à la Cour de justice de l'Union européenne : – l'article 4 de la directive s'oppose-t-il à une imposition telle que celle prévue à l'article 235 ter ZCA, qui est perçue à l'occasion de la distribution de bénéfices par une société passible de l'impôt sur les sociétés en France et dont l'assiette est constituée par les montants distribués ? ; – en cas de réponse négative à la première question, cette imposition doit-elle être regardée comme une « retenue à la source », dont sont exonérés les bénéfices distribués par une filiale en vertu de l'article 5 de la directive ? Le Conseil d'État précise que « tant que l'interprétation des articles 4 et 5 de la directive n'aura pas conduit le juge à écarter l'application des dispositions contestées aux distributions mentionnées ci-dessus (les distributions intra européennes), aucune différence dans le traitement fiscal des distributions n'est susceptible d'en résulter au détriment des distributions par une société mère française de bénéfices d'origine française ou extracommunautaire ». En l'état, la question prioritaire de constitutionnalité ne pouvait être regardée comme revêtant un caractère sérieux(664).

551. – **Directive n° 2003/48 du 3 juin 2003 (revenus de l'épargne).** La directive n° 2003/48 du 3 juin 2003 « en matière de fiscalité des revenus de l'épargne sous forme de paiements d'intérêts » a pour objet de permettre que les revenus de l'épargne sous forme de paiement d'intérêts effectués dans un État membre en faveur de bénéficiaires effectifs, personnes physiques, résidents fiscaux d'un autre État membre, soient effectivement imposés conformément aux dispositions législatives de ce dernier État membre.

Les dispositions de cette directive ont fait l'objet de mesures de transposition dans l'article 199 ter du Code général des impôts.

552. – **Directive n° 2003/49 du 3 juin 2003 (paiements d'intérêts et de redevances).** Cette directive « concernant les paiements d'intérêts et de redevances effectués entre des sociétés associées d'États membres différents » établit un régime fiscal commun applicable à ces paiements.

Ses dispositions ont fait l'objet d'autres mesures de transposition dans l'article 182 B bis du Code général des impôts.

553. – **Assistance mutuelle.** L'assistance mutuelle des autorités des États membres dans le domaine des impôts a fait l'objet de la directive n° 76/308 du 15 mars 1976 sur le recouvrement, et d'une autre directive n° 77/799 du 19 décembre 1977 sur l'échange d'information.

Ces directives ont été suivies de mesures de transposition dans le Livre des procédures fiscales(665).

La directive n° 76-308 a été abrogée par la directive n° 2008/55 du 26 mai 2008 relative à l'assistance mutuelle en matière de recouvrement de certains impôts et taxes. La nouvelle directive est entrée en vigueur le 30 juin 2008.

---

(664) CE, 27 juin 2016, n° 399 024, *Assoc. française des entreprises privées (AFEP)* : *Dr. fisc.* 2016, n° 27, comm. 397, concl. Mme Escaut, avec les trois autres arrêts du même jour : – n° 399 506, *Sté Layher*, – n° 399757, *Sté Soparfi*, – n° 398585, *Sté Apsis*. – S. Austry et D. Milsztajn, *Quel avenir pour la contribution de 3 % sur les revenus distribués ?* : *FR Lefebvre* 7 juill. 2016, n° 33, p. 3.

(665) LPF, art. L. 114 A, L. 283 A et L. 283 B, art. R.114 A-1 à R. 114-A-5.

§ 4. – L'obligation de transposition des directives

554. – On ne reviendra pas ici sur la reconnaissance par le Conseil constitutionnel et le Conseil d'État du caractère constitutionnel de l'obligation de transposition des directives (V. *supra*, n° 502). Les développements qui suivent concernent l'exposé des règles communautaires relatives à la transposition, l'évolution des recours internes et l'obligation de réparer les dommages du fait de la non-transposition d'une directive.

A. – Contenu de l'obligation de transposition

1° Caractère absolu et inconditionnel de la transposition

555. – Les États membres ont l'obligation de transposer de manière correcte et inconditionnelle les directives communautaires. Cette obligation procède de l'article 288 TFUE[(666)].

En l'absence d'une disposition du traité l'y autorisant expressément, un État membre ne peut utilement se prévaloir de l'illégalité d'une directive comme moyen de défense à l'encontre d'un recours en manquement fondé sur l'inexécution de cette directive. Il ne pourrait en être autrement que si l'acte en cause était affecté de vices particulièrement graves et évidents qui permettraient de le qualifier d'acte inexistant[(667)].

Un État membre ne peut exciper de difficultés administratives, ni de dispositions, pratiques ou situations de son ordre juridique interne pour justifier l'inobservation des obligations et des délais prescrits par une directive[(668)].

2° Respect des délais

556. – Les États membres ont, en premier lieu, l'obligation de respecter le délai qui est imposé par les directives pour leur mise en œuvre : « la nature obligatoire des directives implique l'obligation pour tous les États membres de respecter les délais qu'elles fixent, afin que l'exécution en soit uniformément assurée dans la Communauté entière »[(669)].

Il incombe au pouvoir réglementaire de prendre, dans la mesure où des motifs de sécurité juridique l'exigent, des mesures transitoires pour l'entrée en vigueur des dispositions réglementaires de transposition d'une directive ; mais une période transitoire ne peut légalement avoir pour effet de repousser la transposition de la directive au-delà du délai de transposition prévu par celle-ci[(670)].

Un État membre manque à ses obligations communautaires en ne prenant pas dans le délai prescrit par la directive toutes les mesures nécessaires pour se conformer aux dispositions de celle-ci[(671)].

---

(666) Art. 249 TCE.
(667) CJCE, plén., 27 oct. 1992, aff. 74/91, *Commission c/RFA*, pts 10 à 12 : *RJF* 1993, n° 167 ; *Rec. CJCE* 1992, I, p. 5437.
(668) CJCE, 25 nov. 1998, aff. 214/96, *Commission c/Espagne*, pt 18 : *Rec. CJCE* 1998, I, p. 7661, concl. Saggio. – CJCE, 18 mars 1999, aff. 166/97, *Commission c/France*, pt 13 : *Rec. CJCE* 1999, I, p. 1719, concl. Fennely. – CJCE, 14 sept. 1999, aff. 401/98, *Commission c/Grèce*, pt 9 : *Rec. CJCE* 1999, I, p. 5543, concl. Saggio. – CJCE, 25 nov. 1999, aff. 212/98, *Commission c/Irlande*, pt 11 : *Rec. CJCE* 1999, I, p. 8571, concl. Léger. – CJCE, 16 déc. 1999, aff. 26/99, pt 10 : *Rec. CJCE* 1999, I, p. 8987, concl. Fennelly.
(669) CJCE, 22 sept. 1976, aff. 10/76, *Commission c/Italie* : *Rec. CJCE* 1976, I, p. 1359, concl. Reischl.
(670) CE, 3 nov. 2014, *Fédération autonome des sapeurs-pompiers professionnels* : *AJDA* 2015, p. 463, note G. Eveillard.
(671) CJCE, 21 sept. 1988, aff. 50/87, *Commission c/France* : *Dr. fisc.* 1988, comm. 2305, concl. Gordon Slynn ; *RF compt.* 1989, p. 72, note C. Louit. – CJCE, 30 mai 1991, aff. 59/88 ; *ibid.* 1er oct. 1991, aff. 13/90, citées *infra*. – CJCE, 3 juin 1999, aff. 417/97, *Commission c/Luxembourg* : *Rec. CJCE* 1999, I, p. 3247, concl. Saggio.

En outre, pendant le délai de transposition fixé par la directive pour la mettre en œuvre, l'État membre destinataire de celle-ci doit s'abstenir de prendre des dispositions de nature à compromettre sérieusement la réalisation du résultat prescrit par la directive[(672)]. Cette règle a été appliquée par le Conseil d'État[(673)].

Une règle de droit interne, même non écrite, qui est incompatible avec les objectifs d'une directive, cesse de s'appliquer à l'expiration du délai de transposition[(674)].

Le juge doit aussi écarter l'application des dispositions législatives qui ont été prises pour la transposition d'une directive, dès lors qu'elles sont intervenues en violation d'une exigence procédurale de cette directive[(675)].

3° Choix de la forme et des moyens

557. – Les autorités nationales sont tenues de choisir les formes et les moyens qui sont susceptibles de procurer aux directives une exécution effective. Cette obligation comporte plusieurs aspects.

Les conditions dans lesquelles la transposition des directives en droit interne satisfait aux exigences du droit communautaire ont été définies dans plusieurs arrêts de plénière de 1991 (qui intéressent notamment la lutte contre les pollutions mais qui, en raison de leur portée générale, sont rapportées dans les revues spécialisées de droit fiscal)[(676)].

558. – Doctrine de la Cour de justice des Communautés européennes. La Cour n'exige pas que la transposition de la directive en droit interne soit réalisée au moyen de textes de lois émanant du parlement ou de dispositions prises au plus haut niveau du gouvernement central de l'État membre. L'obligation prévue à l'article 249, alinéa 3, TCE ne s'oppose pas à ce que l'État membre répartisse « comme il le juge opportun ses compétences sur le plan interne »[(677)].

Il n'est même pas nécessaire que les dispositions de la directive fassent l'objet, dans tous les cas, d'une reprise formelle et textuelle « dans des dispositions légales expresses et spécifiques ». La transposition peut, en fonction de son contenu, se satisfaire « d'un contexte juridique général ».

Il suffit que, dans ce dernier cas, comme dans les autres, soient remplies les conditions exigées par la jurisprudence : une application complète de la directive et une transposition claire et précise dans le texte de droit interne. Cette double exigence répond à un souci de garantir la sécurité juridique ; il s'agit pour les intéressés de connaître leurs droits et leurs obligations.

C'est compte tenu de l'objectif poursuivi par la directive en cause qu'il convient d'entendre « la compétence quant à la forme et aux moyens » qui est laissée aux instances nationales par l'article 249 TCE pour assurer la transposition du texte communautaire.

---

(672) CJCE, plén., 18 déc. 1997, aff. 129/96, *Inter Environnement* : *RJF* 1998, n° 209 ; *AJDA* 1998, p. 451, note Couvert-Castera et p. 320, chron. Chavrier, Legal et de Bergues.

(673) CE, 10 janv. 2001, n° 161.371, *France nature environnement* : *Dr. adm.* 2001, comm. 69, note C. M. ; *Rec. CE* 2001, p. 9 ; *CJEG* 2001, p. 213, concl. Maugüe.

(674) CE, ass., 6 févr. 1998, *Tête* : *Rec. CE* 1998, p. 30 : *RFDA* 1998, p. 405, concl. H. Savoie : *RJF* 1998, n° 517, *JCP* G 1998, II, 10109, note P. Cassia ; *AJDA* 1998, p. 458, chron. Raynaud et Fombeur.

(675) CJCE 22 mai 2008, aff. 162/07, *Ampliscientifica Srl* : *RJF* 2008, n° 1031. – CAA Nantes, 9 déc. 2010, n° 07-3555, *SAS Millenis* : *RJF* 2011, n° 422, pour l'application des dispositions législatives relatives à la TVA intervenues en violation de l'article 16, § 2, de la 6e directive prévoyant la consultation du comité consultatif de la TVA.

(676) CJCE, 28 févr. 1991, aff. 131/88, *Commission c/Allemagne* : *RJF* 1991, n° 705. – CJCE, plén., 30 mai 1991, aff. 59/88, *Commission c/RFA* : *Rev. jur. env.* 1992, p. 62. – CJCE, 1er oct. 1991, aff. 13/90, *Commission c/France* : *Dr. fisc.* 1992, comm. 1501 ; *RJF* 1992, n° 275 ; *Rev. jur. env.* 1992, p. 69. – CJCE, plén., 17 oct. 1991, aff. 58/89, *Commission c/Allemagne* : *RJF* 1992, n° 274, avec extrait des concl. Jacobs.

(677) Rappr. concl. M. Guyomar, sur CE, ass., 8 févr. 2007, *Sté Arcelor*, préc. (V. *supra*, n° 507) : « L'obligation constitutionnelle de transposition des directives est sans incidence sur le respect des règles constitutionnelles de compétence (partage loi/règlement en vertu des articles 34 et 37 de la Constitution) et de procédure ».

Une seule possibilité est exclue par une jurisprudence constante de la Cour de justice des Communautés européennes : un État membre ne peut être autorisé à exciper de « simples pratiques administratives, par nature modifiables au gré de l'administration et dépourvues d'une publicité adéquate »[(678)].

En revanche, la Cour admet que certaines mesures administratives soient susceptibles d'assurer une transposition adéquate de la directive (règlement ministériel, par exemple).

Cette jurisprudence a conduit l'avocat général Jacobs, dans l'affaire n° 58/89, à proposer une distinction entre « mesures administratives » et « pratiques administratives », entre « la transposition d'une directive par la voie de règles ayant un effet contraignant, émanant d'une administration nationale et celle simplement fondée sur les pratiques établies ou sur les habitudes des fonctionnaires ».

Trois critères permettent, selon lui, d'opérer cette distinction : la nécessité de dispositions nationales contraignantes (qui découlent de l'obligation fixée par l'article 249), l'exigence d'une publicité appropriée, quelles que soient les mesures prises, et enfin la création de droits susceptibles d'être invoqués en justice (dans le cas où la reconnaissance de ces droits découle des objectifs de la directive).

Lorsque ces conditions sont remplies, la mesure administrative peut être considérée comme de nature à assurer l'application de la directive.

559. – Jurisprudence du Conseil d'État. Pour le Conseil d'État, une instruction administrative ne peut être l'instrument de la transposition adéquate d'une directive, ni servir à pallier les insuffisances d'un texte réglementaire au regard d'une directive[(679)].

Sur la question de la transposition des directives et le problème de la doctrine administrative, V. D. Berlin : *RTDE* 1992, p. 358 et s.

4° Mise en œuvre de moyens adéquats

560. – Il ne suffit pas que la transposition de la directive soit réalisée de manière correcte, d'un point de vue textuel et formel. Il faut encore qu'un État membre mette en place *les moyens juridiques, matériels et financiers* permettant de mettre en œuvre les dispositions communautaires[(680)].

B. – Applicabilité directe

561. – Conformément à une jurisprudence constante, une directive peut comporter des effets directs, autrement dit, conférer directement aux particuliers des droits qui sont invocables devant le juge national, lorsque les dispositions de cette directive apparaissent, du point de vue de leur contenu, « inconditionnelles et suffisamment précises ».

Les particuliers sont alors fondés à invoquer ces dispositions non seulement lorsque l'État s'abstient de transposer dans les délais la directive en droit national, ou en fait une transposition incorrecte[(681)], mais aussi dans le cas où les mesures

(678) CJCE, 7 mars 1996, aff. 334/94, *Commission c/France : Rec. CJCE* 1996, I, p. 1307, pt 30. – CJCE, 8 juill. 1999, aff. 203/98, *Commission c/Belgique*, pt 13 : *Rec. CJCE* 1999, I, p. 4899, concl. Alber.

(679) CE, ass., 3 févr. 1989, *Cie Alitalia : RJF* 1989, p. 134. concl. Chahid-Nouraï ; *Dr. fisc.* 1989, comm. 492, p. 1158 et s., note Dibout. – CAA Lyon, plén., 30 juin 1992, n° 90-604, *SA Billon : Dr. fisc.* 1992, comm. 612, p. 599 (III B), concl. Haelvoet, et dans la même affaire, V. obs. *in RJF* 1992, n° 1489. – CE, 30 déc. 2002, n° 216.358, *Sté Clinique Armand Brillard : Dr. fisc.* 2003, n° 46, comm. 910, concl. Bachelier ; *RJF* 2003, n° 282.

(680) CJCE, 3 juin 1992, aff. 287/91, *Commission c/République italienne : Dr. fisc.* 1993, comm. 443, obs. E. K. ; *RJF* 1993, n° 168 ; *Rec. CJCE* 1992, I, p. 3515.

(681) CJCE, plén., 2 déc. 1997, aff. 188/95, *Fantask*, pt 54 : *Dr. fisc.* 1998, comm. 198 et p. 349, chron. Dibout ; *AJDA* 1998, p. 317, chron. Chavrier, Légal et de Bergues ; *RJF* 1998, n° 211. – CJCE, 5 mars 1998, aff. 347/96, *Solred*, pt 28 : *RJF* 1998, n° 753 ; *Rec. CJCE* 1998, I, p. 937, concl. Tesauro. – CJCE 3 mars 2011, aff. 203/10, *Varna c/Auto Nikolovi : RJF* 2011, n° 667.

nationales qui transposent correctement la directive ne sont pas appliquées de manière à atteindre le résultat qu'elle vise[682].

En outre, selon une jurisprudence constante, tout juge national saisi dans le cadre de sa compétence, a l'obligation d'appliquer intégralement le droit communautaire et de protéger les droits que celui-ci confère aux particuliers, en laissant inappliquée toute disposition éventuelle contraire de la loi nationale, que celle-ci soit antérieure ou postérieure à la règle communautaire[683].

En revanche, les directives ne peuvent produire un effet direct dans le cadre d'un litige entre particuliers[684].

C. – Les recours internes

562. – **Généralités. Moyen d'ordre public (non).** Le juge national est le juge de droit commun du droit communautaire. Il a donc le pouvoir de constater lui-même la non-conformité de la règle de droit interne au droit communautaire dès lors qu'aucune question préjudicielle ne se pose concernant l'interprétation du droit communautaire, au sens de l'article 177 TCE (art. 208 TFUE).

Pendant longtemps, le Conseil d'État a appliqué le principe de non-applicabilité directe des directives en l'absence de texte de transposition. Mais la portée de ce principe a été progressivement réduite dans les deux cas d'incompatibilité de dispositions réglementaires ou de dispositions législatives avec les objectifs d'une directive. Simultanément, le Conseil d'État s'est considéré comme tenu par l'obligation de donner au droit interne une interprétation conforme aux objectifs des directives.

Dans le cas d'absence ou d'insuffisance des mesures d'exécution d'une directive, le contribuable peut provoquer le recours en manquement prévu à l'article 258 TFUE[685] en adressant une plainte à la Commission. Mais la mise en œuvre de cette procédure relève du pouvoir discrétionnaire de la Commission. Le Conseil d'État a reconnu, toutefois, aux particuliers le droit de mettre en jeu la responsabilité de l'État dans le cas d'absence de transposition d'une directive.

Il avait été proposé au Conseil d'État de soulever d'office le moyen d'incompatibilité de dispositions réglementaires relatives à la déduction de la TVA, avec les objectifs de la sixième directive. Le Conseil d'État n'a pas suivi son commissaire du gouvernement[686].

Le Conseil d'État est resté fidèle à sa jurisprudence en jugeant explicitement que n'est pas d'ordre public le moyen tiré de ce qu'une disposition de droit interne serait incompatible avec certaines dispositions de la sixième directive[687].

(682) CJCE, 11 juill. 2002, aff. 62/00, *Marks et Spencer*, pts 25 et 31 : *Rec. CJCE* 2002, I, p. 6325, concl. Geelhoed ; *RJF* 2002, n° 1333. – CJUE, 3 mars 2011, aff. 203/10 : *RJF* 2011, n° 667.

(683) CJCE, 9 mars 1978, aff. 106/77, *Simmenthal*, pt 21 : *Rec. CJCE* 1978, I, p. 629. – CJCE, 5 mars 1988, *Solred*, préc., pt 30.

(684) CJCE, 14 juill. 1994, aff. 91/92, *Paola Faccini Dori* : *Rec. CJCE* 1994, I, p. 3328 ; *JCP G* 1995, II, 22, 358, note P. Leven. – CJUE, 19 janv. 2010, aff. 555/07, *Seda Kücükdeveci* : *LPA* 12 mars 2010, n° 51, note S. Marciali.

(685) Art. 226 TCE.

(686) CE, 11 janv. 1991, n° 90 995, *SA Morgane* : *RFDA* 1991, p. 652, concl. Hagelsteen ; *Dr. fisc.* 1991, comm. 1576 ; *RJF* 1991, n° 219 ; *AJDA* 1991, p. 111, chron. Honorat et Schwartz.

(687) CE, 28 juill. 1993, req. n° 118.717, *Bach* : *Rec. CE* 1993, p. 237 ; *Dr. fisc.* 1994, comm. 152 ; *RJF* 1993, n° 1299. – CE, 16 sept. 1998, req. n° 137.258, *SEDCA* : *RJF* 1998, n° 1279, concl. Loloum. – CE, 24 mai 2000, req. n° 183.483, *SA Inter Expansion* : *Dr. fisc.* 2000, comm. 1034, concl. Arrighi de Casanova.

563. – Abandon de la jurisprudence *Cohn-Bendit*. Arrêt du 30 octobre 2009, *Perreux*. Le principe de la non-applicabilité directe des directives en l'absence de texte de transposition avait été posé par l'arrêt d'assemblée du 22 décembre 1978, *Cohn-Bendit*[(688)].

Il résultait de ce principe, transposé dans le contentieux fiscal, qu'un contribuable n'avait pas la faculté d'invoquer directement une directive à l'appui d'une requête dirigée contre un acte individuel d'imposition. La jurisprudence *Cohn-Bendit* s'est maintenue jusqu'en 2009.

Le Conseil d'État a abandonné cette jurisprudence dans l'arrêt d'assemblée du 30 octobre 2009, *Mme Perreux*.

Il a jugé que « tout justiciable peut se prévaloir, à l'appui d'un recours dirigé contre un acte administratif non réglementaire, des dispositions précises et inconditionnelles d'une directive, lorsque l'État n'a pas pris, dans les délais impartis par celle-ci, les mesures de transposition nécessaires ».

Il a rappelé à cette occasion les droits que les justiciables tiennent de l'obligation constitutionnelle de transposition des directives : « la transposition en droit interne des directives communautaires, qui est une obligation résultant du Traité instituant la Communauté européenne, revêt, en outre, en vertu de l'article 88-1 de la Constitution, le caractère d'une obligation constitutionnelle ; que, pour chacun de ces deux motifs, il appartient au juge national, juge de droit commun de l'application du droit communautaire, de garantir l'effectivité des droits que toute personne tient de cette obligation à l'égard des autorités publiques ; que tout justiciable peut en conséquence demander l'annulation des dispositions réglementaires qui seraient contraires aux objectifs définis par les directives et, pour contester une décision administrative, faire valoir, par voie d'action ou par voie d'exception, qu'après l'expiration des délais impartis, les autorités nationales ne peuvent ni laisser subsister des dispositions réglementaires, ni continuer de faire application des règles, écrites ou non écrites, de droit national qui ne seraient pas compatibles avec les objectifs définis par les directives »[(689)]. Le moyen tiré de l'incompatibilité avec les objectifs définis par la directive est écarté lorsque les dispositions de la directive sont dépourvues d'effet direct en raison d'une réserve que comportent celles-ci[(690)] ou en raison de leur imprécision[(691)].

Au contraire, des dispositions comme celles des articles 7 et 8 de la directive du 16 décembre 2008 relative aux normes et procédures communes applicables dans les États membres au retour des ressortissants de pays tiers en séjour irrégulier, qui sont inconditionnelles et suffisamment précises, sont susceptibles d'être invoquées par un justiciable à l'appui d'un recours dirigé contre un acte administratif non réglementaire, tel qu'une mesure d'éloignement[(692)].

---

(688) *Rec. CE* 1978, p. 524 ; *D.* 1979, p. 155, concl. Genevois, note Pacteau ; *AJDA* 1979, p. 28, chron. Dutheillet et Lamothe et Robineau ; *Gaz. Pal.* 1979, I, p. 212, note Ruzié ; *RJF* 1979, n° 166 ; *JCP* G 1979, II, 19158, note R. Kovar.

(689) CE, ass. 30 oct. 2009, n° 298.348, *Mme Perreux* : *Rec. CE* 2009, p. 408, concl. M. Guyomar ; *RFDA* 2009, p. 1125, concl. M. Guyomar et note P. Cassia ; *RTDE* 2010, p. 223, note D. Ritleng ; *D.* 2010, p. 553, note G. Calvès ; *RFDA* 2010, p. 201, chron. C. Santulli ; *RFDA* 2009, p. 1276, chron. Th. Rambaud et A. Roblot-Troizier ; *AJDA* 2009, p. 2385, chron. S-J Liéber et D. Botteghi ; *Dr. fisc.* 2010, n° 10, comm. 219, note M. Guichard et R. Grau ; *AJDA* 2010, p. 1412, étude L. Coutron.

(690) CE, ass., 30 oct. 2009, préc.

(691) CE, 1er mars 2013, n° 340.859, *Sté Roozen France* : *RFDA* 2013, p. 823, concl. X. de Lesquen.

(692) CE, avis, 21 mars 2011, n° 345.978, *Jin* : *AJDA* 2011, p. 1688, note H. Alcaraz.

564. – Invocabilité d'exclusion. Texte réglementaire. À la suite de l'arrêt *Cohn-Bendit*, le Conseil d'État avait admis, dans un premier temps, comme il l'avait d'ailleurs laissé entrevoir dans ce même arrêt, que la légalité des dispositions réglementaires prises pour l'application d'une directive pouvait être contestée au regard des objectifs de cette directive.

Il avait apporté cette première atténuation dans des arrêts de 1984 en matière de protection de l'environnement.

Il a confirmé cette jurisprudence, pour la première fois, en matière fiscale, dans son important arrêt d'assemblée du 3 février 1989, *Cie Alitalia*[(693)].

La technique procédurale dite de « l'invocabilité d'exclusion » qui, pendant longtemps, a seule été admise par le juge national, est celle qui soulevait le moins de difficultés. Elle permet d'écarter la règle du droit interne incompatible avec les objectifs d'une directive, soit par la voie d'un recours pour excès de pouvoir dans le cas d'incompatibilité de dispositions réglementaires, soit par application, à l'occasion d'un litige fiscal individuel, de l'exception d'incompatibilité de dispositions réglementaires avec des objectifs de la directive.

565. – Invocabilité d'exclusion. Texte législatif. La même année que l'arrêt Alitalia, quelques semaines après l'arrêt *Nicolo* du 20 octobre 1989, la cour administrative d'appel de Paris a reconnu au contribuable le droit d'exciper de l'incompatibilité d'une disposition de loi avec les objectifs d'une directive[(694)].

Cette solution a été présentée généralement comme une combinaison des principes dégagés par les arrêts *Cie Alitalia* du 3 février 1989 et *Nicolo* du 20 octobre 1989.

Elle a été consacrée par le Conseil d'État en 1992 et 1993. La Haute juridiction a reconnu que l'État engage sa responsabilité dans le cas où il maintient en vigueur des dispositions de lois incompatibles avec une directive – en l'espèce une loi postérieure à la directive[(695)].

La première application du principe dans un litige fiscal proprement dit a été faite en 1993[(696)].

Le Conseil d'État a admis ainsi l'« invocabilité d'exclusion », sous une autre forme, celle qui permet d'écarter la règle de droit législative incompatible avec les objectifs d'une directive.

(693) *RJF* 1989, p. 125, concl. Chahid-Nouraï et p. 115, chron. Turot ; *Dr. fisc.* 1989, comm. 40 et 492, p. 1158 et s., P. Dibout. – C. Louit, *L'illégalité, au regard du droit communautaire, de certaines exclusions du droit à déduction des TVA acquittées par un assujetti : LPA* 15 mars 1989, n° 32, p. 2 ; *AJDA* 1989, p. 387, note O. Fouquet ; *RFDA* 1989, p. 391, concl. Chahid-Nouraï, p. 417, note L. Dubouis et p. 422, note O. Beaud. – Le Conseil d'État a précisé depuis que l'administration a le pouvoir de refuser d'abroger un règlement illégal à l'origine lorsque, du fait de circonstances nouvelles, cette illégalité a cessé au moment où la demande d'annulation est examinée : CE, 10 oct. 2013, n° 359.219, *Fédération française de gymnastique* : *AJDA* 2014, p. 213, chron. A. Bretonneau et J. Lessi.

(694) CAA Paris, 12 déc. 1989, *L'indicateur Lagrange* : *Dr. fisc.* 1990, comm. 1043, concl. Bernault ; *RJF* 1990, n° 72, pour une directive postérieure à la loi.

(695) CE, ass., 28 févr. 1992, 2 arrêts, n° 56.776, *Rothmans* et n° 47.753, *Arizona Tobacco Products* : *Rec. CE* 1992, p. 80, concl. Laroque ; *AJDA* 1992, concl. Laroque, p. 210, chron. Maugüé et Schwartz, p. 26 ; *RJF* 1992, n° 579 ; *RFDA* 1992, p. 425, note Dubouis ; *D.* 1992, p. 207, chron. Kovar ; *D.* 1993, somm. p. 141, obs. Bon et Terneyre ; *Gaz. Pal.* 1992, 2, p. 741, concl. Laroque ; *RDP* 1992, p. 1480, note J.-M. Auby.

(696) CE, 10 mars 1993, n° 73.272, *Groupement pour le développement de la coiffure* : *RJF* 1993, n° 640, concl. Arrighi de Casanova ; *Dr. fisc.* 1993, comm. 1083. – CE, 11 juill. 2001, n° 217675, *Lejeune* : *Dr. fisc.* 2001, n° 48, comm. 1111, concl. Courtial ; *RJF* 2001, n° 1211 ; *BDCF* 2001, n° 120, concl.

566. – **Invocabilité de substitution. Jurisprudence *Cabinet Revert*.** Jusqu'à la fin de l'année 1996, le principe de la non-applicabilité directe des directives est resté applicable dans l'hypothèse où la disposition de la directive invoquée par le contribuable n'a pas été transposée, mais où il n'existe aucune incompatibilité entre cette disposition et la règle de droit interne qui sert de fondement à l'imposition. C'est le cas lorsque le contribuable demande le bénéfice de l'exonération prévue par une disposition non transposée de la directive, alors que le texte de droit interne sur lequel est basée l'imposition est conforme aux dispositions de la directive qui définissent le champ d'application de l'impôt. La jurisprudence *Cohn-Bendit* s'opposait à ce que le contribuable demande au juge, à l'appui d'un recours dirigé contre un acte individuel d'imposition, de substituer la disposition de la directive au texte national[(697)].

Le Conseil d'État est revenu sur cette interdiction dans l'arrêt d'assemblée[(698)].

Par suite de ce progrès, il existe donc une « invocabilité de substitution », qui permet à un contribuable d'obtenir un résultat pratiquement identique à celui que lui procurerait la possibilité d'invoquer directement le bénéfice des dispositions d'une directive.

567. – **Invocabilité d'interprétation. Loi d'adaptation à une directive.** Il existe, en outre, ce que l'on pourrait appeler une « invocabilité d'interprétation » qui permet au contribuable d'obtenir du juge qu'il interprète les textes de droit interne à la lumière des dispositions des directives.

La Cour de justice des Communautés européennes a posé en principe qu'en appliquant les dispositions d'une loi d'adaptation à une directive, la juridiction nationale est tenue d'interpréter le droit national à la lumière du texte et de la finalité de la directive[(699)].

Il incombe à une juridiction nationale, lorsqu'elle applique les dispositions de son droit national, de les interpréter d'une manière telle qu'elles puissent recevoir une application conforme au texte et à l'objectif d'une directive. L'existence d'une jurisprudence nationale établie contraire à cette directive ne constitue pas un obstacle à la mise en œuvre par la juridiction nationale de cette obligation d'interprétation conforme. En outre, ni le principe de sécurité juridique ni celui de protection de la confiance légitime ne s'opposent à la mise en œuvre d'une telle obligation[(700)].

Le Conseil d'État a, dans un premier temps, admis implicitement que les dispositions législatives d'adaptation à une directive doivent être interprétées, dans toute la mesure du possible, à la lumière des objectifs fixés par cette directive[(701)].

(697) CAA Nantes, 8 avr. 1992, n° 522 : *Dr. fisc.* 1992, comm. 1838 ; *RJF* 1992, n° 1590. – CAA Lyon, 3 nov. 1993, req. n° 92.225 : *Dr. fisc.* 1994, comm. 185.

(698) CE, 30 oct. 1996, req. n° 45.126, *SA Cabinet Revert* : *RJF* 1996, n° 1415, concl. Goulard, chron. Austry ; *Dr. fisc.* 1997, comm. 27 ; *Dr. adm.* 1997, comm. 102 ; *RTDE* 1997, p. 171, concl. Goulard ; *AJDA* 1996, p. 1044, chron. Chauvaux et Girardot. – CE, 10 avr. 2002, n° 219.715, *Sarl Institut supérieur d'informatique* : *Dr. fisc.* 2002, n° 51, comm. 1019 ; *RJF* 2002, n° 779 ; *BDCF* 2002, n° 93, concl. Mignon.

(699) CJCE, 10 avr. 1984, aff. 79/83, *Harz* : *Rec. CJCE* 1984, I, p. 1921, concl. S. Rozès. – CJCE, 13 nov. 1990, aff. 106/89, *Marleasing* : *Rec. CJCE* 1990, I, p. 4135, pt 8. – CJCE, 16 déc. 1993, aff. 334/92, *Wagner* : *Rec. CJCE* 1993, I, p. 6911, pt 20. – CJCE, 25 févr. 1999, aff. 131/97, *Carbonari* : *Rec. CJCE* 1999, I, p. 1103, pt 48, concl. Léger. – CJCE, 15 juin 2000, aff. 365/98, *Brinckmann* : *Rec. CJCE* 2000, I, p. 4619, concl. Mischo ; *RJF* 2000, n° 1540.

(700) CJUE, 19 avr. 2016, aff. C-441-14, *Dansk Industri* : *AJDA* 2016, p. 1060, chron E. Broussy et *alii*.

(701) CE, ass., 22 déc. 1989, req. n° 86.113, *Cercle militaire mixte de la Caserne Mortier* : *RJF* 1990, n° 130, concl. Hagelsteen ; *Dr. fisc.* 1990, comm. 716, pour l'interprétation de l'article 256 B du Code général des impôts concernant l'assujettissement à la TVA des personnes morales de droit public. V. sur la question, chron. E. Kornprobst : *Dr. fisc.* 1990, p. 516.

568. – **Loi ancienne.** Il a franchi une nouvelle étape en jugeant que les dispositions d'une loi ancienne ne sauraient prévaloir sur l'ensemble des dispositions d'une loi d'adaptation à une directive. C'est ainsi qu'une exonération de taxes sur le chiffre d'affaires maintenue en vigueur par la loi du 6 janvier 1966 et que la loi du 29 décembre 1978 n'a pas supprimée expressément, doit néanmoins être regardée comme abrogée, dès lors qu'elle n'est plus compatible avec les dispositions de cette même loi qui ont pour objet de transposer en droit interne les objectifs de la sixième directive[702].

569. – **Invocabilité d'interprétation et invocabilité de substitution.** Les différents aspects de cette « invocabilité d'interprétation » ont été mis en lumière par M. Austry dans sa chronique sur les arrêts d'assemblée du 30 octobre 1996, *SA Cabinet Revert et SA Dangeville*[703]. L'auteur souligne notamment que l'invocabilité d'interprétation peut aboutir à des effets très proches de l'invocabilité de substitution[704].

D. – Obligation de réparer les dommages causés aux particuliers du fait de la non-transposition d'une directive

570. – **Cour de justice des Communautés européennes. Principe.** Les États membres ont l'obligation de réparer les dommages causés aux particuliers par la violation du droit communautaire et notamment le préjudice résultant de la non-transposition d'une directive[705].

571. – **Conseil d'État.** La Cour de justice des Communautés européennes subordonne le droit à réparation à trois conditions : la règle de droit communautaire violée doit avoir pour objet de conférer des droits aux particuliers ; il faut que cette violation soit suffisamment caractérisée ; il existe un lien de causalité directe entre la violation du droit communautaire et le préjudice subi par les particuliers.

Le Conseil d'État a admis pour sa part que l'État français engage sa responsabilité en maintenant en vigueur un règlement pris sur le fondement d'une loi dont les dispositions sont incompatibles avec les objectifs d'une directive antérieure[706].

(702) CE, 9 janv. 1991, n° 65.916, *Caisse mobilière commerciale et industrielle : Rec. CE* 1991 ; *Dr. fisc.* 1991, comm. 508, concl. Arrighi de Casanova ; *RJF* 1991, n° 278.

(703) *RJF* 1996, p. 799 et s.

(704) CE, 9 mai 1990, n° 82.611, *Comité économique agricole* : *RJF* 1990, n° 676, concl. Fouquet ; *Dr. fisc.* 1990, comm. 1845, pour la définition de la prestation de services à titre onéreux. – CE, plén., 13 déc. 1991, n° 61.379, *SA Satam* : *RJF* 1992, n° 157, concl. Ph. Martin ; *Dr. fisc.* 1992, comm. 851, note Derouin et E. Ginter, pour la qualité d'assujetti. – CE, 29 déc. 1995, n° 118.754, *Sté Sudfer : Dr. fisc.* 1996, comm. 221, concl. Ph. Martin ; *RJF* 1996, n° 186, chron. Goulard ; *BDCF* 1996, n° 1, avec concl., pour les opérations de revente faites par une société commerciale de biens acquis par elle à titre de simple placement et l'appréciation de la notion d'« assujetti agissant en tant que tel ». – CE, 26 juin 1996, n° 128.396, *Bourgeonnier* : *RJF* 1996, n° 986 ; *BDCF* 1996, n° 4, concl. Loloum, pour la location d'emplacements pour les stationnements des véhicules. – CE, 21 août 1996, n° 133.816, *SA Bolle* : *RJF* 1996, n° 1147 ; *BDCF* 1996, n° 5, concl. Goulard, pour l'appréciation de la notion de prestations de publicité.

(705) CJCE, 19 nov. 1991, aff. 6/90 et 9/90, *Francovich* : *RJF* 1991, n° 1615 ; *Rec. CJCE* 1991, I, p. 5357. – CJCE, plén., 5 mars 1996, aff. 46/93 et 48/93, *Brasserie du pêcheur* : *RJF* 1996, n° 529 ; *BDCF* 1996, n° 2, concl. Tesauro. – CJCE, plén., 8 oct. 1996, aff. 178/94, *Dillenkofer* : *RJF* 1997, n° 96. – D. Simon, *La responsabilité de l'État saisie par le droit communautaire : la jurisprudence Brasserie du pêcheur* : *AJDA* 1996, p. 489. – L. Dubouis, *La responsabilité de l'État législateur pour les dommages causés aux particuliers par la violation du droit communautaire et son incidence sur la responsabilité de la Communauté* : *RFDA* 1996, p. 583 et s. – J. Dutheil de la Rochère, *Le principe de responsabilité de l'État pour violation du droit communautaire : une garantie nouvelle pour les justiciables* : *JCP E* 1996, I, 604.

(706) CE, ass., 28 févr. 1992, *Arizona Tobacco Products*, préc. n° 539, pour des mesures de fixation des prix de vente au détail des tabacs.

Le raisonnement du Conseil d'État est fondé sur quatre propositions : les dispositions de la loi étant incompatibles avec les objectifs définis par la directive, il y a lieu d'en écarter l'application ; le décret pris sur le fondement de ces dispositions est ainsi dépourvu de base légale ; les décisions individuelles d'application du décret prises par le ministre sont illégales ; cette illégalité est de nature à engager la responsabilité de l'État.

En situant la faute dans l'acte réglementaire d'application de la loi, le Conseil d'État a tourné la difficulté d'admettre l'existence d'une responsabilité pour faute du législateur dans l'hypothèse où la décision individuelle qui est à l'origine du préjudice procède directement de la loi[707].

572. – **Tribunal des conflits. Cour de cassation.** Le Tribunal des conflits a décidé, dans un arrêt du 31 mars 2008, que lorsque le contribuable choisit de rechercher la responsabilité de l'État du fait de la méconnaissance de l'obligation qui incombe au législateur d'assurer le respect des conventions internationales, notamment faute d'avoir réalisé la transposition des directives communautaires dans les délais qu'elles ont prescrits, une telle action relève de la responsabilité de l'État du fait de son activité législative et la juridiction administrative est seule compétente pour en connaître[708].

Cette solution a été retenue dans le cas d'absence de transposition immédiate par l'État d'une directive communautaire ayant exonéré certains produits alcooliques du droit de fabrication[709]. L'action en restitution des droits indirects correspondants relèverait cependant de la compétence judiciaire.

573. – **Affaire *Dangeville*.** La cour administrative d'appel de Paris est allée plus loin dans son arrêt de plénière du 1er juillet 1992, *Sté Dangeville*[710]. Elle a reconnu l'État responsable dans un cas où aucun acte réglementaire ne s'interpose entre la loi incompatible avec le droit communautaire et l'acte individuel d'imposition.

Le Conseil d'État a cassé la décision de la cour administrative d'appel de Paris dans un arrêt d'assemblée du 30 octobre 1996[711].

Cette cassation est intervenue seulement pour des raisons de procédure, en application du principe de la distinction des contentieux, parce que la requête en indemnité avait, en fait, le même objet que la demande en restitution de la TVA, d'où l'irrecevabilité qui lui a été opposée par le Conseil d'État, conformément à sa jurisprudence traditionnelle.

Mais le Conseil d'État ne s'est pas prononcé, dans l'arrêt *SA Dangeville*, sur la question de la responsabilité de l'État du fait de la non-transposition d'une directive.

Sa position a été sanctionnée par la Cour européenne des droits de l'homme, pour des raisons très particulières, dans un arrêt du 16 avril 2002 (V. *supra*, n° 388).

(707) V. chron. Austry : *RJF* 1996, p. 802.
(708) T. confl., 31 mars 2008, n° 3632, *Sté Boiron* : *RJF* 2008, n° 716.
(709) Cass. com., 8 juill. 2008, n° 05-19.968, *Sté Boiron* : *RJF* 2008, n° 1274.
(710) *Dr. fisc.* 1992, comm. 1665, concl. Bernault ; *RJF* 1992, n° 1280 et p. 955 et s., chron. Turot ; *AJDA* 1992, p. 768, note X. Prétot.
(711) N° 141.043, *SA Dangeville* : *RJF* 1996, n° 1469, concl. Goulard, chron. S. Austry ; *Dr. adm.* 1997, n° 108 ; *RTDE* 1997, p. 171, concl. Goulard ; *AJDA* 1996, p. 1044, chron. Chauvaux et Girardot.

§ 5. – La protection des libertés communautaires fondamentales

574. – Aux termes de l'article 4 TUE, les États membres « s'abstiennent de toute mesure susceptible de mettre en péril la réalisation des objectifs de l'Union ».

Cette disposition de caractère général impose aux États, plus encore qu'une obligation de neutralité, l'obligation de supprimer toute mesure fiscale qui est instituée et/ou maintenue en violation d'une liberté communautaire fondamentale.

On se bornera à rappeler ici un certain nombre de dispositions particulières et de décisions par lesquelles la Cour de justice des Communautés européennes et le juge national ont précisé le contenu de cette obligation.

575. – Fiscalité directe. Ces dispositions ou décisions intéressent la fiscalité directe[(712)]. Le Traité CE ne contenait, en matière de fiscalité directe, que l'article 293[(713)] qui prévoyait que « les États membres engageront entre eux, en tant que de besoin, des négociations en vue d'assurer, en faveur de leurs ressortissants (...), [notamment] l'élimination de la double imposition à l'intérieur de la Communauté ». Cet article a été supprimé dans le Traité sur le fonctionnement de l'Union européenne.

Il s'agit d'un texte de nature simplement incitative qui ne crée pas de droits au profit des ressortissants de la Communauté, ni d'obligation pour les États membres. En particulier, les règles concernant l'impôt sur le revenu et l'impôt sur les sociétés continuent de relever de la compétence des États[(714)].

Cependant, la fiscalité directe ne peut rester totalement en dehors du champ d'application du droit communautaire. Suivant les déclarations de la Cour de justice des Communautés européennes et du Conseil d'État « si, en l'état actuel du droit communautaire, la matière des impôts directs ne relève pas en tant que telle du domaine de la compétence de la Communauté, il n'en reste pas moins que les États membres doivent exercer leurs compétences retenues dans le respect du droit communautaire »[(715)].

576. – Coordination des politiques nationales. La coordination des politiques nationales à l'échelle communautaire est axée essentiellement sur la lutte contre la concurrence fiscale entre États membres. Elle a fait l'objet d'un « Code de conduite » présenté au Conseil ECOFIN du 1er décembre 1997[(716)]. Ce code a été adopté sous la forme « d'une résolution du Conseil et des représentants des gouvernements des États membres réunis au sein du Conseil »[(717)].

---

(712) Berlin, *JCl. Europe*, Fasc. 1620. – H. Kruger, *Portée du principe de non-discrimination au regard de la jurisprudence européenne récente : BF Lefebvre* 1996, n° 2, p. 69 et s. – B. Mongin, *La fiscalité directe et le droit communautaire : Gaz. Pal.* 1996, 1, doctr. 504.

(713) Ex-art. 220 TCE.

(714) CJCE, plén., 28 avr. 1998, aff. 118/96, *Jessica Safir*, pt 21 : *Rec. CJCE* 1998, I, p. 1897, concl. Tesauro ; *RJF* 1998, n° 1060. – CJCE, plén., 12 mai 1998, aff. 336/96, *Épx Gilly : D.* 1998, inf. rap. p. 159 ; *RJF* 1998, n° 890 ; *BDCF* 4/1998, concl. Ruiz-Jarabo Colomer ; *Rec. CJCE* 1998, I, p. 2793 avec concl.

(715) CJCE, plén., 14 févr. 1995, aff. 279/93, *Schumacker*, pt 21 : *Rec. CJCE* 1995, I, p. 225 ; *Dr. fisc.* 1995, comm. 1089, note de Waal ; *RJF* 1995, n° 425, concl. Ph. Léger. – CJCE, plén., 28 avr. 1998, aff. 118/96, *Jessica Safir*, pt 21 : *Rec. CJCE* 1998, I, p. 1897, concl. Tesauro ; *RJF* 1998, n° 1060. – CJCE, 10 juin 1999, *Vestergaard*, pt 15, cité *infra*. – CJCE, 13 avr. 2000, aff. 251/98, *Baars*, pt 17 : *RJF* 2000, n° 1036. – CE, 17 juin 2011, n° 314.392, *Baumann : RJF* 2011, n° 1047 ; *BDCF* 2011, n° 116, concl. P. Collin.

(716) *Dr. fisc.* 1997, n° 44, p. 1287.

(717) *JOCE* n° C2, 6 janv. 1998, p. 1. – V. le rapport du groupe de travail pour l'application du Code de conduite en matière de fiscalité des entreprises : *Dr. fisc.* 2000, n° 16, p. 857 et s. – Sur un bilan des activités de l'Union européenne en 1999 dans le domaine de la fiscalité directe et indirecte, V. *Dr. fisc.* 2000, n° 18-19, p. 731 et s.

La Commission européenne a adopté le 19 décembre 2006 une stratégie globale de coordination des systèmes fiscaux dans le domaine de la fiscalité directe. Ses communications définissent le cadre général de cette initiative et traitent des taxes à la sortie et de la compensation transfrontalière des pertes[718].

Plus récemment, la Commission européenne a publié un « paquet sur la lutte contre l'évasion fiscale ». Les objectifs des mesures envisagées sont de « garantir une imposition effective là où les bénéfices sont réalisés ». Il s'agit d'une entreprise de « coordination des dispositifs fiscaux des États membres en vue de lutter contre l'érosion de leurs bases d'imposition »[719].

577. – Les États membres sont, pour l'essentiel, tenus de respecter notamment le grand principe de l'interdiction des discriminations fondées sur la nationalité, consacré à l'article 18 TFUE[720] et mis en œuvre, dans le domaine des activités salariées et non salariées, par les articles 45 et 49 TFUE sur la libre circulation des personnes[721]. D'autres dispositions intéressent la libre circulation des marchandises[722], la liberté d'établissement, la libre prestation de services[723] et la libre circulation des capitaux[724].

La Cour de justice des Communautés européennes a reconnu à ces articles une portée fiscale dont ils paraissaient *a priori* dépourvus.

A. – Libre circulation des marchandises

578. – Aux termes de l'article 34 TFUE[725], « les restrictions quantitatives à l'importation, ainsi que toutes mesures d'effet équivalent sont interdites entre les États membres ».

La Cour de justice des Communautés européennes a précisé dans l'un de ses premiers arrêts la notion de « mesures d'effet équivalent » qui était utilisée dans l'ancien article 28 TCE. Elle a jugé que « toute réglementation commerciale des États membres susceptible d'entraver directement ou indirectement, actuellement ou potentiellement le commerce intracommunautaire est à considérer comme mesure d'effet équivalent à des restrictions quantitatives »[726].

Mais la Cour a procédé depuis à un véritable revirement de jurisprudence dans une affaire où elle était invitée à se prononcer sur la compatibilité avec le droit communautaire d'une législation nationale interdisant la vente à perte. Elle a jugé dans l'arrêt du 24 novembre 1993, *Keck et Mithouard*, que « contrairement à ce qui a été jugé jusqu'ici, n'est pas apte à entraver directement ou indirectement, actuellement ou potentiellement, le commerce entre les États membres, au sens de la jurisprudence *Dassonville*, l'application à des produits en provenance d'autres États

(718) M. Aujean, *La Commission européenne adopte une stratégie globale pour promouvoir la coordination fiscale dans l'UE* : *Dr. fisc.* 2007, n° 4, étude 71.
(719) A. Maitrot de la Motte : *Dr. fisc.* 2016, n° 5, rapp. 137. Les travaux de la Commission sont à rapprocher de ceux de l'OCDE : V. *supra*, n° 413.
(720) Ex.-art. 12 TCE.
(721) Ex-art. 39 et 43 TCE.
(722) Art. 34 TFUE (ex-art. 28 TCE).
(723) Art. 56 TFUE, ex-art. 49 TCE.
(724) Art. 63 TFUE, ex-art. 56 TCE.
(725) Ex-art. 28 TCE.
(726) CJCE, 11 juill. 1974, aff. 8/74, *Dassonville*, pt 5.

membres de dispositions nationales qui limitent ou interdisent certaines modalités de vente, pourvu qu'elles s'appliquent à tous les opérateurs concernés exerçant leur activité sur le territoire national, et pourvu qu'elles affectent de la même manière, en droit comme en fait, la commercialisation des produits nationaux et de ceux en provenance d'autres États membres » (pt 16).

La Cour de justice des Communautés européennes avait entre-temps consacré également, dans la célèbre affaire *Cassis de Dijon* l'obligation pour chaque État membre d'accepter sur son territoire les marchandises légalement produites et commercialisées dans un autre État membre, sauf exceptions liées notamment à la santé publique[(727)].

Le champ d'application de cette liberté est donc très étendu, comme le montre encore l'arrêt de la Cour de justice de l'Union européenne du 21 décembre 2011[(728)], jugeant qu'une interdiction de circuler sur un tronçon d'autoroute imposée aux camions de plus de 7,5 tonnes, transportant certaines marchandises, porte une atteinte injustifiée à la libre circulation des marchandises[(729)].

L'article 34 TFUE a cependant un champ d'application très réduit en matière fiscale. Il ne peut intervenir qu'à titre supplétif.

On rappellera que c'est sur le fondement de l'ex-article 28 TCE que la Cour de justice des Communautés européennes a condamné le régime fiscal français des provisions spéciales pour la presse, prévu à l'article 39 bis du Code général des impôts qui excluait les publications imprimées à l'étranger. La Cour a considéré que ce régime, du fait qu'il incite les entreprises de presse à faire fabriquer leurs imprimés en France plutôt que dans d'autres États membres, est de nature à freiner les importations de produits imprimés originaires de ces États et qu'il doit dès lors être qualifié de mesure d'effet équivalant à une restriction quantitative, interdite par l'article 28 »[(730)].

La Cour de cassation a jugé encore que constituait une entrave à la libre circulation des marchandises au regard de l'article 28 TCE, une disposition qui sanctionne de manière disproportionnée l'omission de procéder à des formalités douanières, lorsque ces formalités portent sur des marchandises pouvant être importées librement et sans droit de douane[(731)].

Pour le Conseil d'État, le refus d'appliquer le taux réduit de TVA aux importations parallèles de produits phytosanitaires respecte l'article 28 TCE en l'absence de discrimination selon l'objet ou les produits[(732)].

B. – Libre circulation des personnes

579. – En vertu de l'article 45 TFUE[(733)], « la libre circulation des travailleurs est assurée à l'intérieur de l'Union (...) Elle implique l'abolition de toute discrimination, fondée sur la nationalité, entre les travailleurs des États membres, en ce qui concerne l'emploi, la rémunération et les autres conditions de travail ».

---

(727) CJCE, 20 févr. 1979, aff. 120/78, *Rewe-Zentral.*
(728) Aff. 28/09, *Commission c/Autriche.*
(729) *AJDA* 2012, p. 312, chron. M. Aubert, et E. Broussy et F. Donnat.
(730) CJCE, 7 mai 1985, aff. 18184, *Commission c/France : Rec. CJCE* 1985, I, p. 1339 ; *RTDE* 1986, p. 139, et obs. Berlin, p. 106 ; *Dr. fisc.* 1985, comm. 1558.
(731) Cass. crim., 24 janv. 2001, n° 00/81.896 : *Dr. pén.* 2001, comm. 76, note J.-H. Robert ; *D.* 2001, p. 1976, note Berr.
(732) CE, 22 juin 2010, n° 305.133, inédit. – Chron. F. Martucci : *RFDA* 2011, p. 392.
(733) Ex-art. 39 TCE.

La libre circulation des travailleurs est une conséquence de la liberté de circulation des personnes, qui est elle-même un droit attaché à la citoyenneté européenne instituée par l'article 17 TCE devenu l'article 20 TFUE.

Les dispositions des directives relatives à la liberté de circulation et de séjour ont été reprises, dans un but de simplification, par la directive n° 2004/38 du Parlement européen et du Conseil du 29 avril 2004 « relative au droit des citoyens de l'Union et des membres de leurs familles de circuler et de séjourner librement sur le territoire des États membres ».

Cette même directive a modifié le règlement n° 1612/68 du 15 octobre 1968 relatif à la libre circulation des travailleurs à l'intérieur de la Communauté.

Ce règlement a lui-même été abrogé et remplacé par le règlement n° 492/2011 du Parlement européen et du Conseil du 5 avril 2011 relatif à la libre circulation des travailleurs à l'intérieur de l'Union.

Le règlement du 5 avril 2011 prévoit, comme autrefois le règlement n° 1612/68 dans le même article 7, que « le travailleur ressortissant d'un État membre ne peut, sur le territoire des autres États membres, être en raison de sa nationalité, traité différemment des travailleurs nationaux (...) Il y bénéficie des mêmes avantages sociaux et fiscaux que les travailleurs nationaux ».

La comparaison entre les articles 45 et 49 TFUE(734) fait apparaître qu'ils sont fondés sur les mêmes principes en ce qui concerne tant l'entrée, le séjour sur le territoire des États membres des personnes relevant du droit communautaire que l'interdiction de toute discrimination exercée à leur égard en raison de la nationalité. Il en est de même en ce qui concerne l'exercice, sur le territoire des États membres, d'une activité économique par des personnes relevant du droit communautaire(735).

L'application de ces dispositions soulève des questions qui sont très largement communes aux deux articles 45 et 49 TFUE.

Trois propositions permettent de préciser les rapports entre le droit communautaire et le droit national en matière de fiscalité directe.

1° Le droit communautaire n'exclut pas l'application du critère de la résidence

580. – Ce critère est considéré comme compatible avec le droit communautaire.

La Cour de justice des Communautés européennes a défini sa position dans l'affaire intéressant le système français de l'avoir fiscal et l'établissement en France des succursales de sociétés d'assurances ayant leur siège dans un autre État membre.

La Cour a admis l'idée que « l'on ne saurait exclure totalement qu'une distinction selon le siège d'une société ou qu'une distinction selon la résidence d'une personne physique puisse, sous certaines conditions, être justifiée dans un domaine comme le droit fiscal »(736).

(734) Ex-art. 39 et 43 TCE.
(735) CJCE, 20 mai 1992, aff. 106/91, *Ramrath* : *Rec. CJCE* 1992, I, p. 3551, pt 17. – CJCE, 27 juin 1996, aff. 107/94, *Asscher*, pt 29 : *RJF* 1996, n° 1369.
(736) CJCE, 28 janv. 1986, aff. 270/83, *Commission c/France* : *Rec. CJCE* 1986, I, p. 273 ; *Dr. fisc.* 1986, comm. 903, concl. Mancini ; *RTDE* 1987, p. 201 ; *RJF* 1986, n° 1020.

Sa doctrine est beaucoup plus explicite dans l'arrêt du 14 février 1995 : « le fait pour un État membre de ne pas faire bénéficier un non-résident de certains avantages fiscaux qu'il accorde au résident n'est, en règle générale, pas discriminatoire, puisque ces deux catégories de contribuables ne se trouvent pas dans une situation comparable »(737).

Ainsi que l'explique la Cour, en matière d'impôts directs, la situation des résidents et celle des non-résidents dans un État donné ne sont en règle générale, pas comparables, car elles présentent des différences objectives tant du point de vue de la source du revenu que de la capacité contributive personnelle ou de la situation personnelle et familiale. Une différence de traitement entre ces deux catégories de contribuables ne peut donc être qualifiée, en tant que telle, de discrimination au sens du traité(738).

La Cour a jugé ainsi que l'article 43 TCE ne fait pas obstacle à ce qu'un État membre frappe ses ressortissants qui exercent leur activité professionnelle sur son territoire et qui y perçoivent la totalité ou presque de leurs revenus ou y possèdent la totalité ou presque de leur patrimoine, d'une charge fiscale plus lourde lorsqu'ils ne résident pas dans cet État que lorsqu'ils y résident(739).

De même, l'ex-article 39 TCE ne s'oppose pas, en principe, à l'application d'une réglementation d'un État membre qui impose le non-résident occupant un emploi salarié dans cet État plus lourdement sur ses revenus que le résident occupant le même emploi(740).

2° Le droit communautaire exclut toute discrimination fondée sur la nationalité

581. – Le principe de non-discrimination des travailleurs salariés en matière fiscale est lié dans une certaine mesure au principe d'égalité de traitement en matière de rémunération. Pour la Cour, ce principe « serait privé d'effet s'il pouvait y être porté atteinte par des dispositions nationales discriminatoires en matière d'impôt sur le revenu »(741). C'est la raison pour laquelle le Conseil a prescrit dans l'article 7 de son règlement n° 1612/68 que les travailleurs ressortissant d'un État membre doivent bénéficier, sur le territoire d'un autre État membre, des mêmes avantages fiscaux que les travailleurs nationaux.

L'article 39 TCE en matière de perception des impôts directs, ne permet pas à un État membre de traiter un ressortissant d'un autre État membre qui, ayant fait usage de son droit de libre circulation, exerce une activité salariée sur le territoire du premier État, de façon moins favorable qu'un ressortissant national se trouvant dans la même situation. Cet article est donc susceptible de limiter le droit pour un État membre de prévoir les conditions d'assujettissement et les modalités d'imposition des revenus perçus sur son territoire par un ressortissant d'un autre État membre(742).

(737) CJCE, plén., 14 févr. 1995, aff. 279/93, *Schumaker*, pt 34 ; V. *supra*, n° 575.
(738) CJCE, plén., 11 août 1995, aff. 80/94, *Wielockx*, pts 18 et 19 : *Dr. fisc.* 1995, comm. 1883, concl. Léger ; *RJF* 1995, n° 1224 ; *D.* 1996, p. 417, note G. Sébastien.
(739) CJCE, plén., 26 janv. 1993, aff. 112/91, *Wemer* : *Rec. CJCE* 1993, I, p. 429 ; *RJF* 1993, n° 755.
(740) CJCE, 14 févr. 1995, *Schumacker*, préc. pt 35. – CAA Paris, 1er juill. 1999, n° 96-1138 : *RJF* 1999, n° 1543. – V. Instr. 13 janv. 2012 relative aux « non-résidents Schumacker » : *BOI* 5 B-1-12 ; *Dr. fisc.* 2012, n° 5, 14529.
(741) CJCE, 14 févr. 1995, *Schumacker*, pt 23 ; V. *supra*, n° 575.
(742) Arrêt *Schumacker*, préc., pt 24.

Est donc exclue toute discrimination, fondée sur la nationalité, qui ne peut être justifiée par une différence de situations entre résidents et non-résidents.

La Cour de justice des Communautés européennes a décidé ainsi qu'est contraire à l'article 39 TCE une réglementation nationale en vertu de laquelle un ressortissant communautaire, non-résident de l'État membre dans lequel il perçoit des revenus qui constituent la totalité ou la quasi-totalité de ses ressources imposables ne peut, pour la détermination de l'assiette d'imposition de ces revenus dans cet État membre, faire valoir des revenus négatifs relatifs à une maison à usage d'habitation située dans un autre État membre, dont il est propriétaire, alors qu'un résident du premier État membre peut faire valoir de tels revenus négatifs pour la détermination de l'assiette d'imposition de ses revenus[743].

Une application remarquable du principe a été faite encore en matière de cotisations sociales (V. *supra*, n° 154).

3° Les discriminations peuvent être justifiées par la nécessité de garantir la cohérence du régime fiscal applicable

582. – La nécessité d'assurer la cohérence d'un régime fiscal peut justifier une réglementation de nature à restreindre la libre circulation des travailleurs à l'intérieur de la Communauté[744].

Il ressort notamment de cette jurisprudence qu'une corrélation doit exister entre les sommes déduites de la base imposable et celles qui sont soumises à l'impôt.

La Cour de justice des Communautés européennes a précisé et limité la portée du principe de cohérence fiscale dans l'arrêt de plénière du 11 août 1995, *Wielockx*[745].

Le Conseil d'État a jugé, de son côté, que si l'article 25 de la convention fiscale franco-belge et l'article 43 TCE prohibent toute discrimination fondée sur la nationalité en matière d'imposition et de liberté d'établissement, ils ne font pas obstacle à ce qu'un État soumette ses ressortissants, qui exercent leur activité professionnelle sur son territoire et qui y perçoivent la totalité ou presque de leur revenu, à une charge fiscale plus lourde lorsqu'ils ne résident pas dans cet État que lorsqu'ils y résident[746].

4° L'exception de l'article 21 TFUE

583. – Les personnes qui ont exercé l'ensemble de leur activité professionnelle dans l'État membre dont elles sont ressortissants et n'ont fait usage du droit de séjourner dans un autre État membre qu'après avoir pris leur retraite, sans aucune intention d'y exercer une activité salariée, ne peuvent se prévaloir de la libre circulation garantie par l'article 45 TFUE.

La Cour de justice des Communautés européennes a jugé que l'article 21 TFUE s'oppose en pareil cas à une réglementation nationale qui pénalise une personne

(743) CJCE, 16 oct. 2008, aff. 527/06, *Renneberg* : *RJF* 2009, n° 177.
(744) CJCE, plén., 28 janv. 1992, aff. 204/90, *Bachmann* : *Rec. CJCE* 1992, I, p. 249 ; *Dr. fisc.* 1992, comm. 1503, note Komprobst ; *RJF* 1992, n° 1589. – Du même jour, aff. 300/90, *Commission c/Belgique* : *Rec. CJCE* 1992, I, p. 305.
(745) Aff. 80/94 : *Dr. fisc.* 1995, comm. 1883, concl. Léger ; *RJF* 1995, n° 1224 ; *D.* 1996, p. 417, note G. Sébastien.
(746) CE, 8 juill. 2002, n° 225.159, *Lecat* : *Dr. fisc.* 2002, n° 41, comm. 801 ; *RJF* 2002, n° 2102 ; *BDCF* 2002, n° 133, concl. Mitjavile.

retraitée du seul fait qu'elle a déplacé son domicile(747). Est également contraire à l'article 21 TFUE la réglementation d'un État membre qui lie l'octroi du droit à une réduction d'un impôt sur le revenu en fonction des cotisations d'assurances maladie acquittées à la condition que ces cotisations aient été versées dans cet État membre, sur la base des dispositions du droit national, et conduit ainsi à refuser l'octroi de cet avantage fiscal lorsque les cotisations susceptibles de venir en déduction du montant de l'impôt sur le revenu dû dans cet État membre sont versées dans le cadre d'un régime d'assurance maladie obligatoire d'un autre État membre(748).

5° Applications de la directive n° 2004/38 du 29 avril 2004

584. – Concernant les implications fiscales de cette directive, on rappellera une décision visant l'interdiction de quitter un État membre en raison d'une dette fiscale. La Cour de justice de l'Union européenne a jugé que le droit de l'Union ne s'oppose pas à une disposition législative d'un État membre qui permet à l'autorité administrative d'interdire à un ressortissant de cet État de quitter celui-ci au motif qu'une dette fiscale de la société dont il est l'un des gérants n'a pas été acquittée, à une double condition : d'une part, que la mesure en cause ait pour objet de répondre, dans certaines circonstances exceptionnelles qui pourraient résulter notamment de la nature ou de l'importante de cette dette, à une menace réelle, actuelle et suffisamment grave affectant un intérêt fondamental de la société et, d'autre part, que l'objectif ainsi recherché ne réponde pas seulement à des fins économiques. Il appartient au juge national de vérifier que cette double condition est remplie(749).

Pour une application de l'article 27 de la directive, sur la limitation du droit d'entrée et du droit de séjour pour des raisons d'ordre public, de sécurité publique ou de santé publique, V. : CJUE, 4 juin 2013, aff. 300/11, *ZZ* : *AJDA* 2013, p. 1684, chron. M. Aubert, E. Broussy et H. Cassagnabère.

C. – Liberté d'établissement

585. – **Textes.** L'article 49 TFUE(750) pose le principe, dans un premier alinéa, de l'interdiction des restrictions à la liberté d'établissement des ressortissants d'un État membre dans le territoire d'un autre État membre.

Le second alinéa précise que la liberté d'établissement comporte l'accès aux activités non salariées et leur exercice, ainsi que la constitution et la gestion d'entreprises, et notamment de sociétés au sens de l'article 54 TFUE(751).

L'article 54 TFUE dispose, par ailleurs, que les sociétés constituées en conformité de la législation d'un État membre et ayant leur siège statutaire, leur administration centrale ou leur principal établissement à l'intérieur de la Communauté sont assimilées, pour l'application des dispositions relatives au droit d'établissement, aux personnes physiques ressortissantes des États membres. Par sociétés, l'article 54 TFUE entend les sociétés de droit civil ou commercial, y compris les sociétés coopératives

(747) CJCE, 9 nov. 2006, aff. 520/04, *Pirkko Marjatta Turpeinen* : *RJF* 2007, n° 373.
(748) CJCE, 23 avr. 2009, aff. 544/07, *Uwe Rüffler* : *RJF* 2009, n° 709.
(749) CJUE, 17 nov. 2011, aff. 434/10, *Petar Aladzhov* : *RJF* 2012, n° 326.
(750) Ex-art. 43 TCE.
(751) Ex-art. 48 TCE.

et les autres personnes morales relevant du droit public ou privé, à l'exception des sociétés qui ne poursuivent pas de but lucratif.

586. – **Liberté d'établissement et liberté de circulation des capitaux. Distinction.** Ainsi qu'il résulte de la jurisprudence de la Cour de justice de l'Union européenne[752], une législation nationale ayant vocation à s'appliquer aux seules participations permettant d'exercer une influence déterminante certaine sur les décisions d'une société et de déterminer les activités de celle-ci relève des stipulations du traité relatives à la liberté d'établissement. En revanche, des dispositions nationales qui trouvent à s'appliquer à des participations effectuées dans la seule intention de réaliser un placement financier sans intention d'influer sur la gestion et le contrôle de l'entreprise doivent être examinées exclusivement au regard de la liberté de circulation des capitaux. Pour apprécier si une législation relève de l'une ou l'autre de ces libertés, il y a lieu de prendre en compte l'objet de la législation en cause[753].

1° Fiscalité des sociétés

587. – **Bénéfice de dispositions fiscales d'un État membre réservé aux sociétés ayant leur siège dans cet État.** Le principe de la liberté d'établissement est au fondement des décisions de la Cour de justice des Communautés européennes sanctionnant les restrictions à cette liberté qui résultent des discriminations de toute nature entre les sociétés d'un État membre et les sociétés ayant leur siège dans un autre État membre en ce qui concerne par exemple et notamment : – le bénéfice de l'avoir fiscal pour les dividendes distribués par les sociétés françaises[754], – la prise en compte des dépenses afférentes à la réalisation uniquement en France d'opérations de recherche scientifique et technique[755], – les limitations du droit à déduction des intérêts versés par une filiale en rémunération de capitaux provenant d'une société mère[756], – le non-paiement anticipé de l'impôt sur les sociétés sous condition de résidence[757], – une aide fiscale à l'investissement[758].

588. – **Non-déduction des pertes. Filiales.** Concernant la situation des sociétés mères et filiales, les principes ont été posés par la Cour de justice des Communautés européennes dans l'arrêt *Marks & Spencer*. Les ex-articles 43 et 48 TCE ne s'opposent pas, en l'état actuel du droit communautaire, à une législation d'un État membre qui exclut de manière générale la possibilité pour une société mère résidente de déduire de son bénéfice imposable des pertes subies dans un autre État membre par une filiale établie sur le territoire de celui-ci, alors qu'elle accorde une telle possibilité pour des pertes subies par une filiale résidente. Ce principe est fondé sur trois éléments de jus-

(752) CJUE, 15 sept. 2011, aff. 310/09, *Accor*, pts 27 à 32.
(753) CE, 10 déc. 2012, n° 317.074, *Sté Rhodia : Dr. fisc.* 2013, n° 10, comm. 184, concl. Mme Escaut, note J.-L. Pierre ; *RJF* 2013, n° 161 ; *BDCF* 2013, n° 19, concl. Mme Escaut.
(754) CJCE, 28 janv. 1986, aff. 270/83, *Commission c/France : Dr. fisc.* 1986, comm. 903, concl. Mancini ; *RJF* 1986, n° 1020, V. aussi *supra*, n° 580.
(755) CJCE, plén., 8 juill. 1999, aff. 254/97, *Sté Baxter : RJF* 1999, n° 1313. – Rappr. CE, ass., 28 mars 1997, n° 179.049 et 15 oct. 1999, *Sté Baxter*, V. *infra*, n° 842.
(756) CE, sect., 30 déc. 2003, n° 249.047, *SARL Coréal : Dr. fisc.* 2004, n° 16, comm. 428, note A. Lefeuvre ; *RJF* 2004, n° 233, concl. Goulard, et p. 83, chron. L. Olléon. – CJCE, 12 déc. 2002, aff. 324/00, *Lankhorst : Dr. fisc.* 2003, n° 5, act. 24 ; *RJF* 2003, n° 391 et p. 191, chron. L. Olléon ; *BDCF* 2003, n° 43, concl. Mischo.
(757) CJCE, 8 mars 2001, aff. 410/98, *Hoechst : RJF* 2001, n° 734.
(758) CJCE, plén., 19 sept. 2000, aff. 156/98, *Allemagne c/Commission : Dr. fisc.* 2000, n° 41, p. 1321 ; *RJF* 2001, n° 273.

tification : – la préservation de la répartition du pouvoir d'imposition entre les États membres, qui peut rendre nécessaire l'application, aux activités économiques des sociétés établies dans l'un de ces États, des seules règles fiscales de celui-ci, en ce qui concerne tant les bénéfices que les pertes ; – le risque de double emploi des pertes, auquel les États membres doivent pouvoir faire obstacle ; – le risque d'évasion fiscale et, de ce point de vue, il y a lieu d'admettre que la possibilité de transférer les pertes d'une filiale non-résidente à une société résidente comporte le risque que des transferts de pertes soient organisés au sein d'un groupe de sociétés en direction des sociétés établies dans les États membres appliquant les taux d'imposition les plus élevés et dans lesquels, par conséquent, la valeur fiscale des pertes est la plus importante[759].

Néanmoins, et c'est le second principe, le juge doit vérifier si la mesure restrictive ne va pas au-delà de ce qui est nécessaire pour atteindre les objectifs poursuivis. De ce point de vue, il est contraire aux articles 43 et 48 TCE d'exclure la déduction des pertes pour la société mère résidente dans une situation où, d'une part, la filiale non-résidente a épuisé les possibilités de prise en compte des pertes qui existent dans son État de résidence au titre de l'exercice fiscal concerné par la demande de dégrèvement ainsi que des exercices fiscaux antérieurs et où, d'autre part, il n'existe pas de possibilités pour que ces pertes puissent être prises en compte dans son État de résidence au titre des exercices futurs soit par elle-même, soit par un tiers, notamment en cas de cession de la filiale à celui-ci[760].

Il a été jugé par la suite que l'article 43 TCE ne s'oppose pas à un régime établi par la législation d'un État membre en vertu duquel une filiale, résidente de cet État membre, ne peut déduire de ses revenus imposables un transfert financier intragroupe effectué par celle-ci en faveur de sa société mère que dans la mesure où cette dernière a son siège dans ce même État membre[761].

La Cour de justice des Communautés européennes a été amenée à se prononcer sur la possibilité offerte par le droit néerlandais aux sociétés mères résidentes et à leurs filiales résidentes d'être imposées comme si elles formaient une seule entité fiscale, c'est-à-dire d'être soumises à un régime d'intégration fiscale, possibilité qui est constitutive d'un avantage pour les sociétés concernées. Ce régime permet, notamment, de consolider au niveau de la société mère les bénéfices et les pertes des sociétés intégrées dans l'entité fiscale et de conserver aux transactions effectuées au sein du groupe un caractère fiscalement neutre. La société mère pouvant décider à son gré de constituer une entité fiscale avec la filiale et de dissoudre cette entité tout aussi librement d'une année à l'autre, la possibilité d'inclure dans l'entité fiscale unique une filiale non-résidente reviendrait à lui laisser la liberté de choisir le régime fiscal applicable aux pertes de cette filiale et le lieu où celles-ci seraient prises en compte. Le périmètre de l'entité fiscale pouvant ainsi être modifié, admettre la possibilité d'y inclure une filiale non-résidente aurait pour conséquence de permettre à la société mère de choisir librement l'État membre où elle fait valoir les pertes de cette filiale.

(759) V. pour une application stricte de ce principe : CAA Versailles, 26 févr. 2013, n° 10-04169, *Sté Agapes : Dr. fisc.* 2013, n° 21, comm. 295, concl. F. Locatelli, note L. Leclercq et P. Trédaniel.

(760) CJCE, 13 déc. 2005, aff. 446/03, *Marks & Spencer*, pts 45 à 55 : *RJF* 2006, n° 227 ; *BDCF* 2006, n° 13, concl. L.-M. Poiares et P. Maduro.

(761) CJCE, 18 juill. 2007, aff. 231/05, *Oy AA* : *RJF* 2007, n° 1359 ; *Dr. fisc.* 2007, n° 52, comm. 1092, note Bergerès ; *FR Lefebvre* 41/2007, n° 8, p. 9, note M. Wathelet.

Il a été jugé dans cette situation que les ex-articles 43 et 48 TCE ne s'opposent pas à la législation d'un État membre qui ouvre la possibilité, pour une société mère, de constituer une entité fiscale unique avec sa filiale résidente, mais empêche la constitution d'une telle entité fiscale unique avec une filiale non-résidente, dès lors que les bénéfices de cette dernière ne sont pas soumis à la loi fiscale de cet État membre(762).

589. – **Non-déduction des pertes. Établissements stables.** Les établissements stables d'une société situés dans un autre État membre et les filiales non-résidentes ne se trouvent pas dans une situation comparable en ce qui concerne la répartition du pouvoir d'imposition telle qu'elle résulte d'une convention tendant à éviter la double imposition. En effet, alors que la filiale, personne morale autonome, est intégralement assujettie dans l'État partie à une telle convention où elle a son siège, il n'en va pas de même d'un établissement stable situé dans un autre État membre, qui reste en principe et pour partie soumis à la compétence fiscale de l'État membre d'origine(763).

La Cour de justice des Communautés européennes a sanctionné à plusieurs reprises les réglementations fiscales discriminatoires qui ont pour effet de refuser à une société ayant son siège dans un État membre la possibilité de déduire de ses bénéfices une perte subie par un de ses établissements stables situés dans un autre État membre(764).

Il a été jugé depuis que l'ex-article 43 TCE ne s'oppose pas à ce qu'une société établie dans un État membre ne puisse pas déduire de son assiette imposable les pertes afférentes à un établissement stable lui appartenant et situé dans un autre État membre, dans la mesure où, en vertu d'une convention préventive de la double imposition, les revenus de cet établissement sont imposés dans ce dernier État membre dans lequel ces mêmes pertes peuvent être prises en compte dans le cadre de l'imposition du revenu de cet établissement stable au titre d'exercices futurs(765). Mais sous réserve de l'application d'une convention sur les doubles impositions, l'article 43 TCE doit être interprété en ce sens que constitue une restriction à la liberté d'une société non-résidente de s'établir dans un autre État membre le fait, pour une législation nationale, de soumettre la possibilité de transférer, au moyen d'un dégrèvement de groupe et à destination d'une société résidente, des pertes subies par l'établissement stable dans cet État membre de la société non-résidente à une condition tenant à l'impossibilité de les utiliser pour les besoins d'un impôt étranger, alors que le transfert des pertes subies dans cet État membre par une société résidente n'est soumis à aucune condition équivalente(766).

590. – **Intégration fiscale. Groupe de sociétés. Article 223 A du Code général des impôts.** L'ex-article 43 TCE s'oppose à la législation d'un État membre en vertu de laquelle un régime d'imposition de groupe, tel que celui prévu à l'article 223 A

(762) CJUE, 25 févr. 2010, aff. 337/08, *X Holding BV*, pts 17, 31 et 32 : *RJF* 2010, n° 552, et p. 377, étude M. Wathelet.
(763) CJUE, 25 févr. 2010, préc., pt 38.
(764) CJCE, 14 déc. 2000, aff. 141/99, *Amid : Rec. CJCE* 2000, I, p. 11619, concl. Alber ; *RJF* 2001, n° 572 ; *Dr. fisc.* 2001, n° 6, p. 254.
(765) CJCE, 15 mai 2008, aff. 404/06, *Lidl Belgium* : *RJF* 2008, n° 1030 ; *Dr. fisc.* 2008, n° 37, comm. 476, chron. L. Bernardeau et F. Schmied.
(766) CJUE, 6 sept. 2012, aff. 18/11, *Philips Electronics* : *Dr. fisc.* 2012, n° 37, act. 362.

du Code général des impôts, est accordé à une société mère résidente de cet État membre qui détient des filiales et des sous-filiales également résidentes de cet État, mais qui est exclu pour une telle société mère si ses sous-filiales résidentes sont détenues par l'intermédiaire d'une filiale résidente d'un autre État membre(767).

2° *Exit tax*

591. – ***Exit tax*. Article 167 *bis* du Code général des impôts. Imposition immédiate des plus-values constatées.** Dans sa rédaction première, l'article 167 bis du Code général des impôts, issu de la loi n° 98-1266 du 30 décembre 1998, de finances pour 1999, disposait que les contribuables fiscalement domiciliés en France pendant au moins six années au cours des dix dernières années étaient immédiatement imposables, à la date du transfert de leur domicile hors de France, au titre des plus-values constatées sur les cessions de valeurs mobilières et de droits sociaux. En application du *f* de l'article 164 B du Code général des impôts, auquel renvoyait l'article 167 bis, l'imposition était prévue pour les plus-values afférentes à des participations supérieures à 25 % des droits dans les bénéfices sociaux. De même, en vertu du 1 bis de l'article 167 du même code, le transfert du domicile hors de France entraînait immédiatement l'imposition des plus-values en report d'imposition.

Ces régimes prévoyaient toutefois que le contribuable pouvait demander à bénéficier d'un sursis au paiement de l'impôt jusqu'à la transmission, le rachat, le remboursement ou l'annulation des titres. Ce sursis n'était pas automatique et il était subordonné à la condition que le contribuable constitue auprès du comptable chargé du recouvrement, préalablement à son départ, des garanties propres à assurer le recouvrement de la créance du Trésor. Ce sursis de paiement était assimilé au sursis de paiement prévu à l'article L. 277 du Livre des procédures fiscales.

Dans un arrêt d'assemblée du 14 décembre 2001, le Conseil d'État a jugé qu'eu égard aux sujétions que peut comporter la constitution des garanties de recouvrement, la question de savoir si le principe de la liberté d'établissement s'oppose à ce qu'un État membre institue, à des fins de prévention d'un risque d'évasion fiscale, un mécanisme d'imposition immédiate des plus-values en cas de transfert du domicile fiscal, tel que le dispositif de l'article 167 bis du Code général des impôts, présentait une difficulté sérieuse dont il y avait lieu de saisir à titre préjudiciel la Cour de justice des Communautés européennes(768).

La Cour a décidé que la liberté d'établissement faisait obstacle à l'institution de ce mécanisme(769).

Cette décision a entraîné l'abrogation des dispositions de l'article 167 bis et du 1 bis de l'article 167 du Code général des impôts par la loi n° 2004-1484 du

(767) CJCE, 27 nov. 2008, aff. 418/07, *Sté Papillon* : *RJF* 2009, n° 180 ; *BDCF* 2009, n° 16, concl. J. Kokott ; *Dr. fisc.* 2008, n° 52, comm. 644, note J.-L. Pierre. – P. Dibout, *Le périmètre des groupes de sociétés et la liberté d'établissement* : *Dr. fisc.* 2008, n° 52, étude 640. – Y. Rutschmann, P. Dibout et L. de la Rocque, *Arrêt Sté Papillon : quelles incidences pratiques ?* : *Dr. fisc.* 2009, n° 16, étude 277 ; *Intégration fiscale : précisions réglementaires relatives aux groupes Papillon* : *Dr. fisc.* 2012, n° 48, act. 472. – V. aussi, TA Cergy-Pontoise, 3 oct. 2012, n° 1102790, *Sté Zambon France* : *Dr. fisc.* 2012, n° 46, comm. 516, concl. N. Peton-Philippot, note N. Chayvialle.

(768) CE, ass., 14 déc. 2001, n° 211.341, *de Lasteyrie du Saillant* : *RJF* 2002, n° 160 et p. 112, concl. G. Goulard.

(769) CJCE, 11 mars 2004, aff. 9/02, *Lasteyrie du Saillant* : *Dr. fisc.* 2004, n° 20, comm. 483, note Boutemy et Meier ; *FR Lefebvre* 21/2004, p. 15, note Gouthière ; *RJF* 2004, n° 558, chron. Olléon, p. 347 et s. ; *LPA* 15 mars 2004, chron. Boutemy et Meier. – CAA Lyon, 30 nov. 2006, n° 06-901, *Regnault de Maulmin* : *RJF* 2007, n° 494 ; *BDCF* 2007, n° 50, concl. Gimenez.

30 décembre 2004, de finances pour 2005 (art. 19). Elle avait déjà motivé l'annulation, par le Conseil d'État, des dispositions du décret n° 99-590 du 6 juillet 1999 pris pour l'application de l'article 167 bis du Code général des impôts(770).

La suppression de l'*exit tax* a concerné les contribuables qui ont transféré leur domicile hors de France à compter du 1er janvier 2005. Mais ceux qui l'avaient acquittée avant cette date ont pu engager une action en décharge ou en restitution sur le fondement des dispositions de l'article L. 190 du Livre des procédures fiscales.

Les dispositions du 1 bis de l'article 167 et celles de l'article 167 bis du Code général des impôts étaient applicables aux contribuables ayant transféré leur domicile hors de France à compter du 9 septembre 1998. L'administration a commenté dans une note du 31 octobre 2012 le dispositif d'*exit tax* qui s'est appliqué au transfert de domicile fiscal hors de France intervenu entre le 9 septembre 1998 et le 31 décembre 2004(771).

Les dispositions de l'article 167 bis du Code général des impôts étaient inapplicables aux contribuables qui, pouvant invoquer la liberté d'établissement, transféraient leur domicile dans un autre État membre. Le Conseil d'État a précisé ainsi que les contribuables qui avaient transféré leur domicile hors de l'Union européenne, notamment en Suisse, ne pouvaient s'en prévaloir, pas plus, du reste, que de l'incompatibilité des dispositions de l'article 167 bis du Code général des impôts avec la liberté de circulation des capitaux. Il a jugé à cette occasion qu'un contribuable qui a transféré son domicile en Suisse postérieurement à l'entrée en vigueur de l'article 167 bis précité ne pouvait non plus se prévaloir, sur le fondement de l'article 1er du Protocole n° 1 de la Convention européenne des droits de l'homme, d'aucune espérance légitime de ne pas être imposé en France à raison des plus-values latentes constatées à la date de transfert de son domicile fiscal hors de France et qu'il ne pouvait soutenir davantage que les stipulations du paragraphe 1 de l'article 6 de cette convention, combinées avec celles de l'article 1er du premier protocole et le principe de sécurité juridique, auraient été méconnues par l'administration du fait d'une prétendue rétroactivité de la loi(772).

Le Conseil d'État a encore écarté le moyen tiré de ce que l'article 167 bis du Code général des impôts méconnaîtrait les stipulations de l'article 2-2 du Protocole additionnel n° 4 à la Convention européenne des droits de l'homme prévoyant que « toute personne est libre de quitter n'importe quel pays y compris le sien »(773).

Concernant l'application de la convention fiscale conclue entre la France et la Suisse en date du 9 septembre 1966, il a été jugé que l'article 15 de cette convention ne faisait pas obstacle à l'imposition en France des plus-values latentes réalisées par les contribuables qui, en application de l'article 4 de cette même convention, conservaient la qualité de résidents en France jusqu'à l'expiration du jour où s'est accompli le transfert de leur domicile en Suisse(774).

(770) CE, 10 nov. 2004, n° 211.441, *De Lasteyrie du Saillant : Dr. fisc.* 2005, n° 2, comm. 101, concl. S. Verclytte ; *RJF* 2005, n° 135 ; *BDCF* 2005, n° 17, concl. S. Verclytte.

(771) *BOI* 31 oct. 2012 ; *Dr. fisc.* 2012, n° 48, comm. 536.

(772) CE, 21 nov. 2012, n° 347.223, *Daumen* : *Dr. fisc.* 2013, n° 6, comm. 145, concl. V. Daumas ; *RJF* 2013, n° 164 ; *BDCF* 2013, n° 20, concl. V. Daumas.

(773) CE, 29 avr. 2013, n° 357.574, *Rodriguez*, consid. 13 : *RJF* 2013, n° 729. et p. 611, chron. E. Bokdam-Tognetti.

(774) CE, 29 avr. 2013, *Rodriguez*, préc., consid. 15.

Le Conseil d'État a précisé, en outre, que la Confédération suisse n'ayant pas adhéré au marché intérieur de l'Union, l'interprétation du droit de l'Union concernant la liberté d'établissement ne peut être automatiquement transposée, en l'absence de stipulation expresse de l'accord sur la libre circulation des personnes conclu à Luxembourg le 21 juin 1999 entre la Communauté européenne et ses États membres, d'une part, et la Confédération suisse, d'autre part ; il a rejeté en conséquence le moyen tiré de ce que l'article 167 bis du Code général des impôts méconnaîtrait les stipulations de cet accord au motif qu'elles garantiraient le principe de la liberté d'établissement[(775)].

Sur l'application des dispositions relatives au report d'imposition pour un contribuable ayant transféré son domicile fiscal hors de France dans un autre État membre de l'Union européenne, en l'espèce, la Belgique : CE, 1er févr. 2012, n° 330.006, *Mathieu* : *RJF* 2012, n° 363.

592. – La décision de la Cour de justice des Communautés européennes du 11 mars 2004 était tombée comme un couperet : « Le principe de la liberté d'établissement (...) doit être interprété en ce sens qu'elle s'oppose à ce qu'un État membre institue, à des fins de prévention d'un risque d'évasion fiscale, un mécanisme d'imposition des plus-values latentes, tel que celui prévu à l'article 167 bis du Code général des impôts, en cas de transfert du domicile fiscal d'un contribuable hors de cet État » (pt 69). La Cour de justice des Communautés européennes avait écarté toutes les objections, notamment du Gouvernement français, sans reprendre à son compte certains éléments de l'argumentation qui lui était présentée et qui auraient pu laisser entrevoir les conditions auxquelles elle était disposée à admettre la compatibilité d'un dispositif d'*exit tax* avec la liberté d'établissement. Elle avait rejeté sèchement l'argument selon lequel il convient de tenir compte de la répartition du pouvoir fiscal entre l'État de départ et l'État d'accueil au motif que le litige ne portait pas sur la répartition du pouvoir d'imposition entre États membres ni sur le droit des autorités françaises d'imposer des plus-values latentes en voulant réagir à des transferts de domicile artificiels, mais sur la question de savoir si les mesures adoptées dans ce but sont conformes aux exigences de la liberté d'établissement (pt 68). Elle avait rappelé seulement le principe « qu'une mesure qui est susceptible d'entraver la liberté d'établissement (...) ne saurait être admise que si elle poursuit un objectif légitime compatible avec le traité et est justifiée par des raisons impérieuses d'intérêt général. Mais encore faut-il, en pareil cas, que son application soit propre à garantir la réalisation de l'objectif ainsi poursuivi et n'aille pas au-delà de ce qui est nécessaire pour atteindre celui-ci » (pt 49).

La Cour de justice des Communautés européennes a précisé sa doctrine dans la décision du 7 septembre 2006, concernant un dispositif néerlandais d'*exit tax*[(776)].

Les termes utilisés pour la déclaration de non-conformité font clairement apparaître l'évolution de la doctrine de la Cour de justice des Communautés européennes : « l'article 43 TCE doit être interprété en ce sens qu'il s'oppose à ce qu'un État membre institue un régime d'imposition des plus-values en cas de transfert du

(775) CE, 21 nov. 2012, *Daumen*, préc. – CE, 29 avr. 2013, n° 357.575, *Coutre* et n° 357.576, *Picart* : *RJF* 2013, n° 729 ; *Dr. fisc.* 2013, n° 20, act. 271.
(776) Aff. 470/04 : *RJF* 2006, n° 1481.

domicile d'un contribuable hors de cet État membre, (...), qui conditionne l'octroi du sursis de paiement de cet impôt à la constitution de garanties et qui ne tient pas entièrement compte des moins-values susceptibles de se produire ultérieurement au transfert de domicile de l'intéressé et qui n'étaient pas prises en compte par l'État membre d'accueil ».

Poussant plus loin son analyse, s'agissant de la condition tenant à la satisfaction d'un but d'intérêt général, elle admet l'argument tiré de ce que le dispositif de l'*exit tax* vise à « assurer une répartition, sur la base du principe de territorialité, du pouvoir d'imposition des plus-values des droits sociaux entre les États membres » (pt 40) et rappelle à ce sujet (pt 42) que « la préservation de la répartition du pouvoir d'imposition entre les États membres est un objectif légitime reconnu par la Cour »(777). L'imposition des plus-values latentes n'est pas en désaccord avec le principe de territorialité fiscale associé à un élément temporel, à savoir le séjour sur le territoire national durant toute la période où le gain imposable est apparu. La déclaration fiscale exigée au moment du transfert du domicile ne peut donc être considérée comme disproportionnée au regard de l'objectif légitime de répartition du pouvoir fiscal, notamment aux fins de l'élimination de la double imposition entre les États membres (pts 46 et 49).

Finalement, les réserves de la Cour de justice des Communautés européennes ont porté principalement sur l'impossibilité de tenir compte des moins-values susceptibles de se produire postérieurement au transfert du domicile du contribuable concerné et aussi – et peut-être surtout – sur la disposition qui conditionne l'octroi du sursis de paiement de l'impôt à la constitution de garanties importantes qui ont pour effet de priver le contribuable de la jouissance des biens donnés en garantie(778).

593. – Un nouveau régime a été institué par l'article 48 de la première loi de finances rectificative pour 2011, n° 2011-900 du 29 juillet 2011(779). Il s'applique aux transferts de domicile fiscal intervenus depuis le 3 mars 2011. Il a fait l'objet de commentaires administratifs dans une instruction du 31 octobre 2012(780).

L'imposition immédiate lors du transfert du domicile fiscal hors de France s'étend désormais aux créances qui trouvent leur origine dans une clause contractuelle de complément de prix à recevoir en exécution d'une clause d'indexation (clause d'*earn-out*). Cette clause s'entend de toute convention entre le cédant et le cessionnaire par laquelle ce dernier s'engage à verser au cédant un complément de prix exclusivement déterminé en fonction d'une indexation en relation directe avec l'activité de la société dont les titres sont l'objet du contrat.

La condition relative à l'importance des participations détenues par le cédant des droits sociaux, valeurs ou titres est également modifiée.

Mais les modifications les plus importantes sont celles qui avaient suscité l'opposition de la Cour de justice des Communautés européennes. Elles concernent essentiellement le sursis de paiement. Ce sursis est désormais automatique, autrement dit de droit et sans prise de garantie, lorsque le contribuable transfère son domicile fis-

(777) CJCE, 13 déc. 2005, aff. 446/03, *Marks et Spencer*, pt 45.
(778) CJCE, 7 sept. 2006, pts 36 et 55.
(779) *Dr. fisc.* 2011, n° 30, comm. 445.
(780) *Dr. fisc.* 2012, n° 48, comm. 535.

cal dans un État membre de l'Union européenne ou dans un autre État partie à l'accord sur l'Espace économique européen ayant conclu avec la France une convention d'assistance administrative en vue de lutter contre la fraude et l'évasion fiscales ainsi qu'une convention d'assistance mutuelle en matière de recouvrement ayant une portée similaire à celle prévue par la directive n° 2010/24/UE du Conseil du 16 mars 2010, concernant l'assistance mutuelle en matière de recouvrement des impôts[(781)].

Le sursis de paiement peut être accordé sur la demande du contribuable lorsqu'il transfère son domicile fiscal dans un autre État, et sous réserve de la prise de garanties. Ces garanties ne sont cependant pas exigées en cas de transfert du domicile fiscal pour des raisons professionnelles dans certains États[(782)].

La valeur réelle des biens devant être prise en compte lors de leur transmission, l'impôt relatif à la plus-value latente ou à la créance issue d'une clause de complément de prix peut être diminué en fonction de la plus ou moins-value effectivement réalisée ou du complément de prix effectivement perçu après le transfert de domicile fiscal hors de France et l'impôt est alors dégrevé ou restitué[(783)].

Afin d'éviter une double imposition, l'impôt éventuellement acquitté dans l'État de résidence est imputable sur l'impôt dû en France au titre de la plus-value latente ou de la créance dans la limite de ce dernier et à proportion de la part d'assiette taxée par la France[(784)].

Le régime d'*exit tax* institué par la loi de finances rectificative pour 2011 a fait l'objet de deux décisions du Conseil d'État.

La Haute juridiction a écarté d'abord le moyen tiré de ce que l'article 167 bis nouveau du Code général des impôts méconnaîtrait les stipulations de l'article 1er du Protocole n° 1 à la Convention européenne des droits de l'homme ; le législateur n'a privé les contribuables d'aucune espérance légitime de ne pas être imposés en France à raison des plus-values constatées à la date du transfert du domicile fiscal hors de France[(785)].

Le Conseil d'État a été appelé à se prononcer également sur la conventionnalité des dispositions nouvelles au regard de l'accord du Luxembourg du 21 juin 1999 entre la Communauté européenne et la Confédération suisse. L'article 167 bis du Code général des impôts prévoit que le sursis de paiement n'est accordé aux contribuables transférant leur domicile fiscal en Suisse que sur demande expresse, qu'ils doivent désigner un représentant établi en France autorisé à recevoir les communications utiles de l'administration fiscale et constituer les garanties propres à assurer le recouvrement de l'imposition. Il a été jugé que ces dispositions ne portent pas une atteinte au droit d'établissement et à la liberté de circulation garantis par l'accord du 21 juin 1999, non plus qu'aux principes de libre circulation des personnes et des travailleurs, et qu'au surplus, ces mesures sont destinées à assurer l'imposition, le paiement et le recouvrement effectif des impôts ou à éviter l'évasion fiscale au sens des stipulations du 3 de l'article 21 de cet accord[(786)].

(781) Dir. 16 mars 2010, art. 167 bis IV.
(782) Dir. 16 mars 2010, art. 167 bis V.
(783) Dir. 16 mars 2010, art. 167 bis VIII.
(784) Dir. 16 mars 2010, art. 167 bis VIII, 5.
(785) CE, 12 juill. 2013, n° 359.314, *Gibier : Dr. fisc.* 2013, n° 37, comm. 417, concl. B. Bohnert, note F. Le Mentec ; *RJF* 2013, n° 1028 ; *BDCF* 2013, n° 113, concl. B. Bohnert.
(786) CE, 12 juill. 2013, *Gibier*, préc.

Dans le cas de transfert du domicile fiscal dans un État membre de l'Union européenne, en l'espèce la Belgique, le Conseil d'État a rejeté plusieurs moyens tirés de la méconnaissance de l'article 49 TFUE sur la liberté d'établissement par des dispositions de l'article 167 bis du Code général des impôts. Concernant le mécanisme d'élimination d'une éventuelle double imposition qui résulterait de l'application d'une convention fiscale, il a écarté le moyen en jugeant que si le montant de l'impôt dû en France est supérieur à celui mis à la charge du contribuable à l'étranger, cette situation résulte du pouvoir de chaque État à définir son régime d'impositions et ne contrevient à aucun principe du droit de l'Union[(787)].

En revanche, concernant les règles relatives au sursis de paiement, il a considéré que certaines dispositions nouvelles étaient contraires à la liberté d'établissement.

Les dispositions du VII de l'article 167 bis (*b* du 1 et 2) du Code général des impôts imposent au contribuable qui a transféré son domicile fiscal à l'étranger de démontrer que la donation des titres n'est pas réalisée dans un but exclusivement fiscal pour obtenir le maintien du sursis de paiement ainsi que le dégrèvement ou, s'il a été acquitté, le remboursement de l'impôt sur les plus-values latentes, alors qu'un contribuable qui conserve son domicile fiscal en France n'est soumis à aucun contrôle *a priori* de ses intentions en cas de donation de titres et n'est pas soumis à une imposition sur le revenu.

La Haute juridiction a considéré que ni le transfert du domicile du contribuable hors de France ni la donation des titres avant l'expiration du délai de huit ans n'impliquent, en soi, une évasion fiscale ; l'obligation qui est faite aux contribuables de démontrer l'absence de montage destiné à éluder exclusivement l'impôt, sans que l'administration fiscale ait à fournir, à cet égard, le moindre indice d'abus, va au-delà de ce qu'implique normalement la lutte contre la fraude fiscale, dès lors que l'administration a les moyens d'obtenir des informations relatives à la donation des titres de la part des autorités compétentes d'un État membre, notamment dans le cadre des directives relatives à l'assistance mutuelle des autorités compétentes des États membres dans le domaine des impôts directs. Le principe de liberté d'établissement s'oppose, en conséquence, à ce que soit mise à la charge d'un contribuable ayant transféré son domicile hors de France la preuve de ce que la donation à laquelle il procède n'est pas faite à la seule fin d'éluder l'impôt pour pouvoir bénéficier du maintien du sursis de paiement et du dégrèvement de l'impôt ou pour en obtenir la restitution s'il a été acquitté. Le Conseil d'État a annulé en conséquence la disposition du décret du 6 avril 2012 créant l'article 91 octodecies inséré dans l'annexe II au Code général des impôts en tant qu'il porte application des dispositions de l'article 167 bis du même code relatives aux preuves à apporter par les contribuables ayant transféré leur résidence fiscale dans un État membre de l'Union européenne pour établir que les donations de titres n'ont pas un but exclusivement fiscal[(788)].

Lorsqu'une somme peut être imposée en France sur le fondement d'une disposition du Code général des impôts, il est fait échec à cette imposition lorsque celle-ci

(787) CE, 12 juill. 2013, n° 359.994, *Aube-Martin : Dr. fisc.* 2013, n° 37, comm. 417, concl. B. Bohnert, note F. Le Mentec ; *RJF* 2013, n° 1029 ; *BDCF* 2013, n° 113, concl. B. Bohnert ; *LPA* 12 déc. 2013, concl. B. Bohnert ; *LPA* 12 déc. 2013, n° 248, note A. Revel.

(788) CE, 12 juill. 2013, *Aube-Martin*, préc.

est réservée à un autre pays en application des stipulations d'une convention fiscale bilatérale. Le juge de l'impôt doit alors constater, le cas échéant d'office, que, dans le cadre de la répartition du droit d'imposer convenue entre les États parties à cette convention, il y a lieu d'appliquer ces stipulations et non celles de la loi nationale prévoyant l'imposition en France. En revanche, et eu égard à l'objet d'une telle convention, un moyen tiré de la méconnaissance de ces stipulations par des dispositions législatives de portée générale ne saurait être utilement invoqué à l'appui d'un recours pour excès de pouvoir contre des dispositions réglementaires prises pour l'application de telles dispositions. Le Conseil d'État a en conséquence écarté le moyen tiré de ce que l'article 167 bis du Code général des impôts concernant l'*exit tax*, issu de la loi de finances rectificative pour 2011, pour l'application duquel le décret n° 2012-457 du 6 avril 2012 a été pris[789] méconnaîtrait certaines stipulations de la convention conclue entre la France et la Suisse du 9 septembre 1966 ou de la convention fiscale franco-belge du 10 mars 1964[790].

594. – On rapprochera du cas de l'imposition immédiate des plus-values latentes celui de l'obligation imposée aux contribuables transférant leur résidence dans un autre État membre d'inclure tout revenu non imputé dans la base imposable du dernier exercice fiscal pour lequel ils ont été considérés comme contribuables résidents. La Cour de justice de l'Union européenne a déclaré la disposition prévoyant cette obligation contraire à l'article 43 TCE[791].

595. – Transfert du siège de direction effective d'une société dans un État membre autre que celui de sa constitution. Cette situation a été réglée par la Cour de justice de l'Union européenne dans un arrêt du 29 novembre 2011[792]. Une société constituée selon le droit d'un État membre, qui transfère son siège de direction effective dans un autre État membre, sans que ce transfert affecte sa qualité de société du premier État membre, peut se prévaloir de l'article 49 TFUE aux fins de mettre en cause la légalité d'une imposition mise à sa charge, par le premier État membre, à l'occasion du transfert de siège. L'article 49 TFUE s'oppose à une réglementation d'un État membre qui impose le recouvrement immédiat de l'imposition sur les plus-values latentes afférentes aux éléments de patrimoine d'une société transférant son siège de direction effective dans un autre État membre, au moment même de ce transfert. Mais il ne s'oppose pas à une réglementation en vertu de laquelle le montant de l'imposition sur les plus-values latentes afférentes à des éléments du patrimoine d'une société est fixé définitivement, sans prise en considération des moins-values, non plus que des plus-values susceptibles d'être réalisées ultérieurement, au moment où la société, en raison du transfert de son siège, cesse de percevoir des bénéfices taxables dans le premier État membre ; il est indifférent à cet égard que les plus-values latentes imposées se rapportent à des gains de change qui ne peuvent être exprimés dans l'État membre d'accueil compte tenu du régime fiscal qui y est en vigueur.

(789) CGI, ann. II, art. 91 octodecies.
(790) CE, 12 juill. 2013, n° 359.994, *Gibier* et du même jour, n° 359.994, *Aube-Martin* : *Dr. fisc.* 2013, n° 37, comm. 417, concl. B. Bohnert, note F. Le Mentec.
(791) CJUE, 12 juill. 2012, aff. 269/09, *Commission c/Royaume d'Espagne* : *RJF* 2012, n° 1172.
(792) Aff. 371/10 : *D.* 2012, 784, note R. Kovar ; *RJF* 2012, n° 192.

Il a été jugé par la suite qu'un État membre a manqué aux obligations qui lui incombent en vertu de l'article 49 TFUE en adoptant, tel le Portugal, des dispositions qui prévoient la taxation immédiate des plus-values latentes afférentes aux actifs concernés lors du transfert du siège, mais pas celle des plus-values latentes résultant d'opérations purement nationales[793], – ou tel les Pays-Bas, en adoptant une réglementation nationale prévoyant l'imposition des plus-values non réalisées lors du transfert d'une entreprise ou lors du transfert du siège social statutaire ou réel d'une société dans un autre État membre[794], – ou, telle l'Espagne, en adoptant des dispositions prévoyant, en cas de transfert, que les plus-values non réalisées sont intégrées dans l'assiette imposable de l'exercice fiscal de la société, tandis que ces plus-values n'ont aucune conséquence fiscale immédiate si ces opérations ont lieu sur le territoire espagnol[795].

3° Rémunération de services rendus par une personne domiciliée en France

596. – **Article 155 A du Code général des impôts.** La question de la compatibilité des dispositions de l'article 155 A du Code général des impôts (V. *supra*, n° 462) avec le principe de la liberté d'établissement a été tranchée par le Conseil d'État : ces dispositions visent uniquement l'imposition des services essentiellement rendus par une personne établie ou domiciliée en France et ne trouvant aucune contrepartie réelle dans une intervention propre d'une personne établie ou domiciliée hors de France ; en l'absence d'une telle contrepartie permettant de regarder les services concernés comme rendus pour le compte de cette dernière personne, sa liberté de s'établir hors de France ne saurait être entravée du fait des dispositions de l'article 155 A du Code général des impôts, d'où il résulte qu'elle ne peut se prévaloir d'une atteinte à la liberté d'établissement[796].

Il avait été jugé que les dispositions de l'article 155 A précité vont au-delà de ce qui est nécessaire pour atteindre l'objectif de lutte contre l'évasion fiscale qu'elles poursuivent ; dès lors, elles sont incompatibles avec les dispositions des articles 49 et 56 TFUE, relatives à la liberté d'établissement et à la libre prestation de services[797].

4° Fiscalité personnelle

597. – **Impôt sur la fortune.** L'article 49 TFUE s'oppose à la réglementation d'un État membre en vertu de laquelle l'octroi d'une réduction de l'impôt sur la fortune est subordonné à la condition de rester assujetti à cet impôt pendant les cinq années d'imposition suivantes[798].

(793) CJUE, 6 sept. 2012, aff. 38/10 : *Dr. fisc.* 2012, n° 37, act. 363 ; *RJF* 2013, n° 115.
(794) CJUE, 31 janv. 2013, aff. 301/11 : *RJF* 2013, n° 448.
(795) CJUE, 25 avr. 2013, aff. 64/11.
(796) CE, 20 mars 2013, n° 346.642, *Piazza* : *Dr. fisc.* 2013, n° 20, comm. 282, concl. F. Aladjidi, note C. de la Mardière ; *RJF* 2013, n° 578 ; *BDCF* 2013, n° 63, concl. F. Aladjidi. – V. dans le même sens : CAA Paris, 1er déc. 2011, n° 09-2693, *Mahul* : *Dr. fisc.* 2012, n° 7, comm. 148, concl. Y. Egloff, note C. de la Mardière ; *RJF* 2012, n° 337 ; *BDCF* 2012, n° 40, concl. Y. Egloff. – CAA Versailles, 10 mai 2012, n° 09-2775, *Sierra* : *Dr. fisc.* 2012, n° 45, comm. 507, concl. L. Dioux-Moebs, note C. de la Mardière ; *RJF* 2012, n° 890.
(797) CAA Douai, 14 déc. 2010, req. 08-1103, *Deschilder* : *RJF* 2011, n° 400 ; *BDCF* 2011, n° 39, concl. P. Minne ; *Dr. fisc.* 2011, n° 4, comm. 133, concl. Minne. – V. aussi : CAA Paris, 11 oct. 2012, n° 10.04573, *Casta* : *Dr. fisc.* 2013, n° 4, comm. 79, concl. Mme Bernard, note G. Loustalet ; *RJF* 2013, n° 113 ; *BDCF* 2013, n° 12, concl. Mme Bernard. – Instr. 30 mai 2011 : *BOI* 13 L-5-11 ; *Dr. fisc.* 2011, n° 25, II, 14473. – L. Vallée, *Art. 155 A, Droit communautaire et convention fiscale* : *FR Lefebvre* 25/2009. – R. Gaudet et L. Praly, *Évasion fiscale : le législateur va-t-il trop loin ?* : *LPA* 5 sept. 2013, n° 178.
(798) CJUE, 6 sept. 2012, aff. 380/11 : *Dr. fisc.* 2012, n° 37, act. 361.

D. – Liberté de prestation des services

598. – **Généralités.** La libre prestation des services permet à une personne physique ou à une société de fournir des services dans un État membre autre que celui de sa résidence.

Aux termes de l'article 57 TFUE, sont considérées comme services les prestations fournies normalement contre rémunération, dans la mesure où elles ne sont pas régies par les dispositions relatives à la libre circulation des marchandises, des capitaux et des personnes. Le régime de la liberté de prestation de services présente ainsi un caractère résiduel.

Les services comprennent notamment : – des activités de caractère industriel ; – des activités de caractère commercial ; – des activités artisanales – et les activités des professions libérales.

L'article 56 TFUE pose en principe que les restrictions à la libre prestation des services à l'intérieur de l'Union sont interdites à l'égard des ressortissants des États membres établis dans un État membre autre que celui du destinataire de la prestation. Le traité de Lisbonne a prévu toutefois l'extension de la liberté de prestation de services aux prestataires ressortissants d'un État tiers et établis à l'intérieur de l'Union.

Les dispositions du traité n'appliquent aucun critère concernant la durée des prestations de services. La complexité de certains d'entre eux crée un risque de confusion avec la liberté d'établissement. Au reste, la dernière disposition de l'article 57 TFUE prévoit que « sans préjudice des dispositions du chapitre relatif au droit d'établissement, le prestataire peut, pour l'exécution de sa prestation, exercer, à titre temporaire, son activité dans l'État membre où la prestation est fournie, dans les mêmes conditions que celles que cet État impose à ses propres ressortissants ».

La libre prestation des services a fait l'objet de la directive n° 2006/123 du 12 décembre 2006, directive dont un premier projet, plus connu sous le nom de « directive Bolkestein », est à l'origine d'un débat désigné parfois sous celui du « plombier polonais ».

1° Professions libérales

599. – La Cour de justice des Communautés européennes a jugé ainsi, dans son arrêt du 10 juillet 1991, que la législation française était contraire aux obligations découlant des articles 59 et 60 du Traité CE[799] et de la directive n° 77/249 du 22 mars 1977 tendant à faciliter l'exercice effectif de la libre prestation de services par les avocats, en obligeant l'avocat prestataire de services à agir de concert avec un avocat inscrit à un barreau français pour l'exercice d'activités pour lesquelles l'État français n'exige pas l'assistance obligatoire d'avocat. Elle avait ainsi entendu censurer les dispositions de l'article 126-3 du décret du 9 juin 1972 organisant la profession d'avocat en instaurant une telle obligation. Ces dispositions ont donc été déclarées inapplicables[800].

(799) Art. 56 et 57 TFUE.
(800) CE, 23 mars 1992, req. n° 54806, *Sté Klöckner France* : *Dr. fisc.* 1993, comm. 108 ; *RJF* 1992, n° 761.

2° Fiscalité de l'entreprise

600. – **Taxes aéroportuaires.** L'article 40 TCE[801] s'oppose, notamment dans l'optique d'un marché unique, à l'application de toute réglementation nationale ayant pour effet de rendre la prestation de services entre États membres plus difficile que la prestation de services purement interne à un État membre. En instituant, d'une part, une taxe de service aux passagers d'un montant plus élevé pour les vols intracommunautaires que pour les vols nationaux et, d'autre part, une taxe de sécurité d'un montant plus élevé pour les vols intracommunautaires que pour certains vols nationaux, la République portugaise a manqué aux obligations qui lui incombent en vertu des dispositions combinées de l'article 49 TCE[802] et de l'article 3, § 1, du règlement n° 2408/92 du Conseil du 23 juillet 1992, concernant l'accès des transporteurs aériens communautaires aux liaisons aériennes intracommunautaires[803].

601. – **Taxe communale sur les antennes paraboliques.** Les articles 49 et 50 TCE[804] doivent être interprétés en ce sens qu'ils font obstacle à l'application d'une taxe sur les antennes paraboliques instaurée par une collectivité locale d'un État membre lorsqu'il s'avère qu'une telle taxe est de nature à gêner davantage les activités des opérateurs actifs dans le domaine de la radio diffusion ou de la transmission télévisuelle établis dans d'autres États membres, tandis qu'elle assure un avantage particulier au marché intérieur de l'État membre concerné et aux activités de radiodiffusion et de télédistribution internes à ce dernier État membre.

En admettant même que la poursuite de l'objectif de protection de l'environnement invoqué par la commune soit de nature à justifier une entrave à la libre prestation des services et à supposer qu'il soit établi que la simple réduction du nombre d'antennes paraboliques escomptée du fait de l'instauration de la taxe soit de nature à garantir la réalisation de cet objectif, ladite taxe excède ce qui est nécessaire pour atteindre cet objectif. En effet, d'autres moyens, moins restrictifs de la libre prestation des services, sont envisageables pour atteindre un objectif de protection de l'environnement urbanistique, tels que, notamment, l'adoption de prescriptions relatives à la taille des antennes, à la localisation et aux modalités d'implantation de celles-ci sur le bâtiment ou aux abords de ce dernier ou à l'utilisation d'antennes collectives[805].

602. – **Crédit d'impôt recherche.** Les dispositions relatives au crédit d'impôt recherche réservaient à l'origine cet avantage fiscal aux seules opérations de recherches réalisées en France. Cette réglementation empêchait ainsi le contribuable de rapporter la preuve que les dépenses afférentes aux activités de recherches réalisées dans d'autres États membres avaient réellement été engagées et respectaient les critères prescrits.

(801) Art. 46 TFUE.
(802) Art. 56 TFUE.
(803) CJCE, 26 juin 2001, aff. 70/99, *Commission c/Portugal*, pts 22, 27 et 38 : *Rec. CJCE* 2001, I, p. 4845, concl. Alber ; *RJF* 2001, n° 1338.
(804) Art. 56 et 57 TFUE.
(805) CJCE, 29 nov. 2001, aff. 17/00, *François de Coster*, pts 35 à 38 : *Rec. CJCE* 2001, I, p. 9445, concl. Ruiz-Jarabo Colomer ; *AJDA* 2002, p. 1133, note R. Allemand.

Il a été jugé que cette réglementation ne saurait être justifiée au titre de l'efficacité des contrôles fiscaux : « en effet, il ne saurait être exclu, *a priori*, que le contribuable soit en mesure de fournir des pièces justificatives pertinentes permettant aux autorités fiscales de l'État membre d'imposition de vérifier, de façon claire et précise, la réalité et la nature des dépenses de recherche engagées dans d'autres États membres ». Cette réglementation était donc contraire à l'article 49 TCE[806].

603. – **Taxe professionnelle. Taxation au nom du propriétaire de matériels loués.** Les dispositions du 3° de l'article 1469 du Code général des impôts ont pour conséquence qu'une entreprise ayant pour activité la location de biens non passibles de la taxe foncière pour une durée de plus de six mois à une entreprise qui les utilise matériellement pour ses propres activités, est tenue d'inclure dans ses propres bases de taxe professionnelle la valeur locative de ces biens lorsque le preneur est établi dans un autre État membre, alors que tel n'est pas le cas lorsque le preneur est établi en France et y est lui-même passible de la taxe professionnelle. Toutefois, une telle différence de traitement, qui a pour seul objet de modifier, pour tenir compte des règles de territorialité de la taxe professionnelle, le redevable légal de la cotisation due à raison de l'utilisation de ses biens pour les besoins d'une activité économique, ne constitue pas à l'égard du prestataire, qui loue un bien à un preneur établi à l'étranger qui ne supporte pas la taxe, une différence de traitement incompatible avec la libre prestation de services au sein de l'Union européenne[807].

604. – **Imposition forfaitaire sur les entreprises de réseaux (composante ferroviaire).** La loi n° 2009-1673 du 30 décembre 2009, de finances pour 2010, a créé un article 1635-O quinquies du Code général des impôts instaurant, au profit des collectivités territoriales ou de leurs établissements publics de coopération intercommunale, une imposition forfaitaire sur les entreprises de réseaux.

Les dispositions d'une instruction, qui réitèrent des dispositions législatives méconnaissant les stipulations de l'article 56 TFUE, ont été déclarées illégales en tant qu'elles prévoient les conditions d'assujettissement à l'imposition forfaitaire sur les entreprises de réseaux des entreprises de transport ferroviaire qui n'ont pas leur siège en France[808].

L'imposition forfaitaire sur les entreprises de réseaux, telle qu'elle résulte des dispositions de l'article 70 de la loi n° 2013-1279 du 29 décembre 2013, codifiées à l'article 1599 quater A, n'est pas contraire au principe de la libre prestation de services, dès lors notamment que les entreprises ferroviaires circulant sur le réseau ferré national sont assujetties à l'IFER indistinctement selon leur siège social, au titre des seuls matériels roulants destinés à circuler sur ce réseau et de façon progressive en fonction de l'importance de cette circulation[809].

(806) CJCE, 10 mars 2005, aff. 39/04, *Laboratoires Fournier* : *RJF* 2005, n° 513 ; *Dr. fisc.* 2005, n° 12, act. 56.
(807) CE, 28 déc. 2012, n° 345.215, *Sté Willi Betz France*. – CE, 28 déc. 2012, n° 329.138, *SA Wastiaux* : *Dr. fisc.* 2013, n° 7, comm. 155, concl. F. Aladjidi ; *RJF* 2013, n° 370 ; *BDCF* 2013, n° 38, concl. F. Aladjidi.
(808) CE, 26 déc. 2013, n° 368 540, *Sté Deutsche Bahn AG* : *Dr. fisc.* 2014, n° 12, comm. 228, note S. Rougé-Guichard. – S. Austry et Cl. Vannini, *Non-conformité au droit de l'Union européenne de l'IFER en matière ferroviaire*, *ibid.* n° 12, act. 184 ; *RJF* 2014, n° 349 ; *BDCF* 2014, n° 46, concl. B. Bohnert.
(809) CE, 26 févr. 2016, n° 388 221, *Sté Deutsche Bahn AG* : *Dr. fisc.* 2016, n° 17, comm. 299 ; *RJF* 2016 n° 437.

3° Fiscalité personnelle

605. – Impôt sur le revenu. Déduction des cotisations d'assurance retraite. Est contraire à l'article 49 TCE[810], une réglementation fiscale d'un État membre qui restreint ou exclut la faculté de déduire aux fins de l'impôt sur le revenu des cotisations d'assurance retraite volontaire versées à des prestataires de pensions établis dans d'autres États membres tout en accordant la faculté de déduire de telles cotisations lorsqu'elles sont versées à des organismes établis dans le premier État membre, si elle n'exclut pas en même temps le caractère imposable des pensions versées par lesdits prestataires de pensions[811].

De la même manière, l'article 49 TCE[812], s'oppose à ce qu'une assurance souscrite auprès d'une compagnie établie dans un autre État membre et remplissant toutes les conditions d'une assurance complémentaire de retraite prévues par le droit national, à l'exception de celle d'avoir été souscrite auprès d'un assureur établi sur le territoire national, soit traitée différemment d'un point de vue fiscal, avec des effets en matière d'impôt sur le revenu qui, en fonction des circonstances de l'espèce, peuvent être moins favorables[813].

606. – Impôt sur le revenu. Déduction des frais professionnels. Est contraire aux articles 49 et 50 TCE[814] une législation nationale qui, en règle générale, prend en compte, lors de l'imposition des non-résidents, les revenus bruts, sans déduction des frais professionnels alors que les résidents sont imposés sur leurs revenus nets après déduction de ces frais[815].

607. – Retenue à la source. En revanche, les articles 49 et 50 TCE[816] ne s'opposent pas à cette même législation en ce qu'elle soumet, en règle générale, les revenus des non-résidents à un impôt définitif au taux uniforme de 25 %, retenu à la source, alors que les revenus des résidents sont imposés selon un barème progressif incluant une tranche de base non imposable, à la condition que le taux de 25 % ne soit pas supérieur à celui qui serait effectivement appliqué à l'intéressé, selon le barème progressif, aux revenus nets majorés du montant correspondant à la tranche de base non imposable[817].

E. – Libre circulation des capitaux

608. – Texte. Principe. L'article 63 TFUE[818] prévoit que toutes les restrictions aux mouvements de capitaux entre les États membres et entre les États membres et les pays tiers sont interdites (al. 1er).

De même, toutes les restrictions aux paiements entre les États membres et les États membres et les pays tiers sont interdites (al. 2).

(810) Art. 56 TFUE.
(811) CJCE, 3 oct. 2002, aff. 136/00, *Danner : Rec. CJCE* 2002, I, p. 8147, concl. Jacobs ; *RJF* 2002, n° 1427.
(812) Art. 56 TFUE.
(813) CJCE, 26 juin 2003, aff. 422/01 : *Rec. CJCE* 2003, I, p. 6817, concl. Léger ; *RJF* 2003, n° 1190.
(814) Art. 56 et 57 TFUE.
(815) CJCE, 12 juin 2003, aff. 234/01, *Arnoud Gerritse : Rec. CJCE* 2003, I, p. 5933, concl. Léger ; *Dr. fisc.* 2004, n° 13, comm. 374, concl. Léger ; *RJF* 2003, n° 1189.
(816) Art. 56 et 57 TFUE.
(817) CJCE, 12 juin 2003, préc.
(818) Ex-art. 56 TCE.

Il résulte d'une jurisprudence constante que les mesures interdites par l'article 63 TFUE, en tant que restrictions aux mouvements de capitaux, comprennent celles qui sont de nature à dissuader les non-résidents de faire des investissements dans un État membre ou à dissuader les résidents dudit État membre d'en faire dans d'autres États[(819)].

609. – Dérogation. Mesures justifiées par des motifs d'ordre public ou de sécurité publique. L'article 65 TFUE (§ 1er, *b*)[(820)] prévoit que le principe de l'interdiction de toutes les restrictions aux mouvements de capitaux entre les États membres ne porte pas atteinte au droit qu'ont ceux-ci « de prendre des mesures justifiées par des motifs liés à l'ordre public ou à la sécurité publique ». Le Conseil d'État a, par un arrêt du 6 janvier 1999, posé à la Cour de justice des Communautés européennes la question préjudicielle de savoir si ce texte permet à un État membre, en dérogation au régime de liberté ou de déclaration, de maintenir un régime d'autorisation préalable pour les « investissements de nature à mettre en cause l'ordre public, la santé publique ou la sécurité publique », étant précisé que cette autorisation est réputée acquise un mois après la réception de la déclaration d'investissement présentée au ministre, sauf si celui-ci a, dans le même délai, prononcé l'ajournement de l'opération concernée. La Cour de justice des Communautés européennes a dit pour droit que le traité ne permet pas un régime d'autorisation préalable pour les investissements directs étrangers qui se limitent à définir de façon générale les investissements concernés comme des « investissements de nature à mettre en cause l'ordre public et la sécurité publique », de sorte que les intéressés ne sont pas en mesure de connaître les circonstances spécifiques dans lesquelles une autorisation est nécessaire[(821)].

610. – Discrimination résultant de conventions bilatérales. En application d'une convention fiscale bilatérale conclue entre un État membre et un État tiers, l'impôt prélevé à la source par l'État tiers est imputé d'une manière inconditionnelle sur l'impôt dû dans ledit État membre de résidence. Les articles 63 et 65 TFUE, lus en combinaison avec l'article 4 TUE, ne s'opposent pas à ce que ce même État membre n'étende pas, dans cette situation, le bénéfice de ce traitement avantageux à un actionnaire résidant qui perçoit des dividendes provenant d'un autre État membre avec lequel il a conclu une convention fiscale bilatérale qui subordonne l'octroi d'une telle imputation au respect de conditions supplémentaires prévues par le droit national[(822)].

1° Opérations financières à l'étranger

611. – Souscription de prêts. La Cour de justice des Communautés européennes a fait une première application des articles du traité relatifs à la libre circulation des

(819) CJCE, 25 janv. 2007, aff. 370/05, *Festersen*, *Rec. CJCE* 2007, I, p. 11129, pt 24. – CJCE, 18 déc. 2007, aff. 101/05 : *Rec. CJCE* 2007, I, p. 111531, pt 40. – CJCE, 10 févr. 2011, aff. 436/08, *Haribo (…)*, pt 50 ; V. *infra*, n° 630. – CJCE, 10 mai 2012, aff. 338/11, *Santander Asset Management*, pt 14, V. *infra*, n° 631.

(820) Ex-art. 58 TCE.

(821) CJCE, 14 mars 2000, aff. 54/99, *Assoc. Église de Scientologie de Paris* : *JCP* G 2000, n° 27, p. 1305 ; *Rec. CJCE* 2000, I, p. 1335, concl.

(822) CJUE, 30 juin 2016, aff. C-176/15, *Riskin et Timmermans* : *Dr. fisc.* 2016, n° 27, act. 431.

capitaux dans une décision du 14 octobre 1999. Elle a considéré qu'une législation qui prive les résidents d'un État membre de la possibilité de bénéficier d'une absence d'imposition qui pourrait être attachée aux prêts souscrits en dehors du territoire national, est de nature à dissuader ces résidents de contracter des prêts auprès de personnes établies dans d'autres États membres et constitue en conséquence une restriction aux mouvements de capitaux au sens de l'ex-article 56 TCE[(823)].

612. – **Interdiction de l'acquisition de titres d'emprunt émis à l'étranger.** L'interdiction faite par un État membre aux personnes résidant sur son territoire d'acquérir des titres d'emprunts émis à l'étranger constitue une restriction à la libre circulation des capitaux interdite par l'ex-article 56 TCE. Une telle mesure, prise par l'État en tant qu'autorité publique, ne saurait être justifiée en se fondant sur la nécessité de préserver la cohérence fiscale dès lors qu'il n'existe aucun lien direct entre un quelconque avantage fiscal et un désavantage corrélatif qu'il conviendrait de préserver en vue de sauvegarder une telle cohérence. En outre, une telle mesure ne saurait être justifiée en se fondant, en vertu de l'ex-article 58 TCE, paragraphe 1, sous *b)*, sur la nécessité d'éviter l'évasion fiscale et d'assurer l'efficacité de contrôles fiscaux dès lors qu'une présomption générale d'évasion ou de fraude fiscales ne saurait justifier une mesure fiscale consistant en l'interdiction totale d'exercer une liberté fondamentale garantie par l'article 73 B du traité[(824)].

613. – **Comptes bancaires ouverts à l'étranger.** Les dispositions des articles 1649 A et 1759[(825)] du Code général des impôts, qui instaurent à la charge des résidents de France une obligation, dont le non-respect est sanctionné par une majoration de 40 %, de déclarer à l'administration fiscale les références des comptes ouverts, utilisés ou clos à l'étranger, ne sont pas incompatibles avec les stipulations des articles 56 et 58 TCE en ce qu'elles porteraient une atteinte injustifiée au principe de la libre circulation des capitaux et des paiements[(826)]. Cette jurisprudence paraît en accord avec la jurisprudence de la Cour de justice des Communautés européennes[(827)].

2° Imposition des revenus. Revenus des capitaux mobiliers

614. – **Représentant fiscal.** En visant notamment tous les contribuables non-résidents qui perçoivent des revenus exigeant la présentation d'une déclaration fiscale, l'obligation de désigner un représentant fiscal fait peser sur toute une catégorie de contribuables, en raison du seul fait qu'ils ne sont pas résidents, une présomption d'évasion ou de fraude fiscale qui ne peut à elle seule justifier l'atteinte portée aux objectifs du traité par une telle obligation. L'obligation de désignation d'un représentant fiscal va au-delà de ce qui est nécessaire pour atteindre l'objectif consis-

(823) CJCE, 14 oct. 1999, aff. 439/97, *Sandoz : Rec. CJCE* 1999, I, p. 7041, concl. Léger ; *RJF* 2000, n° 316, au sujet d'une disposition étendant un droit de timbre sur les contrats de prêt aux prêts transfrontaliers souscrits hors du territoire national.

(824) CJCE, plén., 26 sept. 2000, aff. 478/98, *Commission c/Belgique*, pts 27, 35, 36, 40, 45, 47 : *Rec. CJCE* 2000, I, p. 7587, concl. Jacobs ; *RJF* 2001, n° 122.

(825) Devenu CGI, art. 1758.

(826) CE, 17 déc. 2010, n° 330.666, *Throude : Dr. fisc.* 2011, n° 10, comm. 246, concl. Mme Cortot-Boucher, note A. Maitrot de la Motte ; *RJF* 2011, n° 270 ; *BDCF* 2011, n° 26, concl. ; *LPA* 17 mars 2011, n° 54, note F. Perrotin.

(827) CJCE, 11 juin 2009, aff. 155/08, *Passenheim : RJF* 2009, n° 899 ; *Dr. fisc.* 2009, n° 29, comm. 424, note E.-J. Van Brustem.

tant à lutter contre la fraude fiscale. La réglementation qui impose cette obligation constitue une restriction non justifiée à la libre circulation des capitaux consacrée à l'article 56 TCE[(828)].

615. – **Déduction fiscale des dons.** Pour la Cour de justice de l'Union européenne, la disposition de la législation d'un État membre qui limite la déductibilité, au titre de l'impôt sur le revenu, des dons octroyés à des institutions chargées d'activités de recherche et d'enseignement, à celles qui ont leur siège dans cet État membre, constitue une restriction à la libre circulation des capitaux[(829)].

La Cour de justice de l'Union européenne a jugé que la France avait manqué aux obligations qui lui incombent en vertu de l'article 63 TFUE et de l'article 40 de l'accord sur l'Espace économique européen du 2 mai 1992 en exonérant des droits de mutation à titre gratuit les dons et legs consentis à des organismes publics ou d'utilité publique exclusivement lorsque ces organismes sont établis en France ou dans un autre État membre de l'Union européenne ou dans un autre État partie à l'accord sur l'Espace économique européen ayant conclu avec elle une convention bilatérale[(830)].

616. – **Exonération des dividendes de l'impôt sur le revenu. Avoir fiscal.** La Cour de justice des Communautés européennes a jugé que l'article 1er, § 1er, de la directive n° 88/361 du Conseil, du 24 juin 1988, pour la mise en œuvre de l'article 67 du traité (aujourd'hui abrogé) s'oppose à une disposition législative d'un État membre qui subordonne l'octroi d'une exonération de l'impôt sur le revenu auquel sont soumis les dividendes versés à des personnes physiques actionnaires à la condition que ces dividendes soient versés par des sociétés ayant leur siège dans ledit État membre. La circonstance que le contribuable demandant à bénéficier de l'exonération fiscale soit un actionnaire ordinaire ou un salarié détenant les actions ayant donné lieu à la perception de dividendes dans le cadre d'un plan d'épargne d'entreprise est sans incidence. Une telle disposition a, en effet, pour résultat de dissuader les ressortissants communautaires résidant dans l'État membre concerné d'investir leurs capitaux dans des sociétés ayant leur siège dans un autre État membre et produit également un effet restrictif à l'égard de telles sociétés en ce qu'elle constitue à leur encontre un obstacle à la collecte de capitaux dans l'État membre concerné, sans que la restriction ne soit justifiée par une raison impérieuse d'intérêt général telle que la nécessité de garantir la cohérence du régime fiscal[(831)]. Est contraire aux ex-articles 56 et 58 TCE la réglementation qui exclut une personne assujettie à l'impôt à titre principal dans un État membre du bénéfice de l'avoir fiscal en raison des dividendes qui lui sont versés par les sociétés anonymes lorsque ces dernières ne sont pas établies dans cet État[(832)].

(828) CJUE, 5 mai 2011, aff. 267/09, *Commission européenne c/République portugaise* : *RJF* 2011, n° 909 ; *Dr. fisc.* 2011, n° 20, act. 158.

(829) CJUE, 16 juin 2011, aff. 10/10, *Commission c/Autriche* : *RJF* 2011, n° 1108. – Comp. : CAA Lyon, 27 avr. 2010, n° 08-1749, *Blum* : *RJF* 2011, n° 542 : un contribuable français ne peut bénéficier de la réduction d'impôt sur le revenu prévue par les dispositions du *b* du 1° de l'article 200 du Code général des impôts à raison d'un versement à un organisme ayant un caractère humanitaire qui a son siège en Suisse.

(830) CJUE, 16 juill. 2015, aff. C-485/14.

(831) CJCE, 6 juin 2000, aff. 35/98, *Verkooijen*, pts 34-35, 56, 62 et 67 : *Rec. CJCE* 2000, I, p. 4071, concl. La Pergola ; *RJF* 2000, n° 1185. – Sur la question, V. : P. Dibout, *La fiscalité à l'épreuve de la liberté de circulation des capitaux* : *Dr. fisc.* 2000, n° 42, p. 1365 et s.

(832) CJCE, 7 sept. 2004, aff. 309/02, *Betri Manninen* : *RJF* 2004, n° 1211 ; *BDCF* 2004, n° 141, concl. J. Kokott.

617. – **Exclusion de l'application du prélèvement libératoire.** En excluant de manière absolue l'application du prélèvement libératoire aux revenus découlant de placements et de contrats visés aux articles 125-0A et 125 A du Code général des impôts dont le débiteur n'est pas domicilié ou établi en France, la République française a manqué aux obligations qui lui incombent en vertu des articles 49 et 56 TCE[(833)].

618. – **Retenues à la source.** L'application de la retenue à la source, prévue au 2 de l'article 119 bis du Code général des impôts, au versement de dividendes de sociétés françaises à des fonds de pension néerlandais, entrant dans le champ d'application d'une instruction du 31 janvier 1996, constitue une restriction à la liberté de circulation des capitaux au sens de l'article 56 TCE[(834)].

Mais en principe, la réglementation fiscale d'un État membre qui prévoit une retenue à la source d'un impôt sur les intérêts versés par une société résidente de cet État à une société bénéficiaire résidente d'un autre État membre, tout en exonérant de cette retenue les intérêts versés à une société bénéficiaire résidente du premier État membre dont les revenus sont imposés dans ce dernier État membre au titre de l'impôt sur les sociétés, est compatible avec l'article 43 TCE sur la liberté d'établissement et l'article 56 TCE sur la libre circulation des capitaux[(835)]. La jurisprudence antérieure conserve toutefois sa portée pour les retenues à la source sur les dividendes[(836)].

3° Fiscalité immobilière

619. – **Taxe de 3 % sur la valeur vénale des immeubles possédés en France par des personnes morales.** L'article 63 TFUE doit être interprété dans ce sens qu'il s'oppose à une législation nationale qui exonère les sociétés établies en France de la taxe sur la valeur vénale des immeubles possédés en France par des personnes morales, alors qu'elle subordonne cette exonération, pour les sociétés établies dans un autre État membre, soit à l'existence d'une convention d'assistance administrative conclue entre la République française et cet État en vue de lutter contre la fraude et l'évasion fiscales, soit à la circonstance que, par application d'un traité comportant une clause de non-discrimination selon la nationalité, ces sociétés ne doivent pas être soumises à une imposition plus lourde et ne permet pas à la société établie dans un autre État membre de fournir des éléments de preuve permettant d'établir l'identité de ses actionnaires personnes physiques[(837)].

Aux termes de l'article 40 de l'accord sur l'Espace économique européen, « les restrictions entre les parties contractantes aux mouvements des capitaux appartenant à des personnes résidant dans les États membres de la Communauté européenne ou dans les États de l'Association européenne de libre échange (AELE), ainsi que les discriminations de traitement fondées sur la nationalité ou la résidence des parties ou sur la localisation du placement, sont interdites »[(838)].

(833) CJCE, 4 mars 2004, aff. 334/02, *Commission c/France : Dr. fisc.* 2004, n° 12, act. p. 589.
(834) CE, 13 févr. 2009, n° 298.108, *Sté Stichting Unilever : RJF* 2009, n° 525 ; *BDCF* 2009, n° 66, concl. Geffray.
(835) CJCE, 22 déc. 2008, aff. 282/07, *Truck Center : RJF* 2009, n° 302 ; *BDCF* 2009, n° 40, concl. J. Kokott.
(836) CJCE, 18 juin 2009, aff. 303/07, *Aberdenn Property : Dr. fisc.* 2009, n° 26, act. 213. – E. Meier et R. Torlet, *Le fabuleux destin des retenues à la source... : Dr. fisc.* 2009, n° 26, étude 382. – V. aussi note G. Goulard, ss CAA Versailles, 2 avr. 2013, n° 11-00141 : *Dr. fisc.* 2013, n° 42, comm. 485.
(837) CJCE, 11 oct. 2007, aff. 451/05, *SA Elisa : Dr. fisc.* 2007, n° 50, comm. 1047, note J.-L. Pierre. – Cass. com., 29 sept. 2009, 08-14.538 : *D.* 2009, p. 2486.
(838) Cass. com., 10 févr. 2009, n° 07-13.448, *Ets Rimbaud : Dr. fisc.* 2009, n° 17, comm. 292, note A. Maitrot de la Motte.

Sur une question posée par la Cour de cassation, la Cour de justice de l'Union européenne a jugé que l'article 40 ne s'oppose pas à une législation nationale qui subordonne l'exonération de la taxe, pour une société dont le siège social se trouve sur le territoire d'un État tiers membre de l'Espace économique européen, à l'existence d'une convention d'assistance administrative conclue entre ledit État membre et cet État tiers en vue de lutter contre la fraude et l'évasion fiscales ou à la circonstance que, par application d'un traité comportant une clause de non-discrimination selon la nationalité, ces personnes morales ne doivent pas être soumises à une imposition plus lourde que celle à laquelle sont assujetties les sociétés établies sur le territoire d'un État membre(839).

La Cour de justice de l'Union européenne et la Cour de cassation ont retenu une solution analogue pour les immeubles possédés en France par les sociétés dont le siège social est situé dans un pays ou territoire d'outre-mer(840).

620. – Imposition forfaitaire sur la disposition d'une habitation. Compatibilité des dispositions de l'article 164 C du Code général des impôts avec le principe de la libre circulation des capitaux. Clause de sauvegarde de l'article 64 TFUE. L'application de l'article 164 C du Code général des impôts prévoyant une imposition forfaitaire à l'impôt sur le revenu des personnes qui n'ont pas leur domicile fiscal en France mais qui y disposent d'une ou plusieurs habitations a déjà été évoquée avec les clauses de non-discrimination (V. *supra*, n° 491). L'application de ce texte soulève un autre problème d'importance au regard du principe de la liberté de circulation des capitaux, qui porte sur le point de savoir si les dispositions de l'article 164 C précité entrent ou non dans le champ de la clause de sauvegarde prévue à l'article 64 TFUE.

Les dispositions de l'article 63 TFUE ont été rappelées au début de cette rubrique (V. *supra*, n° 608). Ce texte pose le principe de l'interdiction de toutes les restrictions aux mouvements de capitaux « entre les États membres et entre les États membres et les pays tiers ». L'article 18 TFUE prévoit par ailleurs que « dans le domaine d'application des traités (...), est interdite toute discrimination exercée en raison de la nationalité ».

Aux termes de l'article 65 TFUE, « 1. L'article 63 ne porte pas atteinte au droit qu'ont les États membres : – *a)* d'appliquer les dispositions pertinentes de leur législation fiscale qui établissent une distinction entre les contribuables qui ne se trouvent pas dans la même situation en ce qui concerne leur résidence ou le lieu où leurs capitaux sont investis ; (...) 3. Les mesures et procédures visées aux paragraphes 1 et 2 ne doivent constituer ni un moyen de discrimination arbitraire ni une restriction déguisée à la libre circulation des capitaux et des paiements telle que définie à l'article 63 ».

Mais l'article 65 TFUE institue une règle spécifique de non-discrimination dans le domaine relevant de la liberté de circulation des capitaux. Or, l'article 64 TFUE prévoit que « l'article 63 ne porte pas atteinte à l'application, aux pays tiers, des res-

(839) CJUE, 28 oct. 2010, aff. 72-09, *Ets Rimbaud* : *RJF* 2011, n° 128 et p. 16, étude F. Donnat ; *FR Lefebvre* 49/2010, note M. Wathelet. – Cass. com., 10 mai 2011, n° 07-13.448, *Sté Ets Rimbaud* : *RJF* 2011, n° 1114. – Cass. com., 15 mars 2011, n° 08-17.393, *Sté Éditions Lumen* : *Dr. fisc.* 2011, n° 22, comm. 376, note J.-P. Maublanc ; *RJF* 2011, n° 760.

(840) CJUE, 5 mai 2011, n° 384/09, *Prunus SARL* : *Dr. fisc.* 2011, n° 24, comm. 393, note A. Maitrot de la Motte. – Cass. com., 2 nov. 2011, n° 10-14.466, *Sté Opuhi* : *RJF* 2012, n° 197.

trictions existant le 31 décembre 1993 en vertu du droit international ou du droit de l'Union en ce qui concerne les mouvements de capitaux à destination ou en provenance de pays tiers lorsqu'ils impliquent des investissements directs, y compris les investissements immobiliers ».

Le Conseil d'État a été appelé à se prononcer sur la situation d'un couple de résidents monégasques (l'époux étant de nationalité allemande, et l'épouse de nationalité libanaise et allemande), propriétaire d'une maison située en France, et qui avait été imposé en France en application de l'article 164 du Code général des impôts. La Cour avait prononcé la décharge de cette imposition en se fondant sur les dispositions combinées de l'article 164 du Code général des impôts, de l'article 7 de la convention fiscale franco-monégasque du 18 mai 1963 (V. ces textes *supra*, n° 491) et de l'article 18 TFUE. Le Conseil d'État a jugé que la Cour avait pu, sans commettre d'erreur de droit, estimer, d'une part, que ces contribuables étaient dans la même situation que celle des ressortissants français qui résidant à Monaco sans pouvoir justifier de cinq ans de résidence habituelle, mais qu'ils étaient soumis, à la différence de ces derniers, à une taxation minimum à l'impôt sur le revenu sans que leur soit ouverte la possibilité d'établir que leurs revenus étaient inférieurs à la base de cette taxation, alors que les ressortissants français résidant à Monaco sont assujettis en France à l'impôt sur le revenu dans les mêmes conditions que s'ils avaient leur domicile ou leur résidence en France, et que cette différence d'imposition ne résulte donc que d'une différence de nationalité.

Le Conseil d'État a annulé l'arrêt de la Cour en se fondant sur les stipulations de l'article 64 TFUE. Il a jugé que les dispositions de l'article 164 C du Code général des impôts ont fait partie de l'ordre juridique français de manière ininterrompue depuis leur création par l'article 7 de la loi du 29 décembre 1976 modifiant les règles de territorialité et les conditions d'imposition des Français de l'étranger ainsi que des autres personnes non domiciliées en France et que la Cour avait commis une erreur de droit en ne relevant pas d'office que cette restriction à des investissements directs en provenance de pays tiers, comme la Principauté de Monaco, n'entrait pas, du fait des stipulations de l'article 64 TFUE, dans le champ d'application du paragraphe 1 de l'article 63 TFUE[841].

La cour administrative d'appel de Marseille a jugé ultérieurement que l'acquisition par des ressortissants de nationalité allemande ou grecque ou portugaise domiciliés à Monaco d'un bien immobilier situé en France, ne constitue pas un investissement direct au sens de la clause de gel prévue à l'article 64 TFUE. Elle en a déduit que l'assujettissement de ces personnes en application de l'article 164 C du Code général des impôts constitue une restriction prohibée à la liberté de circulation des capitaux[842].

La Cour de justice de l'Union européenne, appelée à se prononcer sur la portée de la « clause de gel » a jugé que, lorsqu'il se réfère aux « investissements directs,

(841) CE, 28 juill. 2011, n° 329.672, *Holzer* : *RJF* 2011, n° 1249. – Même solution pour une personne de nationalité finlandaise domiciliée à Monaco : CE, 28 juill. 2011, n° 319.616, *Zwaans*.

(842) CAA Marseille, 13 mars 2012, n° 09-0500, *Graetz* : *Dr. fisc.* 2012, n° 25, comm. 342, concl. G. Guidal, note Ch. Laroche. – E. Dinh, *Les investissements immobiliers sont-ils des investissements directs au sens de la clause de gel ?* : *Dr. fisc.* 2012, n° 25, étude 339.

y compris les investissements immobiliers » l'article 64 TFUE vise les seuls investissements immobiliers qui constituent des investissements directs et qu'en revanche, les investissements immobiliers de type « patrimonial », effectués à des fins privées sans lien avec l'exercice d'une activité économique, ne relèvent pas du champ d'application de cet article. Il en résulte que la différence de traitement entraînée par l'application de l'article 164 C du Code général des impôts aux non-résidents disposant en France d'une ou plusieurs habitations, sans lien avec l'exercice d'une activité économique, n'entre pas dans le champ d'application de l'article 64 TFUE(843).

Le Conseil d'État n'a pu que se rallier à cette position en jugeant que les investissements immobiliers de type « patrimonial » réalisés par des résidents d'États tiers échappent à la clause de gel et confirmer la jurisprudence de la cour administrative d'appel de Marseille(844).

4° Imposition des plus-values

621. – **Imposition des plus-values. Cessions de valeurs mobilières.** Les ex-articles 56 et 58 TCE s'opposent à une législation nationale, en l'espèce la législation suédoise, qui, en cas de cession à perte d'actions de sociétés, exclut le cédant du bénéfice d'un report de l'impôt sur les plus-values réalisées sur ces actions lorsque la cession est effectuée en faveur d'une personne morale étrangère dans laquelle le cédant détient, directement ou indirectement, une participation qui n'est pas de nature à lui conférer une influence certaine sur les décisions de cette personne morale étrangère et à lui permettre d'en déterminer les activités. En effet, une telle législation est de nature à dissuader les assujettis à l'impôt sur les plus-values de cet État membre de céder à perte des actions à des sociétés cessionnaires établies dans d'autres États membres dans lesquelles ils détiennent, directement ou indirectement, une participation et, partant, constitue dans le chef de ces assujettis une restriction à la liberté des mouvements de capitaux, au sens de l'article 56 TCE, qui ne peut être justifiée au titre de l'article 58 TCE, par la nécessité de garantir la cohérence du régime fiscal, la lutte contre l'évasion fiscale ou l'efficacité des contrôles fiscaux(845).

Il faut rappeler encore l'intéressante décision du Conseil d'État concernant l'abattement pour durée de détention. Il a jugé que les dispositions de l'article 150-0 D bis ancien du Code général des impôts, qui excluaient du bénéfice de l'abattement pour durée de détention les plus-values de cession d'actions ou de parts émises par des sociétés dont le siège social est situé en Suisse, ont pour effet de dissuader les contribuables résidant en France d'investir leurs capitaux dans ces sociétés et qu'elles comportent ainsi une restriction aux mouvements de capitaux entre les États membres et les pays tiers, restriction qui, en principe, est interdite par l'article 56 TCE. Toutefois, il résulte de l'interprétation que la Cour de justice des Communautés européennes a donnée de ces dispositions, notamment dans

(843) CJUE, 17 oct. 2013, aff. 181/12, *Yvon Welte* : *Dr. fisc.* 2014, n° 4, comm. 91, concl. P. Mengozzi, note A. Maitrot de la Motte ; *RJF* 2014, n° 106.

(844) CE, 26 déc. 2013, n° 360488, *Kramer* : *Dr. fisc.* 2014, n° 4, comm. 92, concl. F. Aladjidi, note G. Ladreyt ; *RJF* 2014, n° 419. – CE, plén., 11 avr. 2014, n° 332 885, *Lappe* : *RJF* 2014, n° 740 et p. 635, chron. E. Bokdam-Tognetti ; *BDCF* 2014, n° 75, concl. E. Crépey. – Sur la question : E. Crépey, *L'article 164 C à l'épreuve de la liberté de circulation des capitaux* : *FR Lefebvre* 26/2014, p. 23.

(845) CJCE, 21 nov. 2002, aff. 436/00, *X et Y*, pts 70, 72, 75 : *Rec. CJCE* 2002, I, p. 10829, concl. Mischo ; *Dr. fisc.* 2003, n° 15, comm. 301, note Ginter ; *RJF* 2003, n° 250.

son arrêt du 18 décembre 2007[846], qu'une telle restriction peut être justifiée par la raison impérieuse d'intérêt général de la lutte contre la fraude fiscale et la nécessité de préserver l'efficacité des contrôles fiscaux, dès lors que cette mesure restrictive respecte le principe de proportionnalité. La Cour a précisé que, lorsque la réglementation d'un État membre fait dépendre le bénéfice d'un avantage fiscal, tel l'abattement pour durée de détention, de la satisfaction de conditions dont le respect ne peut être vérifié qu'en obtenant des renseignements des autorités compétentes d'un État tiers, il est, en principe, légitime pour cet État membre de refuser l'octroi de cet avantage si, notamment en raison de l'absence d'une obligation conventionnelle de cet État tiers de fournir des informations, il se révèle impossible d'obtenir ces renseignements de ce dernier. Le Conseil d'État a considéré que l'existence d'un accord d'assistance mutuelle en matière administrative est nécessaire aux fins de permettre à l'administration de procéder à la vérification de diverses justifications et de s'assurer que l'ensemble des conditions d'application de l'article 150-0 D bis du Code général des impôts sont satisfaites. Il a constaté que dans le cas qui lui était soumis, il n'existait entre la France et la Suisse ni dans la convention fiscale franco-suisse du 9 septembre 1966, ni dans aucune autre convention, une disposition faisant obligation à la Suisse de fournir des renseignements à l'administration fiscale française et qu'en conséquence, les dispositions litigieuses instituaient une mesure restrictive qui respectait le principe de proportionnalité et ne méconnaissait donc pas le principe de liberté de circulation des capitaux[847].

Sur la libre circulation des capitaux et l'imposition des plus-values de cessions immobilières réalisées par des résidents d'États tiers à l'Union européenne, V. aussi : TA Montreuil, 25 févr. 2011, n° 09-04837, *Theriault* : *RJF* 2011, n° 1010 ; *BDCF* 2011, n° 105, concl. Mme Beton-Philippot ; *Dr. fisc.* 2011, n° 18, comm. 338, note A. Maitrot de la Motte.

Les juges de l'impôt se sont divisés sur l'application aux investissements immobiliers de la « clause de gel » prévue à l'article 64 TFUE au sujet du prélèvement du tiers prévu à l'article 244 bis A du Code général des impôts pour les plus-values résultant de la cession d'immeubles par des personnes morales ou organismes dont le siège social est situé hors de France[848].

622. – Biens immobiliers ou autres. Est contraire à l'article 56 TCE une réglementation nationale qui traite différemment les plus-values réalisées dans le pays selon qu'elles sont obtenues par des résidents ou des non-résidents[849].

(846) Aff. 101/05.

(847) CE, 21 nov. 2011, n° 329.439, *Mme de Beaumont* : *Dr. fisc.* 2012, n° 24, comm. 336, concl. L. Olléon, note J.-Ch. Gracia ; *RJF* 2012, n° 128 ; *BDCF* 2012, n° 21, concl. L. Olléon.

(848) CAA Paris, 7 oct. 2011, n° 09-04989, *Caisse autonome des retraites des travailleurs salariés de Monaco* : *Dr. fisc.* 2011, n° 49, comm. 616, concl. Ph. Blanc ; *RJF* 2011, n° 84 ; *BDCF* 2012, n° 13, concl. Ph. Blanc (application de la clause de gel aux investissements immobiliers directs ; non-application aux investissements immobiliers patrimoniaux). – CAA Versailles, 7 juin 2012, n° 11-03607, *Redler* : *RJF* 2012, n° 969 (caractère d'investissements directs sans distinction ; application de la clause de gel). – CAA Lyon, 29 janv. 2013, n° 12-00100 : *RJF* 2012, n° 969, *SCI Saint-Étienne* : *RJF* 2013, n° 680 (clause de gel non applicable). Cet arrêt avait cependant donné satisfaction aux contribuables sur le fondement du principe de la libre circulation des capitaux avec les pays tiers. Le pourvoi du ministre a été rejeté : CE, 20 oct. 2014, n° 367 234, *SCI Saint-Étienne* : *RJF* 2015, n° 84 ; *BDCF* 2015, n° 12, concl. V. Daumas. – V. aussi, étude E. Dinh, *Les investissements immobiliers sont-ils des investissements directs au sens de l'article 64 TFUE* : *Dr. fisc.* 2012, n° 25, étude 339.

(849) CJCE, 6 oct. 2009, aff. 562-07, *Commission c/Espagne* : *RJF* 2010, n° 88.

623. – Droits de succession. Droits de donation. L'article 63 TFUE s'oppose à la législation d'un État membre qui applique, pour le calcul des droits de donation, un abattement sur la base imposable inférieur, en cas de donation d'un immeuble situé sur le territoire de cet État lorsque le donateur et le donataire résidaient, à la date de la donation, dans un autre État membre, à celui appliqué si l'un d'entre eux résidait dans le premier État membre(850), – ou qui réserve la possibilité de bénéficier du taux réduit des droits de succession aux organismes sans but lucratif ayant leur siège d'opération dans cet État membre ou dans l'État membre dans lequel le *de cujus* résidait effectivement ou avait son lieu de travail au moment de son décès, ou dans lequel il a antérieurement effectivement résidé ou a eu son lieu de travail(851), – ou qui prévoit, en matière de droits de succession, un délai de prescription de dix ans pour l'évaluation d'actions nominatives d'une société dont le défunt était actionnaire et dont le siège de la direction effective est établi dans un autre État membre, alors que ce même délai est de deux ans lorsque le siège de la direction effective est situé dans le premier État membre(852).

5° Bouclier fiscal

624. – Lorsqu'un résident d'un État membre, actionnaire d'une société établie dans un autre État membre, perçoit des dividendes imposés dans les deux États et que la double imposition est réglée par l'imputation dans l'État de résidence d'un crédit d'impôt d'un montant correspondant à celui de l'impôt payé dans l'État de la société distributrice, les articles 49, 63 et 65 TFUE s'opposent à un dispositif de plafonnement de divers impôts directs, à concurrence d'un certain pourcentage des revenus perçus au cours d'une année, dès lors qu'il ne prend pas en compte, ou ne prend que partiellement en compte, l'impôt payé dans l'État de la société distributrice.

La restriction à la libre circulation des capitaux et à la liberté d'établissement constituée par une législation nationale telle que celle prévoyant un tel dispositif ne saurait être justifiée ni par la nécessité d'assurer la cohérence du système fiscal national, ni par la nécessité de sauvegarder la répartition du pouvoir d'imposition entre les États membres(853).

6° Précompte

625. – Précompte. Le Conseil d'État avait saisi la Cour de justice des Communautés européennes de la compatibilité du précompte avec le droit communautaire par un arrêt du 3 juillet 2009(854).

La question essentielle portait sur le point de savoir si les articles 49 et 63 TFUE s'opposent à une législation des États membres ayant pour objet d'éliminer la double imposition économique des dividendes, telle que la législation française relative à l'avoir fiscal et au précompte, qui permet à une société mère d'impu-

(850) CJUE, 22 avr. 2010, aff. 510/08, *Vera Mattnet* : *RJF* 2010, n° 755.
(851) CJUE, 10 févr. 2011, aff. 25/10, *Missionswerk Werner* : *RJF* 2011, n° 665.
(852) CJUE, 15 sept. 2011, aff. 132/10, *Olivier Halley* : *RJF* 2012, n° 1403 ; *Dr. fisc.* 2011, n° 38, act. 283.
(853) CJUE, 13 mars 2014, aff. C-375/12, *Bouanich* : *Dr. fisc.* 2014, n° 12, act. 199 ; *RJF* 2014, n° 644. – F. Le Mentec, *Bouclier fiscal et droit de l'Union européenne* : *Dr. fisc.* 2014, n° 15, étude 227.
(854) CJCE, 3 juill. 2009, n° 317.075, *Sté Accor* : *RJF* 2009, n° 834 ; *BDCF* 2009, n° 114, concl. Olléon ; *RJF* 2009, p. 715, chron. V. Daumas ; *Dr. fisc.* 2009, n° 29, comm. 236, note C. Cassan et E. Raingeard de la Blétière.

ter sur le précompte, dont elle est redevable lors de la distribution à ses actionnaires des dividendes versés par ses filiales, l'avoir fiscal attaché à la distribution de ces dividendes s'ils proviennent d'une filiale établie dans cet État membre, mais n'offre pas cette faculté si ces dividendes proviennent d'une filiale établie dans un autre État membre dès lors que cette législation n'ouvre pas droit, dans cette dernière hypothèse, à l'octroi d'un avoir fiscal attaché à la distribution de ces dividendes par cette filiale.

Dans sa réponse du 15 septembre 2011, la Cour de justice de l'Union européenne a observé notamment que la circonstance que des actionnaires résidents pouvaient être dissuadés d'acquérir des parts dans une société mère en raison du fait que les dividendes provenant des filiales de celle-ci établies dans un État membre autre que la République française seraient moindres que les dividendes provenant des filiales résidentes pouvait dissuader à son tour cette société mère d'exercer ses activités par l'intermédiaire de filiales non-résidentes.

Elle a constaté ainsi que la législation française relative à l'avoir fiscal et au précompte était contraire à l'article 49 TFUE sur la liberté d'établissement (pts 61 et 63).

Concernant la libre circulation des capitaux, elle a relevé que la différence de traitement entre les dividendes distribués par une filiale résidente et ceux distribués par une filiale non-résidente pouvait avoir pour effet de dissuader les sociétés mères établies en France d'investir leurs capitaux dans des sociétés établies dans un autre État membre et produire également un effet restrictif à l'égard des sociétés établies dans d'autres États membres, en ce qu'elle constituait, à leur encontre, un obstacle à la collecte des capitaux en France.

De ce point de vue, l'article 63 TFUE s'opposait à la législation française[(855)].

Le Conseil d'État a tiré les conséquences de cette jurisprudence, notamment en ce qui concerne le montant de la restitution à accorder à la société mère française qui n'a pu imputer l'avoir fiscal sur le précompte dû au titre des redistributions de dividendes de filiales établies dans d'autres États membres[(856)].

7° Fiscalité de l'entreprise

626. – **Impôt sur les sociétés. Exonération.** Un État membre manque aux obligations qui lui incombent en vertu des articles 63 TFUE et 40 de l'accord sur l'Espace économique européen en réservant le bénéfice d'une exonération de l'impôt sur les sociétés aux seuls fonds de retraite résidant sur son territoire[(857)].

627. – **Déduction des bénéfices. Dons effectués par une entreprise à un organisme d'intérêt général.** La législation d'un État membre est contraire à l'article 56 TCE lorsque, concernant les dons faits à des organismes reconnus d'intérêt général, le bénéfice de la déduction fiscale n'est accordé que par rapport aux dons effectués à des organismes établis sur le territoire national, sans possibilité aucune pour le contribuable de démontrer qu'un don versé à un organisme établi dans un autre État membre satisfait aux conditions imposées par cette même législ-

(855) CJUE, 15 sept. 2011, aff. 310-09, *Accor SA : Dr. fisc.* 2012, n° 3, comm. 67, note J.-L. Pierre ; *RJF* 2011, n° 1402.
(856) CE, 10 déc. 2012, n° 317.074, *Sté Rhodia : Dr. fisc.* 2013, n° 10, comm. 184, concl. Mme Escaut, note J.-L. Pierre ; *RJF* 2013, n° 161 ; *BDCF* 2013, n° 19, concl. Mme Escaut.
(857) CJUE, 6 oct. 2011, aff. 493/09, *Commission c/Portugal : RJF* 2012, n° 86.

lation pour l'octroi d'un tel bénéfice[858]. La loi de finances rectificative pour 2009, n° 2009-1674 du 30 décembre 2009 (art. 35) a tiré les conclusions de l'arrêt *Persche* ; le législateur a étendu l'application du régime fiscal du mécénat aux dons effectués au profit d'organismes agréés dont le siège est situé dans un État membre de l'Union européenne. L'agrément est accordé lorsque l'organisme poursuit des objectifs et présente des caractéristiques similaires aux organismes dont le siège est situé en France. Le législateur a laissé à un décret le soin de fixer les conditions de ce texte et notamment la durée de validité ainsi que les modalités de délivrance, de publicité et de retrait de l'agrément[859]. Le Conseil constitutionnel a été appelé à se prononcer sur ces dispositions (V. *infra*, n° 664).

628. – **Charges déductibles. Amortissement dégressif.** Est contraire à l'article 56 TCE la réglementation d'un État membre qui subordonne la déduction immédiate de pertes et l'application d'un amortissement dégressif afférent à un immeuble à la condition qu'il soit situé sur le territoire de cet État[860].

629. – **Prélèvement libératoire de 15 % sur les intérêts.** La disposition du III de l'article 125 A du Code général des impôts, combinée avec l'article 16 de la convention fiscale entre la France et la Belgique, assujettissant une personne morale n'ayant pas son siège social en France à un prélèvement libératoire de 15 % sur les intérêts qui lui sont payés depuis la France, n'est pas de nature à instituer une différence de traitement discriminatoire qui serait contraire aux libertés d'établissement, de prestation de services et de mouvements des capitaux à l'intérieur de l'Union européenne, dès lors que les intérêts perçus par les sociétés résidentes, s'ils sont exemptés de cette retenue à la source de 15 %, sont imposés, au moins pour le même montant, à l'impôt sur les sociétés[861].

630. – **Dividendes de portefeuille. Exonération de l'impôt sur les sociétés.** Est contraire à l'article 56 TCE la législation d'un État membre qui subordonne l'exonération des dividendes distribués par des sociétés résidentes dans cet État membre à un niveau de participation des sociétés bénéficiaires au capital des sociétés distributrices plus élevé pour les sociétés bénéficiaires résidant dans un autre État membre que pour les sociétés bénéficiaires résidant dans le premier État[862].

Les questions relatives à la compatibilité ou à l'incompatibilité avec l'article 63 TFUE d'une législation fiscale, en l'espèce la législation autrichienne, prévoyant l'exonération de l'impôt sur les sociétés pour les dividendes de portefeuille provenant de participations détenues dans des sociétés résidentes, ont été résolues par la Cour de justice de l'Union européenne dans un arrêt du 10 février 2011[863].

631. – **Dividendes versés à des OPCVM. Retenue à la source sur les dividendes.** Saisi pour avis par un tribunal administratif[864], le Conseil d'État a estimé

(858) CJCE, 27 janv. 2009, aff. 318/07, *Hein Persche* : *RJF* 2009, n° 416.
(859) CGI, art. 200 et 238 bis.
(860) CJCE, 15 oct. 2009, aff. 35/0/: *RJF* 2010, n° 190.
(861) CE, 4 juin 2012, n° 330.075, *Sté Aggreko France* et du même jour n° 330.088, *Sté Aqualon France* : *RJF* 2012, n°s 916 et 917 ; *BDCF* 2012, n° 114, concl. Mme Hedary ; *Dr. fisc.* 2012, n° 24, act. 259.
(862) CJUE, 3 juin 2010, aff. 487/08, *Commission c/Royaume d'Espagne* : *RJF* 2010, n° 973.
(863) CJUE, 10 févr. 2011, aff. 436/08, *Haribo (...)* : *RJF* 2011, n° 666. – V. aussi : CJUE, 20 oct. 2011, aff. 284/09, *Commission c/Allemagne* : *RJF* 2012, n° 85. – CJUE, 13 nov. 2012, aff. 35/11, *Test Claimants* : *RJF* 2013, n° 369.
(864) TA Montreuil, 1er déc. 2010, n° 07/0988, *Sté Santander Asset Management* : *Dr. fisc.* 2010, n° 49, comm. 589, concl. N. Peton-Philippot.

qu'il convenait de renvoyer à la Cour de justice de l'Union européenne la question préjudicielle de savoir si, et dans quelles conditions, la retenue à la source sur les dividendes versés à des organismes de placement collectif en valeurs mobilières étrangers est compatible avec le principe de liberté de circulation des capitaux[865].

La Cour de justice de l'Union européenne a jugé que les articles 63 et 65 TFUE s'opposent à une réglementation d'un État membre qui prévoit l'imposition, au moyen d'une retenue à la source, des dividendes d'origine nationale lorsqu'ils sont perçus par des OPCVM résidents dans un autre État, alors que de tels dividendes sont exonérés d'impôt, dans le chef des OPCVM résidents dans le premier État[866].

Le Conseil d'État a fait observer cependant qu'aucune disposition du droit interne français ne prévoit une exonération des dividendes reçus par une société résidente qui ne relève pas du régime fiscal des sociétés mères lorsque ses résultats sont déficitaires ; en effet, ces dividendes sont effectivement compris dans le résultat de cette société et viennent en diminution du déficit reportable ; lorsque le résultat de cette société redevient bénéficiaire, la diminution de ce déficit reportable implique que ces dividendes seront effectivement imposés à l'impôt sur les sociétés au titre d'une année ultérieure au taux de droit commun alors applicable ; s'il en résulte un décalage dans le temps entre la perception de la retenue à la source afférente aux dividendes payés à la société non-résidente et l'impôt établi à l'encontre de la société établie en France au titre de l'exercice où ses résultats redeviennent bénéficiaires, ce décalage procède d'une technique différente d'imposition des dividendes perçus par la société selon qu'elle est non-résidente ou résidente ; le seul désavantage de trésorerie que comporte la retenue à la source pour la société non-résidente ne peut ainsi être regardé comme constituant une différence de traitement caractérisant une restriction à la liberté de circulation des capitaux. Pour la Haute juridiction, les dispositions du 2 de l'article 119 bis du Code général des impôts ne sont donc pas incompatibles avec la liberté de circulation des capitaux telle qu'elle a été interprétée par la Cour de justice de l'Union européenne[867].

§ 6. – Principes généraux du droit communautaire

632. – Le droit communautaire est essentiellement un droit écrit. Les sources non écrites ont cependant une importance considérable. Leur étude englobe habituel-

(865) CE, avis, 23 mai 2011, n° 344678 : *Dr. fisc.* 2011, n° 35, comm. 485, concl. P. Collin, note P. Dibout ; *RJF* 2011, n° 1009 ; *BDCF* 2011, n° 104, concl. P. Collin ; *FR Lefebvre* 26/2011, p. 21, note S. Austry ; *Dr. fisc.* 2011, n° 22, act. 174, note E. Meier et R. Torlet.

(866) CJUE, 10 mai 2012, aff. 338/11, *Santander Asset Management : RJF* 2012, n° 775 ; *FR Lefebvre* 30/2012, p. 9, note S. Austry et D. Gutmann ; *Dr. fisc.* 2012, n° 20, act. 215, note S. Defert, V. Louvel et E. Raingeard de la Blétière. – V. aussi : E. Dinh, *Contribution de 3 % au titre des montants distribués : quelle compatibilité avec les engagements internationaux de la France ?* (il s'agit de la contribution additionnelle de 3 % à l'impôt sur les sociétés au titre des montants distribués, codifiée au nouvel article 235 ter ZCA du Code général des impôts, instituée par la loi n° 2012-958 du 16 août 2012 de finances rectificative pour 2012 et qui est destinée à compenser les pertes budgétaires engendrées par la suppression de la retenue à la source sur les revenus distribués aux OPCVM étrangers, à la suite de l'arrêt *Santander Asset Management* du 10 mai 2012.

(867) CE, plén., 9 mai 2012, n° 342.221, *Sté GBL Energy : RJF* 2012, n° 774 ; *BDCF* 2012, n° 92, concl. L. Olléon ; *FR Lefebvre* 30/2012, note S. Austry et D. Gutmann, préc. ; *RJF* 2012, p. 587, chron. E. Bokdam-Tognetti. – CE, 29 oct. 2012, n° 352.209, *SA Kermadec : RJF* 2013, n° 45.

lement les principes du droit international, les droits fondamentaux, les principes généraux du droit communautaire, les règles coutumières et la jurisprudence de la Cour de justice des Communautés européennes.

Seules seront examinées ici les catégories de principes généraux du droit communautaire et l'application qui en est faite par les juridictions nationales.

A. – Catégories de principes

1° Principes communs aux droits des États membres

633. – La première catégorie rassemble les principes généralement admis par le droit des États membres.

Ce sont le principe du respect des droits de la défense, les principes de la non-rétroactivité et du respect des droits acquis, le principe d'égalité des administrés devant la réglementation, le principe de l'enrichissement sans cause, le principe de révocabilité des actes administratifs illégaux, le principe de proportionnalité, le principe de bonne foi.

Le Conseil d'État a rappelé ainsi que le droit de propriété, la liberté d'entreprendre et le principe d'égalité constituaient des principes généraux du droit communautaire[(868)].

634. – **Neutralité de la TVA.** Le principe de neutralité de la TVA est très souvent invoqué devant le juge. Il motive de nombreuses solutions[(869)].

Concernant les rapports entre le principe de neutralité fiscale et le principe de l'égalité de traitement, la Cour de justice de l'Union européenne a jugé que le principe de neutralité fiscale doit être interprété en ce sens qu'une différence de traitement au regard de la TVA de deux prestations de services identiques ou semblables du point de vue du consommateur et satisfaisant aux mêmes besoins de celui-ci suffit à établir une violation de ce principe. Une telle violation ne requiert donc pas que soit en outre établie l'existence effective d'une concurrence entre les services en cause ou une distorsion de concurrence en raison de cette différence de traitement[(870)].

635. – **Proportionnalité.** Le principe de proportionnalité est reconnu par une jurisprudence constante de la Cour de justice des Communautés européennes, comme faisant partie des principes généraux du droit communautaire[(871)].

(868) CE, ass., 8 févr. 2007, *Sté Arcelor Atlantique*, V. *supra*, n° 507.

(869) CE, 16 mai 2011, n° 330153, *Crédit coopératif* : *RJF* 2011, n° 934 ; *BDCF* 2011, n° 98, concl. E. Geffray (récupération d'une taxe indûment déduite car facturée à tort). – CE, 9 nov. 2011, n° 342.965, *Sté Laboratoires Juva Santé* : *Dr. fisc.* 2012, n° 6, comm. 136, concl. Mme Escaut, note O. Courjon et J.-C. Bouchard (taux réduits applicables aux médicaments). – CJUE, 26 janv. 2012, aff. 588/10, *Minister Finansow* : *RJF* 2012, n° 435 (obligation de produire un accusé de réception d'une facture rectificative adressée au client). – CE, 26 mars 2012, n° 326.333, *Sté Cerp Lorraine* : *RJF* 2012, n° 589 ; *BDCF* 2012, n° 74, concl. Mme Hedary (droit à déduction). – CJUE, 12 juill. 2012, aff. 284/11, *EMS-Bulgaria Transport* : *RJF* 2012, n° 1093 (droit à déduction et versement d'intérêts de retard en cas d'acquittement tardif de la TVA). – CE, 13 févr. 2013, n° 342.197, *Abi Aad* : *RJF* 2013, n° 481 (franchissement du seuil fixé à l'article 293 B du Code général des impôts pour la franchise en base). – CE, 10 juin 2013, n° 293.478, *Sté Véléclair* : *RJF* 2013, n° 820 et p. 707, chron. E. Bokdam-Tognetti ; *BDCF* 2013, n° 91, concl. F. Aladjidi (remboursement d'un crédit de TVA). – CJUE, 17 juill. 2014, aff. C-272/13, *Equoland* : *Dr. fisc.* 2014, n° 43, comm. 593, note L. Chetcuti et A. Benoît ; *RJF* 2014, n° 1061 (conformément au principe de neutralité de la TVA, une réglementation nationale ne peut exiger le paiement de la TVA à l'importation alors même que celle-ci a déjà été régularisée dans le cadre d'une autoliquidation, au moyen d'une autofacturation et d'un enregistrement dans le registre des achats et des ventes de l'assujetti.

(870) CJUE, 10 nov. 2011, aff. 259/10, *Royaume-Uni* : *Dr. fisc.* 2011, n° 46, act. 340 (différence de traitement de jeux de hasard au regard d'une exonération de la TVA).

(871) CJCE, 11 juill. 1989, aff. 265/87, *Schräder* : *Rec. CJCE* 1989, I, p. 2237, pt 21.

Le contrôle de la validité des actes et des institutions communautaires peut être effectué à l'aune de ce principe[872].

Il a été appliqué, en particulier, à des mesures nationales prévoyant la retenue à titre conservatoire d'un crédit de TVA restituable lorsqu'il existe soit des présomptions sérieuses de fraude fiscale, soit une créance de TVA au profit de l'administration fiscale qui est contestée par l'assujetti. Si ces mesures allaient au-delà de ce qui est nécessaire pour atteindre leur objectif, elles porteraient atteinte aux principes du système commun de TVA et notamment au régime des déductions qui en constitue un élément essentiel. Il appartient donc au juge national d'apprécier le caractère proportionné ou non des mesures de cette nature et l'application qui en est faite par l'administration compétente[873].

C'est le principe de proportionnalité qu'invoque également le Conseil d'État en ce qui concerne l'exigence de factures rectificatives mentionnant distinctement la TVA[874].

La Cour de justice des Communautés européennes a fait une application très remarquable du principe de proportionnalité dans l'affaire de la non-déduction des dépenses de logement, de restaurant, de réception et de spectacles qui était prévue par le décret n° 67-604 du 27 juillet 1967[875].

2° Principes autonomes

636. – Égalité de traitement. Le principe d'égalité de traitement, qui reçoit des applications très fréquentes, exige que des situations comparables ne soient pas traitées de manière différente à moins qu'une différenciation ne soit objectivement justifiée[876].

Il a déjà été rappelé que le principe constitutionnel d'égalité tel qu'il est consacré par la jurisprudence du Conseil constitutionnel et du Conseil d'État, n'implique pas que les personnes qui se trouvent dans des situations différentes doivent être soumises à des régimes différents.

Au contraire, le principe général d'égalité du droit communautaire comporte une telle implication, et c'est en cela qu'on peut dire qu'il s'agit d'un principe autonome (V. *supra*, n°s 508 et 587).

637. – Principe de la sécurité juridique. De nombreux auteurs ont fait de sérieuses réserves sur la sécurité juridique : « plus fonctionnelle que conceptuelle,

(872) CJCE, 15 avr. 1997, aff. 27/95, *Bakers of Nailsea* : *Rec. CJCE* 1997, I, p. 1847, pt 17.
(873) CJCE, 18 déc. 1997, aff. 286/94, *Molenheide* : *RJF* 1998, n° 523.
(874) CE, 5 mai 2010, n° 309.328, *Sté Transports Issoriens* : *Dr. fisc.* 2010, n° 24, comm. 371, concl. Collin ; *RJF* 2010, n° 670 ; *BDCF* 2010, n° 75, concl.
(875) CGI, ann. II, art. 236. – CJCE, 19 sept. 2000, aff. 177/99 et 181/99, *Ampafrance SA et Sanofi Synthelabo*, pt 42 : *Rec. CJCE* 2000, I, p. 7050, concl. Cosmas ; *Dr. fisc.* 2000, comm. 812, chron. Turot, p. 1404 ; *RJF* 2000, n° 1392 ; *BDCF* 11/2000, concl. Cosmas. – V. encore : CJCE, 21 déc. 2011, aff. 465/10, *Ministre de l'Intérieur* : *AJDA* 2012, p. 708, note D. Dero-Bugny et CAA Paris 23 janv. 2012, n° 10-01850, *Sté Beuralia* : *AJDA* 2012, p. 1291, note A. Seulin (incompatibilité avec le droit communautaire d'un délai de prescription trentenaire pour la récupération d'un avantage indûment perçu). – CJUE, 12 juill. 2012, aff. 284/11, V. *supra*, n° 634. – CE, 26 mars 2012, n° 326.333, *Sté Cerp Lorraine*, V. *supra*, n° 634. – CE, 20 mars 2013, n° 331.365, *Sté 2 H Energy* : *RJF* 2013, n° 599 : présomption de non-exportation instaurée par l'article 74 de l'annexe III au Code général des impôts.
(876) CJCE, 12 mars 1987, aff. 215/85, *Balm* : *Rec. CJCE* 1987, I, p. 1279, pt 23. – CJCE, 19 nov. 1998, aff. 150/94, *Royaume-Uni*, pt 97 ; *ibid.*, p. 7235, concl. Léger. – CJCE, 19 nov. 1998, aff. 85/97, *Sté SFI*, pt 30 ; *ibid.*, p. 7447, concl. Mischo ; *LPA* 6 août 1999, n° 156, note X. Latour. – CJCE, 13 juill. 2000, aff. 36/99, *Idéal tourisme SA* : *Rec. CJCE* 2000, I, p. 6049, concl. Cosmas ; *RJF* 2000, n° 1382. – CJCE, 23 avr. 2009, aff. 460/07, *Sandra Puffer* : *RJF* 2009, n° 713, pt 53. – V. aussi, CJUE, 10 nov. 2011, aff. 259/10, *supra*, n° 634.

la sécurité juridique n'est rien d'autre que le nom donné par le juge aux manifestations de son équité ou de sa discrétionnarité. On en chercherait vainement une définition précise en jurisprudence... »[(877)].

Le principe de la sécurité juridique paraît correspondre effectivement non pas à un principe autonome, mais à une idée générale, qui exprime l'identité de nature dont participent des principes plus précis et qui sont fondés, de la même manière, sur la recherche de la sécurité.

Il ne se confond pas cependant avec les principes de la non-rétroactivité, du respect des droits acquis et de confiance légitime. Selon la jurisprudence de la Cour de justice des Communautés européennes, « la fixation de délais raisonnables de recours à peine de forclusion dans l'intérêt de la sécurité juridique qui protège à la fois le contribuable et l'administration » constitue aussi une application de ce principe fondamental[(878)].

Les principes de la sécurité juridique et de la protection de la confiance légitime font partie de l'ordre juridique communautaire et doivent être respectés par les États membres dans l'exercice des pouvoirs que leur confèrent les directives communautaires[(879)].

638. – Principe d'effectivité. Le principe d'effectivité reçoit de nombreuses applications[(880)].

639. – Principe de la confiance légitime. Une place à part doit être faite au principe de la protection de la « confiance légitime », qui présente seul une certaine originalité. Issu du droit allemand, sa portée dépasse sensiblement le principe concernant la responsabilité de l'administration du fait des renseignements erronés ou des promesses non tenues, qui résulte de la jurisprudence administrative.

Dans le cadre d'une réglementation économique, le principe du respect de la confiance légitime « interdit aux institutions communautaires (...) de modifier cette réglementation sans l'assortir des mesures transitoires si un intérêt public péremptoire ne s'oppose pas à l'adoption de pareille mesure »[(881)].

Ce principe ne fait pas obstacle, de façon générale, à ce qu'une réglementation nouvelle s'applique aux effets futurs des situations nées sous l'empire de la réglementation antérieure en l'absence d'obligations mises à la charge de l'autorité publique.

---

(877) Boulouis et Chevallier, *Grands arrêts CJCE*, t. 1er, 1997, n° 15. – « La sécurité juridique ne saurait consacrer un droit acquis à une jurisprudence figée, l'évolution de la jurisprudence relevant de l'office du juge dans l'application du droit », note C. Atias sur Cass. 1re civ., 21 mars 2000 : *D.* 2000, p. 593.

(878) CJCE, plén., 2 déc. 1997, *Fantask*, pt 48 : *RJF* 1998, n° 211, concl. Jacobs ; *Dr. fisc.* 1998, comm. 198 et p. 349, chron. Dibout ; *AJDA* 1998, p. 317, chron. Chavrier, Légal et de Bergues ; *RGDP* 1998, n° 4, chron. Lamarque ; *LPA* 1998, n° 141, note M.-C. Bergerès ; *AJDA* 1999, p. 62, note J. Dutheil de la Rochère.

(879) CJCE, 3 déc. 1998, aff. 381/97, *Belgocodex*, pt 26 : *Rec. CJCE* 1998, I, p. 8153, concl. Alber ; *RJF* 1999, n° 278 : jugé que dans les circonstances spécifiques de l'espèce, il ne revient pas à la cour mais à la juridiction nationale de juger si une violation de ces principes a été commise par l'abolition rétroactive d'une loi dont l'arrêté d'exécution n'a pas été adopté.

(880) CE, 16 déc. 2010, n° 309.412, *SNC Meubles Ikea* : *RJF* 2011, n° 645 (conformité au droit communautaire du délai de l'action en répétition de l'indu prévu à l'article L. 190 du Livre des procédures fiscales). – CJUE, 30 juin 2011, aff. 262/09, *Wienand Meilicke* (non-conformité au principe d'effectivité d'une réglementation rétroactive qui, sans aménager un délai transitoire, remet en cause la possibilité d'obtenir l'imputation de l'impôt sur les sociétés). – CJUE, 12 juill. 2012, aff. 284/11 : *RJF* 2012, n° 1093 (institution d'un délai de forclusion encadrant l'exercice du droit à déduction de la TVA).

(881) CJCE, 3 mai 1978, aff. 112/77 *Töpfer* : *Rec. CJCE* 1978, I, p. 1019, concl. G.-H. Mayras. – V. aussi CJCE, 3 déc. 1998, *Belgocodex* ; V. *supra*, n° 637.

Pour qu'il puisse trouver à s'appliquer, la Cour de justice des Communautés européennes exige que l'attitude de l'administration communautaire ait pu faire naître dans le chef des justiciables « des espérances fondées »(882). Lorsqu'un opérateur économique « prudent et avisé » est en mesure de prévoir l'adoption d'une mesure communautaire, il ne saurait se prévaloir d'une confiance légitime dans le cas où cette mesure est adoptée.

La méconnaissance de ce principe n'entraîne pas l'illégalité de la nouvelle norme ; elle ouvre seulement droit à des dommages-intérêts en réparation du préjudice subi.

Le principe de confiance légitime reçoit ainsi application, notamment dans le cas de récupération par un État membre des aides publiques contraires à l'ex-article 93 du Traité CEE(883).

Suivant la Cour de justice des Communautés européennes, « (...) le principe de la confiance légitime faisant partie de l'ordre juridique communautaire, cet ordre juridique ne saurait s'opposer à une législation nationale qui assure le respect de la confiance légitime et de la sécurité juridique dans un domaine comme celui de la répétition d'aides communautaires indûment versées »(884) « (...) 14. La même solution s'impose en ce qui concerne la récupération d'aides nationales contraires au droit communautaire. Il y a lieu de relever toutefois que, compte tenu du caractère impératif du contrôle des aides étatiques opéré par la Commission au titre de l'article 93 du traité, les entreprises bénéficiaires d'une aide ne sauraient avoir, en principe, une confiance légitime dans la régularité de l'aide que si celle-ci a été accordée dans le respect de la procédure prévue par ledit article. En effet, un opérateur économique diligent doit normalement être en mesure de s'assurer que cette procédure a été respectée (...) 17. En revanche, un État membre, dont les autorités ont octroyé une aide en violation des règles de procédure prévues à l'article 93, ne saurait invoquer la confiance légitime des bénéficiaires pour se soustraire à l'obligation de prendre les mesures nécessaires en vue de l'exécution d'une décision de la Commission lui ordonnant de récupérer l'aide (...) »(885).

La Cour de justice de l'Union européenne a jugé notamment que l'article 183 de la directive n° 2006/112 du 28 novembre 2006, relative au système commun de la TVA, lu en combinaison avec le principe de protection de la confiance légitime, s'oppose à une réglementation nationale qui prévoit, avec effet rétroactif, la prolongation du délai dans lequel le remboursement d'un excédent de TVA doit être effectué, dans la mesure où cette réglementation prive l'assujetti du droit, dont il disposait avant l'entrée en vigueur de celle-ci, d'obtenir des intérêts de retard sur la somme devant lui être remboursée(886).

B. – Application par les juridictions nationales

640. – Applicabilité aux situations régies par le droit communautaire. Suivant la jurisprudence du Conseil d'État, un principe « qui fait partie des principes

(882) CJCE, 19 mai 1983, aff. 289/91, *Mavridis : Rec. CJCE* 1983, I, p. 1731.
(883) Devenu art. 88 TCE et art. 108 TFUE.
(884) CJCE, 21 sept. 1983, aff. 205 à 215/82, *Deutsche Milchkontor : Rec. CJCE* 1983, I, p. 2633, pt 30.
(885) CJCE, plén., 20 sept. 1990, aff. 5/89, *Commission c/RFA* : *RJF* 1991, n° 135. – V. M. Karpenschif, *La récupération des aides nationales versées en violation du droit communautaire à l'aune du règlement n° 659/1999 : du mythe à la réalité ?* : *RTDE* 2001, p. 551.
(886) CJUE, 12 mai 2011, aff. 107/10, *Enel Maritsa Iztok* : *RJF* 2011, n° 1016.

généraux du droit communautaire, ne trouve à s'appliquer dans l'ordre juridique national que dans le cas où la situation juridique dont a à connaître le juge administratif français est régie par le droit communautaire »[887].

Le Conseil d'État exclut notamment l'application des principes généraux de la confiance légitime et de la sécurité juridique dans un domaine qui ne se situe pas dans le cadre du droit communautaire.

Ces principes ne peuvent donc être utilement invoqués, par exemple, en vue de faire échec à l'application des dispositions de loi qui ont abrogé une exonération fiscale en matière de taxe foncière sur les propriétés bâties, cette imposition étant régie uniquement par le droit interne[888] ou de dispositions du CGI sur l'intégration fiscale, dès lors que celles-ci n'ont pas pour finalité la mise en œuvre du droit communautaire[889].

En revanche, le juge national a le pouvoir d'apprécier la validité d'un acte communautaire, tel un règlement, notamment au regard des principes fondamentaux du droit communautaire. Dès lors qu'aucun doute n'existe sur le caractère infondé des moyens qui sont tirés de la violation de l'un de ces principes, il peut, après avoir rejeté ces moyens, conclure, sans renvoi, à la validité de l'acte ; il s'agit d'une application de la théorie de « l'acte clair »[890].

641. – **Responsabilité de l'État.** Le Conseil d'État avait déjà admis dans son arrêt d'assemblée du 8 février 2007, *Gardedieu* (V. *supra*, n° 374) que la responsabilité de l'État du fait des lois est susceptible d'être engagée en raison des obligations qui sont les siennes pour assurer le respect des conventions internationales par les autorités publiques, pour réparer l'ensemble des préjudices qui résultent de l'intervention d'une loi adoptée en méconnaissance des engagements internationaux de la France.

Il a jugé qu'au nombre des engagements internationaux de la France « figure le respect des principes de sécurité juridique et de confiance légitime reconnus par le droit communautaire et, désormais, par le droit de l'Union européenne »[891].

642. – **Confiance légitime. Conseil d'État.** En matière fiscale, le juge national a eu l'occasion à plusieurs reprises de faire application des principes fondamentaux du droit communautaire de l'égalité de traitement et de proportionnalité.

Le Conseil d'État a, pour la première fois, appliqué le principe de confiance légitime dans un arrêt d'assemblée du 11 juillet 2001, *Fédération nationale des syndicats d'exploitants agricoles*, dans une affaire intéressant la politique agricole commune.

Le recours était dirigé contre un décret du 24 mars 2000 relatif à la modulation des paiements accordés aux agriculteurs au titre des régimes de soutien direct. Les moyens invoqués étaient tirés de la méconnaissance des principes de confiance légitime et de non-rétroactivité.

---

(887) CE, 9 mai 2001, *Entr. Freymuth : Dr. adm.* 2001, n° 171, concernant le principe de confiance légitime en matière d'environnement et en matière fiscale : CE, 27 juill. 2012, n° 327850, *Sté ST Informatique* : *RJF* 2012, n° 987. – CE, 22 janv. 2013, n° 355844, *Fédération nationale indépendante des mutuelles* : *Dr. fisc.* 2013, n° 13, comm. 219, concl. Mme Escaut ; *RJF* 2013, n° 423 ; *BDCF* 2013, n° 47, concl.

(888) CE, 30 nov. 1994, req. n° 128.516, *SCI Résidence Dauphine* : *RJF* 1995, n° 132, concl. Bachelier ; *Dr. fisc.* 1995, comm. 319. – V. aussi concl. Bachelier (pt IV) CE, 17 juin 1994, req. n° 124.793 : *Dr. fisc.* 1994, comm. 1579.

(889) CE, 16 janv. 2006, n° 260150, *SA LVMH* : *RJF* 2006, n° 361 ; *BDCF* 2006, n° 44, concl. Vallée : *Dr. fisc.* 2006, n° 23, comm. 429.

(890) CE, ass., 11 juill. 2001, V. *infra*, n° 642.

(891) CE, 23 juill. 2014, n° 354365, *Sté d'éditions et de protection route (SEPR)* : *Rec. CE* 2014, p. 238 ; *AJDA* 2014, p. 1581, note M.-C. de Monteclerc.

Le Conseil d'État relève que pour mettre en œuvre le règlement CE n° 1259/99 du 17 mai 1999, « le gouvernement pouvait décider la réduction des paiements accordés à raison des régimes de soutien direct dans le cadre de la politique agricole commune pour l'ensemble de l'année en cours, à la condition de respecter le principe de confiance légitime applicable en matière de droit communautaire ». Il constate ensuite que le Gouvernement a annoncé publiquement dès le mois de mai 1999 son intention de mettre en place la modulation des aides permises par le règlement communautaire et a consulté sur son projet de modulation le Conseil supérieur d'orientation et de coordination de l'économie agricole et alimentaire, où sont représentées les organisations syndicales d'agriculteurs. Il conclut en affirmant que « dans ces conditions, les producteurs prudents et avisés ont été mis en mesure dès avant le début de l'année 2000 de prévoir l'adoption de la mesure litigieuse ». Il a rejeté, par suite, les moyens tirés de la méconnaissance des principes de confiance légitime et de non-rétroactivité[(892)].

Il n'existe pas cependant pour l'instant, en matière fiscale, de cas d'application positive du principe de la confiance légitime.

643. – **Confiance légitime. Conseil constitutionnel.** Suivant le Conseil constitutionnel, aucune norme de valeur constitutionnelle ne garantit un principe dit de « confiance légitime »[(893)].

Le Conseil constitutionnel a confirmé notamment cette jurisprudence au sujet de l'article 2 de la loi n° 97-1026 du 10 novembre 1997 portant mesures urgentes à caractère fiscal et financier, qui a supprimé, pour les exercices des sociétés ouverts à compter du 1er janvier 1997, le régime de taxation atténuée des plus-values et moins-values à long terme, sous réserve de certaines exceptions. Cette disposition a eu pour effet de porter cette imposition au taux normal de l'impôt sur les sociétés.

Les auteurs de la requête ne faisaient pas seulement valoir que cette disposition était entachée de rétroactivité et contrevenait à un principe de « sécurité juridique ». Ils soutenaient que son application à des revenus ponctuels, provenant notamment de la cession d'éléments du patrimoine professionnel, décidée en fonction des règles fiscales en vigueur le jour de cette décision, n'était pas justifiée par une nécessité impérieuse et méconnaissait dès lors le principe de « confiance légitime ».

Le Conseil constitutionnel a rejeté ce grief en utilisant la même formule : « qu'aucune norme de valeur constitutionnelle ne garantit un principe dit de "confiance légitime" »[(894)].

Il est trop tôt pour voir dans une décision du 19 décembre 2013 l'amorce d'une évolution de la jurisprudence du Conseil constitutionnel[(895)].

(892) *Rec. CE* 1999, p. 340 ; *RFDA* 2002, p. 33, concl. Séners, note Dubouis.

(893) Cons. const., 30 déc. 1996, n° 96-385 DC, *Loi de finances pour 1997*, consid. 18 : *JO* 31 déc. ; *RDP* 1997, p. 289, chron. Luchaire ; *LPA* 1997, n° 7, note J.-C. Zarka ; *ibid.*, n° 29, chron. Mathieu ; *ibid.*, n° 88, chron. Mathieu et Aivazzadeh ; *RFD const.* 29-1997, p. 119, note L. Philip ; *AJDA* 1997, p. 161, chron. Schrameck.

(894) Cons. const., 7 nov. 1997, n° 97-391 DC, consid. 6 : *JO* 11 nov. 1997 ; *Dr. fisc.* 1997, comm. 1220 ; *LPA* 1998, n° 27, chron. Mathieu et Verpeaux ; *JCP G* 1998, I, 137, chron. Mathieu et Verpeaux ; *AJDA* 1998, p. 969, chron. O. Schrameck.

(895) Cons. const., 19 déc. 2013, n° 2013-682 DC, *Loi de financement de la sécurité sociale pour 2014* (V. notamment consid. 17 *in fine*). – E. Joannard-Lardant, *Les principes de sécurité juridique et de confiance légitime en droit fiscal* : *Dr. fisc.* 2014, n° 10, étude 191.

644. – Sécurité juridique. Le Conseil d'État a admis d'abord que la sécurité juridique était une exigence qui s'imposait même en dehors du droit communautaire[(896)].

Il a jugé depuis, concernant le Code des impôts de la Polynésie française, que le principe de sécurité juridique s'oppose à ce que puisse être légalement édictée une disposition qui institue un droit de reprise au profit de l'administration fiscale, en excluant, de façon générale et absolue, l'application de toute prescription[(897)].

§ 7. – Charte des droits fondamentaux de l'Union européenne et Convention européenne des droits de l'homme

645. – La Charte des droits fondamentaux du 7 décembre 2000 a force obligatoire depuis le 1er janvier 2009, conformément à la nouvelle rédaction de l'article 6 du Traité sur l'Union européenne, issu du traité de Lisbonne du 13 décembre 2007.

La Charte n'a pas été intégrée cependant dans le corps du traité, et ne fait pas non plus l'objet d'un protocole ou d'une déclaration annexe.

L'*article* 6 *TUE* contient les dispositions suivantes :

« 1. (al. 2) Les dispositions de la Charte n'étendent en aucune manière les compétences de l'Union telles que définies par les traités.

« (al. 3) Les droits, les libertés et les principes énoncés dans la Charte sont interprétés conformément aux dispositions générales du titre VII de la Charte régissant l'interprétation et l'application de celle-ci et en prenant dûment en considération les explications visées dans la Charte, qui indiquent les sources de ces dispositions.

« 2. L'Union adhère à la Convention européenne de sauvegarde des droits de l'homme et des libertés fondamentales. Cette adhésion ne modifie pas les compétences de l'Union telles qu'elles sont définies dans le traité.

« 3. Les droits fondamentaux, tels qu'ils sont garantis par la Convention européenne de sauvegarde des droits de l'homme et des libertés fondamentales et tels qu'ils résultent des traditions constitutionnelles communes aux États membres, font partie du droit de l'Union en tant que principes généraux ».

L'adhésion à la Convention européenne des droits de l'homme n'est pas réalisée. La Cour de justice de l'Union européenne (CJUE) a rendu, le 18 décembre 2014, et pour la seconde fois en huit ans, un avis négatif quant à l'adhésion de l'Union à la Convention européenne des droits de l'homme[(898)].

L'absence d'adhésion est compensée toutefois par la reconnaissance des droits fondamentaux résultant de la Convention comme source de principes généraux du droit communautaire.

---

(896) CE, ass., 24 mars 2006, n° 280.460, *Sté KPMG* : *Rec. CE* 2006, p. 154 ; *RDP* 2006, p. 1169, chron. J.-P. Camby ; *D.* 2006, p. 1190, chron. P. Cassia. – G. Éveillard, *Sécurité juridique et dispositions transitoires. Huit ans d'application de la jurisprudence KPMG* : *AJDA* 2014, p. 492.

(897) CAA Paris, plén., 13 oct. 2011, n° 09-01601, *Zannier* : *Dr. fisc.* 2012, n° 13, comm. 234, concl. Ph. Blanc. – S. Austry, *Le principe de sécurité juridique et le juge de l'impôt : de nouvelles perspectives pour les contribuables ?*, *ibid.*, étude 208. – CE, 23 juin 2014, n° 355 801, *Polynésie française c/Zannier* : *Dr. fisc.* 2014, n° 41, comm. 582, concl. F. Aladjidi, note S. Austry ; *RJF* 2014, n° 934.

(898) CJCE, 28 mars 1996, n° 2/94, *Conseil de l'Union européenne*. – CJCE, 18 déc. 2014, n° 2/13. – H. Labayle et F. Sudre, *L'avis 2/13 de la Cour de justice sur l'adhésion de l'Union européenne à la Convention européenne des droits de l'homme : pavane pour une adhésion défunte ?* : *RFDA* 2015, p. 3. – F. Chaltiel, *L'adhésion de l'Union européenne à la Convention européenne est-elle impossible ?* : *LPA* 27 mai 2015, n° 105. – E. Broussy et *alii*, *Non, c'est non ?* : *AJDA* 2015, p. 338 ; *D.* 2015, p. 75.

Dans le titre VII intitulé « Dispositions générales régissant l'interprétation et l'application de la Charte », le champ d'application de celle-ci est défini de la manière suivante par l'*article* 51 :

« 1. Les dispositions de la présente Charte s'adressent aux institutions, organes et organismes de l'Union dans le respect du principe de subsidiarité, ainsi qu'aux États membres uniquement lorsqu'ils mettent en œuvre le droit de l'Union. En conséquence, ils respectent les droits, observent les principes et en promeuvent l'application, conformément à leurs compétences respectives et dans le respect des limites des compétences de l'Union telles qu'elles lui sont conférées dans les traités.

« 2. La présente Charte n'étend pas le champ d'application du droit de l'Union au-delà des compétences de l'Union, ni ne crée aucune compétence ni aucune tâche nouvelles pour l'Union et ne modifie pas les compétences et tâches définies dans les traités ».

L'*article* 52 de la Charte, concernant « la portée et l'interprétation des droits et des principes » énonce dans son 3 que :

« Dans la mesure où la présente Charte contient des droits correspondant à des droits garantis par la Convention européenne de sauvegarde des droits de l'homme et des libertés fondamentales, leur sens et leur portée sont les mêmes que ceux que leur confère ladite Convention. Cette disposition ne fait pas obstacle à ce que le droit de l'Union accorde une protection plus étendue ».

L'*article* 53 sur le « niveau de protection » ajoute que :

« Aucune disposition de la présente Charte ne doit être interprétée comme limitant ou portant atteinte aux droits de l'homme et des libertés fondamentales reconnus, dans leur champ d'application respectif, par le droit de l'Union, le droit international et les conventions internationales auxquelles sont parties l'Union ou tous les États membres, et notamment la Convention européenne de sauvegarde des droits de l'homme et des libertés fondamentales, ainsi que par les constitutions des États membres ».

Les États membres ont l'obligation de respecter les droits fondamentaux définis dans le cadre d'Union, mais cette obligation ne s'impose à eux que lorsqu'ils agissent dans le champ d'application du droit de l'Union et qu'ils mettent en œuvre les réglementations communautaires.

646. – **Champ d'application de la Charte.** Dans l'affaire *Aklagaren*, qui a donné lieu à un important arrêt du 26 février 2013, la Cour de justice de l'Union européenne a été saisie d'une question portant sur la compatibilité avec le principe *ne bis in idem* garanti par l'article 50 de la Charte, d'une législation nationale, en l'espèce la législation suédoise, qui autorise, en cas de fraude fiscale, le cumul des sanctions fiscales et pénales prononcées par le même juge.

L'article 50 de la Charte dispose, en effet, que « nul ne peut être poursuivi ou puni pénalement en raison d'une infraction pour laquelle il a déjà été acquitté ou condamné dans l'Union par un jugement pénal définitif conformément à la loi ».

La requête portée devant la Cour de justice de l'Union européenne était fondée également sur les stipulations de l'article 4 du protocole n° 7 annexé à la Convention européenne des droits de l'homme prévoyant que « nul ne peut être poursuivi ou puni pénalement par les juridictions du même État en raison d'une infraction pour laquelle il a déjà été acquitté ou condamné par un jugement définitif conformément à la loi et à la procédure pénale de cet État ».

Les infractions pour lesquelles le requérant avait fait l'objet de sanctions fiscales et pénales concernaient notamment la TVA.

Cette particularité a soulevé une question préalable concernant la compétence de la Cour de justice de l'Union européenne, ce qui a donné l'occasion à celle-ci de préciser et de compléter sa jurisprudence sur le champ d'application de la Charte.

Le Gouvernement suédois et la Commission européenne avaient contesté, en effet, la recevabilité des questions préjudicielles, au motif que la Cour n'aurait été compétente pour répondre que si les sanctions fiscales infligées à l'intéressé ainsi que les poursuites pénales intentées contre lui procédaient d'une mise en œuvre du droit de l'Union. Ils avaient soutenu que tel n'était le cas ni du texte national sur la base duquel les sanctions fiscales avaient été prononcées, ni du texte servant de fondement aux poursuites pénales. Ils en tiraient la conséquence que, conformément à l'article 51, paragraphe 1 de la Charte, les sanctions et les poursuites pénales ne tombaient pas sous le coup du principe *ne bis in idem* garanti par l'article 50.

Les dispositions de la Charte ne s'adressent en effet aux États membres que lorsqu'ils mettent en œuvre le droit de l'Union.

La Cour a fait observer d'emblée que cet article ne faisait que confirmer sa jurisprudence : « (...) il résulte, en substance, de la jurisprudence constante de la Cour que les droits fondamentaux garantis dans l'ordre juridique de l'Union ont vocation à être appliqués dans toutes les situations régies par le droit de l'Union, mais pas en dehors de telles situations. C'est dans cette mesure que la Cour a déjà rappelé qu'elle ne peut apprécier, au regard de la Charte, une réglementation nationale qui ne se situe pas dans le cadre du droit de l'Union. En revanche, dès lors qu'une telle réglementation entre dans le champ d'application de ce droit, la Cour, saisie à titre préjudiciel, doit fournir tous les éléments d'interprétation nécessaires à l'appréciation, par la juridiction nationale, de la conformité de cette réglementation avec les droits fondamentaux dont elle assure le respect » (pt 19).

Après s'être référée à de nombreuses décisions, la Cour de justice de l'Union européenne ajoute : « Les droits fondamentaux garantis par la Charte devant, par conséquent, être respectés lorsqu'une réglementation nationale entre dans le champ d'application du droit de l'Union, il ne saurait exister de cas de figure qui relèvent ainsi du droit de l'Union sans que lesdits droits fondamentaux trouvent à s'appliquer. L'applicabilité du droit de l'Union implique celle des droits fondamentaux garantis par la Charte. Lorsque, en revanche, une situation juridique ne relève pas du champ d'application du droit de l'Union, la Cour n'est pas compétente pour en connaître et les dispositions éventuellement invoquées de la Charte ne sauraient, à elles seules, fonder cette compétence » (pt 21).

La Cour de justice de l'Union européenne a écarté l'objection tirée de ce que les procédures diligentées contre l'intéressé ne procédaient pas d'une mise en œuvre du droit de l'Union, alors que les sanctions fiscales et les poursuites pénales étaient liées en partie à des manquements à des obligations déclaratives en matière de TVA, en invoquant plusieurs motifs fondés sur des dispositions de la directive n° 2006/112 du 28 novembre 2006 ou des articles 4 TUE et 325 TFUE : – chaque État membre a l'obligation de prendre toutes les mesures législatives et administratives propres à garantir la perception de l'intégralité de la TVA due sur son territoire et à lutter contre la fraude ; – les États membres ont l'obligation de prendre les mêmes mesures pour combattre la fraude portant atteinte aux intérêts financiers de l'Union que celles qu'ils prennent pour combattre la fraude portant atteinte à leurs propres intérêts, dès lors que les ressources propres de l'Union comprennent notamment les recettes provenant de l'application d'un taux uniforme à l'assiette harmonisée de la TVA (pts 25 et 26).

Pour la Cour de justice de l'Union européenne, « il en découle que des sanctions fiscales des poursuites pénales pour fraude fiscale, telles que celles dont le prévenu en cause au principal a été ou est l'objet en raison de l'inexactitude des informations fournies en matière de TVA, constituent une mise en œuvre des articles 2, 250, paragraphe 1, et 273 de la directive n° 2006/112 (...) et de l'article 325 TFUE et donc, du droit de l'Union au sens de l'article 51, paragraphe 1, de la Charte » (pt 27).

La Cour s'est reconnue ainsi compétente pour répondre aux questions préjudicielles qui lui étaient posées et fournir tous les éléments d'interprétation nécessaires à l'appréciation par la juridiction de renvoi de la conformité de la réglementation suédoise avec le principe *ne bis in idem* énoncé à l'article 50 de la Charte.

En revanche, la Cour de justice de l'Union européenne a jugé qu'elle est incompétente pour apprécier la conformité de dispositions nationales de fiscalité directe aux dispositions de la Charte(899).

647. – **Autonomie de la Charte.** La Cour de justice de l'Union européenne a apporté d'abord une réponse conjointe aux questions qui portaient sur le point de savoir si l'article 50 de la Charte s'oppose à ce que des poursuites pénales pour fraude fiscale soient diligentées contre un prévenu, dès lors que ce dernier a déjà fait l'objet d'une sanction fiscale pour les mêmes faits de fausse déclaration.

Elle relève d'abord que l'article 50 de la Charte ne s'oppose pas à ce qu'un État membre établisse, pour les mêmes faits de non-respect d'obligations déclaratives dans le domaine de la TVA, une combinaison de sanctions fiscales et pénales.

Mais elle ajoute : « ce n'est que lorsque la sanction fiscale revêt un caractère pénal, au sens de l'article 50 de la Charte, et qu'elle est devenue définitive que ladite disposition s'oppose à ce que des poursuites pénales pour les mêmes faits soient diligentées contre une même personne » (pt 34) ; « il y a lieu de rappeler que, aux fins de l'appréciation de la nature pénale de sanctions fiscales, trois critères sont pertinents. Le premier est la qualification juridique de l'infraction en droit interne, le deuxième la nature même de l'infraction et le troisième la nature ainsi que le degré de sévérité de la sanction que risque de subir l'intéressé » (pt 35).

Selon la Cour, c'est à la lumière de ces critères qu'il appartient à la juridiction de renvoi d'apprécier si le cumul des sanctions fiscales et pénales n'est pas contraire aux standards nationaux de protection des droits fondamentaux, pourvu que cette application ne compromette pas le niveau de protection prévu par la Charte, telle qu'elle est interprétée par la Cour, ni la primauté, l'unité et l'effectivité du droit de l'Union (pts 29 et 36).

C'est sous ces réserves que la Cour conclut que le principe *ne bis in idem* énoncé à l'article 50 de la Charte ne s'oppose pas à ce qu'un État membre « impose, pour les mêmes faits de non-respect d'obligations déclaratives dans le domaine de la TVA, successivement une sanction fiscale et une sanction pénale dans la mesure où la première sanction ne revêt pas un caractère pénal, ce qu'il appartient à la juridiction nationale de vérifier » (pt 37).

(899) CJUE, 17 juill. 2014, aff. C-505/13 : *Dr. fisc.* 2014, n° 40, act. 504.

648. – **Non-intégration de la Convention européenne des droits de l'homme. Primauté du droit communautaire.** La Cour de justice de l'Union européenne a examiné, à la fin de son arrêt, la première question qui était pourtant au centre du débat.

Elle avait été posée en ces termes par le juge suédois : « En droit suédois, le juge national ne peut écarter l'application de dispositions de droit national susceptibles d'être contraires au principe de l'interdiction de la double peine inscrit à l'article 4 du protocole n° 7 à la CEDH, et donc également susceptibles d'être contraires à l'article 50 de la Charte, que si sa décision peut être étayée par un indice clair dans la CEDH ou la jurisprudence de la Cour européenne des droits de l'homme. Le fait que le droit national impose une telle condition pour écarter l'application de dispositions de droit national est-il compatible avec le droit de l'Union, plus spécialement ses principes généraux, notamment de sa primauté et de son effet direct ? ».

C'était poser tout le problème des rapports entre la Convention européenne des droits de l'homme, d'une part, et les ordres juridiques des États membres et le droit de l'Union d'autre part.

La Cour de justice de l'Union européenne, a considéré, s'agissant, d'abord, des conséquences à tirer, pour le juge national d'un conflit entre le droit national et la Convention européenne des droits de l'homme,

« qu'il y a lieu de rappeler que si, comme le confirme l'article 6, paragraphe 3, TUE, les droits fondamentaux reconnus par la CEDH font partie du droit de l'Union en tant que principes généraux et si l'article 52, paragraphe 3, de la Charte impose de donner aux droits contenus dans celle-ci correspondant à des droits garantis par la CEDH le même sens et la même portée que ceux que leur confère ladite convention, cette dernière ne constitue pas, tant que l'Union n'y a pas adhéré, un instrument juridique formellement intégré à l'ordre juridique de l'Union ».

D'où la réponse de la Cour : « par conséquent, le droit de l'Union ne régit pas les rapports entre la CEDH et les ordres juridiques des États membres et ne détermine pas non plus les conséquences à tirer par un juge national en cas de conflit entre les droits garantis par cette convention et une règle de droit national » (pt 44).

En ce qui concerne ensuite les conséquences à tirer pour le juge national d'un conflit entre des dispositions de son droit interne et des droits garantis par la Charte,

« il est de jurisprudence constante que le juge national chargé d'appliquer, dans le cadre de sa compétence, les dispositions du droit de l'Union, a l'obligation d'assurer le plein effet de ces normes en laissant au besoin inappliquée, de sa propre autorité, toute disposition contraire de la législation nationale, même postérieure, sans qu'il ait à demander ou à attendre l'élimination préalable de celle-ci par voie législative ou par tout autre procédé constitutionnel (arrêts du 9 mars 1978, *Simmenthal*, 106/77, *Rec.* p. 629, points 21 et 24 ; du 19 novembre 2009, *Filipiak*, C-314/08, *Rec.* p. I-11049, point 81, ainsi que du 22 juin 2010, *Melki et Abdeli*, C-188/10 et C-189/10, *Rec.* p. I-5667, point 43) » (pt 45).

Le droit de l'Union s'oppose ainsi à une pratique judiciaire qui subordonne l'obligation, pour le juge national, de laisser inappliquée toute disposition contraire à un droit fondamental garanti par la Charte, à la condition que cette contrariété ressorte clairement du texte de cette charte ou de la jurisprudence y afférente, dès lors qu'elle refuse au juge national le pouvoir d'apprécier pleinement, avec, le cas échéant, la coopération de la Cour, la compatibilité de ladite disposition avec cette même Charte (pt 48)[900].

(900) CJUE, 26 févr. 2013, aff. 617/10, *Aklagaren* : *AJDA* 2013, p. 1154, *Chronique de jurisprudence de la CJUE*, par M. Aubert, E. Broussy et H. Cassagnabère ; *RJF* 2013, n° 681. – C. Roth et F. Burgaud, *Charte des droits fondamentaux versus Convention européenne : dommages collatéraux en vue* : *D.* 2013, p. 1977 ; *Dr. fisc.* 2013, n° 40, comm. 460, note C. Brokelind.

Bibliographie

Droit international

- **Ouvrages.** B. Castagnède, *Précis de fiscalité internationale*, PUF, 4e éd., 2013. – R. Chapus, *Droit administratif général*, t. I, Montchrestien, 15e éd., 2001. – J. Combacau et S. Sur, *Droit international public*, Montchrestien, 10e éd., 2012. – Conseil d'État, *La norme internationale en droit français*, Doc. fr., 2000. – D. Carreau, *Droit international*, Pedone, 11e éd., 2012. – C. David, O. Fouquet, B. Plagnet et P.-F. Racine, *Les grands arrêts de la jurisprudence fiscale*, Dalloz, 5e éd., 2009, n° 4. – P.-M. Dupuy, *Droit international public*, Dalloz, 11e éd., 2012. – L. Favoreu et L. Philip, *Les grandes décisions du Conseil constitutionnel*, Dalloz, 17e éd., 2013. – B. Genevois, *La jurisprudence du Conseil d'État*, Paris, STH, 1988. – G. Gest, *Droit fiscal international*, PUF, 2e éd., 1990. – B. Gouthière, *Les impôts dans les affaires internationales*, Francis Lefebvre, 7e éd., 2007. – B. Plagnet, *Droit fiscal international*, Litec, 1986. – G. Tixier, *Droit fiscal international*, PUF, 4e éd., 1995.
- **Articles et chroniques.** G. Tournié, *Conventions fiscales et droit interne : RF fin. publ.* 1995, 52 ; *L'évasion fiscale internationale, séries d'articles : RF fin. publ.* avr. 2010, n° 110. – P. Goudin, *Réflexions sur la portée du principe de subsidiarité des conventions fiscales internationales, Mél. Cozian*, Litec, 2009, p. 499. – J.-L. Pierre, *La territorialité de l'impôt sur les sociétés en droit interne pour les personnes morales étrangères : ibid.*, p. 643. – A. Charlet et J. Owens, *Une perspective internationale sur la TVA : Dr. fisc.* 2010, n° 39, étude 499. – B. Castagnède, *Fiscalité internationale : chronique de l'année 2010 : Dr. fisc.* 2011, n° 9, étude 235 ; *Les aspects internationaux de la fiscalité du patrimoine (Conférence de l'IFA) : Dr. fisc.* 2011, n° 13, Actes de colloques 283. – E. Dinh, *Fiscalité internationale : chronique de l'année 2011 : Dr. fisc.* 2012, n° 9, chron. 162 ; *De l'année 2012 : ibid.* 2013, n° 9, chron. 170 ; *de l'année 2013 : ibid.* 2014, n° 10, chron. 197 ; *de l'année 2014 : ibid.* 2015, n° 9, chron. 172 ; *de l'année 2015 : ibid.* 2016, n° 9, chron. 196. – *Fiscalité internationale (numéro spécial, Hommage à P. Dibout) : Dr. fisc.* 2013, nos 24, 320 à 324 ; *Actualité et enjeux de l'optimisation fiscale internationale, Actes de colloque : Dr. fisc.* 2013, n° 39, 436. – H. Ascensio, *La section du rapport et des études et la fonction internationale du Conseil d'État : RFDA* 2015, p. 254. – V. de Saint-Blanquat, *Actualité des conventions fiscales internationales : Dr. fisc.* 2015, n° 40, chron. 596. – J. Guillaumé, *L'ordre public international selon le rapport 2013 de la Cour de cassation : D.* 2014, p. 2121. – M. Chemillier-Gendreau, *Le concept de souveraineté a-t-il encore un avenir ? : RDP* 2014, p. 1283. – C. Silberztein, *Nations unies : 10e session du Comité d'experts sur la coopération internationale en matière fiscale : Dr. fisc.* 2014, n° 47, act. 582.
- **Droit de l'Union européenne :** J.-M. Communier, *Droit fiscal communautaire*, Bruylant, 2001. – C. David, O. Fouquet, B. Plagnet et P.-F. Racine, *Les grands arrêts de la jurisprudence fiscale*, Dalloz, 5e éd., 2009, n° 6. – Ph. Derouin et Ph. Martin, *Droit communautaire et fiscalité*, Litec, 2e éd., 2008. – A. Maitrot de la Motte, *Souveraineté fiscale et construction communautaire*, LGDJ, 2005 ; *Droit fiscal de l'Union européenne*, Bruylant, 2012.
- **Articles et chroniques.** M. Aujean, *Fiscalité directe : vers une coordination des systèmes fiscaux dans l'Union élargie : Gaz. Pal.* 21-22 févr. 2007. – M.-C. Bergerès, *L'arsenal législatif contre les expatriations fiscales : Dr. fisc.* 2001, n° 5, p. 222 et s. ; *Droit communautaire et conventions fiscales internationales : Dr. fisc.* 2007, n° 19, étude 487 ; *Une limite à la liberté d'établissement : la répartition équilibrée du pouvoir d'imposition, ibid.*, n° 40, étude 880. – D. Berlin, *Surveillance communautaire des droits fiscaux nationaux : JCl. Europe*,

Fasc. 1610 ; *Fiscalité directe : ibid.*, Fasc. 1640. – L. Bernardeau et F. Schmied, *Jurisprudence de la CJCE : Fiscalité directe (juill.-déc. 2008) : Dr. fisc.* 2009, n° 8, étude 193. – B. Genevois, *L'application du droit communautaire par le Conseil d'État : RFDA* 2009, p. 201. – D. Gutmann, *L'impact des conventions fiscales conclues avec les pays tiers à l'UE sur les conventions fiscales conclues entre États membres : BF Lefebvre* 4/2006. – Ph. Martin, *Jurisprudence fiscale de la CJCE. Le point de vue du Conseil d'État : Dr. fisc.* 2009, n° 12-13, étude 247. – B. Delaunay, *Les justifications aux restrictions : Dr. fisc.* 2009, n° 12-13, étude 248. – E. Raingeard de la Blétière, *Fiscalité communautaire (l'année 2008) : Dr. fisc.* 2009, n° 9, chron. 215. – L. Vallée, *Heurts et malheurs de l'harmonisation fiscale européenne : CJEG* 2006, n° 631, p. 201 ; *La bonne gouvernance dans le domaine fiscal (Communication de la Commission européenne) : Dr. fisc.* 2009, n° 24, p. 360. – Th. Lambert, *De l'harmonisation à l'intégration des législations fiscales nationales dans le cadre de l'Union européenne : RTD com.* 2009, p. 517 ; *Réflexions sur la concurrence fiscale : D.* 2010, p. 1733. – J.-P. Camby, *Le Conseil constitutionnel, l'Europe, son droit et ses juges : RDP* 2009, p. 1216. – L. Bernardeau, O. Peiffert et F. Schmied, *Jurisprudence de la CJCE : fiscalité directe : Dr. fisc.* 2009, n° 30, comm. 428 ; *ibid.* 2011, n° 10, étude 241 ; *ibid.* 2011, n° 17, étude 323 ; *ibid.* 2011, n° 35, étude 480 ; 2012, n° 6, étude 130 ; *ibid.* 2012, n° 37, étude 431 ; *ibid.* 2013, n° 6, étude 137 ; *ibid.* 2013, n° 36, étude 396 ; *ibid.* 2014, n° 17, chron. 288 ; n° 31, chron. 472 ; n° 48, chron. 652 ; *ibid.* 2015, n° 6, chron. 126 ; *ibid.* 2015, n° 17, chron. 278 ; *ibid.* 2015, n° 43, chron. 647 ; *ibid.* 2016, n° 16, chron. 290. – M. Wathelet et N. Bonhomme, *Les entraves fiscales et les conventions fiscales internationales dans la jurisprudence de la CJCE : RJF* 2009, p. 722 et s. – P. Beltrame, *Diversité culturelle et intégration fiscale européenne, Mél. Cozian*, 2009, p. 595. – A.-L. Sibony et A. Defossez, *Libre circulation des marchandises, des services, des capitaux et liberté d'établissement : RTDE* 2010, p. 633 ; *ibid.* 2011, p. 577 ; *ibid.* 2012, p. 219. – E. Raingeard de la Blétière, *Droit de l'Union européenne : chronique de l'année 2010 : Dr. fisc.* 2011, n° 9, étude 234 ; *année 2011 : Dr. fisc.* 2012, n° 9, étude 161 ; *année 2012 : Dr. fisc.* 2013, n° 9, étude 169 ; *année 2013 : Dr. fisc.* 2014, n° 10, chron. 196. ; *année 2014 : Dr. fisc.* 2015, n° 9, chron. 171 ; *année 2015 : Dr. fisc.* 2016, n° 9, chron. 195. – H. Cassagnabère, *Chronique de jurisprudence de la CJUE* en matière de H. Hamadi, *Le renouvellement de l'assistance administrative en matière fiscale au sein de l'Union européenne : Dr. fisc.* 2011, n° 12, étude 264 ; *L'adhésion de l'Union européenne à la Convention européenne des droits de l'homme (séries d'articles) : RTDE* 2011, p. 7 et s. – D. Berlin, *Jurisprudence fiscale européenne (1er janv.-31 déc. 2010) : RTDE* 2011, p. 189 ; *ibid.* 2012, p. 191 ; *ibid.* 2013, p. 95 ; *Droit de l'Union européenne (impact du droit de l'UE sur la fiscalité interne, directives, grandes libertés de circulation), n° spécial (Hommage à P. Dibout) : Dr. fisc.* 2013, nos 24, 313 et s. ; *Actualité et enjeux de l'harmonisation fiscale en Europe, Actes de colloque : Dr. fisc.* 2012, nos 47, 525 à 531. – F. Le Mentec, *Projet d'exit tax : de quelques problématiques à venir : Dr. fisc.* 2011, n° 22, act. 175. – A. Fromont et C. Verdure, *La consécration du critère de l'« accès au marché » en matière de libre circulation des marchandises : mythe ou réalité ? : RTDE* 2011, p. 717. – M. Aujean, *Harmonisation fiscale européenne : retour aux fondamentaux ? : Dr. fisc.* 2012, n° 14, étude 243. – G. Ladreyt, *Lutte contre les mesures fiscales discriminatoires : le TFUE plus efficace que les conventions fiscales bilatérales : Dr. fisc.* 2014, n° 48, étude 650. – S. Austry et J. Saïac, *Le juge de l'impôt et les grandes libertés européennes : comparabilité n'est pas identité ! : Dr. fisc.* 2015, n° 29, act. 429. – S. Platon, *La pratique du Conseil d'État en matière de questions préjudicielles à la Cour de Justice de l'Union européenne : AJDA* 2015, p. 260. – A. Maitrot de la Motte, *La commission européenne publie un « paquet sur la lutte contre l'évasion fiscale* » : *Dr. fisc.* 2016, n° 5, rapport 137.

- **Aides d'État.** *Les aides d'État sous forme fiscale* (compte rendu du colloque organisé par l'Université Paris XII les 25 et 26 septembre 2008) : *Dr. fisc.* 2008, n° 48, étude 595. – *Procédures d'insolvabilité, aides publiques et droit de la concurrence*, colloque Strasbourg, 26 oct. 2007 : *LPA* 11 juin 2008, n° 117. – F. Donnat, *Aides d'État de nature fiscale. Conséquences de la non-conformité à la réglementation communautaire : FR Lefebvre* 16/2009. – M. Le Roy, *Récupérer une aide publique : RDP* 2009, p. 1007. – M. Collet, *Le juge administratif et le contrôle des aides d'État : de la réception à l'instrumentalisation du droit communautaire ? : RDP* 2009, p. 1311. – J.-B. Geffroy, *Le cadre communautaire des aides d'État : du long fleuve tranquille du régime des aides d'État au choc de la crise : RF fin. publ.* 2010, p. 27. – M. Karpenschif, *Les aides publiques face à la crise : RFDA* 2010, p. 750. – S. Moreno Gonzalez, *Les aides d'État à caractère fiscal : le critère de sélectivité de la mesure*, in *Mél. Beltrame*, PUAM, 2010, p. 371. – F. Mauget, *Lumière sur un contentieux obscur : peut-on s'opposer efficacement à la récupération d'aides d'État indûment perçues ? : Dr. fisc.* 2010, n° 47, 1556. – J. Cuber, *Restitutions des aides d'État indues : les entreprises ont-elles leur mot à dire ? BF Lefebvre* 5/2011, p. 413. – D. Jouve, *Aides et fiscalité de la culture : RFDA* 2014, p. 864. – Cl. Micheau, *Récupération des aides d'État illégales et incompatibles sous forme fiscale : RTDE* 2014, p. 343.
- **Principes de la sécurité juridique et de la confiance légitime.** B. Pacteau, *La sécurité juridique, un principe qui nous manque ? : AJDA* juin 1995, n° spécial, p. 151. – L. Vapaille, *Le principe de sécurité juridique : réalité et avenir en droit administratif français : LPA* 10 août 1999, n° 158. – S. Raimbault de Fontaine, *Pour une protection rénovée de la confiance légitime en droit fiscal : RF fin. publ.* 1999, p. 297. – O. Pfersmann, *Regard externe sur la protection de la confiance légitime en droit constitutionnel allemand : RFDA* 2000, p. 236. – D. Triantazfyllou, *La confiance légitime en tant qu'instrument de cohésion en droit communautaire : RFDA* 2000, p. 246. – S. Calmes, *Du principe de protection de la confiance légitime en droit allemand, communautaire et français*, Dalloz, 2001. – M. Bergerès, *Une garantie cardinale pour les contribuables européens : le principe de confiance légitime (à propos de l'arrêt de la CJCE du 22 juin 2006, aff. 182/03, Belgique c/Commission) : Dr. fisc.* 2006, n° 41, étude 60. – *Conseil d'État, Sécurité juridique et complexité du droit, Rapport public 2006 : EDCE* n° 57. – A. Lefeuvre, *De la sécurité juridique en matière de recouvrement de l'impôt : Dr. fisc.* 2003, n° 36, étude 31. – B. Mathieu, *Le juge et la sécurité juridique : vues du Palais-Royal et du quai de l'Horloge : D.* 2004, p. 1603. – A. Trindade-Marinho, *Principe de sécurité juridique et protection de la confiance légitime en matière fiscale, Étude comparée au lendemain de l'arrêt KPMG : Dr. fisc.* 2007, suppl. n° 25, étude 625. – M.-C. Pujol-Reversat, *La bonne foi, principe général du droit dans la jurisprudence communautaire : RTDE* 2009, p. 201. – F. Chaltiel, *Le principe de sécurité juridique et le principe de légalité : AJDA* 2009, p. 1650. – L. Tartour, *Le principe de protection de la confiance légitime en droit public français : RDP* 2013, p. 307. – Ch. Blanc-Fily, *La notion conventionnelle d'espérance légitime : convergences et divergences entre appréhensions prétoriennes nationale et européenne : RFDA* 2015, p. 527. – *La sécurité fiscale : RF fin. publ.* avr. 2015, n° 130. – G. Eveillard, *Sécurité juridique et droit transitoire : RDP* 2016, p. 741. – B. Plessix, *Sécurité juridique et confiance légitime : RDP* 2016, p. 799.

CHAPITRE 2

LES NORMES DE DROIT INTERNE

649. – **Période antérieure à la Constitution du 4 octobre 1958.** Jusqu'à l'entrée en vigueur de la Constitution du 4 octobre 1958, notre droit fiscal est dominé par le principe de la souveraineté de la loi. La loi est un acte incontesté et incontestable. Aucun principe supérieur à la loi ne peut s'imposer au législateur dans l'exercice de ses compétences.

L'autorité réglementaire est tenue de respecter les principes généraux du droit qui ont été consacrés par le Conseil d'État, tels que le principe d'égalité devant les charges publiques, le principe d'égalité devant l'impôt et le principe de non-rétroactivité. Mais ces principes ne reçoivent application qu'à la condition qu'aucun texte de valeur législative ne s'interpose entre eux et le règlement dont la validité est contestée ; dès lors que le règlement est conforme à la loi, le juge se refuse à le déclarer illégal au regard de l'un de ces principes.

En ce qui concerne l'application individuelle de la loi et des règlements, le juge s'en tient au principe de l'interprétation stricte du droit fiscal.

L'administration supérieure, quant à elle, sous le prétexte de faire connaître à ses agents son interprétation des dispositions législatives ou réglementaires, s'est arrogé peu à peu un pouvoir « quasi-réglementaire ». Elle l'exerce au moyen de circulaires, instructions, notes ou par le biais de réponses ministérielles. Le juge n'en sanctionne l'existence qu'en faisant la distinction classique entre circulaires réglementaires et circulaires interprétatives. Cette jurisprudence se révèle fort peu protectrice des droits des contribuables.

650. – **Bouleversement du système antérieur par la Constitution de 1958.** La Constitution de 1958 bouleverse ce système. La loi n'est plus un acte incontestable. Le législateur doit respecter des principes de valeur constitutionnelle. La Constitution établit un véritable contrôle de la constitutionnalité de la loi, qui est exercé par le Conseil constitutionnel.

Le législateur lui-même renforce la protection des droits des contribuables en instituant, par la loi n° 59-1472 du 28 décembre 1959, la garantie contre les changements de doctrine administrative. Mais il légalise par là même ce pouvoir « quasi-réglementaire » de l'administration qui déroge aux principes fondamentaux de notre droit. Par ailleurs, l'application de la garantie contre les changements de doctrine administrative restreint nécessairement, et de manière considérable, la portée du principe de l'interprétation stricte de la loi fiscale.

L'apport le plus important est constitué par la jurisprudence du Conseil constitutionnel. Le contrôle de la constitutionnalité prévu aux articles 37 et 61 de la Constitution a permis au Conseil constitutionnel de préciser dans un premier temps la portée du principe de légalité de l'impôt. Ce principe, qui concerne essentiellement l'organisation fiscale de l'État, a été considéré pendant longtemps comme le plus important, ne serait-ce que par l'ampleur du contrôle juridictionnel auquel il donne lieu.

Ce n'est pas cependant l'aspect le plus intéressant. À partir de la fin de l'année 1973 et surtout dans les années 1980, le Conseil constitutionnel a défini des droits fondamentaux dont certains reçoivent plus particulièrement application en matière fiscale : égalité devant la loi, égalité devant l'impôt, inviolabilité du domicile, droits de la défense, assimilation des sanctions fiscales aux sanctions pénales, limitations apportées à la rétroactivité de la loi fiscale, accessibilité et intelligibilité de la loi et, plus récemment, droit de soulever devant toute juridiction une question prioritaire de constitutionnalité. Il s'agit d'un ensemble de droits et de garanties que la Constitution reconnaît aux citoyens-contribuables dans leurs rapports avec les autorités fiscales et les juges de l'impôt.

La référence à la nouvelle norme de la « garantie des droits » ne modifie pas sensiblement la situation antérieure.

Depuis la fin des années 1990, le Conseil constitutionnel a rendu de nombreuses décisions, notamment en matière fiscale, sur le fondement de la « garantie des droits » proclamée à l'article 16 de la Déclaration des droits de l'homme et du citoyen de 1789 : « Toute société dans laquelle la garantie des droits n'est pas assurée, ni la séparation des pouvoirs déterminée, n'a point de Constitution ».

La question qui se pose est de savoir si cette garantie correspond à une notion autonome, susceptible de constituer la source de droits constitutionnels nouveaux, ou s'il ne s'agit pas d'une notion qui serait utilisée seulement pour désigner, de manière synthétique, un ensemble de garanties qui auraient été reconnues depuis de nombreuses années.

Cette question appelle, dans sa première branche, une réponse négative avec, et seulement encore depuis la fin de l'année 2013, une exception qui se situe dans le prolongement de la jurisprudence concernant les limites de la rétroactivité fiscale.

Loin de présenter un caractère exclusif, l'article 16, en tant qu'il consacre la « garantie des droits », ne peut être invoqué, dans nombre de cas, qu'en étant associé à un ou plusieurs autres articles de la Déclaration de 1789.

C'est ainsi qu'il a été combiné avec d'autres articles de la Déclaration de 1789, les articles 4, 5 et 6 pour définir l'objectif de valeur constitutionnelle d'accessibilité et d'intelligibilité de la loi.

La valeur constitutionnelle qui avait été reconnue autrefois à des droits fondamentaux sur un autre fondement, l'est aujourd'hui au visa de l'article 16 : le droit à un recours juridictionnel effectif, le droit à un procès équitable, les droits de la défense. Le principe des droits de la défense, en particulier, a été rangé dans un premier temps dans la catégorie des principes fondamentaux reconnus par les lois de la République et a reçu de nombreuses applications, à ce titre, notamment en matière de sanctions fiscales.

Il a pu apparaître que la garantie des droits présentait une certaine spécificité dans deux décisions sur lesquelles on reviendra (n° 2013-682 DC, 19 déc. 2013 et n° 2014-635, 5 déc. 2014). Certains commentateurs ont considéré que le Conseil constitutionnel avait consacré dans ces décisions, sous le couvert de la garantie des droits, le principe de confiance légitime. Ces deux décisions peuvent recevoir cependant une autre explication (V. *infra*, n° 760).

SECTION 1

LES PRINCIPES ET LES DROITS CONSTITUTIONNELS

Trois grands principes constituent le fondement du droit fiscal : le principe de légalité, le principe de nécessité et le principe d'égalité devant l'impôt. À ces principes s'ajoutent des droits fondamentaux que le Conseil constitutionnel a reconnus aux contribuables et qui s'imposent au législateur.

§ 1. – Le principe de légalité de l'impôt

651. – **Déclaration de 1789. Article 14.** Le principe de légalité de l'impôt signifie que l'impôt est une matière réservée au législateur.

Il a été consacré pour la première fois par l'article 14 de la Déclaration des droits de l'homme et du citoyen du 26 août 1789 : « Tous les citoyens ont le droit de constater, par eux-mêmes ou par leurs représentants, la nécessité de la contribution publique, de la consentir librement, d'en suivre l'emploi et d'en déterminer la quotité, l'assiette, le recouvrement et la durée ».

Il a été réaffirmé par tous les textes constitutionnels de la France jusqu'en 1875[(1)].

652. – **Troisième République.** Les lois constitutionnelles des 24 et 25 février et du 16 juillet 1875 n'ont repris le principe ni dans leur texte, ni par un préambule se référant à la Déclaration des droits. Mais la règle n'a pas été contestée sous la Troisième République ; elle est devenue au contraire un des principes fondamentaux de la République.

La jurisprudence a admis, en effet, qu'il existait « un domaine minimum » réservé au législateur, en vertu des principes de 1789, et dans lequel entrait le vote des impôts[(2)].

Cependant, au lendemain de la Première Guerre mondiale, l'incapacité du Parlement à réaliser les réformes nécessaires l'a conduit à plusieurs reprises à « déléguer » ses pouvoirs au Gouvernement. Par des lois dites « d'habilitation » ou « de pleins pouvoirs », celui-ci s'est vu reconnaître le droit de réaliser certaines réformes et de modifier dans ce but les dispositions législatives existantes par des décrets immédiatement exécutoires, sans attendre une ratification législative. La pratique des décrets-lois était née.

(1) Ph. Thévenin, *Le pouvoir réglementaire en matière fiscale*, thèse Bordeaux, 1975, p. 23 et s.
(2) Concl. Romieu, CE, 4 mai 1906, *Babin* : *Rec. CE* 1906, p. 365.

Les premières lois d'habilitation n'ont conféré toutefois aucun pouvoir spécial au Gouvernement dans le domaine fiscal –, le fait mérite d'être noté, car il montre bien que le principe de légalité de l'impôt n'avait rien perdu de sa force.

C'est une loi du 6 juillet 1934 qui a introduit le système des décrets-lois en matière fiscale. Par cette loi, le Parlement a accordé au Gouvernement le pouvoir de réaliser une réforme fiscale qui était destinée, en particulier, à obtenir une simplification des règles d'assiette de l'impôt sur le revenu. Elle a été réalisée notamment par des décrets du 20 juillet et du 27 décembre 1934. Ce n'était qu'un début ; à partir de 1935, les décrets-lois sont devenus annuels, puis semestriels.

Les causes de cette évolution sont essentiellement au nombre de deux. C'est d'abord la carence parlementaire ; l'impuissance des assemblées à réaliser les réformes les plus indispensables s'est manifestée dans le secteur fiscal plus que dans tout autre domaine ; les parlementaires répugnent toujours à faire subir un sacrifice plus ou moins lourd à une catégorie d'électeurs. C'est aussi la technicité croissante du droit fiscal, avec l'institution des impôts sur le revenu et des taxes sur le chiffre d'affaires.

La confusion des pouvoirs qui a caractérisé la période de la Seconde Guerre mondiale ne pouvait qu'accentuer le déclin du principe de légalité de l'impôt. Les règles fiscales sont même descendues à cette époque du décret au simple arrêté ministériel.

653. – **Constitution de 1946.** Le Préambule de la Constitution du 27 octobre 1946 « réaffirme solennellement les droits et les libertés de l'homme et du citoyen consacrés par la Déclaration des droits de 1789 et les principes fondamentaux reconnus par les lois de la République ».

En conséquence, l'article 16 de la Constitution assurait la priorité de l'Assemblée nationale pour l'examen du budget et l'article 17 confiait l'initiative des dépenses aux députés.

L'article 13 interdisait expressément toute délégation du pouvoir législatif « L'Assemblée nationale vote seule la loi. Elle ne peut déléguer ce droit ». La Constitution de 1946 avait tenté ainsi de mettre fin aux errements antérieurs en condamnant purement et simplement la pratique des décrets-lois.

L'efficacité de cette dernière disposition s'est cependant révélée très rapidement illusoire.

C'est ainsi que la grande réforme fiscale de 1948 a été réalisée par un décret du 9 décembre 1948, en vertu des pouvoirs qui avaient été conférés au Gouvernement par la loi du 17 août 1948 « tendant au redressement économique et financier ».

Par la suite, les extensions du pouvoir réglementaire se sont multipliées au point de revêtir un caractère normal. D'année en année, et parfois à plusieurs reprises au cours d'une même année, le Parlement s'est dessaisi peu à peu de son pouvoir fiscal : loi du 11 juillet 1953 portant redressement économique et financier, loi du 10 avril 1954 portant réforme fiscale, loi du 14 août 1954 autorisant le Gouvernement à mettre en œuvre un programme d'équilibre financier, d'expansion économique et de progrès social, loi du 2 avril 1955 accordant au Gouvernement des pouvoirs spéciaux en matière économique, sociale et fiscale, et enfin – mais la liste n'est pas limitative – dernière en date, loi du 26 juin 1957 portant assainissement économique et financier.

Le Parlement camoufle sa démission sous les prétextes les plus divers : développement économique, équilibre financier, lutte contre la fraude fiscale, lutte contre l'alcoolisme... L'article final de chaque loi de finances par lequel le Parlement réaffirme son pouvoir exclusif de voter l'impôt n'apparaît plus que comme une survivance de pure forme. Au surplus, l'accroissement des pouvoirs du Gouvernement s'accompagnait déjà de la réduction des prérogatives parlementaires dans l'élaboration des lois de finances.

654. – Constitution de 1958. Article 34. La Constitution du 4 octobre 1958 n'a pas renforcé, « les pouvoirs réels » du Parlement en matière fiscale, au contraire. Mais à un autre point de vue, on ne saurait contester qu'une certaine remise en ordre a été opérée, sur un plan formel, dans les principes fondamentaux du droit fiscal.

La Constitution de 1958 a restauré, en effet, le principe de légalité, en donnant, à nouveau, la primauté à la loi.

Suivant l'article 34 de la Constitution, « la loi fixe les règles concernant l'assiette, le taux et les modalités de recouvrement des impositions de toutes natures ».

L'article 37 (al. 1er), précise que « les matières autres que celles qui sont du domaine de la loi ont un caractère réglementaire ».

Ces dispositions soulèvent le problème capital des rapports entre la loi et le règlement.

La constitution de 1958 a donné un statut privilégié au droit fiscal en réaffirmant le principe de légalité de l'impôt. Mais elle n'a pas fait disparaître toutes les difficultés en reconnaissant la primauté de la loi dans ce domaine.

655. – Règles d'imposition et règles du droit fiscal. On remarquera d'abord que l'article 34 ne vise pas d'une manière générale le droit fiscal, mais seulement des règles concernant les impositions. C'est la notion d'impôt qui est au centre du droit fiscal et permet de délimiter son champ d'application. Mais le droit fiscal ne comprend pas seulement les normes spéciales à l'établissement et au recouvrement de l'impôt. Il englobe d'autres règles et notamment celles qui régissent les rapports entre l'administration fiscale et les contribuables ainsi que le contentieux fiscal.

Pour examiner la portée des dispositions constitutionnelles des articles 34 et 37, il ne suffit pas, par conséquent, de préciser ce qu'il faut entendre par « règles concernant l'assiette, le taux et les modalités de recouvrement » ; il faut d'abord faire la distinction entre droit fiscal et règles relatives aux impositions.

Il est d'autant plus nécessaire de faire cette distinction que l'on pourrait, *a priori*, se poser la question de savoir s'il n'existe pas un lien nécessaire entre le fond et la forme du droit fiscal, entre les règles d'assiette et de recouvrement et les règles de la procédure fiscale. C'est si vrai que le Conseil d'État a, pendant longtemps, appliqué la règle de la connexité du fond et de la forme, pour déterminer le texte applicable dans le temps.

A. – Règles du droit fiscal autres que celles concernant les impositions

656. – Le Conseil constitutionnel, faisant une application littérale des dispositions de l'article 34 de la Constitution et retenant une conception large de la notion de « procédure », a dissocié le fond et la forme du droit fiscal. Sa jurisprudence confirme pleinement la distinction qu'il convient de faire entre les règles relatives aux impositions et d'autres matières concernant l'administration fiscale, la juridiction fiscale et surtout la procédure fiscale.

657. – **Organisation de l'administration fiscale.** Le Conseil constitutionnel a été appelé à se prononcer pour la première fois dans une décision n° 68.51 L du 4 avril 1968[3]. Il a reconnu un caractère réglementaire à des dispositions intervenues en la forme législative, déterminant le grade, la résidence ou l'affectation de fonctionnaires de l'administration fiscale habilités à effectuer diverses opérations.

Le juge constitutionnel a confirmé sa jurisprudence à plusieurs reprises. En principe, tout ce qui concerne l'organisation de l'administration fiscale et la compétence de ses agents relève du pouvoir réglementaire.

658. – **Organisation de la juridiction fiscale.** Le Conseil constitutionnel a décidé que les dispositions de la loi du 28 décembre 1959 créant des sections fiscales dans les tribunaux administratifs présentaient un caractère réglementaire[4].

Il appartient toutefois au seul législateur de fixer les limites de la compétence des juridictions administratives et judiciaires.

659. – **Procédure fiscale.** Une distinction essentielle doit être faite au sein même de la procédure fiscale, entre la procédure *non contentieuse* et la procédure *contentieuse*.

La première présente, dans son ensemble, un caractère législatif, parce qu'elle touche directement à l'assiette et au recouvrement de l'impôt et qu'elle met également en cause les garanties fondamentales accordées aux citoyens pour l'exercice des libertés publiques, au sens de l'article 34 de la Constitution. L'institution des procédures de contrôle (droit de communication, vérification de comptabilité, examen contradictoire de situation fiscale personnelle, perquisition fiscale, etc.) et de rectification des déclarations relève donc en principe de la compétence du législateur. Il en va de même des procédures de recouvrement de l'impôt et également de toutes les sanctions fiscales.

Au contraire, mises à part les règles de la procédure pénale, *la procédure fiscale contentieuse* a, en principe, un caractère réglementaire, que l'élaboration du Livre des procédures fiscales a bien mis en lumière.

Le Conseil constitutionnel a consacré ce principe notamment dans les trois décisions n° 80-113 L du 14 mai, n° 80-116 L du 24 octobre et n° 80-119 L du 2 décembre 1980[5].

Le caractère réglementaire de certaines des dispositions incluses dans la procédure contentieuse est d'ailleurs très contestable.

En revanche, toutes les règles relatives à la procédure pénale relèvent de la compétence du législateur.

B. – Règles concernant les impositions, règles de caractère législatif

660. – On ne reviendra pas sur la notion d'« impositions » au sens de l'article 34 de la Constitution. Ces impositions correspondent exclusivement aux deux catégories des impôts et des taxes.

(3) *JO* 14 avr., p. 3855.
(4) D. 1er avr. 1971.
(5) *Dr. fisc.* 1980, comm. 1437, 2330 et 2649.

On vient de rappeler que de nombreuses dispositions du droit *fiscal* ressortissent à la compétence de l'autorité réglementaire. L'article 34 de la Constitution est rédigé en termes tellement généraux que l'on pourrait considérer du moins que toutes les règles relatives aux impositions entrent dans la compétence exclusive du législateur. Mais il s'en faut de beaucoup pour que les dispositions constitutionnelles aient une portée aussi absolue. En ce qui concerne les règles relatives à l'établissement et au recouvrement des impositions, on peut parler encore d'une répartition des compétences entre la loi et le règlement.

1° Dispositions constitutionnelles : le principe de la compétence du législateur

661. – L'examen des dispositions de l'article 34 de la Constitution permet seulement de vérifier que la matière des impositions est la seule pour laquelle le domaine législatif apparaît aussi étendu.

En disposant que seule « la loi fixe les règles concernant l'assiette, le taux et les modalités de recouvrement des impositions de toutes natures », l'article 34 pose en principe que l'impôt est une matière réservée exclusivement au législateur. En conférant en théorie une compétence illimitée au Parlement, il paraît exclure le pouvoir autonome en matière fiscale.

La suprématie de la loi ressort d'une simple comparaison de la disposition de l'article 34 de la Constitution concernant la fiscalité avec les dispositions du même texte relatives aux autres matières.

On notera, en particulier, que la loi détermine seulement les principes fondamentaux du régime de la propriété, des droits réels, des obligations civiles et commerciales, du droit du travail, du droit syndical et de la sécurité sociale. La même observation pourrait être faite pour d'autres matières relevant du droit public, telles que l'enseignement ou l'organisation des collectivités locales.

Le droit fiscal entendu au sens strict, c'est-à-dire comme l'ensemble des règles concernant l'établissement et le recouvrement des impositions, apparaît ainsi comme la seule branche du droit qui relève dans son intégralité de la compétence du législateur, la seule qui ne fasse aucune part au pouvoir réglementaire autonome. Le principe de légalité revêt même en droit fiscal une force supérieure à celle qu'il avait acquise en droit pénal, puisque la matière des contraventions entre désormais dans la compétence du pouvoir réglementaire autonome. L'affirmation de la primauté de la loi fiscale est donc d'autant plus éclatante que la Constitution de 1958 marque une rupture de la tradition républicaine sur d'autres principes fondamentaux de notre droit public.

Mais c'est en se plaçant à un point de vue purement formel que l'on peut considérer que la Constitution de 1958 a consacré le principe de la compétence exclusive du législateur en matière fiscale.

2° Jurisprudence : répartition des compétences législatives et réglementaires

662. – Le principe suivant lequel le législateur aurait une compétence exclusive pour fixer les règles concernant l'établissement et le recouvrement des impositions a été remis en cause, de manière fondamentale, comme dans les autres secteurs du droit, par la politique jurisprudentielle de répartition des compétences législatives et réglementaires. Le Gouvernement s'est vu aussi reconnaître par le Parlement les plus larges pouvoirs ; c'est un nouvel équilibre, de caractère politique celui-ci, qui s'est ainsi établi entre le pouvoir législatif et le pouvoir réglementaire.

a) Compétence réservée du pouvoir réglementaire même en matière d'impositions

663. – Le pouvoir réglementaire a une compétence réservée même en matière d'impositions. La compétence législative n'est pas illimitée. Elle ne s'étend pas à toutes les règles concernant l'assiette, le taux et les modalités de recouvrement. C'est à l'autorité réglementaire qu'il appartient, en propre, d'édicter les mesures d'application qui sont nécessaires à la mise en œuvre de ces règles. Assez curieusement, c'est à propos des dispositions intéressant l'organisation de l'administration ou la procédure fiscale et non pas dans le domaine des règles intéressant directement l'établissement ou le recouvrement des impositions que le Conseil constitutionnel a affirmé ce principe.

On peut citer cependant plusieurs décisions qui permettent de préciser la ligne de démarcation entre le caractère législatif et le caractère réglementaire.

Les unes concernent la nature juridique des règles relatives aux pièces justificatives et, d'une manière plus générale, aux documents fiscaux. Présentent ainsi le caractère réglementaire les dispositions prévoyant que la matérialisation du paiement d'une taxe est opérée par la délivrance d'un certificat, et celles qui ont pour objet de déterminer le nombre d'exemplaires d'une déclaration ou de fixer le lieu où les sociétés soumises à l'impôt sur les sociétés doivent fournir aux agents des impôts les documents qu'ils ont le droit de consulter en vertu de leur droit de communication. D'autres décisions intéressent, soit les dispositions qui déterminent la nature des garanties que doivent constituer les contribuables pour bénéficier du sursis de paiement ainsi que la procédure selon laquelle ces garanties sont demandées ou refusées, soit les dispositions qui énumèrent les frais remboursables, lorsque la réclamation est admise en totalité ou en partie.

b) Dispositions réservées à la compétence du législateur. Obligation pour le législateur d'exercer la plénitude de sa compétence

664. – **Principe. Dispositions de caractère déterminant.** Les dispositions qui ont un caractère déterminant pour l'établissement et le recouvrement des impositions sont réservées à la compétence du législateur. Suivant les formules qu'utilisait le président Odent pour résumer la jurisprudence, « seules les dispositions qui font "partie intégrante" de la règle ou du principe contenus dans la loi, autrement dit les dispositions qui contiennent les "éléments déterminants" de la volonté législative, relèvent du domaine de la loi »[(6)].

En réalité, ce sont deux principes qui doivent recevoir application dans le cas des dispositions de caractère déterminant : d'une part, le Parlement est seul compétent pour fixer ces dispositions ; d'autre part, il est tenu d'exercer la plénitude de sa compétence.

(6) *Contentieux administratif*, Les Cours de droit, 1980, p. 261.

Le Conseil constitutionnel en a fait une application positive en matière fiscale, dans la décision n° 90-283 DC du 8 janvier 1991 sur la loi relative à la lutte contre le tabagisme et l'alcoolisme[(7)].

L'article 12 de cette loi, qui instituait une contribution sur les dépenses de publicité, se bornait à en fixer le taux, qui était égal à 10 % HT des dépenses de publicité en faveur des boissons alcooliques, et à en affecter le produit à un fonds pour financer des actions d'éducation sanitaire et de prévention de l'alcoolisme. Après avoir indiqué que la contribution de l'article 12 avait le caractère d'une imposition, le Conseil constitutionnel a décidé « qu'il appartenait par suite au législateur de déterminer non seulement les règles concernant son taux, mais, au titre de la définition de l'assiette de l'impôt, les catégories de redevables ; que relève également de la loi la fixation des modalités de recouvrement ; qu'en s'abstenant d'indiquer tant les catégories de redevables que les modalités de recouvrement du nouvel impôt, le législateur a méconnu l'étendue de la compétence qu'il tient du deuxième alinéa de l'article 34 » ; il a déclaré en conséquence que l'article 12 était contraire à la Constitution.

Le principe est toujours clairement affirmé : « il incombe au législateur d'exercer pleinement la compétence que lui confie la Constitution et, en particulier, son article 34 »[(8)]. L'inconstitutionnalité qui entache la loi, lorsque le législateur ne respecte pas cette obligation, est désignée sous l'expression d'« *incompétence négative* ».

Le législateur méconnaît ainsi l'étendue de sa compétence en renvoyant à un décret en Conseil d'État le soin de définir des éléments constitutifs de l'impôt et de fixer, sans l'encadrer suffisamment, le taux de ce prélèvement[(9)]. En revanche, le Conseil constitutionnel a rejeté le grief tiré de l'incompétence négative du législateur qui, dans la loi de finances rectificative pour 2009, avait renvoyé à un décret le soin de fixer les conditions d'agrément des organismes bénéficiaires du régime fiscal du mécénat[(10)].

Le juge constitutionnel rattache cette exigence au principe de clarté de la loi et à l'objectif de valeur constitutionnelle d'intelligibilité et d'accessibilité de la loi[(11)]. L'objectif de valeur constitutionnelle d'intelligibilité et d'accessibilité de la loi, qui découle des articles 4, 5, 6 et 16 de la Déclaration de 1789, impose au législateur d'adopter des dispositions suffisamment précises et des formules non équivoques[(12)].

Les dispositions de caractère déterminant qui entrent dans la compétence exclusive du Parlement sont de natures très diverses et débordent le cadre classique de la distinction entre règles de fond et règles de procédure.

665. – Règles d'assiette. La catégorie des règles d'assiette comprend en théorie les règles qui se rapportent à la détermination des éléments proprement dits de l'assiette (matière imposable, personnes imposables, exonérations, bases d'imposition, fait générateur), au contrôle de ces éléments (délais de prescription) et aux sanctions fiscales correspondantes.

(7) *JO* 10 janv. ; *AJDA* 1991, p. 382, note P. Wachsmann ; *Dr. fisc.* 1991, comm. 221.
(8) Cons. const., 28 déc. 2010, n° 2010-622 DC, consid. 22 : *RJF* 2011, n° 360.
(9) Cons. const., 18 mars 2009, n° 2009-578 DC, consid. 6.
(10) Cons. const., 29 déc. 2009, n° 2009-600 DC, *Loi de finances rectificative pour 2009*, consid. 4 : *RJF* 2010, n° 275. – V. *supra*, n° 627.
(11) Cons. const., 29 avr. 2004, n° 2004-494 DC, *Loi relative à la formation professionnelle*, consid. 10.
(12) Cons. const., 18 mars 2009, préc., consid. 30.

En particulier, suivant la jurisprudence du Conseil constitutionnel, il appartient au législateur de déterminer « au titre de la définition de l'assiette de l'impôt, les catégories de redevables »[(13)].

666. – **Dispositions touchant aux règles de l'impôt.** Le caractère législatif peut toutefois s'attacher à des dispositions autres que les éléments déterminants de la règle elle-même. Le Conseil constitutionnel a retenu parfois une interprétation extensive de la notion de *règles* en assimilant à des règles relatives à l'assiette de l'impôt des dispositions qui *touchent* seulement à ces règles[(14)].

667. – **Modalités de recouvrement.** Il ne faut pas donner au terme de « modalités » une signification qui pourrait paraître assez naturelle, suivant laquelle l'article 34 de la Constitution évoquerait la possibilité pour le législateur de descendre dans tous les détails d'une réglementation et donc l'idée d'une compétence illimitée pour tout ce qui concerne le recouvrement de l'impôt. Le législateur ne dispose pas d'une compétence plus étendue qu'en matière d'assiette et de taux.

Le Conseil constitutionnel avait admis dans une décision du 24 octobre 1980 que sont du domaine de la loi, d'une part, la règle suivant laquelle le contribuable ne peut prétendre à l'allocation de dommages et intérêts ou d'indemnités quelconques, à l'exception des intérêts moratoires, lorsqu'une réclamation contentieuse est admise en totalité ou en partie[(15)] et, d'autre part, les dispositions qui fixent les conditions dans lesquelles des intérêts moratoires (ou créditeurs) sont versés à un contribuable[(16)].

Par la suite, il a donné dans plusieurs décisions une définition assez particulière des « modalités » de recouvrement au sens de l'article 34 de la Constitution, qui avait déjà été retenue par le Conseil d'État pour le « recouvrement » ; les modalités de recouvrement « comprennent les règles régissant le contrôle, le recouvrement, le contentieux, les garanties et les sanctions applicables à une imposition »[(17)].

L'institution de la contribution sociale sur les revenus d'activité et les revenus de remplacement a soulevé un intéressant problème. L'article 131 de la loi de finances pour 1991 a confié le recouvrement de cette contribution à des organismes qui sont déjà habilités à recouvrer des cotisations sociales. À l'exception de l'Agence centrale des organismes de sécurité sociale, qui constitue un établissement public national à caractère administratif, les organismes compétents en matière de recou-

(13) Cons. const., 8 janv. 1991, n° 90-283 DC, préc. – Cons. const., 29 déc. 2013, n° 2013-685 DC, *Loi de finances pour 2014*, consid. 130 : en adoptant l'article 106 modifiant les dispositions de l'article 57 du Code général des impôts en matière de transfert indirect de bénéfices, le législateur a méconnu tant l'étendue de sa compétence que l'objectif de valeur constitutionnelle d'accessibilité et d'intelligibilité de la loi, dès lors que les notions de transfert de fonctions et de risques ne sont pas définies par le texte contesté et qu'en outre la période correspondant aux bénéfices qui auraient dû être réalisés et sont incorporés dans les résultats n'est pas déterminée.

(14) Cons. const., 29 févr. 1972, n° 72-73 L : *AJDA* 1972, p. 638, note Toulemonde, pour des dispositions de l'ordonnance du 17 août 1967 relative à la participation des salariés aux fruits de l'expansion des entreprises.

(15) LPF, art. L. 207.

(16) LPF, art. L. 208.

(17) Cons. const., 28 mars 2013, n° 2012-298 QPC, *SARL Majestic Champagne : RJF* 2013, n° 640 ; *Procédures* 2013, n° 206, obs. L. Ayrault ; *Dr. fisc.* 2013, n° 22, comm. 302, note C. de la Mardière. – Cons. const., 25 oct. 2013, n° 2013-351 QPC, *Sté Boulanger : Dr. fisc.* 2013, n° 45, act. 590. – Cons. const., 29 déc. 2013, n° 2013-685 DC, *Loi de finances pour 2014*, consid. 91 : le législateur a méconnu sa compétence en retenant une définition générale et imprécise de la notion de « schéma d'optimisation fiscale », compte tenu de la gravité des sanctions encourues. – Cons. const., 29 déc. 2013, préc., consid. 118 : compte tenu des conséquences attachées à la procédure d'abus de droit fiscal, et notamment aux sanctions applicables dans ce cas, le législateur n'a pu, sans méconnaître notamment sa compétence, retenir que seraient constitutifs d'un abus de droit les actes ayant « pour motif principal » d'éluder ou d'atténuer les charges fiscales que l'intéressé aurait dû normalement supporter.

vrement sont des personnes morales de droit privé (URSSAF). Les parlementaires qui avaient saisi le Conseil constitutionnel soutenaient ainsi que l'article 131 était en contradiction avec « le principe fondamental reconnu par les lois de la République selon lequel seul l'État recouvre l'impôt », en tant que ce texte prévoyait le recouvrement d'un impôt par des personnes morales de droit privé. Le Conseil constitutionnel a estimé qu'aucun principe fondamental reconnu par les lois de la République n'impose au législateur un mode particulier de recouvrement lorsqu'il institue une imposition. Il a seulement admis que le recouvrement d'une imposition qui contribue, conformément à l'article 13 de la Déclaration de 1789, aux charges de la nation ne peut être effectué que par des services ou organismes placés sous l'autorité de l'État ou sous son contrôle. Il a décidé que l'article 131 n'était pas contraire à ces exigences dans la mesure où les différents organismes chargés du recouvrement de la contribution sur les revenus d'activité et les revenus de remplacement exercent une mission de service public et sont placés sous la tutelle de l'État ou sous son contrôle[18].

668. – Taux. Principe. L'article 34 de la Constitution vise simplement le taux, alors que ce n'est que l'un des éléments de la liquidation.

La liquidation, qui a pour objet de fixer le montant de la dette fiscale en appliquant un tarif à la base d'imposition, peut comporter, en outre, l'application d'abattements, de majorations ou de déductions. Il s'agit là, incontestablement, d'un ensemble de dispositions qui ont, en principe, un caractère législatif, au même titre que les règles d'assiette ; au demeurant, certaines d'entre elles évoquent une question d'assiette autant qu'un problème de liquidation proprement dite.

Le caractère législatif s'attache de même au choix de l'une ou l'autre des formules classiques (impôt spécifique ou impôt *ad valorem*, impôt proportionnel ou impôt progressif, taux légal ou taux réel) et à la détermination des taux proprement dits (pourcentage sur la valeur d'imposition ou tarifs établis par unité matérielle d'imposition).

669. – Fixation des limites du taux. Le législateur est seul compétent en principe pour fixer le montant des taux ou des tarifs. Le Conseil constitutionnel a jugé cependant qu'il ne résulte pas de l'article 34 que la loi doive fixer elle-même le taux de chaque impôt ; il peut appartenir seulement au législateur de déterminer les limites à l'intérieur desquelles un établissement public à caractère administratif est habilité à arrêter le taux d'une imposition établie en vue de pourvoir à ses dépenses[19]. De même, et bien qu'en vertu de l'article 72 de la Constitution, les collectivités territoriales « s'administrent librement par des conseils élus », il appartient au législateur de déterminer les limites à l'intérieur desquelles une collectivité territoriale peut être habilitée à fixer elle-même le taux d'une imposition établie en vue de pourvoir à ses dépenses ; toutefois, les règles posées par la loi ne sauraient avoir pour effet de restreindre les ressources fiscales des collectivités territoriales au point d'entraver leur libre administration[20].

670. – Taux unique. Dans certaines conditions, le choix par le législateur d'un taux unique applicable aux impositions qu'il institue ne peut être regardé comme contraire au principe d'égalité posé par l'article 13 de la Déclaration de 1789[21].

(18) Cons. const., 28 déc. 1990, n° 90-285 DC, *Loi de finances pour 1991* : *JO* 30 déc. ; *RJF* 1991, p. 127. – V. aussi *supra*, n° 59.
(19) Cons. const., 30 déc. 1987, n° 87-239 DC : *Dr. fisc.* 1988, comm. 50.
(20) Cons. const., 25 juill. 1990, n° 80-277 DC, *Loi relative à la révision générale des évaluations des immeubles retenus pour la détermination des bases des impôts directs locaux* : *JO* 27 juill., à propos d'une mesure de plafonnement concernant une imposition qui n'est jamais entrée en application : la taxe départementale sur le revenu.
(21) Cons. const., 28 déc. 1990, n° 90-285 DC, *Loi de finances pour 1991* : *JO* 30 déc., à propos de la contribution sociale généralisée.

671. – **Caractère excessif ou non.** Le Conseil constitutionnel vérifie encore si le taux d'une imposition n'est pas excessif[22].

672. – **Procédure d'imposition. Principe général.** Une place à part doit être faite à la procédure d'imposition (définition du droit et des procédés de contrôle de l'administration, garanties de la procédure de redressement, etc.). Ces règles, qui font partie de la procédure fiscale non contentieuse, sont réservées en principe à la compétence du législateur, alors que les règles de la procédure fiscale contentieuse (juridictionnelle ou non juridictionnelle) relèvent en principe du pouvoir réglementaire.

La plupart des opérations administratives qui s'insèrent dans la procédure fiscale non contentieuse (l'expression peut paraître assez paradoxale, dans la mesure où ces opérations peuvent se dérouler dans un climat de grande tension entre le fisc et les contribuables, mais il n'est pas d'autre terme adéquat pour l'opposer à la procédure contentieuse) ne sont pas détachables de l'application des règles de l'assiette. Les garanties qui sont accordées aux contribuables à l'occasion de ces opérations présentent donc elles-mêmes un caractère législatif.

Certaines opérations de contrôle impliquent, en outre, l'exercice de prérogatives exorbitantes du droit commun (droit de communication, vérification de comptabilité, vérification approfondie de la situation fiscale d'ensemble ou, aujourd'hui, examen contradictoire de l'ensemble de la situation fiscale personnelle, procédures de redressement, procédures d'imposition d'office, etc.) qui mettent en cause non seulement les règles d'assiette des impositions, mais encore et tout autant, des garanties fondamentales accordées aux citoyens pour l'exercice des libertés publiques.

Le contribuable peut se prévaloir, en contrepartie, de garanties dont le caractère législatif ne fait aucun doute (assistance d'un conseil au cours des vérifications, interdiction des vérifications successives pour la même période et les mêmes impôts, limitation de la durée des vérifications sur place, etc.).

673. – **Dispositions assimilables à celles du droit pénal ou de la procédure pénale.** Le caractère législatif d'autres garanties reconnues aux contribuables découle de l'application de règles du droit pénal. Il en va ainsi de l'obligation du secret professionnel, telle qu'elle est définie à l'article 226-13 du Code pénal et rappelée à l'article L. 103 du Livre des procédures fiscales.

Cette catégorie de dispositions regroupe également les règles relatives aux sanctions fiscales, lesquelles, prises dans leur sens strict, sont assimilées aux sanctions pénales (V. *infra*, n° 776).

674. – **Dispositions législatives prévoyant la nullité de la procédure et la décharge de l'imposition.** Enfin, quelle qu'en soit la nature, on peut considérer que les garanties dont le législateur sanctionne expressément la violation par la nullité et la décharge de l'imposition sont du domaine exclusif de la loi.

675. – **Affectation de l'impôt.** Le législateur ne peut, sans méconnaître l'étendue de sa compétence, renvoyer au pouvoir réglementaire le soin de fixer les cri-

(22) Cons. const., 18 déc. 1997, n° 97-393 DC, pour l'article 12 de la loi n° 97-1164 du 19 décembre 1997 de financement de la sécurité sociale pour 1998, créant une contribution au taux de 2,5 % assise sur le chiffre d'affaires hors taxes des entreprises assurant l'exploitation d'une ou plusieurs spécialités pharmaceutiques.

tères d'affectation d'une partie des recettes provenant d'une imposition, telle la taxe d'apprentissage[23].

3° Pratiques gouvernementales et parlementaires

676. – La disposition de l'article 34 de la Constitution attribuant au législateur une compétence exclusive pour fixer les règles concernant les impositions n'a pas été seulement remise en cause par la jurisprudence du Conseil constitutionnel et du Conseil d'État.

L'équilibre entre le pouvoir législatif et le pouvoir réglementaire s'est établi aussi de manière empirique. Il existe une sorte d'accord tacite entre le Gouvernement et le Parlement pour ne pas tirer toutes les conséquences de l'application littérale des dispositions constitutionnelles. Cet accord, qui s'explique par des considérations de pure opportunité, aboutit à une répartition différente des compétences entre la loi et le règlement.

Le législateur intervient ainsi dans le domaine réglementaire. Il arrive même très fréquemment qu'un texte législatif contienne des dispositions réglementaires par nature et que ce soit volontairement que le Gouvernement ait introduit ces dispositions dans le projet de loi soumis au Parlement. Ainsi que le notait le président Odent, « une rigoureuse dichotomie entre les dispositions législatives et réglementaires aboutirait, dans bien des cas, à des textes de lois tellement elliptiques qu'ils poseraient des difficultés de rédaction et de compréhension presque insurmontables »[24].

D'un autre côté, le Parlement autorise très souvent le pouvoir réglementaire à intervenir dans le domaine législatif.

Ces interventions se réalisent de deux manières : suivant la procédure des ordonnances de l'article 38 de la Constitution et, surtout, suivant la pratique des habilitations spéciales.

a) Procédure des ordonnances de l'article 38 de la Constitution (renvoi)

677. – Au début de la Cinquième République, le Gouvernement a pris de nombreuses ordonnances intéressant la fiscalité en application de la loi du 3 juin 1958 relative aux pleins pouvoirs ou de l'article 92 de la Constitution.

Ultérieurement, le Gouvernement a eu recours à plusieurs reprises à la procédure des ordonnances de l'article 38. Mais il n'avait usé de ces pouvoirs en matière fiscale que de manière assez limitée, ce qui n'est plus le cas depuis quelques années. La question est reprise *infra*, nos 840 et s.

b) Pratique des habilitations spéciales

678. – Il arrive assez souvent que le Parlement se dessaisisse d'une partie de ses prérogatives en habilitant le Gouvernement, en dehors du cadre de l'article 38 de la Constitution, à prendre des mesures qui ressortissent normalement au domaine de la loi. La procédure de ces lois d'habilitation et celle des ordonnances peuvent être regardées à certains égards comme concurrentes.

(23) Cons. const., 29 déc. 2013, n° 2013-684 DC, *Loi de finances rectificative pour 2013*, consid. 26.
(24) *Contentieux administratif*, préc., 1978-1980, p. 250.

Dans cette hypothèse, les décrets auxquels renvoie la loi contiennent des dispositions qui excèdent manifestement la compétence réglementaire.

L'un des cas les plus significatifs est celui de la réglementation relative à la TVA ; qu'il s'agisse du champ d'application, de l'assiette, de la liquidation, des obligations des redevables, un examen même superficiel, permet de constater que de nombreuses dispositions prises par voie de décrets ont un *caractère déterminant* en ce qui concerne l'établissement et le recouvrement de cet impôt.

La TVA ne constitue pas un cas isolé. Le premier régime simplifié d'imposition aux taxes sur le chiffre d'affaires et aux bénéfices industriels et commerciaux et le régime obligatoire de bénéfice réel pour certains exploitants agricoles ont été déterminés par décrets sur la base d'une véritable habilitation législative[25].

679. – La jurisprudence du Conseil constitutionnel apparaît assez nuancée sur ce problème. Plusieurs décisions laissent cependant penser que le Conseil n'hésiterait pas à sanctionner les délégations consenties de manière inconstitutionnelle au pouvoir réglementaire. La disposition de la loi n'est pas inconstitutionnelle lorsque le décret auquel elle renvoie doit avoir seulement pour objet de préciser les modalités d'application d'une déduction fiscale, et non de modifier les règles d'assiette ou de taux de cette déduction[26]. La solution est la même, dès lors que le décret « n'interviendra pas pour arrêter une règle qui est posée par la loi, mais se bornera à constater le résultat du calcul que cette règle implique »[27].

De même, il est du pouvoir du législateur de fixer les conditions d'entrée en vigueur des règles qu'il édicte, « sous réserve de l'application immédiate de mesures répressives plus douces »[28]. Il lui est loisible de laisser au Gouvernement la faculté de fixer la date à laquelle doit produire effet l'abrogation de dispositions législatives fixant les obligations imposées aux contribuables ; mais il ne peut, sans méconnaître la compétence qu'il tient de l'article 34 de la Constitution, lui conférer sur ce point un pouvoir qui n'est assorti d'aucune limite[29]. Il ne peut, pour la même raison, renvoyer à un décret le soin de fixer la date d'entrée en vigueur d'une disposition législative, dès lors que le pouvoir ainsi conféré au Gouvernement n'est assorti d'aucune limite[30].

§ 2. – Le principe de la nécessité de l'impôt

680. – Le Conseil constitutionnel a admis l'existence d'un autre principe : le principe de la nécessité de l'impôt, qui lui permettrait de vérifier si l'impôt créé ou maintenu par le législateur est nécessaire.

Ce principe peut être fondé sur l'article 14 de la Déclaration des droits de 1789 « tous les citoyens ont le droit de constater, par eux-mêmes ou par leurs représen-

(25) V. respectivement L. fin. pour 1970, n° 69-1161, 24 déc. 1969, art. 12 et L. fin. pour 1971, n° 70-1199, 21 déc. 1970, art. 9.
(26) Cons. const., 30 déc. 1980, n° 80-126 DC : *Dr. fisc.* 1980, comm. 85 ; *RDP* 1982, p. 127, chron. L. Philip.
(27) Cons. const., 30 déc. 1980, préc.
(28) Cons. const., du 25 juill. 1990, n° 90.277 DC, consid. 26.
(29) Cons. const., 29 déc. 1986, n° 86-223 DC : *Dr. fisc.* 1987, comm. 50.
(30) Cons. const., 25 juill. 1990, n° 90-277 DC, déclarant contraire à la Constitution une disposition prévoyant un décret en Conseil d'État pour fixer la date d'application dans les départements d'outre-mer des dispositions relatives à la taxe départementale sur le revenu : *Dr. fisc.* 1990, comm. 1610.

tants, la nécessité de la contribution publique, de la consentir librement, d'en suivre l'emploi, et d'en déterminer la quotité, l'assiette, le recouvrement et la durée ».

681. – **Portée théorique du principe.** Le principe de nécessité de l'impôt devrait permettre de vérifier si l'impôt créé ou maintenu par le législateur est ou reste nécessaire. Le Conseil constitutionnel lui a reconnu effectivement une valeur constitutionnelle dans le cas où une imposition a été instituée dans un but bien précis, éventuellement pour une période déterminée, et qu'elle est maintenue en vigueur alors que la justification initiale a disparu. Mais il n'existe pas de précédent dans lequel il aurait déclaré un impôt inconstitutionnel au motif qu'il ne correspondrait pas à une « nécessité » au sens de l'article 14.

Au reste, en dépit de la force juridique qu'implique l'idée de « nécessité », ce principe ne prime pas les autres principes de valeur constitutionnelle. Il n'est susceptible de recevoir application que dans un sens négatif, pour faire obstacle à une imposition qui ne correspondrait pas à une « nécessité » au sens de l'article 14 ; il ne saurait avoir pour effet de maintenir l'existence juridique d'une imposition qui serait déclarée inconstitutionnelle, dans sa totalité, sur le fondement d'un autre principe constitutionnel, tel que celui de l'égalité devant l'impôt, quand bien même la création de cette imposition correspondrait sans conteste à une nécessité au sens de l'article 14. De ce point de vue, la décision du Conseil constitutionnel du 29 décembre 2009 sur la contribution carbone est exemplaire (V. *infra*, n° 749). On peut citer encore, dans le même ordre d'idées, la décision du Conseil constitutionnel du 29 décembre 2012 sur « la contribution exceptionnelle de solidarité sur les très hauts revenus d'activité », même si la « nécessité » de sa création ne s'imposait pas avec la même évidence que dans l'hypothèse précédente (V. *infra*, n° 756).

682. – **Impôts considérés comme nécessaires mais inapplicables ou restés inappliqués.** Les faits sont aussi plus têtus que les principes, même celui de la nécessité de l'impôt. L'histoire de la fiscalité révèle que des impôts considérés comme nécessaires ou, du moins, comme opportuns à une certaine époque, restent sans application, et sont regardés du reste comme inapplicables à l'issue d'une période plus ou moins longue après leur création : c'est le cas de la « taxe sur les oisifs » (V. *supra*, n° 179) et du prélèvement conjoncturel contre l'inflation[31].

Il est même arrivé que l'un de ces impôts disparaisse alors qu'il avait fait l'objet de plusieurs décisions du Conseil constitutionnel et qu'en dernier lieu sa constitutionnalité avait été admise : ainsi la taxe départementale sur le revenu[32]. Il est encore un cas, celui de « l'écotaxe sur les poids-lourds », dont le principe avait été admis à une quasi-unanimité par le Parlement et qu'une simple décision ministérielle a rayée de la carte fiscale (V. *supra*, n° 286). La taxe sur les services d'informations ou interactifs à caractère pornographique correspond à une autre hypothèse : celle de l'imposition qui ne peut plus recevoir application par suite d'une décision

(31) Aucune création de l'administration n'a jamais dépassé dans le génie du dérèglement fiscal le « prélèvement conjoncturel contre l'inflation » qui avait été institué par la loi spéciale n° 74-1169 du 30 décembre 1974 (*D.* 1975, législ. p. 26 ; *Dr. fisc.* 1975, n° 2, comm. 54. – R. Torrel, *La taxe conjoncturelle : Rev. sc. fin.* 1975, p. 226). Une lecture en diagonale du texte lorsqu'on cède à cette curiosité est suffisante pour en avoir la conviction.

(32) L'article 79 de la loi n° 89-935 du 29 décembre 1989, de finances pour 1990, avait institué au profit des seuls départements, à compter du 1er janvier 1991, une « taxe proportionnelle sur le revenu » en remplacement de la part départementale de la taxe d'habitation (*Dr. fisc.* 1990, n° 2, comm. 54).

du Conseil d'État ayant déclaré illégales certaines conditions de son application et de la carence de l'autorité réglementaire ou de son peu d'empressement à remédier à la situation créée par cette décision[33].

Le principe de nécessité de l'impôt, qui n'a pas le pouvoir de ramener à la vie les impôts mort-nés, ne vit lui-même que dans un état de veille juridique dont il lui est difficile, du reste, de sortir.

Il résulte de la jurisprudence du Conseil constitutionnel que la validité d'une imposition ne peut être utilement contestée dès lors que celle-ci constitue une recette du budget qui concourt aux conditions de l'équilibre budgétaire général.

683. – **Applications négatives du principe.** L'article 59 de la loi n° 90-669 du 30 juillet 1990 relative à la révision générale des évaluations des immeubles retenus pour la détermination des bases des impôts directs locaux a, dans le but d'assurer le financement des opérations de révision, majoré de 0,4 point (et non pas de 0,4 % ainsi qu'il est dit par erreur dans les décisions nos 93-330 DC et 95-369 DC) les prélèvements prévus par l'article 1641 du Code général des impôts pour frais d'assiette et de recouvrement de taxes perçues au profit des collectivités locales et d'organismes divers. Cette majoration était limitée aux impositions établies au titre de chacune des années 1991 et 1992[34].

L'article 28 de la loi de finances pour 1994, n° 93-1352 du 30 décembre 1993 a maintenu la majoration de 0,4 point pour les impositions de l'année 1994.

Le Conseil constitutionnel a été saisi de cet article 28. Les députés, auteurs de la saisine, soutenaient, en invoquant l'article 13 de la Déclaration de 1789 (alors que le fondement du principe réside plutôt dans l'article 14 de la Déclaration), que le maintien de ce prélèvement additionnel était privé d'objet et méconnaissait le principe de nécessité de l'imposition.

Le Conseil a rejeté ce moyen en se fondant sur les dispositions de l'article 18 de l'ordonnance du 2 janvier 1959 (loi organique relative aux lois de finances), suivant lesquelles les recettes de l'État ne peuvent être en tout ou en partie, affectées directement à certaines dépenses en l'absence de mise en œuvre des dispositions spécifiques prévues par cet article. Il a constaté que même si la justification initiale de la majoration était d'assurer le financement d'une opération de révision des valeurs cadastrales, laquelle était en quasi-totalité achevée, cette majoration n'avait pas donné lieu à une affectation. Il a décidé en conséquence qu'elle constituait une recette du budget général concourant aux conditions générales de l'équilibre budgétaire, « sans que soit méconnu le principe de nécessité de l'impôt »[35].

684. – Le Conseil constitutionnel a confirmé sa jurisprudence dans la décision n° 95-369 DC du 28 décembre 1995. L'article 19 de la loi de finances pour 1996,

(33) Le Conseil d'État avait annulé les dispositions d'une instruction du ministre du Budget précisant que les opérations de publicité des services visés par la taxation, qui sont des conditions de leur assujettissement, seraient prises en considération « dès lors qu'elles sont intervenues dans une période de douze mois précédant le classement du service » dans la catégorie taxable. Il a jugé que le ministre avait excédé sa compétence en introduisant ainsi dans les conditions d'assujettissement à l'impôt un délai que ni la loi ni le décret ne prévoient (CE, 29 déc. 1993, n° 135037 : *Dr. fisc.* 2014, n° 13, comm. 637 ; *RJF* 1994 n° 293).

(34) *Dr. fisc.* 1990, n° 32, comm. 1607.

(35) Cons. const., 29 déc. 1993, n° 93-330 DC : *Dr. fisc.* 1994, comm. 3 et pour le commentaire de l'article 28, *ibid.*, comm. 1 ; *RJF* 1994, n° 280 ; *Rec. jurispr. const.* 1994, consid. 2 à 4.

n° 95-1346 du 30 décembre 1995 a pérennisé la majoration de 0,4 point. Les auteurs de la saisine invoquaient cette fois l'article 14 de la Déclaration. Le Conseil a rendu une décision identique à la décision n° 93-330 DC[36].

685. – Le Conseil constitutionnel a été appelé encore à se prononcer sur la conformité à l'article 14 de la Déclaration de 1789 des dispositions de l'article 3 de la loi du 7 mars 1998 relative au fonctionnement des conseils régionaux. Ce texte a pour effet de permettre l'adoption sans vote du budget régional dans des conditions prévues au nouvel article L. 4311-1-1 du Code général des collectivités territoriales. À défaut d'adoption du budget dans les conditions de droit commun, le président du conseil régional présente un nouveau projet de budget qui est adopté sans vote, sauf à ce que la majorité des membres du conseil régional s'oppose à ce projet et adopte un projet alternatif.

Les sénateurs requérants faisaient valoir que l'article 3 violait les principes posés à l'article 14 de la Déclaration de 1789, et donc, le principe suivant lequel les représentants des citoyens ont le droit de constater « la nécessité » de la contribution publique. Le Conseil a rejeté le moyen en considérant que l'article 14 « n'implique pas de règles particulières d'adoption, par l'organe délibérant, des dispositions financières et fiscales »[37]. – V., pour une autre application du principe de nécessité, *infra*, n° 747.

§ 3. – Le principe égalitaire. Égalité devant l'impôt

686. – La Constitution de 1958 ne consacre pas seulement le principe de légalité de l'impôt. Le contrôle de la constitutionnalité de la loi ne porte pas seulement sur le respect, par le législateur, des règles de compétence fixées par l'article 34 de la Constitution et la loi organique n° 2001-692 du 1er août 2001, relative aux lois de finances.

Le Conseil constitutionnel contrôle encore le contenu des dispositions de la loi au regard des principes posés dans le Préambule de la Constitution de 1958 et, par voie de conséquence, des principes contenus dans la Déclaration des droits de l'homme et du citoyen de 1789 et le Préambule de la Constitution de 1946.

Il a reconnu ainsi une valeur constitutionnelle à un principe fondamental que le législateur fiscal doit respecter tout comme le principe de légalité de l'impôt : le principe d'égalité devant l'impôt.

On ne mesure l'importance de cette reconnaissance comme principe de valeur constitutionnelle qu'au regard de la double signification de l'égalité devant l'impôt et de l'évolution historique sur le problème de la valeur juridique de ce principe. Par ailleurs, le principe égalitaire qui reçoit application en matière fiscale ne se présente pas seulement sous la forme de l'égalité devant l'impôt. Il revêt trois autres aspects qu'il faut bien distinguer, même si ces distinctions comportent de nombreuses incertitudes. On examinera ensuite le contenu et les limites du principe égalitaire en matière fiscale et les applications les plus importantes de ce principe.

(36) *Dr. fisc.* 1996, comm. 3 ; *RJF* 1996, n° 209.
(37) Cons. const., 6 mars 1998, n° 98-397 DC.

A. – La double signification du principe de l'égalité devant l'impôt

687. – Le principe de l'égalité devant l'impôt a revêtu et revêt toujours une double signification : juridique et politique. Il importe de relever immédiatement que l'aspect purement politique est absorbé amplement aujourd'hui par l'aspect juridique, dès lors que le Conseil constitutionnel a reconnu à ce principe une valeur constitutionnelle. On pourrait dire, en d'autres termes, que le principe « politique » de l'égalité devant l'impôt, qui est consacré par l'article 13 de la Déclaration de 1789, a été saisi par le droit constitutionnel, s'il n'était pas, dans une large mesure, insaisissable…

688. – **Signification juridique.** L'impôt relève d'un régime exclusivement légal et réglementaire et, en principe, purement objectif. Il s'ensuit que le contribuable est placé dans une situation statutaire, dont le contenu est fixé d'une manière générale et impersonnelle, par voie de lois ou de règlements, et qui est donc le même pour tous les redevables appartenant à une catégorie déterminée. Le droit fiscal exclut absolument toute mesure qui aurait pour effet de déroger à ces lois ou règlements. Par là, le principe de légalité n'est pas seulement le garant du caractère obligatoire de l'impôt ; il assure aussi l'égalité, du moins l'égalité juridique de tous les citoyens devant l'impôt. L'égalité fiscale est ainsi étroitement liée à la légalité de l'impôt.

Du point de vue *juridique*, l'égalité devant l'impôt a été analysée pendant longtemps comme une simple égalité devant la loi : tous les contribuables qui se trouvent dans la même situation, telle qu'elle est définie par la loi fiscale, doivent être soumis au régime fiscal fixé par cette loi. Le principe d'égalité devant l'impôt repose sur ce postulat. Le Conseil d'État s'interdit d'entrer dans des considérations économiques ou sociales pour rechercher si le principe de l'égalité devant l'impôt a été respecté. Il se refuse à comparer entre eux deux systèmes d'imposition pour apprécier si l'ensemble des charges qui pèsent sur les contribuables est également réparti. Il s'en tient rigoureusement à une conception juridique du principe égalitaire. Son contrôle de la légalité des règlements pris en application de la loi porte exclusivement sur le point de savoir si tous les contribuables qui se trouvent dans la même situation, telle qu'elle a été définie par le législateur, sont assujettis à un régime fiscal identique. C'est au regard de cette adéquation qu'il examine si les mesures d'application de la loi prises par l'autorité réglementaire ne créent pas d'inégalité entre les contribuables en les soumettant à des règles différentes.

Finalement, le principe d'égalité devant l'impôt ne se distinguait pas, en réalité, du principe d'égalité devant la loi fiscale. Il était considéré comme l'application, en matière fiscale, du principe d'égalité devant la loi. On ne concevait pas qu'il pût avoir une existence juridique indépendante de celui-ci.

689. – **Signification politique.** Même sous le régime antérieur à la Constitution de 1958, la doctrine et la jurisprudence ne pouvaient pas ne pas se référer à la Constitution et à la Déclaration de 1789 pour déterminer la valeur du principe de l'égalité devant l'impôt.

Ce principe repose sur une disposition fondamentale de notre droit public, celle de l'*article 13* de la *Déclaration des droits de l'homme et du citoyen* du 26 août 1789, à laquelle les préambules des Constitutions de 1946 et de 1958 ont réaffirmé leur attachement : « pour l'entretien de la force publique, et pour les dépenses d'administration, une contribution commune est indispensable : elle doit être également répartie entre tous les citoyens, en raison de leurs facultés ».

Sur ce plan *politique*, l'égalité se confond avec l'idée de justice fiscale. La recherche de la justice, qui est inspirée par les préoccupations politiques, économiques et sociales les plus diverses, exclut nécessairement l'identité des règles. Tous les contribuables ne peuvent être soumis au même régime d'imposition. L'égalité devant l'impôt, au sens de l'article 13 de la Déclaration des droits, postule au contraire des traitements différents ou des adaptations de la norme en fonction des « facultés contributives » des citoyens, d'où les multiples discriminations dans la détermination des personnes, opérations ou biens imposables, les exonérations, l'évaluation de la matière imposable, l'établissement des tarifs ou même les procédures de contrôle fiscal. Sous cet aspect, le droit fiscal apparaît comme un droit de discriminations.

690. – Égalité catégorielle. La distinction entre les deux aspects politique et juridique du principe en entraîne une autre. Lorsqu'on examine la situation de contribuables appartenant à une même catégorie, l'égalité devant la loi est une égalité absolue : ces contribuables ont les mêmes droits et sont assujettis aux mêmes obligations. En revanche, l'égalité devant l'impôt de catégories différentes de contribuables, réels ou virtuels, doit être considérée, au regard du principe des facultés contributives posé à l'article 13 de la Déclaration de 1789, comme une « égalité catégorielle » ou une « égalité dans les rapports », et non pas comme une égalité absolue : c'était pour la jurisprudence et la doctrine une raison supplémentaire de refuser de lui reconnaître, sous cet aspect « politique », une existence juridique propre et la valeur d'un principe général du droit.

B. – La valeur juridique du principe de l'égalité devant l'impôt

691. – La jurisprudence du Conseil constitutionnel a bouleversé l'état du droit antérieur sur la valeur juridique du principe d'égalité devant l'impôt. Mais lorsqu'on examine la jurisprudence fiscale, force est de constater que cette évolution est restée sans influence sur le contentieux individuel de l'impôt.

La question portant sur la valeur juridique du principe d'égalité devant l'impôt n'est pas seulement de savoir s'il s'agit d'un principe de valeur constitutionnelle, ou d'un principe de valeur législative, ou d'un simple principe général du droit. Déterminer la valeur juridique d'un principe, c'est rechercher dans quels cas et quelles conditions le moyen tiré de ce principe se révèle opérant lorsqu'il est invoqué par le requérant devant le juge, notamment par le contribuable au soutien d'une demande de dégrèvement de son imposition. C'est poser le problème de l'efficience du principe de l'égalité devant l'impôt qui est au moins aussi important que celui de sa place dans la hiérarchie des normes.

1° L'efficience du principe d'égalité devant l'impôt

692. – Une autre distinction fondamentale doit être faite de ce point de vue, suivant que l'on prend en considération l'égalité dans l'application individuelle ou dans l'application réglementaire de la loi fiscale.

a) *Application individuelle de la règle fiscale*

693. – **Application inégalitaire de la loi. Généralités.** Les inégalités dans l'application individuelle de la règle fiscale sont moins voyantes que celles qui se manifestent au niveau de l'édiction de la norme législative et qui résultent des disparités de traitement entre catégories de contribuables. Mais elles sont ressenties aussi vivement.

Elles apparaissent le plus souvent dans l'appréciation des faits qui conditionnent l'application de la règle et, à plus forte raison, lorsque l'administration dispose d'une certaine marge de liberté dans l'exercice de ses attributions ou que la mise en œuvre d'un dispositif repose sur des éléments d'appréciation de caractère subjectif.

Il arrive ainsi fréquemment que les agents de l'administration adoptent des comportements différents d'un contribuable à l'autre, pour toutes sortes de raisons, qui tiennent simplement à la plus ou moins grande compréhension ou sévérité dont ils font preuve.

Sans parler de l'inégalité qui existait autrefois dans la fixation des forfaits de bénéfices industriels et commerciaux ou l'évaluation administrative des bénéfices non commerciaux, on peut citer, à titre d'exemples toujours actuels et très simples, les inégalités dans l'application des dispositions légales relatives à la déduction des frais professionnels des salariés ou de certaines catégories de frais généraux des entreprises (frais de réception, de déplacements, de voyages d'affaires, de représentation, etc.) ou dans l'appréciation de la mauvaise foi (ou manquement délibéré) du contribuable qui conditionne l'application des sanctions fiscales prévues à l'article 1729 du Code général des impôts.

Il existe même des régimes d'imposition qui sont susceptibles de faire l'objet, dans leur intégralité, d'applications discriminatoires quant à leur déclenchement, bien que l'administration fiscale soit en principe dans une situation de compétence liée : c'est le cas, en particulier, de l'évaluation forfaitaire minimale du revenu imposable d'après certains éléments du train de vie(38) ou du régime de la répression des abus de droit(39). Une observation analogue pourrait être faite lorsque se pose la question de savoir si un contribuable réunit les conditions auxquelles est subordonné le bénéfice d'une exonération.

Une garantie aussi essentielle que la garantie contre les changements de doctrine administrative prévue aux articles L. 80 A et L. 80 B du Livre des procédures fiscales peut être elle-même source d'inégalités entre contribuables.

694. – **Prédominance du principe de légalité.** Or, ces inégalités de fait sont irrémédiables. Le contribuable reste impuissant devant les deux grands principes, étroitement solidaires, du caractère statutaire de la situation du contribuable et de la compétence liée de l'administration.

Le premier a déjà été rappelé : le contribuable est placé dans une situation générale et impersonnelle, la même pour tous les contribuables de la catégorie à laquelle il appartient.

L'administration, quant à elle, est dans une situation de compétence liée, la plus étroite qui soit. Elle est obligée d'appliquer la loi ; elle ne peut rien faire sans texte ;

(38) CGI, art. 168.
(39) LPF, art. L. 64.

mais elle ne peut non plus rien faire au-delà des textes, même dans un but d'équité ou dans celui d'assurer une égalité effective devant l'impôt. Elle a l'obligation d'appliquer la loi fiscale dans toutes ses dispositions. Elle ne peut davantage renoncer au bénéfice des dispositions de la loi fiscale ; cette règle explique notamment le mécanisme de la substitution de base légale qui est utilisé dans le contentieux de l'imposition.

Le principe de l'égalité devant l'impôt s'efface ainsi devant le principe de légalité, qui est prédominant.

Le juge ne saurait faire prévaloir les considérations d'égalité ou d'équité fiscale sur la lettre même de la loi. Il est lié par elle. Un contribuable ne peut contester la décision individuelle d'imposition qui le frappe, et qu'il considère comme discriminatoire, en invoquant le principe égalitaire, si la règle a été appliquée correctement dans son cas particulier. Il ne peut tirer aucun argument du fait que cette disposition n'est pas appliquée de manière identique à d'autres contribuables de sa catégorie ou qui se trouvent dans la même situation de fait et auxquels serait accordé un traitement plus favorable.

Deux constatations s'imposent, en conséquence.

C'est paradoxalement la nécessité de garantir une stricte égalité de tous les citoyens devant l'impôt qui exclut la possibilité pour l'administration de déroger à la loi même pour tenir compte des cas particuliers, dans le but de régler la situation de contribuables d'une manière qui paraîtrait plus conforme aux exigences découlant d'une application concrète du principe même d'égalité.

La prise en considération de l'impossibilité de payer par suite de gêne ou d'indigence ou plus généralement le traitement selon l'équité relève d'un ordre différent de celui du droit fiscal et de ses recours contentieux. Les contraintes découlant d'une stricte application des principes de légalité et de l'égalité sont ainsi à la base de la distinction traditionnelle entre la juridiction contentieuse et la juridiction gracieuse. L'exercice de cette dernière fait l'objet de recours pour excès de pouvoir[40].

La seconde constatation n'est pas non plus sans intérêt. Le principe d'égalité devant l'impôt est le principe fondamental auquel les citoyens sont le plus attachés ; il est considéré généralement comme le premier de tous, assurément plus important que celui qui impose au législateur l'obligation d'exercer la plénitude de sa compétence en matière fiscale.

Or, le principe de l'égalité devant l'impôt est le seul qui, de manière encore paradoxale, n'offre aucune garantie individuelle aux contribuables. Le redevable peut, à l'occasion du recours contre l'imposition à laquelle il a été assujetti, contester la légalité des règlements d'application de la loi fiscale. Les limites de la rétroactivité de la loi fiscale, les garanties accordées au contribuable dans le cadre des procédures de contrôle et de rectification des déclarations ou en matière de sanctions fiscales sont autant de droits fondamentaux dont il peut se prévaloir à titre individuel. Au contraire, tout moyen tiré de la violation du principe d'égalité devant l'impôt est inopérant, dès lors que l'imposition contestée découle de la loi.

Il ne sert donc à rien au contribuable d'invoquer ce principe, que ce soit pour contester une mesure d'imposition qui le concerne individuellement ou une mesure

(40) LPF, art. L. 247.

d'imposition intéressant un tiers. Le principe d'égalité devant l'impôt est sans application dans le contentieux individuel de l'imposition, que ce soit dans les relations entre l'État et les contribuables ou entre contribuables, seules subsistant la possibilité assez problématique d'une action en responsabilité contre l'État du fait d'une application inégalitaire de l'impôt et l'existence d'un recours, mais seulement des collectivités locales, contre les mesures qui les privent de certaines ressources[41].

b) Application réglementaire de la loi fiscale

695. – L'examen de la valeur juridique du principe de l'égalité devant l'impôt dans les diverses applications réglementaires de la loi fiscale, toujours du point de vue de l'efficience de ce principe, conduit à une double constatation : le principe d'égalité devant l'impôt a un domaine qui est étroitement limité par le principe prédominant de légalité ; il ne reçoit pratiquement d'applications que dans les cas où le Gouvernement ou les organes délibérants des collectivités territoriales d'outre-mer exercent des compétences exceptionnelles.

1) Domaine d'application limité par le principe de légalité

696. – **Prédominance du principe de légalité.** L'application de la loi fiscale qui résulte de décrets et arrêtés ministériels ou de délibérations de collectivités territoriales (communes, départements, régions) ou des circulaires impératives reste dominée par le principe de légalité.

Le contrôle juridictionnel des règlements d'application d'une loi ne s'exerce que sur le fondement des dispositions de cette loi, dans le cadre défini strictement par ces prescriptions. Il ne peut être opéré, en outre, au regard de dispositions de la Constitution ou de principes de valeur constitutionnelle ou de principes généraux du droit, dès lors que la loi à appliquer fait écran à ce contrôle. La subordination du règlement à la loi est totale, de sorte que la méconnaissance par l'autorité réglementaire des dispositions de la loi ne peut s'analyser que comme une violation de celle-ci.

Le juge écarte le moyen tiré de l'inconstitutionnalité de la loi ou d'un texte de valeur législative sauf lorsque lui est posée une question prioritaire de constitutionnalité. Même dans le cadre de cette procédure, l'incompétence négative du législateur ne peut être invoquée, ce qui exclut toute discussion sur la violation des dispositions de l'article 34 de la Constitution. La méconnaissance par le législateur de sa propre compétence ne peut être invoquée que dans le cas où est affecté un droit ou une liberté que la Constitution garantit (V. *infra*, n° 806).

Le juge se refuse ainsi à apprécier la constitutionnalité de dispositions de caractère réglementaire, dès lors qu'elles font une stricte application de la loi dont elles assurent l'exécution.

L'hypothèse d'un contrôle des règlements au regard de la Constitution, ou de principes ayant valeur constitutionnelle, ou de principes généraux du droit n'est pas inconcevable. Mais elle reste exceptionnelle en matière fiscale, notamment au regard du principe d'égalité devant l'impôt[42].

---

(41) V. sur tous ces points l'abondante jurisprudence citée in *JCl. Procédures fiscales*, Fasc. 112 par J. Lamarque.
(42) V. CE, 12 juill. 1995, n° 146948, *Synd. de l'hôtellerie de plein air du Var : Rec. CE* 1995, p. 306 ; *RJF* 1995, n° 1211.

Cette constatation est donc à peu près la même que celle qui a déjà été faite au terme de l'examen des questions portant sur l'application individuelle de la règle fiscale.

Elle concerne aussi bien les règlements d'application de la loi dans le cadre de la répartition normale des compétences législatives réglementaires que les règlements autonomes de l'article 37 de la Constitution (par ex. autrefois en matière de taxes parafiscales, V. *supra*, n° 141).

2) Domaine d'application limité à l'exercice de compétences exceptionnelles

697. – La référence au principe d'égalité en matière fiscale est apparue dans la jurisprudence de l'entre-deux-guerres. Elle est devenue assez fréquente par la suite, mais les décisions dans lesquelles le juge en fait une application positive en annulant ou en déclarant illégale sur ce fondement la disposition réglementaire contestée sont assez rares.

Le contrôle des dispositions réglementaires au regard du principe d'égalité devant l'impôt s'est exercé ou s'exerce toujours dans cinq domaines principaux : – d'abord, celui de la jurisprudence sur le législateur colonial, qui conserve au moins un intérêt historique (V. *infra*, n° 698) ; – celui des actes réglementaires pris en vertu de lois d'habilitation antérieures à la Constitution de 1958 ou, depuis l'entrée en vigueur de la Constitution, en vertu de délégations de pouvoirs consenties par le Parlement au Gouvernement en dehors de l'article 38 de la Constitution ; – celui des ordonnances prises en vertu d'une loi d'habilitation sur le fondement de l'article 38 de la Constitution (V. *infra*, n° 853) – celui du contrôle des dispositions prises dans le domaine de la loi par les organes délibérants des collectivités territoriales d'outre-mer, – enfin, celui des lois du pays de Nouvelle-Calédonie et de Polynésie française[43].

L'arrêt d'assemblée du Conseil d'État du 22 février 1974, *Association des maires de France*, marque toutefois un tournant dans le contrôle juridictionnel des actes réglementaires au regard du principe d'égalité devant l'impôt.

Le recours était dirigé contre le décret n° 55-468 du 30 avril 1955, relatif à la contribution des patentes, intervenu en application de la loi n° 55-349 du 2 avril 1955, accordant au Gouvernement des pouvoirs spéciaux en matière économique, sociale et fiscale. Ce décret instituait une subdélégation en prévoyant dans son article 6 que le Gouvernement pourrait prendre, par décret en Conseil d'État, « toutes mesures nécessaires en vue de maintenir ou de rétablir l'équilibre entre les droits fixes et les droits proportionnels de patente ou d'améliorer la répartition de la charge de la patente entre les redevables ».

Le Conseil d'État a ajouté une seconde condition à l'habilitation du Gouvernement. Il a jugé que la disposition de l'article 6 n'habilitait le Gouvernement à faire varier le droit fixe ou le droit proportionnel du tarif des patentes qu'à la condition que le Gouvernement « respecte les principes généraux du droit et notamment le principe d'égalité devant l'impôt ».

Il en a tiré la conséquence, en l'espèce, qu'une discrimination de tarif qui défavorise les établissements anciens par rapport à ceux qui sont nouvellement créés constitue une atteinte illégale au principe d'égalité devant l'impôt[44].

(43) V. sur tous ces points, *JCl. Procédures fiscales*, Fasc. 112, par J. Lamarque.
(44) CE, ass., 22 févr. 1974, *Assoc. des maires de France : Rec. CE* 1974, p. 136 ; *CJEG* 1974, jurispr. p. 77, concl. Gentot ; *Dr. fisc.* 1974, n° 14, comm. 419 ; *AJDA* 1974, p. 269, note P. Moulié ; *D.* 1974, p. 520, note M. Durupty.

Il s'était passé quelque chose de très important avant l'arrêt d'assemblée du 22 février 1974 : la révolution opérée par le Conseil constitutionnel lorsque, dans ses deux décisions n° 71-44 DC du 16 juillet 1971 et n° 73-51 DC du 27 décembre 1973, il a reconnu une valeur constitutionnelle aux principes réaffirmés par le Préambule de la Constitution de 1958 et notamment, au principe d'égalité devant la loi contenu dans la Déclaration de 1789.

Il était donc permis de considérer à la même époque que le principe d'égalité devant l'impôt devait se voir reconnaître la même valeur constitutionnelle.

Pourtant, le Conseil d'État a estimé, dans son arrêt du 22 février 1974, qu'il devait être regardé toujours comme un principe général du droit. Il ne lui a reconnu le caractère de principe de valeur constitutionnelle que plus tard, après que le Conseil constitutionnel lui ait attribué expressément ce caractère à la fin de l'année 1981.

2° Place du principe dans la hiérarchie des normes

a) Situation antérieure à 1980

698. – Duguit et Hauriou considéraient que le principe d'égalité devant l'impôt, en tant qu'il est fondé sur l'article 13 de la Déclaration des droits de l'homme et du citoyen de 1789, avait valeur constitutionnelle, comme l'ensemble de cette Déclaration des droits.

Cette conception a pu faire autorité compte tenu de la personnalité de ces éminents juristes, mais elle ne faisait pas l'unanimité dans la doctrine et n'a pas fait non plus jurisprudence à l'époque.

Le Conseil d'État a refusé pendant longtemps de prendre parti sur la valeur juridique du principe de l'égalité devant l'impôt.

Il n'était pas question, en tout cas, de lui reconnaître une valeur constitutionnelle sur le fondement de l'article 13 de la Déclaration de 1789. Ainsi que le déclarait B. Chenot, dans ses conclusions sur l'affaire *Guieysse* intéressant le législateur colonial, « (...) aucun texte, aucune loi n'affirment l'égalité des contribuables devant l'impôt. Votre jurisprudence ne se fonde pas sur le texte de la Déclaration des droits de 1789 pour donner une valeur juridique à cette règle. Elle y voit néanmoins l'un des principes fondamentaux de notre organisation politique qui, sans être inscrit dans aucun texte, ont pénétré depuis cent cinquante ans, toutes nos institutions et ont dominé notre législation (...) »(45).

La référence faite par la suite au Préambule de la Constitution de 1946 a marqué une étape importante en permettant au Conseil d'État de déterminer de manière plus précise le fondement des principes généraux du droit, ou du moins, certains d'entre eux, même s'il a beaucoup hésité sur leur valeur juridique.

À l'issue d'une première période qui concerne le droit antérieur à la Constitution de 1958, mais déborde assez largement l'entrée en vigueur de cette Constitution, les choses apparaissent très claires au moins sur deux points.

L'existence du principe de l'égalité devant l'impôt est reconnue formellement en tant que principe général du droit.

(45) CE, 4 févr. 1944, *Guieysse* : *RDP* 1944, p. 138, note G. Jèze ; *JCP* 1946, II, 3115, note R.-E. Charlier. – CE, 23 déc. 1949, *Sté Comptoir de l'industrie cotonnière* : *Rec. CE* 1949, p. 567.

Le fondement juridique de ce principe n'est plus constitué par la masse informelle « des principes fondamentaux de notre organisation politique », pour reprendre d'expression utilisée par B. Chenot dans ses conclusions sur l'affaire *Guieysse*, mais depuis les années 1950, par le Préambule de la Constitution de 1946 et la Déclaration de 1789.

En revanche, son rang dans la hiérarchie des normes était discuté.

Le Conseil d'État est resté partagé, pendant très longtemps, entre deux tendances, soit qu'il ait considéré les principes généraux du droit comme des règles non écrites ayant valeur législative(46), soit qu'il ait reconnu une valeur constitutionnelle à ces principes généraux(47).

Cette seconde interprétation était en particulier celle de G. Braibant(48) et du président Odent : « Il est admis que certains principes généraux du droit ont une valeur constitutionnelle » et il invoquait l'arrêt *Syndicat général des ingénieurs-conseils*(49).

Cependant, à la fin de cette première période, une conception différente de la valeur juridique de ces principes s'était fait jour, qui avait vocation à s'appliquer à partir de l'entrée en vigueur de la Constitution de 1958 : la théorie de R. Chapus sur la valeur infralégislative et supradécrétale des principes généraux du droit(50).

b) Valeur constitutionnelle du principe depuis les années 1980

699. – L'apport de la jurisprudence du Conseil constitutionnel est fondamental. Le principe d'égalité devant l'impôt exprime toujours, sur un plan politique, l'idée de justice fiscale ; il a cependant désormais, même sur ce plan, valeur juridique et notamment, la même valeur constitutionnelle que le principe d'égalité devant la loi.

Le juge constitutionnel recherche si le législateur n'a pas méconnu l'obligation, que lui impose l'article 13 de la Déclaration de 1789, de réaliser une « égale répartition » de l'impôt entre tous les citoyens « en raison de leurs facultés ».

Il vérifie si la loi qui établit des discriminations ou prévoit des dispositions identiques dans des situations différentes est conforme au principe d'égalité devant l'impôt.

L'application de ce principe relève de l'appréciation souveraine du législateur. Pour assurer cependant un contrôle effectif de la constitutionnalité de la loi sur le fondement de ce principe, le Conseil constitutionnel utilise et ne peut utiliser que le critère de l'intérêt général. La formule qu'il emploie habituellement à cet effet est on ne peut plus significative : « le principe d'égalité ne s'oppose ni à ce que le législateur règle de façon différente des situations différentes ni à ce qu'il déroge à l'égalité pour des raisons d'intérêt général, pourvu que, dans l'un et l'autre cas, la différence de traitement qui en résulte soit en rapport direct avec l'objet de la loi qui l'établit ».

Les considérations d'intérêt général deviennent ainsi prédominantes. Elles jouent en quelque sorte le rôle d'un catalyseur qui permet de convertir en règles juridiques

(46) CE, ass., 7 févr. 1958, *Synd. des propriétaires des forêts de chênes-lièges d'Algérie* : *Rec. CE* 1958, p. 74 ; *AJDA* 1958, II, 130, concl. Grévisse et 220, note Fournier et Combarnous.

(47) CE, sect., 26 juin 1959 : *RDP* 1959, p ; 1004, concl. Fournier ; *AJDA* 1959, I, 153, chron. Combarnous et Galabert ; *D.* 1959, 541, note L'Huillier ; *Rev. adm.* 1959, 381, note J. Georgel ; *S.* 1959, 202, note R. Drago. – *Grands arrêts de la jurisprudence administrative*, Dalloz, 18e éd., n° 75.

(48) Conseil d'État, Études et documents, 1962, p. 68.

(49) *Contentieux administratif*, 1980, préc., p. 1707.

(50) R. Chapus, *De la soumission au droit des règlements autonomes* : *D.* 1960, chron. p. 119 ; *De la valeur juridique des principes généraux du droit et des autres règles jurisprudentielles du droit administratif* : *D.* 1966, p. 99.

d'application et de critères de distinction la disposition de l'article 13 de la Déclaration de 1789 qui ne peut recevoir de définition juridique précise. Le Conseil constitutionnel examine ainsi, compte tenu de l'objet et du but de la loi, si les dérogations à l'égalité sont justifiées par des raisons d'intérêt général. Il recherche, en outre, si ces mesures sont en rapport avec l'objet de la loi, si elles ne sont pas entachées d'erreur manifeste, si le législateur a retenu des critères objectifs et rationnels.

Mais le Conseil constitutionnel ne tient ni de la Constitution, ni d'aucun principe de valeur constitutionnelle, le pouvoir de vérifier si les mesures prises par le législateur répondent à un but d'intérêt général.

En procédant à un contrôle de cette nature, il substitue son appréciation à celle du législateur, et cette appréciation étant nécessairement d'ordre politique, il use ainsi de pouvoirs qui ne sont pas ceux d'un juge : il s'agit de pouvoirs extrajuridictionnels[51].

Cette évolution aura entraîné une conséquence importante. Le principe d'égalité devant l'impôt ayant acquis valeur constitutionnelle, la distinction traditionnelle entre les deux significations, politique et juridique, de ce principe est dépassée.

La confusion qui existait auparavant entre égalité devant l'impôt et égalité devant la loi fiscale dans le contentieux des actes individuels et réglementaires d'imposition n'est plus possible.

En revanche, le développement du contentieux constitutionnel sur le principe d'égalité devant l'impôt oblige à faire des distinctions nouvelles entre égalité devant l'impôt et égalité devant la loi en matière fiscale, entre égalité devant l'impôt et égalité devant les charges publiques, et comme on le verra, les critères de ces distinctions restent très imprécis.

Certains auteurs ont nié, il y a quelques années, la spécificité du principe de l'égalité devant l'impôt. Un ancien membre du Conseil constitutionnel a fait observer ainsi, en 1986, qu'« il apparaît comme l'un des aspects d'un principe plus vaste qui est celui de l'égalité devant les charges publiques (...) [et que] l'égalité devant l'impôt est une formule abrégée que le Conseil constitutionnel n'a jamais utilisée (...) »[52].

L'observation n'était pas tout à fait exacte. On peut citer plusieurs décisions dans lesquelles le Conseil constitutionnel avait déjà utilisé cette expression en 1986. Dans la première, il déclare conforme à la Constitution une disposition de la loi de finances pour 1984 qui abaissait la limite des recettes pour l'imposition obligatoire d'après le régime réel agricole avec ce considérant : « l'article 82 (...) qui se borne à aménager le régime fiscal applicable à une catégorie de contribuables se trouvant tous dans la même situation, n'est pas contraire au principe de l'égalité devant l'impôt »[53]. Un an plus tard, il décide que « le législateur n'a pas méconnu le principe d'égalité devant l'impôt » en réservant le bénéfice du taux réduit de la TVA aux prestations fournies par certaines entreprises[54]. L'article 11 de la loi de finances rectificative pour 1986, n° 86-824 du 11 juillet 1986, instituant une amnis-

(51) V. *JCl. Procédures fiscales*, Fasc. 110, préc.
(52) F. Luchaire, *Un janus constitutionnel : l'égalité : RDP* 1986, p. 1266.
(53) Cons. const., 29 déc. 1983, n° 83.164 DC : *Dr. fisc.* 1984, n° 2, comm. 49.
(54) Cons. const., 29 déc. 1984, n° 84-186 DC : *Dr. fisc.* 1985, n° 2, comm. 56, pour l'article 15 de la loi de finances rectificative pour 1984.

tie fiscale et douanière en cas de rapatriement d'avoirs irrégulièrement détenus à l'étranger, donne au Conseil constitutionnel l'occasion de réaffirmer le principe ; il reconnaît ainsi qu'il est « dans la nature du texte de porter atteinte au principe d'égalité devant l'impôt »(55).

Force est donc d'admettre que le principe d'égalité devant l'impôt a une existence juridique propre fondée sur l'article 13 de la Déclaration des droits de 1789, même si ce texte constitue aussi la base constitutionnelle du principe d'égalité devant les charges publiques.

C'est bien le principe de l'égalité devant l'impôt que le Conseil a consacré encore à la fin de l'année 1981 lorsque, examinant les dispositions de la loi de finances pour 1982 instituant l'impôt sur les grandes fortunes, il s'est fondé sur la disposition de l'article 13 de la Déclaration pour poser en principe que « conformément à l'article 34 de la Constitution, il appartient au législateur de déterminer, dans le respect des principes constitutionnels et compte tenu des caractéristiques de chaque impôt, les règles selon lesquelles doivent être appréciées les facultés contributives des redevables »(56). C'est encore à ce principe qu'il s'est référé lorsque, deux ans plus tard, concernant la définition des biens professionnels exonérés de l'impôt sur les grandes fortunes, il déclare que « cet impôt est établi d'une façon régulière au regard des règles et principes de valeur constitutionnelle, et notamment de la prise en compte nécessaire des facultés contributives des citoyens »(57).

Le Conseil constitutionnel ne pouvait pas refuser d'ériger en principe distinct de valeur constitutionnelle l'un des principes auxquels les citoyens sont le plus attachés. Mais il sait aussi qu'il lui est difficile parfois d'en faire une application adéquate. Ainsi pourraient s'expliquer ses réticences à utiliser l'expression d'égalité devant l'impôt et ces décisions où, après avoir invoqué l'article 13 de la Déclaration, il se réfère simplement au « principe constitutionnel d'égalité ».

Le Conseil d'État, quant à lui, ne peut donc plus se montrer hésitant, comme sous le régime antérieur, sur la valeur constitutionnelle du principe d'égalité devant l'impôt, valeur qu'il lui reconnaît expressément(58) ou implicitement, lorsqu'il indique qu'il n'appartient pas au juge de l'impôt d'examiner la conformité d'un texte législatif du Code général des impôts au principe d'égalité devant l'impôt et des charges publiques, faute d'avoir été saisi d'une question prioritaire de constitutionnalité(59).

C. – Les différents aspects du principe égalitaire en matière fiscale

700. – Le principe égalitaire en matière fiscale revêt plusieurs aspects. Le juge utilise des expressions différentes à partir du dénominateur commun d'égalité : égalité devant l'impôt, égalité devant la loi, égalité devant les charges publiques, égalité devant le juge de l'impôt.

Le problème est de savoir si ces concepts correspondent à des principes distincts, ayant chacun leur spécificité.

(55) Cons. const., 3 juill. 1986, n° 86-209 DC : *Dr. fisc.* 1986, n° 30, comm. 1405 ; *RJF* 1986, n° 995.
(56) Cons. const., 30 déc. 1981, n° 81-133 DC : *Dr. fisc.* 1982, n° 2, comm. 90 et n° 14, chron. L. Philip.
(57) Cons. const., 29 déc. 1983, n° 83-164 DC, préc.
(58) CE, 10 juill. 1989, req. n° 67.268 : *RJF* 1989, n° 1072.
(59) CE, 1er févr. 2012, n° 340.866 : *RJF* 2012, n° 405. – CE, 20 mars 2013, n° 347.881, *Salomon* : *RJF* 2013, n° 613.

On ne peut que constater d'abord qu'ils n'ont jamais reçu de définition propre, ce qui révèle déjà qu'il est difficile, ou peut-être même impossible, de caractériser de manière parfaitement synthétique le contenu de chacun d'eux.

Leurs domaines d'application se chevauchent et les limites de l'égalité sont définies en termes identiques, quel que soit l'aspect sous lequel elle est envisagée.

Lorsqu'on examine la jurisprudence, on serait même tenté de penser qu'il existe un principe unique d'égalité en matière fiscale dont le domaine est commun à l'égalité devant l'impôt, l'égalité devant les charges publiques et l'égalité devant la loi, et qu'à l'intérieur de ce domaine chacun de ces trois concepts a (ou peut avoir) seulement une fonction particulière.

De l'existence d'un domaine commun, on passe ainsi tout naturellement à l'idée d'un principe unique qui revêtirait seulement, selon le cas, trois habits fonctionnels (ou quatre, s'il faut ajouter l'égalité devant le juge de l'impôt).

Il n'est pas question cependant de nier la spécificité des deux principes de l'égalité devant la loi et de l'égalité devant les charges publiques.

Le principe d'égalité devant la loi couvre l'ensemble du droit.

Le principe d'égalité devant les charges publiques a un champ qui déborde largement celui de la fiscalité : il est, en particulier, le fondement de la responsabilité pour rupture de l'égalité devant les charges publiques dans des secteurs importants de la responsabilité (responsabilité pour dommages permanents de travaux publics, responsabilité du fait de décisions administratives régulières, responsabilité du fait des lois et conventions internationales). Il a été jugé qu'il peut recevoir application même entre personnes publiques[60].

1° Égalité devant l'impôt et égalité devant les charges publiques

701. – **Doctrine des deux branches.** Dans les années 1980 et 1990 et jusqu'en 2005 approximativement, le principe d'égalité devant l'impôt a été utilisé habituellement comme norme de référence.

Ce principe est encore au fondement de décisions du Conseil constitutionnel »[61].

Force est de constater cependant que le principe de l'égalité devant les charges publiques a, ces dernières années, supplanté le principe d'égalité devant l'impôt dans les décisions de conformité ou de non-conformité à la Constitution.

Certains auteurs, tirant semble-t-il les conclusions de cette évolution jurisprudentielle, indiquent ainsi, sans nier l'existence du principe d'égalité devant l'impôt, que ce principe comporte deux branches : d'une part, le principe d'égalité devant la loi fiscale, fondé sur l'article 6 de la Déclaration de 1789 et, d'autre part, le principe d'égalité devant les charges publiques fondé sur l'article 13 de la Déclaration[62].

---

(60) Cons. const., 14 juin 2013, n° 2013-323 QPC, en l'espèce, entre les communes et entre les établissements publics de coopération intercommunale.

(61) Cons. const., 29 déc. 2009, n° 2009-600 DC, *Loi de finances rectificative pour 2009* : la disposition contestée « n'a porté aucune atteinte au principe d'égalité devant l'impôt et les charges publiques ». – Cons. const., 17 sept. 2010, déc. n° 2010-28 QPC, consid. 5 : rappel du principe selon lequel « pour l'application du principe d'égalité devant l'impôt, la situation des redevables s'apprécie au regard de chaque imposition prise isolément ». – Cons. const., 29 déc. 2013, n° 2013-685 DC, *Loi de finances pour 2014*, consid. 143 : la disposition contestée « constitue une rupture caractérisée de l'égalité devant l'impôt ».

(62) O. Fouquet, *Le Conseil constitutionnel et le principe d'égalité devant l'impôt : Nouveaux cah. Cons. const.* 2011, n° 33. – E. Bokdam-Tognetti, *QPC et contentieux fiscal : bientôt quatre années d'enrichissement mutuel et d'évolution sans révolution : RJF* 2013/12, p. 979.

Le juge n'a jamais donné de définition propre à chacun des deux principes de l'égalité devant l'impôt et de l'égalité devant les charges publiques, ce que l'on comprend aisément car il est difficile, ou peut-être même impossible, de déterminer de manière exacte le contenu de chacun d'eux.

Il est cependant naturel de s'interroger sur les raisons de la transmutation jurisprudentielle, si tel est le cas, de l'égalité devant l'impôt en égalité devant les charges publiques et en égalité devant la loi.

La distinction entre l'égalité devant l'impôt et l'égalité devant les charges publiques apparaît d'autant plus malaisée que les deux principes portent sur la même matière juridique et que le juge (Conseil constitutionnel ou Conseil d'État) leur a assigné le même fondement : l'article 13 de la Déclaration de 1789.

D'une part, les deux principes ont servi ou servent, l'un et l'autre, de norme de référence pour l'appréciation de la constitutionnalité des règles relatives à la détermination de l'impôt (personnes imposables, base d'imposition, assiette de l'impôt, évaluation de la matière imposable, détermination de la base d'imposition, régime d'imposition, taux, tarif).

La discrimination établie par la loi et qui est critiquée au regard de l'un ou l'autre de ces principes met nécessairement en cause des règles de fond.

Du point de vue matériel de la nature des règles, cette constatation laisse toutefois en suspens une question importante : ne faut-il pas faire de distinction suivant que l'égalité doit être appréciée dans le cadre d'un seul impôt, ou d'un ensemble d'impôts, en particulier dans le cas de l'imposition complexe constituée de plusieurs impôts (CSG) ou celui des impôts en connexion (ISF et IR ; CSG et IR) ? Cette question a effectivement été prise en compte et résolue au moins en partie par le Conseil constitutionnel.

D'autre part, les deux principes de l'égalité devant l'impôt et de l'égalité devant les charges publiques ont le même fondement ainsi que le précise le plus souvent le Conseil constitutionnel en ajoutant parfois que « le principe d'égalité devant les charges publiques est garanti *par l'article 13 de la Déclaration de 1789* »[(63)].

Il est nécessaire de relire ce texte : « Pour l'entretien de la force publique, et pour les dépenses d'administration, une contribution commune est indispensable : elle doit être également répartie entre tous les citoyens en raison de leurs facultés ».

702. – **Facultés contributives : critère de la distinction égalité devant l'impôt-égalité devant les charges publiques.** La juste répartition de l'impôt ne se conçoit pas en dehors de l'appréciation des « facultés contributives » du citoyen.

L'expression reste par nature assez ambiguë. Elle fournit pourtant l'un des critères possibles de la distinction entre les deux principes d'égalité devant l'impôt et devant les charges publiques et même l'une des clefs de toute la problématique que soulève l'application du principe égalitaire.

Le Conseil constitutionnel, pas plus, du reste, que le Conseil d'État, ne s'est jamais essayé à donner une définition des « facultés ».

La notion de « facultés », dans le sens courant du terme, désigne un pouvoir, une capacité, et plus exactement dans notre domaine, des ressources pécuniaires et

(63) Cons. const., 28 déc. 2010, n° 2010-622 DC, *Loi de finances pour 2011*, consid. 28.

des moyens financiers, d'où l'appellation de « facultés contributives » qui est utilisée habituellement comme synonyme de « facultés ».

Mais la notion est toute relative. S'agit-il uniquement de moyens de trésorerie immédiatement disponibles ou de moyens financiers qui peuvent être dégagés à moyen ou à long terme par la vente de biens meubles ou immeubles ?

La « capacité » dont dispose le contribuable peut-elle s'entendre d'un ensemble de biens et d'activités qui sont sources de revenus ou de profits périodiques ou englobe-t-elle aussi la capacité que confère la possession d'un ensemble de biens ?

On aura reconnu ici un questionnement qui évoque le débat qui s'est établi devant le Conseil constitutionnel en matière d'impôt sur les grandes fortunes puis de solidarité sur la fortune et que le législateur a en partie tranché lors de l'institution du plafonnement de l'ISF et lors de la création, pour certaines années d'imposition, du « bouclier fiscal ».

Ces questions ne sont pas, du reste, les seules. Est-il possible de concevoir l'existence d'impôts qui absorbent 80 % ou plus des facultés contributives du contribuable, sans remettre en cause non plus le principe égalitaire, mais le droit de propriété garanti par l'article 17 de la Déclaration de 1789 ?

Et même lorsque l'impôt créé par le législateur n'apparaît nullement excessif, que devient le principe égalitaire lorsque cet impôt repose sur une base qui n'a rien à voir avec les « facultés » contributives du contribuable ?

Le lien établi par l'article 13 entre la contribution commune et les « facultés » du contribuable est brisé lorsque l'assiette de l'impôt est déterminée abstraction faite de la prise en considération des facultés du contribuable. C'est depuis longtemps le cas d'un impôt comme la TVA qui, d'application très générale, présente de ce fait le caractère d'une contribution « commune » ; les exigences de la justice fiscale ne sont prises en compte que par le biais des techniques d'exonération ou de diversification des taux suivant la nature des produits et des services. C'est aussi le cas de nombreux impôts indirects, notamment ceux qui pèsent sur les tabacs et les boissons alcoolisées ; celui de la plupart des prélèvements opérés dans le cadre de la fiscalité écologique dans un but de dissuasion de certains comportements ou de limitation de certaines dépenses ; celui de la fiscalité de l'urbanisme en contrepartie d'un accroissement des charges publiques occasionné aux collectivités territoriales, notamment à l'occasion d'opérations d'aménagement ou d'opérations immobilières.

Le législateur ne peut, dans ces différentes hypothèses, prendre en considération les facultés contributives et il est exclu que celles-ci puissent s'entendre des disponibilités que chaque citoyen est censé détenir après avoir versé son dû pour la contribution commune (TVA, IR, etc.).

Par ailleurs, le Conseil constitutionnel considère dans un certain nombre de décisions que la capacité contributive est constituée par la base d'imposition ou une fraction de l'assiette de l'imposition[64] : ne sort-il pas, dans ce domaine, du champ d'application du principe d'égalité devant l'impôt ?

(64) V. encore : Cons. const., 17 sept. 2010, déc. n° 2010-28 QPC, consid. 9, concernant la taxe sur les salaires : « en retenant la masse salariale des entreprises comme critère de capacité contributive, le législateur n'a commis aucune erreur manifeste d'appréciation ; par suite, le grief dirigé contre la base d'imposition de la taxe sur les salaires doit être écarté ».

Il peut donc paraître préférable de s'en tenir à l'idée qu'un principe différent de celui de l'égalité devant l'impôt est appelé à jouer lorsque l'assiette et le taux de l'imposition ne sont pas établis en fonction des facultés contributives du contribuable.

703. – Natures différentes des principes égalité devant l'impôt-égalité devant les charges publiques. Le principe d'égalité devant les charges publiques, peut-on penser, permet de répondre, au moins en partie, à des questions qui sont laissées sans réponse par le recours au principe d'égalité devant l'impôt.

Des réponses qui ne sont pas apportées par la doctrine « des deux branches du principe de l'égalité devant l'impôt ».

Le terme de « branches » permet de saisir immédiatement ce que cette doctrine a d'insolite du point de vue purement conceptuel. Parler de branches, c'est rattacher nécessairement celles-ci à une partie commune et principale d'un ensemble qui leur sert de support et sans laquelle elles ne pourraient avoir d'existence propre. Or, le principe d'égalité devant les charges publiques est d'une autre essence que le principe d'égalité devant l'impôt.

On peut s'étonner d'abord que la doctrine des deux branches ne repose pas sur une explication historique et un examen sémantique fondés sur une analyse de la réalité fiscale appréhendée au regard des données concrètes de fait et de droit des situations les plus typiques sur lesquelles le juge est appelé à se prononcer.

Les deux expressions d'« égalité devant l'impôt » et d'« égalité devant les charges publiques » ont des connotations très différentes. Le principe d'égalité devant l'impôt, par sa formulation même, parce qu'il évoque seulement l'idée de justice, ne suscite pas dans l'esprit du public les critiques négatives que soulève l'affirmation d'une égalité devant (toutes) les charges publiques.

Il est cependant tout à fait normal que ce soit le principe d'égalité devant les charges publiques qui serve de norme de référence pour apprécier la constitutionnalité des dispositions de la loi fiscale auxquelles sont assujettis exclusivement les bénéficiaires des opérations qui ont généré les charges publiques correspondantes. C'est encore le principe d'égalité devant les charges publiques qui permet de légitimer l'impôt que le législateur a établi abstraction faite des facultés contributives, parce qu'il doit être versé par tous les citoyens, au nom du principe de la solidarité nationale. Il est difficile, de même, d'opposer le principe d'égalité devant l'impôt à une seule catégorie de contribuables lorsque le législateur entend faire supporter par celle-ci des charges particulières dans un but d'intérêt général. Ce principe est encore inadapté lorsqu'il est invoqué simplement pour justifier des exonérations, des abattements sur la base imposable, des taux réduits ou des avantages fiscaux institués pour des motifs les plus divers. Il n'est même plus possible d'utiliser décemment les termes d'égalité devant l'impôt, lorsque la loi d'imposition se révèle par sa nature même profondément discriminatoire : ainsi, lorsque le législateur entend faire supporter à certaines catégories de personnes des charges particulières « en vue, notamment, d'améliorer les conditions de vie d'autres catégories de personnes » (V. *infra*, n° 710).

Le principe d'égalité devant les charges publiques ne peut avoir ce rôle particulier que parce qu'il a une nature juridique différente de celle du principe d'égalité devant l'impôt, qu'il est d'une essence différente.

704. – **Égalité devant la loi et égalité devant l'impôt : difficultés de la distinction.** La doctrine des deux branches ne méconnaît pas seulement la distinction qu'il y a lieu de faire entre les lois d'imposition et les lois de procédure fiscale. La distinction entre, d'une part, l'égalité devant l'impôt ou les charges publiques et, d'autre part, l'égalité devant la loi (fiscale) est faite formellement sur des fondements constitutionnels distincts, respectivement les articles 13 et 6 de la Déclaration de 1789 ; elle ne repose pas cependant sur une différence de nature ou de portée de ces principes, mais seulement sur la différence des techniques juridictionnelles qui sont utilisées pour le contrôle de la constitutionnalité de la loi (fiscale)(65).

C'est l'objectif fiscal poursuivi par le législateur qui permet d'apprécier si les dispositions qu'il a établies pour le mettre en œuvre ne sont pas contraires à l'égalité devant la loi du seul fait qu'elles s'écartent du but qu'il s'est assigné.

Or, cet objectif ne peut être déterminé indépendamment des considérations relatives à l'égalité devant l'impôt ou à l'égalité devant les charges publiques qui sont sous-jacentes au dispositif mis en place par le législateur et aux techniques fiscales utilisées à cet effet.

Le contrôle de la constitutionnalité fondé sur le principe de l'égalité devant la loi ne peut être considéré ainsi comme détachable de celui qui est exercé sur le fondement de l'un ou l'autre des principes de l'égalité devant l'impôt ou devant les charges publiques. Il s'agit d'un contrôle de caractère seulement technique qui, compte tenu des critères et des méthodes que le juge utilise à cet effet, apparaît plus simple et plus commode que celui qui porte sur la conformité au principe de l'égalité devant l'impôt ou les charges publiques, et qui permet en conséquence d'écarter d'emblée les difficultés que soulève ce dernier ; c'est en quelque sorte un contrôle préalable qui, en déblayant le terrain de la discussion, permet au juge d'éviter d'avoir à se prononcer sur les exigences découlant du principe de l'égalité devant l'impôt ou les charges publiques, dès lors que les dispositions contestées sont contraires au principe d'égalité devant la loi.

Lorsque le juge a déclaré expressément que des dispositions ne sont pas contraires au principe d'égalité devant la loi, on conçoit difficilement qu'il puisse considérer ces mêmes dispositions comme contraires aux exigences découlant du principe d'égalité devant l'impôt ou devant les charges publiques.

Effectivement, dans la perspective de la doctrine des deux branches, il est difficile de déterminer de manière claire et précise, et parfois même de manière cohérente, ce qui relève exactement soit du contrôle de l'égalité devant la loi (fiscale), soit de l'égalité devant les charges publiques.

Ces difficultés ne tiennent pas tant au caractère inégalitaire en soi de la loi fiscale qu'au fait que l'égalité devant les charges publiques, lorsqu'elle est reconnue, se trouve

(65) Le Conseil constitutionnel s'en tient constamment à la notion de principe d'égalité « devant la loi ». Les auteurs précités utilisent l'expression de principe d'égalité « devant la loi fiscale » (V. *supra*, n° 701). Les rapporteurs du Conseil d'État se sont ralliés à la doctrine des deux branches. En particulier, l'expression « principe de l'égalité devant la loi fiscale » est devenue habituelle dans leurs conclusions ; elle est reprise aussi dans les décisions de la Haute juridiction administrative. Cette précision pourrait être considérée comme un indice de la spécificité du contrôle de l'égalité devant la loi lorsque celle-ci est une loi fiscale, mais une spécificité qui pourrait aussi faire ressortir le caractère artificiel de la distinction avec le principe d'égalité devant l'impôt ou les charges publiques.

nécessairement dans la loi, de sorte que le contrôle de l'égalité devant la loi ne peut s'entendre même d'un contrôle qui se limiterait à celui du champ d'application de la loi.

Certains précédents illustrent on ne peut plus clairement cette situation. Ainsi, lorsque le Conseil constitutionnel juge que l'application des règles différentes à la plus-value brute résultant de la cession de terrains à bâtir, d'une part, et à la plus-value brute résultant de la cession d'autres biens immobiliers, d'autre part, « ne méconnaît pas, en elle-même, le principe d'égalité devant la loi », – et décide néanmoins que l'assiette de l'imposition afférente à la plus-value de cession de terrains est déterminée « dans des conditions qui portent atteinte à l'égalité devant les charges publiques », dès lors qu'elle ne prévoit aucun abattement sur le montant de la plus-value pour tenir compte du délai écoulé depuis la date d'acquisition du bien et de l'érosion de la valeur de la monnaie[(66)].

Autre exemple : la loi de finances pour 2016 a prévu que les enfants rattachés au foyer fiscal de leurs parents ne sont pas éligibles aux aides personnelles au logement lorsque ces derniers sont redevables de l'impôt de solidarité sur la fortune. Le Conseil constitutionnel a rejeté le moyen tiré de la violation du principe d'égalité devant la loi après avoir relevé que le législateur avait entendu poursuivre un objectif d'intérêt général d'adaptation des conditions d'octroi d'une aide sociale en faveur du logement « aux moyens dont dispose directement ou indirectement la personne afin de se loger ». Il a jugé que le critère d'assujettissement des parents à l'ISF était en rapport avec l'objectif poursuivi par le législateur : mais n'était-ce pas plutôt le principe d'égalité devant les charges publiques qui était en cause, dès lors qu'il devait être tenu compte des moyens dont dispose « indirectement » la personne rattachée au foyer fiscal de ses parents[(67)] ?

Ce ne sont là que des exemples. L'analyse de nombreuses décisions permettrait d'aboutir aux mêmes conclusions sur les difficultés de distinguer le contrôle de l'égalité devant la loi fiscale de celui de l'égalité devant l'impôt (ou les charges publiques).

À ces difficultés s'ajoutent d'autres questions comme celle des limites « politiques » que comporte notamment le contrôle fondé sur le principe d'égalité devant la loi lorsque le Conseil constitutionnel substitue son appréciation à celle du législateur pour faire prévaloir sa décision sur la solution qu'impliquerait normalement l'exercice de ce contrôle[(68)].

Le Conseil constitutionnel n'a jamais défini clairement sa doctrine sur le contenu et le rôle de chacun des principes de l'égalité devant l'impôt, de l'égalité devant la loi (en matière fiscale), et de l'égalité devant les charges publiques. En l'absence de cette doctrine et en raison des incertitudes du vocabulaire juridique qui est utilisé dans le contentieux constitutionnel du principe égalitaire, aucune synthèse ne peut prétendre à une exactitude rigoureuse.

C'est sous le bénéfice de ces observations que, dans les développements qui suivent, le principe proprement dit de l'égalité devant l'impôt est pris dans son acception traditionnelle, celle qui résulte directement de l'article 13 de la Déclaration de 1789 procla-

(66) Cons. const., 29 déc. 2013, n° 2013-685 DC, *Loi de finances pour 2014*, consid. 45 et 46 : *Dr. fisc.* 2014, n° 1, comm. 70 ; *RJF* 2014, n° 267.
(67) Cons. const., 29 déc. 2015, n° 2015-725 DC, consid. 35 à 39.
(68) V. sur ce point la critique de la motivation de la décision n° 2012-662 DC du 29 décembre 2012, concernant la contribution exceptionnelle de solidarité sur les très hauts revenus d'activité : J. Lamarque : *JCl. Procédures fiscales*, Fasc. 112, *Principe d'égalité devant l'impôt*, n°s 185 à 187.

mant que l'impôt doit être également réparti entre tous les citoyens en raison de leurs facultés. C'est encore dans cette acception qu'il est indiqué que le principe d'égalité devant l'impôt a eu son propre domaine d'application d'un point de vue historique, et un domaine qui reste le sien, aujourd'hui, en tant que principe autonome, même s'il est commun aux deux principes d'égalité devant l'impôt et devant les charges publiques.

705. – **Quatre domaines d'application du principe d'égalité.** Cela étant, un examen attentif de la jurisprudence permet de déterminer qu'il existe *quatre domaines d'application du principe égalitaire.*

Le *premier* est celui du principe *d'égalité devant la loi* (au sens de la jurisprudence constitutionnelle) ou de la loi fiscale (selon la jurisprudence administrative), mais qu'il faut entendre dans les deux cas comme *la loi d'imposition*, et non pas une loi portant sur les procédures fiscales. Dans ce domaine, le Conseil constitutionnel, comme le Conseil d'État, recherche si la différence de traitement est justifiée, soit par une différence de situation, soit par des raisons d'intérêt général, et dans les deux cas, si cette différence est en rapport direct avec l'objet de la loi. Ces critères ne peuvent toutefois être utilisés dans la plupart des cas, comme on l'a déjà fait observer, indépendamment des considérations relatives aux principes d'égalité devant l'impôt ou les charges publiques.

Le *deuxième* est *commun à ces deux principes* dès lors que le juge combine le critère des facultés contributives avec le principe d'égalité devant les charges publiques. Il comprend principalement le contentieux constitutionnel de l'impôt sur le revenu et de l'impôt de solidarité sur la fortune.

Le *troisième domaine* est propre au *principe d'égalité devant les charges publiques*. Le critère des facultés contributives est exclu des moyens du contrôle juridictionnel et cette exclusion montre bien la différence de nature des deux principes d'égalité devant l'impôt et devant les charges publiques. Il est insusceptible de recevoir application en raison de la nature même des dispositions en cause qui sont effectivement discriminatoires, au sens courant du terme, parce qu'elles ont été établies abstraction faite des facultés contributives des contribuables. Le juge ne peut alors rejeter le moyen tiré de la violation du principe égalitaire qu'en ayant recours au principe d'égalité devant les charges publiques dont les exigences sont inséparables des motifs d'intérêt général sur lesquels le législateur s'est fondé.

Le *quatrième domaine* est celui du principe *d'égalité devant la loi* qui sert de norme de référence pour l'appréciation de la constitutionnalité des dispositions des *procédures fiscales*. La notion d'égalité devant la loi que retient alors le juge est généralement détachable des considérations relatives aux facultés contributives et aux charges publiques. En revanche, cette notion est susceptible de mettre en cause un autre principe : le principe d'égalité devant le juge.

706. – **Fonctions du principe d'égalité devant les charges publiques.** Il reste à examiner la distinction égalité devant l'impôt/égalité devant les charges publiques sous un dernier aspect : celui des *fonctions du principe d'égalité devant les charges publiques*, celui du rôle particulier que le juge lui fait jouer lorsque le critère des facultés contributives sur lequel repose le principe d'égalité devant l'impôt est inapplicable en raison de la nature même des dispositions en cause et notamment, du dispositif fiscal créé par le législateur.

Il existe deux cas principaux d'application, dans ces conditions, du principe d'égalité devant les charges publiques, qui correspondent en quelque sorte à des situations contraires : soit que l'impôt représente une *charge imposée à tous* au nom de l'intérêt général, soit que l'impôt représente une *charge particulière* imposée à une catégorie de personnes.

Le premier cas peut lui-même faire l'objet d'une distinction, suivant que la charge est imposée à tous au nom de la solidarité nationale (cas de la contribution sociale généralisée, V. *infra*, n° 707) ou dans un but de protection de l'environnement (taxe générale sur les activités polluantes, contribution carbone, V. *infra*, n° 708).

S'agissant des charges particulières imposées à une catégorie de personnes, ce second cas est illustré par deux décisions du Conseil constitutionnel concernant la contribution de solidarité sur le cumul de pensions de retraite et de revenus d'activité (V. *infra*, n° 709) et la décision relative à la taxe sur les logements vacants (V. *infra*, n° 710).

De la charge particulière imposée à une catégorie de personnes en passe à la situation contraire des avantages fiscaux et des aménagements de charges octroyés à certaines catégories de contribuables, qui constituent le vaste domaine des *mesures d'incitation fiscale* dont la constitutionnalité est appréciée au regard du principe d'égalité devant les charges publiques – c'est sa troisième fonction –, mais un principe dont les exigences sont elles-mêmes dominées par les considérations d'intérêt général.

L'examen de la jurisprudence fait apparaître une dernière fonction du principe d'égalité devant les charges publiques, qui apparaît du reste assez paradoxale : un rôle de correctif, qui joue lorsque le critère des facultés contributives n'est plus opérant pour limiter la portée de dispositions de lois qui créent des charges excessives pour les contribuables. La décision qui est intervenue en matière de plafonnement des impôts directs est très significative (V. *infra*, n° 711).

707. – CSG. La décision n° 90-285 DC du 28 décembre 1990 concernant la contribution sociale généralisée (CSG) créée par la loi n° 90-1168 du 29 décembre 1990, de finances pour 1991, illustre tout particulièrement le rôle du principe d'égalité devant les charges publiques. V. aussi, *supra*, n° 52.

Cette décision est très riche ; elle n'intéresse pas seulement la distinction égalité devant l'impôt/égalité devant les charges publiques, mais aussi, comme on le verra, l'égalité devant la loi et l'égalité devant la justice en matière fiscale.

Le Conseil constitutionnel a jugé que les trois contributions formant la CSG et concernant respectivement les revenus d'activité et les revenus de remplacement, les revenus du patrimoine, et les produits de placement « constituent des impositions distinctes ; que, pour l'application du principe d'égalité devant l'impôt, la situation des personnes redevables s'apprécie *au regard de chaque imposition prise isolément* ; que, dans chaque cas, le législateur doit, pour se conformer au principe d'égalité, fonder son appréciation sur des critères objectifs et rationnels » (consid. 28).

Vient immédiatement après la distinction avec l'égalité devant les charges publiques. Le juge constitutionnel considère, « en outre, que dans la mesure où les contributions instituées (...) ont pour finalité commune la mise en œuvre du principe de solidarité nationale, la détermination des redevables des différentes contributions ne saurait aboutir à une rupture caractérisée de l'égalité devant les charges publiques entre tous les citoyens » (consid. 29).

On a fait valoir qu'il était de la nature du principe d'égalité devant les charges publiques de recevoir application uniquement dans le cadre d'un système d'impositions ou d'impositions reliées étroitement entre elles, parce qu'il a un champ plus large que le principe d'égalité devant l'impôt et qu'il permet ainsi d'apprécier la constitutionnalité de l'impôt contesté, d'une manière globale, au regard de l'ensemble d'impositions dont il fait partie.

L'hypothèse de la CSG, constituée de trois impositions distinctes mais étroitement liées entre elles, permettait d'accréditer cette interprétation.

C'est effectivement celle qui a été retenue par certains commentateurs quelques années plus tard, à la suite de l'arrêt d'assemblée du Conseil d'État du 30 juin 1995, *Gouvernement du territoire de la Polynésie française*[69].

Ils ont fait observer que le Conseil d'État, « en s'inspirant de la jurisprudence du Conseil constitutionnel », a estimé que la légalité des impositions devait être appréciée « non seulement au regard du principe d'égalité devant l'impôt, mais également sur un plan global, au regard du principe, d'égalité devant les charges publiques »[70].

L'évolution de la jurisprudence a toutefois révélé rapidement que le domaine d'application du principe d'égalité devant les charges publiques n'était pas limité au cas du système d'impositions ou des contributions étroitement liées entre elles.

708. – Contribution carbone. Le principe de l'égalité devant les charges publiques peut être utilisé toutefois dans un but tout à fait différent : éviter, à l'autre extrémité de la chaîne des excès, que toute une catégorie de contribuables échappe à l'imposition.

Telle est la solution qui résulte de la décision du Conseil constitutionnel n° 2009-599 DC du 29 décembre 1999 concernant la « contribution carbone ».

L'article 7 de la loi de finances pour 2010 a été déclaré contraire à la Constitution avec ce considérant (n° 82) : « 93 % des émissions de dioxyde de carbone d'origine industrielle, hors carburant, seront totalement exonérées de contribution carbone ; les activités assujetties à la contribution carbone représenteront moins de la moitié de la totalité des émissions de gaz à effet de serre ; la contribution carbone portera essentiellement sur les carburants et les produits de chauffage qui ne sont que l'une des sources d'émission de dioxyde de carbone ; par leur importance, les régimes d'exemption totale institués par l'article 7 de la loi sont contraires à l'objectif de lutte contre le réchauffement climatique et créent une rupture caractérisée de l'égalité devant contre le réchauffement climatique et créent une rupture caractérisée de l'égalité devant les charges publiques »[71].

709. – Cumul de pensions de retraite et de revenus d'activité. Le Conseil constitutionnel a fait une remarquable application du principe de l'égalité devant les charges publiques dans sa décision n° 85-200 DC du 16 janvier 1986.

(69) *Rec. CE* 1995, p. 280 ; *AJDA* 1995, p. 688, chron. J.-H. Stahl et D. Chauvaux ; *RFDA* 1995, p. 1245, note L. Philip.
(70) B. Genevois, *Rép. cont. adm.* Dalloz, V° *Principes généraux du droit*, n° 259.
(71) *RJF* 2010, n° 273.

C'est aussi la première dans laquelle une disposition législative a été déclarée non conforme à la Constitution sur le fondement de ce principe.

Elle concerne la contribution de solidarité sur le cumul de pensions de retraite et de revenus d'activité.

Cette contribution était destinée à limiter les possibilités de cumul au-delà de soixante ans entre pensions de retraite d'un régime obligatoire et revenus d'activité. Elle avait été instituée au profit du régime national interprofessionnel d'aide aux travailleurs privés d'emploi et était destinée à alimenter les caisses de l'UNEDIC.

Elle avait été créée par l'ordonnance n° 82-290 du 30 mars 1982, modifiée par la loi n° 84-575 du 9 juillet 1984 portant diverses dispositions d'ordre social(72) et ce dispositif avait été aggravé par la loi n° 86-75 du 17 janvier 1986(73).

La loi du 17 janvier 1986, qui était soumise à l'examen du Conseil constitutionnel, avait porté le taux de la contribution de solidarité, dans certains cas, à 100 % des revenus d'activité (50 % à la charge de l'employeur et 50 % à la charge du salarié).

Le Conseil constitutionnel n'a retenu ni le moyen tiré de la méconnaissance du droit au travail reconnu par le Préambule de la Constitution du 27 octobre 1946, ni le moyen tiré des garanties du droit de propriété énoncées par l'article 17 de la Déclaration des droits de l'homme et du citoyen. Réaffirmant, par ailleurs, sa jurisprudence traditionnelle sur le principe d'égalité, il a rejeté tous les moyens tirés du non-respect de ce principe et notamment du fait que le texte aurait défavorisé les pensionnés exerçant une profession salariée (pour qui la contribution de solidarité, due à la fois par l'employeur et par le salarié, devait avoir un effet plus dissuasif sur la poursuite d'une activité) par rapport aux non-salariés (qui n'auraient été obligés qu'au versement d'une contribution personnelle).

Le Conseil constitutionnel a déclaré non conformes à la Constitution les dispositions du texte fixant le taux de la contribution à 50 % en se fondant sur les dispositions de l'article 13 de la Déclaration des droits. Il a considéré que « si le principe ainsi énoncé n'interdit pas au législateur de mettre à la charge d'une ou plusieurs catégories socioprofessionnelles déterminées une certaine aide à une ou plusieurs autres catégories socioprofessionnelles, il s'oppose à une rupture caractérisée du principe de l'égalité devant les charges publiques entre tous les citoyens » (consid. 17).

710. – Taxe sur les logements vacants. La décision n° 98-403 DC du 29 juillet 1998, relative à la loi d'orientation relative à la lutte contre les exclusions est à cet égard emblématique.

Les auteurs de la saisine avaient demandé au Conseil constitutionnel de déclarer non conforme à la Constitution l'article de cette loi instituant à compter du 1er janvier 1999 une taxe annuelle sur les logements vacants.

Le Conseil constitutionnel déclare dans un considérant liminaire que « si le principe énoncé à l'article 13 de la Déclaration des droits de l'homme et du citoyen n'interdit pas au législateur de faire supporter à certaines catégories de personnes des charges particulières en vue, notamment, d'améliorer les conditions de vie d'autres

(72) *D.* 1984, 412.
(73) *D.* 1986, 211.

catégories de personnes, il ne doit pas en résulter de rupture caractérisée de l'égalité devant les charges publiques » (consid. 8).

Le législateur peut « faire supporter à certaines catégories de personnes des charges particulières » : c'est l'idée qui est retenue en l'espèce pour expliquer la dérogation au principe d'égalité.

Le Conseil constitutionnel invoque dans ce même considérant le « principe d'égalité devant la loi », ou simplement « le principe d'égalité », mais à aucun moment, le principe d'égalité devant l'impôt, en dépit de la reproduction des termes de l'article 13 de la Déclaration de 1789 suivant lequel la contribution commune doit être également répartie entre tous les citoyens, « en raison de leurs facultés ». Effectivement, il est de la nature de la taxe sur les logements vacants d'être instituée abstraction faite des facultés contributives des propriétaires de ces locaux.

Les requérants ayant allégué une méconnaissance du principe d'égalité devant les charges publiques entre bailleurs publics et bailleurs privés, et, parmi ceux-ci, entre les sociétés d'économie mixte de logement social et les autres propriétaires, il considère que le moyen tiré d'une rupture de l'égalité devant les charges publiques manque en fait (consid. 15).

Quant aux différences de traitement fiscal instaurées par la loi entre les propriétaires, il décide que les critères d'assujettissement retenus sont en rapport direct avec l'objet de la loi (consid. 16). Il formule simplement des réserves d'interprétation fondées sur l'idée que la taxation ne peut frapper que les logements habitables, vacants et dont la vacance tient à la seule volonté de leur détenteur (consid. 16 à 19).

Le principe d'égalité devant les charges publiques est invoqué ici dans le cadre de la seule taxe sur les logements vacants, sans lien avec aucune autre imposition et l'on peut inférer de cette décision qu'il a reçu application au lieu du principe d'égalité devant l'impôt parce que l'assiette de la taxe est déterminée par le législateur abstraction faite des facultés contributives du contribuable.

711. – **Plafonnement des impôts directs.** La décision n° 2005-530 du 29 décembre 2005 sur le plafonnement des impôts directs institué par l'article 74 de la loi n° 2005-1719 du 30 décembre 2005, de finances pour 2006 est tout aussi explicite sur la relation existant entre la notion de facultés contributives et celle d'égalité devant les charges publiques.

Cette décision est la démonstration que ce même principe peut inversement faire obstacle à une imposition excessive qui, à l'origine, pouvait cependant paraître compatible avec les facultés contributives des contribuables.

L'article 74 de la loi de finances pour 2006 a posé en principe que les impôts directs payés par un contribuable ne peuvent être supérieurs à 60 % de ses revenus.

Le nouvel article 1649-0 A du Code général des impôts a institué un droit à restitution de la fraction des impositions excédant le seuil de 60 % en prévoyant que les impositions prises en compte sont : l'impôt sur le revenu, l'impôt de solidarité sur la fortune, la taxe foncière sur les propriétés bâties, la taxe foncière sur les propriétés non bâties et la taxe d'habitation afférentes toutes trois à l'habitation principale du contribuable.

Concernant les catégories de revenus entrant dans le calcul du droit à restitution, il s'agit du revenu réalisé par le contribuable au titre de l'année qui précède celle du paiement des impositions et comprenant, sous réserve de certains aménagements et exceptions, les revenus soumis à l'impôt sur le revenu nets de frais professionnels, les produits soumis à un prélèvement libératoire et les revenus exonérés d'impôt sur le revenu réalisés au cours de la même année en France ou hors de France.

Les requérants soutenaient que ces dispositions, en limitant la participation de certains contribuables et en définissant les capacités contributives par rapport aux seuls revenus, méconnaissaient le principe d'égalité devant les charges publiques.

Après avoir rappelé les termes de l'article 13 de la Déclaration de 1789, le Conseil constitutionnel rejette le moyen en considérant (consid. 65 et 66) « que cette exigence ne serait pas respectée si l'impôt revêtait un caractère confiscatoire ou faisait peser sur une catégorie de contribuables une charge excessive au regard de leurs facultés contributives » et il ajoute : « dans son principe l'article contesté, loin de méconnaître l'égalité devant l'impôt, tend à éviter une rupture caractérisée de l'égalité devant les charges publiques »[(74)].

En utilisant cette formule, le Conseil constitutionnel a repris textuellement une observation du mémoire en défense du Gouvernement, qui avait fait valoir que « loin de méconnaître l'article 13 (...), la mesure de plafonnement « tend au contraire à en garantir le respect, en évitant que la charge globale des impôts directs ne présente un caractère confiscatoire par rapport aux revenus disponibles pour les acquitter ».

Le Gouvernement avait ajouté qu'« il peut, en effet, advenir que le montant des impositions locales afférentes à l'habitation principale, de l'impôt sur le revenu et de l'impôt sur le patrimoine atteigne une proportion très importante du *revenu annuel disponible* des contribuables, voire même le dépasse. De telles situations peuvent se présenter parce que les impositions foncières locales ou l'imposition du patrimoine peuvent être dues alors que les biens considérés ne produisent pas de revenus en espèces et que les contribuables perçoivent de faibles revenus ». Il citait l'exemple de « contribuables aux revenus modestes qui ont à acquitter des taxes foncières et d'habitation d'un montant conséquent sur leur habitation, des conjoints survivants qui connaissent une baisse sensible de revenus à la suite du décès, des salariés, agriculteurs, artisans, créateurs d'entreprise dont les revenus chutent au cours d'une année donnée, ou encore de contribuables qui détiennent un patrimoine non productif de revenus en espèces ou un patrimoine, notamment immobilier dont la valeur s'est appréciée rapidement de façon disproportionnée ».

Les parlementaires, quant à eux, s'étaient bornés à invoquer deux séries d'arguments. Ils avaient fait observer, d'une part, que la loi crée ainsi une différence de traitement entre des contribuables, qui revient à limiter pour certains d'entre eux leur participation au financement de tous les services publics, que certains contribueront effectivement sur la base de leurs revenus, d'autres sur des revenus limités, et ce sans aucune justification en rapport avec l'objet et la finalité de la contribution publique.

Reprenant, d'autre part, l'un des arguments qui avaient été avancés par le Gouvernement lors de la création de l'IGF, en 1981, ils avaient fait valoir que les facultés

(74) Cons. const., 29 déc. 2005, n° 2005-530 DC : *RJF* 2006, n° 290.

contributives ne sont pas limitées aux seuls revenus, que le patrimoine en constitue un élément, au même titre que les revenus et qu'en plafonnant les impôts directs en fonction des seuls revenus, le législateur donnait une définition pour le moins limité des capacités contributives.

L'esprit qui inspire la décision du 29 décembre 2005 est on ne peut plus clair : le recours au principe de l'égalité devant les charges publiques permet d'éviter les excès auxquels conduit le principe d'égalité devant l'impôt lorsque son application est déterminée rigoureusement par rapport aux facultés contributives.

Le principe d'égalité devant les charges publiques peut donc jouer le rôle d'un mécanisme correcteur, mais, dans des cas qui ne souffrent aucune discussion, parce qu'il existe alors une « rupture caractérisée » de l'égalité devant les charges publiques et, effectivement, c'est l'expression que le juge constitutionnel utilise le plus souvent lorsque ce principe est au fondement de la déclaration d'inconstitutionnalité.

2° Égalité devant l'impôt et égalité devant la loi fiscale

712. – Il importe de distinguer soigneusement le principe d'égalité devant la loi et le principe d'égalité devant l'impôt. Non seulement parce qu'ils ont des fondements distincts, mais encore, et peut-être même surtout parce que leurs implications concrètes sont tout à fait différentes et qu'il n'existe pas de lien nécessaire entre les deux[(75)].

713. – **Règles de fond et règles de procédure.** L'égalité devant l'impôt ne doit pas être confondue avec l'égalité devant la loi en matière fiscale. L'application du principe égalitaire soulève d'autres problèmes que ceux de la juste répartition de l'impôt en fonction des facultés contributives des citoyens que traduit le principe de l'égalité devant l'impôt.

L'égalité devant l'impôt doit être appréciée essentiellement au regard des *règles de fond*, c'est-à-dire des dispositions relatives à la détermination des personnes, opérations ou biens imposables, aux exonérations, à l'évaluation de la matière imposable, aux tarifs, aux régimes d'imposition au sens strict du terme (forfait, régime du bénéfice réel), etc.

Le droit fiscal comporte aussi des *règles de forme*, au sens large. Certaines procédures, notamment de contrôle ou de redressement, sont en relation étroite avec la nature de l'impôt ou une catégorie de bénéfices (par ex., la vérification de comptabilité). Les sujétions particulières qu'elles entraînent représentent une aggravation indirecte du poids de l'impôt pour les contribuables auxquels elles s'appliquent. Les dispositions correspondantes mettent donc en cause, au moins dans une certaine mesure, le principe d'égalité devant l'impôt. En outre, les règles de procédure ne sont pas toujours détachables des règles de fond (droit de reprise de l'administration, charge et nature de la preuve). Mais les règles de procédure fixées par le légis-

(75) Contrairement à ce qui est affirmé parfois par le juge : CA Paris, 2e ch. A, 26 sept. 1990, n° 89/12077 : « le principe constitutionnel de l'égalité devant la loi emporte l'égalité devant la charge de l'impôt ». – V. encore la formule (inexacte) utilisée par des tribunaux de grande instance, rappelée dans des arrêts de la Cour de cassation : « en vertu du principe de l'égalité de tous devant la loi dont découle le principe d'égalité de tous devant l'impôt » (Cass. com., 24 mars 1992, *Corbeau* : *Bull. civ.* 1992, IV, n° 1331, p. 95). – « Le principe constitutionnel de l'égalité de tous devant la loi emporte l'égalité devant la charge de l'impôt » (Cass. com., 9 mars 1993, *Bougarel* : *RJF* 1993, n° 757.

lateur peuvent aussi être largement indépendantes des règles de fond. Lorsqu'on en examine le contenu, il peut apparaître que certaines dispositions discriminatoires ne sont pas nécessairement impliquées par les exigences du contrôle ou du recouvrement de l'impôt. C'est le cas, en particulier, des règles relatives au sursis de paiement de l'imposition en cas de réclamation contentieuse, au droit d'agir en justice, aux garanties de procédure devant l'administration et devant le juge, etc.

La question qui se pose alors est de savoir si les règles de procédures fixées par le législateur en matière fiscale ne sont pas contraires à un autre principe fondamental : le principe d'égalité devant la loi. Ce principe est posé à *l'article 6 de la Déclaration des droits de l'homme et du citoyen* du 26 août 1789 : la loi... « doit être la même pour tous, soit qu'elle protège, soit qu'elle punisse » – et à *l'article 2 de la Constitution du 4 octobre 1958* : la France... « assure l'égalité devant la loi de tous les citoyens sans distinction d'origine, de race ou de religion ».

714. – **Règles de fond. Traitement différent de personnes placées dans une situation identique.** Le Conseil constitutionnel se réfère au principe d'égalité devant la loi pour écarter le grief qui est fait à celle-ci lorsque les dispositions contestées n'ont pas pour effet de traiter différemment des personnes placées dans une situation identique[76].

Lorsque les dispositions dérogatoires ne sont pas justifiées par une différence de situations, le Conseil constitutionnel peut en déduire que les dispositions contestées « méconnaissent le principe d'égalité devant la loi et les charges publiques »[77]. Toutefois, après avoir considéré qu'un dispositif qui a été prévu par la loi conduit à traiter de façon différente des contribuables se trouvant dans des situations identiques au regard de l'objet de ce dispositif, il décide que celui-ci « constitue une rupture caractérisée de l'égalité devant l'impôt »[78].

3° Égalité devant l'impôt et égalité devant la loi et la justice

715. – **Égalité devant la loi et égalité devant la justice.** S'il est nécessaire de faire la distinction entre, d'une part, l'égalité devant l'impôt et, d'autre part, l'égalité devant la loi fiscale et l'égalité devant la justice, la distinction n'est pas évidente entre les deux derniers aspects du principe égalitaire.

Ainsi que la doctrine l'a relevé, il n'y a pas de rupture entre les deux notions[79]. Elles sont intimement liées, et encore plus dans notre domaine. Parce que le droit fiscal est un droit essentiellement écrit même en matière de procédure, l'égalité devant le juge de l'impôt ne peut être conçue que comme un cas particulier du principe de l'égalité devant la loi.

716. – **Conseil constitutionnel. Décision du 27 décembre 1973.** La décision du 27 décembre 1973 relative à la taxation d'office, qui portait sur les règles concernant la preuve, illustre bien l'impossibilité de distinguer les deux principes d'égalité devant la loi et d'égalité devant le juge. Le Conseil constitutionnel indique lui-même

(76) Cons. const., 29 déc. 2012, n° 2012-661 DC, *Loi de finances rectificative pour 2012*, consid. 14 et 37.
(77) Cons. const., 29 déc. 2013, n° 2013-685 DC, *Loi de finances 2014*, consid. 140 concernant les droits de mutation applicables aux successions sur des immeubles situés dans les départements de Corse.
(78) Déc. n° 2013-685 préc., consid. 143, concernant la cotisation foncière des entreprises.
(79) B. Genevois, *La jurisprudence du Conseil constitutionnel*, STH, 1988, n° 381.

que « le principe d'égalité devant la justice (...) est inclus dans le principe d'égalité devant la loi »[(80)].

717. – Il arrive que le Conseil constitutionnel fasse la distinction. Il indique ainsi que les modes de recouvrement et les procédures contentieuses applicables à la contribution sociale généralisée n'aboutissent pas à créer entre les diverses catégories de redevables des disparités « qui porteraient atteinte au principe d'égalité devant la loi ou au principe d'égalité devant la justice »[(81)].

S'agissant des dispositions de l'article 45 de la loi de finances rectificative pour 1990 du 29 décembre 1990 reprises à l'article L. 80 CA du Livre des procédures fiscales, il se prononce sur le moyen tiré de l'atteinte « au principe d'égalité devant la justice », sans faire de réserve sur l'existence autonome de ce principe[(82)].

Mais il serait exagéré de se fonder sur ces précédents pour en déduire que le juge constitutionnel considère comme fondée la distinction entre les deux principes et qu'il entend en tirer des conséquences particulières. Il semble que la référence au principe d'égalité devant la justice couvre seulement les implications particulières du principe d'égalité devant la loi dans le domaine des procédures juridictionnelles.

Cette constatation ressort également de la décision n° 2013-679 DC du 4 décembre 2013, dans laquelle le Conseil constitutionnel a été appelé à se prononcer sur de nombreuses dispositions de la loi n° 2013-1117 du 6 décembre 2013 relative à la lutte contre la fraude fiscale et la grande délinquance économique et financière.

D. – Le contenu et les limites du principe égalitaire

718. – **Définition du principe égalitaire.** Qu'il s'agisse de l'égalité devant l'impôt ou de l'égalité devant la loi en matière fiscale, la définition jurisprudentielle du principe égalitaire est la même. La conception du principe d'égalité que le Conseil constitutionnel retient en matière fiscale ne diffère pas d'ailleurs de la définition qui en est donnée dans tous les secteurs du droit.

La formule la plus récente utilisée par le Conseil constitutionnel est encore plus souple que les précédentes malgré les restrictions dont elle est assortie : « le principe d'égalité ne s'oppose ni à ce que le législateur règle de façon différente des situations différentes ni à ce qu'il déroge à l'égalité pour des raisons d'intérêt général pourvu que, dans l'un et l'autre cas, la différence de traitement qui en résulte soit en rapport avec l'objet de la loi qui l'établit »[(83)]. Il ajoutera par la suite la formule suivante : « il n'en résulte pas pour autant que le principe d'égalité oblige à traiter différemment les personnes se trouvant dans des situations différentes »[(84)], et cette

(80) Cons. const., 23 juill. 1975, n° 75-56 DC : *AJDA* 1976, p. 44, chron. Rivero ; *D.* 1977, p. 629, note Hamon et Levasseur ; *JCP* G 1975, II, 18200, note Cl. Franck.

(81) Cons. const., 28 déc. 1990, n° 90-285 DC, *Loi de finances pour 1991*, préc.

(82) Cons. const., 28 déc. 1990, n° 90-286 DC : *Dr. fisc.* 1991, comm. 48 ; *RJF* 1991, n° 213.

(83) Cons. const., 30 déc. 1991, n° 91-302 DC, *Loi de finances pour 1992 : Dr. fisc.* 1992, comm. 48 ; *RJF* 1992, n° 244. – Cons. const., 28 déc. 1995, n° 95-369 DC, *Loi de finances pour 1996 : Dr. fisc.* 1996, comm. 3 ; *RJF* 1996, n° 209. – Cons. const., 20 mars 1997, n° 97-388 DC, *Plans d'épargne retraite : JO* 26 mars. – Cons. const., 18 déc. 1997, n° 97-393 DC, *Loi de financement de la sécurité sociale pour 1998*. – Cons. const., 6 mars 1998, n° 98-397 DC, *Loi relative au fonctionnement des conseils régionaux*. – Cons. const., 28 déc. 2010, n° 2010-622 DC, *Loi de finances pour 2011*, consid. 28 : *RJF* 2011, n° 360.

(84) Cons. const., 9 août 2012, n° 2012-654 DC, consid. 19, *Loi de finances rectificative pour 2012*. – Cons. const., 13 déc. 2012, n° 2012-659 DC, *Loi de financement pour la sécurité sociale*, consid. 11. – Cons. const., 29 déc. 2012, n° 2012-662 DC, consid. 14, *Loi de finances pour 2013*.

précision fait bien apparaître la distinction avec le principe d'égalité consacré par la Cour de justice de l'Union européenne (V. *supra*, n° 636).

719. – **Caractère relatif et contingent du principe.** Cette formulation accentue le caractère relatif et contingent du principe. Si les différences de traitement doivent être en rapport avec l'objet de la loi, elles dépendent aussi exclusivement des objectifs poursuivis par le législateur. Par ailleurs, il peut être dérogé « à l'égalité » pour des raisons d'intérêt général, sans que « le principe d'égalité » soit méconnu. On pourrait donc considérer que la définition du principe d'égalité comporte sa propre négation en tant que principe de valeur constitutionnelle, puisque le législateur peut y déroger.

720. – **Problème des limites.** Le problème des limites du principe d'égalité prend ainsi le pas sur la définition de son contenu. On le voit bien lorsque plusieurs impositions, ayant un lien entre elles, sont contestées devant le Conseil constitutionnel : il s'en tient au principe suivant lequel, pour l'application du principe d'égalité devant l'impôt, la situation des personnes redevables s'apprécie au regard de chaque imposition prise isolément ; il refuse de l'examiner au regard d'un ensemble d'impôts.

La question la plus importante est celle du contrôle qu'exerce le Conseil constitutionnel sur les justifications des atteintes au principe d'égalité. Ce contrôle porte sur les différences de situation, les raisons d'intérêt général, l'objet de la loi et l'application de critères objectifs et rationnels qui a déjà été évoquée.

1° Appréciation impôt par impôt

721. – L'égalité devant l'impôt devrait être l'égalité devant tous les impôts, selon le principe posé par l'article 13 de la Déclaration de 1789 qui vise manifestement l'ensemble des contributions.

Elle impliquerait normalement, conformément au but de justice fiscale qui est recherché, une appréciation globale prenant en compte tous les impôts. Mais un contrôle de cette nature serait impossible, en raison du « caractère relatif contingent, subjectif et évolutif » de l'égalité devant les impôts en général[85].

722. – **Contribution sociale généralisée.** La question s'est posée pour la première fois devant le Conseil constitutionnel, lors de l'institution de la contribution sociale généralisée, qui se composait en réalité, à l'origine, de trois contributions obéissant à des règles distinctes suivant la nature des revenus et donc, les catégories de redevables.

Le Conseil constitutionnel a rejeté tous les moyens tirés de la violation du principe d'égalité au regard des distinctions établies par la loi entre les trois contributions.

Il a décidé que « pour l'application du principe d'égalité devant l'impôt, la situation des personnes redevables s'apprécie au regard de chaque imposition prise isolément », ajoutant que « dans chaque cas », le législateur doit, pour se conformer au principe d'égalité, fonder son appréciation sur des critères objectifs et rationnels[86].

(85) V. chron. Y. Brard, *Égalité devant l'impôt et égalité devant les impôts* : *D.* 1998, chron. p. 117.
(86) Cons. const., 28 déc. 1990, n° 90-285 DC, consid. 28.

723. – **Réaffirmations du principe.** Ce principe a été réaffirmé depuis à plusieurs reprises[87].

Le Conseil introduit toutefois une réserve qui concerne l'ensemble des impositions, lorsque plusieurs impositions plus ou moins étroitement liées sont mises en cause devant lui. Dans l'affaire de la contribution sociale généralisée, il a considéré ainsi que « dans la mesure où les contributions (...) ont pour finalité commune la mise en œuvre du principe de solidarité nationale, la détermination des redevables des différentes contributions ne saurait aboutir à une rupture caractérisée de l'égalité devant les charges publiques entre tous les citoyens »[88].

Cette jurisprudence est à rapprocher de celle qui résulte de l'arrêt d'assemblée du 30 juin 1995, *Gouvernement du Territoire de la Polynésie française*, dans lequel le Conseil d'État a considéré qu'il y avait une rupture du principe de l'égalité devant les charges publiques.

2° Le contrôle des différences de situation

724. – Le principe d'égalité n'interdit aucunement que le législateur règle de façon différente des situations différentes.

Le Conseil constitutionnel, s'inspirant de la jurisprudence du Conseil d'État, s'en est tenu, au début, à l'affirmation de ce principe pour justifier les différences de traitement.

La différence de situation ne répond pas à une définition même approximative. Il s'agit essentiellement d'une question de fait.

725. – **Particularité unique. Conformité à la Constitution.** Il est beaucoup plus intéressant de noter que la différence de situation qui, suivant le Conseil constitutionnel, justifie la différence de traitement, peut résider dans une *particularité unique et viser une seule nature d'activité étroitement circonscrite*, au regard de milliers d'autres situations concernées par la loi, en sorte que la distinction qui est faite par le législateur apparaît aussi bien comme une discrimination difficilement explicable. Elle peut même l'être d'autant moins que l'explication qui est avancée pour justifier la différence de traitement dans ce cas précis pourrait être transposée à beaucoup d'autres situations.

L'affaire n° 79-112 DC du 9 janvier 1980 est, à cet égard, exemplaire. La loi du 10 janvier 1980 portant aménagement de la fiscalité directe locale pose en principe, dans son article 19 (repris à l'article 1478 du CGI), qu'en cas de création d'établissement, la taxe n'est pas due pour l'année de la création. Une seule exception est prévue : elle vise les établissements produisant de l'énergie électrique, pour lesquels la taxe professionnelle est due à compter du raccordement au réseau de distribution. Les requérants ont fait valoir que cette disposition établissait une discrimination au détriment des établissements d'Électricité de France, en méconnaissance du principe d'égalité devant la loi. Le Conseil rejette le moyen en considérant, d'une part, que l'exception concerne non seulement les établissements d'Électricité de France, mais tous ceux qui, produisant de l'énergie électrique, sont raccordés au réseau et que, d'autre part, ces établissements qui, dès leur raccordement, sont assurés d'écouler leur production, « se trouvent placés dans une situation particulière par rapport à l'ensemble des autres établissements visés par la loi »[89].

(87) Cons. const., 19 nov. 1997, n° 97-390 DC, *Loi organique relative à la fiscalité applicable en Polynésie française*. – Cons. const., 18 déc. 1997, n° 97-393 DC, *Loi de financement de la sécurité sociale pour 1998*.
(88) Cons. const., n° 90-285 DC, préc., consid. 29. Dans le même sens : Cons. const., n° 97-390 DC et n° 97-393 DC, préc.
(89) Cons. const., 9 janv. 1980, n° 79-112 DC : *D.* 1980, p. 420, note L. Hamon.

L'explication n'emporte pas la conviction. La situation des établissements produisant de l'énergie électrique n'est pas véritablement originale ; il existe beaucoup d'autres entreprises, dans tous les secteurs industriels ou commerciaux, qui sont assurées d'écouler leur production ou de vendre leurs marchandises, dès leur entrée en fonctionnement, sinon, elles ne seraient point créées. La loi du 10 janvier 1980 visait, en réalité, à favoriser l'ouverture de nouveaux établissements dans les communes, d'où l'exonération de taxe professionnelle pour la généralité des entreprises, l'année de leur création. Il fallait parallèlement vaincre les réticences des communes à accepter l'implantation sur leur territoire de centrales nucléaires, ce qui explique l'imposition des établissements produisant de l'énergie électrique, dès la première année de fonctionnement ; en fait, cette disposition établissait bien une discrimination au détriment des établissements d'Électricité de France et, par voie de conséquence, des producteurs autonomes d'électricité qui ont fait les frais de l'opération...

726. – **Disposition contraire à la Constitution.** Au contraire, la disposition de loi établissant une différence de traitements est déclarée non conforme à la Constitution dès lors *qu'il n'existe pas une différence de situations* et que, par ailleurs, la discrimination ainsi opérée n'est pas justifiée par des motifs d'intérêt général.

727. – **Exemple : plafonnement de la restitution de l'avoir fiscal.** On peut rappeler dans ce même ordre d'idée la décision relative au plafonnement de la restitution de l'avoir fiscal.

L'article 19 de la loi de finances pour 1998 modifiant l'article 158 bis du Code général des impôts avait pour objet de plafonner la restitution de l'avoir fiscal à 500 F pour les contribuables célibataires, veufs ou divorcés et à 1 000 F pour les contribuables mariés soumis à imposition commune et il prévoyait que « lorsque l'avoir fiscal pris en compte pour le calcul du revenu net global est supérieur au montant de ce revenu, la fraction non restituée de cet avoir fiscal, qui excède le revenu net global, est retranchée du revenu net global de l'année suivant celle de la perception des dividendes ».

Il résultait de ces dispositions que l'avoir fiscal continuerait à être intégralement restitué, sous forme d'une réduction de leur imposition, aux contribuables dont l'impôt sur le revenu est au moins égal au montant de cet avoir fiscal, alors que sa restitution serait désormais plafonnée à 500 F pour les contribuables célibataires, veufs ou divorcés et à 1 000 F pour les contribuables mariés soumis à imposition commune, lorsque l'impôt dû par ces contribuables est inférieur au montant de cet avoir fiscal.

Le Conseil a décidé que l'article 19 méconnaissait le principe d'égalité devant l'impôt, parce que le législateur avait « établi une différence de traitement entre les bénéficiaires de l'avoir fiscal qui n'était justifiée par aucune différence de situation en rapport avec l'objet de l'article 158 bis du Code général des impôts même ainsi modifié »[90].

3° Le contrôle des raisons d'intérêt général

728. – **Principe.** Le législateur peut déroger à l'égalité pour des raisons d'intérêt général. Suivant une formule qui revient souvent dans les décisions du Conseil constitutionnel, « le principe d'égalité ne fait pas obstacle à ce que, pour des motifs d'intérêt général, le législateur édicte, par l'octroi d'avantages fiscaux, des mesures

(90) Cons. const., 30 déc. 1997, n° 97-395 DC.

d'incitation au développement d'activités économiques et financières en appliquant des critères objectifs en fonction des buts recherchés »[91].

Il peut s'agir notamment de mesures d'incitation au développement et à l'aménagement de certaines parties du territoire national ; de telles mesures ne constituent pas en elles-mêmes une atteinte à la libre administration des collectivités locales[92].

La doctrine estime que la référence à des considérations d'intérêt général a un rôle subsidiaire. Elle relève que n'importe quel motif d'intérêt général ne peut justifier, du reste, une différence de traitement ; il faut qu'il existe entre la règle discriminatoire et l'intérêt général une relation logique au regard de l'objet de la loi.

729. – **Exemple. Amnistie fiscale.** Il arrive cependant que cette référence s'avère déterminante. La décision n° 86-209 DC du 3 juillet 1986 par laquelle le Conseil a refusé de censurer l'article 11 de la loi de finances rectificative du 11 juillet 1986, est exemplaire.

Ce texte avait institué une amnistie fiscale et douanière en cas de rapatriement, avant le 1er janvier 1987, des avoirs irrégulièrement détenus à l'étranger moyennant le paiement d'une taxe spéciale de 10 %. Les auteurs de la saisine faisaient valoir que ces dispositions excédaient une simple loi d'amnistie et avaient pour conséquence de porter atteinte au principe d'égalité devant l'impôt. lis faisaient observer, d'une part, qu'en fixant uniformément à 10 % le montant de la taxe spéciale, la loi soumettait à des règles différentes d'assiette, de taux et de modalités de recouvrement des revenus qui étaient identiques à ceux qu'aurait perçus un contribuable en France et, d'autre part, que le texte de l'article 11, en tant qu'il disposait pour l'avenir permettait même à certains contribuables d'échapper aux impositions normales au titre de l'année 1986 et enfin, que la différence de traitement résultant du texte avait pour objet et pour effet de « privilégier les fraudeurs au détriment des contribuables consciencieux ».

Il ne s'agissait pas seulement d'empêcher les poursuites dont pouvaient faire l'objet les contrevenants à la réglementation sur les transferts de capitaux, ni de supprimer ou de réduire les sanctions douanières et fiscales qui auraient pu leur être appliquées, ce qui entre normalement dans l'objet d'une loi d'amnistie. L'article 11, en fixant forfaitairement à 10 % le montant de la taxe spéciale, avait pour conséquence de traiter fiscalement de manière privilégiée des avoirs détenus irrégulièrement, qu'ils soient constitués de revenus qui avaient échappé à l'impôt sur le revenu en France, ou d'un capital dont les produits auraient supporté en France l'impôt sur le revenu à un taux supérieur pouvant atteindre 60 % ou plus.

Le Conseil constitutionnel a rejeté l'argumentation des requérants avec le considérant suivant : « dans l'intention du législateur, les dispositions de l'article 11 visent à éviter qu'un contribuable qui n'a pas acquitté l'impôt persévère dans un comportement irrégulier ; elles tendent, en outre, à susciter le rapatriement des avoirs détenus à l'étranger afin de faire bénéficier l'économie nationale d'un apport de ressources financières nouvelles – s'il est ainsi dans la nature du texte de porter atteinte au principe d'égalité devant l'impôt, pour des motifs d'intérêt général qu'il appartient au législateur d'apprécier, une telle atteinte ne peut, cependant, être admise qu'à la condition que les personnes bénéficiaires de l'amnistie soient définies de manière objective et que les modalités retenues limitent les effets de cette mesure à l'apurement des irrégularités antérieures à son entrée en vigueur »[93].

La conformité de l'article 11 à la Constitution est justifiée exclusivement par l'intérêt général qui s'attachait au rapatriement des avoirs irrégulièrement détenus à l'étranger. Même assortie des réserves faites par le Conseil, la solution est difficilement justifiable au regard du principe de l'égalité devant l'impôt. On peut considérer que l'intérêt général est lui-même méconnu lorsque le principe de l'égalité devant l'impôt subit une aussi grave atteinte.

---

(91) Cons. const., 21 juin 1993, n° 93-320 DC : *RJF* 1993, n° 1446 ; *Dr. fisc.* 1993, comm. 1379. – Cons. const., 20 mars 1997, n° 97-388 DC, *Plans d'épargne retraite : JO* 26 mars.
(92) Cons. const., 26 janv. 1995, n° 94-358 DC : *RJF* 1995, n° 378, avec la note.
(93) *Dr. fisc.* 1986, comm. 1405 ; *RJF* 1986, n° 995.

730. – **Autres applications.** C'est encore à l'intérêt général que se réfère la décision déclarant non conforme à la Constitution les dispositions sur la *transmission des entreprises* qui était prévue par l'article 9 de la loi de finances pour 1996, n° 95-1346 du 30 décembre 1995[(94)].

4° La prise en considération de l'objet et du but

731. – C'est par rapport à l'objet et au but de la loi que le Conseil constitutionnel vérifie si la différence de traitement et les dérogations à l'égalité pour des raisons d'intérêt général sont justifiées.

La prise en considération de l'objet de la loi est primordiale. Elle est elle-même inséparable de la recherche du but poursuivi par le législateur et implique par conséquent que le Conseil recherche dans les travaux préparatoires quelle a été son intention exacte.

Il est des *cas où la différence de traitement se déduit directement* de 1'objet même de la loi et où, par conséquent, le rejet de la requête n'apparaît pas critiquable.

De nombreuses décisions sont fondées sur la prise en considération de l'objet et du but : n° 91-302 DC (régime fiscal des donations) ; n° 97-395 DC (plafonnement de la restitution de l'avoir fiscal).

5° Les techniques de contrôle de la rationalité de la loi

732. – **Nature du contrôle.** L'examen des techniques de contrôle de la constitutionnalité envisagé sous l'angle de la nature des pouvoirs du Conseil constitutionnel révèle une spécificité de ces techniques qui va très au-delà des particularités que peut présenter un système du recours contentieux de type classique.

Cette spécificité tient à ce que le Conseil constitutionnel exerce, à côté de ses attributions juridictionnelles, des pouvoirs qui ne sont plus ceux d'un juge, même si ses décisions conservent toujours la forme juridictionnelle.

Il s'agit de pouvoirs extrajuridictionnels qui concernent, non seulement la création de la norme constitutionnelle, mais des techniques de contrôle proprement dites de l'erreur commise par le législateur et que l'on peut qualifier de substantielle[(95)]. Ces techniques de contrôle de la constitutionnalité portent, soit sur la rationalité de la mesure législative, soit sur son opportunité.

Les techniques de contrôle de la rationalité de la loi concernent l'erreur manifeste d'appréciation et l'application de critères objectifs et rationnels.

L'objectif de valeur constitutionnelle d'accessibilité et intelligibilité de la loi peut être rapproché des techniques de contrôle de la rationalité.

a) Erreur manifeste d'appréciation

733. – L'erreur manifeste d'appréciation est le premier moyen qui a été utilisé par le Conseil constitutionnel dans le cadre de ses pouvoirs extrajuridictionnels et il qui reste emblématique, même si ce n'est pas celui dont l'utilisation a entraîné le plus de décisions de non-conformité.

(94) Cons. const., 28 déc. 1995, n° 95-369 DC, *Loi de finances pour 1996 : Dr. fisc.* 1996, comm. 3 ; *RJF* 1996, n° 209.
(95) V., pour de plus amples développements sur la question des pouvoirs extrajuridictionnels, *JCl. Procédures fiscales*, Fasc. 110, par J. Lamarque, n°s 172 et s.

Ce contrôle apparaît d'autant plus formel dans notre matière qu'il n'existe pas à ce jour de décision de non-conformité fondée sur ce moyen, même si le juge constitutionnel a utilisé très souvent l'expression[96].

b) Critères objectifs et rationnels

734. – L'idée d'une erreur manifeste d'appréciation commise par le législateur est déjà difficilement acceptable.

L'absence de caractère rationnel d'une disposition de loi apparaît beaucoup plus grave. La condition tenant au caractère rationnel des critères utilisés par le législateur n'a de sens que si l'on n'exclut pas la possibilité de l'irrationnel, c'est-à-dire de quelque chose qui serait contraire à la raison, qui serait anormal, déraisonnable, illogique.

La contestation du caractère rationnel des critères utilisés par le législateur paraît donc incompatible avec l'idée que l'on se fait de la loi.

La Constitution de 1958 avait mis fin à la souveraineté absolue de la loi. Le Conseil constitutionnel n'a pas hésité à la désacraliser ; la loi n'a pas seulement perdu son caractère d'acte incontestable ; elle est dépouillée de sa crédibilité de principe, dès lors que sa constitutionnalité peut être contestée par le moyen que le législateur n'a pas fondé son appréciation sur des critères objectifs et rationnels ou encore, qu'il a méconnu l'objectif de valeur constitutionnelle d'accessibilité et d'intelligibilité de la loi (V. *infra*, n° 747).

Le Conseil constitutionnel s'est reconnu ainsi le pouvoir de substituer son appréciation à celle du législateur sur ce qui est rationnel ou ne l'est pas et de se faire juge par conséquent de l'opportunité de dispositions de loi. Mais il a pris aussi le risque, lorsqu'il rejette le moyen tiré de la non-application de critères objectifs et rationnels, d'adopter lui-même une solution qui peut paraître contestable du point de vue de la rationalité.

On peut citer au moins le cas de la décision n° 2010-16 QPC du 23 juillet 2010 concernant la majoration de 25 % du bénéfice professionnel imposable à l'impôt sur le revenu des contribuables soumis au régime réel d'imposition, qui n'adhérent pas à un organisme de gestion agréée (V. *infra*, n° 799). Et était-il rationnel, concernant le plafonnement des avantages fiscaux par la loi de finances pour 2006, de rechercher si l'intérêt général pouvait justifier l'application d'un texte jugé inutilisable ?

735. – **Apparition dans le contentieux constitutionnel.** La première décision dans laquelle le Conseil constitutionnel a exercé ce contrôle est la décision n° 83-164 DC du 27 décembre 1983, *Loi de finances pour 1984*, concernant l'impôt sur les grandes fortunes et plus exactement le caractère de biens professionnels reconnu dans certaines conditions à la valeur des parts ou actions de sociétés (consid. 4 à 10).

Il a considéré que « le législateur a fondé son appréciation sur des critères objectifs et rationnels » pour fixer les règles d'assiette de l'IGF et il en a déduit que « dès lors, cet impôt est établi d'une façon régulière au regard des règles et principes de valeur constitutionnelle et notamment de la prise en compte nécessaire des facultés contributives des citoyens ».

(96) V. sur ce point *JCl. Procédures fiscales*, Fasc. 110, préc., n° 176.

En évoquant la prise en compte des facultés contributives, le Conseil a paru se référer implicitement à l'article 13 de la Déclaration de 1789. La rédaction des décisions postérieures a confirmé cette interprétation. L'exigence tenant à l'utilisation de critères objectifs et rationnels est reliée principalement au principe d'égalité devant l'impôt et les charges publiques.

736. – **Domaine d'élection. Principes d'égalité devant l'impôt et les charges publiques.** Le Conseil constitutionnel a confirmé sa jurisprudence à plusieurs reprises à partir de la fin de l'année 1989. La règle a été et reste formulée de telle manière qu'elle constitue une condition particulière à laquelle est subordonné le respect du principe de l'égalité devant l'impôt : « pour assurer le respect du principe d'égalité, le législateur doit fonder son appréciation sur des critères objectifs et rationnels en fonction des buts qu'il se propose »[(97)].

Le contrôle portant sur les critères objectifs et rationnels est d'application très générale[(98)].

L'exigence de critères objectifs et rationnels s'impose toutefois plus particulièrement au législateur pour fixer conformément au principe d'égalité devant l'impôt, les règles d'assiette d'une imposition, les règles de taux, les règles de détermination des redevables, l'octroi d'avantages fiscaux, les mesures de plafonnement d'une imposition, etc.

C'est sur ce fondement qu'il a déclaré contraires aux principes d'égalité devant l'impôt ou devant les charges publiques des dispositions législatives concernant :

– la transmission des entreprises[(99)] ;

– le plafonnement du quotient familial[(100)] ;

– la contribution à l'élimination des déchets[(101)] ;

– la contribution économique territoriale[(102)] ;

– un prélèvement fiscal supplémentaire de 25 % mis à la charge de la Compagnie agricole de la Crau[(103)] ;

– les dispositions du 2 de l'article 168 du Code général des impôts sur l'évaluation forfaitaire minimale du revenu imposable d'après certains éléments du train de vie[(104)] ;

– l'article L. 2333-5 du Code général des collectivités territoriales concernant la taxe sur les fournitures d'électricité[(105)] ;

– l'article 25 de la loi de financement de la sécurité sociale pour 2013 instituant une contribution perçue sur les « boissons énergisantes »[(106)] ;

(97) Cons. const., 29 déc. 1989, n° 89-270 DC, *Loi de finances rectificative pour 1989*, consid. 4. – Cons. const., 28 déc. 2011, n° 2011-645 DC, *Loi de finances rectificative pour 2011*, consid. 8. – Cons. const., 9 août 2012, n° 2012-654 DC, *Loi de finances rectificative pour 2012*, consid. 32.

(98) V. par ex. : Cons. const., 21 déc. 1999, n° 99-422 DC, *Loi de financement de la Sécurité sociale pour 2000*, consid. 47, concernant les tarifs des honoraires dus aux médecins par les assurés sociaux. – Cons. const., 20 juill. 2006, déc. n° 2006-539 DC, *Loi relative à l'immigration*, consid. 18.

(99) Cons. const., 28 déc. 1995, n° 95-369 DC, *Loi de finances pour 1996*, consid. 9.

(100) Cons. const., 30 déc. 1996, n° 96-385 DC, *Loi de finances pour 1997*, consid. 4.

(101) Cons. const., 29 déc. 2003, n° 2003-488 DC, *Loi de finances rectificative pour 2003*, consid. 9.

(102) Cons. const., 29 déc. 2009, n° 2009-599 DC, *Loi de finances pour 2010*, consid. 15.

(103) Cons. const., 14 oct. 2010, n° 2010-52 QPC, consid. 8.

(104) Cons. const., 21 janv. 2011, n° 2010-88 QPC, *Boisselier*, consid. 7, V. *supra*, n° 62.

(105) Cons. const., 4 févr. 2011, n° 2010-97 QPC : *Dr. fisc.* 2011, n° 7, act. 57 ; *RJF* 2011, n° 484 ; *AJDA* 2011, p. 246.

(106) Cons. const., 13 déc. 2012, n° 2012-659 DC, consid. 23 à 26, V. *supra*, n° 38.

– l'article 19 de la loi n° 2012-1510 du 29 décembre 2012 de finances rectificative pour 2012 modifiant l'article 150-0 D du Code général des impôts concernant les donations de valeurs mobilières(107).

Les décisions dans lesquelles le Conseil a fait une application positive du moyen tiré de la méconnaissance des critères objectifs et rationnels sont donc finalement assez nombreuses.

Mais le moyen est très souvent rejeté(108).

c) Accessibilité et intelligibilité de la loi

737. – L'accessibilité et l'intelligibilité de la loi sont considérées par le Conseil constitutionnel comme des conditions de l'effectivité du principe d'égalité devant la loi énoncé par l'article 6, de la « garantie des droits » requise par l'article 16, et de l'exercice des droits et libertés proclamés tant par l'article 4 que par l'article 5 de la Déclaration de 1789. Il s'agit d'un objectif de valeur constitutionnelle(109).

E. – Les applications du principe de l'égalité

738. – Qu'il s'agisse de l'égalité devant la loi ou de l'égalité devant l'impôt, le principe égalitaire ne répond pas à une définition objective. Autant le principe apparaît nécessaire et son affirmation, parée de lumière, autant l'application qui en est faite est incertaine et aléatoire, lorsqu'elle ne se dissimule pas dans la pénombre des considérations politiques. Dans la plupart des décisions du Conseil constitutionnel, l'affirmation positive du principe alterne ainsi brutalement avec la négativité des conséquences qui en sont tirées.

Pendant longtemps, on a pu croire que le juge constitutionnel garantirait plus efficacement le respect du principe d'égalité devant la loi. Il a fallu attendre la fin de l'année 1991 pour avoir une première application positive du principe de l'égalité devant l'impôt ; plusieurs autres ont suivi. On avait déjà une application du principe de l'égalité devant les charges publiques, mais elle était restée isolée.

1° Le principe d'égalité devant la loi

739. – Les décisions dans lesquelles le Conseil constitutionnel a fait une application positive de ce principe sont parmi les plus connues et les plus intéressantes. Les applications négatives sont beaucoup plus nombreuses, et il en est de très contestables, pour ne pas dire injustifiables. Il faut cependant renoncer à toute explication schématique et simplificatrice. Il est même inutile d'évoquer le caractère d'organisme juridico-politique que présenterait le Conseil constitutionnel ; aucune des distinctions que l'on pourrait songer à établir ne coïncide avec cette ligne de faille.

(107) Cons. const., 29 déc. 2012, n° 2012-661 DC, *Loi de finances rectificative pour 2012*, consid. 20 à 24.

(108) V. encore pour les décisions les plus récentes : Cons. const., 28 juill. 2011, n° 2011-638 DC, *Loi de finances rectificative pour 2011*, consid. 24 et 28. – Cons. const., n° 2011-644 DC, 28 déc. 2011, *Loi de finances pour 2012*, consid. 7 à 13. – Cons. const., 9 août 2012, n° 2012-654 DC, *Loi de finances rectificative pour 2012*, consid. 32.

(109) V. sur la question : *JCl. Procédures fiscales*, Fasc. 110 par J. Lamarque, n°s 64 et s. Une application remarquable de cet objectif a été faite par le Conseil constitutionnel dans la décision n° 2005-530 DC (V. *infra* n° 747). – V. aussi pour d'autres applications intéressantes de l'objectif d'accessibilité et d'intelligibilité : Cons. const., 29 déc. 2012, n° 2012-662 DC, *Loi de finances pour 2013*, consid. 84. – Cons. const., 29 déc. 2013, n° 2013-685 DC, *Loi de finances pour 2014*, consid. 130.

a) Les applications positives

740. – **Taxation d'office d'après les dépenses personnelles ostensibles ou notoires.** Il faut citer d'abord la décision n° 73-51 DC du 27 décembre 1973, qui intéresse l'ancienne procédure de taxation d'office d'après les dépenses personnelles ostensibles ou notoires.

Une disposition insérée dans la loi de finances pour 1974 établissait une discrimination entre contribuables quant à la possibilité d'apporter la preuve contraire pour obtenir le dégrèvement d'une imposition d'office. Cette disposition, rédigée de la main même du ministre des Finances de l'époque, aboutissait à priver les contribuables taxés d'office, dont les bases d'imposition excédaient 50 % de la limite de la dernière tranche du barème de l'impôt sur le revenu, du droit d'obtenir la décharge de l'imposition en faisant la preuve de leur bonne foi et, plus exactement, en démontrant que les « circonstances ne peuvent laisser présumer l'existence de ressources illégales ou occultes ou de comportements tendant à éluder le paiement normal de l'impôt ».

Le Conseil constitutionnel a déclaré cette disposition non conforme à la Constitution, en considérant qu'elle portait atteinte « au principe de l'égalité devant la loi contenu dans la Déclaration des droits de l'homme de 1789 ».

741. – **Délai de reprise.** La seconde décision dans laquelle le Conseil constitutionnel a fait une application positive du principe d'égalité devant la loi est la décision n° 86-209 DC du 3 juillet 1986 *concernant le délai de reprise*(110).

Le paragraphe 1 de l'article 18 de la loi de finances rectificative pour 1986, n° 86-824 du 11 juillet 1986 a réduit d'une année le délai général de reprise de l'administration, le ramenant ainsi de quatre à trois ans. Le paragraphe II du même article disposait : « le délai de reprise prévu à l'article L. 169 du LPF est ramené à deux ans pour les contribuables n'ayant disposé pour chacune des années que de traitements, salaires ou pensions ». Cette disposition était justifiée, dans l'intention du législateur, par le fait que ces rémunérations sont généralement déclarées par des tiers, ce qui a pour conséquence de limiter les risques de sous-déclaration et de faciliter les contrôles.

Toutefois, ainsi que le Conseil constitutionnel l'a relevé, le bénéfice de ce régime ne devait pas s'appliquer au contribuable ayant disposé, au cours d'une des deux années en cause, même dans une proportion infime, de revenus d'une autre catégorie que les salaires, traitements et pensions. Il a décidé que cette disposition n'était pas conforme à la Constitution, dès lors qu'elle aboutissait à traiter différemment, au regard de l'exercice par l'administration fiscale de son droit de reprise, des contribuables pouvant être placés dans des conditions quasiment identiques et que cette différence de traitement portait ainsi atteinte au principe d'égalité des citoyens devant la loi.

742. – **Rectification d'une erreur non substantielle.** Le Conseil constitutionnel a fait encore une application remarquable du principe de l'égalité devant la loi dans la décision n° 89-268 DC du 29 décembre 1989(111). Elle concerne l'article 102 de la loi de finances pour 1990 qui ouvrait à l'administration la faculté de demander la rectification d'une erreur non substantielle.

L'article 102 comportait, dans sa rédaction primitive, les deux phrases suivantes « Lorsqu'une erreur non substantielle, qui n'a pas porté atteinte aux intérêts de la partie qu'elle concerne, a été commise dans la mise en œuvre des articles (suivait une liste d'articles) du présent livre ainsi que dans la rédaction de l'avis de vérification mentionné à l'article L. 47 et qu'elle ne peut être rectifiée spontanément par l'administration, le juge peut autoriser celle-ci, sur sa demande, à la rectifier dans un délai maximum d'un mois suivant sa décision. Nonobstant l'expiration éventuelle des délais de prescription cette autorisation peut être accordée à tout moment ».

(110) *Dr. fisc.* 1986, comm. 1405 ; *RJF* 1986, p. 613.
(111) *JO* 30 déc. ; *Dr. fisc.* 1990, comm. 57 ; *RJF* 1990, n° 195 ; *RFDA* 1990, p. 143, chron. B. Genevois.

Le Conseil constitutionnel a rejeté les moyens qui étaient tirés par les auteurs de la saisine de la violation du principe des droits de la défense ou du principe du caractère contradictoire de la procédure. Il a déclaré inconstitutionnelle la disposition faisant l'objet de la seconde phrase, en considérant que « le principe d'égalité se trouve méconnu dès lors que l'administration se voit autorisée, à sa seule initiative et à l'occasion de la rectification d'une erreur dont elle est l'auteur, à interdire à l'autre "partie" de bénéficier d'une prescription déjà acquise selon la loi existante, alors que cette partie était en droit de s'en prévaloir à l'égal de tout autre contribuable ».

743. – La disposition déclarée inconstitutionnelle aurait eu pour effet de limiter considérablement la portée des garanties reconnues aux contribuables. Après qu'il ait été expurgé par le Conseil constitutionnel, le texte nouveau a été codifié à l'article L. 80 CA du Livre des procédures fiscales. Il est resté pratiquement lettre morte. On s'était cependant interrogé sur le point de savoir s'il ne pouvait pas recevoir application dans un cas, un seul, et seulement dans une certaine mesure : en ce qui concerne le vice affectant la rédaction de l'avis de vérification mentionné à l'article L. 47. Finalement, il a été remplacé par le texte de l'article 45 de la loi de finances rectificative pour 1990 du 29 décembre 1990. La décision du Conseil constitutionnel rejetant la requête contre ces dispositions nouvelles n'appelle pas de commentaires particuliers(112).

b) Les applications négatives

744. – Les appréciations que l'on peut porter sur les décisions du Conseil constitutionnel qui rejettent le moyen tiré de la méconnaissance du principe d'égalité devant la loi sont assez délicates.

Il en est, peut-on penser, qui échappent à toute critique, telle la décision qui refuse de voir une violation du principe égalitaire dans les dispositions différentes auxquelles sont soumis les contribuables pour les trois contributions sociales instituées par la loi de finances pour 1991, en ce qui concerne les modalités de recouvrement et les procédures contentieuses(113).

745. – **Sursis de paiement.** La décision qui va être rappelée maintenant n'est pas seulement contestable : elle n'est pas justifiable. Il s'agit de la décision n° 81-136 DC du 31 décembre 1981 dans laquelle le Conseil constitutionnel a refusé de censurer les dispositions de l'article 9 de la loi de finances rectificative pour 1981, n° 81-1179 du 31 décembre 1981 modifiant l'article L. 277 du Livre des procédures fiscales sur *le sursis de paiement*, qui devait entrer en vigueur le 1er janvier 1982(114). Le législateur est revenu fort heureusement, depuis, au système de droit antérieur(115).

L'article 9 prévoyait que le sursis était de droit « à l'exception des cas où la réclamation concerne des impositions consécutives à la mise en œuvre d'une procédure d'imposition d'office ou à des redressements donnant lieu à l'application des pénalités prévues en cas de mauvaise foi ou de manœuvres frauduleuses ».

Le contribuable qui avait été imposé d'office et celui dont l'imposition était consécutive à des redressements effectués en application de la procédure contradictoire, mais à qui avaient été infligées les sanctions prévues en cas de mauvaise foi ou de manœuvres frauduleuses, perdaient le droit au sursis de paiement. Pour ces contribuables, la décision d'octroi du sursis relevait du pouvoir discrétion-

(112) *JO* 30 déc. ; *Dr. fisc.* 1991, comm. 48 ; *RJF* 1991, n° 213.
(113) Cons. const., 28 déc. 1990, n° 90-285 DC : *JO* 30 déc. ; *Dr. fisc.* 1991, comm. 48 ; *RJF* 1991, n° 213.
(114) *Dr. fisc.* 1982, comm. 90.
(115) L. n° 86-1317, 30 déc. 1986, art. 8-1-V.

naire du directeur des services fiscaux ; le sursis pouvait leur être refusé quand bien même ils auraient voulu et pu constituer les garanties nécessaires. Ainsi que le précisait l'exposé des motifs, si le sursis était refusé, le comptable pouvait poursuivre le recouvrement de la créance du Trésor dans les conditions habituelles, et donc, sans se borner à prendre des mesures conservatoires.

Le Conseil constitutionnel a considéré que la disposition de l'article 9 était conforme à la Constitution. Cette disposition, déclare-t-il, « vise, dans les cas de contestation du bien-fondé ou du montant d'une imposition, à aménager les modalités d'octroi du sursis de paiement en en réservant l'automaticité au profit des contribuables dont la bonne foi n'est pas contestée par l'administration et en laissant à celle-ci un pouvoir d'appréciation en ce qui concerne les autres contribuables – en traitant différemment des contribuables placés dans une situation différente, le législateur, contrairement à ce que soutiennent les auteurs de la saisine, ne porte pas atteinte au principe d'égalité devant la loi fiscale ».

L'application des dispositions nouvelles a entraîné de véritables drames. Les contribuables auxquels le sursis de paiement avait été refusé conservaient la faculté de demander le sursis à exécution du rôle ou de l'avis de mise en recouvrement ; mais ce sursis était subordonné à des conditions très rigoureuses.

L'article 9 était inacceptable dans son principe, même dans la perspective de la lutte contre la fraude fiscale. Le contribuable qui est imposé d'office n'est pas nécessairement de mauvaise foi, quelle que soit la procédure appliquée taxation d'office, évaluation d'office, ancienne procédure de la rectification d'office, et il faudrait rappeler ici les abus commis par l'administration dans l'utilisation de cette dernière qui, comme l'actuelle procédure de reconstitution, ne relève pas d'appréciations purement objectives.

La distinction faite par la loi était encore inadmissible en tant qu'elle reposait sur le postulat d'après lequel la sanction prévue dans les cas de mauvaise foi ou de manœuvres frauduleuses, qui avait été appliquée au contribuable, était censée avoir été régulièrement appliquée par l'administration. La formule utilisée par le Conseil constitutionnel allait même au-delà d'une simple présomption de régularité ; l'automaticité du sursis étant réservée aux contribuables « dont la bonne foi n'est pas contestée par l'administration », la privation du droit au sursis était justifiée inversement par le seul fait que cette bonne foi était contestée par l'administration.

L'article 9 établissait en quelque sorte un principe de vérité de chose décidée par l'administration, voire une présomption de culpabilité ; l'expression n'est pas trop forte, puisque les sanctions fiscales doivent être assimilées aux sanctions pénales.

Les contribuables dont le Conseil constitutionnel nous dit qu'ils pouvaient être traités différemment parce qu'ils étaient placés dans une situation différente, ne se trouvaient dans celle-ci que du fait de l'administration et pouvaient s'y trouver irrégulièrement au regard des dispositions législatives sur les procédures d'imposition d'office ou les sanctions fiscales. La privation du droit au sursis de paiement pouvait résulter légalement d'une fausse application de ces dispositions par l'administration. Le principe de l'égalité ne peut être respecté lorsque le principe de légalité est violé.

2° Le principe d'égalité devant l'impôt

746. – On se bornera à rappeler d'abord le cas dans lequel le Conseil constitutionnel écarte l'application du principe par une *interprétation neutralisante*. Le meilleur exemple qui puisse être cité est celui de la décision n° 89-268 DC du 29 décembre 1989, concernant l'article 105 de la loi de finances pour 1990 relatif à la taxe forfaitaire annuelle de 3 % sur la valeur vénale des immeubles possédés en France par des personnes morales n'y ayant pas leur siège.

a) Applications positives. Exemple des « niches fiscales »

747. – Le principe d'égalité devant l'impôt a reçu plusieurs *applications positives* dans les décisions suivantes : – n° 91-302 DC, 30 déc. 1991 (régime fiscal des donations) ; – n° 95-369 DC, 28 déc. 1995 (transmission des entreprises) ; – n° 96-385 DC,

30 déc. 1996 (plafonnement du quotient familial) ; – n° 97-395 DC, 30 déc. 1997 (plafonnement de la restitution de l'avoir fiscal ; – n° 98-405 DC, 29 déc. 1998 (imposition des biens dans le patrimoine du nu-propriétaire en matière d'impôt de solidarité sur la fortune), – n° 99-424 DC, 29 déc. 1999 (taxe communale sur les activités commerciales de caractère saisonnier), – n° 2000-437 DC, 19 déc. 2000 (réduction de la CSG sur les revenus d'activité), – n° 2002-464 DC, 27 déc. 2002, consid. 55 à 57, et n° 2003-488 DC, 29 déc. 2003, consid. 6 à 13 (exclusion de certaines catégories d'imprimés du champ d'application de la contribution à l'élimination des déchets), – n° 2004-511 DC, 29 déc. 2004, consid. 22 (limitation du nombre des zones dans lesquelles certains établissements peuvent bénéficier du crédit d'impôt en matière de taxe professionnelle), – n° 2007-555 DC, 16 août 2007, consid. 20 (crédit d'impôt pour la construction ou l'acquisition de l'habitation principale depuis moins de cinq ans).

On retiendra l'exemple fourni par la décision n° 2005-530 DC du 29 décembre 2005, même si en raison de son ampleur il dépasse l'analyse à laquelle procède habituellement le Conseil constitutionnel pour déclarer une disposition contraire au principe d'égalité devant l'impôt[116].

La loi de finances pour 2006 avait créé, par son article 78, un système de plafonnement de certains avantages fiscaux (appelés communément « niches fiscales », V. *supra*, n° 69) d'une complexité telle qu'il en était illisible.

Le Conseil constitutionnel a considéré que ce texte était contraire non seulement à l'objectif constitutionnel d'intelligibilité de la loi, mais aussi, en raison de cette complexité même, au principe d'égalité devant la loi, au principe de l'effectivité de la garantie des droits, au principe de la nécessité de l'impôt et au principe de l'égalité devant l'impôt et que son application aurait été une source « d'insécurité » (mais on notera que le Conseil constitutionnel n'invoque pas un « principe » de la sécurité juridique, V. *supra*, n° 644).

Il relève que les motifs d'intérêt général suffisants auraient pu justifier la complexité de la loi, mais a jugé qu'en l'espèce ces motifs n'existaient pas. Il a en conséquence déclaré l'article 78 contraire à la Constitution :

77 « Considérant que l'égalité devant la loi énoncée par l'article 6 de la déclaration de 1789 et "la garantie des droits" requise par son article 16 ne seraient pas effectives si les citoyens ne disposaient pas d'une connaissance suffisante des règles qui leur sont applicables et si ces règles présentaient une complexité excessive au regard de l'aptitude de leurs destinataires à en mesurer utilement la portée ; qu'en particulier le droit au recours pourrait en être affecté (…) ;

78 Considérant qu'en matière fiscale, la loi, lorsqu'elle atteint un niveau de complexité tel qu'elle devient inintelligible pour le citoyen, méconnaît en outre l'article 14 de la déclaration de 1789, aux termes duquel : "Tous les citoyens ont le droit de constater, par eux-mêmes ou par leurs représentants, la nécessité de la contribution publique, de la consentir librement, d'en suivre l'emploi, et d'en déterminer la quotité, l'assiette, le recouvrement et la durée" ;

79 Considérant qu'il en est particulièrement ainsi lorsque la loi fiscale invite le contribuable, comme en l'espèce, à opérer des arbitrages et qu'elle conditionne la charge finale de l'impôt aux choix éclairés de l'intéressé ; qu'au regard du principe d'égalité devant l'impôt, la justification des dispositions fiscales incitatives est liée à la possibilité effective, pour le contribuable, d'évaluer avec

(116) *Dr. fisc.* 2006, n° 1-2 et n° 8, chron. L. Philip ; *RJF* 2006, n° 290 ; *LPA* 6 janv. 2006, p. 4, note J-E. Schoettl, *ibid.*, 13 janv. 2006, n° 10, note B. Mathieu ; *ibid.*, 13 juin 2006, n° 117, note A.-L. Valembois ; *JCl. Procédures fiscales*, Fasc. 110, par J. Lamarque, n°s 67 et s.

un degré de prévisibilité raisonnable le montant de son impôt selon les diverses options qui lui sont ouvertes ;

80 Considérant, toutefois, que des motifs d'intérêt général suffisants peuvent justifier la complexité de la loi ;

81 Considérant que c'est au regard des principes ci-dessus énoncés que doit être appréciée la conformité à la Constitution de l'article 78 de la loi de finances pour 2006 (...) ;

84 Considérant que la complexité de ces règles se traduit notamment par la longueur de l'article 78, par le caractère imbriqué, incompréhensible pour le contribuable, et parfois ambigu pour le professionnel, de ses dispositions, ainsi que par les très nombreux renvois qu'il comporte à d'autres dispositions elles-mêmes imbriquées ; que les incertitudes qui en résulteraient seraient source d'insécurité juridique, notamment de malentendus, de réclamations et de contentieux ;

85 Considérant que la complexité du dispositif organisé par l'article 78 pourrait mettre une partie des contribuables concernés hors d'état d'opérer les arbitrages auxquels les invite le législateur ; que, faute pour la loi de garantir la rationalité de ces arbitrages, serait altérée la justification de chacun des avantages fiscaux correspondants du point de vue de l'égalité devant l'impôt ;

86 Considérant, dans ces conditions, que la complexité de l'article 78 est, au regard des exigences constitutionnelles ci-dessus rappelées, excessive ;

87 Considérant, en second lieu, que le gain attendu, pour le budget de l'État, du dispositif de plafonnement des avantages fiscaux organisé par l'article 78 de la loi déférée est sans commune mesure avec la perte de recettes résultant des dispositions de ses articles 74, 75 et 76 ;

88 Considérant, dès lors, que la complexité nouvelle imposée aux contribuables ne trouve sa contrepartie dans aucun motif d'intérêt général véritable ;

89 Considérant qu'il résulte de tout ce qui précède que la complexité de l'article 78 de la loi de finances pour 2006 est à la fois excessive et non justifiée par un motif d'intérêt général suffisant ; qu'il y a lieu en conséquence, sans qu'il soit besoin d'examiner les autres griefs de la saisine, de déclarer cet article contraire à la Constitution ».

748. – **Contribution économique territoriale.** Le Conseil constitutionnel a encore déclaré contraire à la Constitution une disposition de la loi de finances pour 2010 concernant la contribution économique territoriale, qui a remplacé la taxe professionnelle. Cette disposition créait un régime particulier applicable à certaines catégories de contribuables employant moins de cinq salariés et non soumis à l'impôt sur les sociétés. Elle prévoyait que, pour ces catégories de contribuables, la cotisation foncière n'était pas assise sur la seule valeur locative des biens passibles d'une taxe foncière, mais devait prendre également en compte 5,5 % des recettes. Ce dispositif conduisait ainsi à traiter de façon différente des contribuables se trouvant dans des situations identiques au regard de l'objet de la loi. Le Conseil a considéré, en conséquence, que le fait d'imposer davantage, parmi les contribuables réalisant moins de 500 000 € de chiffre d'affaires, ceux qui employaient moins de cinq salariés constituait « une rupture caractérisée du principe d'égalité devant l'impôt »[(117)].

749. – **Contribution carbone.** La décision du Conseil constitutionnel est encore plus significative pour la contribution carbone. L'objectif de cette contribution était de « mettre en place un instrument permettant de réduire significativement les émissions » de gaz à effet de serre afin de lutter contre le réchauffement de la planète. Mais de nombreuses exemptions avaient été prévues ; 93 % des émissions de dioxyde de carbone d'origine industrielle, hors carburant, devaient $être totalement exonérées de la contribution ; les activités assujetties à cette imposition devaient représenter moins

(117) Cons. const., 29 déc. 2009, n° 2009-599 DC, *Loi de finances pour 2010*, consid. 13 à 17 ; *Dr. fisc.* 2010, n° 4, comm. 98, note L. Vallée ; *RJF* 2010, 273.

de la moitié de la totalité des émissions de gaz à effet de serre ; la contribution devait porter essentiellement sur les carburants et les produits de chauffage, alors qu'ils ne sont que l'une des sources d'émission de dioxyde de carbone. Le Conseil a estimé, en conséquence, que « par leur importance, les régimes d'exemption totale institués par l'article 7 de la loi sont contraires à l'objectif de lutte contre le réchauffement climatique et créent une rupture caractérisée de l'égalité devant les charges publiques »[118].

b) Applications négatives

750. – Dans toutes les autres décisions, le Conseil constitutionnel rejette le ou les moyens tirés de la violation du principe d'égalité devant l'impôt. Cette constatation n'a rien d'étonnant lorsqu'on connaît le flou qui entoure la définition de ce principe. La jurisprudence du Conseil constitutionnel sur le principe d'égalité en matière fiscale reste donc toujours aussi incertaine.

751. – **Rupture caractérisée de l'égalité.** Par surcroît, il ressort de certaines décisions du Conseil constitutionnel que la simple méconnaissance de ce principe ne suffit pas à entraîner une déclaration de non-conformité à la Constitution ; il faut que la disposition contestée crée une « rupture caractérisée » de l'égalité[119].

752. – Les applications négatives sont multiples et appelleraient des commentaires très variés.

Il en est qui n'appellent pas de réserves particulières ou ne sont pas fondamentalement critiquables : ainsi, lorsque le Conseil constitutionnel décide qu'en modifiant le dispositif du bouclier fiscal afin d'assurer, par l'article 56 de la loi de finances rectificative pour 2009, une prise en compte plus complète, dans le calcul du plafonnement des impôts directs, des revenus de capitaux mobiliers effectivement perçus par les actionnaires, et en prévoyant l'entrée en vigueur progressive de cette modification, le législateur n'a porté aucune atteinte au principe d'égalité devant l'impôt et les charges publiques[120].

D'autres décisions laissent déjà le fiscaliste plus réticent. On peut toujours contester le bien-fondé de telle ou telle d'entre elles. La relativité du principe de l'égalité devant l'impôt est telle, que toute appréciation dans ce domaine est nécessairement subjective, au moins en partie.

753. – **IGF-ISF.** Il est cependant une solution qui, incontestablement, est injustifiée et même incompréhensible : celle que le Conseil constitutionnel a retenue dans sa *décision n° 81-133 DC du 30 décembre 1981 concernant l'impôt sur les grandes fortunes*[121]. Les observations qui suivent restent valables pour l'impôt de solidarité sur la fortune.

L'assiette de l'IGF est constituée par la valeur nette, au 1er janvier de l'année d'imposition, de l'ensemble des biens imposables appartenant aux redevables ainsi qu'à leurs enfants mineurs lorsqu'ils ont

(118) Déc. n° 2009-599 DC, préc., consid. 77 à 83.

(119) Cons. const., 21 juin 1993, n° 93-320 DC, *Loi de finances pour 1993, art. 42 concernant la contribution sociale généralisée*. – Cons. const., 29 déc. 1993, n° 93-330 DC, *Loi de finances pour 1994, art. 55*. – Cons. const., 18 déc. 1997, n° 97-393 DC, *Loi de financement de la sécurité sociale pour 1998*.

(120) Cons. const., 29 déc. 2009, n° 2009-600 DC, *Loi de finances rectificative pour 2009* : *RJF* 2010, n° 275 ; *Dr. fisc.* 2010, n° 4, comm. 98, note L. Vallée.

(121) *Dr. fisc.* 1982, comm. 88.

l'administration légale des biens de ceux-ci. Par redevables, il faut entendre la personne célibataire, les époux ou les concubins notoires. Il est prévu, par ailleurs, que les époux (et seulement les époux) sont solidaires pour le paiement de l'IGF.

Une personne qui avait déjà franchi le seuil d'imposition alors qu'elle était célibataire reste redevable de l'IGF après son mariage. Il n'est pas cependant tout à fait normal que l'un des époux puisse être rendu solidairement responsable du paiement d'un impôt pesant sur des biens qui ne lui appartiennent pas et dont il ne dispose pas, ni que les époux soient solidaires, alors que les concubins ne le sont pas.

Il est encore plus anormal que l'imposition résulte du seul fait du mariage, lorsque c'est seulement l'addition des valeurs des patrimoines des époux qui les fait entrer dans le champ d'application de l'IGF.

Autrement dit, un homme et une femme célibataire qui disposent chacun d'un patrimoine d'une valeur inférieure au seuil d'imposition restent hors du champ d'application de l'impôt ; dès lors qu'ils se marient et que la valeur de leurs patrimoines dépasse le seuil d'imposition, ils deviennent imposables.

La stricte application du principe d'égalité aurait dû conduire le législateur à établir des seuils d'imposition différents ou, tout au moins, un système de parts analogue à celui du quotient familial pour l'impôt sur le revenu.

On laissera de côté le moyen tiré de la violation du principe d'égalité entre les sexes que les requérants avaient également invoqué et qui, peut-on penser, manque en fait.

Le Conseil constitutionnel a décidé qu'il n'y avait pas de violation du principe de l'égalité devant l'impôt. Mais peut-on encore se référer à ce principe ? Car le Conseil a appliqué pour la circonstance une nouvelle mathématique égalitaire : 1 (le mari) + 1 (l'épouse) = 1.

Il a maintenu sa position dans la décision concernant l'article 13 de la loi de finances pour 2013 modifiant certaines dispositions du Code général des impôts relatives à l'impôt de solidarité sur la fortune dû à compter de l'année 2013, en fournissant une explication nouvelle qui, pas plus que celle qu'il avait donnée dans la décision n° 81-133 DC du 30 décembre 1981, ne résiste à l'examen[122].

3° Le principe d'égalité devant les charges publiques

754. – **Contribution de solidarité sur le cumul de pensions et de salaires.** Le Conseil constitutionnel a fait une première application du principe de l'égalité devant les charges publiques dans sa décision n° 85-200 DC du 16 janvier 1986, concernant *la contribution de solidarité sur le cumul de pensions de retraite et de revenus d'activité*. Elle constitue le point de départ de l'évolution jurisprudentielle qui a déjà été rappelé (V. *supra*, n° 697).

755. – **Rupture caractérisée du principe de l'égalité. Bouclier fiscal.** Cette décision marque aussi une étape importante dans l'évolution de la jurisprudence. Le Conseil constitutionnel subordonne l'application du principe égalitaire à la condition qu'il existe une rupture caractérisée de l'égalité devant les charges publiques. Il a fait application de ce principe au sujet de l'article 74 de la loi de finances pour 2006, n° 2005-1719 du 30 décembre 2005, qui, en insérant un article 1er et un article 1649-0 A dans le Code général des impôts, a institué un plafonnement des

(122) Cons. const., 29 déc. 2012, n° 2012-662 DC, consid. 90 à 92. – Sur la question : V. J. Lamarque, *JCl. Procédures fiscales*, Fasc. 112, et *À propos de l'impôt de solidarité sur la fortune : retour sur deux décisions du Conseil constitutionnel : Mél. Favoreu*, Dalloz, 2007, p. 1629.

impôts directs, en prévoyant que les impôts directs payés par un contribuable ne pourront être supérieurs à 60 % de son revenu et en instaurant un droit à restitution de la fraction des impositions qui excède ce seuil.

Il a considéré que l'exigence découlant de l'article 13 de la Déclaration de 1789 « ne serait pas respectée si l'impôt revêtait un caractère confiscatoire ou faisait peser sur une catégorie de contribuables une charge excessive au regard de leurs facultés contributives » et que, « dès lors, dans son principe, l'article contesté, loin de méconnaître l'égalité devant l'impôt, tend à éviter une rupture caractérisée de l'égalité devant les charges publiques »(123).

Il a introduit ainsi une distinction entre deux cas qui ne doivent pas être confondus : d'une part, le caractère confiscatoire de l'impôt et, d'autre part, la charge excessive au regard des facultés contributives.

Il précise encore que le principe d'égalité devant les charges publiques permet d'apprécier si l'exigence découlant de l'article 13 est respectée au regard d'un ensemble d'impôts. Il relève ainsi que c'est « pour ne pas entraîner de rupture caractérisée de l'égalité devant les charges publiques » que le législateur a, depuis la création de l'impôt de solidarité sur la fortune par la loi du 23 décembre 1988, inclus dans le régime de celui-ci des règles de plafonnement « qui ne procèdent pas d'un calcul impôt par impôt et qui limitent la somme de l'impôt de solidarité sur la fortune et des impôts dus au titre des revenus et produits des années précédentes à une fraction totale des revenus nets de l'année précédente »(124), et qu'« il convient, pour apprécier le respect du principe de l'égalité devant les charges publiques, de prendre en compte l'ensemble [de ces] impositions portant sur le même revenu et acquittées par le même contribuable »(125).

756. – Lois de finances pour 2013 et 2014. C'est sur le fondement du principe de l'égalité devant les charges publiques que le Conseil constitutionnel a, dans sa décision n° 2012-662 DC du 29 décembre 2012, déclaré non conformes à la Constitution plusieurs dispositions de la loi de finances pour 2013, n° 2012-1509 du 29 décembre 2012 :

– dispositions de l'article 3 portant le taux marginal maximal d'imposition pesant sur les rentes versées dans le cadre des régimes de retraite à prestations définies à un niveau d'impositions supérieur à 75 % pour les rentes perçues en 2012 et 2013 (consid. 19) ;

– dispositions de l'article 9 sur le prélèvement libératoire prévu par l'article 125 A du Code général des impôts ayant pour effet de porter le taux d'imposition sur les produits des bons et titres à 90, 5 % (consid. 51) ;

– dispositions de l'article 12 relatif à la contribution exceptionnelle de solidarité sur les très hauts revenus d'activité prévue au nouvel article 223 sexies A du Code général des impôts, dès lors que par l'effet de cette contribution exceptionnelle assise sur les revenus d'activité professionnelle des personnes physiques excédant un million d'euros, deux foyers fiscaux bénéficiant du même niveau de revenu

(123) Cons. const., 29 déc. 2005, n° 2005-530 DC, consid. 61 à 68 : *Dr. fisc.* 2006, n° 1, comm. 2 et 8, étude 7, L. Philip ; *RJF* 2006, n° 290. – Cons. const., 29 déc. 2012, n° 2012-662 DC, consid. 15 et 70, *Loi de finances pour 2013*.
(124) Cons. const., 9 août 2012, n° 2012-654 DC, consid. 33, *Loi de finances rectificative pour 2012*.
(125) Cons. const., 29 déc. 2012, n° 2012-662 DC, consid. 18.

issu de l'activité professionnelle pourraient se voir assujettis à cette contribution ou au contraire en être exonérés, selon la répartition des revenus entre les contribuables composant ce foyer et qu'ainsi le législateur n'a pas tenu compte, comme pour l'imposition de l'ensemble du revenu à l'impôt sur le revenu et la contribution exceptionnelle prévue par l'article 223 sexies du Code général des impôts, de l'existence du foyer fiscal (consid. 73) ;

– dispositions de l'article 15 aménageant le régime d'imposition des plus-values immobilières et pouvant conduire après déduction d'une fraction de la CSG, à un taux marginal maximal d'imposition de 82 % qui aurait pour effet de faire peser sur une catégorie de contribuables une charge excessive au regard de cette capacité contributive (consid. 101) ;

– dispositions de l'article 73 concernant la limitation globale de l'avantage en impôt résultant de certaines déductions, réductions et crédits d'impôts, fixant le plafonnement global de la plupart des avantages fiscaux à un montant forfaitaire, alors qu'en laissant dans le même temps subsister un plafonnement proportionnel au revenu imposable applicable à deux catégories d'avantages fiscaux attachés à des opérations d'investissements, le législateur a permis à certains contribuables de limiter la progressivité de l'impôt sur le revenu dans des conditions qui entraînent une rupture caractérisée de l'égalité devant les charges publiques (consid. 122) ;

– dispositions de l'article 14 de la loi qui, par dérogation à l'article 641 du Code général des impôts maintiennent un régime fiscal dérogatoire applicable aux successions sur des immeubles situés dans les départements de Corse et conduisent à ce que, sans motif légitime, la transmission de ces immeubles puisse être dispensée du paiement de droits de mutation, la nouvelle prorogation de ce régime dérogatoire méconnaissant le principe d'égalité devant la loi et les charges publiques (consid. 133).

La loi de finances rectificative pour 2013, n° 2013-1279 du 29 décembre 2013 contenait un article 43 qui avait institué un régime dérogatoire d'imposition des profits réalisés par les personnes physiques fiscalement domiciliées en France sur les instruments financiers à terme « lorsque le teneur de compte ou, à défaut, le cocontractant a son domicile fiscal ou est établi dans un État ou un territoire non coopératif au sens de l'article 238-0A » du Code général des impôts. Les bénéfices nets étaient assujettis à l'impôt sur le revenu à un taux forfaitaire de 75 % et, en outre, aux prélèvements sociaux sur les revenus du patrimoine. L'instauration du taux forfaitaire de 75 % avait pour effet de porter le taux d'imposition sur les bénéfices résultant de ces opérations à 90,5 %. Le Conseil constitutionnel a considéré, dans sa décision n° 2013-684 DC du 29 décembre 2013 (consid. 33) que cette modification faisait peser sur les personnes intéressées « une charge excessive au regard de leur capacité contributive (...) contraire au principe d'égalité devant les charges publiques ».

C'est encore sur le fondement de ce principe qu'ont été déclarées contraires à la Constitution certaines dispositions de l'article 27 de la loi de finances pour 2014, n° 2013-1278 du 29 décembre 2013. Ces dispositions concernaient l'assujettissement des plus-values de cession des terrains à bâtir à l'impôt sur le revenu prévu par l'article 200 B du Code général des impôts et par voie de conséquence aux prélèvements sociaux sur les produits du patrimoine. La modification tendait à ne plus tenir compte du délai écoulé depuis la date d'acquisition des biens ou des droits immobiliers cédés ni de l'érosion de la valeur de la monnaie et à supprimer l'abattement sur le montant de la plus-value brute calculée en application des articles 150 V à 150 VB. Le Conseil a jugé, dans sa décision n° 2013-685 DC du 29 décembre 2013 (consid. 46), que les dispositions de l'article 27 conduisaient à déterminer l'assiette des impositions « dans des conditions qui méconnaissent l'exigence de prise en compte des facultés contributives des contribuables intéressés [et] que, dans ces conditions [elles] portent atteinte à l'égalité devant les charges publiques ».

§ 4. – Les droits fondamentaux reconnus aux contribuables

757. – Les trois principes qui viennent d'être examinés constituent le fondement du droit fiscal. Il existe, en outre, des limites que le législateur ne peut pas franchir et qui correspondent à autant de droits fondamentaux reconnus aux contribuables. Ils concernent la rétroactivité de la loi fiscale, les sanctions fiscales, la liberté individuelle et la question prioritaire de constitutionnalité.

A. – Les limites de la rétroactivité

758. – Les plus importantes de ces limites résultent de la jurisprudence du Conseil constitutionnel. Les bornes constitutionnelles de la loi fiscale rétroactive marquent au plus haut niveau la reconnaissance des droits fondamentaux. Afin d'avoir une vue d'ensemble du problème, on rappellera, en outre, les limites qui sont apportées à la rétroactivité par le juge de l'impôt dans l'interprétation même de la loi fiscale rétroactive.

1° Les conditions et les limites de la rétroactivité dans l'élaboration de la loi fiscale ; la jurisprudence du Conseil constitutionnel

a) Les conditions de la rétroactivité

759. – Sécurité juridique et rétroactivité. Selon une jurisprudence constante, « il est à tout moment loisible au législateur, statuant dans le domaine de sa compétence, de modifier des textes antérieurs ou d'abroger ceux-ci en leur substituant, le cas échéant, d'autres dispositions »[(126)].

Le Conseil constitutionnel précise parfois que le moyen tiré de l'atteinte à la sécurité juridique doit « en tout état de cause » être rejeté[(127)].

Le législateur a des pouvoirs, en matière d'abrogation ou de modification des textes, qui ne comportent qu'une seule limite : il ne saurait priver de garanties légales des exigences constitutionnelles et, en particulier, il méconnaîtrait la garantie des droits proclamée par l'article 16 de la Déclaration de 1789, « s'il portait aux

(126) Cons. const., 9 août 2012, n° 2012-654 DC, consid. 17, *Loi de finances rectificative pour 2012*. – Cons. const., 29 déc. 2012, n° 2012-661 DC, consid. 13, *Loi de finances rectificative pour 2012*. – Cons. const., 29 déc. 2012, n° 2012-662 DC, consid. 42, *Loi de finances pour 2013*.

(127) Cons. const., n° 2012-654 DC, préc., consid. 77.

situations légalement acquises une atteinte qui ne soit justifiée par un motif d'intérêt général suffisant »[128].

760. – Sécurité juridique et confiance légitime. Les commentateurs de deux décisions considèrent que le Conseil constitutionnel aurait abandonné sa position traditionnelle (V. *supra*, n° 643) en consacrant le principe de confiance légitime dans des décisions du 19 décembre 2013 et du 5 décembre 2014.

La loi de financement de la sécurité sociale pour 2014 a institué, pour les contrats d'assurance-vie souscrits avant le 26 septembre 1997 pour les primes versées avant cette date ou, dans certaines conditions particulières, ultérieurement, un régime particulier d'imposition des produits issus de ces primes, afin d'inciter les titulaires à conserver ces contrats pendant une durée de six ou huit ans prévue au paragraphe I bis de l'article 125-O A du Code général des impôts. Le Conseil constitutionnel en a déduit, dans sa décision du 19 décembre 2013, que « les contribuables ayant respecté cette durée de conservation pouvaient légitimement attendre l'application d'un régime particulier d'imposition lié au respect de cette durée légale »[129].

La décision du 5 décembre 2014 porte sur l'assiette de la contribution exceptionnelle sur les hauts revenus instituée par la loi du 28 décembre 2011 de finances pour 2012. Cette contribution a été rendue applicable aux revenus perçus en 2011 soumis aux prélèvements libératoires. Le Conseil a considéré que les contribuables ayant perçu des revenus de cette catégorie « pouvaient légitimement attendre de l'application de ce régime légal d'imposition » d'être libérés de l'impôt au titre de ces revenus, que « le législateur a remis en cause les effets qui pouvaient légitimement être attendus de l'application du régime des prélèvements libératoires »[130].

Il n'est pas seulement permis de se demander pourquoi le Conseil constitutionnel n'aurait pas affirmé clairement le caractère de norme de valeur constitutionnelle au principe dit de « confiance légitime », si telle avait été son intention. Les deux décisions qui viennent d'être rappelées peuvent recevoir une autre explication : à savoir qu'il a jugé de manière implicite qu'à côté de l'autorité de la chose jugée qui s'oppose à la rétroactivité d'une disposition de la loi fiscale conformément au principe de la séparation des pouvoirs, s'ajoute le simple constat découlant du fait que le contribuable se trouve dans une situation régulière et définitive dès lors qu'il a exécuté ses obligations à l'issue de la période d'imposition prévue par la loi (décision de 2013) ou du fait du paiement de l'impôt (décision de 2014). Le respect du principe de légalité comporte, en effet, des exigences au moins aussi contraignantes que « l'attente légitime des contribuables ».

761. – Évolution de la jurisprudence. Les conditions auxquelles le Conseil constitutionnel a subordonné la constitutionnalité des dispositions rétroactives, et notamment des lois de validation, ont exprimé pendant longtemps le refus du juge d'accepter l'idée d'une rétroactivité qui serait conçue comme quelque chose d'inévitable à laquelle il faudrait se résigner.

(128) Déc. n° 2012-654 DC, préc., déc. n°s 2012-661 et 2012-662, préc.
(129) Cons. const., 19 déc. 2013, n° 2013-682 DC, *Loi de financement de la sécurité sociale pour 2014*, consid. 18. – V.-E. Joannard-Lardant, *Les principes de sécurité juridique et de confiance légitime en droit fiscal : Dr. fisc.* 2014, n° 10, 191.
(130) Cons. const., 5 déc. 2014, n° 2014-435 QPC, *Verny : Dr. fisc.* 2015 n° 5, comm. 120, note F. Laffaille ; *RJF* 2015, n° 145.

Suivant la formule qu'il utilisait, c'est « par exception aux dispositions de valeur législative de l'article 2 du Code civil, [que] le législateur peut, pour des raisons d'intérêt général, modifier rétroactivement les règles que l'administration fiscale et le juge de l'impôt ont pour mission d'appliquer ».

Ce principe a été posé dans la décision n° 86-223 DC du 29 décembre 1986, *Loi de finances pour 1986*(131). La formule a été reprise dans de nombreuses décisions : déc. 29 déc. 1988, n° 88-250 DC, *Loi de finances pour 1988*(132) ; – Déc. 29 déc. 1989, n° 89-268 DC, *Loi de finances pour 1990*(133) ; – Déc. 24 juill. 1991, n° 91-298 DC, *Loi portant diverses dispositions d'ordre économique et financier*(134).

Elle faisait bien apparaître les deux conditions auxquelles le législateur pouvait user de la possibilité de prendre des mesures rétroactives.

La première correspondait à une simple déclaration de principe. Le principe de non-rétroactivité de la loi posé à l'article 2 du Code civil a seulement valeur législative ; le législateur peut donc y déroger mais il représente l'idéal ; les dérogations que le législateur a le pouvoir d'y apporter doivent donc présenter un *caractère exceptionnel.*

Dans un premier temps, le Conseil constitutionnel avait subordonné la possibilité pour le législateur de prendre des dispositions rétroactives à une simple condition de l'intérêt général. Cette condition s'est transformée en une condition d'intérêt général *suffisant*, comme pour les lois de validation.

762. – **Motif d'intérêt général suffisant.** S'agissant, par exemple, des dispositions de l'article 18 de la loi du 29 décembre 2012 de finances rectificative pour 2012 ayant pour objet de mettre fin à certaines opérations d'optimisation fiscale, et le législateur ayant décidé que ces dispositions ne seraient applicables qu'aux apports ayant pris date certaine à compter du 14 novembre 2012 pour éviter ainsi que le dépôt du projet de loi sur le bureau de l'Assemblée nationale n'entraîne, avant l'entrée en vigueur de la loi, des effets contraires à l'objectif poursuivi, le Conseil constitutionnel considère que l'effet rétroactif qui s'attache à ces dispositions est justifié « par un motif d'intérêt général suffisant »(135).

763. – **Lois de validation.** Jusqu'à la fin des années 1990, le Conseil d'État avait admis que le législateur pouvait valider un acte administratif simplement « dans un but d'intérêt général »(136), ou suivant une autre formule : « dans un but d'intérêt général ou lié à une exigence de valeur constitutionnelle »(137).

La formule utilisée dans ces décisions a été remplacée par celle de « motif d'intérêt général *suffisant* » ou de « but d'intérêt général *suffisant* » à partir de la décision n° 98-404 DC du 18 décembre 1998, *Loi de financement de la sécurité sociale pour 1999*, consid. 5-5, V. *supra*, n° 372.

(131) *Dr. fisc.* 1987, comm. 50.
(132) *Dr. fisc.* 1989, comm. 58.
(133) *Dr. fisc.* 1990, comm. 57 : *RJF* 1990, n° 195 ; *RFDA* 1990, p. 143, chron. Genevois.
(134) *Dr. fisc.* 1991, comm. 2413.
(135) Déc. n° 2012-661 DC, préc., consid. 19.
(136) Cons. const., 30 déc. 1996, n° 96-386 DC, *Loi de finances pour 1996*. – Cons. const., 19 nov. 1997, n° 97-390 DC, *Loi organique relative à la fiscalité applicable en Polynésie française.*
(137) Cons. const., 18 déc. 1997, n° 97-393 DC, *Loi de financement de la sécurité sociale pour 1998.*

L'adjonction du « caractère suffisant » évoquait déjà le « motif impérieux d'intérêt général » qui est retenu par la Cour européenne des droits de l'homme et par le Conseil d'État.

Le Conseil constitutionnel a utilisé lui-même le critère tiré du « motif impérieux d'intérêt général » au moins deux fois au cours de l'année 2014[138]. Il s'en est tenu cependant au critère habituel du « but d'intérêt général suffisant » dans une décision du 12 février 2015, à l'occasion du recours dont il était saisi contre la loi relative à la modernisation et à la simplification du droit et des procédures[139]. Mais c'est de nouveau le « motif impérieux d'intérêt général » qu'il a retenu dans une décision du 2 mars 2016 déclarant contraire à la Constitution l'article de la loi du 29 décembre 2014 de finances rectificatives pour 2014, procédant à la validation rétroactive des évaluations, jugée irrégulières par le Conseil d'État, de valeurs locatives appliquées en matière de taxe foncière sur les propriétés bâties des immeubles commerciaux[140].

La volonté de prévenir le développement des contestations susceptible de porter atteinte aux finances publiques ou à la continuité du service public correspond à un but d'intérêt général (décisions préc.).

Mais la seule considération d'un intérêt financier peut ne pas être regardée comme un motif d'intérêt général, ainsi que l'a décidé le Conseil constitutionnel le 28 décembre 1995.

Il était saisi de l'article 98 de la loi de finances pour 1996 qui validait les titres de perception émis en application d'un arrêté ministériel du 4 mars 1993 répartissant entre les entreprises de transport aérien les dépenses afférentes au contrôle technique d'exploitation, annulé par un arrêt du Conseil d'État du 10 février 1995, ainsi que ceux émis en vertu d'arrêtés antérieurs ayant le même objet. Les auteurs de la saisine ont soutenu que cette disposition était contraire à la Constitution, soit que le législateur ait entendu instituer rétroactivement des redevances, étrangères par nature au domaine des lois de finances, soit qu'il ait au contraire entendu créer rétroactivement des taxes alors qu'il n'en a pas fixé lui-même les taux.

Le Conseil constitutionnel a décidé que cet article était contraire à la Constitution parce que la validation ne répondait pas à un but d'intérêt général, la seule considération d'un intérêt financier ne pouvant être regardée, en l'espèce, comme un motif d'intérêt général :

« Si le législateur a la faculté d'user de son pouvoir de prendre des dispositions rétroactives afin de valider à la suite de l'intervention d'une décision passée en force de chose jugée et dans le respect de cette dernière des actes administratifs, il ne peut le faire qu'en considération de motifs d'intérêt général – qu'eu égard aux sommes concernées et aux conditions générales de l'équilibre financier du budget annexe de l'aviation civile qui n'étaient pas susceptibles d'être affectées en l'espèce, la seule considération d'un intérêt financier lié à l'absence de remise en cause des titres de perception concernés ne constituait pas un motif d'intérêt général autorisant le législateur à faire obstacle aux effets d'une décision de justice déjà intervenue et, le cas échéant, d'autres à intervenir »[141].

C'est la première décision dans laquelle le Conseil constitutionnel a censuré les dispositions d'une loi de validation.

764. – Loi de validation. Respect des règles de valeur constitutionnelle. Une deuxième condition est exigée : l'acte validé ne doit contrevenir à aucune règle, ni à

(138) Cons. const., 14 févr. 2014, n° 2013-366 QPC : *RJF* 2014, n° 483. – Cons. const., 24 juill. 2014, n° 2014-695 DC, consid. 9 et 15.
(139) Cons. const., 12 févr. 2015, n° 2015-710 DC.
(140) Cons. const., 2 mars 2016, n° 2015-525 QPC : *Dr. fisc.* 2016, n° 11, act. 147, note O. Fouquet.
(141) Cons. const., 28 déc. 1995, n° 95-369 DC, *Loi de finances pour 1996 : Dr. fisc.* 1996, comm. 3 ; *RJF* 1996, n° 209.

aucun principe de valeur constitutionnelle, sauf à ce que le législateur, le cas échéant sous le contrôle du Conseil constitutionnel, concilie entre elles les différentes exigences constitutionnelles en cause[(142)].

Le Conseil accepte de vérifier si les actes validés ne sont pas en eux-mêmes de nature à entacher la loi de validation d'inconstitutionnalité[(143)].

b) Les limites de la rétroactivité

765. – Ces limites sont ainsi définies par le Conseil constitutionnel : « (...) l'application rétroactive de la législation fiscale se heurte à une double limite ; d'une part, conformément au principe de non-rétroactivité des lois répressives posé par l'article 8 de la Déclaration des droits de l'homme et du citoyen, elle ne saurait permettre aux autorités compétentes d'infliger des sanctions à des contribuables à raison d'agissements antérieurs à la publication des nouvelles dispositions qui ne tombaient pas également sous le coup de la loi ancienne – d'autre part, l'application rétroactive de la loi fiscale ne saurait préjudicier aux contribuables dont les droits ont été reconnus par une décision de justice passée en force de chose jugée »[(144)] « ou qui bénéficient d'une prescription légalement acquise à la date d'entrée en vigueur de la loi », cette précision ayant été apportée par la décision n° 91-298 DC du 24 juillet 1991, précitée.

Les deux premières exigences sont rappelées dans les décisions concernant les lois de validation : « si le législateur peut, comme lui seul est habilité à refaire, valider un acte administratif (...) c'est sous réserve du respect des décisions de justice ayant force de chose jugée et du principe de non-rétroactivité des peines et des sanctions (...) »[(145)].

Ce sont donc deux limites qui sont assignées de manière certaine par le Conseil constitutionnel au pouvoir du législateur d'édicter des dispositions rétroactives et en particulier des mesures de validation.

766. – Principe de non-rétroactivité de la loi répressive. La première est fondée sur le principe de non-rétroactivité des lois répressives posé par l'article 8 de la Déclaration des droits de l'homme et du citoyen. Les sanctions fiscales sont assimilées à des sanctions pénales. Le législateur ne peut donc édicter de dispositions rétroactives qui comporteraient l'application d'un régime répressif plus sévère et notamment de sanctions fiscales en raison d'agissements antérieurs à la publication des dispositions nouvelles, qui ne tombaient pas également sous le coup de la loi ancienne.

Cette première limite est étudiée avec les droits fondamentaux du contribuable en matière de sanctions fiscales.

767. – Respect des décisions de justice passées en force de chose jugée. La deuxième est une application du principe du respect des décisions de justice passées en force de chose jugée.

---

(142) Cons. const., 18 déc. 1997, n° 97-393 DC. – V. aussi Cons. const., 19 nov. 1997, n° 97-390 DC.
(143) Cons. const., 25 janv. 1995, n° 94-357 DC, *Loi portant diverses dispositions d'ordre social* : *JO* 31 janv.
(144) Cons. const., n°s 86-223 DC, 88-250 DC, 89-268 DC et 91-298, préc.
(145) Cons. const., 19 nov. 1997, n° 97-390 DC. – Cons. const., 18 déc. 1997, n° 97-393 DC, préc. – Cons. const., 21 juin 2013, n° 2013-327 QPC, *SA Assistance Sécurité et Gardiennage* : *RJF* 2013, n° 961.

Une disposition rétroactive serait contraire à la Constitution si elle ne préservait pas les droits des contribuables nés de décisions de justice passées en force de chose jugée.

La décision de justice « passée en force de chose jugée » est une décision qui a acquis un « caractère définitif ».

Pour la Cour de cassation, l'expression doit s'entendre au sens de l'article 500 du Code de procédure civile, suivant lequel « a force de chose jugée le jugement qui n'est susceptible d'aucun recours suspensif d'exécution ». Le pourvoi en cassation formé contre la décision du tribunal de grande instance statuant en matière de droits d'enregistrement n'étant pas suspensif d'exécution (pour les jugements rendus avant le 1er mars 1998), il a été jugé ainsi que l'article 990 D du Code général des impôts dans sa rédaction antérieure à la loi de finances pour 1990, demeurait applicable pour le jugement du pourvoi en cassation, en dépit du caractère interprétatif des dispositions de l'article 105 de cette loi[146].

Le Conseil d'État applique la même règle que la Cour de cassation. La décision d'une juridiction qui a statué en dernier ressort présente, même si elle peut faire l'objet ou est effectivement l'objet d'un pourvoi en cassation, le caractère d'une décision passée en force de chose jugée. Il s'ensuit que les dispositions d'une loi de validation qui réservent le cas des décisions de justice passées en force de chose jugée et qui n'étaient pas en vigueur à la date de l'arrêt d'une cour administrative d'appel, ne peuvent en affecter le bien-fondé[147].

768. – Prescription légalement acquise (limite incertaine). Une troisième limite paraissait avoir été fixée par la décision n° 91-298 DC du 24 juillet 1991, Loi portant diverses dispositions d'ordre économique et financier[148].

Le Conseil avait indiqué que l'application rétroactive de la loi fiscale ne peut porter atteinte aux droits des contribuables « qui bénéficient d'une prescription légalement acquise à la date d'entrée en vigueur de la loi ». Mais le Conseil n'a pas confirmé l'existence de cette condition.

Le Conseil d'État, quant à lui, a refusé d'appliquer ce principe, dont l'énoncé ressortait pourtant clairement de la décision n° 91-298 DC[149].

769. – Interprétation réductrice de la loi rétroactive. Il existe deux autres limites qui résultent de l'interprétation même par le Conseil constitutionnel du texte de loi soumis à son examen.

En premier lieu, il faut signaler la tendance du Conseil constitutionnel à limiter la portée de la rétroactivité, par une interprétation réductrice pleinement conforme à la nature du contrôle de constitutionnalité. La loi de finances rectificative pour 1986 avait modifié des articles du Code général des impôts en prévoyant que les impositions établies sur la base des dispositions antérieures « sont en conséquence réputées régulières ». Le Conseil constitutionnel indique que le législateur, en employant les mots « en conséquence », a entendu non pas valider en tous leurs éléments les

(146) Cass. com., 15 mai 1990, *Brumar* : *RJF* 1990, n° 742 ; *Dr. fisc.* 1990, comm. 1681 ; *LPA* 23 juill. 1990, n° 88, note Derouin. – Cass. ass. plén., 21 déc. 1990, *SA Roval*, avec concl. Dontewille : *JCP* G 1991, II, 21.640 : *RJF* 1991, p. 10 ; *D.* 1991, p. 305 ; *Dr. fisc.* 1991, comm. 614, rapp. Lemontey et comm. 806, note Tixier et Lamulle.
(147) CE, ass., 27 oct. 1995, req. n° 150.703, *Mattio* : *RJF* 1995, n° 14, 10.
(148) *Dr. fisc.* 1991, comm. 2413.
(149) CE, 21 avr. 1997, req. n° 139.231, *Colombeau* : *BDCF* 1997, n° 68, concl. Arrighi de Casanova ; *RJF* 1997, n° 624.

impositions antérieurement établies, mais décider uniquement, avec effet rétroactif, que doivent être considérées comme applicables pour l'établissement de ces impositions, les règles d'évaluation ou d'exonération nouvellement définies, sous réserve du respect de la chose jugée[(150)].

770. – **Interprétation neutralisante.** En second lieu, le Conseil constitutionnel peut adopter une interprétation « neutralisante » des dispositions soumises à son examen, qui aboutit à leur retirer l'effet rétroactif qu'elles auraient pu comporter : ainsi, pour l'article 105 de la loi de finances pour 1990 relatif à la taxe forfaitaire sur la valeur vénale des immeubles possédés en France par des personnes morales n'y ayant pas leur siège social[(151)].

2° Les limites de la rétroactivité dans l'interprétation de la loi fiscale

771. – Aux limites précédentes, qui sont définies par le Conseil constitutionnel, s'ajoutent celles qui sont apportées par le juge de l'impôt dans l'interprétation même de la loi fiscale rétroactive.

On ne reviendra pas sur la définition qui est donnée par le juge de l'expression « sous réserve des décisions de justice passée en force de chose jugée » (V. *supra*, n° 767).

772. – **Charge de la preuve.** La loi de validation peut produire des conséquences inéquitables non seulement sur le fond, mais quant à *la procédure d'imposition*. Une disposition « interprétative » étant censée préciser seulement la portée du texte antérieur, sans rien y ajouter, les obligations qui en résultent pour les contribuables sont considérées comme ayant existé *ab initio*, avant l'interprétation qui a été donnée du texte en cause ; il s'ensuit que les contribuables peuvent se voir reprocher d'avoir méconnu ces obligations et l'administration est en droit d'établir l'imposition d'office, notamment dans le cas de défaut de déclaration[(152)].

Suivant la jurisprudence du Conseil d'État, la loi de validation peut cependant ne pas produire son plein effet en ce qui concerne *la charge de la preuve* qui, contrairement au principe applicable en matière d'impositions d'office, incombe alors à l'administration ; autrement dit, le contribuable ne supporte pas la charge de la preuve de l'exagération des bases d'imposition arrêtées d'office par l'administration[(153)].

773. – **Non-rétroactivité au-delà de l'entrée en vigueur du texte interprété.** Une loi qui comporte une disposition interprétative ne peut non plus rétroagir au-delà de l'entrée en vigueur du texte interprété.

L'application par le juge des dispositions interprétatives qui ont modifié l'article L. 47 du LPF, en vue de légaliser la pratique des contrôles inopinés est, à cet égard, exemplaire.

Les dispositions initiales de l'article L. 47 du Livre des procédures fiscales prévoyaient que le contribuable peut être informé de la vérification de comptabilité par la remise sur place d'un avis de vérification, alors que la loi du 29 décembre 1977

(150) Cons. const., 29 déc. 1986, n° 86-223 DC, préc.
(151) Cons. const., 29 déc. 1989, n° 89-268 DC.
(152) CE, 3 juin 1985, req. n° 42.901 : *Dr. fisc.* 1986, comm. 493, concl. Bissara ; *RJF* 1985, p. 550, pour l'application des dispositions de la loi de finances pour 1982, en matière de prélèvement sur les profits de construction.
(153) CE, 3 juin 1985, préc.

exigeait dans tous les cas l'envoi préalable de cet avis. La chambre criminelle de la Cour de cassation et le Conseil d'État ont considéré que le décret de codification du 15 septembre 1981 avait illégalement modifié la règle de droit applicable et que, dès lors, les dispositions de caractère interprétatif de la loi du 29 décembre 1982 « ne peuvent produire effet à une date antérieure à celle de l'entrée en vigueur, au 1er janvier 1982, du Livre des procédures fiscales »(154). Le législateur a cependant trouvé la parade : il ne modifie plus directement l'article concerné du Livre des procédures fiscales, mais le texte d'origine. C'est ainsi que la disposition de la loi de finances rectificative pour 1989 du 29 décembre 1989 concernant la demande des relevés de compte, s'applique dans le cas de VASFE « mentionnée à l'article 67 de la loi de finances pour 1976 » et non à la VASFE telle que prévue à l'article L. 12 du Livre des procédures fiscales(155).

774. – **Impossibilité de l'application de sanctions fiscales.** Une loi rétroactive ne peut comporter l'application de sanctions fiscales.

Le Conseil d'État a jugé que les impositions fondées sur une loi de caractère rétroactif ne peuvent être assorties des sanctions prévues dans le cas de défaut de déclaration, ni même, en l'absence de disposition le prévoyant expressément, d'intérêts de retard pour la période antérieure à la publication de la loi(156).

La Cour de cassation a fait de remarquables applications de ce principe. Une loi qui institue rétroactivement une taxe ne peut avoir pour effet de rendre applicable une sanction fiscale, telle l'amende du double droit prévue à l'article 1840 N quater du Code général des impôts (ramenée à 80 % par L. fin. 1997), en cas de défaut de paiement de la taxe différentielle (vignette) qui a été substituée rétroactivement à la taxe spéciale sur les véhicules de plus de 16 CV par l'article 18-V de la loi du 11 juillet 1985(157). De même, une loi de validation (de caractère rétroactif) ne peut s'appliquer à une sanction fiscale. Il a été jugé ainsi que l'article 35 de la loi du 22 juin 1993 qui a validé rétroactivement les circulaires du ministre de l'Équipement déterminant le mode de calcul de la puissance fiscale des véhicules automobiles n'a pu avoir pour effet de rendre applicable la pénalité prévue à l'article 1840 N quater du Code général des impôts en cas de non-paiement de la taxe constaté antérieurement à l'entrée en vigueur de cette loi. La Cour de cassation ajoute qu'en déclarant fondée la perception de cette pénalité, le juge viole l'article 34 de la Constitution et l'article 8 de la Déclaration des droits de 1789(158).

Le Conseil d'État a considéré au contraire que la validation par la loi du 29 décembre 1988 de rôles homologués par des fonctionnaires non habilités à cet effet, concerne non seulement les droits en principal, mais aussi les pénalités figurant sur ces rôles, ce qui n'est pas d'une parfaite orthodoxie(159).

(154) Cass. crim., 23 janv. 1989 : *RJF* 1989, p. 383. – CE, plén., 22 mai 1989, req. n° 68.832 : *Gaz. Pal.* 1989, 2, 777, concl. Fouquet ; *RJF* 1989, p. 441.

(155) V. *Code de procédure fiscale*, Dalloz, 2014, notes ss art. L. 12.

(156) CE, 14 avr. 1986, req. n° 44.607 : *Dr. fisc.* 1986, comm. 1679, concl. Racine. – CE, sect., 11 déc. 1987, req. n° 61.531 : *Dr. fisc.* 1988, comm. 924, concl. Martin-Laprade, concernant toujours les dispositions de la loi de finances pour 1982 en matière de prélèvement sur les profits de construction.

(157) Cass. com., 24 mars 1992, *Corbeau* : *Bull. civ.* 1992, IV, p. 95, n° 133. – Cass. com., 9 mars 1993, *Bougarel* : *RJF* 1993, n° 757.

(158) Cass. com., 26 mars 1996, *Sté Reneric* : *RJF* 1996, n° 952. – Cass. com., 4 mars 1997, *Bonnard* : *D.* 1997. inf. rap. p. 99.

(159) CE, CAPC, 30 mars 1994, req. n° 138.360, *Alfieri* : *RJF* 1994, n° 733.

B. – Les droits fondamentaux en matière de sanctions fiscales

775. – La jurisprudence du Conseil constitutionnel revêt une importance considérable en matière de sanctions fiscales. Le Conseil ne s'est pas borné à proclamer de grands principes sans en faire d'applications positives.

À plusieurs reprises, il a censuré des dispositions législatives qui violaient les droits fondamentaux garantis par la Déclaration de 1789 ou le principe du respect des droits de la défense. Sa jurisprudence est ainsi à l'origine d'une importante réforme législative concernant le régime des sanctions fiscales.

1° L'assimilation des sanctions fiscales aux sanctions pénales

776. – **Principe.** Le principe de cette assimilation a été posé par le Conseil constitutionnel dans *la décision n° 82-155 DC du 30 décembre 1982*(160).

Il est fondé sur l'article 8 de la Déclaration de 1789.

Le Conseil était saisi de la conformité à la Constitution de l'article 22 de la loi de finances rectificative pour 1982 validant une délibération de l'assemblée territoriale de Nouvelle-Calédonie. Cette délibération a institué un impôt annuel unique sur le revenu des personnes physiques dans le Territoire de la Nouvelle-Calédonie. Des recours ayant été formés contre cette délibération, le législateur a été appelé à intervenir. L'article 22 de la loi de finances rectificative pour 1982 était ainsi conçu :

Les auteurs de la saisine soutenaient que cette validation ne pouvait conférer un effet rétroactif aux dispositions pénales du texte ainsi validé.

Le Conseil constitutionnel a considéré que la validation prononcée par les dispositions du paragraphe II de l'article 22 qui avait pour effet de reprendre le contenu de la délibération en lui conférant rétroactivement valeur législative ne pouvait être regardée comme contraire à la Constitution. Il a formulé toutefois une importante réserve dans les considérants ci-dessous :

« Considérant cependant que l'article 8 de la Déclaration des droits de l'homme de 1789 dispose. – "La loi ne doit établir que des peines strictement et évidemment nécessaires et nul ne peut être puni qu'en vertu d'une loi établie et promulguée antérieurement au délit et légalement appliquée" ;

Considérant que le principe de non-rétroactivité ainsi formulé ne concerne pas seulement les peines appliquées par les juridictions répressives, mais s'étend nécessairement à toute sanction ayant le caractère d'une punition même si le législateur a cru devoir laisser le soin de la prononcer à une autorité de nature non judiciaire,

Considérant dès lors, que la validation régulièrement opérée de la délibération susvisée par le paragraphe II de l'article 22 de la loi soumise à l'examen du Conseil constitutionnel ne saurait avoir pour effet de soustraire au principe de non-rétroactivité les dispositions de ladite délibération édictant des sanctions, sans distinction entre celles dont l'application revient à une juridiction et celles dont l'application revient à l'administration ; que, toutefois, cette limitation des effets de la validation ne s'étend pas aux majorations de droits et aux intérêts de retard ayant le caractère d'une réparation pécuniaire ; qu'il appartiendra aux autorités chargées de l'application de la présente loi de veiller à ce qu'aucune amende ne soit prononcée sur le fondement de la validation législative en raison de faits antérieurs à la date de mise en vigueur de la loi validant la délibération susvisée ; »

Les termes de la décision n° 82-155 DC ne peuvent laisser aucun doute. Les expressions utilisées par le Conseil : « toute sanction ayant le caractère d'une punition même si le législateur a cru devoir laisser le soin de la prononcer à une autorité de nature non judiciaire », (...) les sanctions « dont l'application revient à l'administration », (...) l'exclusion concernant « les majorations de droits et (...) intérêts de retard ayant le caractère d'une réparation pécuniaire » montrent bien que ce

(160) *Dr. fisc.* 1983, comm. 47.

sont les sanctions fiscales qui sont visées et qui, par conséquent, sont assimilées à des sanctions pénales.

Le principe de l'assimilation des sanctions fiscales aux sanctions pénales a été réaffirmé depuis, constamment.

777. – **Caractère de sanction.** Le principe de l'assimilation ne s'applique qu'aux sanctions proprement dites, c'est-à-dire, pour reprendre la définition par élimination qui est donnée dans la décision du 30 décembre 1982, aux pénalités autres que les « majorations de droits et intérêts de retard ayant le caractère d'une réparation pécuniaire », et qui ont le caractère d'une « punition » (V. *supra*, n° 337).

Le Conseil d'État applique la même définition.

778. – **Conditions.** Le pouvoir reconnu à l'autorité administrative de prendre des sanctions ne peut s'exercer que si *deux conditions* sont remplies : il faut, d'une part, que la sanction susceptible d'être infligée soit *exclusive de toute privation de liberté*, et d'autre part, que l'exercice du pouvoir de sanction soit assorti par la loi de mesures destinées à *sauvegarder les droits et libertés constitutionnellement garantis*[161].

Mais, sous ces conditions, « le principe de la séparation des pouvoirs, non plus qu'aucun principe ou règle de valeur constitutionnelle ne fait obstacle à ce qu'une autorité administrative, agissant dans le cadre de prérogatives de puissance publique, puisse exercer un pouvoir de sanction »[162]. Le législateur a donc la possibilité d'instituer un pouvoir de sanction au profit de toute autorité administrative.

2° Les principes de valeur constitutionnelle applicables aux sanctions fiscales

779. – Les décisions du Conseil constitutionnel comportent habituellement le considérant de principe suivant :

> « (...) il résulte de l'article 8 de la Déclaration des droits de l'homme et du citoyen, comme des principes fondamentaux reconnus par les lois de la République, qu'une peine ne peut être infligée qu'à la condition que soient respectés le principe de légalité des délits et des peines, le principe de nécessité des peines, le principe de non-rétroactivité de la loi répressive d'incrimination plus sévère ainsi que le principe du respect des droits de la défense »[163].

Compte tenu des précisions ultérieures apportées par le Conseil, ce sont en réalité cinq grands principes de valeur constitutionnelle qui doivent s'appliquer aux sanctions administratives en général et aux sanctions fiscales en particulier.

780. – **Légalité des délits et des peines.** Concernant le premier de ces principes, celui de la légalité des délits et des peines, le Conseil constitutionnel indique « qu'appliquée en dehors du droit pénal, l'exigence d'une définition des infractions sanctionnées se trouve satisfaite en matière administrative, par la référence aux obligations » auxquelles les citoyens sont soumis en vertu des lois et règlements[164].

(161) Cons. const., 28 juill. 1989, n° 89-260 DC, *Loi relative à la sécurité et à la transparence du marché financier* : *JO* 1er août.
(162) Cons. const., n° 89-260 DC, préc.
(163) Cons. const., 29 déc. 1989, n° 89-268 DC, et Cons. const., 28 déc. 1990, n° 90-285 DC, préc. – Cons. const., 30 déc. 1997, n° 97-395 DC, *Loi de finances pour 1998*.
(164) Cons. const., 17 janv. 1989, n° 88-248 DC, *Loi modifiant la loi du 30 septembre 1986 relative à la liberté de communication* : *JO* p. 754.

Il recherche si l'infraction instituée par la disposition de loi contestée « est définie en termes suffisamment clairs et précis pour exclure l'arbitraire »[165].

Les infractions susceptibles de donner lieu à l'application de sanctions ne répondent pas toujours à une définition précise en matière fiscale.

781. – Caractère nécessaire des peines. Proportionnalité. Le principe du caractère nécessaire des peines a été consacré dans la décision n° 87-237 DC du 30 décembre 1987[166]. – Cons. const., 30 déc. 1997, n° 97, 395 DC, *Loi de finances pour 1998.*

Ce principe intéresse d'abord la proportionnalité de la peine à la gravité des manquements commis.

Mais « en l'absence de disproportion manifeste entre les infractions et les sanctions concernées, il n'appartient pas au Conseil constitutionnel de substituer sa propre appréciation, à celle du législateur en ce qui concerne la nécessité des peines sanctionnant les infractions définies par celui-ci »[167].

Le Conseil constitutionnel contrôle de plus en plus souvent la proportionnalité de la sanction édictée par le législateur, notamment lorsqu'elle consiste en un pourcentage du chiffre d'affaires ou du montant des recettes brutes. Il a sanctionné ainsi plusieurs dispositions de la loi de finances pour 2014 qui avaient créé des sanctions pécuniaires hors de proportion avec la gravité des infractions[168].

782. – Caractère nécessaire des peines. Caractère automatique de la sanction. La décision n° 88-248 DC du 17 janvier 1989, *Liberté de communication* a apporté d'intéressantes indications sur le contenu du principe de nécessité des peines. Le principe de proportionnalité, qui en est le corollaire, n'implique pas seulement que le montant de la sanction pécuniaire soit fonction de la gravité des manquements commis. Il est encore permis d'inférer de cette décision qu'aucune sanction ne doit revêtir de *caractère automatique* et qu'un même manquement ne peut donner lieu qu'à une seule sanction administrative. Ce principe a été confirmé par la décision n° 92-307 DC du 25 février 1992, *Zones de transit*, consid. 28.

783. – Caractère nécessaire des peines. Cumul avec les sanctions pénales. Une autre question est celle du *cumul ou du non-cumul des sanctions administratives* de caractère pécuniaire *avec des sanctions pénales* de même nature.

Le Conseil constitutionnel avait admis, semble-t-il, dans la décision n° 88-248 DC du 17 janvier 1989, *Conseil Supérieur de l'Audiovisuel*, qu'une sanction pécuniaire ne peut se cumuler avec une sanction pénale. Il a abandonné cette jurisprudence dans la décision n° 89-260 DC du 28 juillet 1989, *Loi relative à la sécurité et à la transparence du marché financier*[169].

On a pu croire un moment que le Conseil avait posé définitivement, au contraire, le principe du non-cumul dans la décision n° 96-378 DC du 23 juillet 1996, *Loi de*

(165) Cons. const., 25 févr. 1992, n° 92-307 DC, *Loi portant modification de l'ordonnance du 2 novembre 1945 relative aux conditions d'entrée et de séjour des étrangers en France : JO* 27 févr.
(166) *Dr. fisc.* 1988, comm. 5.
(167) Cons. const., 20 janv. 1993, n° 92-316 DC, *Loi relative à la prévention de la corruption : JO* 22 janv. – Cons. const., 21 janv. 1994, n° 93-333 DC, *Liberté de communication : JO* 26 janv. 1994.
(168) Cons. const., 29 déc. 2013, n° 2013-685 DC, *Loi de finances pour 2014*, consid. 90 et 91, 97, 104 à 111 et 117.
(169) *JO* 1er août.

réglementation de télécommunication : « une sanction administrative de nature pécuniaire ne peut se cumuler avec une sanction pénale »[(170)].

Mais il est revenu à sa jurisprudence de la décision du 28 juillet 1989. Il a réaffirmé, dans les mêmes termes, que « lorsqu'une sanction administrative est susceptible de se cumuler avec une sanction pénale, le principe de proportionnalité implique qu'en tout état de cause le montant global des sanctions éventuellement prononcées ne dépasse pas le montant le plus élevé de l'une des sanctions encourues, il appartiendra donc aux autorités administratives et judiciaires compétentes de veiller au respect de cette exigence »[(171)].

Cette décision résout définitivement par l'affirmative la question de savoir si les sanctions fiscales de caractère pécuniaire peuvent se cumuler avec les peines d'amende prononcées par les tribunaux correctionnels à l'encontre des contribuables poursuivis pour fraude fiscale.

Le Conseil constitutionnel a été conduit à confirmer et à préciser sa jurisprudence notamment dans les deux décisions n°s 2016-545 QPC et 2016-546 QPC du 24 juin 2016 (pts 21 à 24)[(172)].

Le principe de nécessité des délits et des peines ne saurait interdire au législateur de fixer des règles distinctes permettant l'engagement de procédures conduisant à l'application de plusieurs sanctions afin d'assurer une répression effective des infractions. Ce principe – et c'est une réserve essentielle – impose néanmoins que les dispositions de l'article 1741 du Code général des impôts réprimant la fraude fiscale ne s'appliquent qu'aux cas les plus graves de dissimulation frauduleuse de sommes soumises à l'impôt. Cette gravité peut résulter du montant des droits fraudés, de la nature des agissements de la personne poursuivie ou des circonstances de leur intervention. Les contribuables auteurs des manquements les plus graves peuvent ainsi faire l'objet de procédures complémentaires et de sanctions proportionnées en application des dispositions de l'article 1729 établissant les sanctions proprement fiscales sous forme de majorations d'impôt et des dispositions de l'article 1741. L'application combinée de ces dispositions ne peut donc être regardée comme conduisant à l'engagement de poursuites différentes aux fins de sanctions de faits identiques en application de corps de règles distincts et ne méconnaît pas le principe de nécessité des délits et des peines. L'éventualité que deux procédures soient engagées peut conduire à un cumul de sanctions. Mais le principe de proportionnalité implique qu'en tout état de cause le montant global des sanctions éventuellement prononcées ne dépasse pas le montant le plus élevé de l'une des sanctions encourues[(173)].

784. – **Non-rétroactivité.** On a vu dans quelles conditions le Conseil constitutionnel a consacré le principe de la non-rétroactivité des dispositions édictant des sanctions et défini le contenu de ce principe.

(170) Consid. 15. – V. en ce sens l'opinion de F. Moderne, *Le pouvoir de sanction au confluent du droit interne et des droits européens* : *RFDA* 1997, p. 15.

(171) Cons. const., 30 déc. 1997, n° 97-395 DC, *Loi de finances pour 1998*, consid. 41 : *RJF* 1998, n° 183.

(172) *Dr. fisc.* 2016, n° 27, comm. 405, note S. Detraz.

(173) Dans le cas de cumul de sanctions disciplinaires prévues par le Code de la sécurité sociale et le Code de la santé publique, si les juridictions compétentes prononcent des sanctions différentes, seule la sanction la plus forte peut être mise à exécution : Cons. const., 17 janv. 2013, n° 2012-289 QPC, consid. 2 à 6.

La non-rétroactivité des lois répressives n'interdit pas seulement d'infliger des sanctions à des contribuables du fait d'agissements antérieurs à la publication des dispositions nouvelles et qui ne tombaient pas également sous le coup de la loi ancienne. Le principe interdit aussi les dispositions rétroactives prévoyant une incrimination plus sévère[174] et les dispositions qui auraient pour effet de faire renaître en cette matière une prescription légalement acquise[175].

785. – **Application immédiate de la loi plus douce.** Le législateur doit respecter le principe d'application immédiate de la loi pénale plus douce, et d'une manière plus générale, « de mesures répressives plus douces »[176].

786. – **Application du principe des droits de la défense.** Le principe du respect des droits de la défense « constitue un des principes fondamentaux reconnus par les lois de la République réaffirmés par le préambule de la Constitution du 27 octobre 1946, auquel se réfère le préambule de la Constitution de 1958 »[177].

L'application de ce principe doit comporter les garanties suivantes : aucune sanction ne peut être infligée sans que l'intéressé ait été mis à même tant de présenter ses observations sur les faits qui lui sont reprochés, que d'avoir accès au dossier le concernant ; toute décision prononçant une sanction doit être motivée ; cette décision doit pouvoir faire l'objet d'un recours juridictionnel, et d'un recours suspensif d'exécution ; le droit de recours étant réservé à la personne sanctionnée, son exercice ne peut, conformément aux principes généraux du droit, conduire à aggraver sa situation[178].

Le respect des droits de la défense fait encore obstacle à ce que l'autorité administrative puisse à l'égard d'une même personne et s'agissant des mêmes faits, s'ils constituent les éléments d'une infraction pénale, prononcer des sanctions dans le cadre d'une procédure administrative et concurremment, exercer tous les droits de la partie civile dans l'instance pénale[179].

Le Conseil constitutionnel a fait une intéressante application du principe des droits de la défense au sujet de l'article 107 de la loi de finances pour 1990 relatif à l'obligation du paiement par chèque. Une disposition de cet article prévoyait que les infractions seraient sanctionnées par une amende fiscale égale à 25 % des sommes non réglées par chèque barré, par virement bancaire ou postal ou par carte de paiement ou de crédit, et que cette « amende fiscale » serait recouvrée comme en matière de timbre. La procédure de redressement contradictoire n'est pas applicable en matière de droits de timbre[180]. Au cas particulier, l'amende prévue par l'article 107, tout en ayant pour but de sanctionner une obligation destinée à lutter contre l'évasion fiscale, ne constituait pas l'accessoire d'une imposition et se trouvait par là même exclue du champ d'application des dispositions qui édictent des garanties au profit des contribuables dans leurs rapports avec l'administration. Le Conseil constitutionnel a décidé en conséquence que la disposition de l'article 107 instituant cette amende fiscale était contraire au principe constitutionnel des droits de la défense[181].

---

(174) Cons. const., 17 janv. 1989, n° 88-248 DC, préc.

(175) Cons. const., 24 juill. 1991, n° 91-298 DC, *Loi portant diverses dispositions d'ordre économique et financier : Dr. fisc.* 1991, comm. 2413.

(176) Cons. const., 25 juill. 1990, n° 90-277 DC, consid. 26, *Loi relative à la révision générale des évaluations des immeubles : JO* 27 juill.

(177) Cons. const., 17 janv. 1989, n° 88-248 DC, consid. 29. – Cons. const., 28 juill. 1989, n° 89-260 DC, préc., consid. 44.

(178) Cons. const., n° 88-248 DC, préc.

(179) Cons. const., n° 89-260 DC, préc.

(180) LPF, art. L. 56.

(181) Cons. const., 29 déc. 1989, n° 89-268 DC : *Dr. fisc.* 1990, comm. 57 ; *RJF* 1990, n° 195.

La solution est identique pour l'article 43 de la loi de finances pour 1991 qui a créé une taxe additionnelle sur les tickets du pari mutuel[182]. Cet article prévoyait que la taxe additionnelle devait être recouvrée sous les « mêmes sanctions » que le droit de timbre sur les tickets du pari mutuel.

C. – La liberté individuelle

787. – Le Conseil constitutionnel garantit la défense des libertés individuelles, mais c'est toujours en soulignant que « l'exercice des libertés et droits individuels ne saurait en rien excuser la fraude fiscale ni en entraver la légitime répression »[183].

On peut s'étonner cependant que le Conseil constitutionnel ait admis aussi facilement la perquisition du domicile dans un but fiscal lorsqu'on connaît son opposition aux mesures législatives concernant la fouille des véhicules automobiles[184].

Ces réserves n'amoindrissent cependant en rien l'intérêt qui s'attache à la décision n° 83-164 DC du 29 décembre 1983 concernant le droit de perquisition de l'administration fiscale. En revanche, on peut ne pas approuver certains considérants concernant la constitutionnalité de dispositions sur le secret fiscal.

1° L'inviolabilité du domicile et le droit de perquisition de l'administration fiscale

788. – *La décision n° 83-164 DC du 29 décembre 1983* est assurément la plus importante qui ait été rendue par le Conseil constitutionnel du point de vue de la défense des libertés individuelles en matière fiscale[185]. Les questions sur les perquisitions et les saisies sont reprises dans les développements concernant les procédures de contrôle.

L'article 89 de la loi de finances pour 1984, n° 83-1179 du 29 décembre 1983 (qui était l'article 83 du projet), sous le prétexte d'améliorer les garanties des contribuables en matière de contrôle fiscal, tendait en fait à généraliser des pratiques aussi arbitraires que celles autorisées par les dispositions des ordonnances du 30 juin 1945 ou par l'article 64 du Code des douanes.

Le Conseil constitutionnel a déclaré ces dispositions non conformes à la Constitution.

789. – À la suite des décisions n° 83-164 DC du 29 décembre 1983 et n° 84-184 DC du 29 décembre 1984, la jurisprudence du Conseil constitutionnel est donc nettement fixée en matière de perquisitions fiscales.

Le principe de la liberté individuelle doit être concilié avec les nécessités de la lutte contre la fraude fiscale ; ces nécessités légitiment les droits de perquisition et de saisie des documents reconnus à l'administration fiscale.

(182) Cons. const., 28 déc. 1990, n° 90-285 DC : *Dr. fisc.* 1991, comm. 48 : *RJF* 1991, n° 213.

(183) Cons. const., 29 déc. 1983, n° 83-164 DC. – Cons. const., 29 déc. 1984, n° 84-184 DC. – Cons. const., 3 juill. 1986, n° 86-209 DC : *Dr. fisc.* 1986, comm. 1405 ; *RJF* 1986, p. 613.

(184) Cons. const., 12 janv. 1977, n° 76-75 DC. – V. encore Cons. const., 18 janv. 1995, n° 94-352 DC, *Loi d'orientation et de programmation relative à la sécurité* : *JO* 21 janv., p. 1154.

(185) *Dr. fisc.* 1984, comm. 49 ; *JCP G* 1984, II, 20160, note Drago et Decocq ; *Code de procédure fiscale*, Dalloz, 23e éd., 2016, comm. J. Lamarque, ss. art. L. 16 B.

En particulier, dans le cas où aucune poursuite pénale n'est engagée, aucun principe constitutionnel ne s'oppose à l'utilisation, dans un but fiscal, de documents ou de constatations résultant d'une perquisition, dès lors que celle-ci est régulière[(186)].

Les droits de perquisition et de saisie sont cependant entourés de plusieurs garanties, sur le fondement du second alinéa de l'article 66 de la Constitution suivant lequel : « L'autorité judiciaire, gardienne de la liberté individuelle, assure le respect de ce principe dans les conditions prévues par la loi ».

Des dispositions prévoyant la perquisition de locaux privés, notamment des locaux affectés à l'habitation, ne satisfont aux exigences constitutionnelles de la liberté individuelle que si plusieurs conditions sont réunies.

790. – Autorisation judiciaire. La perquisition des locaux doit faire l'objet d'une *autorisation* qui ne peut être donnée que par le *juge judiciaire* ; cette autorisation doit être *particulière à* chaque opération de perquisition ; le procédé de la disposition ou de l'autorisation de caractère général est exclu.

791. – Autorisation nécessaire pour tous les locaux privés. Alors que les dispositions législatives antérieures[(187)], faisaient une distinction traditionnelle entre les locaux affectés exclusivement à l'habitation (dont la visite devait être autorisée, depuis la loi n° 77-1453 du 29 décembre 1977, par une ordonnance du président du tribunal de grande instance, du juge d'instruction ou du juge du tribunal d'instance) et les autres locaux, tels les locaux à usage commercial, industriel ou professionnel, l'autorisation judiciaire est désormais nécessaire pour tous les locaux privés.

Cette exigence excède donc la protection de la liberté essentielle qui s'attache à l'inviolabilité du domicile et au respect de la vie privée ; il est vrai que le terme de « domicile » a reçu une signification plus large que celle d'habitation personnelle ou « d'espace privé indispensable à la personne ».

La distinction entre locaux à usage professionnel et domicile n'a pas toutefois perdu tout intérêt. Le Conseil constitutionnel a retenu ainsi parmi les motifs d'inconstitutionnalité d'un texte le fait « que n'est pas prise en considération l'hypothèse dans laquelle les locaux susceptibles d'être visités serviraient, pour partie, de domicile aux intéressés »[(188)].

792. – Autres garanties. Le texte législatif doit donner une définition précise des infractions faisant l'objet des recherches de l'administration ; – il doit assigner de façon explicite au juge la mission de vérifier de façon concrète le bien-fondé de la demande qui lui est soumise ; – l'autorité judiciaire doit pouvoir intervenir dans le déroulement des opérations de perquisition et en contrôler l'exécution ; – le principe des droits de la défense doit être respecté, dès lors que l'administration fiscale ou le ministère public entend se prévaloir du résultat des investigations[(189)].

---

(186) Cons. const., 29 déc. 1984, n° 84-184 DC.
(187) LPF, art. 38 à 41. – Ord. n° 45-1484, 30 juin 1945, art. 16.
(188) Cons. const., 27 déc. 1990, n° 90-281 DC, *Loi n° 90-1170 du 29 décembre 1990 sur la réglementation des télécommunications, art. 9*, insérant dans le Code des postes et télécommunications un article L. 40 reconnaissant un droit de visite aux fonctionnaires de l'administration des télécommunications habilités à cet effet, pour la recherche des infractions à la réglementation sur les télécommunications.
(189) Cons. const., 29 déc. 1984, n° 84-184 DC.

L'arrêt de la Cour européenne des droits de l'homme du 21 février 2008, *Ravon*, a relancé le débat sur la réalité des garanties apportées par l'article L. 16 B du Livre des procédures fiscales[190].

L'article 38 de la loi n° 2013-1117 du 6 décembre 2013 relative à la lutte contre la fraude fiscale et la grande délinquance économique et financière a modifié les articles L. 16 B et L. 38 du Livre des procédures fiscales afin de permettre à l'administration fiscale de demander au juge des libertés et de la détention l'autorisation de procéder à des visites domiciliaires sur le fondement de toute information quelle qu'en soit l'origine. Le Conseil constitutionnel a, dans sa décision n° 2013-679 DC du 4 décembre 2013 (consid. 35 à 39), déclaré ces dispositions contraires à la Constitution, en dépit de conditions d'application restrictives, en considérant que « toutefois, en permettant que le juge autorise l'administration à procéder à des visites domiciliaires sur le fondement des documents, pièces ou informations de quelque origine que ce soit, y compris illégale, le législateur a privé de garanties légales les exigences du droit au respect de la vie privée, et en particulier, de l'inviolabilité du domicile.

2° Le secret fiscal

793. – **Liste des contribuables. Créanciers d'aliments.** L'article 93 de la loi de finances pour 1984, n° 83-1179 du 29 décembre 1983, dont la disposition a été codifiée à l'article L. 111 du Livre des procédures fiscales (modifié depuis à plusieurs reprises) a prévu que les créanciers d'aliments dont la qualité est reconnue par une décision de justice peuvent consulter la liste des personnes assujetties à l'impôt sur le revenu, qui est détenue par la Direction des services fiscaux dans le ressort de laquelle l'imposition du débiteur est établie.

Le Conseil constitutionnel a déclaré la disposition de l'article 93 conforme à la Constitution[191]. Cette décision, concernant les créanciers d'aliments, n'est pas contestable, dès lors que l'on admet que les dispositions sur la publicité de l'impôt sont justifiées dans leur principe.

794. – **Publicité de l'impôt.** En revanche, la même décision du 29 décembre 1983 est plus critiquable en ce qui concerne l'article 114 de la loi de finances pour 1984 relatif à la publicité de l'impôt, et dont les dispositions ont été également codifiées à l'article L. 111 du Livre des procédures fiscales.

Ce texte prévoit que la liste des personnes assujetties à l'impôt sur le revenu, à l'impôt sur les sociétés ou à l'impôt sur les grandes fortunes doit être dressée de manière à distinguer les trois impôts par commune (l'article L. 111 a été modifié, depuis, à la suite de la suppression de l'IGF).

Cette liste est complétée par l'indication des personnes non assujetties dans la commune à l'impôt sur le revenu ou à l'impôt sur les sociétés mais qui y possèdent une résidence. La liste concernant l'impôt sur le revenu comporte, outre la mention du montant de l'impôt et du nombre de parts retenu pour l'application du

(190) *Adde* : art. J. Lamarque, *L'article L. 16 B après l'arrêt Ravon. Libres propos d'un juriste libre : Mél. Cozian*, 2009, p. 715.
(191) Cons. const., 29 déc. 1983, n° 83-164 DC, préc.

quotient familial, l'indication du revenu imposable et de l'avoir fiscal. Le texte prévoyait également pour l'impôt sur les grandes fortunes que la liste doit être complétée par l'indication de la valeur du patrimoine déclaré et du montant de l'impôt mis à la charge de chaque redevable.

Les auteurs de la requête avaient fait valoir que ces dispositions méconnaissaient l'article 2 de la Déclaration des droits de l'homme et du citoyen en ce qu'elles portaient atteinte à la fois au « respect de la vie privée » et à « la sûreté des citoyens » : ils ont fait valoir, de manière quelque peu excessive, que la divulgation des informations en question « peut permettre à des personnes peu scrupuleuses d'obtenir les informations permettant de perpétrer, à l'encontre de certains contribuables, des agissements (chantage, enlèvement avec demande de rançon...) incompatibles avec la sûreté que reconnaît à chaque citoyen la Constitution »[192].

Selon l'article 2, « le but de toute association politique est la conservation des droits naturels et imprescriptibles de l'homme. Ces droits sont la liberté, la propriété, la sûreté et la résistance à l'oppression ».

Le Conseil constitutionnel a décidé que les dispositions de l'article 114 ne portaient aucune atteinte à ces principes non plus qu'à aucune autre règle ou principe de valeur constitutionnelle.

Les requérants avaient ajouté, de manière assez perfide, « qu'on ne saurait, à moins de considérer que cet amendement vise à favoriser le développement de la délation, ce qui ne paraît guère conforme à l'éthique républicaine, admettre que cette disposition a pour objet d'améliorer le contrôle fiscal »[193]. Cette supposition n'était pas purement gratuite, lorsqu'on considère que la disposition en cause figurait dans la loi sous le titre assez révélateur de « mesure visant à permettre une meilleure transparence fiscale », comme si, par cet euphémisme, le législateur voulait dissimuler une raison inavouable.

La suppression progressive du secret fiscal présente effectivement des aspects assez peu reluisants. On espère ainsi que les contribuables feront des déclarations plus exactes, pour ne pas s'exposer à la dénonciation dans le cas où elles feraient apparaître certaines discordances avec le train de vie ou la fortune.

Affirmer, comme le fait le Conseil constitutionnel à la fin de sa décision, que les dispositions de l'article 114 « sont de nature à améliorer la sincérité des déclarations fiscales » revient à légitimer l'incitation à la délation, alors que la délation est toujours inspirée par des motifs méprisables.

3° Droits de la défense

795. – L'article 37 de la loi du 6 décembre 2013 relative à la lutte contre la fraude fiscale a inséré dans le Livre des procédures fiscales un article L. 10-0 AA en vertu duquel les documents, pièces ou informations que l'administration fiscale utilise et qui sont portés à sa connaissance ne peuvent être écartés « au seul motif de leur origine ».

Le Conseil constitutionnel s'est borné à relever que ces documents, pièces ou informations doivent toutefois « avoir été régulièrement portés à la connaissance » de l'administration fiscale. Ces dispositions n'ont donc été déclarées conformes à la Constitution qu'au regard d'une condition, celle de la transmission régulière, dont la portée est relativement limitée.

(192) *JO* 30 déc. 1983, p. 3880.
(193) *JO* 30 déc. 1983, p. 3881.

En revanche, beaucoup plus importante est la réserve introduite par le Conseil : à savoir que « ces dispositions ne sauraient, sans porter atteinte aux exigences découlant de l'article 16 de la Déclaration de 1789, permettre aux services fiscaux de se prévaloir de pièces ou documents obtenus par une autorité administrative ou judiciaire dans des conditions déclarées ultérieurement illégales par le juge »[194].

D. – La question prioritaire de constitutionnalité

796. – L'article 61-1 de la Constitution, issu de la loi constitutionnelle n° 2008-724 du 23 juillet 2008, pose en principe que « lorsque, à l'occasion d'une instance en cours devant une juridiction, il est soutenu qu'une disposition législative porte atteinte aux droits et libertés que la Constitution garantit, le Conseil constitutionnel peut être saisi de cette question sur renvoi du Conseil d'État ou de la Cour de cassation qui se prononce dans un délai déterminé ».

Les conditions d'application de cet article ont été déterminées par la loi organique n° 2009-1523 du 10 décembre 2009, par voie de modification de l'ordonnance n° 58-1067 du 7 novembre 1958 portant loi organique sur le Conseil constitutionnel (art. 23-1 à 23-12 constituant le chapitre II bis de cette ordonnance).

Le Conseil constitutionnel, appelé à se prononcer sur la conformité à la Constitution de la loi organique relative à l'application de l'article 61-1, a seulement formulé des réserves portant sur des questions de procédure[195].

Les modalités d'application de la loi organique ont été fixées par le décret n° 2010-148 du 16 février 2010, dont la quasi-totalité des dispositions a été intégrée dans le Code de justice administrative, le Code de procédure civile, le Code de procédure pénale et le Code de l'organisation judiciaire. Un second décret d'application est intervenu concernant la procédure devant la Cour de cassation à la suite de l'abrogation de l'article 23-6 par la loi organique n° 2010-830 du 22 juillet 2010 : il s'agit du décret n° 2010-1216 du 15 octobre 2010 relatif à la procédure d'examen des questions prioritaires de constitutionnalité devant la Cour de cassation.

Les dispositions relatives à la question prioritaire de constitutionnalité (QPC) sont entrées en vigueur à compter du 1er mars 2010.

797. – **Bilan statistique en matière fiscale.** Durant la période du 1er mars 2010 au 1er mars 2013, les tribunaux administratifs ont été saisis de 1 323 QPC, et les cours administratives d'appel, de 481 QPC. Le rythme a décru cependant sensiblement de 2010 à 2012.

La principale source est celle du contentieux fiscal (en 2012, 62,5 % de QPC en première instance et 23,8 % en appel, et sur les trois années, une moyenne de 50,5 % en première instance et de 43 % en appel).

Seule une minorité de QPC a franchi le cap de la transmission au Conseil constitutionnel. Celui-ci avait rendu au 31 mars 2016, depuis le 1er mars 2010, 468 décisions[196].

Sur ces 468 décisions, un peu plus d'une centaine concerne la fiscalité et les douanes.

(194) Déc. n° 2013-679 DC, 4 déc. 2013, consid. 32 et 33.
(195) Cons. const., 3 déc. 2009, n° 2009-595 DC.
(196) Conseil d'État, Rapport public 2013. – *Le Conseil constitutionnel : trois années de QPC : Nouveaux Cah. Cons. const.* juin 2013, n° 40, p. 261 ; *ibid.* juin 2016, n° 52, p. 245.

Le contentieux fiscal reste le principal pourvoyeur des QPC en 2015 : 33 % des QPC déposées devant les tribunaux administratifs, 40 % devant les cours administratives d'appel, 23 % devant le Conseil d'État. Au 31 décembre 2015, les tribunaux administratifs avaient examiné 199 QPC et en avaient transmis vingt-sept au Conseil d'État (soit 13,6 %). Les cours administratives d'appel avaient examiné quatre-vingt-neuf dossiers et transmis seulement trois QPC au Conseil d'État (soit 3,5 %). Devant le Conseil d'État, 1 374 affaires ont été enregistrées pour le contentieux fiscal et 1 725 ont été réglés en 2015. Les QPC représentent 23 % des entrées ; le Conseil d'État en a traité cent soixante-quinze et transmis quarante-six au Conseil constitutionnel, soit 26 %[197].

798. – **Décisions de non-transmission.** Des réserves « sérieuses » peuvent être faites pour des décisions du Conseil d'État de non-transmission ; elles concernent notamment : – les dispositions applicables en cas de non-révélation des bénéficiaires des revenus distribués prévues aux articles 117 et 1763 A devenu article 1759 du Code général des impôts[198], – les dispositions du 2° de l'article 1467 du Code général des impôts concernant la base imposable à la taxe professionnelle de certains titulaires de bénéfices non commerciaux employant moins de cinq salariés[199].

799. – **Décisions de conformité à la Constitution.** Il est des décisions du Conseil constitutionnel qui peuvent être considérées comme contestables : – Cons. const., 18 juin 2010, n° 2010-5 QPC, *SNC Kimberly Clark concernant l'article 273 du CGI, en matière de TVA*[200] ; – Cons. const., 23 juill. 2010, n° 2010-16 QPC, pour les dispositions de l'article 158 du Code général des impôts, qui, dans la rédaction issue de la loi de finances pour 2006 instituaient une majoration de 25 % des bénéfices professionnels imposables à l'impôt sur le revenu des contribuables soumis au régime réel d'imposition qui n'adhèrent pas à un organisme de gestion agréé[201].

On comprend également assez difficilement que le Conseil constitutionnel n'ait pas au moins fait des réserves en se prononçant sur la constitutionnalité de la majoration de 10 % prévue à l'article 1730 du Code général des impôts en cas de retard de paiement de l'impôt[202].

Ce sont des réserves que le Conseil constitutionnel a faites au contraire en matière de taxe générale sur les activités polluantes[203], pour la taxe sur les surfaces commerciales[204] et l'article 168 du Code général des impôts[205].

800. – **Décisions de non-conformité.** Elles sont restées l'exception au cours des deux premières années. Elles concernent les cessions gratuites de terrains (V. *supra*, n° 79), le prélèvement fiscal de la Cie financière de la Crau (V. *infra*, n° 815), l'ancienne taxe sur l'électricité (n° 2010-97, 4 févr. 2011, V. *supra*, n° 300), la décision

(197) Rapport public 2016 du Conseil d'État : *Dr. fisc.* 2016, n° 25, 382.

(198) CE, 25 juin 2010, n° 336.708, *Rudant* : *Dr. fisc.* 2010, n° 27, comm. 405, concl. E. Geffray qui avait conclu au renvoi ; *RJF* 2010, n° 946 ; *BDCF* 2010, n° 109, concl.

(199) CE, 23 juill. 2010, n° 340.114, *Monnot* : *Dr. fisc.* 2010, n° 39, comm. 505, concl. au renvoi de P. Collin ; *RJF* 2010, n° 1082.

(200) *Dr. fisc.* 2010, n° 48, comm. 576, note M. Guichard et R. Grau.

(201) *Dr. fisc.* 2010, n° 35, act. 321.

(202) Cons. const., 29 avr. 2011, n° 2011-124 QPC : *Dr. fisc.* 2011, n° 27, comm. 416, note F. Subra et M. Le Tacon ; *FR Lefebvre* 23/2011, note S. Austry.

(203) Cons. const., 18 oct. 2010, n° 2010-57. – V. *supra*, n° 287.

(204) Cons. const., 26 nov. 2010, n° 2010-70.

(205) Cons. const., 21 janv. 2011, n° 2010-84. – V. *infra*, n° 824.

n° 2010-78 du 10 décembre 2010 concernant la règle de l'intangibilité du bilan qui se rapporte autant à la matière des validations législatives[(206)], sans oublier la décision n° 2010-72 du 10 décembre 2010 sur le quatrième alinéa de l'article 1741 du Code général des impôts prévoyant que le juge qui prononce la condamnation pour le délit de fraude fiscale est tenu d'ordonner la publication du jugement de condamnation au *Journal officiel*[(207)], les modalités de recouvrement de la taxe additionnelle à la cotisation sur la valeur ajoutée des entreprises[(208)], de la taxe locale sur la publicité extérieure[(209)] ou de la taxe due par les éditeurs de services de télévision prévue à l'article L. 115-7 du Code du cinéma et de l'image animée[(210)] et quatre décisions en matière de douanes[(211)].

Plusieurs décisions de non-conformité ont été rendues depuis le début de l'année 2014. Les dernières décisions évoquées ou analysées dans cette quatrième édition sont celles du 24 juin 2016 (V. *supra*, n° 783).

1° Présentation de la question prioritaire de constitutionnalité

801. – **Juridictions pouvant être saisies d'une QPC.** La question n'est envisagée ici que du point de vue du droit fiscal.

Le moyen ne peut à aucun stade être relevé d'office[(212)].

La QPC peut être soulevée devant toute juridiction relevant du Conseil d'État (tribunal administratif, cour administrative d'appel) ou de la Cour de cassation (tribunal d'instance pour les impositions perçues comme en matière douanière, tribunal de grande instance, cour d'appel).

Devant les juridictions administratives, elle peut être soulevée à l'appui d'une demande de référé, tel que le référé-suspension[(213)], mais non pas dans une procédure d'admission à l'aide juridictionnelle[(214)].

Elle peut être posée pour la première fois par l'une des parties devant la juridiction d'appel, à l'occasion du litige qui a fait l'objet du jugement contre lequel l'appel a été formé.

Mais lorsque le juge du premier degré a refusé de transmettre la QPC, cette décision de refus ne peut donner lieu à un contentieux distinct devant le juge de l'appel ; elle ne peut être contestée qu'à l'occasion de la requête d'appel contre la décision réglant tout ou partie du litige[(215)].

La Cour EDH a jugé que la procédure française de filtrage de la QPC est compatible avec le droit d'accès à un tribunal prévu par l'article 6, paragraphe 1, de la Convention EDH[(216)].

---

(206) *RJF* 2011, n° 212.
(207) Cons. const., 10 déc. 2010, n° 2010-72 QPC : *RJF* 2011, n° 211.
(208) Cons. const., 28 mars 2013, n° 2012-298 QPC.
(209) Cons. const., 25 oct. 2013, n° 2013-351 QPC, V. *infra*, n° 806.
(210) Cons. const., 6 févr. 2014, n° 2013-362 QPC.
(211) Cons. const., 22 sept. 2010, n° 2010-32 QPC. – Cons. const., 2 déc. 2011, n° 2011-203 QPC. – Cons. const., 13 janv. 2012, n° 2011-208 QPC. – Cons. const., 29 nov. 2013, n° 2013-357 QPC déclarant contraires à la Constitution les articles 62 et 63 du Code des douanes.
(212) Ord. 7 nov. 1958, art. 23-1.
(213) CE, ord. 21 oct. 2010, n° 343.527.
(214) Cons. const., 21 nov. 2014, n° 2014-440 QPC.
(215) Ord. 7 nov. 1958, art. 23-2.
(216) CEDH, 25 août 2015, n° 3569/12, *Renard c/France* : *Dr. fisc.* 2015, n° 47, act. 649.

802. – **Conseil d'État. Cour de cassation.** Conformément aux dispositions de l'article 23-5 de l'ordonnance organique, la QPC peut être soulevée, pour la première fois, à l'occasion d'une instance devant le Conseil d'État ou la Cour de cassation.

La Cour de cassation ne peut être visée par ce texte que comme juge de cassation.

Le Conseil d'État peut, quant à lui, être appelé à statuer non seulement comme juge de cassation, mais aussi comme juge d'appel et même de première instance.

Lorsque la QPC est posée à l'appui d'un pourvoi en cassation devant le Conseil d'État, celui-ci doit se prononcer sur le renvoi de cette question au Conseil constitutionnel sans être tenu de statuer au préalable sur l'admission du pourvoi[(217)].

Le Conseil d'État a été amené à préciser le délai dans lequel un requérant peut contester le refus d'une cour administrative d'appel de transmettre une question prioritaire de constitutionnalité. Dans cette hypothèse, il appartient à l'auteur de la question de contester ce refus à l'occasion du pourvoi en cassation formé contre l'arrêt qui statue sur le litige, dans le délai de recours contentieux et par un mémoire distinct et motivé, que le refus de transmission précédemment opposé l'ait été par une décision distincte de l'arrêt, dont il joint alors une copie, ou directement par cet arrêt ; les dispositions de l'article 23-5 de l'ordonnance du 7 novembre 1958 n'ont ni pour objet ni pour effet de permettre à celui qui a déjà présenté une question prioritaire de constitutionnalité devant une juridiction statuant en dernier ressort de s'affranchir des conditions, définies par les dispositions de la loi organique et du Code de justice administrative, selon lesquelles le refus de transmission peut être contesté devant le juge de cassation. La société en cause, qui avait contesté la constitutionnalité des dispositions de l'article L. 77 du Livre des procédures fiscales, avait introduit dans le délai de deux mois un pourvoi en cassation contre l'arrêt rejetant sa demande sur le fond du litige, mais avait contesté le refus de la transmission de la QPC par un mémoire complémentaire présenté après l'expiration du délai du pourvoi en cassation contre l'arrêt sur le fond ; le Conseil d'État a rejeté en conséquence la contestation du refus de transmission de la QPC[(218)].

Une autre particularité mérite d'être soulignée : à savoir que les moyens d'inconstitutionnalité qui n'ont pas été soumis au juge devant lequel a été soulevée la question ne peuvent plus être invoqués pour la première fois devant le Conseil d'État, lorsqu'il statue sur le renvoi de la question. Ces moyens sont irrecevables, sans que le Conseil d'État ait l'obligation d'informer préalablement les parties de cette irrecevabilité[(219)].

Le Conseil d'État accepte cependant d'examiner une QPC nouvelle dans la seule mesure où elle est distincte de celle qui a été invoquée devant la Cour[(220)].

Par ailleurs, il juge la QPC recevable, même si le requérant se prévaut, à l'appui de sa demande, de la méconnaissance des mêmes normes constitutionnelles, dès lors que cette question ne porte pas, par les moyens, sur la même question que celle soumise à la cour administrative d'appel[(221)].

(217) CJA, art. R. 771-17.
(218) CE, 1er févr. 2011, n° 342.536, *SARL Prototype technique industrie* : *Dr. fisc.* 2011, n° 13, comm. 288, concl. L. Olléon ; *AJDA* 2011, p. 1209, note P-O Caille.
(219) CE, 10 sept. 2010, n° 341.063, *SCI Benoit du Loroux* : *Dr. fisc.* 2010, n° 40, comm. 518.
(220) CE, 7 juill. 2012, n° 357.574, *Rodriguez* : *Dr. fisc.* 2012, n° 43-44, comm. 499.
(221) CE, 9 juill. 2012, n° 356.749, *SAS Sépur* : *Dr. fisc.* 2012, n° 40, comm. 463, concl. B. Bohnert ; *RJF* 2012, n° 1053.

803. – Dispositions de caractère législatif pouvant faire l'objet d'une QPC. L'article 61-1 de la Constitution et l'article 23-1 de l'ordonnance organique utilisent l'expression : « une disposition législative ».

La disposition législative ne doit pas s'entendre seulement de la disposition issue d'une loi au sens formel du terme, mais de toute disposition de *valeur législative*.

La QPC peut donc porter sur :

– les dispositions des actes législatifs intervenus en période de confusion des pouvoirs[222], telle une « loi décrétée » (un décret) du 19 juillet 1793 de la Convention nationale[223] ou les ordonnances du Gouvernement provisoire de la République française[224].

V. aussi la décision n° 2011-159 QPC, du 5 août 2011, *Mme Elke*, déclarant contraire à la Constitution un article de la loi du 14 juillet 1819 relative à l'abolition du droit d'aubaine ;

– les dispositions de lois, qu'elles soient antérieures ou postérieures à la Constitution de 1958 ; toutefois, une QPC ne peut être renvoyée au Conseil constitutionnel lorsqu'elle vise une loi antérieure à la Constitution du 4 octobre 1958, en l'espèce une loi du 31 décembre 1945, dont tous les effets sur la situation en litige ont été définitivement produits avant l'entrée en vigueur de la Constitution[225] ;

– les dispositions des décrets-lois ou des ordonnances prises en vertu de l'article 38 de la Constitution qui ont valeur législative dès lors que ces actes ont été ratifiés par le Parlement, cette ratification pouvant d'ailleurs être explicite ou implicite[226] ;

– des dispositions législatives codifiées par décret à droit constant[227].

Entrent également dans le champ d'application de la QPC, d'une part, les dispositions des ordonnances ayant force de loi, intervenues sur le fondement de l'article 92, alinéa 3, de la Constitution (aujourd'hui abrogé) qui prévoyait que le Gouvernement pourrait prendre en toutes matières les mesures qu'il jugerait nécessaires et de nombreuses ordonnances ont été prises en application de ce texte, notamment en matière fiscale[228], d'autre part, les dispositions des lois organiques prises par ordonnances en application de l'article 92 qui, par définition, n'ont pas été soumises au Conseil constitutionnel, dès lors que celui-ci a été mis en place le 5 mars 1959[229].

Les dispositions des lois du pays de la Nouvelle-Calédonie peuvent aussi faire l'objet d'une question prioritaire de constitutionnalité[230].

La QPC est irrecevable contre les dispositions de la loi délimitant le champ de l'habilitation donnée au gouvernement pour prendre des ordonnances sur le fon-

(222) *JCl. Procédures fiscales*, Fasc. 120 par J. Lamarque, n°s 4 et s.
(223) Cons. const., 21 nov. 2014, n° 2014-430 QPC, *Mme Barbara*.
(224) Cons. const., 27 janv.2012, n° 2011-211 QPC, pour l'ordonnance du 28 juin 1945 relative à la discipline des notaires et de certains officiers ministériels. – Cons. const., 28 nov. 2014, n° 2014-432 QPC, pour l'ordonnance du 17 août 1945 relative à l'électorat et à l'éligibilité des militaires.
(225) CE, 4 mai 2016, n° 395466 : *AJDA* 2016, chron. L. Dutheillet de Lamothe et G. Odinet.
(226) CE, 11 mars 2011, n° 341.658, *Benzoni* : *AJDA* 2011, p. 534, obs. S. Brondel ; *RFDA* 2011, p. 650. – A. Jennequin, *La QPC à l'épreuve des ordonnances* : *AJDA* 2010, p. 2300. – Cons. const., 28 nov. 2014, n° 2014-431 QPC : *RJF* 2015, n° 146.
(227) Cons. const., 28 nov. 2014, n° 2014-432 QPC. – Cons. const., 4 déc. 2015, n° 2015-503 QPC : *RJF* 2016, n° 174.
(228) V. *JCl. Procédures fiscales*, Fasc. 120, préc., n° 75.
(229) V. par ex. Cons. const., 5 oct. 2012, n° 2012-278 QPC, pour l'ordonnance n° 58-1270 du 22 décembre 1958, portant loi organique relative au statut de la magistrature.
(230) Cons. const., n° 2009-595 DC, 3 déc. 2009, *Loi organique relative à l'application de l'article 66-1 de la Constitution*, consid. 34.

dement de l'article 38 de la Constitution[231]. Elle est également irrecevable contre les lois de ratification des conventions internationales ou les stipulations de ces conventions ou les dispositions de caractère réglementaire[232] et contre les dispositions d'une loi référendaire[233].

804. – **Droits et libertés pouvant être invoqués. Convention européenne des droits de l'homme (non).** La catégorie des « droits et libertés » visée à l'article 61-1 comprend les droits et libertés énoncés dans la Constitution de 1958 et le Préambule de celle-ci et donc, la Déclaration de 1789, le Préambule de la Constitution de 1946 avec les principes fondamentaux reconnus par les lois de la République auxquels ce dernier préambule fait référence, ainsi que les droits et libertés énoncés dans les articles 1 à 4 de la Charte de l'environnement[234].

Les droits et libertés le plus souvent invoqués en matière fiscale ont été jusqu'ici le principe d'égalité, le droit de propriété, le principe de la rétroactivité *in mitius*, et le principe de la nécessité des peines au regard de l'article 8 de la Déclaration de 1789.

Les stipulations de la Convention européenne des droits de l'homme ne peuvent être invoquées à l'appui d'une QPC[235].

805. – **Droits et libertés ne pouvant être invoqués. Incompétence négative.** Aux termes de l'article 14 de la Déclaration de 1789, « tous les citoyens ont le droit de constater, par eux-mêmes ou par leurs représentants, la nécessité de la contribution publique, de la consentir librement, d'en suivre l'emploi, et d'en déterminer la quotité, l'assiette, le recouvrement et la durée ».

S'il est un droit qui devrait être rangé dans la catégorie des droits et libertés au sens de l'article 61-1, c'est bien le consentement à l'impôt qui est au fondement de la démocratie, ce droit reconnu aux citoyens d'être assurés que la loi ne peut être fixée dans ses éléments déterminants que par le législateur.

Nombre de dispositions du Code général des impôts postérieures à l'entrée en vigueur de la Constitution de 1958 sont entachées d'incompétence négative.

Le Conseil constitutionnel a considéré que « les dispositions de l'article 14 de la Déclaration de 1789 sont mises en œuvre par l'article 34 de la Constitution et n'instituent pas un droit ou une liberté qui puisse être invoqué à l'occasion d'une instance devant une juridiction, à l'appui d'une question prioritaire de constitutionnalité sur le fondement de l'article 61-1 de la Constitution »[236].

Il a précisé encore que l'incompétence négative ne peut être invoquée pour un texte antérieur à la Constitution de 1958, telles les dispositions de l'article 231 du Code général des impôts en matière de taxe sur les salaires, alors que ces dispositions portaient atteinte au principe d'égalité devant la loi, ce qui aboutit à fractionner dans le temps l'application des principes constitutionnels[237].

(231) CE, 23 janv. 2015, n° 380339 : *AJDA* 2015, p. 587, concl. A. Bretonneau.
(232) Cons. const., 22 juill. 2011, n° 2011-152 QPC : *Dr. fisc.* 2011, n° 30, act. 246 ; *RJF* 2011, n° 1193, concernant l'article L. 238 du Livre des procédures fiscales issu d'un texte réglementaire.
(233) Cons. const., 25 avr. 2014, n° 2014-392 QPC.
(234) Cons. const., 8 avr. 2011, n° 2011-116 QPC : *AJDA* 2011, p. 762.
(235) CE, 23 sept. 2013, n° 369.684, *Sté Vislocom* : *Dr. fisc.* 2013, n° 46, comm. 513, concl. Mme C. Legras.
(236) Cons. const., 18 juin 2010, n° 2010-5 QPC, *SNC Kimberly-Clark*.
(237) Cons. const., 17 sept. 2010, n° 2010-28 QPC, *Assoc. sportive football club de Metz*.

806. – Incompétence négative. Exception. Suivant la jurisprudence du Conseil constitutionnel, « la méconnaissance par le législateur de sa propre compétence ne peut être invoquée à l'appui d'une question prioritaire de constitutionnalité que dans le cas où est affecté un droit ou une liberté que la Constitution garantit »(238).

C'est la solution qui a été retenue pour la violation du droit de propriété, avec cette particularité que le Conseil constitutionnel n'a pas hésité à soulever d'office, en pareil cas, le grief tiré de l'incompétence négative(239) ou pour la violation du droit à un recours effectif garanti par l'article 16 de la Déclaration de 1789, dans des cas où le législateur n'avait pas déterminé avec une précision suffisante les règles relatives au recouvrement de l'impôt(240).

807. – Cas particulier des objectifs à valeur constitutionnelle. La jurisprudence sur la QPC a mis en pleine lumière l'ambiguïté de la notion d'objectif à valeur constitutionnelle.

Le Conseil constitutionnel a posé en principe que « l'accessibilité et l'intelligibilité de la loi » sont un objectif de valeur constitutionnelle. Elles sont considérées par lui comme des conditions de l'effectivité du principe d'égalité devant la loi énoncé par l'article 6 de la Déclaration de 1789, de la « garantie des droits » requise par l'article 16, et de l'exercice des droits et libertés proclamés tant par l'article 4 que par l'article 5 de la Déclaration(241).

Or, en matière de QPC, il est resté très en deçà de sa doctrine en considérant que « si l'objectif de valeur constitutionnelle d'intelligibilité et d'accessibilité de la loi (...), impose au législateur d'adopter des dispositions suffisamment précises et des formules non équivoques, sa méconnaissance ne peut, en elle-même, être invoquée à l'appui d'une question prioritaire de constitutionnalité sur le fondement de l'article 61-1 de la Constitution »(242).

Il a été jugé de même que la méconnaissance de l'objectif de valeur constitutionnelle de bonne administration de la justice, qu'il fait découler des articles 12, 15 et 16 de la Déclaration de 1789, ne peut non plus, en elle-même, être invoquée à l'appui d'une QPC(243).

808. – Droit communautaire ou de l'Union européenne. L'exigence constitutionnelle de la transposition des directives, qui découle de l'article 88-1 de la Constitution, ne figure pas au nombre des « droits et libertés » que la Constitution garantit au sens de l'article 61-1 de la Constitution(244).

Le Conseil d'État refuse de transmettre au Conseil constitutionnel une QPC relative à une loi transposant une directive européenne : « en l'absence de mise en cause d'une règle ou d'un principe inhérent à l'identité constitutionnelle de la France, le Conseil constitutionnel juge qu'il n'est pas compétent pour contrô-

(238) Cons. const., 18 juin 2010, n° 2010-5 QPC, préc.
(239) Cons. const., 22 sept. 2018, n° 2010-33 QPC, *Sté Esso*. – V. *supra*, n° 79 et 800.
(240) Cons. const., 28 mars 2013, n° 2012-298 QPC, *SARL Majestic Champagne : Dr. fisc.* 2013, n° 42, comm. 302, note C. de la Mardière ; *Procédures* 2013, n° 206, note L. Ayrault ; *RJF* 2013, n° 640. – Cons. const., 25 oct. 2013, n° 2013-351 QPC, *Sté Boulanger : Dr. fisc.* 2013, n° 45, act. 590.
(241) Cons. const., 16 déc. 1999, n° 99-421 DC, *Loi d'habilitation en matière de codification*, consid. 13.
(242) Cons. const., 22 juill. 2010, n° 2010-4 QPC. – Dans le même sens : CE, 23 sept. 2013, n° 369.684, *Sté Visiocom*, préc.
(243) Cons. const., 10 déc. 2010, n° 2010-77 QPC, consid. 4. – Cons. const., 17 déc. 2010, n° 2010-62 QPC, consid. 6.
(244) Cons. const., 12 mai 2010, n° 2010-605 DC, consid. 19.

ler la conformité aux droits et libertés que la Constitution garantit de dispositions législatives qui se bornent à tirer les conséquences nécessaires de dispositions inconditionnelles et précises d'une directive de l'Union européenne et qu'en ce cas, il n'appartient qu'au juge de l'Union européenne, saisi, le cas échéant, à titre préjudiciel, de contrôler le respect par cette directive des droits fondamentaux garantis par l'article 6 du Traité sur l'Union européenne »[(245)].

En revanche, le Conseil constitutionnel a considéré qu'il était dans l'obligation, en application des dispositions de l'article 88-2 de la Constitution, de renvoyer à titre préjudiciel à la Cour de justice de l'Union européenne une question portant sur l'interprétation d'articles de la décision-cadre du Conseil du 13 juin 2002, relatifs au mandat d'arrêt européen[(246)]. – Sur la question V. *supra*, n° 506.

Sur l'articulation de la QPC et de la question préjudicielle à la Cour de justice de l'Union européenne avec l'arrêt d'assemblée du Conseil d'État du 31 mai 2016, *Jacob*, V. *supra*, n° 548.

809. – Conditions de recevabilité. Écrit. Délai. Aux termes de l'article 23-1, la QPC doit être présentée, à peine d'irrecevabilité, dans un « mémoire distinct et motivé ». La règle a été reprise dans le Code de procédure pénale, le Code de procédure civile et notamment le Code de justice administrative[(247)] et s'applique à tous les stades de la procédure.

Suivant l'article R. 771-4 du Code de justice administrative, l'irrecevabilité découlant de l'absence d'un mémoire distinct et motivé peut être soulevée d'office par le juge sans qu'il ait l'obligation d'en informer préalablement les parties et de les inviter à la régulariser.

En revanche, aucun délai n'a été prévu par la loi organique, ni le décret d'application en matière de délai. La QPC peut être soulevée à tout moment de l'instruction. Le Conseil d'État a même précisé qu'elle avait pu être invoquée dans une note en délibéré[(248)].

2° Transmission de la QPC au Conseil d'État ou à la Cour de cassation

810. – Conditions de la transmission. L'article 23-2 de l'ordonnance organique dispose que la juridiction doit procéder à la transmission de la QPC si les trois conditions suivantes sont remplies : – la disposition contestée est applicable au litige ou à la procédure, ou constitue le fondement des poursuites ; – elle n'a pas déjà été déclarée conforme à la Constitution dans les motifs et le dispositif d'une décision du Conseil constitutionnel, sauf changement des circonstances ; – la question n'est pas dépourvue de caractère sérieux.

En outre, la juridiction doit, lorsqu'elle est saisie de moyens contestant la conformité d'une disposition législative, d'une part, aux droits et libertés garantis par la Constitution et, d'autre part, aux engagements internationaux de la France, se prononcer par priorité sur la transmission de la question de constitutionnalité.

(245) CE, 14 sept. 2015, n° 389806, *Sté Notrefamille.com* : *AJDA* 2015, p. 2441, note F. Rassu.
(246) Cons. const., 4 avr. 2013, n° 2013-314 QPC, *Jérémy*, et à la suite de l'arrêt de la Cour de justice de l'Union européenne du 30 mai 2013, Cons. const., 14 juin 2013, n° 2013-314 QPC.
(247) CJA, art. R. 771-3, R. 771-9 et R. 771-14.
(248) CE, 28 janv. 2011, n° 338.199, *Huchon*, pour le contentieux des élections.

Ces conditions, qui sont cumulatives, sont examinées plus loin (V. *infra*, n°s 814 et s.), dès lors que le Conseil d'État et la Cour de cassation sont amenés à se prononcer sur le bien-fondé de la transmission.

811. – Délai de jugement et motivation de la décision. Principe du contradictoire. Le principe du contradictoire de la procédure interdit au juge administratif de se fonder sur des éléments invoqués par une partie et qui n'auraient pas été soumis au débat contradictoire[249].

Aux termes de l'article 23-2, la juridiction saisie de la QPC doit statuer « sans délai » et « par une décision motivée » sur la transmission de la QPC. Le législateur organique n'a pas assigné à la juridiction un délai déterminé pour prendre sa décision. La formule « sans délai » implique toutefois qu'elle doit statuer dans le plus bref délai.

La décision de transmettre la question, qui doit être motivée, est adressée au Conseil d'État ou à la Cour de cassation dans les huit jours de son prononcé avec les mémoires ou les conclusions des parties.

Le refus de transmettre la question ne peut être contesté qu'à l'occasion d'un recours contre la décision qui règle tout ou partie du litige[250].

812. – Sursis à statuer sur la demande au fond. Le principe est posé à l'article 23-3 de l'ordonnance organique : lorsque la question est transmise, la juridiction doit surseoir à statuer jusqu'à réception de la décision du Conseil d'État ou de la Cour de cassation ou, s'il a été saisi, du Conseil constitutionnel.

Le cours de l'instruction n'est pas toutefois suspendu et la juridiction peut prendre les mesures provisoires ou conservatoires nécessaires. Il existe, en outre, des exceptions au principe du sursis à statuer, mais qui n'intéressent pas la QPC fiscale.

3° Examen de la QPC par le Conseil d'État ou la Cour de cassation

813. – Caractère prioritaire de la QPC. Le moyen tiré de la conformité à la Constitution doit être examiné avant celui qui peut être tiré de la conformité d'une disposition législative aux engagements internationaux de la France[251].

Ainsi que le Conseil constitutionnel l'a relevé, cette priorité n'a pas pour effet de restreindre la compétence des juridictions administratives et judiciaires pour veiller au respect et à la supériorité sur les lois des traités ou accords légalement ratifiés ou approuvés et des normes de l'Union européenne[252].

La Cour de cassation avait remis en cause la compatibilité avec le droit communautaire de la procédure de la QPC[253].

La Cour de justice de l'Union européenne a rejoint la position exprimée par le Conseil constitutionnel et le Conseil d'État en admettant cette compatibilité[254].

(249) CE 12 févr. 2016, n° 393700 : *AJDA* 2016, p. 1047.
(250) CJA, art. R. 771-9. – CPC, art. 126-7.
(251) Ord. préc., art. 23-2, al. 5.
(252) Cons. const., 3 déc. 2009, n° 2009-595 DC, consid. 14.
(253) Cass., 16 avr. 2010, *Melki* : *AJDA* 2010, p. 1023, note P. Manin ; *D.* 2010, p. 1254, note A. Levade V. *supra*, n° 804.
(254) Cons. const., 12 mai 2010, n° 2010-605 DC : *AJDA* 2010, p. 1048. – CJUE, 22 juin 2010, aff. 188/10 et C-189/10, *Melki, Abdeli* : *AJDA* 2010, p. 1231, obs. S. Brondel. – S. Austry, *À propos des conséquences de l'affaire Melki en contentieux fiscal* : *FR Lefebvre* 33/2010, p. 11.

814. – **Renvoi au Conseil constitutionnel. Trois conditions cumulatives.** L'article 23-4 de l'ordonnance organique précise que le Conseil d'État ou la Cour de cassation procède au renvoi au Conseil constitutionnel « dès lors que les conditions prévues au 1° et 2° de l'article 23-2 sont remplies et que la question est nouvelle ou présente un caractère sérieux ».

Les deux premiers critères de renvoi sont les mêmes que ceux qui sont prévus pour la transmission au Conseil d'État ou à la Cour de cassation par le juge devant lequel a été soulevée la QPC : la disposition contestée doit être applicable au litige ; – cette disposition ne doit pas avoir déjà été déclarée conforme à la Constitution par le Conseil constitutionnel.

815. – **Disposition applicable au litige.** L'article 23-2 prévoit que la disposition contestée doit être applicable au litige ou à la procédure, ou constituer le fondement des poursuites en matière pénale. Ce premier critère relève de la seule appréciation du Conseil d'État ou de la Cour de cassation.

Le Conseil constitutionnel estime qu'il ne lui appartient pas, lorsqu'il est saisi d'une question prioritaire de constitutionnalité, de remettre en cause la décision par laquelle le Conseil d'État ou la Cour de cassation juge que la disposition contestée était ou non applicable au litige. Il reprend ainsi intégralement les termes de la décision de renvoi même lorsqu'elle porte sur plusieurs dispositions. On peut citer ainsi une décision dans laquelle, sans faire de distinction, il a validé entièrement trois articles du Code général des impôts(255).

Le Conseil constitutionnel peut être saisi par une même QPC de plusieurs dispositions législatives à la condition qu'elles présentent entre elles un lien tel qu'elles méritent d'être examinées ensemble. La règle de l'applicabilité au litige de la disposition contestée pour que la QPC soit recevable exige l'existence d'un lien effectif et concret entre ces dispositions(256).

Toutefois, lorsque c'est nécessaire, il précise le champ de sa saisine pour la circonscrire aux seules dispositions législatives qui sont effectivement mises en cause par la QPC(257).

Le Conseil constitutionnel a apporté une précision intéressante dans la décision n° 2010-16 QPC du 23 juillet 2010 relative aux centres de gestion agrée(258). Les dispositions du 1° du 7 de l'article 158 du Code général des impôts qui étaient applicables du 1er janvier 2006 au 31 décembre 2008 ont été modifiées par une loi du 27 décembre 2008. Le Conseil d'État les avait jugées applicables au litige. Le Conseil constitutionnel a jugé que « le constituant, en adoptant l'article 61-1 de la Constitution, a reconnu à tout justiciable le droit de voir examiner, à sa demande, le moyen tiré de ce qu'une disposition législative méconnaît les droits et libertés que la Constitution garantit ; la modification ou l'abrogation ultérieure de la disposition contestée ne fait pas disparaître l'atteinte éventuelle à ces droits et libertés ; elle n'ôte pas son effet utile à la procédure voulue par le constituant ; par suite, elle

(255) Cons. const., 29 sept. 2010, n° 2010-44 QPC, en matière d'ISF.
(256) Cons. const., 26 juill. 2013, n° 2013-334 QPC.
(257) Cons. const., 11 févr. 2011, n° 2010-99 QPC, par laquelle le Conseil a fait porter son contrôle exclusivement sur le dernier alinéa de l'article 885 V bis du Code général des impôts en matière d'IGF : *RJF* 2011, n° 485.
(258) CGI, art. 1649 quater C à 1649 quater H.

ne saurait faire obstacle, par elle-même, à la transmission de la question au Conseil constitutionnel au motif de l'absence de caractère sérieux de cette dernière »[(259)].

816. – Suivant l'interprétation jurisprudentielle constante. Concernant la portée de la disposition applicable au litige, le Conseil constitutionnel prend en compte l'interprétation constante qu'a reçue cette disposition : « en posant une question prioritaire de constitutionnalité, tout justiciable a le droit de contester la constitutionnalité de la portée effective qu'une interprétation jurisprudentielle constante confère à cette disposition »[(260)].

Le Conseil d'État est ainsi conduit à compléter éventuellement son interprétation du texte de loi avant de se prononcer sur le renvoi de la question au Conseil constitutionnel[(261)].

817. – Disposition n'ayant pas déjà été déclarée conforme à la Constitution. La disposition contestée ne doit pas déjà avoir été déclarée conforme à la Constitution dans les motifs et le dispositif d'une décision du Conseil constitutionnel, sauf changement des circonstances.

L'appréciation de ce deuxième critère peut s'avérer assez délicate et soulève tout le problème de l'autorité des décisions du Conseil constitutionnel énoncée dans l'article 62 de la Constitution.

Le Conseil constitutionnel retient une interprétation littérale de cette deuxième condition. C'est ainsi qu'il a considéré qu'une disposition jugée conforme à la Constitution dans les motifs d'une de ses précédentes décisions, mais non pas dans son dispositif, n'avait pas été déjà jugée conforme à la Constitution au sens de l'article 23-2[(262)]. Toutefois, le Conseil constitutionnel s'étant déjà prononcé sur cette majoration dans la décision n° 99-424 DC du 29 décembre 1999, et la disposition applicable au litige faisant l'objet de la QPC étant la même, il s'est référé à la motivation de sa décision de 1999 pour décider que la disposition contestée était conforme à la Constitution.

C'est en se référant encore à ses précédentes décisions que le Conseil constitutionnel a jugé qu'il n'y avait pas lieu de statuer sur de nouvelles QPC portant sur les perquisitions fiscales[(263)].

818. – Sauf changement des circonstances. Conformément au texte, le Conseil constitutionnel ne peut réexaminer une disposition législative précédemment reconnue conforme à la Constitution qu'en cas de « changement des circonstances ». Dans la décision relative à l'impôt de solidarité sur la fortune, il a jugé ainsi qu'il n'y avait pas eu de changement de circonstances depuis sa décision n° 81-133 DC du 30 décembre 1981[(264)]. Le Conseil d'État lui-même est très strict sur la notion de « changement de circonstances »[(265)].

(259) Déc. n° 2010-16.
(260) Cons. const., 14 oct. 2010, n° 2000-52 QPC : *D.* 2011, p. 1717, obs. L. Gay, pour une convention mettant à la charge de la Compagnie agricole de la CRAU un prélèvement obligatoire présentant un caractère fiscal ; appréciation de la conformité à la Constitution d'une loi du 30 avril 1941 telle qu'interprétée par le Conseil d'État.
(261) CE, 14 sept. 2011, n° 348.394 : *AJDA* 2011, p. 1764, obs. S. Brondel.
(262) Cons. const., 17 mars 2011, n° 2010-104 QPC, pour la majoration fiscale de 80 % en cas de découverte d'une activité occulte.
(263) Cons. const., 30 juill. 2010, n° 2000-19/27 QPC. – Cons. const., 6 août 2010, n° 2010-51 QPC.
(264) Cons. const., 29 sept. 2010, n° 2010-44 QPC.
(265) CE, 10 oct. 2011, n° 350.872, *Sté française du radiotéléphone* : *Dr. fisc.* 2011, n° 46, comm. 591, concl. L. Olléon.

819. – Question nouvelle ou présentant un caractère sérieux. La troisième condition prévue par l'article 23-2 de l'ordonnance organique à laquelle est subordonnée la transmission de la QPC au Conseil d'État ou à la Cour de cassation est définie en ces termes : « la question n'est pas dépourvue de caractère sérieux ».

Cette disposition vise manifestement à écarter les questions de caractère dilatoire (ou fantaisiste).

La troisième condition mentionnée par l'article 23-4 pour le renvoi de la QPC au Conseil constitutionnel a reçu une autre définition : « la question est nouvelle *ou* présente un caractère sérieux ».

L'un des buts de la réforme constitutionnelle instituant la garantie de la QPC est de faire jouer au Conseil d'État ou à la Cour de cassation le rôle de « filtre ». La condition tenant au « caractère sérieux » de la question est assurément plus rigoureuse que la condition prévue pour la transmission à l'une des juridictions suprêmes qui exige seulement que la question ne soit pas « dépourvue de caractère sérieux ».

C'est en considérant que la question de constitutionnalité qui lui était posée ne remplissait pas cette condition que le Conseil d'État a refusé, dans la plupart de ses décisions, de la renvoyer au Conseil constitutionnel.

Les praticiens qui ont engagé la procédure de la QPC ont cependant de bonnes raisons de contester cette absence de caractère sérieux, surtout lorsque le rapporteur public avait conclu au renvoi... (V. *supra*, n° 797).

Le caractère alternatif de la troisième condition fait aussi problème.

Appelé à se prononcer sur la constitutionnalité de la disposition : « la question est nouvelle », le Conseil constitutionnel a considéré « que le législateur organique a entendu, par l'ajout de ce critère, imposer que le Conseil constitutionnel soit saisi de l'interprétation de toute disposition constitutionnelle dont il n'a pas encore eu l'occasion de faire application ; dans les autres cas, il a entendu permettre au Conseil d'État et à la Cour de cassation d'apprécier l'intérêt de saisir le Conseil constitutionnel en fonction de ce critère alternatif ; dès lors, une question prioritaire de constitutionnalité ne peut être nouvelle au sens de ces dispositions au seul motif que la disposition législative contestée n'a pas déjà été examinée par le Conseil constitutionnel ». En décidant que cette disposition n'était pas contraire à la Constitution, il lui a reconnu le caractère d'une notion très fonctionnelle[(266)].

820. – Délai de renvoi au Conseil constitutionnel. Le Conseil d'État et la Cour de cassation ont un délai de trois mois à compter de la réception de la transmission de la QPC pour se prononcer sur le renvoi de cette question au Conseil constitutionnel[(267)].

L'article 23-7 de l'ordonnance organique prévoit la transmission automatique de la QPC au Conseil constitutionnel au terme de ce délai de trois mois[(268)].

821. – Motivation de la décision de renvoi. En vertu de l'article 23-7 de l'ordonnance organique, la décision de renvoi au Conseil constitutionnel doit être motivée

(266) Cons. const., 3 déc. 2009, n° 2009-595 DC, consid. 21.
(267) Ord. préc., art. 23-4.
(268) V. pour la première application de cette règle : Cons. const., 15 févr. 2012, n° 2012-237 QPC : *LPA* 1er oct. 2012, n° 196, note P. Jan.

et elle lui est transmise avec les mémoires ou les conclusions des parties. Le Conseil reçoit également une copie de la décision motivée par laquelle le Conseil d'État ou la Cour de cassation a décidé de ne pas le saisir d'une QPC.

La décision du Conseil d'État ou de la Cour de cassation est communiquée à la juridiction qui a transmis la QPC et notifiée aux parties dans les huit jours de son prononcé.

4° Décision du Conseil constitutionnel

822. – **Procédure applicable devant le Conseil constitutionnel.** Les dispositions applicables devant le Conseil constitutionnel sont fixées par les articles 23-8 à 23-12 de l'ordonnance organique du 7 novembre 1958.

Elles sont complétées par un règlement intérieur que le Conseil constitutionnel a adopté par décision du 4 février 2010, modifié en dernier lieu par une décision du 21 novembre 2013. Il fixe les règles relatives à l'instruction écrite, au respect du caractère contradictoire de la procédure, à l'échange des mémoires entre les parties intéressées, à la représentation des parties et à l'organisation d'une audience publique, aux interventions ou aux récusations éventuelles (à plusieurs reprises, des membres du Conseil constitutionnel ont considéré qu'il était de leur devoir de s'abstenir de siéger).

L'article 23-8 dispose que le Conseil constitutionnel doit aviser immédiatement de sa saisine le Président de la République, le Premier ministre et les présidents de l'Assemblée nationale et du Sénat et que ceux-ci peuvent adresser au Conseil constitutionnel leurs observations sur la question prioritaire de constitutionnalité qui lui est soumise.

823. – **Maintien de la saisine.** Selon l'article 23-9 de l'ordonnance organique, lorsque le Conseil constitutionnel a été saisi de la QPC, « l'extinction, pour quelque cause que ce soit, de l'instance à l'occasion de laquelle la question a été posée est sans conséquence sur l'examen de la question ».

Cette règle illustre le caractère de contentieux objectif que présente la procédure de la QPC, qui est conçue dans l'intérêt du droit, ce qui est confirmé encore par l'effet *erga omnes* de la décision du Conseil constitutionnel. Suivant l'expression utilisée dans la décision n° 2009-595 DC du 3 décembre 2009, la QPC est ainsi « déliée », à compter de la saisine du Conseil constitutionnel, de l'instance à l'occasion de laquelle elle a été posée (consid. 31).

824. – **Décision de conformité. Réserves d'interprétation.** Le Conseil peut déclarer la décision contestée conforme à la Constitution.

Il peut aussi n'admettre cette conformité que sous des réserves d'interprétation, comme dans le cadre du contrôle *a priori*.

C'est ainsi qu'il a réservé la possibilité, pour le contribuable soumis à la procédure de l'article 168 du Code général des impôts sur l'évaluation forfaitaire minimale du revenu imposable d'après certains éléments du train de vie, de prouver que le financement des éléments du patrimoine qu'il détient n'implique pas la possession des revenus définis forfaitairement[269].

(269) Cons. const., 21 janv. 2011, n° 2010-88 QPC, *Boisselier : Dr. fisc.* 2011, n° 7, comm. 219, note M. Pelletier ; *RJF* 2011, n° 482.

Les réserves d'interprétation du Conseil constitutionnel sont revêtues de l'autorité absolue de la chose jugée et la méconnaissance de cette autorité par les juges du fond est un moyen d'ordre public que le juge de cassation doit relever d'office[(270)].

825. – **Décisions de non-conformité. Effets dans le temps.** La loi constitutionnelle du 23 juillet 2008 a ajouté à l'article 62 de la Constitution un deuxième alinéa suivant lequel « une disposition déclarée inconstitutionnelle sur le fondement de l'article 61-1 est abrogée à compter de la publication de la décision du Conseil constitutionnel ou d'une date ultérieure fixée par cette décision. Le Conseil constitutionnel détermine les conditions et limites dans lesquelles les effets que la disposition a produits sont susceptibles d'être remis en cause ».

En principe, la déclaration d'inconstitutionnalité bénéficie à l'auteur de la QPC et la disposition déclarée contraire à la Constitution ne peut être appliquée dans les instances en cours à la date de la publication de la décision du Conseil constitutionnel. Mais les dispositions de l'article 62 réservent à ce dernier le pouvoir tant de fixer la date de l'abrogation et reporter dans le temps ses effets que de prévoir la remise en cause des effets que la disposition a produits avant l'intervention de cette déclaration.

Dans sa décision relative à la cession gratuite de terrains, la déclaration d'inconstitutionnalité prononcée par le Conseil constitutionnel a pris effet à compter de la publication de sa décision au *Journal officiel* (V. *supra*, n° 79).

Dans la décision concernant le prélèvement fiscal auquel était soumise la Compagnie agricole de la Crau, il a précisé que la déclaration d'inconstitutionnalité pouvait être invoquée « à l'encontre des prélèvements non atteints par la prescription »[(271)].

Concernant l'article 323 du Code des douanes relatif à la retenue douanière, il a reporté au 1er juillet 2011 la date d'abrogation de cette disposition[(272)].

Le Conseil constitutionnel a été appelé à préciser les conséquences dans le temps d'une déclaration d'inconstitutionnalité de dispositions du Code général des impôts dans une rédaction antérieure à celle de la loi de finances rectificative qui avait pour effet de remédier au vice d'incompétence négative ayant motivé cette déclaration du fait que le législateur avait omis de définir les modalités de recouvrement de la taxe additionnelle à la contribution sur la valeur ajoutée des entreprises. Le Conseil constitutionnel a été saisi le 28 décembre 2012 ; le législateur a modifié le texte législatif en cause dans la loi n° 2012-958 du 16 août 2012, de finances rectificative pour 2012 ; le Conseil a rendu sa décision le 28 mars 2013 ; la loi de finances rectificative a prévu que les nouvelles modalités de recouvrement de l'impôt étaient applicables « aux impositions dues à compter du 1er janvier 2011, sous réserve des impositions contestées avant le 11 juillet 2012 ». Le Conseil constitutionnel a décidé que la déclaration d'inconstitutionnalité, qui prend effet à compter de la date de la publication de sa décision pour l'auteur de la question, ne peut être invoquée qu'à l'encontre des impositions contestées avant le 11 juillet 2012[(273)].

(270) CE, 15 mai 2013, n° 340.554, *Cne de Gurmençon* : *AJDA* 2013, p. 1639, concl. A. Lallet.
(271) Cons. const., 14 oct. 2000, n° 2010-52 QPC. – V. *supra*, n° 815.
(272) Cons. const., 22 sept. 2010, n° 2010-32 QPC.
(273) Cons. const., 28 mars 2013, n° 2012-298 QPC, *SARL Majestic Champagne*, V. *supra*, n° 806.

826. – **Communication de la décision.** En application de l'article 23-11 de l'ordonnance organique, la décision du Conseil constitutionnel qui, par nature, est motivée, est notifiée aux parties et communiquée soit au Conseil d'État, soit à la Cour de cassation, ainsi que, le cas échéant, à la juridiction devant laquelle la QPC a été soulevée.

Le Conseil communique également sa décision au Président de la République, au Premier ministre et aux présidents de l'Assemblée nationale et du Sénat. Elle est publiée au *Journal officiel*.

827. – **Office du juge après une décision d'inconstitutionnalité sur une QPC.** Le Conseil d'État a tranché d'abord dans sa formation la plus solennelle certaines questions qui se posent au juge de cassation après une décision d'inconstitutionnalité, quant aux conséquences à en tirer à l'égard du requérant en ce qui concerne l'articulation entre le contrôle de la constitutionnalité et le contrôle de la conventionnalité[274].

Dans le cas de loi de validation, lorsque le Conseil constitutionnel a abrogé une disposition, le juge en tire toutes les conséquences en écartant, pour la solution du litige, le cas échéant d'office, la disposition déclarée inconstitutionnelle, dans les conditions et limites fixées par le Conseil constitutionnel ou le législateur[275].

Le Conseil d'État a été amené encore à préciser les conséquences d'une déclaration d'inconstitutionnalité lorsque la QPC a été soulevée à l'occasion d'un recours pour excès de pouvoir dirigé contre un acte réglementaire pris sur le fondement de la disposition législative dont le Conseil constitutionnel avait été saisi. Lorsque ce dernier a décidé de reporter dans le temps les effets abrogatifs de sa décision, le requérant qui a formé le recours pour excès de pouvoir et qui est aussi l'auteur de la QPC ne peut demander l'annulation de ce texte réglementaire avant la date de son abrogation fixée par le Conseil constitutionnel[276].

SECTION 2

LES NORMES LÉGISLATIVES ET RÉGLEMENTAIRES

828. – **Généralités.** La loi reste, du moins formellement, la principale source de droit fiscal : son étude se confond avec celle du droit fiscal. Le recours à la procédure des ordonnances prévue à l'article 38 de la Constitution est devenu cependant de plus en plus fréquent ces dernières années. Il n'est donc pas inopportun de lui consacrer de larges développements, sous une rubrique qui rassemble les normes législatives et réglementaires, puisque ces ordonnances présentent successivement le caractère d'acte réglementaire et d'acte législatif. Le troisième paragraphe est réservé aux questions portant sur le règlement.

(274) CE, ass., 13 mai 2011, n° 316.734, *Mme M'Rida* : *AJDA* 2011, p. 988, obs. S. Brondel et p. 1136, chron. X. Domino et A. Bretonneau ; *D.* 2011, p. 1422 ; *Dr. fisc.* 2011, n° 41, comm. 560 ; *RFDA* 2011, p. 789, concl. E. Geffray et p. 806, note Verpeaux.
(275) CE, 18 juill. 2011, n° 310.953, *Michot* : *Dr. fisc.* 2011, n° 41, comm. 561, concl. Mme Hédary ; *RJF* 2011, n° 1201. – CE, 26 juill. 2011, n° 322.419, *Cie agricole de la Crau* : *RJF* 2011, n° 1202 ; *BDCF* 2011, n° 130, concl. Mme Cortot-Boucher.
(276) CE, 14 nov. 2012, n° 340.539, *Assoc. France Nature Environnement* : *AJDA* 2012, p. 2193.

§ 1. – La loi

829. – Article 34. L'article 34 de la Constitution contient quatre séries de dispositions qui intéressent la fiscalité :

« – La loi fixe les règles concernant (...) l'assiette, le taux et les modalités de recouvrement des impositions de toutes natures » ;

« – La loi détermine les principes fondamentaux (...) de la libre administration des collectivités territoriales, de leurs compétences et de leurs ressources » ;

« – Les lois de finances déterminent les ressources et les charges de l'État dans les conditions et sous les réserves prévues par une loi organique » ;

« – Les lois de financement de la sécurité sociale déterminent les conditions générales de son équilibre financier et, compte tenu de leurs prévisions de recettes, fixent ses objectifs de dépenses, dans les conditions et sous les réserves prévues par une loi organique ».

A. – Catégories de lois fiscales

830. – Deux catégories. Il convient de faire une distinction entre deux grandes catégories de lois fiscales.

La première comprend les lois fiscales que l'on pourrait qualifier d'« ordinaires », parce qu'elles ne sont soumises à aucune procédure législative particulière. Une sous-distinction, mais qui ne présente qu'un intérêt théorique, pourrait être faite entre les lois comportant exclusivement des dispositions d'ordre fiscal, qui pourraient correspondre à une notion de loi fiscale au sens strict (par exemple, la loi n° 65-566 du 12 juillet 1965 modifiant l'imposition des entreprises et des revenus des capitaux mobiliers)(277), la loi n° 66-10 du 6 janvier 1966 portant réforme des taxes sur le chiffre d'affaires(278), les lois de procédure n° 77-1453 du 29 décembre 1977(279) ou n° 87-502 du 8 juillet 1987(280) et les lois contenant seulement une ou plusieurs dispositions de droit fiscal, correspondant à une notion large de lois fiscales.

La seconde catégorie comprend les grandes lois annuelles qui sont votées par le Parlement à la suite d'une procédure législative spéciale : les *lois de finances* et les *lois de financement de la sécurité sociale*.

La distinction entre ces deux grandes catégories de lois présente un triple intérêt, quant à leur objet, l'étendue de la compétence du législateur et la procédure législative applicable (ce dernier point ne sera pas examiné ici).

B. – Objet des lois fiscales

1° Lois de finances

831. – Catégories des lois de finances. En application de l'ordonnance n° 59-2 du 2 janvier 1959, portant loi organique relative aux lois de finances, article 2 (abrogée le 1er janvier 2005, mais dont les dispositions demeurent applicables aux lois de finances afférentes à l'année 2005 et aux années antérieures) et de la loi orga-

(277) *Dr. fisc.* 1965, n° 29, comm. 815.
(278) *Dr. fisc.* 1966, n° 2, comm. 61.
(279) *Dr. fisc.* 1978, n° 1-2, comm. 3.
(280) *Dr. fisc.* 1987, n° 31-32, comm. 1489.

nique n° 2001-692 du 1er août 2001, article 1er, entrent dans la catégorie des lois de finances : la loi de finances de l'année, les lois de finances rectificatives et la loi de règlement.

La loi organique du 1er août 2001 a ajouté à cette énumération les lois prévues à son article 45, dans le cas, mentionné au quatrième alinéa de l'article 47 de la Constitution, où la loi de finances de l'exercice n'a pu être promulguée avant le début de cet exercice.

Elle ne fait que consacrer sur ce point la jurisprudence du Conseil constitutionnel découlant de sa décision n° 79-111-DC du 30 décembre 1979(281).

832. – **Objet budgétaire.** Les lois de finances ont un triple objet : le premier se situe sur un plan strictement budgétaire ; les deux autres intéressent le droit fiscal.

Les lois de finances déterminent pour l'exercice, la nature, le montant et l'affectation des ressources et des charges de l'État ainsi que l'équilibre budgétaire et financier qui en résulte.

La loi de finances de l'année prévoit et autorise, pour chaque année civile, l'ensemble des ressources et des charges de l'État.

Sous réserve des exceptions prévues par la loi organique, ses dispositions ne peuvent être modifiées, en cours d'année, que par des lois de finances, dites rectificatives.

La loi de règlement arrête notamment le montant définitif des recettes et des dépenses du budget auquel elle se rapporte, ainsi que le résultat budgétaire qui en découle, et approuve le compte de résultat de l'exercice(282).

833. – **Autorisation de percevoir les impôts.** L'article 34 de la loi organique du 1er août 2001 dispose que la loi de finances de l'année « autorise, pour l'année, la perception des ressources de l'État et des impositions de toute nature affectées à des personnes morales autres que l'État »(283).

La loi de finances de l'année a donc également pour objet d'autoriser tous les ans l'application de l'ensemble des dispositions relatives aux impositions dont le Parlement fixe les règles.

834. – **Dispositions fiscales.** La loi de finances de l'année et les lois de finances rectificatives peuvent également contenir « toutes dispositions relatives à l'assiette, au taux et aux modalités de recouvrement des impositions de toute nature qui n'affectent pas l'équilibre budgétaire »(284).

C'est là le principal objet fiscal des lois de finances. Deux observations doivent être faites à cet égard.

835. – **Dispositions relatives aux impositions et dispositions du droit fiscal.** Une première observation porte sur la distinction entre une notion assez stricte de « dispositions relatives aux impositions » et une autre, plus large, de « dispositions de droit fiscal » (ou de nature fiscale).

(281) *AJDA* 1980, p. 357, note Franck ; *D.* 1980, p. 393, note L. Hamon ; *Dr. fisc.* 1980, n° 2-3, comm. 91 ; *RDP* 1980, p. 1373, note L. Philip.
(282) Ord. 1959, art. 1er et 2. – L. org., 1er août 2001, art. 1er, 34 et 37.
(283) L. org 1er août 2001, art. 34, I-1°.
(284) L. org 1er août 2001, art. 34-II-7°.

L'objet des lois de finances n'englobe pas seulement la création ou la suppression d'impôts, la modification de leur assiette et de leur taux ou celle des modalités de leur recouvrement.

L'expression utilisée dans l'ordonnance de 1959 et dans la loi organique de 2001 vise en réalité des « dispositions de droit fiscal » qui peuvent être considérées, dans une certaine mesure, comme détachables des règles d'assiette, de taux ou de recouvrement.

Il faut se reporter ici à la jurisprudence du Conseil constitutionnel sur « les cavaliers budgétaires ».

Cette jurisprudence fait apparaître que le caractère fiscal de dispositions doit être largement entendu. Le Conseil constitutionnel a décidé ainsi que des dispositions relatives, soit au droit de communication reconnu aux comptables chargés du recouvrement des impôts, soit à la communication de renseignements entre les administrations financières et les administrations des États membres de la Communauté économique européenne pour l'établissement et le recouvrement des impôts sur le revenu et sur la fortune ainsi que la TVA, soit même aux modalités et aux garanties applicables au recouvrement de frais d'aide judiciaire ont une portée fiscale et, comme telles, entrent dans l'objet d'une loi de finances au sens de l'article 1er de l'ordonnance du 2 janvier 1959[(285)]. La solution est la même pour les dispositions de la loi de finances pour 1984 relatives au secret fiscal et à la publicité des impositions[(286)] ou pour les dispositions de la loi de finances pour 1991 qui sont destinées à organiser l'information et le contrôle du Parlement sur l'assiette et le produit de la contribution sociale généralisée[(287)].

En revanche, la disposition qui figurait dans la loi de finances rectificative pour 2003, n° 2003-1312 du 30 décembre 2003, dont l'objet était de modifier l'article 953 du Code général des impôts pour porter de six mois à un an la durée de validité des passeports délivrés à titre exceptionnel n'a pas le caractère d'une disposition de droit fiscal, ce qui se conçoit aisément, malgré la référence au texte du Code général des impôts[(288)].

Seconde observation : les dispositions fiscales ne sont pas du domaine exclusif des lois de finances. Elles peuvent être comprises dans une loi ordinaire, même lorsqu'elles sont susceptibles d'affecter l'exécution du budget de l'exercice en cours. C'est, du moins, ce qui a été admis sous le régime de l'ordonnance de 1959.

2° Lois fiscales ordinaires

836. – Les dispositions de droit fiscal ne font pas partie d'une matière qui serait réservée aux lois de finances. Une loi ordinaire peut non seulement modifier l'assiette, le taux ou le recouvrement d'un impôt, mais aussi supprimer une imposition ou même créer une imposition nouvelle.

(285) Cons. const., 31 déc. 1981, n° 81-136 DC : *Dr. fisc.* 1982, n° 2, comm. 90.
(286) Cons. const., 29 déc. 1983, n° 83-164 DC : *Dr. fisc.* 1984, n° 2, comm. 49 et sur cette décision, V. *supra*, n° 793.
(287) Cons. const., 28 déc. 1990, n° 90-285 DC, consid. 10 : *RJF* 1991, p. 127 ; *JCP* G 1991, I, 3522, chron. Querol.
(288) Cons. const., 29 déc. 2003, n° 2003-488 DC, consid. 26.

Des dispositions fiscales peuvent figurer dans une loi ordinaire sans qu'il y ait à distinguer selon que ces impositions affectent ou non l'exécution du budget de l'exercice en cours(289), et quelle que soit l'importance de ces dispositions(290).

Les dispositions de la loi organique relative aux lois de finances n'ont d'autre conséquence que l'obligation de prendre en compte dans une loi de finances rectificative ou, à tout le moins, dans la loi de règlement l'incidence budgétaire de la modification intervenue(291). Cette obligation ne fait pas obstacle à ce qu'une loi ordinaire édictant ou modifiant un impôt produise ses effets avant le dépôt de la loi de finances qui en traduira l'incidence sur l'équilibre budgétaire(292).

Au demeurant, réserver aux seules lois de finances la création ou la modification d'une ressource fiscale en cours d'année limiterait, contrairement aux articles 39 et 40 de la Constitution, l'initiative des membres du Parlement en matière fiscale à un droit d'amendement, puisque les lois de finances ne peuvent être présentées que par le Gouvernement(293).

3° Lois de financement de la sécurité sociale

837. – La première loi de financement de la sécurité sociale, pour 1997, a été déférée au Conseil constitutionnel. Cette loi comportait notamment des dispositions qui modifiaient les règles relatives au recouvrement de la contribution sociale généralisée assise sur certaines catégories de revenus ou qui avaient pour objet d'élargir l'assiette de cette contribution.

Les requérants soutenaient que les modalités de recouvrement des prélèvements destinés à financer la sécurité sociale étaient sans incidence sur les conditions générales de l'équilibre financier des régimes obligatoires de base et que, par suite, elles n'avaient pas leur place dans les lois de financement de la sécurité sociale.

Le Conseil constitutionnel a rejeté la requête(294) :

Considérant que la contribution sociale généralisée entre dans la catégorie des « impositions de toutes natures » prévue à l'article 34 de la Constitution dont il appartient au législateur de fixer les règles concernant l'assiette, le taux et les modalités de recouvrement ; que le produit de cette contribution est appelé à concourir de façon significative à l'équilibre financier des régimes obligatoires de base ; que la détermination de son assiette a une incidence directe sur le volume de ses recettes ; que les règles relatives aux conditions de son recouvrement garantissent l'application effective des règles d'assiette et en sont par là même le complément nécessaire ; que par suite les dispositions critiquées sont au nombre de celles qui peuvent figurer dans une loi de financement de la sécurité sociale.

La décision est fondée sur l'application des dispositions de l'article 34 de la Constitution combinées avec celles de l'article L.O. 111-3 du Code de la sécurité sociale : une loi de financement de la sécurité sociale peut contenir des dispositions

(289) Cons. const., 4 juin 1984, n° 84-170 DC : *Dr. fisc.* 1984, n° 26, comm. 1247. – Cons. const., 24 juill. 1991, n° 91-298 DC : *Dr. fisc.* 1991, n° 50, comm. 2413. – Cons. const., n° 95-365 DC, 27 juill. 1995, concernant la loi n° 95-858 du 28 juillet 1995 majorant le taux normal de la TVA de 18,60 % à 20,60 % : *Dr. fisc.* 1995, n° 37, comm. 1685 ; *JCP* G 1995, II, 22559, note G. Durand.

(290) Cons. const., n° 91-298 DC, préc., consid. 3 et s.

(291) Cons. const., n° 84-170 DC, préc., consid. 4.

(292) Cons. const., n° 84-170 DC, préc., concernant la loi portant ratification des ordonnances prises en application de la loi n° 83-332 du 22 avril 1983.

(293) Cons. const., 4 juin 1984 et 24 juill. 1991, préc.

(294) Cons. const., 19 déc. 1996, n° 96-384 DC, consid. 8 : *LPA* 18 avr. 1997, n° 47, note Nguyen Van Tuong et 23 juill. 1997, n° 83, note Aivazzadeh ; *RF fin. publ.* 1997, n° 59, p. 205, note Prétot ; *D.* 1998, p. 152, obs. Oliva.

fiscales, dès lors que celles-ci contribuent « de façon significative à l'équilibre financier des régimes obligatoires de base ».

Toutes les lois de financement de sécurité sociale qui sont intervenues depuis comportent effectivement des dispositions fiscales. Force est de reconnaître toutefois que le lien avec « l'équilibre financier des régimes obligatoires de base » et même avec « l'équilibre financier de la sécurité sociale », dans le sens le plus large de l'expression, est très relatif.

C. – Étendue des compétences du législateur

838. – Absence de distinction entre lois de finances et lois fiscales ordinaires. Le législateur ne dispose pas pour les lois de finances de pouvoirs plus étendus que pour les lois fiscales ordinaires dans le domaine qui leur est commun. Aucune distinction ne doit être faite entre les deux catégories de lois pour l'application du principe posé à l'article 34 de la Constitution suivant lequel la loi fixe les règles concernant l'assiette, le taux et les modalités du recouvrement des impositions de toutes natures, et des règles qui régissent la répartition des compétences législatives et réglementaires.

La loi de finances a un domaine exclusif en matière budgétaire (au sens large du terme). En revanche, elle ne peut comporter de dispositions, celles constituant des cavaliers budgétaires, qui peuvent figurer au contraire dans une loi fiscale ordinaire.

Il a été indiqué que les considérations relatives à l'exécution du budget en cours ne peuvent pas non plus restreindre la compétence du législateur lorsqu'il intervient par une loi fiscale ordinaire.

Il en va différemment des lois de financement de la sécurité sociale. Le critère du lien qui doit exister entre les dispositions d'une de ces lois avec l'équilibre financier des régimes obligatoires de base peut avoir un effet réducteur quant à l'étendue des compétences fiscales du législateur.

839. – Principes fondamentaux des ressources des collectivités locales. Le cas des lois fiscales qui mettent en cause les principes fondamentaux des ressources des collectivités territoriales au sens de l'article 34 de la Constitution appelle quelques précisions.

La référence à la notion de « principes fondamentaux » ne comporte aucune restriction des pouvoirs du Parlement en matière proprement fiscale.

Les organes délibérants des collectivités territoriales ont seulement la faculté de mettre en application, à l'intérieur de leur territoire, certaines impositions instituées par le législateur (cas des impositions facultatives) et d'intervenir en matière de taux des impositions.

Sous ces réserves, les règles concernant l'assiette, le taux et les modalités du recouvrement des impositions de toutes natures perçues par les collectivités territoriales restent du domaine de la loi.

La loi constitutionnelle du 28 mars 2003 prévoit, dans une disposition reprise à l'article 72-2 de la Constitution, que les collectivités territoriales « peuvent recevoir tout ou partie du produit des impositions de toutes natures » et que « la loi peut les autoriser à en fixer l'assiette et le taux dans les limites qu'elle détermine ». Mais elle n'a pas modifié la situation qui existait antérieurement.

Le législateur est compétent, en application des articles 72 et 34 de la Constitution, pour déterminer les limites à l'intérieur desquelles une collectivité territoriale peut être habilitée à fixer elle-même le taux d'une imposition en vue de pourvoir à ses dépenses, pour supprimer tout ou partie d'une imposition affectée à une collectivité ou pour établir une exonération devant entraîner une perte de ressources[295].

Seule limite assignée par le Conseil constitutionnel à la compétence du législateur : les règles édictées sur le fondement des dispositions des articles 72 et 34 de la Constitution ne doivent pas avoir pour effet de restreindre les ressources fiscales des collectivités territoriales au point d'entraver leur libre administration (déc. préc.).

§ 2. – Les ordonnances de l'article 38

840. – **Article 38 de la Constitution.** Aux termes de l'article 38 de la Constitution de 1958, « Le Gouvernement peut, pour l'exécution de son programme, demander au Parlement l'autorisation de prendre par ordonnances, pendant un délai limité, des mesures qui sont normalement du domaine de la loi.

« Les ordonnances sont prises en Conseil des ministres après avis du Conseil d'État. Elles entrent en vigueur dès leur publication mais deviennent caduques si le projet de loi de ratification n'est pas déposé devant le Parlement avant la date fixée par la loi d'habilitation.

« À l'expiration du délai mentionné au premier alinéa du présent article, les ordonnances ne peuvent plus être modifiées que par la loi dans les matières qui sont du domaine législatif ».

A. – Domaine de l'habilitation

1° Matières déléguées

841. – **Exclusions.** Le régime constitutionnel des lois d'habilitation a été défini par le Conseil constitutionnel, notamment dans les décisions n° 99-421 DC du 16 décembre 1999, *Loi portant habilitation du Gouvernement à procéder, par ordonnances, à l'adoption de la partie législative de certains codes*, et n° 2003-473 DC du 26 juin 2003, *Loi habilitant le gouvernement à simplifier le droit*.

La loi d'habilitation ne peut pas permettre l'intervention d'ordonnances dans des domaines réservés par les articles 46, 47, 47-1, 74 et 77 de la Constitution à la loi organique, aux lois de finances (en matière budgétaire) et aux lois de financement de la sécurité sociale[296].

Le principe avait déjà été posé par le Conseil constitutionnel pour les matières qui relèvent de la loi organique[297] et pour les lois de finances[298].

842. – **Matières. Fiscalité.** Hormis cette triple interdiction, le domaine de l'habilitation « peut comprendre toute matière qui relève du domaine de la loi en appli-

(295) Cons. const., 25 juill. 1990, n° 90-277 DC, consid. 14.
(296) Cons. const., 16 déc. 1999, n° 99-421 DC, consid. 15. – Cons. const., 26 juin 2003, n° 2003-473 DC, consid. 11.
(297) Cons. const., 5 janv. 1982, n° 81-134 DC, consid. 4, *Loi d'orientation autorisant le Gouvernement à prendre des mesures d'ordre social*.
(298) Cons. const., 4 juin 1984, n° 84-170 DC, *Taxe sur les produits pétroliers*. – Cons. const., 30 déc. 1995, n° 95-370 DC, *Loi autorisant le Gouvernement à réformer la protection sociale*, consid. 29.

cation de l'article 34 »[299]. Suivant une autre formule, « l'article 38 (...) autorise le Parlement à déléguer au Gouvernement toute matière relevant de la loi »[300].

Le Gouvernement peut être habilité à prendre notamment des mesures fiscales et même à créer, par voie d'ordonnance, de nouvelles impositions. Dès lors que le législateur l'a autorisé à prendre « toutes mesures (...) instituant des prélèvements faisant contribuer au financement de la protection sociale et à l'équilibre financier des organismes qui y concourent les entreprises exploitant des spécialités pharmaceutiques (...) », le Gouvernement a pu ainsi instituer trois contributions exceptionnelles dont sont redevables les entreprises assurant l'exploitation d'une ou plusieurs spécialités pharmaceutiques, en définissant, dans son ensemble, le régime de ces impositions – personnes imposables, assiette, taux, recouvrement[301].

Lorsque la loi d'habilitation a prévu que les mesures envisagées pourraient prendre effet rétroactivement et a fixé la date limite de cet effet, les dispositions de l'ordonnance qui instituent une imposition rétroactive ne peuvent être considérées comme entachées d'une rétroactivité illégale[302].

Il appartient seulement au Parlement, qui a consenti l'impôt lors du vote de la loi d'habilitation, de se prononcer sur les dispositions adoptées par ordonnance, lors de l'examen du projet de la loi de ratification[303].

2° Pouvoirs du Gouvernement

843. – **Étendue des pouvoirs.** Le Gouvernement dispose en général de larges pouvoirs : il peut fixer des dispositions nouvelles, procéder à l'abrogation de dispositions législatives antérieures, ou modifier ces dispositions.

En vertu de l'habilitation qui lui est conférée par l'article 38, il lui est possible, comme au législateur lui-même, d'abroger des dispositions de nature réglementaire figurant dans des textes législatifs sans qu'il soit tenu de se soumettre à la procédure de délégalisation prévue au deuxième alinéa de l'article 37[304].

Les dispositions de l'article 41 lui permettent aussi d'opposer l'irrecevabilité au cours de la procédure législative à toute proposition ou à tout amendement contraire à la délégation qui lui a été accordée en vertu de l'article 38 ; mais il ne s'agit que d'une faculté[305].

B. – Conditions de l'habilitation

1° Obligations gouvernementales

844. – **Indication précise de la finalité des mesures.** La disposition du premier alinéa de l'article 38 précise que la demande d'habilitation est présentée par le Gouvernement pour « l'exécution de son programme ».

(299) Cons. const., 16 déc. 1999, n° 99-421 DC, consid. 8.
(300) Cons. const., 26 juin 2003, n° 2003-473 DC, consid. 11.
(301) CE, ass., 28 mars 1997, *Sté Baxter* : *Rec. CE* 1997, p. 114 ; *RFDA* 1997, p. 450, concl. Bonichot et obs. Mélin-Soucramanien ; *RJF* 1997, n° 508, pour l'ordonnance n° 96-51 du 24 janvier 1996, art. 12, créant une contribution exceptionnelle des entreprises exploitant des spécialités pharmaceutiques, prise en application de la loi d'habilitation du 30 décembre 1995. V. *supra*, n° 587.
(302) CE, ass., 28 mars 1997, *Sté Baxter*, préc. – CE, 4 nov. 1996, *Assoc. de défense des sociétés de course* : *RFDA* 1996, p. 1099, concl. Maugüé ; *RJF* 1997, n° 509, pour la contribution au remboursement de la dette sociale créée par l'ordonnance n° 96-50 du 24 janvier 1996 en application de la loi précitée du 30 décembre 1995.
(303) Cons. const., 30 déc. 1995, n° 95-370 DC, consid. 18 à 21.
(304) Cons. const., 16 déc. 1999, n° 99-421 DC, consid. 26.
(305) Cons. const., 23 janv. 1987, n° 86-224 DC, consid. 12 à 14.

Suivant la jurisprudence du Conseil constitutionnel, il y a lieu d'exclure notamment toute interprétation qui serait tirée d'un rapprochement avec les énonciations du premier alinéa de l'article 49 de la Constitution, qui tend à conférer une acception analogue au terme « programme » et à l'expression « déclaration de politique générale ». Le Conseil a récusé cette interprétation, d'une part, parce qu'elle ne ferait aucune place, pour une éventuelle justification de recours aux dispositions de l'article 38, aux notions de circonstances imprévues ou de situation requérant des mesures d'urgence, et, d'autre part, en raison de sa généralité, parce qu'elle aurait pour résultat d'étendre, sans limites définies, le champ d'application de la procédure d'habilitation au détriment des prérogatives du Parlement.

La condition spécifiée au premier alinéa de l'article 38 « pour l'exécution de son programme » doit donc être entendue simplement comme faisant obligation au Gouvernement « d'indiquer avec précision au Parlement, lors du dépôt d'un projet de loi d'habilitation, quelle est la finalité des mesures qu'il se propose de prendre »[306].

845. – **Domaine d'intervention des ordonnances.** Le Conseil constitutionnel a ajouté par la suite l'obligation, pour le Gouvernement, d'indiquer avec précision les domaines d'intervention des ordonnances[307].

L'article 38 n'impose pas toutefois au Gouvernement de faire connaître au Parlement « la teneur des ordonnances » qu'il prendra en vertu de l'habilitation qu'il demande[308]. Dès lors, il ne lui est pas interdit de faire dépendre la teneur de ces ordonnances des résultats de travaux et d'études dont il ne connaîtra que plus tard les conclusions[309].

846. – **Nature des circonstances.** La nature des circonstances dans lesquelles le Gouvernement peut demander l'autorisation prévue à l'article 38 ne répond à aucune exigence particulière. L'existence de circonstances imprévues et l'urgence des mesures à prendre sont au nombre des justifications que le Gouvernement peut invoquer[310]. L'urgence peut résulter elle-même de « l'encombrement de l'ordre du jour parlementaire », qui fait obstacle à la réalisation, dans des délais raisonnables, du programme du Gouvernement (en l'espèce, tendant à simplifier le droit et à poursuivre sa codification[311].

2° Contrôle du Conseil constitutionnel

847. – Les dispositions d'une loi d'habilitation ne sauraient avoir ni pour objet ni pour effet de dispenser le Gouvernement, dans l'exercice des pouvoirs qui lui sont conférés en application de l'article 38, de « respecter les règles et les principes de valeur constitutionnelle, ainsi que les normes internationales et européennes applicables »[312].

(306) Cons. const., 12 janv. 1977, n° 76-72 DC, *Territoire des Afars et des Issas : RDP* 1977, p. 468, note Favoreu et Philip ; *D.* 1979, p. 181, note L. Hamon ; *AJDA* 1977, p. 258, note J.-P. Lebreton.

(307) Cons. const., 25 et 26 juin 1986, n° 86-207 DC, consid. 13.

(308) Cons. const., 25 et 26 juin 1986, n° 86-207 DC, consid. 21. – Cons. const., 16 déc. 1999, n° 99-421 DC, consid. 12. – Cons. const., 23 juin 2003, n° 2003-473 DC, consid. 4.

(309) Cons. const., 25 et 26 juin 1986, n° 86-207 DC, consid. 21.

(310) Cons. const., 12 janv. 1977, n° 76-72 DC, consid. 3. – Cons. const., 16 déc. 1999, n° 99-421 DC, consid. 13.

(311) Cons. const., 26 juin 2003, n° 2003-473 DC, consid. 5.

(312) Cons. const., 26 juin 2003, n° 2003-473 DC, consid. 10.

Le Conseil constitutionnel peut, du reste, n'admettre la conformité à la Constitution de la loi d'habilitation que sous l'expresse condition qu'elle soit interprétée et appliquée dans le strict respect de la Constitution, et sous les réserves qu'il indique dans les motifs de sa décision[313]. Il précise parfois que la loi d'habilitation « devra être interprétée et appliquée, sous le contrôle du Conseil d'État » dans le respect des principes de valeur constitutionnelle[314].

C. – Régime juridique et contentieux des ordonnances

1° Nature juridique

848. – Les ordonnances de l'article 38 doivent être considérées comme des *actes administratifs réglementaires tant qu'elles n'ont pas été ratifiées.*

Ce principe, consacré pour les décrets-lois de la Troisième République[315] et pour les décrets pris en application des lois de pouvoirs spéciaux de la Quatrième République[316], a été réaffirmé et explicité pour les ordonnances de l'article 38[317].

2° Contrôle du juge administratif

849. – Le contrôle de la constitutionnalité exercé par le Conseil constitutionnel ne peut porter que sur les lois et non sur les ordonnances prévues par l'article 38 de la Constitution[318].

Les ordonnances de l'article 38 peuvent seulement faire l'objet d'un recours pour excès de pouvoir tant qu'elles conservent le caractère d'acte administratif[319] et leur légalité peut, dans les mêmes conditions, être contestée par la voie de l'exception[320].

Le juge des référés est compétent pour ordonner, conformément à l'article L. 521-1 du Code de justice administrative, la suspension des dispositions illégales d'une ordonnance, dès lors que la condition d'urgence est remplie[321].

3° Étendue du contrôle

850. – Régularité en la forme. Le caractère d'acte administratif réglementaire reconnu aux ordonnances avant leur ratification permet un contrôle assez étendu du juge administratif, qui porte sur leur régularité en la forme et principalement sur le fond.

L'article 38 exigeant que les ordonnances soient prises après avis du Conseil d'État, le juge de l'excès de pouvoir recherche si les dispositions d'une ordonnance correspondent soit à celles qui figuraient dans le projet soumis par le Gouvernement au Conseil d'État, soit à celles du texte adopté par le Conseil d'État[322].

(313) Cons. const., 30 déc. 1995, n° 95-370 DC, consid. 28. – Cons. const., 26 juin 2003, n° 2003-473 DC, consid. 18 à 20.
(314) Cons. const., 16 déc. 1999, n° 99-421 DC, consid. 24.
(315) CE, 27 janv. 1937, *Hardy et Girard* : *Rec. CE* 1937, p. 107. – CE, 17 mars 1947, *Sté Entr. Jaulard* : *Rec. CE* 1947, p. 103.
(316) CE, ass., 16 mars 1956, *Garrigou* : *Rec. CE* 1956, p. 121 ; *D.* 1956, p. 253, concl. Laurent.
(317) CE, 8 déc. 2000, *Hoffer* : *Rec. CE* 2000, p. 584 ; *RFDA* 2001, p. 454, concl. Maugüé ; *AJDA* 2000, p. 985, chron. Guyomar et Collin.
(318) Cons. const., 8 août 1985, n° 85-196 DC, consid. 23.
(319) CE, 8 déc. 2000, *Hoffer*, préc.
(320) CE, 1er déc. 1997, *CPAM de la Sarthe* : *Rec. CE* 1997, p. 446.
(321) CE, juge réf., 20 mars 2001, *Synd. national des horlogers* : *Rec. CE* 2001, p. 142, et dans la même affaire, sur le fond, CE, 4 juill. 2001 : *RJF* 2001, n° 1586.
(322) CE, ass., 28 mars 1997, *Sté Baxter*, V. *supra*, n° 842.

L'application qu'il fait des règles sur le contreseing ne déroge pas à sa jurisprudence habituelle[323].

851. – **Fond. Objet.** Il examine si les mesures prises par ordonnance sont, par leur nature et leur objet, au nombre de celles que le Gouvernement était autorisé à prendre en vertu de la loi d'habilitation[324].

852. – **Incompétence négative.** Inversement, il vérifie avec un soin tout particulier si les dispositions d'une ordonnance ne sont pas entachées d'une « incompétence négative ».

Le Conseil d'État exerce sur ce point un contrôle analogue à celui de la constitutionnalité de la loi par le Conseil constitutionnel au regard de la distinction faite par les articles 34 et 37 de la Constitution entre matières législatives et matières réglementaires.

Il recherchait déjà si les décrets-lois de la Troisième République et les décrets pris en vertu de pouvoirs spéciaux sous la Quatrième République n'opéraient pas une délégation irrégulière de compétence à l'autorité réglementaire, en renvoyant au décret simple ou à l'arrêté des mesures qui ne pouvaient relever que de la loi conformément à la tradition constitutionnelle républicaine[325].

L'ordonnance ne peut pas avoir pour effet de transférer dans le domaine réglementaire, même en partie, une matière qui est du domaine de la loi en vertu de la Constitution.

Le Gouvernement a donc l'obligation de ne pas méconnaître sa compétence ; faute pour lui d'avoir épuisé sa compétence, les dispositions de l'ordonnance critiquées à ce titre sont entachées d'illégalité[326].

Mais il peut renvoyer à des décrets le soin de préciser les modalités d'application des mesures contenues dans l'ordonnance[327].

853. – **Conformité aux principes de valeur constitutionnelle et aux normes internationales.** Le juge vérifie si les mesures prises par ordonnance ne sont pas contraires aux principes de valeur constitutionnelle, tels que le principe de l'égalité devant les charges publiques ou le principe de l'égalité devant l'impôt[328] ou à des normes internationales ou communautaires[329], ou au principe d'égalité devant la loi et aux principes généraux du droit[330].

4° Conséquences de l'illégalité de l'ordonnance

854. – **Annulation.** Le juge de l'excès de pouvoir annule les dispositions de l'ordonnance qui excèdent le cadre de l'habilitation législative[331] ou qui sont contraires

(323) V. concl. Maugüé sur CE, 4 nov. 1996, *Assoc. de défense des sociétés de course*, préc. – R. Chapus, *Droit administratif général*, t. 1er, Montchrestien, 15e éd., 2001, nos 271 et s.

(324) CE, ass., 24 nov. 1961, *Fédération nationale des syndicats de police* : *Rec. CE* 1961, p. 658 ; *D.* 1962, p. 424, note Fromont. – CE, 28 mars 1997, *Sté Baxter*, V. *supra*, n° 842.

(325) V. sur la question J. Trémeau, *Les renvois au règlement des ordonnances* : *LPA* 13 août 1999, n° 161.

(326) CE, ass., 3 juill. 1998, *Synd. des médecins de l'Ain* : *Rec. CE* 1998, p. 277 ; *RFDA* 1998, p. 942, concl. Maugüé ; *AJDA* 1998, p. 559, chron. Raynaud et Fombeur.

(327) CE, ass., 28 mars 1997, *Sté Baxter*, préc., V. *supra*, n° 842.

(328) CE, ass., 28 mars 1997, *Sté Baxter*, préc., V. *supra*, n° 842.

(329) CE, ass., 28 mars 1997, *Sté Baxter*, préc., V. *supra*, n° 842.

(330) CE, 4 nov. 1996, *Assoc. de défense des sociétés de course*, préc. – Sur la référence aux principes généraux du droit dans l'arrêt du 4 novembre 1996, V. : L. Favoreu, *Principes généraux du droit et ordonnances non-ratifiées* : *RFDA* 1996, p. 1111. – C. Boyer-Merentier, *Les ordonnances de l'article 38 : une place ambiguë dans la hiérarchie des normes* : *RFDA* 1998, p. 924.

(331) CE, ass., 24 nov. 1961, *Fédération nationale des syndicats de police*, préc., V. *supra*, n° 851, pour la disposition d'une ordonnance qui soustrait certains actes administratifs à tout contrôle juridictionnel en en prononçant la validation.

à des principes ou à des normes qui s'imposent au Gouvernement, telles des normes communautaires[332].

Lorsque la légalité de l'ordonnance a été contestée par voie d'exception à l'appui d'une requête en annulation d'un arrêté ou d'un arrêté d'application et que le juge reconnaît que cette ordonnance est illégale, cette illégalité prive le règlement de base légale et entraîne son annulation[333].

D. – Caducité des ordonnances et abrogation

855. – Lorsque le projet de loi de ratification d'une ordonnance n'a pas été déposé devant le Parlement avant la fin du délai fixé par la loi d'habilitation, l'ordonnance devient caduque à cette dernière date[334]. Mais le recours pour excès de pouvoir dirigé contre l'ordonnance ne devient sans objet que si celle-ci n'a reçu aucune application avant la date à laquelle elle est devenue caduque[335].

Le dépôt en temps utile du projet de loi portant ratification fait obstacle à la survenance de la caducité des ordonnances, sans pour autant qu'un délai soit imparti au Parlement pour procéder à la ratification[336].

Par ailleurs, à l'expiration du délai de la période durant laquelle le Gouvernement a été habilité à prendre les ordonnances, celles-ci ne peuvent plus être modifiées que par la loi dans les matières qui sont du domaine législatif (art. 38, al. 3).

E. – Ratification

1° Effets

856. – La ratification confère rétroactivement *valeur législative* à l'ordonnance à compter de la date de sa signature[337].

Le recours pour excès de pouvoir formé contre l'ordonnance avant l'intervention de ratification devient sans objet. Cette ordonnance n'est plus susceptible d'être discutée par la voie contentieuse. Le juge prononce un non-lieu à statuer[338].

De la même manière, du fait de la ratification, les requérants ne sont pas fondés à se prévaloir, pour demander l'annulation d'un texte d'application, tel qu'un décret, d'une prétendue illégalité de l'ordonnance[339].

2° Modalités

857. – La ratification peut être expresse ou tacite. Elle peut résulter d'une manifestation de volonté, implicitement mais clairement exprimée par le Parlement ; en

(332) CE, 15 oct. 1999, *Sté Baxter*, préc., V. *supra*, n° 842.
(333) CE, ass., 3 juill. 1998, *Confédération nationale des présidents d'unions régionales des médecins libéraux*.
(334) CE, 2 avr. 2003, *Conseil régional de la Guadeloupe* : *RFDA* 2003, p. 622 ; *Dr. adm.* 2003, n° 163, note C. M.
(335) CE, 2 avr. 2003, préc.
(336) CE, 11 mai 2001, *Marza* : *Rec. CE* 2001, p. 232.
(337) Cons. const., 10 mars 1966, n° 66-36 L. – CE, 8 déc. 2000, *Hoffer*, V. *supra*, n° 848. – CE, 23 oct. 2002, *Laboratoires Juva* : *AJDA* 2003, p. 27, note D. Costa.
(338) CE, 27 juill. 1984, n° 51833 : *RJF* 1984, n° 1369, pour les ordonnances n° 83-354 (emprunt obligatoire) et n° 83-732 (1 % de sécurité sociale) du 30 avril 1983, prises en application de la loi n° 83-332 du 22 avril 1983 et ratifiées par la loi n° 84-421 du 6 juin 1984. – CE, 23 oct. 2002, *Laboratoires Juva*, préc.
(339) CE, 20 mai 1987, n° 45163 : *Dr. fisc.* 1987, n° 43, comm. 1910 ; *RJF* 1987, n° 782, sur la légalité du décret n° 82-575 du 29 juin 1982, qui, sur le fondement de l'article L. 161 du Livre des procédures fiscales, permettait aux Assedic de faire contrôler par les agents de l'administration fiscale les déclarations souscrites pour la contribution de solidarité instituée par l'ordonnance n° 82-290 du 30 mars 1982 relative à la limitation des possibilités de cumul entre pension de retraite et revenus d'activité, ordonnance ratifiée par la loi n° 83-430 du 31 mai 1983.

d'autres termes, même si la loi n'a pas pour objet direct la ratification, il faut qu'elle l'implique nécessairement(340).

La ratification implicite peut résulter de la modification par le législateur de certaines dispositions de l'ordonnance(341), ou de la référence faite par le législateur à l'ordonnance(342).

La ratification implicite peut résulter encore du fait que le législateur étend le champ d'application de l'ordonnance(343).

Elle peut porter sur l'ensemble des dispositions de l'ordonnance(344) ou être limitée aux seuls articles modifiés par le législateur(345). Il appartient en conséquence au juge de définir très exactement la portée de la ratification implicite(346).

3° Contrôle de la loi de ratification

858. – Contrôle de la constitutionnalité. Le Conseil constitutionnel peut être appelé à examiner la conformité d'une ordonnance à la Constitution en vérifiant la constitutionnalité de la loi de ratification(347).

Lorsqu'il est saisi d'une loi de ratification implicite, il lui appartient de dire si une loi de cette nature comporte effectivement ratification de tout ou partie des dispositions de l'ordonnance en cause et, dans l'affirmative, si les dispositions auxquelles la ratification confère valeur législative sont conformes à la Constitution(348).

En cas de déclaration de non-conformité à la Constitution de la loi de ratification, l'ordonnance demeure dans sa totalité, jusqu'à l'intervention d'une loi la ratifiant, un texte de valeur réglementaire dont la régularité juridique ne peut être appréciée par le Conseil constitutionnel (consid. 25).

859. – Contrôle de la conventionnalité. Le juge administratif s'est reconnu le pouvoir de vérifier si la loi de ratification n'est pas incompatible avec des stipulations internationales et notamment avec celles de l'article 6,1 de la Convention européenne des droits de l'homme en portant atteinte au droit à un procès équitable(349).

F. – Délégalisation

860. – Le caractère d'acte législatif qui résulte de la ratification législative ne saurait entraîner plus d'effets que n'en comporte une loi ordinaire. Sur le plan matériel, les ordonnances ratifiées possèdent valeur législative, mais seulement dans celles de leurs dispositions qui relèvent du domaine du législateur. Elles sont donc soumises, le cas échéant, au régime des « textes de forme législative » prévu par l'article 37, alinéa 2 de la Constitution.

(340) Cons. const., 29 févr. 1972, n° 72-73 L, consid. 3. – Cons. const., 23 janv. 1987, n° 86-224 DC, consid. 24.
(341) V. par ex. en matière fiscale : CE, 10 juill. 1972, Cie *Air Inter : Rec. CE* 1972, p. 537.
(342) CE, 11 juin 1990, *Congrès du Territoire de la Nouvelle-Calédonie : Rec. CE* 1990, p. 156. – CE, 19 mars 2003, *Assoc. des élus de Montagne : Dr. adm.* 2003, n° 99, note M. G.
(343) CE, 7 févr. 1994, *Ghez : Rec. CE* 1994, p. 55 ; *AJDA* 1994, p. 412, note Guglielmi.
(344) CE, 7 févr. 1994, préc.
(345) CE, 17 mai 2002, *Hoffer : RFDA* 2002, p. 917, concl. Maugüé ; *Dr. adm.* 2002, n° 148, note C. M.
(346) CE, 19 mars 2003, *Assoc. des élus de montagne*, préc. – Cons. const., 23 janv. 1987, 86-224 DC, consid. 24.
(347) Cons. const., 4 juin 1984, n° 84-170 DC, consid. 5.
(348) Cons. const., 23 janv. 1987, n° 86-224 DC, consid. 24.
(349) CE, 8 déc. 2000, *Hoffer*, préc., V. *supra*, n° 857.

Les dispositions des ordonnances ratifiées de l'article 38, qui, par définition, sont intervenues après l'entrée en vigueur de la Constitution, peuvent être modifiées par décret, à la condition que le Conseil constitutionnel ait déclaré préalablement qu'elles ont un caractère réglementaire.

Tel est le sens de la décision n° 72.73[(350)], rendue sur la demande tendant à l'appréciation de la nature juridique des dispositions de l'ordonnance n° 67-693 du 17 août 1967, relative à la participation des salariés aux fruits de l'expansion des entreprises, modifiée par l'article 62 de la loi n° 681172 du 27 décembre 1968 portant loi de finances pour 1969[(351)].

G. – Pratique des lois d'habilitation de l'article 38

861. – La première loi d'habilitation de l'article 38 que le Gouvernement a utilisée en matière fiscale (mais qui n'avait pas un objet purement fiscal) est la loi n° 67-482 du 22 juin 1967 autorisant le Gouvernement à prendre des mesures d'ordre économique et social[(352)].

De nombreuses lois d'habilitation, par application de l'article 38, sont intervenues ultérieurement dont on ne rappellera que celles qui ont été utilisées en matière fiscale : Loi n° 83-332 du 22 avril 1983 autorisant le Gouvernement à prendre diverses mesures financières[(353)]. – Loi n° 86-793 du 2 juillet 1986 autorisant le Gouvernement à prendre diverses mesures d'ordre économique et social[(354)]. – Loi n° 95-1348 du 30 décembre 1995, autorisant le Gouvernement à réformer la protection sociale[(355)]. – Loi n° 2000-517 du 15 juin 2000[(356)] autorisant le Gouvernement à prendre par ordonnances les mesures nécessaires à l'adaptation au passage à l'euro de certains montants exprimés en francs dans les textes législatifs. – Loi n° 2001-1 du 3 janvier 2001 portant habilitation du Gouvernement à transposer, par ordonnances, des directives communautaires et à mettre en œuvre certaines dispositions du droit communautaire[(357)]. – Loi n° 2003-591 du 2 juillet 2003 habilitant le Gouvernement à simplifier le droit[(358)]. – Loi n° 2004-1343 du 9 décembre 2004 « de simplification du droit »[(359)]. – Loi n° 2013-1005 du 12 novembre 2013 habilitant le Gourvernement à simplifier les relations entre l'administration et les citoyens.

Cette énumération ne doit pas être considérée comme limitative. Il faut y ajouter, en particulier, les très nombreuses lois d'habilitation qui sont intervenues pour les collectivités d'outre-mer.

Il est d'ailleurs assez regrettable que les habilitations législatives, comme, du reste, les ratifications se dissimulent dans certains articles de loi, au lieu de faire l'objet d'une loi spéciale.

(350) L. 29 févr. 1972 : *AJDA* 1972, p. 638, note Toulemonde.
(351) *JCP* G 1969, III, 34925.
(352) *JCP* G 1967, III, 33148.
(353) *JCP* G 1983, III, 54124.
(354) *Dr. fisc.* 1986, n° 30, comm. 1401.
(355) *JCP* G 1996, III, 67746 : *Dr. fisc.* 1995, n° 52, p. 1908 et s.
(356) *JCP* G 2000, III, 20303 : *Dr. fisc.* 2000, n° 26, p. 934.
(357) *JCP* G 2001, III, 20425.
(358) *Dr. fisc.* 2003, n° 36, comm. 592.
(359) *Dr. fisc.* 2004, n° 53, comm. 932.

§ 3. – Le règlement

862. – Généralités. Le Premier ministre exerce le pouvoir réglementaire. Lorsque la loi renvoie à des normes fixées « par voie réglementaire », l'expression ne peut s'entendre que d'un renvoi au pouvoir réglementaire détenu par le Premier ministre(360). Mais le Premier ministre n'est pas seul investi du pouvoir de prendre des règlements, notamment en matière fiscale. L'article 21 de la Constitution précise qu'il peut déléguer certains de ses pouvoirs aux ministres. Le législateur peut, de son côté, habiliter directement un ministre à assurer l'application de dispositions de loi par voie d'arrêtés. Un décret peut, de même, renvoyer à des arrêtés ministériels l'édiction de certaines mesures d'application.

Le Conseil constitutionnel a admis que des mesures réglementaires qui, en vertu de la Constitution, ne devraient être prises que par le Premier ministre, puissent l'être, en vertu de la loi, par une autre autorité. Les dispositions de l'article 21 de la Constitution « ne font pas obstacle à ce que le législateur confie à une autorité de l'État autre que le Premier ministre le soin de fixer des normes permettant de mettre en œuvre une loi dès lors que cette habilitation ne concerne que des mesures de portée limitée tant par leur champ d'application que par leur contenu »(361). Lorsque des articles de loi confient à un ministre le pouvoir de prendre des mesures comportant cette double limitation quant à leur champ d'application et à leur contenu, les délégations de pouvoir réglementaire ne sont pas contraires à l'article 21 de la Constitution(362).

A. – Modalités d'exercice du pouvoir réglementaire

1° Catégories de règlements

863. – Suppression du règlement d'administration publique. Les règlements pris par les autorités centrales ont pu ou peuvent être rangés dans trois catégories.

Jusqu'à la loi du 7 juillet 1980, on trouve, au sommet de la hiérarchie, le règlement d'administration publique. Il s'agit d'un règlement qui a ses caractéristiques propres. Il ne peut intervenir que sur l'invitation expresse de la loi. Lorsque le législateur renvoie à des règlements d'administration publique le soin de fixer les conditions d'application d'une loi, le Gouvernement a l'obligation d'édicter ces règlements. En outre, le règlement d'administration publique doit, en principe, être soumis à l'avis du Conseil d'État délibérant en assemblée générale ; mais le vice-président du Conseil d'État peut, en vertu des pouvoirs qu'il tient de l'article 21 du décret n° 63-766 du 30 juillet 1963, décider de ne pas porter certains projets de règlements d'administration publique à l'ordre du jour de l'assemblée générale ; ces projets sont alors examinés par la section administrative compétente(363).

La loi n° 80-514 du 7 juillet 1980 a supprimé la formule du règlement d'administration publique en prévoyant que « dans les lois en vigueur à la date de publication de la présente loi, tout renvoi à un règlement d'administration publique ou

(360) CE, 1er avr. 1996, *Dpt de la Loire : Rec. CE* 1996, p. 109 ; *Dr. adm.* 1996, n° 251.
(361) Cons. const., 27 nov. 2001, n° 2001-451 DC, *Loi portant amélioration de la couverture des non-salariés agricoles*, consid. 10. – Cons. const., 1er juill. 2004, n° 2004-497 DC, *Loi relative aux communications électroniques*, consid. 6.
(362) Cons. const., n° 2001-451 DC, préc., consid. 12, pour une délégation au ministre de l'Agriculture.
(363) Sur la question, V. concl. Kahn et note Ferrari sur CE, ass., 7 mai 1971, *Rivière : Rec. CE* 1971, p. 331 ; *AJDA* 1971, p. 607. – *GAJA*, obs. sur CE, 6 déc. 1907, *Chemin de fer de l'Est*. – R. Chapus, *Droit administratif général*, préc., t. 1er, n° 834.

à un décret en forme de règlement d'administration publique est remplacé par un renvoi à un décret en Conseil d'État ».

Les dispositions issues de règlements d'administration publique figuraient et figurent toujours, pour celles qui subsistent, dans l'Annexe I au Code général des impôts.

864. – Décrets. Le législateur peut prévoir que les conditions d'application ou les modalités d'application d'un article de loi seront fixées par décret en Conseil d'État.

Les décrets en Conseil d'État, lorsqu'ils sont codifiés, sont repris dans l'Annexe II au Code général des impôts.

Une autre hypothèse est celle dans laquelle le législateur renvoie simplement à un décret le soin de compléter des dispositions. Ces décrets d'application sont dits « simples ».

Cette catégorie de décrets comprend encore ceux que le Premier ministre prend spontanément en dehors de toute invitation du législateur, pour assurer l'exécution d'une loi.

L'Annexe III au Code général des impôts contient les dispositions issues de tous ces décrets.

865. – Arrêté ministériel. Le ministre chargé du budget ne dispose pas d'un pouvoir réglementaire propre. C'est seulement en vertu d'une disposition législative ou d'un décret qu'il est compétent pour édicter des règles.

Le principe a été réaffirmé notamment dans l'arrêt du 4 juillet 1997, n° 179149, *Confédération française des professionnels en jeux automatiques*(364). Le commissaire du gouvernement avait déclaré à cette occasion : « s'il appartient effectivement au pouvoir réglementaire de prévoir, même dans le silence de la loi, les modalités d'application qui permettront à celle-ci de produire ses effets, cette compétence appartient, sauf habilitation législative expressément différente, à l'autorité titulaire du pouvoir réglementaire de droit commun, c'est-à-dire au Premier ministre et non au ministre délégué au budget ».

Il arrive assez souvent que le législateur renvoie directement à des arrêtés ministériels le soin de compléter des dispositions de loi. Cette habilitation peut même porter sur des éléments déterminants de l'impôt, telle la fixation des taux à l'intérieur des limites déterminées par le législateur(365). Elle est admise par le Conseil constitutionnel).

Le ministre peut également être habilité à prendre des dispositions de caractère réglementaire en application de décrets, ce qui soulève le problème de la régularité de cette délégation ou subdélégation.

L'Annexe IV contient les dispositions revêtant la forme d'arrêté.

2° Consultations

a) Consultation du Conseil d'État

866. – Le texte de loi peut imposer au Gouvernement de prendre des « décrets en Conseil d'État ». Un projet de décret peut aussi être soumis à l'avis du Conseil d'État, même lorsque cette consultation n'est pas obligatoire.

(364) *Dr. fisc.* 1997, n° 45, comm. 1180, concl. Goulard ; *RJF* 1997, n° 868.
(365) V. encore : CE, 23 mars 2005, n° 269.059, *Sté Doux* : *RJF* 2005, n° 799 ; *BDCF* 2005, n° 95, concl. Vallée, pour la taxe d'abattage.

La formule : « Le Conseil d'État entendu », placée à la fin de tous les visas à la seule exception du visa du Conseil des ministres, est réservée au cas où un décret a été soumis à l'assemblée générale du Conseil d'État.

Lorsqu'un décret est pris sur l'avis d'une section ou de deux sections administratives réunies, sans intervention de l'assemblée générale, mais que la consultation du Conseil d'État est obligatoire, la formule est : « Le Conseil d'État (section de...) ou bien (section de... et de... réunies) entendu ».

Quand la consultation du Conseil d'État n'est pas obligatoire, la formule est : « Vu l'avis du Conseil d'État (section...) »[366].

L'absence de consultation du Conseil d'État, lorsqu'elle est obligatoire, entache le décret d'illégalité pour incompétence[367]. Il s'agit d'un moyen d'ordre public, qui doit être soulevé d'office par le juge.

Par ailleurs, la consultation de la haute assemblée étant une règle de compétence, en cas de divergences entre le projet soumis au Conseil d'État et le texte adopté par celui-ci, le Gouvernement ne peut retenir une troisième rédaction, sauf à saisir de nouveau le Conseil d'État[368].

b) Consultation d'organismes autres que le Conseil d'État

867. – La loi précise parfois que les décrets d'application doivent intervenir après avis des organisations professionnelles (par ex. la consultation d'organisations professionnelles agricoles pour les décrets relatifs à la détermination du bénéfice réel agricole en application des dispositions de la loi de finances pour 1971, n° 70-1199 du 21 décembre 1970 ; – l'avis du Conseil national de la comptabilité pour le décret d'application en matière de réévaluation des bilans, en application des dispositions des lois de finances pour 1977 et 1978).

Les dispositions relatives à la compétence du Conseil national de la comptabilité ne s'appliquant qu'aux réglementations relatives à la comptabilité et non aux réglementations relatives aux obligations fiscales des entreprises, le Conseil d'État n'a pas à être consulté sur un décret qui se borne à édicter des règles relatives aux déclarations fiscales des entreprises et aux documents qui doivent y être joints[369].

Même lorsque l'avis est obligatoire, l'administration n'est pas obligée de le suivre. Il résulte seulement du caractère obligatoire de la consultation qu'aucune des questions soulevées par le projet de décret ne doit être soustraite à l'avis de l'organisme intéressé. Le projet qui contiendrait des dispositions nouvelles dont le contenu n'aurait pas été soumis à l'avis de l'organisme serait irrégulier. Mais l'administration conservant sa liberté de rédaction, la procédure est régulière dès lors que l'organisme consulté a pu examiner les questions traitées par le projet[370].

(366) Sur ces indications, V. Circ. 30 janv. 1997 relative aux règles d'élaboration, de signature et de publication des textes au *Journal officiel* et à la mise en œuvre de procédures particulières incombant au Premier ministre, § 1.4.3.5 : *JO* 1er févr. 1997, p. 1721.

(367) CE, ass., 3 juill. 1998, *Synd. national de l'environnement CFDT* : *Rec. CE* 1998, p. 272 ; *AJDA* 1998, p. 780, chron. Raynaud et Fombeur ; *JCP* G 1999, I, n° 128, chron. Petit ; *RFDA* 1998, p. 1059 ; *LPA* 12 janv. 1999, n° 8, note C. Moniolle. – CE, 24 mai 2000, n° 204.657, *Conseil supérieur de l'administration de biens* : *Dr. fisc.* 2000, n° 40, comm. 742 ; *RJF* 2000, n° 976 par *a contrario*.

(368) CE, 15 oct. 1968, *Union nationale des grandes pharmacies de France* : *Rec. CE* 1968, p. 488. – Sur la question V. R. Chapus, *op. cit.*, n° 1220.

(369) CE, 6 mai 1987, n° 63.756 : *Dr. fisc.* 1987, n° 41, comm. 1801 ; *RJF* 1987, n° 726.

(370) CE, ass., 9 nov. 1988, n° 75.506 : *Dr. fisc.* 1989, n° 8, comm. 359, concl. de Saint-Pulgent : *RJF* 1989, n° 32 ; *AJDA* 173, avec les concl., pour le fonds de compensation pour la TVA.

c) Intervention d'organes parlementaires

868. – Le législateur a exigé exceptionnellement que le décret d'application intervienne sur avis conforme de la Commission des finances de l'Assemblée nationale.

Il est aussi des cas où il prévoit que les décrets pourront être communiqués préalablement à leur publication aux commissions des finances de l'Assemblée nationale et du Sénat (ainsi, pour le Livre des procédures fiscales, V. *supra*, n° 267).

3° Ministres compétents

a) Contreseing

869. – En vertu de l'article 22 de la Constitution, les actes du Premier ministre sont contresignés, le cas échéant, par les ministres chargés de leur exécution. Suivant une jurisprudence constante, ces ministres sont ceux qui ont compétence pour signer ou contresigner les mesures réglementaires ou individuelles que comporte nécessairement l'exécution de l'acte.

Les dispositions qui imposent le contreseing ont la nature de règles de forme et non de règles de compétence. Le défaut de contreseing entache l'acte d'illégalité[(371)].

La question du contreseing des décrets ayant un objet fiscal appelle des observations particulières.

870. – Ministre du Budget et ministre de l'Économie. En 1978, deux ministères, celui du Budget et celui de l'Économie ont été substitués au ministère de l'Économie et des Finances. Cette organisation est devenue habituelle ; elle revêt seulement des formes variables suivant les gouvernements. Les décrets qui fixent les attributions respectives des ministres prévoient que le ministre du Budget ou le secrétaire d'État chargé du budget (qui est alors délégué auprès du ministre de l'Économie, des Finances et de l'Industrie) a sous son autorité la Direction générale des impôts (actuellement Direction générale des finances publiques).

Il a été jugé ainsi que les mesures réglementaires ou individuelles que comporte l'exécution d'un décret ayant un objet exclusivement fiscal relèvent uniquement de la compétence du ministre du Budget et que le contreseing du ministre de l'Économie n'est donc pas obligatoire[(372)].

En revanche, lorsque le texte de loi, tel l'article 1609 septvicies du Code général des impôts, renvoie à un arrêté du ministre chargé du budget et du ministre chargé de l'agriculture le soin de fixer les taux d'une taxe dans les limites fixées par le législateur, la signature de l'arrêté par le secrétaire d'État au budget n'est pas nécessaire dès lors que le ministre d'État, ministre de l'Économie, des Finances et de l'Industrie auprès duquel était délégué ce secrétaire d'État a signé l'arrêté attaqué[(373)].

La règle relative au contreseing est entendue assez strictement. Il a été jugé ainsi, concernant le décret relatif à la taxe sur les services d'informations ou inte-

(371) Odent, *Contentieux administratif*, 1979-1980, préc., p. 328 et s. – R. Chapus, *op. cit.*, n°s 271 et s. – B. Seiller, *Rép. cont. adm.* Dalloz, V° *Acte administratif*, n°s 685 et s.

(372) CE, plén., 9 janv. 1981, req. n° 14.688 : *Dr. fisc.* 1981, n° 22, comm. 1156 ; *RJF* 1981, n° 222, pour un recours dirigé contre le décret du 10 août 1978 pris pour l'application de la loi du 5 juillet 1978 relative à l'imposition des plus-values de cession de valeurs mobilières ; il était soutenu que ce décret était entaché d'irrégularité en tant qu'il ne comportait pas de contreseing du ministre de l'Économie.

(373) CE, 23 mars 2005, n° 269.059, *Sté Doux*, préc.

ractifs à caractère pornographique que ni le ministre chargé de la communication, ni le ministre chargé des télécommunications n'avaient l'obligation de contresigner ce décret dès lors qu'il se rapporte à l'assiette et au recouvrement d'une imposition[374].

b) Délibération en Conseil des ministres

871. – Certains décrets sont délibérés en Conseil des ministres, soit parce qu'un texte impose une telle délibération, soit parce que l'importance du sujet conduit à prévoir cette formule, soit encore parce que le nouveau texte modifie un décret précédemment délibéré en Conseil des ministres et que cette modification ne peut intervenir que dans la même forme[375].

4° Hiérarchie des règlements

872. – Les autorités compétentes pour édicter un règlement doivent respecter les textes hiérarchiquement supérieurs.

Un arrêté ministériel ne peut méconnaître les dispositions d'un décret, quelle qu'en soit la forme.

Un décret simple doit respecter un décret en Conseil d'État.

Un décret portant autrefois règlement d'administration publique ou un décret en Conseil d'État ne peut être modifié que par un décret en Conseil d'État.

Un décret pris au titre de l'article 37, alinéa 2, de la Constitution, après avis d'une section, ne peut modifier un décret qui avait été pris en la forme de règlement d'administration publique après avis de l'assemblée générale du Conseil d'État[376].

Un décret « après avis du Conseil d'État », pour lequel la consultation du Conseil d'État n'était pas obligatoire, peut être modifié par décret simple.

Un décret intervenu pour modifier un texte de forme législative après avis du Conseil d'État, en application de l'article 37, alinéa 2, de la Constitution, peut ensuite être modifié sans nouvelle consultation du Conseil d'État, sauf disposition expresse contraire du décret de déclassement[377].

Lorsqu'un décret comporte la mention « Le Conseil d'État entendu » et ne précise pas que certaines de ses dispositions pourront être modifiées par décret simple, il ne peut être modifié que par décret en Conseil d'État[378].

5° Délégations et subdélégations

873. – La répartition normale des compétences à l'intérieur de l'administration fiscale peut être modifiée par le jeu des délégations ou subdélégations, lesquelles obéissent aux principes du droit administratif général[379].

(374) CE, 29 déc. 1993, n° 129.416 : *Dr. fisc.* 1994, n° 13, comm. 637, concl. Arrighi de Casanova ; *RJF* 1994, n° 292 ; *Rec. CE* 1993, p. 374.

(375) CE, ass., 10 sept. 1992, *Meyet* : *Rec. CE* 1992, p. 327, concl. Kessler ; *AJDA* 1992, p. 643, chron. Mauguë et Schwart ; *D.* 1993, p. 293, note Gohin ; *RFDA* 1993, p. 55, note Pouyaud ; *RDP* 1992, p. 1799, concl. et p. 1822, note Le Bos-Le Pourhiet.

(376) CE, 7 mai 1971, *Rivière*, préc. V. *supra*, n° 863.

(377) CE, 15 mars 1972, n° 77706, *Fédération française de pilotes maritimes* : *Rec. CE* 1972, p. 210.

(378) CE, ass., 3 juill. 1998, préc., V. *supra*, n° 866.

(379) Sur la question, V. : R. Odent, *Contentieux administratif*, 1978-1980, p. 1801 et s. – R. Chapus, *op. cit.*, n°s 1293 et s. – B. Seiller, *op. cit.*, n°s 502 et s. – V. aussi : M. Heinis, *La délégation de signature devant le juge administratif* : *Gaz. Pal.* 1998, 2, 1610 ; 1999, 1, 526. – J.-M. Maillot, *L'indisponibilité des compétences en droit public français* : *LPA* 28 sept. 2004, n° 194.

Ces principes reçoivent des applications très fréquentes en matière fiscale. Leur inobservation est à l'origine de plusieurs modifications de textes et de lois de validation en matière d'homologation des rôles et d'avis de mise en recouvrement[380].

a) Jurisprudence

1) Délégation de pouvoir et délégation de signature

874. – **Critères de la distinction.** La délégation de pouvoir ne doit pas être confondue avec la délégation de signature.

La délégation de pouvoir modifie l'ordre des compétences. Selon la définition du président Odent, « la délégation de pouvoirs ou délégation de compétence consiste, pour une autorité à laquelle certains pouvoirs ont été conférés à se dessaisir d'une fraction de ces pouvoirs et à les transférer à une autorité subordonnée »[381].

La délégation de signature permet seulement au délégant de se décharger d'une partie de ses tâches matérielles en désignant un agent qui, formellement, prendra des décisions en son nom.

875. – **Conséquences.** Les conséquences de ces délégations sont différentes. Alors que la délégation de pouvoir dessaisit l'autorité délégante (elle ne peut plus exercer sa compétence dans le domaine délégué), la délégation de signature ne lui fait pas perdre le droit d'exercer sa compétence.

La délégation de pouvoir visant non pas la personne d'un fonctionnaire nommément désigné, mais le titulaire d'un poste déterminé dans l'abstrait, même si ce dernier change, la délégation subsiste[382]. Au contraire, la délégation de signature étant strictement personnelle, cesse de produire effet si un changement se produit, soit dans la personne du délégant, soit dans celle du délégataire.

Enfin, la décision prise sur délégation de pouvoir a, dans la hiérarchie des actes administratifs, un rang correspondant aux attributions du délégataire. La décision prise sur délégation de signature a un rang correspondant aux attributions du délégant.

Les conditions auxquelles la jurisprudence du Conseil d'État subordonne la régularité d'une délégation sont cependant les mêmes.

2) Conditions de la délégation

876. – 1°) La faculté de délégation doit être prévue par un texte législatif ou réglementaire et la délégation n'est légale que si elle n'est pas explicitement ou implicitement prohibée par la Constitution ou par la loi.

La Cour de cassation a jugé que le secrétaire d'État au budget est compétent pour saisir la commission des infractions fiscales en l'absence de disposition législative interdisant, expressément ou implicitement, au ministre des Finances de lui déléguer son pouvoir de saisir la commission ; elle a pris en considération le fait que

(380) CGI, art. 1658. – LPF, art. L. 256 et L. 257 A. – L. n° 83-1159, 24 déc. 1983 (art. 17) et L. n° 88-1193, 29 déc. 1988 (art. 21).

(381) *Op. cit.*, p. 1801.

(382) CE, 21 déc. 2001, n° 212.987, *Sté Parthena* : *RJF* 2002, n° 290 : « il résulte des termes mêmes de ces dispositions (...) que la délégation qu'elles instaurent est une délégation de pouvoir, dont les effets sont indépendants de la personne du délégant et du délégataire », pour l'application de l'article R. 424-1 du Code de l'urbanisme.

le secrétaire d'État au budget est lui-même membre du Gouvernement et qu'un décret du président de la République autorise celui-ci à exercer, par délégation, certaines attributions du ministre de l'Économie et des Finances notamment en matière fiscale[383].

877. – 2°) La délégation doit être *explicite*, faite avec une « précision suffisante » quant à son bénéficiaire et à l'étendue des compétences qui lui sont conférées.

Une délégation est considérée néanmoins comme suffisamment précise lorsqu'un ministre donne à un membre de son cabinet ou à un haut fonctionnaire de son administration le pouvoir de signer « tous actes, arrêtés ou décisions »[384].

Cette pratique est courante en matière fiscale.

878. – 3°) La délégation doit toujours n'être que *partielle*, l'autorité délégante ne pouvant légalement se décharger de toutes ses attributions.

879. – 4°) Elle ne peut être faite que par *le titulaire même des pouvoirs délégués*. La délégation de pouvoir signée par un délégataire de signature est illégale.

880. – 5°) La décision de délégation présente le caractère d'un acte réglementaire. Elle doit donc avoir fait l'objet d'une *publicité régulière*. Le défaut de publication entraîne l'illégalité des décisions des délégataires.

C'est ainsi qu'ont été jugées irrégulières les taxes d'urbanisme établies par le maire de Paris, en application d'un arrêté du préfet de police du 30 mars 1984 lui déléguant ses pouvoirs sur le fondement des dispositions de l'article R. 424-1 du Code de l'urbanisme ; cet arrêté, bien qu'inséré en caractères apparents dans un des journaux quotidiens du département de Paris et publié au recueil des actes administratifs de la préfecture de Paris et de la préfecture de police, n'avait pas fait l'objet d'une publicité suffisante faute d'un affichage dans les locaux de la préfecture et de la mairie de Paris ; les décharges d'impositions qui en sont résultées ont rendu nécessaire une mesure de validation qui a été prise par la loi de finances rectificative pour 1997, n° 97-1239 du 29 décembre 1997[385].

3) Subdélégation

881. – **Conditions.** La subdélégation n'est possible que si elle n'est pas exclue par la décision de délégation. Le cadre doit en être fixé, comme celle-ci, avec une « précision suffisante ».

La subdélégation ne peut être opérée en principe que par le titulaire d'une délégation de pouvoir, et seulement sous la forme d'une délégation de signature[386].

Le titulaire d'une délégation de signature, quant à lui, « est habilité à exercer les pouvoirs du délégant, [mais] il n'est pas autorisé à en disposer »[387].

Le titulaire d'une délégation de signature peut toutefois déléguer cette signature s'il y a été autorisé par l'acte de délégation.

(383) Cass. crim., 31 oct. 2000, *Dannay* : *RJF* 2001, n° 556.
(384) CE, 2 juin 1995, *Synd. national des psychologues* : *Rec. CE* 1995, tables p. 622.
(385) *Dr. fisc.* 1998, n° 1-2, comm. 2, p. 94, et pour la jurisprudence : CE, 21 déc. 2001, n° 211663, *SCI le Complexe* : *Dr. fisc.* 2002, n° 22-23, comm. 461, concl. Courtial.
(386) CE, ass., 12 déc. 1969, *André* : *Rec. CE* 1969, p. 575 ; *AJDA* 1970, p. 366, note V. S.
(387) CE, 3 juin 1953, *Cts Branellec* : *Rec. CE* 1953, p. 256. – CE, 13 mai 1988, *SA Citroën* : *Dr. adm.* 1988, n° 329.

882. – Directeur général des impôts (directeur général des finances publiques). En vertu d'un décret du 6 mars 1961, modifié par des décrets des 7 août 1981 et 21 décembre 1988, le directeur général des impôts a la délégation permanente de la « signature » du ministre pour la présentation des défenses et observations adressées au Conseil d'État et aux cours administratives d'appel sur les requêtes introduites contre l'administration ainsi que des recours formés par celle-ci devant ces mêmes juridictions. Il a été autorisé à déléguer cette signature à des fonctionnaires de ses services ayant au moins le grade d'administrateur civil de 2e classe ou un grade équivalent.

Le Conseil d'État a utilisé au moins une fois l'expression de « délégation de pouvoirs » au sujet de cette délégation, en laissant ainsi entendre que la délégation prévue par le décret modifié de 1961 pourrait s'analyser en réalité comme une délégation de pouvoirs[388]. L'expression n'a pas été reprise toutefois dans les arrêts postérieurs. En tout état de cause, le Conseil d'État ne fait aucune difficulté pour admettre que le directeur général des impôts peut légalement déléguer sa signature dès lors que cette délégation est autorisée par le décret, de sorte que l'on peut parler aussi bien d'une subdélégation de signature[389].

Le Conseil d'État fait porter notamment son contrôle sur le grade du délégataire[390]. Il vérifie également si l'arrêté par lequel le directeur général des impôts a consenti une délégation de signature au signataire du mémoire contenant le recours du ministre a été publié régulièrement au *Journal officiel*[391].

883. – L'un des précédents les plus connus de subdélégation illégale est constitué par l'arrêt de section du 18 décembre 1970[392] : le ministre des Finances ayant été habilité par la loi à déterminer un délai pour le dépôt de déclarations de TVA et ayant arrêté effectivement une date à cet effet, est illégale sa décision de déléguer au directeur des services fiscaux le pouvoir de fixer une autre date, dès lors que la loi a prohibé implicitement cette subdélégation. Le moyen de la subdélégation illégale est d'ordre public, puisqu'il est tiré de l'incompétence de l'auteur de l'acte ; il doit donc être examiné d'office par le juge[393].

b) Régime du décret du 27 juillet 2005

884. – Le respect des règles traditionnelles exige une multitude d'actes de délégation qui sont source de difficultés contentieuses. Les changements ministériels créent aussi une période assez longue de « paralysie » de la signature et donc, des risques de vide juridique.

Le décret n° 2005-850 du 27 juillet 2005 « relatif aux délégations de signature des membres du Gouvernement » vise à remédier à cette situation et comporte plusieurs innovations[394].

(388) CE, 8 nov. 1989, n° 59.087, *Printemps : Dr. fisc.* 1990, n° 29, comm. 1467, concl. Philippe-Martin ; *RJF* 1990, n° 40. – C'est l'interprétation qu'en donne M. Bachelier dans ses conclusions sur CE, 24 nov. 1997, cité *infra*.

(389) CE, 9 mai 1990, n° 109.860, *Clary : RJF* 1990, n° 855. – CE, 24 nov. 1997, n° 169.357, *SCI Pantin-Formagne : Dr. fisc.* 1998, n° 13, comm. 245 ; *RJF* 1998, n° 58 ; *BDCF* 1998, n° 11, concl. Bachelier.

(390) CE, 8 nov. 1989, préc. – CE, 9 mai 1990, préc. – CE, 24 nov. 1997, préc.

(391) CE, 9 mai 1990, préc. – CE, 15 déc. 2004, n° 257.307, *Sté de promotion écologique : Dr. fisc.* 2005, n° 23, comm. 469, concl. Olléon ; *RJF* 2005, n° 261, concl.

(392) N° 67.928, *STACI : Rec. CE* 1970, p. 779 ; *Dr. fisc.* 1972, comm. 342, concl. Schmeltz.

(393) CE, sect., 18 déc. 1970, préc.

(394) *JO* 28 juill.

B. – Obligation d'exercer le pouvoir réglementaire

885. – Généralités. L'autorité investie du pouvoir réglementaire a l'obligation de l'exercer.

Les principes qu'il y a lieu de rappeler en matière fiscale sont ceux qui ont été consacrés par le Conseil d'État dans le contentieux administratif général[395].

Le refus, explicite ou implicite, de prendre le règlement nécessaire à l'exécution de la loi, d'abroger ou de modifier le règlement illégal ou de publier le règlement déjà pris peut faire l'objet d'un recours pour excès de pouvoir et, dans le cas de préjudice, engager la responsabilité de l'État.

L'obligation d'exercer le pouvoir réglementaire a été renforcée par la loi n° 95-125 du 8 février 1995. Le juge qui annule la décision de refus de l'autorité compétente peut lui ordonner d'édicter le règlement, en lui fixant, le cas échéant, un délai d'exécution et assortir cette injonction d'une astreinte[396].

L'obligation d'abroger le règlement illégal avait déjà reçu une consécration réglementaire avec le décret n° 83-1025 du 28 novembre 1983 (art. 3) concernant les relations entre l'administration et les usagers.

1° Obligation d'édicter les règlements nécessaires à l'application de la loi

886. – Jurisprudence. Consacrée au début des années 1960[397], l'obligation est aujourd'hui formulée en ces termes par le Conseil d'État : « l'exercice du pouvoir réglementaire comporte non seulement le droit, mais aussi l'obligation de prendre dans un délai raisonnable les mesures qu'implique nécessairement l'application de la loi, hors le cas où le respect des engagements internationaux de la France y ferait obstacle »[398].

887. – TIPP flottante. Ce principe a reçu une illustration très remarquable en matière fiscale au sujet de la taxe intérieure sur les produits pétroliers, lors de l'affaire de la « TIPP flottante ». Ce mécanisme, qui avait été institué par le législateur dans le cadre des dispositions de l'article 265 du Code des douanes, avait pour effet de limiter la hausse des prix à la consommation de certains carburants.

Le Conseil d'État a jugé que la qualité de consommateur de produits pétroliers suffisait à conférer un intérêt pour agir contre la décision implicite du ministre du Budget révélée par son abstention de prendre les mesures nécessaires à la mise en œuvre de ce dispositif[399].

L'obligation d'édicter les règlements nécessaires à l'application de la loi appelle plusieurs précisions.

888. – Délai raisonnable. L'autorité investie du pouvoir réglementaire doit exécuter son obligation dans « un délai raisonnable ». Cette exigence correspond

(395) Sur la question V. R. Chapus, *Droit administratif général*, t. 1er, Montchrestien, 15e éd., 2001, nos 879 et s. – B. Seiller, *Précisions sur l'obligation d'exercer le pouvoir réglementaire* : AJDA 2004, p. 761.
(396) CJA, art. L. 911-1 et s.
(397) CE, 13 juill. 1962, *Kevers-Pascalis*. – CE, ass., 27 nov. 1964, *Dame Vve Renard*.
(398) CE, 28 juill. 2000, *Assoc. France nature environnement* : *Rec. CE* 2000, p. 322 ; *AJDA* 2000, p. 959 ; *JCP* G 2000, I, n° 274, note Ondoua ; *LPA* 17 nov. 2000, n° 230, note Laquièze ; *RFDA* 2000, p. 1167. – CE, ass., 7 juill. 2004, *Danthony* : *Rec. CE* 2004, p. 309 ; *RDP* 2005, p. 495, chron. C. Guettier.
(399) CE, 14 mars 2003, n° 251.935, *Migaud* : *RJF* 2003, n° 660 ; *BDCF* 2003, n° 71, concl. H. Stahl ; *RFDA* 2004, p. 971, concl. – V. Y. Gaudemet, *Du bon usage de l'injonction (ou quand le juge refait l'impôt), à propos du récent arrêt Migaud enjoignant à l'État de modifier rétroactivement les tarifs de l'impôt* : RFDA 2003, p. 520.

à l'hypothèse dans laquelle la loi ne lui a pas imparti de délai pour prendre les règlements d'application.

Dans le cas où elle lui fixe un délai déterminé celui-ci n'a toutefois qu'une valeur indicative. L'autorité réglementaire conserve sa compétence pour prendre le règlement d'application même après l'expiration du délai[(400)].

Le délai le plus strict est celui qui est fixé par le juge en vertu de son pouvoir d'injonction[(401)]. – Dans l'arrêt *Danthony* précédent, injonction a été faite au Premier ministre de prendre, dans un délai de six mois, le décret en Conseil d'État nécessaire à l'application de dispositions du Code de la sécurité sociale.

L'application des règles sur le référé-suspension conduit toutefois à relativiser les exigences de l'obligation d'exercer le pouvoir réglementaire quant au délai. Dans l'affaire de la « TIPP flottante », le Conseil d'État avait précédemment rejeté une demande de référé aux fins de suspendre la décision d'abstention du ministre, en considérant que l'argumentation dont il était saisi ne permettait pas de caractériser une situation d'urgence au sens des dispositions de l'article L. 521-1 du Code de justice administrative[(402)].

889. – **Maintien de l'obligation.** L'édiction des règlements d'application n'a pas pour effet de supprimer l'obligation à laquelle est tenue l'autorité investie du pouvoir réglementaire.

Suivant une jurisprudence constante, lorsque le Gouvernement a été chargé par le législateur de déterminer les conditions d'application d'une loi par décrets en Conseil d'État, cette habilitation n'est pas épuisée par les premiers règlements faits en exécution de cette loi. Il appartient, au contraire, au Gouvernement d'apporter à ceux-ci les modifications ou les compléments que l'expérience ou des circonstances nouvelles, de fait ou de droit, rendraient nécessaires[(403)].

890. – **Dispositions législatives ou réglementaires se suffisant à elles seules.** L'absence du règlement prévu par des dispositions législatives ou d'autres dispositions réglementaires ne peut pas faire obstacle à l'application de ces dernières, si elles se suffisent à elles seules.

Ce n'est là que l'application du principe selon lequel une loi ou un règlement s'applique dès sa publication dès lors que ses dispositions sont suffisamment précises pour faire l'objet d'applications individuelles immédiates[(404)].

891. – **Limites.** L'obligation d'exercer le pouvoir réglementaire comporte des limites inhérentes à la nature même de cette obligation.

Il est clair que ni le Premier ministre, ni le ministre de l'Économie, des Finances et de l'Industrie ne sont compétents pour modifier, par voie réglementaire, le champ d'application d'une imposition, tel qu'il a été défini par la loi[(405)].

(400) Sur la question, V. R. Chapus, *op. cit.*, n° 884-3°.
(401) CE, 14 mars 2003, *Migaud*, préc.
(402) CE, sect., 18 déc. 2002, n° 251.934, *Migaud* : *RJF* 2003, n° 659 ; *BDCF* 2003, n° 70, concl. Stahl : *RFDA* 2004, p. 966, concl.
(403) CE, 16 mai 1990, n° 62.757, *SA HG Maine* : *Dr. fisc.* 1991, n° 4, comm. 66, concl. Ph. Martin ; *RJF* 1990, n° 1099.
(404) V. par ex. dans le cas d'un arrêté ministériel prévu par un décret en matière d'exonération de taxe d'apprentissage : CE, 28 févr. 1996, n° 155.893, *Cogema* : *RJF* 1996, n° 446 ; *BDCF* 2-1996, p. 28, concl. Loloum ; *Dr. fisc.* 1996, n° 24, comm. 747. – CE, 4 avr. 1997, n° 159.585, *Sté Automobiles Peugeot* : *Dr. fisc.* 1997, n° 46-47, comm. 1195 ; *RJF* 2005, n° 430.
(405) CE, 6 nov. 2002, n° 230.472, *Union des métiers et des industries de l'hôtellerie* : *Dr. fisc.* 2003, n° 10, comm. 177, concl. Bachelier ; *RJF* 2003, n° 42 ; *BDCF* 2003, n° 8, concl. : il ne résulte d'aucune disposition législative que la contribution par laquelle un employeur prend en charge tout ou partie du coût des repas servis à des salariés dans les cantines d'entre-

2° Obligation d'abroger ou de modifier les règlements illégaux

892. – **Jurisprudence *Alitalia* et *Arcelor*.** Le bilan de la jurisprudence *Despujol-Simonnet*[406] est resté négatif en matière fiscale jusqu'en 1987.

Le Conseil d'État a abandonné les réserves faites en matière fiscale dans l'arrêt d'assemblée *Compagnie Alitalia*, où il était appelé à se prononcer sur une demande d'abrogation de dispositions réglementaires concernant la déduction de la TVA fondée sur l'incompatibilité de ces dispositions avec les objectifs de la directive du 17 mai 1977 : « l'autorité compétente, saisie d'une demande tendant à l'abrogation d'un règlement illégal, est tenue d'y déférer, soit que ce règlement ait été illégal dès la date de sa signature, soit que l'illégalité résulte de circonstances de droit ou de fait postérieures à cet acte »[407].

C'est donc une double obligation qui est ici imposée en matière fiscale comme en toute autre : celle d'abroger les règlements originairement illégaux et celle d'abroger les règlements devenus illégaux.

La jurisprudence *Despujol* consacrait l'obligation de modifier ou d'abroger le règlement illégal. L'arrêt *Alitalia* ne mentionnait pas l'obligation de modification. Mais cette obligation ne fait aucun doute[408].

893. – Conformément aux dispositions des articles L. 911-1 et suivants du Code de justice administrative, le Conseil d'État peut prescrire l'abrogation dans un délai déterminé et, dans le cas d'inexécution de cette décision par l'autorité investie du pouvoir réglementaire, prononcer une astreinte si elle ne justifie pas avoir dans un nouveau délai exécuté la décision du juge[409].

894. – Le droit des contribuables est seulement limité par leur intérêt à agir. Le recours dirigé contre la décision de refus de l'administration d'accéder à une demande d'abrogation du règlement n'est pas recevable dès lors que cette décision ne fait pas grief aux personnes qui ne justifient pas d'un intérêt à obtenir l'abrogation qu'elles ont sollicitée[410].

Les contribuables peuvent, à l'occasion de la contestation d'un acte individuel d'imposition, exciper de l'illégalité qui entache les règlements qui servent de fondement à l'imposition, que ceux-ci soient illégaux *ab initio* ou qu'ils le soient devenus.

Le Conseil d'État a même jugé qu'une entreprise avait pu prendre une décision de gestion légale en anticipant sur l'obligation du Gouvernement d'abroger des dispositions réglementaires incompatibles avec les objectifs d'une directive[411].

---

prises, dans la mesure où elle constitue un avantage en nature, soit exonérée de l'impôt sur le revenu ; la circonstance que l'administration fiscale s'abstiendrait en vertu d'instructions d'établir cette imposition est sans incidence sur ce point, d'où il résulte que la demande tendant à ce que le pouvoir réglementaire institue un seuil d'exonération d'impôt sur le revenu de cet avantage ne peut qu'être rejetée.

(406) *GAJA* n° 44.

(407) CE, ass., 3 févr. 1989, n° 74.052, V. *supra*, n° 559.

(408) CE, ass., 28 juin 2002, *Villemain* : *RFDA* 2002, p. 723, concl. Boissard ; *AJDA* 2002, p. 586, chron. Donnat et Casas. – CE, ass., 3 févr. 2007, *Sté Arcelor* ; V. *supra*, n° 508.

(409) CE, 28 févr. 2001 et 4 juill. 2001, n° 225.740, *Union des métiers et des industries de l'hôtellerie* : *RJF* 2001, n°s 1434 et 1435, à la suite de l'annulation de la décision implicite du ministre de l'Économie, des Finances et de l'Industrie rejetant la demande visant à abroger l'exonération de taxes sur les chiffres d'affaires prévue par des décisions ministérielles de 1942 et 1943 au profit des cantines d'entreprise et d'administration.

(410) CE, 27 avr. 1994, n° 138.304, *Cohen* : *Dr. fisc.* 1994, n° 30-31, comm. 1486 ; *RJF* 1994, n° 828, pour une demande d'abrogation de dispositions ayant pour effet d'exonérer de l'impôt sur les sociétés les résultats des sociétés parisiennes de courses.

(411) CE, 9 janv. 1995, n° 136.535, *SA Les Vins de la Craffe* : *Dr. fisc.* 1995, n° 21, comm. 1123 ; *RJF* 1995, n° 159, concernant une provision pour dépréciation d'un stock d'emballages constituée par une société qui avait regardé comme

3° Obligation de publier les règlements

895. – Le Conseil d'État a consacré un nouveau principe général du droit selon lequel « sauf lorsqu'elle justifie, sous le contrôle du juge, de circonstances particulières y faisant obstacle, l'autorité administrative est tenue de publier dans un délai raisonnable les règlements qu'elle édicte (…) » si les mesures de publicité auxquelles donne lieu un texte réglementaire ne sont pas susceptibles de faire par elles-mêmes l'objet d'un recours pour excès de pouvoir, le refus de l'autorité administrative de publier un règlement qu'elle a édicté constitue une décision faisant grief, dès lors qu'il a pour effet de priver les personnes régies par ce texte du droit de se prévaloir de ses dispositions »[412].

Bibliographie sommaire

- L. Favoreu et L. Philip, *Les grandes décisions du Conseil constitutionnel*, Dalloz, 17e éd., 2013. – C. David, O. Fouquet, B. Plagnet et P.-F. Racine, *Les grands arrêts de la jurisprudence fiscale*, Dalloz, 5e éd., 2009, n° 7. – L. Philip, *Droit fiscal constitutionnel*, Economica, 1990. – D. Rousseau, *Droit du contentieux constitutionnel*, Montchrestien, 9e éd., 2010. – G. Drago, *Contentieux constitutionnel français*, Thémis, 3e éd., 2011. – *JCl. Procédures fiscales*, Fasc. 110 (contrôle de la constitutionnalité de la loi fiscale), 112 (droits fondamentaux constitutionnels. Principe d'égalité devant l'impôt), 120 (la loi) et 130 (le règlement), par J. Lamarque. – Sénat, *La qualité de la loi*, Doc. Sénat, sept. 2007, EJ 3. – A. Mangiavillano, *Le contribuable et l'État (l'impôt et la garantie constitutionnelle de la propriété Allemagne-France)*, Dalloz, 2013.
- G. Alberton, *Peut-on encore dissocier exception d'inconstitutionnalité et exception d'inconventionnalité ? : AJDA* 2008, p. 967. – M.-C. Bergerès, *Un principe à valeur constitutionnelle paradoxalement ignoré du droit fiscal : l'intelligibilité de la loi : Dr. fisc.* 2003, n° 24, étude 24. – G. Drago, *Le partage loi-règlement : un nouvel équilibre à construire : LPA* 19 déc. 2008, n° 254, p. 65. – A. Frank, *Les critères objectifs et rationnels dans le contrôle constitutionnel de l'égalité : RDP* 2009, p. 77. – L. Philip, *Les décisions du Conseil constitutionnel relatives aux lois de finances : Dr. fisc.* 2004, n° 17, étude 20 ; *Dr. fisc.* 2005, n° 8, étude 7 ; *Dr. fisc.* 2006, n° 8, étude 7. – L. Vallée, *La correction de la loi par le Conseil constitutionnel : un exemple en matière d'impositions de toutes natures : AJDA* 2008, p. 24-32. – F. Pezet, *Le caractère confiscatoire de l'impôt et les exigences constitutionnelles françaises : Dr. fisc.* 2013, n° 22, étude 300. – J.-P. Camby, *La loi*, LGDJ, 2015. – L. Philip, *L'évolution de la jurisprudence fiscale constitutionnelle : Dr. fisc.* 21015, n° 13, 229. – M. Pelletier, *La spécificité du contrôle de constitutionnalité des lois fiscales, ibid.* 230. – R. Torlet et M. Valeteau, *La jurisprudence du Conseil constitutionnel relative au principe d'égalité depuis l'institution de la QPC, ibid.*, 231. – J. Lamarque, *L'article 16 de la Déclaration de 1789, ibid.*, 232. – D. Gutman, *Le contrôle du Conseil constitutionnel sur les sanctions fiscales, ibid.*, 233.
- **Question prioritaire de constitutionnalité.** *Exception d'inconstitutionnalité. Un chantier difficile* (série d'articles) : *RDP* 2009, n° 3, p. 557 à 956. – G. Drago, *Prolégomènes d'une pratique contentieuse : JCP G* 2008, I,

un évènement rendant probable cette dépréciation l'expiration du délai imparti aux États membres pour transposer une directive en droit interne.

(412) CE, 12 déc. 2002, *Synd. des commissaires et hauts fonctionnaires de la police nationale* : *AJDA* 2004, p. 442, note H. M. ; *JCP G* 2004, I, 1134, note M.-C. Rouault ; *RFDA* 2004, p. 186.

217. – *Une nouvelle compétence pour la Cour de cassation : la question préjudicielle de constitutionnalité* (série d'articles) : *LPA* 25 juin 2009, n° 126. – F.-X. Millet, *L'exception d'inconstitutionnalité en France ou l'impossibilité du souhaitable ?* : *RDP* 2008, p. 1305. – P. Bon, *La question prioritaire de constitutionnalité après la loi organique du 10 décembre 2009* : *RFDA* 2009, p. 1107 ; *Récuser un membre du Conseil constitutionnel* : *D.* 2010, p. 2007. – B. Genevois, *Le contrôle a priori de constitutionnalité au service du contrôle a posteriori (À propos de la décision n° 2009-595 DC du 3 décembre 2009)* : *RFDA* 2010, p. 1. – M. Guillaume, *Question prioritaire de constitutionnalité*, in *Rép. cont. adm.* Dalloz, 2012 ; *La question prioritaire de constitutionnalité et le droit fiscal* : *Dr. fisc.* 2011, n° 14. – L. Ayrault, *QPC et droit fiscal* : *LPA* sept. 2011, n° spécial, n° 194. – P. Collin, *L'appréciation par le Conseil d'État des critères de renvoi des QPC au Conseil constitutionnel* : *Dr. fisc.* 2011, n° 14, 293. – S. Austry, *Rétroactivité de la loi fiscale : la jurisprudence du Conseil constitutionnel a-t-elle évolué ?* : *FR Lefebvre* 4/2013. – V. Restino, *Les aspects procéduraux de la QPC* : *Dr. fisc.* 2015, n° 13, 234. – Th. Jacquemont, *Les effets d'une décision QPC sur le droit de réclamation* : *Dr. fisc.* 2015, n° 18, étude 291. – J. Lessi et L. Dutheillet de Lamothe, *Cinq ans de QPC devant le juge administratif : retour d'expérience !* : *AJDA* 2015, p. 755.

- **Dossiers QPC.** V. les séries d'articles *in* : *AJDA* 2010, p. 74 et s. ; *ibid.* 2011, p. 1235 et s. ; *RFDA* 2010, n° 4 ; *ibid.* 2011, p. 691 et s. ; *Dr. fisc.* 2011, en n° 14. – *LPA* 2011, n° 89 ; *Le Conseil constitutionnel : trois ans de QPC* : *Nouveaux Cah. Cons. const.* juin 2013.

TITRE 2

LA SITUATION JURIDIQUE DU CONTRIBUABLE

896. – Généralités. Dominé par le principe constitutionnel de légalité fiscale, le droit de l'impôt est gouverné par une exigence fondamentale : l'obligation fiscale individualisée ne peut trouver sa source que dans la loi et, sur le plan des principes, le contribuable se trouve placé dans une situation objective qui, générale et impersonnelle, doit exclusivement découler de la loi organique d'impôt (Chapitre 1).

Le dépassement de cette première analyse de la situation juridique du contribuable conduit à un constat paradoxal. Le droit fiscal contemporain se caractérise par la portée qu'il imprime à des actes de l'administration qui, normalement dépourvus de toute incidence juridique directe, viennent perturber la hiérarchie classique des sources du droit et les principes ordinaires gouvernant l'activité du juge. Plus précisément, le droit fiscal positif fait produire des effets juridiques importants et particulièrement originaux à certains aménagements que l'administration peut concevoir dans le cadre de l'application du statut du contribuable (Chapitre 2).

CHAPITRE 1

LE STATUT LÉGAL ET RÉGLEMENTAIRE DU CONTRIBUABLE

897. – **Situation statutaire du contribuable.** Le contribuable se trouve dans une situation légale et réglementaire. Il est placé dans une situation statutaire, générale et impersonnelle, identique pour tous les contribuables relevant de la même catégorie.

1) Le caractère général et impersonnel du statut fiscal n'implique pas, naturellement, qu'il soit composé de règles concernant effectivement tous les individus. Tout au contraire, certains dispositifs fiscaux ne s'appliquent qu'à de rares contribuables.

2) Cette application « restreinte » de la loi fiscale résulte parfois de considérations de fait. C'est le cas, pour ne citer qu'un exemple parmi les plus manifestes, des dispositions prévoyant que les sommes perçues à ce titre par les lauréats du prix Nobel (ou de certaines récompenses internationales qui lui sont assimilées) ne sont pas soumises à l'IR[(1)].

Elle résulte parfois directement de la loi. Sous la Cinquième République, l'exemple le plus connu de cette application « restreinte » *de jure* de la loi fiscale réside dans la loi du 28 décembre 1967 relative à la succession d'Alphonse Juin, maréchal de France, dont l'article unique était ainsi conçu : « la succession du maréchal Juin est exonérée des droits de mutation par décès ». Une mesure d'exonération « identique » a été posée au lendemain du décès de Charles de Gaulle[(2)]. Une procédure de QPC a mis en lumière le cas plus original d'une société qui, anciennement concessionnaire de dessèchements de marais, avait à ce titre bénéficié d'avances de la collectivité publique. Ultérieurement approuvée par un acte dit loi du 30 avril 1941, une convention destinée à solder les relations financières de cette société et de l'État avait prévu qu'elle supporterait annuellement, sans limitation de durée, un prélèvement étatique « sur mesure » (V. *infra*, n° 907, 2) égal au quart de ses bénéfices nets[(3)].

3) Plus encore, on peut donner de multiples illustrations du fait que la loi fiscale est aménagée pour tenir compte de préoccupations d'ordre individuel. Ainsi, l'application du taux réduit de TVA aux entrées de certains parcs d'attractions[(4)] a été directement décidée dans la perspective de l'implantation du *Parc Eurodisney* en Seine-et-Marne[(5)].

(1) V. *infra*, n° 1484, 1.

(2) L. 23 déc. 1970 portant exonération des droits de mutation sur la succession du général de Gaulle, art. unique.

(3) Cons. const., 14 oct. 2010, n° 2010-52 QPC, *Cie agricole de la Crau*, censurant la rupture caractérisée de l'égalité devant les charges publiques résultant de l'application de ce prélèvement en sus de l'imposition ordinaire des bénéfices frappant les autres sociétés agricoles.

(4) Deuxième L. fin. rect. 1986, 30 déc. 1986, art. 22. – CGI, art. 279 b nonies.

(5) De même, la loi a prévu que les organismes chargés de l'organisation en France d'une compétition sportive internationale seraient exonérés des principaux impôts directs (CGI, art. 1655 septies), dans la perspective de l'organisation en France, durant l'été 2016, du *Championnat d'Europe des Nations* de football (2e L. fin. rect. 2014, 29 déc. 2014, art. 51).

La situation particulière de certains contribuables joue parfois un rôle de révélateur des insuffisances de la loi fiscale et se trouve, le cas échéant, à l'origine de sa modification. Les déboires fiscaux de l'homme d'affaires Bernard Tapie (propriétaire par personne interposée du voilier *Le Phocéa*) sont à l'origine de la règle de « tunnelisation » des déficits industriels et commerciaux « non professionnels »[(6)]. De même, comment ne pas associer le renforcement des effets du bouclier fiscal[(7)] et l'exil fiscal persistant du chanteur connu sous le nom de scène de *Johnny Hallyday* ou, en matière d'IS, le mécanisme d'imposition minimale des grandes entreprises bénéficiaires[(8)] et les pertes subies par la *Société générale* dans la coûteuse affaire *Kerviel* ?

La législation fiscale *ad hominem* ne prospère parfois qu'avec difficulté. Adopté en première lecture par l'Assemblée nationale, un amendement au projet de loi de finances pour 2009 prévoyait l'imposition (dans la catégorie des traitements et salaires) des « indemnités, au-delà de six fois le plafond de la sécurité sociale, perçues au titre du préjudice moral sur décision de justice ». Cet amendement visait, une fois encore, Bernard Tapie, bénéficiaire (en vertu d'une sentence arbitrale retentissante, rendue en juillet 2008 pour le règlement du litige l'opposant à la structure de défaisance du Crédit Lyonnais) d'une indemnité de 285 M€, dont 45 M€ au titre du préjudice moral. Discutée sur le plan des principes (la réparation du préjudice moral ne s'analyse pas de prime abord comme un revenu), cette disposition, écartée par la commission mixte paritaire, n'avait pas été définitivement adoptée par le Parlement. Il faudra attendre deux ans pour voir promulgué le texte retenant que, au-delà d'un million d'euros, de telles indemnités sont taxées dans la catégorie des traitements et salaires[(9)].

On s'attachera à mettre en lumière les caractères du statut du contribuable (Section 1) avant de dégager les traits essentiels de ses conditions d'application (Section 2).

SECTION 1

LES CARACTÈRES DU STATUT DU CONTRIBUABLE

§ 1. – Statut objectif et modifiable

A. – Le caractère objectif du statut

898. – Règles de droit objectif. Le contribuable est placé dans une situation objective déterminée par la loi organique d'impôt. Celle-ci s'entend de l'ensemble des règles de droit objectif devant, pour chaque impôt, définir les différents éléments de son régime juridique :

- champ d'application et personnes assujetties ;
- détermination de la matière imposable et règles d'assiette ;
- modalités de liquidation et de recouvrement.

En autorisant annuellement la perception des impositions de toutes natures, la loi de finances permet l'application individuelle de la loi organique d'impôt. Pour autant, cette autorisation n'apparaît pas, en elle-même, comme un élément du statut du contribuable.

(6) L. fin. 1996, 30 déc. 1995, art. 72. – CGI, art. 156, I, 1° bis. – V. *supra*, n° 1518.
(7) Loi TEPA, 21 août 2007, art. 11. – CGI, art. 1er et 1649-0 A.
(8) V. *infra*, n° 1684, 3. Sur les aspects de cette affaire tenant à la définition des actes anormaux de gestion, V. *infra*, n° 951, 1-*a*.
(9) CGI, art. 80, al. 4. – L. fin. 2011, 29 déc. 2010, art. 96.

L'obligation fiscale individualisée procède directement dans son principe de l'application de ces règles objectives. Dans ce cadre, la créance fiscale découle de la réalisation du fait générateur de l'impôt qui déclenche l'application individuelle de la loi fiscale au contribuable.

La simple réalisation du fait générateur donne naissance à une créance juridiquement imparfaite : à ce stade, la créance fiscale, qui n'est pas toujours liquide et exigible, est surtout insusceptible d'exécution forcée. Cette dernière imperfection de l'obligation fiscale ne s'oppose pas, bien évidemment, à ce qu'elle fasse l'objet d'une exécution *spontanée* par le contribuable. C'est d'ailleurs dans ces circonstances que s'éteint la majorité des créances fiscales.

Le plus souvent, le fait générateur de l'impôt n'est pas expressément défini par la loi fiscale ; il doit se déduire des règles d'assiette posée à l'égard de l'impôt considéré. De manière générale, le fait générateur d'un impôt est réalisé dès l'instant où la matière imposable brute frappée par le prélèvement est entièrement constituée.

Souvent éventuel, l'acte individuel d'imposition n'a pas de rôle créateur de la dette fiscale. Il constate l'application individuelle de la loi d'impôt au contribuable et authentifie la créance fiscale. Il lui confère, à le supposer régulier, l'ensemble des attributs lui permettant d'accéder à une forme de perfection juridique. En particulier, c'est à la suite de cet acte que l'obligation fiscale individualisée devient susceptible d'exécution forcée.

L'édiction des actes d'imposition est enfermée dans un délai de prescription[10]. La prescription du pouvoir d'imposition de l'administration fiscale ne saurait, en elle-même, empêcher l'apparition de l'obligation fiscale. Celle-ci procède de la seule réalisation du fait générateur de l'impôt. La survenance de la prescription interdit seulement que l'obligation fiscale individualisée puisse accéder à la perfection juridique.

Il en résulte qu'une action en restitution n'est pas ouverte au contribuable qui, en l'absence d'acte d'imposition, a spontanément acquitté une imposition dont le fait générateur s'était antérieurement produit : la prescription du pouvoir d'imposition « ne saurait anéantir le paiement régulièrement effectué d'une dette existante, la rendre rétroactivement sans cause et ouvrir l'action en répétition de l'indu »[11].

899. – Éléments subjectifs. Dire que le contribuable est dans une situation statutaire ne signifie pas que les règles composant le statut dont il relève – et dont la réalisation du fait générateur entraîne la concrétisation – ne puissent en aucun cas se référer à des éléments subjectifs, propres au contribuable. Dans son état actuel, la législation fiscale présente au contraire les caractères d'un *corpus* fortement personnalisé. Cette personnalisation revêt des formes diverses.

1) De très nombreux dispositifs tendent d'abord à adapter les cotisations individuelles d'impôt à la situation personnelle du contribuable. La fiscalité des particuliers (et, spécialement, l'impôt sur le revenu et la taxe d'habitation) est la terre d'élection de ces mesures fiscales personnalisées qui prennent en compte la condition particulière du contribuable, en se référant, inévitablement, à de nombreux éléments de nature subjective.

2) De très nombreux mécanismes fiscaux font intervenir des options ou des engagements particuliers du contribuable. Dans toutes ces hypothèses, la volonté « fiscale » du contribuable influera légalement sur les conditions d'établissement

(10) V. LPF, art. L. 168 et s.
(11) Cass. req., 21 janv. 1935, *Fournier* : S. 1935, I, p. 321, rapp. E. Pilon ; *GDJDF* n° 12, p. 65.

ou de recouvrement de l'impôt ou même, parfois, sur le principe de son exigibilité (V. *infra*, n° 940).

3) La teneur des procédures fiscales applicables à un contribuable est étroitement liée à son comportement et, spécialement, à la qualité de sa collaboration personnelle à l'établissement ou au contrôle de l'impôt.

De manière très générale, la collaboration défectueuse du contribuable accroît les prérogatives de l'administration en le privant, symétriquement, du bénéfice de certaines garanties légales de procédure[12].

4) Enfin, l'application de la loi organique d'impôt suppose parfois l'appréciation des mobiles du contribuable et, par là même, de sa volonté intime.

a) Ainsi, certaines impositions ne sont légalement exigibles que lorsque le comportement du contribuable est révélateur de certaines intentions.

• C'est essentiellement dans le domaine de la fiscalité immobilière que l'intention du contribuable est expressément ou implicitement prise en compte.

C'est ainsi, par exemple, que, pour l'application de l'IR, présentent le caractère de BIC, les bénéfices réalisés par des marchands de biens, légalement définis comme des personnes physiques qui (directement ou indirectement) achètent habituellement « en vue de les revendre » des immeubles ou des fonds de commerce[13]. La même qualification est retenue à l'égard des « profits des lotisseurs », définis comme des personnes procédant à la cession d'un terrain divisé en lots destinés à être construits « lorsque le terrain a été acquis à cet effet »[14]. C'était également le cas, dans le passé, à l'égard des profits immobiliers portant sur des biens acquis depuis plus de deux ans mais depuis moins de dix ans à moins que le contribuable ne justifie que l'achat antérieur du bien cédé n'avait « pas été fait dans une intention spéculative »[15].

Dans cet ordre d'idées, pour l'application de la TVA ou des taxes foncières, un « terrain à bâtir » a pu (sous l'empire des textes antérieurement applicables) être défini en jurisprudence comme un terrain acquis dans l'intention de construire[16].

• Mais d'autres exemples peuvent être donnés en dehors de la fiscalité immobilière. Un arrêt du Conseil d'État relatif à la qualification de titres de participation (définis en droit fiscal[17] comme ceux dont la possession durable est estimée utile à l'activité de l'entreprise, notamment parce qu'elle permet d'exercer une influence sur la société émettrice des titres ou d'en assurer le contrôle) en fournit l'illustration. Le juge retient, à cet égard, que peuvent être qualifiés de titres de participation ceux dont les conditions d'acquisition « révèlent l'intention de l'acquéreur d'exercer une influence sur la société émettrice et lui donnent les moyens d'exercer une telle influence »[18].

• Pour un cas (étonnant) où la loi se réfère expressément au « désir » du contribuable – il s'agit plus prosaïquement de l'exercice d'une simple option, V. *infra*, n° 943, 1.

• Sur la question de l'admission de l'exception de force majeure en droit fiscal, V. *infra*, n° 938.

b) De même, certaines sanctions fiscales ne sont légalement encourues que lorsque l'absence de bonne foi ou l'intention frauduleuse du contribuable est

(12) Le régime des sanctions fiscales, comme de nombreuses règles de la procédure fiscale non contentieuse (en particulier celles relatives aux différents cas d'imposition d'office), en témoigne.

(13) CGI, art. 35, I, 1°. V. également CGI, art. 1115 subordonnant, dans sa rédaction antérieure à la loi du 9 mars 2010 (première L. fin. rect. 2010, art. 16), l'exonération des droits de mutation à titre onéreux prévue en faveur des marchands de biens à ce qu'ils « fassent connaître leur intention de revendre » le bien acquis sous ce régime dans un certain délai (le droit actuel fait intervenir un engagement de revente).

(14) CGI, art. 35, I, 3°.

(15) CGI, art. 35 A, anc.

(16) CE, 9 mars 1990, n° 57.849, *Deniel* : *RJF* 5/1990, n° 560. – CE, 25 avr. 1990, n° 80.804, *Sté de programmation foncière* : *RJF* 6/1990, n° 727.

(17) V. CE, 20 oct. 2000, n° 314.247, *Sté Alphaprim*, et n° 314.248, *Sté Hyper Primeurs* : *Dr. fisc.* 2010, n° 50, comm. 594, concl. E. Geffray, et, plus récemment, CE, 20 mai 2016, n° 392.527, *Min. c/Sté Lemaire* : *Dr. fisc.* 2016, n° 26, comm. 391, concl. E. Cortot-Boucher, note O. Fouquet.

(18) CE, 20 oct. 2010, *Sté Alphaprim* et *Sté Hyper Primeurs*, préc.

établie. Là encore, ces éléments, évidemment subjectifs, sont la condition de l'application au fond de certains mécanismes posés par la législation fiscale.

Le Conseil d'État confirme ainsi la décision du juge du fond qui avait retenu que « la qualité d'avocat spécialiste de droit fiscal [du contribuable] n'était pas à elle seule de nature à traduire son intention délibérée d'éluder l'impôt et, par suite, à établir sa mauvaise foi (...) »[19].

Toutefois, on ne saurait déduire de ce type de mécanismes que le contribuable est placé dans une situation subjective. C'est, tout au contraire, le statut légal et réglementaire dont il relève qui commande – objectivement – de prendre en compte – et de faire produire des effets – à ces éléments subjectifs.

B. – Le caractère modifiable du statut

900. – **Statut évolutif.** Le contribuable est placé dans une situation essentiellement modifiable. Il n'a aucun droit acquis au maintien du statut légal et réglementaire dont il a précédemment relevé. Tout au contraire, il se trouve soumis à toutes les évolutions de ce statut, sans distinguer selon qu'elles lui sont favorables ou défavorables.

1) Dans cet ordre d'idées, le contribuable n'a aucun droit acquis au maintien de sa situation fiscale, non conforme à la législation applicable, au motif que l'administration se serait abstenue de la remettre en cause pour une période d'imposition antérieure[20]. Plus généralement, l'administration est toujours « en droit de modifier [pour l'avenir] son appréciation de la situation d'un même contribuable »[21].

2) Par ailleurs, la notion de « décision créatrice de droits » n'a jamais véritablement prospéré en contentieux fiscal : on a pu relever, à juste titre, que la « construction jurisprudentielle de l'acte créateur de droit est difficile à acclimater dans le contentieux fiscal, même si elle a pu y faire des apparitions »[22]. C'est le cas, ainsi que l'a décidé implicitement le Conseil d'État, de la décision par laquelle un directeur des services fiscaux donne son accord au règlement échelonné de dettes fiscales échues[23] ou, en application de dispositions législatives spéciales applicables en Polynésie française, de celle par laquelle l'administration a accepté implicitement une demande d'exonération formulée par le contribuable[24].

Ne présentent pas en revanche le caractère d'actes créateurs de droits :

– la délibération (de portée individuelle) par laquelle un conseil municipal a décidé de faire bénéficier une entreprise de l'exonération d'un impôt local[25] ;

– la « décision » résultant de la mention portée sur un avis de dégrèvement émanant du service d'assiette selon laquelle le contribuable aurait droit à l'allocation d'intérêts moratoires[26].

Il en va de même, très probablement, de la décision par laquelle l'administration prononce le dégrèvement d'impositions précédemment mises à la charge du contribuable[27].

(19) CE, 6 nov. 2009, n° 320.242, *Guérin* : *Dr. fisc.* 2010, n° 2, comm. 78.
(20) CE, 30 déc. 2009, n° 301.077, *Sté PGL Aventures* : *Dr. fisc.* 2010, n° 13, comm. 264, concl. P. Collin).
(21) CE, 13 févr. 1991, n° 58.422, *Laurencin* : *RJF* 4/1991, n° 525. Les mécanismes d'opposabilité de la doctrine administrative ou des appréciations individuelles ne dérogent pas à cette solution fondamentale.
(22) Concl. Cl. Legras sur CE, 16 mars 2011, n° 333.860, *Sté Somadis* : *Dr. fisc.* 2013, n° 42-43, comm. 567, établissant un lien entre cette difficulté et la reconnaissance légale du droit de reprise ouvert à l'administration.
(23) CE, 18 mars 1994, n° 129.460 : *Min. c/Assoc. Gepod Formation* : *Rec. CE* 1994, p. 139. – Comp., CE, 23 mai 1958, n° 36.530 : *AJDA* 1958, II, p. 372 ; *Rec. CE* 1958, p. 295 – V. *infra*, n° 911.
(24) CE, 21 mai 2012, n° 325.933, *Sté Interoute* : *Dr. fisc.* 2012, n° 40, comm. 464, cette solution n'étant toutefois susceptible d'aucune généralisation.
(25) CE, 31 août 2009, n° 300.483, *Sté Le Sigma* : *Dr. fisc.* 2009, n° 48, comm. 562, en matière de taxe d'enlèvement des ordures ménagères.
(26) CE, 25 sept. 2009, n° 307.326, *Sté Dirland* : *Dr. fisc.* 2009, n° 48, comm. 563, note J.-L. Pierre, l'arrêt relevant que cette mention doit être regardée comme une simple information destinée au comptable public.
(27) V. CE, plén., 8 avr. 1991, n° 67.938, *Pigeon* : *Dr. fisc.* 1993, n° 3, comm. 62, concl. Ph. Martin, jugeant que l'administration, lorsqu'elle a prononcé le dégrèvement d'une imposition, ne peut établir sur les mêmes bases une nouvelle imposition sans avoir préalablement informé le contribuable de la persistance de son intention de l'imposer. *Adde* concl. Cl. Legras sur CE, 16 mars 2011, n° 333.860, *Sté Somadis*, préc.

3) Sur les cas dans lesquels la décision octroyant un agrément fiscal peut être regardée comme un acte créateur de droits, V. *infra*, n° 925, 2, *b*.

4) Sur l'absence de droit acquis au maintien d'une tolérance fiscale ou, plus généralement, d'un élément de doctrine administrative, V. *infra*, n° 964.

5) Le juge fiscal admet que l'administration puisse procéder à des substitutions de base légale successives. Le contribuable ne se voit reconnaître, dans ce cas, aucun droit acquis au maintien de la base légale « de substitution »[28].

901. – Liberté d'abroger. En vertu du principe du parallélisme des formes, le législateur a normalement toute liberté pour prononcer à tout moment l'abrogation de dispositions législatives antérieures. C'est donc vainement qu'un contribuable, qui ne saurait se voir reconnaître de manière générale aucun droit au maintien d'une disposition législative, tenterait de s'opposer à son abrogation régulière.

Naturellement, les exigences tirées du droit européen peuvent constituer des limites à cette liberté du législateur. L'obligation de transposer une directive communautaire s'accompagne évidemment de celle de ne pas abroger le texte par lequel cette transposition est opérée.

Le Conseil constitutionnel a confirmé cette solution de principe : il « est à tout moment loisible au législateur, statuant dans le domaine qui lui est réservé par l'article 34 de la Constitution, de modifier des textes antérieurs ou d'abroger ceux-ci en leur substituant, le cas échéant, d'autres dispositions »[29].

La jurisprudence constitutionnelle a d'abord retenu que « les lois ordinaires ayant toutes la même valeur juridique, aucune règle ou principe de valeur constitutionnelle ne s'oppose à ce qu'une loi abroge des dispositions législatives antérieures »[30].

902. – Liberté surveillée. 1) La faculté offerte au législateur de prononcer l'abrogation de dispositions législatives en vigueur rencontre toutefois une limite : elle ne doit pas avoir « pour effet de porter atteinte à l'exercice d'un droit ou d'une liberté ayant valeur constitutionnelle »[31]. Plus généralement, elle ne saurait aboutir « à priver de garanties légales des exigences de caractère constitutionnel »[32].

Naturellement, la même limite pourrait résider dans des règles de droit international ou européen.

2) De portée limitée, ces principes jurisprudentiels n'ont jamais conduit à censurer une disposition fiscale nouvelle.

a) Statuant sur la loi de finances pour 2006 qui avait supprimé l'exonération des intérêts des sommes figurant sur des plans d'épargne-logement lorsque, notamment, ces plans étaient ouverts depuis plus de douze ans[33], le Conseil constitutionnel a considéré que ce dispositif méconnaîtrait

(28) Selon le Conseil d'État, la décision de l'administration de procéder à une substitution de base légale « ne saurait créer [au profit du contribuable] un droit au maintien de cette base légale, ni lui interdire de changer de base légale à tout moment dès lors que cette substitution n'a pas pour effet de priver le contribuable des garanties de procédure prévues par la loi » (CE, 23 juill. 2010, n° 308.019, *Marmajou*, pour un cas où, après avoir renoncé à appliquer une disposition légale au profit d'une autre pour rejeter la réclamation du contribuable, l'administration s'était prévalue, en appel, de la première de ces dispositions). – V. également CE, 31 juill. 2009, n° 290.355, *Vyskoc : Rec. CE* 2009, tables p. 702.

(29) Cons. const., 29 juill. 1986, n° 210 DC, *Loi portant réforme du régime juridique de la presse*, § 4. – Cons. const., 26 juill. 1989, n° 89-259 DC, *Loi modifiant la loi du 30 septembre 1986 relative à la liberté de communication*, § 4.

(30) Cons. const., 18 janv. 1985, n° 84-185-DC, *Loi portant [notamment] dispositions diverses relatives aux rapports entre l'État et les collectivités territoriales*, § 8.

(31) Cons. const., 18 janv. 1985, n° 84-185-DC, *Loi portant [notamment] dispositions diverses relatives aux rapports entre l'État et les collectivités territoriales*, § 8.

(32) Cons. const., 29 juill. 1986, n° 210-DC, *Loi portant réforme du régime juridique de la presse*, § 4. – Cons. const., 26 juill. 1989, n° 89-259 DC, *Loi modifiant la loi du 30 septembre 1986 relative à la liberté de communication*, § 4.

(33) L. 30 déc. 2005, art. 7.

la garantie des droits proclamés par l'article 16 de la Déclaration de 1789 « s'il portait aux situations légalement acquises une atteinte qui ne soit justifiée par un motif d'intérêt général suffisant ». Relevant que cette mesure ne concernait que des plans d'épargne arrivés à échéance et n'avait pas d'effet rétroactif, le Conseil a considéré que tel n'était pas le cas en l'espèce[34].

b) Auparavant, le Conseil constitutionnel avait jugé que, si la suppression d'une exonération fiscale avait pour conséquence d'entraîner pour certaines catégories de contribuables une majoration d'imposition, il n'en résulte pas, au cas considéré, « une atteinte au droit de propriété qui serait contraire à la Constitution »[35].

3) Il est même difficile d'imaginer quelles pourraient être, en matière fiscale, les dispositions législatives substantielles dont ils pourraient s'opposer à l'abrogation.

a) En revanche, on peut penser que certaines règles procédurales pourraient bénéficier, quant à leur existence même, d'une garantie constitutionnelle. Tel est le cas, sans doute, des exigences tenant à la motivation des sanctions et au caractère contradictoire de la procédure de rectification des impositions initialement établies sur une base déclarée. On peut ainsi concevoir, par exemple, que les dispositions législatives du LPF relatives aux modalités d'application des sanctions fiscales ne pourraient être abrogées que par des dispositions nouvelles comportant des garanties équivalentes à celles actuellement posées au profit des contribuables.

b) On aurait pu penser que le dispositif du « bouclier fiscal »[36] en fournirait une illustration. Nonobstant l'état de l'opinion publique à cet égard, il n'était pas interdit de penser que, dans la splendeur des principes, l'abrogation pure et simple de ce mécanisme aurait pu se heurter à la limite établie par le Conseil constitutionnel. Le « bouclier fiscal » pouvait en effet être regardé comme concrétisant l'exigence constitutionnelle de non-confiscation fiscale, dont l'existence est affirmée par le juge constitutionnel.

Le Conseil constitutionnel a jugé, notamment, que les exigences de l'article 13 de la Déclaration de 1789 (qui pose, en particulier, le principe de l'égale répartition de la contribution commune entre tous les citoyens, en raison de leurs facultés) ne seraient pas respectées « si l'impôt revêtait un caractère confiscatoire ou faisait peser sur une catégorie de contribuables une charge excessive au regard de leurs facultés contributives ». Il en déduit que, « dans son principe », le dispositif relatif au bouclier fiscal « loin de méconnaître l'égalité devant l'impôt, tend à éviter une rupture caractérisée de l'égalité devant les charges publiques »[37].

Saisi de la première loi de finances rectificative pour 2011[38] mettant fin au mécanisme du « bouclier fiscal » (V. *infra*, n° 1585), le juge constitutionnel s'est toutefois dispensé d'examiner cette question qui ne se trouve que brièvement évoquée comme justification de la forte diminution du tarif de l'ISF[39].

c) Dans une tout autre perspective, bénéficient de la même garantie constitutionnelle d'existence les dispositions législatives qui contribuent à réaliser l'autonomie fiscale des collectivités territoriales[40].

903. – Imprévisibilité de la règle fiscale. Il résulte de cette solution générale de mutabilité du statut fiscal que le contribuable peut relever d'une règle d'imposition nouvelle moins favorable et dont la prévisibilité n'était aucunement assurée. Dès lors que la loi fiscale ne se trouve modifiée que pour l'avenir (c'est-à-dire n'affecte pas les impositions dont le fait générateur s'est antérieurement produit),

(34) Cons. const., 29 déc. 2005, n° 2005-530 DC, *Loi de finances pour 2006*, § 45 et 46.
(35) Cons. const., 28 déc. 1989, n° 89-268 DC, *Loi de finances pour 1990*, § 41.
(36) CGI, art. 1er et 1649-0 A.
(37) Cons. const., 29 déc. 2005, n° 2005-530, *Loi de finances pour 2006*, § 65 et 66. – Pour l'appréciation du caractère confiscatoire de certains prélèvements, V. Cons. const., 29 déc. 1998, n° 98-405 DC, *Loi de finances pour 1999*. – Cons. const., 19 déc. 2000, n° 2000-437 DC, *Loi de financement de la sécurité sociale pour 2001*. – Cons. const., 28 déc. 2000, n° 2000-441 DC, *Loi de finances rectificative pour 2000*). V. également Cons. const., 28 déc. 1989, n° 89-268 DC, *Loi de finances pour 1990*, § 41, envisageant le cas où la suppression d'une exonération fiscale porterait « une atteinte au droit de propriété qui serait contraire à la Constitution »
(38) L. 29 juill. 2011, art. 30.
(39) Cons. const., 28 juill. 2011, n° 2011-638 DC, *Loi de finances rectificative pour 2011*, § 18.
(40) Const., art. 72-2, al. 3 et CGCT, art. LO 1114-2 et LO 1114-3.

on ne saurait y voir, de manière générale, une atteinte aux exigences de la sécurité juridique, sauf à reconnaître à celle-ci une portée extrême.

Depuis la loi du 13 décembre 2000 relative à la solidarité et au renouvellement urbains (art. 30), le Code de l'urbanisme contient un dispositif général permettant de stabiliser temporairement la situation fiscale des constructeurs. Plus précisément, lorsqu'une demande d'autorisation de construire est déposée dans le délai de dix-huit mois à compter de la délivrance d'un certificat d'urbanisme, « le régime des taxes et participations d'urbanisme (...) tels qu'ils existaient à la date du certificat ne peuvent être [sauf exception] remis en cause (...) »[41]. Il en résulte, certainement, que seules les taxes d'urbanisme instaurées à la date de délivrance du certificat d'urbanisme pourront être mises à la charge des constructeurs. Selon l'administration[42], l'expression « régime des taxes et participations » recouvre également le taux d'imposition qui se trouve plafonné à celui en vigueur à la date de délivrance du certificat. Naturellement, par application des solutions générales du droit fiscal, la même « cristallisation » du droit applicable est attachée de plein droit à l'obtention (expresse ou tacite) de l'autorisation de construire qui est légalement réputée constituer le fait générateur des taxes d'urbanisme dans l'hypothèse des constructions régulières[43].

904. – Règle déceptive. 1) Même non rétroactive, l'évolution de la loi organique d'impôt peut parfois décevoir gravement les attentes légitimes du contribuable. C'est le cas, principalement, lorsque la loi elle-même avait prévu le maintien de son applicabilité pendant une période déterminée. Dans cette hypothèse, lorsque la durée d'application de cette loi se trouve réduite « par anticipation », l'espoir (déçu) que le contribuable avait pu former relativement au maintien pour l'avenir de son statut était fondé sur le contenu de la loi elle-même. Au demeurant, même dans cette hypothèse particulière, aucune règle supérieure n'impose de manière générale la « cristallisation » du droit applicable.

a) La loi de finances pour 1984[44] en fournit une illustration, qui a ramené de 25 à 15 ans la durée de certaines exonérations temporaires applicables en matière de taxe foncière sur les propriétés bâties. Cette mesure s'est appliquée à compter du 1er janvier 1984 sans remettre en cause les exonérations correspondant aux impositions dont le fait générateur s'était produit avant cette date. Cette « rétrospectivité » de la loi nouvelle ne s'est heurtée à aucune règle ou principe garanti par la Constitution. Ainsi, saisi de ce texte, le Conseil constitutionnel a considéré qu'« aucun principe ou règle de valeur constitutionnelle n'interdit à la loi de revenir sur une exonération fiscale acquise sous l'empire d'une loi antérieure ou d'en réduire la durée »[45]. Au demeurant, l'équilibre économique de certaines opérations de construction a pu naturellement se trouver altéré à la suite de l'intervention de cette loi. Cette difficulté a été appréciée en ces termes par le commissaire du gouvernement G. Bachelier : « consentie à un moment donné pour jouer un rôle de levier, [une] exonération peut être remise en cause si les conditions économiques ont changé afin de permettre au Gouvernement de disposer des moyens nécessaires à la réalisation de sa politique. Il nous semble que l'opérateur économique doit intégrer cette éventualité lors de la prise de sa décision et que sa confiance légitime n'a pas été trahie »[46].

b) Dans le souci de rendre prévisible la durée de vie des nouveaux dispositifs fiscaux de faveur, le rapport de la Commission Fouquet sur *L'amélioration de la sécurité juridique des relations entre les contribuables et le fisc*[47] avait proposé d'inscrire dans la loi organique relative aux lois de finances[48] le

(41) C. urb., art. L. 410-1, al. 4.
(42) Circ. min. Équipement n° 2001-56, 27 juill. 2001.
(43) C. urb., art. R. 332-26.
(44) L. 29 déc. 1983, art. 14.
(45) Cons. const., 29 déc. 1983, n° 83-164 DC, *Loi de finances pour 1984*, § 3.
(46) Concl. sur CE, 30 nov. 1994, n° 128.516, *Sté Résidence Dauphine : RJF* 1/1995, n° 132, p. 9. V. également *infra*, n° 907 à propos de Cons. const., 29 déc. 2005, n° 2005-530 DC, *Loi de finances pour 2006*.
(47) V. *Dr. fisc.* 2008, n° 27, p. 7 et s.
(48) L. org. 1er août 2001, modifiée, prise en application de l'article 34 de la Constitution.

principe selon lequel les dispositions législatives introduisant de nouveaux régimes fiscaux de faveur devront toujours mentionner leur période d'application – période d'application pendant laquelle ils ne pourront être modifiés « qu'en cas de motif impérieux d'intérêt général, d'adaptations purement techniques ou d'écart significatif par rapport aux évaluations de coût initiales »[49].

2) Il ne peut en aller autrement que dans l'hypothèse – très exceptionnelle – où la loi elle-même aurait fait naître dans le chef des contribuables une *espérance légitime* susceptible d'être regardée comme un *bien* au sens de l'article 1er du Premier protocole additionnel à la Convention européenne des droits de l'homme.

a) Statuant en formation de plénière fiscale, le Conseil d'État a retenu cette solution à l'égard du crédit d'impôt (imputable sur la contribution exceptionnelle d'IS applicable de 1995 à 2005) en faveur des entreprises créatrices d'emplois[50]. Instituée pour une durée de trois ans par la loi de finances pour 1998[51], cette mesure avait vu sa portée réduite *par anticipation* : alors qu'il était initialement prévu par la loi que le crédit d'impôt serait alloué à raison des créations nettes d'emplois constatées entre 1998 et 2000, la loi de finances pour 2000[52] avait limité sa portée à la seule année 1998 (les créations nettes d'emplois des années 1999 et 2000 n'étant plus prises en compte). Une entreprise avait critiqué l'application « rétrospective » de cette mesure aux emplois créés en 1999.

Se fondant sur l'économie générale de ce crédit d'IS (qui prévoyait, il est vrai, un solde général des crédits et des débits successifs à la fin de la période d'application de la mesure), le Conseil d'État relève en premier lieu que « ce dispositif de crédit d'impôt était de nature à laisser espérer son application sur l'ensemble de la période prévue, contrairement à d'autres mesures fiscales adoptées sans limitation de durée ». Écartant l'argument tiré de ce que la suppression du crédit d'impôt avait été envisagée pour la première fois dans un rapport parlementaire publié en juillet 1999, la Haute juridiction en déduit que l'entreprise requérante pouvait légitimement espérer avoir droit, à la date où elle avait procédé aux créations d'emplois en cause, au crédit d'impôt correspondant, le bénéfice de cette mesure pouvant être regardé « comme suffisamment certain et établi avant sa suppression » fin décembre 1999. Le Conseil d'État juge, en second lieu, que l'entreprise est donc fondée à se plaindre de l'atteinte à une espérance légitime devant être regardée comme un bien au sens des stipulations de l'article 1er du premier protocole additionnel à la Convention EDH[53].

b) Le Conseil constitutionnel a également été confronté à cette question lors de l'examen de la loi de financement de la sécurité sociale pour 2014[54] qui a prévu l'abandon de la règle dite des « taux historiques » au profit de celle dite des taux « positifs » pour la liquidation des contributions sociales frappant les produits de certains contrats d'assurance-vie (les taux applicables n'étant plus, dans les cas visés par la loi, les taux en vigueur au cours de chaque période d'acquisition des produits mais ceux, plus élevés en pratique, en vigueur lors du dénouement du contrat ou de sa transmission).

(49) Proposition n° 2, restée à ce jour lettre morte. Dix ans auparavant, en octobre 1998, une proposition de loi organique en ce sens avait été présentée par N. Sarkozy et J.-L. Debré et les présidents des deux autres groupes parlementaires de l'opposition (n° 1151, 26 oct. 1998, où l'on pouvait notamment lire : « les avantages fiscaux peuvent acquérir un caractère pluriannuel, sans qu'une loi ultérieure puisse venir les modifier avant l'échéance prévue »). Examinée par la Commission des finances (V. J.-L. Warsmann, Rapp. n° 1191 fait au nom de la Commission des lois, 12 nov. 1998), elle avait été discutée – et rejetée – par l'Assemblée nationale le 25 novembre 1998.

(50) CGI, art. 220 octies, anc.

(51) L. 30 déc. 1997, art. 81.

(52) L. 30 déc. 1999, art. 23.

(53) CE, plén., 9 mai 2012, n° 308.996, *Min. c/Sté Espace Production International* : *RJF* 07/2012, n° 785, concl. J. Boucher, p. 595 ; *Dr. fisc.* 2012, n° 26, comm. 355, note S. Vailhen, relevant à cet égard la disproportion entre l'atteinte au bien considéré et les motifs d'intérêt général, notamment d'ordre financier, invoquée pour la justifier et comparant, non sans cruauté, le coût de cette mesure, d'ailleurs conforme aux prévisions initiales, au gouffre de l'ensemble des dépenses publiques en faveur de la création d'emploi.
En revanche, le Conseil d'État a décidé qu'une loi de validation n'avait pas irrégulièrement privé un contribuable de l'espérance légitime d'obtenir la restitution d'une imposition additionnelle dont les règles de recouvrement, trop lacunairement définies par la loi, méconnaissaient la Constitution (CE, 8 juin 2016, n° 386.137, *Sté Austin France* : *Dr. fisc.* 2016, n° 26, comm. 395, concl. E. Crepey, note Th. Jacquemont, retenant cette solution au motif, notamment, que l'intention du législateur avait été, lors de l'institution de cette imposition, de renvoyer aux modalités de recouvrement définies pour l'imposition principale en cause).

(54) L. 23 déc. 2013, art. 8.

• Le Conseil constitutionnel rappelle qu'il « est à tout moment loisible au législateur, statuant dans le domaine de sa compétence, de modifier des textes antérieurs ou d'abroger ceux-ci en leur substituant, le cas échéant, d'autres dispositions [mais] que, ce faisant, il ne saurait toutefois priver de garanties légales des exigences constitutionnelles » [ni, en particulier, porter atteinte aux situations légalement acquises « sans motif d'intérêt général suffisant »][(55)].

Mais le juge constitutionnel innove en précisant également que le législateur ne peut davantage, sans motif d'intérêt général suffisant, « remettre en cause les effets qui peuvent légitimement être attendus [de] situations [légalement acquises] »[(56)].

• Appliquant cette grille d'analyse au cas qui lui était soumis, le Conseil constitutionnel écarte le grief tiré de la rétroactivité de la disposition en cause : en prévoyant d'appliquer les nouvelles règles de liquidation aux contrats dont le dénouement ou la transmission sont intervenus à compter du 26 septembre 2013, date à laquelle les dispositions contestées ont été rendues publiques (suite à l'adoption du projet de loi en Conseil des ministres), le législateur a entendu éviter que l'annonce de cette réforme n'entraîne, avant l'entrée en vigueur de la loi, des effets contraires à l'objectif de rendement poursuivi. Il considère, par suite, que l'effet rétroactif attaché à ces dispositions est justifié par un motif d'intérêt général suffisant[(57)].

S'appuyant ensuite sur l'ensemble des textes qui, ayant successivement majoré le taux des impositions sociales, avaient toujours maintenu la règle des taux « historiques », le juge constitutionnel retient que cette règle est l'une des contreparties qui, accordées aux épargnants pour l'imposition des produits afférents à ces contrats, sont attachées au respect de l'obligation de conservation des contrats pendant une certaine durée (huit ans dans la période la plus récente). Le Conseil en conclut que « les contribuables ayant respecté cette durée de conservation pouvaient légitimement attendre l'application d'un régime particulier d'imposition lié au respect de cette durée légale ». Constatant l'absence de motif d'intérêt général suffisant de nature à justifier qu'il puisse être porté atteinte à cette espérance légitime, le Conseil constitutionnel formule en conséquence une réserve d'interprétation selon laquelle l'application de la règle des taux « positifs » est exclue pour les produits acquis ou constatés au cours des huit premières années suivant l'ouverture des contrats d'assurance-vie en cause[(58)].

c) Le Conseil d'État devrait bientôt être confronté une nouvelle fois à cette question à propos de la suppression brutale, par la première loi de finances rectificative pour 2011, du régime (CGI, art. 209 quinquies) permettant à une société passible de l'IS de déterminer, sur agrément, son résultat imposable sur la base de son bénéfice mondial[(59)].

3) La même déception peut se rencontrer pour les prélèvements dont le fait générateur se réalise à la clôture d'une période d'imposition. Dans cette hypothèse, sauf disposition contraire, la loi de fond applicable à l'imposition est celle qui est en vigueur à la clôture de la période d'imposition. Cette loi frappe l'ensemble de l'assiette constituée au cours de la période considérée, sans distinguer selon que les éléments qui la composent se sont trouvés constitués, ou non, sous son empire. En d'autres termes, le contribuable ne peut, sauf texte contraire, bénéficier de la législation plus favorable qui a pu être en vigueur à l'ouverture (ou au cours) de cette

(55) Cons. const., 19 déc. 2013, n° 2013-682 DC, *Loi de financement de la sécurité sociale pour 2014*, § 14.
(56) *Ibid.* – *Adde*, dans le même sens, Cons. const., 29 déc. 2013, n° 2013-685 DC, *Loi de finances pour 2014*, § 38.
(57) Même décision, § 15.
(58) Même décision, § 17 et 18.
(59) Ayant seul statué à ce jour dans cette affaire, le juge fiscal de première instance a jugé que la loi avait porté atteinte à l'espérance légitime de la société requérante d'appliquer le régime du bénéfice mondial jusqu'au terme de l'agrément, qui courait jusqu'au terme de l'exercice clos le 31 décembre 2011 (TA Montreuil, 6 oct. 2014, n°s 1305900 et s., *Sté Vivendi : Dr. fisc.* 2015, n° 5, comm. 117, concl. A. Marmier, note G. Blanluet). Statuant sur la validité d'une loi du pays de Polynésie française, le Conseil d'État a toutefois considéré que cette loi fiscale polynésienne, qui avait durci les conditions d'imputation et de report d'un crédit d'impôt, ne revêtait pas un caractère rétroactif dans la mesure où elle s'était bornée à modifier les effets futurs de situations passées sans affecter aucune situation juridiquement constituée ni, en particulier, remettre en cause les imputations antérieures des crédits d'impôt considérés – ceci alors même que les opérations permettant l'obtention des crédits d'impôt avaient pu donner lieu à agrément avant l'entrée en vigueur de la loi (CE, 12 mai 2014, n°s 370600 et s., *Fédération générale du commerce et a : Dr. fisc.* 2014, n° 27, comm. 420).

même période. Là encore, le droit supérieur ne semble d'aucun secours, faute de ne comporter aucun principe qui interdirait de manière générale au législateur fiscal de « durcir » pour l'avenir la législation fiscale applicable.

a) Naturellement, la « rétroactivité structurelle » (ou « petite rétroactivité ») que revêt, dans cette hypothèse, la législation fiscale est fréquemment aménagée par le législateur notamment en ce qui concerne les résultats d'opérations exceptionnelles retenus pour l'assiette de l'impôt.

b) Si le rapport de la *Commission Fouquet* (préc.) ou, avant lui, le *rapport Gibert*(60), n'ont pas proposé de remettre en cause la « rétroactivité structurelle » de la loi fiscale – rétroactivité qui n'est d'ailleurs défavorable au contribuable que dans la mesure où la loi nouvelle l'est également –, certaines propositions ont été faites par des parlementaires dans le sens de sa prohibition ou au moins de sa limitation. Ces initiatives n'ont pas prospéré(61).

c) Dans un litige concernant l'IS où ces principes étaient partiellement applicables *ratione materiae*, le Conseil d'État a considéré que le moyen tiré de la méconnaissance des principes européens de sécurité juridique et de confiance légitime par une disposition législative nouvelle arguée de rétroactivité *manquait en fait* dès lors que cette disposition – même applicable pour l'imposition des résultats des exercices en cours – ne l'était pas pour l'imposition des résultats des exercices clos avant son entrée en vigueur(62).

d) Ayant relevé qu'étaient en cause des avantages fiscaux antérieurement accordés dont aucune règle constitutionnelle n'imposait le maintien le Conseil constitutionnel – en décidant que diverses mesures fiscales critiquées devant lui n'affectaient pas les « situations légalement acquises » – a refusé d'assimiler la « petite rétroactivité » à la rétroactivité ordinaire(63).

e) Affirmant que « Les lois fiscales ne pourront plus être rétrospectives », la *Charte de la nouvelle gouvernance fiscale* proscrit, dans la fiscalité des entreprises, la « petite rétroactivité » de la loi fiscale – « sauf mesures favorables au contribuable »(64).

905. – *Grand father law.* Le législateur peut naturellement accompagner la mutabilité du statut fiscal et prévoir expressément la survie (permanente ou temporaire) de la loi ancienne.

La loi de finances pour 1993(65) qui avait étendu le champ d'application de l'article 209 B du CGI (V. *infra*, n° 1647) fournit un exemple intéressant de ces mécanismes transitoires :

1) la loi a prévu l'application rétroactive (à la date de la divulgation du projet de loi de finances) de la législation nouvelle aux situations apparues à compter de cette date(66) ;

2) elle a prévu, parallèlement, la survie (pendant dix ans) des dispositions anciennes s'agissant des situations constituées avant cette même date(67).

Ces mesures transitoires spéciales organisant la survie de la loi ancienne sont souvent considérées comme salutaires. Elles introduisent toutefois, entre les contribuables, des différences de traitement dont on peut demander si elles sont toujours pleinement justifiées.

---

(60) *Améliorer la sécurité du droit fiscal*, sept. 2004.

(61) V. par ex. Prop. de loi organique, présentée par M. Ch. Millon et a., n° 2252, 15 mars 2000, art. 1er. – *Adde*, en reprenant largement les termes, Prop. de loi organique, présentée par M. A. Suguenot et a., n° 1187, 6 sept. 2004, art. 1er.

(62) CE, 27 juin 2008, n° 276.848, *Sté d'exploitation des sources Roxane : Dr. fisc.* 2008, n° 38, comm. 492, concl. L. Olléon, rappelant, à propos d'une modification du régime des sociétés mères et filiales, V. *infra*, n° 1658, que le fait générateur de l'IS se produit à la clôture de l'exercice qui constitue la période d'imposition.

(63) Cons. const., 29 déc. 2012, n° 2012-662 DC, *Loi de finances pour 2013*, § 108, en matière d'IS, à propos des dispositions limitant forfaitairement la déduction des charges financières nettes (V. *infra*, n° 1680) et durcissant les conditions de détermination de la quote-part pour frais et charges dans l'imposition des gains de cession de titres de participation (V. *infra*, n° 1668) et les modalités du report en avant des déficits antérieurs (V. *infra*, n° 1684), V. également, Cons. const., 29 déc. 2012, n° 2012-661 DC, *Troisième loi de finances pour 2012*, § 15, en matière, d'IR, à propos des dispositions assimilant à des revenus « ordinaires » le produit des cessions à titre onéreux portant sur un usufruit temporaire (V. *infra*, n° 1402, 2).

(64) Dans l'état actuel du droit, cette proclamation semble toutefois dépourvue de toute portée juridique opérationnelle (V. *infra*, n° 985, 1-*c*).

(65) L. 30 déc. 1992, art. 107.

(66) L. préc., art. 107, III, 1.

(67) L. préc., art. 107, III, 2.

§ 2. – Statut exclusif d'éléments contractuels

A. – L'exclusion générale du contrat

906. – **Principe affirmé.** Le principe d'exclusion du contrat comme source des obligations fiscales est parfaitement établi en droit français. Fondé sur le caractère d'ordre public de la loi fiscale, ce principe ne résulte directement d'aucun texte. Son existence ne fait pourtant aucun doute. Constamment réaffirmé en doctrine, il est retenu par de nombreux arrêts : le contribuable est placé dans une situation légale et réglementaire – exclusive de tout rapport contractuel qui le lierait avec le fisc.

Il est loin d'être certain, d'ailleurs, que la loi puisse valablement introduire une dérogation réelle à cette règle. La compétence que le législateur fiscal tient de l'article 34 de la Constitution en matière d'impositions de toutes natures ne pourrait sans doute pas être abandonnée à l'autonomie contractuelle.

L'analyse juridique conduit à écarter presque intégralement le contrat comme source des rapports de droit fiscal. On ne saurait en déduire, pour autant, que l'application individuelle de la loi d'impôt est toujours mécanique. Des arrangements divers interviennent fréquemment entre l'administration et les contribuables. Mais ils demeurent largement insaisissables sur le plan juridique. On en trouve parfois trace au contentieux. Concluant dans une affaire « étonnante à plus d'un titre » (V. *infra*, n° 929), le commissaire du gouvernement J. Courtial relevait : « sur le fond, [ce litige] révèle crûment que l'application de la loi fiscale peut être négociée »[(68)].

907. – **Origine non contractuelle de l'impôt.** L'impôt ne peut jamais procéder directement d'un contrat conclu entre le contribuable et le fisc. L'origine contractuelle d'un prélèvement est, en d'autres termes, exclusive de son caractère fiscal. Se prononçant sur la loi de finances pour 1990, le Conseil constitutionnel avait même considéré qu'un prélèvement public dont le principe est posé par l'autorité législative, mais dont le montant ne peut être déterminé sans l'accord de son débiteur, ne peut présenter le caractère d'une imposition[(69)].

1) Cette considération fondamentale a fait commettre à Gaston Jèze une erreur d'analyse. Particulièrement attaché à l'idée (exacte) que « la créance d'impôt prend naissance en vertu d'une manifestation unilatérale de volonté de l'autorité publique », il en déduisait (à tort) que la dette fiscale ne pouvait procéder que d'un acte administratif individuel, c'est-à-dire de l'acte d'imposition. Ce faisant, il avait insuffisamment pris en compte le fait que l'impôt pouvait – sans pour autant revêtir une origine contractuelle – procéder directement de la volonté unilatérale de l'État législateur, c'est-à-dire de la loi elle-même.

2) Un arrêt du Conseil d'État peut être rapproché de la décision précitée du Conseil constitutionnel. Dans cette affaire, la Haute juridiction administrative avait été saisie par une société concessionnaire qui, débitrice de l'État en vertu d'un traité de concession, s'était conventionnellement engagée à lui verser, chaque année, 50 % de ses bénéfices jusqu'au remboursement intégral de sa dette, puis 25 % au-delà, sans limitation de durée. Cette convention avait été approuvée par un acte dit loi du 30 avril 1941. Le Conseil d'État a considéré que la loi, en approuvant les stipulations conventionnelles en cause, devait être regardée « non comme ayant approuvé des obligations réciproques dont auraient pu librement convenir les parties aux conventions, mais comme ayant imposé à la [société requérante], sans aucune contrepartie pour elle, l'obligation d'avoir à acquitter au profit de l'État, pour une durée indéterminée, un prélèvement obligatoire de caractère fiscal »[(70)].

(68) Concl. sur CE, 27 avr. 2001, n° 200.659, *Lubrano* : *Dr. fisc.* 2001, n° 43, comm. 987.
(69) Cons. const., 29 déc. 1989, n° 89-268 DC, *Loi de finances pour 1990*, § 45.
(70) CE, 27 juill. 2009, n° 295.637, *Cie agricole de la Crau* : *RJF* 11/2010, n° 1084 ; *BDCF* 11/2010, n° 121, concl. E. Cortot-Boucher. – *Adde*, abrogeant la loi en question à l'occasion d'une procédure de QPC, Cons. const., 14 oct. 2010,

Sans doute de nombreux impôts frappent-ils la formation d'actes contractuels ou des opérations procédant de l'exécution d'obligations contractuelles. Mais, même dans ces circonstances particulièrement fréquentes, l'impôt procède toujours de la loi d'impôt et non du contrat qui n'est qu'un élément sur lequel s'appuie la loi fiscale pour faire produire certains effets.

La décision du Conseil constitutionnel relative à la loi de finances pour 2006 a rappelé cette considération qui relève du bon sens. Cette loi[(71)] avait supprimé l'exonération des intérêts des sommes figurant sur des plans d'épargne-logement lorsque, notamment, ces plans étaient ouverts depuis plus de douze ans. Les requérants avaient soulevé devant le Conseil le grief tiré d'une atteinte à l'économie de contrats légalement conclus. Par une formule que l'on ne peut qu'approuver, le juge constitutionnel a rejeté ce grief comme manquant en fait : « l'exonération fiscale prévue par le législateur pour les intérêts d'un plan d'épargne-logement ne constitue pas une clause contractuelle de ce plan »[(72)].

908. – Consentement à l'impôt. Sans doute, notre droit affirme-t-il le principe constitutionnel du consentement à l'impôt : « Tous les citoyens ont le droit de constater, par eux-mêmes ou par leurs représentants, la nécessité de la contribution publique, [et] de la consentir librement (...) »[(73)]. Mais le consentement dont s'agit ne peut être regardé que comme le consentement de la communauté des citoyens. Seul le consentement de la Nation à l'impôt est constitutionnellement requis ; le consentement individuel de chaque contribuable pris isolément ne saurait l'être.

1) La question de savoir si une loi fiscale peut être adoptée par la voie référendaire est délicate. Compte tenu des termes de la Constitution[(74)], qui vise notamment les projets portant sur « réformes relatives à la politique économique, sociale ou environnementale de la nation et aux services publics qui y concourent (...) », une réponse positive ne peut être exclue.

Il pourrait en aller de même, par voie de conséquence, pour la procédure référendaire d'initiative « partagée » (*i.e.* « populo-parlementaire ») qui, issue de la loi constitutionnelle du 23 juillet 2008 (art. 4, 2°), possède un champ d'application matériel identique[(75)]. Applicable depuis le 1er janvier 2015 (à la suite de la « promulgation » – en réalité la publication – de la loi organique du 6 décembre 2013 en définissant les principales modalités d'application), cette procédure pourrait avoir pour objet, notamment, l'abrogation d'une disposition législative fiscale en vigueur, à la condition qu'elle ait été promulguée depuis plus d'un an[(76)]. La Constitution de la République italienne est plus contraignante, qui exclut les lois fiscales et budgétaires du champ d'application de la procédure de référendum abrogatif d'initiative populaire qu'elle organise[(77)].

2) Dans un même ordre d'idées, certains auteurs ont pu, dans le sillage de la théorie du contrat social, concevoir un fondement contractuel au prélèvement fiscal. C'est le cas, spécialement, de la théorie de l'impôt-échange. Mais il s'agit là de propositions relevant exclusivement de la philosophie politique et dont le droit positif ne contient aucune trace. Le commissaire du gouvernement G. Bachelier a jugé utile, à cet égard, de rappeler une évidence : « la loi fiscale n'a pas la nature d'un contrat, même si cet argument a été avancé parfois »[(78)].

---

n° 2010-52 QPC, *Cie agricole de la Crau*, considérant, à cet égard, que la qualification retenue par le juge ordinaire était opposable au juge constitutionnel.

(71) L. 30 déc. 2005, art. 7.

(72) Cons. const., 29 déc. 2005, n° 2005-530 DC, *Loi de finances pour 2006*, § 44.

(73) DDHC, art. 14.

(74) Const., art. 11, al. 1er.

(75) Const., art. 11, al. 3.

(76) V. toutefois Cons. const., 5 déc. 2013, n° 2013-681 DC, *Loi organique portant application de l'article 11 de la Constitution*, § 8, posant une réserve d'interprétation relative aux modalités d'application au cas considéré de l'article 40 de la Constitution, selon lequel « les propositions et amendements formulés par les membres du Parlement ne sont pas recevables lorsque leur adoption aurait pour conséquence (...) une diminution des ressources publiques (...) ».

(77) Const. italienne, 27 déc. 1947, art. 75, al. 2.

(78) Concl. sur CE, 30 nov. 1994, n° 128.516, *Sté Résidence Dauphine* : *RJF* 1/1995, n° 132.

3) Si le consentement (ou l'acceptation) *de* l'impôt est une condition essentielle du fonctionnement efficace d'un système fiscal, surtout lorsqu'il est principalement constitué d'impôts déclaratifs, il s'agit là de considérations tenant à la psychologie fiscale, dont le droit positif doit se préoccuper, mais que l'analyse juridique ne peut que difficilement saisir à profit.

4) Consacré à titre principal aux instructions fiscales, un rapport rendu public en avril 2010 (*Instructions fiscales – Propositions pour améliorer la sécurité juridique en matière fiscale*, V. *infra*, n° 958) a suggéré l'organisation, préalablement à leur adoption, de consultations publiques concernant les projets fiscaux législatifs. Selon le rapport, ces consultations pourraient être réservées dans une phase expérimentale aux projets de texte « pour lesquels l'association préalable d'un large public est la plus indispensable ». Elles se substitueraient utilement aux consultations restreintes qui, parfois mises en œuvre officieusement, ne présentent évidemment pas toutes les garanties de transparence et de fiabilité. À la suite de ce rapport, une première consultation publique a été organisée (du 11 mai au 15 juin 2010) à propos du projet de réforme du régime d'imposition des résultats des sociétés de personnes (et entités assimilées). Son résultat est difficile à apprécier : inséré dans le projet de quatrième loi de finances rectificative pour 2010, le texte définitif en résultant – péripétie tout à fait exceptionnelle – n'a pas été adopté par le Parlement qui a souhaité, au préalable, être précisément informé des incidences financières du dispositif proposé par le gouvernement[79]. Cette expérience malheureuse est restée un cas isolé : aucune consultation publique sur un projet de loi fiscale n'a depuis été organisée.

909. – Statut non modifiable par voie conventionnelle. Le statut du contribuable ne peut être modifié par voie conventionnelle. Particulièrement bien établie, cette solution de principe a été affirmée pour la première fois par la Cour de cassation : « la perception des impôts intéresse essentiellement l'ordre public [et] ne peut donc pas être la matière d'un contrat » passé entre le contribuable et le fisc[80].

Une abondante jurisprudence du Conseil d'État retient une solution similaire : « les accords pouvant éventuellement intervenir » entre les contribuables et les agents du fisc « ne peuvent, en aucun cas, créer au profit des contribuables des droits acquis au maintien de ces accords »[81].

Cette règle n'interdit pas, toutefois, que des parties à un contrat de droit privé règlent par cette voie leurs obligations réciproques à l'égard de tel ou tel prélèvement fiscal. Ainsi, le vendeur et l'acheteur d'un immeuble peuvent valablement convenir contractuellement de la répartition de la charge de la taxe foncière due à raison de l'immeuble cédé. Un tel contrat ne pourra toutefois être opposé au fisc qui ne pourra davantage s'en prévaloir en vue de réclamer le paiement de l'imposition à un autre que son redevable légal[82]. Un tel acte demeure « sans influence sur la détermination du redevable légal de l'impôt »[83].

910. – Prohibition du contrat d'assiette. L'exclusion du contrat vaut bien évidemment en matière d'établissement de l'impôt : « le bénéfice imposable (...) doit être déterminé par application des dispositions législatives et réglementaires en vigueur (...) ; les accords pouvant éventuellement intervenir entre les contribuables et les agents d'assiette pour fixer les modalités de déclaration ou de détermination

(79) V. quatrième L. fin. rect. 2010, 29 déc. 2010, art. 13, IV, prévoyant le dépôt au Parlement, au plus tard le 30 avril 2011, d'un rapport présentant (en résumé) les différentes options relatives à la modernisation (nécessaire) du régime fiscal des sociétés de personnes et entités assimilées « garantissant, *a minima*, une stabilité du coût par rapport à celui du régime fiscal actuel de semi-transparence ».

(80) Cass. civ., 13 mars 1895, *Dreyfus Frères et Cie* : S. 1895, I, p. 465, note A. Wahl.

(81) CE, 28 juin 1961, n° 33.758 : *Rec. CE* 1961, p. 443. – CE, 10 mai 1965, n° 61.973 : *Rec. CE* 1965, p. 269. – V., antérieurement, dans un sens similaire : CE, 18 mars 1946, n° 71.664 et a. : *Rec. CE* 1946, p. 87. – CE, 24 mars 1956, *Sté Éts Motte et Porisse* : *AJDA* 1956, II, p. 422 ; *Rec. CE* 1956, p. 143. – CE, 27 oct. 1958, n° 40.392 : *Dr. fisc.* 1958, n° 52, n° 1082 ; *Rev. sc. législ. fin.* 1959, p. 287, chron. M. Chrétien.

(82) CE, 16 juin 1908, *Rolland* : *Rec. CE* 1908, p. 639.

(83) CAA Bordeaux, 13 juin 2000, n° 98-2060, *Sté Proffit Ferry* : *Dr. fisc.* 2001, n° 18, comm. 427, concl. M. Heinis.

du bénéfice contraires auxdites dispositions législatives et réglementaires ne peuvent, en aucun cas, créer au profit des contribuables des droits acquis au maintien de ces accords et faire obstacle au droit de l'administration de réclamer, si elle s'y croit fondée, et dans la limite des délais de prescription de son action fixés par la loi, le montant des impositions légalement dues »[84]. De même, les « promesses » formulées par l'administration fiscale ne se voient pas reconnaître, de manière générale, une quelconque portée[85].

Une commune ne saurait ainsi, sans méconnaître les dispositions législatives instituant une taxe communale obligatoire, renoncer contractuellement à sa perception au profit de certains redevables[86].

Dans une autre affaire, où le contribuable soutenait que son acceptation d'une évaluation administrative de son bénéfice avait été viciée, faute pour l'administration d'avoir exécuté une prétendue promesse qui la conditionnait, le Conseil d'État relève que l'accord intervenu entre le fisc et le contribuable n'était pas et ne pouvait être de nature contractuelle. Il ne pouvait, en conséquence, priver l'administration du droit de réclamer les sommes légalement exigibles[87].

911. – **Prohibition du contrat de recouvrement.** La même solution est retenue en matière de recouvrement de l'impôt. Dans une affaire dans laquelle un contribuable soutenait qu'il avait conclu un accord avec le ministre des Finances, aux termes duquel l'État aurait renoncé au recouvrement immédiat de certaines sommes en lui accordant des délais de paiement, le Conseil d'État refuse de reconnaître un caractère contractuel à la situation en cause (qui procède selon lui d'une décision). La Haute juridiction relève que le contribuable « n'avait aucun droit acquis au maintien de la décision bienveillante – laquelle ne saurait, d'ailleurs, être regardée comme insérée dans un contrat – lui accordant un échelonnement du paiement de ses dettes fiscales échues ». Il ne pouvait donc soutenir que c'est illégalement que cette décision (dont le Conseil d'État relève qu'elle pouvait être retirée à tout moment) a été méconnue[88].

La décision par laquelle l'administration accepte le règlement échelonné de dettes fiscales échues est aujourd'hui regardée comme créatrice de droits (V. *supra*, n° 900, 2).

B. – Le contractualisme fiscal

912. – **Exceptions réelles et exceptions apparentes.** Même réfractaire à l'institution du contrat, le droit fiscal n'échappe pas à une grande tendance du droit contemporain : celle consistant à identifier dans des rapports de droit public des contrats qui, à la vérité, ne sont souvent qu'hypothétiques. Ce mouvement trouve une explication. Il est souvent difficile de distinguer les contrats véritables des actes unilatéraux négociés, en particulier lorsque ces actes comportent des engagements « parallèles ».

---

(84) CE, 28 juin 1961, n° 33.758, préc.

(85) CE, plén., 29 avr. 1977, n° 92.446 : *Dr. fisc.* 1977, n° 24, comm. 941 (NR), jugeant que l'administration, qui ne peut renoncer au bénéfice de la loi fiscale, a procédé à bon droit aux rectifications en cause, « alors même qu'un inspecteur aurait promis qu'elle s'en abstiendrait ». Il ne pourrait en aller autrement que si la « promesse » considérée pourrait, sur un autre terrain, être regardée comme une appréciation formelle de la situation individuelle du contribuable susceptible d'être opposée à l'administration (V. *infra*, n°s 1013 et s.). Naturellement, de telles « promesses » pourraient par ailleurs être utilement invoquées dans le contentieux de la responsabilité.

(86) CE, 17 mars 1952, n°s 64.431 et a., *Ville de Metz c/Blaser et a.* : *Rec. CE* 1952, tables p. 697.

(87) CE, 25 mai 1967, n° 64.854 : *Rec. CE* 1967, tables p. 745.

(88) CE, 23 mai 1958, n° 36.530 : *AJDA* 1958, II, p. 372 ; *Rec. CE* 1958, p. 295.

L'imperméabilité du droit fiscal au contrat est souvent présentée comme un défaut de cette matière. Ainsi, dans un rapport public portant sur « Le contrat, mode d'action publique et de production de normes »[89], la section du Rapport et des Études du Conseil d'État semble se féliciter que le contrat « émerge en droit fiscal » et que « les évolutions récentes du droit fiscal laissent (...) entrevoir les possibilités accrues de contractualisation des rapports entre l'administration et le contribuable (...) ».

Cette appréciation mérite d'être nuancée. L'exclusion du contrat apparaît parfois, en effet, protectrice des intérêts du contribuable. Celui-ci ne peut être assujetti à un prélèvement dont l'exigibilité n'est pas prévue par la loi, alors même qu'il y aurait consenti par contrat[90]. Les dispositions de l'article L. 332-6 du Code de l'urbanisme (qui fixent de façon limitative les contributions qui peuvent être mises à la charge des constructeurs à l'occasion de la délivrance du permis de construire) conduisent (en lien avec l'article L. 322-30 du même code) à un résultat similaire s'agissant des participations non prévues par la loi qui auraient été acceptées contractuellement par le constructeur : « eu égard (...) au caractère d'ordre public des dispositions de l'article L. 332-6 du Code de l'urbanisme, toute stipulation contractuelle qui y dérogerait serait entachée de nullité »[91].

Ces difficultés de qualification se rencontrent en droit fiscal et, en cette matière comme ailleurs, il est bien difficile de séparer le bon grain de l'ivraie.

À cet égard, un chapitre du CGI porte un intitulé prometteur : « Exonérations fiscales contractuelles et agréments ». Mais les dispositions que l'on peut y lire condamnent assez radicalement l'existence même de ces possibles situations contractuelles : « Tous contrats, accords ou conventions passés par les administrations publiques et prévoyant l'exonération d'impôts, droits ou taxes perçus par l'État pour son propre compte ou pour celui des collectivités publiques seront de nul effet en ce qui concerne ces exonérations, lorsqu'ils n'auront pas reçu l'agrément préalable du ministre de l'Économie et des Finances ou de ses représentants et pour autant qu'ils n'auront pas été ratifiés par le Parlement »[92]. Jugé que cette disposition n'entraîne pas la nullité de la stipulation contractuelle par laquelle une personne publique prend à sa charge une imposition légalement due par son cocontractant[93].

L'identification d'un rapport contractuel suppose la réunion de deux conditions :

– le rapport doit procéder d'un acte qui, généralement exprès, intervient à la suite d'une phase de négociation entre les parties ;

– surtout, sur le plan des principes, les obligations résultant d'un acte contractuel régulièrement formé sont immédiatement intangibles, sauf accord mutuel des parties.

Loin de s'opposer à cette idée, la théorie de l'exception d'inexécution la conforte, en supposant, tout au contraire, le maintien de l'obligation dont l'exécution peut, par exception, être suspendue.

En d'autres termes, l'intangibilité du rapport de droit ne procède pas, sauf disposition législative contraire, de l'exécution de certains engagements (ce qui se rencontre pour certains actes unilatéraux) mais de la formation régulière de l'acte lui-même.

Dans l'état actuel du droit fiscal, quatre hypothèses semblent pouvoir correspondre à un contrat authentique (1°). La première est celle de la transaction fiscale. Les trois autres concernent deux procédures de rescrit et la nouvelle procédure dite de « relation de confiance ».

(89) *EDCE* 2008, n° 59.
(90) Cass. req., 4 févr. 1931, *Adm. des douanes c/Cie du Boror* : *DH* 1931, p. 145.
(91) CE, sect., 4 févr. 2000, n° 202.981, *Ét. public pour l'aménagement de la région de la Défense* : *Dr. adm.* 2000, n° 3, comm. 77.
(92) CGI, art. 1649 octies, al. 1er.
(93) CAA Marseille, 28 juin 1999, *Sté Yacht-club International de Bormes-les-Mimosas* : *Dr. fisc.* 2000, comm. 353.

Ces deux procédures de rescrit sont celles, d'une part, des accords préalables concernant les méthodes de détermination des prix de transfert et, d'autre part, celles du rescrit « valeur ». Elles présentent des particularités qui les opposent aux rescrits « ordinaires » :

– la loi exclut à leur égard la possibilité d'apparition d'un accord tacite ;
– l'appréciation résultant du rescrit est intangible pendant une période déterminée (cette intangibilité ne résultant pas de l'exécution adéquate des obligations des parties mais de l'existence même de l'acte).

On observera, d'ailleurs, que ces procédures ne portent pas directement sur l'application de la loi fiscale, mais sur une appréciation tenant aux conditions de détermination de l'assiette de l'impôt. C'est ce qui pourrait justifier, dans ces hypothèses, la reconnaissance de la possibilité de contracter.

Les autres hypothèses faisant intervenir un accord sont plutôt des situations contractuelles factices (2°).

1° Les exceptions réelles ou admissibles

a) La transaction fiscale

913. – Inspiration civile. La première exception concernant l'exclusion du contrat dans les rapports entre le contribuable et le fisc tient au mécanisme de la transaction fiscale. Ce mécanisme est directement inspiré de la transaction civile qui est elle-même légalement définie comme « un contrat par lequel les parties terminent une contestation née, ou préviennent une contestation à naître »[94].

1) Même en l'absence d'homologation juridictionnelle, les transactions de droit privé « ont, entre les parties, l'autorité de la chose jugée en dernier ressort »[95]. Avant la loi du 27 décembre 1963 portant unification ou harmonisation des procédures, délais et pénalités en matière fiscale[96], l'article 1852 du CGI reconnaissait expressément la même autorité à la transaction fiscale (celle-ci ne pouvant alors intervenir qu'en matière de taxes sur le chiffre d'affaires et d'impositions assimilées et, en application de l'article 1879 du même code, de contributions indirectes). Le juge avait naturellement confirmé cette solution en précisant qu'une transaction intervenue dans les conditions légales et exécutée par le redevable avait « l'autorité de la chose jugée tant en ce qui concerne les droits que les pénalités »[97].

2) Avant l'intervention des textes spéciaux qui ont organisé la transaction fiscale, les juridictions fiscales suprêmes avaient exclu l'application directe de l'article 2044 du Code civil en matière fiscale[98].

3) La faculté reconnue aux contribuables de transiger avec le fisc a reçu une forme d'institutionnalisation « organique », avec la mise en place, en avril 2009, d'une cellule de régularisation (rapidement qualifiée de cellule de « dégrisement »). Ce « guichet transactionnel » a permis aux contribuables détenant à l'étranger des avoirs figurant sur des comptes bancaires non déclarés de mettre fin à cette irrégularité. Fin janvier 2011, cette cellule avait traité près de 5 000 demandes de régularisation qui auraient donné lieu à la mise en recouvrement de 900 M€ de droits (dont environ la moitié pour l'ISF) et 70 M€ de pénalités (soit un taux moyen de 7 % environ).

4) Cette expérience a été renouvelée par le gouvernement suivant sous une forme un peu différente.

• Affirmant son attachement à ce que les nouvelles régularisations s'opèrent dans les conditions du droit commun (formule un peu étrange s'agissant d'une procédure débouchant toujours, probablement, sur une transaction), M. B. Cazeneuve, ministre en charge du budget, avait publié (en annexe d'un communiqué de presse n° 672 du 21 juin 2013) une instruction (non reprise au *BOFiP-Impôts*)

(94) C. civ., art. 2044.
(95) C. civ., art. 2052.
(96) Art. 11, 1-3°.
(97) CE, 14 oct. 1951, n° 46.211 : *Rec. CE* 1951, p. 463.
(98) Cass. civ., 13 mars 1895, *Dreyfus Frères et Cie* : S. 1895, I, p. 465, note A. Wahl. – CE, 18 mars 1946, n°s 71.664 et s. : *Rec. CE* 1946, p. 87.

au directeur général des Finances publiques comportant une forme de « tarif transactionnel », distinguant, au titre de la procédure de régularisation des avoirs non déclarés à l'étranger, les fraudeurs « actifs » des fraudeurs « passifs » :

– lorsque les avoirs non déclarés avaient été reçus dans le cadre d'une succession ou d'une donation ou constitués par le contribuable lorsqu'il ne résidait pas fiscalement en France, le taux de la majoration pour manquement délibéré était fixé à 15 %, l'amende encourue pour chaque manquement déclaratif étant plafonnée à 1,5 % de la valeur des avoirs au 31 décembre de l'année concernée ;

– lorsque les avoirs non déclarés avaient une autre origine, le taux de la majoration pour manquement délibéré et le plafond de l'amende étaient tous deux doublés.

• En moins d'un an, plus de 20 000 contribuables avaient choisi la voie de la régularisation « Cazeneuve » qui, selon les indications du ministre, présentait deux différences avec la régularisation « Woerth ». Ainsi, les démarches du contribuable :

– n'étaient pas effectuées auprès d'une « cellule de régularisation » *ad hoc* mais auprès d'un service de traitement des déclarations rectificatives (STDR) relevant de la Direction nationale des vérifications de situations fiscales[99] ;

– ne pouvaient aucunement être engagées par un contribuable ayant conservé l'anonymat : « ceux qui viennent devant l'administration fiscale pour se mettre en conformité au droit ne doivent pas le faire par le truchement de leur conseil, bénéficiant ainsi d'un anonymat injustifié, mais à visage découvert devant l'administration, du début de la procédure jusqu'à sa fin »[100].

Le 12 décembre 2013, lors de la discussion générale du projet de loi de finances pour 2014[101], le ministre du Budget avait annoncé la prochaine actualisation de sa circulaire de juin 2013 en vue de tirer les conséquences de la promulgation des dispositions législatives nouvelles[102] prévoyant l'infliction d'une amende fiscale au taux de 12,5 %, applicable au montant des avoirs considérés, en cas de défaut des obligations déclaratives des *trusts*[103]. Ces modifications se sont trouvées concrétisées dans la circulaire *Cazeneuve* 2 qui rendue publique le même jour, comportait le « barème transactionnel » suivant – dont le ministre n'hésitait pas qu'il serait appliqué « dans le cadre de sa modulation par l'administration, dans les conditions exactes du droit commun »[104].

Par un mouvement un peu paradoxal, une circulaire en date du 14 septembre 2016 a décidé, à la suite de la décision du Conseil constitutionnel ayant censuré, à compter du 24 juillet 2016, l'amende proportionnelle de 5 % assise sur le montant des avoirs étrangers non déclarés[105], le relèvement des taux du « tarif transactionnel » relatif à la majoration pour manquement délibéré ou défaut déclaratif. Le tarif applicable est actuellement le suivant.

(99) B. Cazeneuve, discussion générale commune des projets de loi relatifs à la lutte contre la fraude fiscale et la grande délinquance économique et financière et au procureur de la République financier, Assemblée nationale, 30 oct. 2013, 2e séance. Confirmé par voie réglementaire (A. 4 avr. 2011), ce rattachement administratif s'est toutefois un peu dilué avec la création, en juin 2015, en parallèle du STRD, de sept puis, en juin 2016, de dix « pôles interrégionaux de régularisation déconcentrés » relevant de certaines directions régionales (ou départementales) des finances publiques. C'est ainsi que les pôles de Bordeaux, Lyon, Marseille, Paris, Saint-Germain-en-Laye, Strasbourg et Vanves, puis de Ermont, Lille et Nantes ont été successivement créés (V. A. 3 juin 2015 et A. 11 mai 2016). Ces pôles sont compétents, de manière générale, pour les demandes de régularisation portant sur des avoirs d'un montant inférieur à 600 000 € détenus directement (le STDR restant compétent dans les autres cas). Début 2016, le STDR comptait 88 agents au niveau central et 71 agents dans les différents pôles interrégionaux (alors au nombre de sept). Le sigle STDR désigne également un traitement automatisé de données à caractère personnel permettant le suivi des demandes de régularisation (V. A. 8 sept. 2015).

(100) B. Cazeneuve, *ibid.*, 20 juin 2013, 2e séance.

(101) B. Cazeneuve, AN, 12 déc. 2013, 2e séance.

(102) L. 6 décembre 2013, relative à la lutte contre la fraude fiscale et la grande délinquance économique et financière, art. 12.

(103) CGI, art. 1736, IV bis. Le constituant et les bénéficiaires du trust sont solidairement responsables avec l'administrateur du trust du paiement de cette amende (CGI, art. 1754, V-8).

(104) B. Cazeneuve, AN, 12 déc. 2013, 2e séance.

(105) Cons. const., 22 juill. 2016, n° 2016-554 QPC, *Benmoussa*.

ORIGINE DES AVOIRS	BARÈME APPLIQUÉ	
	Taux de la majoration pour manquement délibéré ou de défaut déclaratif pour l'ISF[106]	**Amende fixe** plafonnée chaque année et pour chaque manquement déclaratif
Fraudeurs « passifs » Avoirs reçus dans le cadre d'une succession ou d'une donation et Avoirs constitués par le contribuable lorsqu'il ne résidait pas fiscalement en France	25 %	à 1,5 % de la valeur des avoirs au 31 décembre de l'année concernée et à 3,75 % en cas de manquement aux obligations déclaratives des trusts.
Fraudeurs « actifs » Avoirs constitués par le contribuable lorsqu'il résidait fiscalement en France (et autres origines)	35 %	à 3 % de la valeur des avoirs au 31 décembre de l'année concernée et à 7,5 % en cas de manquement aux obligations déclaratives des trusts.

Dans l'intervalle, une autre circulaire[107] du ministre des Finances et des Comptes publics et du secrétaire d'État au budget, rendue publique le 10 décembre 2014, a précisé certaines conditions de délai pour permettre un traitement plus rapide des nombreuses demandes déposées (les contribuables disposant désormais de six mois pour compléter un dossier incomplet).

Le bilan global du STDR (qui devrait cesser son activité en 2018) est impressionnant. À la fin du premier trimestre 2016, près de 45 000 dossiers de régularisation avaient été déposés et 15 000 de ces dossiers avaient été traités (*i.e.* avaient fait l'objet d'une transaction exécutée par le contribuable). Les sommes recouvrés à ce titre par l'État s'élèvent à 116 M€ en 2013, 1,9 Md€ en 2014 et 2,65 Md€ en 2015. L'estimation pour 2016 (2,4 Md€) a été revue à la hausse à 2,65 Md€. La très grande majorité (91 %) de ces avoirs « sortis de l'ombre » (26,7 Md€) étaient « domiciliés en Suisse »[108].

Cette procédure doctrinale de régularisation risque de perdre une partie de ses attraits à la suite de la décision du Conseil constitutionnel ayant déclaré contraire à la Constitution, comme manifestement disproportionnée, l'amende fiscale encourue annuellement, en présence d'avoirs significatifs sur les comptes étrangers non déclarés[109].

Sans doute la transaction fiscale possède-t-elle un objet plus limité que la transaction civile. Mais ses effets particulièrement radicaux ne trouvent une explication convaincante qu'à raison de sa nature contractuelle.

(106) Sanction applicable en cas de défaut déclaratif au titre de l'ISF dû à compter de 2014. Les taux de 25 % et 35 % sont applicables aux demandes de régularisation formées à compter du 14 septembre 2016. Les taux précédement applicables en la matière étaient, respectivement, de 15 % (fraudeurs « passifs) et 30 % (« fraudeurs actifs »).

(107) Sur les conditions de publication de ces différentes circulaires, V. *infra*, n° 990, 4-c.

(108) Ministère des Finances et des Comptes publics, *Résultats de la lutte contre la fraude fiscale pour l'année 2015*, mars 2016, p. 23.

(109) Cons. const., 22 juill. 2016, n° 2016-554 QPC, *Benmoussa*, à propos de l'amende de 5 % du montant des avoirs lorsque leur total est égal ou supérieur à 50 000 € (V. actuellement, CGI, art. 1736, IV-2, al. 2). Le juge constitutionnel a précisé que cette invalidation peut être invoquée à l'encontre des amendes prononcées antérieurement à sa décision lorsque, notamment, une réclamation peut encore être formée à leur encontre. Cet élément du dispositif permettra probablement à certains contribuables de vérifier, à leur détriment, qu'« aucune procédure contentieuse ne peut plus être engagée ou reprise pour remettre en cause les pénalités qui ont fait l'objet [d'une transaction devenue définitive » (LPF, art. L. 251, al. 1er). V. sur ce point, *infra*, n° 915, 2.

914. – Objet ambigu. Légalement, l'objet que peut avoir la transaction fiscale est marqué par une certaine ambiguïté. Il résulte des termes du dispositif légal qu'un tel contrat ne peut directement porter que sur les sanctions fiscales et[110] les intérêts de retard, lorsque ces sommes et, le cas échéant, les impositions auxquelles elles s'ajoutent ne sont pas définitives[111].

Lorsqu'une imposition est devenue définitive, l'administration (qui n'est plus légalement en droit de transiger) peut toutefois accorder au contribuable, sur sa demande, la remise ou la modération des sanctions et intérêts de retard dont elle a été assortie. La remise ou la modération (qui peut porter dans certaines hypothèses sur les droits eux-mêmes) s'analyse en un abandon unilatéral (et inconditionnel) de droits ou pénalités[112].

L'administration ne peut donc renoncer à la perception de l'impôt lui-même par voie de transaction.

Cette exclusion ne se déduit toutefois qu'*a contrario* de l'article L. 247 du LPF. La position de l'administration est en ce sens : « en droit fiscal, la transaction ne peut, en aucun cas, conduire à une atténuation de l'impôt principal (...) quelle que soit sa nature »[113]. La pratique administrative n'est pas toujours en ce sens, toutefois[114].

Au demeurant, la conclusion d'une transaction fiscale influe dans une certaine mesure sur l'impôt en principal : lorsqu'une transaction est devenue définitive, aucune procédure contentieuse ne peut plus être engagée ou reprise pour remettre en cause les sanctions fiscales ou les intérêts de retard qui ont fait l'objet de la transaction ou – c'est un point fondamental – les droits en principal eux-mêmes[115]. Cette exclusion s'applique aussi bien au contribuable qu'à l'administration.

1) Relevant de la « juridiction gracieuse » de l'administration fiscale, la conclusion d'une transaction suppose en principe une demande en ce sens du contribuable. Sur la base des règles du LPF, c'est-à-dire depuis le 1er janvier 1982, la procédure de conclusion des transactions a été simplifiée. À la suite de la demande du contribuable (adressée au service territorial de la Direction générale des finances publiques ou, le cas échéant, de la Direction générale des douanes et droits indirects dont dépend le lieu de l'imposition), une proposition de transaction est notifiée au contribuable par l'administration[116]. Sauf délégation, elle est arrêtée par le directeur départemental des Finances publiques (ou, le cas échéant, le directeur chargé d'un service à compétence nationale ou d'une direction spécialisée, pour les affaires relatives à des impositions établies à l'initiative des agents placés sous leur autorité) ou lorsque les sommes faisant l'objet de la demande excèdent 200 000 €[117], par le ministre des Finances qui se prononce après avis du comité du contentieux fiscal, douanier et des changes[118]. Devant ce comité, le contribuable, qui peut se faire assister du conseil de son choix, est invité à présenter ses observations écrites ou orales[119]. La proposition adressée au contribuable comporte la mention du montant de l'impôt et celui des sanctions fiscales et intérêts de retard maintenus à sa charge. Le contribuable dispose

(110) Depuis la loi de finances pour 2004, 30 déc. 2003, art. 35.
(111) LPF, art. L. 247, 3°.
(112) Sur le formalisme (un peu extrême) du juge de l'excès de pouvoir relativement à la distinction entre demande de transaction et demande de remise, V. les obs. sur CAA Bordeaux, 2 févr. 2006, n° 02-1047, *Rémy-Malterre : Dr. fisc.* 2006, n° 21-22, comm. 421.
(113) BOI-CTX-GCX-10, n° 20.
(114) V. pour un arrêt récent révélant la réalité de la pratique administrative, CE, 10 févr. 2014, n° 361.424, *Deloison : Dr. fisc.* 2014, n° 15, comm. 270, concl. V. Daumas ; *Procédures* 2014, n° 5, comm. 163, obs. O. Négrin.
(115) LPF, art. L. 251.
(116) LPF, art. R. 247-1 et s.
(117) Ou 150 000 € avant le décret du 30 mai 2013 relatif, notamment, aux règles de compétence applicables au traitement des demandes à titre gracieux présentées par les contribuables.
(118) CGI, ann. II, art. 396 ter A et s.
(119) LPF, art. R. 247-12.

de trente jours pour présenter son acceptation ou son refus[120]. Il peut également formuler des observations (qui peuvent, si elles emportent la conviction de l'administration, entraîner une modification des conditions de transaction initialement proposées). Si le contribuable refuse la transaction qui lui a été proposée par l'Administration et porte ultérieurement le litige devant le tribunal compétent, celui-ci doit fixer le taux des majorations ou pénalités en même temps que la base de l'impôt[121]. Si la proposition est acceptée par le contribuable, la transaction, signée par les parties, est conclue. Elle est notifiée au comptable chargé du recouvrement et aux agents ayant pris part à son instruction.

2) Une transaction conclue n'est pas pour autant définitive. La loi fiscale prévoit en effet qu'une telle transaction ne devient définitive qu'après accomplissement des obligations qu'elle prévoit, c'est-à-dire après paiement intégral par le contribuable des droits et pénalités maintenus à sa charge à la suite de cet acte[122]. En l'absence d'exécution par le contribuable de ses obligations telles que définies par cet acte, la transaction n'acquiert pas son caractère définitif.

3) Le contribuable qui obtient des dégrèvements dans le cadre d'une transaction conclue avec l'administration ne peut prétendre au versement d'intérêts moratoires. Dans cette hypothèse, les dégrèvements ne peuvent en effet être regardés comme procédant d'une réclamation contentieuse[123].

4) Sur l'incidence de l'intervention d'une transaction fiscale sur le montant du patrimoine imposable à l'ISF, V. *infra*, n° 1796.

915. – Concessions réciproques. 1) La conclusion d'une transaction fiscale repose sur des concessions réciproques : l'administration consent au redevable une atténuation des sanctions et intérêts de retard prononcés ou simplement encourus et renonce à porter l'affaire devant les tribunaux (et, tout spécialement, les tribunaux correctionnels).

La loi relative à la lutte contre la fraude fiscale et la grande délinquance économique et financière[124] a souhaité encadrer davantage la politique transactionnelle de l'administration fiscale et, il faut bien en convenir, moraliser les pratiques administratives en la matière. Il est vrai que le mécanisme même de la transaction fiscale ne laisse pas d'interroger au regard des exigences fondamentales de l'égalité devant la répression fiscale.

Les mesures adoptées semblent plus symboliques que véritablement contraignantes, tant la teneur exacte des obligations nouvelles pesant sur l'administration est difficile à déterminer. Les mesures nouvelles sont de trois ordres :

a) D'abord, l'administration n'est plus en droit de transiger lorsque, alternativement :

– elle « envisage de mettre en mouvement l'action publique » pour le délit de fraude fiscale ou une autre infraction pénale mentionnée au CGI[125]. Rejetant (dans un esprit ici très constructif) le grief tiré de l'inintelligibilité de cette condition, le Conseil constitutionnel a considéré que le législateur avait entendu interdire à l'administration de transiger « postérieurement, selon le cas, à la saisine de la juridiction répressive par l'administration ou à la saisine de la Commission des infractions fiscales »[126] ;

– le contribuable met en œuvre des manœuvres dilatoires visant à nuire au bon déroulement du contrôle[127].

b) Par ailleurs, l'administration doit faire en sorte de déterminer le montant de l'atténuation transactionnelle des pénalités en garantissant le respect de la hiérarchie des sanctions fiscales prévues par le CGI[128]. Les travaux préparatoires de la loi précitée ne contiennent aucune indication utile sur le contenu exact de cette obligation (qui apparaît particulièrement floue).

(120) LPF, art. R. 247-3.
(121) LPF, art L. 251, al. 2°.
(122) LPF, art. L. 251.
(123) CE, 14 déc. 2007, n° 297.217, *Sté Legrand : RJF* 3/2008, n° 366.
(124) L. 6 déc. 2013, art. 15, 1° et 2°.
(125) LPF, art. L. 247, al. 10.
(126) Cons. const., 4 déc. 2013, n° 2013-679 DC, *Loi relative à la lutte contre la fraude fiscale et la grande délinquance économique et financière*, § 28.
(127) LPF, art. L. 247, al. 11.
(128) LPF, art. L. 247-0 A.

c) Enfin, le ministre chargé du budget doit publier chaque année un rapport sur l'application de la politique de remises et de transactions à titre gracieux par l'administration fiscale[129]. Ce rapport peut faire l'objet d'un débat devant les commissions des finances de chacune des deux assemblées parlementaires[130].

d) Un contribuable ne peut utilement se prévaloir de la similarité de sa situation avec celle d'un autre contribuable pour demander le bénéfice d'une mesure gracieuse reprenant les termes et conditions d'une transaction conclue entre l'administration et ce tiers, sans qu'il y ait lieu de distinguer, semble-t-il, selon que cette transaction est légale ou illégale[131].

2) En contrepartie, le contribuable bénéficiaire de la transaction s'engage à verser au Trésor (en sus de l'impôt dû) une somme fixée par le service, inférieure aux pénalités encourues et intérêts exigibles (ou déjà mis à sa charge) et renonce à toute procédure contentieuse – née ou à naître – visant ces majorations ou les droits qu'elles concernent.

a) Lorsqu'une transaction est devenue définitive, aucune procédure contentieuse ne peut plus être engagée ou reprise pour remettre en cause les pénalités qui ont fait l'objet de la transaction ou les droits en principal eux-mêmes[132]. L'administration ne peut, dans ce cas, mettre en recouvrement des sommes supérieures à celles arrêtées dans la transaction[133], alors que le contribuable n'est plus recevable à engager une instance fiscale pour contester la légalité des droits en principal et des pénalités dont ils sont assortis[134].

b) La conclusion en cours d'instance d'une transaction doit conduire le juge fiscal à prononcer un non-lieu à statuer à l'égard des impositions en litige. Il en allait de même, dans le passé, devant le juge répressif où l'intervention d'une transaction en cours d'instance interdisait toute condamnation du contribuable poursuivi pour fraude fiscale. Toutefois, la conclusion d'une transaction après mise en mouvement de l'action publique supposait l'acceptation de principe de l'autorité judiciaire[135]. Désormais, la conclusion d'une transaction fiscale au cours de l'instance pénale n'est plus juridiquement possible (V. *supra*, pt 2-*a*).

c) La Cour de cassation a jugé que l'administration fiscale peut valablement, en l'absence de démenti utile du contribuable, s'appuyer sur les termes d'une transaction définitive signée avec celui-ci pour établir des impositions autres que celles visées dans la transaction[136]. Cette solution, qui se rattache au principe d'interprétation stricte des transactions, peut être rapprochée d'un arrêt du Conseil d'État qui avait précédemment retenu qu'une transaction, dont les énonciations précises et concordantes faisaient expressément et seulement référence à l'IS et aux majorations et intérêts de retard applicables à cet impôt, ne pouvait interdire l'infliction au contribuable d'une sanction « autonome »[137].

(129) L. préc., art. 15, 3°.
(130) LPF, art. L. 251 A.
(131) CE, 10 févr. 2014, n° 361.424, *Deloison*, préc., statuant sur le recours pour excès de pouvoir formé par le contribuable contre la décision par laquelle l'administration avait refusé de transiger avec lui. Dans l'arrêt *Deloison*, la transaction conclue avec le tiers était illégale, cette illégalité résultant du fait qu'elle portait, en partie au moins sur des droits en principal (V. *supra*, n° 914). Levant la forte ambiguïté résultant des motifs de l'arrêt (qui ne permettent pas, en eux-mêmes, de conclure en ce sens), le résumé publié aux tables du recueil Lebon semble bien indiquer que la solution est indépendante de l'éventuelle illégalité de la transaction invoquée : il résulte des dispositions de l'article L. 247, 3° du Livre des procédures fiscales que « l'administration ne saurait être tenue de faire droit à la demande du contribuable tendant à bénéficier d'une transaction reprenant les termes et conditions de celle qui aurait précédemment été proposée à un autre contribuable et que l'auteur d'une telle demande ne peut utilement faire valoir qu'il est placé dans une situation fiscale semblable à celle de ce contribuable ».
(132) LPF, art. L. 251.
(133) CE, sect., 28 sept. 1983, n° 11.513, *Sté Éts Prévost : Rec. CE* 1983, p. 376, concl. Ph. Bissara ; *Dr. fisc.* 1984, n° 41, comm. 1752.
(134) CE, 4 mai 1988, n° 59.198, *Kondolff : Dr. fisc.* 1988, n° 40, comm. 1835. Dans cette même décision, le Conseil d'État juge également que l'administration ne pouvait valablement mettre en recouvrement une imposition dont le montant excéderait celui fixé par la transaction, alors même qu'elle aurait entendu tenir compte du fait que l'imposition primitive n'aurait pas été recouvrée.
(135) LPF, art. L. 248 et L. 249.
(136) Cass. com., 18 janv. 2011, n° 10-11.962, *Duburcq : Procédures* 2011, n° 4, comm. 159, obs. ON.
(137) CE, 24 mars 2006, n° 257.533, *Min. c/Sté Le Cœur Samba : Dr. fisc.* 2006, n° 39, comm. 625, concl. L. Vallée.

916. – Caractère contractuel. Particulièrement grave, cet effet extinctif du droit au recours conduit à reconnaître un caractère authentiquement contractuel de la transaction. C'est en tout cas la solution qui ressort des jurisprudences administrative et judiciaire.

On peut, pour soutenir le caractère contractuel, s'appuyer sur plusieurs arrêts du Conseil d'État. Dans le premier, la Haute juridiction a considéré que « dès lors que le projet de transaction qui a été notifié au contribuable et a été signé par celui-ci est ensuite approuvé par l'autorité compétente, la transaction ainsi conclue valablement devient définitive »[138].

Il en résulte que, même en présence d'une erreur constatée ultérieurement par l'administration sur le chiffre de la transaction, l'administration ne peut réclamer à nouveau au contribuable le paiement de tout ou partie des sommes sur lesquelles a porté la transaction[139]. Une solution similaire avait été antérieurement retenue dans l'hypothèse symétrique. La circonstance que le contribuable aurait, au moment de la transaction, commis une erreur dans l'estimation des droits dus ne rend pas recevable son action en restitution[140].

Dans un second arrêt, le Conseil d'État a considéré que la conclusion d'une transaction fiscale supposait l'existence d'un agrément des deux parties, donné dans des termes identiques, quant à leurs engagements respectifs[141].

Le Conseil d'État en conclut qu'on ne saurait être en présence d'une transaction lorsque l'acte signé par l'administration ne reprend pas les termes mêmes figurant sur le document signé par le contribuable et ne se prononce pas sur la réserve qu'il y a formulée[142]. V. également, regardant une proposition de transaction formulée par l'administration comme une « offre de transaction » et non comme une décision de rejet d'une demande de remise gracieuse, nonobstant la circonstance que le contribuable « se serait trouvé dans l'impossibilité matérielle ou juridique d'accepter les conditions [proposées] par l'administration »[143].

La jurisprudence de la Cour de cassation reconnaît également un caractère contractuel à la transaction[144].

On doit toutefois relever la portée limitée de l'exception résultant de l'existence du mécanisme de la transaction au principe selon lequel l'impôt ne peut être la matière d'un contrat entre le contribuable et le fisc. Une transaction fiscale approuvée par l'autorité compétente ne devient définitive qu'après l'accomplissement des obligations qu'elle prévoit[145]. Ce contrat n'existe donc définitivement sur le plan juridique qu'un instant de raison. Il est définitivement formé lorsque le contribuable et l'administration ont exécuté les obligations réciproquement consenties et ont, par ce fait même, éteint ces mêmes obligations.

La Cour de cassation retient à cet égard « qu'il résulte des termes mêmes de la loi fiscale qu'une transaction inexécutée n'est pas définitive »[146]. Il en résulte, en particulier, que « dans cette hypothèse le contrevenant peut être poursuivi correctionnellement ainsi qu'il est d'ailleurs prévu au contrat, dès lors que celui-ci est résolu de plein droit »[147].

(138) CE, sect., 28 sept. 1983, n° 11.513, *Sté Entr. Prévost : Rec. CE* 1983, p. 376, concl. Ph. Bissara.
(139) Même arrêt.
(140) CE, 27 juin 1951, n° 10.090, *Min. c/Sté immobilière rurale et urbaine : Rec. CE* 1951, tables p. 704.
(141) CE, 12 déc. 1990, n°s 112.316 et s., *Dumas : Dr. fisc.* 1991, n° 27, comm. 1388, concl. O. Fouquet.
(142) Même arrêt.
(143) CE, 4 mars 2009, n° 295.288, *Sté réseaux publics et Services : Dr. fisc.* 2009, n° 27, comm. 400, concl. L. Olléon.
(144) Cass. crim., 18 avr. 1983, n°s 81-92.517 et s. : *Bull. crim.* 1983, n° 106.
(145) LPF, art. L. 251.
(146) Cass. crim., 18 avr. 1983, n°s 81-92.517 et a. : *Bull. crim.* 1983, n° 106.
(147) Même arrêt.

b) Les accords préalables concernant les méthodes de détermination des prix de transfert

917. – Accords préalables en matière de prix de transfert. 1) La loi fiscale prévoit que des accords peuvent être conclus par l'administration fiscale en vue de définir les méthodes à retenir lors de la détermination des prix de transfert[148].

Ces accords tendent à garantir que les méthodes utilisées lors de la détermination des prix pratiqués dans les relations transfrontalières intragroupes sont bien conformes au principe dit de « pleine concurrence » (c'est-à-dire que les prix en cause sont déterminés dans les mêmes conditions qu'entre entreprises indépendantes pour des transactions identiques) et n'entrent pas, en conséquence, dans les prévisions du dispositif relatif aux transferts indirects de bénéfices entre entreprises liées[149].

2) Ces accords peuvent revêtir deux formes différentes.

a) Conclus à titre principal avec une autorité fiscale étrangère et souvent désignés par le sigle « APP », les accords relevant de la première catégorie sont dits « bilatéraux ».

Certains accords, dits multilatéraux, peuvent être conclus à titre principal par l'Administration française et des autorités fiscales de plusieurs États étrangers.

Des procédures d'APP existent dans nombreux d'États développés membres de l'OCDE (États-Unis, Royaume-Uni, Pays-Bas, Japon, Suisse, Allemagne, Espagne, Canada, Danemark) ou même non-membres de cet organisme (Argentine, Brésil, Russie, notamment).

b) Les seconds, directement conclus avec un contribuable, sont dits « unilatéraux ».

Au cours de la période 2000-2012, 212 demandes d'accord (dont 55 demandes de renouvellement) ont été traitées par l'administration. Ces demandes ont concerné à 75 % la conclusion d'un accord bilatéral (ou éventuellement multilatéral). Sur ces 212 demandes :

– 32 ont été radiées ;

– 55 sont toujours en cours d'instruction ;

– 125 ont donné lieu à la signature d'un accord (soit une dizaine par an en moyenne sur 2000-2012), généralement pour une durée de cinq ans. Les APP signés sont plus nombreux au cours de la période récente : vingt et un en 2008[150], vingt-trois en 2009, dix-neuf en 2010 et en 2011, quatorze en 2012, huit en 2013 et vingt-deux en 2014.

L'annexe générale à la loi de finances portant sur les résultats du contrôle de l'évasion fiscale internationale dont la publication a été prévue par la loi de finances pour 2011[151] doit comporter notamment le « nombre d'accords préalables en matière de prix de transfert » (ainsi, d'ailleurs, que le nombre de contrôles pour manipulation de prix de transfert). La publicité dont fait l'objet ce « jaune budgétaire » est toutefois très limitée.

3) Exclusivement encadrée par la doctrine administrative, la procédure de conclusion de ces différents accords est complexe.

Une procédure simplifiée de conclusion des accords préalables (bilatéraux ou unilatéraux) a été définie à l'égard des entreprises répondant à la définition européenne des PME (V. *infra*, n° 1595, 3). Cette procédure simplifiée consiste tout à la fois à :

– alléger la documentation exigée pour le dépôt et l'instruction de la demande d'accord ;

– aider l'entreprise dans l'analyse fonctionnelle et le choix de la méthode de prix à retenir ;

– réaliser, à titre expérimental et à la demande de l'entreprise, l'analyse de comparabilité externe dans les bases de données usuelles ;

– réduire le contenu du rapport annuel de conformité exigé pour le suivi de l'accord[152].

(148) LPF, art. L. 80 B, 7°.
(149) CGI, art. 57 et LPF, art. L. 13 B. *Adde* modèle OCDE de convention fiscale concernant le revenu et la fortune, art. 9.
(150) Ou vingt-neuf, selon les sources.
(151) L. 29 déc. 2010, art. 136.
(152) Instr. 28 nov. 2006 : *BOI* 4 A-13-06, anc., reprise au BOI-SJ-RES-20-30.

Par ailleurs, pour aider les PME à définir une politique de prix et s'assurer que les valorisations retenues sont conformes au prix « de pleine concurrence », l'administration met à leur disposition (sur le site impot. gouv. fr) un guide pratique intitulé « Les prix de transfert »[153]. Selon la doctrine administrative, ce guide « recense de façon pédagogique et le plus clairement possible, les éléments indispensables qui doivent être pris en compte pour l'établissement et la justification d'une politique de prix, et propose à cet effet une démarche simple et illustrée par de nombreux exemples pratiques »[154].

918. – **Accords bilatéraux.** Une instruction administrative du 7 septembre 1999 a institué une procédure d'accords bilatéraux (ou plus rarement multilatéraux) en matière de prix de transfert[155].

1) Directement inspiré des travaux de l'OCDE, ce dispositif consiste en une application institutionnalisée de la procédure amiable généralement prévue par les conventions fiscales bilatérales.

Le modèle OCDE de convention fiscale concernant le revenu et la fortune (art. 25) définit en ces termes la procédure amiable : « lorsqu'une personne estime que les mesures prises par un État contractant ou par les deux États contractants entraînent ou entraîneront pour elle une imposition non conforme aux dispositions de la présente Convention, elle peut, indépendamment des recours prévus par le droit interne de ces États, soumettre son cas à l'autorité compétente de l'État contractant dont elle est un résident (...) » (art. 25, § 1) ; « l'autorité compétente s'efforce, si la réclamation lui paraît fondée et si elle n'est pas elle-même en mesure d'y apporter une solution satisfaisante, de résoudre le cas par voie d'accord amiable avec l'autorité compétente de l'autre État contractant, en vue d'éviter une imposition non conforme à la Convention » (art. 25, § 2).

Il résulte de ce fondement, comme des termes du dispositif légal lui-même (V. *infra*, pt 3), que les accords bilatéraux en matière de prix de transfert ne peuvent être conclus qu'entre États fiscalement « conventionnés » avec la France.

2) Telle qu'elle a été conçue par l'administration fiscale, la procédure des accords bilatéraux permet à un contribuable de demander à l'administration fiscale française de conclure avec une autorité fiscale étrangère un accord bilatéral sur les méthodes de valorisation des prix de transfert devant être appliquées dans les transactions futures par l'entreprise.

Les contribuables visés par ce dispositif sont les entreprises multinationales (françaises ou étrangères) exposées à des risques de double imposition.

3) Confortant par la voie législative le dispositif doctrinal concernant ces accords bilatéraux, la loi de finances rectificative pour 2004[156] leur a expressément conféré une portée juridique (sans préciser pour autant leur régime). Plus précisément, cette loi a prévu que ces accords constituaient des prises de position formelles de l'administration (française) qui lui sont opposables par les contribuables (de bonne foi) qui sont à l'origine de leur conclusion[157].

La loi ne précise aucunement la procédure de conclusion des accords bilatéraux.

La procédure est ouverte par une demande du contribuable adressée à l'administration centrale. Cette demande comporte une série de documents et la justification de la méthode retenue par le contribuable pour la détermination de ses prix de transfert. Le détail des informations (très nombreuses) devant être présentées à l'appui de la demande est précisé par la doctrine administrative[158].

(153) Les termes de ce guide ne sont pas, probablement, opposables à l'administration, V. *infra*, n° 993, 4.
(154) BOI-SJ-RES-20-30, n° 20.
(155) Instr. 7 sept. 1999 : *BOI* 4 A-8-99, anc., reprise au BOI-SJ-RES-20-10.
(156) L. 30 déc. 2004, art. 20.
(157) LPF, art. L. 80 B, 7°.
(158) BOI-SJ-RES-20-10, n°s 260 et s.

4) La nature de ces accords bilatéraux est incertaine, que l'on se place du point de vue des rapports entre États ou des relations entre le contribuable et le fisc.

Exclusivement défini par la doctrine administrative, leur mode de conclusion interdit d'y voir d'authentiques conventions internationales ; il s'agit, plus modestement, d'actes conventionnels *dérivés* de conventions internationales.

Il en résulte que ces accords (qui échappent aux dispositions de l'article 55 de la Constitution) ne peuvent pas directement prévaloir sur les dispositions législatives internes. C'est tout l'intérêt de la loi de finances rectificative pour 2004 qui leur confère indirectement des effets qu'ils ne sauraient tenir de la Constitution.

Les accords bilatéraux intéressent cependant les rapports entre l'administration et le contribuable. La conclusion de l'accord préalable, qui a lieu à l'initiative du contribuable, « suppose une coopération entre l'entreprise et l'administration » lors de sa phase d'instruction. L'administration doit tenir informée l'entreprise « des progrès réalisés » lors des négociations avec l'autorité fiscale étrangère. Surtout, en cas d'accord entre les autorités fiscales des deux États, le contribuable est invité à s'engager « à respecter les conditions d'application » de l'accord. Sans doute le contribuable n'est-il pas, à strictement parler, partie à cet *accord principal* auquel il demeure tiers. Mais il conclut avec l'administration un *accord secondaire* qui permet l'application du premier et en organise le suivi : « les effets [de l'accord entre les deux administrations fiscales] sont subordonnés à l'adhésion des entreprises concernées »[(159)].

L'accord bilatéral comporte (ou comportait) enfin un fort élément d'intangibilité qui peut (ou pouvait) permettre de conclure à sa nature contractuelle. Sauf exceptions, « l'administration fiscale s'interdi [sait] de revenir sur un accord conclu avec une autre autorité compétente »[(160)].

Les instructions publiées en septembre 2012 dans la base documentaire *BOFiP-Impôts* sont beaucoup plus prudentes. Ne reprenant pas sur ce point la doctrine administrative antérieure, elles retiennent seulement que les entreprises disposent, en application de l'article L. 80 B, 7° du LPF, « d'une sécurité juridique de nature législative qui leur perme [t] d'éviter [en principe] toute remise en cause de la méthode de détermination de leur prix de transfert (...) »[(161)].

On peut penser qu'il en va (ou en allait) de même de l'accord secondaire signé par l'entreprise.

Outre d'éventuelles manœuvres frauduleuses commises par le contribuable ou le non-respect, par celui-ci, des obligations contenues dans l'accord, les exceptions visées par la doctrine administrative se rapportent aux cas où la demande du contribuable serait entachée d'une présentation erronée des faits ou d'omissions lui étant imputables[(162)]. Dans ces cas, l'accord est considéré *ab initio* comme nul et de nul effet par l'administration (l'autre autorité compétente étant informée du non-respect de l'accord). Fin 2008, un seul accord bilatéral (sur une soixantaine d'accords conclus) avait été retiré.

L'accord bilatéral (qui ne peut normalement revêtir de portée rétroactive) produit ses effets pendant une période comprise entre trois et cinq ans. En cas de survenance d'un événement modifiant les paramètres de l'accord, celui-ci peut être révisé d'un commun accord entre les parties ou suspendu. À l'issue de sa période d'application, l'entreprise peut demander le renouvellement de l'accord (qui s'opère selon une procédure allégée, sauf modification substantielle tenant aux conditions

(159) BOI-SJ-RES-20-10, n° 10.
(160) Instr. 7 sept. 1999, anc., préc., ch. III, sect. 4, ss-sect. 1, al. 1er.
(161) BOI-SJ-RES-20-10, n° 200.
(162) BOI-SJ-RES-20-10, n° 200.

d'exercice de son activité). Fin 2008, une dizaine d'accords bilatéraux avaient fait l'objet d'une procédure de renouvellement.

919. – Accords « unilatéraux ». 1) La loi de finances rectificative pour 2004[163] a également prévu la conclusion d'accords portant sur les méthodes de détermination des prix de transfert entre l'administration et les contribuables eux-mêmes. Dans cette seconde hypothèse, aucune négociation n'est engagée, ni aucun accord n'est conclu avec l'autorité fiscale étrangère. Là encore, la loi ne définit pas le régime de conclusion de ces accords (qualifiés d'unilatéraux) qui reste essentiellement doctrinal[164].

Cette consécration des accords unilatéraux avait été proposée en septembre 2004 par le rapport Gibert intitulé « Améliorer la sécurité du droit fiscal ».

L'administration a précisé que la procédure d'accord unilatéral présente un *caractère subsidiaire* par rapport à celle de l'accord bilatéral. Selon la doctrine administrative[165], la procédure de l'accord unilatéral peut toutefois être engagée dans les cas suivants :

– aucune procédure d'accord préalable de prix n'existe dans l'autre État concerné. À cet égard, la procédure peut être engagée à raison des transactions avec des entreprises situées dans un État ou territoire « non conventionné » avec la France, à condition toutefois qu'il ne s'agisse pas d'un État ou territoire connaissant un régime fiscal privilégié (V. *infra*, n° 1374, 2) ;

– les transactions concernent un grand nombre d'États ;

– les transactions portent sur des sujets particuliers ou pouvant être à la source récurrente de divergence d'appréciation ;

– l'entreprise est une PME (V. également *supra*, n° 917, 3).

La portée de cette seconde procédure est moindre que celle des accords bilatéraux, en ce qu'elle ne garantit pas, contrairement à cette dernière, l'absence de remise en cause des méthodes de valorisation par l'administration fiscale étrangère.

Le dispositif législatif prévoit seulement qu'il ne peut être procédé, à ce titre, à aucun rehaussement d'impositions antérieures lorsque l'administration aura « conclu un accord préalable portant sur la méthode de détermination des prix [de transfert] avec le contribuable »[166]. En d'autres termes, l'accord avec le contribuable constitue une prise de position formelle de l'administration fiscale qui lui est, sous certaines conditions, opposable.

La procédure de formation des accords unilatéraux s'ouvre par une demande du contribuable qui comporte les mêmes éléments que pour les accords bilatéraux.

2) Les auteurs considèrent volontiers que ces accords unilatéraux constituent un mécanisme authentiquement contractuel. Cette opinion n'apparaît pas radicalement infondée, même si la teneur de la doctrine administrative ne lève pas, sur ce point, toute ambiguïté. En effet, l'intangibilité des accords unilatéraux, alors retenue par la doctrine (V. *supra*, n° 918, 4), n'était pas expressément affirmée par l'instruction du 24 juin 2005 qui n'en définissait le régime que par renvoi à l'instruction du 7 septembre 1999 relative aux accords bilatéraux. L'instruction de 2005 s'achevait même par une formule incontestablement sibylline : « bien entendu, les développements afférents à l'aspect bilatéral de [l'] instruction [*sic*] [de 1999] ne sont pas à

(163) L. 30 déc. 2004, art. 20.
(164) Instr. 24 juin 2005 : *BOI* 4 A-11-05, anc., reprise au BOI-SJ-RES-20-20.
(165) BOI-SJ-RES-20-20, n° 20.
(166) LPF, art. L. 80 B, 7°.

prendre en considération »[167]. Or, on peut naturellement se demander si l'intangibilité de l'accord bilatéral ne découlait pas, justement, de cet « aspect bilatéral ». La doctrine scientifique n'a pas vu dans cette réserve un obstacle : elle considère, assez majoritairement, que les accords unilatéraux présentent un caractère contractuel, ce qui ne relève pas, à la vérité, de l'évidence.

Il semble que l'administration procède au « retrait » des accords unilatéraux dans les mêmes cas que pour les accords bilatéraux (V. *supra*, n° 918, 4). Fin 2008, trois accords unilatéraux (sur une dizaine d'accords conclus) avaient été retirés (aucune donnée plus récente n'a été rendue publique sur ce point).

Dans un rapport public portant sur « Le contrat, mode d'action publique et de production de normes »[168], la section du Rapport et des Études du Conseil d'État semble douter de la nature authentiquement contractuelle des accords préalables concernant les méthodes de détermination des prix de transfert : désireux « d'ouvrir de nouveaux horizons au contrat », il suggère de « transformer les "agréments fiscaux" [*sic*] sur les prix de transfert en véritables contrats » (p. 224).

c) Le rescrit « valeur »

920. – Rescrit doctrinal légalisé. Résultant initialement de la seule doctrine administrative, le rescrit « valeur » permet à un dirigeant projetant de donner son entreprise d'obtenir de l'administration un accord exprès sur la valeur à retenir pour l'assiette des droits d'enregistrement frappant la donation.

Le mécanisme du rescrit « valeur » est issu d'une instruction fiscale de 1998[169] dont le dispositif, aménagé en 2005[170], avait été pérennisé en 2006[171]. L'instruction de 2005 avait modifié sur deux points le dispositif doctrinal antérieur : elle avait ramené de neuf à six mois la durée maximale du délai de réponse du fisc tout en prévoyant, par ailleurs, que l'administration devait, en toute hypothèse, répondre de manière expresse à la demande du contribuable.

Ce dispositif participe, selon ses auteurs, des différentes mesures destinées à faciliter la transmission anticipée par les chefs d'entreprise de leur « outil de travail », en leur donnant des assurances, préalablement à l'opération, sur la valeur vénale de l'entreprise qui sera retenue pour le calcul de l'impôt. Naturellement, cette procédure ne trouve pas à s'appliquer lorsque les modalités de détermination de la valeur vénale des biens donnés sont fixées directement par la loi (comme, par exemple, lorsque la donation porte sur des titres admis aux négociations sur un marché réglementé).

1) Conformément aux suggestions du rapport de la Commission Fouquet sur *L'amélioration de la sécurité juridique des relations entre les contribuables et le fisc*[172], la deuxième loi de finances rectificative pour 2008[173] a légalisé ce dispositif doctrinal en apportant, au fond, une seule modification (d'ailleurs secondaire) au mécanisme antérieur[174].

a) Le dispositif légal ne s'écarte formellement du dispositif doctrinal antérieur que sur un point. La doctrine administrative avait explicitement réservé l'application du rescrit « valeur » aux éléments qualifiés de biens professionnels au sens de l'ISF[175]. Cette condition ne figure pas expressément dans la loi, qui précise seulement que le contribuable doit exercer des « fonctions de direction » dans

(167) Instr. 24 juin 2005, anc., préc., ch. II, sect. 4, al. 2.
(168) *EDCE* 2008, n° 59.
(169) Instr. 8 janv. 1998 : *BOI* 13 L-2-98, anc.
(170) Instr. 20 oct. 2005 : *BOI* 13 L-4-05, anc.
(171) Instr. 11 sept. 2006 : *BOI* 13 L-5-06, anc.
(172) V. *Dr. fisc.* 2008, n° 27, p. 7 et s.
(173) L. 30 déc. 2008, art. 46.
(174) LPF, art. L. 18.
(175) Instr. 8 janv. 1998 : *BOI* 13 L-2-98, n° 1, anc.

l'entreprise qui fait l'objet de la donation. Or, s'agissant de titres de sociétés, cette condition ne suffit pas toujours, à elle seule, à entraîner la qualification de biens professionnels au sens de l'ISF (V. *infra*, n°s 1762 et s.). Cela étant, en pratique, les biens cédés auront le plus souvent la nature de biens professionnels exonérés d'ISF.

b) Cet aménagement lève une difficulté. La circonstance que l'administration ait accepté de prendre en considération une demande de rescrit « valeur » ne saurait avoir légalement aucune incidence sur la situation du contribuable au regard de l'ISF. Avant la deuxième loi de finances rectificative pour 2008, la doctrine administrative retenait la même solution pour l'application du rescrit « valeur » doctrinal[(176)].

c) On souligne volontiers le succès que rencontrerait cette procédure (le rescrit « valeur » étant même présenté parfois comme un modèle des procédures de rescrit). Les données statistiques disponibles conduisent à nuancer cette opinion. Au cours de la période récente, entre dix et vingt demandes de rescrit « valeur » sont traitées annuellement par l'administration fiscale (six en 2014, deux en 2013, quatre en 2012, contre huit en 2011, quinze en 2010 [pour la seule administration centrale], dix-neuf en 2009 et dix en 2008). À cet égard, le nombre précis d'accords conclus n'est pas rendu public (on peut en effet imaginer que toutes les demandes « traitées » ne donnent pas lieu à la conclusion d'un accord).

d) L'administration a publié en 2010 un nouveau commentaire général de la procédure de rescrit « valeur »[(177)].

2) Le champ d'application de la procédure est précisément déterminé. Celle-ci est ouverte à tout contribuable qui, exerçant des fonctions de direction dans une entreprise, envisage de la transmettre, en tout ou partie, à titre gratuit[(178)]. Peu importe que l'entreprise objet de la donation ait une forme individuelle (et que la donation porte alors sur tout ou partie des biens affectés à cette entreprise) ou sociétaire (et que la donation porte alors sur tout ou partie des titres de la société considérée).

La nature des fonctions de direction visées par le dispositif n'est pas précisée par les textes. Il convient, selon l'administration[(179)], de faire sur ce point application des solutions retenues en matière d'ISF (V. *infra*, n° 1771).

Par ailleurs, la procédure semble applicable *mutatis mutandis* lorsque la donation envisagée porte sur la nue propriété de l'entreprise.

Par exception, la procédure n'est pas applicable lorsque la donation envisagée porte sur des parts ou actions des sociétés ayant pour activité principale la gestion de leur propre patrimoine mobilier ou immobilier[(180)].

Cette exclusion vise essentiellement les titres de sociétés de portefeuille ou ceux de sociétés de gestion immobilière. Selon l'administration, la procédure est toutefois applicable lorsque la donation porte sur les titres d'une société holding « animatrice »[(181)].

3) Pour obtenir un rescrit, le dirigeant doit consulter l'administration centrale, en portant à sa connaissance, dans un document normalisé annexé à la demande de rescrit, la valeur à laquelle il estime son entreprise et qu'il propose de retenir[(182)]. Il doit, dans sa demande, fournir tout élément utile pour apprécier cette valeur vénale dans le cadre de l'opération envisagée[(183)].

(176) Instr. 8 janv. 1998 : *BOI* 13 L-2-98, n° 6, anc.
(177) Instr. 9 sept. 2010 : *BOI* 13 L-11-10, n°s 346 à 363, reprise au BOI-SJ-RES-10-20-20-90.
(178) LPF, art. L. 18, I.
(179) BOI-SJ-RES-10-20-20-90, n° 20.
(180) LPF, art. L. 18, I, et CGI, art. 885 O quater.
(181) BOI-SJ-RES-10-20-20-90, n° 30.
(182) LPF, art. L. 18, I, 1°.
(183) LPF, art. L. 18, I, 2°.

Un décret en Conseil d'État du 18 décembre 2009[184] a précisé la nature des documents et informations devant être fournis par le contribuable. Ce texte confirme les solutions doctrinales antérieures qui prévoyaient déjà que la demande doit :

– comporter le projet d'acte de donation ;

– comporter un ensemble d'indications, conformément à un cahier des charges toujours défini par la doctrine administrative[185].

Le caractère centralisé de la procédure de rescrit « valeur » résulte des seules dispositions réglementaires[186]. Les demandes doivent, plus précisément, être adressées (avec demande d'avis de réception) au Bureau des agréments et rescrits du Service juridique de la fiscalité de la DGFiP[187] ou y être déposées. Cette centralisation de la procédure a pour mérite de simplifier les démarches concernant des opérations portant sur plusieurs entreprises (ou sur les titres de plusieurs sociétés) situées dans des ressorts territoriaux différents (cas dans lesquels le demandeur devait adresser à chaque directeur départemental le dossier relevant de sa compétence assorti d'une note lui précisant l'existence de ses demandes conjointes).

4) Confirmant la doctrine administrative antérieure, la loi précise que l'administration dispose d'un délai de six mois pour se prononcer sur la demande, à la supposer recevable[188].

Ce délai ouvert à l'administration pour se prononcer ne semble assorti d'aucune sanction directe. La loi exclut formellement, en particulier, toute possibilité d'apparition d'un accord tacite à l'expiration de ce délai. En définitive, le seul effet de ce rejet tacite est qu'il permet l'engagement, par le contribuable, d'une procédure de second examen[189] de sa demande restée infructueuse (V. *infra*, n° 1032).

L'intervention de la loi du 12 novembre 2013 habilitant le Gouvernement à simplifier les relations entre l'administration et les citoyens (art. 1er, I-2°), qui a posé le principe[190] que le silence gardé pendant deux mois par l'autorité administrative sur une demande vaut, désormais, décision d'acceptation, n'est pas de nature à remettre en cause le caractère propre de la procédure de rescrit « valeur » (V. *infra*, n° 1027, 3, à propos du rescrit général).

L'instruction de la demande du contribuable doit être faite « dans les meilleurs délais possibles »[191]. Durant la période d'instruction, le contribuable est tenu de communiquer à l'administration tout élément nouveau susceptible de remettre en cause l'évaluation qu'il a proposée[192]. Cette dernière solution était antérieurement prévue par la doctrine administrative (qui soulignait, à cet égard, que le contribuable supportait une obligation générale de loyauté à l'égard de l'administration).

Comme précédemment, la doctrine administrative prévoit la mise en œuvre d'une procédure contradictoire en cas de divergences d'appréciation entre le contribuable et le fisc : dans cette hypothèse, l'instruction doit obligatoirement comporter une phase orale permettant un échange de vues entre le contribuable et le fisc[193]. Dans cet ordre d'idées, un interlocuteur unique semble devoir être désigné afin de faciliter, sur ce point, le dialogue avec le chef d'entreprise et, le cas échéant, ses conseils[194].

5) En cas d'accord exprès du service, la base ainsi arrêtée ne pourra plus être remise en cause pour l'assiette des droits si la donation projetée sur la base acceptée par l'administration est réalisée dans les trois mois de la date d'obtention du rescrit[195].

(184) LPF, art. R. 18-1.
(185) V. BOI-LETTRE-000134.
(186) LPF, art. R. 18-1, I.
(187) BOI-SJ-RES-10-20-20-90, n° 60.
(188) LPF, art. L. 18, II.
(189) LPF, art. L. 80 CB.
(190) V. actuellement CRPA, art. L. 231-1.
(191) BOI-SJ-RES-10-20-20-90, n° 80.
(192) LPF, art. R. 18-1, IV.
(193) BOI-SJ-RES-10-20-20-90, n° 90.
(194) *Ibid.*
(195) LPF, art. L. 18, I, 3°.

De manière générale, le rescrit « valeur » ne produit ses effets que pendant une durée de trois mois. Il est frappé de caducité à l'expiration de ce délai si la donation n'a pas, à cette époque, été réalisée dans les conditions prévues.

Le délai de trois mois est calculé de quantième à quantième à compter de la date de réception de la décision. La solution antérieure, selon laquelle une prolongation (ne pouvant dépasser trois mois) peut toutefois être préalablement demandée par le chef d'entreprise pour faire face à des situations exceptionnelles dûment justifiées, a été maintenue sur la base du nouveau dispositif légal[196].

En cas de décision favorable, l'appréciation n'est naturellement opposable à l'administration que par les parties à l'acte et seulement si celui-ci est signé devant notaire (ou à défaut enregistré) conformément au projet sur lequel le service a statué.

6) Naturellement, le rescrit « valeur » n'est opposable à l'administration que si la donation effectuée est conforme au projet présenté de bonne foi par le chef d'entreprise.

Le chef d'entreprise (qui peut renoncer à tout moment à sa demande de rescrit) ne peut se voir juridiquement opposer la valeur qu'il propose. Dès lors, si dans le cadre du contrôle des impôts où la valeur de l'entreprise est prise en compte, la valeur déclarée par le dirigeant est remise en cause, l'administration est tenue de motiver cette modification selon les règles ordinaires de la procédure de rectification.

Dans l'hypothèse où, par exemple, le chef d'entreprise aurait renoncé à sa demande pour réaliser son projet de donation sur une base inférieure à celle qu'il proposait, l'administration ne pourra procéder à un rehaussement en se bornant à lui opposer la valeur proposée dans la demande de rescrit.

7) Deux éléments pourraient permettre de soutenir que le rescrit « valeur » a sans doute une nature contractuelle.

Depuis 2009, la détermination légale des effets du rescrit « valeur » confère à cette question un caractère essentiellement théorique.

Le premier est lié aux effets légaux de l'obtention d'un rescrit « valeur ». Dès sa formation, l'accord se voit immédiatement conférer une intangibilité, certes brève (trois mois, sauf prorogation), mais certaine. Toujours est-il que l'administration ne peut, dans ce délai, revenir sur l'accord précédemment donné.

Paradoxalement, avant la deuxième loi de finances rectificative pour 2008 (qui ne comporte d'ailleurs aucune disposition transitoire sur ce point), ce rescrit (alors doctrinal) ne comportait en première analyse aucune garantie réelle sur le plan juridique. En effet, la procédure conduisait seulement l'administration à « arrêter », en accord avec le contribuable, une base d'imposition, ce qui ne pouvait être regardé comme une prise de position formelle sur l'appréciation de la situation de fait du contribuable au regard d'un texte fiscal au sens de l'article L. 80 B, 1°, du LPF.

Un second argument en faveur de la nature contractuelle du rescrit « valeur » peut être tiré de la jurisprudence de la Cour de cassation. Dans le passé, la Haute juridiction judiciaire avait admis de reconnaître un contrat authentique dans le mécanisme dit de la « soumission » qui, dans certaines hypothèses, permettait au contribuable et au fisc de s'accorder sur la valeur d'un bien soumis aux droits d'enregistrement[197]. Or, l'objet du rescrit « valeur » est très similaire à celui de la soumission, alors que les deux procédures ne comportent pas de différences telles qu'elles puissent influer sur la qualification des rapports juridiques qui en découlent.

Retenant la nature authentiquement contractuelle de la soumission, la Cour de cassation avait jugé : « l'application des tarifs, la liquidation et l'exigibilité des droits ne peuvent être matière d'un

(196) BOI-SJ-RES-10-20-20-90, n° 140.
(197) CGI, art. 1897 et 1900, anc.

accord, comme ayant leur fondement dans la loi fiscale, du moins la détermination de la valeur des biens servant à l'assiette de l'impôt, opération qui est l'œuvre des parties, peut faire l'objet d'une convention entre les contribuables et [le fisc] »[(198)]. La procédure du rescrit « valeur » sera peut-être l'occasion de la restauration de cette solution jurisprudentielle hautement subtile.

d) La « relation de confiance »

921. – **Contrat procédural.** 1) Le 11 février 2013, dans sa déclaration de clôture du Comité national de lutte contre la fraude, le Premier ministre avait évoqué dans une formule un peu sibylline la « consultation déjà engagée pour établir une nouvelle relation de confiance entre l'administration fiscale et les entreprises ». Cette idée s'est rapidement concrétisée.

Quelques mois plus tôt, le 6 novembre 2012, à l'issue du séminaire gouvernemental sur la compétitivité, M. Jean-Marc Ayrault avait déjà affirmé que, s'il était prêt à offrir aux entreprises davantage de sécurité juridique, il attendait de leur part « l'exemplarité en matière (...) de civisme fiscal ».

2) Peu explicite (et passablement euphémique), l'expression « relation de confiance » dissimule en réalité une révolution culturelle dans les principes mêmes du contrôle fiscal : puisée à la source d'exemples étrangers, cette évolution profonde tend à substituer au contrôle *a posteriori* de la situation des entreprises leur « suivi fiscal longitudinal ».

L'exemple historique de ce type de mécanisme est constitué par l'*horizontal monitoring* néerlandais. À la suite des travaux de l'OCDE sur le concept d'*enhanced relationship* (relation renforcée), des dispositifs voisins ont été institués en Australie, en Irlande et au Royaume-Uni notamment.

Il s'agit, plus précisément, de permettre à l'administration fiscale, en exécution d'un « protocole de coopération » conclu avec une entreprise, de conduire annuellement une revue générale de ses options et obligations fiscales, en amont de l'accomplissement, par celle-ci, de ses obligations déclaratives.

La « relation de confiance » peut donc conduire, sur une base contractuelle, à la validation administrative *a priori* des schémas fiscaux que l'entreprise entend mettre en œuvre.

Porté par le *Service juridique de la fiscalité* de la DGFiP, le dispositif est entré dans sa phase expérimentale le 2 octobre 2013 avec la signature des huit premiers « protocoles de Relation de confiance ».

Le fait que la relation de confiance ne soit pas placée sous la responsabilité du *Service du contrôle fiscal* n'est pas, évidemment, sans importance.

Sur les vingt-sept entreprises candidates à l'expérimentation (qui devrait durer deux ans), onze ont été sélectionnées en vue de constituer un échantillon représentatif d'entreprises « modèles » (le comportement exemplaire de l'entreprise au regard du respect de ses obligations fiscales a évidemment été un élément déterminant de la sélection). La liste des huit premières sociétés signataires (qui a été rendue publique) comprend à la fois des sociétés filiales de groupes importants (*GDF-Suez*, *General Electric* ou *Yves Rocher*) et des PME (comme l'éditeur de logiciel *Sinequa*). Toutes les entreprises sélectionnées sont, semble-t-il, des sociétés passibles de l'IS (dont certaines sont membres d'un groupe fiscalement intégré).

Le protocole de coopération énonçant les engagements réciproques de l'administration et de l'entreprise frappe par une densité juridique qu'on ne peut que

(198) Cass. civ., 14 juin 1946, *Adm. c/Sté Brasserie argentine Quilmès* : *Rev. sc. législ. fin.* 1947, p. 121, chron. M. Chrétien ; D. 1947, jurispr. p. 425, note G. Morange. – V. également : Cass. civ., 6 juin 1950 : *Rev. sc. législ. fin.* 1950, p. 663. – Cass. civ., 30 mai 1953 : *Rev. sc. législ. fin.* 1956, p. 281, chron. M. Chrétien.

saluer tant elle apparaît inhabituelle dans les instruments participant de la promotion du « civisme fiscal ». C'est ce qui permet de conclure au caractère authentiquement contractuel du mécanisme.

La dénomination complète du protocole est « Protocole de coopération en vue d'une revue contradictoire de la situation fiscale de l'entreprise, appelée "Relation de confiance" ».

3) Au fond, la relation de confiance fait peser sur l'entreprise une *obligation de transparence renforcée.*

Celle-ci est, par certains côtés, spectaculaire. L'entreprise s'engage ainsi à communiquer spontanément à l'administration toutes les analyses, consultations, avis ou expertises, internes ou externes, portant sur les difficultés d'application ou de compréhension de la loi fiscale qu'elle aurait rencontrées[199].

4) En contrepartie, l'administration – tenue à une obligation de confidentialité étendue – voit ses prérogatives usuelles de contrôle et de sanctions affaiblies, du moins lorsque l'entreprise aura, le cas échéant, accepté les réserves de l'administration et régularisé sa situation en conséquence.

C'est naturellement sur le terrain de cet affaiblissement que le protocole-type peut susciter dans l'état actuel du droit certaines interrogations : en l'absence de dispositions législatives en ce sens, la renonciation contractuelle de l'administration à ses prérogatives légales ne pourrait-elle pas être regardée comme un simple engagement moral – insusceptible de lui être opposé juridiquement ?

Sur le plan de son contenu, la revue fiscale réalisée en exécution du protocole de relation de confiance s'appuie sur le mécanisme d'opposabilité des appréciations administratives individuelles (V. *infra*, n°s 1014 et s.). La revue se conclut en effet par l'élaboration, par l'administration, d'un avis écrit qui s'apparente à une appréciation individuelle expresse qui aurait pu être prise, par exemple, au titre de la procédure de rescrit général (V. *infra*, n° 1022). Cet avis peut revêtir deux formes opposées :

– il peut s'agir, en premier lieu, d'un avis d'absence d'observation. Dans ce cas, l'entreprise voit les options qu'elle a décrites et documentées au cours de la revue fiscale validées par un avis écrit, opposable à l'administration ;

– il peut s'agir, à l'inverse, d'un avis réservé, qui est alors obligatoirement motivé. Les réserves émises par l'administration peuvent être acceptées par l'entreprise : celle-ci doit alors se conformer aux réserves (ce qui peut la conduire notamment à souscrire des déclarations rectificatives pour les exercices antérieurs à celui concerné par la revue). Mais l'entreprise peut également les discuter en formant, selon les termes du protocole, une demande de second examen (V. *infra*, n° 1032) devant le Service juridique de la fiscalité. En cas de désaccord persistant, l'administration se réserve le droit d'engager une vérification « ciblée » en vue d'opérer les rectifications qu'elle estime adéquates[200].

Il est naturellement trop tôt pour porter une appréciation sur les chances de succès de ce dispositif qui, véritablement innovant, n'a pas suscité à ce jour un enthousiasme immodéré de la part des entreprises (et des organisations patronales).

La « relation de confiance » n'est pas, il est vrai exempte de toute ambiguïté.

L'administration fiscale ne fait pas mystère, en particulier, de ce que ce dispositif constitue pour elle un moyen d'identifier plus tôt l'existence de certaines pratiques « optimisantes » (et donc de les combattre plus efficacement). Ainsi, s'opposant lors de la discussion du projet de loi de finances pour 2014 à un amendement parlementaire instituant une obligation déclarative des « schémas d'optimisation fiscale » (V. *infra*, n° 950, 2), le ministre du Budget a indiqué : « la relation de confiance est le prolégomène *[sic]* du dispositif : elle doit permettre de créer, dans les relations avec l'administration, un climat qui, une fois bien établi, rend possible le renforcement de la contrainte pour équilibrer l'ensemble »[201].

(199) Protocole-type, art. 4, al. 2.
(200) Protocole-type, art. 6.
(201) B. Cazeneuve, Débats AN, 15 nov. 2013, 2e séance.

Dans un tout autre ordre d'idées, sur le terrain de la bonne administration de l'impôt, comment ne pas douter de l'opportunité de consacrer des moyens humains significatifs, dans une période où cette ressource est rare, à « l'accompagnement » de contribuables dont le comportement fiscal est, par construction, probablement exemplaire ?

2° Les exceptions factices

922. – Apparence contractuelle. 1) Dans certaines situations, on a pu s'interroger sur le point de savoir si tel ou tel mécanisme du droit fiscal ne conduisait pas à la formation d'un contrat véritable entre le contribuable et le fisc.

Dans un rapport public portant sur « Le contrat, mode d'action publique et de production de normes »[202], la section du Rapport et des Études du Conseil d'État relève (pour la regretter) la « timide apparition » du contrat en droit fiscal. Outre la transaction fiscale (dont le caractère authentiquement contractuel est attesté), se trouvent cités comme illustrations de ce phénomène les chartes du contribuable, les contrats fiscaux relatifs aux prix de transfert et les rescrits fiscaux. Ces différents « exemples » de phénomènes fiscaux contractuels n'apparaissent pas toujours pleinement convaincants (en particulier dans le cas des chartes ou des rescrits).

2) Ces interrogations sont d'ailleurs alimentées par certains textes législatifs eux-mêmes. À cet égard, on ne peut que déplorer l'attitude des pouvoirs publics qui ne font pas toujours preuve, en la matière, de la rigueur que l'on serait en droit d'attendre de leur part dans l'emploi de la terminologie juridique.

Ainsi, l'article 1649 quater B du CGI pose que « toute déclaration d'une entreprise destinée à l'administration peut être faite par voie électronique, dans les conditions fixées par voie contractuelle ». Issue de la loi du 11 février 1994 relative à l'initiative et à l'entreprise individuelle (art. 4), cette disposition précise que « ce contrat précise notamment, pour chaque formalité, les règles relatives à l'identification de l'auteur de l'acte, à l'intégrité, à la lisibilité et à la fiabilité de la transmission, à sa date et à son heure, à l'assurance de sa réception ainsi qu'à sa conservation ». La loi de finances rectificative pour 1999[203] a rendu ce dispositif applicable aux déclarations souscrites par les particuliers[204].

Contrairement à ce que ces dispositions donnent à penser, le « contrat » auquel il est fait référence ne laisse strictement aucune place à l'autonomie contractuelle. À supposer que l'on soit en présence d'un acte contractuel véritable, il ne saurait s'agir que d'un contrat d'adhésion, c'est-à-dire d'un contrat dont les termes (et l'intégralité des obligations qui en découlent) sont exclusivement déterminés par une des parties (en l'espèce l'administration). On observera sur ce point que le « contrat » en cause est défini par voie d'arrêté ministériel[205] auquel les contribuables contractants sont invités à souscrire purement et simplement sans pouvoir, en aucune manière, en discuter les termes (ni les obligations qui en découlent).

3) L'analyse précise des différentes situations en cause conduit à écarter la qualification de contrat. Il n'y a là que des exceptions apparentes à l'exclusion du contrat dans les rapports des contribuables et du fisc.

923. – Forfaits « contractuels ». Jusqu'en 1998, les bénéfices professionnels de certaines petites entreprises industrielles, commerciales ou artisanales pouvaient être déterminés par le biais de forfaits biennaux dits « contractuels »[206]. Dans le cadre de ce régime, l'administration était conduite à évaluer le bénéfice du contribuable de manière forfaitaire : devant être déterminé en tenant « compte des

(202) *EDCE* 2008, n° 59.
(203) L. 30 déc. 1999, art. 23.
(204) CGI, art. 1649 quater B ter.
(205) V. A. 22 mars 2002, art. 6.
(206) CGI, art. 50 et 302 ter, anc.

réalisés des petites entreprises »[207], ce bénéfice forfaitaire était légalement défini comme celui que « l'entreprise peut produire normalement »[208].

Conclu pour une période biennale, le forfait était arrêté à l'issue d'une procédure contradictoire (et donc, en pratique, d'une phase de négociation).

Sur la base des renseignements fournis par le contribuable, l'administration procédait à l'évaluation du bénéfice que l'entreprise pouvait produire normalement. La proposition de l'administration était notifiée au contribuable qui disposait de trente jours pour faire parvenir son acceptation ou formuler des observations « en indiquant les chiffres qu'il serait disposé à accepter »[209]. En cas de désaccord persistant, le forfait était fixé par la commission départementale des impôts directs et des taxes sur le chiffre d'affaires. Une fois conclus, les forfaits pouvaient faire l'objet d'une « reconduction tacite » pour une durée d'un an renouvelable. Ils pouvaient naturellement être modifiés en cas de changement d'activité ou de législation[210].

En dépit de ces éléments procéduraux, on ne peut, sauf à tomber dans une simplification abusive, voir dans le forfait « contractuel » un contrat véritable. En effet, le contribuable « au forfait » était recevable à former une réclamation contentieuse contre l'imposition établie sur la base forfaitaire, alors même qu'il l'avait préalablement acceptée[211]. Le forfait « contractuel » devait donc s'analyser comme un acte administratif unilatéral négocié. En réalité, cette appellation présentait surtout l'avantage de distinguer ce mécanisme de celui des forfaits « légaux » dans lesquels le montant du forfait découle directement de la loi et, le cas échéant, d'actes généraux pris pour son application.

La loi de finances rectificative pour 1991[212] a introduit un autre régime forfaitaire, dit « micro BIC »[213] dont le champ d'application a été étendu par la loi de finances pour 1999[214]. Parallèlement, le dispositif des forfaits « contractuels » a été supprimé à compter du 1er janvier 1999[215].

Le forfait « contractuel » s'appliquait de la même manière en matière de taxes sur le chiffre d'affaires[216] alors qu'un dispositif voisin s'appliquait aux bénéfices non commerciaux (et assimilés) dans le cadre de la procédure d'évaluation administrative[217].

924. – **Agréments fiscaux (généralités).** L'interventionnisme fiscal emprunte parfois la voie de dispositifs de faveur applicables sur agrément administratif préalable.

1) Sur la distinction entre agrément « de droit » et agrément « discrétionnaire », V. *infra*, n° 935.

2) Coexistent actuellement en droit français, une vingtaine de dispositifs nécessitant l'obtention préalable d'un agrément. Ils se rapportent, pour la majorité d'entre eux, aux opérations de restructuration des entreprises, à l'aménagement du territoire, au développement économique des départements d'outre-mer ou à la protection du patrimoine culturel. En règle générale, les agréments sont délivrés (sauf délégation) par le ministre du Budget (sur la base d'une demande formulée à partir d'un modèle établi par l'administration). Dans certains cas, le ministre se prononce sur avis d'un organe consultatif. Les refus d'agrément peuvent naturellement faire l'objet d'un recours gracieux[218]. Quelle que soit la

(207) CGI, art. 302 ter, 2 bis, anc.
(208) CGI, art. 51 anc.
(209) LPF, art. L. 5, anc.
(210) CGI, art. 320 ter, 6 à 8.
(211) LPF, art. L. 5, anc.
(212) L. 30 déc. 1991, art. 20.
(213) CGI, art. 50-0.
(214) L. 30 déc. 1998, art. 7.
(215) Sur le régime micro-BIC actuellement applicable, V. *infra*, n° 1443.
(216) CGI, art. 265 et 302 ter anc.
(217) CGI, art. 101, anc., et LPF, art. L. 7, anc. Sur le régime micro-BNC actuellement applicable, V. *infra*, n° 1487.
(218) V., pour un cas où l'examen de ce recours suppose l'intervention obligatoire un organe consultatif, CGI, art. 217 undecies, III.

nature (directe ou indirecte) de l'impôt à laquelle elles se rapportent, ces décisions de refus peuvent être déférées au juge de l'excès de pouvoir[219].

3) Un agrément fiscal ne peut être institué que par la loi. Il arrive toutefois que des procédures d'agrément « rampantes » soient instituées par voie doctrinale.

• En matière d'IS, le régime (exclusivement) doctrinal des « quartiers généraux » – c'est-à-dire des entités qui, au sein d'un groupe international, exercent au profit des sociétés du groupe certaines fonctions de direction, de gestion, de coordination ou de contrôle (V. *infra*, n° 1656, 3) – en fournit une première illustration. La doctrine administrative recourt, à quelques reprises, à la notion d'activité *agréée* du quartier général, même si la notion de « garantie [administrative] *a priori* » est le plus souvent préférée par ses auteurs[220].

• Commentant les nouvelles dispositions législatives instituant une procédure d'accord tacite « dédiée » aux organismes d'intérêt général susceptibles de recevoir des dons ouvrant droit, pour les donateurs, à des avantages fiscaux[221], l'administration avait fallacieusement tenté de présenter cette mesure – entièrement facultative pour les organismes en cause – comme une procédure obligatoire d'habilitation préalable. C'est ainsi que le décret[222] déterminant les modalités d'application du dispositif légal est (très officiellement) intitulé « Décret (...) relatif à l'habilitation de certains organismes à recevoir des dons (...) » et que le modèle de demande engageant la procédure d'accord tacite était intitulé « Modèle de demande relative à l'habilitation des organismes à recevoir des dons et délivrer des reçus fiscaux »[223].

Une telle « procédure de quasi-agrément de fait instituée par voie d'instruction »[224] ne peut naturellement être opposée au contribuable[225].

925. – Agréments fiscaux (actes non contractuels). 1) L'agrément fiscal a toujours été analysé par le juge administratif comme un acte administratif unilatéral[226].

Le caractère d'acte administratif unilatéral de l'agrément est parfois retenu explicitement par le juge[227].

2) Présentant le caractère d'un acte-condition, son édiction permet l'application au contribuable d'un statut particulier, sans modifier la nature légale et réglementaire de sa situation juridique. La circonstance qu'un agrément comporte des engagements de la part du contribuable et soit pris à la suite d'un processus de négociation est sans incidence sur cette qualification[228].

(219) Le recours pour excès de pouvoir est recevable lorsqu'il est dirigé contre une décision refusant l'octroi d'un agrément fiscal (CE, sect., 26 janv. 1968, n° 69.765, *Sté Maison Genestal* : *Rec. CE* 1968, p. 62, concl. Bertrand) ou refusant son renouvellement (CAA Nancy, 8 nov. 2001, n° 97-1756, *Assoc. de gestion agréée des chirurgiens-dentistes de Lorraine* : *Dr. fisc.* 2002, n° 14, comm. 294). Il en est ainsi alors même que l'agrément interviendrait dans la perception d'un impôt dont le contentieux ressortit à la compétence du juge fiscal judiciaire (T. confl., 17 oct. 1988, n° 2523, *Cie méridionale de navigation* : *Dr. fisc.* 1989, n° 22-23, comm. 1128).

(220) Instr. 21 janv. 1997 : *BOI* 13 G-1-97, anc., reprise BOI-SJ-RES-30-10, n° 10.

(221) LPF, art. L. 80 C – V. *infra*, n° 1059.

(222) D. 12 juill. 2004.

(223) Instr. 19 nov. 2004 : *BOI* 13 L-5-04, anc., ann. 2. – Comp. pour le modèle actuel BOI-LETTRE-000132, intitulé, plus exactement « Modèle de demande d'avis ».

(224) Concl. P. Collin sur CE, 16 mars 2011, n° 329.945, *Assoc. Union sociale maritime* : *Dr. fisc.* 2011, n° 20, comm. 346.

(225) CE, 3 juill. 2002, n° 214.393, *Assoc. des contribuables associés* : *Dr. fisc.* 2002, n° 40, comm. 744, décidant qu'aucune disposition législative ne prévoit que les organismes susceptibles de recevoir des dons assortis d'un avantage fiscal « fasse [nt] l'objet d'une habilitation ou d'une reconnaissance de la part de l'administration ».

(226) CE, sect., 10 mars 1967, n° 64.509, *Min. c/Sté Samat* : *Rec. CE* 1967, p. 113 ; *AJDA* 1967, II, p. 280 et s., concl. Y. Galmot. – *Adde* J. Delmas-Marsalet, concl. sur CE, 12 févr. 1972, n° 81.676 : *AJDA* 1973, II, p. 257.

(227) V., en particulier, CE, 6 juill. 1994, n° 133.411, *Sté Nouvelle de Robinetterie Industrielle* : *Dr. fisc.* 1994, n° 52, comm. 2267 ; *Rec. CE* 1994, p. 344, évoquant les « décisions unilatérales d'agrément ». – *Adde*, CE, 16 avr. 2010, n° 322.260, *Sté Les Trois Salazes* : *Dr. fisc.* 2010, n° 35, comm. 442, concl. contr. L. Olléon. Les décisions prises par l'administration fiscale sur des demandes d'agrément ne constituent pas des documents administratifs communicables, même partiellement, aux tiers (CE, 27 juill. 2015, n° 366604, *Sté Mediaserv* : *Dr. fisc.* 2015, n° 42, comm. 640 ; *Procédures* 2015, n° 10, comm. 315, obs. O.N.).

(228) J. Delmas-Marsalet, concl. préc.

Les textes relatifs à certains régimes de faveur ne retiennent pas le vocable « agrément » mais celui d'« accord ». C'est le cas, par exemple, du dispositif de crédit d'impôt applicable aux sociétés (anciennement) constituées en vue du rachat d'une entreprise par des salariés(229). En dépit de l'utilisation du mot « accord », il semble bien que l'on soit en présence dans cette hypothèse d'un dispositif d'agrément (et plus précisément d'un régime d'agrément facultatif s'apparentant à un rescrit).

Une difficulté de qualification particulière résulte de dispositifs faisant intervenir un « accord préalable » susceptible d'être tacite (alors que l'agrément véritable résulte toujours d'un acte exprès). C'était le cas de la déduction pour investissements réalisés dans un département d'outre-mer qui supposait que les investissements aient « été portés, préalablement à leur réalisation, à la connaissance du ministre chargé du budget et n'[aient] pas appelé d'objection motivée de sa part dans le délai de trois mois »(230). Cet élément original peut interdire que soit retenue la qualification d'agrément fiscal et lui soit préférée celle d'accord ou d'autorisation tacite. En conséquence, une telle mesure n'a pas à faire l'objet d'un retrait en cas de remise en cause du régime de faveur considéré(231).

926. – Agréments fiscaux (actes normalement conditionnels). Même s'il est regardé comme un acte unilatéral, l'agrément relève d'un régime juridique comportant des éléments qui, sur le plan des conséquences pratiques, ne sont pas si éloignés dans leurs effets de ceux que pourrait présenter un authentique contrat fiscal.

1) Sans doute, la doctrine administrative manque-t-elle de prudence lorsqu'elle affirme, sans nuance, qu'un agrément fiscal est toujours un acte créateur de droits(232). Mais il n'en reste pas moins vrai que cela peut être le cas.

a) La doctrine administrative précitée renvoie à l'arrêt *Dame Cachet* du Conseil d'État(233) qui aurait jugé qu'un agrément, dès lors qu'il constitue un acte administratif créateur de droits, ne peut être retiré pour des motifs de simple opportunité. En réalité, ce grand arrêt ne concerne aucunement un agrement fiscal, mais une décision indemnitaire prise par un directeur de l'enregistrement.

b) La question de savoir si (abstraction faite des dispositions législatives spéciales influant sur cette question – V. *infra*, pt *c*), la décision octroyant un agrément fiscal devrait être regardée comme un acte créateur de droits au regard des principes généraux du droit administratif est délicate. Le droit administratif livre d'ailleurs sur ce point une image complexe(234), qui distingue formellement désormais(235) :

– les actes créateurs de droits « acquis » – les seuls méritant ce qualificatif à la vérité – qui ne peuvent être ni *retirés*, ni même *abrogés*, plus de quatre mois après leur édiction ;

– es actes créateurs de droits « simples »(236) – qualifiés un peu fallacieusement d'actes créateurs de droits – qui, s'ils ne peuvent être *retirés* plus de quatre mois après leur édiction, peuvent néanmoins – et à toute époque – être *abrogés* dès lors que les conditions qui ont justifié leur édiction viennent à faire défaut.

c) Cette distinction peut évidemment trouver application en droit fiscal – c'est même probablement dans cette matière qu'elle est apparue, il y a près d'un demi-siècle.

---

(229) CGI art. 220 quater B.

(230) CGI art. 238 bis HA, anc. – CGI, art. 163 tervicies anc.

(231) CE, 15 déc. 2010, n° 323.749, *Dehu : RJF* 03/2011, n° 289. – CAA Marseille, 10 mai 2010, n° 07-4310, *Tessier : Dr. fisc.* 2010, n° 42-43, comm. 532, note J. Dubois.

(232) BOI-SJ-AGR-10, n° 230.

(233) CE, 3 nov. 1922, n° 74.010, *Cachet : Rec. CE* 1922, p. 790.

(234) V. sur cette question, en droit administratif général : CE, 23 mai 1997, n° 176924, *Sté Amérique Europe Asie : Dr. adm.* 1997, comm. 302 ; *RFDA* 1997, p. 880). – CE, sect., 6 nov. 2002, n° 223.041, *Soulier : RFDA* 2003, p. 225, concl. S. Austry). V., pour la première application de cette distinction en matière fiscale en dehors du précédent historique de 1967 (cité *infra*), CE, 19 déc. 2014 ; n° 384.144, *Min. c/Sté Hennes et Mauritz : Dr. fisc.* 2015, n° 10, comm. 195 ; *Procédures* 2015, n° 3, comm. 107, obs. O.N.

(235) V., légalisant ces solutions à compter du 1er juin 2016, CRPA, art. L. 242-2, 1°, prévoyant notamment que l'administration peut – sans condition de délai – abroger (*i.e.*, prononcer sa disparition juridique pour l'avenir) « une décision créatrice de droits dont le maintien est subordonné à une condition qui n'est plus remplie ».

(236) Dénommés également actes créateurs de droits « non-acquis » ou actes créateurs de droits « non porteurs de droits acquis ».

• Dans l'hypothèse (sans doute théorique) où la décision octroyant l'agrément n'a comporté aucune condition, il n'y aurait pas de difficulté particulière à voir dans l'agrément fiscal un acte créateur de droits (ou, selon la formule actuelle, de droits « acquis »). Ainsi, le Conseil d'État a déjà pu reconnaître à un agrément administratif le caractère d'un acte créateur de droits[237].

• Lorsque l'agrément a été subordonné à des conditions (qu'elles aient été prévues par la loi ou par la décision octroyant l'agrément elle-même), la décision d'agrément ne peut être qualifiée d'acte créateur de droits « acquis ». Elle ne peut, en conséquence, être regardée comme créant des droits à son maintien que dans la mesure où le contribuable a effectivement respecté les conditions auquel l'agrément est subordonné ou réalisé les engagements souscrits en vue de son obtention[238]. Dans le cas inverse – et abstraction faite des dispositions législatives spéciales réglant cette question (V. *infra*, pt 3) – la décision d'agrément peut, en tout état de cause, être abrogée à toute époque[239].

d) Les dispositions législatives spéciales (V. *infra*, pt 2-*a*) relatives au régime des agréments fiscaux retiennent sur certains points des solutions qui sont très proches de celles qui découleraient des principes généraux du droit administratif. Il existe toutefois une différence de taille entre le régime d'un acte octroyant un agrément fiscal, à le supposer créateur de droits, et un acte administratif « ordinaire » présentant ce même caractère. Cette différence tient au délai dans lequel le retrait peut-être opéré. En droit administratif général – sous réserve de dispositions législatives ou réglementaires contraires et hors le cas où il est satisfait à une demande du bénéficiaire – l'administration ne peut retirer une décision individuelle expresse créatrice de droits, à la supposer illégale, que dans le délai de quatre mois suivant la prise de cette décision[240]. Cette solution jurisprudentielle est radicalement inapplicable dans le cas des agréments fiscaux (V. *infra*, pt 2, *c*).

2) La loi fiscale consacre une forme d'exception d'inexécution en matière d'agréments fiscaux.

a) En effet, « l'inexécution des engagements souscrits en vue d'obtenir un agrément administratif ou le non-respect des conditions auxquelles l'octroi de ce dernier a été subordonné entraîne le retrait de l'agrément, la déchéance des avantages fiscaux qui y sont attachés et l'exigibilité des impositions non acquittées du fait de celui-ci »[241].

• La même déchéance est de droit lorsque le bénéficiaire d'avantages fiscaux accordés du fait d'un agrément « se rend coupable, postérieurement à la date de l'agrément, d'une infraction fiscale reconnue frauduleuse par une décision judiciaire ayant autorité de chose jugée »[242].

• Naturellement, des irrégularités commises par le contribuable ne peuvent entraîner le retrait d'un agrément que lorsqu'elles affectent les conditions auxquelles l'octroi de l'agrément a été subordonné[243].

Sur la possibilité, pour un agrément, d'être assorti de *conditions implicites* et sur la durée d'observation des engagements conditionnant le bénéfice du régime de faveur, V. concl. N. Chahid-Nouraï sur CE, sect., 25 oct. 1985, n° 29.116, *Sté des Plastiques d'Alsace (venant aux droits de la Sté La Cornouaille française)* : *RJF* 12/1985, p. 797.

---

(237) CE, ass., 3 mars 1967, n°s 66.406 et a., *Min. c/Sté Behr Manning et a.* : *AJDA* 1967, II, p. 348, obs. G. Liet-Veaux, à propos d'une autorisation ministérielle qui, donnée à titre gracieux à une époque où un dispositif ultérieurement applicable sur agrément n'avait pas encore été institué, est regardée comme un agrément ayant créé des droits pour l'application de ce même dispositif, y compris pour l'application d'une exonération fiscale lui étant attachée.

(238) CE, sect., 10 mars 1967, n° 64.509, *Min. c/Sté Samat* : *Rec. CE* 1967, p. 113 ; *AJDA* 1967, II, p. 280, concl. Y. Galmot.

(239) Si la décision d'agrément devait être qualifiée de décision créatrice de droits « simples », le non-respect des conditions ou engagement ne devrait pas autoriser le retrait (et la déchéance rétroactive des avantages obtenus) mais seulement l'abrogation (et la simple déchéance pour l'avenir de ces mêmes avantages).

(240) CE, ass., 26 oct. 2001, n° 197.018, *Ternon* : *RFDA* 2002, p. 77, concl. F. Séners, note P. Delvolvé. V., légalisant cette solution à compter du 1er juin 2016, CRPA, art. L. 242-1.

(241) CGI, art. 1649 nonies A, 1.

(242) CGI, art. 1649 nonies A, 2.

(243) CAA Marseille, 10 juin 2010, n° 07-3352, *Rohart* : *Dr. fisc.* 2011, n° 2, comm. 100.

Sur le caractère indivisible des conditions posées par un agrément, V. CE, 16 avr. 2010, n° 322.260, *Sté Les Trois Salazes : Dr. fisc.* 2010, n° 35, comm. 442, concl. contr. L. Olléon, retenant le caractère indivisible d'un agrément assorti de conditions qui n'ont pas été intégralement exécutées.

• La théorie de l'imprévision (qui n'est applicable qu'en matière contractuelle) ne saurait prospérer en matière d'agréments fiscaux. Le moyen tiré de la *force majeure* peut toutefois être utilement invoqué pour contester la légalité d'un retrait d'agrément pour cause d'inexécution[244].

• Les droits exigibles du fait de la déchéance du régime de faveur peuvent être assortis des intérêts de retard décomptés de la date à laquelle ces droits auraient dû être acquittés[245].

• Selon la Cour de cassation, une disposition législative organisant la simple déchéance d'un régime de faveur est dépourvue de caractère répressif. Une loi substituant à une telle mesure un dispositif de sanctions présentant le caractère de punitions ne relève pas, en conséquence, du principe de rétroactivité de la loi pénale plus douce qui ne peut s'appliquer qu'en cas de succession de textes répressifs[246].

b) Le ministre des Finances est toutefois légalement autorisé à limiter les effets de la déchéance à une fraction des avantages obtenus du fait de l'agrément.

L'article 1649 nonies A du CGI est issu de l'ordonnance du 7 décembre 2005 relative, notamment, à des mesures de simplification en matière fiscale (art. 22, I-26°). Il constitue une simple adaptation de l'article 1756, ancien, du CGI qui résultait de la loi du 27 décembre 1963 portant unification ou harmonisation des procédures, délais et pénalités en matière fiscale (art. 54). Cette dernière loi avait généralisé une solution particulière retenue par la première loi de finances rectificative pour 1963[247].

Les deux textes successivement en vigueur ne divergent, au fond, que sur un point : l'article 1756, 1, ancien, du CGI prévoyait qu'en cas de retrait d'un agrément, les impôts dont avaient été dispensés les contribuables devenaient immédiatement exigibles « nonobstant toutes dispositions contraires ». Cette incidente (qui ne figure plus à l'article 1649 nonies A, 1 du CGI) aurait pu être regardée comme interdisant au contribuable déchu d'invoquer la prescription du pouvoir d'imposition de l'administration à l'égard des impôts « redevenus » exigibles[248]. Telle n'a pas été toutefois l'analyse du Conseil d'État (V. *infra*, pt *c*).

c) Dans la mise en œuvre de cette compétence, l'autorité administrative est tenue de respecter :

– d'une part, les droits de la défense[249] ;

La loi fiscale conférant « un pouvoir de décision sur les effets qu'il y a lieu d'attacher au retrait d'agrément », le Conseil d'État considère que « dans l'exercice de ce pouvoir, le ministre est nécessairement conduit à porter une appréciation sur le comportement [du contribuable] eu égard aux engagements qu'[il] a souscrits et aux conditions d'octroi de l'agrément ». Par suite, l'autorité administrative ne peut légalement retirer un agrément dont bénéficiait un contribuable sans mettre ce dernier en mesure de présenter au préalable ses observations[250]. Dans ses conclusions, M. N. Chahid-Nouraï s'était prononcé pour la compétence liée de l'autorité administrative procédant au retrait.

(244) CE, 14 févr. 1994, n° 138.619, *Sté Gama : Rec. CE* 1994, tables p. 895 ; *Dr. fisc.* 1994, n° 4, comm. 473, relevant au cas d'espèce que les circonstances invoquées par le contribuable ne présentaient pas un caractère imprévisible. – *Adde*, partisan de la solution inverse au motif que la force majeure ne pourrait jouer, selon lui, que pour l'exonération d'une faute, N. Chahid-Nouraï, concl. préc.

(245) CGI, art. 1649 nonies A, 1 et 2.

(246) Cass. com., 15 sept. 2009, n° 08-18.013, *Adm. c/Darras : Dr. fisc.* 2009, n° 39, act. 299 ; *Bull. civ.* 2009, IV, n° 111. – *Adde*, sur un autre aspect de cette question, Cass. com., 7 juin 2011, n° 10-18.860, *Sté Oxygène Plus : Dr. fisc.* 2011, n° 40, comm. 548 ; *Bull. civ.* 2011, IV, n° 92, et Cass. com., 3 mai 2012, n° 11-14.820, *Adm. c/Darras : Dr. fisc.* 2012, n° 26, comm. 354 ; *Bull. civ.* 2012, IV, n° 88.

(247) L. 2 juill. 1963, art. 9.

(248) V. en ce sens N. Chahid-Nouraï, concl. sur CE, sect., 25 oct. 1985, n° 29.116, *Sté des Plastiques d'Alsace (venant aux droits de la Sté La Cornouaille française)*, préc.

(249) CE, sect., 25 oct. 1985, n° 29.116, *Sté des Plastiques d'Alsace (venant aux droits de la Sté La Cornouaille française) : Dr. fisc.* 1986, n° 39, comm. 1580 ; *Rec. CE* 1986, p. 300 ; *RJF* 12/1985, n° 1531, concl. contr. N. Chahid-Nouraï, p. 797.

(250) CE, sect., 25 oct. 1985, *Sté des Plastiques d'Alsace (venant aux droits de la Sté La Cornouaille française)*, préc. – *Adde* CE, 8 janv. 1993, n° 95.940, *Sté Siegel : Dr. fisc.* 1993, n° 38, comm. 1725.

Selon l'administration, le délai accordé à ce titre au contribuable (qui peut se faire assister du conseil de son choix) ne peut être inférieur à trente jours[251].

– d'autre part, les règles relatives à la prescription de son pouvoir d'imposition[252].

Dans cet arrêt, le Conseil était confronté à l'article 1756, 1, ancien du CGI qui disposait que « lorsque les engagements souscrits en vue d'obtenir un agrément (...) ne sont pas remplis, cette inexécution entraîne le retrait de l'agrément et les personnes (...) à qui des avantages fiscaux ont été accordés, du fait de l'agrément, sont déchues du bénéfice desdits avantages. Les impôts dont elles ont été dispensées deviennent immédiatement exigibles, *nonobstant toutes dispositions contraires* (...) ».

Écartant l'argument tiré de la lettre de ce texte comme celui découlant des travaux préparatoires de la loi du 27 décembre 1963 (d'où ressortait l'idée que le contribuable défaillant devait voir mise à sa charge la totalité des impôts dont il avait été dispensé sur la base de l'agrément dont il n'avait pas respecté les termes), le Conseil d'État a considéré (de manière hautement constructive) que, compte tenu des dispositions de portée générale de l'article L. 186 du LPF (selon lesquelles « lorsqu'il n'est pas expressément prévu de délai de prescription plus court ou plus long, le droit de reprise de l'administration s'exerce jusqu'à l'expiration de la dixième année suivant celle du fait générateur de l'impôt »), l'article 1756 ancien du CGI ne pouvait être regardé comme ayant « expressément entendu permettre à l'administration d'exercer un droit de reprise sans limitation de durée »[253].

En l'absence de dispositions législatives expresses en ce sens, les règles générales relatives à la prescription du pouvoir d'imposition de l'administration sont donc applicables en cas de retrait d'un agrément fiscal. Plus encore, selon le Conseil d'État, le point de départ du délai ouvert à l'administration pour mettre en recouvrement des impositions redevenues exigibles du fait d'un retrait d'agrément est le jour du fait générateur de l'impôt (soit, en matière d'imposition des revenus *lato sensu*, la fin de la période de réalisation des revenus) et non, comme souhaitait le faire juger l'Administration, celui où elle a eu connaissance du manquement du contribuable ayant justifié le retrait ou, au plus tard, la fin de la période couverte par les conditions visées par l'agrément[254].

En définitive, au regard de la prescription du pouvoir d'imposition de l'administration, la seule portée utile de l'article 1756, 1, ancien du CGI (et de la mention « nonobstant toutes dispositions contraires » qu'il comportait) était d'exclure l'application des règles légales définissant un *délai de prescription abrégé* pour l'établissement des principaux impôts. Cette solution ne semble plus pouvoir être retenue sous l'empire de l'article 1649 nonies A, 1, du CGI dans la mesure où, justement, cette disposition ne comporte plus cette incidente.

d) En dépit de la jurisprudence constitutionnelle (V. *infra*, n° 935, 2), la loi fiscale concède toujours un pouvoir important à l'administration quant à la définition des conditions d'octroi de certains agréments et, partant, dans la détermination des obligations du contribuable titulaire de l'agrément : « des arrêtés du ministre de l'Économie et des Finances, pris après avis d'un organisme désigné par décret, peuvent définir, compte tenu de l'importance, de la nature et du lieu d'exercice des activités considérées, les conditions des agréments auxquels des exonérations fiscales sont attachées en vertu des dispositions législatives ou réglementaires »[255].

Ces arrêtés sont pris après avis du comité des investissements à caractère économique et social ou (lorsqu'il s'agit d'agrément pour l'octroi d'allégements fiscaux prévus en faveur de l'aménagement du territoire) après avis du comité interministériel des aides à la localisation des activités[256].

(251) BOI-SJ-AGR-10, n° 260.

(252) CE, 4 avr. 2012, n° 326.760, *Min. c/Goudy* : *Dr. fisc.* 2012, n° 29, comm. 388, concl. D. Hedary, note S. Austry ; *Procédures* 2012, n° 7, comm. 239, note O. Négrin.

(253) CE, 4 avr. 2012, n° 326.760, *Min. c/Goudy*, préc., statuant sur la base du droit antérieur à la deuxième L. fin. rect. 2008, 30 déc. 2008, art. 52, qui a réduit à six ans le délai considéré.

(254) Même arrêt.

(255) CGI, art. 1649 nonies, II.

(256) CGI, ann. III, art. 344 K.

En vertu de la jurisprudence constitutionnelle (V. *infra*, n° 935, 2), le législateur pourrait méconnaître sa compétence en instituant un avantage fiscal supposant un agrément, sans soumettre son octroi à aucune condition légale tenant, en particulier, à son champ d'application[257].

Les dispositions de l'article 1649 nonies du CGI permettent au ministre des Finances de déterminer certaines conditions d'octroi des agréments et, en particulier, les modalités des procédures de dépôt et d'instruction des demandes d'agrément. Lorsqu'une décision de retrait est critiquée par la voie du recours pour excès de pouvoir, le juge administratif contrôle la légalité des conditions posées par l'autorité administrative lors de la délivrance de l'agrément litigieux[258]. En revanche, elles n'ont ni pour objet, ni pour effet d'habiliter le ministre à fixer un délai dans lequel, à peine de forclusion, les demandes d'agrément doivent être déposées[259]. La loi de finances rectificative pour 1994[260] a pris acte de ces solutions jurisprudentielles en posant, toutefois, que « sauf disposition expresse contraire, toute demande d'agrément auquel est subordonnée l'application d'un régime fiscal particulier doit être déposée préalablement à la réalisation de l'opération qui la motive »[261].

927. – **Déclaration fiscale et rescrits fiscaux.** 1) La déclaration fiscale ne saurait s'analyser en une pollicitation, c'est-à-dire en une offre de contracter.

Il en résulte, en particulier, que le contribuable (qui ne saurait être regardé comme tenu de maintenir son offre pendant un quelconque délai) est toujours en droit de souscrire une déclaration rectificative tant que le délai de déclaration n'est pas expiré.

Corrélativement, l'établissement de l'impôt sur la base déclarée ne peut être regardé comme l'acceptation de cette offre par l'administration. Il en résulte que le contribuable reste en droit de contester la légalité d'une imposition mise à sa charge, alors même qu'elle aurait été très exactement établie sur les bases qu'il a lui-même déclarées[262].

2) Dans le cas général, les rescrits (V. *infra*, n°s 1031 et s.) ne peuvent davantage être regardés comme des contrats[263]. Le droit fiscal ne leur reconnaît de manière générale aucune intangibilité, l'administration pouvant toujours rapporter pour l'avenir l'appréciation qu'ils comportent.

928. – **Acceptation du contribuable.** Enfin, aucune situation contractuelle ne naît dans le cadre des nombreux de dispositifs de la procédure fiscale non contentieuse qui font appel à l'acceptation, à l'accord, ou au consentement du contribuable.

1) Ainsi, la procédure de rectification contradictoire repose largement sur la faculté offerte au contribuable de « faire connaître son acceptation » des rectifications proposées ou, au contraire, de formuler des observations à leur encontre[264]. Réformant la procédure de visite et de saisie[265], la deuxième loi de finances rectificative pour 2008[266] a prévu que l'administration peut, au cours d'une perquisition fiscale, demander à l'occupant des lieux et, le cas échéant, aux autres personnes présentes, « s'ils y consentent, de justifier de leur identité et de leur adresse ». L'administration peut,

(257) Cons. const., 30 déc. 1987, n° 87-237 DC, *Loi de finances pour 1988*.
(258) CE, 21 avr. 2000, n° 182.106, *Sté Caruelle Nicolas : Dr. fisc.* 2001, n° 8, comm. 172, concl. G. Goulard.
(259) CE, 5 juill. 1994, n° 133.411, *Sté Nouvelle de Robinetterie Industrielle : Dr. fisc.* 1994, n° 52, comm. 2267 ; *Rec. CE* 1994, p. 344. – CE, 21 juill. 1995, n° 125.233, *Sté Tanneries du Puy : Dr. fisc.* 1996, n° 12, comm. 370.
(260) L. 29 déc. 1994, art. 32.
(261) CGI art. 1649 nonies, al. 1er.
(262) CE, 22 déc. 1922, n° 69.641 : *GDJDF* n° 17, p. 88.
(263) V., en ce sens, « *Le rescrit présente-t-il la nature d'un contrat ?* », *Le contrat, mode d'action publique et de production de normes : EDCE* 2008, p. 279 et s. Pour le cas particulier des accords préalables en matière de prix de transfert et du rescrit « valeur », V. *supra*, n°s 917 et s. et 920.
(264) LPF, art. L. 57.
(265) LPF, art. L. 16 B.
(266) L. 30 déc. 2008, art. 54.

de la même manière, recueillir des renseignements auprès de ces personnes après les avoir informées « que leur consentement était nécessaire ». Mais il n'y a là aucun contrat passé entre les administrés et le fisc. Le consentement ou l'acceptation du contribuable sont seulement des actes-conditions permettant à une procédure administrative de prospérer (ou en déterminant certaines modalités ou certains effets).

2) Il en va de même dans tous les cas où la loi fiscale prévoit des dispositifs applicables sur option du contribuable (V. *infra*, n°s 940 et s.).

929. – Doctrine administrative « conventionnelle ». 1) La doctrine administrative (c'est-à-dire l'interprétation formelle de la loi fiscale au sens de l'article L. 80 A du Livre des procédures fiscales) est généralement émise unilatéralement par l'administration.

C'est le cas, en particulier, de la doctrine administrative de portée générale qui figure actuellement (pour l'essentiel) dans des instructions publiées au *BOFiP-Impôts* et des réponses ministérielles à des questions écrites des parlementaires (V. *infra*, n°s 989 et s.).

Les projets d'instruction donnent fréquemment lieu à la consultation officieuse de certains milieux professionnels. Ainsi, au cours de l'année 2007, la Commission « Fiscalité » du MEDEF a, selon des indications rendues publiques, conduit des « négociations approfondies » avec l'administration fiscale sur plus de trente projets d'instructions fiscales (sur le cas particulier des réponses données par les représentants de l'administration lors des réunions du Comité fiscal de la Mission d'organisation administrative du CNPF puis du MEDEF, V. *infra*, n° 993, 3). En 2002, l'administration a organisé (pour la première fois semble-t-il) une « consultation publique » concernant un projet d'instruction fiscale. Ce projet portait sur le traitement fiscal des dépenses engagées par une entreprise lors de la création ou l'acquisition d'un site Internet. Cette expérience, d'abord limitée[267], a été récemment renouvelée avant de recevoir une forme de généralisation (V. *infra*, n° 959, 3).

2) Le Conseil d'État a toutefois été confronté, à quelques reprises, à des éléments de doctrine administrative incorporés dans un accord ou résultant d'un contrat conclu entre le contribuable et le fisc.

a) Il résulte clairement des arrêts considérés que la doctrine administrative peut avoir un support contractuel, c'est-à-dire être contenue dans un acte qualifié de contractuel par le juge fiscal.

Déjà ancienne, une première décision retient cette solution sans en faire, pour autant, une application positive : « en admettant même qu'un tel accord [permettant la déduction de certaines sommes du revenu global du contribuable] puisse être pris en considération pour une période antérieure à l'entrée en vigueur de [l'article L. 80 A du LPF] »[268], le requérant « n'apporte pas la preuve de l'existence d'un tel accord »[269].

Plus récemment, un autre arrêt retient une solution plus explicite. Relevant que le contribuable « se borne à faire état de renseignements verbaux qui lui auraient été fournis par un inspecteur en réponse à l'exposé de ses projets, pour soutenir qu'un accord serait intervenu entre l'administration et lui », la Haute juridiction administrative décide « qu'un tel accord, à supposer qu'il soit établi, ne saurait faire obstacle, sauf au cas où il aurait le caractère d'une interprétation formellement admise de la loi fiscale au sens de l'article [L. 80 A du LPF], au droit de l'administration de fixer le montant exact des impositions légalement dues et d'en réclamer le versement [et], qu'en l'espèce, l'existence de l'accord allégué n'est pas établie »[270].

Plus récemment encore, le Conseil d'État a eu à connaître dans les arrêts *Presses de la Renaissance* et *Société Bibliothèque des Arts*, de « l'interprétation administrative contenue dans un accord

(267) Les questions sujettes à interprétation étaient modestes – V. Instr. 9 mai 2003 : *BOI* 4 C-4-03, anc.
(268) CE, 20 mars 1964, n° 51.777 : *Rec. CE* 1964, p. 466.
(269) Même arrêt.
(270) CE, 7 mai 1975, n° 94.075 : *Dr. fisc.* 1975, n° 31, comm. 1088 ; *Rec. CE* 1975, p. 288.

conclu le 21 février 1942 » entre le ministre des Finances et le comité d'organisation du secteur d'activité du contribuable[271].

b) L'arrêt le plus significatif sur ce point est l'arrêt *Lubrano* rendu en 2001 par le Conseil d'État[272].

Cet arrêt se rapporte à une entreprise de pêche artisanale inscrite à la « corporation des patrons-pêcheurs du quartier maritime de Sète » qui, à l'instar de la plupart des membres de celle-ci, s'était abstenue de satisfaire à ses obligations comptables et déclaratives pendant de nombreuses années. En 1982, l'administration a entendu obtenir la régularisation de la situation fiscale des entreprises en cause. À cet effet, des réunions associant des représentants du ministère des Finances et des patrons pêcheurs de Sète avaient été organisées. Un accord, retracé dans un compte-rendu établi par un député du lieu présent lors de la négociation, en avait résulté (l'accord « Lacombe »).

Le Conseil d'État (écartant l'argument de l'administration selon lequel le contribuable ne pouvait se prévaloir d'une interprétation contenue dans un document qu'elle n'aurait pas elle-même établi) décide que le contribuable peut utilement se prévaloir de l'interprétation figurant dans cet accord, dès lors que l'administration « ne conteste pas la réalité dudit accord, ni qu'il a comporté, de sa part, des engagements envers les [contribuables concernés], ni enfin la fidélité de la transcription qu'en a faite [le parlementaire présent lors de sa conclusion] »[273].

Le Conseil d'État relève qu'un document ultérieurement établi par le ministre du Budget à l'issue de nouvelles réunions tenues avec les représentants des patrons-pêcheurs intéressés fait ressortir la réalité de l'accord en cause.

L'accord avait admis que les entreprises concernées établiraient, à compter du 1er janvier 1982, un bilan d'ouverture à l'actif duquel leurs immobilisations seraient inscrites pour une valeur reconstituée (le cas échéant par voie d'évaluation). Dans l'affaire *Lubrano*, l'administration avait diminué la valeur inscrite au bilan d'ouverture sur la base d'une expertise (sans pour autant diminuer d'autant celle figurant au bilan de clôture) et entendait taxer la « plus-value de réévaluation » qui résultait, selon elle, de cette correction.

c) Ces quelques arrêts soulèvent une interrogation. Peut-on en déduire qu'un élément de doctrine administrative résultant d'un acte regardé comme contractuel relève du principe d'intangibilité des conventions et ne peut être modifié *proprio motu* par l'administration ? Il semble qu'il n'en est rien.

La doctrine administrative ne peut avoir, en elle-même, une nature contractuelle. Elle est toujours par nature l'expression de la volonté unilatérale de l'administration fiscale. Elle peut certes être contenue dans un acte qualifié de contractuel ou émise à l'occasion de la conclusion d'un tel acte. Mais l'interprétation administrative ne forme pas, avec ce contrat, un tout indivisible. Elle peut toujours, au contraire, être regardée comme détachable de celui-ci et, partant, ultérieurement modifiée pour l'avenir par l'administration agissant seule (c'est-à-dire unilatéralement).

On peut relever d'ailleurs que, dans les arrêts *Presses de la Renaissance* et *Sté Bibliothèque des Arts* précités, l'interprétation contenue dans l'accord de 1942 avait été modifiée (unilatéralement) par une

(271) Concl. P.-F. Racine sur CE, 18 juin 1990, n° 91.424, *Presses de la Renaissance : Dr. fisc.* 1990, n° 39, comm. 1727. – *Adde*, sol. explicite, CE, 26 janv. 2000, n° 178.064, *Sté Bibliothèque des Arts* : *Dr. fisc.* 2000, n° 42, comm. 794, concl. G. Goulard.

(272) V. également CAA Nantes, 25 mai 1999, n° 97-822, *Sté Clinique Jeanne d'Arc* : *Dr. fisc.* 2000, n° 7, comm. 105, à propos d'une note de la Fédération intersyndicale des établissements d'hospitalisation privés résultant d'un protocole entre la profession et l'administration (dont celle-ci avait admis qu'il lui était opposable).

(273) CE, 27 avr. 2001, n° 200.659, *Lubrano* : *Rec. CE* 2001, tables p. 896 ; *Dr. fisc.* 2001, n° 43, comm. 987, concl. J. Courtial.

décision ministérielle du 31 juillet 1979. Ceci montre bien que l'accord n'est que le véhicule de la doctrine administrative (ou l'occasion de sa formulation) mais que celle-ci ne procède pas au fond d'un accord de volonté des contribuables et du fisc.

Il en résulte notamment qu'un recours pour excès de pouvoir ne serait pas par principe irrecevable s'il était dirigé contre un élément de doctrine « conventionnelle ». En outre, l'abandon de la doctrine administrative « conventionnelle » pourrait être opposé dans les conditions ordinaires par l'administration.

Naturellement, la question peut toutefois se poser de la mise en cause de la responsabilité de l'administration du fait de la rupture irrégulière de l'engagement considéré.

SECTION 2

L'APPLICATION DU STATUT DU CONTRIBUABLE

930. – **Déséquilibre des conditions.** Les principes généraux gouvernant l'application individuelle de la loi d'impôt livrent une image empreinte d'un déséquilibre marqué. Les sujets du droit fiscal sont placés dans une situation de profonde inégalité juridique : le contribuable, assujetti à la loi d'impôt, doit se soumettre aux décisions d'une administration fiscale forte de prérogatives puissantes.

Ce caractère était particulièrement bien mis en lumière par la définition que donnait du droit fiscal le doyen L. Trotabas : « Le droit fiscal est la branche du droit public qui règle les droits du fisc et leurs prérogatives d'exercice ».

Cette vision du droit fiscal ne manque évidemment pas d'exactitude. L'étude des rapports de droit fiscal conduit fondamentalement à analyser les pouvoirs de l'administration et les obligations du contribuable. Mais, cette représentation mérite d'être nuancée. Des espaces de liberté sont reconnus au contribuable, alors que des obligations pèsent sur le fisc. On le vérifiera en examinant successivement la condition de l'administration (§ 1) puis celle du contribuable (§ 2).

§ 1. – La condition de l'administration

A. – Les pouvoirs de l'administration

931. – **Quelle compétence liée ?** La doctrine scientifique retient volontiers que l'administration fiscale est en situation de compétence liée dans l'application de la loi d'impôt. À l'évidence, cette idée mérite d'être, sinon combattue, du moins précisée sur le plan juridique. Il existe en effet, en la matière, un grand décalage entre les conceptions du droit fiscal et celles, plus restrictives, du droit administratif.

932. – **Compétence liée du droit administratif (sens fort).** En droit administratif, la notion de compétence liée possède une signification précise – marquée par une forte densité contentieuse. La situation de compétence liée conduit à ce que des moyens soulevés au soutien d'une prétention dirigée contre un acte administratif soient regardés comme inopérants par le juge administratif. En particulier, la situation de compétence liée entraîne l'inopérance des moyens tirés des vices de

forme qui auraient entaché d'illégalité une décision, dès lors que l'autorité administrative était tenue de la prendre.

Le même sort est réservé aux moyens tirés des erreurs entachant les motifs de la décision ou de l'illégitimité des buts poursuivis par l'administration.

La définition « administrativiste » de la compétence liée s'est trouvée considérablement réduite à la suite de l'arrêt *Montaignac*. Le Conseil d'État y juge que la situation de compétence liée ne saurait être admise que dans le cas où l'autorité administrative est tenue d'édicter un acte en étant privée, à l'égard des faits qui en sont à l'origine, de tout pouvoir d'appréciation[274].

En droit administratif, le pouvoir d'appréciation des faits et, *a fortiori*, celui de leur qualification juridique sont donc exclusifs de la compétence liée de l'administration. Lorsque de telles prérogatives sont reconnues à l'autorité administrative dans l'édiction d'un acte, celle-ci doit être regardée comme détenant un pouvoir discrétionnaire plus ou moins étendu.

933. – Compétence liée du droit fiscal (sens faible). L'application au droit fiscal de la grille de lecture « administrativiste » est décevante : force est de constater que la compétence liée du fisc est une situation exceptionnelle. L'appréciation des faits est, tout au contraire, un phénomène constant (pour ne pas dire inévitable) dans l'application individuelle de la loi d'impôt. Et, à bien y réfléchir, on peut écrire sans grand risque de se tromper que la compétence liée entendue au sens précis du droit administratif ne se rencontre jamais dans les relations qui se nouent entre le contribuable et le fisc.

Aujourd'hui, le seul cas de compétence liée de l'administration fiscale pourrait se rencontrer en matière de refus d'agrément ou de refus de rescrit. L'administration pourrait être regardée comme légalement tenue de refuser d'octroyer l'agrément ou le rescrit demandé lorsque l'une ou l'autre des conditions auquel son octroi est subordonné fait *manifestement* défaut. Cette solution supposerait que la jurisprudence *Montaignac* soit appliquée avec une certaine souplesse (la vérification de la satisfaction des conditions légales d'adoption de ces mesures étant l'occasion d'opération d'appréciation des faits et de qualification juridique).

En réalité, la compétence liée de l'administration fiscale, dont font état de nombreux auteurs, est une compétence liée *affaiblie*. Elle signifie seulement que l'application de la loi fiscale présente, pour l'administration, un caractère obligatoire. Sur le plan théorique, celle-ci n'a pas le choix d'appliquer ou de ne pas appliquer la loi organique d'impôt. Tout au contraire, l'administration fiscale doit toujours appliquer la loi fiscale dans tous ses éléments, sans avoir la faculté d'y renoncer (V. *infra*, n° 937). À cet égard, l'autorisation législative annuelle permettant à l'administration de percevoir l'impôt ne lui ouvre pas une simple faculté : la perception de l'impôt conformément à la loi présente tout au contraire un caractère juridiquement obligatoire.

Ce sens particulier de la compétence liée en droit fiscal résulte sans doute de la formule légale qui a longtemps figuré à l'article 1er des lois de finances initiales. Voici ce qu'on pouvait lire, par exemple, à l'article 33 de la loi du 8 juin 1864 fixant, notamment, le budget pour 1864 ou à l'article 6 de la loi

(274) CE, sect., 3 févr. 1999, n° 149.722, *Montaignac* : *Rec. CE* 1999, p. 6 ; *AJDA* 1999, p. 567, chron. F. Raynaud et P. Fombeur.

du 31 décembre 1948 pourtant fixation pour l'exercice 1949 des *maxima* des dépenses publiques et évaluation des voies et moyens : « sont (...) punissables des peines prévues à l'égard des concussionnaires, tous détenteurs de l'autorité publique qui, sous une forme quelconque, et pour quelque motif que ce soit, auront, sans autorisation de la loi, accordé toute exonération ou franchise de droit, impôt ou taxe publique (...) ».

Sous la Cinquième République, la même disposition a figuré jusqu'en 1979 à l'article 1er de toutes les lois de finances initiales. Pour une raison incertaine, cette formule classique a été abandonnée à partir de 1979. Cet abandon est sans doute lié à la censure intégrale par le Conseil constitutionnel de la loi de finances pour 1980[275]. La loi spéciale du 30 décembre 1979 autorisant le Gouvernement à continuer à percevoir en 1980 les impôts et taxes existants ne contient pas cette formule, non plus que la loi de finances pour 1980, finalement promulguée le 18 janvier 1980. Elle ne figure pas davantage dans la loi de finances pour 1981, ni dans les lois de finances initiales ultérieures.

Naturellement, cette « disparition » est sans incidence sur l'applicabilité des dispositions du Code pénal organisant la répression du délit de concussion (étant précisé que l'on ne trouve pas trace dans la jurisprudence récente de condamnations prononcées pour ce motif à l'encontre d'agents du fisc). Ce délit est légalement défini comme « le fait, par une personne dépositaire de l'autorité publique (...), de recevoir, exiger ou ordonner de percevoir à titre de droits ou contributions, impôts ou taxes publics, une somme qu'elle sait ne pas être due, ou excéder ce qui est dû » ou « le fait, par les mêmes personnes, d'accorder sous une forme quelconque et pour quelque motif que ce soit une exonération ou franchise des droits, contributions, impôts ou taxes publics en violation des textes légaux ou réglementaires »[276].

De ce principe découle le caractère d'ordre public de la loi d'impôt et, corrélativement, la prohibition pesant sur l'administration de renoncer à l'application de la loi fiscale par voie contractuelle. Plus généralement, dans l'application de la loi d'impôt, « aucune autorité publique n'a le pouvoir d'autoriser une dérogation aux règles d'assiette fixées par la loi »[277].

934. – Densité du pouvoir discrétionnaire (problématique générale). Les débats relatifs à la question de la compétence liée de l'administration fiscale ne sauraient occulter un point fondamental : paradoxalement, l'examen des rapports de droit fiscal fait ressortir, en contrepoint de l'analyse précédente, l'étendue du pouvoir discrétionnaire souvent reconnu à l'administration fiscale. De très nombreux exemples peuvent en être donnés.

1) Le contenu de la doctrine administrative est l'expression d'un pouvoir largement discrétionnaire.

Comme les autres autorités administratives, les autorités fiscales sont légalement tenues de rendre publiques « les instructions, les circulaires ainsi que les notes et réponses ministérielles qui comportent une interprétation du droit positif ou une description des procédures administratives »[278]. Plus généralement, ces autorités sont tenues « d'organiser un accès simple aux règles de droit qu'elles édictent »[279].

Au demeurant, l'administration fiscale n'est jamais tenue de formuler des interprétations doctrinales (V. *infra*, n° 961).

(275) Cons. const., 24 déc. 1979, n° 79-110 DC, *Loi de finances pour 1980*.
(276) C. pén., art. 432-10. – *Adde* anc. C. pén., art. 174.
(277) CE, 16 févr. 1977, n° 99.933 : *Rec. CE* 1977, p. 92 ; *Dr. fisc.* 1977, n° 13, comm. 492.
(278) CRPA, art. L. 312-2 et R. 312-3 et s. V. ant. L. 17 juill. 1978 relative, notamment, à l'amélioration des relations entre l'administration et le public, anc., art. 7, et D. 30 déc. 2005 relatif, notamment, à la liberté d'accès aux documents administratifs, art. 29.
(279) L. 12 avr. 2000 relative aux droits des citoyens dans leurs relations avec les administrations, art. 2, non repris dans le CRPA.

2) De la même manière, l'ouverture et la conduite des opérations de contrôle fiscal puis, le cas échéant, la mise en œuvre des procédures de rectification laissent à l'administration une grande latitude d'appréciation[(280)].

3) Un pouvoir largement discrétionnaire est encore de mise dans l'infliction des sanctions fiscales. La même situation se rencontre dans le déclenchement des poursuites pénales contre le contribuable suspecté de fraude fiscale (à l'encontre duquel l'administration n'est jamais tenue de déposer plainte).

4) Il en va, de même, de l'ensemble des actes pris dans le cadre de la juridiction gracieuse (qui ne font d'ailleurs, s'agissant de l'appréciation des faits portée par l'administration, que l'objet d'un contrôle restreint de la part du juge de l'excès de pouvoir).

935. – Existence du pouvoir discrétionnaire (cas des agréments fiscaux). 1) La question de la nature du pouvoir de l'administration fiscale dans l'édiction des actes administratifs s'est posée avec une acuité particulière dans le domaine des agréments fiscaux, où l'on distingue classiquement les agréments *de droit* et les agréments *discrétionnaires*.

a) Un exemple majeur d'agrément purement discrétionnaire pouvait être tiré, en matière d'IS, de celui permettant l'application des régimes de bénéfice mondial (V. *infra*, n°s 1639 et s.). La loi[(281)] ne fixait strictement aucune condition légale permettant l'obtention de l'agrément. Au surplus, les règles d'assiette, de liquidation et d'exigibilité propres à ces régimes étaient intégralement définies par décret en Conseil d'État[(282)]. Bref, la non-conformité à la Constitution de ce dispositif légal lacunaire ne laissait que peu de doute.

b) Au plan des conséquences concrètes[(283)], l'intérêt de la distinction réside essentiellement dans le régime procédural des refus d'agrément :

– la décision refusant un agrément de droit doit être motivée[(284)]. Découlant directement des dispositions législatives gouvernant la matière[(285)], cette solution n'est pas retenue à l'égard des refus d'agrément discrétionnaire ;

---

(280) En application de la loi du 11 octobre 2013 relative à la transparence de la vie publique (art. 9), « tout membre du Gouvernement, à compter de sa nomination, fait l'objet d'une procédure de vérification de sa situation fiscale [...] au titre de l'impôt sur le revenu et, le cas échéant, de l'impôt de solidarité sur la fortune » (L. préc., art. 9). Cette procédure, qui se déroule selon les modalités ordinaires prévues par le livre des procédures fiscales, « est placée sous le contrôle de la Haute Autorité pour la transparence de la vie publique » (même disposition). V. également D. 29 mars 2014 relatif à la procédure de vérification de la situation fiscale des membres du Gouvernement prévoyant notamment que, saisi par cette Haute autorité, le directeur général des finances publiques doit (dans le délai d'un mois de toute nomination) rendre compte « des constats réalisés » (et, le cas échéant, de la nécessité de poursuivre les investigations) ou de « l'engagement des procédures [de vérification] » (D. préc., art. 3).

(281) CGI, art. 209 quinquies.

(282) CGI, ann. II, art. 103 à 134 A.

(283) Sous réserve du cas des agréments institués avant 1988 (V. *infra*, pt 4-*c*), l'agrément de droit (ou de plein droit) se caractérise évidemment par le fait que l'autorité administrative est tenue d'octroyer un tel agrément lorsque les conditions légales de son obtention sont réunies. L'autorité ne peut refuser de délivrer l'agrément en se fondant sur d'autres conditions que celles qui sont posées par la loi (CE, 7 mars 2012, n° 337.529, *Min. c/Sté de transports et d'assainissement de La Réunion : Dr. fisc.* 2012, n° 23, comm. 325 ; *BDCF* 6/2012, n° 71, concl. V. Daumas, pour un cas où le ministre du Budget avait partiellement refusé de délivrer un agrément de droit à une entreprise en arguant du fait que, compte tenu de la bonne santé financière de l'entreprise en cause, l'obtention intégrale de l'agrément demandé ne présentait pour elle aucun caractère incitatif). Comme le relève O. Fouquet, dans cette affaire, « le ministre se battait à front renversé », en demandant au Conseil d'État d'« inventer (...) une condition économique » s'ajoutant, pour un agrément de plein droit, aux différentes conditions expressément prévues par la loi (O. Fouquet, *Agrément de plein droit et agrément discrétionnaire : Rev. adm.* 2012, n° 387, p. 266).

(284) CE, 24 févr. 1988, n° 76.603, *Sté de gestion et de participation du Rouvray : Dr. fisc.* 1988, n° 39, comm. 1756 ; *RJF* 3/1988, p. 149, concl. O. Fouquet.

(285) CRPA, art. L. 211-2 prévoyant notamment la motivation obligatoire des actes qui « refusent un avantage dont l'attribution constitue un droit pour les personnes qui remplissent les conditions légales pour l'obtenir » (6°). V. ant. L. 11 juill. 1979 relative, notamment, à la motivation des actes administratifs, anc., art. 1er.

– le contrôle opéré par le juge sur la validité d'un refus d'agrément est normalement plus étendu dans le cas de l'agrément de droit (relevant d'un contrôle normal) que dans celui de l'agrément discrétionnaire (relevant en principe d'un contrôle restreint) ;

– l'annulation du refus d'agrément ne pourrait valoir octroi de l'agrément qu'à l'égard des agréments de droit[(286)]. C'est du moins ce que considèrent les auteurs – à l'aune de la conception jurisprudentielle de la compétence liée antérieure à l'arrêt *Montaignac* (V. *supra*, n° 932). Tel n'est pas le cas, en revanche, pour les agréments discrétionnaires[(287)], le juge pouvant toutefois, en ce cas, enjoindre à l'administration de se prononcer à nouveau dans un délai déterminé sur la demande ayant donné lieu à un refus illégal[(288)].

2) Cette question a donné lieu à une décision du Conseil constitutionnel importante[(289)].

Les dispositions en cause[(290)] prévoient que certains déficits (encore reportables) subis par une société antérieurement à son intégration dans un groupe fiscalement intégré ne peuvent s'imputer sur le résultat d'ensemble que sur agrément ministériel. La loi déférée ne comportait aucune condition particulière relative à l'obtention de cet agrément. Statuant sur la conformité à la Constitution de ce régime de faveur, le Conseil constitutionnel aurait pu considérer que le législateur avait, en violation du principe de légalité fiscale, abandonné à l'autorité administrative le soin de déterminer le champ d'application d'un avantage fiscal. Au prix d'une interprétation neutralisante assez audacieuse, le Conseil a préféré « sauver » la disposition en cause qu'il prive (selon la formule consacrée) de son « venin ». Il relève d'abord qu'« à défaut d'autres critères fixés par la loi, l'exigence d'un agrément n'a pas pour conséquence de conférer à l'autorité ministérielle le pouvoir, qui n'appartient qu'à la loi (...), de déterminer le champ d'application d'un avantage fiscal » (§ 11). Il en déduit qu'« au cas considéré, l'exigence de l'agrément confère seulement au ministre le pouvoir de s'assurer, conformément à l'objectif poursuivi par le législateur, que l'opération [visée par la demande d'agrément] satisfait aux conditions fixées par la loi » – conditions dont on sait pourtant qu'elles sont absentes du dispositif légal. Le Conseil en conclut que les dispositions contestées ne méconnaissent pas l'article 34 de la Constitution qui réserve au législateur la fixation des règles concernant l'assiette, le taux et les modalités de recouvrement des impositions de toute nature.

3) Logiquement, la doctrine scientifique y a vu une condamnation radicale des agréments discrétionnaires : la jurisprudence constitutionnelle devait désormais interdire au législateur d'instituer des agréments dont les conditions d'octroi ne seraient pas déterminées avec suffisamment de précision par le législateur.

Apparemment indiscutable, cette opinion doctrinale majoritaire a été immédiatement nuancée (voire relativisée) par un membre éminent de la Haute juridiction administrative. Il faut y voir le regret du Conseil d'État de voir le juge constitutionnel priver le ministre « d'un instrument souple et efficace dont l'utilité n'était (...) sans doute pas négligeable »[(291)].

Selon O. Fouquet, « pour qu'une disposition [prévoyant un avantage fiscal sur agrément] soit constitutionnelle, il faut que le demandeur puisse prétendre de plein droit au bénéfice de l'agrément si l'opération agréée est conforme à l'objectif du législateur et éventuellement, quand elles existent, aux conditions que ce dernier a posées »[(292)]. Cette opinion selon laquelle la détermination légale des conditions d'octroi d'un agrément fiscal n'est pas nécessairement, aujourd'hui, une exigence constitutionnelle

(286) V., écartant cependant cette solution, CAA Lyon, 6 nov. 2012, n° 12-456, *Sté Grosset Janin Finances : RJF* 05/2013, n° 476, pour un cas d'annulation d'une décision implicite de refus d'agrément de droit, arrêt faisant toutefois l'objet d'un pourvoi en cassation.

(287) CE, 5 mai 1971, n° 78.682, *Sté Couach : Dr. fisc.* 1971, n° 32-37, comm. 1162. – CE, 31 juill. 1995, n° 134.783, *Sté Tanneries du Puy : Dr. fisc.* 1996, n° 12, comm. 370.

(288) CE, 29 oct. 2000, n° 197.319, *Sté Frappaz : Dr. fisc.* 2002, n° 5, comm. 71, concl. E. Mignon.

(289) Cons. const., 30 déc. 1987, n° 87-237 DC, *Loi de finances pour 1988 : GAJF* n° 58, p. 883.

(290) L. fin. 1988, art. 68. – CGI, art. 223 L.

(291) O. Fouquet, concl. sur CE, 24 févr. 1988, n° 76.603 : *RJF* 3/1988, p. 151.

(292) O. Fouquet, concl. préc.

apparaît discutable (pour ne pas tenir compte suffisamment, sans doute, de la volonté du Conseil constitutionnel de « sauver de la censure », la disposition qui lui était déférée en 1987).

4) Restait le problème du *règlement du passé*, c'est-à-dire de l'interprétation des dispositions anciennes ayant institué des agréments sans nécessairement répondre aux exigences constitutionnelles qui, ultérieurement identifiées, rejettent l'existence des agréments discrétionnaires. La doctrine du Conseil d'État a été rapidement exprimée, qui, sur la base d'une grille d'analyse élaborée par M. O. Fouquet, conduit à distinguer (pour les agréments organisés par des textes antérieurs à la décision du Conseil constitutionnel de 1987) agréments de droit et agréments discrétionnaires.

Cette analyse figure dans des conclusions prononcées en 1988 par M. O. Fouquet(293). Formulée sur un mode interrogatif, elle a été réaffirmée avec netteté par un autre membre du Conseil d'État(294).

Les indications données en 1988 par M. Fouquet ne sont pas dissociables de l'impossibilité, existant à l'époque, de critiquer utilement devant le juge ordinaire la conformité à la Constitution d'une loi promulguée. L'introduction de la procédure de question prioritaire de constitutionnalité pourrait conduire à nuancer cette construction. À cet égard, l'intérêt que pourrait trouver un contribuable à faire invalider, pour inconstitutionnalité, une loi instituant une mesure de faveur sur agrément mériterait naturellement d'être précisé.

a) La loi a pu reconnaître expressément un caractère discrétionnaire à un agrément fiscal. Dans cette hypothèse, cette qualification s'impose au juge administratif ;

b) la loi ayant institué l'agrément a pu ne prévoir aucune des conditions légales auxquelles est subordonné son octroi. La jurisprudence du Conseil constitutionnel devrait imposer dans cas de considérer que l'agrément est de droit dès lors qu'il répond aux objectifs du législateur. Le juge ordinaire est toutefois tenu d'appliquer la loi. Il en résulte que le juge administratif – en s'appuyant sur la lettre des dispositions législatives applicables et les intentions du législateur – devra apprécier au cas par cas si le législateur a entendu, ou non, conférer un pouvoir discrétionnaire à l'autorité administrative pour la délivrance de l'agrément considéré ;

c) la loi ayant institué l'agrément a subordonné sa délivrance à certaines conditions légales. Le juge doit alors se référer aux intentions du législateur pour déterminer s'il a entendu, ou non, concéder à l'autorité administrative un pouvoir discrétionnaire pour l'octroi de l'agrément. Cette dernière hypothèse correspondra au cas où, notamment, la loi prévoit que l'agrément « peut » être délivré si certaines conditions légales sont réunies.

1) Des solutions contentieuses ultérieures confirment la mise en œuvre par le juge administratif de la grille de qualification élaborée par M. O. Fouquet.

Statuant en 1988 sur la légalité d'un refus d'agrément, le Conseil d'État retient : « il résulte des dispositions [législatives instituant la procédure d'agrément en cause], éclairées par les travaux préparatoires de la loi dont elles sont issues, que le législateur, en s'abstenant de fixer des conditions à l'obtention de l'agrément, a entendu donner au ministre le pouvoir d'apprécier si les opérations (...) prévues par ces dispositions justifient l'octroi de l'avantage fiscal qu'elles comportent ». La Haute juridiction en déduit que « l'avantage fiscal institué par ces dispositions ne constitue pas un droit au sens des dispositions (...) de la loi du 11 juillet 1979 [et] que, par suite, la décision [de refus d'agrément] n'avait pas à être motivée »(295).

(293) Concl. sur CE, 24 févr. 1988, n° 76.603, préc.
(294) M. de Saint-Pulgent, *Le droit français des agréments fiscaux : EDCE* 1990, n° 41, p. 185 et s.
(295) CE, 1er juin 1988, n° 79.550, *Sté Berto* : *RJF* 8-9/1988, n° 566 ; *GAJF* n° 58, p. 884, à propos de l'agrément permettent le maintien du droit au report des déficits antérieurs en cas de fusion de sociétés et d'opérations assimilées.

2) La question de l'étendue du contrôle du juge sur la légalité des refus d'agrément en fournit une autre illustration (même si le parallélisme entre pouvoir d'appréciation de l'autorité administrative et étendue du contrôle juridictionnel n'est pas absolu). Ainsi, le juge administratif exerce un contrôle restreint :

– dans le contentieux du refus des agréments fiscaux « discrétionnaires »[296] ;
– dans le contentieux des refus d'agréments dont l'octroi, tout en étant subordonné à des conditions légales, laisse substituer au profit de l'administration un pouvoir d'appréciation étendu[297].

B. – Les devoirs de l'administration

936. – **Obligation de se conformer à la loi fiscale.** Le devoir le plus général de l'administration fiscale est naturellement de se conformer à la loi d'impôt. Elle ne peut établir, contrôler et recouvrer l'impôt que dans le respect de la loi fiscale et dans les limites qu'elle pose.

Lors de l'application de la loi fiscale, l'administration « est tenue à un devoir de loyauté »[298].

Le droit fiscal ne comporte pas de particularités fondamentales dans la mise en œuvre du principe de légalité et dans la vérification de son respect dans l'action administrative :

1) l'application individuelle de la loi d'impôt est susceptible d'être discutée devant le juge ;

Le contribuable dispose des longs délais ouverts par les règles de la procédure fiscale contentieuse pour critiquer, devant les autorités fiscales contentieuses, la légalité interne ou externe de l'imposition individualisée mise à sa charge[299].

2) les illégalités commises par les services fiscaux à l'occasion de l'application de la loi d'impôt peuvent entraîner la mise en cause de la responsabilité de l'administration.

Ayant écarté le principe d'irresponsabilité de l'État du fait de ses services fiscaux, le juge de la responsabilité applique un régime de responsabilité où coexistaient naguère encore, en fonction des difficultés de l'action administrative, des cas d'exigence d'une faute lourde ou d'une faute simple[300].

937. – **Non-renonciation au bénéfice de la loi fiscale.** Tenue au respect de la loi d'impôt, l'administration fiscale ne peut renoncer au bénéfice des dispositions qu'elle comporte. Fréquemment rappelée par les auteurs, cette règle classique est porteuse de deux conséquences contentieuses précises dégagées par le juge fiscal.

Dans le contentieux de l'impôt, l'administration est en droit d'invoquer, à tous les niveaux de l'instance, tous moyens nouveaux de nature à justifier du bien-fondé de l'imposition contestée. Elle est en droit, en particulier, de demander une

(296) CE, 29 oct. 2000, n° 197.319, *Sté Frappaz : Dr. fisc.* 2002, n° 5, comm. 71, concl. E. Mignon.

(297) CE, sect., 6 mars 1992, n° 100.445, *Assoc. pour favoriser la création d'entreprise : Dr. fisc.* 1992, n° 18, comm. 922.

(298) CE, 26 mai 2010, n° 296.808, *Beckman : Dr. fisc.* 2010, n° 37, comm. 483. La Cour de cassation retient l'existence de la même obligation (V. B. Hatoux, *Le devoir de loyauté de l'administration fiscale : RJF* 01/2016, étude).

(299) Pour être recevables les réclamations doivent, de manière générale, être présentées à l'administration au plus tard à la fin de la deuxième année suivant celle, selon le cas, de l'acte d'imposition ou, en l'absence d'acte d'imposition, du versement de l'impôt contesté (LPF, art. R. 196-1).

(300) V., admettant l'application d'un régime de faute simple lorsque les opérations administratives en cause ne présentaient pas de difficultés particulières : CE, sect., 27 juill. 1990, n° 44.676, *Bourgeois : Dr. fisc.* 1990, n° 40, comm. 1778 ; *Rec. CE* 1990, p. 242 ; *RJF* 8-9/1990, n° 1102, concl. N. Chahid-Nouraï, p. 548 et s. – CE, sect., 29 déc. 1997, n° 151.472, *Cne d'Arcueil : Dr. fisc.* 1998, n° 15, p. 487 ; *Rec. CE* 1997, p. 152 ; *RJF* 2/1998, n° 189, concl. G. Goulard. V, généralisant un régime de faute simple, CE, sect., 21 mars 2011, n° 306.225, *Krupa : Rec. CE* 2011, p. 101 ; *RJF* 06/2011, n° 742 ; *BDCF* 06/2011, n° 742, concl. Cl. Legras ; *Procédures* 2011, n° 248, note O. Négrin.

substitution de base légale, c'est-à-dire de proposer un autre fondement légal que celui initialement retenu pour maintenir l'imposition contestée.

Dans l'avis *Société Marsadis*, le Conseil d'État a été pour la première fois confronté à la question de savoir si le mécanisme de la substitution de base légale ne méconnaissait pas le principe de l'estoppel, c'est-à-dire (schématiquement) le principe selon lequel une partie à un litige ne saurait se prévaloir de prétentions contradictoires au détriment de son adversaire. Le Conseil d'État a, à cet égard, exclu la possibilité, pour un requérant (et particulièrement un contribuable), d'invoquer utilement un tel principe en contentieux fiscal[301].

C'est également cette règle qui inspire, sans doute, la solution selon laquelle le moyen tiré du détournement de pouvoir des agents du fisc est inopérant en contentieux fiscal[302].

§ 2. – La condition du contribuable

A. – Situation de sujétion

938. – **Sujétion du contribuable.** Soumis au statut dont il relève, le contribuable est placé dans une situation de sujétion.

1) Le contribuable est d'abord tenu de supporter le prélèvement fiscal mis à sa charge en vertu de la loi. Cette solution se rattache au caractère normalement impératif de la loi d'impôt.

Si elle est en principe impérative, la loi fiscale peut comporter des dispositions supplétives. C'est le cas, en particulier, lorsqu'elle organise des mécanismes fiscaux optionnels.

L'administration a pu admettre le caractère supplétif d'une norme fiscale en raison de son extrême (et inutile) complexité. La nouvelle réglementation relative, en matière de TVA, à la mise en œuvre du droit à déduction constitue l'illustration de ce repli administratif aussi salutaire sur le plan pratique que regrettable sur le plan des principes[303]. Depuis le 1er janvier 2008, la TVA grevant les biens et services acquis par une entreprise est déductible dans la limite d'un coefficient de déduction. Théoriquement déterminé pour chaque bien ou service considéré isolément, ce coefficient de déduction est égal au produit d'un coefficient d'assujettissement, d'un coefficient de taxation et d'un coefficient d'admission[304]. Très élégant sur le plan mathématique, ce nouveau dispositif apparaît difficile à mettre en œuvre sur le plan pratique. L'administration en a rapidement pris acte dans un rescrit interprétatif : « Même si le suivi explicite de ces différents coefficients ne peut qu'être encouragé [*sic*], il convient

(301) CE, avis, 1er avr. 2010, n° 334.465, *Sté Marsadis* : *Dr. fisc.* 2010, n° 17-18, comm. 299, concl. P. Collin.

(302) L'administration « étant tenue d'établir l'impôt d'après la situation du contribuable au regard de la loi fiscale », le moyen tiré d'un « détournement de pouvoir qui aurait été commis à son égard par les agents de l'administration est (…) inopérant » (CE, 19 avr. 1982, nos 26471 et a. : *Dr. fisc.* 1982, n° 51, comm. 2423, concl. Léger ; *RJF* 6/1982, n° 526).
En revanche, le moyen tiré du détournement de procédure a été admis comme opérant en contentieux fiscal (CE, 11 févr. 1987, n° 40.565, Bon : *Dr. fisc.* 1987, n° 44, comm. 1985, concl. M. de Guillenchmidt). En outre, le requérant peut bien évidemment soulever utilement un moyen tiré du détournement de pouvoir à l'appui d'un recours pour excès de pouvoir formé en matière fiscale.
Cela étant, le moyen tiré du défaut d'impartialité des agents du fisc est recevable dans le contentieux de l'imposition (CE, 1er déc. 2008, n° 292.166, *Min. c/Sté Strasbourg* : *Dr. fisc.* 2009, n° 4, comm. 90, note B. Joly, pour le cas d'une procédure de vérification regardée comme viciée au motif qu'elle avait été conduite par un vérificateur aux prises avec le contribuable dans un conflit de voisinage). Sur l'obligation générale de loyauté à laquelle est tenue l'administration lors de l'application de la loi fiscale, V. *supra*, n° 936. Pour un cas original de détournement de pouvoir commis par l'auteur de la loi d'impôt, V. CE, 12 mai 2014, n° 370600, *Fédération générale du commerce et a.* : *Dr. fisc.* 2014, n° 27, comm. 420.

(303) D. 16 avr. 2007, relatif aux modalités de déduction de la taxe sur la valeur ajoutée.

(304) CGI, ann. II, art. 205 et 206.

de considérer que ce nouveau dispositif n'a pour objet que de formaliser une méthode [*i.e.* parmi d'autres] permettant de déterminer le montant correct de taxe déductible pour chaque dépense grevée de TVA supportée par un assujetti ». En conséquence, « les assujettis doivent (...) seulement être en mesure de justifier que le *quantum* de taxe déduite (...) correspond à celui issu des règles décrites dans le décret »[(305)].

La question de savoir si (abstraction faite des mécanismes optionnels) les dispositions légales posant une exonération s'imposent au contribuable appelle (curieusement) une réponse nuancée. Il semble que cela soit nécessairement le cas lorsqu'un dispositif d'exonération s'applique simultanément à un dispositif d'imposition. Le Conseil d'État l'a jugé dans une affaire où le contribuable soutenait qu'une exonération légale (qui lui était opposée) présentait un caractère facultatif. Selon la Haute juridiction, les dispositions législatives en cause « ne cré [ai] ent pas une exonération à laquelle les sociétés réalisant des bénéfices de cette nature auraient la faculté de renoncer totalement ou partiellement ». Elles imposaient, tout au contraire, d'exclure des bases d'imposition à l'IS la fraction du bénéfice net correspondant à l'exonération[(306)].

2) Le contribuable est assujetti à la loi d'impôt, indépendamment du point de savoir, en principe, si sa situation ou les faits qui sont à l'origine de son imposition sont, ou non, licites au regard d'une autre législation.

Plus qu'une manifestation du prétendu réalisme du droit fiscal, il faut y voir l'application pure et simple du principe de l'indépendance des législations.

3) Plus encore, le contribuable est tenu de collaborer à l'établissement de l'impôt, dès lors que celui-ci est perçu selon un procédé déclaratif.

Naturellement, sa collaboration forcée est imposée au contribuable à peine de sanction. Ce phénomène de sujétion du contribuable est illustré par l'ensemble des règles de la procédure fiscale non contentieuse.

Le défaut de collaboration fait encourir au contribuable l'application de règles marquées par une forme de radicalité. Encouru en cas de défaillances graves, l'établissement d'office des impositions (et un renversement corrélatif de la charge de la preuve de leur caractère exagéré) en est la manifestation majeure[(307)]. Par ailleurs, le contribuable dont la collaboration à l'établissement de l'impôt s'avérerait défectueuse s'expose au prononcé de sanctions administratives, voire pénales[(308)].

À cet égard, la qualité de la collaboration du contribuable peut faire l'objet d'un « suivi longitudinal ». La preuve du caractère délibéré des manquements du contribuable à ses obligations peut résulter de la réitération de certaines omissions ou erreurs[(309)]. Plus encore, ce suivi est parfois prévu par la loi elle-même. C'est ainsi que, dans le recouvrement de l'impôt, la procédure de relance généralisée est réservée au contribuable « primo-défaillant » (ou, à défaut, durablement « non défaillant »), légalement défini comme celui à l'encontre duquel aucune « autre défaillance de paiement n'a été constatée (...) au titre d'une même catégorie d'impositions au cours des trois années précédant la date limite de paiement ou la date de mise en recouvrement de l'imposition dont le recouvrement est poursuivi »[(310)].

(305) RES n° 2009/20 TCA, 31 mars 2009, repris au BOI-TVA-DED-20-10, n° 30.

(306) CE, 13 févr. 1980, n° 15.357 : *Dr. fisc.* 1980, n° 21, comm. 1167, pour un cas où un contribuable avait souhaité renoncer à une exonération d'IS pour échapper, corrélativement, au précompte alors exigible en cas de distribution de bénéfices non soumis antérieurement à cet impôt.

(307) V. notament LPF, art. L. 65 et L. 193.

(308) CGI, art. 1728 et s. et 1741 et s.

(309) CE, sect., 22 avr. 2005, n° 257.254, *Sté Limelight Boy's : Rec. CE* 2005, p. 168. – CE, 3 sept. 2008, n° 300.998, *Sté Jules Béchet : Dr. fisc.* 2008, n° 42, comm. 547, concl. P. Collin. – Comp. CE, 3 juill. 2009, n° 293.154, *Nachim : Dr. fisc.* 2009, n° 44-45, comm. 517, concl. É. Geffray, jugeant, en présence d'un différend d'interprétation non définitivement tranché, que l'intention du contribuable d'éluder l'impôt ne peut être établie par la seule circonstance que l'administration fiscale aurait déjà opéré, à son encontre, des rectifications similaires.

(310) LPF, art. L. 257-0 B. – Quatrième L. fin. rect. 2010, 29 déc. 2010, art. 55. V., pour un mécanisme du même ordre en matière d'établissement de l'impôt, D. 30 avr. 1955 relatif à la réforme des procédures et des pénalités fiscales, art. 9.

La sujétion du contribuable se manifestait au plus haut point dans le mécanisme de la contrainte par corps. Applicable sous des conditions évidemment restrictives, cette voie d'exécution[311] permettait l'incarcération du contribuable qui demeurait débiteur du Trésor, lorsqu'il avait été taxé d'office ou changeait fréquemment de lieu de séjour[312]. Depuis le 1er janvier 2005[313], la contrainte par corps, si elle demeure applicable en cas de défaut de paiement des amendes fiscales et douanières[314], ne semble plus applicable en cas de défaut de paiement des dettes fiscales *stricto sensu*.

On peut se demander si la survenance d'un cas de force majeure peut libérer, en tout ou partie, le contribuable de ses obligations. Parfois, l'exception de force majeure est d'une certaine manière prévue par la loi. C'est ainsi que la taxe sur les logements vacants n'est pas due « en cas de vacance indépendante de la volonté du contribuable »[315]. Dans le silence de la loi, une réponse positive ne peut être exclue, ainsi que le fait ressortir un arrêt de la Cour de cassation relatif au régime de faveur des marchands de biens[316]. Tout en admettant implicitement que l'exception de force majeure peut bénéficier à un marchand de biens n'ayant pas procédé à la revente d'un immeuble dans le délai légal, la cour confirme, au cas d'espèce, la validité de la déchéance du régime, au motif que l'occupation d'un immeuble par des *squatteurs* ne pouvait revêtir, pour un professionnel de l'immobilier, un caractère imprévisible[317].

B. – Les espaces de liberté et de protection

939. – Liberté et protection statutaires. L'impôt est un prélèvement forcé mais, dans les États modernes, le recours à l'impôt est une technique libérale de couverture des charges publiques. Ce paradoxe se prolonge lorsque l'on examine les conditions d'application de la loi fiscale : la sujétion du contribuable n'est pas exclusive du maintien à son profit de quelques espaces de liberté et de protection.

1) Sur le plan théorique, la protection du contribuable résulte principalement du principe de légalité fiscale. Paradoxalement, le régime d'opposabilité de la doctrine administrative contribue également à sa protection (V. *infra*, nos 958 et s.).

2) Au-delà de ces considérations générales, un autre élément protecteur résulte des principes gouvernant la consistance du fait générateur de l'impôt. Étroitement lié à l'existence de la matière imposable, le fait générateur de l'impôt doit nécessairement, dans les systèmes juridiques libéraux, être attaché à la situation ou à un comportement du contribuable. Le fait générateur de l'impôt ne peut jamais consister dans un acte spontané de l'administration. C'est certainement cette considération fondamentale qui a conduit au revirement de jurisprudence par lequel le Conseil d'État a décidé que, dans le cas des constructions irrégulières, le fait générateur des taxes d'urbanisme (qui, par définition ne peut pas être la délivrance du permis de construire) ne saurait être le procès-verbal constatant l'irrégularité des constructions. Dans cette hypothèse, le fait générateur de la taxe ne peut résider que dans l'achèvement des constructions irrégulières[318].

3) Sur la question du droit du contribuable de ne pas contribuer, en matière de sanction fiscale, à sa propre incrimination, V. CE, 17 mars 2010, n° 309.197, *Sté Café de la Paix : Dr. fisc.* 2010, n° 21, comm. 336, concl. N. Escaut, note L. Ayrault.

1° Les options fiscales

940. – Options fiscales. Loin de n'être constituée que de dispositifs obligatoires, la loi fiscale comporte de très nombreux mécanismes optionnels.

(311) Comp. CEDH, 8 juin 1995, *Jamil : JCP* G 1996, II, n° 22677.
(312) LPF, art. L. 271 et s. anc.
(313) L. 9 mars 2004 portant adaptation de la justice aux évolutions de la criminalité, art. 198.
(314) CPP, art. 749 et s.
(315) CGI, art. 232, VI.
(316) CGI, art. 1115.
(317) Cass. com., 8 déc. 2009, n° 08-70.331, *Sté Cofinfo : Dr. fisc.* 2010, n° 2, comm. 74.
(318) CE, plén., 23 juin 1986, n° 60.250, *Rubin : Rec. CE* 1986, p. 170 ; *Dr. fisc.* 1986, n° 46, comm. 3019, concl. M.-A. Latournerie.

1) Les régimes optionnels doivent être distingués de ceux qui, applicables sur autorisation administrative préalable, sont proches, au fond, des régimes applicables sur agrément administratif :

– autorisation d'achat en franchise de TVA pour les exportateurs et assimilés[319]. Cette autorisation réside (sauf cas de dispense) dans l'apposition d'un visa sur les attestations établies par les entreprises exportatrices et destinées à leurs fournisseurs ;

– autorisation permettant au redevable de bénéficier d'un délai supplémentaire d'un mois pour souscrire ses déclarations de TVA[320] ;

– autorisation du directeur départemental des finances publiques pour l'application d'un droit fixe sur certaines mutations de logements sociaux[321] ;

– autorisation pour le paiement fractionné ou différé des droits d'enregistrement[322].

Le régime d'autorisation en vue du paiement de la TVA d'après les débits[323] a été remplacé[324] par une simple option pour ce régime[325].

2) Un régime particulièrement original a disparu sous l'effet de la loi de finances rectificative pour 2007[326]. Il s'agissait d'une hypothèse dans laquelle une personne ne devenait redevable d'un impôt qu'à la condition d'avoir préalablement obtenu une *autorisation administrative* en ce sens. Destiné à lutter contre la « fraude des ferrailleurs », ce régime de taxation sur autorisation concernait, en matière de TVA, certaines entreprises réalisant des opérations portant sur des déchets neufs d'industrie et des matériaux de récupération[327]. Ce régime a été remplacé en 2008[328] par un mécanisme – moins original – d'auto-liquidation de la TVA par l'acheteur[329]. Le dispositif initial applicable en la matière était plus insolite encore, pour faire intervenir une « option sur autorisation administrative préalable » – l'option était prévue par la loi[330], l'autorisation préalable par un décret en Conseil d'État pris pour son application[331].

941. – Acte de volonté du contribuable. L'option se définit comme l'acte de volonté par lequel le contribuable exerce, sur le fondement d'un texte fiscal, un choix juridique conduisant à écarter l'application de la règle fiscale qui lui serait normalement applicable au profit de celle d'une autre règle fiscale.

1) L'option est toujours exercée par le contribuable ou son représentant légal. C'est le cas pour la généralité des options exercées au nom d'une personne morale ou lorsque le contribuable est frappé d'une incapacité légale. Sans doute l'option pour l'imposition distincte d'un enfant mineur à l'IR est-elle exercée par le contribuable[332]. Mais c'est au titre de représentant légal de l'enfant qu'il exerce, sans doute, ce choix.

2) Dans certaines hypothèses, l'option du contribuable doit être approuvée par un tiers. C'est le cas lorsque son exercice influe directement sur la situation juridique de celui-ci. Ainsi, l'option pour le régime de l'intégration fiscale, exercée par la société intégrante, suppose l'accord formel de chacune des filiales intégrées[333]. La même solution s'applique pour les groupes constitués en vue du

(319) CGI, art. 275.
(320) CGI, art. 287, 2, et CGI, ann. IV, art. 39 bis.
(321) CGI, art. 716.
(322) CGI, art. 1717 et CGI, ann. III, art. 396.
(323) CGI, art. 269, 2-c, et CGI, ann. III, art. 77, anc.
(324) Ord. 22 déc. 2003 relative à des mesures de simplification en matière fiscale, art. 3.
(325) CGI, art. 269, 2-c, et CGI, ann. III, art. 77.
(326) L. 25 déc. 2007, art. 57.
(327) CGI, art. 260 E à 260 G, anc., issus de L. fin. 1991, 29 déc. 1990, art. 33, II.
(328) L. fin. rect. 2007, préc.
(329) CGI, art. 283, 2° sexies.
(330) CGI, art. 260, 3° anc., issu de L. 6 janv. 1966 portant réforme des taxes sur le chiffre d'affaires, art. 5, 7°.
(331) CGI, ann. II, art. 198 anc., issu du décret du 22 décembre 1967. Pour une application contentieuse de ce dispositif, V. CAA Lyon, 12 juin 1991, n° 89-1265, *Sté Nasarre : Dr. fisc.* 1991, n° 48, comm. 2309, jugeant, sous l'empire du droit antérieur à la loi du 12 novembre 2013 habilitant le Gouvernement à simplifier les relations entre l'administration et les citoyens (V. actuellement CRPA, art. L. 231-1), que le silence conservé par l'autorité administrative sur la demande du contribuable ne présente pas le caractère d'une décision implicite d'acceptation de la demande d'option.
(332) CGI, art. 6, 2.
(333) CGI, art. 223 A.

paiement « consolidé » de la TVA[334]. De même, la notification de l'option tendant à l'assujettissement à l'IS des sociétés de personnes doit normalement être signée par tous ses associés (V. *infra*, n° 1612). L'option initiale est toutefois opposable, de plein droit, à tout nouvel associé entrant alors même qu'il n'aurait pas été invité à l'approuver : « alors même qu'elle devait être signée par tous les associés, [l'option] a été le fait de la société et non des associés pris individuellement »[335]. Une règle similaire est retenue pour l'option des SARL « de famille » pour le non-assujettissement à cet impôt (V. *infra*, n° 1614). En matière d'IR, l'option pour le rattachement des enfants majeurs au foyer est exercée par ces derniers. Elle doit, toutefois, être acceptée par les contribuables pour produire ses effets[336]. Enfin, la taxation optionnelle à la TVA de certaines locations immobilières suppose (lorsque le preneur est un non assujetti) que le bail mentionne l'existence de l'option exercée par le bailleur[337].

3) Un régime optionnel résulte normalement d'une disposition législative expresse en ce sens. Mais la doctrine administrative retient parfois l'existence de régime optionnel découlant implicitement de la loi (et la frontière est alors ténue entre régime d'option prévu par la loi et régime d'option fondé sur la doctrine administrative – V. sur ce dernier point, *infra*, n° 945, 2-*b*). Le régime d'imposition des revenus des auteurs des œuvres de l'esprit en fournit l'illustration. Présentant fondamentalement le caractère de BNC, les produits de droits d'auteur perçus par les auteurs des œuvres de l'esprit (écrivains, compositeurs, artistes et autres créateurs) sont – lorsqu'ils sont intégralement déclarés par des tiers – soumis de plein droit à l'IR selon les règles prévues en matière de traitements et salaires en application de l'article 93, 1 *quater* du CGI. Cet article prévoit expressément qu'il s'applique « sans préjudice de l'article 100 bis » du même code, cette dernière disposition organisant, dans le cadre des BNC réels, une option pour l'imposition des revenus tirés de certaines activités non commerciales selon la moyenne triennale (ou sur « option dans l'option » quinquennale) des recettes et des dépenses en cause. La doctrine administrative en déduit que les titulaires de produits de droits d'auteur déclarés par des tiers peuvent exercer une option tendant au « retour » de ces produits dans la catégorie des BNC – cette option étant totalement indépendante d'une éventuelle application de la moyenne pluriannuelle[338].

942. – **Acte-condition.** Cet acte de volonté du contribuable s'analyse comme un acte-condition : il permet l'application au contribuable d'un statut particulier sans modifier la nature légale et réglementaire de sa situation juridique.

La circonstance que l'exercice d'une option suppose la souscription de certains engagements par le contribuable est sans incidence sur cette qualification.

L'exercice d'une option résulte le plus souvent d'un acte positif formel. Sauf disposition contraire, une abstention ne peut être regardée comme l'exercice d'une option[339]. La loi admet toutefois qu'une option peut être renouvelée par tacite reconduction (V. *infra*, n° 1624).

Le principe de légalité fiscale exige que les conditions et les effets de l'option soient déterminés par la loi.

La doctrine administrative peut apporter des tempéraments aux règles légales relatives aux conditions d'exercice des options fiscales ou à leurs effets. Ces tempéraments sont opposables à l'administration fiscale sous les mêmes conditions que les autres interprétations formelles de la loi fiscale (V. *infra*, n°s 958 et s.). En revanche, l'administration ne peut opposer aux contribuables la doctrine qu'elle a conçue en la matière. La même dissymétrie se retrouve à l'égard des options fiscales instituées par voie doctrinale (V. *infra*, n° 945, 2, *b*).

(334) L. fin. rect. 29 déc. 2010, art. 50. – CGI, art. 1693 ter.
(335) CE, 11 juin 1986, n° 46.697 : *RJF* 8-9/1986, n° 788.
(336) V. CGI, art. 6, 3, 2° et art. 196 B.
(337) CGI, art. 260, 2°, *b*.
(338) BOI-BNC-SECT-20-10-50, précisant, n° 30, que l'option produit obligatoirement ses effets pour l'année au titre de laquelle elle est exercée et les deux années suivantes, période au cours de laquelle elle est, selon l'administration, irrévocable.
(339) CE, 17 mai 1991, n° 68.211, *Cherruault* : *Dr. fisc.* 1991, n° 39, comm. 1699, concl. J. Arrighi de Casanova.

943. – Objet variable des options. Très diverses dans leur portée, les options fiscales peuvent avoir des objets variés.

1) L'exercice d'une option tend, le plus souvent, à l'application de règles déterminées dans le cadre de la perception d'un impôt exigible de plein droit, c'est-à-dire indépendamment de l'option. Ces règles peuvent concerner aussi bien l'assiette ou la liquidation de l'impôt que son recouvrement.

Les options se rapportent le plus souvent aux règles d'établissement de l'impôt et ne concernent alors, par construction, que les impôts déclaratifs. Plus rares, les options ouvertes en matière de recouvrement jouent indépendamment du mode d'établissement de l'impôt. C'est ainsi qu'une option pour le paiement mensuel est ouverte en matière de taxe d'habitation ou de taxe foncière(340) comme en matière d'IR, c'est-à-dire lorsque le contribuable « en exprime le désir »(341). À noter que l'option pour le paiement mensuel de la taxe d'habitation produit de plein droit ses effets pour le paiement de la contribution audiovisuelle(342).

En droit positif, de tels régimes optionnels sont extrêmement nombreux et on serait bien en peine de les énumérer tous.

Il est d'ailleurs difficile de distinguer les simples régimes dérogatoires facultatifs des véritables régimes optionnels lorsque ces derniers ne font pas intervenir une option formelle. C'est le cas, notamment, lorsque l'option résulte exclusivement de certaines modalités particulières de déclaration (mises en œuvre lors de l'accomplissement d'obligations déclaratives générales).

La distinction n'est pourtant pas dénuée d'intérêt. On peut penser qu'il appartient au contribuable d'apporter la preuve qu'il remplit (lorsqu'elles existent) l'ensemble des conditions d'application d'un régime de faveur authentiquement optionnel (et qu'il a régulièrement exercé l'option considérée). En revanche, les régimes de faveur « extra-optionnels » relèvent d'un régime de preuve objective(343).

Une catégorie d'options fiscales mérite une mention particulière. Il s'agit de celles qui (répandues) permettent à des « petits » contribuables relevant de régimes d'imposition forfaitaires (ou simplifiés) d'opter pour l'application de régimes plus perfectionnés et plus contraignants (mais pouvant se révéler plus favorables) consistant dans une détermination réelle des bases d'imposition.

2) Plus radicalement, l'exercice de certaines options commande l'application même d'un prélèvement fiscal. L'option peut faire entrer celui qui l'exerce dans le champ d'une imposition (et, partant, le constituer redevable de l'impôt) ou, à l'inverse, exclure son assujettissement.

L'option fiscale peut ainsi avoir des effets sur le champ d'application personnel de l'impôt. Les sociétés de personnes (ou même certaines personnes physiques) peuvent par exemple opter pour leur assujettissement à l'IS (V. *infra*, n° 1612). À l'inverse, une société de capitaux peut échapper à l'IS sur la base de diverses options entraînant son non-assujettissement (V. *infra*, n° 1613). Les options prévues en vue du rattachement des personnes à un foyer fiscal donnant lieu à une imposition commune pour l'IR produisent des effets voisins (V. *infra*, n° 1385). Enfin, en matière de TVA, certaines exonérations légales présentent un caractère facultatif, pour être susceptibles d'être écartées sous l'effet d'une option pour la taxation exercée par l'assujetti.

Sur les conséquences du régime optionnel de l'intégration fiscale sur la situation fiscale des filiales intégrées, V. *infra*, nos 1626 et 1627.

3) Existent, enfin, des mécanismes optionnels qui produisent des effets liés à la territorialité de l'impôt ou à l'application temporelle de la loi fiscale.

(340) CGI, art. 1681 ter et 1681 ter A.
(341) CGI, art. 1681 A.
(342) CGI, art. 1681 ter B.
(343) Comp. D. Péano, concl. sur CAA Bordeaux, 15 déc. 1998, n° 96-776, *Sté C2G Informatique : Dr. fisc.* 1999, n° 18, comm. 359.

1) Deux exemples d'option « territoriale » peuvent être donnés. Ainsi, en matière d'opérations intracommunautaires, les « petits » vendeurs à distance de biens « ordinaires » peuvent opter pour l'application de la TVA de l'État de résidence de l'acheteur (non assujetti), qui se substitue alors à la TVA de l'État d'établissement du vendeur, normalement exigible (V. *infra*, n° 1218). Dans cet ordre d'idées, certaines PME pouvaient opter, dans de cadre de l'IS, pour l'imputation provisionnelle sur leur résultat de leurs pertes « étrangères » (V. *infra*, n°s 1642 et s.).

2) Il arrive parfois que des dispositions législatives nouvelles soient assorties de mécanismes transitoires permettant au contribuable de bénéficier sur option, pendant une certaine période, du régime antérieur. C'est le cas, par exemple, pour la déduction de certaines cotisations sociales facultatives où les dispositions anciennes ont pu[(344)] ou peuvent[(345)] continuer à s'appliquer à titre transitoire « si elles sont plus favorables » que celles résultant de la loi nouvelle.

944. – **Forme et époque de l'option.** 1) Pour être régulier, l'exercice d'une option suppose l'accomplissement d'un acte positif obéissant généralement à certaines formes.

Même si elle a pu paraître dans le passé un peu hésitante, la jurisprudence actuelle semble refuser de faire produire un quelconque effet à une option qui ne serait qu'implicite. Ainsi, l'option pour l'assujettissement à la TVA d'une location immobilière normalement exonérée ne peut résulter du seul paiement spontané de la TVA par le bailleur[(346)].

Lorsque tel est le cas, le respect de ces formes est contrôlé par le juge. Le degré d'exigence dont il fait preuve à cet égard apparaît variable.

a) Un formalisme strict a pu être parfois requis lorsque l'option influe sur le *principe* de l'imposition[(347)].

Mais la jurisprudence la plus récente semble s'attacher à ce que l'expression de la volonté du contribuable relativement à l'exercice de l'option puisse, au fond, être établie de manière claire et univoque. Ainsi, la circonstance que la lettre de notification de l'option d'une SARL « de famille » pour le régime des sociétés de personnes ne comportait pas tous les renseignements réglementairement exigés est sans incidence sur l'imposition de ses associés, dès lors que ces derniers y « exprimaient leur accord en faveur de l'option dont le bénéfice était demandé »[(348)]. De même, l'option requise par les textes en vue de l'assujettissement à la TVA de locations immobilières normalement exonérées peut être exercée à l'occasion de la déclaration d'existence de la société bailleresse, à la condition toutefois que cette déclaration comporte des indications suffisamment précises pour identifier le ou les immeubles auxquels l'option se rapporte[(349)].

Le libéralisme du juge n'est pas toutefois sans limite. Ainsi, s'il est admis qu'une société civile peut valablement opter pour l'IS en souscrivant sa déclaration d'existence auprès d'un centre de formalités des entreprises[(350)], c'est à la condition que se trouve manifesté sans ambiguïté l'exercice de cette option. Tel n'est pas le cas lorsque la société a souscrit une déclaration d'existence ne mentionnant pas l'option – la circonstance qu'elle ait joint à cette déclaration ses statuts, qui mentionnaient son

(344) CGI, art. 83, 2° 0 bis.
(345) CGI, art. 154 bis et art. 154 bis-0 A.
(346) CE, 22 juill. 1977, n° 96.598, *Sté des Dhuits : RJF* 10/1977, n° 539, concl. D. Fabre, p. 321. – CE, 6 avr. 1987, n° 59.523, *Sté Sicomi-Coop : Dr. fisc.* 1987, n° 41, comm. 1830, non reprod. ; *RJF* 6/1987, n° 615. – CE, 1er juin 1990, n° 63.998, *Villoteau : Dr. fisc.* 1990, n° 41, comm. 1852. – Comp. retenant la solution inverse en matière de taxe locale, CE, plén., 9 mai 1973, n° 85.319, *Sté Ets Caput et fils : Dr. fisc.* 1974, n° 9, comm. 254, concl. G.-W. Schmeltz.
(347) CE, 23 janv. 1961, n° 39.365 : *Rec. CE* 1961, tables p. 1019. – CE, 26 nov. 1984, n° 29.846 : *RJF* 1/1985, n° 69. – CE, 1er avr. 1987, n° 60.501 : *RJF* 5/1987, n° 535.
(348) CE, 21 déc. 2006, n° 282.078, *Bohbot : Dr. fisc.* 2007, n° 50, comm. 1044.
(349) CE, 23 déc. 2011, n° 323.189, *Sté Mercedes : Dr. fisc.* 2012, n° 10, comm. 178 ; *BDCF* 3/2012, n° 32, concl. P. Collin, considérant au cas d'espèce que cette condition n'est pas remplie compte tenu du caractère général de l'activité de la société en cause. – Comp. dans un sens exagérément formaliste, et non dénué d'ambiguïté, CE, 1er juin 1990, n° 63.998, *Villoteau*, préc.
(350) Et non pas seulement en notifiant cette option au service des impôts du lieu de son principal établissement comme l'exige toujours la réglementation fiscale – V. CGI, ann. IV, art. 22.

option pour le régime fiscal des sociétés de capitaux, n'étant pas de nature à permettre de regarder comme accomplie la formalité de notification de l'option(351).

b) La souplesse dont fait preuve le juge fiscal est encore plus grande lorsque l'option n'influe que sur les *modalités* d'une imposition. Dans ce cas, le juge accepte généralement de rechercher, au-delà des considérations de forme, l'intention manifestée, au fond, par le contribuable(352).

c) L'exercice d'une option est parfois assimilé par le juge fiscal à l'introduction d'une action contentieuse. C'était le cas, par exemple, dans le cadre de l'IS, de l'option (expressément qualifiée comme telle par la loi) pour le report en arrière des déficits (V. *infra*, n° 1685). En présence d'une telle assimilation, l'exercice de l'option relève en tous points du régime procédural des réclamations contentieuses, c'est-à-dire des règles de la procédure fiscale contentieuse(353).

2) La question se pose également de savoir à quelle époque une option doit être formée pour produire les effets attendus. Cette question importante a été réglée dans la décision *Société Sicli* rendue par le Conseil d'État en 2015.

a) Tout en affirmant le principe – libéral – selon lequel « les dispositions qui prévoient que le bénéfice d'un avantage fiscal est demandé par voie déclarative n'ont, en principe, pas pour effet d'interdire au contribuable de régulariser sa situation dans le délai de réclamation »(354), la Haute juridiction lui apporte deux tempéraments :

– il en va différemment, d'abord, et inévitablement, dans le cas où la loi elle-même « a prévu que l'absence de demande dans le délai de déclaration entraîne la déchéance du droit à cet avantage » ;

– de manière plus surprenante, il en va de même, selon le Conseil d'État, dans le cas où la loi « offre au contribuable une option entre différentes modalités d'imposition »(355).

b) Il en résulte, en matière d'option fiscale, les conséquences suivantes :

– l'option dont la loi(356) précise qu'elle doit être formée lors de l'accomplissement des obligations déclaratives, ne peut être exercée ultérieurement, par voie de réclamation ;

(351) CE, 30 déc. 2011, n° 342566, *Sté Distribur : Dr. fisc.* 2012, n° 10, comm. 172. V. dans le même sens, du même jour, n° 342567, *Sté Districp*, et n° 342568, *Sté SMIE* (non reproduits).

(352) CE, 24 nov. 1976, n° 726 : *RJF* 1/1977, n° 13, à propos d'une lettre non signée par le contribuable par laquelle « l'intéressé a clairement manifesté sa volonté d'être imposé [sur option] d'après [son] bénéfice réel ». – V. également CAA Nantes, 28 nov. 1990, n° 89-1383, *Badier : Dr. fisc.* 1991, n° 15, comm. 825 et CAA Nancy, 11 mai 1994, nos 92-819 et a., *Debroux et a. : Dr. fisc.* 1995, n° 4, comm. 139, concl. J. Felmy, jugeant que l'option d'un titulaire de BNC pour le régime de la comptabilité commerciale peut résulter de la seule circonstance qu'il a coché la case pré-imprimée « créances acquises et dépenses engagées » sur sa déclaration de bénéfice. – V. en sens contraire sur le même point, CAA Paris, 24 nov. 2006, n° 04-2999, *Caron : Dr. fisc.* 2007, n° 51, comm. 1058. – *Adde* CE, 10 mai 1991, n° 77.482, *Chaufete : RJF* 7/1991, n° 932, laissant au contribuable le bénéfice de ce régime optionnel au motif que, l'administration ne lui ayant demandé que très tardivement des éclaircissements sur ce point, il doit « être regardé comme ayant été empêché de justifier de ladite option ».

(353) V. LPF, art. L. 190 et s. et art. R. 190-1 et s.

(354) V. LPF, art. R. 196-2. Dans le cas général, le délai de réclamation expire à la fin de la deuxième année qui suit l'acte d'imposition ou, en l'absence d'un tel acte, le versement de l'impôt. Cet élément de la solution, qui fait écho aux termes mêmes de l'article L. 190 du Livre des procédures fiscales, avait déjà été retenu (V. CE, 24 oct. 2014, n° 366.962, *Davidas : Dr. fisc.* 2014, n° 50, comm. 675 ; *BDCF* 01/2015, n° 4, concl. N. Escaut).

(355) CE, 11 mai 2015, n° 372.924, *Min. c/Sté Sicli : Dr. fisc.* 2015, n° 37, comm. 539, note Ch. Ménard et B. Bardet ; *BDCF* 8-9/2015, n° 107, concl. E. Bokdam-Tognetti). On ne peut donc déduire automatiquement une règle de déchéance de ce que le législateur a posé que le bénéfice d'un avantage fiscal devait être demandé lors de l'accomplissement des obligations déclaratives. V. antérieurement, retenant à l'inverse une telle déchéance, CE, 3 mai 1995, n° 134.993, *Sté Gheradi : RJF* 6/1995, n° 709 ; *BDCF* 6/1995, n° 51, concl. F. Loloum, à propos de l'exonération d'IS prévue en faveur des entreprises nouvelles.

(356) Un acte réglementaire ne devrait pas pouvoir, en revanche, enfermer valablement l'exercice d'une option dans le délai de déclaration (V. CE, ass., 13 mars 1981, n° 13.098 : *Dr. fisc.* 1989, n° 291 comm. 1472, concl. P. Lobry, jugeant que « s'il appartient au pouvoir réglementaire de préciser en tant que de besoin les indications que les contribuables sont

– dans le cas inverse, c'est-à-dire dans le silence de la loi, l'option peut être exercée par voie de réclamation.

Des arrêts antérieurs du Conseil d'État avaient déjà retenu que le contribuable ne pouvait revenir, par voie de réclamation, sur une option exercée, conformément aux prévisions de la loi, dans le délai de déclaration(357), non plus qu'il ne pouvait demander le bénéfice d'un régime optionnel lorsque l'option n'avait pas été, conformément aux prévisions de la loi, formée lors de l'accomplissement des obligations déclaratives(358).

Fondée sur l'idée que l'option doit toujours procéder d'un choix responsable, cette solution suscite trois remarques(359). Il sera parfois difficile, d'abord, de distinguer une option authentique, au sens de l'arrêt *Société Sicli*, du cas où des avantages fiscaux, facultatifs et exclusifs les uns des autres, sont parallèlement organisés par la loi(360). Elle heurte de front, ensuite, les solutions par lesquelles il a été jugé que, pour certains régimes optionnels, la déclaration d'option devait s'analyser, justement, comme une réclamation contentieuse(361). Il apparaît enfin difficile de concilier la solution consacrée par l'arrêt *Société Sicli* à l'égard des options fiscales avec celle, plus fondamentale sans doute, selon laquelle un contribuable faisant l'objet d'une procédure d'imposition d'office doit néanmoins pouvoir, sauf disposition législative contraire, être mis en mesure d'exercer les options qui lui auraient été normalement ouvertes dans le cadre procédural ordinaire(362).

945. – **Opposabilité de l'option.** Le régime d'opposabilité de l'option dépend, à titre principal, de son caractère régulier ou irrégulier.

1) *a)* L'option, à la supposer régulière, est opposable à l'administration comme au contribuable : « l'exercice par un contribuable, au titre d'une année d'imposition, d'une option qui lui est ouverte par la loi fiscale a le caractère d'une décision de gestion qui lui est opposable »(363).

---

tenus de fournir à l'appui de la déclaration de leurs résultats dans la mesure où ces indications sont nécessaires pour permettre à l'administration de vérifier la conformité des opérations faites par le contribuable avec les exigences de la loi, seul le législateur peut assortir ces règles de sanctions autres que celles déjà attachées par la loi au défaut de déclaration ou à la production d'une déclaration irrégulière »). V. également sur cette question CE, 16 juill. 2008, n° 300.839, *Berland*, et n° 299862, *Sté JMSFB (non reproduit) : Dr. fisc.* 2008, n° 43, comm. 550, concl. C. Verot, note M. Guichard et R. Grau, jugeant qu'une disposition réglementaire prévoyant que certains documents doivent être joints à une déclaration ne saurait avoir pour effet d'interdire régulariser cette situation en produisant ces documents dans le délai de réclamation.

(357) CE, 2 juin 1989, n° 62.979, *Bussoz : Dr. fisc.* 1990, n° 8, comm. 342, à propos de l'option pour le rattachement d'un enfant majeur au foyer de ses parents pour l'application de l'IR.

(358) CE, 14 févr. 2001, n° 198.470, *Labruyère : Dr. fisc.* 2001, n° 16, comm. 368, à propos, en matière de plus-values de cession de valeurs mobilières et droits sociaux, d'un report d'imposition applicable sur option. V. également CE, 24 oct. 2014, n° 366.962, *Davidas : Dr. fisc.* 2014, n° 50, comm. 675 ; *BDCF* 01/2015, n° 4, concl. N. Escaut, n'admettant pas que l'option pour l'assujettissement de revenus de capitaux mobiliers à un prélèvement libératoire de l'IR puisse être formée *a posteriori*.

(359) Outre qu'elle procède à la généralisation d'une décision – l'arrêt *Bussoz* de 1990 – qui est en réalité particulièrement atypique : dans cette affaire, le contribuable, imposé à l'IR sur une base minimale forfaitaire déterminée en fonction de certains éléments de train de vie (CGI, art. 168), entendait voir remis en cause le rattachement à son foyer de son enfant majeur pour interdire à l'administration de tenir compte, lors de cette évaluation, des éléments du train de vie propres à se dernier.

(360) L'arrêt *Sté Sicli* (préc.) lui-même en fournit d'ailleurs l'illustration, en jugeant, en présence de deux avantages exclusifs l'un de l'autre, que le choix de l'un des avantages vaut renoncement à l'autre.

(361) La solution avait été retenue (avant la deuxième loi de finances rectificative pour 2011) à l'égard de l'option en vue du report en arrière des déficits (V. notamment CE, 19 déc. 2007, n°s 285.588 et a., *Sté Vérimédia : Dr. fisc.* 2008, n° 7, comm. 173, concl. C. Landais. V., sur cette question, *infra*, n° 1685.

(362) CE, ass., 2 févr. 1973, n° 78195 : *Rec. CE* 1973, p. 91 ; *Dr. fisc.* 1973, n° 17, comm. 670, jugeant, relativement aux modalités de prise en compte de certains frais pour la détermination d'une plus-value immobilière nette que « le choix du mode de calcul forfaitaire est laissé à la discrétion du contribuable et qu'aucune disposition ne fait obstacle à ce que le contribuable, même taxé d'office, prétende, à l'appui de sa réclamation, rétablir le calcul de la plus-value taxable en faisant état du montant réel des impenses dont il pourrait justifier ». V. également CE, 10 août 2007, n° 27.238, *Sté Mazamet Distribution : Dr. fisc.* 2007, n° 48, comm. 1000, permettant à une entreprise taxée d'office faute d'avoir respecté ses obligations déclaratives de choisir, après l'expiration du délai de déclaration, la compensation d'une plus-value professionnelle à long terme avec son déficit courant. Les textes applicables dans chacune des deux décisions précitées n'imposent pas, il est vrai, que l'option soit formée au stade de la déclaration.

(363) CE, 11 févr. 1994, n° 117.302, *Sté Éts Dupeux : Dr. fisc.* 1994, n° 19, comm. 886, concl. G. Bachelier.

L'option ne devient définitive qu'à l'expiration du délai ouvert pour son exercice : le contribuable peut toujours revenir sur l'option exercée, dès lors que le délai d'exercice de l'option n'est pas expiré[364].

Faisant appel à la notion de décision de gestion (qui n'est pas véritablement reçue dans la fiscalité des particuliers), la solution de principe de l'arrêt *Sté Éts Dupeux* intéresse les options ouvertes aux entreprises. La jurisprudence concernant les options des particuliers est plus incertaine. Le juge dénie parfois au contribuable la faculté de renoncer à une option définitive. C'est le cas, en matière d'IR, pour le rattachement d'enfants à charge au foyer fiscal[365]. Mais ce droit lui est parfois reconnu[366].

Naturellement, même régulièrement exercée, une option fiscale peut être frappée de déchéance si les conditions légales tenant au bénéfice du régime optionnel venaient à ne plus être réunies.

b) Le même régime d'opposabilité « universelle » s'applique, symétriquement, pour l'absence d'option (qui est également opposable au contribuable et à l'administration).

Aucune disposition législative ou réglementaire ne fait obligation à l'administration, à cet égard, de rappeler à un contribuable qu'il a la faculté d'opter entre deux régimes différents, ni de lui signaler l'intérêt que peut présenter pour lui l'option pour l'un ou l'autre de ces régimes[367].

Ce cas se rencontre, en particulier, lorsque l'intéressé n'a pas exercé l'option dans le délai légal[368].

Dans le silence de la loi, il semble qu'une simple disposition réglementaire ne peut enfermer l'exercice d'une option dans un délai préfix. Confronté à une option présentant ce caractère, le Conseil d'État a retenu une solution qui l'a dispensé de statuer sur cette question[369]. Il a en effet considéré que l'exercice de cette option devait s'analyser comme l'introduction d'une réclamation contentieuse (et obéissait, en conséquence, aux délais du contentieux fiscal)[370]. Sur le régime actuel du report en arrière des déficits, V. *infra*, n°s 1685 et s.

Une difficulté particulière réside dans le cas où le droit interne a privé irrégulièrement le contribuable d'une option, cette invalidité du droit interne étant établie postérieurement à la date où l'option aurait dû, selon le droit interne, être exercée pour produire valablement ses effets. On doit considérer, dans cette hypothèse, que l'absence d'option n'est pas opposable au contribuable et qu'il peut, dans le délai de réclamation, contester son imposition en se prévalant *a posteriori* du régime optionnel. Dans le passé, la révélation de l'invalidité du droit interne pouvait même être de nature à rouvrir au bénéfice du contribuable le délai de réclamation qui était, le cas échéant, expiré[371].

---

(364) CE, sect., 19 juin 1970, n° 75.604 : *Dr. fisc.* 1970, n° 51, comm. 872.

(365) CE, sect., 19 juin 1970, n° 75.604, préc. La doctrine administrative est sur ce point plus souple.

(366) CE, 15 nov. 1978, n° 10.908 : *Dr. fisc.* 1979, n° 32-38, comm. 1673, concl. P. Rivière, jugeant implicitement qu'un contribuable qui a opté par application de l'article 163, ancien, du CGI pour l'étalement d'un revenu exceptionnel peut, dans le délai de réclamation, revenir sur cette option.

(367) CE, 12 juill. 1978, n° 6.401 : *Dr. fisc.* 1979, n° 9, comm. 392, concl. B. Martin-Laprade.

(368) CE, 18 oct. 1972, n° 81.341 : *Rec. CE* 1972, p. 649. – CE, 16 avr. 1980, n° 10.828 : *Dr. fisc.* 1980, n° 29, comm. 1546, concl. P. Rivière. – CE, 18 nov. 1988, n° 74.383 : *Dr. fisc.* 1989, n° 13, comm. 645, concl. O. Fouquet.

(369) CE, 30 juin 1997, n° 178.742, *Min. c/Sté Sectronic* : *Dr. fisc.* 1997, n° 50, comm. 1301 ; *RJF* 8-9/1997, n° 776, p. 511, concl. J. Arrighi de Casanova, à propos de l'option pour le report en arrière des déficits.

(370) V. également CAA Paris, 14 mai 2002, n° 98-3194, *Sté Benenati* : *Dr. fisc.* 2002, n° 39, comm. 726, concl. D. Kimmerlin, jugeant que la même option peut être exercée dans le délai de réclamation « sans qu'y fassent obstacle les dispositions de l'article 46 quater-0 W de l'annexe III au CGI » (dispositions qui prévoyaient que la déclaration d'option doit être jointe à la déclaration de résultats de l'exercice au titre duquel cette option a été exercée).

(371) Avant la troisième loi de finances rectificative pour 2012, la révélation par une décision juridictionnelle de la non-conformité d'une règle de droit à des normes supérieures pouvait être constitutive d'un événement de nature à rouvrir le délai de réclamation ouvert au contribuable pour contester la légalité d'une imposition déterminée sur le fondement de cette règle de droit (ou même par référence à celle-ci). Le régime de cette réouverture de délai était le suivant : l'intervention (généralement à l'initiative d'un tiers) de la décision juridictionnelle révélant la non-conformité au droit supérieur de règles fiscales dont il a été précédemment fait application conduisait (moyennant la détermination d'une période dite « répétible ») à ce que le délai de réclamation recommence à courir, pour sa durée ordinaire, à compter de la date de l'intervention de la décision juridictionnelle en cause.
La troisième loi de finances pour 2012 (L. 29 déc. 2012, art. 26, I), a mis fin à l'existence de ce régime de délai particulier qui – coûteux pour les finances publiques – conduisait à l'application de règles procédurales plus souples en présence d'une non-conformité révélée par la juridiction suprême de l'un des deux ordres ou la Cour de justice de l'Union

2) Le régime d'opposabilité de l'option et plus complexe dans le cas de l'option irrégulière. Celle-ci, qui se définit de manière générale comme l'option contraire à la loi, peut revêtir trois formes distinctes :

a) le cas le plus simple est celui dans lequel l'option ne répond pas aux conditions égales. Hormis le cas où elle pourrait trouver un fondement dans la doctrine administrative, une telle option est normalement de nul effet : ni le contribuable ni l'administration ne devraient pouvoir s'en prévaloir.

Le juge fiscal vérifie naturellement que les conditions légales de l'option sont réunies[372]. Un agent du fisc ne peut, de manière générale, autoriser un contribuable à exercer une option lorsque ses conditions d'ouverture ne sont pas réunies : le contribuable ne peut opposer à l'administration « la prétendue décision implicite de l'inspecteur acceptant, en dépit de son irrégularité, l'option du contribuable en faveur [d'un] régime [particulier] »[373]. Cette solution a toutefois été retenue au titre d'une période où les appréciations formelles portées par l'administration sur la situation de fait du contribuable ne lui étaient pas encore opposables (V. *infra*, n° 1012).

Dans le cas où la doctrine administrative de portée générale aurait assoupli les conditions légales d'option, le juge vérifie (au titre de la condition de conformité, V. *infra*, n° 994) que le contribuable entre bien dans les prévisions de la doctrine administrative considérée.

Toutefois, dans cette hypothèse, la théorie de l'apparence peut jouer, à l'initiative de l'administration, à l'encontre du contribuable : « l'administration fiscale est en droit d'opposer au contribuable les conséquences du régime fiscal pour lequel il a opté, sans que [celui-ci] puisse utilement se prévaloir, ultérieurement, de ce qu'il ne remplissait pas les conditions auxquelles le bénéfice de ce régime est subordonné (...) »[374] ;

Incontestablement sévère (et au fond assez discutable), cette opposabilité au contribuable de l'apparence née de l'option irrégulièrement exercée ne constitue qu'une simple faculté pour l'administration. Celle-ci peut naturellement, dès qu'elle en a connaissance, remettre en cause *ab initio* les effets découlant de l'exercice de l'option[375].

Cette solution est à rapprocher de celle par laquelle le Conseil d'État retient l'application d'un régime fiscal – pour lequel le contribuable avait clairement manifesté son intention d'opter – en dépit de l'irrégularité qu'aurait commise l'administration en acceptant cette option nonobstant la tardiveté de son exercice[376]. Le contribuable ne peut donc utilement critiquer *a posteriori* la bienveillance dont l'administration a fait preuve à son égard.

b) cette hypothèse doit être distinguée du cas où l'option exercée est ouverte par la seule doctrine administrative. Dans cette hypothèse – à supposer que les conditions

---

européenne (réouverture du délai) qu'en présence d'une déclaration d'inconstitutionnalité prononcée par le Conseil constitutionnel statuant sur une question prioritaire de constitutionnalité (aucune réouverture du délai).

(372) V. par ex. CE, 16 mars 1977, n°s 91.896 et a. : *Dr. fisc.* 1977, n° 21-22, comm. 868. – CE, 7 août 2008, n° 283.238 : *Joly* : *Dr. fisc.* 2008, n° 36, p. 6, non reproduit.

(373) CE, 15 févr. 1977, n° 99.933 : *Rec. CE* 1977, p. 92 ; *Dr. fisc.* 1977, n° 13, comm. 492.

(374) CE, 30 juill. 2010, n° 317.425, *Tasset* : *Dr. fisc.* 2010, n° 50, comm. 593, concl. P. Collin, note J.-L. Pierre. V. également, dans le même sens, CE, 24 oct. 2014, n° 362.831, *Min. c/Martel*, inédit.

(375) CE, 30 juill. 2010, *Tasset*, préc.

(376) CE, 10 nov. 1976, n° 95.430, *Farel* : *Dr. fisc.* 1977, n° 12, comm. 471, à propos de l'option exercée par un contribuable pour son assujettissement à la TVA selon un régime réel d'imposition. – CE, 5 nov. 2014, n° 367.371, *Perez* : *Dr. fisc.* 2015, n° 12, comm. 221, concl. V. Daumas, note L. Chatain-Autajon, à propos de l'option d'une SARL « de famille » pour le régime fiscal des sociétés de personnes (CGI, art. 239 bis AA ; V. *infra*, n° 1614). Dans ce dernier arrêt, l'administration avait « accepté » l'option pour un exercice alors même qu'elle ne lui a été notifiée que postérieurement à la date de son ouverture.

générales tenant à l'opposabilité de la doctrine administrative ouvrant l'option soient réunies, V. *infra*, n°s 958 et s. – l'option est opposable à l'administration si les conditions « doctrinales » tenant à l'exercice de l'option sont satisfaites[377]. En revanche, une telle option ne peut être opposée au contribuable par l'administration[378] ;

1) Dans un premier état de la jurisprudence, le juge fiscal considérait que le fisc pouvait opposer au contribuable l'option qu'il avait exercée sur la seule base de la doctrine administrative[379]. Le contribuable ne pouvait se repentir : il se trouvait comme enfermé « dans le piège de la doctrine administrative illégale » dont il avait fait application[380].

2) La jurisprudence a ultérieurement abandonné cette solution, au motif qu'« aucune disposition législative ni aucun principe de droit ne permettent au juge de l'impôt de maintenir une imposition contestée, lorsque celle-ci est dépourvue de base légale, en se fondant sur ce que cette imposition trouve sa justification dans une instruction administrative, elle-même dépourvue de base légale »[381].

Dans l'état actuel du droit, les conséquences légales d'une option « doctrinale » ne sont pas opposables au contribuable. Il n'y pas lieu, à cet égard, de distinguer selon que ces conséquences découlent très directement ou plus indirectement de l'option. Dans l'arrêt *Palatchi*, le Conseil d'État considère que l'option (alors prévue par la seule doctrine administrative) d'une société civile pour le régime des sociétés de capitaux ne peut être opposée à celle-ci ni, partant, à ses associés. Les avances consenties à ces derniers par la société ne peuvent être taxées au titre des revenus distribués[382], ce régime ne concernant que les distributions opérées par les sociétés passibles (de plein droit ou sur option « légale ») de l'IS. Un arrêt ultérieur a confirmé cette solution. Empreint d'une forme de radicalité, il marque la volonté de n'opposer au contribuable aucune des conséquences d'une option fondée sur la seule doctrine administrative. Les faits de l'espèce sont simples. Un promoteur immobilier avait placé une cession immobilière sous un régime d'exonération prévu par la seule doctrine administrative. L'administration avait refusé à l'entreprise le droit de déduire la TVA ayant grevé les éléments du prix de cette opération au motif que la cession n'avait pas été taxée. Censurant le juge du fond, le Conseil d'État conclut à l'existence du droit à déduction : « la circonstance que le vendeur a déduit la taxe sur la valeur ajoutée ayant grevé les travaux effectués sur son ensemble immobilier, alors qu'une telle déduction est exclue par la [doctrine administrative] en cas d'option pour le régime d'exonération de la vente du bien » permettait seulement à l'administration d'imposer cette vente. En revanche, cette circonstance n'autorisait pas l'administration à priver le contribuable du droit à déduction qu'il tirait de la loi[383]. S'appuyant sur des solutions retenues dans quelques arrêts passablement atypiques[384], le Conseil d'État confirme donc l'arrêt *Palatchi* au prix, on est en droit de le penser, d'une entorse aux principes logiques gouvernant la TVA[385].

c) un cas particulier d'irrégularité réside dans l'option « forcée », c'est-à-dire de l'option « arrachée » au contribuable par l'administration et dans laquelle son consentement à l'option apparaît vicié : le contribuable peut sans doute se prévaloir de l'option. Celle-ci ne peut toutefois lui être opposée par l'administration.

Un arrêt du Conseil d'État fournit une illustration de cette hypothèse (sans doute aussi exceptionnelle que regrettable). L'affaire mettait en cause une option permettant l'application rétroactive d'un nouveau régime d'imposition intéressant les fusions de sociétés. Le directeur général des impôts avait pris

(377) CE, 10 mai 1991, n° 77.482, *Chaufete* : *RJF* 7/1991, n° 932.
(378) CE, 7 oct. 1987, n° 66.210, *Palatchi* : *Dr. fisc.* 1988, n° 9, comm. 439, concl. B. Martin-Laprade.
(379) CE, 4 déc. 1974, n° 91.384 : *Dr. fisc.* 1975, n° 31, comm. 1079, concl. G.-W. Schmeltz ; *Rec. CE* 1974, p. 613. – CE, 15 déc. 1986, n° 48.700 : *RJF* 2/1987, n° 146, concl. Ph. Martin, p. 79.
(380) V. P. Rivière, concl. sur CE, 4 juin 1982, n°s 12.553 et a. : *Dr. fisc.* 1983, n° 6, comm. 192.
(381) CE, 7 oct. 1987, *Palatchi*, préc.
(382) CGI, art. 111.
(383) CE, 18 mai 2009, n° 296.266, *Sté MJM* : *Dr. fisc.* 2009, n° 38, comm. 475, concl. L. Olléon. *Adde* CE, 15 oct. 2014, n° 361.861, *Sté GDF Suez Energie Services* : *Dr. fisc.* 2015, n° 6, comm. 134.
(384) CE, sect., 3 nov. 1978, n° 2.409, *Sté touristique, thermale et hôtelière de Divonne-les-Bains* : *Dr. fisc.* 1979, n° 28, comm. 1518, concl. D. Fabre. – CE, 27 juill. 2005, n° 271.822, *Sté Gestion et Capital* : *Dr. fisc.* 2006, n° 21-22, comm. 416, concl. L. Olléon.
(385) V. *contra*, P. Collin, *Chronique de Procédures fiscales*, in *L'année fiscale 2009* : *Dr. fisc.* 2010, n° 8-9, comm. 208, p. 108.

de manière expresse une position de principe à l'égard du contribuable en cause. Il lui avait fait connaître, par courrier, « qu'il ne saurait admettre » que l'opération considérée restât placée sous le régime antérieur. Dans cette situation, le Conseil d'État a jugé que « même si cette décision (...) qui tendait à rendre obligatoire l'exercice d'une option (...) facultative, manquait de base légale, la société à laquelle pareille décision était notifiée a pu légitimement se croire obligée d'exercer l'option ainsi prescrite ». Ce faisant, elle ne pouvait « donc pas être regardée comme ayant pris une décision de gestion qui lui serait opposable ». Rien ne s'opposait, dès lors à ce qu'elle soit imposée « conformément au droit commun »[386].

946. – **Durée de l'option.** Les options fiscales produisent leurs effets pendant des durées variables.

La durée de l'option n'est pas toujours déterminée par les textes. Dans le silence de la loi, on peut considérer que l'option :

– est annuelle lorsqu'elle se rattache à un impôt lui-même annuel. C'est le cas par exemple, en matière d'IR, de l'option des titulaires de traitements et salaires pour la détermination réelle de leurs frais professionnels ou de celles tenant au rattachement des personnes à charge au foyer ;

– est permanente (mais révocable) dans les autres cas.

1) Certaines options sont dites irrévocables[387]. Présentant un caractère irréversible, elles placent définitivement le contribuable dans un statut dérogatoire (qui demeure naturellement modifiable, le cas échéant, sans limite particulière).

Seule la loi peut conférer à une option un caractère irrévocable. Ce caractère de l'option résulte parfois d'une disposition expresse. C'est le cas par exemple pour l'option des sociétés de personnes pour l'assujettissement à l'IS (V. *infra*, n° 1612). Mais le juge accepte parfois de considérer que le caractère irrévocable de l'option résulte de l'économie générale du régime de l'option[388].

Naturellement, l'irrévocabilité de l'option n'interdit pas le prononcé de sa déchéance, si les conditions légales tenant au bénéfice du régime optionnel venaient à ne plus être remplies.

2) D'autres options sont permanentes, c'est-à-dire produisent leurs effets sans limitation de durée. Dans le silence de la loi, de telles options à durée indéterminée doivent être regardées comme révocables.

C'est le cas par exemple de l'option des SARL « de famille » pour le non-assujettissement à l'IS[389].

3) D'autres, enfin, produisent leurs effets pendant une durée déterminée ou une durée minimale. Dans les deux cas, l'option ne peut être révoquée avant l'expiration de la période considérée.

---

(386) CE, 4 juin 1982, n°s 12.553 et a. : *Dr. fisc.* 1983, n° 6, comm. 192, concl. P. Rivière. – Comp., en matière de décisions de gestion, CE, 14 mai 1986, n° 48.358, *Sté minière et métallurgique de Penarroya* : *RJF* 7/1986, n° 676, relevant que le contribuable n'apporte aucune précision de nature à permettre au juge d'apprécier le bien-fondé de l'allégation selon laquelle il n'aurait pris la décision litigieuse « que pour se plier à une position de principe exprimée par l'administration fiscale ».

(387) Le Conseil d'État a refusé de transmettre au Conseil constitutionnel la QPC selon laquelle les dispositions législatives déterminant le régime d'une option (permettant de soumettre certains revenus de capitaux mobiliers à un prélèvement forfaitaire libératoire de l'IR) sans permettre au contribuable l'ayant exercé de la révoquer méconnaissaient le principe d'égalité devant les charges publiques, dès lors que le contribuable n'était pas en mesure d'apprécier de manière précise les conséquences fiscales de son choix à la date de l'exercice de l'option » (CE, 28 mars 2012, n° 356.227, *Sarter* : *RJF* 06/2012, n° 637, relevant que le caractère irrévocable du choix ouvert au contribuable se justifie par « la nature de prélèvement à la source du prélèvement forfaitaire libératoire, laquelle implique que le contribuable se soit déterminé à la date d'encaissement des revenus »).

(388) Ainsi, dans le silence de la loi alors applicable, le Conseil d'État a considéré que l'option exercée (au plus tard à la date du paiement des revenus) en vue de soumettre certains revenus de capitaux mobiliers à un prélèvement libératoire de l'IR avait un caractère irrévocable au motif, notamment, que le législateur n'avait pas organisé de mécanisme de restitution des sommes prélevées pour le cas où le contribuable aurait renoncé à l'option (CE, 24 oct. 2014, n° 366.962, *Davidas* : *Dr. fisc.* 2014, n° 50, comm. 675 ; *BDCF* 01/2015, n° 4, concl. N. Escaut, confirmant, en matière de produits de l'assurance-vie, la validité du dispositif réglementaire qualifiant l'option d'irrévocable). Sur le régime de l'ancienne option pour le prélèvement forfaire libératoire en matière d'imposition à l'IR des dividendes, qui était à la fois annuelle et irrévocable, V. *infra*, n° 1422.

(389) CGI art. 239 bis AA et CGI, ann. III, art. 46 terdecies C, al. 1er.

Les options à durée déterminée sont parfois renouvelables par tacite reconduction. C'est le cas, par exemple, de l'option relative, en matière d'IS, à la délimitation du périmètre d'un groupe fiscalement intégré (V. *infra*, n° 1624) ou de celle (annuelle) pour le paiement mensuel de l'IR, de la taxe d'habitation ou des taxes foncières[390].

La cristallisation temporaire de l'option tend à éviter les « allers-retours » qui pourraient se révéler abusifs. Cette situation se rencontre, par exemple, en matière de revenus fonciers (V. *infra*, n° 1406). Normalement « réversible », l'option des « petits propriétaires fonciers » relevant du micro-foncier[391] pour l'imposition des revenus fonciers réels[392] produit toutefois ses effets pendant une durée minimale de trois ans, période pendant laquelle elle est irrévocable[393].

Plus encore, la loi n'admet parfois qu'un seul « aller-retour » entre le régime de droit commun et le régime optionnel. C'est le cas par exemple de l'option des SARL « de famille » pour le non-assujettissement à l'IS : si l'option a été exercée puis révoquée, une nouvelle option pour le régime des sociétés de personnes n'est plus possible[394].

947. – Option et changement de législation. Nul n'a un droit acquis au maintien d'une loi ou d'un règlement. Ce principe constant n'est pas écarté en présence d'une option fiscale : même régulier, l'exercice d'une option ne produit aucun effet de « cristallisation » de la législation applicable à la date de l'option.

Cette solution générale s'applique également à la doctrine administrative : l'administration peut opposer au contribuable l'abandon pour l'avenir d'une interprétation formelle de la loi fiscale alors même la doctrine administrative ainsi rapportée aurait influencé l'exercice d'une option par celui-ci[395].

Symétriquement, en cas de modification de législation, l'option exercée par un contribuable lui demeure opposable sans qu'il puisse utilement invoquer un droit à révoquer cette option au motif que les prévisions qu'il avait faites pour l'avenir au vu des éléments favorables contenus dans la législation contemporaine de l'option ont été bouleversées à la suite de cette modification : « lorsque la loi ou le règlement rend moins favorable une option qu'avait exercée le contribuable sous l'empire des textes antérieurement en vigueur, cette circonstance n'est pas de nature à remettre en cause l'imposition établie conformément à l'option faite avant le changement de réglementation »[396].

1) Cette solution a été formellement retenue à l'égard d'une modification affectant la seule doctrine administrative : « le fait allégué par la société [requérante] que le choix fait par elle (...) en faveur [d'un régime d'imposition particulier] avait été guidé par les avantages qu'elle avait escompté retirer des modalités [d'imposition] alors prévues par une instruction administrative, n'était pas de nature à ôter à l'option qu'elle avait exercée sur le fondement des seules dispositions de la loi fiscale, son caractère de décision de gestion »[397].

2) L'idée que le contribuable, en exerçant une option, doit intégrer les risques de durcissement ultérieur des conséquences du régime optionnel, a reçu l'*imprimatur* du Conseil constitutionnel dans une affaire concernant l'incidence des changements de législation à l'égard des gains de cession de titres en report d'imposition[398].

---

(390) CGI, art. 1681 A.
(391) CGI, art. 32.
(392) CGI, art. 28.
(393) CGI, art. 32, 4.
(394) CGI, ann. II, art. 46 terdecies C, al. 2, la légalité de cette restriction posée par voie réglementaire méritant toutefois d'être confirmée.
(395) CE, 11 févr. 1994, n° 11.7302, *Sté Éts Dupeux* : *Dr. fisc.* 1994, n° 19, comm. 892, concl. G. Bachelier.
(396) G. Bachelier, concl. conformes sur CE, 11 févr. 1994, n° 117.302, *Sté Éts Dupeux* : *Dr. fisc.* 1994, n° 19, comm. 886.
(397) CE, 11 févr. 1994, *Sté Éts Dupeux*, préc.
(398) Cons. const., 22 avr. 2016, n° 2016-538 QPC, *Moinel Delalande*. Étaient en cause les dispositions qui, issues de la loi de finances pour 2013, conduisaient à faire subir aux gains de cession de titres placées en report avant l'entrée en

3) Naturellement, la loi nouvelle elle-même peut prévoir des mécanismes destinés à atténuer ou à écarter les effets découlant de ces principes. Ainsi, la loi de finances pour 2010[399] qui avait décidé la réintégration progressive, dans le revenu de référence retenu au titre du « bouclier fiscal », de la fraction abattue des dividendes d'actions imposés selon les règles du droit commun (V. *infra*, n° 1587, *b*) avait parallèlement permis aux titulaires de revenus de cette nature d'exercer *a posteriori* l'option permettant, à titre dérogatoire, leur assujettissement au prélèvement forfaitaire libératoire de l'IR (V. *infra*, n° 1422).

2° Le libre choix de la voie la moins imposée

948. – **Libre gestion fiscale.** « Tout ce qui n'est pas défendu par la loi ne peut être empêché, et nul ne peut être contraint à faire ce qu'elle n'ordonne pas »[400]. Ce principe de liberté s'applique en matière fiscale : « le contribuable (...) n'est jamais tenu de tirer des affaires qu'il traite, le maximum de profit que les circonstances lui auraient permis de réaliser »[401].

Il en résulte que le fisc ne saurait, de manière générale, s'immiscer dans la gestion des entreprises[402] ni critiquer les solutions retenues par un particulier dans la conduite de ses affaires personnelles ou l'administration de son patrimoine privé.

À la vérité, la liberté de gestion des particuliers apparaît plus réelle que celle des entreprises, dans la mesure où la notion d'acte anormal de gestion ne s'applique à leur égard que dans des hypothèses très limitées (V. *infra*, n° 951).

Plus encore, la jurisprudence, loin de condamner sans nuance toute forme d'habileté fiscale, retient un principe de libre choix de la voie la moins imposée : le contribuable est libre, dans le respect de la loi fiscale, d'emprunter cette voie. Dans la mesure où il ne méconnaît pas ses obligations légales, l'administration ne saurait lui reprocher de rechercher (ni d'avoir obtenu) la réalisation d'économies « fiscales ».

Le principe de libre choix de la voie la moins imposée a été, sinon consacré, du moins largement pris en compte par le Conseil constitutionnel à l'occasion de la censure pour complexité excessive et défaut d'intelligibilité du premier dispositif général de plafonnement des « niches fiscales »[403]. Cette considération est même, sur ce point, le *leitmotiv* de sa décision. Ayant fait état de la nécessité de garantir « la possibilité effective, pour le contribuable, d'évaluer avec un degré de prévisibilité raisonnable le montant de son impôt selon les diverses options qui lui sont ouvertes » et de celle de lui permettre de mesurer « l'incidence sur [ses] choix des nouvelles règles de plafonnement », la Haute juridiction constitutionnelle décide : « la complexité du dispositif [de plafonnement des avantages fiscaux] pourrait mettre une partie des contribuables concernés hors d'état d'opérer les arbitrages auxquels les invite le législateur ; (...) faute pour la loi de garantir la rationalité de ces arbitrages, serait

vigueur de la loi une « double peine » fiscale : soumis au barème progressif de l'IR, ils n'étaient pas, pour autant, susceptibles d'être réduits d'un abattement pour durée de détention. Examinant ces dispositions au regard des droits et libertés que la Constitution garantit, le Conseil constitutionnel a admis sur le plan des principes la validité de leur application à des gains antérieurement placés en report *sur option* du contribuable (§ 14). Il l'a refusée, en revanche, à l'égard des gains placés de plein droit – *i.e. sans option du contribuable* – en report (§ 15) – ces gains devant continuer à relever, sauf motif d'intérêt général, du régime antérieurement applicable. V., sur cette question, V. *infra*, n° 1439, 1-*b*.

(399) L. 30 déc. 2009, art. 101.

(400) DDHC, art. 5.

(401) CE, 7 juill. 1958, n° 35.977 : *Dr. fisc.* 1958, n° 44, comm. 938 ; *GAJF* n° 33, p. 546.

(402) Comme le rappelle une décision du Conseil d'État, « il n'appartient pas à l'administration de se prononcer sur l'opportunité des choix arrêtés par une entreprise pour sa gestion » (CE, 23 févr. 2015, n° 369214, *Sté Rottapharm* : *Dr. fisc.* 2015, n° 16, comm. 268, concl. M.-A. Nicolazo de Barmon, note A. de Massiac et R. Bagdassarian). V. également CE, sect., 13 juill. 2016, n° 375.801, *Sté Monte Paschi Banque* : *Dr. fisc.* 2016, n° 36, comm. 464, concl. É. Bokdam-Tognetti, note O. Fouquet.

(403) Cons. const., 29 déc. 2005, n° 2005-530 DC, *Loi de finances pour 2006*, § 69 à 89.

altérée la justification de chacun des avantages fiscaux correspondants du point de vue de l'égalité devant l'impôt ».

949. – **Abus libertaires.** La libre gestion fiscale et le libre choix de la voie la moins imposée ne sont pas absolus : certains abus éventuels commis dans leur exercice peuvent être sanctionnés, que ce soit au titre de l'abus de droit (V. *infra*, n° 950) ou de l'acte anormal de gestion (V. *infra*, n° 951).

950. – **Abus de droit.** La plus générale des sanctions des « abus libertaires » tient au mécanisme de répression des abus de droit, qui trouve à s'appliquer de la même manière dans la fiscalité des entreprises et dans celle des particuliers.

1) Concrétisant un principe général du droit public applicable même sans texte(404), la loi fiscale organise, à ce titre, une procédure spéciale qui autorise l'administration à écarter, comme ne lui étant pas opposables, les actes constitutifs d'un abus de droit fiscal et à leur restituer leur caractère véritable.

La définition fiscale de l'abus de droit s'éloigne de sa définition générale (en droit civil, l'abus de droit est une faute consistant à user d'un droit dans le dessein exclusif de nuire à autrui ou, plus généralement, en méconnaissance des devoirs sociaux qui justifient que ce droit ait été reconnu à son titulaire).

Depuis 2008, la loi distingue formellement les deux hypothèses alternatives de l'abus de droit « fiscal » : la *simulation*, d'une part, et la *fraude à la loi fiscale*, d'autre part(405).

En retenant expressément ces deux hypothèses, la deuxième loi de finances rectificative pour 2008(406) s'est appropriée les termes de l'arrêt *Sté Janfin*(407) dont le considérant de principe est intégralement légalisé ou presque (V. *infra*, n° 1011, 2)(408).

a) La simulation est le fait, pour le contribuable, de passer ou de réaliser un ou plusieurs actes juridiques ostensibles (dits « fictifs ») faisant ressortir une opération imaginaire ou, à tout le moins, une opération dont la véritable nature est dissimulée.

De manière générale, les actes présentant juridiquement un caractère fictif sont caractérisés par la différence objective existant entre l'apparence juridique créée par l'acte en cause et la réalité, économique ou juridique, sous-jacente à cet acte. L'hypothèse « classique » d'acte fictif est la vente « apparente » dissimulant une donation (dans le but de substituer, lorsque le contribuable y trouve intérêt, les droits de mutation à titre onéreux aux droits de mutation à titre gratuit).

b) La fraude à la loi est le fait, pour le contribuable, de rechercher le bénéfice d'une application littérale des textes (ou de décisions) à l'encontre des objectifs poursuivis par leurs auteurs, en passant (ou en réalisant) un ou plusieurs actes juridiques qui n'ont pu être inspirés par aucun autre motif que celui d'éluder ou d'atténuer les charges fiscales que l'intéressé, si ces actes n'avaient pas été passés ou réalisés, aurait normalement supportées eu égard à sa situation ou à ses activités réelles.

• La fraude à la loi fiscale est regardée comme constitutive d'un abus de droit au sens de l'article L. 64 du LPF depuis un arrêt du Conseil d'État de 1981. Les actes frauduleux y sont définis – sans référence expresse aux objectifs poursuivis par les auteurs de la règle fraudée – comme ceux n'ayant « pu être inspirés par aucun motif autre que celui d'éluder ou atténuer les charges fiscales que

(404) CE, sect., 27 sept. 2006, n° 260.050, *Min. c/Sté Janfin* : *Dr. fisc.* 2006, n° 47, comm. 744, concl. L. Olléon.
(405) LPF, art. L. 64.
(406) L. 30 déc. 2008, art. 35.
(407) CE, sect., 27 sept. 2006, *Sté Janfin*, préc.
(408) Comp., pour la jurisprudence antérieure, CE, plén., 10 juin 1981, n° 19.079 : *Dr. fisc.* 1981, n° 48-49, comm. 2187, concl. P. Lobry. – CE, sect., 5 nov. 1955, n° 23.323 : *Rec. CE* 1955, tables p. 696 ; *Dr. fisc.* 1956, n° 1, doctr. p. 5, concl. J. Boitreaud.

l'intéressé, s'il n'avait pas passé ces actes, aurait normalement supportées eu égard à sa situation et à ses activités réelles »[409]. Avant cet arrêt, seuls les actes fictifs pouvaient être regardés comme abusifs. Tel n'était pas le cas d'un montage consistant à « décomposer » une opération de vente immobilière en deux ventes distinctes dans le but exclusif d'éluder l'imposition des plus-values[410].

• Sans entrer dans le détail de cette question difficile, on peut retenir que la fraude à la loi fiscale suppose souvent le recours à un montage juridique et économique artificiel[411].

• La loi de finances pour 2014 (texte adopté, art. 100, I) aurait dû élargir la définition de la fraude à la loi fiscale, en substituant à l'exigence tenant au motif « exclusivement fiscal » de l'acte frauduleux celle tenant à son motif « principalement fiscal ». Cette définition élargie aurait dû s'appliquer aux rectifications notifiées à compter du 1er janvier 2016, au titre des actes passés ou réalisés à compter du 1er janvier 2014 (texte adopté, art. 100, II).

Saisi de la loi de finances pour 2014, le Conseil constitutionnel a censuré ce dispositif. Il a considéré que, compte tenu des conséquences d'ordre répressif attachées à la procédure de l'abus de droit fiscal, le législateur ne pouvait, sans méconnaître les exigences tenant à l'objectif de valeur constitutionnelle l'accessibilité et l'intelligibilité de la loi et au principe de légalité des délits et des peines, retenir que seraient constitutifs d'un abus de droit les actes ayant « pour motif principal » d'éluder ou d'atténuer les charges fiscales que l'intéressé aurait dû normalement supporter[412].

Particulièrement attendue, cette censure apparaît incontestablement salutaire[413], d'autant qu'elle est abondamment motivée. Tout au plus pourrait-on éventuellement regretter que le Conseil constitutionnel n'ait pas choisi, plutôt, la voie plus constructive de la réserve d'interprétation en prenant appui, éventuellement, sur l'arrêt du Conseil d'État du 17 juillet 2013, *Sté Garnier Choiseul* (V. *infra*, dernier point). En droit fiscal (comme sans doute dans les autres domaines du droit), plusieurs dizaines de dispositions législatives recourent en effet au qualificatif « principal » ou à l'adverbe « principalement ». Sans doute ces mots n'ont-ils pas, dans tous les cas, le même sens ; mais ils n'ont jamais, au demeurant, suscité de difficultés d'interprétation telles que la sécurité juridique des sujets de droits s'en soit trouvée compromise. On ne peut s'interdire d'observer, à cet égard, que c'est précisément le cas de certaines dispositions législatives étroitement liées à la notion d'abus de droit. On pense, d'abord, aux dispositions législatives réprimant l'abus de droit elles-mêmes[414] : comme le relève d'ailleurs la décision du Conseil constitutionnel (§ 117), la loi fiscale prévoit une répression atténuée de l'abus lorsqu'il n'est pas établi que le contribuable a eu l'initiative *principale* du ou des actes constitutifs de l'abus de droit ou en a été le *principal* bénéficiaire. C'est le cas également :

– des dispositions relatives à l'*exit tax* (V. *infra*, n° 1373) issues de la loi de finances rectificative pour 2013[415], pourtant non censuré par le Conseil constitutionnel, aux termes desquelles la donation des titres entraîne normalement la révocation du sursis de paiement antérieur « sauf si [le contribuable] démontre que la donation n'est pas faite avec pour *motif principal* d'éluder l'impôt [déterminé au titre de l'*exit tax*] »[416] ;

(409) CE, plén., 10 juin 1981, n° 19.079 : *Dr. fisc.* 1981, n° 48-49, comm. 2187, concl. P. Lobry.
(410) CE, 16 juin 1976, n° 95.513 : *Rec. CE* 1976, p. 313 ; *Dr. fisc.* 1976, n° 44, comm. 1533, concl. M.-A. Latournerie ; Doc. adm. DGI, 13 L-1531, n° 20, anc., non repris au *BOFiP-Impôts*, précisant encore, en juillet 2002, que « le fait [que les contribuables] optent pour la solution la plus avantageuse au plan fiscal ne permet pas de conclure à l'abus de droit s'il apparaît que les actes juridiques sur lesquels repose cette solution sont conformes à la réalité »). *Adde* CE, sect., 3 nov. 1978, n° 3.421 : *Rec. CE* 1978, p. 420 ; *Dr. fisc.* 1979, n° 26, comm. 1344, concl. B. Martin-Laprade, ne se plaçant par formellement sur le terrain de l'abus de droit pour sanctionner une interposition de personne.
(411) CE, 18 mai 2005, n° 267.087, *Min. c/Sté Sagal* : *RJF* 8-9/2005, n° 910. – CE, 18 févr. 2004, n° 247.729, *Min. c/Sté Pléiade* : *RJF* 05/2004, n° 510 – CE, 29 déc. 2006, n° 283.314, *Min. c/Sté Bank of Scotland* : *Dr. fisc.* 2007, n° 4, comm. 87, concl. F. Séners, note O. Fouquet. – CE, 27 juill. 2009, n° 295.358, *Caisse Interfédérale du Crédit Mutuel* : *Dr. fisc.* 2009, n° 42, comm. 506, concl. E. Glaser.
(412) Cons. const., 29 déc. 2013, n° 2013-685 DC, *Loi de finances pour 2014*, § 118, semblant également relever, § 116, que la modification de la définition de l'acte abusif aurait eu pour effet de conférer à l'administration fiscale une marge d'appréciation trop importante.
(413) V. notamment O. Fouquet, *Abus de droit : la sécurité juridique rédactionnelle* : *Dr. fisc.* 2014, n° 1-2, act. 3.
(414) CGI, art. 1729.
(415) L. 29 déc. 20103, art. 42, I-E.
(416) CGI, art. 167 bis, VII, 1-*b*, le dispositif immédiatement antérieur visant la donation n'ayant pas été « faite à la *seule fin* d'éluder l'impôt (...) ».

– des dispositions prévoyant la taxation au taux de 75 %[417] des produits de placement payés, par un débiteur établi en France, dans un État ou territoire non coopératif, sauf si ce débiteur démontre que les opérations auxquelles correspondent ces produits ont *principalement* un objet et un effet autres que de permettre la localisation de ces revenus et produits dans un tel État ou territoire (V. *infra*, n° 1416, *in fine*) ;

– des dispositions, au fond similaires, relatives à la clause de sauvegarde que comporte le mécanisme[418] de lutte contre la délocalisation de bénéfices dans un État à fiscalité privilégiée (V. *infra*, n° 1651).

Cette forme de *hiatus* s'est trouvée effacée par le Conseil constitutionnel lui-même, dans une décision où se trouvaient en cause les nouvelles dispositions « anti-abus » issues du droit de l'Union européenne et applicables dans le régime des sociétés mères et filiales[419]. Alors que les requérants se prévalaient de sa décision concernant la définition de l'abus de droit fiscal, le Conseil constitutionnel a rejeté les griefs formulés aux motifs que les dispositions en cause, qui se bornent à « détermine [r] une règle d'assiette », ne permettent pas, en elle-même et à la différence des dispositions relatives à l'abus de droit, que se trouve infligée une sanction au contribuable[420]. Comme le souligne O. Fouquet, « l'objectif à valeur constitutionnelle d'accessibilité et d'intelligibilité de la loi n'a pas la même portée selon qu'il s'agit d'un texte d'assiette ou relatif à une pénalité »[421]. Et le mot « principal », s'il est insuffisamment précis lorsqu'il figure dans un texte déterminant l'application d'une sanction, ne saurait encourir la même critique s'agissant d'un « simple » texte d'assiette[422].

• Cette modification prenait sa source dans le rapport d'information sur *L'optimisation fiscale des entreprises dans un contexte international*[423] dans lequel la Commission des finances de l'Assemblée nationale avait proposé de « renforcer la portée de l'article L. 64 du LPF en précisant que les actes constitutifs d'un abus de droit n'ont pas "exclusivement" mais "principalement" pour but d'éluder ou d'atténuer les charges fiscales que le contribuable aurait normalement supportées » en leur absence[424]. Cette proposition s'était rapidement traduite par des initiatives législatives concrètes :

– lors de l'examen du projet de loi relatif à la lutte contre la fraude fiscale et la grande délinquance économique et financière, le Sénat avait adopté (contre l'avis du Gouvernement) un amendement parlementaire selon lequel les actes frauduleux étaient légalement définis comme ceux qui, recherchant le bénéfice d'une application littérale des textes ou de décisions à l'encontre des objectifs poursuivis par leurs auteurs, « ont pour motif essentiel » – et non plus exclusif – d'éluder ou d'atténuer les charges fiscales de l'intéressé[425]. Il avait fallu toute l'habileté du ministre du Budget, B. Cazeneuve, pour que ce dispositif (qui aurait pu au surplus affecter rétroactivement les actes passés sous l'empire de l'ancienne définition légale) soit rejeté par les chambres[426] ;

– quelques semaines plus tard, lors de la discussion du projet de loi de finances pour 2014, un amendement de la Commission des finances de l'Assemblée nationale (adopté contre l'avis du Gouvernement) avait réintroduit cette modification sous une forme légèrement différente.

• Selon ses partisans, l'élargissement de la définition légale de l'abus de droit tendait à rapprocher la loi française des conceptions (toutefois un peu incertaines) du droit de l'Union européenne. Même si elle est marquée par des hésitations, la définition donnée par la Cour de justice de l'Union européenne des « pratiques abusives » (justifiant le rétablissement de la situation telle qu'elle aurait existé en l'absence de ses opérations constitutives) fait en effet intervenir deux éléments : d'une part, les opérations en cause ont pour résultat, en dépit de l'application formelle des conditions prévues par

(417) CGI, art. 125 A, III.
(418) CGI, art. 209 B.
(419) V. *infra*, n° 1662.
(420) Cons. const., 29 déc. 2015, n° 2015-726 DC, *Loi de finances rectificative pour 2015*.
(421) O. Fouquet, *Dispositif anti-abus et poursuite d'un but principalement fiscal* : *Dr. fisc.* 2016, n° 4, act. 50.
(422) Comme le note très justement O. Fouquet (art. préc.), la question peut néanmoins se poser de savoir si les sanctions pour insuffisance de déclaration peuvent valablement être infligées lorsque se trouve en cause un tel texte d'assiette.
(423) Rapp. AN n° 1243, 10 juill. 2013.
(424) Prop. n° 1, p. 83.
(425) Sénat, TA n° 198, 18 juill. 2013, art. 11 bis DA.
(426) Débats AN, 17 sept. 2013, 2e séance – Débat Sénat, 8 oct. 2013.

les textes, l'obtention d'un avantage fiscal dont l'octroi serait contraire à leurs objectifs ; d'autre part, il doit également résulter d'un ensemble d'éléments objectifs que les opérations en cause « ont pour but essentiel l'obtention d'un avantage fiscal »[(427)].

Ses adversaires fustigeaient, non sans raison, la dangereuse imprécision de notion de « motif principal » qui aurait pu susciter de graves difficultés d'appréciation de nature à fragiliser la sécurité juridique des contribuables. Le Conseil constitutionnel les a entendus.

• En réalité, comme la Cour de justice de l'Union européenne, le Conseil d'État est déjà pleinement engagé dans le sens de l'application « mesurée » de la condition tenant au motif exclusivement fiscal. Ainsi, l'existence d'un motif exclusivement fiscal (et partant d'un abus de droit) a été retenue à l'encontre d'un contribuable dans le cas où les opérations litigieuses avaient bien comporté pour lui un avantage extra-fiscal *réel* mais regardé par le juge comme « négligeable et sans commune mesure avec l'avantage fiscal retiré » desdites opérations[(428)].

2) Les actes constitutifs d'un abus de droit sont frappés d'inefficacité juridique : dans le cadre de la procédure de répression des abus de droit, l'administration fiscale est en droit d'en restituer le véritable caractère et d'imposer le contribuable :

– en cas de simulation, à raison de sa situation réelle ou de l'opération qu'il a réellement effectuée ;

– en cas de fraude à la loi, en faisant abstraction des textes ou décisions dont l'application a été frauduleusement recherchée ou obtenue.

a) Dans son rapport d'information (préc.) sur l'optimisation fiscale des entreprises dans un contexte international, la Commission des finances de l'Assemblée nationale avait également proposé de rendre obligatoire « au terme d'une démarche concertée (...) la communication préalable à l'administration fiscale des schémas d'optimisation procurant un avantage fiscal substantiel (...) »[(429)].

Cette proposition s'était (en dépit des réticences du gouvernement) trouvée rapidement concrétisée lors de la discussion du projet de loi de finances pour 2014. Le texte adopté s'est toutefois heurté à la jurisprudence du Conseil constitutionnel.

b) Selon l'amendement adopté (qui avait été proposé par la Commission des finances de l'Assemblée nationale), une obligation déclarative des schémas d'optimisation fiscale pesant sur les personnes qui les commercialisent[(430)] ou qui les élaborent et les mettent en œuvre pour leur propre compte[(431)] devait être instituée à compter du 1er janvier 2015. Le manquement à cette obligation devait être sanctionné par une amende de 5 % calculée sur la base, dans le premier cas, des revenus tirés de la commercialisation du montage, et, dans le second, de l'avantage fiscal qui en est retiré. Pour l'application de ces dispositifs, un schéma d'optimisation fiscale était défini comme « toute combinaison de procédés et instruments juridiques, fiscaux, comptables ou financiers (...) dont l'objet principal est de minorer la charge fiscale d'un contribuable, d'en reporter l'exigibilité ou le paiement ou d'obtenir le remboursement d'impôts, taxes ou contributions », à supposer que cette combinaison remplisse certains critères définis par un décret en Conseil d'État[(432)].

---

(427) V., tous rendus en matière de TVA, CJCE, 21 févr. 2006, n° 255/02, *Sté Halifax et a.* : *RJF* 5/2006, n° 648, § 75, p. 383, étude O. Fouquet. – CJCE, 21 févr. 2008, n° 425/06, *Sté Part Service* : *RJF* 6/2008, n° 765, § 42. – CJUE, 22 déc. 2010, aff. C-103/09, *The Commissioners for Her Majesty's Revenue and Customs c/Weald Leasing Ltd* : *RJF* 3/2011, n° 397, § 30. – Comp. cependant, toujours en matière de TVA, CJCE, 22 mai 2008, n° 162/07, *Sté Amplscientifica et a.* : *RJF* 8-9/2008, n° 1031, § 27, indiquant que les pratiques susceptibles d'être sanctionnées comme abusives sont celles qui sont « seulement [réalisées] dans le but de bénéficier abusivement des avantages prévus par le droit ». *Adde*, en matière d'imposition des bénéfices des entreprises, CJCE, Gde ch., 12 sept. 2006, n° 196/04, *Sté Cadbury Schweppes* : *RJF* 5/2006, n° 1644, § 51 et 75, admettant qu'une mesure nationale restreignant la liberté d'établissement peut être justifiée lorsqu'elle vise spécifiquement « les montages purement artificiels » destinés à éluder l'impôt national normalement dû.

(428) CE, 17 juill. 2013, n° 352.989, *Min. c/Sté Garnier Choiseul Holding* : *Dr. fisc.* 2013, n° 41, comm. 477, concl. F. Aladjidi, note F. Deboissy et G. Wicker, à propos du régime des sociétés mères – V. *infra*, n° 1658.

(429) Prop. n° 10, p. 102.

(430) CGI, art. 1378 nonies.

(431) CGI, art. 1378 decies, adopté.

(432) CGI, art. 1378 nonies, adopté.

Sans grande surprise, le Conseil constitutionnel a censuré l'ensemble de ce dispositif au motif que, eu égard aux restrictions apportées à la liberté d'entreprendre (et en particulier aux conditions d'exercice de l'activité de conseil juridique et fiscal) et compte tenu de la gravité des sanctions encourues en cas de méconnaissance des obligations déclaratives instituées, le législateur ne pouvait, sans méconnaître, notamment, les exigences tenant à l'objectif de valeur constitutionnelle l'accessibilité et l'intelligibilité de la loi et au principe de légalité fiscale, retenir une définition aussi générale et imprécise de la notion de « schéma d'optimisation fiscale »[433].

L'année suivante, le Conseil constitutionnel a censuré les dispositions qui, adoptées dans la loi de finances pour 2015, devaient prévoir que « toute personne qui, avec l'intention de faire échapper autrui à l'impôt, s'est entremise, a apporté son aide ou son assistance ou s'est sciemment livrée à des agissements, manœuvres ou dissimulations conduisant directement à la réalisation d'insuffisances, d'inexactitudes, d'omissions ou de dissimulations ayant conduit à des rappels ou rehaussements assortis de la majoration prévue [en cas d'abus de droit au taux de 80 %] est redevable d'une amende égale à 5 % du chiffre d'affaires ou des recettes brutes qu'elle a réalisés à raison des faits sanctionnés (...) »[434].

c) Depuis 2014 l'administration fiscale a pris le parti – un peu étrange en première analyse[435] – de publier *via* Internet une « carte des pratiques et montages abusifs »[436]. À ce jour, vingt-trois montages ont été ainsi rendus publics[437]. Leur description s'accompagne évidemment de sévères mises en garde et s'achève par l'invitation faite au contribuable qui y aurait eu recours à régulariser sa situation en souscrivant une déclaration rectificative auprès du service des impôts compétent.

3) Par ailleurs, les contribuables convaincus d'abus de droit sont passibles d'une sanction fiscale spécifique normalement exigible au taux de 80 %.

a) Depuis la deuxième loi de finances rectificative pour 2008[438], cette sanction est infligée au taux réduit de 40 % s'il n'est pas établi que le contribuable a eu l'initiative principale de l'acte frauduleux ou en a été le principal bénéficiaire[439]. En outre, toutes les parties à l'acte frauduleux sont tenues solidairement, avec le redevable, au paiement de toutes les sommes exigibles (droits en principal, majorations, intérêts de retard) consécutivement à la mise en œuvre de la procédure de répression des abus de droit[440].

b) Refusant de transmettre au juge constitutionnel une QPC (où se trouvait notamment invoquée la méconnaissance des exigences de la présomption d'innocence), le Conseil d'État a considéré – par une analyse entièrement inédite – que les dispositions spéciales de l'article L. 64 du LPF n'influent pas sur la dévolution de la charge de la preuve à l'égard des pénalités pouvant être infligées en cas d'abus de droit. En la matière, la charge de la preuve est exclusivement gouvernée par les dispositions fiscales générales[441] selon lesquelles « la preuve de la mauvaise foi et des manœuvres frauduleuses [du contribuable] incombe à l'administration »[442].

(433) Cons. const., 29 déc. 2013, n° 2013-685 DC, *Loi de finances pour 2014*, § 91 ; *Dr. fisc.* 2014, n° 1-2, act. 3, obs. O. Fouquet.
(434) L. 29 déc. 2014, art. 79, adopté, devant prévoir également que cette amende ne pourrait être inférieure à 10 000 €. En dehors d'un second motif encore plus fallacieux (§ 55), la censure est prononcée car, selon le Conseil constitutionnel, la rédaction du texte n'aurait pas permis de déterminer si l'infraction fiscale instituée était constituée, ou non, du seul fait que la majoration pour abus de droit a été administrativement prononcée (Cons. const., 29 déc. 2014, n° 2014-707 DC, *Loi de finances pour 2015*, § 54).
(435) Dans la mesure où, en fournissant des indications précises concernant certains montages fiscaux, l'administration prend le risque de les « populariser ». Selon l'administration, cette innovation « s'inscrit dans une démarche de prévention et de sécurité juridique apportée aux contribuables en les informant des risques qu'ils prendraient en mettant en place ou en conservant des montages destinés à réduire indûment l'impôt ».
(436) V. *Dr. fisc.* 2014, n° 30, comm. 457 : *Dr. fisc.* 2015, n° 15, comm. 251 et *Dr. fisc.* 2016, n° 39, act. 544. Les opérations décrites dans ces schémas de fraude fiscale ne sont pas toutes constitutives d'un abus de droit au sens strict.
(437) Révélés lors de contrôles fiscaux, ils sont tous, selon l'administration, contraires à la loi. L'administration a pris le soin de préciser que cette courte liste, appelée à être complétée au fil du temps, « ne prétend bien entendu pas à l'exhaustivité ».
(438) L. 30 déc. 2008, art. 35.
(439) CGI, art. 1729, *b*.
(440) CGI, art. 1754, V.
(441) LPF, art. 195 A.
(442) CE, 29 sept. 2010, n° 341.065, *Sté Snerr Théâtre de Paris* : *Dr. fisc.* 2010, n° 45, comm. 551, concl. P. Collin.

951. – Acte anormal de gestion. Essentiellement lié à l'imposition des résultats des entreprises, l'autre mécanisme – purement prétorien – réside dans l'inopposabilité au fisc des actes anormaux de gestion.

1) Fondée (un peu artificiellement) sur les textes généraux définissant le bénéfice imposable(443) ou les charges déductibles(444) dans la catégorie des bénéfices industriels et commerciaux, la théorie de l'acte anormal de gestion est reçue, compte tenu du champ d'application de ces textes, tout à la fois dans le cadre de l'IR (pour l'imposition des résultats des exploitations industrielles, commerciales, artisanales ou agricoles relevant selon les cas de la catégorie des BIC ou des BA) et dans le cadre de l'IS.

a) L'acte anormal de gestion s'y définit de manière générale comme celui qui – indépendamment de son caractère licite ou illicite – a été réalisé à des fins autres que celle de satisfaire les besoins, ou, de manière générale, les intérêts de l'entreprise(445).

• Nécessairement intentionnel, l'acte anormal de gestion peut revêtir différentes formes :

– dans sa forme la plus usuelle, l'acte anormal de gestion est celui qui, diminuant le résultat imposable, ne comporte pas de contrepartie suffisante pour l'entreprise. L'appauvrissement peut aussi bien résulter de la constatation d'une charge anormale que de la renonciation anormale à un produit. C'est naturellement en matière d'imposition des résultats des sociétés que cette forme usuelle des actes anormaux de gestion se rencontre (à la vérité, l'unité de patrimoine caractérisant normalement, au plan civil, l'entreprise individuelle prive largement d'intérêt ce type d'opérations) ;

– plus rarement, la gestion anormale de l'exploitation pourra résulter de comportements délibérés ou de « carences manifestes » dans l'organisation de l'entreprise et la mise en œuvre de dispositifs de contrôle(446) ;

• Exceptionnellement, un acte qui, pris en lui-même ne révèle aucune anormalité, peut être qualifié d'anormal par voie de conséquence d'un acte distinct lui-même regardé comme anormal(447).

---

(443) CGI, art. 38.

(444) CGI, art. 39.

(445) V., retenant cette approche en matière de charges, CE, 7 janv. 2000, n° 186.108, *Philippe* : *Dr. fisc.* 2000, n° 11, comm. 204, concl. G. Bachelier.

(446) CE, 5 oct. 2007, n° 291.049, *Sté Alcatel CIT* : *Rec. CE* 2007, p. 416 ; *Dr. fisc.* 2008, n° 6, comm. 165, concl. N. Escaut, note A. de Bissy, pour le cas d'une entreprise victime de détournements de fonds commis par certains cadres-dirigeants – l'acte anormal de gestion n'ayant pas été retenu en l'espèce. – V. également, pour une entreprise exerçant une activité non commerciale, CE, 27 avr. 2011, n° 319.472, *Ferrand* : *RJF* 07/2011, n° 806, p. 699, chron. C. Raquin ; *BDCF* 07/2011, n° 84, concl. L. Olléon). Ces solutions étaient de nature à susciter certaines interrogations quant à la situation fiscale de la *Société Générale*, dont les dirigeants, pris dans la tourmente de l'affaire *Kerviel*, pouvaient entrevoir à l'horizon le spectre de l'acte anormal de gestion. Saisie pour avis par le Premier ministre, la section des finances du Conseil d'État a souhaité écarter tout doute en la matière : les carences manifestes de l'organisation du contrôle interne de la *Société Générale* révélées par l'affaire *Kerviel* ne relèvent pas de l'acte anormal de gestion (CE, sect. fin., avis, 24 mai 2011, n° 385.088 : *Rapport public* 2012, p. 318 ; *RJF* 8-9/2012, n° 800, se prononçant, cela va sans dire, « sous réserve de l'appréciation des juridictions compétentes »). Cette position est adoptée au motif, peu convaincant à la vérité, que la notion de « carence manifeste dans l'organisation de l'entreprise » serait circonscrite, en jurisprudence, au cas des détournements de fonds commis par des salariés. Elle a trouvé une forme d'écho dans un arrêt où le Conseil d'État a considéré qu'une entreprise peut – quelles qu'aient été ses carences dans l'organisation et la mise en œuvre des dispositifs de contrôle – demander la rectification des erreurs comptables commises par un salarié, dès lors que celui-ci « a outrepassé l'exercice normal de ses fonctions » (CE, 9 mars 2016, n° 380.808, *Sté Arjohuntleigh [aux droits de Sté HNE Médica]* : *Dr. fisc.* 2016, n° 21, comm. 335, concl. É. Bokdam-Tognetti, note J. Ardouin et M. Ferré ; *Procédures* 2016, n° 5, comm. 188, note O. Négrin ; V. *infra*, n° 954, 2-*b*). Ce glissement du Conseil d'État a trouvé un prolongement avec la décision *Monte Paschi Banque* dans laquelle la section du contentieux du Conseil d'État a choisi – alors que les faits de l'espèce de l'y obligeaient aucunement – de limiter solennellement le champ d'application de l'acte anormal de gestion consécutif au comportement délibéré ou la carence manifeste des dirigeants dans l'organisation et la mise en œuvre des dispositifs de contrôle au cas particulier des « détournements de fonds » qu'ils auraient rendus possibles (CE, sect., 13 juill. 2016, n° 375.801, *Sté Monte Paschi Banque* : *Dr. fisc.* 2016, n° 36, comm. 464, concl. É. Bokdam-Tognetti, note O. Fouquet. Dans un communiqué de presse (n° 72) en date du 23 septembre 2016, le ministre de l'Économie et des Finances et son secrétaire d'État au budget ont fait savoir, toutefois, que la situation fiscale de la *Société générale* serait réexaminée à la suite de la décision de la cour d'appel de Paris, rendue le même jour, sur le « volet civil » de l'affaire *Kerviel* (si l'on en croit la presse, la cour aurait, dans un arrêt non encore publié, relevé « le caractère éminemment lacunaire des systèmes de contrôle de la Société générale »).

(447) V. pour une illustration de cet « effet domino » dans la répression des actes anormaux de gestion, CE, 27 févr. 1991, n° 48.780 : *Sté d'édition des artistes peignant de la bouche et du pied* : *Dr. fisc.* 1992, n° 13, comm. 664, concl. O. Fouquet, regardant comme anormales des pénalités contractuelles supportées par le contribuable à raison du retard de

Comme le souligne M.-A. Nicolazo de Barmon, cette forme anormalité « par ricochet » ne doit être retenue « qu'avec prudence »[(448)].

b) En revanche, dès lors qu'elle visait à satisfaire les intérêts de l'entreprise, une charge exposée du fait d'un acte ou d'une pratique illicite, peut être regardée comme supportée dans l'intérêt direct de l'exploitation. Un acte illicite ne constitue pas nécessairement, en d'autres termes, un acte anormal de gestion, comme en témoigne une abondante jurisprudence[(449)]. Le fondement de cette solution importante est le principe de l'indépendance des législations : la raison principale « pour laquelle il (...) semble difficile d'admettre un lien automatique entre illicéité et acte de gestion anormale, c'est que cela reviendrait à admettre que l'administration fiscale ait le pouvoir d'apprécier la légalité de telle ou telle pratique au regard de législations autres que fiscales, ce serait admettre que le juge fiscal ait le pouvoir de contrôler cette appréciation et exerce ainsi un contrôle qui normalement relève d'un autre juge »[(450)].

c) De même, depuis l'arrêt *Monte Paschi Banque* rendu en 2016, le Conseil d'État considère qu'un acte anormal de gestion ne peut plus résider, en lui-même, dans des risques pris par une entreprise, même s'ils se révélaient avoir été « manifestement excessifs »[(451)] : « il n'appartient pas à l'administration (...) de se prononcer sur l'opportunité des choix de gestion opérés par l'entreprise et notamment pas sur l'ampleur des risques pris par elle pour améliorer ses résultats »[(452)].

2) La théorie de l'acte anormal de gestion s'applique en deuxième lieu *sous une forme particulière* pour l'imposition des BNC « professionnels »[(453)].

---

paiement de redevances, au motif que ce retard était lié, justement, à la forte augmentation du taux de ces redevances porté à un niveau regardé comme anormal.

(448) M.-A. Nicolazo de Barmon, concl. sur CE, 23 févr. 2015, n° 369.214, *Sté Rottapharm* : *Dr. fisc.* 2015, n° 16, comm. 268, évoquant, justement, cet « effet domino ».

(449) CE, sect., 1er juill. 1983, n° 28.315 : *Dr. fisc.* 1984, n° 5, comm. 149, concl. P. Rivière, pour des intérêts moratoires dus à la Banque de France par un établissement bancaire n'ayant pas constitué en temps utile les réserves exigées par la réglementation. – CE, 11 juill. 1983, n° 33.942 : *Dr. fisc.* 1984, n° 16, comm. 813, concl. D. Léger, pour le cas de cadeaux offerts par un épicier à ses clients en méconnaissance des règles du droit de la consommation. – CE, 10 oct. 1984, n° 25.144 : *Dr. fisc.* 1985, n° 20-21, comm. 1006, concl. M.-A. Latournerie, pour des achats de vins de Champagne effectués à des prix supérieurs aux tarifs fixés par arrêté préfectoral. – CE, 15 avr. 1988, n° 58.229, *Sté Imprimerie Maubert* : *Dr. fisc.* 1988, n° 28, comm. 1462, à propos de « pots de vin » versés à des salariés du service achat d'entreprises clientes. – CE, 7 janv. 2000, n° 186.108, *Philippe* : *Dr. fisc.* 2000, n° 11, comm. 204, concl. G. Bachelier, à propos de condamnations civiles prononcées à l'encontre d'un escroc. – CE, 24 mai 2006, n° 274.471, *Genestar* : *Dr. fisc.* 2006, n° 43, comm. 688 ; *Dr. fisc.* 2006, n° 48, comm. 746, concl. E. Glaser, à propos de sommes versées à une commune en contrepartie de l'obtention d'un permis de construire. Sur le cas particulier des sanctions pécuniaires de nature répressive (et spécialement des amendes pénales et des astreintes prononcées par une décision juridictionnelle) et des commissions versées à des agents publics étrangers, V. *infra*, n° 1463, 3.

(450) D. Léger, concl. sur CE, 11 juill. 1983, n° 33.942, préc. L'autre raison pour laquelle il est difficile de faire de toute illicéité un acte de gestion anormale est qu'« une telle solution revient à instituer pour ces infractions des sanctions que le législateur n'a pas prévues » (*ibid.*).

(451) Le Conseil d'État avait retenu l'existence d'une prise de risque exagérée, constitutive d'un acte anormal de gestion, dans le cas d'un intermédiaire financier qui avait persisté à garantir les pertes en capital, pourtant considérables, essuyées par des investisseurs malheureux ayant recouru à ses services (CE, 17 oct. 1990, n° 83.310, *Loiseau* : *Dr. fisc.* 1991, n° 48, comm. 2281, concl. O. Fouquet ; *Rec. CE* 1990, p. 282 ; *GAJF* n° 33, p. 548). – V. également, jugeant dans les deux cas que l'existence d'une prise de risques manifestement excessive n'était pas établie, CE, 27 avr. 2011, n° 327.764, *Sté Legeps* : *Dr. fisc.* 2011, n° 25, comm. 399, concl. L. Olléon, note O. Fouquet et, en dernier lieu, CE, 11 juin 2014, n° 363168, *Sté Frasen Holding* : *Dr. fisc.* 2015, n° 29, comm. 115, note P. Fumenier et C. Maignan).

(452) CE, sect., 13 juill. 2016, n° 375801, *Sté Monte Paschi Banque* : *Dr. fisc.* 2016, n° 36, comm. 464, concl. É. Bokdam-Tognetti, note O. Fouquet, dans lequel la Haute juridiction a préféré abandonner purement et simplement la « théorie » du risque excessif plutôt que de l'adapter au cas particulier des établissements de crédit ayant pris des risques élevés en octroyant, conformément à leur objet social, des prêts à des entreprises en difficulté. Relevons que le Conseil d'État, alors que rien ne l'y obligeait, a expressément réservé le cas des détournements de fonds rendus possibles par le comportement délibéré ou la carence manifeste des dirigeants. Quelques mois avant ce revirement, M.-A. Nicolazo de Barmon avait souligné que « le maniement [de la théorie des prises de risque manifestement excessive] doit rester exceptionnel » (concl. sur CE, 23 févr. 2015, n° 369214, *Sté Rottapharm* : *Dr. fisc.* 2015, n° 16, comm. 268). V. antérieurement – mais ultérieurement contredit – CE, 7 janv. 2000, *Philippe*, préc., jugeant que la déduction de sommes supportées par un contribuable à la suite de la commission d'un délit ne pouvait être être refusée « au seul motif que l'intéressé aurait pris, dans la gestion de son entreprise, des risques excédant manifestement ceux qu'un chef d'entreprise peut être conduit à prendre pour améliorer les résultats de son exploitation ».

(453) V. CE, plén, 23 déc. 2013, n° 350.075, *Min. c/Uguen* : *Dr. fisc.* 2014, n° 14, comm. 252, concl. V. Daumas, note M. Buchet, où il est relevé que l'expression « acte anormal de gestion » a été improprement utilisée par l'administration à l'égard d'un notaire ayant renoncé à percevoir certains honoraires.

Fondée ici sur l'article 93, 1 du CGI selon lequel « le bénéfice [non commercial] à retenir dans les bases de l'impôt sur le revenu est constitué par l'excédent des recettes totales sur les dépenses nécessitées par l'exercice de la profession », elle peut aboutir, comme en matière de BIC :

– à la réintégration dans le bénéfice imposable du montant des dépenses considérées comme « anormales » ;

– à la majoration de ce même bénéfice du montant des recettes que le contribuable a anormalement renoncé à percevoir.

• Une jurisprudence fournie se rapporte à l'anormalité de *dépenses*. Cette anormalité a été retenue, par exemple, dans une affaire mettant en cause un expert-comptable. Passablement négligent, celui-ci avait été fréquemment conduit à rembourser à ceux de ses clients dont il avait tardivement souscrit les déclarations fiscales, les majorations qu'ils avaient supportées pour ce motif. Le Conseil d'État rejette la déductibilité de ces dépenses (exposées au cours des quatre années d'imposition litigieuses) : « alors même que [le contribuable] aurait pu faire l'objet, de la part de ses clients, de poursuites judiciaires et qu'une condamnation de l'intéressé aurait pu avoir des incidences sérieuses sur la fidélité de sa clientèle, les dépenses litigieuses (...) résultent, ainsi que le reconnaît [l'intéressé], d'un défaut d'organisation de son cabinet auquel, bien que l'ayant constaté, il n'a pas remédié ». Elles ne peuvent être regardées « compte tenu de leur répétition dans une période aussi longue, comme des dépenses résultant de l'exercice normal de la profession »[454]. Peuvent également être rejetées comme anormales, les dépenses « ne correspond [a] nt pas à un risque lié à l'exercice normal de la profession »[455]. Par ailleurs, les dépenses afférentes à une opération dont la réalisation est prohibée par les textes organisant, le cas échéant, une profession non commerciale sont, par nature, regardées comme étrangères à l'exercice de la profession. C'est un cas où l'illicéité entraîne *ipso facto* l'anormalité[456].

• Marqué encore récemment par des incertitudes, le cas des renonciations anormales à des recettes a été réglé par deux arrêts rendus en 2013.

Avant l'intervention de ces arrêts, la seule décision du Conseil d'État retenant un cas de renonciation anormale à des *recettes* non commerciales était très atypique, pour correspondre en réalité à un cas de « fausse renonciation » à des recettes[457]. Dans cette affaire, la Haute juridiction administrative était confrontée à un montage habile conçu par quatre architectes. Ceux-ci exerçaient leur activité à travers deux sociétés qu'ils contrôlaient. La première (le cabinet d'architectes regardé comme une société créée de fait) encaissait l'intégralité des honoraires des architectes alors que la seconde (une société de capitaux qui se voyait confier certaines tâches d'exécution moyennant des reversements d'honoraires) salariait les intéressés. Le Conseil d'État relève que les modalités du partage des honoraires résultant du taux des reversements auxquels procédait la société créée de fait (qui étaient d'un niveau tel que son résultat était déficitaire) s'écartaient considérablement des usages de la profession et étaient « révélatrices d'une gestion anormale de la société de fait ». D'une certaine manière d'ailleurs, ce reversement excessif pouvait davantage être regardé comme une dépense (un coût de sous-traitance) que comme une véritable renonciation à des recettes. De son côté, une cour administrative d'appel avait retenu une solution plus convaincante : « compte tenu des conditions d'exercice de l'activité des contribuables dont les revenus sont imposables dans la catégorie des BNC, il n'appartient pas à l'administration de réintégrer au résultat imposable de ces contribuables le montant des renonciations qu'ils auraient consenties à leurs clients, au motif que, n'étant pas justifiées par une contrepartie ou par les usages de la profession concernée, ces renonciations à recettes constitueraient un acte anormal de gestion[458].

Dans deux arrêts rendus en 2013 par la plénière fiscale du contentieux, le Conseil d'État a jugé que, si les titulaires de BNC sont en principe seuls juges (sous réserve en ce qui concerne les professions

(454) CE, 27 févr. 1991, n° 69.971, *Guet* : *Dr. fisc.* 1992, n° 5, comm. 145, concl. O. Fouquet.

(455) CE, 20 nov. 1996, n° 123.267, *Caviggia* : *Dr. fisc.* 1997, n° 25, comm. 699.

(456) CE, 13 nov. 1996, n° 128.088, *Betous* : *Dr. fisc.* 1997, n° 12, comm. 319, concl. G. Bachelier, à propos de dépenses insusceptibles « de se rattacher aux fonctions [d'un] notaire », comme ayant pour origine des opérations « dans lesquelles la réglementation applicable aux notaires leur interdit de s'immiscer ».

(457) CE, 22 juin 1983, n° 25.167 : *Dr. fisc.* 1983, n° 51, comm. 2379.

(458) CAA Paris, plén., 26 avr. 2011, n° 08-4866, *Uguen* : *Dr. fisc.* 2011, n° 29, comm. 422, concl. A. Bernard, note Th. Jacquemont, retenant cette solution y compris dans le cas où le résultat non commercial est déterminé sur option du contribuable selon les principes de la comptabilité d'engagement.

libérales et les professions réglementées du contrôle qu'exercent les instances de supervision spécialement instituées à cet effet) de l'opportunité des décisions qu'ils prennent, l'administration fiscale est cependant fondée à réintégrer dans leur résultat imposable le montant des recettes non déclarées qu'ils n'auraient normalement pas dû renoncer à percevoir. Tel est le cas lorsque la renonciation en cause est dépourvue de contrepartie équivalente pour ces contribuables, qu'elle ne peut être regardée comme relevant de l'exercice normal de leur profession ou d'une pratique normale dans le cadre de leur occupation ou qu'elle n'est justifiée par aucun autre motif légitime[459].

3) Dans la fiscalité des particuliers, le seul domaine où la théorie de l'acte anormal de gestion trouve d'une certaine manière à s'appliquer est celui des revenus fonciers. Le fondement retenu est alors l'article 12 du CGI : l'IR « est dû chaque année à raison des (...) revenus [dont le contribuable] dispose au cours de la même année ». La notion d'acte anormal de gestion peut, par transposition, y jouer dans deux hypothèses :

– lorsque, en l'absence de circonstances indépendantes de la volonté du bailleur, le loyer d'un immeuble est « notablement inférieur à sa valeur locative réelle » ou « nettement inférieur à la valeur locative normale ». Dans cette hypothèse (qui se rencontre essentiellement pour des baux consentis au sein du groupe familial), le contribuable peut être imposé à l'IR compte tenu « de la somme dont le contribuable a disposé en renonçant à la percevoir [*sic*] »[460]. Il est admis, dans ce cas, que le revenu foncier brut soit déterminé par référence à la valeur locative réelle, alors établie par comparaison[461], ou la valeur locative cadastrale corrigée[462] ;

– lorsque le bailleur renonce sans justifier d'un intérêt suffisant à percevoir les loyers convenus[463].

Dans des circonstances différentes, le Conseil d'État a considéré, par ailleurs, que le dirigeant d'une société qui, titulaire d'un compte courant d'associé, renonce au profit de celle-ci à une partie des dividendes qu'elle lui avait préalablement distribués (et qui avaient été enregistrés au crédit de son compte courant d'associé) procède à un acte de disposition du revenu correspondant, quelle que soit la situation de trésorerie de la société[464].

4) La TVA se révèle réfractaire à la théorie jurisprudentielle de l'acte anormal de gestion. Outre les considérations pouvant être tirées du droit de l'Union européenne, la raison en est la réserve du Conseil d'État à porter atteinte à l'automatisme et à l'objectivité présidant à la détermination de l'assiette de cet impôt[465]. Cette réticence porte d'abord ses effets en matière de TVA exigible : celle-ci ne peut être déterminée qu'en considération de la contrepartie effective reçue (ou à recevoir) par le redevable[466]. La circonstance que le redevable aurait consenti à ses clients un prix inférieur au prix ordinairement pratiqué (ou même réalisé une vente à perte) n'autorise pas l'administration à l'assujettir à la TVA en tenant compte de cette insuffisance de prix. On notera toutefois qu'une opération dépourvue de toute contrepartie n'est pas imposable à la TVA par application des dispositions générales, faute de pouvoir être regardée comme réalisée à titre onéreux[467].

La même solution est retenue, plus nettement encore, en matière de TVA déductible : « si la déductibilité (...) de la taxe sur la valeur ajoutée qui a grevé les éléments du prix d'opérations imposables est, notamment, subordonnée, dans le cas de services facturés à l'entreprise, à la condition que les sommes facturées constituent la contrepartie de services dont l'entreprise peut justifier qu'ils lui ont été effectivement fournis, la seule circonstance que cette entreprise aurait accepté, pour des motifs étrangers à une gestion commerciale normale, de payer à son fournisseur un prix supérieur au prix initialement convenu ne permet pas de regarder la condition sus-énoncée comme non remplie

(459) V. CE, plén, 23 déc. 2013, n° 350.075, *Min. c/Uguen*, préc., précisant également la dialectique de la charge de la preuve en la matière.
(460) CE, 23 juin 1986, n° 48466 : *RJF* 10/1986, n° 892.
(461) CE, 26 mai 1976, n° 98.816 : *Dr. fisc.* 1976, n° 51, comm. 1910, concl. P. Lobry.
(462) CE, 23 juin 1986, n° 48.466, préc., rejetant toutefois la méthode de revalorisation forfaitaire mise en œuvre par l'administration.
(463) CE, 29 mai 1991, n° 75.021, *Winter* : *RJF* 7/1991, n° 956, admettant l'existence de l'intérêt du bailleur à une renonciation temporaire aux loyers. – CE, 6 févr. 1995, n° 157.674, *Le Guen* : *RJF* 4/1995, n° 477, pour le cas inverse.
(464) CE, 31 juill. 2009, n° 301.191, *Salas* : *RJF* 11/2009, n° 905 ; *BDCF* 11/2009, n° 121, concl. contr. J. Burguburu.
(465) M.-A. Latournerie, concl. sur CE, 19 févr. 1975, n° 93.262, *Sté Entr. Bonnafous Frères* : *Dr. fisc.* 1975, n° 23, comm. 799.
(466) CE, 19 févr. 1975, *Sté Entr. Bonnafous Frères*, préc.
(467) CGI, art. 256.

à concurrence du supplément de prix, dès lors que la somme facturée et effectivement acquittée par l'acheteur, à supposer même qu'elle soit excessive, correspond à l'exécution de services qui lui ont été effectivement fournis »[468].

Il ne faudrait pas déduire de ces solutions que l'administration serait impuissante à combattre d'éventuels abus en matière de TVA. Le droit écrit lui fournit à cet égard des armes puissantes, qui peuvent aboutir à un résultat voisin de ceux que porterait l'application de la théorie de l'acte anormal de gestion. On peut penser, en particulier, aux différents cas de taxation des prestations « à soi-même » effectuées par un assujetti ou aux restrictions (ou limitations) du droit à déduction (V. *infra*, n°s 1285 et s.).

5) Le cas des droits d'enregistrement est passablement différent. La théorie de l'acte anormal de gestion y trouve un substitut efficace dans les règles générales permettant de substituer au prix (ou assimilé) exprimé dans l'acte (ou la déclaration) la « valeur vénale réelle » des biens cédés si elle est supérieure[469]. Les mêmes règles s'appliquent en matière de TVA « immobilière ».

952. – **Liberté et responsabilité fiscales.** Dans les systèmes juridiques libéraux, les principes de liberté et de responsabilité sont indissociables. Le droit fiscal ne déroge pas à cette solution générale et deux théories importantes en sont des conséquences directes : celle de l'apparence, d'une part, celle des décisions de gestion, d'autre part.

953. – **Théorie de l'apparence.** Bien qu'elle ne soit pas propre au droit fiscal, la théorie de l'apparence a suscité en cette matière des interrogations particulières.

Cette théorie jurisprudentielle permet à l'administration d'établir l'impôt en se fondant sur une situation apparente créée ou entretenue par le contribuable, sans que celui ne puisse soutenir utilement qu'elle est différente de sa situation réelle, résultant d'un acte resté occulte.

De manière générale, l'application de la théorie de l'apparence suppose que le contribuable se soit prévalu de sa situation apparente *à l'occasion de l'accomplissement d'obligations déclaratives*[470].

Consacrée en 1974 par l'arrêt *Lemarchand*, cette théorie présente la particularité d'ouvrir un choix à l'administration. Elle peut tenir l'acte occulte comme lui étant inopposable et établir l'impôt sur la base de la situation apparente, en faisant abstraction de la situation réelle ultérieurement révélée.

Le fisc est en droit d'imposer le contribuable sur la base des apparences, alors qu'elles ne correspondraient pas à la réalité matérielle. Comment ne pas noter, au passage, que cette solution générale contribue, s'il en était besoin, à ruiner le prétendu « principe de réalisme » du droit fiscal ?

Naturellement, le fisc ne peut regarder comme occulte un acte dont le contribuable a antérieurement fait état dans ses relations avec l'administration[471]. L'administration ne peut davantage tenir pour occulte un acte de l'état civil d'un État étranger, les mentions qu'il comporte étant opposables *erga omnes* dès lors qu'ils sont régulièrement établis et publiés[472].

Lorsque, le contribuable se prévalant de la situation occulte, l'administration établit l'impôt en se tenant aux apparences, elle n'est pas nécessairement tenue de mettre en œuvre la procédure de répression des abus de droit. En effet, « un acte occulte n'est pas par lui-même un acte fictif et il n'a pas nécessairement pour seul but d'éluder l'impôt »[473].

(468) CE, 6 juill. 1988, n° 46.549, *Sté Le Chanel : Dr. fisc.* 1989, n° 51, comm. 2405.
(469) LPF, art. L. 17.
(470) Sur le cas particulier des apparences nées de l'exercice irrégulier d'une option, V. *supra*, n° 945, 2-*a*.
(471) CE, 6 nov. 1968, n° 72.223 : *Dr. fisc.* 1969, n° 18, comm. 629, concl. G.-W. Schmeltz, pour le cas de l'acte constitutif d'une société en participation ayant été soumis à la formalité de l'enregistrement.
(472) CE, 8 mars 2004, n° 248.094, *Mohammadi : Dr. fisc.* 2004, n° 30-36, comm. 643, concl. F. Séners, à propos d'actes de l'état civil iranien établissant le divorce d'un contribuable s'étant présenté comme toujours marié dans ses déclarations d'IR.
(473) G Bachelier, concl. sur CE, 29 janv. 2003, n° 233.373, *Sté Cidal : Dr. fisc.* 2003, n° 20, comm. 383.

Elle peut, à l'inverse – dès lors qu'elle acquiert connaissance de l'acte occulte reflétant la situation réelle du contribuable – « en tirer, le cas échéant, les conséquences fiscales »[(474)].

L'administration doit toutefois appliquer un principe de non-contradiction : elle ne peut pas, par exemple, assujettir à l'impôt une société, alors qu'elle se prévaut, par ailleurs, de son caractère fictif[(475)].

La question de savoir si l'administration, lorsqu'elle écarte l'acte apparent comme fictif, doit obligatoirement mettre en œuvre la procédure de répression des abus de droit est délicate. Elle n'a pas d'ailleurs été tranchée en jurisprudence. On pourrait admettre, semble-t-il, que cette procédure n'a pas à être suivie dès lors que le contribuable a spontanément révélé à l'administration le caractère fictif de l'acte initialement apparent. Dans le cas inverse, l'application de la procédure propre à la répression des abus de droit semble s'imposer.

954. – **Théorie des décisions de gestion.** Propre à la fiscalité des entreprises, la seconde de ces théories est celle des décisions de gestion[(476)].

Au sens strict, la théorie des décisions de gestion se rapporte aux seules écritures comptables passées par les entreprises. Elle tend, dans ce cadre, à déterminer dans quelles hypothèses et sous quelles conditions ces écritures peuvent être ultérieurement modifiées à l'initiative, soit du contribuable, soit de l'administration.

Dans un sens plus large qu'a pu retenir la jurisprudence (V. *supra*, n° 945, 1-*a*), les décisions de gestion englobent également les options fiscales exercées sur le fondement de la loi ou, parfois, de la seule doctrine administrative. Le Conseil d'État considère ainsi qu'une décision de gestion peut résulter des seules énonciations portées sur la déclaration fiscale souscrite par le contribuable[(477)] ou même une de ses simples annexes[(478)].

1) Le contribuable prend une décision de gestion *régulière* lorsque, conformément à la loi fiscale, il exerce valablement une faculté de choix entre deux solutions également admises.

Comme l'énonce expressément le Conseil d'État, « une décision de gestion suppose l'existence d'une faculté juridique d'option » ouverte au contribuable[(479)].

Ces décisions présentent un caractère définitif : opposables à l'administration comme au contribuable, les écritures comptables en résultant ne peuvent être ultérieurement rectifiées, ni à l'initiative de l'administration, ni à celle du contribuable.

a) En revanche, une décision de gestion *opposable au contribuable* ne peut résulter d'un choix ouvert par la seule doctrine administrative. Une telle décision – qui correspond à la notion véritable de décision de gestion *irrégulière*, pour être extralégale – peut toutefois *être opposée* par le contribuable *à l'administration* si les conditions doctrinales sont réunies.

b) La jurisprudence fiscale livre de nombreuses illustrations de ces décisions de gestion. C'est le cas, par exemple :

– de la décision de ne pas comptabiliser une provision alors que les conditions légales permettant la passation d'une écriture en ce sens seraient réunies ;

(474) CE, plén., 20 févr. 1974, n° 83.270 : *Rec. CE* 1974, p. 126 ; *Dr. fisc.* 1974, n° 30, comm. 958, concl. D. Mandelkern.
(475) CE, 25 févr. 1981, n° 20.577 : *Dr. fisc.* 1981, n° 27, comm. 1413, concl. J.-F. Verny.
(476) V. sur cette question, G. Dedeurwaerder, *La distinction des erreurs et des décisions de gestion : Dr. fisc.* 2014, n° 28, étude 427.
(477) CE, 20 avr. 1984, n° 37050, *Min. c/Sté de pavage des asphaltes de Paris : Dr. fisc.* 1985, n° 1, comm. 9, concl. D. Léger, pour la décision de compenser des plus-values et des moins-values professionnelles à long terme.
(478) CE, 12 févr. 1992, n° 78.401, *Sté hôtelière Lutétia Concorde : Dr. fisc.* 1992, n° 48-49, comm. 2268, concl. M.-D. Hagelsteen, jugeant, à l'égard de l'ancienne faculté légale reconnue aux entreprises de réputer différée, en période déficitaire, tout ou partie des amortissements comptabilisés, que le fait d'inscrire ou de ne pas inscrire cette fraction du déficit sur les imprimés que les entreprises doivent joindre à leurs déclarations de résultat constitue une décision de gestion qui leur est opposable.
(479) CE, 25 mars 2013, n° 355.035, *Sté Merlett France : Dr. fisc.* 2013, n° 25, comm. 342, concl. N. Escaut.

– de la décision de comptabiliser (à l'égard d'une immobilisation éligible à l'amortissement dégressif et dans la limite de l'amortissement minimal obligatoire) une annuité d'amortissement d'un montant inférieur à l'annuité dégressive théorique.

2) Les décisions de gestion s'opposent aux incorrections comptables, c'est-à-dire aux écritures comptables qui – passées par le contribuable en méconnaissance des textes législatifs et réglementaires ou entachées d'erreur de fait – ne se voient reconnaître, de manière générale, aucun caractère intangible.

La jurisprudence et la doctrine scientifique utilisent en réalité l'expression « erreurs comptables », ce qui a pour effet de compliquer inutilement des distinctions qui sont déjà suffisamment complexes.

La jurisprudence distingue, à cet égard, deux types d'incorrections :

a) les incorrections comptables involontaires, qui peuvent être rectifiées, tant à l'initiative de l'administration, qu'à celle du contribuable ;

• Naturellement, l'écoulement du temps peut interdire que cette rectification puisse être opérée ou que ses conséquences fiscales ordinaires puissent en être tirées. Sous réserve de l'exercice du droit de compensation :

– l'administration peut procéder à la rectification d'une erreur comptable dans la limite de la prescription de son pouvoir d'imposition ;

– le contribuable peut demander cette rectification dans la limite du délai de réclamation.

• Peuvent constituer, par exemple, une erreur comptable :

– le défaut de comptabilisation d'une charge immédiatement déductible ;

– une erreur à propos du titulaire d'une créance.

b) les incorrections comptables délibérées (également dénommées, assez improprement, « décisions de gestion irrégulières » ou « erreurs comptables délibérées »). Ces incorrections procèdent d'écritures incorrectes passées par le contribuable en toute connaissance de cause, c'est-à-dire de mauvaise foi.

Selon le Conseil d'État, quelles qu'aient été ses carences dans l'organisation et la mise en œuvre des dispositifs de contrôle, une entreprise peut demander la rectification des erreurs comptables commises par un salarié, dès lors que celui-ci « a outrepassé l'exercice normal de ses fonctions »[(480)].

Le régime d'opposabilité de ces incorrections délibérées est marqué par une dissymétrie logique : inopposables à l'administration, elles peuvent cependant être opposées au contribuable.

Un arrêt du Conseil d'État fournit une illustration particulièrement simple de ce cas de figure : afin de présenter à un organisme bancaire un résultat comptable plus avantageux, une société avait omis de comptabiliser en charge des frais de déplacement qu'elle avait exposés. En appel, la société avait obtenu la rectification de cette prétendue incorrection. Le Conseil d'État censure l'arrêt d'appel : « en admettant la correction de cette omission à la demande de la société, alors que ce défaut de comptabilisation avait un caractère délibérément irrégulier, la cour administrative d'appel a commis une erreur de droit »[(481)].

(480) CE, 9 mars 2016, n° 380808, *Sté Arjohuntleigh (aux droits de Sté HNE Médical) : Dr. fisc.* 2016, n° 21, comm. 335, concl. É. Bokdam-Tognetti, note J. Ardouin et M. Ferré ; *Procédures* 2016, n° 5, comm. 188, note O. Négrin, pour le cas d'un directeur administratif et financier qui, dans le souci d'augmenter ses performances professionnelles apparentes, avait enregistré dans les comptes de son employeur des produits imaginaires. Sur l'acte anormal de gestion pouvant résulter de « carences manifestes dans l'organisation et la mise en œuvre des dispositifs de contrôle », V. *infra* n° 951, 1-*b*.

(481) CE, 12 mai 1997, n° 160.777, *Min. c/Sté Intraco : RJF* 6/1997, n° 535.

3° La présomption de bonne foi du contribuable

955. – **Bonne foi présumée.** La bonne foi du contribuable est présumée. Il s'agit naturellement d'une présomption simple – et que l'administration combat d'ailleurs fréquemment. Mais c'est le fisc qui supporte la charge de démontrer, en tout état de cause, que le contribuable a délibérément manqué à ses obligations légales.

1) Ce principe, qui n'est formellement posé par aucun texte, irrigue de nombreuses règles de la procédure fiscale contentieuse ou non contentieuse.

En matière d'imposition des revenus, sous l'empire des règles issues du décret du 30 avril 1955 relatif à la réforme des procédures et des pénalités fiscales, « les [seuls] intérêts de retard [étaient] applicables aux contribuables dont la bonne foi [était] présumée ou établie ». Pouvant être établie « par tout moyen », la bonne foi était « présumée notamment si les énonciations générales de la déclaration permett [aient] de redresser le revenu déclaré » (art. 6).

2) La loi fiscale retient toutefois que la preuve de la « mauvaise foi » – l'expression n'a pas pu être ici éliminée par l'ordonnance du 7 décembre 2005 relative, notamment, à l'aménagement du régime des pénalités fiscales – ayant justifié l'infliction de sanctions fiscales au contribuable « incombe à l'administration »(482). Encourt naturellement la cassation, l'arrêt qui retient qu'un contribuable n'apporte pas la preuve, dont la charge lui incomberait prétendument, de l'absence de mauvaise foi de sa part(483).

956. – **Présomption de sincérité des déclarations.** La présomption de bonne foi du contribuable comporte une conséquence particulière : le droit fiscal attache à la déclaration fiscale régulièrement souscrite une présomption de sincérité.

De nombreuses règles procédurales découlent de cette présomption. Elle peut même exceptionnellement influer très directement sur les rapports substantiels de droit fiscal. Un arrêt d'appel (passablement isolé il est vrai) le fait ressortir. Les faits de l'espèce sont les suivants : à la suite du débordement d'un torrent alpin, une coulée de boues avait envahi les locaux situés au rez-de-chaussée de l'immeuble dans lequel une société commerciale avait entreposé l'essentiel de ses pièces et archives comptables. Les services de secours avaient dû procéder immédiatement au pompage des boues, ce qui avait entraîné l'aspiration et la destruction de la quasi-totalité de ces documents, seuls subsistant, hormis quelques factures, « des vestiges de papiers inexploitables ». Jouant de malchance, la société avait ultérieurement fait l'objet d'un contrôle fiscal et des impositions supplémentaires avaient été mises à sa charge. Celles-ci étaient essentiellement liées à réintégration dans son résultat imposable de déficits antérieurs que, par hypothèse, la société n'avait pas été « à même de (...) justifier par la production d'une comptabilité ».

Saisi de la validité des impositions supplémentaires, le juge admet d'abord – la solution est exceptionnelle – que des circonstances constitutives d'un cas de force majeure sont de nature à libérer la société de « son obligation légale de produire à l'administration fiscale la justification des déficits en litige ». Le juge observe ensuite que l'administration a par ailleurs admis la régularité de la comptabilité tenue au titre d'un exercice postérieur à la catastrophe et hormis le redressement litigieux résultant de la remise en cause des déficits antérieurs, n'a procédé qu'à un seul autre redressement mineur au titre de cet exercice. En conséquence, l'administration ne faisant « valoir aucun élément susceptible de jeter un doute sur la sincérité ou l'exactitude des éléments comptables figurant dans les déclarations et pièces annexes régulièrement souscrites par société en cause au titre des exercices antérieurs déficitaires », la société « est en droit d'opposer au service la présomption de sincérité de ses déclarations ». Elle doit, par suite, être regardée comme justifiant de l'absence du bien-fondé du redressement en litige(484).

---

(482) LPF, art. L. 195 A. – V., retenant toujours l'expression de « bonne foi », LPF, art. L. 80 A, al. 1er.
(483) CE, 21 mars 2001, n° 202.490, *Egot : Dr. fisc.* 2001, n° 24, comm. 549, concl. G. Goulard.
(484) CAA Lyon, 10 mai 2000, n° 96-908, *Sté Faucigny Savoie : Dr. fisc.* 2001, n° 18, comm. 423, concl. C. Millet.

Bibliographie spéciale (Titre 2, Chapitre 1)

• A. Agostini, *Les options fiscales*, t. 20, LGDJ, coll. « Bibliothèque de Science financière », 1983. – M. Cozian, *Les grands principes de la fiscalité des entreprises*, Litec, 4e éd., 2000. – F. Durand, *L'apparence en droit fiscal*, t. 507, LGDJ, coll. « Bibliothèque de Droit privé », 2009. – L. Fernandez, *Les éléments subjectifs en droit fiscal*, thèse, Bordeaux I, 1985. – J. Guez, *L'interprétation en droit fiscal*, t. 12, LGDJ, coll. « Bibliothèque de l'Institut André Tunc », 2007. – J.-Cl. Martinez, *Le statut de contribuable*, t. 15, LGDJ, 1980. coll. « Bibliothèque de Science financière ». – M. de Saint-Pulgent, *Le droit français des agréments fiscaux : EDCE* 1990, n° 41, p. 185 et s. – G. Tournié, *Les agréments fiscaux*, Pédone, coll. « Publications de l'Institut d'Études Politiques de Toulouse », 1970.

CHAPITRE 2

LES AMÉNAGEMENTS ADMINISTRATIFS DU STATUT

957. – **Sécurité juridique contre légalité.** Le régime des sources du droit fiscal est dominé sur le plan théorique par le principe de légalité fiscale. L'obligation fiscale ne peut trouver sa source que dans la loi, qui doit en définir directement ou indirectement tous les éléments.

Mais, paradoxalement, le droit fiscal français se caractérise également par la portée légalement reconnue à des actes ou décisions de l'administration qui, par application des principes généraux du droit public, devraient normalement être dépourvus de toute incidence juridique directe.

En vertu de ces mêmes principes généraux, l'édiction de ces actes ou décisions pourrait toutefois, à les supposer illégaux, être de nature à engager la responsabilité de l'État.

Ce paradoxe est lié à la consécration légale de deux séries de mécanismes hautement dérogatoires qui – comme dans d'autres législations étrangères – tendent à renforcer la sécurité juridique des contribuables et protéger les attentes légitimes que l'administration fiscale a pu faire naître dans leur chef.

En rattachant ces mécanismes au principe de sécurité juridique, on tend souvent à opposer la sécurité juridique à la légalité. C'est oublier, peut-être, que la conformité de l'activité de l'administration à la loi et, partant, le principe de légalité sont les piliers fondamentaux de la sécurité juridique des administrés.

Posés, pour l'essentiel, aux articles L. 80 A et L. 80 B du Livre des procédures fiscales, ces mécanismes empruntent différentes formes qu'il est parfois difficile de distinguer.

Un avis contentieux du Conseil d'État rattache explicitement le mécanisme de l'article L. 80 A du LPF à « l'objectif de sécurité juridique »(1). Auparavant, une cour administrative d'appel avait fait de même avec l'un des avatars de ce principe : « la garantie prévue par [les] dispositions [de l'article L. 80 A du LPF] assure en droit interne le respect du principe de confiance légitime reconnu en droit de l'Union européenne(2). Sur les conséquences importantes découlant de ce rattachement, V. *infra*, n° 1010.

Les dispositifs étrangers similaires aux mécanismes français d'opposabilité ne sont pas présentés dans les développements qui suivent. Ils ne sont pas, toutefois, totalement ignorés par le droit français. La loi de finances pour 2014(3) a ainsi élargi en ce sens les « obligations documentaires » mises à

(1) CE, avis, sect., 8 mars 2013, n° 353.782, *Monzani* : *Dr. fisc.* 2013, n° 15, comm. 240, concl. E. Crépey, note O. Fouquet ; *Procédures* 2013, n° 6, comm. 205, note O. Négrin.
(2) CAA Paris, plén., 25 mars 2010, n° 08-3658, *Sté La Frégate* : *Dr. fisc.* 2010, n° 36, comm. 465, concl. S. Gouès.
(3) L. 29 déc. 2013, art. 98.

la charge des grandes entreprises françaises[4] dans le cadre des mesures de contrôle de leurs prix de transfert (V. *supra*, n° 917). Désormais, la documentation qui, tenue à la disposition de l'administration, est destinée à justifier la politique concernant ces prix doit mentionner « les décisions de même nature que les interprétations, instructions et circulaires mentionnées à l'article L. 80 A [du LPF], prises par les administrations fiscales étrangères à l'égard des entreprises [étrangères qui leur sont] associées »[5]. Relevant que ces dispositions « n'ont ni pour objet ni pour effet d'imposer aux entreprises intéressées de tenir à la disposition de l'administration des documents émanant d'administrations étrangères que ces entreprises n'auraient pas en leur possession », le Conseil constitutionnel a rejeté comme manquant en fait le grief tiré de ce qu'elles imposeraient une « formalité impossible » aux entreprises concernées[6].

S'écartant de la structure des textes, on examinera successivement :

1) le mécanisme posé, principalement, par l'article L. 80 A, alinéa 2nd, du Livre des procédures fiscales qui permet, sous certaines conditions, l'opposabilité à l'administration fiscale des *interprétations de portée générale* qu'elle a formellement admises à l'égard des textes fiscaux (Section 1) ;

Les interprétations de portée générale entrent également dans le champ d'application de l'article L. 80 A, alinéa 1er, du LPF. Toutefois, compte tenu de ses conditions d'application restrictives (V. *infra*, n° 967), ce dispositif ne présente d'intérêt pratique qu'à l'égard des interprétations générales se rapportant à des textes n'entrant pas dans le champ d'application matériel du second alinéa du même article, c'est-à-dire, plus précisément, aux textes relatifs à la prescription du pouvoir d'imposition de l'administration fiscale (V. *infra*, n° 987) ;

2) les mécanismes, relevant essentiellement des articles L. 80 A, alinéa 1er, et L. 80 B du Livre des procédures fiscales qui permettent d'opposer à l'administration fiscale, dans des hypothèses variées, ses prises de position formulées *à titre individuel* (Section 2).

Communes aux différents dispositifs d'opposabilité, certaines solutions générales sont étudiées dans les développements consacrés à la doctrine administrative de portée générale.

SECTION 1

LA DOCTRINE ADMINISTRATIVE DE PORTÉE GÉNÉRALE

SOUS-SECTION 1

PRÉSENTATION GÉNÉRALE

§ 1. – La définition générale de la doctrine administrative

958. – Doctrine administrative de portée générale (définition). 1) La doctrine administrative de portée générale peut se définir comme « l'ensemble des

(4) Sont visées, plus précisément, les personnes morales établies en France dont le chiffre d'affaires annuel hors taxes ou l'actif brut du bilan est supérieur ou égal à 400 M€ ou possédant des liens avec une entreprise répondant à l'une l'autre de ces conditions (LPF, art. L. 13 AA, I).

(5) LPF, art. L. 13 AA, II-3°. Les entreprises « associées » s'entendent (LPF, art. L. 13 AA, I-e) des entités juridiques, établies ou constituées hors de France, liées à la société française au sens de l'article 39, 12 du Code général des impôts (V. *infra*, n° 1670, 3).

(6) Cons. const., 29 déc. 2013, n° 2013-685 DC, *Loi de finances pour 2014*, § 98 à 103.

interprétations des textes fiscaux formulées par une autorité fiscale centrale en direction de l'administration fiscale déconcentrée en vue, principalement, d'assurer une application uniforme de ces textes sur l'ensemble du territoire national ». Elle est contenue, le plus souvent, dans des instructions publiées (sous forme électronique) par intégration dans la base documentaire dénommée *Bulletin officiel des Finances publiques-Impôts* (sur les différents supports concurrents de la doctrine administrative de portée générale, V. *infra*, n°s 989 et s).

a) De manière générale, la doctrine administrative générale est directement attachée à un texte (ou à une série de textes). Procédant à son commentaire plus ou moins détaillé, elle en livre une interprétation véritable en se proposant d'en éclairer le sens. Mais elle peut également exprimer un dispositif autonome, c'est-à-dire totalement détaché des textes existants. Le fait que la doctrine administrative soit, ainsi, insusceptible de pouvoir être regardée comme procédant d'une interprétation directe du droit applicable, est sans influence sur son régime juridique (V. *infra*, n° 982).

b) En application des règles issues de la loi du 17 juillet 1978 relative, notamment, à l'amélioration des relations entre l'administration et le public, la doctrine de portée générale doit être rendue publique : « font l'objet d'une publication les directives, les instructions, les circulaires ainsi que les notes et réponses ministérielles qui comportent une interprétation du droit positif ou une description des procédures administratives » (CRPA, art. L. 312-2, al. 1er).

Un décret du 8 décembre 2008[7] a prévu que les instructions et circulaires ministérielles doivent, depuis le 1er mai 2009, être tenues à la disposition du public sur un site Internet relevant du Premier ministre (www.circulaires.gouv.fr). À compter de la même date, les circulaires et instructions déjà signées sont réputées abrogées si elles ne sont pas reprises sur ce site. Cette solution est écartée pour les instructions fiscales susceptibles d'être opposées à l'administration (V. *infra*, n° 1000, 1).

2) En application des solutions du droit administratif général, le contribuable ne pourrait utilement se prévaloir à l'encontre de l'administration de ses interprétations « doctrinales ». Il le peut toutefois sur le fondement d'un dispositif légal propre au droit fiscal, aujourd'hui codifié à l'article L. 80 A du Livre des procédures fiscales.

a) L'article L. 80 A du LPF comporte deux alinéas. Compte tenu des conditions d'application et des effets respectifs de ces deux alinéas (V. *infra*, n°s 967 et 968), la doctrine administrative générale est le plus souvent invoquée sur le fondement de l'alinéa 2nd du LPF, qui dispose : « Lorsque le redevable a appliqué un texte fiscal selon l'interprétation que l'administration avait fait connaître par ses instructions ou circulaires publiées et qu'elle n'avait pas rapportée à la date des opérations en cause, elle ne peut poursuivre aucun rehaussement en soutenant une interprétation différente. Sont également opposables à l'administration, dans les mêmes conditions, les instructions ou circulaires publiées relatives au recouvrement de l'impôt et aux pénalités fiscales ».

Ceci justifie que le mécanisme posé à l'alinéa 1er de l'article L. 80 A du LPF ne soit étudié, dans le présent ouvrage, qu'à l'égard de la doctrine administrative individuelle (V. *infra*, n°s 1012 et s.).

Le rapport Fouquet avait proposé la « fusion » des deux alinéas de l'article L. 80 A du LPF. Cette proposition n'a finalement pas été suivie d'effet. Il faut y voir la volonté de l'administration centrale – soucieuse de ne pas voir « dilué » le principe d'égalité des contribuables devant la loi fiscale – de « maîtriser » la production de la doctrine opposable en ce qu'elle peut mettre en cause le principe même de l'assujettissement à l'impôt (V. *infra*, n° 970, 1).

b) Le décret du 28 novembre 1983 concernant les relations entre l'administration et les usagers avait posé, dans son article 1er, un mécanisme général devant permettre l'opposabilité à l'administration de ses instructions et circulaires publiées « légales ». Ce texte[8] posait que « tout intéressé est

(7) Codifié depuis le décret du 23 octobre 2015 à l'article R. 312-8 du CRPA.
(8) Abrogé depuis le 1er juillet 2007 par D. 28 juin 2006 relatif à la création, à la composition et au fonctionnement de commissions administratives à caractère consultatif, art. 20.

fondé à se prévaloir, à l'encontre de l'administration, des instructions, directives et circulaires publiées (...) lorsqu'elles ne sont pas contraires aux lois et règlements » (étant précisé que ce texte vise les actes publiés « dans les conditions prévues par la loi du 17 juillet 1979 » c'est-à-dire au *Bulletin officiel* de l'administration centrale en cause(9)).

Compte tenu de l'interprétation stricte donnée par le Conseil d'État de la condition de non-contrariété aux lois et règlements prévue par ce décret, ce dispositif ne portait que peu d'effet dans le contentieux fiscal administratif(10). Ainsi, la Haute juridiction administrative avait jugé comme contraires aux lois et règlements des instructions recommandant de ne pas rejeter comme irrecevable une réclamation contentieuse non signée(11) ou admettant que la demande de rattachement d'une personne à charge puisse être faite, pour l'application de l'IR, après l'expiration du délai de déclaration(12). Très modeste, son seul effet était de permettre l'opposabilité à l'administration d'une instruction légale, alors même qu'elle n'aurait pas été publiée au *Journal officiel*(13).

Il en allait différemment devant le juge fiscal judiciaire, en raison de l'analyse, incontestablement plus constructive, de la Cour de cassation(14).

3) Le nombre et le volume des instructions fiscales sont importants, voire très importants, ainsi que le fait ressortir le tableau suivant(15).

	2001	2002	2003	2004	2005	2006	2007	2008
Nombre de dispositions fiscales législatives nouvelles	nd	129	204	204	280	251	186	332
Nombre d'instructions publiées	232	228	196	215	246	231	200	195
Nombre de pages des instructions	nd	nd	nd	nd	nd	nd	2 332	2 226

959. – Doctrine administrative de portée générale (élaboration). 1) De manière générale, les conditions de formation de la doctrine administrative de portée générale ne sont pas précisées par les textes.

a) La conception de la doctrine administrative de portée générale figure en très bonne place dans la liste des missions de la DGFiP. En effet, aux termes du décret du 3 avril 2008 relatif à la Direction générale des finances publiques, cette direction « conçoit et élabore les textes législatifs et réglementaires relatifs à la fiscalité ainsi que les instructions générales interprétatives nécessaires à leur application » (art. 2, 1°). Ces missions d'ordre normatif sont confiées à la Direction de la législation fiscale (art. 3)(16).

b) À la différence des autres actes pouvant exprimer la doctrine administrative de portée générale, les réponses ministérielles aux questions écrites des parlementaires obéissent à un régime général déterminé par le règlement de chaque assemblée(17). Le règlement de l'Assemblée nationale prévoit que toute question écrite doit recevoir une réponse dans le délai d'un mois, le ministre

(9) V. actuellement D. 30 déc. 2005 relatif à la liberté d'accès aux documents administratifs et à la réutilisation des informations publiques, art. 29.

(10) Comp. CAA Nancy, 9 avr. 1991, n° 89-1188, *Adnet* : *RJF* 10/1991, n° 1263, et CE, 20 nov. 1995, n° 127.836, *Min. c/ Adnet* : *Dr. fisc.* 1996, n° 11, comm. 336.

(11) CE, 16 juin 1986, n° 49.301 : *Dr. fisc.* 1986, n° 45, comm. 1969.

(12) CE, 18 nov. 1988, n° 74.383 : *Dr. fisc.* 1989, n° 13, comm. 645, concl. O. Fouquet.

(13) CE, plén., 29 juill. 1983, n° 31.761 : *Dr. fisc.* 1983, n° 51, comm. 2367, concl. P. Rivière, *a contrario*. V. également CE, 20 déc. 1985, n° 49.013 : *Dr. fisc.* 1986, n° 23, comm. 1111.

(14) Cass. com., 23 févr. 1993, n° 91-13.501, *Adm. c/Debarle* : *Bull. civ.* 1993, IV, n° 76. – Cass. com., 23 nov. 1993, n° 92-11.138, *Kinoo* : *Dr. fisc.* 1994, n° 14, comm. 689 ; *Bull. civ.* 1994, IV, n° 428.

(15) Ce tableau est issu de données élaborées par la Direction de la législation fiscale : *Dr. fisc.* 2010, n° 15, comm. 282.

(16) Sur l'organisation de cette direction, V. A. 3 avr. 2008 portant organisation de la Direction générale des finances publiques, art. 34.

(17) V. Règl. AN, art. 135, et Règl. Sénat, art. 74 et 75.

pouvant bénéficier, dans certaines circonstances, d'un délai supplémentaire de même durée. À défaut de réponse dans le délai (éventuellement prorogé), la question peut être « signalée » par les présidents des groupes : elle doit alors recevoir une réponse sous dix jours. On n'a pas connaissance de cas où cette dernière règle aurait été méconnue à l'égard d'une question « fiscale ». Le règlement du Sénat prévoit des règles de délai similaires. Elles sont toutefois assorties d'une sanction différente : toute question écrite à laquelle il n'a pas été répondu dans les délais prévus est « convertie » en question orale si son auteur le demande (elle prend alors rang au rôle des questions orales à la date de cette demande de conversion).

c) Eu égard à « sa nature d'acte général et impersonnel », un acte exprimant un élément de doctrine de portée générale n'a pas à être motivé en application des règles[18] issues de la loi du 11 juillet 1979 relative, notamment, à la motivation des actes administratifs[19].

2) Longtemps, la procédure d'édiction de la doctrine administrative était dépourvue de tout caractère public ce qui, bien évidemment, n'interdisait pas à l'administration de procéder, ponctuellement, à certaines consultations.

La création du *Bulletin officiel des Finances publiques-Impôts* a profondément modifié le *mode d'actualisation* des instructions fiscales (V. *infra*, n° 990, 4-*b*). Elle a certainement modifié, partant, les *conditions administratives* d'élaboration de la doctrine administrative de portée générale. Mais cette innovation n'a pas eu d'impact fondamental sur les *conditions juridiques* (ou s'il l'on préfère « extra-administratives ») de cette élaboration.

C'est ainsi que les projets de commentaires généraux des différents textes ayant réformé le régime des plus-values des particuliers (plus-values de cession de valeurs mobilières et droits sociaux et plus-values immobilières) ont été diffusés dans les milieux professionnels intéressés avant leur élaboration définitive (V. également *infra*, n° 993, 3).

3) Ces pratiques ont été profondément modifiées à la suite de la publication, le 15 avril 2010, du rapport intitulé *Instructions fiscales (propositions pour améliorer la sécurité juridique en matière fiscale)* commandé un an plus tôt par la ministre en charge de l'économie[20]. En effet, parmi les nombreuses propositions contenues dans ce rapport, figurait celle de soumettre à consultation publique les projets d'instruction les plus importants.

Depuis l'ouverture au public du *Bulletin officiel des finances publiques-Impôts* (V. *infra*, n° 990, 4), la pratique n'est plus de soumettre à consultation publique des *projets* d'instruction mais des instructions *pures et simples* dont tel ou tel élément pourra présenter, éventuellement, un caractère provisoire (et pourra, le cas échéant, être révisé compte tenu des résultats de la consultation).

Salutaire, ce changement de méthode règle la question de l'opposabilité à l'administration des interprétations contenues dans un projet d'instruction. Certes, l'administration indiquait-elle bien (comme l'avait suggéré le rapport préc.) que les éléments interprétatifs contenus dans des projets d'instruction soumis à consultation publique lui étaient opposables jusqu'à la publication de l'instruction définitive. La base légale de cette opposabilité était toutefois incertaine (V. *infra*, n° 998). Cette question ne se pose évidemment pas pour une instruction pure et simple (alors même qu'elle pourrait être révisée à l'issue de la consultation).

La consultation publique est censée permettre à toute personne intéressée de formuler, par voie électronique, toute remarque (commentaire ou proposition) sur le projet ou, désormais, l'instruction « provisoire » publiée – étant précisé que, lors des différentes consultations publiques ayant eu lieu, il a toujours été précisé que « seules les contributions signées [sont] examinées ».

---

(18) V. actuellement, CRPA, art. L. 211-2.
(19) CE, 5 juill. 2013, n° 363.118, *Synd. national de chirurgie plastique, reconstructrice et esthétique* : *Dr. fisc.* 2013, n° 30-35, comm. 392, concl. N. Escaut, à propos d'un rescrit interprétatif publié au *BOFiP-Impôts*. Sur la nature juridique de la doctrine administrative de portée générale, V. *infra*, n° 965.
(20) *Dr. fisc.* 2010, n° 16, comm. 282.

Le lendemain de la publication de ce rapport, la ministre de l'Économie faisait savoir par la voie d'un communiqué de presse que cette proposition serait mise en œuvre le jour même.

a) Depuis lors, près de soixante projets d'instruction ou instructions « provisoires »[21] ont été mis en consultation publique, le premier concernant l'imposition forfaitaire sur les entreprises de réseaux, mis en consultation du 16 au 27 avril 2010, et, la dernière, concernant le régime des micro-exploitations agicoles (ou « micro-BA »), mise en consultation du 7 septembre au 7 octobre 2016[22].

b) Aucune indication précise n'a été fournie quant à l'impact réel de ces consultations publiques. Même si elle ne se trouve étayée par aucune donnée précise, l'opinion générale est qu'il est probablement assez modeste[23].

c) Curieusement, cette institutionnalisation de la procédure de consultation publique n'a pas fait disparaître les consultations « officieuses » auxquelles procède parfois l'administration[24].

d) La pratique des consultations publiques existait ponctuellement avant 2010. Outre un précédent en matière de fiscalité des entreprises (V. *supra*, n° 929), on peut relever :

– les consultations publiques (ayant pris fin en mai 2009) organisées sur le projet d'instruction tendant à se substituer au commentaire général donné en 2002[25] des articles L. 80 A et L. 80 B du LPF et des autres textes instituant des procédures de rescrits[26] ;

– la consultation publique ouverte du 31 août au 30 septembre 2009 à propos de trois projets d'instructions liées à la réforme de la procédure de répression des abus de droit[27].

Par ailleurs, comme le suggérait également le rapport précité, une consultation publique a également été organisée à l'égard d'un projet de réforme législative fiscale – moins convaincante, cette expérience n'a jamais été renouvelée (V. *supra*, n° 908).

960. – **Doctrine administrative individuelle.** La doctrine administrative de portée générale se distingue de la doctrine administrative individuelle qui pourrait elle-même être définie comme « l'interprétation d'un texte fiscal formulée par une autorité fiscale, centrale ou déconcentrée, à l'égard d'un contribuable déterminé ».

1) Contrairement à la doctrine administrative générale, les interprétations individuelles ne donnent pas lieu à publication obligatoire. Sur la pratique consistant dans la publication de « rescrits interprétatifs » issus de questions individuelles, V. *infra*, n° 992.

2) En première analyse, la doctrine individuelle relève *exclusivement* de l'alinéa 1er de l'article L. 80 A du LPF qui dispose : « Il ne sera procédé à aucun rehaussement d'impositions antérieures si la cause du rehaussement poursuivi par l'administration est un différend sur l'interprétation par le redevable de bonne foi du texte fiscal et s'il est démontré que l'interprétation sur laquelle est fondée la première décision a été, à l'époque, formellement admise par l'administration ».

Cette conception ne peut en réalité être toujours retenue. En effet, contrairement aux interprétations de portée générale, la doctrine administrative individuelle est, dans la plupart des cas sans doute, « mélangée de droit et de fait ». Bref, plus qu'une interprétation individuelle de la loi fiscale

(21) Dix en 2010, onze en 2011, six en 2012 (dont deux après publication du *BOFiP-Impôts*), six en 2013, cinq en 2014, douze en 2015 et huit en 2016 (année en cours). Certaines consultations publiques portent sur plusieurs unités documentaires se rapportant à la même question.

(22) Cette consultation publique porte sur de très nombreuses unités documentaires distinctes. Sur le dispositif « Micro-BA », V. *infra* n° 1475.

(23) V. toutefois M.-Ch. Lepetit, *Instructions fiscales : plus de transparence pour plus de sécurité* : *Dr. fisc.* 2010, n° 24, act. 211. V. Ch. de la Mardière, *Interrogations sur le rapport relatif aux instructions fiscales* : *Dr. fisc.* 2010, n° 21, act. 182.

(24) La question lancinante de la définition de la holding animatrice de son groupe (V. *infra*, n° 1766, 2-*a*) en fournit une illustration. Élaboré par la Direction de la législation fiscale, un projet d'instruction a « circulé » dans les milieux professionnels intéressés. Face à l'hostilité manifestée par une fraction du patronat (une pétition, en forme de « seconde révolte des pigeons » avait été engagée), le ministre des Finances a fait savoir que le projet d'instruction était retiré.

(25) Doc. adm. DGI, 13 L 1323, anc.

(26) V. notamment Instr. 9 sept. 2010 : *BOI* 13 L-10-10, anc. et Instr. 9 sept. 2010 : *BOI* 13 L-11-10, anc.

(27) V. Instr. 9 sept. 2010 : *BOI* 13 L-9-10, anc., Instr. 9 sept. 2010 : *BOI* 13 M-2-10, anc., et Instr. 9 sept. 2010 : *BOI* 13 N-3-10, anc.

stricto sensu, il s'agit le plus souvent d'une appréciation individuelle mêlant considérations de droit et de fait[28]. Il en résulte, dans cette mesure, que la doctrine individuelle relève indistinctement des dispositions précitées et de l'article L. 80 B, 1° du LPF qui pose : « La garantie prévue au premier alinéa de l'article L. 80 A est applicable (...) lorsque l'administration a formellement pris position sur l'appréciation d'une situation de fait au regard d'un texte fiscal (...) ».

Ici encore, les dispositions organisant la « garantie contre les changements de doctrine » confèrent à ces appréciations individuelles une portée qu'elles ne sauraient revêtir en droit administratif général.

Compte tenu de ce qui a été dit plus haut, le régime d'opposabilité des appréciations administratives individuelles sera examiné globalement au regard, à la fois, de l'alinéa 1er de l'article L. 80 A du LPF et de l'article L. 80 B, 1°, du même code qui y renvoie (V. *infra*, nos 1012 et s.).

961. – **Lacunes de la doctrine administrative.** 1) Sous certaines conditions, la doctrine administrative se voit reconnaître en droit fiscal une portée juridique particulière. Au demeurant, la force obligatoire d'une disposition fiscale ne saurait être conditionnée de quelque manière que ce soit à l'existence d'une interprétation administrative de portée générale s'y rapportant : le silence de la doctrine administrative ne saurait juridiquement influer sur l'applicabilité d'un texte fiscal en vigueur.

a) Les lacunes éventuelles de la doctrine administrative de portée générale ont vocation à être comblées. C'est une des fonctions, d'abord, de la doctrine scientifique. Plus tard, le règlement des litiges fiscaux conduira le juge à imprimer aux dispositions nouvelles l'interprétation qui lui semble adéquate. Applicable dans l'ordre administratif[29] comme dans l'ordre judiciaire[30], la procédure des avis contentieux (permettant aux juridictions inférieures de solliciter l'avis de la juridiction suprême dont elles relèvent sur une question de droit nouvelle, présentant une difficulté sérieuse et se posant dans de nombreux litiges) vise d'ailleurs à hâter la stabilisation des interprétations jurisprudentielles concernant les textes nouveaux.

b) Le juge administratif considère que l'administration « n'est jamais tenue de prendre une circulaire pour interpréter l'état du droit existant ». Il en résulte que le refus d'un ministre de prendre un tel acte ne constitue pas une décision susceptible d'être déférée au juge de l'excès de pouvoir[31].

Dans cet ordre d'idées, selon le Conseil d'État, l'annulation par le juge de l'excès de pouvoir d'un élément de doctrine prise relativement à des dispositions législatives n'implique pas nécessairement que l'autorité administrative compétente publie de nouveaux commentaires de ces dispositions[32].

c) Conformément aux recommandations contenues dans le rapport *Instructions fiscales (propositions pour améliorer la sécurité juridique en matière fiscale)* publié en avril 2010 (V. *infra*, n° 958), l'administration rend désormais public un calendrier de publication des instructions fiscales commentant les dispositions législatives nouvelles (ou du moins celles contenues dans des lois de finances, de loin, il est vrai, les plus nombreuses). À ce jour, six calendriers ont été successivement publiés. Ils concernent, respectivement, les instructions concernant des dispositions fiscales contenues dans les lois de finances initiales pour 2010, 2011 et 2012 et les lois de finances rectificatives de décembre 2009, décembre 2010 et décembre 2011. L'intérêt de la publication de ces calendriers (dont il faut bien dire qu'ils sont assez lacunaires) ne ressort pas de l'évidence.

---

(28) Cette analyse pourrait être confortée, s'il en était besoin, par la loi du 20 décembre 2014 relative à la simplification de la vie des entreprises et portant diverses dispositions de simplification et de clarification du droit et des procédures administratives (art. 9, I-1°). Ce texte a en effet habilité le Gouvernement à introduire par voie d'ordonnance un dispositif permettant à un administré d'obtenir de l'autorité administrative, sur sa demande, une « garantie consistant en une prise de position formelle, opposable à l'administration, sur l'application d'une norme à sa situation de fait ou à son projet », cette garantie ayant pour objet « de prémunir le demandeur d'un changement d'interprétation ou d'appréciation de l'administration ». Sur l'ordonnance prise sur cette base, V. *supra*, n° 1012, 3.

(29) CJA, art. L. 113-1.

(30) COJ, art. L. 441-1.

(31) CE, 14 mars 2003, n° 241.057, *Le Guidec* : *AJDA* 2003, p. 1446, note G. Koubi.

(32) CE, 8 juin 2016, n° 383.259, *Assoc. franç. des entreprises privées et a.* : *Dr. fisc.* 2014, n° 47, comm. 643, concl. É. Crépey, rejetant les conclusions aux fins d'injonction présentées en ce sens par les requérants.

2) Cela étant, la lacune de la doctrine administrative peut être source d'un grand inconfort pour le contribuable. Une règle fiscale nouvelle peut être à l'origine de graves difficultés d'interprétation que les travaux préparatoires (parfois peu éclairants s'agissant de textes issus de lois de finances adoptées selon une procédure accélérée) peuvent ne pas gommer entièrement. Le contribuable qui rencontrerait ainsi des difficultés pour satisfaire à ses obligations déclaratives sans avoir pu disposer de tous les éclaircissements nécessaires pourrait se trouver injustement pénalisé. Se penchant sur cette question en juin 2008, la Commission Fouquet sur *L'amélioration de la sécurité juridique des relations entre les contribuables et le fisc* avait envisagé deux solutions alternatives. La première aurait été de contraindre l'administration à publier des commentaires généraux des textes nouveaux dans un délai préfix. Compte tenu de la complexité des problèmes devant parfois être traités, cette solution a été écartée au profit d'une proposition faisant intervenir un mécanisme plus souple(33). Introduit par la deuxième loi de finances rectificative pour 2008(34) et applicable à compter du 1er janvier 2009, celui-ci consiste dans un cas de dispense de l'intérêt de retard(35) destiné à pallier l'absence d'interprétation administrative relativement à un texte nouveau.

De prime abord, le dispositif issu de cette loi peut s'analyser en un rescrit fiscal – c'est d'ailleurs à cette catégorie que l'avait rattaché le rapport *Fouquet*. En réalité, il s'apparente davantage au mécanisme de la mention expresse(36) avec lequel on peut se demander, d'ailleurs, s'il ne fait pas double emploi. Comme ce dernier, il n'interdit aucunement à l'administration de prononcer les rectifications jugées appropriées concernant les droits en principal. Lorsque les conditions posées à son application sont réunies, ce mécanisme prive seulement l'administration de la possibilité d'assortir les droits supplémentaires des intérêts de retard normalement exigibles(37).

La bonne foi du contribuable étant une condition préalable à l'application de ce mécanisme, l'infliction des sanctions prévues en cas de manquement délibéré ou de manœuvres frauduleuses est naturellement exclue.

La procédure issue de la deuxième loi de finances rectificative pour 2008 préexistait d'une certaine manière dans la doctrine administrative. En effet, se fondant sur les dispositions législatives relatives à la mention expresse, l'administration fiscale a admis que le contribuable de bonne foi qui lui a adressé une demande de renseignements et n'a pas reçu de réponse au moment où il a dû souscrire sa déclaration bénéficie (en cas de rectification) de la dispense de l'intérêt de retard s'il a joint à sa déclaration une copie de sa demande(38). L'administration a fermement précisé que cette solution « ne saurait être détournée de son objet et être abusivement utilisée pour échapper indûment à l'impôt » ; elle ne peut, « être utilement invoquée dans le cas, par exemple, d'une demande d'application d'un régime manifestement contraire aux textes ou pour laquelle le contribuable aurait déjà reçu une réponse de l'administration ».

Par certains côtés, cette procédure doctrinale est *plus stricte* que la nouvelle procédure légale. Le contribuable doit, dans sa demande, évoquer sa situation « de manière complète et sincère » et sa « prise de position [doit être] sérieusement motivée ».

(33) V. *Dr. fisc.* 2008, n° 27, p. 7 et s.
(34) L. 30 déc. 2008, art. 49.
(35) CGI, art. 1727.
(36) CGI, art. 1727, II, 2.
(37) CGI, art. 1727, II, 2 bis.
(38) BOI-CF-INF-10-10-10, n° 70.

Mais par d'autres aspects, cette mesure (qui conserve sa portée après la deuxième loi de finances rectificative pour 2008) est *plus souple* que le nouveau dispositif légal. Son champ d'application n'est pas limité, en effet, aux textes nouvellement intervenus. On peut relever, en outre, qu'elle est désormais opposable à l'administration sur le fondement de l'article L. 80 A, alinéa 2nd du LPF (V. *infra*, n° 988).

3) La réunion de quatre conditions est exigée pour que la dispense soit acquise (étant précisé que le dispositif est applicable depuis le 1er janvier 2009) :

a) le contribuable a souscrit sa déclaration dans les délais prescrits qu'il s'agisse des délais légaux ou des délais « assouplis » prévus par voie doctrinale ;

b) le contribuable – de bonne foi – a sollicité de l'administration – de manière précise et complète – une prise de position sur une difficulté d'interprétation d'une disposition fiscale « récente ».

• Au sens de ce mécanisme, une disposition fiscale « récente » s'entend d'une disposition entrée en vigueur à compter du 1er janvier de l'année précédant l'échéance déclarative. Il s'agira le plus souvent d'une disposition législative ou, le cas échéant, d'une disposition réglementaire « ordinaire ». En revanche, elle ne semble pas ouverte à l'égard de la doctrine administrative « récente » elle-même.

De manière générale, ce dispositif ne devrait pas trouver application quand l'administration a publié une instruction concernant le nouveau texte avant l'échéance déclarative. Il convient toutefois de réserver le cas où l'instruction publiée aurait laissé subsister une incertitude quant à l'application de la règle nouvelle.

• Ce dispositif s'applique *mutatis mutandis* lorsque l'accomplissement des obligations déclaratives se heurte à « une difficulté de détermination des incidences fiscales d'une règle comptable ». Il semble toutefois que ce mécanisme ne soit pas dans ce cas réservé aux règles comptables « récentes ». L'intérêt de ce dispositif mérite à peine que l'on s'y arrête : en principe, « les entreprises doivent respecter les définitions édictées par le plan comptable général, sous réserve que celles-ci ne soient pas incompatibles avec les règles applicables pour l'assiette de l'impôt »[39] ; or, celles-ci sont en évolution rapide (notamment sous l'influence des normes comptables internationales *International Financial Reporting Standards* ou IFRS) et les entreprises peuvent ne pas être en mesure, en l'absence de prise de position formelle de l'administration, de déterminer les incidences qu'elles emportent en matière fiscale.

c) la déclaration (souscrite avant l'expiration du délai de déclaration) est accompagnée de la copie de cette demande ;

d) l'administration fiscale n'a pas formellement pris position sur la question avant l'expiration du délai de déclaration.

• Bien évidemment, cette dernière condition ne sera pas satisfaite lorsque l'administration aura (dans le délai considéré) individuellement notifié au demandeur une réponse à la question qu'il aura posée.

• Il résulte des travaux préparatoires de la deuxième loi de finances pour 2008 qu'elle ne le sera pas davantage lorsque l'administration aura (avant l'expiration du délai de déclaration) publié par voie générale une instruction comportant la réponse à la question posée. Ainsi, l'exposé des motifs du projet de loi envisage de la même manière les cas où les contribuables « n'ont pas obtenu de réponse avant l'expiration du délai de déclaration [et ceux où] l'administration n'a pas publié de précision sur le sujet dans ce même délai ». Le rapport de la Commission des finances de l'Assemblée nationale est dans le même sens, qui relève que les « instructions comme [les] prises de position [adéquates] ne sont pas toujours publiées ou adressées avant l'échéance déclarative ». Cette solution suppose naturellement que la doctrine de portée générale considérée ait reçu une publicité suffisante, dans les conditions légales et réglementaires (V. *infra*, n° 990). Une difficulté pourrait naître du cas où une réponse donnée par voie individuelle se voit ultérieurement contredite (avant l'expiration du délai

(39) CGI, ann. III, art. 38 quater.

de déclaration) par une instruction publiée par voie générale. Ce serait sans doute une hypothèse où le contentieux de la responsabilité pourrait apporter une réponse adaptée à un tel revirement administratif.

§ 2. – La fonction générale de l'article L. 80 A du Livre des procédures fiscales

A. – Revirement de doctrine et droit de reprise

962. – **Mutabilité de la doctrine administrative.** Les interprétations que donne l'administration de la loi fiscale ne sont pas immuables.

Elles peuvent être modifiées pour des raisons très variables et, en particulier, par l'administration agissant *proprio motu* (V. *infra*, n° 1000).

De même, l'administration peut, pour des motifs divers, juger opportun de ne pas faire application à un contribuable déterminé d'une solution générale pourtant admise (ou même de lui en retirer le bénéfice).

963. – **Incidences des changements de doctrine.** Toutes les évolutions dans l'interprétation administrative de la loi fiscale ne posent pas les mêmes difficultés. En cas d'adoucissement de la doctrine administrative, la question pourrait se poser, éventuellement, de son application rétroactive.

En réalité, l'application rétroactive « forcée » de la doctrine administrative plus douce n'est pas admise par le juge fiscal. En effet, celui-ci considère qu'un élément de doctrine comportant une disposition transitoire prévoyant son application rétroactive n'est pas, sur ce point, constitutif d'une interprétation formelle de la loi fiscale (V. *infra*, n° 998).

L'hypothèse inverse – naturellement plus délicate – est celle du durcissement de la doctrine administrative antérieure. On peut lui assimiler celle de l'abandon pur et simple d'une interprétation antérieure favorable ou du revirement administratif dans son application. Compte tenu de la faculté reconnue à l'administration d'exercer un droit de reprise tourné par nature vers le passé, le risque est grand que l'administration applique *a posteriori* au contribuable (avec toutes les conséquences négatives qui peuvent en résulter) une interprétation nouvelle moins favorable.

L'administration a très tôt pris la mesure de cette difficulté. Dans une instruction du 31 janvier 1928 relative aux impositions directes (puis une note du 31 mars 1928 applicable en matière de taxes sur le chiffre d'affaires), elle avait recommandé à ses agents de ne pas « réclamer l'impôt rétroactivement » en cas de changement de doctrine (et d'ailleurs de jurisprudence). Mais, en l'absence de tout fondement législatif, cette mesure, analysée comme une simple recommandation à l'usage du service, ne pouvait présenter aucune efficacité contentieuse[(40)]. Le juge restait donc fidèle à sa jurisprudence selon laquelle « le fait que [d] es impositions supplémentaires résulteraient d'un changement de doctrine administrative ne peut être invoqué pour contester le bien-fondé de ces impositions »[(41)].

Un amendement parlementaire adopté dans la loi du 28 décembre 1959 portant, notamment, réforme du contentieux fiscal (art. 100, al. 1er) a entraîné, sur ce point, une évolution majeure. Les dispositions issues de ce texte (aujourd'hui

(40) CE, plén., 4 juin 1976, n° 98.484, *Sté Le Castelet* : *Dr. fisc.* 1976, n° 52, comm. 2003, concl. M.-A. Latournerie. – CE, plén., 4 juill. 1986, n° 47.410, *Sté Publimod-Photo* : *Dr. fisc.* 1987, n° 17, comm. 895, concl. O. Fouquet.

(41) CE, 1er mai 1931 : *DH* 1931, p. 367.

codifiées au 1er alinéa de l'article L. 80 A du Livre des procédures fiscales), sont ainsi conçues : « Il ne sera procédé à aucun rehaussement d'impositions antérieures si la cause du rehaussement poursuivi par l'administration est un différend sur l'interprétation par le redevable de bonne foi du texte fiscal et s'il est démontré que l'interprétation sur laquelle est fondée la première décision a été, à l'époque, formellement admise par l'administration ».

Également issu d'un amendement parlementaire, l'article 21 de la loi du 9 juillet 1970 portant diverses dispositions d'ordre économique et financier a étendu la garantie précédemment instituée en posant : « Lorsque le redevable a appliqué un texte fiscal selon l'interprétation que l'administration avait fait connaître par ses instructions ou circulaires publiées et qu'elle n'avait pas rapportée à la date des opérations en cause, elle ne peut poursuivre aucun rehaussement en soutenant une interprétation différente ». Cette disposition forme aujourd'hui la première phrase du deuxième alinéa de l'article L. 80 A du Livre des procédures fiscales.

1) Avant de figurer sous l'article L. 80 A du LPF, ces dispositions ont été successivement codifiées à l'article 1649 septies G puis à l'article 1649 quinquies E du CGI.

2) Insérant une seconde phrase à l'alinéa 2 de l'article L. 80 A du LPF, la deuxième loi de finances rectificative pour 2008[42] a étendu le champ d'application matériel de la garantie au recouvrement de l'impôt et aux pénalités fiscales (V. *infra*, n° 988).

3) Le *Bulletin officiel des finances publiques-Impôts* (*BOFiP-Impôts*) comporte (dans la nouvelle série intitulée « SJ-Sécurité juridique ») un commentaire général des dispositions de l'article L. 80 A du LPF[43]. Ce commentaire s'est substitué aux commentaires précédents publiés en 2010[44].

En dépit de leur formulation un peu ampoulée, l'objet précis de ces dispositions est simple à définir. Elles n'interdisent aucunement la modification de la doctrine administrative pour l'avenir. Elles tendent seulement à paralyser le droit de reprise de l'administration, lorsque l'ensemble des conditions qu'elles déterminent sont réunies.

B. – Maintien de la mutabilité de la doctrine administrative

964. – **Appellation non contrôlée.** Le dispositif de l'article L. 80 A du Livre des procédures fiscales est fréquemment désigné sous le nom de mécanisme de « garantie contre les changements de doctrine ».

L'expression « garantie contre les changements de doctrine » est parfois utilisée par le juge lui-même[45].

Cette appellation est particulièrement trompeuse. Elle donne à penser que le contribuable aurait, en vertu de ce texte, un droit acquis au maintien de la doctrine administrative précédemment admise et que, corrélativement, l'administration serait privée du droit de modifier pour l'avenir ses interprétations des textes fiscaux. Il n'en est rien et, sur le plan des principes, l'administration a, au regard de ce dispositif, toute latitude pour formuler une nouvelle interprétation, y mettre fin, adoucir ou durcir une interprétation précédemment admise.

(42) L. 30 déc. 2008, art. 47.
(43) BOI-SJ-RES-10-10.
(44) Instr. 9 sept. 2010 : *BOI* 13 L-11-10, anc., et Instr. 9 sept. 2010 : *BOI* 13 L-11-10, nos 1 à 56, anc.
(45) V. par ex. CE, avis, sect., 20 oct. 2000, n° 222.675, *Bertoni* : *Rec. CE* 2000, p. 449 ; *Dr. fisc.* 2001, n° 10, comm. 201, concl. G. Bachelier.

Pour un cas, peu fréquent à la vérité, où les contribuables se sont trouvés invités par un communiqué de presse à souscrire une déclaration rectificative en vue de se conformer à une nouvelle interprétation durcissant la doctrine administrative antérieure, V. *infra*, n° 1819, 3-*b*.

L'objet exclusif de l'article L. 80 A du Livre des procédures fiscales est d'organiser un mécanisme d'opposabilité à l'administration de ses propres interprétations.

Le Conseil d'État considère que les contribuables n'ont aucun droit acquis au maintien d'une doctrine dérogeant à leur avantage à la loi fiscale : « lorsque l'administration consent, par mesure de tolérance, un avantage fiscal non prévu par la loi, les contribuables qui en bénéficient n'ont aucun droit acquis au maintien de la mesure »(46). Il en est ainsi alors même la doctrine administrative rapportée aurait influencé l'exercice d'une option par le contribuable(47).

Le juge de l'excès de pouvoir considère, à cet égard, que l'acte rapportant une doctrine administrative antérieure favorable ne fait pas grief, alors même qu'une décision antérieure du Conseil d'État statuant au contentieux l'aurait reconnue opposable à l'administration(48).

C. – Paralysie du droit de reprise de l'administration

965. – Nature juridique de la doctrine administrative. 1) Sur le plan technique, l'article L. 80 A du Livre des procédures fiscales n'a aucunement pour objet de conférer *directement* une portée normative à la doctrine administrative.

Un avis rendu par le Conseil d'État dans une de ses formations contentieuses les plus élevées le fait clairement ressortir : les dispositions de l'article L. 80 A du Livre des procédures fiscales « n'ont ni pour objet ni pour effet de conférer à l'administration fiscale un pouvoir réglementaire »(49).

a) Il en résulte que la doctrine administrative ne peut être regardée comme une modalité régulière de transposition des directives communautaires(50).

b) La question de la nature juridique de la doctrine administrative constitue un enjeu particulièrement important au sein du Conseil d'État.

• Alors que la réflexion sur cette question était sans doute encore inaboutie, une lecture « normative » du mécanisme de garantie contre les changements de doctrine a d'abord prévalu. Rappelant que les dispositions de l'article L. 80 A du LPF sont « tout à fait exorbitantes de l'ordre naturel des normes juridiques », le commissaire du gouvernement P. Rivière avait considéré : ces dispositions législatives « ont pour effet indirect de conférer à [l'administration fiscale] des pouvoirs qui sont respectivement ceux du législateur et ceux du juge »(51). Promis à un brillant avenir, un auditeur au Conseil d'État relevait pour sa part : l'article L. 80 A du LPF « introduit (...) dans l'ordonnancement juridique français une catégorie nouvelle de normes, de valeur supra ou au moins quasi législative, émanant d'auteurs qui ne sont investis par la Constitution d'aucun pouvoir législatif, ni même réglementaire »(52). À la même époque, par des formules qu'il n'utiliserait certainement plus aujourd'hui, le Conseil d'État avait jugé qu'une réponse ministérielle ne constituait pas une interprétation formelle, dès lors que le ministre, loin de « fixer une règle générale » avait seulement « entendu donner une solution au cas

(46) CE, 25 juin 2003, n° 239.189, *Sté Nestlé France et a. : Dr. fisc.* 2004, n° 3, comm. 103, concl. P. Collin.
(47) CE, 11 févr. 1994, n° 117.302, *Sté Éts Dupeux : Dr. fisc.* 1994, n° 19, comm. 892, concl. G. Bachelier.
(48) CE, 8 juill. 1988, n° 75.606, *Chambre nationale des bois de placage : RJF* 10/1988, n° 1159.
(49) CE, avis, sect., 8 mars 2013, n° 353.782, *Monzani : Dr. fisc.* 2013, n° 15, comm. 240, concl. E. Crépey, note O. Fouquet ; *Procédures* 2013, n° 6, comm. 205, note O. Négrin.
(50) CE, 30 déc. 2002, n° 216.358, *Sté Clinique Armand Brillard : Dr. fisc.* 2003, n° 46, comm. 810, concl. G. Bachelier. – *Adde*, jugeant que la transposition d'une directive ne peut résulter d'une simple pratique administrative, CJCE, 4 avr. 1974, aff. C-167/73, *Commission c/France : D.* 1974, p. 7171, note B. Pacteau.
(51) P. Rivière, concl. sur CE, sect., 25 juill. 1980, n° 93.760, *Sté de construction et d'exploitation de matériels et moteurs : Dr. fisc.* 1982, n° 13, comm. 698, indiquant également que, selon lui, la non-conformité à la Constitution du dispositif n'était « pas douteuse ».
(52) J.-M. Sauvé, *Application de l'article 1649 quinquies E du CGI : développements récents de la jurisprudence : RJF* 1/1981, p. 2.

particulier qui lui était soumis »[53] ou qu'une réponse ministérielle qui « ne trace d'autres règles que celles qui découlent de la législation [applicable] », ne peut être utilement invoquée[54], sur le fondement de l'article L. 80 A du LPF.

• Mais cette conception a rapidement été abandonnée. Initiée par J. Turot, alors maître des requêtes au Conseil d'État[55], et fermement soutenue par le président O. Fouquet[56], la thèse de la « non-normativité » (ou, plus exactement, celle de la lecture « non normative » du mécanisme de garantie contre les changements de doctrine) est aujourd'hui dominante au sein du Conseil d'État[57]. La diffusion et l'audience de cette thèse sont telles que sa présentation détaillée est superflue. On peut la résumer par les deux éléments complémentaires suivants :

– loin de constituer une quelconque norme, la doctrine administrative est du « non-droit » par nature dénué de tout esprit et insusceptible d'une quelconque interprétation ;

– dispositif de pure procédure organisant une simple exception contentieuse dépourvue de toute incidence sur le principe de hiérarchie des normes, l'article L. 80 A du LPF a pour seul objet de déterminer un cas de prescription anticipée du pouvoir d'imposition de l'administration.

• Cette analyse – qui frappe par son formalisme – poursuit un but clairement identifié : préserver l'existence même du dispositif posé à l'article L. 80 A du LPF, c'est-à-dire conforter sa validité au regard du droit de l'Union européenne (V. *infra*, n° 1010) et des droits et libertés que la Constitution garantit[58].

• On peut donner deux exemples dans lesquels le Conseil d'État s'efforce, d'une certaine manière, de sauvegarder les apparences :

– si un acte exprimant un élément de doctrine de portée générale n'a pas à être motivé en application des règles[59] issues de la loi du 11 juillet 1979 relative, notamment, à la motivation des actes administratifs, ce n'est pas en raison de son caractère réglementaire (le Conseil d'État se garde bien d'utiliser ici cette expression) mais en raison de « sa nature d'acte général et impersonnel »[60]. On sait pourtant que les notions d'acte général et impersonnel et d'acte réglementaire doivent être tenues pour synonymes[61] et que le Conseil d'État, lorsqu'il entend exclure pour un tel motif l'obligation de motivation d'un acte administratif, ne répugne généralement pas à l'emploi du mot réglementaire[62] ;

(53) CE, plén., 19 déc. 1975, n° 96.829 : *Dr. fisc.* 1976, n° 12, comm. 432.

(54) CE, sect., 28 mars 1984, n° 35.274 : *Dr. fisc.* 1984, n° 29, comm. 1384. – *Adde*, J. Arrighi de Casanova, concl. sur CE, 16 févr. 1994, n° 125.417, *Sté Arley* : *RJF* 4/1994, p. 218 et s., relevant que la différence entre le décret du 28 novembre 1983, alors applicable (V. *infra*, n° 958, 2-b et l'article L. 80 A. du LPF est que ce décret « ne [pouvait] légalement autoriser quiconque à invoquer une norme illégale ni prescrire au juge de l'appliquer ».

(55) *La vraie nature de la garantie contre les changements de doctrine administrative* : *RJF* 05/1992, p. 371.

(56) V. en dernier lieu note sous CE, 29 oct. 2012, n° 337.253, *Sté Crédit agricole* : *Dr. fisc.* 2013, n° 7, comm. 163. – *Garantie contre les changements de doctrine et confiance légitime* : *Dr. fisc.* 2013, n° 24, comm. 326.

(57) La question de savoir si un élément de doctrine administrative de portée générale peut, ou non, être regardé comme « une règle de droit » dont la non-conformité à une règle de droit supérieure a pu être révélée par une décision juridictionnelle, au sens de l'article L. 190, alinéa 3 et 4 ancien du Livre des procédures fiscales, fournit une illustration des courants contraires qui traversent le Conseil d'État. Ayant jugé, comme, d'ailleurs, la Cour de cassation (V. not. Cass. com., 6 avr. 1999, n° 97-14.322, *Sté Ricard* : *Dr. fisc.* 2000, n° 6, comm. 96 *bis* ; *Bull. civ.* 2000, IV, n° 81), que l'intervention d'une décision d'annulation d'une instruction fiscale pouvait, avant la troisième loi de finances rectificative pour 2012 (L. 29 déc. 2012, art. 26), constituer un événement de nature à rouvrir le délai de réclamation (CE, 30 mai 2012, n° 339.203, *Sté Heppner* : *Dr. fisc.* 2012, n° 38, comm. 445, concl. V. Daumas), le Conseil d'État s'est ravisé quelques mois plus tard – il est exceptionnel qu'un revirement de jurisprudence soit aussi rapide (CE, sect., 30 déc. 2013, n° 350100, *Sté Rallye* : *Dr. fisc.* 2014, n° 14, comm. 256, concl. N. Escaut, note O. Fouquet). Peu de temps après ce revirement, V. Daumas, à nouveau confronté à cette question, confie : « nous continuons de trouver cette solution toute théorique très formaliste mais nous nous y rallions, par discipline » (concl. sur CE, 19 sept. 2014, n° 371.904, *Min. c/Bonnet* : *Dr. fisc.* 2014, n° 49, comm. 662) – formule quj laisse évidemment songeur compte tenu du rôle légalement dévolu au rapporteur public dans le procès administratif – celui d'« expose [r] publiquement, et en toute indépendance, son opinion sur les questions que présentent à juger les requêtes et sur les solutions qu'elles appellent » (CJA, art. L. 7).

(58) Ce dernier écueil apparaît levé, du moins du côté du juge administratif (V. *infra*, n° 969, 3).

(59) V. actuellement CRPA, art. L. 211-2.

(60) CE, 5 juill. 2013, n° 363.118, *Synd. national de chirurgie plastique, reconstructrice et esthétique* : *Dr. fisc.* 2013, n° 30-35, comm. 392, concl. N. Escaut, à propos d'un rescrit interprétatif publié au *BOFiP-Impôts*. – Comp. concl. G. Bachelier sur CE, 11 févr. 1994, n° 117.302, *Sté Éts Dupeux* : *Dr. fisc.* 1994, n° 19, comm. 886, qui avait relevé que « la doctrine administrative (...) dès lors qu'elle ajoute à la loi revêt nécessairement le caractère d'un acte réglementaire ». Cela étant, les dispositions législatives définissant le régime des actes réglementaires (V. not. CRPA, art. L. 221-2 à L. 221-6) ne semblent pas applicables aux actes exprimant la doctrine administrative de portée générale.

(61) V. par ex. CE, 22 févr. 2010, n° 320.319, *Centre national de la recherche scientifique* : *DA* 2010, n° 4, comm. 58.

(62) CE, 4 déc. 2009, n° 318.981, *Sté Advanced Aerospace Designs et a.* : *Rec. CE* 2009, tables p. 615.

– traditionnellement, compte tenu du caractère nécessairement subsidiaire du moyen tiré de la doctrine administrative (V. *infra*, n° 1007), le Conseil d'État statuait successivement « au regard de la loi fiscale » puis « au regard de la doctrine administrative »[63] ou « sur le terrain de la loi » puis, le cas échéant, « sur le terrain de la doctrine administrative »[64]. Ce faisant, il établissait entre les deux catégories d'énoncés juridiques en cause (les dispositions législatives et les dispositions « doctrinales ») un parallèle malencontreux. Désormais, le Conseil d'État semble privilégier une autre formule : il statue successivement « sur le terrain de la loi » puis, le cas échéant, « sur le terrain de la garantie prévue à l'article L. 80 A du LPF[65].

c) La principale manifestation contentieuse du caractère fondamentalement normatif de la doctrine administrative de portée générale tient à deux éléments :

– le juge fiscal est parfois conduit à opérer une opération de *qualification juridique* par rapport à la doctrine administrative[66] ;

– le Conseil d'État, juge de cassation, est parfois conduit à apprécier, au titre de l'erreur de droit, si le juge du fond n'a pas méconnu de la portée véritable de la doctrine administrative dont il a fait application[67].

d) Paradoxalement, le Conseil d'État – qui combat la notion de « norme doctrinale » dans la sphère fiscale – promeut la consécration du « droit souple » dans le domaine du droit public de l'économie.

• Dans son étude intitulée « Le droit souple »[68], le Conseil d'État considère que le droit souple regroupe l'ensemble des instruments qui répondent cumulativement aux trois conditions suivantes :

1. ils ont pour objet de modifier ou d'orienter les comportements de leurs destinataires en suscitant, dans la mesure du possible, leur adhésion ;
2. ils ne créent pas par eux-mêmes de droits ou d'obligations pour leurs destinataires ;
3. ils présentent, par leur contenu et leur mode d'élaboration, un degré de formalisation et de structuration qui les apparente aux règles de droit[69].

• La raison en est, peut-être, que la doctrine administrative de portée générale apparaît beaucoup plus « dure » que les composants du « droit souple » identifiés par le Conseil d'État – dans la mesure où elle présente un caractère contraignant, certes dissymétrique, mais réel.

e) La conception « non normative » de la doctrine administrative peut contribuer à expliquer les solutions retenues par le Conseil d'État relativement à la détermination des effets de l'annulation

(63) V. par ex. CE, 29 déc. 2004, n° 255.831, *Haensel* : *Dr. fisc.* 2005, n° 40, comm. 649.

(64) V. en dernier lieu CE, 21 janv. 2008, n° 292.070, *Min. c/Jacqmin* : *RJF* 04/2008, n° 438.

(65) V. récemment CE, 27 févr. 2013, n° 354.004, *Min. c/Pérez* : *Dr. fisc.* 2013, n° 17, comm. 263 ; *Procédures* 2013, comm. 174, obs. O. Négrin. – CE, 27 juin 2013, n° 359.348, *Sté Europe Immobilière*, inédit.

(66) V., par ex. CE, 16 juill. 2014, n° 364.477, *Sté Ancleberg* : *Dr. fisc.* 2014, n° 41, comm. 577, 2e esp., concl. V. Daumas, refusant de qualifier certaines publications éditées par la société requérante de livres « au sens de [la] doctrine ». V. également CE, 27 juill. 1988, n° 57687, *Min. c/Sté vannetaise de pavillons* : *Dr. fisc.* 1989, n° 13, comm. 692, concl. Ph. Martin, à propos de commissions regardées comme des « frais purement commerciaux » au sens d'une note publiée par l'administration fiscale. – CAA Marseille, 10 févr. 1998, n° 96-788, *Centre de formation professionnelle des avocats du ressort de la cour d'appel d'Aix-en-Provence* : *RJF* 5/1999, n° 584 ; *RFDA* 1998, p. 1138 et s., obs. J.-M. Le Berre, où est jugé que les locaux du CRFPA de Nice sont des locaux affectés à l'instruction des élèves « au sens de la doctrine administrative [invoquée] ».

(67) V., parmi de très nombreux exemples : CE, 28 juill. 1989, n° 46.947, *Sté Garage de Paris* : *RJF* 11/1989, n° 1253. – CE, 10 avr. 2002, n° 226.886, *de Chaisemartin* : *Dr. fisc.* 2002, n° 27, comm. 564, concl. G. Bachelier. – CE, 30 déc. 2002, n° 220480, *Heurtaux* : *RJF* 3/2003, n° 270. – CE, 24 oct. 2014, n° 361.518, *Hantsch* : *Dr. fisc.* 2015, n° 6, comm. 132. Dans l'affaire citée à la note précédente, le rapporteur public avait relevé, à cet égard : le juge d'appel « n'a pas (...) commis d'erreur de droit dans la lecture de l'instruction fiscale [dont il a fait application] » (V. Daumas, concl. sur CE, 16 juill. 2014, *Sté Ancleberg*, préc.).

(68) Conseil d'État, Section du rapport et des études, Étude annuelle 2013, Doc. fr., 2013, 297 p. – V. également O. Fouquet, *Le droit souple : quel avenir fiscal ?* : *Dr. fisc.* 2016, n° 17, étude 297.

(69) La notion de droit souple a trouvé une consécration contentieuse dans la jurisprudence du Conseil d'État, où elle vise « les avis, recommandations, mises en garde et prises de position adoptées par les autorités de régulation dans l'exercice des missions dont elles sont investies », lorsque ces instruments « revêtent le caractère de dispositions générales et impératives ou lorsqu'ils énoncent des prescriptions individuelles dont ces autorités pourraient ultérieurement censurer la méconnaissance ». V. CE, ass., 21 mars 2016, n° 390.023, *Sté NC Numéricable* : *RJF* 06/2016, n° 557, concl. V. Daumas, à propos d'une prise de position de l'autorité de la concurrence. – CE, ass., 21 mars 2016, nos 368.082 et s., *Sté Fairvesta international* : *RJF* 06/2016, n° 558, concl. S. von Coester, à propos de communiqués de l'Autorité des marchés financiers.

d'un acte doctrinal par le juge de l'excès de pouvoir (V. *infra*, n° 1009) ou au refus du juge de l'excès de pouvoir d'annuler un tel acte en tant qu'il n'octroie pas à certains contribuables un avantage qu'il reconnaît par ailleurs illégalement à d'autres (V. *infra*, n° 970, 2).

f) Cette même conception suscite par ailleurs des interrogations. Celles-ci sont relatives à l'éventuelle admissibilité de la notion de fraude à la doctrine administrative (V. *infra*, n° 1011) ou à la difficulté, déjà évoquée, tenant au régime d'opposabilité applicable à la doctrine administrative contraire au droit de l'Union européenne (V. *infra*, n° 1010).

g) Les solutions générales du droit administratif, selon lesquelles, « même dans les cas où les ministres ne tiennent d'aucune disposition législative un pouvoir réglementaire, il leur appartient, comme à tout chef de service, de prendre les mesures nécessaires au bon fonctionnement de l'administration placée sous leur autorité »[70], s'appliquent en matière fiscale. Le Conseil d'État avait toutefois jugé (à propos d'une note administrative subordonnant la mise en œuvre de l'article 168 du CGI à l'accord d'un inspecteur principal – V. *infra*, n° 1575) que cette instruction n'avait pas été publiée au *Journal officiel* et que son insertion au *Bulletin officiel* de la DGI n'avait pas constitué une publication suffisante pour en rendre les dispositions obligatoires à l'égard des contribuables, lesquels ne pouvaient davantage, pour ce motif, les invoquer utilement[71]. C'est un cas où l'abrogation du décret du 28 novembre 1983 aura eu une incidence réelle (V. *supra*, n° 958, 2).

2) Mais il n'en reste pas moins indiscutable que la doctrine administrative de portée générale correspond à un ensemble d'énoncés abstraits définissant des modèles de comportement auxquels le système étatique attache, lorsque les conditions d'application de l'article L. 80 A du Livre des procédures fiscales sont réunies, certaines sanctions.

Alors qu'il avait fini par répondre positivement à cette question, le Conseil d'État considère qu'un élément de doctrine administrative de portée générale ne peut, pour l'application de l'article L. 190 du LPF, être regardé comme une « règle de droit dont il a été fait application ». Il s'écarte ce faisant de la position précédemment retenue par la Cour de cassation sur la même question[72].

Le principal défaut de la théorie de la lecture « non normative » affichée par le Conseil d'État tient à l'affirmation (dont il est difficile d'admettre qu'elle puisse être rationnellement exacte) selon laquelle la doctrine administrative serait radicalement insusceptible de toute interprétation (V. *infra*, n° 997).

966. – Obstacle à des rehaussements d'imposition. 1) Comme le souligne le Conseil d'État, l'article L. 80 A du Livre des procédures fiscales « a pour seul objet de (...) permettre au contribuable de contester le bien-fondé d'une imposition à l'établissement de laquelle l'administration a procédé en faisant usage de ses pouvoirs de contrôle et de reprise »[73].

2) Plus précisément, si l'on se place devant le juge fiscal, cette disposition organise un mécanisme d'opposabilité limitée de la doctrine administrative qui peut constituer, sous certaines conditions, un obstacle à des rehaussements décidés par l'administration.

(70) CE, sect., 7 févr. 1936, *Jamart* : *Rec. CE* 1936, p. 172 ; *GAJA*, n° 50.

(71) CE, plén., 29 juill. 1983, n° 31.761 : *Dr. fisc.* 1983, n° 51, comm. 2367, concl. P. Rivière. – CE, 20 déc. 1985, n° 49.013 : *Dr. fisc.* 1986, n° 23, comm. 1111.

(72) Statuant la première sur cette question, la Cour de cassation l'a admis sans difficulté (V. toutefois Cass. com., 24 mai 1994, n° 91-21.438, *Clair* : *Dr. fisc.* 1994, n° 39, comm. 1655, sol. implicite) : l'infirmation ou l'annulation d'un élément de doctrine administrative de portée générale caractérisait la non-conformité d'une règle de droit au droit supérieur et était constitutive d'un événement susceptible de rouvrir le délai de réclamation. D'abord retenue à l'égard de « directives de l'administration » (Cass. com., 17 nov. 1998, n° 96-21.864, *Maillot-Malandri* : *Bull. civ.* 1998, IV, n° 273 ; *RJF* 2/1999, n° 258) considérées dans un arrêt précédent comme contraires à l'arrêté *Miot* du 21 prairial an I, c'est-à-dire à un acte de valeur législative demeuré en vigueur (Cass. com., 28 janv. 1992, n° 90-13.706, *Perrino* : *Bull. civ.* 1992, IV, n° 43), cette solution a été adoptée ensuite, à l'égard d'une instruction fiscale ministérielle annulée par le Conseil d'État dans le contentieux de l'excès de pouvoir (Cass. com., 6 avr. 1999, n° 97-14.322, *Sté Ricard* : *Dr. fisc.* 2000, n° 6, comm. 96 *bis* ; *Bull. civ.* 2000, IV, n° 81).

(73) CE, 27 juill. 2001, n° 211.758, *Min. c/Sté Agencinox* : *Dr. fisc.* 2001, n° 49, comm. 1138, concl. G. Goulard.

a) L'obstacle constitué par l'article L. 80 A du LPF présente des caractères différents selon la forme que revêt l'interprétation invoquée par le contribuable :

– lorsque l'interprétation d'un texte fiscal est contenue dans des instruments publiés par l'administration (doctrine administrative de portée générale), la garantie est accordée au contribuable, que le rehaussement consiste à mettre à sa charge une imposition primitive ou supplémentaire[(74)] ;

– lorsque l'interprétation a une autre origine, pour procéder de décisions individuelles et, en particulier, de réponses à des demandes de renseignements des contribuables, la garantie ne s'applique que dans le cas de rehaussement d'une imposition antérieure[(75)].

b) Les dispositions de l'article L. 80 A du LPF ne sont pas applicables en l'absence de mise en œuvre par l'administration de son pouvoir de rectification, c'est-à-dire lorsque le contribuable revendique devant le juge fiscal, en l'absence de toute imposition supplémentaire, le bénéfice d'un droit résultant d'une disposition législative ou réglementaire[(76)]. Ne peuvent ainsi donner lieu à l'application de la garantie contre les changements de doctrine :

– une demande de plafonnement de taxe professionnelle en fonction de la valeur ajoutée[(77)] ;

– la remise à la charge du contribuable de sommes précédemment dégrevées dans le cadre de ce même mécanisme de plafonnement – du moins, sans doute, lorsque le contribuable demeure soumis *in fine* à une cotisation qui n'excède pas son imposition primitive[(78)] ;

– le refus de remboursement d'un crédit d'impôt[(79)] ;

– la remise en cause d'une créance fiscale de la créance découlant de l'exercice de l'option pour le report en arrière des déficits[(80)].

3) En revanche, l'article L. 80 A du Livre des procédures fiscales ne permet aucunement à l'administration d'opposer à un contribuable sa propre doctrine (V. *infra*, n° 975).

Naturellement, l'article L. 80 A du LPF peut produire des effets en dehors du prétoire du juge fiscal.

L'administration peut motiver une réponse aux observations du contribuable en s'appuyant sur les termes de sa propre doctrine, lorsque le contribuable s'est préalablement placé sur ce terrain[(81)]. À l'inverse, la réponse aux observations du contribuable est insuffisamment motivée lorsque, celui-ci invoquant la doctrine administrative, l'administration se contente d'analyser les problèmes soulevés uniquement sur le terrain de la loi fiscale[(82)].

Par ailleurs, le Conseil d'État a jugé que les dispositions de l'article L. 80 A du LPF peuvent être invoquées « à l'appui tant d'une réclamation au directeur que d'une demande présentée devant le juge de l'impôt »[(83)].

Mais c'est dans l'instance fiscale juridictionnelle que les effets juridiques directement produits par cette disposition apparaissent avec la plus grande netteté. C'est, en définitive, le juge fiscal – contraint

(74) CE, 7 janv. 1977, n° 96.362, *Renaut* : *Dr. fisc.* 1977, n° 12, comm. 459 : *Rec. CE* 1977, p. 5.

(75) CE, plén., 4 juin 1976, n° 98.484, *Sté Le Castelet* : *Dr. fisc.* 1976, n° 52, comm. 2003, concl. M.-A. Latournerie.

(76) Au sens des règles définissant l'action contentieuse fiscale (V. LPF, art. L. 190, al. 1er).

(77) CE, 23 nov. 2007, n° 268.210, *Sté Arcelor France* : *Dr. fisc.* 2008, n° 10, comm. 210, concl. L. Vallée, note J.-L. Pierre, relevant d'office le moyen d'ordre public selon lequel une telle demande « n'entre dans le champ d'application ni du premier ni du second alinéa de l'article L. 80 A du Livre des procédures fiscales ».

(78) CE, 9 juill. 2010, n° 329.641, *Min. c/Sté Unisource* : *Dr. fisc.* 2011, n° 29, comm. 427, concl. P. Collin.

(79) CE, 3 oct. 2012, n° 342.386, *Sté Welcome Real Time* : *Dr. fisc.* 2012, n° 45, comm. 508, à propos du crédit d'impôt recherche. – CE, 7 déc. 2015, n° 371.403, *Sté Holiday Autos UK and Ireland* : *Dr. fisc.* 2016, n° 10, comm. 210, 2e esp., concl. N. Escaut, note S. Bradburn, pour un crédit de TVA.

(80) CE, 22 juin 2016, n° 391.748, *Sté Crusta C* : *Dr. fisc.* 2016, n° 26, act. 422, au motif, retenu non sans sévérité, que l'exercice de l'option pour le report en arrière n'a pas pour effet de modifier la base imposable des exercices d'imputation du déficit en report. Sur ce mécanisme applicable aux seules sociétés passibles de l'IS, V. *infra*, n° 1685. Dans cet ordre d'idées, le Conseil d'État avait déjà jugé que l'augmentation de cotisations d'IR successives résultant du rattachement *a posteriori* à chacune des années d'imposition considérées de la fraction d'un revenu exceptionnel faisant l'objet d'une mesure d'étalement (CGI, art. 163, anc.) ne pouvait s'analyser comme le rehaussement d'impositions antérieures (CE, 14 nov. 2003, n° 224.283, *Hilleriteau* : *Dr. fisc.* 2004, n° 28, comm. 621, et deux arrêts identiques du même jour).

(81) CE, 27 juill. 2005, n° 252.847, *Manoukian* : *Dr. fisc.* 2005, n° 38, comm. 614, concl. contr. M.-H. Mitjaville, sol. impl.

(82) CAA Nancy, 5 déc. 1996, n° 94-1228, *Demogue* : *Dr. fisc.* 1997, n° 30, comm. 863, concl. B. Commenville. – CAA Bordeaux, 20 févr. 1996, n° 94-1017, *Valcke* : *RJF* 5/1996, n° 630.

(83) CE, 24 juin 1968, n° 66.883 : *Rec. CE* 1968, p. 384 ; *ADJA* 1969, p. 572, note J. Lamarque.

de faire prévaloir des actes subalternes sur la loi qu'il est chargé de faire respecter – qui est le plus affecté dans l'exercice de ses fonctions par l'existence de l'article L. 80 A du LPF[84].

Sur l'incidence de la méconnaissance de la doctrine administrative par un conseil sur l'engagement de sa responsabilité professionnelle, V. Cass. com., 29 mars 1994, n° 91-21191 : *Bull. civ.* 1994, IV, n° 135, censurant le juge du fond qui avait retenu la responsabilité d'une société de conseil ayant suggéré à son client d'adopter, au plan comptable, une solution qui, retenue par une décision de justice isolée, était contraire à la doctrine administrative.

967. – Rehaussement d'une imposition primitive *stricto sensu*[85]. L'alinéa 1er de l'article L. 80 A du Livre des procédures fiscales possède un champ d'application *élargi* mais un objet et des effets *limités*.

1) Il autorise le contribuable à se prévaloir de toute « interprétation (...) formellement admise par l'administration », que cette interprétation ait été ou non publiée. La garantie porte donc aussi bien sur la doctrine *générale et impersonnelle publiée* que sur les interprétations délivrées *à titre individuel*.

2) La garantie instituée par cet alinéa est toutefois *limitée* dans sa portée. Ce texte prévoit seulement que lorsqu'une imposition primitive a été établie par l'administration conformément à un élément de doctrine contemporain de l'acte initial d'imposition, celle-ci ne peut ultérieurement procéder à un rehaussement de cette imposition initiale qui serait exclusivement motivée par la mise en œuvre d'une interprétation différente. En d'autres termes, la garantie consiste ici dans un mécanisme d'opposabilité de la doctrine administrative lorsqu'elle a précédemment fait l'objet d'une *application spontanée* par l'administration.

En revanche, il ne permet pas, sur un plan théorique, de « forcer » l'application par l'administration de sa propre doctrine.

Cette application spontanée peut résulter de l'établissement par l'administration – sans contrôle préalable – d'une imposition, sur la base déclarée par le contribuable. Dans ce cas, l'« automaticité » de l'établissement de l'impôt peut être regardée comme conduisant à une application forcée de la doctrine.

3) L'alinéa 1er de l'article L. 80 A du Livre des procédures fiscales est enfin étroitement limité dans son *objet*. Il suppose l'établissement préalable par l'administration, d'une imposition primitive. Selon le juge fiscal, cette imposition primitive est nécessairement une imposition *positive*. En d'autres termes, cette disposition ne peut constituer un obstacle qu'à un rehaussement d'imposition *stricto sensu*, c'est-à-dire à la majoration d'une imposition initiale précédemment mise en recouvrement et constituant la première décision sur laquelle est fondée l'interprétation dont le contribuable entend se prévaloir[86].

a) Selon le Conseil d'État, l'alinéa 1er de l'article L. 80 A du LPF ne peut être utilement invoqué par le contribuable pour contester la validité de l'imposition initiale (ou primitive) elle-même[87].

(84) V. relevant que la doctrine administrative valablement invoquée sur le fondement de cette disposition peut prévaloir sur la loi fiscale dans des conditions de nature à « lier le juge de l'impôt », CE, 24 juin 1968, n° 66.883, préc.
(85) LPF art. L. 80 A, al. 1er.
(86) CE, 24 juin 1968, n° 66.883 : *Rec. CE* 1968, p. 384 ; *ADJA* 1969, p. 572, note J. Lamarque.
(87) CE, 24 juin 1968, préc. – CE, plén., 4 juin 1976, n° 98.484, *Sté Le Castelet* : *Dr. fisc.* 1976, n° 52, comm. 2003, concl. M.-A. Latournerie. – CE, 17 juin 2005, n° 258.805, *Sté Marine Côte d'Argent* : *Dr. fisc.* 2006, n° 12, comm. 266, concl. S. Verclytte. – CE, 6 juin 2007, n° 284.826, *Sté Orgachim* : *RJF* 10/2007, n° 1063, précisant que l'alinéa 1er de l'article L. 80 A du Livre des procédures fiscales ne peut être utilement invoqué que pour contester les rehaussements d'impositions « auxquels procède l'administration ».

La jurisprudence de la Cour de cassation est dans le même sens[88].

b) La doctrine administrative propose, quant à elle, une lecture nettement plus souple du dispositif légal – il est vraiment très restrictif. Si elle ne présente certes plus le « rehaussement » comme toute « remise en cause de [la] situation fiscale du contribuable »[89], elle admet toujours, cependant, « de considérer comme des cas de rehaussement (…), le rehaussement d'une base d'imposition régulièrement déclarée mais n'ayant pas fait l'objet d'une imposition » ou – dans le cas où la doctrine individuelle invoquée procède d'une demande écrite du contribuable – « la taxation initiale d'un contribuable de bonne foi placé hors du champ d'application de l'impôt et n'ayant en conséquence pas souscrit de déclaration »[90].

4) La garantie de l'alinéa 1er de l'article L. 80 A du Livre des procédures fiscales ne peut s'appliquer à l'égard d'une interprétation relative à un texte portant sur le recouvrement de l'impôt ou les pénalités fiscales.

Cette exclusion ressort de la lettre du dispositif légal : l'extension de la garantie au recouvrement et aux pénalités ne concerne que l'alinéa 2nd de l'article L. 80 A du LPF (V. *infra*, n° 988). La doctrine administrative est d'ailleurs en ce sens[91].

À l'inverse, l'extension prétorienne de la garantie aux interprétations de textes relatifs à la prescription du pouvoir d'imposition de l'administration ne vaut qu'à l'égard de l'alinéa 1er de l'article L. 80 A du LPF (V. *infra*, n° 987).

968. – Rehaussement *lato sensu*[92]. En contrepoint de l'alinéa 1er, l'alinéa 2nd de l'article L. 80 A du Livre des procédures fiscales possède un champ d'application *réduit* mais un objet et une portée plus *étendus*.

1) L'alinéa 2° de l'article L. 80 A du Livre des procédures fiscales permet uniquement au contribuable de se prévaloir des « instructions ou circulaires publiées » – et en aucun cas des interprétations données à titre individuel.

Les réponses ministérielles à des questions écrites des parlementaires ont été très tôt assimilées par le juge fiscal à des instructions ou circulaires publiées (V. *infra*, n° 991).

2) Mais la portée de la garantie est ici d'une tout autre nature, en ce que le second alinéa permet au contribuable de « forcer » l'application d'une interprétation formelle. Il aboutit en effet à l'opposabilité d'un élément de doctrine à l'administration indépendamment de son application spontanée par celle-ci. Il suffit pour cela au contribuable, toutes autres conditions étant remplies, d'avoir appliqué « un texte fiscal selon l'interprétation que l'administration avait fait connaître par ses instructions ou circulaires publiées et qu'elle n'avait pas rapportée à la date des opérations en cause », c'est-à-dire, de manière générale, de s'être conformé à la doctrine administrative en souscrivant ses propres déclarations.

3) Plus encore, l'alinéa 2° de l'article L. 80 A du Livre des procédures fiscales peut constituer un obstacle à un rehaussement d'imposition *lato sensu*, que celui-ci se traduise par la majoration d'une imposition primitive positive ou par la mise à la charge du contribuable d'une imposition initiale : lorsque le contribuable invoque

(88) Cass. com., 11 juill. 2006, n° 04-12.286, *Sté Bâtir Groupe Ellul* : *Bull. civ.* 2006, IV, n° 178, précisant que la condition tenant à l'existence d'un rehaussement doit s'apprécier impôt par impôt et écartant, en conséquence, la garantie lorsque la rectification de l'administration conduit à substituer les droits de mutation à titre onéreux à la TVA initialement appliquée.
(89) Instr. 9 sept. 2010 : *BOI* 13 L-11-10, n° 2, anc.
(90) BOI-SJ-RES-10-10-20, n° 200.
(91) BOI-SJ-RES-10-10-20, n° 150.
(92) LPF, art. L. 80 A, al. 2.

des instructions et circulaires publiées par l'administration, « aucune imposition, même primitive, qui serait contraire à l'interprétation contenue dans de tels documents », ne peut être établie[93].

4) Les interprétations relatives à un texte portant sur le recouvrement de l'impôt ou les pénalités fiscales entrent dans le champ d'application du seul alinéa 2nd de l'article L. 80 A du Livre des procédures fiscales (V. *infra*, n° 988).

À l'inverse, l'extension prétorienne de la garantie aux interprétations de textes relatifs à la prescription du pouvoir d'imposition de l'administration ne vaut qu'à l'égard de l'alinéa 1er de l'article L. 80 A du LPF (V. *infra*, n° 987).

969. – Doctrine administrative et légalité. La grande majorité des auteurs s'accordent pour considérer que l'article L. 80 A du Livre des procédures fiscales, dont l'application peut conduire à une inversion de la hiérarchie des normes appliquées par le juge fiscal, est contraire à la Constitution et aux principes de l'État de droit.

La grave perturbation de la hiérarchie des normes « ordinaire » résultant de l'article L. 80 A du LPF a été formellement décrite par le Conseil d'État. Ayant admis que la réponse d'un ministre à la question écrite d'un parlementaire peut, sous certaines conditions, constituer un élément de doctrine opposable à l'administration, le Conseil d'État relève : « si la réponse d'un ministre ne peut normalement prévaloir contre la loi fiscale ni lier le juge de l'impôt, cette règle ne trouve pas son application, en vertu des termes mêmes des dispositions [codifiées à l'article L. 80 A du LPF], lorsque sont réunies les conditions requises par ledit article »[94].

C'est également l'opinion de membres du Conseil d'État[95].

Lors de l'élaboration du *Nouveau Code des impôts* (dont le livre VII, seul achevé, a été publié isolément sous le titre de *Livre des procédures fiscales*), l'administration avait souhaité éliminer cette disposition de l'ordonnancement juridique. Pour ce faire, le Premier ministre avait (dans le cadre de la procédure de délégalisation mise en œuvre lors de la confection du nouveau code) saisi le Conseil constitutionnel d'une demande d'avis portant sur la conformité à la Constitution de ce dispositif (alors codifié à l'article 1649 quinquies E du Code général des impôts). Le Conseil constitutionnel avait considéré qu'il ne lui appartenait pas, dans ce cadre, d'apprécier la conformité à la Constitution d'une loi déjà promulguée et qu'il n'était pas, en conséquence, compétent pour se prononcer, serait-ce sous la forme d'un avis, sur la demande dont il était saisi[96].

1) Les dispositions de l'article 1649 quinquies E du CGI ont donc dû être réintégrées dans le LPF. Il en résulte la numérotation L. 80 « A », tout à fait inhabituelle pour une disposition présente dès l'origine dans une codification nouvelle.

2) Statuant sur la conformité *a priori* à la Constitution de la loi de finances rectificative du 30 décembre 2008, le Conseil constitutionnel a conclu sa décision par un considérant-balai assez usuel : « il n'y a lieu, pour le Conseil constitutionnel, de soulever d'office aucune autre question de conformité à la Constitution »[97]. Figurait toutefois dans le texte déféré au juge constitutionnel la disposition (art. 47) étendant la garantie de l'alinéa 2nd de l'article L. 80 A du LPF aux interprétations relatives au recouvrement de l'impôt et aux pénalités fiscales (V. *infra*, n° 988). Or, selon une jurisprudence constitutionnelle établie, si, dans le cadre du contrôle de constitutionnalité *a priori*, la conformité à la

(93) CE, plén., 4 juin 1976, n° 98.484, *Sté Le Castelet : Dr. fisc.* 1976, n° 52, comm. 2003, concl. M.-A. Latournerie. – CE, 7 janv. 1977, n° 96.362, *Renaut : Dr. fisc.* 1977, n° 12, comm. 459 ; *Rec. CE* 1977, p. 5.
(94) CE, 24 juin 1968, n° 66.883 : *Rec. CE* 1968, p. 384 ; *ADJA* 1969, p. 572, note J. Lamarque.
(95) V. par ex., concl. P. Rivière sur CE, sect., 25 juill. 1980, n° 93.760, *Sté de construction et d'exploitation de matériels et moteurs : Dr. fisc.* 1982, n° 13, comm. 698.
(96) Cons. const., 14 mai 1980, n° 80-113 L, § 11.
(97) Cons. const., 29 déc. 2008, n° 2008-574 DC, *Deuxième loi de finances rectificative pour 2008*, § 15.

Constitution des termes d'une loi déjà promulguée ne peut, en principe, être utilement contestée, le Conseil conditionnel se reconnaît, par exception, le pouvoir d'exercer un tel contrôle « à l'occasion de l'examen de dispositions législatives qui la modifient, la complètent, ou en affectent le domaine »[(98)]. On peut être tenté d'en déduire (même si l'*a contrario* est sans doute un peu hasardeux) que, par cette décision, le Conseil constitutionnel a considéré que l'article L. 80 A, alinéa 2nd du LPF (que l'article 47 de loi de finances rectificative du 30 décembre 2008 a complété tout en affectant son champ d'application) est conforme à la Constitution.

3) Plus récemment, le Conseil d'État a refusé de transmettre au Conseil constitutionnel la question prioritaire de constitutionnalité selon laquelle l'article L. 80 A du LPF porterait atteinte aux droits et libertés que la Constitution garantit[(99)]. Cette solution, qu'une décision du Conseil constitutionnel avait déjà avait clairement laissé entrevoir[(100)], n'est pas surprenante. Toutefois, compte tenu de son importance, on ne peut que regretter que cette question (qui concernait également l'article L. 80 B du LPF) n'ait pas été transmise au juge constitutionnel.

4) Sur la question de la comptabilité du mécanisme de garantie contre les changements de doctrine avec le droit de l'Union européenne, V. *infra*, n° 1010.

970. – Doctrine administrative et égalité. 1) Les interprétations formelles admises par l'administration fiscale établissent des différences de traitement fondées sur la situation des contribuables.

La doctrine administrative peut être l'objet d'une autre interrogation au regard du principe d'égalité : comme le relève l'administration elle-même, « la doctrine administrative, plus ou moins bien connue selon les catégories de contribuables, est susceptible d'être inégalement exploitée par eux »[(101)].

Cette préoccupation justifie la portée particulière que revêtent les instructions de portée générale publiées par l'administration fiscale centrale par rapport aux simples interprétations individuelles de la loi fiscale. Dans l'état actuel du droit, seules les instructions fiscales peuvent faire obstacle à l'établissement d'une imposition primitive[(102)]. En revanche, une prise de position individuelle formulée *proprio motu* par un agent déconcentré de l'administration ne peut s'opposer qu'à l'établissement d'une imposition supplémentaire s'ajoutant à une imposition primitive gouvernée par la loi et, le cas échéant, par la doctrine administrative de portée générale[(103)]. Cette distinction est regardée à juste titre comme fondamentale par l'administration : la distinction entre les deux alinéas trouve « sa justification dans le fait que pour l'établissement d'une imposition primitive, le respect du principe de l'égalité des contribuables devant la loi impose que soient opposables les seuls documents de portée générale, produits par les autorités compétentes en charge d'élaborer et de commenter la norme, et publiés afin d'être à la disposition de tous »[(104)]. Il convient de prendre garde au risque que « l'interprétation des textes fiscaux applicables à tout contribuable pour la détermination d'une imposition primitive puisse varier selon son auteur./Lorsque la doctrine est diffusée dans des instructions ou circulaires publiées, formant un corps de règles communes, relativement stables et accessibles à tous, le risque d'applications discordantes ou divergentes de la loi est circonscrit »[(105)].

On peut considérer, à cet égard, comme salutaire le fait que la proposition (n° 9) du rapport de la Commission Fouquet sur *L'amélioration de la sécurité juridique des relations entre les contribuables et le fisc* de juin 2008[(106)], qui tendait, en « homogénéis [ant] la nature opposable des prises de position de l'administration », à ce que les deux alinéas de l'article L. 80 A du LPF soient « fusionnés », soit

(98) V., en dernier lieu, Cons. const., 22 oct. 2009, n° 2009-591 DC, *Loi tendant à garantir la parité de financement entre les écoles élémentaires publiques et privées*, § 14.

(99) CE, 29 oct. 2010, n° 339.200, *Limousin : Procédures* 2011, n° 3, comm. 124, note O. Négrin. – V., du même jour, dans le même sens, n° 309.202, *Charles*.

(100) Cons. const., 18 juin 2010, n° 2010-5 QPC, *Sté Kimberly Clark : Dr. fisc.* 2010, n° 48, comm. 576.

(101) BOI-SJ-RES-10-10-20, n° 30.

(102) LPF, art. L. 80 A, al. 2nd.

(103) LPF, art. L. 80 A, al. 1er.

(104) BOI-SJ-RES-10-10-20, n° 30.

(105) *Ibid.*

(106) V. *Dr. fisc.* 2008, n° 27, p. 7 et s.

restée lettre morte. En effet, si cette fusion avait eu lieu, le monopole de l'administration fiscale centrale dans la production, au plan national, de la doctrine administrative susceptible d'affecter *le principe* de l'imposition aurait pris fin.

Dès lors, se pose la question de savoir si les contribuables peuvent se prévaloir d'une rupture d'égalité devant la doctrine administrative. La réponse à cette question diffère selon que l'on se situe en contentieux fiscal ou dans celui de l'excès de pouvoir.

Paradoxalement, si la doctrine administrative peut établir des différences de traitement, l'article L. 80 A du LPF apparaît en lui-même, de manière générale, comme un facteur d'égalité au sein d'une même catégorie de contribuables. En effet, permettant au contribuable de « forcer » l'application de la doctrine administrative (V. *supra*, n° 968, 2), il n'abandonne pas cette question au bon vouloir des agents du fisc.

2) En contentieux fiscal, le moyen tiré de la rupture d'égalité procédant de la doctrine administrative est voué à l'échec. Un requérant ne peut utilement prétendre au bénéfice d'une interprétation formulée en faveur d'une autre catégorie de contribuables en arguant du fait que l'interprétation en cause « aurait pour effet d'accorder à des professionnels placés dans des situations comparables des avantages inégaux »[107].

De même, les stipulations de l'article 14 de la Convention EDH « ne peuvent être utilement invoquées pour contester les discriminations résultant d'une interprétation de la loi fiscale »[108].

Bref, « le fait de ne pas bénéficier d'une doctrine favorable à d'autres contribuables ne constitue pas une rupture d'égalité devant la loi mais la conséquence de l'article L. 80 A [du Livre des procédures fiscales] »[109].

3) En revanche, dans le contentieux de l'excès de pouvoir, un contribuable est recevable à déférer à la censure du juge administratif un acte doctrinal de portée générale qui, sans le viser directement, se révélerait favorable à une autre catégorie de contribuables relevant du même cercle d'intérêts que celui-ci[110]. Dans cette mesure, les interprétations générales qui seraient discriminatoires peuvent être éliminées de l'ordonnancement juridique.

Cela étant, le juge de l'excès de pouvoir ne se reconnaît pas le pouvoir d'annuler un acte doctrinal au motif que son champ d'application (matériel ou personnel) serait trop étroit et introduirait, de ce fait, une discrimination illégale entre différentes catégories de contribuables[111].

• En l'espèce, une instruction avait admis – à l'égard des seuls crédits d'impôt d'origine française – l'application d'un mécanisme d'imputation illégal. La société requérante souhaitait voir étendue cette

(107) CE, 1er juin 1990, n° 52.470, *Boix : RJF* 8-9/1990, n° 1097.
(108) CE, 15 nov. 2006, n° 289.805, *Min. c/Fievet : RJF* 2/2007, n° 152 ; *BDCF* 2/2007, n° 20, concl. S. Verclytte.
(109) Ph. Martin, concl. sur CE, 17 juin 1996, n° 145.594, *Sté France Sud Diffusion : Dr. fisc.* 1996, n° 49, comm. 1476.
(110) Dans le contentieux de l'annulation des actes exprimant la doctrine administrative, le juge administratif reconnaît l'intérêt pour agir du contribuable qui, sans être visé par la doctrine critiquée, en subit indirectement des conséquences négatives. Tel est le cas lorsque l'interprétation en cause apparaît favorable à des tiers dont l'activité – qui entre en concurrence avec celle du requérant – se trouve fiscalement favorisée et que le requérant et les destinataires de l'acte attaqué appartiennent à un cercle d'intérêts suffisamment homogènes (CE, sect., 4 mai 1990, nos 55.124 et a., *Assoc. freudienne et a. : Dr. fisc.* 1990, n° 25-26, comm. 1272 ; *Rec. CE* 1990, p. 111. – *Adde* CE, 8 août 1990, n° 68.387, *CCI de Dunkerque : Dr. fisc.* 1990, n° 41, comm. 1869, concl. P.-F. Racine. – CE, 6 mars 2002, nos 225.980 et s., *Union des métiers et des industries de l'Hôtellerie et a. : Dr. fisc.* 2002, n° 21, comm. 445 ; *RJF* 5/2002, n° 538, p. 366, concl. G. Bachelier). Naturellement, un contribuable se voit par ailleurs toujours reconnaître un intérêt suffisant pour contester la légalité d'un acte doctrinal qui lui serait directement défavorable.
(111) CE, 29 oct. 2012, n° 337.253, *Sté Crédit agricole : Dr. fisc.* 2013, n° 7, comm. 163, concl. Cl. Legras, note O. Fouquet.

mesure doctrinale, le cas échéant sur injonction du juge, aux crédits d'impôts d'origine étrangère. Par un raisonnement dont on peut penser qu'il est sous-tendu par un formalisme excessif, le Conseil d'État relève successivement :

– que la doctrine administrative n'est pas contraire à la loi en ce qu'elle exclut du mécanisme d'imputation illégal les crédits d'impôt d'origine étrangère dans la mesure où ce mécanisme n'est pas, justement, admis par la loi ;

– que la doctrine administrative se borne, en ce qui concerne les crédits d'impôt d'origine étrangère, à réitérer la règle légale qui, dès lors qu'elle s'applique indifféremment aux crédits d'impôt d'origine étrangère et aux crédits d'impôt d'origine française, n'institue aucune différence de traitement susceptible de contrevenir au droit de l'Union européenne ;

– que la seule circonstance que les contribuables concernés puissent se prévaloir sur le fondement de l'article L. 80 A du LPF des prévisions de la doctrine administrative qui autorise illégalement, pour les crédits d'impôt d'origine française, un mécanisme d'imputation plus favorable que la loi, ne leur donnait aucun droit à voir ces faveurs étendues aux crédits d'impôt d'origine étrangère.

• La solution de l'arrêt *Sté Crédit Agricole* a été retenue à propos d'une instruction qui, ayant illégalement étendu à certaines catégories de contribuables invalides une exonération légalement applicable aux seuls retraités, était contestée en tant qu'elle ne l'avait pas étendue à d'autres catégories d'invalides[112].

Elle semble condamner l'indication formulée par une cour administrative d'appel en réponse au moyen par lequel un contribuable arguait que la « condition de conformité » (V. *infra*, n°s 994 et s.) ne pouvait lui être opposée dans la mesure où elle aboutissait à une méconnaissance du droit de l'Union européenne[113].

Le moyen selon lequel une énonciation doctrinale est illégale en tant qu'elle n'octroie pas, pour certaines catégories de contribuables, un avantage qu'elle reconnaît par ailleurs illégalement à d'autres catégories de contribuables placés (réellement ou prétendument) dans une situation comparable est donc inopérant.

Bref, « le juge ne peut (…) imposer à l'administration d'ajouter à sa doctrine une énonciation contraire à la loi »[114].

Selon O. Fouquet, cette solution s'imposait du fait de « la conception non normative de la doctrine administrative » retenue par le Conseil d'État : « le juge est fait pour appliquer la loi et rien que la loi. La circonstance qu'une doctrine administrative opposable crée une discrimination (…) entre [des cas] auxquels elle applique la loi et [d'autres cas] auxquels elle applique un régime plus favorable, n'autorise évidemment pas le juge à enjoindre à l'administration d'étendre une doctrine illégale, c'est-à-dire d'étendre non pas une norme mais le champ d'un mécanisme de garantie qui est à la discrétion de l'administration »[115].

971. – Plan de l'étude. L'application de chacun des deux alinéas de l'article L. 80 A du Livre des procédures fiscales est tributaire de nombreuses conditions qui seront tour à tour examinées.

Ce paysage complexe est la marque des imperfections des textes organisant les garanties considérées. Il serait particulièrement opportun, à cet égard, d'en simplifier le contenu. Sur les risques constitutionnels pesant sur une réécriture éventuelle du dispositif légal, V. *supra*, n° 969).

Les premières se rapportent au champ d'application de la garantie (Sous-section 2), les deuxièmes à ses conditions d'application (Sous-section 3) et les troisièmes à ses conditions de mise en œuvre (Sous-section 4).

(112) CE, 28 juin 2013, n° 348.948, *Lamarque* : *RJF* 11/2013, n° 1075.
(113) CAA Versailles, 12 avr. 2012, n° 10-3140, *Sté Predica* : *Dr. fisc.* 2012, n° 27, comm. 361, concl. J.-E. Soyez, note E. Raingeard de la Blétière, jugeant cette circonstance sans incidence, et relevant la faculté ouverte aux contribuables, s'ils s'y croient fondés, de déférer la doctrine administrative considérée au juge de l'excès de pouvoir.
(114) Concl. Cl. Legras, préc.
(115) O. Fouquet, note préc.

Sauf précision contraire, les conditions étudiées sont communes aux deux alinéas de l'article L. 80 A du LPF. Elles résultent pour l'essentiel de la jurisprudence et, spécialement, de celle du juge fiscal administratif, particulièrement abondante sur ce point.

SOUS-SECTION 2

LE CHAMP D'APPLICATION DE LA GARANTIE

972. – **Champs matériel, personnel et contentieux.** Le champ d'application de l'article L. 80 A du Livre des procédures fiscales est étroitement limité. Ce texte, qui ne saurait s'appliquer qu'au profit des contribuables, ne peut être utilement invoqué qu'en contentieux fiscal dans les litiges intéressant des prélèvements de nature fiscale.

Le moyen tiré de ce que le champ d'application des dispositions de l'article L. 80 A du LPF aurait été méconnu présente un caractère d'ordre public (V. *infra*, n° 1006).

§ 1. – Le champ d'application matériel

973. – **Prélèvements fiscaux.** L'article L. 80 A du Livre des procédures fiscales s'applique exclusivement aux prélèvements de nature fiscale(116). Il est sans incidence à l'égard des prélèvements non fiscaux, alors même que, sous l'effet de textes en ce sens, le contentieux de ces prélèvements ressortirait à la compétence du juge fiscal.

1) Le dispositif de garantie peut s'appliquer en matière de TVA perçue à l'importation par l'administration des douanes(117) et, plus généralement semble-t-il, à tous les prélèvements de nature fiscale, que leur contentieux relève du juge administratif ou judiciaire, ou qu'ils soient ou non prévus par le CGI. Telle est du moins l'opinion, qui mérite d'être approuvée, soutenue par M. Ph. Martin dans ses conclusions sur l'arrêt *Sté Outters*(118). La doctrine administrative est nettement plus limitative. Elle considère que les dispositions de l'article L. 80 A du LPF s'appliquent non pas à tous les prélèvements fiscaux, mais, plus restrictivement, « à tous les impôts, droits et taxes assis et recouvrés en vertu du CGI ainsi qu'aux taxes dont tout ou partie des règles d'assiette et de recouvrement sont précisées par référence à des règles définies par le code précité »(119). Pour la position de l'administration concernant les taxes fiscales affectées ayant remplacé les anciennes taxes parafiscales, V. *infra*, pt 3, *in fine*.

2) Le dispositif ne s'applique pas dans le contentieux des impositions quasi fiscales et, en particulier, dans le contentieux des participations d'urbanisme(120). Il ne s'appliquait pas davantage dans le contentieux des taxes parafiscales(121) – la doctrine administrative indiquant (sans grande prudence) que le dispositif ne s'applique pas davantage aux taxes affectées ayant succédé (à la suite de la loi organique du 1er août 2001 relative aux lois de finances) à ces taxes parafiscales lorsque, ne figurant pas dans le CGI, elles échappent en totalité ou en partie aux règles de la législation budgétaire ou fiscale(122).

3) Des dispositifs directement inspirés de l'article L. 80 A du LPF ont été successivement institués par voie d'ordonnances (prises sur habilitation de la loi du 9 décembre 2004 de simplification du droit, art. 24 et 52) pour les cotisations et contributions sociales(123) puis pour les impositions douanières

(116) CE, 8 nov. 1985, n° 34.217, *Sté de la Place du Colonel Fabien : Rec. CE* 1985, tables p. 555.
(117) Cass. com., 8 juill. 2003, n° 01-03.958, *Sté Transports Mathez : Bull. civ.* 2003, IV, n° 131.
(118) Concl. sur CE, ass., 20 déc. 1985, n° 31.927, *Sté Ét. Outters : RFDA* 1986, p. 513.
(119) BOI-SJ-RES-10-10-10, n° 20.
(120) CE, sect., 26 mars 1999, n° 189.805, *Vincent : RJF 4/2000*, n° 497 ; *Dr. fisc.* 1999, n° 30-35, comm. 616, concl. J.-C. Bonichot.
(121) CE, sect., 25 juill. 1980, n° 93.760, *Sté de construction et d'exploitation de matériels et moteurs : Dr. fisc.* 1982, n° 13, comm. 698, concl. P. Rivière ; *Rec. CE* 1982, p. 331.
(122) BOI-SJ-RES-10-10-10, n° 30.
(123) V. CSS, art. L. 243-6-2 et C. rur. pêche marit., art. L. 725-23, issus de l'ordonnance du 6 juin 2005, art. 1er et 2.

intérieures[124]. Dans les deux cas, les termes de l'article L. 80 A, alinéa 2, du LPF sont presque repris mot à mot. Directement régis par le droit de l'Union européenne, les droits de douane sont, certainement à raison (V. *infra*, n° 1010), expressément exclus de ce dispositif.

4) Des dispositifs voisins s'appliquent en Nouvelle-Calédonie[125] et en Polynésie française[126], entités d'outre-mer où le LPF n'est pas territorialement applicable[127].

§ 2. – Le champ d'application contentieux

974. – Contentieux fiscal. Posé par le Livre des procédures fiscales, le mécanisme d'opposabilité de la doctrine administrative s'applique exclusivement dans les litiges fiscaux *stricto sensu*.

1) Avant la deuxième loi de finances rectificative pour 2008, les deux alinéas de l'article L. 80 A du LPF avaient le même champ d'application contentieux et ne s'appliquaient que dans le contentieux de l'imposition. En revanche, la garantie n'était pas applicable dans le contentieux du recouvrement (V. *infra*, n° 983, 2). Cette solution était fondée sur le fait que « le recouvrement de l'impôt n'entr [ait] pas dans le champ d'application de l'article L. 80 A du LPF »[128].

2) Cette interprétation ne peut plus être retenue pour l'application de l'alinéa 2nd de l'article L. 80 A du LPF. En effet, la deuxième loi de finances rectificative pour 2008[129] a complété ce texte qui précise désormais que « sont également opposables à l'administration, dans les mêmes conditions [que celles retenues en matière d'assiette], les instructions ou circulaires publiées relatives au recouvrement de l'impôt (…) ». Compte tenu de cette intervention législative :

a) le 2nd alinéa de l'article L. 80 A du LPF s'applique dans les deux branches du contentieux fiscal, c'est-à-dire dans le contentieux de l'imposition comme dans le contentieux fiscal du recouvrement. Cela étant, un élément de doctrine relatif au recouvrement de l'impôt ne peut être utilement invoqué dans un « litige d'assiette »[130].

À cet égard, il semble difficile d'admettre que l'article L. 80 A, alinéa 2° du LPF puisse trouver application dans un litige porté devant une juridiction non fiscale et singulièrement dans le contentieux des oppositions à poursuites[131], c'est-à-dire dans le contentieux non fiscal du recouvrement porté devant le juge judiciaire de l'exécution ;

b) le 1er alinéa du même article ne s'applique, en revanche, que dans le contentieux de l'imposition.

L'article L. 80 A du Livre des procédures fiscales ne s'applique pas en revanche dans les contentieux généraux de la responsabilité et de l'excès de pouvoir, alors même que les litiges considérés, se rattachant à la perception de l'impôt, présenteraient une « coloration fiscale » marquée.

L'article L. 80 A du LPF n'est pas invocable dans le cadre du contentieux de l'excès de pouvoir. Le requérant ne peut utilement s'en prévaloir au soutien d'un tel recours[132], notamment lorsqu'il est dirigé contre la décision par laquelle l'administration a refusé de prendre une mesure gracieuse en faveur du contribuable[133]. La même solution s'applique à l'administration : des interprétations

(124) C. douanes, art. 345 bis, I et IV, issu de l'ordonnance du 7 décembre 2005, art. 29.
(125) Code « néo-calédonien » des impôts, art. LP. 983.
(126) Code « polynésien » des impôts, art. LP. 421-3.
(127) CE, 12 mars 2010, n° 306.368, *Sté Charcuterie du Pacifique* : *Dr. fisc.* 2010, n° 19, comm. 307, concl. É. Geffray, note F. Deboissy.
(128) CE, 30 nov. 2001, n° 234.654, *Dion* : *Dr. fisc.* 2002, n° 11, comm. 234, concl. E. Mignon.
(129) L. 30 déc. 2008, art. 47.
(130) CE, 28 juin 2013, n° 342.994, *Sté Cabinet Roux*, inédit.
(131) Selon l'art. L. 281, 1°, du LPF, le contentieux des oppositions à poursuites porte sur « la régularité en la forme » de l'acte de poursuites diligenté par le comptable public en vue du recouvrement de l'impôt.
(132) CE, 24 oct. 1980, n° 17.587 : *Dr. fisc.* 1981, n° 7, comm. 289.
(133) CE, 23 oct. 2013, n° 367.228, *Koné* : *Dr. fisc.* 2013, n° 49, comm. 542, concl. N. Escaut, note A. Bonnet ; *Procédures* 2014, n° 1, comm. 32, note O. Négrin.

administratives contraires à la loi ne peuvent pas donner une base légale à une décision administrative elle-même contraire à la loi et contestée par la voie du recours pour excès de pouvoir[134].

Il en va de même devant les juridictions correctionnelles statuant en matière de fraude fiscale où ce dispositif est inapplicable[135].

§ 3. – Le champ d'application personnel

975. – **Opposabilité dissymétrique.** 1) Le mécanisme d'opposabilité de la doctrine administrative est fondamentalement dissymétrique[136]. La doctrine administrative n'est susceptible de s'appliquer qu'au profit du contribuable.

a) Un contribuable ne saurait ainsi se prévaloir utilement « d'une doctrine administrative qui prévoit des règles plus restrictives que la loi elle-même »[137].

b) L'article L. 80 A, alinéa 1er, du LPF réserve l'application de la garantie qu'il institue aux contribuables « de bonne foi ». Peu sollicitée en jurisprudence, cette condition n'a pas été clairement précisée par le juge fiscal[138]. Relevons que cette condition (que l'on pourrait regarder comme commune aux deux alinéas de l'article L. 80 A du LPF) n'a pas été regardée, en son temps, comme suffisante pour rendre admissible le recours à la notion de fraude à la doctrine administrative en contentieux fiscal (V. *infra*, n° 1011).

2) Elle ne peut jamais, en revanche, être appliquée au profit de l'administration qui ne peut justifier de la légalité d'une imposition en se prévalant de sa propre doctrine[139].

Il ne peut en aller autrement que sous l'effet d'une disposition législative expresse, ce qui arrive parfois. Ainsi, la troisième loi de finances rectificative pour 1977[140] a posé – à titre interprétatif – que « les entreprises entrant dans le champ d'application de la taxe sur la valeur ajoutée qui n'ont pas été soumises en fait à cette taxe en vertu d'une interprétation formellement admise par l'administration sont redevables de la taxe sur les salaires ».

L'administration ne peut, *a fortiori*, « légalement établir une imposition sur le fondement d'une instruction ministérielle »[141]. Elle ne peut, en particulier, opposer au contribuable l'existence d'une option fiscale qu'il aurait exercée sur le seul fondement d'une interprétation administrative[142].

Le Conseil d'État avait déjà jugé que des « instructions ministérielles contraires à la loi ne peuvent pas donner une base légale à une décision administrative elle-même contraire à la loi »[143]. Dans l'arrêt

(134) CE, 10 juin 1983, nos 18.452 et a., *Min. et a. c/Cne de Villeneuve-le-Roi* : *Dr. fisc.* 1984, n° 10, comm. 504, concl. Ph. Bissara ; *Rec. CE* 1984, p. 245.

(135) Cass. crim., 25 mai 1988, n° 87-84.470 : *Bull. crim.* 1988, n° 222.

(136) Sur la condition – fort peu opérationnelle semble-t-il – de l'existence d'un « différend » entre le contribuable et le fisc sur l'interprétation d'un texte fiscal, V. CE, 10 juin 2010, n° 296.591, *Sté Graphic Procédé* : *Dr. fisc.* 2010, n° 38, comm. 492, concl. L. Olléon.

(137) CE, 26 juill. 1991, n° 112.906, *Sté des Grands Magasins Galeries Lafayette* : *Dr. fisc.* 1992, n° 26, comm. 1235.

(138) V. par ex. CE, 15 mai 1968, n° 69.292 : *Rec. CE* 1968, p. 309 ; *Dr. fisc.* 1969, n° 11, comm. 415, concl. G.-W. Schmeltz.

(139) CE, 11 juill. 1979, n° 2.087 : *Dr. fisc.* 1980, n° 1, comm. 4, concl. P. Lobry ; *Rec. CE* 1979, p. 316. – CE, plén., 26 juill. 1985, n° 45.149 *Sté Lefebure Isolants Réunis* : *Dr. fisc.* 1986, n° 12, comm. 581, concl. Ph. Bissarra. – CE, 27 févr. 1989, n° 57.066, *Sté La Résidence du Bocage* : *Dr. fisc.* 1989, n° 22-23, comm. 1046. – CE, 22 mai 2015, n° 369.819, Min. c/Wellcome Trust : Dr. fisc. 2015, n° 29, comm. 482 concl. F. Aladjidi, note A. de Waal ; Procédures 2015, n° 7, comm. 250, obs. O.N., refusant d'opposer à un « trust caritatif » de droit britannique des critères de non-lucrativité regardés comme énoncés, au cas particulier, par la seule doctrine administrative.

(140) L. 30 déc. 1977, art. 1er.

(141) CE, 26 oct. 1994, n° 116.175, *Champagne* : *Dr. fisc.* 1995, n° 4, comm. 100, concl. G. Bachelier.

(142) CE, 7 oct. 1987, n° 66.210, *Palatchi* : *Dr. fisc.* 1988, n° 9, comm. 439, concl. B. Martin-Laprade, note G. Tixier et X. Rohmer.

(143) CE, 12 juin 1987, n° 41.369, *Bournonville* : *Dr. fisc.* 1988, n° 42, comm. 1982 ; *Rec. CE* 1987, p. 212 ; *RJF* 10/1987, p. 502 et s., chron. M. Liébert-Champagne. – Comp. CE, 4 déc. 1974, n° 91.384 : *Dr. fisc.* 1975, n° 31, comm. 1079, concl. G.-W. Schmeltz ; *Rec. CE* 1975, p. 613.

Palatchi, il considère que si les dispositions de l'article L. 80 A du LPF « permettent au contribuable, sous certaines conditions, de faire prévaloir sur la loi fiscale l'interprétation de cette loi qui a été donnée par l'administration compétente, en revanche, aucune disposition législative ni aucun principe de droit ne permettent au juge de l'impôt de maintenir une imposition contestée, lorsque celle-ci est dépourvue de base légale, en se fondant sur ce que cette imposition trouve sa justification dans une instruction administrative, elle-même dépourvue de base légale »[(144)].

Sur le régime des options ouvertes par la seule doctrine administrative, V. *supra*, n° 945, 2, *b*.

3) Un point mérite toutefois d'être précisé. Il est indiscutable que l'administration ne peut jamais opposer au contribuable le *contenu défavorable* de sa doctrine administrative.

La jurisprudence fiscale ne contient semble-t-il qu'une illustration de ce que la doctrine administrative peut porter des incidences défavorables au contribuable. La Cour de cassation a en effet jugé que la prorogation – formellement admise par différentes instructions administratives régulièrement publiées – du délai imparti au contribuable pour satisfaire à un engagement auquel est subordonné le bénéfice d'un avantage fiscal, a pour effet de reporter d'autant le point de départ[(145)] du délai de prescription du pouvoir d'imposition de l'administration fiscale en raison de « l'impossibilité d'agir » qui en résultait pour elle, « sauf à méconnaître sa propre doctrine en violation de l'article L. 80 A du Livre des procédures fiscales »[(146)].

Elle peut toutefois opposer au contribuable le durcissement, l'abandon ou la caducité de ses interprétations favorables antérieures. En d'autres termes, *l'évolution défavorable* de la doctrine administrative peut être opposée *pour l'avenir* au contribuable par l'administration, sous réserve, bien évidemment, que le changement de doctrine ait reçu une publicité adéquate (V. *infra*, n° 1000, 1).

En ce sens, une instruction qui rapporterait une interprétation antérieure peut être opposable au contribuable. On vérifie à cette occasion que l'expression de « garantie contre les changements de doctrine administrative » est particulièrement mal choisie (V. *supra*, n° 964).

SOUS-SECTION 3

LES CONDITIONS D'APPLICATION DE LA GARANTIE

§ 1. – La condition d'interprétation formelle

A. – La notion d'interprétation formelle d'un texte fiscal

1° La notion d'interprétation formelle

976. – **Énonciation impérative et innovatoire émanant d'une autorité fiscale.** Complexe, la notion d'interprétation formelle comporte quatre éléments. Une interprétation formelle peut en effet se définir comme une énonciation positive et

(144) CE, 7 oct. 1987, *Palatchi*, préc.

(145) La Cour de cassation avait précédemment jugé que le point de départ de ce délai était constitué par l'expiration du délai imparti à l'acquéreur pour exécuter les travaux de construction (Cass. com., 3 déc. 2002, n° 01-02.822, *Sté civile immobilière du Moulin* : *RJF* 3/2003, n° 380).

(146) Cass. com., 7 juill. 2015, n° 14-13.468, *Sté SLP Logement et patrimoine* : *Bull. civ.* 2015, IV, n° en cours ; *Dr. fisc.* 2015, n° 30, act. 451, à propos de l'exonération des droits d'enregistrement frappant normalement les acquisitions immobilières lorsque l'acquéreur, assujetti à la TVA, a pris l'engagement d'édifier une construction neuve dans le délai de quatre ans (CGI, art. 1594-0 G, A).

explicite (V. *infra*, n° 977) qui, émanant d'une autorité fiscale (V. *infra*, n° 978) et présentant un caractère innovatoire (V. *infra*, n° 980), revêt une forme impérative (V. *infra*, n° 979).

L'examen de la jurisprudence fait également ressortir que la notion d'interprétation formelle suppose une volonté claire de l'administration. C'est ce caractère qui explique certains effets attachés à l'annulation d'un acte exprimant un élément de doctrine administrative de portée générale (V. *infra*, n° 1009).

On ne saurait admettre en conséquence l'existence d'une doctrine administrative opposable apparue accidentellement ou fortuitement (V. *infra*, n° 980, 2).

Le principe selon lequel il faut exclure qu'il puisse exister des éléments de doctrine administrative opposables *par inadvertance* sera probablement appelé à jouer un rôle contentieux important dans le futur. Les conditions de publication (et de « versionnage ») du *BOFiP-Impôts* sont en effet particulièrement propices à l'apparition d'éléments de doctrine administrative « décalés » ou « post-datés » dont tout laisse à penser qu'ils ne sont pas l'expression d'une interprétation de la loi fiscale véritablement admise par l'administration(147).

Il en résulte qu'une interprétation formelle susceptible d'être opposée à l'administration sur le fondement de l'article L. 80 A du Livre des procédures fiscales est nécessairement illégale (V. *infra*, n° 981). Le mécanisme de garantie contre les changements de doctrine est le siège d'un autre paradoxe : une interprétation formelle n'est pas nécessairement attachée à un texte fiscal particulier (V. *infra*, n° 982).

977. – Énonciation positive et explicite. Une interprétation formelle suppose, en premier lieu, que des indications positives et explicites aient été formulées par l'administration.

1) On ne peut déduire une quelconque interprétation formelle du silence conservé sur tel ou tel point de droit par l'administration dans une instruction(148). Une série d'arrêts rendus récemment par le Conseil d'État ne peuvent que difficilement être regardés comme remettant en cause cette solution de principe, même si, dans ces arrêts, la Haute juridiction administrative retient qu'« en s'abstenant de prévoir, pour la détermination [de plus-values], la prise en compte [de certains éléments], [l'] instruction [invoquée] donne de la loi fiscale une interprétation formelle » susceptible d'être utilement invoquée(149).

2) Une interprétation ne peut non plus se déduire d'une simple pratique administrative antérieurement suivie(150) ou de simples tolérances dont a pu bénéficier le contribuable dans le passé(151).

3) Le silence de la doctrine administrative peut, cela étant, faire grief dans le contentieux de l'excès de pouvoir(152).

---

(147) V. Th. Jacquemont, *Une doctrine publiée au BOFiP le 12 septembre 2012 peut-elle être caduque dès cette publication ?* : *Dr. fisc.* 2015, n° 42, act. 559.

(148) CE, sect., 6 janv. 1971, n° 79.561 : *Rec. CE* 1971, p. 3. – Cass. com., 7 janv. 1997, n° 95-11.687, *Viart* : *Bull. civ.* 1997, IV, n° 7. – CAA Lyon, 2 mars 2009, n° 05-1881, *Vicard* : *Dr. fisc.* 2009, n° 51, comm. 592, note E. Bonneaud.

(149) CE, 25 nov. 2009, n° 310.746, *Moscheni*, et quatre arrêts du même jour : *Dr. fisc.* 2010, n° 13, comm. 258, concl. É. Geffray, à propos des conditions de correction du prix d'acquisition de titres d'une société de personnes lors de la détermination de la plus-value procédant de leur cession.

(150) CE, 21 déc. 1979, n° 11.680 : *Dr. fisc.* 1980, n° 43, comm. 2124, concl. P. Rivière.

(151) CE, 21 mai 1986, n°s 55.681 et a : *Dr. fisc.* 1986, n° 44, comm. 1865.

(152) Le Conseil d'État a annulé une instruction fiscale au motif qu'elle s'abstenait de mentionner une réserve d'interprétation du Conseil constitutionnel consacrant un droit au profit des contribuables (CE, 8 juin 2016, n° 383.259, *Assoc. franç. des entreprises privées et a.* : *Dr. fisc.* 2014, n° 47, comm. 643, concl. É. Crépey. Cette solution est expressément fondée sur la considération que les instructions ou circulaires fiscales dont un contribuable peut se prévaloir doivent être appliquées littéralement (et ne sauraient, par voie de conséquence, faire l'objet d'une quelconque interprétation « neutralisante »). Étaient en cause les dispositions législatives excluant l'application de régimes de faveur lors de la réalisation de plus-values sur titres de participation (V. *infra*, n° 1668) et l'encaissement de dividendes (V. *infra*, n° 1659) lorsqu'ils sont en lien avec des sociétés établies dans des États et territoires non coopératifs (V. *infra*, n° 1374, 2-*b*), dispositions qui n'ont été déclarées conformes à la Constitution que sous la réserve que le contribuable soit admis à

978. – Énonciation émanant d'une autorité fiscale. Il doit s'agir, en second lieu, d'énonciations émanant d'une autorité fiscale. Seules les indications émanant directement d'une administration fiscale peuvent être à l'origine d'une interprétation opposable. Cela étant, la doctrine administrative peut aussi bien émaner de l'administration fiscale *stricto sensu* (c'est-à-dire du ministre en charge du budget, de la Direction générale des finances publiques, ou encore de la Direction de la législation fiscale) que d'une administration non fiscale exerçant légalement certaines compétences fiscales d'assiette.

1) C'est ainsi que la doctrine des services de l'équipement est susceptible d'être invoquée en matière de taxes d'urbanisme(153) ou que celle du ministère de l'Agriculture peut l'être en matière de taxe de défrichement(154). Tel n'est pas le cas, en revanche, d'une interprétation donnée par le ministre de la Justice(155), le ministre de la Défense(156) ou encore une fédération sportive(157). Il en va autrement si l'autorité fiscale s'est appropriée le contenu d'une circulaire non fiscale en l'incorporant (en l'espèce sous forme d'annexe) à la doctrine fiscale(158). Pour le cas d'une interprétation formelle figurant dans le compte-rendu d'une réunion établi par un parlementaire, V. *supra*, n° 929.

2) Seules les interprétations formulées par des autorités françaises entrent dans le champ d'application de l'article L. 80 A du LPF(159).

3) Naturellement, les documents émanant d'organismes privés ne sauraient valoir interprétation formelle de la loi fiscale. Tel est le cas du *Guide pratique du contribuable* édité par le *Syndicat unifié des impôts*(160), d'un ouvrage publié par un éditeur privé(161), d'un commentaire d'un texte fiscal donné par une association de gestion agréée(162) ou des énonciations contenues dans une revue juridique spécialisée, fussent-elles présentées comme reflétant l'interprétation admise par l'administration fiscale(163).

979. – Énonciation impérative. Il doit s'agit en troisième lieu d'indications présentées sous une forme impérative. En ce sens, l'interprétation formelle doit revêtir la forme d'une expression normative et s'oppose à la « simple recommandation » donnée aux agents subordonnés par l'administration supérieure.

1) Constituent ainsi de « simples recommandations au service » insusceptibles d'être utilement invoquées sur le fondement de l'article L. 80 A du LPF, les instructions « prescrivant aux agents d'apprécier avec bienveillance et discernement l'opportunité de mettre en œuvre les dispositions de l'article 168 [du CGI] et de n'envisager cette application que si la mise en œuvre [d'autres procédures] se heurte à des difficultés particulières »(164).

---

apporter la preuve de ce que sa prise de participation dans une société établie dans un ETNC correspond à des opérations réelles qui n'ont ni pour objet ni pour effet de permettre, dans un but de fraude fiscale, la localisation de bénéfices dans un tel État ou territoire (Cons. const., 20 janv. 2015, n° 2014-437 QPC, *Assoc. franç. des entreprises privées et a*).

(153) CE, 25 janv. 1978, n° 97.446, *Sté Le Bellegarde : Dr. fisc.* 1978, n° 18, comm. 707. – CE, 13 févr. 2013, n° 350.936, *Sté Unibail Rodamco : Dr. fisc.* 2013, n° 14, comm. 228, note M. Pelletier.

(154) CE, 1er mars 1978, n° 3.756 : *Dr. fisc.* 1978, n° 28, comm. 1155.

(155) CE, 11 juin 1986, n° 49.825, *Bonneville : Dr. fisc.* 1986, n° 43, comm. 1809.

(156) CE, ass., 22 déc. 1989, n° 86.113, *Cercle militaire mixte de la Caserne Mortier : Dr. fisc.* 1990, n° 14, comm. 716 ; *Rec. CE* 1989, p. 260 ; *AJDA* 1990, p. 328, concl. M.-D. Hagelsteen.

(157) CE, 18 janv. 2008, n° 303.824, *Min. c/Lagrange : Dr. fisc.* 2008, n° 21, comm. 328, concl. P. Collin.

(158) CE, 30 mars 2007, n° 287.600, *GFA Domaine de Font Mars : Dr. fisc.* 2007, n° 52, comm. 1086, concl. L. Olléon.

(159) V. toutefois, réservant la question à propos d'une interprétation du droit dérivé de l'Union européenne, contenue dans une réponse d'un commissaire européen à un député du parlement de Strasbourg, CAA Paris, 15 févr. 2008, n° 06-1238, *Comité Marc Chagall : RJF* 8-9/2008, n° 984.

(160) CE, 15 nov. 1985, n° 47.977 : *Dr. fisc.* 1986, n° 51, comm. 2323. – CE, 18 juin 1990, n° 93.345, *Berreterot : Dr. fisc.* 1991, n° 28, comm. 1430, concl. M.-D. Hagelsteen.

(161) CAA Paris, 10 oct. 1996, n° 95-744, *Esculier : Dr. fisc.* 1997, n° 7, comm. 167.

(162) CAA Paris, 2 févr. 1995, n° 93-910, *Bigot : Dr. fisc.* 1995, n° 25, comm. 1355. – V. également CE, 4 déc. 1989, n° 89.214, *Prieur : Dr. fisc.* 1990, n° 19, comm. 959, concl. M.-D. Hagelsteen.

(163) CE, 18 mars 1987, n° 46.383, *Min. c/Sté Egyptian Navigation et a. : Dr. fisc.* 1987, n° 23-24, comm. 1131.

(164) CE, 1er oct. 1986, n° 49.362, *Fillacier : RJF* 11/1986, n° 956. Sur le mécanisme de l'article 168 du CGI, permettant l'évaluation forfaitaire du revenu du contribuable d'après certains éléments de son train de vie, V. *infra*, n° 1575.

2) Il a été jugé ainsi qu'une réponse ministérielle à une question écrite d'un parlementaire ne constitue pas une interprétation formelle au sens de l'article L. 80 A du LPF lorsqu'il résulte du rapprochement de la question parlementaire et de la réponse qu'elle a reçue que le ministre « a entendu donner une solution au cas particulier qui lui était soumis et non fixer une règle générale »(165).

3) Une orientation de principe laissant un large pouvoir d'appréciation au service d'assiette ne peut valoir interprétation formelle de la loi fiscale(166). Il en va de même des instruments qui ne comporteraient que des indications imprécises(167), jugées « trop vagues »(168) ou, *a fortiori*, « contradictoires et ambiguës »(169). S'agissant du cas particulier des réponses ministérielles, ne peut constituer une interprétation formelle, une réponse de caractère général qui précise que les indications qu'elle donne supposent l'appréciation de « questions de fait qu'il appartient à l'administration de résoudre au vu des circonstances propres à chaque affaire »(170).

4) Sur le cas particulier de la doctrine administrative résultant d'un document de caractère contractuel, V. *supra*, n° 929.

980. – Énonciation innovatoire. Une interprétation formelle doit, en quatrième lieu, présenter un caractère innovatoire. Elle ne doit pas se limiter à confirmer l'interprétation qui, aux yeux du juge fiscal, procède « naturellement » du texte interprété(171). Elle ne doit pas seulement rappeler ce texte(172), mais comporter une règle distincte de celle découlant ou pouvant se déduire de celui-ci. Elle doit, en clair, contredire le texte interprété(173).

1) En ce qu'elle règle l'application dans le temps d'un texte fiscal selon des modalités différentes de celles découlant des principes du droit fiscal transitoire (ou, le cas échéant, des dispositions particulières contenues dans le texte considéré), la doctrine administrative est constitutive d'une interprétation du texte en cause susceptible (toutes autres conditions étant par ailleurs remplies) d'être utilement invoquée. Sans doute la doctrine définissant sa propre applicabilité dans le temps n'est-elle pas regardée, à juste titre, comme interprétant le texte fiscal qui constitue le fondement légal de l'imposition contestée (V. *infra*, n° 998). Mais, en ce qu'elle définit l'applicabilité dans le temps du texte fiscal lui-même (et non sa propre applicabilité), la doctrine peut présenter le caractère d'une interprétation formelle de ce texte – l'argument tiré du caractère « auto-interprétatif » de la doctrine étant alors inopérant.

2) Le Conseil d'État a pu considérer qu'une instruction fiscale pouvait *devenir* innovatoire dans l'hypothèse où, à la suite d'une création prétorienne relative à l'application du texte interprété, elle contrevient aux solutions qui en découlent *désormais*(174). Cette solution ne peut être regardée comme contredisant l'idée selon laquelle une interprétation formelle ne peut être que volontairement admise par l'administration : c'est volontairement que l'administration a maintenu sa doctrine ancienne après la consécration de la solution prétorienne considérée.

3) Le rapport intitulé *Instructions fiscales (propositions pour améliorer la sécurité juridique en matière fiscale)* publié en avril 2010 préconise d'améliorer la lisibilité des instructions fiscales « en distinguant clairement, dans le corps du texte autant que cela est possible, les prises de position

(165) CE, plén., 19 déc. 1975, n° 96.829 : *Dr. fisc.* 1976, n° 12, comm. 432. *Adde*, relevant qu'une réponse ministérielle ne peut être utilement invoquée au motif qu'elle « ne trace d'autres règles que celles qui découlent de la législation [applicable] », CE, 28 mars 1984, n° 35.274 : *Dr. fisc.* 1984, n° 29, comm. 1384.
(166) CE, 12 févr. 1990, n° 60.557, *Éts Brunella Luxeuil Garage* : *Dr. fisc.* 1990, n° 31, comm. 1577, concl. P.-F. Racine.
(167) CE, 29 juin 1977, n° 4.112, *Sté Club Méditerranée* : *Dr. fisc.* 1978, n° 32-38, comm. 1338, concl. P. Lobry.
(168) CE, 9 nov. 1994, n° 133.537 : *Sté Cabanne et fils* : *Dr. fisc.* 1994, n° 52, comm. 2262, concl. J. Arrighi de Casanova.
(169) CE, 16 janv. 2006, n° 260.150, *Sté Moët Hennessy-Louis Vuitton* : *Dr. fisc.* 2006, n° 23, comm. 429.
(170) CE, 1er avr. 1992, n° 48.117, *Garros* : *RJF* 5/1992, n° 659.
(171) CE, 30 déc. 1998, n° 136.430, *Sté des Éts Masson-Couasnon* : *Dr. fisc.* 1999, n° 41, comm. 739.
(172) CE, sect., 22 oct. 1976, n° 98.874 : *Dr. fisc.* 1976, n° 48, comm. 1715, concl. M.-A. Latournerie ; *Rec. CE* 1976, p. 440.
(173) CE, 28 févr. 1968, n° 73.139 : *Rec. CE* 1968, p. 145. – CE, sect., 30 juin 1972, n° 80.083 : *Rec. CE* 1972, p. 499. – CAA Lyon, 2 juin 2005, n° 00-718, *Albrieux* : *Dr. fisc.* 2006, n° 41, comm. 663, concl. G. Gimenez.
(174) CE, 25 nov. 2009, n° 310.746, *Moscheni*, et quatre arrêts du même jour : *Dr. fisc.* 2010, n° 13, comm. 258, concl. É. Geffray, à propos des conditions de correction du prix d'acquisition de titres d'une société de personnes lors de la détermination de la plus-value procédant de leur cession.

formelles qui engagent l'administration, des simples recommandations »[175]. Alors qu'elle aurait dû l'être à compter de 2012, cette nouvelle modalité de « présentation » des instructions n'a jamais été mise en œuvre.

981. – Condition implicite d'illégalité. Sans doute l'article L. 80 A du Livre des procédures fiscales n'a-t-il ni pour objet ni pour effet de permettre à l'administration fiscale de déroger à la loi[176]. Mais il n'en résulte pas moins que l'illégalité de la doctrine administrative est une condition implicite de l'existence d'une interprétation formelle.

On observe, dans la jurisprudence du Conseil d'État, une ferme progression des formulations euphémiques.

En 1998, le Conseil d'État n'avait pas hésité à relever, dans l'avis contentieux relatif à l'affaire des « crédits d'impôts fictifs » que les dispositions de l'article L. 80 A du LPF « instituent un mécanisme de garantie au profit du contribuable qui, s'il l'invoque, est fondé à se prévaloir de l'interprétation contraire à la loi que l'administration a donnée de celle-ci dans ses instructions ou circulaires dont il a respecté les termes »[177].

Deux ans plus tard, la Haute juridiction utilise une formule du même ordre. L'avis *Bertoni* retient que ces mêmes dispositions « instituent une garantie contre les changements de doctrine de l'administration, qui permet aux contribuables de se prévaloir des énonciations contenues dans les notes ou instructions publiées, qui ajoutent à la loi ou la contredisent »[178]. Notons, toutefois, que la contrariété cède la place à la contradiction.

Avec l'avis *Mozani* rendu en 2013, la formule devient plus euphémique encore. Le contribuable est en droit de se prévaloir de la doctrine administrative « même lorsque cette interprétation ajoute à la loi ou la contredit »[179]. Dans cet avis, l'illégalité de la doctrine administrative et sa contrariété à la loi n'apparaissent plus comme une condition nécessaire de l'opposabilité mais sont seulement présentées – assez fallacieusement d'ailleurs – comme n'y faisant pas obstacle.

Enfin, une dernière étape est franchie deux ans plus tard. Le Conseil d'État retient dans l'arrêt *Deblock* de 2015 que seules sont opposables à l'Administration les interprétations des textes fiscaux qui, formellement admises par elle, « diffèrent du sens et de la portée que ces textes doivent légalement recevoir »[180]. Il n'est plus question de contrariété mais de (simples) différences – la condition implicite d'illégalité se trouve complètement occultée.

Naturellement, ces efforts de présentation ne changent strictement rien au fond : pour être utilement invocable, la doctrine administrative doit exprimer une règle contraire à la loi ou, à tout le moins, contraire à la lecture que donne le juge de la loi.

982. – Doctrine administrative « hors sol ». Il arrive que la doctrine administrative ne présente aucun caractère interprétatif *stricto sensu* mais exprime, tout au contraire, un mécanisme fiscal largement voire totalement autonome par rapport

(175) *Dr. fisc.* 2010, n° 16, comm. 282.

(176) CE, avis, sect., 8 mars 2013, n° 353.782, *Monzani* : *Dr. fisc.* 2013, n° 15, comm. 240, concl. É. Crépey, note O. Fouquet ; *Procédures* 2013, n° 6, comm. 205, note O. Négrin.

(177) CE, avis, ass., 8 avr. 1998, n° 192.539, *Sté de distribution de chaleur de Meudon et Orléans* : *Dr. fisc.* 1998, n° 18, comm. 398, concl. Goulard.

(178) CE, avis, sect., 20 oct. 2000, n° 222.675, *Bertoni* : *Rec. CE* 2000, p. 449 ; *Dr. fisc.* 2001, n° 10, comm. 201, concl. G. Bachelier. – V. également, qualifiant expressément d'« illégales » les dispositions d'une instruction susceptible d'être invoquée par les contribuables au titre de la garantie, CE, ass., 8 avr. 1998, n° 189.179, *Sté Gras Savoye* : *Dr. fisc.* 1998, n° 18, comm. 398. V. en dernier lieu, CE, 16 janv. 2012, n° 350.936, *Sté Unibail Rodamco* : *Dr. fisc.* 2013, n° 14, comm. 228, note M. Pelletier). Or, sans qu'il soit utile d'y insister et comme l'avait d'ailleurs relevé le Conseil d'État, des énonciations qui « ajoutent aux dispositions législatives (...) sont, par suite, illégales » (CE, ass., 8 avr. 1998, n° 189179, *Sté Gras Savoye* : *Dr. fisc.* 1998, n° 18, comm. 398).

(179) CE, sect., avis, 8 mars 2013, n° 353.782, *Monzani* : *Dr. fisc.* 2013, n° 15, comm. 240, concl. E. Crépey, note O. Fouquet ; *Procédures* 2013, comm. 205, O. Négrin. – V., en dernier lieu, CE, 24 oct. 2013, n° 359.974, *Distel*).

(180) CE, 24 juin 2015, n° 370.049, *Deblock* : *Dr. fisc.* 2015, n° 31-35, comm. 507, concl. M.-A. Nicolazo de Barmon ; *Procédures* 2015, n° 8-9, comm. 284, note O. Négrin.

au droit applicable. Cette circonstance est sans incidence sur l'applicabilité de l'article L. 80 A du Livre des procédures fiscales.

Hormis le domaine de la procédure fiscale non contentieuse (où la doctrine administrative est parfois l'instrument d'une forme d'expérimentation administrative), cette situation se rencontre dans trois grandes hypothèses :

1) la doctrine administrative peut prévoir, d'abord, des mécanismes de simplification qui ne résultent aucunement des dispositions législatives ou réglementaires applicables ;

La loi retient ainsi que les titulaires de traitements et salaires peuvent retenir leurs frais professionnels déductibles pour leur montant réel[181]. Avant la légalisation de ce mécanisme (V. *infra*, n° 1401, 3-*b*) par la loi de finances pour 2013[182], une instruction fiscale publiée annuellement permettait, à ce titre, de déterminer forfaitairement les dépenses relatives à l'utilisation professionnelle d'un véhicule personnel en appliquant (facultativement) un barème kilométrique « doctrinal » »[183]. Pour utile qu'elle soit, cette doctrine ne pouvait raisonnablement être tenue pour une interprétation du dispositif légal alors applicable.

2) la doctrine administrative peut ensuite, pour des motifs variables, instituer un *régime de faveur extralégal* ;

Une note du secrétaire d'État aux finances du 11 janvier 1960 (rapportée en mars 2001) en fournit une première illustration : « la fraction de l'indemnité perçue par les membres du Conseil constitutionnel qui est regardée comme représentative de frais [est] portée de 30 à 50 % ». En conséquence, seule la moitié de la rémunération des membres de la Haute juridiction était imposable à l'IR – du moins dans le cadre du régime de détermination forfaitaire des frais professionnel. Est-il juridiquement exact, comme l'a affirmé l'administration[184], que l'on soit en présence d'une interprétation de l'article 81, 1° du CGI qui dispose : « Sont affranchi [e] s de l'impôt :/1° Les allocations spéciales destinées à couvrir les frais inhérents à la fonction ou à l'emploi et effectivement utilisées conformément à leur objet » ? Qu'il soit permis d'en douter.

Un deuxième exemple peut être tiré, en matière d'IS, du régime exclusivement doctrinal des « quartiers généraux » et des « centres de logistique »[185], c'est-à-dire des entités qui, au sein d'un groupe international, exercent certaines fonctions particulières (V. *infra*, n° 1656, 3) au profit des sociétés du groupe[186].

3) la doctrine administrative prévoit fréquemment, enfin, l'application *anticipée* de mesures fiscales qui n'accéderont à l'existence légale qu'ultérieurement.

Les baisses successives du taux majoré de TVA en fournissent une première illustration. Pour éviter le « gel » des consommations des biens relevant du taux majoré, les lois de finances pour 1988, 1990 et 1991 ont toujours décidé (sauf pour les tabacs) la diminution rétroactive (au jour de l'adoption du projet de loi de finances en Conseil des ministres) de la baisse du niveau du taux majoré. Dans l'intervalle, le taux majoré « diminué » s'est toujours appliqué sur la base de la seule doctrine administrative. Le cas de la suppression du taux majoré de TVA est largement similaire. La loi portant diverses dispositions d'ordre économique et financier du 26 juillet 1991 (art. 11) avait décidé l'abrogation du taux majoré de TVA (fixé en dernier lieu à 22 %). Cette abrogation prenait effet le 1er janvier 1993 (art. 11, XI). Dans son discours de politique générale du mercredi 8 avril 1992, le Premier ministre déclarait : « Nous ferons en sorte d'accélérer la reprise.

(181) CGI, art. 83, 3°.
(182) L. 29 déc. 2012, art. 6.
(183) V., en dernier lieu, Instr. 20 févr. 2012 : *BOI* 5 F-5-12, anc.
(184) Rép. min. B. Bourg-Broc, n° 19659 : *JOAN Q*, 6 févr. 1995, p. 6.
(185) Instr. 21 janv. 1997 : *BOI* 13 G-1-97, anc., reprise aujourd'hui au BOI-SJ-RES-30-10 et BOI-SJ-RES-30-20.
(186) V. pour une application contentieuse du régime de détermination forfaitaire des bénéfices d'un « quartier général », CE, 26 janv. 2011, n° 331.342, *Sté Seyfert* : *Dr. fisc.* 2011, n° 20, comm. 347, concl. N. Escaut.

C'est pourquoi j'ai décidé d'anticiper – sous réserve, bien sûr, de l'approbation du Parlement – la suppression du taux majoré de TVA de 22 %, déjà votée dans son principe (...). La baisse de la TVA entrera en vigueur lundi ». La loi du 15 juillet 1992 portant diverses dispositions d'ordre fiscal (art. 1er) a évidemment confirmé la doctrine administrative sur ce point en faisant rétroagir au lundi 13 avril 1992 la suppression du taux majoré de TVA pour la généralité des opérations qui y étaient soumises[187].

Des mesures similaires se rencontrent dans d'autres branches de la fiscalité où les motifs économiques semblent pourtant moins impérieux (et dans ces cas, c'est plutôt la volonté gouvernementale d'affermir son image d'efficacité qui est à l'œuvre).

S'exprimant le 5 mai 2004 devant la Commission des finances de l'Assemblée nationale, le ministre des Finances avait annoncé que (dans le but d'encourager les jeunes générations à consommer) les dons de sommes d'argent effectués au profit de chacun des enfants ou petits enfants majeurs bénéficieraient temporairement d'une exonération totale de droits de mutation dans la limite de 20 000 €. Un communiqué du ministre du 1er juin 2004 annonçait l'« entrée en vigueur » de la mesure le même jour, alors qu'une instruction fiscale en précisait rapidement les conditions d'application[188]. *In fine*, c'est la loi du 9 août 2004 pour le soutien à la consommation et à l'investissement (art. 1er) qui (sous réserve d'une extension limitée du dispositif) a édicté la mesure au plan législatif, en faisant rétroagir le dispositif au 1er juin 2004. La même « anticipation doctrinale » s'est produite à l'occasion du relèvement du plafond d'exonération à 30 000 € et de la prorogation de ce dispositif temporaire[189]. Le cas de la baisse du taux de TVA dans la restauration est encore différent. Une instruction a permis l'application du taux réduit aux prestations de ventes à consommer sur place à compter du 1er juillet 2009[190] ; à cette date, sur le plan législatif, la mesure était encore en discussion au Parlement[191].

En matière de plus-values immobilières, la refonte du régime de l'abattement pour durée de détention et l'introduction temporaire d'un d'abattement exceptionnel de 25 % sur les gains de cession d'immeubles autres que les terrains à bâtir en fournit une dernière illustration : après qu'un communiqué de presse du ministre du Budget du 18 juillet 2013 (n° 732) a présenté les grandes lignes de cette double réforme, son contenu a été précisé par une instruction du 2 août 2013, elle-même rectifiée par une instruction du 9 août 2013[192]. Applicables à compter du 1er septembre 2013 sur cette base exclusivement doctrinale, ces aménagements ont été validés quatre mois plus tard par la loi de finances pour 2014[193].

2° La notion de texte fiscal

983. – Critère exclusivement matériel. Pour l'application de l'article L. 80 A du Livre des procédures fiscales, la notion de texte fiscal, objet de l'interprétation, est une notion strictement matérielle. Il n'est fait par principe aucune distinction, en revanche, quant à la nature formelle du texte en cause.

(187) V. également Instr. 31 janv. 2014 : BOI-TVA-SECT-40-40 et BOI-TVA-SECT-20-10 prévoyant l'application anticipée du taux de TVA « super réduit » de 2,10 % à la « presse numérique », confirmée par L. 27 févr. 2014, harmonisant les taux de la taxe sur la valeur ajoutée applicables à la presse imprimée et à la presse en ligne (art. unique, rétroagissant au 1er février 2014).

(188) Instr. 8 juin 2004 : *BOI* 7 G-2-04, anc.

(189) Instr. 28 févr. 2005 : *BOI* 7 G-4-05, anc., et L. 26 juill. 2005 pour la confiance et la modernisation de l'économie, art. 35.

(190) Instr. 30 juin 2009 : *BOI* 3 C-4-09, anc.

(191) Projet de loi de développement et de modernisation des services touristiques, adopté par l'Assemblée nationale le 23 juin 2009, puis par le Sénat, en seconde lecture, le 7 juillet 2009, art. 10 bis A, III.

(192) BOI-RFPI-PVI-20-20, nos 152 et s. nos 270 et s.

(193) L. 29 déc. 2013, art. 27. L'introduction, l'année suivante, d'un abattement exceptionnel de 30 % sur les gains de cession de terrains à bâtir (ou supportant des constructions destinées à être démolies) a fait l'objet de la même anticipation doctrinale (V. Instr. 10 sept. 2014 : BOI-RFPI-PVI-20-20, nos 340 et s., confirmé par L. fin. 2015, 29 déc. 2014, art. 4, II).

Pour l'application de l'article L. 80 A du LPF, un texte fiscal sera le plus souvent une disposition de la loi interne. Mais il peut également s'agir d'une disposition réglementaire ou même d'une convention fiscale internationale(194).

Dans ce cadre, il convient d'examiner successivement les solutions communes aux deux alinéas de l'article L. 80 A du Livre des procédures fiscales puis les solutions propres à chacun de ces deux alinéas.

a) Solutions communes aux deux alinéas de l'article L. 80 A du Livre des procédures fiscales

984. – Textes relatifs à la détermination de l'impôt. De manière générale, un texte fiscal doit s'entendre de toute norme de droit, quelle qu'en soit la nature formelle, se rapportant au champ d'application, à l'assiette ou à la liquidation de l'impôt. Pour reprendre une formule ramassée retenue par le Conseil d'État, ce texte doit concerner l'assiette ou « la détermination de [l'] impôt »(195).

Peuvent également donner lieu à ce titre à des interprétations formelles, les textes relatifs aux délais de déclaration(196), à la preuve fiscale(197) ou aux obligations comptables des contribuables(198), notamment en ce qu'ils peuvent influer sur la preuve fiscale : « la doctrine administrative admettant, à certaines conditions, [la mise en œuvre de certaines solutions d'ordre comptable] peut influer (...) sur les conditions dans lesquelles la preuve du bien et du mal fondé de l'impôt peut être apportée devant le juge (...) ; (...) par suite, une telle doctrine doit être regardée comme ne concernant pas seulement la procédure d'imposition, mais comme fixant (...) des règles relatives à l'assiette de l'impôt, opposables à l'administration sur le fondement de l'article L. 80 A du LPF »(199). La doctrine administrative retient la solution inverse(200), restant fidèle, ce faisant, à un arrêt du Conseil d'État qui avait exclu l'application de la garantie en matière d'obligations comptables(201).

985. – Textes de procédure (exclusion). En revanche, un certain nombre de dispositions fiscales ne sont jamais regardées en jurisprudence comme des textes fiscaux au sens de l'article L. 80 A du Livre des procédures fiscales. Les interprétations administratives auxquelles elles donnent lieu ne sont pas, en conséquence, susceptibles d'être utilement invoquées sur le fondement de l'article L. 80 A du Livre des procédures fiscales.

1) Sont d'abord exclus du champ de la garantie, les textes relatifs à la procédure d'imposition, qu'ils se rapportent à l'établissement ou au contrôle de l'impôt(202). Cette exclusion vaut également pour le droit de communication de l'administration

(194) CE, 24 juill. 1981, n° 17.341 : *Dr. fisc.* 1981, n° 45, comm. 1981, concl. P. Rivière ; *Rec. CE* 1981, p. 334. – V. également CE, 17 déc. 1984, n° 47.293 : *Dr. fisc.* 1985, n° 11, comm. 555, concl. O. Fouquet. – CE, 17 janv. 1996, n° 120.646, *Sté Nike : Dr. fisc.* 1996, n° 10, comm. 293 ; *RJF* 03/1996, n° 322, chron. S. Austry, p. 478.

(195) CE, 22 juin 1977, n° 3.485, *Sté Lyonnaise de constructions immobilières varoises : Dr. fisc.* 1978, n° 3, comm. 64, concl. P. Rivière ; *Rec. CE* 1977, tables p. 752.

(196) CE, plén., 22 déc. 1989, n°s 45.814 et s., *Min. c/Ferrando : Rec. CE* 1989, p. 264 ; *Dr. fisc.* 1990, n° 43, comm. 2027, concl. Ph. Martin. – CE, 19 juin 2002, n° 194.476, *Sté Media Shopping : Dr. fisc.* 2002, n° 43, comm. 836, concl. G. Goulard.

(197) CE, 27 juill. 2005, n° 273.619, *Sté Fauba France : Dr. fisc.* 2006, n° 12, comm. 268, concl. L. Olléon. – CE, 1er juill. 2009, n° 295.689, *Sté Alain Palanchon : Dr. fisc.* 2009, n° 40, comm. 490, concl. P. Collin.

(198) CE, 1er juin 1990, n° 63.998, *Villoteau : Dr. fisc.* 1990, n° 41, comm. 1852.

(199) CE, 8 mars 2004, n° 245.458, *Sabathié : Dr. fisc.* 2004, n° 30-36, comm. 661, concl. F. Séners.

(200) BOI-SJ-RES-10-10-10, n° 50.

(201) CE, 24 oct. 1979, n° 10.532 : *RJF* 12/1979, n° 706, 2e esp.

(202) CE, plén., 29 juill. 1983, n° 31.761 : *Dr. fisc.* 1983, n° 51, comm. 2367, concl. P. Rivière. – CE, 26 janv. 2000, n° 184.529, *Perlstein : Dr. fisc.* 2000, n° 47, comm. 917, concl. G. Goulard. – CE, 30 déc. 2002, n° 81.989, *Sté Twenty Shop : RJF* 3/2003, n° 333.

fiscale[(203)] et la procédure d'établissement des pénalités fiscales (V. *infra*, n° 988 *in fine*).

a) On peut s'étonner que la doctrine administrative elle-même ne tienne pas toujours compte de l'inapplicabilité de l'article L. 80 A du Livre des procédures fiscales à l'égard des interprétations se rapportant à des textes de procédure. Ainsi, l'instruction du 7 novembre 2002[(204)] annonçant, en son temps, la refonte de la division de l'ancienne documentation de base relative aux contrôles et redressements[(205)] énonçait : « la doctrine administrative qu'elle exprime est opposable à compter de la date portée au bas du présent *Bulletin officiel* ».

b) L'exclusion des textes procéduraux du champ d'application matériel de la garantie instituée par l'article L. 80 A du LPF est tempérée par l'existence de la *Charte du contribuable vérifié* dont le contenu, défini par l'administration fiscale, présente matériellement un caractère doctrinal[(206)]. L'article 8 de la loi du 8 juillet 1987 modifiant les procédures fiscales et douanières[(207)] a posé que « les dispositions de cette charte sont opposables à l'administration »[(208)]. L'application de ce texte a donné lieu à une jurisprudence abondante dont ressort une certaine réserve du Conseil d'État à l'égard de ce dispositif. Sans doute, les agents de l'administration sont-ils tenus, en cas de vérification fiscale, de respecter les règles qui, ne trouvant pas de fondement légal dans une disposition législative, figurent néanmoins dans la charte « dès lors que ces règles ont pour objet de garantir les droits du contribuable vérifié »[(209)]. Mais seules les *atteintes substantielles* à un droit ainsi garanti sont susceptibles de produire un effet sur la validité de la procédure suivie : au cas où le vérificateur méconnaîtrait ces règles, et notamment les formalités qu'elles comportent, « il appartient au juge de l'impôt, saisi d'un litige portant sur ce point, d'apprécier si cette méconnaissance a eu le caractère d'une irrégularité substantielle portant atteinte aux droits et garanties reconnus par la charte au contribuable vérifié »[(210)]. Force est de constater que le Conseil d'État ne reconnaît que rarement que le contribuable a été privé d'une garantie substantielle posée par la charte.

c) On se gardera de confondre la charte des droits et obligations du contribuable vérifié avec deux autres chartes « fiscales » :

– il ne faut pas la confondre, d'abord, avec le document fâcheusement intitulé « charte du contribuable » (ou charte « Copé ») dont le contenu – essentiellement promotionnel – est (en dépit des affirmations fallacieuses[(211)] qu'il comporte dans son avant-propos) dépourvu de toute valeur juridique – sa densité normative étant, il est vrai, des plus modestes ;

(203) CE, 27 avr. 2009, n° 308.445, *Imbert* : *Dr. fisc.* 2009, n° 27, comm. 399, concl. N. Escaut.

(204) *BOI* 13 L-2-02, anc.

(205) Doc. adm. DGI, 13 L, anc.

(206) La Charte du contribuable vérifié existe depuis plus de quarante ans. S'exprimant le 22 octobre 1974 devant l'Assemblée nationale, le ministre de l'Économie et des Finances avait indiqué que ce document, dont il avait approuvé le contenu, serait désormais remis avant toute vérification (V., en ce sens, concl. M.-A. Latournerie sur CE, sect., 21 mai 1976, n° 94052 : *Dr. fisc.* 1976, n° 25, comm. 878).

(207) Cette loi avait, par ailleurs, rendu légalement obligatoire la *remise* au contribuable de la « Charte des droits et obligations du contribuable vérifié » préalablement à l'engagement d'une vérification de comptabilité ou d'un examen contradictoire de sa situation fiscale personnelle d'ensemble. Depuis la loi de finances pour 2016 (L. 29 déc. 2015, art. 86, II), qui a décidé la dématérialisation de cette charte (V. O. Négrin : *Procédures* 2016, n° 3, comm. 116), l'avis remis au contribuable doit l'informer que « la Charte des droits et obligations du contribuable vérifié peut être consultée sur le site internet de l'administration fiscale ou lui être remise sur simple demande » (LPF, art. L. 47, al. 3. – Comp. Charte du contribuable vérifié, avr. 2016, p. 2, faisant toujours état du dispositif ancien prévoyant une remise obligatoire).

(208) LPF, art. L. 10, al. 4, *in fine*.

(209) CE, 10 nov. 2000, n° 204.805, *Milhau* : *Dr. fisc.* 2001, n° 18, comm. 436, concl. G. Goulard.

(210) Même arrêt.

(211) Ce document affirme dans son avant-propos (al. 7) : « Vous pourrez vous prévaloir de la "Charte" auprès de l'ensemble des agents de l'administration fiscale ». Il a été jugé à cet égard que « la circonstance que, tant dans les propos liminaires de cette charte que par un communiqué de presse du 17 octobre 2005, le ministre délégué au budget et à la réforme de l'État ait indiqué que les contribuables pourraient se prévaloir de la charte auprès de l'ensemble des agents de l'administration fiscale et que son contenu engageait l'administration, ne saurait avoir eu pour effet, en l'absence de toute disposition constitutionnelle, législative ou réglementaire donnant compétence au ministre pour édicter de telles dispositions, de rendre ladite charte légalement opposable à l'administration fiscale » (CAA Paris, 29 mai 2012, n° 10-5558, *Boiry* : *RJF* 10/2012, n° 937).

– elle se distingue, ensuite, de la « Charte de la nouvelle gouvernance fiscale » diffusée le 1er décembre 2014[212]. Au fond, l'apport principal[213] de ce document, dont la forme et les conditions de publication appellent certaines interrogations[214], est de porter la promesse de la fin de la « petite rétroactivité » (ou rétrospectivité) des mesures fiscales défavorables intéressant la fiscalité des entreprises.

Sous le titre « Les lois fiscales ne pourront plus être rétrospectives », la Charte énonce en effet : « Pour l'impôt sur le revenu, la règle de droit qui s'applique est celle qui est en vigueur au 31 décembre de l'année. Elle concerne donc les revenus constitués tout au long de cette année. Pour l'impôt sur les sociétés, la règle qui s'applique est celle qui est en vigueur à la clôture de l'exercice./Compte tenu des faits générateurs particuliers de ces deux impôts, une disposition législative peut, sans être rétroactive, être adoptée jusqu'à la fin d'une année civile et s'appliquer, à l'impôt sur le revenu, aux revenus perçus depuis le 1er janvier de l'année et, à l'impôt sur les sociétés, aux bénéfices perçus depuis la clôture de l'exercice précédent dans le cas d'une entreprise clôturant son exercice au 31 décembre./Cette règle étant source d'insécurité pour les entreprises, dans la mesure où elles n'ont pas la certitude du traitement fiscal réservé à une opération au moment où celle-ci est effectuée, les projets d'articles législatifs ou amendements gouvernementaux ne devront plus s'appliquer aux revenus perçus au cours de l'année d'adoption de la loi et ne pourront s'appliquer qu'aux exercices ouverts à compter de la publication de celle-ci, sauf mesures favorables au contribuable »[215].

La question se pose, évidemment, de savoir si ces indications pourraient être opposables à l'administration en présence d'un texte législatif susceptible de recevoir une application « rétrospective ». Une réponse négative semble s'imposer, tant il est difficile de voir dans cette pétition de principe une interprétation formelle d'un texte fiscal entrant dans le champ d'application du mécanisme d'opposabilité de la doctrine administrative.

2) L'exclusion vaut également pour les textes relatifs à la procédure contentieuse[216].

986 – Doctrine sur doctrine ne vaut. Selon le Conseil d'État, le texte de l'article L. 80 A du Livre des procédures fiscales n'est pas considéré, en ce qui concerne sa propre application, comme un texte fiscal. Il en résulte que les interprétations

---

(212) Le 27 août 2014, s'exprimant lors de l'Université d'été du MEDEF, le Premier ministre, Manuel Valls, s'était écrié : « J'aime l'entreprise ». Le lendemain, M. Michel Sapin, ministre des Finances et des Comptes publics, n'avait pas voulu demeurer en reste. Dans le discours de clôture de cette manifestation, il avait affirmé : « Je sais que la barre a été mise hier très haut. (...). Hier, des déclarations d'amour vous ont été faites, il m'appartient aujourd'hui de vous donner quelques preuves d'amour (*applaudissements*). [En] matière fiscale, nous mettrons en œuvre le principe de non-rétroactivité fiscale (*applaudissements*). J'ai demandé à mes services de travailler sur une Charte, une Charte qui comportera des engagements profonds des uns et des autres – et tout particulièrement évidemment de moi-même, ministre des Finances et des Comptes publics, pour que ce principe soit affirmé clairement et fermement. (...) Très concrètement, cela voudra dire qu'il ne doit plus y avoir de suppléments d'impôts applicables à des exercices déjà clos, pas de majorations après la fin de l'année d'imposition, mais de la visibilité de la garantie que les règles du jeu sont connues suffisamment à l'avance ». Notons que le texte du discours comportait la précision suivante, non reprise oralement : « J'ai demandé à mes services de travailler sur une "Charte", sous forme de circulaire, qui affirmera ces principes » – notons que cette circulaire n'a jamais vu le jour.

(213) Ce document comporte également des indications qui, pour salutaires que soient les bonnes intentions qu'elles expriment, sont probablement dépourvues de tout caractère opérationnel en termes d'opposabilité à l'administration : rationalisation de la norme fiscale par le recours à des définitions existantes (pt I) et encadrement strict de la rétroactivité des lois fiscales (pt II-A) – la loi fiscale ne pouvant plus être rétroactive sous réserves de trois exceptions limitées (dispositions interprétatives du droit antérieur, dispositions de validation et « rétroactivité d'annonce »).

(214) Ce document, qui semble avoir au fond la nature d'une instruction ou d'une circulaire, présente deux caractéristiques assez étranges. Il ne comporte aucune date et débute par un très tristement administratif « Objet : nouvelle gouvernance fiscale » – qui contraste avec le qualificatif grandiloquent dont il est affublé. Pour autant, ce texte n'a pas été publié dans les conditions prévues, aujourd'hui, par le CRPA (art. L. 312-2 et R. 312-8), ce qui donne à penser qu'il ne comporte sans doute pas, aux yeux de l'administration, « une interprétation du droit positif » au sens des dispositions de ce code.

(215) Charte, pt II-B.

(216) CE, 12 janv. 1987, n° 47.517, *Sté Sopalin* : *Dr. fisc.* 1987, n° 28, comm. 1357.

formulées par l'administration fiscale relativement aux conditions d'application de ce dispositif légal ne lui sont pas opposables[217].

La même solution est retenue à l'égard de l'article L. 80 B du LPF[218].

Le moyen tiré de l'article L. 80 A du LPF se rattache pourtant au bien-fondé de l'impôt[219]. L'argument qui justifie que les textes relatifs à la prescription du pouvoir d'imposition (V. *infra*, n° 987) entrent dans le champ d'application de la garantie semble ici sans incidence (alors que le mécanisme de garantie contre le changement de doctrine est souvent présenté, synthétiquement, comme un cas de prescription anticipée du pouvoir d'imposition de l'administration).

b) Solutions propres à chacun des alinéas de l'article L. 80 A du Livre des procédures fiscales

987. – Textes relatifs à la prescription[220]**.** Les textes relatifs à la prescription du pouvoir d'imposition de l'administration ont donné lieu à des hésitations. Le Conseil d'État a d'abord considéré que ces textes ne relevaient pas du champ d'application de la garantie[221]. La Haute juridiction a par la suite abandonné cette solution[222].

Ce revirement est fondé sur la préoccupation d'assurer la cohérence entre le champ d'application de l'article L. 80 A du LPF et les solutions concernant la distinction des causes juridiques en contentieux fiscal. Il se rattache donc à l'idée – constamment réaffirmée mais extrêmement discutable au fond – que le moyen tiré de la prescription du pouvoir d'imposition ne se rattache pas à la procédure d'imposition, mais au bien-fondé de l'impôt.

Cela étant, seules semblent pouvoir être invoquées en la matière les dispositions (d'effet limité) du 1er alinéa de l'article L. 80 A du LPF[223]. Cette solution, qui n'est pas toutefois retenue par la doctrine administrative[224], est fondée sur le fait que les textes relatifs à la prescription sont insusceptibles d'être appliqués d'une quelconque manière par le contribuable – alors que cet élément est normalement exigé pour l'application du 2nd alinéa de cet article[225].

988. – Textes relatifs au recouvrement et aux pénalités fiscales[226]**.** Depuis la deuxième loi de finances rectificative pour 2008[227], « sont également opposables à l'administration (...) les instructions ou circulaires publiées relatives au recouvrement de l'impôt et aux pénalités fiscales »[228].

(217) CE, plén., 24 juin 1987, n° 48.158, *Sté Solomateg : Dr. fisc.* 1987, n° 47-48, comm. 2162 ; *Rec. CE* 1987, p. 229 ; *RJF* 8-9/1987, p. 450, concl. Ph. Martin. – CE, 29 déc. 2000, n° 199.296, *Min. c/SNCF : Dr. fisc.* 2001, n° 19-20, comm. 453. – CE, 28 mars 2012, n° 320.177, *Bouffard : RJF* 6/2012, n° 620.

(218) CE, 29 déc. 2000, *Min. c/SNCF*, préc. où il est relevé qu'une « interprétation qui ne concerne que la mise en œuvre des articles L. 80 A et L. 80 B [du LPF] eux-mêmes, n'a pas pour objet d'interpréter le texte fiscal d'assiette qui constitue le fondement des droits en litige ».

(219) CE, 29 avr. 1977, n° 275, *Sté Économique troyens et Docks Réunis : Dr. fisc.* 1977, n° 31-37, comm. 1281 et n° 50, comm. 1801, concl. B. Martin-Laprade.

(220) LPF, art. L. 80 A, al. 1er.

(221) CE, 22 juin 1977, n° 3.485, *Sté Lyonnaise de constructions immobilières varoises : Dr. fisc.* 1978, n° 3, comm. 64, concl. P. Rivière ; *Rec. CE* 1977, tables p. 752.

(222) CE, 28 nov. 1997, n° 125.920, *Arnal*, et n° 165.287, *Sté Sataic : Dr. fisc.* 1998, n° 16, comm. 332, concl. F. Loloum. – CE, 20 mai 1998, n° 155.738, *Sté d'exploitation des carburants : Dr. fisc.* 1998, n° 45, comm. 1009, concl. J. Arrighi de Casanova (qui s'était montré très sceptique sur l'intérêt présenté par l'effort de faire entrer les questions relatives à la prescription dans le champ de la garantie).

(223) CE, 28 nov. 1997, *Arnal*, et *Sté Sataic*, préc.

(224) V. BOI-SJ-RES-10-10-10, n° 40, retenant une position plus souple.

(225) V. toutefois, admettant implicitement la solution inverse, CE, 13 févr. 2013, n° 350.936, *Sté Unibail Rodamco : Dr. fisc.* 2013, n° 14, comm. 228, note M. Pelletier.

(226) LPF, art. L. 80 A, al. 2nd.

(227) L. 30 déc. 2008, art. 47.

(228) LPF, art. L. 80 A, al. 2°, *in fine*.

1) Cette double extension du champ de la garantie (qui ne concerne que son volet défini à l'alinéa 2nd de l'article L. 80 A du LPF) avait été suggérée, en juin 2008, par le rapport de la Commission Fouquet sur *L'amélioration de la sécurité juridique des relations entre les contribuables et le fisc*[(229)].

2) La jurisprudence a précisé sur deux points les conditions d'application dans le temps de l'extension du champ de la garantie :

– dans sa nouvelle rédaction, l'article L. 80 A du LPF permet aussi bien au contribuable d'opposer à l'administration des interprétations antérieures ou postérieures au 1er janvier 2009, c'est-à-dire à la date de publication de la loi qui est à l'origine de l'extension du champ de la garantie[(230)] ;

– dans le silence de la loi, l'extension du champ d'application du mécanisme d'opposabilité avait été reconnue d'application immédiate tant en matière de pénalités fiscales[(231)] que, dans un premier temps, en matière de recouvrement[(232)]. L'extension pouvait donc produire ses effets dans toutes les instances en cours – sous réserve, sans doute, de celles ayant donné lieu à une décision de justice passée en force de chose jugée. Cette solution a été rapidement abandonnée en matière de recouvrement, le Conseil d'État ayant finalement retenu qu'un élément de doctrine relatif au recouvrement de l'impôt ne peut être utilement invoqué que si les dispositions de la seconde phrase du second alinéa de l'article L. 80 A du LPF étaient applicables à la date de présentation de la réclamation[(233)]. Cette différence de régime transitoire tient à la volonté du Conseil d'État de hâter l'application de la garantie aux pénalités fiscales – l'article L. 80 A du LPF relevant ici, d'une certaine manière, du principe supérieur de l'application immédiate de la loi pénale plus douce.

3) L'expression « instructions et circulaires publiées » recouvre *principalement* :

– pour la période antérieure au 12 septembre 2012, c'est-à-dire à l'ouverture au public du *BOFiP-Impôts* (V. *supra*, n° 990, 4), la documentation de base, les instructions publiées au *BOI*, les « rescrits interprétatifs » (V. *infra* n° 992) et les réponses ministérielles à des questions écrites des parlementaires ;

– pour la période postérieure à cette date, les instructions publiées au *BOFiP-Impôts* et les réponses ministérielles à des questions écrites des parlementaires qui, publiées à compter du 12 septembre 2012, n'auraient pas été reprises dans cette base documentaire.

4) Dans l'état antérieur du droit, les textes relatifs au recouvrement de l'impôt avaient été jugés étrangers au domaine de l'article L. 80 A du LPF[(234)]. En revanche, étaient naturellement invocables, les interprétations relatives à la détermination de l'année d'imposition alors même qu'elles influaient, nécessairement, sur la date d'exigibilité d'un prélèvement[(235)].

5) La question de l'invocabilité de la doctrine se rapportant aux pénalités fiscales avait donné lieu à quelques hésitations. Dans le dernier état de sa jurisprudence, le Conseil d'État considérait que « le droit que [les] dispositions [de l'article L. 80 A du LPF] reconnaissent au contribuable, de se prévaloir, à l'encontre de l'administration, de l'interprétation donnée par celle-ci d'un texte fiscal, a pour seul objet de lui permettre de contester le bien-fondé d'une imposition (...) et ne peut, en revanche, fonder une contestation du bien-fondé propre des intérêts de retard ou majorations dont a été assortie cette imposition »[(236)]. Cette solution était fondée sur le texte même de l'article L. 80 A du LPF qui fait référence à un « rehaussement d'impositions ». La jurisprudence antérieure n'était pas très clairement

(229) V. *Dr. fisc.* 2008, n° 27, p. 7 et s.
(230) CE, 27 avr. 2009, n° 308.445, *Imbert* : *Dr. fisc.* 2009, n° 27, comm. 399, concl. N. Escaut, sol. impl.
(231) CE, 27 avr. 2009, n° 308.445, *Imbert*, préc., sol. impl.
(232) CE, 16 nov. 2011, n° 328.305, *Reynal de Saint-Michel* : *RJF* 4/2012, n° 389.
(233) CE, 27 févr. 2013, n° 354.004, *Min. c/Pérez* : *Dr. fisc.* 2013, n° 17, comm. 263 ; *Procédures* 2013, n° 5, comm. 174, obs. O. Négrin. V. toutefois CE, 9 avr. 2014, n° 356923, *Picton* : *Dr. fisc.* 2014, n° 19, comm. 315, relevant que les dispositions législatives permettant de se prévaloir d'interprétations relatives au recouvrement de l'impôt n'étaient applicables ni à la date de présentation de la réclamation ni au cours du délai ouvert pour réclamer. Dans la mesure où la réclamation fiscale consiste, de manière générale, à revendiquer l'application de la règle de droit à l'encontre d'une obligation fiscale individualisée, cette solution jurisprudentielle s'inscrit à contre-courant de l'idée selon laquelle la doctrine administrative de portée générale serait dépourvue de caractère normatif.
(234) CE, 24 avr. 1981, n° 16.130, *Sté Tranchant Frères* : *Dr. fisc.* 1983, n° 5, comm. 149, concl. P. Rivière. – CE, 30 nov. 2001, n° 234.654, *Dion* : *Dr. fisc.* 2002, n° 11, comm. 234, concl. E. Mignon. – CE, 28 janv. 2004, n° 244.632, *Sabathier* : *RJF* 5/2004, n° 539.
(235) CE, 27 avr. 1977, n° 99.632 : *Dr. fisc.* 1977, n° 27, comm. 1054 ; *RJF* 6/1977, n° 351.
(236) CE, 27 juill. 2001, n° 211.758, *Min. c/Sté Agencinox* : *Dr. fisc.* 2001, n° 49, comm. 1138, concl. G. Goulard.

fixée. Un arrêt, qui avait relevé que les dispositions de l'article L. 80 A du LPF « ne concernent pas les pénalités »[237], avait été contredit par quelques solutions ultérieures. Le Conseil d'État avait considéré, ainsi, qu'une instruction administrative retenant un cas de non-application d'une sanction fiscale pouvait être utilement invoquée[238]. Dans une autre affaire, la Haute juridiction avait admis que le montant des intérêts de retard mis à la charge d'un contribuable devait « être limité (...) par application de l'interprétation administrative contenue dans une instruction (...) invoquée par le contribuable »[239].

Au sens de ce texte, les pénalités fiscales doivent s'entendre des sanctions fiscales (majorations et amendes) et des intérêts de retard.

Logiquement, les interprétations se rapportant à des textes relatifs à la procédure d'infliction ou d'établissement des pénalités sont exclues du champ d'application de la garantie[240].

B. – Les supports de l'interprétation formelle

1° Les supports admis

989. – **Présentation analytique des supports admis.** On ne mentionnera ici que les actes doctrinaux de portée générale susceptibles d'être invoqués indistinctement sur le fondement des deux alinéas de l'article L. 80 A du Livre des procédures fiscales.

Les actes individuels, qui ne peuvent être utilement invoqués que sur le fondement de l'alinéa 1er de l'article L. 80 A du LPF, sont examinés *infra*, n° 1015, 4.

L'administration avait initialement donné une interprétation particulièrement restrictive de l'article L. 80 A, alinéa 1er, du LPF. S'appuyant sur les débats parlementaires, au demeurant très lacunaires, elle entendait limiter l'application de la garantie au seul cas où le contribuable avait sollicité puis obtenu, de la part d'un agent ayant normalement le grade de directeur des impôts, une réponse écrite à une demande d'interprétation. En d'autres termes, selon l'administration, ce dispositif devait s'analyser simplement en une procédure de rescrit exprès opposable. Le juge fiscal a rapidement donné une interprétation tout autre en estimant que, pouvait engager l'administration au même titre que les réponses faites individuellement à des contribuables au sujet de leur cas particulier, l'interprétation administrative des textes fiscaux exprimée sous la forme d'instructions, de notes administratives (ou de réponses ministérielles aux questions écrites posées par les parlementaires). Le texte codifié au 2nd alinéa de l'article L. 80 A du LPF a bien évidemment confirmé ces solutions.

Le rapport de la Commission Fouquet sur *L'amélioration de la sécurité juridique des relations entre les contribuables et le fisc* avait proposé en juin 2008 d'unifier, de ce point de vue, les deux alinéas de l'article L. 80 A du LPF. Cette proposition est restée lettre morte, ce qui apparaît salutaire au regard des considérations tirées de l'égalité des contribuables face à la doctrine administrative (V. *supra*, n° 970).

990. – **Instructions, circulaires et notes.** Pour l'application des deux alinéas de l'article L. 80 A du Livre des procédures fiscales, la doctrine administrative peut être véhiculée par des instructions, circulaires et notes administratives publiées[241].

1) Une lettre du secrétaire d'État au budget adressée à un tiers peut être invoquée par un autre contribuable dès lors qu'elle a été rendue publique[242].

(237) CE, 11 déc. 1974, n° 88.718, *Sté Didier : Dr. fisc.* 1975, n° 14-15, comm. 542, concl. M.-A. Latournerie.
(238) CE, 7 janv. 1977, n° 1.427 : *Rec. CE* 1977, tables p. 752.
(239) CE, 17 juin 1985, n° 34.257 : *Dr. fisc.* 1985, n° 47-48, comm. 2075, concl. P.-F. Racine. V., pour une solution similaire, CE, 12 févr. 1988, n° 43.309, *Fega : Dr. fisc.* 1988, n° 25, comm. 1236.
(240) CE, 24 sept. 2014, n° 361.330, *Sté Baranco : Dr. fisc.* 2015, n° 3, comm. 61, concl. D. Hedary ; *Procédures* 2014, n° 12, comm. 330, note O. Négrin.
(241) CE, 7 févr. 1968, n° 72.850 : *Rec. CE* 1968, p. 101.
(242) CE, 25 nov. 1987, n° 42.589, *Sté Vogue-Pip : Dr. fisc.* 1988, n° 12, comm. 598 ; *Rec. CE* 1987, p. 377.

2) Le mode de publication des instructions fiscales s'est trouvé profondément modifié le12 septembre 2012, avec la mise en service de la base documentaire *BOFiP-Impôts*(243).

3) À la veille de cette modification, le mode de publication des instructions fiscales était le suivant.

a) Les instructions fiscales (publiques) étaient publiées « individuellement » au *Bulletin officiel des impôts* (*BOI* dit « blanc »). Les tirages « papier » du *BOI* devenant de plus en plus réduits(244), les instructions publiées sur ce support étaient consultables sous leur forme électronique accessible sur le site Internet de l'administration fiscale et, depuis le décret du 8 décembre 2008(245) (à l'instar des autres circulaires ministérielles), sur le site Internet « dédié » relevant du Premier ministre (V. *infra*, pt 4-*b* et n° 1000, 1-*b*). Tel n'était pas naturellement le cas, en revanche, des instructions insérées dans les éditions non publiques du *BOI*, *i.e.* les feuillets « roses » ou « jaunes » (V. *infra*, n° 993, 2).

b) Par ailleurs, les instructions fiscales (et, idéalement, l'intégralité de la doctrine administrative de portée générale) avaient vocation à être synthétisées dans l'ancienne *Documentation administrative de base* qui, « rassembl [ant], à l'usage des agents de l'administration les instructions ou circulaires émanant du ministre chargé des impôts (...) constitu [ait], en raison de l'autorité dont elle éman [ait] et de l'objet qu'elle poursui [vait], une interprétation de la loi fiscale dont les contribuables [pouvaient] utilement se prévaloir devant le juge de l'impôt » sur le fondement des dispositions de l'article L. 80 A du LPF(246). L'administration centrale n'a plus été en mesure, à compter de 2002, de tenir à jour les nombreuses divisions de la *Documentation administrative de base* (qui n'était plus disponible que sous forme électronique depuis une dizaine d'années).

4) La mise en service le 12 septembre 2012, de la base documentaire unifiée dénommée *BOFiP-Impôts* (c'est-à-dire de la section « Impôts » du *Bulletin officiel des finances publiques*(247), a poursuivi trois objectifs distincts.

a) Dans le cadre du projet PERGAM, engagé en 2010, le *BOFiP-Impôts* procède à la consolidation intégrale – et théoriquement « à doctrine constante » – de l'ancienne *Documentation administrative de base* et de l'ensemble des éléments de doctrine de portée générale qui n'avaient pas été intégrés dans cette documentation. En conséquence, l'ensemble de la doctrine administrative applicable au 11 septembre 2012 s'est trouvé rapporté « en bloc » par une ultime instruction publiée au *BOI*(248). Ces éléments de doctrine administrative anciens restent accessibles sur le site *BOFiP-Impôts-Archives* (dans des conditions particulièrement malcommodes toutefois).

Du fait de cette abrogation « en bloc », les conclusions tendant à l'annulation pour excès de pouvoir du refus d'abroger une instruction « ancienne » sont sans objet(249), du moins lorsque son contenu n'a pas été, au fond, ultérieurement repris au *BOFiP-Impôts* moyennant le cas échéant de simples modifications de pure forme(250).

b) Au-delà de cette refonte, le *BOFiP-Impôts* révolutionne le mode de publication des instructions fiscales(251).

(243) V. sur cette question O. Négrin, *Refonte intégrale de la documentation de base de l'administration fiscale : Procédures* 2012, n° 11, comm. 341.

(244) V. Rép. min. à M. Le Fur, n° 27498 : *JOAN* Q 19 mai 2009, p. 4847.

(245) Codifié depuis le décret du 23 octobre 2015 à l'article R. 312-8 du CRPA.

(246) CE, plén., 4 juill. 1986, n° 47.410, *Sté Publimod-Photo : Dr. fisc.* 1987, n° 17, comm. 895, concl. O. Fouquet.

(247) V. A. 7 sept. 2012 modifiant A. 16 oct. 1980, portant modalités de publication et consultation des documents administratifs du ministère de l'Économie.

(248) Instr. 7 sept. 2012 : *BOI* 13 A-2-12, exceptionnellement cosignée par le ministre de l'Économie et des Finances et celui chargé du budget.

(249) CE, 27 févr. 2013, n° 357.537 : *Rapetto : Dr. fisc.* 2013, n° 15, comm. 241, note Th. Jacquemont.

(250) CE, 20 mars 2013, n° 351.252 : *Confédération des producteurs de papiers, cartons et celluloses : Dr. fisc.* 2013, n° 16, comm. 247, note anonyme. Comme le relève très justement la note précitée, cette solution apparaît en complet décalage avec la logique de l'avis *Monzani* (*Dr. fisc.* 2013, n° 15, comm. 240, concl É. Crépey, note O. Fouquet ; *Procédures* 2013, n° 5, comm. 205, note O. Négrin) selon laquelle le juge de l'excès de pouvoir ne doit jamais s'attacher au contenu matériel d'un acte « doctrinal » mais seulement à l'*instrumentum* lui-même.

(251) Depuis le 1er janvier 2015, dans le cadre du « Pacte de responsabilité et de solidarité », les instructions fiscales intéressant principalement ou exclusivement la vie des entreprises sont, sauf urgence, publiées le premier mercredi de chaque mois. Les autres instructions fiscales restent en revanche publiées « au fil de l'eau », sauf le premier mercredi de chaque mois.

• Dans le passé, lorsqu'une instruction nouvelle était publiée, un nouveau document autonome était rendu public, qui n'affectait en rien l'existence matérielle des circulaires antérieurement publiées ayant, le cas échéant, le même objet. Il n'y avait pas lieu de distinguer selon que la doctrine administrative considérée était « entièrement nouvelle » ou modifiait la doctrine antérieurement publiée.

• Le fonctionnement technique de *BOFiP-Impôts* conduit, tout au contraire, à opérer cette distinction.

La publication d'une instruction « entièrement nouvelle » (*i.e.* qui ne modifie pas ou n'affecte pas la doctrine administrative antérieure) conduit à l'insertion dans la base d'une ou plusieurs unités documentaires nouvelles. Ce cas de figure ne présente aucune originalité par rapport au mode de publication traditionnel.

La publication d'une instruction « modificative » (ou qui affecte la doctrine administrative antérieure) repose sur un processus tout différent. Dans le cadre du *BOFiP-Impôts*, une telle instruction n'existe pas en tant que telle, c'est-à-dire comme document autonome : elle ne figure en effet sur aucun *instrumentum* dont l'objet serait de la véhiculer. Cette « publication » résulte *exclusivement* des modifications apportées à une ou plusieurs unités documentaires existantes du *BOFiP-Impôts*. Une instruction « modificative » ne peut donc que se déduire de la comparaison des versions successives de chacune des unités documentaires en cause. En outre, lorsqu'une telle instruction est publiée, les éléments des instructions antérieures ayant le même objet disparaissent matériellement de la base « positive » (V. *infra*, pt *d*) pour être matériellement « écrasés » par l'instruction nouvelle. Ceci suppose naturellement que les éléments antérieurs modifiés ou affectés par l'instruction nouvelle aient été tous préalablement identifiés – sauf à voir apparaître une ou plusieurs contradictions internes dans la base documentaire. À cet égard, la solution qui aurait consisté à « traduire » ou « convertir » les instructions « modificatives » en instructions « classiques » a été, à juste titre, écartée : contre-productive et juridiquement incertaine, elle présentait même un danger pour l'avenir de la base *BOFiP-Impôts* – le risque étant grand de voir abandonnée, un jour ou l'autre, la publication « par consolidation » au profit de la publication sous forme classique – évidemment plus simple à mettre en œuvre.

Ce nouveau mode de publication appelle deux observations complémentaires. Il semble satisfaire, d'abord, aux conditions posées par les règles issues de la loi du 17 juillet 1978 relative, notamment, à l'amélioration des relations entre l'administration et le public (CRPA, art. L. 312-2, al. 1er) et au décret pris pour son application[252]. Il s'accompagne, ensuite, d'une dérogation expresse au principe selon lequel les instructions et circulaires ministérielles doivent être tenues à la disposition du public sur le site Internet *www.circulaires.gouv.fr* relevant du Premier ministre[253]. En effet, depuis le décret du 6 septembre 2012 relatif à la publication des instructions et circulaires (art. 1er), « un arrêté du Premier ministre peut prévoir que, pour les circulaires et instructions intervenant dans certains domaines marqués par un besoin régulier de mise à jour portant sur un nombre important de données, la mise à disposition sur un site Internet autre que [*www.circulaires.gouv.fr*] produit les mêmes effets que la mise à disposition sur ce site »[254]. Un arrêté du 10 septembre 2012 a précisé que la mise à disposition des circulaires et instructions sur le site Internet *BOFiP-Impôts* produisait justement, à compter du 12 septembre 2012, un tel effet (art. 1er).

c) Même si le *BOFiP-Impôts* a vocation à l'exhaustivité, toute la doctrine administrative de portée générale ne se trouve pas intégrée dans cette base documentaire. C'est ainsi que plusieurs instructions nouvelles (ou des actes qui doivent leur être assimilés) ont été publiées, après le 12 septembre 2012, par une autre voie que l'intégration directe au *BOFiP-Impôts*. Ont été ainsi exclusivement publiés selon un mode « traditionnel » ;

– les communiqués (n° 504) du 27 mars 2013, (n° 609) du 23 mai 2013 (« Impôt sur le revenu : derniers jours pour déclarer ! » et (n° 1152) du 18 mars 2014, apportant (ou confirmant) les assouplissements doctrinaux « traditionnels » aux dates limites de déclaration en matière d'IR ;

(252) D. 30 déc. 2005 relatif, notamment, à la liberté d'accès aux documents administratifs, art. 29. CRPA, art. R. 312-3 et R. 312-7.

(253) CRPA, art. R. 312-8. V. antérieurement D. 8 déc. 2008, relatif aux conditions de publication des instructions et circulaires, art. 1er.

(254) CRPA, art. R. 312-9. V. antérieurement D. 8 déc. 2008, art. 1er-1, issu du décret du 6 septembre 2012.

– la circulaire *Cazeneuve 1* du 21 juin 2013 relative au traitement des déclarations rectificatives des contribuables détenant des avoirs à l'étranger qui, adressée par M. Bernard Cazeneuve, ministre en charge du budget, au directeur général des Finances publiques et publiée en annexe au communiqué (n° 672) du même jour, comporte le « barème transactionnel » applicable dans le cadre des régularisations « Cazeneuve » (V. *supra*, n° 923, 3). Non publiée au *BOFiP-Impôts*, cette circulaire n'a pas davantage été publiée sur le site Internet *www.circulaires.gouv.fr*, en méconnaissance des dispositions actuellement codifiées à l'article R. 312-8 du CRPA (V. *supra*, pt 4-*b*) ;

– le communiqué (n° 708) du 9 juillet 2013 relatif aux règles concernant le plafonnement de l'ISF et les contrats d'assurance-vie qui, complétant une instruction du 14 juin 2013[255] a accordé un délai supplémentaire aux redevables pour souscrire une déclaration rectificative, en prévoyant que « le dépôt tardif de cette déclaration rectificative comme les droits supplémentaires qui pourraient en résulter ne seront assortis ni d'intérêts de retard ni de pénalités d'aucune sorte sous réserve que cette déclaration rectificative soit déposée avant le 15 octobre » ;

– la circulaire *Cazeneuve* 2 du 12 décembre 2013[256] actualisant, pour tenir compte de la publication de la loi du 6 décembre 2013 relative à lutte contre la fraude fiscale et la grande délinquance économique et financière, la circulaire précitée du 21 juin 2013 et celle du 14 septembre 2016 majorant, à la suite de la décision du Conseil constitutionnel ayant censuré l'amende proportionnelle applicable en la matière[257], le tarif « transactionnel » applicable en cas de régularisation des obligations déclaratives liées à la détention d'avoirs à l'étranger. Les conditions de publication de ces circulaires appellent les mêmes observations que celles de la circulaire qu'elles ont successivement modifiée (V. *supra*).

La circonstance qu'un élément de doctrine administrative de portée générale ne soit pas publié au *BOFiP-Impôts* est évidemment sans incidence sur son opposabilité, dès lors qu'il a officiellement été rendu public par d'autres voies. La formule qui, figurant dans l'instruction annonçant l'ouverture de la nouvelle base documentaire, précise qu'« à compter du 12 septembre 2012, seuls les commentaires publiés au *Bulletin officiel des finances publiques-Impôts* sont opposables à l'administration en application du deuxième alinéa de l'article L. 80 A du LPF »[258] ne saurait concerner en effet que les éléments de doctrine publiés avant cette ouverture.

d) Un des intérêts de la base *BOFiP-Impôts* est que toutes les unités documentaires qui la composent sont « versionnées », de sorte que l'on peut connaître l'état précis de la doctrine administrative à toute date déterminée postérieure au 12 septembre 2012.

Le dispositif informatique semble conçu de telle sorte que le contenu d'une unité documentaire ne puisse pas disparaître de la base purement et simplement (on doit au contraire toujours pouvoir retrouver un contenu ancien, en consultant les versions antérieures successives de l'unité en cause). Cette « rigidité temporelle » de la base documentaire s'étend à toutes les modifications qui, quelle que soit leur importance, « génèrent » de nouvelles versions pour chacune des unités concernées. Elle s'applique ainsi aux très nombreux cas[259] de :

– « mises à niveau des documents au plan formel » (*i.e.* les modifications de pure forme par lesquelles sont corrigées les erreurs orthographiques et autres défauts de présentation) ;

– « commentaires modifiés sans nouveauté doctrinale » (*i.e.* les modifications destinées à rétablir la doctrine administrative dans son état existant au 11 septembre 2012, à la veille de l'ouverture au public de *BOFiP-Impôts*, le plus souvent en intégrant[260] dans la base le contenu des nombreuses réponses ministérielles anciennes qui ne l'ont pas été dès l'origine).

(255) BOI-PAT-ISF-40-60, n° 200.

(256) N° BUD/2013/87424/C.

(257) Cons. const., 22 juill. 2016, n° 2016-554 QPC, *Benmoussa*. Le dispositif censuré prévoyait l'infliction, au contribuable défaillant, d'une amende égale à 5 % du montant total des avoirs étrangers non déclarés.

(258) Instr. 7 sept. 2012 : *BOI* 13 A-2-12, § 1, al. 5.

(259) Dans un cas au moins, ces deux techniques ont été dévoyées (V. Th. Jacquemont, note sur CE, 6 mai 2015, n° 379.989, *Sté Sabella* : *Dr. fisc.* 2015, n° 26, comm. 425).

(260) Même si le *BOFiP-Impôts* est censé avoir procédé à la consolidation « à doctrine constante » de l'ensemble des interprétations administratives de portée générale « en vigueur » au 11 septembre 2012, il semble très difficile d'admettre que la « republication », après le 12 septembre 2012, d'un élément de doctrine initialement omis dans le *BOFiP-Impôts* puisse revêtir une portée rétroactive. Cela pourrait cependant être la position de l'administration (V. sur cette question Th. Jacquemont, *Le CIR à la recherche de la sécurité juridique* : *Dr. fisc.* 2014, n° 17-18, act. 259).

Manifestement, cette garantie essentielle ne s'étend pas aux annexes de *BOFiP-Impôts* qui semblent relever d'un traitement dérogatoire. On a pu noter, ainsi, la « disparition sauvage » de l'annexe BOI-ANNX-000032, en date du 12 septembre 2012, consistant dans un tableau récapitulatif concernant les modalités d'imposition des plus-values immobilières en présence d'éléments d'extranéité. Tiré du commentaire général de 2004[(261)], ce tableau avait été (benoîtement) reproduit sans aucune mise à jour. Il en résultait qu'il présentait comme applicables au 12 septembre 2012 deux vestiges fiscaux au moins : le taux global des impositions sociales était sensé s'élever à 11 % (alors qu'il est en réalité de 15,5 %) et les non-résidents étaient présentés, à tort, comme non-assujettis à ces mêmes impositions[(262)].

e) Sur les indications figurant dans la rubrique « Actualités » du *BOFiP-Impôts* en vue de la présentation des nouvelles instructions publiées sur le site, V. *infra*, n° 993, 3.

991. – Réponses ministérielles. Les réponses ministérielles à des questions écrites des parlementaires ont été très tôt assimilées à des instructions et circulaires pour l'application de l'article L. 80 A du Livre des procédures fiscales[(263)].

a) Compte tenu des règles spéciales relatives à leur publication (V. *infra*, n° 959, 1-*b*), les réponses ministérielles sont publiées, à titre principal, au *Journal officiel* des débats de chacune des assemblées parlementaires (ainsi que sur leur site Internet). Ce n'est que postérieurement qu'elles sont, le cas échéant, intégrées au *BOFiP-Impôts* « lorsqu'elles comport [ent] une nouvelle interprétation des dispositions fiscales »[(264)]. Dans l'intervalle, elles sont naturellement opposables dans les conditions du droit commun. L'avenir nous apprendra si cette forme d'engagement – qui ne donne évidemment pas lieu à une incorporation instantanée des dispositions doctrinales nouvelles[(265)] – est correctement respectée.

b) Comme les autres éléments de doctrine administrative de portée générale, les réponses ministérielles publiées antérieurement au 12 septembre 2012 ont été abrogées « en bloc » dans la mesure où elles n'ont pas été reprises dans le *BOFiP-Impôts*[(266)]. Sur un plan strictement juridique, les contribuables ne semblent pas pouvoir se prévaloir utilement des dispositions doctrinales selon lesquelles « la base documentaire a été constituée à doctrine constante par intégration des commentaires issus des différents vecteurs existants »[(267)] pour invoquer, néanmoins, le contenu de telles réponses.

Le Service juridique de la fiscalité procède très régulièrement à des modifications afin de rétablir la doctrine administrative telle qu'elle existait avant l'ouverture au public de la base *BOFiP-Impôts*. Ces modifications (dont on ne peut utilement se prévaloir rétroactivement) consistent très généralement en l'incorporation dans la base des réponses ministérielles qui avaient, dans un premier temps, échappé à la consolidation (V. *supra*, n° 990, 4-*d*).

992. – Rescrits interprétatifs. La même solution doit être retenue à l'égard des « rescrits interprétatifs », c'est-à-dire des interprétations d'ordre général issues de demandes particulières qui sont publiées depuis septembre 2005 sous une forme « anonymisée ».

a) Radicalement étrangers à toute appréciation portant sur la situation de fait des contribuables (V. *infra*, n° 1012, 2), ces « rescrits » sont en réalité des interprétations formelles de la loi fiscale issues de demandes individuelles d'appréciation ou d'interprétation dont l'administration a été destinataire. Qualifiés d'actes généraux et impersonnels par le Conseil d'État (V. *infra*, n° 959, 1-*c*), ils mériteraient d'être désignés par l'expression de « rescrits interprétatifs ».

---

(261) Instr. 14 janv. 2004 : *BOI* 8 M-1-04, fiche 14, p. 94, anc.
(262) Les revenus et gains immobiliers de source française des non-résidents sont pourtant soumis aux contributions sociales depuis le 18 août 2012 (V. *infra* n° 1402, 1-*c*, et n° 1430, 3).
(263) CE, 24 juin 1968, n° 66.883 : *Rec. CE* 1968, p. 384 ; *ADJA* 1969, p. 572, note J. Lamarque.
(264) Instr. 7 sept. 2012 : *BOI* 13 A-2-12.
(265) V. par ex. Rép. min. Moyne-Bressand, n° 19550 : *JOAN* Q 13 août 2013, p. 8722 ; V. *infra*, n° 1781, 3-*b*.
(266) Instr. 7 sept. 2012, préc.
(267) *Ibid.*

Le fait que le texte d'une instruction puisse réaffirmer une solution précédemment retenue par un rescrit interprétatif pourrait s'il en était besoin en témoigner[268].

b) Même avant la mise en service, le 12 septembre 2012, du *BOFiP-Impôts*, les rescrits interprétatifs étaient exclusivement publiés par voie électronique, dans une rubrique spéciale du site www.impots.gouv.fr.

Entre septembre 2005 et septembre 2012, plus de 470 rescrits de cette nature avaient été rendus publics[269]. Dans le même temps, aucun n'a été expressément rapporté[270].

Les modalités de cette publication électronique n'étaient pas pleinement satisfaisantes. En juin 2009, l'administration a ainsi apporté (ce qu'il lui était loisible de faire) des précisions à un rescrit antérieur[271]. Dans un premier temps, elle n'a pas, toutefois, introduit ces modifications en publiant un rescrit modificatif, ce qui aurait permis de connaître la date de la modification et de comparer les teneurs successives des deux interprétations. Elle a jugé plus simple d'incorporer directement les modifications dans le rescrit ancien (que l'on n'a pu consulter, un temps, que dans sa seule version « mise à jour », sans davantage de précision). Cette pratique (qui aboutissait à ce qu'un élément de doctrine porte une date de publication inexacte) est évidemment très critiquable. Dans un second temps, l'administration a publié un rescrit expressément modificatif[272]. Toutefois, celui-ci portait une date de publication prétendue – celle du 2 juin 2009 – alors qu'il n'avait été effectivement publié par voie électronique que le 21 juillet 2009 au plus tôt. Cette modification « crypto-rétroactive » est absolument condamnable – d'autant que ces deux rescrits étaient relatifs aux modalités d'application d'une amende fiscale.

c) Abrogés « en bloc » lorsqu'ils n'ont pas été incorporés dans la base documentaire *BOFiP-Impôts* [273], les rescrits interprétatifs publiés avant le 12 septembre 2012 demeurent accessibles dans les « archives » de cette base (V. la rubrique « Doctrine administrative fiscale antérieure »). Comme dans le cas des réponses ministérielles notamment, les contribuables ne semblent pouvoir se prévaloir utilement des énonciations doctrinales selon lesquelles « la base documentaire a été constituée à doctrine constante par intégration des commentaires issus des différents vecteurs existants »[274] pour invoquer, néanmoins, le contenu de ces rescrits.

d) Depuis le 12 septembre 2012, date de mise en ligne de cette base documentaire, les rescrits interprétatifs « nouveaux » sont publiés par voie d'intégration directe au *BOFiP-Impôts* (V. *supra*, n° 990, 4). La lourdeur de ce nouveau mode de publication a quasiment tari cette source – ce que l'on ne peut que regretter : seulement douze de ces rescrits ont été publiés sous cette forme depuis cette date[275].

(268) V. Instr. 2 juin 2009 : *BOI* 13 A-3-09, n° 21, anc. Le recours pour excès de pouvoir dirigé contre un rescrit interprétatif est recevable dans des conditions indentiques à celles qui sont applicables aux recours formés contre les instructions fiscales elles-mêmes (CE, 20 mars 2013, n° 347.633, *Sté Etudes et Productions Schlumberger* : *Dr. fisc.* 2013, n° 29, comm. 380, concl. C. Legras, note E. Meier et H. Quéré).

(269) V., en premier lieu, RES n° 2005/1 FE, 6 sept. 2005 concernant la « disparition » du mécanisme de la réserve spéciale des plus-values à long terme et, en dernier lieu, RES n° 2012/40 FP, 7 août 2012, relatif à la réduction d'IR « Demessine » en faveur des investissements locatifs réalisés dans le secteur du tourisme.

(270) Quelques abrogations expresses sont intervenues depuis le 12 septembre 2012, date de mise en service du *BOFiP-Impôts*.

(271) RES n° 2009/9 RC, 17 févr. 2009. Comp. *Dr. fisc.* 2009, n° 9, act. 58 et *Dr. fisc.* 2009, n° 26, act. 211.

(272) RES n° 2009/45 RC.

(273) Instr. 7 sept. 2012 : *BOI* 13 A-2-12. Un seul rescrit interprétatif semble avoir été « réintroduit » dans la base *BOFiP-Impôts* au titre des « Commentaires modifiés sans nouveauté doctrinale » (RES n° 2005/54, 6 sept. 2005 : BOI-RFPI-CHAMP-30-20, n° 160, 7 oct. 2013, à propos des modalités de prise en compte, dans les résultats d'une société de capitaux, de sa quote-part dans les résultats d'une société de personnes dont elle détient des droits, quand les exercices des deux sociétés ne coïncident pas).

(274) *Ibid.*

(275) V. en premier lieu RES n° 2012/41, 28 nov. 2012 : BOI-BIC-CHAMP-60-10, n° 455, et BOI-BNC-CHAMP-10-30-50, n° 430, relatif au régime fiscal de certains intermédiaires en opérations de banque, et en dernier lieu, RES n° 2016/01, 12 avr. 2016 : BOI-RFPI-SPEC-30-10, n° 5, relatif aux modalités d'application, en matière de revenus fonciers, du régime des monuments historiques et assimilés aux monuments funéraires. Dans le cadre du *BOFiP-Impôts*, le nombre de rescrits interprétatifs publiés a été de un en 2012, sept en 2013, trois en 2014, zéro en 2015 et un en 2016 (en cours). Les abrogations de rescrits interprétatifs sont rares. Deux ont été abrogés avant la mise en service du *BOFiP-Impôts* (dont un étant présenté comme « devenu sans objet », deux l'ont été également dans le cadre de la nouvelle base, le premier en raison de l'évolution du droit de l'UE (RES n° 2005/69 TCA, 6 sept. 2005, regardant les sauts en parachute réalisés en

2° Les supports exclus

993. – **Supports exclus.** Outre les documents d'origine privée (V. *supra*, n° 978, 3), le juge fiscal refuse de voir dans certains actes ou documents émanant de l'administration des supports possibles de la doctrine administrative.

1) C'est le cas, d'abord, des décrets et, probablement, de tous les actes réglementaires « ordinaires » du droit public.

Ce point a été jugé pour un décret de codification[(276)] et, par des motifs plus discutables, un décret simple[(277)].

Il en résulte que ces actes sont appliqués en contentieux fiscal dans les conditions ordinaires : le juge n'est tenu de les appliquer que dans la mesure où ils sont conformes au droit supérieur.

2) C'est le cas ensuite de documents que l'administration n'a pas entendu divulguer dans le public (et qui n'ont pu parvenir entre les mains du contribuable ou de ses conseils que par des voies détournées).

Ainsi, le contribuable ne peut utilement se prévaloir devant le juge de l'impôt d'indications figurant dans la partie « non publique » du *Bulletin officiel des impôts* (feuillets jaunes et roses notamment) : un « document interne à l'administration, qui, n'ayant pas fait, de la part de celle-ci, l'objet d'une diffusion destinée aux contribuables, ne peut être regardé comme comportant une interprétation formelle du texte fiscal »[(278)]. La même exclusion avait été précédemment retenue à l'égard d'une note interne[(279)].

C'est la même logique qui conduit à écarter du dispositif de garantie les monographies professionnelles[(280)] ou un guide sectoriel ayant un objet similaire « dès lors qu'il constitue un document interne, qui n'ayant pas fait l'objet, de la part de l'administration, d'une diffusion régulière destinée aux contribuables, ne peut, en tout état de cause, être regardé comme une interprétation formelle du texte fiscal »[(281)].

3) La même exclusion semble devoir s'appliquer aux comptes-rendus des réunions du Comité fiscal de la Mission d'organisation administrative (MOA).

Mise « en sommeil » depuis quelques années, la MOA a été créée en 1971 à l'initiative du Premier ministre. Initialement placée sous l'autorité du Secrétariat général du Gouvernement, cette mission avait été ultérieurement « rattachée » au CNPF (devenu le MEDEF). C'est alors le directeur fiscal du syndicat patronal qui présidait le Comité fiscal de la MOA qui se réunissait deux à trois fois par an. Les réunions (dont l'ordre du jour était arrêté conjointement) associaient des membres de l'administration fiscale et des fiscalistes issus du monde de l'entreprise. Très variés, les points abordés au cours des discussions faisaient l'objet de comptes-rendus. Non publiés au *BOI* (ce qui aurait été naturellement préférable), ces comptes-rendus se trouvaient toutefois diffusés dans le public par des voies inévitablement moins officielles[(282)]. Statuant dans une affaire où un compte-rendu du Comité fiscal était invoqué, le Conseil d'État a considéré que la « réponse que l'administration aurait faite à une question d'un organisme consultatif (...) ne constitue pas une interprétation formelle de la loi fiscale »

---

tandem avec un parachutiste professionnel comme des prestations de transport pour l'application de la TVA, repris au BOI-TVA-LIQ-30-20-60, n° 150, 19 sept. 2012, puis abrogé le 25 juin 2013), le second la suite de l'infirmation par le Conseil d'État (CE, 20 mars 2013 n° 347.633, *Sté Études et Productions Schlumberger : Dr. fisc.* 2013, n° 29, comm. 380, concl. C. Legras, note E. Meier et H. Quéré) de l'interprétation qu'il comportait (RES n° 2010/23 FE, 13 avr. 2010, repris au BOI-BIC-PTP-10-10-20-10, n° 210, 19 sept. 2012, puis abrogé le 5 sept. 2014).

(276) CE, 11 mai 1990, n°s 63.348 et a. : *Sté Cofiroute : RJF* 7/1990, n° 841.

(277) CE, 14 juin 1989, n° 73.975, *Magras : Dr. fisc.* 1989, n° 43, comm. 1947 ; *Rec. CE* 1989, tables p. 562, relevant que le décret en cause « ne traite pas de la matière fiscale ».

(278) CE, sect., 5 juill. 1991, n° 107.258, *Artola : Rec. CE* 1991, p. 170 ; *Dr. fisc.* 1992, n° 7, comm. 328 ; *RFDA* 1992, p. 323, concl. M.-D. Hagelsteen.

(279) CE, 9 nov. 1987, n°s 46.887 et a., *Gentizon : Rec. CE* 1987, tables p. 666.

(280) CE, 14 mai 1986, n° 49.725 et a., *Sté Pressing Charcot : Dr. fisc.* 1986, n° 42, comm. 1765.

(281) CAA Bordeaux, 17 nov. 1992, n° 91-561, *Assoc. Physic Club alésien : Dr. fisc.* 1993, n° 49, comm. 2349.

(282) V. Conseil des impôts, *Les relations entre les contribuables et l'administration fiscale*, XXe Rapport au Président de la République, 2002, p. 52.

au sens de l'article L. 80 A du LPF[283]. Saisies de moyens de même nature, les cours administratives d'appel acceptent généralement de l'examiner au fond tout en rejetant « en tout état de cause »[284].

4) Plus hétérogène, un troisième groupe de supports exclus contient toutes les indications ayant un objet simplement informatif. Le point commun à tous ces actes est qu'il n'était pas dans l'intention de l'administration de formuler par leur biais une quelconque interprétation formelle.

C'est pour ce motif que ne sont très certainement pas opposables à l'administration, les indications (d'ailleurs souvent très brèves) qui sont fournies dans la rubrique « Actualités » du *BOFiP-Impôts* pour la présentation des nouveaux éléments de doctrine incorporés dans la base. Il arrive pourtant que cette présentation contienne des éléments que les contribuables pourraient tenter de mobiliser[285].

La jurisprudence fournit de nombreux exemples de cette solution d'où il ressort qu'il ne saurait normalement exister de doctrine administrative accidentelle.

Sur le cas apparemment paradoxal d'une interprétation administrative « devenue formelle » à la suite d un revirement de jurisprudence concernant les principes d'application du texte législatif interprété, *V. supra*, n° 980, 2.

Ne sauraient ainsi contenir une interprétation formelle de la loi fiscale :

– le manuel de droit fiscal publié par la Direction générale des impôts sous le titre *Précis de fiscalité*[286] ;

– les cours délivrés à l'École nationale des impôts[287] ;

– des commentaires administratifs de jurisprudence, c'est-à-dire des actes par lesquels l'administration porte à la connaissance de ses agents les termes d'une décision de justice et se borne à la commenter[288] ;

– le « guide de l'évaluation des biens », c'est-à-dire le document édité par l'administration présentant une synthèse des différentes méthodes de valorisation des entreprises[289] ;

La même solution devrait s'appliquer au guide dénommé « L'évaluation des entreprises et des titres non cotés » (disponible en ligne) qui, édité en novembre 2006, a remplacé le « guide de l'évaluation des biens » édité en 1982[290].

– des formulaires de déclaration et des notices qui les accompagnent[291].

Cette dernière solution est particulièrement contestable car les notices – souvent adressées d'ailleurs au contribuable sans qu'il les ait d'une quelconque manière réclamées – peuvent constituer sa seule source d'information. Il est vrai que l'administration (sans doute consciente de la difficulté) fait

(283) CE, 18 mars 1987, n° 50.777, *Sté des mines de Saizerais : Dr. fisc.* 1987, n° 40, comm. 1761 ; *RJF* 5/1987, n° 497, sol. impl. – Comp. Cass. com., 29 mars 1994, n° 92-19.414, *Sté Picc et a. : Bull. civ.* 1994, IV, n° 133 ; *RJF* 7/1994, n° 810.

(284) V. toutefois pour des rejets au fond susceptibles d'interprétation *a contrario*, CAA Bordeaux, 21 mars 2006, n° 02-2476, *Sté Aristee investissement*. – CAA Paris, 31 déc. 2003, n° 02-2796, *Min. c/Sté Union de Crédit pour le Bâtiment*. – CAA Paris, 3 oct. 1991, n°s 90-368 et a., *Sté Comelli*.

(285) V. par ex. la présentation de BOI-IS-BASE-30-50, 30 nov. 2012, pouvant être lue comme indiquant que la limitation de déduction des charges financières liées à l'acquisition de titres de participation (*V. infra*, n° 1679) pourrait ne pas concerner les titres émis par des sociétés françaises.

(286) CE, 12 janv. 1987, n° 40.686 : *Dr. fisc.* 1987, n° 19-20, comm. 955. – CE, 16 oct. 1989, n° 77.528, *Guillet : Dr. fisc.* 1990, n° 45, comm. 2114.

(287) CE, 10 juill. 1981, n° 18.024, *Bouton Robert : Dr. fisc.* 1981, n° 45, comm. 2010 ; *Rec. CE* 1981, p. 675.

(288) CE, 1er juin 1990, n° 52.470, *Boix : RJF* 8-9/1990, n° 1097. V. également, à propos d'une réponse ministérielle se bornant à analyser la jurisprudence intervenue sur certaines questions, CE, 12 févr. 1988, n° 55.535, *Coutan : Dr. fisc.* 1988, n° 20-21, comm. 1011.

(289) CE, 16 oct. 2013, n° 339.165, *Baron*, et n° 339.166, *Sté Adélaïde : Dr. fisc.* 2014, n° 7, comm. 165, concl. D. Hedary.

(290) La solution a été retenue par le juge du fond (CAA Paris, 13 nov. 2014, n° 13-631, *Sté Céres*, inédit).

(291) CE, 28 oct. 1981, n° 18.899 : *Dr. fisc.* 1982, n° 11, comm. 525, concl. P. Rivière. – CE, 3 juin 1983, n° 31.695 : *Dr. fisc.* 1983, n° 41, comm. 1862. – CAA Paris, 13 mai 1993, n° 91-615 : *Dr. fisc.* 1994, n° 28, comm. 1374.

figurer en tête de ces documents la mention selon laquelle les indications qu'ils comportent n'ont qu'une valeur indicative et ne sauraient se substituer à la documentation fiscale officielle de l'administration (à laquelle le contribuable est donc implicitement invité à se reporter). Mais on peut se demander quels effets doivent être attachés à cet avertissement. Comme le relevait à très juste titre le commissaire du gouvernement O. Fouquet « il serait paradoxal qu'un contribuable ne puisse invoquer le fait qu'il a rempli sa déclaration en se conformant aux indications d'une notice que l'Administration a précisément élaborée pour l'aider dans cette tâche »[(292)].

5) Il peut s'agir enfin des indications qui ont été formulées par le ministre au cours de débats législatifs devant le Parlement.

Ces solutions sont sans doute fondées sur l'idée qu'un texte législatif en cours d'adoption ne peut (par définition) faire l'objet d'une interprétation[(293)].

Naturellement, des interventions ou déclarations ministérielles peuvent, comme les autres éléments des travaux préparatoires d'un texte législatif, être sollicitées par le juge pour déterminer le sens d'un texte qu'il considérerait comme insuffisamment clair. Par ailleurs, l'administration s'approprie fréquemment les positions ou « engagements » pris par le ministre au cours des débats parlementaires, en les incorporant dans sa doctrine publiée[(294)].

§ 2. – La condition de conformité

994. – **Prévisions de la doctrine.** De prime abord, la condition de conformité est d'une très grande simplicité. Le contribuable ne peut utilement invoquer le bénéfice d'une interprétation que s'il remplit l'ensemble des conditions qu'elle pose. Pour reprendre l'expression consacrée en jurisprudence, le contribuable doit « entrer dans les prévisions » de la doctrine qu'il invoque.

Le Conseil d'État semble hésitant sur le régime contentieux de la condition de conformité. Il semble privilégier en la matière un régime de preuve objective[(295)]. L'arrêt *Sté Darty* retient, en particulier, qu'« il appartient au juge d'apprécier, au vu du dossier qui lui est soumis par l'administration et le contribuable, si ce dernier est en droit de se prévaloir des dispositions de l'article L. 80 A du LPF relatives à la portée d'une instruction publiée ». Par suite, « en attribuant la charge de la preuve au contribuable, la cour a entaché son arrêt d'erreur de droit ». C'est « par inadvertance »[(296)] qu'un arrêt ultérieur énonce « qu'il appartient au contribuable qui entend invoquer une interprétation formelle de la loi exprimée par l'administration, de justifier remplir les conditions auxquelles le bénéfice de cette interprétation est subordonné »[(297)].

Le contribuable doit remplir toutes les conditions posées par la doctrine administrative. La circonstance qu'une des conditions expressément mises à l'application d'une mesure doctrinale soit elle-même contraire à la loi est sans incidence sur cette solution[(298)].

(292) CE, 26 juin 1992, n°s 71.165 et a. : *Dr. fisc.* 1992, n° 48-49, comm. 2285.
(293) CE, 16 juin 1982, n° 17.434 : *Dr. fisc.* 1983, n° 13, comm. 604, concl. D. Léger. – CE, 26 janv. 1990, n° 74.133, *Sté Lirlan Trading Corporation* : *RJF* 3/1990, n° 265. – CE, 9 avr. 1999, n° 115.136, *Rhein* : *Dr. fisc.* 1999, n° 44, comm. 815.
(294) elle le fait même parfois explicitement, V. par ex. Instr. 6 avr. 2006 : *BOI* 5 B-15-06, n°s 64 et 75, anc., repris respectivement au BOI-RSA-GEO-10-10, n° 70, et au BOI-RSA-GEO-10-30-10, n° 60, à propos du régime fiscal des salariés détachés à l'étranger, ou Instr. 14 janv. 2004 : *BOI* 8 M-1-04, fiche 2, n° 17, anc., reprise au BOI-RFPI-PVI-10-40-10, n° 140, commentant le nouveau régime des plus-values immobilières.
(295) CE, 30 sept. 1992, n° 75.464 : *Sté Tool France* : *Dr. fisc.* 1993, n° 6, comm. 209. – CE, 26 oct. 2001, n° 217.228, *Sté Darty* : *Dr. fisc.* 2001, n° 52, comm. 1201 ; *RJF* 1/2002, n° 77, concl. S. Austry, p. 11. – V. également CE, 20 oct. 2000, n° 204.814, *Sté Comelec* : *Dr. fisc.* 2001, n° 18, comm. 437, concl. E. Mignon.
(296) Concl. G. Goulard sur CE, 26 févr. 2003, n° 223.092, *Sté Pierre de Reynal et Cie* : *Dr. fisc.* 2003, n° 24, comm. 436.
(297) CE, 30 déc. 2002, n° 216.358, *Sté Clinique Armand Brillard* : *Dr. fisc.* 2003, n° 46, comm. 810, concl. G. Bachelier. Ce dernier arrêt n'est d'ailleurs pas exempt de contradiction, qui précise que le juge du fond est tenu de rechercher « si les conditions posées par l'interprétation de l'administration invoquée par [le contribuable] étaient remplies ».
(298) CE, 25 févr. 2004, n° 222.904, *Sté Française de réassurances* : *Dr. fisc.* 2005, n° 3, comm. 84, concl. L. Vallée.

Bien évidemment, l'administration ne peut subordonner le bénéfice de la doctrine administrative à une condition que celle-ci ne prévoit pas expressément[(299)]. Le juge ne le peut davantage[(300)].

Cette condition a donné lieu, toutefois, à des développements jurisprudentiels nombreux et variés qui contiennent de riches enseignements sur la nature juridique de la doctrine administrative. On en retiendra les principaux éléments.

995. – Application d'ensemble. Le contribuable ne peut se prévaloir d'un élément isolé de la doctrine administrative. Celle-ci doit, tout au contraire, faire l'objet d'une application d'ensemble[(301)].

Cette solution générale s'applique y compris lorsque des éléments de doctrine ont été énoncés séparément[(302)].

Ainsi, le contribuable ne peut utilement invoquer la seule partie d'une instruction qui lui est favorable[(303)].

1) Il a été jugé, en particulier, que « dans le cas où l'administration revient sur une interprétation qu'elle a formulée, pour en limiter le champ d'application ou subordonner le bénéfice de ses prévisions à de nouvelles conditions, les contribuables ne peuvent se prévaloir utilement, sur le fondement de l'article L. 80 A [du LPF], d'une partie seulement d'une telle doctrine dont les éléments, bien qu'énoncés successivement, sont indissociables »[(304)]. Naturellement, la question de savoir si des interprétations distinctes sont, ou non, indissociables est des plus délicates[(305)].

2) Ayant retenu que le bénéfice de la garantie instituée à l'article L. 80 A du LPF suppose que les contribuables « entrent dans les prévisions de la doctrine, appliquée littéralement et dans son ensemble », une juridiction d'appel avait prolongé cette analyse en ces termes : « les contribuables ne peuvent se prévaloir d'une partie seulement d'une interprétation administrative indissociable et ne peuvent l'invoquer que s'ils en respectent l'ensemble des conditions, fussent-elles illégales »[(306)]. Cette solution a été censurée pour erreur de droit par le Conseil d'État : « la circonstance qu'un contribuable a entendu bénéficier d'une exonération non prévue par la loi mais admise par [la doctrine] sans respecter une condition indissociablement liée à cette exonération et contraire elle-même à la loi ne peut autoriser l'administration qu'à dénier à ce contribuable le droit de se prévaloir de cette exonération et, en conséquence, à le soumettre aux modalités d'imposition fixées par la loi, l'illégalité de la condition à laquelle l'intéressé ne s'est pas conformé faisant, en revanche, obstacle à tout redressement consistant à lui faire application de cette condition »[(307)].

(299) CE, 24 mai 1989, n° 63.659, *Sté Massy-Mastic* : *Dr. fisc.* 1989, n° 43, comm. 1968 ; *Rec. CE* 1989, p. 562.
(300) Cass. com., 13 mars 2001, n° 98-12.060, *Entr. Neige et Soleil* : *Bull. civ.* 2001, IV, n° 57.
(301) CE, 4 févr. 1991, n° 75.334, *Sté d'assistance technique pour la France et l'étranger* : *Dr. fisc.* 1992, n° 4, comm. 93, concl. J. Gaeremynck.
(302) CE, 23 déc. 1981, n° 23.299 : *Dr. fisc.* 1982, n° 15, comm. 822. – V. également, recherchant la teneur exacte de la doctrine administrative résultant de la combinaison d'interprétations successives, CE, 5 juin 1985, n° 45.093, *Sté Siparim* : *Dr. fisc.* 1987, n° 25, comm. 1180, concl. O. Fouquet et F. Loloum, concl. sur CE, 20 oct. 1995, n° 140.239, *Sté Fruit Port* : *BDCF* 1996, n° 20, p. 12.
(303) CE, 26 juill. 1978, n° 6.791 : *Dr. fisc.* 1979, n° 14, comm. 673, concl. P. Rivière, sol. impl. – Cass. com., 30 mai 1989, n° 87-17.643, *Mauchauffée* : *Dr. fisc.* 1989, n° 30-31, comm. 1564 ; *Bull. civ.* 1989, IV, n° 173. – Cass. com., 12 déc. 1995, n° 94-12.401, *Rivayrand* : *Dr. fisc.* 1996, n° 9, comm. 257, sol. impl. L'attendu de principe de l'arrêt *Mauchauffée* mérite d'être intégralement cité : « n'étant pas établi que la doctrine invoquée par [le redevable], qui devait être envisagée dans son ensemble, lui était favorable avec certitude, en sorte qu'elle ne liait pas les juges, les dispositions de l'article L. 80 A du LPF étaient inapplicables en l'espèce ».
(304) CE, avis, sect., 20 oct. 2000, n° 222.675, *Bertoni* : *Rec. CE* 2000, p. 449 ; *Dr. fisc.* 2001, n° 10, comm. 201, concl. G. Bachelier.
(305) V., pour une illustration de cette difficulté, CAA Paris, 30 mars 2000, n° 98-3899, *Sté Esco-VI* : *Dr. fisc.* 2000, n° 48, comm. 946.
(306) CAA Nantes, 17 mai 2006, n° 03-1859, *Sté MJM*, inédit, jugeant qu'un assujetti n'est pas en droit de déduire la TVA ayant grevé les éléments du prix d'une opération qu'il a volontairement placée sous un régime « doctrinal » d'exonération.
(307) CE, 18 mai 2009, n° 296.266, *Sté MJM* : *Dr. fisc.* 2009, n° 38, comm. 475, concl. L. Olléon, note Ch. Menard. Sur cet arrêt, V. également *supra*, n° 945, 2, *b*, à propos de l'inopposabilité au contribuable de toute option exercée sur le fon-

996. – Refus d'application par transposition ou *a contrario*. 1) Le contribuable ne peut se prévaloir par analogie d'un élément de doctrine administrative se rapportant à des situations voisines à celle dans laquelle il se trouve[308].

a) Sauf en cas de « succession d'impôts » (V. *infra*, n° 1000, 2), une interprétation formulée pour l'application d'un impôt déterminé ne peut pas être utilement invoquée à l'égard d'un autre prélèvement fiscal[309]. Dans cet ordre d'idées, une interprétation formulée pour l'application d'une convention internationale donnée ne peut être, sauf mention expresse en ce sens, utilement invoquée pour l'application d'une autre convention[310].

Toutefois, une interprétation formelle de la loi fiscale est susceptible d'être invoquée sur le fondement de l'article L. 80 A du LPF, « quand bien même cette interprétation relative à un impôt serait exprimée dans un document concernant au premier chef un autre impôt »[311].

b) Il en va de même *mutatis mutandis* lorsqu'une interprétation a été formulée à l'égard d'une catégorie déterminée de contribuables[312]. Un contribuable ne peut donc utilement demander à bénéficier d'une interprétation en se prévalant du fait que sa situation est analogue à celle visée par la doctrine administrative. Un contribuable ne saurait utilement soutenir, à cet égard, que l'interprétation administrative de la loi fiscale aurait pour effet d'accorder des avantages inégaux à des contribuables placés dans des situations comparables[313] ou que la doctrine administrative établissant un régime de faveur l'en aurait privé de son bénéfice en méconnaissance des règles du droit de l'Union européenne[314].

Cette solution est parfois appliquée avec une rigueur que l'on ne peut s'empêcher de trouver excessive. Ainsi, un élément de doctrine formulée en faveur de l'Établissement public de la Basse-Seine ne peut être utilement invoqué par l'Établissement public foncier de Normandie dès lors que, compte tenu de l'extension du ressort géographique d'intervention du second par rapport au premier, l'Établissement public foncier de Normandie ne peut être regardé comme s'étant substitué purement et simplement à l'Établissement public de la Basse-Seine[315].

2) Le contribuable ne peut davantage se prévaloir *a contrario* d'un élément de doctrine administrative. Ainsi, le juge du fond ne commet pas d'erreur de droit en refusant de tirer des énonciations de la doctrine selon lesquelles « les déficits éventuellement subis jusqu'à la date du changement ne peuvent pas être reportés sur les bénéfices réalisés ultérieurement dans le cadre de l'activité nouvelle », la conclusion qu'il était possible de reporter les déficits antérieurs sur des profits qui, bien que comptabilisés après le changement d'activité, procèdent de l'ancienne activité[316].

---

dement de la seule doctrine administrative. V., dans le même sens, CE, 15 oct. 2014, n° 361.861, *Sté GDF Suez Énergie Services* : *Dr. fisc.* 2015, n° 6, comm. 134, retenant expressément le caractère d'ordre public de la règle.

(308) CE, 15 févr. 1982, n° 20.469 : *Dr. fisc.* 1982, comm. 1238, concl. J.-F. Verny.

(309) CE, plén., 25 nov. 1981, n° 10.959 : *Dr. fisc.* 1982, n° 30, comm. 1577, concl. J.-F. Verny. – CE, 5 oct. 1988, n° 62.247, *Sté du 26, rue Gérard* : *Dr. fisc.* 1989, n° 8, comm. 310. – CE, 15 avr. 1988, n° 48.847, *Sté Grand garage Auguste Blanqui* : *Dr. fisc.* 1988, n° 31, comm. 1613. – CE, 21 avr. 1989, n° 60.502 : *Dr. fisc.* 1989, n° 39, comm. 1670, concl. B. Martin-Laprade. – CE, 27 févr. 1991, n° 70.923, *Assoc. Institut de soudure* : *Dr. fisc.* 1991, n° 43, comm. 2044, concl. Ph. Martin. – CE, 30 déc. 2009, n° 31.110, *Sté Hygiadis* : *Dr. fisc.* 2010, n° 13, comm. 269, relevant que les mesures doctrinales de simplification concernant la notion d'immobilisation posées en matière de BIC n'étaient pas applicables, en l'absence de renvoi en ce sens, en matière de taxe professionnelle.

(310) CAA Lyon, 2 mars 2009, n° 05-1881, *Vicard* : *Dr. fisc.* 2009, n° 51, comm. 592, note E. Bonneaud.

(311) CE, 6 mars 2006, n° 259.156, *Sté Géode Foncière* : *RJF* 6/2006, n° 726 ; *BDCF* 6/2006, n° 76, concl. L. Olléon.

(312) CE, 1er juin 1990, n° 52.470, *Boix* : *RJF* 8-9/1990, n° 1097. – CE, 18 juin 1986, n° 34.087, *Sté Cabinet Besson* : *RJF* 8-9/1986, n° 816, non reproduit.

(313) CE, 19 mars 1986, n° 49.261, *Sté Mécanique automobile de l'Est* : *RJF* 5/1986, n° 501.

(314) CAA Versailles, 12 avr. 2012, n° 10-3140, *Sté Predica* : *Dr. fisc.* 2012, n° 27, comm. 361, concl. J.-E. Soyez, note E. Raingeard de la Blétière.

(315) CE, 3 déc. 2012, n° 347.108, *Établissement public foncier de Normandie* : *RJF* 02/2013, n° 190 ; *BDCF* 02/2013, n° 24, concl. B. Bohnert, où est relevé, pourtant, que les deux établissements publics qui se sont succédé assument sans évolution notable les mêmes missions.

(316) CE, 4 févr. 2013, n° 349.169, *Sté Sodigar 2* : *Dr. fisc.* 2013, n° 14, comm. 226.

a) De même, on ne peut déduire *a contrario* de la définition doctrinale de la « reprise d'activités préexistantes », une définition opposable à l'administration de l'« entreprise nouvelle »[317] ou de celle des dépenses pouvant être comprises parmi les charges immédiatement déductibles des résultats, une définition des immobilisations qui serait opposable à l'administration[318].

b) Naturellement, cette solution est à rapprocher de celle selon laquelle le silence de l'administration ne saurait valoir interprétation formelle de la loi fiscale (V. *supra*, n° 977).

997. – Interprétation de la doctrine administrative. 1) La question de l'interprétation de la doctrine administrative est délicate. La raison principale en est une forme d'ambiguïté que cultive la jurisprudence.

Le Conseil d'État contrôle en cassation – au titre de l'erreur de droit – le sens et la portée donnés à un élément de doctrine par le juge du fond[319]. Selon l'opinion majoritaire, ce contrôle est justifié par le fait que le juge de cassation vérifie, par ce biais, l'existence de la condition de conformité et, partant, la saine application de l'article L. 80 A du LPF lui-même[320].

2) Le juge fiscal affirme un principe d'application littérale de la doctrine administrative. Le mécanisme de garantie « contre les changements de doctrine » ne peut trouver à s'appliquer qu'à « la condition que les intéressés entrent dans les prévisions de la doctrine, appliquée littéralement, résultant de ces énonciations »[321]. Le juge se refuse à rechercher, au-delà de la lettre de l'interprétation formelle, un sens différent, qui serait son sens véritable. En particulier, « le juge ne peut se fonder sur les intentions des auteurs d'une instruction pour apprécier l'étendue de son champ d'application »[322].

a) Pour la majorité de la doctrine scientifique, le principe de l'application littérale de la doctrine administrative a été affirmé par le Conseil d'État en 1972 dans un arrêt rendu en formation de section[323].

Particulièrement révélateur de l'ambiguïté de la notion d'application littérale (voire de l'impasse à laquelle elle conduit), cet arrêt mérite d'être présenté dans le détail.

Dans une instruction du 8 janvier 1957, l'administration avait admis que certaines entreprises puissent continuer à relever d'un régime d'imposition forfaitaire alors même que leur chiffre d'affaires aurait dépassé les seuils légaux. Cette instruction avait subordonné le maintien du régime forfaitaire à la condition que des « changements *notoires* » ne soient pas survenus dans les conditions d'exploitation. La doctrine administrative était entachée d'une maladresse de plume : à l'évidence, l'administration avait voulu écrire changements « *notables* » (*i.e.* « importants » ou « sensibles ») et non pas changements « notoires » (*i.e.* « connus » ou « certains »). Face à cette erreur de plume manifeste, le Conseil d'État a un peu hésité :

– dans un premier arrêt rendu en 1968, la Haute juridiction avait redressé *proprio motu* la lettre de cette instruction : l'arrêt relève que l'« interprétation » (et non pas l'instruction) réservait expressément le cas où des changements *notables* auraient pu survenir dans les conditions d'exploitation »[324] ;

(317) CAA Bordeaux, 14 juin 1994, n° 92-759, *Mallet* : *Dr. fisc.* 1995, n° 5, comm. 162.

(318) CAA Lyon, 5 avr. 2007, n° 06-498, *Pizzone*, inédit. – CE, 23 déc. 2010, n° 306.228, *Pizzone* : *RJF* 3/2011, n° 370.

(319) CE, 25 mars 1991, n° 109.498, *Sté Construrama Bâti-Service Promotion* : *Dr. fisc.* 1991, n° 26, comm. 1302, concl. M.-D. Hagelsteen, relevant que le juge d'appel « a méconnu la portée de la doctrine invoquée ». – CE, 13 févr. 1995, n° 139.060, *Min. c/Sté Solving* : *Dr. fisc.* 1995, n° 20, comm. 1075 ; *Rec. CE* 1995, p. 72. – CE, 17 mai 1995, n° 136.878, *Pesso* : *Dr. fisc.* 1995, n° 42, comm. 1964.

(320) V. toutefois G. Goulard relevant sur ce point qu'il « n'en demeure pas moins qu'en tant que juge de cassation, c'est-à-dire juge du droit, [le Conseil d'État] ne répugn [e] pas à vérifier que les règles fixées par une instruction ont été respectées » (concl. sur CE, ass., avis, 8 avr. 1998, n° 192.539, *Sté de distribution de chaleur de Meudon et Orléans* : *Dr. fisc.* 1998, n° 18, comm. 398.

(321) CE, avis, sect., 20 oct. 2000, n° 222.675, *Bertoni* : *Rec. CE* 2000, p. 449 ; *Dr. fisc.* 2001, n° 10, comm. 201, concl. G. Bachelier.

(322) CE, 30 déc. 2011, n° 341.722, *Corbi* : *RJF* 3/2012, n° 272. – CE, 21 nov. 2012, n° 340.086, *Glanowski*, inédit.

(323) CE, sect., 30 juin 1972, n° 80.083 : *Rec. CE* 1972, p. 499.

(324) CE, 28 févr. 1968, n° 68.599 : *Dr. fisc.* 1968, n° 46-47, doctr., concl. Schmeltz.

– dans l'arrêt de section de 1972, le Conseil d'État relève, au contraire, que l'« interprétation » (et non pas ici encore l'instruction) réservait expressément le cas où des changements *notoires* seraient survenus dans les conditions d'exploitation »[325].

Mais s'il applique ainsi littéralement l'instruction en cause (*i.e.*, sans rectifier l'erreur de plume), le Conseil d'État se livre ensuite à une *qualification juridique* des faits au regard de celle-ci dont il livre, au passage, *l'interprétation* : l'accroissement significatif du chiffre d'affaires de l'entreprise et l'augmentation considérable des facultés de production découlant du renouvellement de son matériel d'exploitation « constituaient des changements *substantiels* intervenus dans les conditions d'exploitation » autorisant l'administration à imposer le requérant selon un régime réel « sans méconnaître l'interprétation précédemment donnée par elle du texte fiscal » (même arrêt).

b) L'administration ne peut, en conséquence, s'appuyer sur l'esprit de la doctrine administrative pour priver le contribuable du bénéfice d'un élément de doctrine administrative dont il remplit toutes les conditions d'application[326].

c) Corrélativement, le Conseil d'État avait considéré (sur la base du texte antérieur à la deuxième loi de finances rectificative pour 2008) que la notion de fraude à la doctrine administrative n'était pas juridiquement opératoire dans le contentieux de l'impôt (V. *infra*, n° 1011).

Les auteurs en déduisent volontiers que la doctrine administrative serait insusceptible d'une quelconque interprétation.

Ils s'appuient principalement sur deux arrêts du Conseil d'État qui auraient jugé (le premier implicitement, le second plus explicitement) qu'il n'appartient pas au juge de l'impôt d'interpréter une instruction par laquelle l'administration fiscale a publié une interprétation formelle de la loi fiscale[327].

3) Cette opinion, qui donne à penser que la doctrine administrative doit (et peut) faire l'objet d'une application purement mécanique, mérite évidemment d'être nuancée. Comme tout énoncé juridique, la doctrine administrative est sujette à interprétation. Mais, de ce point de vue, la doctrine administrative « est d'interprétation stricte par sa nature »[328]. Son sens ne doit se déduire que de sa lettre et le juge n'accepte pas de faire appel aux intentions de son auteur (notamment en conditionnant son applicabilité à des conditions qu'elle ne prévoirait pas expressément).

Ces intentions (qui seraient d'ailleurs difficiles à déterminer) ne sauraient, de manière générale, être prises en compte par le juge qui se refuse à pratiquer l'interprétation téléologique de la doctrine administrative[329].

Par ailleurs, dans sa rédaction issue de la loi de finances rectificative pour 2008, l'article L. 64 du LPF peut être lu comme invitant le juge fiscal à identifier, dans le cadre de la répression des abus de droit, les « objectifs poursuivis par [les] auteurs » de la doctrine administrative (V. *infra*, n° 1011). Si tel était bien le cas, on pourrait y voir une brèche au principe selon lequel la doctrine administrative n'a pas d'esprit.

(325) CE, sect., 30 juin 1972, n° 80.083, préc.

(326) CE, avis, sect., 20 oct. 2000, n° 222.675, *Bertoni* : *Rec. CE* 2000, p. 449 ; *Dr. fisc.* 2001, n° 10, comm. 201, concl. G. Bachelier. – CAA Douai, 19 juin 2001, n° 97-2094, *Office de comptabilité et d'économie rurale d'Amiens* : *Dr. fisc.* 2002, n° 36, comm. 654, sol. impl.

(327) CE, 30 mars 1992, n° 114.926, *Sté Générale* : *Dr. fisc.* 1992, n° 40, comm. 1809, concl. J. Arrighi de Casanova ; *Rec. CE* 1992, p. 139. – CE, 20 mars 1996, n° 153.319, *Sté immobilière Kléber Lauriston* : *Rec. CE* 1996, p. 89 ; *RJF* 5/1996, n° 562. Dans ce dernier arrêt, l'administration entendait, en se fondant sur l'esprit général animant l'interprétation invoquée, opposer au contribuable une condition supplémentaire non prévue par celle-ci. Le Conseil d'État écarte cette argumentation : l'instruction invoquée « ne subordonne le bénéfice de la mesure qu'elle prévoit qu'aux seules conditions qu'elle énonce expressément ». Dès lors, « en l'absence, dans le texte même de cette instruction, de toute mention explicite de la condition supplémentaire (...) qui, selon le ministre du Budget, devrait être satisfaite par les [contribuables] », l'intéressé était en droit de bénéficier de l'avantage prévu par cette doctrine, dès lors qu'il remplissait toutes les conditions expressément exigées par celle-ci.

(328) CAA Nancy, 5 déc. 1996, n° 94-1228, *Demogue* : *Dr. fisc.* 1997, n° 30, comm. 863, concl. B. Commenville.

(329) V. toutefois, se référant au sens qu'a pu avoir, pour son auteur, une expression utilisée dans une instruction, CE, 29 déc. 1999, n° 189.557 : *Sté Hugo Films* : *Dr. fisc.* 2000, n° 21, comm. 439, concl. J. Courtial.

Sans doute, les solutions administratives marquées par une trop forte ambiguïté ne peuvent être regardées comme des interprétations formelles de la loi fiscale au sens de l'article L. 80 A du Livre des procédures fiscales (V. *supra*, n° 979, 3). Mais certains arrêts font ressortir que le juge est parfois conduit à interpréter la doctrine administrative pour en préciser le sens et la portée(330) en s'attachant, par exemple, à rechercher son objet(331) ou à replacer l'interprétation dans son contexte général(332).

Le juge fiscal le reconnaît parfois très explicitement. Dans un litige où un contribuable se prévalait d'une interprétation formelle contenue dans une circulaire fiscale, le Conseil d'État décide : « les dispositions de cette circulaire ne peuvent être interprétées que comme visant [des] cas [qui ne sont pas ceux de l'espèce] ; ainsi le requérant ne peut, en tout état de cause, se prévaloir utilement de la circulaire dont s'agit »(333).

En outre, le principe d'« application d'ensemble » de la doctrine administrative (V. *supra*, n° 995) va évidemment dans le même sens(334).

On peut donner quelques illustrations de la nécessité dans laquelle se trouve parfois le juge de rechercher le sens de la doctrine administrative – ce que certains membres du Conseil d'État qualifient – par euphémisme – de « lecture intelligente » de la doctrine. Le Conseil d'État relève qu'il ne résulte pas des termes de l'instruction invoquée que l'administration « ait entendu » retenir l'interprétation dont le contribuable demande le bénéfice(335) ou qu'en excluant, dans certaines hypothèses, toute « pénalisation » du contribuable vérifié, la doctrine administrative « n'a pas entendu faire obstacle à l'application des intérêts de retard, lesquels ne constituent pas une pénalisation »(336). Un autre arrêt du Conseil d'État fait application de la doctrine en lui faisant produire un sens que « [sa] rédaction implique »(337). De son côté, la Cour de cassation approuve le juge du fond qui, dans le silence d'une instruction sur la signification juridique d'une expression, s'est référé au droit civil pour en préciser le sens(338). Confrontée à une discussion sur le sens de l'expression de « valeur réelle » retenue par une instruction, une cour administrative d'appel retient que « la valeur réelle d'un bien ne saurait s'entendre autrement que de sa valeur vénale »(339). V. également CE, 7 nov. 1979, n° 16.837 : *Dr. fisc.* 1980, n° 5, comm. 197, concl. P. Rivière, admettant que le contribuable peut user d'un mode de preuve autre que ceux visés par la doctrine administrative pour démontrer que ses conditions d'application sont réunies, et CE, 27 oct. 2010, n° 315.056, *Scherrer* : *RJF* 01/2011, n° 67, retenant qu'une indemnité transactionnelle ayant fait l'objet d'un simple jugement de donné acte ne peut être regardée, au sens de la doctrine administrative, comme une indemnité accordée par une décision juridictionnelle. V. également, considérant implicitement mais nécessairement que des « changements notoires » dans les conditions de l'exploitation doivent s'entreprendre de « changements substantiels » ayant affecté l'entreprise : CE, sect., 30 juin 1972, n° 80.083 : *Rec. CE* 1972, p. 499 (V. pour l'analyse cet arrêt *supra*, pt 1-*a in fine*).

(330) CE, 26 oct. 1977, n° 98.438 : *Dr. fisc.* 1978, n° 39, comm. 1396, concl. D. Fabre.

(331) CE, 4 févr. 1991, n° 75.334, *Sté d'assistance technique pour la France et l'étranger* : *Dr. fisc.* 1992, n° 4, comm. 93, concl. J. Gaeremynck. – CE, 5 mai 2006, n° 262.481, *Chambre de commerce et d'industrie de Béziers-Saint-Pons* : *Dr. fisc.* 2007, n° 25, comm. 655.

(332) CE, 13 mai 1991, n° 77.657, *Sté Éts René Pietruschi* : *Dr. fisc.* 1991, n° 49, comm. 2395. Pour un cas d'interprétation fondée sur une analyse grammaticale de la doctrine administrative, V. CAA Nancy, 9 mai 1996, n° 95-1490, *Sté Avon* : *Dr. fisc.* 1996, n° 52, comm. 1555, concl. B. Commenville, délimitant le champ d'application d'une mesure contenue dans une instruction fiscale en s'appuyant sur l'emploi du présent de l'indicatif dans le dispositif doctrinal en cause.

(333) CE, 7 juin 1972, n° 81.513 : *Rec. CE* 1972, p. 420.

(334) CAA Lyon, 26 mai 1999, n° 96-156, *Cottet* : *Dr. fisc.* 2000, n° 17, comm. 348. Dans cet arrêt, le juge retient : « s'il est vrai que l'instruction [invoquée par le contribuable] ne précise pas explicitement qu'elle ne concerne que les véhicules dont le contribuable est propriétaire, elle ne peut, eu égard aux mesures d'application (...) qu'elle comporte (...) être regardée comme visant également les véhicules pris en location ».

(335) CE, 18 oct. 1996, n° 140.796, *Min. c/Sélimi* : *RJF* 12/1996, n° 1406 ; *BDCF* 6/1996, p. 16, concl. G. Bachelier.

(336) CE, 12 févr. 1988, n° 43.309, *Fega* : *Dr. fisc.* 1988, n° 25, comm. 1236.

(337) CE, 13 mai 1991, n° 77.657, *Sté Éts Pietruschi* : *Dr. fisc.* 1991, n° 49, comm. 2395.

(338) Cass. com., 6 févr. 1990, n° 88-16.582, *Bondoux* : *RJF* 4/1990, n° 497.

(339) CAA Lyon, 27 sept. 2007, n° 04-707, *Vial* : *RJF* 2/2008, n° 149.

On rencontre même quelques arrêts qui, sous l'effet d'une interprétation « constructive », étendent le champ d'application d'une interprétation administrative de la loi fiscale[340].

Inversement, certains arrêts restreignent incontestablement la portée de la doctrine administrative[341], jugeant qu'un contribuable bénéficiant d'une exonération temporaire de taxe professionnelle ne peut être regardé comme exerçant une activité exonérée de cette taxe, « au sens de l'instruction [invoquée] ». On est loin, ici, de l'application littérale de la doctrine administrative.

L'arrêt *Sélimi* fait parfaitement ressortir l'ambiguïté de la position du juge sur la question de l'interprétation de la doctrine administrative[342]. Dans cette affaire, le problème porté devant le Conseil d'État était particulièrement simple. La loi fiscale[343] excluait l'application d'un régime de faveur pour les « entreprises créées (...) pour la reprise [d'] activités [préexistantes] ». Sur le terrain de la loi, la cour administrative d'appel de Lyon avait refusé l'application du régime de faveur à une entreprise créée par un ancien salarié pour reprendre une partie de l'activité précédemment exercée par son ancien employeur. L'ancien salarié se prévalait toutefois des termes d'une instruction fiscale qui avait indiqué (maladroitement) que : « la reprise d'activités préexistantes désigne l'acquisition par une personne physique ou morale d'une entreprise déjà constituée ». Appliquant littéralement cette instruction, la cour avait considéré que le régime de faveur était applicable, sur le terrain de la doctrine administrative, au cas d'externalisation qui lui était soumis. La cour administrative d'appel de Bordeaux avait statué dans le même sens dans une affaire similaire. Le Conseil d'État censure ces arrêts pour erreur de droit en considérant qu'il ne résulte pas des termes de cette instruction que l'administration « ait entendu regarder comme des entreprises nouvelles celles qui procéderaient à la reprise d'activités préexistantes autrement que par l'acquisition d'une entreprise déjà constituée ». Dans ses conclusions (conformes), le commissaire du gouvernement G. Bachelier se livre à quelques contorsions juridiques pour arriver à cette solution. Après avoir rappelé qu'il est « acquis que la doctrine administrative n'a aucun esprit » et que son texte ne peut faire l'objet que d'une « interprétation littérale », il poursuit par cette formule ampoulée : « les arrêts [attaqués] nous paraissent contestables parce qu'ils reposent sur une "lecture fermée" de l'instruction que la lettre du texte ne prévoit pas ». Il tient toutefois à préciser un point : « si vous nous suivez, vos décisions ne pourront (...) être perçues comme un affaiblissement ou une remise en cause quelconque [du] principe [de l'application littérale de la doctrine administrative] »[344].

Revenant sur l'arrêt *Sélimi*, le commissaire du gouvernement G. Goulard avait conclu en ces termes : « Ainsi, même si vous vous abstenez de rechercher les intentions des auteurs d'une instruction administrative dans des éléments qui seraient extérieurs à la lettre de cette instruction, vous ne vous refusez pas à en faire une lecture intelligente, qui vous conduit à rechercher l'objet et la portée des termes employés par l'administration »[345]. Enfin, la règle selon laquelle la doctrine administrative invoquée sur le fondement de l'article L. 80 A du Livre des procédures fiscales doit – eu égard à l'objectif de sécurité juridique poursuivi par ce dispositif – être appliquée littéralement porte une conséquence importante dans le contentieux de l'excès de pouvoir : une instruction ou circulaire fiscale critiquée devant le

(340) V., par ex., CE, 25 mars 1991, n° 109.498, *Sté Construrama Bâti-Service Promotion* : *Dr. fisc.* 1991, n° 26, comm. 1302, concl. M.-D. Hagelsteen, où il est jugé qu'une interprétation mentionnant expressément les seuls lotisseurs « a entendu viser aussi les aménageurs ».

(341) V. par ex. CE, 27 nov. 1991, n° 78.076, *Sté mécanique automobile de l'Est* : *Dr. fisc.* 1992, n° 29, comm. 1469 ; *Rec. CE* 1992, tables p. 836.

(342) CE, 18 oct. 1996, n° 140.796, *Min. c/Sélimi*, préc.

(343) CGI, art. 44 *bis*, anc.

(344) Concl. G. Bachelier sur CE, 18 oct. 1996, n° 140.796, *Min. c/Sélimi* : *BDCF* 6/1996, p. 16.

(345) G. Goulard, concl. CE, ass., avis, 8 avr. 1998, n° 192.539, *Sté de distribution de chaleur de Meudon et Orléans* : *Dr. fisc.* 1998, n° 18, comm. 398. Quelques années plus tard, E. Crepey concédait, de son côté, que le principe de lecture littérale de la doctrine administrative « ne vaut pas abdication de toute forme d'intelligence » (concl. sur CE, avis, sect., 8 mars 2013, n° 353.782, *Monzani* : *Dr. fisc.* 2013, n° 15, comm. 240).

juge de l'excès de pouvoir ne saurait faire l'objet d'une quelconque interprétation neutralisante par ce juge, c'est-à-dire d'une interprétation permettant d'en faire une application conforme aux normes qu'elle doit respecter[(346)].

§ 3. – La condition d'antériorité

A. – Apparition et disparition de la doctrine administrative

998. – **Apparition de la doctrine administrative (cas général).** 1) Toutes autres conditions étant par ailleurs remplies, la doctrine administrative de portée générale peut être invoquée à compter du jour de sa publication ou, le cas échéant, à une date ultérieure qu'elle détermine[(347)].

Symétriquement, la publication d'un élément de doctrine rapportant une précédente interprétation ne prive le contribuable du droit de se prévaloir de la doctrine rapportée que pour la période débutant le lendemain de cette publication[(348)].

Dans une communication sur la mise en œuvre du « pacte de responsabilité et de solidarité » prononcée lors du Conseil des ministres du 9 avril 2014, le Premier ministre a fait savoir que « les instructions fiscales seront désormais publiées à date fixe, le 1er de chaque mois »[(349)].

2) En revanche, elle ne peut, en principe, produire un quelconque effet pour la période antérieure à sa publication.

a) Les instructions publiées au *BOFiP-Impôts* portent une « date de publication » qui est celle de leur insertion dans la base documentaire accessible en ligne.

b) Dans le passé, les instructions publiées au *Bulletin officiel des impôts* comportaient assez fréquemment deux dates distinctes : celle de signature de l'instruction par l'autorité administrative et celle, ultérieure, de la publication du *Bulletin* qui la contenait. C'est naturellement à la date de publication du *Bulletin officiel des impôts* qu'il convenait de se référer (ce qui était d'ailleurs inévitable lorsque la date de signature de l'instruction n'était pas mentionnée). Les modalités de fonctionnement du site Internet www.circulaires.gouv.fr (V. *infra*, n° 1000, 1) conduisaient à nuancer cette solution. On devait considérer, en effet, que la date de publication d'une instruction était celle de son insertion sur ce site lorsque (comme cela arrivait parfois) cette dernière était antérieure à la date de publication portée sur le *Bulletin officiel des impôts* correspondant.

c) Pour le cas des appréciations individuelles, V. *infra*, n° 1017.

3) En d'autres termes, la doctrine administrative générale ne peut avoir normalement aucun effet rétroactif. Il n'y a pas lieu de distinguer sur ce point selon que la doctrine administrative nouvelle est plus favorable ou non que celle qui aurait été, le cas échéant, précédemment admise.

Ainsi, le juge fiscal considère qu'une instruction administrative plus favorable, en tant qu'elle prévoit que la nouvelle doctrine administrative qu'elle contient devra s'appliquer « pour le règlement des litiges en cours » ou « des différends déjà nés » (ce qui est relativement fréquent), ne

(346) CE, 3 juin 2016, n° 383.259, *Assoc. franç. des entreprises privées et a.* : *Dr. fisc.* 2014, n° 47, comm. 643, concl. É. Crépey, pour le cas d'un élément de doctrine qui, commentant des dispositions législatives que le Conseil constitutionnel n'avait déclarées conformes à la Constitution que sous une réserve d'interprétation, s'était abstenu de faire état de cette réserve. Sur cette réserve d'interprétation concernant différentes questions de la fiscalité des entreprises, V. *infra*, nos 1659 et 1668.

(347) CE, 3 juin 1983, n° 33.934 : *RJF* 8-9/1983, n° 954.

(348) CE, plén., 4 juill. 1986, n° 47.410, *Sté Publimod-Photo* : *Dr. fisc.* 1987, n° 17, comm. 895, concl. O. Fouquet, sol. impl.

(349) Alors que cette mesure pouvait sembler d'application immédiate, une quinzaine d'instructions fiscales ont été publiées, en avril et mai 2014, en méconnaissance de cette mesure de simplification prétendue.

comporte sur ce point aucune interprétation de la loi fiscale mais définit sa propre applicabilité dans le temps. Les mesures transitoires de cette nature ne sont donc pas opposables à l'administration[(350)].

La seule exception à ce principe a trait au cas où l'administration produit une interprétation d'un texte lui-même rétroactif. Le juge fiscal considère dans cette hypothèse que la rétroactivité de la loi « déteint » sur la doctrine administrative elle-même[(351)]. C'est la seule hypothèse où la doctrine administrative peut être utilement invoquée pour une période antérieure à sa publication.

La question de savoir s'il doit en aller de même pour un élément de doctrine administrative attachée à un texte répressif plus doux, lui-même applicable rétroactivement n'a pas été tranchée[(352)]. On peut penser, toutefois, que la rétroactivité *in mitius* de la loi répressive pourrait être assimilée à un cas de rétroactivité ordinaire. Sur la rétroactivité *in mitius* de la doctrine administrative elle-même, V. *infra*, n° 1003, 2-*b*.

Sur la question, différente, de l'invocabilité de la doctrine administrative publiée après le fait générateur de l'impôt mais avant l'expiration du délai de déclaration, V. *infra*, n° 1003, 1.

999. – **Apparition de la doctrine administrative (cas des projets d'instruction mis en consultation publique).** 1) Depuis avril 2010, suite à la publication du rapport intitulé *Instructions fiscales (propositions pour améliorer la sécurité juridique en matière fiscale)*, l'administration s'est engagée dans la voie du développement de la mise en consultation publique de certains projets d'instructions fiscales (V. *supra*, n° 959, 3-*a*).

Une autre recommandation contenue dans le même rapport[(353)] avait été parallèlement mise en œuvre : publiés sous une forme évidemment provisoire, les *projets d'instruction* étaient (toutes autres conditions remplies par ailleurs) opposables à l'administration jusqu'à la publication de l'instruction définitive.

Les projets d'instructions comportaient la mention suivante : « Projet soumis à consultation opposable à l'administration jusqu'à publication de l'instruction définitive ».

2) Depuis la mise en service de la base documentaire *BOFiP-Impôts*, en septembre 2012, cette opposabilité de la doctrine administrative de portée générale dans sa phase d'élaboration définitive revêt une forme très différente sur le plan des principes : des instructions provisoires (et non des « projets d'instruction ») sont rendues publiques avant d'être éventuellement remplacées, sur tel ou tel point, à l'issue des travaux découlant de la consultation publique, par une instruction définitive.

Sur le plan du droit, la pratique ancienne appelait une appréciation nuancée, pour s'apparenter, au fond, à une fausse bonne idée. Aucun texte en effet ne permettait de se prévaloir d'un simple projet d'instruction alors que l'identification de ces projets (qui ne comportaient pas les références habituelles et n'étaient pas publiés au *BOI*) ne se trouvait pas facilitée.

La pratique nouvelle ne suscite évidemment aucune de ces difficultés – le droit fiscal permettant à l'évidence de se prévaloir, dès sa publication, d'une instruction publiée, quand bien même celle-ci serait ultérieurement appelée à évoluer dans son contenu.

---

(350) CE, 28 avr. 1976, n° 95.319 : *Rec. CE* 1976, p. 213. – CE, plén., 14 mars 1979, n° 6.936 : *Dr. fisc.* 1980, n° 9, comm. 421, concl. P. Rivière. – CE, 5 oct. 1988, n° 62.247, *Sté du 26, rue Gérard* : *Dr. fisc.* 1989, n° 8, comm. 310. – CE, 28 mars 2012, n° 320.177, *Bouffard* : *RJF* 6/2012, n° 620.

(351) CE, 27 févr. 1991, n° 71.146, *Sté Raspail 226* : *Dr. fisc.* 1992, n° 13, comm. 672, concl. O. Fouquet.

(352) CE, 31 juill. 2009, n° 307.781, *Sté Cyberoffice* : *RJF* 01/2009, n° 1115.

(353) *Dr. fisc.* 2010, n° 16, comm. 282.

1000. – **Disparition de la doctrine administrative.** La doctrine administrative de portée générale peut disparaître pour des raisons diverses.

1) Le seul cas envisagé par l'article L. 80 A du Livre des procédures fiscales est celui du « rapport » de la doctrine administrative, c'est-à-dire l'abrogation de l'interprétation formelle précédemment admise, prononcée pour l'avenir par l'administration elle-même.

a) Cette abrogation peut être explicite ou implicite. Une instruction peut ainsi être « regardée comme » ayant rapporté l'interprétation résultant d'une instruction précédente(354).

b) Applicables depuis le 1er mai 2009, les règles issues d'un décret du 8 décembre 2008(355) exigent que les instructions et circulaires ministérielles soient tenues à la disposition du public sur le site Internet www.circulaire.gouv.fr (V. *supra*, n° 990, 4-*b*). Parallèlement, le même décret (art. 2) a réputé abrogées les circulaires et instructions déjà signées qui n'auraient pas été reprises sur ce site à la même date.

On ne pouvait concevoir qu'avec la plus grande difficulté que l'administration puisse arguer de ce décret pour priver le contribuable du droit de se prévaloir d'une instruction fiscale ancienne qui n'aurait pas été « reprise », après le 1er mai 2009, sur ce site Internet. Cette question d'interprétation a été ultérieurement réglée par un décret du 28 avril 2009 (art. 1er) qui précise que l'abrogation automatique prévue par le décret de 2008 ne s'applique pas « aux circulaires et instructions publiées avant le 1er mai 2009 dont la loi permet à un administré de se prévaloir ». S'agissant des éléments de doctrine non opposables, l'administration a apporté la précision suivante : « afin que leur éventuel défaut de republication [*sic*] ne porte pas préjudice aux usagers, les dispositions doctrinales [*sic*] non opposables (...) qui sont contenues dans les instructions ou dans la Documentation administrative de base publiées avant le 1er mai 2009 demeurent applicables pour autant, bien entendu, qu'elles ne soient pas devenues caduques ou n'aient pas été rapportées »(356).

Depuis le décret du 6 septembre 2012(357), l'obligation générale de publication sur ce site n'est plus applicable aux instructions fiscales nouvelles publiées par intégration dans la base documentaire *BOFiP-Impôts* (V. *supra*, n° 990, 4-*b*).

c) La mise en service de la base documentaire *BOFiP-Impôts* s'est accompagnée de l'abrogation expresse de l'ensemble de la doctrine administrative antérieure : à compter du 12 septembre 2012, « tous autres commentaires publiés antérieurement sous forme de documentation administrative de base, d'instructions, de réponses ministérielles, de réponses apportées dans le cadre du comité fiscal de la mission d'organisation administrative et de rescrits de portée générale sont corrélativement rapportés »(358).

d) L'administration n'est pas, de manière générale, en droit de retirer (c'est-à-dire faire disparaître rétroactivement) sa doctrine. Ainsi, l'administration ne peut opposer au contribuable l'abandon rétroactif d'un élément de doctrine résultant, selon elle, de la publication d'une nouvelle interprétation s'appliquant, selon ses propres termes, pour le règlement des litiges en cours(359). Sur un cas (isolé) d'abrogation crypto-rétroactive d'un « rescrit interprétatif », V. *supra*, n° 992.

Même si elle n'a pas été tranchée en jurisprudence, la question de savoir si l'administration peut *retirer* les actes contenant une interprétation formelle identique à celle posée par un acte distinct annulé par le juge de l'excès de pouvoir appelle certainement, compte tenu du sens de l'avis *Monzani*,

(354) CE, 6 mars 2002, n° 225.980, *Union des métiers et des industries de l'hôtellerie* : *Dr. fisc.* 2002, n° 21, comm. 445, à propos d'une instruction figurant dans la *Documentation administrative de base* regardée comme rapportée.

(355) Codifié depuis le décret du 23 octobre 2015 à l'article R. 312-8 du CRPA.

(356) Instr. 29 juin 2009 : *BOI* 13 A-4-09, anc.

(357) CRPA, art. R. 312-9.

(358) Instr. 7 sept. 2012 : *BOI* 13 A-2-12, exceptionnellement cosignée par le ministre de l'Économie et des Finances et celui chargé du budget. Sur l'incidence de cette abrogation « en bloc » sur le recours formé antérieurement à l'encontre d'une décision de refus d'abrogation d'une instruction non reprise au *BOFiP-Impôts*, V. *supra*, n° 990, 4-*a*.

(359) CAA Douai, plén., 26 avr. 2005, n° 02-736, *Sté Zegafredo Zanetti France* : *Dr. fisc.* 2005, n° 36, comm. 581, concl. J. Michel.

une réponse négative[360]. La doctrine administrative indique que, dans cette hypothèse, les autres actes doivent seulement être *rapportés* par l'administration[361].

À cet égard, le juge n'impose aucunement une règle de parallélisme des formes. Rien ne s'oppose à ce qu'une interprétation formulée par le biais d'un certain acte puisse être rapportée par la voie d'un acte d'une autre nature. Ainsi, dans le passé récent, le contenu d'une instruction publiée au *Bulletin officiel des impôts* pouvait amender le contenu de la documentation de base, et réciproquement. Aujourd'hui, une réponse ministérielle peut amender le *BOFiP-Impôts*, et inversement. Attaché à l'idée d'homogénéité matérielle de la doctrine administrative, le juge applique ici un principe d'« équivalence des formes » : une doctrine nouvelle qui a pour effet de rapporter une interprétation de la loi fiscale précédemment publiée ne peut « être opposée aux contribuables qu'à compter de la date à laquelle elle a fait l'objet d'une publicité au moins équivalente à celle qui avait été donnée à l'interprétation précédemment admise »[362].

De manière générale, le juge considère que tous les modes de publicité mis en œuvre en pratique sont équivalents. Avant la mise en service du *BOFiP-Impôts*, il avait été jugé, en particulier, que la publication au *Bulletin officiel des impôts* (*BOI*) constituait un mode de publicité équivalent au *Journal officiel* des débats de l'Assemblée nationale[363]. La seule exception tenait à la « version papier » de la *Documentation administrative de base* dont la diffusion – moindre que celle des réponses ministérielles ou du *Bulletin officiel des impôts* – justifiait, selon le juge fiscal, le respect d'un délai de carence propre à assurer la propagation dans le public des abrogations que sa mise à jour pouvait entraîner[364].

L'administration ne peut toutefois revenir sur l'interprétation résultant d'une instruction publiée par la voie d'une réponse administrative individuelle adressée au contribuable[365].

2) La deuxième hypothèse de disparition d'une interprétation est sa caducité, c'est-à-dire sa disparition fortuite résultant « par ricochet » des modifications affectant le texte interprété.

La caducité de la doctrine administrative peut également résulter de l'entrée en application d'une disposition législative (ou sans doute réglementaire) contredisant au fond l'interprétation retenue par l'administration[366]. Le Conseil d'État retient à cet égard une règle dite d'« étanchéité » entre la loi et la doctrine administrative : lorsqu'une interprétation administrative a été frappée de caducité du fait de l'intervention d'une loi, rien ne fait obstacle – de manière générale – à ce qu'ultérieurement, cette même interprétation soit formellement admise à nouveau par l'administration[367].

En principe, la garantie de l'article L. 80 A du Livre des procédures fiscales n'est applicable que si la législation interprétée par la doctrine en cause est toujours,

(360) CE, avis, sect., 8 mars 2013, n° 353.782, *Monzani* : *Dr. fisc.* 2013, n° 15, comm. 240, concl. E. Crépey, note O. Fouquet ; *Procédures* 2013, n° 6, comm. 205, note O. Négrin. Cet avis retient un principe de non-rétroactivité de l'annulation d'un acte « doctrinal » par le juge de l'excès de pouvoir (V. *infra*, n° 1009).

(361) Rép. min. Muselier, 4 déc. 1995, n° 29374, anc. : *JOAN* Q, p. 5140, non reprise dans les commentaires généraux ultérieurs et notamment au *BOFiP-Impôts*. La position soutenue par E. Crépey dans ses conclusions précitées sur l'avis *Monzani* est dans un sens similaire.

(362) CE, plén., 4 juill. 1986, n° 47.410, *Sté Publimod-Photo* : *Dr. fisc.* 1987, n° 17, comm. 895, concl. O. Fouquet.

(363) CE, plén., 18 mars 1988, n°s 73.693 et a., *Min. c/Firino Martell* : *Dr. fisc.* 1988, n° 41, comm. 1883, concl. B. Martin-Laprade ; *Rec. CE* 1988, p. 126 ; *GAJF* n° 9, p. 177.

(364) Pour éliminer cette *vacatio legis*, l'administration avait pris le parti d'annoncer au *Bulletin officiel des impôts* les modifications opérées au sein de la *Documentation administrative de base*. L'absence de mise à jour de cette documentation depuis 2002 a éliminé cette difficulté.

(365) CE, plén., 11 juill. 1977, n° 1.929, *Sté Ferrero-France* : *Dr. fisc.* 1978, n° 27, comm. 1116, concl. P. Lobry ; *Rec. CE* 1977, p. 330.

(366) V. récemment CE, 28 juin 2013, n° 352.089, *Min. c/Sté L2PI*, inédit.

(367) CE, avis, sect., 20 oct. 2000, n° 222.675, *Bertoni* : *Rec. CE* 2000, p. 449 ; *Dr. fisc.* 2001, n° 10, comm. 201, concl. G. Bachelier.

elle-même, applicable *ratione temporis*. Il en résulte que l'abrogation pure et simple d'un texte fait « tomber » *de facto* la doctrine administrative qui lui est associée et qui ne peut plus être utilement invoquée[368].

La survenance d'une « création jurisprudentielle » pour l'application du texte interprété ne semble pas, en revanche, de nature à influer sur l'applicabilité d'une interprétation formelle antérieure de ce même texte[369]. La même solution devrait être retenue lorsque le texte interprété fait l'objet d'un revirement de jurisprudence quant à son interprétation.

L'intervention d'une loi abrogeant rétroactivement un texte antérieur, qui devient ainsi inapplicable *ratione temporis*, prive le contribuable du droit de se prévaloir utilement, pour la période affectée par l'abrogation rétroactive, de la doctrine administrative qui lui était attachée[370].

Fondée sur l'idée que la doctrine administrative ne peut survivre à la loi nouvelle avec laquelle elle se révèle inconciliable, cette solution comporte en elle-même sa propre limite. L'existence de l'interprétation d'un texte ancien n'est pas remise en cause si elle se révèle compatible, au fond, avec la loi nouvelle : l'interprétation formulée par l'administration pour l'application d'une disposition législative abrogée est susceptible d'être invoquée par le contribuable soumis à la loi nouvelle dès lors que la loi abrogée est reprise au fond par cette dernière[371].

C'est ainsi que des interprétations anciennement admises pour l'application de la contribution des patentes ont pu être utilement invoquées en matière de taxe professionnelle[372], alors qu'une « doctrine administrative, relative au champ d'application territorial [et] à l'assiette du versement forfaitaire (...) sur les salaires, peut être utilement invoquée en matière de taxe sur les salaires dès lors que les textes qui ont régi successivement ces deux impôts leur donnent, sous réserve [d'une] exonération [particulière], le même champ d'application et la même assiette »[373]. De même, certaines interprétations formelles retenues en matière de TVA ont pu survivre à l'importante réforme issue de la troisième loi de finances rectificative pour 1978[374]. Enfin, pour donner un dernier exemple, certaines interprétations relatives à des impôts cédulaires ont pu pour la même raison être appliquées en matière d'IR[375].

À l'inverse, en matière de plus-values de cession de titres, les interprétations administratives de l'article 160, ancien, du CGI ne peuvent être utilement invoquées, depuis le 1er janvier 2000, dans un litige concernant une plus-value imposée par application des articles 150-0 A et 150-0 D du même code. En effet, l'article 160 ancien du CGI « ne peut être regardé comme ayant contenu des dispositions équivalentes à celles des nouveaux articles 150-0 A et 150-0 D lesquels ont refondu entièrement le régime d'imposition des plus-values de cession [de titres] »[376].

(368) CE, sect., 6 janv. 1971, n° 79.561 : *Dr. fisc.* 1971, n° 15, comm. 491 ; *Rec. CE* 1971, p. 3. – CE, 15 mai 1992, n° 71.854, *Irazoqui y Villanueva* : *Dr. fisc.* 1992, n° 46, comm. 2156. – CE, 26 oct. 1994, n° 116.175, *Champagne* : *Dr. fisc.* 1995, n° 4, comm. 100, concl. G. Bachelier.

(369) CE, 25 nov. 2009, n° 310.746, *Moscheni*, et quatre arrêts du même jour : *Dr. fisc.* 2010, n° 13, comm. 258, concl. É. Geffray, sol. impl., à propos des conditions de correction du prix d'acquisition de titres d'une société de personnes lors de la détermination de la plus-value procédant de leur cession.

(370) CE, 30 juin 1982, n° 33.818, *Sté Co Plan* : *RJF* 8-9/1982, n° 776, à propos d'une disposition législative expressément interprétative.

(371) CE, plén., 30 juin 1982, n° 22.796 : *Dr. fisc.* 1983, n° 10, comm. 420, concl. J.-F. Verny. Tel est également le cas lorsque les dispositions nouvelles se sont bornées à reprendre, en les complétant, les dispositions anciennes qui avaient fait l'objet de l'interprétation invoquée (CAA Paris, plén., 17 déc. 1991, n° 90-357, *Sté Restauration Gestion service* : *Dr. fisc.* 1992, n° 18, comm. 944, concl. F. Bernault. – CE, 6 mai 1996, n° 134.114, *Sté Restauration Gestion service* : *Dr. fisc.* 1996, n° 41, comm. 1218, concl. Ph. Martin).

(372) CE, 9 juill. 1980, n° 12.982 : *Dr. fisc.* 1980, n° 48-49, comm. 2474 ; *RJF* 10/1980, n° 802.

(373) CE, plén., 30 juin 1982, n° 22.796, préc.

(374) L. 29 déc. 1978, art. 24 à 49.

(375) CE, plén., 17 juin 1988, n° 60.728, *Ronzi* : *Dr. fisc.* 1988, n° 44, comm. 2025, concl. Th. Le Roy ; *Rec. CE* 1988, p. 244. – CE, 3 févr. 2003, n° 231.506, *Hedde* : *RJF* 4/2003, n° 433.

(376) CAA Bordeaux, 4 juin 2008, n° 06-1412, *Le Diabat* : *RJF* 12/2008, n° 1330.

La Cour de cassation se révèle ici plus formaliste que les juridictions administratives, qui juge – sans examen au fond des dispositions législatives successives – que la doctrine administrative relative à l'IGF ne peut être utilement invoquée en matière d'ISF[377].

Un arrêt du Conseil d'État donne même à penser que, dans certains cas, « la loi générale peut ne pas déroger à la doctrine administrative spéciale ». Ainsi, l'institution d'un régime d'amortissement dégressif[378] a laissé subsister une doctrine administrative antérieure permettant, en l'absence de tout texte en ce sens, la mise en œuvre d'une technique d'amortissement similaire propre à un secteur d'activité particulier[379].

3) La doctrine administrative peut enfin disparaître du fait de l'intervention du juge. Sans doute la simple « infirmation » de la doctrine administrative par le juge fiscal (c'est-à-dire le fait pour le juge d'adopter une interprétation de la loi contraire à celle retenue par l'administration) n'exerce-t-elle aucune influence directe sur l'existence de l'interprétation administrative[380].

Tel n'est pas le cas, naturellement, de l'annulation de la doctrine administrative qui peut être prononcée par le juge de l'excès de pouvoir. Revêtue de l'autorité absolue de chose jugée, l'annulation de l'acte exprimant une interprétation formelle de la loi fiscale entraîne sa disparition de l'ordonnancement juridique. Toutefois, en dépit de l'effet rétroactif qui s'attache normalement à l'annulation pour excès de pouvoir, le contribuable demeure en droit de se prévaloir de la doctrine annulée pour la période antérieure au prononcé de l'annulation (V. *infra*, n° 1009).

Sur le « retour intégral à la loi » en cas d'annulation d'un acte doctrinal ayant précédemment modifié un élément de doctrine administrative, V. *infra*, n° 1009.

B. – Doctrine administrative applicable *ratione temporis*

1001. – Généralités. Pour être utilement invoquée, la doctrine administrative doit être applicable à une date qui diffère selon que le contribuable se prévaut de celle-ci sur le fondement du premier ou du second alinéa de l'article L. 80 A du Livre des procédures fiscales.

Le moyen tiré de l'inapplicabilité *ratione temporis* d'une interprétation formelle de la loi fiscale présente un caractère d'ordre public (V. *infra*, n° 1006).

1002. – Rehaussement d'une imposition antérieure[381]. Cette question qui intéresse essentiellement en pratique les appréciations individuelles est examinée *infra*, n° 1018.

1003. – Rehaussement entraînant une imposition primitive ou supplémentaire[382]. Pour l'application du second alinéa de l'article L. 80 A du Livre des procédures fiscales, la jurisprudence a été marquée par quelques hésitations. L'extension du mécanisme d'opposabilité aux interprétations relatives au recouvrement et aux pénalités fiscales est également à l'origine de certaines interrogations.

(377) Cass. com., 12 janv. 1999, n° 97-12.650, *Pingard* : *Bull. civ.* 1999, IV, n° 13 ; *RJF* 4/1999, n° 500.
(378) L. 28 déc. 1959 portant, notamment, réforme du contentieux fiscal, art. 37.
(379) CE, 25 nov. 1987, n° 42.589, *Sté Vogue-Pip* : *Dr. fisc.* 1988, n° 12, comm. 598 ; *Rec. CE* 1987, p. 377.
(380) CE, 11 juill. 1969, n° 75.606 : *Dr. fisc.* 1969, n° 31-37, comm. 1049 ; *Rec. CE* 1969, p. 375.
(381) LPF, art. L. 80 A, al. 1er.
(382) LPF, art. L. 80 A, al. 2nd.

Il faut convenir que le texte légal, qui se réfère seulement, dans les deux hypothèses, à la doctrine administrative qui n'avait pas été rapportée « à la date des opérations en cause », n'est pas d'une limpidité parfaite.

La doctrine administrative se rapportant à cette question[383] ne reflète pas toujours très fidèlement les solutions jurisprudentielles dont il est fait état ci-après.

1) S'agissant des textes de fond, la doctrine administrative opposable est en principe celle qui est contemporaine du fait générateur de l'impôt[384]. Le contribuable ne peut utilement se prévaloir, en conséquence, d'un élément de doctrine rapporté avant la date de cet événement[385].

Cette solution est d'application exclusive s'agissant des impositions qui n'ont pas été établies sur une base déclarée par le contribuable.

Le commentaire général de l'administration n'est pas exactement en ce sens. Distinguant (assez curieusement) entre les impôts non déclaratifs selon qu'ils constituent, ou non, des impôts locaux, ce commentaire retient qu'en l'absence d'obligation déclarative :

– la condition d'antériorité doit être appréciée en principe « à la date de mise en recouvrement de l'imposition primitive à laquelle est assimilée la liquidation spontanée de l'impôt »[386] ;

– par exception, pour l'ensemble des impôts locaux (à l'exception de la CVAE), la condition d'antériorité doit être appréciée à la date du fait générateur de l'impôt[387].

On transpose donc à la doctrine administrative l'une des règles majeures gouvernant la résolution des conflits de textes fiscaux dans le temps.

La Haute juridiction administrative avait antérieurement retenu la même solution dans le cas particulier (V. *infra*, n° 1004) où la doctrine peut être invoquée sans condition d'application préalable par le contribuable[388].

La jurisprudence judiciaire est similaire. Selon la Cour de cassation, il résulte de l'article L. 80 A du LPF « que la doctrine formellement admise par l'Administration, lorsqu'elle est invoquée à son bénéfice par le contribuable, ne peut être appliquée que selon ses termes et sa teneur en vigueur à l'époque des impositions litigieuses »[389]. Ainsi, une doctrine abandonnée avant le fait générateur ne peut être utilement invoquée par le contribuable[390].

La jurisprudence antérieure ne faisait pas appel à la notion de fait générateur pour régler cette question. Elle considérait qu'un contribuable « ne peut utilement se prévaloir de l'interprétation donnée à un texte fiscal par l'Administration que si l'acte par lequel celle-ci a fait connaître son interprétation est antérieur (...) à la date à laquelle le contribuable peut être réputé avoir fait application de cette interprétation, c'est-à-dire la date limite impartie pour souscrire la déclaration correspondante (...) »[391].

Toutefois – si elle lui est plus favorable – le contribuable est en droit de se prévaloir sur le fondement de ce même second alinéa d'une interprétation nouvelle apparue entre le fait générateur et la date d'expiration du délai de déclaration[392].

(383) BOI-SJ-RES-10-10-10, n°s 350 et s.

(384) CE, plén., 18 mars 1988, n° 73.693, *Min. c/Firino Martell : Dr. fisc.* 1988, n° 41, comm. 1883, concl. B. Martin-Laprade ; *Rec. CE* 1988, p. 126 ; *GAJF* n° 9, p. 177. – Cass. com., 16 nov. 1999, n° 97-14.712, *Violleau : RJF* 2/2000, n° 304.

(385) CE, 21 juin 1996, n° 157.433, *Min. c/CCI de Gray-Vesoul : RJF* 8-9/1996, n° 1023. – CE, 21 oct. 2013, n° 358.061, *Lacire : RJF* 01/2014, n° 26 ; *BDCF* 01/2014, n° 5, concl. B. Bohnert.

(386) BOI-SJ-RES-10-10-10, n° 370.

(387) *Ibid.*

(388) CE, 15 oct. 1980, n° 16.604 : *Dr. fisc.* 1981, n° 12, comm. 647.

(389) Cass. com., 19 avr. 1988, n° 86-15.955 : *Bull. civ.* 1988, IV, n° 133. – Cass. com., 5 mai 1998, n° 96-20.780 : *Bull. civ.* 1998, IV, n° 144.

(390) Cass. com., 7 janv. 1997, n° 95-11.687, *Viart : Bull. civ.* 1997, IV, n° 7.

(391) CE, plén., 14 mars 1979, n° 6.936 : *Rec. CE* 1979, p. 113 ; *Dr. fisc.* 1980, n° 9, comm. 421, concl. P. Rivière. – V. dans le même sens CE, 27 mai 1987, n° 60.053 : *Dr. fisc.* 1987, n° 44, comm. 1969 ; *RJF* 7/1987, n° 796 et CE, 17 janv. 1996, n° 120.646, *Sté Nike : Dr. fisc.* 1996, n° 10, comm. 293 ; *RJF* 3/1996, n° 322, p. 478, chron. S. Austry.

(392) CE, 26 oct. 1994, n° 116.175, *Champagne : Dr. fisc.* 1995, n° 4, comm. 100, concl. G. Bachelier.

En revanche, il ne peut se prévaloir utilement d'une interprétation apparue après la date d'expiration du délai de déclaration[393], alors même que cet élément de doctrine aurait prévu son application rétroactive (V. *supra*, n° 998).

Certains arrêts, qui écartent les éléments de doctrine invoqués aux motifs qu'ils sont postérieurs à la période d'imposition (ce qui fait référence au fait générateur de l'impôt et non à l'expiration du délai de déclaration) ne peuvent être regardés comme ayant remis en cause cette solution[394].

Naturellement, si la doctrine administrative se trouve abandonnée (ou durcie) entre le fait générateur et l'expiration du délai de déclaration, le contribuable demeure en droit de se prévaloir de la doctrine administrative contemporaine du fait générateur de l'impôt.

Si la doctrine nouvelle dont le contribuable entend se prévaloir apparaît après qu'il a effectivement souscrit sa déclaration, il lui appartient de souscrire (à supposer que le délai de déclaration n'a pas expiré) une déclaration rectificative.

2) Les conditions d'opposabilité *ratione temporis* des interprétations relatives au recouvrement ou aux pénalités n'ont pas encore été précisées par la jurisprudence.

Cette question ne doit pas être confondue avec celle qui, entièrement réglée par la jurisprudence, se rapporte aux conditions d'application dans le temps de la loi ayant étendu le champ de la garantie aux interprétations relatives au recouvrement et aux pénalités (V. *infra*, n° 988, 2).

a) On aurait pu penser que les interprétations relatives au recouvrement soient opposables à la condition qu'elles n'aient pas été rapportées à la date de l'acte pris pour l'établissement de l'impôt ou, en l'absence d'acte d'imposition, à la date du paiement spontané de l'impôt. La jurisprudence du Conseil d'État s'est toutefois orientée dans un sens différent : il semble bien, en effet, que, s'agissant des interprétations relatives au recouvrement de l'impôt, la doctrine administrative applicable *ratione temporis* est celle qui était « applicable à la date des réclamations »[395].

Le Conseil d'État avait déjà jugé qu'un contribuable qui se prévaut d'une instruction relative au recouvrement dans la réclamation dirigée contre les actes de poursuite émis à son encontre doit être regardé comme ayant appliqué un texte fiscal selon l'interprétation que l'administration avait fait connaître par une instruction publiée[396]. La jurisprudence ultérieure a contredit l'idée que la Haute juridiction ne semblait pas, ce faisant, avoir exprimé une règle concernant l'application *ratione temporis* de la doctrine administrative relative au recouvrement de l'impôt.

b) dans le cas général, les interprétations relatives aux pénalités (intérêts de retard et sanctions) opposables seraient celles qui n'auront pas été rapportées à la date à laquelle le contribuable a effectivement souscrit sa déclaration.

Une interprétation relative à un texte répressif étranger aux obligations déclaratives du contribuable devrait être applicable *ratione temporis* en fonction de la date de réalisation de l'infraction réprimée par la sanction fiscale considérée.

La question de l'admission, en matière de sanctions fiscales, de la rétroactivité des interprétations plus douces publiées après la date de souscription de la déclaration peut naturellement se poser.

(393) CE, 5 oct. 1988, n° 62.247, *Sté du 26, rue Gérard : Dr. fisc.* 1989, n° 8, comm. 310. – CE, 13 oct. 1999, n° 190.040, *Sté roubaisienne de prestations travaux et ventes : Dr. fisc.* 2000, n° 18-19, comm. 375, concl. G. Bachelier.

(394) CE, 1er juill. 2009, n° 295.689, *Sté Alain Palanchon : Dr. fisc.* 2009, n° 40, comm. 490, concl. P. Collin. – CE, 10 juin 2010, n° 301.586, *Sté Carilis : RJF* 10/2010, n° 884.

(395) CE, 10 oct. 2014, n° 364.344, *Sté Cise : Dr. fisc.* 2014, n° 47, comm. 645, concl. F. Aladjidi. – CE, 24 oct. 2014, n° 364.359, *Sté Miller*, inédit.

(396) CE, 27 févr. 2013, n° 354.004, *Min. c/Pérez : Dr. fisc.* 2013, n° 17, comm. 263 ; *Procédures* 2013, n° 5, comm. 174, obs. O. Négrin. – V. *infra*, n° 988, 2. – V. également CE, 9 avr. 2014, n° 356.923, *Picton : Dr. fisc.* 2014, n° 19, comm. 315.

Dans le cadre d'une lecture « non normative » de la doctrine (V. *supra*, n° 965), l'esprit général du dispositif de l'article L. 80 A du LPF conduit toutefois à refuser cette possibilité de rétroactivité *in mitius* de la doctrine plus douce.

SOUS-SECTION 4

LES CONDITIONS DE MISE EN ŒUVRE DE LA GARANTIE

§ 1. – Les obligations du contribuable

1004. – Application préalable de la doctrine administrative. 1) En principe, le contribuable ne peut opposer une interprétation formelle à l'administration sur le fondement de l'alinéa second de l'article L. 80 A du Livre des procédures fiscales que s'il en a lui-même – dès l'origine – fait application. En d'autres termes, le contribuable doit avoir accompli ses obligations déclaratives en se plaçant spontanément sous le régime prévu par la doctrine.

Propre à l'alinéa second de l'article L. 80 A du LPF, cette solution régulièrement rappelée en jurisprudence peut paraître sévère. Elle résulte toutefois de la lettre même du dispositif légal qui vise le cas où « le redevable a appliqué un texte fiscal selon l'interprétation que l'administration avait fait connaître par ses instructions ou circulaires publiées ». Elle est naturellement sans objet pour l'application de l'alinéa 1er de l'article L. 80 A du LPF (V. *supra*, n° 967).

Cette condition ne semble applicable qu'aux interprétations relatives au fond du droit fiscal et au recouvrement de l'impôt[397]. Elle pourrait ne pas être toujours opposée au contribuable invoquant des interprétations relatives aux pénalités fiscales.

Le moyen tiré de ce que le contribuable n'a pas appliqué préalablement la doctrine administrative est d'ordre public (V. *infra*, n° 1006).

Corrélativement, selon une jurisprudence constante, il ne peut utilement demander *a posteriori* le bénéfice de la doctrine administrative dont il n'a pas fait initialement application[398].

Naturellement, cette solution peut susciter une difficulté en termes d'égalité devant l'impôt. C'est sans doute la raison pour laquelle la position de l'administration est beaucoup plus souple. Elle admet que le contribuable puisse bénéficier de la garantie alors même que, dans un premier temps, il n'en a pas fait spontanément application : « il n'est pas exigé des contribuables, pour l'application du 2nd alinéa de l'article L. 80 A du LPF, qu'ils aient effectivement fait application de la doctrine dont ils revendiquent, *a posteriori*, le bénéfice. Ainsi, tout contribuable qui a souscrit sa déclaration (...) en fonction des seules dispositions légales et réglementaires demeure fondé dans le délai de réclamation, à se prévaloir d'une doctrine plus favorable pour faire échec à toute imposition primitive ou supplémentaire pour autant, toutefois, que la règle d'antériorité soit satisfaite »[399].

(397) Le contribuable, lorsqu'il se prévaut d'une interprétation relative au recouvrement de l'impôt (V. *supra*, n° 988), doit en avoir fait application dès le stade de la réclamation (CE, 9 avr. 2014, n° 356.923, *Picton : Dr. fisc.* 2014, n° 19, comm. 315, écartant le bénéfice de la garantie dans un cas où le contribuable s'était prévalu pour la première fois de la doctrine administrative devant le juge fiscal).

(398) CE, plén., 11 juill. 1977, n° 1.929, *Sté Ferrero France : Dr. fisc.* 1978, n° 27, comm. 1116, concl. P. Lobry ; *Rec. CE* 1977, p. 330. – CE, 31 mars 1993, n° 115.511, *Sté Clinique Lafourcade : Dr. fisc.* 1993, n° 46, comm. 2207.

(399) BOI-SJ-RES-10-10-10, nos 450 et 460. Cette interprétation n'est pas, toutefois, susceptible d'être utilement invoquée sur le fondement de l'article L. 80 A du Livre des procédures fiscales (V. *supra*, n° 986).

Le rapport de la Commission Fouquet sur *L'amélioration de la sécurité juridique des relations entre les contribuables et le fisc* (juin 2008) avait proposé de supprimer cette condition[(400)]. Cette proposition (n° 9) n'a pas, à ce jour, trouvé de traduction législative.

2) Cette solution générale ne connaît que trois atténuations liées à l'existence d'hypothèses dans lesquelles, selon le cas, la collaboration du contribuable à l'établissement de l'impôt n'est pas légalement exigée, est défaillante ou est écartée par la doctrine administrative elle-même.

Dans une espèce marquée par un certain particularisme, le Conseil d'État a également admis que le contribuable pouvait se prévaloir d'un élément de doctrine administrative dont il a fait application pour la première fois en introduisant une réclamation contentieuse[(401)].

a) Selon une jurisprudence constructive du Conseil d'État, le contribuable peut d'abord opposer à l'administration ses interprétations formelles en matière d'impôts non déclaratifs alors, pourtant, qu'il n'est pas appelé, en la matière, à appliquer de quelque manière que ce soit un texte fiscal[(402)].

b) Faisant preuve d'un libéralisme indéniable, la Haute juridiction admet ensuite l'application de la garantie dans les cas où l'administration met en œuvre une procédure d'imposition d'office[(403)].

La même solution est retenue[(404)] lorsque le contribuable est imposé à l'IR en application de l'article 168 du CGI (permettant, sous certaines conditions, à l'administration de porter la base d'IR déclarée par le contribuable à un montant forfaitaire résultant de certains éléments de son train de vie).

c) C'est le cas, enfin, lorsque la doctrine administrative elle-même introduit expressément, dans les cas qu'elle vise, une exception à l'obligation légale de déclarer. Le contribuable peut alors être regardé comme ayant appliqué une interprétation administrative en l'absence de déclaration de sa part[(405)].

1005. – **Invocation précise de la doctrine administrative.** Le juge, s'il connaît la loi, ne connaît pas la doctrine administrative. Deux obligations de nature différente pèsent, en conséquence, sur le contribuable qui entend bénéficier de la garantie instituée à l'article L. 80 A du Livre des procédures fiscales.

1) Le moyen tiré de l'application de cette disposition ne présente pas un caractère d'ordre public. Le contribuable doit donc expressément soulever ce moyen (V. *infra*, n° 1006).

(400) V. *Dr. fisc.* 2008, n° 27, p. 7 et s.

(401) CE, 23 nov. 2015, n° 370.712, *Sté Exxonmobil France Holding* : *Dr. fisc.* 2016, n° 3, comm. 75, concl. F. Aladjidi ; *Procédures* 2016, n° 1, comm. 38, note O. Négrin, pour un cas où une société absorbée se prévalait d'un élément de doctrine prévoyant qu'une telle société pouvait, sous l'effet d'un traité de fusion rétroactif, perdre *ex post* la qualité de redevable légal d'une imposition additionnelle à l'IS. Comme l'a relevé le rapporteur public « dans le cas particulier où, comme en l'espèce, l'Administration a admis qu'il puisse y avoir une demande de restitution lorsqu'un événement intervient après l'acquittement de l'impôt, il n'est pas possible de tenir le (...) raisonnement [usuel]. Au contraire, il est clair qu'en sollicitant la restitution, la société a [fait application de la doctrine administrative invoquée au sens de l'art. L. 80 A, al. 2, du LPF] » (concl. F. Aladjidi préc.).

(402) CE, 7 janv. 1977, n° 96.362, *Renaut* : *Dr. fisc.* 1977, n° 12, comm. 459 : *Rec. CE* 1977, p. 5.

(403) CE, 3 avr. 1981, n° 14.276 ter : *Dr. fisc.* 1981, n° 48-49, comm. 2174, concl. J.-F. Verny. – CE, 4 juin 1982, n°s 24.543 et a. : *Dr. fisc.* 1982, n° 39, comm. 1778.

(404) CE, 15 oct. 1980, n° 16.604 : *Dr. fisc.* 1981, n° 12, comm. 647. – CE, 29 oct. 1980, n° 13.749 : *Dr. fisc.* 1981, n° 44, comm. 1931, concl. P. Rivière.

(405) CE, 17 avr. 2008, n° 294.359, *Min. c/GIE des Mutuelles accidents élèves* : *RJF* 7/2008, n° 823 ; *BDCF* 7/2008, n° 93, concl. L. Vallée, sol. impl.

2) Au-delà, le contribuable doit justifier de l'existence de l'interprétation qu'il invoque[406] et assortir ses prétentions sur ce point des précisions suffisantes pour mettre le juge fiscal en mesure de se prononcer[407] ou d'en apprécier la pertinence[408]. À défaut, le moyen tiré de l'article L. 80 A du Livre des procédures fiscales ne peut qu'être rejeté.

N'apporte pas les éléments adéquats, le contribuable qui fait état, sans plus de précision, d'« interprétations de la loi fiscale qui auraient été données par l'administration compétente et qui lui seraient favorables »[409] ou « d'une interprétation administrative qui serait contenue dans une instruction insérée sous [un article] du CGI dans une édition annotée »[410].

La jurisprudence de la Cour de cassation est dans le même sens : le juge fiscal n'est pas tenu de répondre à un moyen imprécis, « non assorti de justifications et sans précision du fondement juridique, ni de l'acte administratif dans lequel [la] doctrine [invoquée] serait exprimée »[411].

Le juge fait toutefois preuve d'un certain libéralisme. Le Conseil d'État a approuvé un jugement au fond décidant qu'un contribuable qui avait confondu dans ses écritures deux réponses ministérielles successives avait entendu se prévaloir de ces deux éléments de doctrine, dès lors que dans la deuxième réponse, le ministre s'était, selon le juge, borné à compléter sa réponse précédente[412].

§ 2. – Les devoirs du juge

A. – Les devoirs indiscutables

1006. – Impossibilité de soulever d'office le moyen. 1) Le moyen tiré de l'article L. 80 A du Livre des procédures fiscales ne présente pas en lui même un caractère d'ordre public. Le juge fiscal n'est donc pas en droit de le soulever d'office en faveur du contribuable[413].

Le juge ne peut soulever d'office l'existence d'une instruction administrative favorable au contribuable si celui-ci ne s'en est pas prévalu. Cette solution est retenue alors même que l'Administration aurait signalé l'existence de cet élément de doctrine en cours de procédure[414].

Par ailleurs, le moyen n'est pas recevable lorsqu'il est soulevé pour la première fois devant le juge de cassation[415].

Devant le juge fiscal, le contribuable qui entend se prévaloir de la doctrine administrative doit donc manifester cette intention de façon suffisamment claire et, pour éviter toute ambiguïté, préciser qu'il entend s'en prévaloir sur le fondement de l'article L. 80 A du Livre des procédures fiscales.

---

(406) CE, sect., 2 mars 1966, n° 64.849, *Amiand : Rec. CE* 1966, p. 162.
(407) CE, 28 déc. 1988, n° 57.847, *Sté Cabinet d'Ormane : Dr. fisc.* 1989, n° 26, comm. 1319.
(408) CE, 10 déc. 1999, n° 201.067, *Sté Juventhera : Dr. fisc.* 2000, n° 24, comm. 493, concl. J. Arrighi de Casanova.
(409) CE, 5 oct. 1988, n° 59.028, *Sté Conserves Jean Henaff : Dr. fisc.* 1989, n° 8, comm. 317.
(410) CE, 12 févr. 1988, n° 55.535, *Coutan : Dr. fisc.* 1988, n° 20-21, comm. 1011.
(411) Cass. com., 29 mars 1994, n° 92-19.414, *Sté Picc et a. : Bull. civ.* 1994, IV, n° 133 ; *RJF* 7/1994, n° 810.
(412) CE, 11 févr. 1998, n° 179.960, *Buridant : Dr. fisc.* 1998, n° 22, comm. 470 ; *BDCF* 2/1998, n° 45, concl. G. Bachelier. – V. également, acceptant d'examiner au fond le moyen tiré d'une réponse ministérielle dont les références ne sont pas exactement rapportées, CAA Nancy, 10 juin 1999, n° 95-1182, *Sté d'économie mixte Valenciennes Stationnement : Dr. fisc.* 1999, n° 50-51, comm. 925, concl. B. Stamm, sol. impl.
(413) CE, 29 avr. 1977, n° 275, *Sté Économiques troyens et Docks Réunis : Dr. fisc.* 1977, n° 31-37, comm. 1281 ; *ibid.* n° 50, comm. 1801, concl. B. Martin-Laprade. – CE, 4 juill. 1984, n° 34.369 : *Dr. fisc.* 1985, n° 6, comm. 215, concl. P.-F. Racine.
(414) CAA Bordeaux, 16 mai 1991, n° 89-1297, *Caisse régionale de crédit agricole mutuel du Lot : Dr. fisc.* 1992, n° 16, comm. 854.
(415) CE, 17 juin 1994, n° 128.617, *Caisse régionale de crédit agricole mutuel du Lot : Dr. fisc.* 1994, n° 38, comm. 1579, concl. G. Bachelier.

Ainsi, le contribuable qui « s'est borné à faire allusion, de manière imprécise, à [une] circulaire à l'appui de son moyen tiré de ce qu'il ne pouvait être assujetti à la CSG » n'est pas fondé à soutenir que le juge du fond aurait insuffisamment motivé sa décision en ne se prononçant pas sur cette circulaire(416). De même, ne peut être regardé comme ayant invoqué le bénéfice de la garantie prévue à l'article L. 80 A du LPF, le contribuable qui a seulement fait état du contenu d'une instruction fiscale au soutien de sa propre interprétation des dispositions législatives en cause(417).

Le juge fiscal est incontestablement libéral dans l'application de cette solution. Il admet ainsi que le contribuable puisse être considéré comme invoquant implicitement l'article L. 80 A du LPF, lorsque l'administration place également le litige sur ce terrain(418). Dans cet ordre d'idées, il semble que le Conseil d'État considère que l'invocation d'un élément de doctrine administrative par le contribuable emporte implicitement invocation de l'article L. 80 A du LPF lui-même. Ainsi, le Conseil d'État a-t-il censuré la décision du juge du fond qui avait refusé d'examiner le moyen tiré de la garantie au motif que le contribuable n'avait pas précisé, dans sa requête, sur quel fondement il entendait se prévaloir de la doctrine administrative dont il faisait état(419).

Un autre arrêt, dont la portée est un peu incertaine, semble aller plus loin encore. Le juge y considère qu'un contribuable « doit être regardé comme se prévalant (...) de l'interprétation de la loi fiscale » admise par l'administration(420).

2) Toutefois, par application des principes généraux du contentieux administratif, le moyen tiré du champ d'application de la loi présente un caractère d'ordre public. Il en résulte que le juge doit déterminer, le cas échéant d'office, si un texte invoqué par une partie est bien applicable au litige. Évidemment retenue en contentieux fiscal, cette solution générale peut conduire le juge à refuser d'office de faire droit au moyen tiré de la garantie lorsque les conditions légales d'application de l'article L. 80 A du Livre des procédures fiscales ne sont pas réunies.

Présentent ainsi un caractère d'ordre public, les moyens tirés :

- de ce que le champ d'application matériel de la garantie aurait été méconnu(421) ;
- de ce que la doctrine invoquée ne comporte pas d'interprétation formelle de la loi fiscale(422) ;
- de ce que la doctrine administrative n'est pas invoquée à l'encontre d'un rehaussement d'imposition(423) ;
- de ce que la doctrine invoquée ne serait pas applicable *ratione temporis*(424) ;
- du non-respect de la condition d'application préalable de la doctrine administrative par le contribuable(425).

1007. – Subsidiarité de la doctrine administrative. 1) Avant d'examiner le moyen tiré de la doctrine administrative, le juge fiscal doit toujours examiner

(416) CE, 4 mai 2011, n°s 330.551 et s., *Min. c/Cousin* : *Dr. fisc.* 2011, n° 37, comm. 498, concl. E. Geffray.

(417) CE, 23 déc. 2011, n° 323.189, *Sté Mercedes* : *Dr. fisc.* 2012, n° 10, comm. 178 ; *BDCF* 3/2012, n° 32, concl. P. Collin. Dans ses conclusions, le rapporteur public avait relevé que le juge du fond n'avait pas irrégulièrement omis de répondre à « un véritable moyen autonome tiré (...) de la garantie contre les changements de doctrine » mais s'était régulièrement abstenu de répondre à un simple argument avancé au soutien de l'interprétation avancée.

(418) CE, plén., 29 juill. 1983, n° 24.733 : *Dr. fisc.* 1984, n° 9, comm. 433, concl. J.-F. Verny, sol. impl. – CE, 12 mai 1997, n° 140.887, *Moussali* : *Dr. fisc.* 1997, n° 40, comm. 1018, concl. F. Loloum, sol. impl.

(419) CE, 6 oct. 1999, n° 169.140, *Quach* : *Dr. fisc.* 2000, n° 9, comm. 163.

(420) CE, 4 avr. 1990, n° 65.067, *Centre d'éducation et de sécurité routière 91* : *Dr. fisc.* 1990, n° 32-38, comm. 1657.

(421) CE, 27 juill. 2001, n° 211.758, *Min. c/Sté Agencinox* : *Dr. fisc.* 2001, n° 49, comm. 1138, concl. G. Goulard.

(422) CE, 10 juill. 1996, n° 131.783, *Quinto Fantini* : *Dr. fisc.* 1996, n° 49, comm. 1474, sol. impl.

(423) CE, 23 nov. 2007, n° 268.210, *Sté Arcelor France* : *Dr. fisc.* 2008, n° 10, comm. 201, concl. L. Vallée. – CE, 27 juill. 2009, n° 303.559, *Sté La Fédération continentale* : *RJF* 11/2009, n° 951.

(424) CE, 28 nov. 1997, n° 125.920, *Arnal*, et n° 165.287, *Sté Sataic* : *Dr. fisc.* 1998, n° 16, comm. 332, concl. F. Loloum. – CE, 20 mai 1998, n° 155.738, *Sté d'exploitation des carburants* : *Dr. fisc.* 1998, n° 45, comm. 1009, concl. J. Arrighi de Casanova. – CE, 30 déc. 2002, n° 236.096, *Hanna* : *RJF* 3/2003, n° 298, concl. S. Austry, p. 195 ; *Dr. fisc.* 2003, n° 10, comm. 189. – CE, 21 oct. 2013, n° 358.061, *Lacire* : *RJF* 01/2014, n° 26 ; *BDCF* 01/2014, n° 5, concl. B. Bohnert. – V. également Cass. com., 16 nov. 1999, n° 97-14.712, *Violleau* : *RJF* 2/2000, n° 304.

(425) CE, 31 mars 1993, n° 115.511, *Sté Clinique Lafourcade* : *Dr. fisc.* 1993, n° 46, comm. 2207.

prioritairement, et le cas échéant d'office, les moyens soulevés par le contribuable au regard de la loi fiscale elle-même[426].

Il en résulte qu'une décision juridictionnelle statuant exclusivement sur le terrain de la doctrine administrative, sans avoir au préalable examiné le bien-fondé du moyen au regard des dispositions légales applicables, n'est pas légalement motivée et encourt, pour ce motif, l'annulation[427].

Le caractère subsidiaire du moyen tiré de l'article L. 80 A du LPF avait été implicitement retenu précédemment[428].

Dès lors que le litige relève du contentieux fiscal et que l'interprétation administrative invoquée émane d'une autorité compétente, le moyen soulevé, sur le fondement de l'article L. 80 A du LPF, d'un élément de doctrine administrative est nécessairement opérant – même s'il peut, naturellement, être par ailleurs mal fondé[429]. Le Conseil d'État considère en effet que la circonstance que la doctrine administrative invoquée ne remplirait pas les conditions d'opposabilité n'a pas pour effet de rendre inopérant le moyen tiré de la garantie. Ainsi, en s'abstenant, dans un tel cas, de répondre à ce moyen le juge entache sa décision d'une irrégularité[430].

2) Le Conseil d'État a ultérieurement précisé la signification de ce principe : « lorsqu'un contribuable se borne à demander le bénéfice de l'interprétation favorable que, selon lui, l'administration aurait donnée de la loi fiscale, sa requête doit être regardée comme fondée à titre principal sur la méconnaissance des dispositions législatives concernées et subsidiairement sur celle de l'article L. 80 A du Livre des procédures fiscales »[431].

a) Par suite, « en rejetant la requête [du contribuable] au seul motif que la doctrine dont il demandait le bénéfice était en l'espèce inopérante, sans s'être auparavant prononcée sur le bien-fondé de l'impôt contesté au regard de la loi, la cour administrative d'appel (...) a entaché son arrêt d'une insuffisance de motivation »[432].

b) La règle de subsidiarité ne s'applique pas dans l'instance d'appel quand, les prétentions du contribuable ayant été accueillies en première instance sur le terrain de la doctrine administrative après avoir (par construction) été rejetées sur le terrain de la loi, l'administration n'articule en appel aucun moyen de nature à contester le bien-fondé de l'appréciation du tribunal administratif sur ce point[433].

1008. – Lecture stricte de la doctrine administrative. Le juge fiscal ne doit pas étendre le champ d'application de la doctrine administrative. Cette obligation découle des exigences de la condition de conformité qui s'impose au juge fiscal comme au contribuable (V. *supra*, n° 994).

(426) Cette règle n'est pas applicable, même par transposition, lorsque le contribuable entend se prévaloir d'une appréciation formelle de sa situation individuelle sur le fondement de l'article L. 80 B, 1° du Livre des procédures fiscales (V. *infra*, n° 1014).

(427) CE, 14 avr. 1995, n° 135.659, *Sté pour la réalisation et la gestion immobilière : Dr. fisc.* 1995, n° 42, comm. 1967.

(428) CE, plén., 25 févr. 1985, n° 39.003, *Sté Institut international de formation École parisienne des hôtesses : Dr. fisc.* 1985, n° 42, comm. 1783, concl. O. Fouquet ; *Rec. CE* 1985, p. 55.

(429) CE, 30 juin 2010, n° 310.294, *Commeau : RJF* 11/2010, n° 1056.

(430) CE, 14 juin 1996, n° 148.696, *Heilmann : RJF* 8-9/1996, n° 1044. – CE, 29 avr. 1998, n° 171.268, *Weisbecker : Dr. fisc.* 1998, n° 29, comm. 657. – CE, 3 déc. 1999, n° 181.532, *Chambert : Dr. fisc.* 2000, n° 36, comm. 639.

(431) CE, 5 févr. 2001, n° 215.592, *Zucchet : Dr. fisc.* 2001, n° 30-35, comm. 729, concl. L. Touvet.

(432) Même arrêt. Un arrêt antérieur avait retenu que « lorsqu'un contribuable conteste une imposition en se bornant à invoquer (...) l'interprétation du texte fiscal qui résulterait d'une instruction ou circulaire administrative, il appartient au juge de l'impôt, au préalable, d'examiner si cette imposition trouve son fondement dans les dispositions de la loi fiscale dont l'administration a entendu faire application à ce contribuable » (CE, 13 mai 1991, n° 68.969, *Trogler : Dr. fisc.* 1992, n° 7, comm. 273, concl. J. Gaeremynck).

(433) V. pour une illustration de ce cas de figure, CAA Nantes, 3 mars 2008, n° 07-838, *Hardy*, et CE, 7 avr. 2010, n° 316.083, *Min. c/Hardy : Dr. fisc.* 2010, n° 20, comm. 313.

1009. – Doctrine administrative annulée. 1) Le juge de l'excès de pouvoir peut, notamment à la demande d'un tiers, prononcer l'annulation d'un acte de portée générale comportant une interprétation formelle d'un texte fiscal au sens de l'article L. 80 A du Livre des procédures fiscales (V. *supra*, n° 970).

Bien connus, les effets généraux d'un jugement prononçant l'annulation d'un acte administratif sont parfaitement établis : revêtue de l'autorité absolue de chose jugée, l'annulation prononcée par le juge de l'excès de pouvoir produit un effet *erga omnes* ; l'acte annulé est réputé disparaître rétroactivement de l'ordonnancement juridique auquel il est sensé n'avoir jamais appartenu.

Les recours pour excès de pouvoir dirigés contre la doctrine administrative de portée générale relèvent de la compétence directe du Conseil d'État statuant en premier et dernier ressort(434).

L'annulation par le juge de l'excès de pouvoir d'une instruction administrative interprétant des dispositions législatives n'implique pas nécessairement que l'autorité administrative compétente publie de nouveaux commentaires de ces dispositions(435).

2) La question s'est naturellement posée de l'incidence juridique de l'annulation d'un tel acte sur la faculté légale reconnue aux contribuables de se prévaloir, à l'encontre de l'administration, de la doctrine considérée. L'autorité fiscale contentieuse devait-elle s'incliner devant le jugement d'annulation et renoncer à appliquer, dès lors qu'elle se prononce postérieurement à ce jugement, la doctrine administrative annulée ? Devait-elle au contraire – en dépit de l'annulation prononcée – continuer à appliquer l'élément de doctrine pour les impositions antérieures à la date du prononcé de l'annulation ?

Un argument en faveur de cette seconde solution pouvait, en première analyse, être tiré du texte même de l'article L. 80 A du LPF qui fait état de la doctrine que l'administration « n'avait pas rapportée à la date des opérations en cause » (al. 2). On pouvait en déduire, par une interprétation *a contrario*, que l'annulation juridictionnelle de la doctrine administrative, non visée par ce dispositif, ne saurait constituer un obstacle à son application. Poussant l'analyse jusqu'à l'absurde, on pouvait même considérer, d'ailleurs, qu'il n'y pas lieu de distinguer, tant que la doctrine administrative n'a pas été formellement rapportée, la période antérieure ou postérieure au prononcé de l'annulation. Mais encore faut-il rappeler qu'une interprétation *a contrario* ne peut être admise que si elle est conforme à un principe général. Tel n'était pas le cas, à l'évidence, en l'espèce.

3) En réponse à cette épineuse question, le ministre du Budget avait formulé une réponse très nette : « l'annulation d'une instruction administrative ne fait pas échec aux dispositions de nature législative de l'article L. 80 A [du LPF], qui autorisent expressément les redevables à se prévaloir de l'interprétation du texte fiscal en vigueur à l'époque des faits. La doctrine censurée par le juge de l'excès de pouvoir demeure donc opposable à l'administration pour la période antérieure à la décision d'annulation »(436).

La doctrine administrative exprimée dans cette réponse ministérielle ne pouvait toutefois, compte tenu de son objet, être utilement invoquée sur le fondement de l'article L. 80 A du LPF : « doctrine sur

(434) Confirmant une solution acquise en jurisprudence (CE, 19 juin 1981, n° 20.855, Lesage et a. : *Rec. CE* 1981, p. 279), un décret (D. 22 février 2010 relatif aux compétences et au fonctionnement des juridictions administratives, art. 1er) a expressément étendu aux « circulaires et instructions de portée générale » prises par les ministres, la règle de compétence directe du Conseil d'État qui ne visait formellement jusque là que les actes réglementaires des ministres (CJA, art. R. 311-1, 2° *in fine*). Au-delà de la lettre du texte, la compétence directe de la Haute juridiction doit être retenue pour l'ensemble des actes exprimant la doctrine de portée générale de l'administration fiscale.

(435) CE, 8 juin 2016, n° 383.259, *Assoc. franç. des entreprises privées et a.* : *Dr. fisc.* 2014, n° 47, comm. 643, concl. É. Crépey, rejetant les conclusions aux fins d'injonction présentées en ce sens.

(436) Rép. min. Muselier, n° 29374, anc. : *JOAN* Q 4 déc. 1995, p. 5140.

doctrine vaut » (V. *supra*, n° 986). En outre, ni le commentaire général de 2002[437] ni celui de 2010[438] n'avaient fait état de la solution retenue dans cette réponse[439].

4) Dominante dans la doctrine scientifique, l'idée que les dispositions de l'article L. 80 A du Livre des procédures fiscales font par elles-mêmes obstacle à la rétroactivité des annulations prononcées par le juge de l'excès de pouvoir était évidemment séduisante. Découlant fermement du principe de sécurité juridique dont on connaît les progrès[440], elle pouvait s'appuyer sur une solution de principe, auparavant rendue dans un contexte assez similaire : avant que la loi n'en dispose autrement, les dispositions de l'article L. 80 A du Livre des procédures fiscales s'opposaient à l'admission, devant le juge de l'impôt, de l'exception tirée de la fraude à la doctrine administrative.

Rapprocher ces deux situations était naturellement très tentant : il s'agissait, dans les deux cas, de considérer que les dispositions de l'article L. 80 A du Livre des procédures fiscales pouvaient conduire, de la même manière, à exclure l'application de deux principes généraux : le principe de la rétroactivité des annulations prononcées par le juge de l'excès de pouvoir, d'une part, le principe *fraus omnia corrompit*, d'autre part.

À bien y réfléchir, les deux situations ne sont pas strictement comparables. Il est d'abord difficile de mettre sur le même plan le maintien de l'application d'une règle dont l'illégalité est parfaitement établie et le maintien de l'application d'un dispositif dont on juge qu'il a été détourné de son objet véritable. Surtout, établir ce parallèle revient à considérer, sans nuance, que les dispositions de l'article L. 80 A du LPF peuvent conduire, de la même manière, à la production de deux effets juridiques opposés : le maintien de l'application d'une règle en dépit de sa disparition de l'ordonnancement juridique, d'une part ; le maintien de l'application d'une règle dont l'appartenance à l'ordonnancement juridique n'est pas discutée, d'autre part.

En dépit de ces différences, les premières décisions rendues par les juridictions inférieures étaient dans le sens d'une assimilation. La cour administrative d'appel de Lyon avait considéré que le requérant pouvait, nonobstant l'annulation d'une instruction par le Conseil d'État, opposer à l'administration la doctrine dont il avait fait application avant cette annulation[441]. Celle de Paris avait jugé que l'annulation par le Conseil d'État de diverses instructions fiscales « ne saurait avoir eu pour effet de priver le contribuable de la possibilité de se prévaloir pour contester une imposition de l'interprétation que l'administration faisait alors du texte fiscal et qu'elle avait fait connaître par lesdites instructions dès lors que l'annulation est intervenue postérieurement à la date où le contribuable était en mesure de faire application de cette interprétation »[442].

5) Pour la majorité des auteurs, c'est donc sans surprise que le Conseil d'État a solennellement affirmé le principe de non-rétroactivité de l'annulation, par le juge de l'excès de pouvoir, de l'acte exprimant un élément de doctrine susceptible d'être invoqué sur le fondement de cette disposition de l'article L. 80 A du Livre des procédures fiscales[443].

(437) Doc. adm. DGI, 13 L 1323, anc.
(438) Instr. 9 sept. 2010 : *BOI* 13 L-10-10, anc.
(439) Qui n'a jamais figuré non plus dans le *BOFiP-Impôts* – V. BOI-SJ-RES-10-10-10, n° 405.
(440) CE, ass., 24 mars 2006, n°s 288.460 et a., *KPMG et a.* : *RFDA* 2006, p. 463, concl. Y. Aguila et p. 483, note F. Moderne ; *AJDA* 2006, p. 1028, chron. C. Landais et F. Lenica ; *Rec. CE* 2006, p. 154. – CE, ass., 16 juill. 2007, n° 291.545, *Sté Tropic Travaux Signalisation* : *RFDA* 2007, p. 696, concl. D. Casas et p. 917, note F. Moderne ; *AJDA* 2007, p. 1577, chron. F. Lenica et J. Boucher.
(441) CAA Lyon, 21 févr. 2008, n° 05-1348, *Favre* : *Dr. fisc.* 2008, n° 14, comm. 248, concl. G. Gimenez.
(442) CAA Paris, 19 mars 2009, n° 07-2742, *Sté Galfa Restauration* : *Dr. fisc.* 2009, n° 28, comm. 410.
(443) CE, avis, sect., 8 mars 2013, n° 353.782, *Monzani* : *Dr. fisc.* 2013, n° 15, comm. 240, concl. E. Crépey, note O. Fouquet ; *Procédures* 2013, n° 6, comm. 205, note O. Négrin.

Expressément fondée sur « l'objectif de sécurité juridique poursuivi par cette disposition », cette solution conduit à distinguer deux périodes successives en cas d'annulation d'un acte renfermant une interprétation de la loi fiscale :

– s'agissant d'une imposition dont le fait générateur est antérieur à la date de l'annulation d'un tel acte – « en dépit de l'effet rétroactif qui s'attache normalement à l'annulation pour excès de pouvoir » – les dispositions de l'article L. 80 A du Livre des procédures fiscales « permettent à un redevable, alors même que serait ultérieurement [*sic*] intervenue l'annulation par le juge de l'acte, quel qu'il soit, par lequel elle avait été exprimée, de se prévaloir à l'encontre de l'administration de l'interprétation qui (...) était formellement admise par cette dernière » ;

Le texte de l'avis est entaché d'une erreur de plume : sans doute convient-il d'y lire « précédemment » ou « antérieurement » plutôt qu'« ultérieurement ».

– en revanche, « s'agissant d'une imposition dont le fait générateur est postérieur à la date de l'annulation d'un acte renfermant une interprétation de la loi fiscale (...), cette annulation a (...) pour effet de priver le redevable de la possibilité de se prévaloir de cet acte au titre de la garantie ».

a) Retenue dans un avis contentieux rendu en formation de section, la solution a été très rapidement appliquée par le Conseil d'État statuant au contentieux(444).

b) Plus fidèle aux principes du contentieux administratif, une autre solution était au demeurant concevable. Elle aurait conduit à distinguer deux situations contentieuses distinctes.

• Le juge de l'excès de pouvoir a prononcé l'annulation *pure et simple* de l'acte qui était le siège de la doctrine administrative considérée. Dans cette hypothèse, les jugements rendus postérieurement à l'arrêt d'annulation n'auraient pu faire application de l'acte doctrinal annulé, sauf à méconnaître l'autorité absolue de chose jugée dont sont revêtues les décisions d'annulation. La disparition rétroactive de l'acte annulé aurait interdit au juge fiscal d'en faire application. Dans ce cadre, il n'aurait pas été utile, sans doute, de réserver le cas du contribuable qui se serait prévalu de la doctrine administrative avant l'annulation de l'acte doctrinal en cause.

Dans cette hypothèse, le contribuable aurait toutefois pu, s'il s'y croyait fondé, rechercher la mise en jeu de la responsabilité de l'administration. En revanche, même rétroactive, l'annulation de la doctrine administrative aurait naturellement laissé subsister les décisions de justice passées en force de chose jugée (c'est-à-dire rendues au fond en dernier ressort) ayant appliqué la doctrine annulée avant le prononcé de l'annulation.

• Le juge de l'excès de pouvoir a prononcé l'annulation en faisant usage du pouvoir qu'il se reconnaît de *moduler* – « à titre exceptionnel » – *les effets dans le temps de sa décision*(445). Le Conseil d'État aurait pu juger opportun de mettre en œuvre cette faculté lorsqu'il annule un acte exprimant la doctrine de l'administration fiscale. Le dispositif de l'arrêt d'annulation aurait alors pu réserver le cas des contribuables ayant déjà invoqué la doctrine considérée sur le fondement de l'article L. 80 A du LPF ou, plus largement, celui des contribuables ayant engagé une action contentieuse contre l'imposition considérée avant la décision d'annulation. La Haute juridiction aurait même pu aller plus loin et considérer que les contribuables conservent le droit de se prévaloir de la doctrine administrative annulée pour toutes les impositions dont le fait générateur s'est produit antérieurement à l'annulation.

• On peut relever que les services centraux de la DGFiP ne font pas preuve d'une très grande célérité pour éliminer du *BOFiP-Impôts* les éléments doctrinaux dont le Conseil d'État a prononcé l'annulation(446).

(444) CE, 24 oct. 2013, n° 359.974, *Distel*, inédit.

(445) CE, ass., 11 mai 2004, n° 255.886, *Assoc. AC ! et a.* : *Rec. CE* 2004, p. 197 ; *RFDA* 2004, p. 454, concl. Ch. Devys ; *AJDA* 2004, p. 1183, chron. C. Landais et F. Lenica.

(446) Ainsi, ce n'est que le 4 mars 2016 que le *BOFiP-Impôts* a été expurgé des différents éléments qui, retenant l'application directe de l'abattement pour durée de détention aux moins-values de cession de titres subies par des particu-

6) La détermination des conséquences de l'annulation d'un acte exprimant une interprétation formelle d'un texte fiscal susceptible d'être invoquée sur le fondement de l'article L. 80 A du Livre des procédures fiscales suscite deux autres questions qui, présentant un caractère incident, ont également été réglées dans l'avis *Monzani*[447].

a) La première de ces questions incidentes se rapporte à l'effet de l'annulation d'un acte contenant une interprétation formelle sur les actes distincts exprimant, le cas échéant, la même interprétation.

Confirmant la doctrine administrative exprimée sur ce point, le Conseil d'État considère « qu'un redevable peut opposer à l'administration l'interprétation que celle-ci a formellement admise dans un (...) acte [qui, bien qu'illégal, n'a pas été annulé], quand bien même un autre acte, exprimant la même interprétation, aurait été annulé pour excès de pouvoir »[448]. Le « principe » d'homogénéité matérielle de la doctrine administrative (V. *supra*, n° 991, 1) se trouve donc ici écarté[449].

Interrogé sur ce point en 1995, le ministre du Budget avait formulé, déjà, une réponse similaire : les « autres actes exprimant éventuellement la même doctrine (...) ne sont pas annulés, mais l'administration, qui se doit de tirer les conséquences de la décision juridictionnelle intervenue, ne peut que modifier ou rapporter cette doctrine »[450]. L'avis *Monzani* confirme la première partie de cette interprétation tout en restant muet sur le second. Dans ses conclusions, M. É. Crépey relevait toutefois : « la révélation de l'illégalité des autres actes exprimant la même doctrine et entachés par suite de la même illégalité oblige l'administration à ne plus s'y conformer dans ses opérations de contrôle et de redressement et à la rapporter sur demande de toute personne intéressée ou même de sa propre initiative »[451].

Curieusement, quelques mois avant de soumettre sa demande d'avis au Conseil d'État, la cour administrative d'appel de Bordeaux avait jugé strictement l'inverse, en considérant que la doctrine administrative exprimée dans une réponse ministérielle dont le contenu avait été repris, dans les mêmes termes, par une instruction fiscale ultérieure, n'avait pu survivre (alors que la réponse ministérielle n'avait fait l'objet d'aucun recours) à l'annulation par le juge de l'excès de pouvoir de cette instruction[452].

b) La seconde de ces questions incidentes a trait à l'effet de l'annulation d'un acte doctrinal sur la doctrine administrative que cet acte avait, le cas échéant, précédemment modifié.

Écartant logiquement les solutions classiques relatives aux effets de l'annulation des actes réglementaires[453], le Conseil d'État considère que les dispositions

---

liers, avaient été annulés par le Conseil d'État, près de cinq mois auparavant (V. CE, 12 nov. 2015, n° 390.265, *de Galbert Defforey* : *Dr. fisc.* 2016, n° 6, comm. 155, concl. B. Bohnert, note R. Mortier). V., sur cette question, *infra*, n° 1439, 2.

(447) CE, avis, sect., 8 mars 2013, n° 353.782, *Monzani*, préc.

(448) CE, avis, sect., 8 mars 2013, n° 353.782, *Monzani*, préc.

(449) Selon le Conseil d'État, « aussi longtemps que l'administration n'a pas formellement abandonné une interprétation renfermée dans un acte qui, bien qu'illégal, n'a pas été annulé, celle-ci reste invocable, en tant que cet acte la renferme » (même avis).

(450) Rép. min. Muselier, n° 29.374 : *JOAN Q* 4 déc. 1995, p. 5140, non reprise dans les commentaires généraux ultérieurs non plus qu'au *BOFiP-Impôts*.

(451) E. Crépey, concl. précitées. V. toutefois, sur la règle d'étanchéité entre la loi et la doctrine administrative, *supra*, n° 1000, 2.

(452) CAA Bordeaux, 30 déc. 2010, n° 09-2456, *Herbin* : *RJF* 5/2011, n° 611, retenant, non sans audace, que « l'annulation contentieuse d'une instruction emporte, implicitement mais nécessairement, l'annulation de la position qui y est exprimée ».

(453) En droit administratif général, l'annulation contentieuse d'un acte réglementaire qui avait modifié ou abrogé un règlement antérieur conduit en principe au rétablissement de l'ordonnancement juridique dans son état antérieur à l'intervention l'acte annulé (V. par ex. CE, ass., 12 mai 1967, n° 62.920, *Min. Armées c/De Corbier* : *Rec. CE* 1967, p. 211).

de l'article L. 80 A du Livre des procédures fiscales « ne permettent de se prévaloir d'une interprétation de la loi fiscale que dans son dernier état formellement accepté par l'administration »[(454)]. En conséquence, l'annulation contentieuse d'un acte doctrinal ayant affecté une interprétation précédemment admise ne conduit pas à la restauration de l'interprétation initiale mais, tout au contraire, au « retour intégral à la loi » : « tant qu'une nouvelle interprétation n'a pas été exprimée [par l'administration], la loi seule régit la situation du contribuable »[(455)].

Rapidement appliquée par le Conseil d'État statuant au contentieux[(456)], la solution retenue dans l'avis Monzani est conforme aux conclusions de son rapporteur public qui avait souligné que l'on ne pouvait que « postuler une forme d'irréversibilité dans la renonciation de l'administration à la doctrine initiale »[(457)]. On peut la mettre en relation avec l'idée qu'il ne saurait exister de doctrine administrative « accidentelle » (V. *supra*, n° 993, 4).

Si elle apparaît indiscutablement bien fondée dans le cas où l'acte modificatif annulé aura durci la doctrine antérieure, cette solution pourrait apparaître excessivement sévère dans le cas inverse, c'est-à-dire lorsque l'acte annulé (alors attaqué par des tiers) aura adouci la doctrine antérieure – notamment en étendant son champ d'application à d'autres cas que ceux initialement visés. On peut toutefois observer que l'avis du Conseil d'État ne distingue aucunement entre les deux hypothèses.

B. – Les devoirs incertains

1010. – Doctrine administrative non euro-compatible. 1) Le juge fiscal peut-il appliquer au bénéfice du contribuable un élément de doctrine administrative qui serait contraire au droit de l'Union européenne ? La question, qui a donné lieu à des divergences jurisprudentielles, n'a pas été réglée par le Conseil d'État.

2) Première à statuer sur cette question, la cour administration d'appel de Paris a jugé, qu'à la supposer établie, l'incompatibilité entre l'interprétation d'un texte fiscal exprimée dans la documentation administrative et les objectifs d'une directive communautaire « est, en tout état de cause, sans influence sur le droit reconnu au contribuable de se prévaloir, sur le fondement de l'article L. 80 A du Livre des procédures fiscales, de l'interprétation faite par l'administration d'un texte fiscal en vigueur »[(458)].

3) Par la suite, une autre cour administrative d'appel a retenu une solution strictement inverse – et incontestablement plus convaincante. S'appuyant fermement sur le principe de primauté du droit de l'Union européenne, la cour de Douai retient qu'il « appartient au juge de l'impôt, chargé d'appliquer dans le cadre de sa compétence les dispositions du droit communautaire, d'assurer le plein effet de ces normes, en laissant au besoin inappliquée toute disposition contraire de la législation nationale ».

Selon la Cour de justice des Communautés européennes, « tout juge national, saisi dans le cadre de sa compétence, a l'obligation d'appliquer intégralement le droit communautaire et de protéger les droits que celui-ci confère aux particuliers, en laissant inappliquée toute disposition éventuellement

(454) CE, avis, sect., 8 mars 2013, n° 353.782, *Monzani*, préc.
(455) *Ibid.*
(456) CE, 24 oct. 2013, n° 359.974, *Distel*, inédit. – Comp., statuant implicitement en sens inverse avant l'intervention de l'avis *Monzani*, CE, 30 déc. 2011, n° 341.722, *Corbi* : *RJF* 3/2012, n° 272, et CE, 21 nov. 2012, n° 340.086, *Glanowski*, inédit.
(457) E. Crépey, concl. préc.
(458) CAA Paris, plén., 17 déc. 1991, n° 90-357, *Sté Restauration gestion service* : *Dr. fisc.* 1992, n° 18, comm. 944, concl. F. Bernault.

contraire de la loi nationale, que celle-ci soit antérieure ou postérieure à la règle communautaire »[459]. Réservant le cas des « décisions de justice isolées ou fortement minoritaires dans un contexte jurisprudentiel marqué par une autre orientation, ou encore une interprétation démentie par la juridiction suprême nationale », la Cour de justice des Communautés européennes a jugé, à cet égard, que les juridictions nationales peuvent être à l'origine d'un manquement d'un État membre à ses obligations communautaires[460].

Elle en déduit, logiquement, que le juge fiscal doit, le cas échéant, laisser inappliquées les dispositions de l'article L. 80 A du Livre des procédures fiscales si le contribuable invoque un élément de doctrine qui se révélerait contraire au droit de l'Union européenne[461].

Au cas d'espèce, la cour administrative d'appel de Douai relève que l'interprétation du texte fiscal exprimée dans l'instruction invoquée[462] est contraire à un arrêt de la Cour de justice des Communautés européennes rendu sur renvoi préjudiciel[463].

4) Plus récemment, la cour administrative d'appel de Paris a réitéré – en l'explicitant – la solution qu'elle avait retenue en 1991 : ayant pris le soin de préciser que la garantie prévue par les dispositions de l'article L. 80 A du Livre des procédures fiscales « n'affecte pas l'obligation faite aux États membres, sauf à s'exposer à une action en manquement, de prendre les mesures nécessaires en vue d'assurer la pleine efficacité du droit communautaire », la cour énonce que les dispositions fondant cette garantie « qui assurent en droit interne le respect du principe de confiance légitime reconnu en droit communautaire, permet au contribuable de bonne foi de se prévaloir de l'interprétation faite par l'administration d'un texte fiscal, même si elle est contraire à une norme communautaire »[464].

Au cas d'espèce, la circonstance que la doctrine administrative invoquée (relative à la prise en compte des pourboires dans la base d'imposition à la TVA) avait été jugée contraire au droit de l'Union européenne par un arrêt de la Cour de justice des Communautés européennes constatant que la France avait, à cet égard, manqué à ses obligations communautaires[465], n'a pas été regardée comme un obstacle dirimant par la cour administrative d'appel de Paris.

5) En l'absence de décision du Conseil d'État sur ce point, cette question importante doit donc être considérée comme non définitivement tranchée[466].

a) Saisi en cassation dans l'affaire *Sté Restauration gestion service*, le Conseil d'État a adopté une attitude prudente (même si, formellement, il ne réserve pas la question par un « en tout état de cause »). Suivant son commissaire du gouvernement, la Haute juridiction préfère rejeter au fond le moyen tiré de l'article L. 80 A du LPF pour un motif tiré du défaut de la condition de conformité[467]. La solution retenue « rend inutile l'examen de la question de la comptabilité de la doctrine avec la (...) directive »[468]. Plus récemment, le Conseil d'État a une nouvelle fois renoncé à s'emparer de cette

(459) CJCE, 9 mars 1978, n° 106/77, *Adm. des finances italienne c/Sté Simmenthal*, § 21 : *Rec. CJCE* 1978, I, p. 629, concl. Reischl.
(460) CJCE, 9 déc. 2003, aff. C-129/00, *Commission c/République italienne* : *Rec. CJCE* 2003, I, p. 14637.
(461) CAA Douai, plén., 26 avr. 2005, n° 02-736, *Sté Zegafredo Zanetti France* : *Dr. fisc.* 2005, n° 36, comm. 581, concl. J. Michel.
(462) Instr. 22 août 1983 : *BOI* 4 A-7-83, anc.
(463) CJCE, 8 mars 1988, n° 102/86, *Appel and Pear Development Council* : *Dr. fisc.* 1989, n° 15, comm. 813.
(464) CAA Paris, plén., 25 mars 2010, n° 08-3658, *Sté La Frégate* : *Dr. fisc.* 2010, n° 36, comm. 465, concl. S. Gouès.
(465) CJCE, 29 mars 2001, n° 404/99, *Commission c/République française* : *Dr. fisc.* 2001, n° 30-35, comm. 725.
(466) V. A. Couderc, *L'opposabilité d'une doctrine administrative contraire au droit de l'Union européenne : une question cruciale encore en suspens* : *Bull. fisc.* 10/2012, étude.
(467) CE, 6 mai 1996, n° 134.114, *Min. c/Sté Restauration gestion service* : *Dr. fisc.* 1996, n° 41, comm. 1218, concl. Ph. Martin.
(468) Concl. Ph. Martin, préc.

question. Confrontée à un élément de doctrine dont la conformité au droit de l'Union européenne était des plus douteuses, la Haute juridiction s'abstient (conformément aux solutions générales du contentieux administratif) de soulever d'office ce moyen et se contente de relever que, « en tout état de cause », le contribuable ne pouvait soutenir « ni qu'[il avait] appliqué le texte fiscal selon l'interprétation que l'administration avait fait connaître, ni que la cause du rehaussement litigieux procéd[ait] d'un différend sur une interprétation de la loi fiscale que l'administration aurait formellement admise »(469).

b) Antérieurement, le commissaire du gouvernement M.-D. Hagelsteen avait toutefois considéré qu'« une interprétation d'un texte fiscal donnée par l'administration qui serait contraire aux objectifs définis par une directive ne pourrait pas bénéficier des dispositions de l'article (...) L. 80 A du LPF »(470).

c) Plus récemment, dans ses conclusions (conformes) sur l'avis contentieux *Monzani* (V. sur cet avis *supra*, n°s 965 et 1009), M. É. Crépey a donné une indication sur ce que pourrait être la position future du Conseil d'État s'il devait, une nouvelle fois, être confronté à cette question. D'une certaine manière, le rapporteur public a même passablement désamorcé la difficulté.

Insistant sur la nécessité de retenir une lecture « non normative » du mécanisme de garantie contre les changements de doctrine, le rapporteur public relève que cette conception pourrait conduire à donner « définitivement [à l'article L. 80 A du LPF] une assise incontestable, au niveau constitutionnel et peut-être même au niveau européen »(471). Comme le souligne de son côté le président O. Fouquet dans sa note sous ce même avis – qui fait expressément état de « l'objectif de sécurité juridique poursuivi par [ce dispositif] » – « l'analyse que le Conseil d'État fait de l'article L. 80 A du LPF nous paraît consacrer une règle de confiance légitime à la française, ce qui n'est sans doute pas sans intérêt lorsqu'il s'agira d'apprécier l'opposabilité de la doctrine énonçant une interprétation en contradiction avec le droit de l'Union européenne »(472).

d) L'application par l'administration fiscale d'un élément de doctrine administrative contraire au droit de l'Union européenne peut entraîner la mise en jeu de la responsabilité de l'État(473).

1011. – Répression de la fraude à la doctrine administrative. La question de l'applicabilité du dispositif de répression des abus de droit(474) et plus généralement de la théorie de la fraude à la loi aux interprétations administratives des textes fiscaux présente un intérêt fondamental, pour permettre, sans doute, de mieux cerner la nature juridique exacte de la doctrine administrative. Écartée par le Conseil d'État dans une affaire retentissante, cette applicabilité a été (discrètement) consacrée par la deuxième loi de finances rectificative pour 2008. Semblant réticent à s'incliner, le Conseil d'État pourrait toutefois résister à ce mouvement législatif.

La consécration légale de la notion de fraude à la doctrine administrative n'est pas explicite. Elle résulte toutefois clairement – sans discussion possible – des travaux préparatoires de la loi précitée. Les réticences du Conseil d'État sont la marque de sa volonté constante de ne pas reconnaître un quelconque attribut de la règle de droit à la doctrine administrative.

1) Statuant dans l'affaire des crédits d'impôt « fictifs » ouverts aux porteurs de parts de fonds « turbo », le Conseil d'État avait écarté l'applicabilité de la théorie de la fraude à la loi à la doctrine administrative. Selon la Haute juridiction, l'abus de droit ne pouvait être retenu à l'encontre de contribuables ayant tiré profit de crédits d'impôt « créés » moyennant le détournement systématique d'une interprétation administrative conçue comme une simple mesure de simplification.

(469) CE, 10 juin 2010, n° 296.591, *Sté Graphic Procédé* : *Dr. fisc.* 2010, n° 38, comm. 492, concl. L. Olléon.
(470) Concl. sur CE, sect., 11 janv. 1991, n° 90.995, *Sté Morgane* : *RFDA* 1991, p. 652.
(471) Concl. É. Crépey sur CE, avis, sect., 8 mars 2013, n° 353.782, *Monzani* : *Dr. fisc.* 2013, n° 15, comm. 240.
(472) *Dr. fisc.* 2013, n° 15, comm. 240.
(473) CAA Nantes, 3 déc. 2007, n° 06-1418, *Sté Aprochim* : *Dr. fisc.* 2008, n° 15, comm. 269.
(474) LPF, art. L. 64.

Les circonstances de cette affaire (où s'est trouvée mise en cause la fine fleur des entreprises françaises) étaient, plus précisément, les suivantes. Par exception à la règle légale selon laquelle, en matière de credits d'impôt, « le droit à imputation [d'un porteur de parts d'un fonds commun de placement] ne peut excéder celui auquel l'intéressé aurait pu prétendre s'il avait perçu directement sa quote-part des mêmes produits »[(475)], l'administration fiscale avait benoîtement formulé – exemple chiffré à l'appui – une « mesure d'assouplissement » consistant à autoriser des gestionnaires de fonds à transférer aux porteurs de parts créées entre la clôture de l'exercice et la date de mise en paiement des produits « un crédit d'impôt unitaire de même montant que celui alloué aux parts existantes à la clôture de l'exercice ». Cette dérogation avait une portée générale et n'était explicitement assortie d'aucune limitation quantitative[(476)]. Des gestionnaires de fonds, aussi habiles que peu scrupuleux, s'étaient engouffrés dans cette brèche doctrinale. Ils avaient conçu et commercialisé des placements dédiés qui, reposant exclusivement sur la souscription massive de parts dans les jours précédant la répartition des produits du fonds, offraient aux souscripteurs, grâce à la multiplication des crédits d'impôt, des rendements inusuels. Par la suite, des redressements d'un montant global particulièrement élevé avaient été notifiés sur le fondement de l'article L. 64 du LPF.

Infirmant dans un avis contentieux la solution retenue par certaines juridictions du fond, le Conseil d'État avait considéré que « dans l'hypothèse où le contribuable n'a pas appliqué les dispositions mêmes de la loi fiscale mais a seulement entendu se conformer à l'interprétation contraire à celle-ci qu'en avait donnée l'administration dans une instruction ou une circulaire, l'administration ne peut faire échec à la garantie que le contribuable tient de l'article L. 80 A du Livre des procédures fiscales et recourir à la procédure de répression des abus de droit en se fondant sur ce que ce contribuable, tout en se conformant aux termes mêmes de cette instruction ou circulaire, aurait outrepassé la portée que l'administration entendait en réalité conférer à la dérogation aux dispositions de la loi fiscale que l'instruction ou la circulaire autorisait. Elle peut seulement, le cas échéant, contester que le contribuable remplissait les conditions auxquelles l'instruction ou la circulaire subordonne le bénéfice de l'interprétation qu'elle donne »[(477)].

a) Partisan de la solution retenue par le Conseil d'État, le commissaire du gouvernement G. Goulard ne l'avait pas rattachée – contrairement à ce que l'on pourrait penser – à l'absence de caractère normatif de la doctrine administrative. Se distinguant des nombreux auteurs qui avaient milité en faveur de la thèse selon laquelle la doctrine administrative serait du « non-droit », il avait affirmé tout au contraire, que l'objection radicale selon laquelle « l'abus de doctrine ne peut pas être un abus de droit parce que la doctrine n'est pas une norme (...) ne [le] convainc pas entièrement [car] de [son] point de vue les instructions administratives contiennent des règles »[(478)].

Le commissaire du gouvernement – qui avait relevé que l'exclusion de la fraude à la doctrine administrative « peut sembler conférer aux instructions administratives une force supérieure à celle des lois » (le contribuable ayant appliqué la doctrine administrative illégale mais opposable étant mieux protégé que celui qui a appliqué la loi) – s'était placé sur un tout autre terrain : le contribuable qui « applique la loi dans un esprit contraire à celui du législateur peut être privé de l'avantage qu'il en attendait. Mais celui qui applique la loi selon l'interprétation que l'Administration a elle-même admise peut légitimement éviter de s'interroger sur la question de savoir s'il a respecté l'esprit de la loi »[(479)].

b) En dépit de cette analyse du Conseil d'État, les contribuables ayant choisi de se placer sur le terrain contentieux ont toutefois été privés, le plus souvent, du bénéfice de l'interprétation formelle

(475) CGI, art. 199 ter A.
(476) Instr. 13 janv. 1983 : *BOI* 4 K-1-83, § 66 et 67, anc.
(477) CE, ass., avis, 8 avr. 1998, n° 192.539, *Sté de distribution de chaleur de Meudon et Orléans* : *Dr. fisc.* 1998, n° 18, comm. 398, concl. G. Goulard.
(478) Concl. G. Goulard, préc.
(479) *Ibid.*

qui avait été excessivement sollicitée pour la mise en place des « fonds turbo ». L'instruction en cause précisait en effet que l'ensemble des mesures qu'elle contenait ne pouvait s'appliquer que si les fonds communs de placement fonctionnaient *régulièrement*. Or, tel n'était pas nécessairement le cas (les limites réglementaires concernant les taux de rémunération des gestionnaires de tels fonds étant, en particulier, très souvent méconnues).

La majorité des contribuables ont préféré transiger avec le fisc, ce qui ne les a pas empêchés, naturellement, de rechercher par ailleurs la mise en cause de la responsabilité professionnelle des gestionnaires de fonds[480].

c) On peut se demander si le Conseil d'État n'aurait pas pu solliciter la condition de bonne foi du contribuable (à laquelle il aurait pu, se faisant, donner un peu de corps). Sans doute, cette condition n'est-elle expressément prévue que pour l'application du 1er alinéa de l'article L. 80 A du LPF. Mais on peut, sans grand effort, considérer qu'elle s'applique pour l'ensemble du dispositif de garantie.

2) La cause semblait entendue, du moins devant le juge administratif : le principe *fraus omnia corrumpit* était inapplicable à la doctrine administrative. C'était sans compter sur une modification législative intervenue à l'occasion de la refonte générale du texte de l'article L. 64 du Livre des procédures fiscales.

Dans sa rédaction applicable avant la deuxième loi de finances rectificative pour 2008, l'article L. 64 du LPF disposait que ne pouvaient être opposés à l'administration fiscale les actes qui dissimulaient la portée véritable d'un contrat ou d'une convention à l'aide de clauses qui, notamment, déguisaient soit une réalisation, soit un transfert de bénéfices ou de revenus. L'administration était alors en droit (moyennant l'application de règles de procédure particulières) de restituer son véritable caractère à l'opération litigieuse. Hors du champ de cette disposition, le juge administratif considérait, en dernier lieu, que l'administration pouvait également se fonder sur le principe *fraus omnia corrompit* pour écarter les actes qui, « recherchant le bénéfice d'une application littérale des textes à l'encontre des objectifs poursuivis par leurs auteurs, n'ont pu être inspirés par aucun motif autre que celui d'éluder ou d'atténuer les charges fiscales que l'intéressé, s'il n'avait pas passé ces actes, aurait normalement supportées eu égard à sa situation et à ses activités réelles »[481].

Étendant le champ d'application de la procédure de répression des abus de droit à l'ensemble des prélèvements fiscaux, la deuxième loi de finances rectificative pour 2008 (L. 30 déc. 2008, art. 35) consacre légalement la solution jurisprudentielle posée par l'arrêt *Sté Janfin* : l'administration est en droit d'écarter les actes qui « recherchant le bénéfice d'une application littérale des textes ou de décisions à l'encontre des objectifs poursuivis par leurs auteurs » n'ont pu être inspirés « par aucun autre motif que celui d'éluder ou d'atténuer les charges fiscales que l'intéressé, si ces actes n'avaient pas été passés ou réalisés, aurait normalement supportées, eu égard à sa situation ou à ses activités réelles »[482].

On pourrait penser être en présence d'une consécration pure et simple de cette jurisprudence. Mais, à bien y regarder, le texte légal diverge de la lettre de cet arrêt sur un point particulier, en procédant à une extension de la catégorie des instruments juridiques susceptibles d'être fraudés : il ne s'agit plus seulement des « textes » (comme dans l'arrêt *Sté Janfin*) mais également des « décisions » qui auraient fait l'objet d'un détournement frauduleux. Or, la doctrine administrative de portée générale se rattache sans nul doute à cette catégorie des « décisions ».

(480) V. Cass. com., 24 sept. 2002, n° 00-16.408, *Sté Legrand : Bull. civ.* 2002, IV, n° 130. – *Adde*, à propos du délai de prescription applicable en la matière, Cass. com., 28 sept. 2010, n° 09-68.214, *Sté Auchan France c/Sté Caylon : Dr. fisc.* 2010, n° 48, comm. 583, note J.-P. Maublanc.
(481) CE, sect., 27 sept. 2006, n° 260.050, *Sté Janfin : Dr. fisc.* 2006, n° 47, comm. 744, concl. L. Olléon.
(482) LPF, art. L. 64, al. 1er, nouveau.

a) Les travaux préparatoires de la loi de finances rectificative sont d'ailleurs en ce sens. Le rapporteur général de la Commission des finances de l'Assemblée nationale note ainsi que la procédure de répression des abus de droit sera désormais applicable dans le cas où le contribuable aura recherché une application littérale de « décisions ministérielles ayant une portée générale » à l'encontre des objectifs poursuivis par leurs auteurs(483).

b) Le cas de la doctrine administrative de portée individuelle est plus délicat – même s'il conviendrait sans doute de ne pas distinguer là où le texte légal ne distingue pas(484).

c) À supposer que la question soit susceptible de se rencontrer, la notion de décision ne devrait pas recouvrir, en revanche, les décisions de rescrit (en dépit des efforts faits en ce sens par certains membres du Conseil d'État) ou les décisions juridictionnelles.

3) On écrit volontiers que la doctrine administrative ne possède pas d'esprit. Mais, en les formulant, les auteurs des interprétations administratives peuvent poursuivre des objectifs déterminés. Il appartiendra désormais, semble-t-il, au contribuable de les identifier, sauf à prendre le risque de se voir priver du bénéfice de la doctrine lorsqu'il les aura méconnus dans un but frauduleux.

a) Semblant hostile à cette « acclimatation forcée » du principe *fraus omnia corrompit*, le Conseil d'État pourrait être prêt à s'y opposer et à priver, ainsi, de tout effet utile une intervention du législateur dont on peut penser de prime abord qu'elle n'a rien de fortuit sur le point considéré. Ainsi, deux membres parmi les plus éminents de la Haute juridiction administrative ont pris la plume en s'efforçant de démontrer :

– d'abord, que l'apparition du mot « décisions » dans le texte de l'article L. 64 du LPF relevait de l'accident législatif pur et simple. Le président O. Fouquet note ainsi que l'ajout du mot « décisions » n'est que le résultat « d'un mouvement brownien d'interactions aléatoires dont l'origine est due à une improvisation qui demeurera à jamais inexpliquée »(485). Antérieurement, M. Fouquet s'était interrogé sur les modalités de recherche des objectifs poursuivis par l'auteur d'un acte possiblement fraudé. Il avait noté que « le problème ne devrait pas se poser pour la doctrine administrative puisque les dispositions spécifiques de l'article L. 80 A du LPF qui fondent l'interprétation littérale préconisée par la jurisprudence, devraient, en principe, l'emporter sur celles générales de l'article L. 64 avec lesquelles elles sont incompatibles(486) ;

– ensuite, que le terme « décisions » devait s'entendre, à titre principal, des actes individuels qui déterminent le principe ou le montant de l'imposition d'un contribuable et non pas de la doctrine administrative de portée générale(487).

b) Pourtant, dans le passé, le Conseil d'État lui-même avait admis qu'un contribuable pouvait – bien évidemment – abuser de la doctrine administrative. La Haute juridiction administrative avait

(483) Assemblée nationale, Commission des finances, Rapport sur le projet de loi de finances rectificative pour 2008 présentée par G. Carrez, n° 1297, 4 déc. 2008, p. 328. De son côté, la Commission des finances du Sénat s'était opposée (en vain) à cette extension : « le terme de "décision" est (…) particulièrement imprécis et serait source d'insécurité juridique, ce qui est contraire à l'objectif recherché (…). Cette disposition s'écarte d'ailleurs de la jurisprudence et des recommandations du rapport Fouquet (…). Il est donc proposé de supprimer cette référence à l'application littérale des décisions » (Commission des finances du Sénat, Rapport sur le projet de loi de finances rectificative pour 2008 présentée par Ph. Marini, n° 135, 16 déc. 2008, p. 207). Le présentant comme « essentiellement rédactionnel », M. Marini avait soutenu un amendement en ce sens (n° 12) lors de la discussion en séance publique (Sénat, débats, 18 déc. 2008). Le ministre du Budget, M. é. Woerth, s'y était opposé en ces termes : « Je préférerais le maintien de la rédaction initiale du Gouvernement. On évoque les décisions du ministre en matière fiscale. Très souvent, les cas sont compliqués, et une décision vaut, d'une certaine façon, jurisprudence. En matière fiscale, il est très important de pouvoir faire référence aux décisions pour éviter un détournement du droit » (*ibid.*).

(484) Cela étant, la notion de fraude, qui correspond au cas où une règle est détournée de son objet, suppose la présence d'une énonciation abstraite – condition qui ne sera pas toujours satisfaite par une simple appréciation individuelle.

(485) O. Fouquet, *L'application littérale de la doctrine administrative peut-elle être constitutive d'un abus de droit ?* : *Dr. fisc.* 2009, n° 42, act. 316.

(486) O. Fouquet, *Fraude à la loi : l'explication du critère « subjectif »* : *Dr. fisc.* 2009, n° 39, act. 287.

(487) P.-F. Racine, *Existe-t-il des « décisions » dont on puisse abuser ?* : *Dr. fisc.* 2010, n° 23, comm. 357, où l'auteur s'efforce d'identifier les décisions administratives – autres que celles véhiculant la doctrine administrative de portée générale – dont la fraude pourrait être désormais réprimée.

ainsi écarté la bonne foi d'un contribuable au motif, notamment, « de l'utilisation abusive [qu'il] avait faite [d'une] tolérance administrative »[(488)].

c) Suivant l'opinion rappelée au *a*), le Comité de l'abus de droit fiscal a considéré que, dès lors que les objectifs poursuivis par ses auteurs « ne peuvent être pris en compte pour apprécier l'étendue du champ d'application [d'un tel acte] », une « instruction fiscale, qui ajoute à la loi fiscale et est opposable à l'administration, n'est pas, au sens et pour l'application des dispositions de l'article L. 64 du Livre des procédures fiscales, au nombre des décisions mentionnées par cet article et dont les contribuables auraient pu rechercher le bénéfice de son application littérale à l'encontre des objectifs poursuivis par ses auteurs » (séance du 6 nov. 2015, aff. 2015-09 : *Dr. fisc.* 2016, n° 17, comm. 305).

C'est en tout cas la solution retenue par l'administration : « Dans l'hypothèse où un contribuable fait une application littérale d'une instruction administrative publiée ou [d'un acte assimilé] comportant une interprétation qui ajoute à la norme, la procédure de l'abus de droit fiscal est susceptible de s'appliquer si cette application va à l'encontre des objectifs poursuivis par son auteur »[(489)].

Le commentaire administratif relatif aux modifications législatives affectant notamment la définition légale de l'abus de droit fiscal est dans le même sens[(490)].

Selon l'administration, le terme « décision » peut indifféremment renvoyer aux instructions fiscales publiées, aux réponses ministérielles à des questions écrites des parlementaires, aux « réponses à des représentants d'organisations professionnelles » ou, avant la mise en service de la base *BOFiP-Impôts*, aux rescrits « interprétatifs » (V. *supra*, n° 992). En revanche, toujours selon l'administration, « les décisions [administratives] individuelles ne peuvent en aucun cas servir de fondement à l'application de la procédure d'abus de droit fiscal »[(491)].

SECTION 2

LES APPRÉCIATIONS INDIVIDUELLES ET LES RESCRITS FISCAUX

1012. – Généralités. Sur le plan théorique, les interprétations formelles que l'administration donne, à titre individuel, de la loi fiscale lui sont opposables depuis 1960 (V. *supra*, n° 963). Cela étant, la faculté pour le contribuable de se prévaloir à l'encontre de l'administration des interprétations individuelles se heurtait fréquemment, devant le juge fiscal, à un obstacle réel : les interprétations individuelles étaient souvent « mélangées de droit et de fait ».

Or, selon une jurisprudence constante, les dispositions de l'article L. 80 A du Livre des procédures fiscales étaient sans incidence lorsque le « revirement » de l'administration se rapportait, non pas à l'interprétation d'un texte fiscal, mais à l'appréciation d'une situation de fait au regard des dispositions législatives applicables[(492)].

(488) CE, 20 déc. 1978, n° 4.489 : *Dr. fisc.* 1979, n° 23, comm. 1248, non reproduit, à propos d'un contribuable qui avait détourné de son objet une mesure permettant à certains redevables l'exercice anticipé de droits à déduction de TVA.

(489) BOI-SJ-RES-10-10-10, n° 340. – V. antérieurement dans le même sens, Instr. 9 sept. 2010 : *BOI* 13 L-10-10, n° 45, anc.

(490) BOI-CF-IOR-30, n°s 80 et 90. – V. antérieurement dans le même sens, Instr. 9 sept. 2010 : *BOI* 13 L-9-10, n° 15, anc., et en sens inverse, Doc. adm. DGI, 13 L 1531, 1er juill. 2002, n° 29, anc.

(491) BOI-CF-IOR-30, n°s 100 et 110.

(492) CE, plén., 18 juill. 1973, n° 86.950 : *Dr. fisc.* 1973, n° 2, comm. 1438. V. également, dans le même sens, CE, 23 janv. 1974, n°s 84.802 et a., *Favoreu* : *Dr. fisc.* 1974, n° 16, comm. 478, concl. D. Mandelkern. – CE, sect., 9 févr. 1979, n° 9.846, *Sté Éts Francioli* : *Dr. fisc.* 1979, n° 29, comm. 1586 ; *Rec. CE* 1979, p. 56.

Cet obstacle s'est trouvé levé par la loi du 8 juillet 1987 modifiant les procédures fiscales et douanières. En matière d'opposabilité des appréciations administratives individuelles, la loi *Aicardi* comporte plus précisément deux volets distincts :

1) son premier apport (art. 19) est général : le dispositif de l'article L. 80 A, al. 1er, du Livre des procédures fiscales est perfectionné par un mécanisme complémentaire permettant au contribuable d'opposer à l'administration les appréciations formelles portées sur des situations de fait au regard d'un texte fiscal[(493)]. Dans l'état du droit issu de cette intervention législative, la garantie nouvelle s'appliquait indistinctement aux appréciations *spontanées* – et de forme indéterminée – prises par l'administration dans des circonstances diverses et à celles qui avaient été *sollicitées* (et obtenues) par le contribuable par le biais d'une demande en ce sens (V. *infra*, n° 1014) ;

a) Après la loi *Aicardi*, les appréciations individuelles au regard d'un texte fiscal sont donc, sous certaines conditions, opposables à l'administration sans qu'il soit nécessaire de se livrer au difficile exercice préalable tendant à s'assurer que cette appréciation consiste en une interprétation de la loi fiscale ou se rapporte à la situation de fait du contribuable[(494)].

b) La loi de modernisation de l'économie du 4 août 2008 (art. 5, III) a ultérieurement dissocié les deux aspects du mécanisme en instituant formellement une procédure de rescrit général concernant les appréciations formelles sollicitées. Sous sa forme spécialement organisée par la loi, cette procédure formalisée est applicable depuis le 1er juillet 2009 (V. *infra*, n° 1022).

2) le second apport de la loi *Aicardi* (art. 18) consiste dans l'introduction d'une première procédure spéciale d'accord tacite – usuellement dénommé « rescrit » – permettant au contribuable de se prémunir[(495)] contre l'application à son encontre du mécanisme de répression des abus de droit (V. *infra*, n° 1035).

• Issu du droit romain (où le *rescriptum* désignait un acte de l'autorité impériale apportant une réponse à une question de droit), le terme de « rescrit » n'est pas expressément utilisé dans le LPF (comp. l'intitulé sous lequel est codifié l'article L. 331-40 du Code de l'urbanisme). Il peut être employé pour désigner l'ensemble des prises de position officielles sollicitées de l'administration par des contribuables. Cette expression doit être maniée avec précaution. Elle donne à penser que le rescrit fiscal est nécessairement un acte positif et exprès de l'administration. Il n'en est rien et, le plus souvent, la décision de rescrit procède du silence de l'administration, d'où résulte un accord tacite sur la demande formée par le contribuable. À cet égard, il est préférable de réserver l'appellation de rescrit aux positions nécessairement expresses de l'administration.

• Des procédures similaires (donnant lieu à des prises de position qualifiées de *tax rulings* ou de *décisions anticipées de l'administration*) existent dans de nombreux États européens. Suspectées par la Commission européenne d'être le véhicule possible d'aides d'État rampantes, ces procédures font désormais l'objet d'une surveillance étroite[(496)] qui s'est trouvée renforcée à la suite des révélations du « Luxleaks »[(497)].

• La DGFiP a pris le soin de souligner que « le rescrit, tel que le pratique l'administration fiscale française, se distingue du *ruling*, au sens commun du terme, par son caractère de simple avis, opposable à l'administration fiscale mais non obligatoire pour le contribuable, et son contenu, dès lors qu'il vise

(493) LPF, art. L. 80 B, 1°.

(494) À cet égard, V. *supra*, n° 960, 2, les indications concernant l'habilitation donnée dans la loi du 20 décembre 2014 relative à la simplification de la vie des entreprises et portant diverses dispositions de simplification et de clarification du droit et des procédures administratives (art. 9, I-1°).

(495) LPF, art. L. 64 B.

(496) V. E. Raingeard de la Blétière, *Les décisions individuelles à la lumière des aides d'État : coup de projecteur sur un risque méconnu* : *Dr. fisc.* 2015, n° 27, étude 452.

(497) En novembre 2014, le *Consortium international des journalistes d'investigation* a révélé le contenu de plusieurs centaines d'accords fiscaux conclus, entre 2002 et 2010, par l'administration fiscale du Luxembourg et de très grandes entreprises multinationales. Ces révélations ont eu un retentissement international considérable.

simplement à expliciter les modalités de mise en œuvre de la loi et non pas à instaurer une règle dérogatoire aux conditions légales et réglementaires de droit commun »[(498)].

• Applicable à compter du 1er janvier 2017, une directive européenne du 8 décembre 2015[(499)], prévoit l'obligation, pour chaque État membre de l'Union européenne, de communiquer par échange automatique des informations relatives aux « décisions fiscales anticipées en matière transfrontière »[(500)] délivrées, modifiées ou renouvelées sur son territoire aux autorités compétentes de tous les autres États membres ainsi qu'à la Commission européenne[(501)].

• Sur les « rescrits interprétatifs » qui, issus de demandes individuelles d'appréciation ou d'interprétation, constituent en réalité des éléments de doctrine de portée générale publiés par l'administration, V. *infra*, n° 992.

3) Par la suite, pas moins de dix lois successives ont introduit d'autres procédures spéciales de rescrit ou d'accord tacite (V. *infra*, nos 1038 et s.).

Par ailleurs, la doctrine administrative organise, en dehors de tout cadre législatif, différentes procédures d'accord préalable ou de « garantie *a priori* ». Ces procédures (qui s'apparentent à des formes de rescrit) concernent notamment les modalités de détermination forfaitaire des bénéfices des « quartiers généraux » et d'autres entités de même nature (V. *infra*, n° 1060 *in fine* et n° 1656, 3).

Cette inflation – on dénombre aujourd'hui treize[(502)] procédures de cette nature (V. le tableau de synthèse *infra*, n° 1033) – pourrait être la marque législative de l'efficacité du procédé. Il n'en est rien et on ne peut s'interdire de penser qu'un phénomène de mode est au moins partiellement à l'origine de la multiplication de ces procédures spéciales.

• Le rapport de la Commission Fouquet sur *L'amélioration de la sécurité juridique des relations entre les contribuables et le fisc* (juin 2008) livre de ce point de vue une image paradoxale. On peut y lire que « le succès auprès des contribuables des rescrits actuels est loin d'être confirmé ». Il est fait état, plus loin, « de l'image médiocre de la procédure de rescrit chez les contribuables ». Pourtant, ce même rapport suggère de créer deux nouveaux types de rescrits (V. *supra*, n° 961, 2 et 3, et *infra*, n° 1057), d'en légaliser un troisième (V. *infra*, n° 1062) et propose – alors pourtant que les mécanismes de cette nature sont fondamentalement destinés à prévenir la survenance de litiges – de renforcer l'effectivité de ces mesures en organisant une voie contentieuse spéciale (V. *infra*, n° 1032) permettant de critiquer la validité des décisions administratives prises à ce titre[(503)]. Ces diverses propositions ont été concrétisées par la deuxième loi de finances rectificative pour 2008.

• La section du Rapport et des Études du Conseil d'État a rendu public en mars 2014 un rapport consacré à l'avenir des procédures de rescrit[(504)]. Intitulé « Le rescrit : sécuriser les initiatives et les projets » et préparé à la demande du Premier ministre par un groupe de travail présidé par G. Bachelier, ce rapport formule une définition inédite du rescrit : « une prise de position formelle de l'administration, qui lui est opposable, sur l'application d'une norme à une situation de fait décrite loyalement dans la demande

(498) DGFiP, Rapport sur l'activité en matière de rescrit pour l'année 2014, note 1, p. 12. L'affirmation selon laquelle les rescrits « français » n'apporteraient jamais de dérogation aux lois et règlements reste évidemment à démontrer.

(499) Cons. UE, dir. n° 2015/2376/UE, modifiant Cons. UE, dir. n° 2011/16/UE, 15 févr. 2011, en ce qui concerne l'échange automatique et obligatoire d'informations dans le domaine fiscal.

(500) La défintion de cette notion (Dir. 15 févr. 2011, préc., art. 9, § 14) comporte tellement de détails qu'il est impossible de la résumer clairement de manière synthétique. Il s'agit, en résumé, de décision de rescrit (au sens matériel) individuel ou collectif obtenu préalablement à une opération comportant des éléments d'extranéité.

(501) Les accords préalables en matière de prix de transfert relèvent de la même obligation d'échange automatique (Dir. 15 févr. 2011 préc., art. 9, § 15).

(502) Le décret d'incorporation du 26 mai 2014 (art. 1er) a supprimé, comme périmée, la procédure d'accord tacite relative à l'implantation d'une entreprise dans un pôle de compétitivité (LPF, art. L. 80 B, 5°, anc.). La proposition réitérée d'introduire un rescrit en vue de « sécuriser » la qualification de société *holding* animatrice (V. *infra*, n° 1766, 2-*a*) est à ce jour restée lettre morte.

(503) V. *Dr. fisc.* 2008, n° 27, p. 7 et s.

(504) Pour un résumé substantiel de ce rapport, V. *Dr. fisc.* 2014, n° 20, étude 317. Sur le rescrit fiscal, V. également les actes du colloque « Le rescrit fiscal », organisé le 4 mai 2015 à l'Université Paris-Descartes : *Dr. fisc.* 2015, n° 27, comm. 439 à 451.

présentée par une personne et qui ne requiert aucune décision administrative ultérieure ». Après avoir livré le bilan, inévitablement très contrasté, des différentes procédures de rescrit existantes, le rapport procède à une étude fouillée de la nature juridique des rescrits et de la compatibilité des procédures en cause avec le droit européen (tant à l'égard du principe de primauté du droit de l'Union européenne que du droit européen des aides d'État). Il se prononce enfin pour une extension limitée de ces procédures.

• La technique du rescrit a été (sous une forme un peu différente) étendue ultérieurement par voie d'ordonnances, sur la base de deux lois d'habilitation prises à dix années d'intervalle :

– des ordonnances prises sur habilitation de la loi du 9 décembre 2004 de simplification du droit (art. 24 et 52) ont étendu cette technique aux prélèvements sociaux[(505)] et aux impositions douanières intérieures[(506)] ;

– l'ordonnance du 10 décembre 2015 relative aux garanties consistant en une prise de position formelle, opposable à l'administration, sur l'application d'une norme à la situation de fait ou au projet du demandeur[(507)] a inséré, dans différents codes, quatre procédures de rescrit exprès[(508)].

• Afin de limiter les recours dirigés (parfois abusivement) contre les autorisations d'urbanisme, il a pu être envisagé d'instituer une procédure de « rescrit juridictionnel » qui consisterait à soumettre au juge administratif, en dehors de toute contestation née et actuelle, la question de la validité de certaines opérations d'urbanisme (ce qui interdirait l'introduction ultérieure de tout recours ayant le même objet).

4) La présentation de ce paysage complexe suppose de distinguer :

– les appréciations administratives relevant des mécanismes généraux, que l'appréciation considérée soit *spontanée*[(509)] ou *sollicitée* par le contribuable dans le cadre de la procédure de rescrit général[(510)] ;

– les appréciations administratives prises dans le cadre de mécanismes particuliers consistant dans les procédures spéciales de rescrit ou d'accord tacite[(511)].

Deux dispositifs particuliers relatifs respectivement aux accords en matière de prix de transfert[(512)] et au rescrit « valeur »[(513)] sont décrits dans les développements du présent ouvrage concernant les relations de nature contractuelle susceptibles de se nouer entre le contribuable et le fisc (V. *supra*, n°s 917 et 920).

Sur le dispositif (dit parfois) de rescrit « interprétation des lois nouvelles et incidences fiscales des règles comptables »[(514)], V. *supra*, n° 961, 2 et 3.

---

(505) V., en matière de sécurité sociale, l'article L. 243-6-3 du Code de la sécurité sociale et l'article L. 725-24 du Code rural et de la pêche maritime (issus de l'ordonnance du 6 juin 2005 relative à la garantie des droits des cotisants et dans leurs relations avec les organismes de recouvrement des cotisations et contributions sociales, art. 1er et 2) et le décret du 7 octobre 2005 relatif notamment au rescrit social.

(506) V., en matière douanière, les II et IV de l'article 345 bis du Code des douanes, issus de l'ordonnance du 7 décembre 2005, art. 29. Sur les procédures de rescrit existant en matière de douane et, notamment, sur les procédures de « renseignement tarifaire contraignant » (RTC) et de « renseignement contraignant sur l'origine » (RCO) prévues par le Code des douanes de l'Union (art. 33 et s), V. J.-L. Albert, *Le cas du rescrit douanier*, in *Le rescrit fiscal*, actes du colloque précité : *Dr. fisc.* 2015, n° 27, comm. 450.
Par ailleurs, le règlement général de l'Autorité des marchés financiers consacre un de ses titres à la procédure de rescrit financier (art. 121-1 et s.).

(507) Prise sur habilitation de la loi du 20 décembre 2014, relative à la simplification de la vie des entreprises et portant diverses dispositions de simplification et de clarification du droit et des procédures administratives (art. 9, I-1°).

(508) V. C. consom., art. L. 113-3-3 ; CGPPP, art. L. 2122-7 ; C. rur. pêche marit., art. L. 331-4-1 et s. et C. trav., art. L. 2242-9-1.
L'habilitation législative n'a pas été mise en œuvre en ce qu'elle aurait permis :
– d'introduire une procédure de rescrit dans le Code du patrimoine ;
– de préciser « les conditions dans lesquelles le juge administratif peut être saisi d'un recours contre les [rescrits administratifs] et contre les éventuelles décisions administratives prises à la suite de ces actes, ainsi que ses pouvoirs lorsqu'il est saisi de tels recours » (L. préc., art. 9, I-4°).

(509) LPF, art. L. 80 B, 1°, 1re phrase.

(510) LPF, art. L. 80 B, 1°, 2e phrase.

(511) LPF, art. L. 64 B, art. L. 80 B, 2° à 6° et 7°, et art. L. 80 C.

(512) LPF, art. L. 80 B, 7°.

(513) LPF, art. L. 18.

(514) CGI, art. 1727, II, 2 bis.

L'administration avait publié en septembre 2010 deux instructions générales concernant l'article L. 80 B du LPF et les textes spéciaux relatifs aux procédures de rescrit[515]. Ces instructions, qui s'étaient (un peu tardivement) substituées au commentaire général antérieur de 2002[516], avaient, préalablement à leur publication, fait l'objet d'une consultation publique (V. *supra* n° 958, 3) qui a pris fin le 22 mai 2009. Ces instructions ont été reprises dans leurs principaux éléments au *BOFiP-Impôts*[517].

Le Conseil d'État a refusé de transmettre au Conseil constitutionnel la question prioritaire de constitutionnalité selon laquelle les articles L. 80 A et L. 80 B du LPF porteraient atteinte aux droits et libertés que la Constitution garantit[518].

§ 1. – Les prises de position formelles au regard d'un texte fiscal

1013. – Prise de position spontanée et prise de position sollicitée. Depuis, la loi du 8 juillet 1987 modifiant les procédures fiscales et douanières (art. 19), les appréciations formelles se rapportant à la situation individuelle d'un contribuable au regard d'un texte fiscal sont opposables à l'administration sans qu'il y ait lieu de distinguer selon qu'elles consistent en une interprétation individuelle de la loi fiscale[519], se rapportent à sa situation de fait au regard de ce texte[520] ou combinent ces deux aspects.

Compte tenu du renvoi général opéré par l'article L. 80 B, 1°, du LPF à l'article L. 80 A, alinéa 1er du même code, on est en présence au fond, et au-delà des apparences nées de la structure des textes, d'un mécanisme unifié. Même si ce n'est plus le cas actuellement[521], la doctrine administrative elle-même a été un temps, d'une certaine manière, en ce sens[522].

Initialement, la garantie issue de ces textes s'appliquait indistinctement aux prises de position formelles de l'administration, qu'elles présentaient un caractère spontané ou aient été, tout au contraire, préalablement sollicitées par le contribuable. Ultérieurement, la loi de modernisation de l'économie du 4 août 2008 (art. 5, III) a fait clairement ressortir les deux formes que peut revêtir cette garantie. Son intervention conduit à distinguer les appréciations administratives *spontanées* des appréciations *sollicitées* – et obtenues – dans le cadre de la procédure, désormais légalisée, de rescrit général.

A. – Les prises de position spontanées

1014. – Appréciation formelle expresse. Il ne peut être procédé à aucun rehaussement d'impositions antérieures si la cause du rehaussement poursuivi par l'administration est un différend sur l'interprétation individuelle d'un texte fiscal ou l'appréciation de la situation de fait d'un redevable de bonne foi au regard de ce

(515) Instr. 9 sept. 2010 : *BOI* 13 L-11-10, nos 57 à 363, anc. – *Adde*, pour la procédure d'accord tacite « crédit d'impôt recherche », Instr. 29 juill. 2010 : *BOI* 13 L-8-10, anc.
(516) Doc. adm. DGI, 13 L 1323, nos 46 et s, anc.
(517) BOI-SJ-RES-10-20.
(518) CE, 29 oct. 2010, n° 339.200, *Limousin* : *Procédures* 2011, n° 3, comm. 124, note O. Négrin.
(519) LPF, art. L. 80 A, al. 1er.
(520) LPF, art. L. 80 B, 1°.
(521) V., distinguant les deux questions, BOI-SJ-RES-10-20-10 et BOI-SJ-RES-10-10-20.
(522) Instr. 9 sept. 2010 : *BOI* 13 L-11-10, nos 7 à 108, anc.

texte et s'il est démontré que l'appréciation sur laquelle est fondée la première décision a été, à l'époque, formellement admise par l'administration.

Cette règle ne figure pas, sous cette forme, dans la loi. Elle résulte du rapprochement des deux dispositions législatives[(523)] qui, en réalité indissociables, fondent conjointement le mécanisme d'opposabilité à l'administration de ces appréciations d'ordre individuel (V. *supra*, n°s 960 et 1012).

Ce dispositif a donné lieu à une jurisprudence moins riche que celle rendue pour l'application de la garantie tenant à la doctrine administrative de portée générale.

La plupart des solutions jurisprudentielles retenues dans le cadre du mécanisme de « garantie contre les changements de doctrine » sont communes à l'ensemble des dispositions qui l'organisent. Il en va ainsi, en particulier, de celles relatives aux champs d'application matériel, personnel et contentieux de la garantie (V. *supra*, n°s 973 et s.). Toutefois, le principe de subsidiarité de la doctrine administrative ne s'applique pas, pas même par transposition, lorsque le contribuable se prévaut à l'encontre de l'administration d'une appréciation de sa situation individuelle[(524)].

La garantie s'applique à tous les impôts, que leur contentieux relève du juge administratif ou judiciaire et, partant, en matière de TVA perçue à l'importation par l'administration des douanes[(525)].

Un requérant ne peut utilement se prévaloir, dans le contentieux de l'excès de pouvoir, de l'appréciation d'une situation de fait sur le fondement des dispositions de l'article L. 80 B du LPF[(526)].

On en retiendra les principaux éléments, en étudiant successivement les conditions (1°), puis l'étendue matérielle (2°) et temporelle (3°) de la garantie.

1° Conditions de la garantie

1015. – Conditions tenant à l'appréciation administrative. La garantie instituée s'applique lorsque l'administration a pris une position formelle sur l'interprétation, par voie individuelle, d'un texte fiscal[(527)] ou l'appréciation d'une situation de fait au regard d'un texte fiscal[(528)].

Le Conseil d'État contrôle au titre de l'erreur de droit l'existence d'une prise de position formelle[(529)].

La circonstance que l'appréciation invoquée ne remplirait pas les conditions d'opposabilité n'a pas pour effet de rendre inopérant le moyen tiré de la garantie. En s'abstenant, dans un tel cas, de répondre à ce moyen, le juge entache sa décision d'une insuffisance de motivation[(530)].

La procédure de réexamen administratif des décisions défavorables prises par l'administration dans le cadre des différentes procédures de rescrit et d'accord tacites[(531)], n'est pas applicable en présence d'une appréciation administrative *spontanée*. Ce texte a en effet réservé l'ouverture de cette voie dite « de second examen » aux cas où la prise de position de l'administration procède d'une demande du redevable. Une demande de second examen est en revanche recevable que dans le cadre de la procédure de rescrit général (V. *infra*, n° 1032).

---

(523) LPF, art. L. 80 A, al. 1er, et L. 80 B, 1°.

(524) Le Conseil d'État considère, ainsi, que « lorsqu'un contribuable n'invoque devant les juges du fond, à l'appui de conclusions tendant à la décharge ou à la réduction d'une imposition, que la garantie prévue à l'article L. 80 B du Livre des procédures fiscales dans l'hypothèse où l'administration a formellement pris position sur l'appréciation de fait au regard d'un texte fiscal, sans invoquer la méconnaissance de ce texte, la juridiction n'est pas tenue d'examiner également le bien-fondé de la demande par rapport audit texte » (CE, 22 juin 2016, n° 391.478, *Sté Crusta C : Dr. fisc.* 2016, n° 26, act. 422 ; *Procédures* 2016, n° 8-9, comm. 277, note O. Négrin).

(525) Cass. com., 8 juill. 2003, n° 01-03.958, *Sté Transports Mathez : Bull. civ.* 2003, IV, n° 131.

(526) CE, 14 avr. 2008, n° 298.777, *Sté T2S : RJF 7/2008*, n° 792 ; *BDCF 7/2008*, n° 86, concl. Cl. Landais.

(527) LPF, art. L. 80 A, al. 1er.

(528) LPF, art. L. 80 B, 1°. La prise de position peut contenir *isolément* une appréciation ou une interprétation individuelle. Mais, le plus souvent, ces deux éléments seront contenus *indistinctement* dans la prise de position.

(529) CE, 8 sept. 1999, n° 161.330, *Sté d'exploitation des Éts Madej : Dr. fisc.* 2000, n° 40, comm. 746, concl. G. Goulard.

(530) CE, 1er juill. 2010, n° 304.673, *Sté Financière du Val : Dr. fisc.* 2010, n° 38, comm. 488, concl. P. Collin.

(531) L. fin. rect. 30 déc. 2008, art 50. – LPF, art. L. 80 CB.

1) La première condition d'application du dispositif tient à l'existence d'une appréciation administrative au regard d'un texte fiscal.

Selon l'administration, seules les prises de position écrites et signées par un agent ayant au moins le grade de contrôleur entrent « en pratique » (*sic*) dans le cadre des articles L. 80 A, al. 1er, et L. 80 B, 1°, du LPF(532). À cet égard, une lettre adressée au notaire du contribuable par un inspecteur des impôts territorialement incompétent a été considérée comme valant interprétation individuelle de la loi fiscale(533).

L'existence d'une appréciation au regard d'un texte suppose, essentiellement, que l'administration tire les conséquences juridiques d'une situation donnée au regard d'un texte fiscal de fond.

À cet égard, une appréciation contenue dans un courrier de l'administration antérieur à la publication d'un texte fiscal ne peut en tout état de cause valoir prise de position formelle au regard de celui-ci(534).

L'appréciation formelle peut se rapporter, en d'autres termes, au champ d'application de l'impôt, à son assiette ou sa liquidation.

Elle pourrait également se rapporter, le cas échéant, à la prescription du pouvoir d'imposition de l'administration (V. *supra*, n° 987). L'administration considère que les textes relatifs aux obligations comptables des contribuables ne sont pas des textes fiscaux au sens de ce dispositif(535). La jurisprudence administrative semble plus nuancée sur ce point (V. *supra*, n° 984).

À cet égard, la doctrine administrative elle-même n'est pas considérée comme un texte fiscal pour l'application de l'article L. 80 B du LPF(536). Il en résulte que l'appréciation de la situation du contribuable au regard d'une interprétation administrative de la loi fiscale ne bénéficie pas de la garantie.

En outre, pour pouvoir être utilement invoquée devant le juge fiscal, l'appréciation doit avoir été portée au regard d'un texte qui est matériellement comme temporellement applicable au litige en cause. Ainsi, le contribuable ne peut utilement se prévaloir, dans un litige concernant l'IR, de la position prise par le service des impôts, devant le juge fiscal judiciaire, dans un litige intéressant l'ISF(537).

2) Plus délicate, la seconde condition se rapporte au caractère formel de la prise de position administrative. Il résulte de la jurisprudence que seules peuvent être regardées, sur le fond, comme revêtant ce caractère les prises de position expresses, précises, fermes et motivées.

a) Pour les juridictions suprêmes, « le silence de l'administration ne peut être tenu pour une prise de position formelle »(538). Il en va de même de son abstention. Ainsi, aucune appréciation formelle ne peut se déduire d'une absence de rectification, par l'administration, d'une imposition initiale(539), de la non-remise en cause des déclarations du contribuable(540), du fait qu'elle n'a pas interjeté appel

(532) BOI-SJ-RES-10-10-20, n° 280, et BOI-SJ-RES-10-20-10, n° 50.
(533) CE, 29 mai 1991, n° 58.844, *Min. c/Caillat : Dr. fisc.* 1993, n° 50, comm. 2429, concl. M.-D. Hagelsteen.
(534) CE, 28 juin 2013, n° 352.089, *Min. Budget c/Sté L2PI*, inédit.
(535) BOI-SJ-RES-10-10-20, n° 150, et BOI-SJ-RES-10-20-10, n° 240.
(536) CAA Nantes, 18 juin 2003, n° 00-64, *Sté Calim : Dr. fisc.* 2004, n° 11, comm. 336, concl. contr. F. Magnier.
(537) CAA Nantes, 17 déc. 2003, n° 01-669, *Trottmann : RJF* 5/2005, n° 452.
(538) Cass. com., 6 mai 2014, n° 12-21.835, *Jouve : Dr. fisc.* 2014, n° 26, comm. 402 ; *Procédures* 2014, n° 8-9, comm. 256, note O. Négrin. V. antérieurement CE, 15 janv. 1992, n° 88.293, *Ballot : Dr. fisc.* 1993, n° 21, comm. 1092. – Cass. com., 7 janv. 1997, n° 95-11.687, *Viart : Bull. civ.* 1997, IV, n° 7. C'est évidemment une différence fondamentale avec les procédures d'accord tacite (V. *infra*, nos 1031 et s.).
(539) CE, 24 févr. 1988, n° 65.430 : *Dr. fisc.* 1988, n° 24, comm. 1147, concl. O. Fouquet. – CE, 29 sept. 2000, n° 198.325, *Le Diberger : Dr. fisc.* 2001, n° 11, comm. 217. – CE, 28 mai 2003, n° 237.967, *Sté Celdran : Dr. fisc.* 2003, n° 52, comm. 932, concl. G. Bachelier.
(540) Cass. com., 7 janv. 1997, *Viart*, préc. – CAA Marseille, 14 déc. 1999, n° 97-788, *Faberes : Dr. fisc.* 2000, n° 48, comm. 941, concl. J.-Ch. Duchon-Doris.

dans un litige portant sur des faits similaires(541) ou, sans doute, de son défaut de réponse à une lettre adressée par le contribuable(542).

b) Un acte positif de l'administration ne saurait comporter une appréciation formelle s'il n'est assorti d'aucune motivation expresse. Tel est le cas, par exemple, d'une décision de dégrèvement ne comportant aucune motivation(543), de l'abandon de rectifications précédemment envisagées(544), de l'attitude du vérificateur au cours d'un précédent contrôle(545), de l'établissement d'une imposition sur les bases déclarées par le contribuable(546), d'une décision non motivée prononçant le remboursement de crédits de TVA(547) ou, en l'absence de toute précision expresse, de l'apposition (opérée sur le seul fondement d'un contrôle en la forme de documents présentés à l'administration) d'un simple visa(548). Dans cet ordre d'idées, il a été jugé qu'une décision d'agrément ne saurait être regardée comme comportant une appréciation formelle d'éléments contenus dans la demande ayant permis son obtention(549) et qu'aucune appréciation administrative opposable ne pouvait procéder de l'établissement d'une imposition erronée au nom du contribuable(550).

c) Ont été regardés comme ne valant pas appréciation formelle, un simple conseil prodigué oralement(551), des informations données au vu de simulations(552), des indications trop hésitantes(553), des mentions manuscrites rectifiant des indications chiffrées figurant sur une déclaration(554) ou une réponse d'ordre général, étrangère à la situation précise faisant ultérieurement l'objet du litige(555).

d) Ainsi que semble l'indiquer la doctrine administrative, une appréciation administrative ne saurait être regardée comme dépourvue de caractère formel au seul motif qu'elle serait assortie de conditions. Naturellement, dans ce cas, « seul le respect de ces conditions (...) permet alors [au contribuable] de se prévaloir de la prise de position formelle »(556).

3) Sur le plan des formes, une appréciation individuelle peut être contenue dans des actes de nature très diverse.

a) À supposer que ces documents comportent des indications répondant aux différentes conditions de fond précédemment mentionnées, l'appréciation peut aussi bien résulter d'une lettre de l'administration, d'un certificat délivré au contribuable(557), d'une décision de dégrèvement prise sur la réclamation contentieuse du contribuable(558) ou d'office(559), d'une proposition de rectification adressée au contribuable(560), d'une réponse aux observations du contribuable faite dans le cadre de la

(541) CE, 1er juill. 2010, n° 304.673, *Sté Financière du Val* : *Dr. fisc.* 2010, n° 38, comm. 488, concl. P. Collin.
(542) CE, 20 nov. 1981, n° 27.566 : *Dr. fisc.* 1982, n° 10, comm. 454, concl. P. Rivière.
(543) CE, 9 mai 1990, n° 57.372, *Sabatier* : *RJF* 7/1990, n° 843. – CE, 8 mars 2002, n° 221.667, *Sté Silmeca* : *Dr. fisc.* 2002, n° 29, comm. 621, concl. G. Goulard. – CE, 18 mai 2005, n° 264.718, *Sté Hôpital privé Nord Parisien* : *RJF* 8-9/2005, n° 879. – CE, 6 oct. 2008, n° 290.048, *Petit* : *RJF* 12/2008, n° 1323.
(544) CE, 9 mars 1988, n° 81.067 : *Dr. fisc.* 1988, n° 31, comm. 1612. – CE, 22 oct. 1990, n° 61.994, *Sté Éts Martin et fils* : *Dr. fisc.* 1990, n° 50, comm. 2342. – CAA Paris, 28 janv. 1997, n° 95-2974, *Sté Consortium international de courtage et de financement* : *Dr. fisc.* 1997, n° 27, comm. 777, concl. A. Mendras.
(545) CAA Paris, 15 déc. 1994, n° 94-437, *Sté Hamberger* : *Dr. fisc.* 1995, n° 41, comm. 1901.
(546) CAA Nantes, 30 déc. 2005, n° 03-1429, *Dalbies* : *Dr. fisc.* 2006, n° 26, comm. 462.
(547) CE, 26 janv. 2011, n° 311.496, *Sté La Générale automobile Centralcar* : *Dr. fisc.* 2011, n° 17, comm. 328, concl. N. Escaut.
(548) CE, 29 oct. 2008, n° 292.895, *Sté Garage de l'autoroute-SE* : *RJF* 1/2009, n° 20.
(549) CAA Nantes, 27 oct. 2008, n° 07-1329, *Tyrakowski* : *Dr. fisc.* 2009, n° 10, comm. 226.
(550) CE, 8 juill. 1992, n° 92.731, *Defos du Rau* : *RJF* 10/1992, n° 1360, non reproduit.
(551) CAA Nancy, 12 oct. 1995, n° 94-89, *Dengreville* : *Dr. fisc.* 1996, n° 15, comm. 510.
(552) CAA Bordeaux, 27 févr. 2001, n° 98-318, *Charbonneau* : *RJF* 6/2001, n° 825.
(553) CE, 29 déc. 2004, n° 255.831, *Haensel* : *RJF* 3/2005, n° 220. – CE, 12 janv. 2005, n° 248.627, *Latécoère* : *Dr. fisc.* 2005, n° 18-19, comm. 403.
(554) CAA Nancy, 23 nov. 2006, n° 03-376, *Baetche* : *RJF* 4/2007, n° 466. – Comp. CE, 14 avr. 2008, n° 301.162, *Baetche* : *RJF* 7/2008, n° 861.
(555) CE, 27 mars 2009, n° 294.302, *Chambre de commerce et d'industrie de Montpellier* : *RJF* 6/2009, n° 550 ; *BDCF* 6/2009, n° 72, concl. P. Collin.
(556) BOI-SJ-RES-10-20-10, n° 190.
(557) CE, 8 sept. 1999, n° 161.330, *Sté d'exploitation des Éts Madej* : *Dr. fisc.* 2000, n° 40, comm. 746, concl. G. Goulard.
(558) CAA Paris, 5 déc. 1996, n° 94-2177, *Ponzoni* : *Dr. fisc.* 1997, n° 50, comm. 1322.
(559) CAA Marseille, 28 déc. 1999, n° 97-5234, *Sté Bompas-Salanque* : *RJF* 1/2001, n° 50.
(560) CE, 10 juill. 1981, n° 19.632 : *Dr. fisc.* 1983, n° 7, comm. 251. – CE, 10 avr. 1991, n° 75.696, *Lux* : *Dr. fisc.* 1991, n° 43, comm. 2036. – CAA Nancy, 27 nov. 2003, n° 99-844, *Duperroux* : *Dr. fisc.* 2004, n° 11, comm. 335.

procédure de rectification contradictoire(561) ou, sans doute, d'un mémoire produit au contentieux par un directeur des services fiscaux(562).

b) Assez paradoxalement, une prise de position verbale de l'administration peut être invoquée par le contribuable, à supposer que celui-ci puisse établir son existence et sa teneur(563).

c) L'administration considère que, dans le cas du contrôle fiscal d'une PME sur sa demande(564), les éléments consignés dans le compte-rendu établi par l'administration à la suite du contrôle valent, pour chaque point précisé dans la demande de contrôle, prise de position formelle au sens des articles L. 80 A, alinéa 1er, et L. 80 B, 1°, du LPF(565).

Cette solution peut être transposée au mécanisme de la « relation de confiance » (V. *infra*, n° 921, 4).

d) Selon l'administration, les courriers électroniques de l'administration en réponse aux questions formulées par un contribuable ne peuvent pas, en principe, être utilement invoqués par ce dernier, qu'ils comportent une interprétation individuelle de la loi fiscale(566) ou une appréciation relative à sa situation de fait(567). Cette exclusion de principe est justifiée, essentiellement, par le fait que les « courriels » (aisément modifiables) ne présentent de manière générale aucune garantie quant à la réalité de leur teneur, de leur date, de leur auteur ou de leur destinataire. Par exception, la doctrine administrative admet que cette exclusion n'est pas applicable (de sorte que le contenu d'un courriel en réponse peut être opposable à l'administration) lorsque les conditions suivantes sont réunies :

– le contribuable établit la preuve de l'existence de la position formelle prise par courrier électronique ;

– le document produit est complet ;

– la réponse apportée par l'administration satisfait l'ensemble des conditions permettant de caractériser sans équivoque une prise de position formelle (avec notamment le rappel des faits et du droit applicable et une prise de position explicite, précise et sans ambiguïté) ;

– enfin – et surtout – la réalité et le contenu de celle-ci ne sont pas contestés par l'administration(568).

Sur les cas des demandes formulées par voie électronique par des contribuables, V. *infra*, n° 1024, *in fine*.

e) Pour le cas des réponses apportées par l'administration à une demande de rescrit général, V. *infra*, nos 1022 et s.

4) Naturellement, l'administration peut revenir pour l'avenir sur une appréciation individuelle précédemment admise et les articles L. 80 A, alinéa 1er, et L. 80 B, 1°, du Livre des procédures fiscales n'ont ni pour objet ni pour effet de l'empêcher de modifier son analyse antérieure (V. *infra*, nos 1020 et s.).

1016. – Conditions tenant au contribuable. L'application de la garantie instituée aux articles L. 80 A, alinéa 1er, et L. 80 B, 1°, du Livre des procédures fiscales suppose la réunion de deux conditions d'ordre personnel.

1) Le Conseil d'État considère que seuls peuvent se prévaloir de la garantie, « les contribuables qui se trouvent dans la situation de fait sur laquelle l'appréciation invoquée a été portée, ainsi que les contribuables qui ont participé à l'acte ou à l'opération qui a donné naissance à cette situation »(569). La Cour de cassation retient une solution similaire(570).

---

(561) CAA Lyon, 27 juin 2002, n° 00-2556, *Benabid : Dr. fisc.* 2003, n° 28, comm. 519.

(562) CAA Paris, 27 juin 2002, n° 98-1005, *de Boisgelin : Dr. fisc.* 2003, n° 12, comm. 231, réservant toutefois la question par un « en tout état de cause ».

(563) CE, 18 mars 2005, n° 260.353, *Parise : Dr. fisc.* 2005, n° 51, comm. 833, concl. F. Séners. – V. également CE, 2 juin 1985, n° 44.571 : *Dr. fisc.* 1987, n° 49, comm. 2178 ; *RJF* 8-9/1986, n° 818, concl. O. Fouquet, p. 472. – CE, 16 déc. 1991, n° 60.480 : *Dr. fisc.* 1993, n° 19, comm. 973, concl. O. Fouquet. – Comp., réservant la question par un « en tout état de cause », CE, 15 janv. 1992, n° 88.293, *Ballot : Dr. fisc.* 1993, n° 21, comm. 1092.

(564) LPF, art. L. 13 C.

(565) BOI-CF-PGR-40-10, n° 310.

(566) BOI-SJ-RES-10-10-20, n° 300.

(567) BOI-SJ-RES-10-20-10, n° 80.

(568) BOI-SJ-RES-10-10-20, n° 310 et BOI-SJ-RES-10-20-10, n° 80.

(569) CE, 17 juin 1996, n° 145.594, *Sté France Sud Diffusion : Dr. fisc.* 1996, n° 49, comm. 1476 ; *Rec. CE* 1996, p. 229.

(570) Cass. com., 29 nov. 1994, n° 92-17.731, *Sté AXX Finances : Bull. civ.* 1994, IV, n° 356 ; *Dr. fisc.* 1995, n° 6, comm. 244.

a) Les autres contribuables ne peuvent, à cet égard, « utilement invoquer une rupture à leur détriment du principe d'égalité »[(571)]. Ainsi, le contribuable ne peut se prévaloir utilement de la prise de position formelle portée sur la situation d'un tiers, fût-il l'un de ses coassociés[(572)] ou son prédécesseur à la tête de l'entreprise considérée[(573)]. La position de la doctrine administrative est dans le même sens : « un contribuable ne peut se prévaloir, pour son cas personnel, de l'appréciation d'une situation de fait concernant d'autres contribuables »[(574)].

Un contribuable peut toutefois être expressément visé par une appréciation formelle (et, en conséquence, s'en prévaloir utilement) alors même que l'acte qui la contient ne lui était pas formellement destiné[(575)].

b) Appliquant cette solution au cas particulier d'une société appartenant à un réseau de franchise, le Conseil d'État a considéré qu'un rescrit délivré à la société organisant ce réseau peut être opposé à l'administration par toutes les sociétés membres du réseau pour leurs opérations ayant fait l'objet du rescrit[(576)].

c) Sur le problème de l'application « par transposition » d'une appréciation individuelle, V. *infra* n° 1019.

2) Le contribuable doit être de bonne foi. Applicable à l'alinéa 1er de l'article L. 80 B du Livre des procédures fiscales sur renvoi de l'article L. 80 A du même code, cette condition générale a donné lieu à une solution jurisprudentielle importante.

Compte tenu de la présomption générale établie sur ce point en faveur du contribuable (V. *supra*, n° 955), l'absence de bonne foi du contribuable doit être démontrée par l'administration.

L'absence de bonne foi du contribuable ne peut se déduire, à elle seule, de ce qu'il n'a pas souscrit ses obligations déclaratives en faisant application d'une position formelle antérieurement adoptée à son égard par l'administration[(577)]. Le contribuable peut donc, sans perdre le bénéfice de la bonne foi, demander *a posteriori* le bénéfice d'une appréciation formelle concernant sa situation fiscale.

La doctrine administrative semble retenir l'analyse inverse, qui énonce que la garantie ne s'applique que « si le contribuable s'est conformé à la solution admise par l'administration lors de sa prise de position formelle »[(578)].

Un arrêt a toutefois écarté la bonne foi du contribuable dans une situation de cette nature[(579)]. Au cas d'espèce, le contribuable avait souscrit une déclaration de succession rectificative majorant considérablement la valeur d'un immeuble en vue de minorer, corrélativement, le montant d'une plus-value immobilière réalisée par la suite. Il se prévalait, à cet égard, d'une appréciation formelle résultant d'une proposition de rectification qui, ultérieurement abandonnée, avait retenu cette même valeur majorée.

1017. – Condition d'antériorité. On peut synthétiser les éléments jurisprudentiels se rapportant à cette question par trois propositions.

(571) CE, 17 juin 1996, *Sté France Sud Diffusion*, préc. – V., dans le même sens, CE, 20 oct. 2004, n° 249.978, *Sté Éts François Meunier : Dr. fisc.* 2005, n° 3, comm. 89, concl. L. Vallée.

(572) CAA Lyon, 2 juin 2005, n° 00-718, *Albrieux : Dr. fisc.* 2006, n° 41, comm. 663, concl. G. Gimenez.

(573) CAA Nancy, 1er déc. 1994, n° 93-261, *Becquet de Mégille : Dr. fisc.* 1995, n° 30, comm. 1602.

(574) BOI-SJ-RES-10-20-10, n° 120. *Adde* BOI-SJ-RES-10-10-20, n° 440.

(575) CAA Nancy, 27 nov. 2003, n° 99-844, *Duperroux : Dr. fisc.* 2004, n° 11, comm. 335, pour le cas d'une proposition de rectification adressée à une personne divorcée et comportant une appréciation formelle sur la situation de fait de son ancien conjoint.

(576) CE, 28 janv. 2015, n° 370.455, *Sté Duchêne Fleurs : Dr. fisc.* 2015, n° 14, comm. 243, concl. N. Escaut ; *Procédures* 2015, n° 4, comm. 144, note O. Négrin, à propos du taux de TVA applicable à certaines compositions florales.

(577) CAA Nantes, 24 mars 1998, n° 95-1393, *Min. c/Assoc. Contacts : RJF* 7/1998, n° 833.

(578) BOI-SJ-RES-10-20-10, n° 390, pour les appréciations individuelles portant sur une situation de fait. – V. antérieurement, dans le même sens, Instr. 9 sept. 2010 : *BOI* 13 L-11-10, n° 98, anc., et Doc. adm. DGI, 13 L 1323, n° 66, anc.

(579) CAA Bordeaux, 20 févr. 2003, n° 99-237, *Lescaroux : Dr. fisc.* 2003, n° 51, comm. 923 ; *BDCF* 7/2003, n° 850, concl. B. Chemin.

Une appréciation individuelle est susceptible de produire ses effets à compter du jour de sa notification *lato sensu* au contribuable. Elle ne semble pouvoir être dotée d'aucun effet rétroactif.

1) La garantie ne pouvant jouer qu'à l'égard d'impositions supplémentaires (V. *infra*, n° 1018), les contribuables ne sont en droit d'invoquer sur le fondement des articles L. 80 A, alinéa 1er, et L. 80 B, 1°, du Livre des procédures fiscales que des appréciations antérieures à l'imposition primitive correspondante(580) ou, si l'on préfère, à la « première décision » de l'administration(581).

La Cour de cassation ne retient pas cette analyse : viole l'article L. 80 B du LPF, le jugement qui écarte une prise de position de l'administration fiscale au motif qu'elle est postérieure à la mise en recouvrement des droits en litige(582).

Il n'est pas exigé, en revanche, que l'appréciation ait été admise dès la réalisation du fait générateur de l'imposition considérée.

Naturellement, le contribuable ne peut se prévaloir utilement d'une appréciation :

– abandonnée avant l'acte initial d'imposition ;

– apparue seulement après la mise en recouvrement de l'imposition initiale, alors même que cette appréciation contiendrait une mention prévoyant expressément son application rétroactive(583), ou, *a fortiori*, après le paiement de l'imposition contestée(584).

2) En conséquence, ces textes ne permettent pas au contribuable de se prévaloir utilement d'une mention portée par l'administration dans un acte de procédure conduisant à l'établissement de l'imposition contestée elle-même(585).

Plus généralement, sont dépourvues de portée utile les opinions qui n'ont été émises par les agents des services fiscaux qu'au cours de la procédure ayant abouti au rehaussement contesté(586).

Une telle appréciation est, en revanche, susceptible d'être opposée à l'administration pour des impositions ultérieures.

3) S'agissant des impositions déclaratives, la prise de position administrative est opposable au titre d'une imposition dès lors que la date d'expiration du délai de déclaration est postérieure à la date à laquelle l'appréciation a été portée.

Naturellement, une prise de position formelle sur l'appréciation de la situation fiscale d'un contribuable au regard d'un texte fiscal n'est applicable qu'à la condition que ce texte soit lui-même applicable *ratione temporis* à l'imposition en cause.

Comme pour l'application de l'article L. 80 A, alinéa 2nd, du LPF (V. *supra*, n° 1006) le juge soulève d'office le moyen tiré de ce que l'appréciation invoquée ne peut être retenue *ratione temporis*(587).

La doctrine administrative est dans un sens similaire : « l'interprétation doctrinale [ou l'appréciation] dont se prévaut le contribuable pour contester l'imposition supplémentaire mise à sa charge doit avoir été exprimée antérieurement à la date d'expiration du délai de déclaration dont il disposait »(588).

---

(580) CE, 20 mai 1998, n° 155.738, *Sté d'exploitation des carburants* : *Dr. fisc.* 1998, n° 45, comm. 1009, concl. J. Arrighi de Casanova. – CE, 13 oct. 1999, n° 190.040, *Sté roubaisienne de prestations travaux et ventes* : *Dr. fisc.* 2000, n° 18-19, comm. 375, concl. G. Bachelier. – CE, 15 juin 2001, n° 211.688, *Commeau* : *Dr. fisc.* 2002, n° 3, comm. 28, concl. M.-H. Mitjavile. – CE, 20 oct. 2004, n° 249.978, *Sté Éts François Meunier* : *Dr. fisc.* 2005, n° 3, comm. 89, concl. L. Vallée.

(581) CE, 27 mai 1987, n° 60.053 : *Dr. fisc.* 1987, n° 44, comm. 1969 ; *RJF* 07/1987, n° 796.

(582) Cass. com., 29 nov. 1994, n° 92-17.731, *Sté AXX Finances* : *Bull. civ.* 1994, IV, n° 356 ; *Dr. fisc.* 1995, n° 6, comm. 244.

(583) CE, plén., 14 mars 1979, n° 6.936 : *Rec. CE* 1979, p. 113 ; *Dr. fisc.* 1980, n° 9, comm. 421, concl. P. Rivière.

(584) CE, 26 mars 1980, n° 12.008, *Min. c/Sté La Résidence de Port-Cros* : *RJF* 6/1980, n° 482, retenant cette solution y compris dans le cas où le paiement a été opéré à la demande de l'administration.

(585) CE, 13 oct. 1999, *Sté roubaisienne de prestations travaux et ventes*, préc. – CE, 17 juin 2005, n° 258.805, *Sté Marine Côte d'Argent* : *Dr. fisc.* 2006, n° 12, comm. 266, concl. S. Verclytte. – CE, 6 oct. 2008, n° 290.048, *Petit* : *RJF* 12/2008, n° 1323.

(586) CE, 17 juin 2005, *Sté Marine Côte d'Argent*, préc.

(587) CE, 17 juin 2005, *Sté Marine Côte d'Argent*, préc.

(588) BOI-SJ-RES-10-10-20, n° 210, et BOI-SJ-RES-10-20-10, n° 100. – V. antérieurement dans le même sens Instr. 9 sept. 2010 : *BOI* 13 L-11-10, nos 32 et 67, anc.

Si cette condition est respectée, une prise de position nouvellement formulée produit donc ses effets, s'agissant d'une imposition périodique, à compter du premier jour de la période d'imposition[589]. Symétriquement, lorsqu'une prise de position antérieure est abandonnée, cette remise en cause est opposable au contribuable pour toutes les impositions pour lesquelles le délai de déclaration n'est pas expiré à la date de cet abandon[590].

Selon un premier arrêt, « c'est à la date de dépôt de la déclaration (...) et non à celle du fait générateur de l'impôt (...) qu'il convient de se placer pour déterminer si l'appréciation d'une situation de fait au regard d'un texte fiscal, au sens de l'article L. 80 B du LPF, a été rapportée »[591]. Une seconde décision retient une formule plus ramassée : « il convient de se placer à la date de dépôt de la déclaration pour déterminer si l'appréciation d'une situation de fait au regard d'un texte fiscal, au sens de l'article L. 80 B du LPF, est toujours en vigueur »[592]. Retenues en matière d'imposition des revenus, ces solutions semblent applicables à tous les impôts déclaratifs.

La jurisprudence ne s'est pas prononcée sur les conditions d'application *ratione temporis* de la garantie en présence d'impositions non déclaratives. On peut penser qu'il convient dans ce cas de retenir l'appréciation contemporaine de l'acte initial d'imposition. À cet égard, l'administration assimile la liquidation spontanée de l'impôt à l'acte initial d'imposition[593]. Par ailleurs, toujours selon l'administration, la cotisation foncière des entreprises doit, pour l'application de la condition d'antériorité, être toujours regardée comme un impôt non déclaratif[594].

2° Étendue matérielle de la garantie

1018. – Rehaussement d'impositions antérieures. Les contribuables ne sont en droit de contester sur le fondement des articles L. 80 A, alinéa 1er, et L. 80 B, 1°, du Livre des procédures fiscales que des *rehaussements d'impositions antérieures*. Le moyen tiré de ces dispositions ne peut être utilement soulevé, en revanche, à l'encontre d'une imposition initiale ou primitive[595].

Les solutions rendues sur la base de l'article L. 80 A, alinéa 1er, du LPF sont applicables *mutatis mutandis* (V. *supra*, n° 967). Le juge exige, en particulier, que le rehaussement consiste en la majoration d'une imposition primitive positive. Celui-ci peut découler de la remise en cause d'une exonération de TVA pour certaines activités d'une entreprise redevable par ailleurs de cet impôt[596]. N'ont pas été en revanche regardées comme des rehaussements :

– la rectification procédant de la remise à la charge du contribuable d'une imposition précédemment dégrevée, du moins lorsque le contribuable demeure soumis *in fine* à une cotisation qui n'excède pas son imposition primitive[597] ;

– la remise en cause de la créance découlant de l'option pour le report en arrière des déficits[598].

(589) CE 8 sept. 1999, n° 161.330, *Sté d'exploitation des Éts Madej* : *Dr. fisc.* 2000, n° 40, comm. 746, concl. G. Goulard.

(590) CAA Paris, 5 déc. 1996, n° 94-2177, *Ponzoni* : *Dr. fisc.* 1997, n° 50, comm. 1322. – CAA Nancy, 27 nov. 2003, n° 99-844, *Duperroux* : *Dr. fisc.* 2004, n° 11, comm. 335.

(591) CAA Paris, 5 déc. 1996, *Ponzoni*, préc.

(592) CAA Nancy, 27 nov. 2003, n° 99-844, *Duperroux*, préc.

(593) Instr. 9 sept. 2010 : *BOI* 13 L-11-10, nos 32 et 67.

(594) BOI-SJ-RES-10-10-20, n° 220, et BOI-SJ-RES-10-20-10, n° 110, justifiant cette solution par la nécessité d'assurer un traitement uniforme des contribuables, qu'ils soient effectivement astreints, on non, à l'accomplissement d'obligations déclaratives annuelles pour l'établissement de cet impôt.

(595) CE 3 juin 1998, n° 157.667, *Assoc. normande des propriétaires d'appareils à vapeur électriques* : *Dr. fisc.* 1998, n° 40, comm. 851, concl. G. Goulard. – CE, 13 oct. 1999, n° 190.040, *Sté roubaisienne de prestations travaux et ventes* : *Dr. fisc.* 2000, n° 18-19, comm. 375, concl. G. Bachelier. – CE, 17 juin 2005, n° 258.805, *Sté Marine Côte d'Argent* : *Dr. fisc.* 2006, n° 12, comm. 266, concl. S. Verclytte.

(596) CE 8 sept. 1999, n° 161.330, *Sté d'exploitation des Éts Madej* : *Dr. fisc.* 2000, n° 40, comm. 746, concl. G. Goulard.

(597) CE 9 juill. 2010, n° 329.641, *Min. c/Sté Unisource* : *Dr. fisc.* 2011, n° 29, comm. 427, concl. P. Collin, à propos de rappels de taxe professionnelle résultant de l'annulation d'un dégrèvement prononcé au titre du plafonnement de cet impôt en fonction de la valeur ajoutée. – *Adde* CE, 23 nov. 2007, n° 268.210, *Sté Arcelor France* : *Dr. fisc.* 2008, n° 10, comm. 210, concl. L. Vallée. – CE, 6 août 2008, n° 285.719, *Cie nationale de navigation* : *RJF* 11/2008, n° 1205.

(598) CE 22 juin 2016, n° 391.748, *Sté Crusta C* : *Dr. fisc.* 2016, n° 26, act. 422.

La doctrine administrative retient une interprétation plus souple du dispositif légal. L'administration assimile en effet à un cas de rehaussement d'une imposition antérieure la rectification d'une base d'imposition régulièrement déclarée qui n'a pas donné lieu à imposition[599]. Naturellement, cette mesure de tempérament ne déroge pas à la règle selon laquelle, pour être utilement invocable, l'appréciation formelle doit avoir été exprimée antérieurement à l'expiration du délai de déclaration. Sur l'application *étendue* de cette mesure de tempérament en cas d'obtention d'un rescrit général, V. *infra*, n° 1030.

1019. – Impositions relevant de la garantie. 1) Une appréciation individuelle portée par l'administration ne vaut normalement que pour l'application des textes au regard de laquelle elle a été formellement admise. Elle doit donc de manière générale s'appliquer « impôt par impôt » et ne peut, en conséquence, faire l'objet d'une application par transposition[600].

Le Conseil d'État retient ainsi que « la position exprimée par l'administration (...) dans le cadre d'une procédure de redressement, d'ailleurs abandonnée, en matière d'impôt de solidarité sur la fortune » ne peut être utilement invoquée dans un litige portant sur l'IR et la TVA[601]. La solution apparaît d'autant plus sévère que la position administrative invoquée résidait dans la simple appréciation de la valeur d'un immeuble[602].

Alors que la Cour de cassation ne s'est jamais prononcée en la matière (V. toutefois pour l'application de la doctrine administrative de portée générale *supra*, n° 1000, 2), les juridictions judiciaires inférieures se sont divisées sur cette question[603].

2) Marquée par une grande rigidité, cette solution fait toutefois l'objet d'un assouplissement qui repose implicitement sur l'idée de nécessaire cohérence de l'action administrative. Ainsi, une position formelle sur l'appréciation de la situation de fait d'un contribuable au regard d'un impôt vaut également prise de position au regard d'un autre impôt en présence d'une « double identité » :

– identité des critères retenus pour caractériser (ou qualifier) la situation ou les faits en cause au regard des textes régissant les deux impôts ;

– « identité de l'assiette servant à l'établissement de ces deux impositions »[604].

Dans cette affaire, le Conseil d'État considère que l'appréciation individuelle résultant d'un refus d'exonération de taxe d'enlèvement des ordures ménagères, motivé par le fait que l'immeuble en cause ne présente pas le caractère d'une « usine »[605], peut être opposée à l'administration en matière de la taxe foncière sur les propriétés bâties – pour l'établissement de laquelle le même immeuble ne peut, en conséquence, être regardé comme un « établissement industriel »[606].

Par ailleurs, au-delà de l'exception tirée de la « double identité », le rapporteur public avait envisagé dans ses conclusions l'opposabilité « générale » des appréciations administratives « transversales », c'est-à-dire se rapportant à des notions communes à plusieurs impôts, comme par exemple celle de valeur vénale[607].

---

(599) BOI-SJ-RES-10-10-20, n° 200, et BOI-SJ-RES-10-20-10, n° 380.
(600) CE, sect., 6 avr. 2007, n° 269.402, *Clermont : Dr. fisc.* 2007, n° 25, comm. 652, concl. S. Verclytte.
(601) CE, sect., 6 avr. 2007, n° 269.402, *Clermont*, préc.
(602) Antérieurement, la Haute juridiction administrative avait jugé que, en tout état de cause, une appréciation formulée au regard des textes régissant l'IFA ne pouvait être utilement invoquée en matière d'IS (CE, 16 janv. 2006, n° 252.782, *Sté Edipag : Dr. fisc.* 2006, n° 19, comm. 370, à propos de la qualification d'entreprise nouvelle). De même, un contribuable ne peut utilement invoquer en matière d'IR une appréciation administrative prise en matière de TVA (CE, 5 mai 2010, n° 316.677, *Min. c/Peltier : Dr. fisc.* 2010, n° 26, comm. 389, concl. N. Escaut, à propos de la qualification de travaux immobiliers).
(603) Comp. CA Metz, 6 janv. 2004, n° 01-3424, *Zidoun : RJF* 12/2004, n° 1288, admettant l'application par transposition et CA Paris, 4 avr. 2008, n° 06-21688, *Rase : RJF* 11/2008, n° 1262, la refusant.
(604) CE, 3 juin 2013, n° 346.987, *Sté Intercoop : Dr. fisc.* 2013, n° 37, comm. 418, concl. B. Bohnert, note Th. Lambert ; *Procédures* 2013, n° 8-9, comm. 272, note O. Négrin.
(605) Au sens de CGI, art. 1521.
(606) Au sens de CGI, art. 1498 et, sur renvoi, art. 1499.
(607) Concl. B. Bohnert préc.

3° Étendue temporelle de la garantie

1020. – **Mutabilité de l'appréciation administrative.** Les dispositions relatives à l'opposabilité des appréciations individuelles n'ont pas pour objet d'empêcher l'administration de modifier son analyse de la situation du contribuable et l'administration peut toujours rapporter une appréciation antérieure. Mais elle ne peut naturellement le faire que pour l'avenir, sans pouvoir revenir rétroactivement sur une imposition conforme à la position qui y était contenue.

1021. – **Période couverte par la garantie.** La doctrine administrative a apporté certaines précisions sur le point de départ et la fin de la garantie tirée d'une appréciation individuelle opposable.

Retenues pour l'application de l'article L. 80 B, 1°, du LPF[608], les solutions doctrinales dont il est fait ici état semblent transposables à l'article L. 80 A, alinéa 1er, du même code.

1) Point de départ de la garantie

Lorsque la condition d'antériorité est respectée (V. *supra*, n° 1018), la garantie commence à courir, selon l'administration, du jour où le contribuable a appliqué l'appréciation considérée dans sa déclaration ou, en l'absence d'obligation déclarative, lors du paiement de l'impôt.

2) Fin de la garantie

Trois hypothèses de fin de la garantie peuvent être distinguées.

a) Modification par l'administration de son appréciation antérieure

L'administration peut toujours revenir sur l'appréciation formelle antérieurement admise[609]. Mais, dans ce cas, l'appréciation antérieure n'est caduque que du jour où le contribuable concerné a été personnellement avisé que l'appréciation était rapportée[610].

Naturellement, l'administration ne peut revenir rétroactivement sur une imposition du contribuable établie conformément à la position qu'elle avait, à l'époque, retenue.

b) Modification de la législation applicable

Une appréciation peut être frappée de péremption du fait du changement de la législation applicable. Dans ce cas, la prise de position de l'administration se trouve frappée de caducité du seul fait de ce changement, sans que l'administration soit tenue d'en aviser le contribuable concerné[611].

On peut penser que cette caducité ne peut procéder que du changement *substantiel* de la législation applicable (comp. en matière de doctrine administrative de portée générale, *infra*, n° 1000, 2).

En cas de changement de jurisprudence, les appréciations individuelles antérieures continuent, selon la doctrine administrative, de porter leurs effets jusqu'à la publication, par l'administration, des conséquences qu'elle tire de la décision juridictionnelle considérée[612].

---

(608) BOI-SJ-RES-10-20-10, n° 420.

(609) L'administration, en effet, est toujours « en droit de modifier [pour l'avenir] son appréciation de la situation d'un même contribuable » (CE, 13 févr. 1991, n° 58.422, *Laurencin* : *RJF* 4/1991, n° 525). Le mécanisme d'opposabilité à l'administration des appréciations individuelles ne déroge pas à cette solution fondamentale.

(610) BOI-SJ-RES-10-10-20, n° 410, semblant toutefois viser le seul cas où l'appréciation rapportée comportait une erreur, et BOI-SJ-RES-10-20-10, n° 430.

(611) BOI-SJ-RES-10-10-20, n° 420, et BOI-SJ-RES-10-20-10, n° 440.

(612) BOI-SJ-RES-10-10-20, n° 430, limitant cette solution au cas où la jurisprudence nouvelle contredit sa doctrine administrative de portée générale, et BOI-SJ-RES-10-20-10, n° 440.

L'administration semble considérer que le simple changement de la doctrine administrative de portée générale, à la supposer régulièrement publiée, peut porter les mêmes effets[613]. Cette analyse, qui apparaît discutable, n'a pas été confirmée en jurisprudence.

c) Modification de la situation du contribuable

La garantie cesse dès que la situation du contribuable n'est plus strictement identique à celle ayant fait l'objet de l'appréciation formelle par l'administration[614].

On peut penser, là encore, que seules les modifications *substantielles* touchant à la situation du contribuable sont de nature à le priver du bénéfice d'un rescrit général antérieurement obtenu.

Comme dans le cas précédent, la prise de position de l'administration se trouve frappée de caducité « automatiquement », c'est-à-dire du seul fait du changement de situation et sans que l'administration ne soit tenue d'en aviser le contribuable intéressé[615].

B. – Le rescrit général

1° Généralités

1022. – **Dissociation procédurale.** 1) La loi du 4 août 2008 de modernisation de l'économie (art. 5) a complété le dispositif général d'opposabilité des appréciations administratives individuelles (V. *supra*, n° 1014). Ce texte a, plus précisément, ajouté à l'article L. 80 B, 1°, du Livre des procédures fiscales une seconde phrase ainsi conçue : « [l'administration] se prononce dans un délai de trois mois lorsqu'elle est saisie d'une demande écrite, précise et complète par un redevable de bonne foi » concernant l'appréciation de sa situation au regard d'un texte fiscal.

2) Au fond, l'incidence de cette disposition législative entrée en application le 1er juillet 2009 est limitée :

a) les mécanismes d'opposabilité des prises de position « sollicitées » et « spontanées » sont désormais distingués par la loi ;

La loi a simplement organisé, en l'assortissant d'un délai légal ouvert à l'administration pour se prononcer, la faculté déjà reconnue aux contribuables de solliciter, de la part de l'administration, une prise de position opposable sur leur situation au regard de tout texte fiscal de fond. En effet, dès avant 2009, une pratique de « rescrit général doctrinal » s'était développée sur la base du 1° de l'article L. 80 B du LPF dans sa rédaction antérieure à la loi de modernisation de l'économie, ainsi que le faisait ressortir une brève mention dans la doctrine administrative : « les dispositions du 1° de l'article L. 80 B du LPF permettent aux contribuables de demander à l'administration de prendre position sur une situation de fait au regard d'un texte fiscal, mais seule une réponse expresse peut engager l'administration »[616]. La faculté de solliciter une prise de position formelle auprès de l'administration donnait (et donne toujours) lieu à une pratique significative (V. *infra*, n° 1034).

L'introduction légale du rescrit général n'a pas remis en cause le dispositif doctrinal organisant la procédure spécifique de rescrit « vérification ». Même si elle a sans doute perdu beaucoup de son intérêt théorique, cette procédure purement doctrinale a été expressément maintenue en 2010 par le commentaire général des procédures de rescrit et d'accord tacite[617] et demeure décrite, depuis 2012, dans le *BOFiP-Impôts* au titre des garanties liées aux procédures de rectification[618]. Compte

---

(613) *Ibid.*
(614) BOI-SJ-RES-10-10-20, n° 420, et BOI-SJ-RES-10-20-10, nos 430 à 450.
(615) BOI-SJ-RES-10-10-20, n° 420, et BOI-SJ-RES-10-20-10, n° 450.
(616) Doc. adm. DGI, 13 L 1223, n° 75, anc.
(617) Instr. 9 sept. 2010 : *BOI* 13 L-11-10, n° 6, anc.
(618) BOI-CF-PGR-30-20.

tenu de son champ d'application relativement étroit, elle est étudiée au titre des rescrits spéciaux (V. *infra*, n° 1063).

b) le mécanisme d'opposabilité des prises de position « sollicitées » – dénommé procédure de « rescrit général » – est par ailleurs précisé sur deux points :

– la loi prévoit désormais que l'administration doit être saisie par le biais d'une demande écrite, précise et complète du contribuable ;

– saisie d'une telle demande, l'administration est tenue d'y répondre dans le délai de trois mois – sans que ce délai légal pour statuer ne soit sanctionné, toutefois, par l'apparition d'une appréciation tacite opposable.

La solution qui aurait consisté à introduire en la matière une nouvelle procédure d'accord tacite (le silence conservé pendant trois mois par l'administration sur une demande d'appréciation pouvant valoir accord de l'appréciation proposée par le contribuable) a été finalement écartée lors des débats parlementaires de la loi LME (V. *infra*, n° 1027, 1).

3) Par la suite, la loi de finances rectificative du 30 décembre 2008 a renforcé l'intérêt de la distinction entre les prises de position formelles selon qu'elles sont *spontanées* ou qu'elles ont été, à l'inverse, *sollicitées* dans le cadre de la procédure de rescrit général. Introduisant une procédure de réexamen administratif des décisions défavorables prises par l'administration dans le cadre des différentes procédures de rescrit et d'accord tacites, cette loi a évidemment réservé l'ouverture de cette voie dite « de second examen » (V. *infra*, n° 1032) aux cas où la prise de position de l'administration procède d'une demande du redevable.

Une demande de second examen, si elle peut être recevable en cas de refus (implicite ou exprès) de rescrit général ne l'est jamais, en revanche, en présence d'une appréciation défavorable spontanée.

Un décret du 30 décembre 2009, modifié, a (tardivement) précisé les modalités d'application de la procédure de rescrit général et, notamment le contenu, le lieu ainsi que les modalités de dépôt de la demande(619). Ceci donne à penser que le rescrit général n'a pu trouver application, sous sa forme légalement organisée, qu'à compter du 1er janvier 2010 (alors qu'il est légalement applicable depuis le 1er juillet 2009 – Loi LME, art. 5, IV). Ce dispositif a par ailleurs fait l'objet d'un commentaire général de l'administration(620). Les éléments essentiels de ce commentaire sont repris dans les développements qui suivent.

2° Champ d'application de la procédure

1023. – **Identité de champ d'application.** Le champ d'application de la procédure de rescrit général est en tout point identique à celui du mécanisme tenant à l'opposabilité des appréciations individuelles spontanées (V. *supra*, n° 1014).

3° Demande de rescrit

1024. – **Demande écrite.** Nécessairement écrite, la demande de rescrit général doit préciser le nom (ou la raison sociale) et l'adresse de son auteur. Elle doit comporter une présentation précise, complète et sincère de la situation de fait en distinguant, le cas échéant, selon les dispositions concernées, les catégories d'informations nécessaires pour permettre à l'administration fiscale d'apprécier si les conditions requises par la loi sont effectivement satisfaites(621).

(619) LPF, art. R. 80 B-11 à R. 80 B-14.
(620) BOI-SJ-RES-10-20-10, nos 250 à 350.
(621) LPF, art. R. 80 B-11.

Cette demande peut se rapporter à l'application de tout texte fiscal de fond (V. *supra*, n° 1015, 1) étant précisé que le contribuable doit indiquer à l'administration fiscale les dispositions qu'il entend appliquer.

Sauf lorsqu'elle y est déposée contre décharge, la demande de rescrit doit être adressée par pli recommandé avec demande d'avis de réception postal[622].

Une demande de rescrit général ne peut, en revanche, être valablement formée par voie de courrier électronique. En effet, selon l'administration, les courriers électroniques (courriels) du contribuable ne peuvent être, en principe, assimilés à des demandes écrites et signées[623]. Sur le cas, différent, des réponses (ou des indications spontanées) formulées par l'administration par voie de courrier électronique, V. *infra*, n° 1015, 3-*d*.

1025. – Destinataire de la demande. La demande doit être adressée (ou déposée) à la direction départementale dont dépend le service auprès duquel le contribuable est tenu de souscrire ses obligations déclaratives en fonction de l'objet de la demande[624]. À cet égard, si l'administration centrale peut répondre à une demande de rescrit général[625], elle n'a pas vocation à en être directement destinataire.

1) Une demande mal dirigée doit, sans délai, être transmise au service compétent par le service saisi à tort[626]. Le contribuable auteur de la demande doit être informé de cette transmission. Sur l'incidence d'une transmission sur la computation du délai ouvert à l'administration pour statuer, V. *infra*, n° 1026, 1.

2) Selon l'administration, un contribuable (ou son représentant) de bonne foi, au sens des articles L. 80 A et L. 80 B du LPF, n'a pas à saisir, pour une même demande ou l'application d'une même disposition, plusieurs services différents, d'autant que, dans l'hypothèse d'une erreur du contribuable sur le lieu de dépôt, il appartient à l'administration de transmettre sa demande au service compétent et de l'en informer. Par conséquent, la saisine par un contribuable (ou son représentant) de plusieurs services, simultanément ou successivement, sans que chacun en soit expressément informé, pourra, en règle générale, être considérée par l'administration comme abusive, en particulier, s'il est relevé, par exemple, l'absence manifeste de tout fondement à agir ainsi ou le caractère malintentionné d'une telle démarche visant notamment à rechercher la multiplication des prises de position de l'administration sur une même demande. Dans une telle situation, la bonne foi du contribuable ne pourrait être retenue : sa demande ne pourrait alors recevoir une suite favorable et les réponses obtenues ne seraient pas opposables[627].

3) L'administration, lorsqu'elle se trouve saisie d'une demande qui ne comporte pas, selon elle, tous les éléments lui permettant de se prononcer, doit inviter le contribuable à produire des renseignements complémentaires[628]. Cette demande doit être adressée au contribuable par lettre recommandée avec demande d'avis de réception postal. Les renseignements demandés doivent être adressés à l'administration selon les mêmes modalités que celles prévues pour le dépôt des demandes elles-mêmes. Sur l'incidence de la régularisation d'une demande incomplète sur la computation du délai ouvert à l'administration pour statuer, V. *infra*, n° 1026.

4) La Direction générale des douanes et des droits indirects peut être saisie d'une demande de rescrit général se rapportant aux contributions indirectes[629].

4° Décision de rescrit

1026. – Délai pour statuer. Lorsqu'elle est saisie d'une demande écrite, précise et complète par un contribuable de bonne foi, l'administration doit se prononcer dans

(622) LPF, art. R. 80 B-12.
(623) BOI-SJ-RES-10-20-10, n° 290, ne prévoyant expressément, au demeurant, aucune exception à ce principe.
(624) LPF, art. R. 80 B-12, I.
(625) *Ibid.*, II.
(626) LPF, art. R. 80 B-14, al. 2.
(627) BOI-SJ-RES-10-20-10, n° 320.
(628) LPF, art. R. 80 B-13.
(629) LPF, art. R. 80 B-12, dans sa rédaction issue d'un décret du 22 avril 2010.

un délai de trois mois à compter de la réception de la demande ou, si la demande était incomplète, à compter de la réception des compléments demandés.

1) En présence d'une demande mal dirigée, le délai de trois mois court à compter de la date de réception par le service compétemment saisi[(630)]. Pourtant posée par voie réglementaire, cette solution déroge à la règle légale selon laquelle, en cas de transmission à l'autorité compétente d'une demande mal dirigée, « le délai au terme duquel est susceptible d'intervenir une décision implicite de rejet (V. *infra*, n° 1027) court à compter de la date de réception de la demande par l'autorité initialement saisie »[(631)].

2) L'administration n'a pas précisé les autres modalités de computation du délai pour statuer. Même si l'expiration du délai n'emporte pas, dans ces cas, les mêmes conséquences, on peut penser que les indications données à l'égard des procédures d'accord tacite sont applicables *mutatis mutandis* à la procédure de rescrit général (V. *infra*, n° 1045, 2).

1027. – **Silence vaut rejet.** En dépit de la consécration d'un délai préfix ouvert à l'administration pour se prononcer sur une demande de rescrit général, la procédure en cause consiste exclusivement dans une procédure de rescrit exprès. Ce caractère du rescrit général – qui résulte clairement des travaux préparatoires de la loi de modernisation de l'économie – est affirmé à juste titre par la doctrine administrative : « seule une réponse expresse de l'administration fiscale l'engage »[(632)]. Corrélativement, le silence conservé par l'administration vaut rejet de la demande de rescrit général.

1) Lors de l'examen en première lecture du projet de loi de modernisation de l'économie, un amendement parlementaire avait bien introduit une procédure générale d'accord tacite. Retenu par la Commission des affaires économiques de l'Assemblée nationale, cet amendement – adopté contre l'avis du gouvernement – étendait la garantie prévue à l'alinéa 1er de l'article L. 80 A du LPF au cas où « l'administration n'a pas répondu dans un délai de trois mois à un redevable de bonne foi qui a demandé, à partir d'une présentation écrite précise et complète de sa situation de fait, le bénéfice d'une disposition au regard d'un texte fiscal ».

S'il avait été définitivement adopté, ce texte aurait fait peser de sérieux risques sur la saine application de la loi fiscale. Des contribuables auraient en effet pu entrer en possession d'une appréciation opposable à l'administration du seul fait de l'incapacité de cette dernière à répondre dans le délai de trois mois à des demandes dont elle aurait été saisie.

Consciente de cette difficulté, la Commission spéciale du Sénat, soutenue par le Gouvernement, a défendu avec succès un amendement empreint de cette préoccupation : « nous souhaitons, tout en conservant le principe de la généralisation du rescrit fiscal, rendre sa mise en œuvre plus effective [*sic*] en supprimant le principe de l'acceptation tacite de la demande du contribuable après trois mois de silence de l'administration »[(633)]. Le dispositif définitivement adopté en procède directement.

2) À la suite d'un refus (implicite ou exprès) de rescrit général, le contribuable peut demander le réexamen de sa demande initiale dans le cadre de la procédure de second examen (V. *infra*, n° 1032).

3) Modifiant la loi du 12 avril 2000 relative aux droits des citoyens dans leurs relations avec les administrations (art. 21), la loi du 12 novembre 2013 habilitant le Gouvernement à simplifier les relations entre l'administration et les citoyens (art. 1er, I-2°), a prévu que le silence gardé pendant deux mois par l'autorité administrative sur une demande vaut décision d'acceptation[(634)]. Sans doute le nouveau principe légal est-il assorti de dérogations : outre les cas (devant être prévus par décret en Conseil d'État) où il convient d'écarter l'application de ce principe « eu égard à l'objet de la décision

(630) LPF, art. R. 80 B-14.
(631) CRPA, art. L. 114-3, al. 1er. V. ant. L. 12 avr. 2000, relative aux droits des citoyens dans leurs relations avec les administrations, art. 20, al. 2, anc.
(632) BOI-SJ-RES-10-20-10, n° 350.
(633) Sénat, Débats, 1er juill. 2008.
(634) CRPA, art. L. 231-1. V. ant. L. 12 avr. 2000, mod., art. 21, I, anc., entrée en application le 14 nov. 2014.

ou pour des motifs de bonne administration »[(635)], le silence gardé par l'administration pendant (en principe) deux mois vaut (toujours) par exception décision de rejet dans différentes hypothèses énumérées par la loi et notamment « si la demande présente un caractère financier sauf, en matière de sécurité sociale, dans les cas prévus par décret »[(636)].

Dans la mesure où une loi générale postérieure ne saurait, en l'absence de disposition expresse, être regardée comme ayant abrogé les lois spéciales contraires plus anciennes, les dispositions fiscales législatives qui, antérieures à l'entrée en application de la loi du 12 novembre 2013, excluent la survenance d'une acception implicite de l'administration ne sont pas affectées par celle-ci. L'existence de ce principe classique – *generalia specialibus non derogant* – prive largement d'intérêt pratique la question de savoir si les demandes présentées en matière fiscale correspondent nécessairement ou non à des demandes présentant un caractère financier. Particulièrement lacunaires, les travaux préparatoires ne comportent strictement aucune information utile sur ce point – ne serait-ce cette indication surprenante donnée par Mme M. Lebranchu, ministre en charge de la réforme de l'État : « seront aussi exclues les demandes à caractère financier ; vous imaginez bien évidemment pourquoi. Cela demande toujours beaucoup de temps »[(637)].

1028. – Conditions d'opposabilité du rescrit. De manière générale, les conditions d'opposabilité d'un rescrit général sont identiques à celles applicables à l'égard d'une appréciation spontanée (V. *supra*, n°s 1015 et s.).

S'agissant de la condition tenant à la bonne foi du contribuable, la doctrine administrative précise toutefois que si la réponse faite par l'administration implique une régularisation de sa situation, « celui-ci doit procéder spontanément à cette régularisation [sauf à perdre] le bénéfice des garanties attachées à ladite réponse »[(638)]. Cette solution mériterait d'être confirmée.

La doctrine administrative précise que la décision de rescrit peut parfois déterminer « les conditions que doit satisfaire le contribuable qui l'a saisie pour que sa situation de fait entre dans le champ des dispositions dont il sollicite le bénéfice ». Naturellement, « seul le respect de ces conditions lui permet alors de se prévaloir de la prise de position formelle »[(639)].

1029. – Portée matérielle du rescrit. Le régime d'opposabilité du rescrit général ne se distingue de celui d'une prise de position spontanée que sur un point, qui découle d'ailleurs de la doctrine administrative elle-même. Cette différence se rapporte à la condition légale tenant à l'existence d'un rehaussement d'une imposition antérieure.

Contrairement à la lettre du texte légal, l'administration admet en effet de regarder comme le rehaussement d'une imposition antérieure « la taxation initiale d'un contribuable de bonne foi placé, conformément à une prise de position formelle de l'administration à la suite d'une demande écrite de sa part, hors du champ d'application de l'impôt et n'ayant en conséquence pas souscrit de déclaration »[(640)].

Dans cette situation, l'interprétation revendiquée par le contribuable doit avoir été exprimée antérieurement à l'expiration du délai de déclaration qui lui était ouvert[(641)].

1030. – Portée temporelle du rescrit. La période d'opposabilité d'un rescrit général est déterminée de la même manière qu'en matière de prise de position spontanée (V. *supra*, n°s 1020 et s.).

(635) CRPA, art. L. 231-5. V. ant. L. 12 avr. 2000, art. 21, II, anc.
(636) CRPA, art. L. 231-4, 3°. V. ant. L. 12 avr. 2000, art. 21, I-3°, anc.
(637) Débats AN, 16 sept. 2013, 1re séance.
(638) BOI-SJ-RES-10-10-20, n° 360.
(639) BOI-SJ-RES-10-20-10, n° 190, relevant d'ailleurs l'existence d'une relation quasi contractuelle entre le contribuable et l'administration fiscale en la matière.
(640) BOI-SJ-RES-10-20-10, n° 380.
(641) *Ibid.*

Il en va ainsi, en particulier, des événements pouvant entraîner la caducité du rescrit général (V. *supra*, n° 1021).

Selon l'administration, un rescrit général peut se trouver périmé du fait d'un simple changement affectant la doctrine administrative de portée générale. Dans le cadre d'une analyse hautement discutable, elle considère que, dans ce cas, « la garantie continue à s'appliquer jusqu'au jour de la publication par l'administration de la nouvelle doctrine »(642) ce qui laisse à penser que cette caducité est, sous cette réserve, automatique (on voit mal d'ailleurs comment cette péremption pourrait être encourue avant la publication de la nouvelle doctrine de portée générale). Toujours selon l'administration, la caducité d'un rescrit général peut également découler de l'évolution de la jurisprudence, la péremption étant encourue, dans cette hypothèse, du jour de la publication par l'administration des conséquences qu'elle tire de la décision juridictionnelle en cause(643).

§ 2. – Les accords tacites et rescrits spéciaux

A. – Généralités

1031. – **Typologie des procédures spéciales.** 1) Les rescrits et accords tacites *spéciaux* se distinguent des autres appréciations administratives individuelles, en ce que ces actes sont pris par l'administration relativement à un texte fiscal particulier, déterminé par la loi, et à l'issue d'une procédure toujours formalisée, nécessairement engagée par une demande écrite par laquelle le contribuable entend faire apprécier sa situation au regard du texte particulier considéré. En cas d'obtention d'une décision positive, le contribuable est en droit d'opposer à l'administration l'appréciation résultant du rescrit ou de l'accord tacite.

2) Les procédures répondant à ces deux conditions sont très nombreuses. Prévues par la loi (ou, plus rarement, par la doctrine administrative elle-même), elles présentent par ailleurs de nombreux traits distinctifs qui sont synthétisés plus loin (V. *infra*, n° 1033).

3) Ces procédures consistent généralement dans des mécanismes dits « d'accord tacite ». Saisie de la demande d'un contribuable de bonne foi, comportant une présentation écrite précise et complète de sa situation de fait, l'administration dispose, d'une certaine manière, d'un droit d'opposition. Son exercice est enfermé dans un délai dont la durée est généralement de trois mois. Dans ce délai, l'administration (qui est selon le cas l'administration centrale ou un service déconcentré) peut, par une décision expresse notifiée au contribuable, prendre une décision de refus. À l'inverse, le silence de l'administration conservé à l'expiration de ce délai vaut décision positive sur la demande du contribuable.

D'autres hypothèses, plus rares, consistent dans des mécanismes de rescrits *exprès*. Dans ces cas, le silence de l'administration conservé à l'expiration du délai qui lui est, le cas échéant, imparti pour statuer vaut refus de rescrit (V. *infra*, n° 1060). Sur le rescrit général, qui présente ce caractère, V. *supra*, n° 1022.

4) Ces mécanismes spéciaux se rencontrent essentiellement dans la fiscalité de l'entreprise, où leur objet est des plus variés.

---

(642) BOI-SJ-RES-10-20-10, n° 440.
(643) *Ibid.*

a) Les procédures les plus nombreuses consistent dans des dispositifs privant l'administration du droit de procéder – selon la lettre des textes – à des rehaussements d'imposition antérieure fondés sur une appréciation différente de celle précédemment admise (V. *infra*, n°s 1038 et s.).

En réalité, la portée de ces procédures apparaît plus importante. Les appréciations considérées semblent bien pouvoir – contrairement à la lettre des textes – s'opposer parfois à toute imposition même initiale (V. *infra*, n° 1047).

On peut les rapprocher (toutes choses égales par ailleurs) du rescrit prévu à l'article L. 18 du Livre des procédures fiscales qui, lorsque ses conditions d'application sont réunies, interdit à l'administration de mettre en œuvre la procédure spéciale de rectification prévue à l'article L. 17 du même code (V. *supra*, n° 920).

b) Le mécanisme qui emporte les effets les plus remarquables est celui de l'accord tacite « anti-abus de droit ». Lorsque ses conditions d'application sont réunies, cette procédure prive l'administration du droit de mettre en œuvre une procédure de rectification particulière – la procédure de répression des abus de droit – à laquelle sont attachées des conséquences aussi nombreuses que significatives (V. *infra*, n° 1035).

c) Une dernière procédure, enfin, interdit à l'administration d'appliquer au titulaire de l'accord tacite une sanction fiscale particulière, qui serait motivée par un revirement concernant l'appréciation de sa situation de fait (V. *infra*, n° 1059).

Les rescrits exprès ne font l'objet d'aucune mesure de publicité. Présentant un caractère nominatif, ils ne présentent pas le caractère de documents administratifs communicables aux tiers(644). Naturellement, ces questions ne se posent pas à l'égard des accords tacites.

Le rapport « Améliorer la sécurité du droit fiscal » établi par B. Gibert en septembre 2004 avait proposé la « publication ciblée » des décisions de rescrit. Cette proposition a débouché, à compter de septembre 2005, sur la diffusion de « rescrits » qui doivent, en réalité, être considérés comme des interprétations de portée générale de la loi fiscale (V. *supra*, n° 992).

1032. – Contentieux des rescrits fiscaux (procédure de second examen). 1) Le recours pour excès de pouvoir n'est pas recevable, de manière générale, contre les décisions négatives prises dans le cadre des procédures de rescrit ou d'accord tacite(645).

On peut se demander si les développements contentieux de la notion de « droit souple » ne doivent pas conduire au réexamen complet de cette solution. La question se pose, en effet, de savoir si un rescrit fiscal ne pourrait être regardé comme un acte de droit souple, justiciable du recours pour excès de pouvoir(646).

(644) CRPA, art. L. 311-6. V. ant. L. 17 juill. 1978 portant, notamment, diverses mesures d'amélioration des relations entre l'administration et le public, anc., art. 6.

(645) À la vérité, le cas des rescrits prévus par différentes dispositions du LPF n'a pas été formellement réglé en jurisprudence. On peut penser, toutefois, que le REP n'est pas recevable contre les décisions administratives défavorables prises à ce titre. Le Conseil d'État a jugé, ainsi, que n'était pas détachable de la procédure d'imposition, une lettre de l'administration qui, indiquant à une association que son activité la rendait redevable des impôts commerciaux, précisait que l'analyse qu'elle comportait « engage l'administration au sens de l'article L. 80 B du LPF » (CE, 26 mars 2008, n° 278.858, *Assoc. Pro-Musica* : *Rec. CE* 2008, p. 116 ; *Dr. fisc.* 2008, n° 23, comm. 368, concl. F. Séners, note O. Fouquet). La solution retenue dans cet arrêt est fondée sur le fait que (contrairement à l'hypothèse du refus d'agrément) la décision de rescrit fiscal défavorable n'emporte pas de conséquence directe sur l'imposition du contribuable. *Adde* CE, 3 juill. 2002, n° 214.393, *Assoc. des contribuables associés* : *Dr. fisc.* 2002, n° 40, comm. 744. – CE, 16 mars 2011, n° 329.945 : *Assoc. Union sociale maritime* : *Dr. fisc.* 2011, n° 20, comm. 346, concl. P. Collin. – CE, 19 févr. 2014, n° 358719, *Guiot* : *Dr. fisc.* 2014, n° 20, comm. 332, concl. Cl. Legras ; *Procédures* 2014, n° 4, comm. 132, obs. O. Négrin.

(646) L'arrêt par lequel une cour administrative d'appel a admis la recevabilité du REP formé contre la lettre par laquelle un directeur régional des finances publiques avait rejeté la demande, formée par un éditeur de presse, tendant à bénéficier du taux réduit de TVA pour certaines de ses publications (CAA Paris, 19 déc. 2014, n° 13-1239, *Sté Export*

2) La Commission Fouquet sur *L'amélioration de la sécurité juridique des relations entre les contribuables et le fisc* y avait vu une cause de désintérêt des contribuables pour ces procédures et avait proposé, en juin 2008, la création d'une voie de droit spéciale permettant de critiquer les « refus de rescrits »[(647)].

Ce faisant, la Commission avait développé une proposition déjà formulée en 2007 par le médiateur de la République[(648)].

Cette commission s'était prononcée prioritairement en faveur de l'institution d'un référé de plein contentieux qui aurait permis à un juge, statuant dans de brefs délais et selon des formes simplifiées, de substituer sa propre appréciation à celle précédemment portée par l'administration.

Inspirée du référé précontractuel en matière de marchés publics ou du référé fiscal en matière de sursis de paiement, cette procédure d'urgence aurait permis au contribuable de critiquer la décision négative prise sur sa demande et, le cas échéant, d'obtenir directement une décision positive par la voie juridictionnelle. Il va sans dire que la création d'un tel mécanisme aurait compliqué, s'il en était besoin, le régime juridique déjà passablement embrouillé des rescrits. Par ailleurs, cette solution aurait conduit, non sans paradoxe, à introduire des éléments d'ordre contentieux dans des procédures inspirées, tout à l'inverse, par la volonté de développer des relations apaisées entre les contribuables et le fisc.

3) À défaut de l'introduction d'un tel référé, le rapport Fouquet avait envisagé l'introduction d'une procédure de *réexamen administratif* de ces décisions. C'est cette solution qui a été retenue dans la deuxième loi de finances rectificative pour 2008[(649)].

Applicable aux demandes formulées à compter du 1er juillet 2009, la procédure de second examen, dont les modalités d'application ont été définies (un peu tardivement) par un décret du 16 décembre 2009[(650)], a fait l'objet d'un commentaire général[(651)].

La procédure de réexamen administratif[(652)] comporte, pour l'essentiel, les éléments suivants :

a) la procédure de réexamen fait intervenir un organisme administratif collégial (ce qui conduit à la distinguer d'un simple recours gracieux). Elle permet au contribuable d'obtenir une seconde prise de position formelle, s'il estime que le service saisi en premier lieu n'a pas apprécié correctement sa situation ;

Cette seconde prise de position bénéficie des mêmes garanties et obéit aux mêmes règles (notamment en matière de motivation) et délais que ceux applicables à la demande initiale. Ce dispositif est donc de nature à apporter au contribuable une position définitive de l'administration dans un délai très court.

La procédure de second examen ne peut être engagée par un tiers au contribuable.

b) elle concerne exclusivement (à condition que le contribuable soit de bonne foi) les décisions négatives prises aux titres de la procédure de rescrit général[(653)] et

---

Press) a été frappé d'un pourvoi en cassation. Saisi de ce pourvoi, le Conseil d'État, qui devrait statuer en formation de section, pourrait décider d'un assouplissement des conditions de recevabilité du REP contre les rescrits fiscaux défavorables. Si tel était le cas, la Haute juridiction devrait prévoir les modalités d'articulation du REP et de la procédure de second examen (V. *infra*, pt 3). À cet égard, on peut penser que, lorsqu'elle est applicable, la procédure de second examen pourrait jouer le rôle d'un recours administratif préalable obligatoire.

(647) V. *Dr. fisc.* 2008, n° 27, p. 7 et s.

(648) Rapport annuel 2007, p. 9.

(649) L. 30 déc. 2008, art. 50.

(650) LPF, art. R. 80 CB-1 à R. 80 CB-6.

(651) Instr. 9 sept. 2010 : *BOI* 13 L-11-10, nos 364 à 389, anc., reprise au BOI-SJ-RES-10-30.

(652) LPF, art. L. 80 CB.

(653) LPF, art. L. 80 B, 1°, 2e phrase.

des procédures spéciales prévues aux articles L. 18, L. 80 B, 2° à 6° et 8° et L. 80 C du Livre des procédures fiscales ;

1. Elle ne peut s'appliquer, en revanche :
- aux « rescrits » en matière de « prix de transfert »(654) ;
- à ceux concernant l'interprétation des lois nouvelles et l'incidence des règles comptables(655) ;
- au refus d'accord « anti-abus de droit »(656).

Dans le deuxième cas, l'exclusion légale de la procédure de second examen est liée à l'absence d'effet utile de la procédure de réexamen, compte tenu des conditions de délai retenues par la loi. Dans le troisième cas, l'exclusion est justifiée, selon les affirmations de l'administration, par l'importance « des garanties déjà offertes [au contribuable] dans le cadre de [cette] procédure »(657). En juin 2008, la Commission « Fouquet » sur l'amélioration de la sécurité juridique des relations entre les contribuables et le fisc(658) s'était prononcée, à cet égard, en faveur de l'application de la procédure « ordinaire » de second examen aux accords tacites « anti-abus de droit » ou, à défaut, en faveur de l'institution d'un recours en réexamen devant le Comité consultatif pour la répression des abus de droit. Le rapport « Fouquet » n'a été suivi sur aucun de ces deux points.

2. Par ailleurs, la procédure de réexamen n'est légalement ouverte que contre les décisions relatives à des appréciations *sollicitées*. Elle n'est jamais applicable, en conséquence, à l'égard des appréciations *spontanément* portées par l'administration sur la situation d'un contribuable(659).

c) le réexamen n'est possible que lorsqu'une décision de refus est intervenue (ou, plus généralement, lorsque la demande du contribuable est restée infructueuse) ;

Dans la généralité des hypothèses (procédures d'accord tacite), la décision de refus revêt la forme d'une prise de position négative expresse notifiée au contribuable par l'administration.

Dans les cas du rescrit général(660) ou du rescrit « valeur »(661), qui reposent exclusivement sur un accord exprès de l'administration, cette décision de refus pourra résulter, indifféremment, du silence de l'administration à l'issue du délai de trois mois ou de l'absence d'accord de l'administration, à l'issue du délai de six mois, sur la valeur proposée par le contribuable(662).

d) la demande de réexamen doit être formée dans un délai de deux mois (à compter, dans la généralité des cas, de la notification du refus d'accord ou de rescrit). Elle est portée devant une commission administrative dénommée « collège » dont les règles de composition ont été précisées par voie réglementaire ;

Conformément aux travaux préparatoires de la deuxième loi de finances rectificative pour 2008, différents collèges de réexamen (comptant généralement six membres) ont été institués. Le collège national de la DGFiP est composé des principaux directeurs de l'administration fiscale(663). Il réexamine les demandes infructueuses émanant des services centraux(664). Établis au niveau interrégional, les collèges territoriaux de la DGFiP(665) connaissent des procédures « déconcentrées »(666). Des collègues particuliers sont compétents pour les procédures se rapportant aux droits indirects et assimilés(667), à

(654) LPF, art. L. 80 B, 7°.
(655) CGI, art. 1727, II, 2 bis.
(656) LPF, art. L. 64 B.
(657) BOI-SJ-RES-10-30, n° 50.
(658) V. *Dr. fisc.* 2008, n° 27, p. 7 et s.
(659) LPF, art. L. 80 B, al. 1er, 1re phrase.
(660) LPF, art. L. 80 B, al. 1er, 2e phrase.
(661) LPF, art. L. 18.
(662) Sur l'absence d'incidence sur ce point de la loi du 12 novembre 2013 habilitant le Gouvernement à simplifier les relations entre l'administration et les citoyens ayant prévu que le silence gardé pendant deux mois par l'autorité administrative sur une demande vaut en principe décision d'acceptation, V. *supra*, n° 1027, 3.
(663) LPF, art. A. 80 CB-3-1.
(664) LPF, art. R. 80 CB-3.
(665) LPF, art. A. 80 CB-3-3.
(666) LPF, art. R. 80 CB-3.
(667) LPF, art. R. 80 CB-3, A. 80 CB-3-4 et A. 80 CB-3-5.

l'accord tacite « non fiscal » crédit d'impôt recherche[668] ou de rescrit « Versement pour sous-densité ».

e) la demande de réexamen n'est recevable qu'à la condition que le contribuable « n'invoque pas d'éléments nouveaux »[669] ;

Cet élément permet de distinguer, là encore, la procédure considérée d'un simple recours gracieux.

f) saisi d'une demande recevable, ce collège se prononce selon les mêmes règles et délais que ceux applicables à la demande initiale, décomptés à partir de la nouvelle saisine[670]. À sa demande, le contribuable ou son représentant peut être entendu par le collège[671], ce qui est de nature, sans doute, à tempérer la rigueur de la règle précédente ;

Le collège de réexamen n'est pas formellement saisi par le contribuable. Ce dernier doit solliciter (en principe par lettre recommandée avec accusé de réception postal) le second examen de sa demande à l'autorité qui s'est prononcée au titre du premier examen[672].

g) Bien évidemment, le service qui a délivré la réponse initiale sera tenu par la position prise par le collège de réexamen. Dans l'état actuel de la jurisprudence du Conseil d'État (V. *supra*, n° 1032), la prise de position adoptée à l'issue du réexamen est vraisemblablement insusceptible de recours juridictionnel.

h) La voie du second examen a rencontré un succès indéniable, ainsi que le fait ressortir le tableau suivant (qui ne concerne que les collèges relevant de la DGFiP).

SAISINE DES COLLÈGES DE SECOND EXAMEN RELEVANT DE LA DGFIP

Nombre de demandes enregistrées	Année				
	2010 (1)	2011	2012	2013	2014
Collèges territoriaux (2)	442	483	542	495	482
Collège national (3)	5	7	7	4	6

(1) Si la procédure est ouverte depuis juillet 2009, les premières sessions des collèges ont été organisées à partir de février 2010.

(2) Au niveau déconcentré, le nombre de demandes de second examen correspond à 2 % (2011) à 3 % (2012) du total des prises de position des services territoriaux (les demandes étant principalement formulées au titre de la procédure de rescrit général ou de l'accord tacite « Organisme d'intérêt général »). Les contribuables demandent à être entendus dans deux tiers 80 % des cas environ (80 % en 2012 et 2013, 83 % en 2014).

(3) Au niveau central, les contribuables demandent à être entendus dans 90 % des cas environ. La position initiale de l'administration est moins souvent confirmée que lorsque les collèges territoriaux interviennent (87 % en 2012, 50 % en 2013 et 2014 – ces chiffres étant néanmoins peu significatifs compte tenu du très faible nombre de saisines).

1033. – Tableau de synthèse. Les principales règles applicables aux différents rescrits fiscaux sont rappelées dans le tableau suivant :

(668) LPF, art. R. 80 CB-6.
(669) LPF, art. L. 80 CB, al. 1er.
(670) *Ibid.*, al. 3.
(671) *Ibid.*, al. 4.
(672) LPF, art. R. 80 CB-1.

OBJET DU RESCRIT	FONDEMENT JURIDIQUE	DEMANDE PRÉALABLE À L'OPÉRATION (1)	DÉLAI OUVERT À L'ADMINISTRATION POUR SE PRONONCER	MOTIVATION OBLIGATOIRE DES REFUS	OBTENTION TACITE	AUTORITÉ DE DÉCISION (ADM. CENTRALE : AC OU SERVICE DÉCONCENTRÉ : SD)	RÉEXAMEN ADMINISTRATIF RECEVABLE
I. – ACCORDS TACITES ORDINAIRES							
Amortissement exceptionnel (V. *infra*, n° 1050) Entreprises nouvelles (V. *infra*, n° 1051) Zones franches urbaines (V. *infra*, n° 1055)	LPF, art. L. 80 B, 2°-b *L. 12 avr. 1996, art. 12 et L. fin. rect. 2004, art. 23*	oui	3 mois	non	oui	SD	oui
Crédit d'impôt recherche (V. *infra*, n° 1052)	LPF, art. L. 80 B, 3° *L. fin. 1997, art. 105* LPF, art. L. 80 B, 3°*bis* *L. 4 août 2008, art. 136*	non	3 mois	oui	oui	SD Organisme non fiscal	oui
Jeunes entreprises innovantes (V. *infra*, n° 1053)	LPF, art. L. 80 B, 4° *L. fin. 2004, art. 13*	non	3 mois	oui	oui	SD	oui
Pôles de compétitivités (V. *infra*, n° 1054) – Procédure périmée depuis 2014	LPF, art. L. 80 B, 5°, ancien *L. fin. 2005, art. 24*	non	3 mois	oui	oui	SD	oui
Établissement stable (V. *infra*, n° 1056)	LPF, art. L. 80 B, 6° *L. fin. rect. 2004, art. 19*	non	3 mois	non	oui	AC	oui
Régime d'imposition (V. *infra*, n° 1057)	LPF, art. L. 80 B, 8° L. fin. rect. 2008, art. 48	non	3 mois	non	oui	SD	oui
Versement pour sous-densité (V. *infra* n° 1058)	CU, art. L. 331-40 *L. fin. rect. déc. 2010, art. 28*	oui	3 mois	oui	oui	SD	oui

OBJET DU RESCRIT	FONDEMENT JURIDIQUE	DEMANDE PRÉALABLE À L'OPÉRATION (1)	DÉLAI OUVERT À L'ADMINISTRATION POUR SE PRONONCER	MOTIVATION OBLIGATOIRE DES REFUS	OBTENTION TACITE	AUTORITÉ DE DÉCISION (ADM. CENTRALE : AC OU SERVICE DÉCONCENTRÉ : SD)	RÉEXAMEN ADMINISTRATIF RECEVABLE
II. – ACCORDS TACITES PARTICULIERS							
Anti abus de droit (V. *infra*, n°s 1035 et s.)	LPF, art. L. 64 B *L. 8 juill. 1987, art. 19*	oui	6 mois	non	oui	AC	non
Organisme d'intérêt général (V. *infra*, n° 1059)	LPF, art. L. 80 C *L. 1er août 2003, art. 1er*	(oui)	6 mois	oui (2)	oui	SD	oui
III. – RESCRITS EXPRÈS							
Rescrit général (V. *infra*, n° 1022)	LPF, art. L. 80 B, 1 *L. 4 août 2008, art. 5*	non	3 mois	Non	non	AC ou SD	oui
Rescrit « valeur » (V. *supra*, n° 920)	LPF, art. L. 18 *L. fin. rect. 2008, art. 46*	oui	6 mois	Non	non	AC	oui
Vérification fiscale (V. *infra*, n° 1063)	*BOI* 13 L-3-05, anc. BOI-CF-PGR-30-20	Sans objet	Pas de délai	oui	non (3)	SD	non
IV. – AUTRES PROCÉDURES							
Lois nouvelles et incidence des règles comptables (V. *supra*, n° 961, 2 et 3)	CGI, art. 1727, II-2 *bis* *L. fin. rect. 2008, art. 49*	Sans objet	Expiration du délai de déclaration	non	oui	SD	non
Prix de transfert (V. *infra*, n° 1061 et n° 917)	LPF, art. L. 80 B, 7° *L. fin. rect. 2004, art. 20*	Sans objet	Pas de délai	Sans objet	non	AC	non

(1) Sur la portée relative de critère, V. *infra*, n° 1039, 3.

(2) Motivation du refus prévue par la seule doctrine administrative. (3) La décision de refus doit toutefois, selon la doctrine administrative, être formalisée par écrit.

1034. – **Données statistiques.** L'administration a rendu publics, dans des rapports annuels au Parlement, certains éléments statistiques concernant la mise en œuvre des procédures de rescrit. Le tableau suivant fait ressortir les *demandes traitées* en la matière tant au niveau central (AC) que déconcentré (SD).

	2006	2007	2008	2009	2010	2011	2012	2013	2014
Rescrit général (1)	3 500 env.	4 000 env.	6 591 SD 726 AC	6 059 SD 731 AC	8 165 SD 661 AC	8 532 SD 526 AC	8 640 SD 405 AC	9 619 SD 391 AC	10 125 SD 393 AC
Amortissement exceptionnel Entreprises nouvelles Zones franches urbaines	4 500 env.	5 500 env.	6 703 SD	6 143 SD	3 679 SD	3 890 SD	3 143 SD	1 636 SD	1 649 SD
Crédit d'impôt recherche	nd	60 SD	122 SD	286 SD	342 SD	255 SD	235 SD	198 SD	237 SD
JEI – JEU	nd	nd	641 SD 1 AC	763 SD 1 AC	763 SD	814 SD 2 AC	943 SD	899 SD	854 SD
Organisme d'intérêt général	2 000 env.	2 500 env.	3 533 SD 7 AC	4 491 SD 22 AC	4 941 SD 28 AC	5 281 SD 20 AC	5 248 SD 17 AC	5 542 SD 12 AC	5 413 SD 15 AC
Pôle de compétitivité – *Procédure périmée depuis 2014*	nd	nd	3 SD	8 SD	7 SD	12 SD	19 SD	10 SD	12 SD
Rescrit « valeur » (demandes)	nd	nd	9 SD 1 AC	18 SD 1 AC	17 SD 15 AC	8 AC	4 AC	2 AC	6 AC
Établissement stable	nd	nd	2 AC	13 AC	16 AC	17 AC	10 AC	9 AC	7 AC
Abus de droit	nd	nd	21 AC	29 AC	67 AC	52 AC	32 AC	26 AC	45 AC
Régime d'imposition	sans objet	sans objet	sans objet	91 SD	164 SD	200 SD	187 SD	174 SD	161 SD

(1) Les données brutes concernant ces éléments statistiques figurent dans les rapports annuels de la DGFiP sur « l'activité en matière de rescrit ». Les données relatives à la procédure de rescrit général (qui se trouve ici entendue dans un sens très large) englobent notamment certaines demandes formées au titre d'opérations de restructuration ou relativement à la non-lucrativité de certains organismes (ces dernières demandes ne devant pas être confondues avec celles formées au titre de la procédure d'accord tacite « Organisme d'intérêt général » – V. *infra*, n° 1059).

B. – Les procédures d'accord tacite

1° Le rescrit « anti-abus de droit »

1035. – **Rescrit « anti-abus de droit ».** Issue de la loi « Aicardi » du 8 juillet 1987 (loi modifiant les procédures fiscales et douanières, art. 19), la procédure de rescrit « anti-abus de droit » est codifiée à l'article L. 64 B du Livre des procédures fiscales. En vertu de cette disposition, la procédure de répression des abus de droit[673] n'est pas applicable « lorsqu'un contribuable, préalablement à la conclusion d'un ou plusieurs actes, a consulté par écrit l'administration centrale en lui fournissant tous éléments utiles pour apprécier la portée véritable de cette opération et que l'administration n'a pas répondu dans un délai de six mois à compter de la demande ».

Réécrites par la deuxième loi de finances rectificative pour 2008[674], les dispositions de l'article L. 64 du LPF organisent la procédure de répression des abus de droit. Cette disposition autorise l'administration à écarter comme ne lui étant pas opposables les actes constitutifs d'un abus de droit et à leur restituer leur caractère véritable. La procédure de répression des abus de droit s'applique aussi bien aux actes fictifs qu'aux actes frauduleux. Ces derniers s'entendent de ceux qui (recherchant le bénéfice d'une application littérale de textes ou de décisions à l'encontre des objectifs poursuivis par leurs auteurs) n'ont pu être inspirés par aucun autre motif que celui d'éluder (ou d'atténuer) les charges fiscales que l'intéressé aurait, à défaut, normalement supportées eu égard à sa situation ou à ses activités réelles. Cette réécriture de l'article L. 64 du LPF s'est accompagnée d'un élargissement du champ d'application de la procédure d'accord tacite, qui ne vise plus seulement, comme auparavant, les projets de contrat ou de convention mais plus généralement des projets d'actes.

L'application de ce mécanisme de rescrit n'a fait l'objet d'aucun contentieux devant le juge fiscal. Des éléments d'analyse intéressants peuvent toutefois être tirés des commentaires généraux successifs qu'a donnés l'administration de l'article L. 64 B du LPF[675].

1036. – **Conditions de la garantie.** Selon l'administration, la garantie instituée par l'article L. 64 B du Livre des procédures fiscales ne trouve à s'appliquer que lorsque la consultation préalable de l'administration répond aux quatre conditions suivantes :

1) la consultation de l'administration doit concerner la portée d'un ou plusieurs actes (contractuels ou non) susceptibles d'être mis en cause dans le cadre de la procédure de répression des abus de droit fiscaux ;

Selon l'administration, le ou les actes que le contribuable entend soumettre à l'appréciation de l'administration s'entendent d'actes écrits ou non, qu'ils soient bilatéraux, multilatéraux voire unilatéraux. Il s'agit, plus généralement, de « tout document ou événement qui, sans être constaté nécessairement par écrit, produit des effets de droit et manifeste l'intention de son auteur ». S'agissant des actes non écrits mais emportant néanmoins des effets de droit, le contribuable, faute de pouvoir produire un acte écrit à l'administration doit procéder « par description de la situation de fait concernée »[676].

La demande présentée par le contribuable doit porter sur les conséquences fiscales de ces actes et viser expressément l'article L. 64 B du LPF. Le contribuable doit exposer sa propre analyse fiscale des opérations projetées, indiquer leurs conséquences fiscales et préciser les conséquences fiscales que pourrait engendrer l'application de la procédure d'abus de droit fiscal qu'il entend écarter[677].

---

(673) LPF art. L. 64.
(674) L. 30 déc. 2008, art. 35.
(675) Doc. adm. DGI, 13 L 1323, n°s 145 à 156, anc., et Instr. 9 sept. 2010 : *BOI* 13 L-11-10, n°s 326 à 345, anc., reprise au BOI-SJ-RES-10-20-20-80.
(676) BOI-SJ-RES-10-20-20-80, n° 50.
(677) BOI-SJ-RES-10-20-20-80, n° 40. – Comp., antérieurement, Instr. 9 sept. 2010 : *BOI* 13 L-11-10, n° 330, anc., indiquant que le contribuable devait demander si son analyse recueillait « l'accord de l'administration ».

2) cette consultation doit être préalable à la conclusion ou la réalisation des actes considérés ;

Une consultation qui interviendrait après la conclusion ou la réalisation de ces actes aurait le caractère d'une demande générale (pouvant donner lieu à une appréciation expresse éventuellement opposable sur le fondement des articles L. 80 A, alinéa 1er, ou L. 80 B, 1°, du LPF).

3) la demande doit être adressée par écrit à l'administration centrale ;

La demande doit être signée par au moins une des parties aux actes en cause ou par un représentant habilité. Elle doit être adressée (par pli recommandé avec avis de réception) à l'administration centrale de la Direction générale des finances publiques (soit au Service juridique de la fiscalité, soit à la Direction de la législation fiscale).

4) la demande doit comporter tous les éléments utiles pour apprécier la portée véritable de l'opération.

Cette exigence implique de la part du demandeur, notamment :
- un exposé clair, complet et sincère de l'opération envisagée ;
- la désignation exacte (nom ou raison sociale, adresse) de toutes les parties au projet d'acte ;
- la description des liens existant déjà entre ces parties ;
- les productions d'une copie de tous les projets de documents (actes, contrats, conventions, protocoles d'accord, statuts), utiles pour apprécier la portée véritable de l'opération[678].

La garantie instituée par l'article L. 64 B du LPF ne peut bénéficier qu'aux contribuables de bonne foi qui ont exposé tous les éléments qui caractérisent l'opération envisagée. Un contribuable ne pourra donc, en aucun cas, se prévaloir de la garantie lorsqu'il aura fourni des éléments incomplets ou inexacts. Dans l'hypothèse où la demande présentée serait incomplète, le contribuable a la faculté de présenter pour la même opération une demande complétée. Mais l'administration n'est réputée saisie au sens de l'article L. 64 B du LPF qu'à partir du moment où elle dispose de tous les éléments lui permettant d'apprécier la portée véritable de l'opération envisagée.

1037. – Portée de la garantie. La garantie instituée par l'article L. 64 B du Livre des procédures fiscales ne s'applique qu'à l'opération soumise à l'administration et ne peut être invoquée que par les contribuables parties à l'acte ou aux actes en cause. Pour le reste, la portée du dispositif dépend de la suite donnée par l'administration, dans le délai de six mois, à la demande présentée par le contribuable.

Le délai de six mois commence à courir à compter du jour de la réception d'une demande remplissant les conditions précitées.

Lorsque l'administration n'a pas répondu dans le délai de six mois, la procédure de répression des abus de droit n'est pas applicable à l'opération décrite par le contribuable.

Aucun redressement fondé sur les dispositions de l'article L. 64 du Livre des procédures fiscales n'est donc en principe possible pour l'avenir au titre de cette opération.

Il n'en va autrement que s'il est démontré :

- que la demande ne remplissait pas l'une des conditions précitées et, en particulier, que le contribuable avait fourni des renseignements incomplets ou inexacts ;

- que l'opération effectivement mise en œuvre par le contribuable, telle qu'elle est constatée par l'administration (notamment à l'occasion d'un contrôle fiscal) ne correspond pas à celle qui avait été décrite dans la demande.

(678) BOI-SJ-RES-10-20-20-80, n° 90.

Naturellement, l'accord tacite de l'administration né du défaut de réponse dans le délai de six mois ne concerne que l'application de la procédure de répression des abus de droit. L'administration conserve donc la possibilité d'effectuer, au titre de l'opération, des rectifications sur un autre fondement.

Lorsque l'administration a expressément répondu au contribuable dans le délai de six mois, deux situations sont à distinguer :

– l'administration a considéré que le montage envisagé présente un caractère abusif. Les contribuables concernés conservent bien évidemment le droit de réaliser (à leurs risques et périls) l'opération dans les conditions présentées à l'administration. Toutefois, celle-ci conservant alors toute latitude pour procéder à des rectifications sur le terrain de l'abus de droit, ils auront probablement intérêt à la concrétiser dans des conditions différentes ;

– l'administration n'a pas relevé, dans le cadre d'une appréciation expresse, le caractère abusif de la construction projetée. Cette appréciation lui est opposable, de la même manière qu'en cas d'accord tacite[679].

2° Les accords tacites « ordinaires »

1038. – **Multiplication des rescrits.** Dans le sillage de la loi « Aicardi », de nombreuses lois ultérieures ont rendu applicables des procédures d'accord tacite dans des matières autres que l'abus de droit. Ainsi, la loi prévoit aujourd'hui huit procédures distinctes d'accord tacite que l'on peut qualifier d'ordinaires (V. *supra*, n° 1033).

L'utilisation du qualificatif « ordinaire » peut s'appuyer sur la considération que les procédures en cause obéissent à un certain nombre de règles communes qui ne sont pas nécessairement applicables à l'égard des autres procédures de rescrits et accords tacites.

a) Règles générales

1039. – **Conditions générales d'application des procédures d'accord tacite.** Les différentes procédures d'accord tacite retiennent deux séries de conditions générales communes.

1) La source de ces règles générales est constituée des dispositions législatives et réglementaires applicables aux différentes procédures. Elles peuvent également résulter du commentaire général publié à cet égard par l'administration[680]. À l'heure actuelle, en raison de son extrême rareté, la jurisprudence fiscale n'a pas véritablement contribué à l'identification de ces règles communes.

2) Ces conditions générales ne sont pas nécessairement applicables aux autres procédures d'accord tacite :

– accord tacite anti-abus de droit (V. *supra*, n°s 1035 et s.) ;

– accord tacite « Organisme d'intérêt général » (V. *supra*, n°s 1059 et s.).

Il en va de même *a fortiori* pour les différentes procédures qui sont exclusives de toute possibilité d'accord tacite en cas de silence conservé par l'administration sur la demande formée par le contribuable :

– la procédure d'accord préalable en matière de prix de transfert (V. *supra*, n° 917) ;

– la procédure de rescrit général (V. *supra*, n° 1022) ;

– la procédure de rescrit « valeur » (V. *supra*, n° 920) ;

– la procédure de rescrit « vérification » (V. *infra*, n° 1063).

---

(679) Comp. BOI-SJ-RES-10-20-20-80, n° 90, retenant, dans le cadre d'une interprétation particulièrement littérale, que, dans ce cas, la garantie n'est pas fondée sur l'article L. 64 B du LPF, mais sur les dispositions générales des articles L. 80 A, al. 1er, et L. 80 B, 1°, du même livre.

(680) BOI-SJ-RES-10-20-20. V. antérieurement Instr. 9 sept. 2010 : *BOI* 13 L-11-10, nos 109 à 303, anc.

1040. – Nécessité d'une demande spéciale. Tous ces mécanismes reposent d'abord sur une demande spéciale adressée à l'administration, par laquelle le contribuable manifeste son intention de bénéficier d'un régime fiscal déterminé.

Dans toutes les hypothèses, la loi subordonne expressément l'obtention du rescrit à deux conditions cumulatives tenant aux caractères de la demande :

1) la demande doit être formée par un contribuable de bonne foi[681] ;

Cette condition (qui est naturellement présumée remplie) renvoie essentiellement à la sincérité et à l'exhaustivité des énonciations contenues dans la demande. Sa conséquence concrète la plus visible est la suspicion qui entoure inévitablement la multiplication de demandes d'accord tacite « parallèles » (V. *infra*, n° 1044).

2) la demande doit être effectuée à partir d'une présentation écrite précise et complète de la situation de fait du contribuable.

Selon l'administration, la demande doit en outre toujours présenter un caractère spécial – c'est-à-dire exclusivement porter sur la situation déterminée spécialement visée par la procédure. À défaut, la demande du contribuable ne peut être regardée que comme une demande de rescrit général – dans le cadre duquel seules les réponses expresses de l'administration lui sont opposables[682].

1041. – Caractère facultatif des procédures d'accord tacite. Dans tous les cas, la mise en œuvre de la procédure d'accord tacite est facultative.

Les procédures d'accord tacite visent toujours en effet (V. toutefois, *infra*, n° 1050, 1) des dispositifs applicables de plein droit. C'est ce qui distingue les procédures de rescrit des procédures d'agrément.

Par ailleurs, la position éventuellement négative de l'administration sur une demande d'accord tacite ne s'impose pas au contribuable.

On peut se demander, toutefois, si le refus du contribuable de tenir compte d'un éventuel de refus exprès d'accord formulé par l'administration n'est pas de nature à être regardé comme un manquement délibéré de l'intéressé à ses obligations fiscales.

1042. – Caractère éventuellement préalable de la demande. Selon les cas, la demande doit être formée, ou non, préalablement à la réalisation de l'opération visée par la procédure (V. tableau de synthèse *supra*, n° 1033).

En réalité, cette distinction doit être relativisée. Quand bien même les textes ne retiendraient pas expressément le caractère préalable de la demande d'accord, celle-ci ne saurait produire d'effets qu'à l'égard des impositions pour lesquelles le délai de déclaration expire postérieurement à l'obtention de l'accord.

En outre, l'administration considère qu'une demande d'accord qui n'est pas déposée préalablement à la réalisation d'une opération alors que les textes l'exigent expressément peut être regardée comme une demande de rescrit général[683]. Dans une telle hypothèse, aucun accord *tacite* opposable à l'administration n'est toutefois susceptible d'apparaître.

1043. – Forme et contenu de la demande. Les demandes d'accords tacites sont nécessairement écrites. Leur contenu est toujours défini par les textes réglementaires d'application qui énumèrent les éléments qu'elles comportent obligatoirement. Ces éléments varient naturellement en fonction des procédures d'accord tacite.

Saisie d'une demande incomplète (c'est-à-dire d'une demande ne comportant pas tous les éléments exigés par la réglementation), l'administration doit toujours inviter le contribuable à la régulariser, c'est-

(681) V., pour les différentes procédures, LPF, art. L. 80 B, 2° à 6° et 8°.
(682) V. par ex. BOI-SJ-RES-10-20-20-40, n° 100.
(683) V. BOI-SJ-RES-10-20-20-10, n° 120.

à-dire à apporter à sa demande initiale les éléments complémentaires requis. Cette invitation à régulariser doit être adressée au demandeur par lettre recommandée avec accusé de réception postal[684]. Dans les différents cas, le dispositif réglementaire ne prévoit pas le délai dans lequel cette invitation à régulariser doit être adressée au demandeur. La doctrine administrative est par ailleurs muette sur cette question. On peut y voir un défaut des procédures en cause. L'administration peut en effet, en se dispensant d'engager la procédure de régularisation, paralyser la survenance de l'accord tacite demandé.

Lorsque la procédure de régularisation est engagée par l'administration, le contribuable doit produire les éléments complémentaires selon l'une ou l'autre des modalités admises au titre des demandes initiales.

Sur l'incidence de cette régularisation sur le délai ouvert à l'administration pour statuer, V. *infra*, n° 1045, 3.

1044. – **Service destinataire de la demande.** Les demandes d'accord tacite « ordinaires » relèvent, en règle générale (V. tableau de synthèse *supra*, n° 1033) de l'administration déconcentrée.

Seule la procédure d'accord tacite « établissement stable » (V. *infra*, n° 1056) relèvent de l'administration centrale de la DGFiP.

Elles doivent, plus précisément, être adressées ou déposées auprès de la direction départementale (ou le cas échéant régionale) des finances publiques dont dépend le service auprès duquel le contribuable est tenu de souscrire ses déclarations de résultats.

1) Dans les différents cas, et conformément aux règles générales du droit administratif, un service fiscal qui aurait reçu une demande d'accord tacite relevant de la compétence d'un autre service doit la transmettre à celui-ci et en aviser le demandeur[685]. Sur l'incidence de cette transmission sur le délai ouvert à l'administration pour statuer, V. *infra*, n° 1045, 4.

2) S'appuyant sur les dispositions législatives réservant les procédures d'accord tacite aux contribuables « de bonne foi » (V. *supra*, n° 1040, 1), l'administration considère, à juste titre, qu'un contribuable « n'a pas à saisir, pour une même demande (...), plusieurs services différents ». Cette analyse est d'autant plus incontestable que, dans l'hypothèse d'une demande mal dirigée, le service fiscal saisi à tort à l'obligation de transmettre celle-ci au service compétent (V. *supra*, pt *a*).

L'administration en déduit que « la saisine par un contribuable (ou son représentant) de plusieurs services, simultanément ou successivement, sans que chacun en soit expressément informé, pourra, en règle générale, être considérée comme abusive, en particulier, s'il est relevé, par exemple, l'absence manifeste de tout fondement à agir ainsi ou le caractère malintentionné d'une telle démarche visant notamment à rechercher la multiplication des prises de position de l'administration sur une même demande »[686]. Dans une telle hypothèse, aucun accord tacite opposable à l'administration n'est susceptible d'apparaître.

Sauf lorsqu'elles font l'objet d'un dépôt contre décharge (ou récépissé) auprès de l'administration, ces demandes doivent être adressées par le contribuable par lettre recommandée avec accusé de réception postal[687].

Cette règle générale est évidemment fondamentale compte tenu des conséquences attachées au silence conservé par l'administration à l'issue du délai légal de trois mois qui lui est ouvert pour statuer et qui court à compter de la réception d'une demande régulière du contribuable.

(684) V., pour les différentes procédures, LPF, art. R. 80 B-3, art. R. 80 B-5, art. R. 80 B-6-1, art. R. 80 B-7, art. R. 80 B-8, art. R. 80 B-9, art. R. 80 B-10 et art. R. 80 B-15.

(685) CRPA, art. L. 114-2. V. ant. L. 12 avr. 2000, relative aux droits des citoyens dans leurs relations avec les administrations, art. 20, al. 1.

(686) V. par ex. BOI-SJ-RES-10-20-20-10, n° 250.

(687) V., pour les différentes procédures, LPF, art. R. 80 B-2, art. R. 80 B-5, art. R. 80 B-6-1, art. R. 80 B-7, art. R. 80 B-8, art. R. 80 B-9, art. R. 80 B-10 et art. R. 80 B-15.

1045. – Accord tacite. Le silence conservé par l'administration à l'expiration d'un délai préfix vaut acceptation de l'appréciation proposée par le contribuable.

1) La durée du délai d'instruction (au terme duquel apparaît l'accord tacite) est généralement fixée à trois mois. Du fait de l'inversion du principe antérieurement applicable(688), ces procédures relèvent désormais du principe selon lequel « le silence gardé pendant deux mois par l'autorité administrative sur une demande vaut décision d'acceptation »(689).

2) L'administration retient, à cet égard, les règles de computation suivantes :

– le délai de trois mois se calcule de quantième à quantième ;

– il commence à courir le jour de la réception de la demande et expire le jour du dernier mois qui porte le même quantième que le jour de la réception de la demande (ou, à défaut de quantième identique, le dernier jour du mois considéré). Tout délai expire le dernier jour à minuit. Le délai qui expirerait normalement un samedi, un dimanche ou un jour férié ou chômé, est prorogé jusqu'au premier jour ouvrable suivant(690).

3) En cas de régularisation d'une demande incomplète, le délai d'apparition de l'accord tacite ne commence à courir qu'à compter de la réception, par l'administration des compléments demandés(691). Posant le principe selon lequel, désormais, « le silence gardé pendant deux mois par l'autorité administrative sur une demande vaut décision d'acceptation »(692), la loi du 12 novembre 2013 habilitant le Gouvernement à simplifier les relations entre l'administration et les citoyens (art. 1er, I-1) a posé une règle générale similaire(693).

Compte tenu de cette dernière règle, les textes n'imposent pas au demandeur de produire les compléments demandés dans un quelconque délai.

4) En cas de transmission au service compétent d'une demande mal dirigée, le délai ouvert à l'administration pour statuer court, selon la doctrine administrative, à compter de la réception de la demande par le service compétemment saisi. Cette solution est conforme aux dispositions légales selon lesquelles, dans le cas de transfert de demandes mal dirigées, « le délai au terme duquel est susceptible d'intervenir une décision implicite d'acceptation ne court qu'à compter de la date de réception de la demande par l'autorité compétente »(694).

1046. – Refus exprès. 1) De manière générale, les seules décisions expresses prises par l'administration dans le cadre de ces procédures d'accord tacite seront des décisions de refus.

Dans le silence des textes, la doctrine administrative considère toutefois que l'administration peut prendre en matière d'accord tacite des décisions positives conditionnelles(695). Celles-ci, qui ne sauraient être qu'expresses(696), peuvent être, au choix du contribuable, regardées comme des décisions positives (opposables à l'administration si les conditions prescrites sont satisfaites) ou négatives, avec toutes les conséquences que cela comporte relativement à l'obligation de motivation (V. *infra*, pt 2) ou à l'égard de la procédure de second examen (V. *supra*, n° 1032).

2) La question de savoir si la décision de refus d'accord doit être motivée (V. tableau de synthèse *supra*, n° 1033) appelle, dans l'état actuel du droit, une réponse nuancée.

---

(688) L. 12 nov. 2013 habilitant le Gouvernement à simplifier les relations entre l'administration et les citoyens, art. 1er, I-2°.

(689) L. 12 avr. 2000 relative aux droits des citoyens dans leurs relations avec les administrations, art. 21, I, anc.

(690) V. par ex. BOI-SJ-RES-10-20-20-50, n° 180.

(691) V., pour les différentes procédures, LPF, art. R. 80 B-4, art. R. 80 B-6, art. R. 80 B-6-2, art. R. 80 B-7, art. R. 80 B-8, art. R. 80 B-9 et art. R. 80 B-15.

(692) CRPA, art. L. 231-1. V. ant. L. 12 avr. 2000, relative aux droits des citoyens dans leurs relations avec les administrations, art. 21-1, anc. – V., confirmant la doctrine administrative, CAA Paris, 15 mai 2014, n° 13-291, *Sté The App Lab : Dr. fisc.* 2014, n° 36, comm. 513, concl. Ch. Oriol, rendu en matière de JEI et non frappé de pourvoi en cassation.

(693) CRPA, art. L. 114-3. V. ant. L. 12 avr. 2000 préc., art. 20, al. 3, anc.

(694) CRPA, art. L. 114-3, al. 2. V. ant. L. 12 avr. 2000 préc., art. 20, al. 3, anc.

(695) V. par ex. BOI-SJ-RES-10-20-20-60, n° 360.

(696) CAA Nancy, 24 juin 2010, n° 09-1058, *Sté Entr. de peinture bisontine*, inédit.

a) L'obligation de motiver le refus d'accord est expressément prévue en droit fiscal dans cinq hypothèses. La loi fiscale retient expressément cette obligation à l'égard des refus d'accord « Crédit d'impôt recherche », « Jeunes entreprises innovantes » et « Versement pour sous densité ». En dehors de ces trois cas(697), la doctrine administrative ne pose une exigence de motivation que pour les seuls refus d'accord « Organisme d'intérêt général » : « la réponse négative de l'administration doit comporter l'exposé des motifs qui la justifient »(698).

b) Dans le silence des textes fiscaux, il semble que le refus d'accord n'est pas sujet à une obligation de motivation. Pour désagréable qu'il soit, il est difficile, d'abord, de regarder un tel acte comme une « décision administrative individuelle défavorable » au sens des règles issues de la loi du 11 juillet 1979 relative, notamment, à la motivation des actes administratifs(699). Au-delà, le refus d'accord ne semble pouvoir se rattacher à l'une des catégories légales de décisions défavorables pour lesquelles la motivation est obligatoire, catégories que le juge administratif regarde comme limitativement énumérées(700). Il est douteux, en particulier, que l'on puisse regarder le refus d'accord comme une décision refusant « un avantage dont l'attribution constitue un droit pour les personnes qui remplissent les conditions légales pour l'obtenir », « subordonn [a] nt l'octroi d'une autorisation à des conditions restrictives » ou « impos [a] nt des sujétions » au sens de la loi du 11 juillet 1979.

Naturellement, il serait préférable que toutes les décisions refusant un rescrit soient légalement sujettes à une obligation (au moins minimale) de motivation.

c) Les décisions de refus d'accord échappent, en tout état de cause, aux règles prévoyant que les décisions individuelles défavorables devant être motivées par application de la loi du 11 juillet 1979 ne peuvent valablement intervenir (sauf exception) qu'après que la personne intéressée a été mise à même de présenter des observations écrites ou (sur sa demande) orales, cette personne pouvant se faire assister par un conseil ou représenter par un mandataire de son choix(701). L'application de ce dispositif est en effet expressément exclue à l'égard des décisions par lesquelles il est statué sur une demande de l'administré.

3) Les demandes d'accord tacite ayant débouché sur un refus exprès de l'administration peuvent faire l'objet d'une procédure de second examen devant un organisme collégial (V. *supra*, pt 1).

Il peut en aller de même, sans doute, lorsque la demande a fait l'objet d'un accord exprès conditionnel (V. *supra*, n° 1045, 1).

1047. – Portée matérielle de l'accord. 1) Selon la lettre des textes, la nature de la garantie tirée de l'obtention d'un accord tacite est précisément définie : en cas d'obtention d'un accord tacite, le contribuable ne peut voir mis à sa charge des rehaussements d'impositions antérieures qui seraient motivés par un revirement de l'administration sur l'appréciation de sa situation au regard du texte qui fait l'objet de la procédure(702).

En réalité, compte tenu de l'économie générale des dispositifs en cause, on doit considérer – audelà de la lettre des textes – que ces accords tacites s'opposent à toute rectification (qu'elle conduise au rehaussement d'une imposition antérieure ou à une imposition initiale). La doctrine administrative est d'ailleurs implicitement en ce sens qui indique – par une formule très générale – que l'obtention

(697) La même règle s'appliquait dans le cadre de la procédure aujourd'hui périmée relative aux « Pôles de compétitivité ».

(698) Instr. 9 sept. 2010 : *BOI* 13 L-11-10, n° 323, anc. – Instr. 19 oct. 2004 : *BOI* 13 L-5-04, anc. – BOI-SJ-RES-10-20-20-70, n° 180.

(699) V. actuellement CRPA, art. L. 211-2, al. 1er.

(700) CE, ass., 21 déc. 1990, *Assoc. pour l'objection de conscience à toute participation à l'avortement* : *RFDA* 1990, p. 1076. – CE, ass., 5 nov. 2004, *Union des organisations de fonctionnaires et assimilés-Groupe des dix solidaires* : *Rec. CE* 2004, p. 417 ; *RFDA* 2005, p. 232.

(701) CRPA, art. L. 122-1. V. ant. L. 12 avr. 2000, relative aux droits des citoyens dans leurs relations avec les administrations, art. 24, anc.

(702) LPF, art. L. 80 A, al. 1er, applicable sur renvoi de LPF, art. L. 80 B.

d'un accord tacite interdit à l'administration d'« exercer son droit de reprise » relativement à la question qui a fait l'objet de la demande[703].

2) L'opposabilité à l'administration de l'appréciation objet de l'accord n'est naturellement opposable à l'administration que dans la mesure où la situation du contribuable correspond bien à celle qui était décrite dans sa demande (ou, dans le cadre des procédures d'accord préalable, que le contribuable a effectivement réalisé l'opération projetée dans les conditions initialement envisagées).

Naturellement, cette condition peut soulever, en pratique, certaines difficultés. La situation du contribuable peut subir des modifications (ou il arrivera fréquemment qu'une opération ne se réalise pas exactement dans les conditions initialement projetées). On peut penser, à cet égard, que seules les variations substantielles de la situation réelle du contribuable (ou les différences substantielles existant entre son projet et ses modalités effectives de réalisation) seront de nature à le priver du bénéfice de la garantie.

1048. – Effet relatif de la garantie. 1) Seul le contribuable personnellement titulaire du rescrit peut s'en prévaloir. Un contribuable ne saurait, en revanche, se prévaloir utilement d'une décision de rescrit obtenue par un tiers.

2) L'appréciation ne vaut que pour l'application des textes au regard desquels elle a été opérée. Le contribuable ne pourra s'en prévaloir utilement pour l'application d'autres dispositions.

1049. – Portée temporelle de la garantie. 1) De manière générale, l'administration considère qu'un contribuable ne peut se prévaloir de la garantie liée à l'obtention d'un accord tacite que pour autant que ce contribuable est titulaire de cette appréciation à la date de souscription de ses déclarations.

a) Ainsi, un accord tacite n'est susceptible de faire obstacle à un rehaussement des bases déclarées que dans la mesure où cet accord est antérieur à la déclaration considérée[704]. On peut déduire de la doctrine administrative, que la remise en cause de l'appréciation résultant d'un accord tacite antérieur produit, symétriquement, ses effets immédiatement : un contribuable est privé du bénéfice de la garantie dès lors que cette remise en cause intervient avant la date à laquelle il a effectivement souscrit ses déclarations (et non pas, sans doute, avant l'expiration du délai de déclaration qui lui était imparti). D'une certaine manière, l'apparition ou la disparition de l'appréciation résultant d'un accord tacite rétroagit donc sur l'ensemble de l'exercice en cours.

b) Ces solutions (fondées sur une interprétation extensive du champ de la garantie) n'ont jamais été directement confirmées en jurisprudence.

2) La question de la durée de validité d'un accord tacite est plus épineuse.

a) On peut penser, d'abord, que l'évolution des règles fiscales à l'égard desquelles l'appréciation administrative a été portée peut entraîner la caducité d'un accord tacite. En d'autres termes, un accord tacite ne peut être de nature à cristalliser la législation applicable au contribuable qui l'a obtenu. Il ne vaut que pour autant que la législation sur la base de laquelle il est intervenu demeure applicable.

La caducité de l'accord tacite joue ici de plein droit et ne suppose aucune intervention de l'administration fiscale. Sauf en présence d'une modification rétroactive de la législation, elle ne produira ses effets que pour l'avenir.

En revanche, la modification de la seule doctrine administrative ne semble pas de nature à produire cet effet.

(703) V. par ex. BOI-SJ-RES-10-20-20-10, n° 340.
(704) V. par ex. BOI-SJ-RES-10-20-20-60, n° 380.

b) On doit considérer, ensuite, que l'administration est en principe toujours en droit de modifier pour l'avenir une appréciation antérieurement portée. En d'autres termes, elle devrait pouvoir, sauf si la loi en dispose autrement, rapporter expressément un accord tacite antérieur.

La jurisprudence n'a pas eu à connaître directement de cette question. Cela étant, il semble que, pour favorable qu'il puisse apparaître, un accord tacite n'est probablement pas, en lui-même, créateur de droits. Dans le cadre des procédures d'accord préalable, l'accord ne pourrait éventuellement accéder à ce caractère qu'à la condition que la situation projetée, décrite dans la demande d'accord, se trouve effectivement réalisée dans des conditions conformes à celles qui y étaient dépeintes[705].

Cela étant, la remise en cause d'un accord tacite ne pourrait être opposée au contribuable qu'à compter de la notification régulière de la nouvelle décision. À cet égard, on peut penser que les décisions rapportant un accord antérieur ne sont pas, de manière générale, sujettes à motivation obligatoire en application des règles issues de la loi du 11 juillet 1979 relative à la motivation des actes administratifs[706]. Cette obligation pourrait exister en revanche dans les cas où la loi fiscale (ou peut-être même la doctrine administrative)[707] impose que la décision de refus d'accord soit motivée (V. *supra*, n° 1039, 2-*a*). En tout état de cause, les dispositions législatives imposant que certaines décisions individuelles défavorables ne peuvent valablement intervenir qu'après que l'administré ait été mis à même de présenter des observations écrites (et, le cas échéant, sur sa demande, des observations orales, sans préjudice de l'assistance d'un conseil ou de la représentation par un mandataire de son choix) semblent ici sans portée utile. Cette obligation ne s'applique en effet qu'à l'égard des décisions défavorables devant être motivées en application de la loi du 11 juillet 1979[708]. Or, la remise en cause d'une appréciation antérieure ne semble pas caractériser, en elle-même, une décision défavorable.

b) Règles propres aux différentes procédures

1050. – Accord tacite « amortissements exceptionnels ». La loi fiscale ouvre aux entreprises le droit de pratiquer des amortissements exceptionnels (ou majorés) au titre de certaines immobilisations. Dans nombre de cas, les biens éligibles à ces dispositifs sont définis (dans des conditions souvent complexes) par des décrets ou arrêtés ministériels.

La loi du 12 avril 1996 portant diverses dispositions d'ordre économique et financier (art. 12) a organisé un mécanisme d'accord tacite permettant aux entreprises de s'assurer que les immobilisations qu'elles projettent d'acquérir, de créer ou de construire sont bien éligibles à ces différents dispositifs[709].

1) Naturellement, la mise en œuvre de la procédure d'accord tacite ne constitue qu'une simple faculté pour les entreprises : les différents régimes de faveur en cause – aujourd'hui tous applicables de plein droit – sont toujours susceptibles de s'appliquer indépendamment de l'obtention d'un accord tacite en ce sens. Une curiosité juridique ancienne mérite à cet égard d'être signalée. Les textes[710] ayant simplifié certains régimes d'amortissement exceptionnels ont rendu sans objet les dispositions du *a* du 2° de l'article L. 80 B du LPF qui organisaient une procédure d'accord tacite préalable visant des mécanismes d'amortissement exceptionnels pourtant applicables sur agrément ministériel. Ces accords tacites « greffés » sur des procédures d'agrément concernaient les immeubles implantés dans des zones de revitalisation rurale ou de redynamisation urbaine, lorsqu'étaient concernées des

(705) V. toutes choses égales par ailleurs, CE, sect., 10 mars 1967, n° 64.509, *Min. c/Sté Samat* : *Rec. CE* 1967, p. 113 ; *AJDA* 1967, II, p. 280 et s., concl. Y. Galmot, à propos d'un agrément assorti de conditions.
(706) V. actuellement CRPA, art. L. 211-2.
(707) V. Instr. 19 oct. 2004 : *BOI* 13 L-5-04, sect. 2, A, anc., non reprise sur ce point ni dans les commentaires généraux ultérieurs ni au *BOFiP-Impôts*.
(708) CRPA, art. L. 122-1. V. ant. L. 12 avr. 2000, relative aux droits des citoyens dans leurs relations avec les administrations, art. 24, anc.
(709) LPF, art. L. 80 B, 2°, *b*.
(710) L. fin. 1999, 30 déc. 1998, art. 97, et L. fin. 2000, 30 déc. 1999, art. 92, II.

entreprises exerçant une activité bancaire, financière, d'assurances, de gestion ou de location d'immeubles[711] et les matériels destinés à économiser l'énergie ou à lutter contre le bruit lorsqu'ils concernaient des installations anciennes[712].

2) Curieusement, au-delà de la lettre des textes, un seul mécanisme d'amortissement exceptionnel peut faire aujourd'hui l'objet d'une demande d'accord tacite préalable. Il s'agit du mécanisme applicable en faveur des PME au titre des immeubles à usage industriel et commercial implantés dans des zones de revitalisation rurale ou de redynamisation urbaine[713] ou des travaux de rénovation réalisés sur ces mêmes immeubles (al. 2).

En effet, les dispositions organisant l'accord tacite visent encore des mécanismes d'amortissement qui, s'ils peuvent être encore applicables (la période d'amortissement des immobilisations en cause n'étant pas achevée), ne peuvent plus actuellement être engagés (faute pour les textes en cause d'avoir été prorogés). Le plus souvent liés à des préoccupations environnementales, ils s'appliquaient (ou s'appliquent à titre transitoire) :

– aux matériels destinés à économiser l'énergie et équipements de production d'énergie renouvelable[714] ;

– aux véhicules « propres »[715] ;

– aux matériels destinés à réduire le niveau acoustique de certaines installations[716] ;

– aux immeubles destinés à l'épuration des eaux industrielles[717] ;

– aux immeubles destinés à la lutte contre la pollution atmosphérique[718] ;

– aux constructions « agricoles » destinées à satisfaire à la législation relative aux installations classées pour la protection de l'environnement[719] ;

– aux immobilisations financées au moyen de primes liées à l'aménagement du territoire et de certaines autres primes d'équipement[720] ;

– aux immeubles affectés à la recherche scientifique ou technique[721].

L'accord tacite concernant l'applicabilité du mécanisme d'amortissement dérogatoire apparaît lorsque l'administration déconcentrée n'a pas répondu dans un délai de trois mois au redevable qui a « notifié à l'administration sa volonté de bénéficier » de l'une ou l'autre des dispositions législatives en cause[722].

Le contribuable doit notifier sa volonté de bénéficier de la mesure dans une demande présentée conformément au modèle établi par l'administration[723]. Cette notification doit préciser le nom ou la raison sociale et l'adresse de son auteur. Elle doit indiquer les dispositions législatives dont l'entreprise entend bénéficier et fournir une présentation précise et complète de sa situation de fait[724].

1051. – Accord tacite « entreprises nouvelles ». La loi du 12 avril 1996 portant diverses dispositions d'ordre économique et financier (art. 12) a institué une procédure très similaire[725] en vue de l'application de l'exonération d'impôt sur le revenu ou d'impôt sur les sociétés en faveur des entreprises nouvelles[726].

---

(711) CGI, art. 39 quinquies D, dernier al., anc.
(712) CGI, art. 39 AB, al. 2, et art. 39 quinquies DA, al. 2, anc.
(713) CGI, art. 39 quinquies D, al. 1er.
(714) CGI, art. 39 AB, applicable aux biens acquis ou fabriqués avant le 1er janvier 2011.
(715) CGI, art. 39 AC, applicable aux véhicules acquis à l'état neuf avant le 1er janvier 2010.
(716) CGI, art. 39 quinquies DA, applicable aux biens acquis ou fabriqués avant le 1er janvier 2011.
(717) CGI, art. 39 quinquies E, applicable aux constructions achevées avant le 1er janvier 2011.
(718) CGI, art. 39 quinquies F, applicable aux constructions achevées avant le 1er janvier 2011.
(719) CGI, art. 39 quinquies FC, applicable aux constructions achevées avant le 1er janvier 2011.
(720) CGI, art. 39 quinquies FA, visant les primes accordées avant 2006.
(721) CGI, art. 39 quinquies A, visant les investissements immobiliers antérieurs à 1991.
(722) En pratique CGI, art. 39 quinquies D, al. 1er.
(723) V. A. 25 juill. 1996.
(724) LPF, art. R. 80 B-1.
(725) LPF, art. L. 80 B, 2°, *b*.
(726) CGI, art. 44 sexies.

Lors de l'introduction de la procédure d'accord tacite préalable, le régime de faveur auquel elle était associée s'appliquait aux entreprises créées dans certaines zones du territoire (zones d'aménagement du territoire, territoires ruraux de développement prioritaire et zones de redynamisation urbaine). Dans le cadre du régime issu de la loi de finances pour 2011(727), le régime (prorogé jusqu'au 31 décembre 2014) est désormais réservé aux entreprises créées dans des zones d'aides à finalité régionale (AFR). Il ne s'applique plus, en revanche, dans les zones de redynamisation urbaine, alors qu'il trouve à s'appliquer sous une forme désormais autonome(728) dans les zones de revitalisation rurale.

Le régime de faveur en vigueur consiste dans une exonération temporaire (intégrale puis partielle) d'IR ou d'IS et d'exonérations temporaires facultatives pouvant concerner l'un ou l'autre des impôts directs locaux frappant les entreprises (CFE, CVAE, TFPB et taxes consulaires).

L'accord tacite concernant l'applicabilité de l'exonération apparaît lorsque l'administration déconcentrée n'a pas répondu dans un délai de trois mois à un redevable qui a « notifié à l'administration sa volonté de bénéficier » de ce régime.

Le contribuable doit notifier sa volonté de bénéficier de la mesure dans une demande établie conformément au modèle (comportant un long questionnaire) défini par l'administration(729).

1052. – **Accord tacite « crédit d'impôt recherche ».** La loi de finances pour 1997(730) a institué une procédure de consultation en vue de permettre à un contribuable de s'assurer qu'un projet de recherche qu'il envisage de réaliser est éligible au bénéfice du crédit d'impôt recherche(731).

Avant la loi de finances pour 2013, la loi visait « les projets de dépenses de recherche » (V. *infra*, pt 2). Cette procédure a été modifiée sur plusieurs points par différentes lois ultérieures.

1) La loi du 4 août 2008 de modernisation de l'économie (art. 136) a apporté deux modifications au mécanisme existant :

- la procédure applicable devant l'administration fiscale a été aménagée(732) ;
- une procédure parallèle « non fiscale » a été introduite(733).

Ces deux procédures font l'objet de deux commentaires distincts(734) qui reprennent très largement les commentaires généraux précédents(735).

La doctrine administrative(736) a par ailleurs conçu une procédure spéciale qui, ouverte depuis le 1er septembre 2015, permet aux PME(737) d'obtenir en cours d'année la validation d'un *montant plancher* de dépenses éligibles au CIR (et non pas seulement d'un projet de recherches) et, en conséquence, l'assurance d'un montant minimal concernant leur future créance de CIR.

Dans cet ordre d'idées, les nouvelles mesures de simplification en faveur des entreprises proposées le 3 février 2016 par le Conseil de simplification comportent la mise en place, en matière de CIR, d'un mécanisme de « rescrit roulant » – c'est-à-dire d'un dispositif permettant aux entreprises de demander la révision de l'accord initialement obtenu(738).

(727) L. 29 déc. 2010, art. 129.
(728) CGI, art. 44 quindecies.
(729) V. A. 24 juin 2004 et BOI-ANNX-000133.
(730) L. 30 déc. 1996, art. 105.
(731) CGI, art. 244 quater B.
(732) LPF, art. L. 80 B, 3°.
(733) LPF, art. L. 80 B, 3° bis.
(734) BOI-SJ-RES-10-20-20-20 et BOI-SJ-RES-10-20-20-30.
(735) Instr. 29 juill. 2010 : *BOI* 13 L-8-10, anc., et Instr. 9 sept. 2010 : *BOI* 13 L-11-10, nos 149 à 181, anc.
(736) Instr. 2 sept. 2015 : BOI-SJ-RES-10-20-20-20, nos 5 et 430.
(737) Les PME s'entendent ici (par référence à l'article L. 13 C du Livre des procédures fiscales relatif au « contrôle sur demande »), aux entreprises dont le chiffre d'affaires annuel HT n'excède pas1,5 M€ pour les activités de vente de marchandise, l'hôtellerie et la restauration et 450 000 € pour les autres activités de services.
(738) Cette mesure (n° 15), qui était attendue pour l'été 2016, ne s'est pas encore concrétisée.

a) Dans le cadre de la procédure « fiscale » de consultation, l'accord tacite concernant l'éligibilité au crédit d'impôt recherche (CIR) apparaît lorsque l'administration fiscale déconcentrée n'a pas répondu de manière expresse – et motivée – dans un délai de trois mois à un redevable qui a régulièrement formé une demande en ce sens(739).

Avant la loi de finances pour 2008(740) la durée du délai d'obtention de l'accord tacite était de six mois (le délai de trois mois étant applicable aux demandes adressées à compter du 1er mars 2008). La loi du 4 août 2008 de modernisation de l'économie a précisé que le refus d'accord ne peut résulter que de l'absence de réponse « motivée » de l'administration dans ce délai.

Depuis la loi du 4 août 2008 de modernisation de l'économie, l'administration fiscale est légalement tenue, dans le cadre de l'instruction des demandes de rescrit, de solliciter des avis extérieurs lorsque l'appréciation du caractère scientifique et technique du projet de dépenses de recherche présenté par l'entreprise le nécessite.

Les modifications introduites par la loi de modernisation de l'économie sont applicables sur ce point depuis le 1er janvier 2009.

L'administration des impôts doit consulter les services relevant du ministre chargé de la recherche ou un organisme chargé de soutenir l'innovation. En application des dispositions réglementaires d'application(741) du dispositif, les organismes visés sont les services relevant du ministre chargé de la recherche et, notamment les délégués régionaux à la recherche et à la technologie (ce qui était envisagé par les travaux législatifs préparatoires) et l'Agence nationale de la recherche (ce qui ne l'était pas).

L'avis de ces services ou organismes (qui sont tenus au secret professionnel à peine de sanctions pénales) est notifié au contribuable et à l'administration des impôts. Lorsqu'il est favorable, il lie l'administration fiscale quant au caractère scientifique et technique du projet de recherche : celle-ci ne peut rejeter la demande du contribuable que pour un motif tiré de ce qu'une autre condition d'obtention du crédit d'impôt n'est pas remplie.

Avant cette loi, cette obligation n'était prévue que par voie réglementaire et ne pouvait consister que dans la consultation des services relevant du ministre chargé de la recherche(742).

La demande doit être présentée sur la base d'un modèle établi par arrêté du ministre chargé du budget et du ministre chargé de la recherche(743).

b) La loi du 4 août 2008 de modernisation de l'économie a introduit, parallèlement à la procédure portée devant l'administration fiscale, une procédure « non fiscale » ayant un objet voisin. Applicable depuis le 1er août 2009, cette seconde procédure ne se distingue de la première que sur deux points, il est vrai importants :

– la demande d'accord est adressée directement aux services relevant du ministre chargé de la recherche ou à un des organismes chargés de soutenir l'innovation mentionnés plus haut(744). À cet égard, la loi ne prévoit pas l'intervention de l'administration fiscale dans la procédure d'instruction de la demande. La prise de position des services relevant du ministre chargé de la recherche ou de l'organisme chargé de soutenir l'innovation est seulement notifiée à l'administration des impôts, comme, d'ailleurs au contribuable lui-même. La décision (expresse ou tacite)

(739) LPF, art. L. 80 B, 3°.
(740) L. 24 déc. 2007, art. 69.
(741) V. LPF, art. R. 80 B-5 modifié, en dernier lieu, par le décret du 29 mars 2012, art. 22, et le décret du 4 novembre 2015, art. 1er. À noter que la société anonyme *Oséo Innovation* (filiale de l'établissement public d'État *Oséo*) devenue *BPIFrance* n'est plus au nombre des organismes susceptibles d'être consultés (la doctrine administrative n'étant pas à jour sur ce point).
(742) LPF, art. R. 80 B-5.
(743) V. A. 27 août 2009.
(744) LPF, art. L. 80 B, 3° bis.

regardant les dépenses projetées comme éligibles au crédit d'impôt recherche est opposable à l'administration fiscale ;

– l'objet de l'accord est plus *limité* que dans le cadre de la procédure « fiscale » : il ne peut porter que sur le caractère scientifique et technique du projet de recherche (les autres conditions d'application du crédit d'impôt relevant de l'appréciation exclusive, sous le contrôle du juge de l'impôt, de l'administration fiscale).

En pratique, la demande tend à vérifier que le projet de recherche se rapporte bien à des opérations de recherche et développement au regard du *Manuel de Frascati* (issu de travaux engagés en 1963, sous l'égide de l'OCDE, dans la commune italienne éponyme).

Comme dans le cadre de la procédure « fiscale », le refus d'accord doit être motivé. Les personnes relevant des services et organismes consultés sont tenues au secret professionnel.

La procédure parallèle est susceptible de s'appliquer aux demandes présentées depuis le 1er août 2009(745). Le même décret a précisé les modalités procédurales du dispositif qui sont très proches de celles usuellement applicables en la matière(746). Il a prévu, par ailleurs, que les modalités de coordination des actions des services et organismes (fiscaux et non fiscaux) concernés sont précisées dans une convention conclue entre les ministres chargés de l'économie, de l'industrie, de la recherche et du budget et ces organismes(747).

2) Dans le souci de renforcer l'intérêt des entreprises pour ces procédures d'accord tacite, la loi de finances pour 2013(748) a supprimé l'exigence tenant au caractère préalable de la demande. Il est désormais permis aux entreprises de présenter cette demande après avoir commencé leurs travaux de recherche (et donc à un stade où elles disposent d'une meilleure visibilité sur leur projet, qu'elles peuvent ainsi décrire avec plus de précision).

Il ressort des travaux préparatoires de la loi que 390 demandes d'accord tacite ont été reçues en 2010 – alors que, dans le même temps, 12 852 déclarations de CIR avaient été déposées. Une des explications de ce faible taux de demandes d'accord (3 % environ) serait, s'agissant tout particulièrement des PME, l'incapacité des entreprises de décrire avec suffisamment de précision leur projet de recherche au moment où la demande doit être légalement déposée.

Plus précisément, depuis 2013, la demande d'accord doit être présentée au moins six mois avant la date limite de dépôt de la déclaration spéciale relative au crédit d'impôt recherche.

Cette déclaration spéciale doit elle-même être déposée en même temps que le relevé de solde de l'IS (pour les entreprises soumises à cet impôt) ou avec la déclaration de résultat (pour les entreprises relevant de l'impôt sur le revenu).

Lorsque le projet de recherche est pluriannuel, la demande doit intervenir au moins six mois avant la date limite de dépôt de la première déclaration spéciale relative à ce projet(749).

Ces nouvelles règles de délai sont applicables aux demandes formées à compter du 1er janvier 2013(750). Dans la mesure où elles permettent de former une demande d'accord alors que des dépenses liées au projet de recherche ont pu être d'ores et déjà engagées (et ne sont donc pas seulement projetées), la loi fait désormais porter l'accord sur le « projet de recherche » et non plus sur le « projet de dépenses de recherche ».

(745) D. 27 août 2009, art. 4.
(746) LPF, art. 80 B-6-1 à 80 B-6-3.
(747) D. préc., art. 3.
(748) L. 29 déc. 2012, art. 71, II.
(749) LPF, art. L. 80 B, 3° et 3° bis.
(750) L. fin. 2013, 29 déc. 2012, art. 71, III.

3) Depuis le 1er janvier 2014, la procédure d'accord tacite CIR a par ailleurs été étendue aux dépenses d'innovation – éligibles à ce dispositif depuis le 1er janvier 2013 (V. *infra*, n° 1566).

Ce décalage procédural d'un an a dû permettre à l'administration de forger sa doctrine en la matière (sans se trouver saisie parallèlement de demandes susceptibles de déboucher sur des accords tacites). Dans l'intervalle, les entreprises peuvent naturellement former des demandes de rescrit général en matière de dépenses d'innovation.

1053. – **Accord tacite « jeunes entreprises innovantes ».** La loi de finances pour 2004[751] a institué un régime de faveur au profit des jeunes entreprises innovantes (JEI). Corrélativement, le même texte a institué une procédure de consultation permettant à une entreprise de s'assurer qu'elle remplit les conditions nombreuses et complexes la rendant éligible à ce dispositif[752].

Par la suite, la loi de finances pour 2008[753] a institué, sous le label doctrinal de « Jeune entreprise universitaire »[754], une forme particulière de JEI[755]. La procédure d'accord tacite (qui renvoie à l'article 44 sexies-0 A du Code général des impôts dans son ensemble) s'est trouvée, du fait même de cette évolution, étendue à cette nouvelle forme d'entreprise.

Sur le plan fiscal, les avantages liés au statut de JEI ou de JEU prennent la forme d'une exonération temporaire d'IS applicable de plein droit[756] et d'exonérations temporaires facultatives en matière de TFPB[757], de CFE[758] et de CVAE[759].

L'accord tacite concernant l'éligibilité au dispositif apparaît lorsque l'administration déconcentrée n'a pas répondu de manière motivée dans le délai de trois mois de la demande du contribuable[760].

Avant la loi du 4 août 2008 de modernisation de l'économie (art. 5, III), la durée du délai d'obtention de l'accord tacite était de quatre mois.

La demande doit être établie sur la base d'un modèle (comportant un imposant questionnaire) défini par arrêté du ministre chargé du budget et du ministre chargé de la recherche[761].

L'administration fiscale peut solliciter l'avis des services du ministère chargé de la recherche lorsque l'appréciation du caractère scientifique et technique du projet de dépenses de recherche présenté par l'entreprise le nécessite[762]. Elle transmet alors pour avis la demande au délégué régional à la recherche et à la technologie dont relève territorialement l'établissement où sont (seront) réalisés les travaux de recherche[763].

1054. – **Accord tacite « pôles de compétitivité » (procédure périmée).** La loi de finances pour 2005[764] a organisé un régime de faveur au profit des entreprises participant à un projet de recherche et de développement et implantées dans un

(751) L. 30 déc. 2003, art. 13.
(752) CGI, art. 44 sexies 0 A.
(753) L. 24 déc. 2007, art. 71.
(754) CGI, art. 44 sexies-0 A, 3°-*b*.
(755) CGI, art. 44 sexies-0 A, 3°-*a*.
(756) CGI, art. 44 sexies A.
(757) CGI, art. 1383 D.
(758) CGI, art. 1466 D.
(759) CGI, art. 1586 nonies.
(760) LPF, art. L. 80 B, 4°.
(761) V. A. 27 oct. 2004, BOI-LETTRE-000186 pour les JEI, et BOI-LETTRE-000187 pour les JEU.
(762) LPF, art. R. 80 B-7.
(763) BOI-SJ-RES-10-20-20-40, n° 170.
(764) L. 30 déc. 2004, art. 24.

pôle de compétitivité. Corrélativement, le même texte avait institué une procédure de consultation permettant à une entreprise de s'assurer qu'elle remplissait les conditions la rendant éligible à ce dispositif[765].

Le régime de faveur consiste en une exonération temporaire d'IR ou d'IS et d'une exonération temporaire facultative de CET et de TFPB.

Cette procédure d'accord tacite, qui pouvait être considérée comme périmée dans la mesure où le régime de faveur est désormais réservé aux entreprises implantées dans un pôle de compétitivité au 16 novembre 2009, a été supprimée en 2014[766].

L'accord tacite concernant l'éligibilité au dispositif apparaissait[767] lorsque l'administration déconcentrée n'avait pas répondu de manière motivée au contribuable à l'expiration d'un délai de trois mois.

Avant la loi du 4 août 2008 de modernisation de l'économie (art. 5, III), la durée du délai d'obtention de l'accord tacite était de quatre mois.

La demande devait être présentée sur la base d'un formulaire établi par arrêté du ministre chargé du budget[768].

1055. – **Accord tacite « zones franches urbaines ».** La loi de finances rectificative pour 2004[769] a institué une procédure d'accord tacite[770] en vue de l'application de l'exonération d'impôt sur le revenu ou d'impôt sur les sociétés prévue en faveur des entreprises exerçant ou créant des activités dans les zones franches urbaines[771].

Extrêmement complexe, le régime de faveur (qui peut actuellement s'appliquer aux entreprises créées jusqu'au 31 décembre 2014) consiste en une exonération temporaire (totale puis partielle) d'IR ou d'IS. Elle s'accompagne d'une exonération temporaire facultative de CET et de TFPB.

L'accord tacite concernant l'applicabilité de l'exonération apparaît à l'expiration d'un délai de trois mois.

La demande doit être établie sur la base d'un formulaire conçu par la doctrine administrative[772].

1056. – **Accord tacite « établissement stable ».** Instituée par la loi de finances rectificative pour 2004[773], cette procédure est destinée à lever les difficultés que peut rencontrer une entreprise étrangère pour déterminer avec certitude si elle possède ou non un établissement stable ou une base fixe en France au sens de la convention fiscale liant la France avec l'État étranger dans lequel elle est établie. Destinée à améliorer la sécurité juridique des opérateurs étrangers et à renforcer l'attractivité de la France, cette procédure permet plus précisément à une société non-résidente d'avoir l'assurance qu'elle *ne dispose pas* en France d'un établissement stable.

Les demandes des entreprises qui, au contraire, souhaitent savoir si elles disposent en France d'un établissement stable ne peuvent, en tout état de cause, être regardées que comme des demandes de

(765) CGI, art. 44 undecies.
(766) D. d'incorporation 26 mai 2014, déclarant périmées les dispositions du 5° de l'article L. 80 B du Livre des procédures fiscales, art. 1er.
(767) LPF, art. L. 80 B, 5°, anc.
(768) V. A. 11 juin 2008.
(769) L. 30 déc. 2004, art. 23.
(770) LPF, art. L. 80 B, 2°, b.
(771) CGI, art. 44 octies A.
(772) BOI-LETTRE-000131.
(773) L. 30 déc. 2004, art. 19.

rescrit général dans le cadre duquel seules ses réponses expresses sont susceptibles d'engager l'administration[774].

Ainsi, l'entreprise étrangère est en mesure de connaître *a priori* la position de l'administration sur ce point et, le cas échéant, de lui opposer cette appréciation.

L'introduction de cette procédure d'accord tacite avait été proposée par le rapport Gibert[775].

Les demandes formées par des entreprises résidentes d'un État étranger qui n'aurait pas conclu de convention fiscale avec la France ne relèvent pas cette procédure. Elles ne devraient pouvoir, en tout état de cause, être regardées que comme des demandes de rescrit général dans le cadre duquel seules ses réponses expresses sont susceptibles d'engager l'administration.

L'accord tacite concernant l'absence d'établissement stable ou de base fixe apparaît lorsque l'administration centrale n'a pas répondu dans un délai de trois mois à un redevable qui a formulé une demande en ce sens[776].

Adressée au directeur général des finances publiques, la demande doit être établie conformément au modèle défini par voie réglementaire[777]. Devant mentionner la dénomination sociale du contribuable, son adresse à l'étranger et la qualité du signataire, cette demande revêt la forme d'un questionnaire très détaillé. Les réponses apportées à ce questionnaire doit refléter de façon précise et complète la situation de fait de l'entité située en France et contenir toutes les informations nécessaires pour mettre l'administration de se prononcer.

1057. – Accord tacite « régime d'imposition ». La deuxième loi de finances rectificative pour 2008[778] a institué une procédure d'accord tacite permettant aux contribuables de s'assurer de la nature du régime d'imposition dont relèvent les résultats de leur activité professionnelle. Plus précisément, la loi permet d'obtenir un accord tacite permettant :

– aux personnes physiques, de déterminer si leurs revenus professionnels seront imposables dans la catégorie des bénéfices industriels et commerciaux[779] ou dans celle des bénéfices non commerciaux[780] ;

– aux sociétés civiles, si leurs résultats « sont soumis à l'impôt sur le revenu ou à l'impôt sur les sociétés ».

L'accord tacite concernant le régime d'imposition applicable apparaît lorsque l'administration déconcentrée n'a pas répondu dans un délai de trois mois à un redevable qui a formulé une demande en ce sens[781].

Outre leurs obligations fiscales, cette procédure permettra aux contribuables concernés d'être fixés par avance sur la teneur des obligations comptables pesant sur eux.

La demande d'accord doit être formée par le contribuable sur papier libre. Ce dernier doit, selon le cas, y indiquer la catégorie de revenus à laquelle il estime devoir rattacher les revenus de son activité professionnelle ou le type d'impôt auquel il estime devoir soumettre les résultats de son activité professionnelle. La demande doit mentionner, notamment, la nature de l'activité exercée, le nombre et le statut des personnes travaillant dans l'entreprise, les moyens matériels mis en œuvre, le montant des capitaux investis et, en cas de pluralité d'activités, la nature et l'importance relative de chacune.

(774) BOI-SJ-RES-10-20-20-50, n° 50.
(775) *Améliorer la sécurité du droit fiscal*, sept. 2004.
(776) LPF, art. L. 80 B, 6°.
(777) V. A. 1er déc. 2005.
(778) L. 30 déc. 2008, art. 48.
(779) CGI, art. 34.
(780) CGI, art. 92.
(781) LPF, art. L. 80 B, 8°.

1058. – Accord tacite « Versement pour sous-densité ». Dans le cadre de la réforme générale des taxes d'urbanisme, la quatrième loi de finances rectificative pour 2010[782] a institué un nouvel impôt dénommé « versement pour sous-densité »[783].

Destinée à lutter contre l'étalement urbain, cette imposition locale facultative (applicable, le cas échéant, à compter du 1er mars 2012) est mise à la charge des constructeurs qui, schématiquement, projettent d'édifier une construction en méconnaissance des règles de densité minimale applicables dans certains secteurs. Sa logique est donc strictement inverse à celle de l'ancien versement pour dépassement du plafond légal de densité institué par la loi *Galley* du 31 décembre 1975 portant réforme de la politique foncière et supprimé, sauf cas particuliers, par la loi du 13 décembre 2000 relative à la solidarité et au renouvellement urbains[784].

Le montant du versement pour sous-densité (qui est plafonné à 25 % de la valeur du terrain d'assiette de la construction) est égal au produit de la moitié de la valeur de ce terrain d'assiette par le rapport entre la « surface manquante » (*i.e.* la surface supplémentaire qu'il aurait fallu édifier pour que la construction atteigne le seuil minimal de densité) et la surface théorique de construction qui répondrait à ce même seuil[785].

Se trouve associé à ce nouveau prélèvement un mécanisme d'accord tacite (expressément qualifié de rescrit par le législateur) relevant des services départementaux de l'État en charge de l'urbanisme[786]. Formulé dans des termes passablement obscurs, il permet au constructeur (avant le dépôt de la demande d'autorisation de construire) de « solliciter des éclaircissements » auprès de l'administration de l'État en charge de l'urbanisme dans le département. Ces éclaircissements peuvent être demandés sur l'application concrète de trois règles distinctes.

Ces trois règles sont les suivantes :

– celle selon laquelle, la densité minimale est déterminée abstraction faite de la partie des terrains rendus inconstructibles pour des raisons physiques ou du fait de prescriptions ou de servitudes administratives[787] ;

– celle selon laquelle le versement n'est pas dû lorsque le seuil minimal de densité ne peut être atteint du fait des servitudes administratives qui frappent le terrain[788] ;

– dans le cas des communes dépourvues de coefficient d'occupation des sols (COS), celle selon laquelle le seuil minimal de densité (utilisé pour le calcul du versement pour sous-densité) ne peut être supérieur à 75 % de la densité prévue par le COS, le COS pris en compte étant alors celui estimé par le contribuable[789]. Depuis la loi du 24 mars 2014 pour l'accès au logement et un urbanisme rénové (art. 158), le contribuable peut également fournir une estimation motivée et détaillée de la constructibilité maximale qui s'attache au terrain d'assiette de la construction projetée, compte tenu, notamment, de la nature du sol, de la configuration des parcelles, du caractère des constructions avoisinantes ou de motifs tenant aux économies d'énergie.

Dans ces différents cas, l'administration doit répondre de manière motivée dans un délai de trois mois. À défaut de réponse dans ce délai, les « propositions de solution présentées par le contribuable dans sa demande » sont opposables à l'administration[790].

(782) L. 29 déc. 2010, art. 28, II.
(783) C. urb., art. L. 331-35 et s.
(784) C. urb., art. L. 112-1 et s., anc.
(785) C. urb., art. L. 331-38.
(786) C. urb., art. L. 331-40 et R. 331-23.
(787) C. urb., art. L. 331-35, al. 2.
(788) C. urb., art. L. 331-38, dernier al.
(789) C. urb., art. L. 331-40, al. 2.
(790) C. urb., art. L. 331-40.

Dans les trois hypothèses précitées, l'administration de l'équipement doit consulter le maire de la commune qui dispose d'un délai d'un mois pour formuler ses observations[791].

Une procédure de second examen des demandes de rescrit ayant donné lieu à un refus a été prévue[792]. Le second examen des demandes relève en toute hypothèse de l'administration centrale chargée de l'urbanisme[793].

3° Le rescrit « anti-pénalité »

1059. – Accord tacite « organisme d'intérêt général ». Le mécanisme d'accord tacite « organisme d'intérêt général » est issu de la loi du 1er août 2003 relative au mécénat, aux associations et aux fondations (art. 1er).

Avant d'être consacrée par la loi, cette procédure préexistait dans la pratique administrative[794] sans pour autant, avoir été formellement instituée par voie doctrinale. L'article L. 80 C du LPF a fait l'objet de plusieurs commentaires administratifs successifs[795].

Également dénommée procédure de « rescrit-Mécénat » ou de « rescrit-Association », la procédure d'accord tacite « Organisme d'intérêt général » est essentiellement destinée, en pratique, aux associations « ordinaires » désirant s'assurer qu'elles relèvent bien de la catégorie des « œuvres ou organismes d'intérêt général » ayant un caractère philanthropique, éducatif, scientifique, social, humanitaire, sportif, familial, culturel ou environnemental[796].

La procédure peut également être mise en œuvre par tous les autres organismes visés par ces textes et, en particulier, par les fonds de dotation.

Les demandes par lesquelles une association (ou un organisme de même nature) entend s'assurer auprès de l'administration qu'elle présente bien les caractères d'un organisme *sans but lucratif* relèvent de la procédure de rescrit général (V. *supra*, nos 1022 et s.) et non de la procédure d'accord tacite.

Non dépourvue de tout lien avec celle de la mention expresse[797], cette procédure n'interdit pas à l'administration de mettre à la charge de l'organisme intéressé des rehaussements d'imposition découlant d'une éventuelle requalification de son activité. Lorsque ses conditions d'application sont réunies, elle prive seulement l'administration du droit d'infliger à l'organisme l'amende de 25 % applicable[798] en cas de délivrance de documents et attestations ayant permis l'obtention indue, par un tiers, d'une déduction fiscale ou d'un crédit ou d'une réduction d'impôt[799].

Destinée à lutter contre la délivrance abusive ou frauduleuse d'attestations ouvrant droit à des avantages fiscaux, l'amende prévue à l'article 1768 quater du CGI puis à l'article 1740 A du même code a été instituée par la loi de finances pour 1998[800]. Ce dispositif a été commenté par l'administration[801]. L'amende encourue est égale à 25 % des sommes indûment mentionnées sur les reçus ou, à défaut d'une telle mention, au montant de la déduction du crédit ou de la réduction d'impôt indûment obtenue par le donateur.

---

(791) Cette procédure de consultation obligatoire résulte d'un amendement adopté devant le Sénat.
(792) C. urb., art. L. 331-40, al. 3.
(793) Aucun texte n'a prévu toutefois le déroulement de la procédure de second examen, non plus que la composition du collège qui en est probablement chargé.
(794) Doc. adm. DGI, 5 B 3311, n° 88, anc.
(795) Instr. 19 oct. 2004 : *BOI* 13 L-5-04, anc., Instr. 9 sept. 2010 : *BOI* 13 L-11-10, nos 304 à 318, anc., reprises au BOI-SJ-RES-10-20-20-70.
(796) CGI, art. 200 et 238 bis.
(797) CGI, art. 1727, II, 2.
(798) CGI, art. 1740 A.
(799) LPF, art. L. 80 C.
(800) L. 30 déc. 1997, art. 87.
(801) BOI-CF-INF-10-40-60, nos 100 à 150.

L'accord tacite survient lorsque l'administration n'a pas répondu dans un délai de six mois à un organisme de bonne foi qui a, préalablement à la délivrance des documents et attestations considérés, demandé à l'administration de se prononcer sur sa situation. Le refus d'accord est susceptible de faire l'objet d'un réexamen administratif (V. *supra*, n° 1032).

Cette demande comporte la présentation écrite (précise et complète) de la situation de fait de l'organisme. L'administration peut, le cas échéant, inviter l'auteur de la demande à fournir les éléments complémentaires nécessaires[802].

Juridiquement, l'obtention de l'accord tacite ne produit ses effets qu'à l'égard de l'applicabilité de l'amende à l'organisme qui en est bénéficiaire. Il laisse intégralement subsister, au profit de l'administration, le droit de rectification de la situation du contribuable auquel l'organisme a délivré une attestation qui se révélerait irrégulière.

1) Cette solution (qui pourrait paraître sévère) résulte clairement des travaux préparatoires. Le texte adopté en première lecture par l'Assemblée nationale prévoyait que l'organisme titulaire de l'accord était « réputé remplir les conditions » légales ouvrant droit au bénéfice de l'avantage fiscal. Si elle avait été adoptée, cette disposition aurait interdit la remise en cause de l'avantage obtenu par le contribuable. Le dispositif définitivement adopté est celui conçu par le Sénat. Sa portée est beaucoup plus limitée, pour interdire seulement l'infliction de l'amende aujourd'hui prévue à l'article 1740 A du CGI.

À cet égard, le gouvernement s'est opposé avec succès, au cours des débats parlementaires, à l'adoption d'un amendement sénatorial qui proposait d'interdire la mise en œuvre d'un tel redressement, hors le cas de collusion avérée entre le contribuable et l'organisme en cause. Cela étant, l'administration a précisé qu'elle n'entendait pas, dans ces hypothèses, faire un usage systématique de son droit de rectification (mais, tout au contraire, n'opérer des redressements que « dans les cas qui le méritent »).

2) L'obtention d'un accord n'interdit nullement à l'administration d'infliger l'amende légale, dans la mesure où celle-ci est encourue pour un motif étranger aux caractères propres de l'organisme. Ainsi, même titulaire d'un accord opposable, un organisme d'intérêt général s'expose à l'amende fiscale dans les conditions du droit commun s'il délivre à un donateur des attestations ou reçus fiscaux fallacieux (à savoir, par exemple, des documents comportant des mentions fausses ou de complaisance tenant à l'auteur, à la date ou au montant d'un don consenti à l'organisme).

C. – Les procédures de rescrits exprès

1060. – Accords non tacites. Trois dispositifs forment la catégorie des rescrits spéciaux *stricto sensu*. Ceux-ci se distinguent des autres procédures spéciales précédemment étudiées en ce qu'ils ne font directement produire aucun effet au silence conservé par l'administration sur la demande formée par le contribuable. Seule une prise de position expresse de l'administration peut, dans ces hypothèses, valoir appréciation formelle de la situation du contribuable.

Sur la procédure de rescrit général, qui présente également ce caractère, V. *supra*, n° 1022.

Ces différents mécanismes partagent avec le rescrit général un autre point commun, pour avoir tous été institués par voie doctrinale. Si les deux premiers ont reçu, par la suite, une consécration législative, la troisième procédure de rescrit demeure exclusivement encadrée par la doctrine administrative.

(802) LPF, art. R. 80 C-1 à R. 80 C-4.

L'intervention de la loi du 12 novembre 2013 habilitant le Gouvernement à simplifier les relations entre l'administration et les citoyens (art. 1er, I-2°), qui a posé le principe(803) que le silence gardé pendant deux mois par l'autorité administrative sur une demande vaut, désormais, décision d'acceptation, n'est pas de nature à remettre en cause le caractère propre de ces procédures (V. *infra*, n° 1027, 3, à propos du rescrit général).

La doctrine administrative prévoit par ailleurs certaines procédures qui, sans pouvoir être qualifiées comme telles, ne sont pas dépourvues de tout lien avec des procédures de rescrit. Ces procédures concernent :

– les « quartiers généraux », c'est-à-dire les entités qui, au sein d'un groupe international, exercent au profit des sociétés du groupe certaines fonctions de direction, de gestion, de coordination ou de contrôle(804) ;

– les « centres de logistique », c'est-à-dire les entités exerçant au profit exclusif d'un tel groupe des fonctions de stockage, de conditionnement et de distribution(805) ;

– les « centres de coordination de recherche et de développement », c'est-à-dire les entités fournissant au sein d'un groupe des prestations de coordination de la recherche non susceptibles d'être commercialisées auprès de tiers(806).

Dans les trois cas, le dispositif doctrinal consiste à déterminer, pour ces activités, une base d'imposition forfaitaire à l'IS en appliquant, aux frais et charges exposés par l'entité, un taux de marge déterminé par une sorte de rescrit – la doctrine administrative utilisant ici les expressions « d'accord préalable » et de « garantie *a priori* » (V. *infra*, n° 1656, 3).

La doctrine administrative prévoit par ailleurs, en faveur des salariés venant de l'étranger pour travailler temporairement en France dans un quartier général (ou une entité de même nature), un « régime simplifié » d'imposition qui, applicable semble-t-il sur accord préalable, permet notamment la substitution de l'employeur au salarié pour le paiement des impositions dues à raison de certains éléments du revenu de l'intéressé(807).

L'administration avait par ailleurs également organisé, un temps, une procédure spéciale de rescrit « nouveaux résidents » qui ne semble pas avoir survécu à la disparition, au cours de l'année 2013, du service d'accueil des non-résidents et expatriés.

1061. – « Rescrit » en matière de prix de transfert. La loi de finances rectificative pour 2004 (art. 20) a étendu le mécanisme d'opposabilité découlant des régimes de rescrit aux accords préalables relatifs aux méthodes de détermination des prix de transfert(808). Ces accords (qui peuvent être conclus avec une autorité fiscale étrangère ou, le cas échéant, avec un contribuable) sont nécessairement des actes exprès. Le régime juridique de ces actes, auxquels on peut reconnaître une nature contractuelle, est examiné *supra*, n° 917.

1062. – Rescrit « valeur ». La deuxième loi de finances rectificative pour 2008 (art. 46) a légalisé le dispositif doctrinal du rescrit « valeur ». Cette procédure permet à un dirigeant projetant de donner son entreprise d'obtenir de l'administration un accord exprès sur la valeur à retenir pour l'assiette des droits d'enregistrement frappant la donation. Les conditions de conclusion de ces accords et les principaux éléments de leur régime juridique sont examinés *supra*, n° 920.

(803) V. actuellement CRPA, art. L. 231-1.
(804) V. Instr. 21 janv. 1997 : *BOI* 13 G-1-97, anc. reprise au BOI-SJ-RES-30-10.
(805) *Ibid.* et BOI-SJ-RES-30-20.
(806) V. Instr. 24 févr. 2005 : *BOI* 4 C-2-05, anc. reprise au BOI-SJ-RES-30-30.
(807) BOI-SJ-RES-30-40.
(808) LPF, art. L. 80 B, 7°.

1063. – **Rescrit « vérification ».** Destinée à renforcer la sécurité juridique des entreprises, la procédure de rescrit « vérification » a été conçue par l'administration elle-même : pouvant s'appuyant, sans doute, sur les dispositions de l'article L. 80 B, 1°, du Livre des procédures fiscales, elle n'est directement prévue par aucun texte législatif ou réglementaire.

L'introduction de cette procédure de rescrit est la traduction doctrinale d'une proposition contenue dans le rapport Gibert[809] mais restée lettre morte au plan législatif.

Cette procédure de rescrit doctrinal permet aux entreprises de solliciter une appréciation formelle sur des points qui, examinés en cours d'une vérification de comptabilité, n'ont pas donné lieu à rectification de la part de l'administration[810]. Elle est destinée, à titre principal, à confirmer la validité des solutions fiscales retenues par l'entreprise elle-même.

En effet, en l'absence de rectification, il y a peu de chance que les solutions retenues par l'entreprise se trouvent « approuvées » par un acte motivé susceptible de constituer une prise de position spontanée de l'administration.

L'administration a apporté de nombreuses précisions quant aux modalités d'application de ce mécanisme.

Cette procédure a largement perdu de son intérêt avec l'introduction par voie législative d'une procédure de rescrit général (V. *supra*, n° 1022). Son maintien avait toutefois été expressément confirmé, à l'époque, par l'administration[811].

Les raisons qui ont présidé au maintien de la procédure doctrinale de rescrit « vérification » ne sont pas connues. On peut y voir, très probablement, la volonté de l'administration de ne pas priver, ne serait-ce qu'en apparence, le contribuable d'une faculté récemment instituée sur la base de la proposition d'un fiscaliste reconnu – à une époque où les mécanismes de rescrits et accords tacites sont singulièrement promus par l'administration. Au surplus, la « suppression » de cette procédure de rescrit aurait pu être critiquée comme mettant fin à une garantie posée – sous l'égide du renforcement de l'attractivité fiscale de la France – au profit du contribuable vérifié.

Cette procédure est peu appliquée en pratique. On peut se demander à cet égard si, psychologiquement, la phase de contrôle fiscal est toujours la plus propice à ce que des échanges de la nature de ceux envisagés par le dispositif doctrinal soient engagés à l'initiative du contribuable.

1) La prise de position doit faire l'objet d'une demande écrite de la part du contribuable.

La demande peut être formulée au cours de la vérification et en tout état de cause, avant l'envoi de la proposition de rectification. Dans la pratique, la demande doit être formulée au plus tard lors de la réunion de synthèse. Obligatoirement formulée par écrit, elle est en principe remise directement, en cours de contrôle, au vérificateur qui doit en accuser réception.

La demande doit être précise et ne laisser aucun doute quant aux points sur lesquels une prise de position formelle de l'administration est sollicitée. Elle doit clairement présenter la règle de droit appliquée et les éléments de fait ayant conduit l'entreprise à retenir la solution pour laquelle une confirmation est demandée. Le cas échéant, l'entreprise peut être invitée par courrier à compléter sa demande.

Le champ de la demande doit être limité à un point ou, à titre exceptionnel, à quelques points précisément déterminés. L'administration exclut l'application du dispositif doctrinal dans deux hypothèses. La demande ne peut porter :

- sur un point que le vérificateur n'aurait pas prévu d'expertiser ;

(809) *Améliorer la sécurité du droit fiscal*, sept. 2004.
(810) V. initialement Instr. 20 juill. 2005 : *BOI* 13 L-3-05, anc., reprise au BOI-CF-PGR-30-20.
(811) Instr. 9 sept. 2010 : *BOI* 13 L-11-10, n° 6, anc.

– sur une question se rapportant aux prix de transfert (V. *supra*, n° 917). Cette dernière exclusion est liée à la spécificité des problématiques soulevées par ces questions, à la compétence de l'administration centrale en la matière et aux particularités de la procédure légalement applicable (qui, supposant l'entrée en relation avec des autorités étrangères, se révèle incompatible avec l'adoption d'une prise de position formelle en cours de contrôle) ;

2) L'appréciation ne peut résulter que d'un acte exprès d'un agent qualifié pour engager l'administration.

Dans le cas général, la prise de position est notifiée par écrit sur une annexe jointe à la proposition de rectification (ou à l'avis d'absence de rectification). Afin de sécuriser le dispositif tant pour le contribuable que pour l'administration, la prise de position doit, selon l'administration, être précise, ciblée et explicite (la prise de position doit être exprimée en termes clairs et aucune ambiguïté ne doit subsister sur l'étendue de la prise de position).

La procédure de second examen (V. *supra*, n° 1032) n'est pas applicable en matière de rescrit vérification.

Elle engage cette dernière à l'égard de l'entreprise qui l'a sollicitée, tant qu'elle n'a pas été expressément rapportée ou ne peut être regardée comme caduque (V., *mutatis mutandis*, *supra*, n° 1049).

Bibliographie spéciale (Titre 2, Chapitre 2)

• P. Amselek, *L'opposition à l'administration de sa propre doctrine – Les innovations apportées par le décret du 28 novembre 1983 : Dr. fisc.* 1984, n° 4, p. 149 et s. – S. Austry, *Garantie contre les changements de doctrine : confirmations et rénovation : RJF* 7/1996, p. 478 et s. – M. Collet, *Les conditions d'invocabilité de la doctrine administrative : RF fin. publ.* 2010, n° 112, p. 71 et s. – P. Dibout, *L'illégalité des instructions et circulaires fiscales, l'administration et le contribuable : Dr. fisc.* 1991, n° 18, p. 741 et s. – EDCE, *Le rescrit : sécuriser les initiatives et les projets*, Doc. fr., 2014 (V., pour un résumé de cette étude, *Dr. fiscal* 2014, n° 20, comm. 317). – G. Gest, *Les évolutions du rescrit : RF fin. publ.* 2010, n° 112, p. 91 et s. – F. Goguel, *La garantie contre le changement de doctrine face au droit communautaire : Dr. fisc.* 2006, n° 21-22, p. 1026 et s. – E. Mignon, *Doctrine administrative : jurisprudence récente, questions en suspens : RJF* 6/2000, p. 487 et s. – J.-L. Pierre, *Les garanties des contribuables contre les changements de doctrine de l'administration : Dr. fisc.* 1995, n° 5, p. 220 et s. – B. Plagnet, *L'opposabilité de la doctrine administrative : BF Lefebvre* 8-9/1994, p. 431 et s. – B. Plessis, *Le rescrit en matière administrative : RJEP* 2008, étude 8, p. 3 et s. – J. Turot, *Le recours en annulation contre la doctrine administrative : RJF* 8-9/1990, p. 535 et s. – J. Turot, *La vraie nature de la garantie contre les changements de doctrine : RJF* 4/1992, n° 5, p. 371 et s.

TROISIÈME PARTIE

LES TECHNIQUES JURIDIQUES DE L'IMPOSITION

1064. – Le droit fiscal rassemble les règles juridiques relatives à la répartition de la charge fiscale entre les contribuables. L'unité ainsi dégagée ne doit cependant pas occulter la diversité des régimes juridiques existants. À chaque prélèvement : une méthode avec des règles juridiques propres. Une telle diversité n'est toutefois pas exclusive d'une approche transversale. Si les techniques juridiques de chacune des impositions sont particulières (Titre 2), elles s'inscrivent dans le cadre d'un même processus (Titre 1).

TITRE 1

ÉTUDE GÉNÉRALE DES TECHNIQUES JURIDIQUES DE L'IMPOSITION

1065. – Aborder le cadre général des techniques juridiques de l'imposition conduit à envisager les trois étapes du processus de l'imposition auxquelles il est fait référence, directement ou indirectement, dans l'article 34 de la Constitution : l'assiette (Chapitre 1), la liquidation (Chapitre 2) et le recouvrement (Chapitre 3).

CHAPITRE 1

L'ASSIETTE DE L'IMPOSITION

1066. – Par assiette de l'imposition, il faut entendre la base imposable, c'est-à-dire ce sur quoi le tarif va s'appliquer. Sa détermination implique non seulement de connaître son champ d'application (Section 1) mais aussi de procéder à son évaluation (Section 2).

SECTION 1

CHAMP D'APPLICATION

1067. – De manière classique, l'étude du champ d'application d'une imposition se divise en deux avec l'analyse du champ d'application matériel (Sous-section 1) et celle du champ d'application territorial (Sous-section 2).

SOUS-SECTION 1

CHAMP D'APPLICATION MATÉRIEL

Le champ d'application matériel vise non seulement la matière imposable (§ 1) mais aussi les personnes imposables (§ 2).

§ 1. – La matière imposable

1068. – **Revenu, dépense, capital.** Sans se fixer pour objectif de détailler l'assiette de chacune des impositions – on le fera ultérieurement – les développements qui vont suivre sont destinés à illustrer ses différentes composantes. De ce point de vue, la France présente un panel complet. L'imposition frappe non seulement le revenu, la dépense mais aussi le capital. Cette répartition de l'assiette imposable en trois catégories permet une classification des différents prélèvements. Elle n'est cependant pas la seule. On peut aussi opposer les impositions réelles aux impositions personnelles, les impositions analytiques aux impositions synthétiques ou encore les impositions directes aux impositions indirectes. Ces distinctions ont déjà été abordées (V. *supra*, nos 177 et s.). On s'en tiendra donc à la distinction économique classique revenu (A), dépense (B) et capital (C) avec un constat : cloisonner ces trois notions est parfois difficile.

A. – Le revenu

Le revenu net réalisé par un contribuable – le résultat pour une entreprise – peut constituer l'assiette d'une imposition. Mais avant de développer davantage cet élément, une observation doit être formulée : le revenu n'est pas seulement un élément d'assiette (2°), il est devenu une référence (1°).

1° Une référence

1069. – **Plafonnement du prélèvement fiscal.** Le revenu est une référence lorsqu'il constitue l'élément d'appréciation du plafonnement d'une imposition. Tel était bien le cas du plafonnement de certains impôts directs, *alias* bouclier fiscal[1] (V. *infra*, n° 1585). Tel est toujours le cas du plafonnement prévu en matière d'impôt de solidarité sur la fortune[2] (V. *infra*, n° 1817) ou encore, en matière d'impôts directs locaux (V. *infra*, n° 1930), du plafonnement de la taxe d'habitation[3] et de la taxe foncière sur les propriétés bâties afférente à la résidence principale[4].

En matière d'impôts directs, l'ancien article 1er du CGI disposait que « Les impôts directs payés par un contribuable ne [pouvaient] être supérieurs à 50 % de ses revenus ». La référence était bien le revenu.

En matière d'impôt de solidarité sur la fortune, et après une éclipse d'un peu plus d'une année, l'article 885 V bis du même code dispose que « L'impôt de solidarité sur la fortune du redevable ayant son domicile fiscal en France est réduit de la différence entre, d'une part, le total de cet impôt et des impôts dus en France et à l'étranger au titre des revenus et produits de l'année précédente (...) et, d'autre part, 75 % du total des revenus mondiaux nets de frais professionnels de l'année précédente (...) ». On peut à nouveau observer que l'appréciation portée sur le caractère jugé excessif du prélèvement repose sur le revenu.

En matière de taxe d'habitation, le plafonnement est prévu par l'article 1414 A aux termes duquel « Les contribuables autres que ceux mentionnés à l'article 1414 [contribuables bénéficiaires d'une exonération ou d'un dégrèvement d'office], dont le montant des revenus de l'année précédente n'excède pas la limite prévue au II de l'article 1417, sont dégrevés d'office de la taxe d'habitation afférente à leur habitation principale pour la fraction de leur cotisation qui excède 3,44 % de leur revenu au sens du IV de l'article 1417 diminué d'un abattement (...) ». Là encore, le revenu sert de référence pour l'écrêtement de l'impôt.

En matière de taxe foncière sur les propriétés bâties, un plafonnement applicable à la seule résidence principale est prévu par l'article 1391 B ter du CGI aux termes duquel : « Il est accordé sur la cotisation de taxe foncière sur les propriétés bâties afférente à l'habitation principale des contribuables dont les revenus n'excèdent pas le montant prévu au II de l'article 1417 un dégrèvement égal à la fraction de la cotisation supérieure à 50 % du montant total de leurs revenus définis au II et IV ». Le constat est identique.

Le législateur fait donc montre d'une volonté de fixer des plafonds, non pas de pression fiscale puisque les plafonds, y compris le « bouclier fiscal », n'ont jamais

(1) CGI, anc. art. 1 et 1649-0 A.
(2) CGI, art. 885 V bis.
(3) CGI, art. 1414 A, V. *infra*, n° 1975.
(4) CGI, art. 1391 B ter ; V. *infra*, n° 1983.

eu pour finalité d'appréhender la totalité des impositions acquittées par un contribuable, mais bien propres à un impôt ou, pour le « bouclier », à un groupe d'impôts. Ces différentes dispositions législatives marquent l'importance psychologique et économique de la notion de revenu. Acquitter des impositions pour un montant supérieur au revenu réalisé conduit effectivement en pratique à une diminution du capital. Or, si une contribution commune est bien nécessaire à la couverture des dépenses publiques, elle ne doit pas conduire à la confiscation ou, à tout le moins, à une contribution excessive aux charges publiques.

1070. – **Limiter le prélèvement pour éviter la confiscation.** Le prélèvement fiscal ne doit pas être excessif ou confiscatoire. Le point de vue est partagé tant par le Conseil constitutionnel[5] que par la Cour de cassation et la Cour européenne des droits de l'homme[6] lorsque ces dernières sont appelées à se prononcer sur le moyen tiré de la violation de l'article 1er du premier protocole additionnel.

L'appréciation du caractère excessif ou confiscatoire du prélèvement doit tenir compte de la capacité contributive du contribuable. Cette appréciation est cependant différente selon que le prélèvement est annuel ou bien ponctuel, à l'image des droits de succession. En effet, et sous réserve de protéger le contribuable contre un prélèvement de la totalité des revenus réalisés chaque année, le patrimoine taxé a normalement le temps de se reconstituer. De ce point de vue, la problématique n'est pas la même en présence d'un prélèvement annuel. Il est évident que soumettre un contribuable à des prélèvements fiscaux directs annuels pour un montant supérieur à ses revenus aboutit à une confiscation progressive de son patrimoine. On comprend alors pourquoi le revenu constitue une référence dans un tel cas.

1. Contrairement à la Constitution espagnole (art. 31) ou à celle du Venezuela (art. 317), la Constitution française ne comporte aucune disposition protégeant directement les contribuables contre un prélèvement fiscal confiscatoire.

Selon l'article 31 de la Constitution espagnole du 27 décembre 1978, « 1. Tous contribueront aux dépenses publiques, en fonction de leur capacité économique, par un système fiscal juste fondé sur des principes d'égalité et de progressivité qui n'aura, en aucun cas, l'effet d'une confiscation »[7].

Selon l'article 317 de la Constitution vénézuélienne publiée dans le *Journal officiel* le 24 mars 2000, « Ningún tributo puede tener efecto confiscatorio » (aucun impôt ne peut avoir un effet confiscatoire).

Le fondement juridique retenu par le Conseil constitutionnel est le principe d'égalité devant les charges publiques fondé sur l'article 13 de la Déclaration de 1789. Ce dernier est interprété comme excluant tout prélèvement fiscal confiscatoire ou qui ferait peser sur une catégorie de contribuables une charge fiscale excessive au regard de leurs facultés contributives[8]. À ce jour, aucun prélèvement n'a cependant été reconnu confiscatoire. S'en tenant à une appréciation strictement juridique – et se refusant donc à se placer sur le terrain politique de l'identification des facultés contributives – les membres

(5) Cons. const., 29 déc. 2005, n° 2005-530 DC, *Loi de finances pour 2006*, consid. 65 : *RJF* 3/2006, n° 290. – Cons. const., 22 avr. 2016, n° 2016-538 QPC, consid. 8.
(6) CEDH, 4 janv. 2008, nos 25.834/05 et 27.815/05, *Imbert de Tremiolles c/France* : *Dr. fisc.* 2008, n° 15, comm. 270, note É. J. Van Brustem ; *RJF* 5/2008, n° 615.
(7) Traduction officielle, site Internet du Tribunal constitutionnel espagnol.
(8) Pour la dernière décision en date : Cons. const., 22 avr. 2016, n° 2016-538 QPC, consid. 8.

du Conseil constitutionnel ont en revanche considéré que certaines dispositions emportaient une contribution excessive aux charges publiques[9] ; l'appréciation étant portée globalement en tenant compte des « seules impositions auxquelles [les contribuables] sont assujettis en raison de l'attribution de ces éléments de [l'assiette] »[10].

Après avoir admis en 1990 d'apprécier, ensemble, les trois contributions sociales généralisées au motif qu'elles avaient pour finalité commune la mise en œuvre du principe de solidarité nationale[11], le Conseil constitutionnel a décidé en 2012 d'apprécier les facultés contributives non plus impôt par impôt, mais en tenant compte de l'ensemble des impositions frappant un même contribuable et la même matière imposable[12]. Dans cette dernière décision, le Conseil constitutionnel a considéré qu'« il convient, pour apprécier le respect du principe d'égalité devant les charges publiques, de prendre en compte l'ensemble de ces impositions portant sur le même revenu et acquittées par le même contribuable »[13].

C'est ainsi que dans sa décision portant sur la loi de finances rectificative pour 2013, le Conseil constitutionnel a tenu compte de l'impôt sur le revenu et des prélèvements sociaux pour juger du caractère excessif de l'imposition frappant les profits réalisés par des personnes physiques résidentes en France sur des instruments financiers à terme lorsque l'intermédiaire est localisé dans un ETNC. Le taux global de 90,5 % a été jugé excessif[14].

Si le taux de 75 % est souvent évoqué, la lecture des décisions du Conseil constitutionnel ne permet pas de déterminer l'existence d'un seuil général au-delà duquel tout prélèvement fiscal serait considéré comme excessif. Il n'appartient d'ailleurs pas aux juridictions de le fixer *a priori*. Ce choix est d'abord un choix politique, ce qui n'exclut évidemment pas l'intervention des juridictions pour apprécier, dans le cadre de leur contrôle, le respect de la Constitution ou des engagements internationaux de la France.

On cite souvent l'arrêt de la Cour constitutionnelle de Karlsruhe du 22 juin 1995[15] qui fut à l'origine de l'idée que la moitié environ des revenus devait être laissée à la disposition du contribuable. Cette interprétation a cependant été abandonnée en 2006 avec l'arrêt que la même juridiction a rendu le 18 janvier[16]. Même si le prélèvement ne peut pas être illimité, aucune limite *a priori* n'est fixée. Si limite il y a, elle ne peut qu'être relative, autrement dit être fonction d'un contexte juridique, économique, social et politique. C'est bien la solution que retient également la Cour suprême de la nation argentine[17]. Selon le 7e considérant de l'arrêt *Candy SA*, « En ese sentido, el Tribunal tambien ha afirmado que en razon de las cambiantes circunstancias del pais – e incluso bajo las mismas circunstancias – la diversa relacion de determinadas especies de impuestos con el bienestar general, derivada de la clase de riqueza o actividad gravada, entre otros factores, puede justificar que la determinacion del limite varie en mas o en menos. Dicho limite no es absoluto sino relativo, variable en el tiempo y aun susceptible de diferenciaciones en un mismo tiempo[18] » (selon notre traduction : « à cet égard, la Cour a également considéré qu'en raison des mutations du pays – et même dans les mêmes circonstances – la diversité du lien de certaines impositions avec le bien-être général, liée à la nature de la richesse ou de l'activité imposable, entre autres facteurs, peut justifier que la fixation de la limite [à entendre comme le seuil plafond d'imposition] varie à la hausse ou à la baisse. Cette limite n'est pas absolue, mais relative, variant dans le temps et même susceptible de différenciation dans le même temps »).

(9) Dernière en date : Cons. const., 29 déc. 2014, n° 2014-708 DC, *Loi de finances rectificative pour 2014*, consid. 40.
(10) Const. const., 29 déc. 2013, n° 2013-684 DC, préc., consid. 21. – Cons. const., 26 juin 2015, n° 2015-473 QPC, consid. 8.
(11) Cons. const., 28 déc. 1990, n° 90-285 DC, *Loi de finances pour 1991*, consid. 29.
(12) Cons. const., n° 29 déc. 2012, n° 2012-662 DC, *Loi de finances pour 2013*, consid. 18.
(13) Consid. 18.
(14) Const. const., 29 déc. 2013, n° 2013-684 DC, préc., consid. 33.
(15) BvL 37/91 : *RDP* 1997, p. 371, note M. Fromont.
(16) BVerfGE, t. 115, p. 97.
(17) CSJN, 3 juill. 2009, *Candy SA*, C.866, XLII. – CSJN, 30 oct. 2012, *Leiner Davis Gelatin Argentina/Estado Nacional y otros*, L.95, XLV.
(18) Fallos : 210 ; 855, 1208.

Le Conseil constitutionnel a déjà censuré plusieurs dispositions au motif du caractère excessif du prélèvement. Ainsi en a-t-il été :

– à propos de la loi de finances pour 2013[19], de celle concernant les rentes versées dans le cadre des régimes de retraite à prestations définies avec un prélèvement global égal à 75,04 % pour les rentes perçues en 2012 et 75,34 % pour celles perçues en 2013[20], de celle concernant les bons anonymes avec un prélèvement global pouvant atteindre 90,5 %[21], mais aussi de celle portant sur les gains et avantages correspondant à l'exercice d'une option de souscription ou d'achat d'actions ou à l'attribution gratuite d'actions avec un prélèvement global pouvant atteindre 77 %[22] ;

– à propos de la loi de finances rectificative pour 2013, de celle portant sur les profits réalisés sur des instruments financiers à terme avec un prélèvement global pouvant atteindre 90,5 %[23] ;

– à propos de la loi de finances rectificative pour 2014, de celle portant sur les plus-values immobilières des personnes physiques non résidentes et des personnes morales n'ayant pas leur siège en France avec un prélèvement global pouvant atteindre 90,5 %[24].

Preuve supplémentaire, s'il en était besoin, qu'aucun seuil n'est fixé *a priori*, le Conseil constitutionnel tient compte du caractère exceptionnel du prélèvement. Le caractère non renouvelable du prélèvement a ainsi été relevé à propos de la contribution exceptionnelle sur la fortune[25]. Il l'a également été pour la taxe sur les hautes rémunérations[26].

2) Sur le terrain de l'article 1er du premier protocole additionnel, la Cour européenne des droits de l'homme considère que « l'obligation financière née du prélèvement d'impôts ou de contributions peut léser la garantie consacrée par [l'article 1er du 1er protocole] si elle impose à la personne ou à l'entité en cause une charge excessive ou porte fondamentalement atteinte à leur situation financière »[27]. Or, confrontés au moyen tiré de la confiscation résultant d'une imposition excessive à l'impôt de solidarité sur la fortune, les juges européens ont tenu compte du plafonnement prévu par l'article 885 V bis du Code général des impôts – « dispositif de plafonnement destiné à éviter aux redevables de l'ISF d'être victimes d'une captation fiscale supérieure à leurs revenus »[28] – pour le rejeter. L'atteinte n'a pas été jugée telle que l'imposition puisse être considérée comme « une mesure disproportionnée ou (...) un abus du droit de percevoir des impôts et d'autres contributions, droit reconnu à l'État par l'article 1 du Protocole n° 1 »[29]. L'absence d'appauvrissement a donc été prise en compte.

On notera que, de manière récente, la Cour européenne des droits de l'homme s'est prononcée sur plusieurs recours formés par des ressortissants hongrois qui contestaient le prélèvement fiscal particulièrement élevé – puisque de 98 % sur la fraction de revenus supérieure à 3,5 millions de florins hongrois – dont ils avaient fait l'objet sur leur indemnité de licenciement[30]. Applicable aux seuls agents du secteur public, ce prélèvement opéré dans un contexte politique et juridique très particulier trouvait une justification dans

(19) Cons. const., 29 déc. 2012, n° 2012-662 DC.
(20) Consid. 19.
(21) Consid. 51.
(22) Consid. 81.
(23) Cons. const., 29 déc. 2013, n° 2013-684 DC, consid. 33.
(24) Cons. const., 29 déc. 2014, n° 2014-708 DC, consid. 40.
(25) Cons. const., 9 août 2012, n° 2012-654 DC, *Loi de finances rectificative pour 2012*, consid. 26 à 36.
(26) Cons. const., 29 déc. 2013, n° 2013-685 DC, *Loi de finances pour 2014*, consid. 24.
(27) CEDH, 4 janv. 2008, nos 25.834/05 et 27.815/05, *Imbert de Tremiolles c/France*, préc.
(28) *Ibid.*
(29) *Ibid.*
(30) CEDH, 14 mai 2013, n° 66.529/11, *N.K.M. c/Hongrie*.

la volonté des autorités hongroises, pour des raisons budgétaires, de plafonner par l'impôt le montant des indemnités ainsi versées. Mais alors que la situation paraissait bien constituer un cas d'école à même de reconnaître la violation de l'article 1er du premier protocole pour prélèvement excessif, les juges européens n'ont pas emprunté cette voie. Ces derniers ont en effet précisé qu'ils ne se sont pas prononcés sur le point de savoir si, *in abstracto*, le prélèvement fiscal était ou non confiscatoire dès lors que, pour eux, la question du taux n'est pas déterminante en soi(31). Il est vrai que si le taux marginal de 98 % appliqué est proche du seuil de confiscation économique, leur raisonnement les a conduits à privilégier le taux moyen de 52 %. L'autre fraction de l'indemnité était en effet imposable au taux de 16 %. Or, même élevé, le taux de 52 % n'apparaît pas excessif. La violation de l'article a malgré tout été reconnue sur le terrain du caractère disproportionné de la mesure par rapport aux objectifs poursuivis(32). Le groupe dont faisaient partie les contribuables concernés était en effet surimposé par rapport aux autres contribuables sans que des mesures transitoires aient été prises.

Sur ces arrêts, V. L. Ayrault, *Droit fiscal européen des droits de l'homme : chronique de l'année 2013 : Dr. fisc.* 2014, n° 10, étude 201, nos 43 et s.

3) La Cour de cassation le confirme lorsqu'elle relève que les redevables n'ont pas été dans l'obligation de céder une partie de leur patrimoine pour se libérer de leur dette fiscale(33) ou que, malgré le prélèvement fiscal, le patrimoine des redevables a augmenté(34) ou encore en relevant que « le total des impôts réglés par [les contribuables] n'a pas excédé le montant de leurs revenus et qu'ils ne démontrent pas que la vente d'une partie de leur participation dans un groupe de sociétés a été faite sous la contrainte d'avoir à payer l'ISF »(35).

Si ces arrêts témoignent de la prise en considération du revenu des redevables pour juger d'un état de confiscation, les juridictions judiciaires sont également attentives à la commission d'abus. On ne saurait tirer avantage du dispositif en s'abstenant de réaliser certains revenus. Même si ce raisonnement conduit l'administration et le juge à s'immiscer dans la gestion patrimoniale des contribuables, il ne s'agit pas d'exiger du contribuable qu'il réalise le maximum de revenus possible. Il s'agit simplement d'éviter que le plafonnement ne s'applique à un redevable qui, manifestement, a entendu éviter la réalisation de revenus. La confiscation ne doit pas être le résultat d'une démarche de volonté, elle doit être subie(36). L'état de confiscation est donc apprécié *in concreto* et non *in abstracto*.

(31) *Ibid.*, pt 67.

(32) CEDH, 14 mai 2013, n° 66.529/11, *N.K.M. c/Hongrie*. – *Adde* CEDH, 25 juin 2013, n° 49.570/11, *Gall c/Hongrie*. – CEDH, 2 juill. 2013, n° 41.838/11, *R. Sz. c/Hongrie*.

(33) Cass. com., 13 nov. 2003, n° 01-15.611, *Binet : Dr. fisc.* 2004, n° 53, comm. 940. – Cass. com., 7 juill. 2009, n° 08-16.762, *Bacou : Dr. fisc.* 2009, n° 38, comm. 472, note S. Quilici ; *RJF* 11/2009, n° 1023. – Cass. com., 4 mai 2010, n° 09-67.047, *Mirabel : RJF* 9/2010, n° 861.

(34) Cass. com., 23 juin 2009, n° 08-17.681, *Cailliau : Dr. fisc.* 2009, n° 38, comm. 472, note S. Quilici ; *RJF* 11/2009, n° 1024.

(35) Cass. com., 4 mai 2010, n° 09-67.047, *Mirabel : RJF* 9/2010, n° 861.

(36) Cass. com., 7 oct. 2008, n° 07-13.600, *Paillaud : RJF* 2009, n° 83. – Cass. com., 23 juin 2009, n° 08-15.494, *Loge : Dr. fisc.* 2009, n° 38, comm. 472, note S. Quilici ; *RJF* 11/2009, n° 1025.

2° Un élément d'assiette

1071. – Identification des impositions. Plusieurs impositions sur le revenu existent actuellement en France parmi lesquelles l'impôt sur le revenu, l'impôt sur les sociétés, la contribution sociale généralisée ou bien encore la contribution au remboursement de la dette sociale. Mais cette liste est-elle exhaustive ? Une telle interrogation pose la question de l'identification d'une imposition sur le revenu et, partant, de l'identification du revenu.

Sur la notion de revenu, V. également *infra*, n°s 1357 et s.

1072. – Impôt sur le revenu. La notion de revenu n'a pas été définie par le législateur lorsque l'impôt général sur le revenu a été créé par le texte du 15 juillet 1914. Les juridictions ont dû pallier cette abstention. On peut le mesurer dans le domaine de la fiscalité de l'entreprise (pour des précisions concernant les particuliers, V. *infra*, n° 1359).

La seule disposition générale susceptible d'apporter un éclairage est celle aujourd'hui codifiée à l'article 13, 1 du CGI. Le revenu – imposable – y est défini comme « l'excédent du produit brut, y compris la valeur des profits et avantages en nature, sur les dépenses effectuées en vue de l'acquisition et de la conservation du revenu ».

1073. – Théorie de la source. De manière assez naturelle, la solution a d'abord été recherchée en droit civil où existe la notion de *fructus*. La conception retenue est celle de la source. Ne sont alors qualifiées de revenus que les sommes d'argent perçues de manière régulière et permanente. La permanence implique que la production de fruits n'affecte pas la source. Celle-ci doit demeurer intacte de sorte à produire d'autres fruits. Ce renouvellement traduit une régularité caractéristique, en droit commun, d'un revenu.

Cette conception permet certes d'atteindre la plupart des revenus tels que les traitements et salaires, pensions et rentes viagères, les bénéfices professionnels, les revenus fonciers ou encore les revenus des capitaux mobiliers. En revanche, les produits exceptionnels que sont les plus-values sont écartés. La périodicité fait défaut. Les conséquences furent importantes, essentiellement en matière de fiscalité des entreprises. Ces dernières n'étaient en effet imposées que sur leurs seuls profits d'exploitation. Cette exclusion permettait certes à l'époque une plus grande facilité pour classer les impositions, le caractère non imposable des gains en capital représentait néanmoins un manque à gagner pour l'État, surtout en matière de bénéfices industriels et commerciaux. Or, l'impôt cédulaire correspondant, créé par la loi du 31 juillet 1917, était le plus productif[(37)]. L'administration fiscale a donc souhaité l'abandon de la théorie de la source afin d'inclure les gains en capital dans l'assiette. Les juridictions s'y sont cependant toujours refusées en se retranchant derrière la conception civiliste du revenu. Il faudra l'intervention du législateur pour les y contraindre (V. *infra*, n° 1358).

1074. – Théorie de l'enrichissement. Le législateur est intervenu à deux reprises.

Une première loi fut votée le 28 février 1933. L'article 46 du texte, complété par l'article 7 du décret du 20 juillet 1934, correspond à l'actuel article 38, 1 du Code

(37) L. Trotabas, *Précis de science et législation financière*, Paris, Dalloz, 1929, n° 256.

général des impôts. Selon cette disposition, « le bénéfice net [est] déterminé d'après les résultats d'ensemble des opérations de toute nature effectuées par les entreprises, y compris notamment les cessions d'éléments quelconques de l'actif, soit en cours, soit en fin d'exploitation ». Les produits exceptionnels sont désormais compris dans l'assiette.

Une seconde loi sera votée le 13 janvier 1941[38], laquelle est aujourd'hui codifiée à l'article 38, 2 du même code. Selon ce texte, « le bénéfice net est constitué par la différence entre les valeurs de l'actif net à la clôture et à l'ouverture de la période dont les résultats doivent servir de base à l'impôt (...) ». La conception retenue est celle – économique – de l'enrichissement qui tient compte de l'accroissement de valeur d'un patrimoine sur une période donnée. C'est bien l'optique retenue avec l'article 38, 2 qui procède par voie de comparaison entre deux bilans, c'est-à-dire deux photographies de la situation patrimoniale d'une entreprise.

Le principe d'une imposition des plus-values a été progressivement étendu aux particuliers. Sa généralisation est intervenue avec les lois n° 76-660 du 19 juillet 1976[39] et n° 76-688 du 5 juillet 1978[40].

La conception fiscale du revenu ne coïncide donc plus avec la conception civiliste de la source. Les bénéfices industriels et commerciaux ne représentent d'ailleurs pas la seule catégorie de revenus à avoir fait l'objet d'une évolution.

À la suite du décret (-loi) du 20 juillet 1934 portant réforme fiscale en matière d'impôts cédulaires, de taxes accessoires et d'impôt général sur le revenu[41] pris en application de la loi du 6 juillet 1934 portant réforme fiscale[42], les bénéfices non commerciaux ont vu leur champ d'application étendu. L'actuel article 92 du Code général des impôts définit le bénéfice imposable comme regroupant « les bénéfices des professions libérales, des charges et offices dont les titulaires n'ont pas la qualité de commerçants et de toutes occupations lucratives et sources de profits ne se rattachant pas à une autre catégorie de bénéfices ou de revenus ». Aucune exigence n'est posée quant à l'exercice d'une activité professionnelle[43]. La catégorie des bénéfices non commerciaux s'analyse ainsi comme une catégorie-balai.

1075. – **Autonomie de la notion.** La notion de revenu, en matière fiscale, doit être considérée comme autonome. Débordant le cadre de la source, elle ne s'inscrit en effet pas complètement dans la conception économique de l'enrichissement. C'est ainsi que l'imposition de l'autoconsommation agricole ne peut s'expliquer au moyen de cette théorie économique. Il en va de même de la reconnaissance du caractère imposable des activités illicites, à l'image de la vente sans autorisation de produits stupéfiants, laquelle est soumise au régime des bénéfices industriels et commerciaux ou encore du proxénétisme qui entre dans le champ des bénéfices non commerciaux.

Le revenu est ainsi entendu de manière extensive par le droit fiscal, ce qui permet d'appréhender une matière imposable sans se limiter aux seules activités exercées de manière régulière.

(38) *JO* 3 févr. 1941.
(39) *JO* 20 juill. 1976.
(40) *JO* 6 juill. 1978.
(41) *JO* 21 juill. 1934.
(42) *JO* 7 juill. 1934.
(43) J. Lamarque, *Droit fiscal général*, Litec, coll. « Les cours de droit », 1998, p. 144.

1076. – Revenu et capital. Identifier le revenu par rapport au capital peut, *a priori*, être considéré comme simple. En réalité, cette différence repose avant tout sur une considération temporelle. En effet, le revenu ne s'apprécie que par rapport à une période de référence : l'exercice qui, pour l'impôt sur le revenu, correspond à l'année budgétaire et donc à l'année civile.

Un salaire perçu une année donnée est, le plus souvent, versé sur un compte bancaire, lequel peut comprendre une partie de l'épargne du contribuable. Le salaire ou le traitement versé au mois de novembre de l'année N conserve la qualification de revenu jusqu'au 31 décembre de l'année de sa réalisation. À compter du 1er janvier, les sommes non consommées deviennent partie intégrante du capital.

Ce constat explique la différence de date de fait générateur entre l'impôt sur le revenu et l'impôt de solidarité sur la fortune. Alors que celle de l'impôt sur le revenu est fixée au 31 décembre à minuit avec une assiette constituée des revenus réalisés par le foyer fiscal durant l'année écoulée[44], celle de l'impôt de solidarité sur la fortune est fixée au 1er janvier de l'année d'imposition, son assiette reposant sur l'actif net du foyer fiscal[45]. Une telle différence évite une double imposition économique du revenu.

1077. – Impôts directs locaux. Le cas des quatre principaux impôts directs locaux doit aussi être envisagé. S'agit-il d'impositions sur le revenu ou sur le capital ?

La classification n'est pas certaine en doctrine dès lors que beaucoup d'auteurs, voire la majorité, classent la taxe d'habitation ou les taxes foncières exclusivement dans la catégorie des impositions frappant le patrimoine. En cela, leur raisonnement repose uniquement sur le fait générateur et non sur l'assiette de l'imposition. Si les taxes foncières ou la taxe d'habitation sont normalement dues par le propriétaire ou l'occupant d'un immeuble au 1er janvier de l'année d'imposition[46], il faut rappeler que l'assiette tient compte de la valeur locative cadastrale[47]. Or, il s'agit là d'une évaluation administrative du revenu du bien (V. *infra*, nos 1945 et s.). À s'en tenir à l'assiette, il s'agit donc d'impositions sur le revenu. On ne saurait pour autant écarter totalement le lien qui unit ces impositions avec le patrimoine, et ce même si la taxe d'habitation ne frappe pas nécessairement le propriétaire.

La contribution économique territoriale, qui s'est substituée à l'ancienne taxe professionnelle, présente quant à elle la particularité d'être composée de deux prélèvements très différents : la cotisation foncière des entreprises et la cotisation sur la valeur ajoutée des entreprises. La première, dont le champ d'application est identique à l'ancienne taxe professionnelle, est assise, moyennant corrections, sur la valeur locative des biens passibles d'une taxe foncière[48]. Sa classification rejoint logiquement celle de ce dernier impôt. Quant à la cotisation sur la valeur ajoutée des entreprises, l'assiette repose, ainsi que son nom l'indique, sur la valeur ajoutée produite par l'entreprise[49].

(44) CGI, art. 12.
(45) CGI, art. 885 E.
(46) CGI, art. 1400, 1408, 1415.
(47) CGI, art. 1388, 1396, 1409.
(48) CGI, art. 1467.
(49) CGI, art. 1586 ter.

Ces différentes observations pourraient fort bien conduire à traiter ces quatre impôts directs locaux dans la même partie que l'impôt sur le revenu ou l'impôt sur les sociétés. L'option est cependant retenue d'un traitement séparé dans cet ouvrage tant les régimes sont différents, y compris à raison de l'intervention des organes délibérants locaux (V. *infra*, n°s 1924 et s.).

1078. – **Revenu et flux entrant.** Faut-il nécessairement considérer le revenu comme un flux entrant ? Caractériser le revenu par opposition à la dépense paraît naturel. Si la dépense est un acte de consommation – ce qui implique normalement un flux sortant du patrimoine – il est *a priori* logique de considérer le revenu comme un flux entrant dans ce même patrimoine. Raisonner de la sorte revient cependant à exclure les gains en capital.

Un bien entré dans le patrimoine plusieurs années auparavant peut, lors de sa cession, dégager une plus-value. Or, il n'y a là aucun flux entrant. Certes, le prix obtenu représente une rentrée financière mais il n'est que la contrepartie de la sortie du patrimoine d'un élément de l'actif. Sauf à envisager l'opération d'achat-revente durant l'année civile, les plus-values pourraient fort bien être rattachées aux impositions frappant le capital. Telle n'est cependant pas la classification retenue au sein du Code général des impôts. Les plus-values sont considérées comme un revenu, ce que confirme leur rattachement à l'impôt sur le revenu ou à l'impôt sur les sociétés.

Dans le même sens, les biens ou valeurs reçus en succession ou en donation ne sont pas imposables à l'impôt sur le revenu. Il y a là pourtant flux entrant et, normalement, accroissement du patrimoine durant l'année civile.

B. – La dépense

1079. – **Notion incertaine.** Asseoir une imposition sur la dépense consiste normalement à frapper les actes de consommation. On notera que si l'acte de dépense conduit à un flux sortant, il n'emporte pas nécessairement une diminution de l'actif net de la personne concernée.

Faut-il toutefois considérer que toute imposition assise sur une dépense, et partant sur un flux sortant, entre dans la catégorie des impositions sur la dépense ou la consommation ? Si l'acquisition de denrées alimentaires ne soulève guère de difficultés, la question peut légitimement être posée pour un immeuble. Son achat procède bien d'une dépense. Est-ce à dire que les droits d'enregistrement dus à raison de cette acquisition sont des impositions assises sur la consommation ? On les classe habituellement dans la catégorie des impositions sur le capital. La distinction dépense/capital n'est donc pas si évidente.

1080. – **Critère.** Un critère départiteur peut être trouvé dans une formule empruntée à Stourm. Selon cet auteur, « les impôts sur la consommation agissent en aveugles sans savoir qui se trouve devant eux »[(50)].

Les impositions assises sur la dépense sont effectivement des prélèvements frappant normalement un acte de consommation sans qu'il soit tenu compte de

(50) R. Stourm, *Systèmes généraux d'impôts*, Paris, Librairie Guillaumin, 1893, p. 356.

la personne de l'acquéreur. Suivant le critère proposé par Stourm, il peut encore s'agir de droits liés à l'acquisition de titres, de fonds de commerce ou même d'immeubles. Tous sont en effet des impôts réels, à l'image encore de la taxe sur la valeur ajoutée ou des contributions indirectes que sont les droits d'accises.

À l'inverse, figurent parmi les prélèvements assis sur le capital l'impôt de solidarité sur la fortune, les droits de succession ou encore les droits de donation. Contrairement au premier, les deux autres frappent une mutation en cas de transmission à cause de mort ou entre vifs. Tous tiennent compte de la situation personnelle du contribuable. La composition du foyer fiscal a une incidence pour le premier prélèvement. Le barème varie selon le bénéficiaire pour les deux autres.

La classification ainsi relevée pourrait fort bien conduire à scinder l'étude des droits d'enregistrement en deux. L'option a toutefois été retenue d'un traitement d'ensemble des droits d'enregistrement dans le présent ouvrage, suivant en cela l'unité qui existe au sein du Code général des impôts, ce qui permet une présentation des traits généraux et de tenir compte de la particularité des droits liés aux opérations relatives aux sociétés (V. *infra*, n°s 1924 et s.).

1081. – Avantages de l'imposition sur la dépense. Les impositions sur la dépense sont souvent présentées, à juste titre, comme offrant plusieurs avantages.

Le principal résulte de leur caractère indolore. Lorsque l'imposition est déductible, les entreprises ne supportent que la charge administrative d'ordre déclarative. Lorsqu'elle n'est pas récupérable, l'imposition est normalement déductible du résultat imposable.

L'imposition est aussi considérée comme indolore pour les consommateurs. Ce sont pourtant les véritables contribuables, sur un plan économique, puisqu'ils supportent la charge fiscale sans bénéficier d'un remboursement. Répandu, ce sentiment s'explique par l'intégration du prélèvement obligatoire dans le prix payé par le client. Il est peu courant de raisonner hors taxe. L'impôt est alors assimilé au prix.

1082. – Inconvénients de l'imposition sur la dépense. Les impositions sur la dépense ne sont pas exemptes de critiques. La principale repose sur l'absence de toute différenciation du consommateur en fonction de sa capacité contributive. S'il est légitime d'établir le lien entre cette capacité et la consommation, il faut aussi reconnaître que la subsistance implique, dans nos sociétés modernes, un minimum de dépenses. La différence de taux en France selon les produits et les services est néanmoins de nature à atténuer ce reproche.

C. – Le capital

1083. – Richesse acquise. Support d'une imposition, le capital peut être défini, par opposition au revenu, comme la richesse acquise. On ne reviendra pas sur la proximité évoquée lors des développements précédents entre le revenu et le capital (V. *supra*, n° 1078). Les difficultés de différencier les impositions selon qu'elles frappent le revenu, la dépense ou le capital sont réelles. Les développements précédents ont pu l'illustrer avec les plus-values ou les droits d'enregistrement.

1084. – **Diversité des impositions.** Les impositions assises sur le capital – on retirera de la liste les plus-values en raison du droit positif (V. *supra*, n° 1077) – frappent, soit la détention du patrimoine avec l'impôt de solidarité sur la fortune (V. *infra*, n°s 1724 et s.), soit sa transmission. L'imposition de la transmission d'un patrimoine n'intervient qu'à titre exceptionnel et s'inscrit, le plus souvent, dans une logique redistributive. Tel est le cas, tout d'abord, lorsqu'il y a démarche de volonté à l'image des droits de donation. Mais c'est aussi le cas à la suite d'un décès avec les droits de succession (V. *infra*, n°s 1890 et s.).

1085. – **Catégorie politiquement marquée.** L'imposition du patrimoine n'est pas récente. Une imposition sur la fortune existait déjà en France au Moyen Âge[(51)]. Or, si de tels prélèvements ont pu être justifiés par des considérations d'ordre matériel – à raison de la visibilité des éléments physiques de l'assiette – leur maintien s'explique davantage par leur dimension redistributive, ce qui est particulièrement le cas des droits de succession dont le taux peut atteindre 60 %. Ils présentent aussi une dimension politique, à l'image de l'impôt sur les grandes fortunes apparu dans la foulée de l'élection de François Mitterrand à la Présidence de la République en 1981 et dont il constituait l'une des « 110 propositions » (V. *infra*, n° 1724). Le lien fort unissant cette imposition à l'arrivée de la gauche au pouvoir en 1981 explique qu'elle n'ait pas résisté au changement de majorité à l'Assemblée nationale en 1986. La première loi de finances rectificative du 11 juillet 1986 y a mis fin. Le succès électoral de la gauche en 1988 a toutefois emporté son rétablissement – en tant qu'impôt de solidarité sur la fortune – avec le vote de la loi de finances pour 1989. Prudents, les gouvernements successifs de droite ont évité de reproduire ce qui a pu être considéré comme une erreur politique en 1986. Plutôt que de le supprimer, ces derniers ont préféré modifier son assiette et son barème.

Sur la période récente, l'évolution – et l'opposition – est particulièrement remarquable lorsque l'on compare le quinquennat de Nicolas Sarkozy et le début de celui de François Hollande.

Deux textes peuvent illustrer le mouvement qui a pu être constaté lors du quinquennat de Nicolas Sarkozy. Le premier est la loi n° 2007-1223 du 21 août 2007 en faveur de l'emploi, du travail et du pouvoir d'achat, dite loi TEPA. Même si certaines de ses mesures ont pu conduire à augmenter les prélèvements, à l'image du rallongement du délai de rappel porté à dix ans, de la remise en cause de réductions ou de l'augmentation des taux de certaines tranches, la loi est surtout connue pour la diminution du seuil du plafonnement de certains impôts directs, *alias* bouclier fiscal, à 50 %, la suppression des droits de succession entre conjoints ou partenaires liés par un pacte civil de solidarité et le relèvement des abattements. Les droits de donation ont également fait l'objet de modifications, notamment avec la révision des abattements dans le sens d'une égalité entre couples mariés et partenaires signataires d'un PACS. Le second texte est la loi de finances rectificative n° 2011-1978 du 29 juillet 2011 qui a été à l'origine d'une

(51) A. Rigaudière, *Les origines médiévales de l'impôt sur la fortune*, in *L'impôt au Moyen Âge – I. Le droit d'imposer*, Comité pour l'histoire économique et financière de la France, 2002, p. 227-287.

modification substantielle de l'impôt de solidarité sur la fortune. Le nombre de ses tranches a été réduit de manière importante puisque ramené de six à deux. Le taux marginal a lui aussi été revu sensiblement à la baisse puisqu'il est passé de 1,8 % à 0,5 %. La volonté politique exprimée était alors de limiter au maximum les prélèvements sur le capital pour privilégier la voie de l'imposition sur la consommation.

Le projet de supprimer ce prélèvement annuel avait même été envisagé publiquement par le chef de l'État[52].

L'élection de François Hollande à la Présidence de la République ainsi que celle d'une majorité de soutien à l'Assemblée nationale en 2012 ont très rapidement conduit au mouvement inverse. La loi de finances rectificative du 16 août 2012 a porté création d'une contribution exceptionnelle sur la fortune destinée à neutraliser la réforme de l'impôt de solidarité sur la fortune de juillet 2011 (V. *infra*, n° 1731). Le barème de cette dernière imposition a finalement été modifié par la loi de finances pour 2013 pour en revenir à six tranches et son taux marginal rehaussé à 1,5 % (V. *infra*, n° 1799).

§ 2. – Les personnes imposables

1086. – Diversité des qualifications. Par personne imposable, il faut entendre le contribuable, tout du moins dans son sens juridique. Il s'agit de la personne visée à titre principal par l'acte d'imposition. La notion peut aussi prendre un sens économique lorsqu'on envisage la personne qui supporte le poids du prélèvement. Ainsi en est-il en matière de taxe sur la valeur ajoutée. Si le commerçant est juridiquement le contribuable, le consommateur final – qui n'a pas la possibilité de récupérer l'impôt acquitté en amont – est le contribuable réel.

D'autres qualifications existent pour illustrer le rôle juridique de certaines personnes qui peuvent, par ailleurs, cumuler les qualifications. C'est ainsi que lorsque le commerçant reverse au Trésor public la taxe sur la valeur ajoutée qu'il a collectée auprès de son client, il est également qualifié non seulement d'assujetti en ce qu'il a réalisé une opération entrant dans le champ d'application de l'imposition mais aussi de redevable légal.

L'ensemble de ces notions permet de qualifier les personnes qui interviennent dans le processus de l'imposition.

Toutes les personnes juridiques, physiques et morales, publiques et privées, sont imposables sans que toutes soient nécessairement soumises aux mêmes impositions. On pourra le constater en abordant successivement l'imposition des personnes physiques (A) puis celle des personnes morales (B).

A. – Les personnes physiques

1087. – Sujets de droit fiscal. Les personnes physiques sont des sujets de droit fiscal. Souvent imposées à titre individuel, une imposition collective est néanmoins

(52) Discours de Montmirail, *Réindustrialiser la France*, 15 févr. 2011.

possible. Trois cas seront développés avec l'imposition du foyer fiscal, l'imposition des sociétés soumises au régime fiscal des sociétés de personnes et l'imposition des coïndivisaires.

Si les membres d'un même foyer fiscal font l'objet d'une imposition commune (1°), les associés d'une personne morale soumise au régime fiscal des sociétés de personnes (2°) et les coïndivisaires (3°) sont imposés séparément à proportion des droits qu'ils détiennent dans l'ensemble.

1° Le foyer fiscal

1088. – Unité d'imposition. La notion de foyer fiscal illustre cette situation qui consiste à considérer un ensemble d'individus comme ne faisant juridiquement qu'un. Cela se traduit par un acte d'imposition pour le foyer fiscal. Ce faisant, le principe retenu est celui de l'unité d'imposition.

Selon un rapport publié en 2007 par l'Assemblée nationale, la France, le Luxembourg et le Portugal appliquent le principe d'une imposition conjointe(53). La plupart des autres États européens appliquent au contraire le principe de l'imposition séparée (Belgique, Danemark, Pays-Bas, Italie, Royaume-Uni ou encore Suède). À mi-chemin, certains États laissent aux contribuables le choix, à l'image de l'Allemagne, de l'Espagne, de l'Irlande, de la Pologne ou de la République tchèque(54).

1089. – Imposition séparée et imposition conjointe. Appliquer le principe d'une imposition séparée signifie que pour un couple marié l'impôt à payer est la somme des impôts des deux conjoints. Sauf à accorder le bénéfice d'avantages fiscaux sous la forme d'abattements, de réductions ou de crédits d'impôt, les modalités de vie commune n'influent normalement pas sur la détermination de l'imposition. Cela ne signifie pas que les États qui appliquent le principe de l'imposition conjointe excluent l'imposition d'une personne. Tel est bien le cas du contribuable vivant seul et qui est célibataire, divorcé ou veuf. On continue pourtant à évoquer en ce qui le concerne la notion de foyer fiscal.

1090. – Diversité des foyers fiscaux. La notion de foyer fiscal renvoyait, à l'origine, à la cellule familiale, autrement dit à plusieurs personnes vivant habituellement ensemble dans un même lieu. La référence au foyer est d'ailleurs utilisée à dessein, en référence à l'âtre, à la cheminée : lieu de veillée, lieu de rassemblement. C'est bien au feu qu'il est fait allusion et à sa symbolique. Le feu était d'ailleurs le vocable utilisé à l'époque de la perception de la taille pour désigner un ménage. On comprend dès lors que le Conseil constitutionnel ait évoqué, à propos de cette règle d'imposition du foyer fiscal, la notion de « règle traditionnelle dans le droit fiscal français »(55).

Le foyer fiscal est aujourd'hui entendu de manière extensive, tout du moins en matière d'impôt sur le revenu. L'article 196 A bis du Code général des impôts permet le rattachement au foyer d'une personne à charge dès lors qu'elle vit sous le même toit et est titulaire de la carte d'invalidité (V. *infra*, n°s 1379 et s.). L'impôt de solidarité sur la fortune retient une conception beaucoup plus restrictive puisqu'il écarte du

(53) *Rapp.* AN 2007, n° 3779, p. 139. – *Adde. Rapp.* AN 1875, 2014, p. 12.
(54) *Ibid.*
(55) Cons. const., 30 déc. 1981, n° 81-133 DC, *Loi de finances pour 1982*, consid. 7.

foyer fiscal les enfants majeurs[56]. Seules des réductions d'impôt au titre des charges de famille peuvent être envisagées[57] (V. *infra*, n° 1737). Une même famille peut donc présenter deux foyers fiscaux différents selon l'imposition en cause.

1091. – Diversité des modalités d'imposition. Deux voies d'imposition existent avec le cumul et le fractionnement.

1) Le cumul se caractérise, ainsi que son nom l'indique, par une addition des bases imposables des membres du foyer. Bien qu'ayant été répandu, ce système présente des inconvénients en raison d'une surimposition lorsque s'applique un barème progressif. Les couples soumis à une imposition conjointe sont alors pénalisés par rapport à ceux qui vivent en concubinage.

2) Le fractionnement est une autre solution qui repose, précisément, sur la moyenne des bases imposables du foyer. L'impôt est alors d'abord calculé pour une part puis multiplié par deux pour un couple.

La France a retenu une variante du fractionnement avec la prise en compte des charges de famille, lesquelles s'accroissent avec le nombre d'individus présents dans le foyer. En retenant le quotient familial, le législateur a fait le choix d'un coefficient tenant compte de la composition du foyer, en y incluant les personnes à charge rattachables, pour juger du tarif de l'impôt à appliquer.

Le nombre de parts ne varie pas uniquement en fonction du nombre d'individus[58] (V. *infra*, n° 1536, 3-*c*).

Plus le foyer est important, moins l'impôt est élevé. Cette technique juridique offre l'avantage d'une incitation à la natalité. Il faut toutefois préciser qu'un plafonnement existe depuis 1982 pour limiter les effets du quotient familial, lequel est en constante diminution sous l'effet de la crise économique[59] (V. *infra*, n° 1537).

1092. – Égalité au sein du couple. Pendant longtemps, le droit fiscal a été synonyme de droit inégalitaire au sein du foyer fiscal en matière d'impôt sur le revenu.

L'impôt de solidarité sur la fortune doit être écarté du propos en raison de son caractère récent.

Une notion fort ancienne – celle de chef de famille – figurait en effet au sein de l'article 6 du Code général des impôts, et ce suite à l'adoption de l'article 8 de la loi du 15 juillet 1914[60]. Selon ce texte, « chaque chef de famille [était] imposable tant en raison de ses revenus personnels que de ceux de sa femme et autres membres de sa famille qui habitent avec lui ». Cette rédaction a été remise en cause le 1er janvier 1983, date d'entrée en application de la loi n° 82-1126 du 29 décembre 1982 portant loi de finances pour 1983[61]. Depuis lors, la disposition énonce que « les personnes mariées sont soumises à une imposition commune pour leurs revenus perçus par chacune d'elles et ceux de leurs enfants et des personnes à charge mentionnés au premier alinéa ; cette imposition est établie au nom de l'époux, précédé de la mention "Monsieur ou Madame" ».

(56) CGI, art. 885 E.
(57) CGI, art. 885 V.
(58) Par ex. : une demi-part au titre de la qualité d'ancien combattant : CGI, art. 195, 6.
(59) CGI, art. 197, 2.
(60) *JO* 15 juill. 1914.
(61) *JO* 30 déc. 1982.

Cette nouvelle rédaction a mis fin à une anomalie juridique au regard de l'évolution de la société et du constat de l'isolement du droit fiscal. Les conséquences étaient auparavant tout à la fois symboliques et importantes. Seul le chef de famille avait la qualité de contribuable ; l'épouse étant seulement solidairement responsable du paiement. Désormais, une égalité juridique existe au sein du couple. Elle existe même depuis peu entre couples, tout du moins lorsqu'ils ne vivent pas en union libre.

Si une égalité juridique existe au sein du couple marié ou pacsé, des contestations s'élèvent depuis quelques années contre l'impossibilité, en France, de pouvoir opter en faveur d'une imposition séparée. Un amendement, finalement retiré, avait d'ailleurs été déposé lors de l'examen du projet de loi de finances pour 2016[62] par l'auteur d'un rapport parlementaire de 2014 qui avait souligné l'inégalité au sein du couple résultant de la présomption, posée par le régime de l'imposition commune, que les revenus du couple sont partagés[63].

1093. – **Égalité entre couples mariés et partenaires signataires d'un PACS.** Avec le vote de la loi n° 99-944 du 15 novembre 1999[64] instaurant le Pacte civil de solidarité, est apparue une nouvelle forme reconnue juridiquement de vie commune. Distincte du mariage, elle l'était également au regard du droit fiscal. Tandis que les couples mariés bénéficient du régime de l'unité d'imposition dès l'année du mariage, les partenaires liés par un PACS devaient attendre la troisième année de l'enregistrement de la convention. Cette différence de régime a été remise en cause avec la loi n° 2004-1484 du 30 décembre 2004[65]. L'égalité ainsi reconnue ne s'appliquait cependant qu'à l'impôt sur le revenu. Une différence existait encore en matière de droits d'enregistrement. Alors que l'abattement réservé au conjoint marié était de 76 000 € en cas de mutations à titre gratuit, il était de 57 000 € pour un partenaire pacsé[66]. La réforme des droits de donation et de succession votée avec la loi n° 2007-1223 du 21 août 2007[67] a établi, pour cette imposition, l'égalité entre les couples mariés et les couples pacsés. Depuis lors, tant le conjoint survivant que le partenaire pacsé ne sont plus imposables. Quant aux donations, l'imposition demeure la règle mais avec un alignement de l'abattement à 80 724 € pour les personnes signataires d'un pacte civil de solidarité[68] (V. *infra*, n° 1907).

Faut-il en déduire un traitement égalitaire entre le mariage et le PACS ? La réponse demeure négative, et ce même si l'évolution tend vers l'égalité. Alors qu'une inégalité subsistait en cas de rupture du lien juridique de vie commune qui se traduisait par la remise en cause possible de l'imposition commune à l'impôt sur le revenu lorsque la rupture de la convention intervenait l'année de sa conclusion ou l'année qui suivait, le législateur a, par l'article 95 de la loi de finances pour 2011, supprimé toute référence à un régime spécifique au PACS. La même différence – *a priori* la dernière – subsiste cependant dans le domaine des droits d'enregistrement[69].

(62) Amendement C. Coutelle n° I-745, 9 oct. 2015.
(63) *Rapp.* AN 1875, 2014.
(64) *JO* 16 nov. 1999.
(65) *JO* 31 déc. 2004.
(66) CGI, art. 779.
(67) *JO* 22 août 2007.
(68) CGI, art. 790 F et 790 E.
(69) CGI, art. 790 F. – V. *infra*, n° 1907.

Une autre disposition spécifique au Pacte civil de solidarité peut certes encore être relevée dans le CGI. L'article 6, 5, issu de la loi de finances pour 2011, dispose en effet que l'option ouverte aux conjoints et partenaires – entre soumettre à l'imposition commune tous les revenus réalisés l'année du mariage ou du PACS et les soumettre à une imposition séparée – n'est pas applicable aux partenaires qui se marient. Plus qu'une différence entre le mariage et le PACS, cette précision marque davantage l'identité pour le législateur entre ces deux régimes en matière d'impôt sur le revenu.

1094. – **Situation du concubinage.** À l'exception de l'impôt de solidarité sur la fortune, la vie en concubinage n'est pas encore reconnue en droit fiscal pour permettre une imposition conjointe[70].

Ne pas reconnaître l'union libre pour permettre une imposition conjointe ne signifie nullement que le droit fiscal, y compris en matière d'impôt sur le revenu, l'ignore. Le concubinage peut être invoqué, par exemple, pour obtenir la déductibilité de frais de déplacement en raison d'un lieu de résidence éloigné du lieu d'exercice de l'activité professionnelle. Il peut aussi être pris en compte pour juger de la présence en France du foyer du contribuable (V. *infra*, n° 1365, 1).

Sa reconnaissance en matière d'impôt de solidarité sur la fortune s'explique par la volonté d'éviter toute rupture du lien juridique unissant deux individus aux seules fins d'échapper à l'imposition du patrimoine[71] (V. *infra*, n° 1739).

2° La personne morale soumise au régime fiscal des sociétés de personnes

1095. – **Saut d'imposition.** Les personnes morales soumises au régime fiscal des sociétés de personnes ne sont pas imposables à l'impôt sur les sociétés. Leurs bénéfices font l'objet d'un prélèvement fiscal directement auprès des associés. Une personne physique peut ainsi être imposée pour une activité exercée par une personne morale (*a*) selon un régime d'imposition qui peut dépendre de sa propre activité professionnelle (*b*).

Le projet de la quatrième loi de finances rectificative pour 2010 prévoyait, en son article 12, une réforme substantielle du régime fiscal des sociétés de personnes destiné à renforcer la transparence des entreprises. La notion – abusive – d'« entités transparentes » avait même fait son apparition afin de regrouper les sociétés n'ayant pas opté pour l'assujettissement pour l'impôt sur les sociétés, les groupements d'intérêt économique, les indivisions, les fiducies et les sociétés et entités de droit étranger bénéficiant dans leur État ou territoire d'un régime juridique assimilé. Mais vu l'ampleur de la réforme, dans tous les sens du terme, y compris quantitatif puisque l'article 12 du projet de loi de finances comptait 370 alinéas, ce qui a conduit le rapporteur général Gilles Carrez à indiquer qu'il s'agissait là d'« un des dispositifs les plus compliqués que j'aie vus depuis que je suis rapporteur général ! »[72] et face à l'absence de chiffrage, un report a finalement été décidé ; le rapporteur général ayant suggéré de profiter du projet de loi de finances rectificative pour 2011 déjà annoncé. Un rapport devait être produit au plus tard le 30 avril 2011[73]. S'il a été rédigé, son contenu n'a pas été diffusé. Aucune information sur ce sujet ne figure dans le rapport d'information sur l'exécution des lois de finances enregistré le 25 juillet 2012[74]. L'opportunité de la première loi de finances rectificative pour 2011 n'a pas été saisie.

Les développements suivants vont se limiter à l'hypothèse de l'associé personne physique mais rien n'exclut la présence, aux côtés de personnes physiques, de personnes morales associées.

(70) J. Héraud, *Ces couples déclarés unis par les liens... de l'impôt : le concubinage en droit fiscal* : *Dr. fisc.* 2008, n° 41, étude 531.
(71) CGI art. 885 E.
(72) *Rapp. AN* n° 2998, p. 169.
(73) L. fin. rect. n° 2010-1658, 29 déc. 2010, art. 13, IV.
(74) *Rapp. AN* n° 127, p. 88.

a) Une imposition de l'associé personne physique

1096. – Opacité, semi-transparence, translucidité. On doit à Maurice Cozian d'avoir, de manière particulièrement pédagogique, associé certaines images aux régimes d'imposition applicables aux personnes morales : l'opacité fiscale, la semi-transparence fiscale et la translucidité fiscale[75].

Une société est considérée fiscalement comme opaque lorsqu'elle est imposable à l'impôt sur les sociétés. Les associés ne sont alors pas recherchés, à titre principal, pour le processus de l'imposition. En somme, la société fait écran.

Une société est considérée fiscalement comme semi-transparente – au sens de l'image créée par Maurice Cozian – lorsqu'elle relève du régime fiscal des sociétés de personnes. Une personne physique, titulaire de droits sociaux dans une personne morale soumise à ce régime, est en effet imposable sur les résultats de l'entreprise, et ce à proportion de sa quote-part dans celle-ci[76] (V. *infra*, n° 1604). Un lien automatique ne peut cependant pas être établi entre la présence d'une société de personnes et l'application de ce régime d'imposition. Une société en nom collectif, société de personnes, peut en effet opter pour son imposition à l'impôt sur les sociétés, au même titre, par exemple, qu'une société à responsabilité limitée dite de famille peut opter pour l'imposition de son résultat à l'impôt sur le revenu[77]. Dans cette dernière hypothèse, les associés sont redevables de l'imposition sur les résultats de l'exploitation. On évoque alors la transparence fiscale de l'entreprise. Ceci n'implique cependant en rien une absence totale de relations entre les services fiscaux et la société. Cette dernière est soumise à des obligations comptables et fiscales parmi lesquelles figurent les obligations déclaratives. La personne morale est encore mise à contribution en cas de contrôle des déclarations, et ce pour des raisons évidentes de commodité et de tenue de la comptabilité[78]. Ce faisant, l'entreprise devient apparente aux yeux des agents de l'administration fiscale. Le fait de tenir compte tantôt de la personne morale, tantôt uniquement des associés, a conduit à l'utilisation de l'image de la semi-transparence.

À mi-chemin, la notion de translucidité a été utilisée pour le cas particulier des sociétés d'investissement assujetties à l'impôt sur les sociétés mais qui en sont exonérées. Tel est le cas des sociétés d'investissement à capital variable (SICAV) en application de l'article 208, 1° bis A du Code général des impôts.

L'attention est attirée sur l'origine doctrinale des images ainsi identifiées. C'est ce qui explique que leur emploi puisse être différent selon les auteurs. Pour beaucoup, voire de nos jours pour la plupart, l'image de la translucidité est utilisée en lieu et place de celle de semi-transparence.

1097. – Sociétés immobilières de copropriété. Le cas des sociétés immobilières de copropriété mérite une observation particulière. Il est souvent fait mention, en ce qui les concerne, de leur transparence fiscale. Effectivement, l'article 1655 ter du Code général des impôts dispose qu'elles sont « réputées, quelle que soit leur forme

(75) M. Cozian, *Images fiscales : transparence, semi-transparence, translucidité et opacité des sociétés* : JCP G 1976, I, 2817. – M. Cozian et F. Deboissy, *Précis de fiscalité des entreprises*, LexisNexis, 37e éd., 2013, n° 681.
(76) CGI, art. 8 et s.
(77) CGI, art. 8.
(78) LPF, art. L. 53.

juridique, ne pas avoir de personnalité distincte de celle de leurs membres pour l'application des impôts directs, des droits d'enregistrement, de la taxe de publicité foncière exigible sur les actes qui donnent lieu à la formalité fusionnée en application de l'article 647, ainsi que des taxes assimilées ». La lecture de cette disposition permet de constater que l'imposition d'une personne physique en lieu et place d'une personne morale n'est pas cantonnée au seul revenu. Il n'en demeure pas moins que si la transparence fiscale est effectivement réputée par détermination de la loi, c'est sous réserve de certaines dispositions, parmi lesquelles les articles 60 et 828, I-2° du Code général des impôts. Ces sociétés apparaissent donc aux yeux de l'administration dans certaines circonstances. Elles sont d'ailleurs soumises à des obligations déclaratives(79). Il est donc difficile d'évoquer, d'une manière générale, leur transparence fiscale sans nuancer le propos.

Selon l'article 374 de l'annexe II du CGI, « Indépendamment des renseignements dont la production est déjà prévue par le CGI, les sociétés visées à l'article 372 [CGI, art. 1655 ter] sont tenues de faire parvenir au service des impôts du lieu de leur principal établissement (...) une déclaration en double exemplaire indiquant la part revenant ou incombant à chaque associé pour l'année précédente (...) Cette déclaration est vérifiée dans les conditions prévues à l'article L. 53 du LPF ».

b) Un régime d'imposition dépendant de l'associé

1098. – **Diversité des régimes.** Imposer les résultats d'une personne morale au niveau des associés, à proportion de leur quote-part, soulève la question du régime d'imposition applicable. Certes, les bénéfices seront soumis à l'impôt sur le revenu lorsque l'associé est une personne physique. Mais dans quelle catégorie ? Faut-il tenir compte de l'activité de l'associé ou de l'activité de la société ou du groupement ? Sans entrer dans tous les détails (V. *infra*, n° 1605), la règle applicable est aujourd'hui codifiée dans l'article 238 bis K du Code général des impôts.

Le point de départ du raisonnement est l'associé avec son activité et son régime d'imposition. De manière simplifiée, lorsque les titres sociaux sont inscrits à l'actif d'une entreprise individuelle industrielle, commerciale, artisanale ou agricole imposable à l'impôt sur le revenu selon un régime réel, les résultats de la personne morale sont imposés selon les règles applicables à l'associé. À défaut, il faut tenir compte de l'activité de la société ou du groupement.

3° L'indivision

1099. – **Absence de texte de portée générale.** L'indivision se différencie de la société de personnes par une copropriété d'un ou de plusieurs biens sans division en parts. Cette situation peut naître de l'application d'une loi ou d'une convention. Hormis quelques dispositions figurant dans le Code général des impôts, à propos du régime des exploitants agricoles, des plus-values ou de l'application des droits d'enregistrement, aucune disposition fiscale ne précise le régime général d'imposition qui leur est applicable notamment en matière d'impôt sur le revenu. Les juridictions ont été conduites à intervenir.

(79) CGI, ann. II, art. 373 et 374.

1100. – Qualité de coexploitants imposables. Les coïndivisaires sont considérés comme ayant, en principe, la qualité de coexploitant au regard de la loi fiscale[80]. Il en résulte leur possible imposition au titre des bénéfices réalisés, et ce, dans la catégorie correspondant à l'activité de l'exploitation. Une limite est toutefois posée par la jurisprudence depuis la décision *Baudrand* précitée dès lors que, sauf constitution d'une société de fait, seuls sont imposables ceux qui ont bénéficié d'une fraction des résultats de l'entreprise.

La décision *Baudrand* du 6 mars 1991 est revenue sur la solution délicate d'une autre décision de 1980, laquelle rendait imposable un coïndivisaire au seul vu de sa qualité sans tenir compte de sa mise à l'écart de la gestion de l'entreprise et de toute participation aux bénéfices[81]. Dans le sens de la décision de 1991, le Conseil d'État a jugé qu'en cas de démembrement de propriété, les coïndivisaires n'ayant que la qualité de nus-propriétaires ne sont pas imposables, sauf pour l'administration fiscale à établir leur appartenance à une société de fait[82].

L'exigence ainsi posée d'une perception d'une partie des bénéfices de l'entreprise exclut toute affirmation quant à l'unité de régime d'imposition entre les sociétés de personnes, notamment les sociétés de fait, et les indivisions.

B. – Les personnes morales

1101. – Sujets de droit fiscal. À l'image des personnes physiques, les personnes morales contribuent aux charges publiques. L'affirmation de leur statut de contribuable n'était pourtant pas évidente à la lecture de l'article 13 de la Déclaration des droits de l'homme et du citoyen de 1789. Aux termes de cette disposition, une contribution commune « doit être également répartie entre les citoyens, en raison de leurs facultés ». Une telle rédaction illustre la perception de la personnalité morale à l'époque, même si le domaine des droits d'enregistrement comporte encore, on le verra, trace de cette période.

La contribution aux charges publiques n'est pas, contrairement à ce que l'on pourrait penser, réservée aux seules personnes privées (1°). Les personnes publiques sont également contribuables et soumises aux mêmes impositions (2°).

1° Les personnes morales de droit privé

Le particularisme du régime applicable aux organismes à but non lucratif (*b*) implique son analyse en marge de celui des sociétés (*a*).

a) Les sociétés

1102. – Diversité des impositions applicables. Au même titre que les autres personnes juridiques, les sociétés sont imposables. Elles le sont sur leurs dépenses avec la taxe sur la valeur ajoutée, et ce même si le droit à déduction peut leur permettre de récupérer cette charge fiscale. Elles le sont aussi sur leur résultat avec l'impôt sur les sociétés ou bien encore sur les mutations de propriété ou les opérations portant sur leur capital avec les droits d'enregistrement.

(80) CE, 6 mars 1991, n° 61.863, *Baudrand : Dr. fisc.* 1992, comm. 1242 ; *RJF* 5/1991, n° 544, concl. J. Gaeremynck.
(81) CE, 25 juill. 1980, n° 13.941 : *Dr. fisc.* 1980, n° 45, comm. 2229 ; *RJF* 11/1980, n° 858.
(82) CE, 28 avr. 2006, n° 278.857, *Min. c/Cousin et Soulard : Dr. fisc.* 2006, n° 40, comm. 632, concl. F. Séners ; *RJF* 7/2006, n° 887.

1103. – Imposition sur le résultat. En ce qui concerne l'imposition du résultat, les sociétés se répartissent en deux groupes selon le régime d'imposition qui leur est applicable : régime fiscal des sociétés de personnes ou régime fiscal des sociétés de capitaux.

Des précisions ont déjà été apportées en ce qui concerne celles qui sont soumises au régime fiscal des sociétés de personnes (V. *supra*, n°s 1095 et s.). Leur résultat est imposé entre les mains des associés à proportion de leur quote-part. Le régime fiscal applicable est alors fonction de l'associé (impôt sur le revenu ou impôt sur les sociétés).

Une société soumise à l'impôt sur les sociétés peut avoir la qualité d'associé d'une société soumise au régime fiscal des sociétés de personnes. L'article 238 bis K, I du CGI prévoit que le régime d'imposition applicable est alors celui de l'associé, soit l'impôt sur les sociétés. Les résultats de la filiale seront donc traités de manière identique aux siens.

On notera que le régime fiscal des sociétés de personnes a fait l'objet d'une extension du champ d'application depuis l'entrée en application de la loi n° 2008-776 du 4 août 2008 (V. *infra*, n° 1613). L'article 8, 6° du CGI dispose en effet que les associés des sociétés anonymes, des sociétés par actions simplifiées et des sociétés à responsabilité limitée peuvent opter pour le régime fiscal des sociétés de personnes dans les conditions prévues à l'article 239 bis AB du même code.

Les autres sociétés relèvent du régime fiscal des sociétés de capitaux, autrement dit du régime dit de l'opacité fiscale (V. *supra*, n° 1096). Leur résultat est alors imposé à l'impôt sur les sociétés. La société fait écran aux associés. Ces derniers ne seront donc imposés que dans l'hypothèse de distributions consenties par la personne morale. C'est là le régime de droit commun applicable, soit à raison de la forme juridique de la société, soit à raison de l'exercice d'une activité lucrative[83] (V. *infra*, n°s 1602 et s.).

b) Les organismes à but non lucratif

1104. – Régime fiscal de faveur. Les organismes à but non lucratif sont des sujets de droit assujettis à l'imposition. Considérer leur qualité de membres du tiers-secteur pour justifier l'exonération de leurs activités serait certes envisageable. Mais le risque d'abus, par le recours à des sociétés déguisées, et la nécessité de tenir compte des règles de la concurrence exigent de rejeter tout principe général d'exonération. Pour autant, l'utilité sociale qui est attachée à leur action doit être reconnue et soutenue. Telle est la philosophie qui préside au régime fiscal de faveur qui leur est aujourd'hui applicable.

Le Code général des impôts regroupe un certain nombre de dispositions spécifiques. Mais les associations disposent également depuis 1998 d'une méthode claire qui, reprise dans le *BOFiP*, est opposable à l'administration en application du deuxième alinéa de l'article L. 80 A du Livre des procédures fiscales. Le caractère subsidiaire de la doctrine administrative (V. *supra*, n° 1007) implique toutefois l'analyse préalable des dispositions codifiées.

1105. – Dispositions fiscales codifiées. Plusieurs dispositions fiscales propres aux organismes à but non lucratif figurent au sein du Code général des impôts. Tel est

(83) CGI, art. 206, 1.

le cas en matière d'impôt sur les sociétés, de taxe sur la valeur ajoutée et de contribution économique territoriale.

1) En matière d'impôt sur les sociétés, l'article 206, 1 bis du Code général des impôts pose en principe l'exonération des associations loi 1901, mais aussi de celles régies par la loi locale dans les départements de l'est de la France, des syndicats professionnels, fondations reconnues d'utilité publique, etc. Leur exonération est subordonnée à trois conditions cumulatives : – le caractère désintéressé de leur gestion, – la prépondérance de leurs activités non lucratives, – un montant d'opérations lucratives inférieur à 61 145 €. La qualité d'organisme à but non lucratif n'exclut, en effet, nullement la réalisation d'opérations lucratives.

L'exonération des organismes à but non lucratif est également expressément prévue par l'article 207, 1-5° bis du Code général des impôts pour les opérations exonérées de taxe sur la valeur ajoutée par l'article 261, 1-7 du même code.

Bénéficient encore de l'exonération d'impôt sur les sociétés, les associations loi 1901 qui organisent avec le concours de collectivités territoriales des manifestations publiques en lien avec leur statut et présentant, du point de vue économique, un intérêt certain pour les collectivités impliquées[84].

2) En matière de taxe sur la valeur ajoutée, une exonération est prévue au profit des organismes à but non lucratif dont la gestion est désintéressée[85]. Sont concernés :

Selon l'article 261, 7-1°-*d* du CGI, un organisme à but non lucratif dont la gestion est désintéressée doit, en principe, être géré et administré à titre bénévole par des personnes n'ayant elles-mêmes, ou par personne interposée, aucun intérêt direct ou indirect dans les résultats de l'exploitation. Une rémunération – encadrée – peut certes exister. Elle ne saurait cependant traduire ou accompagner une distribution directe ou indirecte de bénéfice.

– les services de caractère social, éducatif, culturel ou sportif rendus à leurs seuls membres par des organismes à but non lucratif dont la gestion est désintéressée[86] mais aussi, et dans la limite de 10 % de leurs recettes totales, les ventes aux membres à l'exception des opérations d'hébergement, de restauration et d'exploitation des bars et buvettes ;

Confirmant un arrêt rendu en 2008[87], la Cour de justice considère que l'exonération ainsi prévue ne concerne pas uniquement les membres de l'organisme[88]. La précision contenue dans le CGI, à savoir « à leurs seuls membres » est donc incompatible avec le droit de l'Union européenne.

– les opérations réalisées par des organismes présentant un caractère social ou philanthropique dont la gestion est désintéressée lorsque les prix pratiqués ont été homologués par l'autorité publique ou lorsque des opérations analogues ne sont pas couramment réalisées à des prix comparables par des entreprises commerciales en raison, notamment, du concours désintéressé des membres de ces organismes ou des contributions publiques ou privées dont ils bénéficient[89] ;

(84) CGI, art. 207, 1-5°.
(85) CGI, art. 261, 7.
(86) CGI, art. 261, 7-1°-*a*.
(87) CJCE, 16 oct. 2008, aff. C-253/07, *Canterbury Hockey Club et Canterbury Ladies Hockey Club* : *Dr. fisc.* 2008, n° 43, act. 312 ; *RJF* 1/2009, n° 101.
(88) CJUE, 19 déc. 2013, aff. C-495/12, *Bridport and West Dorset Golf Club Ltd* : *Dr. fisc.* 2014, n° 51-52, comm. 703, note D. Provost, R. Maubert et T. Stoss ; *RJF* 3/2014, n° 307.
(89) CGI, art. 261, 7-1°-*b*, al. 1er.

– sauf exceptions, les opérations lucratives réalisées par des organismes à but non lucratif exonérés d'impôt sur les sociétés par application de l'article 206, 1 bis du Code général des impôts sous réserve que le montant de ses recettes lucratives n'excède pas le seuil de 61 145 € au cours de l'année civile[90] ;

– les recettes de six manifestations de bienfaisance et de soutien organisées dans l'année à leur profit[91] ;

3) La contribution économique territoriale suit le même régime que l'impôt sur les sociétés. Le bénéfice de l'exonération d'impôt sur les sociétés emporte en effet exonération de la cotisation foncière des entreprises à raison des activités non assujetties[92].

1106. – **Doctrine administrative.** Rédigé en 1998 par Guillaume Goulard, membre du Conseil d'État, à la demande du Premier ministre Lionel Jospin, le rapport *Clarifier le régime fiscal des associations* a été, en grande partie, repris sous la forme d'une instruction administrative n° 4 H-5-98 du 15 septembre de la même année. Modifiée à plusieurs reprises, l'instruction a fait l'objet d'une mise jour en date du 18 décembre 2006 (4 H-5-06). Elle a depuis lors été intégrée dans la base *BOFiP*[93].

L'objectif poursuivi par cette démarche était de permettre aux dirigeants d'associations d'avoir à disposition une méthode simple pour identifier le caractère imposable de leur organisme. Une association qui réalise des opérations dans les mêmes conditions qu'une entreprise s'expose en effet à des obligations fiscales similaires, tant sur le plan de la taxe sur la valeur ajoutée que sur celui de l'impôt sur les sociétés ou de la contribution économique territoriale. Ne pas anticiper ces charges obligatoires conduit l'organisme, la plupart du temps, à sa dissolution faute de pouvoir assumer les conséquences financières qui s'ensuivent.

La méthode visant à déterminer si l'activité exercée par l'organisme présente ou non un caractère lucratif repose sur un raisonnement en trois étapes dont certaines coïncident avec le contenu des dispositions législatives préalablement abordées[94].

1) Première étape : analyse du caractère intéressé, ou non, de la gestion de l'association.

L'un des éléments constitutifs d'une société est la participation de ses associés aux bénéfices et aux pertes. Rechercher si la gestion de l'association est intéressée revient à s'interroger quant à un éventuel intérêt personnel des dirigeants débordant le cadre d'une rémunération jugée normale. La distribution de bénéfices conduit à la caractérisation d'une entreprise, au même titre qu'une rémunération excessive. De ce point de vue, une évolution est intervenue en permettant de rémunérer certains dirigeants – le nombre étant limité et fonction du chiffre d'affaires réalisé – non plus au maximum à 75 % du salaire minimum mais, depuis l'entrée en application de la loi de finances pour 2002, à trois fois le plafond de la sécurité sociale soit, pour 2016,

(90) CGI, art. 261, 7-1°-*b*, al. 2.
(91) CGI, art. 261, 7-1°-*c*.
(92) CGI, art. 1447, III.
(93) V. BOI-IS-CHAMP-10-50-10-10.
(94) BOI-IS-CHAMP-10-50-10-10, § 30 et s.

115 848 €[95]. Verser à ce ou ces quelques dirigeants une rémunération supérieure ou bien verser aux dirigeants des autres associations plus de 75 % du salaire minimum exclut alors l'opposabilité de l'interprétation administrative.

La recherche d'excédents de gestion n'est pas exclusive d'une démarche non intéressée dès lors que ces excédents sont utilisés pour les besoins de l'activité de l'association[96].

La reconnaissance du caractère intéressé de l'association conduit à son imposition. L'inverse ne permet cependant pas de conclure à son exonération. Le raisonnement doit être poursuivi.

2) Deuxième étape : analyse de l'état du marché dans l'aire géographique d'attraction de l'association.

L'association fait-elle concurrence à une entreprise, là où elle est implantée ? Telle est la question[97]. Contrairement aux préconisations de Guillaume Goulard, la doctrine administrative retient l'idée d'une concurrence effective et non celle d'une concurrence potentielle. La caractérisation d'une activité concurrentielle ne suffirait donc pas. Cette restriction a été validée par le Conseil d'État[98] et depuis lors confirmée[99].

En maintenant le critère d'une concurrence effective, le Conseil d'État refuse de transposer aux associations le raisonnement appliqué aux personnes publiques pour juger des distorsions de concurrence à même de conduire à l'assujettissement d'activités qu'elles exercent, alors même qu'elles agiraient en tant qu'autorités publiques[100] (V. *infra*, n° 1200, 2).

Contrairement au raisonnement suivi dans la première étape, l'absence de toute concurrence effective emporte l'exonération générale de l'organisme. Pour autant, la conclusion ne peut être tirée de son imposition dans l'hypothèse inverse. Une troisième étape est nécessaire.

3) Troisième étape : analyse de l'utilité sociale de l'association.

Faut-il imposer une association au seul motif de la présence d'un concurrent dans l'aire d'attraction de son activité ? La réponse est négative. On le comprend en prenant l'exemple d'une épicerie sociale. Bien que faisant concurrence aux épiceries de quartier ou, dans une moindre mesure, aux supermarchés, il est évident que le public et les prix pratiqués ne sont pas identiques. La finalité poursuivie par l'activité n'est pas la même. C'est ainsi que, synthétisant la jurisprudence antérieure, quatre indices sont répertoriés dans la doctrine administrative selon une force décroissante avec le produit, le public, le prix et la publicité. La règle est connue comme « la règle des 4P »[101].

Le raisonnement du Conseil d'État est cependant quelque peu différent. Ce dernier considère le produit comme un élément à part susceptible, à lui seul, de caractériser l'utilité sociale de l'organisme[102]. Ce faisant, il ne s'agit plus d'un indice mais bien d'un critère.

(95) BOI-IS-CHAMP-10-50-10-20, § 230.
(96) CE, 21 nov. 2007, n° 291.375, *Assoc. Services informatiques et conseils* : *Dr. fisc.* 2008, n° 6, comm. 168, concl. L. Olléon.
(97) BOI-IS-CHAMP-10-50-10-20, § 530.
(98) CE, 1er oct. 1999, n° 143.633, *Miquelard*, n° 170.289, *Assoc. Jeune France* : *Dr. fisc.* 2000, n° 7, comm. 106, concl. J. Courtial.
(99) CE, 13 févr. 2013, n° 342.953, *Assoc. Groupe de plongée de Carantec* : *Dr. fisc.* 2013, n° 16, comm. 249, concl. F. Aladjidi, note Th. Lamulle ; *RJF* 5/2013, n° 472. – CE, 8 avr. 2013, n° 349.662, *Assoc. « Les Amis de Pablo Romero »* : *RJF* 7/2013, n° 712.
(100) CJCE, Gde ch., 16 sept. 2008, n° 288/07, *Commissioners of Her Majesty's revenue & cutoms c/Isle of Wight council* : *Europe* 2008, n° 11, comm. 385, note A.-L. Mosbrucker ; *RJF* 1/2009, n° 100. – CE, 23 déc. 2010, n° 307.856, *Cne de Saint-Jorioz* : *Dr. fisc.* 2011, n° 13, comm. 287, concl. C. Legras, note C. Sniadower ; *RJF* 3/2011, n° 296.
(101) BOI-IS-CHAMP-10-50-10-20, § 570.
(102) CE, 1er oct. 1999, n° 143.633, *Miquelard*, n° 170.289, *Assoc. Jeune France*, préc.

Lorsque l'utilité sociale est démontrée, l'exonération est de règle. À défaut, l'association est traitée telle une entreprise.

2° Les personnes morales de droit public

1107. – Qualité de contribuables. La reconnaissance d'une compétence pour élaborer, ou participer à l'élaboration, de la règle de droit fiscal n'exclut en rien un assujettissement à l'imposition. À l'image des personnes privées, les personnes publiques sont également tenues de contribuer aux charges publiques. Cela vaut non seulement pour les établissements publics, les collectivités territoriales mais aussi pour l'État, même si créancier et débiteur ne font alors qu'un.

La qualité de contribuables des personnes publiques, y compris de l'État, n'est pas récente à l'échelle de la fiscalité moderne. Bien au contraire. La loi du III frimaire an VII (23 nov. 1798) avait déjà prévu l'imposition à la contribution foncière – actuelles taxes foncières – des propriétés de l'État productrices de revenus(103).

Il n'en demeure pas moins que la nature particulière des personnes en cause justifie un traitement particulier. Même si elle peut l'imiter, une personne publique n'est pas une personne privée. S'inspirant de la jurisprudence, le législateur a ainsi voté une loi le 28 juin 1941 en vue de généraliser l'esprit de la loi de l'an VII précitée(104).

La règle peut aujourd'hui être aisément résumée ainsi : lorsqu'une personne publique se comporte telle une personne privée, en raison de son activité industrielle ou commerciale, elle relève du droit commun (*b*). À l'inverse, elle est soumise à un régime fiscal privilégié (*a*).

a) L'application d'un régime fiscal de faveur

1108. – Diversité des exemptions. Réservés aux seules personnes morales de droit public, des régimes fiscaux de faveur sont prévus dans le Code général des impôts qui, pour prendre le cas de la taxe sur la valeur ajoutée, reprennent d'ailleurs les règles du droit de l'Union européenne(105) (V. *infra*, n° 1200). Ces cas de non-imposition sont cependant, et le plus souvent, subordonnés, soit à l'exercice d'une activité lorsque l'assiette de l'imposition en dépend, soit à l'affectation du bien en cause.

1109. – Prise en considération de l'activité exercée. Lorsqu'elle agit comme telle, la personne publique n'est normalement pas imposable.

1) Ainsi, en est-il en matière d'impôt sur les sociétés en application de l'article 207, 1-6° du Code général des impôts (V. *infra*, n° 1610). Aux termes de cette disposition, les régies de services publics sont effectivement exonérées.

Le Conseil d'État définit les régies de services publics comme des « services publics que les départements ou les communes ont "le devoir d'assurer", c'est-à-dire celles qui ont pour objet l'exploitation ou l'exécution d'un service indispensable à la satisfaction des besoins collectifs des habitants du

(103) L. III frimaire an VII, art. 107 et 108.
(104) CGI, art. 1654.
(105) Dir. n° 2006/112/CE, 28 nov. 2006, art. 13. – CGI, art. 256 B.

département ou de la commune »[106]. Cette définition a été confirmée en 2012 avec la précision qu'il doit s'agir d'un service « indispensable à la satisfaction de besoins collectifs intéressant l'ensemble des habitants de la collectivité territoriale »[107].

Ne présente pas cette qualification le marché d'intérêt national exploité par une régie de communauté urbaine aux motifs que « si l'exploitation de ce service peut présenter divers avantages pour la population de la communauté urbaine de Bordeaux, elle ne peut être regardée, eu égard aux modalités d'organisation et de fonctionnement des marchés d'intérêt national, et à la mission générale à laquelle ils participent, comme constituant l'exécution d'un service indispensable à la satisfaction des besoins collectifs de ses habitants au sens des dispositions susmentionnées »[108].

2) La logique est identique en matière de taxe sur la valeur ajoutée, et ce en pleine conformité avec le droit européen. Conformément à l'article 13 de la directive n° 2006/112/CE du 28 novembre 2006, une dérogation à la règle de l'assujettissement est en effet prévue lorsque les personnes publiques agissent en tant qu'« autorités publiques » (sur le sujet, V. *infra*, n° 1200). Dans ce cas, elles ne sont normalement pas considérées comme des assujettis, ce qui fait échapper leurs opérations à la taxe sur la valeur ajoutée. La Cour de justice juge ainsi que sont imposables les activités « qu'accomplissent ces organismes [de droit public] non pas en qualité de sujets de droit public, mais en tant que sujets de droit privé »[109].

1110. – Prise en compte de l'affectation du bien. L'affectation d'un bien peut aussi être cause de non-imposition. Le cas des taxes foncières est topique avec les articles 1382, 1 et 1394, 2 du Code général des impôts. On ne peut cependant affirmer, malgré la référence à une affectation à un service public ou d'utilité générale, le caractère non imposable, dans son intégralité, du domaine public. S'inscrivant dans l'esprit de la loi de l'an VII pour la contribution foncière, les parcelles appartenant à une personne publique et faisant l'objet d'une telle affectation sont imposables dès lors qu'elles produisent un revenu, et ce quel que soit son montant (V. *infra*, n°s 1935 et 1938).

b) L'assimilation aux personnes privées

1111. – Ne pas entraîner de distorsions de concurrence. N'étant pas d'application générale, le principe de non-imposition des personnes publiques connaît des limites inhérentes à la nécessité de ne pas distordre les conditions normales de concurrence sur un territoire donné. Une personne publique qui viendrait à agir par son activité telle une personne privée, aurait effectivement la possibilité d'intervenir sans se préoccuper des charges publiques supportées par les entreprises. La concurrence s'en trouverait faussée. Même si les juridictions en avaient fait application auparavant, un principe d'assimilation, aujourd'hui codifié dans les articles 1654 du Code général des impôts et 165 et suivants de son annexe IV, a été érigé sous le Gouvernement de Vichy avec la loi du 28 juin 1941. Il en résulte l'imposition des personnes publiques selon un régime identique à celui qui prévaut pour les personnes privées lorsque les premières agissent

(106) CE, 16 janv. 1956, n°s 13.019, 15.019 et 15.018, *Régie municipale des eaux minérales* : *AJDA* 1956, II, n° 60 ; *Dr. fisc.* 1956, n° 7, doctr., concl. M. Poussière ; *Rec. CE* 1956, p. 17.

(107) CE, 7 mars 2012, n° 331.970, *Cne de Saint-Cyprien* : *Dr. fisc.* 2012, n° 21, comm. 309 ; *RJF* 6/2012, n° 572 ; *JCP A* 2012, 2255, note S. Rougé.

(108) CAA Bordeaux, 20 mai 1997, n° 94-1708, *Régie autonome du marché d'intérêt national de Bordeaux-Brienne* : *RJF* 10/1997, n° 894.

(109) CJCE, 17 oct. 1989, n° 231/87 et n° 129/88, *Cne di Carpaneto Piacentino e. a* : *Rec. CJCE* 1989, I, p. 3233 ; *RJF* 1/1990, n° 103.

telles les secondes. Ceci concerne les établissements publics industriels et commerciaux et les organismes de l'État, des collectivités territoriales dotées d'une autonomie financière et qui ont un caractère industriel et commercial.

1112. – **Raisonnement autonome.** Le principe d'assimilation des personnes publiques aux personnes privées lorsque les premières agissent telles les secondes n'implique pas nécessairement une unité de raisonnement, notamment avec les organismes à but non lucratif.

On peut noter que le Conseil d'État avait déjà considéré, par le passé, que l'exonération prévue par l'article 261, 7-1° du CGI au profit des organismes à but non lucratif n'était pas applicable à une personne publique[110] (V. *infra*, n° 1200).

On le mesure tout d'abord en matière d'impôt sur les sociétés qui frappe les exploitations lucratives. Alors même qu'une certaine logique existait dans l'application de la méthode d'analyse appliquée aux organismes à but non lucratif, le Conseil d'État s'est prononcé en 2012 pour une approche autonome[111]. La Haute juridiction administrative a considéré que le caractère lucratif de l'activité devait être uniquement déterminé eu égard à l'objet du service en cause et aux conditions particulières dans lesquelles il était géré. Ce faisant, et contrairement aux organismes à but non lucratif, le caractère désintéressé des personnes publiques n'a pas à être vérifié, ce qui équivaut à le présumer de manière irréfragable (V. *infra*, n° 1610). On notera que la référence à l'objet du service conduit également à situer le raisonnement sur le terrain du caractère concurrentiel de l'activité et non sur celui de l'effectivité de la concurrence sur un territoire donné, ce qui éloigne davantage encore la grille d'analyse de la méthode appliquée aux organismes à but non lucratif mais la rapproche de celle appliquée aux personnes publiques en matière de taxe sur la valeur ajoutée.

Des juridictions du fond s'étaient prononcées en faveur de l'application aux personnes publiques de la grille d'analyse utilisée pour les organismes à but non lucratif (V. *supra*, n°s 1104 et s.). Tel était le cas de la cour administrative d'appel de Marseille dans l'affaire *Commune de la Ciotat*[112] qui, ce faisant, n'avait fait que suivre celle de Douai[113]. Un tel raisonnement pouvait d'ailleurs trouver un soutien dans la jurisprudence du Conseil d'État en matière de taxe professionnelle, et principalement la décision *Communauté de communes du pays de Landerneau-Daoulas*[114]. Le commissaire du gouvernement Laurent Vallée avait alors estimé que « nous croyons que, pour prolonger la tendance jurisprudentielle que nous vous avons rappelée, vous devrez adapter votre interprétation des dispositions de l'article 1447 du CGI, s'agissant de son application aux services de l'État, à l'évolution de votre jurisprudence relative à la soumission des associations aux impôts commerciaux ». La lecture de la décision marque de ce point de vue la vérification du critère de l'exercice d'une activité en concurrence avec un autre opérateur dans son aire d'attraction et des conditions de son exercice (ce qui renvoie à la démarche de la vérification de l'utilité sociale). Nulle mention en revanche, de même que dans l'analyse appliquée au cas par Laurent Vallée, au caractère désintéressé de l'organisme en cause. Or,

(110) CE ass., 22 déc. 1989, n° 86.113, *Cercle militaire mixte de la caserne mortier : Dr. fisc.* 1990, n° 14, comm. 716 ; *RJF* 2/1990, n° 130, concl. M.-D. Hagelsteen, p. 80 et s.

(111) CE 20 juin 2012, n° 341.410, *Cne de la Ciotat : Dr. fisc.* 2012, n° 30, comm. 394 ; *BDCF* 10/2012, n° 110, concl. V. Daumas ; *RJF* 10/2012, n° 902 ; *RJF* 10/2012, p. 795, chron. E. Bokdam-Tognetti. – CE, 28 janv. 2015, n° 371.501, *Synd. mixte de l'aéroport de Saint-Brieuc Armor : RJF* 4/2015, n° 326.

(112) CAA Marseille, 10 mai 2010, n° 07-3673, *Cne de la Ciotat : RJF* 5/2011, n° 556.

(113) CAA Douai, 30 déc. 2003, n° 01-11, *Cne du Havre : Dr. fisc.* 2004, n° 41, comm. 745, concl. J. Michel ; *RJF* 2/2005, n° 119.

(114) CE 16 mai 2007, n° 272.727, *Cté de cnes du pays de Landerneau-Daoulas : RJF* 8-9/2007, n° 929 ; *BDCF* 8-9/2007, n° 100, concl. L. Vallée ; *AJDA* 2007, n° 26, p. 1420-1424, note L. Levoyer.

et postérieurement à l'arrêt *Commune de La Ciotat* rendu par la juridiction d'appel de Marseille, le Conseil d'État a, toujours en matière de taxe professionnelle, jugé du caractère non professionnel d'une activité d'exploitation d'un aéroport par une chambre de commerce et d'industrie en se référant à la « nature » et aux « conditions d'exercice » de cette activité[115]. Fallait-il alors conclure à l'application d'un raisonnement propre aux organismes publics, différent de celui tenu à l'égard des organismes à but non lucratif ? La réponse est clairement positive à la lecture de la décision *Cne de La Ciotat*. Le Conseil d'État a considéré que les juges d'appel avaient commis une erreur de droit en jugeant « qu'une telle exploitation ne pouvait être regardée comme revêtant un caractère désintéressé (...) au lieu de rechercher si, eu égard à l'objet du service en cause et aux conditions particulières dans lesquelles il était géré, elle relevait d'une exploitation à caractère lucratif »[116]. Cette solution a logiquement conduit à la remise en cause en 2014 de la jurisprudence *Communauté de communes du pays de Landerneau-Daoulas* précitée en matière de contribution économique territoriale[117].

Les conditions d'assujettissement à la taxe sur la valeur ajoutée ne sont pas les mêmes que celles de l'impôt sur les sociétés. L'imposition à la taxe sur la valeur ajoutée ne dépend pas de l'exercice d'une activité lucrative. Elle est liée – entre autres – à l'existence d'une contrepartie à l'opération : celle-ci doit être réalisée à titre onéreux et non à titre gratuit. Or, le raisonnement à appliquer aux personnes publiques, sur fond de neutralité de l'imposition, tient compte de l'existence de distorsions de concurrence (V. *infra*, n° 1200, 2). Comment cependant les apprécier ? Faut-il appliquer la grille d'analyse développée pour les organismes à but non lucratif ? La réponse est négative sur ce point, et ce à la suite de l'intervention de la Cour de justice en 2008[118]. Rejoignant la proposition que Guillaume Goulard avait formulée dans son rapport de 1998 (V. *supra*, n° 1106, 2), les juges européens ont clairement pris position pour une appréciation *in abstracto* de la situation concurrentielle, autrement dit sans tenir compte du marché local. L'appréciation portée sur l'atteinte à la concurrence repose donc sur le caractère concurrentiel par nature de l'activité exercée et non sur la présence effective de concurrents dans l'aire concernée. Une telle solution est évidemment plus protectrice des autres opérateurs puisqu'il est plus difficile pour une entreprise de s'implanter lorsqu'un concurrent est déjà présent. Ce raisonnement est aujourd'hui appliqué par le Conseil d'État[119] (V. *infra*, n° 1200).

SOUS-SECTION 2

CHAMP D'APPLICATION TERRITORIAL

1113. – **Diversité territoriale.** Pour être imposable en France, un contribuable ne doit pas seulement entrer dans le champ d'application matériel d'une imposition, il doit aussi relever de la juridiction fiscale française.

---

(115) CE, 30 déc. 2010, n° 319.617, *CCI Ajaccio et Corse-du-Sud* : *RJF* 4/2011, n° 444 ; *BDCF* 4/2011, n° 46, concl. P. Collin. Déc. citée dans les concl. de V. Daumas ss *Cne de la Ciotat*, 20 juin 2012 : *BDCF* 10/2012, n° 110.

(116) CE, 20 juin 2012, n° 341.410, *Cne de la Ciotat*, préc.

(117) CE, 22 sept. 2014, n° 360.742, *Min. c/Synd. intercommunal de répurgation du Centre Ouest Bretagne* : *Dr. fisc.* 2015, n° 18, comm. 295, concl. M.-A. Nicolazo de Barmon ; *RJF* 12/2014, n° 1112. – CE, 19 janv. 2015, n° 360.009, *Cne d'Auberive* : *Dr. fisc.* 2015, n° 45, comm. 661 ; *RJF* 4/2015, n° 322.

(118) CJCE, Gde ch., 16 sept. 2008, n° 288/07, *Commissioners of Her Majesty's revenue & cutoms c/Isle of Wight council* : *Europe* 2008, n° 11, comm. 385, note A.-L. Mosbrucker ; *RJF* 1/2009, n° 100.

(119) CE, 23 déc. 2010, n° 307.856, *Cne de Saint-Jorioz* : *Dr. fisc.* 2011, n° 13, comm. 287, concl. C. Legras, note C. Sniadower ; *RJF* 3/2011, n° 296.

Or, un constat s'impose : l'unité des règles fiscales est impossible à établir par-delà la diversité des prélèvements. À l'image de l'assiette mais aussi des modalités de liquidation et de recouvrement, les différentes impositions créées par le législateur ont chacune, à quelques exceptions près, leur propre champ d'application territorial.

L'objet de ce développement n'est pas de détailler les critères retenus pour juger de l'exigibilité de l'imposition en France. L'occasion en sera donnée avec l'étude des différents prélèvements. On se limitera à l'examen succinct des critères de localisation de la matière imposable (§ 2) non sans avoir précisé que plus que le territoire fiscal, il est préférable de faire mention des territoires fiscaux (§ 1).

§ 1. – Un territoire fiscal à géographie variable

1114. – **Territoire étatique et territoire fiscal : deux aires asymétriques.** Le territoire fiscal ne coïncide pas nécessairement avec le territoire étatique. Tout dépend du territoire mais aussi de l'imposition.

1) Le régime fiscal n'est pas le même selon les territoires concernés. On le mesure particulièrement en ce qui concerne l'Outre-mer. En effet, si les collectivités territoriales métropolitaines et celles qui sont soumises au principe de l'identité législative obéissent, à quelques adaptations ou options près, au même régime, celles qui relèvent du régime de la spécialité législative, à savoir la Polynésie française, Saint-Barthélemy, Saint-Martin, Saint-Pierre-et-Miquelon et Wallis-et-Futuna, y échappent. Il en va de même de la Nouvelle-Calédonie qui, à raison des accords de Nouméa, fait l'objet d'un titre de la Constitution (titre XIII). Sans disposer d'un pouvoir fisca propre, les organes délibérants de ces collectivités exercent celui de l'État souverain dans le cadre défini par une loi organique. Un choix leur est cependant laissé entre appliquer la législation nationale ou, au contraire, élaborer des règles fiscales spécifiques.

C'est ainsi que plusieurs collectivités d'outre-mer, à l'image de la Polynésie française ou de Saint-Bartélémy, disposent aujourd'hui de leur propre code des impôts. C'est également le cas de la Nouvelle-Calédonie.

La Cour des comptes a publié sur les collectivités d'outre-mer un rapport en novembre 2013[120].

Le territoire de la République française, malgré l'unité affirmée dans l'article 1er de la Constitution de 1958, n'est donc pas uniforme.

Le constat est renforcé lorsqu'on tient compte de l'influence de la fiscalité dans les comportements économiques. Il en résulte un outil à disposition des autorités publiques pour participer à la politique d'aménagement du territoire. Plusieurs dispositifs fiscaux existent afin de développer certaines régions qui, sans l'instrument fiscal, ne bénéficieraient pas nécessairement de l'investissement des operateurs privés. Cette politique fiscale interventionniste est particulièrement visible dans les collectivités ultramarines, par la voie d'un soutien à l'infrastructure touristique, mais aussi sur le territoire continental au moyen des zones franches urbaines, des zones de montagne ou du littoral.

2) Le territoire fiscal peut être différent du territoire national pour une même imposition. Ainsi, le régime d'imposition français de la taxe sur la valeur ajoutée s'applique dans la Principauté de Monaco (V. *infra*, n° 1210). Cet État souverain

(120) V. Cour des comptes, *L'autonomie fiscale en outre-mer*, nov. 2013.

est assimilé à une partie du territoire français. Bien évidemment, une telle situation est voulue par les deux États par voie de traité avec la convention fiscale du 18 mai 1963. Pour autant, si le régime est bien identique, le recouvrement donne lieu à répartition selon une clé définie. Cette spécificité a été confirmée dans l'article 7,2 de la directive n° 2006/112/CE du 28 novembre 2006 qui s'est substituée à l'ancienne sixième directive de 1977. Le territoire monégasque n'est donc ni un territoire d'exportation ou d'importation, ni un territoire de livraison ou d'acquisition intracommunautaire. Le paradoxe de la situation est que, pour le droit européen de la taxe sur la valeur ajoutée, les collectivités ultramarines sont considérées comme étrangères à la France. En ce qui les concerne, il convient donc d'utiliser les notions d'exportation et d'importation(121). Ce seul constat exclut toute affirmation d'une homogénéité territoriale en France. Ce n'est d'ailleurs pas spécifique à la taxe sur la valeur ajoutée.

1115. – **Monopole étatique.** La diversité des espaces fiscaux ne doit pas faire oublier le principe de la compétence exclusive des services fiscaux étatiques pour procéder à des investigations sur le territoire français. Rien n'exclut cependant d'habiliter des agents publics étrangers à intervenir sur le sol national. C'est d'ailleurs ce qu'organise la loi de finances rectificative pour 2011 dont l'article 59 a transposé l'article 7 de la directive n° 2010/24/UE du 16 mars 2010 et l'article 11 de la directive n° 2011/16/UE du 15 février 2011(122).

V. H. Hamadi, *Le renouvellement de l'assistance administrative en matière fiscale au sein de l'Union européenne : Dr. fisc.* 2011, n° 12, étude 264.

Depuis lors, les agents des administrations des autres États membres de l'Union européenne habilités dans leur État et dûment autorisés par l'autorité française peuvent être présents dans les bureaux des agents français, assister aux procédures administratives conduites sur le sol national, interroger les contribuables et leur demander des renseignements ou encore examiner et recevoir des copies des informations recherchées. Ces agents sont assimilés aux agents français pour l'application des majorations prévues par les articles 1732 et 1734 du Code général des impôts(123).

Il existait auparavant une disposition législative dépourvue de toute ambiguïté. La loi n° 87-502 du 8 juillet 1987, codifiée sur ce point à l'article L. 80 C du LPF, disposait que « l'intervention près d'un contribuable, sur le territoire national, d'un agent d'une administration fiscale d'un pays étranger rend nuls et de nul effet le redressement ainsi que toute poursuite fondée sur celui-ci ». Devant l'incompatibilité du texte avec les engagements pris dans le cadre du Conseil de l'Europe en matière d'assistance administrative mutuelle, son abrogation fut décidée lors du vote de la loi de finances pour 2000. Saisis, les membres du Conseil constitutionnel avaient rejeté le moyen fondé sur l'atteinte portée à la souveraineté nationale. Selon ces derniers, « l'abrogation de l'article L. 80 C du LPF n'a pas pour effet, par elle-même, de permettre aux agents de services fiscaux étrangers de conduire en France leurs investigations ; qu'en vertu des dispositions combinées des articles L. 10 et L. 45 du LPF, les agents de l'administration fiscale française sont seuls habilités à assurer le contrôle de l'ensemble des impôts et taxes dus par les contribuables »(124).

(121) CGI, art. 256-0.
(122) L. fin. rect. n° 2011-1978, 28 déc. 2011, art. 59 : *Dr. fisc.* 2012, n° 4, comm. 120.
(123) LPF, art. L. 45, 3.
(124) Cons. const., 29 déc. 1999, n° 99-424 DC, *Loi de finances pour 2000 : Rec. Cons. const.* 1999, p. 156.

§ 2. – Des critères de localisation de l'assiette variés

1116. – Diversité des critères. Il n'existe pas un critère unique de localisation géographique de la matière imposable. La diversité des matières imposables rend, en effet, difficile une unité en ce domaine. Plusieurs solutions existent : la nationalité (A), l'État de résidence du contribuable (B) et l'État source de la matière imposable (C).

A. – La nationalité

1117. – Critère d'application difficile. Appliquer le critère de la nationalité en tant que critère interne revient à considérer que le lien qui unit un État à ses citoyens justifie leur imposition, y compris s'ils demeurent hors du territoire national. L'imposition est alors nécessairement mondiale puisque ne dépendant plus de la localisation de la matière imposable. Seule la personne du contribuable compte.

La nationalité constitue un critère d'identification de la résidence fiscale selon l'article 4 du modèle OCDE concernant le revenu et la fortune. Son paragraphe 2, *c* précise en effet que « si cette personne séjourne de façon habituelle dans les deux États ou si elle ne séjourne de façon habituelle dans aucun d'eux, elle est considérée comme un résident seulement de l'État dont elle possède la nationalité ». En présence d'un binational ou d'un ressortissant ayant une autre nationalité, « les autorités compétentes des États contractants tranchent la question d'un commun accord »(125).

On conçoit immédiatement les difficultés pratiques d'un tel critère. Les autorités françaises auraient beaucoup de difficultés à contrôler la situation fiscale d'un contribuable domicilié à l'étranger qui n'aurait d'autres liens avec la France que son passeport. Aussi, n'est-il pas surprenant de constater que le critère de la nationalité soit si peu développé.

Bien que difficile à mettre en œuvre, l'idée a été proposée à plusieurs reprises. Un amendement au cours du vote de la loi de finances pour 2011 a ainsi été déposé par le député Jérôme Cahuzac, alors président de la Commission des finances de l'Assemblée nationale, en vue de soumettre les Français résidant hors de France à l'impôt sur le revenu français(126). Il s'agissait de tirer les conséquences, sur le plan de la contribution aux charges publiques, de l'élection de députés représentants des expatriés. Qualifié – de manière erronée – de « droit du sang fiscal » par François Baroin, ministre du Budget, l'amendement a été rejeté ; le ministre ayant en outre relevé que « c'est une conception qui va à rebours de l'histoire et de la construction du droit fiscal, lequel est un droit territorial(127). Plus récemment, une proposition de loi a été enregistrée le 3 avril 2012 – soit trois semaines après que Nicolas Sarkozy ait lui-même proposé la création d'un impôt lié à la nationalité au cours d'une émission de télévision durant la campagne électorale en vue de sa réélection – par seize députés en vue de soumettre les contribuables français résidant à l'étranger à un prélèvement fiscal égal à la différence entre l'imposition acquittée dans son État de résidence fiscale et celle qu'il aurait dû acquitter s'il avait été fiscalement domicilié en France(128).

L'imposition des expatriés existe déjà aux États-Unis d'Amérique qui appliquent ainsi le critère de la nationalité moyennant l'octroi d'un crédit d'impôt d'un montant égal à l'impôt acquitté à l'étranger(129).

(125) Modèle OCDE préc., art. 4, 2-d.
(126) *JOAN* CR 22 oct. 2010, p. 7299.
(127) *Ibid.*, p. 7301.
(128) Prop. n° 4492.
(129) Sur la question, V. Sénat, *L'imposition des revenus des expatriés dans le pays d'origine*, janv. 2009. – R. Beck, *L'exit tax des personnes physiques aux USA* : *Dr. fisc.* 2012, n° 21, étude 305. – D. Gutmann, *La lutte contre « l'exil fiscal » : du droit comparé à la politique fiscale* : *Dr. fisc.* 2012, n° 21, étude 306.

Retenir la nationalité comme critère soulève d'ailleurs des difficultés d'ordre juridique. Le droit de l'Union européenne exclut en effet expressément toute discrimination nationale entre les ressortissants des différents États membres, tout du moins à situation égale(130). La présence de clauses de non-discrimination au sein des conventions fiscales internationales conduit au même effet(131). D'autres critères sont donc nécessaires : la résidence et la source. Pour autant, on ne saurait affirmer son absence des règles de territorialité fiscales françaises.

1118. – **Dispositions nationales.** Certaines dispositions du Code général des impôts font référence à la nationalité. Si tel était le cas de l'ancien article 164 C du Code général des impôts, abrogé depuis le 1er janvier 2016, demeure l'article 199 du même code qui, « sous réserve des traités de réciprocité », réserve l'application de l'article 193 aux citoyens français et aux personnes originaires de Saint-Pierre-et-Miquelon, de Nouvelle-Calédonie, de Polynésie française, des îles Wallis et Futuna et des Terres australes et antarctiques françaises. L'article 193 prévoit, pour le calcul de l'impôt sur le revenu, la division du revenu imposable en un certain nombre de parts fixé d'après la situation et les charges de famille du contribuable (V. *infra*, n° 1370).

L'ancien article 164 C du CGI rendait imposables à l'impôt sur le revenu en France les non-résidents qui disposaient d'une ou de plusieurs habitations sur le territoire national, et ce à quelque titre que ce soit. Leur base d'imposition était alors, au minimum, égale à trois fois la valeur locative de la ou des habitations. Une exception était toutefois prévue au profit « des contribuables de nationalité française » sous réserve de remplir certaines conditions(132). Il en allait de même des ressortissants des États ou territoires ayant conclu avec la France un accord de réciprocité prévoyant une égalité fondée sur la nationalité (sur le dispositif, V. *infra*, n° 1372).

B. – La résidence fiscale

1119. – **Autonomie de la notion.** La résidence renvoie à l'idée de domicile fiscal du contribuable. Sauf convention fiscale internationale contraire, ce critère est retenu en France en matière d'impôt sur le revenu(133), d'impôt de solidarité sur la fortune(134) mais aussi en matière de droits d'enregistrement en cas de mutation à titre gratuit(135). Entendu de manière autonome en droit fiscal, le domicile fiscal ne coïncide pas nécessairement avec la notion de domicile dans les autres branches du droit.

1120. – **Critères d'identification.** Plusieurs critères alternatifs sont définis dans l'article 4 B du Code général des impôts. Y figurent un critère personnel avec une alternative, un critère professionnel et un critère économique. La présence de l'un d'eux suffit pour considérer qu'une personne a sa résidence fiscale en France.

Le critère personnel est constitué soit par le foyer du contribuable, autrement dit sa famille, soit – critère d'application subsidiaire(136) – par le lieu du principal

(130) TFUE, art. 18.
(131) Pour une personne morale où le siège social détermine la nationalité : CE, 5 juill. 2010, n° 309.693, *Pinacothèque d'Athènes* : *Dr. fisc.* 2010, n° 44, comm. 543, concl. E. Cortot-Boucher, note F. Dieu ; *RJF* 11/2010, n° 1092.
(132) CGI, anc. art. 164 C, al. 2.
(133) CGI, art. 4 A.
(134) CGI, art. 885 A.
(135) CGI, art. 750 ter.
(136) CE, 3 nov. 1995, n° 126.513, *Larcher* : *Dr. fisc.* 1996, n° 5, comm. 121, concl. J. Arrighi de Casanova.

séjour du contribuable. C'est ainsi qu'une personne dont le foyer n'est pas en France sera malgré tout considérée comme y étant fiscalement domiciliée si elle y séjourne, de manière continue ou discontinue, au moins 183 jours durant l'année civile.

Le critère professionnel tient compte de l'exercice d'une activité professionnelle principale en France. Pour échapper à la qualité de résident fiscal, la personne doit apporter la preuve que son activité professionnelle est accessoire à une activité principale exercée à l'étranger.

Le critère économique renvoie au centre des intérêts économiques du contribuable.

Pour le développement des critères et, plus largement, sur la notion et la portée du domicile fiscal en matière d'impôt sur le revenu, V. *infra*, n°s 1365 et s.

1121. – Portée de la qualité de résident. Les règles fiscales françaises associent résidence fiscale et mondialité (V. *infra*, n° 1366). Ainsi que le précise l'article 4 A du Code général des impôts, un contribuable qui a sa résidence fiscale en France est imposé en France sur l'ensemble de ses revenus quelle que soit leur source.

Appliquer le régime de la mondialité expose nécessairement le contribuable au risque d'une double imposition juridique (V. *supra*, n° 416). La plupart du temps, ce risque est géré par une convention fiscale internationale.

Lorsqu'une convention fiscale internationale a été conclue entre la France et un autre État ou territoire, ses clauses prévoient normalement un dispositif destiné à supprimer ou atténuer la double imposition juridique. Plusieurs techniques existent :

– la méthode de l'exemption : la convention internationale attribue alors un droit d'imposition exclusif au profit d'un des deux États contractants (l'État de résidence du contribuable ou, plus rarement, l'État de la source de la matière imposable). L'autre État est alors tenu d'exonérer ce contribuable à raison de l'assiette concernée. Rien n'exclut cependant d'en tenir compte pour l'application du tarif aux autres revenus imposables (règle connue sous le nom de « règle du taux effectif ») ;

Tel est le cas en France en matière d'impôt sur le revenu[137]. Comme le précise l'administration fiscale, « lorsqu'une convention fiscale retire à la France le droit d'imposer certains revenus d'un contribuable résident de France, il serait inéquitable que cette exonération se traduise également par une atténuation du poids relatif de l'impôt dû sur les autres revenus. Cette règle trouve à s'appliquer essentiellement en matière d'impôt sur le revenu mais aussi en ce qui concerne l'impôt sur les successions et l'impôt de solidarité sur la fortune. Elle consiste à calculer l'impôt afférent aux seuls éléments imposables en France, au taux de l'impôt correspondant à l'ensemble des éléments qui auraient été imposés en l'absence de dispositions spécifiques exonérant certains d'entre eux »[138].

– la méthode de l'imputation : la convention fiscale internationale ne s'oppose alors pas à un partage du droit d'imposition entre les deux États. La double imposition juridique est alors réduite ou supprimée *via* le recours, soit à l'imputation intégrale dans l'État de résidence du prélèvement fiscal acquitté dans l'État de la source, soit à son imputation limitée à l'imposition normalement due dans l'État de résidence à raison des revenus soumis à l'imposition dans l'État de la source, soit par le recours au crédit d'impôt fictif lorsqu'il s'agit de pays en développement[139].

(137) CGI, art. 197 C.
(138) BOI-IR-LIQ-20-30-30.
(139) Sur ces techniques, V. *supra*, n° 416 et B. Castagnède, *Précis de fiscalité internationale*, PUF, 5e éd., 2015, n°s 334 et s.

C. – La source de la matière imposable

1122. – **Complémentarité du critère.** Tenir compte de la source pour identifier l'État d'imposition revient à rechercher où est localisée la matière imposable. Ce critère est important en ce qu'il permet d'imposer un contribuable non-résident. Si un contribuable est effectivement imposé selon le principe de la mondialité lorsqu'il a sa résidence fiscale en France, il n'est imposé que sur ses seuls revenus de source française dans l'hypothèse contraire[140]. Le critère de la source est donc complémentaire de celui de la résidence. Il peut évidemment, à l'image du premier (V. *supra*, n° 1121), conduire à une double imposition juridique que les conventions fiscales internationales qui ont cet objet et des dispositions législatives internes peuvent toutefois régler.

L'article 164 B du CGI précise ce que sont les revenus de source française soit par nature (revenus d'immeubles sis en France, placements financiers réalisés en France,...), soit à raison de la domiciliation fiscale du débiteur (pensions et rentes viagères, droits d'auteurs,...).

1123. – **Impositions concernées.** La localisation de la matière imposable est utilisée pour les impôts directs tels que la taxe d'habitation, les taxes foncières ou de la cotisation foncière des entreprises.

La taxe d'habitation et les taxes foncières sont assises sur des biens immobiliers. L'imposition suit donc logiquement l'immeuble. Ainsi que l'énonce l'article 1399, I du CGI, « Toute propriété foncière, bâtie ou non bâtie, doit être imposée dans la commune où elle est située ». La cotisation foncière des entreprises retient la même solution de manière tout aussi logique. Conformément à l'article 1473 du même code, « La cotisation foncière des entreprises est établie dans chaque commune où le redevable dispose de locaux ou de terrains, en raison de la valeur locative des biens qui y sont situés ».

Mais le critère de la source est surtout le critère de l'impôt sur les sociétés. Aux termes de l'article 209, 1 du Code général des impôts, relèvent de l'impôt sur les sociétés « les bénéfices réalisés dans les entreprises exploitées en France ». Le lieu de l'exploitation – la source du résultat – constitue alors le critère.

Le critère de la source n'est pas absolu dans son application en matière d'impôt sur les sociétés. Bien que réalisant des produits de source française, des entreprises étrangères peuvent ainsi ne pas être soumises à l'impôt sur les sociétés français. Tel est le cas des produits financiers[141] ou, sauf exceptions, des plus-values[142] (V. *infra*, n° 1631).

En droit interne, l'autorité fiscale va rechercher sur le territoire, soit la présence d'un établissement, soit la présence d'un représentant fiscal « sans personnalité professionnelle indépendante », soit la présence d'un cycle commercial complet d'opérations. Ces différentes notions sont développées dans l'étude consacrée à l'impôt sur les sociétés (V. *infra*, n°s 1630 et s., spéc. n° 1632).

On précisera la nécessité de ne pas confondre la notion d'établissement, notion de droit interne et celle d'établissement stable, notion de droit conventionnel. Si l'établissement peut être défini comme une installation possédant un caractère de permanence et une autonomie propre, l'établissement stable est une « installation fixe d'affaires par l'intermédiaire de laquelle une entreprise exerce tout ou

(140) CGI, art. 4 A.
(141) CGI, art. 119 bis, 2.
(142) CGI, art. 244 bis A et 244 bis B.

partie de son activité »[143]. Une succursale, bien que n'ayant pas la personnalité morale, peut donc être imposée en France si elle revêt les caractéristiques d'un établissement, ou en présence d'une convention fiscale bilatérale, d'un établissement stable (V. *infra*, n° 1635).

SECTION 2

ÉVALUATION DE LA MATIÈRE IMPOSABLE

La détermination de la base d'imposition ne se limite pas à sa seule identification. Il faut aussi l'évaluer. Pour ce faire, plusieurs méthodes sont utilisées pour quantifier la matière imposable (Sous-section 2), et ce, à la date du fait générateur de l'imposition (Sous-section 1).

SOUS-SECTION 1

LE FAIT GÉNÉRATEUR

1124. – **Notion.** À quelle date faut-il se placer pour évaluer la matière imposable ? Au fait générateur, c'est-à-dire l'événement ou l'acte qui fait naître la créance d'impôt pour l'État. L'identification de la matière imposable ne suffit donc pas. Par ailleurs, si le fait générateur créé l'obligation fiscale, il ne rend pas nécessairement l'imposition liquide, au sens d'un calcul chiffré de son montant.

Le fait générateur est une notion très importante en droit fiscal. La situation ou l'acte qui créé la créance publique fixe en effet, sauf disposition législative expressément rétroactive, l'état du droit applicable.

1125. – **Diversité des faits générateurs.** Le fait générateur varie suivant les impositions.

• En matière de taxe d'habitation et de taxes foncières, si la date du fait générateur est identique, à savoir le 1er janvier de l'année d'imposition, une différence existe quant à la situation prise en considération. Alors que la taxe d'habitation frappe normalement l'occupation du logement à cette date, la taxe foncière frappe sa propriété[144] (V. *infra*, n° 1932).

Un propriétaire-occupant au 1er janvier de l'année d'imposition est donc redevable tout à la fois de la taxe foncière sur les propriétés bâties et de la taxe d'habitation.

• En matière de taxe sur la valeur ajoutée, le fait générateur diffère selon l'opération[145]. Ainsi, pour la livraison d'un bien corporel, le fait générateur correspond à sa livraison, à entendre au sens autonome retenu pour cette imposition, c'est-à-dire au moment où le client peut se comporter comme propriétaire. En revanche, pour une prestation de services, il coïncide avec l'exécution de la prestation (V. *infra*, nos 1258 et s.).

(143) Conv modèle OCDE, art. 5.
(144) CGI, art. 1415.
(145) CGI, art. 269, 1.

• En matière d'impôt sur le revenu, le fait générateur est constitué par la réalisation ou la disposition des revenus durant l'année écoulée[146]. La situation est donc appréciée au 31 décembre de cette année, ce qui signifie que le régime juridique applicable peut être modifié à tout moment sans qu'il soit, par ailleurs, nécessaire au législateur de prendre garde au cadre juridique de la rétroactivité. Si l'état du droit au 31 décembre s'applique bien à la période antérieure, il ne s'agit là que de la conséquence attachée à la période couverte par l'imposition, d'où l'emploi de la notion de « petite rétroactivité » pour cette rétroactivité structurelle que certains auteurs dénomment encore « rétrospectivité » (V. *supra*, n° 904).

• En matière de mutation à titre onéreux d'un bien immobilier, le fait générateur des droits d'enregistrement est constitué par le transfert de propriété du bien[147]. La solution est identique pour l'imposition des particuliers au titre des plus-values réalisées à l'occasion de la cession d'un immeuble[148].

Les faits générateurs des autres impositions seront développés au fur et à mesure de leur étude détaillée.

1126. – **Fait générateur et exigibilité.** Le fait générateur doit être distingué d'autres dates également importantes en droit fiscal. Il peut en effet ne pas y avoir coïncidence entre la naissance de l'obligation fiscale et la date fixée pour s'en libérer. Le fait générateur doit donc être différencié de la date de mise en recouvrement qui, elle-même doit l'être de la date d'exigibilité et de la date limite de paiement.

L'article L. 253 du LPF dispose que « L'avis d'imposition mentionne le total par nature d'impôt des sommes à acquitter, les conditions d'exigibilité, la date de mise en recouvrement et la date limite de paiement ».

L'article L. 256 du même code dispose qu'« Un avis de mise en recouvrement est adressé par le comptable public compétent à tout redevable des sommes, droits, taxes et redevances de toute nature dont le recouvrement lui incombe lorsque le paiement n'a pas été effectué à la date d'exigibilité ».

1) La date de mise en recouvrement concerne les impositions recouvrées par voie de rôle. Fixée par le préfet en accord avec le directeur départemental des finances publiques et présente sur le rôle et sur les avis d'imposition, cette date fixe le point de départ du délai laissé au contribuable pour se libérer de son obligation fiscale[149].

2) La date d'exigibilité est la date à partir de laquelle le comptable public compétent peut user des voies de droit à sa disposition pour contraindre le contribuable au paiement de sa dette fiscale. Pour les impôts directs, cette date est, sauf exceptions, fixée trente jours après la date de mise en recouvrement du rôle[150].

La date d'exigibilité est définie en matière de taxe sur la valeur ajoutée comme « le droit que le Trésor peut faire valoir aux termes de la loi, à partir d'un moment donné, auprès du redevable pour le paiement de la taxe, même si le paiement peut en être reporté »[151].

(146) CGI, art. 12.
(147) Pour le régime normal concernant les immeubles : CGI, art. 683.
(148) CGI, art. 150 VH.
(149) CGI, art. 1659.
(150) CGI, art. 1663, 1.
(151) Dir. n° 2006/112/CE, 28 nov. 2006, art. 62, 2.

3) La date limite de paiement est la date à partir de laquelle s'appliquent normalement des majorations liées au retard dans le paiement de l'imposition.

C'est ainsi que l'article 1730 rend exigible une majoration de 10 % des sommes comprises dans un rôle qui n'ont pas été acquittées dans les quarante-cinq jours suivant la date de mise en recouvrement du rôle. Il en va de même des acomptes qui n'ont pas été versés le 15 du mois qui suit celui au cours duquel ils sont devenus exigibles(152).

Les dates peuvent certes coïncider, mais tel n'est pas toujours le cas. Ainsi, en matière de taxe sur la valeur ajoutée, la situation diffère selon l'opération (V. *infra*, nos 1258 et s.). S'il s'agit d'une livraison d'un bien, le fait générateur et la date d'exigibilité coïncident avec sa livraison(153). S'il s'agit d'une prestation de services, la date d'exigibilité est alors, sauf option contraire, constituée par l'encaissement du prix(154).

SOUS-SECTION 2

LES MÉTHODES D'ÉVALUATION

L'évaluation de la matière imposable constitue l'étape préalable à la liquidation de l'imposition. S'il s'agit également d'une phase de calcul, elle ne concerne que l'assiette. Deux questions se posent, qui impliquent deux développements : qui évalue (§ 1) ? Comment évalue-t-on (§ 2) ?

§ 1. – Les acteurs de l'évaluation

1127. – **Nécessité de l'intervention du contribuable ou de tiers.** L'évaluation peut résulter soit de l'autorité administrative, soit du contribuable, soit de tiers. On observera cependant que si le contribuable et les tiers ont matériellement la possibilité de pouvoir évaluer la matière imposable seuls, tel n'est normalement pas le cas de l'administration fiscale. L'évaluation réalisée par les services implique en effet un minimum d'informations communiquées soit par le redevable légal, soit par un tiers.

L'évaluation de la valeur locative cadastrale, nécessaire pour liquider la taxe d'habitation et les taxes foncières, n'échappe pas à ce constat. Même si cette valeur, déconnectée de la valeur locative réelle, est le fruit du calcul réalisé par les services fiscaux, ces derniers se fondent sur les déclarations souscrites par les propriétaires lors des changements de consistance ou d'affectation de leurs immeubles(155).

De même, si l'évaluation est encore administrative lors de la mise en œuvre d'une procédure de taxation d'office ou d'évaluation d'office(156), les bases imposables ne peuvent être évaluées de manière aléatoire.

Le propos peut encore être tenu à l'égard de l'article L. 17 du LPF qui confère aux services fiscaux une compétence pour rectifier l'évaluation d'un bien en matière de droits d'enregistrement, de taxe de publicité foncière, d'impôt de solidarité sur la fortune et de taxe sur la valeur ajoutée. Même si l'évaluation résulte de l'administration, elle doit être justifiée par des termes de comparaison(157). Ceux-ci résultent des actes de cession enregistrés auprès de l'administration et, partant, de tiers.

(152) CGI, art. 1730, 2-*b*.
(153) CGI, art. 269, 2-*a*.
(154) CGI, art. 269, 2-*b*.
(155) Par ex : CGI, art. 1406.
(156) LPF, art. L. 65 et s.
(157) Cass. com., 28 janv. 1992, n° 295 P, *Colaert* : *Bull. civ.* 1992, IV, n° 42 ; *Dr. fisc.* 1992, comm. 969 ; *RJF* 4/1992, n° 575.

1128. – La déclaration, support privilégié. Le support privilégié d'informations de l'administration est la déclaration.

Son origine est bien antérieure à l'impôt sur le revenu. On peut effectivement en trouver trace en France en 1188 avec la dîme saladine créée pour soutenir les croisades et qui était due par ceux qui, sauf exonérations, refusaient d'y participer. L'impôt était déclaratif et assorti d'un serment sur l'Évangile. Tout manquement était passible de l'anathème(158). L'impôt sur le revenu moderne a cependant donné un nouvel essor à ce support d'informations.

Le régime de la déclaration contrôlée ne peut pas être appliqué dans tous les États, tout du moins à une grande échelle. La déclaration doit pouvoir être contrôlée. Il faut donc une administration compétente et efficace. Le système de sanctions doit aussi être dissuasif. Or, les sanctions ont bien évolué depuis la dîme saladine. Celles qui emportent application du régime répressif se présentent de nos jours sous deux formes avec des sanctions administratives et des sanctions pénales. En contrepartie de l'obligation de se soumettre au contrôle, la bonne foi est présumée s'agissant des énonciations contenues dans les déclarations.

La déclaration est aujourd'hui un élément substantiel du processus de l'imposition. Lorsqu'elle émane du contribuable, elle traduit la reconnaissance de sa qualité de contribuable et se présente comme « une confession fiscale »(159). Lorsqu'elle provient d'un tiers légalement tenu à une telle formalité, elle constitue une source d'informations importante, car source de recoupements, et traduit alors le rôle d'auxiliaire de l'administration fiscale de leur auteur. Lorsque l'envoi est spontané et non imposé, il s'agit d'une dénonciation, parfois anonyme.

On peut d'ailleurs relever l'existence de l'article 1825 F du CGI. Selon cette disposition, « aucun indicateur ne peut prétendre à une remise ou rémunération quelconque s'il n'est justifié par écrit que les renseignements qu'il a fournis l'ont été avant le procès-verbal ». *A contrario*, si la dénonciation est portée à la connaissance de l'administration avant la rédaction du procès-verbal, rien n'exclut une remise ou une rémunération.

§ 2. – Les modalités d'évaluation

1129. – Diversité des méthodes. Trois modalités d'évaluation de la matière imposable peuvent être identifiées. La plus connue est l'évaluation réelle dont l'objectif, comme son nom l'indique, est de rechercher l'exacte situation du contribuable (C). Mais pour des raisons tenant surtout à un souci de simplification administrative, des techniques d'évaluation approximatives ont été créées par le législateur. Tel est le cas de l'évaluation forfaitaire et de l'évaluation indiciaire. Si la première repose sur des éléments en lien avec la matière imposable (A), la seconde tient compte d'éléments qui lui sont extérieurs (B).

A. – L'évaluation forfaitaire

1130. – Approximation de l'évaluation. L'évaluation forfaitaire des bases d'imposition repose sur un calcul approximatif de l'assiette à l'aide d'éléments en lien avec la matière imposable. Le législateur accepte ainsi de renoncer à l'établissement

(158) J.-F. Michaud, *Histoire des croisades*, t. 2, Ponthieu, Paris, 1825, p. 360 et s. – C. de la Mardière, *La déclaration fiscale : RF fin. publ.* 2000, n° 71, p. 115.
(159) P. Beltrame, *La fiscalité en France*, Hachette, 18e éd., 2012, p. 17.

d'une imposition conforme à l'exacte situation du contribuable, et ce, le plus souvent, dans un souci de simplification administrative. De plus en plus nombreux, ces régimes d'évaluation forfaitaire répondent à la volonté d'alléger le formalisme fiscal sachant que même si l'évaluation n'est qu'approximative, elle n'est normalement pas préjudiciable au contribuable. En effet, et à l'exception du cas particulier de l'imposition forfaitaire annuelle (IFA) jusqu'à sa suppression le 1er janvier 2014, une option est toujours prévue pour l'application de l'évaluation réelle.

L'IFA était singulière en ce qu'il s'agissait d'une évaluation forfaitaire de l'impôt à acquitter et non de son assiette(160). Le contribuable ne pouvait faire état de ses charges pour échapper à son obligation.

Les développements suivants seront limités aux seules applications de la technique de l'évaluation forfaitaire à la matière imposable et aux charges déductibles. Une évaluation forfaitaire des charges repose normalement sur l'application d'un abattement sur les recettes brutes (2°). Au contraire, l'évaluation forfaitaire de la matière imposable repose sur une estimation approximative des recettes (1°).

1° Évaluation forfaitaire de la matière imposable

1131. – **Raréfaction des procédures.** Si la technique de l'évaluation forfaitaire est encore utilisée en France pour l'évaluation de la matière imposable, son utilisation est, depuis la suppression du forfait agricole, limitée au forfait mobilier.

1132. – **Suppression des procédures d'évaluation forfaitaire.** Si la loi n° 98-1266 du 30 décembre 1998 a supprimé le forfait applicable en matière de bénéfices industriels et commerciaux et l'évaluation administrative des bénéfices non commerciaux, il aura fallu attendre le vote de la loi de finances rectificative pour 2015 du 29 décembre 2015 pour voir disparaître la dernière procédure d'évaluation forfaitaire de la matière imposable. Les revenus agricoles 2015 sont en effet les derniers à avoir pu relever du forfait agricole. À l'image des autres procédures d'évaluation forfaitaire de la matière imposable supprimées, le dispositif a été remplacé par un régime d'évaluation forfaitaire des charges baptisé « micro-BA »(161) (V. *infra*, n° 1139).

Les forfaits BIC-TVA et BNC-TVA ont été supprimés avec l'entrée en application de la loi de finances pour 1999. En lieu et place, le législateur a créé un régime micro-entreprises pour les bénéfices industriels et commerciaux(162) et un régime déclaratif spécial en matière de bénéfices non commerciaux(163). On pourra constater dans les développements suivants qu'il ne s'agit plus là d'une évaluation forfaitaire de la matière imposable mais simplement d'une détermination de la base d'imposition au moyen d'une évaluation forfaitaire des charges déductibles.

1133. – **Forfait mobilier.** La technique de l'évaluation forfaitaire de la matière imposable peut encore être identifiée en matière de droits de mutation avec le forfait mobilier. Pour l'évaluation du patrimoine mobilier transmis à l'occasion d'un décès, l'article 764 du Code général des impôts prévoit en effet trois méthodes d'évaluation alternatives. Y figurent l'évaluation résultant d'une vente publique, l'évaluation résultant d'un inventaire réalisé dans les cinq années précédant l'ouverture de la succession et l'évaluation réalisée par les héritiers. À défaut de vente

(160) CGI, art. 223 septies anc.
(161) CGI, art. 64 bis.
(162) CGI, art. 50-0.
(163) CGI, art. 102 ter.

publique ou d'inventaire, il appartient donc aux parties d'évaluer les meubles transmis. Une limite est toutefois posée par la disposition dès lors que les meubles meublants sont normalement évalués automatiquement à un montant égal à 5 % de l'actif brut successoral, et ce « sans que l'administration ait à en justifier l'existence ». Pour autant, les héritiers ont toujours la possibilité de rapporter la preuve contraire. V. aussi *infra*, n° 1895.

2° Évaluation forfaitaire des charges

1134. – **Simplification administrative.** Les techniques d'évaluation forfaitaire des charges permettent aux contribuables un allègement significatif de leurs obligations fiscales déclaratives. Les contribuables peuvent ainsi préférer appliquer à la matière imposable un abattement représentatif des charges considérées comme acceptables par le législateur. L'option pour l'évaluation réelle est cependant systématiquement offerte aux contribuables. Cette technique d'évaluation ne leur préjudicie donc pas. Les services fiscaux bénéficient également de cette technique en ce que les déclarations sont plus rapides à contrôler. Le gain de temps ainsi réalisé compense pour partie la perte fiscale induite. Cette technique d'évaluation est en constant développement.

1135. – **Frais réels.** Tous les contribuables ont connaissance de ce mode d'évaluation dès lors qu'ils sont confrontés, chaque année, à leurs obligations déclaratives en matière d'impôt sur le revenu. La perception de traitements et salaires exige des fonctionnaires et des salariés de se prononcer pour la déduction forfaitaire de leurs frais de 10 % ou pour la déduction de leurs frais selon leur évaluation réelle[164]. Mais il ne s'agit pas là de la seule catégorie concernée par l'évaluation forfaitaire des charges.

1136. – **Régime micro-foncier.** Depuis l'entrée en vigueur de la loi n° 97-1269 du 30 décembre 1997, les contribuables percevant des revenus fonciers bruts inférieurs à 15 000 € peuvent relever du régime dit micro-foncier. Aujourd'hui appliqué de plein droit, il a pour conséquence d'éviter au contribuable de remplir une déclaration spécifique et de produire des justificatifs. Un abattement de 30 % sur les revenus locatifs bruts est alors accordé. Rien n'exclut cependant que le propriétaire ou l'usufruitier opte pour l'évaluation réelle au motif, par exemple, de la réalisation de nombreux travaux dont le montant est supérieur à l'abattement. L'article 32, 4 du Code général des impôts dispose cependant que l'option s'applique alors de manière irrévocable durant trois années.

1137. – **Régime micro-entreprise.** Autre illustration : le régime micro-entreprises qui s'est substitué à l'ancien forfait BIC-TVA[165]. Sauf exceptions, les entreprises qui réalisent en 2016 un chiffre d'affaires inférieur à 82 200 € hors taxes lorsque leur activité est une activité de ventes ou de fourniture de logement, ou 32 900 € hors taxes en dehors de ces hypothèses bénéficient d'un régime d'évaluation forfaitaire de leurs charges. Il s'agit là des seuils de la franchise de TVA[166].

(164) CGI, art. 83, 3°.
(165) CGI, art. 50-0.
(166) CGI, art. 293 B.

Le régime micro-entreprises cesse de s'appliquer au titre de l'année au cours de laquelle le seuil de chiffre d'affaires est dépassé.

Le résultat est alors déterminé, avant prise en compte des plus et moins-values provenant de la cession de biens affectés à l'exploitation, en appliquant au chiffre d'affaires réalisé un abattement de 71 % lorsque le seuil de référence est 82 200 € ou 50 % dans les autres cas. Les charges ainsi déduites ne peuvent être inférieures à 305 €.

La renonciation au bénéfice de cette méthode est toujours possible puisque les entreprises peuvent opter pour l'évaluation réelle simplifiée ou normale de leur résultat. Le seuil d'activité retenu coïncide avec celui qui permet de bénéficier de la franchise de la taxe sur la valeur ajoutée(167). Relever de ce régime conduit à ne pas rendre exigible l'imposition auprès des clients mais prive aussi le contribuable du droit à déduction de l'impôt acquitté en amont(168). Ces deux régimes sont interdépendants. Renoncer à la franchise conduit à la renonciation au régime micro-entreprise.

Depuis le 1er janvier 2009, les contribuables ont la possibilité de se libérer de leurs obligations fiscales concernant l'impôt sur le revenu assis sur le chiffre d'affaires ou les recettes de leur activité professionnelle lorsqu'ils relèvent du régime micro-entreprise et ont opté pour le régime simplifié des cotisations et contributions de sécurité sociale prévu à l'article L. 133-6-8 du Code de la sécurité sociale(169). Cette option est ouverte sous réserve que les revenus du foyer fiscal de l'année N-2, évalués selon les modalités prévues par l'article 1417, IV, se révèlent inférieurs ou égaux, pour une part de quotient familial, à la limite supérieure de la troisième tranche de l'impôt sur le revenu, laquelle devra être majorée de 50 % ou 25 % par demi-part ou quart de part supplémentaire.

1138. – **Régime déclaratif spécial.** Autre illustration : les bénéfices non commerciaux font l'objet d'un dispositif identique au régime micro-entreprise avec le régime déclaratif spécial(170). Les contribuables qui perçoivent moins en 2016 de 32 900 € de recettes au cours de l'année relèvent, sauf option contraire, d'un régime d'évaluation forfaitaire de leurs charges. Il s'agit là du seuil de la franchise de TVA(171). Celles-ci sont évaluées à 34 % avec un minimum de 305 €.

Le régime déclaratif spécial cesse de s'appliquer au titre de l'année au cours de laquelle le seuil de recettes est dépassé.

Le régime auto-entrepreneur s'applique également aux contribuables qui relèvent du régime déclaratif spécial (V. *supra*, n° 1137).

1139. – **Régime micro-BA.** Dernière illustration : à compter de l'imposition des revenus 2016, les bénéfices réalisés par les exploitants agricoles dont la moyenne sur trois ans ne dépasse pas 82 200 € sont soumis de plein droit à un régime d'évaluation forfaitaire des charges(172). Le bénéfice imposable est alors égal à la moyenne des recettes hors taxes de l'année d'imposition et des deux années précédentes de laquelle il faut déduire un abattement pour charges de 87 %, avec un plancher de 305 €.

Les plus-values provenant de biens affectés à l'exploitation ne sont pas couvertes par ce régime et relèvent donc du régime réel.

(167) CGI, art. 293 B.
(168) CGI, art. 271, I-1.
(169) CGI, art. 151-0.
(170) CGI, art. 102 ter.
(171) CGI, art. 293 B.
(172) CGI, art. 64 bis.

B. – L'évaluation indiciaire

1140. – Prise en compte d'éléments extérieurs apparents. La technique de l'évaluation indiciaire repose, comme son nom l'indique, sur des indices. La base d'imposition est ainsi évaluée à l'aide de différents éléments apparents, extérieurs à la matière imposable.

Plusieurs impositions de ce type ont existé en France. L'une des plus connues est la contribution sur les portes et fenêtres créée sous le Directoire avec la loi du 4 frimaire an VII. Assise sur le nombre d'ouvertures, l'objectif poursuivi était de révéler le revenu d'un contribuable sans entrer dans les lieux. Ce faisant, une présomption était établie entre le nombre d'ouvertures et la capacité contributive du propriétaire. Cette imposition a été supprimée en 1926 à la suite de critiques formulées autour de problèmes d'hygiène liés à la fermeture de différentes ouvertures pour des raisons fiscales.

1141. – Évaluation du train de vie. La technique de l'évaluation indiciaire est aujourd'hui encore utilisée et s'est même enrichie en 2009 d'un nouveau dispositif d'évaluation du revenu selon le train de vie.

1) Dispositif codifié à l'article 168 du Code général des impôts (V. aussi *infra*, n° 1575).

Selon l'article 168 du Code général des impôts, en cas de disproportion marquée entre le train de vie d'un contribuable et ses revenus, la base d'imposition à l'impôt sur le revenu est portée à une somme forfaitaire déterminée en affectant à certains éléments de ce train de vie, au nombre de douze, un revenu (V. *infra*, n° 1575).

Depuis l'entrée en vigueur de la loi n° 86-1317 du 30 décembre 1986 portant loi de finances pour 1987, l'article 168 est aussi utilisable en l'absence de déclaration. En effet, la lettre du texte qui, auparavant, faisait référence aux « revenus qu'il déclare » fait aujourd'hui mention de la seule notion de revenus. Le défaut de déclaration n'interdit donc pas l'utilisation de cette disposition puisque, dans une telle hypothèse, les revenus sont alors réputés déclarés pour un montant égal à zéro.

L'idée est simple : vérifier que le train de vie du contribuable est compatible avec ses revenus et, en l'absence de déclaration, utiliser certains éléments du train de vie comme révélateurs du revenu. Le postulat est le suivant : plus le train de vie est important, plus le revenu doit l'être. Bien évidemment, la méthode ne permet pas de déterminer avec précision le revenu imposable et son application peut être contestée par le contribuable lorsque ce dernier a, par exemple, bénéficié d'une donation ou d'une succession.

La rectification n'est opérée que lorsque l'évaluation indiciaire du train de vie, sous réserve de dépasser le seuil de 45 405 € pour les revenus de l'année 2015, excède d'un tiers, pour l'année d'imposition, le revenu net global déclaré, y compris les revenus exonérés ou taxés selon un taux proportionnel ou ayant fait l'objet d'un prélèvement libératoire. Le contribuable garde évidemment la possibilité de contester l'évaluation indiciaire de l'administration « en apportant la preuve de la manière dont il a pu financer le train de vie ainsi évalué, sans qu'il soit nécessaire pour lui de prouver la manière dont il a financé chacun des éléments retenus pour cette évaluation »[173]. Le Conseil d'État a repris, moyennant quelques modifications, cette réserve d'interprétation en considérant que « si les dispositions du 3 de l'article 168 du CGI ne font pas obstacle à ce que le contribuable, pour contester les bases d'imposition retenues par l'Administration, apporte la preuve que le financement des éléments de train de vie qui ont été retenus pour l'application du barème n'implique pas la perception des revenus définis forfaitairement, ainsi qu'il résulte de la réserve d'interprétation dont la décision

(173) Cons. const., 21 janv. 2011, n° 2010-88 QPC, *Boisselier*, consid. 8 : *Dr. fisc.* 2011, n° 7, comm. 219, note M. Pelletier ; *RJF* 4/2011, n° 482.

du Conseil constitutionnel n° 2010-88 QPC du 21 janvier 2011 a assorti la déclaration de conformité à la Constitution des dispositions litigieuses »[174].

2) Dispositif codifié à l'article 1649 quater-0 B ter du Code général des impôts (V. aussi *infra*, n° 1576).

La loi de finances rectificative pour 2009 a créé un deuxième dispositif d'évaluation du revenu imposable selon le train de vie du contribuable. Codifiée à l'article 1649 quater-0 B ter du Code général des impôts, et indépendante de celle prévue par l'article 168 précité, cette méthode d'évaluation indiciaire du revenu imposable s'inscrit dans le cadre des mesures visant à lutter contre l'exercice d'activités illicites.

Lorsque, informés par les services de police judiciaire par la voie du droit de communication prévu par l'article L. 135 L du Livre des procédures fiscales ou par l'autorité judiciaire[175], les agents de l'administration fiscale constatent que certains éléments du train de vie du contribuable conduisent à évaluer un revenu égal au moins au double des revenus déclarés, la base d'imposition correspondant à ces indices peut être substituée à celle résultant de la déclaration.

1142. – **Apparence n'est pas toujours réalité.** Si la technique de l'évaluation indiciaire présente assurément des avantages en ce qu'elle repose sur des éléments objectifs et connus du contribuable par avance, des inconvénients existent. Le principal réside dans le choix des indices. La capacité contributive des contribuables n'est pas toujours apparente. L'apparence n'est pas nécessairement significative.

C. – L'évaluation réelle

1143. – **Imposition conforme à la réalité.** L'évaluation réelle représente la technique de liquidation de la matière imposable la plus courante. Elle est également la plus contraignante. Si elle permet une imposition conforme à l'exacte situation du contribuable, elle implique aussi, de la part du contribuable ou d'un tiers, la transmission d'informations à destination des services fiscaux de manière à leur permettre de liquider l'imposition et de contrôler le respect des obligations fiscales.

1144. – **Généralité de l'obligation déclarative.** Le support essentiel de cette information est la déclaration, même si les échanges automatisés se développent. Rares sont les contribuables qui, aujourd'hui, échappent à l'obligation de déclarer leur matière imposable.

Pour ne prendre que le cas de l'impôt sur le revenu, et en mettant en marge les personnes rattachées à un foyer fiscal, l'obligation est générale sauf à entrer dans les rares hypothèses prévues dans l'article 170 bis du Code général des impôts. Pour échapper à cette formalité, il faut notamment, selon le point 4 de l'article, résider dans un logement ayant une valeur locative annuelle inférieure à 150 € à Paris et dans un rayon de 30 kilomètres ou 114 € en province. Ces chiffres, qui n'ont jamais été révisés à la hausse pour suivre l'évolution du marché de l'immobilier, démontrent la volonté du législateur de souhaiter une participation générale au processus.

(174) CE, 25 mars 2012, n° 340.466, *Dana : Dr. fisc.* 2012, n° 17, comm. 280, concl. V. Daumas, note M. Pelletier ; *RJF* 6/2012, n° 553.
(175) LPF, art. L. 82 C et L. 101.

1145. – **Diversité des régimes d'imposition.** La déclaration peut être plus ou moins contraignante pour le contribuable. Il existe effectivement plusieurs régimes d'imposition dénommés réel normal et réel simplifié qui s'appliquent en matière de bénéfices professionnels et de taxe sur la valeur ajoutée. Ne peuvent relever du régime réel simplifié que les entreprises ayant une activité industrielle et commerciale et réalisant un chiffre d'affaires inférieur à 783 000 € pour une activité de ventes ou de fourniture de logement ou 236 000 € dans les autres cas[176]. La différence repose sur les formalités à accomplir : lourdes pour le régime normal, allégées pour le régime simplifié.

1146. – **Déduction des charges réelles.** L'évaluation réelle présente assurément beaucoup d'avantages. Elle permet d'imposer un contribuable conformément à sa situation, tout du moins celle qui est présentée à l'administration avant contrôle. Elle permet surtout aux contribuables de pouvoir déduire, sauf exceptions, l'ensemble des charges liées à l'acquisition ou à la conservation de la matière imposable. Mais cette technique d'évaluation n'est pas exempte de toute critique. La complexité des régimes d'imposition et la nécessité de transmettre un nombre important d'informations sur des formulaires souvent peu clairs sont perçues comme une contrainte par la plupart des contribuables. Il n'en demeure pas moins que l'évaluation de la matière imposable sur une base objective conforme à la réalité demeure la meilleure technique. Celle-ci peut d'ailleurs être combinée avec celle de l'évaluation forfaitaire pour certains éléments de la base d'imposition.

C'est ainsi que, pour l'impôt sur le revenu, les contribuables ont, par le jeu d'options qui leur est proposé, la possibilité, soit de voir leur base d'imposition évaluée sur une base réelle, soit de bénéficier d'une évaluation forfaitaire au titre des revenus imposables, soit de combiner les deux techniques. Ainsi en est-il du contribuable salarié par ailleurs propriétaire d'un logement mis en location qui, pour la liquidation de son salaire imposable, n'opte pas pour l'évaluation réelle de ses frais professionnels et qui, pour ses revenus fonciers, décide d'opter pour l'évaluation réelle en rejetant l'application du régime micro-foncier.

(176) CGI, art. 302 septies A.

CHAPITRE 2

LA LIQUIDATION DE L'IMPOSITION

La liquidation correspond à la phase de calcul de l'imposition, ultime étape avant son recouvrement. L'examen des acteurs de la liquidation (Section 1) va précéder celui de ses modalités (Section 2).

SECTION 1

LES ACTEURS DE LA LIQUIDATION

1147. – Diversité des acteurs. Calculer l'imposition à acquitter est souvent une opération complexe qui rebute nombre de contribuables. Quand bien même ne seraient-ils pas tenus de procéder à cette opération, beaucoup s'y aventurent. La volonté de connaître le prélèvement fiscal dont ils vont faire l'objet est la plus forte. Dans cette optique, des moyens sont aujourd'hui mis à leur disposition pour faciliter cette opération, soit sous la forme de notices, soit sous la forme de logiciels spécialisés et du site Internet du ministère des Finances. Car toutes les impositions ne sont pas liquidées par les services fiscaux (Sous-section 1). Certaines, à l'image de l'impôt de solidarité sur la fortune, le sont directement par les redevables légaux (Sous-section 2). D'autres le sont encore par des tiers (Sous-section 3).

SOUS-SECTION 1

LA LIQUIDATION DE L'IMPOSITION PAR L'ADMINISTRATION

1148. – Droits constatés. Les services fiscaux sont chargés de la phase de liquidation de l'imposition lorsque la créance fiscale est recouvrée par voie de rôle. Un avis d'imposition est alors envoyé au redevable pour l'informer du montant à acquitter.

Si seuls des impôts directs sont concernés par ce mode de recouvrement, tous ne le sont pas[1]. C'est ainsi que sont recouvrés par voie de rôle l'impôt sur le revenu,

(1) CGI, art. 1658. – LPF, art. L. 253.

les impôts directs locaux (taxe d'habitation, taxes foncières, cotisations foncières et sur la valeur ajoutée des entreprises) ou encore l'impôt de solidarité sur la fortune, tout du moins pour les redevables qui relèvent de l'article 885 W, I-2 du Code général des impôts, autrement dit ceux qui ne sont pas astreints à la souscription d'une déclaration spéciale (V. sur ce point *infra*, n° 1828). Même si le contribuable peut liquider sa propre imposition, il n'y est pas tenu et est en droit d'attendre l'information que l'administration fiscale doit lui notifier.

Le cas des acomptes est particulier (V. *infra*, n° 1150). On notera par ailleurs que les impositions normalement recouvrées par voie de rôle peuvent donner lieu à l'émission d'un avis de mise en recouvrement. La loi n° 2010-1658 du 29 décembre 2010 a en effet, par son article 55, modifié l'article 1658 du CGI en vue de l'autoriser. Selon le texte aujourd'hui applicable, « Les impôts directs et les taxes y assimilées sont recouvrées en vertu soit de rôles rendus exécutoires par arrêté du directeur général des finances publiques ou du préfet, soit d'avis de mise en recouvrement ». Une telle possibilité existait déjà en présence de débiteurs solidaires[2].

En revanche, ne le sont pas l'impôt sur les sociétés ou encore l'impôt de solidarité sur la fortune lorsque les redevables sont astreints à la souscription de la déclaration spéciale[3]. La liquidation de l'imposition incombe alors au déclarant ; le paiement du prélèvement fiscal étant exigé, en tout ou partie, au moment de cette formalité.

1149. – Rôle et avis d'imposition. Il ne faut pas confondre le rôle et l'avis d'imposition. Le rôle constitue le titre exécutoire. L'avis d'imposition n'est qu'un extrait du rôle communiqué pour information au contribuable. Il en ressort, de jurisprudence ancienne et constante, que la décision d'imposition ne saurait être contestée au motif d'une irrégularité affectant l'avis d'imposition[4]. Cela ne signifie pas que l'avis d'imposition se présente comme une formalité dépourvue de conséquences juridiques. Les juridictions considèrent en effet que l'exigibilité de l'imposition est suspendue tant que le contribuable ne l'a pas reçu, ce qui évidemment soulève un problème de preuve[5].

Sur les notions de date de mise en recouvrement, date d'exigibilité et date limite de paiement, V. *supra*, n° 1126.

1150. – Cas particulier des acomptes provisionnels. Un cas particulier doit être signalé avec le paiement des acomptes provisionnels en matière d'impôt sur le revenu[6].

Par ces versements anticipés, l'État s'assure de rentrées fiscales régulières pour couvrir les dépenses réalisées au cours de l'année budgétaire.

Une différence importante existe entre le régime applicable à ces acomptes et le versement de l'imposition principale. Même si une pratique administrative conduit à l'envoi d'une information, aucune disposition ne rend cette formalité obligatoire. Un contribuable ne peut donc pas se prévaloir de l'absence de réception de tels

(2) LPF, art. R. 256-2.
(3) CGI, art. 885 W, I-1. – V. *infra*, n° 1826.
(4) CE, 23 juill. 1926 : *Rec. CE* 1926, p. 777.
(5) CE, sect., 20 nov. 1992, n° 71.902, *Seigneur : Dr. fisc.* 1993, n° 11, comm. 567 ; *RJF* 1/1993, n° 143. – CE, 16 nov. 2011, n° 322.876, *Min. c/Bidal* : *RJF* 3/2012, n° 313.
(6) CGI, art. 1664.

documents pour juger du défaut d'exigibilité de son imposition. Nul n'étant censé ignorer la loi, y compris la loi fiscale, et sauf option pour le prélèvement mensuel, le paiement des deux acomptes doit normalement intervenir à partir, respectivement, du 31 janvier et du 30 avril. Sauf aménagements consentis, la date limite de paiement est fixée au 15 du mois suivant. Ce faisant, et sauf exception prévue à l'article 1681 septies du Code général des impôts en raison du montant de l'imposition et des acomptes, les contribuables sont tenus de procéder eux-mêmes à la liquidation de leur imposition.

1151. – **Autorités compétentes.** Lorsqu'un prélèvement est recouvré par voie de rôle, l'administration fiscale établit le rôle, le fait homologuer par le préfet ou le directeur général des finances publiques[7] et établit les avis d'imposition. Intervient alors le comptable public en vue du recouvrement.

Les impositions qui ne sont pas recouvrées par voie de rôle ne donnent pas lieu à la notification d'un avis d'imposition préalable à l'exigibilité effective de la créance fiscale. En revanche, l'inexécution de l'obligation fiscale de payer l'imposition entraîne la notification d'un avis de mise en recouvrement[8]. Ce dernier indique pour chaque imposition « le montant des droits, pénalités et des intérêts de retard »[9]. Ce faisant, l'opération de liquidation est là encore réalisée par l'administration fiscale.

SOUS-SECTION 2

LA LIQUIDATION DE L'IMPOSITION PAR LE REDEVABLE LÉGAL

1152. – **Paiement spontané du redevable.** Toutes les impositions – on vient de le constater – ne sont pas liquidées par les services fiscaux. Tel est le cas, pour les impôts directs, de l'impôt sur les sociétés et de l'impôt de solidarité sur la fortune pour les seuls redevables soumis à l'obligation de souscrire une déclaration spéciale[10]. Tous les impôts indirects, à l'image de la taxe sur la valeur ajoutée, sont aussi concernés. Dans ces différents cas, l'opération de liquidation incombe alors au redevable puisqu'il est contraint de procéder au paiement spontané de l'imposition primitive, sans attendre la notification d'un acte administratif l'y invitant.

1153. – **Délais de paiement.** Les délais de paiement varient selon les impositions.

1) En matière d'impôt de solidarité sur la fortune, la déclaration doit être transmise, accompagnée du paiement, avant le 15 juin de l'année d'imposition[11].

2) En matière d'impôt sur les sociétés, la liquidation relève de la responsabilité de la société et doit intervenir, au plus tard, le 15 du quatrième mois suivant la clôture de l'exercice ou, en l'absence de clôture durant l'année civile, le 15 mai de l'année suivante (V. *infra*, n°s 1716 et s.). En effet, ces dates fixent la période limite pour procéder

(7) CGI, art. 1658.
(8) LPF, art. L. 256.
(9) LPF, art. R. 256-1.
(10) CGI, art. 885, I-1. – V. *infra*, n° 1826.
(11) CGI, art. 885 W, I-1. – V. *infra*, n° 1826.

au règlement du solde éventuel de l'imposition lorsque les acomptes trimestriels préalablement acquittés au plus tard les 15 mars, 15 juin, 15 septembre et 15 décembre se révèlent insuffisants[12]. La liquidation de ces acomptes relève aussi de la responsabilité du contribuable. Là encore, aucun rôle n'est émis ni avis d'imposition envoyé.

3) La taxe sur la valeur ajoutée doit être liquidée par les redevables légaux à l'occasion de l'accomplissement de leurs obligations déclaratives[13] (V. *infra*, n°s 1324 et s.). Si la déclaration est mensuelle en cas d'application du régime réel normal, elle devient trimestrielle lorsque l'imposition exigible annuellement est inférieure à 4 000 €. Ceux qui relèvent du régime réel simplifié sont soumis à une obligation déclarative annuelle, exception faite du cas où le montant de TVA exigible au titre de l'année précédente dépasse 15 000 €. Dans ce dernier cas, la déclaration doit être mensuelle. À moins que la TVA due au titre de l'exercice précédent avant déduction de celle relative aux biens constituant des immobilisations soit inférieure à 1 000 €, le versement de deux acomptes semestriels est exigé en juillet et décembre d'un montant, respectivement, de 55 % et 40 % de l'imposition due au titre de l'exercice précédent avant déduction de la TVA relative aux biens constituant des immobilisations.

1154. – Autoliquidation de la TVA. D'application particulière, la procédure d'autoliquidation est devenue la règle en matière de taxe sur la valeur ajoutée depuis le 1er septembre 2006 pour les opérations intracommunautaires (V. *infra*, n° 1277). Le client identifié à la taxe sur la valeur ajoutée est alors normalement le redevable de l'imposition et devient chargé de la liquidation de la taxe sur la valeur ajoutée due[14].

SOUS-SECTION 3

LA LIQUIDATION DE L'IMPOSITION PAR UN TIERS

1155. – Prélèvement à la source. L'opération de liquidation d'une imposition peut relever de la compétence d'un tiers. Tel est le cas lorsque les prélèvements sont opérés à la source, c'est-à-dire en amont de tout versement. Le tiers agit comme collecteur de l'imposition qu'il reverse directement au Trésor public. Il lui appartient dès lors de calculer lui-même le montant du prélèvement fiscal. L'opération est d'autant plus simple que l'imposition est normalement proportionnelle. Le procédé de la retenue à la source est aujourd'hui essentiellement utilisé en France en matière de revenus de valeurs mobilières[15] mais peut aussi trouver à s'appliquer en matière de traitements et salaires, pensions et rentes viagères versés à des personnes non fiscalement domiciliées en France[16].

1156. – Avantages du prélèvement à la source. L'intérêt de la retenue à la source est de pallier les critiques formulées à l'encontre de la mise à contribution des contribuables dans le processus d'imposition. L'impact psychologique n'est pas

(12) CGI, art. 1668.
(13) CGI, art. 270 et 287.
(14) CGI, art. 283.
(15) CGI, art. 1672 et s.
(16) CGI, art. 182 A, 182 A bis, 182 A ter, 182 B et 1671 A.

à négliger. Mais il s'agit là aussi d'un dispositif intéressant, et couramment employé, dans les États où la population n'atteint pas un niveau suffisant d'alphabétisation. Le besoin en personnels qualifiés est également moins élevé.

Le projet de généraliser le prélèvement à la source en matière d'impôt sur le revenu fait périodiquement sa réapparition en France (V. *infra*, n° 1355). Plusieurs rapports lui ont été consacrés ces dernières années, à l'image du rapport *Bébéar* de mars 2007[(17)] ou bien encore du rapport du Conseil des prélèvements obligatoires de février 2012. Si le premier met en avant les avantages d'une telle réforme en raison de la suppression de l'année de décalage entre celle de réalisation des revenus et celle du paiement de l'imposition, le second juge a limité ses effets en termes de trésorerie pour l'État et de gestion pour les contribuables.

La volonté de concrétiser une promesse de la campagne présidentielle explique largement sa relance en cette fin du quinquennat de François Hollande. Faisant suite à l'annonce faite en Conseil des ministres le 17 mai 2015, la réforme est contenue dans l'article 38 du projet de loi de finances pour 2017 avec une entrée en application prévue le 1er janvier 2018, soit après les élections présidentielle et législatives... De même que pour la modification du taux de la taxe sur la valeur ajoutée ajoutée à la fin du quinquennat de Nicolas Sarkozy, son application dépendra donc largement de la majorité qui sortira des urnes aux élections législatives de 2017. De ce point de vue, on ne saurait affirmer, avec le Gouvernement dans le compte-rendu du Conseil des minitres du 28 septembre 2016, le caractère « irréversible » de la réforme annoncée.

Pour un article en faveur d'une telle réforme, V. M. Wolf, *Recouvrement de l'impôt sur le revenu : actualité de la retenue à la source : Dr. fisc.* 2013, n° 46, étude 507.

SECTION 2

LES MODALITÉS DE LA LIQUIDATION

1157. – L'imposition est un produit. L'opération d'imposition se présente comme un produit, une multiplication. Deux facteurs sont donc nécessaires. Le premier correspond à la base imposable évaluée ; le second au tarif. La notion de tarif ne doit cependant pas être entendue de manière trop restrictive, au sens de taux (Sous-section 1). Il ne s'agit pas seulement d'appliquer un taux proportionnel ou un barème progressif. La fiscalité étant utilisée comme outil d'intervention économique et sociale, des correctifs sont souvent prévus pour orienter le comportement des contribuables (Sous-section 2).

SOUS-SECTION 1

LE TARIF APPLICABLE

1158. – Compétence du législateur. Aux termes de l'article 34 de la Constitution de 1958, la fixation des taux relève de la compétence du législateur.

Les collectivités territoriales métropolitaines et assimilées, par la voie de leur organe délibérant, se voient reconnaître une marge de manœuvre (V. *infra*, nos 1971 et s.). Depuis la loi n° 80-10 du 10 janvier 1980, les

(17) R. Viricelle, C. Bébéar et F. Auvigné, *Rapport sur les modalités de mise en œuvre du prélèvement à la source de l'impôt sur le revenu en France*, Doc. fr., 2007.

taux des impôts directs locaux (taxe d'habitation, taxes foncières et cotisation foncière des entreprises) sont directement votés au niveau local. Leur liberté est toutefois fortement encadrée dès lors qu'existent non seulement un plafonnement des taux mais aussi un cadre contraignant pour leur fluctuation. La modification de l'article 72-2 de la Constitution n'a, de ce point de vue, pas changé la situation. Le texte constitutionnel prévoit certes une compétence des collectivités territoriales pour fixer les taux mais dans les limites définies par la loi. Tel était déjà le cas. Le champ de compétence des organes délibérants locaux s'est même réduit avec la réforme de la taxe professionnelle. En effet, et de manière à compenser la suppression des parts départementale et régionale de la taxe foncière sur les propriétés non bâties, une nouvelle taxe additionnelle à celle subsistant au profit du bloc communal est, depuis le 1er janvier 2011, créée sans aucune compétence reconnue aux organes délibérants locaux en matière de fixation des taux (V. *infra*, nos 1926 et s.).

1159. – **Impositions de quotité et impositions de répartition.** Les impositions se partagent entre impositions de quotité et impositions de répartition. Les premières se caractérisent par une connaissance du tarif applicable et non celle du produit fiscal à recouvrer. Les secondes présentent la situation inverse. Le total des recettes fiscales à recouvrer est identifié. Le tarif reste à définir. Partant du constat que l'administration a connaissance – ou peut avoir connaissance – des bases imposables des contribuables, une simple division permet alors de calculer le tarif du prélèvement. Une imposition de répartition est donc, ainsi que le nom le laisse entendre, une imposition qui est répartie entre les contribuables. À l'inverse, pour une imposition de quotité, le produit fiscal recouvré est théoriquement incertain. Théoriquement, car il est difficile d'affirmer qu'une imposition puisse être uniquement de quotité. Si elle peut certes l'être d'un point de vue technique, on imagine mal la fixation d'un taux en dehors de tout calcul préalable du produit fiscal attendu.

Les États modernes ont aujourd'hui délaissé les impositions de répartition. On ne peut, pour autant, affirmer le caractère récent des impositions de quotité. Elles existent en France depuis fort longtemps(18). La dîme saladine, déjà évoquée, était assise sur le revenu des immeubles et la valeur vénale des meubles. Son taux était de 10 %. En cela, cet impôt créé en 1188 était bien un impôt de quotité.

1160. – **Impositions à taux spécifique et impositions à taux *ad valorem*.** Une autre classification repose sur la différence entre les impositions à taux spécifique et celles à taux *ad valorem*. Le taux est dit *ad valorem* lorsque l'imposition est fonction de l'évaluation de la matière imposable.

Ainsi, pour un bien soumis au taux normal de la taxe sur la valeur ajoutée, l'imposition sera de 20 € pour un achat de 100 € hors taxe et de 100 € pour un achat de 500 €.

L'imposition au taux spécifique ne tient pas compte de la valeur de la matière imposable mais prend en compte sa quantité ou son volume.

En matière de droits d'enregistrement, un droit fixe de 125 € est ainsi exigé par acte lorsqu'il n'est ni soumis à une imposition proportionnelle ou progressive, ni exonéré ou tarifé(19).

1161. – **Impositions proportionnelles et impositions progressives.** Une dernière classification est celle qui oppose les impositions selon que le prélèvement est proportionnel ou progressif. Dans les deux cas, il s'agit d'impositions à taux *ad valorem*. La différence réside dans l'existence, pour une même assiette, d'un seul tarif ou d'une pluralité de tarifs formant un barème. Le tarif augmente donc avec la base d'imposition.

(18) J.-B. Maurice Vignes, *Histoire des doctrines sur l'impôt en France*, rééd., CEDAM, 1961, p. 77 et s.
(19) CGI, art. 680.

La taxe sur la valeur ajoutée constitue ainsi une imposition proportionnelle à taux *ad valorem*. Même si plusieurs taux existent (pour la France continentale : taux normal de 20 %, taux intermédiaire de 10 %, taux réduit de 5,5 % et taux super-réduit de 2,1 %), un même produit ou un même service sera toujours soumis à un seul taux, et ce quelle que soit sa valeur. L'achat d'un véhicule automobile ou d'une paire de chaussures est soumis au taux de 20 %. Peu importe l'assiette. Le taux est identique.

Selon un rapport du Conseil des prélèvements obligatoires, deux définitions d'un prélèvement progressif par rapport au revenu peuvent être retenues, l'une, plus réduite, repose sur le taux maximum l'autre, plus large, repose sur le taux moyen du prélèvement. Dans les deux cas, la progressivité par rapport au revenu s'exprime avec l'accroissement du taux en fonction du revenu[20]. La taxe sur la valeur ajoutée est alors considérée comme un prélèvement dégressif ou régressif, toujours par rapport au revenu[21]. On prendra garde de ne pas confondre l'imposition à taux proportionnel qu'est bien la taxe sur la valeur ajoutée et son appréciation par rapport au revenu qui peut conduire à juger cette imposition comme dégressive. Comme le soulignent les membres du CPO, « la TVA est à peu près proportionnelle (ou légèrement régressive) par rapport à la consommation, mais nettement régressive par rapport au revenu, compte tenu du fait que ceux disposant des revenus les plus faibles sont conduits à les dépenser en presque totalité, et que cette part du revenu consommé décroît avec celui-ci ; dit autrement, le taux d'épargne progresse avec le revenu »[22]. L'appréciation portée est donc ici relative.

L'impôt sur le revenu, l'impôt de solidarité sur la fortune, l'impôt sur les sociétés pour les petites et moyennes entreprises qui bénéficient de l'application du taux réduit de 15 % sur la fraction du bénéfice imposable qui n'excède pas 38.120 €[23] ou encore, et sauf cas de mutation au profit d'une personne sans lien de parenté ou au-delà du quatrième degré, les droits de mutation à titre gratuit constituent autant d'impositions progressives. On applique alors un barème en procédant tranche par tranche.

Exemple d'une donation faite par un parent à un enfant d'un montant, après abattement, de 14 000 €. Le barème progressif est défini dans l'article 777 du CGI (V. *infra*, n° 1898). Le tableau se présente de la manière suivante :

Fraction inférieure à 8 072 €	Taux applicable : 5 %
Fraction comprise entre 8 072 € et 12 109 €	Taux applicable : 10 %
Fraction comprise entre 12 109 € et 15 932 €	Taux applicable : 15 %

Les droits dus sont évalués tranche par tranche, soit un montant de 1 092 €.

Fraction inférieure à 8 072 €	Taux : 5 %	404 €
Fraction comprise entre 8 072 € et 12 109 €	Taux : 10 %	404 €
Fraction comprise entre 12 109 € et 14 000 €	Taux : 15 %	284 €

(20) Conseil des prélèvements obligatoires, *Prélèvements obligatoires sur les ménages : progressivité et effets redistributifs*, mai 2010, p. 21 et 22.
(21) *Ibid.*, p. 22.
(22) *Ibid.*, p. 23.
(23) CGI, art. 219, I-*b*. – V. *infra*, n° 1699.

Une imposition progressive permet de tenir compte de la capacité contributive des contribuables. L'impact de l'imposition n'est effectivement pas le même selon qu'on envisage un taux proportionnel ou un taux progressif. La progressivité va de pair avec l'idée de justice fiscale dont elle constitue le principal vecteur.

Retenir un taux proportionnel de 10 % pour l'imposition des revenus n'a pas la même incidence pour un contribuable dont les revenus ont été de 1 000 € que pour celui qui a perçu 10 000 €. Dans le premier cas, il ne subsiste que 900 €. Le deuxième contribuable dispose encore de 9 000 €.

La progressivité s'inscrit directement dans la logique souhaitée par les rédacteurs de la Déclaration des droits de l'homme et du citoyen de 1789. L'article 13 dispose en effet que « pour l'entretien de la force publique, et pour les dépenses d'administration, une contribution commune est indispensable : elle doit être également répartie entre tous les citoyens, en raison de leurs facultés ». La référence aux facultés contributives impose de tenir compte de la situation du contribuable et, partant, appelle une pluralité de tarifs.

On ne saurait cependant s'en tenir aux seuls taux partant du constat que les correctifs peuvent fort bien supprimer la progressivité et transformer une imposition *a priori* progressive en imposition proportionnelle.

SOUS-SECTION 2

LES CORRECTIFS DE L'IMPOSITION

1162. – Personnalisation de l'imposition. À lire l'article 13 de la déclaration de 1789, l'imposition a pour objectif de financer l'entretien de la force publique et les dépenses d'administration. Le développement de l'État-providence et des droits-créances rend cependant lointaine cette affirmation (V. *supra*, n°s 55 et s.). La fiscalité est aujourd'hui considérée comme un des principaux leviers à disposition des pouvoirs publics pour orienter le comportement économique des contribuables. Cela explique que la plupart des impositions aient un régime juridique complexe qui ne se limite pas à l'application d'un ou de plusieurs taux.

1163. – Réductions et crédits d'impôts. Parmi les correctifs susceptibles d'être rencontrés après application du taux ou du barème, figurent la réduction d'impôt et le crédit d'impôt. Si ces deux notions conduisent à une diminution de l'imposition à acquitter, la première ne peut emporter restitution d'un éventuel excédent.

Ainsi, une réduction d'impôt de 150 € ne permet pas de bénéficier d'une créance sur le Trésor public de 50 € si l'impôt à acquitter est de 100 €. Le crédit d'impôt, au contraire, le permet. Le passage d'un avantage fiscal de réduction en crédit d'impôt n'est pas anodin. Le législateur entend viser le plus grand nombre. Une illustration peut être trouvée dans l'avantage fiscal accordé au titre des frais de garde d'un enfant âgé de moins de six ans par une personne agréée[(24)]. Depuis le 1er janvier 2006, ce qui était auparavant une réduction est devenu un crédit d'impôt. Un foyer non imposable à l'impôt sur le revenu a désormais la possibilité de voir une partie des frais engagés pris en charge par l'État, et ce à raison d'un crédit d'impôt maximum de 50 % sans pouvoir dépasser 1 150 € par enfant.

(24) CGI, art. 200 quater B.

Cette modification s'est inscrite dans le cadre de la politique de développement des emplois de proximité au profit des familles.

Pour les correctifs en matière d'impôt sur le revenu, V. *infra*, n°s 1552 et s. À noter que la loi de finances pour 2009 a instauré un plafonnement de certains avantages fiscaux en matière d'impôt sur le revenu limités, pour 2013, à 10 000 €[25] (V. *infra*, n° 1543).

1164. – Complexité du système fiscal. Le nombre de dispositifs fiscaux est aujourd'hui important. Chaque année, le projet de loi de finances comporte une annexe dédiée aux dépenses fiscales. Ces dernières y sont définies comme « des dispositions législatives ou réglementaires dont la mise en œuvre entraîne pour l'État une perte de recettes et donc, pour les contribuables, un allègement de leur charge fiscale par rapport à ce qui serait résulté de l'application de la norme, c'est-à-dire des principes généraux du droit fiscal français ».

Le document annexé au projet de loi de finances opère une différence entre la dépense fiscale et les mesures qui font partie intégrante des modalités de calcul de l'imposition. C'est ainsi que les mécanismes de décote sont considérés comme ne constituant pas des dépenses fiscales selon ce document au motif qu'ils sont « intrinsèques au caractère progressif et redistributif de l'impôt ».

Alors que le Conseil des impôts, devenu le Conseil des prélèvements obligatoires, avait évalué à plus de quatre cents le nombre de « dépenses fiscales »[26], le rapport annexé au projet de loi de finances pour 2016 en a recensé 449 (contre 453 dans le précédent) dont 430 ayant un impact budgétaire pour 2016 pour un montant total de 83,3 Md €[27]. Près de 50 % des « dépenses fiscales » sont concentrées dans treize mesures ; les deux principales étant le crédit d'impôt en faveur de la compétitivité et de l'emploi (13 Md €) et le crédit d'impôt en faveur de la recherche (5,5 Md €)[28].

Le nombre élevé des mesures existantes rend évidemment difficile une bonne connaissance de la matière fiscale par l'ensemble des contribuables. Ces derniers ne sont donc plus placés dans la même situation. C'est bien le message qu'a entendu faire passer le Conseil constitutionnel dans sa décision relative à la loi de finances pour 2006[29].

Une disposition de la loi de finances votée avait pour objectif, à côté de la création de ce qui fut dénommé bouclier fiscal, d'un plafonnement des avantages fiscaux. Le dispositif était cependant si complexe à saisir, non dans son principe, mais dans sa mise en œuvre, que le Conseil constitutionnel l'a censuré. Certains passages de la décision du Conseil constitutionnel sont éloquents. On ne peut que partager le point de vue exprimé : « Considérant qu'en matière fiscale, la loi, lorsqu'elle atteint un niveau de complexité tel qu'elle devient inintelligible pour le citoyen, méconnaît en outre l'article 14 de la Déclaration de 1789, aux termes duquel : "Tous les citoyens ont le droit de constater, par eux-mêmes ou par leurs représentants, la nécessité de la contribution publique, de la consentir librement, d'en suivre l'emploi, et d'en déterminer la quotité, l'assiette, le recouvrement et la durée" »[30]. De même, comment ne pas soutenir l'affirmation selon laquelle « les destinataires des dispositions en cause ne sont pas seulement l'administration fiscale, mais aussi les contribuables »[31]. Les différents correctifs seront développés avec l'étude de chacune des impositions.

(25) CGI, art. 200-0 A.
(26) Conseil des impôts, *La fiscalité dérogatoire. Pour un réexamen des dépenses fiscales*, XXIe rapport, Doc. fr., 2003, p. 5.
(27) PLF 2016, *Voies et moyens*, t. 2, p. 15 et s.
(28) *Ibid.*, p. 21.
(29) Cons. const., 29 déc. 2005, n° 2005-530, *Loi de finances pour 2006 : Rec. Cons. const.* 2005, p. 168.
(30) Cons. d. 78.
(31) Cons. d. 82.

CHAPITRE 3

LE RECOUVREMENT DE L'IMPOSITION

Le recouvrement est l'ultime étape du processus de l'imposition. Seuls quelques aspects seront traités dans ce chapitre. L'analyse des acteurs de la liquidation de l'imposition a déjà permis d'introduire ce sujet (V. *supra*, n° 1147). On se limitera à l'étude des redevables de l'imposition (Section 1) et à son paiement (Section 2).

SECTION 1

LES REDEVABLES

Les redevables d'une imposition sont les personnes, physiques ou morales, tenues de régler la dette fiscale au profit du Trésor public. Une distinction doit être faite entre les redevables principaux (§ 1) et les redevables solidairement tenus à l'exécution de l'obligation (§ 2).

§ 1. – Les redevables principaux

1165. – **Personnes nommément désignées.** Les redevables principaux d'une imposition sont les personnes nommément désignées, soit dans le rôle ou l'avis d'imposition, soit dans l'avis de mise en recouvrement. Ce peut être soit une personne physique soit une personne morale.

On rappellera que les personnes morales passibles de l'impôt sur les sociétés sont redevables principaux du prélèvement. En revanche, les personnes morales dont les résultats sont imposés à l'impôt sur le revenu ne le sont pas. Seuls les associés de ces sociétés sont tenus à titre principal à l'exécution de l'obligation, et ce à proportion de leur quote-part dans la société.

§ 2. – Les redevables solidaires

1166. – Dispositifs législatifs. L'inexécution par les redevables principaux de leur obligation fiscale peut conduire les comptables publics à actionner des tiers tenus solidairement au paiement de la dette fiscale. Plusieurs dispositifs législatifs sont prévus à cet effet (V. *infra*, n°s 1167 et 1168).

Une convention conclue entre un redevable principal et un tiers ne peut pas être opposée par le premier auprès du comptable public compétent pour se libérer de sa dette fiscale.

1167. – Solidarité entre époux et entre partenaires d'un PACS. Parmi les cas de solidarité prévus dans le Code général des impôts, figure la solidarité entre époux – quel que soit le régime matrimonial – et entre partenaires signataires d'un PACS.

Expressément organisé par l'article 1691 bis du Code général des impôts en matière d'impôt sur le revenu en présence d'une imposition commune et, sous réserve de vivre sous le même toit, en matière de taxe d'habitation, ce régime connaît depuis le 1er janvier 2008 un dispositif de décharge de responsabilité également ouvert en matière d'impôt de solidarité sur la fortune[1].

La solidarité ne joue en matière d'impôt sur le revenu que pour la période d'imposition commune des époux[2].

La solidarité ne se présume pas. Alors même que l'article 1600-0 C du Code général des impôts dispose que la contribution sociale généralisée sur les revenus du patrimoine est établie, contrôlée et recouvrée conformément à l'article L. 136-6 du Code de la sécurité sociale et que cette dernière disposition rend applicables les mêmes règles que l'impôt sur le revenu concernant les sûretés, privilèges et sanctions, le Conseil d'État a jugé que la solidarité entre époux prévue en matière d'impôt sur le revenu ne s'étend pas à cette imposition. Rendue à propos de l'ancien article 1685, 2 du Code général des impôts, la solution doit être considérée comme valide à l'égard de l'article 1691 bis qui s'y est substitué[3].

Les personnes concernées par le régime de décharge de responsabilité sont les personnes divorcées ou séparées (dissolution du pacte civil de solidarité). La demande ne peut être formulée qu'une fois le jugement prononcé, la dissolution enregistrée, un abandon de domicile conjugal constaté ou qu'une autorisation ait été délivrée par un magistrat en vue de vivre dans des résidences séparées.

La décharge de solidarité est subordonnée à l'existence d'une disproportion marquée entre le montant de la dette fiscale et la situation financière et patrimoniale du demandeur, lequel ne doit pas avoir manqué à ses obligations fiscales.

Le montant de la décharge de solidarité varie selon l'imposition concernée. Pour l'impôt sur le revenu, la décharge est égale à la différence entre le montant de la cotisation établie pour la période d'imposition commune et la fraction de la cotisation correspondant aux revenus personnels du demandeur et à la moitié des revenus communs, ce qui inclut notamment la moitié des revenus des enfants et autres membres du foyer fiscal. Le principe est identique pour l'impôt de solidarité sur la fortune. Pour la taxe d'habitation, la décharge est égale à la moitié de la cotisation de taxe d'habitation mise à la charge des époux et partenaires signataires d'un PACS.

---

(1) CGI, art. 1691 bis, II et 1723 ter-00. – BOI-CTX-DRS-20120912.
(2) CE, 17 mai 2013, n° 348.892, *Fernandez-Hevia* : *Dr. fisc.* 2013, n° 39, comm. 449, note A. Bonnet : *RJF* 8-9/2013, n° 871.
(3) CE, 10 juill. 2012, n° 336.492, *Augé* : *Dr. fisc.* 2012, n° 45, comm. 512 ; *RJF* 11/2012, n° 1072.

1168. – Autres cas de solidarité. D'autres cas de solidarité fiscale sont codifiés dans le Code général des impôts. Ils concernent les sociétés membres d'un groupe intégré[4], les héritiers à raison de leur quote-part successorale[5], les cessionnaires d'une entreprise au titre de l'imposition de ses résultats[6], les propriétaires d'un fonds de commerce vis-à-vis des impôts directs liés à l'exploitation[7], les propriétaires au titre de la taxe d'habitation[8] et de la cotisation foncière des entreprises[9], les personnes condamnées pour complicité de fraude fiscale et celles qui ont été complices ou coauteurs du défaut ou de l'insuffisance de reversement de l'impôt sur le revenu retenu à la source[10] mais aussi, et de manière plus générale, toute personne qui a fait l'objet d'une condamnation définitive pour fraude fiscale, lesquelles sont solidairement tenues au paiement de l'impôt et des pénalités fiscales avec le redevable légal de l'imposition[11].

Le cas des dirigeants de sociétés doit être signalé en raison de la possibilité de mettre en jeu leur responsabilité lorsque, par des manœuvres frauduleuses ou l'inobservation grave et répétée des obligations fiscales, ils ont rendu impossible le recouvrement des impositions et pénalités dues par la société[12]. Seuls les dirigeants assumant effectivement la direction de l'entreprise sont concernés par le dispositif codifié à l'article L. 267 du Livre des procédures fiscales. La mise en jeu de la responsabilité solidaire du dirigeant est subordonnée à l'intervention du président du tribunal de grande instance sur la demande du comptable public chargé du recouvrement. Le magistrat statue selon la procédure dite à jour fixe[13] conformément à l'article R. 267-1 du Livre des procédures fiscales. La reconnaissance de la responsabilité solidaire du dirigeant a pour conséquence de le rendre redevable de l'ensemble de la dette fiscale sociale. La possibilité est néanmoins ouverte au dirigeant condamné d'agir au moyen d'une action récursoire auprès de la société aux fins d'obtenir un remboursement.

Une décharge de solidarité peut être accordée par l'administration fiscale pour le paiement d'imposition incombant à des tiers[14].

SECTION 2

LE PAIEMENT

Une des obligations fiscales qui incombent aux contribuables est d'acquitter leur dette fiscale. Si plusieurs modes de paiement leur sont proposés (§ 2), il leur est tout de même reconnu la possibilité de solliciter de l'administration une mesure de bienveillance dans le cadre de ce qu'il est convenu d'appeler la juridiction gracieuse (§ 1).

(4) CGI, art. 223 A.
(5) CGI, art. 1682.
(6) CGI, art. 1684, 1 et 1684, 2.
(7) CGI, art. 1684, 3.
(8) CGI, art. 1686.
(9) CGI, art. 1687.
(10) CGI, art. 1691.
(11) CGI, art. 1745.
(12) LPF, art. L. 267.
(13) CPC, art. 788 à 792.
(14) LPF, art. L. 247.

§ 1. – La juridiction gracieuse

1169. – **Transaction.** Tant qu'une imposition n'est pas devenue définitive, et sauf exceptions prévues par la loi, une transaction peut être conclue entre l'administration et le contribuable en vue d'atténuer les intérêts de retard et pénalités mis à sa charge[15] (V. aussi *supra*, n°s 913 et s.).

Sur le sujet, voir V. Daumas, *La transaction en matière fiscale : le genre de proposition qu'on ne peut pas refuser ?* : *RJF* 5/2009, p. 387-391.

A noter que, par le vote de la loi du 6 décembre 2013 de lutte contre la fraude fiscale et la grande délinquance économique et financière[16], le législateur a restreint le recours à la transaction puisque l'administration perd le droit de transiger lorsqu'elle entend mettre en mouvement l'action publique pour les infractions codifiées dans le Code général des impôts ou lorsque le contribuable « met en œuvre des manœuvres dilatoires visant à nuire au bon déroulement du contrôle »[17]. En outre, l'avantage retiré par le contribuable de la conclusion d'une transaction devra « garanti [r] le respect de la hiérarchie des sanctions » codifiées dans les articles 1728 et suivants du Code général des impôts[18].

Cette possibilité est également ouverte à l'égard des infractions pénales, tout du moins avant la mise en mouvement de l'action publique[19]. Une fois l'action publique mise en mouvement, l'article L. 249 du Livre des procédures fiscales n'autorise en effet une telle procédure qu'à l'égard des seules contributions indirectes et après accord de l'autorité judiciaire.

L'accord de principe doit émaner du ministère public lorsque l'infraction est passible de sanctions fiscales et de peines et par le président de la juridiction lorsque l'infraction n'est passible que de sanctions fiscales[20].

Lorsque la transaction est conclue et devient définitive, après accomplissement des obligations prévues, elle fait obstacle à toute action contentieuse.

Une affaire permet de souligner la portée de la transaction : une société avait fait l'objet d'une procédure d'imposition à l'issue de laquelle un rappel de taxe sur la valeur ajoutée avait été notifié avec des pénalités dont le montant fut revu à la baisse à la suite d'une transaction. Une proposition a été transmise au contribuable accompagnée de deux exemplaires à signer. Le contribuable et les services fiscaux les ont signés alors qu'une erreur, non détectée par ces derniers, avait été commise dans leur rédaction. Le montant des pénalités était en effet porté à 190 F en lieu et place de 190 000 F. Le Conseil d'État n'a pas fait droit à la contestation de l'administration en considérant que la transaction était définitive[21].

1170. – **Remise gracieuse.** L'administration fiscale peut consentir une remise non seulement des droits en principal pour les seuls impôts directs mais aussi des pénalités, des frais de poursuite et des intérêts, et ce sous réserve que l'imposition soit devenue définitive.

La remise des droits en principal – en totalité ou en partie – n'est prévue que pour les seuls impôts directs régulièrement établis et lorsque le contribuable est en situation de gêne ou d'indigence[22].

(15) LPF, art. L. 247.
(16) *JO* 7 déc. 2013, art. 15.
(17) LPF, art. L. 247.
(18) LPF, art. L. 247-0 A.
(19) LPF, art. L. 248.
(20) LPF, art. L. 249, al. 2.
(21) CE, 28 sept. 1983, n° 11.513, *Sté des Éts Prévost* : *Dr. fisc.* 1984, n° 41, comm. 1752.
(22) LPF, art. L. 247, 1°.

Ceux qui se sont inscrits dans le cadre de la procédure de surendettement bénéficient d'une remise au moins égale à ce que la commission de surendettement des particuliers a recommandé[23].

Le constat peut être opéré que le législateur a non seulement limité la remise des droits en principal aux seuls impôts directs en cas de gêne ou d'indigence mais aussi exclu – expressément – les droits d'enregistrement, la taxe de publicité foncière, les droits de timbre, les taxes sur le chiffre d'affaires, les contributions indirectes et taxes assimilées[24]. Il faut observer que, à la différence des impôts directs, le temps qui s'écoule entre le fait générateur et l'exigibilité de l'imposition est très faible, voire, nul. Ce faisant, la situation du contribuable est différente. En somme, pour les prélèvements indirects, le législateur considère que le contribuable doit s'abstenir s'il ne peut payer.

Une remise de dettes peut aussi être accordée lorsqu'une procédure de conciliation est engagée[25] ou un plan de sauvegarde est arrêté[26].

La remise des majorations et amendes, en totalité ou en partie, est également possible lorsque les impositions auxquelles elles s'ajoutent sont définitives. On pourra d'ailleurs relever, sans que ce prélèvement présente le caractère d'une sanction, que le législateur a complété la liste avec les intérêts de retard.

Lorsque la demande formulée en vue d'obtenir une remise concerne les majorations infligées en application de l'article 1729 du CGI, et lorsqu'elles font suite à une rectification en lien avec le domaine d'intervention, la saisine de la commission départementale ou nationale des impôts est nécessaire pour avis[27].

Une demande de remise est encore possible lorsque les sanctions sont prononcées par une juridiction, et ce sur avis conforme du président de la juridiction[28].

§ 2. – Les modes de paiement

L'exécution de l'obligation fiscale est normalement réalisée par le redevable au moyen de modes de paiement classiques (A). Certaines solutions particulières permettent cependant au débiteur de régler sa dette fiscale en nature ou à l'aide d'une autre créance sur le Trésor public (B).

A. – Les modes de paiement classiques

1171. – **Diversité des modes de paiement.** Les différents modes de paiement usuellement utilisés sont admis en matière fiscale, que ce soit un règlement en numéraires, par chèque[29], par titre interbancaire de paiement, par carte bancaire, par virement, par mandat-carte[30] ou encore par prélèvement automatique.

Cette diversité des modes de paiement n'implique cependant pas toujours une liberté totale du débiteur.

Un paiement en espèces est ainsi exclu lorsque l'imposition excède 300 €, seuil qui était de 3 000 € avant le 1er janvier 2014[31].

(23) LPF, art. L. 247 A.
(24) LPF, art. L. 247, al. 7.
(25) LPF, art. L. 247 B.
(26) LPF, art. L. 247 C et D.
(27) LPF, art. L. 250.
(28) LPF, art. L. 249.
(29) CGI, ann. IV, art. 199 et s.
(30) CGI, ann. III, art. 382.
(31) CGI, art. 1680.

Le paiement par voie électronique peut être imposé[32]. Il l'est d'ailleurs de plus en plus. Comme l'a indiqué une réponse ministérielle publiée le 15 janvier 2013, « L'obligation de payer par virement, prélèvement ou télépaiement participe d'un mouvement général de dématérialisation des échanges entre l'administration, les circuits bancaires et les usagers et de modernisation des modalités de paiement des impôts des particuliers et des professionnels. Cette procédure constitue pour les usagers un moyen d'automatiser les opérations de gestion relatives au paiement de l'impôt et de sécurisation pour l'État de ses encaissements au-delà d'un montant élevé, dans un contexte de réduction des coûts de gestion et de recouvrement des impôts »[33].

Ne pas procéder au paiement par voie électronique expose les redevables à l'infliction d'une majoration de 0,2 %[34], et ce même lorsque ces derniers se sont libérés de leur dette fiscale en procédant à un paiement par d'autres voies[35].

1172. – **Prélèvement automatique périodique.** Les contribuables sont incités de plus en plus à régler leurs impositions au moyen d'un prélèvement automatique mensuel. Cette voie présente un avantage pour l'État dès lors qu'elle lui assure des rentrées régulières – ce qui évite un recours plus important aux opérations de trésorerie – au même titre qu'elle permet aux contribuables de lisser le paiement sur l'année. Il ne s'agit là cependant, pour le moment, que d'une option.

Pour les impôts directs, cette possibilité est ouverte en matière d'impôt sur le revenu[36], de taxe d'habitation[37], de taxes foncières[38], de cotisation foncière des entreprises[39] ou encore d'impôt de solidarité sur la fortune pour les redevables qui n'ont pas eu à souscrire une déclaration spéciale conformément à l'article 885 W, I-2 du CGI[40].

B. – Les modes de paiement particuliers

Deux modes de paiement particuliers méritent quelques développements puisque l'imposition peut être acquittée en nature, sous la forme d'une dation en paiement (1°), ou être réglée au moyen de créances détenues sur le Trésor public (2°).

1° La dation en paiement

1173. – **Procédé exceptionnel.** Sous réserve d'excéder 10 000 €, certaines impositions peuvent être acquittées au moyen d'une dation en paiement. Seuls sont concernés les droits de mutation à titre gratuit, le droit de partage et l'impôt de solidarité sur la fortune[41].

Il s'agit d'un mode exceptionnel d'extinction de la dette fiscale par voie de remise d'un élément en nature qui, sauf à provenir d'une mutation à titre gratuit, doit être détenu depuis au moins cinq années et consister soit en une œuvre d'art ou un objet de collection, soit en un immeuble situé dans une zone d'intervention du Conservatoire de l'espace littoral et des rivages lacustres, soit en un immeuble

(32) CGI, art. 1681 quinquies et s.
(33) Rép. min. n° 5884, D. Meslot : *JOAN* 15 janv. 2013, p. 497.
(34) CGI, art. 1738.
(35) Rép. min. préc.
(36) CGI, art. 1681 A et s.
(37) CGI, art. 1681 ter.
(38) CGI, art. 1681 ter B.
(39) CGI, art. 1681 quarter A.
(40) CGI, art. 1723 ter 00-A.
(41) CGI, art. 1716 bis et 1723 ter 00-A.

en nature de bois ou forêts ou espaces naturels pouvant être incorporé au domaine forestier de l'État.

Ce mode de paiement exceptionnel résulte de la loi Malraux du 31 décembre 1968 et avait, à l'origine, pour objectif de préserver les éléments du patrimoine national sur le territoire français. Les musées français en ont bénéficié. Le procédé a progressivement vu son champ d'application s'étendre avec les immeubles situés dans les zones d'intervention du Conservatoire de l'espace littoral et des rivages lacustres, les espaces susceptibles d'être incorporés dans le domaine forestier de l'État, des immeubles destinés à être transmis à une collectivité territoriale ou un organisme d'habitations à loyer modéré ou encore avec la remise de titres en vue de les céder à titre gratuit à un établissement public d'enseignement supérieur ou à une fondation de recherche. Face cependant au constat de l'inutilisation du procédé dans ces derniers cas, la liste a été réduite avec la loi de finances rectificative pour 2011[42].

De 1972 à 2009, 700 dossiers visant à acquitter une imposition par voie de dation en paiement ont été déposés. 58 % ont été agréés par le ministre du Budget pour un montant global de 809 M€. La dation en paiement la plus connue est sans doute celle liée à la succession de Pablo Picasso (232 tableaux, 246 sculptures et 3 100 dessins et gravures)[43].

1174. – **Agrément de l'État.** La dation en paiement repose sur le principe de l'accord réciproque entre, d'une part, le redevable qui formule la proposition sans pouvoir la retirer durant une période de six mois, voire neuf mois sur décision motivée de l'autorité administrative et, d'autre part, les représentants de l'État qui sont libres de l'accepter ou de la refuser. La procédure est donc subordonnée à la délivrance d'un agrément (sur ce sujet, V. *infra*, n°s 924 et 926).

2° La compensation

1175. – **Compensation inopposable au comptable public.** La créance fiscale n'est pas une créance ordinaire. Alors que la compensation est de droit en matière civile en application de l'article 1289 du Code civil (C. civ., art. 1347 et s. à compter du 1er octobre 2016), elle ne l'est pas en matière fiscale. Un contribuable ne peut ainsi considérer sa dette fiscale éteinte au seul motif d'être titulaire d'une créance sur le Trésor public d'un montant identique. Le Conseil d'État rejette cette possibilité[44]. L'interdiction de procéder par voie de compensation vient du caractère insaisissable des créances publiques[45]. Un contribuable est donc dans l'impossibilité d'y procéder. Cette restriction ne s'applique cependant pas au comptable public.

1176. – **Compensation admissible par le comptable public.** Le principe de l'insaisissabilité doit s'analyser comme un principe de protection qui, dès lors, peut être opposé au même titre qu'il peut ne pas l'être. Le comptable public peut donc éteindre une dette fiscale par compensation avec une autre créance fiscale. Aucune disposition législative ni aucun principe général du droit ne s'y opposent[46].

Cette possibilité a été confirmée par le législateur. Entré en vigueur le 16 avril 2009, l'article L. 257 B du Livre des procédures fiscales autorise depuis lors le comptable

(42) L. fin. rect. 28 déc. 2011, n° 2011-1978, art. 57 : *Dr. fisc.* 2012, n° 4, comm. 110.
(43) V. J.-P. Plancade, *Rapport d'information sur le marché de l'art contemporain en France, Rapp. Sénat* n° 164, 2011, p. 81.
(44) CE, 3 janv. 1973, n° 82.270 : *Dr. fisc.* 1973, n° 27, comm. 996.
(45) CE, 3 mars 1956 : *D.* 1956, somm. 135.
(46) CE, 27 juill. 2005, n° 257.241, *Sté Tecenet AG* : *Dr. fisc.* 2006, n° 3, comm. 75 ; *BDCF* 11/2005, n° 140, concl. P. Collin.

public compétent, sous réserve que les créances soient liquides et exigibles, « à affecter au paiement des impôts, droits, taxes, pénalités ou intérêts de retard dus par un redevable les remboursements, dégrèvements ou restitutions d'impôts, droits, taxes, pénalités ou intérêts de retard constatés au bénéfice de celui-ci »(47).

Bibliographie spéciale concernant l'étude générale des techniques juridiques de l'imposition

- **Ouvrages et rapports publics.** C. Bas, *Le fait générateur de l'impôt*, L'Harmattan, 2007. – P. Beltrame et L. Mehl, *Techniques, politiques et institutions fiscales comparées*, PUF, 1997. – B. Castagnède, *Précis de fiscalité internationale*, PUF, 5e éd., 2015. – M. Collet, *Droit fiscal*, PUF, 5e éd., 2015. – M. Cozian, F. Deboissy et M. Chadefaux, *Précis de fiscalité des entreprises 2016-2017*, LexisNexis, 50e éd., 2016. – C. David, O. Fouquet, B. Plagnet et P.-F. Racine, *Les grands arrêts de la jurisprudence fiscale*, 5e éd., 2009. – M. Douay, *Le recouvrement de l'impôt*, LGDJ, 2005. – J.-B. Geffroy, *Grands problèmes fiscaux contemporains*, PUF, 1993. – G. Goulard, *Clarifier le régime fiscal des associations*, Doc. fr., 1998. – D. Gutmann, *Droit fiscal des affaires*, LGDJ, 7e éd., 2016. – J. Lamarque, *Droit fiscal général*, Litec, 1998. – G. Legrand, *Le recouvrement de l'impôt*, Litec, 2006. – A. Lefeuvre, *Le paiement en droit fiscal*, L'Harmattan, 2002. – R. Stourm, *Systèmes généraux d'impôts*, F. Alcan, 1912. – Rapports du Conseil des impôts et du Conseil des prélèvements obligatoires publiés à La Documentation française.
- **Articles.** L. Ayrault, *Personne publique et droit fiscal*, in *La personnalité publique*, actes du colloque de l'AFDA, 2008, p. 199-212. – D. Berlin, *L'agrément fiscal : en sursis du droit communautaire ?* : *Mél. C. David*, LGDJ, 2005, p. 291 et s. – M. Cozian, *Images fiscales : transparence, semi-transparence, translucidité et opacité des sociétés* : *LPA* 1996, n° 11, p. 5 et s. – V. Daumas, *La transaction en matière fiscale : le genre de proposition qu'on ne peut pas refuser ?* : *RJF* 5/2009, p. 387-391. – C. Dantcheff, *Les évaluations. Principes généraux, évaluation des immeubles, évaluation des entreprises* : *Dr. fisc.* 2013, n° 45, étude 500. – C. de La Mardière, *La déclaration fiscale* : *RF fin. publ.* 2000, n° 71, p. 113 et s. – J. Maïa, *L'agrément fiscal : instrument d'intervention économique ou de sécurité juridique ?* : *RJF* 2/2001, p. 99 et s. – E. Mignon, *Fiscalité et concurrence : un nouveau champ herméneutique pour le juge ?* : *RJF* 11/1999, p. 823 et s. – B. Plagnet, *La consécration par le droit fiscal de la définition économique du revenu ?*, *Histoire du droit des finances publiques*, Economica, 1984, vol. II, p. 189 et s. – P.-F. Racine, *Réflexion sur la notion de revenu* : *BF Lefebvre* 2/1984, p. 67 et s. – P. Serlooten, *Faut-il sauver le régime fiscal de « semi-transparence » des sociétés de personnes ?* : *Dr. fisc.* 2007, n° 57, n° 700.

(47) BOI-REC-PREA-10-30-20120912.

TITRE 2

ÉTUDES PARTICULIÈRES DES TECHNIQUES JURIDIQUES DE L'IMPOSITION

SOUS-TITRE 1

L'IMPOSITION DE LA DÉPENSE

1177. – **Pluralité de prélèvements obligatoires.** Si la taxe sur la valeur ajoutée est le plus connu et le plus répandu à travers le monde[1] (Chapitre 1), d'autres prélèvements intègrent également la catégorie des impositions frappant la dépense. Les contributions indirectes en font partie (Chapitre 2) au même titre que les droits de douane. Ces derniers ne seront cependant pas développés dans la présente édition eu égard à leur régime juridique particulier.

(1) Selon l'OCDE, 164 États ont introduit un prélèvement de ce type dans leur système fiscal. Seuls les États-Unis d'Amérique font exception parmi les États membres de l'organisation : OECD, *Consumption Tax Trends*, 2014, p. 171 et s. (annexe B).

CHAPITRE 1

LA TAXE SUR LA VALEUR AJOUTÉE

1178. – Caractéristiques essentielles. La taxe sur la valeur ajoutée est juridiquement un impôt entrant, en droit interne, dans la catégorie légale des taxes sur le chiffre d'affaires (V. *supra*, n° 195).

Les caractéristiques essentielles du prélèvement peuvent être retrouvées dans le deuxième paragraphe de l'article premier de la directive européenne n° 2006/112/CE. Selon ce texte, « Le principe du système commun de TVA est d'appliquer aux biens et aux services un impôt général sur la consommation exactement proportionnel au prix des biens et des services, quel que soit le nombre des opérations intervenues dans le processus de production et de distribution antérieur au stade d'imposition. À chaque opération, la TVA, calculée sur le prix du bien ou du service au taux applicable à ce bien ou à ce service, est exigible déduction faite du montant de la taxe qui a grevé directement le coût des divers éléments constitutifs du prix. Le système commun de TVA est appliqué jusqu'au stade du commerce de détail inclus ».

La taxe sur la valeur ajoutée est donc : – un impôt général frappant les transactions, – un impôt proportionnel, – un impôt perçu à chaque stade du processus de production et de distribution jusqu'au consommateur final, – un impôt ouvrant droit à déduction de l'imposition acquittée au stade antérieur (TVA d'amont) de sorte que le prélèvement est économiquement supporté par le consommateur final.

L'identification de la taxe sur la valeur ajoutée est importante eu égard au contenu de l'article 401 de la directive n° 2006/112/CE. Même si le texte précise que « les dispositions de la présente directive ne font pas obstacle au maintien ou à l'introduction par un État membre (...) de tous impôts, droits et taxes n'ayant pas le caractère de taxes sur le chiffre d'affaires » – et non « n'ayant pas le caractère de la taxe sur la valeur ajoutée » – la notion autonome de taxe sur le chiffre d'affaires est encore aujourd'hui appréciée à l'aune des caractéristiques essentielles de la taxe sur la valeur ajoutée (sur le sujet, V. *supra*, n°s 201 et s.).

Selon la Cour de justice, « Pour apprécier si un impôt, un droit ou une taxe a le caractère de taxe sur le chiffre d'affaires, au sens de l'article 33 de la sixième directive [devenu l'article 401 de la directive n° 2006/112/CE], il y a notamment lieu de rechercher s'il a pour effet de compromettre le fonctionnement du système commun de TVA en grevant la circulation des biens et des services, et en frappant les transactions commerciales d'une façon comparable à celle qui caractérise la TVA »[(1)] sachant que « La Cour a précisé quelles sont les caractéristiques essentielles de la TVA. Nonobstant quelques différences de rédaction, il ressort de sa jurisprudence que lesdites caractéristiques sont au nombre de quatre : l'application générale de la taxe aux transactions ayant pour objet des biens ou des services ; la fixation de son montant proportionnellement au prix perçu par l'assujetti en contrepartie des biens et des services qu'il fournit ; la perception de la taxe à chaque stade du processus de production et de distribution, y compris celui de la vente au détail, quel que soit le nombre de transactions intervenues précédemment ; la déduction de la taxe due par un assujetti des montants acquittés lors des étapes précédentes du processus, de telle sorte que la taxe ne s'applique, à un stade donné, qu'à la valeur ajoutée à ce stade et que la charge finale de la taxe repose en définitive sur le consommateur (V. notamment, arrêt *Pelzl e.a.*, préc., point 21) »[(2)].

1179. – **Poids de l'impôt.** La taxe sur la valeur ajoutée représente environ la moitié des recettes fiscales du budget de l'État, ce qui en fait la première ressource fiscale en volume.

ANNÉE	2006	2007	2008	2009	2010	2011	2012	2013	2014	2015	2016
Produit net de TVA (Md €)	127,1	131,5	129,9	118,4	127,3	131,9	133,4	136,3	138,4	142,7	144,7
Recettes fisc. nettes (en Md €)	272,9	272,3	265,1	214,3	237	255	268,4	284	274,3	280,1	301,7
Part TVA/ Rec. fisc.	46,6 %	48,3 %	49 %	55,5 %	53,7 %	51,7 %	49,7 %	47,1 %	50,5 %	50,9 %	48 %

À l'exception de 2016, ces données correspondent aux données du rapport de la Cour des comptes consacré au budget de l'État 2015 (*Le budget de l'État en 2015, résultats et gestion*, mai 2016, p. 63) et, pour les produits annuels de TVA *nets des remboursements et dégrèvements*, à celles des projets de loi de règlement des comptes. Pour 2016, les données résultent du projet de loi de finances pour 2016.

L'augmentation sensible de la part du produit net de TVA dans les recettes fiscales nettes en 2009 s'explique très largement par la baisse concomitante du produit net d'impôt sur les sociétés.

Les remboursements et dégrèvements de TVA sont très importants. Ils se sont élevés à 49,6 Md € en 2014[(3)].

Le rendement élevé de la taxe sur la valeur ajoutée peut être mis en regard du coût modéré de sa gestion.

Évalué en 2010 à un milliard d'euros pour la seule Direction générale des finances publiques, en charge de 90 % de son recouvrement[(4)], ce dernier serait aujourd'hui plus faible. Tout en relevant le manque de fiabilité de la méthode retenue par la DGFiP, le Conseil des prélèvements obligatoires a fait état d'un coût de gestion de 679 millions d'euros pour l'année 2013, à comparer à celui

(1) CJCE, Gde ch., 3 oct. 2006, aff. C-475/03, *Banca popolare di Cremona*, pt 25.
(2) *Ibid.*, pt 28.
(3) Direction générale des finances publiques, *Cahier statistique* 2014, p. 37.
(4) Cour des comptes, *La gestion et le contrôle de la taxe sur la valeur ajoutée (TVA)*, févr. 2012, p. 10 et 51.

de 898 millions d'euros pour 2011[5]. Cette diminution tiendrait pour une large part à la généralisation des téléprocédures.

1180. – Impôt moderne. La taxe sur la valeur ajoutée est un impôt moderne à l'échelle de l'histoire fiscale de la France (V. *supra*, nos 196 et s.). On ne saurait cependant s'en tenir à loi n° 54-404 du 10 avril 1954[6] qui l'a instaurée sans porter un regard sur la période antérieure. Plus que pour toute autre imposition, le passé éclaire le présent. Le principe et les modalités de l'imposition que nous connaissons aujourd'hui sont en effet le fruit d'une succession de textes ; chacun ayant contribué à améliorer le dispositif afin de créer une imposition sur les échanges satisfaisante alliant tout à la fois simplicité, rendement et neutralité dans l'économie.

1181. – À la recherche de l'impôt idéal. Plusieurs textes ont contribué à l'apparition de la taxe sur la valeur ajoutée sachant qu'à l'image de l'impôt sur le revenu, l'impôt moderne sur la dépense a une origine intimement liée aux conflits armés mondiaux (V. également *supra*, n° 196). Le besoin de crédits publics lié à l'effort de guerre et de reconstruction a été déterminant.

1) La loi du 31 décembre 1917[7] est à l'origine de plusieurs prélèvements distincts : une taxe sur les paiements civils (art. 19 à 22), une taxe sur les paiements commerciaux (art. 23 à 26) et une taxe sur les biens et services dits de luxe (art. 27 et 28). Ces prélèvements ont été substitués, du moins dans leur champ, au droit de timbre de quittance prévu par l'article 18 de la loi du 23 août 1871 et modifié par l'article 28 de la loi du 15 juillet 1914.

La taxe sur les paiements civils était due pour tous les titres sous seing-privé, signés ou non, constatant un paiement au profit d'un non-commerçant ou d'un commerçant hors du cadre de son activité commerciale. Son paiement pouvait être effectué par l'apposition de timbres mobiles. Il en allait de même des paiements commerciaux d'un montant supérieur à 10 F, voire, sans titre lorsque le paiement dépassait 150 F. La taxe sur les paiements commerciaux ne frappait alors qu'une seule fois le circuit économique, lors de la dernière vente. Anticipant le principe de territorialité actuellement connu, les exportations étaient exonérées tandis que les importations étaient imposées. Dans tous les cas, y compris pour les paiements civils, l'imposition était égale à 0,2 % du montant de l'opération, taux porté à 10 % en présence de la vente d'un bien « class [é] comme étant de luxe »[8] ou d'une prestation de services réalisée par un « établissement de luxe »[9].

Si le dispositif était simple en apparence, le produit recouvré fut faible. L'explication peut raisonnablement être trouvée dans la fraude puisqu'il suffit, pour une imposition frappant le seul consommateur final, de dissimuler cette opération pour y échapper. C'est ce qui a sans doute justifié de privilégier une imposition en cascade.

Alors que le produit attendu de ces prélèvements était d'un milliard de francs, seuls 160 millions furent recouvrés. L'augmentation des dépenses publiques en 1920 a justifié leur réforme[10].

(5) Conseil des prélèvements obligatoires, *Taxe sur la valeur ajoutée*, déc. 2015, p. 60.
(6) *JO* 11 avr. 1954.
(7) *JO* 1er janv. 1918.
(8) L. 31 déc. 1917, art. 27.
(9) *Ibid.*, art. 28.
(10) J. Laferrière et M. Waline, *Traité élémentaire de science et de législation financières*, LGDJ, 1952, p. 553.

2) La loi du 25 juin 1920 a porté création, à compter du 1er juillet 1920, d'un impôt sur le chiffre des affaires faites en France sous la dénomination de taxe sur le chiffre d'affaires[11].

Les articles 54 et 73 de la loi du 25 juin 1920 ont abrogé les prélèvements développés *supra*, dans le point 1. Tout en l'aménageant, le législateur a cependant maintenu le principe d'une imposition majorée, en tant que taxe de luxe, sur certaines boissons alcooliques. Il sera mis fin à cette sur-imposition avec le décret-loi du 6 juillet 1934 (*JO* 7 juill.).

Son principe reposait sur l'imposition de l'ensemble des transactions d'un circuit économique. Les personnes imposables étaient « celles qui, habituellement ou occasionnellement, achètent pour revendre, ou accomplissent des actes relevant des professions assujetties à l'impôt sur les bénéfices industriels et commerciaux (...) ainsi que par les exploitants d'entreprises assujetties [minières] ».

La loi du 25 juin 1920 et les textes modificatifs ont été codifiés par le décret du 27 décembre 1934 pour former le Code de la taxe sur le chiffre d'affaires et des taxes uniques[12].

D'un rendement élevé, avec un taux applicable variant de 1 à 10 % du chiffre d'affaires, l'imposition frappait chacune des étapes d'un même circuit économique sans cependant permettre à l'assujetti de récupérer, par voie d'imputation ou de remboursement, l'imposition acquittée. Elle était donc répercutée sur le client, ce qui conduisait à rompre l'égalité entre les opérateurs économiques. En effet, plus le nombre d'intermédiaires était important, plus le prix était élevé.

Frappant toutes les transactions, le produit de la taxe sur le chiffre d'affaires était de 2,3 milliards de francs en 1922, 7,4 milliards de francs en 1926 et 13,5 milliards de francs en 1929[13].

C'est précisément ce constat qui va justifier, en complément à ce prélèvement, la création de taxes uniques à la production (par ex., taxe sur le sucre, taxe sur les soufres, taxes sur les corps gras...). Un même circuit économique n'était alors frappé qu'une seule fois. La complexité du dispositif et l'approche de la Seconde Guerre mondiale vont cependant contraindre les autorités publiques à une réforme.

3) Quand bien même quelques taxes uniques ont-elles perduré, la loi du 31 décembre 1936 a entendu rompre avec le dispositif antérieur en instaurant une taxe unique globale à la production composée d'un prélèvement fixé à l'origine à 6 % sur la plupart des ventes, applicable au dernier stade de la production, et d'un prélèvement de 2 % sur les prestations de services et ventes à consommer sur place[14].

De manière plus précise, les opérations entre producteurs en vue de la revente, soit en l'état, soit après transformation, et les produits destinés à être consommés par le premier usage au cours de la fabrication relevaient d'un régime de suspension d'imposition[15]. On évitait ainsi l'inconvénient de la loi précitée de 1920, à savoir un prélèvement contribuant à augmenter les prix.

Les contraintes budgétaires vont cependant, assez rapidement, conduire le Parlement à réintroduire, en complément, une imposition similaire à la taxe sur le chiffre

(11) L. 25 juin 1920, art. 59 et s. : *JO* 26 juin 1920.
(12) *JO* 29 déc. 1934.
(13) J. Laferrière et M. Waline, *Traité élémentaire de science et de législation financières*, LGDJ, 1952, p. 554.
(14) *JO* 1er janv. 1937.
(15) L. 31 déc. 1936, art. 12. – D. 27 janv. 1937, art. 2, § 2.

d'affaires de 1920 d'un montant de 1 % sur toutes les transactions commerciales. Dénommée taxe d'armement par le décret-loi du 21 avril 1939[16], elle est rapidement devenue, le 1er août 1940, la taxe sur les transactions après l'armistice[17]. Cette dernière s'est doublée d'une taxe additionnelle (taxe locale sur les ventes au détail et les prestations de services) dont le produit fut affecté aux collectivités territoriales avec la loi du 6 novembre 1941[18] en remplacement des droits d'octroi supprimés progessivement.

Face à la multiplication des impositions sur le chiffre d'affaires et devant la nécessité d'en accélérer le recouvrement, l'autorité réglementaire est alors intervenue à la suite de la loi du 24 septembre 1948 en édictant un décret du 25 septembre 1948 pour introduire le paiement fractionné, en lieu et place du régime de suspension, de la taxe unique globale à la production.

Selon l'article 12 de la loi du 24 septembre 1948, « Le Gouvernement est autorisé à prendre toutes mesures ayant pour objet de hâter le recouvrement de la taxe à la production, notamment par voie de modification ou de suppression du régime de suspension de taxe institué par l'article 9 et s. du Code des taxes sur le chiffre d'affaires./Des décrets contresignés par le ministre des Finances et des Affaires économiques détermineront les modalités d'application de cette disposition »[19]. Soucieux de répondre à l'attente du Parlement, le Gouvernement a hâté le pas, puisque le décret pris pour l'application de la loi l'a été en date du 25 septembre 1948, soit le lendemain du vote du texte législatif et la veille de sa publication au *Journal officiel*. Les deux textes ont donc été publiés le même jour, ce qui soulève la question de la légalité du décret puisque ses auteurs ne pouvaient se fonder sur un texte qui n'était pas encore, à l'époque, applicable. Le texte réglementaire trouve cependant un second fondement juridique dans la loi n° 48-1268 du 17 août 1948 qui, en son article 5, 2°, avait habilité le Gouvernement à procéder à une refonte d'ensemble des codes et textes fiscaux à l'effet notamment de coordonner les procédures de recouvrement[20].

Selon le principe posé, le régime de suspension du prélèvement a été abrogé, conduisant à ce que chaque opérateur économique soumette son opération à l'imposition. En contrepartie, les producteurs furent autorisés à déduire, chaque mois, de la taxe à la production celle qu'ils avaient eux-mêmes acquittée, du moins sur les seuls matières premières et biens assimilés. Apparaît ainsi le droit à déduction que l'on retrouve encore aujourd'hui en matière de taxe sur la valeur ajoutée, et ce même si son champ est beaucoup plus réduit à l'origine[21]. Il faut en effet attendre le décret n° 53-942 du 30 septembre 1953[22] pour constater une première extension en faveur des entreprises qui achètent ou importent des biens ayant donné lieu à amortissement. L'imposition acquittée est alors déductible pour moitié. Ce système va perdurer jusqu'à la loi de 1954.

1182. – Création de la taxe sur la valeur ajoutée. Par le vote de la loi n° 54-404 du 10 avril 1954[23], et en remplacement de la taxe à la production, le Parlement a créé deux prélèvements dont une taxe sur la valeur ajoutée portant sur les activités

(16) *JO* 22 avr. 1939.
(17) L. 26 juill. 1940 : *JO* 29 juill. 1940.
(18) *JO* 7 nov. 1941.
(19) L. n° 48-1479, 24 sept. 1948 : *JO* 26 sept. 1948, p. 9459.
(20) *JO* 18 août 1948.
(21) CGI, art. 271, 1.
(22) *JO* 1er oct. 1953.
(23) *JO* 11 avr. 1954.

industrielles ou commerciales et une taxe sur les prestations de services et sur « les importations de plans et de dessins fournis en exécution de marchés d'études »[24].

Le régime juridique des deux nouveaux prélèvements était différent, notamment quant aux taux applicables. Alors que deux taux s'appliquaient pour la France métropolitaine en matière de taxe sur la valeur ajoutée (taux normal de 16,85 % et taux réduit de 7,5 %), un seul s'appliquait aux prestations de services (taux de 5,8 %). Les taux ont augmenté d'un demi-point le 1er janvier 1955[25].

L'abrogation des dispositions fondant la taxe à la production n'a affecté ni la taxe sur les transactions et la taxe locale additionnelle, supprimées par le décret n° 55-465 du 30 avril 1955, ni la taxe sur les prestations de services (V. *supra*, n° 1181, 3), supprimée par la loi n° 66-10 du 6 janvier 1966[26].

Le texte ne s'inscrit cependant pas en rupture avec la période passée puisque, sauf dispositions expresses, le régime juridique antérieur continue de s'appliquer[27]. Son apport principal réside dans l'extension du droit à déduction à l'ensemble des éléments financiers grevant l'exploitation. Les services seront eux-mêmes intégrés dans le champ par le décret n° 55-867 portant règlement d'administration publique du 30 juin 1955[28].

Il faut attendre la loi n° 66-10 du 6 janvier 1966[29], entrée en application le 1er janvier 1968, pour constater la généralisation de la taxe sur la valeur ajoutée avec la suppression des taxes uniques subsistantes, de la taxe sur les prestations de services et de la taxe locale créée en 1955 à la suite de la suppression de la taxe locale sur le chiffre d'affaires[30]. Le champ de l'imposition a été élargi en conséquence[31]. Les exploitants agricoles et les professions non commerciales n'étaient certes pas encore compris de plein droit dans le champ d'application. La possibilité leur fut néanmoins reconnue de pouvoir opter pour leur assujettissement[32].

1183. – **Harmonisation européenne.** La construction d'un marché unique européen dépourvu de toute entrave a imposé une réflexion sur les impositions indirectes frappant la consommation. L'absence d'un minimum d'harmonisation, notion à ne pas confondre avec celle d'unification, aurait été effectivement de nature à gêner la libre circulation souhaitée des marchandises et des services. L'harmonisation rendue ainsi nécessaire a été progressivement mise en œuvre, et ce au moyen de directives européennes.

À l'origine de ce processus, se trouve la première directive communautaire n° 67/227/CEE du 11 avril 1967 dont la finalité était l'harmonisation des législations des États membres en matière de taxes sur le chiffre d'affaires autour du modèle français de taxe sur la valeur ajoutée. L'article 1er du texte imposait ainsi aux États membres de remplacer « leur système actuel de taxes sur le chiffre d'affaires par le système commun de taxe sur la valeur ajoutée », cette dernière étant définie dans l'article 2 comme « un impôt général sur la consommation exactement proportionnel au prix des biens et services, quel que soit le nombre des transactions

(24) L. 10 avr. 1954, art. 1er, 2°.
(25) L. 10 avr. 1954, art. 20, § III.
(26) *JO* 7 janv. 1966, art. 1er.
(27) *Ibid.*, art. 3.
(28) *JO* 1er juill. 1955.
(29) *JO* 7 janv. 1966.
(30) L. n° 66-10, 6 janv. 1966, art. 1er.
(31) *Ibid.*, art. 3, 1.
(32) *Ibid.*, art. 5, 1.

intervenues dans le processus de production » et combinant paiement fractionné et droit à déduction de l'impôt acquitté en amont.

Comme le précise encore l'article 2 de la première directive, « à chaque transaction, la taxe sur la valeur ajoutée, calculée sur le prix du bien ou du service au taux applicable à ce bien ou à ce service, est exigible déduction faite du montant de la taxe sur la valeur ajoutée qui a grevé directement le coût des divers éléments constitutifs du prix ».

Plusieurs autres directives ont été adoptées à la suite, notamment la sixième directive n° 77/388/CEE du 17 mai 1977 à laquelle s'est substituée celle du 28 novembre 2006 (n° 2006/112/CE) dont le texte constitue aujourd'hui la base du droit européen de la taxe sur la valeur ajoutée. Ce texte a fait l'objet de plusieurs modifications qui témoignent que le régime juridique de ce prélèvement n'est pas figé, à l'image de la directive n° 2008/8/CE du 12 février 2008 qui a modifié de manière substantielle les règles de territorialité applicables aux prestations de services.

On signalera également la publication plus récente du règlement d'exécution (UE) n° 282/2011 du Conseil du 15 mars 2011[33] qui a refondu le règlement (CE) n° 1777/2005 du Conseil du 17 octobre 2005 portant mesures d'exécution de la sixième directive. Le règlement européen n° 282/2011 a été modifié par le règlement (UE) n° 1042/2013 du 7 octobre 2013[34].

1184. – Impôt national. Si le droit de la taxe sur la valeur ajoutée est très largement régi par les règles du droit de l'Union européenne, ce prélèvement ne constitue pas, d'un point de vue strictement juridique, un impôt européen. L'autorisation de procéder à son recouvrement dépend en effet toujours du vote par le Parlement national de l'article 1er de la loi de finances initiale et, partant, de la compétence du législateur national. Même si une fraction de ses recettes est affectée au budget de l'Union européenne, ce n'est que par la voie d'un reversement depuis le budget général de l'État (V. *infra*, n° 1185).

Au constat de l'exigence d'une autorisation législative de recouvrement de l'imposition se rajoute celui de la non-application des dispositions européennes afférentes à la taxe sur la valeur ajoutée en outre-mer. Une telle imposition existe certes en Guadeloupe, en Martinique et à La Réunion mais avec des règles juridiques qui n'ont pas à répondre aux prescriptions du droit de l'Union européenne (V. *infra*, nos 1114 et 1210).

1185. – Ressource européenne. La taxe sur la valeur ajoutée constitue depuis le Conseil européen de Luxembourg des 21 et 22 avril 1970 – dans les faits depuis 1979 – la base de l'une des ressources de l'Union européenne.

En 2015, la ressource TVA a représenté 13,9 % des recettes de l'Union européenne (18 Md €). Elle devrait représenter 13,07 % en 2016 (18,8 Md €)[35].

1) Le cadre financier pluriannuel européen 2007-2013

Conformément au cadre financier pluriannuel européen 2007-2013, chaque État membre était tenu de procéder au versement d'une contribution d'un montant égal au produit d'un taux et d'une assiette TVA harmonisée et plafonnée.

(33) *JOUE* 23 mars 2011.
(34) *JOUE* 26 oct. 2013.
(35) Budget général de l'Union européenne : *JOUE* 24 févr. 2016, p. I/13.

Le cadre financier pluriannuel européen 2007-2013 a été défini dans l'accord interinstitutionnel du 17 mai 2006[(36)] à la suite du Conseil européen de Bruxelles des 15 et 16 décembre 2005[(37)].

L'assiette du reversement était égale à 1 % d'une assiette TVA harmonisée, elle-même plafonnée à la moitié d'un montant égal à 1 % du revenu national brut de l'État. Le plafonnement a ainsi profité à quatre pays pour l'exercice 2013 (Chypre, Luxembourg, Malte et la Slovénie)[(38)].

L'objectif poursuivi par l'application d'une telle méthode, en lieu et place d'une fraction du produit recouvré, était de pallier l'absence d'unité du régime juridique de la taxe sur la valeur ajoutée au sein de l'Union européenne. Celle-ci n'était d'ailleurs pas recherchée puisque le taux appliqué à l'assiette harmonisée n'était pas le même selon les États.

Le taux appliqué à la base de calcul ainsi liquidée était de 0,3 %. Quelques États bénéficiaient cependant d'un taux plus réduit. C'est ainsi que l'Autriche se voyait appliquer un taux de 0,225 %, l'Allemagne un taux de 0,150 % et les Pays-Bas et la Suède un taux de 0,1 %[(39)].

Hors correction britannique, avec l'application d'un taux de 0,3 %, la contribution TVA de la France prévue au budget européen s'est élevée à 2,95 Md € en 2013, ce qui plaçait la France en première position devant le Royaume-Uni (2,90 Md €) et l'Italie (1,99 Md €)[(40)].

Complexe et ne présentant pas le caractère d'une véritable ressource propre, le dispositif a été contesté. Une résolution fut ainsi votée par le Parlement européen le 29 mars 2007 dite « résolution Lamassoure » en faveur de sa suppression[(41)]. À la suite de consultations initiées à partir de 2008 pour répondre au réexamen du budget prévu lors du Conseil européen de décembre 2005, la Commission européenne a été dans le même sens dans une communication le 19 octobre 2010[(42)]. Soutenues par le Parlement européen, ses propositions ont été adoptées en 2011 visant à remplacer au 31 décembre 2013 la ressource TVA par une nouvelle ressource TVA et à créer une taxe sur les transactions financières.

On se reportera principalement à la proposition de décision adoptée le 29 juin 2011 relative aux ressources propres de l'Union européenne[(43)] modifiée le 9 novembre 2011[(44)] et à la proposition de règlement adoptée à cette dernière date relative aux modalités et à la procédure de mise à disposition de la ressource propre fondée sur la taxe sur la valeur ajoutée[(45)]. Ces mesures ont fait l'objet de résolutions de soutien du Parlement européen[(46)].

Si la date du 31 décembre 2013 n'a finalement pas été retenue, le Conseil européen des 7 et 8 février 2013 a entériné l'idée d'une réforme de la ressource TVA, ce qui a ouvert la voie à l'adoption du cadre financier pluriannuel européen 2014-2020. Un accord politique d'ensemble a été obtenu le 27 juin 2013 entre le Conseil européen, la Commission européenne et le Parlement européen. Sans revenir sur la volonté politique affichée de réformer le système de ressources propres, il a été décidé de réexaminer la question à mi-parcours du cadre financier et de créer un

(36) *JOCE* n° C 139, 14 juin 2006.
(37) Déc. n° 15915/05, *Perspectives financières 2007-2013*.
(38) Budget général de l'Union européenne : *JOUE* 8 mars 2013, p. I/14.
(39) Budget général de l'Union européenne : *JOUE* 8 mars 2013, p. I/15.
(40) Budget général de l'Union européenne : *JOUE* 8 mars 2013, p. I/21.
(41) *JOCE* n° C-27 E, 31 janv. 2008, p. 214.
(42) Doc. COM (2010), 700 final.
(43) Doc. COM (2011), 510 final.
(44) Doc. COM (2011), 739 final.
(45) Doc. COM (2011), 737 final.
(46) V. Rés. 13 juin 2012 (P7_TA [2012] 245) et celle du 13 mars 2013 (P7_TA [2013] 78).

groupe de travail sur la question avec une conférence interinstitutionnelle à laquelle les parlements nationaux seront invités à participer en 2016[47]...

2) Le cadre financier pluriannuel européen 2014-2020

Adopté le 2 décembre 2013 par le Conseil européen, le cadre financier pluriannuel 2014-2020 est presque inchangé par rapport au précédent. Si l'on met de côté la modification liée aux frais de collecte (20 % au lieu de 25 %), seul le taux d'appel connaît un changement puisque bénéficieront du taux réduit de 0,15 %, l'Allemagne, les Pays-Bas et la Suède.

V. décision du Conseil relative aux ressources propres de l'UE n° 5602/14 du 12 février 2014. Hors correction britannique, avec l'application d'un taux de 0,3 %, la contribution TVA de la France prévue au budget européen 2016 est de 2,95 Md €, ce qui place la France en troisième position derrière l'Allemagne (3,91 Md €) et le Royaume-Uni (3,65 Md €)[48]. La France assume en revanche la première place en ce qui concerne la correction dont bénéficient les Britanniques (1,4 Md € sur les 5,28 Md €)[49].

1186. – **Ressource affectée.** Si une fraction de la taxe sur la valeur ajoutée fait l'objet d'un reversement au budget de l'Union européenne (V. *supra*, n° 1185), son produit fait aussi l'objet, et de plus en plus, d'affectations internes afin de contribuer au financement des caisses de sécurité sociale.

Le recours au produit de la taxe sur la valeur ajoutée n'est pas récent, puisque le budget annexe des prestations sociales agricoles – devenu en 2005 le Fonds de financement des prestations sociales des non-salariés agricoles – a été financé jusqu'en 2004 au moyen d'une fraction du produit de la TVA recouvré, à hauteur de 0,7 % des recettes nettes.

L'affectation de recettes fiscales au financement de la protection sociale a fait l'objet de modifications en 2012 à la suite du vote de la loi de finances rectificative n° 2012-354 du 14 mars 2012[50]. Le Gouvernement dirigé par François Fillon avait alors décidé de financer une diminution des charges sociales patronales au moyen d'une augmentation de 1,6 point du taux normal de la taxe sur la valeur ajoutée. Le changement de majorité politique à l'Assemblée nationale en juin suivant a cependant conduit, avec le vote de la loi de finances rectificative n° 2012-958 du 16 août 2012[51], à la remise en cause de ce qui fut dénommé la « TVA sociale » dont l'entrée en vigueur ne devait intervenir qu'au 1er octobre 2012. L'abrogation de cette mesure emblématique votée à la fin du quinquennat de Nicolas Sarkozy n'a cependant pas été suivie de la remise en cause d'une autre modification, à savoir le remplacement de l'affectation de TVA sectorielles par celle d'une fraction d'un montant équivalent des recettes totales de TVA nette.

Avant l'entrée en vigueur de la loi de finances rectificative du 14 mars 2012, des caisses et régimes de sécurité sociale étaient financés par l'affectation de la TVA brute collectée sur les producteurs de boissons alcoolisées, par les commerçants de gros de produits pharmaceutiques, par les fabricants de lunettes, par les fabricants d'équipements d'irradiation médicale, d'équipements électromédicaux et électrothérapeutiques, par les médecins généralistes, par les établissements et services hospitaliers, par les établissements et services d'hébergement médicalisé pour personnes âgées, par les sociétés d'ambulance et par les fournisseurs de tabacs[52].

(47) Déclarations faisant partie de l'accord politique sur le cadre financier pluriannuel (15997/13).
(48) Budget général de l'Union européenne : *JOUE* 24 févr. 2016, p. 16.
(49) *Ibid.*, p. 19.
(50) *JO* 15 mars 2012.
(51) *JO* 17 août 2012.
(52) Projet de loi de finances pour 2013, *Bilan des relations financières entre l'État et la protection sociale*, ann. 2, p. 25-26.

La taxe sur la valeur ajoutée affectée au financement des caisses et régimes de sécurité sociale porte aujourd'hui principalement sur 7,19 % du produit de la TVA brut budgétaire, déduction faite des remboursements et restitutions effectués pour l'année en cours par les comptables assignataires[53].

S'y ajoutent cependant, et périodiquement, certaines fractions de TVA affectées. La dernière loi de finances initiale, pour 2016, en témoigne avec l'affectation d'un peu moins de 29 millions d'euros au profit de la Caisse nationale de l'assurance maladie des travailleurs salariés à la suite de l'affectation, pour un montant identique, de droits de consommation sur les tabacs au régime d'allocation viagère des gérants de débits de tabac[54].

Créé par la loi de finances rectificative du 14 mars 2012 avant d'être supprimé par celle du 16 août 2012, le compte de concours financiers intitulé « Avances aux organismes de sécurité sociale » avait pour objectif de retracer les versements de TVA affectés aux organismes de sécurité sociale. Rétabli par la loi de finances pour 2013[55], il a été de nouveau supprimé par la loi de finances pour 2015[56].

La taxe sur la valeur ajoutée frappe aujourd'hui la plupart des opérations économiques et repose sur deux éléments à titre principal : le paiement fractionné et le droit à déduction. Il importe donc de présenter les règles relatives, d'une part, à l'exigibilité de l'imposition (Section 1) et, d'autre part, à son caractère déductible (Section 2).

SECTION 1

LA TAXE SUR LA VALEUR AJOUTÉE EXIGIBLE

La taxe sur la valeur ajoutée est un prélèvement obligatoire, tout du moins lorsque les conditions la rendant exigible auprès du client ou de l'usager sont réunies. Leur examen (Sous-section 1) va précéder celui des modalités de son exigibilité (Sous-section 2).

SOUS-SECTION 1

CONDITIONS D'EXIGIBILITÉ

L'exigibilité de la taxe sur la valeur ajoutée requiert non seulement que l'opération soit imposable (§ 1), mais aussi qu'elle ne soit pas exonérée (§ 2).

§ 1. – Une opération imposable

1187. – Compétence limitée du législateur national. Nul opérateur économique ne peut exiger la taxe sur la valeur ajoutée d'un client ou d'un usager si

(53) CSS, art. L. 241-2, IV-3°.
(54) L. fin. n° 2015-1785, 29 déc. 2015, art. 53-VIII.
(55) L. fin. 29 déc. 2012, n° 2012-1509, art. 53, I.
(56) L. fin. 29 déc. 2014, n° 2014-1654, art. 45, VIII-1°.

l'operation n'entre pas dans le champ d'application de l'imposition. Ce champ est défini par le législateur dans le respect des règles du droit de l'Union européenne.

Sur la notion d'exigibilité, V. *supra*, n° 1126 et *infra*, n° 1258.

Suivant une approche classique, le champ d'application du prélèvement va être abordé en opposant le champ d'application matériel (A) au champ d'application territorial (B).

A. – Le champ d'application matériel

Pour être imposable – ce qui n'induit pas encore son imposition – l'opération doit entrer dans le champ d'application de la taxe sur la valeur ajoutée. Sous réserve du champ d'application territorial, l'opérateur économique est alors qualifié d'assujetti à ce prélèvement.

Sur la notion d'assujetti, V. Y. Sérandour, *La notion d'assujetti à la TVA* : *Dr. fisc.* 2015, n° 22, étude 325.

Tel est le cas lorsque l'opération réunit les critères définis pour l'essentiel dans l'article 256, I du Code général des impôts (1°) ou entre, de plein droit (2°) ou sur option (3°), dans un des cas d'assujettissement prévus par d'autres dispositions législatives.

1° Champ d'application général

1188. – Opérations imposables. Le principe est codifié dans l'article 256, I du Code général des impôts. Aux termes de cette disposition, « sont soumises à la taxe sur la valeur ajoutée les livraisons de biens et les prestations de services effectuées à titre onéreux par un assujetti agissant en tant que tel ». De cette formulation, incomplète au regard de la jurisprudence, découle l'exigence de conditions tenant à l'opération (*a*) et à l'opérateur (*b*).

a) Conditions tenant à l'opération

Bien que ne reflétant que partiellement l'état du droit, l'article 256, I précité, qu'il convient de combiner avec l'article 256 A, met en évidence les trois conditions cumulatives requises pour l'assujettissement : il faut une opération (*1*) réalisée dans le cadre d'une activité économique (2) à titre onéreux (3).

1) Réalisation d'une opération

1189. – Deux catégories. L'opération doit consister en une livraison de biens ou en une prestation de services avec une règle : relèvent de la catégorie des prestations de services les opérations qui n'entrent pas dans celle des livraisons de biens[57]. Il en ressort l'impossibilité d'échapper au prélèvement sur ce terrain. Son identification n'en est pas moins nécessaire eu égard aux différences de régime juridique applicable. Les règles relatives à la territorialité (V. *infra*, n°s 1210 et s.), au fait générateur ou encore à la date d'exigibilité diffèrent en effet selon la qualification retenue (V. *infra*, n° 1258).

(57) CGI, art. 256, IV.

Apparemment simple à identifier, l'opposition entre un bien et une prestation de services – fondée sur la présence ou non d'un bien corporel (1) – l'est moins en pratique lorsqu'une même opération combine les deux, ce qui est toujours le cas pour une livraison de biens (2).

1) La Cour de justice a ainsi estimé qu'un livre électronique ne peut être considéré comme une livraison de biens au sens de l'article 14, § 1 de la directive n° 2006/112/CE du 28 novembre 2006 « à défaut pour le livre électronique de pouvoir être qualifié de bien corporel »[58]. Dans le même sens, la fourniture par voie électronique d'un logiciel (sans CD) a fait l'objet du régime applicable aux prestations de services[59].

2) On peut, avec la Cour de justice, considérer que « la commercialisation d'un bien s'accompagne toujours d'une prestation de services minimale, telle que la présentation des produits dans des rayons ou la délivrance d'une facture »[60]. Il convient alors de se prononcer soit pour la dissociation des opérations avec une qualification et un régime propres, soit pour l'unicité des opérations auquel cas une seule qualification s'impose pour l'ensemble.

Pour se prononcer en faveur d'une « opération complexe unique », les juges européens analysent le lien existant entre les diverses prestations. Ce dernier peut être :

– soit celui qui unit une prestation accessoire à une prestation principale sachant qu'« une prestation doit être considérée comme accessoire à une prestation principale lorsqu'elle ne constitue pas pour la clientèle une fin en soi, mais le moyen de bénéficier dans les meilleures conditions du service principal du prestataire »[61]. Tel est le cas, pour le Conseil d'État, de l'accès au centre nautique d'un établissement de la société Center-Parcs Resort France[62] ;

– soit celui qui, indépendamment du caractère principal ou accessoire, existe entre deux prestations jugées si étroitement liées que les envisager d'une manière objective séparément serait artificiel[63]. Ont ainsi été considérées comme étroitement liées les opérations de livraison et de pose d'un câble optique[64] ou encore l'activité de reprographie qui « ne se limite pas à la reproduction pure et simple des documents originaux, mais s'accompagne également du choix et de la programmation des photocopieurs, ainsi que de travaux d'assemblage, de brochage des documents et de mise en ordre des copies »[65].

Lorsque les prestations sont jugées former une « opération complexe unique », la qualification de livraison de biens ou de prestation de services dépend alors de l'élément jugé prépondérant, et ce en adoptant le point de vue du consommateur moyen sans retenir une approche uniquement quantitative[66]. Une même activité peut donc conduire à une qualification différente selon les modalités de son exercice.

Ainsi en est-il de l'activité de reprographie considérée comme une livraison de biens dans la mesure où elle se limite à une simple opération de reproduction de documents sur des supports ou comme une prestation de services lorsque « celle-ci s'accompagne de prestations de services complémentaires susceptibles, eu égard à l'importance qu'elles revêtent pour leur destinataire, au temps que nécessite leur exécution, au traitement que requièrent les documents originaux et à la part du coût total que ces

(58) CJUE, 5 mars 2015, aff. C-479/13, *Comm. c/France*, pt 35 : *Dr. fisc.* 2015, n° 11, act. 161 ; *Comm. comm. électr.* 2015, n° 6, 11, étude O. Fouquet et J.-Cl. Bouchard ; *RJF* 5/2015, n° 457.

(59) CE, 7 mars 2016, n° 390.746, *Min. c/Sté 3D Storm* : *Dr. fisc.* 2016, n° 16, comm. 293 et note E. Kornprobst ; *Dr. fisc.* 2016, n° 16, comm. 288 ; *RJF* 6/2016, n° 519, concl. A. Bretonneau.

(60) CJCE, 10 mars 2005, aff. C-491/03, *Ottmar Hermann*, pt 22 : *RJF* 6/2005, n° 646. – CJUE, 10 mars 2011, aff. C-497/09, C-499/09, C-501/09 et C-502/09, *Finanzamt Burgdorf c/Manfred Bog*, pt 63.

(61) CJCE, 25 févr. 1999, aff. C-349/96, *Card Protection Plan Ltd*, pt 30 : *RJF* 4/1999, n° 512. – CJUE, 10 mars 2011, aff. C-497/09, C-499/09, C-501/09 et C-502/99, *Finanzamt Burgdorf c/Manfred Bog*, pt 54.

(62) CE, 24 juin 2015, n° 365.849, *Sté Center Parcs Resort France* : *Dr. fisc.* 2015, n° 48, comm. 703, concl. B. Bohnert, note S. Le Normand-Caillère ; *RJF* 10/2015, n° 779.

(63) CJCE, 27 oct. 2005, aff C-41/04, *Levob Verzekeringen BV* et *OV Bank*, pt 22 : *RJF* 1/2006, n° 112. – CJUE, 10 mars 2011, aff. C-497/09, C-499/09, C-501/09 et C-502/99, *Finanzamt Burgdorf c/Manfred Bog*, pt 53.

(64) CJCE, 29 mars 2007, aff. C-111/05, *Aktiebolaget NN*, pts 25 et 26 : *Dr. fisc.* 2007, n° 38, comm. 847 ; *RJF* 6/2007, n° 778.

(65) CJUE, 11 févr. 2010, aff. C-88/09, *Sté Graphic Procédé*, pt 22 : *RJF* 5/2010, n° 553.

(66) V. par ex. : CJUE, 10 mars 2011, aff C-497/09, C-499/09, C-501/09 et C-502/99, *Finanzamt Burgdorf c/Manfred Bog*, pt 62.

prestations de services représentent, de revêtir un caractère prédominant par rapport à l'opération de livraisons de biens, de sorte qu'elles constituent une fin en soi pour leur destinataire »[67].

De son côté, si la restauration classique relève normalement du régime juridique des prestations de services, au motif que « l'opération de restauration est caractérisée par un faisceau d'éléments et d'actes dont la livraison de nourriture n'est qu'une composante et au sein duquel les services prédominent largement »[68], la situation est différente lorsqu'il s'agit de ventes à emporter ou livrées. La lecture de l'arrêt *Manfred Bog* est sur ce point intéressante eu égard à sa motivation détaillée. Les juges européens ont en effet tenu compte du caractère standardisé ou non des plats, mais aussi des services proposés au client (présence d'un serveur, équipement des locaux, présence d'un vestiaire...). Autant d'éléments qui ont conduit à qualifier de livraison de biens la vente de nourriture dans des stands, des véhicules de restauration ou des cinémas et de prestation de services la vente de plats fournis à domicile par un traiteur « sauf dans les cas où le traiteur se borne à livrer des plats standardisés sans autre élément de service supplémentaire ou lorsque d'autres circonstances particulières démontrent que la livraison des plats représente l'élément prédominant de l'opération »[69].

L'administration fiscale fait également état de l'activité de photographie. Ainsi, si « les tirages photographiques, consistant en la simple impression des fichiers remis par le client, éventuellement assortie de quelques améliorations standardisées (mises aux dimensions, contrôle qualité...), constituent des livraisons de biens », « la fourniture de photographies à partir de prises de vue réalisées par le photographe à la demande de son client constitue une prestation de services »[70].

Une autre difficulté peut tenir à la différence entre la livraison d'un bien incorporel et une prestation de services. Cette difficulté disparaît cependant à la lecture du II-1° de l'article 256 aux termes duquel « est considéré comme livraison d'un bien, le transfert du pouvoir de disposer d'un bien corporel comme un propriétaire ». Sauf exceptions, les biens meubles incorporels suivent donc le régime des prestations de services[71].

Avant l'entrée en application de l'article 16 de la loi n° 2010-237 du 9 mars 2010 portant loi de finances rectificative pour 2010[72], l'article 256, II-1° du CGI ne visait que les biens « meubles » corporels. La suppression du mot « meubles » s'explique par le risque d'incompatibilité avec le droit européen du régime dit de « TVA immobilière » créé par la loi n° 63-254 du 15 mars 1963. Programmée à l'origine dans la proposition de loi relative à la simplification et à l'amélioration de la qualité du droit déposée par le député Jean-Luc Warsmann et enregistrée le 7 août 2009[73], la réforme a finalement eu lieu dans le cadre de la loi de finances rectificative pour 2010 en discussion dans l'intervalle ; la proposition de loi de simplification ayant été adoptée en termes identiques en avril 2011. On notera que plusieurs motifs d'incompatibilité avaient été relevés conduisant à certaines propositions concernant l'inversion du redevable puisque l'impôt était acquitté par l'acquéreur et non le cédant, la modification du régime applicable aux terrains à bâtir avec son champ et la remise en cause de l'imposition sur la marge jugée incompatible en ce domaine, la modification du régime applicable aux marchands de biens afin de respecter l'option normalement reconnue à l'opérateur prévue par la directive n° 2006/112/CE et la modification des règles d'exigibilité de l'impôt dans le domaine des ventes en état futur d'achèvement (VEFA)[74].

Les biens incorporels assimilés par exception aux biens corporels sont, par détermination de la loi, l'électricité, le gaz, la chaleur et le froid[75]... Cette classification, qui n'a rien de doctrinale, répond à la volonté d'imposer un régime juridique différent.

---

(67) CJUE, 11 févr. 2010, aff. C-88/09, *Sté Graphic Procédé : RJF* 5/2010, n° 553. – CE, 10 juin 2010, n° 296.591, *Sté Graphic Procédé . Dr. fisc.* 2010, n° 38, comm. 492, concl. L. Olléon ; *RJF* 10/2010, n° 889.
(68) CJCE 2 mai 1996, aff. C-231/94, *Faaborg-Gelting Linien*, pt 14 : *RJF* 10/1996, n° 1256.
(69) CJUE 10 mars 2011, aff. C-497/09, C-499/09, C-501/09 et C-502/99, *Finanzamt Burgdorf c/Manfred Bog*, pt 80.
(70) BOI-TVA-CHAMP-10-10-40, § 10.
(71) CGI, art. 256, IV-1°.
(72) *Dr. fisc.* 2010, n° 12, comm. 246 à 251.
(73) AN, n° 1890, art. 55.
(74) V. Rapport Sénat, n° 20.
(75) CGI, art. 256, II-2°.

1190. – Autonomie de la notion de livraison. Que faut-il entendre par livraison d'un bien ? Répondre à cette question appelle de prendre position sur le caractère autonome ou non de cette notion par rapport aux droits nationaux. De ce point de vue, la lecture de la directive n° 2006/112/CE du 28 novembre 2006 soutient son autonomie. Il ressort en effet de l'article 14,1 du texte, qui ne fait que reprendre le contenu de l'article 5,1 de la 6e directive, qu'un bien est considéré comme livré lorsque le « pouvoir de disposer d'un bien corporel comme un propriétaire » est transféré. La même définition peut être retrouvée dans l'article 256, II du Code général des impôts.

Dans sa rédaction antérieure à l'entrée en vigueur de l'article 1er de la loi n° 92-677 du 17 juillet 1992, l'article 256, II du CGI définissait la livraison d'un bien comme le « transfert de propriété d'un bien meuble corporel ».

Les conceptions nationales doivent donc être écartées, y compris l'approche française renvoyant au transfert de propriété. La notion doit être entendue dans son sens économique et non pas juridique. Une telle solution est compréhensible vu la logique d'harmonisation qui préside aux directives de l'Union européenne en matière de taxe sur la valeur ajoutée. Retenir les règles du droit civil interne aboutirait, faute d'unité sur ce point entre les différents États membres, à remettre en cause le processus qui a été conduit depuis 1967.

Pour la Cour de justice, « la notion de livraison ne se réfère pas au transfert de propriété dans les formes prévues par le droit national applicable, mais (...) inclut toute opération de transfert d'un bien corporel par une partie qui habilite l'autre partie à en disposer en fait comme si elle était le propriétaire de ce bien »(76).

Ce faisant, si la vente, au sens du droit civil français, vaut la plupart du temps livraison en matière de taxe sur la valeur ajoutée, la remise matérielle peut être prise en compte à l'image de la location-vente ou encore lorsque les biens sont cédés avec une clause de réserve de propriété(77).

1191. – Transmission d'une universalité. Comme l'y autorise l'article 19 de la directive n° 2006/112/CE du 28 novembre 2006, la législation française ne considère pas la transmission, à titre onéreux ou gratuit ou sous la forme d'un apport, d'une universalité totale ou partielle de biens comme une livraison(78). Le dispositif est aujourd'hui codifié à l'article 257 bis du Code général des impôts aux termes duquel « les livraisons de biens et les prestations de services, réalisées entre redevables de la taxe sur la valeur ajoutée, sont dispensées de celle-ci lors de la transmission à titre onéreux ou à titre gratuit, ou sous forme d'apport à une société, d'une universalité totale ou partielle de biens. Le bénéficiaire est réputé continuer la personne du cédant, notamment à raison des régularisations de la taxe déduite par ce dernier, ainsi que, s'il y a lieu, pour l'application des dispositions du *e* du 1 de l'article 266, de l'article 268 ou de l'article 297 A ».

(76) CJCE, 8 févr. 1990, aff. C-320/88, *Shipping and forwarding entreprise SAFE BV* : *Rec. CJCE* 1990, I, p. 285, pt 7 ; *RJF* 4/1990, n° 504. – CJCE, 6 févr. 2003, aff. C-185/01, *Auto-Lease Holland BV* : *RJF* 4/2003, n° 524. – CJUE, 18 juill. 2013, aff. C-78/12, *« Evita-K » EOOD*, pts 33 et 35 : *RJF* 12/2013, n° 1191.

(77) CGI, art. 256, II-3° *c* et *d*.

(78) CJCE, 27 nov. 2003, aff. C-497/01, *Zita Mode* : *Dr. fisc.* 2004, n° 18-19, comm. 466 ; *RJF* 2/2004, n° 211.

Ainsi que l'a relevé la Cour de justice, la notion de transmission d'une universalité totale ou partielle « doit être interprétée en ce sens qu'elle couvre le transfert d'un fonds de commerce ou d'une partie autonome d'une entreprise, comprenant des éléments corporels et, le cas échéant, incorporels qui, ensemble, constituent une entreprise ou une partie d'une entreprise susceptible de poursuivre une activité économique autonome, mais qu'elle ne couvre pas la simple cession de biens telle que la vente d'un stock de produits »(79). La même juridiction a ultérieurement reconnu que la cession, par une société mère, de la totalité des actions d'une filiale détenue à 100 %(80) ou le transfert de la propriété du stock de marchandises et de l'équipement commercial d'un magasin de détail concomitant à la location de ces locaux pour une durée indéterminée au concessionnaire(81) était assimilable à une transmission de l'universalité totale d'une entreprise. Tel n'est cependant pas le cas du transfert de 30 % des actions d'une société(82). Le Conseil d'État a fait sienne cette jurisprudence(83).

2) Exercice d'une activité économique

1192. – **Exercice d'une activité économique.** Pour être imposable, l'opération doit être réalisée dans le cadre d'une activité économique, notion entendue de manière très large par l'article 9, 1 de la directive n° 2006/112/CE et l'article 256 A du Code général des impôts.

On notera qu'avant la transposition de la 6e directive réalisée, sur ce point, par l'article 24 de la loi n° 78-1240 du 29 décembre 1978, l'article 256 du CGI visait les affaires relevant « d'une activité de nature industrielle ou commerciale, quels qu'en soient les buts ou les résultats ».

Constituent de telles activités, selon la directive précitée, non seulement les activités de producteur, de commerçant ou de prestataire de services, y compris les activités extractives, agricoles et celles des professions libérales et assimilées, mais aussi « l'exploitation d'un bien corporel ou incorporel en vue d'en tirer des recettes ayant un caractère de permanence »(84).

Faute de participer par cette voie au marché des télécommunications mobiles en vue d'en retirer des recettes ayant un caractère de permanence – elles ne font que le réguler – l'attribution, moyennant remunération, de fréquences de téléphonie mobile aux opérations n'entre pas dans le champ d'application de la TVA(85).

Si le texte peut être retrouvé dans le dernier alinéa de l'article 256 A du Code général des impôts, une différence mérite toutefois d'être signalée par la présence du mot « meuble » dans la phrase afférente à la permanence des recettes.

Le texte de l'article 256 A du CGI dispose ainsi que : « Est notamment considérée comme activité économique une opération comportant l'exploitation d'un bien meuble corporel ou incorporel en vue d'en retirer des recettes ayant un caractère de permanence ».

Le maintien de cette rédaction surprend, surtout après la modification de l'article 256 par la loi du 9 mars 2010 (V. *supra*, n° 1189). Si elle pose évidemment la question du caractère imposable de l'activité de location immobilière, la rédaction

(79) CJCE, 27 nov. 2003, aff. C-497/01, *Zita Mode*, préc., pt 40.
(80) CJCE, 29 oct. 2009, aff. C-29/08, *AB SKF*, pt 41 : *Dr. fisc.* 2009, n° 50, comm. 578, note Ph. Tournès ; *RJF* 1/2010, n° 90.
(81) CJUE, 10 nov. 2011, aff. C-444/10, *Allemagne c/Schriever : Dr. fisc.* 2011, n° 45, act. 342 ; *Dr. fisc.* 2012, n° 9, comm. 159 ; *RJF* 2/2012, n° 202.
(82) CJUE, 30 mai 2013, aff. C-651/11, *Staatssecretaris Van Financien c/X BV : RJF* 10/2013, n° 994.
(83) CE, 23 nov. 2015, n° 375.055, *SCI JM5 SAR* et n° 375.054, *SCI JM3 FOR : Dr. fisc.* 2016, n° 16, comm. 292, comm. B. Bohnert et note C. Deleu ; *RJF* 2/2016, n° 129 et concl. B. Bohnert.
(84) Dir. n° 2006/112/CE, art. 9, 1.
(85) CJCE, 26 juin 2007, aff. C-284/04, *T-Mobile Austria GmbH* et aff. C-369/04, *Hutchinson 3G : RJF* 11/2007, n° 1364.

du Code général des impôts ne saurait s'imposer sur celle de la directive, du moins pour les parties du territoire national couvertes par son application.

Indépendamment de la liste qui couvre les trois grands secteurs d'activités économiques, la notion d'activité économique a été précisée par la Cour de justice de manière à ne pas y inclure ce qui ressort du « simple exercice du droit de propriété »[86].

La lecture des conclusions de certains avocats généraux permet d'identifier une définition que la Cour de justice n'a pas reprise dans ses arrêts, à savoir que « l'activité économique doit (...) se comprendre comme une activité susceptible d'être exercée par une entreprise privée sur un marché, organisée dans un cadre professionnel et généralement animée par le souci de générer des profits »[87]. Une telle définition permet d'expliquer la mise à l'écart d'une partie des activités réalisées par des personnes publiques lorsqu'elles agissent en tant qu'autorités publiques (V. *infra*, n° 1200).

Les juges européens ont considéré que l'activité d'un holding consistant à mettre un capital à la disposition de ses filiales ne peut constituer une activité économique « consistant à exploiter ce capital en vue d'en tirer des recettes à caractère permanent sous la forme d'intérêts » qu'à partir du moment où – précisions importantes – l'activité n'est pas exercée seulement à titre occasionnel et ne se limite pas à la gestion des investissements à l'image d'un investisseur privé[88]. Elle doit être effectuée « dans le cadre d'un objectif d'entreprise ou dans un but commercial, caractérisé notamment par un souci de rentabilisation des capitaux investis »[89].

1) Faut-il en déduire le caractère non imposable, car hors champ, des opérations occasionnelles ?

Une réponse positive paraît s'imposer, du moins à la lecture des dispositions précitées qui font référence à la permanence des recettes.

La rédaction de l'article 256 A du CGI, antérieure à la loi n° 92-677 du 17 juillet 1992, faisait référence à la réalisation d'opérations « à titre habituel ou occasionnel ».

L'article 9 de la directive n'est toutefois pas le seul à devoir être pris en considération. Une option est en effet ouverte aux États par l'article 12, 1 de la directive n° 2006/112/CE aux termes duquel : « Les États membres peuvent considérer comme assujetti quiconque effectue, à titre occasionnel, une opération relevant des activités visées à l'article 9 (...) ». La rédaction de cette disposition appelle cependant d'en réserver l'application à des non-assujettis et, ce faisant, à des personnes qui ne le sont pas déjà au regard de l'article 9[90]. Il convient donc de dissocier le cas d'une personne non-assujettie qui réalise des opérations à titre occasionnel de celui d'une personne assujettie qui, en complément de son activité économique réalise également de telles opérations. Dans le premier cas, les opérations ne sont normalement pas imposables, sauf à se placer sur le terrain de l'article 12, 1 précité. Dans le second, la Cour de justice a conclu que « l'article 9 [précité] doit être interprété en ce sens qu'une personne physique, déjà assujettie à la taxe sur la valeur ajoutée, pour ses activités d'huissier

(86) CJCE, 20 juin 1996, aff. C-155/94, *Wellcome Trust*, pt 32 : *RJF* 8-9/1996, n° 1111.
(87) Concl. M. Poiares Maduro ss CJCE, 21 oct. 2004, aff. C-8/03, *Banque Bruxelles Lambert SA*, § 10. – Concl. M. Wathelet ss CJUE, 13 juin 2013, aff. C-62/12, *Kostov*, § 29.
(88) CJCE, 14 nov. 2000, aff. C-142/99, *Floridienne SA et Berginvest SA* : *Dr. fisc.* 2001, n° 3, comm. 21, note Ph. Derouin ; *RJF* 1/2001, n° 127.
(89) *Ibid.*, pt 28.
(90) CJUE, 13 juin 2013, aff. C-62/12, *Kostov*, pt 30 : *RJF* 10/2013, n° 992.

indépendant, doit être considérée comme "assujetti" pour toute autre activité économique exercée de manière occasionnelle, à condition que cette activité constitue une activité au sens de l'article 9, paragraphe 1 (...) »[91].

La notion d'opération occasionnelle ne doit pas être confondue avec celle « d'opération ponctuelle (...) c'est-à-dire qui n'a lieu qu'une seule fois »[92]. Les opérations ponctuelles sont imposables, du moins si elles répondent à l'un des deux buts envisagés par les juges européens. La prise en compte du but poursuivi explique d'ailleurs que le droit à déduction soit reconnu alors même que les dépenses réalisées l'ont été pour les besoins d'une activité économique future (V. *infra*, n° 1282).

V. A. Daniel-Thézard, *TVA : du nouveau à propos de la notion d'activité économique : Dr. fisc.* 2001, n° 19-20, p. 781-789. – J. Maïa, *Débat sur les frontières de l'« activité économique » imposable à la TVA : RJF* 2/2002, p. 102 et s.

C'est ainsi que des opérations ponctuelles ont pu être considérées comme imposables à la taxe sur la valeur ajoutée alors même que, s'agissant d'opérations de cession, le revenu produit est unique. Le Conseil d'État s'est prononcé en ce sens à propos de la cession d'un fonds de commerce[93], d'un brevet par un inventeur[94] ou encore d'une marque non exploitée[95].

Pour la cession du fonds de commerce, le Conseil d'État a considéré que « la vente d'un fonds de commerce, lorsqu'elle est consentie par son exploitant, constitue une opération commerciale de fin d'exploitation entrant dans le champ d'application de la TVA »[96]. La cession ne constitue donc qu'une étape d'un processus plus important intégrant le cadre de la gestion d'une entreprise.

Pour la cession du brevet par l'inventeur, le Conseil d'État s'est limité à affirmer que « constitue une telle activité économique le fait, pour un inventeur, de céder un brevet à titre onéreux, quel que soit le mode de rémunération de ladite cession et alors même qu'il n'en aurait retiré qu'une recette unique »[97]. La décision est éclairée par les conclusions du commissaire du gouvernement Emmanuelle Mignon pour qui « il nous semble que la cession d'un brevet par son inventeur présente un lien suffisant avec l'exercice d'une activité commerciale pour être considérée comme une activité économique au sens de la 6e directive. Car, pour pouvoir céder un brevet, son inventeur doit d'abord l'avoir conçu. Il ne s'agit pas d'exercer un droit de propriété sur un hypothétique capital intellectuel, mais, beaucoup plus prosaïquement, même si l'invention surgit un matin en ouvrant les volets, d'une opération, qui, pour être intellectuelle, n'en est pas moins, comme une profession libérale, une opération économique »[98].

Pour la cession d'une marque non exploitée, et même si le Conseil d'État n'a pas apporté de précisions, la solution est identique. Comme l'y invitait le commissaire du gouvernement Laurent Vallée pour la décision *Béfort*, il s'agit là d'une application de la jurisprudence *Cambon*[99].

2) Qu'en est-il est de la gestion du patrimoine privé ?

L'arrêt *Floridienne SA et Berginvest SA* précité fait référence à « la gestion des investissements à l'image d'un investisseur privé ». Agir comme tel exclut normalement

(91) CJUE, 13 juin 2013, aff. C-62/12, *Kostov*, préc.
(92) V. E. Mignon, concl. ss CE, 20 oct. 2000, n° 204.129, *Cambon : Dr. fisc.* 2001, n° 18, comm. 431.
(93) CE, 28 juin 1991, n° 63.066, *Sté Blumet & fils : RJF* 8-9/1991, n° 1073.
(94) CE, 20 oct. 2000, n° 204.129, *Cambon : Dr. fisc.* 2001, n° 18, comm. 431, concl. E. Mignon ; *RJF* 1/2001, n° 19.
(95) CE, 3 sept. 2008, n° 300.420 à 300.422, *Béfort : Dr. fisc.* 2008, n° 42, comm. 542, concl. L. Vallée, note J.-L. Pierre. – V. BOI-TVA-CHAMP-10-10-30, § 220.
(96) CE, 28 juin 1991, n° 63.066, *Sté Blumet & fils*, préc.
(97) CE, 20 oct. 2000, n° 204.129, *Cambon*, préc.
(98) E. Mignon, concl. préc.
(99) L. Vallée, concl. ss CE, 3 sept. 2008, nos 300.420 à 300.422, *Béfort : Dr. fisc.* 2008, n° 42, comm. 542.

la qualification d'activité économique, ce qui place les opérations concernées hors du champ d'application de l'imposition. Cette solution peut être rapprochée de la condition liée à ce que l'opération soit réalisée par un assujetti agissant comme tel (V. *infra*, n° 1202).

L'acquisition, la détention et la vente d'actions réalisées dans ce cadre n'entrent donc pas dans le champ d'application de la taxe sur la valeur ajoutée(100). Il en va de même de la perception de dividendes dès lors qu'ils ne constituent pas la contrepartie à l'exercice d'une activité économique mais seulement la contrepartie à la détention de titres sociaux.

Appliquée aux holdings, cette distinction conduit à les considérer comme n'étant pas assujettis à la TVA sauf, pour eux, à s'immiscer dans la gestion de leurs filiales(101). On quitte alors le cadre de l'investissement financier pour entrer dans celui de la prestation de services. Malgré une telle immixtion, les dividendes demeurent néanmoins exclus du champ d'application(102). Ils n'ont toutefois pas d'incidence sur le droit à déduction de la TVA frappant les frais liés aux participations dans une filiale dans la gestion de laquelle s'immisce la société holding. Si tel n'est pas le cas des frais affectés pour partie à des filiales dans lesquelles cette société ne s'immisce pas – ce qui, pour un holding pur, implique alors une ventilation –, ceux affectés aux filiales concernées par l'immixtion conduisent, en ce qui les concerne, à considérer la société holding comme un assujetti total et non comme un assujetti partiel(103).

Appliqué aux immeubles – depuis le 11 mars 2010 – ce raisonnement doit conduire à ne pas considérer la cession d'un immeuble comme imposable lorsqu'elle s'inscrit dans un cadre purement patrimonial. Il en va cependant différemment lorsque la cession s'inscrit dans le cadre de l'activité économique du cédant. Telle sera la qualification à retenir si sa gestion est effectuée « dans le cadre d'un objectif d'entreprise ou dans un but commercial, caractérisé notamment par un souci de rentabilisation des capitaux investis ». Là se trouve la différence entre l'investisseur privé et le marchand de biens.

La prudence est néanmoins recommandée avant toute généralisation du raisonnement. Si les dividendes sont bien hors champ d'application – sous réserve évidemment de vérifier la qualification juridique du versement –, les locations immobilières sont imposables. On pourrait certes soutenir que, à l'image du dividende, la perception d'un loyer n'est que la résultante du droit de propriété dont l'une des composantes est le *fructus*. La solution retenue est toutefois différente, probablement influencée par l'exonération déjà prévue dans la 6e directive(104) et que l'on retrouve dans l'article 261 D du Code général des impôts. La directive du 28 novembre 2006 se présente, sur ce point, d'une manière différente puisque, à la différence de celle de 1977, l'article 135 ne fait nullement mention d'une exonération des locations immobilières. Il faut se reporter au 2 de la disposition pour y lire : « Sont exclues de l'exonération prévue au paragraphe 1, point l), les opérations suivantes : *a)* les opérations d'hébergement (...) qui sont effectuées dans le cadre du

(100) CJCE, 29 avr. 2004, aff. C-77/01, *EDM*, pt 59 : *Rec. CJCE* 2004, I, p. 4295.

(101) CJCE, 20 juin 1991, aff. C-60/90, *Polysar Investments Netherlands BV* : *Rec. CJCE* 1991, I, p. 3111. – CJCE, 22 juin 1993, aff. C-333/91, *Satam SA* : *Rec. CJCE* 1993, I, p. 3513 ; *RJF* 7/1993, n° 986. – CJCE, 27 sept. 2001, aff. C-16/00, *Cibo Participations SA* : *Dr. fisc.* 2001, n° 47, comm. 1083 ; *RJF* 12/2001, n° 1611.

(102) CJCE, 14 nov. 2000, aff. C-142/99, *Floridienne SA et Berginvest SA* : *RJF* 1/2001, n° 127 ; *Dr. fisc.* 2001, n° 3, comm. 21, note Ph. Derouin.

(103) CJUE, 16 juill. 2015, aff. C-108/14 et 109/14, *Beteiligungsgesellschaft Larentia + Minerva mbH & Co. KG* : *Dr. fisc.* 2015, n° 30, act. 446 ; *RJF* 11/2015, n° 982. – Revenant sur sa jurisprudence antérieure, la solution est aujourd'hui partagée par le Conseil d'État (CE, 20 mai 2016, n° 371.940, *Sté Ginger* : *Dr. fisc.* 2016, n° 24, comm. 375, concl. B. Bohnert ; *Dr. fisc.* 2016, n° 37, 474, note J.-H. Miller et C. Gainet ; *RJF* 8-9/2016, n°703 : « la taxe grevant les frais généraux des holdings qui s'immiscent dans la gestion de leurs filiales est entièrement déductible »).

(104) Dir. n° 77/388/CEE, art. 13, B-b.

secteur hôtelier (...) ». La même restriction figurait déjà dans la 6e directive[105] et se retrouve dans l'article 261 D, 4° du Code général des impôts. L'exonération des locations immobilières sous l'empire de la directive de 2006 repose donc sur une lecture *a contrario* de son article 135,2. La volonté d'éviter de laisser échapper la manne financière touristique nous paraît largement expliquer cet état du droit. La mise à disposition d'un immeuble, y compris nu, doit donc être considérée comme une activité économique consistant en une prestation de services.

On ne saurait pour autant considérer toutes les opérations portant sur les actions et parts d'une société comme n'entrant pas dans le champ d'application de l'imposition. Cela ne vaut que lorsque l'opération s'inscrit dans le cadre d'un investissement pur et simple. Comme évoqué *supra* à propos des holdings, toute autre est la situation lorsque ces opérations ont lieu dans le cadre d'une activité commerciale de négociation de titres en vue de s'immiscer dans ses filiales[106]. Il en va de même lorsque ces opérations constituent le prolongement direct, permanent et nécessaire de l'activité taxable[107]. Ce qui vaut pour l'acquisition de titres dans de telles hypothèses vaut également pour leur cession[108].

1193. – **Activité économique du marché.** Bien que la précision ne figure ni dans la directive n° 2006/112/CE, ni dans l'article 256, I du Code général des impôts, il ressort de la jurisprudence de la Cour de justice que seules les livraisons de biens et les prestations de services intégrées dans un marché ouvert à la concurrence, même réglementé, sont imposables. Loin de signifier que seules les activités licites donnent lieu à l'imposition – ce qui serait contraire au principe de neutralité de la taxe sur la valeur ajoutée –, il faut en déduire que les transactions portant sur certains produits, voire services, sont – au motif de leur nature ou de leurs « caractéristiques particulières – hors champ d'application du prélèvement à partir du moment où ils ne peuvent pas intégrer le circuit économique.

Tel est le cas de la cession de produits stupéfiants en dehors du cadre existant particulièrement réglementé[109], essentiellement pour des raisons médicales, et ce alors même que les revenus générés sont imposables en France en tant que bénéfices industriels et commerciaux[110].

Entre cependant dans le champ d'application de la taxe sur la valeur ajoutée, la prestation de services constituée par la mise à disposition d'un emplacement où la vente de produits stupéfiants est pratiquée avec l'accord du fournisseur de la prestation[111]. Dans un tel cas, la prestation ne consiste pas en la vente de produits illicites, mais dans la location d'un emplacement.

Si la même solution prévaut *a fortiori* pour la fausse monnaie qui, contrairement aux produits stupéfiants, ne connaît aucune exception à l'interdiction de mise en circulation[112], il en va différemment de l'exploitation illégale d'une table de jeux

(105) Dir. n° 77/388/CEE, art. 13, B-b-1.

(106) CJCE, 11 juill. 1996, aff. C-306/94, *Régie Dauphinoise et Cabinet A. Forest SARL*, pt 18 : *Dr. fisc.* 1996, n° 45-46, étude J. Turot ; *RJF* 8-9/1996, n° 1112. – CE, 21 oct. 2011, n° 315.469, *SNC Ariane* : *Dr. fisc.* 2012, n° 2, comm. 55, concl. C. Legras, note C. Sniadower ; *RJF* 1/2012, n° 24.

(107) CJCE, 6 févr. 1997, aff. C-80/95, *Harnas & Helm*, pt 16 : *Rec. CJCE* 1997, I, p. 745.

(108) CJCE, 29 oct. 2009, aff. C-29/08, *AB SKF* : *Dr. fisc.* 2009, n° 50, comm. 578, note Ph. Tournès ; *RJF* 1/2010, n° 90.

(109) CJCE, 28 févr. 1984, n° C-294/82, *Einberger II*.

(110) CJCE, 5 juill. 1988, n° 269/86, *Mol* : *Rec. CJCE* 1988, I, p. 3627 ; *RJF* 4/1989, n° 532.

(111) CJCE, 29 juin 1999, aff. C-158/98, *Staatssecretaris van Financiën c/Coffeeshop « Siberië » vof* : *RJF* 10/1999, n° 1314.

(112) CJCE, 6 déc. 1990, n° C-343/89, *Witzemann*.

de hasard[113]. À peine de porter atteinte au principe de neutralité de la taxe sur la valeur ajoutée, l'exercice illégal d'une activité du marché n'exclut nullement son assujettissement.

3) Opération à titre onéreux

1194. – **Exigence d'un rapport juridique d'obligation.** Pour être imposable, l'opération doit donner lieu à des obligations réciproques. L'article 256, I du Code général des impôts implique en effet son caractère onéreux, notion à ne pas confondre avec celle de bénéfice.

La Cour de justice a jugé qu'une opération n'est réalisée à titre onéreux que « s'il existe entre le prestataire et le bénéficiaire un rapport juridique au cours duquel des prestations réciproques sont échangées, la rétribution perçue par le prestataire constituant la contre-valeur effective du service fourni au bénéficiaire »[114]. Les libéralités sont donc exclues du champ d'application de la TVA, ce qui a justifié de ne pas assujettir à l'imposition les dons de passants à un musicien de rue. Le versement « d'oboles » n'étant pas caractéristique d'une contrepartie à un service rendu, la cour a en effet considéré qu'il n'existait ni convention entre les parties (versement volontaire et montant fixé unilatéralement), ni lien nécessaire entre la prestation musicale et les versements. Pour les juges européens, « les passants n'ont pas demandé que de la musique soit jouée à leur intention ; en outre, ils versent des sommes en fonction non pas de la prestation musicale mais de motivations subjectives pouvant faire intervenir des considérations de sympathie. Certaines personnes déposent en effet sans s'attarder une somme, parfois élevée, dans la sébile du musicien, tandis que d'autres écoutent la musique pendant un certain temps sans donner la moindre obole »[115].

La refacturation de frais à prix coûtant n'échappe donc pas de ce fait au champ d'application de la TVA[116].

On notera que si une contrepartie est nécessaire, laquelle peut d'ailleurs être assumée par un tiers[117], sa forme ne revêt aucune importance. Sous réserve de respecter les autres conditions, un échange est ainsi imposable à la taxe sur la valeur ajoutée. L'échange est fiscalement considéré comme une double vente.

L'achat, par un particulier, d'un véhicule automobile auprès d'un concessionnaire avec reprise de son véhicule d'occasion conduit à envisager les deux opérations que sont, d'une part, l'acquisition d'un véhicule et, d'autre part, la reprise du véhicule. Les conséquences de ce mode de raisonnement sont importantes au stade de l'évaluation de l'assiette de l'imposition. Il ne faut procéder à aucune compensation.

1195. – **Opération à une personne.** À partir du moment où un rapport d'obligation est exigé, l'assujettissement d'une opération à une personne est-il exclu ? Cette question n'intéresse pas seulement le critère personnel examiné ultérieurement (V. *infra*, n° 1199). Elle se pose aussi à ce stade partant du constat que des obligations juridiques ne peuvent normalement naître qu'entre personnes dotées de la personnalité juridique.

(113) CJCE, 11 juin 1998, n° C-283/95, *Fischer* : *RJF* 10/1998, n° 1232.
(114) CJCE, 3 mars 1994, aff. C-16/93, *Tolsma* : *Rec. CJCE* 1994, I, p. 743, pt 14 ; *Dr. fisc.* 1995, n° 11, comm. 525, concl. C.-O. Lenz. – Ph. Legentil et A. Daniel-Thézard, *La notion de contrat, nouvelle borne au champ d'application de la TVA* : *Dr. fisc.* 1996, n° 28, p. 940-944.
(115) CJCE, 3 mars 1994, aff. C-16/93, *Tolsma*, préc., pt 17.
(116) CE, 23 janv. 2015, n° 365.520, *Sté Lagardère SCA* : *Dr. fisc.* 2015, n° 15, comm. 261, note S. Dorin ; *RJF* 4/2015, n° 313.
(117) Dir. n° 2006/112/CE, art. 73. – V. *infra*, n° 1198, 2).

Un assujettissement est pourtant prévu par détermination de la loi en dehors de toute cession. Tel est le cas en présence d'une livraison à soi-même (V. *infra*, n° 1204) ou bien encore, et sauf exceptions, du transfert, pour les besoins de l'entreprise, d'un bien meuble corporel – autre que le gaz naturel, l'électricité, la chaleur et le froid assimilés comme tels – à destination d'un autre État membre[118].

Les exceptions concernent les cas où le bien est, dans l'État d'arrivée, destiné soit à être utilisé temporairement pour les besoins de prestations de services effectuées par l'assujetti ou dans des conditions qui lui ouvriraient droit, si ce bien était importé, au bénéfice de l'admission temporaire en exonération totale de droits, soit à faire l'objet d'une expertise ou de travaux à condition que le bien soit réexpédié ou transporté en France à destination de cet assujetti, soit à faire l'objet d'une installation ou d'un montage, soit à faire l'objet de livraisons à bord d'un avion, d'un bateau ou d'un train par l'assujetti[119].

La question se pose également pour les opérations intra-groupe avec une succursale. Sur ce point, il ressort de la jurisprudence du Conseil d'État et de la Cour de justice que l'absence de personnalité morale de la succursale tend à exclure l'assujettissement.

Le Conseil d'État considère ainsi, à propos d'une subvention d'exploitation versée par une société à son établissement industriel, que « si la loi prévoit l'imposition à la taxe sur la valeur ajoutée, sous certaines conditions, des livraisons à soi-même de certains biens ou marchandises, aucun texte ne soumet à la taxe les services que se rendent les entités économiques, non dotées de la personnalité morale, exploitées directement par la même société »[120]. La même solution a été retenue à propos d'intérêts versés par la succursale d'une banque à son siège au motif qu'ils « ne constituent pas des sommes versées par un tiers en contrepartie d'un service »[121]. La décision *Sté Timex Corporation* sert de base dans le *BOFiP*[122].

Une précision est toutefois nécessaire en ce qui concerne la jurisprudence de la Cour de Luxembourg. En effet, la Cour de justice n'écarte pas expressément l'assujettissement au motif du défaut de personnalité morale de la succursale. Les juges européens recherchent si cette dernière « accomplit une activité économique indépendante »[123], ce qui, s'agissant d'une banque, les a conduits à vérifier si « elle support [ait] le risque économique découlant de son activité »[124]. Or, dans l'affaire *FCE Bank*, c'est la banque, en tant que personne morale, qui supportait ce risque faute, pour la succursale, de disposer d'un capital de dotation[125].

De ce point de vue, le raisonnement de l'avocat général Philippe Léger pour l'affaire *FCE Bank* était différent. Ce dernier avait en effet indiqué que « Nous ne croyons pas (...) au vu du système communautaire de TVA, qu'il puisse exister, au sein de la même entité juridique, des sujets de droit

(118) CGI, art. 256, III.
(119) CGI, art. 256, III.
(120) CE, plén., 9 janv. 1981, n° 10.145, *Sté Timex Corporation* : *Dr. fisc.* 1981, n° 23, comm. 1237 ; *RJF* 3/1981, n° 201, p. 98, concl. J.-F. Verny.
(121) CE, 29 juin 2001, n° 176.105, *SA Banque Sudameris* : *Dr. fisc.* 2001, n° 46, comm. 1056 ; *RJF* 10/2001, n° 1217, p. 811, concl. G. Goulard.
(122) BOI-TVA-CHAMP-10-10-20, § 280.
(123) CJCE 23 mars 2006, aff. C-210/04, *FCE Bank Plc*, pt 35 : *Rec. CJCE* 2006, I, p. 2803 ; *Dr. fisc.* 2006, n° 48, comm. 748 ; *RJF* 6/2006, n° 806. – V. M. Guichard et W. Stemmer, *Prestations intra-entreprises et TVA* : *Dr. fisc.* 2007, n° 11, étude 273. – CJUE, 17 sept. 2014, n° C-7/13, *Skandia America Corp.*, pt 25 : *Dr. fisc.* 2014, n° 50, comm. 681, note W. Stemmer, O. Courjon et M. Michenot ; *RJF* 12/2014, n° 1161.
(124) CJCE, 23 mars 2006, aff. C-210/04, *FCE Bank Plc*, pt 35.
(125) *Ibid.*, pt 37.

suffisamment autonomes pour être considérés comme deux assujettis »[126] ajoutant qu'« une même entité juridique ne peut constituer qu'un seul assujetti »[127]. On retrouve là la solution du Conseil d'État.

Ce raisonnement a été peu de temps après appliqué par le tribunal administratif de Paris. Après avoir rappelé l'exigence d'un rapport juridique entre le bénéficiaire et le prestataire au cours duquel des prestations réciproques sont échangées, la juridiction administrative a considéré que « s'agissant de prestations effectuées par une succursale au profit de sa maison mère, la reconnaissance d'un tel rapport est subordonnée à la condition que la prestataire puisse être regardé comme exerçant une activité économique indépendante vis-à-vis de cette dernière »[128]. Le tribunal administratif s'est appuyé sur l'absence de personnalité juridique propre et sur la circonstance que l'administration « n'allégu [ait] même pas qu'elle se comporterait en fait comme un établissement indépendant vis-à-vis de sa maison mère ».

Le même raisonnement a été appliqué dans l'arrêt *Skandia America Corp.* en présence de relations entre une succursale suédoise et son établissement principal américain. Or, la Cour a relevé que, « en tant que succursale de SAC, Skandia Sverige n'opère pas de façon indépendante et ne supporte pas elle-même les risques économiques liés à l'exercice de son activité. En outre, en tant que succursale, selon la législation nationale, elle ne dispose pas d'un capital propre et ses actifs font partie du patrimoine de SAC. Par conséquent, Skandia Sverige est dépendante de SAC et ne saurait dès lors avoir, elle-même, la qualité d'assujetti au sens de l'article 9 de la directive TVA »[129]. Se trouve ainsi confortée l'idée du non-assujettissement de principe des relations entre une succursale et le siège.

Pour être complet sur l'arrêt *Skandia America Corp.*, les opérations « réalisées à titre onéreux » entre la succursale et son siège ont tout de même été assujetties à la TVA. Sans remettre en cause le propos précédent, une telle solution s'explique par la qualité, au regard de la législation suédoise, de membre d'un groupement TVA de la succursale[130]. Les services fournis au siège par la succursale ont donc été réputés l'être par le groupement et non par la succursale : « Dans la mesure où les services fournis à titre onéreux par une société telle que SAC à sa succursale doivent être réputés, du seul point de vue de la TVA, comme ayant été fournis au groupement TVA, et que celles-ci ne peuvent pas être considérées comme un assujetti unique, il y a lieu de conclure que la fourniture de tels services constitue une opération imposable, en vertu de l'article 2, paragraphe 1, sous *c*), de la directive TVA »[131].

On notera qu'avant que l'arrêt *Skandia America Corp.* soit rendu, la Cour de justice avait répondu à une question préjudicielle du Conseil d'État[132] à propos de la possibilité pour une société dont le siège est dans un autre État membre d'intégrer le chiffre d'affaires d'une succursale établie dans un autre État membre de l'Union européenne ou dans un État tiers. Or, et dans le sens des conclusions de l'avocat général Cruz Villalon, les juges de la Cour de Luxembourg ont rappelé que « l'établissement stable, au sens de la sixième directive, situé dans un État membre et l'établissement principal situé dans un autre État membre ne constituent qu'un seul et même assujetti à la TVA »[133].

Évoquant la portée de l'arrêt *FCE Bank*, l'avocat général Cruz Villalon avait indiqué que « Formulé en termes très succincts, l'arrêt *FCE Bank* (...) nous enseigne qu'une société ayant son principal établissement (son siège) dans un État membre (FCE Bank) et un établissement stable (une succursale)

(126) Ph. Léger, concl., pt 38.
(127) *Ibid.*, pt 55.
(128) TA Paris, 28 févr. 2007, n° 00-15.330, *Sté Carlton International Plc* : *RJF* 11/2007, n° 1229.
(129) CJUE, 17 sept. 2014, n° C-7/13, *Skandia America Corp.*, préc., pt 26.
(130) Dir. n° 2006/112/CE, art. 11.
(131) CJUE, 17 sept. 2014, n° C-7/13, *Skandia America Corp.*, préc., pt 31.
(132) CE, plén., 11 juill. 2011, n° 301.849, *Sté Crédit Lyonnais* : *Dr. fisc.* 2011, n° 44, comm. 573, note C. Sniadower ; *RJF* 10/2011, n° 1111, concl. C. Legras, p. 917.
(133) CJUE, 12 sept. 2013, aff. C-388/11, *Le Crédit Lyonnais*, pt 34 : *Dr. fisc.* 2013, n° 41, comm. 471, note I. Féron et R. Zana ; *RJF* 12/2013, n° 1192.

établi dans un autre État membre (FCE IT) forment, à l'égard de l'État membre d'établissement de la succursale (Italie) et dans la mesure où le siège a fourni à la succursale des biens ou services, un seul et unique assujetti dans leurs "relations" réciproques, de sorte que les éventuelles prestations fournies par le siège de la société à la succursale ne sauraient être qualifiées de prestations de services à titre onéreux au sens de l'article 2 de la sixième directive, avec la conséquence nécessaire que ces dernières n'étaient pas soumises à la TVA, en l'espèce, dans l'État membre de la succursale »[134].

1196. – Existence d'un lien direct entre le service rendu et la contre-valeur reçue. Malgré l'absence de toute exonération, une opération effectuée dans le cadre d'une activité économique à titre onéreux peut ne pas être imposée. La Cour de justice a en effet développé une jurisprudence restrictive du champ d'application en interprétant les dispositions des directives européennes dans le sens de l'exigence d'un lien direct entre le service rendu et la contrepartie obtenue[135].

Le bénéficiaire doit donc, d'une part, être déterminé avec une contrepartie individualisable et, d'autre part, un lien direct – ou une « relation nécessaire » – doit exister entre ce qui est versé – et non pas nécessairement celui qui verse (V. *infra*, n° 1198, 2) – et ce qui est reçu sachant que cette condition n'implique pas un rapport d'équivalence[136].

Un comité de producteurs de pommes et de poires ne doit donc pas exiger de ses membres la TVA sur les taxes obligatoires acquittées pour financer une campagne promotionnelle. Ces derniers ne tirent en effet qu'indirectement un bénéfice de l'action promotionnelle du groupement. La contrepartie n'est pas individualisable et le caractère légal des taxes perçues exclut toute comparaison entre le service rendu et le prélèvement acquitté[137].

Le Conseil d'État fait sien ce raisonnement et considère que le lien direct implique non seulement que le service soit rendu directement au bénéficiaire, mais encore qu'une relation nécessaire existe entre le service et la contrepartie[138].

1197. – Contrepartie et indemnisation. L'exigence d'une contrepartie soulève une interrogation : qu'en est-il lorsque le service n'est pas utilisé alors que le paiement a été effectué sans possibilité de remboursement ? La question ne se pose pas uniquement à propos des abonnements offrant un accès limité ou illimité à un service. Elle concerne, de manière plus générale, tous les paiements ne pouvant donner lieu à remboursement effectués par anticipation à la consommation effective du service.

Conduites à se prononcer, les juridictions – et notamment celle de Luxembourg – considèrent que l'assujettissement ne dépend pas toujours de l'utilisation effective du service. Dès lors que le paiement donne lieu à son utilisation jusqu'à un terme fixé, la prestation est constituée par le droit de l'utiliser jusqu'à cette date. Ce raisonnement a été appliqué à l'égard :

– d'un abonnement à un club de golf[139], solution qui vaut plus généralement pour l'ensemble des abonnements donnant un accès illimité à un service ;

(134) P. Cruz Villalon, concl., p. 34.
(135) CJCE 5 févr. 1981, aff. C-154/80, *Assoc. coopérative « Coöperatieve Aardappelenbewaarplaats GA »* : *Rec. CJCE* 1981, I, p. 445, pt 12.
(136) CJCE 8 mars 1988, aff. C-102/86, *Apple and Pear development council* : *Rec. CJCE* 1988, I, p. 1443, pts 13 et s. ; *Dr. fisc.* 1989, n° 15, comm. 813 ; *RJF* 8-9/1988, n° 970.
(137) CJCE 8 mars 1988, aff. C-102/86, *Apple and Pear development council*, préc.
(138) CE, 9 mai 1990, n° 82.611, *Comité économique agricole des producteurs de plants de pommes de terre de la Région nord de la France et du bassin parisien* : *Dr. fisc.* 1990, n° 41, comm. 1849 ; *RJF* 6/1990, n° 676, p. 396, concl. O. Fouquet.
(139) CJCE 21 mars 2002, aff. C-174/00, *Kennemer Golf* et *Country Club* : *RJF* 6/2002, n° 736 ; *BDCF* 6/2002, n° 76, concl. F.-G. Jacobs.

– à un forfait soins[140] ;

– à un billet d'avion non utilisé et non remboursable[141] ;

Pour la Cour de justice, « la contre-valeur du prix versé lors de l'achat du billet est constituée par le droit qu'en tire le passager de bénéficier de l'exécution des obligations découlant du contrat de transport, indépendamment du fait que le passager mette en œuvre ce droit, la compagnie aérienne réalisant la prestation dès lors qu'elle met le passager en mesure de bénéficier de ces prestations » (pt. 28).

– à une carte de cinéma donnant droit à un certain nombre de séances durant une période[142].

Le fait de ne pas consommer le service n'aboutit donc nullement, dans ces cas, à modifier le régime juridique applicable au versement. Le prestataire ne peut d'ailleurs pas invoquer l'existence d'un préjudice – que viendrait réparer la conservation du versement – pour échapper à l'obligation fiscale.

Tel est bien ce qu'a jugé la Cour de justice à propos de l'affaire précitée *Air France* et *Brit Air*. Pour les juges européens, « les requérantes au principal ne sauraient faire valoir que le prix payé par le passager défaillant et conservé par la compagnie constitue une indemnité contractuelle qui, parce qu'elle vise à réparer un préjudice subi par la compagnie, n'est pas soumise à la TVA »[143].

La solution est toutefois différente pour la Cour de justice de l'Union européenne lorsque le montant acquitté présente la forme d'arrhes et que la faculté de dédit est exercée.

Considérant que la convention d'hébergement dans un établissement touristique ne dépend pas du versement d'arrhes – étant donné qu'elles ne présentent pas un caractère obligatoire et dépendent de la liberté contractuelle des parties – l'exercice de la faculté de dédit a été considéré par la Cour de justice comme n'entrant pas dans le champ d'application de la taxe sur la valeur ajoutée. Il s'agit là pour la Cour d'une indemnisation forfaitaire du préjudice subi par l'autre partie qui renonce à l'exécution de son obligation[144]. Cette solution a été étendue par les juridictions nationales aux acomptes et à l'indemnité d'immobilisation[145].

On notera que le raisonnement appliqué dans l'arrêt *Sté thermale d'Eugénie-les-Bains* a été invoqué sans succès dans l'affaire précitée *Air France* et *Brit Air*. En effet, pour la Cour de justice, outre, d'une part, que le prix acquitté correspondait à l'intégralité du prix à payer et, d'autre part, que la vente était ferme et définitive une fois la réservation de la place confirmée par la compagnie aérienne, les juges européens ont observé que « les compagnies aériennes se réservent le droit de revendre le service non utilisé à un autre passager, sans être tenues d'en rembourser le prix au passager initial. Il en résulte que l'octroi d'une indemnité serait, en l'absence de préjudice, dépourvu de justification »[146].

De manière plus générale, tout versement ayant pour objet de réparer un préjudice subi n'est pas soumis à l'imposition.

---

(140) CJUE, 27 mars 2014, aff. C-151/13, *Le Rayon d'Or SARL : BF Lefebvre* 8-9/2014, étude J.-S. Pilczer ; *RJF* 6/2014, n° 648.

(141) CJUE, 23 déc. 2015, aff. C-250/14, *Air France* et C-289/14, *Brit Air : RJF* 3/2016, n° 309. – *Adde*, Y. Sérandour, *Les billets d'avion non utilisés : dans le champ ou hors du champ d'application de la TVA ? À propos des arrêts CE, 21 mai 2014, Air France-KLM et Brit Air : Dr. fisc.* 2014, n° 37, 515.

(142) TA Cergy-Pontoise, 31 mars 2009, n° 05-11.122, *SA UGC Ciné Cité : RJF* 11/2009, n° 921. – CE, 15 avr. 2016, n° 373.591, *SA MK2 Vision : Dr. fisc.* 2016, n° 27, comm. 401, concl. E. Bokdam-Tognetti. *Le Conseil d'État a fait sien dans sa décision le raisonnement appliqué par la Cour de justice dans l'arrêt Air France et Brit Air.*

(143) CJUE, 23 déc. 2015, aff. 250/14, *Air France* et 289/14, *Brit Air*, préc., pt 29.

(144) CJCE, 18 juill. 2007, aff. C-277/05, *Sté thermale d'Eugénie-les-Bains : Dr. fisc.* 2007, n° 36, comm. 794, Y. Sérandour et I. Sérandour avec une critique de l'arrêt ; *RJF* 11/2007, n° 1363.

(145) CAA Bordeaux, 25 oct. 2007, n° 04-1631, *Sté Concepts d'entreprises et de prestations de services : Dr. fisc.* 2007, n° 52, comm. 1087 ; *RJF* 3/2008, n° 294. – CAA Lyon, 31 oct. 2007, n° 06-525, *SA SICP Marcel Faure : RJF* 4/2008, n° 420.

(146) CJUE, 23 déc. 2015, aff. C-250/14, *Air France* et C-289/14, *Brit Air*, préc., pt 33.

Une indemnité versée en compensation de l'inexécution d'un contrat n'a ainsi pas été jugée imposable au motif qu'elle « avai [t], non pour effet de rémunérer la société d'un élément de la prestation consistant à les donner en location, ni de compenser le préjudice, distinctement indemnisé, ayant résulté pour elle de l'interruption prématurée de cette location, mais de la dédommager de l'inexécution, par ses locataires, de leur obligation de restituer le bien loué en fin de location »(147).

La prudence s'impose néanmoins avant de conclure au non-assujettissement de tout versement présenté comme une indemnité. L'assujettissement s'impose en effet lorsque l'indemnité est versée en contrepartie d'un bien ou d'une prestation de service individualisable(148). On retrouve là l'exigence d'un lien direct (V. *supra*, n° 1196).

Est ainsi imposable à la TVA une indemnité de résiliation d'un contrat dont le montant devait être égal à une fraction des charges supportées par le cocontractant pour tenir compte du degré d'exécution de la commande au moment de la résiliation. Même si cette indemnité a eu pour finalité de réparer le préjudice subi des suites de la résiliation, sa prévision visait à assurer l'équilibre économique du contrat. Comme l'a indiqué le Conseil d'État, l'indemnité constitue « la contrepartie directe et la rémunération (...) du service que cette société a fourni à son cocontractant, en prenant envers lui l'engagement de satisfaire à ses besoins d'approvisionnement ». Autrement dit, la clause prévoyant le versement d'une indemnité avait pour contrepartie la disponibilité du fabricant pour honorer la commande(149).

Cette solution peut être rapprochée de la décision *SA Diac* qui concerne le versement d'une indemnité de résiliation anticipée prévue par le contrat de location longue durée d'une automobile et calculée en tenant compte du montant des loyers restant à échoir. Le Conseil d'État a considéré que ce versement ne représentait la contrepartie d'aucun service individualisable, l'indemnité versée s'inscrivant dans le cadre légal et réglementaire du Code de la consommation à titre de compensation d'un préjudice(150).

A en revanche été jugée imposable à la TVA l'indemnité versée par la société mère d'une société cliente à la société mère de la société prestataire qui lui a reversé, en vue de couvrir des dépenses non prévues par le contrat. Cette indemnité « constituait la contrepartie directe et la rémunération, selon des modalités dont les parties étaient convenues postérieurement à sa réalisation, d'une prestation de service individualisable rendue à la SA Volkswagen Finances ». L'indemnité n'avait donc pas pour seule finalité de réparer un préjudice. D'où son assujettissement à la TVA. On notera que la circonstance que cette indemnité ait été versée de société mère à société mère en vue de son reversement et non, directement, de prestataire à client n'a pas eu d'incidence(151).

1198. – Cas particulier des subventions. Une subvention peut être imposable à la taxe sur la valeur ajoutée. Tout dépend si la subvention constitue la contrepartie à une opération. Rejeter une telle solution ne pourrait que favoriser la commission d'abus consistant à payer tout ou partie d'une prestation ou d'un bien par ce moyen. Le versement d'une subvention peut en effet dissimuler le paiement d'un prix. Il peut aussi représenter la prise en charge d'une fraction du prix d'une opération.

1) La subvention-prix

La subvention-prix s'entend d'une subvention versée en contrepartie d'un bien ou d'un service au profit de son auteur. Le régime fiscal applicable est le régime

(147) CE, 20 juill. 1998, n° 146.333, *SNC Géfiroute : Dr. fisc.* 1999, n° 7, comm. 132, concl. F. Loloum ; *RJF* 8-9/1998, n° 926, chron. S. Verclytte : *RJF* 8-9/1998, p. 630. – V. également : CE, 21 nov. 2011, n° 316.485, *Min. c/Sté Tobacco Exporters International : Dr. fisc.* 2012, n° 3, comm. 65, concl. P. Collin ; *RJF* 2/2012, n° 108 ; *RJF* 3/2012, p. 187 et s., chron. C. Raquin.

(148) CE, 23 nov. 2015, n° 375.764, *Tirlet : Dr. fisc.* 2016, n° 5, comm. 145, concl. F. Aladjidi.

(149) CE, sect., 15 déc. 2000, n° 194.696, *Sté Polyclad Europe : RJF* 3/2001, n° 293, chron. J. Maïa, *Indemnités et TVA : affirmation et portée d'un changement de logique : RJF* 3/2001, p. 191 ; *BDCF* 3/2001, n° 36, concl. G. Goulard.

(150) CE, 20 mars 2013, n° 346.990, *SA Diac : RJF* 6/2013, n° 600.

(151) CE, 17 mai 2013, n° 339.526, *Sté internationale de recouvrement, de récupération et de redressement : Dr. fisc.* 2013, n° 39, comm. 445, note C. Deleu ; *RJF* 8-9/2013, n° 811.

commun de la taxe sur la valeur ajoutée. Il convient de raisonner en faisant abstraction de la qualification de subvention. La subvention sera donc imposée si l'opération doit l'être.

Une subvention accordée par l'État à une communauté urbaine afin de financer le raccordement du réseau d'assainissement de bâtiments appartenant à l'État est imposable à raison du lien direct existant[152].

2) La subvention complément de prix

La subvention complément de prix s'entend, littéralement, d'une prise en charge d'une fraction du prix devant normalement être assumée par un tiers. Le bénéficiaire de l'opération n'est donc pas la personne qui accorde la subvention.

Selon l'administration fiscale, une subvention s'analyse en une subvention complément de prix lorsque les conditions suivantes sont réunies : – la subvention doit être versée par un tiers à celui qui réalise la livraison ou la prestation ; – la subvention doit en constituer la contrepartie totale ou partielle, étant indiqué que le principe du versement et de son prix doit exister ou être déterminé en droit ou en fait avant l'intervention du fait générateur des opérations dont elle constitue la contrepartie avec une relation identifiable entre son versement et un bien ou un service déterminé ; – la subvention doit permettre au client de payer un prix inférieur au prix du marché ou, à défaut, au prix de revient[153].

Selon la Cour de justice des Communautés européennes, « il y a lieu de relever que le seul fait qu'une subvention puisse avoir une influence sur le prix des biens livrés ou des services fournis par l'organisme subventionné ne suffit pas à rendre cette subvention imposable. Pour que la subvention soit directement liée au prix de ces opérations, au sens de l'article 11, A, de la sixième directive, il importe, en outre, ainsi que la Commission l'a relevé à juste titre, qu'elle soit spécifiquement versée à l'organisme subventionné afin qu'il fournisse un bien ou effectue un service déterminé. Ce n'est que dans ce cas que la subvention peut être considérée comme une contrepartie de la livraison d'un bien ou de la prestation d'un service et que, partant, elle est imposable. Afin de vérifier si la subvention constitue une telle contrepartie, il importe de relever que le prix du bien ou du service doit être déterminé, quant à son principe, au plus tard au moment où intervient le fait générateur. Il doit également être constaté que l'engagement de verser la subvention pris par celui qui octroie celle-ci a pour corollaire le droit de la percevoir reconnu au bénéficiaire dès lors qu'une opération taxable a été accomplie par ce dernier. Ce lien entre la subvention et le prix doit apparaître de manière non équivoque au terme d'une analyse au cas par cas des circonstances qui sont à l'origine du versement de cette contrepartie. En revanche, il n'est pas nécessaire que le prix du bien ou du service – ou une partie du prix – soit déterminé. Il suffit qu'il soit déterminable »[154].

Les juridictions vont vérifier l'existence d'un lien direct entre le service rendu et la contrepartie obtenue, et ce alors même que le bénéficiaire de la prestation n'est pas l'auteur de la subvention (V. *supra*, n° 1196).

Le versement d'une subvention par une commune afin de permettre à des enfants de familles ayant des difficultés financières d'assister à une représentation d'un cirque itinérant moyennant le versement d'un prix symbolique est ainsi soumis à la taxe sur la valeur ajoutée. Un lien direct existe entre la prestation dont les enfants bénéficient et le versement du prix symbolique auquel s'ajoute la subvention.

La qualification n'est cependant pas toujours simple à identifier. Ce qui peut apparaître comme une subvention d'équilibre, *a priori* non assujettie à la taxe sur la valeur ajoutée, peut fort bien dissimuler un complément de prix.

(152) CE, 29 oct. 2003, n° 241.524, *Cté urbaine de Lyon* : *Dr. fisc.* 2004, n° 18-19, comm. 461, concl. G. Bachelier ; *RJF* 1/2004, n° 25.
(153) BOI-TVA-BASE-10-10-10, § 370.
(154) CJCE, 22 nov. 2001, aff. C-184/00, *Office des produits wallons* : *Dr. fisc.* 2002, n° 5, comm. 74 ; *RJF* 2/2002, n° 250.

Constituent ainsi des subventions d'équilibre non assujetties à la TVA les subventions versées par des collectivités territoriales à une association gérant un palais de la musique et des congrès sachant, d'une part, que l'octroi des subventions n'était lié à la souscription d'aucun engagement relatif à la nature ou aux prix des prestations effectuées par l'organisme à but non lucratif et que, d'autre part, « le montant et le mode de calcul des subventions ne traduisaient pas une relation entre celles-ci et le service de "promotion" que l'Association (...) aurait rendu aux parties versantes »(155).

Une autre solution a été retenue dans le cas d'une subvention publique versée à une société en charge de la gestion d'une patinoire afin de compenser ses déficits d'exploitation. Alors même qu'à l'image du cas précédent, il n'existait aucune prestation de services individualisable au profit des collectivités publiques, cette subvention d'équilibre a été qualifiée de subvention complément de prix au motif qu'elle constituait la contrepartie aux obligations imposées par les conventions conclues en vue de la gestion de l'ouvrage et tenant à la nature et aux prix des prestations offertes, lesquels étaient déterminés, tout comme le principe et le mode de calcul de la subvention, au moment où les prestations ont été effectuées. Un lien a donc été établi entre la subvention et le prix exigé des clients, réduit par rapport à ce qu'il devait être(156).

Il va de soi que, dans les deux cas, le versement d'une subvention peut exercer une influence sur le prix exigé des clients. La différence de solution s'explique non seulement par le lien établi dans le deuxième cas entre la subvention et les prestations offertes aux clients mais aussi en raison de l'antériorité de la détermination du prix, à tout le moins dans son principe, par rapport à l'exécution de la prestation. On retrouve là des conditions posées par la Cour de justice dans son arrêt *Office des produits wallons* (V. *supra*).

Le même raisonnement a été appliqué à un abandon de créance consenti par une société mère à une de ses filiales. La filiale réalisait des prestations au profit d'autres sociétés du groupe à un tarif bas conformément à une convention de groupe. Constamment déficitaire, la société prestataire a alors bénéficié d'une avance de sa société mère, créance qu'elle a ultérieurement abandonnée. On retrouve là la logique de la subvention d'équilibre. Considérant que « l'abandon de créance consenti par la société mère du groupe à la société [prestataire] avait permis à cette dernière en exécution d'une convention de groupe conclue antérieurement, d'offrir aux unités opérationnelles du groupe des prestations à un prix inférieur à leur coût de revient (...) cet abandon de créance [a été] regardé comme ayant le caractère, non d'une subvention d'équilibre, mais d'un complément de prix (...) »(157). On note la référence à l'antériorité de la convention de groupe.

La qualification de subvention complément de prix a pour effet de soumettre son montant au régime juridique du prix conformément à l'article 73 de la directive n° 2006/112/CE du 28 novembre 2006 dont le contenu est repris dans l'article 266 du Code général des impôts. Le régime n'est cependant pas en tous points identique puisque la personne qui accorde et verse la subvention complément de prix ne peut déduire la taxe sur la valeur ajoutée due.

b) Conditions tenant à l'opérateur

1199. – Nature juridique de l'opérateur sans incidence. Selon les termes de l'article 256, I du Code général des impôts, le caractère imposable de l'opération implique qu'elle soit effectuée par un assujetti agissant en tant que tel. Combiné à l'article 256 A, on peut immédiatement relever que la nature juridique de la personne n'a pas d'incidence. Une personne morale de droit public ou une association peuvent être tenues d'exiger la taxe sur la valeur ajoutée auprès de leurs clients ou usagers.

(155) CE, 31 mai 2000, n° 182.012, *Min. c/Assoc. Strasbourg musique et congrès : Dr. fisc.* 2000, n° 50, comm. 1002, concl. J. Courtial ; *RJF* 8-9/2000, n° 1066.

(156) CE, 10 juin 2010, n° 301.586, *Sté Carilis : RJF* 10/2010, n° 884, p. 715, chron. V. Daumas ; *AJDA* 2011, p. 453, note M. Collet.

(157) CE, 16 avr. 2012, n° 323.232, *Sté Geodis Division Messageries Services : Dr. fisc.* 2012, n° 46, comm. 519, note crit. C. Sniadower ; *RJF* 7/2012, n° 693 ; *BDCF* 7/2012, n° 85, concl. J. Boucher.

1200. – **Opérations des personnes publiques et assimilées.** Les personnes publiques peuvent être conduites à contribuer au financement de l'action publique. Le droit de la taxe sur la valeur ajoutée n'échappe pas à cette règle même si leur spécificité, de même que les personnes qui leur sont assimilées, est reconnue lorsqu'elles agissent en tant qu'autorités publiques.

1) Non-assujettissement de principe

Conformément à l'article 13,1 de la directive n° 2006/112/CE du 28 novembre 2006, qui reprend sur ce point l'article 4,5 de la 6e directive de 1977, une dérogation à la règle de l'assujettissement est prévue au bénéfice des États, des régions, des départements, des communes et des « autres organismes de droit public (...) pour les activités ou opérations qu'ils accomplissent en tant qu'autorités publiques ». Par détermination de l'article 13, ils ne sont alors pas considérés comme des assujettis, ce qui fait échapper leurs opérations au prélèvement.

a) Une précision s'impose en premier lieu concernant l'articulation entre les articles 13,1 précité et 9,1 aux termes duquel « Est considéré comme "assujetti" quiconque exerce, d'une façon indépendante et quel qu'en soit le lieu, une activité économique, quels que soient les buts ou les résultats de cette activité ». Ces deux dispositions ne doivent pas être opposées. Elles sont complémentaires : l'article 13,1 vient limiter le champ de l'article 9,1. Il s'agit donc juridiquement d'une voie d'exonération. L'application de l'article 13,1 ne présente un intérêt que si l'activité de l'organisme de droit public est économique au sens de l'article 9[158]. Le même raisonnement peut être tenu en droit interne avec les articles 256 et 256 B du CGI.

b) Alors que le champ de l'article 13 paraissait limité aux seules personnes publiques, sans s'étendre aux personnes privées qui, dans un cadre libéral, exercent une activité au cours de laquelle elles accomplissent des actes en usant de prérogatives de puissance publique, à l'image des huissiers de justice[159], la Cour de justice a pris en 2015 le contrepied de son avocat général en considérant que la notion d'« organisme de droit public » doit être entendue de façon autonome[160]. C'est ainsi que la transformation en société anonyme d'un organisme étatique n'a pas été jugée à elle seule comme exclusive de l'application de l'article 13 précité. Tout en laissant le soin à la juridiction de renvoi de procéder à ce contrôle, les juges européens ont pris plusieurs éléments en considération : – origine législative de la création de l'entité, – caractère limité de son autonomie « en raison du fait que son capital, qui n'est pas ouvert à des prises de participation par des particuliers, est détenu à 100 % par la RAA [Région Autonome des Açores] qui, à l'exception des prestations fournies aux tiers dans le cadre d'activités dites "accessoires" dont il est constant qu'elles sont d'une importance marginale, est en outre son seul "client" » mais aussi du constat que l'entité « s'acquitte de sa mission conformément aux lignes directrices de la RAA », qu'elle « se soumet au contrôle de la RAA », que « la place du droit privé est secondaire par rapport à celle dévolue aux règles définissant le régime juridique » de l'entité, – constat que les prestations de services en cause sont, dans la RAA, exclusivement accomplies par cette entité et ne sont pas attribuées à des opérateurs privés. Une débudgétisation par création d'une personne morale de droit privé ne se traduit donc plus nécessairement par l'exclusion du bénéfice de l'article 13 de la directive de 2006.

Si la notion d'autorité publique n'a pas été définie par les textes européens, la Cour de justice en a précisé le contenu. Les activités concernées sont celles exercées par un « organisme de droit public » au sens de l'article 13 précité dans le cadre du régime qui lui est particulier et qu'il exerce dans des conditions juridiques différentes

(158) CJUE, 29 sept. 2015, aff. C-276/14, *Gmina Wroclaw* : *RJF* 12/2015, n° 1080.
(159) CJCE, 26 mars 1987, aff. C-235/85, *Commission c/Pays-Bas* : *Rec. CJCE* 1987, I, p. 1471, § 22. – CJCE, 21 mai 2008, aff. C-456/07, *Mihal* : *Dr. fisc.* 2008, n° 37, comm. 483.
(160) CJUE, 29 oct. 2015, aff. C-174/14, *Saudaçor c/Fazenda Pública* : *Dr. fisc.* 2015, n° 45, act. 611 ; *RJF* 1/2016, n° 104.

des opérateurs économiques privés[161]. Il convient ainsi de se référer aux modalités d'exercice de l'activité et non à son objet ou au but poursuivi[162].

Dans ses conclusions sous l'arrêt précité du 17 octobre 1989, l'avocat général Mischo a proposé quatre critères alternatifs afin d'identifier l'activité réalisée en tant qu'autorité publique : l'exercice du pouvoir de souveraineté, l'exercice d'une activité obligatoire, l'utilisation de prérogatives exorbitantes du droit commun et l'exercice d'une activité faisant l'objet d'un monopole légal[163]. On observe ainsi que la liste ne se limite pas à des activités non économiques.

La Cour de justice considère ainsi que « La location d'emplacements destinés au stationnement des véhicules est une activité qui, lorsqu'elle est exercée par un organisme de droit public, est accomplie par celui-ci en tant qu'autorité publique (...) si cette activité est accomplie dans le cadre d'un regime juridique propre aux organismes de droit public. Tel est le cas lorsque l'exercice de cette activité comporte l'usage de prérogatives de puissance publique »[164]. De ce point de vue, « le fait que lesdits terrains appartiennent [au] domaine public ou privé [de l'organisme de droit public] ne permettent pas, par eux-mêmes, de déterminer si elle accomplit cette activité en tant qu'autorité publique »[165]. Parmi les prérogatives de puissance publique retenues dans ce cadre figurent pour le Conseil d'État celles « consistant à autoriser ou à limiter le stationnement sur une voie ouverte à la circulation publique, à sanctionner par une amende le dépassement du temps de stationnement autorisé ou encore à rendre obligatoire le stationnement sur les emplacements payants ». Tous les parkings gérés par une personne publique ne sont donc pas concernés, et ce y compris si son pouvoir de police s'y exerce. C'est ainsi que sont soumises à la TVA les recettes perçues au titre de mise à disposition, non limitée dans le temps et ne donnant pas lieu à amende en cas de non-respect des conditions d'usage, de places de stationnement situées hors de la voie publique[166].

Loin d'être nécessairement favorable aux personnes publiques et assimilées, le non-assujettissement de leurs opérations les prive du droit à déduction de la taxe sur la valeur ajoutée acquittée en amont[167]. Le fonds de compensation pour la taxe sur la valeur ajoutée permet certes de compenser pour partie cette interdiction, mais il n'est pas général et son incompatibilité avec les textes européens ne fait guère de doutes[168]. Il permet en effet de contourner les règles relatives au droit à déduction.

Comme l'a souligné Michel Charasse, « s'agissant du FCTVA, je souhaite que l'on n'en parle pas trop, parce qu'il n'est pas d'une conformité absolue à la sixième directive européenne »[169].

Assujettir les opérations des personnes publiques et assimilées à la taxe sur la valeur ajoutée leur est donc favorable en ce que l'assujettissement leur ouvre droit à une déduction potentiellement intégrale en fonction du coefficient de déduction.

2) Limite liée à l'existence d'une distorsion de concurrence

Ne pas assujettir les opérations des personnes publiques et assimilées à la taxe sur la valeur ajoutée ne saurait toutefois conduire à une distorsion de concurrence.

(161) CJCE 14 déc. 2000, aff. C-446/98, *Fazenda Pùblica et Câmara municipal do Porto*, pt 17 : *RJF* 3/2001, n° 421. – CJCE, Gde ch., 16 sept. 2008, aff. C-288/07, *Commissioners of Her Majesty's revenue & cutoms c/Isle of Wight council*, pt 21 : *Europe* 2008, n° 11, comm. 385, note A.-L. Mosbrucker ; *RJF* 1/2009, n° 100.

(162) CJCE 17 oct. 1989, aff. C-231/87 et C-129/88, *Ufficio distrettuale delle imposte dirette di Fiorenzuola d'Arda et a. c/ Cne di Carpaneto Piacentino e. a : Rec. CJCE* 1989, I, p. 3233 ; RJF 1/1990, n° 103.

(163) Concl. Mischo, § 15.

(164) CJCE, 14 déc. 2000, aff. C-446/98, *Fazenda Pùblica et Câmara municipal do Porto*, préc.

(165) *Ibid.* pt 20.

(166) CE, 16 févr. 2015, n° 364.793, *Cne du Perthus : Dr. fisc.* 2015, n° 17, comm. 284, concl. E. Crépey ; *RJF* 5/2015, n° 395.

(167) CGI, art. 271, 1.

(168) CGCT, art. L. 1615-1 et s.

(169) M. Charasse : *JO* Sénat CR, 23 juin 1989.

Cette limite au régime dérogatoire des personnes publiques est prévue non seulement par le droit de l'Union européenne, mais aussi par le droit interne.

L'article 13, 1 de la directive n° 2006/112/CE dispose que : « Toutefois, lorsqu'ils effectuent de telles activités ou opérations, ils doivent être considérés comme des assujettis pour ces activités ou opérations dans la mesure où leur non-assujettissement conduirait à des distorsions de concurrence d'une certaine importance ».

On retrouve cette limite attachée à la distorsion de concurrence dans l'article 256 B du CGI. La disposition liste une série d'activités assurées par les personnes publiques, à savoir « l'activité de leurs services administratifs, sociaux, éducatifs, culturels et sportifs » avec la réserve que « leur non-assujettissement n'entraîne pas de distorsion dans les conditions de la concurrence ». Aucune référence n'est faite en droit interne à un seuil de distorsion.

L'appréciation de la distorsion de concurrence doit être portée *in abstracto*, à raison de l'activité exercée, et non *in concreto*, autrement dit en tenant compte de l'état du marché dans la même aire. Il n'est donc pas tenu compte de la présence ou de l'absence de concurrents. Telle est la position de la Cour de justice adoptée en 2008[(170)].

Selon la Cour de justice, « l'article 4, paragraphe 5, deuxième alinéa, de la sixième directive doit être interprété en ce sens que les distorsions de concurrence d'une certaine importance auxquelles conduirait le non-assujettissement des organismes de droit public agissant en tant qu'autorités publiques doivent être évaluées par rapport à l'activité en cause, en tant que telle, sans que cette évaluation porte sur un marché local en particulier »[(171)].

Le Conseil d'État a fait évoluer sa jurisprudence en ce sens en 2010 en se référant à « la nature de l'activité en cause et aux conditions dans lesquelles l'exploitation est conduite »[(172)]. La prise en compte des conditions d'exercice de l'activité ne nous paraît sur ce point pas contraire à la jurisprudence européenne puisqu'elle se rapporte à l'activité en cause. Les juges de la Cour de Luxembourg étaient appelés à se prononcer sur l'influence du marché local.

L'administration fiscale considère que « La notion de concurrence à laquelle il convient de se référer pour savoir si un organisme de droit public est ou non assujetti à la TVA s'apprécie dans un cadre qui peut dépasser les limites territoriales de la circonscription dans laquelle s'exerce son activité. Il convient donc, suivant les cas, de situer au plan communal, départemental, ou même national, le domaine concurrentiel. Celui-ci peut, en effet, varier en fonction du champ d'action géographique de l'organisme concerné, de l'étendue du marché ou de la clientèle vers laquelle son activité est orientée »[(173)].

Que la taxe sur la valeur ajoutée ne conduise pas à des distorsions de concurrence est une exigence constante du régime de cette imposition qui s'impose à tous les opérateurs économiques, qu'ils présentent ou non la qualité « d'autorité publique »[(174)].

C'est ainsi qu'une société gérant un crématorium a pu invoquer la directive communautaire pour contester le non-assujettissement d'une commune à raison de l'exercice de cette activité[(175)]. On signalera également que la distorsion de concurrence à laquelle il est fait référence vise non seulement les opérateurs privés, mais aussi les organismes de droit public eux-mêmes. Il est donc possible d'assujettir

(170) CJCE, Gde ch., 16 sept. 2008, aff. C-288/07, *Commissioners of Her Majesty's revenue & cutoms c/Isle of Wight council : Europe* 2008, n° 11, comm. 385, note A.-L. Mosbrucker ; *RJF* 1/2009, n° 100.

(171) *Ibid.*, pt 53.

(172) CE, 23 déc. 2010, n° 307.856, *Cne de Saint-Jorioz : Dr. fisc.* 2011, n° 13, comm. 287, concl. C. Legras, note C. Sniadower ; *RJF* 3/2011, n° 296.

(173) BOI-TVA-CHAMP-10-20-10-10, § 100.

(174) CJCE, 4 juin 2009, aff. C-102/08, *Finanzamt Düsseldorf-Süd c/SALIX Grundstücks-Vermietungsgesellschaft mbH & Co : RJF* 8-9/2009, n° 806.

(175) CJCE, 8 juin 2006, aff. C-430/04, *Feuebestattungsverein Halle eV : Rec. CJCE* 2006, I, p. 4999.

un organisme public lorsque son non-assujettissement est de nature à créer une distorsion de concurrence à son propre détriment[176].

3) Limites liées à l'activité exercée

Sans qu'il soit nécessaire de vérifier s'il existe une distorsion de concurrence – elle est donc ici présumée –, certaines activités doivent être assujetties à la taxe sur la valeur ajoutée, y compris si elles sont exercées par une personne publique ou assimilée. Le dernier alinéa de l'article 13, 1 de la directive précitée de 2006 le prévoit pour les activités listées dans son annexe I, et ce « dans la mesure où [les activités] ne sont pas négligeables ».

La question du caractère limitatif de la liste a pu se poser en raison de la rédaction de l'article 4, § 5 de la sixième directive TVA de 1977 aux termes duquel : « En tout état de cause, les organismes précités ont la qualité d'assujettis notamment pour les opérations énumérées à l'annexe D et dans la mesure où celles-ci ne sont pas négligeables ». Elle ne se pose plus depuis l'entrée en vigueur de l'article 13, 1 de la directive n° 2006/112/CE dont le troisième alinéa ne comporte plus l'adverbe « notamment ». Selon le texte, « En tout état de cause, les organismes de droit public ont la qualité d'assujettis pour les activités figurant à l'annexe I et dans la mesure où celles-ci ne sont pas négligeables ». La liste semble donc devoir être considérée comme fermée, position que ne partage pas l'administration[177].

Le Code général des impôts reprend cette idée, en l'adaptant, dans l'article 256 B avec une liste d'opérations imposables sans toutefois la précision précitée de la directive européenne. Y figurent les opérations de transport de personnes, les prestations de services portuaires et aéroportuaires, l'organisation de voyages et séjours touristiques…

Si l'article 256 B du CGI ne reprend pas la condition attachée au caractère non négligeable de l'exercice de ces activités, la liste reprend, à quelques nuances près (par ex. : distribution d'eau), celle de l'annexe I de la directive.

1201. – **Indépendance de l'opérateur.** L'article 256 A du Code général des impôts dispose que « sont assujetties à la taxe sur la valeur ajoutée les personnes qui effectuent de manière indépendante une des activités économiques (…) quels que soient le statut juridique de ces personnes, leur situation au regard des autres impôts et la forme ou la nature de leur intervention ».

L'indépendance est le critère d'identification de l'opérateur. Ce dernier ne devra donc pas être placé dans une situation de subordination dans l'exercice de son activité.

Pour juger de l'existence d'un lien de subordination, les juridictions retiennent habituellement plusieurs indices avec les conditions matérielles d'exercice de l'activité, la nature des relations avec le donneur d'ordres et le mode de rémunération[178].

Lorsqu'elle est inhérente à l'activité exercée, la soumission à des horaires n'est pas révélatrice d'un lien de subordination exclusif de l'assujettissement à la TVA. Tel est le cas de l'activité d'interprète-traducteur pour le service public de la justice qui, quand bien même leur travail est-il effectué « sous l'autorité immédiate des officiers de police judiciaire ou des magistrats, réalisent leurs prestations de façon indépendante et ne peuvent faire l'objet de sanctions disciplinaires » Sans compter que l'Administration ne garantit aucun volume d'activité, ni revenu minimal[179].

(176) CJCE, 4 juin 2009, aff. C-102/08, *Finanzamt Düsseldorf-Süd c/SALIX Grunstücks-Vermietungsgesellschaft mbH & Co*, préc.

(177) BOI-TVA-CHAMP-10-20-10-10, § 90.

(178) À propos des arbitres de football : CE, 18 janv. 2008, n° 303.823, *Lagrange : Dr. fisc.* 2008, n° 21, comm. 328, concl. P. Collin, note C. de la Mardière ; *RJF* 4/2008, n° 418.

(179) CE, 6 mars 2015, n° 377.093, *Union de traducteurs et interprètes et a. : Dr. fisc.* 2015, n° 24, comm. 404, concl. V. Daumas ; *RJF* 8-9/2015, n° 683.

L'appréciation peut parfois être délicate. En témoigne un arrêt de la cour administrative d'appel de Nancy qui a considéré que la rémunération versée par un avocat au Conseil d'État et à la Cour de cassation à un maître assistant de la faculté de droit de Lille pour la rédaction de mémoires ne devait pas être soumise à la taxe sur la valeur ajoutée malgré l'existence d'une « certaine indépendance ». Selon la juridiction d'appel, « seul l'employeur assumait la responsabilité du dossier confié et exerçait donc à ce titre le contrôle de l'affaire sans que le collaborateur jouisse de la liberté d'initiative inhérente à l'exercice de la profession d'avocat »(180).

1202. – **Exercice de l'activité professionnelle.** Exercer une activité entrant dans le champ d'application de la taxe sur la valeur ajoutée n'implique pas que l'ensemble des opérations réalisées par l'assujetti rende exigible l'imposition. L'assujetti doit agir en tant que tel(181), ce qui est le cas lorsqu'il « effectue des opérations qui constituent le prolongement direct, permanent et nécessaire de son activité taxable »(182). Les opérations réalisées à titre privé sont donc écartées(183).

2° Cas d'assujettissement de plein droit particuliers

1203. – **Dérogations.** Le champ d'application de la taxe sur la valeur ajoutée ne se limite pas au champ défini dans l'article 256, I du Code général des impôts. Bien que ne remplissant pas les critères qui y figurent, le législateur a souhaité rendre cette imposition exigible dans certaines situations, ainsi que l'y autorise le droit de l'Union européenne.

Plusieurs cas existent, codifiés dans les articles 256 bis et 257 du Code général des impôts. Seules feront toutefois l'objet de développements les livraisons à soi-même et les opérations immobilières.

On laissera de côté les cas très spécifiques comme les cessions d'aéronefs entre compagnies aériennes(184), les opérations de livraison, de réparation, de transformation, d'entretien, d'affrètement et de location portant sur certains bateaux ayant une activité en haute mer ou d'assistance en mer lorsqu'ils cessent d'être utilisés à cet effet(185), la contribution à l'audiovisuel public(186) et les gains de courses versés aux entraîneurs de chevaux dont ils sont propriétaires(187).

1204. – **Livraisons à soi-même.** Les livraisons à soi-même sont des opérations à une personne qui, en application de l'article 256, I du Code général des impôts, ne sont pas assujetties à la taxe sur la valeur ajoutée. Seule une disposition législative expresse – en l'occurrence l'article 257 du même code – était donc de nature à rendre exigible une telle imposition. La finalité poursuivie est la neutralité du prélèvement dans l'économie.

Prenons un exemple : une entreprise peut avoir besoin d'un photocopieur pour son service administratif. Sauf pour elle à le fabriquer, il lui faut procéder à son acquisition. Dans le premier cas, l'opération ne donne normalement lieu à aucune imposition partant du constat qu'il n'y a aucune cession. Dans le second, l'achat donne lieu au versement de la TVA.

(180) CAA Nancy, 6 juill. 1995, n° 836, *Verschave* : *RJF* 10/1995, n° 1105.
(181) CGI, art. 256, I.
(182) CJCE, 11 juill. 1996, aff. C-306/94, *Régie dauphinoise – cabinet A. Forest SARL*, pt 18 : *Dr. fisc.* 1996, n° 45-46, étude 100085, J. Turot ; *RJF* 8-9/1996, n° 1112. – CJCE, 29 avr. 2004, aff. C-77/01, *EDM*, pt 59 : *Dr. fisc.* 2004, n° 29, comm. 631, note M. Guichard et B. Jeannin ; *RJF* 7/2004, n° 827, étude Ph. Tournès, p. 511.
(183) CJCE, 11 juill. 1991, aff. C-97/90, *Hansgeorg Lennartz* : *Rec. CJCE* 1991, I, p. 3795 ; *RJF* 10/1991, n° 1325.
(184) CGI, art. 257, III-1°.
(185) CGI, art. 257, III-2°.
(186) CGI, art. 257, III-3°.
(187) CGI, art. 257, III-4°.

Lorsque le photocopieur est uniquement utilisé pour les besoins d'une activité taxable de l'entreprise, le droit à déduction est intégral. Quelle que soit la situation, l'entreprise ne supporte donc aucune charge fiscale. L'opération est fiscalement neutre pour elle.

La situation est tout autre lorsque l'appareil est utilisé pour partie pour les besoins d'une activité imposable à la TVA. Alors qu'une entreprise qui les fabrique ne supporte, en cas de prélèvement dans son stock, aucune charge fiscale – aucun impôt n'est dû en l'absence d'acquisition – celle qui a dû en acheter un ne bénéficie que d'un droit à déduction limité. Elle supporte ainsi une charge fiscale.

Une différence existe alors entre les entreprises selon qu'elles fabriquent les biens dont elles ont besoin ou qu'elles les achètent. Cette différence heurte le principe de neutralité de l'imposition. Pour l'éviter, et par pure fiction juridique, l'entreprise qui fabrique les appareils va devoir agir comme si le bien produit avait été acheté auprès d'un tiers, et ce sur la base de son prix de revient (V. *infra*, n° 1263).

1205. – Livraison et prestation à soi-même pour les besoins de l'entreprise. Une différence existe entre les livraisons de biens et les prestations de services réalisées pour les besoins de l'entreprise.

Selon l'administration fiscale, la notion de besoins de l'entreprise doit être entendue de manière plus restrictive que celle retenue pour l'imposition des bénéfices, laquelle englobe toute dépense se rattachant à la gestion de l'entreprise ou exposée dans l'intérêt de l'entreprise. « [L] e caractère d'impôt sur la consommation finale de la TVA conduit à n'admettre en déduction que la taxe afférente aux achats de biens et services utilisés au sein de l'entreprise en vue de la réalisation d'opérations imposables ou assimilées et à maintenir ou à appliquer l'impôt aux biens et services qui font l'objet, soit d'une utilisation extérieure, soit d'une consommation finale même effectuée au sein de l'entreprise »[188].

Faute de disposition en ce sens, les prestations à soi-même pour les besoins de l'entreprise ne sont pas imposables[189].

L'absence d'imposition des prestations à soi-même réalisées pour les besoins de l'entreprise implique ainsi de ne pas rendre exigible la TVA à la suite de l'utilisation par un cabinet d'avocats de ses ressources internes pour se défendre contre une action en justice ou bien de l'utilisation par une entreprise d'un véhicule utilitaire qu'elle possède pour la livraison de produits fabriqués.

Une telle disposition existe en revanche pour les livraisons de biens à soi-même pour les besoins de l'entreprise. L'article 257, II-1-2° du Code général des impôts prévoit leur imposition lorsque leur acquisition, par un autre assujetti, n'ouvrirait pas droit à une déduction intégrale.

Ne pas rendre imposables les livraisons à soi-même de biens qui, acquis par un assujetti, auraient ouvert droit à une déduction intégrale s'explique par la neutralité de l'imposition. L'opérateur qui achète ce bien ne supporte en effet aucune charge fiscale.

1206. – Livraison et prestation à soi-même pour un besoin privé. D'une manière générale, toute affectation ou utilisation d'un bien ayant ouvert droit à déduction, même de manière partielle, et toutes les prestations de services à titre gratuit réalisées à des fins étrangères à l'entreprise, que ce soit pour les besoins privés de l'assujetti ou d'un tiers, sont assujetties à la taxe sur la valeur ajoutée en tant que livraison de biens ou prestation de services à soi-même[190].

La même solution prévaut lorsque le bien ou le service qui a ouvert droit à déduction totale ou partielle n'est plus utilisé pour des opérations imposables (secteur exonéré, cessation d'activités).

(188) BOI-TVA-CHAMP-10-20-20, § 70.
(189) V. CGI, art. 257, II-2.
(190) CGI, art. 257, II-1-1° et 257, II-2.

Une exception existe cependant pour les cadeaux et les échantillons de valeur inférieure à 69 € toutes taxes comprises, montant à entendre par an pour un même bénéficiaire(191).

1207. – Opérations immobilières. Conformément à l'article 257, I-3 du Code général des impôts, sont imposables en tant que livraisons à soi-même :

– certains travaux immobiliers réalisés par un assujetti au sens de l'article 256 A du Code général des impôts ;

Les travaux immobiliers visés sont ceux qui bénéficient du taux réduit de TVA en application de l'article 278 sexies, III-2 (certains travaux financés par un prêt ou une subvention de l'Agence nationale pour la rénovation urbaine), 278 sexies, IV (travaux ayant pour objet de concourir directement à la réalisation d'économies d'énergie et de fluides, à l'accessibilité aux personnes handicapées ou âgées ou à des mises en conformité à certaines normes d'habitat) et 278 sexies A du CGI.

– la livraison d'un immeuble donnant lieu à l'application du taux réduit de 5,5 % dans le cadre de dispositifs d'accession sociale à la propriété(192) et réalisée hors d'une activité économique.

Jusqu'à l'entrée en application de l'article 64, I-F-1 de la loi de finances rectificative n° 2012-1510 du 29 décembre 2012, la livraison d'un immeuble neuf lorsque le cédant l'avait au préalable acquis comme immeuble à construire entrait également dans le champ d'application de la taxe sur la valeur ajoutée hors du cadre d'une activité économique. Une disposition similaire polonaise ayant été jugée incompatible avec le droit de l'Union européenne par la Cour de justice de l'Union européenne, le législateur l'a abrogée(193).

3° Cas d'assujettissement sur option

1208. – Option et option. Les options prévues par la loi relativement au champ d'application matériel de la taxe sur la valeur ajoutée peuvent avoir des objets fondamentalement différents :

– le plus souvent, l'option est ouverte à un assujetti exonéré. Son exercice conduit ce non-redevable de la taxe sur la valeur ajoutée à devenir redevable de cet impôt au titre des opérations imposables qu'il réalise (le caractère imposable des opérations en cause n'étant aucunement affecté par l'option) : l'option permet d'imposer ce qui était jusque-là imposable mais exonéré ;

– plus rarement, l'option peut être ouverte à un non-assujetti. Son exercice conduit l'intéressé à devenir assujetti à la taxe sur la valeur ajoutée au titre des opérations normalement non imposables qu'il réalise : l'option fait regarder comme imposable une opération qui ne l'était pas précédemment (cette opération étant par suite normalement imposée).

Seules abordées dans le présent développement, les options ouvertes aux personnes publiques livrent une illustration, *a priori* datée, de ce second cas de figure.

Un cas d'assujettissement de même nature mais rattaché au champ d'application territorial peut être relevé avec l'option prévue par l'article 260 CA en faveur des opérateurs qui bénéficient du régime dérogatoire (V. *infra*, n° 1216).

(191) CGI, ann. IV, art. 23 N.
(192) CGI, art. 278 sexies, I.
(193) CJUE, 15 sept. 2011, aff. C-180/10, *Slaby* et aff. C-181/10, *Kué* : *Dr. fisc.* 2011, n° 48, comm. 608, note W. Stemmer.

Les autres cas d'option conduisant à l'assujettissement d'une opération exonérée sont traités avec les cas d'exonération (V. *infra*, n° 1248).

1209. – **Personnes publiques.** Les collectivités territoriales, leurs groupements ou leurs établissements publics bénéficient du droit d'opter en faveur de l'assujettissement de certaines opérations[194].

Le régime juridique de l'option est codifié dans les articles 201 quinquies et 201 octies de l'annexe II du CGI. Les personnes publiques concernées l'exercent en prenant « une décision distincte pour chaque service »[195]. Une fois exercée, l'option s'applique à compter du premier jour du mois qui suit celui de la demande formulée aux services fiscaux. Elle peut être dénoncée à partir du 1er janvier de la cinquième année qui suit celle de son exercice.

Sont concernés :

– la fourniture de l'eau dans des communes de moins de 3 000 habitants ou par les établissements publics de coopération intercommunale dont le champ d'action s'exerce sur un territoire de moins de 3 000 habitants ;

Conformément à l'article 256 B du CGI, les personnes morales de droit public sont de plein droit assujetties à la taxe sur la valeur ajoutée pour les opérations de fourniture d'eau dans les communes d'au moins 3 000 habitants ou par les établissements publics de coopération intercommunale dont le champ d'action s'exerce sur un territoire d'au moins 3 000 habitants.

– l'assainissement ;

– les abattoirs publics ;

– les marchés d'intérêt national ;

– l'enlèvement et le traitement des ordures ménagères lorsque le service donne lieu à redevance.

La question peut être posée de savoir si l'option ainsi ouverte vise à conférer à la personne publique la qualité d'assujetti ou bien celle de redevable. Autrement dit, s'agit-il de faire entrer l'opération dans le champ d'application de l'imposition ou bien de la faire quitter celui des exonérations ?

À l'origine, l'objectif était clairement de rendre imposable ce qui ne l'était pas, et ce afin de permettre la déduction de la taxe sur la valeur ajoutée acquittée en amont et incorporée dans le prix de revient. On le constate à la lecture des travaux préparatoires de l'ancien article 260 du Code général des impôts, devenu l'article 260 A avec le vote de la loi de finances pour 1975.

Fruit du vote de l'article 5 de la loi n° 66-10 du 6 janvier 1966[196], l'ancien article 260 permettait, sur leur demande, aux collectivités locales et aux établissements publics d'être « assujettis à la taxe sur la valeur ajoutée, au titre d'opérations pour lesquelles ils n'y [étaient] pas obligatoirement soumis ». L'objectif visait notamment à permettre aux collectivités locales de bénéficier d'un droit à déduction « (par exemple pour leurs activités de distribution d'eau, de fournitures d'abattoirs, etc.) »[197].

Il faut en effet rappeler que le champ d'application couvert par l'article 256 était différent de celui aujourd'hui connu. Le texte ne visait à l'époque que les affaires relevant « d'une activité de nature industrielle ou commerciale, quels qu'en soient les buts ou les résultats » (V. *supra*, n° 1192).

---

(194) CGI, art. 260 A.
(195) CGI, ann. II, art. 201 quinquies.
(196) *JO* 7 janv. 1966.
(197) *Rapp. AN* n° 1459, p. 940. – *Adde*, *Rapp. Sénat* n° 12, p. 86.

Le Conseil d'État considérait d'ailleurs que les personnes publiques chargées de la gestion d'un abattoir public assuraient une mission de service public administratif[198]. La qualification a changé depuis la décision du Tribunal des conflits du 8 novembre 1982[199].

La rédaction de l'article 256 n'a évolué dans le sens actuel qu'avec l'entrée en vigueur de l'article 24 de la loi de finances rectificative pour 1978[200]. Entre-temps, l'ancien article 260 est devenu l'actuel article 260 A qui, tout en confirmant l'option en faveur d'un assujettissement à la taxe sur la valeur ajoutée, ne concerne plus que les collectivités locales, leurs groupements et les établissements publics et identifie une liste d'activités.

Si, par l'option ainsi créée, la volonté du législateur était bien de rendre imposable ce qui ne l'était pas et non d'imposer ce qui était exonéré, l'évolution de la lettre de l'article 256 a-t-elle modifié la situation ?

La réponse dépend de l'interprétation à retenir des articles 256, 256 A et 256 B du Code général des impôts. De ce point de vue, si l'article 256, I est très large, son champ dépend directement du contenu à donner à la qualité d'assujetti précisée à l'article 256 A. La clé réside donc dans cette dernière disposition, et plus précisément dans la notion d'activité économique que son cinquième alinéa définit « comme toutes les activités de producteur, de commerçant ou de prestataire de services, y compris les activités extractives, agricoles et celles des professions libérales ou assimilées » mais aussi toute « opération comportant l'exploitation d'un bien meuble corporel ou incorporel en vue d'en retirer des recettes ayant un caractère de permanence ». Il en ressort que si le champ d'application matériel est *a priori* très large, il n'est pas intégral en ce qu'il ne permet pas d'inclure les activités de souveraineté, lesquelles ne présentent pas un caractère économique (V. *supra*, n° 1200). Celles visées par l'article 260 A précité le sont en revanche apparemment et, partant, devraient intégrer le champ de l'article 256. Suivant ce raisonnement, l'article 260 A peut être considéré comme privé de portée, du moins pour la qualité d'assujetti.

Si une portée devait être retenue, elle ne pourrait, par construction, que résulter d'une interprétation *a contrario*, à savoir celle consistant à lire cet article dans le sens de la remise en cause possible d'une exonération dont il constituerait le fondement.

Telle n'a pas été, à propos du traitement des ordures ménagères, la solution – très discutable – retenue par le Conseil d'État en 1988.

Le Conseil d'État a considéré qu'« il résulte de la combinaison des dispositions des articles 256, 256 B et 260 A du CGI dans la rédaction que leur a donnée la loi du 29 décembre 1978 susmentionnée, que les prestations qu'une collectivité locale effectue dans l'exécution, pour son propre compte ou pour celui d'autres collectivités, du service public municipal de traitement des ordures ménagères sont, à défaut d'une option faite en ce sens lorsque les conditions prévues à l'article 260 A en sont réunies, hors du champ d'application de la TVA »[201]. On notera que la référence à des opérations hors champ d'application de la TVA apparaît également dans l'arrêt de la cour administrative d'appel de Lyon du 7 avril 2008 aux termes duquel : « Les dispositions précitées [CGI, art. 260 A]

(198) CE, 25 juin 1975, n° 92.247, *Montpillié* : *RJF* 10/1975, n° 479.
(199) T. confl., 8 nov. 1982, n° 2.217, *SA Maine Viande*.
(200) L. fin. rect. n° 78-1240, 29 déc. 1978, art. 24 : *JO* 30 déc. 1978.
(201) CE, 6 janv. 1988, n° 40.222, *Entr. Georges Dobrouchkess* : *Dr. fisc.* 1989, n° 45, comm. 2134, concl. Le Roy ; *RJF* 3/1988, n° 270.

ont notamment pour objet de permettre aux collectivités locales et à leurs établissements publics de récupérer la TVA grevant les biens et services acquis pour l'exploitation de leurs services publics qu'elles énumèrent et qui seraient en principe, à défaut d'une option faite en ce sens, hors du champ d'application de la TVA »[202].

La solution du Conseil d'État est en phase avec les conclusions du commissaire du gouvernement Le Roy pour qui « Il est clair que, pour que la faculté d'option ouverte aux communes par ce texte ait un sens, il faut qu'aucune autre disposition du code ne les assujettisse en droit à la TVA pour les mêmes services. Cette considération nous paraît déterminante (...) »[203].

B. – Le champ d'application territorial

1210. – **Territoire fiscal et terminologique juridique.** Depuis 1993, les frontières fiscales internes à l'Union européenne ont cessé d'exister en matière de taxe sur la valeur ajoutée. Cette suppression a eu pour conséquence une modification de la terminologie juridique pour les opérations réalisées entre deux États membres de l'Union. Le territoire européen ne faisant qu'un, les notions d'exportation et d'importation ont été supprimées au profit de celles de livraison intracommunautaire et d'acquisition intracommunautaire. Pour autant, et bien que le passage aux frontières internes à l'Union ne constitue plus le fait générateur de l'imposition, il faut encore distinguer selon que les opérations sont internes à un État membre, intracommunautaires ou réalisées avec une personne localisée dans un État tiers.

À noter que le territoire national ne coïncide pas, en droit de la taxe sur la valeur ajoutée, avec les frontières politiques[204]. Alors que les collectivités ultramarines sont considérées comme territoires d'exportation, tout du moins au regard du droit européen de la taxe sur la valeur ajoutée, la Principauté de Monaco est assimilée au territoire continental et à la Corse[205].

Être considéré comme des territoires d'exportation au regard du droit de l'Union européenne de la taxe sur la valeur ajoutée ne signifie nullement que les opérations réalisées dans les départements d'outre-mer ne sont pas assujetties à cette imposition. Le prélèvement existe en Martinique, en Guadeloupe et à La Réunion – et non en Guyane ou à Mayotte[206] – avec un régime juridique qui n'est toutefois pas, en tous points, identique à celui de la France continentale et de la Corse. Les règles qui y sont applicables n'ont en effet pas à respecter celles du droit de l'Union européenne de la TVA. À noter que les opérations réalisées entre départements d'outre-mer, à l'exception notable des opérations entre la Martinique et la Guadeloupe, sont considérées comme des exportations[207].

Le principe est celui de l'exonération des exportations et des livraisons intracommunautaires et du caractère imposable des importations et des acquisitions intracommunautaires.

L'explication de telles exonérations vient de la volonté de ne pas pénaliser le commerce extérieur. L'exonération des exportations permet aux opérateurs de l'Union européenne de ne pas avoir à impacter leurs marges pour tenir compte de la taxe sur la valeur ajoutée. De même, imposer les produits importés permet d'assurer une neutralité fiscale au sein de l'Union européenne en évitant que des produits des pays tiers soient favorisés au détriment des produits issus d'États membres.

(202) CAA Lyon, 7 avr. 2008, n° 05-538, *Min. c/Cté de cnes Beaume-Drobie : Dr. fisc.* 2008, n° 37, comm. 482, concl. F. Pourny ; *RJF* 11/2008, n° 1175.
(203) Concl. Le Roy ss CE, 6 janv. 1988, n° 40.222, *Entr. Georges Dobrouchkess*, préc.
(204) CGI, art. 256-0.
(205) Dir. n° 2006/112/CE, 28 nov. 2006, art. 7, 2.
(206) CGI, art. 294.
(207) *Ibid.*

La logique d'une imposition sur la dépense et de la neutralité du prélèvement est respectée. On ne peut malheureusement considérer la situation de manière aussi simple. Pour illustrer le droit positif, le régime des livraisons de biens meubles corporels (1°) et celui des prestations de services (2°) seront développés de manière séparée.

1° Les livraisons de biens meubles corporels

1211. – **Principe général.** Si les opérations concernant un immeuble ne posent aucune difficulté en ce que sa localisation permet d'identifier l'État d'imposition[208], la situation est différente pour les biens meubles et assimilés. L'État d'imposition est normalement l'État de départ.

Aux termes de l'article 258, I du CGI, le lieu de livraison de biens meubles corporels, à l'exception du gaz naturel, de l'électricité, de la chaleur et du froid[209], est réputé se situer en France lorsque le bien se situe en France :

– au moment de l'expédition ou du transport par le vendeur, par l'acquéreur, ou pour leur compte, à destination de l'acquéreur ;

– lors du montage ou de l'installation par le vendeur ou pour son compte ;

– lors de la mise à disposition de l'acquéreur, en l'absence d'expédition ou de transport ;

– au moment du départ d'un transport dont le lieu d'arrivée est situé sur le territoire d'un autre État membre de l'Union européenne, dans le cas où la livraison, au cours de ce transport, est effectuée à bord d'un bateau, d'un aéronef ou d'un train.

Pour les deux premiers cas, même si le lieu de départ de l'expédition ou du transport est en dehors du territoire de l'Union européenne, le lieu de la livraison effectuée par l'importateur ou pour son compte est réputé être en France si les biens sont importés en France.

Pour le gaz naturel, l'électricité, la chaleur et le froid, le lieu de livraison est situé en France lorsqu'ils sont consommés en France ou, à défaut, lorsque l'acquéreur a en France le siège de son activité économique ou un établissement stable pour lequel les biens sont livrés ou, à défaut, son domicile ou sa résidence habituelle[210].

Si déterminer l'État d'imposition ne soulève *a priori* pas de difficulté lorsque l'opération est franco-française, la situation se complique lorsque l'opération est intracommunautaire (*a*) ou réalisée avec un pays tiers (*b*).

a) État d'imposition et opération intracommunautaire

1212. – **Notions d'acquisition et de livraison intracommunautaires.** La notion d'acquisition intracommunautaire est définie dans l'article 256 bis, I-3° du Code général des impôts comme une livraison réalisée entre un vendeur et un acquéreur situés dans deux États membres de l'Union européenne.

Sont également assimilés à de telles opérations, sauf exceptions, l'affectation, sans transfert de propriété, d'un bien par un assujetti pour les besoins de son entreprise d'un État membre vers un autre État membre et la réception en France par une personne morale non assujettie d'un bien qu'elle a importé sur le territoire d'un autre État membre[211].

(208) CGI, art. 258, II.
(209) CGI, art. 258, III.
(210) CGI, art. 258, III.
(211) CGI, art. 256 bis, II-2°.

Le caractère imposable des transferts physiques d'éléments entre États sans transfert de propriété marque les limites de l'affirmation de la qualification de la taxe sur la valeur ajoutée comme imposition sur la dépense. Il n'y a, en l'occurrence, et à l'image des livraisons à soi-même, aucune mutation juridique.

La notion de livraison intracommunautaire peut être appréhendée par une lecture *a contrario* de la notion d'acquisition intracommunautaire[(212)].

Malgré l'exonération, l'opération de livraison intracommunautaire ouvre droit à déduction de la taxe sur la valeur ajoutée d'amont[(213)], ce qui permet de ne pas pénaliser les entreprises concernées. Les opérateurs peuvent également acquérir les biens qu'ils destinent à l'export en franchise d'impôt[(214)].

1213. – **Régime transitoire permanent.** Alors que le projet porté par la Commission européenne, avec la suppression des frontières fiscales internes à la Communauté depuis le 1er janvier 1993, était celui de l'imposition dans le pays de livraison – c'est-à-dire le pays de départ dès lors que le vocable livraison doit être entendu dans son sens juridique (V. *supra*, n° 1190) – un régime transitoire continue de s'appliquer selon le principe inverse : l'État d'imposition est normalement le pays de destination. La règle n'est cependant pas générale car si les enjeux budgétaires considérables entre États ont conduit à maintenir ce régime dérogatoire, les particuliers et personnes assimilées n'y sont pas soumis.

1214. – **Personnes physiques assujetties et personnes morales.** Les personnes physiques assujetties et les personnes morales qui ne bénéficient pas du régime de franchise des petites entreprises – que l'on dénomme encore les personnes bénéficiaires du régime dérogatoire (PBRD) (V. *infra*, n° 1216) – sont imposables en France lorsque :

– le bien s'y trouve au moment de l'arrivée, de l'expédition ou du transport à destination de l'acquéreur[(215)] ;

– l'acquéreur a communiqué son numéro d'identification en France sans établir qu'il a soumis cet achat à l'imposition dans l'État de destination du bien[(216)].

Si l'acquéreur reçoit son bien en France alors qu'il avait communiqué son numéro d'identification TVA en France, deux fondements juridiques existent donc en faveur de l'imposition en France de l'opération[(217)].

Si l'acquéreur reçoit son bien dans un autre État de l'Union européenne alors qu'il a utilisé son numéro d'identification en France, l'imposition sera tout de même française conformément à l'article 258 C, II du CGI s'il n'établit pas avoir soumis l'opération à l'imposition dans l'État de destination du bien. Un tel dispositif, dit « filet de sécurité », permet d'éviter que l'opération échappe à l'imposition. En cas de double imposition, la base d'imposition en France sera cependant diminuée du montant de celle qui a été retenue dans cet État.

Si l'acquéreur reçoit son bien en France alors qu'il a utilisé un numéro d'identification dans un autre État de l'Union européenne, l'opération n'est pas imposable en France malgré l'article 258 C, I du CGI sous réserve de remplir plusieurs conditions, à savoir :

– ne pas être établi ou identifié en France et ne pas y avoir de représentant fiscal ;

– que l'acquisition ainsi réalisée soit effectuée pour les besoins d'une livraison consécutive du même bien à destination d'un assujetti ou d'une personne morale non assujettie, identifiés à la taxe sur la valeur ajoutée ;

(212) CGI, art. 262 ter, I.
(213) CGI, art. 271, V.
(214) CGI, art. 275.
(215) CGI, art. 258 C, I.
(216) CGI, art. 258 C, II.
(217) CGI, art. 258 C, I et 258 C, II.

– que le bien soit expédié ou transporté directement à partir d'un État membre de l'Union autre que celui dans lequel l'acquéreur est identifié, que l'acquéreur s'assure de la délivrance d'un justificatif(218).

Il ressort de ce régime juridique que, sauf à relever d'un régime d'exonération spécifique, les livraisons intracommunautaires sont exonérées et les acquisitions intracommunautaires sont imposées(219).

Pour bénéficier de l'exonération, l'acquéreur des biens doit être une personne physique assujettie ou une personne morale ne bénéficiant pas du régime dérogatoire et le bien doit être expédié ou transporté hors de France à destination d'un autre État membre(220).

L'acquisition est facturée hors taxe par le vendeur situé dans l'État membre et l'acquéreur est tenu de régler la taxe sur la valeur ajoutée en France à partir du moment où il est identifié en France.

Si la règle générale prévue par l'article 258, I du Code général des impôts s'appliquait, le résultat devrait être l'inverse, tout du moins en l'absence de disposition prévoyant le caractère imposable des acquisitions intracommunautaires(221).

1215. – **Particuliers.** Les particuliers, autrement dit les personnes physiques non assujetties, doivent, sauf exceptions (V. *infra*, n°s 1217 et 1227), acquitter la taxe sur la valeur ajoutée dans le pays de vente du bien, et donc dans l'État de livraison au sens juridique du terme.

Un particulier amateur de chocolats belges qui profite d'un séjour en Belgique pour en acheter acquitte la TVA selon le régime juridique belge.

1216. – **Régime particulier de franchise des petites entreprises.** Sous réserve de ne pas excéder le seuil de 10 000 € hors taxe, les acquisitions intracommunautaires de biens, autres que des moyens de transport neufs et les produits soumis aux droits d'accises, effectuées par une personne morale non assujettie, par un assujetti non redevable ou par un exploitant agricole placé sous le régime du remboursement forfaitaire ne sont normalement pas soumises à la taxe sur la valeur ajoutée(222). Ces opérateurs sont alors considérés tels des particuliers.

Le seuil s'apprécie sur l'année civile. Une fois le seuil franchi en cours d'année, le régime d'imposition change pour celui applicable aux assujettis et aux personnes morales, ce qui vaut aussi pour l'année qui suit.

Une option est cependant ouverte à l'opérateur par l'article 260 CA du Code général des impôts en vue d'acquitter la taxe sur la valeur ajoutée sur ses acquisitions intracommunautaires. Cette option ouvre évidemment le droit de récupérer l'impôt acquitté en amont.

Comme il s'agit de rendre une opération imposable, à raison de son entrée dans le champ d'application de la taxe sur la valeur ajoutée, et non pas de revenir sur une exonération, l'option prévue par l'article 260 CA précité est différente des autres cas d'option abordés ci-après (V. *infra*, n° 1253).

Cette option, prévue par l'article 3, paragraphe 3, de la directive n° 2006/112/CE est réputée exercée lorsque l'assujetti communique son numéro d'identification à la taxe sur la valeur ajoutée – qu'il a pu

(218) CGI, art. 258 D.
(219) CGI, art. 262 ter.
(220) CE, 1er juill. 2009, n° 295.689, *SARL Alain Palanchon : Dr. fisc.* 2009, n° 40, comm. 490, concl. P. Collin ; *RJF* 10/2009, n° 822. – CE, 25 févr. 2011, n° 309.574, *Sté Michelena : Dr. fisc.* 2011, n° 15, comm. 301 ; *RJF* 5/2011, n° 563.
(221) CGI, art. 256 bis, I-1°.
(222) CGI, art. 256 bis, I-2°.

obtenir aux fins des services qu'il reçoit ou qu'il fournit – à un fournisseur dans le cadre d'une acquisition intracommunautaire de biens[223].

L'option prend effet au premier jour du mois qui suit celui de son exercice et couvre obligatoirement une période expirant le 31 décembre de la deuxième année qui suit celle au cours de laquelle elle a été exercée. Sa reconduction est tacite par période de deux années, sauf dénonciation deux mois avant son expiration.

1217. – **Vente d'un moyen de transport neuf.** Une première exception aux règles précédentes doit être signalée lorsqu'un particulier ou une personne assimilée achète un moyen de transport neuf. Selon l'article 298 sexies du Code général des impôts, ces derniers sont alors soumis à la taxe sur la valeur ajoutée de l'État de destination.

Selon l'article 298 sexies précité, une automobile est réputée neuve si elle a moins de six mois depuis sa mise en service et moins de 6 000 kilomètres. Un bateau de plaisance de plus de 7,5 mètres est réputé neuf s'il a moins de 100 heures de navigation. L'aéronef est, quant à lui, considéré comme neuf lorsqu'il comptabilise moins de 40 heures de vol. Face à une telle acquisition, le vendeur facture hors taxe. L'imposition est alors acquittée en France (CGI, art. 298, V ter) avant son immatriculation. La remise d'un justificatif fiscal (quitus fiscal) est en effet requise pour cette formalité[224].

1218. – **Vente à distance.** Une seconde exception concerne les ventes à distance sans toutefois concerner les produits soumis aux droits d'accises. De manière à éviter autant que possible toute concurrence fiscale entre les États membres quant au choix du lieu d'implantation des entreprises, le principe retenu est, sous réserve du dépassement d'un chiffre d'affaires durant l'année écoulée ou l'année en cours, celui d'une imposition dans l'État de consommation[225]. Le seuil varie selon les États.

Après avoir retenu le seuil plafond de 100 000 € hors-taxe, la France a fait le choix de l'abaisser à compter du 1er janvier 2016 à 35 000 €.

Ainsi, lorsque le volume de transactions entre le pays d'implantation de l'entreprise et la France dépasse ce seuil durant l'année ou a dépassé ce seuil l'année précédente, le taux applicable est le taux du pays du consommateur. À défaut, et sauf option contraire de l'entreprise, c'est le taux de l'État de livraison – et donc du pays de départ – qui s'applique.

b) État d'imposition et opération extracommunautaire

1219. – **Notions d'importation et d'exportation.** Les opérations réalisées entre un État membre de l'Union européenne et un État tiers demeurent qualifiées soit d'importations, soit d'exportations.

Le principe est identique à celui qui a été développé avec les opérations intracommunautaires, à savoir l'exonération des exportations et les prestations de services qui y sont directement liées[226] et le caractère imposable des importations[227], exception faite si le bien est exonéré ou réimporté par l'exportateur[228].

(223) Règl. UE n° 282/2011, 15 mars 2011, art. 4, al. 2 : *JOUE* 23 mars 2011.
(224) A. 9 févr. 2009, art. 1, 1.A.3. b.
(225) CGI, art. 258 A et 258 B.
(226) CGI, art. 262, I-1°.
(227) CGI, art. 291, I-1.
(228) CGI, art. 291, II et 291, III.

Sont notamment exonérées les importations d'organes, de sang ou lait humains, de devises, d'or par les instituts d'émission…

L'importation est définie dans l'article 291, I-2 du Code général des impôts et est caractérisée soit à raison de l'entrée d'un bien en France en provenance d'un État tiers, soit à raison de sa mise à la consommation lorsqu'il relève d'un régime suspensif. La taxe sur la valeur ajoutée à l'importation suit le régime juridique des droits de douane avec une exigibilité, sauf exceptions[229], au moment de l'opération de dédouanement[230].

L'exportation est, quant à elle, définie à l'article 262 du même code et notamment dans le 1° du I qui dispose que les livraisons de biens expédiés ou transportés par le vendeur ou pour son compte, en dehors de l'Union européenne ainsi que les prestations de services directement liées à l'exportation sont exonérées.

Malgré l'exonération, l'opération d'exportation ouvre droit à déduction de la taxe sur la valeur ajoutée d'amont[231], ce qui permet de ne pas pénaliser les entreprises concernées. Les exportateurs peuvent également acquérir les biens qu'ils destinent à l'export en franchise d'impôt[232].

1220. – Régime de la détaxe. Une précision doit être apportée en ce qui concerne les touristes non-résidents au sein de l'Union européenne afin de leur permettre d'acquérir des biens destinés à être ramenés dans leurs bagages en franchise de taxe sur la valeur ajoutée.

Codifiée à l'article 262, I-2° du Code général des impôts, cette procédure, dite du bordereau de vente en détaxe, dépend de la réunion de quatre conditions cumulatives :

1) le voyageur ne doit pas avoir son domicile ou sa résidence habituelle dans l'Union européenne. La nationalité n'est pas prise en considération ;

L'article 147, 2 de la directive n° 2006/112/CE précise à cet effet que les notions de domicile ou de résidence habituelle correspondent au « lieu mentionné comme tel sur le passeport, la carte d'identité ou tout autre document reconnu comme valant pièce d'identité par l'État membre sur le territoire duquel la livraison est effectuée ». De son côté, l'administration fiscale considère que « les voyageurs non-résidents sont les personnes qui résident normalement dans un État ou territoire tiers à la Communauté européenne et qui viennent séjourner en France pendant une période inférieure à six mois »[233].

À noter que, sans que cette restriction trouve un fondement législatif ou européen, l'administration fiscale considère que « les mineurs au-delà de quinze ans peuvent bénéficier de la procédure des bordereaux de vente à l'exportation », ce qui laisse entendre que ceux qui ont moins de seize ans ne peuvent en bénéficier[234].

2) la marchandise achetée ne doit pas être du tabac manufacturé (cigares, cigarettes…) ou un bien qui, par sa nature ou sa qualité, correspond à un approvisionnement commercial ou dont la sortie du territoire n'est pas autorisée ;

(229) Tel est le cas des produits pétroliers avec une exigibilité au moment de la mise à la consommation (CGI, art. 1695, I, al. 2).
(230) CGI, art. 1695.
(231) CGI, art. 271, V-*d*.
(232) CGI, art. 275.
(233) BOI-TVA-CHAMP-30-30-10-20, § 100.
(234) *Ibid.*, n° 120.

Par commodité, l'administration fiscale considère que « sauf cas particulier (nature de la marchandise laissant supposer un usage professionnel), le caractère commercial de l'achat n'est retenu qu'au-delà de cinquante unités identiques d'un même article »(235).

3) le bien doit être transporté en dehors de l'Union européenne avant la fin du troisième mois suivant celui de l'achat, délai qui peut être rapproché de celui d'un visa touristique ;

4) la valeur globale des achats, pour une même journée et dans un même magasin – voire plusieurs magasins sous réserve d'avoir le même numéro d'identification TVA – doit dépasser le montant de 175 € TTC.

La directive n° 2006/112/CE ouvre une option aux États membres pour accorder le bénéfice de l'exonération aux opérations dont le montant est inférieur à 175 €(236). Le règlement d'exécution de la directive précise, en son article 48, que l'appréciation du seuil s'opère sur la base de la valeur de la facture. « La valeur cumulée ne peut être utilisée que si l'ensemble de ces biens figure sur la même facture émise par le même assujetti fournissant les biens au même client »(237).

Alors que l'article 147 de la directive n° 2006/112/CE et l'article 262 du Code général des impôts ne le prévoient pas, l'administration fiscale considère que la réunion de ces quatre conditions ne confère pas au touriste un droit au paiement hors taxe des biens auprès du vendeur(238). Ce dernier dispose du choix entre vendre son produit hors taxe – et, ce faisant, permettre au client de bénéficier immédiatement de l'exonération – et vendre son produit assorti de la TVA. Dans ce dernier cas, plus sécurisant pour le vendeur, le client dispose alors d'un droit au remboursement de l'imposition une fois qu'il a quitté l'espace européen de la taxe sur la valeur ajoutée. Dans tous les cas, le touriste doit se voir remettre un document justificatif qu'il devra faire viser par le bureau des douanes à la frontière pour justifier qu'il s'agit bien là d'une exportation(239).

À moins que l'opération ne soit pour partie dématérialisée *via* l'application PABLO, le touriste est tenu de renvoyer un exemplaire au vendeur dans les six mois de la vente, ce qui a pour effet d'exonérer définitivement l'opération de la TVA. À défaut, l'opération est réputée avoir été réalisée TTC et le montant de la TVA normalement exigible doit être porté sur la première déclaration qui suit l'expiration de la période. Lorsque l'opération a donné lieu au versement de la TVA, le vendeur est tenu de reverser au touriste étranger le montant de l'imposition duquel peuvent être déduits des frais de gestion dont le touriste aura été préalablement informé.

2° Les prestations de services

1221. – **Principes.** Depuis le 1er janvier 2010, les règles applicables dépendent du preneur – autrement dit du bénéficiaire effectif du service – et non plus du prestataire.

Le nouveau régime est issu de la directive n° 2008/8/CE du 12 février 2008 qui a été transposée en droit interne par l'article 102 de la loi de finances pour 2010 (CGI, art. 259-0 et s.).

Sous le régime antérieur, le lieu des prestations de services était réputé se situer en France lorsque le prestataire y avait le siège de son activité ou un établissement stable à partir duquel le service était rendu ou, à défaut, son domicile ou sa résidence habituelle(240). Il convenait ainsi – toujours selon le

(235) BOI-TVA-CHAMP-30-30-10-20, § 170.
(236) Dir. n° 2006/112/CE, art. 147, 1, dernier al.
(237) Régl. UE n° 282/2011, 15 mars 2011, art. 48 : *JOUE* 23 mars 2011.
(238) BOI-TVA-CHAMP-30-30-10-20, § 130.
(239) CGI, ann. IV, art. 24 ter.
(240) CGI, anc. art. 259.

principe défini – d'identifier l'État d'implantation du prestataire pour connaître l'État d'imposition. La réalité était cependant bien plus complexe partant du constat que ce critère était de nature à créer une concurrence fiscale entre États membres afin de favoriser l'implantation des prestataires sur leur sol. D'où les nombreuses dérogations, prévues en droit interne dans les articles 259 A à 259 D du CGI, afin de limiter les effets du principe général.

Le régime est différent selon que le preneur a, ou non, la qualité d'assujetti *au sens qui est retenu dans ce cas précis*, autrement dit une prestation de services intracommunautaire.

La notion d'assujetti est définie, pour l'application des règles de territorialité en matière de prestation de services, dans l'article 259-0 du CGI. Est considéré comme tel, pour l'application des articles 259 à 259 D :

– un assujetti même partiel – au sens du champ d'application matériel – agissant en tant que tel étant précisé que l'assujetti partiel est considéré du point de vue des règles de territorialité tel un assujetti « total ». Cette qualité lui est reconnue pour l'ensemble des services qui lui sont fournis. Cela vaut donc y compris pour les services fournis pour les besoins d'une activité située hors du champ d'application matériel de la TVA ;

– une personne morale non assujettie identifiée à la TVA. Selon l'article 13 bis du règlement d'exécution (UE) n° 282/2011 du 15 mars 2011, issu du règlement (UE) n° 1042/2013 du 7 octobre 2013[241], le lieu d'établissement d'une personne morale non assujettie est « l'endroit où les fonctions de l'administration centrale sont exercées » ou « l'endroit où se situe tout autre établissement caractérisé par un degré suffisant de permanence et une structure appropriée en termes de moyens humains et techniques lui permettant de recevoir et d'utiliser les services qui sont fournis pour les besoins propres de cet établissement ».

À noter que selon l'article 17 du règlement d'exécution (UE) n° 282/2011 du Conseil du 15 mars 2011[242], lorsque le lieu des prestations de services dépend du statut d'assujetti ou non du preneur, le statut du preneur est déterminé sur la base des articles 9 à 13 (assujetti au sens du champ d'application matériel) et de l'article 43 (référence au siège de l'activité économique, à l'établissement stable, au domicile ou à la résidence habituelle) de la directive n° 2006/112/CE.

Conformément à l'article 259 du Code général des impôts, le lieu des prestations de services est réputé se situer en France :

– lorsque le preneur est un assujetti agissant en tant que tel et qui a en France, soit le siège de son activité économique, à moins que les services soient fournis à un établissement stable situé hors du territoire national, soit un établissement stable auquel les services sont fournis, soit, à défaut, son domicile ou sa résidence habituelle[243] ;

La notion de siège est définie comme « le lieu où sont exercées les fonctions d'administration centrale de l'entreprise », ce qui appelle de retenir « le lieu où sont prises les décisions essentielles concernant la gestion générale de l'entreprise, le lieu de son siège statutaire et le lieu où se réunit la direction »[244]. De son côté, l'administration fiscale a précisé que : « Pour déterminer au regard de la TVA le lieu du siège de l'activité économique d'un assujetti, il est nécessaire de prendre en considération un faisceau d'indices, tels que le siège statutaire de la société, le lieu de son administration centrale, le lieu de réunion de ses dirigeants sociaux et celui, habituellement identique, où est arrêtée la politique générale de cette société. D'autres éléments, tels que le domicile des principaux dirigeants, le lieu de réunion des assemblées générales, le lieu où sont tenus les documents administratifs et comptables ou celui du déroulement principal des activités financières, notamment bancaires, peuvent également être pris en compte./En cas de contradiction d'indices, le lieu du siège de l'activité économique

(241) *JOUE* 26 oct. 2013.
(242) *JOUE* 23 mars 2011.
(243) CGI, art. 259, 1°.
(244) Règl. UE n° 282/2011, 15 mars 2011, art. 10 : *JOUE* 23 mars 2011.

est en définitive le lieu où sont adoptées les décisions essentielles concernant la direction générale de la société, ou encore celui où sont exercées les fonctions d'administration centrale de celle-ci (…) »[(245)].

La notion d'établissement stable, à ne pas confondre avec celle retenue pour l'imposition du résultat, « désigne tout établissement, autre que le siège de l'activité économique (…) qui se caractérise par un degré suffisant de permanence et une structure appropriée, en termes de moyens humains et techniques, lui permettant de recevoir et d'utiliser les services qui sont fournis pour les besoins propres de cet établissement » étant indiqué que « le fait de disposer d'un numéro d'identification TVA n'est pas en soi suffisant pour considérer qu'un assujetti a un établissement stable »[(246)].

– lorsque le preneur n'est pas assujetti si le prestataire répond aux critères – adaptés – exigés du preneur lorsqu'il est assujetti, à savoir, avoir en France, soit le siège de son activité économique, à moins que les services soient fournis à partir d'un établissement stable situé hors du territoire national, soit un établissement stable à partir duquel les services sont fournis, soit, à défaut, son domicile ou sa résidence habituelle[(247)].

Sur la notion de siège, V. *supra*.

La notion d'établissement stable « désigne tout établissement, autre que le siège de l'activité économique (…) qui se caractérise par un degré suffisant de permanence et une structure appropriée, en termes de moyens humains et techniques, lui permettant de fournir les services dont il assure la prestation » étant indiqué que « le fait de disposer d'un numéro d'identification TVA n'est pas en soi suffisant pour considérer qu'un assujetti a un établissement stable »[(248)].

Si, par le principe général dégagé, la réforme rapproche la taxe sur la valeur ajoutée de sa nature même, à savoir être un impôt sur la consommation, la simplification n'est pas nécessairement au rendez-vous. Demeure en effet en droit positif un ensemble de dérogations tenant aux caractéristiques de certaines prestations de services, lesquelles conduisent à maintenir la distinction entre les prestations de services matériellement localisables (*a*) et celles qui ne le sont pas (*b*).

a) Régime des prestations matériellement localisables

1222. – **Complexité du régime.** Les prestations sont dites matériellement localisables lorsqu'elles sont réalisées sur un immeuble, sur certains meubles (véhicules) ou lorsqu'elles consistent en certaines manifestations sans relever d'une autre disposition. Si l'imposition suit toujours l'immeuble[(249)], tel n'est pas le cas du bien meuble.

Les prestations de services afférentes à un immeuble intègrent les prestations d'experts et d'agents immobiliers, la fourniture de logements dans le cadre du secteur hôtelier ou assimilés (camps de vacances, camping) mais aussi les prestations tendant à préparer et coordonner l'exécution de travaux immobiliers (architecte).

1223. – **Transport.** Le domaine du transport conduit à distinguer la prestation consistant en la mise à disposition d'un moyen de transport et la prestation de transport proprement dite. Les cas suivants ne concernent qu'une prestation effectuée pour une personne non assujettie. Celles qui le sont pour une assujettie suivent le principe général préalablement exposé (V. *supra*, n° 1221).

---

(245) BOI-TVA-CHAMP-20-50-10, § 100 et 110.
(246) Règl. UE n° 282/2011, 15 mars 2011, préc., art. 11, 1 et 3. – V. également : BOI-TVA-CHAMP-20-50-10, § 130 et s.
(247) CGI, art. 259, 2°.
(248) Règl. UE n° 282/2011, 15 mars 2011, préc., art. 11, 2 et 3.
(249) CGI, art. 259 A, 2°.

1) La location d'un moyen de transport est imposable en France lorsque cette location est de courte durée avec une mise à disposition effective du moyen de transport en France[250].

Selon le deuxième alinéa de l'article 259 A, 1° du CGI, la location est de courte durée lorsque la possession ou l'utilisation est continue durant une période n'excédant pas trente jours ou quatre-vingt-dix jours pour un moyen de transport maritime.

Voir également les précisions apportées par le règlement d'exécution (UE) n° 282/2011, 15 mars 2011, art. 38 et s. : *JOUE* 23 mars 2011.

Depuis le 1er janvier 2013, la disposition inclut dans ce champ les locations de moyens de transport, autres que celles de courte durée, consenties à une personne non assujettie lorsqu'elle est établie, a son domicile ou sa résidence habituelle en France. Un cas particulier est prévu pour les locations de bateaux de plaisance, autres que de courte durée, consenties à une personne non assujettie lorsque le bateau est mis à disposition en France et que le service est fourni par un prestataire à partir du siège de son activité économique ou d'un établissement stable qui y est situé[251].

2) La prestation de transport intracommunautaire de biens effectuée pour des personnes non assujetties est imposable en France lorsque le lieu de départ du transport se situe en France[252].

Seuls ne sont concernés par cette règle que les transports intracommunautaires, c'est-à-dire ceux dont le point de départ et le point d'arrivée sont situés dans deux États membres de l'Union européenne. Le point de départ est celui où se trouvent les biens à acheminer et le point d'arrivée est celui où les biens sont déchargés.

3) La prestation de transport effectuée pour des personnes non assujetties autres que les transports intracommunautaires de biens et les prestations de transport de passagers sont imposables en France en fonction de la distance parcourue en France[253].

4) Les activités accessoires au transport (chargement, déchargement, manutention...) sont imposables en France si elles sont matériellement exécutées en France au profit d'une personne non assujettie[254].

1224. – Ventes à consommer sur place. Les ventes à consommer sur place sont imposables en France lorsque la vente a lieu en France[255]. Il en va de même de celles qui sont réalisées à bord de navires, d'aéronefs ou de trains au cours de la partie d'un transport de passagers intérieur à l'Union européenne – sans escale en dehors de l'Union européenne – dès lors que le lieu de départ se situe en France, et ce même si ce point de départ en France constitue une escale après un trajet depuis un État tiers. L'imposition est alors établie selon les règles françaises jusqu'au dernier point de débarquement au sein de l'Union européenne, et ce même s'il s'agit là d'une escale avant la poursuite du trajet vers un État tiers[256].

Voir également les précisions apportées par le règlement d'exécution (UE) n° 282/2011 du 15 mars 2011, art. 35 et s. : *JOUE* 23 mars 2011.

(250) CGI, art. 259 A, 1°.
(251) L. fin. 2010, n° 2009-1673, 30 déc. 2009, art. 102-III-1° : *Dr. fisc.* 2010, n° 2, comm. 57.
(252) CGI, art. 259 A, 3°.
(253) CGI, art. 259 A, 4°.
(254) CGI, art. 259 A, 6°-*a*.
(255) CGI, art. 259 A, 5°-*b*.
(256) CGI, art. 259 A, 5°-*c*.

1225. – Intermédiaires. Les prestations fournies à une personne non assujettie par un intermédiaire agissant au nom et pour le compte d'autrui sont imposables en France lorsque l'opération principale se situe en France[257].

1226. – Agences de voyages. Les prestations uniques des agences de voyages, à savoir celles réalisées en leur nom avec l'utilisation, pour la réalisation du voyage, des biens et services d'autres assujettis, sont imposables en France lorsque l'agence de voyages a, en France le siège de son activité économique ou un établissement stable à partir duquel la prestation est fournie[258].

1227. – Autres prestations. Sont encore imposables en France, lorsqu'elles sont matériellement exécutées ou ont effectivement eu lieu en France :

– les prestations de services fournies à une personne non assujettie ayant pour objet des activités culturelles, artistiques, sportives, scientifiques, éducatives, de divertissement ou similaires, telles que les foires et les expositions, y compris les prestations de services des organisateurs de telles activités, ainsi que les prestations de services accessoires à ces activités[259] ;

Pour une précision quant aux prestations concernées : V. règlement d'exécution (UE) n° 282/2011, 15 mars 2011, art. 32 et s. : *JOUE* 23 mars 2011.

– les prestations de services fournies à un assujetti, ainsi que celles qui leur sont accessoires, consistant à donner accès à des manifestations culturelles, artistiques, sportives, scientifiques, éducatives, de divertissement ou similaires, telles que les foires et les expositions[260] ;

– les expertises ou travaux portant sur des biens meubles corporels[261].

b) Régime des prestations non matériellement localisables

1228. – « Exportation » de services. Les articles 259 B à 259 D du Code général des impôts précisent les règles de rattachement dérogatoires des prestations de services dont la localisation est délicate à définir (prestations de télécommunications, de conseils, de traitements de données, de location de biens meubles corporels exception faite en matière de transport, de cessions et concessions de droits d'auteurs…).

1229. – Pluralité de personnes bénéficiaires d'une prestation. La seule circonstance qu'une prestation de services soit rendue au profit de plusieurs personnes n'implique pas nécessairement de reconnaître l'existence de plusieurs prestations de services distinctes pour l'application des règles de territorialité de la taxe sur la valeur ajoutée. Cette question ne présente un intérêt que lorsque les personnes concernées sont situées dans des États emportant l'application de règles juridiques différentes.

Suivant la jurisprudence de la Cour de justice, il convient dans un tel cas de vérifier si la prestation présente ou non un caractère divisible.

(257) CGI, art. 259 A, 7°.
(258) CGI, art. 259 A, 8°.
(259) CGI, art. 259 A, 5°-*a*.
(260) CGI, art. 259 A, 5° bis.
(261) CGI, art. 259 A, 6°.

• Si tel est le cas, la situation ne présente aucune difficulté. Chaque prestation identifiée est soumise au régime de territorialité correspondant.

• Si tel n'est pas le cas, la prise en compte de la réalité économique de l'opération – principe fondamental pour l'application du système commun de la taxe sur la valeur ajoutée[262] – doit prévaloir sur toute autre considération, ce qui conduit à écarter toute scission artificielle de l'opération pour tenir compte de la pluralité de personnes bénéficiaires de la prestation[263]. Celles-ci doivent être considérées comme ne formant qu'une seule et même entité économique, et partant, qu'un seul et même preneur même si cette entité n'est pas dotée de la personnalité juridique. À moins que l'une des personnes composant cette entité économique se révèle, en réalité, le véritable preneur de la prestation, auquel cas il en est tenu compte, l'application des règles de territorialité dépend donc de l'entité économique et non des personnes qui la composent[264]. On ne saurait pour autant faire complètement abstraction de ces dernières pour la vérification des critères présidant à l'identification de l'État d'imposition.

1230. – **« Exportation » de services (CGI, art. 259 B).** Dérogeant à l'article 259 qui conduit à tenir compte du lieu d'implantation du prestataire lorsque la prestation est fournie à une personne non assujettie, l'article 259 B du Code général des impôts dispose que le lieu de certaines prestations est réputé ne pas se situer en France lorsqu'elles sont fournies à une personne non assujettie qui n'est pas établie, n'a pas son domicile ou sa résidence habituelle dans un État membre de l'Union européenne[265]. Les « exportations » des services concernés ne sont donc pas soumises à la taxe sur la valeur ajoutée française.

L'identification du siège de l'activité économique de l'entité preneuse nécessite de rechercher le lieu où sont adoptées les décisions essentielles concernant sa direction générale. Le lieu d'exploitation et d'utilisation de la prestation ne peut constituer qu'un indice[266].

Parmi la liste des prestations concernées, figurent les cessions et concessions de droits d'auteurs, de brevets, de droits de licences, de marques de fabrique et de commerce, les locations de biens meubles corporels autres que les moyens de transport, les prestations de publicité mais aussi les prestations de télécommunications ou encore les services fournis par voie électronique.

1231. – **« Importation » de services (CGI, art. 259 C).** Certaines prestations de services sont imposables en France lorsque le service y est effectivement utilisé ou exploité au profit d'une personne non assujettie établie, domiciliée ou ayant sa résidence habituelle dans un État membre de l'Union européenne[267]. Les « importations » de services concernés sont donc soumises à la taxe sur la valeur ajoutée.

(262) CJCE, 20 févr. 1997, aff. C-260/95, *Commissioners of Customs & Excise c/DFDS A/S*, pt 23 : *RJF* 4/1997, n° 406.
(263) CJCE, 25 févr. 1999, aff. C-349/96, *Card Protection Plan Ltd*, pt 29 : *RJF* 4/1999, n° 522.
(264) CE, 9 févr. 2012, n° 330.852, *Min. c/Sté SF Diffusion* : *Dr. fisc.* 2012, n° 20, comm. 295, concl. V. Daumas ; *RJF* 5/2012, n° 458.
(265) CGI, art. 259 B.
(266) CE, 9 févr. 2012, n° 330.852, *Min. c/Sté SF Diffusion* : *Dr. fisc.* 2012, n° 20, comm. 295, concl. V. Daumas ; *RJF* 5/2012, n° 458.
(267) CGI, art. 259 C.

Sont concernées :

– les prestations de services autres que celles visées aux articles 259 A (V. *supra*, n°s 1222 et s.) et 259 D (V. *infra*, n° 1232) du Code général des impôts, à l'exception notable de la location d'un bateau de plaisance dans les conditions prévues par l'article 259 A, 1°-c du même code (V. *supra*, n° 1223, 1) ;

– les locations de moyens de transport autres que de courte durée (V. *supra*, n° 1223), à l'exception des locations de bateaux de plaisance si le bateau est mis à disposition du preneur dans un autre État membre où le prestataire a établi le siège de son activité économique ou bien dispose d'un établissement stable à partir duquel les services sont fournis.

1232. – **Services fournis par voie électronique (CGI, art. 259 D).** Conformément à l'article 259 D du Code général des impôts, les prestations de services fournies par voie électronique sont imposables en France lorsqu'elles sont effectuées en faveur de personnes non assujetties qui y sont établies, y ont leur domicile ou leur résidence habituelle.

La notion de services fournis par voie électronique visés par la directive n° 2006/112/CE a été précisée par le règlement d'exécution (UE) n° 282/2011 du 15 mars 2011, art. 7[(268)]. Cette notion ne se recoupe pas avec celle de services de télécommunications au sens de l'article 24, § 2 de la directive n° 2006/112/CE[(269)].

Avant le 1er janvier 2015, une différence existait selon que le prestataire était établi dans un État tiers ou dans un autre État membre de l'Union européenne. Contrairement à une localisation hors de l'Union (prise en compte du preneur), s'établir dans un autre État membre de l'UE permettait d'échapper à l'imposition française (prise en compte du prestataire). Peu importe désormais le lieu d'implantation du prestataire. La lenteur de l'évolution s'explique assez facilement par les réticences de certains États d'accueil d'entreprises du secteur. En témoigne la lecture des débats parlementaires luxembourgeois sur le sujet, lesquels marquent l'exercice par le Grand-Duché, jusqu'en 2007, de son droit de veto au conseil ECOFIN[(270)]. Le différé d'application a donc fait partie d'un compromis politique, de même d'ailleurs que le prélèvement prévu dans le cadre du mini-guichet organisé, en droit interne, par les articles 298 sexdecies F et sexdecies G du CGI. Opérationnel en France depuis novembre 2014, ce dispositif permet aux prestataires réalisant des opérations dans différents États membres de s'identifier, déclarer leurs prestations et acquitter les impositions dues auprès d'un seul État de leur choix, et ce sans avoir à désigner un représentant fiscal dans les autres. L'État choisi a alors le droit de conserver une partie des recettes de TVA perçues (30 % jusqu'au 31 décembre 2016, 15 % jusqu'au 31 décembre 2017 et 0 % à partir du 1er janvier 2019). L'intérêt budgétaire est évident pour certains États comme le Luxembourg.

§ 2. – Une opération non exonérée

1233. – **Opération exonérée n'est pas opération hors champ.** Toutes les opérations entrant dans le champ d'application de la taxe sur la valeur ajoutée n'emportent pas l'exigibilité de l'imposition. Encore faut-il qu'elles ne soient pas exonérées.

Différencier le champ d'application de l'imposition des cas d'exonération est fondamental pour le droit à déduction. Si une opération hors champ et une opération située dans le champ de la taxe sur la valeur ajoutée mais exonérée conduisent

(268) *JOUE* 23 mars 2011.

(269) Règl. UE n° 1042/2013, 7 oct. 2013 : *JOUE* 26 oct. 2013.

(270) Http ://www.europaforum.public.lu/fr/actualites/2014/05/chd-directive-tva-ecommerce/index.html.

toutes les deux à exclure l'exigibilité de l'impôt auprès du client, seule la seconde est retenue au numérateur pour le calcul du coefficient d'assujettissement aux fins de déterminer le coefficient de déduction (V. *infra*, n° 1301).

Le Code général des impôts prévoit plusieurs cas d'exonération (A) dont certains laissent tout de même ouverte la possibilité aux assujettis d'y renoncer, conduisant ainsi à rendre exigible l'impôt auprès de leurs clients (B).

A. – Cas d'exonération

1234. – **Assujetti et redevable.** Les opérateurs sont qualifiés différemment selon qu'ils réalisent des opérations entrant dans le champ d'application (assujettis) ou non (non assujettis) et selon qu'ils bénéficient du droit à déduction (redevables) ou non (non redevables). Sauf exceptions (V. *infra*, n° 1284), une activité exonérée n'ouvre pas droit à déduction de la taxe sur la valeur ajoutée acquittée en amont pour ses besoins.

C'est ainsi que les services bancaires et financiers exonérés par application de l'article 261 C, 1°-*a* à *e* du CGI ouvrent malgré tout droit à déduction lorsqu'ils sont rendus à des personnes domiciliées ou établies en dehors de l'Union européenne ou se rapportent à des exportations de biens[271].

Les deux qualifications se combinent.

Un médecin établi en France est un assujetti non redevable. Il est assujetti car il exerce une activité qui répond aux conditions de l'article 256, I du CGI. Mais il n'est pas redevable eu égard à l'exonération des activités médicales[272]. Le praticien ne pourra donc ni facturer la taxe sur la valeur ajoutée à ses patients, ni bénéficier du droit à déduction de l'imposition qu'il a acquittée lors des acquisitions réalisées pour les besoins de son activité professionnelle.

Une entreprise établie en France qui a une activité de vente de photocopieurs est un assujetti-redevable. Cet opérateur est un assujetti partant du constat que, sous réserve des dispositions relatives au champ d'application territorial, l'activité entre bien dans le cadre de l'article 256, I du CGI. L'entreprise est également redevable en ce qu'elle bénéficie du droit à déduction, et ce en l'absence d'exonérations.

Un particulier est un non-assujetti non-redevable. Il ne peut ni facturer la taxe sur la valeur ajoutée, ni bénéficier du droit à récupération de celle qu'il a acquittée.

1235. – **Opérations exonérées.** Les cas d'exonération sont codifiés dans les articles 261 et suivants du Code général des impôts.

Ces cas s'appliquent non seulement aux opérateurs mais aussi aux groupements constitués de personnes physiques ou morales exerçant une activité exonérée ou pour laquelle elles n'ont pas la qualité d'assujetti à la condition que les services assurés concourent directement et exclusivement à la réalisation de ces opérations exonérées ou exclues du champ d'application de la taxe sur la valeur ajoutée et que les sommes réclamées aux adhérents correspondent exactement à la part leur incombant dans les dépenses communes[273]. Un groupement, au sens de cette disposition, comprend nécessairement au moins deux personnes, physiques ou morales, exonérées ou non assujetties qui en sont adhérentes et utilisent des moyens humains et matériels en commun. Ne constitue donc pas un tel groupement la simple mise à disposition de moyens par une personne au profit d'une autre[274].

(271) CGI, art. 271, V-*b*.
(272) CGI, art. 261, 4.
(273) CGI, art. 261 B.
(274) CE, 10 juill. 2012, n° 345.595, *Médéric Prévoyance* : *Dr. fisc.* 2012, n° 39, comm. 455, concl. C. Legras. – J.-C. Bouchard, *TVA et groupement de moyens de fait* : *Dr. fisc.* 2013, n° 7-8, étude 150 ; *RJF* 11/2012, n° 1001.

L'exonération s'applique tout autant aux prestations de services effectuées par les intermédiaires, à l'exception des agences de voyages et des organisateurs de circuits touristiques, agissant au nom et pour le compte d'autrui, dès lors qu'ils interviennent dans des opérations exonérées ainsi que dans des opérations réalisées hors de l'Union européenne(275).

On notera que les représentations théâtrales à caractère pornographique et les cessions de droits portant sur des films ou supports vidéo du même contenu ou incitant à la violence ne peuvent bénéficier de l'exonération de taxe sur la valeur ajoutée(276).

1236. – **Opérations intracommunautaires et import/export. Principe.** Les livraisons intracommunautaires et les exportations sont normalement exonérées de la taxe sur la valeur ajoutée(277).

Selon l'article 262 ter du Code général des impôts, et sauf exception, sont exonérées les livraisons de biens expédiés ou transportés sur le territoire d'un autre État membre de l'Union européenne à destination d'un assujetti ou d'une personne morale non assujettie(278).

L'exonération ne s'applique cependant pas lorsqu'il est démontré que le fournisseur savait ou ne pouvait ignorer que le destinataire n'avait pas d'activité réelle. Elle ne concerne également pas les opérateurs qui relèvent du régime de la franchise en base et les livraisons de produits soumis aux droits d'accises ou les moyens de transport neufs expédiés ou transportés à destination d'une personne morale non assujettie ou d'un assujetti qui, sur le territoire de cet État membre, bénéficie du régime forfaitaire des producteurs agricoles ou ne réalise que des opérations n'ouvrant pas droit à déduction, et n'a pas opté pour le paiement de la taxe sur ses acquisitions intracommunautaires. L'exonération ne s'applique enfin pas pour les livraisons de biens d'occasion, d'œuvres d'art, d'objets de collection ou d'antiquité effectuées par des assujettis revendeurs soumis au régime prévu par l'article 297 A (V. *infra*, n° 1269).

Bénéficient encore de l'exonération les transferts assimilés aux livraisons mentionnées au III de l'article 256 du Code général des impôts qui bénéficieraient de l'exonération prévue si elles avaient été effectuées à destination d'un tiers assujetti(279).

Les acquisitions intracommunautaires de biens sont également exonérées lorsque la livraison ou l'importation (conformément au II de l'article 291) serait en France exonérée ou lorsque l'acquéreur non établi en France et qui n'y réalise pas des livraisons de biens ou des prestations de services bénéficierait du droit à remboursement total en application du V de l'article 271 de la taxe qui serait due au titre de l'acquisition(280).

1237. – **Activités médicales et paramédicales.** Les activités médicales et paramédicales figurent parmi les activités exonérées de la taxe sur la valeur ajoutée(281). L'objectif est de ne pas surenchérir le coût des dépenses de santé afin, d'une part, de ne pas alourdir les déficits chroniques des caisses de sécurité sociale, et, d'autre part, de faciliter l'accès du plus grand nombre aux soins.

(275) CGI, art. 263.
(276) CGI, art. 261 G.
(277) CGI, art. 262 et 262 ter. – V. *supra*, n°s 1210 et s.
(278) CGI, art. 262 ter, I-1°.
(279) CGI, art. 262 ter, I-2°.
(280) CGI, art. 262 ter, II-3°.
(281) CGI, art. 261, 4.

1) Actes de soins aux personnes réalisés par des praticiens reconnus

Sont en premier lieu concernés par l'exonération, selon l'article 261, 4-1° du Code général des impôts[282], les actes de soins aux personnes (*a*) réalisés par des praticiens membres de professions médicales et paramédicales réglementées mais aussi, depuis la loi de finances rectificative pour 2011, les chiropracteurs, du moins lorsque le praticien est autorisé à faire usage légalement de ce titre, lesquels ont ainsi rejoint, entre autres, les ostéopathes, les psychologues et les psychothérapeutes titulaires d'un diplôme requis pour être recrutés dans la fonction publique hospitalière (*b*). On observe que le cadre d'intervention du praticien – organisme public ou privé, activité exercée ou non à titre libéral – est sans incidence. Seules sa qualité et la nature des actes réalisés comptent.

a) La qualification d'acte de soins s'apprécie en fonction du but thérapeutique poursuivi. Prenant appui sur les arrêts de la Cour de justice *Peter d'Ambrumenil* et *Margarete Unterpertinger*, l'administration fiscale applique le critère du but thérapeutique poursuivi par le praticien pour juger de l'exonération des actes de médecine et de chirurgie esthétique[283]. Ainsi, selon l'interprétation retenue par l'administration fiscale, opposable par application du deuxième alinéa de l'article L. 80 A du LPF, « En matière de médecine et de chirurgie esthétique (...), les actes pratiqués par les médecins ne sont éligibles à l'exonération que dans la mesure où ils consistent à prodiguer un soin au patient (...) Par conséquent, les seuls actes qui bénéficient de l'exonération de TVA sont ceux qui sont pris en charge totalement ou partiellement par l'assurance maladie (...) Par mesure de tempérament, la présente interprétation ne donnera lieu ni à rappel, ni à restitution s'agissant des actes de médecine et de chirurgie esthétique effectués antérieurement au 1er octobre 2012 »[284]. Cette interprétation n'est pas incompatible avec le droit de l'Union européenne[285], notamment précisée par la Cour de justice qui estime que les notions de soins médicaux et de soins à la personne ne doivent pas être nécessairement interprétées restrictivement. Pour les juges européens, « des prestations (...) [qui] auraient pour but de traiter ou de soigner des personnes qui, par suite d'une maladie, d'une blessure ou d'un handicap physique congénital, ont besoin d'une intervention de nature esthétique, pourraient relever des notions de "soins médicaux" ou de "soins à la personne", au sens, respectivement, de l'article 132, paragraphe 1, sous *b)*, de la directive TVA et de l'article 132, paragraphe 1, sous *c)*, de cette directive. En revanche, lorsque l'intervention répond à des fins purement cosmétiques, elle ne saurait relever de ces notions »[286].

b) La Cour de justice des Communautés européennes avait rendu un arrêt en avril 2006 précisant qu'un praticien exerçant une profession non réglementée doit pouvoir bénéficier de l'exonération reconnue aux praticiens membres d'une profession réglementée pour les actes de soins de qualité équivalente à ceux qui sont réalisés par un praticien bénéficiaire de l'exonération[287]. Le Conseil d'État en a tiré les conséquences en avril 2010 en considérant que l'exonération doit être accordée « s'il pouvait être démontré que les personnes exerçant cette profession ou activité disposent, pour la fourniture de telles prestations de soins, de qualifications professionnelles aptes à assurer à ces prestations un niveau de qualité équivalent à celles fournies par des personnes bénéficiant, en vertu de la réglementation nationale, de l'exonération »[288].

(282) Cette disposition est en phase avec l'article 132, c de la directive n° 2006/112/CE du 28 novembre 2006 (6e directive TVA, ex-art. 13 A).

(283) CJCE, 20 nov. 2003, aff. C-307/01, *Peter d'Ambrumenil* et aff. C-212/01, *Margarete Unterpertinger* : *Dr. fisc.* 2004, n° 15, comm. 407 ; *RJF* 2/2004, n° 210. – BOI-TVA-CHAMP-30-10-20-10, § 40.

(284) *Ibid.*

(285) CE, 5 juill. 2013, n° 363.118, *Synd. national de chirurgie plastique reconstructrice et esthétique et alii* : *Dr. fisc.* 2013, n° 30-35, comm. 392, concl. N. Escaut ; *RJF* 10/2013, n° 970.

(286) CJUE, 21 mars 2013, aff. C-91/12, *Skatteverket c/PFC Clinic AB* : *RJF* 7/2013, n° 794.

(287) CJCE, 27 avr. 2006, aff. C-443/04 et C-444/04, *H.A. Solleveld et J.E. van den Hout-van Eijnsbergen* : *RJF* 7/2006, n° 973 ; *BDCF* 7/2006, n° 86, concl. J. Kokott.

(288) CE, 16 avr. 2010, n° 318.941, *Barel* : *Dr. fisc.* 2010, n° 19, comm. 304, concl. C. Legras ; *RJF* 8-9/2010, n° 786. – Pour une application aux ostéopathes avant le 27 mars 2007 : CE, 25 juin 2012, n° 345.043, *Min. c/Abrial*, n° 328.771, *Tricot* et n° 328.775, *Roche* : *Dr. fisc.* 2012, n° 41, comm. 471, concl. F. Aladjidi ; *RJF* 10/2012, n° 906. – Pour une application aux psychothérapeutes : CE, 30 déc. 2014, n° 360.809, *Nantas* : *Dr. fisc.* 2015, n° 7-8, comm. 156, concl. F. Aladjidi ; *RJF* 3/2015, n° 199.

2) Autres dépenses liées

Sont également exonérés, cette fois-ci en application des 1° bis à 3° de l'article 261, 4 du Code général des impôts :

– les frais d'hospitalisation et de traitement dans les établissements de santé privés, y compris de mise à disposition d'une chambre individuelle, ainsi que les soins dispensés par des établissements privés d'hébergement pour personnes âgées pris en charge par un forfait annuel global de soins ;

– les opérations portant sur les organes, le sang et le lait humains ainsi que les prestations de transport en ambulance agréée.

a) La présentation ainsi retenue permet de mettre en évidence une limitation de l'exonération aux seuls établissements privés dans le premier champ. Un retour au texte européen, et plus précisément à l'article 132, b de la directive n° 2006/112/CE du 28 novembre 2006, permet pourtant de constater son bénéfice pour « l'hospitalisation et les soins médicaux ainsi que les opérations qui leur sont étroitement liées, assurés par des organismes de droit public ou, dans des conditions sociales comparables à celles qui valent pour ces derniers, par des établissements hospitaliers, des centres de soins médicaux et de diagnostic et d'autres établissements de même nature dûment reconnus ». Est-ce à dire que les hôpitaux publics relèvent d'un régime différent ? Non. L'explication tient, selon l'interprétation administrative[289], à l'application de l'article 256 B, réservée aux personnes morales de droit public (V. *supra*, n° 1209). L'affirmation est exacte. Si, ce que n'infirme pas le droit de l'Union européenne, l'article 256 B pose en principe le non-assujettissement des « personnes morales de droit public (...) pour l'activité de leurs services (...) sociaux (...) lorsque leur non-assujettissement n'entraîne pas de distorsions dans les conditions de la concurrence », l'exonération dont bénéficient les établissements privés de santé lève la condition.

b) La lecture de l'article 132, 1 de la directive n° 2006/112/CE du 28 novembre 2006 met en évidence une différence rédactionnelle non reprise dans le CGI. Alors que l'article 261, 4 du code français fait uniquement référence, sur ce point, aux actes de soins ou aux traitements, la directive envisage distinctement « les prestations de soins à la personne » réalisées par des praticiens reconnus (art. 132, 1-c) et « l'hospitalisation et les soins médicaux ainsi que les opérations qui leur sont étroitement liées » (art. 132, 1-b). D'où la question tenant à l'identification de ces dernières. La formule est appréciée restrictivement. C'est ainsi que n'entrent pas dans le champ de l'exonération les dépenses de mise à disposition des patients d'un téléviseur ou d'une ligne téléphonique dans un établissement hospitalier[290]. L'exonération suppose en effet l'existence d'un lien étroit avec l'hospitalisation ou les soins médicaux. C'est ce qui a justifié de ne pas exonérer de TVA les versements opérés par un praticien médical à un centre de radiothérapie au titre de la mise à disposition de personnel et de locaux aménagés pour réaliser les soins[291]. Le Conseil d'État a en effet considéré que l'acte de soins était constitué par le seul acte de radiothérapie pour lequel le médecin est directement rémunéré par le patient dans le cadre de son activité libérale. Un lien – évident – existait certes entre le centre de radiothérapie et le malade. Il n'était toutefois pas suffisant pour éviter que cette prestation se révèle non détachable de l'acte de soins. L'interposition du médecin libéral a été déterminante. La même solution a été retenue à propos du reversement d'honoraires par un praticien destiné à rémunérer la mise à disposition, par une clinique, des services nécessaires au suivi administratif et comptable de son activité[292]. Cette approche restrictive a encore été récemment confirmée par la Cour de justice à propos de la délivrance, au sein d'un hôpital, de médicaments prescrits dans le cadre d'un traitement ambulatoire contre le cancer par des médecins exerçant à titre indépendant. Reprenant un raisonnement appliqué en 1988 (CJCE, 23 févr. 1988, n° 353/85, *Commission c/Royaume-Uni*), les juges européens ont, pour se

(289) BOI-TVA-CHAMP-30-10-20-20, § 1.

(290) CJCE, 1er déc. 2005, aff. C-394/04, *Diagnostiko & Therapeftiko Kentro Athinon-Ygeia : Rec. CJCE* 2005, I, p. 10373 ; *RJF* 2/2006, n° 229.

(291) CE, 31 déc. 2008, n° 306.091, *Sté Iridis Nord : Dr. fisc.* 2009, n° 15, comm. 273, concl. N. Escaut ; *BOI* 3 A-1-09 ; *Dr. fisc.* 2009, n° 10, instr. 14.042.

(292) CE, 16 avr. 2010, n° 307.944, *Sté Clinique du Parc : Dr. fisc.* 2010, n° 25, comm. 383, concl. L. Olléon ; *RJF* 7/2010, n° 666.

prononcer, recherché si l'opération en cause avait été, ou non, « matériellement et économiquement dissociable de la prestation de services ». Appréciant la situation *in concreto* – comme le confirme la référence dans l'arrêt aux propos tenus à l'audience – il en est résulté la conclusion d'un assujettissement de principe de la livraison de médicaments à la TVA – comme le confirme d'ailleurs la mention des médicaments dans l'actuelle annexe III de la directive – sauf si la démonstration est rapportée devant les juridictions nationales de l'existence d'une continuité thérapeutique(293). Rendue sous l'empire de la 6e directive TVA, cette solution vaut également pour l'application de la directive de 2006.

1238. – **Activités d'enseignement.** Sont également exonérées les activités d'enseignement, quel que soit le niveau(294).

Certaines limites existent puisque les personnes physiques prestataires ne sont exonérées que lorsque les enseignements font l'objet d'une rémunération directement versée par leurs élèves(295). Les personnes morales et certaines personnes physiques ne peuvent relever de cette exonération que dans des cas limités puisqu'elles doivent être régies par les dispositions du Code de l'éducation ou être titulaires d'une attestation délivrée par l'autorité administrative reconnaissant leur compétence.

1239. – **Activités financières.** Les activités financières sont aussi exonérées, et ce d'une manière quasi générale.

L'article 261 C du Code général des impôts dresse une liste d'activités visant essentiellement à éviter le surenchérissement du crédit (opérations relatives aux crédits, cautionnement et garantie d'emprunt, opérations de dépôts de fonds, comptes courants, chèques, opérations sur l'or d'investissement, sur les devises...).

La Cour de justice assimile le bitcoin, monnaie virtuelle dont la seule finalité est celle d'être un moyen de paiement, à une devise(296).

L'article 261, 1-5° exonère en outre de la taxe sur la valeur ajoutée les opérations à terme sur les marchandises réalisées sur un marché réglementé à l'exclusion de celles qui déterminent l'arrêt de la filière.

L'article 262, II-12° exonère quant à lui les livraisons d'or aux instituts d'émission.

1240. – **Activités agricoles et piscicoles.** Certaines opérations agricoles et piscicoles ne donnent pas lieu, pour cause d'exonération, à l'exigibilité de la taxe sur la valeur ajoutée. Les cas sont limités puisque concernant les opérations réalisées dans le cadre de l'entraide entre agriculteurs (échanges de services en travail et en moyens d'exploitation) et à certaines opérations effectuées par les pêcheurs et armateurs à la pêche(297).

L'exonération prévue pour l'entraide entre agriculteurs l'est également – sous l'indication du caractère non assujetti des opérations – par l'article L. 325-2 du Code rural et de la pêche maritime.

1241. – **Opérations immobilières.** Fruit de la loi n° 2010-237 du 9 mars 2010, certaines opérations immobilières sont exonérées de la taxe sur la valeur ajoutée(298). Sont concernées :

– les livraisons de terrains qui ne sont pas des terrains à bâtir au sens de l'article 257, I-2-1° du Code général des impôts ;

(293) CJUE, 13 mars 2014, n° C-366/12, *Finanzamt Dortmun-West c/Klinikum Dortmund GmbH : Dr. fisc.* 2014, n° 15, act. 225, obs. C. Deleu ; *RJF* 6/2014, n° 649.
(294) CGI, art. 261, 4-4°.
(295) *Ibid.*
(296) CJUE, 22 oct. 2015, aff. C-264/14, *Skatteverket c/Hedqvist : Dr. fisc.* 2015, n° 45, act. 608 ; *RJF* 1/2016, n° 105.
(297) CGI, art. 261, 2-3° et 4°.
(298) CGI, art. 261, 5.

La réforme de la taxe sur la valeur ajoutée dite TVA immobilière a été marquée par une nouvelle définition des terrains à bâtir par référence au droit de l'urbanisme. La qualification repose aujourd'hui sur des critères objectifs et ne tient plus compte de l'intention de l'opérateur. Selon l'administration fiscale, « il s'agit donc des terrains pour lesquels, au moment de la livraison du terrain, la documentation publique opposable ne fait pas obstacle à construire, quelle que soit la densité de construction autorisée et sans qu'il soit nécessaire d'apporter préalablement une modification aux documents en cause »[(299)].

– les livraisons d'immeubles achevés depuis plus de cinq ans.

1242. – **Locations.** Relèvent, en application de l'article 261 D du Code général des impôts, d'un régime d'exonération :

– les locations de terres agricoles et de bâtiments ruraux ;

– les locations d'immeubles résultant d'un bail conférant un droit réel ;

– les locations de terrains non aménagés et de locaux nus, à l'exception des parkings ;

L'exonération ne s'applique cependant pas lorsque la location constitue pour les bailleurs un moyen de poursuivre, sous une autre forme, l'exploitation d'un actif commercial ou d'accroître ses débouchés ou lorsque le bailleur participe aux résultats de l'entreprise locataire.

– les locations en meublé à usage d'habitation, qu'elles soient occasionnelles, permanentes ou saisonnières, à moins d'entrer dans le cadre de l'article 261 D, 4°-*a* à *d* du Code général des impôts qui vise les établissements hôteliers ou assimilés.

Cette disposition concerne le secteur économique du tourisme et tend à imposer les hôtels et résidences de tourisme classés mais aussi les immeubles non classés qui présentent les caractéristiques d'un établissement hôtelier. Le droit français a sur ce sujet beaucoup évolué à la suite de l'intervention des juridictions. La législation nationale n'assimilait auparavant à des établissements hôteliers que les établissements offrant en plus de l'hébergement dans un local meublé, quatre prestations avec le petit déjeuner, le nettoyage régulier des locaux, la fourniture de linge de maison et la réception de la clientèle.

Considérant ces exigences restrictives, surtout qu'elles s'ajoutaient à celle d'une inscription au registre du commerce et des sociétés, la disposition avait été reconnue incompatible avec l'article 13 B de la sixième directive[(300)]. Le texte a été modifié avec la loi n° 2002-1576 du 30 décembre 2002. Ne subsiste aujourd'hui, comme exigences, que la présence de trois des quatre anciennes conditions concernant l'accueil de la clientèle.

1243. – **Opérations de transport.** Certaines opérations de transport, ou en lien avec des moyens de transport, sont exonérées de la taxe sur la valeur ajoutée. On y trouve :

– les opérations de livraison, de réparation, de transformation, d'entretien, d'affrètement et de location portant sur des navires de commerce maritime et bateaux utilisés pour l'exercice d'une activité industrielle en haute mer ou encore les bateaux affectés à la pêche maritime et ceux affectés au sauvetage en mer[(301)] ;

– les opérations de livraison, de transformation, de réparation, d'entretien, d'affrètement et de location portant sur les aéronefs utilisés par des compagnies de navigation aérienne dont les services à destination ou en provenance de l'étranger

(299) BOI-TVA-IMM-10-10-10-20, § 20.

(300) CE, 11 juill. 2001, n° 217.675, *Min. c/Lejeune : Dr. fisc.* 2001, n° 48, comm. 1111, concl. J. Courtial ; *RJF* 10/2001, n° 1211. – CE, 20 nov. 2002, n° 229.671, *SCI Mutuelle santé : Dr. fisc.* 2003, n° 14, comm. 271, concl. G. Goulard ; *RJF* 2/2003, n° 164. – CE, 27 févr. 2006, n° 258.807, *Sté Hôtel de Provence : Dr. fisc.* 2006, n° 37, comm. 569, concl. L. Olléon. – CE, 5 févr. 2009, n° 307.077, *Sté Distex : Dr. fisc.* 2009, n° 12, comm. 251 ; *RJF* 5/2009, n° 437. – CE, 1er juill. 2009, n° 300.100, *SNC Élyséenne : RJF* 10/2009, n° 827. – CE, 16 nov. 2009, n° 305.906, *Pennobert : RJF* 2/2010, n° 111.

(301) CGI, art. 262, II-2°, 3°, 6° et 7°.

ou des collectivités et départements d'outre-mer, à l'exclusion de la France métropolitaine, représentent au moins 80 % des services qu'elles exploitent(302) ;

– les transports aériens ou maritimes de voyageurs en provenance ou à destination de l'étranger ou des collectivités et départements d'outre-mer(303) ;

– les transports ferroviaires de voyageurs en provenance et à destination de l'étranger, ainsi que les transports de voyageurs effectués par les trains internationaux et sur les relations dont la liste est fixée par arrêtés conjoints du ministre du Budget et du ministre des Transports(304) ;

– les transports par route de voyageurs étrangers en provenance et à destination de l'étranger, circulant en groupe d'au moins dix personnes(305) ;

– les transports entre la France continentale et les départements de la Corse pour la partie du trajet située en dehors du territoire continental(306) ;

– les prestations de transport de biens effectuées à destination ou en provenance des Açores ou de Madère(307).

1244. – **Organismes sans but lucratif.** Bénéficiaires d'un régime fiscal de faveur (V. *supra*, n° 1104), les organismes à but non lucratif et leurs unions dont la gestion est désintéressée n'ont pas à rendre la taxe sur la valeur ajoutée exigible sur les services de caractère social, éducatif, culturel ou sportif rendus à leurs membres de même que, et dans la limite de 10 % de leurs recettes totales, les ventes qui leur sont consenties(308).

Ne sont cependant pas concernées les opérations d'hébergement et de restauration, l'exploitation des bars et buvettes.

De même en est-il des opérations faites par des œuvres dont la gestion est désintéressée et ayant un caractère social ou philanthropique, lorsque les prix pratiqués ont été homologués par l'autorité publique ou que des opérations analogues ne sont pas couramment réalisées à des prix comparables par des entreprises commerciales, en raison notamment du concours désintéressé des membres de ces organismes ou des contributions publiques ou privées dont ils bénéficient.

Les opérations non concernées par le point précédent (hébergement, restauration, bars et buvettes) entrent dans le champ de cette exonération. Il en va de même des autres opérations pour les organismes à but non lucratif visés à l'article 206, 1 bis du CGI (V. *supra*, n° 1104) lorsque les recettes afférentes n'excèdent pas au cours de l'année civile précédente 60 000 €. Le seuil de 60 000 € n'intègre pas les recettes de six manifestations de bienfaisance et de soutien organisées dans l'année qui sont également exonérées.

Ne bénéficient cependant pas de l'exonération et n'entrent pas dans le seuil de 60 000 €, les revenus patrimoniaux issus de locations, de l'exploitation de propriétés agricoles ou forestières ou de capitaux mobiliers mais aussi les opérations de production et de livraison d'immeubles conformément à l'article 257, I du CGI.

1245. – **Jeux de hasard ou d'argent.** L'organisation de jeux de hasard ou d'argent est normalement exonérée de la taxe sur la valeur ajoutée par application de l'article 261 E du Code général des impôts.

(302) CGI, art. 262, II-4°, 5°, 6° et 7°.
(303) CGI, art. 262, II-8°.
(304) CGI, art. 262, II-9°.
(305) CGI, art. 262, II-10°.
(306) CGI, art. 262, II-11°.
(307) CGI, art. 262, II-11° bis.
(308) CGI, art. 261, 7-1°-*a*. – V. également CGI, art. 261, 4-9°.

Avant le 1er janvier 2015, les droits d'entrée perçus par les organisateurs de réunions sportives soumises à l'impôt sur les spectacles, jeux et divertissements – à entendre comme entrant dans le champ de ce dernier prélèvement(309) – étaient également exonérés de TVA. L'imposition sur les spectacles ayant été remise en cause pour les manifestations sportives, l'exonération à la TVA l'a été dans le même temps.

Tel est le cas :

– des jeux soumis au prélèvement progressif sur le produit des jeux dans les casinos(310) ou à l'impôt sur les spectacles, jeux et divertissements(311).

– de la loterie nationale, du loto national, des paris mutuels hippiques, des paris sur des compétitions sportives et des jeux de cercle en ligne, à l'exception des rémunérations perçues par les organisateurs et les intermédiaires qui participent à leur organisation(312).

1246. – **Biens usagés.** Les opérations de ventes de biens usagés réalisées par les personnes qui les ont utilisés pour les besoins de leurs exploitations sont exonérées uniquement lorsque ces biens n'avaient pas ouvert droit à déduction, totale ou partielle, au moment de leur achat, acquisition intracommunautaire, importation ou livraison à soi-même(313).

Cette restriction ne vise ni les biens cédés à des personnes qui ont souscrit un contrat de crédit-bail ou de location avec option d'achat avant le 8 septembre 1989, ni aux véhicules destinés à la location simple, inscrits à l'actif des entreprises de location avant le 8 septembre 1989, si ces véhicules sont cédés à des personnes autres que des négociants en biens d'occasion.

1247. – **Autres opérations.** D'autres opérations font l'objet d'une exonération. Il en est ainsi :

– des prestations de services et livraisons de biens effectuées dans le cadre de la garde d'enfants par certains établissements assurant l'accueil d'enfants de moins de trois ans(314) ;

– des prestations de services effectuées par des mandataires judiciaires à la protection des majeurs(315) ;

– des travaux de construction, d'aménagement, de réparation et d'entretien des monuments ou sépultures commémoratifs des combattants, héros, victimes ou morts des guerres, effectués pour les collectivités publiques et les organismes légalement constitués agissant sans but lucratif(316) ;

– des prestations de services et les livraisons de biens, à l'exception des transports de personnes et télécommunications, qui relèvent du service universel postal(317) ;

– des services indispensables à l'utilisation des biens meubles ou immeubles et fournis à leurs membres par les personnes morales passibles de l'impôt sur les socié-

(309) CE, 15 avr. 2015, n° 371.746, *Havre Athlétic Club Football Association* : *Dr. fisc.* 2015, n° 25, comm. 416, concl. E. Bokdam-Tognetti, note M. Guichard et R. Zaghdoun ; *RJF* 7/2015, n° 580.
(310) CGCT, art. L. 2333-56.
(311) CGI, art. 261 E, 1°.
(312) CGI, art. 261 E, 2°.
(313) CGI, art. 261, 3.
(314) CGI, art. 261, 4-8° bis.
(315) CGI, art. 261, 4-8° ter.
(316) CGI, art. 261, 4-10°.
(317) CGI, art. 261, 4-11°.

tés qui ont pour objet de transférer gratuitement à leurs membres la jouissance d'un bien moyennant, indépendamment des apports, le strict remboursement de la part qui leur incombe dans les dépenses communes[318] ;

– des prestations de services réalisées par les agences de voyages et organisateurs de circuits touristiques uniquement sur la partie de ces prestations qui se rapporte aux services exécutés hors de l'Union européenne[319].

B. – Option en faveur de l'imposition

1248. – **Opter n'est pas jouer.** Même si la taxe sur la valeur ajoutée constitue un impôt, et partant un prélèvement obligatoire, une option peut être laissée à l'opérateur économique pour renoncer au bénéfice de l'exonération qui lui est pourtant reconnu par les textes.

Seuls les cas d'option en faveur de l'imposition à la taxe sur la valeur ajoutée suite à la renonciation au bénéfice de l'exonération sont envisagés.

La conséquence est alors de soumettre l'opération à la taxe sur la valeur ajoutée, ce qui augmente d'autant le total à acquitter par le client.

La question se pose évidemment de l'intérêt d'opter alors que cela se traduit, auprès de la clientèle, par une élévation du prix à acquitter. Selon le bien ou le service, la majoration peut atteindre 20 % depuis le 1er janvier 2014. Répondre à cette question n'est cependant pas aussi simple que préconiser un refus systématique de l'option. Chaque opérateur doit analyser sa propre situation en tenant compte de trois facteurs.

1249. – **Quelle clientèle ?** Quelle est la structure de sa clientèle ? S'agit-il d'une clientèle majoritairement composée de redevables ou de non-redevables ? Un assujetti-redevable bénéficie du droit de déduire la taxe sur la valeur ajoutée acquittée en amont (V. *infra*, n° 1280). Rendre exigible l'imposition n'a donc pas la même portée que lorsque le client est non-redevable. Dans cette dernière hypothèse, qui est celle du consommateur final, la taxe sur la valeur ajoutée constitue une charge pour l'acquéreur. Opter pour l'assujettissement risque fort de se traduire par une perte de clientèle et un déséquilibre économique pour l'entreprise. Ce risque peut cependant être assumé au regard du deuxième facteur à prendre en considération.

1250. – **Quelle masse salariale ?** Quelle est la masse salariale de l'entreprise ? Selon l'article 231, 1 du Code général des impôts, et exception faite de l'application du régime de la franchise (V. *infra*, n° 1327), les entreprises qui ne rendent pas exigible la taxe sur la valeur ajoutée sur leurs opérations sont redevables de la taxe sur les salaires selon un taux qui peut aller, du moins sur le continent et en Corse, de 4,25 % à 20 % d'une partie des rémunérations versées. Un opérateur qui a une masse salariale peu élevée a ainsi tout intérêt à protéger sa clientèle.

Le taux est réduit à 2,95 % dans les départements de la Guadeloupe, de la Martinique et de La Réunion et à 2,55 % en Guyane et à Mayotte[320].

(318) CGI, art. 261 A. – V. aussi CGI, art. 239 octies.
(319) CGI, art. 262 bis.
(320) CGI, art. 231, 5.

1251. – **Quelle TVA acquittée en amont ?** Un dernier facteur doit être pris en considération pour juger de l'opportunité d'opter pour l'assujettissement : les acquisitions réalisées pour les besoins de l'entreprise. Un opérateur peut avoir besoin de plus ou moins de biens et de services pour poursuivre son activité. De nombreuses acquisitions se traduisent par une taxe sur la valeur ajoutée acquittée en amont élevée. Or, sauf exceptions, le droit à déduction de cette imposition est subordonné à la réalisation d'opérations assujetties, et partant, à la réalisation d'opérations entrant dans le champ d'application et non exonérées[321] (V. *infra*, n° 1280).

1252. – **Choix de la voie la plus imposée et développement économique.** Ces trois facteurs sont à combiner afin de retenir la voie la plus économiquement favorable à l'entreprise, solution qui n'est pas nécessairement la moins imposée.

1253. – **Cas d'option.** Les cas d'option sont codifiés dans les articles 260 et suivants du Code général des impôts. Toutes les options ne sont pas à placer sur le même pied partant du constat que certaines conduisent à rendre l'opérateur assujetti tandis que, les plus nombreuses, présentées ci-après, sont de nature à le rendre redevable par la remise en cause d'une exonération (V. *supra*, n° 1208).

1254. – **Locations et autres opérations immobilières.** Malgré leur exonération (V. *supra*, n° 1242), les locations de locaux nus pour les besoins de l'activité d'un preneur assujetti ou, si le bail est conclu à compter du 1er janvier 1991, pour ceux d'un preneur non assujetti peuvent être soumises à la taxe sur la valeur ajoutée[322].

Ne sont cependant pas concernées les locations de locaux nus à usage d'habitation ou agricole et les locations dont le preneur est non assujetti, à moins que, dans ce dernier cas, le bail comporte l'indication de l'option par le bailleur.

Le régime de l'option est précisé dans les articles 193 à 195 A de l'annexe II du CGI. L'option, qui peut être ouverte même lorsque l'immeuble n'est pas encore achevé, prend effet à compter du premier jour du mois qui suit celui au cours duquel elle est exercée et peut être dénoncée à compter du 1er janvier de la neuvième année qui suit son exercice ou bien l'achèvement de l'immeuble.

Le bénéfice de l'option est encore accordé aux personnes qui, depuis le 1er octobre 1998, donnent en location en vertu d'un bail des terres et bâtiments d'exploitation à usage agricole. Encore faut-il que le preneur soit redevable de la taxe sur la valeur ajoutée. L'option s'applique alors à tous les baux conclus par un même bailleur avec des agriculteurs répondant à cette condition[323].

Peuvent enfin exercer l'option les bailleurs d'immeubles qui consentent un bail conférant un droit réel[324] et/ou une opération immobilière exonérée[325] (V. *supra*, n° 1241).

L'option prévue par l'article 206, 5° bis du CGI doit être exercée distinctement par immeuble, fraction d'immeuble ou droit immobilier et mention doit en être faite dans l'acte constatant la mutation[326].

---

(321) CGI, art. 271, I, 1.
(322) CGI, art. 260, 2°.
(323) CGI, art. 260, 6°.
(324) CGI, art. 260, 5°.
(325) CGI, art. 260, 5° bis.
(326) CGI, ann. II, art. 201 quater.

1255. – Activités financières. Aux termes de l'article 260 B du Code général des impôts, et sauf à entrer dans le champ de l'article 260 C du même code, les activités « bancaires, financières et, d'une manière générale, au commerce des valeurs et de l'argent »(327) peuvent être soumises à la taxe sur la valeur ajoutée lorsqu'elles en sont exonérées (sur ce point, V. *supra*, n° 1239).

Une fois exercée, l'option est globale et concerne toutes les opérations. Prenant effet le premier jour du mois qui suit celui au cours duquel la demande est formulée aux services fiscaux, l'option peut être dénoncée à compter du 1er janvier de l'année qui suit celle de son exercice.

L'article 260 C du Code général des impôts dresse une liste d'opérations exclues du bénéfice de l'option. On se reportera à la lecture du code pour éviter la reprise des treize cas (par ex. : sommes versées par le Trésor à la Banque de France, opérations soumises à la taxe sur les conventions d'assurance…).

1256. – Régime de la franchise de TVA. Sous réserve de réaliser un chiffre d'affaires hors taxe au cours de l'année civile précédente inférieur à certains seuils, et sauf à entrer dans l'un des cas d'exclusion prévus par le législateur(328), les entreprises peuvent bénéficier d'un régime de franchise en base et être dispensées du paiement de la taxe sur la valeur ajoutée (V. *infra*, n° 1327). Il en résulte l'impossibilité de rendre exigible cet impôt et de bénéficier du droit à déduction de celui qui a pu être acquitté en amont(329). Une option existe cependant en faveur de la levée de ce régime qui prend effet le premier jour du mois au cours duquel elle est déclarée et qui couvre obligatoirement une période de deux années, y compris celle de sa déclaration. L'option est renouvelable par tacite reconduction sauf dénonciation à l'expiration de chaque période(330).

L'option est reconduite de plein droit pour une période de deux années lorsque les assujettis ont bénéficié d'un remboursement de taxe sur la valeur ajoutée(331).

SOUS-SECTION 2

MODALITÉS D'EXIGIBILITÉ

1257. – Responsabilité de l'assujetti. Lorsque, sans être exonérée, une opération entre dans le champ d'application matériel et territorial de la taxe sur la valeur ajoutée, l'assujetti est tenu de l'exiger de son client. Ne pas le faire l'expose à assumer la charge fiscale en lieu et place du client. Pour préciser les modalités de l'exigibilité de l'imposition, l'analyse de l'évaluation de sa base d'imposition (§ 1) va précéder celle de sa liquidation (§ 2) et de son mode de recouvrement (§ 3).

(327) CGI, art. 260 B.
(328) Par ex. : activité occulte, CGI, art. 293 B, I.
(329) CGI, art. 293 E.
(330) CGI, art. 293 F.
(331) *Ibid.*

§ 1. – Évaluation de la base d'imposition

L'examen du mode d'évaluation de la base imposable nécessite, au préalable, de déterminer la date à laquelle il convient de se placer pour procéder à ce calcul (B). Or, une différence existe entre le fait générateur et la date d'exigibilité (A).

A. – Fait générateur et date d'exigibilité

1258. – Notions. Le fait générateur ne coïncide pas nécessairement avec la date d'exigibilité de l'imposition (V. *supra*, n°s 1124 et s.). Le fait générateur est l'événement qui fait naître la créance fiscale, qui la génère. Cette date est importante car elle détermine l'état du droit applicable. La date d'exigibilité est quant à elle la date à partir de laquelle la créance fiscale peut être exigée par le Trésor. C'est aussi la date à partir de laquelle prend naissance le droit à déduction pour celui qui acquitte l'imposition(332).

Le régime juridique, défini par l'article 269 du Code général des impôts, varie selon que l'opération consiste en une livraison de biens ou en une prestation de services.

1259. – Livraisons de biens. Pour une livraison de biens, le fait générateur coïncide le plus souvent avec la date d'exigibilité(333). On tient compte de la livraison, au sens juridique du terme déjà exposé lors de l'étude du champ d'application matériel (V. *supra*, n° 1190), ce qui, en pratique correspond le plus souvent à la remise matérielle du bien et à l'émission de la facture. Le paiement d'un acompte n'emporte, de ce point de vue, aucune conséquence.

Signalons que l'administration fiscale fait mention de quelques cas particuliers en s'en tenant à une interprétation de la notion de livraison au sens du droit interne, autrement dit caractérisée par un transfert de propriété. C'est ainsi que s'appuyant sur l'absence de caractère d'ordre public de la règle, l'administration considère que le fait générateur n'est réputé intervenir en présence d'une clause suspensive – à ne pas confondre avec la clause résolutoire – que lorsque cette condition se réalise(334). On rappelera que si la livraison au sens du droit de la TVA coïncide le plus souvent avec celle du transfert de propriété, il s'agit là d'une notion autonome du droit de l'Union européenne théoriquement déconnectée de cette approche purement interne (V. *supra*, n° 1190).

Les opérations pour lesquelles le transfert de propriété est retardé (location-vente, vente à tempérament) ont pour fait générateur la remise matérielle du bien(335). En matière de crédit-bail, la levée de l'option conduit à un changement de régime puisque la phase de location s'achève avec la cession du bien(336).

Lorsque l'exécution de l'obligation est échelonnée dans le temps, le fait générateur est normalement constitué par l'expiration des périodes de temps auxquelles se rapportent les versements. Toutefois, pour la distribution de chaleur, de froid, d'électricité ou de gaz donnant lieu à des encaissements successifs, l'exigibilité peut intervenir, sur option du redevable, au moment du débit. Elle intervient en tout état de cause dès la perception d'acomptes et à concurrence de leur montant, lorsqu'il en est demandé avant l'intervention du fait générateur ou du débit(337).

---

(332) CGI, art. 271, I-2.
(333) CGI, art. 269, 2-*a*.
(334) BOI-TVA-BASE-20-10, § 57.
(335) CGI, art. 256, II-3°.
(336) BOI-TVA-CHAMP-10-10-40-10, § 90.
(337) CGI art. 261, 2-*a*.

Pour un immeuble, la règle générale s'applique, sauf à envisager le cas de la livraison d'un immeuble à construire ou d'une livraison à soi-même :

– pour la livraison d'un immeuble à construire, l'impôt est exigible lors de chaque versement des sommes correspondant aux différentes échéances prévues sur le contrat en fonction de l'avancement des travaux[338] ;

– pour la livraison à soi-même d'un immeuble, le fait générateur coïncide avec le dépôt en mairie de la déclaration spéciale prévue par l'article 244 de l'annexe II du CGI[339]. En l'absence de dépôt de la déclaration, le fait générateur « est réputé néanmoins intervenu dès lors que sont réunies les circonstances de fait qui rendent exigible la déclaration d'achèvement »[340]. La date d'exigibilité correspond quant à elle à la date de première utilisation du bien[341].

Pour les acquisitions intracommunautaires de biens et les livraisons et transferts exonérés en application de l'article 262 ter, I du CGI (V. *supra*, n°s 1212 et s.), la taxe sur la valeur ajoutée est exigible le 15 du mois suivant celui au cours duquel le fait générateur est intervenu. Toutefois, l'impôt devient exigible lors de la délivrance de la facture, à condition qu'elle précède la date du 15 et qu'il ne s'agisse pas d'une facture d'acompte[342].

1260. – Prestations de services. La situation est différente pour les prestations de services. Contrairement aux livraisons de biens, le fait générateur et la date d'exigibilité ne coïncident pas toujours. Si le fait générateur est constitué par l'exécution de la prestation[343], la date d'exigibilité correspond normalement à l'encaissement des acomptes, du prix ou de la rémunération[344].

Selon l'administration fiscale, la date d'exigibilité à retenir pour un paiement par chèque est le jour de sa remise en mains propres ou le jour de sa réception en cas d'envoi postal, sous réserve, dans tous les cas, de l'approvisionnement du compte. Ainsi, « si le chèque n'est pas approvisionné, l'exigibilité n'est pas effectivement intervenue et le redevable pourra opérer, sur sa plus prochaine déclaration de chiffre d'affaires, l'imputation de la taxe acquittée lors de la remise du chèque »[345].

La question peut se poser du sort d'une cession de créance à un prix différent. Revenant sur la solution du Conseil d'État qui avait considéré que la cession définitive d'une créance à un tiers valait encaissement du prix des prestations facturées – ce qui emportait l'exigibilité de la taxe sur la valeur ajoutée et sa déductibilité chez le client pour le montant facturé, y compris si le prix de cession au tiers était différent de celui mentionné sur la facture[346] – le législateur a, par la loi de finances rectificative pour 2010, modifié l'article 269, 2-*c* pour, à côté de l'escompte d'effet de commerce, rajouter la transmission de créance, et ainsi rendre exigible la TVA à la date du paiement de l'effet par le client ou à celle du paiement de la dette transmise entre les mains du bénéficiaire de la situation.

Une telle dissociation peut être source de complications pour les entreprises qui réalisent des opérations de livraisons de biens et des prestations de services. L'option pour le régime dit des débits permet alors aux opérateurs visés par l'article 269, 2-*c*, à savoir les prestataires de services et les entrepreneurs de travaux immobiliers, de faire coïncider l'exigibilité de l'imposition avec l'inscription de l'opération au compte client. En pratique, cela revient à retenir la date d'émission de la facture[347].

(338) CGI, art. 269, 2-*a* bis.
(339) CGI, art. 269, 1-*b*.
(340) BOI-TVA-IMM-10-20-20, § 50.
(341) CGI, ann. II, art. 175.
(342) CGI, art. 269, 2-*d*.
(343) CGI, art. 269, 1-*a*.
(344) CGI, art. 269, 2-*c*.
(345) BOI-TVA-BASE-20-20, § 40.
(346) CE, 24 juill. 2009, n° 305.222, *SAS Groupe Cayon* : *Dr. fisc.* 2009, n° 46, comm. 541, concl N. Escaut, note crit. Y. Sérandour ; *RJF* 11/2009, n° 922.
(347) CGI, art. 269, 2-*c* et ann. III, art. 77.

Un régime dérogatoire est également prévu au profit des seuls entrepreneurs immobiliers qui réalisent des travaux. La date d'exigibilité est alors la livraison du bien[348].

On notera enfin que la date d'exigibilité coïncide avec celle du fait générateur ou du paiement des acomptes pour les prestations de services réalisées par un assujetti établi hors de France et soumises à un régime d'autoliquidation en application de l'article 283, 2 du Code général des impôts[349].

B. – Calcul de la base d'imposition

1261. – Plan. Une fois les opérations imposables à la taxe sur la valeur ajoutée définies, il convient d'évaluer la base imposable avant de procéder à la liquidation du prélèvement. Deux régimes existent en la matière avec le régime général (1°) et celui de l'imposition sur la marge (2°).

Des règles particulières s'appliquent également en matière d'importation avec une évaluation de la base d'imposition suivant la valeur définie par la législation douanière[350].

1° Le régime général

Si la matière imposable correspond en principe à la contrepartie versée au titre de l'obligation résultant de l'opération, la réalité est plus complexe et nécessite de présenter les éléments inclus (*a*) et exclus (*b*) de l'assiette.

a) Les éléments inclus dans l'assiette

1262. – Contrepartie acquittée. Aux termes de l'article 266, 1-*a* du Code général des impôts, la base d'imposition est constituée par « toutes les sommes, valeurs, biens ou services reçus ou à recevoir par le fournisseur ou le prestataire en contrepartie de ces opérations, de la part de l'acheteur, du preneur ou d'un tiers, y compris les subventions directement liées au prix de ces prestations ».

Cette définition répond à celle contenue dans l'article 73 de la directive n° 2006/112/CE du 28 novembre 2006 aux termes duquel « la base d'imposition comprend tout ce qui constitue la contrepartie obtenue ou à obtenir par le fournisseur ou le prestataire pour ces opérations de la part de l'acquéreur, du preneur ou d'un tiers, y compris les subventions directement liées au prix de ces opérations ».

L'évaluation de la matière imposable repose sur une base subjective en ce qu'elle tient compte de la volonté des parties à l'opération (pour des exceptions, V. *infra*, n° 1263). Peu importe que l'opération soit déséquilibrée pour l'une d'elles.

Un prix anormalement élevé n'a donc aucune incidence[351]. Il en va de même si le prix convenu et réellement versé est manifestement inférieur au prix normal du marché, et ce y compris si l'opération est effectuée entre parties liées[352]. Sur ce point, V. également *infra*, n° 1263, 3.

Peu importe également les transferts monétaires opérés dès lors que la base d'imposition est constituée par la contrepartie à la livraison d'un bien ou à la prestation

(348) CGI art. 269, 2-*c*, al. 3.
(349) CGI art. 269, 2-*b* bis.
(350) CGI art. 292. – V. BOI-TVA-BASE-10-20-60 : *Dr. fisc.* 2013, n° 41, comm. 470, note A. Benoit et S. Chasseloup.
(351) CE, 30 juill. 2003, n° 232.004, *Min. c/Sté Azur industrie* : *RJF* 11/2003, n° 1273.
(352) CJUE, 9 juin 2011, aff. C-285/10, *Campsa Estaciones de Servicio SA* : *RJF* 10/2011, n° 1109.

de services et non par le versement exigé d'une ou de plusieurs parties. C'est ainsi qu'un échange ne donnant lieu à aucun transfert financier est considéré, en droit de la taxe sur la valeur ajoutée, comme une double vente. Chaque opération devra donc être traitée de manière séparée.

S'ajoutent à la base imposable certaines impositions telles que les droits de circulation ou de consommation. En revanche, la taxe sur la valeur ajoutée ne s'applique qu'à une base imposable hors taxe et non à une base toutes taxes comprises. En somme, taxe sur la valeur ajoutée sur taxe sur la valeur ajoutée ne vaut[353].

En l'absence d'indication quant au caractère hors taxe ou toutes taxes comprises pour un prix proposé à un consommateur, il est réputé inclure la taxe sur la valeur ajoutée[354].

1263. – Cas particuliers. La règle consistant à retenir l'évaluation subjective de l'opération et, partant, à s'en tenir à l'évaluation des parties, connaît quelques exceptions :

1) Opérations à une personne

Une première exception – par nature – est rencontrée en cas d'opération à une personne. Les opérations à soi-même (V. *supra*, n° 1204) et l'affectation en France par un assujetti pour les besoins de son entreprise d'un bien expédié ou transporté à partir d'un autre État membre (V. *supra*, n° 1212) sont assujetties à la taxe sur la valeur ajoutée sur une base constituée, pour une livraison, par le prix d'achat de ces biens ou de biens similaires ou, s'il s'agit de services, par les dépenses engagées pour leur exécution[355].

Pour les opérations immobilières, V. *infra*, pt 2).

2) Opérations immobilières

Les opérations immobilières font l'objet de règles particulières. La base d'imposition est constituée :

– pour une livraison à soi-même par le prix de revient total de l'immeuble, y compris le coût des terrains ou leur valeur d'apport[356] ;

– en cas de vente ou d'apport, par le prix de cession, le montant de l'indemnité ou la valeur des droits sociaux rémunérant l'apport, augmenté des charges qui s'y ajoutent[357] ;

– en cas de bail à construction, par la valeur du droit de reprise des immeubles devant revenir au bailleur abstraction faite, le cas échéant, de l'indemnité de reprise stipulée au profit du preneur et du montant des loyers[358].

À noter que l'article L. 17 du Livre des procédures fiscales autorise l'administration à rectifier l'évaluation telle que stipulée par les parties lorsque la valeur vénale est supérieure au prix, au montant de l'indemnité ou à la valeur des droits sociaux, augmenté des charges[359]. Il appartient alors à l'administration d'établir que la différence résulte de la fraude ou de l'évasion fiscales[360]. Sur ce point, V. *infra*, pt 3).

(353) CGI, art. 267.
(354) CE, 14 déc. 1979, n° 11.798, *Comité de propagande de la banane* : *RJF* 2/1980, n° 99, chron. J.-F. Verny, p. 42 ; *Dr. fisc.* 1980, comm. 869, concl. B. Martin-Laprade.
(355) CGI, art. 266, 1-*c*.
(356) CGI, art. 266, 2-*a*.
(357) CGI, art. 266, 2-*b*.
(358) CGI, art. 266, 5.
(359) CGI, art. 266, 2-*b*, al. 3. – LPF, art. L. 17, al. 1er.
(360) BOI-TVA-IMM-10-20-10, § 190.

V. CAA Douai, 4 déc. 2008, n° 07-1465, *Sté civ. de construction vente « Les jardins du panorama »*. – CAA Marseille, 7 mai 2013, n° 10-1983, *SARL Victory*.

3) Prévention de la fraude et de l'évasion fiscales

La prévention de la fraude et de l'évasion fiscales peut permettre aux administrations fiscales nationales de substituer à la valeur stipulée par les parties une « valeur normale » lorsqu'il existe entre les parties des liens familiaux ou autres liens personnels étroits, des liens organisationnels, de propriété, d'affiliation, financiers ou juridiques(361).

Selon le premier alinéa de l'article 72 de la directive n° 2006/112/CE, la « valeur normale » est « le montant total qu'un acquéreur ou un preneur, se trouvant au stade de commercialisation auquel est effectuée la livraison de biens ou la prestation de services, devrait payer, dans des conditions de pleine concurrence, à un fournisseur ou prestataire indépendant sur le territoire de l'État membre dans lequel l'opération est imposable, pour se procurer à ce moment les biens ou les services en question ».

Les cas ouvrant droit à une telle rectification sont limitativement énumérés par la directive européenne(362). Il en est ainsi lorsque :

– la contrepartie est inférieure ou est supérieure à la valeur normale et le destinataire n'a pas le droit de déduire intégralement la taxe sur la valeur ajoutée (une exception existe en cas de livraison occasionnelle d'un moyen de transport neuf)(363) ;

– la contrepartie est inférieure à la valeur normale, le fournisseur ou le prestataire n'a pas le droit déduire intégralement la taxe sur la valeur ajoutée (une exception existe en cas de livraison occasionnelle d'un moyen de transport neuf) et l'opération est exonérée en application des dispositions suivantes : Dir. n° 2006/112/CE, art. 132, 135, 136, 371, 375 à 377, 378, § 2, 379, § 2 et 380 à 390(364).

Sauf à ce que ces mesures aient été autorisées avant le 13 août 2006 – on vise ici les mesures dérogatoires autorisées sous l'empire de l'article 27 de la 6e directive de 1977 – les États membres doivent informer le comité de la TVA des mesures adoptées en ce sens(365).

On notera que l'ancien article 27 comportait en son 5 une clause de gel au profit des États membres ayant introduit dans leur législation avant le 1er janvier 1977 des mesures dérogatoires à la 6e directive afin de simplifier la perception de l'imposition ou de prévenir la fraude ou l'évasion fiscales. Ces dernières ont pu être maintenues à la condition d'être notifiées – et non autorisées – à la Commission européenne avant le 1er janvier 1978. C'est précisément ce cadre juridique qui fonde aujourd'hui le droit pour l'administration française de rectifier l'évaluation d'un immeuble par application de l'article L. 17 du Livre des procédures fiscales (V. *supra*, pt 2). Le dispositif a en effet été notifié à la Commission européenne le 23 décembre 1977.

(361) Dir. n° 2006/112/CE, 28 nov. 2006, art. 80, 1.
(362) CJUE, 26 avr. 2012, aff. C-621/10, *Balkan and Sea Properties ADSITS* et aff. C-129/11, *Provadinvest OOD*, pts 45 et s. : *RJF* 7/2012, n° 779. – CJUE, 8 mai 2013, aff. C-142/12, *Marinov*, pt 30 : *RJF* 8-9/2013, n° 889.
(363) Dir. n° 2006/112/CE, art. 80, 1-*a* et *c*.
(364) Dir. n° 2006/112/CE, art. 80, 1-*b*.
(365) Dir. n° 2006/112/CE, art. 80, 3.

1264. – **Pourboires.** Les pourboires font l'objet d'un régime d'imposition particulier. Ils peuvent en effet être considérés comme un complément de prix et ainsi être soumis à la taxe sur la valeur ajoutée.

Tel est évidemment le cas d'un pourboire obligatoire en ce qu'il est facturé par l'opérateur au titre du service[366].

Les juridictions administratives reconnaissent cependant également leur caractère imposable alors même qu'ils ne sont pas facturés et, partant, sont versés à la discrétion du client. Pour se prononcer, elles se réfèrent aux usages en cours dans la profession afin d'identifier si ce procédé est courant et si ces sommes jouent le rôle de salaires[367]. C'est ainsi que les pourboires versés à un chauffeur de taxi ont été considérés comme imposables[368].

Selon le Conseil d'État, dans la décision *SARL Caty Taxis*, « lorsqu'un prestataire de services exploite, par l'entremise de salariés, une activité où est en usage la pratique de verser des gratifications aux salariés qui assurent le service, le montant de ces gratifications constitue, pour les clients, une somme supplémentaire déboursée en contrepartie de la prestation de services dont ils bénéficient et, pour le prestataire de services, une ressource qui s'ajoute aux sommes facturées aux clients et au moyen de laquelle sont payés, en tout ou en partie, les salaires dus au personnel ; que, dès lors, les sommes encaissées par le personnel à titre de gratifications ou de pourboires doivent être regardées comme un supplément de prix perçu par le prestataire de services, imposable comme tel à la TVA »[369].

On retrouve l'exemple des chauffeurs de taxi dans la doctrine administrative. Ainsi, « les suppléments pour colis, les prises en charge dans les gares et les pourboires perçus par les conducteurs de taxis salariés doivent être inclus dans la base d'imposition à la TVA de l'entreprise qui les emploie lorsqu'il existe dans la région, l'usage de pratiquer ce versement »[370].

L'administration s'inscrit dans cette logique en considérant que les pourboires assimilés à un complément de rémunération au regard de la législation sociale sont imposables. Lorsque tel n'est pas le cas, les gratifications versées ne sont pas soumises au prélèvement.

L'administration fiscale considère que « ne sont pas à comprendre dans le chiffre d'affaires taxable les sommes (simples gratifications ou "super pourboires") que les clients versent spontanément en témoignage de leur satisfaction, aux employés d'une entreprise où le "service" est déjà incorporé dans les prix facturés à condition que ces sommes, d'un montant d'ailleurs extrêmement variable et généralement modique par rapport au prix de la prestation principale, ne jouent absolument pas le rôle de salaire ou de complément de salaire au regard de la législation du travail et de la sécurité sociale »[371].

Il n'est pas évident que la référence aux usages de la profession autorise l'imposition de pourboires qui ne seraient pas facturés. La jurisprudence *Tolsma* de la Cour de justice, peut en effet être interprétée comme excluant l'imposition des libéralités, ce que constituent des pourboires laissés à la discrétion du client (V. *supra*, n° 1194).

1265. – **Frais de port.** Les frais de port, en tant que frais accessoires à la vente, sont également soumis à la taxe sur la valeur ajoutée[372]. Tel n'est cependant le cas que lorsque le transport est à la charge du vendeur.

(366) CE, 13 juill. 1961, n° 33.065, *Castel : Rec. CE* 1961, p. 600. – CJCE, 29 mars 2001, aff. C-404/99, *Commission c/France*.
(367) CAA Paris, 30 déc. 2005, n° 03-3169, *Sté Centre de loisirs étoile : RJF* 4/2006, n° 369.
(368) CE, 29 juin 1988, n° 79.642, *SARL Gillou Taxis : RJF* 10/1988, n° 1083. – CE, 6 juill. 1990, n° 66.631, *SARL Caty Taxis : RJF* 10/1990, n° 1182.
(369) CE, 6 juill. 1990, n° 66.631, *SARL Caty Taxis*, préc.
(370) BOI-TVA-BASE-10-20-40-20, § 120.
(371) *Ibid.*, n° 130.
(372) CGI, art. 267.

b) Les éléments exclus de l'assiette

1266. – **Diminutions du prix exigé.** L'article 267 du Code général des impôts exclut certains éléments de la base d'imposition parmi lesquels des réductions de prix, et ce quelle que soit leur qualification (remise, rabais, ristourne...). Sauf à ce que ces diminutions correspondent à l'exécution d'une obligation consistant en une livraison de biens ou une prestation de services imposable – auquel cas il convient de raisonner comme pour un échange – ces diminutions doivent être prises en compte pour juger de l'évaluation de la matière imposable.

1267. – **Indemnités.** Ne sont également pas imposables les indemnités versées en contrepartie d'un préjudice subi (sur les indemnités, V. *supra*, n° 1188) et les sommes destinées à rembourser les intermédiaires pour les dépenses effectuées au nom et pour le compte de leurs commettants. Les agences de voyages et les organisateurs de circuits touristiques sont cependant exclus de l'application de cette disposition[373].

1268. – **Emballages consignés.** Si les emballages consignés entrent normalement dans le prix, une option est reconnue au vendeur qui peut décider de ne pas les facturer[374]. Dans une telle hypothèse, la non-restitution de l'emballage au terme d'un délai qui est fonction des usages en cours dans la profession contraint le vendeur à appliquer la taxe sur la valeur ajoutée.

Sur le sujet, V. BOI-TVA-SECT-90-30, § 10 et s.

2° L'assiette évaluée sur la marge

1269. – **Opérations concernées.** Plusieurs régimes spécifiques existent en matière de taxe sur la valeur ajoutée, lesquels se caractérisent surtout par le mode de calcul de la base d'imposition qui repose sur la marge réalisée.

Sont concernés :

– les opérations réalisées par des assujettis-revendeurs portant sur des biens d'occasion, des œuvres d'art, des objets de collection et d'antiquité[375] ;

– les ventes aux enchères publiques[376] ;

– les opérations effectuées par les agences de voyages et organisateurs de circuits touristiques[377] ;

– les livraisons de terrains à bâtir et opérations immobilières prévues par l'article 261, 5-2° sous réserve de l'exercice de l'option prévue par l'article 260, 5° bis (V. *supra*, n° 1241) lorsque l'acquisition par le cédant n'a pas ouvert droit à déduction de la taxe sur la valeur ajoutée[378].

1270. – **Principe.** Dans tous les cas, le principe repose sur une imposition assise directement sur la valeur ajoutée au cours d'une ou plusieurs opération(s). Il ne s'agit donc pas de frapper le montant de vente d'un bien mais bien le bénéfice réalisé. Une revente à perte n'emporte ainsi aucune imposition.

(373) CGI, art. 267, II.
(374) CGI, art. 267, III.
(375) CGI, art. 297 A à F.
(376) CGI, art. 297 A, I-2.
(377) CGI, art. 266, 1-*e*.
(378) CGI, art. 268.

1271. – **Biens d'occasion, objets d'art, de collection et d'antiquité.** Réservé aux assujettis-revendeurs, autrement dit à des assujettis dont l'activité consiste à acheter en vue de revendre des biens d'occasion, ce régime leur permet d'appliquer la taxe sur la valeur ajoutée sur le bénéfice réalisé sur une opération, voire, sur option et moyennant une régularisation annuelle, durant la période couverte par la déclaration auquel cas un éventuel déficit – en raison d'achats d'un montant supérieur aux ventes – est reporté sur la période suivante[379].

Selon l'administration fiscale, « les assujettis-revendeurs sont les assujettis qui, dans le cadre de leur activité économique, acquièrent ou affectent aux stocks de leur entreprise ou importent en vue de leur revente, des biens d'occasion, des œuvres d'art, objets de collection ou d'antiquité, que ces assujettis agissent pour leur compte ou pour le compte d'autrui, mais en leur nom propre en qualité d'intermédiaire à l'achat ou à la vente. Ces entreprises se distinguent des assujettis-utilisateurs qui vendent des biens qu'ils ont comptabilisés comme immobilisations (...). Sont notamment considérés comme des assujettis-revendeurs les négociants en biens d'occasion (brocanteurs, garagistes, etc.), les antiquaires, les galeries d'art, les négociants en timbres-poste ou monnaies anciennes, etc. »[380].

Exemple : un magasin spécialisé en œuvres d'art achète une pièce auprès d'un non-redevable pour un prix de 10 000 €. La pièce est revendue 15 000 €. Sans option pour l'application du régime général, la taxation est effectuée sur la marge. Celle-ci est de 5 000 €. Cette somme est considérée comme incluant la taxe sur la valeur ajoutée. Avec un taux de TVA égal à 20 % depuis le 1er janvier 2014, l'impôt à reverser est de 1 000 €. Pour les coefficients applicables en fonction des taux de TVA, V. BOI-TVA-SECT-90-20, § 290.

Le régime applicable aux livraisons d'œuvres d'art connaît une particularité. Lorsque le prix d'achat ne peut être déterminé avec précision, il est admis de calculer la taxe sur la valeur ajoutée due sur la base d'une assiette égale à 70 % du prix de vente[381].

Ce régime, facultatif en ce qu'un assujetti-revendeur garde toujours la possibilité d'y renoncer pour une opération donnée[382], ne trouve à s'appliquer qu'aux biens livrés à l'assujetti-revendeur par un non-redevable ou une personne qui n'est pas autorisée à facturer la TVA au titre de cette opération, à l'image d'un autre assujetti-revendeur qui a lui-même appliqué le régime sur la marge. Le bien ne doit donc pas avoir ouvert droit à déduction.

Les assujettis-revendeurs ont également la possibilité d'appliquer sur option le régime de la marge aux œuvres d'art, objets de collection et d'antiquité qui font suite à une importation, une acquisition intracommunautaire ou une livraison soumise aux taux réduit ou intermédiaire. L'option vaut alors, depuis le premier jour du mois suivant la demande, jusqu'à la fin de la seconde année civile qui suit[383].

Lorsqu'il est appliqué, le régime sur la marge exclut le bénéfice pour l'assujetti-revendeur du droit à déduction au titre de l'opération[384]. La taxe sur la valeur ajoutée acquittée par l'acquéreur – TVA incluse dans la marge – n'est également pas déductible par ce dernier[385].

1272. – **Agences de voyages.** Conformément à l'article 266, 1-*e* du Code général des impôts, les agences de voyages et organisateurs de circuits touristiques relèvent également du régime de la marge lorsqu'ils agissent en tant qu'intermédiaires entre

(379) CGI, art. 297 A.
(380) BOI-TVA-SECT-90-20, § 140.
(381) CGI, art. 297 A, III.
(382) CGI, art. 297 C.
(383) CGI, art. 297 B.
(384) CGI, art. 297 D, I-2°.
(385) CGI, art. 297 D, I-1°.

un client, qui peut ne pas être le voyageur(386), et des assujettis qui exécutent les prestations (transporteur, hôtelier, restaurateur,...). L'imposition est alors calculée sur la base de la marge couvrant les prestations intégrées dans le prix total payé par le client.

§ 2. – Liquidation de la taxe sur la valeur ajoutée exigible

1273. – **Modalités.** L'opération de liquidation consiste en l'application du tarif à la base imposable. La taxe sur la valeur ajoutée est liquidée sur la base des déclarations périodiques d'activité adressées aux services fiscaux(387).

Les déclarations périodiques concernant tout à la fois la TVA exigible et la TVA déductible, on se reportera donc également aux développements consacrés à cette dernière (V. *infra*, n° 1324).

Les éléments servant à la liquidation sont arrondis à l'euro le plus proche ou à l'unité supérieure pour 0,50(388).

Une disposition particulière existe en matière de livraison à soi-même d'immeubles neufs qui ne font pas l'objet d'une vente dans les deux ans qui suivent leur achèvement. L'article 270, II du Code général des impôts dispose en effet que la liquidation de la taxe sur la valeur ajoutée peut être effectuée jusqu'au 31 décembre de la deuxième année qui suit celle au cours de laquelle est intervenu l'achèvement de l'immeuble.

1274. – **Pluralité de taux.** Le constat doit être opéré de l'absence d'unité sur le territoire national. On avait pu le relever avec le champ d'application territorial (V. *supra*, n° 1210). C'est aussi vrai en matière de taux non seulement pour les collectivités ultramarines, territoires d'exportation selon le droit de l'Union européenne de la taxe sur la valeur ajoutée, mais aussi pour certaines parties du territoire national considérées comme faisant partie de la France comme la Corse.

Au 1er janvier 2016, quatre taux différents s'appliquent en France continentale avec un taux normal de 20 % applicable par principe(389), un premier taux réduit dit « intermédiaire » de 10 %(390), un deuxième taux réduit de 5,5 %(391) et un troisième taux réduit, souvent dénommé taux « super-réduit », de 2,1 %(392).

Avant le 1er janvier 2014, ces taux étaient respectivement de 19,6 %, 7 %, 5,5 % et 2,1 %.

Il n'entre pas dans le cadre de cet ouvrage de lister tous les biens et services soumis aux taux réduits. On se contentera de quelques illustrations.

Relèvent du taux « intermédiaire » de 10 % les produits alimentaires non transformés, le bois de chauffage et assimilés, les aliments pour les animaux destinés à l'alimentation humaine, certains produits à usage agricole comme les engrais ou bien encore les médicaments non soumis au taux de 2,1 %.

(386) Ainsi en est-il lorsque le client est une autre agence de voyages : CJUE, 26 sept. 2013, aff. C-296/11, *Commission c/ France : Dr. fisc.* 2013, n° 40, act. 525 ; *RJF* 12/2013, n° 1190. – CAA Paris, 11 déc. 2013, n° 11-2927, *Min. c/MSC Crociere : Dr. fisc.* 2014, n° 9, comm. 186, note Y. Egloff.
(387) CGI art. 270, I.
(388) CGI art. 270, I, al. 2.
(389) CGI art. 278.
(390) CGI art. 278 bis à 278 quater et 278 sexies A à 279-0 bis A et 298 octies.
(391) CGI art. 278-0 bis, 278-0 ter et 278 sexies.
(392) CGI art. 281 quater à 281 nonies.

Relèvent du taux réduit de 5,5 % les opérations portant sur des produits de première nécessité avec l'eau, les boissons non alcooliques, les produits destinés à l'alimentation humaine (autres que les produits de confiserie, certains chocolats et produits chocolatés, les margarines et graisses végétales, le caviar) mais aussi des biens et services à destination des personnes handicapées ou opérées, les appareils destinés aux personnes diabétiques, les livres quel que soit leur support, les abonnements à l'électricité d'une puissance inférieure à 36 kVA, la fourniture de repas dans les établissements du premier et du second degré ou encore les spectacles vivants (à l'exception de ceux qui sont donnés dans des établissements où il est d'usage de consommer pendant les séances), les droits d'entrée dans les salles de spectacles cinématographiques, des cessions de droits patrimoniaux portant sur certaines œuvres cinématographiques, les importations d'œuvres d'art, d'objets de collection ou d'antiquité ou bien encore les livraisons de terrains à bâtir aux HLM ou de logements sociaux.

Relèvent du taux « super-réduit » de 2,1 %, les médicaments remboursables, les opérations de vente d'animaux vivants de boucherie et de charcuterie à des personnes non assujetties, la contribution à l'audiovisuel public, les recettes réalisées aux entrées des premières représentations théâtrales et la vente de journaux et écrits périodiques répondant aux conditions fixées par les articles 72 et 73 de l'annexe III du CGI(393).

Cette pluralité de taux applicables en France n'est pas sans soulever la question de sa compatibilité avec la directive n° 2006/112/CE du 28 novembre 2006. Son article 98, 1 dispose en effet que « Les États membres peuvent appliquer, soit un, soit deux taux réduits ».

Si l'on tient compte du texte de l'article 99 de la directive aux termes duquel « 1. Les taux réduits sont fixés à un pourcentage de la base d'imposition qui ne peut être inférieur à 5 % », il peut être soutenu que, tel qu'entendu au sens de l'article 99, la France dispose, depuis le 1er janvier 2012, de deux taux réduits. Le troisième taux est toutefois compatible avec le droit de l'Union européenne.

Pour le mesurer, il convient d'en revenir à l'origine du taux de 2,1 %. Ce dernier résulte du décret n° 86-414 du 13 mars 1986 pris pour l'application de l'article 66 de la loi n° 85-1403 de finances pour 1986 du 30 décembre 1985(394) qui, pour des motifs tenant à l'harmonisation fiscale en Europe, a supprimé des abattements et réfactions autrefois accordés pour certains biens ou services. En lieu et place, outre plusieurs taux particuliers propres à la Corse et aux collectivités ultramarines, deux taux ont alors été créés : le taux de 2,1 % qui existe encore et un taux de 13 % supprimé en 1991.

Quatre taux – de 1,05 % à 8,5 % – s'appliquent ainsi en Guadeloupe, Martinique ou à La Réunion(395). La Corse connaît un nombre de taux encore plus élevé puisque, outre le taux normal applicable comme en métropole, quatre taux spécifiques sont prévus par l'article 297 du CGI. Cette différence entre les collectivités ultramarines, la Corse et la métropole s'explique essentiellement par la prise en compte de la hausse des prix hors taxe en raison des coûts de transport.

Saisie à la suite d'une action de la Commission européenne à propos des médicaments remboursables, la Cour de justice s'est prononcée en faveur de l'existence de ce troisième taux particulièrement bas(396). Pour l'admettre, les juges européens

(393) Sur ce dernier cas, V. D. Hedary, *Journaux et écrits périodiques : les conditions pour bénéficier du taux de TVA et du tarif postal réduits* : *Dr. fisc.* 2011, n° 36, étude 479. – CE, 4 mai 2011, n° 328.313, *SARL Plug'n Press* : *Dr. fisc.* 2011, n° 36, comm. 483, concl. D. Hedary ; *RJF* 7/2011, n° 801. – CE, 29 juin 2011, n° 332.389, *Sté Tips Mag* : *Dr. fisc.* 2011, n° 36, comm. 484, concl. D. Hedary ; *RJF* 10/2011, n° 1041.

(394) *JO* 31 déc. 1985.

(395) CGI, art. 296 et 296 bis.

(396) CJCE, 3 mai 2001, aff. C-481/98, *Commission c/France* : *Dr. fisc.* 2001, n° 43, comm. 979, note E. Meier ; *RJF* 8-9/2001, n° 1169.

se sont fondés sur l'article 28 de la 6e directive qui, en son paragraphe 2, autorisait le maintien de taux inférieurs à 5 % sous réserve d'avoir été créés avant le 1er janvier 1991, d'être en conformité avec la législation européenne et d'avoir été adoptés pour des raisons d'intérêt social bien définies et en faveur de consommateurs finaux[(397)]. Or, le principe de neutralité n'a pas été jugé violé au motif de la différence qui existe entre les médicaments remboursables et ceux qui ne le sont pas. On notera que la Cour de justice ne s'est pas prononcée dans son arrêt de 2001 sur la question de l'existence d'un taux de 2,1 % mais bien de l'application du taux de 2,1 % aux médicaments remboursables[(398)].

Le maintien du taux de 2,1 % étant directement lié au gel d'un état du droit antérieur, la liste des cas emportant son application ne saurait être étendue. Elle peut toutefois être réduite sachant que toute modification est alors définitive. Là se trouve l'explication de la modification apportée par le législateur à l'article 281 quater du CGI par la loi de finances rectificative pour 2011 à propos des concerts donnés dans ces établissements où des consommations sont servies facultativement[(399)]. Alors même que ces opérations relevaient du taux super-réduit, une limite fut posée par le législateur conduisant à l'application du taux réduit de 5,5 %. Ultérieurement supprimée, il en est résulté le rétablissement de l'application du taux de 2,1 %. Face à l'action en manquement de la Commission européenne, le législateur a finalement préféré remettre en cause cette situation en appliquant le taux réduit à compter du 1er janvier 2012, anticipant la condamnation de la France par la Cour de justice de l'Union européenne[(400)]. L'administration fiscale en a tiré les conséquences en modifiant son interprétation[(401)].

1275. – **Évolution des taux.** Si les taux peuvent fluctuer selon la volonté du législateur national, sans cependant pouvoir être inférieurs à 5 % pour le taux réduit[(402)] et 15 % pour le taux normal[(403)], le législateur est incompétent pour, de lui-même, modifier la liste des produits et services qui y sont soumis.

Alors que l'article 97 de la directive n° 2006/112/CE du 28 novembre 2006 disposait que le taux normal ne pouvait être inférieur à 15 % jusqu'au 31 décembre 2010, le Conseil de l'Union européenne a prorogé ce délai à six reprises, la dernière en date résultant de la directive n° 2016/856/UE du 25 mai 2016 qui a repoussé le délai au 31 décembre 2017.

Conformément à l'article 98, 2 de la directive n° 2006/112/CE, « les taux réduits s'appliquent uniquement aux livraisons de biens et aux prestations de services des catégories figurant dans l'annexe III ». Or, considérant que l'article 100 dispose que « le Conseil peut, conformément à l'article 93 du traité [devenu l'article 113 TFUE – unanimité des États membres], décider de modifier la liste des biens et des services figurant à l'annexe III », il en ressort que tout ajout à la liste des biens et services ouvrant droit à l'application du taux réduit nécessite l'accord unanime des États membres de l'Union européenne.

À noter cependant que l'application du taux réduit pour les biens et services listés dans l'annexe III constitue pour l'État membre une faculté et non une obligation[(404)]. Rien n'exclut donc qu'un État membre fasse une « application sélective du taux réduit, dès lors que celle-ci ne méconnaît pas

(397) V. Dir. n° 2006/112/CE, 28 nov. 2006, art. 110.
(398) CGI, art. 281 nonies.
(399) L. fin. rect. n° 2011-1978, 28 déc. 2011, art. 13 : *Dr. fisc.* 2012, n° 4, comm. 106.
(400) CJUE, 28 févr. 2012, aff. C-119/11, *Commission c/République française* : *RJF* 5/2012, n° 544.
(401) BOI-TVA-LIQ-40-20 : *Dr. fisc.* 2012, n° 48, comm. 534.
(402) Dir. n° 2006/112/CE, 28 nov. 2006, art. 99.
(403) *Ibid*, art. 97.
(404) CJCE, 8 mai 2003, aff. C-384/01, *Commission c/République française*, pt 24 : *RJF* 8-9/2003, n° 1073. – CJCE, 3 avr. 2008, aff C-442/05, *Finanzamt Oschatz c/Zweckverband zur Trinkwasserversorgung und Abwasserbeitigung Torgau-*

le principe de la neutralité fiscale inhérent au système commun de la taxe sur la valeur ajoutée, qui s'oppose à ce que des produits ou des prestations de services semblables se trouvant en concurrence les uns avec les autres soient traités de manière différente du point de vue de la taxe sur la valeur ajoutée ; que si ce principe ne s'oppose pas à ce que l'application du taux réduit de la taxe sur la valeur ajoutée soit subordonnée à une décision de l'autorité administrative lorsque cette décision procède de la reconnaissance ou de la nature ou du niveau de qualité d'une prestation de service, il s'oppose en revanche à une différenciation généralisée entre les transactions ou les prestations qui sont licites et celles qui sont illicites, sauf si, en raison des caractéristiques particulières de certaines marchandises ou de certaines prestations, toute concurrence entre un secteur économique licite et un secteur économique illicite est exclue »(405). La différence qui peut exister entre des emplacements de camping selon qu'ils ont ou non été classés par voie d'arrêté n'est pas telle que leurs locations respectives puissent être regardées comme des prestations entre lesquelles toute concurrence serait exclue(406).

§ 3. – Recouvrement de la taxe sur la valeur ajoutée

1276. – **Délivrance obligatoire d'un justificatif.** Toute opération imposable doit donner lieu à la délivrance d'une facture papier ou électronique selon des modalités aujourd'hui définies dans les articles 289-0 et 289 du Code général des impôts, ainsi que dans les articles 242 nonies et 242 nonies A de l'annexe II du même code.

Le régime juridique applicable résulte de la directive n° 2001/115/CE du 20 décembre 2001 reprise dans la directive n° 2006/112/CE du 28 novembre 2006 et modifiée par la directive n° 2010/45/UE du 13 juillet 2010, laquelle a été transposée par l'article 62 de la loi n° 2012-1510 de finances rectificative pour 2012(407). Pour un commentaire de l'interprétation administrative diffusée le 18 octobre 2013 sur le sujet : V. Th. Hénique et L. Chetcuti : *Dr. fisc.* 2013, n° 47, comm. 521.

V. L. Chetcuti et Ph. Neau-Leduc, *Les dernières évolutions en matière de facturation électronique : la facture devient un jeu de pistes... : Dr. fisc.* 2013, n° 7-8, étude 153. – Y. Sérandour, *TVA et irrégularités de forme au sein de l'UE : illustrations récentes : Dr. fisc.* 2013, n° 41, étude 464.

La facture est en principe établie lors de la livraison ou de la réalisation de la prestation de services(408).

On notera que le versement d'acomptes pour le paiement d'une livraison de biens exonérée ou d'un moyen de transport neuf n'a plus à donner lieu à l'émission d'une facture(409).

Rien n'exclut cependant qu'elle couvre une période mensuelle lorsque plusieurs opérations distinctes sont réalisées durant un même mois civil, auquel cas le justificatif doit être établi au plus tard à la fin de ce mois(410) sans que le choix de retenir cette périodicité ait une quelconque incidence sur la date d'exigibilité (V. *supra*, n° 1258).

L'auteur de la facture est en principe le vendeur. Il peut aussi s'agir du client lui-même (autofacturation) ou d'un tiers mandaté à cet effet(411).

Westelbein, pt 39 : *Dr. fisc.* 2008, n° 16, comm. 278, note Y. Sérandour ; *RJF* 7/2008, n° 917. – CE, 28 déc. 2007, n° 296.837, *Min. c/SA SEPIG* : *RJF* 3/2008, n° 296 ; *BDCF* 3/2008, n° 36.

(405) CE, 10 mai 2012, n° 328.216, *SARL La Pinède* : *Dr. fisc.* 2012, n° 29, comm. 385 ; *RJF* 8-9/2012, n° 809 ; *RJF* 11/2012, chron. E. Bokdam-Tognetti, p. 883 et s.

(406) CE, 10 mai 2012, n° 328.216, *SARL La Pinède*, préc.

(407) *Dr. fisc.* 2013, n° 5, comm. 116.

(408) CGI, art. 289, I-3.

(409) CGI, art. 289, I-1-*c*.

(410) *Ibid.*

(411) CGI, art. 289, I-2.

Selon l'article 242 nonies de l'annexe II du CGI, les conditions suivantes doivent être respectées dans le cas du recours à un mandataire : – le mandat doit être écrit et préalable, – l'administration fiscale doit être informée par écrit et – les factures doivent être émises dès la réalisation des opérations sans possibilité d'en différer l'émission à la fin du mois civil.

Les mentions obligatoires sur les documents figurent dans l'article 242 nonies A de l'annexe II du Code général des impôts.

L'absence d'une des mentions devant normalement figurer sur un justificatif n'exclut pas le droit à déduction dès lors que la preuve de l'effectivité de l'opération est rapportée, par tout moyen. C'est ainsi que si la mention du nom et de l'adresse du client fait défaut ou est erronée, le droit à déduction est accordé si la preuve est rapportée du règlement effectif de la facture par le client pour les besoins de son activité imposable(412). Une telle possibilité n'est cependant pas de nature à permettre la déduction de la TVA supportée par les employés d'une entreprise pour leurs frais de restauration et d'hôtel lorsqu'ils ont avancé les fonds avant d'être remboursés par l'entreprise(413). Ce faisant, il appartient à l'entreprise, si elle souhaite récupérer la TVA acquittée, de demander à ses salariés de se constituer client des établissements hôteliers et de restauration, et partant d'être identifiée sur les documents justificatifs.

1277. – **Redevable de l'imposition.** Sauf cas d'autoliquidation, et à moins que l'opération ne relève du régime suspensif(414), il appartient à l'assujetti-redevable d'exiger de son client le paiement de la taxe sur la valeur ajoutée et de la reverser, moyennant déduction éventuelle de la TVA d'amont, au Trésor public.

L'application d'un régime suspensif conduit à différer l'exigibilité de la TVA au moment où le bien quitte ce cadre juridique(415).

Au même titre qu'un redevable est responsable du recouvrement de la taxe sur la valeur ajoutée auprès de ses clients, toute personne qui se comporte comme telle – en facturant la TVA – alors que l'imposition n'était normalement pas due, est également tenue par une telle obligation. L'article 283 du Code général des impôts dispose en effet, en son 3, que « Toute personne qui mentionne la taxe sur la valeur ajoutée sur une facture est redevable de la taxe du seul fait de sa facturation ». Une telle règle se comprend par la présomption simple d'exactitude dont bénéficient la déclaration souscrite par le redevable qui a ainsi acquitté la taxe sur la valeur ajoutée et le justificatif qu'il est en mesure de produire. On rappellera que l'imposition est déductible dès le moment où elle est exigible (V. *infra*, n° 1294).

Le régime dit de l'autoliquidation consiste, pour l'acquéreur ou le preneur, à assumer la charge déclarative et de paiement de l'imposition directement auprès de l'Administration française. D'une manière générale, tout client assujetti agissant comme tel établi en France est redevable de la taxe sur la valeur ajoutée en France lorsque le vendeur ou le prestataire est établi hors de France à partir du moment où ce client communique son numéro d'identification à la TVA en France(416).

On signalera que, sans être contradictoires avec le principe général ainsi posé, d'autres dispositions particulières existent, notamment en matière de prestations

(412) CE, 26 mars 2012, n° 326.333, *Sté CERP Lorraine : Dr. fisc.* 2012, n° 22, comm. 318, concl. D. Hedary ; *RJF* 6/2012, n° 589.
(413) CE, 17 avr. 2013, n° 334.423, *SARL Laboratoires Vitarmonyl : Dr. fisc.* 2013, n° 48, comm. 531, concl. D. Hedary, note O. Fouquet et J.-C. Bouchard.
(414) CGI, art. 275 à 277 A et 298, 1-2°.
(415) Sur le sujet, V. BOI-TVA-CHAMP-40.
(416) CGI, art. 283, 1.

de services. L'article 283, 2 du Code général des impôts fonde ainsi l'application du régime d'autoliquidation lorsque les prestations de services sont réalisées par un prestataire établi hors de France au profit d'un preneur assujetti agissant en tant que tel établi en France au sens de l'article 259, 1 du même code.

Le nombre de cas où l'imposition est due par l'acquéreur d'un bien ou le preneur ne cesse de s'accroître. Le vote de la loi de finances pour 2014 en témoigne pour les travaux de construction effectués en relation avec un bien immobilier par une entreprise sous-traitante pour le compte d'un preneur assujetti[(417)] mais aussi plus largement – par transposition de la directive n° 2013/42/UE du 22 juillet 2013[(418)] – dans tous les cas où il est constaté « une urgence impérieuse tenant à un risque de fraude à la taxe sur la valeur ajoutée présentant un caractère soudain massif et susceptible d'entraîner pour le Trésor des pertes financières considérables et irréparables »[(419)].

Identifié comme un mécanisme de réaction rapide, ce dispositif appelle la prise préalable par le ministre chargé du budget d'un arrêté prévoyant que l'imposition doit être acquittée par l'assujetti destinataire des biens ou le preneur des services. Conformément à l'article 2 de la directive n° 2013/42/UE, l'État membre doit notifier son intention d'appliquer cette procédure à la Commission. Elle dispose alors d'un mois pour se prononcer sans que le dépassement de ce délai emporte des conséquences juridiques. Une réponse expresse est en effet nécessaire. Lorsque l'avis émis est positif, l'État membre peut prendre des mesures.

À noter que la directive n° 2013/43/UE du 22 juill. 2013[(420)] a complété la liste de l'article 199 bis de la directive n° 2006/112/UE en étendant la possibilité de procéder par voie d'autoliquidation aux livraisons de téléphones mobiles, de circuits intégrés, de gaz et d'électricité à un assujetti-revendeur, de certificats de gaz et d'électricité, de services de télécommunications, de consoles de jeux, de tablettes informatiques et ordinateurs portables, de céréales, de plantes industrielles et de métaux bruts ou semi-finis.

Depuis le 1er janvier 2015, et sur option, le régime de l'autoliquidation profite également aux importateurs assujettis établis dans l'Union européenne sous la condition d'être titulaires d'un agrément à la procédure simplifiée de dédouanement avec domiciliation unique (PDU). La même possibilité est offerte à ceux qui sont établis dans un pays tiers, la condition de l'agrément étant alors imposée à leur représentant, lequel doit en être titulaire pour leur compte[(421)].

Une telle possibilité permet aux importateurs d'éviter d'avoir à acquitter la TVA auprès du service des douanes au motif du franchissement de la frontière.

1278. – **Paiement individuel de la TVA exigible.** Conformément à l'article 1692 du Code général des impôts, le redevable est tenu d'acquitter la taxe sur la valeur ajoutée exigible au moment du dépôt de la déclaration périodique d'activités (V. *infra*, n° 1322).

1279. – **Paiement consolidé de la TVA exigible.** Un régime optionnel de paiement consolidé – sans aucun lien avec le régime de l'intégration connu en matière d'imposition du résultat – existe depuis le 1er janvier 2012, à la suite de l'entrée en application de l'article 50 de la loi n° 2010-1658 du 29 décembre 2010[(422)]. Un seul

(417) CGI, art. 281, 2 nonies.
(418) *JOUE* 26 juin 2013.
(419) CGI, art. 281, 2 decies.
(420) *JOUE* 26 juin 2013.
(421) CGI, art. 1695, II.
(422) *JO* 30 déc. 2010.

et même assujetti se constitue alors redevable de la taxe sur la valeur ajoutée et des prélèvements assimilés pour l'ensemble des membres du groupe.

Ce régime de groupe ne concerne que le paiement des impositions. Élément important : contrairement à l'Allemagne, au Royaume-Uni ou aux Pays-Bas[(423)], ce régime n'est pas exclusif de l'obligation pour les sociétés intégrées dans ce groupe TVA de déposer des déclarations périodiques. Il ne s'étend donc pas aux obligations déclaratives. L'article 1693 ter du CGI maintient cette exigence[(424)].

Codifié dans les articles 1693 ter et 1693 ter A du Code général des impôts, ce régime est ouvert aux entreprises assujetties à la taxe sur la valeur ajoutée en France selon un régime normal d'imposition, tenues à l'obligation de transmission de leurs déclarations TVA par voie électronique et dont les exercices comptables coïncident.

Une société absorbante peut, avec leur accord, se constituer redevable de la TVA et des prélèvements assimi és dus par les membres du groupe dont le redevable a été absorbé. « Est alors sans incidence le fait que la date d'ouverture de l'exercice de ces membres et celle du nouveau redevable ne coïncident pas au titre de l'exercice de l'absorption, pourvu que les dates de clôture soient les mêmes »[(425)].

Seuls les assujettis détenus, directement ou indirectement, à plus de 50 % du capital ou des droits de vote peuvent opter. L'exercice de l'option prend alors effet à compter du premier jour du premier exercice comptable suivant celui au cours duquel elle a été exprimée. Elle peut être dénoncée à compter du troisième exercice comptable suivant celui de la prise d'effet de l'option étant indiqué que le périmètre du groupe peut évoluer durant la période.

Le redevable du groupe devra, outre sa propre déclaration de chiffre d'affaires, souscrire une déclaration pour l'ensemble du groupe qui rassemblera les opérations des différentes entités du groupe durant la période concernée.

À noter que les crédits de TVA apparus au profit de l'un des membres du groupe avant son entrée dans le groupe ne peuvent être agrégés dans la déclaration d'ensemble. Ils feront l'objet d'un remboursement au membre du groupe concerné[(426)]. « Par exception, lorsqu'un membre mentionne sur une déclaration souscrite pendant l'application du régime de groupe, dans le délai prévu au I de l'article 208 de l'annexe II du CGI, un montant de TVA collectée à tort ou dont la déduction a été omise sur une déclaration déposée avant la prise d'effet du régime, ce montant est pris en compte pour la détermination de la TVA due par le groupe »[(427)]. De manière somme toute réciproque, un crédit de TVA apparu durant l'application du régime de groupe demeure propriété du groupe après la sortie d'un de ses membres[(428)].

Les différents membres du groupe sont solidairement responsables du paiement de l'imposition avec le redevable, tout du moins dans la limite des droits et pénalités dus en l'absence d'option[(429)]. Les membres du groupe ne sont pas solidaires entre eux[(430)].

Le régime de groupe prend fin, soit de manière volontaire, soit au motif du défaut de réunion des conditions prescrites. Le(s) membre(s) qui quitte(nt) le groupe redevien(nen)t alors redevable(s) du paiement des prélèvements dans le mois qui suit la fin des effets du régime consolidé. Le redevable conserve, s'il y a, le crédit de taxe sur la valeur ajoutée.

(423) Cour des comptes, *La gestion et le contrôle de la taxe sur la valeur ajoutée*, févr. 2012, p. 48.
(424) CGI, art. 1693 ter, 1-c.
(425) BOI-TVA-DECLA-20-20-50, § 80.
(426) CGI, art. 1693 ter A.
(427) BOI-TVA-DECLA-20-20-50, § 330 et 340.
(428) CGI, art. 1693 ter A.
(429) CGI, art. 1693 ter, 5.
(430) BOI-TVA-DECLA-20-20-50, § 420.

La cessation volontaire des effets du groupe peut ne concerner qu'un seul des membres du groupe ou bien tous ses membres. Dans le premier cas, la décision du redevable du groupe d'exclure, avec son accord, un membre du groupe ne peut prendre effet qu'à compter du second exercice compris dans la période d'option et doit être prise dans le délai d'un mois qui suit la clôture de l'exercice précédent. Dans le second, le redevable du groupe dénonce l'option à l'issue de la période minimale de trois exercices comptables dans le délai d'un mois qui suit la clôture de l'exercice précédent. Cette dénonciation prend effet à compter du premier jour de l'exercice qu'elle vise[(431)].

La cessation contrainte des effets du groupe peut également ne concerner qu'un des membres du groupe ou bien tous ses membres. Dans le premier cas, la date d'effet est le premier jour du mois suivant celui au cours duquel les conditions ne sont plus remplies. Dans le second, qui ne dépend que de la situation du redevable, ce dernier est tenu d'en informer l'administration fiscale avant la date limite de dépôt de la déclaration de chiffre d'affaires[(432)].

L'imposition ainsi visée ne coïncide pas nécessairement avec la taxe sur la valeur ajoutée que l'assujetti est tenu d'exiger de son client ou, pour prendre le cas de l'autoliquidation, que le client est tenu de verser. L'une des caractéristiques de la taxe sur la valeur ajoutée est en effet de permettre à l'assujetti qui réalise des opérations ouvrant droit à déduction, de bénéficier d'une restitution de l'imposition acquittée en amont[(433)]. Il faut alors retrancher de l'impôt exigé et recouvré l'impôt déductible.

SECTION 2

LA TAXE SUR LA VALEUR AJOUTÉE DÉDUCTIBLE

1280. – Approche globale. Selon l'article 271, I-1 du Code général des impôts, « la taxe sur la valeur ajoutée qui a grevé les éléments du prix d'une opération imposable est déductible de la taxe sur la valeur ajoutée applicable à cette opération ». Son contenu peut être rapproché de l'article 167 de la directive n° 2006/112/CE du 28 novembre 2006 aux termes duquel : « Le droit à déduction prend naissance au moment où la taxe déductible devient exigible ».

Appliquées à la lettre, de telles dispositions devraient donc conduire à reconnaître un droit à déduction immédiat, du moins à partir du moment où, pour suivre la directive européenne, la TVA est devenue exigible. Or, et en mettant à l'écart le régime particulier d'imposition sur la marge, le régime déclaratif conduit à différer le droit à déduction. Le redevable doit alors procéder de manière globale en tenant compte de la périodicité des déclarations, ce qui est conforme à l'article 179 de la directive précitée aux termes duquel : « La déduction est opérée globalement par l'assujetti par imputation, sur le montant de la taxe due pour une période imposable, du montant de la TVA pour laquelle le droit à déduction a pris naissance et est exercé en vertu de l'article 178, au cours de la même période ».

Selon que le solde est positif ou négatif, le redevable devient alors débiteur ou créancier de l'État.

(431) CGI, art. 1693 ter, 2. – BOI-TVA-DECLA-20-20-50, § 540 et 560.
(432) BOI-TVA-DECLA-20-20-50, § 560. V. également § 570 et 580 en cas d'absorption du redevable.
(433) CGI, art. 271, I-3.

1281. – **Décret du 16 avril 2007.** Les règles relatives au droit à déduction ont été – quant à la démarche à suivre – profondément modifiées avec le décret n° 2007-566 du 16 avril 2007 entré en application le 1er janvier 2008. Afin de les aborder, l'examen des modalités d'exercice du droit à déduction de la taxe sur la valeur ajoutée (Sous-section 2) va suivre celui de ses conditions (Sous-section 1).

SOUS-SECTION 1

CONDITIONS D'EXERCICE DU DROIT À DÉDUCTION

Pour bénéficier du droit à déduction de la taxe sur la valeur ajoutée acquittée en amont, l'assujetti doit remplir des conditions de fond (§ 1), de forme (§ 2) et de délai (§ 3).

§ 1. – Conditions de fond

Plusieurs conditions de fond sont exigées pour permettre le droit à déduction de la taxe sur la valeur ajoutée acquittée en amont. Les dépenses doivent être réalisées pour les besoins de l'exploitation (A) sans qu'une disposition expresse interdise le reversement de l'imposition acquittée (B).

A. – Des dépenses affectées à une opération imposable

1282. – **Principe.** À défaut d'affectation à la réalisation d'une opération imposable – laquelle est appréciée indépendamment de toute inscription comptable – l'assujetti est normalement privé du droit de déduire l'imposition acquittée au titre de l'achat du bien ou du service. Ce propos vise cependant moins l'ouverture du droit à déduction que son étendue.

Comme l'a clairement affirmé la Cour de justice des Communautés européennes, « c'est l'acquisition des biens ou services par un assujetti agissant en tant que tel qui détermine l'application du système de TVA et, partant, du mécanisme de déduction. L'utilisation qui est faite des marchandises, ou qui est envisagée pour elles, ne détermine que l'étendue de la déduction initiale à laquelle l'assujetti a droit en vertu de l'article 17 de la sixième directive et l'étendue des éventuelles régularisations au cours des périodes suivantes. Il s'ensuit que l'utilisation immédiate des biens pour des livraisons taxées ou exonérées ne constitue pas, en elle-même, une condition de l'application de l'article 20, paragraphe 2 [de la sixième directive] »(434).

La taxe sur la valeur ajoutée dont le redevable souhaite obtenir la déduction peut fort bien être liée à des opérations réalisées pour les besoins d'une activité économique future assujettie à cet impôt.

Selon la Cour de Luxembourg, « il serait contraire à ce principe [de neutralité] que lesdites activités ne débutent qu'au moment où un bien immeuble est effectivement exploité, c'est-à-dire où le revenu taxable prend naissance (...) En ce qui concerne la question de savoir si l'article 4 est à interpréter en ce sens que l'intention déclarée de donner un bien futur en location suffit pour considérer

(434) CJCE, 11 juill. 1991, aff. C-97/90, *Lennartz* : *Rec. CJCE* 1991, I, p. 3795 ; *RJF* 10/1991, n° 1325, pts 15 et 16. – CJUE, 22 mars 2012, aff. C-155/11, *Klub OOD* : *Dr. fisc.* 2012, n° 13, act. 153 ; *RJF* 6/2012, n° 671.

que le bien acquis est destiné à être utilisé pour une opération soumise à la taxation et que, de ce fait, est à considérer sur ce fondement comme assujettie une personne qui a fait un tel investissement, il convient de relever, en premier lieu, qu'il incombe à celui qui demande la déduction de la TVA d'établir que les conditions pour en bénéficier sont remplies et, notamment, qu'il accomplit les critères d'un assujetti, dès lors, l'article 4 ne s'oppose pas à ce que l'administration fiscale exige que l'intention déclarée soit confirmée par des éléments objectifs tels que l'aptitude spécifique des locaux projetés à une exploitation commerciale »[(435)].

Il en résulte que l'abandon du projet de créer une entreprise n'emporte pas l'obligation de restituer la taxe sur la valeur ajoutée qui a pu être initialement remboursée, y compris si aucune opération imposable n'est réalisée[(436)]. Bien évidemment, le risque d'abus a été anticipé par les juges européens. C'est ainsi que dans ce même arrêt, ces derniers ont précisé que « dans les situations frauduleuses ou abusives dans lesquelles l'intéressé a feint de vouloir déployer une activité économique particulière, mais a cherché en réalité à faire entrer dans son patrimoine privé des biens pouvant faire l'objet d'une déduction, l'administration fiscale peut demander, avec effet rétroactif, le remboursement des sommes déduites puisque ces déductions ont été accordées sur la base de fausses déclarations »[(437)]. Il ne saurait cependant y avoir restitution lorsque l'assujetti n'a pu utiliser les biens ou services ayant donné lieu à déduction dans le cadre d'opérations taxables en raison de circonstances étrangères à sa volonté[(438)].

Selon le Conseil d'État, « le droit à déduction, qui prend naissance lorsque la taxe devient exigible chez le fournisseur, reste acquis, dès lors que l'assujetti s'est acquitté du prix des biens ou services et détient une facture mentionnant la taxe sur la valeur ajoutée, même lorsque l'activité économique envisagée ne donne pas lieu à des opérations ouvrant droit à déduction ou lorsque l'assujetti n'a pas utilisé les biens ou services ayant donné lieu à déduction dans le cadre d'une opération taxable, comme il prévoyait de le faire, en raison de circonstances indépendantes de sa volonté et en l'absence de toute intention frauduleuse ou abusive »[(439)].

1283. **– Cas particulier. Frais généraux.** Si la reconnaissance du droit à déduction de la taxe sur la valeur ajoutée suppose normalement l'existence d'un lien direct et immédiat entre une opération particulière en amont et une ou plusieurs opérations en aval y ouvrant droit[(440)], il peut néanmoins être reconnu en son absence lorsque les dépenses effectuées pour acquérir le bien ou le service en amont font partie des frais généraux liés à l'ensemble de l'activité de l'entreprise. Aucune distinction n'est alors à faire selon que l'opération est hors champ ou exonérée[(441)].

Selon la Cour de justice, l'absence de lien direct et immédiat n'exclut pas le droit à déduction « lorsque les coûts des services en cause font partie des frais généraux de [l'assujetti] et sont, en tant que

---

(435) CJCE, 14 févr. 1985, aff. C-268/83, *D.A. Rompelman et E.A. Rompelman-Van Deelen* : *Rec. CJCE* 1985, I, p. 655. – V. aussi : CJUE, 21 févr. 2013, aff. C-104/12, *Finanzamt Köln-Nord c. Wolfram Becker*, pt 24 : *RJF* 5/2013, n° 570.
(436) CJCE, 29 févr. 1996, aff. C-110/94, *Inzo* : *Rec. CJCE* 1996, I, p. 857, pts 20 et 21.
(437) *Ibid.*, pt 24.
(438) CJCE, 15 janv. 1998, aff. C-37/95, *Belgische Staat c/Ghent Coal Terminal NV* : *Rec. CJCE* 1998, I, p. 1, pts 20 et 22.
(439) CE, 16 avr. 2010, n° 316.186, *SARL Green* : *Dr. fisc.* 2010, n° 37, comm. 477, concl. L. Olléon, note Y. Sérandour ; *RJF* 7/2010, n° 676.
(440) CJCE, 8 juin 2000, aff. C-98/98, *Midland Bank plc*, pt 24 : *RJF* 8-9/2000, n° 1187. – CJCE, 29 oct. 2009, aff. C-29/08, *AB SKF*, pt 57 : *Dr. fisc.* 2009, n° 50, comm. 578, note Ph. Tournès ; *RJF* 1/2010, n° 90. – CJUE, 18 juill. 2013, aff. C-124/12, *AES-3C Maritza East 1 EOOD*, pt 27 : *RJF* 11/2013, n° 1104. – CJUE, 18 juill. 2013, aff. C-26/12, *Fiscale eenheid PPG Holdings BV* : *RJF* 11/2013, n° 1105.
(441) CJCE, 29 oct. 2009, aff. C-29/08, *AB SKF*, préc., pt 60.

tels, des éléments constitutifs du prix des biens ou des services qu'il fournit. De tels coûts entretiennent, en effet, un lien direct et immédiat avec l'ensemble de l'activité économique de l'assujetti (...) Or, refuser le droit à déduction de la TVA payée en amont pour des frais de conseil qui se rapportent à une cession d'actions exonérée en raison de l'immixtion dans la gestion de la société dont les actions sont cédées et admettre ce droit à déduction pour de tels frais se rapportant à une cession qui se situe en dehors du champ d'application de la TVA au motif qu'ils constituent des frais généraux de l'assujetti aboutirait à un traitement fiscal différent d'opérations objectivement similaires, en violation du principe de la neutralité fiscale (...). Il s'ensuit que, si les frais de conseil afférents aux cessions de participations sont considérés comme faisant partie des frais généraux de l'assujetti dans le cas où la cession elle-même se situe en dehors du champ d'application de la TVA, le même traitement fiscal doit être accepté si la cession est qualifiée d'opération exonérée »[442].

L'évolution de la jurisprudence de la Cour de justice de l'Union européenne marquée par l'arrêt *AB SKF* permet ainsi la déduction de la taxe sur la valeur ajoutée acquittée sur les frais d'acquisition ou de cession de titres sociaux. Alors que de telles opérations sont, soit hors champ, soit exonérées – excluant ainsi le bénéfice du droit à déduction – la déduction devient possible *via* le rattachement de ces charges aux frais généraux concourant à la réalisation d'opérations imposées. L'opérateur doit donc être assujetti, ce qui n'est pas le cas d'un holding pur[443].

Les principes dégagés par la Cour de justice dans l'arrêt *AB SKF* ont été repris par le Conseil d'État. Relevant que la *cession de titres de placement* par la société SIVA était liée à de graves et durables difficultés financières, la Haute juridiction a confirmé l'arrêt de la cour administrative d'appel qui avait considéré que « le produit des cessions de valeurs mobilières à laquelle la société avait procédé dans les conditions indiquées ci-dessus avait été nécessaire au maintien de son activité ». Les frais de courtage faisaient dès lors partie intégrante des frais généraux. La TVA qui avait grevé les frais de courtage était donc déductible[444]. Une solution différente a toutefois été retenue en l'absence de lien établi entre une garantie de passif et l'opération de restructuration du groupe. La TVA ayant grevé les frais afférents à cette garantie a été rattachée à l'opération exonérée de cession de titres[445].

Les mêmes principes ont été appliqués en 2010 à l'égard d'une *cession de titres de participation* avec une différence de raisonnement selon que les dépenses sont exposées en vue de préparer la cession des titres (1) ou sont inhérentes à la transaction (2)[446].

1) La TVA qui a frappé les dépenses exposées en vue de *préparer la cession* est normalement déductible. L'administration fiscale peut toutefois contester l'exercice du droit à déduction si, « compte tenu des éléments portés à sa connaissance et au vu des pièces qu'il appartient le cas échéant à la société qui les détient de produire »[447], elle établit que « cette opération a revêtu un caractère patrimonial dès lors que le produit de cette cession a été distribué, quelles que soient les modalités de cette distribution, ou que, en l'absence d'éléments contraires produits par la société, ces dépenses ont été incorporées dans le prix de cession des titres »[448]. Il en ressort que, pour que la déduction ait lieu, le produit de la cession ne doit pas être distribué et les dépenses ne doivent pas être incorporées dans

(442) CJCE, 29 oct. 2009, aff. C-29/08, *AB SKF*, préc., pt 58.
(443) CE, 3 déc. 2012, n° 346.504, *SA Rhodia* : *RJF* 2/2013, n° 151. – V. *supra*, n° 1191, 2).
(444) CE, 10 juin 2010, n° 292.389, *Min. c/SA SIVA* : *RJF* 10/2010, n° 893.
(445) CE, 13 juill. 2012, n° 345.204, *Min. c/SA Entr. Franque* : *Dr. fisc.* 2012, n° 37, comm. 435, concl. P. Collin, note crit. Y. Sérandour ; *RJF* 11/2012, n° 1004. – CAA Douai, 30 avr. 2013, n° 12-1108, *Min. c/SA Entr. Franque* : *RJF* 8-9/2013, n° 817.
(446) CE, 23 déc. 2010, n° 307.698, *Sté Pfizer* et n° 324.181, *Min. c/SA Michel Thierry* : *Dr. fisc.* 2011, n° 6, comm. 206, concl. L. Olléon ; *RJF* 3/2011, n°s 301 et 302, chron. V. Daumas, p. 235. – Y. Sérandour, *La déductibilité de la TVA sur les frais de cession de titres de participation* : *Dr. fisc.* 2011, n° 6, étude 202. – V. aussi CE, 13 juill. 2012, n° 345.204, *Min. c/SA Entr. Franque* : *Dr. fisc.* 2012, n° 37, comm. 435, concl. P. Collin, note crit. Y. Sérandour ; *RJF* 11/2012, n° 1004.
(447) CE, 4 févr. 2015, n° 370.525, *Sté Nexity SA* : *Dr. fisc.* 2015, n° 22, comm. 335, concl. A. Bretonneau.
(448) CE, 23 déc. 2010, n° 307.698, *Sté Pfizer* et n° 324.181, *Min. c/SA Michel Thierry*, préc. – CE, 4 févr. 2015, n° 370.525, *Sté Nexity SA*, préc.

le prix de cession des titres[449]. Ne pas vérifier ce dernier point constitue pour une juridiction administrative une erreur de droit[450].

2) La TVA qui a frappé les *dépenses inhérentes à la cession* n'est normalement pas déductible sauf si, compte tenu de la nature des titres cédés ou par tous éléments de preuve, la société établit que ces dépenses n'ont pas été incorporées dans leur prix de cession et que, ce faisant, elles doivent être regardées comme faisant partie de ses frais généraux. Les mêmes règles s'appliquent au cas où les dépenses ont été payées à un même intermédiaire chargé de préparer et de réaliser la cession à partir du moment où il n'y a eu qu'une seule rémunération versée pour tout, laquelle est alors rattachée à la transaction[451].

Ultérieurement, le Conseil d'État a admis la reconnaissance d'un droit à déduction de la TVA ayant grevé les dépenses préparatoires, cette fois-ci, à une *prise de participations* décidée dans plusieurs sociétés par une filiale d'une société holding mixte dans une perspective de développement du chiffre d'affaires résultant de la fourniture de services par cette société holding à ses sous-filiales, et ce alors même qu'elle ne devait pas procéder elle-même à cette acquisition. La société holding peut alors déduire l'intégralité de la TVA ayant grevé les dépenses qui doivent être considérées comme faisant partie des frais généraux de l'entreprise à raison du lien direct et immédiat qu'elles entretiennent avec l'ensemble de son activité économique. Encore faut-il, puisque les titres devaient été achetés par la filiale de la société holding, que cette dernière produise des justificatifs établissant que, compte tenu de l'organisation du groupe, elle devait seule assurer des prestations au profit de ces entités[452].

Dans le même sens, le droit à déduction a été reconnu à propos des dépenses exposées par une société holding pour renforcer sa *prise de participation dans une filiale* ou participer à son augmentation de capital, et ce au motif qu'elles entretiennent en principe un lien direct et immédiat avec l'ensemble de son activité économique[453].

1284. – Exceptions. Des exceptions existent néanmoins, en dehors du cas particulier des frais généraux, à l'exigence d'un lien direct[454]. Même si elles ne donnent pas lieu à la taxe sur la valeur ajoutée, certaines opérations ouvrent en effet droit à déduction. Tel est le cas des opérations d'assurance, de réassurance, de services bancaires et financiers à destination d'un État tiers et, de manière plus générale, les opérations de livraisons intracommunautaires et d'exportations.

Ne pas accorder le bénéfice du droit à déduction serait de nature à pénaliser les exportateurs en ce qu'ils seraient alors contraints d'intégrer la charge fiscale dans leur prix de revient, conduisant ainsi à une élévation des prix pratiqués et à une perte de compétitivité. Les exportateurs bénéficient également de la possibilité d'acquérir des biens en franchise d'imposition dès lors qu'ils sont destinés à être exportés ou livrés dans un autre État membre[455].

B. – Des dépenses non exclues du droit à déduction

1285. – Droit à déduction limité. Toutes les acquisitions réalisées pour les besoins d'une opération taxable n'ouvrent pas droit à déduction. On se bornera pour ce développement à présenter les cas d'exclusion intégrale. La liste des

(449) V. Y. Sérandour, *La déductibilité de la TVA sur les frais de cession de titres de participation*, préc.
(450) CE, 13 juill. 2012, n° 345.204, *Min. c/SA Entr. Franque : Dr. fisc.* 2012, n° 37, comm. 435, concl. P. Collin, note crit. Y. Sérandour ; *RJF* 11/2012, n° 1004.
(451) CE, 23 déc. 2010, n° 307.698, *Sté Pfizer* et n° 324.181, *Min. c/SA Michel Thierry*, préc. – CE, 4 févr. 2015, n° 370.525, *Sté Nexity SA*, préc.
(452) CE, 24 juin 2013, n° 350.588, *Sté L'Air Liquide : Dr. fisc.* 2013, n° 37, comm. 414, concl. N. Escaut, note F. Deboissy ; *RJF* 10/2013, n° 927.
(453) CE, 26 déc. 2013, n° 350.797, *Sté France Telecom : Dr. fisc.* 2014, n° 11, comm. 207, concl. F. Aladjidi, note Th. Hénique et A. Moraine.
(454) CGI, art. 271, V.
(455) CGI, art. 275.

dépenses concernées figure dans l'article 206, IV-2 de l'annexe II du Code général des impôts.

1286. – **Dépenses jugées peu utiles à l'entreprise.** Sont exclues du droit à déduction les dépenses consacrées à un bien ou à un service non affecté aux besoins de l'entreprise à plus de 90 %[456].

La seule utilisation d'un bien ou d'un service n'est donc pas suffisante pour permettre la récupération de l'imposition acquittée en amont. Encore faut-il qu'il serve un minimum à cette exploitation. L'objectif de cette condition est d'éviter tout abus consistant à contourner l'impossibilité pour un particulier de ne pas pouvoir bénéficier du remboursement de l'imposition. On évite ainsi de faire supporter à l'État le remboursement de dépenses qui ne sont pas réellement engagées pour les besoins de l'entreprise. Cette limite peut être considérée comme une manière d'introduire l'équivalent de l'acte anormal de gestion pour cette imposition.

À noter que la condition posée par l'ancien article 230 de l'annexe II du CGI attachée au caractère nécessaire des dépenses pour l'exploitation ne figure plus dans le nouvel article 206, IV-2-1° de la même annexe. Ce faisant, les assujettis sont fondés à déduire la TVA qui grève leurs dépenses pour autant que, sur le fond, celles-ci ne soient pas visées par une mesure d'exclusion particulière et qu'elles soient utilisées pour les besoins de leurs opérations ouvrant droit à déduction[457].

1287. – **Dépenses d'hébergement.** Sont exclues du droit à déduction les dépenses relatives à la fourniture à titre gratuit d'un logement aux dirigeants et aux personnels de l'entreprise, exception faite du personnel de sécurité[458]. Cette solution résulte essentiellement de l'intervention de la Cour de justice des Communautés européennes avec l'arrêt *Ampafrance et Sanofi*[459].

Des précisions ont été apportées par l'administration fiscale, notamment que : « Lorsque les dépenses de logement ou d'hébergement sont supportées concurremment au bénéfice de tiers – ouvrant droit à déduction – et au bénéfice de dirigeants et/ou de salariés – qui n'ouvrent pas droit à déduction – il est admis que le coefficient d'admission soit déterminé en proportion du nombre de tiers par rapport à l'ensemble des personnes ayant bénéficié des dépenses de cette nature portées sur la facture. Afin de justifier que la taxe dont la déduction est opérée se rapporte effectivement à des dépenses de logement engagées au bénéfice de tiers, les entreprises devront porter sur les factures délivrées par les fournisseurs l'identité et la qualité des bénéficiaires »[460].

1288. – **Libéralités.** La taxe sur la valeur ajoutée acquittée à l'occasion de l'acquisition de biens cédés sans contrepartie n'est pas non plus déductible[461].

Il faut cependant relever une exception avec les cadeaux d'entreprise lorsque leur valeur est inférieure à 69 € toutes taxes comprises, valeur à apprécier sur l'année civile pour chaque bénéficiaire[462]. Il en va de même des biens et services dont la publicité est prohibée en application du Code de la santé publique[463].

(456) CGI, ann. II., art. 206, IV-2-1°.
(457) BOI-TVA-DED-30-10, § 10. – CE, 29 août 2008, n° 309.330, *SA Auxerdis* et n° 309.089, *SAS Chambry distribution* : *Dr. fisc.* 2008, n° 46, comm. 572, concl. L. Olléon, note Y. Sérandour ; *RJF* 12/2008, n° 1321.
(458) CGI, ann. II, art. 206, IV-2-2°.
(459) CJCE, 19 sept. 2000, aff. C-177/99 et C-181/99, *Ampafrance et Sanofi* : *RJF* 11/2000, n° 1392 ; *BDCF* 11/2000, n° 131, concl. G. Cosmas.
(460) V. BOI-TVA-DED-30-30-10, § 1.
(461) CGI, ann. II, art. 206, IV-2-3°.
(462) CGI, ann. IV, art. 28-00 A.
(463) CGI, ann. II, art. 206, IV-2-4°.

1289. – Véhicules de transport de personnes. Les véhicules de transport de personnes ou à usages mixtes et les prestations de transport de personnes sont exclus du droit à déduction[(464)].

L'article 206, IV-2-6° de l'annexe II vise « les véhicules ou engins, quelle que soit leur nature, conçus pour transporter des personnes ou à usages mixtes ». Appliquant l'ancienne réglementation[(465)], le Conseil d'État a considéré que « pour apprécier si un véhicule ou un engin a été conçu pour le transport de personnes ou pour un usage mixte au sens de ces dispositions, il y a lieu non pas de se référer aux conditions d'utilisation du véhicule mais de rechercher, compte tenu de ses caractéristiques lors de l'acquisition, l'usage auquel il est normalement destiné »[(466)]. Ne sont pas concernés « les véhicules ou engins, terrestres, maritimes ou aériens, qui, même s'ils ne peuvent se déplacer sans la présence à leur bord d'un conducteur, d'un pilote ou d'un équipage, ont, en raison des caractéristiques de leur conception, une autre fonction que celle de transporter des personnes et constituent nécessairement, eu égard à cette autre fin, une immobilisation utile à l'exploitation d'une entreprise dont les opérations sont soumises à la taxe sur la valeur ajoutée »[(467)]. C'est sur cette base qu'un voilier de compétition (*SARL Coursocéan*) ou, solution beaucoup moins évidente, qu'un scooter des neiges malgré la présence d'un second siège sur le scooter (*Sté des Trois Vallées*), n'ont pas été considérés comme un véhicule ouvrant droit à déduction, et ce alors même que l'administration considère que l'exclusion ne s'applique pas – certes sous conditions – à un « quad »[(468)]. Ce qui vaut pour un voilier de compétition ne s'applique cependant pas, de manière tout à fait logique, à un voilier de plaisance[(469)].

Selon l'administration fiscale, les véhicules concernés par l'exclusion sont les « véhicules de toute nature conçus pour transporter des personnes ou à usages mixtes : bicyclettes, motocyclettes, véhicules automobiles routiers, bateaux, avions, hélicoptères. Dans le domaine automobile, l'exclusion vise donc notamment tous les véhicules qui sont réceptionnés par le service des Mines comme voitures particulières (conduite intérieure, décapotable, canadienne, break, etc.) comme ambulances, autocars ou autobus. En revanche, ne sont pas frappés d'exclusion les triporteurs, camionnettes, camions, tracteurs et, plus généralement, les véhicules repris dans les textes annexés au Code de la route sous les rubriques "véhicules très spéciaux" »[(470)].

Ne sont cependant pas concernées par l'exclusion les prestations réalisées pour le compte d'une entreprise de transport public de voyageurs ou organisant par un contrat permanent le transport des personnels d'une entreprise pour les amener sur leur lieu de travail.

Ne sont pas non plus concernés par l'interdiction les véhicules objets d'un négoce à la vente ou à la location, les véhicules comportant en sus du siège du conducteur plus de huit places assises pour le transport du personnel sur son lieu de travail, les véhicules auto-école ou utilisés pour les remontées mécaniques ainsi que les véhicules de transport public de voyageurs affectés exclusivement à cette activité.

1290. – Produits pétroliers. Les produits pétroliers font également l'objet de limites sur le terrain du droit à déduction[(471)]. Tel est notamment le cas des carburants.

(464) CGI, ann. II, art. 206, IV-2-5° et 6°.
(465) CGI, ann. II, anc. art. 237.
(466) CE, 30 mars 2007, n° 287.600, *GFA Domaine de Font Mars : Dr. fisc.* 2007, n° 52, comm. 1086, concl. L. Olléon ; *RJF* 6/2007, n° 723.
(467) CE, 21 déc. 1994, n°s 134.131 et 134.137, *Min. c/SARL Coursocéan et a. : Dr. fisc.* 1995, n° 4, comm. 115, note B. Poujade ; *RJF* 2/1995, n° 176. – CE, 25 nov. 2009, n° 319.649, *Min. c/Sté des Trois Vallées : Dr. fisc.* 2010, n° 3, comm. 84 ; *RJF* 2/2010, n° 114.
(468) TVA-DED-30-30-20, n°s 340 et s.
(469) CE, 17 mars 2010, n° 308.257, *SARL PHB Promotion : Dr. fisc.* 2010, n° 16, comm. 284 ; *RJF* 6/2010, n° 580.
(470) TVA-DED-30-30-20, n°s 10 et 20.
(471) CGI, ann. II, art. 206, IV-2-8°.

Le gazole et le superéthanol E 85 ouvrent droit à une restitution de 80 % de l'imposition lorsque le véhicule n'ouvre lui-même pas droit à déduction[472]. Il est intégral dans le cas inverse.

§ 2. – Conditions de forme

1291. – **Émission d'un justificatif.** Le droit à déduction ne peut être garanti que s'il est prouvé. Le bénéfice du droit à déduction est ainsi subordonné à l'existence d'un justificatif, à l'image d'une facture établie conformément à l'article 289 du Code général des impôts[473] (V. *supra*, n° 1276). Ne pas être en possession de factures, d'une déclaration d'importation ou, pour les acquisitions intracommunautaires, ne pas avoir fait figurer les données nécessaires sur la déclaration périodique en ayant conservé les factures, fait normalement perdre au redevable le droit de déduire l'imposition acquittée en amont[474].

L'article 271, II-2 du CGI dispose néanmoins que les redevables qui n'ont pas porté sur la déclaration périodique le total de la taxe sur la valeur ajoutée due au titre d'acquisitions intracommunautaires peuvent la déduire lorsque les conditions de fond sont remplies sous réserve de l'application de l'amende prévue par l'article 1788 A, 4 du CGI (V. *infra*).

La facture doit comporter plusieurs mentions obligatoires parmi lesquelles le prix unitaire hors taxe, le taux applicable, le montant de la taxe sur la valeur ajoutée et, par taux d'imposition, le montant hors taxe et l'imposition à acquitter[475] (V. *supra*, n° 1276).

Le redevable bénéficie de la reconnaissance d'un droit à l'erreur par la possibilité qui lui est ouverte de rectifier une facture ou un document en tenant lieu[476] sans pour autant que ce droit emporte des conséquences sur le délai reconnu au redevable pour exercer son droit à déduction (V. *infra*, n° 1294). Le droit à déduction est retrouvé même si la facture initiale ne fait pas mention de la taxe sur la valeur ajoutée[477]. La correction doit être suivie d'une mention sur la déclaration périodique suivante.

En présence d'une TVA autoliquidée, la Cour de justice de l'Union européenne considère que les formalités prescrites pour bénéficier du droit à déduction ne doivent pas excéder ce qui est strictement nécessaire, ce qui aboutirait à sa perte[478].

En outre, mention de la taxe sur la valeur ajoutée déductible doit être portée sur la déclaration prévue à l'article 287, 1 du Code général des impôts à peine de quoi une amende égale à 5 % de la somme déductible est normalement encourue[479].

1292. – **Opération annulée, résiliée ou impayée.** Conformément à l'article 272, 1 du Code général des impôts, la taxe sur la valeur ajoutée perçue à l'occasion d'une opération ultérieurement annulée ou résiliée ou dont la créance est devenue définitivement irrécouvrable fait l'objet d'une imputation ou d'un remboursement.

(472) CGI, ann. II, art. 206, IV-4.
(473) CGI, art. 271, II-1.
(474) CGI, art. 271, II-2.
(475) CGI, art. 289, II et ann. II, art. 242 nonies A.
(476) CGI, art. 271, II-3.
(477) CE, 24 févr. 2010, n° 308.312, *Sté Saint-Gobain* : *Dr. fisc.* 2010, n° 16, comm. 285 ; *RJF* 5/2010, n° 476.
(478) CJUE 11 déc. 2014, aff. C-590/13, *Idexx Laboratories Italia Srl* : *Dr. fisc.* 2014, n°s 51-52, act. 629.
(479) CGI, art. 1788 A, 4.

Une facture rectificative doit alors être émise en conséquence, y compris lorsque l'impayé résulte de la mise en liquidation judiciaire du débiteur[480].

Substantielle, cette formalité n'est toutefois enserrée dans aucun délai lorsque le caractère irrécouvrable de la créance résulte de la mise en liquidation judiciaire du débiteur[481]. L'article 272, 1 précité dispose en effet que « l'imputation ou le remboursement de la taxe peuvent être effectués dès la date de la décision de justice qui prononce la liquidation judiciaire ».

1293. – **Facture irrégulière, montage frauduleux et droit à déduction.** Le droit à déduction doit-il être accordé au seul vu du document justificatif ? Répondre positivement à cette question soulève la difficulté des factures irrégulièrement établies à raison, parfois, d'opérations fictives ou frauduleuses. Le droit aujourd'hui applicable, sous l'impulsion du droit de l'Union européenne et de la jurisprudence de la Cour de Luxembourg, retient une solution qui repose sur l'état des connaissances prouvées ou présumées du client.

Favorable aux opérateurs économiques, le principe est celui de la reconnaissance du droit à déduction malgré une participation à un circuit de fraude. Encore faut-il que l'opérateur n'en ait pas eu conscience[482], ce qui est le cas lorsqu'« il est dans l'incapacité de se rendre compte, même en faisant preuve de toute la diligence d'un commerçant avisé, que les conditions de l'exonération n'étaient en réalité pas remplies, en raison de la falsification de la preuve de l'exportation présentée par l'acheteur »[483].

Ainsi que le relève la Cour de justice des Communautés européennes dans l'affaire *Optigen*, « le droit d'un assujetti effectuant de telles opérations de déduire la TVA acquittée en amont ne saurait être affecté par le fait que dans la chaîne de livraisons dans laquelle s'inscrivent ces opérations, sans que ce même assujetti le sache ou puisse le savoir, une autre opération, antérieure ou postérieure à celle réalisée par ce dernier, est entachée de fraude à la TVA »[484].

Toute autre est la situation lorsque, au vu d'éléments objectifs, la preuve est rapportée par l'Administration de la connaissance, par le client, du caractère irrégulier de l'opération ou lorsque l'irrégularité ne pouvait être méconnue de lui[485]. Dans de telles hypothèses, le droit à déduction – solution qui s'applique aussi au droit à remboursement[486] – est alors remis en cause. C'est encore le cas lorsque l'opération est fictive ou révèle une pratique abusive[487].

La remise en cause du caractère déductible de la TVA facturée à tort à un client s'accompagne du droit reconnu au fournisseur d'obtenir son remboursement sous réserve, pour le Conseil d'État, de l'émission d'une facture rectificative[488].

(480) CE, 26 mars 2012, n° 320.470, *Sté Saint-Germain Automobile* : *Dr. fisc.* 2012, n° 26, comm. 352, concl. J. Boucher ; *RJF* 6/2012, n° 587.
(481) CE, 28 juill. 2011, n° 318.872, *Sté Myrys* : *Dr. fisc.* 2011, n° 44, comm. 574, concl. P. Collin ; *RJF* 11/2011, n° 1145.
(482) CJCE, 12 janv. 2006, aff. C-354/03, *Optigen Ltd*, aff. C-355/03, *Fulcrum Electronics Ltd* et aff. C-484/03, *Bond House Systems Ltd* : *Dr. fisc.* 2006, n° 37, comm. 574 ; *RJF* 4/2006, n° 488.
(483) CJCE, 21 févr. 2008, aff. C-271/06, *Netto Supermarkt* : *Dr. fisc.* 2008, n° 10, act. 66 ; *Europe* 2008, comm. 127, note D. Simon : *RJF* 6/2008, n° 763.
(484) CJCE, 12 janv. 2006, aff. C-354/03, *Optigen Ltd*, préc., pt 55.
(485) CJCE, 6 juill. 2006, aff. C-439/04 et C-440/04, *Axel Kittel et Recolta Recycling* : *Dr. fisc.* 2007, n° 9, comm. 235 ; *RJF* 10/2006, n° 1301.
(486) CJUE, 18 déc. 2014, aff. C-131/13, *Schoenimport « Italmoda » Mariano Previti vof* : *Dr. fisc.* 2015, n° 3, act. 32.
(487) CJCE, Gde ch., 21 févr. 2006, aff. C-255/02, *Halifax Plc., Leeds Permanent Development Services Ltd, County Wide Property Investments Ltd* : *RJF* 5/2006, n° 648, chron. O. Fouquet, p. 383 ; *Dr. fisc.* 2006, n° 16, étude 16, Y. Sérandour.
(488) CE, 15 févr. 2016, n° 374.458, *Sté Richardet et ass.* : *Dr. fisc.* 2016, n° 22, comm. 352, concl. B. Bohnert, note A. Moraine ; *RJF* 5/2016, n° 424.

Cette solution est aujourd'hui appliquée en droit interne[(489)] avec deux dispositifs, exclusifs l'un de l'autre[(490)], codifiés dans les articles 272, 3 et 283, 4 bis, lequel est complété par l'article 283, 4 ter du Code général des impôts. Si le premier vise à remettre en cause le caractère déductible de l'imposition concernée, le second tend à imposer son paiement.

Fruit du vote de la loi de finances rectificative pour 2006, le 3e paragraphe de l'article 272 dispose, dans sa dernière version, que « la taxe sur la valeur ajoutée afférente à une livraison de biens ou à une prestation de services ne peut faire l'objet d'aucune déduction lorsqu'il est démontré que l'acquéreur savait ou ne pouvait ignorer que, par son acquisition, il participait à une fraude consistant à ne pas reverser la taxe due à raison de cette livraison ou de cette prestation ».

Cette rédaction est à comparer à celles de l'article 283, 4 bis qui, issu du même texte, dispose, là aussi dans sa dernière version, que « L'assujetti en faveur duquel a été effectuée une livraison de biens ou une prestation de services et qui savait ou ne pouvait ignorer que tout ou partie de la taxe sur la valeur ajoutée due sur cette livraison ou sur toute livraison antérieure des mêmes biens, ou sur cette prestation ou toute prestation antérieure des mêmes services, ne serait pas reversée de manière frauduleuse est solidairement tenue, avec la personne redevable, d'acquitter cette taxe » et à celle, spécifique aux ventes de véhicules d'occasion, de l'article 283, 4 ter qui, issu de la 3e loi de finances rectificative pour 2012, dispose que « L'assujetti en faveur duquel a été effectuée une livraison de véhicules terrestres à moteur et qui savait ou ne pouvait ignorer que tout ou partie de cette livraison ou de toute livraison antérieure des mêmes véhicules ne pouvait pas bénéficier du régime prévu à l'article 297 A est solidairement tenu d'acquitter, avec tout assujetti partie à cette livraison ou à toute autre livraison antérieure des mêmes véhicules, la taxe frauduleusement éludée ».

§ 3. – Conditions de délai

1294. – **Point de départ du délai.** Le caractère déductible de la taxe sur la valeur ajoutée pour le client n'est reconnu que lorsque la taxe sur la valeur ajoutée devient exigible pour le redevable[(491)].

La computation du délai court à compter de l'exigibilité de l'imposition chez le fournisseur[(492)]. L'envoi ultérieur d'une facture rectificative n'a, de ce point de vue, aucune incidence[(493)].

À peine de perdre le bénéfice du droit à déduction, il appartient donc au redevable de provoquer sans délai la correction du justificatif. Encore faut-il que l'émetteur soit enclin à obtempérer. Lorsque tel n'est pas le cas, le Conseil d'État accepte de déroger à la règle et de différer le point de départ du délai au moment où le redevable a été en mesure d'obtenir une facture rectificative. Suivant les conclusions du rapporteur public Pierre Collin, la Haute juridiction administrative a statué en ce sens pour tenir compte des « circonstances très particulières de l'espèce » dans l'affaire des péages autoroutiers sachant que – élément certainement substantiel pour la solution – les sociétés concessionnaires avaient été incitées par l'administration fiscale elle-même à ne pas répondre favorablement aux demandes de délivrance de nouveaux justificatifs[(494)].

(489) CAA Versailles, 28 nov. 2006, n° 04-1526, *Sté Hornet Computer International : RJF* 4/2007, n° 426. – CE [na], 23 mars 2009, n° 301.053, *Sté Hornet Computer International : RJF* 7/2009, n° 631. – CE, 30 juill. 2010, nos 316.757 et 316.758, *Sté Turbo's Hoet Truck Center et M. Hoet : Dr. fisc.* 2010, n° 50, comm. 597 ; *RJF* 11/2010, n° 1010. – CE, 25 févr. 2011, n° 312.290, *Sté Abacus Équipement Électronique : RJF* 5/2011, n° 562. – CE, 9 mars 2012, n° 330.760, *Sté Rebmeister Automobiles : Dr. fisc.* 2012, n° 21, comm. 310, concl. E. Geffray ; *RJF* 5/2012, n° 457.

(490) CGI, art. 283, 4, al. 2.

(491) CGI, art. 271, I-2.

(492) CE, 31 déc. 2008, n° 305.517, *Sté Colas Centre-ouest* et n° 307.142, *Sté Somaro : Dr. fisc.* 2009, n° 10, comm. 229, concl. N. Escaut, note D. Kaczynski ; *RJF* 4/2009, n° 326. – BOI-TVA-DED-40-20, § 50.

(493) *Ibid.* – CE, 24 févr. 2010, n° 308.312, *Sté Saint-Gobain : Dr. fisc.* 2010, n° 16, comm. 285.

(494) CE, 5 mai 2010, n° 309.328, *Min. c/Sté Transports Issoiriens* et n° 309.337, *Min. c/Sté Collomb Muret Automobiles Transports Internationaux Entreposage* : Dr. fisc. 2010, n° 24, comm. 371, concl. P. Collin ; *RJF* 7/2010, n° 670.

Cette sujétion résulte de la volonté de ne pas permettre une déduction avant que le Trésor public puisse réclamer l'imposition qui lui est due, ce qui conduirait alors à une avance de crédits publics.

La question a pu se poser de savoir si le droit à déduction, dans le cas d'une importation, est ouvert au moment de l'exigibilité ou bien une fois l'imposition acquittée au Trésor public. L'article 271, II-1-b disposait en effet que la taxe sur la valeur ajoutée déductible était « celle qui est perçue à l'importation ». Or, l'ancien article 17, paragraphe 2 de la sixième directive – dont le contenu a été repris dans l'article 168, e de la directive n° 2006/112/CE – faisait mention de « la TVA due ou acquittée » et non seulement la TVA acquittée. Saisie d'une question préjudicielle par le Conseil d'État[(495)], la Cour de justice de l'Union européenne a considéré qu'un État membre ne peut pas subordonner le droit à déduction de la TVA à l'importation au paiement effectif préalable de l'imposition par le redevable lorsque ce dernier est également le titulaire du droit à déduction »[(496)]. Le législateur en a tiré les conséquences en remplaçant « celle qui est perçue à l'importation » par « celle qui est due à l'importation ».

1295. – **Point d'arrivée du délai.** Le droit à déduction ne peut plus être exercé passé le 31 décembre de la deuxième année suivant celle au cours de laquelle la déduction pouvait être demandée[(497)].

Sur la compétence de l'autorité réglementaire fondée sur une habilitation législative prévue par l'article 273 du CGI, V. Cons. const., n° 2010-5 QPC, *SNC Kimberly-Clark : Dr. fisc.* 2010, n° 48, comm. 576, note M. Guichard et R. Grau ; *RJF* 10/2010, n° 940. – CE, 19 déc. 2012, n° 327.166, *SNC Kimberly-Clark : Dr. fisc.* 2013, n° 21, comm. 292, concl. D. Hedary ; *RJF* 3/2013, n° 283.

Sur la régularité admise du délai ainsi fixé tant au regard des articles L. 190 et R. 196-1 du LPF qu'au regard du droit de l'Union européenne : CE, 19 déc. 2012, n° 327.166, *SNC Kimberly-Clark*, préc. La Cour de justice s'était déjà prononcée sur le délai de forclusion existant en Italie en le jugeant compatible sous réserve, cependant, de respecter les « principes d'équivalence et d'effectivité »[(498)]. Si le principe d'effectivité n'a pas été considéré s'opposer à l'existence d'un délai de reprise accordé à l'administration supérieur à celui reconnu aux assujettis pour exercer leur droit à déduction, la forclusion ne peut être opposée en présence d'une demande de déduction faisant suite à la mise en œuvre d'une procédure de rectification sans mise en cause de sa bonne foi[(499)].

SOUS-SECTION 2

MODALITÉS D'EXERCICE DU DROIT À DÉDUCTION

Lorsque les conditions sont remplies, le redevable a la possibilité de récupérer tout ou partie de la taxe sur la valeur ajoutée qu'il a acquittée au titre de l'exercice de son activité. Il lui appartient alors de procéder à sa liquidation (§ 1) et d'imputer l'imposition déductible sur l'imposition collectée (§ 2).

(495) CE, 30 juill. 2010, n° 293.478, *Sté Véléclair : Dr. fisc.* 2010, n° 45, comm. 550, concl. P. Collin ; *RJF* 11/2010, n° 1011.

(496) CJUE, 29 mars 2012, aff. C-414/10, *Sté Véleclair : Dr. fisc.* 2012, n° 18-19, comm. 286, note A.-G. Hamonic-Gaux ; *RJF* 6/2012, n° 672. – *Adde* CE, 10 juin 2013, n° 293478, *Sté Véleclair : RJF* 8-9/2013, n° 820 et chron. E. Bokdam-Tognetti, p. 707 et s.

(497) CGI, ann. II, art. 208, I.

(498) CJCE, 8 mai 2008, aff. C-95/07 et C-96/07, *Ecotrade SpA : Dr. fisc.* 2008, n° 48, comm. 598, note A. Bonnet ; *RJF* 7/2008, n° 920. – *Adde* CJUE, 12 juill. 2012, aff. C-284/11, *EMS-Bulgaria Transport OOD c/Direktor na Direktsia « Obzhalvane i upravlenie na izpalnenieto » Plovdiv : RJF* 11/2012, n° 1093.

(499) *Ibid.*

§ 1. – Liquidation de la taxe sur la valeur ajoutée déductible

1296. – Compétence exclusive de l'assujetti. Au même titre que la taxe sur la valeur ajoutée exigible, la taxe sur la valeur ajoutée déductible doit être liquidée. Cette opération relève cependant de la seule compétence de l'assujetti alors que, on a pu le constater, la liquidation de l'imposition exigible peut relever du client.

Le calcul de la déduction reconnue à l'opérateur économique n'est pas nécessairement un calcul définitif (A). Des régularisations sont parfois nécessaires (B).

A. – Calcul de l'imposition déductible

1297. – Terminologie juridique. La distinction entre les qualifications d'assujetti et de redevable doit être rappelée.

L'assujetti est un opérateur qui réalise des opérations entrant dans le champ d'application de la taxe sur la valeur ajoutée.

Le redevable est un assujetti qui bénéficie du droit à déduction de la taxe sur la valeur ajoutée acquittée en amont pour les besoins de l'activité taxable.

La différence entre ces deux qualifications est importante puisqu'elle détermine l'étendue du droit à déduction. Une entreprise n'est pas nécessairement un assujetti total ou un redevable total, c'est-à-dire exerçant une activité entrant en totalité dans le champ de l'impôt ou donnant lieu à déduction intégrale de l'imposition. C'est ainsi qu'un assujetti partiel est un opérateur réalisant à la fois des opérations entrant dans le champ d'application de la taxe sur la valeur ajoutée et des opérations extérieures à ce champ. Tel est le cas d'une entreprise qui a deux activités : l'une de vente de photocopieurs, l'autre de gestion d'un portefeuille de titres sociaux. On peut aussi envisager la notion de redevable partiel pour l'assujetti qui réalise des opérations qui ouvrent droit à déduction et des opérations qui n'y ouvrent pas droit.

Le calcul de la taxe sur la valeur ajoutée déductible implique de s'interroger quant à ces deux qualifications.

1298. – Simplification. Le décret n° 2007-566 du 16 avril 2007 a profondément modifié la méthode de calcul de la taxe sur la valeur ajoutée déductible. Cette dernière est aujourd'hui égale au produit de l'imposition acquittée en amont par un coefficient de déduction. Ce dernier est lui-même le résultat du produit de trois coefficients, respectivement, d'assujettissement, de taxation et d'admission. Ces trois derniers coefficients vont être développés successivement.

1° Coefficient d'assujettissement

1299. – Règle de l'affectation. Le coefficient d'assujettissement correspond à l'application de la règle de l'affectation du bien [500]. Il faut donc tenir compte de l'utilisation du bien ou du service pour des opérations entrant dans le champ d'application de la taxe sur la valeur ajoutée. Ce faisant, le raisonnement ne change pas par

(500) CGI, ann. II, art. 206, II.

rapport au régime applicable avant le 1er janvier 2008. Plusieurs situations doivent être envisagées selon que l'opérateur économique exerce une ou plusieurs activités.

À noter sur ce point que le fait pour une société holding de percevoir un dividende d'une filiale dans la gestion de laquelle elle s'immisce ne conduit pas à la considérer, de ce seul fait, comme un assujetti partiel. La perception d'un dividende n'affecte donc pas *dans ce cas précis* le coefficient de déduction. Si tel est le cas pour toutes ses filiales, la société holding doit alors normalement être considérée comme n'exerçant qu'une seule activité. Le coefficient d'assujettissement est en revanche affecté lorsque cette société détient, en plus, des participations dans d'autres filiales dans la gestion desquelles elle ne s'immisce pas. Une ventilation est alors nécessaire, ce qui renvoie au cas de l'exercice par la société d'une pluralité d'activités(501).

1300. – **Exercice d'une activité.** Pour bénéficier du droit à déduction, l'opérateur doit être un assujetti au sens où il réalise des opérations entrant dans le champ d'application de la taxe sur la valeur ajoutée. L'hypothèse la plus simple est celle où une seule activité présentant cette caractéristique est exercée. Le coefficient d'assujettissement est alors égal à un. À défaut, il est égal à zéro.

1301. – **Exercice d'une pluralité d'activités.** La situation se complique en présence d'un assujetti partiel, autrement dit d'un opérateur qui exerce plusieurs activités dont certaines entrent dans le champ d'application et d'autres non. Il convient alors d'affecter le bien ou le service en fonction de son utilisation.

Une personne physique assujettie dispose d'un choix entre ; – affecter un bien d'investissement utilisé à des fins privées et professionnelles en tenant compte de son utilisation pour les besoins de ses opérations taxables, *via* le coefficient d'assujettissement, et, – soit affecter en totalité ou ne pas affecter du tout ce bien au patrimoine professionnel. Lorsque l'affectation aux opérations taxables est intégrale, malgré la réalité, il s'ensuit une imposition de l'utilisation privée du bien selon le régime des livraisons à soi-même(502).

Trois hypothèses se présentent donc selon que le bien ou le service sert exclusivement aux opérations situées hors champ d'application, sert exclusivement aux opérations situées dans le champ d'application ou sert pour l'ensemble des opérations (utilisation mixte). Le droit à déduction auquel l'opérateur peut prétendre est alors, à ce stade, égal à zéro, un ou à un niveau compris entre zéro et un selon le degré d'utilisation du bien pour les besoins des opérations imposables.

Dans ce dernier cas, même si la plupart du temps l'affectation est déterminée élément par élément, l'option est laissée à l'assujetti-partiel de déterminer une clé d'affectation commune à l'ensemble des biens et services présentant une affectation identique, c'est-à-dire mixte. Il est même possible de déterminer une clé de répartition commune à l'ensemble des biens et des services de l'entreprise, et ce, sans autorisation préalable de l'administration(503).

1302. – **Illustration.** Si, pour les besoins de son activité, un opérateur économique achète un ordinateur en tant qu'immobilisation, il peut prétendre au bénéfice du droit à déduction de tout ou partie de la taxe sur la valeur ajoutée qui a grevé cet achat à partir du moment où l'ordinateur est utilisé pour les besoins d'opérations entrant dans le champ d'application de l'imposition. À défaut, le coefficient

(501) CJUE, 16 juill. 2015, aff. C-108/14 et 109/14, *Beteiligungsgesellschaft Larentia + Minerva mbH & Co. KG* : *Dr. fisc.* 2015, n° 30, act. 446 ; *RJF* 11/2015, n° 982. – Revenant sur sa jurisprudence antérieure, la solution est aujourd'hui partagée par le Conseil d'État (CE, 20 mai 2016, n° 371.940, *Sté Ginger* : *Dr. fisc.* 2016, n° 24, comm. 375, concl. B. Bohnert ; *Dr. fisc.* 2016, n° 37, 474, note J.-H. Miller et C. Gainet ; *RJF* 8-9/2016, n°703 : « la taxe grevant les frais généraux des holdings qui s'immiscent dans la gestion de leurs filiales est entièrement déductible »).

(502) CJCE, 14 juill. 2005, aff. C-434/03, *Charles et Charles-Tijmens* : *RJF* 11/2005, n° 1337. – CJCE, 23 avr. 2009, aff. C-460/07, *Soncha Puffer* : *RJF* 7/2009, n° 713.

(503) CGI, ann. II, art. 206, V-1-1°.

d'assujettissement est égal à zéro et le coefficient de déduction ne peut être lui-même égal qu'à zéro puisqu'il s'agit d'un produit. Si l'ordinateur est utilisé à temps plein pour une activité taxable, le coefficient d'assujettissement est égal à un, et ce même si l'opérateur exerce d'autres activités non imposables. On tient compte de l'utilisation de l'ordinateur. Cela ne signifie pas que la taxe sur la valeur ajoutée acquittée sera, dans cette hypothèse, intégralement déductible. Le coefficient d'assujettissement n'est que l'un des trois coefficients pris en compte pour le calcul. Si, en revanche, l'ordinateur sert à la fois pour des opérations entrant dans le champ d'application et pour des opérations n'entrant pas dans ce champ, il appartient à l'assujetti d'apprécier le pourcentage d'utilisation pour les besoins d'opérations taxables. Ainsi, si l'ordinateur sert à 70 % de son temps d'utilisation pour les besoins d'opérations entrant dans le champ, le coefficient d'assujettissement est de 0,7.

2° Coefficient de taxation

1303. – **Généralités.** Le coefficient de taxation est défini dans l'article 206, III de l'annexe II du Code général des impôts. Le coefficient de taxation n'est pas sans rappeler le régime antérieur applicable aux redevables partiels avec le prorata. Il ne s'agit plus de retenir l'affectation du bien – qui conditionne la qualité d'assujetti total, partiel ou de non-assujetti – mais bien de retenir les qualités de redevable total, partiel ou de non-redevable. Le coefficient est déterminé lors de l'acquisition, de l'importation ou de la première utilisation du bien ou du service. À l'image du coefficient d'assujettissement, différentes situations doivent être envisagées selon que l'opérateur exerce une ou plusieurs activités entrant dans le champ d'application de la taxe sur la valeur ajoutée.

1304. – **Exercice d'une activité.** Toutes les opérations d'une même activité entrant dans le champ d'application n'emportent pas exigibilité de l'imposition. Elles peuvent être exonérées. L'opérateur est alors qualifié d'assujetti non redevable. Quand bien même serait-il assujetti total, avec un coefficient d'assujettissement égal à un selon les modalités décrites dans le développement précédent, le coefficient de déduction s'établit à zéro par application d'un coefficient de taxation égal à zéro. En revanche, si l'assujetti est également redevable, sous-entendu assujetti total et redevable total, le coefficient de déduction s'établit à un. Suivant la même logique, un assujetti-partiel redevable total a un coefficient de déduction égal, à ce stade, au coefficient d'assujettissement.

1305. – **Exercice d'une pluralité d'activités.** L'exercice de plusieurs activités différentes peut ne soulever aucune difficulté lorsqu'elles relèvent du même régime d'imposition. Elles sont alors considérées, pour les besoins du calcul du coefficient de déduction, comme une seule activité. La situation se complique pour les redevables partiels, autrement dit des opérateurs qui exercent à la fois des activités ouvrant à déduction et des activités n'y ouvrant pas droit.

Une solution est cependant de raisonner par ensembles homogènes, autrement dit soumis au même régime juridique. Une telle sectorisation est obligatoire par détermination de la loi lorsque, précisément, les activités de l'opérateur ne sont pas soumises à des dispositions identiques au regard du droit de la taxe sur la valeur ajoutée[504].

(504) CGI, ann. II, art. 209, I, al. 2.

La même obligation s'impose dans les cas listés dans l'article 209, I-1° à 5° de l'annexe II du CGI (livraisons à soi-même de logements sociaux à usage locatif, immeubles nus à usage professionnel imposés sur option, services imposés sur option, certaines activités des organismes sans but lucratif, opérations de lotissement réalisées par les collectivités territoriales ou leurs groupements).

Toutes les activités ne sont toutefois pas dissociables. Lorsque tel n'est pas le cas, et donc lorsqu'une sectorisation n'est pas envisageable, le redevable doit alors calculer le coefficient de taxation correspondant. Il s'agit d'un rapport qui n'est pas sans rappeler l'ancien prorata.

Sous le régime juridique antérieur à l'entrée en application du décret n° 2007-566 du 16 avril 2007, une divergence d'interprétation existait entre l'administration fiscale et les juridictions à propos de l'ancien article 212 de l'annexe II du CGI. Selon cette disposition, « les redevables qui, dans le cadre de leurs activités situées dans le champ d'application de la taxe sur la valeur ajoutée, ne réalisent pas exclusivement des opérations ouvrant droit à déduction sont autorisés à déduire une fraction de la taxe sur la valeur ajoutée qui a grevé les biens constituant des immobilisations pour effectuer ces activités ». L'administration fiscale considérait que les immobilisations étaient réputées utilisées pour l'ensemble des activités(505). Ce faisant, la solution de l'administration fiscale permettait de généraliser l'application du prorata. Ainsi, un bien immobilisé pourtant utilisé uniquement pour les besoins d'opérations n'ouvrant pas droit à déduction pouvait donner lieu à déduction partielle de l'imposition. Au contraire, les juridictions tenaient compte de la réalité de l'affectation. C'est ainsi que le Conseil d'État avait considéré qu'il faut tenir compte de l'affectation de l'immobilisation puis, si besoin est, appliquer le prorata(506). Une option était ainsi offerte aux entreprises partant du constat que la prise de position de l'administration fiscale était opposable en application de l'article L. 80 A du LPF. La portée de cette divergence était cependant limitée eu égard à l'exigence – posée par l'ancien article 213 de l'annexe II du même code – d'une sectorisation des activités différentes lorsque leur régime, quant au droit à déduction, est différent. Il en résultait une différence de régime applicable à partir du moment où, pour les biens non immobilisés et les services, l'administration fiscale s'en tenait à la méthode des juridictions. L'un des objectifs du décret n° 2007-566 du 16 avril 2007 a précisément été de remettre en cause cette divergence d'appréciation pour mettre fin à l'anomalie liée à l'interprétation administrative. Il n'y a plus lieu aujourd'hui de distinguer selon la nature du bien.

Le coefficient de taxation est un rapport déterminé année civile par année civile avec, au numérateur, le montant du chiffre d'affaires hors taxe des opérations ouvrant droit à déduction, y compris les subventions imposables et, au dénominateur, le montant du chiffre d'affaires hors taxe des opérations entrant dans le champ d'application de la taxe sur la valeur ajoutée, y compris les subventions imposables(507).

Le chiffre d'affaires retenu pour le calcul du coefficient de taxation ne tient pas compte de celui réalisé par les établissements stables étrangers du redevable(508).

Sont cependant exclus du calcul, entre autres, les cessions de biens d'investissement, les livraisons à soi-même de biens immobilisés imposées à la taxe sur la valeur ajoutée, les remboursements de frais acquittés au nom et pour le compte d'un commettant et les produits immobiliers et financiers accessoires exonérés de la taxe sur la valeur ajoutée(509).

(505) Doc. adm. DGI, 3 D-1712.

(506) CE, 21 févr. 1979, n° 8.070, *Socofrein* : *Dr. fisc.* 1979, comm. 2150 ; *RJF* 4/1979, n° 213 et *RJF* 5/1979, p. 155 et s., chron. J.-F. Verny.

(507) CGI, ann. II, art. 206, III-3-1°.

(508) CJUE, 12 sept. 2013, aff. C-388/11, *Le Crédit Lyonnais*, pt 34 : *Dr. fisc.* 2013, n° 41, comm. 471, note I. Féron et R. Zana ; *RJF* 12/2013, n° 1192.

(509) CGI, ann. II, art. 206, III-3-3°.

La CJCE a considéré que le calcul inclut les cessions de biens par voie de location-vente lorsque la vente fait partie de l'activité économique habituelle de l'entreprise[510]. Une telle solution est logique étant donné qu'il ne s'agit alors plus de biens d'investissement.

Sont considérés comme accessoires les produits financiers dont la perception ne constitue pas le prolongement direct, permanent et nécessaire[511] de l'activité imposable[512] *et* qui ne nécessitent qu'une utilisation très limitée[513], évaluée en droit interne à 10 % maximum[514], des biens et services pour lesquels l'imposition est due. L'administration fiscale considère cette condition satisfaite si le produit des opérations financières exonérées présentant un lien avec l'activité principale n'excède pas 5 % du chiffre d'affaires de l'entreprise, taxe sur la valeur ajoutée incluse[515].

Le rapport ainsi obtenu, arrondi à la deuxième décimale supérieure, correspond au coefficient de taxation. Ce dernier est calculé pour chaque bien ou service. Il est toutefois possible, à l'image du coefficient d'assujettissement, de calculer un coefficient de taxation pour l'ensemble des biens et services de l'entreprise, et ce sans autorisation administrative préalable depuis le 1er janvier 2008.

L'impossibilité de calculer le prorata implique de procéder par voie de coefficient de taxation provisoire, lequel est ensuite régularisé avant le 25 avril de l'année suivante, ou le 31 décembre de l'année suivante s'il s'agit d'un nouveau redevable.

1306. – **Illustration.** Si, pour les besoins de son activité, un opérateur économique achète un ordinateur en tant qu'immobilisation, il peut prétendre au bénéfice du droit à déduction de la taxe sur la valeur ajoutée qui a grevé cet achat à partir du moment où l'ordinateur est utilisé pour les besoins d'opérations entrant dans le champ d'application de l'imposition et ouvrant droit à déduction. Ainsi, un vendeur de chaussures pourra, en tant qu'assujetti (total) redevable (total), bénéficier de la restitution de l'intégralité de l'imposition acquittée lors de l'achat. En revanche, un médecin (non radié), qui est un assujetti (total) non redevable, ne bénéficiera d'aucune déduction de la taxe sur la valeur ajoutée acquittée en amont. Même si son coefficient d'assujettissement est égal à un, son coefficient de taxation est nul. Le produit est donc égal à zéro. Si, dernière hypothèse, un opérateur est redevable partiel et si l'ordinateur est utilisé pour les besoins de ses deux activités, celle(s) ouvrant droit à déduction et celle(s) n'y ouvrant pas droit, le coefficient de taxation doit être calculé.

3° Coefficient d'admission

1307. – **Changement de référentiel.** Le coefficient d'admission ne prend pas en compte l'activité de l'opérateur. Uniquement le bien ou le service concerné par l'opération. Or, tous les biens ou services n'ouvrent effectivement pas droit à

(510) CJCE, 6 mars 2008, aff. C-98/07, *Nordenia Finances SA* : *Dr. fisc.* 2008, n° 11, comm. 216 ; *Dr. fisc.* 2008, n° 4, note W. Stemmer et D. Nicault.

(511) Selon le Conseil d'État, le caractère nécessaire peut être établi indépendamment d'une obligation prescrite par la législation ou d'un motif économique en ce que l'opération conditionnerait la rentabilité de l'opérateur : à propos d'une société dont l'activité est d'émettre des titres-restaurant : CE, 1er oct. 2015, n° 369.846, *Sté Edenred France* : *Dr. fisc.* 2016, n° 7-8, comm. 179, concl. E. Crépey, note L. Chetcuti et R. Dayan ; *RJF* 12/2015, n° 1008.

(512) CJCE, 11 juill. 1996, aff. C-306/94, *Régie Dauphinoise et Cabinet A. Forest SARL*, pt 18 : *Dr. fisc.* 1996, n° 45-46, étude J. Turot ; *RJF* 8-9/1996, n° 1112. – CE, 21 oct. 2011, n° 315.469, *SNC Ariane* : *Dr. fisc.* 2012, n° 2, comm. 55, concl. C. Legras, note C. Sniadower ; *RJF* 1/2012, n° 24.

(513) CJCE, 29 avr. 2004, aff. C-77/01, *EDM*, pt 59 : *Dr. fisc.* 2004, n° 29, comm. 631, note M. Guichard et B. Jeannin ; *RJF* 7/2004 n° 827, étude Ph. Tournès, p. 511.

(514) CGI, ann. II, art. 206, III-3-3°-*b*.

(515) BOI-TVA-DED-20-10-20, § 230.

déduction. La loi fiscale prévoit certaines restrictions[516] comme on a déjà pu le constater (V. *supra*, n°s 1285 et s.).

En présence d'une telle limite, deux possibilités existent : soit le droit à déduction est remis en cause en intégralité, soit il ne l'est qu'en partie. Dans le premier cas, à l'image, sauf exceptions, de l'acquisition d'un véhicule de transport de personnes, le coefficient d'admission est égal à zéro. Dans le second, il varie entre zéro et un selon la volonté du législateur.

C'est ainsi que, sauf exception, le coefficient d'admission du gazole ou du superéthanol E85 utilisés comme carburants pour un véhicule de transport de personnes est égal à 0,8[517].

En l'absence de toute limite, le coefficient d'admission est égal à un.

B. – Régularisation de l'imposition déductible

L'application des règles de déductibilité de la taxe sur la valeur ajoutée n'est pas toujours définitive. Des régularisations peuvent être obligatoires, soit annuelles (1°), soit globales (2°).

1° Régularisations annuelles

1308. – **Droit à déduction conditionné.** Le principe du droit à déduction reconnu à l'entreprise repose sur la confiance. L'entreprise est réputée de bonne foi dans sa déclaration. Un redevable va donc bénéficier du droit à déduction, par voie d'imputation ou par voie de remboursement, de tout ou partie de la taxe sur la valeur ajoutée qui a grevé l'acquisition du bien ou du service. Or, un bien qui a pu être acquis dans le but d'être utilisé exclusivement pour des opérations entrant dans le champ d'application de l'imposition peut voir son affectation changer en fonction du développement de l'entreprise. Il peut être utilisé pour des opérations n'ouvrant pas droit à déduction. Des régularisations peuvent alors être obligatoires.

1309. – **Conditions.** À l'image du dispositif applicable jusqu'au 31 décembre 2007, des régularisations peuvent être rendues obligatoires avant le 25 avril de l'année suivante lorsque le produit du coefficient d'assujettissement et de taxation d'un bien immobilisé varie de plus de 0,1 point sur une période de cinq ou vingt années selon que le bien est un meuble ou un immeuble, et ce à compter de l'année d'acquisition, d'importation, d'achèvement, de première utilisation ou de transfert entre secteurs d'activités distincts[518]. Au-delà de la période, la déduction est définitive.

Pour l'appréciation de la période de régularisation, l'année au cours de laquelle le bien immobilisé a été acquis, achevé ou utilisé pour la première fois ou transféré entre secteurs d'activité constitués en application des dispositions de l'article 209 de l'annexe II au CGI compte pour une année entière[519].

Le calcul de la déduction à reverser ou du complément dont le redevable va bénéficier est identique au régime antérieur au 1er janvier 2008. La variation des coefficients est calculée à laquelle on applique un coefficient de 5 % ou 20 % selon que le bien est un immeuble ou un meuble. Attention : si le coefficient d'admission

(516) CGI, ann. II, art. 206, IV.
(517) CGI, ann. II, art. 206, IV-4.
(518) CGI, ann. II, art. 207, II.
(519) BOI-TVA-DED-60-10, n° 20.

n'est pas pris en compte pour juger de l'obligation de régulariser la situation, il l'est pour la phase de calcul.

Un ordinateur acheté une année n moyennant une taxe sur la valeur ajoutée de 1 000 € a un coefficient d'assujettissement égal à 1, un coefficient de taxation égal à 0,65 et un coefficient d'admission de 1. En n+1, le coefficient de taxation passe à 0,8. Une régularisation est alors obligatoire eu égard à la variation du produit des coefficients d'assujettissement et de taxation de plus de 0,10. On est en effet passé de 1 × 0,65, soit 0,65, à 1 × 0,8, soit 0,8. La différence est égale à 0,8 – 0,65 soit 0,15. Étant donné que le coefficient de taxation augmente, l'opérateur va bénéficier d'un complément de déduction de TVA égal à 20 % [il s'agit en effet d'un bien meuble] × {(1 [coeff. d'assuj.] × 0,65 [coeff. de tax.] × 1 [coeff. d'adm.]) – (1 [coeff. d'assuj.] × 0,8 [coeff. de tax.] × 1 [coeff. d'adm.])} × 1 000 € [montant de TVA acquitté] soit 30 €.

1310. – **Exception.** Aucune régularisation ne peut avoir lieu lorsque le coefficient d'assujettissement de l'année de référence est égal à zéro[520]. Le changement d'affectation d'un bien acquis pour les besoins d'opérations n'entrant pas dans le champ d'application de la taxe sur la valeur ajoutée ne permet donc pas à l'opérateur de bénéficier dans le futur d'une déduction d'une partie de la taxe sur la valeur ajoutée.

2° Régularisations globales

1311. – **Biens non immobilisés ou services.** La disparition de marchandises, c'est-à-dire de biens non immobilisés, doit donner lieu à restitution intégrale sans limitation de durée de la taxe sur la valeur ajoutée initialement déduite. La disparition peut résulter soit d'un vol – un dépôt de plainte est obligatoire – soit d'une destruction volontaire dans l'hypothèse de produits périmés. La restitution doit intervenir avant le 25 du mois suivant la survenance de l'événement.

La situation est identique lorsqu'un bien ou un service initialement destiné à une opération imposable vient à ne plus l'être[521].

C'est ainsi qu'un promoteur immobilier qui avait déduit intégralement la TVA ayant grevé des biens immeubles destinés à la vente est tenu de reverser l'impôt indûment récupéré lorsque les immeubles ne sont toujours pas vendus cinq années après leur achèvement. L'expiration de cette période ne doit pas être considérée comme révélant une livraison à soi-même et doit seulement donner lieu à régularisation[522].

Dans le sens inverse, un bien non immobilisé qui n'avait pas ouvert droit à déduction au motif qu'il était utilisé pour des opérations exonérées et qui vient à l'être pour des opérations ouvrant droit à déduction ouvre droit pour partie à déduction.

1312. – **Biens immobilisés.** Une régularisation de l'imposition initialement déduite est requise pour les biens immobilisés en cas de cession ou d'apport soumis ou non à la taxe sur la valeur ajoutée, en cas de transfert entre secteurs d'activités distincts, en cas de modification de la réglementation quant à la valeur du coefficient d'admission ou lorsque le bien vient à ne plus être utilisé pour les besoins d'opérations imposables ou ouvrant droit à déduction[523].

---

(520) CGI, ann. II, art. 207, II5°.
(521) CGI, ann. II, art. 207, VI.
(522) CE, 19 mars 2009, n° 300.352, *Min. c/SCI Murano : Dr. fisc.* 2009, n° 37, comm. 461, note W. Stemmer ; *RJF* 6/2009, n° 551.
(523) CGI, ann. II, art. 207, III-1.

Ne sont pas concernés les biens dont le coefficient d'assujettissement de référence est égal à zéro et les biens détruits ou volés sous réserve de la production d'un justificatif.

1313. – **Cession ou apport non soumis à la taxe sur la valeur ajoutée.** La cession ou l'apport d'un bien immobilisé non soumis à la taxe sur la valeur ajoutée donne lieu à régularisation globale. Partant du constat que la taxe sur la valeur ajoutée acquittée en amont a pu être déduite en tout ou partie, toute cession ou apport avant l'expiration de la durée de cinq années (meuble) ou vingt années (immeuble) implique de restituer l'imposition correspondante.

La régularisation prend la forme d'un reversement avant le 25 avril de l'année suivante qui est égal à la somme des régularisations qui auraient dû être normalement effectuées jusqu'au terme de la période de régularisation. Pour chaque année restante jusqu'à ce terme (durée de cinq ou vingt années selon que le bien est un meuble ou un immeuble), les coefficients changent en fonction de l'événement qui génère la régularisation(524).

Exemple : un immeuble est acheté en année n moyennant 100 000 € hors taxe (TVA à 20 %) par un assujetti pour les besoins de son activité. Le coefficient de déduction est évalué à 0,5 (coefficient d'assujettissement égal à 0,5, coefficient de taxation égal à 1 et coefficient d'admission égal à 1). La TVA récupérée est de 10 000 € (100 000 € × 20 % × 0,5). L'immeuble est vendu en n+5 sans être soumis à la taxe sur la valeur ajoutée. Une régularisation est nécessaire au titre des quatorze années restantes. L'article 207, III-2-1° de l'annexe II impose de retenir un coefficient de taxation égal à zéro pour ces années. Il en résulte l'obligation de reverser 14/20 de la TVA initialement déduite, soit 7 000 €.

À l'image du droit applicable jusqu'au 31 décembre 2007, pour les cessions ou apports non soumis en totalité à la taxe sur la valeur ajoutée ou pour les changements de secteurs, et sous réserve que le bien constitue également pour l'acquéreur une immobilisation, un droit à déduction est reconnu à ce dernier égal au produit de la taxe sur la valeur ajoutée qui a grevé le bien à l'origine et le rapport calculé par le cédant pour le reversement. Ce montant sera ensuite corrigé pour tenir compte de son propre coefficient de déduction(525). En somme, il s'agit d'un véritable transfert entre cédant et cessionnaire qui est subordonné à la délivrance d'une attestation par le cédant.

1314. – **Cession ou apport soumis à la taxe sur la valeur ajoutée.** Si un bien immobilisé est, au contraire, cédé moyennant imposition à la taxe sur la valeur ajoutée, une régularisation est également possible lorsque le bien n'a pas fait l'objet, lors de son acquisition, d'une déduction intégrale de l'imposition qui l'avait frappée(526). Un complément de déduction est alors accordé sous réserve que la cession intervienne avant l'expiration de la période de cinq années ou vingt années à compter de son acquisition. Le montant de la déduction complémentaire accordé est alors calculé en considérant que le coefficient de déduction est égal à un pour les années restant à courir. La taxe sur la valeur ajoutée est toutefois déductible intégralement s'il s'agit d'immeubles à usage d'habitation.

(524) CGI, ann. II, art. 207, III-2.
(525) CGI, ann. II, art. 207, III-3.
(526) CGI, ann. II, art. 207, III-1-2°.

Exemple : une machine-outil est achetée en année n moyennant 100 000 € hors taxe (TVA à 20 %) par un assujetti pour les besoins de son activité. Le coefficient de déduction est alors évalué à 0,5 (coefficient d'assujettissement égal à 0,5, coefficient de taxation égal à un et coefficient d'admission égal à un). La TVA récupérée est de 10 000 € (100 000 € × 20 % × 0,5). La machine-outil est revendue en n+2 avec exigibilité de la TVA. L'article 207, III-2-2° impose de retenir, pour la durée restante, un coefficient de déduction égal à 1. Il en résulte un complément de déduction pour les deux années restant à courir égal à 4 000 € selon la formule [2/5 × (1 – 0,5) × 20 000 €].

1315. – **Transfert entre secteurs d'activités distinctes.** Le transfert entre secteurs d'activités distinctes suit les mêmes règles que la cession ou l'apport d'un bien immobilisé non soumis à la taxe sur la valeur ajoutée(527).

1316. – **Nouveau redevable.** L'article 207, IV-2 de l'annexe II du Code général des impôts dispose que tout bien en stock ou immobilisé non encore utilisé venant à être employé pour des opérations ouvrant droit à déduction permet le bénéfice du droit à déduction de la taxe sur la valeur ajoutée acquittée à l'origine à proportion du coefficient de déduction résultant du changement.

§ 2. – L'imputation de la taxe sur la valeur ajoutée déductible

Une fois la taxe sur la valeur ajoutée déductible calculée, il est possible de procéder à son imputation sur la taxe sur la valeur ajoutée collectée (A), et ce à l'occasion du processus déclaratif (B).

A. – Liquidation et paiement de l'imposition

1317. – **Soustraction.** Conformément à l'article 271, I-1 du Code général des impôts, « la taxe sur la valeur ajoutée qui a grevé les éléments du prix d'une opération imposable est déductible de la taxe sur la valeur ajoutée applicable à cette opération ».

L'opération qu'il convient donc d'effectuer est une soustraction entre le montant de l'imposition collectée sur une période de temps qui varie en fonction du régime d'imposition retenu et le montant de l'imposition déductible. Le solde obtenu est alors soit positif soit négatif(528).

1318. – **Solde positif.** Un solde positif impose son reversement au Trésor public dès le dépôt de la déclaration périodique(529).

Depuis le 1er janvier 2012, un régime de groupe existe de manière à permettre à certaines sociétés détenues à plus de 50 % du capital ou des droits de vote de centraliser le paiement de la TVA sans toutefois, élément important, conduire à libérer les sociétés membres du groupe TVA de leur obligation déclarative (V. *supra*, n° 1278).

1319. – **Solidarité fiscale.** De manière à lutter contre les circuits de fraude, une solidarité fiscale a été créée entre le redevable de l'imposition et l'assujetti en faveur

(527) CGI, art. 207, III-1-1. – V. *supra*, n° 1313.
(528) CGI, ann. II, art. 242-0 A et s.
(529) CGI, art. 1692.

duquel une opération a été effectuée et qui savait ou ne pouvait ignorer que tout ou partie de la taxe sur la valeur ajoutée due à ce titre ne serait pas reversée de manière frauduleuse[530].

Ce dispositif connaît une limite par l'impossibilité de le cumuler avec la perte du droit à déduction prévue par l'article 272, 3 du même code.

Depuis le 1er janvier 2013, un second régime de solidarité existe dans le cas particulier de l'application du régime de la marge sur les ventes de véhicules terrestres à moteur[531].

1320. – **Solde négatif.** Un solde négatif est représentatif d'une créance du redevable sur l'État. À moins qu'il ne demande son remboursement[532], l'excédent est reporté sur la déclaration suivante[533].

En principe annuel, le remboursement peut être mensuel ou trimestriel. En l'absence de toute demande de remboursement, le crédit s'impute sur les périodes déclaratives suivantes.

Le remboursement est en principe annuel lorsque le montant est d'au moins 150 €. Dans un tel cas, la demande doit alors être déposée au cours du mois de janvier suivant l'année civile concernée[534].

Le remboursement peut être mensuel ou trimestriel, selon la périodicité de dépôt des déclarations des opérations, pour les assujettis relevant du régime normal d'imposition et pour les exploitants agricoles lorsque le montant est au moins égal à 760 €.

Les exportateurs et opérateurs réalisant des livraisons intracommunautaires bénéficient d'un régime particulier en ce qu'ils peuvent demander le remboursement de la TVA qui a grevé ces opérations sans se voir opposer un seuil[535].

À noter que l'administration peut exiger du redevable qu'il présente une caution solvable pour sécuriser le versement au cas où le remboursement viendrait à être indûment obtenu[536]. Le refus de déférer à cette demande ne peut à lui seul être de nature à priver le redevable de son droit à remboursement. Comme le Conseil d'État l'a reconnu dans le cadre d'un référé-suspension, « l'absence de présentation d'une caution est sans incidence sur le droit à remboursement de crédits de TVA et ne saurait constituer un motif de rejet d'une demande de remboursement (...) ainsi, le moyen tiré de ce que le directeur des services fiscaux ne pouvait légalement invoquer l'absence de caution sans faire état d'éléments dont il résulterait que le droit à déduction et à remboursement de la société ne serait pas fondé est de nature à créer un doute sérieux sur la légalité des décisions [contestées] »[537]. Une motivation est donc requise.

1321. – **Cas particulier de la TVA supportée dans un autre État.** Un assujetti qui ne réalise pas des opérations imposables dans un État membre dans lequel il n'est pas établi peut bénéficier du remboursement de la taxe sur la valeur ajoutée qu'il y a acquittée pour les besoins de son activité imposable. Fondée sur la directive n° 2008/9/CEE du 12 février 2008 qui s'est substituée à la 8e directive du 6 décembre 1979 lorsque l'assujetti est établi dans l'Union européenne, la procédure repose encore aujourd'hui sur la 13e directive n° 86/560/CEE du 17 novembre 1986 lorsque l'assujetti est établi dans un État tiers.

(530) CGI, art. 283, 4 bis.
(531) CGI, art. 283, 4 ter.
(532) CGI, ann. II, art. 242-0 A.
(533) CGI, art. 271, IV.
(534) CGI, ann. II, art. 242-0 C.
(535) CGI, ann. II, art. 242-0 F.
(536) CGI, ann. II, art. 242-0 J.
(537) CE, 30 déc. 2002, n° 244.645, *Sté Mec Micro Electronics* : *RJF* 4/2003, n° 428.

La procédure ouverte aux assujettis établis en France afin d'obtenir le remboursement de la taxe sur la valeur ajoutée supportée dans un autre État membre est codifiée à l'article 289 D du Code général des impôts. Entièrement dématérialisée, cette procédure exige une demande de l'assujetti adressée en ce sens à l'administration fiscale française qui, si les conditions lui paraissent réunies, en assure alors le transfert à celle de l'État membre concerné.

L'article 96 O de l'annexe III du CGI impose le dépôt d'une demande en ce sens avant le 30 septembre de l'année civile au cours de laquelle l'imposition est devenue exigible. Pour plus d'informations sur ce régime, V. BOI-TVA-DED-50-20-30-20.

Les assujettis établis dans un autre État membre désireux de demander le remboursement de la taxe sur la valeur ajoutée qu'ils ont acquittée en France disposent du même droit dans la mesure où ils y ont réalisé des opérations non imposables qui auraient ouvert droit à déduction si leur lieu d'imposition s'y était situé[538].

Pour plus d'informations, V. BOI-TVA-DED-50-20-30-10.

Les assujettis établis dans un État tiers bénéficient également d'un droit au remboursement de la taxe sur la valeur ajoutée[539], du moins sous réserve de réciprocité. Conforme à l'article 2, 2 de la 13e directive, l'article 242-0 Z quater de l'annexe II du Code général des impôts exclut en effet du dispositif les « assujettis établis dans un pays ou territoire qui n'accorde pas d'avantages comparables en ce qui concerne les taxes sur le chiffre d'affaires aux assujettis établis en France, et qui figure sur une liste fixée par un arrêté du ministre chargé du budget ». Aucun pays ne figure à ce jour dans une telle liste[540].

Le droit au remboursement connaît des seuils de 25 € et 200 € selon que le remboursement est demandé au titre d'une année ou d'un trimestre[541]. La demande de remboursement doit être adressée à l'administration fiscale française avant la fin du sixième mois suivant l'année civile au cours de laquelle la taxe est devenue exigible[542]. Pour plus d'informations, V. BOI-TVA-DED-50-20-30-40.

B. – Information de l'administration fiscale

1322. – **Obligations comptables et administratives.** Outre une comptabilité destinée à justifier de l'existence des opérations réalisées, les opérateurs économiques soumis au régime de la taxe sur la valeur ajoutée sont tenus à plusieurs obligations déclaratives[543].

À noter que les redevables de la taxe sur la valeur ajoutée en France sont tenus de désigner un représentant fiscal en France lorsqu'ils sont établis dans un État extérieur à l'Union européenne qui n'a pas conclu avec la France une convention d'assistance mutuelle en matière de recouvrement[544].

La désignation d'un représentant fiscal n'est pas exigée lorsque les opérations réalisées par l'opérateur sont uniquement des opérations en suspension de TVA conformément à l'article 277 A, I du CGI ou des opérations de livraisons de gaz naturel ou d'électricité pour lesquelles l'imposition est due en France[545].

(538) CGI, art. 271, V-*d* et ann. II, art. 242-0 M et s.
(539) CGI, ann. II, art. 242-0 Z quater et s.
(540) BOI-TVA-DED-50-20-30-40, n° 30.
(541) CGI, ann. II, art. 242-0 Z sexies.
(542) *Ibid.*
(543) CGI, art. 286, I.
(544) CGI, art. 289 A.
(545) CGI, 289 A, I.

1323. – Déclarations d'existence et de cessation d'activité. Parmi les obligations déclaratives, figurent celles qui sont obligatoires pour informer l'administration du commencement et de la cessation de l'activité.

Dans les quinze jours du commencement de l'activité, à moins qu'il effectue des livraisons de biens ou des prestations de services à titre occasionnel, tout assujetti et, en cas d'acquisition intracommunautaire, toute personne morale non assujettie réalisant des opérations imposables doit remplir une déclaration d'existence afin de permettre à l'administration fiscale de l'identifier[546]. À cette occasion, un numéro d'identification, comportant treize caractères, est attribué pour les assujettis qui réalisent des opérations intracommunautaires. Toute modification substantielle de sa situation doit être portée à la connaissance des services fiscaux. Le numéro d'identification peut être invalidé[547]. Tel est notamment le cas lorsqu'aucune réponse n'a été donnée dans les trente jours suivant la réception d'une demande d'informations fondée sur l'article L. 10 BA du Livre des procédures fiscales.

La délivrance d'un numéro d'identification est de droit. Seul un motif légitime peut donc conduire un État à s'y opposer. La Cour de justice de l'Union européenne s'est récemment prononcée sur ce sujet en considérant que « la directive 2006/112 et, notamment, ses articles 213 et 214 s'opposent à ce que l'administration fiscale d'un État membre refuse d'attribuer un numéro d'identification à la TVA à un demandeur pour le seul motif qu'il n'est pas en mesure de démontrer qu'il dispose des moyens matériels, techniques et financiers pour exercer l'activité économique déclarée lors de l'introduction de sa demande d'inscription au registre des assujettis (...) les États membres peuvent légitimement prévoir, conformément à l'article 273, premier alinéa, de la directive 2006/112, des mesures aptes à empêcher l'usage abusif des numéros d'identification, en particulier par des entreprises dont l'activité, et par conséquent la qualité d'assujetti, serait purement fictive. Toutefois, ces mesures ne doivent pas aller au-delà de ce qui est nécessaire pour assurer l'exacte perception de la taxe et éviter la fraude et elles ne doivent pas systématiquement remettre en cause le droit à déduction de la TVA et, partant, la neutralité de cette taxe »[548].

Le pendant de la déclaration d'existence est la déclaration de cessation d'activité qui doit être adressée aux services fiscaux dans les trente jours de l'événement[549].

Les déclarations doivent être transmises au service des impôts compétent, c'est-à-dire au lieu de leur direction ou, à défaut au lieu d'exercice de l'activité, pour les entreprises qui ne sont pas imposables à l'impôt sur les sociétés et au lieu de leur principal établissement dans l'hypothèse contraire. Elles doivent toutefois être déposées sur le lieu de réalisation si l'assujetti réalise des opérations à titre occasionnel ou sur le lieu de situation de l'immeuble, s'il s'agit d'un loueur en meublé ou d'une location civile imposable.

1324. – Déclarations périodiques d'activité. Lorsqu'ils ne relèvent pas d'un régime dérogatoire, les assujettis sont également tenus de déposer des déclarations périodiques d'activité en fonction du régime d'imposition applicable. Ce dernier dépend de la nature et du volume du chiffre d'affaires de l'opérateur. Quatre régimes d'imposition existent en la matière dont deux régimes réels (réel normal et réel simplifié), un régime de franchise (régime micro-entreprise) et un régime spécifique aux exploitants agricoles.

Conformément au III de l'article 1649 quater B quater du CGI, les déclarations de taxe sur la valeur ajoutée, leurs annexes, les demandes de remboursement de crédit de TVA ainsi que les déclarations de taxes assimilées aux taxes sur le chiffre d'affaires et leurs annexes doivent être souscrites par voie électronique.

(546) CGI, art. 286 ter.
(547) LPF, art. L. 10 BA, IV.
(548) CJUE, 14 mars 2013, aff. C-527/11, *Valsts ienemumu dienests c/Ablessio SIA* : *RJF* 7/2013, n° 795, pts 27 et 30.
(549) CGI, ann. IV, art. 36.

1325. – **Régime réel normal.** Le régime réel normal s'applique lorsque l'assujetti réalise un chiffre d'affaires supérieur à 783 000 € hors taxe pour une activité de livraisons de biens ou de ventes de produits à consommer sur place ou de fourniture de logement, ou supérieur à 236 000 € hors taxe pour une activité de prestations de services.

Depuis le 1er janvier 2015, le chiffre d'affaires de référence est celui de l'exercice n-1. Il était auparavant celui de l'année en cours.

Une déclaration (CA3) doit être déposée chaque mois pour retracer l'ensemble des opérations réalisées durant le mois civil précédent(550).

Le dépôt d'une déclaration trimestrielle peut être autorisé par l'administration lorsque le montant de la taxe sur la valeur ajoutée annuelle est inférieur à 4 000 €(551). En cas de difficultés pour l'assujetti à respecter les délais d'envoi de la déclaration, un mois supplémentaire est accordé sur autorisation de l'administration, sous réserve du versement d'une provision égale à 80 % du montant estimé. La régularisation a lieu le mois suivant.

1326. – **Régime réel simplifié.** À moins que le montant de TVA exigible au titre de l'année précédente ait excédé 15 000 €(552), les assujettis qui réalisent un chiffre d'affaires inférieur aux seuils précédents (V. *supra*, n° 1325) tout en étant supérieurs à ceux de la franchise (V. *infra*, n° 1327) relèvent du régime réel simplifié. Ils gardent tout de même la possibilité d'opter pour le régime réel normal.

Sous le régime simplifié, une déclaration annuelle (CA 12) doit être déposée avant le 30 avril de l'année dont le contenu doit retracer les opérations réalisées l'année précédente(553).

Le délai est toutefois différent pour les entreprises dont l'exercice ne coïncide pas avec l'année civile puisque la déclaration doit parvenir au service compétent dans les trois mois de la clôture de l'exercice.

Deux acomptes semestriels doivent être acquittés en juillet et décembre d'un montant, respectivement, de 55 % et 40 % de l'imposition due au titre de l'exercice précédent avant déduction de la TVA relative aux biens constituant des immobilisations.

1327. – **Franchise.** Lorsque le chiffre d'affaires est inférieur à 82 200 € pour une activité de livraisons de biens ou de ventes de produits à consommer sur place ou de fourniture de logement ou 32 900 € hors taxe pour une activité de prestations de services, l'opérateur économique relève du régime de la franchise lorsqu'il n'a pas exercé une activité occulte(554).

Lorsque le chiffre d'affaires de l'avant-dernière année est inférieur à ces seuils, les limites sont portées à 89 600 € et 34 600 €.

Il lui est alors interdit d'exiger de ses clients le paiement de la taxe sur la valeur ajoutée, sauf pour lui à opter pour le régime réel simplifié ou normal (V. *supra*, n° 1256). Parallèlement, toute déduction de la taxe sur la valeur ajoutée est impossible.

Certaines entreprises y sont aussi soumises malgré un chiffre d'affaires supérieur à 32 900 €. C'est ainsi que les avocats, les auteurs ou les artistes se voient appliquer un seuil de 42 600 €. Le dépassement, une année, de ces seuils n'emporte pas nécessairement remise en cause du régime.

(550) CGI, art. 287, 2.
(551) CGI, art. 287, 2, al. 3.
(552) CGI, art. 287, 3 bis.
(553) CGI, art. 287, 3.
(554) CGI, art. 293 B et s.

1328. – Régime spécial des exploitants agricoles. Les opérations réalisées par les exploitants agricoles sont obligatoirement soumises à la taxe sur la valeur ajoutée lorsque le chiffre d'affaires est supérieur à 46 000 € en moyenne sur deux années civiles consécutives[555], voire, lorsque le chiffre d'affaires est inférieur, si l'exploitant utilise des méthodes commerciales ou des procédés industriels[556] ou si l'activité développée est de nature commerciale et porte sur des animaux de boucherie et de charcuterie[557]. Quelle que soit la situation, les exploitants agricoles dont l'activité est imposable relèvent du régime simplifié agricole, lequel se traduit par un formalisme allégé[558].

Les exploitants agricoles qui ne sont pas redevables de la taxe sur la valeur ajoutée sont, quant à eux, soumis au régime du remboursement forfaitaire[559]. En l'absence de droit à déduction, ils bénéficient – on aurait pu écrire en 2013 « bénéficiaient » – d'un remboursement partiel de la taxe sur la valeur ajoutée acquittée en amont sous la forme d'un versement du Trésor chaque année selon un taux qui varie en fonction de la nature des produits vendus.

La rédaction de l'article 68 de la loi de finances rectificative du 29 décembre 2012 appelle l'emploi du passé pour l'application du régime forfaitaire agricole, tout du moins pour la seule année 2013. Alors que l'intention du législateur était manifestement de prévoir une hausse des taux de ce remboursement en 2014 afin d'accompagner la hausse des taux de TVA prévue à la même période (V. *supra*, n° 1274), le Parlement a adopté un amendement gouvernemental modificatif de l'année figurant dans l'article 298 quater, I bis du CGI. L'année 2014 a ainsi été substituée à 2012. Or, de manière surprenante, et contrairement aux autres dispositions du même article, aucun différé d'entrée en application n'a été prévu. Le remboursement forfaitaire agricole a donc été privé en 2013 de fondement juridique pour sa liquidation. On ajoutera que la base *BOFiP* ne pouvait être d'aucun secours durant la période, étant donné que le texte n'apporte aucune précision quant aux taux applicables. Il est juste renvoyé à l'article 298 quater, I bis du CGI[560].

Depuis le 1er janvier 2014, et pour les opérations dont le fait générateur intervient à compter de cette date, les ventes réalisées ouvrent droit à un remboursement forfaitaire agricole de 5,59 % pour le lait, les animaux de bassecour, les œufs, les animaux de boucherie et de charcuterie et 4,43 % pour les autres produits[561].

Un exploitant agricole soumis au régime simplifié peut appliquer ce régime à ses recettes accessoires, commerciales ou non-commerciales lorsqu'au titre de la période couvrant les trois années d'imposition précédentes, la moyenne annuelle des recettes accessoires, taxes comprises, de ces trois années n'excède pas 50 000 € et 30 % de la moyenne annuelle des recettes, taxes comprises, provenant de ses activités agricoles, au titre desdites années[562]. Cela vaut aussi pour les recettes issues de l'activité de producteur d'électricité d'origine photovoltaïque ou éolienne lorsque l'installation est implantée sur le terrain de l'exploitant et lorsque ces recettes, majorées des recettes accessoires commerciales et non commerciales, sont inférieures au titre de la période annuelle d'imposition précédente à 100 000 € et 50 % du montant des recettes taxes comprises issues de l'exploitation agricole[563].

(555) CGI, art. 298 bis, II-5.
(556) CGI, art. 298 bis, II-1.
(557) CGI, art. 298 bis, II-3.
(558) CGI, art. 298 bis.
(559) CGI, art. 298 quater et 298 quinquies.
(560) BOI-TVA-SECT-80-60-10-40.
(561) CGI, art. 298 quater, I bis.
(562) CGI, art. 298 bis, III bis.
(563) *Ibid.*

1329. – DES-DEB-DAU. D'autres déclarations doivent aussi être déposées auprès des services administratifs.

Les assujettis identifiés à la taxe sur la valeur ajoutée effectuant des prestations de services intracommunautaires doivent ainsi déposer un état récapitulatif des clients (ERC) afin de communiquer à l'administration les numéros d'identification des parties et les montants des prestations pour chaque preneur. Cette déclaration européenne de services (DES), prévue par l'article 289 B du Code général des impôts, doit être transmise à l'administration des douanes par la voie électronique, à moins de relever du régime de la franchise en base. La déclaration est mensuelle avec une période de référence correspondant au mois au cours duquel la taxe sur la valeur ajoutée est devenue exigible dans l'État membre du preneur et une date d'envoi au plus tard le dixième jour ouvrable du mois qui suit.

Sur la DES, V. BOI-TVA-DECLA-20-20-40, § 130 et s.

Une autre déclaration existe pour les livraisons de biens. La déclaration d'échange de biens (DEB) est prévue par les articles 289 B et 289 C du Code général des impôts et 467 du Code des douanes. Elle concerne les opérations intracommunautaires et a pour finalité l'établissement de statistiques du commerce extérieur et un suivi fiscal des échanges. La DEB doit être transmise par voie électronique lorsque l'entreprise a réalisé au cours de l'année civile précédente, ou lorsqu'elle atteint ce seuil en cours d'année, des expéditions ou des introductions d'un montant supérieur à 2 300 000 € HT.

Sur la DEB, V. BOI-TVA-DECLA-20-20-40, § 20 et s.

Tout manquement à cette obligation déclarative expose la personne défaillante à une amende de 750 €, voire le double après expiration d'un délai de trente jours suivant la notification d'une mise en demeure. En outre, chaque omission ou inexactitude donne lieu à une amende de 15 €, sans que le total puisse excéder 1 500 €(564). Le non-respect de l'obligation de déposer sa déclaration par la voie électronique fait également l'objet d'une sanction sous la forme d'une amende de 15 € par déclaration déposée selon un autre procédé que celui exigé sans que le total des amendes mises en recouvrement puisse être inférieur à 60 € ou supérieur à 150 €(565).

Le pendant de la déclaration d'échange de biens et de la déclaration européenne de services est, pour les importations et les exportations, le document administratif unique (DAU) qui constitue le point de départ de la procédure de dédouanement.

Sur le DAU, V. BOI-TVA-DED-40-10-30, § 60 et s.

(564) C. douanes, art. 467, 4.
(565) C. douanes, art. 467, 4 bis.

CHAPITRE 2

LES CONTRIBUTIONS INDIRECTES

1330. – **Droits d'accises.** Impositions analytiques (V. *supra*, n° 187) déjà connues sous l'Ancien Régime, les contributions indirectes ont, fort longtemps, constitué le principal prélèvement assis sur la dépense, soit à l'intérieur des frontières (contributions indirectes *stricto sensu*), soit à raison du passage de la frontière (droits de douane). Renvoyant autrefois aux impôts indirects connus sous le nom d'aides, de traites ou encore de gabelle, elles furent supprimées, à l'exception des droits de douane, après la Révolution par plusieurs décrets de l'Assemblée nationale constituante, notamment celui des 2 et 17 mars 1791 portant suppression de tous les droits d'aide, de toutes les maîtrises et jurandes, et établissement de patentes. Certaines furent toutefois rétablies peu après pour des raisons budgétaires.

D'après les données rapportées par Boucard et Jèze, les principales contributions indirectes, hors droits de douane, en 1900 frappaient, par ordre d'importance, les boissons (vins, cidres, poirés, hydromels, bières, alcools et vins alcoolisés) avec 511,4 millions de francs, les tabacs avec 415,3 millions de francs, les sucres avec 161,4 millions de francs, les transports (chemins de fer et autres véhicules) avec 71,5 millions de francs ou encore les allumettes chimiques avec 31,6 millions de francs[1].

Toutes ne seront pas développées dans la présente édition. On se limitera à une catégorie de contributions indirectes connues sous l'expression de droits d'accises, expression fort ancienne, mais qui renvoie aujourd'hui, sous l'influence du droit de l'Union européenne, à une catégorie particulière de prélèvements : les alcools et boissons alcooliques (Section 1), les tabacs manufacturés (Section 2) et les produits énergétiques (Section 3).

Le régime général des droits d'accises repose sur une directive n° 2008/118/CE du 16 décembre 2008, entrée en application le 1er avril 2010. Ce texte a procédé à une refonte du droit existant auparavant régi par la directive n° 92/12/CEE plusieurs fois modifiée. L'objectif poursuivi fut une modernisation du régime des accises afin de mieux lutter contre la fraude.

(1) M. Boucard et G. Jèze, *Science des finances*, t. 2, 1902, p. 951.

SECTION 1

LES DROITS SUR LES ALCOOLS ET BOISSONS ALCOOLIQUES

1331. – **Un peu d'histoire.** L'imposition des boissons est fort ancienne. Selon de Villedeuil, l'idée de frapper le vin en Gaule romaine reviendrait à *Caius Caligula*(2). Les droits vont se développer progressivement et inexorablement jusqu'à la Révolution et à la décision de l'Assemblée constituante de les abolir par décrets des 19 février et 2 mars 1791. Représentant soixante millions de francs de l'époque, les conséquences furent importantes sur le plan budgétaire, ce qui a conduit à leur rétablissement progressif à partir de la loi du V ventôse an XII(3).

1332. – **Harmonisation européenne.** Plusieurs directives européennes se sont succédé afin d'harmoniser les législations nationales telles que les directives n° 92/83/CEE du 19 octobre 1992 concernant l'harmonisation des structures des droits d'accises sur l'alcool et les boissons alcooliques et n° 92/84/CEE du 19 octobre 1992 concernant le rapprochement des taux d'accises sur l'alcool et les boissons alcoolisées, modifiées à plusieurs reprises.

La directive n° 92/84/CEE du 19 octobre 1982 fixe des taux plancher pour l'alcool, les produits intermédiaires, le vin, le vin mousseux et la bière.

1333. – **Exigibilité de l'imposition.** Sauf exonérations(4) et indépendamment d'une imposition à la taxe sur la valeur ajoutée, le principe est, conformément à l'article 7 de la directive n° 2008/118/CE précitée, celui d'une imposition exigible à la mise à la consommation(5).

La mise à la consommation s'entend :

– de la fabrication des produits sans bénéficier d'un régime suspensif ou être exonérés ;

– de l'importation (hors UE) sans bénéficier d'un régime suspensif ;

– de la sortie, même irrégulière, d'un régime fiscal suspensif.

Les droits sont également exigibles en cas de constatation de déchets ou de pertes soumis à accise placés sous un régime suspensif(6), en cas de manquants(7) ou en cas de constatation de la détention en France d'alcools et de boissons alcooliques à des fins commerciales pour lesquels le détenteur ne peut prouver, soit que l'impôt a été acquitté, soit que ces produits bénéficient du régime suspensif(8).

À la suite d'un amendement sénatorial déposé lors de l'examen du projet de la troisième loi de finances rectificative pour 2011, l'article 302 D du CGI a été modifié afin de distinguer le cas des

---

(2) De Villedeuil, *Histoire de l'impôt sur les boissons*, t. 1, 1854, p. 8.

(3) M. Boucard et G. Jèze, *Science des finances*, t. 2, 1902, p. 960. – *Adde* Ph. Millet, *De la législation sur les boissons. Son histoire, son état actuel, sa réforme*, Plon Frères, 1847.

(4) CGI, art. 302 D bis et s.

(5) CGI, art. 302 D, I-1-1°.

(6) CGI, art. 302 D, I-2°.

(7) CGI, art. 302 D, I-2° bis.

(8) CGI, art. 302 D, I-4°.

manquants et des déchets. Ces derniers bénéficient d'une exonération lorsque les produits sont détruits à la suite d'une autorisation donnée par l'administration des douanes et droits indirects ou des suites d'une cause dépendant de la nature même des produits ou d'un cas fortuit ou de force majeure. Il en va de même lorsque le volume des produits détruits ou perdus est inférieur aux taux annuels de déchets ou de pertes fixés par décret pour chaque produit ou catégorie de produit, sous réserve que ces déchets ou ces pertes aient été physiquement constatés et dûment retracés en comptabilité[9].

1334. – **Alcools.** Sauf exceptions, les alcools sont soumis à des droits de consommation dont le montant varie selon une classification qui oppose les produits intermédiaires et les alcools[10].

Selon l'article 401, I du CGI, constituent :

– des produits intermédiaires « les produits relevant des codes NC 2204, 2205, 2206 du tarif des douanes qui ont un titre alcoométrique acquis compris entre 1,2 p. 100 vol. et 22 p. 100 vol. et qui ne sont pas des bières, des vins ou des produits mentionnés aux *b* et *c* du 2° et au 3° de l'article 438 » ;

– des alcools, « les produits qui relèvent des codes NC 2207 et 2208 du tarif des douanes et qui ont un titre alcoométrique acquis supérieur à 1,2 % vol., même lorsque ces produits font partie d'un produit relevant d'un chapitre autre que le chapitre 22 du tarif des douanes, ainsi que les produits désignés au a qui ont un titre alcoométrique acquis supérieur à 22 % vol. et les eaux-de-vie contenant des produits en solution ou non ».

Plusieurs exonérations sont prévues dans le CGI visant notamment les alcools employés dans les conditions réglementaires pour le vinage des vins destinés à l'exportation, ceux expédiés par un débitant ou un simple particulier non récoltant en cas de changement de cave ou de domicile[11] mais aussi, et sous conditions, les alcools dénaturés ou encore ceux qui sont utilisés pour la fabrication de vinaigre ou à des fins de recherche scientifique[12]. La vente d'alcools et de boissons alcooliques n'est également pas soumise à l'imposition lorsqu'elle est réalisée dans un comptoir de vente situé dans un port, dans un aéroport, dans un avion ou un bateau au profit d'un voyageur quittant le territoire européen[13].

Les tarifs applicables en 2016 aux produits intermédiaires sont de[14] :

– 47,11 € par hectolitre pour les vins doux naturels et vins de liqueur ;

– 188,41 € par hectolitre pour les autres produits.

Les tarifs applicables en 2016 aux alcools sont de[15] :

– 869,27 € dans la limite de 120 000 hectolitres d'alcool pur par an pour le rhum produit sous conditions dans les départements d'outre-mer à partir de canne à sucre récoltée sur le lieu de production ;

– 1737,56 € pour les autres produits.

Les boissons dont la teneur en alcool est supérieure à 18 % sont également soumises à des prélèvements sociaux[16] dont le tarif est de 555,68 € par hectolitre d'alcool pur pour les alcools et 46,92 € par hectolitre pour les autres boissons sans que le montant puisse excéder 40 % du droit d'accise applicable[17].

(9) CGI, art. 302 D, I-2°.
(10) CGI, art. 401, I.
(11) CGI, art. 406.
(12) CGI, art. 302 D bis.
(13) CGI, art. 302 F bis.
(14) CGI, art. 402 bis.
(15) CGI, art. 403.
(16) CSS, art. L. 245-7 et s.
(17) CSS, art. L. 245-9.

Une contribution sociale frappe encore les boissons de type *premix* (mélange de boissons ayant un titre alcoométrique acquis n'excédant pas 1,2 % et de boissons alcooliques) ou constituées par certains produits alcooliques contenant plus de 35 g de sucre ou une édulcoration équivalente par litre exprimée en sucre inverti présentant un titre alcoométrique compris entre 1,2 % et 12 %. Le tarif applicable est alors de 11 € par décilitre d'alcool pur[18].

1335. – **Vins et cidres.** Les vins et cidres font l'objet, sauf exceptions[19], d'un droit de circulation avec un tarif par hectolitre qui varie selon la nature du produit[20].

Les tarifs applicables en 2016 sont de[21] :

– 9,33 € par hectolitre pour les vins mousseux ;

– 3,77 € par hectolitre pour les autres vins avec un titre alcoométrique de moins de 15 % sous réserve que l'alcool résulte de la fermentation, pour les vins dont le titre est compris entre 15 et 18 % s'ils n'ont pas fait l'objet d'un enrichissement et si l'alcool qu'ils contiennent résulte uniquement de la fermentation mais aussi pour toutes les autres boissons à l'exception du vin et de la bière non mousseuse d'un titre inférieur à 5,5 % (ou 8,5 % pour les boissons mousseuses) ;

– 1,33 € par hectolitre pour les cidres, les poirés, les hydromels et les jus de raisin légèrement fermentés.

Le droit de circulation est aisément reconnaissable pour tous les amateurs de vin puisqu'il suffit d'observer, avant de l'enlever, la capsule qui recouvre le bouchon. Le sigle DGDDI y est visible pour Direction générale des droits indirects.

1336. – **Bières.** Les bières font l'objet d'un droit spécifique[22].

Les tarifs applicables en 2016 sont de[23] :

– 3,70 € par degré alcoométrique lorsque le titre est inférieur à 2,8 % ;

– 3,70 € par degré alcoométrique lorsque le titre est supérieur à 2,8 % pour les seules petites brasseries indépendantes, à savoir celles qui produisent moins de 200 000 hectolitres par an ;

– 7,41 € par degré alcoométrique dans les autres cas.

SECTION 2

LES DROITS SUR LES TABACS MANUFACTURÉS

1337. – **Un peu d'histoire.** L'imposition du tabac est plus récente que celle des boissons. Elle remonterait en France, selon Boucard et Jèze, à 1629 avec la création d'un droit d'entrée[24]. Le monopole sera créé en 1674 et ne survivra pas

(18) CGI, art. 1613 bis.
(19) CGI, art. 440 bis à 442.
(20) CGI, art. 438.
(21) CGI, art. 438.
(22) CGI, art. 520 A.
(23) CGI, art. 520 A.
(24) M. Boucard et G. Jèze, *Science des finances*, t. 2, 1902, p. 1086.

à la Révolution et à la volonté de libérer le commerce et l'industrie. Par décret des 20 et 27 mars 1791, l'Assemblée nationale constituante l'a remis en cause tout en interdisant l'importation des tabacs fabriqués et en imposant l'importation des feuilles de tabac(25). Les difficultés budgétaires de la France vont cependant conduire à rétablir ces contributions indirectes avec la loi du 22 brumaire an VII et le décret du 29 décembre 1810.

1338. – **Harmonisation européenne.** Plusieurs directives européennes se sont succédé afin d'harmoniser les législations nationales, notamment les directives n° 92/79/CEE du 19 octobre 1992 concernant le rapprochement des taxes frappant les cigarettes, n° 92/80/CEE de la même date pour les tabacs manufacturés autres que les cigarettes et n° 95/59/CE, du 27 novembre 1995 relative aux impôts autres que les taxes sur le chiffre d'affaires frappant la consommation des tabacs manufacturés. Ces textes ont été abrogés par la directive n° 2011/64/UE du 21 juin 2011 qui est entrée rétroactivement en application le 1er janvier 2011.

1339. – **Imposition à la mise à la consommation.** Indépendamment d'une imposition à la taxe sur la valeur ajoutée, les contributions indirectes sont exigibles, en ce domaine, à la mise à la consommation ou lors de l'importation(26). Le recouvrement s'opère selon les règles qui régissent les contributions indirectes ou, en cas d'importation, les droits de douane.

1340. – **Droit de consommation.** Les tabacs manufacturés, les tabacs et le papier à rouler les cigarettes vendus en France continentale (hors Corse) sont soumis à un droit de consommation.

Pour les cigarettes, le droit de consommation est composé d'une part spécifique et d'une part proportionnelle au prix de détail(27).

La part spécifique est exprimée en montant par mille unités ou mille grammes au sein d'un même groupe de produits. La part proportionnelle résulte de l'application du taux proportionnel au prix de vente au détail.

GROUPE DE PRODUITS	TAUX PROPORTIONNEL (%)	PART SPÉCIFIQUE (€)
Cigarettes	49,7	48,75
Cigares et cigarillos	23	19
Tabacs fine coupe destinés à rouler les cigarettes	32	67,5
Autres tabacs à fumer	45	17
Tabacs à priser	50	0
Tabacs à mâcher	35	0

(25) *Ibid.*
(26) CGI, art. 575 C.
(27) CGI, art. 575 A.

Le minimum de perception est fixé à 210 € pour mille cigarettes, 92 € pour mille cigares ou cigarillos, 143 € par kilogramme pour les tabacs fine coupe destinés à rouler les cigarettes et 70 € par kilogramme pour les autres tabacs à fumer.

1341. – **Corse.** La Corse ne suit pas le même régime que la France continentale. Un régime de faveur est appliqué dans la limite d'un contingent de 1 200 tonnes par an[28].

Le taux proportionnel s'échelonne de 15 % à 40 % et la part spécifique de 0 à 25 €. Le prix de vente au détail des cigarettes doit être au moins égal à 75 % des prix de vente sur le continent pour les mêmes produits. Il doit l'être à hauteur des deux tiers pour les tabacs fine coupe destinés à rouler les cigarettes, les autres tabacs à fumer, les tabacs à priser et les tabacs à mâcher et de 85 % pour les cigares et cigarillos. En outre, le droit ainsi recouvré est affecté au financement de travaux de mise en valeur de la Corse.

1342. – **Départements d'outre-mer.** Les tabacs manufacturés destinés à être consommés dans les départements d'outre-mer de Guadeloupe, de Martinique, de Guyane ou de La Réunion sont soumis à un droit de consommation dont le taux est voté par délibération des conseils des départements[29].

SECTION 3

LES DROITS SUR LES PRODUITS ÉNERGÉTIQUES

1343. – **Extension de l'harmonisation européenne.** Alors que la directive communautaire n° 92/12/CE du 25 février 1992 concernait uniquement les alcools et boissons alcooliques, les tabacs manufacturés et les huiles minérales, le champ des droits d'accises couvert par les directives s'est accru avec la directive n° 2003/96/CE, plusieurs fois modifiée, du 27 octobre 2003. Le champ du régime a été étendu à tous les produits énergétiques dont le charbon, le gaz naturel et l'électricité.

On notera que des propositions ont été présentées le 13 avril 2011 par la Commission européenne en vue d'établir de nouvelles règles en matière de fiscalité de l'énergie et de scinder le taux minimal de taxation en deux parties dont une partie fondée sur les émissions de gaz carbonique (mesurées en tonne de CO2) et une partie fondée sur le contenu énergétique (mesuré en gigajoules)[30]. Faute d'accord entre les États membres, le projet a toutefois été abandonné en 2015.

L'absence de consensus politique sur le sujet n'est toutefois pas exclusive de la possibilité pour certains États membres d'avancer dans cette direction. Anticipant une démarche commune, tel fut le choix de la France avec le vote de la loi de finances pour 2014.

1344. – **Pluralité de contributions.** Indépendamment de leur soumission à la taxe sur la valeur ajoutée, y compris celle à l'importation dont les règles suivent les droits de douane[31], les règles nationales prévoient plusieurs prélèvements

(28) CGI, art. 575 E bis.
(29) C. douanes, art. 268.
(30) Prop. de dir. modifiant la directive n° 2003/96/CE : Doc. COM (2011), 169 final.
(31) CGI, art. 1695.

obligatoires sur les produits pétroliers, le gaz naturel ou encore sur les houilles, les lignites et les cokes. Ces règles sont codifiées dans le Code des douanes, à l'exception des taxes communale et départementale sur la consommation d'électricité codifiée dans le Code général des collectivités territoriales.

1345. – Taxe intérieure de consommation sur les produits énergétiques. Autrefois dénommée taxe intérieure de consommation sur les produits pétroliers (TIPP), la taxe intérieure de consommation sur les produits énergétiques frappe les produits pétroliers mis en vente qui sont utilisés ou destinés à être utilisés en tant que carburant ou combustible de chauffage, les additifs en vue d'accroître le volume final des carburants pour moteur et les hydrocarbures solides[32].

Bénéficient d'une exonération les produits pétroliers qui, par exemple, ne sont utilisés ni comme carburant, ni comme combustible de chauffage ou encore les carburants pour aéronefs, pour la navigation maritime, autre que de plaisance, dans les eaux européennes ou pour le ministère de la Défense[33].

À noter que cette contribution indirecte peut également frapper des produits non pétroliers. Disposition assez originale par son message, l'article 265 ter du Code des douanes porte en effet l'interdiction de vendre en tant que carburant ou d'utiliser en tant que carburant des produits dont l'utilisation et la vente pour cet usage n'ont pas été spécialement autorisées par des arrêtés des ministres chargés du budget et de l'industrie. En cas de manquement, il est prévu que ces produits doivent être assujettis à la TICPE. Des exceptions sont cependant prévues, sous conditions, notamment au profit des exploitants agricoles et des collectivités territoriales[34].

Propre à chaque sous-produit du pétrole, le tarif de la TICPE est défini dans l'article 265 du Code des douanes. Il est ainsi de 673,90 €/hl pour le carburant avec plomb et 642,20 €/hl pour le sans plomb 95, ce qui, malgré le *minima* européen fixé à 421 €/hl et 359 €/hl, situe la France dans la moyenne des États membres, les premiers étant les Pays-Bas avec 857,39 €/hl et 769,90 €/hl.

Des différences de tarif existent sur le territoire national en raison de la compétence reconnue aux conseils régionaux et à l'assemblée territoriale de Corse sur les taux. Même si leur marge de manœuvre est limitée, ces organes délibérants ont en effet la possibilité d'augmenter ou de diminuer une réfaction (abattement) fixée en 2006 à 1,77 €/hl pour le supercarburant et 1,15 €/hl pour le gazole[35]. Ils peuvent également majorer le tarif de la TICPE applicable aux carburants vendus aux consommateurs finals sur leur territoire, et ce dans la limite de 0,73 €/hl pour certains supercarburants comme le E10 ou 1,35 €/hl pour le gazole[36].

Un remboursement peut enfin être obtenu par certaines entreprises[37] à l'image des entreprises de transport public[38] ou les exploitants de taxis[39].

1346. – Taxe spéciale de consommation sur les produits pétroliers – DOM. La TICPE ne s'appliquant que dans l'hexagone et la Corse, un prélèvement spécial existe dans les collectivités de la Guadeloupe, de la Martinique, de la Guyane, de Mayotte et de La Réunion. Prévue par l'article 266 quater du Code des douanes, la

(32) C. douanes, art. 265 et s.
(33) C. douanes, art. 265 bis.
(34) C. douanes, art. 265 ter et 265 quater.
(35) C. douanes, art. 265, 2.
(36) C. douanes, art. 265 A bis.
(37) C. douanes, art. 265 septies.
(38) C. douanes, art. 265 octies.
(39) CGI, art. 265 sexies.

taxe spéciale de consommation s'est également substituée à la taxe intérieure de consommation sur les produits pétroliers.

Contrairement à la TICPE, la fixation du taux de ce prélèvement relève de la seule compétence de l'organe délibérant local. Il ne peut toutefois excéder celui de la métropole.

Des exonérations de taxe peuvent également être votées pour les essences et supercarburants ou pour le gazole.

1347. – **Taxe intérieure de consommation sur le gaz naturel.** Fondée sur les articles 266 quinquies et 266 quinquies A du Code des douanes, la taxe intérieure de consommation sur le gaz naturel frappe la vente en tant que combustible, au consommateur final, de gaz naturel, pur ou mélangé avec d'autres hydrocarbures gazeux.

Sont exonérées les livraisons de gaz naturel utilisé par les particuliers (par ex. : chauffage individuel ou collectif), par les collectivités territoriales et leurs groupements mais aussi comme combustible ou, par exemple, lorsqu'il est utilisé pour la production d'électricité[40] ou pour les besoins de la cogénération durant une période de cinq ou dix années[41].

Fixé le 1er janvier 2014 à 1,41 € par mégawattheure, le tarif a été porté à 2,93 € en 2015 et 4,34 € en 2016[42]. Il sera de 5,88 € en 2017.

Replacé dans un contexte européen, le tarif français correspond à 1,17 €/GJ en 2016, soit bien plus que le *minima* prévu par l'Union européenne (0,15 €/GJ pour un usage professionnel et 0,30 €/GJ pour un usage domestique). Le tarif français demeure cependant dans la moyenne basse au sein de l'Union européenne.

1348. – **Taxe intérieure de consommation sur les houilles, lignites et cokes.** La livraison de houilles, lignites ou cokes en tant que combustible, et uniquement à cette fin, est soumise à une « taxe intérieure » en application de l'article 266 quinquies B du Code des douanes. En réalité, faute de toute contrepartie, le prélèvement constitue bien un impôt.

Cette imposition n'est donc pas due lorsque ces produits ont, en plus d'être utilisés comme combustible, un autre usage ou lorsqu'ils sont utilisés dans un procédé de fabrication de produits minéraux non métalliques. Des exonérations sont encore prévues lorsque, soit leur utilisation permet la production d'électricité, soit ils servent à l'extraction et la production de tels produits.

Frappant – comme son intitulé l'indique – la consommation, le fait générateur du prélèvement coïncide avec la date d'exigibilité pour retenir la livraison au consommateur final.

Fixé au 1er janvier 2014 à 2,29 € par mégawattheure, le tarif a été porté à 4,75 € en 2015 puis 7,21 € en 2016[43]. Sensible, l'augmentation tient à la composante carbone créée par la loi de finances pour 2014.

Replacé dans un contexte européen, le tarif français correspond à 2 €/GJ, soit bien plus que le *minima* prévu par l'Union européenne (0,15 €/GJ pour un usage professionnel et 0,30 €/GJ pour un usage domestique) que la plupart des États

(40) C. douanes, art. 266 quinquies.
(41) C. douanes, art. 266 quinquies A.
(42) C. douanes, art. 266 quinquies.
(43) C. douanes, art. 266 quinquies B.

membres ont retenu. Il est toutefois proche de la cible de 2,08 €/GJ fixée par les instances européennes pour 2018 et nettement plus faible que les pays nordiques (Danemark, 9,53 €/GJ ; Suède, 9,1 €/GJ ; Finlande, 7 €/GJ).

1349. – **Contribution au service public de l'électricité.** Créée par la loi n° 2010-1488 du 7 décembre 2010, la taxe intérieure sur la production finale d'électricité, renommée après sa fusion par la loi de finances rectificative pour 2015 avec ce prélèvement « contribution au service public de l'électricité », frappe la fourniture d'électricité, et ce, depuis le 1er janvier 2016, quelle que soit la puissance souscrite(44).

Le fait générateur, de même que l'exigibilité, interviennent lors de la livraison de l'électricité par un fournisseur à chaque point de livraison situé en France d'un utilisateur final. Lorsqu'il s'agit d'un usage personnel, l'exigibilité intervient lors de la consommation.

Sauf exonérations, l'imposition est acquittée moyennant un tarif, pour 2016 et sauf exceptions, de 22,5 € par mégawattheure. Il devrait être inchangé en 2017.

Si le tarif applicable avant le 1er janvier 2016 était de 0,5 €/MWh, l'augmentation tient avant tout à la fusion de taxe intérieure – en réalité un impôt – avec la contribution au service public de l'électricité.

Comparé aux *minima* prévus par l'Union européenne, à savoir 0,5 €/MWh pour une utilisation professionnelle et 1 €/MWh pour les particuliers, le tarif applicable en France est certes élevé, surtout si on le compare à la plupart des États membres. Il est toutefois inférieur au tarif néerlandais appliqué aux particuliers : 118,62 €/MWh...

1350. – **Taxes communale et départementale sur la consommation finale d'électricité.** En marge de la contribution au service public de l'électricité, et conformément aux articles L. 2333-2 et suivants et L. 3333-2 et suivants du Code général des collectivités territoriales, les conseils municipaux et départementaux ont compétence, par délibération, pour établir une taxe sur la consommation d'électricité sur leur territoire.

Le tarif de l'imposition varie selon la puissance fournie et la fixation d'un coefficient voté par les organes délibérants compétents. Le tarif de base est ainsi, pour un consommateur professionnel, de 0,75 € par mégawattheure lorsque la puissance électrique est inférieure ou égale à 36 kVa et 0,25 € lorsqu'elle est supérieure. Lorsqu'il s'agit d'un particulier, le tarif est de 0,75 € par mégawattheure.

Le tarif applicable est cependant variable selon la collectivité concernée. En effet, les conseils municipaux et départementaux, chacun en ce qui les concerne, votent avant le 1er octobre de l'année qui précède son application, un coefficient compris, pour le conseil municipal, entre 0 et 8,50 et, pour le conseil départemental, entre 2 et 4,25.

L'imposition sera alors égale à la consommation d'électricité multipliée par le tarif ainsi obtenu.

(44) C. douanes, art. 266 quinquies C.

Bibliographie spéciale concernant l'imposition de la dépense

- **Ouvrages et rapports publics.** Conseil des impôts, *La taxe sur la valeur ajoutée*, VIe rapport, Doc. fr., 1983. – Conseil des impôts, *La taxe sur la valeur ajoutée*, XIXe rapport, Doc. fr., 2001. – Cour des comptes, *La gestion et le contrôle de la taxe sur la valeur ajoutée*, Doc. fr., 2012. – M. Lauré, *La taxe sur la valeur ajoutée*, Sirey, 2e éd., 1953. – M. Lauré, *Au secours de la TVA*, PUF, 1957. – L. Levoyer, *TVA et collectivités territoriales*, Le Moniteur, 2007. – OCDE, *L'impôt sur la consommation*, OCDE, 1988.
- **Articles.** A. Benoit et A. Moraine, *L'instable notion d'établissement stable en matière de TVA : Dr. fisc.* 2013, n° 13, étude 212. – J.-C. Bouchard et O. Courjon, *Le prorata et le principe de neutralité : Dr. fisc.* 2006, n° 48, p. 2058. – A. Charlet et J. Owens, *Une perspective internationale sur la TVA : Dr. fisc.* 2010, n° 39, étude 499. – F. Deboissy et G. Wicker, *Indemnités dues à raison d'un contrat et TVA : BF Lefebvre* 8-9/2002, n° 593. – S. Demangel, *Le lien direct est-il encore le critère déterminant du champ d'application de la TVA ? : Dr. fisc.* 2002, n° 7, p. 329 et s. – M. Guichard, *La gestion du régime de paiement consolidé de la TVA : vers un véritable régime de groupe en matière de TVA ? : Dr. fisc.* 2012, n° 50, étude 559. – E. Kornprobst, *L'assujettissement des personnes morales de droit public : Dr. fisc.* 1990, n° 14, p. 516 et s. – J. Lamarque, *La TVA et la distinction entre services publics administratifs et services publics industriels et commerciaux : Mél. J. Waline*, Dalloz, 2002, p. 283 et s. – Th. Lambert, *La concurrence et l'assujettissement des personnes publiques à la TVA : RF fin. publ.* 2014, n° 128, p. 53 et s. – L. Levoyer, *L'assujettissement des collectivités territoriales à la TVA : JCP A* 2006, n° 6, étude 1027. – J. Maïa, *Débat sur les frontières de l'activité économique imposable à la TVA : RJF* 2/2002, p. 102 et s. – B. Plagnet, *L'évolution de la TVA communautaire : RF fin. publ.* 1993, n° 41, p. 196 et s. – Y. Sérandour, chroniques publiées *in L'année fiscale*, PUF, 2003 à 2006 puis *in Dr. fisc.* 2007, suppl. au n° 25, 2008, n° hors série et 2009 ; *Le contrat, outil d'interprétation de la 6e directive TVA : Mél. B. Bouloc*, Dalloz, 2006, p. 1059 et s. ; *Le délai d'exercice du droit à déduction de la TVA en cas d'omission : Dr. fisc.* 2009, n° 29, étude 416 ; *La fraude à la TVA sur les livraisons intracommunautaires : Dr. fisc.* 2011, n° 36, étude 491 ; *La fraude au droit à déduction de la TVA selon la CJUE : Dr. fisc.* 2012, n° 3, étude 59 ; *La prestation inexistante hors du champ d'application de la TVA in Écrits du droit de l'entreprise. Mél. en l'honneur de P. Serlooten*, Dalloz, 2015, p. 647 et s. ; *La notion d'assujetti à la TVA : Dr. fisc.* 2015, n° 22, étude 325.

SOUS-TITRE 2

L'IMPOSITION DES BÉNÉFICES ET DES REVENUS

1351. – **Personnes physiques et personnes morales.** L'imposition des bénéfices et revenus des personnes physiques et des personnes morales emprunte essentiellement deux formes :

– l'impôt sur le revenu proprement dit qui frappe les personnes physiques à raison des revenus qu'elles réalisent ou qu'elles sont réputées réaliser ;

– l'impôt sur les sociétés qui frappe principalement[1] les personnes morales à raison de leurs bénéfices, lorsque le droit fiscal leur reconnaît une personnalité fiscale pleine et entière.

À la différence des entités « opaques », qui sont normalement passibles de l'IS (V. *supra*, n° 1096), les personnes morales relevant du régime fiscal des sociétés de personnes sont dites « translucides » : elles ne se voient pas reconnaître une personnalité fiscale intégrale pour l'imposition des bénéfices et des revenus. Si elles restent soumises à des obligations déclaratives qui leur sont propres – et sont, partant, reconnues pour les besoins des opérations de contrôle[2] –, seuls leurs associés ou membres sont personnellement imposés à raison des revenus correspondant à leurs droits dans les résultats de l'entité considérée (V. *infra*, n° 1604).

On étudiera successivement ces deux impositions qui ont pour point commun de frapper annuellement les revenus et les bénéfices nets, normalement appréciés selon un mode réel, sur la base de la déclaration des contribuables.

(1) Sur l'option ouverte, toutefois, aux EIRL, V. *infra*, n° 1603.
(2) LPF, art. L. 53.

CHAPITRE 1

L'IMPÔT SUR LE REVENU

SECTION 1

GÉNÉRALITÉS

1352. – Maturation lente de l'impôt. 1) Durant tout le dix-neuvième siècle, la fiscalté française est restée marquée par le système conçu en l'an VIII (1799). L'imposition des revenus s'opérait grâce à des impôts indiciaires frappant exclusivement le *revenu apparent* des personnes physiques et, parfois, des personnes morales.

Ce système issu de la législation révolutionnaire comprenait quatre contributions directes qui recevront plus tard le nom de « quatre vieilles » : la contribution foncière (frappant initialement, sans distinction, les propriétés bâties et non bâties), la contribution mobilière, la contribution des patentes et celle des portes et fenêtres, qui présentaient toutes, au lendemain de la Révolution, le caractère d'impôts de répartition (V. *infra*, n° 1924).

2) Le système d'impôt sur le revenu était caractérisé, au début du vingtième siècle, par son incohérence, son défaut de personnalisation et l'absence de corrélation entre les signes extérieurs et le revenu qu'ils étaient censés révéler. Enfin, contrairement aux évolutions observées dans de nombreux États comparables à la France, l'impôt – non déclaratif – demeurait proportionnel (et non progressif).

La loi du 29 juin 1872 avait institué un impôt sur les revenus des valeurs mobilières qui présentait les caractères d'un impôt cédulaire retenu à la source. Il revêtait en effet la forme d'un droit d'enregistrement mis à la charge de la société distribuant les revenus des valeurs mobilières.

3) L'évolution des conceptions fiscales et, sans doute plus encore, les besoins financiers gigantesques provoqués par la Première Guerre mondiale ont abouti, entre 1914 et 1917, à l'institution d'un système d'impôts sur le revenu réel et déclaré. Cette réforme s'opéra en deux temps :

– la loi du 15 juillet 1914 établit (art. 5 et s.) un impôt général et progressif sur le revenu ;

– la loi du 31 juillet 1917 créa quatre impôts cédulaires proportionnels, différenciés selon l'origine des revenus : un impôt sur les bénéfices des professions industrielles et commerciales, un impôt sur les bénéfices de l'exploitation agricole, un impôt sur les traitements, salaires et pensions et un impôt sur les bénéfices des professions non commerciales. Ces impôts cédulaires se rajoutent alors à deux autres impôts qui, existant antérieurement, se trouvent « cédularisés » : l'impôt sur les revenus des valeurs mobilières de la loi du 29 juin 1872 et les contributions foncières des propriétés bâties et non bâties (V. *infra*, n° 1924).

Les régimes respectifs des impôts cédulaires variaient au moins sur trois points :

a) la consistance et l'évaluation de la matière imposable pour chacune des catégories de revenus obéissaient à des règles distinctes ;

b) les taux de l'impôt différaient selon les cédules ;

c) l'impôt sur les revenus fonciers et l'impôt sur les revenus des valeurs mobilières étaient restés purement réels. Les quatre autres impositions cédulaires étaient personnalisées, par le jeu d'abattements à la base et de réductions d'impôt à raison des enfants à charge.

4) À l'issue de ces réformes, le système fiscal était caractérisé par la coexistence d'impôts cédulaires proportionnels différenciés et d'un impôt général et progressif de superposition.

Ces deux types d'impôt se distinguaient sur quatre points :

a) les impôts cédulaires frappaient indistinctement les personnes physiques et morales, alors que l'impôt général frappait les seules personnes physiques ;

b) les tarifs des impôts cédulaires étaient proportionnels, alors que l'impôt général sur le revenu était établi sur la base d'un barème progressif ;

c) l'impôt général était beaucoup plus personnalisé que ne l'étaient les impôts cédulaires ;

d) le régime du recouvrement de l'impôt général était en partie distinct de celui des impôts cédulaires.

5) Des efforts considérables – dont les résultats sont aujourd'hui largement remis en cause – seront nécessaires pour aboutir à la fusion des deux étages de la perception de l'impôt sur le revenu.

a) Le décret du 9 décembre 1948 a réformé profondément le système dans le sens d'un régime de taxation unique en supprimant les impôts cédulaires.

Ce même décret opéra par ailleurs une distinction entre particuliers et personnes morales, en créant un impôt sur le revenu des personnes physiques, auquel étaient soumises les premières, et un impôt sur les bénéfices des sociétés et autres personnes morales, auquel étaient assujetties les secondes, lorsqu'elles avaient la forme de sociétés de capitaux.

L'impôt sur le revenu des personnes physiques comportait lui-même deux éléments :

– une taxe proportionnelle, qui se substituait aux impôts cédulaires et qui, dans l'esprit du nouveau régime, devait frapper à un taux unique l'ensemble des revenus du contribuable.

En réalité, ce taux unique (18 % initialement puis 22 % en 1958) fut différencié, certaines catégories de revenus supportant un taux atténué. En outre, les traitements, salaires et pensions (soumis, en vertu d'un décret-loi du 1er octobre 1940, à un versement forfaitaire à la charge de l'employeur) de même que, sur option du contribuable, les revenus correspondant aux rémunérations des membres des professions libérales déclarés par des tiers étaient exonérés de cette taxe. En contrepartie de cette exonération, ces revenus étaient soumis à un versement forfaitaire de 5 % ou 3 % retenu à la source.

– une surtaxe progressive qui frappait le revenu net global du contribuable, y compris les revenus exonérés de la taxe proportionnelle.

Pour l'application du tarif progressif, l'impôt demeurait calculé sur la base du mécanisme du quotient familial institué en 1945.

b) Ce régime a été modifié par la loi du 28 décembre 1959 portant, notamment, divers aménagements fiscaux (art. 1er). Supprimant la taxe proportionnelle et la surtaxe progressive, ce texte établit, à compter du 1er janvier 1960, un impôt sur le revenu prétendument unifié. Le Code général des impôts s'ouvrait alors par la formule suivante : « il est établi un impôt annuel unique sur les revenus des personnes physiques »[(1)]. Cette affirmation légale est toutefois des plus fallacieuses. Issu de la même loi (art. 22), l'article 204 bis, 1, ancien, du Code général des impôts précise en effet : « À titre temporaire, il est établi à compter du 1er janvier 1960 une taxe complémentaire qui frappe les revenus des personnes physiques [sauf exceptions limitativement énumérées] ».

Les revenus non passibles, par exception, de cette taxe complémentaire sont les traitements et salaires, les revenus fonciers, les revenus des capitaux mobiliers soumis à retenue à la source et certaines plus-values.

En réalité, la réforme de 1959 ne s'est trouvée concrétisée qu'avec la loi de finances pour 1970 (art. 5) qui a supprimé, à compter du 1er janvier de la même année, la taxe complémentaire.

L'année suivante, l'impôt sur le revenu des personnes physiques a pris la dénomination légale d'« impôt sur le revenu »[(2)].

Dans sa structure générale, l'impôt sur le revenu actuel résulte de cette dernière réforme.

1353. – Formes alternatives de l'impôt. En dépit de la suppression de la taxe complémentaire, l'affirmation légale selon laquelle « il est établi un impôt annuel unique sur les revenus des personnes physiques »[(3)] reste partiellement inexacte. Sans doute n'existe-t-il qu'un impôt étatique sur le revenu des personnes physiques. Mais cette unicité de l'impôt sur le revenu dissimule la dualité des formes que peut prendre sa perception.

1) L'imposition de principe est constituée par un impôt général et progressif. Outre son caractère progressif, cet impôt de droit commun présente trois traits essentiels : il est collectif, synthétique et annuel.

Une imposition spéciale frappant les très hauts revenus s'ajoute, à titre provisoire, à l'IR (V. *infra*, n° 1582).

Les impôts directs locaux (V. *supra*, n° 1077) et, dans une certaine mesure, l'ISF (V. *infra*, n° 1724) contribuent directement ou indirectement à la taxation des revenus.

2) Il existe au demeurant des perceptions qui, opérées au titre de l'impôt sur le revenu, présentent des traits opposés. L'impôt sur le revenu peut prendre, dans de nombreuses hypothèses, la forme d'impositions spéciales proportionnelles. Ces impositions alternatives sont analytiques (en ce qu'elles ne frappent qu'un élément de revenu isolé), proportionnelles et, le plus souvent, individuelles et apériodiques.

Ces formes alternatives de l'impôt sur le revenu sont diverses. Abstraction faite des prélèvements frappant, pour des motifs tirés de l'application territoriale de l'impôt, certains revenus de source française des non-résidents (V. *infra*, n° 1370, 2) – et en dépit du coup d'arrêt de 2013 en ce qui concerne les revenus de capitaux mobiliers, les plus-values de cession de titres et les dividendes d'actions[(4)] – les

(1) CGI, art. 1er, anc., et art. 1er A.
(2) L. fin. 1971, art. 2.
(3) CGI, art. 1er, anc.
(4) Sur la taxation des revenus du capital « comme les revenus du travail », V. *infra*, n° 1415, 2-*b*).

mécanismes « ponctuels » de retenue à la source *libératoires* de l'impôt sur le revenu actuellement applicables sont les suivants :

Dans la fiscalité des particuliers[5] :

– depuis le 1er janvier 1993, retenue à la source (sauf option) de l'impôt frappant les indemnités de fonction perçues par les titulaires de mandats électifs locaux[6] ;

– depuis le 1er janvier 2004, retenue à la source *de facto* de l'impôt frappant les plus-values immobilières des particuliers[7] ;

– depuis le 1er janvier 2009, retenue à la source (sur option et en fonction du chiffre d'affaires) de l'impôt frappant les revenus professionnels des auto-entrepreneurs placés sous le régime micro-BIC ou micro-BNC[8] ;

– depuis le 1er janvier 2013, prélèvement applicable (sur option ou parfois de plein droit) à certains revenus de capitaux mobiliers.

Dans la fiscalité des entreprises :

– de très longue date, les plus-values professionnelles à long terme[9] et les revenus qui leur sont assimilés ;

– depuis le 1er janvier 2013, les revenus professionnels sur option et en fonction du chiffre d'affaires) des auto-entrepreneurs placés sous le régime micro-BIC ou micro-BNC[10].

1354. – Concurrence sociale de l'impôt. L'unicité de l'impôt sur le revenu est aussi fortement fragilisée[11] par les formes sociales de l'imposition des revenus : les contributions sociales. En effet, des impositions destinées à se substituer à certaines cotisations sociales ou à compléter les ressources des organismes de protection sociale ont été créées depuis une trentaine d'années. Elles ont pris aujourd'hui une importance considérable, au point de constituer un système d'imposition des revenus parallèle – additionnel à l'impôt sur le revenu – dont les enjeux financiers excèdent largement celui de l'impôt sur le revenu *stricto sensu*.

1) Les contributions sociales possèdent un champ d'application très large. Leur structure conduit à distinguer :

a) les revenus du travail et de remplacement, frappés en sus de l'impôt sur le revenu à hauteur généralement de 8 % correspondant :

– à la contribution sociale généralisée ou CSG instituée en 1990 (7,5 % pour les revenus d'activité, des taux réduits étant applicables à certains revenus de remplacement) ;

– à la contribution pour le remboursement de la dette sociale ou CRDS (0,5 %) instituée en 1996 et aujourd'hui pérennisée ;

b) les revenus du capital (revenus du patrimoine et produits de placement) supportant une charge fiscale supplémentaire de 15,5 %. Le niveau de ce taux global résulte, en dernier lieu, de la première loi de finances pour 2012[12] qui l'a majoré de deux points (cette augmentation étant applicable depuis le 1er janvier 2012 pour les revenus du patrimoine et le 1er juillet 2012, en principe, pour

(5) Lorsqu'elles sont versées à des personnes domiciliées en France, les rémunérations des auteurs, artistes et sportifs peuvent (sur leur demande) être soumises à une retenue à la source *non libératoire* de l'IR (L. fin. 1990, art. 30. – CGI, art. 182 C).

(6) L. fin. rect. 1992, 31 déc. 1992, art. 47. – CGI, art. 204-0 bis.

(7) L. fin. 2004, 30 déc. 2003, art. 10. – V. *infra*, n° 1430.

(8) Loi de modernisation de l'économie (LME), 4 août 2008, art. 1er. – CGI, art. 151-0.

(9) Les plus-values immobilières des particuliers donnent lieu à une forme particulière de retenue à la source. En revanche, les plus-values de cession de titres relèvent depuis 2013 de l'IR progressif.

(10) Loi de modernisation de l'économie (LME), 4 août 2008, art. 1er. – CGI, art. 151-0.

(11) Une disposition adoptée dans la loi de finances pour 2016 devait modifier l'article 1er du CGI qui devait prévoir, désormais, que « l'imposition des revenus des personnes physiques comprend deux composantes : 1° l'impôt sur le revenu (...) ; 2° La contribution sociale généralisée (...) » (texte adopté, art. 77, I-2°). Cette disposition a été victime, par ricochet, d'une censure prononcée par le Conseil constitutionnel (Cons. const., 29 déc. 2015, n° 2015-715 DC, *Loi de finances pour 2016*, § 24, censurant l'introduction d'une réduction dégressive de CSG au profit des seuls salariés et agents publics).

(12) L. 14 mars 2012, art. 2.

les produits de placement). Par la suite, la loi de financement de la sécurité sociale pour 2013[13] s'est efforcée de clarifier la structure des impositions sociales exigibles (sans en modifier le taux global). Cette structure est actuellement la suivante :

– la contribution sociale généralisée (8,2 %) ;

– la contribution pour le remboursement de la dette sociale (0,5 %) ;

– le prélèvement social (4,5 %) ;

– la contribution additionnelle au prélèvement social pour le financement de la dépendance (0,3 %) instituée en 2003 ;

– le prélèvement de solidarité (2 %) qui a remplacé à compter de 2013[14] la contribution additionnelle pour le financement du revenu de solidarité active (RSA) institué en 2009 (et perçue de l'origine à 2012 au taux de 1,1 %).

2) Le principe selon lequel seuls les revenus des personnes domiciliées en France étaient passibles des impositions sociales n'a longtemps connu qu'une exception peu significative : indirectement, la CSG frappant (entre les mains de la Française des Jeux ou des casinos français) les sommes misées par des joueurs ou parieurs se trouvaient frappées par la CSG et la CRDS indépendamment du lieu de leur domicile fiscal[15]. Il n'en va plus de même depuis la deuxième loi de finances rectificative pour 2012[16], qui a prévu l'application de ces impositions aux gains « immobiliers » de source française perçus ou réalisés par des non-résidents de France[17]. Par une forme de retour en arrière, ces impositions sociales – dont la « cédularisation » va en s'accentuant – reconstituent les deux étages de taxation qui existaient en 1917. Et se pose, inévitablement, la question de la fusion de ces deux types de perception.

1355. – **Réforme structurelle de l'impôt.** Consacrer des développements à la réforme de l'impôt sur le revenu peut prêter à sourire. Cet impôt est en effet, comme les autres grands impôts, en état de réforme *permanente*. Deux questions liées alimentent cependant régulièrement le débat :

– celle du recouvrement de l'impôt sur le revenu par la voie d'une *retenue à la source généralisée* (V. *supra*, n° 1156) qui, après avoir fait l'objet de très nombreuses réflexions, serait en voie de concrétisation ;

– celle de la « fusion » de la CSG (et des autres contributions sociales) avec l'impôt sur le revenu. Alors qu'il avait figuré dans son programme électoral, ce projet de réforme a été ultérieurement abandonné par le président Hollande.

Sous le quinquennat de Nicolas Sarkozy, un groupe de trois experts présidé par Claude Bébéar fut mis en place en 2007 par M. Thierry Breton, alors ministre en charge de l'économie et des finances,

(13) L. 17 déc. 2012, art. 3.

(14) LFSS 2013, 17 déc. 2012, art. 3, III.

(15) CSS, art. L. 136-7-1, et Ord. 24 janv. 1996, relative au remboursement de la dette sociale, art. 18.

(16) L. 16 août 2012, art. 29.

(17) Cet assujettissement des non-résidents a connu une parenthèse à la suite de l'arrêt *de Ruyter* rendu en 2015 par la Cour de justice de l'Union européenne (CJUE, 26 févr. 2015, aff. C-623/13, *Min. c/de Ruyter* : *RJF* 5/2015, n° 453) sur renvoi du Conseil d'État (CE, 17 juill. 2013, n°s 334.551 et a., *Min. c/de Ruyter* : *Dr. fisc.* 2013, n° 41, comm. 466, concl. É. Crépey). En substance, cet arrêt de la Haute juridiction européenne a – en raison de l'affectation de ces prélèvements au financement de prestations d'assurances sociales – interdit l'assujettissement aux contributions sociales des revenus du capital perçus par des personnes rattachées à un régime de sécurité sociale d'un autre État membre de l'Union européenne ou d'un État assimilé. V. également : CE, 27 juill. 2015, n°s 334.551 et a., *Min. c/de Ruyter* : *Dr. fisc.* 2015, n° 41, comm. 620. – CE, 17 avr. 2015, n° 365.511, *Leduc* : *Dr. fisc.* 2015, n° 31-35, comm. 508, concl. E. Cortot-Boucher. La loi de finances pour la sécurité sociale pour 2016 (L. 21 déc. 2015, art. 24) a modifié les règles d'affectation des contributions sociales sur les revenus du capital acquittées sur critère de résidence – leur produit étant systématiquement affecté, pour l'avenir, au financement exclusif de prestations sociales non contributives (essentiellement le Fonds de solidarité vieillesse).

pour mener une réflexion approfondie sur le sujet de la retenue à la source en matière d'impôt sur le revenu. Il en est ressorti un rapport sur les modalités de mise en œuvre du prélèvement à la source de l'impôt sur le revenu[18] (V. *supra*, n° 1156). Quelques jours plus tard, le 13 mars 2007, M. Didier Migaud présentait, au nom de la Commission des finances de l'Assemblée nationale, un rapport d'information portant sur le prélèvement à la source et le rapprochement et la fusion de l'impôt sur le revenu et de la contribution sociale généralisée[19].

Alors que M. Breton avait évoqué, dès décembre 2006, sa volonté de voir la retenue à la source mise en place dès janvier 2009 ; il est apparu, avec la remise du rapport de la Commission « Bébéar », que cette évolution ne pourrait intervenir, au plus tôt, qu'en 2010. Son successeur (M. Breton ayant quitté ses fonctions en mai 2007) fut nettement plus prudent. En réponse à la question écrite d'un député, Mme Christine Lagarde a en effet indiqué : « Le passage à une retenue à la source pour le recouvrement de l'impôt sur le revenu présenterait incontestablement plusieurs avantages, dont celui de supprimer pour l'usager le décalage d'un an entre la perception du revenu et le paiement de l'impôt correspondant, notamment lorsque les contribuables subissent une baisse sensible de leurs revenus d'une année sur l'autre ou changent de situation familiale (...). Toutefois, cette réforme devrait tenir compte des principes fondateurs du système fiscal actuel notamment la progressivité de l'impôt sur le revenu, garantir la confidentialité des éléments servant au calcul des prélèvements, la simplicité pour le collecteur de l'impôt et prendre en compte la contrainte budgétaire de l'État. (...). Il n'en demeure pas moins que sa mise en place supposerait des travaux importants, tant législatifs que d'application pour l'administration et les payeurs de revenus »[20].

En janvier 2008, la proposition se retrouve, sous le n° 304, au sein des « 300 [*sic*] décisions pour changer la France » contenues dans le rapport de la Commission pour la libération de la croissance française préparé sous la direction de Jacques Attali : « La retenue à la source de l'impôt sur le revenu, qui existe partout ailleurs qu'en France, permet à la fois des gains en termes d'efficacité administrative, est plus pertinente économiquement (car elle permet à tous les mécanismes fiscaux liés à l'impôt sur le revenu de prendre effet l'année même de ces revenus et non un an plus tard) et permet mécaniquement d'élargir la base de la population imposable ». La proposition ne fut pas suivie. Il est vrai que le Gouvernement avait d'autres priorités fiscales immédiates : il souhaitait privilégier, ce qui fût fait, « la mise en place opérationnelle de la Direction générale des finances publiques qui permettra à la fois d'améliorer le service rendu aux usagers et de baisser le coût de gestion de l'impôt »[21].

Cependant, le sujet revient à l'ordre du jour avec le vote de l'article 59 de la loi de finances rectificative du 29 juillet 2011. À la demande du Sénat, le Parlement demande au Gouvernement de lui remettre, avant le 1er février 2012, un rapport « sur les conditions de mise en œuvre d'une fusion progressive de l'impôt sur le revenu et de la contribution sociale généralisée » détaillant notamment « les possibilités d'un prélèvement à la source de l'impôt sur le revenu ». Demeuré confidentiel, ce rapport aurait mis l'accent sur le « risque d'acceptabilité du corps social compte tenu des transferts importants ».

La question devait prendre une nouvelle ampleur avec le quinquennat de François Hollande. En effet, les « 60 engagements pour la France » de celui-ci comportaient un chapitre 2 intitulé « Je veux rétablir la justice » et, en son sein, sous l'intitulé, « Je veux engager une grande réforme fiscale », un engagement n° 14 ainsi conçu : « La contribution de chacun sera rendue plus équitable par une grande réforme permettant la fusion à terme de l'impôt sur le revenu et de la CSG dans le cadre d'un prélèvement simplifié sur le revenu (PSR). Une part de cet impôt sera affectée aux organismes de sécurité sociale. (...) ».

Alors que le Premier ministre, Jean-Marc Ayrault, avait confirmé fin 2013 la nécessité de procéder à cette réforme d'ampleur[22] et que, dans un discours prononcé le 19 mai 2015 lors d'un déplacement en province, le Président de la République avait réaffirmé sa volonté de mettre en place – au 1er janvier 2018 – le prélèvement à la source de l'impôt sur le revenu, le quinquennat

(18) R. Viricelle, C. Bébéar et F. Auvigné, *Rapport sur les modalités de mise en œuvre du prélèvement à la source de l'impôt sur le revenu en France*, Doc. fr., 2007.
(19) D. Migaud, *Rapport d'information sur le prélèvement à la source et le rapprochement et la fusion de l'impôt sur le revenu et la CSG*, *Rapp.* AN n° 3779, 13 mars 2007.
(20) Rép. min. n° 6150 : *JOAN Q* 15 janv. 2008, p. 369.
(21) Rép. min. Mourrut, n° 23289 : *JOAN Q* 30 juin 2009, p. 6495.
(22) *Les Échos* 29 nov. 2013.

de François Hollande se déroulait sans que cet engagement ne trouve le moindre commencement d'exécution[(23)].

Les choses se sont subitement accélérées, dans la dernière année du quinquennat, au cours l'année 2016. La loi de finances pour 2016 a prévu, en effet, que le Gouvernement devra « présente [r] au Parlement, au plus tard le 1er octobre 2016, les modalités de mise en œuvre du prélèvement à la source de l'impôt sur le revenu à compter de 2018 »[(24)].

La loi affirme, à cet égard, que « la mise en œuvre du prélèvement à la source respecte les principes de progressivité, de conjugalisation et de familiarisation de l'impôt sur le revenu, par l'application du mécanisme de quotient conjugal et familial »[(25)].

Dans ce contexte, après avoir annoncé que la réforme ferait l'objet d'un projet de loi de finances rectificative « spéciale », appelé à être discuté et adopté en juin en vue de la mise en œuvre de la réforme en 2018, le ministre des Finances et des Comptes publics, Michel Sapin, a fait savoir en avril que l'encombrement du calendrier parlementaire ne le permettrait pas.

La réforme prendrait donc place dans la loi de finances initiale pour 2017[(26)]. De son côté, le secrétaire d'État au budget, Gabriel Eckert, faisait savoir, fin juillet 2016, que le texte de la réforme, qui avait été examiné par le Conseil d'État, était prêt[(27)]. Quelques jours plus tard, le ministre des Finances et des Comptes publics, Michel Sapin, confirmait par voie de presse que la retenue à la source de l'impôt sur le revenu serait effective dès 2018 – l'éventuelle alternance de 2017 ne pouvant, selon lui, que rester sans incidence sur la mise en œuvre de cette réforme.

Confirmant l'impression très décevante résultant des premières indications données quant au contenu de la réforme, l'examen des différents éléments du dispositif projeté, qui a été incorporé au projet de loi de finances pour 2017, donne à penser que, par rapport au mécanisme de perception actuel, les gains en terme de simplification seront pour le moins hypothétiques.

Ces éléments sont les suivants :

– les premiers revenus concernés par la réforme seraient ceux de 2018 (étant précisé que le régime de perception des plus-values et celui des revenus de capitaux mobiliers seraient largement maintenus en l'état). À la différence des revenus exceptionnels,, les revenus *courants* de 2017 entrant dans le champ de la réforme échapperaient à toute taxation[(28)] ;

(23) V., en faveur de cette réforme, V. M. Wolf, *Recouvrement de l'impôt sur le revenu : actualité de la retenue à la source : Dr. fisc.* 2013, n° 46, étude 507.

(24) L. fin. 2016, 29 déc. 2015, art. 76, I. Cette présentation précisera « les types de revenus concernés, le traitement des dépenses fiscales correspondant à l'année d'imposition annulée en cas d'année blanche et le coût de la réforme pour l'État, les tiers payeurs et, le cas échéant, les contribuables ».

(25) Au plus tard à la même date, le Gouvernement devra également présenter au Parlement, « les réformes alternatives au prélèvement à la source permettant de supprimer le décalage d'un an entre la perception des revenus et le paiement de l'impôt correspondant » (*ibid.*).

(26) Le ministre avait toutefois indiqué que cette péripétie n'interdirait pas aux commissions des finances de chaque assemblée d'avoir connaissance de la teneur du projet au mois de juin (ce qui n'a pas toutefois été le cas). On peut penser que la discussion d'une réforme d'une telle ampleur dans le cadre du marathon budgétaire ne relève pas des meilleures pratiques.

(27) La communication, qui devait être présentée par l'intéressé au Conseil des ministres du 27 juillet 2016, ne l'a été que la semaine suivante, le 3 août 2016.

(28) Contrairement à ce que l'on pouvait penser, l'État aurait donc finalement accepté de renoncer à taxer une année de revenus. Naturellement, des dispositions anti-abus efficaces devront être prises pour éviter que les contribuables qui seraient en mesure de maîtriser l'époque de perception de certains de leurs revenus les « déplacent » vers l'année 2017. Les dispositions particulières de lutte contre l'optimisation destinées à éviter que des contribuables majorent artificiellement leurs revenus de l'année 2017 sont d'ores et déjà prévues. Elles prendraient la forme, notamment, d'un mécanisme de crédit d'impôt de modernisation du recouvrement (CIMR) déterminé à raisons des revenus concernés par la réforme et présentant un caractère « non exceptionnel » (et pouvant faire l'objet d'un contrôle étroit par l'administration – la durée du délai de reprise étant d'ailleurs, dans ce cas, augmentée d'un an).

– la réforme ne porte que sur le paiement de l'impôt sur le revenu. Cet impôt, dont le barème progressif n'est pas modifié, resterait calculé au niveau de chaque foyer fiscal en fonction de l'ensemble des revenus et compte tenu de la règle actuelle de l'imposition par foyer. Le mécanisme du quotient familial serait intégralement conservé ;

– les employeurs[29] prélèveraient l'IR mensuellement en fonction, en principe, d'un taux individualisé correspondant à la situation personnelle du contribuable. Déterminé en fonction des données réelles de l'année précédente, ce taux, qui pourrait être différent pour chacun des membres des couples soumis à imposition commune, pourrait être remplacé à la demande du contribuable, pour des motifs de confidentialité, par un taux standard dit « neutre »[30] ;

– les titulaires de revenus non déclarés par des tiers (*i.e.* les revenus fonciers et les différents bénéfices professionnels) seraient tenus de verser en cours d'année des acomptes mensuels ou trimestriels ;

– les réductions et crédits d'impôt attachés à des dépenses effectuées en 2017 seraient conservés[31] ;

– les contribuables seraient tenus aux obligations déclaratives ordinaires, ce qui permettrait de régulariser l'ensemble des prélèvements ou paiements effectués et de déterminer le taux individualisé de l'année suivante.

Le défaut majeur de cette réforme est simple à identifier : la réforme projetée entend introduire un mécanisme de prelèvement à la source « à fiscalité constante » – ce qui tient évidemment de la gageure[32]. Il en résultera, inévitablement, un dispositif d'une extrême complexité dont le système fiscal français pourrait se passer sans grand mal.

SECTION 2

LE CHAMP D'APPLICATION DE L'IMPÔT SUR LE REVENU

1356. – **Matérialité, territorialité et personnalité.** L'impôt sur le revenu possède évidemment un champ d'application territorial (Sous-section 2) et un champ d'application personnel (Sous-section 3) précisément délimités par les textes. Mais il possède, plus encore, un champ d'application matériel dont la définition est incontestablement plus difficile (Sous-section 1).

(29) Les coûts supportés par les employeurs au titre de la mise en œuvre de la retenue à la source seraient indirectement compensés par l'avantage de trésorerie lié au décalage (de un à trois mois selon le cas) entre la date de rétention des sommes prélevées et celle de leur versement à l'État. La situation des particuliers employeurs n'a pas été clairement précisée.

(30) Ce taux « neutre » présenterait toutefois l'inconvénient d'être relativement élevé.

(31) L'application de ces mesures soulève toutefois une difficulté : de manière générale, le taux individualisé du prélèvement à la source devrait être déterminé sans qu'il soit tenu compte de ces avantages fiscaux. Les contribuables pourraient n'en bénéficier effectivement que lors de la régularisation des prélèvements subis – au prix d'un inévitable désagrément en terme de trésorie.

(32) Le projet soulève en l'état de très nombreuses questions : quel est plus le sort des crédits d'impôts dont l'imputation aurait dû être opérée au cours de l'année 2017 (l'année « neutralisée ») ? Comment seront imposés les revenus de source étrangère ? Comment seront imposés les revenus « attribués fiscalement » aux associés des sociétés de personnes ? Pourquoi est-il question dans le projet de loi des seuls « salaires » et non (comme il est habituel – et juridiquement justifié – de le faire) des « traitements et salaires » ?

SOUS-SECTION 1

LE CHAMP D'APPLICATION MATÉRIEL DE L'IMPÔT SUR LE REVENU

§ 1. – La définition du revenu imposable

1357. – **Absence de définition légale.** Les dispositions de la loi fiscale n'apportent que peu de précisions relativement à la définition du revenu imposable.

L'article 13, 1 du Code général des impôts dispose certes que « le bénéfice ou revenu imposable est constitué par l'excédent du produit brut, y compris la valeur des profits et avantages dont le contribuable a joui en nature, sur les dépenses effectuées en vue de l'acquisition et de la conservation du revenu ». Mais, à bien y regarder, cette définition est beaucoup plus une définition du revenu *imposable* que du revenu en tant que tel. Le texte se borne, en effet, à poser le principe – au demeurant fondamental – que le revenu imposable est un revenu *net* (V. *infra*, n° 1362).

On peut lire, plus loin, une disposition plus analytique. Mais celle-ci présente un caractère essentiellement descriptif et offre davantage une définition du revenu *global* que du revenu proprement dit : « le revenu net est déterminé eu égard aux propriétés et aux capitaux que possèdent les membres du foyer (...), aux professions qu'ils exercent, aux traitements, salaires, pensions et rentes viagères dont ils jouissent ainsi qu'aux bénéfices de toutes opérations lucratives auxquelles ils se livrent (...) »[33].

Il n'existe donc pas, à proprement parler, de définition légale du revenu. Or, l'impôt sur le revenu ne saurait être assis que sur « les revenus », à l'exclusion, sauf assimilation expresse, du capital et des gains en capital.

1358. – **Évolution des textes relatifs aux gains en capital.** La définition du champ d'application matériel de l'impôt sur le revenu découle principalement des textes qui ont successivement étendu la notion de revenu à certains gains en capital. L'évolution de la fiscalité des bénéfices professionnels (et, singulièrement, des bénéfices industriels et commerciaux) a précédé d'une quarantaine d'années celle des particuliers.

1) Dans la fiscalité des entreprises industrielles et commerciales, la consécration de la théorie du bilan – selon laquelle le bénéfice de l'exercice correspond à la variation de son actif net, c'est-à-dire à l'enrichissement annuel total de l'entreprise – n'est pas allée sans difficulté[34].

a) La loi du 31 juillet 1917, qui a institué un impôt sur les bénéfices industriels et commerciaux, ne comportait aucune définition du bénéfice imposable et ne fixait pas non plus les règles de détermination de ce bénéfice. La loi prévoyait seulement que l'impôt devait être établi d'après le bénéfice net sous déduction de toutes charges (art. 4).

(33) CGI, art. 156, al. 1er.

(34) V. not. M. Chrétien, *Les gains en capital. Rapport national au 30e Congrès de l'International Fiscal Association (IFA) à Jérusalem en septembre 1976 : Dr. fisc.* 1976, n° 24, 100030. Sur la neutralisation (quatrième L. fin. rect. 2010, 29 déc. 2010, art. 13) de certains effets de la théorie du bilan à l'égard des entrepreneurs individuels relevant des BIC ou des BA, V. *infra*, n° 1451.

La période qui suit est marquée par l'opposition entre, d'une part, la jurisprudence du Conseil d'État – qui reste attachée à l'époque à la théorie de la source et qui est donc plutôt favorable à la méthode de détermination des bénéfices industriels et commerciaux d'après le compte d'exploitation et, d'autre part, l'administration qui, dans ses instructions, entend faire prévaloir la méthode de détermination du bénéfice d'après le bilan. Ce conflit, car on peut parler d'un véritable conflit, va durer plus de vingt ans. Il s'est terminé par la victoire de l'administration qui est parvenue à faire consacrer la théorie du bilan par le législateur.

À chaque progression de la doctrine administrative, a correspondu une décision qui a marqué la résistance du Conseil d'État, puis une disposition de loi destinée à vaincre l'opposition du juge. On a ainsi l'explication de cet article fondamental qu'est l'article 38 du CGI : ses dispositions, qui apparaissent de plus en plus précises dans le texte, forment autant de strates correspondant chacune à une étape de cette évolution.

b) Très tôt, l'administration a indiqué que le bénéfice devait être déterminé en tenant compte du produit de toutes opérations lucratives se rattachant à l'exercice de la profession.

Cette position a très tôt été retenue dans une instruction du 30 mars 1918 (art. 10). Une décision ministérielle du 15 septembre 1925 avait cependant admis que les plus-values réalisées à l'occasion de la vente d'un fonds de commerce n'étaient pas imposables en tant que bénéfice imposable car il s'agissait là d'un accroissement de capital et non d'un revenu, et ce contrairement au gain résultant de la cession du stock de marchandises[(35)]. L'instruction générale du 31 janvier 1928 l'a confirmée en considérant dans son § 19 que si les « gains provenant de la vente d'éléments divers de l'actif autres que les marchandises (...) doivent être distraits des résultats de l'exercice de liquidation pour l'établissement de l'impôt » « lorsque ces gains sont réalisés à l'occasion de la cession [totale ou partielle] de l'entreprise (...) ainsi que l'a marqué une décision ministérielle en date du 15 septembre 1925 », il en va autrement lorsque ces ventes sont réalisées en cours d'exploitation, auquel cas leur produit est compris parmi les éléments du bénéfice imposable.

Cette interprétation a toutefois été rejetée par le Conseil d'État qui a considéré que seuls les bénéfices de l'exploitation – à l'exclusion des gains en capital – devaient être imposés[(36)]. En particulier, les plus-values et les moins-values d'actif résultant d'une réalisation d'éléments d'actif en cours d'exploitation ne devaient pas à être prises en compte pour la détermination du bénéfice imposable : il s'agit de gains ou de pertes en capital et non de revenus.

c) Le législateur est alors intervenu pour infirmer cette jurisprudence. On aborde ici une deuxième étape. La loi du 28 février 1933 (art. 46) a posé le principe, toujours actuel, que le bénéfice imposable est déterminé « d'après les résultats d'ensemble des opérations de toute nature effectuées par les entreprises ».

Le décret-loi du 20 juillet 1934 (art. 7) est encore plus explicite ; il a ajouté au texte précédent la formule suivante : « y compris les cessions d'éléments quelconques de l'actif soit en cours, soit en fin d'exploitation ».

La méthode de détermination du bénéfice d'après le compte d'exploitation a donc été formellement rejetée. La doctrine scientifique a déploré, à l'époque, que la loi du 28 février 1933 et le décret-loi du 20 juillet 1934 aient confondu « dans un esprit de fiscalité (...) la notion de revenu et celle de capital, faisant ainsi de l'impôt sur les bénéfices industriels et commerciaux un impôt qui n'est plus un véritable impôt sur le revenu »[(37)].

d) Le Conseil d'État va tenter cependant de limiter l'extension des dispositions nouvelles en se fondant sur les travaux préparatoires de la loi du 28 février 1933

(35) Déc. min. Fin., 15 sept. 1925 : Note des cont. dir. 19 sept. 1925, n° 893.
(36) V. not. L. Durand et V. Bourrel, *Impôts sur les revenus. Questions litigieuses*, Dalloz, 1934, p. 143.
(37) *Gaz. Pal.* 1941, 2, 70.

et sur les termes mêmes de ses dispositions visant les opérations de toute nature « effectuées par les entreprises ».

Modifiant sa jurisprudence, il a décidé sans doute qu'une indemnité d'expropriation ou une indemnité d'éviction reçue par une entreprise était passible de l'impôt sur les bénéfices industriels et commerciaux, alors qu'il avait jugé jusque-là que les bénéfices résultant de ces indemnités n'étaient pas imposables. Mais, dans un important arrêt du 17 mai 1941 (38), appliquant le droit antérieur à la loi du 13 janvier 1941 (V. *infra, e*), il a décidé que « des recettes perçues du fait de la liquidation d'une partie de l'actif de l'entreprise ne présentent le caractère de bénéfice imposable que si elles sont la conséquence d'opérations effectuées par l'entreprise elle-même à l'occasion de sa gestion commerciale » ; tel n'est pas le cas pour l'indemnité perçue en compensation de la dépréciation subie par un fonds de commerce à la suite d'une éviction qui, étant imposée à l'entreprise, « ne saurait être regardée comme constituant une opération effectuée par celle-ci, ni par suite comme passible de l'impôt sur les bénéfices industriels et commerciaux ». En conséquence, la partie de l'indemnité d'éviction attribuée à un commerçant à la suite du refus de renouvellement de son bail, qui représente la dépréciation subie par le fonds de commerce, n'est pas imposable. Seule doit être comprise dans les bénéfices imposables la partie de l'indemnité qui a pour objet de compenser les frais de déménagement, la perte de bénéfices subie pendant la période de réinstallation ainsi que les frais d'aménagement des nouveaux locaux (39).

e) La loi du 13 janvier 1941 a tranché définitivement la question en ajoutant à l'article 7 de l'ancien Code général des impôts directs (sous lequel avaient été codifiées les dispositions précédentes), un texte qui n'est autre que le paragraphe 2 de l'actuel article 38 du Code général des impôts. En précisant que le bénéfice net est constitué par « la différence entre les valeurs de l'actif net à la clôture et à l'ouverture de la période dont les résultats doivent servir de base à l'impôt », la loi a condamné l'interprétation littérale des dispositions précédentes qui avait été retenue dans l'arrêt du 17 mai 1941, en même temps qu'elle a consacré sans discussion la théorie du bilan.

2) Dans la fiscalité des particuliers, l'assimilation de *certains* gains en capital à des revenus a été plus tardive.

a) La loi du 15 mars 1963 portant réforme de l'enregistrement, du timbre et de la fiscalité immobilière (art. 28) puis celle du 19 décembre 1963 ont prévu l'imposition de certaines plus-values immobilières de caractère privé (notamment celles qui, présentant un caractère spéculatif affirmé, tenaient à des profits de constructions ou portent sur des terrains à bâtir).

b) La loi du 19 juillet 1976 portant imposition des plus-values revêt une importance considérable, pour généraliser, du moins sur le plan théorique, l'imposition des plus-values de cession : « les plus-values effectivement réalisées par des personnes physiques ou des sociétés de personnes lors de la cession à titre onéreux de biens ou droit de toutes natures sont passibles (...) de l'impôt sur le revenu (...) » (art. 1er).

Ce texte distinguait les plus-values à court terme taxées comme un revenu ordinaire et les plus-values à long terme relevant d'un mécanisme de taxation comportant une atténuation de la progressivité de l'impôt. Cette distinction a subsisté pour l'imposition des plus-values immobilières et des plus-values de cession de biens meubles jusqu'en 2003.

c) Cette évolution a été achevée, sur le plan des principes, lorsque la loi du 5 juillet 1978 relative à l'imposition des gains nets en capital réalisés à l'occasion de la

(38) *JCP* 1941, 2, 1726, concl. Letourneur et note M. Chrétien.
(39) *Gaz. Pal.* 1941, 1, 70.

cession à titre onéreux de valeurs mobilières et de droits sociaux aura conçu un mécanisme efficace d'imposition de ces gains.

Au lendemain de la loi de 1976, il était rapidement apparu que le régime des plus-values de cession de titres qu'elle instituait était trop complexe pour pouvoir être appliqué en l'état. Le report de l'application de la taxation au 1er janvier 1979 a été d'abord décidé à titre conservatoire(40). Un régime entièrement réaménagé est, quelques mois plus tard, posé par la loi du 5 juillet 1978.

1359. – **Définition jurisprudentielle du revenu (fiscalité des particuliers).** Face à l'imprécision des textes quant à la définition des revenus proprement dits, il a incombé au Conseil d'État de cerner les contours de cette notion évidemment fondamentale.

Les plus-values des particuliers sont généralement regardées comme des revenus au sens des dispositions fiscales qui font intervenir cette notion. Une plus-value de cession de droits sociaux a ainsi été jugée comme un revenu au sens des dispositions(41) permettant l'imposition séparée des époux(42). Par ailleurs, la Cour de cassation a également considéré que les gains nets tirés de cessions de valeurs mobilières constituent « une des composantes » du revenu. En conséquence, ils peuvent à bon droit être pris en compte pour apprécier si un redevable de l'ISF a fait, ou non, l'objet d'un prélèvement présentant un caractère confiscatoire(43).

Le juge a consacré d'abord la théorie dite de la source : le revenu est constitué par toute richesse découlant plus ou moins régulièrement et plus ou moins périodiquement, d'une source durable que la production du revenu n'altère pas.

Cette conception, qui coïncide avec la notion civiliste de revenu, va prévaloir jusqu'en 1940, même si elle subit déjà certaines atteintes avant cette date. Elle permettra notamment au Conseil d'État de s'opposer à l'instauration de la théorie du bilan dans la fiscalité des entreprises (V. *supra*, n° 1358).

La dégradation de la notion première de revenu s'est opérée progressivement. Le caractère de revenu a été attribué non seulement aux profits qui se renouvellent, mais aussi aux profits qui sont susceptibles de se renouveler. Le juge a consacré ainsi une conception purement fiscale du revenu imposable. Au cours d'une troisième étape, le juge finira par adopter la conception économique du revenu, qui s'inspire elle-même de la théorie de l'enrichissement ou de l'accroissement de valeur.

1) La jurisprudence a fait une première entorse à la théorie de la source, en considérant la nature du produit à son origine et non pas seulement dans sa forme finale, en la personne du bénéficiaire des sommes correspondantes(44).

Ainsi, la jurisprudence a accepté de regarder comme des revenus les produits tirés de la distribution des réserves constituées par une société, au motif que les réserves sont prélevées sur les bénéfices, lesquels constituent par essence des revenus.

Ce critère reçoit toujours application. Par exemple, les profits réalisés par les héritiers d'un artiste décédé, lors de la vente d'œuvres réalisées à partir des moules originaux exécutés par l'artiste, sont de

(40) L. fin. 1978, art. 68.
(41) CGI, art. 6, 4-c – V. *infra*, n° 1382.
(42) CAA Nantes, 4 févr. 2008, n° 06-1083, *Le Mercier* : *RJF* 8-9/2008, n° 922.
(43) Cass. com., 7 juill. 2009, n° 08-16762, *Bacou* : *Dr. fisc.* 2009, n° 38, comm. 472, note S. Quilici ; *RJF* 11/2009, n° 1023.
(44) V. M. Chrétien, *Les gains en capital. Rapport national au 30e congrès de l'International Fiscal Association (IFA) à Jérusalem en septembre 1976* : *Dr. fisc.* 1976, n° 24, 100030.

la même nature que ceux qu'aurait pu tirer des mêmes œuvres l'artiste elle-même de son vivant, et constituent dès lors pour les bénéficiaires des bénéfices non commerciaux[45].

2) Jusqu'en 1941, la jurisprudence ne qualifiait de revenu que le bénéfice obtenu dans l'exercice d'une profession. Cette définition était pleinement conforme à l'idée de périodicité qu'implique le terme même de revenu. Toutefois, à la périodicité *constatée* a été substituée, en outre, l'idée d'une périodicité *virtuelle* : constitue un revenu non seulement le produit qui se renouvelle mais encore celui qui est « susceptible (...) de se renouveler »[46]. Peu importe, dès lors, que le profit présente un caractère accidentel[47]. À la vérité, il ne reste que peu de chose de la théorie de la source – ou même de la notion du revenu conçu comme « un produit susceptible de se renouveler » – lorsque toute opération tend à être considérée en soi comme renouvelable.

3) Le Conseil d'État a même retenu ultérieurement une notion encore plus extensive du revenu, qui se situe nettement en dehors du cadre de la théorie du revenu conçu comme un profit susceptible de se renouveler et qui s'inspire beaucoup plus de la théorie économique dite de « l'enrichissement » ou de « l'accroissement de valeur » que consacre la législation fiscale dans plusieurs dispositions.

On a déjà pu le constater pour les bénéfices industriels et commerciaux (V. *supra*, n° 1358, 1). Concernant la fiscalité des particuliers, il suffit de se reporter aux lois précitées du 15 mars 1963, du 19 décembre 1963, mais aussi celles du 19 juillet 1976 et du 5 juillet 1978 qui ont frappé d'imposition les plus-values (V. *supra*, n° 1358, 2).

De ce point de vue, l'arrêt d'assemblée du 30 novembre 1973 a marqué la dernière phase de cette évolution jurisprudentielle. Le commissaire du gouvernement a proposé au Conseil d'État de consacrer la conception économique d'après laquelle « le revenu ne peut s'entendre que de l'ensemble des gains nets réels, et non purement monétaires, réalisés par le contribuable au cours de l'année d'imposition, quelle qu'en soit la forme ou la source »[48].

L'arrêt ne formule pas de principe dans le sens indiqué par son commissaire du gouvernement mais retient, au fond, la solution qu'il proposait.

À l'issue de cette évolution les seuls gains qui, dans la fiscalité des particuliers sont en dehors du champ de l'impôt sur le revenu sont principalement certains gains de jeux, les pures libéralités et les gains d'assurance (sur le cas des indemnités réparant un préjudice moral, V. *infra*, n° 1392, 3). La notion de pure libéralité est interprétée restrictivement : les sommes qu'une institution publique ou privée verse à une personne en vue de favoriser l'exercice par celle-ci d'une activité lucrative constituent pour cette personne des bénéfices non commerciaux et non de pures libéralités, alors même que ce versement n'a pour contrepartie la fourniture d'aucune prestation ni même l'accomplissement d'aucun acte professionnel déterminé[49].

---

(45) CE, 29 oct. 1971, n° 75.572 : *Rec. CE* 1971, p. 640 ; *Rec. CE* 1971, p. 421.

(46) CE, 20 oct. 1941, n° 68.177 : *Rec. CE* 1941, p. 174 ; S. 1942, III, p. 23, concl. Letourneur. – CE, 18 févr. 1956, n° 92.316 : *Gaz. Pal.* 1956, 1, 330 ; *Rec. CE* 1956, p. 294. – CE, sect., 28 juin 1963, n° 53.796 : *Rec. CE* 1963, p. 404 ; *Dr. fisc.* 1963, n° 47, doctr. concl. Ducamin ; *Rec. CE* 1963, p. 759. – CE, 25 mars 1991, n° 57.421, *Yaffi* : *Dr. fisc.* 1991, n° 41, comm. 1846, concl. M.-D. Hagelsteen ; *RJF* 5/1991, n° 598.

(47) CE, 24 juill. 1945 : *D.* 1947, p. 318, note Colliard.

(48) Concl. J. Delmas-Marsalet sur CE, ass., 30 nov. 1973, n° 86.977 : *Rec. CE* 1973, p. 681 ; *Dr. fisc.* 1974, n° 5, comm. 125 ; *Rec. CE* 1974, p. 68, à propos du revenu foncier constitué par le retour gratuit, en fin de bail, des travaux d'achèvement et d'aménagement effectués par le preneur sur un immeuble loué.

(49) CE, sect., 30 oct. 2001, n° 221.004, *Camus* : *Dr. fisc.* 2002, n° 5, comm. 69, concl. F. Séners ; *RJF* 1/2002, n° 31, concl. F. Séners, qualifiant de revenu d'une occupation lucrative, une bourse d'aide à la création versée par le Centre national des lettres à un écrivain.

§ 2. – Les caractères du revenu imposable

1360. – Revenu en argent ou en nature. Le revenu imposable est de manière générale le revenu en argent. Mais, aux termes de la loi fiscale, le revenu imposable comprend également les « avantages en nature »[(50)]. Cette règle, qui trouve à s'appliquer à l'ensemble des revenus, revêt une importance particulière dans l'imposition des traitements et salaires et, dans une moindre mesure, dans celle des revenus fonciers.

1361. – Revenu réalisé ou disponible. 1) On énonce parfois que l'impôt sur le revenu frappe le revenu disponible des personnes physiques. Cette règle, si elle n'est pas radicalement inexacte, mérite d'être nuancée – étant rappelé avant tout chose qu'elle n'est pas pleinement fidèle au texte légal aux termes duquel « l'impôt [sur le revenu] est dû (...) à raison des bénéfices ou revenus que le contribuable réalise ou dont il dispose »[(51)].

a) Le contribuable peut « disposer » de revenu sans nécessairement les percevoir. Ainsi, les salaires imposables d'un dirigeant d'une société ayant la qualité de salarié comprennent, au titre d'une année, les sommes mises à sa disposition, soit par voie de paiement, soit par voie d'inscription à un compte ouvert dans les écritures de la société, dès lors que, dans ce dernier cas, l'intéressé a, en sa qualité de dirigeant, « déterminé la décision d'inscrire la somme qui lui est due dans les comptes de la société et que le retrait effectif de la somme, au plus tard le 31 décembre de ladite année, n'est pas rendu impossible, en fait ou en droit, par des circonstances telles que, notamment, la situation de trésorerie de la société, les circonstances matérielles du retrait ou les modalités de détermination du montant exact de la somme susceptible d'être retirée »[(52)].

Dans cet ordre d'idées, un contribuable qui avait consenti, pour cinq ans, à une fondation reconnue d'utilité publique, la « donation du droit aux dividendes » attachés aux titres qu'il détenait dans le capital d'une société par actions, a été regardé comme imposable à raison des dividendes considérés, dès lors que les titres considérés n'avaient « pas fait l'objet d'un démembrement du droit de propriété ayant pour effet de priver l'intéressé de la disposition de ces sommes » ni d'une « convention portant sur leur usage ayant le même effet »[(53)].

b) La loi fait assez fréquemment intervenir des mécanismes de revenus présumés. C'est le cas, d'abord, pour les nombreux mécanismes « ordinaires » permettant la détermination d'un revenu net forfaitaire (V. *supra*, n°s 1130 et s.). C'est le cas, ensuite, pour l'application des mécanismes permettant de substituer au revenu déclaré un revenu minimal établi sur la base d'une évaluation indiciaire (V. *supra*, n°s 1141 et, pour un dispositif récemment abrogé, 1372, et *infra*, n°s 1575 et 1576), notamment lorsque le contribuable se trouve mêlé à certains trafics illicites (V. *supra*, n° 1141 et *infra*, n° 1576).

2) Cette idée importante, selon laquelle le revenu imposable n'est pas nécessairement un revenu disponible, peut être illustrée par de nombreux exemples :

– certains revenus sont imposables à l'impôt sur le revenu indépendamment de leur appréhension effective ;

Tel est le cas des revenus correspondant aux droits d'un contribuable dans les résultats d'une société de personnes[(54)] ou encore de l'imposition, dans le cadre de l'*exit tax*, des plus-values *latentes* (par opposition aux plus-values réalisées), V. *infra*, n° 1373.

(50) CGI, art. 13, 1.
(51) CGI, art. 12.
(52) CE, 20 déc. 2013, n° 344.899, *Montjarret : Dr. fisc.* 2014, n° 13, comm. 241, concl. D. Hedary, note C. Modicom et P. Gour, à propos d'une prime exceptionnelle inscrite à un compte de charges à payer que le dirigeant n'avait fait figurer dans sa déclaration de revenus que l'année suivante (la solution aurait été la même, naturellement, si les sommes avaient été inscrites en compte courant d'associé).
(53) CE, 12 févr. 2014, n° 361.867, *Brémond : Dr. fisc.* 2014, n° 15, comm. 262, concl. N. Escaut.
(54) CGI, art. 13, 4.

– un deuxième cas concerne l'ensemble des contribuables domiciliés en France. Elle tient à la non-déductibilité partielle de la CSG (et de la CDRS) pour l'assiette de l'impôt sur le revenu.

a) À la différence de la CRDS (qui n'est jamais déductible), la CSG frappant des revenus imposables soumis au barème progressif de l'impôt sur le revenu est partiellement déductible au titre de l'année de son paiement. De manière générale, la CSG est déductible à hauteur de 5,1 points, qu'elle ait frappé des revenus d'activité et de remplacement ou, depuis le 1er janvier 2012[(55)], des revenus du capital soumis au barème progressif de l'IR[(56)].

Le rapprochement du traitement fiscal des revenus du travail et des revenus du capital n'est ici qu'apparent : la CSG sur les revenus d'activité et de remplacement (7,5 %) est non déductible à hauteur de 2,4 points ; celle frappant les revenus du capital (8,2 %) est non déductible à hauteur de 3,1 points (alors que les fractions déductibles étaient, avant la loi précitée, de 2,4 points dans les deux cas).

b) Ces cas ne doivent pas être confondus avec celui où le contribuable renonçant à percevoir certains revenus est considéré comme en ayant fait acte de disposition[(57)].

c) Par ailleurs, et symétriquement, l'application des règles fiscales peut conduire à l'apparition d'un déficit « fiscal » ne correspondant aucunement à un déficit « économique ». C'est le cas, par exemple, en matière de revenus fonciers ou de bénéfices professionnels (par le jeu des mécanismes d'amortissement ou de provision qui y sont, le cas échéant, applicables). C'est le cas, également, lorsqu'un contribuable « subit » un déficit à raison des droits qu'il détient dans les résultats (supposés déficitaires) d'une société de personnes.

1362. – Revenu net. La loi fiscale affirme un principe important : « le bénéfice ou revenu imposable est constitué par l'excédent du produit brut (...) sur les dépenses effectuées en vue de l'acquisition et de la conservation du revenu »[(58)]. La question se pose, naturellement, de savoir s'il s'agit d'une pétition de principe ou d'un principe opérationnel. En effet, la nécessité d'opérer, pour chaque élément de revenu, la déduction des frais et charges correspondants dans des conditions, sinon simples, du moins cohérentes, est à l'origine du maintien dans la loi de différentes « sortes » de revenus – appelés *revenus catégoriels*. Or, la loi précise que « le bénéfice ou revenu net de chacune des catégories de revenus (...) est déterminé distinctement suivant les règles propres à chacune d'elles »[(59)].

Ainsi que l'a relevé E. Glaser, « il existe trois catégories de dispositions du CGI portant sur la déduction des charges »[(60)] : l'article 13,1, du CGI (règle générale), ses articles 31, 39, 83 et 93 (règles spéciales à certaines catégories de revenus) et son article 156 (charges déductibles du revenu global).

Dans ce cadre, deux conceptions de la combinaison de l'article 13,1 du CGI et des dispositions concernant un revenu catégoriel peuvent se concevoir :

– on peut considérer que l'article 13,1 constitue seulement « une annonce, un cadre général sans portée propre »[(61)] ou, si l'on préfère une forme de chapeau introductif à visée essentiellement descriptive. Dans cette première optique, seules les dispositions « catégorielles » revêtiraient une portée juridique ;

– on peut considérer, à l'inverse, que l'article 13,1 a une portée juridique concrète – que ce soit en l'absence de dispositions catégorielles applicables ou – plus encore – même en présence de telles dispositions.

C'est cette seconde conception générale que retient la jurisprudence du Conseil d'État qui a retenu, en 1971, que l'article 13,1 du CGI était directement « applicable, à défaut de disposition contraire, pour

(55) L. fin n° 2012-1509, 29 déc. 2012, *Loi de finances pour 2013*, art. 9 : *JO* 30 déc. 2012.
(56) CGI, art. 154 quinquies. Auparavant, la CSG frappant les revenus du capital était déductible à hauteur de 5,8 points.
(57) V. par ex. CE, 1er juin 1990, n° 52.470, *Boix* : *Dr. fisc.* 1991, n° 9, comm. 388 ; *RJF* 8-9/1990, n° 1097.
(58) CGI, art. 13, 1.
(59) CGI, art. 13, 3.
(60) V. concl. E. Glaser ss CE, 30 juin 2008, n° 274.480, *Henri* et n° 271.246, *Maurice* : *Dr. fisc.* 2008, n° 39, comm. 503.
(61) *Ibid.*

la détermination du revenu net des différentes catégories »[62]. Il est allé plus loin en 1989 en jugeant la disposition générale applicable même en présence de dispositions catégorielles[63] – tout en précisant ultérieurement, cependant, que « si le 1 de l'article 13 du CGI prévoit la déduction des "dépenses effectuées en vue de l'acquisition et de la conservation du revenu", c'est sous réserve, s'agissant des dépenses dont la déduction a été prévue par des dispositions particulières du Code relatives aux diverses catégories de revenus, que les conditions prévues par ces dispositions soient réunies »[64].

SOUS-SECTION 2

LE CHAMP D'APPLICATION TERRITORIAL DE L'IMPÔT SUR LE REVENU

1363. – Loi interne et conventions internationales. Les règles posées par la loi française définissent un large champ d'application territorial de l'impôt sur le revenu (§ 1). Les États étrangers ne sont toutefois pas en reste, qui retiennent souvent des règles tout aussi attractives. Ces légitimes préoccupations étatiques pourraient déboucher, en présence d'éléments d'extranéité, sur des doubles impositions juridiques. Celles-ci sont limitées ou éliminées par les conventions fiscales internationales dont les stipulations peuvent conduire à écarter les solutions prévues par le droit interne (§ 2).

§ 1. – Les règles de droit interne

1364. – Généralités. Combinant les critères de la résidence et de la source, la loi française distingue deux catégories de personnes physiques :

– les personnes fiscalement domiciliées en France ;

– les personnes fiscalement « domiciliées hors de France » – qu'il serait plus opportun, d'ailleurs, de désigner par l'expression de personnes *non domiciliées* fiscalement en France[65].

(62) CE, sect., 20 juill. 1971, n° 81.146 : *Dr. fisc.* 1972, n° 50, comm. 1821, concl. J. Delmas-Marsalet ; *Rec. CE* 1971, p. 533. Tout en affirmant cette solution de principe, le Conseil d'État décide que, sauf disposition contraire expresse, les frais engagés par un contribuable pour maintenir ou accroître son patrimoine privé ne peuvent être déduits des revenus retirés des éléments de ce patrimoine. C'est le cas, en particulier, des intérêts des emprunts contractés par le contribuable pour accroître un portefeuille de valeurs mobilières dont les revenus sont imposables dans la catégorie des revenus de capitaux mobiliers – la solution strictement inverse étant retenue à l'égard des intérêts des emprunts contractés par le contribuable pour acquérir ou conserver les éléments d'actif qui sont affectés aux entreprises exploitées ou aux professions exercées par lui. Cette double solution opposée – dont le fondement juridique demeure incertain – a été constamment réaffirmée par la suite (V. CE, 30 juin 2008, n° 274.480, *Henri* et n° 271.246, *Maurice : Dr. fisc.* 2008, n° 39, comm. 503, concl. E. Glaser ; *RJF* 10/2008, n° 1040. – CE, 7 juill. 2010, n° 318.936, *Ringeisen : Dr. fisc.* 2010, n° 41, comm. 521, concl. J. Burguburu ; *RJF* 11/2010, n° 987).

(63) CE, plén., 22 déc. 1989, n° 56.905, *Biau : Dr. fisc.* 1990, n° 17-18, comm. 858, concl. contr. P.-F. Racine ; *RJF* 2/1990, n° 105. – CE, plén., 9 oct. 1992, n° 116.181, *Sérafini : Dr. fisc.* 1994, n° 18, comm. 836 ; *RJF* 11/1992, n° 1506, concl. Ph. Martin, p. 868 et s. – V. également concl. E. Glaser sur CE, 25 oct. 2004, n° 255.092, *Boutourlinski : Dr. fisc.* 2005, n° 8, comm. 224.

(64) CE, 15 févr. 2012, n° 323.895, *Witasse Thezy : RJF* 05/2012, n° 475. Il est clair que le principe général de l'article 13, 1, du Code général des impôts ne peut prévaloir sur une disposition catégorielle expresse interdisant la déduction d'une dépense ou d'une charge particulière. Ce n'est pas la lecture qu'il convient de faire d'une décision (CE, 30 déc. 2010, n° 335.628, *Chalom-Luksenberg : RJF* 5/2011, n° 585) refusant l'admission du pourvoi en cassation contre un arrêt ayant retenu, peut-on penser, la solution inverse. Plus significatif, un arrêt antérieur retient qu'une dépense, même mentionnée par une disposition catégorielle comme présentant un caractère déductible, ne peut être déduite que si elle a, conformément au principe général, été engagée en vue de l'acquisition ou de la conservation du revenu (CE, 28 nov. 2007, n° 290.510, *Antoine : Dr. fisc.* 2008, n° 4, comm. 74, concl. F. Séners).

(65) CGI, art. 4 A – Comp. CGI, art. 164 C, anc.

Indépendamment de leur nationalité, ces personnes sont soumises, par application de critères territoriaux, à des obligations fiscales d'intensité variable.

1) En principe, la condition de domiciliation fiscale doit s'apprécier à la fin de la période de réalisation des revenus, c'est-à-dire au 31 décembre de l'année d'imposition, qui constitue le fait générateur de l'impôt sur le revenu[66]. En outre, par application du principe d'annualité de l'impôt, le contribuable remplissant, à cette date, la condition de domiciliation fiscale en France, est normalement passible de l'impôt français à raison de son revenu annuel mondial.

Toutefois, ces solutions sont parfois écartées par la loi interne :

a) lorsqu'un contribuable précédemment domicilié fiscalement à l'étranger transfère son domicile fiscal en France, les revenus dont l'imposition est entraînée par l'établissement du domicile en France ne sont comptés que du jour de cet établissement[67] ;

b) symétriquement, le contribuable fiscalement domicilié en France qui transfère son domicile à l'étranger est passible de l'impôt français à raison des revenus dont il a disposé pendant l'année de son départ jusqu'à la date de celui-ci, des bénéfices industriels et commerciaux qu'il a réalisés depuis la fin du dernier exercice taxé, et de tous revenus qu'il a acquis sans en avoir la disposition antérieurement à son départ[68]. Sur le dispositif d'*exit tax*, applicable sous certaines conditions en cas de transfert de domicile fiscal hors de France, V. *infra*, n° 1373.

2) Lorsque les membres d'un foyer fiscal faisant l'objet d'une imposition commune ne répondent pas tous à l'un ou l'autre des critères de domiciliation fiscale en France (ce qui suppose que les intéressés ne partagent pas le même centre des intérêts familiaux ou personnels), il est admis que l'obligation fiscale du foyer soit déterminée à raison des revenus « mondiaux » des seuls membres fiscalement domiciliés en France et des seuls revenus de source française des membres non domiciliés fiscalement en France[69].

3) Pour l'application de l'impôt sur le revenu, la France s'entend de la France continentale, y compris la Corse, et des cinq départements d'outre-mer[70].

Les autres territoires appartenant à la République française sont considérés comme des territoires étrangers pour l'application de l'impôt sur le revenu. Par application de la convention fiscale franco-monégasque de 1963, les ressortissants français fiscalement domiciliés dans la Principauté de Monaco sont, sauf exception, regardés comme fiscalement domiciliés en France[71].

A. – Les personnes fiscalement domiciliées en France

1° Conditions de domiciliation

1365. – **Critères alternatifs.** Depuis la loi du 29 décembre 1976 modifiant les règles de territorialité et les conditions d'imposition des Français à l'étranger ainsi que des autres personnes non domiciliées fiscalement en France, la loi française[72] retient trois critères *alternatifs* de domiciliation fiscale en France :

- un critère personnel (se dédoublant en deux éléments hiérarchisés) ;
- un critère professionnel ;
- un critère économique.

(66) CE, ass., 5 janv. 1962, n° 46.798 : *Rec. CE* 1962, p. 7 ; *Dr. fisc.* 1962, n° 7, comm. 425 ; *RJF* 12/1987, n° 1218.
(67) CGI, art. 166.
(68) CGI, art. 167, 1.
(69) BOI- R-CHAMP-10-20130131, n° 90.
(70) Dont le département de Mayotte depuis le 1er janvier 2014.
(71) C'est sans doute la raison pour laquelle le chanteur connu sous le nom de scène de *Johnny Hallyday* (qui souhaitait s'établir à Monaco) avait voulu se défaire de sa nationalité française. Il lui fallait préalablement, pour ce faire, acquérir la nationalité d'un autre État que la France. Son choix – qui s'est porté sur la nationalité belge – s'est avéré peu judicieux (la procédure de naturalisation belge présente l'originalité de faire directement intervenir le Parlement).
(72) CGI, art. 4 B.

Résultant clairement du dispositif légal, le caractère alternatif de ces trois critères est parfaitement établi en jurisprudence.

En application d'une disposition spéciale, les agents de l'État français en service à l'étranger sont considérés comme ayant conservé leur domicile fiscal en France lorsqu'ils ne sont pas soumis (dans l'État étranger où ils sont affectés) à un impôt sur le revenu équivalent à l'impôt sur le revenu français[73].

1) Un contribuable est fiscalement domicilié en France s'il y possède son *foyer* (c'est-à-dire, le cas échéant, le lieu où réside habituellement la famille et où sont scolarisés les enfants) ou – à défaut de foyer ou lorsque sa localisation ne peut être déterminée (critère subsidiaire) – le *lieu de son séjour principal* (le contribuable séjourne en France, de manière continue ou non, plus de 183 jours par an).

Le foyer s'entend du lieu où le contribuable habite normalement et possède, selon le cas, le centre de ses intérêts familiaux ou celui de sa vie personnelle, sans qu'il soit tenu compte des séjours effectués temporairement ailleurs en raison des nécessités de la profession ou de circonstances exceptionnelles. À cet égard, le lieu du séjour principal du contribuable ne peut déterminer son domicile fiscal que dans l'hypothèse où celui-ci ne dispose pas de foyer[74]. Il en résulte, en particulier, qu'une personne est fiscalement domiciliée en France au sens du droit interne dès lors que s'y trouve son foyer, alors même, qu'au cours de la même période, elle aurait principalement séjourné hors de France[75]. En présence d'enfants mineurs, leur lieu de scolarisation est souvent un élément déterminant de localisation du foyer[76]. Dans le cas des célibataires sans charge de famille, le juge fiscal s'attache à rechercher si le centre des intérêts personnels est en France[77].

Le *concubinage* peut révéler la localisation du foyer familial, sans qu'il y ait lieu de distinguer qu'il s'agit d'une situation ordinaire[78] ou d'une situation plus originale[79].

2) Un contribuable est fiscalement domicilié en France s'il y exerce une *activité professionnelle* (sauf s'il est justifié que cette activité est accessoire à une activité principale exercée à l'étranger).

Selon l'administration fiscale, « L'activité principale s'entend de celle à laquelle le contribuable consacre le plus de temps effectif, même si elle ne dégage pas l'essentiel de ses revenus. Dans l'hypothèse

(73) CGI, art. 4 B, 2.

(74) CE, sect., 3 nov. 1995, n° 126.513, *Larcher : Dr. fisc.* 1996, n° 5, comm. 121, concl. J. Arrighi de Casanova ; *RJF* 12/1995, n° 1332, pour un contribuable marié. – CE, 17 déc. 2010, n° 306.174, *Léostic : Dr. fisc.* 2011, n° 20, comm. 353, concl. S.-J. Lieber ; *RJF* 3/2011, n° 264, pour un célibataire ne supportant plus aucune charge de famille. V. également CE, 31 mars 2014, n° 357.019, *Noah : Dr. fisc.* 2014, n° 21, comm. 341, concl. N. Escaut, pour un contribuable divorcé, l'arrêt admettant qu'il puisse être tenu compte de la circonstance que les deux enfants de l'intéressé, avec lesquels il ne contestait pas avoir des relations régulières bien qu'il n'en ait pas eu la garde, résidaient en France.

(75) CE, sect., 3 nov. 1995, *Larcher*, et CE, 17 déc. 2010, *Léostic*., préc.

(76) V. par ex. CE, 23 juin 2000, n° 196.143, *Al Kallas : Dr. fisc.* 2001, n° 3, comm. 29 ; *RJF* 9-10/2000, n° 1041. – CE, 25 mars 2013, n° 351.822, *Min. c/Amar : Dr. fisc.* 2013, n° 21, comm. 286 ; *RJF* 6/2013, n° 580. Le lieu de résidence des enfants est en revanche sans incidence (CE, 22 juin 2016, n° 386.131, *Kern*, encore inédit, jugeant que le lieu de résidence des enfants majeurs doit rester étranger, sauf circonstances particulières, à la détermination du centre des intérêts familiaux de leurs parents).

(77) CE, 17 déc. 2010, *Léostic*, préc., regardant comme possédant son foyer en France un contribuable y disposant, en tant que propriétaire, d'une habitation occupée lors de ses périodes de repos et présentée comme son domicile dans les relations qu'il a avec l'administration fiscale, son employeur et certains autres tiers. – Comp. CE, 17 mars 2010, n° 299.770 et a., *Min. c/Blanc et a. : Dr. fisc.* 2010, n° 23, comm. 358, étude F. Dieu ; *RJF* 6/2010, n° 555, écartant l'existence d'un foyer « français » dans le cas d'un sportif professionnel tenu, pour des motifs professionnels, de résider à l'étranger et où il a le centre de sa vie personnelle en dépit des éléments de patrimoine qu'il peut posséder en France.

(78) CE, 27 janv. 2010, n° 319.897, *Tounsi : Dr. fisc.* 2010, n° 23, comm. 358, étude F. Dieu ; *RJF* 4/2010, n° 310, regardant comme domicilié en France au regard du critère familial, un contribuable dont le concubin réside en France avec leur enfant commun.

(79) CE, 12 mars 2010, n° 311.121, *Gerschel : RJF* 6/2010, n° 558, regardant comme non domicilié fiscalement en France au regard du même critère, un contribuable marié [mais n'ayant plus de charge de famille] vivant en concubinage à étranger, alors, pourtant, que son conjoint « officiel », dont il n'a divorcé qu'ultérieurement, réside en France.

où un tel critère ne peut être appliqué, il convient de considérer que l'activité principale est celle qui procure à l'intéressé, directement ou indirectement, la plus grande part de ses "revenus mondiaux" »[80].

Selon le Conseil d'État, une activité peut être qualifiée de professionnelle alors que l'intéressé n'en retire aucune rémunération directe[81].

3) Un contribuable est fiscalement domicilié en France s'il y possède le *centre de ses intérêts économiques*.

Peu claire, la notion de « centre des intérêts économiques » doit toujours, selon le Conseil d'État, être déterminée au regard d'éléments liés à « la perception de revenus en France »[82].

Le critère économique a donné lieu à de nombreuses précisions jurisprudentielles dont il ressort qu'il doit s'apprécier :

– prioritairement, au regard des revenus perçus par le contribuable. Celui-ci possède, à ce titre, son domicile fiscal en France si ses revenus proviennent majoritairement de sources françaises[83] ;

– subsidiairement, à condition qu'ils soient productifs de revenus, à raison de l'importance respective des éléments de patrimoine du contribuable, selon qu'ils sont situés en France ou hors de France[84].

2° Étendue de l'obligation fiscale

1366. – Obligation fiscale « illimitée ». Sous réserve des conventions internationales et des aménagements que la loi fiscale peut prévoir, les personnes physiques fiscalement domiciliées en France sont – quelle que soit leur nationalité – soumises à une obligation fiscale dite illimitée : elles sont imposables à l'impôt sur le revenu français au titre de l'ensemble de leurs revenus (c'est-à-dire sans qu'il soit tenu compte de l'origine territoriale de ces revenus). Il est pleinement fait application du critère de la résidence (V. *supra*, n° 1119). En d'autres termes, les personnes physiques fiscalement domiciliées en France sont soumises à l'impôt sur le revenu français à raison de leur revenu mondial[85].

Sans revenir sur le principe de l'obligation fiscale illimitée, le législateur a prévu plusieurs régimes de faveur visant les contribuables en situation de mobilité professionnelle. Tel est le cas des régimes spéciaux applicables aux « expatriés » (V. *infra*, n° 1395) et aux « impatriés » (V. *infra*, n° 1396).

B. – Les personnes non domiciliées fiscalement en France

1° Conditions de non-domiciliation

1367. – Identification. Indépendamment de sa nationalité, une personne n'est pas legalement considérée comme ayant son domicile fiscal en France lorsque, *simultanément*[86] :

a) elle ne possède en France ni son foyer ni le lieu de son séjour principal ;

(80) BOI-IR-CHAMP-10-20130131, n° 220.

(81) CE, 26 mai 2010, n° 296.808, *Beckman* : *Dr. fisc.* 2010, n° 37, comm. 483 ; *RJF* 8-9/2010, n° 767, pour le cas l'associé d'une société y exerçant des fonctions de gérant prétendument non rémunérées.

(82) CE, 17 déc. 2010, n° 306.174, *Léostic* : *Dr. fisc.* 2011, n° 20, comm. 353, concl. S.-J. Lieber ; *RJF* 3/2011, n° 264.

(83) CE, 17 mars 1993, n° 85.894, *Memmi* : *Dr. fisc.* 1993, n° 25, comm. 1093 ; *RJF* 5/1993, n° 612. Tel est le cas d'un retraité établi au Cambodge dont la pension de retraite de source française constitue l'unique source de revenus (CE, 17 juin 2015, n° 371.412, *Boissier* : *Dr. fisc.* 2015, n° 39, comm. 590, concl. F. Aladjidi).

(84) CE, 27 janv. 2010, n° 294.784, *Caporal* : *Dr. fisc.* 2010, n° 23, comm. 365, concl. L. Olléon ; *RJF* 4/2010, n° 311. – CE, 27 avr. 2011, n° 316.082, *Zitouni* : *Dr. fisc.* 2011, n° 37, comm. 506, concl. L. Olléon ; *RJF* 7/2011, n° 770.

(85) CGI, art. 4 A.

(86) Une personne étant, nécessairement, soit fiscalement domiciliée, soit non domiciliée fiscalement en France, l'identification de cette dernière catégorie appelle de vérifier les mêmes critères que ceux déjà développés *supra*, n° 1365. Si

b) elle n'exerce en France aucune activité professionnelle (ou il s'agit seulement d'une activité accessoire à une activité principale exercée à l'étranger) ;

c) elle ne possède pas en France le centre de ses intérêts économiques.

En général, une personne non domiciliée fiscalement en France aura son domicile fiscal dans un État étranger (ou dans un territoire français « spécial » d'outre-mer).

Chaque État détermine librement les conditions de détermination du domicile fiscal. Il en résulte (en particulier) que deux États différents peuvent simultanément considérer qu'un même contribuable possède son domicile fiscal sur leur territoire respectif. Dans ce cas, le contribuable peut être confronté à la situation d'une double imposition juridique que la conclusion d'une convention fiscale internationale peut permettre de régler (V. *supra*, n° 1121 et *infra*, n° 1377).

2° Étendue de l'obligation fiscale

1368. – **Obligation fiscale « limitée ».** Par application du droit interne, les personnes qui ne sont pas fiscalement domiciliées en France relèvent malgré tout de la juridiction fiscale française à raison de leurs seuls revenus de source française[87]. Le critère de la source complète ainsi celui de la résidence pour permettre d'appréhender une partie de la matière imposable du contribuable (V. *supra*, n° 1122).

1369. – **Revenus de source française.** Seuls les revenus de source française d'un non-résident fiscal sont imposables en France[88].

Invité à préciser le montant de l'impôt versé, à raison de leurs revenus de source française, par les Français non-résidents de France, le ministre en charge du budget a d'abord précisé que le « montant de l'impôt versé uniquement par les personnes françaises, fiscalement non-résidentes en France, ne peut être communiqué dans la mesure où l'information sur la nationalité des contribuables, qui n'est d'aucune utilité en matière de territorialité de l'impôt », n'est pas à la disposition de l'administration fiscale. Il a toutefois indiqué que « près de 201 000 foyers de nationalité française ou non sont fiscalement qualifiés de non-résidents en France au titre des revenus 2007 ». Ils ont acquitté en France, au titre de cette même année, un impôt sur le revenu de 470 M€[89].

Les revenus présentant ce caractère sont limitativement énumérés par la loi[90].

Aux termes de l'article 164 B du CGI sont considérés comme revenus de source française :

a) les revenus d'immeubles sis en France ou de droits relatifs à ces immeubles ;

b) les revenus de valeurs mobilières françaises et de tous autres capitaux mobiliers placés en France ;

c) les revenus d'exploitations sises en France ;

d) les revenus tirés d'activités professionnelles, salariées ou non, exercées en France ;

e) les revenus tirés d'opérations de caractère lucratif[91] réalisées en France ;

f) les profits des marchands de biens[92] relatifs à :

- des fonds de commerce exploités en France,
- des immeubles situés en France ou des droits immobiliers s'y rapportant,

un seul des trois critères permet de considérer un contribuable comme ayant son domicile fiscal en France, échapper à la juridiction fiscale française suppose de n'en réunir aucun.

(87) CGI, art. 4 A.

(88) CGI, art. 4 A.

(89) Rép. min. Yung, n° 8455 : *JO* Sénat Q, 16 juill. 2009, p. 1801.

(90) CGI, art. 164 B. – BOI-IR-DOMIC-10-10-20120912.

(91) Au sens de CGI, art. 92.

(92) CGI, art. 35.

– des parts et actions de sociétés non cotées en bourse dont l'actif est principalement constitué par des immeubles ou des droits immobiliers « français » ;

g) les plus-values immobilières lorsqu'elles sont relatives :

– à des biens immobiliers situés en France ou à des droits relatifs à ces biens,

– à des parts de fonds de placement immobilier (ou des parts ou droits dans des organismes de droit étranger ayant un objet équivalent et une forme similaire) dont l'actif est, à la date de la cession, principalement constitué directement ou indirectement de biens et droits immobiliers « français »,

– des droits sociaux de sociétés de personnes (et assimilées) dont le siège social est situé en France et dont l'actif est principalement constitué directement ou indirectement de biens et droits immobiliers « français » ;

– de parts ou d'actions de sociétés cotées sur un marché français ou étranger (ou de parts, d'actions ou d'autres droits dans d'autres organismes, quelle qu'en soit la forme, non cotés sur un marché français ou étranger), dont l'actif est, à la clôture des trois exercices qui précèdent la cession, principalement constitué directement ou indirectement de biens et droits immobiliers « français »,

– d'actions de sociétés d'investissements immobiliers cotées et de sociétés de placement à prépondérance immobilière à capital variable (ou d'organismes étrangers « équivalents ») dont l'actif est, à la date de la cession, principalement constitué directement ou indirectement de biens et droits immobiliers « français » ;

h) les plus-values consécutives à la cession (ou au rachat) de droits sociaux, lorsque les droits détenus directement ou indirectement par le cédant « sont émis par une société soumise à l'impôt sur les sociétés et ayant son siège en France »[93] ;

i) les salaires ou autres sommes correspondant à des prestations artistiques ou sportives fournies ou utilisées en France ;

k) lorsqu'ils sont versés par un débiteur ayant son domicile fiscal ou étant établi en France :

– les pensions et rentes viagères ;

– les revenus afférents à des droits de la propriété intellectuelle perçus par les inventeurs, les titulaires de droits d'auteur et assimilés ;

– les sommes payées en rémunération des prestations de toute nature fournies ou utilisées en France.

1370. – Assimilation imparfaite. Si l'impôt sur le revenu frappant les revenus de source française des personnes fiscalement non domiciliées en France est normalement établi et recouvré (par voie de rôle nominatif) dans les conditions de droit commun[94], la loi pose un certain nombre de dérogations en ce qui concerne non seulement l'assiette, mais aussi la liquidation et le recouvrement de l'imposition.

Les personnes physiques exerçant des activités en France ou y possédant des biens, sans y avoir leur domicile fiscal peuvent également être invitées, par le service des impôts, à désigner, dans un délai de quatre-vingt-dix jours à compter de la réception de cette demande, un représentant en France autorisé à recevoir les communications relatives à l'assiette, au recouvrement et au contentieux de

(93) Un peu alambiqué, ce dispositif est issu de la troisième loi de finances rectificative pour 2009 (L. 30 déc. 2009, art. 22, I-U). Seuls étaient auparavant regardés comme des revenus de source française, les gains de cession (ou de rachat) de droits sociaux en cas de détention d'une participation substantielle dans le capital d'une société de capitaux française. Tel était le cas lorsque les droits détenus (directement ou indirectement) par le cédant, avec son conjoint, leurs ascendants et leurs descendants, dans les bénéfices sociaux de la société dont les titres étaient cédés (ou rachetés) avaient dépassé ensemble 25 % de ces bénéfices à un moment quelconque au cours des cinq dernières années. Issue d'un amendement de la Commission des finances de l'Assemblée nationale, cette modification a permis d'imposer, sans condition tenant à l'importance de la détention, les plus-values réalisées par des personnes domiciliées ou établies dans un ETNC.

(94) CGI, art. 164 A.

l'impôt. La même faculté peut être mise en œuvre à l'égard des agents de l'État affectés à l'étranger, lorsqu'ils sont légalement réputés avoir conservé leur domicile fiscal en France[95].

1) En ce qui concerne l'assiette, le caractère imparfait de l'assimilation entre résident et non-résident tient notamment aux fait que nombre d'avantages fiscaux (charges déductibles du revenu global, réductions et crédits d'impôts) sont réservés aux résidents.

Ainsi :

– aucune des charges légalement déductibles du revenu global ne peut, sauf disposition contraire, être déduite de la base soumise à l'impôt[96] ;

– les personnes fiscalement non domiciliées en France sont la plupart du temps exclues du bénéfice des réductions ou des crédits d'impôt ouverts par la loi ;

– si les revenus de sources françaises donnent lieu, sauf disposition contraire, à l'application du barème progressif « ordinaire », la loi dispose toutefois que l'impôt correspondant ne peut, en ce cas, être inférieur à 20 % (14,4 % pour les revenus de source ultramarine) du revenu net imposable – sauf à justifier, pour le contribuable, que le taux réel de l'impôt français sur l'ensemble de son revenu (net) mondial serait inférieur à ce *minima* – auquel cas ce taux réel est applicable à ses revenus de source française[97].

Par ailleurs, dans le passé récent, les non-résidents disposant, à quelque titre que ce soit, en France d'une ou plusieurs habitations[98] étaient en principe imposables à l'impôt sur le revenu sur une base minimale spéciale (V. *infra*, n° 1372).

2) On retrouve certaines particularités liées à la qualité de non-résident en ce qui concerne la liquidation et le recouvrement de l'imposition.

Tel est tout d'abord le cas du quotient familial dont le bénéfice est, sous réserve de stipulations conventionnelles contraires, réservé « aux citoyens français et aux personnes originaires de Saint-Pierre-et-Miquelon, de Nouvelle-Calédonie, de Polynésie française, des îles Wallis et Futuna et des Terres australes et antarctiques françaises »[99].

Les dispositions restrictives de l'article 199 du CGI qui excluent les ressortissants étrangers du bénéfice du quotient familial sous réserve des « traités de réciprocité » sont appliquées avec mesure par l'administration, aux yeux de laquelle la réciprocité est *présumée*[100].

Les spécificités du régime tiennent surtout, pour garantir la perception effective de l'impôt sur le revenu, aux prélèvements et retenues à la source qui peuvent être, ou non, libératoires de l'impôt sur le revenu.

Le Conseil d'État a jugé, à propos de la retenue à la source non libératoire prévue à l'égard de certaines professions indépendantes (CGI, art. 182 B), que les dispositions législatives en cause « qui n'instituent que des modalités particulières de liquidation et de règlement de l'impôt sur le revenu », n'ont ni pour objet ni pour effet d'exclure l'assujettissement *direct* à l'impôt des personnes dont le domicile fiscal est situé hors de France et qui sont passibles de cet impôt à raison de leurs revenus de source française[101].

---

(95) CGI, art. 164 D.
(96) CGI, art. 164 A.
(97) CGI, art. 197 A, *a*. Les résidents d'un État membre de l'UE ou d'un État tiers conventionné (en matière d'assiette et en matière de recouvrement) peuvent, dans l'attente de pouvoir produire les pièces justificatives, annexer à leur déclaration de revenu une déclaration sur l'honneur de l'exactitude des informations fournies en vue de la détermination de ce taux réel (L. fin. 2016, 29 déc. 2015, art. 120).
(98) CGI, art. 164 C, anc.
(99) CGI, art. 199.
(100) BOI-IR-LIQ-10-10-10-40-20120912, n° 10. Lorsqu'ils bénéficient de l'égalité de traitement, les non-domiciliés se voient également appliquer, désormais, le mécanisme du plafonnement du quotient familial (deuxième L. fin. rect. 2014, 29 déc. 2014, art. 30. – CGI, art. 197 A, al. 1er mod.).
(101) CE, 17 mars 2014, n° 354.701, *Chebbo : Dr. fisc.* 2014, n° 24, comm. 377.

Même s'il n'a pas été publié au Recueil des décisions du Conseil d'État, cet arrêt retient une solution qui, revêtant un intérêt important, semble généralisable, à tout le moins, à toutes les retenues *non libératoires* de l'impôt sur le revenu.

a) Dans le cas général, ces prélèvements et retenues s'appliquent sous réserve des conventions fiscales internationales qui peuvent, selon les cas, permettre leur application, la limiter ou la supprimer :

– retenue libératoire au taux de 15 %, 21 % ou 30 % sur les dividendes et sommes assimilées, distribués par des sociétés établies en France[(102)] ;

– retenue libératoire au taux de 30 % sur les jetons de présence et rémunérations assimilées, distribués par des sociétés établies en France[(103)] ;

– prélèvement libératoire (aux différents taux « internes ») sur les produits de bons ou contrats de capitalisation[(104)] ;

– retenue non libératoire progressive au taux de 0 % à 20 % sur les traitements, salaires et pensions[(105)] ;

– retenue non libératoire au taux de 15 % sur les revenus des artistes %[(106)] ;

– retenue généralement non libératoire (aux taux progressifs prévus pour les traitements, salaires et pensions) sur les gains d'options sur actions et assimilés[(107)] ;

– retenue non libératoire au taux de 33,1/3 % sur les revenus tirés, en l'absence d'installation professionnelle permanente en France, de certaines activités indépendantes et, au taux de 15 %, sur les revenus des sportifs[(108)] ;

– prélèvement libératoire au taux de 33,1/3 % sur les profits immobiliers professionnels[(109)] ;

– prélèvement libératoire au taux de 19 % ou 33,1/3 % sur les plus-values immobilières « non professionnelles »[(110)] ;

– prélèvement libératoire au taux de 45 % depuis le 1er janvier 2013 (contre 19 % auparavant) sur les gains de cession (ou de rachat) des titres de sociétés de capitaux françaises – en présence d'une participation substantielle[(111)].

b) Dans le cadre des mesures de répression de l'évasion fiscale internationale, ces retenues et prélèvements sont perçus[(112)] au taux de 75 % lorsque les revenus considérés bénéficient à un résident ou sont payés dans un État ou territoire non coopératif (V. *infra*, n° 1374, 2). Par ailleurs, un prélèvement libératoire (au

(102) CGI, art. 119 bis et 187. Les deux premiers taux s'appliquent, respectivement, aux organismes sans but lucratif et aux personnes physiques, domiciliés dans un autre État européen ou un État assimilé (Islande, Norvège et Liechtenstein). Le troisième est applicable dans tous les autres cas.

(103) CGI, art. 117 bis, 119 bis et 187. Depuis le 1er janvier 2016, l'excédent de retenue éventuellement prélevé sur des jetons de présence versés à des personnes physiques fiscalement domiciliées dans un État membre de l'UE ou un État assimilé (L. fin. rect. 2015, 29 déc. 2015, art. 83).

(104) CGI, art. 125-0 A, II bis.

(105) CGI, art. 182 A.

(106) CGI, art. 182 A bis.

(107) CGI, art. 182 A ter. Un régime spécial s'applique aux gains de cession de titres souscrits en exercice de bons de souscription de parts de créateur d'entreprise.

(108) CGI, art. 182 B. Entrent plus précisément dans le champ de cette retenue :
– les sommes versées en rémunération d'une activité déployée en France dans l'exercice d'une profession non commerciale ;
– les produits de droits de la propriété intellectuelle ;
– les sommes payées en rémunération des prestations de toute nature fournies ou utilisées en France ;
– les sommes, y compris les salaires, correspondant à des prestations sportives fournies ou utilisées en France.
Sur le régime de cette retenue, V. CE, 17 févr. 2015, n° 373.230, *Fisichella : Dr. fisc.* 2015, n° 18, comm. 297, concl. E. Cortot-Boucher, note A. Maitrot de la Motte. V. également CE, 17 mars 2014, *Chebbo*, préc.

(109) CGI, art. 244 bis.

(110) CGI, art. 224 bis A.

(111) CGI, art. 244 bis B.

(112) Sous réserve du cas de la retenue sur les traitements et salaires (CGI, art. 182 A) et des plus-values immobilières « non professionnelles » (Cons. const., 29 déc. 2014, n° 2014-708 DC, *Deuxième loi de finances rectificative pour 2014*, § 40). Le taux de 75 % résulte de la loi de finances pour 2013 (L. 29 déc. 2012, art. 9, I-U). Il avait été initialement fixé à 50 % (troisième L. fin. rect. 2009, 30 déc. 2009, art. 22) avant d'être porté à 55 % pour les dividendes et distributions assimilés loi (quatrième L. fin. rect. 2011, 28 déc. 2011, art. 20).

taux de 75 %) s'applique dans le même cas sur les produits de placement à revenus fixes(113).

1371. – **Assimilation parfaite limitée (cas des non-résidents « Schumacker »).** Par non-résidents « Schumacker », il faut entendre les contribuables concernés par l'arrêt préjudiciel du même nom rendu par la Cour de justice des Communautés européennes le 14 février 1995(114). La question portait sur la compatibilité au droit européen de la législation d'un État accordant des avantages fiscaux à ses résidents qu'elle refuse aux non-résidents alors même que ces derniers tirent l'essentiel de leurs ressources imposables d'une activité exercée dans cet État. Une différence existe alors entre le résident qui peut tirer avantage, sur le plan fiscal, de sa situation personnelle et familiale et le non-résident qui, hormis du point de vue de la résidence fiscale, se retrouve dans une situation semblable sans avoir la possibilité de profiter des avantages fiscaux réservés aux résidents, sauf à ce que la situation soit prise en compte dans l'un des deux États.

Selon l'arrêt de la Cour de justice, si le critère de la résidence est admis pour fonder une discrimination (pt 35), « il en va toutefois différemment dans un cas (...) où le non-résident ne perçoit pas de revenu significatif dans l'État de sa résidence et tire l'essentiel de ses ressources imposables d'une activité exercée dans l'État d'emploi, de sorte que l'État de résidence n'est pas en mesure de lui accorder les avantages résultant de la prise en compte de sa situation personnelle et familiale/Il n'existe entre un tel non-résident et un résident exerçant une activité salariée comparable aucune différence de situation objective de nature à fonder une différence de traitement en ce qui concerne la prise en considération, aux fins de l'imposition, de la situation personnelle et familiale du contribuable/ S'agissant d'un non-résident qui perçoit, dans un État membre autre que celui de sa résidence, l'essentiel de ses revenus et la quasi-totalité de ses revenus familiaux, la discrimination consiste en ce que la situation personnelle et familiale de ce non-résident n'est prise en compte ni dans l'État de résidence ni dans l'État d'emploi(115).

La doctrine administrative a précisé les conditions pour identifier un non-résident « Schumacker ».

Selon la doctrine administrative, trois conditions doivent être réunies : – que le contribuable ait son domicile fiscal dans un autre État membre de l'Union européenne ou dans un État partie à l'Espace économique européen ayant conclu avec la France une convention fiscale qui contient une clause d'assistance administrative en vue de lutter contre la fraude ou l'évasion fiscale, – que les revenus de sources françaises du contribuable représentent plus de 75 % de ses revenus mondiaux, – que ce contribuable « ne bénéficie pas de mécanismes suffisants de nature à minorer l'imposition dans l'État de résidence, en fonction de sa situation personnelle et familiale, en raison de la faiblesse des revenus imposables dans ce même État »(116). Dans l'hypothèse où le pourcentage de 75 % ne serait pas atteint, l'assimilation à un non-résident « Schumacker » est encore possible s'il apporte la preuve que ses revenus de sources françaises sont supérieurs ou égaux à 50 % de ses revenus mondiaux et « qu'il ne bénéficie, compte tenu de sa situation personnelle et familiale, d'aucun mécanisme de nature à minorer son imposition dans son État de résidence »(117).

---

(113) CGI, art. 125 A, III.
(114) CJCE, 14 févr. 1995, n° C-279/93, *Schumacker : Dr. fisc.* 1995, n° 20, comm. 1089 ; *RJF* 3/1995, n° 425.
(115) CJCE, 14 févr. 1995, *Schumacker*, préc., pts 35-37.
(116) BOI-IR-DOMIC-40-20130218, n° 30.
(117) *Ibid*, n° 70.

La conséquence attachée à l'application de cette interprétation administrative destinée à assurer le respect de la jurisprudence *Schumacker* est une assimilation parfaite entre les non-résidents et les résidents, tout du moins pour les seuls revenus de sources françaises puisque, évidemment, cette jurisprudence ne remet nullement en cause le caractère limité de l'obligation fiscale.

1372. – **Forfait locatif (mécanisme de base minimale alternative abrogé en 2016).** Jusqu'en 2014 une base d'imposition minimale alternative à l'assiette « ordinaire » de l'impôt sur le revenu avait vocation à s'appliquer à l'égard des personnes qui, indépendamment de leur nationalité, étaient non domiciliées en France tout en y disposant (à quelque titre que ce soit et directement ou indirectement) d'une ou plusieurs habitations(118).

Selon le Conseil d'État, la base d'imposition forfaitaire était légalement applicable lorsque l'un au moins de ses membres entrait dans le champ d'application du dispositif(119).

Même s'il est aujourd'hui abrogé, ce mécanisme mérite d'être présenté dans ses principaux éléments.

Décidée par la loi de finances rectificative pour 2015(120), cette abrogation est liée à l'intervention de plusieurs arrêts ayant considéré que ce dispositif portait une atteinte injustifiée au principe de libre circulation des capitaux garanti par le droit de l'Union européenne(121).

Égale à trois fois la valeur locative réelle – et non cadastrale – de cette ou de ces habitations, cette base alternative devait théoriquement être substituée aux revenus de source française, dans la mesure où elle leur était supérieure(122).

Le projet de loi de finances rectificative adopté en Conseil des ministres le 11 mai 2011 avait proposé le remplacement de ce dispositif (qui était à l'origine d'une recette d'impôt sur le revenu estimée annuellement à 2 M€) par une *taxe sur les résidences secondaires des non-résidents* autonome (et possédant un champ d'application très large). Selon l'exposé des motifs du projet, l'objet de ce prélèvement était de faire contribuer les non-résidents de France aux financements des services publics nationaux à proportion de leurs capacités contributives. Pressé par les sénateurs représentant les Français établis hors de France (comme par de nombreux gouvernements étrangers), l'exécutif a finalement renoncé, dès avant le début de la discussion publique du projet devant le Sénat, à l'établissement de cet impôt (dont le produit était évalué à près de 180 M€).

Dans la plupart des hypothèses, la prise en compte de cette base alternative était toutefois écartée. Il en résultait que ce dispositif était, en pratique, d'application très exceptionnelle.

(118) CGI, art. 164 C, anc. V. également, CGI, art. 197 A, *b*, anc.

(119) CE, 11 juin 2003, n° 221.075, *Biso : Dr. fisc.* 2004, n° 12, comm. 355, concl. L. Vallée ; *RJF* 8-9/2003, n° 1018, apportant par ailleurs des précisions utiles sur les conditions d'application de l'imposition forfaitaire en présence d'une convention internationale. – V. également, jugeant qu'un résident à Hong-Kong ne peut – faute d'accord d'extension concernant cette ancienne possession du Royaume-Uni – utilement se prévaloir de la convention fiscale franco-britannique pour échapper à l'imposition établie sur la base forfaitaire, CE, 3 mars 1993, n° 85.626, *Campbell : Dr. fisc.* 1993, n° 25, comm. 1292 ; *Rec. CE* 1993, tables p. 702 ; *RJF* 4/1993, n° 586.

(120) L. 29 déc. 2015, art. 21.

(121) CJUE, 17 oct. 2013, n° C-181/12, *Welte : Dr. fisc.* 2014, n° 4, comm. 91, concl. P. Mengozzi, note A. Maitrot de la Motte. – CE, 26 déc. 2013, n° 360.488, *Kramer : Dr. fisc.* 2014, n° 4, comm. 92, concl. F. Aladjidi, note G. Ladreyt. – CE, plén., 11 avr. 2014, n° 332.885, *Min. c/Lappe : Dr. fisc.* 2014, n° 25, comm. 392, concl. E. Crepey et note A. Maitrot de la Motte, relevant notamment que le mécanisme de la base forfaitaire minimale était « de nature à dissuader les non-résidents d'acquérir ou de détenir en France [des] immeubles [d'habitation] ». – Comp. CE, 28 juill. 2011, n° 322.672, *Min. c/Holzer*, et n° 319.616, *Min. c/Zwaans : Dr. fisc.* 2011, n° 44, comm. 576, concl. C. Legras, note B. Delaunay.

(122) *Ibid.*

En effet, ce mécanisme de base alternative n'était pas applicable :

– aux contribuables (français ou étrangers) domiciliés dans un État ou territoire ayant conclu avec la France une convention fiscale internationale relative à l'élimination des doubles impositions en matière d'impôt sur le revenu ;

Pour l'application de cette solution expressément retenue par sa doctrine, l'administration fiscale avait rappelé que, dès lors qu'il n'existe pas d'impôt monégasque sur le revenu, la convention fiscale entre la France et Monaco ne tend pas à remédier aux doubles impositions des particuliers mais au contraire à prévenir des situations de double exonération[(123)]. Une mesure particulière avait été toutefois prise à l'égard de certains résidents monégasques pour tenir compte notamment de l'exiguïté du territoire de la Principauté. Elle consistait à admettre, en faveur des ressortissants monégasques et des ressortissants français « privilégiés », l'exonération de la « première » résidence secondaire située dans la région Provence-Alpes-Côte d'Azur[(124)].

– aux contribuables de nationalité française (ou ressortissant d'un État ou territoire ayant conclu avec la France un accord de réciprocité) qui étaient soumis, dans l'État (même non conventionné) où ils étaient fiscalement domiciliés, à un impôt personnel sur l'ensemble de leurs revenus au moins égal aux deux tiers de celui qu'ils auraient supporté en France sur la même base d'imposition.

Depuis la loi de finances pour 1995 (L. 29 déc. 1994, art. 3), la base minimale forfaitaire alternative ne s'appliquait pas davantage aux mêmes ressortissants français (et ressortissants « assimilés ») l'année du transfert du domicile fiscal hors de France et les deux années suivantes, s'ils justifiaient que ce transfert avait été motivé par des impératifs d'ordre professionnel et que leur domicile fiscal avait été situé en France de manière continue pendant les quatre années qui précédaient celle du transfert[(125)].

1373. – *Exit tax*. Plus que le poids de l'impôt de solidarité sur la fortune, l'exil fiscal des particuliers français (V. *infra*, n° 1728) a pour origine la taxation des gains de cession de titres de sociétés. Le système fiscal de certains États voisins (particulièrement la Belgique) ne prévoit aucunement la taxation de ces gains, alors qu'ils sont imposables en France, tant à l'impôt sur le revenu qu'aux contributions sociales.

Depuis le 1er janvier 2013, ces gains relèvent au surplus, s'agissant de l'IR, du barème progressif de l'IR (V. *infra*, nos 1419 et s.).

1) Conscient de cette grave source d'évaporation fiscale, le législateur avait instauré en 1999 un mécanisme d'*exit tax* consistant à taxer (sous condition résolutoire) la plus-value *latente* réputée réalisée lors du transfert du domicile fiscal hors de France, en présence d'une participation présentant un caractère « substantiel » (V. *infra*, n° 1432, 1-*b*).

Cette première « version » de l'*exit tax*[(126)] avait été instituée par la loi de finances pour 1999 (art. 24). Saisie par le Conseil d'État, la Cour de justice des Communautés européennes avait toutefois considéré que le droit communautaire « s'oppose à ce qu'un État membre institue, à des fins de prévention d'un risque d'évasion fiscale, un mécanisme d'imposition des plus-values non encore réalisées »[(127)].

Cette *exit tax* (qui comportait toutefois un mécanisme de sursis de paiement) a été supprimée (pour l'avenir) par la loi de finances pour 2005 (L. 30 déc. 2004, art. 19).

(123) Il en résulte que l'article 164 C ancien, était essentiellement appliqué à l'égard de résidents monégasques étrangers.
(124) BOI-IR-DOMIC-10-20-10-20130225, n° 20.
(125) CGI, art. 164 C.
(126) CGI, art. 167 bis, anc.
(127) CJCE, 11 mars 2004, aff. C-9/02, *de Lasteyrie du Saillant* : *Dr. fisc.* 2004, n° 20, comm. 483, note B. Boutemy et E. Meier ; *RJF* 5/2004, n° 558. – *Adde* CE, 28 mai 2004, n° 261.289, *Lassus* : *Dr. fisc.* 2004, n° 43, comm. 801, concl. F. Séners ; *RJF* 8-9/2004, n° 938.

Ce dernier texte avait également abrogé le dispositif d'imposition immédiate des plus-values en report prévu en cas de « déménagement » hors de France[128] que le Conseil d'État a, plus récemment, considéré comme incompatible avec le droit de l'Union européenne[129].

2) La première loi de finances rectificative pour 2011[130] a rétabli un dispositif similaire d'*exit tax* en cas de transfert hors de France de domicile fiscal[131].

Selon l'administration fiscale, « le transfert s'entend du transfert de domicile fiscal hors de France dans un État étranger ou dans une collectivité ou un territoire d'outre-mer (Saint-Barthélemy, Saint-Martin, Saint-Pierre-et-Miquelon, Wallis et Futuna, Polynésie française, la Nouvelle-Calédonie et des Terres australes et antarctiques françaises) (...) »[132]. Des règles particulières sont prévues en ce qui concerne certains territoires ultramarins. Ainsi, « le transfert du domicile fiscal hors de France dans les collectivités de Saint-Barthélemy et de Saint-Martin n'intervient pas lors du transfert physique du foyer d'habitation vers ces collectivités mais au terme de la cinquième année de résidence dans ces mêmes collectivités. Ce délai est apprécié de date à date et cette condition de résidence de cinq ans s'applique à compter du 15 juillet 2007 »[133] de même que « Le transfert du domicile fiscal hors de France dans la collectivité de Saint-Pierre-et-Miquelon entraîne la mise en œuvre du dispositif d'*exit tax* pour l'impôt sur le revenu et, en principe, les contributions sociales[134].

On retiendra l'essentiel de ce dispositif particulièrement complexe, dont la conformité à la liberté d'établissement protégée par le droit de l'Union européenne, à l'accord sur l'Espace économique européen et à l'accord du 21 juin 1999 sur la libre circulation des personnes conclu entre l'Union européenne et la Suisse[135] est, selon ses promoteurs, assurée.

Saisi de la question à propos de la loi de finances rectificative du 29 juillet 2011, le Conseil constitutionnel a conclu à la conformité à la Constitution du dispositif d'*exit tax* en écartant le grief tiré de la rupture d'égalité devant les charges publiques. Il a notamment relevé que « en instituant une imposition ne concernant que certains dirigeants et actionnaires de sociétés qui, à raison de l'importance des participations qu'ils détiennent, sont susceptibles de vendre leurs titres à l'étranger afin d'éluder l'acquittement de l'imposition sur les plus-values en France, le législateur a entendu favoriser la lutte contre l'évasion fiscale qui constitue un objectif de valeur constitutionnelle »[136].

a) L'*exit tax* frappe :

– les plus-values latentes sur les valeurs mobilières et droits sociaux constatées – et non réalisées – au jour précédant le changement de domicile des contribuables lorsqu'ils ont été domiciliés en France pendant au moins six des dix années précédentes et à la condition que les membres du foyer fiscal détiennent, directement ou indirectement, une participation « significative » dans une ou plusieurs sociétés (françaises ou étrangères) passibles de plein droit ou sur option de l'impôt sur les sociétés (ou un impôt étranger équivalent) ;

Depuis le 1er janvier 2014, une participation significative s'entend soit d'une participation dans une société représentant au moins 50 % de ses bénéfices sociaux, soit de valeurs mobilières ou de droits

(128) CGI, art. 167, 1 bis, anc.
(129) CE, 1er févr. 2012, n° 330.006, *Mathieu* : *Dr. fisc.* 2012, n° 20, comm. 297, note N. Escaut ; *RJF* 4/2012, n° 363.
(130) L. 29 juill. 2011, art. 48.
(131) CGI, art. 167 bis.
(132) BOI-RPPM-PVBMI-50-10-10-10-20121031, n° 30.
(133) *Ibid.*, n° 40.
(134) BOI-RPPM-PSOC.
(135) CE, 8e et 3e ss-sect., 12 juill. 2013, n° 359.314, *Gibier* : *Dr. fisc.* 2013, n° 37, comm. 417, concl. B. Bohnert, note F. Le Mentec ; *RJF* 11/2013, nos 1028 et 1029. V. également CE, 23 juin 2016, n° 378008, *Picart* : *Dr. fisc.* 2016, n° 26, act. 418, transmettant trois questions préjudicielles à la Cour de justice de l'Union européenne à propos de la portée de l'accord liant l'UE et la Suisse.
(136) Cons. const., 28 juill. 2011, n° 2011-638 DC, *Loi de finances rectificative pour 2011*, consid. 31 : *RJF* 11/2011, n° 1191.

sociaux dans des sociétés pour une valeur globale supérieure à 800 000 €[137]. Elle était auparavant d'au moins 1 % des droits financiers dans une société ou d'une valeur supérieure à 1,3 M€ dans une ou, depuis la quatrième loi de finances rectificative pour 2011[138], plusieurs sociétés (les montants des différentes participations « isolées » étant alors cumulés pour l'appréciation de ce seuil).

– sous la même condition de durée de résidence, la valeur réelle des créances trouvant leur origine dans une clause de complément de prix dite clause d'*earn-out* ;

– sans condition de durée de résidence, les plus-values de cession ou d'échange placées en report d'imposition.

b) L'exit tax est assise sur la plus-value latente (qui peut faire l'objet, sous certaines conditions, de l'abattement pour durée de détention – V. *infra*, n° 1438, 3) correspondant à la différence entre la valeur des titres à la date du transfert du domicile fiscal et leur valeur d'acquisition.

Pour les titres cotés, la valeur des titres est soit le dernier cours connu, soit la moyenne des trente derniers jours. Pour les titres non cotés, il est fait application de la méthode mathématique.

c) Depuis le 1er janvier 2013, l'*exit tax* est normalement liquidée en faisant application des taux du barème progressif de l'impôt sur le revenu.

L'abattement pour durée de détention est applicable dans les conditions usuelles.

Les éventuelles moins-values latentes ne sont pas imputables sur les plus-values calculées selon les mêmes modalités ni sur d'autres plus-values, quelles que soient leurs modalités d'imposition.

Le contribuable est également soumis aux contributions sociales.

Pour l'application du barème, le montant de l'imposition est égal à la différence entre, d'une part, l'impôt sur le revenu liquidé sur tous les revenus imposables en France en intégrant les plus-values latentes et, d'autre part, l'impôt sur le revenu réellement dû[139].

d) Un sursis de paiement « automatique » et dispensé de garanties est accordé lorsque le domicile est transféré dans un État de l'Union européenne, en Islande ou en Norvège.

Plus précisément, sont visés à ce dernier titre, les États étrangers parties à l'accord sur l'Espace économique européen ayant conclu avec la France une convention fiscale d'assistance administrative en vue de lutter contre la fraude et l'évasion fiscales ainsi qu'une convention d'assistance mutuelle en matière de recouvrement. Cette dernière condition conduit encore à l'exclusion du Liechtenstein qui n'est toujours pas lié avec la France par une convention en matière de recouvrement.

En revanche, lorsque le contribuable transfère son domicile dans un autre État, le paiement de l'impôt est en principe immédiat – le contribuable pouvant toutefois obtenir, sur sa demande – et sous réserve de la constitution de garanties adéquates[140] et de la désignation d'un représentant fiscal établi en France[141] – un sursis de paiement ;

Cette prise de garanties n'est pas exigée, toutefois, lorsque le changement de domicile fiscal est justifié par des raisons professionnelles.

(137) L. fin. 2014, n° 2013-1279, 29 déc. 2013, art. 42. Ce seuil correspond à la limite de taxation de l'ISF par opposition à son « point d'entrée » qui est de 1,3 M€ (V. *infra*, n° 1800).

(138) L. 28 déc. 2011, art. 38.

(139) CGI, art. 167 bis, II bis.

(140) La prise de garantie doit être faite à hauteur de 30 % (pour l'IR) et de 15,5 % (pour les contributions sociales) de la plus-value imposable. Ces deux taux peuvent donc s'appliquer à des assiettes différentes (l'abattement pour durée de détention n'étant pas applicable en matière de contributions sociales).

(141) Le représentant est un simple intermédiaire entre l'administration et le contribuable. Il ne peut donc, en cette seule qualité, être mis en cause pour le paiement des impôts dus par ce dernier (BOI-RPPM-PVBMI-50-10-30, n° 160).

TABLEAU SOMMAIRE DU RÉGIME DU SURSIS DE PAIEMENT ASSOCIÉ À L'*EXIT TAX*

<table>
<tr><th>NOUVEL ÉTAT DE DOMICILIATION</th><th>GARANTIES DE COOPÉRATION FISCALE DE CET ÉTAT</th><th>JUSTIFICATION PROFESSIONNELLE AU TRANSFERT DE DOMICILE</th><th>BÉNÉFICE DU SURSIS AU PAIEMENT</th><th>CONDITIONS AU BÉNÉFICE DU SURSIS</th></tr>
<tr><td>État membre de l'UE</td><td>–</td><td rowspan="2">–</td><td rowspan="2">Automatique</td><td rowspan="2">–</td></tr>
<tr><td rowspan="2">Autre État partie à l'EEE</td><td>Oui (Islande et Norvège)</td></tr>
<tr><td>Non (Liechtenstein) (1)</td><td>–</td><td rowspan="4">Sur demande</td><td>Garanties (2)</td></tr>
<tr><td rowspan="3">Autres États</td><td rowspan="2">Oui</td><td>Oui</td><td>Représentant fiscal</td></tr>
<tr><td>Non</td><td rowspan="2">Garanties + Représentant fiscal</td></tr>
<tr><td>Non</td><td>–</td></tr>
</table>

(1) Le Liechtenstein a signé fin 2013 la convention multilatérale concernant l'assistance administrative mutuelle en matière fiscale. Cet État rejoindra la liste des pays pour lesquels le sursis de paiement joue de plein droit lorsque cette convention entrera, à son égard, en vigueur.

(2) La doctrine administrative admet que le contribuable transférant son domicile fiscal au Liechtenstein est dispensé de l'obligation de désignation d'un représentant fiscal[(142)].

Le sursis de paiement, automatique ou sur demande, prend fin, s'agissant des plus-values latentes[(143)], lors de la cession à titre onéreux[(144)], du rachat ou, lorsque le donateur est domicilié dans un État tiers à l'Espace économique européen ou au Liechtenstein, lors de la donation des titres considérés.

Dans le cas des donations, l'*exit tax* peut toutefois être dégrevée si le contribuable justifie que cette transmission n'a pas pour seule fin d'éluder l'impôt.

e) Si une plus-value effective (par opposition à une plus-value latente) est réalisée par le contribuable, l'impôt relatif à la plus-value latente initialement déterminée est corrigé proportionnellement à l'écart des deux gains. Il est immédiatement exigible.

Lorsque l'opération mettant fin au sursis ne porte que sur une fraction des titres considérés, seule la fraction correspondante de l'*exit tax* est exigible.

Lorsque le contribuable réalise une moins-value de cession « effective », l'*exit tax* est dégrevée (ou, si elle avait été acquittée, restituée). En outre, pour les contribuables résidant dans un État tiers à l'Espace économique européen ou au Liechtenstein, la moins-value « effective » – réduite de l'abattement pour durée de détention – est imputable ou reportable pendant dix ans sur les plus-values sur titres réalisées par le contribuable.

(142) BOI-RPPM-PVBMI-50-10-30, n° 140.

(143) Des règles spéciales s'appliquent aux gains en report et aux créances trouvant leur origine dans une clause de complément de prix.

(144) Lorsqu'ils donnent lieu à un différé d'imposition, les apports et les échanges de titres n'entraînent pas la fin du sursis de paiement.

La réalisation ultérieure d'une plus-value « effective » supérieure à celle frappée par l'*exit tax* ne conduit en aucun cas à l'augmentation de l'impôt dû en France.

Afin d'éviter une double imposition juridique, l'impôt acquitté, le cas échéant, dans l'État du nouveau domicile est imputable sur l'impôt dû en France dans la limite de ce dernier et à proportion de la part d'assiette taxée par la France.

f) L'impôt sur le revenu afférent aux plus-values latentes(145) n'est plus exigible à l'expiration d'un délai de quinze ans(146) suivant le transfert du domicile fiscal hors de France si le contribuable détient toujours les titres dans son patrimoine à cette date.

Naturellement, l'impôt n'est pas davantage exigible si, avant cette date, le contribuable transfère son domicile en France. L'impôt afférent aux plus-values latentes est également dégrevé ou restitué en cas de décès du contribuable.

1374. – **Neutralisation de l'évasion fiscale internationale.** De nombreux dispositifs posés par la loi en matière d'impôt sur le revenu s'attachent à prévenir l'évasion fiscale internationale ou à en corriger les effets.

Tous ces dispositifs s'appliquent sous réserve des conventions internationales qui peuvent prévoir expressément leur application, ne pas s'y opposer ou, au contraire, la limiter ou l'interdire.

Ces dispositifs généraux ont également (sous la même réserve) vocation à s'appliquer en matière d'impôt sur les sociétés où ils coexistent avec un mécanisme de répression de l'évasion fiscale internationale propre aux sociétés de capitaux (V. *infra*, n°s 1647 et s.).

Les personnes physiques qui procèdent (sans l'intermédiaire d'un organisme financier) au transfert de sommes, titres ou valeurs pour un montant supérieur ou égal à 10 000 € vers un État membre de l'Union européenne (ou en provenance d'un tel État) sont tenues d'en faire la déclaration(147). Par ailleurs, les personnes physiques domiciliées en France sont tenues de déclarer, en même temps que leur déclaration de revenus ou de résultats, les références des comptes ouverts, utilisés ou clos à l'étranger(148) et des contrats d'assurance-vie souscrits auprès d'organismes étrangers(149). Sans préjudice de l'application de sanctions fiscales spéciales, le non-respect de ces obligations déclaratives entraîne l'ouverture d'un délai spécial de reprise.

1) Un premier dispositif n'est pas lié à la notion de « régime fiscal privilégié » ou « d'État ou territoire non coopératif ». Sous réserve des conventions fiscales internationales, il est donc susceptible de s'appliquer même en dehors d'opérations intéressant les États à régime fiscal privilégié, souvent qualifiés de « paradis fiscaux » – expression dépourvue de toute valeur juridique. Ce dispositif consiste dans le « rapatriement » en France des produits afférents à des actifs transférés hors de France(150).

a) Une entreprise qui a transféré hors de France des éléments de son actif à une personne, à un organisme, dans un trust ou dans toute institution comparable, en vue de les gérer dans son intérêt ou d'assumer pour son compte un engagement existant ou futur, doit comprendre dans son résultat imposable les produits de ces actifs ou des biens acquis en remploi(151).

La loi précise (sans crainte de redondance) que les éléments d'actif peuvent avoir été transférés « directement ou indirectement » et par l'entreprise « elle-même ou par l'intermédiaire d'un tiers » (même disposition).

(145) Des règles spéciales s'appliquent aux gains en report et aux créances trouvant leur origine dans une clause de complément de prix.
(146) Un délai de huit ans était applicable avant la loi de finances pour 2014.
(147) CGI, art. 1649 A. – C. monét. fin., art. L. 152-1.
(148) CGI, art. 1649 A.
(149) CGI, art. 1649 AA.
(150) CGI, art. 238 bis-0 I.
(151) CGI, art. 238 bis-0 I, I.

b) En principe, les produits imposables sont déterminés pour leur montant réel. Arrêtés à la clôture de chacun des exercices de l'entreprise, ils sont déterminés selon les règles applicables au bénéfice de cette dernière, indépendamment de ses autres opérations.

Les entreprises ayant procédé à de tels transferts sont tenues à des obligations déclaratives spéciales. Elles doivent produire à l'appui de la déclaration de leurs résultats :

– un état mentionnant la nature, la consistance et les caractéristiques des actifs transférés (ou des biens acquis en remploi) ainsi que la désignation de l'entité à qui ces actifs ont été transférés ;

– une déclaration des résultats qui proviennent de la gestion ou de la disposition de ces actifs. Ces résultats doivent théoriquement être déterminés à partir d'une comptabilité distincte tenue, pour le compte de l'entreprise, par l'entité à qui les actifs ont été transférés.

c) À défaut de respecter l'ensemble de ces conditions, l'entreprise doit, en principe, comprendre dans ses résultats de chaque exercice les produits des actifs transférés pour un montant déterminé forfaitairement.

Ce montant forfaitaire est égal au produit du montant de la valeur réelle, à l'ouverture de l'exercice, des actifs transférés par un taux égal à la moyenne annuelle des taux de rendement brut à l'émission des obligations des sociétés privées. La valeur réelle des actifs à l'ouverture d'un exercice est normalement égale à la valeur réelle de ces mêmes actifs au moment du transfert, majorée des produits acquis depuis cette date.

L'entreprise peut toutefois apporter la preuve que le résultat ainsi déterminé excède le résultat effectivement réalisé.

Les sociétés de capitaux peuvent, au titre de chaque exercice, imputer sur le montant de l'impôt sur les sociétés dont elles sont redevables à raison des produits « rapatriés », l'impôt acquitté, le cas échéant, hors de France, sur ces produits. Cette imputation n'est admise que si l'impôt étranger considéré est comparable à l'impôt sur les sociétés français. La loi ne retient pas un dispositif similaire pour les entreprises relevant de l'impôt sur le revenu (sans doute moins versées dans ce type d'opérations – ou, en tout cas, moins encouragées à s'y livrer).

2) Les dispositifs les plus nombreux sont liés en tout ou partie à la notion de « régime fiscal privilégié » éventuellement combinée, depuis 2010, à celle d'« État ou territoire non coopératif ». Ils invitent donc, au préalable, à préciser la signification de ces deux notions.

a) Une personne physique ou morale est regardée comme soumise à un régime fiscal privilégié dans un État étranger ou un territoire situé hors de France dans l'un ou l'autre des deux cas suivants :

– elle n'y est pas imposable. Cette condition est remplie lorsque, par exemple, il n'existe pas d'impôt sur les revenus ou bénéfices dans l'État ou le territoire en cause ou si, dans le cas inverse, certains revenus – notamment ceux qui auraient une source étrangère – n'y sont pas soumis à un impôt sur les revenus ou bénéfices ;

– elle y est assujettie à un impôt sur les bénéfices ou les revenus dont le montant est inférieur de plus de la moitié à celui de l'impôt sur les bénéfices ou sur les revenus dont elle aurait été redevable dans les conditions de droit commun en France, si elle y était domiciliée ou établie[152].

b) Sont considérés[153] comme non coopératifs les États et territoires non membres de l'Union européenne dont la situation au regard de la transparence et de l'échange d'informations en matière fiscale a fait l'objet d'un examen par l'Organisation de coopération et de développement économiques (liste « grise » de l'OCDE) et qui n'ont pas conclu avec la France une convention d'assistance administrative permettant l'échange de tout renseignement nécessaire à l'application de la législation fiscale des parties, ni signé avec au moins douze États ou territoires une telle convention[154].

---

(152) CGI, art. 238 A, al. 2.
(153) L. fin. rect. 30 déc. 2009, art. 22.
(154) CGI, art. 238-0 A, 1.

La liste initiale des États et territoires non coopératifs a été arrêtée (par les ministres chargés de l'économie et du budget après avis du ministre des Affaires étrangères) en mettant en œuvre ces critères au 1er janvier 2010. Cette liste est corrigée annuellement pour tenir compte de l'évolution (positive ou négative) de la situation (au plan normatif) et du comportement (au plan opérationnel) des États ou territoires considérés[155]. Les mesures relatives aux États ou territoires non coopératifs ne s'appliquent à ceux qui sont ajoutés à cette liste qu'au 1er janvier de l'année suivante. En revanche, elles cessent immédiatement de s'appliquer à ceux qui sont retirés de la liste[156].

ÉTATS ET TERRITOIRES NON COOPÉRATIFS (ETNC)

EN 2010	EN 2011	EN 2012	EN 2013	EN 2014	EN 2015	EN 2016
Anguilla – Belize – Brunei – Costa Rica – Dominique – Grenade – Guatemala – Îles Cook – Îles Marshall – Libéria – Montserrat – Nauru – Niue – Panama – Philippines – Saint-Kitts-et-Nevis – Sainte-Lucie – Saint-Vincent et les Grenadines.	**Maintenus sur la liste :** Anguilla – Belize – Brunei – Costa Rica – Dominique – Grenade – Guatemala – Îles Cook – Îles Marshall – Libéria – Montserrat – Nauru – Niue – Panama – Philippines – Saint-Vincent et les Grenadines. **Ajoutés sur la liste en 2011 :** Îles Turques-et-Caïques – Oman. **Retirés de la liste en 2011 :** Saint-Kitts-et-Nevis – Sainte-Lucie.	**Maintenus sur la liste :** Brunei – Guatemala – Îles Marshall – Montserrat – Nauru – Niue – Philippines. **Ajouté sur la liste en 2012 :** Botswana. **Retirés de la liste en 2012 :** Anguilla – Belize – Costa Rica – Dominique – Grenade – Îles Cook – Îles Turques-et-Caïques – Libéria Oman – Panama – Saint-Vincent et les Grenadines.	**Maintenus sur la liste :** Botswana – Brunei – Guatemala – Îles Marshall – Montserrat – Nauru – Niue. **Ajoutés sur la liste en 2013 :** Bermudes – Îles Vierges britanniques – Jersey. **Retirées de la liste en 2013 :** Philippines.	**Maintenus sur la liste :** Botswana – Brunei – Guatemala – Îles Marshall – Îles Vierges britanniques – Montserrat – Nauru – Niue. **Ajouté sur la liste en 2014 :** *néant* **Retirés de la liste en 2014 :** Bermudes – Jersey.	**Maintenus sur la liste :** Botswana – Brunei – Guatemala – Îles Marshall – Nauru – Niue. **Ajouté sur la liste en 2015 :** *néant* **Retirés de la liste en 2015 :** Îles Vierges britanniques – Montserrat	**Maintenus sur la liste :** Botswana – Brunei – Guatemala – Îles Marshall – Nauru – Niue. **Ajouté sur la liste en 2016 :** Panama. **Retiré de la liste en 2016 :** *néant*

(155) V. A. 12 févr. 2010 modifié par A. 14 avr. 2011 ; A. 4 avr. 2012 ; A. 21 août 2013 ; A. 17 janv. 2014 ; A. 21 déc. 2015 et, dans le sillage de l'affaire des « Panama Papers », A. 8 avr. 2016.
(156) CGI, art. 238-0 A, 3.

3) Le dispositif « anti-évasion » le plus ancien concerne le « rapatriement » en France des bénéfices indirectement transférés à l'étranger[157].

Le Conseil d'État a refusé de transmettre au Conseil constitutionnel la question prioritaire de constitutionnalité selon laquelle ce dispositif méconnaissait les droits et libertés garantis par la Constitution[158].

Pour l'établissement de l'impôt sur le revenu (et, en l'absence de disposition contraire, de l'impôt sur les sociétés), les bénéfices indirectement transférés par une entreprise établie en France à d'autres entreprises situées hors de France qui sont sous sa dépendance ou en possèdent le contrôle, doivent, en principe, être « incorporés » à ses propres résultats.

Ces transferts indirects de bénéfice peuvent, en particulier, résulter de majorations ou de diminutions des prix d'achat ou de vente pratiqués dans les transactions entre les entreprises considérées (prix de transfert).

Le régime des transferts indirects de bénéfice donne lieu à une dialectique de la preuve classique en droit fiscal.

Le transfert indirect de bénéfice est présumé lorsque l'administration établit, d'une part, l'existence de lien de dépendance entre les entreprises en cause et, d'autre part, l'existence d'un avantage consenti à l'entreprise étrangère. L'administration établit l'existence d'un tel avantage, qu'elle est en droit de réintégrer dans les résultats de l'entreprise établie en France, lorsqu'elle constate que les prix facturés par une entreprise établie en France à une entreprise étrangère qui lui est liée sont inférieurs à ceux pratiqués, soit par cette entreprise avec d'autres clients dépourvus de liens de dépendance avec elle, soit par des entreprises similaires exploitées normalement avec des clients dépourvus de liens de dépendance, sans que cet écart s'explique par la situation différente de ces clients[159]. Si l'existence d'un avantage de cette nature est établi, l'entreprise peut combattre la présomption, et échapper à la réintégration de l'avantage, en justifiant que celui-ci a comporté en sa faveur des contreparties aux moins équivalentes.

L'existence d'un lien de dépendance n'est pas subordonnée à celle d'un lien capitalistique entre deux sociétés ni à la communauté de leur direction de droit. L'application du dispositif peut, par suite, être fondée sur l'existence d'une dépendance de fait entre deux sociétés[160].

La condition de dépendance ou de contrôle n'est pas exigée lorsque le transfert s'effectue avec des entreprises établies dans un État étranger ou dans un territoire situé hors de France dont le régime fiscal est privilégié[161] ou[162] établies ou constituées dans un État ou territoire non coopératif (V. *supra*, n° 1374, 2).

a) Pour faciliter le contrôle des « prix de transfert », la loi fiscale a prévu différents dispositifs.

Les grandes entreprises (ou celles appartenant à des groupes importants) sont soumises[163] à des « obligations documentaires » étendues devant leur permettre de justifier la politique de prix de transfert pratiquée dans le cadre de transactions de toute nature qu'elles réalisent avec des « entreprises

(157) CGI, art. 57.

(158) CE, 2 mars 2011, n° 342.099, *Sté Soutiran : Dr. fisc.* 2011, n° 18-19, comm. 339, concl. E. Geffray ; *RJF* 6/2011, n° 733.

(159) CE, 16 mars 20126, n° 372.372, *Sté Amycel : Dr. fisc.* 2016, n° 12, act. 191, non reproduit. À défaut d'avoir procédé à de telles comparaisons, l'administration n'est pas fondée à invoquer la présomption de transferts de bénéfices mais doit, pour demontrer qu'une entreprise a consenti une libéralité en facturant des prestations à un prix insuffisant, établir l'existence d'un écart injustifié entre le prix convenu et la valeur vénale du bien cédé ou du service rendu (même décision).

(160) CE, 15 avr. 2016, n° 372.097, *Sté LifeStand Vivre Debout : Dr. fisc.* 2016, n° 16, act. 258, non reproduit, admettant le recours, dans cette hypothèse, à un faisceau d'indices.

(161) CGI, art. 57, al. 2. Le régime fiscal privilégié s'entend au sens du deuxième alinéa de l'article 238 A du Code général des impôts, applicable sur renvoi.

(162) Première loi de finances rectificative pour 2014, 8 août 2014, art. 19. Cette modification (qui dispense de la condition de contrôle ou de dépendance en cas de transfert vers un ETNC) reprend une disposition qui avait été victime, par ricochet, d'une censure prononcée par le Conseil constitutionnel (Cons. const., 29 déc. 2013, n° 2013-685 DC, *Loi de finances pour 2014*, § 126 et s.).

(163) L. fin. rect. 30 déc. 2009, art. 22.

associées »[164]. Ces obligations sont renforcées lorsque les entreprises associées sont établies ou constituées dans un État ou territoire non coopératif[165]. Cette documentation (qui ne se substitue pas aux justificatifs afférents à chaque transaction) doit être tenue à la disposition de l'administration dès l'engagement de la vérification de comptabilité. À défaut, l'entreprise peut être mise en demeure de la produire (ou de la compléter) dans un délai de trente jours.

Les autres entreprises sont soumises à des obligations moins contraignantes : au cours d'une vérification de comptabilité, l'administration, si elle a réuni des éléments faisant présumer qu'une entreprise a opéré un transfert indirect de bénéfices, peut demander à cette entreprise des informations et documents précisant, en particulier, « la méthode de détermination des prix des opérations de nature industrielle, commerciale ou financière » en cause, les « éléments qui la justifient »[166]. La demande doit être précise et indiquer explicitement, par nature d'activité ou par produit, le pays ou le territoire concerné, l'entreprise, la société ou le groupement visé ainsi que, le cas échéant, les montants en cause.

Le non-respect de ces obligations peut être sanctionné, dans les deux cas, par une amende un montant minimal de 10 000 € « pouvant atteindre, compte tenu de la gravité des manquements »[167] de l'entreprise, le plus élevé des deux montants suivants :

– 0,5 % du montant des transactions concernées par les documents ou compléments qui n'ont pas été mis à disposition de l'administration après mise en demeure ;

– 5 % des rectifications du résultat liées à la répression de prix de transfert et afférentes à des transactions non documentées[168].

Par ailleurs, lorsque les informations et documents demandés ne sont pas produits (ou ne le sont que partiellement) les bases d'imposition concernées par la demande peuvent être évaluées par l'administration à partir des éléments dont elle dispose et en suivant la procédure de rectification contradictoire[169].

Pour prémunir les entreprises des difficultés que pourraient susciter de telles demandes, la loi fiscale a organisé une procédure d'accord préalable en matière de méthode de détermination des prix de transferts (V. *supra*, n° 917).

b) En vue de lutter contre les opérations de *business restructuring*, la loi de finances pour 2014 devait compléter l'article 57 du CGI par un dispositif permettant de taxer le « transfert de fonctions », qui dégradant significativement le résultat d'exploitation, avait été réalisé sans contrepartie équivalente.

Le législateur entendait poser plus précisément que lorsqu'une entreprise transfère une ou plusieurs fonctions ou un ou plusieurs risques à une entreprise liée, cesse de les exercer ou de les assumer en tout ou partie, et que son résultat d'exploitation constaté au cours de l'un des deux exercices suivant le transfert est inférieur d'au moins 20 % à la moyenne de ceux des trois exercices précédant le transfert, elle doit établir qu'elle a bénéficié d'une contrepartie équivalente à celle qui aurait été convenue entre des entreprises n'ayant pas un tel lien de dépendance[170].

Le Conseil constitutionnel a considéré que le législateur avait méconnu tant l'étendue de sa compétence que l'objectif de valeur constitutionnelle d'accessibilité et d'intelligibilité de la loi en s'abstenant, notamment, de donner une définition des notions de « transfert de fonctions » et de « risques »[171].

---

(164) LPF, art. L. 13 AA.
(165) LPF, art. L. 13 AB.
(166) LPF, art. L. 13 B.
(167) CGI, art. 1735 ter. C'est un des rares cas où la loi fiscale elle-même permet expressément la modulation d'une sanction fiscale.
(168) Même disposition. Ce mode de détermination de l'amende fiscale résulte de la loi de finances pour 2015 (L. 29 déc. 2014, art. 78, I). Il est applicable aux contrôles pour lesquels un avis de vérification a été adressé à compter de l'entrée en vigueur de cette loi (même disp., II). L'amende était auparavant plafonnée à 5 % du montant des bénéfices transférés. Le Conseil constitutionnel a censuré les dispositions adoptées dans la loi de finances pour 2014 (L. 29 déc. 2013, art. 97, adopté) qui prévoyaient de porter le taux de la sanction à 0,5 % du chiffre d'affaires de l'entreprise (Cons. const., 29 déc. 2013, n° 2013-685 DC, *Loi de finances pour 2014*, § 97, au motif que le législateur avait retenu un critère de détermination du maximum de la peine encourue sans lien avec les infractions réprimées et revêtant un caractère manifestement hors de proportion avec leur gravité).
(169) CGI, art. 57, al. 3. À défaut d'éléments précis pour opérer les rectifications, les produits imposables sont déterminés par comparaison avec ceux des entreprises similaires exploitées normalement.
(170) Lorsque ces conditions étaient réunies, l'entreprise devait fournir l'administration, à sa demande, tous les éléments utiles à la détermination des résultats réalisés avant et après le transfert par les entreprises qui y sont parties. À défaut, les bénéfices qui auraient dû être réalisés devaient être incorporés à ses résultats.
(171) Cons. const., 29 déc. 2013, n° 2013-685 DC, *Loi de finances pour 2014*, § 130).

4) Un deuxième dispositif prévoit la non-déductibilité des paiements à des résidents étrangers soumis à un régime fiscal privilégié[172]. En application de cette disposition, certains paiements, payés ou dus par un débiteur (personne physique ou morale) domicilié ou établi en France, à des résidents étrangers soumis à un régime fiscal privilégié sont présumés anormaux. Ils ne sont pas, en conséquence, admis en déduction, au titre des charges, pour l'établissement de l'impôt du débiteur, sauf si ce dernier apporte la preuve tout à la fois :

a) que les dépenses correspondent à des opérations réelles ;

b) qu'elles ne présentent pas un caractère anormal ou exagéré ;

Selon l'énumération légale, ces paiements sont :

– ceux qui correspondent à des opérations « immatérielles » :

• les intérêts (et assimilés) des obligations, créances, dépôts et cautionnements ;

• les redevances de droits de la propriété intellectuelle ;

• les rémunérations de services de toute nature ;

– plus généralement, tout versement effectué sur un compte tenu dans un organisme financier établi soumis à un régime fiscal privilégié.

c) que les dépenses correspondent à des opérations réelles.

De plus, lorsque ces charges sont dues à des personnes physiques ou morales qui sont domiciliées ou établies dans un État ou territoire non coopératif (V. *supra*, n° 1374, 2) le débiteur doit démontrer, en outre, que les opérations auxquelles correspondent les dépenses ont principalement un objet et un effet autres que de permettre la localisation de ces dépenses dans cet État ou territoire non coopératif[173].

5) On ne fera qu'énumérer brièvement les autres dispositifs « anti-évasion » intéressant les contribuables en lien avec des partenaires soumis à un régime fiscal privilégié ou établis dans un État ou territoire non coopératif :

a) les personnes physiques domiciliées en France sont imposables en France à raison de revenus des capitaux mobiliers « présumés » en provenance d'une zone fiscalement privilégiée[174] ;

Le dispositif n'est pas applicable lorsque l'entité juridique est établie ou constituée dans un État de l'Union européenne, si l'exploitation de l'entreprise ou la détention des actions, parts, droits financiers ou droits de vote de cette entité juridique par la personne domiciliée en France ne peut être regardée comme constitutive d'un montage artificiel dont le but serait de contourner la législation fiscale française.

Les revenus des capitaux mobiliers « présumés » en cause sont, en proportion des droits que l'intéressé détient dans l'entité en cause, les bénéfices ou les revenus positifs des personnes morales, organismes, fiducies ou institutions comparables établis ou constitués hors de France et soumis à un régime fiscal privilégié. L'imposition n'est possible que si le résident français détient (directement ou indirectement) 10 % au moins des actions, parts, droits financiers ou droits de vote dans l'entité considérée. Les revenus des capitaux mobiliers sont déterminés sous déduction de l'impôt acquitté localement, à le supposer comparable à l'impôt sur les sociétés français. Ils sont réputés acquis le premier jour du mois qui suit la clôture de l'exercice (ou, à défaut, au 31 décembre de chaque année).

Lorsque l'entité est établie dans un État ou territoire non coopératif, le revenu imposable de la personne physique ne peut être inférieur au produit de la fraction (correspondant aux droits

(172) CGI, art. 238 A.
(173) L. fin. rect. 30 déc. 2009, art. 22.
(174) CGI, art. 123 bis.

de l'intéressé) de l'actif net ou de la valeur nette des biens de cette entité par un taux égal à la moyenne annuelle des taux de rendement brut à l'émission des obligations des sociétés privées. Naturellement, si le contribuable bénéficie d'une distribution des bénéfices de cette entité, les sommes distribuées ne sont soumises à l'impôt que pour leur fraction qui excéderait les revenus des capitaux mobiliers présumés.

b) les sommes perçues par une personne domiciliée ou établie hors de France en rémunération de services rendus par une ou plusieurs personnes domiciliées ou établies en France sont, dans certaines circonstances, imposables au nom de ces dernières[175]. Ces règles s'appliquent également, sous réserve des conventions internationales, à raison des services rendus en France par un prestataire établi hors de France.

Principalement dirigé contre les *Rent a star companies*, ce dispositif « anti-évasion » permet de soumettre à l'impôt français les revenus des artistes et sportifs lorsque, en particulier, la rémunération de leur prestation est formellement versée à une société établie à l'étranger dont ils se présentent comme de simples commettants[176].

Tel est le cas lorsque, alternativement :

– l'intéressé contrôle directement ou indirectement la personne qui perçoit la rémunération des services ;

– il n'établit pas que cette personne exerce, de manière prépondérante, une activité industrielle ou commerciale, autre que la prestation de services ;

– en tout état de cause, la personne qui perçoit la rémunération des services est domiciliée ou établie dans un État étranger ou un territoire situé hors de France où elle est soumise à un régime fiscal privilégié au sens du deuxième alinéa de l'article 238 A du CGI.

La personne qui perçoit la rémunération des services est solidairement responsable, à hauteur de cette rémunération, des impositions dues par la personne qui les rend.

Saisi d'une question prioritaire de constitutionnalité, le Conseil constitutionnel a conclu à la conformité de l'article 155 A du CGI aux droits et libertés que la Constitution garantit, sous la réserve que « dans le cas où la personne domiciliée ou établie à l'étranger reverse en France au contribuable tout ou partie des sommes rémunérant les prestations réalisées par ce dernier, [l'article 155 A du CGI] ne saurait conduire à ce que ce contribuable soit assujetti à une double imposition au titre d'un même impôt »[177]. La disposition a également été reconnue compatible avec le principe de la liberté d'établissement lorsqu'elle est interprétée comme visant « uniquement l'imposition des services essentiellement rendus par une personne établie ou domiciliée en France et ne trouvant aucune contrepartie réelle dans une intervention propre d'une personne établie ou domiciliée hors de France », autrement dit en présence d'un montage artificiel[178].

§ 2. – Les règles issues des conventions fiscales internationales

1375. – Aménagements conventionnels. Les conventions fiscales bilatérales signées par la France peuvent apporter des aménagements aux règles de droit

(175) L. fin. 1973, 20 déc. 1972, art. 18. – CGI, art. 155 A.

(176) Pour un cas d'application de ce dispositif des *Rent a star companies*, V. CE, 28 mars 2008, n° 271.366, *Aznavour : Dr. fisc.* 2008, n° 17, comm. 293, concl. C. Landais, apportant par ailleurs des éclairages intéressants quant à la combinaison des règles fiscales internes et internationales et à l'office du juge fiscal à cet égard.

(177) Cons. const., 26 nov. 2010, n° 2010-70 QPC, *Moreau : Dr. fisc.* 2011, n° 6, comm. 209 ; *RJF* 2/2011, n° 210.

(178) CE, 20 mars 2013, n° 346.642, *Piazza : Dr. fisc.* 2013, n° 20, comm. 282 ; *RJF* 6/2013, n° 578.

interne précédemment exposées. Conçues sur la base de modèles établis par des organisations internationales (OCDE ou ONU), ces conventions tendent à :

– déterminer un lieu unique de résidence fiscale ;

– éliminer les doubles impositions juridiques (par opposition aux doubles impositions économiques) dont pourraient faire l'objet les résidents de l'un ou l'autre des États contractants.

Les conventions peuvent également poser d'autres règles étrangères à ces deux questions :

– poser un principe d'égalité de traitement (applicable, selon les cas, aux nationaux ou aux résidents de l'autre État) ;

– prévoir la collaboration entre les administrations fiscales des États parties pour l'établissement ou le recouvrement de l'IR.

A. – Détermination de la résidence fiscale

1376. – **Résidence fiscale unique.** 1) Les aménagements issus des conventions internationales concernent en premier lieu les conditions de détermination de la résidence fiscale. Ceci permet d'éviter les conflits de double domicile.

En général, les conventions internationales signées par la France retiennent comme critères successifs de résidence fiscale :

– le foyer d'habitation permanent ;

– le centre des intérêts vitaux (liens personnels et économiques) ;

– le lieu de séjour habituel ;

– parfois, la nationalité.

2) De manière générale, ces critères sont *hiérarchisés*, c'est-à-dire que les différents critères définis par la convention doivent être envisagés dans l'ordre où ils sont énoncés et ne peuvent être utilisés qu'à défaut de pouvoir appliquer le précédent, par rapport auquel ils présentent un caractère subsidiaire. Naturellement, ce mécanisme est de nature à éliminer le risque de conflit de double domiciliation.

Si le conflit de double domicile n'est pas réglé par application de ces critères, les conventions internationales prévoient alors que la résidence fiscale est déterminée – à titre subsidiaire – par voie d'un accord particulier entre les administrations fiscales des États contractants.

Compte tenu de la position de ce dernier critère dans la généralité des conventions, la conclusion d'un accord amiable entre les administrations des États contractants ne peut s'imposer au contribuable et au juge de l'impôt que dans l'hypothèse où la résidence fiscale de l'intéressé ne peut être déterminée par application d'aucun des critères conventionnels précédemment définis[179].

3) Deux conventions fiscales signées par la France présentent de fortes particularités en ce qui concerne les règles applicables aux ressortissants français (*i.e.* aux personnes physiques possédant la nationalité française).

a) La convention fiscale franco-monégasque, qui n'a pas pour objet d'éliminer d'éventuelles doubles impositions, stipule dans son article 7, § 1 que « les personnes physiques de nationalité française qui transporteront à Monaco leur domicile ou leur résidence – ou qui ne peuvent pas justifier de cinq ans de résidence habituelle à Monaco à la date du 13 octobre 1962 – seront assujetties en France à l'impôt sur

(179) CE, sect., 13 mai 1983, n° 28.831 : *Dr. fisc.* 1983, n° 29-30, comm. 1568, concl. Ph. Bissara ; *RJF* 7/1983, n° 848.

le revenu des personnes physiques et à la taxe complémentaire dans les mêmes conditions que si elles avaient leur domicile ou leur résidence en France./(...) »[180].

Abandonnant sa jurisprudence antérieure, le Conseil d'État considère que ces stipulations ne sauraient viser les Français qui – ayant constamment résidé à Monaco depuis leur naissance – n'ont *jamais transféré* leur domicile dans la Principauté[181].

Les dispositions conventionnelles, si elles visent l'« impôt sur le revenu des personnes physiques »[182] et la « taxe complémentaire »[183] ne concernent actuellement que l'impôt sur le revenu. La convention est sans effet à l'égard de la taxe sur les métaux précieux, les bijoux, les objets d'art, de collection et d'antiquité[184] et des contributions sociales[185] qui sont des impositions distinctes de cet impôt.

b) Si elle est plus classique dans son contenu général[186], la convention fiscale entre la France et la Principauté d'Andorre comporte une stipulation radicale – et un peu étrange sur le plan des principes : « nonobstant les dispositions de tout autre article de la présente Convention (...) la France peut imposer les personnes physiques de nationalité française résidentes d'Andorre comme si la (...) Convention n'existait pas »[187].

B. – Élimination des doubles impositions juridiques

1377. – **Répartition du pouvoir d'imposer.** Les aménagements issus des conventions internationales permettent en second lieu d'éliminer les conflits entre l'État de la source et l'État de la résidence. Les conventions déterminent, par catégories de revenus, le droit d'imposer de chacun des États contractants.

À cet égard, nonobstant toute disposition législative contraire, sont passibles de l'impôt sur le revenu, en France, tous revenus dont l'imposition est attribuée à la France par une convention internationale relative aux doubles impositions[188].

---

(180) Convention de Paris, 18 mai 1963, art. 7, § 1. Sont toutefois exclus de l'application de ces dispositions les personnes faisant partie ou relevant de la maison souveraine et les agents des services publics de la Principauté ayant établi leur résidence habituelle à Monaco avant le 13 octobre 1962.

(181) CE, plén., 11 avr. 2014, n° 362237, *Giorgis : Dr. fisc.* 2014, n° 21, comm. 242, concl. E. Crépey, note Ch. Louit, retenant que les stipulations conventionnelles en cause, qui doivent être interprétées conformément au sens ordinaire à attribuer à leurs termes, dans leur contexte et à la lumière de leur objet et de leur but, expriment l'intention des parties à la convention de lutter contre l'évasion fiscale. V. antérieurement, en sens inverse, CE, 2 nov. 2011, n° 340.438, *Rapetto : Dr. fisc.* 2011, n° 51, comm. 637, note F. Dieu ; *BDCF* 1/2012, n° 12, concl. N. Escaut. – CE, 1er févr. 2012, nos 340.866 et a., *Alberola et a. : RJF* 4/2012, n° 405.

(182) L'impôt sur le revenu des personnes physiques est dénommé « impôt sur le revenu » depuis la loi de finances pour 1971 (L. 21 déc. 1970, art. 2, I).

(183) La taxe complémentaire a été supprimée par l'article 5 de la loi de finances pour 1970 (L. 24 déc. 1969, art. 5).

(184) CE, 6 mai 2015, n° 378534, *Miloe : Dr. fisc.* 2015, n° 42, comm. 641, retenant cette solution nonobstant le fait que le contribuable peut choisir de ne pas supporter la taxe en exerçant une option pour l'application de l'IR en vue d'une imposition selon le régime des plus-values de cession de biens meubles.

(185) CE, avis, 10 nov. 2004, n° 268.852, *Cichero-Erbel et a. : Rec. CE* 2004, p. 422 ; *Dr. fisc.* 2005, n° 8, comm. 237, concl. F. Séners, retenant cette solution alors même que le législateur a renvoyé, pour les règles régissant l'établissement, le recouvrement et le contentieux de ces contributions sociales, à celles qui régissent l'IR. Il a été jugé, à cet égard, que les stipulations de la convention fiscale franco-monégasque n'ont ni pour objet ni pour effet de faire obstacle à ce que les personnes qu'elles visent soient regardées comme fiscalement domiciliées en France au sens du droit interne français. Un ressortissant français qui, tout en transférant son domicile à Monaco, a conservé en France le centre de ses intérêts économiques, peut, en conséquence, être assujetti en France aux contributions sociales (CE, 11 juin 2014, n° 358.301, *Delarbre : Dr. fisc.* 2014, n° 43-44, comm. 594, concl. M.-A. Nicolazo de Barmon.

(186) Sous réserve des nombreuses dispositions anti-abus qu'elle comporte (et qui en font un modèle du genre), la convention franco-andorrane est conforme aux instruments usuels d'élimination des doubles impositions.

(187) Convention entre la France et la Principauté d'Andorre du 2 avril 2013 tendant, notamment, à éviter les doubles impositions, art. 25, 1-d. Le même texte stipule que lorsque la législation fiscale française permet l'application de la présente disposition, les autorités compétentes des États contractants règlent d'un commun accord la mise en œuvre de cette dernière.

(188) CGI, art. 165 bis.

Les doubles impositions juridiques peuvent être éliminées ou limitées de deux manières (V. *supra*, n° 1121) :

1) parfois, un seul État peut opérer la taxation. Le revenu est exonéré dans l'autre État. Ceci évite la double imposition ;

Les conventions signées par la France retiennent deux formes d'exonération des revenus en France : l'exonération totale ou l'exonération avec maintien de la progressivité (méthode dite du taux effectif).

Dans le premier cas, il est totalement fait abstraction du revenu non imposable en France pour la détermination de l'impôt sur le revenu français.

Dans le second cas, le revenu non imposable en France est, dans un premier temps, pris en compte (comme s'il n'était pas exonéré) dans la base soumise au barème progressif. L'impôt en résultant est, dans un second temps, réduit en proportion de la part du revenu non imposable en France dans la base soumise au barème.

2) parfois, les deux États peuvent opérer la taxation (ce qui pourrait sembler paradoxal). La double imposition est alors évitée par un mécanisme d'imputation, dans l'État de la résidence, de l'impôt payé dans l'État de la source.

Naturellement, les conventions prévoient des combinaisons de ces divers mécanismes.

SOUS-SECTION 3

LE CHAMP D'APPLICATION PERSONNEL DE L'IMPÔT SUR LE REVENU

1378. – Généralités. Toutes les personnes physiques disposant de revenus sont en principe imposables à l'impôt sur le revenu.

1) Les ambassadeurs et agents diplomatiques ainsi que les consuls et agents consulaires de nationalité étrangère, sous réserve que les États qu'ils représentent concèdent des avantages analogues aux agents diplomatiques et consulaires français[189]. Cette exonération s'applique à l'égard de leurs rémunérations officielles et leurs revenus « privés » de source étrangère. En revanche, sous réserve des conventions internationales, ils sont normalement imposables en France à raison de leurs revenus « privés » de source française[190].

2) Naturellement, d'autres exonérations peuvent découler des stipulations de conventions internationales.

3) Avant la loi de finances pour 2015, la loi prévoyait plusieurs cas d'exonération d'ordre général en faveur des personnes de condition modeste. Au titre des revenus de 2013 (dernière année d'application du dispositif), ont ainsi été « affranchies » de l'impôt sur le revenu, indépendamment de la composition du foyer fiscal :

– les personnes âgées de plus de soixante-cinq ans dont les revenus (nets, le cas échéant, de frais professionnels) n'excèdent pas 9 490 €,

– les personnes quel que soit leur âge dont les revenus (nets, le cas échéant, de frais professionnels) n'excèdent pas 8 680 €, soit le seuil de la première tranche du barème progressif ;

– les personnes dont les revenus salariés (et assimilés) sont majoritaires, à condition que leur revenu global n'excède pas le montant annuel du « minimum garanti » défini par le Code du travail, où il est principalement utilisé pour l'évaluation de certains avantages en nature[191].

(189) CGI, art. 5, 3°.
(190) CGI, art. 5, 2° et 2° bis., anc.
(191) CGI, art. 5, 2° et 2° bis., anc.

À cet égard, l'impôt sur le revenu est caractérisé par le fait qu'il ne frappe pas nécessairement un individu isolé mais un groupe d'individus.

§ 1. – La règle de l'imposition par foyer

1379. – Foyer fiscal. Le plus souvent, l'impôt sur le revenu ne frappe pas un contribuable isolé, mais un groupe de personnes qui font l'objet – à titre obligatoire ou facultatif – d'une imposition commune. De manière générale, ce groupe de personnes est la cellule familiale de base : « chaque contribuable est imposable à l'impôt sur le revenu, tant en raison de ses bénéfices et revenus personnels que de ceux de ses enfants et des personnes considérées comme étant à sa charge »(192) (sur le sujet, V. *supra*, n°s 1088 et s.).

Cet élément fondamental du régime de l'impôt sur le revenu est ancien puisqu'il existait déjà dans la loi du 15 juillet 1914(193), ce qui a pu justifier la référence par le Conseil constitutionnel à la notion de « règle traditionnelle dans le droit fiscal français » lorsqu'il s'est prononcé sur l'imposition par foyer qui existe aussi en matière d'impôt de solidarité sur la fortune, lequel existait à l'époque en tant qu'impôt sur les grandes fortunes(194) (V. *supra*, n° 1090).

Ce mécanisme est original (les autres États retiennent généralement un mécanisme de déductions fondées sur les charges de famille) et les contribuables français y sont attachés. Son maintien constitue toutefois un des obstacles à la modernisation des conditions de perception de l'imposition et, en particulier, à l'introduction d'un mécanisme général de retenue à la source dans l'établissement et le recouvrement de cet impôt (V. *supra*, n° 1156).

De prime abord, l'application de cette règle devrait se révéler le plus souvent défavorable aux contribuables. L'impôt sur le revenu est en effet un impôt progressif, c'est-à-dire un impôt dont le taux augmente avec la base d'imposition. Or, la base soumise au barème (qui est la somme des revenus propres des membres du foyer) augmente inévitablement en cas d'imposition commune.

Le seul cas où la globalisation des revenus diminue la base d'imposition commune est le cas où le revenu personnel de l'un des membres du foyer serait négatif au motif, par exemple, de frais professionnels supérieurs aux revenus d'une activité salariée.

Cette conséquence de la règle de l'imposition par foyer est corrigée par le mécanisme du quotient familial qui tend, en particulier, à neutraliser cet effet défavorable (V. *infra*, n° 1536).

Sur les modalités d'imposition commune, V. *supra*, n° 1091.

§ 2. – La composition du foyer fiscal

1380. – Contribuables et personnes à charge. Obligatoirement constitué autour d'un ou deux contribuables, le foyer fiscal peut compter un nombre variable de personnes à charge.

---

(192) CGI, art. 6, 1.
(193) Art. 8 : *JO* 15 juill. 1914.
(194) Cons. const., 30 déc. 1981, n° 81-133 DC, *Loi de finances pour 1982*, consid. 7.

1) Les contribuables sont les sujets actifs du foyer. Ils souscrivent les déclarations, acquittent l'impôt et subissent éventuellement le contrôle fiscal. Eux seuls peuvent également contester la légalité de l'impôt mis à leur charge.

2) Les personnes à charge sont les sujets passifs du foyer. Ils ne sont pas légalement des interlocuteurs du fisc ou du juge fiscal. Ils ne sont pas même tenus solidairement au paiement de l'impôt sur le revenu avec les contribuables du foyer. Leur appartenance au foyer se manifeste essentiellement par le fait que leurs revenus personnels sont, le cas échéant, pris en compte pour déterminer le revenu du foyer et, partant, le montant de l'imposition commune.

A. – Le contribuable ou les contribuables

1381. – **Individu isolé.** Le contribuable peut être un individu isolé. C'est le cas lorsque le contribuable est célibataire, veuf, divorcé (ou séparé de corps) ou concubin, même notoire.

À la différence de la solution légalement retenue en matière d'impôt de solidarité sur la fortune (V. *infra*, n° 1739), les concubins, même notoires, ne font pas l'objet d'une imposition commune à l'impôt sur le revenu. Cela étant, la situation de concubinage est prise en compte pour l'établissement de cet impôt : les avantages consentis au parent isolé chargé de famille sont subordonnés à ce que celui-ci ne vive pas en situation de concubinage (V. *infra*, n° 1536, 3). Elle peut également influer sur l'application d'autres règles, et en particulier sur celle des critères de domiciliation fiscale (V. *supra*, n° 1365, 1).

1382. – **Époux.** 1) Quel que soit leur régime matrimonial, les époux font obligatoirement l'objet, en principe, d'une imposition commune[195].

Depuis la loi de finances pour 1983 (art. 2), les époux sont placés dans une position de stricte égalité fiscale : l'imposition – désormais commune – n'est plus mise à la charge du « chef de famille » (qui faisait jusqu'alors d'une imposition dite « unique ») (V. *supra*, n° 1092).

En cas de décès de l'un des conjoints faisant l'objet d'une imposition commune, l'impôt afférent aux bénéfices et revenus non encore taxés à la date du décès est établi au nom des deux époux. Par ailleurs, le conjoint survivant est personnellement imposable, pour la période postérieure au décès[196].

2) Par exception, ils font l'objet d'une imposition distincte dans l'un ou l'autre des trois cas suivants :

Tout contribuable soumis à une imposition commune alors qu'il aurait dû faire l'objet d'une imposition séparée est en droit de s'en prévaloir à tout moment de la procédure, y compris devant le juge de l'impôt. L'argument peut être invoqué pour contester un rehaussement de l'imposition alors même que l'imposition primitive serait devenue définitive[197]. La conséquence ne saurait être cependant la décharge de l'imposition. Celle-ci sera seulement réduite[198].

a) lorsqu'ils sont séparés de biens et ne vivent pas sous le même toit[199] ;

(195) La situation de polygamie d'un contribuable de nationalité algérienne ne s'oppose pas à ce que lui et sa seconde épouse fassent en France, où ils sont tous deux domiciliés, l'objet d'une imposition commune à l'IR (CAA Paris, 15 janv. 2015, n° 12-3956, *Zabour* : *Dr. fisc.* 2015, n° 14, comm. 238, note Ch. Oriol).

(196) CGI, art. 6, 6.

(197) CE 15 avr. 2011, n° 318.865, *Camus* : *RJF* 7/2011, n° 772.

(198) CE 25 avr. 2003, n° 181.719, *Krupa* : *Dr. fisc.* 2003, n° 42, comm. 736, concl. G. Bachelier ; *RJF* 7/2003, n° 796. – CE, 24 avr. 2013, n° 352.310, *Min. c/Neveu* : *Dr. fisc.* 2013, n° 29, comm. 376, concl. F. Aladjidi ; *RJF* 7/2013, n° 704.

(199) CGI, art. 6, 4-*a*. Les époux relevant du régime de la participation aux acquêts (C. civ., art. 1569) sont regardés comme des époux séparés de biens. La création d'une société d'acquêts par des époux mariés sous le régime de la séparation de biens ne permet pas de les considérer comme communs en biens (CE, 19 déc. 2007, n° 291.849, *Foray* : *Dr. fisc.* 2008, n° 8-9, comm. 184, concl. Cl. Landais).

Ne présentant aucun caractère optionnel, l'imposition distincte des époux séparés de biens ne vivant pas sous le même toit est prescrite dès lors que ces deux conditions sont réunies[200]. Dans le cas d'époux séparés de biens, le simple fait que les intéressés résident sous des toits séparés entraîne leur imposition distincte, dès lors que cette résidence n'a pas un caractère temporaire. La circonstance que des époux séparés de biens et résidant séparément auraient agi de concert pour la gestion d'intérêts matériels et patrimoniaux communs et se seraient rendus réciproquement visite à l'occasion de déplacements professionnels est sans incidence sur leur imposition distincte[201].

b) lorsqu'ils sont en instance de divorce (ou de séparation de corps) et ont été autorisés à avoir des résidences séparées[202] ;

Cette autorisation ne peut être donnée que par le juge aux affaires familiales[203].

c) lorsque l'un des époux a abandonné le domicile conjugal et que chacun dispose de revenus distincts[204].

L'abandon de domicile conjugal suppose la cessation de toute vie commune des époux et ne peut résulter du seul éloignement de leur résidence respective. Ainsi, alors même que l'un exerce son activité professionnelle en France et l'autre au Canada, deux époux doivent faire l'objet d'une imposition commune dès lors qu'il n'est pas contesté que leur communauté de vie a subsisté, chacun d'eux faisant annuellement deux ou trois séjours de plusieurs semaines au domicile de l'autre[205]. La vie commune des époux est, à cet égard, présumée. La partie qui entend voir établir une imposition distincte doit donc établir les faits qui font apparaître qu'elle a cessée[206].

Par ailleurs, depuis l'imposition des revenus de 2011, les époux peuvent *sur option*, nonobstant leur état matrimonial, faire l'objet d'une imposition séparée au titre des revenus de l'année de leur mariage[207].

Jusqu'en 2011 (imposition des revenus de 2010), l'imposition commune des époux était immédiate et produisait ses effets dès la date de célébration du mariage. Dans la généralité des cas, les époux devaient souscrire trois déclarations au titre des revenus de l'année du mariage. Les deux premières étaient relatives aux revenus de la fraction de l'année civile précédant la date du mariage. La troisième, commune aux deux époux, permettait l'établissement de l'impôt sur le revenu au titre des revenus de la fraction de l'année civile postérieure à la date du mariage. Les mêmes règles s'appliquaient, *mutatis mutandis*, en cas de divorce ou de séparation de corps des époux.

La loi de finances pour 2011[208] a mis fin à ce mécanisme de triple déclaration. Depuis 2012 (imposition des revenus de 2011), les époux sont normalement soumis à une imposition commune pour l'ensemble de l'année du mariage[209]. Les époux peuvent toutefois opter pour une imposition distincte pour l'année considérée. Le même texte a prévu l'imposition séparée « intégrale » (ici sans possibilité d'option) l'année de survenance d'un événement mettant fin (en dehors du cas de décès) à l'imposition commune des époux (pour les cas, V. *supra*, n° 1382, 2).

1383. – Partenaires civils. La loi fiscale assimile les personnes liées par un pacte civil de solidarité (PACS) à des époux pour l'application des règles de l'impôt sur le

(200) CE, 12 mars 2010, n° 311.121, *Gerschel : Dr. fisc.* 2010, n° 23, comm. 358 ; *RJF* 6/2010, n° 558.
(201) CE, 25 avr. 2003, n° 181.719, *Krupa : Dr. fisc.* 2003, n° 42, comm. 736, concl. G. Bachelier ; *RJF* 7/2003, n° 796.
(202) CGI, art. 6, 4-*a*.
(203) CE, 25 mars 2013, n° 351822, *Min. c/Amar : Dr. fisc.* 2013, n° 21, comm. 286 ; *RJF* 6/2013, n° 580, jugeant que la date de cette autorisation ne coïncide pas nécessairement avec la date de l'ordonnance homologuant la convention temporaire organisant la résidence séparée.
(204) CGI, art. 6, 4-*c*.
(205) CE, 19 janv. 1998, n° 126809, *Lamonica : Rec. CE* 1998, tables p. 863 ; *Dr. fisc.* 1998, n° 12, comm. 214, concl. J. Arrighi de Casanova ; *RJF* 3/1998, n° 217.
(206) CE, 24 nov. 1980, n° 18117 : *Dr. fisc.* 1981, n° 8, comm. 333.
(207) CGI, art. 6, 5, al. 2.
(208) L. n° 2010-1657, 29 déc. 2010, art. 95 : *JO* 30 déc. 2010.
(209) CGI, art. 6, 5.

revenu[210]. Il en résulte qu'ils font obligatoirement, en principe, l'objet d'une imposition commune, dès la date de conclusion du pacte[211]. Par exception, les partenaires civils peuvent faire l'objet d'une imposition séparée à l'impôt sur le revenu. En l'absence de disposition particulière, les cas d'imposition distincte sont ceux applicables *mutatis mutandis* aux époux (V. *supra*, n° 1382, 2 et 3).

Compte tenu de l'absence de procédure similaire au divorce (ou à la séparation de corps) en matière de PACS, les deux seuls cas d'imposition concernent :

– les partenaires civils qui – ne résidant pas sous le même toit – auraient organisé, dans le cadre du pacte, un régime patrimonial produisant des effets identiques à celui de la séparation des biens ;

– la rupture effective de la communauté de vie qui découle normalement du PACS, en cas d'abandon du domicile commun par l'un des partenaires civils, chacun d'eux disposant de revenus distincts.

B. – Les personnes à charge

1384. – **Généralités.** Les personnes à charge s'entendent de celles qui sont à la « charge exclusive ou principale » du contribuable[212]. Il peut s'agir des enfants des contribuables ou d'autres personnes à charge.

1385. – **Enfants.** 1) Sont rattachés de plein droit au foyer fiscal de leurs parents : *a)* les enfants mineurs (c'est-à-dire âgés, sauf émancipation, de moins de dix-huit ans) ;

Un enfant mineur peut faire l'objet d'une imposition séparée. Conditionnée par une option expresse du représentant légal de l'enfant, cette imposition distincte n'est légalement possible que si l'enfant dispose de revenus personnels tirés de son travail ou d'une fortune indépendante de celle du contribuable[213]. Selon le Conseil d'État, dont la jurisprudence est très restrictive sur ce point, l'imposition distincte de l'enfant mineur suppose également que le contribuable n'a pas été en mesure de disposer des revenus de son enfant. Ainsi, s'agissant de revenus tirés du patrimoine propre de l'enfant mineur, l'imposition distincte suppose que le contribuable ne dispose d'aucun droit sur ce patrimoine et qu'il n'ait aucune possibilité (en dépit de sa qualité d'administrateur légal des biens de son enfant et du droit de jouissance légale qui s'y attache) de disposer de ces revenus[214].

b) les enfants atteints d'une infirmité (c'est-à-dire les enfants invalides qui ne peuvent subvenir à leur besoin par leur travail), quel que soit leur âge.

Le rattachement d'un enfant atteint d'une infirmité n'impose nullement que ce dernier soit titulaire d'une carte d'invalidité[215].

2) Sont – sur leur demande – rattachés au foyer fiscal auquel ils appartenaient avant leur majorité :

a) les enfants majeurs de moins de vingt et un ans ;

Cette règle est, sur le plan fiscal, la butte-témoin de l'époque où l'âge de la majorité légale était fixé à vingt et un ans.

(210) CGI, art. 7.
(211) Sur la question de l'égalité de traitement en matière fiscale entre époux et partenaires civils, V. *supra*, n° 1093.
(212) CGI, art. 193 ter.
(213) CGI, art. 6, 2.
(214) CE, 12 oct. 2011, n° 325.173, *Min. c/Malod* : *Dr. fisc.* 2011, n° 51, comm. 636, concl. E. Cortot-Boucher ; *RJF* 1/2012, n° 3.
(215) BOI-IR-LIQ-10-10-10-20-20120912, n° 480.

b) les enfants majeurs de moins de vingt-cinq ans qui poursuivent leurs études[216].

Le rattachement est possible non seulement pour les enfants « juridiques » ou « biologiques » du contribuable, mais également pour les enfants « recueillis », indépendamment de l'existence d'un quelconque lien de parenté avec l'un ou l'autre des membres du foyer fiscal[217]. À cet égard, un contribuable subvenant seul aux besoins de sa concubine sans activité et de l'enfant de cette dernière, doit être regardé comme ayant recueilli à son foyer l'enfant de sa concubine[218]. En l'absence d'adoption civile, un contribuable ne peut se fonder sur une cérémonie familiale d'adoption coutumière pour établir que ses neveux (vivant avec leur mère au Pakistan) doivent désormais être considérés comme ses propres enfants. Par ailleurs, le fait, pour un contribuable d'assumer, pendant plus d'un an, la charge exclusive de l'entretien et de l'éducation d'un enfant étranger acheminé en France par une association humanitaire permet de le regarder comme ayant recueilli cet enfant à son foyer, alors même que la séparation de l'enfant d'avec ses parents n'est pas définitive et qu'elle ne s'est pas accompagnée d'un transfert de l'autorité parentale[219].

c) les enfants majeurs, quel que soit leur âge, lorsqu'ils effectuent leur service militaire[220].

La demande de rattachement des enfants majeurs, qui vaut pour l'année entière, doit naturellement être acceptée par le contribuable[221].

Le rattachement suppose que le contribuable incorpore, dans son revenu imposable, les revenus perçus pendant l'année entière par les enfants rattachés[222].

Qualifiée d'option[223], la demande de rattachement de l'enfant majeur au foyer fiscal des parents doit être jointe à la déclaration de revenus. Conformément à la jurisprudence[224], la doctrine administrative retient une application stricte de cette règle[225].

Dans tous les cas, le rattachement est possible que les enfants vivent, ou non, sous le même toit que le contribuable.

(216) CGI, art. 6, 3. Par « poursuite des études », il convient d'entendre, selon la doctrine administrative, « le fait de fréquenter pendant l'année scolaire ou universitaire, un établissement où est donnée une instruction générale, technologique ou professionnelle, comportant des conditions de travail, d'assiduité, de contrôle, de discipline telles que l'exige normalement la préparation de diplômes officiels ou de carrières publiques ou privées » (BOI-IR-LIQ-10-10-10-20, n° 10).

(217) CGI, art. 6, 3-3°.

(218) CE, 7 janv. 2000, n° 203.069, *Navarro : Dr. fisc.* 2000, n° 10, comm. 179, concl. G. Bachelier ; *RJF* 2/2000, n° 145.

(219) CE, 26 nov. 1999, n° 181.648, *Chauvin de Vendômois : Dr. fisc.* 2000, n° 13, comm. 250, concl. J. Courtial ; *RJF* 2/2000, n° 7 et chron. E. Mignon, p. 3. – CE, 27 nov. 2000, n° 190.424, *de Chilly : Dr. fisc.* 2001, n° 15, comm. 335, concl. J. Courtial ; *RJF* 2/2001, n° 137.

(220) CGI, art. 6, 3. Le service militaire étant actuellement suspendu en France, cette possibilité de rattachement est ouverte, peut-être, aux enfants effectuant un service militaire à l'étranger.

(221) CE, 28 mars 2014, n° 351.408, *Houle : Dr. fisc.* 2014, n° 20, comm. 318, note F. Douet, refusant d'admettre le rattachement d'un majeur à des foyers fiscaux différents au titre d'une même année – la circonstance que le foyer fiscal auquel cette personne majeure était rattachée a disparu au cours de l'année d'imposition du fait du décès de l'un des conjoints du foyer fiscal demeurant sans incidence.

(222) CGI, art. 6, 3-2°.

(223) V. BOI-IR-LIQ-10-10-10-20, n°s 100 et s.

(224) On considère souvent que le Conseil d'État aurait jugé que l'option pour le rattachement de l'enfant majeur au foyer de ses parents doit obligatoirement être exercée avant l'expiration du délai de déclaration des revenus. Cette affirmation résulte d'une interprétation *a contrario* d'un arrêt – rendu d'ailleurs dans une espèce marquée par de fortes particularités – par lequel le Conseil d'État a jugé que la révocation de cette option ne pouvait être demandée après l'expiration du délai de déclaration (CE, 2 juin 1989, n° 62.979, *Bussoz : Dr. fisc.* 1990, n° 8, comm. 342, pour un cas où le rattachement de l'enfant majeur avait permis à l'administration de tenir compte des éléments de son train de vie propre pour l'évaluation forfaitaire minimale du revenu de ses parents).

(225) La doctrine administrative indique, d'une part, que l'option pour le rattachement doit être formulée dans le délai imparti « au parent bénéficiaire du rattachement pour produire sa propre déclaration » et, d'autre part, que l'option ainsi exercée est « normalement irrévocable » (BOI-IR-LIQ-10-10-10-20, n°s 130 et 140). Elle admet toutefois que le contribuable puisse, d'une certaine manière, revenir sur son choix initial – les excès d'imposition résultant d'un rattachement (ou d'un défaut de rattachement) se révélant défavorable pouvant donner lieu aux dégrèvements adéquats au titre de la juridiction gracieuse (*ibid.*, n° 150). Ceci semble exclure que des demandes de rattachement (ou de révocation de rattachement) puissent être formées, après expiration du délai de déclaration, dans le cadre de la juridiction contentieuse.

Les enfants de parents divorcés peuvent demander (au cours de chacune des années suivant celle au cours de laquelle ils ont atteint leur majorité) le rattachement à l'un ou l'autre de leurs parents[226].

Les enfants mariés forment en principe, quel que soit leur âge, un foyer fiscal autonome, soumis à une imposition distincte. Ils ont toutefois la faculté de demander leur rattachement global à l'un quelconque des foyers parentaux si l'un au moins des deux époux est :

– âgé de moins de vingt et un ans ou de moins de vingt-cinq ans et poursuit ses études ;

– infirme, quel que soit son âge.

De même, un enfant non marié (célibataire, veuf, divorcé ou séparé) mais chargé de famille qui remplit l'une des deux conditions d'âge précitées peut demander le rattachement au foyer fiscal de ses parents (ou de l'un d'entre eux).

Dans le cas des enfants mariés ou chargés de famille, le rattachement n'a pas d'incidence sur le nombre de parts attaché au foyer pour la détermination du quotient familial (V. *infra*, n° 1536) mais donne lieu à un abattement du revenu global (V. *infra*, n° 1531).

1386. – **Invalides hébergés.** Toutes les personnes invalides qui vivent sous le même toit que le contribuable et qui sont à sa charge peuvent demander à être rattachées à leur foyer, indépendamment de l'existence d'un quelconque lien de parenté avec l'un ou l'autre des membres du foyer fiscal[227]. Aucune condition de revenus n'est fixée dans les textes[228].

1) La personne accueillie doit être titulaire de la carte d'invalidité. Ce peut être le cas d'une personne qui, alternativement :

– s'est vu reconnaître un taux d'incapacité permanente d'au moins de 80 % ;

– est absolument incapable d'exercer une profession et se trouve dans l'obligation d'avoir recours à l'assistance d'une tierce personne pour effectuer les actes ordinaires de la vie[229].

2) La personne invalide doit être hébergée sous le toit du contribuable et non l'inverse. À cet égard, le fait que l'invalide soit accueilli au sein d'un foyer situé dans une habitation dont il est propriétaire indivis n'interdit pas son rattachement à ce foyer[230].

Par ailleurs, le principe de l'imposition « non séparée » des époux doit prévaloir sur la règle permettant le rattachement d'un invalide. Ainsi, sauf dans le cas où son conjoint serait lui-même titulaire de la carte d'invalidité (ou dans celui où il ferait l'objet d'une imposition séparée de celui-ci), un invalide marié ne peut être rattaché au foyer fiscal de la personne qui l'héberge et dont il est à la charge[231].

§ 3. – Le mécanisme du quotient familial

1387. – **Renvoi.** La loi prévoit un mécanisme de quotient familial (V. *infra*, n° 1536) pour l'application du barème progressif de l'impôt sur le revenu. Ce mécanisme vise (en diminuant la progressivité de l'impôt) à satisfaire deux objectifs passablement différents :

– neutraliser l'aggravation de la charge fiscale pesant sur les couples faisant l'objet d'une imposition commune (quotient conjugal) ;

– diminuer l'imposition des foyers à raison du nombre de personnes à charge qu'ils comportent.

(226) CGI, art. 6, 3-2°.
(227) CGI, art. 196 A bis.
(228) BOI-IR-LIQ-10-10-10-30-20120912, n° 30.
(229) C. action soc. et fam., art. L. 241-3. – CSS, art. L. 341-4.
(230) CAA Lyon, 9 mars 2006, n° 01-1880, *Chaveroche* : *Rec. CE* 2006, tables p. 834 ; *RJF* 10/2006, n° 1142.
(231) CE, 26 oct. 2001, n° 224.141, *Allilaire* : *Dr. fisc.* 2002, n° 15, comm. 314, concl. S. Austry ; *RJF* 1/2002, n° 5.

SECTION 3

L'ASSIETTE DE L'IMPÔT SUR LE REVENU

1388. – **Revenu global du foyer.** L'assiette de l'impôt sur le revenu est constituée par le revenu global annuel net du foyer. Ce revenu est triplement *global* : il comprend, en principe, *tous* les revenus, quelle qu'en soit la forme ou la nature, de *l'ensemble des membres* du foyer pour *l'ensemble de l'année* d'imposition. Ce revenu est *net* : « le bénéfice ou revenu imposable est constitué par l'excédent du produit brut (...) sur les dépenses effectuées en vue de l'acquisition et de la conservation du revenu »(232).

1389. – **Revenus catégoriels.** La nécessité d'opérer, pour chaque élément de revenu, la déduction des frais et charges correspondants dans des conditions sinon simples, du moins cohérentes, est à l'origine du maintien dans la loi de différentes « sortes » de revenus – appelés revenus catégoriels : « le bénéfice ou revenu net de chacune des catégories de revenus (...) est déterminé distinctement suivant les règles propres à chacune d'elles »(233). Obéissant ainsi à des règles d'assiette qui leur sont (normalement) particulières, ces revenus catégoriels sont limitativement énumérés par la loi(234).

On les mentionne ici dans l'ordre de leur « apparition » dans le Code général des impôts :

1) les revenus fonciers ;
2) les bénéfices industriels et commerciaux ;
3) les rémunérations de certains dirigeants de sociétés ;
4) les bénéfices de l'exploitation agricole ;
5) les traitements, salaires, indemnités, émoluments, pensions et rentes viagères ;
6) les bénéfices des professions non commerciales et revenus assimilés ;
7) les revenus de capitaux mobiliers ;
8) les plus-values de cession à titre onéreux de biens ou droits de toute nature, c'est-à-dire les « plus-values des particuliers »(235).

a) Ces catégories de revenus sont assez largement héritées des impôts cédulaires établis par la loi du 31 juillet 1917 portant, notamment, établissement d'un impôt sur les diverses catégories de revenus. La catégorie des plus-values des particuliers a été introduite à l'occasion de la codification de la loi du 16 juillet 1976 portant, notamment, imposition des plus-values – étant précisé que, jusqu'à la loi de finances pour 1999(236), les plus-values de cessions de valeurs mobilières et droits sociaux étaient juridiquement rattachées aux bénéfices non commerciaux.

b) L'énumération légale des revenus catégoriels n'est pas pleinement satisfaisante(237). Il serait en effet opportun :

– sinon de fusionner les bénéfices industriels et commerciaux, agricoles et non-commerciaux dans une catégorie unifiée relative aux « bénéfices professionnels » (ce qui a été récemment envisagé

(232) CGI, art. 13, 1.
(233) CGI, art. 13, 3.
(234) Il résulte d'une jurisprudence constante (CE, 4 nov. 1974, n° 91.376 : *Dr. fisc.* 1975, n° 14-15, comm. 504, concl. M.-A. Latournerie) que le juge fiscal doit vérifier d'office – le moyen se rattachant au champ d'application de la loi – que « le rattachement catégoriel qui fonde l'impôt contesté est correct » (concl. J. Arrighi de Casanova sur CE, 10 juill. 1991, n° 66976, *Chaillier* : *Dr. fisc.* 1991, n° 46-47, comm. 2235).
(235) CGI, art. 1er A.
(236) L. 30 déc. 1998, art. 7.
(237) L'énumération de l'article 1 A du CGI est d'ailleurs concurrencée par celle, plus discrète, de son article 158 – souvent plus opérationnelle.

– V. *infra*, n° 1443 *in fine*) du moins d'identifier légalement (ce qui est largement le cas *de facto*) une catégorie autonome des plus-values « professionnelles » (V. *infra*, n° 1491) ;

– de supprimer la catégorie des rémunérations de certains dirigeants de sociétés qui, aujourd'hui, est largement privée de tout intérêt (V. *infra*, n° 1498) ;

– de faire ressortir le cas d'imposition particulier correspondant à l'*exit tax* qui ne relève pas à proprement parler de la cédule des plus-values de cession à titre onéreux réalisées par les particuliers(238).

c) On peut relever également l'existence de deux catégories « rampantes »(239) dans la partie de la codification fiscale relative à l'IR. Au sein des huit catégories « officielles » énumérées à l'article 1er A du CGI se trouvent intercalées :

– la « catégorie » des profits occasionnels réalisés sur des « instruments financiers à terme »(240) (V. *infra*, n° 1505) ;

– la « catégorie » les gains de cession de métaux précieux, bijoux, objets d'art, de collection et d'antiquité (V. *infra*, n° 1499).

d) Naturellement, les revenus (y compris ceux pouvant résulter d'une activité illicite) sont imposables alors même qu'ils ne relèveraient pas directement de l'une ou l'autre des huit catégories précitées. La catégorie des bénéfices non commerciaux joue à cet égard, depuis l'origine de l'IR, un rôle accueillant de « cédule-balai »(241) : se trouvent de longue date imposés dans la catégorie des BNC, les revenus tirés des activités libérales *lato sensu* mais aussi les bénéfices « de toutes occupations, exploitations lucratives et sources de profits ne se rattachant pas à une autre catégorie de bénéfices ou de revenus »(242).

e) La cédule des BNC ne joue pas pleinement ce rôle résiduel. Aussi curieux que cela puisse paraître, des revenus peuvent être imposés sans « transiter » par un revenu catégoriel : ils sont directement incorporés au revenu global.

Cette situation se rencontre lorsque le contribuable est taxé d'office(243) à raison de revenus d'origine indéterminée. Le Conseil d'État considère, à cet égard, que l'administration, si elle ne peut régulièrement taxer d'office les sommes dont elle n'ignore pas qu'elles relèvent d'une catégorie précise de revenus, peut en revanche procéder à cette taxation d'office si, au vu des renseignements dont elle disposait avant l'envoi de la demande de justifications et des réponses apportées par le contribuable, la nature des sommes en cause – et donc la catégorie de revenus à laquelle elles seraient susceptibles de se rattacher – demeure inconnue(244). Dans l'hypothèse où l'erreur de catégorie d'imposition ne serait révélée que dans l'instance juridictionnelle, il n'appartient pas au juge de l'impôt

---

(238) Comp. CGI, art. 1 A, dernier al., et CGI, art. 158, 6 ter (L. fin. 2013, 29 déc. 2012, art. 10, I-I, relatifs aux plus-values latentes).

(239) Liées à la structure du Code général des impôts et aux intitulés de ses subdivisions.

(240) La loi prévoit désormais expressément, à ce sujet, que « sont également imposables dans [la] catégorie [des gains nets de cession de valeurs mobilières, droits sociaux et titres assimilés] les profits réalisés sur les marchés d'instruments financiers et assimilés » V. CGI, art. 158, 6 bis (L. fin. 2013, 29 déc. 2012, art. 10, I-I).

(241) La loi précitée du 31 juillet 1917 disposait déjà (art. 30) que l'impôt sur les bénéfices des professions non commerciales pouvait frapper « les bénéfices (…) de toutes occupations et exploitations lucratives non soumises à un impôt spécial ».

(242) CGI, art. 92, 1.

(243) Prévue au titre du dispositif permettant à l'administration de demander au contribuable des justifications, lorsque, en particulier, « elle a réuni des éléments permettant d'établir que le contribuable peut avoir des revenus plus importants que ceux qu'il a déclarés » (LPF, art. L. 16), cette procédure de taxation d'office peut être mise en œuvre lorsque le contribuable s'est abstenu de répondre à une telle demande (LPF, art. L. 69) dans le délai qui lui est ouvert pour ce faire et qui ne peut être inférieur à deux mois (LPF, art. L. 16 A, al. 1er).

(244) CE, 13 mars 2006, n° 249895, *Pasco* : *Dr. fisc.* 2007, n° 25, comm. 455, concl. C. Vérot. Il est toutefois loisible au contribuable taxé d'office d'apporter devant le juge de l'impôt la preuve que ces sommes :
– soit ne constituent pas des revenus imposables ;
– soit se rattachent à une catégorie précise de revenus. Dans ce dernier cas, le contribuable peut obtenir, le cas échéant, une réduction de l'imposition d'office régulièrement établie au titre du revenu global, à raison de la différence entre les bases imposées d'office et les bases résultant de l'application des règles d'assiette propres à la catégorie de revenus à laquelle se rattachent, en définitive, les sommes en cause (même décision) – et non pas la décharge intégrale des impositions en cause, comme l'avait auparavant jugé le Conseil d'État (CE, 10 juill. 1991, n° 66976, *Chaillier* : *Rec. CE* 1991, tables p. 846 ; *Dr. fisc.* 1991, n° 46-47, comm. 2235, concl. J. Arrighi de Casanova).

« de substituer d'office au fondement de l'imposition contestée un autre fondement légal, en l'absence de conclusions de l'administration en ce sens »[245].

Lorsque – en dehors de toute procédure de taxation d'office – l'administration entend imposer des sommes au titre des BNC « inommés », il lui appartient d'établir que les sommes considérées constituent des revenus.

Dans ce cadre, il incombe au juge de l'impôt d'apprécier si l'administration établit la nature de revenus des sommes en cause, compte tenu des éléments de preuve qu'elle présente et, le cas échéant, des éléments que lui soumet le contribuable[246] et de ceux que l'administration lui oppose alors en vue d'établir, par tout autre moyen complémentaire, le bien-fondé de l'imposition[247].

Le revenu global résulte en principe de la somme arithmétique de tous les revenus catégoriels nets. Ce principe souffre toutefois de nombreuses dérogations (V. *infra*, n°s 1509 et s.).

SOUS-SECTION 1

LA DÉTERMINATION DES REVENUS CATÉGORIELS NETS

1390. – **Réorganisation des catégories.** Délaissant l'ordre de l'énumération légale des différentes catégories de revenus et, plus encore, certaines distinctions opérées par la loi en la matière, on étudiera successivement :

- les traitements, salaires, pensions et rentes viagères (§ 1) ;
- les revenus fonciers (§ 2) ;
- les revenus des capitaux mobiliers (§ 3) ;
- les plus-values des particuliers (§ 4) ;
- les trois catégories intéressant l'imposition des bénéfices professionnels (§ 5 à § 7) ;
- la catégorie « virtuelle » des plus-values professionnelles (§ 8) ;
- les catégories « incertaines » des rémunérations de certains dirigeants de sociétés, des profits sur les instruments financiers à terme et des gains de cession des métaux et objets précieux (§ 9).

§ 1. – Les traitements, salaires, pensions et rentes viagères

1391. – **Généralités.** « Les traitements, indemnités, émoluments, salaires, pensions et rentes viagères concourent à la formation du revenu global servant de base à l'impôt sur le revenu »[248]. Les règles applicables aux revenus de cette catégorie seront présentées à partir du cas des traitements et salaires.

---

(245) CE, avis, 10 mai 2012, n° 355897, *Cantoni* : *Dr. fisc.* 2012, n° 25, comm. 343, note A. Bonnet, précisant que lorsque le contribuable taxé d'office établit que les sommes en litige se rattachaient à une catégorie déterminée de revenus, il appartient à l'administration, si elle l'estime utile, de demander au juge une imposition des sommes en litige selon les règles applicables à la catégorie d'imposition concernée – cette demande de substitution de base légale n'étant pas subordonnée au respect de la procédure contradictoire.

(246) Qui peut naturellement soutenir que les sommes en litige ne présentent pas la nature de revenus ou relèvent d'une autre catégorie d'imposition.

(247) CE, 13 juin 2016, n° 391.552, *Huchon* : *Dr. fisc.* 2016, n° 25, act. 396, à paraître aux tables du *recueil*.

(248) CGI, art. 79.

Sont également imposables dans cette catégorie de revenus les pensions de retraite, les pensions d'invalidité et les pensions alimentaires ainsi que les rentes viagères, qu'elles aient été constituées à titre gratuit ou à titre onéreux.

1) Les pensions de retraite sont imposables à l'IR dans des conditions très similaires aux traitements et salaires. Il en va ainsi quelle qu'ait été la nature de l'activité professionnelle précédemment exercée par l'intéressé. Il existe naturellement des cas d'exonération particuliers dont la portée est, toutefois, très limitée.

La principale originalité du régime ici applicable est que la loi admet d'une certaine manière la déduction des frais professionnels des retraités. Ces « frais » sont naturellement retenus selon la méthode forfaitaire – le forfait de 10 % faisant toutefois l'objet de limites spéciales[249], plus restrictives que pour les actifs (V. *infra*, n° 1400). Le plancher de la déduction (car il en existe un) est fixé à 379 € par retraité pour les revenus de 2015. Le plafond est fixé pour les revenus de la même année à 3 711 € par foyer – et non par individu, à la différence de la solution retenue pour les actifs[250].

Le coût de cette mesure dérogatoire (qui, rangée dans la catégorie des niches fiscales, a bénéficié à plus de 14 millions de foyers fiscaux en 2014) a été de 3,9 Md€ en 2014. Il est évalué à 4,1 Md€ et 4,2 Md€ pour les années 2015 et 2016.

Présentant le 27 août 2013 les grands axes de la réforme des retraites, le Premier ministre J.-M. Ayrault a mis fin aux incertitudes entourant l'avenir de ce dispositif discuté en annonçant son maintien pur et simple (il est vrai que le poids électoral des contribuables concernés est particulièrement important).

2) Sous réserve de quelques exonérations spéciales, les pensions d'invalidité sont imposables dans la catégorie des TSP selon les règles applicables aux traitements et salaires.

3) Dans la mesure où elles ont été admises en déduction du revenu global de leur débiteur (V. *infra*, n° 1523), les pensions alimentaires sont imposables entre les mains de leurs bénéficiaires. En revanche, les sommes reçues correspondant à de pures libéralités ne sont pas imposables à l'IR.

4) Le régime d'imposition des rentes viagères diffère selon que la rente a été constituée à titre onéreux ou à titre gratuit.

• Les rentes viagères constituées à titre onéreux sont celles résultant d'un contrat par lequel le crédirentier s'est dessaisi d'un élément de son patrimoine mobilier ou immobilier, en contrepartie de versements en espèces échelonnés dans le temps (ou arrérages). Pour tenir compte du fait qu'une partie de ces sommes ne présente pas la nature d'un revenu (mais compense en réalité l'appauvrissement du crédirentier résultant de son dessaisissement), les arrérages ne sont imposés que pour une fraction de leur montant qui est déterminée d'après l'âge du crédirentier lors de l'entrée en jouissance de la rente. Cette fraction est fixée à :

- 50 %, s'il est âgé de cinquante à cinquante-neuf ans inclus ;
- 40 %, s'il est âgé de soixante à soixante-neuf ans inclus ;
- 30 %, s'il est âgé de plus de soixante-neuf ans[251].

Cette exonération partielle est exclusive de l'application de l'abattement de 10 % à la fraction imposable de la rente.

Ce régime s'applique en particulier en cas de « sortie en rente » des contrats d'assurance-vie, des bons et contrats de capitalisation et des placements de même nature (V. *infra*, n° 1419, 3-*a*).

• Les rentes viagères constituées à titre gratuit sont imposables selon les mêmes règles que les pensions de retraite.

A. – Revenus imposables

1392. – Activités imposables. 1) De manière générale, les revenus imposés dans cette catégorie sont les salaires des salariés de droit privé et les traitements des fonctionnaires et agents publics.

(249) CGI, art. 158, 5-*a*.
(250) Les mêmes règles s'appliquent aux bénéficiaires de pensions alimentaires. Ces limites sont réévaluées chaque année dans la même proportion que la limite supérieure de la première tranche du barème de l'IR.
(251) CGI, art. 158, 6.

Sous réserve des conventions internationales, les personnes domiciliées en France sont passibles de l'IR français à raison de leurs traitements et salaires « mondiaux ». Des régimes spéciaux s'appliquent toutefois aux « expatriés » (V. *infra*, n° 1395) et aux « impatriés » (V. *infra*, n° 1396). Par ailleurs, les revenus des activités salariées exercées en France sont des revenus de source française – les revenus salariaux ne dérogeant pas sur ce point aux règles applicables à l'ensemble des revenus tirés d'activités professionnelles[252].

2) Les titulaires de ces revenus sont, de manière générale, ceux qui sont liés à un employeur par un contrat de travail ou, plus généralement, se trouvent placés dans un état de subordination vis-à-vis de celui qui rémunère leurs services.

a) Sous réserve de quelques particularités, les règles des traitements et salaires s'appliquent à certains revenus de remplacement et, en particulier :

– aux allocations pour perte d'emploi ou de préretraite ;

– aux indemnités journalières de maladie ou de maternité versées aux salariés par les organismes sociaux (ou perçues au titre de régimes complémentaires obligatoires). Les indemnités de longue maladie sont toutefois exonérées en totalité, alors que les indemnités d'accident du travail ou perçues au titre de maladies professionnelles ne le sont désormais[253] que pour moitié[254].

b) Certaines dispositions spéciales confirment ou prévoient l'imposition dans la catégorie des traitements et salaires de certaines rémunérations d'activité. C'est le cas par exemple :

– des parlementaires[255], des membres du Gouvernement[256], des élus locaux[257] et des autres fonctions de représentation similaires (sauf, probablement, le Président de la République) ;

– des journalistes titulaires de la carte professionnelle ;

– des représentants de commerce ;

– de certains artistes du spectacle ;

– des étudiants stagiaires et des stagiaires en formation professionnelle ;

– de certains travailleurs à domicile[258].

Par ailleurs, sont rattachés à la catégorie des traitements et salaires les gains tirés de certaines activités indépendantes. C'est le cas, notamment :

– de certains dirigeants de sociétés (V. *infra*, n° 1498) ;

– des auteurs des œuvres de l'esprit au titre de leurs droits d'auteur – à la condition que ces droits soient intégralement déclarés par des tiers – sauf option (triennale) pour le maintien de l'imposition dans la catégorie des bénéfices non commerciaux (V. *infra*, n° 1478) ;

– des gérants (assimilés aux salariés) des « succursales des commerces de détail alimentaires » des maisons d'alimentation à succursales multiples – les *Petits casinos* et autres commerces de même nature[259].

c) Les indemnités, au-delà d'un million d'euros, perçues au titre du préjudice moral fixées par décision de justice (V. *supra*, n° 897).

d) En revanche, ne sont pas imposables dans la catégorie des TSP, mais dans celle des revenus des capitaux mobiliers, les sommes qui, même comptabilisées comme des salaires, correspondent à des avantages occultes[260].

1393. – Revenus imposables. 1) Sous réserve des exonérations légales, sont imposables – quelles qu'en soient les modalités de détermination, la dénomination et la périodicité – tous les éléments constituant la rémunération du salarié ou de l'agent public. Les éléments de rémunération acquis en nature, les primes, gratifications et

(252) CGI, art. 164 B, *d*.
(253) L. fin. 2010, art. 85.
(254) CGI, art. 81, 8°. – V. Cons. const., 29 déc. 2009, n° 2009-599 DC, *Loi de finances pour 2010*, § 80 à 89, rejetant, à cet égard, les griefs tirés de l'atteinte aux situations légalement acquises et de la rupture de l'égalité devant les charges publiques.
(255) CGI, art. 80 undecies.
(256) CGI, art. 80 undecies A.
(257) CGI, art. 204-0 bis.
(258) C. trav., art. L. 7412-1. – CGI, art. 80.
(259) CGI, art. 80, al. 2. – C. trav., art. L. 7322-2.
(260) CAA Marseille, 6 janv. 2009, n° 06-1264, *Lesot : Dr. fisc.* 2009, n° 14, comm. 263.

indemnités diverses versées en argent sont donc imposables de la même manière que le salaire ou le traitement.

Pour être imposables, les sommes considérées doivent avoir fait l'objet d'un paiement effectif au cours de l'année d'imposition. Cette règle s'applique aux compléments de salaire ou de traitement concernant des années antérieures (qui demeurent imposables au titre de l'année au cours de laquelle ils sont reçus). Par ailleurs, les reversements sont déductibles du revenu global de l'année au cours de laquelle ils sont effectués.

De manière générale, les avantages en nature sont retenus pour leur montant déterminé par l'employeur au titre de la législation sociale.

2) Ne présentent pas, en revanche, un caractère imposable :

– les cotisations sociales obligatoires et assimilées ;

Ne sont pas comprises dans le revenu fiscal brut (qui correspond au revenu « social » net) :

– pour leur montant intégral, les cotisations sociales légalement obligatoires[261] ;

– dans la limite d'un plafond, les cotisations et versements à des régimes de prévoyance complémentaire ou de retraite supplémentaire « conventionnellement » obligatoire[262].

En revanche, l'intégralité de la contribution au remboursement de la dette sociale (CRDS) et la fraction non déductible de la contribution sociale généralisée (à hauteur donc de 2,4 points) sont comprises dans le revenu brut.

– les sommes présentant un caractère purement indemnitaire ;

a) Les indemnités de licenciement (et plus généralement toutes les indemnités versées à l'occasion de la rupture du contrat de travail) sont en principe imposables[263]. La loi aménage toutefois, à l'égard des indemnités de licenciement[264], un régime d'exonération plafonnée. Sauf cas particuliers, ces indemnités sont exonérées à hauteur du plus élevé des montants suivants :

– le montant prévu par la convention collective (ou un accord assimilé) ou, à défaut, par la loi ;

– la moitié de l'indemnité perçue ;

– le double du montant de la rémunération annuelle brute.

En tout état de cause, le montant exonéré ne peut excéder (dans l'une ou l'autre des trois hypothèses) six fois le plafond annuel de sécurité sociale, soit 228 240 € pour les indemnités versées en 2015 et 231 696 € pour celles versées en 2016[265].

Un régime similaire s'applique aux indemnités – et autres « parachutes dorés » – versées aux dirigeants de sociétés lors de la cessation de leurs fonctions (V. *infra*, n° 1498).

En revanche, les indemnités dues par l'employeur à raison des fautes commises dans la mise en œuvre de la procédure de licenciement sont intégralement exonérées[266]. Le Conseil constitutionnel a jugé, à cet égard, que les dispositions législatives posant cette règle ne pouvaient (sauf à instituer une différence de traitement sans rapport avec l'objet de la loi) être interprétées comme pouvant conduire à ce que le bénéfice de l'exonération varie selon que l'indemnité a été allouée en vertu d'un jugement, d'une sentence arbitrale ou d'une transaction[267].

b) Sur les allocations et remboursements pour frais d'emploi reçus de l'employeur, V. *infra*, n° 1400, 4.

– les aides à caractère social.

Ne sont pas, par exemple, compris dans le revenu imposable :

– les prestations familiales légales (la question de la remise en cause de cette exonération alimentant régulièrement le débat politique) ;

(261) CGI, art. 83, 1°, et art. 83, 2 bis.
(262) CGI, art. 83, 2°.
(263) CGI, art. 80 duodecies, 1.
(264) Les sommes perçues à l'occasion de la démission d'un emploi salarié peuvent bénéficier du même régime s'il est établi que la démission a, en raison des conditions dans lesquelles elle a été donnée, revêtu le caractère d'un licenciement (CE, 24 janv. 2014, n° 352.949, *Jarnoux* : *Dr. fisc.* 2014, n° 12, comm. 217, concl. Cl. Legras).
(265) CGI, art. 80 duodecies, 1-3°.
(266) CGI, art. 80 duodecies, 1-1°.
(267) Cons. const., 20 sept. 2013, n° 2013-340 QPC, *Gohier*.

– les allocations de logement et l'aide personnalisée au logement ;

– les allocations personnalisées d'autonomie, les allocations aux adultes handicapés ;

– le revenu de solidarité active (ou, avant le 1er juin 2009, le revenu minimum d'insertion) et les autres allocations d'assistance (autres que allocations pour perte d'emploi) versées par les collectivités publiques ou les organismes sociaux.

1394. – Exonérations légales. Les exonérations prévues en matière de traitements et salaires relèvent de deux grandes catégories. Les premières présentent un caractère anecdotique pour ne représenter qu'un avantage mineur ou touchant des activités présentant un caractère spécial affirmé.

Parmi la foule d'exonérations « anecdotiques ou spéciales » (on en dénombre une bonne cinquantaine), on peut mentionner, pêle-mêle :

– la contribution de l'employeur aux tickets-restaurants, aux chèques vacances, aux frais de transport en commun des salariés ou à l'abonnement aux *Vélib* et autres *Vélov* ;

– les gratifications reçues à l'occasion de l'obtention de la Médaille du travail ;

– les indemnités perçues par des personnes se prêtant à des essais de recherche biomédicale ;

– les vacations horaires des sapeurs-pompiers volontaires ;

– les indemnités de volontariat associatif ;

– l'avantage en nature résultant pour le salarié de la remise gratuite, par son employeur, de matériels informatiques et de logiciels (entièrement amortis et pouvant permettre l'accès à Internet), dans la limite d'un prix de revient global, apprécié annuellement, de 2 000 €[(268)] ;

– les salaires perçus par des lycéens et étudiants (de moins de vingt-cinq ans) qui travaillent durant leurs congés scolaires ou universitaires, dans la limite annuelle de trois fois le SMIC mensuel[(269)]. Cette exonération (qui suppose l'exercice d'une option) est indépendante du régime fiscal de l'intéressé (qui peut aussi bien être personne à charge que soumis à une imposition autonome).

Traditionnellement, les primes allouées aux médaillés olympiques (et paralympiques) étaient exonérées d'IR[(270)]. Pour les médaillés des Jeux olympiques de Vancouver de 2010, le législateur a préféré instituer un mécanisme *spécial* d'étalement du revenu (V. *infra*, n° 1521). Aucun mécanisme spécial d'aucune sorte n'a été prévu, en revanche, pour les Jeux olympiques de Londres de 2012 et de Sotchi de 2014[(271)]. Dans la perspective des Jeux de Rio de Janeiro de 2016, la loi de finances pour 2016 a instauré, à titre permanent, un mécanisme optionnel d'étalement sur quatre ans de l'imposition des primes exceptionnelles allouées aux sportifs et à leurs entraîneurs[(272)].

D'autres exonérations, plus fondamentales sur le plan des principes, méritent un examen plus approfondi – d'autant que l'on a pu observer, au cours de la période récente, une nette tendance à leur épanouissement.

1395. – Expatriés. Les salariés et dirigeants détachés à l'étranger (ou expatriés) bénéficient d'un régime de faveur significatif.

1) Plus précisément, les personnes qui – demeurant fiscalement domiciliées en France – exercent une activité salariée et sont envoyées par un employeur dans un État autre que la France – ou que celui du lieu d'établissement de cet employeur – bénéficient d'une exonération intégrale d'IR à raison

(268) CGI, art. 81, 31 bis.

(269) CGI, art. 81, 36°.

(270) V. en dernier lieu, pour le cas des Jeux olympiques de Pékin de 2008, L. fin. 2009, 27 déc. 2008, art. 5.

(271) Le décret du 5 mars 2014 relatif à l'attribution de primes liées aux performances olympiques et paralympiques prévoit toutefois que les « primes versées à un sportif ou à un guide n'ayant pas sa résidence fiscale en France sont minorées d'un pourcentage fixé par arrêté conjoint des ministres chargés des sports et du budget » (art. 1er).

(272) L. fin. 2016, 29 déc. 2015, art. 80. – CGI, art. 163-0 A ter. L'imposition étalée (qui ne peut se cumuler avec le dispositif concernant les revenus exceptionnels – V. *infra*, n° 1521) ne s'applique qu'aux primes versées par l'État aux médaillés olympiques ou paralympiques (et le cas échéant à leurs guides) et aux primes versées par les fédérations sportives délégataires au personnel encadrant de ces sportifs.

des salaires perçus en rémunération de l'activité exercée dans l'État où elles sont envoyées[273]. Cette exonération (qui ne s'applique pas aux travailleurs frontaliers et aux agents de la fonction publique) est subordonnée à la réunion des conditions suivantes :

a) l'employeur doit être établi en France, dans un autre État membre de l'Union européenne, en Islande, en Norvège ou au Liechtenstein ;

b) l'intéressé doit avoir été effectivement soumis, sur les rémunérations exonérées, à un impôt sur le revenu dans l'État où s'exerce leur activité – cet impôt devant être au moins égal aux *deux tiers* de celui qu'il aurait à supporter en France sur la même base d'imposition ;

c) l'activité exercée à l'étranger doit correspondre à une activité éligible (chantiers de construction – installation, mise en route, et exploitation d'ensembles industriels – recherche ou extraction de ressources naturelles – prospection commerciale, principalement). Elle doit être exercée pendant une durée supérieure à 183 jours au cours d'une période de douze mois consécutifs (pour les activités « productives ») ou à 120 jours au cours de la même période (pour la prospection commerciale).

2) Par ailleurs, si les deux dernières conditions précitées ne sont pas remplies, une *exonération partielle* d'IR est susceptible de s'appliquer[274] : les *suppléments* de rémunération qui sont éventuellement versés au salarié au titre de son séjour à l'étranger sont, sous certaines conditions, exonérés d'IR en France. Pour être exonérés, ces suppléments de rémunération – qui ne peuvent excéder 40 % de la rémuneration « ordinaire » de l'intéressé[275] – doivent :

– être versés en contrepartie de séjours effectués dans l'intérêt direct et exclusif de l'employeur ;

– être justifiés par un déplacement nécessitant une résidence d'une durée effective d'au moins vingt-quatre heures dans un autre État ;

– être déterminés dans leur montant préalablement aux séjours à l'étranger et en rapport, d'une part, avec le nombre, la durée et le lieu de ces séjours et, d'autre part, avec la rémunération « ordinaire ».

3) Ces exonérations totales ou partielles d'IR sont mises en œuvre selon une règle du taux effectif : l'IR exigible en France est calculé au taux correspondant à l'ensemble des revenus (imposés ou exonérés) de l'intéressé[276].

1396. – Impatriés. Plus récemment, un régime de faveur « symétrique » à celui des expatriés a été posé en faveur des salariés et dirigeants « impatriés » en France[277].

Destiné à renforcer l'attractivité de la France, le régime spécial – dont l'introduction a été longtemps réclamée par le patronat français – a été défini par la loi de finances rectificative pour 2003[278]. Le dispositif actuellement applicable résulte de la loi du 4 août 2008 de modernisation de l'économie qui a considérablement étendu sa portée (art. 121).

Un dispositif spécial, exclusif du dispositif général présenté ici, est légalement prévu en faveur des salariés et dirigeants venant de l'étranger occuper un emploi en France, auprès de la Chambre internationale de commerce[279].

1) Ce régime spécial s'applique de plein droit lorsque les conditions suivantes sont réunies :

a) l'impatrié est un salarié ou un dirigeant de sociétés « appelé de l'étranger à occuper un emploi dans une entreprise établie en France pendant une période limitée » ;

(273) CGI, art. 81 A, I.
(274) CGI, art. 81 A, II.
(275) Cette rémunération « ordinaire » doit s'entendre de la rémunération totale, hors suppléments, versée au salarié pendant l'ensemble de la période considérée et non de la seule rémunération, hors suppléments, perçue pendant la durée des séjours hors de France donnant lieu au versement desdits suppléments (CE, plén, 10 avr. 2015, n° 365.851, *Housset*. *Dr. fisc.* 2015, n° 22, comm. 328, concl. F. Aladjidi, note Ch. Ménard et a.).
(276) CGI, art. 197 C.
(277) CGI, art. 81 C, anc., et art. 155 B.
(278) L. 30 déc. 2003, art. 23.
(279) Quatrième L. fin. rect. 2010, 29 déc. 2010, art. 16. – CGI, art. 81 D.

Sont visés par ce dispositif, aussi bien les salariés[280] et dirigeants affectés en France par une entreprise étrangère (notamment au titre de la mobilité interne d'un groupe international) que ceux qui seraient directement recrutés à l'étranger par un employeur établi en France (ce qui peut être le cas, par exemple, des joueurs professionnels de football).

Les dirigeants de sociétés susceptibles de relever du régime des impatriés sont les dirigeants des sociétés de capitaux :

– dans les sociétés anonymes, le président du conseil d'administration, le directeur général, l'administrateur provisoirement délégué, les membres du directoire et tout administrateur ou membre du conseil de surveillance chargé de fonctions spéciales ;
– dans les sociétés à responsabilité limitée, les gérants minoritaires ;
– dans les autres entreprises ou établissements passibles de l'IS, les dirigeants soumis au régime fiscal des salariés.

b) l'intéressé établit son domicile fiscal en France, alors qu'il n'y était pas fiscalement domicilié au cours des cinq années civiles précédentes[281]. Si cette condition est remplie, le régime spécial s'applique jusqu'au 31 décembre de la cinquième année suivant celle au cours de laquelle sa prise de fonction en France est intervenue[282].

Depuis la loi du 6 août 2015 pour la croissance, l'activité et l'égalité des chances économiques[283], le bénéfice du régime des impatriés est conservé en cas de changement de fonctions, pendant son délai d'application :

– au sein de l'entreprise ;
– au sein d'une autre entreprise établie en France appartenant au même groupe[284].

2) Au cours de cette période d'application du régime spécial, les salariés et dirigeants « impatriés » ne sont pas, en principe, soumis à l'impôt à raison de leur « prime d'impatriation » (c'est-à-dire des éléments de leur rémunération directement liés à cette situation) ou – pour les seuls salariés et dirigeants directement recrutés à l'étranger – pour un montant forfaitaire correspondant à 30 % de leur rémunération nette totale.

Toutefois, la part de la rémunération demeurant soumise à l'impôt sur le revenu français (après exonération de la « prime d'impatriation ») ne peut être inférieure à une « rémunération de référence » égale à la rémunération versée au titre de fonctions analogues dans l'entreprise ou, à défaut, dans des entreprises similaires établies en France (si tel n'est pas le cas, la différence est réintégrée dans les bases imposables de l'intéressé).

3) Naturellement, les salariés et dirigeants « impatriés » ne peuvent se prévaloir du régime des « expatriés » au cours de la période d'application du régime spécial. Cela étant, la fraction de la rémunération correspondant à l'activité

(280) Le régime n'est pas applicable, toutefois, aux salariés recrutés par un établissement public administratif (CE, 20 mai 2015, n° 388.480, *Isac : Dr. fisc.* 2015, n° 26, comm. 433, concl. B. Bohnert, refusant de transmettre la QPC soulevée à cet égard par un médecin étranger recruté par un hôpital public français). La solution semble applicable à toutes les personnes recrutées par une personne publique exerçant une activité administrative et, plus généralement, par un employeur d'exerçant pas une activité marchande.

(281) Contre dix ans avant la loi de finances rectificative pour 2005, 30 déc. 2005, art. 54.

(282) CGI, art. 81 B, anc., et art. 155 B, I. Afin d'offrir (selon les termes mêmes de l'exposé des motifs) un statut plus attractif aux « talents étrangers », le projet de loi de finances pour 2017 propose de porter de *cinq* à *huit* ans la durée d'application du régime de faveur. Si le dispositif projeté était adopté en l'état, cette mesure (dont la conformité à la Constitution pourrait sans doute, désormais, prêter à interrogation) s'appliquerait aux personnes dont la prise de fonctions en France est intervenue à compter du 6 juillet 2016 (conformément à une annonce faite en ce sens, à cette date, par le Premier ministre).

(283) Ou loi « Macron », art. 263. Ce texte invalide l'interprétation retenue par la doctrine administrative (V. BOI-RSA_GEO-40-10-10, n° 250, anc.).

(284) La notion de groupe s'entend ici au sens du droit des sociétés (C. com., art. L. 233-3, notamment).

exercée à l'étranger pendant la durée d'application du régime spécial est exonérée si les séjours réalisés à l'étranger sont effectués dans l'intérêt direct et exclusif de l'employeur.

À cet égard, sur option de l'intéressé :

– soit l'exonération globalement accordée est limitée à 50 % de sa rémunération totale ;

– soit l'exonération de la fraction de la rémunération perçue au titre de l'activité à étranger est limitée à 20 % de la rémunération totale nette de la prime d'expatriation exonérée (le cas échéant après plafonnement).

4) Contre l'avis du Gouvernement, la loi du 4 août 2008 de modernisation de l'économie (art. 121) a étendu le régime des impatriés dans une double direction :

– des contribuables « indépendants » (*i.e.* non salariés) peuvent bénéficier *sur agrément* du régime de l'impatriation ;

– certains revenus du patrimoine des « impatriés » (ordinaires ou agréées) peuvent être exonérés.

a) Le régime des « impatriés » peut être appliqué – sur agrément préalable – à toute personne qui, ayant établi son domicile fiscal en France au plus tard le 31 décembre 2011, répondait à l'une ou l'autre des conditions suivantes :

– apporter une contribution économique exceptionnelle à la France au sens du droit de l'entrée et du séjour sur le territoire français ;

– exercer à titre principal des activités de recherche et de développement expérimental(285) ;

– souscrire au capital d'une ou plusieurs sociétés (établies en France ou dans un autre État de l'Union européenne ou dans un État européen assimilé – Norvège, Islande ou Liechtenstein) répondant à la définition européenne des PME (V. *infra*, n° 1595) pour un montant excédant le « point d'entrée de l'ISF (V. *infra*, n° 1799) et prendre l'engagement de conserver les titres souscrits pendant la durée de l'agrément et, en cas de cession, de réinvestir le produit de la cession dans des titres de même nature.

Le régime applicable à ces impatriés agréés est proche de celui des salariés et dirigeants impatriés (exonération à hauteur de 30 % du bénéfice professionnel déterminé dans les conditions du droit commun).

b) Le contenu du régime de faveur des impatriés (salariés, dirigeants et impatriés agréés) a été étendu à certains revenus du patrimoine présentant un caractère d'extranéité(286). Pendant toute la durée d'application du régime spécial, une exonération d'IR de moitié s'applique :

– aux revenus des capitaux mobiliers et produits des droits de la propriété intellectuelle dont le paiement est assuré par une personne établie hors de France dans un État ou territoire ayant conclu avec la France une convention fiscale qui contient une clause d'assistance administrative en vue de lutter contre la fraude ou l'évasion fiscale ;

– aux gains réalisés à l'occasion de la cession de valeurs mobilières et de droits sociaux, lorsque le dépositaire des titres ou, à défaut, la société dont les titres sont cédés est établi hors de France dans un État étranger répondant à la même condition de « conventionnement »(287).

1397. – **Intéressement et participation.** En principe, les rémunérations allouées aux salariés au titre des différentes formes de participation ou de l'intéressement aux résultats de l'entreprise devraient être intégralement soumises à l'impôt sur le revenu dans la catégorie des traitements et salaires. Ce principe est toutefois écarté ou limité dans de nombreuses hypothèses.

(285) CGI, ann. III, art. 41 DG bis, retenant une analyse très restrictive des activités éligibles à raison « du caractère spécifique des compétences requises ou de difficultés de recrutement ».
(286) CGI, art. 155 B, II.
(287) Corrélativement, les moins-values sur titres sont constatées à hauteur de 50 % de leur montant.

Schématiquement, les exonérations applicables au titre des mécanismes (complexes) de participation et d'intéressement des salariés aux résultats de l'entreprise sont :

– au titre de la participation (obligatoire dans les entreprises de 50 salariés ou plus), une exonération d'IR en cas d'option du salarié pour l'indisponibilité des sommes reçues pendant (sauf cas particulier) une période de cinq ans (sauf dans les différents cas où un « déblocage anticipé » est possible). Ces sommes sont toutefois soumises aux contributions sociales ;

– au titre de l'intéressement (facultatif), une exonération d'IR (dans la limite de la moitié du plafond annuel de la sécurité sociale, soit 19 020 € en 2015 et 19 308 € en 2016) en cas d'affectation des sommes reçues à un plan d'épargne salariale (PEE – PEI – PERCO) où elles sont normalement indisponibles pendant cinq ans.

1398. – Travailler plus pour gagner plus. Une dernière exonération significative résultait de la loi du 21 août 2007 en faveur du travail, de l'emploi et du pouvoir d'achat (art. 1er) qui avait introduit, à compter du 1er octobre 2007, une exonération d'impôt sur le revenu au titre de la rémunération perçue à raison des heures supplémentaires et complémentaires effectuées par les salariés et assimilés[(288)].

Celle-ci a été supprimée pour les heures supplémentaires et complémentaires effectuées à compter du 1er août 2012[(289)].

L'exonération n'est plus applicable quelle que soit la date du versement de la rémunération afférente à ces heures.

Le coût budgétaire de cette mesure, dont l'efficacité économique est restée discutée, était extrêmement élevé. En 2012 (imposition des revenus de 2011), près de 9 millions de ménages en avaient bénéficié pour un coût total de 1,7 Md€. En 2013 (imposition des revenus de 2012), pour la dernière année d'application de l'exonération, ils étaient plus de 8 millions, pour un coût budgétaire évalué à 1,2 Md€.

B. – Détermination du revenu net

1399. – Frais professionnels déductibles. Conformément au principe général affirmé par la loi (V. *supra*, n° 1388), les frais professionnels des salariés (et assimilés) sont déductibles de leur revenu imposable. Deux méthodes alternatives de détermination de ces frais sont admises par la loi.

1400. – Frais forfaitaires (régime de droit commun). Les frais professionnels des salariés et assimilés sont en principe fixés forfaitairement à 10 % de leur revenu[(290)].

1) La loi fixe à ce titre un plancher et un plafond (qui s'appliquent distinctement à chacun des salariés appartenant, le cas échéant, au foyer fiscal). Ainsi, pour l'imposition des revenus de 2015, les frais forfaitaires ne peuvent pour la généralité des contribuables ni être inférieurs à 426 €, ni être supérieurs à 12 170 €[(291)].

Ces montants sont révisés chaque année dans la même proportion que la limite supérieure de la première tranche du barème de l'IR.

2) Le mécanisme de détermination forfaitaire des frais ne s'applique pas exclusivement aux revenus d'activité. Plus encore, les chômeurs de longue durée bénéficient d'un plancher de déduction particulier, fixé à 937 € pour les revenus de 2015[(292)].

(288) CGI, art. 81 quater.

(289) Deuxième L. fin. rect. 2012, 16 août 2012, art. 3.

(290) CGI, art. 83, 3°.

(291) Ce plafond est issu, sous réserve des réévaluations auxquelles il a donné lieu, de la loi de finances pour 2013 (L. 29 déc. 2012, art. 5) qui l'avait ramené à 12 000 €.

(292) Actualisé chaque année, comme les précédents planchers et plafonds, dans la même proportion que la limite supérieure de la première tranche du barème de l'IR, ce plancher est demeuré « gelé » pour l'imposition des revenus de 2010, 2011 et 2012. Sur le cas des retraités et des bénéficiaires de pensions alimentaires, V. *supra*, n° 1391, 1.

3) Cette méthode forfaitaire est la plus simple, car les contribuables sont dispensés de la production de toute justification. Au surplus, elle est, le plus souvent, favorable aux titulaires de traitements, salaires et pensions. Par ailleurs, lorsqu'elle est retenue, les allocations et remboursements pour frais d'emploi reçus de l'employeur sont, normalement, purement et simplement affranchis de l'impôt.

4) Légalement exonérées d'IR, les allocations pour frais d'emploi sont légalement définies comme des « allocations spéciales destinées à couvrir les frais inhérents à la fonction ou à l'emploi et effectivement utilisées conformément à leur objet »(293). Selon l'administration cette exonération s'opère selon deux modalités radicalement différentes en fonction de la méthode choisie par l'intéressé pour la détermination de ses frais professionnels :

– dans le cadre de la méthode forfaitaire, ces allocations ne sont pas, de manière générale, comprises dans le revenu imposable(294) ;

– dans le cadre de la méthode réelle, elles doivent, dans un premier temps, être intégralement prises en compte dans le revenu imposable, à charge pour le contribuable d'en opérer, dans un second temps, la déduction sous une autre forme. Cette déduction s'effectue, indirectement, par la prise en compte, pour leur montant réel et justifié, des dépenses couvertes par ces allocations et remboursements. C'est le sens qu'il convient de donner à la position radicale de l'administration, selon laquelle l'exonération des allocations pour frais d'emploi « n'est susceptible de s'appliquer qu'à l'égard des salariés pratiquant la seule déduction forfaitaire de 10 % »(295). La position du Conseil d'État est plus nuancée : en cas d'option pour les frais réels, un salarié n'est pas tenu de rapporter à sa rémunération imposable les allocations pour frais d'emploi utilisées conformément à leur objet dès lors qu'elles sont légalement exonérées. Toutefois, s'il ne procède pas à cette réintégration, il ne peut alors déduire que les seuls frais professionnels non couverts par de telles allocations(296).

Ces règles ne s'appliquent bien évidemment pas lorsque l'employeur rembourse au salarié des dépenses que celui-ci a réglées pour le compte de l'entreprise. Les sommes remboursées, qui présentent un caractère purement indemnitaire, sont exclues du champ d'application de l'impôt(297).

5) Dans le passé, de nombreux salariés exerçant une profession comportant des frais « dont le montant est notoirement supérieur » à celui résultant de la déduction ordinaire pouvaient bénéficier d'une déduction forfaitaire supplémentaire dans des conditions prévues par arrêté ministériel(298). Celles-ci, comprises entre 5 % et 40 %, se cumulaient avec la déduction ordinaire de 10 %. C'était le cas, par exemple, des artistes lyriques et dramatiques (25 %), des hôtesses de l'air et autres personnels navigants de l'aviation marchande (30 %), des internes des hôpitaux de Paris (20 %), de très nombreux ouvriers à domicile, notamment, parmi une centaine de cas, les limeurs de cadres de bicyclettes du département de la Loire (20 %), les fabricants de pipes de Saint-Claude dans le Jura (5 % pour les éclaircisseuses, 20 % pour les polisseurs et monteurs), des « tisseurs à bras de gaze de soie à bluter de la région de Panissières » (20 %). C'était le cas, également, des ouvriers scaphandriers (10 %), des mannequins de mode (10 %), des fonctionnaires des assemblées parlementaires (20 %) ou encore des journalistes et des rédacteurs, photographes ou directeurs de journaux (30 %), etc.

---

(293) CGI, art. 81, 1°.

(294) Cette exemption est subordonnée à ce que les allocations correspondent à des dépenses professionnelles *spéciales*. Les allocations qui correspondraient à des dépenses professionnelles *courantes* ne bénéficient pas, selon la doctrine administrative, de cette mesure (BOI-RSA-CHAMP-20-50-10-10, n° 70). Ces dépenses courantes, supportées par la plupart des salariés pour être en mesure d'occuper leur emploi ou d'exercer leurs fonctions, sont réputées couvertes par la déduction forfaitaire de 10 %. Dans l'hypothèse (très exceptionnelle) où le salarié percevrait des allocations ou remboursements couvrant des dépenses de cette nature (essentiellement, les frais de déplacement du domicile au lieu de travail, les frais de restauration sur le lieu de travail et les frais de documentation personnelle et de mise à jour des connaissances nécessités par l'activité professionnelle), ceux-ci devraient être ajoutés au revenu imposable (*ibid.*, n° 80 et 90).

(295) BOI-RSA-CHAMP-20-50-10-10, n° 20.

(296) CE 19 déc. 1984, n° 38.563 : *Dr. fisc.* 1985, n° 13, comm. 661, concl. M.-A. Latournerie.

(297) CE 28 avr. 1971, n° 80.340 : *Dr. fisc.* 1971, n° 30-37, comm. 1115, pour le remboursement du coût de réparation d'un véhicule appartenant à l'employeur.

(298) CGI, art. 83, 3°, anc. – CGI, ann. IV, art. 5, anc.

Dans un mouvement salutaire, la loi de finances pour 1997[299] a décidé la suppression progressive des déductions forfaitaires supplémentaires. Cette suppression est totale depuis l'imposition des revenus de l'année 2001.

Le secteur de la presse connaissant des difficultés chroniques – et les dommages collatéraux de l'application de la règle ordinaire à ce secteur pouvant être coûteux électoralement – seuls les journalistes et les rédacteurs, photographes et directeurs de journaux ont préservé leur avantage catégoriel. Depuis le 1er janvier 1998, la rémunération des intéressés est réputée constituer, à hauteur de 7 650 €, une allocation pour frais d'emploi qui, dans le cadre de la détermination forfaitaire des frais professionnels, se trouve affranchie de l'impôt[300]. Pour l'application de cette mesure, un journaliste s'entend d'une personne qui, exerçant cette occupation à titre principal et en retirant la part majoritaire de ses revenus d'activité, apporte une collaboration intellectuelle permanente à des publications périodiques en vue de l'information des lecteurs[301].

1401. – Frais réels (régime optionnel). 1) S'ils estiment que leurs frais professionnels sont plus élevés que ceux résultant de la méthode forfaitaire, les titulaires de traitements et salaires peuvent, sur option, les retenir pour leur montant réel. Cette déduction réelle, qui se substitue à la déduction forfaitaire, suppose la réintégration, dans le revenu imposable, des allocations et remboursements pour frais d'emploi reçus de l'employeur (V. *supra*, n° 1400, 4).

L'option s'exerce sans formalité particulière à l'occasion de la souscription de la déclaration de revenus. Elle est exercée annuellement et individuellement pour chaque membre du foyer fiscal titulaire de revenus imposables dans la catégorie des traitements, salaires et pensions (TSP). Elle peut également être exercée *a posteriori*, ce qui suppose l'introduction dans les délais légaux d'une réclamation contentieuse[302].

Les différents revenus imposés dans la catégorie des TSP dont dispose, le cas échéant, un même contribuable, relèvent nécessairement d'un régime d'imposition unique, qui comporte soit la déduction des frais professionnels réels, soit celle des frais forfaitaires. Dans ce cas de figure, le contribuable ne saurait prétendre exercer une option distincte pour chacun des revenus en cause. Il n'est pas dérogé à cette règle générale dans le cas où certains des revenus en cause ne sont imposés dans la catégorie des TSP que sous l'effet d'une assimilation légale[303].

2) Seuls sont déductibles les frais réellement engagés par le contribuable, à condition qu'ils présentent un caractère authentiquement professionnel – le texte légal visant plus précisément les « frais inhérents à la fonction ou à l'emploi »[304].

Les frais inhérents à la fonction ou à l'emploi s'opposent tout à la fois :

- aux dépenses d'ordre privé supportées par le salarié ;
- aux dépenses qui, incombant à l'employeur, ont été prises en charge spontanément par le salarié[305].

Cela étant, compte tenu de la jurisprudence du Conseil d'État (V. *supra*, n° 1362), on doit retenir, plus généralement que, pour être admises en déduction,

(299) L. 30 déc. 1996, art. 87.

(300) L. fin. rect. 1998, 30 déc. 1998, art. 22. – CGI, art. 81, 1°.

(301) CE, 20 nov. 2013, n° 349.956, *Leroux : Dr. fisc.* 2013, n° 6, comm. 151 ; *BDCF* 02/2014, n° 18, concl. F. Aladjidi. – V. également CE, 20 mars 2015, n° 371.489, *Ruffin : Dr. fisc.* 2015, n° 37, comm. 540, concl. E. Cortot-Boucher, précisant que l'intéressé doit participer directement à l'élaboration du contenu de l'information des lecteurs.

(302) CGI, art. 83.

(303) CE, 30 sept. 1981, n° 16.601 : *Dr. fisc.* 1982, n° 23. comm. 1237, concl. Ch. Schricke, pour le cas d'un journaliste salarié percevant par ailleurs des droits d'auteurs légalement assimilés, au cas considéré, à des traitements et salaires – V. *supra*, n° 1392, 2-*b*, et *infra*, n° 1478.

(304) CGI, art. 83, 3°.

(305) CE, 28 mai 1984, n° 40.168 : *Dr. fisc.* 1984, n° 40, comm. 1658, concl. P.-F. Racine. – V. toutefois, CAA Paris, 2 févr. 1993, n° 91-339, *Viza : Dr. fisc.* 1994, n° 18, comm. 825, admettant la déduction par un chercheur de haut niveau de dépenses liées à l'acquisition de matériels qui, facturées à son laboratoire, avaient été personnellement prises en charge par l'intéressé en raison de l'insuffisance des crédits alloués à ce laboratoire.

les dépenses doivent « avoir été effectuées en vue de l'acquisition et de la conservation du revenu imposable, avoir été nécessitées par l'exercice de la profession, avoir été payées au cours de l'année d'imposition et être justifiées tant dans leur principe que dans leur montant » par le contribuable[306].

Le contribuable ne peut se contenter de faire état d'une évaluation approximative de ses frais réels[307].

Une série de solutions jurisprudentielles très constructives tient au traitement fiscal des sommes versées par un dirigeant de société ayant la qualité de salarié au titre des engagements de caution souscrits en garantie des prêts consentis par des tiers à la société qu'il dirige. Dans le silence du dispositif légal sur ce point, le Conseil d'État considère que ces sommes sont déductibles[308] « à condition que son engagement comme caution se rattache directement à sa qualité de dirigeant, qu'il ait été pris en vue de servir les intérêts de l'entreprise et qu'il n'ait pas été hors de proportion avec les rémunérations allouées à l'intéressé ou qu'il pouvait escompter au moment où il l'a contracté »[309]. Cette règle de proportionnalité[310] est respectée si l'engagement n'excède pas trois fois le montant annuel des salaires de l'intéressé[311]. Dans le cas de versements effectués en exécution d'engagements multiples souscrits sur plusieurs années, le caractère déductible des sommes payées doit être apprécié par référence au montant total des engagements souscrits[312]. Dans le cas de versements effectués en exécution d'engagements souscrits au bénéfice de plusieurs sociétés dont le contribuable était le dirigeant, le respect de cette règle de proportionnalité doit s'apprecier, en principe, société par société, et non au regard des engagements souscrits à l'égard de l'ensemble des sociétés[313].

3) L'administration est naturellement en droit de demander au contribuable de justifier du caractère professionnel et du paiement effectif des dépenses déduites.

a) Sont légalement assimilées à des frais professionnels réels les dépenses exposées en vue de l'obtention d'un diplôme ou d'une qualification professionnelle dans la perspective d'une insertion ou d'une reconversion professionnelle par les personnes tirant un revenu de la pratique d'un sport[314].

b) La loi ne fixe pas de liste limitative des dépenses déductibles. En pratique, les principaux frais pouvant être retenus pour leur montant réel et justifié sont les suivants :

– les frais de déplacement entre le domicile et le lieu de travail (à condition que la distance parcourue soit « normale », c'est-à-dire inférieure à 40 km, sauf justifications particulières)[315] ;

– les frais supplémentaires de repas pris sur le lieu de travail. Lorsque le salarié est en mesure de justifier de ses frais de repas, le montant admis en déduction est égal, par repas, à la différence entre le prix effectivement payé et la valeur forfaitaire du repas pris à domicile, soit 4,65 € pour l'année 2015

(306) CAA Marseille, 21 oct. 2003, n° 99-815, *Min. c/Célérien*, inédit.

(307) CE, 3 juin 1983, n° 248.107 : *RJF* 8-9/1983, n° 966.

(308) Cette déduction s'opère sur les revenus de l'année au cours de laquelle le paiement a été effectué. Elle s'opère sur les revenus imposables dans la catégorie des TSP et, en cas d'apparition d'un déficit catégoriel, sur le revenu global, sans limitation particulière (V. *infra*, n°s 1508 et 1513).

(309) CE, plén., 6 janv. 1993, n° 78729, *Bonnet : Dr. fisc.* 1994, n° 28, comm. 1355 ; *RJF* 3/1993, n° 355, chron. G. Goulard, p. 815). Si cette dernière condition n'est pas remplie, « les sommes payées ne sont déductibles que dans la mesure où elles n'excèdent pas cette proportion » (même décision).

(310) Cette règle a pour objet, selon le Conseil d'État, d'« apprécier si, à la date à laquelle il a souscrit l'engagement de caution, le dirigeant avait le souci de conserver son salaire ou de préserver son patrimoine » (CE, 26 nov. 2014, n° 358736, *Min. c/d'Agrosa : Dr. fisc.* 2015, n° 10, comm. 184, concl. F. Aladjidi).

(311) CE, plén., 22 déc. 1989, n° 56905, *Biau : Dr. fisc.* 1990, n° 17-18, comm. 858, concl. P.-F. Racine. Dans le cas où, à l'époque de la souscription, le dirigeant ne perçoit pas encore de salaire, la proportionnalité de l'engagement est appréciée au regard du « montant annuel des salaires que devaient lui assurer les fonctions [que l'intéressé] prévoyait d'occuper à court terme au sein de la société » (même décision).

(312) CE, 26 nov. 2014, *Min. c/d'Agrosa*, préc.

(313) CE, 26 nov. 2014, *Min. c/d'Agrosa*, préc. Il n'en va différemment que lorsque les sociétés en cause, appartenant au même groupe, « ont des activités complémentaires ou lorsqu'elles sont étroitement liées d'un point de vue capitalistique ou commercial » (même décision).

(314) CGI, art. 83, 3°.

(315) V. CE, ass., avis, 10 déc. 1993, n° 146623, *Delmarre : Rec. CE* 1993, p. 349, concl. Ph. Martin ; *Dr. fisc.* 1994, n° 27, comm. 1307, admettant à ce titre la prise en compte de la situation de concubinage, à la supposer stable et continue.

et 4,70 € pour 2016. Dans le cas inverse, les frais supplémentaires par repas sont retenus pour ce même montant forfaitaire[316] ;

– les dépenses vestimentaires lorsqu'elles correspondent à des tenues de travail spécifiques ou, selon une jurisprudence bien établie, lorsqu'elles excèdent celles qui auraient normalement correspondu aux revenus du contribuable[317] ;

– les frais de double résidence, dès lors que celle-ci ne résulte pas d'un choix de simple convenance personnelle mais est justifiée par une circonstance particulière[318] ;

– les frais documentaires.

– la dépréciation subie au cours de l'année des biens professionnels acquis par le contribuable, dès lors que la durée d'utilisation est supérieure à un an, l'administration admettant la déduction immédiate des dépenses de mobiliers, matériels et outillages dont la valeur unitaire n'excède pas 500 € hors taxes[319].

c) Par une forme de paradoxe (qui n'est en réalité qu'apparent), certaines dépenses peuvent, au titre des frais réels, être retenues pour un montant forfaitaire :

– depuis la loi de finances pour 2013[320], les frais (autres que les frais de péage, de stationnement et d'intérêts afférents à l'achat à crédit du véhicule utilisé) correspondant à des déplacements effectués par le contribuable avec un véhicule automobile (ou une motocyclette ou un cyclomoteur) lui appartenant peuvent s'effectuer sur le fondement d'un barème forfaitaire fixé par arrêté du ministre chargé du budget en fonction de la puissance administrative du véhicule, retenue dans la limite maximale de sept chevaux, et de la distance annuelle parcourue[321]. Cette légalisation du dispositif antérieur s'est accompagnée d'un aménagement important – qui tend à conférer au montant de frais résultant du barème forfaitaire un caractère *de facto* obligatoire : lorsque les intéressés ne font pas application du barème réglementaire, les frais réels déductibles (autres que les frais de péage et de stationnement et les intérêts) ne peuvent excéder le montant qui serait admis en déduction en application du barème précité, à distance parcourue identique, pour un véhicule de la puissance administrative maximale retenue par le barème ;

– sur la base de la seule doctrine administrative[322] de certains frais supportés par des artistes ou musiciens[323].

d) Une jurisprudence abondante rend compte des litiges qui peuvent se nouer entre le contribuable et le fisc sur le caractère professionnel ou non de certaines dépenses. En voici quelques illustrations :

– les frais de présentation, en particulier vestimentaires, ne sont déductibles du revenu imposable que si le salarié justifie qu'il est tenu, eu égard à sa profession, d'exposer à ce titre des dépenses excédant celles qui correspondraient normalement au niveau de ses revenus[324] ;

– un salarié est fondé à demander la prise en compte d'un second aller-retour quotidien entre son domicile et son lieu de travail, dès lors que ce déplacement supplémentaire est justifié par l'aide qu'il apporte à sa mère malade[325] ;

– les frais engagés par les salariés en vue de se perfectionner dans leur profession ou d'augmenter leurs connaissances professionnelles peuvent être admis en déduction au titre des frais réels[326] ;

(316) BOI-RSA-BASE-30-50-30-20, n° 550.
(317) CE, 8 mai 1970, n° 76859 : *Rec. CE* 1970, p. 317 ; *Dr. fisc.* 1971, n° 28, comm. 1007, concl. G.-W. Schmeltz. – CE, 4 févr. 1974, n° 91961 : *Rec. CE* 1974, tables p. 963.
(318) CE, 6 oct. 2004, n° 256092, *Lagedamont* : *Dr. fisc.* 2004, n° 48, comm. 857, concl. S. Verclytte.
(319) BOI-RSA-BASE-30-50-30-40, n° 70.
(320) L. 29 déc. 2012, art. 6.
(321) V. CGI, ann. IV, art. 6 B. – A. 30 mars 2013 fixant le barème forfaitaire permettant l'évaluation des frais de déplacement relatifs à l'utilisation d'un véhicule par les bénéficiaires de traitements et salaires optant pour le régime des frais réels déductibles. Comp. pour le régime antérieur, fondé sur la seule doctrine administrative, Instr. 20 févr. 2012 : *BOI* 5 F-5-12, anc.
(322) V. concl. E. Crépey sur CE, avis, sect., 8 mars 2013, n° 353.782, *Monzani* : *Dr. fisc.* 2013, n° 15, comm. 240.
(323) BOI-RSA-BASE-30-50-30-30, n°s 440 et s.
(324) CAA Marseille, 21 oct. 2003, *Célérien*, préc.
(325) CAA Bordeaux, n° 01-1778, *Chwieducick* : *Dr. fisc.* 2007, n° 47, comm. 749.
(326) CAA Paris, 2 févr. 1993, n° 91-339, *Viza* : *Dr. fisc.* 1994, n° 18, comm. 825.

– les frais exposés par un salarié en vue d'acquérir un diplôme ou une formation pour améliorer sa situation professionnelle ou obtenir un nouvel emploi sont déductibles de son revenu imposable[327]. Il en va de même, selon une cour administrative d'appel, des dépenses se rapportant en partie à la scolarité effectuée dans l'enseignement supérieur au cours de l'année précédente[328]. La jurisprudence du Conseil d'État est plus nuancée, pour n'admettre la déduction qu'à proportion de la durée pendant laquelle l'intéressé a eu, au cours de l'année dont s'agit, la qualité de salarié[329] ;

– des intérêts des emprunts contractés pour acquérir des parts d'une société (d'expertise comptable au cas d'espèce), « dès lors que cette acquisition était de nature à faciliter directement la poursuite du contrat de travail de l'intéressé »[330].

e) Jusqu'à l'imposition des revenus de 2005, les traitements et salaires faisaient l'objet d'un abattement général de 20 %. Depuis l'imposition des revenus de 2006, les taux d'imposition des différentes tranches du barème progressif de l'impôt sur le revenu ont été diminués de 20 %. Corrélativement, cet abattement a été supprimé (V. *infra*, n° 1534).

L'imputation des frais professionnels réels peut aboutir à l'apparition d'un déficit dans la catégorie des traitements et salaires. Ce déficit est imputable sans limitation particulière sur le revenu global (V. *infra*, n° 1512).

§ 2. – Les revenus fonciers

A. – Revenus fonciers imposables

1402. – **Définition des revenus fonciers.** 1) Les revenus fonciers sont ceux tirés par un propriétaire (ou, le cas échéant, un usufruitier) de la location « civile » d'un immeuble (bâti ou non bâti) appartenant à son patrimoine privé[331].

a) Un particulier peut également être imposable dans la catégorie des revenus fonciers à raison des droits qu'il possède dans les résultats d'une société de personnes qui, exerçant une activité non professionnelle, perçoit des revenus locatifs. Sont également compris dans la catégorie des revenus fonciers les revenus distribués par un fonds de placement immobilier au titre de la fraction du résultat relative aux actifs immobiliers détenus directement ou indirectement par ce fonds[332].

b) Il ne faut pas confondre les revenus fonciers et les plus-values immobilières, c'est-à-dire les gains consécutifs à la cession à titre onéreux d'un immeuble ou d'un droit immobilier (V. toutefois *infra*, pt 2).

En matière agricole, les revenus des baux à ferme sont imposables comme revenus fonciers (sur le cas des revenus des baux à métayage, V. *infra*, n° 1470).

Les revenus tirés des locations meublées ou équipées sont imposables dans la catégorie des bénéfices industriels et commerciaux[333]. Les revenus tirés de la sous-location relèvent selon le cas des bénéfices industriels et commerciaux (locaux meublés ou équipés) ou des bénéfices non commerciaux (locaux ni meublés ni équipés).

c) Les revenus d'immeubles sis en France sont (comme les revenus des droits relatifs à ces immeubles) considérés comme des revenus de source française par application du droit interne[334].

(327) CE 24 oct. 1973, n° 85.992 : *Dr. fisc.* 1974, n° 41, comm. 1172, concl. J. Delmas-Marsalet et jurisprudence constante.
(328) CAA Lyon, plén., 27 mars 2008, n° 05-1338, *Min. c/Bellery* : *Dr. fisc.* 2008, n° 37, comm. 477, concl. F. Pourny.
(329) CE 11 juill. 1984, n° 17.103, *Gaboriau* : *Dr. fisc.* 1984, n° 49, comm. 2196, concl. O. Fouquet.
(330) CE 25 oct. 2004, n° 255.092, *Boutourlinski* : *Dr. fisc.* 2005, n° 8, comm. 224, concl. E. Glaser, posant par ailleurs qu'un salarié « peut déduire de ses revenus les dépenses qui, eu égard à leur objet et à leur ampleur, peuvent être regardées comme directement utiles à l'acquisition ou la conservation de ses revenus, alors même que ni les circonstances de fait ni aucun texte ne les rendraient obligatoires ».
(331) CGI, art. 14.
(332) CGI, art. 14 A.
(333) V. *infra*, n° 1445.
(334) CGI, art. 164 B, I, a.

Les conventions fiscales internationales confèrent ordinairement à l'État de situation de l'immeuble un droit d'imposition de ces revenus qui, généralement non exclusif, concerne l'ensemble des revenus dits « immobiliers »[335].

d) Les revenus fonciers sont également soumis aux contributions sociales, pour une imposition globale de 15,5 %. Pour les revenus fonciers perçus à compter du 1er janvier 2012[336], les contributions sociales frappent indistinctement les résidents de France et les non-résidents (qui étaient auparavant en dehors du champ de ces contributions).

e) Ne relèvent pas davantage de la catégorie des revenus fonciers, les profits des locations immobilières devant être compris dans les résultats imposables d'une entreprise industrielle, commerciale ou artisanale, d'une exploitation agricole ou, éventuellement, dans les bénéfices d'une profession non commerciale[337]. Depuis 2012, la portée de cette règle se trouve réduite par la suppression des effets attachés, jusqu'alors, à la « théorie du bilan » dans les entreprises individuelles relevant des BIC ou des BA (V. *infra*, n° 1451, 4).

2) Depuis 2012, peuvent légalement être imposés comme des revenus fonciers, les gains (réels ou réputés tels) tirés de la cession à titre onéreux d'un usufruit temporaire portant sur un bien immobilier.

a) Issu de la troisième loi de finances rectificative pour 2012[338] et applicable aux cessions intervenues à compter du 14 novembre 2012, ce dispositif anti-abus vise à neutraliser sur le plan fiscal le montage tendant à « transmuter » des revenus fonciers en une plus-value immobilière portant sur l'usufruit du bien immobilier considéré (pouvant être exonérée, notamment, compte tenu de la durée de détention de l'usufruit – V. *infra*, n° 1429). Pour éviter les doubles impositions, est seule visée la *première* cession à titre onéreux temporaire d'un *même* usufruit portant sur un bien immobilier.

b) Le revenu imposable dans la catégorie des revenus fonciers correspond alors :

– en principe, au produit de la cession à titre onéreux de l'usufruit ;

– si elle est supérieure, à la valeur vénale de cet usufruit temporaire appréciée au jour de la cession[339].

c) Les mêmes règles s'appliquent *mutatis mutandis* en cas de cession d'usufruit temporaire portant sur des parts de sociétés de personnes (ou groupements assimilés) à prépondérance immobilière au jour de la cession.

1403. – Revenus fonciers exonérés. La loi fiscale ne comporte qu'une exonération au titre des revenus fonciers – le fait est suffisamment remarquable pour être souligné. Elle concerne le revenu en nature correspondant aux logements dont le propriétaire se réserve la jouissance[340].

1) Il résulte de cette exonération que le propriétaire d'un tel logement ne peut déduire aucune charge de propriété afférente à l'immeuble qu'il occupe : sauf disposition contraire, il n'y a pas de charges déductibles là où il n'y a pas de revenu imposable.

2) Sous l'effet d'une exception légale, il n'était pas tenu compte de ce revenu exonéré au titre de l'application du « bouclier fiscal » (V. *infra*, n° 1587). En l'absence de texte, la doctrine administrative retient cette solution au titre du mécanisme de plafonnement de l'ISF (V. *infra*, n° 1819, 3-*b*).

3) Cette exonération s'étend au droit de chasse dont le contribuable se réserve la jouissance[341]. Elle s'applique également aux locaux compris dans des exploitations agricoles et affectés à l'habitation

(335) V. modèle OCDE, 22 juill. 2010, art. 6.
(336) Deuxième L. fin. rect. 2012, 16 août 2012, art. 29. L'exigibilité des différentes contributions sociales a été suspendue, un temps, pendant la parenthèse ouverte par l'arrêt *de Ruyter* de la Cour de justice de l'Union européenne (V. *supra*, n° 1354, 2).
(337) CGI, art. 14.
(338) L. 29 déc. 2012, art. 15.
(339) CGI, art. 13, 5.
(340) CGI, art. 15, II.
(341) L. 23 févr. 2005, relative au développement des territoires ruraux, art. 157.

des propriétaires exploitants[342]. Avant la loi de finances pour 1984[343], elle s'étendait (facultativement selon l'administration) au revenu net des locations portant sur bâtiments ruraux servant aux exploitations rurales[344].

4° La loi de finances pour 2002[345] a abrogé l'exonération antérieurement prévue en faveur des propriétaires consentant (directement ou indirectement) une location à un titulaire du revenu minimum d'insertion ou un étudiant bénéficiant d'une bourse à caractère social. L'exonération (qui portait sur une période de trois ans renouvelable) supposait que le logement loué réponde à certaines conditions d'habitabilité et que le prix de la location n'excède pas un certain plafond[346].

B. – Détermination du revenu foncier brut

1404. – Recettes et avantages en nature. Le revenu brut des immeubles ou parties d'immeubles donnés en location est constitué par le montant des recettes brutes perçues par le propriétaire. Il est augmenté du montant des dépenses incombant normalement à ce dernier et mises par convention à la charge des locataires.

1° Sont comprises dans les recettes brutes de la propriété, celles qui proviennent de la location de droits accessoires (droit d'affichage, droit de chasse, redevances tréfoncières ou autres redevances analogues ayant leur origine dans le droit de propriété ou d'usufruit).

En revanche, il n'est pas tenu compte des sommes versées par les locataires au titre des charges leur incombant (c'est-à-dire des dépenses locatives) ou de dépôt de garantie. Par ailleurs, les subventions et indemnités destinées à financer des charges déductibles sont comprises dans le revenu brut.

2° Le propriétaire n'est en principe imposable, chaque année, qu'à raison des loyers effectivement encaissés au cours de la même année. Le revenu foncier ne comprend normalement pas, à l'inverse, les loyers courus ou échus qui n'ont pas encore été payés. Seule l'application « par transposition » de la théorie de l'acte anormal de gestion (exceptionnelle en matière de revenus fonciers) peut conduire un propriétaire à être imposé à raison des loyers qu'il a anormalement renoncé à percevoir (V. *supra*, n° 949, 2, *c*).

3° Le revenu foncier imposable peut comporter des éléments exceptionnels comme les droits d'entrée ou les « pas-de-porte ». Ces sommes sont regardées comme des suppléments de loyer, sauf à ce que le bailleur apporte des éléments de nature à établir qu'elles constituent en tout ou partie la contrepartie de la dépréciation d'un élément de son patrimoine[347].

Si les conditions légales sont réunies, les modalités d'imposition de ces recettes exceptionnelles peuvent comporter la mise en œuvre d'un système de quotient destiné à atténuer la progressivité de l'IR (V. *infra*, n° 1521).

4° Dans le cas du bail à construction, les revenus fonciers sont constitués des loyers et prestations de toute nature qui constituent le prix du bail[348]. Ils comportent à ce titre la valeur de la construction appelée à être remise au bailleur en fin de bail. En revanche, l'indemnité versée par le preneur au bailleur n'a pas le caractère d'un revenu foncier dans le cas particulier où il est établi qu'elle compense la dépréciation du bien découlant de la démolition d'un immeuble bâti présent sur la parcelle donnée à bail[349].

(342) CGI, art. 15, II.
(343) L. 29 déc. 1983, art. 22.
(344) CGI, art. 15, I, anc.
(345) L. 28 déc. 2001, art. 11.
(346) L. 31 mai 1990 visant à la mise en œuvre du droit au logement, art. 9. – CGI, art. 15 bis, anc.
(347) CE, sect., 24 févr. 1978, n° 97.347 : *Dr. fisc.* 1978, n° 41, comm. 1558, concl. P. Rivière, jugeant, au regard des circonstances propres à l'espèce, que l'apparition au profit du preneur d'un droit au renouvellement du bail ne permet pas d'établir une telle dépréciation. V., pour un cas où une indemnité d'entrée dans les lieux a été, à l'inverse, regardée comme non imposable, V. CE, 29 sept. 1989, n° 68.212, *Terriou : Dr. fisc* 1990, n° 23-24, comm. 1125.
(348) CGI, art. 33 quater.
(349) CE, 23 janv. 2002, n° 221.530, *Amozig : Dr. fisc.* 2002, n° 20, comm. 409, concl. S. Austry.

5) Les propriétaires se réservant la jouissance de biens immobiliers autres que des logements sont imposables à raison de l'avantage en nature en résultant[350]. Le revenu brut en nature des immeubles, parties d'immeubles ou droits de caractère immobilier dont le propriétaire se réserve la jouissance, est constitué par le montant du loyer qu'ils pourraient produire s'ils étaient donnés en location[351]. Il est donc déterminé par comparaison ou, à défaut, par voie d'appréciation directe.

C. – Détermination du revenu foncier net

1405. – **Généralités.** De manière générale, le revenu net foncier est égal à la différence entre le montant du revenu brut et le total des charges de la propriété[352].

1) Dans le cadre des régimes ordinaires, ces charges peuvent être déterminées selon deux méthodes :

– un régime simplifié de détermination des charges s'applique aux « petits » propriétaires immobiliers ;

– lorsque ce régime n'est pas applicable, les charges de propriété sont retenues pour leur montant réel.

2) Ces deux régimes ordinaires coexistent avec différents régimes spéciaux.

1° Régimes ordinaires

1406. – **Micro-foncier.** 1) La loi aménage un régime d'imposition particulièrement simple pour les titulaires de revenus fonciers regardés comme modestes[353]. Ce régime – dénommé régime simplifié d'imposition ou, en pratique, régime « micro-foncier » – s'applique de plein droit lorsque les revenus fonciers annuels bruts du foyer fiscal n'excèdent pas le montant de 15 000 €.

a) Institué par la loi de finances pour 1998[354], le régime du micro-foncier ne trouvait initialement à s'appliquer que sur option du contribuable (l'option pouvant être exercée lorsque les revenus fonciers bruts annuels n'excédaient pas 30 000 F).

La loi de finances pour 2002[355] a porté la limite d'application du régime à 15 000 € et l'a rendu applicable de plein droit lorsque ses conditions d'application sont réunies.

b) Le plus souvent, la loi exclut l'application du régime « micro-foncier » lorsque l'immeuble loué relève d'un dispositif de faveur particulier[356]. C'est le cas, notamment, pour :

– les monuments historiques donnés en location (V. *infra*, n° 1414) ;

– les immeubles situés dans des secteurs sauvegardés (et assimilés) relevant de l'ancien dispositif *Malraux* (V. *infra*, n° 1413) ;

– les immeubles relevant des dispositifs *Robien* ou *Borloo* (V. *infra*, n° 1410).

Les exclusions légales sont toutefois limitatives. Il en résulte que le régime micro-foncier peut s'appliquer, en particulier, à un immeuble ayant ouvert droit aux réductions d'impôt « Scellier », « Duflot » ou « Pinel » (V. *infra*, n° 1557) ou à celle prévue dans le cadre du nouveau régime *Malraux* (V. *infra*, n° 1558).

2) Dans le cadre du micro-foncier (auquel le contribuable peut, sur option, renoncer), les frais et charges du propriétaire bailleur sont fixés forfaitairement

(350) CE, 19 déc. 2007, n° 270.934, *Coyola* : *Dr. fisc.* 2008, n° 11, comm. 206, jugeant que le propriétaire d'un immeuble commercial ayant consenti, sur cet immeuble, un prêt à usage, doit être regardé comme en ayant conservé la jouissance et doit, en conséquence, être imposé à ce titre. V. antérieurement, pour le cas d'un contribuable s'étant réservé la jouissance du droit de pêche sur un lac, CE, 8 nov. 1967, n° 68.972 : *Rec. CE* 1967, p. 412.
(351) CGI, art. 30.
(352) CGI, art. 28.
(353) CGI, art. 32.
(354) L. 30 déc. 1997, art. 3.
(355) L. 28 déc. 2001, art. 12.
(356) CGI, art. 32.

à 30 % des revenus fonciers bruts(357). Le revenu catégoriel net est donc égal à 70 % du revenu brut. On relèvera, sans y insister, que l'apparition d'un déficit foncier ne peut ici se concevoir.

Ce régime (particulièrement simple et généralement avantageux pour le contribuable) concernait en 2005 plus de 1,5 million de propriétaires bailleurs(358).

Antérieurement fixé à 40 %, le taux de détermination des charges déductibles a été réduit pour tenir compte de la diminution des taux d'imposition des différentes tranches du barème consécutive à la suppression (depuis l'imposition des revenus de 2006) de l'abattement général de 20 % qui ne s'appliquait pas aux titulaires de revenus fonciers(359).

La renonciation au micro-foncier vaut pour une durée minimale de trois ans (V. *infra*, n° 1407).

1407. – **Régime réel.** 1) Le régime réel de détermination des charges de propriété déductibles des revenus fonciers s'applique de plein droit lorsque les revenus bruts fonciers annuels du foyer excèdent 15 000 €. Dans le cas inverse, il ne s'applique que sur option du contribuable.

L'option pour le régime réel est globale (c'est-à-dire porte sur tous revenus fonciers perçus par les membres du foyer) et s'applique obligatoirement pour une période de trois ans au cours de laquelle elle est irrévocable. Elle est renouvelable par tacite reconduction sauf renonciation à l'issue d'une période triennale.

L'option pour le régime ordinaire ne présente d'intérêt que lorsque les frais et charges réellement exposés par le propriétaire bailleur sont significativement plus élevés que les frais et charges déterminés forfaitairement. Ce sera le cas, notamment, chaque fois que des travaux importants sont réalisés sur l'immeuble loué par le propriétaire et que la location fait apparaître un déficit foncier.

2) Dans le cadre du régime réel, les revenus bruts fonciers sont diminués des charges de propriété effectivement exposées qui sont (sauf exception) prises en compte pour leur montant réel. Pour les propriétés urbaines (par opposition aux propriétés rurales) ces charges sont principalement(360) :

a) les dépenses d'entretien et de réparation de l'immeuble ;

Ces dépenses correspondent aux travaux ayant pour objet de maintenir ou de remettre un immeuble en bon état et d'en permettre un usage normal sans en modifier la consistance, l'agencement ou l'équipement initial(361).

b) les dépenses d'amélioration(362) – à l'exclusion des dépenses correspondant à des travaux de construction, de reconstruction ou d'agrandissement ;

---

(357) CGI, art. 32, 1.

(358) Aucune donnée statistique plus récente n'a été rendue publique sur ce sujet.

(359) L. fin. 2006, 30 déc. 2005, art. 76.

(360) CGI, art. 31, I, 1°. La liste de dépenses énumérées par la loi ne semble pas présenter, à cet égard, un caractère limitatif. En effet, conformément au principe général posé par la loi (CGI, art. 13, 1), le contribuable est en droit de déduire de son revenu brut, toutes les charges qu'il a exposées en vue de son obtention ou de sa conservation – sauf si une disposition expresse s'y oppose (V. *supra*, n° 1362).

(361) CE, 27 janv. 2010, n° 299.250, *Chenel* : *Dr. fisc.* 2010, n° 17-18, comm. 296, concl. L. Olléon, note P.-Y. Di Malta.

(362) La déduction des dépenses d'amélioration de toute nature (qui ne peut se cumuler avec le crédit d'IR pour la transition énergétique ou le crédit d'IR pour les dépenses d'équipement destinés aux personnes âgées ou handicapées), ne concerne que les « locaux d'habitation ». Pour les immeubles à usage professionnel, les seules dépenses d'amélioration légalement déductibles sont celles liées au désamiantage des locaux et à l'accueil des personnes handicapées (CGI, art. 31, I-1°-b et b bis). Sur le plan des principes, la déduction des dépenses d'amélioration, qui affectent la substance du bien loué et ont normalement pour contrepartie l'accroissement de sa valeur, ne devrait jamais être admise pour la détermination du revenu imposable. On peut relever, à cet égard, qu'elles sont également déductibles (à condition de ne pas avoir été déjà prises en compte au titre des revenus fonciers) pour la détermination des plus-values immobilières (V. *infra*, n° 1427, 2-*b*), ce qui révèle leur nature véritable. En admettant leur déduction des revenus fonciers, le législateur (L. fin. 1967, 17 déc. 1966, art. 5) a, dans un but sanitaire et social, entendu lever tout frein fiscal à l'amélioration du parc locatif français.

La distinction entre travaux d'amélioration (dépenses déductibles) et travaux d'agrandissement ou de reconstruction (dépenses non déductibles) a évidemment alimenté une jurisprudence abondante[363] – étant précisé que les dépenses relatives à des équipements ménagers ou électroménagers affectés aux logements locatifs ne sont pas déductibles dès lors que ces dépenses correspondent, non pas à des travaux d'amélioration de ces logements, mais à des acquisitions de biens mobiliers destinés à ces logements[364].

c) les impôts directs locaux (autres que ceux incombant normalement à l'occupant) acquittés à raison de l'immeuble loué[365] ;

d) les intérêts de dettes contractées pour la conservation, l'acquisition, la construction, la réparation ou l'amélioration de l'immeuble loué ;

Lorsque la condition tenant à la continuité de l'objet de l'endettement est remplie, la possibilité de déduction s'étend aux intérêts des emprunts « substitutifs », c'est-à-dire des emprunts se substituant à des emprunts antérieurs qui, donnant lieu au paiement d'intérêts eux-mêmes déductibles, ont été contractés à des taux d'intérêt plus élevés[366].

Dès lors que la prise en charge de ce passif a été l'une des conditions de l'entrée de ces biens dans son patrimoine, un contribuable ayant hérité de biens immobiliers tout en prenant à sa charge un passif comprenant un emprunt relatif à ceux-ci est en droit d'opérer la déduction des intérêts d'emprunt correspondants alors même qu'il n'a pas personnellement souscrit l'emprunt[367].

e) les primes d'assurance afférentes à l'immeuble loué, quel que soit le risque couvert ;

Avant la loi de finances pour 2006[368], seules les primes d'assurance versées au titre de la garantie du risque de loyers impayés étaient déductibles du revenu brut foncier[369].

La déduction des primes d'assurance garantissant les loyers impayés ne peut être cumulée avec le crédit d'impôt prévu, à l'égard des mêmes dépenses, au profit de certains bailleurs conventionnés[370].

f) les frais de gestion (frais de déplacement, de correspondance, de communication téléphonique, de publicité) qui donnent obligatoirement lieu à une déduction fixée forfaitairement à 20 € par local loué et par an ;

---

(363) Doivent être regardés comme des travaux de construction ou de reconstruction, « les travaux comportant la création de nouveaux locaux d'habitation, notamment dans des locaux auparavant affectés à un autre usage, ainsi que les travaux ayant pour effet d'apporter une modification importante au gros œuvre de locaux d'habitation existants ou les travaux d'aménagement interne qui, par leur importance, équivalent à une reconstruction » (CE, sect., 17 déc. 1976, n° 92.159 : *Rec. CE* 1976, p. 558). Doivent être regardés comme des travaux d'agrandissement, « les travaux ayant pour effet d'accroître le volume ou la surface habitable de locaux existants » (même arrêt). V. par ex. sur ces questions : CE, 18 nov. 1987, n° 58.460, *Ambrogi* : *Dr. fisc.* 1988, n° 5, comm. 140, concl. O. Fouquet. – CE, 12 févr. 1990, n° 42.667, *Sté Maison Malmou* : *Dr. fisc.* 1990, n° 15, comm. 730, concl. P.-F. Racine.

(364) CE, 28 nov. 2007, n° 290.510, *Antoine* : *Dr. fisc.* 2008, n° 4, comm. 74, concl. F. Séners.

(365) La taxe annuelle sur les locaux à usage de bureau en Île-de-France (CGI, art. 231 ter) n'est plus déductible des revenus fonciers depuis l'imposition des revenus de 2015 (deuxième L. fin. rect. pour 2014, 29 déc. 2014, art. 26).

(366) CE, 18 mars 1987, n° 43680 : *Goudin* : *Rec. CE* 1987, tables p. 702 ; *Dr. fisc.* 1987, n° 39, comm. 1663, concl. Ph. Martin. Lorsque le contribuable contracte un emprunt en vue du remboursement d'un emprunt antérieur dont les intérêts ont été admis en déduction, la déduction des intérêts versés au titre du nouvel emprunt n'est admise qu'à la condition qu'il y ait, entre l'emprunt initial et le nouvel emprunt, une continuité de l'objet de l'endettement. Cette condition doit être regardée comme satisfaite si, dès la mise à disposition des fonds correspondants, le produit du nouvel emprunt est utilisé dans son intégralité par le contribuable pour rembourser l'emprunt antérieur et désintéresser ainsi le créancier initial. Il en est ainsi, alors même que le nouvel emprunt, dont le montant est inférieur à celui des sommes restant à rembourser au titre de l'emprunt initial, n'opère qu'un remboursement partiel de l'emprunt initial dont une partie se poursuit et fait ultérieurement l'objet d'un rééchelonnement (CE, 1er févr. 2012, n° 336.469, *Camu* : *Dr. fisc.* 2012, n° 15, comm. 253, concl. N. Escaut, note P.-Y. Di Malta). La déduction des intérêts de l'emprunt substitutif n'est pas plafonnée, pour une période d'imposition déterminée, au montant des intérêts de l'emprunt antérieur. Elle a été admise, ainsi, dans le cas où l'emprunt substitutif était affecté au remboursement d'avances en comptes courants d'associés qui, non rémunérées, n'avaient pas donné lieu au versement d'intérêts (CE, 28 mars 2014, n° 350.816, *Jabbari* : *Dr. fisc.* 2014, n° 24, comm. 374, concl. E. Crépey, note P.-Y. Di Malta).

(367) CE, plén., 29 juill. 1983, n° 23.432 : *Dr. fisc.* 1984, n° 16, comm. 806.

(368) L. 30 déc. 2005, art. 76.

(369) CGI, art. 31, I, 1°, *a* bis, anc.

(370) CGI, art. 200 nonies.

Relevant notamment que les dispositions instituant le forfait obligatoire de 20 € ne créent aucune rupture caractérisée de l'égalité devant les charges publiques entre les titulaires de revenus fonciers et les titulaires d'autres revenus, le Conseil d'État a refusé de transmettre au Conseil constitutionnel la QPC par laquelle elles étaient critiquées au regard des droits et libertés constitutionnellement garantis[371].

g) les frais de procédure et les frais correspondant à des sommes (rémunérations, honoraires et commissions) versées à un tiers pour la gestion de l'immeuble loué.

• Sont également déductibles, le cas échéant :

– le montant des dépenses locatives que le propriétaire n'a pu « récupérer » auprès du locataire ;

– les indemnités d'éviction, à supposer qu'elles puissent être regardées comme ayant été exposées en vue de l'acquisition ou de la conservation du revenu foncier, ce qui est le cas, essentiellement, lorsqu'elles sont versées pour obtenir la libération des lieux et donner ceux-ci en location à des conditions plus avantageuses pour le propriétaire[372]. Jugé que tel n'est pas le cas d'une indemnité d'éviction qui, versée au locataire commerçant en application de la législation relative aux baux commerciaux, trouve sa contrepartie dans la libération de l'immeuble loué et dans l'accroissement qui en résulte de la valeur du capital immobilier du propriétaire de cet immeuble. Le versement d'une telle indemnité ne peut, dès lors, être regardé, comme une dépense effectuée en vue de l'acquisition ou de la conservation du revenu[373] ;

– les frais de rémunération des gardes et concierges.

• Des règles plus favorables sont prévues à l'égard des locations portant sur des propriétés rurales. Sont, par exemple, admises en déduction du revenu brut foncier, les dépenses engagées pour la construction d'un nouveau bâtiment d'exploitation rurale destiné à remplacer un bâtiment de même nature, vétuste ou inadapté aux techniques modernes de l'agriculture, à condition que la construction nouvelle n'entraîne pas une augmentation du fermage[374].

• Dans le cadre du régime de droit commun, la *dépréciation de l'immeuble loué* ne figure pas dans les charges de propriété. Jusqu'à l'imposition des revenus de 2005, l'amortissement de l'immeuble était pris en compte par le biais d'une déduction forfaitaire (qui, calculée au taux de 14 %, pouvait également couvrir les frais ne pouvant être retenus pour leur montant réel). Pour tenir compte de la diminution des taux d'imposition des différentes tranches du barème (consécutive à la suppression, depuis l'imposition des revenus de 2006, de l'abattement général de 20 %), cette déduction forfaitaire a été supprimée[375].

3) Les charges de propriété réellement exposées peuvent excéder le revenu brut foncier – c'est le cas, principalement, en cas de réalisation de travaux coûteux ou en cas de paiement d'intérêts d'emprunt élevés. Dans cette situation, le déficit foncier peut, dans certaines limites, venir en diminution du revenu global du foyer (V. *infra*, n° 1516).

2° Régimes spéciaux

1408. – Généralités. Parallèlement aux régimes ordinaires d'imposition des revenus fonciers, des régimes particuliers sont organisés par la loi.

Ces régimes particuliers ne doivent pas être confondus avec les *mesures fiscales complémentaires* intéressant les revenus fonciers. On peut citer, entre autres exemples, la taxe annuelle sur les loyers abusifs (dite taxe « Apparu ») instituée, à compter du 1er janvier 2012, par la loi de finances pour 2012[376].

(371) CE, 24 juin 2013, n° 367.500, *Aubry : Dr. fisc.* 2013, n° 37, comm. 407.
(372) CE, plén., 20 oct. 1978, n° 7.157 : *Dr. fisc.* 1979, n° 27, comm. 1397, concl. P. Lobry. – CE, 18 mai 2005, n° 258.951, *Agnus : Dr. fisc.* 2006, n° 20, comm. 393.
(373) CE, 4 nov. 1983, n° 33.903 : *Dr. fisc.* 1984, n° 8, comm. 318.
(374) CGI, art. 31, I, 2, c ter.
(375) L. fin. 2006, 30 déc. 2005, art. 76.
(376) L. 28 déc. 2011, art. 79.

Officiellement dénommée « taxe annuelle sur les loyers élevés des logements de petite surface »[(377)], cette taxe, due par le bailleur, est applicable lorsque cumulativement :

– le logement loué est situé sur le territoire de certaines communes (Île-de-France, Côte d'Azur et Genevois français) caractérisées par un grand déséquilibre entre l'offre et la demande de logement ;

– la surface du logement loué n'excède pas 14 m² (sont essentiellement visées en pratique les locations de chambres de bonnes à des étudiants ou à de jeunes actifs) ;

– le loyer mensuel, charges non comprises, du logement loué est égal ou supérieur, pour 2016, à 41,64 € par mètre carré. Cette limite, qui est réévaluée chaque année en fonction de l'évolution de l'indice de référence des loyers, correspond en quelque sorte au « loyer normal maximum » pouvant être réclamé par le bailleur à son locataire[(378)].

La taxe (qui n'est pas déductible pour l'imposition des revenus fonciers ou des résultats passibles de l'IS) est assise sur le montant des loyers perçus au cours de l'année civile. Son taux est d'autant plus élevé que le loyer perçu est éloigné du « loyer normal maximum » :

EXCÈS DU LOYER PRATIQUÉ PAR RAPPORT AU LOYER MAXIMAL	LOYER CORRESPONDANT (AU M²)	TAUX DE LA TAXE
< 15 %	de 41,64 € à 47,88 €	10 %
≥ à 15 % et < à 30 %	de 47,89 € à 54,12 €	18 %
≥ à 30 % et < à 55 %	de 54,13 € à 64,53 €	25 %
≥ à 55 % et < à 90 %	de 64,54 € à 79,11 €	33 %
≥ à 90 %	79,12 € et +	40 %

La taxe est, selon le cas, déclarée, recouvrée et contrôlée selon les règles de l'IR ou de l'IS.

Selon l'exposé des motifs de cette mesure, la forte progressivité du tarif de la taxe est de nature à « pousser au changement de comportement des bailleurs », en privant d'intérêt la mise en location de micro-logements moyennant des loyers abusifs. Confiant dans le caractère dissuasif de la taxe (qui pourrait toutefois avoir un effet contre-productif, en incitant les bailleurs à réclamer à leur locataire un loyer complémentaire occulte), le législateur a prévu que son produit serait nul.

Les premiers se rapportent à des dispositifs de faveur destinés (prétendument) à promouvoir l'investissement locatif. Ils permettent (sous certaines conditions) de déduire au titre des charges une fraction du coût d'acquisition de l'immeuble donné en location.

Comment s'interdire de voir surtout, dans ces dispositifs, des mesures discrètes de soutien à la construction immobilière.

Les autres régimes spéciaux sont liés à la préservation des immeubles historiques.

a) Incitation à l'investissement locatif

1409. – Égotisme ministériel. Au cours des dernières décennies, peu de ministres en charge du logement ont su résister à la tentation de passer à la postérité fiscale en attachant leur nom à un dispositif dérogatoire tendant à inciter les contribuables à investir dans l'immobilier locatif.

On a vu ainsi se succéder les régimes « Méhaignerie », « Quilès », « Besson », « Lienemann », « Périssol », « Robien » et « Borloo ». Ces deux derniers régimes se déclinent en sous-régimes. On distingue, ainsi, au sein du « Robien », le régime « classique » et le « Robien recentré » – que l'on se

(377) CGI, art. 234.

(378) Cette limite était de 40 €/m² en 2012, 40,88 €/m² en 2013, 41,37 €/m² en 2014 et 41,61/m² en 2015.

gardera de confondre avec le « Robien SCPI » ou le « Robien ZZR ». Le « Borloo neuf » (ou « Borloo populaire ») se distingue quant à lui du « Borloo ancien ».

On donnera quelques précisions sur deux de ces régimes imbriqués actuellement applicables (sous réserve que les investissements locatifs aient été réalisés avant le 31 décembre 2009) concernant tous deux l'investissement locatif dans l'immobilier neuf :

– le « Robien recentré » (auquel ont succédé les régimes « Scellier », « Duflot » puis « Pinel » qui consistent tous trois dans une réduction d'impôt) ;

– le « Borloo populaire ».

Sur le plan juridique, le « Borloo populaire » constitue un simple prolongement du « Robien recentré ». Le premier régime est, en d'autres termes, réservé aux contribuables qui, ayant opté pour le second, ont accepté de se soumettre à certaines contraintes supplémentaires.

En 2014, 25 000 ménages ont (comme en 2013) bénéficié du « Borloo populaire ». Pour 2016, le coût de cette mesure est estimé (comme pour 2014 et 2015) à 50 M€ (contre, par ex. 100 M€ en 2011).

Pour la même année, 230 000 foyers (contre 240 000 en 2013) ont bénéficié du « Robien » (classique ou recentré). Le coût total annuel de cette mesure est estimé à 130 M€ en 2016 (contre 285 M€ en 2013, 260 M€ en 2014 et 210 M€ en 2015).

1410. – **Amortissement partiel du coût d'acquisition.** Complexes dans leur détail, ces deux régimes fonciers incitatifs retiennent une solution traditionnelle voire banale. Ils tendent, pour l'essentiel, à déterminer les charges déductibles du revenu foncier dans des conditions dérogatoires favorables : les charges de propriété déductibles pour la détermination du revenu foncier pourront comprendre une partie du coût d'achat de l'immeuble (qui se trouvera ainsi déduit du revenu sur la base d'un mécanisme d'amortissement). En contrepartie de cet avantage exorbitant, le contribuable est tenu de respecter certains engagements tenant aux conditions de la location et à sa durée (neuf ans au moins).

La location doit prendre effet dans les douze mois de l'acquisition ou de la date d'achèvement de la construction. Lorsque l'immeuble loué est détenu par l'intermédiaire d'une société de personnes, l'engagement tenant à la durée de la location est pris par la société. Pour bénéficier du régime fiscal de faveur, l'associé doit souscrire un engagement de conservation des titres jusqu'à l'expiration de la période couverte par l'engagement.

Le régime « Périssol » comporte un autre aspect dérogatoire consistant dans le relèvement du plafond d'imputation des déficits fonciers sur le revenu global (V. *infra*, n° 1516). Ce n'était pas le moindre des charmes de ce régime applicable aux investissements réalisés entre 1996 et 1999.

Ne comportant pas formellement cette faculté d'amortissement, le régime « Lienemann » autorisait une déduction forfaitaire au taux de 60 % (au lieu des 14 % de droit commun alors applicable) au titre des locations consenties à des personnes de condition très modeste.

1411. – **Résidence principale du locataire.** Dans les deux cas, le bien loué doit constituer la résidence principale du locataire, étant précisé que le loyer ne doit pas excéder certains plafonds déterminés par arrêté (en fonction de la commune du lieu de situation de l'immeuble).

Dans le cadre du *Robien*, le locataire ne peut être un membre du foyer fiscal du contribuable. Dans le cadre du *Borloo*, il ne peut s'agir, plus encore, de l'un de ces ascendants ou descendants.

Par ailleurs, l'application de ces dispositifs est exclue lorsque l'investissement locatif est réalisé en dehors d'une zone géographique se caractérisant par un déséquilibre entre l'offre et la demande de logements.

Les zones « éligibles » sont classées par voie réglementaire[379].

1412. – Schéma général comparatif des régimes « Robien recentré » et « Borloo populaire ». Les grandes lignes des contenus respectifs des régimes « Borloo populaire » et « Robien recentré » sont résumées dans le tableau suivant.

ÉLÉMENTS DU RÉGIME	« ROBIEN RECENTRÉ »	« BORLOO POPULAIRE »
Date d'acquisition	Régimes concernant les investissements locatifs réalisés entre le 1er septembre 2006 et le 31 décembre 2009	
Amortissement annuel (1re à 7e années)	6 %	6 %
Amortissement annuel (8e et 9e années)	4 %	4 %
Amortissement annuel (10e à 15e années)	**Néant**	**2,5 %**
Amortissement total maximal (en fin d'application du régime)	42 % + 8 % = 50 %	42 % + 8 % + 15 % = 65 %
Charges de propriété déductibles	**Frais réels uniquement**	**Frais réels + déduction forfaitaire de 30 %**
Période de location minimale	9 ans	9 ans (12 ou 15 ans pour bénéficier de l'amortissement supplémentaire)
Résidence principale du locataire	Oui	Oui
Condition tenant aux ressources du locataire	Non	Oui
Plafond de loyer (par zones)	Oui	Oui **Plafonds diminués de 20 %**
Possibilité de location aux ascendants et descendants	**Oui** (s'il n'appartient pas au foyer fiscal du contribuable)	**Non**

La loi prohibe le cumul de l'amortissement « Robien » (et, par voie de conséquence, du régime « Borloo populaire ») avec le régime des investissements outre-mer et avec la réduction « Scellier », « Duflot » ou « Pinel » (V. *infra*, n° 1557).

Dans le cadre du « Robien classique » (applicable aux investissements réalisés jusqu'au 31 août 2006), le taux d'amortissement est de 8 % les cinq premières années et de 2,5 % les quatre suivantes. À l'issue de cette période de neuf ans, le contribuable peut continuer à bénéficier du régime (si les conditions tenant à la location sont toujours réunies) pendant six années supplémentaires (par période de trois ans). Il bénéficie alors d'un amortissement supplémentaire de 2,5 % par an au cours

(379) CGI, ann. IV, art. 18-0 ter.

de cette période. Par ailleurs, les plafonds de loyers ne sont pas identiques aux cas précédents (ni d'ailleurs le zonage territorial qui permet de déterminer le plafond applicable).

b) Préservation des immeubles historiques

1413. – Opérations de restauration immobilière (ancien régime « Malraux »). Sur le plan fiscal, l'ancien régime *Malraux* ne procédait aucunement de la loi « Malraux » du 4 août 1962 complétant la législation sur la protection du patrimoine historique et esthétique de la France et tendant à faciliter la restauration immobilière (qui ne comportait strictement aucune disposition fiscale). Ce régime (qui, initialement, n'en était pas vraiment un) avait résulté, en creux, du durcissement des règles concernant l'imputation des déficits fonciers sur le revenu global[380].

En effet, tout en posant le principe de « tunnelisation » des déficits fonciers (V. *infra*, n° 1516), cette loi avait introduit trois exceptions pour lesquelles, toute « tunnelisation » étant écartée, la faculté d'imputation illimitée des déficits fonciers sur le revenu global se trouvait maintenue. C'est dans cet îlot préservé que les opérations de défiscalisation *Malraux* ont pu rapidement s'épanouir.

Substituant une réduction d'impôt plafonnée[381] à la mesure de déduction fiscale « illimitée » qui s'appliquait jusqu'alors[382], la loi de finances pour 2009[383] a profondément modifié le régime fiscal de faveur applicable aux opérations de restauration immobilière relevant de la loi « Malraux ». Toutefois, l'ancien régime « Malraux » a pu continuer à s'appliquer, jusqu'au 31 décembre 2017 au plus tard[384], à l'égard d'opérations portant sur des immeubles pour lesquels une demande de permis de construire (ou une déclaration de travaux) a été déposée avant le 1er janvier 2009.

Pour le reste, les conditions d'application de l'ancien régime Malraux étaient largement similaires à celles prévues dans le cadre de la réduction d'impôt qui lui a succédé. Sans entrer dans le détail de ce régime désormais éteint, on relèvera seulement deux points importants :

– les déficits fonciers déductibles du revenu global pouvaient être déterminés à raison de l'ensemble des charges de propriété et des dépenses de restauration – y compris certains travaux de démolition et de reconstruction[385]. Toutefois, la fraction de ce déficit correspondant à la prise en compte d'intérêts des emprunts n'était pas imputable sur le revenu global[386]. Cette exclusion se retrouve aujourd'hui, sous une autre, forme, dans le cadre du nouveau *Malraux* ;

– contrairement à la réduction d'impôt liée au nouveau *Malraux*, l'avantage fiscal tiré du « Malraux ancien régime » n'était pas pris en compte au titre du plafonnement global des avantages fiscaux (V. *supra*, nos 1543 et s.).

En 2014, 3 000 ménages avaient bénéficié de l'ancien régime *Malraux* pour un coût total de 3 M€ (qui reste évalué à ce même montant pour 2015 et 2016).

1414. – Monuments historiques et assimilés. Un régime de faveur permet aux propriétaires[387] d'immeubles historiques et assimilés de déduire les charges foncières dans des conditions dérogatoires.

(380) L. fin. 1977, 29 déc. 1976, art. 3.
(381) CGI, art. 199 tervicies.
(382) CGI, art. 156, I, 3°.
(383) L. 27 déc. 2008, art. 84, III.
(384) L. fin. 2016, 29 déc. 2015, art. 118.
(385) CGI, art. 31, I, *b* ter.
(386) CGI, art. 156, I, 3°.
(387) Cette mesure est applicable *mutatis mutandis*, à compter du 1er janvier 2017, lorsqu'un immeuble historique classé ou inscrit (mais non simplement « labélisé » par la Fondation du patrimoine) est pris à bail emphytéotique pour une durée d'au moins dix-huit ans (L. fin. 2016, 29 déc. 2015, art. 119. – CGI, art. 31-0 bis). Les revenus tirés de la sous-location consentie, le cas échéant, par l'emphytéote sont désormais regardés, dans ce cas, comme des revenus fonciers.

Formellement, ce dispositif comporte deux volets distincts selon que l'immeuble historique considéré est, ou non, productif de revenus.

Lorsque l'immeuble est donné en location, le régime de faveur revêt la forme de règles dérogatoires d'imputation des *déficits fonciers* sur le revenu global(388). Dans le cas inverse, le régime de faveur consiste dans des règles spéciales permettant l'imputation directe de *certaines charges* sur le revenu global(389).

Ces avantages fiscaux ne sont pas pris en compte au titre du plafonnement global des avantages fiscaux (V. *supra*, nos 1543 et s.). Ils ont concerné sur le plan statistique :

– dans le premier cas (immeuble productif de revenus), 3 400 contribuables (en 2011, dernière année pour laquelle ce nombre a été rendu public) ;

– dans le second cas (immeuble non productif de revenus), 28 000 contribuables (en 2008, dernière année pour laquelle ce nombre a été rendu public).

Le coût annuel global de cette mesure pour chacune des années 2014, 2015 et 2016 est évalué à de 38 M€.

1) Ce régime particulier s'applique aux propriétaires :

– de monuments classés monuments historiques ou inscrits à l'inventaire supplémentaire ;

– aux immeubles faisant partie du patrimoine national à la suite de la délivrance, par la Fondation du patrimoine, d'un label(390), si ce label a été accordé sur avis favorable du service départemental de l'architecture et du patrimoine.

Avant la loi de finances pour 2014(391), ce régime pouvait également s'appliquer aux immeubles dits « agréés » comme faisant partie du patrimoine national en raison de leur caractère historique ou artistique particulier. Ce cas d'application a été supprimé (sous réserve du maintien du régime pour les agréments en cours), au double motif du coût administratif important découlant de la procédure d'agrément (délivrance par le directeur départemental ou régional des finances publiques après consultation du représentant régional du ministère chargé de la culture et de celui du tourisme) et des très faibles contraintes pesant, dans ce cas de figure, sur les bénéficiaires du régime (ouverture de l'immeuble au public entre quarante et cinquante jours par an).

Le régime fiscal dérogatoire n'est applicable, dans le cas d'une propriété partiellement inscrite à l'inventaire supplémentaire, qu'aux charges relatives aux parties inscrites(392). Toutefois, les charges relatives à la fois à des parties classées et non classées relèvent intégralement du régime dérogatoire lorsque ces travaux sont, dans leur ensemble, nécessaires à la conservation des parties inscrites(393).

2) Particulièrement simple dans son contenu, ce régime spécial consiste, directement ou indirectement, dans l'imputation intégrale des charges de propriété sur le revenu global du propriétaire(394).

Dans la mesure où l'immeuble historique procure des recettes, la prise en compte des charges de propriété s'opère dans le cadre de la détermination des revenus fonciers nets – l'éventuel déficit foncier étant imputable sur le revenu global sans limitation particulière(395). À défaut, elle s'opère directement lors de la détermination du revenu global(396). Si l'immeuble procure des recettes tout en étant

(388) CGI, art. 156, I-3°, et art. 156 bis.
(389) CGI, art. 156, II-1° ter, et art. 156 bis.
(390) C. patr., art. L. 143-2.
(391) L. 29 déc. 2013, art. 26.
(392) CE, 17 mai 1989, n° 62.770, *Min. c/Gernez* : *Dr. fisc.* 1989, n° 40, comm. 1771, concl. M. Liébert-Champagne. – CE, 18 mai 2005, n° 249.950, *Michaud* : *Dr. fisc.* 2005, n° 30, comm. 562, concl. F. Donnat. – CE, 5 févr. 2009, n° 303.425, *Dozorme* : *Dr. fisc.* 2009, n° 11, comm. 236, concl. N. Escaut.
(393) CE, 22 févr. 2002, n° 219.126, *Sébillote* : *Dr. fisc.* 2002, n° 24, comm. 489, concl. S. Austry.
(394) CGI, art. 156, I-3°, et 156, II-1° ter.
(395) CGI, art. 156, I-3°.
(396) CGI, art. 156, II-1° ter.

occupé par son propriétaire, les charges foncières ne sont prises en compte au titre des revenus fonciers que si elles se rapportent à la partie de l'immeuble productive de revenus. En revanche, les charges se rapportant à la partie de l'immeuble dont le propriétaire se réserve la jouissance sont directement imputables sur son revenu global.

3) Depuis le 1er janvier 2009, le bénéfice de ce régime est subordonné à l'engagement du propriétaire de conserver la propriété de ces immeubles pendant une période d'au moins quinze années à compter de leur acquisition[397].

Depuis la même date, sauf agrément du ministre du Budget (après avis du ministre de la Culture) en ce sens, l'application du régime est exclue à l'égard des immeubles détenus par des sociétés civiles non passibles de l'impôt sur les sociétés ou « divisés », c'est-à-dire mis en copropriété. La délivrance de l'agrément est légalement subordonnée à ce que le mode de détention considéré soit justifié par l'intérêt patrimonial du monument et l'importance des charges relatives à son entretien[398].

Par exception, dans le cas où l'immeuble est détenu par une société civile non soumise à l'IS, l'agrément n'est pas exigé (et le dispositif est applicable de plein droit) lorsque tous les associés sont membres d'une même famille et ont pris l'engagement de conserver la propriété de leurs parts pendant une période d'au moins quinze années à compter de leur acquisition[399].

4) Le non-respect de cet engagement entraîne la reprise de l'avantage fiscal. Cette reprise fait légalement l'objet d'un étalement : le revenu global ou le revenu net foncier de l'année au cours de laquelle l'engagement n'est pas respecté et celui des deux années suivantes est majoré du tiers du montant des charges indûment imputées[400].

§ 3. – Les revenus des capitaux mobiliers

A. – Généralités

1415. – Unité et hétérogénéité. 1) De manière générale, les revenus des capitaux mobiliers sont les revenus tirés des placements financiers réalisés par des particuliers.

2) Sur le plan fiscal, cette catégorie de revenus présente un élément d'unité et un élément d'hétérogénéité.

a) L'élément d'unité réside dans l'importance des cas d'exonération applicables à ces revenus. Pour la grande masse des contribuables, dont l'épargne est il est vrai modeste, l'imposition à l'impôt sur le revenu des revenus des capitaux mobiliers peut être évitée.

(397) CGI, art. 156 bis. – L. fin. 2009, 27 déc. 2008, art. 85. Cette règle s'applique que l'acquisition de l'immeuble soit antérieure ou postérieure au 1er janvier 2009. Toutefois, dans le premier cas, le délai de détention écoulé antérieurement à la loi de finances pour 2009 est pris en compte. En d'autres termes, la durée de l'engagement est réduite du délai de détention des biens couru avant le 1er janvier 2009.

(398) CGI, art. 156 bis, II. Depuis la deuxième loi de finances rectificative pour 2014 (L. 29 déc. 2014, art. 90, applicable aux demandes déposées depuis le 1er janvier 2015), l'obtention de cet agrément est légalement subordonnée à ce que l'immeuble historique soit :

– *classé* ou (L. fin. 2016, 29 déc. 2015, art. 6, applicable aux demandes déposées depuis le 1er janvier 2016) *inscrit*, en tout ou partie, depuis au moins douze mois à la date de la demande d'agrément. L'agrément ne peut donc être délivré à un immeuble historique seulement *labélisé* par la Fondation du patrimoine ;

– affecté à l'habitation pour au moins 75 % de sa surface habitable.

(399) En outre, pour ces SCI « familiales », le dispositif est étendu aux immeubles *classés* monuments historiques affectés pendant quinze en au moins à un « espace culturel non commercial et ouvert au public » – en clair un musée ou un espace assimilé (deuxième L. fin. rect. 2014, 29 déc. 2014, art. 90).

(400) CGI, art. 156 bis, III.

• La justification de ces exonérations est triple :

– l'épargne financière résulte de la renonciation à la consommation de revenus du travail. Or, ces derniers ayant été soumis à l'IR, la taxation des revenus de l'épargne correspondrait à une double imposition économique des revenus du travail. Cet argument apparaît discutable. Il méconnaît d'abord le principe selon lequel l'IR doit être déterminé à raison des facultés contributives réelles, indépendamment de l'origine des revenus. Il serait également plus convaincant si l'héritage ne constituait pas (davantage aujourd'hui qu'auparavant d'ailleurs) un mode d'acquisition des capitaux mobiliers ;

– la constitution d'une épargne par les particuliers mérite d'être encouragée en raison de ses bienfaits économiques et sociaux. La fiscalité doit y participer, ce qui justifie l'exonération de l'épargne (« populaire » ou même plus « élitaire »). À cet égard, l'État (massivement) emprunteur doit se garder de décourager fiscalement ses propres prêteurs ;

– les capitaux circulant librement en Europe notamment, la taxation des revenus des capitaux mobiliers doit être modérée, sauf à encourager la fuite de capitaux hors de France.

• Des progrès (aussi salutaires que difficiles) avaient été accomplis en Europe au cours de la dernière décennie avec l'adoption de la directive n° 2003/48/CE du Conseil du 3 juin 2003 en matière de fiscalité des revenus de l'épargne sous forme de paiements d'intérêts ou directive « Épargne ». Remplacée par un instrument plus ambitieux, et possédant un champ d'application plus large, cette directive a été abrogée par le Conseil des ministres de l'UE le 10 novembre 2015, suite à l'adoption de la directive n° 2014/107/UE du Conseil du 9 décembre 2014 modifiant la directive n° 2011/16/UE en ce qui concerne l'échange automatique et obligatoire d'informations dans le domaine fiscal[(401)].

Pour l'essentiel, l'ancienne directive « Épargne » visait à permettre que les revenus de l'épargne prenant la forme d'intérêts acquis par le résident personne physique d'un État membre puissent – lorsqu'ils provenaient d'un autre État membre – être effectivement imposés au nom de ce résident par l'État de sa résidence et conformément aux dispositions de sa législation. Le moyen retenu pour permettre l'imposition effective des paiements d'intérêts dans l'État membre où le bénéficiaire effectif a sa résidence fiscale était l'échange automatique d'informations entre les États membres. La directive imposait donc aux États de prendre toutes les mesures nécessaires afin de s'assurer de l'exécution des tâches requises pour sa mise en œuvre par les établissements payeurs établis sur leur territoire, indépendamment du lieu d'établissement du débiteur de la créance produisant les intérêts. Pendant une période transitoire (qui ne concernait plus, depuis le 1er janvier 2010, la Belgique), le Luxembourg et l'Autriche pouvaient s'abstenir d'échanger l'information sur les revenus de l'épargne couverts par la directive (tout en pouvant naturellement recevoir des informations des autres États membres). Ils étaient tenus, en contrepartie, d'appliquer une retenue à la source aux revenus « exemptés » d'échanges d'information. Le taux de cette retenue a été de 15 % pendant les trois premières années de la période de transition (1er juill. 2005-30 juin 2008), de 20 % pendant les trois années suivantes (1er juill. 2008-30 juin 2011 et de 35 % par la suite. Le produit de cette retenue est réparti entre l'État membre « collecteur » (25 %) et l'État membre de résidence du bénéficiaire effectif des intérêts (75 %). Aux termes de cette ancienne directive, le régime transitoire devait prendre fin lorsque la Suisse, Andorre, le Liechtenstein, Monaco et Saint-Marin auraient garanti un échange effectif et complet d'informations en matière de paiements d'intérêts que les États-Unis se seraient engagés à échanger des informations conformément aux standards internationaux adoptés sous l'égide de l'OCDE. Compte tenu du progrès rapide des négociations relatives à l'échange automatique d'informations avec ces différents États, l'Autriche et le Luxembourg avaient fait savoir, en mars 2014, qu'ils étaient prêts à renoncer à leur secret bancaire et, partant, à mettre en œuvre le dispositif prévu en matière d'échange d'informations par l'ancienne directive « Épargne »[(402)].

(401) Cette directive a été transposée en droit interne par la loi de finances rectificative pour 2015 (L. 29 déc. 2015, art. 44). – CGI, art. 1649 AC, mod. Cette directive incorpore les normes de reporting standardisées de l'OCDE (*Common reporting standard* – CRS) élaborées dans le sillage du règlement américain FATCA (*Foreign account tax compliance Act*) de 2010.

(402) V. en ce sens la déclaration (n° 14/59) du commissaire européen A. Semeta, publiée à l'issue du Conseil Ecofin du 11 mars 2014.

b) Même s'il s'est trouvé récemment atténué, l'élément d'hétérogénéité réside dans les différences affectant le traitement fiscal applicable à chacune des deux grandes formes de placements financiers : les placements à revenus « fixes » (ou placements à risque limité) et les placements à revenus « variables » (ou placements à risque avéré).

Il ne faut pas confondre les revenus des capitaux mobiliers et les plus-values de cession de titres, c'est-à-dire les gains consécutifs à une cession à titre onéreux de valeurs mobilières ou de droits sociaux.

• Les produits des placements à revenus dits « fixes » sont les revenus retirés des prêts d'argent et des opérations qui leur sont assimilées. Ils correspondent notamment aux revenus des obligations (et autres titres d'emprunt négociables), des créances, dépôts et comptes courants, des bons de caisse et des bons et contrats de capitalisation, des contrats d'assurance-vie et des contrats de même nature.

Jusqu'en 2012, ces revenus étaient généralement soustraits *en pratique* à l'imposition progressive pour être soumis, lorsqu'ils étaient imposables, à une imposition forfaitaire libératoire de l'impôt sur le revenu (qui présentait toutefois le plus souvent un caractère optionnel).

Depuis 2013, ils sont en principe toujours compris dans le revenu global soumis au barème progressif – la retenue à la source facultative libératoire de l'IR ayant été remplacée par une retenue à la source obligatoire non libératoire de l'IR. C'est une des manifestations principales de la réalisation de l'engagement que F. Hollande avait pris pendant sa campagne électorale victorieuse : « Les revenus du capital seront imposés comme ceux du travail ». Cet engagement n'a pas, toutefois, été pleinement tenu et des exceptions très importantes à ce principe subsistent néanmoins toujours.

• Les produits des placements à revenus dits « variables » sont les revenus retirés par un associé de sa participation au capital d'une société soumise à l'impôt sur les sociétés (ou à un impôt équivalent pour les sociétés étrangères). Ces revenus, qui correspondent normalement aux dividendes (et revenus fiscalement assimilés) distribués par la société à ses associés, sont compris dans le revenu global de l'associé, pour être soumis à l'imposition progressive ordinaire.

La loi de finances pour 2008[403] avait introduit, à l'égard des dividendes, un mécanisme optionnel de prélèvement à la source libératoire de l'IR, qui alignait le traitement fiscal des revenus distribués sur celui généralement applicable, à l'époque, aux produits de placement à revenu fixe. Ce régime optionnel ne peut plus trouver application depuis le 1er janvier 2013, le versement de dividendes donnant normalement lieu, désormais, à une retenue à la source non libératoire de l'IR. Par ailleurs, depuis 2013 les dividendes font obligatoirement l'objet, en principe, d'une retenue à la source non libératoire de l'IR (V. *infra*, n° 1422, 2).

B. – Les produits de placement à revenu fixe

1416. – **Produits imposables.** Les produits de placement dits « à revenu fixe » peuvent être largement assimilés aux revenus tirés des prêts de capitaux, c'est-à-dire aux loyers des sommes d'argent prêtées à intérêt. Il s'agit, notamment :

1) des produits des obligations et autres titres d'emprunt négociables, émis par l'État, les autres collectivités publiques et les entreprises publiques ou privées, notamment ;

2) les produits des créances (autres que celles représentées par des obligations négociables et titres assimilés), des dépôts (normalement opérés dans des établissements bancaires), des cautionnements en numéraire et des comptes courants d'associés ;

(403) L. 24 déc. 2007, art. 10.

3) des bons de caisse (émis par des établissements de crédits ou d'autres entreprises) et des bons et contrats de capitalisation (contrats d'assurance-vie notamment) ;

4) les produits des valeurs mobilières étrangères.

De manière générale, les produits de ces placements s'entendent principalement des intérêts mais également, le cas échéant, des arrérages, lots et primes de remboursement. Les produits de bons du Trésor sont imposables dans la catégorie des revenus des capitaux mobiliers. Ils ne sont toutefois qu'exceptionnellement détenus directement par des particuliers.

Sont légalement assimilés à ces produits, les jetons de présence (ou tantièmes) versés aux membres des conseils d'administration (ou de surveillance) des sociétés anonymes[404].

1417. – **Exonérations intégrales.** Bénéficient, notamment, d'une exonération totale d'impôt sur le revenu (parfois étendue aux contributions sociales), les produits :

– des livrets A (« banalisés » depuis le 1er janvier 2009, après avoir été monopolisés auparavant par la Banque postale et les Caisses d'épargne) ;

– des livrets bleus du Crédit Mutuel[405] ;

– des livrets jeunes ;

– des livrets de développement durable (anciennement Codevi) ;

– des plans épargne-logement (pendant les douze premières années suivant l'ouverture du plan dans la généralité des cas) ;

– des comptes épargne-logement ;

– des livrets d'épargne populaire[406] ;

– des livrets d'épargne-entreprise.

Le total des sommes pouvant être placées, par un célibataire, sur ces différents produits d'épargne dépasse les 150 000 €.

Pour les exonérations applicables aux produits des contrats d'assurance-vie ou des bons ou contrats de capitalisation, V. *infra*, n° 1419, 3, dernier point.

1418. – **Modalités d'imposition de droit commun.** 1) Lorsqu'ils ne sont pas intégralement exonérés d'impôt sur le revenu, les produits de placement à revenu fixe perçus par des particuliers domiciliés en France sont en principe compris dans le revenu global du foyer soumis au barème progressif de l'impôt.

Avant la loi de finances pour 2013, si ces revenus pouvaient fréquemment relever sur option d'un prélèvement à la source libératoire de l'IR, ils étaient déjà soumis en principe au barème progressif de l'IR. L'incidence de cette loi, si elle est très significative sur le plan pratique, a donc été limitée sur le plan des principes.

2) Ces revenus font néanmoins l'objet, au préalable, d'un prélèvement non libératoire de l'impôt sur le revenu opéré par l'établissement payeur.

a) Le prélèvement non libératoire doit obligatoirement être opéré, en principe, sur les produits de placement à revenu fixe acquis par des personnes physiques domiciliées en France. Il est assis sur le montant brut des produits et est généralement perçu au taux de 24 %. Il est versé au Trésor par l'établissement payeur, lorsque celui-ci est établi en France.

(404) CGI, art. 117 bis.

(405) Les Livrets bleus (dont l'ouverture n'est plus possible depuis le 1er janvier 2009) sont en réalité des Livrets A.

(406) Seuls peuvent ouvrir un LEP les foyers fiscaux dont le montant du revenu fiscal de référence de l'antépénultième année n'excède pas certains montants (V. BOI-RPPM-RCM-10-10-50, n° 20).

b) Par exception, il n'est pas exigible à l'égard :

• des revenus légalement exonérés d'impôt sur le revenu (V. *supra*, n° 1417) ;

• des produits faisant l'objet (à titre obligatoire) ou étant susceptibles de faire l'objet (sur option du contribuable) d'un prélèvement libératoire de l'impôt sur le revenu (V. *infra*, n° 1419) ;

• des produits versés à une personne physique qui a formulé une demande de dispense du prélèvement.

Les personnes appartenant à un foyer fiscal dont le revenu fiscal de référence (V. *infra*, n° 1975) de l'avant-dernière année est inférieur à 25 000 € pour les contribuables célibataires, divorcés ou veufs et à 50 000 € pour les couples soumis à une imposition commune peuvent toutefois demander à être dispensées de ce prélèvement.

La demande de dispense doit être formulée par les intéressés, sous leur responsabilité, au plus tard le 30 novembre de l'année précédant celle du paiement des revenus. Cette demande résulte de la production, auprès de l'établissement payeur, d'une attestation sur l'honneur indiquant que leur revenu fiscal de référence figurant sur l'avis d'imposition établi au titre des revenus de l'avant-dernière année précédant celle du paiement des dividendes est inférieur aux seuils précités[407].

3) Ce prélèvement ne présente aucun caractère libératoire de l'impôt sur le revenu. Les produits perçus sont en effet obligatoirement compris dans le revenu global du contribuable appelé à être imposé au barème progressif de l'impôt.

Il correspond à une forme d'acompte de l'impôt sur le revenu : il s'impute sur l'impôt sur le revenu dû au titre de l'année au cours de laquelle il a été opéré ; si son montant excède l'impôt finalement dû, l'excédent est restitué.

• Les revenus de source étrangère sont également imposables. Ils peuvent ouvrir droit, dans les conditions prévues par les conventions internationales, à un crédit d'impôt imputable sur l'impôt français.

• S'agissant des contribuables domiciliés en France, les produits de placement à revenu fixe sont par ailleurs soumis aux contributions sociales (au titre des produits de placement) pour un total de 15,5 %. Les contributions sociales sont retenues à la source par l'établissement payeur lorsque celui-ci est établi en France.

La CSG (8,2 %) est partiellement déductible (à hauteur, depuis le 1er janvier 2013, de 5,1 points) du revenu imposable au titre de l'année de son paiement[408].

1419. – Modalités d'imposition dérogatoires. 1) Par exception, certains produits de placement à revenu fixe perçus par des particuliers domiciliés en France sont frappés, même après le 1er janvier 2013, par un prélèvement libératoire de l'impôt sur le revenu.

Lorsque tel est le cas, ces revenus ne sont pas compris dans le revenu global du foyer soumis au barème progressif de l'impôt.

2) Certains produits relèvent, à titre obligatoire, d'un prélèvement forfaitaire libératoire. Relèvent de ce premier cas de figure :

• les produits des bons anonymes, soumis à un prélèvement forfaitaire libératoire exigible à un taux généralement fixé à 60 %[409] ;

(407) CGI, art. 242 quater.
(408) CGI, art. 154 quinquies, II.
(409) Le Conseil constitutionnel a censuré les dispositions de la loi de finances pour 2013 (texte adopté, art. 9, I-E) qui auraient dû porter ce taux à 75 % hors contributions sociales (Cons. const., 29 déc. 2012, n° 2012-662 DC, *Loi de finances pour 2013*, § 51.

Les produits de ces bons sont également soumis aux contributions sociales. Ces bons supportent également un prélèvement annuel spécial sur leur valeur en capital au taux de 2 %[410]. Compte tenu de cette « pression fiscale », on peut se demander si de tels investissements présentent (en dépit de la limitation imposée par le juge constitutionnel) un quelconque intérêt patrimonial.

• les produits de l'épargne solidaire, taxés au taux de 5 % ;

Les produits de l'épargne solidaire sont ceux qui font intervenir un mécanisme consistant dans le versement automatique, à partir des revenus de l'épargne, de dons à une œuvre ou un organisme d'intérêt général[411].

• les produits versés, par un débiteur établi en France, dans un État ou territoire non coopératif (V. *supra*, n° 1374), taxés en principe au taux de 75 %.

Le taux majoré est applicable sauf si le débiteur démontre que les opérations auxquelles correspondent ces revenus et produits ont principalement un objet et un effet autres que de permettre la localisation de ces revenus et produits dans tel État ou territoire[412]. Ce taux majoré, initialement fixé à 50 %[413], a été ultérieurement porté à 55 %[414] puis à 75 %[415].

Par ailleurs, sous réserve des conventions internationales, les produits de placement à revenu fixe versés par des débiteurs établis en France à des personnes physiques non domiciliées en France font normalement l'objet d'une retenue à la source[416]. Le taux de celle-ci est en principe de 30 %[417].

3) D'autres produits ne relèvent d'un prélèvement forfaitaire libératoire que sur option du contribuable. Relèvent de ce second cas de figure :

a) les produits des contrats d'assurance-vie et des bons ou contrats de capitalisation ;

• Avant 1998, les produits des contrats d'assurance-vie et des bons ou de capitalisation d'une durée égale ou supérieure à huit ans (ou six ans pour les contrats souscrits entre 1983 et 1989) étaient exonérés d'IR[418].

Mettant fin à cette exonération, la loi de finances pour 1998[419] a organisé le régime qui, toujours applicable actuellement, consiste dans ce cas, après application d'un abattement de 4 600 € (pour un célibataire) ou de 9 200 € (pour un couple soumis à imposition commune), en une taxation[420] au barème progressif de l'IR ou, sur option du contribuable, à un prélèvement forfaitaire libératoire au taux de 7,5 %[421].

Cette fiscalisation a concerné, d'une part, les contrats souscrits après le 25 septembre 1997 et, d'autre part, les produits acquis ou constatés postérieurement au 1er janvier 1998 et afférents à des versements opérés postérieurement au 25 septembre 1997 au titre de contrats souscrits à compter du 1er janvier 1983.

Certains produits acquis ou constatés postérieurement au 1er janvier 1998 peuvent toutefois échapper à toute taxation à l'IR pour des motifs transitoires. Bénéficient de cette mesure, à condition que la durée minimale du contrat soit respectée :

– les produits afférents à des versements opérés avant le 26 septembre 1997 ;

(410) CGI, art. 990 A et s.
(411) CGI, art. 125 A, II et III bis, 10°.
(412) CGI, art. 125 A, III.
(413) Troisième L. fin. rect. 2009, 30 déc. 2009, art. 22, applicable à compter du 1er mars 2010.
(414) L. fin. rect. 2011, 28 déc. 2011, art. 20.
(415) L. fin. 2013, 29 déc. 2012, art. 9.
(416) CGI, art. 119 quater, 1.
(417) CGI, art. 187, 1.
(418) Si cette condition de durée n'était pas respectée, les produits afférents à des contrats souscrits à compter du 1er janvier 1990 étaient en principe passibles de l'IR (et des contributions sociales). S'agissant de l'IR, ils étaient compris dans le revenu global du contribuable ou soumis, sur option, à un prélèvement forfaitaire libératoire au taux de 35 % (durée du contrat inférieure à quatre ans) ou de 15 % (durée du contrat comprise entre quatre et huit ans).
(419) L. 30 déc. 1997, art. 21.
(420) La taxation demeure différée au dénouement ou au rachat du contrat ou du bon.
(421) Avant 2002, les montants de 4 600 € ou 9 200 € étaient respectivement fixés à 30 000 F et 60 000 F.

– les produits afférents à des versements opérés après le 26 septembre 1997 au titre de contrats souscrits avant cette date, à la condition qu'ils se rapportent à des versements n'excédant pas ceux initialement prévus au contrat[422].

• Actuellement, lorsque l'option pour le prélèvement forfaitaire libératoire est exercée, les produits acquis ou constatés sur un contrat d'assurance-vie ou un bon ou un contrat de capitalisation dénoué ou racheté après huit ans supportent (pour les contrats souscrits depuis le 26 septembre 1997) une taxation de 7,5 % (après application d'un abattement de 4 600 € ou 9 200 €, selon que le foyer est constitué d'un célibataire ou d'un couple soumis à imposition commune). En cas de dénouement ou de rachat avant huit ans, la taxation est opérée (sans abattement) au taux de 15 % ou 35 %, selon que la durée du contrat est supérieure ou inférieure ou égale à quatre ans[423].

RACHAT SUR UN CONTRAT DE MOINS DE 4 ANS D'ANCIENNETÉ	RACHAT SUR UN CONTRAT AYANT ENTRE 4 ET 8 ANS D'ANCIENNETÉ	RACHAT SUR UN CONTRAT DE PLUS DE 8 ANS D'ANCIENNETÉ
IR ou sur option PFL de 35 % + Contributions sociales (CS) 15,50 %	IR ou sur option PFL de 15 % + CS 15,50 %	IR ou sur option PFL de 7,50 % après un abattement de : – 4 600 € pour un célibataire ; – 9 200 € pour un couple soumis à imposition commune + CS 15,50 % maximum

• Lors du dénouement ou du rachat (total ou partiel) du contrat, l'imposition ne porte que sur les produits acquis, c'est-à-dire sur la différence entre les sommes remboursées au bénéficiaire et le montant des versements qu'il a effectués. En cas de rachat partiel, les produits imposables sont déterminés par application de la proportion existant, à la date du rachat partiel, entre les versements effectués et la valeur totale du contrat[424].

Naturellement, les avances que l'établissement gestionnaire du contrat peut consentir au contribuable sont hors du champ d'application de l'IR.

• L'option pour le prélèvement forfaitaire libératoire n'est pas ouverte lorsque l'établissement payeur est établi dans un État de l'Union européenne, en Islande, en Norvège ou au Liechtenstein.

• La loi de finances pour 1998 n'a pas remis en cause certaines exonérations antérieurement applicables. Celles-ci concernent les produits afférents à des bons et contrats :

– dont le dénouement donne lieu au versement d'une rente viagère – étant précisé que celle-ci est toutefois imposable à l'IR (V. *supra*, n° 1391, 4) ;

– dénoués du fait du licenciement, de la retraite anticipée ou de la survenance de l'invalidité du contribuable ou de son conjoint[425].

• La loi de finances pour 1998 a introduit une exonération des produits des bons ou contrats significativement investis en actions et comportant une part minimale de titres à risque[426]. C'est le régime des contrats *DSK* (pour D. Strauss-Kahn) auxquels ont succédé quelques années plus tard, moyennant quelques aménagements limités, les contrats *NSK* (pour N. Sarkozy)[427].

b) les produits d'un niveau « globalement modeste ».

(422) Toutes autres conditions étant par ailleurs remplies, l'exonération est également applicable aux produits attachés à des versements effectués entre le 26 septembre et le 31 décembre 1997, sous réserve que leur total n'ait pas excédé 200 000 F par souscripteur.

(423) CGI, art. 125D A.

(424) Le projet de loi de finances pour 1998 avait prévu que, dans le cas d'un rachat partiel, le contribuable était réputé appréhender prioritairement les produits générés par le capital versé. Cette mesure n'a finalement pas été adoptée.

(425) CGI, art. 125-0 A, I.

(426) Cette exonération est subordonnée à ce que la durée du contrat soit égale ou supérieure à huit ans.

(427) CGI, art. 125-0 A, I quater et I quinquies, introduits, respectivement, par la loi de finances pour 1998, 30 déc. 1997, art. 21, et la loi de finances pour 2005, 30 déc. 2004, art. 39.

Les personnes physiques appartenant à un foyer fiscal dont le montant des produits de placement à revenu fixe (de source française ou étrangère) n'excède pas, au titre d'une année, 2 000 € peuvent opter pour leur assujettissement à l'IR, à raison de ces mêmes revenus, à un taux forfaitaire de 24 %. L'option est exercée lors du dépôt de la déclaration d'ensemble des revenus perçus au titre de la même année[(428)].

C. – Les produits de placement à revenus variables

1420. – Produits imposables. Les revenus imposables au titre des produits de placement à revenus variables sont les bénéfices distribués par des sociétés françaises soumises à l'impôt sur les sociétés (de plein droit ou sur option) ou par des sociétés étrangères supportant un impôt équivalent. Lorsqu'elles sont régulièrement opérées en cours de société, ces distributions prennent ordinairement la forme de versements de dividendes aux associés.

1) Les revenus procédant des distributions indirectes, occultes ou déguisées sont également soumis à l'IR. Sont notamment considérés comme des revenus distribués, les rémunérations et avantages occultes, la fraction non déductible des résultats des rémunérations considérées comme excessives (V. *infra*, n° 1463, 1) et les dépenses et charges « somptuaires » (V. *infra*, n° 1463, 4).

Le régime d'imposition applicable à ces distributions est marqué par sa simplicité et sa radicalité : ces revenus sont compris (en tant que revenus des capitaux mobiliers) dans le revenu global du contribuable après majoration de 25 % (V. *infra*, n° 1522).

Par ailleurs, les sociétés (et autres personnes morales) passibles de l'IS qui versent ou distribuent, directement ou par l'intermédiaire de tiers, des revenus à des personnes dont elles ne révèlent pas l'identité, sont soumises à une amende égale à 100 % des sommes versées ou distribuées. Lorsque l'entreprise a spontanément fait figurer dans sa déclaration de résultats le montant des sommes en cause, le taux de l'amende est ramené à 75 %[(429)]. Les personnes qui (à la date du versement ou, à défaut de connaissance de cette date, à la date de déclaration des résultats de l'exercice au cours duquel les versements ont eu lieu) exerçaient en droit ou en fait la direction de la société considérée sont solidairement responsables du paiement de cette amende[(430)].

2) Sont également imposables selon le régime des dividendes ;

– le boni de liquidation, c'est-à-dire la somme excédant le montant de ses apports reçus par un associé à la dissolution d'une société de capitaux ;

– lors du rachat (effectué en vue de leur annulation et non motivé par des pertes) de ses propres titres par une société de capitaux, le montant du remboursement reçu par l'associé diminué du montant de ses apports compris dans les titres annulés.

1421. – Dividendes exonérés. L'exonération la plus significative concerne les dividendes reçus au titre d'actions figurant sur un plan d'épargne en actions et réinvestis dans le plan.

1) Le plan d'épargne en actions (PEA) – dont l'intérêt avait été considérablement affaibli par les réformes successives des régimes d'imposition des dividendes et des plus-values de cession d'actions – permet de bénéficier, à l'égard de ces deux types de gains, d'une exonération d'IR.

• Tout contribuable domicilié en France peut « ouvrir » un PEA (et un seul, sous réserve du nouveau PEA « PME-ETI ») et y opérer des versements (en numéraire) dans la limite, depuis le 1er janvier 2014, de 150 000 € (V. *infra*, point 2). L'exonération d'IR est conditionnée à ce qu'aucun retrait (ou rachat) ne soit opéré sur le plan dans les cinq ans de son ouverture. Les retraits (ou rachats) opérés avant deux ans et cinq ans entraînent la clôture du PEA et conduisent à l'imposition du gain net à l'IR au taux, respectivement, de 22,5 % et 19 %. Les retraits (ou rachats) opérés entre cinq ans et huit ans

(428) CGI, art. 125 1, I bis.
(429) CGI, art. 1759.
(430) CGI, art. 1754, V-3.

entraînent la clôture du PEA et les retraits (ou rachats) partiels opérés après huit ans, s'ils n'entraînent pas la clôture du PEA, interdisent d'y effectuer de nouveau versement. Dans ces deux cas, le gain net en découlant est exonéré d'IR. Dans le cadre d'une mesure anti-abus, les produits afférents à des titres non cotés sur un marché *réglementé* ne bénéficient de l'exonération que dans la limite de 10 % du montant de ces placements (cette exclusion n'étant pas applicable aux titres cotés sur un marché simplement *organisé*).

<table>
<tr><th colspan="4">RETRAIT (OU RACHAT) SUR UN PEA AYANT</th></tr>
<tr><th>MOINS DE 2 ANS D'ANCIENNETÉ</th><th>ENTRE 2 ET 5 ANS D'ANCIENNETÉ</th><th>ENTRE 5 ET 8 ANS D'ANCIENNETÉ</th><th>PLUS DE 8 ANS D'ANCIENNETÉ</th></tr>
<tr><td>IR 22,5 %
+
Contributions sociales (CS) 15,50 %</td><td>IR 19 %
+
CS 15,50 %</td><td colspan="2">Exonération d'IR
CS 15,50 % (au maximum)</td></tr>
<tr><td colspan="3">Clôture (et liquidation) du PEA</td><td>Pas de clôture du PEA mais impossibilité d'effectuer de nouveaux versements.
Seule la part des plus-values comprise dans le retrait (ou le rachat) est soumise aux CS.</td></tr>
</table>

Des exonérations sont prévues dans certaines situations (décès du titulaire, rattachement à un autre foyer fiscal possédant déjà des PEA, création ou reprise d'une entreprise dans les trois mois suivant la clôture du PEA).

• Conformément à l'annonce faite par le Président de la République, le 29 avril 2013, dans son discours de clôture des *Assises de l'entrepreneuriat*, la loi de finances pour 2014[431] introduit deux modifications au régime du PEA :

– accompagnant le regain d'intérêt pour ce support, la limite des versements sur un PEA est portée, depuis 2014, à 150 000 € (contre 132 000 € antérieurement) ;

– la loi a créé un nouvel instrument, le PEA « PME-ETI », que les particuliers peuvent désormais détenir isolément ou parallèlement à un PEA « ordinaire » (la loi n'ayant pas retenu la solution, initialement évoquée, consistant en la possibilité de créer au sein de tout PEA « ordinaire » un *compartiment* dédié aux petites et moyennes entreprises ou aux entreprises de taille intermédiaire).

Le détenteur d'un PEA « PME-ETI » peut l'alimenter dans la limite de 75 000 €. Ces versements sont exclusivement destinés au financement des petites et moyennes entreprises (PME) et des entreprises de taille intermédiaire (ETI) cotées ou non cotées – ces sommes ne pouvant être utilisées pour l'acquisition (directe ou indirecte) de titres dans le capital de telles entreprises[432].

• Du point de vue de l'imposition des dividendes, le régime fiscal du PEA « PME-ETI » est identique à celui du PEA « ordinaire ».

(431) L. 29 déc. 2013, art. 70.

(432) Au sens de ce dispositif, une ETI (catégorie qui englobe naturellement celle de PME) s'entend d'une entreprise établie dans l'Union européenne, en Islande, en Norvège ou au Liechtenstein qui, soumise à l'IS ou à un impôt étranger équivalent, emploie moins de 5 000 salariés et dont le chiffre d'affaires annuel ou le total de bilan n'excède pas respectivement 1,5 et 2 Md€. La loi de finances rectificative pour 2015 (L. 29 déc. 2014, art. 27) a prévu un assouplissement de ces conditions pour les ETI dont les titres sont cotés. La même loi a par ailleurs étendu les catégories de titres éligibles au dispositif (art. 27) et, afin de réorienter l'épargne des particuliers vers le financement des entreprises, a organisé (art. 20) un mécanisme de report d'imposition des gains de cession de titres d'organismes de placement collectif (SICAV et FCP) réinvestis dans un PEA « PME-ETI ». Ce report, qui présente un caractère optionnel, a vocation à se transformer en exonération définitive d'IR à l'issue d'un délai de cinq ans (CGI, art. 150-0 B quater, nouv., applicable du 1er avril 2016 au 31 mars 2017).

2) Sauf cas particuliers (V. *infra*, n° 1417) les bons et contrats d'assurance-vie et de capitalisation ne permettent que de retarder à la date du dénouement du contrat l'imposition des dividendes éventuellement capitalisés.

3) D'autres exonérations s'appliquent, par exemple, à l'égard des dividendes « capitalisés » (sous condition d'indisponibilité) sur un plan d'épargne salariale ou un plan d'épargne populaire ou aux dividendes attachés à des titres de société de capital-risque.

4) Dans la fiscalité des entreprises, les dividendes (attachés à une participation de 10 % au moins) distribués à une société mère (V. également, *infra*, n° 1663) établie dans un État (étranger) de l'Union européenne sont légalement exonérés[(433)] de retenue à la source. Un assouplissement de ce régime a été conçu par la doctrine administrative : l'exonération peut, sous certaines conditions, être acquise moyennant une participation de 5 % et s'appliquer aux dividendes versés à une société mère établie en Norvège, en Islande ou au Liechtenstein[(434)].

1422. – **Modalités d'imposition.** 1) Le régime fiscal des produits de placement à revenus variables (dividendes d'actions notamment) résulte de la loi de finances pour 2013[(435)].

a) Avant cette loi, le régime fiscal des dividendes (et autres revenus distribués) avait connu au cours de la période récente un certain nombre d'évolutions.

• Jusqu'en 2004, les titulaires de dividendes bénéficiaient du mécanisme de l'avoir fiscal[(436)]. Les dividendes distribués étaient assortis d'un crédit d'impôt (égal à 50 % du montant des dividendes reçus). Cet avoir fiscal (qui correspondait à un enrichissement du contribuable) était compris dans ses revenus imposables (au titre des revenus des capitaux mobiliers). Il venait ensuite en déduction de l'IR dû, l'excédent éventuel donnant lieu à remboursement. L'avoir fiscal s'ouvrait de plein droit lorsque les dividendes distribués avaient été prélevés sur des bénéfices imposés au taux normal de l'IS depuis moins de cinq ans. Dans le cas inverse, l'ouverture de ce crédit d'impôt supposait le versement, par la société distributrice, d'une imposition spéciale dénommée « précompte mobilier »[(437)].

Ce mécanisme (qui, compte tenu du taux de l'IS, atténuait intégralement la double imposition économique résultant de l'assujettissement à l'IR de sommes issues de bénéfices précédemment taxés à cet impôt) a été supprimé par la loi de finances pour 2004[(438)]. Cette suppression est liée à son coût budgétaire important, alors, surtout, qu'une part importante des avoirs fiscaux était transférée à des résidents étrangers (sous l'effet de conventions internationales prévoyant un tel transfert).

• À partir de 2005, le mécanisme de l'avoir fiscal a été remplacé[(439)] par un mécanisme de réfaction d'assiette[(440)] qui s'est appliqué en 2005 au taux de 50 % puis, à compter de 2006, au taux de 40 %[(441)], cette mesure étant liée à la diminution des taux d'imposition des différentes tranches du barème consécutive à la suppression (depuis l'imposition des revenus de 2006) de l'abattement général de 20 %.

Compte tenu de sa fonction (qui est de limiter la double imposition économique des dividendes), la loi de finances pour 2013[(442)] a laissé inchangé ce mécanisme de réfaction. Cette loi a en revanche supprimé (depuis le 1er janvier 2012) l'abattement fixe annuel qui complétait la réfaction d'assiette[(443)]. En effet, le montant annuel des dividendes subsistant après la réfaction d'assiette faisait l'objet d'un

(433) CGI, art. 119 ter.
(434) BOI-RPPM-RCM-30-30-20-40, n° 50.
(435) L. 29 déc. 2012, art. 9.
(436) CGI, art. 158 bis, anc.
(437) CGI, art. 223 sexies, anc.
(438) L. 30 déc. 2003, art. 93.
(439) L. fin. 2004, préc.
(440) CGI, art. 158, 3-2°.
(441) L. fin. 2006, 30 déc. 2005, art. 76, I-1°.
(442) L. 29 déc. 2012, art. 9.
(443) CGI, art. 158, 3-5°, anc.

abattement fixé en dernier lieu[444] à 1 525 € ou 3 050 € (respectivement applicables aux couples soumis à imposition commune et aux contribuables « isolés »).

Par ailleurs, jusqu'à l'imposition des revenus de 2009, la perception de dividendes ouvrait droit à un crédit d'impôt bénéficiant (sous réserve des conventions internationales) aux seules personnes domiciliées en France[445]. Également institué par la loi de finances pour 2004[446], ce crédit d'impôt était égal à la moitié des dividendes imposables (avant déduction des frais), tout en étant plafonné à 115 € (pour un célibataire) ou 230 € (pour un couple soumis à imposition commune). Ce crédit d'impôt limité (qui était pris en compte au titre du plafonnement global des avantages fiscaux – V. *infra*, n° 1543) a été supprimé par la loi de finances pour 2011[447].

b) En dernier lieu, la loi de finances pour 2008[448] avait introduit un mécanisme d'option par lequel les dividendes pouvaient se trouver soumis à un prélèvement proportionnel libératoire de l'IR[449].

• Réservée aux personnes fiscalement domiciliées en France, cette option devait être exercée par le contribuable au plus tard lors de l'encaissement des revenus. Elle était annuelle, globale et irrévocable. Lorsqu'elle était exercée, l'ensemble des dividendes reçus par tous les membres du foyer fiscal considéré étaient frappés, pour leur montant brut, par un prélèvement à la source libératoire de l'IR opérée par l'établissement payeur. Ce prélèvement a été successivement exigible au taux de 18 %[450], de 19 %[451] et enfin au taux de 21 %[452]. L'application de ce régime optionnel était exclusive, ce tout à la fois de l'application de la réfaction de 40 % et de celle de l'abattement fixe annuel. Les dividendes étaient par ailleurs soumis aux contributions sociales (pour un total, en dernier lieu, de 15,5 %), ce qui portait la perception totale à 36,5 %. Enfin, la CSG était, dans ce cas, intégralement non déductible[453].

• Abstraction faite de l'incidence éventuelle du bouclier fiscal (pour l'application duquel la prise en compte de la réfaction de 40 % des dividendes avait été progressivement supprimée – V. *infra*, n° 1587, 2, *b*) et de celle tenant à la déductibilité partielle de la CSG, le régime optionnel devenait favorable (pour un couple faisant l'objet d'une imposition commune et atteignant le taux marginal de l'IR, soit à l'époque 41 %), lorsque les dividendes bruts annuels excédaient 55 000 € environ.

• Ce prélèvement optionnel libératoire a été transformé à compter du 1er janvier 2013 en prélèvement non libératoire obligatoire (V. *infra*, pt 2-*b*). Cette date de prise d'effet de la modification ne résulte pas directement de la loi, le législateur ayant tout au contraire décidé que la mesure prendrait effet à compter du 1er janvier 2012. Sans doute les options exercées au cours de l'année 2012 n'étaient pas rétroactivement privées de tout effet. Plus modestement, dans l'esprit du législateur, les prélèvements opérés sur option demeuraient « valides » mais se trouvaient rétroactivement déchus de leur caractère libératoire de l'IR[454]. Saisi de la loi, le Conseil constitutionnel n'a pas admis cette « transformation » du prélèvement : « la volonté du législateur d'assurer en 2013 des recettes supplémentaires liées à la réforme des modalités d'imposition des revenus de capitaux mobiliers ne constitue pas un motif d'intérêt général suffisant pour mettre en cause rétroactivement une imposition à laquelle le législateur avait attribué un caractère libératoire et qui était déjà acquittée »[455].

2) Le régime d'imposition applicable depuis 2013 fait intervenir successivement les étapes suivantes.

(444) L. fin. 2006, préc., art. 76, I-2°.
(445) CGI, art. 200 septies, anc.
(446) L. préc., art. 93, I-A-7°.
(447) L. 29 déc. 2010, art. 7.
(448) L. 24 déc. 2007, art. 10.
(449) CGI, art. 117 quater, anc.
(450) L. fin. 2008, 24 déc. 2007, art. 10, applicable aux dividendes perçus de 2008 à 2010.
(451) L. fin. 2011, 29 déc. 2010, art. 6, applicable aux dividendes perçus en 2011.
(452) L. fin. rect. 2011, 29 déc. 2011, art. 20, applicable aux dividendes perçus en 2012.
(453) CGI, art. 154 quinquies, II, *a contrario*.
(454) L. fin. 2013, art. 9, IV-A, adopté.
(455) Cons. const., 29 déc. 2012, n° 2012-662 DC, *Loi de finances pour 2013*, § 36 et s., spéc. § 44.

• Seul est détaillé ici le régime applicable aux dividendes reçus par un contribuable fiscalement domicilié en France.

• Les revenus distribués par une société française à des non-résidents font – sous réserve des conventions internationales – l'objet d'une retenue à la source qui s'applique au montant brut décaissé par la société(456). Dans la fiscalité des particuliers(457), le taux de cette retenue est de :

– 21 % pour les dividendes (et assimilés) perçus par des personnes physiques domiciliés dans un État (étranger) de l'Union européenne, en Islande, en Norvège ou au Liechtenstein ;

– 75 % pour les dividendes (et assimilés) payés hors de France dans un État ou territoire non coopératif (V. *supra*, n° 1374, 2-*b*) ;

– 30 % pour les dividendes (et assimilés) payés hors de France dans les autres États.

La totalité (ou presque) des conventions internationales signées par la France réduit le taux de cette retenue à 15 %. Elle est même totalement supprimée dans quelques cas (notamment dans les conventions signées avec de nombreux États du Golfe arabo-persique).

a) Lorsqu'ils sont versés au contribuable, les dividendes sont en principe soumis pour leur montant brut à un prélèvement au taux de 21 %(458).

• Le prélèvement n'est pas applicable :

– aux dividendes pris en compte pour la détermination du bénéfice imposable d'une entreprise industrielle, commerciale, artisanale ou agricole, ou d'une profession non commerciale ;

– aux dividendes attachés à des titres détenus dans un PEA(459).

• Les personnes appartenant à un foyer fiscal dont le revenu fiscal de référence (V. *infra*, n° 1975) de l'avant-dernière année est inférieur à 50 000 € pour les contribuables célibataires, divorcés ou veufs et à 75 000 € pour les couples soumis à une imposition commune peuvent toutefois demander à être dispensées de ce prélèvement.

La demande de dispense doit être formulée par les intéressés comme en matière de produits de placement à revenu fixe (V. *supra*, n° 1418, 2-*b*).

• Ce prélèvement est contrôlé et recouvré selon les mêmes règles et sous les mêmes sûretés, privilèges et sanctions que le prélèvement auquel sont soumis les produits de placement à revenu fixe. Il doit être versé au Trésor dans les quinze premiers jours du mois qui suit celui du paiement des dividendes. Il ne peut être pris en charge par le débiteur(460).

b) Ce prélèvement ne présente aucun caractère libératoire de l'impôt sur le revenu. Les dividendes perçus sont en effet obligatoirement compris, moyennant une réfaction d'assiette de 40 %, dans le revenu global du contribuable appelé à être imposé au barème progressif de l'impôt(461).

Cette réfaction est applicable indépendamment du montant des dividendes. Elle joue en quelque sorte comme un abattement qui ne ferait l'objet d'aucun plafond. Alors que la fonction de cette réfaction est de limiter la double imposition économique des dividendes (soumis à l'IR après avoir été prélevés sur des bénéfices passibles de l'IS ou d'un impôt étranger équivalent – V. *supra*, pt 1-*a*), la réfaction d'assiette est applicable alors même que les dividendes auraient été prélevés sur les bénéfices qui n'auraient pas été effectivement soumis à l'IS(462).

Légalement réservée aux contribuables fiscalement domiciliés en France, elle est applicable, indifféremment, aux dividendes distribués par les sociétés soumises (de plein droit ou sur option) à l'IS français ou à un impôt étranger équivalent ayant leur siège dans un État de l'Union européenne ou dans un État ou territoire ayant conclu avec la France une convention fiscale en vue d'éviter les doubles impositions.

---

(456) CGI, art. 119 bis et 187.
(457) Sur le cas des entreprises soumises à l'IS, V. *infra*, n° 1710, 1-*c*.
(458) CGI, art. 117 quater.
(459) CGI, art. 117 quater, I-2.
(460) CGI, art. 1671 C.
(461) CGI, art. 158, 3_2°.
(462) BOI-RPPM-RCM-20-10-30-10, n° 20.

Le bénéfice de la réfaction d'assiette suppose que la distribution de dividendes résulte « d'une décision régulière des organes compétents » de la société distributrice[463].

En d'autres termes, les dividendes perçus sont, à hauteur de 60 % de leur montant, intégrés au revenu global du foyer, sous réserve de la prise en compte des frais supportés par le contribuable pour leur obtention ou leur conservation.

• Les dividendes ne font plus l'objet depuis 2012 d'un quelconque abattement fixe. La déduction des frais de garde supportés par le contribuable (qui ne peuvent être retenus que pour leur montant réel) intervient après application de la réfaction de 40 %.

• S'agissant des contribuables domiciliés en France, les dividendes sont par ailleurs soumis pour leur montant imposable aux contributions sociales (au titre des produits de placement) pour un total de 15,5 %. La CSG (8,2 %) est partiellement déductible (à hauteur, depuis le 1er janvier 2013, de 5,1 points) du revenu imposable au titre de l'année de son paiement[464].

c) Le prélèvement supporté par le contribuable correspond à une forme d'acompte de l'impôt sur le revenu : il s'impute sur l'impôt sur le revenu dû au titre de l'année au cours de laquelle il a été opéré ; si son montant excède l'impôt finalement dû, l'excédent est restitué[465].

§ 4. – Les plus-values des particuliers

1423. – Généralités. Les gains imposables dans cette catégorie ne sont pas à proprement parler des revenus. Il s'agit de plus-values (c'est-à-dire de gains en capital par définition non périodiques) consécutives à la cession à titre onéreux (vente, apport, échange) réalisée à titre occasionnel par un particulier, dans le cadre de la gestion de son patrimoine privé.

1) En principe, les partages et licitations sont considérés comme emportant cession à titre onéreux des biens partagés à hauteur des soultes auxquelles ils donnent lieu le cas échéant. Par exception, les partages successoraux et les partages de communautés conjugales échappent à cette règle.

2) Très exceptionnellement, une plus-value « des particuliers » peut avoir pour origine une transmission à titre gratuit ou une opération ne s'analysant pas, sur le plan civil, comme un transfert de propriété. On peut illustrer cette distinction à travers deux exemples qui concernent tous deux les plus-values sur titres :

– relève de la première situation exceptionnelle, le régime des dons d'actions à des organismes d'intérêt général. Ouvrant droit à une réduction d'ISF (V. *infra*, n° 1814), ces dons sont par ailleurs soustraits au champ d'application des droits de mutation à titre gratuit. Ils sont, pour ce faire, expressément assimilés à des mutations à titre onéreux[466] et sont, partant, susceptibles de générer une plus-value imposable (ou, le cas échéant, une moins-value imputable ou reportable) ;

– relève de la seconde situation exceptionnelle, les rachats de titres susceptibles d'être réalisés (dans certaines hypothèses) par des sociétés. Par application d'une disposition expresse de la loi, ces rachats sont assimilés à des cessions à titre onéreux. La même assimilation est opérée, par exemple, en cas de retrait de titres « logés » dans un plan d'épargne en actions (PEA) avant l'expiration d'un délai

(463) Pour l'application de ces dispositions, une décision de distribution de dividendes n'est irrégulière que si elle n'a pas été prise par l'organe compétent, si elle est le résultat d'une fraude ou si elle n'entre dans aucun des cas pour lesquels le Code de commerce autorise la distribution de sommes prélevées sur les bénéfices (CE, 11 mai 2015, n° 369.257, *Susanne* : *Dr. fisc.* 2015, n° 39, comm. 585, concl. E. Bokdam-Tognetti, note A. de Bissy). Il en résulte que les irrégularités de procédure entachant, le cas échéant, la décision prise par l'organe compétent, sont sans incidence sur le caractère régulier, au sens du droit fiscal, de la distribution.

(464) CGI, art. 154 quinquies, II.

(465) CGI, art. 117 quater.

(466) CGI, art. 150 duodecies.

de cinq ans. Bien que les titres demeurent dans le patrimoine du titulaire du PEA, le retrait du plan est légalement qualifié de cession à titre onéreux pour l'imposition des plus-values.

Ce cas ne doit pas être confondu avec celui des opérations qui, tout en étant bien réalisées à titre onéreux, ne dégagent pas pour autant de liquidités. C'est le cas des apports en société ou des échanges, qui constituent normalement des opérations imposables. La loi tient toutefois compte de leur aspect particulier et leur confère généralement un caractère intercalaire (en différant l'imposition du gain en résultant jusqu'au moment où des liquidités seront effectivement reçues).

1424. – **Caractères des régimes d'imposition.** 1) Des régimes profondément différents s'appliquent en fonction de la nature de l'élément cédé (immeuble, bien meuble, titre de placement, etc.).

Les deux principaux régimes concernent respectivement :

– les plus-**values sur titres** (c'est-à-dire sur valeurs mobilières, droits sociaux et droits et titres assimilés) ;

– les plus-values immobilières.

Le régime des plus-values de cession de biens meubles « ordinaires » (V. *infra*, n° 1441) est calqué sur celui des plus-values immobilières.

2) Ces deux régimes présentent toutefois trois traits communs. Ils sont tous deux caractérisés, en effet, par :

– le nombre et l'étendue des exonérations légales ;

– une définition identique du gain brut imposable : l'excédent du prix de cession du bien sur le prix ou la valeur d'acquisition – sans prise en compte de l'érosion monétaire ;

– l'application assez générale d'un abattement déterminé en fonction de la durée de détention du bien cédé, qui peut parfois conduire *de facto* à une exonération intégrale à l'expiration d'un certain délai de possession.

3) Depuis la loi de finances pour 2013[467], ces deux régimes s'opposent sur un point fondamental : alors que les plus-values immobilières demeurent soumises à une imposition proportionnelle (c'est-à-dire se trouvent frappées au titre de l'impôt sur le revenu à un taux « fixe » ou « forfaitaire »), les plus-values sur titres sont, à l'inverse, comprises dans le revenu global imposable soumis au barème progressif de cet impôt.

A. – Les plus-values immobilières

1425. – **Gains imposables.** 1) Les gains imposables sont les plus-values résultant, principalement, de la cession à titre onéreux d'un immeuble (bâti ou non bâti), d'un droit immobilier (usufruit, nue-propriété, servitude réelle), de parts de sociétés de personnes à prépondérance immobilière, de titres de fonds de placement immobilier ou de biens, titres, ou droits assimilés.

Le fait générateur de l'imposition d'une plus-value imposable est constitué par la cession à titre onéreux des biens ou des droits qui en sont l'objet. Cette cession doit être regardée comme réalisée à la date à laquelle le transfert de propriété intervient, indépendamment des modalités de paiement du prix de cession[468].

(467) L. 29 déc. 2012, art. 10.

(468) CE, 9 nov. 2015, n° 371.571, *Min. c/Bodinat* : *Dr. fisc.* 2016, n° 6, comm. 156, note J.-P. Maublanc ; *RJF* 2016, n° 145, concl. M.-A. Nicolazo de Barmon.

Le caractère imposable du gain est entièrement indépendant de l'origine du bien cédé (qui peut avoir été acquis à titre gratuit ou à titre onéreux par le cédant ou, le cas échéant, construit par le cédant) et de la destination qu'entend lui donner l'acquéreur(469).

a) Les sociétés de personnes à prépondérance immobilière s'entendent, de manière générale, des sociétés non passibles de l'IS dont l'actif est (à la clôture de chacun des trois exercices précédant la cession) principalement constitué d'immeubles, de droits immobiliers ou de parts dans une autre société à prépondérance immobilière(470). Sous certaines conditions, les échanges portant sur des titres de ces sociétés sont considérés comme présentant un caractère intercalaire. La plus-value d'échange n'est pas imposée(471) et, en contrepartie, la plus-value réalisée, le cas échéant, lors de la cession ultérieure des titres reçus en échange est déterminée par référence au prix ou à la valeur d'acquisition des titres remis en échange(472).

b) Relèvent également du régime des plus-values immobilières, les gains de cession de nature immobilière réalisés (directement ou indirectement) :

– par des sociétés de personnes (et groupements assimilés non passibles de l'IS) n'exerçant pas une activité professionnelle, à raison des droits détenus dans leurs résultats par des particuliers(473) ;

– par des fonds de placement immobilier(474) ou des organismes étrangers pouvant leur être assimilés(475) ;

– par une fiducie ou à l'occasion de la cession par un particulier, des droits qu'il détient dans un patrimoine fiduciaire dans la mesure où il est composé d'immeubles ou de droits immobiliers(476) ;

– par des loueurs en meublés non professionnels(477).

c) À l'inverse, échappent au régime des plus-values immobilières des particuliers :

– les gains de cession d'immeuble réalisés par des sociétés passibles de l'IS ;

– les gains de cession d'immeuble réalisés par des entreprises relevant de l'IR, du moins lorsque l'immeuble, inscrit à l'actif immobilisé, est utilisé pour l'exercice de l'activité professionnelle (les gains relevant alors du régime des plus-values professionnelles) ;

– les gains consécutifs à la cession à titre onéreux d'un usufruit temporaire sur un immeuble qui, pouvant être imposés comme des revenus fonciers(478) échappent corrélativement à l'imposition au titre des plus-values des particuliers (V. *supra*, n° 1403).

2) La taxation des plus-values immobilières est *implicitement* limitée aux immeubles situés en France (ou à des droits de nature immobilière se rattachant à de tels immeubles).

a) En droit interne, les plus-values immobilières (et gains assimilés) sont considérées comme des revenus de source française dans la mesure où elles se rapportent (directement ou indirectement) à des biens situés en France(479). Sous réserve des conventions internationales, les gains de cette nature sont, lorsqu'ils sont réalisés à titre occasionnel par un non-résident de France, soumis à un prélèvement particulier dont le taux est fixé à 19 % lorsque le gain est réalisé, directement ou indirectement, par

---

(469) CGI, art. 150 U et 150 UB. Si la société dont les droits sociaux sont cédés n'a pas encore clos son troisième exercice, la composition de l'actif est appréciée à la clôture du ou des seuls exercices clos ou, à défaut, à la date de la cession. Les sociétés de personnes à prépondérance immobilière sont (dans l'hypothèse ordinaire) des sociétés civiles immobilières (SCI).

(470) CGI, art. 150 UB.

(471) CGI, art. 150 UB, II.

(472) CGI, art. 150 VB, I.

(473) CGI, art. 150 UC, I, *b*.

(474) CGI, art. 150 UC, I, *a*.

(475) CGI, art. 150 UC, II, *a* bis.

(476) CGI, art. 150 UD.

(477) L. fin. 2009, 27 déc. 2008, art. 90.

(478) Troisième L. fin. rect. 2012, 29 déc. 2012, art. 15.

(479) CGI, art. 164 B, I, e bis et e ter.

une personne physique et à 33,33 % dans les autres cas (V. *infra*, n° 1430, 2-*b*). Ce prélèvement spécial est applicable, à titre principal, lorsque le gain immobilier procède d'une cession réalisée :

– par une personne physique non-résidente de France ;

– par une société établie hors de France ;

– par une société de personnes établie en France, au prorata des droits de ses associés non-résidents de France.

b) Les conventions fiscales signées par la France retiennent généralement que les plus-values immobilières (désignées généralement par l'expression « gains tirés de l'aliénation de biens immobiliers ») réalisées par le résident d'un État contractant sont imposables dans l'État contractant où ces biens sont situés. Selon les conventions, cette imposition est exclusive ou non de l'imposition du gain dans l'État de la résidence. Lorsque ce dernier État est également en droit de taxer le gain immobilier, la double imposition est généralement éliminée, dans l'État de la résidence du cédant, par voie d'imputation, sur l'impôt qui y est dû, de l'impôt acquitté dans l'État de situation de l'immeuble.

c) Sous réserve des conventions internationales, les personnes domiciliées en France sont passibles de l'IR français à raison de leurs revenus « mondiaux » (sans qu'il y ait lieu de distinguer selon que les revenus considérés sont des revenus *stricto sensu* ou des plus-values). Il en résulte que (sauf dans l'hypothèse où cette imposition se heurterait aux stipulations d'une convention internationale), un résident de France doit être soumis à l'IR français à raison de ses gains immobiliers étrangers. Or, cette règle générale ne peut que difficilement s'appliquer en pratique : le régime d'imposition issu de la loi de finances pour 2004 interdit, sur le plan technique, que la taxation du gain de cession d'un immeuble situé à l'étranger puisse être opérée. En effet, la loi retient dans le cas général que l'IR dû au titre des plus-values immobilières doit être versé lors du dépôt de la déclaration[480], cette déclaration devant être déposée, par le notaire, lors de l'enregistrement de l'acte de vente au service de la publicité foncière du lieu de situation de l'immeuble[481]. En l'absence de dispositions spéciales, l'accomplissement de ces obligations s'apparente à une formalité impossible, s'agissant du cas particulier des gains immobiliers procédant de cessions réalisées à l'étranger[482].

1426. – Exonérations. La loi prévoit de nombreuses exonérations[483]. Celles-ci concernent principalement les gains consécutifs :

1) aux cessions portant sur la résidence principale du cédant[484] ;

a) L'exonération (qui s'étend aux dépendances immédiates et nécessaires de la résidence principale) est intégrale. Elle n'est pas liée à une quelconque condition de délai : le caractère principal de la résidence s'apprécie exclusivement au jour de la cession[485].

b) L'exonération est applicable *mutatis mutandis* lorsque le contribuable détient sa résidence principale par l'intermédiaire d'une société de personnes à prépondérance immobilière la mettant gratuitement, en droit ou en fait, à sa disposition.

(480) CGI, art. 150 VH, I.

(481) C'est du moins la solution technique qui résulte implicitement de la loi (V. CGI, art. 150 VG, I-1°) telle qu'interprétée par la doctrine administrative (BOI-RFPI-PVI-30-40, n° 150). Il s'agissait de la conservation des hypothèques avant le 1er janvier 2013.

(482) On peut toutefois rapprocher cette situation de celle dans laquelle le Conseil d'État a admis que l'existence d'un mécanisme légal de retenue à la source ne s'oppose pas nécessairement à ce que le contribuable soit directement assujetti (en lieu et place du redevable de cette retenue qui n'avait pas été opérée) à l'imposition considérée (CE, 17 mars 2014, n° 354.701, *Chebbo : Dr. fisc.* 2014, n° 24, comm. 377). Sur cet arrêt, V. *supra*, n° 1370, 2).

(483) CGI, art. 150 U, II.

(484) CGI, art. 150 U, II-1°.

(485) Sur les indices permettant de caractériser une résidence principale (question qui relève de l'appréciation souveraine du juge du fond), V. CE, 23 oct. 2013, n° 361.233, *Bouteloup : Dr. fisc.* 2013, n° 48, comm. 533, concl. N. Escaut, pour un cas où les factures d'électricité produites ne permettaient pas d'établir que l'intéressé résidait à titre principal dans le logement cédé. Un immeuble libéré par le cédant avant le jour de la cession ne perd pas sa qualité de résidence principale dès lors que le délai pendant lequel l'immeuble est demeuré inoccupé peut être regardé comme normal (CE, 7 mai 2014, n° 356.328, *Sté La Lieutenance : Dr. fisc.* 2014, n° 31-35, comm. 474, concl. M.-A. Nicolazo de Barmon, note Th. Lamulle).

Est ainsi exonéré :

– le gain de cession des titres d'une telle société, lorsque celle-ci met à la disposition de l'associé cédant un logement que ce dernier occupe à titre de résidence principale[(486)] ;

– le gain de cession d'immeuble, réalisé par une telle société, lorsque l'immeuble cédé est un logement occupé par le contribuable à titre de résidence principale[(487)].

c) L'exonération intégrale s'applique également, depuis la quatrième loi de finances rectificative pour 2011[(488)], aux cessions de logement qui ont constitué, dans un passé récent, la résidence principale du cédant qui, retraité ou handicapé, et de condition modeste, est nouvellement résident d'une maison de retraite, d'un foyer d'accueil médicalisé ou d'un établissement similaire. L'exonération suppose la réunion des conditions suivantes :

– l'ancienne résidence principale n'a fait l'objet d'aucune occupation depuis que le cédant a quitté les lieux ;

– le cédant n'est pas passible de l'ISF et son revenu fiscal de référence n'excède pas certaines limites (V. *infra*, n° 1975) ;

– la cession de l'ancienne résidence intervient moins de deux ans suivant l'entrée dans l'établissement[(489)].

2) sous condition de remploi, aux gains consécutifs à la première cession d'un logement, lorsque le cédant n'a pas été propriétaire de sa résidence principale, directement ou par personne interposée, au cours des quatre années précédant la cession[(490)] ;

a) Cette exonération totale ou partielle (qui s'étend aux dépendances immédiates et nécessaires cédées simultanément au logement) est issue de la loi de finances pour 2012[(491)]. La plus-value est exonérée à hauteur de la fraction du prix de cession que le cédant réemploie, dans un délai de vingt-quatre mois à compter de la cession, à l'acquisition ou la construction d'un logement qu'il affecte (dès son achèvement ou son acquisition si elle est postérieure) à son habitation principale. En cas de remploi partiel, la plus-value est exonérée à hauteur de la proportion du montant du remploi dans le prix de cession, étant précisé que le cédant doit évaluer, au jour de la cession, la fraction du prix de cession qu'il destine à l'acquisition ou la construction de sa résidence principale[(492)].

Avant cette loi, les gains consécutifs à la cession d'une résidence secondaire réalisés par des personnes fiscalement domiciliées en France ne bénéficiaient (à la différence de la solution retenue avant 2004) d'aucune exonération particulière.

b) Lorsqu'elles possèdent la *nationalité* d'un État de l'Union européenne, de l'Islande, de la Norvège ou du Liechtenstein (ou d'un autre État lié avec la France par une convention fiscale comportant une clause de non-discrimination) et qu'elles ont été fiscalement domiciliées en France de manière continue pendant au moins deux ans (à un moment quelconque antérieurement à la cession), les personnes physiques *non domiciliées en France* bénéficient d'un régime d'exonération particulier. Dans son économie actuelle, ce régime résulte de la loi de finances pour 2014[(493)].

Lorsqu'il est réalisé par une personne répondant à ces conditions, le premier[(494)] gain de cession d'un logement (et de ses dépendances immédiates et nécessaires) situé en France est exonéré dans

(486) Le gain de cession est exonéré au prorata de la valeur du logement occupé par l'associé dans l'actif total de la société (BOI-RFPI-SPI-10-20, n° 160).

(487) L'exonération ne porte alors que sur la quote-part du gain net revenant fiscalement à cet associé (BOI-RFPI-PVI-10-40-10, n° 140).

(488) L. 28 déc. 2011, art. 24.

(489) CGI, art. 150 U, II-1° ter.

(490) CGI, art. 150 U, II-1° quater.

(491) L. 28 déc. 2011, art. 5, applicable aux plus-values réalisées à compter du 1er février 2012.

(492) BOI-RFPI-PVI-10-40-30, n° 340.

(493) L. 29 déc. 2013, art. 28.

(494) Avant la loi de finances pour 2011 (L. 29 déc. 2010, art. 91), cette exonération (qui s'étendait également aux dépendances immédiates et nécessaires cédées simultanément à l'habitation) pouvait, dans certains cas, s'appliquer deux fois, c'est-à-dire aux deux premières cessions de logements situés en France.

la limite d'une résidence par contribuable et de 150 000 € de plus-value nette imposable lorsque, alternativement(495) :

– la cession est intervenue au plus tard le 31 décembre de la cinquième année suivant celle du transfert par le cédant de son domicile fiscal hors de France ;

– le cédant a la libre disposition du bien au moins depuis le 1er janvier de l'année précédant celle de la cession(496).

Depuis la loi de finances pour 2014(497), elle est limitée à la fraction de la plus-value nette imposable qui n'excède pas 150 000 €.

3) aux cessions consécutives à une expropriation pour cause d'utilité publique. L'exonération est subordonnée au remploi intégral de l'indemnité d'expropriation dans le délai de six mois dans l'acquisition d'un bien immobilier ;

4) aux cessions réalisées par des retraités ou invalides de condition modeste ;

Pour l'application de cette exonération, les personnes de condition modeste s'entendent de celles qui – non passibles de l'impôt de solidarité sur la fortune – ont un revenu fiscal de référence n'excédant pas certains seuils déterminés par la loi (V. *infra*, n° 1975).

5) aux cessions portant sur un bien dont le prix de cession (apprécié opération par opération) n'excède pas 15 000 €.

La loi prévoit également l'exonération, sous certaines conditions :

– des plus-values consécutives à des opérations de remembrement(498) ;

– à titre temporaire, des plus-values consécutives à la cession d'un droit de surélévation lorsque l'opération est liée à la création (dans le délai de quatre ans) de locaux à usage d'habitation(499). Destiné à favoriser les opérations de renouvellement urbain (par addition de nouveaux étages à des immeubles bâtis), ce dispositif, issu de la quatrième loi de finances rectificative pour 2011(500), a été prorogé par la loi de finances pour 2015(501) ;

– à titre temporaire, des plus-values consécutives à la cession :

à un organisme en charge du logement social ou à tout autre cessionnaire(502) d'un bien destiné au logement social(503),

à une collectivité territoriale *lato sensu*, en vue de sa cession à un organisme en charge du logement social(504).

---

(495) Avant la loi de finances pour 2014 (L. 29 déc. 2013, art. 28), l'exonération était nécessairement subordonnée à la libre disposition du bien cédé (qui ne pouvait jamais donc être un logement donné en location). Tel n'est plus le cas, désormais, lorsque le cédant est non résident depuis moins de cinq ans.

(496) CGI, art. 150 U, II-2°.

(497) L. 29 déc. 2013, art. 28.

(498) CGI, art. 150 U, II-5°.

(499) CGI, art. 150 U, II-9°, applicable aux cessions réalisées entre le 1er janvier 2012 et le 31 décembre 2017. En cas de manquement à son engagement d'achever les locaux d'habitation dans le délai de quatre ans, le cessionnaire est redevable d'une amende égale à 25 % de la valeur de cession du droit de surélévation.

(500) L. 28 déc. 2011, art. 42, I-1°. En l'absence d'exonération, le prix (ou la valeur) d'acquisition d'un tel droit ne pouvant être déterminé, la plus-value brute se confondrait avec le prix de cession (ce qui constituerait un frein à la réalisation de ces opérations).

(501) L. 29 déc. 2014, art. 10. La date de fin d'application de la mesure a été reportée du 31 déc. 2014 au 31 déc. 2017.

(502) L. fin. 2015, 29 déc. 2014, art. 9. La cession réalisée au profit d'une personne privée « ordinaire » peut donc bénéficier de l'exonération. Dans ce dernier cas, celle-ci est calculée au prorata de la surface habitable des logements sociaux construits par rapport à la surface totale des constructions autorisées par le permis de construire du programme immobilier considéré.

(503) L. 26 juill. 2005, relative au développement des services à la personne et portant diverses mesures en faveur de la cohésion sociale, art. 34. – CGI, art. 150 U, II-7°. Le cessionnaire doit s'engager à réaliser et à achever des logements sociaux dans un délai de quatre ans à compter de la date de l'acquisition. En cas de manquement à cet engagement, il est redevable d'une amende fiscale égale à 10 % du prix de cession.

(504) L. 13 juill. 2006 portant engagement national pour le logement, art. 15. – CGI, art. 150 U, II-8°. La collectivité locale doit céder l'immeuble dans le délai d'un an à compter de son acquisition. À défaut, elle est tenue de reverser à l'État le montant de l'imposition correspondant au gain de cession indûment exonéré.

N'ayant pas été immédiatement reconduits après leur dernière période d'application (ayant pris fin, dans les deux cas, le 31 décembre 2011), ces deux derniers dispositifs ont été « restaurés », puis reconduits, après une période de « suspension » de deux ans[505]. Ils sont donc de nouveau applicables aux gains de cession réalisés du 1er janvier 2014 au 31 décembre 2016.

6) En outre, l'application de l'abattement pour durée de détention (V. *infra*, n° 1428, 3, *a*) conduit à l'exonération totale des gains de cession des immeubles détenus, actuellement, plus de vingt-deux ans (pour l'impôt sur le revenu) ou plus de trente ans (pour les contributions sociales).

1427. – **Plus-value nette.** 1) La plus-value brute est égale à l'excédent du prix de cession sur le prix ou la valeur d'acquisition du bien cédé.

Le prix de cession s'entend de celui stipulé dans l'acte. Seule la mise en évidence d'une dissimulation de prix peut conduire à déterminer la plus-value sur une autre base que le prix stipulé dans l'acte[506]. Ce prix peut être majoré de certains frais de cession effectivement supportés par le cédant[507].

Le prix d'acquisition s'entend du prix effectivement versé lors de l'acquisition à titre onéreux du bien cédé. Lorsqu'un bien a été acquis moyennant le paiement d'une rente viagère, le prix d'acquisition est la valeur en capital de la rente, à l'exclusion des intérêts. La valeur d'acquisition s'entend de la valeur retenue pour l'assiette des droits de succession ou de donation, lorsque le bien cédé a été acquis à titre gratuit. À défaut d'acte établissant le prix stipulé (ou de valeur établie pour la détermination des droits de mutation à titre gratuit), le prix d'acquisition s'entend, depuis la deuxième loi de finances rectificative pour 2011[508], « de la valeur vénale réelle à la date d'entrée dans le patrimoine du cédant d'après une déclaration détaillée et estimative des parties »[509].

Sous l'empire du régime institué par la loi de finances pour 2004[510], le prix ou la valeur d'acquisition ne peut en aucun cas être majoré pour tenir compte de l'érosion monétaire (V. *infra*, pt 3).

Sous le régime antérieur à l'intervention de ce texte, les éléments (autres que les intérêts d'emprunt) permettant de déterminer les plus-values immobilières à long terme (*i.e.* réalisées deux ans ou plus après l'acquisition du bien), étaient « révisés proportionnellement à la variation de l'indice moyen annuel des prix à la consommation depuis l'acquisition ou la dépense »[511].

2) Cette plus-value brute est diminuée :
a) des frais d'acquisition ;

En cas d'acquisition à titre onéreux, les frais d'acquisition sont fixés forfaitairement à 7,5 % du prix versé, sauf option contraire du cédant pour leur détermination réelle. Ces frais d'acquisition ne peuvent en aucun cas comprendre les intérêts des emprunts contractés, le cas, échéant, pour l'acquisition du bien cédé.

En cas d'acquisition à titre gratuit, les frais d'acquisition ne peuvent être retenus que pour leur montant réel et justifié (sans prise en compte de l'érosion monétaire). Ils peuvent comprendre les droits de mutation à titre gratuit supportés par le cédant lors de la succession ou de la donation, dans la mesure où ces droits se rapportent au bien cédé[512].

(505) L. fin. 2014, 29 déc. 2013, art. 27, et L. fin. 2016, 29 déc. 2015, art. 32.
(506) CGI, art. 150 VA, I.
(507) Commissions de vente, coût des diagnostics obligatoires, notamment. – V. CGI, art. 150 VA, II, et 683, I.
(508) L. 19 sept. 2011, art. 1er, I-1°.
(509) CGI, art. 150 VB.
(510) L. 30 déc. 2003, art. 10.
(511) CGI, art. 150 K, anc.
(512) CGI, art. 150 VB, II, et art. 683, I. – CGI, ann. III, art. 41 duodecies.

b) des dépenses de construction, de reconstruction, d'agrandissement ou d'amélioration afférentes au bien cédé – à la condition expresse que les travaux correspondant aient été réalisés par une entreprise[(513)].

Exclusives du simple entretien de l'immeuble, ces dépenses sont normalement retenues pour leur montant réel et justifié (sans prise en compte de l'érosion monétaire). Elles ne doivent pas, en outre, avoir été prises en compte pour l'établissement de l'IR (notamment lors de la détermination des revenus fonciers), ni présenter le caractère de dépenses locatives. Lorsqu'un immeuble *bâti*[(514)] est cédé après avoir été détenu plus de cinq ans, ces dépenses peuvent toutefois être fixées forfaitairement à 15 % du prix ou de la valeur d'acquisition du bien.

Comme en ce qui concerne le bien cédé lui-même, les intérêts des emprunts contractés pour la réalisation de travaux de construction, de reconstruction, d'agrandissement, de rénovation ou d'amélioration ne peuvent être retenus pour le calcul de la plus-value[(515)].

1428. – **Abattement pour durée de détention (généralités et évolution du régime).** 1) La plus-value immobilière nette de frais est généralement diminuée d'un abattement pour durée de détention.

2) La fonction de cet abattement est double :

– réduire le montant de la plus-value imposable pour tenir compte de l'affaiblissement de l'intention spéculative révélé par l'écoulement du temps ;

– prendre forfaitairement en considération l'érosion monétaire et éviter, partant, de taxer une plus-value qui pourrait n'être qu'apparente.

3) Le régime de cet abattement a été très fréquemment modifié depuis 1976.

a) Entre 1976 et 2003, le taux de l'abattement pour durée de détention a été modifié à quatre reprises. À partir de 1983[(516)], les plus-values immobilières ont pu relever, selon les époques et la nature du bien cédé, d'un abattement de 3,33 % ou de 5 % par année de détention au-delà de la deuxième[(517)], ce qui conduisait à un « effacement intégral » de la plus-value après respectivement trente-deux ans ou vingt-deux ans de détention du bien cédé.

b) La loi de finances pour 2004[(518)] avait retenu un taux d'abattement de 10 % par année de détention au-delà de la cinquième, conduisant à un tel effacement après un (bref) délai de détention de quinze ans.

c) Fin août 2011, le gouvernement, dans une lettre rectificative (n° 3717) au projet de loi de finances rectificative pour 2011, avait proposé au Parlement la suppression pure et simple de l'abattement pour durée de détention et son remplacement par la seule prise en compte de l'érosion monétaire (ce qui, contrairement aux idées reçues, aurait pu se révéler souvent favorable aux contribuables). Auditionnée par la Commission des finances de l'Assemblée nationale, Valérie Pécresse, ministre en charge du budget, s'était placée sur le terrain de la rétention foncière : « ce dispositif extrêmement

(513) CGI, art. 150 VB, II, 4°. Initialement prévue, la possibilité de prise en compte des dépenses de rénovation a été rétroactivement supprimée par la loi de finances rectificative pour 2004 (L. 30 déc. 2004, art. 50, I-3°-c). Selon les travaux préparatoires, cette modification aurait présenté un caractère « purement rédactionnel », les dépenses de « rénovation » « revêt [a] nt en réalité selon le cas, soit le caractère de dépenses d'amélioration (...), soit le caractère de travaux de (re) construction ». En matière de plus-values immobilières, ces deux types de dépenses sont, en principe, déductibles. L'exigence que les travaux aient été réalisés par une entreprise (qui peut indifféremment être française ou étrangère) exclut que les travaux aient été accomplis par le contribuable lui-même (ce qui apparaît passablement critiquable). Ce n'était pas le cas sous l'empire du droit antérieur à 2004 (V. CGI, 150 H, anc., admettant la prise en compte des travaux effectués par le cédant ou les membres de sa famille – leur coût pouvant d'ailleurs être évalués forfaitairement à trois fois celui des matériaux utilisés).

(514) Cette précision ayant été apportée par L. fin. rect. 2004, 30 déc. 2004, art. 50, I-3°-d. Sur justificatifs, le prix d'acquisition d'un terrain à bâtir peut être majoré des frais de voirie, réseaux et distribution.

(515) BOI-RFPI-PVI-20-10-20-20, n° 170.

(516) L. fin. 1983, 29 déc. 1982, art. 7.

(517) CGI, art. 150 M, ancien.

(518) L. 30 déc. 2003, art. 10.

favorable (...) conduit de très nombreux propriétaires à attendre avant de vendre, ce qui entretient la pénurie de logements et la hausse des prix de l'immobilier dont souffre notre pays »[519].

Rejetant cette mesure qualifiée de brutale, les chambres lui ont préféré – dans un mouvement radicalement inverse – le durcissement du régime de l'abattement pour durée de détention.

d) La deuxième loi de finances rectificative pour 2011[520] a ainsi significativement « ralenti le rythme » de l'abattement pour durée de détention[521].

En application de ce texte, le rythme de l'abattement a été, pour les plus-values immobilières de toute nature réalisées à compter du 1er février 2012 :

- de 2 % pour chaque année de détention au-delà de la cinquième ;
- de 4 % pour chaque année de détention au-delà de la dix-septième ;
- de 8 % pour chaque année de détention au-delà de la vingt-quatrième[522].

L'application de cet abattement conduisait *de facto* à l'exonération des gains de cession d'immeuble détenus plus de trente ans – étant précisé que la réfaction d'assiette en résultant produisait des effets identiques pour l'assiette de l'IR et celle des contributions sociales exigibles[523].

e) Ce régime a cessé de s'appliquer :

– le 1er septembre 2013 pour les gains de cession d'immeubles[524] (ou de droits immobiliers) autres que des terrains à bâtir[525] ou de droits s'y rapportant ;

– le 1er septembre 2014 pour les terrains à bâtir et les droits s'y rapportant. En effet, pour une raison un peu accidentelle, il a continué à s'appliquer pendant un an dans le cas des terrains à bâtir et des droits s'y rapportant.

La raison de ce décalage accidentel mérite d'être précisée. En effet, l'intention des pouvoirs publics était :

– conformément aux engagements du Président de la République, de ramener la durée de détention permettant d'obtenir une exonération intégrale de trente à vingt-deux ans ;

– à terme, de ne plus appliquer aux terrains à bâtir un quelconque abattement lié à cette considération. Telle qu'elle a été définitivement adoptée, la loi de finances pour 2014 avait ainsi exclu l'application de l'abattement pour les cessions portant sur des terrains à bâtir réalisées à compter du 1er mars 2014[526]. Selon les pouvoirs publics, l'instauration de cette « fenêtre » de trois mois aurait été de nature à provoquer un « choc d'offre » à l'égard des terrains constructibles[527], puis, lorsque la fenêtre se serait refermée, de limiter les phénomènes de rétention foncière à l'égard des mêmes biens.

Le Conseil constitutionnel a censuré ces dispositions en considérant que la taxation de ces gains (à un taux global de 34,5 %) quel que soit le délai écoulé depuis la date d'acquisition des biens ou droits immobiliers cédés et « sans que soit prise en compte l'érosion de la valeur de la monnaie ni que soit applicable aucun abattement sur le montant de la plus-value brute » conduit à déterminer l'assiette de cette imposition « dans des conditions qui méconnaissent l'exigence de prise en compte des facultés contributives des contribuables intéressés »[528].

(519) Commission des finances, séance du 31 août 2011. On pouvait également relever, plus prosaïquement, que ce dispositif « coûtait » plus de 2 Md€ par an aux finances de l'État.

(520) L. 19 sept. 2011, art. 1er, I-2°.

(521) Ce qui pouvait être de nature à nourrir, s'il en était besoin, les phénomènes de rétention foncière.

(522) CGI, art. 150 VC, anc.

(523) Ce parallélisme, que des parlementaires avaient vainement tenté de remettre en cause à plusieurs reprises (et en dernier lieu lors de la discussion de la loi de finances pour 2011), a disparu avec la loi de finances pour 2014 (V. *infra*, n° 1429, 2-*a*).

(524) Cet abattement s'est donc appliqué aux gains de cession d'immeubles de toute nature réalisés entre le 1er février 2012 et le 31 août 2013.

(525) Pour l'application du régime des plus-values immobilières, un terrain à bâtir s'entend, comme en matière de TVA (CGI, art. 257, I-2-1°) d'un terrain sur lequel des constructions peuvent être autorisées en application d'un plan local d'urbanisme, d'un document d'urbanisme en tenant lieu, d'une carte communale ou, le cas échéant, des règles générales d'urbanisme (C. urb., art. L. 111-3).

(526) Un an auparavant, la loi de finances pour 2013 (L. 29 déc. 2012, art. 15, adopté), qui entendait soumettre les gains de cession de terrains à bâtir au barème progressif de l'IR, avait déjà retenu cette solution (qui aurait dû s'appliquer au 1er janv. 2015, ouvrant ainsi une « fenêtre » de deux ans). Le Conseil constitutionnel a censuré l'ensemble de ce dispositif (Cons. const., 29 déc. 2012, n° 2012-662 DC, *Loi de finances pour 2013* – V. *supra*, 1430, 2-*c*).

(527) BOI-RFPI-PVI-20-20, n° 154.

(528) Cons. const., 29 déc. 2013, n° 2013-685 DC, *Loi de finances pour 2014*, § 46.

Du fait de cette censure, l'abattement pour durée de détention « historique » (*i.e.*, immédiatement antérieur à la loi de finances pour 2014) a continué de s'appliquer, un temps, aux terrains à bâtir et aux droits s'y rapportant(529). L'existence de deux régimes d'abattement différents ne semblait pas pouvoir être utilement contestée au regard des exigences du principe d'égalité devant la loi. En effet, la censure prononcée par le Conseil constitutionnel n'est pas liée à la distinction des deux types de biens immeubles pour l'imposition des plus-values immobilières : « l'application de règles fiscales différentes à la plus-value brute résultant de la cession de terrains à bâtir et de droits s'y rapportant, d'une part, et à la plus-value brute résultant de la cession d'autres biens ou droits immobiliers, d'autre part, ne méconnaît pas, en elle-même, le principe d'égalité devant la loi »(530).

1429. – **Abattement pour durée de détention (modalités positives).** 1) Les règles positives concernant l'abattement pour durée de détention résultent, pour la généralité des immeubles et des droits immobiliers, de la loi de finances pour 2014(531) et, pour les terrains à bâtir et les droits s'y rapportant, de la loi de finances pour 2015(532).

La loi de finances pour 2014 entendait, on l'a vu (V. *supra*, n° 1428, 3-*e*), établir une distinction entre les terrains à bâtir (ou les droits s'y rapportant) et les autres immeubles – l'abattement pour durée de détention ne devant plus être, dans le premier cas, applicable.

Dans les deux hypothèses, l'application de l'abattement rénové a été anticipée par voie doctrinale, respectivement au 1er septembre 2013 et au 1er septembre 2014(533).

Des abattements spéciaux, cumulables avec l'abattement pour durée de détention, sont applicables ou ont pu être applicables à une époque récente (V. *infra*, n° 1430, 1-*b*).

2) Les gains tirés de la cession d'immeubles, depuis ces dates, d'un mécanisme d'abattement *rénové*.

a) Sa caractéristique principale est que, compte tenu de son « rythme », le délai requis pour bénéficier d'une exonération totale est *différent* pour l'impôt sur le revenu et les contributions sociales.

Cette accélération partielle du rythme de l'abattement est destinée, selon les pouvoirs publics, à « fluidifier le marché de l'immobilier, de soutenir l'activité du secteur des travaux dans les logements et de favoriser ainsi une baisse des prix favorable aux accédants à la propriété et aux locataires »(534).

b) S'il a été ramené de trente ans à vingt-deux ans pour l'impôt sur le revenu, ce délai est demeuré fixé à trente ans en ce qui concerne les contributions sociales.

Confirmant des indications données lors de la présentation du plan d'investissement pour le logement (discours du 21 mars 2013), le Président de la République avait annoncé dans un entretien télévisé du 16 juin 2013 la réforme du régime d'imposition des plus-values immobilières. Esquissé, le 18 juillet 2013, par le communiqué de presse précité, le contenu de cette réforme a été ultérieurement détaillé par voie d'instruction.

---

(529) L'abattement applicable est celui résultant de l'article 150 VC du CGI dans sa rédaction antérieure à la loi de finances pour 2014 (L. 29 déc. 2013, art. 27) ou, dit autrement, dans sa rédaction ancienne, issue de la deuxième loi de finances rectificative pour 2011 (L. 19 sept. 2011, art. 1er, I-2°). Un rescrit interprétatif du 9 janvier 2014 (RES n° 2014/01, repris au BOI-RFPI-PVI-20-20, n° 154, anc.) a confirmé cette solution qui découle directement de la lettre de la loi de finances pour 2014 (L. 29 déc. 2013, art. 27).

(530) Cons. const., 29 déc. 2013, n° 2013-685 DC, *Loi de finances pour 2014*, § 45, relevant notamment les caractéristiques économiques différentes des différents marchés immobiliers en cause.

(531) L. 29 déc. 2013, art. 27.

(532) L. 29 déc. 2014, art. 4.

(533) Instr. 2 août 2013, rect. par Instr. 9 août 2013 : BOI-RFPI-PVI-20-20, nos 152 et s., et Instr. 10 sept. 2014 : BOI-RFPI-PVI-20-20, nos 157 et s.

(534) Ministre du Budget, communiqué de presse n° 732, 18 juill. 2013.

RÉGIME D'ABATTEMENT APPLICABLE DEPUIS LE 1er SEPTEMBRE 2013 AUX GAINS DE CESSION D'IMMEUBLES AUTRES QUE LES TERRAINS À BÂTIR ET ASSIMILÉS ET DEPUIS LE 1er SEPTEMBRE 2014 POUR LES TERRAINS À BÂTIR ET ASSIMILÉS		
ANNÉES DE DÉTENTION	**TAUX D'ABATTEMENT POUR L'IR**	**TAUX D'ABATTEMENT POUR LES CONTRIBUTIONS SOCIALES**
Années 0 à 5	0 % par an	0 % par an
Annees 6 à 21	6 % par an	1,65 % par an
Année 22	4 %	1,6 %
Années 23 à 30	–	9 % par an
Années 31 et +	–	–

La raison de la différence de traitement entre les deux impositions, qui complique un peu la liquidation des impositions frappant les plus-values immobilières, tient à des considérations budgétaires. Pour sauver les apparences, la promesse présidentielle a bien été appliquée à l'IR, mais à lui seul.

Eu égard au poids respectif de l'IR (19 %) et des contributions sociales (15,5 %), ce dispositif apparemment très complexe équivaut en réalité (à quelques nuances près) à diminuer le taux effectif d'imposition initialement fixé à 34,5 % de 1,4 point par an entre la sixième et la trentième année de détention (sauf pour la vingt-deuxième année où le taux effectif d'imposition ne diminue que de 1 point).

Les propositions parlementaires formulées en vue de « réaligner » les deux abattements sont restées lettre morte. Même si elles auraient dû conduire à revoir les règles d'affectation du produit des contributions sociales (ce qui a d'ailleurs été fait ultérieurement), elles semblaient pourtant frappées au coin du bon sens.

c) La durée de détention est décomptée, par période de douze mois et abstraction faite des fractions d'années. Le tableau suivant fait ressortir les principales dates d'acquisition pouvant être rencontrées en pratique(535).

POINT DE DÉPART DU DÉLAI DE DÉTENTION SELON LE MODE D'ACQUISITION DU BIEN OU DROIT CÉDÉ	
MODE D'ACQUISITION DU BIEN OU DROIT CÉDÉ	**POINT DE DÉPART DU DÉLAI DE DÉTENTION**
Immeuble acquis à titre onéreux	Date de l'acte qui constate l'opération d'achat (et non la date de l'enregistrement de cet acte)
Immeuble acquis à titre gratuit	Date d'ouverture de la succession pour les mutations par décès Date de l'acte pour les mutations entre vifs
Immeuble acquis sous condition suspensive	Date de la réalisation de la condition (sans qu'il y ait lieu de tenir compte de la rétroactivité attachée à la réalisation de la condition par le droit civil)
Immeuble acquis en l'état futur d'achèvement	Date de conclusion du contrat de vente en l'état futur d'achèvement

(535) Sur la date d'acquisition à retenir dans d'autres situations particulières, V. BOI-RFPI-PVI-20-20, n° 40.

POINT DE DÉPART DU DÉLAI DE DÉTENTION SELON LE MODE D'ACQUISITION DU BIEN OU DROIT CÉDÉ	
MODE D'ACQUISITION DU BIEN OU DROIT CÉDÉ	**POINT DE DÉPART DU DÉLAI DE DÉTENTION**
Immeuble construit par le cédant sur son propre terrain	Date d'acquisition du terrain pour la fraction de la plus-value correspondant au terrain Date du début d'exécution des travaux de construction pour la fraction de la plus-value correspondant à la construction
Immeuble bâti acquis par accession à l'issue d'un bail à construction	Date effective d'acquisition du terrain par le bailleur pour la fraction de la plus-value correspondant au terrain Date effective d'expiration du bail pour la fraction de la plus-value correspondant à la construction
Immeuble acquis à la suite d'une opération de remembrement	Date d'acquisition du terrain remis à l'échange
Immeuble reçu en échange	Date de l'acte constatant l'échange sauf si cet acte comporte une condition suspensive
Immeuble recueilli en vertu d'une clause de tontine	Date de l'acquisition effectuée en commun
Droit démembré portant sur un immeuble acquis en pleine propriété	Date d'acquisition du bien en pleine propriété
Immeuble précédemment démembré cédé après réunion de la propriété	Date de la première acquisition par le cédant de l'un ou l'autre des deux droits (usufruit ou nue-propriété)
Immeuble reçu en partage ayant donné lieu à l'imposition de la plus-value de partage	Date de l'acte de partage si l'attributaire-cédant n'était pas membre de l'indivision initiale Date d'entrée du bien en indivision pour la fraction de la plus-value correspondant à la part détenue depuis l'origine dans l'indivision et date de l'acte de partage pour celle correspondant à la part acquise lors du partage si l'attributaire-cédant était membre de l'indivision initiale
Immeuble reçu en partage n'ayant pas donné lieu à l'imposition de la plus-value de partage	Date d'entrée du bien en indivision

c) La durée de détention du bien ou droit cédé est décomptée comme dans le cas général (V. *supra*, 2-*c*).

1430. – Modalités de taxation des plus-values. 1) Depuis le 1er janvier 2004[536], les gains imposables, qui peuvent faire l'objet de certains abattements spéciaux, ne

(536) L. fin. 2004, 30 déc. 2003, art. 10.

sont pas compris dans le revenu global imposable au barème progressif de l'impôt sur le revenu.

a) Avant 2004, les plus-values immobilières étaient soumises au barème progressif de l'IR, dans des conditions différentes selon qu'elles étaient réalisées à court terme ou à long terme (la même distinction était retenue *mutatis mutandis* en matière de plus-value de cession de biens meubles « ordinaires ») :

• les gains à court terme (*i.e.* réalisés moins de deux ans après l'acquisition du bien), assimilés à un revenu ordinaire, étaient purement et simplement intégrés au revenu global et soumis, partant, au barème progressif de l'impôt sur le revenu[537] ;

• les gains à long terme (*i.e.* réalisés deux ans ou plus après l'acquisition du bien), étaient soumis au barème progressif de l'impôt sur le revenu selon un mécanisme de quotient par cinq destiné à atténuer la progressivité de l'impôt[538].

b) Avant la deuxième loi de finances rectificative pour 2011[539], la loi prévoyait l'application d'un abattement (dit « fixe ») de 1 000 € applicable à chaque cession appréciée isolément[540]. Cet abattement n'est plus applicable aux plus-values réalisées depuis le 21 septembre 2011.

*c)*Dans le cadre de deux mesures successives tendant à provoquer un « choc d'offre » sur le marché immobilier, deux abattements proportionnels spéciaux peuvent (ou pouvaient encore récemment) venir en déduction du gain imposable.

• Pour « permettre un déblocage immédiat du marché immobilier », un abattement exceptionnel de 25 % s'est appliqué aux gains de cession réalisés entre le 1er septembre 2013 et, en principe, le 31 août 2014[541]. Par exception, dans le cadre d'un dispositif lié à la densification des constructions à usage d'habitation dans ces communes, la date de fin d'application de cette mesure est reportée au 31 décembre 2014 (et même au 31 décembre 2016, à la condition qu'une promesse de vente ait acquis date certaine au plus tard le 31 décembre 2014) pour les gains de cession portant sur des biens immobiliers situés dans des communes appartenant à une zone d'urbanisation continue de plus de 50 000 habitants[542].

Conformément à ce qui avait été annoncé par un communiqué du ministre du Budget[543] – et contrairement aux indications données dans la première instruction, ultérieurement rectifiée sur ce point – cet abattement (qui produit ses effets en matière d'IR comme en matière de contributions sociales) s'est appliqué aux gains de cessions de biens (ou droits) immobiliers autres que des terrains à bâtir ou de droits s'y rapportant[544] et non pas aux seuls gains de cession de locaux d'habitation ou de droits réels démembrés portant sur de tels biens[545].

En revanche, l'abattement exceptionnel n'était pas applicable aux gains procédant de cessions :

– de parts de sociétés à prépondérance immobilière, de parts de fonds de placement immobilier et de certains titres ou droits assimilés[546] ;

– réalisées par le cédant au profit de son conjoint, son partenaire civil, son concubin notoire, un ascendant ou descendant du cédant ou de l'une ou de plusieurs de ces personnes[547] ;

– réalisées au profit d'une personne morale dont le cédant, son conjoint, son partenaire civil, son concubin notoire, un ascendant ou descendant de l'une ou de plusieurs de ces personnes est un associé ou le devient à l'occasion de cette cession[548].

(537) CGI art. 150 J, ancien.
(538) CGI art. 150 R, anc.
(539) L. 19 sept. 2011, art. 1er, I-4°.
(540) CGI, art. 150 VE, anc.
(541) L. fin. 2014, 29 déc. 2013, art. 27, IIII, confirmant des instructions des 2 et 9 août 2013 : BOI-RFPI-PVI-20-20, nos 270 et s.
(542) L. fin. 2014, 29 déc. 2013, art. 27, IV-C-2.
(543) Communiqué n° 732, 18 juill. 2013.
(544) BOI-RFPI-PVI-20-20, n° 280, 9 août 2013.
(545) BOI-RFPI-PVI-20-20, n° 280, 2 août 2013.
(546) BOI-RFPI-PVI-20-20, n° 290. – L. fin. 2014, 29 déc. 2013, art. 27, III-A, *a contrario*.
(547) BOI-RFPI-PVI-20-20, n° 310. – L. préc., art. III-B.
(548) *Ibid.*

• Pour provoquer un « choc d'offre » sur le marché des terrains à bâtir, un abattement exceptionnel (très similaire dans ses modalités à celui évoqué au point précédent) est applicable[549] au taux de 30 % sur les gains de cessions de terrains à bâtir à la double condition que la cession :

1° soit précédée d'une promesse de vente ayant acquis date certaine à compter du 1er septembre 2014 et au plus tard le 31 décembre 2015 ;

2° soit réalisée au plus tard le 31 décembre de la deuxième année suivant celle au cours de laquelle la promesse a acquis date certaine.

d) Enfin, dans le cadre d'une mesure très sectorielle, l'IR exigible au titre de la plus-value réalisée lors de la cession de peuplements forestiers par une personne physique est diminué d'un abattement de 10 € par année de détention et par hectare cédé. Cet abattement est également applicable en cas de cessions de parts de sociétés de personnes (ou groupements assimilés) détenant des peuplements forestiers, à concurrence de leur valeur[550].

2) Les plus-values immobilières sont en effet soumises à un prélèvement forfaitaire qui, frappant la plus-value au taux de 19 %, est libératoire de l'impôt sur le revenu[551].

a) Applicable aux plus-values réalisées depuis le 1er janvier 2011, le taux de 19 % résulte de la loi de finances pour 2011[552]. Il était initialement fixé, dans le régime issu de la loi de finances pour 2004, à 16 %.

b) Sous réserve des conventions internationales, les gains de cession d'immeubles réalisés par (ou revenant à) des non-résidents sont soumis à un prélèvement spécial dont le taux est fixé, pour les cessions réalisées depuis le 1er janvier 2015 :

– à 19 % quand le gain est réalisé, directement ou indirectement, par une personne physique, indépendamment du lieu de sa résidence[553] ;

– à 33,33 %, par renvoi au taux normal de l'IS[554], dans les autres cas[555].

c) La loi de finances pour 2013[556] aurait dû introduire une distinction entre les immeubles « ordinaires » et les terrains à bâtir[557]. Selon le texte adopté, les gains de cession de terrains à bâtir (ou de

---

(549) Instr. 10 sept. 2014 : BOI-RFPI-PVI-20-20, nos 157 et s., conf. par L. fin. 2015, 29 déc. 2014, art. 4, II. Cet abattement s'applique également, sous certaines conditions, aux gains de cession de biens immobiliers bâtis situés dans des communes appartenant à une zone d'urbanisation continue de plus de 50 000 habitants lorsqu'ils sont destinés à être démolis en vue de construire des logements (V. même loi, art. 4, III).

(550) CGI, art. 150 VF, III.

(551) CGI, art. 200 B et 150 VG.

(552) L. 29 déc. 2010, art. 6.

(553) L'application généralisée du taux identique au taux « interne » résulte de la deuxième loi de finances rectificative pour 2014 (art. 60). Antérieurement, le taux du prélèvement, qui était en principe de 33,33 %, était ramené à 19 % (par renvoi au taux « interne » de l'IR frappant les plus-values immobilières) lorsque le cédant était, à la date de la cession, résident d'un État membre de l'Union européenne, d'Islande, de Norvège ou du Liechtenstein (CGI, art. 244 bis A, anc., et art. 200 B). Cette modification est liée à une décision du Conseil d'État qui a jugé, à l'égard de résidents de Suisse associés d'une SCI française, que l'application, dans un tel cas de figure, d'un taux d'imposition supérieur au taux « interne » constituait une restriction injustifiée au principe européen de libre circulation des capitaux (CE, 20 oct. 2014, n° 367.234, *Min. c/Sté Saint-Étienne* : *Dr. fisc.* 2014, n° 48, comm. 659, concl. V. Daumas, note A. Maitrot de la Motte).

(554) CGI, art. 244 bis A et art. 219, I. Pour un cas où les stipulations d'une convention internationale ont été regardées comme faisant obstacle à l'application de ce taux majoré, V. CE, 20 nov. 2013, n° 361.167, *Min. c/Aaron* : *Dr. fisc.* 2014, n° 3, comm. 81, concl. F. Aladjidi, note A. Maitrot de la Motte, à propos de la convention fiscale franco-suisse.

(555) Le Conseil constitutionnel (Cons. const., 29 déc. 2014, n° 2014-708 DC, Deuxième loi de finances rectificative pour 2014, § 40) a censuré, comme opérant un prélèvement à un taux excessif, les dispositions prévoyant l'application d'un taux majoré de 75 % lorsque le gain de cession était réalisé par des personnes ou des organismes domiciliés, établis ou constitués hors de France dans un État ou territoire non coopératif (V. *supra*, n° 1374). Même si cette application s'est trouvée évidemment très fragilisée, ce taux a cependant pu légalement s'appliquer pour les gains réalisés du 1er janvier 2013 au 31 décembre 2014 (L. fin. 2013, 29 déc. 2012, art. 9). Dans ces mêmes cas, le taux avait été porté à 50 % pour les gains réalisés du 1er mars 2010 au 31 déc. 2012 (troisième L. fin. rect. 2009, 30 déc. 2009, art. 22, I).

(556) L. 29 déc. 2012, art. 15.

(557) Définis, comme en matière de TVA, comme des terrains sur lesquels des constructions sont susceptibles d'être autorisées en application du droit de l'urbanisme.

droits assimilés) auraient dû, à compter du 1er janvier 2015, être compris dans le revenu global soumis au barème progressif de l'IR – sans prise, en compte, au surplus de leur durée de détention[558].

Saisi du texte adopté, le Conseil constitutionnel a considéré que, compte tenu des autres impositions frappant (ou susceptibles de frapper ces gains de cessions (contributions sociales, contribution exceptionnelle sur les hauts revenus, impositions spéciales obligatoires ou facultatives sur certaines plus-values immobilières), la taxation globale aurait pu conduire (même après déduction d'une fraction de la contribution sociale généralisée) à un taux marginal maximal d'imposition de 82 %, ce qui aurait pour effet de faire peser sur une catégorie de contribuables une charge excessive au regard de leur capacité contributive[559].

Ce taux global[560] résultait du cumul des impositions « générales » sur le revenu (IR, contribution exceptionnelle sur les hauts revenus et contributions sociales) et des impositions immobilières spéciales frappant (exclusivement ou non) les gains de cession de terrains à bâtir. Ces impositions sont au nombre de trois[561] (les deux dernières étant exclusives l'une de l'autre) :

– la taxe nationale obligatoire sur la cession à titre onéreux de terrains nus rendus constructibles[562]. Due par le cédant et versée à l'Agence (agricole) de services et de paiements (en vue du financement d'aides en faveur des jeunes agriculteurs), la taxe est exigible lors de la première cession à titre onéreux intervenue après que le terrain a été rendu constructible. Elle n'est applicable que lorsqu'un rapport de plus de 10 est constaté entre le prix de cession et le prix d'acquisition (ou à défaut la valeur vénale) actualisé[563]. L'assiette de la taxe est le montant de la plus-value actualisée réduit d'un dixième par année écoulée à compter de la date à laquelle le terrain a été rendu constructible au-delà de la huitième année. Son taux est de 5 % pour la fraction de cette plus-value n'excédant pas trente fois le prix d'acquisition (ou à défaut la valeur vénale) actualisé et de 10 % au-delà[564] ;

– la taxe communale (ou intercommunale) sur la cession de terrains devenus constructibles[565]. Due par le cédant, la taxe est exigible lors de la première cession à titre onéreux intervenue après que le terrain a été rendu constructible. Les gains de cession portant sur des terrains classés en terrains constructibles depuis plus de dix-huit ans sont toutefois exonérés. La taxe n'est applicable que lorsqu'un rapport de 3 au moins est constaté entre le prix de cession et le prix d'acquisition actualisé[566]. L'assiette de la taxe est le montant de la plus-value actualisée (ou, « en l'absence d'éléments de référence », les deux tiers du prix de cession). Son taux est de 10 %[567] ;

– a taxe forfaitaire (« Grenelle II ») « mort-née » sur la valorisation des immeubles résultant de la réalisation de certaines infrastructures de transports[568]. Cette taxe forfaitaire, qui comportait deux composantes, pouvait être instituée, hors Île-de-France, par les autorités organisatrices de transports urbains, pour la première, et l'État ou les autorités organisatrices de transport ferroviaire, pour la seconde. Elle devait s'appliquer dans un périmètre arrêté par l'État ou l'autorité organisatrice de transport, dans le rayon maximal de 1 200 mètres des stations de transports collectifs en site propre ou des gares ferroviaires créées ou desservies à l'occasion de la réalisation des nouvelles infrastructures de transports. Sa

(558) Le prélèvement forfaitaire opéré à l'occasion de la cession, qui se trouvait maintenu dans ce nouveau schéma, ne devait plus présenter dans le cas considéré un caractère libératoire de l'IR mais s'apparentait à un simple acompte.

(559) Cons. const., 29 déc. 2012, n° 2012-662 DC, *Loi de finances pour 2013*, § 98 à 102.

(560) Le calcul opéré par le Conseil constitutionnel est globalement correct. Il ne tient pas compte, toutefois, du fait que les différents prélèvements (dont les taux sont additionnés) peuvent ne pas avoir la même assiette.

(561) Une quatrième imposition, la taxe forfaitaire sur le produit de certaines valorisations immobilières de la région d'Île-de-France (CGI, art. 1635 ter A, anc., issu de L. 3 juin 2010, relative au Grand Paris, art. 10), n'a jamais été appliquée. Elle a été supprimée, sept mois après son institution, par la 4e L. fin. rect. 2010, 29 déc. 2010, art. 31, au motif de son rendement très incertain et des incidences négatives que cette taxation aurait pu faire peser sur les activités immobilières franciliennes. Un point commun de ces quatre impositions est que les modalités de détermination du gain de cession taxable comportent (ou comportaient) la prise en compte de l'érosion monétaire.

(562) CGI, art. 1605 nonies. – L. 27 juill. 2010 de modernisation de l'agriculture et de la pêche, art. 55.

(563) *I.e.*, corrigé de l'érosion monétaire – V. BOI-ANNX-000097.

(564) V., pour le commentaire administratif général concernant cette taxe, BOI-RFPI-TDC-20.

(565) CGI, art. 1529. – L. 13 juill. 2006 portant engagement national pour le logement, art. 26, et L. 25 mars 2009 de mobilisation pour le logement et la lutte contre l'exclusion, art. 38.

(566) *I.e.*, corrigé de l'érosion monétaire – V. BOI-ANNX-000097.

(567) V., pour le commentaire administratif général concernant cette taxe, BOI-RFPI-TDC-10.

(568) CGI, art. 1531, puis, après le décret de codification du 9 juin 2011, art. 1609 nonies F. – L. 12 juill. 2010 portant engagement national pour l'environnement, art. 64, I.

période d'application, qui devait être déterminée par les mêmes autorités dans la limite de la durée de quinze ans, ne pouvait commencer plus de deux ans après (dans le cas général) la déclaration d'utilité publique du projet d'infrastructure. Sous réserve des cas d'exonération, elle devait frapper les gains de cession de biens acquis antérieurement à la mise en service de l'équipement d'infrastructure concerné. La taxe était assise sur un montant égal à 80 % de la plus-value nette corrigée de l'érosion monétaire diminué du montant de la plus-value taxée à l'IR. Le taux de la taxe était de 15 % (infrastructures de transports urbains) ou de 5 % (infrastructures ferroviaires) lorsque l'immeuble cédé était situé à une distance de moins de 800 mètres d'un point d'accès au réseau de transport[569]. Le montant total de la taxe (ou des taxes lorsqu'elles étaient simultanément exigibles) ne pouvait excéder 5 % du prix de cession[570].

Cette taxe a été abrogée par la loi de finances pour 2015[571]. En pratique, aucune de ses deux composantes « ferroviaire » et « non-ferroviaire » n'a jamais été appliquée[572].

3) S'y ajoutent les contributions sociales qui, prélevées selon les mêmes modalités que l'impôt sur le revenu, conduisent à une taxation supplémentaire de 15,5 %, soit une imposition totale de 34,5 %.

a) Pour les gains réalisés à compter du 17 août 2012[573], les contributions sociales frappent ici indistinctement – sous réserve de la fenêtre, vite refermée, ouverte par l'arrêt *de Ruyter*[574] – les résidents de France et les non-résidents (qui étaient auparavant en dehors du champ de ces contributions).

b) La plus-value n'étant pas soumise au barème progressif de l'IR, aucune fraction de la CSG n'est déductible du revenu global imposable de l'année de son paiement[575].

4) *De facto*, le prélèvement de 19 %, qui est perçu en même temps que les contributions sociales, s'apparente à une retenue à la source libératoire de l'impôt sur le revenu frappant la plus-value imposable.

a) La loi n'emploie pas l'expression de « retenue libératoire ». Elle dispose même, assez fallacieusement, compte tenu de l'intention du législateur, que « l'impôt sur le revenu correspondant à la plus-value réalisée (…) est versé par la personne physique (…) qui cède le bien (…) »[576]. L'exposé des motifs du projet de loi de finances pour 2004 présentait davantage de clarté : la réforme consiste « à décharger les contribuables de toute obligation déclarative. L'impôt serait prélevé par le notaire qui le reverserait, pour le compte du cédant, lors de la formalité d'enregistrement ou de publicité foncière ».

En pratique, en effet, les cotisations d'IR et les contributions sociales ne sont jamais versées par le contribuable cédant mais par le notaire (ayant officié lors de la cession à titre onéreux) qui prélève les sommes correspondantes sur le prix de vente devant revenir à ce dernier (c'est également cet officier ministériel qui accomplit en pratique les obligations déclaratives permettant leur perception). Dans les deux cas, le notaire agit sur le plan juridique comme mandataire du cédant[577]. Depuis le 1er novembre 2011, l'impôt frappant la plus-value doit, en pratique être versé dans le délai d'un mois à compter de la date de l'acte, contre deux mois auparavant[578], le recouvrement des impositions donnant lieu sauf

(569) Ces taux étaient divisés par deux lorsque l'immeuble était situé à une distance comprise entre 800 et 1 200 mètres d'un tel point d'accès.

(570) V., pour le commentaire administratif général concernant cette taxe, BOI-RFPI-VTN.

(571) L. 29 déc. 2014, art. art. 20, II-1°, au motif de « simplifier notre droit en supprimant des impositions dont le produit est nul ou dont le rendement est faible avec des coûts de gestion élevés ». Cette suppression fait suite au rapport de l'Inspection générale des finances qui, remis au Gouvernement en février 2014, avait relevé l'existence de 192 taxes d'un rendement inférieur à 150 M€ (représentant toutefois au total un produit de 5,3 Md€).

(572) Ainsi que l'indique l'évaluation préalable du projet de loi de finances pour 2015. Ce fait donne un côté un peu surréaliste au calcul (évoqué *supra*) opéré par le Conseil constitutionnel (Cons. const., 29 déc. 2012, n° 2012-662 DC, *Loi de finances pour 2013*, § 101).

(573) Deuxième L. fin. rect. 2012, 16 août 2012, art. 29 (visant en effet les cessions réalisées à compter de sa *publication* et non de son *entrée en application*).

(574) L'exigibilité des différentes contributions sociales a été, on l'a vu, suspendue un temps pendant la parenthèse ouverte par l'arrêt *de Ruyter* de la Cour de justice de l'Union européenne (V. *supra*, n° 1354, 2).

(575) CGI, art. 154 quinquies, II, *a contrario*.

(576) CGI, art. 150 VF, I.

(577) CGI, ann. II, art. 74 SH.

(578) L. fin. rect. n° 2011-1117, 19 sept. 2011, préc., art. 1er.

disposition contraire à l'application des règles relatives à l'exigibilité et au recouvrement des droits d'enregistrement et de timbre(579).

En dépit de cet emprunt normatif à des impôts relevant du juge fiscal judiciaire, les litiges concernant l'imposition des plus-values immobilières relèvent toujours de la compétence du juge administratif(580).

b) La troisième loi de finances rectificative pour 2012(581) a institué une taxe frappant à un taux progressif les gains immobiliers « élevés » à savoir, plus précisément, les plus-values immobilières *imposables* à l'IR dont le montant excède 50 000 € et qui sont consécutives à la cession d'un immeuble *autre qu'un terrain à bâtir*(582). Cette imposition s'applique indistinctement aux gains réalisés par des résidents ou des non-résidents de France.

• L'exclusion des terrains à bâtir suscite une difficulté de principe. Elle était justifiée, initialement, par le fait que les gains de cession de terrain à bâtir devaient subir un régime défavorable par rapport à ceux portant sur d'autres immeubles(583). Or, cette justification est restée platonique, dans la mesure où ce régime défavorable n'a jamais pu être mis en œuvre. Il en résulte une différence de traitement qui ne pourrait que difficilement résister à une confrontation au principe constitutionnel d'égalité devant la loi.

• La définition des « immeubles autres que des terrains à bâtir » au sens de ce texte suscite une difficulté particulière. En effet, le législateur avait entendu ici renvoyer « en creux » à la définition du terrain à bâtir figurant (en matière de TVA sur les opérations immobilières) à l'article 257, I, du CGI. Pour une raison inconnue (mais sans doute liée à la volonté d'assurer une pleine cohérence dans le champ d'application des deux impositions « immobilières » en cause), le législateur, plutôt que de renvoyer directement à ce texte, a préféré renvoyer à l'article 150 VC qui, si la modification contenue à l'article 15 de la loi de finances pour 2013 avait pu être promulguée, aurait lui-même renvoyé à l'article 257, I, du CGI. La censure intégrale par le Conseil constitutionnel de cet article 15(584) est ici à l'origine d'un « dommage collatéral » sur le plan légistique : l'article 1609 nonies G du CGI opère une forme de renvoi « dans le vide ». Cela étant, la définition même des terrains à bâtir de l'article 257, I, du CGI étant sans lien avec les motifs de la censure constitutionnelle, on doit considérer que la taxe de l'article 1609 nonies G du CGI s'applique en cas de réalisation d'une plus-value immobilière consécutive à une cession d'immeuble (ou de droits immobiliers) autre qu'un terrain (ou de droits s'y rapportant) sur lequel des constructions peuvent être autorisées en application du droit de l'urbanisme. La doctrine administrative est d'ailleurs en ce sens(585).

• Il résulte de la loi que l'imposition ne peut concerner que les plus-values dont le montant *net imposable* excède 50 000 €. Une difficulté d'application tient toutefois à la détermination du champ d'application de l'imposition dans le cas des plus-values réalisées « conjointement ». Dans le silence de la loi, la doctrine administrative retient sur ce point les solutions suivantes :

– lorsque la plus-value est consécutive à la cession d'un bien commun appartenant à des époux, des partenaires civils, des concubins ou des coïndivisaires, l'appréciation du seuil de 50 000 € s'effectue individuellement au niveau de la quote-part de plus-value réalisée par (ou revenant à) chacun des intéressés(586) ;

(579) CGI, art. 150 VH, II, al. 2.

(580) CE, 23 oct. 2013, n° 361.233, *Bouteloup : Dr. fisc.* 2013, n° 48, comm. 533, concl. N. Escaut, sol. implicite.

(581) L. 29 déc. 2012, art. 70.

(582) CGI, art. 1609 nonies G, applicable aux plus-values réalisées au titre des cessions intervenues à compter du 1er janvier 2013 à l'exception de celles pour lesquelles une promesse de vente a acquis date certaine avant le 7 décembre 2012.

(583) Adoptée parallèlement à la troisième loi de finances pour 2012 instituant la taxe sur les gains immobiliers élevés, la loi de finances pour 2013 avait prévu, on l'a vu, de soumettre, à compter du 1er janvier 2015, les gains de cession de terrains à bâtir au barème progressif de l'impôt sur le revenu sans prise en compte de la durée de détention (art. 15, adopté). Ce dispositif a été censuré par le Conseil constitutionnel (Cons. const., 29 déc. 2012, n° 2012-662 DC, *Loi de finances pour 2013* – V. *supra*, pt 2-*c*). L'année suivante, la tentative, plus modeste, d'exclure les terrains à bâtir du champ de l'abattement pour durée de détention (L. fin. 2014, 29 déc. 2013, art. 27, adopté) a également échoué devant le Conseil constitutionnel (Cons. const., 29 déc. 2013, n° 2012-685 DC, *Loi de finances pour 2014* – V. *supra*, n° 1428, 3-*e*).

(584) Cons. const., 29 déc. 2012, n° 2012-662 DC, *Loi de finances pour 2013* – V. *supra*, pt 2-*c*.

(585) BOI-RFPI-TPVIE-10, n° 100.

(586) BOI-RFPI-TPVIE-20, nos 20 à 50.

– lorsque la plus-value est consécutive à la cession d'un bien par une société de personnes (ou une entité assimilée), l'appréciation du seuil de 50 000 € s'effectue au regard du montant de la plus-value imposable correspondant aux droits des seuls associés redevables de l'IR[587]. Il n'est tenu compte, en d'autres termes, ni de la fraction de la plus-value correspondant aux droits des associés passibles de l'IS, ni de celle correspondant aux droits des associés bénéficiant d'une exonération « personnelle ».

• La taxe est liquidée sur la base du gain net imposable à l'IR (après l'abattement pour durée de détention prévu dans ce cas) par application d'un tarif comportant dix tranches :

MONTANT DE LA PLUS-VALUE IMPOSABLE	MONTANT DE LA TAXE
De 50 001 € à 60 000 €	2 % PV – (60 000 – PV) × 1/20
De 60 001 € à 100 000 €	2 % PV
De 100 001 € à 110 000 €	3 % PV – (110 000 – PV) × 1/10
De 110 001 € à 150 000 €	3 % PV
De 150 001 € à 160 000 €	4 % PV – (160 000 – PV) × 15/100
De 160 001 € à 200 000 €	4 % PV
De 200 001 € à 210 000 €	5 % PV – (210 000 – PV) × 20/100
De 210 001 € à 250 000 €	5 % PV
De 250 001 € à 260 000 €	6 % PV – (260 000 – PV) × 25/100
Supérieur à 260 000 €	6 % PV

On appréciera l'élégance mathématique de ce tarif où PV correspond au montant de la plus-value immobilière imposable qui constitue l'assiette de la taxe. On peut observer que les tranches de ce barème ne sont pas « jointives », ce qui ne devrait pas susciter de difficulté compte tenu des règles d'arrondissement des bases de cotisation des impôts directs[588].

• La taxe est établie et recouvrée comme l'impôt frappant la plus-value immobilière correspondante. Son produit est affecté au budget général de l'État sous réserve (pour les cessions intervenant avant le 1er janvier 2016) de l'affectation de son produit, dans la limite annuelle de 120 M€, à la Caisse de garantie du logement locatif social. La taxe se substitue au « prélèvement sur le potentiel financier » des organismes d'habitations à loyer modéré (taxation dite des « dodus-dormants ») institué par la loi de finances pour 2011[589] puis rapidement abrogé au motif qu'il était tout à la fois inéquitable et insuffisamment productif[590].

1431. – Tristes moins-values immobilières. Sauf dans le cas où elle serait consécutive à la cession « en bloc » » d'un immeuble acquis par fractions successives, une moins-value immobilière ne peut faire l'objet d'aucune imputation[591]. Elle est donc définitivement perdue (V. *infra*, n° 1514).

On applique ainsi aux « pertes immobilières » les règles les plus rigoureuses (et les plus dérogatoires) de l'IR (comp. pour les pertes « mobilières », *infra*, n° 1520). La question se pose, naturellement, de savoir si une telle exclusion n'est pas contraire au principe d'égalité devant les charges publiques.

(587) BOI-RFPI-TPVIE-20, n° 60.
(588) CGI, art. 1657, 1, al. 1er.
(589) L. 29 déc. 2010, art. 210. – CCH, art. L. 423-14, anc.
(590) L. 18 janv. 2013, relative à la mobilisation du foncier public en faveur du logement et au renforcement des obligations de production de logement social, art. 33.
(591) CGI, art. 150 VD.

Les moins-values immobilières ne pouvant généralement faire l'objet d'aucune imputation ni report (V. *infra*, n° 1514), les règles légales prévoyant la diminution d'une telle moins-value par le jeu de l'abattement pour durée de détention n'ont pas, à ce jour, suscité de difficulté[592].

B. – Les plus-values sur titres

1° Évolution du régime au cours de la période récente (2000-2012)

1432. – **Unification (généralisation du seuil de cession).** 1) Avant la loi de finances pour 2000[593], les plus-values réalisées par des particuliers lors de la cession de valeurs mobilières, droits sociaux et titres assimilés pouvaient relever de quatre régimes d'imposition distincts.

a) Sont seules présentées ici les règles d'imposition des gains de cession de valeurs mobilières, de droits sociaux et de titres assimilés réalisés par des particuliers directement ou par l'intermédiaire de certaines sociétés de personnes interposées (sociétés civiles de portefeuille notamment).

b) Tous ces régimes rangeaient ces plus-values dans la catégorie des BNC et frappaient le gain net réalisé à un taux forfaitaire, fixé à la veille de la réforme à 16 %. Ces différents régimes se distinguaient essentiellement par le fait que le premier d'entre eux faisait intervenir, à la différence des trois autres, un mécanisme de seuil de cession :

• le premier régime, le plus général, organisait la taxation des plus-values consécutives à des « cessions importantes » de valeurs mobilières ou de droits sociaux. Ces cessions étaient définies comme celles dont le montant annuel excédait un seuil fixé, en dernier lieu, à 50 000 F[594] ;

• les trois autres régimes, qui s'appliquaient sans prise en considération d'un tel seuil, permettaient respectivement la taxation des plus-values consécutives à :

– a cession de parts de sociétés de personnes non passibles de l'IS dans lesquelles le contribuable n'exerçait pas d'activité professionnelle[595] ;

– a cession de titres d'OPCVM monétaires ou obligataires de capitalisation[596] ;

– a cession de « participations substantielles » dans des sociétés de capitaux ayant leur siège social en France[597].

c) L'existence au profit du contribuable d'une « participation substantielle dans le capital d'une société de capitaux » (c'est-à-dire, schématiquement, une participation d'au moins 25 %, appréciée au niveau familial, dans les cinq dernières années précédant la cession) n'entraîne plus l'application d'un régime d'imposition autonome. Cette notion conserve toutefois un intérêt certain pour l'application du régime d'imposition des plus-values sur titres.

• Ces quelques exemples tirés du droit positif permettent de l'illustrer :

– des règles de territorialité particulières s'appliquaient encore récemment aux gains de cession de titres en présence d'une participation substantielle (V. *infra*, n° 1435, 2) ;

– longtemps exonérées lorsqu'elles étaient réalisées au sein du groupe familial, les plus-values de cession de telles participations relèvent désormais de règles spéciales pour l'application de l'abattement pour durée de détention ;

– l'application de l'abattement fixe au profit des dirigeants prenant leur retraite suppose qu'ils détiennent une participation substantielle dans la société dont les titres sont cédés (il en allait de même, dans le cadre des règles antérieures, pour l'application « anticipée », au profit des mêmes personnes, de l'abattement pour durée de détention).

---

(592) CGI, art. 150 VD, II. La solution retenue par le Conseil d'État dans l'arrêt *Galbert Defforey* rendu en 2015 (V. *infra*, n° 1439, 3) conduit évidemment à s'interroger sur la validité de l'application directe de l'abattement à une moins-value.
(593) L. 30 déc. 1999, art. 94.
(594) CGI, art. 92 B et 92 J, anc., concernant respectivement les titres cotés et les parts sociales détenues dans le capital de sociétés de capitaux non cotées.
(595) CGI, art. 92 K, anc.
(596) CGI, art. 92 B, I bis, anc.
(597) CGI, art. 160, anc.

• En outre, dans le passé récent :

– le transfert du domicile fiscal hors de France entraînait, au titre de l'*exit tax*, l'imposition immédiate des gains « latents » afférents à des participations *substantielles*(598). L'*exit tax* applicable depuis mars 2011 ne retient plus cette notion mais se réfère plutôt à celle de participation *significative* (V. *supra*, n° 1373) ;

– ces mêmes plus-values étaient taxées à un taux réduit quand elles étaient réalisées par un contribuable domicilié dans un département d'outre-mer(599). Du fait de leur « barémisation », les gains de cession de titres peuvent donner lieu – sans référence aucune à la notion de participation substantielle et comme les autres éléments du revenu global – à l'abattement d'IR prévu en faveur des contribuables domiciliés outre-mer (V. *infra*, n° 1538).

2) La loi de finances pour 2000 a unifié ces quatre régimes en généralisant le mécanisme du seuil de cession.

a) Cette loi a par ailleurs modifié le rattachement catégoriel de ces gains. Depuis 2000, ils ne relèvent plus de la catégorie des BNC mais forment une sous-catégorie de la cédule des plus-values de cession à titre onéreux de biens ou droits de toute nature, c'est-à-dire des « plus-values des particuliers »(600). Par exception, les produits des opérations de bourse effectuées dans des conditions « quasi-professionnelles » relèvent toujours des BNC (V. *infra*, n° 1481).

Ce texte unificateur, dont l'une des vocations semblait de simplifier et de stabiliser les conditions d'imposition des gains de cession des valeurs mobilières et droits sociaux, a toutefois été modifié à une quinzaine de reprises entre 1999 et 2012.

b) Un mécanisme de seuil de cession existait auparavant, notamment dans le cadre du régime « général » des articles 92 B et 92 J, anciens, du CGI. En application de ce mécanisme, les plus-values de cession de titres n'étaient imposables que si le montant global des cessions (et non le montant des plus-values) avait dépassé, au cours de l'année d'imposition et pour l'ensemble du foyer fiscal, un certain montant fixé par la loi. Le franchissement du seuil de cession, s'il conditionnait le caractère imposable d'un gain, influait symétriquement sur le caractère déductible d'une perte. En d'autres termes, les moins-values de cession de titres n'étaient ni imputables ni reportables si elles avaient été subies au cours d'une année à l'issue de laquelle le seuil de cession n'avait pas été franchi. Cette restriction n'existe plus aujourd'hui.

Ce mécanisme avait été introduit en 1978, tout à la fois pour corriger les effets de l'érosion monétaire (non prise en compte dans la détermination du montant du gain) et faire en sorte que les « petits épargnants » échappent à la taxation. Le seuil avait été fixé à 150 000 F (22 867 €) par la loi du 5 juillet 1978(601) qui avait par ailleurs prévu son actualisation annuelle, dans la même proportion que la limite supérieure de la première tranche du barème de l'IR. Du fait de ce seul mécanisme d'actualisation, ce seuil s'établissait en 1995 à 342 800 F (52 259 €). La loi de finances pour 1996(602), tout en supprimant le mécanisme d'actualisation annuelle, l'avait ramené à 200 000 F (30 490 €) et 100 000 F (15 245 €) pour, respectivement, 1996 et 1997. Il avait été fixé à 50 000 F par la loi de finances pour 1998(603).

c) Dans le cadre du régime unifié d'imposition applicable à compter de l'année 2000, le niveau de ce seuil (qui produisait initialement des effets identiques en matière d'IR et de contributions sociales) avait été successivement fixé :

– pour 2000, comme auparavant dans le cadre du régime « général », à 50 000 F(604) ;

– pour 2001, à 7 623 €(605) ;

– pour 2002, à 7 650 €(606) ;

(598) CGI, art. 167 bis, anc. – L. fin. 1999, art. 24.

(599) CGI, art. 200 A, 7, anc.

(600) CGI, art. 1er A.

(601) Loi relative à l'imposition des gains nets en capital réalisés à l'occasion de cession à titre onéreux de valeurs mobilières et de droits sociaux, art. 6.

(602) L. fin. 1996, 30 déc. 1995, art. 71.

(603) L. 30 déc. 1997, art. 77.

(604) L. fin. 2000, 30 déc. 1999, art. 94.

(605) L. fin. rect. 2001, 28 déc. 2001, art. 51, I-B-1°, et art. 51, X-1°, supprimant la conversion initiale, à 7 600 €, résultant de l'ordonnance du 9 septembre 2000 portant adaptation de la valeur en euros de certains montants exprimés en francs dans les textes législatifs, ann. III.

(606) Même loi, art. 51, I-B-1°.

– de 2003 à 2006, à 15 000 € [607] ;
– pour 2007, à 20 000 € [608] ;
– pour 2008, à 25 000 € [609] ;
– pour 2009, à 25 730 € (compte tenu de la règle d'actualisation en fonction du barème de l'IR) ;
– pour 2010, à 25 830 € (compte tenu de la même règle) – les gains étant toutefois imposables aux contributions sociales « dès le premier euro » [610].

d) Dans certaines hypothèses, le franchissement du seuil était apprécié en tenant compte de la moyenne des cessions de l'année considérée et des deux années précédentes. Le recours à cette moyenne triennale était possible dans deux hypothèses :

– d'abord, lorsque certains événements, spécialement énumérés par les textes, s'étaient produits, soit au cours de l'année d'imposition, soit au cours de l'année suivante. Ces événements étaient le décès, le divorce (ou la séparation de corps), le licenciement, le départ en retraite, la survenance de l'invalidité ou, le cas échéant, l'ouverture d'une procédure collective (sauvegarde, redressement ou liquidation judiciaire). Ces événements pouvaient affecter le contribuable ou l'un des conjoints soumis à imposition commune ;

– ensuite, de manière générale, en cas de survenance de tout événement affectant la situation personnelle, familiale ou professionnelle du contribuable « et revêtant un caractère de gravité tel qu'il avait contraint le contribuable, pour y faire face, à liquider tout ou partie de son portefeuille » [611].

• Ont été considérés en jurisprudence comme des événements exceptionnels justifiant le recours à la moyenne triennale :
– l'obligation du contribuable d'exécuter un engagement de caution antérieurement souscrit [612] ;
– la démission d'un emploi salarié [613].

• N'ont pas été considérés comme de tels événements exceptionnels :
– l'acquisition d'une résidence secondaire [614] ;
– le changement de résidence principale [615] ;
– l'agrandissement du commerce du contribuable, même motivé par l'ouverture à proximité d'un magasin de grande surface [616] ;
– la crainte d'un effondrement prochain des cours de bourse [617] ;
– une mutation professionnelle (acceptée par le contribuable) entraînant la perte d'un logement de fonction [618] ;
– la décision prise par le contribuable, capitaine au long cours en retraite, d'affecter le produit de la cession d'une partie de son portefeuille de valeurs mobilières à la création et au financement d'une entreprise se proposant d'embaucher de jeunes marins au chômage [619].

1433. – Suppression du seuil de cession. La période d'application du seuil de cession généralisé a toutefois été relativement brève : ce mécanisme a été supprimé pour les plus-values réalisées à compter du 1er janvier 2011 [620].

(607) L. fin. 2003, 30 déc. 2002, art. 5.
(608) L. fin. 2007, 21 déc. 2006, art. 61, prévoyant également, à compter de l'imposition des revenus de l'année 2008, l'actualisation annuelle de ce seuil dans la même proportion que la limite supérieure de la première tranche du barème de l'IR.
(609) L. fin. 2008, 21 déc. 2007, art. 75, reportant *de facto* à 2009, la première actualisation annuelle du seuil en fonction du barème de l'IR précédemment décidée.
(610) LFSS 2010, 24 déc. 2009, art. 17.
(611) CGI, ann. II, art. 74-0 A, anc.
(612) CE, 31 juill. 1992, n° 75.535, *Ailloud : Dr. fisc.* 1994, n° 5, comm. 120, concl. Ph. Martin.
(613) CE, plén., 9 janv. 1981, n° 14.688, *Assoc. pour la promotion et la défense de l'actionnaire : RJF* 3/1981, n° 222.
(614) CAA Lyon, 22 sept. 1999, n° 96-1263, *Reynaud : Dr. fisc.* 1999, n° 46-47, p. 1417.
(615) CAA Paris, 2 avr. 1991, n° 89-776, *Treillat : RJF* 7/1991, n° 933.
(616) CAA Nantes, 3 juill. 1991, n° 89-473, *Barbier : Dr. fisc.* 1992, n° 8, comm. 353.
(617) CAA Nantes, 15 déc. 1998, n° 96-696, *Krafft : Dr. fisc.* 1999, n° 20, comm. 406.
(618) CAA Paris, 30 déc. 1996, n° 95-2675, *Thieblin : Dr. fisc.* 1997, n° 20-21, comm. 570.
(619) CAA Paris, 11 juin 2002, n° 98-368, *Roptin : Dr. fisc.* 2003, n° 3, comm. 11.
(620) L. fin. 2011, 29 déc. 2010, art. 8. Cette mesure a été justifiée par la nécessité de faire contribuer les revenus du capital au financement de la réforme des retraites.

La loi de financement de la sécurité sociale pour 2010[621] avait prévu la même mesure, à compter du 1er janvier 2010, en matière de contributions sociales. Ainsi, les plus-values sur titres réalisées en 2010 ont été passibles de ces contributions (au taux global, à l'époque, de 12,3 %) alors même que, le seuil de cession de l'époque, soit 25 830 €, n'ayant pas été franchi, les gains en résultant n'ont pas été, partant, imposables à l'IR.

Corrélativement, depuis 2011, les pertes sont reportables sur les gains des années ultérieures indépendamment du montant des cessions réalisées pendant l'année au titre de laquelle elles ont été subies.

1434. – **« Barémisation » des plus-values sur titres.** 1) Depuis le 1er janvier 2013, les plus-values réalisées par des particuliers lors de la cession de valeurs mobilières, de droits sociaux ou de titres assimilés sont, sauf exceptions limitées, toujours comprises dans le revenu global soumis au barème progressif de l'impôt sur le revenu.

Les exceptions à ce principe ne concernent que :
– les gains des non-résidents de France[622] ;
– les gains de cession de titres souscrits en exercice de bons de souscription de parts de créateurs d'entreprise[623] ;
– sous certaines conditions tenant à la date de leur attribution (V. *infra*, ° 1498, 1-*b*), le « gain d'acquisition » découlant de l'exercice d'options sur actions ou d'une attribution gratuite d'actions.

2) La loi de finances pour 2014[624] a en effet rétroactivement supprimé – avant même qu'il ait pu trouver une quelconque application – le régime issu de la « révolte des pigeons » qui aurait dû permettre aux « créateurs d'entreprises » de pouvoir conserver sur option, même après 2013, le bénéfice de la taxation forfaitaire à 19 %[625].

a) La « révolte des pigeons » est le nom donné au mouvement de contestation qui a vivement combattu, à l'automne 2012, l'alignement des modalités de taxation des revenus du capital sur celles des revenus du travail en ce qui concerne l'imposition des plus-values sur titres réalisées par des créateurs d'entreprises (spécialement dans le secteur des nouvelles technologies de l'information et de la communication).

b) L'option du contribuable pour la taxation forfaitaire des plus-values de cession de titres supposait la réunion des conditions suivantes :

• Le contribuable devait avoir exercé au sein de la société dont les titres ou droits étaient cédés, de manière continue au cours des cinq années précédant la cession une activité salariée ou une des fonctions de direction ouvrant droit, en matière d'ISF, à l'exonération prévue en faveur des biens professionnels. Les fonctions de direction ou l'activité salariée devaient avoir été effectivement exercées

(621) L. 24 déc. 2009, art. 17.
(622) CGI, art. 224 bis B.
(623) V. CGI, art. 163 bis G. Institué en 1998 (L. fin. 1998, 30 déc. 1997, art. 76), le dispositif des BSPCE permet aux jeunes sociétés de s'attacher, par le biais d'un intéressement à leur capital, le concours de salariés qu'elles ne pourraient recruter compte tenu de la faiblesse de leur « surface financière ». Sorte de stock-options, les BSPCE, qui sont incessibles, confèrent à leurs bénéficiaires le droit de souscrire des titres représentatifs du capital de leur entreprise à un prix définitivement fixé au jour de leur attribution. Ils offrent ainsi la perspective de réaliser un gain en cas d'appréciation du titre entre la date d'attribution du bon et la date de cession du titre acquis au moyen de ce bon (V. BOI-RSA-ES-20-40). Les gains considérés sont imposés à l'IR au taux de 19 % (ou de 30 % lorsque le contribuable exerce son activité dans la société depuis moins de trois ans à la date de la cession). Ils ne peuvent donner lieu, ni à l'application de l'abattement pour durée de détention, ni à l'abattement fixe de 500 000 € prévu au profit des dirigeants de PME faisant valoir leur droit à la retraite (première L. rect. 2014, 8 août 2014, 2014, art. 2).
(624) L. 29 déc. 2013, art. 17, I-S.
(625) CGI, art. 200 A, 2 quater, anc. – L. fin. 2013, 29 déc. 2012, art. 10, I-N.

et avoir donné lieu à une rémunération normale ayant représenté plus de la moitié des revenus « professionnels » à raison desquels l'intéressé avait été soumis à l'IR (V. *infra*, n° 1771).

• La société dont les titres ou droits étaient cédés devait exercer une activité industrielle, commerciale, artisanale, agricole ou libérale. Cette condition devait avoir été respectée de manière continue pendant les dix années précédant la cession ou, si la société avait été créée depuis moins de dix ans, depuis sa création ;

La loi ne limitait pas expressément le champ d'application du régime optionnel aux gains de cession de titres de sociétés passibles de l'IS. Toutefois, les conditions tenant aux fonctions exercées par le cédant dans la société dont les titres étaient cédés (V. *supra*, pt *a*) renvoyaient à celles qui sont prévues, en matière d'ISF, pour l'exonération des titres de sociétés de capitaux (V. *infra*, n° 1771). Par ailleurs, les parts de sociétés de personnes appartenant à un contribuable exerçant son activité professionnelle au sein de cette société constituent légalement des éléments d'actif professionnel[(626)], ce qui conduit à ce que les gains de cession de tels titres relèvent du régime des plus-values professionnelles et non du régime des plus-values des particuliers.

Devaient être exclus du régime, les gains de cession de titres de sociétés exerçant certaines activités réputées « non productives » et notamment des activités financières, immobilières ou patrimoniales.

• Les titres ou droits détenus par le cédant, directement ou par personne interposée ou par l'intermédiaire du conjoint, de leurs ascendants et descendants ou de leurs frères et sœurs :

– devaient avoir été détenus de manière continue au cours des cinq années précédant la cession ;

– devaient avoir représenté – de manière continue pendant au moins deux ans au cours des dix années précédant la cession des titres – au moins 10 % des droits de vote ou des droits dans les bénéfices sociaux de la société dont les titres ou droits sont cédés ;

– devaient représenter – à la date de la cession – au moins 2 % des droits de vote ou des droits dans les bénéfices sociaux de la société dont les titres ou droits sont cédés[(627)].

c) Compte tenu des contributions sociales (15,5 %), la taxation totale du gain aurait été de 34,5 % pour les contribuables domiciliés en France. La CSG aurait été, dans le cadre de ce régime optionnel, intégralement non déductible[(628)].

d) L'option pour la taxation forfaitaire a été remplacée, à compter du 1er janvier 2013, par un mécanisme d'abattement pour durée de détention renforcé (V. *infra*, n° 1439, 4-*b*) qui, applicable de plein droit aux « créateurs d'entreprises », conduit (dans le cas le plus courant en pratique) à une taxation maximale à l'IR de 6,75 % (soit 22,25 % compte tenu des contributions sociales).

Ceci explique que l'« écrasement » du régime optionnel n'a pas été critiqué devant le Conseil constitutionnel – qui n'a pas davantage examiné d'office sa conformité à la Constitution[(629)].

2° Contenu positif du régime

1435. – Gains imposables. Les gains imposables sont les plus-values résultant de cessions à titre onéreux de titres de placement, réalisées directement ou indirectement par un particulier agissant dans le cadre de la gestion de son patrimoine privé – indépendamment, depuis le 1er janvier 2011, du montant annuel des cessions réalisées par le contribuable (ou les membres de son foyer fiscal).

1) Les titres de placement relevant de ce régime sont, à titre principal :

– les valeurs mobilières cotées en bourse et notamment les actions, les obligations, les titres participatifs et les certificats d'investissement ;

– les titres représentatifs de ces valeurs (actions de SICAV et parts de FCP) ;

– les actions de sociétés non cotées et les obligations non cotées, émises en France ou à l'étranger ;

(626) CCI, art. 151 nonies, I.
(627) CCI, art. 220 A, 2 quater, anc.
(628) CCI, art. 154 quinquies, II, *a contrario*.
(629) Cons. const., 29 déc. 2013, n° 2011-685 DC, *Loi de finances pour 2014*.

– les parts sociales émises par des sociétés de personnes. Dans ce dernier cas, seuls relèvent du régime des plus-values sur titres les gains de cession réalisés par des associés « passifs » (c'est-à-dire de simples apporteurs de capitaux n'exerçant pas d'activité professionnelle au sein de la société dont les titres sont cédés). Dans le cas inverse, le régime des plus-values professionnelles trouve à s'appliquer (V. *infra*, n° 1491). Par ailleurs, les gains de cession de titres de sociétés de personnes à prépondérance immobilière relèvent du régime des plus-values immobilières (V. *supra*, n° 1425).

2) Depuis le 1er janvier 2010, les plus-values de cession (ou de rachat) de titres d'une société de capitaux ayant son siège en France sont considérées comme des revenus de source française en toute hypothèse(630), c'est-à-dire indépendamment du niveau de la participation du cédant (ou assimilé) dans le capital de la société dont les titres sont cédés (ou rachetés). Avant cette date, tel était seulement le cas lorsque le cédant (ou assimilé) y détenait une participation « substantielle ». Cette condition était remplie lorsque les droits détenus (directement ou indirectement) par le cédant (ou assimilé), avec son conjoint, leurs ascendants et leurs descendants, dans les bénéfices sociaux de la société dont les titres étaient cédés (ou rachetés) avaient dépassé ensemble 25 % de ces bénéfices à un moment quelconque au cours des cinq années précédentes(631).

Les gains de cession ou de rachat de titres réalisés par des non-domiciliés demeurent soumis en principe (V. *supra*, n° 1370, 2) à un prélèvement forfaitaire libératoire de l'IR liquidé, sauf exception, au taux de 45 %, c'est-à-dire au taux marginal du barème progressif de l'IR. Les intéressés ont toutefois la possibilité d'obtenir, sur leur demande, le remboursement de l'excédent du prélèvement de 45 % sur le montant de l'impôt qui résulterait de l'application, à l'ensemble de leurs revenus de source française, du barème progressif de l'IR(632).

3) Les produits des opérations de bourse effectuées dans des conditions « quasi-professionnelles » sont imposés dans la catégorie des BNC (V. *infra*, n° 1481). Il peut en aller de même lorsque les cessions de titres présentent pour le cédant le caractère d'une occupation ou exploitation lucrative au sens des BNC (V. *infra*, n° 1483), notamment lorsque les gains se rattachent à l'activité d'ensemble déployée par le cédant au titre de ses fonctions de direction(633) ou au rôle prédominant joué par l'intéressé au sein de sociétés dont les titres sont cédés(634). La seule circonstance qu'un contribuable a (en tirant parti de sa réputation professionnelle et du soutien financier d'un groupe au sein duquel il exerçait son activité professionnelle) travaillé très activement au développement d'une société créée et dirigée par lui ne permet pas, toutefois, de taxer selon les règles des BNC le gain de cession des titres de la société considérée(635).

4) Relèvent également du régime des plus-values sur titres, les compléments de prix reçus par le cédant, postérieurement à l'année d'imposition, en exécution d'une clause d'indexation(636). À l'inverse, lorsqu'une clause de variation de prix impose au cédant de reverser une partie du prix de cession, celui-ci est en droit d'obtenir, par voie de réclamation contentieuse, la décharge, à due concurrence, de l'imposition antérieurement mise à sa charge(637).

5) Les opérations imposables sont les cessions à titre onéreux (vente, apports en société et échanges à hauteur des soultes, essentiellement) et les opérations qui leurs sont légalement assimilées comme, notamment :

– les retraits (ou rachats) opérés sur un PEA, moins de cinq ans après son ouverture, sauf s'ils sont affectés à la création ou à la reprise d'une entreprise ;

– les donations de titres cotés à un organisme d'intérêt général ouvrant droit à la réduction d'impôt « ISF-Donations » (V. *infra*, n° 1815).

(630) CGI, art. 164 B, I-f – Troisième L. fin. rect. 2009, 30 déc. 2009, art. 22, I-U.
(631) CGI, art. 164 B, I-f, anc.
(632) CGI, art. 244 bis B. – L. fin. 2013, 29 déc. 2012, art. 10, I-O.
(633) CE, 20 févr. 1989, n° 62.397, *Dumas* : *Dr. fisc.* 1989, n° 44, comm. 2024. – CE, 26 févr. 2003, n° 222.163, *Flament* : *Dr. fisc.* 2003, n° 20, comm. 380, concl. C. Maugüé, note M. Sieraczek-Abitan.
(634) CE, 6 févr. 1984, n° 20.325, *Gaucher* : *Dr. fisc.* 1984, n° 26, comm. 1252, concl. O. Fouquet.
(635) CE, 18 janv. 2006, n° 265.790, *Serfaty* : *Dr. fisc.* 2006, n° 41, comm. 649, concl. C. Vérot, note E. Meier.
(636) CGI, art. 150-0 A, I, 2.
(637) CGI, art. 150-0 D, 14.

Tirant les conséquences d'une décision du Conseil constitutionnel(638), la deuxième loi de finances rectificative pour 2014(639) a posé que les sommes reçues par leur détenteur à l'occasion du rachat par une société de ses propres titres doivent être imposées intégralement, en toutes hypothèses, selon le régime des plus-values de cession.

1436. – **Exonérations.** 1) Un certain nombre d'exonérations *pures et simples* sont prévues par la loi.

Les gains de cession de titres réalisés par des non-résidents ne sont pas imposables sauf dans l'hypothèse où, portant sur des actions ou parts sociales de sociétés soumises à l'IS « français », ils sont regardés par la loi comme des revenus de source française (V. *supra*, n° 1435, 2).

La doctrine administrative a prévu un régime d'exonération « sous condition de remploi » en faveur des clubs d'investissement. Sous certaines conditions, les gains nets retirés d'opérations de bourse effectuées par le club durant son existence échappent à toute taxation. Seuls les gains nets réalisés par les adhérents à l'occasion de leur retrait ou de la dissolution du club d'investissement sont soumis à l'IR(640).

Sur l'exonération partielle applicable aux gains de cession de titres réalisés par des « impatriés », V. *supra*, n° 1396.

Ces régimes de faveur s'appliquent, en particulier, aux gains de cession de titres :

a) figurant sur un plan d'épargne en actions (PEA) ;

Pendant la durée du PEA, les plus-values consécutives à la cession de titres figurant sur le plan sont exonérées d'IR à condition que le produit de la cession soit intégralement réinvesti sur le plan. Les plus-values de cession des actions figurant sur le plan sont donc exonérées d'IR en l'absence de retrait du PEA avant cinq ans. Dans le cadre d'une mesure anti-abus, les produits afférents à des titres non cotés sur un marché *réglementé* ne bénéficient de l'exonération que dans la limite de 10 % du montant de ces placements (cette exclusion n'étant pas applicable aux titres cotés sur un marché simplement *organisé*).

À l'inverse, le retrait de titres ou de liquidités ou de rachat avant l'expiration de la cinquième année du PEA entraine la clôture du plan et conduit à l'imposition du gain net réalisé depuis l'ouverture du PEA (V. *supra*, n° 1421).

b) acquis dans le cadre de plans d'épargne salariale (sous condition d'indisponibilité temporaire) ;

Relèvent de ce cas d'exonération d'IR, les gains de cession de titres acquis dans le cadre de plans d'épargne d'entreprise (PEE), de plans d'épargne pour la retraite collectifs (PERCO) ou de plans d'épargne interentreprises (PEI), lorsque la condition tenant à l'indisponibilité de cette épargne – cinq ans en général est remplie(641). L'exonération ne s'étend pas aux contributions sociales.

c) sous certaines conditions, des parts de fonds communs de placement à risque ou de sociétés de placement à risque(642).

(638) Cons. const., 20 juin 2014, n° 2014-404 QPC, *Machillot* : *RJF* 2014, n° 927. Dans cette décision, le dispositif légal établissant une différence de traitement fiscal du rachat des titres selon qu'il était effectué par la société émettrice en vue de la réduction de son capital non motivé par des pertes, d'une part, ou en vue d'une attribution aux salariés ou dans le cadre d'un plan de rachat d'actions, d'autre part, a été abrogé (l'abrogation prenant effet au 1er janvier 2015). Si, dans le dernier état de la législation le gain net relevait intégralement, dans le premier cas, du régime des plus-values, il donnait lieu dans le second, à l'application d'un régime hybride, combinant :
– les règles d'imposition des revenus distribués, à hauteur, le cas échéant, de la différence positive entre la valeur de rachat et la valeur des apports compris dans les titres rachetés ;
– celles des plus-values, à hauteur de la différence entre la valeur de rachat et le prix ou la valeur d'acquisition des titres, sous déduction, le cas échéant, des revenus distribués précédemment déterminés.

(639) L. 29 déc. 2014, art. 88, I, applicable en principe aux rachats effectués à compter du 1er janv. 2015.

(640) BOI-RPPM-RCM-40-20, nos 50 à 80.

(641) CGI, art. 163 bis AA.

(642) CGI, art. 150-0 A, III.

2) Deux autres cas d'exonération ont été supprimés pour l'avenir par la loi de finances pour 2014[643].

La deuxième loi de finances rectificative pour 2008[644] avait institué une exonération (applicable pour l'IR mais sans effet en matière de contributions sociales) en faveur des associés « passifs » de certaines sociétés de personnes ayant détenu de manière continue depuis plus de huit ans les parts cédées[645]. L'intention du législateur avait été de rapprocher le régime des associés « passifs » (V. *supra*, n° 1435, 1, *in fine*) des sociétés de personnes exerçant une activité professionnelle (autre que la gestion, par la société, de son propre patrimoine mobilier ou immobilier) sur celui de leurs associés « actifs » (qui bénéficiaient, et bénéficient toujours, d'une exonération totale ou partielle de la plus-value en fonction de la quote-part des recettes annuelles de la société qui leur est attribuée fiscalement)[646]. Ce dispositif (qui, compte tenu de la condition tenant à la durée de détention, n'aurait pu trouver à s'appliquer qu'aux gains de cession réalisés à compter du 1er janvier 2014) a été abrogé avant même cette date[647].

a) Supprimée à compter du 1er janvier 2014, l'exonération des gains de cession de titres de jeunes entreprises innovantes se trouve réduite, désormais, à un cas particulier d'application de l'abattement pour durée de détention *renforcé* (V. *infra*, n° 1439, 4-*b*).

Une jeune entreprise innovante (JEI) s'entend schématiquement d'une PME indépendante créée depuis moins de huit ans dont les dépenses de recherche et développement annuelles représentent 15 % au moins de ses charges fiscalement déductibles.

Le bénéfice de l'exonération (qui était ouverte indistinctement à tous les associés personnes physiques) supposait notamment que les actions ou parts sociales cédées (qui devaient avoir été souscrites lors de la création de la société ou lors d'une augmentation de capital) aient été détenues pendant au moins trois ans – période au cours de laquelle la société dont les titres étaient cédés devait avoir effectivement bénéficié du statut de JEI[648].

b) Le même sort a été réservé par la loi à l'exonération dite *conditionnelle* des gains de cession de titres intervenant au sein d'un groupe familial.

Cette exonération « conditionnelle » était applicable lorsque les droits détenus (directement ou indirectement) par le cédant avec son conjoint, leurs ascendants et leurs descendants ainsi que leurs frères et sœurs dans la société de capitaux avaient dépassé ensemble 25 % de ces bénéfices à un moment quelconque au cours des cinq années précédant la cession.

Elle était applicable aux titres de sociétés françaises ou, depuis le 1er janvier 2011, à ceux de sociétés établies dans un autre État de l'Union européenne, en Islande, en Norvège ou au Liechtenstein et soumises à un impôt équivalent à l'IS français[649].

L'exonération n'était définitivement acquise que lorsque les titres cédés sous ce régime n'avaient pas été revendus à un tiers, étranger au groupe familial, avant l'expiration d'un délai de cinq ans[650].

1437. – Sursis et report d'imposition. 1) La loi peut prévoir des mécanismes de différé d'imposition. Ces mécanismes sont prévus, de manière générale, pour tenir compte du fait que certaines cessions de biens, alors qu'elles présentent un caractère

(643) L. 29 déc. 2013, art. 17, I-D et F.
(644) L. 30 déc. 2008, art. 43.
(645) CGI, art. 150-0 A, I bis, anc.
(646) CGI, art. 151 septies.
(647) Première L. fin. rect. 2012, 14 mars 2012, art. 7, précisant inutilement que la suppression du dispositif prend effet à compter du 1er janvier 2012.
(648) CGI, art. 150-0 A, III-7, anc.
(649) Quatrième L. fin. rect. 2010, 29 déc. 2010, art. 18.
(650) CGI, art. 150-0 A, I, 3, anc.

onéreux et génèrent une plus-value imposable, ne dégagent pourtant aucunes liquidités. C'est le cas, notamment, des échanges et des apports en société.

a) Les mécanismes de différé d'imposition ne doivent pas être confondus avec les mécanismes de paiement différé qui consistent, plus simplement, à retarder l'exigibilité d'une imposition précédemment établie. Le contenu de cette distinction peut être illustré à travers l'exemple de l'échange de titres (elle peut s'appliquer à l'identique aux opérations d'apport de titres).

b) Ces mécanismes peuvent tendre, soit à différer l'imposition du gain réalisé (celui-ci étant au demeurant immédiatement constaté) soit, plus radicalement, à en différer la constatation. Le premier mécanisme est celui du report d'imposition et le second celui du sursis d'imposition.

• Dans le cadre d'un report d'imposition, la plus-value est *constatée* (c'est-à-dire calculée et déclarée) lors de l'échange des titres mais son imposition effective est différée au moment où s'opérera la cession des titres reçus lors de l'échange. La cession ultérieure de ces titres emporte donc deux conséquences distinctes :

– d'une part, l'expiration du report d'imposition de sorte que l'impôt relatif à la plus-value en report est immédiatement mis en recouvrement ;

– d'autre part, la constatation d'une nouvelle imposition établie sur la différence entre le prix de cession et le prix ou la valeur des titres *reçus* lors de l'échange.

• Dans le cadre d'un sursis d'imposition, l'opération est considérée comme présentant un caractère purement intercalaire. Elle est, à ce titre *provisoirement exonérée*, de sorte que la plus-value, qui n'est pas constatée au titre de l'année de l'échange, n'a pas à être déclarée par le contribuable. La taxation de la plus-value d'échange se trouve déplacée au moment de la cession ultérieure des titres reçus lors de l'échange. En effet, le montant de la plus-value alors imposée correspond à la différence entre le prix de cession des titres *reçus* lors de l'échange et le prix (ou la valeur) d'acquisition des titres *remis* lors de l'échange.

2) La législation actuelle privilégie le mécanisme du sursis d'imposition qui présente le double mérite, à la différence du report, de jouer de plein droit et de ne pas comporter de lourdes obligations déclaratives. Ainsi, en matière de plus-values de cession de valeurs mobilières et droits sociaux, un mécanisme de sursis est applicable aux plus-values consécutives à un échange de titres lié, notamment :

– à une offre publique d'échange, une fusion ou une scission de sociétés ;

– à une opération de conversion, de division, ou de regroupement de titres ;

– à un apport de titres à une société soumise à l'impôt sur les sociétés – à la condition que l'apport ne soit pas réalisé au profit d'une société contrôlée, directement ou indirectement, par l'apporteur.

• Les apports de titres réalisés au profit d'une société contrôlée directement ou indirectement par l'apporteur sont désormais exclus du champ d'application du sursis d'imposition (V. *infra*, pt 3).

• Le sursis d'imposition peut indifféremment s'appliquer aux opérations d'échange ou d'apport de titres réalisées en France, dans un autre État membre de l'Union européenne ou dans un État ou territoire ayant conclu avec la France une convention fiscale contenant une clause d'assistance administrative en vue de lutter contre la fraude et l'évasion fiscales. Pour les opérations autres que les apports de titres, le sursis peut également s'appliquer à des échanges réalisés dans d'autres États à condition que le dépositaire des titres échangés soit lui-même établi en France, dans un autre État membre de l'Union européenne ou dans un État ou territoire « conventionné ».

Les échanges avec soulte demeurent imposables dans les conditions ordinaires lorsque le montant de la soulte reçue par le contribuable excède 10 % de la valeur nominale des titres reçus[651].

(651) CGI, art. 150-0 B.

3) Il existe par ailleurs différents mécanismes de report d'imposition.

a) Les opérations d'apport de titres à des sociétés *contrôlées* directement ou indirectement *par l'apporteur* relèvent obligatoirement, depuis le 14 novembre 2012, sous un mécanisme de report d'imposition qui se substitue, au cas particulier, au régime de sursis d'imposition normalement applicable. Issu de la troisième loi de finances rectificative pour 2012[(652)], ce dispositif est destiné à lutter contre les « schémas optimisants » dits d'« apport-cession ».

• Très utilisé, le schéma optimisant d'« apport-cession » consistait, plutôt que de céder directement les titres d'une société, à les apporter à une société contrôlée par l'apporteur qui les cédait à son tour, les liquidités ainsi dégagées pouvant être gérées (en franchise d'impôt du fait du sursis d'imposition alors applicable) en échappant à toute fiscalité personnelle. Il comportait trois étapes :

– dans un premier temps, le contribuable apportait ses titres à une société passible de l'IS contrôlée par lui. Cette opération était légalement exonérée du fait du mécanisme de sursis ;

– dans un deuxième temps, la société bénéficiaire de l'apport, contrôlée par le contribuable, cédait les titres qu'il lui avait précédemment apportés. Ces titres étaient cédés à un tiers pour un prix proche de leur valeur d'apport, de sorte que la cession ne dégageait aucun gain taxable pour la société contrôlée. Par ailleurs, l'opération ne mettait pas fin au sursis bénéficiant au contribuable dès lors que, naturellement, celui-ci conservait les titres reçus en rémunération de son apport à la société contrôlée ;

– dans un troisième temps, le contribuable avait tout loisir de disposer, par l'intermédiaire de la société contrôlée, des liquidités dégagées en franchise d'impôt dans le cadre de cet « apport-cession ».

• Le Conseil d'État avait considéré ces montages comme constitutifs d'un abus de droit lorsque :

– le schéma permet de placer la plus-value en différé d'imposition tout en dégageant des liquidités, en méconnaissance de l'intention du législateur à travers le dispositif de sursis (qui était de rendre neutres fiscalement les opérations ne dégageant pas de flux financiers) ;

– l'objectif poursuivi est exclusivement fiscal, faute pour les liquidités retirées de la cession des titres par la société bénéficiaire de ne pas être réinvesties de manière significative et dans un délai raisonnable dans une activité économique[(653)].

• Depuis la troisième loi de finances rectificative pour 2012, ce schéma optimisant est privé d'intérêt dans la mesure où, très schématiquement :

– l'apport de titres à la société contrôlée[(654)] conduit à la constatation d'une plus-value « bénéficiant » de plein droit et obligatoirement d'un report ;

– la cession par la société contrôlée des titres précédemment remis en apport par le contribuable met fin, en principe, lorsqu'elle intervient dans les trois ans de l'apport, au report d'imposition dont

(652) CGI, art. 150-0 B ter. – Troisième L. fin. rect. 2012, 29 déc. 2012, art. 18.

(653) V. CE, 27 juill. 2012, n° 327295, *Berjot : Dr. fisc.* 2012, n° 46, comm. 522, concl. E. Crépey, note D. Barsus et J. Béguier. V. antérieurement, à propos du dispositif de report ayant précédé, avant 2000, le mécanisme actuel de sursis d'imposition, CE, 8 oct. 2010, n° 313139, *Min. c/Bauchart* et n° 301.934, *Bazire : Dr. fisc.* 2010, n° 45, comm. 553, concl. L. Olléon, note R. Poirier. – CE, 3 févr. 2011, n° 329.839, *Min. c/Conseil : Dr. fisc.* 2011, n° 27, comm. 417, concl. E. Cortot-Boucher, note J.-L. Pierre. – CE, 11 févr. 2011, n° 314.950, *Picoux : Dr. fisc.* 2011, n° 27, comm. 417, note J.-L. Pierre.

(654) Un contribuable est considéré comme contrôlant une société dans l'un ou l'autre des trois cas suivants :
– lorsque la majorité des droits de vote ou des droits dans les bénéfices sociaux de la société est détenue, directement ou indirectement, par le contribuable ou par l'intermédiaire de son conjoint ou de leurs ascendants ou descendants ou de leurs frères et sœurs ;
– lorsqu'il dispose seul de la majorité des droits de vote ou des droits dans les bénéfices sociaux de cette société en vertu d'un accord conclu avec d'autres associés ou actionnaires ;
– lorsqu'il y exerce en fait le pouvoir de décision.
Dans son commentaire définitif (BOI-RPPM-PVBMI-30-10-60) publié le 4 mars 2016 après consultation publique, l'administration rappelle que la condition selon laquelle la société bénéficiaire de l'apport est contrôlée par l'apporteur est appréciée « à la date de l'apport, en tenant compte des droits détenus par le contribuable à l'issue de celui-ci ». Elle souligne à cet égard le caractère potentiellement abusif du montage consistant à rémunérer l'apport par des obligations convertibles en actions ou des obligations échangeables ou remboursables en actions.

bénéficie l'apporteur[655]. Il n'en va autrement que si cette société prend l'engagement de procéder, dans les deux ans de la cession, au réinvestissement, direct ou indirect, de la moitié au moins du produit de la cession dans le financement d'une activité commerciale, industrielle, artisanale, libérale, agricole ou financière, à l'exception de la gestion d'un patrimoine mobilier ou immobilier[656].

b) La loi de finances pour 2012[657] avait institué un dispositif de report sous condition de remploi « convertible » en exonération définitive[658]. Ce dispositif complexe – et particulièrement mal rédigé – a pris la place de l'abattement pour durée de détention « mort-né » institué en 2006 (V. *infra*, n° 1439, 1). Il a été aménagé par la loi de finances pour 2013[659], avant d'être supprimé par la loi de finances pour 2014 à compter du 1er janvier 2014 (les plus-values placées en report avant 2014 dans le cadre de ce dispositif peuvent toutefois continuer à en bénéficier).

• Le champ d'application du dispositif était très limité :

– les titres cédés devaient consister dans des actions ou des parts de sociétés détenus de manière continue depuis plus de huit ans dans le capital d'une société exerçant une activité professionnelle « véritable » (ou dans une holding détenant des participations dans de telles sociétés) ;

– la société devait être établie dans un État de l'Union européenne, en Islande, en Norvège ou au Liechtenstein et être soumise à l'IS ou à un impôt étranger équivalent ;

– les titres détenus par le cédant (directement ou par personne interposée ou par l'intermédiaire de son groupe familial), devaient avoir représenté, de manière continue pendant les huit années précédant la cession, au moins 10 % des droits de vote ou des droits financiers de la société dont les titres étaient cédés.

• L'obtention du report était subordonnée, très schématiquement, à la condition suivante : le cédant devait prendre l'engagement de réinvestir, dans les deux ans, 50 % au moins du montant de la plus-value (nette des contributions sociales normalement exigibles) dans la souscription de titres d'une ou de plusieurs sociétés répondant aux conditions précédentes – la loi admettant ici sous certaines conditions un réinvestissement indirect (avant la loi de finances pour 2013, un taux minimal de réinvestissement de 80 % devait être atteint dans un délai de trois ans). Lorsque le cédant procédait au réinvestissement conformément à cet engagement :

– la fraction de la plus-value correspondant au réinvestissement opéré dans les deux ans bénéficiait du report « convertible » en exonération définitive ;

– l'autre fraction de la plus-value nette des contributions sociales était imposable dès l'expiration de ce délai (l'impôt alors exigible étant assorti de l'intérêt de retard).

• Lorsque les titres reçus en contrepartie de la souscription en remploi avaient été détenus depuis plus de cinq ans, la plus-value en report d'imposition était définitivement exonérée. L'exonération définitive était également acquise, indépendamment du respect de cette condition, en cas de survenance de l'invalidité, de licenciement ou du décès du contribuable ou de l'un des conjoints soumis à imposition commune (ou en cas de liquidation judiciaire de la société siège du réinvestissement).

c) L'administration fiscale a enregistré moins de succès dans la lutte contre les schémas optimisants consistant dans une « donation-cession »[660].

(655) Il en va de même, naturellement, en cas de cession à titre onéreux, par le contribuable, des titres reçus en rémunération de l'apport.

(656) CGI art. 150-0 B ter.

(657) L. 28 déc. 2012, art. 80.

(658) CGI art. 150-0 D quater, anc.

(659) L. 29 déc. 2012, art. 10, I-F.

(660) Dans ce schéma (V. R. Mortier, *La donation avant cession in extenso : Dr. fisc.* 2014, n° 39, étude 540), le propriétaire des titres, au moment de les vendre, les transmet préalablement à ses enfants. Ne présentant pas le caractère d'une cession à titre onéreux, cette donation ne donne évidemment pas lieu à la constatation d'une plus-value. Entrant dans le champ d'application des droits de mutation à titre gratuit, elle a pour effet, tout au contraire, de « purger » la plus-value latente dont sont porteurs (on le suppose) les titres donnés. Lors de la vente ultérieure des titres par les donataires, parfois quelques jours seulement après la donation, la plus-value qu'ils réalisent est égale à l'excédent du prix de cession des titres sur la valeur retenue à leur égard pour la détermination des droits de mutation. Naturellement, compte tenu de la chronologie des opérations, la plus-value réalisée est le plus souvent nulle.

Les dispositions anti-abus adoptées dans la troisième loi de finances rectificative pour 2012 se sont heurtées à la vigilance du Conseil constitutionnel[661] alors que, de son côté, le Conseil d'État maintient fermement la solution selon laquelle une donation « non fictive » ne peut revêtir en elle-même, compte tenu des effets civils qui y sont attachés, un caractère abusif[662].

1438. – Gain net. 1) Le gain brut est égal à l'excédent du prix de cession des titres sur le prix ou la valeur d'acquisition.

Le prix d'acquisition des titres s'entend prix effectif d'acquisition supporté par le cédant[663]. En cas d'acquisition à titre gratuit, le gain est déterminé par référence à la valeur des titres qui a été retenue pour la détermination des droits de mutation[664].

En cas de cession de titres acquis à des dates et des prix différents, ont retient comme prix d'acquisition la valeur moyenne pondérée d'achat des titres.

Le prix d'acquisition comprend, le cas échéant, les intérêts moratoires dus par le cessionnaire des titres au cédant[665].

Les compléments de prix, versés par le cessionnaire des titres au cédant en exécution d'une cause d'indexation (ou de *earn out*), sont imposables, à l'instar des plus-values elles-mêmes, au titre de l'année au cours de laquelle ils sont reçus[666].

(661) Le texte adopté (art. 19) prévoyait en substance que la plus-value réalisée par le donataire de titres cédés à titre onéreux dans les dix-huit mois suivant la donation devrait être déterminée, en principe, en retenant comme valeur d'acquisition, non pas la valeur retenue lors de la mutation à titre gratuit, mais, à la supposer supérieure, la valeur de ces titres lors de leur entrée dans le patrimoine du donateur. En d'autres termes, la donation, vue comme une sorte d'échange, aurait fiscalement présenté un caractère intercalaire. Relevant que « le critère de la durée séparant la donation de la cession à titre onéreux des valeurs mobilières est à lui seul insuffisant pour présumer de manière irréfragable que la succession de ces deux opérations est intervenue à la seule fin d'éluder le paiement de l'imposition des plus-values », le Conseil constitutionnel a considéré que les dispositions adoptées entraînaient une rupture caractérisée de l'égalité devant les charges publiques, pour faire peser sur les donataires, sans avoir retenu des critères objectifs et rationnels en rapport avec l'objectif poursuivi, « une imposition supplémentaire qui est sans lien avec leur situation mais est liée à l'enrichissement du donateur antérieur au transfert de propriété » des titres en cause. Ce raisonnement, qui frappe par son formalisme, n'emporte pas, loin s'en faut, la conviction.

(662) Compte tenu des effets patrimoniaux qui lui sont attachés, une donation, dès lors qu'elle ne présente pas un caractère fictif – c'est-à-dire dès lors qu'elle emporte bien, en dépit des clauses contraignantes pour le donataire dont elle peut être assortie, un « dépouillement immédiat et irrévocable des donateurs » – ne peut – par construction – participer d'une opération revêtant un but exclusivement fiscal au sens de la définition de l'abus de droit fiscal (CE, 30 déc. 2011, n° 330.940, *Motte-Sauvaige : Rec. CE* 2011, tables p. 869 ; *Dr. fisc.* 2012, n° 11, comm. 193, concl. N. Escaut, note R. Mortier). L'administration peut toutefois écarter, sur le fondement des dispositions législatives organisant la répression des abus de droit fiscaux, un acte qui, présenté comme une donation, ne se traduit pas par un dépouillement immédiat et irrévocable de son auteur (CE, 9 avr. 2014, n° 353.822, *Pérès : Dr. fisc.* 2014, n° 27, comm. 421, concl. Cl. Legras, note R. Vabres, le juge de cassation exerçant un contrôle de qualification juridique sur l'appréciation portée par les juges du fond sur le point de savoir si un acte présenté comme une donation a le caractère d'acte se traduisant par un dépouillement immédiat et irrévocable de son auteur et, par suite, sur l'existence d'un abus de droit).

La donation est ainsi regardée comme entachée de fictivité lorsque les donateurs ne sont réappropriés les sommes issues de la vente des titres par les donataires (CE, 30 déc. 2011, *Motte-Sauvaige*, préc.) ou, à tout le moins, une part substantielle de celles-ci (CE, 14 nov. 2014, n° 361.482, *Josselin : Dr. fisc.* 2015, n° 11, comm. 210, concl. M.-A. Nicolazo de Barmon, note F. Deboissy). Pour le cas où cette réappropriation a lieu à travers le quasi-usufruit portant sur le prix de cession, V. CE, 14 oct. 2015, n° 374.440, *Barrier : Dr. fisc.* 2015, n° 51-52, comm. 742, concl. E. Cortot-Boucher, note F. Deboissy et G. Wicker, regardant comme abusif le montage considéré dans le cas où le quasi-usufruit trouve sa source dans une convention conclue postérieurement à la cession. Pour un cas où l'administration s'est efforcée, en vain, de démontrer que la cession avait en réalité précédé la donation, V. CE, 19 nov. 2014, n° 370.564, *Tilliette : Dr. fisc.* 2015, n° 6, comm. 129, concl. B. Bohnert, note R. Mortier, où est jugé de manière particulièrement peu convaincante, qu'un faisceau d'indices ne peut valablement être mis en œuvre pour déterminer la date d'une cession à titre onéreux (fait générateur de l'imposition de la plus-value), en présence d'une donation faite par un acte authentique antérieurement, selon les termes de cet acte, à cette cession.

(663) Le prix d'acquisition est diminué, le cas échéant, du montant des « avantages Madelin » effectivement obtenus par le cédant. Sur le régime de cette réduction d'impôt sur le revenu en faveur de la souscription au capital de PME, V. *infra*, n° 1560.

(664) CGI, art. 150-0 D, 1, al. 1er.

(665) CE, 11 juill. 2011, n° 328.792, *Min. c/Billot : Dr. fisc.* 2011, n° 29, act. 230, relevant que ces intérêts constituent un élément accessoire de même nature que la créance elle-même.

(666) Avant la suppression du seuil de cession, ces compléments de prix étaient taxés sans considération tenant au franchissement de ce seuil au cours de l'année considérée. Le Conseil constitutionnel avait été saisi d'une QPC concernant le régime applicable aux compléments de prix afférents à des cessions réalisées avant le 1er janvier 2013 et reçus après cette date. La difficulté venait du fait que la loi prévoit que ces compléments de prix, qui sont soumis au barème progressif, doivent donner lieu à l'abattement pour durée de détention « appliqué lors de [la] cession » (CGI, art. 150-0 D). Après avoir considéré que la sou-

Les reversements d'une partie du prix de cession, opérés par le cédant au profit du cessionnaire des titres en exécution d'une clause de garantie de passif (ou d'actif net), conduisent, sur réclamation du contribuable, à la régularisation du montant de la plus-value et de l'impôt correspondant. Les sommes reçues à ce titre par le cessionnaire ne donnent pas lieu à imposition immédiate. Toutefois, en cas de cession ultérieure des titres, la plus-value de cession est déterminée sur la base du prix d'acquisition « réel » acquitté par ce dernier (c'est-à-dire du prix initial minoré des reversements reçus).

2) Ce gain est diminué des frais de cession et des frais d'acquisition (qui ne peuvent être retenus que pour leur montant réel).

1439. – **Abattement pour durée de détention.** 1) Lorsqu'elles sont consécutives à la cession et, depuis la deuxième loi de finances rectificative pour 2014[667], au rachat d'actions ou de parts sociales (et de certains droits ou titres assimilés), les plus-values nettes de frais sont diminuées d'un abattement pour durée de détention.

a) L'introduction d'un abattement pour durée de détention dans le régime des plus-values de cession d'actions ou de parts sociales correspond à un engagement pris par J. Chirac, alors Président de la République, en janvier 2005. Cet engagement s'est concrétisé avec la loi de finances rectificative pour 2005[668] : pour les actions ou parts de sociétés soumises à l'IS, un abattement de 33,33 % par année de détention au-delà de la cinquième devenait applicable en matière d'IR (mais non en matière de contributions sociales). Il conduisait à une exonération intégrale d'IR pour les gains de cession de titres détenus plus de huit ans.

À la vérité, la concrétisation de l'engagement présidentiel était toute relative, en tout cas pour les contribuables ayant la qualité de simples particuliers. En effet, la loi instaurant l'abattement pour durée de détention avait distingué deux catégories de contribuables :

– les dirigeants de PME cédant (dans le cas général) l'intégralité de leurs titres à l'occasion de leur départ en retraite[669]. Pour ces contribuables, la durée de détention des titres courue avant le 1er janvier 2006 était prise en compte dans la durée de détention, de sorte que l'exonération pouvait être immédiatement applicable. Abrogé à compter du 1er janvier 2014, cet abattement demeure applicable pour les cessions réalisées jusqu'en 2013 ;

– les autres contribuables. Dans leur cas, la durée de détention des titres courue avant le 1er janvier 2006 était négligée. Seule était prise en compte, en tout état de cause, la durée de détention courue après le 1er janvier 2006, de sorte que l'exonération ne pouvait commencer à produire ses effets qu'aux cessions réalisées à compter de 2012 – l'exonération intégrale d'IR ne pouvant concerner que les cessions réalisées à compter de 2014. Lors de la discussion du projet de loi de finances pour 2011, l'Assemblée nationale avait adopté un amendement repoussant de trois ans l'entrée en application effective de l'abattement (cette mesure n'ayant pas été adoptée définitivement). L'année suivante, la loi de finances pour 2012[670] l'a supprimé, avant même qu'il ne soit effectivement entré en application. Ce volet « mort-né » de l'abattement pour durée de détention a été remplacé – au profit toutefois des seules personnes détenant de longue date (avec leur groupe familial) 10 % au moins du capital de la société dont les titres sont cédés – par un dispositif (désormais supprimé) de report d'imposition sous condition de remploi « convertible » en exonération définitive (V. *supra*, n° 1437, 3-*b*).

b) Dans son régime actuel, l'abattement pour durée de détention est applicable aux plus-values réalisées depuis le 1er janvier 2013. Cette règle a suscité des difficultés pour les compléments de prix,

mission de la plus-value à un taux forfaitaire ne pouvait être regardée comme ayant fait naître une attente légitime tenant à ce que le complément de prix y afférent serait soumis aux mêmes règles d'imposition (§ 9), le juge constitutionnel a émis une réserve d'interprétation : dans le cas considéré, les dispositions contestées ne sauraient, sans créer de rupture caractérisée de l'égalité devant les charges publiques, avoir pour effet de faire obstacle à l'application de l'abattement pour durée de détention lorsque, à la date de cession des titres, la condition de durée de détention des titres était satisfaite (Cons. const., 14 janv. 2016, n° 2015-515 QPC, *Mignot-Mahon*, § 12, la même réserve s'appliquant lorsque la cession n'a pas dégagé de plus-value).

(667) L. 29 déc. 2014, art. 88.

(668) L. 30 déc. 2005, art. 29.

(669) V. pour les conditions d'application du dispositif *infra*, n° 1439, 4-*b*, 2e pt.

(670) L. 28 déc. 2012, art. 80.

reçus après cette date, mais se rapportant à des cessions antérieures[671], et pour les gains de cession, antérieurement placés en report d'imposition, dont le report expire après le 1er janvier 2013. S'agissant de cette seconde difficulté, le Conseil constitutionnel a été saisi d'une QPC[672] critiquant les dispositions issues de la loi de finances pour 2013 au regard des principes d'égalité devant la loi et devant les charges publiques – au motif que les gains considérés étaient, en substance, soumis à une « double peine fiscale » : privés du bénéfice de l'imposition proportionnelle applicable au moment où ils avaient été placés en report, ils étaient, à l'expiration du report, imposés au barème progressif de l'IR sans bénéficier, pour autant, d'un quelconque abattement pour durée de détention[673].

Le Conseil constitutionnel, tout en refusant de prononcer l'abrogation des dispositions litigieuses, a formulé deux réserves d'interprétation[674].

La première réserve d'interprétation concerne toutes les plus-values placées en report dans les conditions précédemment énoncées. Selon le Conseil constitutionnel, les valeurs mobilières qui ont donné lieu à la réalisation d'une telle plus-value placée « ont pu être détenues sur une longue durée avant cette réalisation ». En l'absence de tout mécanisme prenant en compte cette durée pour atténuer le montant assujetti à l'impôt sur le revenu, l'application du taux marginal maximal à cette plus-value méconnaîtrait les capacités contributives des contribuables. Par suite, l'assiette des gains placés en report avant le 1er janvier 2013 qui, soumis au barème progressif de l'IR, ne font l'objet d'aucun abattement sur leur montant brut, doit être corrigée par application d'un coefficient d'érosion monétaire[675] pour la période comprise entre l'acquisition des titres et le placement en report (§ 11).

La seconde réserve d'interprétation établit une distinction entre les plus-values antérieurement placées en report, selon que le gain de cession a été placé en report sur option du contribuable ou, à l'inverse, de plein droit et obligatoirement :

– si le gain de cession a été placé en report sur option, le contribuable, qui a choisi ce régime de différé, « doit être regardé comme ayant accepté les conséquences du rattachement de cette plus-value à l'année au cours de laquelle intervient l'événement qui met fin au report d'imposition ». Ceci vaut, en particulier, pour les conséquences tenant à l'imposition du gain au barème progressif de l'IR (§ 14) ;

– si le gain de cession a été placé en report en l'absence de tout mécanisme optionnel[676], le montant de l'imposition est arrêté, sans option du contribuable, selon des règles, en particulier de taux, qui peuvent ne pas être celles applicables l'année de la réalisation de la plus-value. Dans cette hypothèse, « seul un motif d'intérêt général suffisant peut justifier que la plus-value soit ainsi rétroactivement soumise à des règles de liquidation qui n'étaient pas déterminées à la date de sa réalisation ». Or, en l'espèce, aucun motif d'intérêt général ne justifie, aux yeux du Conseil constitutionnel, l'application rétroactive de telles règles de liquidation à une plus-value placée, antérieurement à leur entrée en vigueur, en report d'imposition obligatoire. Par suite, « les dispositions contestées ne sauraient, sans porter atteinte aux situations légalement acquises, avoir pour objet ou pour effet de conduire à appliquer des règles d'assiette et de taux autres que celles applicables au fait générateur de l'imposition de plus-values mobilières obligatoirement placées en report d'imposition » (§ 15).

(671) Sur cette question, V. *supra*, n° 1438, 1.

(672) CE, 10 févr. 2016, n° 394.596, *Moinel-Delalande : Dr. fisc.* 2016, n° 12, comm. 242, concl. B. Bohnert. Le Conseil d'État avait refusé de transmettre la première QPC soulevée devant lui à l'encontre du dispositif considéré (CE, 12 nov. 2015, n° 390.265, *Galbert Defforey : Dr. fisc.* 2016, n° 6, comm. 155, concl. B. Bohnert, note R. Mortier. – Sur cet arrêt, V. *infra*, n° 1439, 3).

(673) Selon une jurisprudence du Conseil d'État, l'assiette du gain placé en report est, sauf disposition contraire, définitivement déterminée en fonction des règles applicables à la fin de la période d'imposition au cours de laquelle l'opération donnant lieu au report s'est produite (V. notamment CE, 10 avr. 2002, n° 226886, *Chaisemartin : Dr. fisc.* 2002, n° 27, comm. 564, concl. G. Bachelier.

(674) Cons. const., 22 avr. 2016, n° 2016-538 QPC, *Moinel-Delalande*.

(675) Curieusement, c'est le gain de cession placé en report qui semble devoir être corrigé de l'érosion monétaire et non pas le prix (ou la valeur) d'acquisition des titres dont la cession est à l'origine de ce même gain. Si tel était bien le cas, la prise en compte de l'érosion monétaire s'en trouverait évidemment atténuée. La doctrine administrative n'a pas, à ce jour, publié les coefficients applicables ni précisé les modalités de prises en compte de l'érosion monétaire qui sont, selon elle, applicables.

(676) En pratique, la seule hypothèse concernée par cette réserve correspond aux gains de cession de titres placés en report suite à leur apport, réalisé entre le 14 novembre et le 31 décembre 2012, à une société contrôlée par l'apporteur (CGI, art. 150-0 B ter). À l'expiration du report, ces gains doivent être imposés à l'IR au taux forfaitaire de 24 % sans application de l'abattement pour durée de détention.

2) L'abattement pour durée de détention a pour seule conséquence de réduire l'assiette de l'impôt sur le revenu. Il est sans incidence sur la liquidation des contributions sociales.

La plus-value nette imposable est donc toujours taxée au minimum à 15,5 %, s'agissant des contribuables domiciliés en France.

3) Par application de principes que l'on pouvait tenir comme parfaitement établis, l'abattement semblait produire ses effets de la même manière, que la cession des actions ou parts sociales fasse ressortir un gain ou une perte ; en cas de moins-value, le montant de la perte imputable ou reportable (V. *supra*, n° 1515), pouvait-on penser, devait être *directement* diminué en fonction de la durée de détention (ce qui peut ne pas toujours inciter le contribuable, à l'évidence, à conserver dans son portefeuille des titres supportant des moins-values latentes). Le Conseil d'État a, toutefois, infirmé cette analyse : les moins-values de cession de titres subies au cours de l'année ou reportées doivent être prises en compte « avant tout abattement [pour durée de détention] ».

Parfois prévue expressément par la loi elle-même à l'égard de certaines pertes(677), cette application indistincte de l'abattement pour durée de détention était évidemment retenue par la doctrine administrative(678).

Saisi d'une QPC portant sur cette question, le Conseil d'État a, par une interprétation neutralisante, refusé de la transmettre au Conseil constitutionnel au motif que, l'abattement n'étant pas – élément nouveau – directement applicable en cas de pertes, le grief articulé dans la demande de QPC manquait, d'une certaine manière, en fait(679).

Cela étant, s'il considère que l'abattement pour durée de détention n'est pas directement applicable lorsqu'une cession de titres débouche sur une perte, le Conseil d'État retient cependant, non sans une grande habileté, son application indirecte et, il faut le dire, fort discrète : l'abattement pour durée de détention s'applique au solde [résultant de l'imputation des moins-values sur les plus-values] en fonction de la durée de détention des titres dont la cession a fait apparaître les plus-values subsistant après [cette] imputation ». Dit autrement, l'abattement ne s'applique ni aux plus-values brutes, ni aux moins-values brutes, mais seulement aux plus-values nettes.

Abstraction faite de la présentation qu'en livre la Haute juridiction, l'abattement s'applique donc bel et bien aux moins-values. Il s'applique, au moment de la prise en compte de la moins-value, par application de l'abattement appliqué au gain demeurant imposable.

Selon le Conseil d'État, dans le cas où une même moins-value est appelée à s'imputer sur des plus-values qui, réalisées la même année, portent sur des titres donnant lieu à l'application d'abattements

(677) V. CGI, art. 150 VD, II, pour les moins-values immobilières, dans les cas exceptionnels où elles peuvent être prises en compte, et CGI, art. 167 bis, VIII-4 bis, permettant (en résumé) la prise en compte, par un contribuable ayant transféré son domicile dans un État étranger européen, de la moins-value *effectivement subie* lors de la cession de titres ayant précédemment donné lieu à la détermination d'un *exit tax* lors du transfert considéré.

(678) V. notamment, en dernier lieu, Instr. 20 mars 2015 : BOI-RPPM-PVBMI-20-20-20-10, n° 10.

(679) CE, 12 nov. 2015, n° 390.265, *Galbert Defforey* : *Dr. fisc.* 2016, n° 6, comm. 155, concl. B. Bohnert, note R. Mortier. L'auteur de la QPC prétendait que la loi avait porté atteinte au principe d'égalité devant les charges publiques en organisant un abattement pour durée de détention applicable aux moins-values retirées de cessions de valeurs mobilières et droits sociaux. Comme c'est de plus en plus souvent le cas en matière fiscale, la QPC avait été soulevée à l'occasion d'un recours pour excès de pouvoir dirigé contre les instructions fiscales commentant les dispositions législatives relatives à l'abattement pour durée de détention. L'interprétation neutralisation que le Conseil d'État livre de la loi fait ressortir, par symétrie, le fait que ces instructions s'écartent de l'interprétation « naturelle » qui résulte du texte légal et, conduit partant, à leur annulation.

déterminés à des taux différents, il appartient au contribuable d'opter en vue de déterminer l'ordre d'imputation de la moins-value sur ces plus-values.

4) Depuis le 1er janvier 2013[680], deux régimes d'abattement sont alternativement applicables.

Le 29 avril 2013, dans son discours de clôture des *Assises de l'entrepreneuriat*, le Président de la République avait annoncé, dans le cadre de différentes mesures en faveur des créateurs entreprises, une réforme du régime d'imposition des plus-values de cession de titres : « Pas moins de 40 régimes existent pour le traitement des plus-values. Parce qu'en France, on aime bien poser un principe général et ensuite créer des exceptions, des dérogations, des spécificités. Cela n'a pas manqué : 40 ! Je ne sais pas, d'ailleurs, comment on peut trouver autant de cas ! Sans doute pour les moins de trente ans, les plus de cinquante ans, ceux qui habitent la province, ceux qui sont à Paris, selon la nature de l'activité ! 40 régimes spécifiques ! ». Il faut établir « un régime clair et lisible, un régime simple, un régime compréhensible, un régime juste : avoir un cas général et le cas particulier des jeunes entreprises, des cessions au moment du départ à la retraite et les transmissions familiales ».

Issu des travaux du groupe de travail portant sur l'établissement d'un « cadre fiscal durable pour l'entrepreneur », le dispositif de simplification retenu – qui n'a pas remis en cause le principe de soumission au barème progressif de l'IR des gains de cession de titres – a consisté à titre principal en un renforcement des mécanismes d'abattement.

Si l'on en croit ses promoteurs, cette réforme devait avoir pour effet de rendre le dispositif d'imposition des plus-values lisible, simple et attractif, tout en encourageant plus fortement l'investissement à long terme et la prise de risque (l'analyse du régime des plus-values de cession de titres en France ayant démontré, en effet, qu'il serait trop complexe et ne permettrait pas de rémunérer suffisamment le risque associé à l'investissement et à l'emploi). Au-delà, un des buts recherchés a été de restreindre l'écart de taux d'imposition entre les différents régimes et d'aligner les intérêts au sein d'une même entreprise par un traitement indifférencié des associés.

a) Dans le cadre du *régime de droit commun*, le gain net est réduit d'un abattement *ordinaire* égal à :

– 50 % de leur montant lorsque les actions, parts, droits ou titres sont détenus depuis au moins deux ans et moins de huit ans à la date de leur cession ou, depuis 2014[681], de leur rachat ;

– 65 % de leur montant lorsque ces biens sont détenus depuis au moins huit ans à la même date[682].

Cet abattement s'applique sans autre condition particulière – dès lors toutefois que la cession ou le rachat porte sur des actions, des parts de sociétés, des droits démembrés (usufruit ou nue-propriété) portant sur de telles actions ou parts ou des droits représentatifs de tels titres ou droits.

• Dans le cadre du régime de droit commun, l'abattement s'applique aux parts d'OPCVM (et investissements « intermédiés » assimilés) à supposer que ces organismes respectent un quota d'investissement de 75 % dans des titres directement éligibles.

• L'abattement ne s'applique pas, en revanche :

– aux gains de cession d'obligations et de titres assimilés ;

– aux gains de cession de bons de souscription d'actions ;

– aux gains de levée d'options sur actions (« stocks options ») ;

(680) L. fin. 2014, 29 déc. 2013, art. 17, I-F.

(681) L. fin. rect. 2014, 29 déc. 2014, art. 88. Les gains de rachat s'étaient trouvés (un peu accidentellement) exclus du champ de l'abattement pour durée de détention par la loi de finances pour 2014 (L. 29 déc. 2013, art. 17). Ils y ont été rétroactivement réintégrés.

(682) CGI, art. 150-0 D, 1 ter.

– aux gains réalisés par le bénéficiaire de bons de souscriptions de parts de créateur d'entreprise ou BSPCE[683]

• Conformément à ce qu'avait indiqué le gouvernement dès le mois de mai 2013, ce régime d'abattement issu de la loi de finances pour 2014 a « écrasé » celui qui devait initialement s'appliquer, à compter du 1er janvier 2013, en vertu de la loi de finances pour 2013[684]. Dans le cadre du régime de droit commun qu'avait déterminé ce texte, le gain net devait être réduit d'un abattement égal à :

– 20 % de leur montant lorsque les actions, parts, droits ou titres avaient été détenus depuis au moins deux ans et moins de quatre ans à la date de la cession ;

– 30 % de leur montant lorsque ces biens avaient été détenus depuis au moins quatre ans et moins de six ans à la même date ;

– 40 % de leur montant lorsque ces biens avaient été détenus depuis au moins six ans.

Pour l'application de cet abattement, la durée de détention est décomptée à partir de la date de souscription ou d'acquisition des actions, parts, droits ou titres[685].

• Des modalités de computation spéciales sont prévues par la loi dans certaines situations particulières. La loi précise ainsi que le délai de détention a pour point de départ :

– en cas de cession d'actions, parts, droits ou titres effectuée par une personne interposée, la date de souscription ou d'acquisition des actions, parts, droits ou titres par la personne interposée ;

– en cas de vente ultérieure d'actions, parts, droits ou titres reçus à l'occasion d'opérations d'échange ayant donné lieu à un sursis d'imposition, la date de souscription ou d'acquisition des actions, parts, droits ou titres remis à l'échange ;

– en cas de cession d'actions, parts, droits ou titres après la clôture d'un plan d'épargne en actions ou de leur retrait du plan au-delà de la huitième année, le 1er janvier de l'année de la clôture ou du retrait.

• D'autres règles spéciales concernent les cessions de titres reçus en rémunération d'apports en société ayant donné lieu à un report d'imposition ou effectuées par une fiducie.

b) Dans le cadre du *régime spécial* (dit encore « incitatif »), le gain net est réduit d'un abattement *renforcé* égal à :

– 50 % de son montant lorsque les actions, parts, droits ou titres sont détenus depuis au moins un an et moins de quatre ans à la date de leur cession ou de leur rachat ;

– 65 % de son montant lorsque ces biens sont détenus depuis au moins quatre ans et moins de huit ans à la même date ;

– 85 % de son montant lorsque ces biens sont détenus depuis au moins huit ans[686].

Le champ d'application de cet abattement renforcé est *triple*.

L'abattement renforcé est insusceptible de s'appliquer à l'égard des cessions ou des rachats portant sur :

– des titres à l'égard desquels l'abattement de droit commun est lui-même inapplicable ;

– des parts d'OPCVM (et investissements « intermédiés » assimilés) indépendamment du respect d'un quelconque quota d'investissement dans des titres directement éligibles[687] ;

– des titres de sociétés pour le commerce et l'industrie (SICOMI) ;

– des actions de placement à prépondérance immobilière à capital variable (SPPICAV) ;

(683) Sur le régime de ces bons, V. *supra*, n° 1434.
(684) L. fin. 2014, 29 déc. 2012, art. 10, I-E.
(685) CGI, art. 150-0 D, 1 quinquies.
(686) CGI, art. 150-0 D, 1 quater-A.
(687) CGI, art. 150-0 D, 1 quater-C.

– des titres de fonds de placement immobilier (FPI) ou de fonds communs de placement (FCP), cédés dans le cadre de la gestion de ces fonds, lorsqu'une personne physique possède, directement ou indirectement, plus de 10 % des parts du fonds ;

– des parts de fonds communs de créances ou de fonds communs de titrisation dont la durée à l'émission est supérieure à cinq ans.

• À travers un dispositif apparemment universel, il vise d'abord de *manière implicite* les « créateurs d'entreprise » ou ceux qui les ont accompagnés ou soutenus dans cette démarche.

Pour réserver le bénéfice de l'abattement renforcé aux personnes visées, la loi a posé des conditions qui, formellement exclusives de toute considération d'ordre personnel, ne peuvent matériellement être remplies *de facto* que par certaines personnes. C'est une grande nouveauté dans la législation fiscale.

Concernant exclusivement la société émettrice des droits cédés, les conditions requises dans ce premier cas d'ouverture de l'abattement renforcé sont nombreuses :

Sauf précision contraire, ces conditions s'apprécient de manière continue depuis la date de création de la société.

– la société émettrice répond à la définition européenne des PME ;

Cette condition est appréciée à la date de clôture du dernier exercice précédant la date de souscription ou d'acquisition de ces droits ou, à défaut d'exercice clos, à la clôture du premier exercice suivant cette date.

– elle a été créée depuis moins de dix ans et n'est pas issue d'une concentration, d'une restructuration, d'une extension ou d'une reprise d'activités préexistantes ;

Cette condition est appréciée à la date de souscription ou d'acquisition des droits cédés.

– elle n'accorde aucune garantie en capital à ses associés ou actionnaires en contrepartie de leurs souscriptions ;

– elle a son siège social dans un État membre de l'Union européenne, en Islande, en Norvège ou au Liechtenstein ;

– elle est passible de l'impôt sur les bénéfices (qui n'est pas nécessairement l'impôt sur les sociétés) ou d'un impôt (étranger) équivalent ;

– elle exerce une activité commerciale, industrielle, artisanale, libérale ou agricole, à l'exception de la gestion de son propre patrimoine mobilier ou immobilier(688).

La société peut être une société *holding* animatrice (V. *infra*, n° 1810, 2-*a*). Les conditions précédentes doivent alors être respectées tant au niveau de cette *holding* que de chacune des sociétés dans lesquelles elle détient des participations.

• Les gains de cession de titres de PME réalisés par des dirigeants prenant leur retraite relèvent également de l'abattement renforcé, indépendamment de la réunion des conditions précédentes(689).

Sont visées ici les opérations qui relevaient, dans l'état antérieur du droit, de l'abattement pour durée de détention issu de la loi de finances rectificative pour 2005 (V. *infra*, n° 1439, 1). Le régime antérieur (33,33 % d'abattement par année de détention au-delà de la cinquième, conduisant à une exonération intégrale d'IR pour les gains de cession de titres détenus plus de huit ans) était plus favorable que l'abattement actuel. Il a pu s'appliquer jusqu'au 31 décembre 2013.

(688) CGI, art. 150-0 D, 1 quater-B-1°.
(689) CGI, art. 150-0 D, 1 quater-B-2°.

Les conditions auxquelles est subordonnée l'application de l'abattement renforcé sont posées par les dispositions prévoyant l'application préalable, dans le cas visé, d'un abattement spécial de 500 000 € sur le montant de la plus-value[(690)]. Trois groupes de conditions doivent, plus précisément, être réunis.

La cession doit porter :

– soit, sur l'intégralité des titres ou droits détenus par le cédant dans la société concernée ;

– soit sur des titres ou droits représentant plus de 50 % des droits de vote ou, en cas de détention du seul usufruit, de titres ou droits représentant plus de 50 % des droits dans les bénéfices sociaux ;

Le cédant[(691)] doit :

– avoir exercé de manière continue dans la société dont les titres ou droits sont cédés, pendant les cinq ans précédant la cession, une fonction de direction dont la rémunération représente plus de la moitié de ses revenus professionnels (cette règle, qui renvoie aux règles de l'ISF relatives aux biens professionnels, est assortie d'une mesure particulière concernant les professionnels libéraux) ;

– avoir détenu, directement ou par personne interposée, seul ou avec son groupe familial[(692)], au moins 25 % des droits de vote ou des droits dans les bénéfices sociaux de la société concernée ;

– cesser toute fonction dans la société et faire valoir ses droits à la retraite, soit dans les deux années suivant la cession, soit dans les deux années précédant celle-ci ;

– ne détenir, directement ou indirectement, aucuns droits de vote ou droits dans les bénéfices sociaux de l'entreprise cessionnaire, en cas de cession des titres à une entreprise (la doctrine administrative antérieure ayant admis la détention de 1 % au maximum de ces droits).

La société dont les titres sont cédés doit :

– avoir exercé (de manière continue pendant les cinq années précédant la cession) une activité opérationnelle ou avoir pour objet social exclusif de détenir des participations dans des sociétés exerçant une activité opérationnelle (ces participations doivent représenter au moins 90 % de l'actif brut comptable ;

– employer moins de 250 salariés au 31 décembre de l'une au moins des trois années précédant celle de la cession ;

– avoir réalisé un chiffre d'affaires annuel inférieur à 50 M€ ou avoir un total de bilan inférieur à 43 M€ à la clôture de l'un des trois derniers exercices qui précèdent celui au cours duquel intervient la cession ;

– ne pas voir son capital ou ses droits de vote détenus directement, de manière continue au cours du dernier exercice clos précédant la cession, à hauteur de 25 % ou plus, par une ou, conjointement, par plusieurs entreprises qui ne répondent pas aux critères d'effectif, de chiffre d'affaires ou de total de bilan précités.

• Relèvent enfin de l'abattement renforcé, les gains de cession de titres intervenant au sein du groupe familial du cédant[(693)].

Sont visées ici les opérations qui relevaient, dans l'état antérieur du droit (*i.e.* avant le 1er janvier 2014), du mécanisme de l'exonération conditionnelle précédemment décrit (V. *infra*, n° 1436, 2-*b*). Si les titres sont revendus à un tiers au groupe familial du cédant avant l'expiration du délai de cinq ans, l'abattement renforcé dont a bénéficié le premier cédant est remis en cause (moyennant, le cas échéant, la substitution à l'abattement initialement appliqué de l'abattement de droit commun lors de la détermination de l'imposition supplémentaire alors mise à sa charge).

(690) CCI, art. 150-0 D ter.

(691) Les conditions relatives à la personne du cédant (exercice effectif de fonctions de direction normalement rémunérées au sein de la société dont les titres sont cédés et cessation de toute fonction au sein de cette même société) doivent s'apprécier, dans le cas d'un couple marié, au niveau de chaque conjoint pris isolément (CE, 10 déc. 2014, n° 371.437, *Chavanel* : *Dr. fisc.* 2015, n° 12, comm. 219, concl. E. Cortot-Boucher, note B. Guillot de S. et B. Zilberstein, où est jugé notamment que le dispositif légal doit, compte tenu de son caractère dérogatoire, être interprété strictement). Rendue sur la base des textes antérieurs à 2013, cette solution – retenue à l'égard d'époux mariés sous le régime de la communauté légale et faisant l'objet d'une imposition commune à l'IR – conserve son intérêt sous l'empire du dispositif actuel.

(692) Le groupe familial du cédant est ici composé de l'intéressé, de son conjoint, et de leurs ascendants ou descendants et de leurs frères et sœurs.

(693) CCI, art. 150-0 D, 1 quater-B-3°.

1440. – Modalités de taxation. 1) Le régime applicable depuis le 1er janvier 2013 est d'une grande simplicité : le montant net de la plus-value imposable est, après application éventuelle de l'abattement pour durée de détention (V. *supra*, n° 1439), compris dans le revenu net global soumis au barème progressif de l'impôt sur le revenu[694].

Avant cette date, les gains imposables, s'ils étaient déclarés en même temps que le revenu global, n'étaient pas compris dans celui-ci ni, partant, soumis au barème progressif de l'IR. Les plus-values étaient en effet taxées[695] à un taux proportionnel fixé à 24 % pour 2012[696], à 19 % pour 2011[697], à 18 % pour 2008 à 2010[698] et à 16 % pour 2000 à 2007[699].

Le régime optionnel qui aurait dû permettre aux « créateurs d'entreprise » d'opter pour une taxation à l'IR au taux forfaitaire de 19 % a été « écrasé » par la loi de finances pour 2014 (V. *supra*, n° 1434).

2) La plus-value est par ailleurs imposable, s'agissant des contribuables résidents de France, aux contributions sociales qui frappent le gain net au taux global de 15,5 % – sans application de l'abattement pour durée de détention[700].

3) Les bouleversements récents du régime d'impositions des plus-values sur titres n'ont aucunement affecté le régime de prise en compte des moins-values de cession (V. *infra*, n° 1515).

Suite à la « barémisation » des gains, ces pertes ne sont pas, par symétrie, devenues imputables sur le revenu global.

C. – Les plus-values de cession de biens meubles

1441. – Champ d'application résiduel. Parallèlement aux régimes des gains de cession de nature immobilière, des gains de cession de titres et des gains de cession des métaux et objets précieux, la loi organise la taxation des plus-values de cession de biens meubles. Compte tenu de l'existence de ces trois régimes d'imposition, l'expression « biens meubles » doit s'entendre restrictivement : il s'agit de tout bien meuble qui ne relève ni de la catégorie des valeurs mobilières et des droits sociaux (ou de titres assimilés) ni de celle des métaux et objets précieux.

Le contribuable peut toutefois soumettre sur option au régime des plus-values de cession de biens meubles les gains de cession de métaux précieux, bijoux, objets d'art, de collection et d'antiquité (V. *infra*, n° 1499).

1442. – Faible autonomie du régime d'imposition. Ayant toujours été calqué sur celui des plus-values immobilières, le régime des plus-values de cession de biens meubles en a largement épousé l'évolution. Il en résulte, en particulier, que depuis la loi de finances pour 2004[701], les gains de cession de biens meubles ne sont pas

(694) CGI, art. 200 A, 2.
(695) Les plus-values réalisées par des contribuables domiciliés dans un DOM relevaient de taux réduits, résultant de l'application des abattements légaux ordinairement applicables en matière d'IR (CGI, art. 197, I-3).
(696) L. fin. 2013, 29 déc. 2012, art. 10, IV.
(697) L. fin. 2011, 29 déc. 2010, art. 6.
(698) L. fin. 2008, 24 déc. 2007, art. 74.
(699) L. fin. 2000, 30 déc. 1999, art. 94.
(700) Suite à la « barémisation » des plus-values de cession de titres, la CSG frappant ces gains est déductible du revenu global, au titre de l'année de son paiement, à hauteur de 5,1 points (CGI, art. 154 quinquies, II).
(701) L. 30 déc. 2003, art. 10.

compris dans le revenu global mais soumis à un prélèvement forfaitaire spécial qui, actuellement exigible au taux de 19 %, est libératoire de l'impôt sur le revenu(702).

Sauf disposition contraire, l'ensemble des règles applicables à ces plus-values sont celles prévues, à titre principal, à l'égard des plus-values immobilières.

Les plus-values de cession de biens meubles ne sont, en aucun cas, regardées comme des revenus de source française(703). Il en résulte que les non-résidents de France ne sont jamais imposables au titre des plus-values de cession de biens meubles qu'ils réaliseraient en France. Cette solution s'applique, en particulier, dans le cas où un particulier non-résident de France serait associé d'une société de personnes qui, établie en France, aurait personnellement réalisé une telle plus-value. En d'autres termes, la quote-part de la plus-value sur biens meubles réalisée par une société de personnes correspondant aux droits d'un associé non domicilié en France n'est pas imposable à l'IR français.

1) Si les opérations imposables sont les mêmes qu'en matière immobilière, il n'en va pas ainsi, logiquement, des cas d'exonération qui sont propres aux biens meubles. Bénéficient d'une exonération légale, indépendamment de leur montant, les gains de cession :

- de meubles meublants, d'appareils ménagers et de voitures automobiles ;
- aux meubles dont le prix de cession est inférieur ou égal à 5 000 €.

Toutefois, à supposer que l'option pour le régime des plus-values sur biens meubles a été exercée au titre de leur cession :

- la première de ces exonérations n'est pas applicable aux objets d'art, de collection ou d'antiquité ;
- la seconde n'est pas applicable aux métaux précieux (V. *infra*, n° 1500, 1).

Compte tenu de ces exonérations, et sous réserve de l'assujettissement sur option des gains de cession de métaux et objets précieux, l'imposition ne pourra effectivement concerner que les navires de plaisance, certains grands crus et autres alcools et, surtout, les chevaux de course ou de sport (ou les parts possédées dans de tels biens meubles).

Un navire constitue juridiquement un bien meuble. L'administration a toutefois admis d'assimiler fiscalement un tel bien à un immeuble lorsqu'il constitue la résidence principale du cédant. Cette assimilation permet d'appliquer l'exonération prévue, à ce titre, en matière de plus-values immobilières(704).

Pour l'application de la législation antérieure à 2004, l'administration avait considéré que le régime des plus-values de cession de biens meubles pouvait également s'appliquer au gain de cession :

– d'un droit sur une marque ou un nom commercial par un particulier, qui nu-propriétaire du droit, n'avait jamais reçu de redevance au titre de son exploitation(705) ;

– de stocks reçus lors de la succession d'un exploitant agricole par des héritiers n'ayant pas la qualité d'exploitant(706).

2) Le gain de cession est déterminé dans les mêmes conditions qu'en matière immobilière. Les frais de cession et d'acquisition ne peuvent toutefois être retenus que pour leur montant réel et justifié(707).

3) Un abattement pour durée de détention est applicable : la plus-value brute réalisée sur les cessions de biens meubles est réduite d'un abattement de 5 % pour

(702) CGI, art. 150 UA.
(703) CGI, art. 164 B, *a contrario*.
(704) BOI-RFPI-PVI-10-40-10, n° 320.
(705) Rép. min. Masson, n° 2078 : *JOAN Q*, 1er déc. 1986, p. 4558, anc.
(706) Rép. min. Valleix, n° 43523 : *JOAN Q*, 3 févr. 1997, p. 517, anc.
(707) Le gain de cession peut être diminué, par ailleurs, des frais acquittés par le cédant pour la restauration et la remise en état des biens cédés (CGI, art. 150 VB, II-6°).

chaque année de détention au-delà de la deuxième(708), cet abattement produisant ses effets aussi bien en matière d'impôt sur le revenu que de contributions sociales.

a) La loi de finances pour 2014(709) a ramené à 5 % par an le taux d'abattement qui, précédemment fixé à 10 % par an, était resté inchangé depuis la loi de finances pour 2004(710). Ce nouveau taux d'abattement (qui s'applique aux cessions réalisées depuis le 1er janvier 2014) conduit *de facto* à l'exonération des gains de cession de biens meubles détenus depuis vingt-deux ans au moins (contre douze ans auparavant).

b) Cet abattement s'applique en particulier aux gains de cession de métaux précieux lorsque le cédant est en mesure de justifier de leur date d'acquisition.

c) Avant le 1er janvier 2012(711), la plus-value brute réalisée lors de la cession d'un cheval de course ou de sport était réduite d'un abattement supplémentaire de 15 % par année de détention comprise entre la date d'acquisition du cheval et la fin de sa septième année – toute année commencée comptant pour une année pleine(712).

4) Calculé au taux de 19 %, l'impôt frappant la plus-value ne peut faire l'objet, techniquement, d'aucune retenue à la source. Il est donc versé par la personne qui cède le bien(713).

a) Sauf cas particulier, l'impôt est acquitté, dans un délai d'un mois à compter de la cession, lors du dépôt de la déclaration au service des impôts dont relève le domicile du vendeur(714).

b) Le taux de 19 % résulte de la loi de finances pour 2011(715). Il était antérieurement fixé (depuis le 1er janvier 2008) à 18 %. Compte tenu des contributions sociales (15,5 %), la taxation totale du gain est de 34,5 % pour les contribuables domiciliés en France. La plus-value n'étant pas soumise au barème progressif de l'IR, aucune fraction de la CSG n'est déductible du revenu global imposable(716).

c) Une moins-value de cession de biens meubles ne peut faire l'objet d'aucune imputation(717). Elle est donc définitivement et radicalement perdue (V. *infra*, n° 1514).

§ 5. – Les bénéfices industriels et commerciaux

1443. – Catégorie centrale. Les bénéfices industriels et commerciaux constituent une catégorie centrale dans l'imposition des revenus et bénéfices. En effet, les règles d'assiette prévues à l'égard de ces revenus ne s'appliquent pas uniquement aux revenus qui en relèvent directement, ni même pour l'établissement du seul impôt sur le revenu. Sur renvoi exprès de la loi, ces règles cédulaires s'appliquent également, sauf disposition contraire, pour l'assiette des bénéfices agricoles et celle de l'impôt sur les sociétés.

Il faut y voir une des raisons de la complexité du régime des bénéfices industriels et commerciaux, qui concerne, directement ou indirectement, des entreprises dont la nature des activités, la taille, les modalités de financement et d'organisation et, partant, les contraintes de gestion sont des plus diverses.

Abstraction faite de cette incidence des bénéfices industriels et commerciaux, cette catégorie permet l'imposition de tous les bénéfices réalisés par des personnes

(708) CGI, art. 150 VC, al. 5.
(709) L. 29 déc. 2013, art. 18.
(710) L. 30 déc. 2003, art. 10.
(711) L. fin. 2012, 28 déc. 2011, art. 7.
(712) CGI, art. 150 VC, II, anc.
(713) CGI, art. 150 VF, I.
(714) CGI, art. 150 VG, I, 4°.
(715) L. 29 déc. 2010, art. 6.
(716) CGI, art. 154 quinquies, II, *a contrario*.
(717) CGI, art. 150 VD, I.

physiques et provenant de l'exercice direct ou indirect d'une profession industrielle, commerciale ou artisanale ou d'une activité assimilée.

À l'automne 2010, lors de la préparation du projet de loi de finances pour 2010, il avait été envisagé de « fusionner » la catégorie des BIC et celle des BNC. Une catégorie des « bénéfices professionnels » aurait pu ainsi être créée[718]. Cette proposition (qui faisait suite au rapport Longuet intitulé « 33 propositions pour une dynamique libérale ») avait suscité un fort émoi chez les professionnels libéraux (en particulier dans le secteur de la santé). Les pouvoirs publics affirment aujourd'hui l'avoir abandonnée[719]. On peut noter toutefois que la neutralisation fiscale de la théorie du bilan participe de ce mouvement de rapprochement entre les deux cédules (V. *infra*, n° 1451, 4).

A. – Personnes et activités imposables

1444. – Commerçants et artisans. Pour l'application de l'impôt sur le revenu, sont d'abord considérés comme des bénéfices industriels et commerciaux, « les bénéfices réalisés par des personnes physiques et provenant de l'exercice d'une profession commerciale, industrielle ou artisanale »[720].

1) De manière générale, l'exercice d'une profession industrielle et commerciale s'entend de l'accomplissement à titre habituel d'actes de commerce et poursuivant un but lucratif. Il peut s'agir, par exemple, de l'achat de marchandises en vue de leur revente (en l'état ou après transformation), de l'exploitation d'établissements destinés à fournir le logement ou la nourriture, des activités financières ou d'agence d'affaires, des locations de biens meubles[721]. En tout état de cause, l'exercice à titre professionnel d'opérations présentant le caractère d'actes de commerce caractérise l'exercice d'une activité commerciale au sens de l'IR[722].

Les activités des marchands de biens (*i.e.* l'achat de biens immeubles aux fins de les revendre) sont, sauf exception, des activités commerciales au sens du Code de commerce[723].

2) Les professions artisanales et assimilées sont celles des personnes qui exercent pour leur propre compte une activité à prépondérance manuelle et qui tirent principalement leur profit de la rémunération de leur propre travail.

3) La frontière entre activités commerciales et non commerciales est parfois difficile à tracer. Les critères principalement retenus en jurisprudence pour qualifier une activité de commerciale sont la spéculation sur le travail d'autrui, l'importance des moyens matériels mis en œuvre et celles des capitaux engagés dans l'activité (V. *infra*, n° 1479). Une procédure d'accord tacite a été instituée en vue de permettre aux intéressés de s'assurer de la catégorie dont ils relèvent au titre de l'IR (V. *supra*, n° 1057).

1445. – Activités commerciales par assimilation. Certaines activités ne présentant pas nécessairement un caractère commercial sont expressément attraites à la catégorie des bénéfices industriels et commerciaux[724].

Les activités réputées commerciales sont, par exemple, les locations d'immeubles à usage professionnel équipés, la location à titre habituel de locaux d'habitation meublés[725], certaines activités immobilières

(718) Sauf disposition contraire, les BA sont déjà déterminés en fonction des règles applicables aux BIC.
(719) V. Rép. min. n° 16384, Hermange : *JO* Sénat Q, 7 juill. 2011, p. 1801 ; *Dr. fisc.* 2011, n° 29, act. 240.
(720) CGI, art. 34.
(721) C. com., art. L. 110-1.
(722) CE, 29 avr. 2002, n° 234.133, *Jacob* : *Dr. fisc.* 2002, n° 39, comm. 724, concl. F. Séners.
(723) C. com., art. L. 110-1, 2°. Il n'en va autrement que lorsque l'acquéreur a agi « en vue d'édifier un ou plusieurs bâtiments et de les vendre en bloc ou par locaux ».
(724) CGI, art. 35, I.
(725) Les revenus tirés de la location en meublé sont classiquement regardés comme des BIC alors, pourtant, que cette activité presente très généralement un caractère civil (il ne pourrait en aller autrement que dans l'hypothèse un peu théorique où une location immobilière serait le simple accessoire d'une location de meubles). Cette assimilation fiscale résulte de la jurisprudence centenaire du Conseil d'État qui l'avait retenue, au départ, dans le but exclusif de permettre l'assujettissement du bailleur en meublé à l'impôt sur le chiffre d'affaires – impôt dont le champ d'application personnel épousait très strictement celui de l'impôt sur les BIC (CE, 28 déc. 1923, n° 79.198, *Min. c/Massiou* : *Rec. CE* 1923, p. 901, 8e esp.). Cette assimilation a perduré en dépit de l'autonomisation du champ d'application des taxes sur le chiffre d'affaires.

réalisées à titre habituel (profits de construction) ou occasionnel (profits de lotissement), les opérations réalisées à ce titre par les quirataires (copropriétaires de navires) ou encore celles de certains délégataires de services publics (adjudicataires, concessionnaires ou fermiers de droits communaux).

1446. – **Cas des activités accessoires.** Lorsqu'une entreprise industrielle ou commerciale étend son activité à des opérations dont les résultats entrent dans la catégorie des bénéfices de l'exploitation agricole ou dans celle des bénéfices des professions non commerciales, il est tenu compte de ces résultats pour la détermination des bénéfices industriels et commerciaux à comprendre dans les bases de l'impôt sur le revenu[726].

Cette règle d'attractivité des BIC à l'égard des BA et des BNC « accessoires » est classique. La loi a posé, plus récemment, une règle symétrique applicable depuis 2012 aux BIC « accessoires » à des BNC[727] : « lorsqu'un titulaire de bénéfices non commerciaux étend son activité à des opérations dont les résultats entrent dans la catégorie des (...) bénéfices industriels et commerciaux, il est tenu compte de ces résultats pour la détermination des bénéfices non commerciaux à comprendre dans les bases de l'impôt sur le revenu »[728].

1447. – **Formes de l'exploitation.** Peuvent être imposés dans la catégorie des bénéfices industriels et commerciaux :

– les exploitants individuels ;

– les associés des sociétés de personnes, pour leur part correspondant à leurs droits dans les résultats de la société, dès lors, en particulier, que celle-ci exerce une activité industrielle, commerciale ou artisanale (ou une activité commerciale par assimilation).

• Les règles limitant l'imputation des déficits industriels et commerciaux sur le revenu global[729] conduisent à répartir les titulaires de bénéfices industriels et commerciaux en deux catégories :

– les « professionnels », c'est-à-dire ceux qui participent personnellement, continûment et directement à l'activité industrielle et commerciale considérée ;

– les « non professionnels » qui ne répondent pas à cette condition générale.

• La loi de finances pour 2009[730] a précisé à quelle condition un loueur en meublé peut, au titre de l'IR, être regardé comme un loueur professionnel[731]. Cette condition est remplie lorsque cumulativement :

– l'un des membres du foyer fiscal est inscrit en cette qualité au registre du commerce et des sociétés ;

– les recettes annuelles tirées de cette activité, pour l'ensemble des membres du foyer, 23 000 € et excèdent les revenus professionnels de ceux-ci[732].

1448. – **Exonérations.** La loi prévoit deux types d'exonérations au titre des bénéfices industriels et commerciaux.

La plupart de ces exonérations sont également applicables dans le cadre des bénéfices agricoles ou des bénéfices non commerciaux « réels » ou de l'IS.

(726) CGI, art. 155, I-1.
(727) Quatrième L. fin. rect. 2010, 29 déc. 2010, art. 13.
(728) CGI, art. 155, I-2.
(729) CGI, art. 156, I, 1° bis. – V. *infra*, n° 1518.
(730) L. 27 déc. 2008, art. 90.
(731) Sur le plan fiscal, le caractère professionnel de l'activité de location meublée exerce une influence sur le régime applicable en matière de plus-values de cession et d'ISF.
(732) Dès lors que le caractère prépondérant de l'activité de location meublée s'apprécie annuellement, les éventuels déficits des exercices antérieurs ne peuvent être pris en compte pour apprécier si cette condition est remplie (CE, 24 oct. 2014, n° 375.358 : *Dr. fisc.* 2014, n° 48, comm. 654, rejetant le REP dirigée contre la doctrine administrative retenant cette solution).

1) Une première exonération présente un caractère véritablement anecdotique : elle est prévue en faveur des personnes qui louent (ou sous-louent) en meublé une ou plusieurs pièces de leur habitation principale, « sous réserve que les pièces louées constituent pour le locataire ou le sous-locataire en meublé sa résidence principale et que le prix de location demeure fixé dans des limites raisonnables »(733).

2) Les secondes – beaucoup plus significatives – relèvent des préoccupations d'aménagement du territoire. Réservées aux entreprises soumises à un régime réel d'imposition, elles prennent la forme d'une exonération temporaire ou d'un abattement temporaire sur les bénéfices imposables.

Sauf précision contraire, ces mesures de faveur s'appliquent sous les contraintes posées par la réglementation européenne *de minimis* (V. *infra*, n° 1595).

a) Les *entreprises nouvelles* créées dans certaines zones du territoire bénéficient, sous certaines conditions, d'une réfaction d'assiette dégressive de leurs bénéfices imposables pendant leurs cinq premières années d'activité(734).

La réfaction d'assiette est totale pour les vingt-quatre premiers mois d'activité. Elle est ramenée à 75 %, 50 % puis 25 % pour les bénéfices des trois périodes de douze mois suivantes.

Ce régime s'applique aux entreprises nouvelles créées jusqu'au 31 décembre 2010 dans des zones de revitalisation rurale ou des zones de redynamisation urbaine ou jusqu'au 31 décembre 2020 dans des zones d'aides à finalité régionale(735).

Naturellement, pour bénéficier de cette mesure, l'entreprise créée doit être réellement nouvelle. Tel n'est pas le cas des entreprises créées dans le cadre d'une concentration, d'une restructuration, d'une extension d'activités préexistantes ou qui reprennent de telles activités. L'application de cette condition a donné lieu à un nombre de litiges considérable que la procédure d'accord tacite instituée à cet effet n'a contribué que faiblement à diminuer (V. *supra*, n° 1051).

b) Les petites et moyennes entreprises implantées dans des *zones franches urbaines* bénéficient, sous certaines conditions, d'une réfaction d'assiette dégressive(736) de leurs bénéfices imposables pendant leurs quatorze premières années d'activité(737).

La réfaction d'assiette ne s'applique qu'aux entreprises indépendantes (relevant d'un régime réel d'imposition) dont le chiffre d'affaires (ou le total de bilan) est inférieur à 10 M€ et qui emploient au plus cinquante salariés à la date de leur création ou de leur implantation dans la ZFU si elle est postérieure). La mesure de faveur s'applique aux entreprises créées (jusqu'au 31 décembre 2020) dans l'une ou l'autre des trois « générations » de zones franches urbaines (respectivement délimitées en 1993, 2003 et 2006) ou implantées, au 1er janvier 2006, dans une zone de troisième génération(738).

(733) CGI, art. 35 bis, I. Pour apprécier si le prix de location est raisonnable, l'administration publie à titre indicatif deux plafonds annuels par mètre carré de surface habitable selon les régions, réévalués chaque année, en deçà desquels le loyer est toujours regardé comme raisonnable (BOI-BIC-CHAMP-40-20, n° 160). Pour les revenus de l'année 2016, ces plafonds sont, comme pour 2015, de 184 €/m² pour les locations ou sous-locations réalisées en Île-de-France, et à 135 €/m² pour les autres régions. Depuis 2016, la même exonération s'applique sous les mêmes conditions lorsque le locataire est un travailleur saisonnier (L. fin. rect. 2015, 29 déc. 2015, art. 18).

(734) CGI, art. 44 sexies.

(735) À la condition que le siège social de l'entreprise ainsi que l'ensemble de l'activité et des moyens d'exploitation soient implantés dans ces zones.

(736) La réfaction est totale pour les cinq premières années d'activité. Elle est ramenée à 60 % au titre des sixième à dixième années, 40 % au titre des onzième et douzième années puis 20 % au titre des treizième et quatorzième années. Le montant du bénéfice exonéré ne peut dépasser 100 000 € par an (majoré de 5 000 € par emploi créé dans l'entreprise).

(737) CGI, art. 44 octies A.

(738) CGI, art. 44 octies et 44 octies A.

c) Les *jeunes entreprises innovantes*(739) créées jusqu'au 31 décembre 2016, bénéficient, sous certaines conditions, d'une réfaction d'assiette dégressive de leurs bénéfices imposables pendant leurs cinq premières années d'activité(740).

En résumé, une jeune entreprise innovante (JEI) s'entend d'une PME indépendante créée depuis moins de huit ans dont les dépenses de recherche et développement annuelles représentent 15 % au moins de ses charges fiscalement déductibles. Depuis le 1er janvier 2008, un régime similaire s'applique aux jeunes entreprises universitaires (JEU) sans que la condition tenant à l'importance relative des dépenses de recherche et développement ne soit requise. Une procédure d'accord tacite a été instituée en vue de permettre aux promoteurs d'une entreprise de s'assurer *a priori* qu'elle répond à la définition légale (passablement complexe) des jeunes entreprises innovantes (V. *supra*, n° 1053).

La réfaction est totale pour les trois premiers exercices bénéficiaires (consécutifs ou non). Elle est ramenée à 50 % pour les deux exercices bénéficiaires (consécutifs ou non) suivants.

d) Il existe par ailleurs des mécanismes similaires prévus en faveur des entreprises :

– exploitées (au 1er janvier 1997) ou créées (avant le 31 décembre 2001) en Corse(741) ;

– implantées dans un pôle de compétitivité où elles participaient au 16 novembre 2009 à un projet de recherche et de développement agréé(742) ;

– implantées dans des zones de restructuration de la défense ou des zones assimilées(743) ;

– créées (jusqu'au 31 décembre 2017) dans un bassin d'emploi à redynamiser(744) ;

– dans un département d'outre-mer et y exerçant une activité éligible(745) ;

– créées ou reprises (jusqu'au 31 décembre 2020) dans une zone de revitalisation rurale(746).

B. – Définition légale du bénéfice imposable

1449. – Double définition du bénéfice imposable. Le bénéfice imposable dans la catégorie des bénéfices industriels et commerciaux fait, pour ainsi dire, l'objet d'une double définition légale. Il faut y voir la marque de la difficile consécration de théorie du bilan dans la détermination du bénéfice (V. *supra*, n° 1358, 1).

Dans une perspective analytique, il est défini comme le bénéfice net « déterminé d'après les résultats d'ensemble des opérations de toute nature effectuées par les entreprises, y compris notamment les cessions d'éléments quelconques de l'actif, soit en cours, soit en fin d'exploitation »(747).

Les opérations dont les résultats sont à l'origine du bénéfice peuvent procéder de l'objet même de l'entreprise ou n'avoir aucun lien direct avec son activité. À cet égard, elles peuvent indifféremment être effectuées à titre principal ou à titre accessoire.

(739) CGI, art. 44 sexies-0 A.
(740) CGI, art. 44 sexies A. Le projet de loi de finances pour 2017 propose la prorogation de cette mesure pour trois années supplémentaires.
(741) CGI, art. 44 decies.
(742) CGI, art. 44 undecies.
(743) CGI, art. 44 terdecies.
(744) CGI, art. 44 duodecies.
(745) CGI, art. 44 quaterdecies – réglementation *de minimis* non applicable.
(746) CGI, art. 44 quindecies.
(747) CGI, art. 38, 1.

Dans une perspective synthétique – et plus opérationnelle – le bénéfice net est défini comme « la différence entre les valeurs de l'actif net à la clôture et à l'ouverture de la période dont les résultats doivent servir de base à l'impôt diminuée des suppléments d'apport et augmentée des prélèvements effectués au cours de cette période par l'exploitant ou par les associés »[748].

• Aux termes de la loi, l'actif net « s'entend de l'excédent des valeurs d'actif sur le total formé au passif par les créances des tiers, les amortissements et les provisions justifiés ». Cette définition est doublement datée :

– la notion d'actif net n'est plus véritablement utilisée en droit comptable, où elle a été remplacée par celle de « capitaux propres » ;

– loin de figurer au passif du bilan, les amortissements viennent selon les principes comptables actuels en diminution des valeurs de l'actif qui en font l'objet. La loi fiscale fait donc toujours référence sur ce point à des solutions comptables anciennes (et antérieures en tout cas au plan comptable de 1947).

• Sur le passage du résultat comptable au résultat fiscal, V. *infra*, n° 1454.

1450. – **Période d'imposition.** Contrairement aux autres cédules, pour lesquelles le revenu annuel est celui réalisé au cours de l'année d'imposition qui est (sauf modification de la structure du foyer fiscal) l'année civile, la période dont les résultats servent de base à l'impôt est constituée en principe par l'exercice comptable de l'entreprise. Cette période ne coïncide pas nécessairement avec l'année civile.

Sont compris dans le total des revenus servant de base à l'IR les bénéfices obtenus pendant l'année de l'imposition ou dans la période de douze mois dont les résultats ont servi à l'établissement du dernier bilan, lorsque cette période ne coïncide pas avec l'année civile[749].

Si aucun bilan n'est dressé au cours d'une année quelconque, l'impôt dû au titre de la même année est établi sur les bénéfices de la période écoulée depuis la fin de la dernière période imposée jusqu'au 31 décembre de l'année considérée. Ces mêmes bénéfices viennent ensuite en déduction des résultats du bilan dans lesquels ils sont compris. Il en va de même *mutatis mutandis* en cas de création d'une entreprise nouvelle. Lorsqu'il est dressé des bilans successifs au cours d'une même année, les résultats en sont totalisés pour l'assiette de l'impôt dû au titre de ladite année (art. 37).

1451. – **Patrimoine professionnel.** Le bénéfice correspond schématiquement à la différence entre les valeurs de l'actif net ressortant des bilans d'ouverture et de clôture de l'exercice.

1) Il est donc crucial, *a priori*, d'identifier les éléments composant l'actif professionnel (ou commercial) d'une entreprise et de distinguer, en conséquence, le patrimoine professionnel du patrimoine privé de l'exploitant.

Cette question ne se pose pas lorsque l'entreprise revêt la forme d'une société (dans cette hypothèse, le patrimoine professionnel se confond avec le patrimoine social).

Les entrepreneurs individuels ont la faculté de constituer une entreprise individuelle à responsabilité limitée ou EIRL[750]. Dans l'état initial du droit, ces EIRL (lorsqu'elles relevaient d'un régime réel d'imposition) étaient fiscalement assimilées de plein droit (et obligatoirement) au régime fiscal des EURL dont l'associé unique est une personne physique[751]. Depuis la première loi de finances

(748) CGI, art. 38, 2.
(749) CGI, art. 36.
(750) L. 15 juin 2010, relative à l'entrepreneur individuel à responsabilité limitée.
(751) CGI, art. 1655 sexies, anc.

rectificative pour 2011[752], cette assimilation n'est acquise que sur option de l'entrepreneur individuel. Cette option est irrévocable et vaut de plein droit option pour l'impôt sur les sociétés (V. *infra*, n° 1603).

Il est également crucial de distinguer, au sein des éléments de l'actif, ceux qui présentent la nature de stocks et ceux qui sont regardés comme des immobilisations. Une distinction similaire doit être opérée entre les dépenses correspondant à des frais généraux et celles devant être « immobilisées ».

2) Les principales règles gouvernant cette question peuvent être synthétisées de la manière suivante[753] :

a) certains biens ou droits appartiennent nécessairement (ou « par nature ») au patrimoine professionnel de l'entreprise. Leur absence d'inscription formelle à l'actif n'exerce aucune influence sur leur appartenance au patrimoine professionnel de l'exploitant ;

Il s'agit, pour l'essentiel, des éléments incorporels du fonds de commerce et, s'agissant des contribuables exerçant leur activité professionnelle au sein de sociétés de personnes dont ils sont associés, des parts détenues dans le capital de la société en cause[754].

b) les autres biens relèvent d'un principe de libre affectation patrimoniale. En application de la théorie du bilan, ils n'appartiennent au patrimoine professionnel que s'ils sont formellement inscrits à l'actif de celui-ci : « lorsqu'une entreprise [industrielle ou commerciale] est exploitée par une personne physique, celle-ci a la faculté de comprendre dans les valeurs d'actif au bilan de l'entreprise, tout bien provenant de son patrimoine privé alors même que ce bien ne concourrait pas à l'exploitation »[755].

C'est le cas, en général, des immeubles (qu'ils soient ou non affectés à l'exploitation), des véhicules ou des valeurs mobilières.

L'inscription d'un bien à l'actif professionnel constitue une décision de gestion opposable au contribuable[756].

3) Jusqu'en 2011, les conséquences fiscales attachées à l'appartenance d'un bien au patrimoine professionnel ou au patrimoine privé sont multiples. En voici les principales illustrations :

– les revenus tirés d'un bien appartenant au patrimoine professionnel contribuent, sauf exceptions limitées, à la formation du résultat imposable selon les règles des bénéfices industriels et commerciaux ;

– symétriquement, seules sont déductibles de ce même résultat, les charges se rapportant aux éléments de l'actif commercial ;

– le transfert d'un bien « professionnel » dans le patrimoine privé de l'exploitant est regardé comme une cession donnant lieu à l'application du régime des plus-values professionnelles.

4) Depuis 2012, la théorie du bilan, si elle n'est pas en elle-même remise en cause, voit ses conséquences fiscales largement neutralisées[757] :

(752) L. 29 juill. 2011, art. 15.
(753) CE, plén., 24 mai 1967, n° 65.436 : *Dr. fisc.* 1967, n° 24, comm. 712, et n° 27, doctr., concl. G. Schmeltz. – Comp. CE, 13 juill. 1955, n° 17.908 : *Dr. fisc.* 1955, n° 21, comm. 794, concl. M. Poussière ; *Rec. CE* 1955, p. 434.
(754) CE, 15 mai 1992, n° 71.854, *Irazoqui y Villanueva* : *Dr. fisc.* 1992, n° 46, comm. 2156. – CGI, art. 151 nonies, I.
(755) CE, 8 sept. 1999, n° 179.832, *Le Forestier de Quillien* : *Dr. fisc.* 2000, n° 6, comm. 73, concl. J. Arrighi de Casanova.
(756) CE, 14 oct. 1988, n° 61.718 : *Dr. fisc.* 1989, n° 9, comm. 371.
(757) Quatrième L. fin. rect. 2010, 29 déc. 2010, art. 13.

a) l'application des règles des bénéfices industriels et commerciaux est réservée en principe aux produits provenant de l'activité exercée à titre professionnel et aux charges nécessitées par l'exercice de cette même activité(758) ;

• Ces règles s'appliquent pour les exercices ouverts à compter du 1er janvier 2012.

• En principe, le résultat imposable selon les règles des BIC « réels » doit être :

– diminué du montant des produits qui ne proviennent pas de l'activité exercée à titre professionnel ;

– augmenté du montant des charges déduites du résultat qui ne sont pas nécessitées par l'exercice de l'activité à titre professionnel(759).

Les produits et charges « extournés » sont fiscalement pris en compte pour déterminer un revenu catégoriel net correspondant à leur nature propre(760).

• Par exception – sous réserve, désormais(761), que le contribuable exerce une option expresse en ce sens – cette obligation de retraitement du résultat est écartée à l'égard :

– des produits « étrangers à l'activité professionnelle » qui n'excèdent pas 5 % de l'ensemble des produits de l'exercice (hors plus-values de cession) ou 10 % de ces mêmes produits si le seuil le 5 % n'a pas été franchi au titre de l'exercice précédent ;

– à la quote-part des charges afférentes à un bien « étranger à l'activité professionnelle » n'excédant pas les produits correspondant à ce bien, si ces mêmes conditions sont réunies(762).

b) le régime des plus-values professionnelles n'est susceptible de s'appliquer à un bien figurant à l'actif professionnel que pour la fraction du gain qui correspond à la période pendant laquelle le bien a concouru à l'exercice de l'activité professionnelle(763).

La fraction du gain correspondant à la période pendant laquelle le bien n'a pas concouru à l'exercice de l'activité professionnelle relève du régime des plus-values des particuliers(764).

C. – Détermination fiscale du bénéfice imposable

1° Régime forfaitaire

1452. – **Micro-BIC (champ d'application).** 1) Un régime forfaitaire particulièrement simple s'applique à la détermination des charges fiscalement déductibles

(758) CGI, art. 155, II.

(759) Cette dernière condition fait écho aux règles classiquement prévues en matière de BNC « réels » (V. *infra*, n° 1488). On ne peut s'empêcher de voir dans cet alignement une trace de la tentative (avortée) de la fusion des BIC et BNC (V. *supra*, n° 1443). Les amortissements réintégrés en application de cette règle « sont néanmoins considérés ne pas avoir été expressément exclus des charges déductibles » (CGI, art. 155, II-2-2°), ce qui produit une incidence favorable pour l'application du régime des plus-values professionnelles.

(760) Revenus fonciers, revenus de capitaux mobiliers, profits sur les marchés à terme, plus-values des particuliers ou BIC « non professionnels ». Cette règle de l'extourne était déjà retenue en matière de revenus de capitaux mobiliers par la doctrine administrative (V. *infra*, n° 1458).

(761) L. fin. 2016, 29 déc. 2015, art. 105.

(762) Le régime de réintégration des charges n'est donc pas parfaitement symétrique :

– le dépassement des seuils conduit à une réintégration intégrale ;

– le non-dépassement des seuils conduit à une réintégration partielle (et non pas à une absence de réintégration). Il en résulte, en particulier, que dans cette hypothèse, les amortissements se rapportant le cas échéant au bien peuvent néanmoins demeurer déductibles.

(763) CGI, art. 155, III.

(764) Indépendamment des difficultés qu'elle pourrait susciter en matière de preuve, cette « ventilation » est naturellement d'une grande complexité dans sa mise en œuvre – du moins si on se conforme au dispositif légal qui se révèle particulièrement mal rédigé. En substance, le contenu de la règle légale est pourtant simple : la plus-value « réelle » ou « économique » réalisée lors de la cession du bien doit être ventilée entre une plus-value privée et une plus-value professionnelle, au prorata, respectivement, de la durée d'affectation du bien aux activités non professionnelle et professionnelle, la plus-value professionnelle totale devant toutefois être majorée du montant total des amortissements fiscalement déduits du bénéfice professionnel depuis l'inscription du bien à l'actif du bilan.

des titulaires de bénéfices industriels et commerciaux « modestes »[765]. Ce régime – qui s'inscrit dans le dispositif plus général posé en faveur des micro-entreprises – est réservé aux exploitants individuels relevant, en matière de taxe sur la valeur ajoutée, du mécanisme de la franchise en base. Il consiste à arrêter, dans le cadre de l'année civile, les charges fiscalement déductibles à un pourcentage fixe du chiffre d'affaires imposable.

Introduit par la loi de finances rectificative pour 1991[766], le régime « micro-BIC » a vu son champ d'application élargi à compter de 1999 par la loi de finances pour 1999[767].

Les données figurant dans l'annuaire statistique de la DGFiP indiquent seulement le nombre total d'entreprises relevant des régimes « micro-BIC » et « micro-BNC ». Ce nombre est en constante augmentation : 1 411 000 en 2013, 1 542 000 en 2014 et près de 1 628 000 en 2015.

Ce régime n'est pas applicable aux sociétés de personnes exerçant une activité relevant des BIC[768]. Les résultats de ces sociétés (et en particulier ceux des EURL dont l'associé unique est une personne physique ou des copropriétés de navires) relèvent en toute hypothèse d'un régime réel d'imposition. Il en va de même des sociétés passibles de l'IS (V. *infra*, n° 1656).

Issu pour l'essentiel de la loi de finances rectificative pour 2013, le dispositif présenté est celui applicable pour les exercices clos à compter du 31 décembre 2015[769].

2) Depuis l'imposition des revenus de 2015, ce régime est en principe applicable pour l'imposition des revenus d'une année lorsque le chiffre d'affaires de l'exploitant n'a pas, au cours de l'année précédente, dépassé un seuil légal.

Pour l'imposition des revenus des années 2013 à 2015, ces seuils sont fixés à :

– 82 200 € pour les activités de vente de biens, la fourniture de logement[770] et la restauration ;

– 32 900 € pour la généralité des prestations de services.

Empruntés aux règles de la franchise en base applicable en matière de TVA[771], ces seuils constituent les limites « normales » du régime « micro-BIC ».

Les contribuables qui, sans être exonérés de la TVA, ne bénéficient pas de la franchise en base sont exclus du bénéfice du régime « micro-BIC », cette exclusion prenant « effet à compter du 1er janvier de l'année qui suit celle de leur assujettissement [*sic*] à la taxe sur la valeur ajoutée »[772].

Issus de la loi de modernisation de l'économie du 4 août 2008 (art. 2), ces seuils ont été, sauf exception, réévalués *chaque année* dans la même proportion que la limite supérieure de la première tranche du barème progressif de l'IR[773]. À compter de 2017, ces seuils seront réévalués *tous les trois ans* dans la même proportion que l'évolution triennale de la limite supérieure de la première

(765) CGI, art. 50-0.
(766) L. 30 déc. 1991, art. 20.
(767) L. 30 déc. 1998, art. 7. Sur le régime forfaitaire antérieurement applicable, V. *supra*, n° 923.
(768) CGI, art. 50-0, 2-*c*.
(769) L. fin. rect. 2013, 29 déc. 2013, art. 20, V et s. Ce texte a modifié les règles liées à l'appréciation du franchissement des seuils en vue d'aligner plus étroitement ces règles sur celles applicables pour la franchise en base de TVA. Cet alignement a toutefois été partiellement remis en cause par la loi du 18 juin 2014 relative à l'artisanat, au commerce et aux très petites entreprises (art. 24, II). En effet, avant cette loi, une entreprise qui franchissait la limite majorée en cours d'année ne pouvait plus bénéficier du régime des micro-entreprises au titre de cette même année, ce qui n'est plus le cas actuellement.
(770) Par exception, indépendamment du caractère professionnel ou non de l'activité considérée, les opérations de location meublée ne relèvent pas du seuil applicable à la fourniture de logement (mais de celui applicable à la généralité des prestations de services).
(771) CGI, art. 293 B applicable sur renvoi.
(772) CGI, art. 50-0, 2-*b*.
(773) Compte tenu du gel du barème de cet impôt, ces seuils se sont trouvés maintenus à 81 500 € et 32 600 € (limites « normales ») et 89 600 € et 34 600 € (limites « majorées ») pour l'imposition des revenus de 2010, 2011 et 2012. Ils étaient respectivement fixés à 80 000 € et 32 000 € (limites « normales ») et 88 000 € et 34 000 € (limites « majorées ») pour les revenus de 2009.

tranche du barème de l'IR[774]. La prochaine révision interviendra donc dans les derniers jours de 2016 et déterminera les seuils applicables aux revenus des années 2016 à 2018.

3) Deux exceptions à ce principe sont posées par la loi. Leur contenu est radicalement opposé.

a) Le contribuable dont le chiffre d'affaires ne dépasserait pas les seuils applicables peut néanmoins opter pour se voir appliquer un régime réel d'imposition. Il est donc toujours possible de renoncer au bénéfice du régime « micro-BIC ».

b) À l'inverse, le contribuable qui dépasserait le seuil applicable peut continuer à relever du régime « micro-BIC » si son chiffre d'affaires de la pénultième année n'a pas dépassé un second seuil.

Pour l'imposition des revenus des années 2013 à 2015, ces « limites majorées » sont fixées à :

– 90 300 € pour les activités de vente de biens, la fourniture de logement et la restauration ;

– 34 900 € pour la généralité des prestations de services.

Également empruntés aux règles de la TVA, ces seuils constituent les limites « majorées » du régime « micro-BIC ».

En cas de dépassement de la limite majorée en cours d'année, le régime « micro-BIC » continue de s'appliquer jusqu'à la fin de l'année considérée[775].

Les règles du régime antérieur, applicable jusqu'en 2014, étaient les suivantes :

– en cas de *franchissement à la hausse* du seuil de recettes, le régime micro-BIC demeurait applicable (sauf en cas de changement d'activité) pour l'établissement de l'imposition due au titre des deux premières années au cours desquelles le seuil applicable est dépassé[776].

Ce principe ne souffrait pas d'exception lorsque l'entreprise exerçait une activité exonérée de TVA (le régime micro-BIC demeurait applicable pour les deux premières années au cours desquelles le seuil était dépassé, indépendamment du chiffre d'affaires réalisé au cours de chacune de ces deux années).

Il se heurtait, dans le cas inverse (le plus fréquent en pratique), à l'exclusion légale selon laquelle les contribuables qui ne bénéficient pas de la franchise en base de TVA sont exclus du régime micro-BIC – cette exclusion prenant effet, à l'époque, à compter du 1er janvier de l'année de leur assujettissement à la TVA[777] :

– en cas de *franchissement à la baisse* du seuil de recettes, le régime micro-BIC était de manière générale applicable ;

– s'agissant des entreprises exonérées de TVA, pour l'imposition des BIC de l'année au cours de laquelle ce franchissement était constaté ;

– s'agissant des entreprises soumises à la TVA, pour l'imposition des BIC de l'année suivant celle au cours de laquelle ce franchissement était constaté.

4) Le tableau suivant retrace les règles relatives au franchissement des différents seuils légaux, applicables aux entreprises soumises à la TVA pour l'imposition des revenus de 2015.

(774) L. fin. rect. 2013, 29 déc. 2013, art. 20, XII. C'est par erreur que la doctrine administrative fait toujours état de la règle de révision annuelle (BOI-BIC-DECLA-10-10-10, n° 1). On peut relever, à cet égard, que le commentaire général du dispositif, s'il porte la date du 6 juillet 2016, apparaît largement périmé au fond, ce qui apparaît pour le moins problématique.

(775) La règle est différente en matière de TVA : en cas de dépassement de la limite majorée en cours d'année, les assujettis perdent le bénéfice de la franchise « à compter du premier jour du mois au cours duquel [la limite est dépassée] » (CGI, art. 293 B, II-1).

(776) CGI, art. 50-0, 1, al. 5 et 6, anc. Cette règle a purement et simplement été abandonnée.

(777) CGI, art. 50-0, 2-*b*, anc.

RÈGLES DE COMBINAISON ENTRE LIMITE NORMALE ET LIMITE MAJORÉE APPLICABLES DEPUIS 2015 AUX ENTREPRISES SOUMISES À LA TVA (1)		
CA DE L'ANNÉE N-1	**CA DE L'ANNÉE N-2**	**RÉGIME APPLICABLE EN ANNÉE N**
CA ≤ limite normale	indifférent	**Régime micro applicable**
CA > limite normale et CA ≤ limite majorée	CA ≤ limite normale	**Régime micro applicable**
CA > limite normale et CA ≤ limite majorée	CA > limite normale	**Régime micro non applicable**
CA > limite majorée	indifférent	**Régime micro non applicable**

(1) L'opinion selon laquelle les mêmes règles ne seraient pas applicables, désormais, aux micro-entreprises bénéficiant d'une exonération *stricto sensu* de TVA mériterait d'être confirmée.

4) Le champ d'application du régime « micro-BIC » comporte de nombreuses autres modalités. On les énumérera rapidement.

a) Le chiffre d'affaires doit être apprécié hors taxe. Il est déterminé abstraction faite, le cas échéant, des plus-values de cession d'immobilisation.

En cas de création ou de cessation d'activité, le chiffre d'affaires est ajusté au prorata du temps d'activité au cours de l'année civile. Lorsque le même contribuable exploite simultanément plusieurs entreprises, les seuils sont appréciés en fonction du chiffre d'affaires total des entreprises en cause[778].

b) Outre les associés des sociétés de personnes, certains contribuables sont exclus du bénéfice du régime forfaitaire et relèvent de plein droit, en toute hypothèse, d'un régime réel d'imposition. Sont concernés par cette exclusion, les personnes exerçant une activité de marchand de biens et[779] les contribuables exerçant une activité occulte (qui ne peuvent demander à bénéficier de ce régime, une fois leur activité « découverte »).

c) Des règles particulières s'appliquent en cas d'activités mixtes relevant des BIC et des BNC.

d) Dans le cadre du régime spécial des auto-entrepreneurs, les contribuables relevant du régime micro-BIC peuvent (lorsqu'ils ont opté pour le versement libératoire de leurs cotisations sociales) être placés sur option sous un régime de versements forfaitaires libératoires de l'IR[780].

1453. – **Micro-BIC (contenu du régime).** Dans le cadre de ce mécanisme forfaitaire, le résultat imposable, avant prise en compte des plus ou moins-values provenant de la cession des biens affectés à l'exploitation, est égal au montant du chiffre d'affaires hors taxes diminué d'un abattement de :

– 71 % du chiffre d'affaires pour les activités de vente de biens, la fourniture de logement[781] et la restauration. Dans ce cas, le bénéfice imposable est donc égal à 29 % du chiffre d'affaires annuel ;

– 50 % du chiffre d'affaires pour la généralité des prestations de services. Dans ce cas, le bénéfice imposable est donc égal à 50 % du chiffre d'affaires annuel ;

Dans les deux cas, les charges annuelles ne peuvent être inférieures à 305 €. En cas d'activités mixtes, les abattements sont appliqués séparément sur chacune des fractions du chiffre d'affaires.

(778) CGI, art. 50-0, 2-*a*.
(779) Depuis L. fin. rect. 2009, 30 déc. 2009, art. 18.
(780) L. 4 août 2008 de modernisation de l'économie, art. 1er. – CGI, art. 151-0.
(781) Par exception, les opérations de location meublée ne relèvent pas du taux de 71 % (mais de celui de 50 %), sauf pour les chambres d'hôtes et les gîtes ruraux. Le taux de 50 % est applicable indépendamment du caractère professionnel ou non de l'activité.

1) Ces taux résultent de la loi de financement de la sécurité sociale pour 2007[782]. Antérieurement fixés, respectivement, à 72 % et 52 %, ils avaient été ramenés à 68 % et 45 % par la loi de finances pour 2006[783] pour tenir compte de la diminution des taux d'imposition des différentes tranches du barème consécutive à la suppression, depuis l'imposition des revenus de 2006, de l'abattement général de 20 %.

2) Tendant essentiellement à la détermination des dépenses déductibles, le régime forfaitaire est sans incidence sur la détermination du montant des plus-values professionnelles éventuellement réalisées. Les plus ou moins-values provenant de la cession des biens affectés à l'exploitation sont prises en compte distinctement pour la détermination de l'IR dans les conditions générales. À cet égard, l'abattement forfaitaire est réputé tenir compte des amortissements pratiqués selon le mode linéaire[784].

2° Régimes réels

1454. – **Passage du résultat comptable au résultat fiscal.** Abstraction faite de la variation de ses stocks, le résultat fiscal net de l'entreprise se définit de manière générale, dans le cadre des régimes réels, comme l'excédent de ses produits imposables sur ses charges fiscalement déductibles.

Les régimes réels s'appliquent aux contribuables qui ne relèvent pas du régime forfaitaire (qu'ils en soient exclus ou qu'ils aient opté en ce sens). La loi distingue, au sein des régimes réels, un régime simplifié et un régime normal. Ces deux régimes se distinguent principalement par l'étendue des obligations comptables et déclaratives mises à la charge des contribuables.

Cette approche pourrait donner à penser que le résultat fiscal fait l'objet d'une détermination directe. Il n'en est rien. Dans la généralité des hypothèses, il procède du simple retraitement fiscal du résultat comptable.

1) L'origine de ces retraitements est exclusivement liée aux divergences des règles fiscales et des règles comptables.

a) Certaines de ces divergences concernent les produits :

– en présence d'une exonération totale ou partielle, ou d'un mécanisme d'imposition étalée ou différenciée, certains produits « comptables » ne seront pas ou ne seront que partiellement des produits « fiscaux ». C'est le cas par exemple des subventions d'équipement ou des plus-values à long terme qui doivent faire l'objet d'une déduction extracomptable ;

– à l'inverse, certains produits « fiscaux » ne sont pas des produits « comptables ». C'est le cas, par exemple, des produits correspondant aux droits de l'entreprise dans les résultats d'une société de personnes (ou un groupement assimilé) bénéficiaire ou des renonciations à des produits qui seraient considérés comme procédant d'une gestion anormale.

b) Les divergences plus nombreuses concernent cependant les charges. Celles-ci tiennent principalement à la prohibition (ou à la limitation) fiscale de leur déduction qui conduit à leur réintégration dans le résultat fiscal. Mais il existe également des charges « fiscales » qui ne sont pas des charges « comptables ». C'est le cas, par exemple, de la charge correspondant aux droits de l'entreprise dans les résultats d'une société de personnes (ou un groupement assimilé) déficitaire.

L'étude strictement fiscale de la détermination du résultat fiscal consiste dans l'examen des règles concernant ces retraitements. On en retiendra les principaux éléments.

2) Cela étant, les points de contact entre droit fiscal et droit comptable sont extrêmement nombreux. Ils concernent notamment :

c) les règles de rattachement des opérations aux exercices, qui reposent sur les principes de la comptabilité d'engagement. On doit rattacher à chaque exercice comptable (et donc à chaque période d'imposition) non pas les recettes encaissées et les dépenses payées, mais les créances acquises et les

(782) L. 21 déc. 2006, art. 10, III.
(783) L. 30 déc. 2005, art. 76, II.
(784) CGI, art. 50-0.

dettes certaines (*i.e.* les créances et les dettes certaines dans leur principe et déterminées dans leur montant). À l'inverse, une créance ou dette incertaine (*i.e.* incertaine dans son principe ou indéterminée dans son montant) reste sans influence sur le résultat – sauf application, pour les dettes présentant un degré de probabilité suffisant du régime des provisions (un régime symétrique de dépréciation pouvant s'appliquer pour les créances certaines affectées d'une probabilité suffisante de non-recouvrement) ;

b) le principe d'indépendance des exercices comptables, selon lequel produits et charges ne pouvant être rattachés qu'aux résultats de l'exercice auquel ils se rapportent, des événements postérieurs à la clôture d'un exercice sont sans influence sur les résultats de celui-ci ;

c) le principe de continuité des bilans successifs et la théorie de la correction symétrique des bilans qui en découle[785].

• La loi fiscale pose toutefois une règle d'intangibilité du bilan d'ouverture du premier exercice non prescrit selon laquelle, en principe, « pour le calcul de la différence entre les valeurs de l'actif net à la clôture et à l'ouverture de l'exercice, l'actif net d'ouverture du premier exercice non prescrit (...) ne peut être corrigé des omissions ou erreurs entraînant une sous-estimation ou surestimation de celui-ci »[786].

• Cette règle ne s'applique pas, toutefois :

– lorsque l'entreprise apporte la preuve que ces omissions ou erreurs sont intervenues plus de sept ans avant l'ouverture du premier exercice non prescrit[787] ;

– aux omissions ou erreurs qui résultent d'amortissements excessifs déduits sur des exercices prescrits ou de la déduction au cours d'exercices prescrits de charges qui auraient dû être « immobilisées ».

• Ces deux séries de correction restent sans influence sur le résultat imposable lorsqu'elles affectent l'actif du bilan. Toutefois, elles ne sont prises en compte ni pour le calcul des amortissements ou des provisions, ni pour la détermination du résultat de cession (même disposition) ;

d) les entreprises, enfin, doivent respecter « les définitions édictées par le plan comptable général, sous réserve que celles-ci ne soient pas incompatibles avec les règles applicables pour l'assiette de l'impôt »[788]. On déduit parfois de cette règle très circonscrite un prétendu principe de primauté des règles comptables sur les règles fiscales – qui est évidemment dépourvu de toute réalité.

3) Sur le retraitement lié à la suppression, depuis 2002, des effets attachés sur le plan fiscal à la théorie du bilan, V. *infra*, n° 1451.

a) Produits imposables

1455. – Enrichissement de l'entreprise. Les produits imposables correspondent de manière générale à tous les enrichissements de l'entreprise. Ils comprennent, suivant la distinction comptable :

– les produits d'exploitation ;

(785) Le résultat d'un exercice étant normalement déterminé par différence entre les valeurs de l'actif net à la clôture et à l'ouverture de l'exercice, le mécanisme des corrections symétriques ne peut conduire, dans cette mesure, à rectifier, dans les bilans des exercices non atteints par la prescription, une erreur commise au cours d'un exercice prescrit dont le résultat a été arrêté d'office (CE, 26 nov. 2014, n° 360.141, *Baret* : *Dr. fisc.* 2015, n° 17, comm. 282, concl. F. Aladjidi, note P. Fumenier, au motif que la base d'imposition qui a été arrêtée d'office « doit être réputée avoir pris en compte de manière exhaustive et exacte les opérations de toute nature effectuées par l'entreprise au cours de l'exercice, résulter d'une exacte application des dispositions [législatives définissant le bénéfice imposable] et, par conséquent, impliquer la détermination d'un montant de l'actif net à la clôture de l'exercice ne comportant ni sous-estimation ni surestimation ».

(786) CGI, art. 38, 4 bis. Issue de la loi de finances rectificative pour 2004 (L. 30 déc. 2004, art. 43), cette disposition comportait un mécanisme de validation qui a été censuré par le Conseil constitutionnel (Cons. const., 10 déc. 2010, n° 2010-78 QPC, *Sté Imnoma*, censurant la mesure de validation au motif qu'elle a irrégulièrement privé les contribuables du bénéfice de la solution de principe retenue dans l'arrêt CE, ass., 7 juill. 2004, n° 230.169, *Sté Ghesquière équipement* : *Dr. fisc.* 2005, n° 12, comm. 302, concl. P. Collin, note J.-L. Pierre).

(787) Le maintien à l'identique au bilan, pendant plusieurs exercices successifs, d'une même provision injustifiée constitue la répétition annuelle de la même erreur. Celle-ci, même lorsqu'elle a été commise pour la première fois au cours d'un exercice clos plus de sept ans avant l'ouverture du premier des exercices non prescrits, ne peut être corrigée dans le bilan d'ouverture du premier de ces exercices (CE, 11 mai 2015, n° 370.533, Sté Stock Promotion : Dr. fisc. 2015, n° 41, comm. 621, concl. É. Bokdam-Tognetti, note P. Fumenier.

(788) CGI, ann. III, art. 38 quater.

– les produits accessoires ;
– les produits financiers ;
– les produits exceptionnels.

1456. – **Produits d'exploitation.** Il s'agit des produits des ventes, des travaux et des prestations de services. Les règles fiscales applicables en la matière concernent essentiellement le rattachement des créances aux exercices – les entreprises industrielles et commerciales relevant d'un régime d'imposition réel devant obligatoirement appliquer les principes de la comptabilité d'engagement.

Les produits correspondant à des créances sur la clientèle ou à des versements reçus à l'avance en paiement du prix sont rattachés à l'exercice au cours duquel interviennent la livraison des biens pour les ventes ou opérations assimilées et l'achèvement des prestations pour les fournitures de services. Toutefois, les créances afférentes à des prestations continues donnant lieu à rémunération périodique ou prestations discontinues mais à échéances successives sont prises en compte au fur et à mesure de l'exécution de la prestation. La livraison d'un bien s'entend de sa remise matérielle lorsque le contrat de vente comporte une clause de réserve de propriété[(789)].

1457. – **Produits accessoires.** Certains revenus qui – pris en eux-mêmes – n'ont pas une nature industrielle ou commerciale, peuvent néanmoins être compris dans les résultats des entreprises relevant des bénéfices industriels et commerciaux.

1) Il peut s'agir des bénéfices non commerciaux ou des bénéfices agricoles réalisés à titre accessoire par une entreprise industrielle et commerciale (V. *supra*, n° 1446).

2) Il peut également s'agir, sous certaines conditions, des produits de l'entreprise « étrangers à l'activité professionnelle » (et notamment des revenus tirés des immeubles figurant à l'actif professionnel sans être affectés à l'activité professionnelle) :

a) jusqu'en 2011, sans condition particulière, par application de la théorie du bilan (V. *supra*, n° 1451) ;

b) depuis 2012, en dépit de la neutralisation de la théorie du bilan[(790)], lorsque les produits « étrangers à l'activité professionnelle » n'excèdent pas 5 % de l'ensemble des produits de l'exercice hors plus-values de cession (ou 10 % de ces mêmes produits si le seuil de 5 % n'a pas été dépassé au titre de l'exercice précédent[(791)]).

1458. – **Produits financiers.** 1) Les produits financiers attachés à des titres inscrits à l'actif d'une entreprise constituent une forme particulière de produits accessoires. Compris dans le résultat comptable de l'entreprise, ils devraient en principe toujours figurer dans son résultat fiscal.

Lorsque les titres ne sont pas inscrits à l'actif, les produits en cause sont naturellement imposés comme revenus de capitaux mobiliers suivant les règles de droit commun.

2) Toutefois, compte tenu de la règle de neutralisation des incidences fiscales de la théorie du bilan (V. *supra*, n° 1451, 4), les produits financiers doivent, lorsqu'ils ne proviennent pas de l'activité exercée à titre professionnel, faire l'objet d'une déduction extracomptable en vue d'être imposés distinctement comme revenus de capitaux mobiliers.

Tel pourrait ne pas être le cas, cependant, des produits financiers « non professionnels » n'excédant pas 5 % (ou parfois 10 %) de l'ensemble des produits courants de l'exercice (V. *supra*, n° 1451, 4-*a*).

(789) CGI, art. 38, 2 bis.
(790) Quatrième L. fin. rect. 2010, 29 déc. 2010, art. 13.
(791) CGI, art. 155, II-3.

3) En outre, la doctrine administrative considérait classiquement que, indépendamment de la règle précédente (qui n'avait d'ailleurs pas encore été posée par la loi à l'époque), les produits financiers devaient être déduits du résultat de l'entreprise, pour être taxés dans la catégorie des revenus de capitaux mobiliers, chaque fois en tout cas que cette déduction permettait d'appliquer *en faveur du contribuable* une mesure propre à cette catégorie.

a) Ancienne, cette règle de l'« extourne » était d'application générale à l'égard des dividendes d'actions qui, à défaut, n'auraient pu par exemple relever de l'abattement de 40 % (l'administration refusant toutefois que les dividendes puissent dans ce cas relever du prélèvement forfaitaire libératoire alors applicable sur option – V. *infra*, n° 1422, 1-*b*).

Elle pouvait également concerner les produits de placement à revenu fixe, notamment en vue de permettre au contribuable de bénéficier des crédits d'impôt attachés aux produits considérés.

b) Pour une raison incertaine, la doctrine administrative sembler refuser l'application de la règle de l'extourne, dans le cas où n'excédant pas 5 % (ou parfois 10 %) de l'ensemble des produits courants de l'exercice (V. *supra*, n° 1451, 4-*a*), les produits financiers « non professionnels » demeurent légalement compris dans le résultat de l'entreprise[792].

1459. – **Produits exceptionnels.** Sous réserve des gains de cession d'immobilisation (V. *infra*, n°s 1491 et s.), les produits exceptionnels comprennent principalement les subventions, les indemnités, les abandons de créances et les dégrèvements d'impôt. Le régime de ces produits présente quelques particularités fiscales dont on retiendra trois exemples.

Le cas particulier des remises de dettes et des abandons de créances est étudié au titre de l'IS (V. *infra*, n° 1664).

1) Les subventions d'équipement accordées par des personnes publiques à une entreprise peuvent faire l'objet, entre ses mains, d'une imposition étalée.

Ces subventions (lorsqu'elles sont accordées en vue de l'acquisition ou de la création d'une immobilisation identifiée) sont d'abord déduites du résultat fiscal de l'exercice au cours duquel elles sont attribuées. Si l'immobilisation subventionnée est un bien amortissable, la subvention est ultérieurement réintégrée au fur et à mesure des amortissements dont elle fait l'objet. Dans le cas inverse, l'imposition de la subvention est étalée (en règle générale) par fraction égale sur les dix exercices suivants[793].

2) Les dégrèvements fiscaux obtenus par une entreprise à l'égard d'impôts antérieurement déduits constituent un profit de l'exercice au cours duquel ils constituent une créance acquise. Dans le cas inverse, le dégrèvement n'est pas imposable.

3) Des indemnités de nature très diverses peuvent être allouées à une entreprise.

Il peut s'agir, en particulier, de sommes reçues en contrepartie d'avantages consentis à des tiers, de la perte ou de la dépréciation d'éléments de l'actif ou en réparation de préjudices de tous ordres subis par l'entreprise.

Les indemnités acquises à l'entreprise sont en principe imposables.

Il en va ainsi chaque fois que l'indemnité en cause a pour objet de compenser une charge ou une perte elle-même déductible par nature, la perte de recettes qui auraient été taxables ou la perte ou la dépréciation d'un élément de l'actif[794].

(792) BOI-BIC-PDSTK-10-20-10, n° 1. – BOI-BIC-PDSTK-10-20-20, n° 5.

(793) CGI, art. 42 septies.

(794) CE, sect., 12 mars 1982, n° 17.074 : *Dr. fisc.* 1982, n° 23, comm. 1228 ; *RJF* 4/1982, n° 334 avec concl. O. Schrameck, p. 160, regardant comme non imposable l'indemnité d'assurance reçue en réparation du préjudice causé par un expert-comptable – ce préjudice ayant consisté dans l'infliction à l'entreprise de pénalités fiscales expressément exclues des charges déductibles du résultat.

Les indemnités peuvent également, dans certains cas limitativement énumérés, relever d'un régime d'exonération[795].

Normalement comprises dans les bénéfices d'exploitation taxables à l'impôt sur le revenu, elles relèvent du régime des plus ou moins-values lorsqu'elles ont pour objet de compenser la perte d'un élément de l'actif immobilisé.

Les indemnités versées à un commerçant en vertu d'une obligation de réparation incombant à la partie versante relèvent du régime des plus ou moins-values si elles ont pour objet de compenser les pertes résultant d'une cession d'un élément de l'actif immobilisé à un tiers ou d'un événement ayant pour effet de retirer définitivement toute valeur à cet élément[796].

b) Charges déductibles

1460. – Condition générale de déduction des charges. Pour être admises en déduction du résultat fiscal, les charges doivent, de manière générale, se rattacher à une gestion normale, c'est-à-dire avoir été exposées dans l'intérêt de l'entreprise. Leur déduction ne doit pas, par ailleurs, se heurter à une restriction ou une limitation légale spéciale. Ces principes généraux s'appliquent aux trois catégories de charges :

- les frais généraux ;
- les amortissements ;
- les provisions.

1) Les frais généraux

1461. – Conditions générales de déduction. Pour être admis en déduction du résultat fiscal, les frais généraux doivent :

– correspondre à un *appauvrissement réel*, c'est-à-dire se traduire effectivement par une diminution de l'actif net de l'entreprise ;

La jurisprudence considère que ne constituent pas, à ce titre, des charges fiscalement déductibles :

– les dépenses qui ont pour conséquence l'entrée d'un nouvel élément dans l'actif immobilisé, c'est-à-dire qui correspondent au coût d'acquisition de droits constituant une source régulière de profits et dotés d'une pérennité suffisante en raison de la protection juridique dont ils sont susceptibles de faire l'objet[797], sans qu'il ne soit exigé, de manière générale, que ces droits puissent faire l'objet d'une cession[798]. Ces dépenses ne peuvent, en tout état de cause, que faire l'objet d'un amortissement ;

– les dépenses qui, prolongeant d'une manière notable la durée probable d'utilisation d'un élément d'actif immobilisé, entraînent normalement une augmentation de la valeur pour laquelle un élément immobilisé figure au bilan de l'entreprise[799]. Ces dépenses doivent (contrairement aux simples dépenses d'entretien et de réparation qui concourent à maintenir en état d'usage ou de fonctionnement les différents éléments de l'actif immobilisé de l'entreprise) être « immobilisées », c'est-à-dire faire l'objet d'un amortissement.

---

(795) V. BOI-BIC-PDSTK-10-30-20.

(796) CE, 28 mars 1979, n° 9.798 : *Dr. fisc.* 1979, n° 46-47, comm. 2253, concl. B. Martin Laprade. – CE, 10 juin 2013, n° 336.596, *Min. c/Marinho : Dr. fisc.* 2013, n° 39, comm. 443, à propos de l'indemnité reçue par un concessionnaire automobile, à la suite de la résiliation abusive de son contrat de concession, en compensation de la perte de chance de vendre son fonds de commerce à un prix avantageux.

(797) CE, 30 mai 2012, n° 340485, *Min. c/Sté Tipiak : Dr. fisc.* 2012, n° 37, comm. 433, concl. V. Daumas, note P. Fumenier.

(798) Comp. CE, 21 août 1996, n° 154488, *Sté Sife : Dr. fisc.* 1996, n° 50, comm. 1482, concl. J. Arrighi de Casanova, retenant toutefois la solution inverse en matière de concession de droits de la propriété intellectuelle.

(799) CE, 26 juin 1992, n° 78.850, *Petitmengin : Dr. fisc.* 1992, n° 47, comm. 2208.

L'administration admet par mesure de simplification que les entreprises peuvent comprendre parmi leurs charges immédiatement déductibles le prix de renouvellement des petits équipements de bureau et mobiliers dont la valeur unitaire n'excède pas 500 € hors taxes[(800)].

– être justifiés par une facture ou un document en tenant lieu et avoir été régulièrement comptabilisés au cours de l'exercice au titre duquel ils ont été engagés ;

– ne pas être visés par une exclusion expresse posée par la loi fiscale.

Les frais généraux non déductibles qui auraient diminué le résultat comptable doivent être réintégrés dans le résultat fiscal.

1462. – **Variété des frais généraux.** 1) Les frais généraux (la loi fiscale emploie toujours l'expression) comprennent les frais d'établissement[(801)], les achats courants, l'ensemble des prestations de service acquises par l'entreprise (location, entretien, réparation, publicité, déplacement, transport, notamment), les impôts et taxes, les primes d'assurance, les charges de personnel, les frais financiers, etc.

2) Ces dépenses sont, en principe, déductibles « immédiatement » (c'est-à-dire en une fois et pour leur montant intégral) au titre de l'exercice au cours duquel elles ont été engagées.

Ce régime de déduction « immédiate » n'est pas toujours applicable à titre obligatoire. Ainsi, les dépenses de fonctionnement exposées dans les opérations de recherche scientifique ou technique peuvent, au choix de l'entreprise, être immobilisées ou déduites des résultats de l'année ou de l'exercice au cours duquel elles ont été exposées[(802)].

1463. – **Restrictions spéciales.** La loi prévoit toutefois certaines conditions ou limites particulières à la déduction des frais généraux. On en donnera les principaux exemples.

Le régime de déduction des aides interentreprises est étudié au titre de l'IS (V. *infra*, n° 1683).

1) Les dépenses de personnel (salaires et cotisations sociales) ne sont déductibles fiscalement que si elles sont la contrepartie d'un travail effectif et ne sont pas excessives eu égard à l'importance du service rendu par le salarié.

Dans les entreprises individuelles comme dans les sociétés de personnes, les sommes rétribuant l'activité de l'exploitant ou des associés ne sont pas fiscalement déductibles des résultats. Tel n'est pas le cas, en revanche, des cotisations obligataires versées en vue de la protection sociale des intéressés ainsi, d'ailleurs, que celles versées à titre facultatif dès lors qu'elles ne dépassent pas certains montants[(803)].

Par ailleurs, le salaire du conjoint de l'exploitant fait l'objet de dispositions particulières. Le salaire du conjoint est intégralement déductible quand l'exploitant est adhérent d'un centre de gestion agréé[(804)] ou, selon la doctrine administrative, quand les époux sont mariés sous un régime de séparation de

(800) BOI-BIC-CHG-20-30-10, n° 30.

(801) Les frais d'établissement sont définis comptablement comme les dépenses engagées à l'occasion d'opérations qui conditionnent l'existence ou le développement de l'entreprise, mais dont le montant ne peut être rapporté à des productions de biens et de services déterminés. Selon qu'ils sont, au choix de l'entreprise, inscrits comptablement dans un compte de charges ou immobilisés, ils sont, respectivement, déduits au titre des frais généraux ou amortis sur une période maximale de cinq ans, suivant un plan d'amortissement linéaire qui ne peut être modifié.

(802) CGI, art. 236, I, al. 1er. La doctrine administrative retient, sauf cas exceptionnel, une durée d'amortissement maximale de cinq ans (BOI-BIC-CHG-20-30-30, n° 70). En cas d'échec du projet, « les frais immobilisés doivent être immédiatement amortis » (CE, 6 mai 2015, n° 376.989, *Sté Sabella : Dr. fisc.* 2015, n° 26, comm. 425, note Th. Jacquemont).

(803) CGI, art. 154 bis.

(804) Suite à un rapport de la Cour des comptes mettant en cause l'efficacité des organismes de gestion agréés, la loi de finances pour 2015 (L. 29 déc. 2014, art. 69, 70 et 80) avait prévu l'abrogation de différents avantages consentis à leurs adhérents et, en particulier, celle permettant la déduction intégrale du salaire du conjoint de l'exploitant (art. 69). Cette mesure a été rétablie en faveur des adhérents des organismes de gestion agréés par la loi de finances rectificative pour 2015 (L. 29 déc. 2015, art. 37).

biens[805]. Dans les cas inverses, à supposer que le conjoint participe effectivement à l'exercice de l'exploitation et que la législation sociale soit pleinement respectée, ce salaire peut être déduit du bénéfice imposable dans la limite annuelle de 17 500 €[806]. Il est, dans cette mesure, rattaché à la catégorie des traitements et salaires pour l'imposition de l'intéressé[807]. La fraction non déductible suit le régime des sommes allouées à l'exploitant lui-même.

2) Certains impôts ne sont pas fiscalement déductibles. C'est le cas, s'agissant des entreprises individuelles, de l'impôt sur le revenu, de la contribution sociale généralisée (à hauteur de 2,4 points) ou de la contribution au remboursement de la dette sociale.

C'est également le cas des taxes d'urbanisme (taxe d'aménagement, versement pour dépassement du plafond légal de densité, redevance pour création de bureaux dans la région Île-de-France, notamment) qui sont assimilées à un élément du prix de revient des constructions (et peuvent donc seulement être « incorporées » à ce titre à la base d'amortissement de ces dernières).

3) Sont légalement exclues des charges déductibles, les sanctions pécuniaires et pénalités de toute nature mises à la charge des entreprises ayant contrevenu à des obligations légales[808].

a) Initialement, sur la base d'une disposition édictée sous le régime de Vichy[809], seuls étaient exclus à ce titre des charges fiscalement déductibles du résultat, « les transactions, amendes, confiscations, pénalités de toute nature mises à la charge des contrevenants aux dispositions légales régissant les prix, le ravitaillement, la répartition des divers produits et l'assiette des impôts, contributions et taxes »[810]. Ce texte avait fait l'objet de deux modifications significatives :

– la loi de finances pour 2000[811] avait étendu l'exclusion légale aux pénalités fiscales liées au recouvrement (qui étaient jusqu'alors fiscalement déductibles lorsqu'elles se rapportaient à un impôt présentant lui-même ce caractère) ;

– la loi relative aux nouvelles régulations économiques[812] a substitué à l'exclusion des pénalités sanctionnant la violation des dispositions légales « régissant les prix » celle des pénalités réprimant la méconnaissance des dispositions légales « régissant la liberté des prix et de la concurrence ». Cette modification du dispositif légal a été motivée par l'intervention d'un arrêt[813] qui laissait entrevoir que, du fait de la promulgation de l'ordonnance du 1er décembre 1986 relative à liberté des prix et de la concurrence, le juge fiscal ne pourrait plus continuer à assimiler les sanctions pécuniaires prononcées par le Conseil de la concurrence à des sanctions réprimant les prix illicites. Un avis contentieux du Conseil d'État a rapidement confirmé l'utilité de cette intervention législative[814].

b) Plus simple, le principe général de non-déductibilité des sanctions et pénalités légales actuellement applicable résulte de la loi de finances pour 2008[815].

---

(805) La doctrine administrative vise, plus précisément, les régimes matrimoniaux autres que la communauté légale, la communauté conventionnelle ou le régime de la participation aux acquêts (BOI-BIC-CHG-40-50-10, n° 210). Le Conseil d'État est plus rigoureux, qui retient que les dispositions légales n'établissent aucune distinction selon le régime sous lequel les époux sont mariés (CE, 6 déc. 1972, n° 82.792 : *Dr. fisc.* 1973, n° 16, comm. 631, concl. D. Mandelkern.

(806) CGI, art. 154. Cette limite résulte de la loi de finances pour 2015 (L. 29 déc. 2014, art 69). Elle était antérieurement de 13 800 €.

(807) CGI, art. 154, II.

(808) CGI, art. 39, 2.

(809) Acte dit loi, 23 févr. 1942, art. 1er.

(810) CGI, art. 39, 2, anc.

(811) L 30 déc. 1999, art. 44.

(812) L NRE, 15 mai 2001, art. 45.

(813) V. CE, 7 janv. 2000, n° 187.802, *Sté Entr. Jean François* : *Dr. fisc.* 2000, n° 11, comm. 205, concl. G. Bachelier.

(814) CE, avis, sect., 29 déc. 2004, n° 269.992, *Min. c/Sté Joseph Perasso et ses fils* : *Dr. fisc.* 2005, n° 47, comm. 750, retenant que les sanctions pécuniaires prononcées par le Conseil de la concurrence sont bien exclues des charges fiscalement déductibles compte tenu de la modification issue de la loi NRE.

(815) L 24 déc. 2007, art. 23.

Sous l'empire du droit en vigueur avant l'intervention de ce texte, le Conseil d'État avait jugé :

– un peu abruptement, que « les sommes affectées au paiement d'amendes pénales ne peuvent être regardées comme des charges au sens du 1 de l'article 39 du CGI »(816). Selon le commissaire du gouvernement, cette exclusion traditionnelle est fondée, d'une part, sur le principe de personnalité des peines – les condamnations pénales frappent toujours des personnes (physiques ou morales) et jamais des entreprises et, d'autre part, sur le fait que la déduction des amendes pénales, si elle était admise, conduirait à l'allègement de la peine infligée au contrevenant et, partant, « à remettre partiellement en cause l'autorité qui s'attache aux décisions du juge répressif »(817) ;

– qu'en raison de la finalité des astreintes prononcées par le juge – qui est de « contraindre la personne qui s'y refuse à exécuter les obligations qui lui ont été assignées par une décision de justice et, ainsi, à respecter l'autorité de la chose jugée » – les dépenses exposées à ce titre « ne sont pas au nombre des frais généraux susceptibles d'être déduits du résultat imposable »(818).

c) Depuis le 29 septembre 2000 (date de l'entrée en vigueur sur le territoire français de la convention du 17 décembre 1997 sur la lutte contre la corruption d'agents publics étrangers dans les transactions commerciales internationales), les sommes versées ou les avantages octroyés, directement ou par des intermédiaires, au profit d'un agent public (au sens de cette même convention) ou d'un tiers pour que cet agent agisse ou s'abstienne d'agir dans l'exécution de fonctions officielles, en vue d'obtenir ou conserver un marché ou un autre avantage indu dans des transactions commerciales internationales, ne sont pas admis en déduction des résultats imposables(819).

4) La loi exclut de manière générale, la déduction des frais généraux se rattachant à la catégorie des charges « somptuaires »(820). Celles-ci s'entendent :

– des dépenses et charges de toute nature ayant trait à l'exercice de la chasse ainsi qu'à l'exercice non professionnel de la pêche ;

– des charges – à l'exception de celles ayant un caractère social – résultant de l'achat, de la location ou de toute autre opération faite en vue d'obtenir la disposition de résidences de plaisance ou d'agrément, ainsi que de l'entretien de ces résidences ;

Par exception, ces dépenses sont déductibles lorsqu'elles ont été exposées pour les besoins de l'exploitation et se rapportent à des demeures historiques classées ou inscrites à l'inventaire supplémentaire des monuments historiques. Il en va de même, depuis la loi de finances pour 2009(821) et sous la même condition générale, pour les dépenses afférentes à des résidences servant d'adresse ou de siège de l'entreprise, ou faisant partie intégrante d'un établissement de production et servant à l'accueil de la clientèle.

– des dépenses de toute nature résultant de l'achat, de la location ou de toute autre opération faite en vue d'obtenir la disposition de yachts ou de bateaux de plaisance à voile ou à moteur ainsi que de leur entretien ;

---

(816) CE, 8 juill. 1998, n° 158.891, *Assoc. Radio Free Dom : Dr. fisc.* 1998, n° 49, comm. 1084, concl. G. Goulard ; *Rec. CE* 1998, tables p. 873.
(817) Concl. G. Goulard, préc.
(818) CE, 20 juin 2012, n° 342.714, *Sté Sosaca : Dr. fisc.* 2012, n° 38, comm. 440, concl. E. Cortot-Boucher.
(819) CGI, art. 39, 2 bis. Aux termes de la convention précitée, un « agent public étranger » désigne « toute personne qui détient un mandat législatif, administratif ou judiciaire dans un pays étranger, qu'elle ait été nommée ou élue, toute personne exerçant une fonction publique pour un pays étranger, y compris pour une entreprise ou un organisme publics et tout fonctionnaire ou agent d'une organisation internationale publique » (art. 1er, 4-*a*). Le Conseil d'État a jugé que cette règle de non-déductibilité s'applique dès lors que l'administration établit que les sommes dont le contribuable demande la déduction ont été versées pour son compte, directement ou indirectement, à des agents publics dans le but de les corrompre (CE, 4 févr. 2015, n° 364.708, *Sté Alcatel Lucent France : Dr. fisc.* 2015, n° 15, comm. 255, concl. F. Aladjidi, jugeant à cet égard sans incidence la circonstance que les sommes versées pour le compte de la société auraient été détournées de leur objet à son insu et qu'elle n'aurait pas eu, ainsi, une quelconque intention de corruption).
(820) CGI, art. 39, 4.
(821) L. 27 déc. 2008, art. 6.

– des charges afférentes, en fonction de leur coût et de leur « profil écologique », aux voitures particulières.

• Dans les deux derniers cas précités, la loi admet sans grande précision que l'entreprise puisse opérer la déduction des charges considérées sur « justifications » – celles-ci devant, selon la jurisprudence, être de nature à établir que ces charges étaient indispensables à la satisfaction d'un besoin spécifique lié à l'activité de l'entreprise (et non pas seulement qu'elles ont été exposées dans l'intérêt de l'entreprise). Une entreprise n'apporte pas les justifications requises en se bornant à prétendre que le voilier de plaisance qu'elle avait loué durant la manifestation de l'Armada de Rouen avait été utilisé à des fins commerciales et publicitaires dans le cadre de l'organisation de réceptions au profit de sa clientèle[822].

Cette règle est étendue par la doctrine administrative à l'ensemble des dépenses « somptuaires »[823].

• Les charges non déductibles concernent, le cas échéant, l'amortissement des biens « somptuaires » énumérés par la loi.

• La limitation de déduction des charges afférentes aux voitures particulières, si elle peut influer sur la déduction des loyers supportés par l'entreprise qui en est, le cas échéant, locataire, intéresse principalement la déduction des amortissements. C'est à ce titre qu'elle est étudiée (V. *infra*, n° 1464, 7).

5) La loi prévoit un régime particulier pour certaines charges « suspectes »[824].

a) Sont visés à ce titre :

– les rémunérations directes et indirectes (y compris les remboursements de frais) versées aux personnes les mieux rémunérées (c'est-à-dire, suivant que l'effectif excède, ou non, 200 salariés, les dix ou cinq personnes dont les rémunérations directes ou indirectes ont été les plus importantes au cours de l'exercice) :

– les frais de voyage et de déplacements exposés par ces personnes ;

– les dépenses et charges afférentes aux véhicules et autres biens dont elles pouvaient disposer en dehors des locaux professionnels.

– les dépenses et charges de toute nature afférentes aux immeubles qui ne sont pas affectés à l'exploitation.

– les cadeaux de toute nature, à l'exception des objets de faible valeur conçus spécialement pour la publicité. Ces objets s'entendent de ceux dont la valeur unitaire TTC n'excède pas 65 € par bénéficiaire[825] ;

– les frais de réception, y compris les frais de restaurant et de spectacles.

b) Ces dépenses – si elles sont normalement déductibles – font l'objet d'obligations déclaratives spéciales[826] lorsqu'elles excèdent certains seuils[827]. Elles peuvent être réintégrées dans les bénéfices imposables, soit lorsqu'elles sont excessives, soit lorsqu'il n'est pas justifié par l'entreprise qu'elles ont été engagées dans son intérêt direct[828]. En outre, lorsqu'elles augmentent dans une proportion supérieure à celle des bénéfices imposables ou que leur montant excède celui de ces bénéfices, l'administration peut demander à l'entreprise de justifier qu'elles sont nécessitées par sa gestion.

2) Les amortissements

1464. – Dotations aux amortissements. Sont en principe admis en déduction du résultat fiscal, « les amortissements réellement effectués par l'entreprise, dans

(822) CE, 20 nov. 2013, 338.170, *Sté Immotn : Dr. fisc.* 2013, n° 48, act. 630 ; *BDCF* 02/2014, n° 13, concl. F. Aladjidi.
(823) BOI-BIC-CHG-30-10, n° 50.
(824) CGI, art. 39, 5.
(825) CGI, ann. IV, art. 4 J. – A. 9 juin 2011.
(826) CGI, art. 54 quater.
(827) CGI, ann. IV, art. 4 J.
(828) V., retenant cette lecture « alternative » de l'article 39, 5 du Code général des impôts, CE, 11 févr. 2011, n° 316.500, *Sté Philips France : Dr. fisc.* 2011, n° 18-19, comm. 335, concl. E. Cortot-Boucher, à propos de cadeaux d'affaires.

la limite de ceux qui sont généralement admis d'après les usages de chaque nature d'industrie, de commerce ou d'exploitation (...) »[(829)].

Les amortissements sont des écritures comptables par lesquelles est constatée forfaitairement la dépréciation irréversible subie par un élément de l'actif immobilisé, c'est-à-dire une immobilisation, qui se déprécie normalement avec le temps. Naturellement, seules les immobilisations sujettes (pour quelque raison que ce soit) à ce phénomène sont susceptibles de faire l'objet d'un amortissement. De manière générale, les éléments amortissables sont les immobilisations corporelles (constructions, installations, machines, véhicules) ou parfois incorporelles qui figurent à l'actif de l'entreprise et dont l'utilité se trouve limitée dans le temps. Tel n'est pas le cas, par exemple, des terrains. Les biens incorporels ne peuvent donner lieu à amortissement que s'il est normalement prévisible, lors de leur création ou de leur acquisition par l'entreprise, que leurs effets bénéfiques sur l'exploitation prendront fin à une date déterminée[(830)]. Tel n'est pas le cas, en raison de leur caractère pérenne, des droits à construire relatifs à un terrain[(831)].

La loi « Macron » a institué une mesure d'aide fiscale dite de « suramortissement ». Cette mesure qui, en réalité, ne présente que peu de rapport avec le mécanisme de l'amortissement est étudiée par ailleurs (V. *infra*, n° 1465).

Les approximations résultant du caractère forfaitaire de l'amortissement sont corrigées lors de la détermination des plus ou moins-values professionnelles (V. *infra*, n° 1494).

Compte tenu des règles comptables, les amortissements doivent s'effectuer en « décomposant » les immobilisations, lorsqu'elles sont constituées d'éléments suffisamment distincts et procurant une utilité économique selon des rythmes différents.

1) La base d'amortissement est constituée, selon le cas, par le prix d'achat ou le coût de revient de l'immobilisation.

Dans les comptes de l'entreprise, cette base est diminuée de la valeur résiduelle du bien qui se définit comme la valeur vénale du bien à l'issue de la période d'amortissement. La base d'amortissement comprend, le cas échéant, la taxe sur la valeur ajoutée supportée par l'entreprise et qui n'a pas pu être déduite.

2) Sur le plan fiscal, la durée de l'amortissement d'un bien correspond :

– dans le cas de l'amortissement « par composant » et conformément à la réglementation comptable, à la durée réelle d'utilisation de l'élément décomposé ;

– dans le cas inverse, en fonction des usages de chaque nature d'industrie, de commerce ou d'exploitation.

Par usages, « il y a lieu d'entendre, sous le contrôle du juge de l'impôt, les pratiques qui, en raison notamment de leur ancienneté, de leur fréquence ou de leur généralité, sont regardées comme normales, dans chaque nature d'industrie, de commerce ou d'exploitation, pour le bien à amortir, à la date d'acquisition de celui-ci par l'entreprise »[(832)].

3) Les annuités d'amortissement sont en principe déterminées selon le mode linéaire.

Dans cette hypothèse, pour une immobilisation déterminée, les dotations annuelles aux amortissements sont constantes. Elles sont égales, pendant toute la durée d'amortissement, au rapport entre le coût de revient de cette immobilisation et sa durée normale d'utilisation exprimée en année. Naturellement, la première annuité d'amortissement est dans la généralité des cas réduite *prorata temporis*

(829) CGI, art. 39, 1, 2°.
(830) CE, sect., 1er oct. 1999, n° 177.809, *Sté Franco-suisse de gestion : Dr. fisc.* 1999, n° 45, comm. 824, concl. G. Goulard.
(831) CE, 23 déc. 2010, n° 308.206, *Min. c/Thirode : Dr. fisc.* 2011, n° 15, comm. 297, concl. P. Collin.
(832) CE, 11 mars 1988, n° 50.774, *Min. c/Sté Raffinerie de Strasbourg : Dr. fisc.* 1988, n° 31, comm. 1618 ; *RJF* 4/1988, n° 385, p. 214, chron. M. Liébert-Champagne, jugeant, à cet égard, que les éventuels changements affectant les usages postérieurement à la date d'acquisition du bien sont sans incidence sur la durée d'amortissement.

jour par jour, en fonction de la date de mise en service de l'immobilisation au cours de l'exercice[833]. Corrélativement, dans le cadre du mode d'amortissement linéaire, l'amortissement du bien s'opère généralement sur un exercice de plus que la durée normale d'utilisation du bien (l'annuité d'amortissement « supplémentaire » étant égale à la différence entre l'annuité annuelle ordinaire et l'annuité comptabilisée au titre du premier exercice).

NATURE DE L'IMMOBILISATION	DURÉE D'UTILISATION USUELLE	TAUX LINÉAIRE
Immeubles industriels	20 ans	5 %
Bâtiments légers	10 à 15 ans	10 % à 6,66 %
Autres constructions	25 à 50 ans	4 % à 2 %
Matériel industriel	5 à 10 ans	20 % à 10 %
Mobilier	10 ans	10 %
Véhicules professionnels	4 ans	25 %
Voitures particulières	5 ans	20 %
Équipement informatique	3 ans	33,33 %

a) En principe, les entreprises qui donnent des biens en location (ou qui les mettent à disposition d'un tiers « sous toute autre forme ») doivent les amortir dans les mêmes conditions que si elles les exploitaient directement. En d'autres termes, l'amortissement des biens donnés en location est déterminé en fonction de la durée normale d'utilisation, quelle que soit la durée de la location[834]. Une dérogation est toutefois admise par la loi en faveur des « crédits-bailleurs » (et assimilés) qui sont en droit, sur option, d'amortir les biens qu'ils donnent en location sur la base de la durée du contrat.

b) La déduction des amortissements des biens donnés en location (ou mis à disposition d'un tiers « sous toute autre forme ») par des personnes physiques ou des sociétés de personnes fait l'objet de règles restrictives destinées à éviter certains abus (pouvant consister dans la « fabrication » de déficits fiscaux) :

• pour les locations directement consenties par des personnes physiques, l'amortissement n'est fiscalement déductible, pour chaque exercice, que dans la limite des loyers nets acquis (c'est-à-dire de la différence entre les loyers acquis et l'ensemble des charges afférentes au bien donné en location) ;

• pour les locations consenties par des sociétés de personnes, différentes situations sont à distinguer :

– s'agissant des associés personnes physiques, les règles précédentes s'appliquent au titre de la quote-part des résultats de la société de personnes correspondant aux droits de ces associés,

– s'agissant des associés personnes morales, le montant de l'amortissement déductible est limité :

• au triple du montant des loyers, au titre d'un même exercice et pendant une période de trente-six mois décomptée à partir de la location, lorsque les biens loués sont situés, exploités ou immatriculés dans un État de l'Union européenne, en Islande en Norvège ou au Liechtenstein. Dans ce cas, pour les douze premiers mois de la période d'amortissement, la fraction des déficits correspondant aux amortissements admis en déduction ne peut être déduite, par chaque associé personne morale, qu'à hauteur de 25 % des bénéfices imposables qu'il « retire du reste de ses activités ». Cette double limitation ne s'applique pas à la part de résultat revenant aux entreprises utilisatrices des biens, lorsque la location ou la mise à disposition n'est pas consentie indirectement par une personne physique ;

(833) Selon le Conseil d'État, un nouvel actif incorporel créé ou acquis par l'entreprise n'est susceptible d'être amorti, sauf dispositions contraires, « qu'à compter de la date où débute la consommation des avantages économiques qui lui sont attachés » (CE, 6 mai 2015, n° 376.989, *Sté Sabella* : *Dr. fisc.* 2015, n° 26, comm. 425, note Th. Jacquemont).

(834) CGI, art. 39 C, I.

• au montant des loyers nets acquis, lorsque les biens sont situés, exploités ou immatriculés dans un autre État.

Ces règles passablement complexes sont issues de la loi de finances rectificative pour 2006[835] qui a mis fin au dispositif dit des GIE « fiscaux »[836] qui permettait, sur agrément, d'écarter le plafond de déductibilité des amortissements des biens donnés en location par une société de personnes, plafond qui était alors d'application générale.

c) Des règles particulières se rapportent à l'amortissement des constructions sur le sol d'autrui[837] ou aux entreprises concessionnaires de service public (qui sont en droit de déduire un « amortissement de caducité » à raison des immobilisations devant être remises gratuitement au concédant en fin de contrat[838].

4) La comptabilisation des amortissements n'est pas une simple faculté pour l'entreprise. Tout au contraire, la loi fiscale pose une obligation d'amortir : « à la clôture de chaque exercice, la somme des amortissements effectivement pratiqués depuis l'acquisition ou la création d'un élément donné ne peut être inférieure au montant cumulé des amortissements calculés suivant le mode linéaire et répartis sur la durée normale d'utilisation »[839]. Les amortissements qui ne seraient pas comptabilisés en violation de cette règle sont assimilés à des amortissements comptabilisés et, surtout, déduits pour l'assiette de l'impôt (V. *infra*, n° 1493). Il en résulte, en particulier, que l'entreprise « à défaut de se conformer à cette obligation, (...) perd définitivement le droit de déduire la fraction des amortissements qui a été ainsi [irrégulièrement] différée » (même disposition).

Des solutions particulières sont toutefois prévues par la doctrine administrative à l'égard des entreprises qui ont comptabilisé à tort parmi les charges immédiatement déductibles les dépenses afférentes à un bien qui aurait dû être immobilisé.

En période déficitaire, l'obligation d'amortir aboutit au « creusement » du déficit de l'entreprise : les déficits subis et placés en report risquent d'être frappés de péremption avant d'avoir pu être imputés. Pour ne pas que les entreprises se trouvent ainsi pénalisées, la loi permettait de traiter distinctement la fraction du déficit procédant des amortissements effectifs : correspondant aux amortissements qualifiés de « réputés différés », cette fraction du déficit était imputable, en principe sans limitation de durée, sur les bénéfices des exercices ultérieurs. Posant (au seul profit, pourtant, des entreprises passibles de l'IS – V. *infra*, n° 1684) la règle du report illimité des déficits, la loi de finances pour 2004[840] a supprimé le régime des amortissements réputés différés pour l'ensemble des entreprises indépendamment de leur statut fiscal (la doctrine administrative avait toutefois admis que les entreprises relevant de l'IR détenant des amortissements réputés différés anciens en instance de report n'en étaient pas rétroactivement privées et conservaient le droit de les imputer, en principe sans limitation de durée, sur leurs bénéfices ultérieurs[841].

Revenant sur sa jurisprudence antérieure[842], le Conseil d'État a jugé qu'une entreprise est tenue de procéder à la déduction des amortissements de l'exercice *préalablement* à l'imputation des déficits reportables constatés à la clôture d'exercices précédents[843].

(835) L. 30 déc. 2006, art. 77.
(836) CGI, art. 39 CA, anc.
(837) CGI, art. 39 D.
(838) BOI-BIC-AMT-20-40-40. – Pour une application jurisprudentielle de ces règles complexes, V. CE, 31 juill. 1942, n° 64.927 : *Rec. CE* 1942, p. 241. – CE, 16 mars 1977, n° 89.010 : *Dr. fisc.* 1978, n° 6, comm. 228, concl. contr. D. Fabre ; *RJF* 1977, p. 211, chron. M.-D. Hagelsteen. – CE, 14 janv. 2008, n° 297.541, *Sté Sogeparc France : Dr. fisc.* 2008, n° 11, comm. 207. – CE, 11 déc. 2008, n° 309.427, *Min. c/Sté hôtelière La Chaîne Lucien Barrière : Dr. fisc.* 2009, n° 17, comm. 290, concl. L. Olléon.
(839) CGI, art. 39 B.
(840) L. 30 déc. 2003, art. 89.
(841) Instr. 7 déc. 2004 : *BOI* 4 H-5-04, n° 21, anc., non repris au *BOFiP-Impôts*.
(842) CE, 11 mars 1988, n° 48.646, *Sté Sunstrand France : Dr. fisc.* 1988, n° 42, comm. 1925, concl. M. de Saint-Pulgent ; *RJF* 4/1988, n° 388, chron. M. Liebert-Champagne, p. 214, jugeant que le contribuable avait pris une décision de gestion en imputant ses déficits antérieurs sur les résultats calculés avant déduction des amortissements).
(843) CE, plén., 10 avr. 2015, n° 369667, *Sté Fayat : Dr. fisc.* 2015, n° 28, act. 407, obs. O. Fouquet, comm. 457, concl. V. Daumas, note P. Fumenier, jugeant que les déficits d'exercices antérieurs ne peuvent s'imputer que sur le bénéfice net de l'exercice sur lequel ils sont reportés, « ce bénéfice ayant préalablement été établi (...) après déduction de toutes charges, dont les amortissements ».

5) Par exception, certaines immobilisations énumérées par les textes peuvent être amorties selon des mécanismes dérogatoires.

a) La principale dérogation concerne le mode d'amortissement dégressif[844].

Le choix du mode d'amortissement d'une immobilisation éligible à l'amortissement dégressif est une décision de gestion opposable à l'entreprise. Par ailleurs, une entreprise qui a renoncé pendant des exercices déficitaires à pratiquer des amortissements excédant le montant de l'amortissement minimum correspondant à l'amortissement linéaire peut prélever en franchise d'impôt sur les résultats des exercices bénéficiaires ultérieurs la part des amortissements ainsi régulièrement différés.

À condition qu'ils aient été construits ou acquis à l'état neuf par l'entreprise et que leur durée normale d'utilisation soit égale ou supérieure à trois ans, les biens éligibles à l'amortissement dégressif sont, par exemple, les matériels et outillages industriels, de manutention ou de transport, les installations destinées à l'épuration de l'eau ou de l'atmosphère, les installations de production de vapeur, de chaleur ou d'énergie, les investissements (en construction et en matériel) du secteur de l'hôtellerie et de la restauration ou encore les bâtiments industriels dont la durée d'utilisation n'excède pas quinze ans[845].

La loi « Macron » a institué une mesure d'aide fiscale dite de « suramortissement ». Cette mesure, si elle ne présente que peu de rapport avec le mécanisme de l'amortissement, a un champ d'application très proche de celui de l'amortissement dégressif (V. *infra*, n° 1465).

La méthode de l'amortissement dégressif, consiste à déterminer l'annuité d'amortissement en appliquant, au prix de revient (pour la première année) et à la valeur résiduelle (pour les années suivantes), un taux d'amortissement résultant du produit du taux linéaire et d'un coefficient légal (supérieur à un) et fonction de la durée d'amortissement[846].

DURÉE D'UTILISATION	TAUX LINÉAIRE	TAUX APPLICABLES (BIENS ACQUIS OU CONSTRUITS À COMPTER DU 1er JANVIER 2010)	
		COEFFICIENT	TAUX DÉGRESSIF
3 ans	33,33 %	1,25	41,67 %
4 ans	25 %	1,25	31,25 %
5 ans	20 %	1,75	35 %
6 ans	16,67 %	1,75	29,17 %
8 ans	12,5 %	2,25	28,13 %
10 ans	10 %	2,25	22,5 %
15 ans	6,67 %	2,25	15 %
20 ans	5 %	2,25	11,25 %

Naturellement, si elle lui est supérieure, l'annuité correspondant à la valeur résiduelle divisée par le nombre d'années restant à courir dans la période d'amortissement est substituée à l'annuité dégressive ordinaire[847]. Dans le cadre du mode dégressif, la première annuité est réduite *prorata temporis* mois par mois à compter de la date d'acquisition du bien. Les coefficients d'amortissement dégressif ont évolué au fil du temps (étant précisé que des majorations spéciales des coefficients ont pu être ou sont encore applicables à certaines immobilisations, dans le cadre de certains régimes incitatifs).

(844) CGI, art. 39 A. – CGI, ann. II, art. 22.
(845) CGI, ann. II, art. 22.
(846) CGI, ann. II, art. 23, al. 1 à 3.
(847) CGI, ann. II, art. 23, al. 4.

Le tableau suivant fait ressortir les coefficients d'amortissement dégressif généralement applicables au cours des vingt dernières années :

DURÉE NORMALE D'UTILISATION DU BIEN	DATE D'ACQUISITION OU DE FABRICATION DU BIEN				
	DU 1er FÉVRIER 1996 AU 31 JANVIER 1997	DU 1er FÉVRIER 1997 AU 31 DÉCEMBRE 2000	DU 1er JANVIER 2001 AU 3 DÉCEMBRE 2008	DU 4 DÉCEMBRE 2008 AU 31 DÉCEMBRE 2009	DEPUIS LE 1er JANVIER 2010
3 ou 4 ans	2,5	1,5	1,25	1,75	1,25
5 ou 6 ans	3	2	1,75	2,25	1,75
Plus de 6 ans	3,5	2,5	2,25	2,75	2,25

b) La loi permet parfois aux entreprises de pratiquer un amortissement dit « exceptionnel » à l'égard de certains biens. Cette technique dérogatoire consiste, dans l'hypothèse générale, à opérer la déduction du prix ou du coût de revient des biens sur un nombre réduit d'exercices (deux ou trois) sans prise en compte de sa durée d'utilisation usuelle.

Peuvent ainsi faire l'objet d'un amortissement exceptionnel :

– sur douze mois (deux exercices dans le cas général), les logiciels[(848)], et les immeubles à usage professionnel édifiés par des PME (avant le 1er janvier 2014) dans des zones de revitalisation urbaine ou de redynamisation rurale[(849)] ;

– sur vingt-quatre mois (trois exercices dans le cas général) :

les robots acquis ou créés entre le 1er octobre 2013 et le 31 octobre 2016 par des entreprises répondant à la définition européenne des PME[(850)] ;

les équipements de fabrication additive (en clair les « imprimantes 3 D ») acquis ou créés entre le 1er octobre 2015 et le 31 décembre 2017 par ces mêmes entreprises[(851)].

Les nombreux dispositifs de même nature qui concernaient dans le passé récent (V. *supra*, n° 1050) les matériels destinés à économiser l'énergie, certains investissements en faveur de l'environnement, ou encore les véhicules non polluants[(852)] sont aujourd'hui périmés faute d'avoir été reconduits par le législateur.

6) Pour être fiscalement déductibles, les amortissements doivent être « réellement effectués par l'entreprise »[(853)], c'est-à-dire inscrits en comptabilité avant l'expiration du délai fixé pour la déclaration des résultats annuels.

Naturellement, les amortissements doivent être individualisés. L'entreprise n'est pas fiscalement en droit de déduire un amortissement global qui aurait été déterminé eu égard au coût de revient d'une masse indifférenciée d'immobilisations. À cet égard, les entreprises (dès lors naturellement qu'elles relèvent d'un régime réel d'imposition) doivent produire un relevé annuel des amortissements pratiqués.

(848) CGI, art. 236, II.
(849) CGI, art. 39 quinquies D, réglementation *de minimis* applicable.
(850) CGI, art. 39 AH, issu de L. fin. 2014, 29 déc. 2013, art. 20, réglementation *de minimis* applicable. Pour l'application de cette mesure, les robots sont légalement définis, par référence à la norme ISO 8373 de l'Organisation internationale de normalisation, comme les « manipulateurs multi-applications reprogrammables commandés automatiquement, programmables dans trois axes ou plus, qui sont fixés ou mobiles et destinés à une utilisation dans des applications industrielles d'automation ».
(851) CGI, art. 39 AI, issu de L. fin. rect. 2015, 29 déc. 2015, art. 30, réglementation *de minimis* applicable.
(852) V. par ex. CGI, art. 39 AB, art. 39 quinquies DA et art. 39 AC.
(853) CGI, art. 39, 1, 2°.

7) Enfin, sont expressément exclues des charges déductibles, les dotations aux amortissements se rapportant à des biens « somptuaires » – résidences de plaisance ou d'agrément, navires de plaisance et, le cas échéant, fraction des dotations correspondant au coût de revient des voitures particulières excédant un plafond légal – ou qui se heurteraient à la théorie de l'acte anormal de gestion.

a) Pour le calcul des amortissements fiscalement déductibles, la base d'amortissement des voitures de tourisme (au sens de l'article 1010 du CGI relatif à la taxe sur les véhicules des sociétés) est plafonnée :

– à 9 900 € pour les véhicules émettant plus de 200 grammes de dioxyde de carbone par kilomètre ;

– à 18 300 € pour les autres véhicules.

b) Cette restriction s'applique *mutatis mutandis* pour déterminer le montant des loyers fiscalement déductible lorsque le véhicule de tourisme est pris en location de longue durée (trois mois ou plus) ou en crédit-bail. La doctrine administrative énonce très justement sur ce point que les entreprises locataires (qui peuvent ne pas être en mesure de connaître le prix d'acquisition des véhicules qu'elles prennent en location et leur durée effective d'amortissement) ne peuvent en conséquence déterminer, par elles-mêmes, la fraction éventuellement non déductible des loyers qu'elles ont supportés. La doctrine en déduit qu'il appartient « aux entreprises bailleresses de faire connaître aux utilisateurs des véhicules qu'elles donnent en location la part du loyer non déductible, appréciée annuellement », cette indication devant « figurer de façon explicite dans tous les contrats de location »(854).

c) Afin d'inciter au « verdissement » du parc automobile des entreprises, le projet de loi de finances pour 2017 propose :

– de porter de 18 300 € à 30 000 € la base maximale d'amortissement des véhicules dont le taux d'émission n'excède pas 60 grammes de dioxyde de carbone par kilomètre ;

– de réduire à 9 900 € la base maximale d'amortissement des véhicules dont le taux d'émission excède un seuil compris, sucessivement, entre 155 et 130 grammes de dioxyde de carbone par kilomètre(855).

1465. – « Suramortissement Macron » (déduction exceptionnelle en faveur de l'investissement). 1) Conformément à une annonce du Président de la République du 3 avril 2015, une instruction du 21 avril suivant a « institué » une déduction exceptionnelle en faveur de l'investissement(856). Cette mesure a été confirmée par la loi du 6 août 2015 pour la croissance, l'activité et l'égalité des chances économiques(857).

2) Applicable aux entreprises relevant de plein droit ou sur option d'un régime réel d'imposition(858), cette mesure consiste dans une déduction du résultat d'une somme égale à 40 % de la valeur d'origine (hors frais financiers) de certains biens d'investissement affectés à leur activité et qu'elles acquièrent ou fabriquent entre (sauf cas particuliers) le 15 avril 2015 et le 14 avril 2016.

3) Les immobilisations pouvant faire l'objet de la déduction exceptionnelle sont les biens qui, susceptibles (sauf exception) de faire l'objet d'un amortissement dégressif (CGI, art. 39 A), relèvent de certaines catégories limitativement énumérées.

(854) BOI-BIC-AMT-20-40-50, n° 290.

(855) Si le dispositif projeté était adopté en l'état, cette mesure s'appliquerait aux véhicules acquis (ou pris en location) à compter du 1er janvier 2017. Le taux de 155 grammes de dioxyde de carbone par kilomètre serait réduit, chaque année, de 5 points, pour s'établir à 130 grammes pour les véhicules acquis (ou pris en location) à compter du 1er janvier 2021.

(856) BOI-BIC-BASE-100.

(857) Ou loi « Macron », art. 142 – CGI, art. 39 decies, I.

(858) Cette mesure concerne aussi bien les entreprises relevant de l'IR que celles assujetties à l'IS. Même si elle est codifiée au titre des BIC, la mesure est également applicable aux entreprises relevant des BNC et, naturellement, des BA (BOI-BIC-BASE-100, n° 10).

Ces catégories sont les suivantes :

– Matériels et outillages utilisés pour des opérations industrielles de fabrication ou de transformation ;

– Matériels de manutention ;

– Installations destinées à l'épuration des eaux et à l'assainissement de l'atmosphère ;

– Installations productrices de vapeur, de chaleur ou d'énergie à l'exception des installations utilisées dans le cadre d'une activité de production d'énergie électrique bénéficiant de l'application d'un tarif réglementé d'achat de la production ;

– Matériels utilisés à des opérations de recherche scientifique ou technique.

La mesure a été étendue ultérieurement :

– dans le cadre du dispositif général, aux installations et équipements des réseaux de fibre optique ne faisant pas l'objet d'une aide versée par une personne publique[859] et, contre l'avis du gouvernement, aux installations utilisées à des opérations de remontées mécaniques[860] ;

– sous une forme particulière[861], aux véhicules de plus de 3,5 tonnes qui utilisent exclusivement comme énergie le gaz naturel et le biométhane carburant.

4) La déduction est répartie linéairement sur la durée normale d'utilisation des biens.

En cas de cession du bien avant le terme de cette période, elle n'est acquise à l'entreprise qu'à hauteur des montants déjà déduits du résultat à la date de la cession, qui sont calculés *prorata temporis*.

La déduction exceptionnelle s'opère selon des modalités particulières pour les entreprises (et certaines structures coopératives)[862] prenant les biens d'investissement neufs en crédit-bail ou en location avec option d'achat (l'entreprise donnant le bien en crédit-bail ou en location avec option d'achat ne pouvant, à ce titre, bénéficier du dispositif).

5) Même si elle fréquemment qualifiée de « suramortissement », et que son champ d'application est lié à celui de l'amortissement dégressif, la mesure est, au fond, sans grand rapport avec la technique de l'amortissement – elle n'est aucunement lié à une quelconque dépréciation des immobilisations qui en font l'objet.

Ainsi, la déduction exceptionnelle est sans incidence :

– sur l'appréciation du *quantum* des amortissements « effectivement pratiqués » par l'entreprise au regard de la règle d'amortissement minimal obligatoire ;

– sur la valeur résiduelle comptable pour laquelle l'élément d'actif figure au bilan et, partant, sur la nature et le montant des plus-values professionnelles liées à son éventuelle cession.

3) Les provisions

1466. – Dotations aux provisions. 1) Sont en principe admises en déduction du résultat fiscal, « les provisions constituées en vue de faire face à des pertes ou charges nettement précisées et que des événements en cours rendent probables, à condition qu'elles aient été effectivement constatées dans les écritures de l'exercice »[863].

---

(859) L. fin. rect. 2015, 29 déc. 2015, art. 32. La déduction s'applique aux biens acquis ou fabriqués du 1er janvier 2016 au 31 décembre 2016. Dans une instruction du 12 avril 2016 (BOI-BIC-BASE-100), l'administration a prorogé la déduction jusqu'au 14 avril 2017, tout en l'étendant à certains équipements informatiques. Ce dispositif doctrinal est en cours de légalisation par la future loi sur la République numérique (art. 37 D, numérotation en cours).

(860) L. fin. 2016, 29 déc. 2015, art. 26. La mesure, qui est indépendante du mode d'amortissement des biens en cause, s'applique aux biens acquis ou fabriqués jusqu'au 31 décembre 2016. Lorsque la remontée mécanique est acquise ou fabriquée dans le cadre d'un contrat d'affermage, la déduction est pratiquée par le fermier.

(861) L. fin. 2016, 29 déc. 2015, art. 23. – CGI, art. 39 decies A. Cette mesure – qui est sans lien avec le champ d'application de l'amortissement dégressif – s'applique aux véhicules acquis du 1er janvier 2016 au 31 déc. 2017.

(862) L. fin. 2016, 29 déc. 2015, art. 25, adopté contre l'avis du gouvernement. – CGI, art. 39 decies, II.

(863) CGI, art. 39, 1-5°.

a) La distinction opérée par la loi fiscale entre provisions pour charges et provisions pour pertes ne se retrouve pas, loin s'en faut, dans le droit et de la terminologie comptables. Jusqu'en 2005, le plan comptable général distinguait, à côté des provisions réglementées, les provisions pour dépréciation et les provisions pour risques et charges. Depuis 2006, le terme « provision » est abandonné en ce qui concerne la dépréciation des éléments d'actifs, quels qu'ils soient : on comptabilise désormais à ce titre de simples « dépréciations »[(864)]. Corrélativement, l'expression de « provision pour risques et charges » a été abandonnée au profit du terme « provision ».

Dans la suite des développements, les appellations anciennes, plus fidèles aux distinctions fiscales, demeurent utilisées (même si elles sont sans doute périmées au regard du droit comptable).

Il existe par ailleurs des provisions « fiscales » ou réglementées qui ne répondent pas nécessairement à la définition générale des provisions et dont la comptabilisation est expressément prévue par des dispositions législatives réglementaires. C'est le cas, par exemple, des provisions pour hausse des prix, des provisions pour prêts d'installation des salariés, des provisions pour investissement ou des provisions pour fluctuation des cours des matières premières. Les provisions réglementées ne sont pas étudiées dans les développements qui suivent.

b) Selon une jurisprudence bien établie, une entreprise prend une décision de gestion en choisissant – alors que les conditions légales seraient réunies – de ne pas constituer une provision à la clôture d'un exercice[(865)]. La constitution d'une provision est donc « une faculté que l'entreprise peut ne pas exercer » ou « n'exercer que partiellement »[(866)]. Le Conseil d'État a même admis la possibilité pour une entreprise d'échelonner la constitution d'une provision, c'est-à-dire d'augmenter à la clôture des exercices suivants celui de la constitution d'une provision pour risques, le montant de la provision initiale, « dans la limite du risque existant (...) à la clôture de chaque exercice, même si aucun événement influant sur la gravité de ce risque n'est survenu »[(867)].

c) Dans une perspective différente, le Conseil d'État considère qu'une provision, dès lors qu'elle a été constituée dans les comptes de l'exercice (c'est-à-dire comptabilisée), doit *en principe* venir en déduction du résultat fiscal de ce même exercice sauf si les règles propres au droit fiscal (en particulier les dispositions législatives limitant la déductibilité fiscale de certaines provisions) y font obstacle[(868)]. Est donc entachée d'erreur de droit la décision[(869)] qui retient qu'une entreprise pouvait, en l'absence de toute justification, décider de ne pas déduire, pour la détermination de son résultat fiscal, une provision constituée dans ses comptes (même arrêt).

Le fondement de cette solution est tout à fait incertain – ce qui est évidemment très regrettable. Se refusant probablement à donner une portée entièrement nouvelle à cette disposition, le Conseil d'État ne l'a pas rattaché à la règle selon laquelle « les entreprises doivent respecter les *définitions* édictées par le plan comptable général, sous réserve que celles-ci ne soient pas incompatibles avec les règles applicables pour l'assiette de l'impôt »[(870)].

Le Conseil d'État n'a pas précisé la nature des « justifications » qui pourraient être utilement apportées par une entreprise en vue qu'il soit dérogé au principe nouvellement affirmé – qui permet surtout de poser le *principe symétrique* selon lequel la reprise ultérieure de toute provision comptabilisée conduit à l'apparition d'un profit imposable, indépendamment du point de savoir si cette provision a, ou non, été antérieurement déduite sur plan fiscal (V. *infra*, n° 1467, *b*).

2) Ces dispositions ont donné lieu à une jurisprudence abondante du Conseil d'État dont il ressort, de manière générale, qu'une « entreprise peut valablement porter en provision et déduire des bénéfices imposables d'un exercice des sommes

(864) V. PCG, art. 322-1, 4, précisant que « la dépréciation d'un actif est la constatation [comptable] que sa valeur actuelle est devenue inférieure à sa valeur nette comptable ».
(865) CE, 5 mars 1975, n° 89.781 : *Dr. fisc.* 1975, n° 17, comm. 594, concl. D. Fabre.
(866) Même arrêt. *Adde* CE, 10 déc. 2004, n° 236.076, *Sté Roissy Films : Dr. fisc.* 2005, n° 13, comm. 320, concl. L. Vallée. – CE, 24 juin 2013, n° 350.451, *Caron : Dr. fisc.* 2013, n° 37, comm. 142, concl. N. Escaut.
(867) CE, 27 mai 1983, n° 27.412 : *RJF* 7/1983, n° 861, à propos d'une provision pour « créance douteuse ».
(868) CE, plén., 23 déc. 2013, n° 346.018, *Min. c/Sté Foncière du Rond Point : Dr. fisc.* 2014, n° 1-2, act. 4, obs. O. Fouquet ; *Dr. fisc.* 2014, n° 14, comm. 250, concl. É. Crépey, note G. Blanluet.
(869) CAA Paris, 18 nov. 2010, n° 09-4821, *Sté Foncière du Rond-Point : Dr. fisc.* 2011, n° 10, comm. 244.
(870) CGI, ann. III, art. 38 quater.

correspondant à des pertes ou charges qui ne seront supportées qu'ultérieurement par elle, à la condition que ces pertes ou charges soient nettement précisées quant à leur nature et susceptibles d'être évaluées avec une approximation suffisante, qu'elles apparaissent comme probables eu égard aux circonstances constatées à la date de clôture de l'exercice et qu'elles se rattachent par un lien direct aux opérations de toute nature déjà effectuées à cette date par l'entreprise »[871].

a) La jurisprudence avait apporté deux conditions supplémentaires respectivement applicables à chacune des deux catégories de provisions identifiées par le juge fiscal :

– les provisions pour pertes ne peuvent être déduites « que si la perspective de cette perte se trouve établie par la comparaison, pour une opération ou un ensemble d'opérations suffisamment homogène, entre les coûts à supporter et les dépenses escomptées » ;

– les provisions pour charges, quant à elles, ne peuvent en principe être déduites « au titre d'un exercice que si se trouvent comptabilisés, au titre du même exercice, les produits afférents à ces charges »[872]. Loin d'être absolument générale, cette condition suppose évidemment que des produits soient susceptibles d'être regardés comme la contrepartie directe et immédiate des charges provisionnées[873]. En outre, une provision pour charges doit être évaluée en tenant compte des seules charges probables devant être supportées ultérieurement par l'entreprise, sans qu'il doive être procédé à une réduction de ce montant à hauteur des produits auxquels ces charges se rapportent[874].

b) La distinction entre provision pour perte et provision pour charges est la suivante :

– les provisions pour perte ont pour objet de faire face aux risques de dépréciation d'éléments de l'actif ou de pertes d'exploitation. Elles sont destinées à traduire la dépréciation susceptible d'affecter les éléments non amortissables de l'actif comme, par exemple, les terrains, les marques ou les fonds de commerce. Elles peuvent également être comptabilisées en raison des dépréciations exceptionnelles (mais non définitives) subies par les immobilisations amortissables ;

– les provisions pour charges, qui ont principalement pour objet de couvrir des dépenses qui, devant être supportées ultérieurement, trouvent cependant leur origine dans des faits survenus au cours de l'exercice.

3) Pour être fiscalement déductibles, les provisions doivent donc répondre à un certain nombre de conditions cumulatives.

a) La perte ou la charge future doit être nettement précisée dans son objet et son montant.

Le *montant* de la provision constituée peut être déterminée sur des bases statistiques : lorsque « la nature des charges ou leurs caractéristiques interdisent de procéder autrement, [les provisions] peuvent faire l'objet d'une évaluation selon une méthode statistique à la condition que cette évaluation soit faite de manière précise et suffisamment détaillée et qu'elle prenne en compte notamment la probabilité de réalisation du risque lié à l'éloignement dans le temps »[875].

Une méthode statistique ne peut, en revanche, être mise en œuvre pour déterminer le *principe* de constitution de la provision. Une entreprise ne peut ainsi réputer l'existence de créances douteuses sur la base de simples éléments statistiques[876].

(871) V. par ex. CE, 13 juill. 2007, n° 298.233, *Sté Groupe Wolkswagen France* : *Dr. fisc.* 2008, n° 3, comm. 67, concl. S. Verclytte.

(872) CE, ass., 28 juin 1991, n° 77.921, *Min. c/Sté Générale* : *Rec. CE* 1991, p. 261 ; *Dr. fisc.* 1991, n° 39, comm. 1694 ; *RJF* 8-9/1991, n° 1052, p. 604, concl. N. Chahid-Nouraï.

(873) CE, 16 mai 2011, n° 323.431, *Min. c/Banque Populaire Atlantique* : *Dr. fisc.* 2011, n° 37, comm. 501, à propos de charges supplémentaires de prestations informatiques liées au « passage à l'euro », insusceptibles de faire apparaître par elles-mêmes un quelconque produit.

(874) CE, 9 févr. 2012, n° 334.154, *Min. c/Sté Traitements de surface et mécanique* : *Dr. fisc.* 2012, n° 20, comm. 294, concl. V. Daumas, note P. Fumenier et C. Elbaz.

(875) CE, 24 mai 2000, n° 201.685, *Min. c/Caisse régionale de crédit agricole mutuel de la Somme* : *Dr. fisc.* 2000, n° 48, comm. 936.

(876) CE, 17 févr. 2016, n° 377.415, *Sté Éditions Atlas* : *Dr. fisc.* 2016, n° 22, comm. 347, concl. E. Crépey, où est jugé que la seule circonstance que certains clients de l'entreprise aient déjà provoqué des incidents de paiement lors d'exercices

b) La perte ou la charge future doit être probable et non simplement éventuelle.

Logiquement, à supposer que cette charge soit fiscalement déductible des résultats, la remise en cause de la déduction d'une provision constituée à l'égard d'une charge d'ores et déjà certaine dans son principe et dans son montant est sans incidence fiscale[877].

c) La probabilité de la perte ou de la charge doit résulter d'événements en cours.

Plus précisément, ces pertes ou ces charges probables doivent résulter d'événements survenus au cours de l'exercice ou, selon la jurisprudence, au cours d'un exercice antérieur – à condition dans ce cas que l'aléa subsiste toujours à la clôture de l'exercice au cours duquel la provision est constatée[878].

En revanche, une provision motivée par un événement ayant pris naissance après la clôture de l'exercice ne peut être fiscalement admise en déduction du résultat de l'exercice considéré.

d) La provision doit être destinée à faire face à une perte ou à une charge elle-même déductible pour l'assiette de l'impôt.

Ainsi, une provision n'est fiscalement déductible « que lorsque la charge ou la perte qu'elle anticipe est elle-même susceptible d'affecter l'assiette de l'impôt dû au titre d'un exercice futur »[879].

e) Enfin, pour être déductible, une provision doit effectivement être constatée dans les écritures de l'exercice, avant l'expiration du délai fixé pour la souscription de la déclaration de résultat.

Les provisions doivent figurer sur le relevé spécial joint à la déclaration des résultats. À défaut, les provisions demeurent déductibles du résultat fiscal, mais l'entreprise est passible d'une amende égale à 5 % des sommes non portées sur ce tableau. Ce taux est ramené à 1 % si les sommes correspondantes sont réellement déductibles[880].

4) Les principales hypothèses dans lesquelles des provisions sont en pratique constituées sont les suivantes :

– provisions pour litiges ;

Il n'appartient pas au juge de l'impôt d'apprécier les chances de succès d'une action contentieuse pour déterminer si une provision constituée pour faire face à un risque contentieux était, ou non, déductible[881].

– provisions pour impôts ;

– provisions pour travaux ;

Une provision tendant à permettre ultérieurement de réaliser certains travaux d'entretien ou de réparation ne peut être admise en déduction du résultat fiscal que si ces travaux excèdent, par leur nature et par leur importance – mais sans pour autant procurer à l'entreprise une augmentation de ses valeurs d'actif – les travaux d'entretien ou de réparation dont le coût entre dans les charges annuelles et normales de l'entreprise[882].

---

antérieurs ne peut être regardée comme constituant un événement en cours susceptible de rendre probable la perte des créances correspondantes.

(877) CE, 17 mars 2016, n° 381.427, *Sté Sogetra : Dr. fisc.* 2016, n° 21, comm. 334, à propos d'une charge correspondant à une dette fiscale liquide et exigible la clôture de l'exercice au cours de laquelle la provision avait été comptabilisée.

(878) CE, plén., 2 déc. 1977, n° 1.247 : *Dr. fisc.* 1978, n° 52, comm. 2049, concl. D. Fabre, admettant la régularité d'une provision pour dépréciation dans le cas où une partie de cette dépréciation s'était produite au cours d'exercices antérieurs.

(879) CE, 12 juin 2013, n° 351.702, *Sté BNP Paribas : Dr. fisc.* 2013, n° 46, comm. 511, concl. E. Cortot-Boucher, note E. Dinh, refusant la déduction d'une provision par laquelle une moins-value de cession de titres de participation est anticipée, au motif que les stipulations de la convention fiscale qui auraient trouvé application si les titres avaient été cédés privent la France du droit d'imposer les gains de cette nature.

(880) CGI, art. 1763.

(881) CE, 4 déc. 2013, n° 354.228, *Sté Groupe Valois : Dr. fisc.* 2014, n° 12, comm. 220, concl. V. Daumas. Pour l'application de cette règle, le risque qui s'attache, pour une société, au recours à l'arbitrage conventionnel s'apparente à un risque contentieux.

(882) CE, 27 juill. 2005, n°s 259.009 et a., *Min. c/Sté Michel Guérard Conseil : Dr. fisc.* 2006, n° 15, comm. 325, concl. P. Collin. – CE, 9 févr. 2012, n° 334.154, *Min. c/Sté Traitements de surface et mécanique : Dr. fisc.* 2012, n° 20, comm. 294, concl.

– provisions pour charges de personnel ;

Légalisant une interprétation administrative infirmée en jurisprudence[883], la loi de finances pour 1985 a interdit la déduction des provisions constituées par une entreprise en vue de faire face au versement d'allocations en raison du départ à la retraite (ou préretraite) des membres (ou anciens membres) de son personnel ou de ses mandataires sociaux[884]. Ces dispositions ne font pas obstacle à la déduction de provisions liées au versement de contributions au fonds national pour l'emploi[885].

Cette exclusion a été ultérieurement étendue aux provisions pour indemnités de licenciement constituées en vue de faire face aux charges liées aux licenciements pour motif économique[886].

– provisions pour prestation à fournir ;

– provisions pour pertes.

Des « provisions » (V. *supra*, pt 1-*a*) peuvent également être dotées au titre de :

– de la dépréciation de créances, lorsqu'elles sont litigieuses ou douteuses (dans ce dernier cas, c'est la solvabilité du créancier plus que la créance qui est douteuse) ;

– de la dépréciation de stocks ;

– de la dépréciation d'immobilisations.

Les « provisions » pour dépréciation d'immobilisations tendent à constater une dépréciation non définitive d'un élément de l'actif immobilisé, que cet élément soit, ou non, amortissable. Son montant ne peut excéder, à la clôture de l'exercice, la différence entre la valeur nette comptable et la valeur probable de réalisation de l'élément d'actif dont il s'agit, à la condition, notamment, que le mode de calcul de la provision soit propre à exprimer avec une approximation suffisante le montant probable de cette dépréciation[887].

La dépréciation des œuvres d'art inscrites à l'actif d'une entreprise peut donner lieu à la constitution d'une provision. Cette dépréciation doit être constatée par un expert agréé près les tribunaux lorsque le coût d'acquisition de l'œuvre est supérieur à 7 600 €[888].

• Les provisions pour dépréciation des titres de portefeuille donnent lieu aux distinctions suivantes :

– les provisions pour dépréciation des *titres de placement* affectent normalement le résultat de l'entreprise ;

– les provisions afférentes *aux titres de participation « ordinaires »* éventuellement comptabilisées n'ont pas, en revanche, d'incidence sur le résultat fiscal. De telles provisions ne sont pas, en effet, déductibles sur le plan fiscal et, corrélativement, les reprises dont elles peuvent faire l'objet ne dégagent aucun profit imposable ;

– les provisions pour dépréciation des *titres de participation de sociétés à prépondérance immobilière* relèvent de règles spéciales. Pour être admise en déduction du bénéfice imposable une telle provision doit correspondre à une moins-value latente *nette* sur l'ensemble des titres de cette nature, *pris globalement*[889].

1467. – Sort des provisions. Le sort fiscal ultérieur des provisions régulièrement constituées dépend naturellement de la survenance effective de la perte ou de la charge déduite des résultats « par anticipation ».

Les provisions irrégulières dès l'origine doivent être rapportées aux résultats de l'exercice au cours duquel elles ont été irrégulièrement constituées ou, si cet exercice est prescrit, aux résultats du premier exercice non atteint par la prescription[890].

V. Daumas, note P. Fumenier et C. Elbaz.

(883) CE, 2 févr. 1983, n° 29.069 : *Dr. fisc.* 1983, n° 28, comm. 1500.

(884) L. 29 déc. 1984, art. 86, l'article 87 de la même loi limitant d'ailleurs la comptabilisation de telles provisions.

(885) CE, 1er oct. 2013, n° 351.852, *Sté Sogetra*, inédit, relevant que l'exigibilité de ces contributions n'est pas subordonnée au versement d'allocations aux salariés.

(886) L. fin. 1998, 30 déc. 1997, art. 7.

(887) CE, 10 déc. 2004, n° 236.076, *Sté Roissy Films : Dr. fisc.* 2005, n° 13, comm. 320, concl. L. Vallée.

(888) CGI, art. 39, 1-5°, al. 2.

(889) V. BOI-BIC-PROV-40-10-20.

(890) CE, 28 sept. 1984, n° 29.346 : *RJF* 11/1984, n° 1305 ; *Dr. fisc.* 1984, n° 52, comm. 2378.

a) Lorsque la perte ou la charge en prévision de laquelle la provision a été constituée se réalise effectivement, la déduction de cette perte ou de cette charge est compensée, à due concurrence par la reprise de la provision. La fraction excédentaire de la provision est naturellement considérée comme sans objet et est réintégrée dans le résultat imposable.

b) Lorsque la perte ou la charge en prévision de laquelle la provision a été constituée ne se réalise pas effectivement, en tout ou en partie, la provision devient sans objet. Sauf exceptions limitées, elle est rapportée au bénéfice imposable de l'exercice en cours.

• Lorsque le rapport n'a pas été effectué par l'entreprise elle-même, l'administration peut procéder aux rectifications nécessaires dès qu'elle constate que la provision est devenue sans objet. Le même régime s'applique aux provisions qui « reçoivent un emploi non conforme à leur destination »[891].

• La provision rapportée est soumise au taux d'IS applicable à l'exercice au cours duquel elle est devenue sans objet[892]. Ce taux n'est pas nécessairement le même que celui qui était applicable à l'époque où elle a été constituée.

• Sauf si les règles propres au droit fiscal y font obstacle, une provision doit en principe, dès lors qu'elle a été dotée en comptabilité, venir en déduction du résultat fiscal de l'exercice au cours duquel elle a été comptabilisée (V. *supra*, n° 1466, 1-*c in fine*). Symétriquement, dès lors que les règles propres au droit fiscal ne s'opposaient pas à sa déduction, la reprise d'une provision comptabilisée devenue ultérieurement sans objet conduit à l'apparition d'un profit imposable, même si cette provision n'avait pas été antérieurement déduite sur plan fiscal[893].

D. – Sort du bénéfice imposable

1468. – Modalités d'imposition du bénéfice. Sous réserve des éléments de résultat relevant du régime des plus ou moins-values professionnelles, le bénéfice net (réel ou forfaitaire) de l'exercice est compris dans le revenu global du titulaire des bénéfices industriels et commerciaux en vue de l'application du barème progressif.

On rappelle que le bénéfice industriel commercial net réalisé par des contribuables imposés selon un régime réel qui ne seraient pas adhérents d'un centre de gestion agréé (ou, depuis 2010, ne feraient pas appel, à défaut, aux services d'un comptable « conventionné ») fait l'objet d'une majoration légale de 25 % avant son intégration dans le revenu global (V. *infra*, n° 1522).

1469. – Obligations déclaratives. Alors même que leur bénéfice est compris dans le revenu global de leur foyer, les titulaires de bénéfices industriels et commerciaux imposés selon un régime réel sont tenus à la souscription annuelle d'une déclaration annuelle de résultat – complémentaire à la déclaration d'ensemble des revenus. Le résultat déclaré peut être contrôlé, en particulier, à l'occasion d'une vérification de comptabilité ou d'un examen contradictoire de la situation fiscale personnelle d'ensemble du contribuable[894].

Les contribuables relevant du régime micro-BIC (V. *supra*, n° 1452) sont dispensés de la souscription de cette déclaration complémentaire.

(891) CGI, art. 39, 1-5°, al. 15.
(892) BOI-BIC-PROV-50, n° 130.
(893) CE, plén., 23 déc. 2013, n° 346.018, *Min. c/Sté Foncière du Rond Point* : *Dr. fisc.* 2014, n° 1-2, act. 4, obs. O. Fouquet ; *Dr. fisc.* 2014, n° 14, comm. 250, concl. É. Crépey, note G. Blanluet.
(894) LPF, art. L. 12, L. 13 et L. 47 et s.

§ 6. – Les bénéfices agricoles

A. – Bénéfices imposables

1470. – **Agriculture et élevage.** Les bénéfices agricoles sont légalement définis comme les revenus tirés de l'exploitation des biens ruraux. Ces bénéfices peuvent être indifféremment procurés aux propriétaires exploitants de ces biens (faire-valoir direct) ou à leurs fermiers ou métayers[895].

Le bail à ferme est celui dans lequel le loyer, soustrait aux aléas de l'exploitation, est déterminé contractuellement (généralement en argent). Le bail à métayage (ou bail à portion de fruits – la loi civile parlait encore récemment de colonat partiaire) est celui dans lequel le loyer présente un caractère aléatoire, pour consister, pendant toute la durée du bail, en une partie de la production agricole. Contrairement au bailleur à ferme (dont le revenu relève de la catégorie des revenus fonciers), le bailleur à métayage (qui participe généralement aux dépenses d'exploitation) est regardé comme un exploitant agricole.

Sont également taxés dans la catégorie des bénéfices agricoles, les associés personnes physiques des sociétés de personnes (et groupements assimilés non passibles de l'IS) exerçant une activité agricole.

De manière générale, les activités agricoles s'entendent de l'agriculture et de l'élevage, c'est-à-dire de toutes les activités qui s'insèrent dans le cycle biologique de la production des animaux et végétaux (y compris les produits des exploitations apicoles, avicoles, piscicoles, ostréicoles et mytilicoles). Par ailleurs sont légalement assimilés à des bénéfices agricoles :

– les produits de la production forestière (même si les propriétaires se bornent à vendre les coupes de bois sur pied), ceux tirés de l'exploitation de champignonnières en galeries souterraines, les produits réalisés par les obtenteurs de nouvelles variétés végétales ;

– les produits tirés de la revente de biomasse ou de la production d'énergie (lorsqu'elles sont majoritairement issues de produits ou sous-produits de l'exploitation agricole proprement dite) ;

– les revenus tirés de la préparation et de l'entraînement des équidés domestiques (en vue de leur exploitation dans les activités autres que celles du spectacle) ;

– les revenus tirés de la mise à disposition de droits à paiement unique (c'est-à-dire des créances d'aide directe communautaires qui, comme cela est possible, peuvent être cédées à un tiers, exploitant agricole ou non) ;

– les revenus des conducteurs (diplômés) de traîneaux à chiens tirés, par exemple, des activités d'enseignement ou de louage de traîneaux[896].

1471. – **Cas des revenus accessoires.** Les recettes accessoires commerciales ou non commerciales réalisées par un exploitant agricole sont, en principe, taxées distinctement au titre des bénéfices industriels et commerciaux et des bénéfices non commerciaux. Toutefois, lorsque l'exploitant agricole relève d'un régime réel de détermination de ses bénéfices, ces recettes accessoires peuvent être comprises dans ses bénéfices agricoles, à la condition que leur montant global n'excède ni 30 % du chiffre d'affaires global « agricole » ni 50 000 €[897].

Pour les BIC, ces activités accessoires peuvent consister, par exemple, dans la vente de produits ne provenant pas de l'exploitation, dans la location de chevaux ou dans la fourniture de logements meublés. Pour les BNC, il peut s'agir, par exemple, de la vente de produits en dépôt accomplie pour le compte d'autrui ou de leçons d'équitation.

(895) CGI, art. 63.
(896) CGI, art. 63, *in fine*. – L. fin. rect. déc. 2010, art. 22.
(897) CGI, art. 75.

En principe, ces limites s'apprécient[898] en moyenne triennale (c'est-à-dire sur trois années civiles). Des limites majorées (50 % et 100 000 €) sont applicables en présence de recettes accessoires de production d'électricité d'origine éolienne et photovoltaïque[899].

Symétriquement, lorsqu'une entreprise industrielle ou commerciale étend son activité à des opérations dont les résultats entrent dans la catégorie des bénéfices de l'exploitation agricole, il est tenu compte de ces résultats pour la détermination des bénéfices industriels et commerciaux à comprendre dans les bases de l'impôt sur le revenu[900]. Depuis 2012, ces mêmes règles sont applicables aux titulaires de bénéfices non commerciaux[901].

1472. – **Exonérations.** Outre certaines exonérations applicables en matière de bénéfices industriels et commerciaux qui sont également applicables en matière agricole, la principale exonération concerne les bénéfices des jeunes agriculteurs qui, lorsqu'ils sont soumis (de plein droit ou sur option) à un régime réel d'imposition, bénéficient d'un abattement de 50 % au titre des cinq premières années d'activités[902].

Les jeunes agriculteurs s'entendent de ceux qui perçoivent la dotation d'installation (l'abattement précité étant, dans ce cas, porté à 100 % pour l'année de perception de cette dotation) ou qui bénéficient des prêts à moyen terme spéciaux dans les conditions fixées par le Code rural et de la pêche maritime.

Certaines exonérations prévues à titre principal en matière de bénéfices industriels et commerciaux sont applicables *mutatis mutandis* en matière agricole – à condition naturellement que l'exploitation soit soumise de plein droit ou sur option à un régime réel d'imposition (V. *supra*, n° 1448). Ce sont celles prévues en faveur des entreprises situées en Corse[903], et assimilées[904] ou dans un département d'outre-mer et y exerçant une activité éligible[905].

En revanche, les autres exonérations, qu'elles soient prévues en faveur des entreprises nouvelles[906], des entreprises implantées dans une zone franche urbaine[907], une zone de restructuration de la défense ou une zone de revitalisation rurale, des entreprises créées dans un bassin d'emploi à redynamiser[908], des entreprises participant dans un pôle de compétitivité à un projet de recherche et de développement[909] ou présentant les caractères d'une jeune entreprise innovante[910], ne sont pas applicables en matière de bénéfices agricoles.

B. – Régimes d'imposition

1473. – **Bénéfice forfaitaire agricole et bénéfice réel.** Longtemps, la particularité majeure du régime des bénéfices agricoles n'a pas seulement résulté de la coexistence d'un régime d'imposition forfaitaire et d'un régime réel (cette distinction existe à l'égard de tous les bénéfices professionnels, et même, au-delà, pour certains revenus des ménages). Au-delà de l'importance pratique du régime forfaitaire (la majorité des exploitants agricoles en relèvent d'ailleurs toujours), elle tenait aux caractères propres – voire à la singularité – de ce régime dont la « banalisation » a

(898) L. 27 juill. 2010 de modernisation de l'agriculture et de la pêche, art. 34.
(899) CGI, art. 75 A.
(900) CGI, art. 155, I-1.
(901) CGI, art. 155, I-2.
(902) CGI, art. 73 B.
(903) CGI, art. 44 decies.
(904) CGI, art. 44 terdecies.
(905) CGI, art. 44 quaterdecies.
(906) CGI, art. 44 sexies.
(907) CGI, art. 44 octies A.
(908) CGI, art. 44 duodecies.
(909) CGI, art. 44 undecies.
(910) CGI, art. 44 sexies A.

été décidée par la loi de finances pour 2015 (V. *infra*, n° 1475) à la suite des Assises de la Fiscalité agricole.

Avant la loi de finances pour 1971[(911)], l'évaluation forfaitaire du bénéfice constituait d'ailleurs le régime de droit commun applicable à l'ensemble des contribuables imposés dans la catégorie des bénéfices agricoles, quels que fussent la dimension des exploitations, l'importance des moyens mis en œuvre et le montant des recettes ou des bénéfices.

En 2009, sur environ 685 000 exploitations agricoles, près de 400 000 (58 %) relevaient du régime forfaitaire, contre respectivement 100 000 (15 %) et 185 000 (27 %) pour les régimes réels normal et simplifié[(912)].

1) Pour tenir compte de l'instabilité des revenus agricoles, le champ d'application des régimes est déterminé en fonction de la moyenne biennale des recettes de l'exploitant.

Pour le calcul de la limite légale, il est tenu compte, non pas des créances acquises, mais des recettes effectivement encaissées au cours de l'année civile considérée, même si elles se rapportent à une année antérieure. Selon l'administration, les recettes s'entendent frais et taxes compris (et donc, le cas échéant, taxe sur la valeur ajoutée incluse). Suivant une jurisprudence constante, ces sommes sont toutes celles qui sont mises à la disposition du contribuable, soit par voie de paiement, soit par voie d'inscription au crédit d'un compte courant sur lequel l'intéressé a opéré (ou aurait pu, en fait ou en droit, opérer) un prélèvement au plus tard le 31 décembre[(913)]. Les sommes que le contribuable s'est volontairement abstenu d'encaisser doivent donc être prises en compte[(914)].

2) Lorsque, pour l'ensemble de ses exploitations, les recettes d'un exploitant agricole dépassaient une moyenne de 76 300 € mesurée sur deux années consécutives, l'intéressé était obligatoirement imposé d'après un régime réel d'imposition à compter de la première année suivant la période biennale considérée[(915)]. Dans le cas inverse, il ne l'était, sauf exclusion du régime du forfait, que sur option.

Comme en matière de bénéfices industriels et commerciaux, la loi distingue, au sein des régimes réels, un régime simplifié et un régime normal. Le régime réel normal s'applique sur option de l'exploitant ou lorsque la moyenne triennale de ses recettes dépasse 350 000 €[(916)].

MOYENNE BIENNALE DES RECETTES (TVA INCLUSE) DES DEUX ANNÉES PRÉCÉDENTES	RÉGIME DE DROIT COMMUN	RÉGIME OPTIONNEL
Inférieure à 76 300 €	Micro-BA	Réel simplifié
Comprise entre 76 300 € et 350 000 €	Réel simplifié	Réel normal
Supérieure à 350 000 €	Réel normal	–

(911) L. 21 déc. 1970, art. 9 à 11.

(912) Depuis 2010, ces données ne figurent plus dans l'annuaire statistique de la DGFiP. Les seules informations y figurant concernent le nombre d'entreprises agricoles relevant du forfait collectif : 463 000 en 2013, 459 000 en 2014 et 455 000 en 2015.

(913) CE, 9 juill. 1982, n° 26.263 : *Dr. fisc.* 1982, comm. 2316. – CE, 12 oct. 1992, n° 111.755 : *Dr. fisc.* 1993, comm. 541, concl. J. Arrighi de Casanova.

(914) CE, 28 sept. 1984, n° 31.924 : *Dr. fisc.* 1985, comm. 85.

(915) CGI, art. 69, I.

(916) Le recours à une moyenne triennale résulte de la loi de finances rectificative pour 2015 (L. 29 déc. 2015, art. 33). Le droit antérieur retenait le recours à une moyenne biennale. Ce seuil s'apprécie au regard des règles de la comptabilité d'engagement. Le même texte a prévu que ce seuil est actualisé tous les trois ans (en étant arrondi au millier d'euros le plus proche) dans la même proportion que l'évolution triennale de la limite supérieure de la première tranche du barème de l'IR. La première actualisation interviendra en 2018.

Les régimes réels normal et simplifié diffèrent principalement dans la consistance des obligations comptables et déclaratives mises à la charge des contribuables.

Il existait dans le passé un régime intermédiaire dit « transitoire »[(917)]. Il s'agissait schématiquement d'un régime réel reposant sur une comptabilité de caisse[(918)].

1474. – **Bénéfice forfaitaire collectif (régime supprimé à compter de 2016).** Créé en 1949, le mécanisme du *forfait collectif agricole* consistait à déterminer le bénéfice de l'exploitant à partir de bénéfices unitaires moyens déterminés, dans chaque département, par catégorie ou par nature d'exploitation[(919)]. Ainsi, le bénéfice de l'exploitant était déterminé, en fonction des caractéristiques physiques de l'exploitation (généralement sa superficie) à partir d'un bénéfice départemental moyen (généralement à l'hectare) établi annuellement par les commissions départementales (ou la commission centrale) des impôts sur proposition de l'administration[(920)]. Le bénéfice forfaitaire des fermiers était diminué du montant du fermage forfaitaire moyen[(921)].

On rapporte souvent que le bénéfice forfaitaire ainsi établi était le bénéfice maximal que l'agriculteur le moins habile, disposant des équipements les plus médiocres et travaillant la terre la moins fertile, aurait réalisé dans les conditions météorologiques les plus défavorables. Cette opinion est très exagérée même si, de notoriété publique, le régime forfaitaire n'était pas, à l'évidence, spécialement désavantageux. On peut en voir la trace dans les contentieux abondants qui, portant sur la question du franchissement du seuil d'application du régime forfaitaire, en faisait ressortir la sensibilité.

Le bénéfice forfaitaire était réputé couvrir l'ensemble des activités courantes de l'exploitant. Il ne comprenait pas les plus ou moins-values d'actif qui (sous réserve des exonérations) étaient imposables dans les conditions du droit commun.

Par ailleurs, certaines charges pouvaient être déduites isolément du revenu global du contribuable. C'était le cas, notamment, des cotisations et primes versées (dans la limite de certains plafonds), au titre de la retraite complémentaire, à un contrat d'assurance de groupe[(922)].

Dans le cadre du régime forfaitaire, la prise en compte de la diminution des revenus du fait des calamités agricoles pouvait s'opérer (à supposer qu'elles n'aient pas été déjà prises en compte lors de la détermination des bénéfices unitaires moyens) soit, par neutralisation de la superficie des parcelles touchées par ces calamités[(923)], soit par réduction du bénéfice par imputation des pertes subies et attestées[(924)].

Le bénéfice forfaitaire était majoré de 25 % avant son intégration dans la base d'imposition soumise au barème progressif (V. *infra*, n° 1522).

1475. – **Micro-BA (régime applicable à compter de 2016).** 1) Directement inspiré des régimes forfaitaires existant en matière de bénéfices industriels et commerciaux (V. *supra*, n° 1452) et de bénéfices non commerciaux (V. *infra*, n° 1487), le régime des *micro-exploitations agricoles* (dit « micro-BA ») consiste à déterminer forfaitairement les charges de l'exploitation agricole (CGI, art. 64 bis).

(917) L. fin. 1987, art. 18 et 19. – CGI, art. 68 F et 68 G anc.
(918) Le régime d'option permettant à l'exploitant de relever du régime transitoire a été supprimé en 2001 (L. fin. 2001, 30 déc. 2010, art. 14).
(919) CGI, art. 64, 2.
(920) LPF, art. L. 1 à L. 4.
(921) CGI, art. 64, 4.
(922) CGI, art. 154-bis-0 A.
(923) CGI, art. 64, 3.
(924) CGI, art. 64, 4.

La simplification résultant du nouveau dispositif forfaitaire apparaît particulièrement salutaire.

Celles-ci sont fixées au niveau – très élevé – de 87 % de leurs recettes courantes brutes, de sorte que le bénéfice net agricole courant(925) des « micro-agriculteurs » ressort à 13 % de ces mêmes recettes.

En matière de BIC et de BA, le taux de charges est, selon les cas, de 71 % ou 50 % (BIC) ou 34 % (BNC). Comme en matière de BIC et de BNC, cet abattement ne peut être inférieur à 305 €.

2) En principe, le régime « micro-BA » est applicable (de plein droit) lorsque la moyenne des recettes(926) d'un exploitant agricole, appréciée sur trois années consécutives(927) et pour l'ensemble de ses exploitations, n'excède pas 82 200 € hors taxes(928) (CGI, art. 69, I).

Dans le cas inverse, l'intéressé est obligatoirement imposé, de plein droit, d'après un régime réel d'imposition à compter de l'imposition des revenus de la première année suivant la période triennale où ce seuil est dépassé.

3) Deux exceptions à ce principe sont prévues. Elles résultent soit d'une option de l'exploitant pour le régime réel d'imposition, soit du cas où la loi exclut l'application du « micro-BA ».

a) L'option pour le régime réel doit être formulée dans le délai de déclaration des résultats de l'année (ou de l'exercice) précédant celui au titre duquel elle s'applique(929). Elle est valable deux ans tant que l'entreprise reste de manière continue dans le champ d'application du régime forfaitaire et est, sous cette réserve, reconduite tacitement par périodes de deux ans(930). Les contribuables qui désirent renoncer à leur option pour un régime réel d'imposition notifient leur choix à l'administration avant le 1er février de l'année suivant la période pour laquelle l'option a été exercée ou reconduite tacitement(931).

b) La seule exclusion légale du « micro-BA » concerne les contribuables imposables selon le régime du bénéfice réel pour des bénéfices professionnels (BIC ou, le cas échéant, BNC) ne provenant pas de leur exploitation agricole(932).

4) La succession des deux régimes forfaitaires fait l'objet d'un mécanisme de lissage pour les années 2017 et 2018 (soit pour l'imposition des revenus de 2016 et 2017).

---

(925) Les plus-values ou les moins-values professionnelles sont déterminées et imposées dans les conditions du régime réel d'imposition. L'abattement forfaitaire est réputé tenir compte des amortissements pratiqués selon le mode linéaire (CGI, art. 64 bis, I, al. 4).

(926) Les recettes à retenir s'entendent des sommes encaissées au cours de l'année civile dans le cadre de l'exploitation, augmentées de la valeur des produits prélevés dans l'exploitation et alloués soit au personnel salarié, soit au propriétaire du fonds en paiement du fermage, à l'exclusion de celles encaissées au titre des cessions portant sur les éléments de l'actif immobilisé, des remboursements de charges engagées dans le cadre de l'entraide agricole, des subventions et primes d'équipement et des redevances ayant leur origine dans le droit de propriété (CGI, art. 64 bis, I, al. 2).

(927) En cas de création d'activité, le montant des recettes à prendre en compte est égal, pour l'année de la création, aux recettes de ladite année et, pour l'année suivante, à la moyenne des recettes de l'année d'imposition et de l'année précédente (CGI, art. 64 bis, I, al. 3).

(928) CGI, art. 69, I, *a contrario*). Ce seuil est actualisé tous les trois ans (en étant arrondi à la centaine d'euros la plus proche) dans la même proportion que l'évolution triennale de la limite supérieure de la première tranche du barème de l'IR.

(929) CGI, art. 69, IV. Pour les exploitants qui désirent opter pour un régime réel dès leur premier exercice d'activité, l'option doit, sauf cas particulier, être exercée dans les quatre mois du début de l'activité.

(930) CGI, art. 64 bis, V.

(931) Même disposition.

(932) CGI, art. 64 bis, II. Dans le cas inverse, les régimes « micro-BA » et « micro-BIC » (ou, le cas échéant, « micro-BNC ») s'appliquent parallèlement, selon les règles qui leur sont propres, aux revenus agricoles et aux recettes accessoires « non-agricoles ».

REVENUS DE 2015	REVENUS DE 2016	REVENUS DE 2017	REVENUS DE 2018
Forfait collectif 2015	Moyenne de : – Micro-BA 2016 – Forfait collectif 2015 – Forfait collectif 2014	Moyenne de : – Micro-BA 2017 – Micro-BA 2016 – Forfait collectif 2015	Micro-BA 2018

5) À la différence du bénéfice net résultant du forfait collectif agricole, celui découlant du « micro-BA » n'a pas à être majoré avant son intégration dans la base d'imposition soumise au barème progressif (V. *infra*, n° 1522).

Pendant la période transitoire mentionnée *supra* au point 4, le bénéfice net résultant du forfait collectif demeure, semble-t-il, soumis à la majoration légale.

1476. – **Bénéfice réel.** En principe, le bénéfice réel de l'exploitation agricole est déterminé et imposé selon les principes généraux applicables aux entreprises industrielles et commerciales relevant d'un régime réel « conformément à toutes les dispositions législatives et à leurs textes d'application, sans restriction ni réserve notamment de vocabulaire »[933].

Ce principe de transposition aux BA des règles applicables aux BIC fait l'objet d'adaptations réglementaires. Celles-ci doivent tenir compte « des contraintes et caractéristiques particulières de la production agricole » et de leur incidence sur la gestion des entreprises agricoles : « faible niveau du chiffre d'affaires par rapport au capital investi » (ce qui se traduit par une lente rotation des capitaux), « proportion exagérément importante des éléments non amortissables dans le bilan » (en particulier celle du foncier non bâti) et « irrégularité importante des revenus »[934].

Sans développer le détail des règles, parfois complexes, de la fiscalité agricole, on retiendra les principales règles applicables à la détermination du bénéfice agricole réel.

1) Le résultat est déterminé, comme en matière de bénéfices industriels et commerciaux, en fonction des créances acquises et des dépenses engagées.

2) Le bénéfice annuel est égal à l'excédent des produits sur les charges (celles-ci comprenant, comme en matière industrielle et commerciale, les frais généraux, les provisions et les amortissements).

Les conditions générales de déductibilité des provisions et amortissements sont les mêmes qu'en matière de bénéfices industriels et commerciaux (sous réserve de quelques règles spéciales tenant, par exemple, à l'amortissement du cheptel).

Les principales particularités concernent les règles touchant à la composition de l'actif professionnel et à l'évaluation des stocks, spécialement en ce qui concerne les « avances aux cultures » (c'est-à-dire les frais et charges engagés au cours d'un exercice en vue d'obtenir la récolte de l'exercice suivant).

1477. – **Modalités d'imposition.** Le bénéfice de l'exercice est compris dans le revenu global du contribuable en vue de l'application du barème progressif.

On rappelle que le bénéfice agricole réalisé par des contribuables imposés selon un régime réel qui ne seraient pas adhérents d'un centre de gestion agréée (ou, depuis 2010, ne feraient pas appel, à défaut, aux services d'un comptable « conventionné ») fait l'objet d'une majoration légale de 25 % avant son intégration dans le revenu global (V. *infra*, n° 1522).

(933) CGI, art. 72, I, al. 1er.
(934) CGI, art. 72, I, al. 2 à 4.

§ 7. – Les bénéfices non commerciaux

A. – Bénéfices imposables

1478. – Généralités. La catégorie des bénéfices non commerciaux permet l'imposition de trois groupes de revenus de nature très différente. Sa raison d'être principale est de permettre d'imposer les bénéfices non commerciaux nommés, c'est-à-dire les revenus tirés de l'exercice des professions libérales et des charges et offices dont les titulaires n'ont pas la qualité de commerçant, d'une part, et certains revenus expressément qualifiés par la loi de bénéfices non commerciaux, d'autre part. Mais elle joue également le rôle de catégorie résiduelle, en permettant d'imposer les revenus de « toutes occupations, exploitations lucratives et sources de profits ne se rattachant pas à une autre catégorie de bénéfices ou de revenus »(935).

Sous réserve des conventions internationales, les contribuables domiciliés en France sont imposables à l'IR français à raison de leurs bénéfices non commerciaux « mondiaux ». Sous la même réserve, les contribuables non-résidents de France sont imposables en France à raison des « revenus tirés d'activités professionnelles (...) exercées en France ou d'opérations de caractère lucratif au sens de l'article 92 [du CGI] réalisées en France »(936). Sur les retenues à la source applicables à certains revenus non commerciaux de source française, V. *supra*, n° 1370, 2.

1479. – Professions libérales. Sont qualifiées de professions libérales, les professions indépendantes dans lesquelles l'activité intellectuelle joue un rôle principal et qui consistent en la pratique personnelle d'une science ou d'un art.

Des activités qui relèvent en elles-mêmes des arts libéraux peuvent être exercées dans le cadre d'un contrat de travail ou par un fonctionnaire public. Naturellement, seuls les revenus tirés d'une activité indépendante peuvent être imposés comme des BNC (ils relèvent de la catégorie des traitements et salaires lorsque leur titulaire exerce son activité en étant placé dans une situation de subordination à l'égard d'un employeur). Il a été jugé, à cet égard, que le fait qu'un avocat, associé d'une société d'exercice libéral passible de l'IS, se trouve dans l'impossibilité de développer sa clientèle personnelle ne suffit pas à caractériser l'existence d'un lien de subordination entre lui et la société, de nature à justifier que ses revenus soient imposés dans la catégorie des traitements et salaires(937).

On distingue, au sein des professions libérales, celles qui, organisées par le législateur, sont dites « réglementées » de celles qui ne le sont pas. Relèvent du premier cas les professions de médecin, de dentiste, de chirurgien, de vétérinaire, de sage-femme, d'infirmier, de masseur-kinésithérapeute, d'architecte, d'avocat, de géomètre-expert, d'expert-comptable, d'ingénieur-conseil ou encore de commissaire aux comptes. Relèvent du second les activités des écrivains, des artistes-peintres, des sculpteurs, des compositeurs, ou encore celles des sportifs ou des enseignants.

L'activité des professionnels libéraux est en principe régie par le droit civil, ce qui les distingue des commerçants. Toutefois, conformément à une jurisprudence abondante, les revenus tirés d'une activité « ordinairement » libérale peuvent être requalifiés de BIC s'il ressort des conditions matérielles de son exercice que l'importance des capitaux investis, de la main-d'œuvre employée et des moyens matériels utilisés est telle que cette activité procède davantage de la spéculation sur ces

(935) CGI, art. 92, 1.
(936) CGI, art. 164 B, I, *d*.
(937) CE, 16 oct. 2013, n° 339.822, *D'Arthuys* : *Dr. fisc.* 2013, n° 50, comm. 549, concl. E. Crépey.

éléments que de l'accomplissement d'une activité personnelle(938). Le critère du recours à la publicité, qui a longtemps revêtu une grande importance(939), est aujourd'hui moins décisif. Ces solutions (retenues en matière de TVA, sur la base des textes en vigueur avant le 1er janvier 1979, à une époque où la TVA frappait les affaires relevant « d'une activité de nature industrielle ou commerciale, quels qu'en soient les buts ou les résultats ») sont applicables en matière d'IR pour distinguer les BNC des BIC(940).

Une procédure d'accord tacite a été instituée en vue de permettre aux intéressés de s'assurer de la catégorie dont ils relèvent au titre de l'IR (V. *supra*, n° 1057).

Les professions libérales peuvent être exercées à titre purement individuel ou dans le cadre d'une société de personnes (société civile professionnelle et société civile de moyens, notamment). Dans ce dernier cas, les revenus correspondants sont alors imposés à l'IR, dans la catégorie des BNC, au nom de chaque associé à raison de ses droits dans les résultats sociaux. Mais elles peuvent également être exercées (sous les conditions et limites prévues par la réglementation professionnelle applicable) au sein de sociétés d'exercice libéral (SEL) qui ont la forme de sociétés de capitaux. Il peut s'agir d'une SEL à responsabilité limitée (SELARL), d'une SEL à forme anonyme (SELAFA), d'une SEL par actions simplifiée (SELAS) ou d'une SEL en commandite par actions (SELCA). Dans toutes ces hypothèses, les revenus de l'activité libérale sont imposés à l'IS au nom de la société.

1480. – Charges et offices. Sont imposés dans la catégorie des bénéfices non commerciaux, les revenus tirés des charges et offices dont les titulaires (nommés en général par le garde des Sceaux) n'ont pas la qualité de commerçant. Il s'agit principalement, des revenus des notaires, des avocats au Conseil d'État et à la Cour de cassation, des huissiers de justice, des commissaires-priseurs judiciaires, des greffiers des tribunaux de commerce (lorsqu'ils sont titulaires de leur charge) ou, jusqu'à leur disparition, des avoués près les cours d'appel.

Certains officiers publics ou ministériels ont, au regard du droit privé, la qualité de commerçants. Il s'agit (limitativement) des courtiers interprètes et conducteurs de navires et des courtiers d'assurances maritimes. Leurs revenus sont normalement imposés dans la catégorie des bénéfices industriels et commerciaux.

1481. – Revenus non commerciaux par assimilation légale. Sont expressément qualifiés de bénéfices non commerciaux par la loi :

– les produits des opérations de bourse effectuées dans des conditions analogues à celles qui caractérisent une activité exercée par une personne se livrant à titre professionnel à ce type d'opérations(941) ;

– les produits de droits d'auteurs perçus par les écrivains ou compositeurs et par leurs héritiers ou légataires(942) ;

Toutefois, lorsqu'ils sont intégralement déclarés par les tiers, les produits de droits d'auteur perçus par les auteurs des œuvres de l'esprit (écrivains, compositeurs, artistes et autres créateurs) sont soumis à l'IR selon les règles prévues en matière de traitements et salaires(943), sauf option de l'intéressé

(938) CE, ass., 27 juin 1975, n° 86.291, *Min. c/Peltier* : *Rec. CE* 1975, p. 394 ; *RJF* 9/1975, p. 284.
(939) CE, plén., 25 févr. 1985, n° 39.003, *Sté Institut international de formation – École parisienne des hôtesses* : *Dr. fisc.* 1985, n° 42, comm. 1783, concl. O. Fouquet. – CE, 23 mars 1979, n° 7706 et a., *Auchère* : *RJF* 5/1979, n° 286.
(940) CE, 1er avr. 1992, n° 48.117, *Garros* : *RJF* 5/1992, n° 659. – CAA Bordeaux, 2 oct. 2003, n° 99-2532, *Bessière* : *RJF* 2/2004, n° 119 ; *BDCF* 2/2004, n° 17, concl. B. Chemin. – V. également, à propos d'une exonération applicable aux seules activités industrielles et commerciales, CE, 26 mai 2004, n° 243.121, *Sté Specinov* : *Dr. fisc.* 2005, n° 6, comm. 176, concl. P. Collin. Les mêmes critères sont utilisés, en matière d'IS, pour apprécier le caractère éventuellement commercial de l'objet d'une société civile (V. *infra*, n° 1609, 3).
(941) CGI, art. 92, 2-1°.
(942) CGI, art. 92, 2-2°.
(943) CGI, art. 93, 1 quater.

pour le maintien de l'imposition dans la catégorie des bénéfices non commerciaux[944]. L'option produit obligatoirement ses effets pour l'année au titre de laquelle elle est exercée et les deux années suivantes, période au cours de laquelle elle est, selon l'administration, irrévocable[945].

– les produits de la propriété industrielle perçus par les inventeurs ayant la qualité de simples particuliers[946] ;

Les revenus imposés dans la catégorie des BNC sont ceux tirés de la concession de licences d'exploitation des brevets, de la cession ou concession de marques de fabrique ou de procédés ou formules de fabrication. De manière générale, ces revenus sont imposés selon le régime des plus-values à long terme à un taux proportionnel réduit.

L'administration admet que le même régime s'applique aux particuliers qui tireraient des revenus de droits de la propriété industrielle acquis à titre onéreux ou à titre gratuit.

– les sommes perçues par les avocats en qualité de fiduciaire[947].

D'autres revenus sont légalement assimilés à des BNC. Il s'agit, par exemple :

– des produits des opérations réalisées *à titre habituel* sur des « instruments financiers à terme »[948] – sauf option, lorsqu'elle est ouverte[949] pour l'imposition dans la catégorie des bénéfices industriels et commerciaux (V. *infra*, n° 1504) ;

– des sommes et indemnités perçues par les juges ou arbitres sportifs[950].

1482. – **Revenus accessoires.** Depuis 2012, lorsqu'un titulaire de bénéfices non commerciaux étend son activité à des opérations dont les résultats entrent dans la catégorie des bénéfices de l'exploitation agricole ou dans celle des bénéfices industriels et commerciaux, il est tenu compte de ces résultats pour la détermination des bénéfices non commerciaux à comprendre dans les bases de l'impôt sur le revenu[951].

Cette règle nouvelle d'« attractivité » des BNC résulte de la quatrième loi de finances rectificative pour 2011[952]. Elle n'est applicable que si les activités commerciales (ou éventuellement agricoles) s'inscrivent dans le prolongement de l'activité non commerciale dont elles ne sont que l'accessoire. C'est ainsi que les revenus tirés de la vente de médicaments par un médecin libéral « propharmacien » peuvent être imposés comme des BNC (à supposer que l'activité médicale demeure prépondérante). En revanche, elle ne remet pas en cause la solution selon laquelle les revenus tirés d'une activité commerciale *indépendante* de l'activité professionnelle non commerciale sont toujours imposables comme des bénéfices industriels et commerciaux. Ainsi, le titulaire d'une charge ou d'un office pratiquant la gestion d'affaires (en servant, par exemple, d'intermédiaire pour l'achat ou la vente d'immeubles ou de fonds de commerce ou en recouvrant des effets pour le compte d'établissements financiers) doit voir les revenus correspondant taxés dans la catégorie des BIC.

1483. – **Bénéfices non commerciaux « innommés ».** À titre résiduel, sont également imposés dans la catégorie des bénéfices non commerciaux, les revenus de « toutes occupations, exploitations lucratives et sources de profits ne se rattachant pas à une autre catégorie de bénéfices ou de revenus »[953]. Se trouvent ainsi appréhendées par l'impôt un certain nombre de revenus non dénommés ou profits divers,

(944) V., évoquant cette option, CGI, art. 100 quater.
(945) BOI-BNC-SECT-20-10-50, n° 30.
(946) CGI, art. 92, 2-3°.
(947) CGI, art. 92, 2-7°.
(948) CGI, art. 92, 2-5°.
(949) CGI, art. 35, I, 8°.
(950) CGI, art. 92, 2-6°.
(951) CGI, art. 155, I-2.
(952) L. 28 déc. 2011, art. 13.
(953) CGI, art. 92, 1.

accidentels ou occasionnels, licites ou illicites, sous la seule réserve que la source de ces profits ou revenus soit susceptible de renouvellement.

Haute en couleur, une jurisprudence abondante se rapporte à ces activités professionnelles diverses qui – licites ou illicites – voient leurs résultats imposés dans la catégorie des BNC. C'est le cas, par exemple :

– des astrologues[954], des cartomanciennes, des exorcistes, des marabouts[955] ou des guérisseurs, fussent-ils membres du clergé catholique[956] ;

– des prostituées[957], étant précisé que l'administration fiscale affirme procéder « à un examen bienveillant de la situation fiscale de celles d'entre elles qui entreprennent une véritable réinsertion sociale », cet examen aboutissant « généralement à la remise gracieuse des impositions dont elles sont redevables lorsqu'il est établi qu'elles ont définitivement abandonné la prostitution »[958] ;

– des proxénètes[959], sauf, sans doute, en matière de proxénétisme « hôtelier » dont les résultats font l'objet d'une taxation dans la catégorie des BIC[960]. À noter que la taxation dans la catégorie des BNC permet de retenir un mode de taxation plus sévère que ne permettrait le régime des BIC. Jugé, ainsi, que les sommes confisquées à un proxénète sur décision du juge pénal ne peuvent (en raison du caractère personnel de l'infraction) être regardées comme une dépense nécessitée par l'exercice de la « profession » non commerciale de proxénète. Partant, elles ne sont pas déductibles des revenus imposables[961] ;

– des revenus tirés de la sous-location de locaux nus, l'imposition de ces revenus dans la catégorie des revenus fonciers étant légalement réservée aux propriétaires et usufruitiers[962] ;

– de commissions occultes perçues à l'occasion de la conclusion de contrats[963] ;

– le produit de vols à main armée commis auprès de différentes banques[964]. Relevons à cet égard un moyen (incontestablement ingénieux) écarté par le juge fiscal : « la condamnation au remboursement [des] sommes [issues des braquages] prononcée à [l'] encontre [de l'intéressé] ne peut les faire regarder *a posteriori* comme ayant le caractère d'emprunts effectués auprès des établissements bancaires et susceptibles d'échapper à l'impôt sur le revenu »[965] ;

– le produit de détournements de fonds commis par un salarié dans l'exercice de son activité[966] ou par un escroc[967] ;

– l'indemnité versée aux associés d'une société ayant consenti une promesse unilatérale de ventes de leurs titres en contrepartie de leur obligation de ne pas céder les titres[968] ;

---

(954) CE, 22 oct. 1976, n° 92.182 : *RJF* 12/1976, n° 514,.

(955) CE, 29 janv. 1992, n° 98.849, *Min. c/Contamin* : *Dr. fisc.* 1992, n° 21-22, comm. 1047, concl. N. Chahid-Nouraï.

(956) CE, 14 déc. 1983, n° 36.662 : *Dr. fisc.* 1984, n° 17, comm. 871, concl. M.-A. Latournerie.

(957) CE, 27 févr. 1985, n° 43.471 : *Dr. fisc.* 1985, n° 26, comm. 234. – CE, 19 déc. 1988, n° 42.394, *Lieupart* : *Dr. fisc.* 1989, n° 19, comm. 955.

(958) Rép. min. Goldet, n° 2335 : *JO* Sénat Q, 8 janv. 1982, p. 27, anc.

(959) CE, 5 nov. 1980, n° 13.222 : *Dr. fisc.* 1981, n° 9, comm. 431.

(960) CE, 10 déc. 1999, n° 181.977, *Lescot* : *Dr. fisc.* 2000, n° 16, comm. 333.

(961) CE, 25 avr. 1990, n° 71.053 : *Dr. fisc.* 1993, n° 31, comm. 1662.

(962) CE, 21 déc. 1990, n° 67.057, *Min. c/Ferone* : *Dr. fisc.* 1992, n° 9, comm. 403, concl. M.-D. Hagelsteen. La sous-location d'immeubles meublés ou équipés relève des BIC.

(963) CE, 23 mai 1984, n° 34.052, *Mas* : *Dr. fisc.* 1984, n° 41, comm. 1714.

(964) CAA Nancy, 11 avr. 1996, n° 94-1408, *Mazelie* : *Dr. fisc.* 1996, n° 40, comm. 1170.

(965) Même arrêt.

(966) CE, 29 nov. 1982, n° 28.305 : *RJF* 1/1983, n° 53. – CE, 16 févr. 1983, n° 30.267 : *RJF* 4/1983, n° 507.

(967) CE, 12 oct. 1994, n° 129.045, *Mendjisky* : *Dr. fisc.* 1994, n° 51, comm. 2205, concl. J. Arrighi de Casanova, pour le cas d'un contribuable se procurant des fonds par émission de chèques de cavalerie.

(968) CE, 1er oct. 2015, n° 368.565, *Marty* : *Dr. fisc.* 2015, n° 49, comm. 715, concl. É. Crépey, les sommes reçues rémunérant une prestation de réservation. En revanche, l'indemnité reçue en cas de défaut d'exécution d'une *promesse synallagmatique* de vente, qui présente un caractère indemnitaire, n'est pas dans le champ d'application de l'IR (CE, 7 mai 2014, n° 359.781, *Min. c/Challancin* : *Dr. fisc. 2014*, n° 31-35, comm. 473, concl. M.-A. Nicolazo de Barmon, note A. Bonnet). Le juge fiscal, auquel le contribuable ne peut opposer la qualification donnée par les parties à une indemnité, peut naturellement requalifier en promesse unilatérale une promesse intitulée synallagmatique qui ne comporterait aucune obligation d'achat (CE, 1er oct. 2015, *Marty*, préc. – CE, 25 nov. 2015, n° 380.817, *Min. c/M. Kabla* : *Dr. fisc.* 2016, n° 7-8, comm. 175).

– des revenus d'une femme (ou, sans doute, d'un homme) entretenue[969].

Cela étant, tout enrichissement n'est pas imposable dans la catégorie des BNC : l'enrichissement doit procéder d'une activité déployée par l'intéressé. Il a été jugé ainsi que les dispositions de l'article 92, 1, du CGI « ne permettent, dans le cas des personnes dont le train de vie est assuré par des subsides qu'elles reçoivent d'un tiers, de soumettre à l'impôt, comme constituant des revenus, les sommes ainsi perçues que si l'ensemble des circonstances de l'affaire fait ressortir que le versement de ces subsides n'a pas le caractère d'une pure libéralité »[970]. Jugé toutefois que « les sommes qu'une institution publique ou privée verse à une personne en vue de favoriser l'exercice par elle d'une activité lucrative (...) constituent pour cette personne des bénéfices non commerciaux et non de pures libéralités, alors même que ce versement n'a pour contrepartie la fourniture d'aucune prestation ni même l'accomplissement d'aucun acte professionnel déterminé »[971].

L'enrichissement doit en outre être susceptible de se renouveler. Tel n'est pas le cas, de manière générale, des gains de jeux, normalement marqués par un très fort aléa[972]. Jugé, à cet égard, que « sauf circonstances exceptionnelles, la pratique, même habituelle, de paris sur les courses de chevaux ne constitue pas une occupation lucrative ou une source de profits au sens [de l'article 92, 1, du CGI], alors même que le montant des gains provenant de ces paris au cours d'une année serait supérieur au montant des bénéfices ou revenus imposables déclarés par l'intéressé au titre de ladite année ou que les chances de gagner seraient, comme en l'espèce, plus grandes grâce aux connaissances acquises par l'intéressé comme éditeur d'une note d'informations hippiques »[973]. Il n'en va autrement que si le contribuable fait en sorte « d'atténuer notablement les effets du risque du jeu et d'en tirer des bénéfices »[974].

1484. – **Rares exonérations.** Peu de revenus imposables dans la catégorie des bénéfices non commerciaux bénéficient d'une exonération légale.

1) Depuis la loi de finances pour 2009[975] les « sommes perçues dans le cadre de l'attribution du prix Nobel par les lauréats de ce prix » sont exonérées d'IR[976]. Il en va de même des sommes perçues au titre de « récompenses internationales de niveau équivalent au prix Nobel dans les domaines littéraire, artistique ou scientifique »[977].

La doctrine administrative retient par ailleurs l'exonération des prix nationaux et européens (« étrangers » selon la doctrine antérieure au 15 juillet 2013) reçus par les écrivains, artistes et scientifiques dans la mesure où, attribués depuis au moins trois ans et décernés par un jury indépendant, ils tendent à récompenser un ouvrage ou l'ensemble d'une œuvre à caractère littéraire, scientifique ou artistique[978].

(969) CE, 14 mai 1965, n° 61.358, cité au BOI-BNC-CHAMP-10-10-20-40, n° 1020, pour le cas d'une femme ayant bénéficié pendant quatre ans, de la part du même donateur, de cent dix versements de sommes d'argent qui avaient constitué ses moyens habituels d'existence et lui avaient permis, en outre, d'acquérir et d'aménager un appartement, une chambre de domestique et un garage particulier. – CE, plén., 9 juill. 1983, n° 34.223 : *Dr. fisc.* 1983, n° 49, comm. 2255, concl. J.-F. Verny, pour le cas des subsides et avantages qu'une femme célibataire avait reçus d'un homme marié qui, non séparé de corps de son épouse, résidait au domicile conjugal. Comp., CE, plén., 25 nov. 1981, n° 15.495 : *Dr. fisc.* 1982, n° 14, comm. 761, concl. J.-F. Verny, regardant comme non imposables les sommes reçues par une femme célibataire vivant en concubinage avec le père de son enfant qui, étant en instance de divorce et l'ayant ultérieurement épousée, pourvoyait à tous leurs besoins.

(970) CE, 18 nov. 1988, n° 75.596, *Pourcelot : Dr. fisc.* 1989, n° 12, comm. 589, concl. O. Fouquet.

(971) CE, sect., 30 oct. 2001, n° 221.004, *Camus : Dr. fisc.* 2002, n° 5, comm. 69, concl. F. Séners, à propos d'une bourse d'aide à la création versée par le Centre national des lettres à un écrivain.

(972) CE, 23 juill. 1976, n° 99.398 : *Dr. fisc.* 1976, n° 47, comm. 1664, à propos de gains à la Loterie nationale.

(973) CE, 25 avr. 1979, n° 2.306 : *Dr. fisc.* 1979, n° 40, comm. 1882.

(974) CE, 2 juill. 2001, n° 211.134, *Deveaux*, et n° 223.399, *Cervera : Dr. fisc.* 2001, n° 47, comm. 1079, concl. C. Maugüé, pour le cas de joueurs de « multicolore », s'efforçant d'occuper à ce jeu le rôle de « banquier », la tenue de la banque « étant, sur une longue période, structurellement bénéficiaire ».

(975) L. 27 déc. 2008, art. 4.

(976) CGI, art. 92 A.

(977) V. CGI, ann. II, art. 39 A (mod. en dernier lieu par D. 24 juill. 2014), énumérant la liste des seize prix équivalents au prix Nobel et, notamment, pour les mathématiques, la médaille Fields, et pour les sciences économiques, le prix de la Banque de Suède en mémoire d'Alfred Nobel.

(978) BOI-BNC-BASE-20-20, n° 750.

La même mesure a été ultérieurement prévue en faveur des créateurs d'entreprise étrangers lauréat du prix *French Tech Ticket*[979].

2) Les auteurs d'œuvres d'art bénéficient d'un abattement de 50 % sur le montant de leur bénéfice imposable au titre de la première année d'activité ainsi que des quatre années suivantes. Cette exonération partielle (réservée aux auteurs personnes physiques imposés selon le régime de la déclaration contrôlée) est exclusive du mécanisme de taxation à raison des bénéfices pluriannuels moyens (V. *infra*, n° 1485, 3). Plafonnée à 50 000 € par an, l'exonération s'applique aux revenus résultant de la cession des œuvres, ainsi que de la cession et de l'exploitation des droits patrimoniaux qui leur sont reconnus par la loi sur ces mêmes œuvres[980].

3) Les sommes et indemnités perçues par les juges et arbitres sportifs sont exonérées si elles n'excédent pas un certain plafond.

4) Une exonération prévue en faveur des personnes donnant (en sous-location) un logement à un bénéficiaire du revenu minimum d'insertion ou à un étudiant boursier est toujours codifiée[981]. L'exonération n'est toutefois plus susceptible de s'ouvrir aujourd'hui.

En dehors de ces hypothèses ponctuelles, les exonérations applicables sont celles qui, prévues à titre principal pour l'imposition des bénéfices industriels et commerciaux au titre de l'aménagement du territoire (V. *supra*, n° 1448), trouvent le plus souvent à s'appliquer aux entreprises non commerciales.

Ainsi, lorsqu'elles sont soumises (de plein droit ou sur option) à un régime réel d'imposition, peuvent bénéficier d'une exonération légale (sous certaines conditions et dans certaines limites) :

- les PME implantées dans une zone franche urbaine[982] ;
- les jeunes entreprises innovantes[983] ;
- les entreprises libérales implantées dans un pôle de compétitivité et participant, au 16 novembre 2009, à un projet de recherche et de développement agréé[984] ;
- les entreprises implantées dans une zone de restructuration de la défense[985] ;
- les exploitations situées dans un département d'outre-mer et y exerçant une activité éligible[986] ;
- les entreprises créées ou reprises dans une zone de revitalisation rurale[987].

En revanche, les autres exonérations prévues en matière de BIC ne sont pas applicables aux entreprises non commerciales relevant de l'IR. C'est ainsi, par exemple, que l'exonération en faveur des entreprises nouvelles créées dans des zones d'aides à finalité régionale[988] ou dans un bassin d'emploi à redynamiser[989] ne s'applique actuellement, et en tout état de cause, qu'à l'égard des activités professionnelles non commerciales exercées par des sociétés soumises à l'IS.

B. – Détermination du bénéfice net

1485. – Excédent des recettes sur les dépenses de l'année civile. Le bénéfice non commercial imposable à l'impôt sur le revenu est constitué « par l'excédent des recettes totales sur les dépenses nécessitées par l'exercice de la profession ». Il tient compte, sauf exonération, « des gains ou des pertes provenant (...) de la réalisation des éléments d'actif affectés à l'exercice de la profession » et de la cession de charges ou d'offices[990].

(979) L. fin. rect. 2015, 29 déc. 2015, art. 23.
(980) CGI, art. 93, 9.
(981) CGI, art. 92 L.
(982) CGI, art. 44 octies A.
(983) CGI, art. 44 sexies-0 A.
(984) CGI, art. 44 undecies.
(985) CGI, art. 44 terdecies.
(986) CGI, art. 44 quaterdecies.
(987) CGI, art. 44 quindecies.
(988) CGI, art. 44 sexies.
(989) CGI, art. 44 duodecies.
(990) CGI, art. 93, 1.

1) Compte tenu des principes de la comptabilité de caisse auxquels sont normalement soumis les titulaires de BNC, le bénéfice non commercial est déterminé en fonction des recettes encaissées au cours de chaque année civile et (sous réserve du cas des immobilisations) des dépenses payées au cours de la même année (sur les règles dérogatoires applicables en cas de cessation d'activité, V. *infra*). Il en résulte que les titulaires de BNC ne sont pas en droit de déduire de leur résultat des dépenses futures par le biais d'inscription de provisions. Sous l'effet d'une disposition expresse de la loi, ces contribuables sont tenus de procéder à la déduction des dépenses correspondant à l'acquisition d'immobilisations se dépréciant avec le temps par la technique de l'amortissement. Les amortissements sont « effectués suivant les règles applicables en matière de bénéfices industriels et commerciaux »[(991)].

2) Les titulaires de BNC soumis à un régime réel d'imposition peuvent toutefois opter pour l'application des principes de la comptabilité d'engagement. Le bénéfice à retenir dans les bases de l'impôt est constitué, dans ce cas, par l'excédent des créances acquises sur les dépenses engagées au cours de l'année d'imposition[(992)].

3) L'applicabilité expresse du régime des plus-values professionnelles à la réalisation des éléments de l'actif professionnel des titulaires de bénéfices non commerciaux conduit ces derniers (dès lors qu'ils exercent leur activité à titre individuel et relèvent du régime de la déclaration contrôlée) à distinguer au sein de leur patrimoine :

- leurs biens non professionnels, demeurant dans leur patrimoine privé ;
- leurs biens professionnels, formant leur actif professionnel.

L'actif professionnel comprend nécessairement les biens d'investissement servant spécialement à l'exercice de la profession, la finance des charges et offices, ou le droit de présentation de la clientèle. Le même régime s'applique aux parts détenues dans des sociétés de personnes au sein de laquelle le contribuable exerce son activité professionnelle[(993)]. En revanche, les biens seulement utilisés pour l'exercice de la profession n'appartiennent à l'actif professionnel du contribuable que s'ils sont inscrits à ce titre sur le registre des immobilisations. Cette règle s'applique également aux parts et actions de sociétés dont la détention présente un intérêt ou une utilité pour l'exercice de l'activité de l'intéressé. Naturellement, les biens non utilisés pour l'exercice de la profession (ou ne présentant pas d'utilité ou d'intérêt à ce titre) ne peuvent, en tout état de cause, être regardés comme appartenant à l'actif professionnel du contribuable. Le régime des plus ou moins-values professionnelles s'applique en particulier aux indemnités reçues en contrepartie de la cessation de l'exercice de la profession ou du transfert de la clientèle.

4) La loi organise en faveur des auteurs, artistes et sportifs un mécanisme optionnel de taxation à raison de la moyenne triennale (ou « sur option dans l'option » quinquennale) de leurs revenus[(994)]. Plus précisément, les bénéfices imposables provenant de la production littéraire, scientifique ou artistique de même que ceux provenant de la pratique d'un sport peuvent, à la demande des contribuables soumis à un régime réel d'imposition, être déterminés en retranchant, de la moyenne des recettes de l'année de l'imposition et des deux (ou quatre) années précédentes, la moyenne des dépenses de ces mêmes années. Les contribuables qui adoptent ce mode d'évaluation pour une année quelconque sont obligatoirement soumis au régime de la déclaration contrôlée. L'option reste valable tant qu'elle n'a pas été expressément révoquée. L'« option dans l'option » permettant l'extension de la période de référence à quatre ans est en revanche irrévocable[(995)].

1486. – Recettes imposables. Sous réserve de l'application du régime des plus-values professionnelles aux recettes procédant, le cas échéant, de la réalisation des

(991) CGI, art. 93, 1, 2°.
(992) CGI, art. 93 A. L'option est établie sur papier libre. Elle doit être exercée avant le 1er février de l'année pour produire ses effets au titre de cette même année. Elle s'applique tant qu'elle n'a pas été dénoncée dans les mêmes conditions.
(993) V., pour les parts de SCM, CGI, art. 93, 5.
(994) CGI, art. 100 bis.
(995) Sur ce régime, V. BOI-BNC-SECT-20-20.

éléments d'actif affectés à l'exercice de la profession (V. *infra*, n° 1491), les recettes imposables comprennent :

– toutes les sommes perçues en rémunération des services accomplis par le contribuable ;

– les remboursements de frais versés par les clients.

Les recettes comprennent en particulier le montant des honoraires rétrocédés au contribuable. Elles peuvent, par exemple, comprendre également :

– les revenus de remplacement versés par les organismes de protection sociale ;

– les indemnités reçues en réparation d'un préjudice professionnel (autres que celles qui sont destinées à compenser la perte ou la dépréciation d'un élément de l'actif professionnel qui suivent le régime des plus ou moins-values professionnelles) ;

– les produits financiers ;

– les subventions d'équipement octroyées par une collectivité publique, qui peuvent relever du dispositif d'imposition étalée prévu en matière de bénéfices industriels et commerciaux[996].

En revanche, ne constituent pas des recettes imposables, les sommes encaissées par un professionnel libéral pour le compte de ses clients ou reçus de ceux-ci en vue de leur reversement à des tiers.

1487. – **Dépenses nécessitées par l'exercice de la profession (régime micro-BNC).** Un régime forfaitaire similaire à celui applicable dans le cadre des bénéfices industriels et commerciaux (V. *supra*, n° 1452) s'applique à la détermination des dépenses fiscalement déductibles des titulaires de bénéfices non commerciaux modestes[997].

Formellement dénommé « régime déclaratif spécial », le mode de détermination forfaitaire consiste à arrêter, dans le cadre de l'année, les dépenses fiscalement déductibles à un pourcentage fixe des recettes imposables.

De manière générale, ce régime est applicable – sauf option pour le régime de la déclaration contrôlée – lorsque les recettes « courantes » hors taxes de l'exploitant n'ont pas, au cours de l'année d'imposition, dépassé certains seuils légaux.

Le dispositif présenté ici s'applique jusqu'en 2014. Il est remplacé, pour les périodes d'imposition arrêtées à compter du 31 décembre 2015, par un dispositif simplifié consistant schématiquement à aligner plus étroitement les seuils applicables dans le régime micro-BNC sur ceux de la franchise en base de TVA[998].

Pour l'imposition des revenus de l'année 2013, ces seuils sont fixés à 32 900 € (limite « normale ») et 34 900 € (limite « majorée ») hors taxes[999]. Il s'applique comme dans le cas des prestations de service relevant du régime micro-BIC (V. *supra*, n° 1452).

1) Le montant des recettes est apprécié abstraction faite des opérations portant sur les éléments d'actif affectés à l'exercice de la profession, des indemnités reçues à l'occasion de la cessation de l'exercice de la profession ou du transfert d'une clientèle et des honoraires rétrocédés à des confrères selon les usages de la profession[1000]. En cas de création ou de cession d'activité, le montant des recettes est ajusté au prorata du temps d'activité au cours de l'année civile.

Des règles particulières s'appliquent en cas d'activités mixtes relevant des bénéfices industriels et commerciaux et des bénéfices non commerciaux[1001].

(996) CGI, art. 93, 8.
(997) CGI, art. 102 ter.
(998) L. fin. rect. 2013, 29 déc. 2013, art. 20, VII et VIII.
(999) CGI, art. 102 ter.
(1000) CGI, art. 96, II.
(1001) CGI, art. 96 B.

2) Le seuil d'application du régime est réévalué chaque année dans la même proportion que la limite supérieure de la première tranche du barème progressif de l'IR. Compte tenu du gel du barème de cet impôt, ces seuils se sont trouvés maintenus à 32 600 € (limite « normale ») et 34 600 € (limite « majorée ») pour l'imposition des revenus de 2010, 2011 et 2012. Ils étaient respectivement fixés à 32 000 € (limite « normale ») et 34 000 € (limite « majorée ») pour les revenus de 2009.

À compter du 1er janvier 2017, ces seuils seront réévalués tous les trois ans dans la même proportion que l'évolution triennale de la limite supérieure de la première tranche du barème de l'IR[1002].

3) Certains contribuables sont exclus du bénéfice du régime déclaratif spécial (et relèvent de plein droit du régime de la déclaration contrôlée)[1003]. Il s'agit, par exemple, des associés de sociétés de personnes exerçant une activité non commerciale, des auteurs des œuvres de l'esprit relevant du mécanisme de retenue à la source de la TVA, des artistes et sportifs imposés à raison de la moyenne pluriannuelle de leurs revenus, des officiers publics ou ministériels, des opérateurs habituels sur les instruments financiers à terme[1004], des contribuables dont tout ou partie des biens affectés à l'exploitation sont compris dans un patrimoine fiduciaire ou encore[1005] des personnes qui exercent une activité occulte.

4) Dans le cadre du régime spécial des auto-entrepreneurs, les contribuables relevant du régime micro-BNC peuvent (lorsqu'ils ont opté pour le versement libératoire de leurs cotisations sociales) être placés sur option sous un régime de versements forfaitaires libératoires de l'IR[1006].

Lorsque ce régime est appliqué, le « montant brut des recettes annuelles [est] diminué d'une réfaction forfaitaire de 34 % ». En clair, les dépenses professionnelles sont déterminées forfaitairement à 34 % des recettes – étant précisé que le montant minimal de la réfaction est fixé à 305 €. Le bénéfice imposable est donc égal de manière générale à 66 % des recettes.

a) Ce taux résulte de la loi de financement de la sécurité sociale pour 2007[1007]. Antérieurement fixé à 37 %, il avait été ramené à 25 % par la loi de finances pour 2006[1008] pour tenir compte de la diminution des taux d'imposition des différentes tranches du barème consécutive à la suppression, depuis les revenus de 2006, de l'abattement général de 20 %.

b) Tendant essentiellement à la détermination des dépenses déductibles, le régime forfaitaire est sans incidence sur la détermination du montant des plus-values professionnelles éventuellement réalisées. Les plus ou moins-values provenant de la cession des biens affectés à l'exploitation sont prises en compte distinctement pour l'assiette de l'IR dans les conditions générales. À cet égard la réfaction est réputée tenir compte des amortissements pratiqués selon le mode linéaire[1009].

1488. – Dépenses nécessitées par l'exercice de la profession (régime réel). Lorsque le régime déclaratif spécial n'est pas légalement applicable, les titulaires de bénéfices non commerciaux relèvent en principe du régime dit « de la déclaration contrôlée ». Les dépenses sont alors retenues pour leur montant « réel ».

1) Pour être admises en déduction, les dépenses doivent être nécessitées par l'exercice de la profession.

Cette règle exclut la prise en compte des dépenses de caractère personnel ou de celles qui pourraient être regardées comme étrangères à l'exercice normal de la profession. Jugé, par exemple, que les dépenses supportées par un avoué pour une réception donnée à l'occasion de sa nomination dans

(1002) L. fin. rect. 2013, 29 déc. 2013, art. 20, XII.
(1003) CGI, art. 96.
(1004) V. sur ce point *infra*, nos 1504 et s.
(1005) Depuis L. fin. rect. 30 déc. 2009, art. 18.
(1006) L. 4 août 2008 de modernisation de l'économie, art. 1er. – CGI, art. 151-0.
(1007) L. 21 déc. 2006, art. 10, III.
(1008) L. 30 déc. 2005, art. 76, II.
(1009) CGI, art. 102 ter, 1.

l'ordre de la Légion d'honneur ne présentent pas un caractère professionnel, alors même que la plupart des invités comptaient parmi ses relations professionnelles[(1010)].

Pour l'application de cette solution générale, les dépenses de caractère mixte doivent faire l'objet d'une ventilation.

Sauf option pour le régime de la comptabilité d'engagement (V. *supra*, n° 1485, 2), les titulaires de BNC relèvent des principes de la comptabilité de caisse ou de trésorerie[(1011)]. Il en résulte qu'ils doivent, pour l'accomplissement de leurs obligations comptables[(1012)], tenir compte des dépenses payées au cours de l'année civile. C'est seulement en cas de décès ou de cessation d'activité que leur bénéfice fait l'objet d'une imposition immédiate selon les principes de la comptabilité d'engagement[(1013)].

2) La loi ne dresse pas une liste exhaustive des dépenses fiscalement déductibles pour la détermination du montant net des bénéfices non commerciaux nets. Passablement datée et peu opérationnelle, l'énumération légale, même non limitative, mériterait d'ailleurs d'être revue[(1014)]. Il convient en définitive de se référer aux dispositions générales selon lesquelles « le bénéfice ou revenu imposable est constitué par l'excédent du produit brut (...) sur les dépenses effectuées en vue de l'acquisition et de la conservation du revenu »[(1015)].

Cela étant, la loi implique de distinguer les dépenses courantes pouvant donner lieu à une déduction immédiate pour leur montant intégral et les dépenses qui, correspondant à l'acquisition d'une immobilisation normalement exposée à dépréciation, doivent obligatoirement être déduites par le biais d'un mécanisme d'amortissement.

a) Les dépenses courantes comprennent :

– les achats de fournitures, les services extérieurs et les travaux ;

Les frais d'établissement peuvent être compris dans les dépenses courantes[(1016)].

– les frais de personnel (rémunération et cotisations sociales) ;

Les limitations pouvant concerner la déduction du salaire du conjoint s'appliquent comme en matière de BIC (V. *supra*, n° 1463, 1).

– les frais de transport et de déplacement ;

– les loyers des locaux, du matériel ou du mobilier utilisé à titre professionnel.

Aux termes de l'article 93, 1-1° du CGI « lorsque le contribuable est propriétaire de locaux affectés à l'exercice de sa profession, aucune déduction n'est apportée de ce chef au bénéfice imposable ». Selon le Conseil d'État, ces dispositions « font obstacle à ce que le titulaire de bénéfices non commerciaux qui exerce son activité professionnelle à titre individuel dans des locaux lui appartenant qu'il a affectés à son activité professionnelle déduise de ses bénéfices des sommes représentatives d'un loyer à raison de l'utilisation de ces locaux à des fins professionnelles ». Cela étant, « elles ne s'opposent pas à ce que, lorsqu'il maintient ces locaux dans son patrimoine personnel et obtient,

(1010) CE, sect., 5 oct. 1973, n° 83.211 : *Rec. CE* 1973, p. 550.
(1011) CGI, art. 93 A.
(1012) CGI, art. 99.
(1013) CGI, art. 202.
(1014) CGI, art. 93, 1.
(1015) CGI, art. 13, 1.
(1016) Les frais d'établissement sont les frais engagés en vue de l'exercice de la profession, au moment de l'acquisition d'un office ou d'une clientèle ou au moment de la constitution d'une société. Ils doivent en principe être déduits intégralement en une seule fois, au titre de l'année de leur paiement. La doctrine administrative admet toutefois, par analogie avec les règles des BIC, que la déduction des frais de *premier établissement* et de constitution de sociétés soit – sur demande expresse du contribuable – effectuée de manière échelonnée sur une période maximale de cinq ans, suivant un plan d'amortissement linéaire (BOI-BNC-BASE-40-30, n° 40).

en contrepartie de leur utilisation pour les besoins de son activité professionnelle, une rémunération constitutive pour lui de revenus fonciers, il déduise de ses recettes professionnelles le montant des dépenses d'occupation effectuées à raison de l'utilisation des locaux nécessaires à son activité professionnelle »(1017) ;

Comme en matière de traitements et salaires, les dépenses vestimentaires ne sont déductibles (lorsqu'elles n'ont pas trait à des vêtements spécifiques à la profession exercée) que si elles excèdent celles qui correspondent normalement au niveau des revenus du contribuable(1018).

– les impôts, taxes, et cotisations liés à la protection sociale de l'exploitant ;

– les primes d'assurance couvrant des risques professionnels, les charges financières supportées pour les besoins de l'activité et les frais divers de gestion ;

– les frais de formation, de documentation ou de réception.

S'agissant de ces diverses dépenses, les règles des BIC trouvent généralement à s'appliquer *mutatis mutandis*. C'est le cas, par exemple, en ce qui concerne les limites à la déductibilité des cotisations aux régimes facultatifs de protection sociale (et en particulier aux contrats « Madelin »), des loyers afférents à la location de véhicules automobiles ou des impôts supportés par l'entreprise non commerciale.

b) Les dépenses déductibles pour la détermination du bénéfice non commercial imposable comprennent notamment « les amortissements effectués suivant les règles applicables en matière de bénéfices industriels et commerciaux »(1019).

La déduction des amortissements est subordonnée à la mention des biens considérés sur le registre des immobilisations.

Le régime des bénéfices non commerciaux ne présente, à cet égard, aucune règle dérogatoire à celles applicables pour les activités industrielles, commerciales ou artisanales (ou même agricoles) relevant d'un régime réel d'imposition.

C'est ainsi que trouvent notamment à s'appliquer en matière de bénéfices non commerciaux :

– les règles de plafonnement de déduction des amortissements des véhicules automobiles ;

– les règles permettant la mise en œuvre d'un mode d'amortissement dégressif à l'égard de certains biens ;

– les règles d'« activation » de certaines dépenses afférentes aux immobilisations amortissables ;

– le régime des amortissements irrégulièrement différés ;

– la déduction exceptionnelle (ou « suramortissement ») en faveur de l'investissement (V. *supra*, n° 1465).

Naturellement, l'acquisition d'une immobilisation normalement non sujette à dépréciation ne peut faire l'objet d'aucune déduction au titre des amortissements.

Ainsi, le coût d'acquisition d'une charge, d'un office, d'une clientèle libérale ou d'une marque ne peut donner lieu à amortissement.

C'est un cas où une dépense, pourtant nécessitée par l'exercice de la profession, ne peut venir en déduction du bénéfice imposable.

c) En définitive, la seule différence significative entre les bénéfices non commerciaux et les bénéfices industriels et commerciaux tient à l'impossibilité, pour les titulaires de bénéfices non commerciaux relevant de la comptabilité de caisse, de déduire de leur bénéfice imposable des provisions : les dispositions légales, selon

(1017) CE, 11 avr. 2008, n° 287.808, *Roche* : *Dr. fisc.* 2008, n° 22, comm. 351, concl. C. Vérot.

(1018) CE, 4 août 2006, n° 283424, *Min. c/Renaudin* : *Dr. fisc.* 2006, n° 50, comm. 784, pour le cas d'un attaché de presse et de communication *free lance*, l'arrêt visant également le cas des dépenses de blanchissage, de coiffure et de soins esthétiques.

(1019) CGI, art. 93, 1-2°.

lesquelles « le bénéfice [non-commercial] à retenir dans les bases de l'impôt sur le revenu est constitué par l'excédent des recettes totales sur les dépenses nécessitées par l'exercice de la profession »(1020)« n'autorisent pas la constitution de provisions destinées à faire face à des pertes ou charges à venir et moins encore celle de provisions pour dépréciation d'un élément d'actif »(1021).

La dépréciation d'un élément d'actif non amortissable est donc radicalement sans influence sur la détermination du bénéfice non commercial imposable. Ainsi, le contribuable victime de « l'évasion d'une partie de sa clientèle » n'est pas fondé, dès lors qu'il ne l'a pas cédée, à prétendre déduire de ses résultats une perte résultant de la diminution de sa valeur(1022).

Les titulaires de bénéfices non commerciaux soumis au régime de la déclaration contrôlée peuvent échapper très partiellement à cette règle en optant pour la comptabilité d'engagement (V. *supra*, n° 1485, 2). Dans ce cas, selon l'administration, seule la constitution de provision pour dépréciation de créances douteuses ou litigieuses est possible – à l'exclusion de toute autre forme de provision(1023). Sous cette réserve, le résultat imposable est alors constitué (comme en matière de bénéfices industriels et commerciaux « réels ») par l'excédent des créances acquises sur les dépenses engagées au cours de l'année d'imposition. L'option doit être exercée avant le 1er février de l'année au titre de laquelle l'impôt sur le revenu est établi. Elle s'applique tant qu'elle n'a pas été dénoncée dans les mêmes conditions(1024).

1489. – **Modalités d'imposition.** Sous réserve des éléments de résultat relevant du régime des plus ou moins-values professionnelles, le bénéfice annuel net (réel ou forfaitaire) du titulaire des bénéfices non commerciaux est compris dans le revenu global de son foyer en vue de l'application du barème progressif.

Le bénéfice non commercial réalisé par des contribuables relevant de la déclaration contrôlée qui ne seraient pas adhérents d'une association de gestion agréée (ou, depuis 2010, ne feraient pas appel, à défaut, aux services d'un comptable « conventionné ») fait l'objet d'une majoration légale de 25 % avant son intégration dans le revenu global (V. *infra*, n° 1522).

1490. – **Obligations déclaratives.** Les titulaires de bénéfices industriels et commerciaux imposés selon un régime réel sont tenus à la souscription annuelle d'une déclaration annuelle de résultat – complémentaire à la déclaration d'ensemble des revenus. Le résultat déclaré peut être contrôlé, en particulier, à l'occasion d'une vérification de comptabilité ou d'un examen contradictoire de la situation fiscale personnelle d'ensemble du contribuable(1025).

Les contribuables relevant du régime micro-BNC (V. *supra*, n° 1487) sont dispensés de la souscription de cette déclaration complémentaire.

§ 8. – Les plus-values professionnelles

1491. – **Généralités.** Le régime des plus ou moins-values professionnelles s'applique légalement à deux séries d'opérations qui n'ont que peu de choses en commun.

(1020) CGI, art. 93, 1.
(1021) CE, 9 juill. 1980, n° 11.847 : *Dr. fisc.* 1980, n° 48, comm. 2453, concl. J.-F. Verny.
(1022) CE, 4 juin 1969, n° 70.763 : *Rec. CE* 1969, p. 281.
(1023) BOI-BNC-BASE-20-10-20, n° 200.
(1024) CGI, art. 93 A.
(1025) LPF, art. L. 12, L. 13 et L. 47 et s.

1) Ce régime s'applique d'abord pour le traitement fiscal du résultat des opérations de cession par une entreprise d'éléments de son actif immobilisé. Il s'agit là du régime des plus-values professionnelles *stricto sensu*. L'application de ce régime repose alors sur une double préoccupation :

– corriger les approximations résultant du caractère forfaitaire de l'amortissement dont a fait l'objet, le cas échéant, l'immobilisation cédée ;

– réserver un traitement fiscal favorable aux résultats d'opérations exceptionnelles au titre desquelles l'intention spéculative de l'entreprise est normalement affaiblie.

Dans ces hypothèses, l'existence d'un régime de taxation favorable tend également à compenser l'absence de prise en compte de l'érosion monétaire lors de la détermination de la plus-value imposable.

2) Le régime des plus ou moins-values professionnelles s'applique aussi – par assimilation – à des opérations qui sont sans lien avec une cession d'immobilisation. Le but recherché est alors exclusivement l'obtention, sous certaines conditions, d'une moindre taxation du résultat des opérations considérées.

C'est sous l'effet de cette assimilation que les produits de la propriété industrielle peuvent suivre sous certaines conditions le régime des plus-values professionnelles.

Les autres aspects du régime des plus-values professionnelles étant examinés au titre de l'impôt sur les sociétés (V. *infra*, n°s 1668 et s.), seul est étudié ici le régime des plus-values de cession d'éléments d'actif autres que les titres de portefeuille et les droits de la propriété intellectuelle.

Posées au titre des BIC, les règles des plus-values professionnelles s'appliquent également, en principe, en matière de BA[(1026)] et de BNC[(1027)]. Il ne faut pas déduire de l'unité de régime résultant de ce renvoi aux règles des BIC une « fongibilité » générale des plus ou moins-values relevant des différentes cédules de revenus. Le Conseil d'État considère ainsi qu'une plus-value à long terme réalisée dans le cadre d'une activité agricole – et relevant donc des BA – ne peut être compensée avec une moins-value à long terme subie dans le cadre d'une activité commerciale – et relevant donc des BIC – et inversement[(1028)].

1492. – **Origine de la plus ou moins-value.** Une plus ou moins-value peut résulter de toute opération ou événement sous l'effet duquel un élément immobilisé sort de l'actif professionnel de l'entreprise ou perd définitivement toute valeur. Cet événement consiste le plus souvent dans une vente, un apport, un échange, une destruction accidentelle ou une mise au rebut.

Tant que le bien figure à l'actif, la plus-value qui le concerne, le cas échéant, ne peut être que latente. Elle ne donne pas lieu à imposition, sauf cas de réévaluation du bilan[(1029)].

1493. – **Montant brut de la plus ou moins-value.** De manière générale, la plus-value est égale à l'excédent du prix de cession de l'élément d'actif considéré sur sa valeur comptable. Inversement, la moins-value est égale à l'excédent de la valeur comptable sur le prix de cession.

(1026) CGI, art. 72.
(1027) CGI, art. 93 quater.
(1028) CE, 23 nov. 2007, n° 295.601, *Soulas* : *RJF* 2/2008, n° 113 ; *BDCF* 2008, n° 15, concl. L. Vallée, cette solution ayant été retenue, semble-t-il, au motif que les plus-values professionnelles ne sauraient être regardées comme consistant une cédule autonome.
(1029) V. *infra*, n° 1665, 1, *in fine*.

1) Le prix de cession s'entend de la somme effectivement perçue par l'entreprise en contrepartie de la cession de l'immobilisation. C'est, en d'autres termes, la contrepartie acquise par l'entreprise à l'occasion de l'éviction du bien de son actif professionnel.

2) Sauf en cas de réévaluation du bilan[1030], la valeur comptable s'entend :

– pour les immobilisations non amortissables, de leur valeur d'origine ;

– pour les immobilisations amortissables, de leur coût de revient diminué des amortissements pratiqués et déduits de l'assiette de l'impôt ou réputés tels.

Sont légalement assimilés à des amortissements pratiqués et déduits de l'assiette de l'impôt :
– les amortissements irrégulièrement différés ;
– les amortissements expressément exclus des charges déductibles.

1494. – Court terme et long terme. La loi du 10 novembre 1997 portant mesures urgentes à caractère fiscal et financier (art. 2) a laissé subsister, s'agissant des entreprises relevant de l'impôt sur le revenu, la distinction entre plus ou moins-value à long terme et à court terme :

– la plus ou moins-value à court terme est un élément (positif ou négatif) incorporé au résultat ordinaire ;

– la plus ou moins-value à long terme est un élément (positif ou négatif) qui, dissocié du résultat ordinaire, subit un traitement fiscal particulier caractérisé par l'application d'un taux d'imposition atténué.

La distinction entre opération à court terme ou à long terme est fondée sur la durée de détention du bien dont la cession est à l'origine de la plus ou moins-value et sur son caractère amortissable ou non amortissable.

NATURE DES BIENS CÉDÉS	PLUS-VALUE		MOINS-VALUE	
	DURÉE DE DÉTENTION		DURÉE DE DÉTENTION	
	MOINS DE 2 ANS	2 ANS ET PLUS	MOINS DE 2 ANS	2 ANS ET PLUS
Amortissable	Court terme	Court terme dans la limite des amortissements déduits ou assimilés *(b)* Long terme au-delà de cette limite	Court terme	Court terme *(a)*
Non amortissable	Court terme	Long terme	Court terme	Long terme

1) Ce tableau comporte deux règles complexes qui se comprennent aisément si l'on conserve à l'esprit que l'amortissement a pour objet de mesurer la dépréciation subie au cours du temps par les éléments amortissables. Si l'amortissement jouait parfaitement ce rôle (et mesurait *réellement* la dépréciation), la plus-value de cession d'une immobilisation amortissable (à la supposer cédée pour sa valeur réelle) serait toujours théoriquement nulle (sa valeur comptable reflétant parfaitement cette valeur réelle). Si une plus-value ou une moins-value apparaît, c'est que l'entreprise a, selon le cas, trop,

(1030) *Ibid.*

ou trop peu, amorti le bien. Corrélativement, l'entreprise aura trop, ou trop peu, réduit son résultat ordinaire. La distinction opérée entre opération à court terme ou à long terme vise à compenser l'avantage obtenu ou le désavantage subi :

a) Une moins-value sur immobilisation amortissable est toujours à court terme car elle traduit, dans son existence même, une prise en compte insuffisante de la dépréciation effective du bien par le biais des amortissements antérieurs. Il convient donc de compenser le désavantage subi de ce fait par l'entreprise en lui permettant de déduire de son résultat ordinaire le montant correspondant à cette insuffisance d'amortissement (qui correspondant au montant total de la moins-value) ;

b) Une plus-value sur immobilisation amortissable est toujours à court terme dans la limite des amortissements car elle traduit, dans son existence même, une prise en compte excessive de la dépréciation effective du bien par le biais de l'amortissement. Il convient donc de compenser l'avantage obtenu de ce fait par l'entreprise en majorant son résultat ordinaire du montant des amortissements excessifs (qui, par construction, ne peuvent excéder les amortissements déduits ou assimilés).

2) Les plus-values immobilières à long terme réalisées dans le cadre d'une activité professionnelle font l'objet d'un abattement de 10 % par année de détention au-delà de la cinquième[1031]. Relèvent de cette mesure les immeubles affectés par l'entreprise à sa propre exploitation (ou les titres de sociétés à prépondérance immobilière dont l'actif est constitué principalement d'immeubles ou de droits immobiliers répondant à cette condition). L'application de cet abattement conduit à un effacement intégral de la plus-value pour les immeubles (ou les droits immobiliers) détenus plus de quinze ans, ce qui, à l'époque de l'institution de cette mesure[1032], correspondait au régime d'abattement applicable en matière de plus-values immobilières « privées » (comp. *infra*, n° 1429).

1495. – Plus ou moins-values nettes à court terme. À la clôture de chaque exercice, une compensation générale est opérée entre les plus et moins-values à court terme.

1) La plus-value nette à court terme résultant, le cas échéant, de cette compensation est comprise dans le résultat ordinaire. Elle s'ajoute, en d'autres termes, au bénéfice d'exploitation. Elle a donc vocation à être soumise au barème progressif de l'impôt sur le revenu.

Sur option, son imposition peut toutefois être étalée par fraction égale sur trois ans[1033]. En cas de cessation de l'activité, la faculté de répartition de l'imposition n'est pas applicable et il est procédé à une imposition immédiate.

2) Symétriquement, la moins-value nette à court terme éventuelle est déduite du résultat ordinaire et concourt, le cas échéant, à la formation d'un déficit reportable sur les bénéfices ordinaires des exercices ultérieurs.

1496. – Plus ou moins-values nettes à long terme. De la même manière, une compensation générale est opérée entre les plus et moins-values à long terme à la clôture de chaque exercice.

Cette compensation générale ne peut être opérée, toutefois, qu'au sein d'une même cédule de revenus (V. *supra*, n° 1491).

1) La plus-value nette à long terme résultant, le cas échéant, de cette compensation n'est pas comprise dans le résultat ordinaire. Sauf compensation, elle est taxée

(1031) CGI, art. 151 septies B, applicable aux plus-values réalisées à compter du 1er janvier 2006.
(1032) L. fin. rect. 2005, 30 déc. 2005, art. 36.
(1033) CGI, art. 39 quaterdecies.

distinctement à un taux forfaitaire (et légalement dit « séparé ») de 16 % au titre de l'impôt sur le revenu[1034].

a) L'application d'un taux forfaitaire significativement inférieur au taux marginal du barème progressif de l'IR s'explique historiquement par la volonté du législateur de ne pas soumettre au taux ordinaire des gains pouvant procéder pour une large part de la seule érosion monétaire[1035].

Compte tenu des contributions sociales (15,5 %) la plus-value nette à long terme est taxée, depuis 2012, s'agissant des contribuables résidents de France, au taux global de 31,5 %.

b) Des taux d'imposition plus faibles sont applicables dans les DOM au titre de l'IR (9 % en Guyane et à Mayotte et 11 % dans les autres DOM).

c) La plus-value nette à long terme peut être compensée :

– avec les moins-values à long terme non encore imputées subies au cours des dix exercices précédents (V. *infra*, pt 2) ;

– avec le déficit ordinaire de l'exercice[1036] ou les déficits antérieurs en report[1037]. Ce cas de compensation est facultatif et peut n'être exercé que partiellement. La compensation s'opère pour le montant nominal de différents éléments en cause[1038]. Naturellement, les déficits ainsi annulés cessent d'être reportables.

2) La moins-value nette à long terme résultant, le cas échéant, de cette compensation ne peut venir en déduction du résultat ordinaire (ni, partant, du revenu global). Cette moins-value nette est seulement imputable sur les plus-values à long terme réalisées au cours des dix exercices suivants[1039].

Par exception, l'imputation partielle des moins-values nettes à long terme sur les bénéfices ordinaires est admise en cas de cession ou de cessation d'entreprise. Cette imputation est admise tant pour les moins-values de l'exercice de liquidation que pour les moins-values antérieures encore en report. Pour tenir compte de l'écart de taxation entre plus-value à long terme et résultat ordinaire, cette imputation n'est toutefois possible qu'à hauteur d'une fraction de la moins-value à long terme. Procédant à l'adaptation d'un dispositif légal périmé[1040], la doctrine administrative retient que cette fraction est égale au rapport existant entre le taux d'imposition des plus-values à long terme qui était en vigueur au titre de l'exercice de réalisation des moins-values en cause et le taux normal de l'IS applicable au titre de l'exercice de liquidation[1041], soit actuellement, dans la généralité des cas, 48 % (la référence au taux de l'IS, qui pourrait sembler curieuse s'agissant de modalités d'imposition prévues au titre de l'IR, résulte implicitement du dispositif légal précité).

1497. – Exonérations. La loi prévoit diverses exonérations en matière de plus-values professionnelles. On en donnera les trois principales illustrations concernant les entreprises relevant de l'impôt sur le revenu.

1) Quelle que soit la nature, industrielle, commerciale, artisanale, agricole ou libérale de leur activité et le régime forfaitaire ou réel d'imposition dont elles relèvent, les *petites entreprises* peuvent être totalement ou partiellement exonérées des plus-values réalisées en cours ou en fin d'exploitation[1042].

(1034) CGI, art. 39 quindecies, I-1, al. 1er.
(1035) V. concl. L. Vallée sur CE, 23 nov. 2007, n° 295.601, *Soulas : BDCF* 2008, n° 15.
(1036) CGI, art. 39 quindecies, I-1.
(1037) BOI-BIC-PVMV-20-40-10, n° 30.
(1038) Le déficit ordinaire étant normalement imputable sur les bénéfices ordinaires pouvant relever d'un taux d'imposition plus élevé, cette compensation peut présenter un intérêt en cas de risque de « perte » de déficits antérieurs anciens. Cette situation est toutefois un peu hypothétique en matière d'IR (V. *infra*, n° 1518).
(1039) CGI, art. 39 quindecies, I-2, al. 1er.
(1040) CGI, art. 39 quindecies, I-2, al. 2.
(1041) BOI-BIC-PVMV-20-40-20, n° 80.
(1042) CGI, art. 151 septies.

L'exonération (qui ne s'applique pas aux plus-values portant sur des terrains à bâtir) est subordonnée à la durée de l'activité (qui doit de manière générale être au minimum de cinq ans à la date de la plus-value). Le montant des recettes de l'entreprise conditionne le principe et le taux d'exonération applicable :

– une exonération intégrale s'applique si les recettes n'excèdent pas 250 000 € (pour les activités de vente de marchandises, de fourniture de logement à l'exclusion de la location en meublés et les exploitations agricoles) ou 90 000 € (pour les autres entreprises industrielles, commerciales ou artisanales et les titulaires de BNC) ;

– une exonération partielle dégressive est applicable si les recettes dépassent les seuils précités sans excéder pour autant 350 000 € (pour les activités relevant de la première catégorie) ou 126 000 € (pour celles relevant de la seconde catégorie).

Le montant des recettes annuelles s'entend de la moyenne des recettes, appréciées hors taxes, réalisées au titre des exercices clos, ramenées le cas échéant à douze mois, au cours des deux années civiles qui précèdent la date de clôture de l'exercice de réalisation des plus-values.

2) Plusieurs dispositifs d'exonération sont destinés, enfin, à favoriser les opérations de transmission de petites et moyennes entreprises. On les présentera très schématiquement.

a) Lorsque l'activité a été exercée cinq ans au moins, les plus-values réalisées dans le cadre d'une activité commerciale, industrielle, artisanale, libérale ou agricole à l'occasion de la transmission (à titre onéreux ou à titre gratuit) d'une entreprise individuelle (ou, sous certaines conditions, d'une branche complète d'activité) sont :

– totalement exonérées si la valeur des éléments transmis n'excède pas 300 000 € ;

– partiellement exonérées si la valeur des éléments transmis est comprise entre 300 000 € et 500 000 €[1043].

Le bénéfice de ce régime (dont les plus-values se rapportant à un bien immeuble sont exclues) est subordonné, en cas de transmission à titre onéreux, à l'absence de contrôle du cédant sur l'entreprise cessionnaire[1044].

b) Les plus-values d'apport consécutives à la mise en société d'une entreprise individuelle (ou d'une branche complète d'activité) font l'objet d'un régime de faveur. Sous certaines conditions :

– l'imposition des plus-values sur des éléments d'actifs non amortissables est reportée jusqu'à la cession *lato sensu* des titres reçus en rémunération de l'apport ou jusqu'à la cession de ces immobilisations par la société bénéficiaire de l'apport si elle est antérieure ;

– l'imposition des plus-values afférentes aux autres immobilisations est effectuée au nom de la société bénéficiaire de l'apport selon les modalités prévues pour les fusions de sociétés[1045].

c) Deux autres exonérations s'appliquent aux plus-values de cession réalisées lors du départ en retraite de l'exploitant individuel d'une PME[1046] ou lors de la transmission à titre gratuit d'une entreprise individuelle[1047].

3) Les contribuables qui optent pour la première fois pour un régime réel d'imposition peuvent constater en franchise d'impôt les plus-values acquises, à la date d'effet de cette option, par les éléments non amortissables de leur actif immobilisé[1048].

(1043) CGI, art. 238 quindecies.

(1044) V., pour un cas d'application de cette règle, CE, 30 déc. 2013, n° 355.328, *Min. c/Rossi*. – Comp. pour le régime de l'article 238 quaterdecies du CGI qui, applicable de juin 2004 à décembre 2005, ne prévoyait pas, dans sa rédaction initiale, une telle condition, CE, 23 juill. 2012, n° 342.017, *M. Bazin-Faucon : Dr. fisc.* 2012, n° 48, comm. 538, concl. E. Cortot-Boucher, note crit. F. Deboissy, refusant de regarder comme abusive la « vente à soi-même », c'est-à-dire la vente à une société créée et contrôlée par le cédant, de la clientèle d'un cabinet individuel d'expertise comptable – au motif en vérité étrange que la cession ne peut être regardée comme ayant permis d'éluder l'impôt dans la mesure où, en son absence, aucune imposition d'aurait pu être établie, faute de réalisation, par construction, d'une quelconque plus-value.

(1045) CGI, art. 151 octies.

(1046) CGI, art. 151 septies A.

(1047) CGI, art. 41.

(1048) CGI, art. 39 octodecies.

§ 9. – Les autres catégories de revenus

A. – Les rémunérations de certains dirigeants de sociétés

1498. – Non-catégorie. 1) La loi identifie une catégorie autonome de revenus qui permet de taxer les rémunérations de certains dirigeants de sociétés[1049]. Au demeurant, cette catégorie ne présente aucun contenu véritable, les revenus en relevant étant taxés selon les règles des traitements et salaires. Cela étant, son existence invite à rappeler quelques solutions générales concernant les modalités d'imposition des rémunérations acquises, en cette qualité, par les dirigeants de sociétés.

a) Les « parachutes dorés » font l'objet de dispositions particulières. Les indemnités versées à l'occasion de la cessation de leurs fonctions (et notamment en cas de révocation) aux mandataires sociaux et dirigeants assimilés à des salariés sont imposables pour la fraction qui excède, désormais[1050], trois fois le plafond annuel de la sécurité sociale, soit 115 848 € pour les indemnités perçues en 2016.

Par ailleurs, depuis la loi de finances pour 2009[1051], ces sommes ne sont admises en déduction du résultat de l'entreprise les ayant versées que dans cette même limite[1052].

b) Les gains relatifs à des options sur actions (ou *stock options*), qui avaient vu leur régime se durcir au fil du temps, ont largement perdu de leur spécificité depuis la loi de finances pour 2013[1053].

• Pour les options attribuées avant le 28 septembre 2012, ces gains peuvent (sous réserve, entre autres conditions, du caractère nominatif des titres et de leur indisponibilité réelle pendant quatre ans) être imposés comme des plus-values sur titres[1054]. Le régime applicable est dans le cas général le suivant :

– l'avantage tiré de la levée de l'option (c'est-à-dire la différence entre la valeur des actions et leur prix d'achat à la date à laquelle l'option est exercée) est (sauf option pour le régime des traitements et salaires) soumis à l'IR au taux de 30 % dans la limite annuelle de 152 500 € et au taux de 41 % au-delà. Cette imposition (qui est différée à la date de cession des actions considérées) peut relever de taux réduits (respectivement à 18 % et 30 %) en cas de portage supplémentaire des actions pendant deux ans ;

– la plus-value (égale à la différence entre le prix de cession des actions et leur valeur à la date de la levée de l'option) suit le régime ordinaire des plus-values de cession d'actions. Après application, le cas échéant, de l'abattement pour durée de détention, la plus-value est comprise, pour les cessions réalisées depuis le 1er janvier 2013, dans le revenu global soumis au barème progressif de l'IR (avant cette date, elle relevait de l'IR au taux forfaitaire de 19 % ou, pour les cessions réalisées en 2012, de 24 %).

• Pour les options attribuées à compter du 28 septembre 2012 (indépendamment, désormais, de toute condition d'indisponibilité), l'avantage tiré de la levée de l'option est obligatoirement imposable – au titre de l'année de la cession *lato sensu* des actions – selon les règles des traitements et salaires. La plus-value relève du régime ordinaire des plus-values de cession d'actions.

(1049) CGI, art. 62.

(1050) CGI, art. 80 duodecies, 2. La limite actuelle, qui s'applique aux indemnités perçues depuis 2015, est issue de la loi de finances pour 2016 (L. 29 déc. 2015, art. 22). La limite précédemment applicable était le plus élevé des deux montants suivants :
– la moitié de l'indemnité perçue ;
– deux fois le montant de la rémunération annuelle brute perçue par l'intéressé au titre de l'année civile précédente.
La fraction exonérée était toutefois limitée à six fois le plafond annuel de la sécurité sociale.

(1051) L. 27 déc. 2008, art. 21.

(1052) CGI, art. 39, 5 quater. La loi de finances pour 2016 (L. 29 déc. 2015, art. 22, applicable aux exercices ouverts à compter du 1er novembre 2015) a maintenu cette symétrie entre imposition et déduction pour, respectivement, le dirigeant et sa société. La même règle s'applique à certaines autres sommes dues en raison de la cessation des fonctions et, notamment, aux « retraites-chapeau ».

(1053) L. 29 déc. 2012, art. 11.

(1054) CGI, art. 80 bis, art. 163 bis C et art. 200 A, 6.

c) Le régime des gains tirés des attributions gratuites d'actions suivait un régime similaire. La loi du 6 août 2015 pour la croissance, l'activité et l'égalité des chances économiques[1055] a toutefois remis en cause l'essentiel des apports de la loi de finances pour 2013 en la matière. Pour les actions attribuées au cours de la période récente, trois régimes sont donc susceptibles de s'appliquer.

• Pour les actions attribuées avant le 28 septembre 2012, sous réserve, entre autres conditions, de leur indisponibilité réelle pendant deux ans[1056] :

– sauf option pour le régime des traitements et salaires, l'avantage correspondant à la valeur des actions à leur date d'acquisition (ou gain d'acquisition) est imposé à l'IR au taux de 30 %. Cette imposition est différée à la date de cession des actions attribuées ;

– la plus-value (égale à la différence entre leur prix de cession et leur valeur à la date de leur acquisition) suit le régime ordinaire des plus-values de cession d'actions.

• Pour les actions attribuées depuis le 28 septembre 2012, sur la base d'une décision de l'assemblée générale extraordinaire antérieure au 8 août 2015[1057], le gain d'acquisition est obligatoirement imposé – au titre de l'année de la cession *lato sensu* des actions – selon les règles des traitements et salaires[1058]. La plus-value relève du régime ordinaire des plus-values de cession d'actions.

• Pour les actions attribuées sur la base d'une décision de l'assemblée générale extraordinaire postérieure au 7 août 2015, le gain d'acquisition est imposé – au titre de l'année de cession des actions – selon le régime des plus-values de cession des titres[1059]. Le gain est donc soumis au barème progressif de l'IR[1060] après application de l'abattement pour durée de détention[1061], la durée de détention étant décomptée à partir de la date de l'attribution définitive des actions[1062].

La plus-value relève du régime ordinaire des plus-values de cession d'actions[1063].

2) Prévues par des textes enchevêtrés (et dont la structure mériterait d'être entièrement revue), ces modalités dépendent, tout à la fois, du statut fiscal de la société considérée et de la nature des fonctions exercées par le dirigeant.

a) Dirigeants des sociétés relevant du régime fiscal des sociétés de capitaux

• Lorsqu'ils ne sont pas regardés comme excessifs (et sont, partant, admis en déduction du résultat imposable de la société considérée), les indemnités, avantages en nature, remboursements et allocations forfaitaires pour frais sont, quel que soit leur objet, imposés dans la catégorie des traitements et salaires lorsqu'ils sont versés :

– dans les sociétés anonymes, au président du conseil d'administration, au directeur général et aux membres du directoire et à tout administrateur ou membre du conseil de surveillance chargé de fonctions spéciales ;

(1055) Ou loi « Macron », art. 135.
(1056) CGI, art. 80 quaterdecies et art. 200 A, 6 bis.
(1057) Soit la date d'entrée en application de la loi « Macron ».
(1058) Les contributions sociales sur les revenus du patrimoine sont exigibles au taux global *ordinaire* de 15,5 %.
(1059) L'application de ce régime de faveur suppose que l'attribution des actions ait été réalisée dans le respect des règles du droit des sociétés (C. com., art. L. 225-197-1 à L. 225-197-6). Si tel n'est pas le cas, ce gain est imposé comme un complément de salaire, au titre de l'année d'obtention de l'avantage et non au titre de celle de la cession des actions.
(1060) Les contributions sociales sur les revenus du patrimoine sont exigibles au taux global *spécial* de 8 %.
(1061) Il peut s'agir, le cas échéant, de l'abattement de droit commun ou, s'agissant des dirigeants de PME prenant leur retraite, de l'abattement renforcé. Dans ce dernier cas, l'abattement fixe de 500 000 € est également applicable.
(1062) L'acquisition définitive survient à l'expiration de la période d'acquisition. C'est à ce moment que le bénéficiaire de l'attribution gratuite devient propriétaire des actions (qui ne lui avaient été jusqu'alors qu'attribuées à titre provisoire). Sauf si l'AGE a déterminé une période de conservation minimale obligatoire, il peut, à compter de cette date, les céder immédiatement. Avant la loi « Macron », la loi imposait l'existence d'une période d'acquisition (courant à compter de la date d'attribution provisoire) et d'une période de conservation (courant à compter de la date d'attribution définitive) dont la durée était fixée par l'AGE dans la limite minimale, dans les deux cas, de deux ans. Depuis cette loi, la durée minimale de la période d'acquisition a été ramenée à un an et la période de conservation n'est plus obligatoire. Toutefois, la durée cumulée de ces deux périodes ne peut être inférieure à deux ans (de sorte que l'AGE peut fixer une période d'acquisition de deux ans sans imposer de période de conservation).
(1063) La moins-value de cession éventuelle (égale à la différence positive entre la valeur des actions à la date de leur acquisition et leur prix de cession) est imputable sur le gain d'acquisition.

Les règles prévues à l'égard des dirigeants des sociétés anonymes s'appliquent *mutatis mutandis* à ceux des sociétés par actions simplifiées[1064].

– dans les sociétés à responsabilité limitée, aux gérants minoritaires ;

– dans les autres entreprises ou établissements passibles de l'impôt sur les sociétés, aux dirigeants soumis au régime fiscal des salariés[1065] ;

Sous l'effet d'un dispositif particulier, les mêmes règles s'appliquent :

– dans les sociétés à responsabilité limitée, aux gérants majoritaires ;

– dans les sociétés en commandite par actions, aux gérants ;

– dans les sociétés de personnes ayant opté pour le régime fiscal des sociétés de capitaux, aux associés en nom[1066].

Lorsqu'elles sont regardées comme excessives, ces sommes sont passibles de l'IR dans la catégorie des revenus de capitaux mobiliers en tant que revenus distribués[1067].

• Les rémunérations allouées sont, dans les autres cas, normalement imposables dans la catégorie des bénéfices non commerciaux. C'est le cas notamment – à condition qu'elles correspondent à un travail effectif et ne soient pas excessives – de celles allouées, le cas échéant, aux membres des conseils d'administration ou des conseils de surveillance des sociétés anonymes et des sociétés en commandite par actions, lorsqu'elles sont exercées en dehors d'un contrat de travail.

Les rémunérations reçues à raison de fonctions exercées dans le cadre d'un contrat de travail sont normalement soumises à l'IR dans la catégorie des traitements et salaires.

• Par exception, les jetons de présence « ordinaires » versés aux membres du conseil d'administration ou du conseil de surveillance des sociétés anonymes sont imposables dans la catégorie des revenus des capitaux mobiliers[1068].

Les jetons de présence pouvant être versés à ces administrateurs (et assimilés) en rémunération de leurs fonctions relèvent toutefois du régime d'imposition des salaires[1069].

b) Associés des sociétés relevant du régime fiscal des sociétés de personnes

Non déductibles des bénéfices sociaux, les sommes allouées, en contrepartie de leur travail personnel, aux associés des sociétés de personnes, sont regardées comme une simple modalité de répartition de ces bénéfices. Elles ne font donc l'objet d'aucune imposition distincte de celle concernant directement ce bénéfice (V. *infra*, n° 1604).

Les rémunérations versées à un gérant non associé sont en revanche imposées dans la catégorie des traitements et salaires.

Les limitations particulières applicables, dans les entreprises individuelles, à la déductibilité du salaire de l'exploitant individuel sont applicables *mutatis mutandis* au salaire du conjoint de l'associé exploitant (V. *supra*, n° 1463, 1).

(1064) CGI, art. 1655 quinquies.
(1065) CGI, art. 80 ter.
(1066) CGI, art. 62 et art. 211, I. Cette solution s'applique notamment dans les entreprises unipersonnelles à responsabilité limitée, les sociétés en nom collectif et dans les sociétés en commandite simple.
(1067) CGI, art. 111, *d*.
(1068) CGI, art. 117 bis, al. 1er.
(1069) CGI, art. 117 bis, al. 2. Il n'en va autrement que si les sommes en cause présentent un caractère excessif ou dépassent les limites légales de déduction du résultat (V. *infra*, n° 1681).

B. – Les gains de cession de métaux et d'objets précieux

1499. – Imposition forfaitaire sur le prix de vente. Instituée dès la loi du 19 juillet 1976 relative à l'imposition « généralisée » des plus-values (art. 10), la taxe sur les métaux précieux, les bijoux, les objets d'art, de collection et d'antiquité a vu son régime modifié par la loi de finances rectificative pour 2005 puis par la loi de finances pour 2014[1070].

Avant la réforme issue de la loi de finances rectificative pour 2005[1071], les dispositions relatives à la taxe forfaitaire (dite « TFOP ») ont été successivement codifiées aux articles 302 bis A à 302 bis E, puis aux articles 150 V bis à 150 V sexies du CGI.

Ces textes n'ont pas, toutefois, remis en cause la caractéristique principale de cette taxe : présentant un caractère forfaitaire, celle-ci ne frappe pas un gain ou un revenu net, mais un prix de cession[1072].

En raison, sans doute, du caractère profondément dérogatoire de la taxation, le codificateur a isolé cette imposition des huit catégories énumérées par la loi[1073]. Ainsi, même si elle se rattache fondamentalement aux plus-values des particuliers (qui correspondent légalement aux gains de cession de biens ou droits « de toute nature »), la taxe forme dans le CGI une catégorie autonome[1074].

La loi de finances rectificative pour 2005 (précitée) a eu pour objet, aux termes de l'exposé des motifs du projet de loi, de « dynamiser le marché de l'art et de l'or en France et de simplifier l'impôt tant pour le contribuable que pour l'administration ». Les modifications les plus visibles introduites par cette loi tenaient à l'exonération de l'ensemble des cessions d'objets d'art réalisées en France par des non-résidents, d'une part, et à l'atténuation de la taxation des gains de cession de métaux précieux, d'autre part. Cette loi a également eu pour objet de corriger un défaut technique du régime antérieurement applicable qui s'était trouvé révélé en jurisprudence[1075].

Tout en augmentant les deux taux de la taxe, la loi de finances pour 2014[1076] a étendu les exonérations applicables aux non-résidents en matière de métaux précieux et étendu aux acquéreurs assujettis à la TVA et établis en France les obligations déclaratives et de paiement pesant sur les intermédiaires domiciliés en France.

1500. – Opérations imposables. Les opérations imposables à la taxe forfaitaire sont – à les supposer réalisées directement ou indirectement par des particuliers – les cessions à titre onéreux et les exportations (autres que temporaires) hors du territoire des États membres de l'Union européenne, portant sur :

1) des métaux précieux.

Selon l'administration, sont regardés comme des métaux précieux – qu'ils se présentent à l'état natif, à l'état brut (barres, lingots), à l'état de produits semi-ouvrés, ou à l'état de résidus (déchets et débris) :

– l'argent (y compris l'argent doré ou vermeil et l'argent platiné) ;
– l'or (y compris l'or platiné) ;
– le platine.

(1070) CGI, art. 150 VI et s.
(1071) L. 30 déc. 2005, art. 68.
(1072) CGI, art. 150 VK.
(1073) CGI, art. 1er A.
(1074) Même disposition. Pouvant frapper certaines exportations, la taxe ne s'applique pas seulement, il est vrai, à des opérations consistant en des cessions à titre onéreux.
(1075) V. notamment, CE, 30 déc. 2002, n° 234.916, *Moreau : Dr. fisc.* 2003, n° 15, comm. 299, concl. G. Goulard, jugeant que, dans le cas où la vente est réalisée par un intermédiaire, celui-ci est, par application de la loi, le seul redevable de la taxe, les dispositions prévoyant que la taxe « est supportée par le vendeur » demeurant sans incidence sur cette solution. Cette règle est désormais écartée lorsque l'intermédiaire n'est pas fiscalement domicilié en France.
(1076) L. 29 déc. 2013, art. 19.

Les monnaies d'or et d'argent sont regardées comme des métaux précieux lorsqu'elles ont été frappées après 1800. Dans le cas inverse, elles sont regardées comme des objets de collection et d'antiquité[1077] ;

2) des bijoux, d'objets d'art, de collection ou d'antiquité[1078].

L'administration a également précisé les biens qui, à ses yeux, doivent être regardés comme relevant de ces différentes catégories d'objets précieux[1079]. Sont notamment regardés comme tels les tableaux et peintures « entièrement réalisés à la main » (*sic*), les sculptures, les gravures, les tapisseries, les meubles et véhicules de collections, etc.

La taxe s'applique aux cessions réalisées en France ou dans un autre État membre de l'Union européenne et aux exportations réalisées à partir de France. Cela étant, bénéficient d'une exonération légale, les cessions (ou exportations) de bijoux, d'objets d'art, de collection ou d'antiquité ou, depuis la loi de finances pour 2014[1080], de métaux précieux, lorsque le cédant (ou l'exportateur) n'a pas en France son domicile fiscal[1081]. L'exportateur doit pouvoir justifier d'une importation antérieure, d'une introduction antérieure ou d'une acquisition en France. Depuis la loi précitée, l'exonération des exportations de métaux précieux n'est plus subordonnée à ce que l'acquisition des biens ait été réalisée auprès d'un professionnel installé en France ou ait donné lieu au paiement de la taxe[1082].

1501. – Exonérations. En dehors du cas des exonérations liées à l'application territoriale de la taxe forfaitaire (V. *supra*, n° 1500), sont légalement exonérées :

– les cessions réalisées au profit d'un musée ayant reçu le label de « musée de France » ou d'un musée d'une collectivité territoriale ;

– les cessions réalisées au profit de la Bibliothèque nationale de France ou d'une autre bibliothèque de l'État, d'une collectivité territoriale ou d'une autre personne publique ;

– les cessions réalisées au profit d'un service d'archives de l'État, d'une collectivité territoriale ou d'une autre personne publique ;

– les cessions (ou les exportations) d'objets précieux (et non de métaux précieux), lorsque leur prix de cession (ou leur valeur en douane) n'excède pas 5 000 €[1083].

1502. – Taxation forfaitaire. Exigible au moment de la cession (ou de l'exportation), la taxe est égale à :

– 6 % du prix de cession (ou de la valeur en douane) pour les bijoux et les objets d'art, de collection ou d'antiquité ;

– 10 % du prix de cession (ou de la valeur en douane) pour les métaux précieux[1084].

Applicables aux opérations réalisées à compter du 1er janvier 2014, les taux de 6 % et 10 % résultent de la loi de finances pour 2014[1085]. Ils étaient antérieurement fixés, respectivement, à 4,5 % et 7,5 %. Issue d'un amendement proposé par le rapporteur général de la Commission des finances de l'Assemblée nationale, cette mesure vise à compenser la baisse du taux de TVA applicable aux importations d'œuvres d'art décidée par la même loi.

(1077) BOI-RPPM-PVBMC-20-10, n° 80.
(1078) CGI, art. 150 VI.
(1079) BOI-RPPM-PVBMC-20-10, nos 40 à 90.
(1080) L. 29 déc. 2013, art. 19.
(1081) CGI, art. 150 VJ, 5°.
(1082) Comp. CGI, art. 150 VJ, 6°, anc.
(1083) CGI, art. 150 VJ.
(1084) CGI, art. 150 VK.
(1085) L. 29 déc. 2013, art. 19.

Si elles échappent à la généralité des contributions sociales, les ventes de métaux précieux, bijoux, objets d'art, de collection et d'antiquité réalisées par des résidents de France sont néanmoins assujetties à la CRDS au taux de 0,5 %[1086]. Dans ce cas, la CRDS est assise, recouvrée et contrôlée dans les conditions et selon les mêmes modalités que la taxe forfaitaire elle-même[1087].

Acquittée lors de la déclaration (qui doit elle-même être généralement souscrite au service des impôts dans un délai d'un mois à compter de la cession), la taxe est légalement due en principe par le vendeur (ou l'exportateur). Par exception, la taxe est légalement due, sous leur responsabilité :

– par l'intermédiaire participant à la transaction, à la condition qu'il soit fiscalement établi en France ;

– depuis la loi de finances pour 2014 (préc.), en l'absence d'intermédiaire, par l'acquéreur, à la condition qu'il soit établi en France et assujetti à la TVA[1088].

Les obligations déclaratives sont à la charge du redevable légal de la taxe[1089].

Le contentieux de la taxe forfaitaire a toujours relevé des juridictions administratives[1090].

1503. – Option pour le régime des plus-values de cession de biens meubles. Le vendeur (ou l'exportateur) peut opter pour le régime « ordinaire » des plus-values de cession de biens meubles[1091]. L'option (qui entraîne naturellement la non-application de la taxe forfaitaire) n'est possible que si l'intéressé est en mesure de justifier de la date et du prix d'acquisition du bien cédé (ou exporté) ou, à défaut, que le bien est détenu depuis plus de vingt-deux ans.

Avant la loi de finances pour 2014[1092], l'option pour le régime des plus-values de cession de biens meubles n'était légalement ouverte qu'aux personnes physiques domiciliées en France. Parallèlement aux modifications affectant ce dernier régime (V. *supra*, n° 1442), la même loi a porté de douze à vingt-deux ans la durée de la période de détention permettant l'exercice de l'option sans justification.

L'intérêt principal de l'option tient à l'application éventuelle de l'abattement pour durée de détention qui conduit à l'exonération de fait des gains de cessions portant sur des meubles détenus depuis plus de vingt-deux ans (V. *supra*, n° 1442).

C. – Les profits sur les instruments financiers à terme

1504. – Incertitude fiscale. Les profits sur les « instruments financiers à terme » (ou « produits dérivés ») sont imposables à l'impôt sur le revenu. Par une conjonction des plus curieuses, l'aléa significatif que comporte leur réalisation se prolonge sur le plan fiscal.

Seules sont présentées ici les règles concernant les profits réalisés en France, à titre occasionnel, par des personnes physiques agissant directement ou par personnes interposées.

Les gains réalisés en France par des non-résidents n'étant pas légalement regardés comme des revenus de source française, seuls les gains réalisés par des contribuables domiciliés en France sont imposables.

Ils semblent en effet constituer (lorsqu'ils ne sont pas réalisés à titre habituel) une catégorie autonome à côté des catégories authentiques identifiées par la loi.

(1086) Ord. 4 janv. 1996, relative au remboursement de la dette sociale, art. 17, I.
(1087) Même disposition, II.
(1088) CGI, art. 150 VK.
(1089) CGI, art. 150 VM, I.
(1090) CE, 26 janv. 2000, n° 179.492, *Osenat* : *RJF* 3/2000, n° 434.
(1091) CGI, art. 150 VL.
(1092) L. 29 déc. 2013, art. 19.

Ainsi, le codificateur les a distingués des huit catégories énumérées à l'article 1er A du CGI. Par ailleurs, la loi les rangeait, lorsqu'ils étaient réalisés à l'étranger, dans la catégorie des revenus de capitaux mobiliers[(1093)]. Toutefois, fondamentalement, ces profits se rattachent aux plus-values des particuliers – qui sont définies de manière générale comme les gains de cession à titre onéreux de biens ou droits « de toute nature »[(1094)] réalisés dans le cadre de la gestion d'un patrimoine privé.

Les résultats de ces opérations sont légalement assimilés, pour la prise en compte des pertes, à des gains de cession de titres (V. *infra*, n° 1507).

Si elle a restructuré, en le simplifiant, le régime d'imposition applicable en la matière, la loi de finances rectificative pour 2013[(1095)], n'a pas remis en cause cette autonomie.

Pour l'essentiel, la réforme issue de la loi de finances rectificative pour 2013 a poursuivi un triple objet. Suite à la censure d'un élément de la réforme par le Conseil constitutionnel, seuls les deux premiers ont été réalisés.

• Le premier objectif était de définir un régime d'imposition unifié, désormais applicable à l'ensemble des gains afférents à des instruments financiers à terme au sens du Code monétaire et financier (V. *infra*, n° 1505).

• Le deuxième objectif était mettre ce régime en conformité avec le droit de l'Union européenne, en supprimant les différences de traitement antérieures fondées sur le lieu de réalisation des opérations à l'origine des gains. En effet, dans le cadre du régime d'imposition précédent :

– les gains ou pertes des opérations occasionnelles réalisées en France relevaient du régime des plus-values sur titres – l'abattement pour durée de détention ne leur étant pas, toutefois, applicable. Il en résultait, spécialement, que les pertes étaient reportables pour leur montant intégral sur les plus-values sur titres, quelles qu'elles soient, réalisées la même année ou au cours des dix années suivantes[(1096)] ;

– les gains ou pertes des opérations occasionnelles réalisées hors de France relevaient du régime des revenus de capitaux mobiliers. Il en résultait, spécialement, que les pertes n'étaient reportables que sur les revenus « de même nature » (*i.e.* procédant d'opérations « étrangères ») réalisés la même année ou au cours des six années suivantes[(1097)].

La Commission européenne avait d'ailleurs mis en demeure la France de mettre fin à cette différence de traitement qui constituait, selon elle, une restriction injustifiée à la libre circulation des capitaux et à la libre prestation des services.

Désormais, qu'elles soient subies en France ou hors de France, les pertes relèvent du régime des moins-values de cession de titres et sont donc reportables pour leur montant intégral pendant une période de dix ans[(1098)].

• L'intention des pouvoirs publics était également de durcir les conditions de taxation des opérations réalisées dans un État ou territoire non coopératif (ETNC – V. *supra*, n° 1374, 2-*b*). Selon le projet de loi, les gains réalisés dans un ETNC, qui devaient continuer à relever de la catégorie des revenus de capitaux mobiliers, devaient être taxés au titre de l'IR au taux forfaitaire de 75 % alors que les pertes ne devaient être reportables que sur les gains de même nature réalisés la même année ou au cours des six années suivantes. Le Conseil constitutionnel a considéré que le taux de 75 % qui, associé aux contributions sociales,

(1093) CGI, art. 121, 12°.
(1094) CGI, art. 1er A.
(1095) L. 29 déc. 20132, art. 43.
(1096) CGI, art. 150-0 D, 11.
(1097) CGI, art. 156, I-6°.
(1098) Ces règles, qui s'appliquent aux opérations réalisées depuis le 1er janvier 2014, sont assorties d'un mécanisme transitoire consistant à appliquer le nouveau régime d'imputation aux pertes « étrangères » antérieures non encore imputées. V. également L. fin. rect. 2015, 29 déc. 2014, art. 19, mettant fin à un hiatus législatif résultant, par ricochet, de la décision du Conseil constitutionnel censurant la taxation à 75 % des profits réalisés dans un ETNC (Cons. const., 29 déc. 2013, n° 2013-684 DC, *Loi de finances rectificative pour 2013*) – une autre disposition prévoyant, dans ce cas, un report des pertes pendant six ans seulement ayant vu son champ d'application accidentellement élargi du fait de cette invalidation.

soit 15,5 % au total, conduisait à une imposition totale de 90,5 % des gains aurait fait peser sur les intéressés « une charge excessive au regard de leur capacité contributive » et était, partant, contraire au principe d'égalité devant les charges publiques[1099]. Cet élément de la réforme n'a pas pu, en conséquence, être promulgué.

1505. – Profits hautement spéculatifs. Fortement déconseillées aux particuliers soucieux de gérer leur patrimoine en bon père de famille, les opérations sur instruments financiers à terme peuvent être à l'origine de profits (et de pertes) hors de proportion avec les fonds engagés.

Extrêmement spéculatifs, les profits de cette nature (qui ne méritent à vrai dire aucune considération fiscale) relèvent d'un régime d'imposition des plus simples[1100].

• Fiscalement définis par renvoi au Code monétaire et financier, les instruments financiers à terme sont les contrats d'option, les contrats à terme fermes, les contrats d'échange, les accords de taux futurs et tous les autres contrats à terme relatifs, notamment :

– à des instruments financiers, des devises, des taux d'intérêt, des rendements, des indices financiers ;

– à des marchandises ;

– à des variables climatiques, des tarifs de fret, des autorisations d'émissions ou à des taux d'inflation ou d'autres statistiques économiques officielles ;

– à d'autres actifs, droits, obligations, indices et mesures, qui présentent les caractéristiques d'autres instruments financiers à terme[1101].

Du fait de ce renvoi aux règles financières, l'ensemble des instruments financiers à terme, actuels ou à venir, relève du champ d'application du dispositif de taxation.

• Avant la loi de finances rectificative pour 2013, le CGI définissait un régime « central » qui, concernant les profits sur le marché à terme d'instruments financiers[1102], était applicable, sur renvoi, aux profits à terme sur marchandises[1103], sur options négociables[1104], sur bons d'options[1105] et sur des parts de fonds commun d'intervention sur les marchés à terme[1106].

1506. – Imposition dès le premier euro. Le profit réalisé est taxé selon des règles voisines de celles applicables aux plus-values sur titres – sous la réserve importante que la loi n'a jamais fait intervenir en la matière un quelconque seuil de cession (V. *supra*, n° 1432) ni abattement pour durée de détention (V. *supra*, n° 1439).

Pour chaque contrat constituant un instrument financier à terme, le profit réalisé est légalement défini comme la « différence entre les sommes reçues et les sommes versées, majorée ou minorée, lorsque le contrat se dénoue par la livraison d'un instrument financier ou d'une marchandise, de la différence entre le prix d'achat ou de vente de cet instrument financier ou de cette marchandise et de sa valeur au jour de la livraison »[1107].

Corrélativement, en l'absence de mécanisme de seuil de cession, les pertes ont toujours pu être fiscalement prises en compte sans considération tenant au montant annuel des opérations réalisées et, en l'absence d'abattement pour durée de détention, sans être diminuées en fonction de la durée de possession des droits cédés.

(1099) Cons. const., 29 déc. 2013, n° 2013-684 DC, *Loi de finances rectificative pour 2013*, § 33.
(1100) CGI, art. 150 ter.
(1101) C. monét. fin., art. D. 211-1 A.
(1102) CGI, art. 150 ter à 150 sexies, anc.
(1103) CGI, art. 150 octies, anc.
(1104) CGI, art. 150 nonies, anc.
(1105) CGI, art. 150 decies, anc.
(1106) CGI, art. 150 undecies, anc.
(1107) CGI, art. 150 ter, 2.

Le gain est donc soumis, depuis le 1er janvier 2013[1108], au barème progressif de l'impôt sur le revenu (V. *supra*, n° 1440).

• Avant la réforme de 2013, les gains sur les marchés à terme d'instruments financiers et assimilés étaient, à l'instar des plus-values sur titres, soumis à une imposition forfaitaire au titre de l'IR. Longtemps fixé à 18 %, le taux forfaitaire avait été porté à 19 %[1109] puis 24 %[1110].

• Nécessairement réalisés par des contribuables fiscalement domiciliés en France (V. *supra*, n° 1504), ces gains sont en outre soumis aux contributions sociales (au taux global de 15,5 %).

• Lorsqu'ils sont réalisés à titre habituel, ces profits (qui relèvent en toute hypothèse d'un régime réel d'imposition) sont rangés, en principe, indépendamment désormais du lieu de réalisation des opérations, dans la catégorie des BNC[1111].

Les opérateurs professionnels peuvent toutefois opter pour leur imposition selon les règles des BIC, ce qui conduit, essentiellement, à l'application de règles plus favorables quant à l'imputation des déficits sur le revenu global[1112].

1507. – **Pertes largement imputables.** Le traitement fiscal des pertes est plus favorable – il faut dire qu'elles sont parfois des plus sévères. La loi renvoie en effet sur ce point aux dispositions applicables aux moins-values sur titres : « les moins-values subies au cours d'une année sont imputables exclusivement sur les plus-values de même nature réalisées au cours de la même année ou des dix années suivantes »[1113]. Faisant preuve d'une mansuétude un peu discutable, l'administration considère que ces profits spéculatifs sont de même nature que les plus-values sur titres elles-mêmes[1114].

1) Il en résulte une possibilité de compensation généralisée entre les profits et pertes sur les instruments financiers à terme et les plus ou moins-values sur titres – sans qu'il y ait lieu, depuis la loi de finances rectificative pour 2013[1115], de distinguer selon que les opérations ont été réalisées en France ou à l'étranger (V. *supra*, n° 1504).

2) Ces règles d'imputation ne s'appliquent pas aux opérations qui, réalisées à titre habituel, relèvent des BNC ou, sur option, des BIC (V. *infra*, nos 1518 et 1519).

SOUS-SECTION 2

LA DÉTERMINATION DU REVENU GLOBAL IMPOSABLE

§ 1. – La globalisation des revenus catégoriels nets

A. – Le principe de globalisation

1508. – **Globalisation des revenus catégoriels.** En principe, le revenu global brut est égal à l'addition de tous les revenus catégoriels, que ces revenus soient positifs ou négatifs. En d'autres termes, le revenu global brut est égal, chaque année,

(1108) L. fin. 2013, 29 déc. 2012, art. 10, I-B à D.
(1109) L. fin. 2011, 29 déc. 2010, art. 6, applicable aux gains réalisés en 2011.
(1110) L. fin. 2013, 29 déc. 2012, art. 10, IV-A, applicable aux gains réalisés en 2012.
(1111) CGI, art. 92, 2, 5°.
(1112) Cette option est irrévocable (CGI, art. 25, I-8°).
(1113) CGI, art. 150-0 D, 11, applicable sur renvoi du Code général des impôts, art. 150 ter, 1, al. 2.
(1114) BOI-RPPM-PVBMI-20-10-40, n° 20.
(1115) L. 29 déc. 2012, art. 43.

à la *somme arithmétique* des différents revenus catégoriels. C'est la conséquence majeure du principe de l'*unicité* de l'impôt sur le revenu[1116].

Les règles particulières concernant, dans le cadre du régime des plus-values professionnelles, le traitement des moins-values à long terme sont étudiées par ailleurs (V. *supra*, n° 1496).

B. – Les exceptions à la globalisation

1509. – **Typologie des exceptions.** Le principe de globalisation connaît des exceptions. La portée de ces dernières est assez variable :

1) une première série d'exceptions revêtent une portée générale, pour concerner certains types de revenus dans leur ensemble. Elles s'opposent au rattachement de ces revenus au revenu global soumis au barème progressif, indépendamment du caractère positif ou négatif du revenu considéré ;

2) certaines exceptions sont plus limitées dans leur objet, pour ne pas s'opposer, de manière générale, au rattachement d'un revenu catégoriel au revenu global. Ces aménagements au principe de globalisation peuvent concerner :

– certains revenus négatifs – les *déficits catégoriels* – dont l'imputation sur le revenu global est interdite ou limitée ;

– certains revenus positifs – les revenus *exceptionnels* ou *différés* – dont l'intégration au revenu global soumis au barème progressif ne s'opère que sous couvert d'un mécanisme d'atténuation de la progressivité de l'impôt ;

– plus curieusement, pour différents revenus catégoriels, certains éléments de revenu sont légalement majorés préalablement à leur intégration dans le revenu global.

1° Les exceptions générales

1510. – **Revenus soustraits au barème progressif.** 1) Certains revenus ne sont pas pris en compte pour la détermination du revenu global. Cette situation se rencontre à l'égard des revenus qui, alternativement :

– ont été soumis, par voie de retenue à la source, à un prélèvement (généralement proportionnel) libératoire de l'impôt sur le revenu ;

– relèvent indépendamment du cas précédent d'une taxation proportionnelle au titre de l'impôt sur le revenu.

2) Depuis les réformes issues de la loi de finances pour 2013 (V. *supra*, n°s 1415, 2-*b* et 1424, 3), ce cas de figure ne se rencontre plus que pour :

– les plus-values immobilières des particuliers, qui sont soumises à un prélèvement apparenté à une retenue à la source libératoire de l'impôt sur le revenu ;

– les produits de placements financiers à revenu fixe, lorsqu'ils sont encore soumis à une retenue à la source libératoire de l'impôt sur le revenu ;

– les plus-values professionnelles nettes à long terme, qui relèvent d'un mode de taxation similaire.

a) Avant cette loi, relevaient également de cette hypothèse les plus-values de cession de valeurs mobilières et droits sociaux des particuliers et, sur option, les dividendes d'actions, qui relevaient d'un prélèvement proportionnel dans le cadre de la taxation du revenu global.

(1116) CGI, art. 1er A.

b) Tous ces revenus – déjà frappés par une imposition proportionnelle ou devant faire l'objet d'une telle taxation – ne sont pas pris en compte pour déterminer la base soumise à l'impôt progressif.

Cette solution s'applique en présence de tout mécanisme de retenue à la source libératoire de l'IR et, par exemple, à la retenue (progressive) libératoire de l'IR applicable aux indemnités de fonction perçues par les élus locaux[1117].

c) Naturellement, les revenus soumis à une retenue non libératoire de l'IR (comme, actuellement, par exemple, les dividendes d'actions ou nombre de produits de placements à revenu fixe) doivent normalement être compris dans le revenu global pour leur montant total.

1511. – Déficits subis en présence de manquements graves relevés à l'encontre du contribuable. Depuis l'imposition des revenus de l'année 2012, les déficits ordinairement imputables (ou reportables) ne peuvent, en tout état de cause, venir en diminution de la fraction du revenu qui correspondrait à des rehaussements des bases d'imposition lorsque les impositions supplémentaires correspondantes ont donné lieu à une majoration réprimant la commission, par le contribuable, de certains manquements particulièrement graves[1118].

1) Issue de la première loi de finances rectificative pour 2012[1119], cette mesure concerne les manquements des contribuables sanctionnés par une majoration de 40 % au moins des droits en principal.

a) Depuis l'origine, ces manquements sont :

– le défaut (ou le retard) de déclaration dans les trente jours d'une mise en demeure[1120] ;

– le défaut de déclaration en cas de découverte d'une activité occulte[1121] ;

– l'insuffisance de déclaration en présence d'un manquement délibéré, de manœuvres frauduleuses ou d'abus de droit[1122] ;

– l'opposition à contrôle fiscal[1123].

b) La deuxième loi de finances rectificative pour 2014[1124] y a ajouté :

– le transfert de sommes, titres ou valeurs vers ou en provenance de l'étranger *via* des comptes[1125] ou de contrats d'assurance-vie[1126] non déclarés ;

– le transfert des sommes, titres ou valeurs réalisés par des personnes physiques vers ou en provenance d'un État membre de l'Union européenne ou vers ou en provenance d'un État tiers, en méconnaissance des obligations prévues par le Code monétaire et financier[1127] ;

– la disproportion marquée entre le train de vie et le revenu déclaré, en cas de trafic illicite de biens[1128].

2) Cette restriction concerne aussi bien les déficits imputables sur le revenu global que ceux qui ne seraient imputables (ou reportables) que dans la même catégorie de revenus.

3) Les déficits ne pouvant être imputés en application de cette règle sont définitivement perdus (et ne peuvent donner lieu à un quelconque report sur un revenu ultérieur).

(1117) CGI, art. 204-0 bis. Le projet de loi de finances pour 2017 propose la suppression de ce mécanisme dérogatoire.
(1118) CGI, art. 1731 bis, 1.
(1119) L. 14 mars 2012, art. 17. Saisi d'une QPC dirigée contre ce dispositif, le Conseil constitutionnel a considéré qu'il ne méconnaissait pas, notamment, le principe de proportionnalité des peines – alors, pourtant, que le *quantum* de la sanction n'est pas exclusivement corrélé à la gravité du manquement réprimé mais dépend du montant des déficits dont « dispose » le contribuable (Cons. const., 16 sept. 2016, n° 2016-564 QPC).
(1120) CGI, art. 1728, 1-*b*.
(1121) CGI, art. 1728, 1-*c*.
(1122) CGI, art. 1729.
(1123) CGI, art. 1732.
(1124) L. 29 déc. 2014, art. 100.
(1125) CGI, art. 1649 A.
(1126) CGI, art. 1649 AA.
(1127) CGI, art. 1649 quater A.
(1128) CGI, art. 1649 quater 0-B bis. V. *infra*, n° 1576, 1-*b*.

2° Les exceptions tenant aux déficits catégoriels

1512. – **Exceptions concernant les revenus négatifs.** Le principe selon lequel le revenu global brut est égal à la somme de tous les revenus catégoriels s'applique lorsque le revenu catégoriel net est négatif. Il en résulte que, sauf disposition contraire, les déficits catégoriels viennent diminuer le revenu global.

Si le revenu global est insuffisant pour permettre l'imputation intégrale d'un déficit catégoriel, l'excédent de ce déficit (qui donne lieu à l'apparition d'un déficit « global ») est successivement reporté sur le revenu global des années suivantes, jusqu'à la sixième inclusivement[(1129)]. Avant la loi de finances rectificative pour 2003[(1130)], ce report ne pouvait s'opérer que sur les cinq années suivantes.

Le législateur est intervenu à de multiples reprises pour exclure (ou limiter) l'application de cette règle d'imputation (évidemment très favorable aux contribuables). Motivées par des considérations de justice fiscale (mais également, parfois, par la volonté de lutter contre certaines pratiques aboutissant à l'« évaporation » de l'assiette imposable à l'impôt sur le revenu), ces interventions législatives conduisent à opérer les distinctions suivantes :

– certains déficits catégoriels sont fiscalement « perdus » : ils ne s'imputent ni sur le revenu global ni sur les revenus catégoriels de même nature des années ultérieures ;

– d'autres déficits sont « tunnelisés », c'est-à-dire qu'ils ne peuvent s'imputer que sur les bénéfices ou revenus catégoriels de même nature réalisés au cours des années ultérieures ;

Certains déficits sont même « supertunnelisés », c'est-à-dire qu'ils ne s'imputent, au sein de leur catégorie, que sur des revenus positifs tirés d'activités « semblables ».

– d'autres, enfin, ne sont imputables sur le revenu global que dans la limite d'un certain plafond, l'excédent du déficit se trouvant « tunnelisé ».

Naturellement, les autres déficits relèvent de l'application du principe et s'imputent sans limitation particulière sur le revenu global.

1513. – **Tableau schématique de synthèse.**

TYPES DE DÉFICITS OU PERTES	IMPUTATION SUR LE REVENU GLOBAL	REPORT DANS LA MÊME CATÉGORIE
Moins-values immobilières	Non	Non
Moins-values de cession de biens meubles	Non	Non
Moins-values de cession de titres	Non	Oui (10 ans)
Déficits de capitaux mobiliers	Non	Oui (6 ans)

(1129) CGI, art. 156, I. Si elle ne se trouve pas dans le texte légal, la notion de « déficit global », qui a le mérite d'être très expressive, est parfois utilisée en jurisprudence.
(1130) L. 30 déc. 2003, art. 54.

TYPES DE DÉFICITS OU PERTES	IMPUTATION SUR LE REVENU GLOBAL	REPORT DANS LA MÊME CATÉGORIE
Déficits fonciers (hors intérêts d'emprunt)	Oui dans la limite de 10 700 € Non au-delà de cette limite	Oui (10 ans)
Déficits salariaux	Oui	–
Déficits agricoles ou industriels et commerciaux « authentiquement professionnels » et déficits « libéraux »	Oui	–
Déficits agricoles ou industriels et commerciaux « non authentiquement professionnels » et déficits non commerciaux « non libéraux »	Non	Oui (6 ans)
Déficit « global »	Report (6 ans)	–

Ces règles sont applicables en l'absence de manquements graves relevés à l'encontre du contribuable (V. *supra*, n° 1511).

1514. – Déficits perdus : les moins-values immobilières. La loi réserve aux moins-values immobilières des particuliers un traitement spécialement défavorable. La perte en capital résultant de la cession d'un immeuble (ou d'un droit immobilier) ne peut faire l'objet d'aucune imputation :

– ni sur le revenu global ;

– ni sur les plus-values immobilières réalisées, le cas échéant, au cours de la même année ou au cours d'une année ultérieure(1131).

Le seul tempérament à cette règle se rapporte à l'hypothèse de la vente en bloc d'un immeuble acquis par fractions successives. Dans ce cas, la plus-value immobilière globale est égale à la somme des plus ou moins-values afférentes aux différentes fractions du bien considéré(1132).

La même exclusion s'applique aux éventuelles moins-values de cession de biens meubles.

1515. – Tunnelisation des moins-values sur titres. Les pertes subies par les particuliers à l'occasion de la cession de titres (valeurs mobilières ou droits sociaux) ne sont pas imputables sur le revenu global. Ces pertes sont exclusivement imputables sur les plus-values de même nature réalisées au cours de la même année ou des dix années suivantes(1133).

Avant 2011, ces pertes n'étaient reportables qu'à la condition d'être apparues au cours d'une année au cours de laquelle le seuil de cession (V. *supra*, n° 1435) avait été franchi. La suppression de ce mécanisme de taxation a naturellement éliminé cette condition(1134).

S'agissant des pertes sur cession d'actions, le montant de la perte imputable est, le cas échéant, diminué par application de l'abattement pour durée de détention applicable dans certaines hypothèses (V. *supra*, n° 1438, 3).

(1131) CGI, art. 150 VD, I.
(1132) CGI, art. 150 VD, II.
(1133) CGI, art. 150-0 D, 11.
(1134) L. fin 2011, 29 déc. 2010, art. 8. Cette suppression s'est accompagnée, par mesure de simplification, d'un « alignement » des conditions de report des moins-values applicables en matière d'IR sur celles applicables en matière de contributions sociales. Les pertes fiscalement « perdues » du fait de cet alignement ont ouvert droit à un crédit d'impôt « exceptionnel » (V. *infra*, n° 1540, 2).

L'administration apprécie très largement la notion de plus-values de même nature[1135]. Elle assimile notamment à des gains (ou pertes) sur cession de valeurs mobilières et droits sociaux, les profits (ou pertes) sur les instruments financiers à terme[1136].

1516. – **Détunnélisation partielle des déficits fonciers.** La loi de finances pour 1977[1137] avait décidé la tunnelisation des déficits fonciers. Sauf exception, ils ne pouvaient plus s'imputer sur le revenu global mais sur les seuls revenus fonciers des cinq années suivantes.

Le délai de report était porté à neuf ans pour les immeubles donnés à bail à ferme. La tunnelisation n'était pas applicable aux propriétaires d'immeubles ayant fait l'objet de travaux exécutés dans le cadre d'une opération groupée de restauration immobilière (loi Malraux. – V. *supra*, n° 1413).

Ce délai a été porté à dix ans par la loi du 12 avril 1996 portant diverses dispositions d'ordre économique et financier (art. 31). Enfin, la première loi de finances rectificative de 1993[1138] a admis une imputation partielle des déficits fonciers sur le revenu global – cette imputation n'étant pas admise pour la fraction du déficit correspondant à des intérêts d'emprunt.

L'imputation partielle était admise, en dernier lieu, à hauteur de 70 000 F, montant arrondi à 10 700 € depuis 2002.

Il résulte de ces modifications successives les règles générales suivantes :

– les déficits fonciers résultant de la déduction des charges de propriété (et assimilées) autres que les intérêts d'emprunt sont imputables sur le revenu global de l'année où ils sont subis dans la limite de 10 700 €[1139] ;

L'imputation sur le revenu global du déficit foncier n'est définitivement acquise que si l'affectation de l'immeuble à la location est maintenue jusqu'à la fin de la troisième année qui suit celle au titre de laquelle l'imputation a été opérée. Le non-respect de cette condition conduit en principe à la reconstitution de la situation du contribuable par « tunnelisation » *a posteriori* des déficits fonciers[1140]. Par exception, aucune reprise des imputations antérieures n'est exigée si la modification de l'affectation de l'immeuble (ou sa cession) est liée à certains événements extérieurs affectant l'immeuble (expropriation) ou frappant le contribuable ou son conjoint (décès, invalidité, perte d'emploi)[1141].

La loi ne précise pas comment est déterminée la fraction du déficit correspondant aux intérêts d'emprunt. Retenant la solution la plus favorable aux contribuables, la doctrine administrative admet que cette fraction correspond au montant des intérêts d'emprunt qui excèdent les revenus fonciers bruts[1142].

– la fraction des déficits fonciers excédant cette limite et celle correspondant à des intérêts d'emprunt sont tunnelisées : elles sont seulement reportables sur les revenus fonciers des dix années suivantes[1143].

(1135) BOI-RPPM-PVBMI-20-10-40, n° 20.
(1136) CGI, art. 150 ter.
(1137) L. déc. 1976, art. 3.
(1138) L. 22 juin 1993, art. 23.
(1139) Cette règle d'imputation ne présente aucun caractère optionnel. Elle ne peut faire l'objet d'aucun aménagement par le contribuable (CAA, Douai, 7 oct. 2003, n° 01-927, *Hauré : RJF* 10/2004, n° 961).
(1140) CGI, art. 156, 3°.
(1141) V., pour les modalités pratiques d'application de cette règle, RES 22 juin 2010, n° 2010/35 FP, repris au BOI-RFPI-BASE-30-20-10, n° 250.
(1142) En d'autres termes, le revenu brut total n'est pas regardé comme étant « absorbé » par les différentes charges foncières proportionnellement à leur importance respective : il « est d'abord réputé compenser les intérêts d'emprunts » (V. BOI-RFPI-BASE-30-20-10, n° 200).
(1143) CGI, art. 156, I, 3°.

1) L'héritier d'un bien immobilier n'est pas en droit de déduire de ses propres revenus fonciers, les déficits subis, avant son décès, par le défunt et qu'il n'avait pu antérieurement imputer[1144].

L'étendue du droit à imputation résultant d'un déficit foncier est déterminée *ratione personae* en fonction de la situation existant au moment de la réalisation du déficit. En cas de séparation d'époux bénéficiant d'un déficit foncier né à l'époque du mariage, le droit à imputation se partage par moitié entre les intéressés en ce qui concerne les immeubles ou droits immobiliers qu'ils possédaient en commun, quel que soit le sort des biens ou droits en cause après le divorce[1145].

2) Dans le cadre de certains régimes incitatifs d'imposition des revenus fonciers, les déficits fonciers sont imputables sur le revenu global dans des conditions plus favorables.

a) Pour certains régimes, la limite du montant imputable sur le revenu global est relevée. C'est le cas, par exemple, au titre du dispositif « Périssol »[1146] où la limite est portée à 15 300 €[1147].

b) Pour d'autres régimes, aucune limitation à l'imputation n'est fixée.

C'est le cas pour celui applicable aux *immeubles historiques* : les déficits fonciers (ou, les charges elles-mêmes, lorsque l'immeuble, non loué, ne procure pas de revenus imposables) sont imputables sans limitation particulière sur le revenu global (V. *supra*, n° 1414).

Il en allait de même dans le cadre du dispositif *Malraux* ancien : les déficits résultant de l'ensemble des charges déductibles – à l'exclusion des intérêts d'emprunt – supportées par le propriétaire au titre de l'opération de restauration complète de l'immeuble étaient imputables sans limitation particulière sur son revenu global (V. *supra*, n° 1413).

Jusqu'à la transformation du régime de faveur en réduction d'impôt plafonnée[1148], une mesure similaire s'appliquait aux déficits fonciers résultant des dépenses effectuées en vue de la protection du patrimoine naturel dans certains espaces protégés (parcs nationaux, réserves naturelles, espaces « Natura 2000 » notamment).

1517. – Vrais et faux agriculteurs. Depuis la loi de finances pour 1965[1149], l'imputation des déficits sur le revenu global est réservée aux agriculteurs « véritables », définis comme ceux dont les revenus « non agricoles » n'excèdent pas un certain montant. Cette règle permet de réserver aux agriculteurs authentiques le mécanisme d'imputation sur le revenu global du déficit agricole.

Cette règle prive d'intérêt les pratiques, courantes dans le passé, consistant à générer des déficits agricoles dans un but d'évaporation de la base d'imposition à l'IR.

Le Conseil d'État a refusé de transmettre au Conseil constitutionnel la QPC contestant la validité de ce dispositif au regard du principe d'égalité devant les charges publiques : « en édictant ces dispositions, le législateur a entendu éviter que les contribuables disposant de ressources importantes ne réduisent abusivement le montant de leur revenu imposable par l'exercice d'une activité agricole structurellement déficitaire »[1150] ; dès lors, loin de méconnaître le principe d'égalité devant les charges publiques, « ces dispositions assurent au contraire une meilleure prise en compte des facultés contributives » des contribuables[1151].

Les déficits agricoles ne sont pas imputables sur le revenu global lorsque le total des autres revenus catégoriels nets dont a disposé le contribuable au cours

(1144) CE, 7 nov. 2008, n° 299.099, *Cayrou* : *Dr. fisc.* 2009, n° 8, comm. 204, concl. L. Olléon, ce dernier ayant considéré que cette solution était à la fois justifiée par le « caractère personnel de l'impôt sur le revenu » et « le fait que le droit de reporter un déficit n'est pas un droit réel, mais une décision administrative recognitive ».

(1145) CAA Lyon, 30 sept. 2010, n° 09-2080, *Robbe* : *Dr. fisc.* 2011, n° 2, comm. 101.

(1146) CGI, art. 31, I-*f*, encore susceptible de s'appliquer jusqu'en 2024 à des acquisitions placées sous ce régime avant 1999.

(1147) CGI, art. 156, I-3°.

(1148) L. fin. rect. 30 déc. 2009, art. 95. – CGI, art. 199 octovicies.

(1149) L. 23 déc. 1964, art. 12.

(1150) CE, 8 avr. 2015, n° 387.470, *Ponsart* : *Dr. fisc.* 2015, n° 22, comm. 339, concl. F. Aladjidi, s'appuyant sur les travaux préparatoires de la loi de finances pour 1965 précitée.

(1151) Même décision.

de la même année excède la limite (pour l'imposition des revenus de 2015) de 107 718 €[(1152)]. Les déficits agricoles sont alors exclusivement imputables sur les bénéfices agricoles des six années suivantes.

Ce montant était de 40 000 F en 1965. Il a été fixé à 100 000 € pour l'imposition des revenus de 2006. Il est, en principe, réévalué chaque année dans la même proportion que la limite supérieure de la première tranche du barème de l'IR[(1153)].

Avant la loi de finances rectificative pour 2003[(1154)], la période de report était fixée à cinq ans.

1518. – Tunnelisation des déficits industriels et commerciaux « non professionnels ». Les déficits industriels et commerciaux « professionnels » s'imputent sans limitation particulière sur le revenu global.

La perte du droit au report déficitaire encourue en cas de changement de l'activité d'une société passible de l'IS (V. *infra*, n° 1694) n'est pas applicable dans le cadre de l'entreprise individuelle.

Ces déficits sont ceux qui proviennent de l'exercice d'une activité comportant la participation personnelle, continue et directe de l'un des membres du foyer fiscal. À l'inverse, depuis la loi de finances pour 1996[(1155)] les déficits industriels et commerciaux « non professionnels » ne peuvent être imputés sur le revenu global. Ils sont seulement reportables sur les bénéfices tirés d'activités de même nature exercées, dans les mêmes conditions, durant la même année ou les six années suivantes[(1156)].

1) La limitation s'applique au déficit ou à la fraction du déficit provenant d'activités créées, reprises, étendues ou adjointes à compter du 1er janvier 1996.

2) Avant la loi de finances rectificative pour 2003 (L. 30 déc. 2003, art. 54), la période de report était fixée à cinq ans.

3) Depuis 2009[(1157)], les déficits industriels et commerciaux des loueurs en meublés « non professionnels » (V. *supra*, n° 1447 *in fine*) sont « supertunnelisés ». Insusceptibles d'être (comme auparavant) imputés ou reportés sur l'ensemble des bénéfices industriels et commerciaux « non professionnels », ils ne peuvent qu'être reportés sur les bénéfices tirés de cette *même activité* au cours des dix années suivantes.

1519. – Tunnelisation des déficits non commerciaux « non libéraux ». Les déficits non commerciaux « libéraux » s'imputent sans limitation particulière sur le revenu global. Ces déficits s'entendent de ceux provenant de l'exercice d'une « profession libérale ou des charges et office dont les titulaires n'ont pas la qualité de commerçants ». Tel n'est plus le cas, depuis la loi de finances pour 1974[(1158)], des déficits non commerciaux résultant d'autres activités ou opérations : mêmes « professionnels », ces déficits non commerciaux « non libéraux » ne peuvent être imputés que sur « les bénéfices tirés d'activités semblables » durant la même année ou les six années suivantes[(1159)].

(1152) CGI, art. 156, I, 1°.
(1153) Compte tenu du gel du barème de l'IR, cette limite est demeurée fixée à 106 225 € pour l'imposition des revenus de 2010, 2011 et 2012 (contre 104 648 € pour l'imposition des revenus de 2009).
(1154) L. 30 déc. 2003, art. 54.
(1155) L. 30 déc. 1995, art. 72, I.
(1156) CGI, art. 156, I, 1° bis. Il en est ainsi, notamment, lorsque la gestion de l'activité est confiée en droit ou en fait à une personne qui n'est pas un membre du foyer fiscal par l'effet d'un mandat, d'un contrat de travail ou de toute autre convention.
(1157) L. fin. 2009, 27 déc. 2008, art. 90.
(1158) L. fin. 1974, 27 déc. 1973, art. 9.
(1159) CGI, art. 156, I, 2°.

1) Avant la loi de finances rectificative pour 2003[1160], la période de report était fixée à cinq ans.

2) Le Conseil d'État applique strictement cet ensemble de règles :

a) au titre des professions libérales, seuls peuvent bénéficier du régime d'imputation illimitée des déficits non commerciaux sur le revenu global les contribuables exerçant une activité requérant « la mise en œuvre d'un art ou d'un savoir-faire particulier »[1161] ;

b) les déficits « non libéraux » sont « supertunnelisés ». Ils ne peuvent être imputés que sur des revenus positifs tirés d'activités « semblables ». Cette règle interdit par exemple à un expert-comptable d'imputer sur les revenus tirés de cette activité des déficits non commerciaux subis en tant qu'éleveur de chevaux de course mis en pension dans un haras[1162].

1520. – Les déficits mobiliers. Depuis la loi du 2 août 2005 en faveur des petites et moyennes entreprises (art. 26), les (rares) déficits constatés dans la catégorie des revenus des capitaux mobiliers ne sont plus imputables sur le revenu global. Ces déficits peuvent seulement être imputés sur les revenus mobiliers des six années suivantes[1163].

a) Cette règle ne trouve application qu'à l'égard des revenus mobiliers susceptibles d'être compris dans le revenu global (les revenus soumis à prélèvement libératoire étant d'ailleurs toujours positifs).

Elle suppose l'existence de revenus mobiliers négatifs, ce qui peut se rencontrer, exceptionnellement, lorsque les frais et charges déductibles sont supérieurs au revenu brut correspondant[1164].

b) Une mesure originale a été prise dans la loi de finances pour 2015. Destinée à accompagner le développement du financement participatif (ou *crowdfunding*), elle consiste (par un mécanisme proche de la tunnelisation applicable à certains déficits ou pertes) à permettre, à l'égard des prêts participatifs[1165], l'imputation de la perte en capital des fonds prêtés sur les intérêts générés par d'autres prêts au cours de la même année ou au cours des cinq années suivantes[1166].

3° Le cas des revenus exceptionnels ou différés

1521. – Atténuation optionnelle de la progressivité. La loi fiscale prévoit, à l'égard des revenus exceptionnels ou différés, un mécanisme d'atténuation de la progressivité de la taxation à l'impôt sur le revenu.

Renonçant à l'exonération traditionnelle prévue en faveur des primes versées par l'État aux médaillés olympiques, le législateur a institué, pour les médaillés des Jeux olympiques (et paralympiques) de Vancouver, un mécanisme ponctuel d'étalement (aucune mesure de cette nature n'a été prise, en 2012 et 2014, pour les Jeux olympiques de Londres et de Sotchi) : « sur demande expresse et irrévocable de leur bénéficiaire », ces primes peuvent être réparties par parts égales sur l'année au cours de laquelle le contribuable en a disposé et les cinq années suivantes »[1167]. Naturellement, l'exercice de cette option est incompatible avec le dispositif général étudié ici.

Reposant sur une logique indiscutable, ce mécanisme conduit (sur option du contribuable) à ne pas intégrer directement un revenu présentant l'un ou l'autre de ces caractères dans le revenu global.

(1160) L. fin. rect. 2003, 30 déc. 2003, art. 54.

(1161) CE, 8 juill. 2009, n° 304.815, *Cazenave : Dr. fisc.* 2009, n° 38, comm. 469, concl. J. Burguburu, refusant le bénéfice de l'imputation sur le revenu global à un professionnel de la sous-location immobilière.

(1162) CE, 5 juill. 1999, n°s 180.448 et a., *Saillot : Dr. fisc.* 2000, n° 5, comm. 45.

(1163) CGI, art. 156, I, 8°.

(1164) Dans le passé récent, ce cas de figure pouvait également se rencontrer dans le cas des pertes « étrangères » sur instruments financiers à terme (V. *supra*, n° 1504).

(1165) C. monét. fin., art. L. 548-1.

(1166) L. fin. rect. 2015, 29 déc. 2015, art. 25. – CGI, art. 125-00 A.

(1167) L. fin. 2011, 29 déc. 2010, art. 5.

Ce mécanisme suppose par construction que le revenu ait vocation à faire l'objet d'une taxation progressive et ne soit pas écarté purement et simplement du revenu global par une autre disposition. La loi le prévoit d'ailleurs expressément : ce régime de taxation ne s'applique « qu'aux seuls revenus exceptionnels ou différés imposés d'après le barème progressif »[(1168)].

1) La loi donne une définition précise de ces revenus :

a) un revenu est exceptionnel lorsque cumulativement :

– il n'est pas « par sa nature (...) susceptible d'être recueilli annuellement » ;

– il a un montant dépassant « la moyenne des revenus nets d'après lesquels ce contribuable a été soumis à l'impôt sur le revenu au titre des trois dernières années »[(1169)] ;

b) un revenu est différé lorsque le contribuable a eu « par suite de circonstances indépendantes de sa volonté (...), au cours d'une même année, la disposition de revenus correspondant, par la date normale de leur échéance, à une période de plusieurs années ».

Contrairement à celle du revenu exceptionnel, la définition du revenu différé ne comporte pas d'élément quantitatif.

2) S'il a réalisé un revenu exceptionnel, le contribuable peut bénéficier d'un mécanisme de quotient « par quatre ». Il peut, plus précisément, demander que l'impôt correspondant à un tel revenu « soit calculé en ajoutant le quart du revenu exceptionnel net à son revenu net global imposable et en multipliant par quatre la cotisation supplémentaire ainsi obtenue »[(1170)].

Ce dispositif résulte de la loi de finances rectificative pour 1992[(1171)]. Avant cette date, la loi fiscale retenait un mécanisme d'atténuation de la progressivité qui, plus complexe, reposait sur l'étalement des revenus exceptionnels (ou différés) « sur l'année de sa réalisation et les années antérieures non couvertes par la prescription »[(1172)].

Le juge fiscal considère que sont dépourvus de caractère exceptionnel, les revenus tirés d'opérations susceptibles de se renouveler annuellement[(1173)]. Naturellement, le caractère habituel d'une activité exclut, assez fréquemment, que les revenus qui en sont tirés puissent être regardés comme présentant un caractère exceptionnel[(1174)]. Mais ce n'est pas toujours le cas[(1175)]. Plus encore, le fait qu'un revenu soit réalisé dans le cadre d'une activité professionnelle n'est pas exclusif de la qualification de revenu exceptionnel[(1176)].

Sur le plan technique, ce mécanisme de quotient est très proche de celui du quotient familial (V. *infra*, n° 1536) ou d'un autre mécanisme de quotient (par cinq) applicable[(1177)], aux plus-values immobilières et aux plus-values de cession de biens meubles, dès lors qu'elles avaient été réalisées à long terme[(1178)].

Le régime des revenus exceptionnels s'applique selon des modalités particulières à certains revenus agricoles.

(1168) CGI, art. 163-0 A, *in fine*.
(1169) CGI, art. 163-0 A.
(1170) CGI, art. 163-0 A, I.
(1171) L. 31 déc. 1992, art. 74.
(1172) CGI, art. 163, anc.
(1173) CE, 28 mai 2001, n° 216.312 : *Dr. fisc.* 2001, n° 44-45, comm. 1001, concl. S. Austry, pour des profits de lotissement. – CE, 15 juin 2005, n° 250.218, *Min. c/Lazarus* : *Dr. fisc.* 2005, n° 48, comm. 765, pour une plus-value de cession d'actions.
(1174) CE, 9 mai 1990, n° 72.411, *Jais* : *RJF* 7/1990, n° 781.
(1175) CE, plén., 23 avr. 1971, n° 78.674 : *Rec. CE* 1971, p. 297.
(1176) CE, 28 mai 2001, n° 216.312, *Beaubois* : *Dr. fisc.* 2001, n° 44-45, comm. 1001, concl. S. Austry.
(1177) Avant L. fin. 2004, 30 déc. 2003, art. 10.
(1178) CGI, art. 150 R, anc.

3) S'il a disposé d'un revenu différé, le contribuable pouvait bénéficier, avant la loi de finances pour 2010[1179] du même quotient « par quatre ». Il peut bénéficier, depuis cette loi, d'un quotient « adapté », c'est-à-dire demander que l'impôt correspondant à ce revenu « soit calculé en divisant son montant par un coefficient égal au nombre d'années civiles correspondant aux échéances normales de versement augmenté de un, en ajoutant à son revenu net global imposable le quotient ainsi déterminé, puis en multipliant par ce même coefficient la cotisation supplémentaire ainsi obtenue »[1180].

4° Le cas des revenus majorés

1522. – **Anti-abattement légal.** 1) Avant la loi de finances pour 2006[1181], de nombreux revenus faisaient l'objet d'abattement de 20 % avant leur intégration dans le revenu global soumis au barème progressif[1182].

Initialement, cet abattement (fixé en dernier lieu à 20 %) ne s'appliquait qu'aux revenus salariaux et assimilés. Il était justifié par la « difficulté », pour les titulaires de ses revenus déclarés par des tiers, de les dissimuler au fisc. L'abattement légal ne s'appliquait d'ailleurs (pour la fraction du revenu imposable n'excédant pas une limite fixée, en dernier lieu, à 120 100 €) qu'aux revenus déclarés spontanément – et à l'exclusion de la fraction des traitements et salaires correspondant à la réintégration dans le revenu imposable de sommes dont la déduction au titre des frais professionnels avait été rejetée (sur le traitement fiscal actuel des réintégrations correspondantes, V. *infra*, n° 1574).

Le bénéfice de cet abattement avait été étendu aux revenus des travailleurs indépendants consentant (réellement ou, on peut le craindre parfois, prétendument) certains efforts en vue d'une meilleure connaissance de leurs revenus réels. Plus précisément, les titulaires de bénéfices industriels et commerciaux, bénéfices non commerciaux et bénéfices agricoles pouvaient se voir appliquer l'abattement lorsque – imposés selon un régime réel – ils étaient membres d'une association ou d'un centre de gestion agréés.

Naturellement, les titulaires des autres revenus soumis au barème progressif n'en bénéficiaient pas. C'était le cas, en particulier, des contribuables imposés à raison de revenus fonciers ou de dividendes d'actions ou de ceux qui imposés selon un régime forfaitaire au titre de leurs bénéfices professionnels (BIC, BNC ou BA).

2) Dans le but de diminuer la pression fiscale « apparente », le législateur a décidé d'« intégrer » l'abattement de 20 % dans le barème progressif de l'impôt sur le revenu. En clair, chacun des taux applicables dans les différentes tranches a été diminué de 20 % et l'abattement légal a été corrélativement supprimé depuis l'imposition des revenus de 2006.

Pour ne demeurer qu'un simple *lifting* fiscal, cette modification supposait l'introduction de mesures d'accompagnement : il n'était pas question que certaines catégories de contribuables voient leur charge fiscale diminuer du fait de la modification du barème, qui devait rester de pure forme.

Diverses modalités de neutralisation (totale ou partielle) ont été retenues :
– le cas des dividendes d'actions a été réglé simplement. La réfaction d'assiette est passée de 50 % à 40 % des dividendes bruts ;

(1179) L. fin. 2010, 27 déc. 2009, art. 19.
(1180) CGI, art. 163-0 A, II.
(1181) L. 30 déc. 2005, art. 76.
(1182) CGI, art. 158, 5, anc.

– deux solutions alternatives ont été retenues pour les revenus fonciers. Dans le cadre du régime réel, la déduction forfaitaire de 14 % a été supprimée. Dans le cadre du régime micro-foncier, le taux de détermination des charges est passé de 40 % à 30 % ;

– une solution identique a été retenue pour le micro-BIC et le micro-BNC, où les différents taux de détermination des charges ont fait l'objet d'une diminution proportionnelle (avant de se trouver, toutefois, majorés par des textes ultérieurs) ;

– pour les autres revenus (et en particulier pour les bénéfices des professionnels indépendants, non adhérents d'une association ou d'un centre de gestion agréés), une seule solution était techniquement possible : la majoration de 25 % du bénéfice net avant son intégration dans le barème (qui, sur le plan mathématique, aboutit à une neutralisation intégrale de la modification des taux du barème progressif). On notera que ce même dispositif n'a pas été retenu à l'égard des revenus catégoriels éligibles à l'abattement mais dépassant son plafond d'application (c'est un cas où la modification du barème a eu un effet très favorable).

3) En conséquence, le montant des revenus suivants « est multiplié par 1,25 » avant d'être intégré dans le revenu global :

a) Les bénéfices nets imposables dans la catégorie des bénéfices industriels et commerciaux, des bénéfices non commerciaux ou des bénéfices agricoles, réalisés par des contribuables soumis à un régime réel d'imposition qui ne sont pas adhérents d'une association ou d'un centre de gestion agréés[1183] et à condition qu'il ne fasse appel, à défaut[1184], aux services d'un expert-comptable[1185] ou d'un certificateur à l'étranger[1186], « conventionnés » avec l'administration.

L'assimilation, pour l'exclusion de la majoration, du recours aux services d'un comptable « conventionné »[1187] à l'adhésion à une association ou d'un centre de gestion agréés résulte de la loi de finances pour 2009[1188]. La majoration ne s'applique pas si le contribuable est associé d'une société de personnes (ou membre d'un groupement assimilé) qui est elle-même adhérente d'un de ces organismes ou fait appel aux services de comptables « conventionnés ».

La loi retient, par exception, l'application de la majoration de 25 % lorsque, notamment, le contribuable a été exclu de l'organisme (ou lorsque l'expert-comptable a résilié sa lettre de mission) pour n'avoir pas fourni de réponse suffisante aux demandes de justification de l'organisme (ou de l'expert-comptable) ou pour n'avoir pas donné suite à la demande de cet organismes (ou de l'expert-comptable) de rectifier une déclaration fiscale.

Le Conseil constitutionnel a admis la conformité de cet « anti-abattement » légal : « la majoration (...) de 25 % de la base d'imposition des non-adhérents est intervenue dans le cadre d'une réforme globale de l'impôt sur le revenu qui a concerné tous les contribuables ; (...) cette mesure est la contrepartie, arithmétiquement équivalente, de la suppression de l'abattement de 20 % dont bénéficiaient, avant cette réforme de l'impôt, les adhérents à un organisme de gestion agréé ; (...) ainsi, la différence de traitement entre adhérents et non adhérents demeure justifiée à l'instar du régime antérieur et ne crée donc pas de rupture caractérisée de l'égalité devant les charges publiques »[1189].

(1183) CGI, art. 158, 7, 1°. La loi de finances rectificative pour 2015 a étendu le bénéfice de la mesure aux adhérents des organismes mixtes de gestion (CGI, art. 1649 quater K ter) ou d'une succursale d'expertise comptable. Ces règles n'ont ni pour objet ni pour effet de contraindre les contribuables à adhérer à une association et ne portent donc pas atteinte à la liberté d'association (CE, 9 nov. 2015, n° 366457, *Waldner* : *Dr. fisc.* 2016, n° 6, comm. 166, concl. M.-A. Nicolozo de Barmon).

(1184) Cette mesure s'est appliquée à compter du 1er janvier 2010.

(1185) Ou d'une société membre de l'ordre, d'une association de gestion et de comptabilité ou, depuis la loi de finances rectificative pour 2015, d'une succursale d'expertise comptable, « conventionnés » avec l'administration.

(1186) Cette mesure, qui résulte de la loi de finances rectificative pour 2015 (L. 29 déc. 2015, art. 37), ne vaut que pour les seuls revenus de source étrangère provenant d'un État membre de l'UE ou d'un État assimilé.

(1187) CGI, art. 1649 quater L et 1649 quater M.

(1188) L. 27 déc. 2008, art. 10.

(1189) Cons. const., 23 juill. 2010, n° 2010-16 QPC, *Exbrayat* : *Dr. fisc.* 2010, n° 35, act. 321 ; *RJF* 11/2010, n° 1072.

b) Les bénéfices agricoles imposés, à l'époque, selon le mode du forfait collectif.

En l'absence de régime « micro BA », cette solution a été considérée comme la seule techniquement possible. La mise en œuvre progressive du régime « micro-BA » (V. *supra*, n° 1475) conduit, dans le mouvement inverse, à la fin de cette mesure dérogatoire.

c) Certains revenus des capitaux mobiliers (autre que les dividendes d'actions) compris dans le revenu global[(1190)].

Sont notamment concernés par cette mesure certains revenus des capitaux mobiliers « douteux » :

• les revenus des capitaux mobiliers « présumés », c'est-à-dire les bénéfices ou revenus *positifs* d'un organisme, retenus dans la proportion des droits que le contribuable y détient, lorsque cet organisme (établi ou constitué hors de France) est soumis à un régime fiscal privilégié, alors que son actif ou ses biens sont principalement constitués de capitaux mobiliers[(1191)] ;

• les revenus mobiliers correspondant à certaines distributions irrégulières de bénéfices, c'est-à-dire[(1192)] :

– les revenus correspondant à des distributions occultes : « rémunérations et avantages occultes », fraction des rémunérations non déductibles des résultats de l'employeur pour être excessives ou ne pas correspondre à un travail effectif[(1193)] et revenus correspondant à certaines dépenses « somptuaires » des entreprises[(1194)] ;

– les revenus correspondant à certains bénéfices réputés distribués[(1195)] et résultant d'une rectification des résultats de la société distributrice.

S'appropriant les motifs de la décision rendue par le Conseil constitutionnel à propos des non-adhérents d'associations ou de centre de gestion agréés (V. *supra*, 1 *in fine*), le Conseil d'État a refusé de transmettre la QPC concernant ce dispositif[(1196)].

§ 2. – Les charges déductibles du revenu global

1523. – Charges limitativement énumérées. Certaines dépenses des contribuables peuvent être admises en déduction du revenu global.

L'imputation des charges déductibles du revenu global (qui intervient après celle des déficits catégoriels) peut aboutir à la diminution ou à l'annulation du revenu global (aucune imposition à l'IR progressif n'est normalement établie dans ce dernier cas).

En revanche, en l'absence de disposition en ce sens, l'imputation des charges déductibles ne peut aboutir à l'apparition d'un *déficit global* (c'est-à-dire d'un *revenu global négatif*) qui, par exception au principe d'annualité de l'impôt, serait susceptible d'être reporté sur le revenu global des années ultérieures (pour le cas, strictement inverse, des déficits catégoriels imputables excédant le montant du revenu global, V. *supra*, n° 1512). Il résulte de ces règles que l'imputation des charges déductibles du revenu global doit être opérée prioritairement.

Limitativement énumérées par la loi, les charges déductibles du revenu global ne peuvent, en tout état de cause, être admises en déduction qu'à la condition d'avoir été supportées au cours de l'année d'imposition sans avoir été parallèlement retenues pour la détermination d'un revenu catégoriel[(1197)].

(1190) CGI, art. 158, 7-2°.
(1191) CGI, art. 123 bis.
(1192) CGI, art. 109, 1, et art. 111, *c* à *e*.
(1193) CGI, art. 39, 1, 1°.
(1194) CGI, art. 39, 4, *c*, al. 1er.
(1195) CGI, art. 109, 1.
(1196) CE, 17 sept. 2010, n° 341.293, *Zanatta* : *RJF* 1/2011, n° 86.
(1197) CGI, art. 156, II.

Le Conseil d'État a refusé de transmettre au Conseil constitutionnel une QPC selon laquelle ce texte, en ne faisant pas figurer au nombre des charges déductibles du revenu global la TVA grevant les honoraires d'avocat supportée par des particuliers (alors que cette TVA est normalement déductible quand le client de l'avocat est une entreprise), méconnaissait les droits de la défense et le droit à un procès équitable[1198].

Par ailleurs le contribuable doit être en mesure d'en justifier la réalité. On en donnera sept illustrations.

1524. – Pensions alimentaires. Certaines pensions alimentaires versées par le contribuable peuvent être admises en déduction du revenu global. Différentes hypothèses sont à distinguer :

1) en principe, les pensions alimentaires versées (en argent ou en nature) aux ascendants ou descendants sont déductibles du revenu global du contribuable qui les verse, dès lors que, répondant aux conditions du Code civil[1199], leur montant correspond aux besoins de celui qui la reçoit et à la fortune de celui qui la doit. Il en résulte que le contribuable doit, de manière générale, justifier l'état de besoin du bénéficiaire de ses versements ;

Les pensions alimentaires sont normalement retenues pour leur montant réel. Il est admis toutefois qu'elles puissent être, en totalité ou en partie, déterminées forfaitairement.

Le montant des pensions alimentaires déduites du revenu global du contribuable qui en supporte la charge est imposable dans le revenu de leur bénéficiaire.

Les pensions alimentaires versées à un enfant (majeur ou mineur) ne sont déductibles qu'à la condition que l'enfant bénéficiaire ne soit pas rattaché au foyer fiscal du débiteur (s'agissant des enfants mineurs, cette condition suppose normalement que les parents de l'enfant soient divorcés ou séparés, en droit ou en fait). La même règle s'applique *mutatis mutandis* lorsque le bénéficiaire de la pension alimentaire (hébergé sous le toit du contribuable) est rattaché à son foyer en raison de son invalidité.

2) toutefois, le montant déductible des pensions alimentaires versées à un enfant majeur est limité par la loi[1200] ;

La déductibilité n'est admise, en tout état de cause, que si le bénéficiaire de la pension n'est pas rattaché au foyer fiscal du débiteur (que ce rattachement donne lieu à une majoration du nombre de parts du contribuable pour la détermination du quotient familial ou à un abattement de son revenu global).

Sur renvoi à l'article 196 B du CGI (V. *infra*, n° 1531), le plafond de déduction est fixé pour l'imposition des revenus de 2015[1201], à 5 732 € par enfant majeur[1202].

Cette limite est doublée si le bénéficiaire est lui-même (quel que soit le nombre de ses enfants) chargé de famille[1203].

Lorsqu'elle n'est que partiellement déduite du revenu global du contribuable qui en est débiteur, la pension alimentaire n'est imposable dans le revenu de celui qui les reçoit qu'à hauteur de la fraction déduite.

(1198) CE, 9 juill. 2010, n° 339.398, *Momont : Dr. fisc.* 2010, n° 42, comm. 536, concl. L. Olléon.
(1199) C. civ., art. 208.
(1200) CGI, art. 156, II-2°.
(1201) L. fin. 2011, 29 déc. 2010, art. 2, II.
(1202) Il en résulte que, abstraction faite des autres incidences favorables du rattachement d'un enfant au foyer, la déduction d'une pension alimentaire est souvent fiscalement plus avantageuse que son rattachement au foyer.
(1203) Si le bénéficiaire est marié ou partenaire civil, chacune des familles peut déduire, dans la limite légale « unitaire », la pension alimentaire versée au couple (cette limite est toutefois doublée si l'une des familles justifie qu'elle pourvoit seule à l'entretien du couple). Sur le cas particulier de la pension alimentaire forfaitaire versée à un enfant majeur naturel par ses parents concubins vivant ensemble, V. RES n° 2005/16 FP, 6 sept. 2005 repris au BOI-IR-BASE-20-30-20-20, n° 320.

3) les sommes versées en cas de divorce ou de séparation obéissent à des règles partiellement différentes :

– les sommes destinées à l'entretien des enfants sont déductibles du revenu global du contribuable qui les verse ;

Cette déduction (qui ne s'étend pas aux frais exposés au titre de l'exercice du droit de visite) est exclusive du rattachement du bénéficiaire au foyer fiscal du débiteur.

Lorsque leur montant a été fixé par décision de justice, le montant déductible est celui arrêté par cette décision (étant précisé qu'il est possible de tenir compte des revalorisations spontanées « raisonnables »). Lorsque leur montant ne résulte pas d'une décision de justice, la pension est déductible dès lors qu'elle n'est pas excessive.

– les pensions alimentaires versées à l'ancien conjoint (ou assimilé) sont déductibles dans la limite fixée, le cas échéant, par décision de justice ;

Cette déduction n'est possible que si les époux divorcés (ou assimilés) font effectivement l'objet d'une imposition séparée à l'IR. Le montant déductible est déterminé compte tenu des clauses d'indexation obligatoires ou des revalorisations spontanées « raisonnables ».

La pension est imposable dans les revenus de celui qui la reçoit. Lorsque la pension résulte d'une décision de justice antérieure au 1er janvier 2006, son montant imposable est majoré de 25 % (pour tenir compte de l'intégration dans le barème progressif de l'abattement général de 20 % – V. *supra* n° 1522).

– le traitement fiscal des prestations compensatoires versées à l'ancien conjoint dépend des modalités de leur versement. Les prestations versées périodiquement sous forme de rente (ou versées en argent sur une période supérieure à douze mois à compter du jugement de divorce passé en force de chose jugée) sont déductibles du revenu global du débiteur dans les limites de la condamnation ;

La prestation compensatoire est imposable dans les revenus de celui qui la reçoit. Lorsque la prestation résulte d'une décision de justice antérieure au 1er janvier 2006, son montant imposable est majoré de 25 % (V. *supra*).

Les prestations compensatoires prenant la forme d'une attribution de biens (ou droits) ou d'un versement en capital (en un seul versement ou par versements échelonnés sur une période n'excédant pas 12 mois) ouvrent droit à une réduction d'impôt pour le contribuable qui est en débiteur (V. *infra*, n° 1561).

– les sommes versées, le cas échéant, à titre de dommages et intérêts ne sont pas déductibles du revenu de leur débiteur.

Elles ne sont pas, corrélativement, imposables dans le revenu de leur bénéficiaire.

1525. – Plan d'épargne retraite populaire. Les cotisations versées sur un plan d'épargne populaire pour la retraite sont déductibles dans certaines limites du revenu global[1204].

La déduction du revenu global des sommes versées sur un plan d'épargne retraite populaire (PERP) obéit à un régime complexe dont on retiendra l'essentiel. La loi ouvre à chaque contribuable une enveloppe de déduction théorique. Dans la généralité des cas[1205], elle est égale, pour chaque individu, à 10 % de ses revenus professionnels de l'année précédente retenus dans la limite de huit fois le plafond annuel de la sécurité sociale (soit une enveloppe théorique maximale de déduction de 30 432 € pour les versements de 2016 et de 30 893 € pour ceux de 2017). Cette enveloppe théorique est ensuite diminuée de certaines cotisations sociales et versements assimilés

(1204) CGI, art. 163 quatervicies.

(1205) La loi prévoit en effet un plafond de déduction « plancher » qui est fixé à 10 % du plafond annuel de la sécurité sociale de l'année précédente (soit 3 804 € pour les versements de 2016 et 3 862 € pour ceux de 2017).

déduits des revenus professionnels de l'intéressé au cours de l'année précédente. Viennent (schématiquement) en déduction de l'enveloppe :

– des cotisations versées (dans la limite de certains plafonds) par un salarié (ou son employeur) à un régime « obligatoire » de retraite supplémentaire ;

– des cotisations et primes versées (dans la limite de certains plafonds) par un travailleur indépendant au titre d'un régime facultatif de retraite (ou assimilé) ou d'un contrat *Madelin* (ou assimilé).

Les cotisations versées sur un PERP sont déductibles dans la limite de cette enveloppe effective. La part de l'enveloppe effective non utilisée peut, le cas échéant, être reportée au cours des trois années suivantes. En revanche, les versements excédant l'enveloppe effective ne peuvent faire l'objet d'aucun report.

1526. – Cotisations sociales. Certaines cotisations sociales obligatoires ou certains versements qui leur sont assimilés sont admis en déduction du revenu global[1206].

La déduction suppose que les cotisations sociales n'aient pu être déduites d'un revenu catégoriel (ce qui est généralement possible). Cela sera le cas, par exemple, pour les cotisations sociales obligatoires supportées par les étudiants[1207], les versements à des contrats d'assurance groupe opérés par un agriculteur imposés selon les règles du forfait collectif agricole ou les cotisations patronales versées par des particuliers employeurs (étant précisé que la déduction des cotisations afférentes à l'emploi de « gens de maison » est expressément exclue).

1527. – Charges foncières des immeubles historiques. Les charges foncières afférentes à des immeubles historiques ou assimilés sont sous certaines conditions déductibles du revenu global[1208].

Sont concernées les charges foncières afférentes aux immeubles classés monuments historiques (ou inscrits à l'inventaire supplémentaire) lorsque, non loués, ils ne procurent pas de revenus imposables ni, partant, de déficits fonciers susceptibles de s'imputer (ici sans limitation particulière) sur le revenu global du contribuable. Le même régime s'applique aux immeubles faisant partie du patrimoine national *labélisés* (sur avis favorable du service départemental de l'architecture et du patrimoine) par la « Fondation du patrimoine ».

Avant la loi de finances pour 2014[1209], ce régime pouvait également s'appliquer aux immeubles ayant été agréés (V. *supra*, n° 1414, 1) comme faisant partie du patrimoine national en raison de leur caractère historique ou artistique particuliers. Les immeubles antérieurement « agréés » peuvent toutefois bénéficier du régime de déduction pour toute la durée des agréments en cours.

1528. – Contribution sociale généralisée « patrimoniale ». La contribution sociale généralisée exigible au titre des revenus du patrimoine ou produits de placement et assimilés est partiellement déductible du revenu global lorsque ces revenus ou produits sont soumis au barème progressif de l'impôt sur le revenu[1210].

La CSG frappant les revenus d'activité et de remplacement est également déductible partiellement. Toutefois, compte tenu du mode d'établissement de la CSG prévue dans ces cas, la fraction déductible de la CSG ne donne pas formellement lieu dans ce cas à une charge déductible du revenu global.

Énumérés dans un dispositif particulièrement abscons par référence au Code de la sécurité sociale, les revenus pouvant donner lieu à cette déduction sont les revenus fonciers, les plus-values sur titres et les revenus mobiliers soumis au barème progressif de l'IR. En revanche, la CSG frappant les plus-values immobilières, les plus-values de cession de biens meubles ainsi que les revenus des capitaux mobiliers demeurant soumis à prélèvement libératoire (ou exonérés d'IR) n'est pas déductible.

(1206) CGI, art. 156, II, 4°, 5°, 10°, 11°, 13°.
(1207) RES n° 2005/17 FP, 6 sept. 2005 repris au BOI-IR-BASE-20-60-10, n° 80.
(1208) CGI, art. 156, II, 1 ter.
(1209) L. 29 déc. 2013, art. 26.
(1210) CGI, art. 154 quinquies, II.

Depuis le 1er janvier 2012, la contribution sociale généralisée frappant ces revenus est admise en déduction du revenu global imposable de l'année de son paiement, à hauteur de 5,1 points sur un total de 8,2 points[(1211)].

Elle était auparavant déductible à hauteur de 5,8 points. La fraction de CSG déductible est donc désormais la même qu'en matière de revenus d'activité et de remplacement. Toutefois, le rapprochement du traitement fiscal des revenus du travail et des revenus du capital livre une image un peu paradoxale de l'égalité fiscale : la CSG sur les revenus d'activité et de remplacement (7,5 %) est non déductible à hauteur de 2,4 points ; celle frappant les revenus du capital (8,2 %) l'est à hauteur de 3,1 points[(1212)].

1529. – **Frais d'accueil des personnes âgées.** Les frais d'accueil des personnes âgées de plus de plus de soixante-quinze ans (et de condition modeste) vivant sous le toit du contribuable peuvent être admis en déduction du revenu global[(1213)].

Ces frais d'accueil correspondent aux avantages en nature consentis par le contribuable à ces personnes *en l'absence d'obligation alimentaire* (qu'il s'agisse de collatéraux ou de personnes étrangères au groupe familial) La déduction opérée par le contribuable ne peut excéder, par bénéficiaire, la limite de 3 407 € pour les revenus de 2015.

Le revenu imposable de la personne âgée ne doit pas excéder le plafond de ressources retenu pour l'octroi du minimum-vieillesse. Les avantages considérés (qui ont le caractère de libéralités et non de pensions alimentaires) ne sont pas imposables au nom du bénéficiaire. Par ailleurs, à supposer que la personne accueillie soit invalide, la déduction ne peut se cumuler avec la majoration de quotient familial prévue dans cette hypothèse (V. *infra*, n° 1536).

1530. – **Grosses réparations supportées par un nu-propriétaire.** Sur option (irrévocable) de l'intéressé, les dépenses tenant aux grosses réparations effectivement supportées par un contribuable en qualité de nu-propriétaire d'un immeuble bâti dont la propriété est démembrée sont admises en déduction de son revenu global[(1214)].

La déduction n'est légalement possible que lorsque le démembrement de propriété résulte d'une succession ou d'une donation entre vifs consentie entre parents. L'option entraîne le renoncement du nu-propriétaire à la prise en compte de ces mêmes dépenses au titre de ses revenus fonciers (prise en compte qui supposerait qu'il tire des revenus de la location d'autres immeubles). Ces dépenses peuvent être déduites dans la limite annuelle de 25 000 €. La fraction excédentaire des dépenses peut être déduite, dans les mêmes conditions, au titre des dix années suivantes.

§ 3. – Les abattements applicables au revenu global

1531. – **Enfants à charge mariés (ou assimilés) ou chargés de famille.** L'avantage fiscal retiré par un contribuable du rattachement d'un enfant à son foyer fiscal prend, en principe, la forme d'une majoration du nombre de parts retenu pour la détermination du quotient familial qui lui est applicable.

(1211) L. fin. 2013, 29 déc. 2012, art. 9, I-G et VI.
(1212) Avant la loi de finances pour 2013, précitée, les fractions déductibles étaient de 2,4 points dans les deux cas.
(1213) CGI, art. 156, II, 2° ter.
(1214) CGI, art. 156, II, 2° quater. Le projet de loi de finances pour 2017 envisage l'abrogation de ce dispositif au titre de la suppression des « petites niches fiscales inefficaces ».

Par exception, cet avantage prend la forme d'un abattement forfaitaire du revenu global lorsque alternativement :

- l'enfant est marié (ou partenaire civil) ;
- l'enfant est chargé de famille.

Pour l'imposition des revenus de 2015, le montant de cet abattement est fixé à 5 732 € par personne à charge rattachée[1215].

Les personnes à charge rattachées s'entendent de l'enfant et, le cas échéant, de son conjoint (ou partenaire civil) et de ses propres enfants. Lorsqu'un couple est rattaché à un foyer fiscal, les « autres » parents ne peuvent pas, parallèlement, le compter à leur charge. Lorsque les enfants de la personne rattachée sont sous la garde alternée de l'enfant chargé de famille et de leur autre parent (et sont partant réputés être à la charge égale de leurs deux parents), l'abattement auquel ils ouvrent droit pour le contribuable est égal à la moitié de cette somme, soit 2 866 € par enfant.

Le montant actuel est issu de la revalorisation du montant de 5 698 € fixé par la loi de finances pour 2011[1216]. Il avait été retenu, à l'époque, pour que le rattachement d'un enfant marié (ou chargé de famille) ne procure pas un avantage supérieur à celui découlant (compte tenu du taux marginal de l'IR alors applicable, soit 41 %) de la prise en compte d'un enfant pour le mécanisme du quotient familial (l'avantage tiré de ce mécanisme étant alors plafonné à 2 336 € par demi-part supplémentaire). Si l'on appliquait la même logique, ce montant devrait être de 3 355 € pour l'imposition des revenus de 2015.

1532. – **Personnes âgées ou invalides de condition modeste.** Les personnes âgées ou invalides de condition modeste bénéficient d'un abattement spécial de leur revenu global[1217]. Cette mesure (qui suppose qu'il fasse l'objet d'une imposition distincte) s'applique :

- aux personnes âgées de plus soixante-cinq ans au 31 décembre de l'année d'imposition ;
- aux personnes titulaires de la carte d'invalidité quel que doit leur âge.

Elle est subordonnée à ce que les intéressés soient domiciliés en France et que leur revenu net global n'excède pas certaines limites.

Pour l'imposition des revenus de 2015, le montant de l'abattement est de 2 347 € si le revenu net global de l'intéressé n'excède pas 14 730 € et de 1 174 € si ce revenu est compris entre 14 730 € et 23 730 €. Il est doublé si les deux membres d'un couple soumis à imposition commune remplissent la condition d'âge ou d'invalidité.

Ces abattements et plafonds de revenus sont relevés chaque année dans la même proportion que la limite supérieure de la première tranche du barème l'IR.

SECTION 4

LA LIQUIDATION DE L'IMPÔT SUR LE REVENU

1533. – **Revenu global imposable.** L'application des déductions et abattements légaux au revenu global brut permet de dégager le revenu global net, c'est-à-dire le revenu global imposable au barème progressif.

(1215) CGI, art. 196 B, al. 2.
(1216) L. 29 déc. 2010, art. 2, II. Ce montant, s'il n'est pas automatiquement indexé sur l'évolution du barème de l'IR, est en pratique revalorisé chaque année dans la même proportion que la limite supérieure de la première tranche du barème de cet impôt.
(1217) CGI, art. 157 bis.

Le calcul du montant exact de l'impôt sur le revenu passe par plusieurs étapes :

– la détermination de l'impôt brut ;
– la correction de l'impôt brut, qui permet de déterminer l'impôt exigible.

§ 1. – La détermination de l'impôt brut

1534. – **Barème progressif.** 1) Le barème de l'impôt sur le revenu est un barème progressif par tranches[1218].

a) Au cours de la décennie précédente, la structure générale du barème n'a que peu évolué.

• La loi de finances pour 2006[1219] avait :
– réduit de 7 à 5 le nombre de tranches du barème ;
– « intégré » dans le barème la majoration 20 % précédemment applicable à certains revenus « connus » (V. *supra*, n° 1522).

Ces mesures ne se sont toutefois appliquées que depuis l'imposition des revenus de 2006[1220].

• La loi de finances pour 2011[1221] a porté de 40 % à 41 % le taux marginal du barème progressif. Cette mesure (destinée au financement de la réforme des retraites) s'est appliquée pour l'imposition des revenus de 2010. Parallèlement, les différents taux forfaitaires applicables dans la fiscalité des ménages (revenus des capitaux mobiliers et plus-values des particuliers) ont été majorés d'un point. Ces différentes augmentations avaient été neutralisées pour l'application du bouclier fiscal (V. *infra*, n° 1586, 3).

• La loi de finances pour 2012, si elle a institué une « contribution exceptionnelle sur les hauts revenus » (V. *infra*, n° 1582), n'a pas comporté de nouvelle majoration du taux marginal du barème progressif de l'IR.

• La loi de finances pour 2013[1222] a introduit une tranche frappant au taux de 45 % la fraction des revenus excédant, à l'époque, 150 000 €. Elle devait par ailleurs instituer une « contribution exceptionnelle sur les très hautes rémunérations d'activité » (ou « contribution à 75 % ») qui a été censurée par le Conseil constitutionnel (V. *infra*, n° 1583). Cette « contribution à 75 % » a été introduite sous la forme radicalement différente d'une « taxe sur les entreprises versant des hautes rémunérations » par la loi de finances pour 2014 (V. *infra*, n° 1584).

• Enfin, la loi de finances pour 2015[1223] a engagé un mouvement de baisse de l'IR en supprimant la deuxième tranche du barème (qui frappait au taux de 5,5 % la fraction des revenus comprise, en dernier lieu, entre 6 011 € et 11 991 €) tout en réduisant de 2 000 € environ la limite inférieure de la nouvelle deuxième tranche résultant de cette suppression.

b) Le barème de l'IR n'est pas, d'une certaine manière, permanent. Il fait normalement l'objet, en effet, d'une actualisation annuelle destinée à neutraliser les effets de l'érosion monétaire.

• La revalorisation du barème de l'IR en fonction de l'inflation a été opérée sans interruption depuis 1969. Dans la période antérieure, des périodes relativement longues ont pu parfois s'écouler sans que le barème ne soit revalorisé (comme au cours des périodes 1952-1958 et 1961-1963). Par ailleurs, en 1966, « une minoration d'imposition s'est substituée à l'indexation »[1224].

(1218) CGI, art. 197.
(1219) L. 30 déc. 2005, art. 75.
(1220) Le barème effectif applicable aux revenus de 2006 résultant à cet égard de l'actualisation des tranches opérée par L. fin. 2007, 21 déc. 2006, art. 2.
(1221) L. 29 déc. 2010, art. 2 et 6.
(1222) L. 29 déc. 2012, art. 3.
(1223) L. 29 déc. 2014, art. 2.
(1224) Commission des finances de l'Assemblée nationale, rapport sur le projet de loi de finances pour 2013, n° 251, 10 oct. 2012, présenté par Ch. Eckert, rapporteur général de la commission, t. II, p. 15.

À partir de 1969, l'indexation s'est appliquée de façon continue, mais différenciée selon les tranches du barème. Les quatre premières tranches étaient ainsi « revalorisées au-delà du niveau de l'inflation afin d'abaisser plus fortement la pression fiscale pesant sur les contribuables modestes »[1225]. Inversement, « les cinq dernières tranches étaient revalorisées en deçà du niveau de l'inflation afin de limiter la correction du niveau d'imposition au regard de l'inflation annuelle »[1226]. Ce n'est qu'à partir de 1981 que le principe d'une indexation indifférenciée pour l'ensemble des tranches a été retenu. Depuis cette date, « il constitue une mesure consensuelle de modération de la pression fiscale prise chaque année en loi de finances initiale »[1227]. Ainsi, par exemple, la loi de finances pour 2011[1228] avait majoré de 1,5 % les limites des différentes tranches du barème précédemment applicable.

• Décidé, à l'initiative du gouvernement Fillon, par la quatrième loi de finances rectificative pour 2011[1229], le « gel du barème de l'IR » (c'est-à-dire sa non-revalorisation en fonction de l'érosion monétaire) a été « reconduit » à l'initiative du gouvernement Ayrault, qui s'est abstenu de proposer la remise en cause, dans la loi de finances pour 2013 (*i.e.* à l'égard des revenus de 2012), de la disposition adoptée en 2011 (selon laquelle le gel devait produire ses effets pour « l'impôt sur le revenu dû au titre de l'année 2011 et des années suivantes », ceci sans limitation de durée)[1230]. Ce second gel s'est toutefois accompagné d'une revalorisation exceptionnelle de la décote pour limiter l'impact du gel sur les contribuables les plus modestes (V. *infra*, n° 1539, *in fine*).

• Mettant fin à ce « double gel », la loi de finances pour 2014[1231] a revalorisé de 0,8 % (*i.e.* de l'évolution de l'indice des prix hors tabac) les limites des différentes tranches du barème. Les deux lois de finances initiales suivantes ont fait de même, à hauteur, respectivement de 0,5 % et 0,1 %[1232].

• L'incidence budgétaire de ce gel prolongé, que l'on serait tenté de tenir pour insignifiante, est considérable. Elle vaut principalement pour l'IR lui-même, mais également pour d'autres impôts dont certaines règles d'assiette ou de liquidation évoluent comme le barème de l'IR. Tiré des travaux préparatoires de la loi de finances pour 2013, le tableau suivant le fait ressortir.

INCIDENCE BUDGÉTAIRE DU DOUBLE GEL DU BARÈME DE L'IR
SUPPLÉMENT DE RECETTES EN M€

IMPÔTS	ANNÉE	
	2012	**2013**
IR	1 584	3 168
IS	44	88
Droits de succession et de donation	42	84
Taxe foncière	9	18
Taxe d'habitation	73	146
Total	**1 752**	**3 504**

(1225) *Ibid.*
(1226) *Ibid.*
(1227) *Ibid.*
(1228) L. 29 déc. 2010, art. 2.
(1229) L. 28 déc. 2011, art. 16, remettant en cause l'actualisation de 2,1 % qui aurait dû résulter de la loi de finances pour 2012.
(1230) Quatrième L. fin. rect. 2011, préc., art. 16.
(1231) L. 29 déc. 2013, art. 2.
(1232) Le projet de loi de finances pour 2017 envisage, à nouveau, une revalisation de 0,1 % des limites des différentes tranches du barème de l'IR.

2) Le barème suivant est applicable aux revenus de 2015 :

BARÈME D'IMPOSITION DES REVENUS DE 2015

FRACTION DU REVENU IMPOSABLE POUR UNE PART	TAUX
N'excédant pas 9 700 €	0 %
De 9 700 € à 26 791 €	14 %
De 26 791 € à 71 826 €	30 %
De 71 826 € à 152 108 €	41 %
Supérieure à 152 108 €	45 %

a) Dans le passé, le barème de l'IR a pu être très différent. La loi du 15 juillet 1914 n'avait pas formellement établi un barème progressif pour la liquidation de l'« impôt général sur le revenu » qu'elle instituait. Son taux était, en effet, fixé uniformément à 2 %. Il s'appliquait toutefois à un revenu global déterminé selon un mécanisme d'incorporation progressive de revenus « partiels ».

BARÈME DE 1914

FRACTION DU REVENU IMPOSABLE	TAUX D'INCORPORATION AU REVENU GÉNÉRAL	TAUX D'IMPOSITION RÉSULTANT DE L'INCORPORATION
De 5 000 F à 10 000 F	2/5	0,8 %
De 10 000 F à 15 000 F	3/5	1,2 %
De 15 000 F à 20 000 F	4/5	1,6 %
Plus de 25 000 F	1	2 %

b) Le barème applicable pour les revenus de 1948, pour le calcul de la « surtaxe progressive » exigible en sus des taxes proportionnelles, était plus proche de celui que nous connaissons aujourd'hui :

BARÈME DE 1948

FRACTION DU REVENU IMPOSABLE POUR UNE PART	TAUX
Inférieur à 120 000 F	0 %
De 120 000 F à 250 000 F	10 %
De 250 000 F à 500 000 F	15 %
De 500 000 F à 800 000 F	25 %
De 800 000 F à 1 200 000 F	30 %
De 1 200 000 F à 2 000 000 F	40 %
De 2 000 000 F à 3 000 000 F	50 %
Supérieure à 3 000 000 F	60 %

c) Le barème a ensuite longtemps comporté sept tranches. Le tableau suivant fait ressortir uniquement la dernière tranche du barème (correspondant à la fraction des revenus supérieure à 45 000 € environ) et le taux marginal d'imposition correspondant :

ÉVOLUTION DU TAUX MARGINAL DE L'IR

ANNÉE DE RÉALISATION DES REVENUS	FONDEMENT LÉGAL	TAUX MARGINAL
De 1993 à 1995	L. fin. 1994 à L. fin. 1995	56,8 %
De 1996 à 1998	L. fin. 1996 à L. fin. 1999	54 %
1999	Prévu (L. fin. 2000)	54 %
	Effectif (L. fin. rect. 2000) (1)	54 %
2000	L. fin. 2001	53,25 %
2001	Prévu (L. fin. 2001)	52,75 %
	Effectif (L. fin. rect. 2002) (2)	50,1125 %
2002	L. fin. 2003	49,58 %
2003 à 2005	L. fin. 2004	48,09 %
2006 à 2009	L. fin. 2006	40 %
2010 et 2011	L. fin. 2011	41 %
2012 à 2015	L. fin. 2013	45 %

(1) La loi de finances pour 2000[1233] avait prévu le maintien des taux antérieurement applicables. L'article 1er de la première loi de finances rectificative pour 2000[1234] a, quelques mois tard, diminué les taux légaux des troisième et quatrième tranches du barème, cette mesure étant immédiatement mise en œuvre pour l'établissement des impositions des revenus de 1999.

(2) La première loi de finances rectificative pour 2002[1235] avait disposé que « pour l'imposition des revenus de l'année 2001, le montant de l'impôt résultant de l'application [du barème progressif] est réduit de 5 % ».

1535. – Progressivité par tranches. Le barème de l'impôt sur le revenu s'applique selon les principes de la progressivité par tranches[1236]. Destinée à éliminer tout effet de seuil dans l'application du barème progressif, cette méthode consiste, successivement :

1) à décomposer, en fonction des tranches délimitées par le barème, le revenu total en différentes fractions ;

2) à soumettre chacune de ces fractions (et elle seulement) au taux d'imposition de la tranche correspondante. Cette opération permet de déterminer une ou plusieurs « cotisations partielles » ;

3) à faire la somme de ces différentes « cotisations partielles », ce qui donne le montant total de l'impôt.

Contrairement à une idée erronée fréquemment colportée, le « changement de tranche » ne produit dans cette hypothèse aucun effet de seuil, contrairement au cas de la progressivité pure et simple.

(1233) L. 30 déc. 1999, art. 2.
(1234) L. 13 juill. 2000, art. 1er.
(1235) L. 6 août 2002, art. 1er.
(1236) CGI, art. 197.

1536. – Application du quotient familial. 1) Le barème n'est pas appliqué purement et simplement au revenu global imposable. La loi prévoit en effet de l'appliquer en fonction de la composition du foyer fiscal.

2) Limitant la progressivité de l'impôt sur le revenu, le mécanisme du quotient familial poursuit une double fonction :

– ne pas pénaliser les couples (époux ou partenaires civils) faisant l'objet d'une imposition (quotient conjugal) ;

– prendre en compte les charges de famille du contribuable (en diminuant le montant de l'impôt).

3) Le mécanisme du quotient familial consiste successivement :

a) à assigner à chaque foyer un nombre de parts en fonction de sa composition ;

b) à diviser le revenu global imposable du foyer par le nombre de parts. Ceci donne le revenu imposable unitaire du foyer ;

c) à appliquer le barème progressif (V. *supra*, n° 1535) à ce revenu unitaire, ce qui donne le montant de l'impôt unitaire ;

d) à multiplier l'impôt unitaire par le nombre de parts, ce qui donne l'impôt total *théorique*.

4) De manière générale, un foyer se voit assigner :

– une part entière pour chaque contribuable ;

– une demi-part pour chacune des deux premières personnes à charge et une part entière pour chacune des personnes à charge à compter de la troisième.

Par ailleurs, la première personne à charge (exclusive ou principale) d'un contribuable isolé (par opposition à un contribuable vivant en couple)(1237) compte pour une part entière (et non une demi-part).

a) Pour l'application du mécanisme du quotient familial, les personnes à charge s'entendent, en principe, de l'ensemble des personnes légalement rattachées au foyer fiscal (V. *supra*, n°s 1384 et s.). Le nombre de parts à retenir est déterminé en se plaçant, en principe, au 1er janvier de l'année d'imposition. Toutefois, en cas d'augmentation des charges de famille en cours d'année, il est fait état de la situation au 31 décembre de cette même année(1238).

b) Par exception, n'ouvre pas droit à une majoration du nombre de parts (mais à un abattement du revenu global), le rattachement d'enfants mariés (ou assimilés) ou chargés de famille (V. *supra*, n° 1531).

Les enfants mineurs en garde alternée chez leurs parents divorcés ouvrent droit, selon le cas, à une demi-part ou un quart de part(1239).

c) La loi prévoit, dans certaines hypothèses, des majorations spéciales du nombre de parts. On en donnera quelques exemples :

– toute personne invalide (contribuable ou personne à charge) donne droit à une demi-part supplémentaire (un quart de part pour les enfants en garde alternée) ;

(1237) Lorsque l'administration remet en cause, selon la procédure contradictoire, la majoration du quotient familial, il lui appartient d'établir que le contribuable ne vit pas seul au 1er janvier de l'année d'imposition et, qu'ainsi, il ne remplit pas l'une des conditions auxquelles est soumis le bénéfice de ce droit. La seule circonstance que l'intéressé « réside à la même adresse qu'une personne majeure n'ayant aucun lien de parenté avec lui ne suffit pas à établir que ce contribuable ne vit pas seul » (CE, 15 avr. 2016, n° 375.682, *Montreau : Dr. fisc.* 2016, n° 28, comm. 411).

(1238) CGI, art. 196 bis. Ces deux règles corrélatives ne s'appliquent pas lorsqu'il s'agit de déterminer si un contribuable chargé de famille vit isolément ou non.

(1239) La loi (CGI, art. 194) retient sur ce point des règles fort complexes. On en retiendra, par exemple, que dans l'hypothèse où un contribuable vivant seul n'a à sa charge que des enfants mineurs en garde alternée, chacun des enfants ouvre droit à une demi-part au titre du quotient familial.

– les veufs ayant une ou plusieurs personnes à charge sont, d'une certaine manière, assimilés à des époux et bénéficient à titre personnel de deux parts[1240] ;

– les célibataires, veufs et divorcés vivant seuls et sans personne à charge bénéficient d'une demi-part supplémentaire lorsque (notamment) ils ont un ou plusieurs enfants majeurs (faisant par construction l'objet d'une imposition distincte) ou décédé après l'âge de seize ans. Depuis l'imposition des revenus de 2009, cette majoration n'est applicable (sous réserve d'un dispositif transitoire ayant pris fin en 2013) que si l'intéressé a supporté à titre exclusif ou principal la charge des enfants en cause pendant au moins cinq années durant lesquelles ils vivaient seuls.

5) Le tableau suivant résume quelques hypothèses courantes en pratique :

SITUATION DU OU DES CONTRIBUABLES	ENFANT(S) À CHARGE PRINCIPALE	NOMBRE DE PARTS
Célibataire sans enfant	0	1
Parent célibataire non isolé	1	1,5
	2	2
Parent célibataire isolé	1	2
	2	2,5
	3	3,5
Couple faisant l'objet d'une imposition commune	0	2
	1	2,5
	2	3
	3	4
	4	5

1537. – Plafonnement des effets du quotient familial. Le mécanisme du quotient familial est d'autant plus favorable au contribuable que ses revenus sont élevés, ce qui apparaît contraire à la justice fiscale. C'est pourquoi la loi prévoit un plafonnement des effets du quotient familial.

Le mécanisme du quotient familial « incorpore » un mécanisme de quotient conjugal qui ne fait actuellement l'objet, quant à lui, d'aucun plafonnement (même si l'introduction d'une telle mesure a parfois été évoquée).

1) Dans le cas général, la diminution d'impôt découlant de l'application du quotient familial ne peut, pour l'imposition des revenus de 2015, excéder 1 510 € pour chacune des deux premières personnes à charge et 3 200 € pour chacune des suivantes[1241].

Pour l'imposition des revenus de 2010 comme de 2011, ces montants étaient respectivement de 2 336 € et 4 672 €. Ils ont été réduits à 2 000 € et 4 000 € par la loi de finances pour 2013[1242], puis à 1 500 € et 3 000 € par la loi de finances pour 2014[1243] – les pouvoirs publics ayant finalement préféré

(1240) CGI, art. 194, I.
(1241) CGI, art. 197, 2.
(1242) L. 29 déc. 2012, art. 4.
(1243) L. 29 déc. 2013, art. 3.

cette solution à celle, plus radicale, qui aurait consisté à remplacer le mécanisme du quotient familial par un mécanisme de crédit d'impôt « fixe » (*i.e.* exactement proportionnel au nombre d'enfants) ouvert aux seules familles modestes[1244].

Le « gain » résultant pour les finances de l'État de cette double diminution successive a été évalué à 450 M€ pour 2013 et à 1 Md€ par an à compter de 2014.

2) Le mécanisme consiste à :

– calculer l'impôt sur le revenu en fonction des seuls contribuables ;

– calculer l'impôt sur le revenu en fonction des contribuables et des personnes à charge ;

– vérifier que la différence entre les deux montants obtenus (correspondant à l'avantage) n'excède pas le plafond légal compte tenu du nombre d'enfants.

• Si le plafond n'est pas dépassé, le quotient familial joue à plein. Dans le cas inverse, l'impôt dû sera égal à l'impôt résultant du barème, diminué de l'avantage maximal (compte tenu du nombre de personnes à charge).

• Des règles de plafonnement spéciales s'appliquent généralement en cas de détermination dérogatoire du nombre de parts. Selon le cas, ces règles spéciales sont favorables ou défavorables par rapport aux règles ordinaires. Ainsi, pour l'imposition des revenus de 2015 :

– l'avantage retiré de l'allocation d'une demi-part supplémentaire aux célibataires, divorcés, séparés ou veufs ayant durablement élevé seuls un ou plusieurs enfants et vivant seuls et sans personne à charge est plafonné à 902 € (901 € pour les revenus de 2014) ;

– l'avantage retiré, par un parent isolé, célibataire, divorcé ou séparé, de l'allocation d'une part entière au titre du premier enfant qui est à sa charge est plafonné à 3 562 € ou 1 781 € en cas de résidence alternée de l'enfant (3 558 € pour les revenus de 2014) ;

– l'avantage retiré de l'allocation d'une part supplémentaire aux veufs ayant une ou plusieurs personnes à charge est plafonné à 4 702 € (4 696 € pour les revenus de 2014) ;

– les majorations du nombre de parts liées à la situation d'invalidité ou assimilée donnent lieu à l'application d'un plafond de 3 016 € pour chaque demi-part supplémentaire (3 012 € pour les revenus de 2014).

§ 2. – La détermination de l'impôt net

1538. – **Multiples corrections.** L'impôt résultant de l'application du quotient familial fait l'objet, le cas échéant, de différentes corrections. Ces différentes corrections, qui s'appliquent dans cet ordre, sont liées aux mécanismes suivants :

– la décote ;

– les réductions d'impôt ;

– les crédits d'impôt.

La loi prévoit également des mécanismes d'abattement du montant de l'impôt (qui s'appliquent généralement après plafonnement éventuel des effets du quotient familial et avant la décote).

Le principal de ces mécanismes concerne les contribuables domiciliés dans les départements d'outre-mer (DOM). Dans ce cas, l'abattement d'IR (plafonné à 5 100 €) est égal (sauf en Guyane et à Mayotte) à 30 % du montant de l'IR normalement dû. En Guyane et à Mayotte, l'abattement (plafonné à 6 700 €) est égal à 40 % du montant de l'IR normalement dû[1245].

(1244) Sur l'impact d'une telle mesure, V. le rapport du Conseil des prélèvements obligatoires, *Prélèvements obligatoires sur les ménages : progressivité et effets redistributifs*, mai 2011, p. 202 et 203.
(1245) CGI, art. 197, I, 3.

A. – La décote

1539. – **Amortissement de l'entrée dans le barème.** 1) Le mécanisme de la décote vise à diminuer la cotisation d'impôt des contribuables les plus faiblement imposés. Il ne bénéficie qu'aux contribuables de condition modeste (qu'ils soient ou non domiciliés en France).

a) La loi de finances pour 1979 avait institué un abattement spécial en faveur des célibataires salariés[1246]. Cet abattement s'appliquait lorsque le revenu global imposable de l'intéressé (constitué au moins pour moitié de salaires) ne dépassait pas la limite supérieure de la deuxième tranche du barème progressif de l'IR. Ce dispositif, pour salutaire qu'il soit, pouvait être à l'origine d'un effet de seuil (c'est-à-dire d'un ressaut d'imposition).

Lors de la discussion du projet de loi de finances pour 1982 (qui prévoyait un renforcement de cet abattement), les parlementaires ont préféré restaurer le mécanisme plus neutre de la décote. Celui-ci (qui s'était appliqué de 1959 à 1972 et qui avait été supprimé, dans un but de simplification, lors de la refonte du barème de l'IR à la fin de l'année 1973) a d'ailleurs été élargi, à cette occasion, à l'ensemble des contribuables célibataires indépendamment de la nature de leur activité professionnelle[1247].

Jusqu'en 2001, le mécanisme de la décote – qui avait été étendu par la loi de finances pour 1987[1248] aux « non-célibataires » – était très simple : lorsque l'impôt brut du contribuable excédait la limite d'application de la mesure (fixée en dernier lieu à 3 350 F), le montant de l'IR était « diminué, dans la limite de son montant, de la différence entre [la limite d'application de la mesure] et son montant »[1249].

La loi de finances pour 2001[1250] a modifié ce mode de détermination de la décote, en vue de renforcer son efficacité, au sein des contribuables en bénéficiant, en faveur des contribuables les plus modestes. La décote était alors égale à la différence entre la moitié du seuil d'application de la décote et la moitié de l'impôt dû.

b) Le dispositif actuellement applicable est issu des lois de finances pour 2015 et 2016 qui – mettant fin, au moins pour les plus modestes, à une période de durcissement fiscal sévère – ont considérablement renforcé le mécanisme de la décote :

– la loi de finances pour 2015[1251] a « conjugalisé » le mécanisme de la décote afin de mettre fin à la différence de traitement entre les couples faisant l'objet d'une imposition commune et les contribuables isolés (les effets du dispositif antérieur de décote étant sensiblement moins avantageux dans le premier cas que dans le second) ;

– la loi de finances pour 2016[1252] a renforcé le dispositif de décote, son montant étant désormais égal à la différence entre le seuil d'application de la mesure et les trois quarts de l'impôt dû (dans le cadre du dispositif antérieur, issu de la loi de finances pour 2015, le montant de la décote était égal à la différence entre le seuil d'application de la mesure et le montant de l'impôt dû).

Pour les revenus de 2015 (imposés en 2016), la décote ne s'applique que si l'impôt sur le revenu brut n'excède pas :

– le montant de 1 552 € pour les contribuables célibataires, divorcés ou veufs (contre 1 135 € l'année précédente) ;

(1246) CGI, art. 157 ter, anc.
(1247) L. fin. 1982, 30 déc. 1981, art. 12.
(1248) L. 30 déc. 1986, art. 2.
(1249) CGI, art. 197, 4, anc.
(1250) L. 30 déc. 2000, art. 2. En dépit du « gel » du barème de l'IR (V. *supra*, n° 1534, 1-*b*), la loi de finances pour 2013 (L. 29 déc. 2012, art. 2, I) a majoré (de 2 %) le seuil d'application de la décote (qui était resté fixé à 878 € pour les revenus de 2010 et 2011). La loi de finances pour 2014 (L. 29 déc. 2013, art. 2, I) a procédé à une revalorisation exceptionnelle du seuil d'application de la décote. Ce seuil, qui était de 960 € pour les revenus de 2012 (imposés en 2013) aurait normalement dû être porté à 968 € (soit une revalorisation de 0,8 %, identique à celle subie par les différentes tranches du barème de l'IR). La revalorisation décidée par le législateur a été de 5,8 % (soit une majoration exceptionnelle supplémentaire de 5 %).
(1251) L. 29 déc. 2014, art. 2, I-A-3°.
(1252) L. 29 déc. 2015, art. 2, I-2°.

– celui de 2 559 € pour les contribuables mariés ou liés par pacte civil de solidarité soumis à imposition commune (contre 1 870 € l'année précédente).

a) Ces seuils d'application, qui ne sont pas formellement prévus par la loi, se déduisent des modalités de détermination du montant de la décote.

b) Ne devant bénéficier qu'aux contribuables modestes, la décote s'applique préalablement à toutes les autres mesures de réduction ou de crédit d'IR.

c) Le nombre de foyers fiscaux bénéficiant de la décote est considérable – il s'est établi à un peu plus de 13,5 millions de foyers en 2014 pour un coût avoisinant (compte tenu de la réduction exceptionnelle d'IR) les 3,6 Md€. Le coût de cette mesure est évalué à plus de 5,5 Md€ pour 2016.

2) Lorsqu'elle est applicable, la décote (c'est-à-dire la diminution d'impôt) est égale à :

– la différence entre 1 165 € et les trois quarts de son montant pour les contribuables célibataires, divorcés ou veufs :

– la différence entre 1 920 € et les trois quarts de son montant pour les contribuables mariés ou liés par pacte civil de solidarité soumis à imposition commune(1253).

L'excédent de la décote sur l'impôt sur le revenu brut ne donne lieu ni à restitution ni à report(1254).

ÉVOLUTION DU NOMBRE ET DE LA PROPORTION DE FOYERS FISCAUX IMPOSABLES À L'IR

Année d'imposition	2007	2008	2009	2010	2011	2012	2013	2014	2015
Nombre de foyers imposables (en millions)	16,3	16,9	15,8	16,8	17,2	18,1	19,2	17,6	17
Pourcentage de foyers imposables	46,0 %	46,9 %	43,4 %	45,9 %	46,6 %	49,9 %	52,3 %	47,5 %	45,5 %

B. – Les réductions et crédits d'impôt

1° Généralités

1540. – Niches fiscales innombrables. De très nombreuses charges du contribuable ouvrent droit à une réduction ou à un crédit d'impôt sur le revenu. Limitativement énumérées par la loi, ces mesures, qui forment le noyau dur de ce que l'on dénomme les « niches fiscales », retiennent le plus souvent les charges considérées pour leur montant réel.

1) La loi admet toutefois la prise en compte forfaitaire de certaines charges ou dépenses au titre de certains crédits ou réductions d'impôt.

Le seul crédit d'impôt qui n'est pas lié à la prise en compte de charges tient d'ailleurs davantage de la « nasse » que de la « niche » fiscale. Mystérieusement qualifiée par la loi de « droit à récupération fiscale », la « prime pour l'emploi » avait été instituée(1255) par une loi du 30 mai 2001 à la

(1253) CGI, art. 197, 4.
(1254) Le montant de la décote est limité au montant de l'IR dû (CGI, art. 197, 4).
(1255) L. 30 mai 2001 portant création d'une prime pour l'emploi.

suite de la censure par le Conseil constitutionnel du dispositif de « ristourne dégressive de CSG »[1256]. Comme se proposait de le faire cette « ristourne », la prime pour l'emploi « permet d'augmenter le revenu du travail après impôt des personnes qui tirent des revenus faibles de leur activité » (exposé des motifs du projet de loi précitée). Accroissant ainsi l'écart entre les revenus de remplacement liés à l'inactivité et ceux tirés d'une activité professionnelle, elle tend à inciter les contribuables « au retour à l'emploi ou au maintien de l'activité » professionnelle en complétant, par un « impôt négatif », la trop faible rémunération qu'ils retirent de leur travail[1257]. Lors de la discussion précédant l'adoption de la loi précitée, la dénomination de « prime pour l'emploi » avait été contestée avec vigueur par la majorité sénatoriale qui s'était montrée (en vain) favorable à une terminologie plus classique. Alors que son efficacité économique restait largement à démontrer, la prime pour l'emploi était devenue une mesure de masse un peu désolante, pour se résumer à un simple complément de revenus destiné aux 5,5 millions de ménages de travailleurs pauvres ou modestes (données 2014) représentant près du sixième du nombre des foyers fiscaux. En 2014 et 2015, son coût budgétaire a été respectivement de 2,2 Md€ et 2,1 Md€.

Fusionnée avec le « revenu de solidarité active » pour former un nouveau dispositif d'allocation sociale dénommée « prime d'activité », la prime pour l'emploi a été supprimée depuis l'imposition des revenus de 2015[1258].

2) Il existe des crédits d'impôt « exceptionnels ».

Ainsi, afin de soutenir le pouvoir d'achat des personnes de la classe moyenne, les pouvoirs publics ont décidé de « faire grâce » aux contribuables modestes de leurs deux premiers tiers provisionnels d'IR dus en 2009 (au titre de l'IR dû en 2008). Cette mesure a pris la forme d'un crédit d'IR « exceptionnel » introduit rétroactivement[1259].

De même, la suppression « décalée » du seuil de cession dans le régime d'imposition des plus-values sur titres à l'IR et aux contributions sociales (V. *supra*, n° 1432) s'est accompagnée, par mesure de simplification, d'un « alignement » des conditions de report des moins-values applicables en matière d'IR sur celles applicables en matière de contributions sociales[1260]. Les pertes fiscalement « perdues » du fait de cet alignement ont ouvert droit à un crédit d'impôt « exceptionnel »[1261].

Cinq ans plus tard, la première loi de finances rectificative pour 2014[1262] a introduit une réduction exceptionnelle d'impôt sur le revenu au titre de l'imposition des revenus de l'année 2013.

Applicable[1263] aux contribuables domiciliés en France dont le revenu fiscal de référence n'excédait pas certaines limites[1264], cette réduction d'impôt était égale, en principe[1265], à 350 € pour

(1256) Cons. const., 19 déc. 2000, n° 2000-437 DC, *Loi de financement de la sécurité sociale pour 2001*, § 5 à 10.
(1257) CGI, art. 200 sexies.
(1258) Deuxième L. fin. rect. 2014, 29 déc. 2014, art. 28.
(1259) Deuxième L. fin. rect. 2009, 20 avr. 2009, art. 1er.
(1260) L. fin. 2011, 29 déc. 2010, art. 8.
(1261) La justification de ce crédit d'impôt est la suivante. La loi de finances pour 2011 a « reconnecté » à partir de 2011 les assiettes « fiscales » et « sociales » des plus-values sur titres qui avaient été « déconnectées » en 2010. Cette « reconnexion » s'est opérée par alignement de l'assiette fiscale sur l'assiette sociale. Or, lorsque le seuil de cession n'avait pas été franchi en 2010, des moins-values en report au 1er janvier avaient pu diminuer au plan social (du fait de l'absence d'application d'un seuil de cession à compter de cette année pour l'assiette des contributions sociales) sans diminuer parallèlement au plan fiscal. La mesure d'alignement décidée par la loi a donc conduit à la diminution « artificielle » du montant des moins-values reportables sur le plan fiscal. Cette perte fiscalement « perdue » a été compensée par un crédit d'impôt égal à 19 % du montant des pertes imputées en 2010 sur des plus-values imposables aux seules contributions sociales.
(1262) L. 8 août 2014, art. 1er. Le projet de loi de finances pour 2017 propose un dispositif de même nature en vue de réduire, pour l'imposition des revenus de 2016, les charges fiscales pesant sur contribubables appartenant aux classes dites « moyennes ».
(1263) Cette réduction d'impôt exceptionnelle, qui n'a pu donner lieu à restitution si elle excédait le montant de l'IR dû, n'a pas été prise en compte pour l'application du plafonnement global des avantages fiscaux.
(1264) Soit 14 145 € pour la première part de quotient familial des contribuables isolés et 28 290 € pour les couples soumis à imposition commune, ces limites étant majorées de 3 536 € pour chacune des demi-parts suivantes et de la moitié de cette somme pour chacun des quarts de part suivants.
(1265) Cette réduction de 350 € était toutefois réduite par un mécanisme de décote pour les contribuables dont le revenu fiscal de référence approchait la limite d'application précitée de moins de 350 € (pour un contribuable isolé) ou 700 € (pour un couple soumis à imposition commune).

les contribuables célibataires, veufs ou divorcés et à 700 € pour les couples soumis à imposition commune.

1541. – Éléments d'unité. Le plus souvent réservés aux contribuables possédant en France leur domicile fiscal, les réductions et crédits d'impôt présentent des similitudes : dans les deux cas, une charge du contribuable est prise en compte pour déterminer une somme qui vient en diminution du montant de l'impôt sur le revenu exigible.

La différence entre réductions et crédits d'impôt est très simple (d'autant que le législateur fait preuve d'une rigueur inhabituelle dans l'utilisation de ces deux expressions) :

– dans le cas d'une réduction d'impôt, l'excédent du montant de la réduction qui apparaît le cas échéant (lorsque ce montant est plus élevé que l'impôt dû) n'est pas restituable par l'État. Lorsque la loi le prévoit expressément, cet excédent peut seulement être reporté sur l'impôt sur le revenu dû au titre des années suivantes ;

– dans le cas d'un crédit, l'excédent du montant du crédit qui apparaît le cas échéant donne lieu à restitution(1266).

Dès lors, contrairement au crédit d'impôt, la réduction d'impôt peut ne pas toujours bénéficier effectivement aux contribuables peu imposés. Les mécanismes de réduction d'impôt apparaissent, en conséquence, peu respectueux des exigences de la justice fiscale. C'est la raison pour laquelle leur nombre est en diminution (les dispositifs de réduction d'impôt étant souvent transformés en crédits d'impôt – inévitablement plus coûteux pour les finances publiques).

Il en résulte qu'il est plus favorable au contribuable d'imputer en premier lieu les réductions d'impôt (non restituables) puis, en second lieu, les crédits d'impôt (restituables). C'est d'ailleurs l'ordre d'imputation que prévoit la loi elle-même(1267).

1542. – Arsenal anti-niches. 1) Les réductions et crédits d'impôt, très nombreux, suscitent de graves interrogations au regard des exigences de la justice fiscale. En effet, en l'absence de disposition contraire, toutes ces mesures dérogatoires devraient pouvoir se cumuler entre elles, ce qui pourrait aboutir à un avantage fiscal total considérable pour un même contribuable.

Plus encore, ces dispositifs, dans la mesure où ils reposent presque toujours sur la prise en compte de dépenses des contribuables, ne peuvent bénéficier, par hypothèse, qu'aux seules personnes susceptibles de les engager : la grande majorité des contribuables de condition modeste ne peuvent se loger dans les « niches fiscales ».

En outre, le coût budgétaire de ces dispositifs (relevant, en droit public financier, de la catégorie des « dépenses fiscales ») est souvent sans commune mesure avec leur efficacité économique ou sociale – qui est d'ailleurs particulièrement difficile à mesurer. Inutile de dire que ces dispositifs peuvent devenir véritablement insupportables en période de crise aiguë des finances publiques.

Enfin, ces dispositifs, nécessairement dérogatoires, renforcent considérablement, s'il en était besoin, le volume et la complexité de la législation fiscale.

(1266) Aucune restitution n'est opérée, toutefois, si le montant de l'excédent est inférieur à 8 € (CGI, art. 1965 L).
(1267) CGI, art. 197, I, 5.

Ces impacts très négatifs des « niches fiscales » ont été parfaitement mis en lumière par le Rapport de 2003 du Conseil des impôts consacré à « La fiscalité dérogatoire » (La Documentation française).

2) Différentes solutions mises en œuvre au cours de la période récente ont concouru au reflux de ces mesures.

a) Certaines niches se sont trouvées supprimées, soit qu'elles aient été abrogées par le législateur, soit qu'elles aient été privées d'effet, faute en particulier d'avoir été prorogées par la loi à l'issue de leur période d'application.

1. Dans le domaine de la fiscalité des particuliers :

α) les mesures suivantes ont été récemment purement et simplement abrogées :

• la réduction d'impôt au titre des versements opérés sur un compte épargne codéveloppement par les ressortissants d'un État en voie de développement[1268] ;

• le crédit d'impôt au titre des dividendes distribués par des sociétés de capitaux[1269] ;

• la réduction d'impôt au titre des investissements immobiliers locatifs à vocation touristique en zone de revitalisation rurale[1270], « clôturée » par anticipation par L. fin. 2011, 29 déc. 2010, art. 92.

β) les mesures suivantes n'ont pas été prorogées :

• la réduction d'impôt au titre des investissements dans des résidences hôtelières à vocation sociale[1271] ;

• la réduction d'impôt au titre de la télédéclaration et du télépaiement de l'IR[1272] ;

• la réduction d'impôt au titre de la souscription au capital de Sofipêche[1273] ;

• le crédit d'impôt en faveur des jeunes salariés exerçant un métier connaissant des difficultés de recrutement[1274] ;

• le crédit d'impôt (en dernier lieu de 2 000 €) pour déménagement en vue de la reprise d'une activité salariée par un demandeur d'emploi[1275] ;

• le crédit d'impôt au titre des intérêts des emprunts étudiants[1276] ;

• le crédit d'impôt au titre de l'acquisition (et opérations assimilées) d'un véhicule « non polluant »[1277].

γ) La mesure suivante a été « refermée », c'est-à-dire n'est plus susceptible de s'appliquer qu'à des opérations qui ne peuvent plus être actuellement engagées :

• le crédit d'impôt au titre des intérêts d'emprunt afférent à l'acquisition de la résidence principale[1278].

2. Dans le domaine de la fiscalité des entreprises, ont récemment « disparu » :

• le crédit d'impôt pour relocalisation d'activité en France[1279] ;

• le crédit d'impôt pour investissement dans les technologies de l'information[1280] ;

• le crédit d'impôt pour emploi de salariés réservistes[1281] ;

• le crédit d'impôt au titre des dépenses de formation à l'économie de l'entreprise et aux dispositifs d'épargne salariale et d'actionnariat salarié[1282] ;

• le crédit d'impôt en faveur des débitants de tabac[1283].

(1268) CGI, art. 199 quinvicies anc., abr. par L. fin. 2011, 29 déc. 2010, art. 107.
(1269) CGI, art. 200 septies.
(1270) CGI, art. 199 decies E, 199 decies EA et 199 decies G.
(1271) CGI, art. 199 decies I.
(1272) CGI, art. 199 novodecies. – V. *infra*, n° 1572, 3-*e*.
(1273) CGI, art. 199 quatervicies.
(1274) CGI, art. 200 decies.
(1275) CGI, art. 200 duodecies.
(1276) CGI, art. 200 terdecies.
(1277) CGI, art. 200 quindecies.
(1278) CGI, art. 200 quaterdecies – refermé par L. fin. 2011, 29 déc. 2012, art. 90. – V. *infra*, n° 1554.
(1279) L. fin. 2005, 30 déc. 2004, art. 22. – CGI, art. 244 quater I, art. 199 ter H et art. 220 J.
(1280) L. fin. rect. 2004, 30 déc. 2004, art. 46. – CGI, art. 244 quater K, art. 199 ter J et art. 220 L.
(1281) L. fin. rect. 2005, art. 108. – CGI, art. 244 quater N, art. 199 ter M et art. 220 O.
(1282) L. 30 déc. 2006 pour le développement de la participation et de l'actionnariat salarié, art. 46. – CGI, art. 244 quater P, art. 199 ter O et art. 220 T.
(1283) L. fin. rect. 2006, 30 déc. 2006, art. 92. – CGI, art. 244 quater R, art. 199 ter Q et art. 220 V.

3. On peut même trouver deux cas récents de crédits d'impôt « mort-nés » :

• le crédit d'impôt en faveur des travaux de prévention des risques technologiques[(1284)] et supprimé avant même d'être entré en application par la loi de finances pour 2011[(1285)] ;

• le crédit d'impôt forfaitaire[(1286)] qui, adopté dans la loi de finances pour 2010[(1287)], était destiné à compenser (partiellement) l'introduction de la « contribution carbone ». Censurant le dispositif instituant cette contribution, le Conseil constitutionnel a fait de même, par voie de conséquence, pour le dispositif relatif au crédit d'impôt[(1288)].

b) Après une première tentative infructueuse, un plafonnement global du montant des réductions et crédits d'impôt pouvant bénéficier annuellement, de son fait, à un particulier a été institué puis renforcé à trois reprises (V. *infra*, n° 1543).

c) Par ailleurs, les lois de finances pour 2011[(1289)] puis pour 2012[(1290)] ont procédé respectivement à une réduction générale de 10 % puis une réduction générale de 15 % des niches fiscales « choisies » des particuliers.

De manière générale, ces deux coups de « rabot fiscal » (qui aboutissent à une réduction théorique globale de 24 % environ du montant des différents avantages fiscaux visés) ont pris effet, respectivement, au titre des revenus de 2011 et de 2012 et, dans chacun des deux cas, pour les dépenses payées au cours de chacune de ces deux années.

La solution du « rabot fiscal » a eu le mérite de faire, dans un premier temps, de l'économie de l'exercice difficile consistant à apprécier au cas par cas l'intérêt du maintien (compte tenu de son efficacité et de son coût) de tel ou tel avantage fiscal. Cet examen général a toutefois eu lieu. Il a notamment donné lieu, en 2011, à la publication d'un rapport élaboré sous l'égide de l'Inspection générale des finances[(1291)]. Il semble que ce rapport soit la forme résumée d'un rapport nettement plus volumineux (il compterait 6 000 pages) qui n'a pas été rendu public.

Dans les deux cas, la loi a seulement déterminé le champ d'application et posé les principes du mécanisme de « rabot fiscal » :

– sauf dans trois cas, les avantages fiscaux visés sont tous les crédits et réductions d'impôts *stricto sensu* relevant du mécanisme de plafonnement général applicable aux niches fiscales choisies (V. *infra* n° 1550). Aux termes de l'exposé des motifs du projet de loi de finances pour 2011, deux des exceptions à la « réduction homothétique » sont liées à la préoccupation de ne pas affaiblir des « dépenses fiscales destinées à soutenir la politique de l'emploi » (il s'agit de l'aide fiscale au titre de l'emploi d'un salarié à domicile et le crédit d'impôt au titre des frais de garde des jeunes enfants). La troisième exemption a trait à la réduction d'impôt au titre de l'investissement locatif dans le logement social outre-mer[(1292)] ;

– ainsi, pour le rabot de 10 % de 2011, la loi avait prévu que « les taux des réductions et crédits d'impôt, les plafonds d'imputation annuelle de réduction ou de crédit d'impôt et les plafonds de réduction ou de crédit d'impôt admis en imputation, exprimés en euros ou en pourcentage d'un revenu, tels qu'ils sont prévus dans le CGI pour l'imposition des revenus de l'année 2011, sont multipliés par 0,9 », le résultat de cette opération étant arrondi à l'unité inférieure. En revanche, « la traduction mathématique des taux et des montants qui résultent [des principes posés] » a été introduite, conformément à l'habilitation législative, par voie de décret en Conseil d'État, le droit pris pour référence pour ce calcul étant celui en vigueur au 1er janvier 2011[(1293)]. Un dispositif de même nature a

(1284) CGI, art. 200 quater C, institué par la loi du 12 juillet 2010 portant engagement national pour l'environnement, art. 215.
(1285) L. 29 déc. 2010, art. 99.
(1286) CGI, art. 200 quaterdecies non promulgué.
(1287) L. 30 déc. 2009, art. 9.
(1288) Cons. const., 29 déc. 2009, n° 2009-599 DC, *Loi de finances pour 2010*, § 83.
(1289) L. 29 déc. 2010, art. 105.
(1290) L. 28 déc. 2011, art. 83.
(1291) Rapport du Comité d'évaluation des dépenses fiscales et des niches fiscales, juin 2011, p. 356.
(1292) CGI, art. 199 undecies C.
(1293) D. 13 mai 2011 pris pour l'application de l'article 105 de la loi finances pour 2011, publié avec deux semaines de retard.

été retenu pour le rabot de 15 % de 2012, le droit pris pour référence pour ce calcul étant celui en vigueur au 1er janvier 2012(1294).

d) On peut rattacher, au moins partiellement, à la même préoccupation un des éléments – qui n'a pas été finalement été adopté – du projet de révision constitutionnelle du 17 mars 2011 relatif à l'équilibre des finances publiques(1295). Ce texte (art. 1er) proposait de modifier l'article 34 de la Constitution en vue de conférer aux lois de finances (et aux lois de financement de la sécurité sociale) un « monopole normatif » concernant l'assiette, le taux et les modalités de recouvrement des impositions de toutes natures. Selon l'exposé des motifs, ce projet de modification visait « à éviter la dispersion des dispositions relatives à la fiscalité (...) dans l'ensemble des textes législatifs et, ainsi, à mieux assurer la cohérence de notre stratégie de prélèvements obligatoires et de finances publiques ». La circulaire du Premier ministre du 4 juin 2010, qui a imposé l'application « par anticipation » de cette réforme constitutionnelle aux membres du gouvernement, était moins euphémique : cette dispersion peut en effet conduire « à une insuffisante protection des recettes fiscales (...) ».

Ce volet du projet de loi constitutionnelle a finalement été écarté, l'Assemblée nationale s'étant rangée en troisième lecture, le 13 juillet 2011, à la position défendue sur ce point par le Sénat, hostile à tout « monopole normatif » des lois financières en matière fiscale.

Si elle n'a pas été formellement rapportée, la circulaire de M. F. Fillon n'a pas fait l'objet, loin s'en faut, d'une application systématique par les membres des gouvernements dirigés par ses successeurs.

e) Enfin, depuis 2012, les réductions d'impôt ordinairement imputables sur l'impôt sur le revenu ne peuvent, en tout état de cause, venir en diminution des droits donnant lieu à une majoration réprimant la commission, par le contribuable, de certains manquements particulièrement graves (V. *infra*, n° 1551).

2° Le plafonnement global des réductions et crédits d'impôt

1543. – Plafonnement des « niches fiscales ». 1) La première tentative de plafonnement global des niches fiscales a été un échec. Figurant dans la loi de finances pour 2006(1296), il constituait dans l'esprit des pouvoirs publics le pendant du « bouclier fiscal » introduit par la même loi.

Extrêmement complexe, ce mécanisme a été censuré par le Conseil constitutionnel qui l'a considéré comme « incompréhensible pour le contribuable, et parfois ambigu pour le professionnel », ce qui pouvait « mettre une partie des contribuables concernés hors d'état d'opérer les arbitrages auxquels les invite le législateur ».

La conclusion du juge constitutionnel s'imposait : dès lors qu'elle ne trouvait « sa contrepartie dans aucun motif d'intérêt général véritable », la complexité du dispositif adopté était « excessive », l'article 78 de la loi de finances pour 2006 devant, pour cette raison être déclaré contraire aux exigences de clarté et d'intelligibilité de la loi découlant de l'article 16 de la Déclaration de 1789(1297).

La censure constitutionnelle a conduit le Gouvernement et le Parlement à prolonger leur réflexion sur cette épineuse question. Celle-ci a été alimentée, en particulier, par un rapport de

(1294) V. D. 23 avr. 2012 pris pour l'application de l'article 83 de la loi finances pour 2012, publié, lui, dans le délai prévu.
(1295) Ce projet de révision est actuellement au point mort : adopté en termes identiques, le 13 juillet 2011, par chacune des deux assemblées, il n'a jamais été soumis au Parlement réuni en Congrès.
(1296) L. 30 déc. 2005, art. 78.
(1297) Cons. const., 29 déc. 2005, n° 2005-530 DC, *Loi de finances pour 2006*, § 69 à 89.

l'Inspection générale des finances établi en mai 2008. Le contenu de ce rapport, dont certains éléments ont été divulgués dans la presse, a suscité une forme de déception. Le rapport, s'il identifie 359 « niches » (dont le coût annuel total excède 50 Md€ – soit le produit de l'IR) se limite à proposer le réexamen de cinq niches fiscales : investissement outre-mer (investissement productif et logement), aide à la réhabilitation des secteurs sauvegardés (dispositif « Malraux »), régime fiscal des loueurs en meublé professionnels et régime fiscal dérogatoire en faveur des propriétaires de monuments historiques). En dehors du dernier régime cité, les mesures préconisées dans le rapport de l'Inspection générale des finances se sont toutes rapidement concrétisées.

2) Nombreux furent alors ceux qui militaient en faveur de l'introduction (à l'image de la solution américaine), d'un *impôt minimum alternatif sur le revenu* : le barème progressif « ordinaire » de l'impôt sur le revenu aurait été assorti d'un barème « parallèle » permettant de déterminer une imposition minimale de substitution.

La loi du 21 août 2007 (art. 15) – qui renforçait le « bouclier fiscal » – avait d'ailleurs prévu l'obligation, pour le Gouvernement, de présenter au Parlement, au plus tard « le 15 octobre 2007, un rapport sur les modalités de mise en place d'une imposition minimale sur le revenu des personnes physiques (…) ». Après présentation de ce rapport, cette option (qui aurait pu se trouver concrétisée dans la loi de finances pour 2008) a finalement été écartée (1298).

3) Institué par la loi de finances pour 2009 (1299), un mécanisme de plafonnement « global » des niches fiscales lui a été préféré (1300). Il a été successivement durci par les lois de finances pour 2010 (1301), pour 2011 (1302), pour 2012 (1303) et pour 2013 (1304).

DURCISSEMENTS SUCCESSIFS DU PLAFONNEMENT GLOBAL

L. fin. 2009, art. 91	L. fin. 2010, art. 81	L. fin. 2011, art. 106	L. fin. 2012, art. 84	L. fin. 2013, art. 73
Revenus de 2009	Revenus de 2010	Revenus de 2011	Revenus de 2012	Revenus de 2013 et s.
25 000 € + 10 % du revenu imposable	20 000 € + 8 % du revenu imposable	18 000 € + 6 % du revenu imposable	18 000 € + 4 % du revenu imposable	10 000 € (1)

(1) La loi de finances pour 2013 (art. 73, adopté) avait prévu le maintien, pour les revenus de 2013 et ceux des années suivantes, du plafonnement prévu au titre des revenus de 2012 pour les réductions d'impôt liées, respectivement, à la réalisation de certains investissements outre-mer et à la souscription de parts de SOFICA.

Saisi de cette loi, le Conseil constitutionnel a *partiellement* censuré ce dispositif : la loi déférée, en laissant subsister dans les deux cas considérés un plafonnement proportionnel au revenu imposable alors que, dans le même temps, elle procédait à un relèvement important de l'IR tout en fixant le plafonnement global de la plupart des avantages fiscaux à un montant forfaitaire, aurait permis à certains contribuables de limiter la progressivité de l'impôt sur le revenu dans des conditions qui auraient

(1298) V. Rapport d'information n° 946 « sur les niches fiscales » de la Commission des finances de l'Assemblée nationale, présenté notamment par MM. D. Migaud et G. Carrez, juin 2008.
(1299) L. 27 déc. 2008, art. 91.
(1300) CGI, art. 200-0 A.
(1301) L. 30 déc. 2009, art. 81.
(1302) L. 29 déc. 2010, art. 106.
(1303) L. 28 déc. 2011, art. 84.
(1304) L. 29 déc. 2012, art. 73.

entraîné une rupture caractérisée de l'égalité devant les charges publiques[(1305)]. Du fait de cette censure, le plafonnement des réductions d'impôt liées à la réalisation de certains investissements outre-mer et à la souscription de parts de SOFICA relèvent d'un plafond de 18 000 €.

Ce plafond ne s'ajoute pas au plafond général de 10 000 €, mais se combine avec lui – les deux plafonds devant être appliqués successivement : le total des avantages relevant du plafond général, retenu dans la limite de 10 000 €, majoré du montant de ceux relevant du plafond spécial, ne peut pas procurer une réduction de l'impôt dû supérieure à la somme d'un montant de 18 000 €[(1306)].

Applicable depuis l'imposition des revenus de 2009, le mécanisme de « plafonnement global » des avantages fiscaux retenu par le législateur est, de prime abord, d'une grande simplicité : ainsi, pour les revenus de 2012 (imposés en 2013) le total des avantages fiscaux relevant du plafonnement global ne peut pas, pour un contribuable déterminé, « procurer une réduction du montant de l'impôt dû supérieure à la somme d'un montant de 18 000 € et d'un montant égal à 4 % du revenu imposable [soumis au barème progressif] »[(1307)]. Pour les revenus de 2015 (imposés en 2016), le mécanisme est encore plus simple : le total des avantages fiscaux relevant du plafonnement global ne peut pas, pour un contribuable déterminé, « procurer une réduction du montant de l'impôt dû supérieure à un montant de 10 000 € »[(1308)].

Une des difficultés d'application du dispositif (qui suppose un double calcul de l'impôt dû) réside dans l'identification des « niches » relevant effectivement du plafonnement « global ».

La question la plus délicate ne sera pas détaillée ici. Elle se rapporte à la question de la « superposition » des plafonds successifs, lorsqu'un même contribuable bénéficie d'avantages fiscaux relevant (compte tenu de l'année au cours de laquelle les dépenses correspondantes ont été exposées) de plafonds différents[(1309)].

En effet, deux catégories de niches sont distinguées par le législateur :
- les « niches » exposées au plafonnement global ;
- les « niches » soustraites au plafonnement global.

La loi prévoit par ailleurs un plafonnement *préalable* spécial des avantages fiscaux liés aux investissements outre-mer[(1310)]. Très schématiquement, pour l'imposition des revenus de l'année 2013, le montant total des réductions d'impôt (et des éventuelles réductions en report) ne peut excéder (abstraction faite des « rétrocessions » éventuellement exigées) :
- le montant de 40 000 € pour les investissements réalisés à titre non professionnel ;
- le montant de 76 500 € (ou 229 500 € par période de trois ans) pour les investissements réalisés à titre professionnel.

1544. – **Distinction des « niches exposées » et des « niches soustraites ».** La loi ne procède pas à une énumération précise des niches relevant du plafonnement général : la mesure de confinement s'applique – sauf exceptions limitativement énumérées – à l'ensemble des crédits et réductions d'impôt sur le revenu (et à une série de mécanismes de faveur qui leur sont assimilés).

(1305) Cons. const., 29 déc. 2012, n° 2012-662 DC, *Loi de finances pour 2013*, § 116 à 123.
(1306) CGI, art. 200-0 A, 1. – V. également BOI-IR-LIQ-20-20-10-30, n° 110.
(1307) CGI, art. 200-0 A, 1.
(1308) Même disposition.
(1309) V. BOI-IR-LIQ-20-20-10-20, n°s 290 et 300.
(1310) CGI, art. 199 *undecies* D.

Les mesures de faveur légalement assimilées à des réductions et crédits d'impôt sur le revenu pour l'application du plafonnement sont les avantages en impôt procurés par les déductions opérées au titre des différents dispositifs « Robien » et « Borloo » en matière de revenus fonciers. Le régime « Robien » a été remplacé en 2009 (moyennant une période transitoire d'un an) par les régimes « Scellier » (applicable de 2009 à 2012) puis « Duflot » (applicable de 2013 à 2014), puis « Pinel » (applicable depuis septembre 2014) qui donnent lieu à une réduction d'impôt « classique » (relevant de plein droit du dispositif de plafonnement).

Les réductions et crédits d'impôt sont pris en compte, sauf exception, pour leur montant intégral imputable au titre de l'année de laquelle le plafonnement est calculé.

Les réductions d'impôt sont retenues, le cas échéant, en tenant compte des montants acquis au cours d'années antérieures et reportés sur l'impôt dû au titre de l'année considérée. Cette modalité de prise en compte n'intéresse pas les crédits d'impôt dont l'excédent éventuel ne donne pas lieu à report mais à restitution immédiate.

Toutefois, les réductions d'impôt acquises au titre de certains investissements outre-mer sont retenues pour une fraction de leur montant pour le calcul du plafonnement. Cette réfaction est liée au fait que le contribuable supporte, dans les hypothèses considérées, une obligation légale de rétrocession, à un tiers, d'une fraction de la réduction obtenue. C'est donc la réduction « nette de rétrocession » qui est retenue au titre du plafonnement. Cette obligation de rétrocession est prévue lorsque les investissements ayant ouvert droit à l'avantage fiscal sont exploités (à la suite d'une location ou d'une cession) par une entreprise tierce. Selon le cas, la réfaction est de 50 %, 40 %[(1311)] ou 35 %[(1312)].

1545. – Variété des niches « soustraites ». Même limitativement énumérées par la loi, les niches soustraites au mécanisme de plafonnement sont nombreuses. On peut les ranger dans différentes catégories qui, même si elles ne sont pas établies par la loi, semblent fidèles à l'intention du législateur.

Les mesures dérogatoires ne relevant pas de l'IR ne sont pas prises en compte au titre du plafonnement global. Il en va ainsi, en particulier, des mesures de faveur prévues au titre de l'ISF.

Ces quatre catégories sont les niches « apparentes », les niches « professionnelles », les niches « subies » et les niches « protégées ».

1546. – Niches « apparentes ». La première forme de niches soustraites au plafonnement général correspond aux niches fiscales qui ne sont qu'« apparentes », c'est-à-dire à des crédits d'impôt tendant à l'élimination d'une double imposition. Ainsi, les crédits d'impôt prévus par les conventions internationales (ou les décotes en tenant lieu) attachés aux revenus mobiliers de source étrangère qui, imposés dans l'État de la source, doivent néanmoins être compris dans la base soumise à l'impôt progressif, ne sont pas pris en compte au titre du plafonnement global des avantages fiscaux[(1313)].

Naturellement, la restitution au contribuable[(1314)] de tout ou partie des retenues à la source « internes » *non libératoires* de l'impôt progressif ayant frappé des revenus de capitaux mobiliers de source française (qui ne confère d'ailleurs aucun avantage au contribuable concerné) est radicalement en dehors du champ d'application du mécanisme de plafonnement.

(1311) CGI, art. 199 undecies B.
(1312) CGI, art. 199 undecies C.
(1313) CGI, art. 200-0 A, 2.
(1314) CGI, art. 117 quater, I, pour les dividendes et art. 125 A, V, pour les produits de placement à revenu fixe.

1547. – Niches « professionnelles ». Sont également exclues du mécanisme de plafonnement général, les niches fiscales « professionnelles », c'est-à-dire les mesures de faveur insusceptibles, compte tenu de leurs conditions d'application, d'être obtenues par de simples particuliers.

La liste de ces nombreux dispositifs, dont certains font l'objet d'une présentation détaillée, est donnée plus loin (V. *infra*, n° 1563).

1548. – Niches « subies ». La troisième forme de niches soustraites au plafonnement général correspond aux niches fiscales « subies », c'est-à-dire à des mesures (ne consistant pas nécessairement dans des crédits ou réductions d'impôt *stricto sensu*) ne résultant pas d'un choix « fiscal » opéré par le contribuable mais procédant d'une faveur que la loi attache à sa condition.

Relèvent de cette catégorie[1315] :

– la diminution de l'impôt liée à l'application du quotient familial[1316] ;

– la réfaction d'impôt au profit des contribuables domiciliés dans un département d'outre-mer[1317] ;

– la décote applicable au titre de l'impôt sur le revenu[1318] ;

– la réduction d'impôt au titre des frais de scolarisation des enfants à charge[1319] ;

– la réduction d'impôt afférente aux primes d'assurance versées au titre des contrats « rente-survie » et épargne-handicap »[1320] ;

– la réduction d'impôt au titre des frais de long séjour en établissement des personnes âgées dépendantes[1321] ;

– la réduction d'impôt au titre des prestations compensatoires acquittées en capital[1322] ;

– le crédit d'impôt au titre des équipements intéressant la résidence principale destinés aux personnes âgées ou handicapées[1323].

1549. – Niches « protégées ». La quatrième forme de niches exclues du dispositif de plafonnement général est celle des niches fiscales « protégées », c'est-à-dire de mesures dérogatoires légalement soustraites au plafonnement global, car attachées à l'exercice d'un droit du contribuable ou regardées comme justifiées par des considérations d'intérêt général.

Relèvent de ces cas de figure :

– le crédit d'impôt au titre des cotisations versées aux organisations syndicales[1324] ;

– la réduction d'impôt au titre des intérêts d'emprunts souscrits pour la reprise d'une PME non cotée[1325] ;

– la réduction d'impôt au titre des dons à des organismes d'intérêt général[1326] ;

– la réduction d'impôt en faveur des tuteurs de chômeurs créateurs ou repreneurs d'entreprise[1327] ;

(1315) La catégorie comprenait également jusqu'en 2015 le crédit d'impôt dénommé « prime pour l'emploi » (CGI, art. 200 sexies, anc.).
(1316) CGI, art. 197, 2.
(1317) CGI, art. 197, 3.
(1318) CGI, art. 197, 4.
(1319) CGI, art. 199 quater F.
(1320) CGI, art. 199 septies.
(1321) CGI, art. 199 quindecies.
(1322) CGI, art. 199 octodecies.
(1323) CGI, art. 200 quater A.
(1324) CGI, art. 199 quater C.
(1325) CGI, art. 199 terdecies-0 B.
(1326) CGI, art. 200.
(1327) CGI, art. 200 octies.

– la réduction d'impôt pour dépenses de prévention des incendies de forêt[1328] ;

– la réduction d'impôt au titre des intérêts du différé de paiement accordé lors de la transmission d'une exploitation agricole à un jeune agriculteur[1329] ;

– depuis 2013, la réduction d'impôt au titre des opérations de restauration immobilière – nouveau régime « Malraux »[1330].

Relève également de cette hypothèse, le régime fiscal dérogatoire prévu en faveur des propriétaires de monuments historiques (V. *supra*, n° 1414).

1550. – Niches « exposées ». Les niches fiscales relevant du plafonnement « global » sont, de manière générale, les niches fiscales « choisies » ne méritant pas de faveurs particulières.

Seules sont visées expressément par le dispositif de plafonnement des mesures qui ne sont pas techniquement des crédits ou des réductions d'impôt mais consistent dans l'économie d'IR résultant, dans le cadre des régimes incitatifs *Borloo* et *Robien* en faveur de l'investissement locatif, de la déductibilité d'un « amortissement » (V. *supra*, n° 1410).

Leur liste ne figure pas dans la loi mais se déduit, en creux, de la liste des mesures soustraites au plafonnement « global ».

• En dehors des avantages tirés des régimes *Borloo* et *Robien*, les réductions et crédits d'impôt pris en compte au titre du plafonnement global des avantages fiscaux sont les suivants :

– la réduction d'impôt au titre des travaux immobiliers dans des résidences de tourisme en zone de revitalisation rurale[1331] ;

– la réduction d'impôt au titre de dépenses et d'investissements forestiers[1332] ;

– les réductions d'impôt au titre des investissements outre-mer[1333], qui font par ailleurs l'objet d'un plafonnement préalable et sont retenues dans la limite du plafond spécial de 18 000 € ;

– la réduction d'impôt au titre de la souscription au capital de PME – ou « avantage » *Madelin*[1334] ;

– les réductions d'impôt au titre de la souscription de parts de FCPI[1335], de FPI[1336] et de FPI investis en Corse[1337] ;

– la réduction d'impôt au titre de la souscription au capital de SOFICA[1338], qui est retenue dans la limite du plafond spécial de 18 000 € ;

– la réduction d'impôt au titre des travaux de conservation et de restauration d'objets mobiliers historiques classés[1339] ;

– jusqu'en 2012, la réduction d'impôt au titre des opérations de restauration immobilière – nouveau régime « Malraux »[1340] ;

– l'aide fiscale en faveur de l'emploi de salarié à domicile[1341] ;

– la réduction d'impôt « Censi-Bouvard » au titre de l'investissement locatif (non professionnel) dans des résidences meublées[1342] ;

(1328) CGI, art. 200 decies A. – L. d'orientation agricole, 5 janv. 2006, art. 66.
(1329) CGI, art. 199 vicies A. – L. d'orientation agricole, 5 janv. 2006, art. 16.
(1330) CGI, art. 199 tervicies.
(1331) CGI, art. 199 decies F.
(1332) CGI, art. 199 decies H.
(1333) CGI, art. 199 undecies A à 199 undecies C.
(1334) CGI, art. 199 terdecies-0 A, I à V.
(1335) CGI, art. 199 terdecies-0 A, VI.
(1336) CGI, art. 199 terdecies-0 A, VI bis.
(1337) CGI, art. 199 terdecies-0 A, VI ter.
(1338) CGI, art. 199 unvicies.
(1339) CGI, art. 199 duovicies.
(1340) CGI, art. 199 tervicies.
(1341) CGI, art. 199 sexdecies.
(1342) CGI, art. 199 sexvicies. Le projet de loi de finances pour 2017 propose :
– de limiter le champ du dispositif existant aux opérations présentant une « utilité sociale avérée » (à savoir l'acquisition de logements au sein de résidences pour personnes âgées, personnes handicapées ou étudiants, exclusivement) ;

– la réduction d'impôt au titre des investissements locatifs « Scellier »[1343], « Duflot » puis « Pinel »[1344] ;

– la réduction d'impôt au titre des dépenses en faveur de la préservation du patrimoine naturel[1345] ;

– le crédit d'impôt pour la transition énergétique de la résidence principale[1346] ;

– le crédit d'impôt au titre des frais de garde des jeunes enfants[1347] ;

– le crédit d'impôt au titre des primes d'assurance pour loyers impayés[1348].

• Sont également concernés à titre transitoire par le plafonnement général, les avantages suivants (qui ne sont plus susceptibles de prendre actuellement naissance) :

– la réduction d'impôt au titre des investissements immobiliers locatifs à vocation touristique en zone de revitalisation rurale[1349] ;

– la réduction d'impôt au titre des investissements dans des résidences hôtelières à vocation sociale[1350] ;

– le crédit d'impôt au titre des intérêts des emprunts étudiants[1351] ;

– le crédit d'impôt au titre des intérêts d'emprunt afférent à l'acquisition de la résidence principale[1352] ;

– la réduction d'impôt au titre des souscriptions en numéraire au capital d'entreprises de presse[1353].

3° Suppression du droit à réduction d'impôt en cas de manquements graves du contribuable

1551. – Manquements graves relevés à l'encontre du contribuable. Depuis l'imposition des revenus de l'année 2012, les réductions d'impôt ordinairement imputables (ou reportables) sur l'impôt sur le revenu ne peuvent, en tout état de cause, venir en diminution des rehaussements et droits donnant lieu à une majoration réprimant la commission, par le contribuable, de certains manquements particulièrement graves[1354].

1) Issue de la première loi de finances rectificative pour 2012[1355], cette mesure concerne les manquements des contribuables sanctionnés par une majoration de 40 % au moins des droits en principal. Ces manquements sont :

a) Depuis l'origine :

– le défaut (ou le retard) de déclaration dans les trente jours d'une mise en demeure[1356] ;

– le défaut de déclaration en cas de découverte d'une activité occulte[1357] ;

– de créer une nouvelle réduction d'impôt au titre des opérations de réhabilitation des résidences de tourisme.

(1343) CGI, art. 199 septvicies.

(1344) CGI, art. 199 novovicies.

(1345) CGI, art. 199 octovicies.

(1346) CGI, art. 200 quater. Dénommé avant la loi de finances pour 2015, crédit d'impôt pour « l'amélioration de la qualité environnementale » de la résidence principale, ce crédit d'impôt résulte du « verdissement », opéré par la loi de finances pour 2009, du crédit d'impôt pour dépenses d'équipement de la résidence principale.

(1347) CGI, art. 200 quater B.

(1348) CGI, art. 200 nonies. Le projet de loi de finances pour 2017 envisage l'abrogation de ce dispositif au titre de la suppression des « petites niches fiscales inefficaces ».

(1349) CGI, art. 199 decies E, 199 decies EA et 199 decies G.

(1350) CGI, art. 199 decies I.

(1351) CGI, art. 200 terdecies.

(1352) CGI, art. 200 quaterdecies. – V. *infra*, n° 1554.

(1353) CGI, art. 199 terdecies 0 C. – L. 17 avr. 2015, portant diverses dispositions tendant à la modernisation du secteur de la presse, art. 19.

(1354) CGI, art. 1731 quater, 1.

(1355) L. 14 mars 2012, art. 17. Saisi d'une QPC dirigée contre ce dispositif, le Conseil constitutionnel a considéré qu'il ne méconnaissait pas, notamment, le principe de proportionnalité des peines (Cons. const., 16 sept. 2016, n° 2016-564 QPC).

(1356) CGI, art. 1728, 1-*b*.

(1357) CGI, art. 1728, 1-*c*.

– l'insuffisance de déclaration en présence d'un manquement délibéré, de manœuvres frauduleuses ou d'abus de droit[1358] ;

– l'opposition à contrôle fiscal[1359].

b) En outre, depuis la deuxième loi de finances rectificative pour 2014[1360] :

– le transfert de sommes, titres ou valeurs vers ou en provenance de l'étranger *via* des comptes[1361] ou de contrats d'assurance-vie[1362] non déclarés ;

– le transfert des sommes, titres ou valeurs réalisés par des personnes physiques vers ou en provenance d'un État membre de l'Union européenne ou vers ou en provenance d'un État tiers, en méconnaissance des obligations prévues par le Code monétaire et financier[1363] ;

– la disproportion marquée entre le train de vie et le revenu déclaré, en cas de trafic illicite de biens[1364].

2) Au terme même de la loi, cette restriction ne concerne que les réductions d'impôt (et non les crédits d'impôt). Par ailleurs, cette mesure n'est applicable que pour l'établissement de l'IR (et en aucun cas pour l'IS).

3) Les réductions d'impôt ne pouvant être imputées en application de cette règle sont définitivement perdues (et ne peuvent donner lieu à un quelconque report sur une cotisation d'impôt ultérieure).

4° Crédits et réductions d'impôt en faveur des particuliers (étude sélective)

1552. – Prolifération des niches. En dépit des suppressions récentes (V. *supra* n° 1542, 2-*a*), on dénombre actuellement une trentaine de niches fiscales applicables pour l'imposition des particuliers : sept crédits d'impôt et vingt réductions d'impôt (V. *supra*, n°s 1548, 1549 et 1550). Il serait fastidieux d'examiner le détail de chacune de ces mesures fiscales dérogatoires dont la prolifération caractérise la législation fiscale contemporaine. On donnera seulement, à titre illustratif, quelques indications concernant certaines mesures particulièrement importantes ou emblématiques.

1553. – Crédit d'impôt au titre des frais de garde des jeunes enfants. Les frais de garde hors domicile[1365] que les contribuables supportent au titre de leurs enfants à charge âgés de moins de sept ans (au 31 décembre de l'année d'imposition) ouvrent droit à un crédit d'impôt[1366].

Le montant du crédit est égal à 50 % des dépenses payées, celles-ci étant retenues dans la limite annuelle de 2 300 € par enfant, soit un crédit maximal de 1 150 € par enfant[1367].

Le mode de garde « extérieure » est indifférent. Il peut s'agir d'enfants confiés par une assistante maternelle agréée ou placés dans une crèche ou une garderie (en France ou dans un autre

(1358) CGI, art. 1729.
(1359) CGI, art. 1732.
(1360) L. 29 déc. 2014,art. 100.
(1361) CGI, art. 1649 A.
(1362) CGI, art. 1649 AA.
(1363) CGI, art. 1649 quater A.
(1364) CGI, art. 1649 quater 0-B bis. V. *infra*, n° 1576, 1-*b*.
(1365) Les dépenses exposées au titre de la garde à domicile peuvent (indépendamment de l'âge de l'enfant) être prises en compte au titre de l'aide à l'emploi de salariés à domicile (V. *infra*, n° 1556).
(1366) Ce crédit d'impôt (qui jusqu'en 2005 a revêtu la forme d'une simple réduction d'impôt) est pris en compte au titre du plafonnement global des avantages fiscaux (V. *supra*, n° 1545). Il a toutefois échappé aux « rabots fiscaux » successifs de 2011 et 2012 (V. *supra*, n° 1542, 2-*c*).
(1367) CGI, art. 200 quater B.

État européen ou assimilé). Les dépenses de garde consistent dans le prix versé à l'établissement de garde ou correspondent aux salaires[1368] et indemnités d'entretien versés à l'assistante maternelle agréée.

1554. – Crédit d'impôt relatif aux intérêts des emprunts contractés en vue de l'acquisition ou de la construction de la résidence principale. 1) Le versement d'intérêts d'emprunt souscrit en vue de l'acquisition (ou de la construction) de la résidence principale peut encore ouvrir droit à un crédit d'impôt pour chacune des cinq (ou parfois sept) premières annuités du prêt[1369].

Élément emblématique de la loi TEPA de 2007[1370], ce crédit d'impôt a été supprimé quatre ans après avoir été institué[1371]. Il n'est pas applicable :

- pour les offres de prêts émises à compter du 1er janvier 2011 ;
- pour les acquisitions réalisées après le 30 septembre 2011, lorsque l'offre de prêt a été émise avant cette date.

Sont éligibles au dispositif, les emprunts contractés (auprès d'un établissement financier) pour l'acquisition d'un logement, d'un terrain destiné à le supporter ou de travaux de construction ou d'agrandissement. Les prêts affectés au rachat d'un emprunt immobilier antérieur peuvent bénéficier du crédit d'impôt dans la limite des intérêts antérieurement exigibles pour chacune des annuités afférente à la période d'application du crédit d'impôt restant à courir.

Les frais d'emprunt et cotisations d'assurance garantissant le remboursement d'un prêt immobilier sont exclus de la base de calcul du crédit d'impôt.

Naturellement, les intérêts des cinq (ou sept) premières annuités du prêt sont généralement versés au cours de six (ou huit) années civiles.

Ce crédit d'impôt est pris en compte au titre du plafonnement global des avantages fiscaux (V. *supra*, n° 1545).

2) Ce crédit d'impôt s'applique exclusivement aux intérêts des prêts se rapportant à des acquisitions intervenues (ou à des constructions commencées) à compter du 6 mai 2007. Même s'il a parfois été présenté comme destiné à favoriser l'accession à la propriété[1372], ce dispositif s'applique indifféremment à la première – ou une nouvelle – acquisition par le contribuable de sa résidence principale.

3) La durée et le taux de détermination du crédit d'impôt varient selon la nature du logement, la date de son acquisition et, pour les logements neufs, ses « qualités énergétiques » :

a) pour les logements anciens, le montant du crédit d'impôt est égal, pour la première annuité, à 40 % puis, pour les quatre annuités suivantes, à 20 % des intérêts payés, retenus dans la limite d'un plafond de 3 750 € (pour un célibataire) ou 7 500 € (pour un couple faisant l'objet d'une imposition commune), ces limites étant majorées de 500 € par personne à charge[1373] ;

(1368) Les cotisations sociales à la charge de l'employeur sont également prises en compte dans l'assiette du crédit d'impôt.

(1369) CGI, art. 200 quaterdecies.

(1370) L. 21 août 2007, art. 5.

(1371) L. fin. 2011, 29 déc. 2010, art. 90.

(1372) V. par ex. Cons. const., 16 août 2007, n° 2007-555 DC, *Loi en faveur du travail, de l'emploi et du pouvoir d'achat*, § 19.

(1373) La majoration est de 250 € par enfant pour les enfants en garde alternée. Les montants de 3 750 € et 7 500 € sont doublés lorsque le foyer fiscal comprend au moins une personne handicapée (c'est-à-dire, selon l'administration, une personne titulaire de la carte d'invalidité).

b) pour les logements neufs, les taux et la durée d'application du crédit d'impôt sont ceux figurant dans le tableau suivant :

CARACTÉRISTIQUES ÉNERGÉTIQUES DU LOGEMENT NEUF	LOGEMENT NON LABÉLISÉ BBC 2005			LOGEMENT LABÉLISÉ BBC 2005	
DATE D'ACQUISITION OU DE CONSTRUCTION	AVANT 2010	2010	2011	AVANT 2009	ENTRE 2009 ET 2011 (1)
Annuité 1	40 %	30 %	25 %	40 %	40 %
Annuités 2 à 5	20 %	15 %	10 %	20 %	40 %
Annuités 6 et 7	–	–	–	–	40 %

(1) L. fin. 2009, 27 déc. 2008, art. 103.

Les intérêts sont retenus dans les mêmes limites que pour les achats de logements anciens.

1555. – **Crédit d'impôt relatif aux intérêts des prêts étudiants.** Le versement d'intérêts d'emprunt souscrit (entre le 1er septembre 2005 et le 31 décembre 2008) pour le financement d'études supérieures ouvre droit à un crédit d'impôt pour chacune des cinq premières annuités de remboursement du prêt(1374).

L'emprunteur devait être âgé de vingt-cinq ans au plus à la date de souscription du prêt. Le montant maximal du prêt était de 21 500 €. Les prêts éligibles étaient ceux qui, souscrits auprès d'un établissement financier, étaient destinés au financement des frais de scolarité et dépenses de la vie courante (à l'exclusion, notamment, des découverts bancaires et des crédits permanents).

Le montant du crédit d'impôt ouvert annuellement est égal à 25 % des intérêts payés retenus dans la limite d'un plafond de 1 000 €, soit, en principe, un crédit maximal de 250 € par an.

Le crédit d'impôt est attribué à l'emprunteur à condition qu'il fasse l'objet d'une imposition distincte à l'IR. Lorsque tout ou partie des intérêts a été payé par un emprunteur ne répondant pas à cette condition, celui-ci peut, pour la première année au titre de laquelle il fait l'objet d'une imposition distincte, bénéficier du crédit d'impôt à raison des intérêts antérieurs. Le montant du crédit d'impôt est alors égal à 25 % des intérêts payés retenus dans la limite d'un plafond de 1 000 € par année civile de remboursement.

1556. – **Aide fiscale au titre de l'emploi d'un salarié à domicile.** 1) Lorsqu'un contribuable utilise à son domicile privé (résidence principale ou secondaire, située en France) les services d'un salarié, les dépenses exposées à ce titre ouvrent droit à une aide fiscale. Cette aide fiscale prend la forme d'un crédit d'impôt lorsque le contribuable est un actif (ou un demandeur d'emploi) et que le salarié est employé à son domicile(1375).

a) L'aide fiscale (prend la forme d'une réduction d'impôt lorsque) :
- le contribuable n'exerce pas d'activité professionnelle sans être demandeur d'emploi ;

(1374) CGI, art. 200 terdecies. Pris en compte au titre du plafonnement global des avantages fiscaux (V. *supra*, n° 1543), ce crédit d'impôt n'a pas pourtant été soumis aux « rabots fiscaux » successifs (V. *supra*, n° 1542, 2-*c*).

(1375) CGI, art. 199 *sexdecies*. Cette aide fiscale est prise en compte au titre du plafonnement global des avantages fiscaux – V. *supra*, n° 1543. Elle a cependant été épargnée par les « rabots fiscaux » successifs de 2011 et 2012 (V. *supra*, n° 1542, 2-*c*). En vue de dynamiser le secteur des services à la personnes, le projet de loi de finances pour 2017 propose de généraliser le mécanisme du crédit d'impôt pour l'ensemble des contribuables. Si le dispositif projeté était adopté en l'état, cette mesure s'appliquerait à compter de l'impostion des revenus de 2017.

– le salarié est employé au domicile d'un ascendant du contribuable. Dans ce dernier cas, le bénéfice de la réduction est subordonné à ce que l'ascendant soit éligible à l'allocation personnalisée d'autonomie.

b) Le salarié peut être employé, soit directement par le contribuable, soit par certains organismes ou entreprises agréés par l'État ou conventionnés. Son activité doit se rapporter à des services à la personne rendus à domicile(1376), c'est-à-dire, notamment, à :

– la garde d'enfant ;
– au soutien scolaire ;
– à l'assistance aux personnes malades, âgées ou handicapées ;
– à l'entretien de la maison et aux travaux ménagers ;
– au jardinage, au bricolage et à l'assistance informatique(1377).

2) De manière générale, l'aide fiscale est égale à 50 % des dépenses effectivement supportées, retenues dans la limite de 12 000 €, cette limite étant majorée de 1 500 € par enfant à charge ou par membre du foyer âgé de plus de soixante-cinq ans, sans toutefois pouvoir excéder 15 000 € (soit un avantage maximal de 7 500 €).

Depuis 2010 (imposition des revenus de 2009), les montants de 12 000 € et 15 000 € sont majorés de 3 000 € au profit des primo-employeurs à domicile(1378).

Pour les contribuables gravement invalides (ou ayant à leur charge une personne gravement invalide) la limite de calcul du crédit d'impôt est fixée à 20 000 € (sans possibilité de majoration).

Les dépenses effectivement supportées correspondent aux salaires et cotisations sociales payées par le contribuable, s'il est l'employeur direct du salarié. Elles correspondent aux sommes facturées par l'employeur s'il s'agit d'un emploi indirect. Ces dépenses doivent être diminuées du montant des allocations et indemnités de toute nature reçues par le contribuable pour l'aider à supporter les frais d'emploi des salariés à domicile.

Le crédit d'impôt est d'application prioritaire lorsque le contribuable engage des dépenses relevant de formes d'aide fiscale différentes. Il est imputé sur l'IR après imputation des différentes réductions d'impôt et des prélèvements ou retenues non libératoires. S'il excède l'impôt dû, l'excédent est restitué.

1557. – **Réduction d'impôt en faveur de l'investissement locatif (dispositif *Pinel*).** 1) La deuxième loi de finances rectificative pour 2008(1379) avait institué une réduction d'impôt sur le revenu en faveur des personnes qui, domiciliées en France, acquièrent directement ou indirectement (par l'intermédiaire d'une société de personnes) un logement neuf (ou en l'état futur d'achèvement) destiné à la location(1380). Cette réduction d'impôt a rapidement pris le nom de réduction « Scellier ».

Cette mesure s'est appliquée entre le 1er janvier 2009 et le 31 décembre 2012. Pour les investissements réalisés jusqu'au 31 décembre 2009, cette réduction d'impôt a coexisté avec le dispositif « Robien recentré » (V. *supra*, n° 1412), le contribuable ayant dû, le cas échéant, opter pour l'application de l'un ou l'autre des deux régimes de faveur.

La réduction « Scellier » a été affectée, selon des modalités particulières tenant au « verdissement » de cette mesure, par les « rabots fiscaux » successifs de 2011 et 2012 (V. *supra*, n° 1542, 2-*c*).

(1376) C. trav., art. D. 129-35 et D. 129-36.
(1377) Dans ces trois derniers cas, la réglementation sociale (C. trav., art. D. 129-36) plafonne toutefois le montant susceptible d'être pris en compte par an et par foyer fiscal à respectivement 3 000 €, 500 € et 1 000 €.
(1378) L. fin. 2009, 27 déc. 2008, art. 98.
(1379) L. 30 déc. 2008, art. 31.
(1380) CGI, art. 199 septvicies.

2) La loi de finances pour 2013[1381] a prorogé cette mesure de réduction d'impôt (qui s'est trouvée, au passage, rebaptisée) en la recentrant sur le secteur locatif intermédiaire. La réduction « Scellier » a ainsi cédé la place à la réduction « Duflot » à compter du 1er janvier 2013[1382].

a) La réduction « Duflot » devait être applicable aux investissements locatifs réalisés entre le 1er janvier 2013 et le 31 décembre 2016[1383]. Les aménagements apportés au dispositif par la loi de finances pour 2015[1384] se sont accompagnés, dans le sillage d'un remaniement ministériel, par le changement de l'appellation courante de la mesure : la réduction « Pinel » a pris de relais de la réduction « Duflot » pour les investissements réalisés à compter du 1er septembre 2014.

Selon l'exposé des motifs du projet de loi de finances pour 2013, la réduction « Duflot » devait permettre la construction de 40 000 logements neufs par an répondant aux différents critères posés par la loi.

b) La réduction « Duflot » différait de la réduction « Scellier » sur un certain nombre de points :

– le dispositif était recentré sur le secteur intermédiaire (le coût de revient de l'investissement locatif étant désormais retenu dans la limite d'un plafond déterminé en fonction de sa surface habitable) ;

– la fraction de la réduction d'impôt imputable excédant l'impôt dû par le contribuable ne pouvait plus être imputée sur l'IR dû au titre des années suivantes (V. *infra*, pt 5) ;

– le nombre d'opérations éligibles était limité à deux par an et par contribuable ;

– pour promouvoir une « mixité sociale » parmi les locataires et occupants des logements considérés, dans les ensembles immobiliers comptant au moins cinq logements, au maximum 80 % des logements d'un même programme devaient, en principe, être construits sous le régime « Duflot »[1385].

3) La rebaptisant, au passage, réduction « Pinel », la loi de finances pour 2015[1386] a aménagé la réduction « Duflot » en introduisant plusieurs assouplissements. L'aménagement le plus important résulte toutefois de la loi de finances pour 2016[1387].

Les assouplissements et aménagements issus de la loi de finances pour 2015, qui sont applicables à compter du 1er septembre 2014, sont au nombre de trois :

– un même contribuable peut bénéficier de la réduction d'impôt à raison de l'acquisition, de la construction ou de la transformation de plus de deux logements ;

– la durée minimale de location (qui était de neuf ans sous le régime « Duflot ») est ramenée à six ans dans le cadre de la réduction « Pinel » ;

– les modalités de détermination du taux de la réduction d'impôt sont aménagées et son taux maximum se trouve porté, pour les investissements réalisés en métropole de 18 % à 21 % ;

– la loi ouvre la possibilité, à compter du 1er janvier 2015, de bénéficier de la réduction d'impôt lorsque le locataire est un ascendant ou un descendant du contribuable – la condition que l'intéressé n'appartienne pas à son foyer fiscal étant toutefois maintenue.

L'assouplissement le plus emblématique résulte toutefois de la loi de finances pour 2016.

(1381) L. 29 déc. 2012, art. 80.

(1382) CGI, art. 199 novovicies.

(1383) Pour un commentaire général du dispositif, V. BOI-IR-RICI-360.

(1384) L. 29 déc. 2014, art. 5.

(1385) Ce pourcentage minimal – qui ne pouvait être inférieur à 20 % – devait être fixé par décret. Le respect de cette limite (qui ne s'appliquait pas aux immeubles dont l'ensemble des logements était acquis par une société civile de placement immobilier) s'appréciait à la date de la signature de l'acte authentique d'acquisition du dernier logement acquis. Le non-respect de cette limite pouvait être sanctionné par l'infliction à la personne qui commercialisait des logements d'une amende maximale de 18 000 € par logement « Duflot » excédentaire. Faute de publication des décrets d'application adéquats, cette mesure ne s'est jamais appliquée concrètement.

(1386) L. 29 déc. 2014, art. 5, applicable, sauf exception, à compter du 1er sept. 2014.

(1387) 29 déc. 2014, art. 7, applicable à compter du 1er janv. 2016.

En effet, pour les acquisitions, constructions et souscriptions réalisées à compter du 1er janvier 2016, la préoccupation de mixité sociale qui caractérisait la réduction « Duflot » est purement et simplement abandonnée – il faut dire qu'elle n'avait jamais été appliquée(1388). Désormais, tous les logements d'un même programme immobilier peuvent sans conditions particulières être réalisés légalement sous le régime « Pinel ».

En 2014, plus de 7 100 foyers ont bénéficié des RI « Duflot-Pinel » pour un coût total de 20 M€. Le coût budgétaire de la RI « Pinel » est estimé à 85 M€ pour 2015 et 240 M€ pour 2016.

4) En application du dispositif « Pinel », les contribuables domiciliés en France qui acquièrent, entre le 1er septembre 2014 et le 31 décembre 2016(1389), un logement neuf ou en l'état futur d'achèvement en vue de le donner en location peuvent bénéficier d'une réduction d'impôt sur le revenu.

La mesure s'applique *mutatis mutandis* de la même manière, lorsque le contribuable, directement ou indirectement :

- acquiert un logement neuf ou en l'état futur d'achèvement ;
- fait construire un logement ;
- transforme en logement un local précédemment affecté à un usage autre que l'habitation ;
- réhabilite un logement vétuste en vue de permettre sa location dans des conditions régulières.

Comme la réduction « Scellier » et la réduction « Duflot », la réduction « Pinel » est prise en compte au titre du plafonnement global des avantages fiscaux (V. *supra*, n° 1543 et s.).

Le bénéfice de la réduction d'impôt est subordonné à la réunion des quatre séries de conditions suivantes :

a) le contribuable doit s'engager à donner le logement en location nue, pendant une durée minimale fixée, sur option du contribuable, à six ans ou neuf ans(1390), à usage d'habitation principale du locataire ;

La location ne doit pas être conclue avec un membre du foyer fiscal ou, si le logement est la propriété d'une société de personnes, avec l'un de ses associés ou un membre de son foyer fiscal(1391).

La location peut, en revanche, être consentie à un organisme public ou privé qui le donne en sous-location nue à usage d'habitation principale lorsque, cumulativement :

- le logement n'est pas loué à un membre du foyer fiscal du propriétaire ;
- l'organisme ne fournit aucune prestation hôtelière ou parahôtelière.

b) le logement, qui peut être possédé directement ou par l'intermédiaire d'une société de personnes(1392), doit être détenu en pleine propriété par le contribuable ;

La réduction d'impôt n'est pas applicable, en revanche, aux logements dont le droit de propriété est démembré ou aux logements appartenant à une société de personnes dont la propriété des parts est démembrée.

La réduction d'impôt s'applique sous une forme particulière lorsque le logement est la propriété d'une société civile de placement immobilier ou SCPI(1393). L'avantage fiscal est alors déterminé sur la base du prix de souscription, par le contribuable, des titres de cette société. La

(1388) Le décret permettant l'application de ce dispositif n'a jamais été publié.

(1389) Le projet de loi de finances pour 2017 propose la prorogation du dispositif pour une durée d'un an.

(1390) L'option, qui est exercée lors du dépôt de la déclaration des revenus de l'année d'achèvement de l'immeuble ou de son acquisition si elle est postérieure, est irrévocable pour le logement considéré. Dans le cadre du régime « Duflot », la durée minimale de location était de neuf ans.

(1391) Elle peut en revanche être conclue, depuis le 1er janvier 2015, avec un ascendant ou un descendant du contribuable à la condition qu'il n'appartienne pas, dans les deux cas, à son foyer.

(1392) La mesure est alors subordonnée à ce que le contribuable, porteur de parts, s'engage à conserver la totalité de ses titres jusqu'à l'expiration de l'engagement de location.

(1393) CGI, art. 239 septies.

réduction d'impôt (qui n'est pas applicable aux titres dont le droit de propriété est démembré) est subordonnée à la condition que la souscription soit affectée, à 95 % au moins, au financement d'un investissement locatif éligible[1394].

La réduction d'impôt « classique » et la réduction d'impôt « SCPI » peuvent se cumuler. Toutefois, le montant total des dépenses retenu pour l'application des deux mesures au titre, d'une part, de l'acquisition ou de la construction de logements et, d'autre part, de souscriptions de titres ne peut excéder globalement 300 000 € par contribuable et pour une même année d'imposition.

c) situé en zone où l'immobilier locatif est déficitaire, le logement doit répondre à certaines exigences du point de vue de ses caractéristiques thermiques et sa performance énergétique ;

La réduction d'impôt ne peut s'appliquer qu'aux logements dont le contribuable peut justifier qu'ils respectent « un niveau de performance énergétique globale fixé par décret en fonction du type de logement concerné ».

En principe, les investissements locatifs ne sont éligibles à la réduction d'impôt que lorsqu'ils sont réalisés dans une zone géographique se caractérisant par un déséquilibre *important* entre l'offre et la demande de logements *entraînant des difficultés d'accès au logement sur le parc locatif existant*. Les zones éligibles sont définies par arrêté.

Dans les zones géographiques se caractérisant par un déséquilibre *simple* entre l'offre et la demande de logements, la réduction d'impôt ne peut s'appliquer que dans des communes caractérisées par des besoins particuliers en logement locatif bénéficiant d'un agrément préfectoral[1395].

d) le loyer est fixé dans la limite de certains plafonds.

L'engagement de location doit prendre effet dans les douze mois qui suivent la date d'achèvement de l'immeuble ou de son acquisition si elle est postérieure. Cet engagement doit prévoir que le loyer et les ressources du locataire ne doivent pas excéder les plafonds fixés par décret en fonction de la localisation du logement et de son type[1396].

5) Accordée au titre de l'année d'achèvement du logement ou, si elle est postérieure, de son acquisition, la réduction d'impôt globale est calculée en fonction du prix de revient du logement[1397]. Ce prix de revient ne peut dépasser, pour une même année d'imposition, la limite de 300 000 € par contribuable[1398].

La détermination de la base de la réduction d'impôt fait intervenir en réalité deux plafonds, applicables successivement :

– le coût de revient du logement (*i.e.* les dépenses d'acquisition, de construction ou de transformation du logement) est retenu dans la limite d'un plafond par mètre carré de surface habitable

(1394) CGI, art. 199 novovicies, VIII. La réduction d'impôt est calculée sur 100 % du montant de la souscription retenu dans la limite de 300 000 € par contribuable et pour une même année d'imposition. Le produit de la souscription annuelle doit être intégralement investi par la SCPI dans les dix-huit mois qui suivent la clôture de celle-ci. L'associé doit s'engager à conserver la totalité de ses titres jusqu'au terme de l'engagement de location (qui doit répondre à l'ensemble des conditions légales) souscrit par la société.

(1395) Sous réserve, dans le cadre du régime « Duflot », d'une application transitoire de plein droit pour les logements acquis jusqu'au 30 juin 2013.

(1396) Les plafonds de loyers peuvent être réduits par arrêté préfectoral afin d'être adaptés aux particularités des marchés locatifs locaux. Les plafonds de loyer de ressources des locataires sont indiqués au BOI-IR-RICI-360-20-30.

(1397) Le prix de revient s'entend du prix d'acquisition du terrain, du local ou du logement augmenté, le cas échéant, du prix des travaux de construction, de réhabilitation ou de transformation. Les dépenses de travaux retenues pour le calcul de la réduction d'impôt ne peuvent faire l'objet d'une déduction pour la détermination des revenus fonciers.

(1398) La règle selon laquelle la réduction d'impôt ne pouvait être calculée sur le prix de revient d'au plus deux logements, qui était prévue dans le cadre de la réduction « Duflot », n'est plus applicable dans le cadre de la réduction « Pinel ». La limite de 300 000 € est appréciée en tenant compte à la fois des dépenses d'acquisition ou de construction de logements supportées directement ou indirectement par le contribuable, d'une part, et des souscriptions de titres de SCPI, d'autre part.

– cette règle étant destinée à garantir que la mesure ne bénéficie qu'à des investissements locatifs relevant du « secteur intermédiaire » ;

– pour une même année d'imposition, le montant total des dépenses retenu pour la détermination de la réduction d'impôt ne peut excéder globalement 300 000 € par contribuable.

Le taux de la réduction d'impôt[1399] est fixé :

– à 12 % lorsque l'engagement de location est pris pour une durée de six ans ;

– à 18 % lorsque l'engagement de location est pris pour une durée de neuf ans.

Lorsque le logement est détenu en indivision, chaque indivisaire bénéficie de la réduction d'impôt dans la limite de la quote-part du prix de revient correspondant à ses droits dans l'indivision. Lorsque le logement est la propriété d'une société de personnes le contribuable bénéficie de la réduction d'impôt dans la limite de la quote-part du prix de revient correspondant à ses droits sur le logement concerné.

6) Cette réduction globale est répartie, selon la durée de l'engagement de location, sur six (ou neuf) années. Elle est, plus précisément, imputée par sixième (ou par neuvième) sur :

– l'impôt dû au titre de l'année où elle est accordée ;

– puis, sur l'impôt dû au titre de chacune des cinq (ou huit) années suivantes.

Lorsque la fraction de la réduction d'impôt imputable au titre d'une année d'imposition excède l'impôt dû par le contribuable au titre de cette même année, le solde (qui ne peut être imputé sur l'IR dû au titre des années suivantes) est définitivement perdu[1400].

7) Si, à l'issue de la période couverte par l'engagement de location de six ou neuf ans, le logement reste donné en location (par période de trois ans) dans le respect des conditions auxquelles la réduction d'impôt est subordonnée, le contribuable bénéficie d'une réduction d'impôt additionnelle pendant au plus six années supplémentaires.

Soit trois années supplémentaires, renouvelables une fois, si l'engagement de location initial était de six ans[1401] et trois années supplémentaires, non renouvelables, s'il était de neuf ans[1402].

Ce dispositif de réduction d'impôt comporte de nombreuses règles supplémentaires se rapportant :

– aux conditions d'application de la mesure dans les pays, collectivités et départements et d'outre-mer, zones pour lesquelles la réduction d'impôt est liquidée au taux de 29 %[1403] ;

– au non-cumul de la réduction d'impôt avec d'autres avantages fiscaux. La réduction d'impôt n'est pas applicable aux immeubles ayant ouvert droit :

à la réduction d'impôt liée au nouveau régime *Malraux*[1404],

aux réductions d'impôt prévues au titre des investissements outre-mer dans le secteur du logement[1405],

à la réduction d'impôt « Scellier »,

(1399) Des taux majorés de 23 % et 29 % sont applicables au titre des opérations réalisées en outre-mer.

(1400) Dans le cadre du régime « Scellier », la fraction de la réduction d'impôt imputable excédant l'impôt dû par le contribuable pouvait être imputée sur l'IR dû au titre des années suivantes jusqu'à la sixième inclusivement.

(1401) La réduction d'impôt additionnelle est égale à 6 % du prix de revient du logement, pour la première période triennale et à 3 % pour la seconde. Elle est répartie par tiers sur trois ans, pour chacune des deux périodes.

(1402) La réduction d'impôt additionnelle est égale à 3 % du prix de revient du logement, pour cette période triennale. Elle est répartie par tiers sur trois ans.

(1403) CGI, art. 199 novovicies, XII.

(1404) V. CGI, art. 199 tervicies.

(1405) V. CGI, art. 199 undecies A et art. 199 undecies C.

au prêt locatif social,

au régime « Borloo ancien » ;

– au non-respect de l'engagement de location (ou à la survenance d'un démembrement de propriété) qui entraîne en principe la reprise de la réduction d'impôt (aucune reprise n'étant toutefois effectuée lorsque le non-respect de l'engagement est lié à la survenance de l'invalidité, au licenciement ou au décès du contribuable ou de l'un des membres du couple soumis à imposition commune)(1406).

1558. – **Réduction d'impôt au titre de la restauration immobilière (nouveau régime *Malraux*).** Dans un but, selon l'exposé des motifs, d'« accroître l'équité du système fiscal », la loi de finances pour 2009(1407) a profondément modifié le régime fiscal de faveur applicable aux opérations de restauration immobilière relevant du dispositif *Malraux*. La principale modification introduite par cette loi tient à la substitution d'une réduction d'impôt plafonnée(1408) à la mesure de déduction fiscale « illimitée » qui s'appliquait jusqu'alors(1409).

Le nouveau régime s'applique aux opérations portant sur des immeubles pour lesquels une demande de permis de construire (ou une déclaration de travaux) a été déposée à compter du 1er janvier 2009(1410).

La réduction d'impôt a été affectée par les « rabots fiscaux » successifs de 2011 et 2012 (V. *supra*, n° 1542, 2-*c*). Lors de son institution, elle était par ailleurs, à la différence de l'avantage fiscal tiré de l'ancien régime *Malraux*, prise en compte au titre du plafonnement global des avantages fiscaux (V. *supra*, n° 1543). Ce n'est désormais plus le cas depuis l'imposition des revenus de 2013(1411).

En 2014, 5 000 foyers ont bénéficié de la RI Malraux pour un coût total de 28 M€. Le coût budgétaire annuel de cette mesure est estimé à 32 M€ pour 2015 et 2016.

La loi prohibe le cumul de la réduction d'impôt nouvellement instituée avec certains avantages fiscaux. Les avantages du régime Malraux ne peuvent pas se cumuler, notamment, avec ceux liés au régime « Scellier », « Duflot » ou « Pinel » ou au régime des investissements outre-mer.

1) Réservé aux contribuables domiciliés en France, le bénéfice de la réduction d'impôt est subordonné à la réunion de différentes conditions.

La réduction d'impôt ne s'applique qu'à l'égard de certains immeubles. Les immeubles visés sont :

– les locaux d'habitation ;

– les locaux destinés originellement à l'habitation et réaffectés à cet usage ;

– les locaux professionnels n'ayant pas été originellement destinés à l'habitation (à supposer, toutefois, que le produit de la location soit imposé dans la catégorie des revenus fonciers).

Elle n'est pas applicable à l'égard d'immeubles dont la propriété est (directement ou indirectement) démembrée.

a) La réduction est ouverte au titre de certaines dépenses supportées en vue de la restauration complète d'un immeuble bâti situé dans un « site patrimonial remarquable ».

(1406) En cas de décès du contribuable soumis à imposition commune, le conjoint survivant devenu propriétaire du bien ou titulaire de son usufruit peut continuer à bénéficier de la mesure s'il s'engage à poursuivre la location, dans les mêmes conditions et selon les mêmes modalités, pour la période restant à courir à la date du décès.

(1407) L. 27 déc. 2008, art. 84, III.

(1408) CGI, art. 199 tervicies.

(1409) CGI, art. 156, I-3°. – V. *supra*, n° 1413.

(1410) L'ancien régime *Malraux* a pu continuer à s'appliquer, dans le cas inverse, jusqu'au 31 décembre 2017 au plus tard (L. fin. 2016, 29 déc. 2015, art. 118).

(1411) L. fin. 2013, 29 déc. 2012, art. 73.

Les « sites patrimoniaux remarquables » ont remplacé, depuis 2016[1412], les « secteurs sauvegardés »[1413], les « zones de protection du patrimoine architectural, urbain et paysager » ou ZPPAUP[1414] et les « aires de mises en valeur de l'architecture et du patrimoine » ou AVAP[1415].

Dans les secteurs sauvegardés, l'obtention de la réduction suppose que le plan de sauvegarde et de mise en valeur de ce secteur ait été approuvé ou que la restauration ait été déclarée d'utilité publique. Dans les ZPPAUP, la restauration doit avoir été déclarée d'utilité publique.

À titre temporaire, la loi de mobilisation pour le logement et la lutte contre l'exclusion[1416], a étendu le dispositif de réduction d'impôt aux opérations de restauration d'immeubles situés dans un « quartier ancien dégradé » ou, depuis la loi de finances pour 2016[1417], dans les quartiers présentant « une concentration élevée d'habitat ancien dégradé ». Cette mesure, prorogée par ce dernier texte, s'applique jusqu'au 31 décembre 2017 au titre des opérations de restauration déclarée d'utilité publique réalisées dans les quartiers délimités en application de ces deux mêmes lois ;

b) les dépenses éligibles sont limitativement énumérées par la loi. Elles comprennent :

• certaines charges de propriété foncière limitativement énumérées ;

Les seules dépenses éligibles au titre des charges de propriétés s'entendent :

– des dépenses de réparation et d'entretien effectivement supportées par le propriétaire ;

– des primes d'assurance ;

– des dépenses d'amélioration (V. *supra*, n° 1407, 2) – à l'exclusion des frais correspondant à des travaux de construction, de reconstruction ou d'agrandissement ;

– les impôts directs locaux (autres que celles incombant normalement à l'occupant) supportés au titre de l'immeuble loué ;

– des frais de gestion et assimilés (V. *infra*, n° 1407, 6).

En revanche, la prise en compte des intérêts de dettes contractées pour la conservation, l'acquisition, la construction, la réparation ou l'amélioration de l'immeuble est exclue ;

• les frais d'adhésion à des associations foncières urbaines de restauration ;

• les autres dépenses de travaux intéressant un immeuble situé dans un secteur sauvegardé ou un quartier ancien dégradé, lorsqu'ils ont été imposés ou autorisés par l'autorité publique ;

• la fraction des provisions versées par le propriétaire au titre des dépenses de travaux de la copropriété.

2) À les supposer éligibles, les dépenses doivent avoir été exposées avant la fin de la troisième année qui suit celle de l'obtention de l'autorisation de construire.

Cette autorisation procède selon le cas de la délivrance du permis de construire ou de l'expiration du délai d'opposition à la déclaration préalable de travaux. Cette période est prolongée du délai durant lequel les travaux sont interrompus ou ralentis par l'effet de la force majeure ou à la suite de la découverte fortuite de vestiges archéologiques[1418].

Les dépenses peuvent être exposées par le contribuable directement ou dans le cadre d'un contrat de vente d'immeuble à rénover[1419]. Dans ce dernier cas, le montant des dépenses ouvrant droit à la

(1412) L. 7 juill. 2016, relative à la liberté de la création, à l'architecture et au patrimoine, art. 75. V. notamment, issu de ce dernier texte, C. patr., art. L. 633-1. Ces aménagements du droit du patrimoine appellent une adaptation de la codification fiscale qui devrait intervenir à la fin de l'année 2016.

(1413) C. urb., art. L. 313-1.

(1414) C. patr., art. L. 642-1 et s., anc.

(1415) C. patr., art. L. 642-1 et s. La réduction est applicable dans ces aires depuis le 14 juillet 2010.

(1416) L. 25 mars 2009, art. 27.

(1417) L. 29 déc. 2015, art. 5 et 79.

(1418) C. patr., art. L. 531-14 et s.

(1419) CCH, art. L. 262-1.

réduction d'impôt – dans les conditions et limites générales – est celui correspondant au prix des travaux devant être réalisés par le vendeur et effectivement payés par l'acquéreur selon l'échéancier prévu au contrat.

3) La réduction d'impôt est déterminée par application d'un taux de réduction au montant des dépenses éligibles, retenues dans la limite annuelle de 100 000 €. Les taux de réduction successivement applicables figurent dans le tableau suivant :

	NATURE DE L'IMMEUBLE	
ANNÉE DE PAIEMENT DES DÉPENSES	**IMMEUBLE SITUÉ DANS UNE ZPPAUP OU UNE AVAP**	**IMMEUBLE SITUÉ DANS UN SECTEUR SAUVEGARDÉ OU DANS UN QUARTIER ANCIEN DÉGRADÉ OU ASSIMILÉ**
Jusqu'en 2010	30 %	40 %
2011	27 %	36 %
Depuis 2012	22 %	30 %

4) Le bénéfice de la réduction d'impôt est subordonné à la souscription, par le contribuable, d'un engagement de location de neuf ans.

Lorsque les dépenses portent sur un local à usage d'habitation, le propriétaire prend l'engagement de le louer nu, à usage de résidence principale du locataire.

Lorsque les dépenses portent sur un local affecté à un usage autre que l'habitation, le propriétaire doit prendre l'engagement de le louer pendant la même durée. Si l'immeuble appartient à une société de personnes, les associés de la société s'engagent à conserver leurs parts jusqu'au terme de l'engagement de location.

La location doit prendre effet dans les douze mois suivant l'achèvement des travaux. Elle ne peut pas être conclue (directement ou par personne interposée) avec un membre du foyer fiscal, un ascendant ou un descendant du contribuable.

5) La réduction d'impôt obtenue fait l'objet d'une reprise en cas de rupture de l'engagement de location ou, en principe, lorsque la propriété de l'immeuble concerné vient à être démembrée.

La reprise est légalement exclue si le démembrement de propriété résulte du décès de l'un des membres du couple soumis à imposition commune et que le conjoint survivant (attributaire du bien ou titulaire de son usufruit) s'engage à « succéder » aux engagements du défunt pour la période restant à courir à la date du décès. Ces différentes règles s'appliquent *mutatis mutandis* quand la réduction d'impôt a été obtenue par un contribuable en sa qualité d'associé d'une société de personnes.

1559. – Réduction d'impôt au titre des dons à des organismes d'intérêt général. 1) Les dons consentis par les contribuables à des organismes d'intérêt général (fondations, associations reconnues d'utilité publique, œuvres ou d'organismes d'intérêt général, associations cultuelles, établissement d'enseignement supérieur à but non lucratif, partis politiques, notamment) ouvrent droit à une réduction d'impôt[1420].

(1420) CGI, art. 200.

a) Le dispositif en faveur des dons des particuliers est issu de la loi du 14 août 1954 autorisant le Gouvernement à mettre en œuvre un programme d'équilibre financier, d'expansion économique et de progrès social (art. 11). Initialement, l'incitation fiscale prenait la forme d'une déduction (dans la limite de 0,5 pour 100 du revenu imposable) des versements effectués au profit d'œuvres ou d'organismes d'intérêt général, de caractère philanthropique, éducatif, scientifique, social ou familial(1421). S'inspirant de la mesure qui avait été instituée, dans le cadre l'amendement « Coluche », pour les dons affectés à l'aide alimentaire en faveur des personnes en difficulté(1422), la loi de finances pour 1990(1423) a transformé le mécanisme déduction fiscale (qui s'était trouvée constamment élargie) en un dispositif de réduction d'impôt. Cette réduction d'IR était égale à 40 % des dons retenus dans la limite de 1,25 % du revenu imposable(1424). Les taux de réduction actuellement applicables résultent de la loi du 18 janvier 2005 de programmation pour la cohésion sociale (art. 127).

Cette réduction d'impôt n'est pas prise en compte au titre du plafonnement global des avantages fiscaux(1425).

b) La troisième loi de finances rectificative pour 2009(1426) a expressément étendu le champ d'application de la réduction d'impôt aux dons consentis à des organismes étrangers (normalement agréés) similaires aux précédents à la condition qu'ils soient établis dans un autre État membre de l'Union européenne, en Islande, en Norvège ou au Liechtenstein (V. *infra*, n° 1816).

La doctrine administrative antérieure était beaucoup plus restrictive. Sans doute admettait-elle qu'il n'était pas « nécessaire que l'organisme bénéficiaire ait son siège en France ». L'administration considérait toutefois que seuls ouvraient droit à la réduction d'impôt les dons consentis à un organisme qui « exerce en France une activité répondant aux conditions » d'éligibilité ». Par suite, sauf exception, la réduction d'impôt devait, selon l'administration, être refusée pour les dons ou les subventions faits à des œuvres ou organismes étrangers n'exerçant « aucune activité en France » ou se bornant à exercer en France « une action limitée en faveur d'un groupe restreint de personnes appartenant au point de vue national, économique ou social, à une catégorie déterminée d'individus »(1427). Les seules exceptions admises par l'administration concernaient, d'une part, les organismes concourant à la diffusion à l'étranger de la culture, de la langue ou des connaissances scientifiques françaises et, d'autre part, les associations de caractère humanitaire conduisant des opérations à l'étranger(1428).

2) Les contribuables domiciliés en France bénéficient d'une réduction d'impôt sur le revenu à raison des dons consentis à l'un ou l'autre des organismes suivants :

a) Les œuvres ou organismes d'intérêt général ;

Les organismes éligibles sont ceux ayant un caractère philanthropique, éducatif, scientifique, social, humanitaire, sportif, familial, culturel, ou concourant à la mise en valeur du patrimoine artistique (notamment à travers les souscriptions ouvertes pour financer l'achat d'objets ou d'œuvres d'art destinés à rejoindre les collections d'un musée de France accessibles au public), à la défense de l'environnement naturel où à la diffusion de la culture, de la langue et des connaissances scientifiques françaises(1429).

Selon la doctrine administrative, un organisme présente un caractère d'intérêt général au sens du dispositif légal s'il satisfait cumulativement aux trois conditions suivantes :

– il n'exerce pas d'activité lucrative ;
– il ne fait pas l'objet d'une gestion intéressée ;

(1421) CGI, art. 238 bis, anc.
(1422) L. fin. 1989, 23 déc. 1988, art. 7.
(1423) L. fin. 1990, 29 déc. 1989, art. 5.
(1424) CGI, art. 238 bis, anc.
(1425) V. *supra*, n° 1545. La réduction d'impôt a, par voie de conséquence, échappé aux « rabots fiscaux » successifs des lois de finances pour 2011 et 2012 (V. *supra*, n° 1542, 2-*c*).
(1426) L. 30 déc. 2009, art. 35.
(1427) Doc. adm. DGI, 5 B 331, n° 10, anc.
(1428) Rép. min. Rochebloine, n° 9081 : *JOAN* Q 17 janv. 1994, p. 228, anc., non reprise au *BOFiP-Impôts*.
(1429) CGI, art. 200, 1-b.

– il ne fonctionne pas au profit d'un cercle restreint de personnes[1430].

Confirmant une annonce ministérielle faite le 6 juillet 2016 à la suite de la remise du rapport d'un parlementaire[1431] sur ce sujet, une instruction fiscale publiée le 27 juillet 2016 (BOI-IR-RICI-250-10-10, n°s 130 et s.) s'est efforcée de clarifier la doctrine administrative pour mieux préciser la notion de « cercle restreint » en vue, essentiellement, de garantir une application homogène sur le territoire du traitement des dons aux associations. On peut en retenir que, selon l'administration, un organisme fonctionne au profit d'un cercle restreint de personnes « lorsqu'il poursuit des intérêts particuliers d'une ou plusieurs personnes clairement individualisables, membre(s) ou non de l'organisme »[1432]. Il convient, à cet égard, de « recourir à un faisceau d'indices permettant d'appréhender concrètement la mission que s'est fixée l'organisme ainsi que le public bénéficiaire réel de ses actions »[1433] pour déterminer si l'organisme présente ce caractère.

Sous l'effet d'une disposition expresse de la loi, sont également concernés :

– les organismes publics ou privés (ou d'économie mixte) dont la gestion est désintéressée et qui ont pour activité principale la présentation au public d'œuvres dramatiques, lyriques, musicales, chorégraphiques, cinématographiques et de cirque ou l'organisation d'expositions d'art contemporain (à la condition que les versements reçus par eux soient affectés à cette activité – et que les œuvres considérées soient dépourvues de caractère pornographique et n'incitent pas à la violence) ;

– les associations d'intérêt général exerçant des actions concrètes en faveur du pluralisme de la presse, par la prise de participations minoritaires, l'octroi de subventions ou encore de prêts bonifiés à des entreprises de presse[1434].

Le caractère incitatif du mécanisme légal de réduction d'impôt exclut qu'il puisse être appliqué en présence d'un versement obligatoire. Jugé, à cet égard, que la réduction d'impôt « ne s'applique, dans un but d'incitation, qu'aux versements effectués volontairement et sans contrepartie au profit des œuvres et organismes [légalement éligibles], et non aux versements obligatoires de nature fiscale alors même qu'ils auraient une destination comparable »[1435].

b) Les établissements d'enseignement supérieur ou d'enseignement artistique publics ou privés, d'intérêt général, à but non lucratif ;

c) Les fondations ou associations reconnues d'utilité publique, associations cultuelles ou de bienfaisance (et établissements publics des cultes reconnus d'Alsace-Moselle) ;

Il peut s'agir, en particulier, de fondations universitaires, de fondations partenariales universitaires ou sous certaines conditions de fondations d'entreprise.

(1430) Cette condition est expressément retenue par la jurisprudence. Statuant à propos d'une association d'élèves et d'anciens élèves, le Conseil d'État a confirmé la doctrine administrative (V. actuellement BOI-IR-RICI-250-20, n° 170) en relevant que l'objet principal de ce type d'associations, trop étroit pour être regardé d'intérêt général, « est la défense des intérêts matériels et moraux du cercle restreint de ses membres et la création de liens de solidarité entre eux » (CE, 7 févr. 2007, n° 287.949, *Assoc. Sté des anciens élèves de l'École nationale supérieure d'Arts et métiers et a. : Dr. fisc.* 2007, n° 40, comm. 881). De même, une association intervenant dans le champ de la protection sociale et ne peut être regardée comme une œuvre ou un organisme d'intérêt général dès lors qu'elle s'adresse à un public défini exclusivement par son rattachement à une profession (CE, 16 mars 2011, n° 329.945, *Assoc. Union sociale maritime : Dr. fisc.* 2011, n° 20, comm. 346, concl. P. Collin.

(1431) Y. Blein, *Qualification d'intérêt général des organismes recevant des dons – Notion de cercle restreint*, Rapport au Premier ministre, mars 2016.

(1432) BOI-IR-RICI-250-10-10, n° 130.

(1433) Sont ainsi considérés comme exerçant leur activité au profit d'un cercle restreint de personnes, des organismes qui ont pour objet de servir les intérêts particuliers, notamment matériels et moraux, d'une ou plusieurs personnes, familles ou entreprises, de quelques artistes ou de certains chercheurs (*ibid.*, n° 140).

(1434) L. 17 avr. 2015, portant diverses dispositions tendant à la modernisation du secteur de la presse, art. 20. Les donateurs peuvent affecter leurs dons au financement d'une entreprise de presse ou d'un service de presse en ligne en particulier, à condition qu'il n'existe aucun lien économique et financier, direct ou indirect, entre le donateur et le bénéficiaire.

(1435) CAA Nancy, 24 mars 1994, n° 92-502, *Wang : Rec. CE* 1994, tables p. 900, refusant pour ce motif de tenir compte du versement d'une contribution affectée à la Caisse nationale des allocations familiales.

Les fondations et associations reconnues d'utilité publique peuvent, lorsque leurs statuts ont été approuvés à ce titre par décret en Conseil d'État, recevoir des versements pour le compte d'autres œuvres ou organismes éligibles.

d) Les organismes agréés ayant pour objet exclusif le financement d'entreprises répondant à la définition européenne des PME (hors secteurs exclus) ou de leur fournir des prestations d'accompagnement en début d'activité (V. *infra*, n° 1570) ;

e) Les fonds de dotation lorsque, leur gestion étant désintéressée, ils reversent les revenus tirés des dons et versements à des organismes eux-mêmes éligibles ;

f) La *Fondation du patrimoine* (ou une autre fondation ou association affectant irrévocablement les versements reçus par elle à cette fondation) en vue de subventionner (sous certaines conditions et limites) la réalisation de travaux de conservation, de restauration ou d'accessibilité des immeubles classés ou inscrits comme monuments historiques (ou ayant reçu le label de la *Fondation du patrimoine*).

Les immeubles bénéficiant de ces travaux ne doivent pas faire l'objet, en principe, d'une exploitation commerciale. Le même régime peut s'appliquer, sur agrément ministériel, à d'autres fondations ou associations reconnues d'utilité publique.

g) ouvrent également droit à la réduction d'impôt les frais engagés dans le cadre d'une activité bénévole et en vue, strictement, de la réalisation de l'objet social d'un organisme précité lorsque ces frais, dûment justifiés, ont été constatés dans les comptes de l'organisme et que le contribuable a renoncé expressément à leur remboursement ;

h) enfin, sont éligibles à la réduction d'impôt les dons consentis et cotisations versées par les particuliers aux partis politiques et aux candidats aux élections politiques.

S'agissant des dons « électoraux », sont éligibles à la réduction d'impôt les dons versés à une association de financement électorale ou à un mandataire financier du candidat (ou d'une liste de candidats) à une élection politique. Les dons (limités annuellement par la loi électorale à 4 600 € par élection et 7 500 € *pour un même parti politique*) doivent être consentis à titre définitif et sans contrepartie, en usant d'un moyen de paiement permettant la traçabilité des sommes (chèque, virement, prélèvement automatique ou carte bancaire). Les versements correspondants doivent être justifiés à l'appui du compte de campagne présenté par un candidat ou une liste. Il en va de même des dons et cotisations versés aux partis et groupements politiques par l'intermédiaire de leur mandataire.

Depuis le 1er janvier 2012, la loi fiscale a été rapprochée de la loi électorale : les cotisations (qui n'ouvrent pas droit, toutefois, à la RI) et les dons à un parti ou un groupement politique pris en compte au titre du dispositif de RI sont retenus dans la limite annuelle de 15 000 € par foyer fiscal[1436]. Il est particulièrement regrettable (et probablement contraire à la Constitution) que la loi fiscale ne tienne pas compte de la composition du foyer fiscal pour établir cette limitation.

Le Conseil constitutionnel a censuré (comme étant étrangère au domaine des lois de finances) une disposition[1437] selon laquelle la limite de 7 500 € devait désormais être appréciée en totalisant les dons consentis annuellement à un ou plusieurs partis politiques[1438].

3) Depuis l'imposition des revenus de 2005, la réduction d'impôt est égale *en principe* à 66 % du montant des dons pris dans la limite annuelle de 20 % du revenu global imposable.

(1436) CGI, art. 200, 3. – Quatrième L. fin. rect. 2011, 28 déc. 2011, art. 19.
(1437) L. fin. 2013, art. 8 adopté, modifiant notamment le Code électoral.
(1438) Cons. const., 29 déc. 2012, n° 2011-662 DC, *Loi de finances pour 2013*, § 31 à 35.

Normalement versés en numéraire, les dons peuvent consister en « l'abandon exprès de revenus ou produits » devant revenir au contribuable[1439]. Ils peuvent également consister dans des dons en nature, c'est-à-dire des frais exposés par le contribuable au titre d'une activité bénévole (V. *supra*, *g*).

La fraction excédentaire des dons peut être reportée successivement sur les cinq années suivantes pour ouvrir droit à la réduction d'impôt dans les mêmes conditions.

4) À la suite de l'adoption de l'amendement « Coluche », les dons à des associations aidant les personnes en difficulté (par la fourniture à titre gratuit de nourriture, de logement ou de soins, notamment), relèvent d'un régime plus favorable. Depuis l'imposition des revenus de 2005, ces dons ouvrent droit à une réduction d'impôt égale à 75 % des dons, ceux-ci étant retenus dans la limite annuelle (pour l'imposition des revenus de 2016) de 530 € par an (soit une réduction maximale de 391 €).

Cette limite particulière est relevée chaque année dans la même proportion que la limite supérieure de la première tranche du barème de l'impôt sur le revenu de l'année précédant celle des versements[1440].

La fraction excédentaire des dons peut être prise en compte pour l'application de la réduction d'impôt « générale » évoquée au 2).

5) Le bénéfice de la réduction d'impôt est subordonné à la condition que le contribuable soit en mesure, sur la demande de l'administration, de produire les pièces justificatives attestant le montant et la date des versements ainsi que l'identité des bénéficiaires.

Avant la loi de finances rectificative pour 2013[1441], le bénéfice de la réduction d'impôt était subordonné à la condition que ces différentes pièces soient jointes à la déclaration des revenus. Les télédéclarants étaient toutefois dispensés de cette obligation de justification *a priori*[1442].

À défaut, la réduction d'impôt est refusée sans proposition de rectification préalable. En pratique, cette justification prend la forme d'un « reçu fiscal » établi sur la base d'un modèle défini par l'administration.

Par exception, les reçus délivrés pour les dons en faveur des associations cultuelles et des candidats aux élections politiques d'un montant égal ou inférieur à 3 000 € ne mentionnent pas la dénomination du bénéficiaire.

L'exigence de production d'un reçu fiscal (qui est écartée dans le cadre du mécénat d'entreprise – V. *infra*, n° 1570, *in fine*) ne saurait être analysée comme permettant à l'administration d'exercer un contrôle *a priori* sur l'éligibilité d'un organisme : « aucune disposition ne prévoit que les œuvres ou organismes susceptibles de recevoir des dons qui ouvrent à leurs auteurs droit à la réduction d'impôt (...) fassent l'objet d'une habilitation ou d'une reconnaissance de la part de l'administration »[1443]. Sur la procédure d'accord tacite[1444] permettant (facultativement) à un organisme d'intérêt général de s'assurer qu'il répond aux conditions d'éligibilité auxquelles est subordonné l'octroi de la réduction d'IR et, partant, d'échapper à l'application de l'amende[1445] encourue en cas de délivrance irrégulière d'un justificatif ayant permis à un tiers de bénéficier indûment d'un avantage fiscal, V. *supra*, n° 1059.

(1439) CGI, art. 200, 1.

(1440) Compte tenu du gel du barème de l'IR au cours des années en cause, elle s'est trouvée maintenue à 521 € pour l'imposition des revenus de 2011, 2012 et 2013 (contre 513 € pour 2010). Elle s'est trouvée portée à 526 € et 539 € pour l'imposition, respectivement, des revenus de 2014 et 2015.

(1441) L. 29 déc. 2013, art. 17, I-C, applicable à compter de l'imposition des revenus de 2013.

(1442) Les télédéclarants devaient toutefois, sauf exceptions liées aux dons « religieux » ou « politiques », préciser dans la télédéclaration l'identité de chaque organisme bénéficiaire et le montant total des versements effectués au profit de chacun d'eux.

(1443) CE, 3 juill. 2002, n° 214.393, *Assoc. des contribuables associés* : *Dr. fisc.* 2002, n° 40, comm. 744, annulant, pour incompétence, les décisions d'un inspecteur des impôts déniant à l'association considérée de droit de délivrer des reçus fiscaux.

(1444) LPF, art. L. 80 C.

(1445) CGI, art. 1740.

1560. – Réduction d'impôt au titre de la souscription au capital de PME. 1) Lorsqu'ils sont fiscalement domiciliés en France, les contribuables peuvent bénéficier d'une réduction d'impôt sur le revenu égale à 18 % des souscriptions en numéraire au capital initial (ou aux augmentations de capital) de certaines PME âgées, sauf exception, de moins de sept ans[1446].

Cette mesure, qui était précédemment applicable aux souscriptions effectuées jusqu'au 31 décembre 2016, a été pérennisée par la loi de finances rectificative pour 2015[1447].

a) Du point de vue notamment de la société bénéficiaire des souscriptions, le régime de la réduction d'IR « Madelin » est, désormais[1448], intégralement aligné sur les règles de la réduction d'impôt « ISF-PME » (V. *infra*, n° 1810 notamment).

b) Un mécanisme similaire de réduction d'impôt s'applique, sous certaines conditions particulières :

– aux souscriptions en numéraire de parts de fonds communs de placement ou de fonds communs de placement dans l'innovation[1449] ;

– aux souscriptions en numéraire de parts de fonds d'investissement de proximité[1450]. Des régimes dérogatoires[1451] s'appliquent, à cet égard, aux souscriptions de parts de « FIP-Corse », définis comme les FIP dont l'actif est constitué pour 70 % au moins de valeurs et parts émises par des sociétés qui exercent exclusivement leurs activités dans des établissements situés en Corse[1452] et, sous cette même condition, aux souscriptions de parts de « FIP-Outre-mer » – l'avantage fiscal étant toutefois réservé, dans ce cas, aux contribuables fiscalement domiciliés outre-mer[1453].

Aménagées par la loi de finances rectificative pour 2013[1454], les obligations des gestionnaires de fonds en termes de réinvestissement dans le capital de PME éligibles sont les mêmes que dans le cadre de la réduction d'ISF-PME (V. *infra*, n° 1812, 5).

2) Le bénéfice de cette mesure est subordonné à la conservation des titres reçus en contrepartie des souscriptions pendant cinq ans.

a) Cette mesure a été instituée à titre provisoire par la loi « Madelin » du 11 février 1994 relative à l'initiative et à l'entreprise individuelle (art. 26). Elle a été reconduite sans interruption avant d'être pérennisée. Des mécanismes provisoires similaires avaient été antérieurement institués (au profit toutefois des souscriptions au capital des seules « sociétés nouvelles ») par la loi du 5 janvier 1988 relative au développement et à la transmission des entreprises, art. 45[1455] et par la loi de finances pour 1989, art. 72[1456].

b) L'avantage résultant de cette réduction d'impôt est pris en compte au titre du plafonnement global des avantages fiscaux (V. *supra*, n° 1543). La fraction non imputable de la réduction d'impôt qui

(1446) CGI, art. 199 terdecies-0 A. Résultant des réductions successives découlant des « rabots fiscaux » des lois de finances pour 2011 et 2012 (V. *supra*, n° 1542, 2-*c*), le taux de 18 % s'applique aux souscriptions réalisées depuis le 1er janvier 2012. Ce taux était de 25 % pour les souscriptions réalisées jusqu'en 2010 et de 22 % pour celles réalisées en 2011. Introduite par la loi de finances rectificative pour 2015 (art. 26), cette condition est assouplie (âge porté à dix ans) pour les investissements « intermédiés » réalisés par le biais de certains fonds.

(1447) L. 29 déc. 2015, art. 26, I-D-2°.

(1448) Les conditions d'application des deux régimes étaient déjà voisines. Cet alignement a résulté, notamment, de la loi du 6 août 2015 pour la croissance, l'activité et l'égalité des chances économiques (L. « Macron », art. 143 et 144) et, plus encore, de la loi de finances rectificative pour 2015.

(1449) CGI, art. 199 terdecies-0 A, VI.

(1450) CGI, art. 199 terdecies-0 A, VI bis.

(1451) Plus favorables au contribuable, ces dérogations consistent à déterminer le montant de la réduction d'IR à un taux plus élevé.

(1452) CGI, art. 199 terdecies-0 A, VI ter.

(1453) CGI, art. 199 terdecies-0 A, VI ter A. Sont concernés par ce dispositif les cinq départements d'outre-mer (Guadeloupe, Guyane, Martinique, Mayotte et Réunion) et les collectivités d'outre-mer *lato sensu* (Saint-Barthélemy, Saint-Martin, Saint-Pierre-et-Miquelon, la Nouvelle-Calédonie, la Polynésie française et les îles Wallis et Futuna).

(1454) L. 29 déc. 2013, art. 18.

(1455) CGI, art. 199 duodecies, anc.

(1456) CGI, art. 199 terdecies, anc.

excède, le cas échéant, le montant du plafond global peut toutefois être reportée sur l'IR dû au titre des années suivantes jusqu'à la cinquième inclusivement[(1457)].

3) L'ouverture de la réduction d'impôt est subordonnée au respect, par la société bénéficiaire de la souscription, de très nombreuses conditions.

a) Cumulatives, ces conditions sont désormais strictement alignées sur celles prévues au titre de la réduction ISF-PME (V. *infra*, n° 1810).

• Les *conditions générales* sont en résumé les suivantes :

– la société répond à la définition européenne des PME[(1458)] ;

– elle exerce exclusivement une activité commerciale, industrielle, artisanale, libérale, agricole ;

– elle n'est pas être qualifiable d'entreprise en difficulté au sens du droit de l'Union européenne ;

– elle exerce, sauf cas particulier, son activité depuis moins de sept ans ;

– ses titres ne sont pas admis aux négociations sur un marché réglementé français ou étranger, sauf s'il s'agit d'un marché « dédié » aux PME ;

– elle a son siège social dans un État membre de l'Union européenne, en Islande, en Norvège ou au Liechtenstein ;

– elle est soumise à l'IS dans les conditions de droit commun (ou y serait soumise dans les mêmes conditions si l'activité était exercée en France) ;

– elle ne doit pas avoir reçu – au titre des souscriptions en capital (directes, indirectes ou « intermédiées ») et des aides éventuelles au titre du financement des risques sous la forme d'investissement en fonds propres ou quasi-fonds propres de prêts, de garanties ou d'une combinaison de ces instruments – un total de versements dont le montant n'excède pas le plafond de 15 millions d'euros.

• Ces conditions générales sont complétées par des *mesures anti-abus* :

– la société compte (sauf exception) au moins deux salariés à la clôture de l'exercice qui suit la souscription ayant ouvert droit à la réduction ;

– elle n'accorde aucune garantie en capital à ses associés en contrepartie de leurs souscriptions ;

– ses actifs ne sont pas (sauf exceptions) constitués de façon prépondérante de métaux précieux, d'œuvres d'art, d'objets de collection, d'antiquités, de chevaux de course ou de concours ou de vins ou d'alcools ;

– les souscriptions au capital de la société confèrent aux souscripteurs les seuls droits résultant de la qualité d'actionnaire ou d'associé.

b) Les souscriptions au capital de sociétés holding[(1459)] ouvrent directement droit au bénéfice de la réduction d'impôt dans des conditions identiques à celles prévues au titre de la réduction d'impôt « ISF-PME » (V. *infra*, n° 1810, 2-*a*).

c) Les similaires. Les conditions d'application du dispositif sont, ici encore, alignées sur celle de la réduction d'impôt « ISF-PME » (V. *infra*, n° 1810, 2-*a*).

d) Certaines « incompatibilités fiscales » sont toutefois prévues par la loi afin d'éviter le cumul d'avantages fiscaux. Ainsi, par exemple, les sociétés unipersonnelles d'investissement à risque[(1460)] ne sont pas éligibles au dispositif. Il en va de même des souscriptions ayant ouvert droit aux régimes des investissements outre-mer ou des SOFICA. De même, les titres souscrits ne peuvent figurer sur un plan d'épargne en actions[(1461)] ou sur un plan d'épargne entreprise. Enfin, la fraction des versements ayant

(1457) CGI, art. 199 terdecies-0 A, II, al. 3. Pour la détermination de cet excédent au titre d'une année, il est tenu compte de la réduction d'impôt accordée au titre des versements réalisés au cours de cette même année, des versements « en report » (V. *infra*, pt 4-*b*) et des réductions d'impôt antérieures « en report ».

(1458) La société doit, à ce titre, employer moins de 250 personnes, réaliser un chiffre d'affaires n'excédant pas 50 M€ ou avoir un total de bilan annuel n'excédant pas 43 M€ (V. *supra*, n° 1595, 3).

(1459) Lorsqu'elles sont holding animatrices, les PME sont éligibles à la réduction d'IR aux mêmes conditions que les PME opérationnelles (V. *infra*, n° 1810, 2-*a*). Les souscriptions au capital initial de PME *holding* « non animatrices » ouvrent droit à la réduction d'impôt dans des conditions particulières (V. *infra*, n° 1811). Naturellement, dans cette hypothèse, l'avantage fiscal n'est ouvert au contribuable que proportionnellement aux souscriptions effectuées par la *holding* (avant la date de clôture de l'exercice au cours duquel le contribuable a procédé à la souscription) dans le capital de PME éligibles.

(1460) CGI, art. 208 D.

(1461) CGI, art. 163 quinquies D.

donné lieu à l'application de cette réduction d'IR ne peut ouvrir droit à la réduction d'ISF répondant à des objectifs similaires (V. *infra*, n° 1807).

4) Les versements ouvrant droit à la réduction d'impôt sont retenus dans la limite annuelle de 50 000 € pour les contribuables célibataires, veufs ou divorcés et de 100 000 € pour les contribuables mariés (ou assimilés) soumis à imposition commune[1462].

a) Les versements ouvrant droit à la réduction d'impôt sont ceux effectués au cours de chaque année civile. N'ouvrent pas droit à la réduction d'impôt les souscriptions réalisées par un contribuable au capital d'une société dans les douze mois suivant le remboursement total ou partiel, par cette société, de ses apports précédents.

b) La fraction excédentaire des souscriptions effectuées pour une année ouvre droit à la réduction d'impôt, dans les mêmes conditions, au titre des quatre années suivantes[1463].

5) La réduction d'impôt s'impute sur l'impôt sur le revenu exigible avant imputation des crédits d'impôt et des prélèvements ou retenues non libératoires. En cas d'excédent, celui-ci ne peut donner lieu à remboursement[1464].

6) Lorsque les titres ayant donné lieu à la réduction sont cédés, en tout ou partie, avant le 31 décembre de la cinquième année suivant celle de la souscription, il est pratiqué au titre de l'année de la cession une reprise des réductions d'impôt obtenues.

a) Par exception, les cessions[1465] intervenant dans des circonstances particulières ne donnent pas lieu, sous certaines conditions, à la reprise de l'avantage fiscal. Le régime applicable est, ici encore, aligné sur celui de la réduction d'impôt « ISF-PME » (V. *infra*, n° 1809).

b) Se référant aux travaux préparatoires de la loi du 11 février 1994 relative à l'initiative et à l'entreprise individuelle, le Conseil d'État considère que le bénéfice de la réduction d'impôt est subordonné, en dehors des hypothèses où cette condition n'est pas requise, à la conservation de ces titres par la personne qui les a souscrits pendant une période continue de cinq années. Ainsi, lorsqu'il intervient dans ce délai, l'apport à une société *holding* des titres souscrits constitue une cession devant entraîner la reprise de l'avantage fiscal[1466].

c) La reprise est également opérée en cas de remboursement de leurs apports aux souscripteurs, avant l'expiration du même délai.

1561. – Versement en capital d'une prestation compensatoire. Le versement en capital d'une prestation compensatoire par le contribuable à son ancien époux ouvre droit à réduction d'impôt.

Sont visés, plus précisément, les versements de sommes d'argent (ou l'attribution de biens ou de droits) effectués en exécution de la prestation compensatoire sur une période, conformément à la

(1462) Ces limites sont celles applicables aux versements réalisés depuis le 1er janvier 2012. Pour les versements antérieurs, elles étaient en principe fixées respectivement à 20 000 € et 40 000 €, tout en pouvant être portées à 50 000 € et à 100 000 € pour les souscriptions au capital initial (ou aux augmentations de capital) des sociétés en phase d'amorçage, de démarrage ou d'expansion.

(1463) Cette règle ne doit pas être confondue avec celle qui, liée au mécanisme général de plafonnement des « niches fiscales » (V. *supra*, n° 1543), permet de reporter la réduction de l'impôt dû procurée par le montant de la réduction d'impôt qui excéderait le montant du plafond général des « niches fiscales » (V. *supra*, pt 2-*b*).

(1464) CGI, art. 199 *terdecies*-0 A, IV et art. 197, 5.

(1465) Phénomène étrange, la loi de finances rectificative pour 2015 comporte deux articles modifiant contradictoirement les derniers alinéas du IV de l'article 199 terdecies-0 A du CGI (son article 24, I, et son article 26, I-D-3°, ces deux dispositions entrant respectivement en application le 31 décembre 2015 et le 1er janvier 2016). Il convient, semble-t-il, d'appliquer ces deux dispositions dans l'ordre de leur adoption (l'article 26 pouvant abroger l'article 24 et non l'inverse). C'est en tout cas la solution retenue par le service public de l'accès au droit (sur le site Légifrance, le texte résultant de l'article 24 de la loi précitée n'est resté applicable qu'une seule journée, le 31 décembre 2015).

(1466) CE, 3 juin 2013 ; n° 356.600, *Beaujon* : *Dr. fisc.* 2013, n° 30-35, comm. 387, concl. B. Bohnert.

convention de divorce homologuée par le juge ou au jugement de divorce, au plus égale à douze mois à compter de la date à laquelle le jugement de divorce, que celui-ci résulte ou non d'une demande conjointe, est passé en force de chose jugée,

De manière générale, la réduction est égale à 25 % du capital attribué retenu dans la limite de 30 500 €, soit une réduction maximale de 7 625 €[(1467)].

Le bénéfice de la réduction d'impôt est subordonné, aux termes mêmes de la loi, à ce que la prestation compensatoire ne soit pas versée, même pour partie, sous forme de rente[(1468)].

Ce crédit d'impôt n'est pas pris en compte au titre du plafonnement global des avantages fiscaux[(1469)].

1562. – **Scolarisation des enfants à charge.** Une réduction d'impôt s'applique lorsqu'un ou plusieurs enfants à charge du contribuable poursuivent des études secondaires ou supérieures durant l'année scolaire en cours au 31 décembre de l'année d'imposition. Son montant (qui ne fait pas l'objet d'une revalorisation périodique) est selon le cas de 61 €, de 153 € ou de 183 € par enfant scolarisé, selon que l'enfant fréquente le collège, le lycée ou l'université[(1470)].

1) Cette réduction d'impôt a été instituée par la loi de finances pour 1993[(1471)]. Les trois montants qu'elle fait intervenir n'ont jamais été réévalués.

Ce montant est divisé par deux pour les enfants en garde alternée réputés à charge égale de leurs parents divorcés ou séparés. Le bénéfice de la réduction d'impôt est subordonné à ce que l'enfant scolarisé ne soit pas lié par un contrat de travail ni rémunéré par un employeur.

La réduction d'impôt n'est pas prise en compte au titre du plafonnement global des avantages fiscaux[(1472)].

2) Au printemps 2013, le gouvernement a fait savoir que cette réduction d'impôt serait supprimée à compter de 2014 (*i.e.* dès l'imposition des revenus de 2013) – cette annonce s'étant concrétisée dans le projet de loi de finances pour 2014. Ce choix était justifié, selon le gouvernement, par le fait que cette réduction ne bénéficie, par construction, qu'aux foyers imposables (et n'est donc pas réservée, loin s'en faut, aux familles les plus modestes).

Cette annonce ayant soulevé un mouvement d'hostilité très vif, le gouvernement a fait savoir qu'il ne serait pas foncièrement opposé à ce qu'un amendement parlementaire propose le maintien du dispositif. C'est donc sans grande surprise que, par un vote à l'unanimité, les députés ont finalement « rétabli » la réduction d'impôt.

En 2014, près de 2,5 millions et 1,2 million de foyers ont bénéficié de cette RI au titre, respectivement, de la scolarisation d'enfants dans l'enseignement secondaire et l'enseignement supérieur, pour un coût budgétaire, respectivement, de 196 M€ et 185 M€. Le coût annuel de ces mesures est estimé à 155 M€ (enseignement secondaire) et 145 M€ (enseignement supérieur) pour 2015 et 2016.

5° Crédits et réductions d'impôt en faveur des entreprises (étude sélective)

1563. – **Mesures soustraites au plafonnement.** Les crédits et réductions d'impôt intéressant les entreprises (et non les contribuables agissant comme simples particuliers) sont extrêmement nombreux. On dénombre actuellement quatorze

(1467) CGI, art. 199 *octodecies*.
(1468) CGI, art. 199 octodecies, II. – V., pour l'application de cette disposition, CE, 15 avr. 2016, n° 376.785, *Delattre* : *Dr. fisc.* 2016, n° 24, comm. 373, concl. V. Daumas. Lorsqu'elle est versée sous forme de rente, la prestation constitue (sous certaines conditions) une charge déductible du revenu global (V. *supra*, n° 1523, 1, *c*).
(1469) V. *supra*, n° 1545. Il a échappé par voie de conséquence aux « rabots fiscaux » successifs des lois de finances pour 2011 et pour 2012 (V. *supra*, n° 1542, 2-*c*).
(1470) CGI, art. 199 quater F.
(1471) L. 30 déc. 1992, art. 4.
(1472) V. *supra*, n° 1545. Elle a échappé par voie de conséquence aux « rabots fiscaux » successifs des lois de finances pour 2011 et pour 2012 (V. *supra*, n° 1542, 2-*c*).

mécanismes de crédits d'impôt et trois réductions d'impôt (V. *supra*, n° 1545, 2). Ils s'appliquent, de manière générale, à toutes les entreprises relevant – selon un régime d'imposition réel – des bénéfices industriels et commerciaux, des bénéfices agricoles ou des bénéfices non commerciaux.

1) S'ils peuvent être plafonnés par application de la réglementation européenne *de minimis* (V. *infra*, n° 1595, 2), les crédits et réductions d'impôt « professionnels » sont expressément soustraits, au plan interne, au plafonnement global des avantages fiscaux (V. *supra*, n° 1545). Ils ont échappé par voie de conséquence aux « rabots fiscaux » successifs des lois de finances pour 2011 et pour 2012 (V. *supra*, n° 1542, 2-*c*).

Sauf exclusion légale, ces mesures sont applicables aux entreprises indépendamment de leur statut fiscal. Elles s'appliquent donc généralement *mutatis mutandis* aux sociétés passibles de l'IS (V. *infra*, n° 1704).

2) Sont actuellement applicables les mesures suivantes (étant précisé que seuls sont mentionnés leurs textes législatifs institutifs) :

a) s'agissant de dispositifs communs à l'IR et à l'IS :

– le crédit d'impôt pour dépenses de recherche effectuées par les entreprises industrielles et commerciales ou agricoles ou crédit « d'impôt recherche »[1473] ;

– le crédit d'impôt pour certains investissements réalisés en Corse par des PME[1474] ;

– la réduction d'impôt en faveur du mécénat d'entreprise[1475] ;

– la réduction d'impôt au titre des acquisitions de Trésors nationaux[1476] ;

– le crédit d'impôt famille[1477] ;

– le crédit d'impôt en faveur de l'apprentissage[1478] ;

– le crédit d'impôt pour dépenses de prospection commerciale[1479] ;

– le crédit d'impôt en faveur de l'agriculture biologique[1480] ;

– le crédit d'impôt pour formation des dirigeants d'entreprise[1481] ;

– le crédit d'impôt en faveur des métiers d'art[1482] ;

– le crédit d'impôt en faveur des maîtres restaurateurs[1483] ;

– le crédit d'impôt en faveur des entreprises ayant conclu un accord d'intéressement[1484] ;

– le crédit d'impôt (hypothèse d'école en matière d'IR) au profit des établissements de crédit au titre des prêts « à taux zéro » destinés au financement de travaux d'amélioration de la performance énergétique dans les résidences principales[1485] ;

– le crédit d'impôt (hypothèse d'école en matière d'IR) au profit des établissements de crédit au titre des prêts « à taux zéro » liés à l'accession à la propriété[1486] ;

(1473) L. fin. 1983, art. 67. – CGI, art. 244 quater B, art. 199 ter B et art. 220 B. – Réglementation *de minimis* applicable.

(1474) L. 22 janv. 2002, relative à la Corse, art. 48. – CGI, art. 244 quater E, art. 199 ter D et art. 220 D.

(1475) L. 1er août 2003, relative au mécénat, aux associations et aux fondations, art. 6. – CGI, art. 238 bis, art. 200 bis et art. 220 E.

(1476) L. 4 janv. 2002, relative aux musées de France, art. 25. – CGI, art. 238 bis-0 AB.

(1477) L. fin. 2004, 30 déc. 2003, art. 98. – CGI, art. 244 quater F, art. 199 ter E et art. 220 G.

(1478) L. 18 janv. 2005 de programmation pour la cohésion sociale, art. 31. – CGI, art. 244 quater G, art. 199 ter F et art. 220 H.

(1479) L. fin. 2005, 30 déc. 2004, art. 23. – CGI, art. 244 quater H, art. 199 ter G et art. 220 I. Le projet de loi de finances pour 2017 envisage l'abrogation de ce dispositif au titre de la suppression des « petites niches fiscales inefficaces ».

(1480) L. 5 janv. 2006 d'orientation agricole, art. 75. – CGI, art. 244 quater L, art. 199 ter K et art. 220 M. – Réglementation *de minimis* « agricole » applicable.

(1481) L. 2 août 2005 en faveur des petites et moyennes entreprises, art. 3. – CGI, art. 244 quater M, art. 199 ter L et art. 220 N.

(1482) L. fin. rect. 2005, 30 déc. 2005, art. 45. – CGI, art. 244 quater O, art. 199 ter N et art. 220 P. – Réglementation *de minimis* applicable. Le projet de loi de finances pour 2017 envisage l'extension de cette mesure aux restaurateurs du patrimoine.

(1483) L. fin. rect. 2006, 30 déc. 2006, art. 63. – CGI, art. 244 quater Q, art. 199 ter P et art. 220 U. – Réglementation *de minimis* applicable.

(1484) L. 3 déc. 2008 en faveur des revenus du travail, art. 2. – CGI, art. 244 quater T, art. 199 ter R et 220 Y. – Réglementation *de minimis* applicable.

(1485) L. fin. 2009, 27 déc. 2008, art. 99. – CGI, art. 244 quater U, art. 199 ter S et art. 220 Z.

(1486) L. fin. 2005, 30 déc. 2004, art. 93. – CGI, art. 244 quater J, art. 199 ter I et art. 220 K, puis L. fin. 2011, 29 déc. 2010, art. 90. – CGI, art. 244 quater V, art. 199 ter T et art. 220 Z ter.

– le crédit d'impôt pour la compétitivité et l'emploi(1487) ;

– le crédit d'impôt pour dépenses d'adhésion à un groupement de prévention agréé(1488). Légalement réservé aux « personnes morales »(1489), ce crédit d'impôt semble pouvoir bénéficier, au prorata de ses droits, à une personne physique associée d'une société de personnes. Du fait de cette ambiguïté, il n'est pas expressément exclu du champ du plafonnement global des avantages fiscaux (à la différence de l'ensemble des autres avantages accordés aux entreprises).

b) s'agissant de dispositifs propres à l'IR :

– la réduction d'impôt en faveur des adhérents de centres ou d'associations de gestion agréés(1490) ;

– le crédit d'impôt au titre des dépenses de remplacement pour congé de certains exploitants agricoles(1491).

3) Il existe par ailleurs des crédits et réductions d'impôt propres à l'IS (V. *infra*, n° 1705). Ces mesures sont évidemment hors du champ du plafonnement global des avantages fiscaux obtenus par les particuliers.

Se dispensant de les étudier tous, on donnera seulement, à titre illustratif, quelques indications concernant certaines de ces mesures.

1564. – **Réduction d'impôt au titre de l'acquisition d'un trésor national.** La loi du 4 janvier 2002 relative aux musées de France (art. 25) a institué une réduction d'impôt liée à l'acquisition par une entreprise d'un trésor national(1492).

Applicables aux entreprises indépendamment de leur régime fiscal (IR ou IS), cette réduction d'impôt ne doit pas être confondue avec une mesure voisine qui, établie par la même loi, est réservée aux sociétés passibles de l'IS participant, par le versement d'une somme d'argent, à l'acquisition par l'État d'un trésor national (V. *infra*, n° 1707).

En 2014, 26 entreprises ont (comme en 2013) bénéficié de cette réduction d'impôt. Le coût de cette mesure est estimé à 21 M€ pour 2016 (contre 10 M€ en 2014 et 21 M€ en 2015).

Les trésors nationaux sont des biens culturels présentant un intérêt majeur pour le patrimoine national au point de vue de l'histoire, de l'art ou de l'archéologie. En tant que de besoin, l'autorité administrative peut refuser le certificat d'exportation demandé à leur égard(1493). L'État peut faire une offre d'achat d'une œuvre qualifiée de trésor national dans les trente mois du refus de certificat.

Outre l'obtention d'un agrément ministériel pris après avis de la commission consultative des trésors nationaux, l'application du dispositif suppose que le bien culturel considéré n'ait pas fait l'objet d'une offre d'achat par l'État.

Si ces conditions sont réunies, le montant de la réduction d'impôt est égal à 40 % des sommes consacrées par l'entreprise à l'acquisition du bien culturel. Elle est subordonnée à ce que le bien ne doit pas être cédé avant l'expiration d'un délai de dix ans à compter de l'acquisition et qu'il soit placé en dépôt, pendant la période considérée auprès d'un musée de France, d'un service public d'archives ou d'une bibliothèque relevant de l'État (ou placée sous son contrôle technique).

Par ailleurs, l'entreprise doit s'engager à consentir au classement du bien comme monument historique (ou archives historiques).

(1487) Troisième L. fin. rect. 2012, 29 déc. 2012, art. 66. – CGI, art. 244 quater C, art. 199 ter C et art. 220 C.

(1488) L. 2 août 1989, relative à la prévention du licenciement économique et au droit à la conversion, art. 9. – CGI, art. 244 quater D.

(1489) C. com., art. L. 611-1.

(1490) CGI, art. 199 quater B.

(1491) CGI, art. 200 undecies. – Réglementation *de minimis* applicable.

(1492) CGI, art. 238 bis-0 AB.

(1493) Au 30 juin 2008, une trentaine d'œuvres (majoritairement des toiles de maîtres) avaient fait l'objet d'une telle mesure (V., par ex., refusant le certificat d'exportation demandé pour *La Fuite en Égypte* de Nicolas Poussin, l'arrêté du 30 juillet 2004 relevant que « ce chef-d'œuvre tardif constituant un rare témoin des dernières années de la carrière de ce peintre français majeur du XVIIe siècle, alors parvenu à l'apogée de son art »).

1565. – Réduction d'impôt accordée aux adhérents de centres de gestion ou d'associations agréés. Les titulaires de revenus passibles de l'impôt sur le revenu dans la catégorie des bénéfices industriels et commerciaux, des bénéfices agricoles ou des bénéfices non commerciaux bénéficient, sous certaines conditions, d'une réduction d'impôt au titre de leur adhésion à un centre (ou à une association) de gestion agréé[1494].

a) La loi de finances pour 2015 (L. 29 déc. 2014, art. 70) avait prévu la suppression, à compter du 1er janvier 2016, de cette réduction d'impôt. La loi de finances rectificative pour 2015 (L. 29 déc. 2015, art. 37) est revenue sur la suppression de cet avantage fiscal, tout en réduisant, à compter de la même date, son taux de détermination.

b) En 2014, 94 000 entreprises (contre 87 000 en 2013), ont bénéficié de cette mesure dont le coût est estimé à 52 M€ pour 2016 (contre 46 M€ en 2014 et 49 M€ en 2015). Sont seuls concernés par cette mesure, les contribuables relevant normalement des régimes « micro-BIC » (V. *supra*, n° 1452), « micro BNC » (V. *supra*, n° 1487) ou du forfait collectif agricole (V. *supra*, n° 1473) et qui ont opté pour un mode réel de détermination du résultat professionnel.

Cette réduction d'impôt est maintenue pour la première année d'application de plein droit du régime réel normal ou simplifié d'imposition des bénéfices agricoles.

Elle est naturellement inapplicable en faveur des entreprises passibles de l'IS (qui relèvent nécessairement d'un régime réel d'imposition).

Le montant de la réduction d'impôt est égal aux deux tiers[1495] des dépenses exposées pour la tenue de la comptabilité et pour l'adhésion au centre (ou à l'association) de gestion agréé. La réduction d'impôt est toutefois plafonnée à 915 € par an.

La réduction d'impôt s'impute sur l'IR exigible avant imputation des crédits d'impôt et des prélèvements ou retenues non libératoires. En cas d'excédent, elle ne peut donner lieu à remboursement.

1566. – Crédit d'impôt recherche (CIR). 1) Les entreprises industrielles et commerciales, artisanales ou agricoles imposées d'après leur bénéfice réel peuvent bénéficier d'un crédit d'impôt au titre des dépenses de recherche qu'elles exposent au cours de l'année[1496].

Selon le Conseil d'État, les entreprises ayant la forme de sociétés commerciales peuvent bénéficier du CIR alors même qu'elles exerceraient une activité non commerciale[1497].

Les entreprises bénéficiant d'une exonération temporaire d'IR ou d'IS sont éligibles au CIR dans les conditions du droit commun. C'est notamment le cas des entreprises nouvelles[1498], des jeunes entreprises innovantes[1499], des sociétés créées pour reprendre une entreprise industrielle en difficulté[1500], des entreprises implantées dans des ZFU, en Corse ou dans un département d'outre-mer, dans des zones de restructuration de la défense, dans un bassin d'emploi à redynamiser ou encore des entreprises implantées dans un pôle de compétitivité[1501].

Cette mesure a pour but de réduire, pour les entreprises, le coût réel de leurs opérations de recherche-développement et, ainsi, de soutenir leur effort en la matière et d'accroître leur compétitivité.

(1494) CGI, art. 199 quater B.
(1495) L. fin. rect. 2015, 29 déc. 2015, art. 37 applicable à compter du 1er janv. 2016. L'intégralité des dépenses pouvait être prise en compte avant cette date.
(1496) CGI, art. 244 quater B. Pour le cas des sociétés de personnes (et groupements assimilés), V. *infra*, pt 4-c, *in fine*.
(1497) CE, 7 juill. 2006, n° 270.899, *Sté Cadev : Dr. fisc.* 2006, n° 49, comm. 768, concl. L. Olléon, pour le cas d'une société exerçant à titre principal une activité de formation professionnelle et de conseil en organisation industrielle.
(1498) CGI, art. 44 sexies.
(1499) CGI, art. 44 sexies A.
(1500) CGI, art. 44 septies.
(1501) CGI, art. 44 undecies.

a) Le CIR a été institué par la loi de finances pour 1983[1502]. Dans le cadre du dispositif initial (où la mesure était instituée pour une période de cinq ans), le CIR (plafonné à 3 MF par entreprise) était égal (schématiquement) à 25 % de l'augmentation annuelle des dépenses de recherche exposées par les entreprises industrielles et commerciales ou agricoles soumises à l'IR ou à l'IS. Le régime du CIR a fait l'objet, depuis 1983, d'une trentaine de modifications plus ou moins importantes dont on retiendra les principales.

Dans le cadre du régime issu de la loi de finances pour 2004[1503] qui avait pérennisé le CIR, le crédit d'impôt – dont le montant était plafonné, par entreprise, à un montant porté par la loi de finances rectificative pour 2006[1504] à 16 M€ – était égal à la somme :

– de 10 % des dépenses de recherche exposées au cours de l'année (part « en volume ») ;

– de 40 % de l'augmentation (corrigée de l'érosion monétaire) du montant des dépenses de recherche exposées au cours de l'année par rapport à la moyenne des dépenses de même nature exposées au cours des deux années précédentes (part « en accroissement »).

Le dispositif actuel est, pour l'essentiel, issu de la loi de finances pour 2008[1505] qui a simplifié le régime du CIR (dont le mode de calcul s'avérait complexe en particulier pour les PME). Cette loi a supprimé la part « en accroissement » (dont l'existence pénalisait les entreprises dont l'effort de recherche-développement était seulement maintenu) et triplé le taux du CIR « en volume » applicable jusqu'à 100 M€ de dépenses de recherche. Par ailleurs, la mesure est désormais déplafonnée – le CIR étant toutefois calculé à un taux réduit à 5 % au-delà de ce seuil.

b) En 2014, 20 465 entreprises (contre 16 200 en 2013) ont bénéficié du CIR. Extrêmement élevé, le coût de cette mesure est estimé à 5,5 Md€ pour 2016 (contre 5,2 Md€ en 2014 et 5,1 Md€ en 2015).

2) La loi dresse une liste précise (et particulièrement détaillée) des dépenses de recherche éligibles au crédit d'impôt – qui doivent (sauf exceptions limitées) correspondre à des opérations localisées en France, dans un autre État de l'Union européenne, en Islande, en Norvège ou au Liechtenstein.

Une procédure d'accord tacite[1506] permet aux entreprises de s'assurer de l'éligibilité au CIR d'une opération de recherche (V. *supra*, n° 1052).

Par ailleurs, une « notice pédagogique »[1507] permet aux entreprises de déterminer si leurs opérations peuvent ouvrir droit au CIR.

Il s'agit principalement :

a) des dotations aux amortissements relatives aux immobilisations affectées directement à la réalisation d'opérations de recherche scientifique et technique ;

b) des dépenses de personnel[1508] afférentes aux chercheurs et techniciens de recherche directement et exclusivement affectés à ces opérations – étant précisées que ces dépenses sont, sous certaines conditions, temporairement prises en compte pour le double de leur montant effectif lorsqu'elles se rapportent à des personnes titulaires d'un doctorat ou d'un diplôme équivalent ;

(1502) L. 29 déc. 1982, art. 67.
(1503) L. 30 déc. 2003, art. 87.
(1504) L. 30 déc. 2006, art. 91.
(1505) L. 24 déc. 2007, art. 69.
(1506) LPF, art. L. 80 B, 3° et 3° quater.
(1507) Dénommée « notice d'accompagnement de l'entreprise dans sa démarche de déclaration de dépenses éligibles au CIR », cette notice est disponible sur le site www.impots.gouv.fr depuis mars 2014.
(1508) Ces dépenses comprennent les sommes versées aux salariés de l'entreprise en application d'un accord d'intéressement ou en vertu du régime légal de participation (CE, 12 mars 2014, n° 365.875, *Sté Diana ingrédients* : *Dr. fisc.* 2014, n° 12, act. 191, regardant les sommes en cause comme un accessoire de la rémunération des personnels et non comme une affectation du résultat de l'entreprise).

c) des autres dépenses de fonctionnement liées à la recherche, fixées forfaitairement à 75 % de la dotation aux amortissements pratiqués sur des biens affectés à la recherche auxquelles s'ajoutent 50 % des dépenses de personnel de recherche « ordinaire »[(1509)] et, sous certaines conditions et pendant une certaine période, du double des dépenses de personnel afférentes à des personnes titulaires du doctorat ou d'un diplôme équivalent.

d) des dépenses relatives aux brevets et protections assimilées[(1510)].

Sont également éligibles (pour des montants, selon le cas, majorés, réels, forfaitaires ou plafonnés) :
– certaines dépenses de recherche « sous-traitées » pour être confiées par l'entreprise (en l'absence de lien de dépendance) à des organismes de recherche publics ou à des universités (ou, sur agrément préalable, à des organismes de recherche privés ou à des experts scientifiques) ;
– certaines dépenses de normalisation afférentes aux produits de l'entreprise ;
– certaines liées à l'élaboration de nouvelles collections exposées par les entreprises industrielles du secteur textile-habillement-cuir (notamment dans le secteur du luxe) ;
– certaines dépenses de veille technologique.

e) pour les entreprises répondant à la définition européenne des PME (V. *infra*, n° 1595), des *dépenses d'innovation*[(1511)].

Cette extension du CIR à certaines dépenses d'innovation résulte de la loi de finances pour 2013[(1512)]. La part du crédit d'impôt correspondant à ces dépenses fait l'objet de règles de liquidation spéciales (V. *infra*, pt 3-*b*).

Les dépenses d'innovation s'entendent de celles qui sont relatives à la réalisation d'opérations de conception de prototypes ou installations pilotes relatives à de *nouveaux produits*.

Au sens du CIR, est considéré comme nouveau produit un bien corporel (ou le cas échéant incorporel) qui n'est pas encore mis sur le marché et se distingue des produits existants ou précédents par des performances supérieures sur le plan technique, de l'éco-conception, de l'ergonomie ou de ses fonctionnalités.

De manière générale, les dépenses d'innovation éligibles sont, du point de vue de leur nature, les mêmes que pour les dépenses de recherche proprement dites[(1513)].

3) Le montant du crédit d'impôt est égal :

a) pour les *dépenses de recherches* proprement dites, à :

• 30 % du montant des dépenses de recherche éligibles pour la fraction des dépenses inférieure ou égale à 100 M€ ;

• 5 % pour la fraction de ces dépenses supérieure à ce montant.

Les dépenses éligibles sont appréciées dans le cadre de l'année civile et non de l'exercice[(1514)]. En dépit des nombreuses critiques formulées à son encontre, cette règle (dont la rationalité est incertaine) n'a jamais été remise en cause.

Un dispositif de majoration du taux du crédit d'impôt avait été introduit en faveur des entreprises qui n'avaient pas bénéficié du CIR depuis cinq ans. Ce dispositif (qui concernait en particulier les entreprises en

(1509) L. 29 déc. 2010, art. 41. Avant cette loi, les autres dépenses de fonctionnement étaient retenues pour un montant forfaitaire égal à 75 % des dépenses de personnel de recherche.
(1510) Ces dépenses relatives aux brevets (et assimilés) sont les frais d'obtention et de maintenance de la protection résultant du brevet, les dotations aux amortissements, les frais de défense juridique et (dans la limite de certains plafonds) les primes d'assurance destinées à couvrir les coûts de protection juridique liées à la répression de la contrefaçon (lorsqu'elle est commise au détriment de l'entreprise).
(1511) CGI, art. 244 quater B, II-k.
(1512) L. 29 déc. 2012, art. 71.
(1513) V. CGI, art. 244 quater B, II-k-1° à 6°. – BOI-BIC-RICI-10-10-30-10.
(1514) CGI, art. 244 quater B, I.

bénéficiant pour la première fois) avait été aménagé, en dernier lieu, par la loi de finances pour 2011[1515]. Il est supprimé pour les dépenses exposées depuis le 1er janvier 2013[1516].

Les subventions publiques reçues par les entreprises à raison des opérations ouvrant droit au crédit d'impôt sont déduites des bases de calcul de ce crédit, qu'elles soient définitivement acquises par elles ou remboursables. Il en est de même des sommes reçues par les organismes ou experts « sous-traitants ». Lorsque ces subventions sont remboursables, elles sont ajoutées aux bases de calcul du crédit d'impôt de l'année au cours de laquelle elles sont remboursées à l'organisme qui les a versées.

b) pour les *dépenses d'innovation* (V. *supra*, pt 2-*e*), à 20 % du montant des dépenses éligibles retenues dans la limite de 400 000 € par an, soit un crédit maximal de 80 000 €.

4) Le crédit d'impôt pour dépenses de recherche est imputé sur l'impôt dû par le contribuable au titre de l'année au cours de laquelle les dépenses de recherche prises en compte pour le calcul du crédit d'impôt ont été exposées[1517].

L'excédent de crédit d'impôt ne fait pas l'objet, en principe, d'un remboursement immédiat.

Par exception, le CIR fait l'objet d'un remboursement immédiat dans l'un ou l'autre des cas suivants : *a*) l'entreprise titulaire de la créance est une jeune entreprise innovante (V. *infra*, n° 1448, 1-*c*) ;

b) l'entreprise titulaire de la créance fait l'objet d'une procédure de conciliation ou d'une procédure collective (sauvegarde, redressement ou liquidation judiciaire). Dans ce cas, le remboursement anticipé de la créance peut être demandé à compter de la date du jugement qui a ouvert la procédure. Il est effectué sous déduction d'un intérêt (calculé au taux légal) appliqué à la créance restant à imputer ;

c) la créance est constatée au titre de l'année de création « authentique » d'une entreprise ou des quatre années suivantes. La création authentique d'une entreprise s'entend de sa création en dehors du cadre d'une concentration, d'une restructuration, d'une extension d'activités préexistantes ou de la reprise de telles activités. Si l'entreprise revêt une forme sociale, le capital de la société (qui doit être entièrement libéré) doit être détenu de manière continue à 50 % au moins par des personnes physiques, par une société dont le capital est détenu pour 50 % au moins par des personnes physiques ou (en l'absence de liens de dépendance. – V. *infra*, n° 1670, 3) par des sociétés de capital-risque et des fonds communs de placement à risques des sociétés et organismes assimilés ;

d) dans le cadre du plan de relance de l'économie consécutif à la crise financière internationale, la deuxième loi de finances rectificative pour 2008[1518] avait institué une procédure de remboursement immédiat des créances de CIR. Applicable en 2009 et reconduit en 2010, ce dispositif a été ultérieurement pérennisé en faveur des seules entreprises répondant à la définition européenne des PME[1519] par la loi de finances pour 2011[1520].

Cet excédent constitue au profit de l'entreprise une créance sur l'État d'égal montant. Cette créance peut être utilisée pour le paiement de l'impôt sur le revenu dû au titre des trois années suivant celle au titre de laquelle elle est constatée puis, s'il y a lieu, la fraction non utilisée est remboursée à l'expiration de cette période.

(1515) L. 29 déc. 2010, art. 41, II. En vertu de ce dispositif, des taux bonifiés de 40 % et 35 % étaient applicables, respectivement, au titre de la première et de la deuxième année suivant l'expiration d'une période de cinq années consécutives, au titre desquelles ni l'entreprise ni des entreprises entretenant avec elle un lien de dépendance (V. *infra*, n° 1670, 3) ou lui étant liées n'avaient bénéficié du CIR.

(1516) L. fin. 2013, 29 déc. 2012, art. 71.

(1517) CGI, art. 199 ter B.

(1518) L. 30 déc. 2008, art. 95, I.

(1519) Il s'agit de manière générale des entreprises qui emploient moins de 250 salariés et dont le chiffre d'affaires annuel ou le total du bilan annuel n'excède pas, respectivement, 50 M€ ou 43 M€ (V. *infra*, n° 1595).

(1520) L. 29 déc. 2010, art. 41.

La créance est normalement inaliénable et incessible. Elle peut toutefois être cédée à un établissement de crédit par bordereau Dailly[1521]. En cas de fusion ou d'opération assimilée, elle est toutefois transférée (pour son montant non imputé) à la société absorbante ou bénéficiaire de l'apport.

Lorsqu'il procède de dépenses de recherche supportées par une société de personnes (ou un groupement assimilé non passible de l'IS), le crédit d'impôt recherche peut être utilisé par les associés « professionnels » proportionnellement à leurs droits dans la société (ou le groupement). Ces associés « professionnels » s'entendent des personnes morales redevables de l'IS et des personnes physiques qui (par opposition aux associés « passifs » ou « simples apporteurs de capitaux ») participent directement et personnellement à l'exploitation. En revanche, la fraction du crédit d'impôt recherche correspondant aux droits des associés « passifs » ou « simples apporteurs de capitaux » n'est ni imputable ni restituable.

1567. – **Crédit d'impôt pour la compétitivité et l'emploi.** 1) Institué par la troisième loi de finances rectificative pour 2012[1522] à la suite du rapport « Gallois », le crédit d'impôt pour la compétitivité et l'emploi[1523] est un mécanisme visant à la réduction du coût du travail peu qualifié. Il peut apparaître, partant, comme un succédané discret du mécanisme dit de « TVA sociale ».

a) Quelques semaines avant l'alternance présidentielle de 2012, la première loi de finances rectificative pour 2012 avait décidé l'introduction, à compter du 1er octobre 2012, du dispositif de « TVA sociale » ou « anti-délocalisation », consistant à supprimer ou réduire certaines cotisations sociales patronales et à augmenter en contrepartie le taux normal de TVA[1524].

Conformément aux engagements pris par François Hollande lors de la campagne présidentielle, la majorité issue des élections législatives de juin 2012 a décidé l'abrogation de ce dispositif avant même son entrée en application effective[1525].

b) Proposée par le « Pacte pour la compétitivité de l'industrie française »[1526], l'idée de « créer un choc de compétitivité » en transférant « une partie significative des charges sociales » vers la fiscalité s'est néanmoins concrétisée.

Le dispositif de crédit d'impôt pour la compétitivité et l'emploi est un faux jumeau de la « TVA sociale » : alors que ce dispositif consistait en une diminution *directe* des cotisations sociales à la charge des employeurs, le CICE conduit à la restitution aux entreprises d'une certaine fraction de leur masse salariale.

c) En 2014, 839 000 entreprises ont bénéficié du CICE. Extrêmement élevé, le coût de cette mesure est estimé à 13 Md€ pour 2016 (contre 6,5 Md€ en 2014 et 12,5 Md€ en 2015).

2) Ayant légalement pour objet « le financement de l'amélioration de [la] compétitivité [des entreprises] à travers notamment [*sic*] des efforts en matière d'investissement, de recherche, d'innovation, de formation, de recrutement, de prospection de nouveaux marchés, de transition écologique et énergétique et de reconstitution de leur fonds de roulement »[1527], le dispositif de crédit d'impôt est ouvert à toute entreprise industrielle, commerciale, artisanale, libérale ou agricole, qui cumulativement :

– relève d'un régime réel d'imposition ;

Les entreprises relevant, dans le cadre de l'IR, d'un mécanisme de détermination forfaitaire de leurs bénéfices imposables ne sont donc pas éligibles au CICE.

(1521) C. monét. fin., art. L. 313-23 et s.
(1522) L. 29 déc. 2012, art. 66.
(1523) CGI, art. 244 quater C.
(1524) V. première L. fin. rect. 2012, 14 mars 2012, art. 2, majorant également de 2 points le taux global des contributions sociales sur les revenus du capital.
(1525) V. notamment deuxième L. fin. rect. 2012, 16 août 2012, art. 1er, laissant toutefois subsister la majoration de la taxation des revenus du capital.
(1526) Rapport de L. Gallois au Premier ministre, publié en novembre 2012.
(1527) CGI, art. 244 quater C, I.

Applicable indépendamment du secteur d'activité ou de la « taille » de l'entreprise employeur, le CICE n'est aucunement réservé aux entreprises industrielles ou aux PME. On pourrait même observer à l'inverse une forme de confiscation du CICE par certaines grandes entreprises : il semblerait en effet que certains grands donneurs d'ordres aient parfois la tentation, dans le cadre des négociations commerciales avec leurs sous-traitants, de « récupérer » auprès de ces derniers tout ou partie du CICE dont ils ont légalement bénéficié (le Médiateur national des relations interentreprises du ministère du Redressement productif a été saisi de cette question à l'automne 2013).

– emploie un ou plusieurs salariés dont la rémunération individuelle n'excède pas un certain seuil (c'est-à-dire, en pratique, recourt à de la main-d'œuvre faiblement qualifiée).

a) Aux termes de la loi, le crédit d'impôt « ne peut ni financer une hausse de la part des bénéfices distribués, ni augmenter les rémunérations des personnes exerçant des fonctions de direction dans l'entreprise ». Si les entreprises sont tenues de retracer dans leurs comptes annuels l'utilisation du crédit d'impôt conformément aux objectifs légaux mentionnés plus haut (et dont la liste n'est pas exhaustive), les sanctions attachées à cette règle d'affectation ne sont pas clairement précisées par la loi. Le dispositif législatif renvoie à un texte futur (et seulement éventuel) les « conditions d'information du Parlement et des institutions représentatives du personnel » ainsi que « les modalités du contrôle par les partenaires sociaux de l'utilisation du crédit d'impôt afin que celui-ci puisse concourir effectivement à l'amélioration de la compétitivité de l'entreprise »[1528].

La doctrine administrative a conclu à l'absence de toute portée fiscale de ces dispositions : celles-ci « doivent s'entendre non comme des conditions posées au bénéfice du crédit d'impôt, mais comme des éléments de cadrage permettant aux partenaires sociaux d'apprécier si l'utilisation du crédit d'impôt permet effectivement à celui-ci de concourir à l'amélioration de la compétitivité des entreprises. Ainsi, ces informations correspondent à une obligation de transparence, mais ne conditionnent pas l'attribution du crédit d'impôt pour la compétitivité et l'emploi »[1529].

La présentation sous forme de questions-réponses du CICE (figurant sur le site Internet du ministère de l'Économie et des Finances) contient des indications de même nature. La réponse à la question 8 (« le CICE augmente-t-il la probabilité d'un contrôle pour l'entreprise bénéficiaire ? ») est ainsi conçue : « L'administration fiscale ne contrôlera pas l'utilisation du CICE : un CICE qui ne serait pas utilisé conformément aux objectifs d'amélioration de la compétitivité de l'entreprise ne fera donc l'objet d'aucune remise en cause par l'administration fiscale »). On ne saurait être plus clair : l'administration fiscale ne pourra remettre en cause un CICE qui servirait à financer des distributions.

b) Les entreprises bénéficiant d'une exonération temporaire d'IR ou d'IS sont éligibles au CICE dans les conditions du droit commun. Sont notamment visées par cette mesure les entreprises nouvelles[1530], les jeunes entreprises innovantes[1531], les sociétés créées pour reprendre une entreprise industrielle en difficulté[1532], les entreprises implantées dans des zones franches urbaines[1533], celles implantées dans un pôle de compétitivité[1534] ou encore les entreprises créées dans un bassin d'emploi à redynamiser[1535] ou une zone de restructuration de la défense[1536].

c) Certains organismes exonérés d'IS (notamment les sociétés coopératives et organismes HLM) ne sont à l'heure actuelle que partiellement éligibles au CICE. Ces organismes peuvent bénéficier du dispositif au titre des rémunérations qu'ils versent à leurs salariés affectés à leurs activités

---

(1528) L. préc., art. 66, V. La loi de finances pour 2015 (art. 76) a, à cet égard, seulement introduit une obligation d'information d'ordre comptable relativement au suivi du CICE : « les informations relatives à l'utilisation du crédit d'impôt pour la compétitivité et l'emploi doivent figurer, sous la forme d'une description littéraire, en annexe du bilan ou dans une note jointe aux comptes » (CGI, art. 244 quater C, I).

(1529) BOI-BIC-RICI-10-150-30-20, n° 230.

(1530) CGI, art. 44 sexies.

(1531) CGI, art. 44 sexies A.

(1532) CGI, art. 44 septies.

(1533) CGI, art. 44 octies.

(1534) CGI, art. 44 undecies.

(1535) CGI, art. 44 duodecies.

(1536) CGI, art. 44 terdecies.

non exonérées d'impôt sur les bénéfices. Ils ne pourront en bénéficier à raison des rémunérations versées aux salariés affectés à leurs activités exonérées qu'après que la Commission européenne aura déclaré cette disposition compatible avec le droit de l'Union européenne (ce qui n'est encore qu'hypothétique).

d) Dans les sociétés de personnes (et groupements assimilés), le CICE peut être utilisé par leurs associés (ou membres) proportionnellement à leurs droits dans la société (ou le groupement), à condition qu'il s'agisse d'associés redevables de l'IS ou de personnes physiques participant à titre professionnel (au sens des règles d'imputation des déficits sur le revenu global) à l'exploitation de l'entreprise (cette dernière condition supposant l'accomplissement personnel, continu et direct de l'un ou l'autre des membres du foyer fiscal des actes nécessaires à l'activité sociale).

e) Dans les groupes fiscalement intégrés, la société intégrante est substituée aux sociétés membres du groupe pour l'application du CICE[1537]. Elle peut procéder à l'imputation sur l'IS dont elle est redevable à raison du résultat d'ensemble des CICE dont, le cas échéant, chaque société du groupe est titulaire dans les conditions ordinaires.

3) Le crédit d'impôt est assis sur les rémunérations qui, versées par l'entreprise au cours de l'année civile, n'excédent pas deux fois et demie le salaire minimum de croissance (SMIC).

a) Sont prises en compte les rémunérations telles qu'elles sont définies pour le calcul des cotisations de sécurité sociale. Ces rémunérations sont calculées pour un an sur la base de la durée légale du travail augmentée, le cas échéant, du nombre d'heures complémentaires ou supplémentaires, sans prise en compte des majorations auxquelles elles donnent lieu.

Pour les salariés employés à temps partiel ou les employés saisonniers, le SMIC pris en compte est celui qui correspond à la durée de travail prévue au contrat au titre de la période où ils sont présents dans l'entreprise.

Pour être éligibles au crédit d'impôt, les rémunérations versées aux salariés doivent avoir été régulièrement déclarées aux organismes de sécurité sociale. Elles doivent également être retenues pour la détermination du résultat imposable (à l'IR ou à l'IS) de l'entreprise.

b) Particulièrement attaché au renforcement de la compétitivité des entreprises industrielles (qui recourent davantage à de la main-d'œuvre qualifiée, mieux rémunérée), le rapport Gallois avait préconisé l'adoption d'un seuil de 3,5 SMIC. Les pouvoirs publics ont finalement retenu ce seuil moins élevé de 2,5 SMIC.

4) Le taux du crédit d'impôt est fixé à 4 % pour les rémunérations versées au cours de l'année 2013 et à 6 % pour celles versées à compter de 2014[1538].

5) Le crédit d'impôt peut être imputé sur l'impôt dû par le contribuable au titre de l'année au cours de laquelle les rémunérations prises en compte pour son calcul ont été versées[1539].

L'excédent de crédit d'impôt constitue, au profit de l'entreprise, une créance sur l'État d'égal montant.

a) Cette créance est utilisée pour le paiement de l'impôt (IR ou IS) dû au titre des trois années suivant celle au titre de laquelle elle est constatée, puis, s'il y a lieu, la fraction non utilisée est remboursée à l'expiration de cette période[1540].

La créance sur le Trésor liée au CICE ne constitue pas un produit imposable pour la détermination du résultat fiscal de l'exercice au titre duquel elle est constatée[1541].

(1537) CGI, art. 223 O, 1-*c*.
(1538) Afin de renforcer l'efficacité de cette mesure de soutien à l'emploi, le projet de loi de finances pour 2017 propose de porter de 6 % à 7 % le taux de détermination du CICE. Si le dispositif projeté était adopté en l'état, cette mesure s'appliquerait aux rémunérations versées à compter du 1er janvier 2017.
(1539) CGI, art. 199 ter C et art. 220 C.
(1540) CGI, art. 199 ter C et art. 220 C.
(1541) BOI-BIC-RICI-10-150-30-10, n° 1.

b) La créance est normalement inaliénable et incessible. En cas de fusion ou d'opération assimilée, elle est toutefois transférée (pour son montant non imputé) à la société absorbante ou bénéficiaire de l'apport.

Elle peut par exception être cédée à un établissement de crédit par bordereau Dailly[1542]. Elle ne peut toutefois, à ce titre, faire l'objet de plusieurs cessions ou nantissements partiels auprès d'un ou plusieurs cessionnaires ou créanciers.

c) Par exception, la créance de CICE peut faire l'objet d'une restitution immédiate lorsqu'elle est détenue par une entreprise appartenant à l'une ou l'autre des quatre catégories suivantes :

– entreprises répondant à la définition européenne des PME[1543] ;

– entreprises nouvelles (à l'exclusion de celles procédant d'une concentration, d'une restructuration, d'une extension ou d'une reprise d'activité préexistantes), lorsque leur capital est entièrement libéré et détenu de manière continue à 50 % au moins par des personnes physiques, par une société dont le capital est détenu pour 50 % au moins par des personnes physiques ou (en l'absence de liens de dépendance entre l'entreprise considérée et ces entités) par des sociétés de capital-risque, des fonds communs de placement à risques, des sociétés de développement régional, des sociétés financières d'innovation ou des sociétés unipersonnelles d'investissement à risque. Ces entreprises nouvelles peuvent demander le remboursement immédiat de la créance constatée au titre de l'année de leur création et des quatre années suivantes ;

– jeunes entreprises innovantes[1544] ;

– entreprises ayant fait l'objet d'une procédure de conciliation ou de sauvegarde, d'un redressement ou d'une liquidation judiciaire. Ces entreprises peuvent demander le remboursement de leur créance non utilisée à compter de la date de la décision ou du jugement qui a ouvert ces procédures.

Lorsqu'il procède de dépenses de personnel supportées par une société de personnes (ou un groupement assimilé non passible de l'IS), le CICE peut être utilisé par les associés « professionnels » proportionnellement à leurs droits dans la société (ou le groupement). Ces associés « professionnels » s'entendent des personnes morales redevables de l'IS et des personnes physiques qui (par opposition aux associés « passifs » ou « simples apporteurs de capitaux ») participent directement et personnellement à l'exploitation[1545]. En revanche, la fraction du CICE correspondant aux droits des associés « passifs » ou « simples apporteurs de capitaux » n'est ni imputable ni restituable.

1568. – **Crédit d'impôt en faveur de l'intéressement.** La loi du 3 décembre 2008 en faveur des revenus du travail (art. 2) a institué un crédit d'impôt en faveur des entreprises (imposées d'après leur bénéfice réel) ayant conclu un accord d'intéressement[1546].

Ce dispositif est indifféremment applicable aux entreprises relevant de l'IR et aux sociétés passibles de l'IS.

En 2014, 5 400 entreprises (contre 6 500 en 2013) ont bénéficié de ce crédit d'impôt. Le coût de cette mesure est estimé à 29 M€ pour 2016 (et au même montant pour 2014 et 2015).

1) Ce dispositif peut jouer en faveur des entreprises employant habituellement moins de 50 salariés qui concluent (ou ont conclu) un accord d'intéressement entre le 4 décembre 2008 et le 31 décembre 2014 peuvent bénéficier d'un crédit d'impôt. Le crédit d'impôt s'applique *mutatis mutandis* si l'entreprise conclut un nouvel accord (ou un avenant à un accord existant) conduisant à l'augmentation des primes d'intéressement.

Initialement, toutes les entreprises pouvaient bénéficier du crédit d'impôt indépendamment de leur effectif salarié. Le recentrage du dispositif sur les PME résulte de la loi de finances pour 2011[1547]. Des

(1542) C. monét. fin., art. L. 313-23 et s.
(1543) Il s'agit de manière générale des entreprises qui emploient moins de 250 salariés et dont le chiffre d'affaires annuel ou le total du bilan annuel n'excède pas, respectivement, 50 M€ ou 43 M€ (V. *infra*, n° 1595).
(1544) CGI, art. 44 sexies-0 A.
(1545) BOI-BIC-RICI-10-150-30-20, n° 30.
(1546) CGI, art. 244 quater T, art. 199 ter R et 220 Y.
(1547) L. 29 déc. 2010, art. 131.

modalités transitoires particulières destinées à atténuer la brutalité de ce recentrage ont été ultérieurement introduites[1548]. Elles concernent les entreprises dont l'effectif habituel est inférieur à 250 salariés.

Pour les entreprises membres d'un groupe fiscalement intégré, le nombre de salariés est apprécié en faisant la somme des salariés de chacune des sociétés membres de ce groupe.

2) Ce crédit d'impôt est égal à 30 % de la différence entre, d'une part, les primes d'intéressement dues au titre de l'exercice et, d'autre part, la moyenne des primes d'intéressement dues au titre l'accord précédent ou, si leur montant est plus élevé, les primes d'intéressement dues au titre de l'exercice précédent.

Le taux de détermination du crédit d'impôt a été porté de 20 % à 30 % par la loi de finances pour 2011[1549]. Le nouveau taux est applicable aux crédits d'impôt relatifs aux primes d'intéressement dues au titre des exercices ouverts à compter du 1er janvier 2011[1550].

Les entreprises qui concluent un premier accord d'intéressement bénéficient d'un crédit d'impôt égal à 30 % du montant des primes versées en vertu dudit accord.

3) Le crédit d'impôt est imputé sur l'impôt dû par le contribuable au titre de l'année ou de la période de douze mois au cours de laquelle les primes d'intéressement sont dues. Si le montant du crédit d'impôt excède le montant de l'impôt dû au titre de ladite année, l'excédent est restitué[1551].

1569. – **Crédit d'impôt pour la formation des dirigeants.** Les entreprises imposées d'après leur bénéfice réel peuvent bénéficier d'un crédit d'impôt au titre de la formation de leurs dirigeants[1552].

Le crédit d'impôt est ouvert aux entreprises (relevant de l'IR ou passibles de l'IS) effectivement soumises à l'impôt ou relevant de certains dispositifs d'exonération (entreprises nouvelles, jeunes entreprises innovantes, entreprises implantées dans des ZFU, en Corse, dans des zones de restructuration de la défense ou dans un département d'outre-mer).

En 2014, 171 000 entreprises ont bénéficié de ce crédit d'impôt (contre 146 000 en 2013). Le coût de cette mesure est estimé à 45 M€ pour 2016 (contre 39 M€ en 2014 et 42 M€ en 2015).

Le crédit d'impôt est égal au produit du nombre d'heures passées par le chef d'entreprise en formation, retenu dans la limite de quarante heures de formation par année civile, par le taux horaire du salaire minimum de croissance.

Dans les groupements agricoles d'exploitation en commun, le plafond horaire est multiplié par le nombre d'associés chefs d'exploitation.

Dans les sociétés de personnes (ou groupements assimilés non passibles de l'IS), le crédit d'impôt est transféré aux associés « professionnels » proportionnellement à leurs droits dans la société (ou le groupement). Les associés professionnels s'entendent de ceux qui (par opposition aux associés « passifs » ou « simples apporteurs de capitaux ») participent directement et personnellement à l'exploitation.

Le crédit d'impôt est imputé sur l'impôt sur le revenu (ou l'impôt sur les sociétés) dû par le contribuable au titre de l'année au cours de laquelle les heures de formation ont été suivies par le chef d'entreprise. Si le montant du crédit d'impôt excède l'impôt dû au titre de ladite année, l'excédent est restitué[1553].

(1548) L. fin. rect. 29 juill. 2011, art. 20. – Cons. const., 28 juill. 2011, n° 2011-638 DC, *Première loi de finances rectificative pour 2011*, § 22 à 24.
(1549) L. 29 déc. 2010, art. 131.
(1550) L. fin. rect. 29 juill. 2011, art. 20.
(1551) CGI, art. 199 ter R.
(1552) CGI, art. 244 quater M.
(1553) CGI, art. 199 ter L et art. 220 N.

En l'absence de disposition contraire, la circonstance que les dépenses de formation du chef d'entreprise ont été prises en compte pour la détermination du crédit d'impôt n'interdit pas leur déduction du résultat imposable, dans les conditions ordinaires, au titre des frais généraux.

1570. – Réduction d'impôt au titre du mécénat d'entreprise. 1) Le mécénat d'entreprise est depuis longtemps favorisé par la loi[(1554)].

a) Le dispositif en faveur du mécénat d'entreprise est issu de la loi du 14 août 1954 autorisant le Gouvernement à mettre en œuvre un programme d'équilibre financier, d'expansion économique et de progrès social (art. 11). Il est indifféremment applicable aux entreprises relevant de l'IR et aux sociétés passibles de l'IS.

Initialement, l'incitation fiscale en faveur du mécénat prenait la forme d'une déduction (dans la limite de 1 pour 1 000 du chiffre d'affaires) des versements effectués au profit d'œuvres ou d'organisme d'intérêt général, de caractère philanthropique, éducatif, scientifique, social ou familial[(1555)].

b) Un mécanisme de *déduction* existe toujours au titre du mécénat : les entreprises qui achètent des œuvres originales d'artistes vivants peuvent déduire du résultat de l'exercice d'acquisition et des quatre années suivantes, par fractions égales, une somme égale au prix d'acquisition. La déduction peut être opérée, chaque année, dans la limite de la différence entre 5 pour mille du chiffre d'affaires de l'entreprise et le montant des versements ayant ouvert droit à la réduction d'impôt au titre du mécénat.

Pour bénéficier de cette mesure (qui s'applique aussi bien en matière d'IR que d'IS), l'entreprise doit inscrire l'œuvre à son actif immobilisé et l'exposer dans un lieu accessible au public ou aux salariés (à l'exception de leurs bureaux) pendant toute la période au cours de laquelle la déduction est opérée. Ce mécanisme s'applique *mutatis mutandis* pour l'acquisition d'instruments de musique mis gratuitement à la disposition d'artistes-interprètes.

Dans les deux cas, l'entreprise doit inscrire à un compte de réserve spéciale au passif du bilan une somme égale à la déduction opérée. Cette somme est réintégrée au résultat imposable en cas de changement d'affectation, de cession de l'œuvre ou de l'instrument ou de prélèvement sur le compte de réserve[(1556)].

c) En 2014, 43 900 entreprises (contre 37 200 en 2013) ont bénéficié de la réduction d'impôt. Élevé, le coût budgétaire de cette mesure est estimé à 740 M€ pour 2016 (contre 695 M€ en 2014 et 720 M€ en 2015).

2) Ce mécénat peut prendre différentes formes. En effet, ouvrent droit à réduction d'impôt, les dons et versements réalisés par les entreprises en faveur :

a) des œuvres ou d'organismes d'intérêt général – étant précisé que, depuis la loi de finances pour 2000[(1557)], le nom de l'entreprise mécène peut, sans dommage fiscal, être associé aux opérations réalisées par l'organisme bénéficiaire ;

De manière générale, les organismes et opérations éligibles sont les mêmes que dans le cadre du mécanisme de réduction d'IR applicable aux particuliers (V. *supra*, n° 1559, 1, *a* à *f*) – y compris lorsqu'il s'agit d'organismes étrangers (V. sur cette question *infra*, n° 1559 et *supra*, n° 1816).

b) d'organismes agréés ayant pour objet exclusif de participer (par le versement de certaines aides financières) à la création, à la reprise ou au développement des entreprises répondant à la définition européenne des PME (V. *infra*, n° 1595) ou de leur fournir des prestations d'accompagnement[(1558)] ;

L'agrément est de droit lorsque (entre autres conditions), la gestion de l'organisme est désintéressée, ses aides et prestations ne sont pas rémunérées et sont utilisées dans l'intérêt direct des PME bénéficiaires et le montant versé chaque année à une entreprise n'excède pas 20 % de ses ressources annuelles.

(1554) CGI, art. 238 bis.
(1555) CGI, art. 238 bis, anc.
(1556) CGI, art. 238 quater AB.
(1557) L. 30 déc. 1999, art. 17.
(1558) CGI, art. 238 bis, 4.

Depuis la première loi de finances pour 2012[1559], il n'est plus exigé que les versements tendent au financement d'aide à l'investissement.

c) ouvrent également droit à la réduction d'impôt, les dons et versements faits en faveur de certains organismes qui ne sont pas éligibles dans le régime applicable aux particuliers ;

Il s'agit des versements opérés :

– au profit des sociétés nationales de l'audiovisuel public ;

– au profit des sociétés, dont l'État est l'actionnaire unique, qui ont pour activité la représentation de la France aux expositions universelles ;

– au profit de certaines sociétés ou organismes (publics ou privés) effectuant des opérations de recherche scientifique ou technique, agréés à cet effet par le ministre chargé du budget ;

– pour le financement de projets de thèse proposés au mécénat de doctorat par les écoles doctorales des universités[1560] ;

– selon l'administration, des versements faits par des entreprises au profit de certains organismes collecteurs de fonds, à condition que le bénéficiaire final soit lui-même éligible et que le don reste individualisé jusqu'à sa remise effective entre les mains de cet organisme[1561].

d) en revanche, les dons de caractère politique n'ouvrent pas droit à la réduction d'impôt (V. *supra*, n° 1559, 1, *h*). Ils sont d'ailleurs prohibés par la loi s'agissant des entreprises.

3) Non déductibles pour la détermination du bénéfice imposable, les versements ouvrent droit à une réduction d'impôt égale à 60 % des versements retenus dans la limite (appréciée globalement) de 5 pour mille du chiffre d'affaires annuel.

Lorsque cette limite est dépassée au cours d'un exercice, l'excédent de versement peut donner lieu à réduction d'impôt au titre des cinq exercices suivants, après prise en compte des versements effectués au titre de chacun de ces exercices, sans qu'il puisse en résulter un dépassement du plafond légal.

L'administration admet que les versements (légalement opérés en argent) puissent être effectués en nature et prennent la forme, par exemple, d'un don de bien mobilier ou immobilier, de la réalisation d'une prestation sans contrepartie ou de mise à disposition de personnel. Dans toutes ces hypothèses, le « versement » doit naturellement être évalué en argent[1562].

Naturellement, un versement en argent ou en nature ne peut théoriquement être éligible à la réduction d'impôt que s'il ne présente pas de contrepartie matérielle pour l'entreprise. L'administration admet toutefois que le bénéfice du dispositif en faveur du mécénat ne soit pas remis en cause dès lors qu'il existe « une disproportion marquée entre les sommes données et la valorisation de la "prestation" rendue par l'organisme bénéficiaire des dons »[1563].

4) La réduction d'impôt est imputée sur l'impôt sur le revenu dû au titre de l'année au cours de laquelle les dépenses ont été réalisées. L'excédent éventuel est successivement reporté sur l'impôt dû au titre des cinq années suivant celle au titre de laquelle elle est constatée[1564]. La même règle s'applique *mutatis mutandis* en matière d'impôt sur les sociétés[1565].

(1559) L. 14 mars 2012, art. 3.
(1560) CGI, art. 238 bis, 1-*e* bis.
(1561) Rép. min. Mathis, n° 3561 : *JOAN* Q 11 nov. 2007, p. 7839, non reprise actuellement au *BOFiP-Impôts*, V. *infra*, pt 4-*b*.
(1562) BOI-BIC-RICI-20-30-10-20, n° 20.
(1563) BOI-BIC-RICI-20-30-10-20, n° 110, cette instruction comportant des précisions utiles, exemples à l'appui, sur la distinction entre mécénat et parrainage, n°s 100 à 130.
(1564) CGI, art. 200 bis.
(1565) CGI, art. 220 E.

a) L'administration a publié un commentaire général du dispositif qui comporte nombre de précisions utiles[1566]. Toutefois, la doctrine administrative ne comporte aucune indication relativement à son champ d'application personnel (entreprises concernées et organismes éligibles en tant que bénéficiaires des dons), le document en cause[1567] étant, « en cours de rédaction » depuis l'ouverture de la nouvelle base documentaire, soit septembre 2012).

b) Contrairement à la solution retenue à l'égard des dons des particuliers, le bénéfice de la réduction d'impôt en faveur des entreprises mécènes n'est pas subordonné à la délivrance d'un « reçu fiscal » par l'organisme bénéficiaire (V. *supra*, n° 1559, 4). Il appartient toutefois à l'entreprise donatrice d'apporter la preuve qu'elle a effectué un versement qui satisfait aux conditions légales[1568]. À cet égard, l'entreprise doit pouvoir justifier de la réalité des dons, du montant du versement, de l'identité du bénéficiaire des dons et de la nature et de la date du versement. En outre, le bénéfice de la réduction d'impôt n'étant pas subordonné à la délivrance d'un reçu, le montant de la réduction d'impôt dont l'entreprise donatrice a bénéficié peut être remis en cause, quand bien même elle disposerait d'un reçu délivré par l'association[1569].

SECTION 5

L'ÉTABLISSEMENT ET LE PAIEMENT DE L'IMPÔT SUR LE REVENU

§ 1. – L'établissement de l'impôt sur le revenu

1571. – **Déclaration, contrôle et signes extérieurs.** L'impôt sur le revenu est normalement établi sur la base de la déclaration du contribuable. L'administration est en droit, après établissement de l'imposition primitive résultant des énonciations du contribuable, de procéder au contrôle de la déclaration.

Par ailleurs, l'administration est légalement habilitée – en cas de disproportion marquée entre le train de vie d'un contribuable et ses revenus connus – à porter sa base d'imposition à l'impôt sur le revenu à une somme forfaitaire résultant de certains signes extérieurs de revenu.

1572. – **Déclaration du contribuable.** 1) En vue de l'établissement de l'impôt sur le revenu, toute personne imposable est tenue de souscrire (et faire parvenir à l'administration) une déclaration détaillée de ses revenus et bénéfices, de ses charges de famille et des autres éléments nécessaires au calcul de l'impôt sur le revenu[1570].

2) La déclaration doit être souscrite à la fin du premier trimestre de l'année qui suit celle de la perception des revenus imposés. De manière générale, elle pouvait être souscrite aux choix du contribuable sur un formulaire « papier » ou, depuis 2002, par voie électronique[1571]. La loi de finances pour 2016 a toutefois introduit

(1566) BOI-BIC-RICI-20-30.
(1567) BOI-BIC-RICI-20-30-10-10.
(1568) RES n° 2009/44 FE, 21 juill. 2009 repris au BOI-BIC-RICI-20-30-10-20, n° 50.
(1569) *Ibid.*
(1570) CGI, art. 170.
(1571) CGI, art. 1649 quater B ter.

une obligation de souscription en ligne de la déclaration d'ensemble des revenus d'un accès à Internet[(1572)]. Au cours d'une période transitoire prenant fin en 2018, cette obligation ne pèse que sur les contribuables dont le revenu fiscal de référence de l'année précédente excède un seuil décroissant[(1573)].

ANNÉE DE DÉCLARATION DES REVENUS	2016	2017	2018	2019
Seuil de télédéclaration obligatoire (en fonction du revenu fiscal de référence de l'année précédente)	> 40 000 €	> 28 000 €	> 15 000 €	Obligation généralisée

Le non-respect de cette obligation entraîne l'infliction d'une amende fiscale de 15 € à compter de la deuxième année au cours de laquelle un manquement est constaté[(1574)].

Lorsqu'ils font l'objet d'une imposition commune les époux doivent conjointement signer la déclaration d'ensemble des revenus de leur foyer[(1575)]. La même règle s'applique aux partenaires civils. La procédure de déclaration par voie électronique[(1576)] ne permet pas de s'assurer de l'accomplissement de cette formalité légale – qui apparaît pourtant substantielle.

En revanche, les déclarations spéciales exigées[(1577)] des titulaires de bénéfices professionnels imposés selon un régime réel sont souscrites par celui des époux qui exerce personnellement l'activité[(1578)].

3) Légalement fixée au 1er mars pour la généralité des contribuables et au 20 mars pour les « télédéclarants »[(1579)], la date limite de déclaration (d'ailleurs variable) est en réalité bien plus tardive, aussi bien pour les déclarations « papier » que pour les déclarations « électroniques ».

a) Depuis 2012, les contribuables peuvent exercer l'option « éco-papier » ce qui les conduit à ne plus recevoir le formulaire « papier » de déclaration[(1580)].

b) Depuis 2006 (revenus de 2005), le formulaire de déclaration « papier » normalement adressé à chaque contribuable est pré-rempli : il mentionne certains revenus déclarés par des tiers. Initialement, seuls les salaires et pensions de retraite étaient concernés par cette mesure. Depuis l'imposition des revenus de 2008, c'est également le cas de certains revenus des capitaux mobiliers. On estime à 31 millions le nombre de déclarations pré-remplies.

Le délai légal est prolongé jusqu'à une date fixée par décret et au plus tard le deuxième jour ouvré suivant le 1er mai en ce qui concerne les actifs indépendants placés sous un régime réel d'imposition.

L'administration accorde très régulièrement des délais supplémentaires pour la souscription des déclarations « papier ». Ainsi, pour les revenus de 2015, la date limite de déclaration « papier » a été

(1572) L. fin. 2016, 29 déc. 2015, art. 76, II-1°. – CGI, art. 1649 quater B quinquies.
(1573) L. fin. 2016, 29 déc. 2015, art. 76, III-A.
(1574) CGI, art. 1738, 4. Il résulte des travaux préparatoires que cette sanction n'est applicable que si un manquement est constaté au titre de deux années *consécutives*.
(1575) CGI, art. 170, 1 bis.
(1576) CGI, art. 1649 quater B ter.
(1577) CGI, art. 172, 1.
(1578) CGI, art. 172, 3.
(1579) CGI, art. 175.
(1580) Deux millions de foyers ont exercé cette option dès 2012.

fixée au 18 mai 2016 à minuit (les formulaires étant adressés par voie postale de fin mars à début avril – c'est-à-dire, dans certains cas, après l'expiration du délai légal de déclaration).

c) Selon le texte légal[1581], les déclarations souscrites par voie électronique doivent parvenir à l'administration au plus tard le 20 mars (selon un calendrier et des modalités fixés par arrêté) alors que le service de déclaration en ligne n'est ouvert que postérieurement à cette date (par ex. le 16 avril 2014 pour les revenus de 2013).

Après avoir été fixées (assez curieusement) en fonction des zones académiques définies au titre des congés scolaires[1582], les dates limites de déclaration sont désormais déterminées en fonction des numéros des départements. L'administration augmente largement la durée de la période de déclaration. Ainsi, pour les déclarations souscrites par voie électronique en 2016, la date limite de déclaration la plus tardive était le 7 juin à minuit[1583].

Après des expérimentations menées en 2000 et 2001, la possibilité de télédéclarer ses revenus a été généralisée en 2002 (pour les revenus de 2001). La déclaration par voie électronique connaît un succès indiscutable. La forte progression en 2009 est concomitante de la mise en œuvre d'une procédure de sécurité moins contraignante que celle du certificat électronique jusqu'alors exigée. Elle est aujourd'hui utilisée par près de la moitié des foyers fiscaux.

ANNÉE DE DÉCLARATION	**2006**	**2007**	**2008**	**2009**	**2010**	**2011**	**2012**	**2013**	**2014**
Nombre de télédéclarations (1) (en millions)	5,7	7,4 (+ 30 %)	7,4 (+ 0 %)	9,7 (+ 30 %)	10,5 (+ 8 %)	12,1 (+ 15 %)	12,8 (+ 5 %)	13,6 (+ 6 %)	15 (+ 10 %)

ANNÉE DE DÉCLARATION	**2013**	**2014**	**2015**	**2016**
Nombre de télédéclarants (1) (en millions)	12,1	13 (+ 7 %)	14,6 (+ 12 %)	18 (+ 23 %)

(1) Depuis 2014 (revenus de 2013), l'administration ne souhaite plus faire état, comme auparavant, du nombre de télédéclarations mais du nombre, très inférieurs, de foyers télédéclarants.

d) Les contribuables non-résidents de France relèvent depuis 2015 (imposition des revenus de 2014) des règles de délai ordinaires. Auparavant, ils disposaient de délais de déclaration plus longs. Ainsi, en 2014 (imposition des revenus de 2013), ces contribuables ont dû souscrire leurs déclarations (papier ou, éventuellement, électronique) avant le 16 juin à minuit (pour les résidents des pays d'Europe, du littoral méditerranéen, d'Afrique et d'Amérique du Nord) ou avant le 30 juin à minuit (pour les résidents d'autres pays).

e) Entre 2003 et 2009, les télédéclarants ont pu bénéficier d'une réduction d'IR de 20 €[1584]. La loi de finances pour 2008[1585] a réservé le bénéfice de cette mesure aux « primo-télédéclarants » (lorsqu'ils s'engageaient lors de la souscription de leur télédéclaration à payer leur IR en utilisant certains moyens de paiement modernes). Non prorogée par la loi, cette RI s'est appliquée pour la dernière fois en 2010 pour l'imposition des revenus de 2009.

(1581) Deuxième L. fin. rect. 2002, 30 déc. 2002, art. 28.
(1582) V. A. 12 févr. 2003.
(1583) Un communiqué ministériel du 6 juin 2016 a annoncé qu'un délai supplémentaire de déclaration de sept jours était accordé aux contribuables se trouvant dans les zones touchées par les inondations catastrophiques du printemps 2016.
(1584) CGI, art. 199 novodecies. – L. fin. rect. 2003, 30 déc. 2003, art. 36.
(1585) L. 24 déc. 2007, art. 8.

4) L'imposition primitive à l'impôt sur le revenu est calculée par l'administration sur la base de la déclaration du contribuable. L'impôt est établi et recouvré par voie de rôle nominatif[(1586)].

Un avis d'imposition (qui consiste en un extrait du rôle) est délivré, en principe par voie postale, à chaque contribuable[(1587)]. Il mentionne, en particulier, le montant de l'impôt, la date de mise en recouvrement du rôle et la date limite de paiement de l'imposition. La doctrine administrative prévoit également l'envoi d'un avis de non-imposition aux personnes qui, ayant souscrit une déclaration d'IR, ne sont pas pour autant imposables à cet impôt.

1573. – **Défaut de déclaration.** L'absence de déclaration n'est pas, naturellement, un obstacle à la taxation. Le contribuable qui s'abstiendrait irrégulièrement[(1588)] de souscrire sa déclaration d'impôt sur le revenu, s'expose à la taxation d'office par l'administration.

Toute personne imposable à l'IR doit souscrire une déclaration de revenus[(1589)]. La loi étend toutefois la sphère « naturelle » de l'obligation déclarative à un ensemble de personnes définies très largement. En effet, si l'on en croit les textes, sont tenues de souscrire une déclaration, quel que soit le montant de leur revenu :

– les personnes « qui possèdent un avion de tourisme ou une voiture de tourisme destiné exclusivement au transport des personnes ou un yacht ou bateau de plaisance ou un ou plusieurs chevaux de course » ;

– les personnes qui « emploient un employé de maison » ;

– les personnes qui ont à leur disposition « une ou plusieurs résidences secondaires, permanentes ou temporaires, en France ou hors de France » ;

– les personnes « dont la résidence principale présente une valeur locative ayant excédé, au cours de l'année de l'imposition, 150 € à Paris et dans les communes situées dans un rayon de 30 kilomètres de Paris, 114 € dans les autres localités »[(1590)].

Le Conseil d'État a limité la portée de ces dispositions en jugeant que : « peuvent seules être soumises aux obligations déclaratives [précitées] les personnes qui sont passibles de l'impôt sur le revenu, soit qu'elles doivent être regardées comme ayant en France leur domicile fiscal, soit qu'elles disposent de revenus de source française ou de revenus dont une convention internationale attribue l'imposition à la France »[(1591)].

En règle générale, l'administration ne peut user de la procédure d'imposition d'office qu'à la condition d'avoir mis en demeure le contribuable de souscrire une déclaration – cette mise en demeure étant restée infructueuse. Le contribuable encourt dans cette hypothèse des pénalités fiscales (sanctions et intérêts de retard). Il en va de même en cas de déclaration tardive[(1592)].

1574. – **Vérification des déclarations.** Le service des impôts « peut rectifier les déclarations » des contribuables[(1593)], c'est-à-dire, après vérification de l'exactitude et de la sincérité des énonciations qu'elles comportent, réparer les erreurs, omissions ou insuffisances dont elles pourraient être entachées.

(1586) CGI, art. 1658.
(1587) CGI, art. 1659. Depuis 2013, les contribuables télédéclarants soucieux d'adopter une « démarche écoresponsable » peuvent opter pour la dématérialisation de cet avis.
(1588) CGI, art. 170, 1, et 170 bis.
(1589) CGI, art. 170, 1.
(1590) CGI, art. 170 bis.
(1591) CE, 4 avr. 2005, n° 255.600, *Merhej* : *Dr. fisc.* 2005, n° 50, comm. 804, concl. E. Glaser, refusant de mettre l'obligation déclarative à la charge d'un contribuable non-résident imposé à l'IR, à l'époque, à raison de la valeur locative d'un logement dont il disposait en France (CGI, art. 164 C, anc.).
(1592) Sur l'ensemble de ces questions, V. CGI, art. 1727 et s.
(1593) CGI, art. 175 A.

L'administration peut (en règle générale) rectifier l'imposition initiale jusqu'à la fin de la troisième année qui suit celle au titre de laquelle l'imposition est due. Les impositions supplémentaires mises à la charge du contribuable à la suite d'une procédure de rectification peuvent être assorties de majorations fiscales présentant le caractère de sanction et d'intérêts de retard[(1594)].

1) Le régime des pénalités fiscales applicables en matière d'impôt sur le revenu présente quelques particularités. Celles-ci sont liées à la suppression, depuis l'imposition des revenus de 2006, de l'abattement général de 20 % (V. *supra*, n° 1522). L'abattement, à l'époque où il s'appliquait, ne pouvait jouer, en tout état de cause, qu'à l'égard des revenus (ou des bénéfices) nets déclarés « spontanément »[(1595)]. L'« intégration » de l'abattement général dans le barème progressif risquait de faire disparaître par ricochet la sanction rampante découlant de ces principes d'application[(1596)]. Cette sanction a donc été maintenue sous la forme d'une majoration spéciale de 10 % s'ajoutant, dans certaines hypothèses, aux sanctions fiscales et intérêts de retard ordinaires[(1597)].

2) Selon l'article 1758 A du CGI, le retard ou le défaut de souscription des déclarations d'IR ainsi que les inexactitudes ou les omissions relevées dans ces déclarations, qui ont pour effet de minorer l'impôt dû par le contribuable (ou de majorer une créance à son profit) donnent lieu, en principe, au versement d'une majoration égale à 10 % des *droits supplémentaires* (ou de la créance indue).

Toutefois, cette majoration spéciale n'est pas applicable dans les deux hypothèses suivantes :

a) en cas de régularisation spontanée ou lorsque le contribuable a corrigé sa déclaration dans un délai de trente jours à la suite d'une demande de l'administration ;

b) lorsqu'il est fait application par ailleurs de majorations d'un montant significatif, c'est-à-dire en cas :

- de défaut de déclaration dans les trente jours d'une mise en demeure ;
- de découverte d'une activité occulte ;
- de manquement délibéré ;
- de manœuvres frauduleuses ou d'abus de droit ;
- d'opposition à contrôle fiscal.

3) S'appuyant sur les règles légales gouvernant l'assiette de la majoration de 10 % – qui est constituée dans le cas général par les « droits supplémentaires » –, le Conseil d'État considère que cette sanction – alors pourtant qu'elle entend réprimer « non seulement les inexactitudes ou les omissions relevées dans les déclarations qu'elle mentionne, mais également leur retard ou défaut de souscription » – ne peut être appliquée, conformément à la lettre du dispositif légal, lorsque les rappels d'impôt constituent des impositions initiales[(1598)].

4) Les conséquences de cette règle, telle qu'elle est interprétée par le Conseil d'État, sont résumées dans les tableaux suivants :

DÉFAUT OU RETARD DE DÉCLARATION (CGI, ART. 1728 ET 1758 A)	**MAJORATION**
Déclaration tardive spontanée (avant mise en demeure)	Intérêt de retard
Déclaration tardive intervenant dans les trente jours d'une mise en demeure	Intérêt de retard + 10 %

(1594) *Ibid.*
(1595) CGI, art. 158, 4 bis et 5, *a*, anc.
(1596) L. fin. 2006, 30 déc. 2005, art. 76.
(1597) CGI, art. 1758 A. – L. fin. 2006, art. 76.
(1598) CE, 20 janv. 2016, n° 377.902, *Min. c/M. Rothgerber* : *Dr. fisc.* 2016, n° 18-19, comm. 319 ; *RJF* 04/2016, n° 356, concl. E. Bokdam-Tognetti. Conforme au principe d'interprétation stricte des textes répressifs, la solution s'écarte toutefois des travaux préparatoires clairement en sens contraire.

DÉFAUT OU RETARD DE DÉCLARATION (CGI, ART. 1728 ET 1758 A)	MAJORATION
Déclaration non déposée dans les trente jours d'une mise en demeure (dépôt ultérieur ou défaut de déclaration)	Intérêt de retard + 40 %
Déclaration non déposée en cas d'exercice d'une activité occulte	Intérêt de retard + 80 %

INSUFFISANCES DE DÉCLARATION, INEXACTITUDES OU OMISSIONS (CGI, ART. 1729 ET 1758 A)		MAJORATION
Mention expresse ou insuffisance d'imposition inférieure à 5 % (super bonne foi)	Régularisation spontanée ou dans les 30 jours d'une demande de l'administration	–
	Pas de régularisation spontanée ou « rapide »	10 %
Manquement non délibéré (bonne foi)	Régularisation spontanée ou dans les 30 jours d'une demande de l'administration	Intérêt de retard
	Pas de régularisation spontanée ou « rapide »	Intérêt de retard + 10 %
Manquement délibéré (absence de bonne foi)	Manquement délibéré simple (mauvaise foi simple)	intérêt de retard + 40 %
	Manœuvres frauduleuses ou abus de droit (super mauvaise foi)	intérêt de retard + 80 %

Naturellement, les deux types de sanctions peuvent se combiner en cas, par exemple, de déclaration tardive entachée d'insuffisances[1599] :

– en principe, en cas de déclaration tardive, les impositions supplémentaires sont assorties des seules sanctions pour tardiveté ;

– toutefois les sanctions pour insuffisance de déclaration se substituent aux sanctions pour tardiveté (sur le montant des impositions supplémentaires) lorsque leur taux est supérieur.

Par ailleurs, dans les cas les plus graves, l'administration fiscale est en droit de déposer une plainte pénale contre le contribuable en vue de la répression du délit de fraude fiscale[1600].

(1599) CGI, art. 1729 A, 2.
(1600) V. LPF, art. L. 228 et s. et CGI, art. 1741 et s.

1575. – Évaluation forfaitaire d'après le train de vie (signes extérieurs de richesse « classiques »). 1) En cas de disproportion marquée entre le train de vie d'un contribuable et ses revenus déclarés (ou réputés tels), la base d'imposition à l'impôt sur le revenu peut être portée à une somme forfaitaire déterminée en fonction de « signes extérieurs de richesse ».

Sur le régime d'évaluation forfaitaire du revenu(1601) applicable dans le cadre de la répression des trafics illicites, V. *infra*, n° 1576.

Saisi au titre de la procédure de QPC, le Conseil constitutionnel a abrogé l'élément du dispositif légal prévoyant la majoration (de 50 %) du revenu forfaitaire lorsque le contribuable avait, entre autres conditions, disposé de plus de la moitié des indices extérieurs de richesses : « en ne se fondant plus sur le barème [ordinaire] pour évaluer la base d'imposition dès lors qu'un certain nombre des éléments de train de vie utilisés pour définir l'assiette est dépassé, le législateur a retenu un critère qui n'est ni objectif ni rationnel et fait peser, le cas échéant, sur certains contribuables une charge excessive au regard de leurs facultés contributives »(1602). Dans la même décision, la Haute juridiction a par ailleurs introduit une réserve de constitutionnalité qui affaiblit la présomption de revenus résultant de ce dispositif (V. *infra*, n° 1575, 5).

Cette somme forfaitaire est déterminée en appliquant à certains éléments de ce train de vie un barème légal(1603).

Les revenus déclarés sont ceux qui résultent des énonciations de la déclaration du contribuable. En cas d'absence de déclaration, les revenus déclarés sont réputés d'un montant nul.

En dépit des préoccupations communes indéniables que partagent ces deux dispositifs, le mécanisme d'évaluation forfaitaire du revenu ne doit pas être confondu avec l'ancienne procédure(1604) de taxation d'office à l'IR en cas de dépenses personnelles, ostensibles ou notoires, excédant les revenus déclarés(1605). Outre les inévitables différences d'ordre procédural – l'évaluation forfaitaire s'effectue obligatoirement selon la procédure de rectification contradictoire – la différence majeure entre les deux procédures était que, dans le cas de la taxation d'office, le contribuable n'était pas toujours admis à justifier de l'origine des fonds qu'il avait utilisés pour alimenter son train de vie, ce qui était indiscutablement problématique sur le plan des principes(1606).

Selon l'administration, ce mécanisme « a pour rôle d'établir un certain rapport entre le train de vie du contribuable et sa contribution, lorsqu'elle se situe à un niveau anormal » et présente « l'avantage d'aboutir à des résultats difficilement contestables ». Toutefois « le caractère automatique et forfaitaire de cette taxation peut conduire à la détermination d'un revenu indiciaire manifestement trop élevé ou de toute évidence insuffisant ». Bref, l'application de ce dispositif doit « être menée avec fermeté, mais ne pas aboutir cependant à des impositions présentant un caractère exagéré eu égard aux circonstances de fait »(1607). Son application « doit garder un caractère exceptionnel »(1608) et la procédure « toujours être employée avec discernement »(1609). À cet égard, la décision de faire application de ce mécanisme d'évaluation forfaitaire (qui n'est aucunement exclusive de l'application de la procédure de rectification contradictoire) doit être prise par un agent ayant au moins le grade d'inspecteur départemental(1610). Aujourd'hui légalement établie(1611), cette solution avait été retenue dès 1987 par la doctrine administrative).

(1601) CGI, art. 1649 quater-0 B ter.
(1602) Cons. const., 21 janv. 2011, n° 2010-88 QPC, *Boisselier*.
(1603) CGI, art. 168, 1.
(1604) Supprimée par L. fin. 1987, 30 déc. 1986, art. 82.
(1605) CGI, art. 180, anc., puis LPF, art. L. 71, anc.
(1606) V. LPF, art. L. 71, al. 2, et CE, plén., 9 janv. 1981, n°s 17.580 et a. : *Dr. fisc.* 1981, n° 23, comm. 1230, concl. J.-F. Verny.
(1607) BOI-CF-IOR-60-20-10-10, n° 190.
(1608) *Ibid.*
(1609) BOI-CF-IOR-60-20-10, n° 10.
(1610) LPF, art. L. 63 et art. R. 63-1.
(1611) L. fin. rect. 30 déc. 2009, art. 19.

2) Ce barème légal est le suivant :

ÉLÉMENT DE TRAIN DE VIE DU CONTRIBUABLE	BASE FORFAITAIRE CORRESPONDANTE
1. Valeur locative cadastrale de la **résidence principale**, déduction faite de celle s'appliquant aux locaux ayant un caractère professionnel	Cinq fois la valeur locative cadastrale.
2. Valeur locative cadastrale des **résidences secondaires**, déduction faite de celle s'appliquant aux locaux ayant un caractère professionnel	
3. Employés de maison, précepteurs, préceptrices, gouvernantes	
– pour la première personne âgée de moins de 60 ans :	4 600 €
– pour chacune des autres personnes :	5 700 €
La base ainsi déterminée est réduite de moitié en ce qui concerne les personnes employées principalement pour l'exercice d'une profession. Il n'est pas tenu compte du premier employé de maison. Il est fait abstraction du second employé de maison lorsque le nombre des personnes âgées de 65 ans ou infirmes vivant sous le même toit est de quatre au moins.	
4. Voitures automobiles destinées au transport des personnes Toutefois, la base ainsi déterminée est réduite de moitié en ce qui concerne les voitures appartenant aux pensionnés de guerre bénéficiaires du statut des grands invalides, ainsi qu'aux aveugles et grands infirmes civils titulaires de la carte d'invalidité (…). Elle est également réduite de moitié pour les voitures qui sont affectées principalement à un usage professionnel. Cette réduction est limitée à un seul véhicule.	La valeur du véhicule neuf avec abattement de 50 % après trois ans d'usage.
5. Motocyclettes de plus de 450 cm³	
6. Yachts ou **bateaux de plaisance à voiles** avec ou sans moteur auxiliaire jaugeant au moins 3 tonneaux de jauge internationale :	
• pour les trois premiers tonneaux :	1 140 €
• pour chaque tonneau supplémentaire :	
– de 4 à 10 tonneaux :	340 €
– de 10 à 25 tonneaux :	460 €
– au-dessus de 25 tonneaux :	910 €

ÉLÉMENT DE TRAIN DE VIE DU CONTRIBUABLE	BASE FORFAITAIRE CORRESPONDANTE
Ce barème est quintuplé pour les bateaux de plaisance battant pavillon d'un pays ou territoire qui n'a pas conclu avec la France de convention d'assistance administrative en vue de lutter contre la fraude et l'évasion fiscales. Le nombre de tonneaux à prendre en considération est égal au nombre de tonneaux correspondant à la jauge brute sous déduction, le cas échéant, d'un abattement pour vétusté égal à 25 %, 50 % ou 75 % suivant que la construction du yacht ou du bateau de plaisance a été achevée depuis plus de cinq ans, plus de quinze ans ou plus de vingt-cinq ans. Le tonnage ainsi obtenu est arrondi, s'il y a lieu, à l'unité immédiatement inférieure.	
7. Bateaux de plaisance à moteur fixe ou hors-bord d'une puissance réelle d'au moins 20 CV :	
– pour les vingt premiers chevaux :	910 €
– par cheval-vapeur supplémentaire :	69 €
Toutefois, la puissance n'est comptée que pour 75 %, 50 % ou 25 %, en ce qui concerne les bateaux construits respectivement depuis plus de cinq ans, quinze ans et vingt-cinq ans. Ce barème est quintuplé pour les bateaux de plaisance battant pavillon d'un pays ou territoire qui n'a pas conclu avec la France de convention d'assistance administrative en vue de lutter contre la fraude et l'évasion fiscales.	
8. Avions de tourisme :	
par cheval-vapeur de la puissance réelle de chaque avion :	69 €
9. Chevaux de course âgés au moins de deux ans au sens de la réglementation concernant les courses :	
– par cheval de pur sang :	4 600 €
– par cheval autre que de pur sang et par trotteur :	2 700 €
10. Chevaux de selle :	
par cheval âgé au moins de deux ans à compter du second cheval :	1 370 €
11. Location de droits de **chasse** et participation dans les sociétés de chasse :	Deux fois le montant des loyers, participations ou sommes versés lorsqu'il dépasse 4 600 €.
12. Clubs de golf : participation dans les clubs de golf et abonnements payés en vue de disposer de leurs installations :	

Le barème légal a été modifié en dernier lieu par la loi de finances pour 2004[1612] qui a renforcé la base d'imposition correspondant aux véhicules terrestres. Cette modification est apparue nécessaire à la suite du bilan de l'activité des groupements d'intervention régionaux (GIR) qui, créés en 2002, se sont vus confier la mission de lutter contre l'économie souterraine et les différentes formes de délinquance organisée (en particulier dans les quartiers sensibles des périphéries urbaines).

À noter que trois éléments de train de vie (chevaux de courses, éléments liés à la pratique de la chasse et du golf) – introduits pour les deux derniers par la première loi de finances rectificative pour 1974[1613] puis supprimés par la loi de finances pour 1987[1614] – ont été réintroduits dans le barème par la loi de finances pour 1990[1615].

3) Sur le plan théorique, le dispositif consiste à déterminer l'imposition du foyer fiscal en portant sa base d'imposition à un montant égal à la somme des bases partielles correspondant aux différents éléments de train de vie[1616] dont ont disposé, pendant l'année de l'imposition, les membres de ce foyer.

a) Le Conseil constitutionnel a abrogé la règle selon laquelle la base forfaitaire était majorée de 50 % lorsque, cumulativement :

– elle était supérieure ou égale à deux fois la limite d'application du dispositif (V. *infra*, pt 4) ;

– le contribuable avait disposé de plus de six éléments du train de vie figurant au barème[1617] – étant précisé que deux éléments de même nature comptaient, en toute hypothèse, pour deux éléments de train de vie.

Avant la loi de finances pour 1987[1618], les bases d'imposition, correspondant à la disposition des différents éléments de train de vie autres que la résidence principale, étaient majorées de 20 %, 40 %, 60 %, 80 % ou 100 % selon que le nombre total de ces éléments était de trois, quatre, cinq, six ou supérieur à six.

b) L'administration admet que la base forfaitaire « partielle » liée à un élément de train de vie peut être réduite *prorata temporis* (mois par mois) lorsque les membres du foyer n'en ont disposé qu'une partie de l'année[1619]. Elle considère également qu'il y a lieu de faire abstraction, en principe, des éléments dont le contribuable n'a eu la disposition que durant une période de faible durée, soit un mois – étant précisé, toutefois, que lorsqu'un contribuable aura eu un élément à sa disposition par périodes discontinues de moins d'un mois mais pour une durée totale supérieure à un mois, cet élément sera pris en compte[1620]. La jurisprudence administrative semble dans le même sens, qui considère que la disposition d'un élément pour une période inférieure à un mois doit être négligée[1621], sauf en cas de disposition successive, au cours d'une même année, de deux éléments distincts relevant de la même catégorie[1622].

(1612) L. 30 déc. 2003, art. 7.
(1613) L. 16 juill. 1974, art. 4.
(1614) L. 30 déc. 1986, art. 82.
(1615) L. préc., art. 99.
(1616) Le Conseil d'État considère, dans le silence de la loi, que des biens affectés à un usage professionnel ne peuvent être regardés comme des éléments du « train de vie » du contribuable (CE, 28 mai 2014, n° 365.208, *Hirep : Dr. fisc.* 2014, n° 29, comm. 452, concl. B. Bohnert). Ne peuvent ainsi être pris en compte pour l'évaluation du revenu forfaitaire (même décision) :
– les locaux qui, compris dans la résidence principale ou les résidences secondaires du contribuable, sont utilisés à des fins professionnelles – la circonstance que l'intéressé dispose par ailleurs de locaux professionnels distincts restant sans influence sur cette solution ;
– les véhicules automobiles exclusivement affectés à un usage professionnel. Cet élément de la solution semble applicable à tous les biens meubles figurant dans le barème, à supposer qu'ils puissent faire l'objet d'un usage professionnel exclusif.
(1617) CGI, art. 168, 2.
(1618) L. 30 déc. 1986, art. 82.
(1619) BOI-CF-IOR-60-20-10-10, n° 170.
(1620) BOI-CF-IOR-60-20-10-10, n° 170.
(1621) CE, 21 févr. 1973, n° 85.584 : *Dr. fisc.* 1973, n° 16, comm. 646.
(1622) CE, 18 févr. 1976, n° 96.575 : *Dr. fisc.* 1976, n° 19, comm. 669, concl. P. Lobry.

Lorsque plusieurs personnes ont la disposition conjointe d'un même élément de train de vie au cours d'une même année, la base forfaitaire d'imposition doit être fixée proportionnellement aux droits de chacune d'elles[1623].

4) La substitution de la base forfaitaire aux revenus déclarés (ou réputés tels) n'est possible que si les deux conditions suivantes sont réunies :

– la limite d'application du dispositif est atteinte. Cette condition est satisfaite lorsque la base forfaitaire est supérieure ou égale à 45 405 € pour l'imposition des revenus de 2015 ;

Cette limite est relevée chaque année dans la même proportion que la limite supérieure de la première tranche du barème de l'IR[1624]. Elle résulte, sous réserve de ce mécanisme de réévaluation, de la loi de finances pour 2004[1625] qui l'avait abaissée à 40 000 €.

– la disproportion entre les revenus déclarés (ou réputés tels) et la base forfaitaire est « marquée ». Ce point est réputé établi lorsque cette base forfaitaire excède d'au moins un tiers, pour l'année de l'imposition, le montant du revenu net global déclaré (ou réputé tel) – y compris les revenus exonérés ou taxés selon un taux proportionnel ou libérés de l'impôt par l'application d'un prélèvement[1626].

Ce critère légal résulte de la loi de finances pour 1971[1627] qui avait également accru les garanties du contribuable en prévoyant que l'écart observé entre le train de vie et le revenu déclaré devait être constaté au titre de l'année de l'imposition et au titre de l'année antérieure, c'est-à-dire pendant deux années consécutives (au lieu d'une seule précédemment). Cet élément protecteur (qui conduisait à écarter l'évaluation forfaitaire en cas de baisse exceptionnelle du revenu déclaré, et notamment en cas de déficit accidentel) a été remis en cause par la loi de finances pour 2004 (art. 8) qui a rétabli sur ce point le droit antérieur.

Pour contester l'existence d'une disproportion marquée entre son train de vie et ses revenus déclarés, le contribuable ne peut utilement invoquer le financement de ce train de vie par l'utilisation de son capital ou de ressources d'emprunt[1628]. Ces éléments, s'ils sont sans incidence sur le champ d'application du dispositif, peuvent influer en revanche sur les modalités de sa mise en œuvre (V. *infra*, pt 5).

5) Le contribuable peut toutefois « apporter la preuve que ses revenus ou l'utilisation de son capital ou les emprunts qu'il a contractés lui ont permis d'assurer son train de vie »[1629].

En outre, selon le Conseil constitutionnel, cette règle ne saurait, sans porter une atteinte disproportionnée au principe d'égalité devant les charges publiques, faire obstacle à ce que le contribuable imposé selon l'évaluation forfaitaire « puisse être mis à même de prouver que le financement des éléments de patrimoine qu'il détient n'implique pas la possession des revenus définis forfaitairement »[1630].

Cette règle résulte de la loi de finances pour 1987[1631]. Il était prévu antérieurement que « lorsque la différence entre la base d'imposition forfaitaire (...) et le revenu déclaré provient, en totalité ou en partie, du fait que le contribuable a disposé de revenus expressément exonérés de l'impôt sur le revenu

(1623) BOI-CF-IOR-60-20-10-10, n° 180.
(1624) Compte tenu du gel du barème de cet impôt, elle est demeurée fixée à 44 772 € pour l'imposition des revenus de 2010, 2011 et 2012.
(1625) L. 30 déc. 2003, art. 6.
(1626) CGI, art. 168, 2 bis.
(1627) L. fin. 1971, 21 déc. 1970, art. 69.
(1628) CE, 30 juin 2010, n° 308.853, *Guillermo : Dr. fisc.* 2010, n° 38, comm. 496, concl. J. Burguburu, refusant de « minorer la disproportion » du montant du produit – 100 000 € – reçu par le contribuable à l'occasion de la cession d'un véhicule de tourisme – une Ferrari – lui appartenant.
(1629) CGI, art. 168, 3.
(1630) Cons. const., 21 janv. 2011, n° 2010-88 QPC, *Boisselier*.
(1631) L. 30 déc. 1986, art. 82.

par une disposition particulière, l'intéressé peut, à condition d'en apporter la preuve, obtenir que la base d'imposition forfaitaire soit diminuée du montant desdits revenus exonérés »[(1632)]. Le Conseil d'État appliquait ce texte strictement (sinon sévèrement). Il avait été jugé, par exemple, que les lots gagnants de la Loterie nationale constituaient des gains en capital situés hors du champ d'application de l'impôt sur le revenu – et non des « revenus expressément exonérés de l'impôt sur le revenu par une disposition particulière »[(1633)].

Infirmant la doctrine administrative de l'époque[(1634)], le Conseil d'État n'exige pas (sur la base du dispositif aujourd'hui applicable – moins clair sur ce point que le dispositif antérieur) que le contribuable soit en mesure de justifier par ces différents moyens de l'intégralité de son train de vie. Le contribuable peut, en d'autres termes, obtenir une diminution partielle de la base d'imposition forfaitaire arrêtée en « établissant qu'il a financé, en tout ou partie, [ce] train de vie (...) par l'emploi de revenus, par la réalisation d'un capital ou par l'emprunt »[(1635)].

Naturellement, il peut contester l'imposition mise à sa charge en critiquant la base forfaitaire qui lui a été assignée, c'est-à-dire en contestant l'existence ou l'évaluation des éléments de train de vie retenus par l'administration.

1576. – Évaluation forfaitaire d'après le train de vie (lutte contre les trafics illicites). 1) Dans le cadre de mesures plus générales tendant à la répression des activités illicites, la troisième loi de finances rectificative pour 2009[(1636)] a institué un régime d'évaluation forfaitaire du revenu global qui, très proche dans ses principes du régime classique (V. *supra*, n° 1575), ne peut trouver à s'appliquer que dans le cadre de la répression pénale des activités lucratives relevant de « l'économie souterraine » consistant dans des trafics illicites[(1637)].

a) De manière générale, les modalités d'application de ce dispositif spécial sont identiques à celles de l'article 168 du CGI. Seuls sont donc précisés les éléments distinctifs de ce régime.

b) Une différence importante entre les deux régimes (V. également *infra*, pt 5) est que l'évaluation forfaitaire liée à la répression des trafics illicites donne lieu de plein droit à l'application d'une sanction fiscale : « en cas d'application des dispositions [en cause], le montant des droits est assorti d'une majoration de 80 % » (CGI, art. 1758).

c) La troisième loi de finances rectificative pour 2009[(1638)] a également établi une présomption *simple* de disposition de revenus[(1639)] qui ne doit pas être confondue avec le spécial mécanisme d'évaluation forfaitaire. Ce mécanisme de présomption est le suivant :

– lorsque l'administration fiscale est informée (par l'autorité judiciaire, le ministère public ou les services de police judiciaire) qu'il résulte des constatations de faits opérées (au titre d'un flagrant délit ou au cours d'une enquête préliminaire ou d'une procédure d'instruction judiciaire) qu'une personne a eu la libre disposition d'un bien qui est l'objet de certaines infractions limitativement énumérées, cette personne est présumée, sauf preuve contraire, avoir perçu (au titre de l'année au cours de laquelle cette disposition a été constatée) un revenu imposable équivalent à la valeur vénale de ce bien. Cette présomption s'applique *mutatis mutandis* lorsqu'une personne a eu la libre disposition d'une somme d'argent qui est le produit direct de l'une ou l'autre de ces mêmes infractions. Ces infractions sont les crimes et délits de trafic de stupéfiants, les crimes en matière de fausse monnaie, les crimes et délits en matière de législation sur les armes, les délits à la réglementation sur les alcools et le délit de contrefaçon ;

(1632) CGI, art. 168, 3, anc.
(1633) CE, 23 juill. 1976, n° 99.398 : *Dr. fisc.* 1976, n° 47, comm. 1664.
(1634) Doc. adm. DGI, 5 B-525, n° 3, anc. – V. aujourd'hui, en sens inverse, BOI-CF-IOR-60-20-10-10, n° 230.
(1635) CE, 27 oct. 2008, n° 294.160, *Planet : Dr. fisc.* 2008, n° 52, comm. 647, concl. E. Glaser.
(1636) L. 30 déc. 2009, art. 19, II.
(1637) CGI, art. 1649 quater-0 B ter.
(1638) L. 30 déc. 2009, art. 19, I.
(1639) CGI, art. 1649 quater-0 B bis.

– la présomption peut être combattue par tout moyen et procéder notamment de l'absence de libre disposition des biens, de la déclaration régulière des revenus ayant permis leur acquisition ou de l'acquisition desdits biens à crédit. Lorsque plusieurs personnes ont la libre disposition des biens ou de la somme en cause, la base du revenu imposable est, sauf preuve contraire, répartie proportionnellement entre ces personnes. Sur le plan procédural, la loi autorise les agents des impôts à modifier la base d'imposition de l'intéressé sur le fondement de la présomption de revenus[1640]. En conséquence, selon que le contribuable a, ou non, respecté ses obligations déclaratives en matière d'IR au titre de l'année considérée, la procédure suivie doit être la procédure de rectification contradictoire ou peut être la taxation d'office.

2) Le dispositif spécial d'évaluation forfaitaire n'est légalement applicable qu'à la condition que l'administration ait été informée – dans le cadre de la « lutte contre les activités lucratives non déclarées portant atteinte à l'ordre public et à la sécurité publique » – qu'un contribuable dispose de certains éléments de train de vie.

a) En pratique, ces informations sont communiquées par les services de police à l'administration fiscale (le cas échéant sur sa demande) lorsque ces services ont constaté, à l'occasion d'enquêtes de police judiciaire, qu'un individu suspecté de la commission des infractions relevant schématiquement du trafic illicite dispose de certains éléments de train de vie.

b) Le dispositif légal vise globalement les infractions relatives à la « lutte contre les activités lucratives non déclarées portant atteinte à l'ordre public et à la sécurité publique »[1641] sans les énumérer. On peut penser qu'il s'agit essentiellement des infractions liées au trafic de stupéfiants, de cigarettes, de produits volés ou d'armes à feu.

3) Cette somme forfaitaire est déterminée en appliquant à certains éléments de ce train de vie le barème légal suivant[1642].

ÉLÉMENT DE TRAIN DE VIE DU CONTRIBUABLE	BASE FORFAITAIRE CORRESPONDANTE
1. Valeur locative cadastrale de la résidence principale, déduction faite de celle s'appliquant aux locaux ayant un caractère professionnel.	Cinq fois la valeur locative cadastrale. Cinq fois la valeur locative cadastrale.
2. Valeur locative cadastrale des résidences secondaires, déduction faite de celle s'appliquant aux locaux ayant un caractère professionnel.	
3. Voitures automobiles destinées au transport des personnes.	La valeur de la voiture neuve avec abattement de 50 % après trois ans d'usage ou, dans le cas d'une prise en location, cinq fois le prix toutes taxes comprises de cette location.
4. Motocyclettes de plus de 450 cm³.	La valeur de la motocyclette neuve avec abattement de 50 % après trois ans d'usage.
5. Clubs de sports et de loisirs.	Le montant des dépenses.

(1640) LPF, art. L. 76 AA.
(1641) LPF, art. L. 135 L.
(1642) CGI, art. 1649 quater-0 B ter.

ÉLÉMENT DE TRAIN DE VIE DU CONTRIBUABLE	BASE FORFAITAIRE CORRESPONDANTE
6. Voyages, séjours en hôtels, locations saisonnières et dépenses y afférentes.	Le montant des dépenses.
7. Appareils électroménagers, équipements son-hifi-vidéo, matériels informatiques.	La valeur du bien neuf, lorsque celle-ci est supérieure à 1 000 €.
8. Articles de joaillerie et métaux précieux.	La valeur vénale du bien.

4) Le dispositif consiste à déterminer l'imposition du foyer fiscal en portant sa base d'imposition à un montant égal à la somme des bases partielles correspondant aux différents éléments de train de vie dont ont disposé, pendant l'année de l'imposition, les membres de ce foyer.

Selon le texte légal, cette base forfaitaire est majorée de 50 % lorsque le contribuable a disposé de plus de quatre éléments du train de vie figurant au barème[1643]. Naturellement cette règle se trouve extrêmement fragilisée du fait de l'abrogation, par le Conseil constitutionnel, dans le cadre d'une procédure de QPC, du dispositif similaire (sous réserve de l'absence de condition tenant au franchissement d'un seuil exprimé en valeur absolue) posé à l'article 168, 2, ancien du CGI (V. *supra*, n° 1575, 1-*a*).

5) La substitution de la base forfaitaire aux revenus déclarés (ou réputés tels) suppose que la disproportion entre les revenus déclarés (ou réputés tels) et la base forfaitaire (éventuellement majorée) est « marquée ». Ce point est réputé établi lorsque cette base forfaitaire excède d'au moins la moitié, pour l'année de l'imposition, le montant du revenu net global déclaré (ou réputé tel) – y compris les revenus exonérés ou taxés selon un taux proportionnel ou libérés de l'impôt par l'application d'un prélèvement.

Le régime spécial comporte deux différences avec le régime général d'évaluation forfaitaire selon les signes extérieurs de richesse. Il peut s'appliquer :
- lorsque la disproportion est au moins de moitié (et non pas au moins d'un tiers) ;
- indépendamment du franchissement d'un quelconque seuil fixé en valeur absolue.

6) Le contribuable peut apporter la preuve que ses revenus ou l'utilisation de son capital ou les emprunts qu'il a contractés lui ont permis d'assurer son train de vie.

Cette règle est également prévue au titre du régime classique. On peut penser que les solutions jurisprudentielles auxquelles elle a donné lieu sont transposables dans le cadre du régime spécial.

La décision de faire application de ce mécanisme d'évaluation forfaitaire (qui n'est aucunement exclusive de l'application de la procédure de rectification contradictoire) doit être prise par un agent ayant au moins le grade d'inspecteur départemental[1644].

§ 2. – Le paiement de l'impôt sur le revenu

1577. – Généralités. L'impôt sur le revenu est recouvré par voie de rôle nominatif[1645]. En principe, le contribuable dont la cotisation d'impôt sur le revenu excède

(1643) Pour l'appréciation du nombre d'éléments de train de vie dont le contribuable a disposé, chaque élément des catégories 1 à 4 est décompté pour un (à deux résidences secondaires correspondent deux éléments). Pour les catégories 5 à 8, plusieurs éléments d'une même catégorie sont décomptés pour un (un ordinateur portable et un téléviseur correspondent à un seul élément) – leurs valeurs ou leurs montants étant néanmoins cumulés pour déterminer le revenu forfaitaire partiel correspondant.

(1644) LPF, art. L. 63 et art. R. 63-1.

(1645) CGI, art. 1658.

le minimum de perception peut utiliser n'importe quel moyen de paiement pour acquitter l'impôt qui fait par ailleurs l'objet d'un mécanisme d'acompte provisionnel.

1578. – **Minimum de perception.** Les contribuables dont la cotisation initiale d'impôt sur le revenu est inférieure à 61 € sont dispensés de la payer[1646]. Ce minimum de perception s'apprécie par référence à l'impôt net dû – « avant imputation de tout crédit d'impôt ».

1579. – **Époque du paiement.** Théoriquement, l'impôt devrait être payé en un versement unique après avoir été liquidé et mis en recouvrement (en règle générale, les impôts directs sont exigibles trente jours après la date de mise en recouvrement du rôle).

En réalité, seuls relèvent de ce régime, les contribuables :

- faiblement imposés (eu égard au montant d'impôt sur le revenu exigible l'année précédente) ;
- imposés pour la première fois.

La loi prévoit en effet un régime obligatoire d'acompte par tiers auquel peut être substitué, sur option du contribuable, un mécanisme d'acompte par dixième.

1580. – **Acomptes exigibles.** Les contribuables dont l'IR dû l'année précédente excède un certain montant (347 € pour les acomptes dus en 2016) doivent obligatoirement verser deux acomptes provisionnels (appelés tiers provisionnels).

Ce seuil est relevé chaque année dans la même proportion que la limite supérieure de la première tranche du barème de l'IR[1647].

Chaque acompte, égal à un tiers de l'IR payé l'année précédente, est versé avant le 15 février et le 15 mai de l'année suivant celle de la réalisation des revenus. Le solde est payé après le calcul et la mise en recouvrement de l'impôt[1648].

Chaque acompte est égal, en principe, au tiers de l'impôt mis en recouvrement l'année précédente (ou, plus généralement, la dernière année au titre de laquelle le contribuable a été imposé). Les acomptes normalement exigibles peuvent être diminués par celui-ci, sous sa responsabilité.

Les contribuables peuvent opter pour un paiement mensuel (consistant dans dix prélèvements automatiques de 10 % de l'IR payé l'année précédente plus deux prélèvements de régularisation).

Les contribuables dont la cotisation d'impôt sur le revenu est mise en recouvrement entre le 1er janvier et le 15 avril de la deuxième année suivant celle de la réalisation du revenu sont assujettis, en l'absence d'option pour le paiement mensuel, au versement d'un acompte provisionnel égal à 60 % de cette cotisation et payable au plus tard le 15 mai de la même année.

Bien évidemment, tout retard de paiement est normalement sanctionné. La sanction est égale à 10 % du montant de l'impôt dont le paiement est irrégulièrement différé[1649].

Les intérêts de retard (0,4 % par mois) ne sont pas dus en cas d'application de la majoration de 10 % pour paiement tardif de l'IR.

1581. – **Modes de paiement.** 1) La loi permet en principe au contribuable de se libérer de son obligation par tout moyen de paiement admis par la loi. Ce principe

---

(1646) CGI, art. 1657, 1 bis.
(1647) CGI, art. 1664, 1, al. 5. Compte tenu du gel du barème de l'IR, ce seuil est demeuré fixé à 342 € pour les acomptes dus en 2011, 2012 et 2013 (contre 337 € pour les acomptes ayant dû être versés en 2010). Compte tenu de la faible réévaluation du barème, le seuil n'a pas varié entre 2015 et 2016.
(1648) CGI, art. 1664.
(1649) CGI, art. 1730.

connaît toutefois une forte érosion : l'obligation d'utiliser un mode de paiement dématérialisé tend progressivement à devenir la règle.

Le paiement en espèces est admis dans la limite (acompte ou solde) de 300 €. Ce seuil résulte de la loi de finances rectificative pour 2013[1650]. Il était antérieurement fixé à 3 000 €.

2) Cette inversion *de facto* du principe s'est concrétisée dans la loi de finances pour 2016. Ce texte généralise progressivement le recours au paiement dématérialisé, pour l'impôt sur le revenu et tous les impôts perçus par voie de rôle, en fonction d'un seuil fortement décroissant[1651].

Les modes de paiement dématérialisées sont le paiement direct par voie électronique (ou « télérèglement ») et le prélèvement « à l'échéance » opéré à l'initiative du Trésor public[1652].

L'option pour le paiement mensuel de l'IR supposait déjà obligatoirement la mise en œuvre d'un prélèvement opéré à l'initiative du Trésor public.

Alors que le droit antérieur exigeait le recours à ces modes de paiement modernes pour toutes sommes (acompte ou solde) excédant[1653] le montant de 30 000 €, ce seuil est abaissé chaque année pendant cinq ans.

ANNÉE DU PAIEMENT	2015	2016	2017	2018	2019
Seuil de recours obligatoire au paiement dématérialisé	30 000 €	10 000 €	2 000 €	1 000 €	300 €

a) Lorsque le paiement dématérialisé n'est pas obligatoire, les sommes exigibles (qu'il s'agisse des acomptes ou du solde de l'impôt) peuvent également être acquittées par les moyens de paiement suivants :

- chèque bancaire ;
- virement bancaire ;
- titre interbancaire de paiement (TIP) ;
- espèces, dans la limite de 300 € mentionnée *supra*, pt 1.

b) Le non-respect de cette obligation entraîne l'application d'une majoration de 0,2 % du montant des droits correspondant aux montants des sommes dont le versement a été effectué selon un autre mode de paiement. Le montant de la majoration ne peut être inférieur, en matière d'impôt sur le revenu, à 15 €[1654].

§ 3. – La contribution exceptionnelle sur les hauts revenus

1582. – Contribution « Sarkozy ». 1) La loi de finances pour 2012[1655] a institué une contribution exceptionnelle sur les hauts revenus[1656].

• Cette contribution est applicable :

– depuis l'imposition des revenus de l'année 2011 ;

– jusqu'à l'imposition des revenus de l'année au titre de laquelle le déficit public des administrations publiques est nul[1657].

(1650) L. 29 déc. 2013, art. 19, 1°.
(1651) L. 29 déc. 2015, art. 76, II.
(1652) CGI, art. 1681 sexies et 1681 septies.
(1653) Quatrième L. fin. rect. 2010, 29 déc. 2010, art. 56.
(1654) CGI, art. 1738, 1. Le montant minimal de la majoration est, en principe, de 60 €. Il a été réduit, pour tous les impôts perçus par voie de rôle, à 15 €, par la loi de finances pour 2016 (L. 29 déc. 2015, art. 76, II-3).
(1655) L. 28 déc. 2011, art. 2.
(1656) CGI, art. 223 sexies.
(1657) L. fin. 2012, art. 2, III.

• Suite à un arbitrage rendu en juillet 2011 par le Président de la République, cette taxe frappe directement les titulaires de très hauts revenus. Pourtant soutenue par le Premier ministre, la solution d'« amont » (qui aurait consisté à proscrire la déduction du résultat des entreprises des rémunérations versées excédant certaines limites) a été écartée en raison, d'une part, de sa moindre visibilité politique et, d'autre part, des risques de contournement qu'elle comportait dans les groupes internationaux. Cette solution a été toutefois retenue ultérieurement pour le second avatar, aujourd'hui disparu, de la « contribution à 75 % (V. *infra*, n° 1584).

Cette imposition annuelle temporaire frappe 10 000 foyers environ. Son produit annuel est évalué à 200 M€.

• Lors de l'examen de la loi de finances pour 2012 dans le cadre du contrôle *a priori* de la constitutionnalité des lois, les dispositions instituant cette contribution n'ont pas été contestées devant le Conseil constitutionnel, qui ne les a pas non plus examinées d'office[1658]. Le Conseil constitutionnel a toutefois formulé une réserve d'interprétation à l'occasion d'une question prioritaire de constitutionnalité dirigée contre les textes organisant la contribution[1659].

2) Sont seules passibles de cette contribution exceptionnelle, les personnes physiques dont le revenu fiscal de référence, apprécié par foyer fiscal, excède :

– 250 000 € pour un contribuable isolé, c'est-à-dire célibataire, veuf, séparé ou divorcé ;

– 500 000 € pour des contribuables qui, mariés ou liés par un pacte civil de solidarité, font l'objet d'une imposition commune à l'impôt sur le revenu.

a) Le foyer fiscal s'entend de celui retenu pour l'application de l'IR – étant précisé que les limites d'imposition ne font l'objet d'aucune majoration au titre des personnes qui sont, le cas échéant, à la charge du foyer.

b) Le revenu fiscal de référence s'entend ici comme en matière d'impôts directs locaux[1660].

c) La contribution s'applique indépendamment du point de savoir si le contribuable est, ou non, fiscalement domicilié en France. Pour les non-résidents, le revenu fiscal de référence est apprécié en tenant compte des seuls revenus de source française.

3) Assise sur le revenu fiscal de référence, la contribution est liquidée par application du tarif progressif suivant :

FRACTION DU REVENU FISCAL DE RÉFÉRENCE	TAUX APPLICABLE	
	CONTRIBUABLE CÉLIBATAIRE, VEUF, SÉPARÉ OU DIVORCÉ	CONTRIBUABLES MARIÉS OU PACSÉS, SOUMIS À IMPOSITION COMMUNE POUR L'IR
Inférieure ou égale à 250 000 €	0 %	0 %
Comprise entre 250 000 € et 500 000 €	3 %	

(1658) Cons. const., 28 déc. 2011, n° 2011-644 DC, *Loi de finances pour 2012*.

(1659) Le Conseil constitutionnel a toutefois formulé, lors de l'examen ultérieur d'une première QPC, une réserve d'interprétation tendant à exclure de l'assiette de la contribution exceptionnelle pour 2012 les revenus de capitaux mobiliers ayant supporté un prélèvement libératoire de l'IR en 2011 (Cons. const., 5 déc. 2014, 2014-435 QPC, *Verny : Dr. fisc.* 2015, n° 5, comm. 120, note F. Lafaille). La solution est retenue au motif, particulièrement douteux s'agissant d'impositions ayant des faits générateurs distincts, que « la volonté du législateur d'augmenter les recettes fiscales ne constitue pas un motif d'intérêt général suffisant pour mettre en cause les effets qui pouvaient légitimement être attendus d'une imposition à laquelle le législateur avait conféré un caractère libératoire pour l'année 2011 » (§ 10). Le Conseil d'État a refusé de transmettre une seconde QPC critiquant la contribution au regard, notamment, des principes d'égalité devant la loi et devant les charges publiques (CE, 12 nov. 2015, n° 392772, *Merceron-Vicat : RJF* 2016, n° 176, concl. B. Bohnert).

(1660) CGI, art. 1417, IV-1 (V. *infra*, n° 1975).

FRACTION DU REVENU FISCAL DE RÉFÉRENCE	TAUX APPLICABLE	
	CONTRIBUABLE CÉLIBATAIRE, VEUF, SÉPARÉ OU DIVORCÉ	CONTRIBUABLES MARIÉS OU PACSÉS, SOUMIS À IMPOSITION COMMUNE POUR L'IR
Comprise entre 500 000 € et 1 M€	4 %	3 %
Supérieure à 1 M€		4 %

1583. – Contribution « Hollande 1 » (taxe « à 75 % » censurée par le Conseil constitutionnel). Conformément à un engagement pris par M. François Hollande lors de la campagne présidentielle, la loi de finances pour 2013[1661] aurait dû instituer une « contribution exceptionnelle de solidarité sur les très hauts revenus d'activité »[1662].

Selon le dispositif adopté, la contribution exceptionnelle – qui ne devait être applicable que pour les années 2012 et 2013 – devait frapper *individuellement* les personnes physiques à raison de la fraction de leurs revenus professionnels excédant 1 000 000 €.

Le taux de cette contribution devait être de 18 %. Le taux de 75 % ayant fait l'objet de l'engagement électoral était atteint en cumulant ce taux avec les taux de 45 %, de 7,5 %, de 0,5 % et de 4 % (correspondant respectivement au taux marginal de l'IR, au taux de la CSG sur les revenus d'activités et de remplacement, au taux de la CRDS et au taux de la contribution « Sarkozy » sur les hauts revenus).

Les revenus professionnels devaient s'entendre des traitements et salaires (mais non des allocations chômage et de préretraite), des rémunérations allouées à certains dirigeants de sociétés et des BIC, des BNC et des BA résultant des activités exercées à titre professionnel. Il ne devait pas être tenu compte des plus-values et moins-values professionnelles à long terme, ni des déficits des années antérieures.

La contribution devait être déclarée, établie, contrôlée et recouvrée selon les mêmes règles et sous les mêmes garanties et sanctions qu'en matière d'IR[1663].

Faisant droit au grief en ce sens formulé par les parlementaires, le Conseil constitutionnel a considéré que le législateur avait méconnu le principe d'égalité devant les charges publiques, en soumettant à cette contribution exceptionnelle les revenus des personnes physiques, sans tenir compte (comme pour l'IR et la contribution « Sarkozy » sur les hauts revenus) de l'existence du foyer fiscal[1664].

1584. – Contribution « Hollande 2 » (taxe de 50 % instituée par la loi de finances pour 2014). 1) La seconde tentative d'institution de la contribution « Hollande » a été plus fructueuse. La contribution « Hollande 2 » est toutefois très éloignée, dans ses mécanismes généraux, de la contribution « Hollande 1 ». La taxe instituée en ce sens par la loi de finances pour 2014[1665] a en effet frappé les entreprises versant les hautes rémunérations et non, comme dans l'expérience précédente, les personnes physiques auxquelles ces rémunérations étaient allouées.

(1661) L. 29 déc. 2012, art. 12, adopté.

(1662) Le candidat F. Hollande n'avait pas évoqué ce projet lors des « primaires citoyennes » organisées à l'automne 2011 par le parti socialiste et le parti radical de gauche. Il est de notoriété publique que cet engagement a été totalement improvisé lors de l'émission télévisée « Parole de candidat » le 27 février 2012 (l'intéressé ayant évoqué, d'ailleurs, une taxation des revenus excédant 1 000 000 € par mois).

(1663) CGI, art. 223 sexies A, adopté.

(1664) Cons. const., 29 déc. 2012, n° 2011-662 DC, *Loi de finances pour 2013*, § 73, relevant que deux foyers fiscaux bénéficiant du même niveau de revenus professionnels auraient pu, ou non, se voir assujettis à cette contribution selon la répartition des revenus entre les contribuables composant ce foyer.

(1665) L. 29 déc. 2013, art. 15, non codifié.

a) Contrairement aux deux taxes précédentes (V. *supra*, nos 1582 et 1583), cette taxe n'était pas légalement à la charge du bénéficiaire de la rémunération, mais de l'entreprise qui l'avait versée. Elle était, à cet égard, recouvrée et contrôlée selon les règles applicables en matière de TVA (V. *infra*, pt 2-*d*).

b) Ce changement radical de perspective ne peut-être dissocié des termes de l'avis rendu par le Conseil d'État à la demande du gouvernement, à propos des « conditions de constitutionnalité d'une contribution sur les très hauts revenus »(1666). Analysant les dernières évolutions de la jurisprudence constitutionnelle, le Conseil d'État avait estimé que les principes à valeur constitutionnelle faisaient obstacle, tout à la fois, s'agissant d'une contribution frappant directement les personnes physiques :

– à une taxation marginale cumulée des revenus supérieure à 66 % pour les revenus les plus élevés ;

– à une taxation différenciée selon la source des revenus.

Portant à la connaissance du public la « réaction du gouvernement » à cet avis (ce qui est pour le moins peu courant), un communiqué de presse du 22 mars 2013 (préc.) se concluait ainsi : « Déterminé à agir pour la justice et à mettre en œuvre les engagements du Président de la République, le Gouvernement étudie l'ensemble des options techniques envisageables ».

c) Rejetant (sans grand effort de motivation) le grief tiré de la rétroactivité illégale des dispositions relatives à la taxe exceptionnelle, le Conseil constitutionnel a conclu à leur validité au regard de la Constitution(1667).

2) Établie eu égard aux rémunérations acquises ou attribuées au cours des seules années 2013 et 2014, cette taxe frappait *la fraction* des rémunérations qui excédait annuellement un million d'euros.

Selon les travaux préparatoires de la loi de finances pour 2014, environ 470 entreprises versaient à un millier de salariés ou dirigeants des rémunérations dont le montant annuel excédait ce seuil. Les entreprises concernées exerçaient leur activité dans des secteurs variés allant de la finance au sport, en passant par l'industrie ou les services(1668).

Pour 2014, le produit de cette taxe était initialement évalué à 260 M€ (hors incidence sur le montant de l'impôt sur les bénéfices). Le dispositif de non-déductibilité « partielle » de la taxe (V. *infra*, pt *d*) a entraîné une majoration du produit réalisé, désormais évalué à 350 M€.

La taxe obéissait pour l'essentiel aux règles suivantes.

a) Elle frappait les personnes et entités qui, quelle que soit leur forme juridique, exploitaient une entreprise en France.

Ces personnes et entités s'entendaient des personnes physiques exploitant une entreprise individuelle, des sociétés et autres personnes morales, des groupements et organismes non dotés de la personnalité morale. En pratique, la quasi-totalité des redevables de la taxe étaient des entités passibles de l'IS.

Pour l'application de cette règle, la France devait s'entendre des départements de France métropolitaine et des départements d'outre-mer.

b) Elle était assise sur la part des rémunérations individuelles versées directement ou indirectement à des salariés ou des dirigeants de l'entreprise et qui excédait 1 M€.

(1666) CE, avis au gouvernement, 21 mars 2013, publié en annexe du communiqué de presse conjoint des ministres des Finances et du Budget, n° 490, 22 mars 2013.

(1667) Cons. const., 29 déc. 2013, n° 2011-685 DC, *Loi de finances pour 2014*, § 13 à 27, relevant notamment qu'en excluant de l'assiette de la taxe les rémunérations des entrepreneurs individuels et des gérants associés de sociétés de personnes non soumises à l'IS, le législateur n'a pas traité différemment des personnes placées dans des situations identiques.

(1668) Évaluations préalables du projet de loi de finances pour 2014, p. 52.

• La rémunération individuelle s'entendait de la somme des montants bruts suivants susceptibles (abstraction faite de l'application des différentes mesures limitant leur déduction) d'être admis en déduction du résultat imposable de l'entreprise :

– les traitements, salaires ou revenus assimilés ainsi que tous les avantages en argent ou en nature ;

– les jetons de présence ;

– les sommes attribuées par l'employeur au titre du « dividende du travail », c'est-à-dire au titre de l'intéressement, de la participation ou de l'épargne salariale ;

– les pensions, compléments de retraite, indemnités, allocations ou avantages assimilés attribués en raison du départ à la retraite (retenus pour leur montant annuel quand ils sont alloués sous forme de rente et pour 10 % de leur montant total lorsqu'ils le sont en capital) ;

– les attributions de bons de souscription de parts de créateur d'entreprise ;

– les attributions d'options de souscription ou d'achat d'actions (*stock options*. – V. *infra*, n° 1498, 1-*b*) ;

– les attributions gratuites d'actions (V. *infra*, n° 1498, 1-*c*).

Ces différentes sommes et valeurs étaient prises en compte dans l'assiette de la taxe quelle que soit l'année de leur versement. En principe, le critère de rattachement était celui de la prise en compte de la charge pour la détermination du résultat de l'entreprise[(1669)].

• Étaient prises en compte de la même manière :

– les sommes et valeurs directement allouées à leur bénéficiaire par l'entreprise ;

– les sommes remboursées par l'entreprise redevable à d'autres entités qui auraient elles-mêmes alloué les éléments de rémunération en cause.

• Contrairement à la solution adoptée dans le cadre de la contribution « Hollande 1 », les rémunérations « personnelles » des entrepreneurs individuels (il s'agit en réalité, sur le plan fiscal, des bénéfices de l'entreprise elle-même) échappaient par construction à la taxe « Hollande 2 ». Il en allait de même *mutatis mutandis* des rémunérations personnelles des associés des sociétés de personnes[(1670)].

c) La taxe était liquidée au taux de 50 %. Son montant était plafonné à 5 % du chiffre d'affaires réalisé l'année au titre de laquelle la taxe était due.

Cette règle était de nature à limiter l'imposition des entités qui consentaient une part substantielle de leur chiffre d'affaires au versement de hautes rémunérations. Il s'agissait sans doute essentiellement des entités qui supportaient la rémunération de certains footballeurs professionnels (on considère que 100 à 110 footballeurs évoluant dans douze clubs de football percevaient une rémunération dépassant 1 M€).

d) La taxe était déclarée et liquidée sur une déclaration conforme au modèle établi par l'administration déposée au plus tard le 30 avril de l'année de son exigibilité.

La taxe a été exigible les 1er février 2014 et 2015 pour les rémunérations prises en compte dans l'assiette de la taxe pour, respectivement, 2013 et 2014.

Acquittée lors du dépôt de cette déclaration, la taxe était, en l'absence de restriction en ce sens, normalement comprise dans les charges déductibles des résultats de l'entreprise qui en était redevable.

(1669) Par exception, dans les trois derniers cas cités au texte, ce critère était celui de la date de la décision d'attribution. En outre, toujours dans ces trois derniers cas, le montant de la rémunération réputée acquise au bénéficiaire était égal en principe :
– dans le cas des attributions d'actions, à la valeur des actions attribuées appréciée à la date de décision d'attribution ;
– dans le cas des attributions de bons ou des attributions d'options, au quart de la valeur des actions sous-jacentes appréciée à la même date.
Les entreprises établissant des comptes consolidés par application des normes comptables internationales pouvaient opter (dans le délai prévu pour la liquidation de la taxe) pour que soit retenue la « juste valeur » (estimée pour l'établissement de ces comptes et au sens de ces normes comptables) des éléments en cause.

(1670) En revanche, ces entreprises ou sociétés étaient normalement passibles de la taxe à raison des hautes rémunérations qu'elles versaient à leurs salariés.

La taxe était recouvrée et contrôlée selon les procédures et sous les mêmes sanctions, garanties et privilèges que la TVA[(1671)].

Si elle était normalement déductible des résultats passibles de l'IS, la taxe n'était pas, toutefois, admise en déduction des résultats imposables pour le calcul de la contribution exceptionnelle sur l'impôt sur les sociétés[(1672)].

§ 4. – Le plafonnement des impôts directs en fonction des revenus

1585. – Bouclier fiscal (dispositif applicable jusqu'en 2013). 1) L'impôt sur le revenu régulièrement établi est normalement acquitté à titre définitif. Un mécanisme fondamental destiné à garantir légalement le caractère non confiscatoire de l'impôt tendait toutefois à limiter la portée de cette règle. Introduit par la loi de finances pour 2006[(1673)] et connu sous le nom de « bouclier fiscal », ce mécanisme consistait, sur le plan technique, à faire apparaître au profit de tout contribuable un droit à restitution des impositions directes supportées, dès lors que leur total excédait une certaine part de ses revenus[(1674)].

Fixé initialement à 60 %, ce pourcentage de « pression fiscale individuelle maximale » avait été, l'année suivante, abaissé à 50 % par la loi du 21 août 2007 en faveur du travail, de l'emploi et du pouvoir d'achat[(1675)].

Le Président Nicolas Sarkozy, alors pourtant que cette mesure était l'une des plus emblématiques de son quinquennat, a été réduit à proposer sa suppression : le « bouclier fiscal » s'est appliqué *pour la dernière fois* en 2012 pour la détermination du plafonnement des impositions payées en 2010 et 2011 et afférentes aux revenus réalisés en 2010[(1676)].

Auparavant, une proposition de loi relative aux hauts revenus et à la solidarité soutenue en particulier par MM. Jean-Marc Ayrault (président du groupe socialiste de l'Assemblée nationale) et D. Migaud (alors président de la Commission des finances de la même assemblée) avait été déposée en mars 2009. Tendant en particulier à supprimer le bouclier fiscal, cette proposition (n° 1544) avait été inscrite à l'ordre du jour puis rejetée par l'Assemblée nationale le 5 mai 2009.

Autrement dit, la suppression effective du « bouclier fiscal » est intervenue pour les impôts directs payés en 2011 et 2012, au titre des revenus réalisés en 2011.

En période de crise aiguë des finances publiques – et alors que les perspectives de hausse d'impôts apparaissaient inévitables à très brève échéance – le « bouclier fiscal » était (devenu) un symbole de l'injustice du système d'imposition des particuliers. Comportant un coût budgétaire élevé (700 M€ par an), il n'avait produit aucun effet significatif en terme de relocalisation d'exilés fiscaux sur le territoire

(1671) Les réclamations concernant cette taxe sont présentées, instruites et jugées selon les règles applicables à ce même impôt.

(1672) CGI, art. 15, VII. Cette solution étrange, qui conduisait dans le cas considéré à la détermination d'un « principal fictif » pour la liquidation de cette contribution exceptionnelle (V. *infra*, n° 1709, 3), est le résultat d'un compromis entre le gouvernement (qui entendait que la taxe soit intégralement déductible des résultats) et la Commission des finances de l'Assemblée nationale (qui souhaitait voir introduit un dispositif limitant cette déduction).

(1673) L. 30 déc. 2005, art. 74.

(1674) CGI, art. 1er et 1649-0 A.

(1675) Loi TEPA, art. 11.

(1676) L. fin. rect. 29 juill. 2011, art. 30.

français (V. *infra*, n° 1591). Aux yeux de la majorité, l'impopularité croissante de ce « boulet fiscal » faisait en outre peser des risques réels sur les échéances électorales de 2012.

L'opposition a vivement critiqué le caractère différé de la suppression du bouclier fiscal (dont le coût budgétaire a encore été de 450 M€ en 2012).

La suppression du bouclier fiscal s'est accompagnée de l'introduction d'un plafonnement de la taxe foncière sur les propriétés bâties en fonction des revenus. Cette mesure est destinée à ne pas pénaliser les « propriétaires pauvres » (dont beaucoup sont domiciliés dans le département de la Réunion) et qui étaient les bénéficiaires les plus nombreux du bouclier fiscal (pour un coût budgétaire global très modeste au demeurant).

Le bouclier fiscal n'a pas perdu toute incidence pratique après 2012. En effet, les créances nées de ce mécanisme (qui ont pu apparaître suite à des réclamations formées jusqu'au 31 décembre 2012) ne donnent pas normalement lieu, s'agissant des redevables de l'ISF, à restitution mais ne peuvent en principe s'éteindre que par voie d'imputation sur des cotisations d'ISF *à venir*, ceci sans limitation de durée (V. *infra*, n° 1590).

2) Sur le plan normatif, le dispositif organisant ce mécanisme était codifié aux deux extrémités (ou peu s'en faut) du Code général des impôts.

Avait été inséré à l'article 1er de ce code le *principe* du droit à restitution des impôts directs excédentaires. Constituant l'unique disposition préliminaire du livre Ier du CGI, cet article disposait dans son alinéa 1er : « Les impôts directs payés par un contribuable ne peuvent être supérieurs à 50 % de ses revenus ». Cette disposition a été regardée comme périmée par le décret de codification du 3 juin 2013 (art. 1er).

Cette insertion s'était accompagnée de la renumérotation de l'article 1er, ancien, devenu l'article 1er A du CGI. Pour une raison obscure, le législateur n'avait pas décalé les dispositions de l'article 1er, ancien, sous l'article 2, alors, pourtant, que la « place » était vacante depuis près de cinquante ans (l'article 2 du CGI a été abrogé fin 1959).

Dans ses *aspects techniques*, le « bouclier fiscal » était organisé par l'article 1649-0 A du Code général des impôts – il est vrai que faire débuter le code par une série de dispositions incontestablement complexes (et modifiées à plus de dix reprises en six ans) aurait donné une pâle image de la codification fiscale.

On peut relever à cet égard que l'article 1649-0 A du CGI a été modifié par une loi publiée dans le même numéro du *Journal officiel* que celle qui l'introduit (ce qui, en dépit de l'instabilité de la législation fiscale, n'est pas si fréquent).

Le droit à restitution a pu être exercé pour la première fois en 2007 en tenant compte des revenus réalisés en 2005 et des impôts directs *acquittés* en 2006.

Saisi de la loi de finances pour 2006, le Conseil constitutionnel a jugé que l'exigence selon laquelle la contribution commune « doit être également répartie entre tous les citoyens, en raison de leurs facultés »[1677] « ne serait pas respectée si l'impôt revêtait un caractère confiscatoire ou faisait peser sur une catégorie de contribuables une charge excessive au regard de leurs facultés contributives ». Le juge constitutionnel en déduit que le mécanisme du bouclier fiscal est conforme à la Constitution : « loin de méconnaître l'égalité devant l'impôt, [le dispositif] tend à éviter une rupture caractérisée de l'égalité devant les charges publiques »[1678]. Saisi de la loi de finances rectificative du 29 juillet 2011 supprimant (V. *infra*, n° 1585) le « bouclier fiscal », le juge constitutionnel s'est dispensé d'examiner cette question qui ne se trouve que brièvement évoquée comme justification (V. *infra*, n° 1803) de la forte diminution du tarif de l'ISF[1679].

3) Le bénéfice du « bouclier fiscal » était réservé aux contribuables domiciliés en France au sens de l'impôt sur le revenu.

Depuis 2008, la condition de domiciliation s'appréciait au 1er janvier de l'année suivant celle de réalisation des revenus.

(1677) DDHC, art. 13.
(1678) Cons. const., 29 déc. 2005, n° 2005-530 DC, *Loi de finances pour 2006*, § 65 et 66.
(1679) Cons. const., 28 juill. 2011, n° 2011-638 DC, *Première loi de finances rectificative pour 2011*, § 18.

Le dispositif s'appliquait également aux ressortissants français résidant dans la Principauté de Monaco, à la condition qu'ils soient regardés (par application de la convention fiscale franco-monégasque de 1963) comme fiscalement domiciliés en France et aux non-résidents *Schumaker* (V. *infra*, n° 1819) c'est-à-dire les résidents d'un autre État européen qui perçoivent la majeure partie de leurs revenus professionnels d'une activité exercée en France[1680].

4) Ses modalités d'application résultaient, pour l'essentiel, de la loi TEPA (préc.) et de la loi de finances pour 2009[1681].

a) La loi TEPA avait considérablement renforcé la portée du dispositif en introduisant deux modifications symétriques :

– l'abaissement à 50 % du taux d'apparition d'un droit à restitution ;

– la prise en compte, au titre de la pression fiscale directe supportée par un contribuable, des différentes contributions sociales.

b) Par ailleurs, la loi TEPA avait introduit une modification plus technique. Pour l'application du bouclier fiscal, l'année de référence (qui était initialement celle du paiement des impositions directes) était devenue l'année de réalisation des revenus. Corrélativement, étaient prises en compte (à condition qu'elles aient été effectivement acquittées) les impositions liées au revenu *dues* au titre des revenus de la même année et les autres impositions *établies* au titre de l'année suivante. Découlant, selon l'exposé des motifs, de la préoccupation de mieux faire correspondre les impositions et les revenus pris en compte (mais, surtout peut-être, de la prise en compte des contributions sociales), cette modification s'était naturellement accompagnée d'un dispositif transitoire tendant à éviter qu'une même imposition puisse être prise en compte au titre de deux années successives à l'occasion de cet aménagement.

Les dispositions issues de la loi TEPA se sont donc appliquées pour la première fois en 2008 en tenant compte des revenus réalisés et des impositions liées au revenu *dues* au titre des revenus de 2006 (normalement acquittées en 2007 pour l'IR progressif) et des autres impositions *établies* au titre de 2006 (et normalement acquittées au titre de cette même année).

c) La loi de finances pour 2009 (précitée) s'était également efforcée de rendre le dispositif plus discret (les premiers chèques émis par le Trésor public dont le montant était parfois très élevé avaient eu, il est vrai, des effets dévastateurs dans l'opinion publique). Pour ce faire, la loi avait introduit une faculté de restitution des impositions directes excédentaires par voie de compensation assortie, inévitablement, d'une faculté d'auto-liquidation de cette créance. Ce mécanisme d'auto-liquidation, présenté comme techniquement impraticable par la haute administration financière, avait été écarté lors de la création du bouclier fiscal (ce qui n'avait pas été sans contribuer à l'impopularité du dispositif). Il est piquant de relever qu'il était, dans le dernier état du droit, devenu obligatoire pour les redevables de l'ISF (V. *infra*, n° 1590).

1586. – **Impôts directs (numérateur).** Sous réserve qu'ils aient été acquittés en France et qu'ils aient été (s'agissant des impôts déclaratifs) régulièrement déclarés, les impôts directs pris en compte dans le cadre du bouclier fiscal étaient limitativement énumérés par la loi.

Statuant sur renvoi préjudiciel, la Cour de justice de l'Union européenne a considéré, comme à titre posthume, que le principe de libre circulation des capitaux (TFUE, art. 63) et le principe de liberté d'établissement (TFUE, art. 49) s'opposent à ce que les règles « bouclier fiscal » ne prennent pas en compte l'impôt supporté dans un autre État membre à raison de dividendes versés au contribuable résident de France par une société établie dans cet État[1682].

Il s'agissait de :

– l'impôt sur le revenu ;

– l'impôt de solidarité sur la fortune ;

(1680) BOI-CTX-BF-10, n° 80.

(1681) L. 27 déc. 2008, art. 38.

(1682) CJUE, 13 mars 2014, n° C-375/12, *Bouanich*.

– la taxe foncière sur les propriétés bâties et la taxe foncière sur les propriétés non bâties, afférentes à l'habitation principale du contribuable ;

– la taxe d'habitation afférente à l'habitation principale du contribuable ;

– les différentes contributions sociales sur les revenus du patrimoine, les revenus d'activité et de remplacement et les produits de placement (CSG, CRDS, prélèvement social et contributions additionnelles à ces prélèvements pour le financement de l'autonomie, d'une part, et du revenu de solidarité active, d'autre part).

1) Lorsqu'elles étaient afférentes à la résidence principale du contribuable, il était également tenu compte de certaines impositions additionnelles aux taxes foncières et à la taxe d'habitation.

2) L'IR s'entendait de l'ensemble des impositions concourant à l'imposition directe des revenus des personnes physiques, qu'il s'agisse de sa forme ordinaire (impôt progressif) ou de ses formes alternatives (retenues libératoires, versements ou prélèvements proportionnels) comme, notamment :

– l'impôt sur les plus-values immobilières, y compris, selon l'administration, la taxe forfaitaire sur les objets et métaux précieux[1683] alors pourtant qu'elle est assise sur le prix de cession (ou la valeur en douane) des biens considérés et non un revenu (V. *infra*, n° 1499) ;

– les retenues et prélèvements sur les revenus des capitaux mobiliers (V. *infra*, n°s 1415 et s.).

3) La part supplémentaire d'IR liée à l'augmentation des taux décidée, pour le financement de la réforme des retraites, par la loi de finances pour 2011[1684], n'était pas prise en compte au numérateur. Il en allait de même *mutatis mutandis* pour la majoration de 2 % à 2,2 % du prélèvement social décidée par la même loi[1685].

4) En revanche, n'étaient pas susceptibles d'être prises en compte :

– la taxe d'enlèvement des ordures ménagères (qui fait l'objet d'une exclusion expresse) ;

– la redevance audiovisuelle (qui ne figure pas dans l'énumération), alors même qu'elle est établie et recouvrée simultanément à la taxe d'habitation ;

– la contribution annuelle sur les revenus locatifs[1686]. Cette contribution est certes déclarée, contrôlée et recouvrée comme en matière d'IR. Mais, outre le fait qu'elle ne figurait pas dans l'énumération légale, cette contribution est déductible, selon le cas, des revenus fonciers ou des bénéfices professionnels du contribuable. Or, la loi retenait que – en dehors des contributions sociales – les impositions déductibles d'un revenu catégoriel de l'IR ne pouvaient être prises en compte dans le cadre du bouclier fiscal ;

– la taxe forfaitaire sur la cession des terrains devenus constructibles[1687].

5) On rappelle par ailleurs que, dans le dernier état du droit :

– l'IR pris en compte était celui dû au titre de l'année de réalisation des revenus (qui constituait l'année de référence) ;

– l'ISF et les impositions directes locales pris en compte étaient ceux établis au titre de l'année suivante ;

– les contributions sociales prises en compte étaient celles qui avaient frappé les revenus de l'année de référence.

6) De manière générale, ces impôts directs étaient retenus pour les montants mis à la charge du contribuable et effectivement acquittés par lui. Ils étaient diminués, le cas échéant, des restitutions d'IR (réductions, crédits d'impôt et retenues non libératoires) acquises ou des dégrèvements obtenus au cours de l'année suivant celle de réalisation des revenus.

(1683) CGI, art. 150 VI.
(1684) L. 29 déc. 2010, art. 6, ayant majoré à 41 % le taux marginal du barème progressif et porté à 19 % de la plupart des taux forfaitaires.
(1685) Sur la neutralisation des effets du premier « rabot fiscal », V. *infra*, pt 6.
(1686) CGI, art. 234 nonies.
(1687) CGI, art. 1529.

Par ailleurs, à compter de l'imposition des revenus de 2011[1688], l'impôt sur le revenu était retenu dans le cadre du « bouclier fiscal » pour un montant théorique. Il était en effet déterminé sans appliquer la diminution générale de 10 % de certains avantages fiscaux (ou premier « rabot fiscal ». – V. *supra*, n° 1542, 2-*c*). En excluant, lors de la liquidation de la créance de restitution, les cotisations supplémentaires procédant du « rabot fiscal », cette mesure conduisait à la minoration de cette créance et compliquait très sérieusement les modalités pratiques d'application du bouclier fiscal.

7) L'existence d'impositions « communes » (assez générales en matière d'IR et d'ISF où un mécanisme d'imposition par foyer est retenu) ou « partagées » (pouvant se rencontrer en matière d'impositions directes locales, en cas de cohabitation ou d'indivision notamment) suscitait des difficultés particulières. Celles-ci étaient considérablement aggravées par le fait que les contribuables imposés collectivement ne le sont nécessairement pour les mêmes impôts (ni même, à l'époque, s'agissant de l'IR, pour l'année entière). La loi retenait, dans la mise en œuvre du bouclier fiscal, un principe général de proportionnalité dans la détermination de la charge fiscale « individuelle » : lorsque des impositions étaient établies au nom de plusieurs contribuables, le montant des impositions à retenir pour la détermination du droit à restitution était égal :

– pour les impositions directes locales, au montant de ces impositions divisé par le nombre de contribuables redevables ;

– pour les impositions progressives (IR progressif et ISF), au montant des impositions correspondant à la fraction de la base d'imposition « personnelle » du contribuable qui demande la restitution[1689].

1587. – Revenu de référence (dénominateur). Les règles applicables en la matière ont subi de très nombreuses modifications. On présentera donc seulement les (principales) règles applicables au bouclier « 2012 » (concernant les revenus réalisés en 2010 et les impositions payées en 2010 et 2011).

Le revenu pris en compte au dénominateur était celui réalisé par le contribuable, en France ou hors de France.

1) Ce revenu de référence était constitué par le total :

a) des revenus soumis à l'impôt, à savoir :

– les revenus catégoriels nets de frais et charges soumis à l'impôt sur le revenu ;

L'abattement fixe alors applicable aux dividendes imposés selon le régime de droit commun était réintégré dans le revenu. Il en était allé de même, progressivement, des sommes correspondant à la réfaction d'assiette de 40 % (V. *supra*, n° 1422) qui ont été réintégrées à hauteur de 70 % pour le bouclier « 2011 » (revenus de 2009) puis de 80 % pour le (dernier) bouclier « 2012 » (revenus de 2010).

Le « revenu » correspondant à la taxe forfaitaire sur les métaux et objets précieux (V. *supra*, n° 1499) était intégré dans le revenu de référence.

Il était admis que les revenus du patrimoine et les produits de placement soient pris en compte après déduction, le cas échéant, de la fraction de la CSG assise sur ces revenus et déductible de l'IR, sous réserve de son paiement effectif par le contribuable[1690].

– les plus-values immobilières et les plus-values de cession de biens meubles ;

Les plus-values immobilières étaient retenues pour leur montant *diminué*, le cas échéant, de l'abattement pour durée de détention.

– les plus-values de cession de valeurs mobilières et droits sociaux ;

Les plus-values de cession d'actions étaient retenues pour leur montant *non diminué* de l'abattement pour durée de détention. Les plus-values de cession de titres étaient majorées des moins-values antérieures qui avaient, le cas échéant, diminué leur montant.

(1688) L. fin. 2011, art. 105, VIII.
(1689) CGI, art. 1649-0 A, 3.
(1690) BOI-CTX-BF-20-20-10, n° 120.

– les revenus (notamment des capitaux mobiliers) soumis à retenue à la source et prélèvements forfaitaires libératoires ;

b) de tous les revenus exonérés d'impôt sur le revenu, sous réserve de quelques exceptions.

• La loi de finances pour 2011[1691] avait prévu que les produits des plans, bons ou contrats de capitalisation et d'assurance-vie seraient – pour la détermination du droit à restitution – *réputés réalisés* pour leur montant soumis aux contributions sociales. En d'autres termes, la perception « au fil de l'eau » des contributions sociales conduisait à regarder les revenus considérés comme réalisés pour la détermination du droit à restitution *dès leur inscription en compte*, alors qu'ils ne sont pas à ce stade disponibles ou réalisés au regard des règles d'assiette de l'IR.

Cette règle d'assimilation concernait plus précisément, lorsqu'ils étaient investis en unité de compte :

– les plans et comptes d'épargne-logement et les plans d'épargne populaire ;

– les bons et contrats de capitalisation, les contrats d'assurance-vie et les placements de même nature. S'agissant de ces derniers supports, la loi de finances pour 2011 (préc., art. 22) avait étendu au compartiment en euros ou en devises des contrats dits « multi supports » le mécanisme de perception « au fil de l'eau » des contributions sociales (qui ne s'appliquait jusque-là qu'aux contrats intégralement investis en euros ou en devises (cette mesure prenant effet à compter du 1er juillet 2011).

Cette règle était justifiée par une considération logique : dès lors que les contributions sociales ayant frappé « au fil de l'eau » ces produits étaient prises en compte au numérateur du bouclier, il aurait été incohérent de ne pas tenir compte de ces mêmes produits au dénominateur, comme s'ils avaient été disponibles ou réalisés. Dénonçant seulement comme regrettable le fait que cette disposition ait été insérée, à tort, dans la première partie de la loi de finances, le Conseil constitutionnel n'avait pas censuré l'assimilation qu'elle établissait[1692]. Confrontée ultérieurement à cette même question au titre du mécanisme de plafonnement de l'ISF, la Haute juridiction a retenu une analyse radicalement différente (V. *infra*, n° 1819, 3-*b*).

• Par exception, n'étaient pas pris en compte dans les revenus figurant au dénominateur :

– les plus-values immobilières exonérées ;

– le revenu foncier en nature (exonéré d'IR) retiré par le propriétaire d'un logement qui s'en réserve la jouissance ;

– des prestations de caractère social ou familial.

2) Ce revenu de référence était diminué :

a) des déficits catégoriels *de l'année* dont l'imputation sur le revenu global est autorisée ;

Les déficits catégoriels reportables des années antérieures devaient être compris dans le revenu de référence.

b) des pensions alimentaires déduites du revenu global ;

c) des impositions étrangères supportées par le contribuable (dès lors qu'elles étaient équivalentes aux impositions françaises retenues au titre du bouclier fiscal) ;

d) des cotisations primes versées sur un plan d'épargne retraite populaire (ou assimilé) et déductibles du revenu global.

1588. – Acquisition du droit à restitution. Le droit à restitution de la fraction des impositions qui excédait le seuil de 50 % était acquis par le contribuable au 1er janvier de la deuxième année suivant celle de la réalisation des revenus.

La règle générale selon laquelle les restitutions de créances fiscales d'un montant inférieur à 8 € ne sont pas effectuées[1693] s'appliquait en la matière.

(1691) L. 29 déc. 2010, art. 22, III.
(1692) Cons. const., 28 déc. 2010, n° 2010-622 DC, *Loi de finances pour 2011*, § 5.
(1693) CGI, art. 1965 L.

La créance sur l'État, acquise à la même date que le droit à restitution, était égale au montant de ce droit.

1589. – **Exercice du droit à restitution (solution générale).** Les demandes de restitution devaient être déposées auprès de l'administration fiscale avant le 31 décembre de la deuxième année suivant celle de la réalisation des revenus.

Le reversement des sommes indûment restituées était demandé selon les mêmes règles de procédure et sous les mêmes sanctions qu'en matière d'IR même lorsque les revenus pris en compte pour la détermination du droit à restitution sont issus d'une période prescrite. Les réclamations sont présentées, instruites et jugées selon les règles de procédure applicables en matière d'IR.

Le ministère du Budget avait précisé par voie de presse (en juillet 2008) qu'« il est faux de prétendre que ceux qui demandent à bénéficier du bouclier s'exposent à un contrôle fiscal ».

1590. – **Exercice du droit à restitution (auto-liquidation).** 1) Depuis la loi de finances pour 2009[1694], le contribuable pouvait procéder à l'auto-liquidation de sa créance puis – sous sa responsabilité – utiliser la créance qu'il détenait sur l'État à raison du droit à restitution acquis au titre d'une année pour le paiement de certaines impositions exigibles au cours de la même année.

2) Les impositions susceptibles d'être payées par le biais de cette compensation étaient :

– l'impôt de solidarité sur la fortune ;

– les impôts directs locaux pris en compte au titre du bouclier fiscal ;

– les contributions sociales (à supposer, naturellement, qu'elles ne relèvent pas d'un mécanisme de prélèvement à la source).

Toutefois, les contribuables qui étaient redevables de l'impôt de solidarité sur la fortune au titre de l'année 2011 et qui avaient opté pour l'auto-liquidation ne pouvaient compenser leur créance de restitution qu'avec la cotisation d'ISF due au titre de 2011. Un mécanisme de report identique à celui exposé plus bas au titre du régime d'auto-liquidation obligatoire (V. *infra*, pt 4) était dans ce cas applicable[1695].

La possibilité d'imputer cette créance était subordonnée au dépôt d'une déclaration spéciale faisant état, notamment, du montant total des revenus et impositions pris en compte et de celui de la créance.

La déclaration était déposée auprès du service chargé du recouvrement de l'imposition qui faisait l'objet de cette imputation. Elle était contrôlée, le cas échéant, selon les mêmes règles, garanties et sanctions que celles prévues en matière d'IR, même lorsque les revenus pris en compte pour la détermination du plafonnement étaient issus d'une période prescrite.

Lorsque le contribuable opérait une ou plusieurs imputations après auto-liquidation de sa créance, il conservait la possibilité de déposer une demande de restitution, dans les conditions ordinaires, pour la part non imputée de la créance. À compter de cette demande, il ne pouvait plus imputer cette créance dans les conditions dérogatoires.

3) Lorsque le montant total des imputations pratiquées après auto-liquidation excédait de plus d'un vingtième le montant du droit à restitution auquel elles se rapportaient, le contribuable était redevable d'une majoration égale à 10 % de l'insuffisance de versement constatée[1696].

(1694) L. 27 déc. 2008, art. 38.
(1695) L. fin. rect. 29 juill. 2011, art. 5.
(1696) CGI, art. 1783 sexies.

4) Par la suite, la première loi de finances rectificative pour 2011 [1697] avait rendu le recours à ce mécanisme d'auto liquidation obligatoire – du moins pour les redevables de l'impôt de solidarité sur la fortune.

Plus précisément, les contribuables qui étaient redevables de l'ISF au titre de l'année 2012 étaient tenus d'exercer le droit à restitution acquis au 1er janvier de la même année, en imputant le montant correspondant à ce droit sur celui – exclusivement – de la cotisation d'ISF due au titre de la même année. La part du droit à restitution non imputée constituait, le cas échéant, une créance sur l'État imputable exclusivement sur les cotisations d'ISF dues au titre des années suivantes.

Par exception, la restitution du reliquat de la créance née du droit à restitution acquis en 2012 pouvait être demandée, par le contribuable ou ses ayants droit, avant le 31 décembre de l'année au titre de laquelle :

– le contribuable titulaire de la créance n'était plus redevable de l'ISF ;

– les membres du foyer fiscal titulaire de la créance faisaient ultérieurement l'objet d'une imposition distincte à cet impôt ;

– l'un des membres du foyer fiscal titulaire de la créance décède.

1591. – Premiers (et derniers) bilans. 1) Pour l'année 2007 (bouclier à 60 %), à la suite de l'envoi d'un courrier de relance à 70 000 contribuables de condition modeste, 15 066 contribuables (soit 0,04 % des foyers) avaient obtenu une restitution, pour un montant moyen de 16 400 € (soit, au total, plus de 246 M€).

La grande majorité des bénéficiaires du bouclier fiscal étaient de condition modeste : 64 % des bénéficiaires déclaraient un revenu annuel inférieur à 3 750 €. Le montant des restitutions était toutefois extrêmement concentré :

– les 2 240 contribuables percevant de revenus annuels supérieurs à 42 000 € (15 % des bénéficiaires) se sont vus restituer en moyenne 84 700 € (soit 83 % du total des restitutions) ;

– les 671 contribuables disposant d'un patrimoine supérieur à 15,5 M€ (4,5 % des bénéficiaires) se sont vus restituer en moyenne 232 000 € (soit 68 % du total des restitutions). Parmi ceux-ci, treize contribuables (probablement des utilisateurs particulièrement avertis des « niches fiscales ») déclaraient un revenu de référence inférieur à 3 750 €.

2) Pour le bouclier fiscal 2010 (bouclier renforcé à 50 % intéressant les revenus de 2008) la même concentration extrême a pu être observée.

La moitié des 14 500 bénéficiaires ayant un revenu inférieur à 3 500 € par an ont obtenu, par le biais du bouclier fiscal, la restitution de la taxe foncière. Ces remboursements correspondaient à 3 % du coût total du bouclier fiscal.

Moins de 1 000 bénéficiaires ayant des revenus supérieurs à 45 000 € par an et un patrimoine supérieur à 16,5 millions se sont « partagés » 60 % du coût du bouclier (en obtenant un remboursement moyen de 380 000 €).

3) Chacun s'accorde pour considérer que bouclier fiscal n'a pas inversé le mouvement d'exil fiscal observé en France depuis de nombreuses années (c'est-à-dire n'a pas entraîné un retour significatif en France d'exilés fiscaux). Plus encore, l'introduction de cette mesure n'a pas réduit de manière notable le nombre de départs hors de France.

Ce n'était évidemment pas l'opinion de É. Woerth, alors ministre du Budget, qui avait affirmé, peu après l'adoption de la loi TEPA : « le bouclier permet de freiner le départ de contribuables qui ne pouvaient plus payer leur impôt en France, parce que celui-ci représentait jusqu'à 90 % de leur revenu ».

Quelques années plus tard, face à la dureté des chiffres, Ph. Marini, rapporteur général de la Commission des Finances du Sénat, avait été plus nuancée : « les données (...) font clairement apparaître

(1697) L. 29 juill. 2011, art. 30, II.

la persistance d'un déséquilibre important entre les départs et les retours des redevables de l'ISF, malgré la création du bouclier fiscal. De ce point de vue, son bilan est donc plutôt mitigé »[1698]. Dit plus crûment, le bilan du bouclier fiscal est probablement nul.

ANNÉE	2006	2007	2008
Redevables de l'ISF « délocalisés »	843	719	821
Redevables de l'ISF « de retour »	226	246	312

Un examen particulièrement détaillé de l'impact du « bouclier fiscal » figure dans un rapport parlementaire consacré à l'application des mesures fiscales contenues, en particulier, dans la loi TEPA[1699]. Le rapporteur général y soulignait, au passage, quelques « défauts de fabrication » du bouclier fiscal (dont la plupart ont été corrigés depuis). Comment ne pas partager une de ses conclusions – qui vaut encore aujourd'hui : « On le voit : le bouclier fiscal met en lumière tous les problèmes que soulève notre fiscalité. Il joue comme un révélateur ».

(1698) Rapport n° 620, t. I, sur le projet de loi de finances rectificative pour 2011, p. 258.
(1699) Commission des finances de l'Assemblée nationale, rapport d'information n° 1794, 2 juill. 2009, présenté par M. Gilles Carrez, rapporteur général de la commission, p. 30 à 62.

CHAPITRE 2

L'IMPÔT SUR LES SOCIÉTÉS

SECTION 1

GÉNÉRALITÉS

§ 1. – Évolution historique

1592. – **Naissance de l'impôt sur les sociétés.** Pris sur le fondement de la loi « Reynaud » du 17 août 1948 tendant au redressement économique et financier (art. 5), le décret du 9 décembre 1948 portant réforme fiscale a institué un impôt « sur les bénéfices et revenus des sociétés et autres personnes morales » (art. 1er).

1) Établi à compter du 1er janvier 1949, cet impôt est plus loin désigné par ce décret sous l'appellation plus simple d'« impôt sur les sociétés » (art. 92).

2) Sur les cas où l'IS peut se trouver mis à la charge de personnes physiques, V. *infra*, n° 1603.

On pourrait se demander comment un simple décret – pris sur la base d'un texte prévoyant que les mesures gouvernementales dont il autorisait l'adoption « ne comporteront [aucune] modification dans les règles d'assiette » – a pu légalement instituer un nouvel impôt. Même si elle est parfois oubliée, la réponse à cette question est simple : avant la réforme de 1948, les bénéfices des sociétés étaient déjà frappés par un impôt annuel.

La loi du 31 juillet 1917 avait institué différents impôts cédulaires et, en particulier, un impôt sur les bénéfices industriels et commerciaux. Cet impôt proportionnel frappait « les bénéfices des professions commerciales et industrielles » (art. 2). Il s'appliquait indifféremment aux personnes physiques et aux personnes morales : au titre de leurs activités courantes, les sociétés de capitaux étaient, à l'instar des exploitants individuels, assujetties à cet impôt. La réforme de l'IR de 1948, qui limita le champ d'application de cet impôt aux seules personnes physiques, a nécessité la spécialisation de l'impôt sur les bénéfices des sociétés de capitaux. Celle-ci se réalise avec la création de l'IS, qui frappe annuellement, à un taux fixe, les bénéfices des sociétés de capitaux.

1593. – **Liens persistants avec les bénéfices industriels et commerciaux.** 1) Historiquement, l'impôt sur les sociétés est un descendant direct de l'impôt sur les bénéfices industriels et commerciaux. Le droit fiscal positif porte encore la marque de cette filiation très nette : l'impôt sur les sociétés partage nombre de ses règles avec celles gouvernant, dans le cadre de l'impôt sur le revenu, l'imposition des bénéfices industriels et commerciaux.

Ainsi, dans le CGI[(1)], on dénombrait moins de vingt dispositions propres à l'IS[(2)], dont huit seulement, d'ailleurs très brèves[(3)], étaient consacrées à la détermination du résultat imposable des sociétés. Les autres règles applicables à l'IS étaient celles des bénéfices industriels et commerciaux.

2) Sans doute, les questions tenant au champ d'application de l'impôt sur les sociétés, aux conditions de sa liquidation ou à ses modalités de recouvrement relèvent-elles de règles qui lui sont propres.

L'IS présente une différence fondamentale avec l'IR, pour ne pas être un impôt progressif mais proportionnel. Sans doute platoniques, des éléments de progressivité existent toutefois en matière d'IS : les bénéfices des PME sont partiellement soumis à un taux d'imposition réduit (V. *infra*, n°s 1699 et s.) alors que des impositions complémentaires à l'IS peuvent aggraver la taxation des grandes entreprises (V. *infra*, n°s 1708 et s.).

3) En revanche, tel n'est pas le cas, sur le plan des principes, des règles relatives à son assiette : « sous réserve des dispositions de la (...) section [consacrée à cet impôt], les bénéfices passibles de l'impôt sur les sociétés sont déterminés d'après les règles fixées par les articles 34 à 45 [*i.e.* relatives aux bénéfices industriels et commerciaux], 53 A à 57 [*i.e.* imposés selon le régime réel] et 302 septies A bis [*i.e.* ou simplifié] »[(4)].

a) Même si sa portée s'affaiblit au fil des réformes, ce principe de détermination du bénéfice imposable conserve une réalité indiscutable : les règles spéciales à l'IS demeurent finalement assez peu nombreuses. Sous réserve des règles de territorialité (que la loi rattache directement à l'assiette et non au champ d'application de l'impôt), elles pourraient apparaître par certains côtés secondaires (V. *infra*, n°s 1657 et s.). Il en résulte que les dispositions relatives à l'IS revêtent un caractère *organique* marqué.

b) L'IS présente d'autres traits communs avec l'IR, en ce qu'il est lui aussi déclaratif et annuel (le fait générateur de l'IS étant constitué par la clôture de l'exercice comptable de la société, V. *infra*, n° 1655). Constituant ainsi un impôt direct, il était, avant 2004, recouvré comme l'IR par les comptables du Trésor[(5)]. Il n'a, pour autant, jamais été recouvré de manière générale par voie de rôle nominatif. Seules les impositions supplémentaires mises à la charge d'une société à la suite d'une rectification étaient recouvrées selon cette procédure[(6)]. À compter de 2004, le recouvrement de l'IS a été assuré par les comptables de la Direction générale des impôts[(7)] – cette modification ayant perdu beaucoup de son intérêt avec la fusion de la Direction générale des impôts et de la Direction générale de la comptabilité publique au sein de la Direction générale des finances publiques[(8)].

1594. – Grandes tendances. Depuis sa création, l'impôt sur les sociétés a subi d'incessantes modifications. On peut toutefois déceler une double tendance dans les évolutions ayant marqué au cours des vingt dernières années le régime de cet impôt.

La première, liée sans doute aux effets de la concurrence fiscale entre États, est la diminution constante du taux de l'impôt sur les sociétés (V. *infra*, n° 1698).

La seconde réside dans le renforcement de la personnalisation de cet impôt. À sa création, l'impôt sur les sociétés frappait toutes les sociétés de capitaux dans

(1) D. 6 avr. 1950.
(2) CGI, art. 205 à 223.
(3) CGI, art. 210 à 217.
(4) CGI, art. 209, I, al. 1er.
(5) D. 9 déc. 1948 portant réforme fiscale, art. 107.
(6) D. 4 oct. 1949 relatif au recouvrement de l'impôt sur les sociétés, art. 9, codifié *in* CGI, ann. II, art. 366, anc.
(7) Deuxième L. fin. rect. 2002, 30 déc. 2002, art. 21.
(8) D. 3 avr. 2008 relatif à la DGFiP.

des conditions relativement uniformes. Aujourd'hui, trois grands types d'entreprises peuvent être distingués :

– les grandes entreprises et les groupes de sociétés fiscalement intégrés (V. *infra*, nos 1620 et s.) ;

– les petites et moyennes entreprises, auxquelles s'appliquent de nombreux dispositifs de faveur ;

– les autres entreprises, soumises aux règles ordinaires de l'impôt sur les sociétés.

Des considérations économiques sont à l'origine de l'apparition de règles spéciales pour les groupes intégrés et les PME. Dans ce dernier cas, les mesures spéciales se sont développées en raison de la plus grande latitude d'action que le droit de l'Union européenne des aides d'État offre aux pouvoirs publics à l'égard de ce type d'entreprises.

Une autre tendance n'est pas propre aux sociétés de capitaux mais concerne la généralité des entreprises. Elle tient à l'éclosion frénétique des « niches fiscales » (crédits et réductions d'IS ou d'IR) qui leur sont dédiées.

§ 2. – Incidences du droit de l'Union européenne

1595. – **Incidences directes et indirectes.** Peu harmonisée au niveau européen, la fiscalité directe des sociétés n'en subit pas moins l'influence du droit primaire de l'Union. Les grandes libertés européennes – et en particulier le principe de liberté d'établissement[9] – alimentent d'abord une concurrence fiscale acerbe entre les États membres. Au-delà, les principes communautaires influent directement sur la validité des règles d'imposition retenues par le droit interne (V. par. ex. *infra*, n° 1622, *b*).

1) Certains régimes de faveur applicables aux entreprises sont susceptibles d'être regardés comme des aides « fiscales » d'État au sens du droit de l'Union européenne. Sauf lorsqu'ils ont été expressément autorisés par la Commission européenne, ces dispositifs s'appliquent sous les contraintes découlant de la réglementation européenne des aides *de minimis*[10].

C'est le cas actuellement, en vertu de dispositions expresses de la loi fiscale, de plusieurs dizaines de dispositifs de faveur intéressant les bénéfices des entreprises (et notamment l'IS), comme ceux concernant, par exemple :

– les exonérations en faveur de certaines entreprises nouvelles[11], des jeunes entreprises innovantes[12], des entreprises implantées dans des zones franches urbaines[13], des pôles de compétitivité[14], des bassins d'emploi à redynamiser[15], des zones de restructuration de la défense[16] ou de revitalisation rurale[17] ;

– le crédit d'impôt « recherche »[18] ;

– le crédit d'impôt en faveur des métiers d'art[19] ;

(9) TFUE, art. 49.
(10) V. *infra*, pt 2.
(11) CGI, art. 44 sexies et art. 44 septies.
(12) CGI, art. 44 sexies A.
(13) CGI, art. 44 octies et art. 44 octies A.
(14) CGI, art. 44 undecies.
(15) CGI, art. 44 duodecies.
(16) CGI, art. 44 terdecies.
(17) CGI, art. 44 quindecies.
(18) CGI, art. 244 quater B.
(19) CGI, art. 244 quater O.

– le crédit d'impôt en faveur des maîtres restaurateurs[20] ;

– le crédit d'impôt en faveur des débitants de tabac[21] ;

– le crédit d'impôt en faveur de l'intéressement[22].

C'était également le cas, avant l'abrogation des dispositifs considérés, pour l'exonération d'IFA en faveur des sociétés bénéficiant d'une exonération d'IS elle-même soumise à la réglementation *de minimis*[23] ou pour l'imputation provisionnelle des pertes étrangères des PME[24].

2) En application de la réglementation *de minimis*, l'avantage global bénéficiant à une même entreprise au titre des différentes aides ne peut (sauf application d'une réglementation sectorielle) excéder 200 000 € par période (glissante) de trois ans[25].

a) Publié fin 2013, le nouveau règlement européen *de minimis* diffère du précédent sur trois points[26] :

– prenant appui sur la jurisprudence de la Cour de justice des Communautés européennes, ce règlement prévoit expressément que toutes les entités distinctes contrôlées en droit ou en fait par la même entité doivent être regardées comme formant une « entreprise unique » pour l'application des règles *de minimis*. Tel est notamment le cas lorsqu'une entreprise détient (directement ou indirectement) la majorité des droits de vote dans une autre entreprise ou possède (directement ou indirectement) le droit de nommer ou de révoquer la majorité des membres de l'organe d'administration, de direction ou de surveillance d'une autre entreprise[27]. La solution selon laquelle « au sein d'un groupe, la vérification du plafond d'aide *de minimis* devra s'effectuer entreprise par entreprise et non de façon consolidée au niveau du groupe »[28] devrait donc être abandonnée ;

– les entreprises en difficulté, qui en étaient précédemment exclues, peuvent désormais recevoir des aides dans le cadre du régime *de minimis* ;

– la règle selon laquelle, en cas de dépassement du plafond *de minimis*, l'entreprise ne peut bénéficier du régime *de minimis* « même pour la fraction n'excédant pas ce plafond »[29] ne figure plus dans le nouveau règlement[30].

b) Dans le cadre du « plan européen pour la relance économique », une « communication des institutions et organes de l'Union européenne » publiée début 2009[31] avait ouvert la possibilité pour les États membres d'octroyer (à titre temporaire) des aides aux entreprises pour un montant maximum de 500 000 €. Sur la base de cette communication, la première loi de finances rectificative pour 2009[32] avait porté à 500 000 € le plafond du montant brut total de certaines aides fiscales octroyées entre le 1er janvier 2009 et le 31 décembre 2010.

c) Le contrôle du respect par les entreprises de la réglementation *de minimis* est sujet à interrogation. Cette question a été évoquée au Sénat, lors des débats du projet de première loi de finances rectificative pour 2009 (séance du 22 janvier 2009). À la question de M. Philippe Marini (rapporteur général de la Commission des finances) qui lui demandait « où se trouv [ait] le bureau de centralisation des aides *de minimis* » et « où se [tenait] le grand compteur sur lequel s'inscrivent les montants des aides accordées au titre de tous ces régimes préférentiels », le ministre du Budget a répondu (dans une atmosphère manifestement très détendue) : « il n'existe pas de bureau centralisant les aides *de minimis*. Chaque entreprise tient sa comptabilité et le contrôle s'effectue sur cette base. Il s'agit d'un

(20) CGI, art. 244 quater Q.
(21) CGI, art. 244 quater R.
(22) CGI, art. 244 quater T. – V. *infra*, n° 1568.
(23) CGI, art. 223 undecies. – V. *infra*, n° 1711.
(24) CGI, art. 209 C, anc. – V. *infra*, n° 1642.
(25) Règl. UE n° 1407/2013 de la Commission, 18 déc. 2013, concernant l'application des articles 107 et 108 TFUE aux aides *de minimis* : *JOUE* n° L 352, 24 déc. 2013, applicable en principe du 1er janvier 2014 au 31 décembre 2020. – V., retenant antérieurement la même règle, Règl. CE n° 1998/2006 de la Commission, 15 déc. 2006, concernant l'application des articles 87 et 88 TCE aux aides *de minimis* : *JOUE* n° L 379, 28 déc. 2006.
(26) V. *Dr. fisc.* 2014, n° 9, comm. 181.
(27) Règl. CE, 18 déc. 2013, préc., art. 2, § 2.
(28) Circ. Premier ministre, 26 janv. 2006 : *JO* 31 janv., p. 1602, pt 2.2.4.
(29) Règl. CE, 15 déc. 2006, préc., art. 2, § 2, al. 2.
(30) Règl. CE, 18 déc. 2013, préc., art. 3, § 7.
(31) *JOUE* C 16/1, 22 janv. 2009.
(32) L. 4 févr. 2009, art. 14.

contrôle déconcentré ». Voici la suite de cet échange : M. Philippe Marini : « Mais est-ce que l'on vérifie de temps en temps ? » – M. Éric Woerth : « Oui » – M. Philippe Marini : « Vraiment ? C'est une question que je me pose » – M. Éric Woerth : « Je le confirme, monsieur le rapporteur général » – M. Philippe Marini : « Très bien »[33].

3) Certaines mesures fiscales ne s'appliquent qu'aux « PME européennes » au sens du règlement (UE) n° 651/2014 de la Commission du 17 juin 2014 déclarant certaines catégories d'aides compatibles avec le marché commun en application des articles 107 et 108 du Traité (Règlement général d'exemption par catégorie)[34].

Pour répondre à la définition européenne des PME, une société doit employer moins de 250 personnes et réaliser un chiffre d'affaires n'excédant pas 50 M€ (ou avoir un total de bilan annuel n'excédant pas 43 M€).

Ces seuils s'apprécient distinctement selon que la société en cause peut être qualifiée d'entreprise « autonome », d'entreprise « partenaire » ou d'entreprise « liée » au sens du règlement précité :

– schématiquement, une entreprise est « autonome » si elle ne détient pas une participation de 25 % ou plus dans une autre entreprise et si elle n'est pas détenue à 25 % ou plus par une autre entreprise (ou conjointement par plusieurs entreprises liées). Pour les entreprises autonomes, les seuils tenant à l'effectif salarié et aux éléments financiers sont appréciés en fonction des seules données propres à l'entreprise ;

– de manière générale, une entreprise est qualifiée de « partenaire » d'une autre entreprise lorsque l'une possède dans l'autre une participation comprise entre 25 % et 50 %. Pour les entreprises partenaires, les seuils tenant à l'effectif et aux éléments financiers sont appréciés en agrégeant aux données propres à l'entreprise celles des entreprises partenaires situées en amont ou en aval de la chaîne de participation (cette agrégation étant proportionnelle au pourcentage de détention au capital ou des droits de vote) ;

– de manière générale, une entreprise est qualifiée d'entreprise liée avec une autre lorsque l'une des deux entreprises détient la majorité des droits de vote dans l'autre. Pour les entreprises liées, ces mêmes seuils sont appréciés en ajoutant aux données propres à l'entreprise l'intégralité des données des entreprises qui lui sont liées.

1596. – Harmonisation européenne laborieuse. 1) La faible harmonisation européenne de l'impôt sur les sociétés est un problème majeur. Elle contribue à entretenir, d'abord, une concurrence fiscale féroce entre les États membres, soucieux d'attirer (ou de maintenir) sur leur territoire les activités économiques productives. Elle est ainsi, indirectement, à l'origine de la moindre taxation de ses activités et, inévitablement, d'un déplacement de la pression fiscale sur les catégories de contribuables moins mobiles. Ce faible degré d'harmonisation est également à l'origine de difficultés pour les sociétés appartenant à des groupes transeuropéens qui se trouvent soumises à des règles fiscales variables et à des doubles impositions juridiques ou économiques (et supportent à ce titre des coûts administratifs, juridiques et économiques qui peuvent nuire à leur compétitivité au plan international).

Si l'on excepte quelques « communications », « recommandations » et autres « codes de conduite » (dont la portée juridique exacte est parfois impalpable), il n'existe à ce jour que cinq dispositifs normatifs en vigueur intéressant la fiscalité directe des sociétés. Relativement récents (mais issus d'initiatives prises dès la fin des années 1960), ces dispositifs sont, par ordre d'importance, les suivants :

a) la directive du Conseil n° 2011/96/UE du 30 novembre 2011 concernant le régime fiscal commun applicable aux sociétés mères et filiales d'États membres différents (procédant à la refonte de la

(33) Sur la faculté pour les États membres de tenir un registre central des aides *de minimis*, V. Règl. UE, 18 déc. 2013, préc., art. 6, § 2, et Règl. UE, 15 déc. 2006, préc., art. 3, § 2).

(34) Qui a remplacé, sans changement au fond, le règlement (CE) n° 800/2008 de la Commission du 6 août 2008 déclarant certaines catégories d'aides compatibles avec le marché commun en application des articles 87 et 88 du Traité CE (Règlement général d'exemption par catégorie).

directive initiale ayant le même objet, n° 90/435/CEE du 23 juillet 1990). Dans le but de « faciliter les regroupements de sociétés à l'échelle communautaire », cette directive tend, en résumé, à supprimer la double imposition des bénéfices distribués sous forme de dividendes par une société filiale à sa société mère (ou un établissement stable de cette dernière) située dans un autre État membre[35] ;

b) la directive du Conseil n° 2016/1164/UE du 12 juillet 2016 établissant des règles pour lutter contre les pratiques d'évasion fiscale qui ont une incidence directe sur le fonctionnement du marché intérieur ou directive « ATAD » (pour *Anti tax avoidance directive*)[36].

Adoptée à la suite des travaux conduits par l'OCDE et approuvés par le G 20[37] relativement à la lutte contre l'érosion de la base d'imposition et le transfert de bénéfices (« BEPS » pour *Base erosion and profit shifting*) et en réponse aux demandes de plusieurs États membres, cette directive concrétise une approche résolument plus ferme pour lutter, au niveau de l'Union européenne, contre les pratiques fiscales abusives auxquelles se livrent les entreprises. À cet effet, la directive ATAD impose[38] aux États membres d'introduire dans leur législation relative à l'IS (art. 1er) :

– à compter du 1er janvier 2019 :

• un mécanisme de limitation forfaitaire de la déduction des charges financières nettes des entreprises non financières[39] ;

• une clause anti-abus générale applicable dans la fiscalité des sociétés[40] ;

• un dispositif concernant les sociétés étrangères contrôlées (FCC) permettant, sous certaines conditions, de comprendre dans la base d'imposition d'une société les revenus non distribués d'une entité étrangère qu'elle contrôle et qui est faiblement imposée[41] ;

• un mécanisme « anti-hybride »[42] prévoyant notamment que, lorsqu'un « dispositif hybride » (au sens défini à l'art. 2, § 9) pourrait permettre une double déduction, « la déduction est accordée uniquement dans l'État membre d'origine du paiement »[43] ;

– à compter du 1er janvier 2019, une *exit tax* des entreprises (art. 5).

• En revanche, les dispositions proposées par la Commission européenne relatives à la promotion des clauses de *switch over* ont été abandonnées[44].

c) la directive du Conseil n° 90/434/CEE du 23 juillet 1990, pour un régime fiscal commun applicable aux fusions, scissions, apports d'actifs et échanges d'actions intéressant des sociétés d'États membres différents. Cette directive prévoit, pour l'essentiel, le report, jusqu'à leur réalisation effective, de l'imposition des plus-values afférentes aux biens apportés dans le cadre de restructurations « intracommunautaires » de sociétés ;

d) la directive du Conseil n° 2003/49/CE, du 3 juin 2003, concernant un régime fiscal commun applicable aux paiements d'intérêts et de redevances effectués entre des sociétés associées d'États

(35) La directive « mère-fille » de 2011 a été modifiée à plusieurs reprises et notamment par la directive n° 2014/86/UE du 8 juillet 2014 et par la directive n° 2015/121/UE du 27 janvier 2015 (ces deux textes ayant eu pour objet d'introduire des règles tendant à prévenir les abus dans l'application du régime mère-fille).

(36) Sur cette directive, V. E. Raingeard de la Blétière et V. Leroy, *Adoption formelle de la directive anti-évasion : premier aperçu* : *Dr. fisc.* 2016, n° 29, étude 424.

(37) Réunion du G 20 16 novembre 2015 à Antalya.

(38) Les dispositions de cette directive ne sauraient faire obstacle à « l'application de dispositions nationales ou conventionnelles visant à préserver un niveau plus élevé de protection des bases d'imposition nationales » pour l'IS (art. 3).

(39) Dir. ATAD, art. 4. Sur le dispositif existant déjà sur ce point en droit interne français, V. *infra*, n° 1680.

(40) Dir. ATAD, art. 6. Sur le dispositif général de répression de l'abus de droit fiscal existant déjà en droit interne français, V. *supra*, n° 950.

(41) Dir. ATAD, art. 7 et 8. Sur le dispositif similaire existant déjà en droit interne français, V. *infra*, nos 1647 et s.

(42) La proposition initiale de la Commission européenne contenait une disposition imposant aux États membres de retenir une qualification unique pour les entités et les instruments « hybrides », la qualification retenue par l'État membre d'origine du flux positif ou négatif se rattachant à l'entité ou à l'instrument en cause s'imposant à l'autre État membre. Cette proposition n'a pas été retenue.

(43) Dir. ATAD, art. 9 et, pour la définition des « dispositifs hybrides », art. 2, § 9. Aucun dispositif équivalent n'existe actuellement en droit français.

(44) Ces clauses conduisent à ce que, pour certains revenus en provenance d'État tiers où ils sont faiblement imposés, l'élimination de la double imposition ne s'opère plus par la voie de l'exonération (pouvant conduire, en fait, à une double exonération) mais par celle de l'imputation de l'impôt étranger sur l'impôt dû. Cette proposition, qui se rapportait à la politique conventionnelle de chaque État membre, était d'une autre nature que les propositions adoptées qui relèvent toutes de leur droit interne.

membres différents. Ce texte pose, en résumé, que les paiements d'intérêts et de redevances, échus dans un État membre, sont exonérés de toute imposition dans cet État, lorsque le bénéficiaire des intérêts ou redevances est une société ou un établissement stable d'une société européenne situé dans un autre État membre ;

e) la Convention relative à l'élimination des doubles impositions en cas de correction des bénéfices d'entreprises associées (dénommée en pratique « convention d'arbitrage ») signée entre les États membres le 23 juillet 1990. Cette convention, entrée en vigueur en février 1995, institue une procédure arbitrale destinée à éliminer les doubles impositions découlant de la mise en œuvre de procédures de répression des prix de transfert dans les relations entre sociétés européennes. Lorsqu'un cas de double imposition se produit (et qu'il n'est pas réglé au niveau interne ou par la voie d'un accord amiable entre les autorités fiscales concernées), la convention prévoit la saisine d'une commission consultative chargée d'émettre un avis (non contraignant) sur la façon d'éliminer la double imposition (V. le « code de conduite » du 26 juillet 2006 pour la mise en œuvre de cette Convention).

2) Le bilan actuel de l'harmonisation de la fiscalité directe des entreprises apparaît d'autant plus décevant que, depuis la création des Communautés européennes, le rapprochement des législations en cette matière est, aux yeux de la Commission européenne, un enjeu fondamental de l'établissement et de l'achèvement du marché intérieur. On peut être frappé, à cet égard, par le nombre d'initiatives européennes restées lettre morte.

Ainsi, à partir de 1975, la Commission européenne a présenté différentes propositions de directives « techniques » en matière d'IS. Celles-ci ont toutes été retirées. Plus ambitieux, un « projet de proposition » se rapportant à l'harmonisation de l'assiette fiscale des entreprises a été élaboré en 1988. Il n'a jamais été présenté en raison des réserves émises par certains États membres. Plus récemment, une proposition de directive élaborée en 1990, relative à un régime de prise en compte par les sociétés des pertes subies par leurs filiales et leurs établissements stables situés dans d'autres États membres, a été, à son tour, et pour les mêmes raisons, retirée.

1597. – **Stratégie nouvelle dans l'impasse.** 1) En octobre 2001, soutenue par les grands États membres continentaux, la Commission européenne avait souhaité relancer le processus d'harmonisation en matière d'impôt sur les sociétés.

À côté des mesures techniques (consistant dans la reformulation de propositions déjà envisagées ou dans le renforcement de dispositifs existants), cette « stratégie nouvelle » reposait sur un projet ambitieux qui, en raison des obstacles rencontrés, avait été scindé en deux éléments distincts (alors qu'il s'agissait à l'origine d'une simple alternative) :

a) le premier projet envisagé consistait dans la mise en place d'un dispositif permettant l'établissement de l'assiette de l'impôt sur les sociétés des entreprises transeuropéennes selon les règles de l'État du siège (ou de la résidence). Cette assiette unique (mais non commune) aurait été répartie (selon des critères à définir) entre l'État de résidence et les États d'accueil. Déclarées dans chaque État, les assiettes partielles auraient été frappées au taux d'imposition étatique « local » ;

Ayant fait l'objet d'une analyse approfondie en 2003, cette initiative a suscité des réserves. Elle supposait en effet la reconnaissance mutuelle par les États membres de leurs règles fiscales. Elle semble aujourd'hui mise entre parenthèses (V. le « non paper » de la Commission de septembre 2004 portant sur ce sujet).

S'il avait pu prospérer, ce dispositif de *home taxation* aurait été facultatif et, en tout état de cause, applicable aux seules sociétés transeuropéennes répondant à la définition européenne des PME (V. *infra*, n° 1595). Il aurait pu prendre la forme d'un système expérimental d'une durée de cinq ans suivi d'une évaluation.

b) soutenu par la France et l'Allemagne, le second projet pouvait sembler moins mal engagé. Il aurait consisté à poser – au niveau européen – des règles harmonisées organisant un régime optionnel d'intégration fiscale transeuropéenne. Il aurait comporté deux volets parallèles :

– de règles uniformes de définition des périmètres des groupes de sociétés intégrés européens ;

– de règles uniformes de détermination du résultat fiscal consolidé de ces mêmes groupes.

Naturellement, la base d'imposition consolidée aurait dû être répartie entre les différents États membres intéressés. Ainsi que la Commission l'avait rappelé avec une grande constance, le taux d'imposition appliqué par ces États à leur quote-part dans cette base d'imposition « uniforme » devait rester déterminé librement par chacun d'eux.

Cette assiette uniforme, dénommée « assiette commune consolidée pour l'impôt des sociétés », a donné son nom à l'ensemble de ce projet ambitieux (ACCIS).

À l'automne 2004, le Conseil des ministres des États membres de l'Union européenne chargés de l'économie et des finances avait donné son accord informel à la mise en place d'un groupe de travail sur cette question. Celui-ci, composé à titre principal d'experts de la Commission européenne et des États membres, s'est réuni tous les trimestres. Ses travaux ont été périodiquement rendus publics, les positions des experts des États membres ne préjudiciant pas de la position politique qui pourrait être défendue ultérieurement par leurs gouvernements respectifs.

L'intérêt de l'option pour ce régime européen de consolidation aurait été multiple :

– réduction, pour les groupes transeuropéens (actuellement soumis à des législations fiscales et comptables différentes), des coûts administratifs et comptables de « mise en conformité », ce qui aurait été de nature à renforcer la compétitivité des entreprises transeuropéennes ;

– simplification (pour l'application des dispositifs relatifs aux prix de transfert) de l'appréciation des coûts de transaction intragroupe au sein de l'Union européenne ;

– simplification des opérations de restructurations intra-européennes ;

– suppression de toute imposition des flux financiers intervenant entre sociétés d'un même groupe (et élimination corrélative de tout risque de double imposition) ;

– amélioration des comparaisons des taux effectifs d'imposition appliqués par les différents États membres (les taux « apparents » ne donnant – compte tenu des différences substantielles en matière de détermination des bases d'imposition – qu'une indication très imparfaite de la pression fiscale réelle sur les bénéfices des entreprises). À plus long terme, l'ACCIS aurait sans doute été de nature à favoriser le rapprochement spontané des taux d'imposition retenus par les États membres(45).

2) Ayant pu apparaître comme un peu enlisé(46), le projet ACCIS a franchi une étape décisive avec la publication par la Commission européenne, le 16 mars 2011, de la proposition de directive du Conseil concernant une assiette commune consolidée pour l'impôt sur les sociétés.

Sur le plan technique, l'élaboration de ce projet a soulevé un nombre considérable de questions tenant aux conditions de détermination du périmètre de consolidation, aux principes de

(45) En outre, s'agissant notamment du cas français, la mise en place de l'ACCIS aurait réglé (pour l'avenir) la question, à l'époque discutée, de la compatibilité avec le droit de l'Union européenne du régime national de l'intégration fiscale (V. *infra*, nos 1623 et 1624).

(46) La proposition de directive était attendue pour l'automne 2008. Un document de travail publié par la Commission européenne le 26 juillet 2007 indiquait sur ce point qu'« une proposition relative à l'ACCIS pourrait se présenter sous la forme d'une proposition de directive fondée sur l'article 94 du Traité CE, qui requiert l'unanimité au Conseil ». Présentée au printemps 2008 comme une priorité de la présidence française de l'Union européenne, la question de l'harmonisation de la fiscalité directe des sociétés est finalement passée au second plan (en raison, d'abord, des difficultés tenant à la ratification du traité de Lisbonne puis, à compter de septembre 2008, de la grave crise financière internationale).

détermination du résultat consolidé (notamment en termes de territorialité et de charges déductibles). À cet égard, la proposition de la Commission fait intervenir une assiette large (et en tout cas plus large que celle résultant du droit interne français) devant permettre, sans doute, d'appliquer des taux d'imposition modérés sans nuire au rendement de l'impôt.

Par ailleurs, la proposition de directive comporte (outre un volet procédural important), le mécanisme de répartition, entre les États membres intéressés, de cette assiette commune consolidée. Présentée comme « juste et équitable », la formule de répartition proposée repose sur trois critères principaux (retenus moyennant une pondération identique) tenant respectivement au montant du chiffre d'affaires (1/3), à l'importance de la main d'œuvre – masse salariale (1/6) et nombre de salariés (1/6) – et à la valeur des immobilisations corporelles (1/3).

3) Compte tenu de la condition d'unanimité requise pour les questions fiscales, l'avenir de l'harmonisation européenne de l'assiette de l'impôt sur les sociétés était naturellement chargé de lourdes incertitudes.

1598. – Relance de l'ACCIS. Consciente de l'enlisement du projet ACCIS, la Commission européenne s'est attelée en 2015 à sa relance. Dans une communication au Parlement européen et au Conseil présentant ses actions prioritaires pour la fiscalité des sociétés[47], la Commission européenne a précisé les deux évolutions que pourrait connaître sa proposition initiale :

1) alors que la proposition de directive du 16 mars 2011 avait conçu l'ACCIS comme un dispositif optionnel pour l'ensemble des entreprises, la nouvelle proposition pourrait retenir son caractère obligatoire pour les grandes entreprises ;

Ce revirement tient à la considération que les entreprises multinationales pourraient – pour des considérations de planification fiscale – ne pas choisir d'appliquer l'ACCIS, ce qui limiterait l'efficacité de ce dispositif comme instrument de prévention des transferts de bénéfices.

2) la nouvelle priorité serait d'établir une assiette commune « simple » (*i.e.* « non-consolidée » pour l'impôt sur les sociétés. La mise en œuvre du mécanisme de consolidation des résultats des entreprises au niveau européen, qui était au cœur de la proposition de 2011, ne serait plus qu'un objectif à moyen terme, dans le cadre d'une démarche progressive en deux temps.

La nouvelle proposition pourrait retenir, dans l'intervalle, un mécanisme de compensation transfrontière des pertes.

La Commission européenne n'a pas donné d'indications précises concernant la date à laquelle une nouvelle proposition de directive ACCIS pourrait officiellement être formulée (même s'il a été envisagé qu'elle pourrait l'être avant la fin de l'année 2016).

Même si l'adoption récente de plusieurs directives ambitieuses (et hautement salutaires) dans le domaine de la fiscalité directe des entreprises[48] constitue un élément très encourageant, il est difficile de livrer un pronostic sur l'avenir de l'ACCIS.

On ne peut exclure qu'une nouvelle proposition puisse, à tout le moins, déboucher *in fine* sur une « coopération renforcée » entre les États membres prêts à s'engager autour de la France et l'Allemagne dans cette voie[49].

(47) Communication du 17 juin 2015 sur « Un système d'imposition des sociétés juste et efficace au sein de l'Union européenne : cinq domaines d'actions prioritaires ».

(48) Directive sur l'échange automatique de *rulings* (V. *supra*, n° 1012, 2), directive introduisant une clause « anti-abus » dans le régime mère-fille (V. *supra*, n° 1662, 1) et directive ATAD (V. *supra*, n° 1596).

(49) Traité UE, art. 20. Même si elle ne progresse que très lentement, une perspective encourageante s'est ouverte le 22 janvier 2013, date à laquelle le Conseil européen a (après le Parlement européen) autorisé à la majorité qualifiée l'engagement d'une procédure de coopération renforcée en matière de taxe sur les transactions financières. Cette coopération renforcée, qui devrait associer dix États membres (France, Allemagne, Italie, Espagne, Portugal, Autriche,

1599. – Poids de l'impôt sur les sociétés. L'impôt sur les sociétés est un impôt d'État.

Sur les prélèvements complémentaires affectés à la sécurité sociale, V. *infra*, n° 1708.

Frappant un peu plus de 2 millions d'entreprises en 2015 (contre 1,9 et 2 en 2013 et 2014, respectivement), il constitue en France (après la taxe sur la valeur ajoutée et l'impôt sur le revenu), la troisième ressource fiscale étatique. Sensible à la conjoncture économique, son produit est assez fluctuant.

ANNÉE	2006	2007	2008	2009	2010	2011	2012	2013	2014	2015	2016
Produit net (Md€)	45,2	46,8	52	31,6	35,4	40,2	37,3	47,2	35,3	33,5	57,5

Ces données (qui diffèrent très sensiblement des éléments statistiques figurant dans les rapports annuels d'activité de la DGFiP) correspondent, sauf pour 2016, aux produits annuels d'IS *nets des remboursements et dégrèvements* arrêtés par les lois de règlement des comptes. Pour 2016, il s'agit de l'évaluation du *produit brut* de l'impôt résultant de la loi de finances initiale, les remboursements et dégrèvements d'IS n'y étant pas évalués isolément.

Les remboursements et dégrèvements d'IS sont toujours très importants. Ils se sont élevés à plus de 26 Md€ en 2015 (contre 22 Md€ en 2014 et 15 Md€ en 2013), soit près de la moitié du produit brut de l'impôt – ces chiffres traduisant la montée en puissance du CICE (V. sur ce point *infra*, n° 1567).

On peut observer que la conjoncture économique désastreuse a entraîné, à partir de 2009, une chute significative du produit net de l'IS.

SECTION 2

LE CHAMP D'APPLICATION DE L'IMPÔT SUR LES SOCIÉTÉS

SOUS-SECTION 1

LE CHAMP D'APPLICATION PERSONNEL DE L'IMPÔT SUR LES SOCIÉTÉS

1600. – Forme sociale ou lucrativité. 1) Les règles concernant le champ d'application personnel de l'impôt sur les sociétés sont d'une grande complexité. Celle-ci tient à l'hésitation qui semble avoir présidé au choix des critères légaux déterminant le champ d'application de l'impôt[50].

a) En effet, le champ d'application personnel de l'impôt sur les sociétés semble prioritairement déterminé en fonction de considérations organiques, exclusivement liées à la forme juridique de la personne morale en cause. La loi fiscale affirme ainsi, dans les toutes premières dispositions concernant cet impôt, le principe suivant : « sont passibles de l'impôt sur les sociétés, quel que soit leur objet, les sociétés

Belgique, Slovaquie, Grèce, Slovénie), serait la première en matière de fiscalité dans l'histoire de la construction européenne.

(50) CGI, art. 206.

anonymes, les sociétés en commandite par actions, les sociétés à responsabilité limitée n'ayant pas opté pour le régime fiscal des sociétés de personnes [ou encore] les sociétés coopératives et leurs unions [...] »[51]. À l'inverse, d'autres entités (les sociétés en nom collectif, les sociétés civiles, les sociétés en participation, les groupements d'intérêt public, par exemple), ne sont soumises à l'impôt sur les sociétés « que s'ils optent pour leur assujettissement à cet impôt »[52].

Un élément supplémentaire de complexité est que, dans cette perspective organique, la loi fiscale fait référence à des catégories juridiques du droit français. Il semble acquis qu'il convient de les appliquer par transposition aux sociétés constituées sous l'empire d'une loi étrangère.

b) La loi fiscale complète toutefois ce critère organique en lui associant un critère matériel. C'est ainsi, d'abord, que certaines entités publiques (les établissements publics, les organismes de l'État jouissant de l'autonomie financière, les organismes des collectivités territoriales) ne sont passibles de l'impôt sur les sociétés que si elles se livrent « à une exploitation ou à des opérations de caractère lucratif »[53]. Dans cet ordre d'idées, les sociétés civiles sont passibles de l'impôt sur les sociétés « si elles se livrent à une exploitation ou à des opérations [de caractère commercial] »[54].

c) Mais la loi applique parfois un critère exclusivement matériel : sont passibles de l'impôt sur les sociétés « toutes autres personnes morales se livrant à une exploitation ou à des opérations de caractère lucratif »[55].

Les sociétés poursuivant toujours, quel que soit leur objet civil ou commercial, un but lucratif, il semble que cette règle d'imposition ne devrait pouvoir s'appliquer qu'à des entités autres que les sociétés civiles ou commerciales (V. toutefois, *infra*, n° 1601).

2) Du fait de cette complexité, le droit positif ne peut être présenté qu'en étudiant tour à tour les principes applicables (§ 1), puis les dérogations dont ils sont assortis (§ 2). Le dispositif applicable aux groupes de sociétés intégrés mérite un exposé particulier (§ 3).

§ 1. – Les principes

1601. – Sociétés de personnes et sociétés de capitaux. Les principes relatifs au champ d'application personnel de l'impôt sur les sociétés reposent essentiellement sur la distinction entre les sociétés de personnes et les sociétés de capitaux[56].

Fondamentale en matière fiscale, l'opposition entre sociétés de personnes et sociétés de capitaux porte ses effets au-delà des modalités d'imposition des bénéfices sociaux ou, évidemment, du régime d'imposition des revenus des associés. Le régime fiscal des constitutions de sociétés demeure ainsi structuré sur la base de cette distinction.

Il en résulte, en vertu des règles de droit commun, des conséquences opposées : à la différence des sociétés de personnes, les sociétés de capitaux sont passibles de plein droit de l'impôt sur les sociétés. Cet assujettissement ou ce

(51) CGI, art. 206, 1.
(52) CGI, art. 206, 3.
(53) CGI, art. 206, 1.
(54) CGI, art. 206, 2.
(55) CGI, art. 206, 1.
(56) Sur l'imposition à l'IS des autres entités publiques ou privées, V. *infra*, n°s 1610 et s.

non-assujettissement peut parfois être écarté, dans l'un ou l'autre cas, par le biais d'une option fiscale.

1) Cette distinction s'applique aux sociétés françaises comme aux sociétés étrangères et, en présence d'une société étrangère susceptible d'être imposée en France, le juge fiscal doit exclusivement s'attacher à déterminer dans quelle catégorie du droit français la société étrangère peut le mieux être rangée.

2) Le Conseil d'État a solennellement affirmé ce principe dans l'arrêt *Société Artémis* rendu en 2014 par la plénière fiscale du contentieux : lorsqu'il est saisi d'un litige portant sur le traitement fiscal d'une opération impliquant une société de droit étranger, « il appartient au juge de l'impôt (...) d'identifier d'abord, au regard de l'ensemble des caractéristiques de cette société et du droit qui en régit la constitution et le fonctionnement, le type de société de droit français auquel la société de droit étranger est assimilable »(57) ; il lui revient ensuite, compte tenu de ces constatations, « de déterminer le régime applicable à l'opération litigieuse au regard de la loi fiscale française »(58). L'assimilation doit, en d'autres termes, s'opérer au regard des seules règles du droit des sociétés étranger – à l'exclusion radicale du droit fiscal étranger(59) qui ne doit aucunement influer sur le « processus d'assimilation »(60).

Une décision ultérieure fait ressortir que le critère fondamental de comparaison doit être l'étendue et les caractères de la responsabilité des associés à l'égard des dettes sociales(61) et, corrélativement, le degré de liberté concernant la cessibilité des parts sociales(62).

3) La jurisprudence antérieure du Conseil d'État n'était pas exactement en ce sens. La Haute juridiction administrative semblait en effet appliquer un même raisonnement en deux temps à l'ensemble des entités étrangères, sans distinguer selon qu'il s'agissait de sociétés (civiles ou commerciales) ou d'autres entités. Ainsi, les personnes morales étrangères pouvaient (sous réserve des règles de territorialité) être assujetties à l'IS français dans les deux hypothèses suivantes :

– la personne morale étrangère devait, compte tenu de ses caractéristiques juridiques, être assimilée à une société de capitaux française(63) ;

– à défaut, la personne morale étrangère avait un objet lucratif ou se livrait à des opérations présentant ce caractère(64). On pouvait penser que l'application de ce dernier critère en présence d'une société n'était pas d'une parfaite rigueur, dans la mesure où il n'aurait pas été applicable à une société de droit français(65) – comme le fait ressortir l'arrêt *Société Artémis*.

---

(57) CE, plén., 24 nov. 2014, n° 363.556, *Sté Artémis : Dr. fisc.* 2015, n° 3, comm. 57, concl. E. Cortot-Bouchet, note Ph. Derouin, à propos d'une *general partnership* américaine, assimilée à une société de personnes – ce qui n'apparaît pas parfaitement cohérent avec les principes méthodologiques dégagés par l'arrêt.

(58) Même arrêt.

(59) Cette exclusion radicale a été ultérieurement, s'il en était besoin, confirmée : commet ainsi une erreur de droit le juge du fond qui, pour juger qu'une société étrangère est assimilable à une société de capitaux française et se trouve, partant, assujettie de plein droit à l'IS français, se fonde sur le régime fiscal qui lui est applicable dans l'État où elle a été constituée (CE, 27 juin 2016, n° 386.842, *Sté Emerald Shores*, encore inédit, à propos d'une *limited liability company* des États-Unis).

(60) Le fondement de cette solution de principe a été éclairé par V. Daumas : le Conseil d'État n'a « laissé aucune place, dans ce raisonnement, à la prise en compte de la loi fiscale étrangère, maintenant intacte la souveraineté de la loi fiscale nationale » (concl. sur CE, 2 févr. 2015, n° 370.385, *Min. c/Pastor : Dr. fisc.* 2015, n° 16, comm. 287).

(61) Le constat de la limitation de la responsabilité des associés devrait conduire à assimiler la société en cause – indépendamment de son activité et de son objet – à l'une ou l'autre des sociétés relevant, en droit fiscal, de la catégorie des sociétés de capitaux. À l'inverse, en présence d'un régime de responsabilité indéfinie et solidaire, l'assimilation à une société relevant fiscalement de la catégorie des sociétés de personnes devrait toujours s'imposer.

(62) CE, 2 févr. 2015, n° 370.385, *Min. c/Pastor : Dr. fisc.* 2015, n° 16, comm. 287, concl. V. Daumas, note M. Buchet, assimilant, très logiquement, une *sociedad de responsabilidad limitada* de droit espagnol ayant un associé unique à une EURL française.

(63) V. par ex., à propos des sociétés anonymes de droit panaméen, CE, 16 déc. 1991, n° 54.611, *Sté Ressources management corporation : RJF* 02/1992, n° 245, relevant seulement « qu'en application des dispositions de l'article 206-1 du Code général des impôts alors en vigueur, la société anonyme [requérante], dont le siège est à Panama, était passible de l'impôt sur les sociétés (...) ». On peut regretter ici que le juge fiscal n'ait pas été plus prolixe dans le développement des motifs le conduisant à retenir une telle assimilation.

(64) CE, 24 mai 2006, n° 278.737, *Min. c/Sté immobilière Saint-Charles : Dr. fisc.* 2006, n° 50, comm. 785, concl. E. Glaser.

(65) Il aurait plus logique de rechercher, dans ce cas, si la société étrangère ne peut être assimilée à une société civile à objet commercial (V. *infra*, n° 1609, 3).

A. – L'assujettissement des sociétés de capitaux

1602. – **Sociétés par actions et SARL.** Les sociétés de capitaux sont celles où le gage des tiers créanciers est essentiellement constitué par les capitaux sociaux. Ces sociétés forment un écran entre leurs associés – dont la responsabilité est limitée au montant de leurs apports – et les créanciers sociaux. Cette solution trouve un prolongement fiscal : dites « opaques », ces sociétés sont en principe passibles de plein droit de l'impôt sur les sociétés, indépendamment de leur objet et de la nature de leur activité. Tel est le cas, pour l'essentiel :

- des sociétés anonymes (SA) ;
- des sociétés par actions simplifiées (SAS) ;

La société par actions simplifiée est légalement assimilée à une société anonyme pour l'application de l'ensemble des dispositions du CGI et de ses annexes[66].

- des sociétés en commandite par actions (SCA) ;
- des sociétés à responsabilité limitée et des entreprises unipersonnelles à responsabilité limitée (EURL) dont l'associé unique est une personne morale.

Ces sociétés se voient normalement reconnaître une pleine personnalité fiscale : sous réserve des exonérations légales (V. *infra*, nos 1617 et s.), les bénéfices qu'elles réalisent sont frappés par l'impôt sur les sociétés, qui les atteint directement et personnellement.

Certaines de ces sociétés peuvent toutefois, sous certaines conditions, opter pour le régime des sociétés de personnes (V. *infra*, n° 1612). Par ailleurs, leur personnalité fiscale peut s'atténuer lorsqu'elles appartiennent à un groupe fiscalement intégré (V. *infra*, nos 1620 et s.).

Conformément à la doctrine fiscale dominante, ces sociétés seront globalement désignées dans la suite des développements, sous l'expression « sociétés de capitaux ».

L'appellation de sociétés de capitaux est impropre à l'égard des SARL qui sont plutôt conçues, en droit des sociétés, comme des sociétés de personnes.

Sous réserve des exonérations légales, l'IS s'applique également :

- aux sociétés coopératives et leurs unions ;
- aux sociétés d'exercice libéral[67] qui, en dépit du caractère civil de leur activité, peuvent avoir alternativement la forme de SA (SELAFA), de SAS (SELAS), de société en commandite par actions (SELCA) ou de SARL (SELARL) ;
- aux sociétés anonymes européennes (*societas europaea*). En effet, le règlement communautaire du 8 octobre 2001 relatif au statut de la société européenne[68] prévoit que le capital de ces personnes morales est divisé en actions et que chaque actionnaire ne s'engage qu'à concurrence du capital qu'il a souscrit (art. 1er, § 2).

En revanche, les EURL dont l'associé unique est une personne physique relèvent normalement du régime des sociétés de personnes[69]. Il en va de même (à supposer qu'elles aient la forme de sociétés de capitaux) des sociétés immobilières de copropriété (V. *infra*, n° 1603) qui « sont réputées, quelle que soit leur forme juridique, ne pas avoir de personnalité distincte de celle de leurs membres pour l'application [notamment] des impôts directs »[70].

---

(66) CGI, art. 1655 quinquies.
(67) L. 31 déc. 1990 relative à l'exercice sous forme de sociétés des professions libérales.
(68) *JOUE* n° L 294, 10 nov. 2001, p. 1.
(69) CGI, art. 206, 1 et 3, e, *a contrario*.
(70) CGI, art. 1655 ter.

B. – Le non-assujettissement des sociétés de personnes

1603. – **Sociétés de personnes et sociétés civiles.** 1) Les sociétés de personnes sont celles où le gage des créanciers est essentiellement constitué par le patrimoine des associés, qui sont personnellement et indéfiniment responsables à l'égard des tiers. Cette considération générale se prolonge en droit fiscal : ces sociétés sont, en principe, non passibles de l'impôt sur les sociétés. Elles se voient reconnaître une personnalité fiscale limitée qui laisse entrevoir celle, plus étendue, de leurs associés. C'est la raison pour laquelle elles sont souvent qualifiées (par opposition, tout à la fois, aux sociétés « transparentes » et aux sociétés « opaques ») de sociétés « semi-transparentes » ou « translucides ».

Les sociétés de personnes sont parfois qualifiées en doctrine de sociétés « soumises à l'impôt sur le revenu ». Parfois utilisée par le législateur lui-même[71], cette expression est, pour deux raisons, passablement impropre. En premier lieu, ce sont les associés (et non la société elle-même) qui sont passibles de l'impôt au titre des résultats sociaux. En second lieu, les résultats d'une société de personnes seront imposés à l'IS, à proportion des droits détenus dans ladite société par une société passible de cet impôt. On peut admettre plus facilement, en revanche, l'usage de l'expression de sociétés « relevant de l'impôt sur le revenu » également utilisée en législation[72].

En 2009, on évaluait à environ 240 000 entités le nombre de sociétés de personnes. Leur résultat cumulé était estimé à plus de 25 Md€.

2) Les types de sociétés relevant de la catégorie des sociétés de personnes sont nombreux.

Les principales formes qu'elles peuvent revêtir sont les suivantes :

– les sociétés en nom collectif ;

– les sociétés civiles[73], sauf si elles ont un objet commercial (V. *infra*, n° 1609, 3) ;

– les sociétés en commandite simple[74], pour la part des résultats correspondant aux droits des associés commandités (V. *infra*, n° 1609, 1, pour le cas des associés commanditaires) ;

– les EURL dont l'associé unique est une personne physique (pour le cas inverse, V. *supra*, n° 1602) ;

Les entrepreneurs individuels ont la faculté de constituer une entreprise individuelle à responsabilité limitée ou EIRL[75]. Dans l'état initial du droit, ces EIRL, lorsqu'elles relevaient d'un régime réel d'imposition, étaient fiscalement assimilées de plein droit et obligatoirement au régime fiscal des EURL (ou des EARL) dont l'associé unique est une personne physique[76]. Normalement passible de l'IR, l'entrepreneur individuel à responsabilité limitée pouvait donc, en particulier, opter pour l'IS.

La première loi de finances rectificative pour 2011[77] a modifié ces règles en profondeur. Depuis cette loi, l'EIRL n'est fiscalement assimilée à une EURL (ou une EARL) dont l'associé unique est une

(71) CGI, art. 885 O.
(72) CGI, art. 182 B.
(73) Sur le cas des exploitations agricoles à responsabilité limitée (EARL), qui ont légalement la forme de sociétés civiles (C. rur. pêche marit., art. L. 324-1), V. *infra*.
(74) Au regard du droit des sociétés, les sociétés de libre partenariat (L. 6 août 2015 pour la croissance, l'activité et l'égalité des chances économiques ou L. « Macron », art. 145) constituent une forme particulière de sociétés en commandite simple. Pour autant, ces sociétés relèvent au plan fiscal du régime des fonds professionnels de capital investissement (FPCI) constitués sous la forme de fonds commun de placement (CGI, art. 1655 sexies A). Ayant le mérite de faire appel à un cadre fiscal connu et maîtrisé par les investisseurs institutionnels, cette solution a été préférée à celle, initialement envisagée, d'instituer à l'égard de ces sociétés un nouveau cas de transparence fiscale (V. *infra*, n° 1603).
(75) L. 15 juin 2010, relative à l'entrepreneur individuel à responsabilité limitée.
(76) CGI, art. 1655 sexies, anc.
(77) L. 29 juill. 2011, art. 15.

personne physique que sur option de l'entrepreneur individuel – cette option étant irrévocable et valant de plein droit option pour l'IS. Les EIRL ayant opté pour l'IS avant cette loi sont légalement réputées avoir opté pour l'assimilation à une EURL (ou une EARL) et demeurent donc soumises à l'IS.

C'est un des rares cas où une personne physique peut être passible de l'IS (V. également *infra*, n° 1714 *in fine*).

– les sociétés en participation pour la part des bénéfices correspondant aux droits des associés indéfiniment responsables et connus de l'administration (V. *infra*, n° 1609, 2) et les sociétés créées de fait.

Conformément à l'usage dominant, ces sociétés seront globalement désignées dans la suite des développements, sous l'expression « sociétés de personnes ».

Relèvent également de la catégorie des sociétés de personnes :

– de nombreuses formes d'exploitation du secteur agricole[78] ou forestier et, notamment, les groupements agricoles d'exploitations en commun (GAEC) et les exploitations agricoles à responsabilité limitée (EARL). Les EARL ont légalement la forme de sociétés civiles (V. *supra*). Qu'elles aient un associé unique ou plusieurs associés (qui sont nécessairement des personnes physiques) et, quels que soient, dans ce second cas, les liens familiaux existant entre eux[79], les EARL relèvent sur le plan fiscal du régime des sociétés de personnes[80] ;

– les sociétés civiles professionnelles (SCP) et les sociétés civiles de moyens (SCM) ;

– les groupements d'intérêt économique ;

– les groupements d'intérêt public ;

– les copropriétés de navire ;

– les copropriétés de chevaux de course ou d'étalon.

Les sociétés civiles de placement immobilier relèvent légalement du régime des sociétés de personnes même si elles ont la forme de sociétés de capitaux[81]. Par ailleurs, les résultats des sociétés immobilières de copropriété (sociétés « transparentes » en application de l'article 1655 ter du CGI) sont fiscalement traités comme ceux des sociétés de personnes[82].

Ces sociétés et groupements ne relèvent du régime des sociétés de personnes que s'ils fonctionnent conformément au statut légal qui, le cas échéant, les organise[83].

1604. – Principes d'imposition des résultats des sociétés de personnes. Les sociétés de personnes ne se voient reconnaître qu'une personnalité fiscale limitée[84].

C'est certes à leur niveau que sont déterminés et déclarés leurs résultats annuels. Elles ne sont pas, toutefois, personnellement soumises à l'impôt à raison de leurs bénéfices : ceux-ci sont taxés entre les mains de leurs associés – à raison de leur quote-part dans les droits de la société et indépendamment de toute appréhension de tout ou partie de ces bénéfices.

(78) On dénombrait en 2010 plus de 37 000 GAEC et près de 79 000 EARL.

(79) Depuis L. 5 janv. 2006 d'orientation agricole, art. 9. Avant cette loi, selon la doctrine administrative, seules les EARL unipersonnelles et les EARL « de famille » étaient dans ce cas. En dépit de leur forme de sociétés civiles (sans objet commercial, *a priori*), l'administration considérait qu'elles étaient passibles de plein droit de l'IS (Doc. adm. DGI, 4 H-1142, n° 7, anc.).

(80) CGI, art. 8, 5°.

(81) CGI, art. 239 septies.

(82) Les sociétés immobilières de copropriété sont légalement « réputées, quelle que soit leur forme juridique, ne pas avoir de personnalité distincte de celle de leurs membres pour l'application des impôts directs, des droits d'enregistrement (…) ainsi que des taxes assimilées » (CGI, art. 1655 ter). Sur le champ d'application de ce régime de transparence, V. CE, 26 sept. 2012, n° 342.245, *Ghislain* : *RJF* 12/2012, n° 1103 ; *BDCF* 12/2012, n° 137, concl. N. Escaut.

(83) V. CE, 18 mai 2009, n° 298.037, *Beladina* : *Dr. fisc.* 2009, n° 37, comm. 457, concl. L. Olléon, retenant l'assujettissement à l'IS d'un GIE exerçant une activité ne pouvant être regardée comme simplement auxiliaire de celle de ces membres.

(84) V. sur cette question M. Cozian, *Un sac d'embrouilles : le régime fiscal des sociétés de personnes relevant de l'impôt sur le revenu* : *Rev. sociétés* 1980, p. 217 et s., actualisé par A.-S. Peignelin, *Les Grands Principes de la fiscalité des entreprises*, Litec, 1999, doc. 22. – O. Négrin, *Le particularisme fiscal des sociétés de personnes* : *Dr. fisc.* 2015, n° 23, étude 385. – P. Serlooten, *Faut-il sauver le régime fiscal de « semi-transparence » des sociétés de personnes ?* : *Dr. fisc.* 2007, n° 27, comm. étude 700.

1) Ainsi, les associés des sociétés de personnes sont personnellement soumis à l'impôt sur le revenu pour la part de bénéfices sociaux correspondant à leurs droits dans la société[85].

De même, les sociétés (et autres personnes morales ou entités) passibles de l'IS sont personnellement soumises à cet impôt à raison de la part des bénéfices correspondant aux droits qu'elles détiennent en qualité d'associées de sociétés de personnes ou de membres de groupements assimilés[86].

2) Ce principe connaît des exceptions. Ainsi, par exemple, les sociétés de personnes sont personnellement tenues au paiement de l'IR dû à raison des plus-values immobilières (et des gains assimilés) et des plus-values de cession de biens meubles qu'elles réalisent[87].

3) Cet affaiblissement au plan fiscal de la personnalité juridique des sociétés de personnes suscite une difficulté particulière pour l'application des règles de territorialité de l'impôt. Précisant sa jurisprudence antérieure[88], le Conseil d'État considère que, dès lors que les sociétés de personnes ont une personnalité distincte de celle de leurs membres et exercent une activité qui leur est propre, les bénéfices résultant d'une activité qu'elles exercent en France y sont en principe imposables entre les mains de leurs associés – qu'ils soient, ou non, domiciliés ou établis en France[89]. Sans doute une convention fiscale peut-elle, le cas échéant, comporter des stipulations s'opposant à l'imposition en France des revenus considérés ou à ce que l'impôt dû en France à raison de ces revenus soit réclamé aux associés (ce qu'il incombe au juge fiscal de vérifier). Mais, en l'absence de telles stipulations, les clauses des conventions fiscales relatives aux revenus dénommés ne s'appliquent qu'aux revenus réalisés en propre par une société de personnes. Ces clauses ne peuvent, en conséquence, être utilement invoquées par l'associé non-résident d'une société de personnes, imposé à raison de ses droits dans la société. Il en va de même des dispositions conventionnelles relatives aux revenus non dénommés ou « clause-balai » (même arrêt). Rappelons que la « clause-balai » est ainsi conçue dans le modèle OCDE de convention fiscale (art. 21, 1) : « les éléments du revenu d'un résident d'un État contractant, d'où qu'ils proviennent, qui ne sont pas traités dans les articles précédents de la présente Convention ne sont imposables que dans cet État » (*i.e.* l'État de la résidence).

Inversement, les déficits subis par des sociétés de personnes affectent directement la situation fiscale de leurs associés : ils sont en droit d'imputer, à raison de leur quote-part dans les droits de la société, les pertes subies sur leur propre revenu, dès leur constatation, indépendamment de toute contribution effective à leur couverture.

Les pouvoirs publics avaient nourri l'ambition de réformer le régime fiscal des sociétés des personnes (qui devaient être désignées par l'expression plus large d'« entités transparentes »). Après une phase (inédite) de consultation publique (V. *supra*, n° 908), cette réforme a été insérée dans le projet de quatrième loi de finances rectificative pour 2010 (art. 12). Ayant schématiquement pour objet de renforcer la transparence des sociétés de personnes (dont le régime devait être étendu aux indivisions et aux fiducies), ce projet était d'une extrême complexité. Examiné par la Commission des finances de l'Assemblée nationale, il avait donné lieu à des propos aigres-doux. Alors qu'un membre de la Commission s'était écrié « Le Gouvernement se moque du Parlement : un article de 18 pages, comportant 370 alinéas ! Il aurait dû se trouver dans le projet de loi de finances initiale, ou un texte spécifique », G. Carrez, son rapporteur général confessait : « c'est un des dispositifs les plus compliqués que j'ai vus depuis que je suis rapporteur général ! Les services de l'État m'ont gentiment assuré qu'il était au point, parce qu'ils y travaillaient depuis quatre ans. Et nous n'aurions que quelques jours pour l'examiner ».

L'affaire était bien mal engagée et le Parlement a refusé d'adopter la réforme en l'état. Il a souhaité, au préalable, être précisément informé des incidences financières du dispositif proposé par le gouvernement[90] les différentes options relatives à la modernisation (nécessaire) du régime fiscal des

(85) CGI, art. 8 et s.
(86) CGI, art. 218 bis.
(87) CGI, art. 150 VF, I.
(88) CE, 4 avr. 1997, n° 144.211, *Sté Kingroup : Rec. CE* 1997, p. 133.
(89) CE, plén., 11 juill. 2011, n° 317.024, *Min. c/Sté Quality Invest : Dr. fisc.* 2011, n° 29, act. 236.
(90) V. quatrième L. fin. rect. 2010, 29 déc. 2010, art. 13, IV, prévoyant le dépôt au Parlement, au plus tard le 30 avril 2011, d'un rapport présentant (en résumé.

sociétés de personnes et entités assimilées « garantissant, *a minima*, une stabilité du coût par rapport à celui du régime fiscal actuel de semi-transparence » – à supposer qu'il ait été rédigé, ce rapport ne semble pas avoir été rendu public).

1605. – Détermination du résultat. Si le résultat social est toujours déterminé au niveau de la société, il ne l'est pas nécessairement par application des mêmes règles.

La complexité du dispositif légal applicable en la matière[91] s'est trouvée aggravée par une codification administrative qui, gravement défectueuse, le rend difficilement compréhensible (V. *infra*, pt 3-*b*).

1) En principe, le résultat social est déterminé sur la base des règles qui seraient applicables, compte tenu de la nature de l'activité sociale, si celle-ci était exercée par une personne physique[92].

a) Cette règle générale est également prévue ou rappelée par une autre disposition du code. Applicable en matière de BIC mais également en matière de BNC[93] et de BA[94], cette autre disposition prévoit que « le bénéfice des sociétés [de personnes] est déterminé, dans tous les cas, dans les conditions prévues pour les exploitants individuels » – ces sociétés étant tenues « aux obligations qui [leur] incombent normalement »[95].

b) Ce principe peut conduire, selon que la société de personnes exerce une activité « professionnelle » ou a un objet « patrimonial », à l'application des règles d'imposition prévues, en matière d'IR, à l'égard des bénéfices professionnels (BIC, BNC ou BA) ou de celles relatives aux revenus et gains patrimoniaux (revenus fonciers, revenus de capitaux mobiliers ou plus-values des particuliers).

c) La loi précise également que ces règles sont déterminées « en tenant compte (...) du montant des recettes de la société [de personnes] ou du groupement [assimilé]. En réalité, les sociétés de personnes [et groupements assimilés] exerçant une activité professionnelle relèvent toujours[96] d'un régime réel d'imposition sauf dans les trois cas suivants :

– sociétés et groupements agricoles créés avant le 1er janvier 1997 ;

– groupements agricoles d'exploitation en commun (GAEC) dont tous les associés participent effectivement et régulièrement à l'activité du groupement par leur travail personnel ;

– groupements forestiers – le régime forfaitaire spécial d'imposition des exploitations forestières[97] étant applicable, comme le confirme la doctrine administrative, à tous les exploitants forestiers quels qu'ils soient[98].

d) Une différence importante entre sociétés de personnes et sociétés de capitaux tient à la non-déductibilité des rémunérations prélevées par les associés des sociétés de personnes. Ces rémunérations sont regardées comme un emploi des bénéfices et non comme une charge prise en compte lors de leur détermination : « dans le cas où les associés d'une société [de personnes] décident d'allouer à l'un d'entre eux une rémunération déterminée, destinée à tenir compte de l'activité qu'il déploie dans l'entreprise, cette rémunération ne constitue pas une charge déductible, au regard de la loi fiscale, des bénéfices de l'entreprise et doit être regardée comme une modalité particulière convenue entre associés et complétant sur ce point les stipulations des statuts, de répartition des bénéfices sociaux »[99].

De même, à la différence des charges financières (qui sont déductibles du résultat imposable dans les conditions et limites du droit commun), les intérêts servis aux capitaux propres ne peuvent venir en diminution du résultat[100].

(91) CGI, art. 238 bis K.
(92) CGI, art. 238 bis K, II.
(93) CGI, art. 103.
(94) CGI, art. 72.
(95) CGI, art. 60.
(96) CGI, art. 50-0, 2-*c* pour les BIC, art. 103 pour les BNC et art. 69 D pour les BA.
(97) CGI, art. 76.
(98) BOI-BA-SECT-10, n° 280.
(99) CE, plén., 31 mars 1978, n° 2.273 : *Dr. fisc.* 1979, n° 7, comm. 273, concl. P. Rivière, regardant en conséquence comme inopérant le moyen tiré du caractère normal de la rémunération en cause.
(100) BOI-BIC-BASE-10-20, n° 60.

2) Par exception, le résultat de la société de personnes est déterminé par application des règles dont relève *personnellement* l'associé si – les droits qu'il détient dans la société étant inscrits à son actif – il présente, si l'on peut dire, les caractères d'une « entreprise non libérale véritable », à savoir, alternativement :

– une personne soumise à l'impôt sur les sociétés dans les conditions du droit commun ;

– une entreprise industrielle, commerciale, artisanale ou agricole (mais non une entreprise exerçant une activité libérale ou non commerciale) relevant de l'impôt sur le revenu et placée *de plein droit* sous un régime de bénéfice réel(101).

a) Cette exception a été introduite par la loi de finances rectificative pour 1979(102) qui a légalisé la doctrine administrative infirmée par le Conseil d'État(103).

Elle est fondée sur l'idée que l'entreprise associée poursuit sous une autre forme, au moyen de la participation qu'elle détient dans la société de personnes, son activité personnelle.

b) L'exception peut conduire, dans le premier cas, à l'application des règles de l'IS et, dans le second, de celles posées en matière d'IR pour les BIC ou les BA. Selon la doctrine administrative, les règles de neutralisation des effets de la théorie du bilan (V. *supra*, n° 1451, 4) sont applicables dans ce dernier cas, en dépit de la personnalité juridique propre possédée (sauf cas particuliers) par la société de personnes(104).

La même distinction s'applique à l'égard des plus-values réalisées par une société de personnes (ou un groupement assimilé).

c) La détermination du résultat de la société de personnes selon les règles de l'IS ne conduit pas, pour autant, à la regarder comme passible de l'IS. Elle demeure, logiquement, une société de personnes soumise au régime fiscal de ces sociétés. Comme l'a affirmé le Conseil d'État, les dispositions conduisant à déterminer la part de bénéfice selon les règles applicables au bénéfice réalisé par la personne qui détient ces droits(105) « constituent, pour une société assujettie à l'impôt sur les sociétés détenant des droits dans une société de personnes (...), une règle de détermination du bénéfice imposable correspondant à ses droits dans cette société de personnes et non une règle de détermination du régime d'imposition de cette dernière »(106).

d) Il découle de ces règles que le résultat d'une société de personnes doit normalement, en présence d'associés possédant des qualités différentes, être parallèlement déterminé selon des règles distinctes. Par exemple, le résultat d'une société civile immobilière ayant exclusivement perçu des loyers au cours de l'année d'imposition doit être déterminé :

– par application des règles des revenus fonciers, pour permettre l'imposition des associés ayant la qualité de simples particuliers ou de professionnels libéraux ;

– par application des règles de l'IS, pour permettre celle des associés ayant la qualité de société de capitaux ;

– sous réserve de la neutralisation des effets de la théorie du bilan, par application des règles des BIC (ou des BA), pour permettre celle des associés ayant la qualité de commerçant individuel (ou d'exploitant agricole) soumis à un régime réel d'imposition et ayant inscrit les parts de la société de personnes à leur actif.

Naturellement, l'application des différentes règles fiscales peut conduire à l'apparition de résultats de montants très différents.

(101) CGI, art. 238 bis K, I.

(102) L. 21 déc. 1979, art. 8.

(103) CE, sect., 24 févr. 1978, n° 97.347 : *Dr. fisc.* 1978, n° 41, comm. 1158, concl. P. Rivière, jugeant que les résultats d'une SCI correspondant aux droits d'une société passible de l'IS doivent être déterminés par application des revenus fonciers.

(104) BOI-BIC-BASE-10-20, n° 220.

(105) CGI, art. 238 bis K, I.

(106) CE, plén., 24 nov. 2014, n° 363.556, *Sté Artémis* : *Dr. fisc.* 2015, n° 3, comm. 57, concl. E. Cortot-Bouchet, note Ph. Derouin, excluant qu'une société de personnes dont l'associé serait une société de capitaux puisse être regardée, eu égard aux opérations intéressant cet associé, comme « soumise à l'IS » au sens des dispositions organisant le régime des sociétés mères et filiales (V. *infra*, n° 1659).

e) Ces règles ont essentiellement pour objet d'éviter la création de « sociétés-écrans » bénéficiant de règles d'assiette plus favorables que celles normalement applicables aux entreprises associées. Or, ce risque d'évasion fiscale est pratiquement inexistant lorsque la société en cause est soumise de plein droit à un régime d'imposition réel (ce qui est aujourd'hui toujours le cas, sauf en matière agricole et forestière – V. *supra*, pt 1-*b*).

Pour éviter de multiplier inutilement les cas de « double liquidation » des résultats sociaux, la doctrine administrative admet qu'une société de personnes (ou un groupement assimilé) est dispensée « de procéder à une nouvelle détermination de [ses] bénéfice [s] » dans la mesure où, la société exerçant une activité relevant soit des BIC « réels » soit des BA « réels », ses associés sont des entreprises relevant de l'IR dans l'autre catégorie de bénéfices (déterminés par hypothèse selon un régime « réel »). À l'inverse, la « double liquidation » demeure exigée par la doctrine administrative lorsque la société de personnes (ou le groupement assimilé) se trouve dans l'un ou l'autre des cas suivants :

– elle relève de l'IR dans la catégorie des revenus « patrimoniaux » ou des bénéfices non commerciaux ;

– elle est soumise au régime du forfait collectif agricole (étant rappelé ici que les sociétés de personnes exerçant une activité « non agricole » relèvent toujours d'un régime d'imposition réel) ;

– elle comprend parmi ses associés (ou membres) une ou plusieurs sociétés passibles de l'IS[107].

f) Ces règles de détermination de la part de bénéfice en fonction des règles propres à l'associé s'appliquent sous réserve des dispositions[108] tendant à la neutralisation des effets de la théorie du bilan en matière de BIC ou de BA – mais ni en matière d'IS ni de BNC. La doctrine administrative[109] en déduit par exemple les conséquences suivantes :

– lorsqu'une société de personnes (ou un groupement assimilé) exerce, d'une part, une activité professionnelle imposable au titre des BIC ou des BA et, d'autre part, retire de biens non affectés à l'exploitation professionnelle des revenus patrimoniaux *significatifs* (*i.e.* dans le cas général, 5 % de l'ensemble de ses produits annuels courants), deux secteurs distincts, l'un professionnel, l'autre « patrimonial » ou « extra-professionnel », doivent être déterminés[110]. La neutralisation des effets de la théorie du bilan étant applicable à cette catégorie d'associés, les revenus relevant du secteur « patrimonial » seront déterminés selon les règles de l'IR applicables aux revenus « patrimoniaux », alors même qu'ils correspondent aux droits d'un associé qui, ayant la qualité d'entreprise industrielle, commerciale, artisanale ou agricole placée de plein droit sous un régime de bénéfice réel, a inscrit les parts de la société de personnes à son actif professionnel ;

– la quote-part des résultats d'une société de personnes possédant un objet patrimonial revenant à un entrepreneur individuel imposable de plein droit selon les règles des BIC ou des BA « réels » ayant inscrit les parts de la société considérée à son actif professionnel ne sera taxée comme un élément de son bénéfice professionnel que si cette quote-part, ajoutée aux revenus des autres actifs professionnels non affectés à l'activité exercée à titre professionnel, reste *marginale* (*i.e.* n'est pas significative au sens indiqué ci-dessus).

3) Introduit par la loi du 26 juillet 1991 portant diverses dispositions d'ordre économique et financier (art. 27), un dispositif anti-abus est applicable lorsque, cumulativement :

a) les droits sociaux dans la société de personnes sont compris dans l'actif d'une autre société de personnes, c'est-à-dire d'une société de personnes *interposée* ;

Ces règles s'appliquent de la même manière aux sociétés de personnes *stricto sensu* qu'aux groupements ou entités qui leur sont assimilés.

b) cette société de personnes *interposée* exerce :

– soit une activité industrielle, commerciale, artisanale ou agricole et ne relève pas de plein droit d'un régime réel d'imposition ;

(107) BOI-BIC-BASE-10-20, n° 180.
(108) CGI, art. 155, II.
(109) BOI-BIC-BASE-10-20, n° 255.
(110) BOI-BIC-BASE-10-20, n° 190.

En pratique, les seules sociétés de personnes (ou entités assimilées) pouvant répondre à cette double condition sont :

– les sociétés et groupements agricoles créés avant le 1er janvier 1997 ;

– les groupements agricoles d'exploitation en commun (GAEC) dont tous les associés participent effectivement et régulièrement à l'activité du groupement par leur travail personnel ;

– les groupements forestiers – le régime forfaitaire spécial d'imposition des exploitations forestières[111] étant applicable, comme le confirme la doctrine administrative, à tous les exploitants forestiers quels qu'ils soient[112].

– soit, une activité de gestion de son propre patrimoine mobilier ou immobilier.

La forme des dispositions législatives applicables[113] résulte du décret de codification du 22 mai 1998 qui a prétendument procédé aux « adaptations » rendues nécessaires par l'intervention de la loi du 11 février 1994 relative à l'initiative et à l'entreprise individuelle (art. 29) et de la loi de finances pour 1997[114] – ces deux textes ayant exclu que des sociétés de personnes (et groupements assimilés) exerçant une activité professionnelle « non agricole » puissent relever d'un régime d'imposition forfaitaire.

La rédaction issue de ce décret est doublement défectueuse. D'abord, s'agissant des sociétés de personnes ayant pour activité la gestion de leur propre patrimoine mobilier ou immobilier, la rédaction actuelle occulte le fait qu'il s'agit d'une société de personnes *interposée*. Elle susciterait, ensuite, une difficulté si la loi (ou même la doctrine administrative) devait permettre à nouveau aux entreprises non agricoles exploitées sous la forme de sociétés de personnes de relever d'un régime d'imposition forfaitaire.

Dans les deux cas, les modalités d'imposition des parts de résultat correspondantes suivent en principe les règles applicables en matière d'impôt sur les sociétés[115].

Ainsi, par exemple, la quote-part des résultats d'une société de personnes doit être déterminée selon les règles de l'IS lorsque les parts sociales correspondantes sont détenues indirectement par une société de capitaux, par le biais d'une société de personnes interposée ayant un objet « patrimonial ».

Étant essentiellement destinée à neutraliser l'interposition d'une société de personnes à objet « patrimonial » entre une société de capitaux et une société de personnes, cette règle est légalement écartée au prorata des droits dont il est prouvé qu'ils sont détenus directement ou indirectement dans la société de personnes à objet « patrimonial » par de simples particuliers, des entreprises relevant des BNC ou des entreprises relevant des BIC ou des BA sans être soumises de plein droit à un régime réel d'imposition (*i.e.* des associés autres que ceux énumérés *supra*, pt 2). Cette preuve doit, semble-t-il, être apportée par la société de personnes « non interposée », à supposer que ce soit bien elle qui se trouve désignée par le texte légal comme étant « le contribuable »[116].

1606. – Répartition fiscale et imposition du résultat. La répartition fiscale du bénéfice de la société de personnes est opérée proportionnellement aux droits des associés. Ceux-ci résultent en principe du pacte social.

Plus précisément, les bases d'imposition de chaque associé doivent être déterminées par référence à une répartition des résultats sociaux *présumée* faite conformément au pacte social.

Il en va différemment dans le cas où un acte ou une convention, passé avant la clôture de l'exercice de la société de personnes, a pour effet de conférer aux associés des droits dans les bénéfices sociaux différents de ceux qui résulteraient de la seule application du pacte social[117], auquel cas les bases

(111) CGI, art. 76.
(112) BOI-BA-SECT-10, n° 280.
(113) CGI, art. 238 bis K, I, al. 2.
(114) L. 30 déc. 1996, art. 109.
(115) CGI, art. 238 bis K, I, al. 2.
(116) Cette formule, qui est passablement étrange s'agissant d'une entité dont les résultats sont imposés au nom de ses associés, n'a pas été explicitée par la doctrine administrative, V. par ex. BOI-RFPI-PVI-30-20, n° 50. – V. antérieurement Doc. adm. DGI, 4 A-2311, n° 28, anc., non repris au *BOFiP-Impôts*.
(117) CE, plén., 26 avr. 1976, n° 93.212 : *Dr. fisc.* 1977, n° 10, comm. 352, concl. D. Fabre.

d'imposition des associés doivent correspondre à cette nouvelle répartition des résultats sociaux(118). Cette modification, qui ne peut être purement tacite et résulter de la seule « inertie » des associés, doit résulter d'une décision ou un acte exprès par lequel ceux-ci donnent, sans ambiguïté, leur consentement à cette modification(119).

En revanche, même passée avant la clôture de l'exercice, une telle convention ne peut faire obstacle au principe selon lequel seuls les associés *présents dans la société à la clôture de l'exercice* peuvent être redevables de l'impôt dû à raison des résultats de cet exercice. Ainsi, l'acte par lequel les associés d'une société de personnes ont accepté que les bénéfices de l'exercice soient réservés aux *anciens associés*, ne régit que les relations entre les parties et ne saurait avoir aucune incidence sur la détermination des redevables de l'impôt au regard de la loi fiscale(120).

Cette répartition est de droit, quelle que soit l'affectation de ce bénéfice et indépendamment de toute appréhension effective par l'un ou l'autre des associés d'une quelconque part des bénéfices sociaux(121).

Les bénéfices sont en effet considérés comme acquis aux associés à la date de leur réalisation, c'est-à-dire à la clôture de l'exercice social. Ils sont imposés au nom personnel des différents associés.

Il en résulte que l'associé peut être imposé à raison d'un revenu dont il n'a pas effectivement disposé. Naturellement, l'appréhension ultérieure de tout ou partie des bénéfices qui lui reviennent ne donne lieu à aucune imposition supplémentaire de celui-ci.

Par ailleurs, l'associé peut également être taxé à raison de certains revenus (en espèce ou en nature) servis par la société et dont il a effectivement disposé.

1607. – **Répartition et remontée des pertes.** Si un résultat négatif est constaté au niveau de la société de personnes, la perte correspondante est susceptible d'être imputée directement par les associés sur leurs revenus propres. Cette « remontée » des pertes s'opère au prorata de leurs droits dans les bénéfices sociaux, indépendamment de toute contribution effective de leur part auxdites pertes. Naturellement, l'imputation de la quote-part des pertes par chaque associé soumis à l'impôt sur le revenu ne peut s'opérer que dans le respect des règles relatives à la prise en compte des déficits pour la détermination des revenus catégoriels ou du revenu global (V. *supra*, n°s 1512 et s.).

1608. – **Régularisation jurisprudentielle.** Le régime des sociétés de personnes conduit à imposer un associé à raison d'un revenu qu'il est légalement réputé avoir personnellement réalisé à la clôture de chaque exercice mais dont il n'a pas nécessairement disposé(122) – et dont il ne disposera peut-être même jamais. Symétriquement, les pertes subies par la société de personnes sont fiscalement « attribuées » aux différents associés au prorata de leurs droits dans les résultats sociaux, indépendamment de leur contribution effective à leur couverture. Elles peuvent donc être fiscalement déduites alors qu'elles n'ont pas été économiquement supportées(123).

(118) CE, 6 oct. 2010, n° 307.969, *Nauleau* : *Dr. fisc.* 2011, n° 4, comm. 125, concl. J. Boucher.

(119) Même arrêt. – Comp. CE, plén., 26 avr. 1976, n° 93.212, préc., où, dans une affaire où un associé avait bénéficié d'avantages particuliers consentis par la société, avait été retenu que les associés devaient être regardés comme ayant conclu un accord tendant à modifier leurs droits respectifs sur les bénéfices sociaux – l'associé devant être imposé à raison de ces avantages en sus de sa quote-part dans les bénéfices résultant du pacte social.

(120) CE, 28 mars 2012, n° 320.570, *Vaillant* : *Dr. fisc.* 2012, n° 51, comm. 565, concl. J. Boucher, note J.-M. Vié.

(121) Sur les rémunérations allouées à l'un des associés en raison de l'activité déployée dans l'entreprise (V. *supra*, n° 1605, 1-*d*).

(122) CE, plén., 7 juill. 1972, n° 79948 : *Rec. CE* 1972, p. 523 ; *Dr. fisc.* 1973, n° 26, comm. 953, concl. J. Delmas-Marsalet.

(123) Le sort fiscal de ce déficit dépend évidemment des règles personnellement applicables sur ce point à l'associé.

Comment le droit fiscal, prétendument réaliste, peut-il ainsi admettre une telle approximation ? Une solution à ce problème a été admise par le Conseil d'État. Appliquée à l'occasion de la cession des titres de sociétés de personnes, elle s'apparente à une *régularisation* opérée au moment de la détermination du gain de cession.

Expressément fondée sur la préoccupation d'assurer la « neutralité de l'application de la loi fiscale compte tenu du régime spécifique des sociétés [de personnes] »[124], cette régularisation consiste en substance à corriger fiscalement le prix d'acquisition des parts cédées qui a vocation, tout à la fois, à être :

– augmenté de l'excédent des bénéfices fiscalement attribués à l'associé sur ceux qu'il a réellement appréhendés – ce qui a pour effet de diminuer le montant de la plus-value ;

– diminué de l'excédent des pertes fiscalement imputées par l'associé sur sa contribution effective aux pertes subies – ce qui produit l'effet inverse[125].

Naturellement, cette reconstitution fiscale du prix d'acquisition sera d'autant plus complexe que la durée de détention des titres cédés aura été longue[126].

C. – Les cas particuliers

1609. – Sociétés hybrides, imparfaites ou à objet commercial. Différentes solutions légales sont liées à la prise en compte des caractères particuliers que revêtent certaines sociétés ou entités. Leur régime au regard de l'impôt sur les sociétés est déterminé, soit en fonction de l'étendue de la responsabilité à l'égard du fisc de leurs associés ou membres, soit en fonction de la nature de leur activité.

1) Les sociétés en commandite simple présentent un caractère hybride. Elles sont passibles de l'impôt sur les sociétés à raison de la part des résultats correspondant aux droits des associés commanditaires[127].

À l'inverse, elles ne sont pas passibles de cet impôt (mais « relèvent » de l'IR) en proportion des droits détenus par les associés commandités[128].

Les associés commandités (qui ont la qualité de commerçants) sont responsables indéfiniment et solidairement des dettes sociales. À l'inverse, les associés commanditaires (qui ont la qualité d'actionnaires) ne sont en principe responsables des mêmes dettes qu'à concurrence du montant de leurs apports[129].

2) La même logique est mise en œuvre dans les sociétés en participation, c'est-à-dire les sociétés que les associés ont choisi de ne pas immatriculer – et qui sont, par conséquent, dépourvues de la personnalité morale. L'impôt sur les sociétés s'applique sur la fraction du bénéfice social correspondant aux droits des associés non indéfiniment responsables ou dont l'identité n'est pas révélée à l'administration[130].

---

(124) CE, 16 févr. 2000, n° 133296, *Sté Éts Quémener* : *Dr. fisc.* 2000, n° 14, comm. 283, concl. G. Bachelier ; *RJF* 3/2000, n° 334, note J. Turot. V. également CE, 6 juill. 2016, n°s 377.904 et a., *Sté Lupa Immobilière France et a.* : *Dr. fisc.* 2016, n° 39, comm. 514, concl. N. Escaut, note F. Lugand.

(125) Retenue d'abord pour la détermination de plus-values professionnelles (CE, 16 févr. 2000, *Sté Éts Quémener*, préc.), cette solution a été étendue aux plus-values « privées » (CE, 9 mars 2005, n° 248825, *Min. c/Baradé* : *Dr. fisc.* 2006, n° 10, comm. 223, concl. P. Collin). Sur ces décisions, abondamment commentées, V. notamment O. Fouquet, *Plus-values de cession des parts de sociétés de personnes : le juge, la loi et le trou noir* : *Rev. adm.* 2005, n° 345, p. 249.

(126) Le Conseil d'État a d'ailleurs consenti l'effort d'admettre que le contribuable pouvait utilement se prévaloir, en la matière, de la doctrine administrative antérieure à l'arrêt *Min. c/Baradé* qui, par construction, ne prévoyait pas ce mécanisme de reconstitution (V. *infra*, n° 980, 2).

(127) CGI, art. 206, 4.

(128) CGI, art. 8, al. 1er.

(129) C. com., art. L. 226-1.

(130) CGI, art. 8, 2°.

À l'inverse, la société en participation « relève » de l'impôt sur le revenu à l'égard de la quote-part du bénéfice correspondant aux droits des associés indéfiniment responsables et dont l'identité a été indiquée au fisc[131].

En l'absence d'indication à l'administration de l'identité (nom et adresse) des associés, l'IS est établi au nom du gérant connu des tiers de la société en participation[132]. L'identité des associés ne peut être réputée avoir été indiquée à l'administration par le seul fait que chacun des associés a intégré sa part des bénéfices sociaux dans les résultats qu'il a personnellement déclarés[133]. En revanche, l'enregistrement (par les services de l'enregistrement et du timbre) de l'acte constitutif d'une société en participation a été regardé comme emportant indication de l'identité des associés à l'administration fiscale[134].

Les mêmes solutions s'appliquent – partiellement – à l'égard des sociétés créées de fait qui sont assimilées, pour l'imposition des revenus, à des sociétés en participation[135].

Les sociétés créées de fait (que l'on désigne parfois improprement par l'expression de « société de fait ») sont des entités dépourvues de la personnalité morale dont la reconnaissance résulte, au plan matériel, de la réunion des trois éléments constitutifs du contrat de société (participation des associés aux apports, à la direction et aux résultats d'une entreprise commune). Elles sont également assimilées en droit privé à des sociétés en participation[136].

Même dépourvues de patrimoine propre, les sociétés en participation (et les sociétés créées de fait) doivent établir un « bilan fiscal » faisant ressortir à l'actif « les biens dont les associés ont convenu de mettre la propriété en commun »[137]. Par ailleurs, alors même que, par application du Code civil, une société en participation n'a pas de personnalité morale, « son résultat fiscal doit être déterminé en prenant en compte tous les éléments susceptibles d'affecter le bénéfice social ». Il en résulte, en particulier, que ce résultat peut être déterminé sous déduction d'une provision pour risque qui, liée à un litige opposant la société à un tiers, n'a pas à figurer dans les comptes des associés[138].

L'assimilation des sociétés créées de fait à des sociétés en participation n'est que *partielle*. S'appuyant sur les travaux préparatoires de la loi ayant posé la règle d'assimilation en cause[139], le Conseil d'État considère en effet que l'assimilation vaut – non pas pour l'ensemble du régime d'imposition des résultats des sociétés en participation – mais uniquement pour les « les règles de principe relatives à la détermination des résultats des sociétés en participation et à l'imposition des bénéfices ainsi arrêtés entre les mains de leurs associés à proportion de leurs droits respectifs (…) sous réserve de l'option pour l'impôt sur les sociétés »[140]. Il en résulte, en clair, que l'assujettissement à l'IS des sociétés créées de fait ne peut résulter que d'une option pour cet impôt[141] – les cas où cet impôt s'applique de plein droit aux sociétés en participation ne leur étant ni applicables ni transposables[142].

3) Enfin, les sociétés de forme civile (qui relèvent en principe de la catégorie des sociétés de personnes) sont passibles de plein droit[143] de l'impôt sur les sociétés

(131) CGI, art. 206, 4.
(132) CGI, art. 218, al. 2.
(133) CE, 21 avr. 2000, n° 179.092, *SA Danone : Dr. fisc.* 2001, n° 5, comm. 58, concl. G. Goulard, confirmant CAA Paris, 30 janv. 1996, n° 94-1462, *SA Danone : Dr. fisc.* 1996, n° 28, comm. 898, concl. M. Martel.
(134) CE, 6 nov. 1968, n° 72.233 : *Dr. fisc.* 1969, n° 18, comm. 629, concl. G.-W. Schmeltz.
(135) CGI, art. 238 bis L.
(136) C. civ., art. 1873.
(137) CGI, art. 238 bis M.
(138) CE, 5 sept. 2008, n° 286.393, *SNC Viver Promotion : RJF* 12/2008, n° 1344. Sur le régime fiscal de ces sociétés, V. O. Fouquet, concl. sur CE, 18 nov. 1991, n°s 92.600 et a., *Sté Herriau et a. : RJF* 1/1992, p. 10.
(139) L. fin. rect. 1979, 21 déc. 1979, art. 6.
(140) CE, 17 févr. 2016, n° 365.943, *Ben Haiza : Dr. fisc.* 2016, n° 26, comm. 390, concl. E. Crépey, note E. Desmorieux.
(141) Sur les modalités de l'option, prévue à l'article 206, 3 du CGI, V. CGI, art. 239 et CGI, art. 22, ann. IV.
(142) En l'absence d'option, les associés « de fait » ne peuvent pas prétendre échapper à l'impôt les frappant personnellement en se prévalant, par exemple, du fait que leur noms et adresses n'auraient pas été communiqués à l'administration.
(143) CGI, art. 206, 2, al. 2. Cette disposition n'est pas applicable aux sociétés civiles de « construction-vente » (CGI, art. 239 ter). Pour une application de ce dernier texte, V. CE, 4 mai 2016, n° 383.135, *Biessy : Dr. fisc.* 2016, n° 27, comm. 406.

lorsqu'elles se livrent à une exploitation commerciale, industrielle, artisanale ou minière[144] ou à des opérations fiscalement commerciales et, notamment, des opérations de marchand de biens et assimilées[145].

a) La qualification d'une société civile en société à objet commercial entraîne des conséquences aussi nombreuses que sévères. Elles découlent, notamment, du « surgissement » de l'obligation de comptabiliser un amortissement minimal obligatoire (V. *supra*, n° 1464, 4) dont les exigences sont étrangères à la fiscalité des « non-professionnels »[146]. Elle est exclue par la doctrine administrative lorsque le montant hors taxes (en moyenne quadriennale) des recettes commerciales de la société n'excède pas 10 % du montant hors taxes de leurs recettes totales[147]. Elle est écartée par la loi à l'égard des sociétés civiles à objet principalement agricole, lorsque le taux des activités commerciales n'excède ni 30 % des recettes « agricoles » ni 50 000 €[148].

b) La jurisprudence donne de nombreuses illustrations de requalification, notamment à l'égard d'activités commerciales exercées par des sociétés civiles immobilières. Ainsi, est passible de plein droit de l'IS, une SCI donnant habituellement en location des locaux meublés[149] ou une SCI qui, ayant consenti une location immobilière moyennant un loyer déterminé partiellement en fonction du chiffre d'affaires du bailleur, participe indirectement à ses résultats et procède à une location commerciale « par ambiance »[150].

c) Plus rares, certaines affaires se rapportent à des activités relevant d'autres secteurs comme l'enseignement. Ainsi, une société civile ayant pour objet d'organiser des séjours linguistiques à l'étranger (comportant, pour les élèves, l'accueil comme hôtes payants dans des familles et la participation à des cours dispensés par des enseignants étrangers) a été regardée comme ayant un objet commercial dès lors que les associés dirigeants, sans contribuer personnellement à des activités d'enseignement ou de direction technique de la société, utilisaient les services d'une vingtaine de personnes qui ne participaient pas à la gestion de l'entreprise et à la répartition des bénéfices sociaux[151].

d) La deuxième loi de finances rectificative pour 2008[152] a introduit une procédure d'accord tacite particulière permettant à une société civile de s'assurer que les résultats de son activité professionnelle relèvent de l'IR ou de l'IS[153]. Ce dispositif est applicable depuis le 1er juillet 2009 (V. *supra*, n° 1056).

1610. – **Entités publiques.** Inutilement complexe, la structure des dispositions relatives à l'application de l'impôt sur les sociétés aux collectivités (ou entités) publiques mériterait d'être largement revue. On en retiendra les principaux éléments.

1) En principe, lorsqu'elles se livrent à une exploitation ou à des opérations de caractère lucratif, les collectivités publiques sont, quel que soit leur caractère propre, assujetties à l'impôt sur les sociétés[154].

a) Cette règle est l'écho, en matière d'IS, du principe général posé par la loi fiscale : « les établissements publics, les exploitations industrielles ou commerciales de l'État ou des collectivités locales (...)

(144) CGI, art. 34.
(145) CGI, art. 35.
(146) V. par ex. CE, 11 déc. 2009, n° 301.504, *Sté Aristide Briand : Dr. fisc.* 2010, n° 10, comm. 213, concl. L. Olléon.
(147) BOI-IS-CHAMP-10-30, nos 320 et 330.
(148) CGI, art. 206, 2, al. 2, et 75.
(149) CE, 28 déc. 2012, n° 347.607, *Min. c/Sté Le Mas des Sources : Dr. fisc.* 2013, n° 11, comm. 189, concl. E. Cortot-Boucher.
(150) CE, 11 déc. 2009, n° 301.504, *Sté Aristide Briand*, préc.
(151) CE, 22 mars 1985, nos 48702 et a., *Sté Eurolangues Vacances studieuses : Dr. fisc.* 1986, n° 10, comm. 446. V. précédemment, dans le même sens, CE, 10 oct. 1979, n° 9441 : *RJF* 11/1979, n° 628, p. 367, chron. J.-F. Verny, à propos d'une société d'enseignement par correspondance ayant utilisé au cours de la période en litige les services d'une centaine de personnes qui, sans participer à la gestion de l'entreprise et à la répartition des bénéfices sociaux, assuraient la préparation des cours et la correction des devoirs.
(152) L. 30 déc. 2008, art. 48.
(153) LPF, art. L. 80 B, 8°.
(154) CGI, art. 206, 1.

doivent (...) acquitter, dans les conditions de droit commun, les impôts et taxes de toute nature auxquels seraient assujetties des entreprises privées effectuant les mêmes opérations »[155].

b) Les collectivités publiques visées par ce texte sont « les établissements publics, les organismes de l'État jouissant de l'autonomie financière, les organismes des départements et des communes et toutes autres personnes morales [de droit public] »[156].

c) Assez curieusement, aucun organisme de l'État ne répond, selon la doctrine administrative, à la condition tenant à la jouissance de l'autonomie financière[157] – cette analyse s'appliquant même à ceux de ces organismes dont les opérations sont pourtant retracées dans un budget annexe (comme, avant leur transformation respectivement en SA et en établissement public, l'Imprimerie nationale et la Direction des monnaies et médailles) ou un compte de commerce (comme la régie industrielle des établissements pénitentiaires). Il en résulte que l'État n'est jamais passible de l'IS à l'occasion de l'activité de ses services.

Dans cette hypothèse, qui du fait des exonérations applicables (V. *infra* point 3) concerne essentiellement en pratique les établissements publics industriels et commerciaux et certaines régies locales, les revenus « patrimoniaux » perçus, le cas échéant, par ces entités ne font l'objet d'aucun traitement particulier. Ils sont compris dans leur assiette taxable à l'impôt sur les sociétés dans les conditions du droit commun.

d) La notion d'exploitation de « caractère lucratif » n'est pas précisée par la loi.

• Alors que la jurisprudence des juges du fond[158] s'était orientée vers l'application aux collectivités publiques des solutions retenues à l'égard des organismes privés sans but lucratif (V. *infra*, n° 1611), le Conseil d'État a retenu une analyse toute différente : le caractère lucratif d'une exploitation publique doit être uniquement déterminé eu égard à l'objet du service en cause et aux conditions particulières dans lesquelles il était géré – sans qu'il y ait lieu de prendre en considération le caractère désintéressé ou non de la gestion[159].

• Selon les conclusions de M. V. Daumas, la référence à l'objet du service en cause et aux conditions particulières dans lesquelles il était géré revient d'une certaine manière à appliquer la distinction classique entre service public administratif, qui correspondrait à des activités non lucratives, et service public industriel et commercial qui correspondrait à des activités lucratives[160]. Par l'objet du service, il faut entendre la « teneur de la prestation exécutée par la collectivité » et vérifier si elle est, ou non, de la nature de celles que des entreprises privées poursuivant un but lucratif sont susceptibles de rendre. Ce premier critère doit être combiné avec celui tiré des conditions particulières dans lesquelles le service est rendu : « ainsi, même dans le cas où le service rendu n'est pas différent, par son objet, de ceux que proposent des entreprises privées, les conditions particulières dans lesquelles la collectivité publique rend ce service pourront révéler qu'elle s'est placée, en réalité, en dehors du cadre d'une exploitation à caractère lucratif »[161].

• Statuant sur renvoi, la cour administrative d'appel de Marseille a conclu à la lucrativité de l'activité en relevant notamment que l'objet de la régie communale ne se limite pas à assurer la sécurité et la police du trafic maritime ou l'entretien du port, mais consiste aussi à proposer des anneaux à la location et assurer des prestations payantes liées à la fourniture d'eau, de gaz, d'électricité et de carburant et la mise à disposition d'emplacements de stationnement, ce mode de gestion s'exerçant dans les mêmes conditions qu'une gestion privée à but lucratif[162].

(155) CGI, art. 1654, al. 1er.
(156) CGI, art. 206, 1.
(157) BOI-IS-CHAMP-10-60, n° 330.
(158) CAA Douai, 30 déc. 2003, n° 01-11, *Cne du Havre : Dr. fisc.* 2004, n° 41, comm. 745, concl. J. Michel. – CAA Marseille, 10 mai 2010, n° 07-3673, *Cne de La Ciotat et a. : RJF* 5/2011, n° 556.
(159) CE, 20 juin 2012, n° 341.410, *Cne de la Ciotat et a. : Dr. fisc.* 2012, n° 30, comm. 394 ; *BDCF* 10/2012, n° 110, concl. V. Daumas, refusant de prendre en compte le sort des excédents de l'exploitation – ce qui revient à poser à l'égard des organismes publics une présomption irréfragable de gestion désintéressée.
(160) Concl. préc.
(161) V. Daumas, concl. préc., notant que c'est essentiellement les modalités tarifaires – gratuité, tarif « subventionné », tarif « social » – qui peuvent révéler une « démarche de poursuite d'un objectif (...) autre que lucratif ».
(162) CAA Marseille, 30 avr. 2013, n° 12-2656, *Cne de La Ciotat*, inédit.

• Les collectivités publiques auxquelles la loi a donné la forme juridique d'établissements publics industriels et commerciaux relèvent, à ce titre, d'un régime particulier. Ils sont (ou devraient être) passibles de l'IS sans qu'il soit besoin de rechercher s'ils ont une activité de caractère lucratif[163]. Cette solution n'est pas applicable, toutefois, aux établissements publics territoriaux – ceci dans le but de neutraliser sur le plan fiscal les différences de régime pouvant affecter les régies locales dotées de l'autonomie financière selon qu'elles sont, ou non, dotées de la personnalité juridique (V. *infra*, pt 3-*a in fine*).

e) Les établissements publics locaux et les régies locales ayant une activité lucrative peuvent toutefois échapper à l'IS à la condition d'être en charge d'un « service collectif indispensable » (V. *infra*, pt 3-*a*).

2) Lorsqu'ils ne se livrent à aucune exploitation ou opération à caractère lucratif, les établissements publics sont passibles de l'impôt sur les sociétés à raison de leurs revenus « patrimoniaux », c'est-à-dire, pour l'essentiel, de leurs revenus fonciers et de certains revenus des capitaux mobiliers[164]. Naturellement cette règle concerne essentiellement en pratique les établissements publics administratifs.

Comme pour les organismes privés sans but lucratif, ces revenus « patrimoniaux » sont imposés à l'IS selon des modalités particulières et à un taux réduit (V. *infra*, n° 1700).

Cette solution, qui peut concerner la généralité des établissements publics administratifs, est écartée à l'égard des établissements publics scientifiques, d'enseignement et d'assistance qui bénéficient à ce titre d'une exonération particulière[165].

3) Cette application « partielle » de l'impôt sur les sociétés ne concerne aucunement les collectivités territoriales qui sont intégralement exonérées de cet impôt. Relèvent de cette exonération générale, les départements, les communes et groupements de communes à fiscalité propre[166] et, depuis la loi de finances rectificative pour 1985[167], les régions. Les collectivités territoriales sont donc exonérées de l'impôt sur les sociétés pour l'ensemble de leurs revenus, y compris ceux qui proviendraient de la gestion de leur patrimoine.

a) Cette exonération légale donne lieu aux distinctions suivantes :

• les activités des collectivités territoriales exercées en *régie directe* (c'est-à-dire par le biais d'entités non dotées de l'autonomie financière) sont toujours exonérées, sans condition particulière[168] ;

• si elles ne sont jamais passibles de l'IS en l'absence de but lucratif, les activités des collectivités territoriales confiées à des régies *non personnalisées* mais dotées de l'autonomie financière devraient l'être dans la situation inverse.

Toutefois, les régies se livrant à une exploitation ou à des opérations de caractère lucratif sont exonérées d'IS à condition qu'il s'agisse, selon les termes de la loi, de « régies de service public »[169]. Confirmant une solution jurisprudentielle prise sur la base de textes anciens[170], le Conseil d'État considère qu'une régie se livrant à une exploitation lucrative peut cependant être exonérée d'IS « si cette exploitation correspond à la gestion d'un service public que la collectivité territoriale a le devoir d'assurer, c'est-à-dire lorsque le service qu'elle exploite est indispensable à la satisfaction de besoins collectifs intéressant l'ensemble des habitants de la collectivité territoriale »[171].

(163) CE, sect., 16 déc. 1983, n° 32.412 : *Dr. fisc.* 1984, n° 17, comm. 881.
(164) CGI, art. 206, 5.
(165) CGI, art. 206, 5, al. 1er.
(166) CGI, art. 207, 1-6°.
(167) L. 30 déc. 1985, art. 13, al. 2nd.
(168) V. en ce sens BOI-IS-CHAMP-10-60, n° 170.
(169) CGI, art. 207, 1-6°.
(170) CE, 16 janv. 1956, nos 13019 et a., *Régie municipale des eaux minérales de Royat* : *Dr. fisc.* 1956, n° 7, doctr., concl. M. Poussière ; *Rec. CE* 1956, p. 17.
(171) CE, 7 mars 2012, n° 331.970, *Cne de Saint-Cyprien* : *Dr. fisc.* 2012, n° 21, comm. 309.

Ne bénéficient pas à l'inverse de cette exonération, les régies n'offrant essentiellement, pour cette collectivité, qu'un « intérêt économique et financier »[172].

Il résulte de cette distinction que sont par exemple exonérées d'IS au titre des « services collectifs indispensables », les régies locales de distribution d'eau, de transports en commun ou de traitement des ordures ménagères[173]. À l'inverse, sauf dans le cas où elles ne seraient pas dotées de l'autonomie financière[174], les régies communales ou départementales qui exploitent des services de remontées mécaniques sont passibles de l'IS[175].

En jurisprudence, le seul service regardé comme indispensable à la satisfaction de besoins collectifs des habitants, a été l'exploitation d'un abattoir municipal[176]. Ne s'est pas vue reconnaître un tel caractère l'exploitation par une régie communale d'une source thermale[177], d'un marché d'intérêt national[178], d'un laboratoire d'analyses chimiques et microbiologiques[179] ou d'un port de plaisance[180].

• S'écartant d'une solution pourtant rendue en formation de section[181], le Conseil d'État retient désormais – de manière fort constructive – que cette dernière solution doit s'appliquer indistinctement à l'ensemble des régies créées par les collectivités territoriales en vue d'assurer l'exploitation ou l'exécution d'un service public, qu'elles soient ou non dotées de la personnalité morale[182]. Selon V. Daumas, c'est « abruptement » que la décision de section précitée juge que des organismes ne peuvent être regardés comme des « régies de services publics »[183] dès lors qu'ils sont qualifiés par la loi d'établissements publics à caractère industriel et commercial[184].

b) L'exonération intégrale d'IS vise également d'autres entités publiques, comme les établissements publics d'aménagement[185] ou les entités publiques concessionnaires d'outillage public dans les ports maritimes. Elle a été étendue aux établissements publics de recherche, aux établissements publics d'enseignement supérieur, aux personnes morales créées pour la gestion d'un pôle de recherche et d'enseignement supérieur ou d'un réseau thématique de recherche avancée et aux fondations reconnues d'utilité publique du secteur de la recherche, parmi lesquelles les fondations de coopération scientifique[186].

1611. – Associations, fondations et autres organismes sans but lucratif. Lorsqu'ils ne se livrent pas à une exploitation ou à des opérations de caractère lucratif, les organismes sans but lucratif sont exonérés de l'impôt sur les sociétés (comme, d'ailleurs, des autres impôts commerciaux).

Lorsque tel n'est pas le cas, les organismes sans but lucratif sont passibles de l'IS dans les conditions du droit commun au titre de l'ensemble de leur activité[187].

(172) BOI-IS-CHAMP-30-60, n° 220.
(173) BOI-IS-CHAMP-30-60, n° 160.
(174) BOI-IS-CHAMP-30-60, n° 170.
(175) BOI-IS-CHAMP-10-60, n° 390 et BOI-IS-CHAMP-30-60, n° 170.
(176) CAA Bordeaux, 7 mai 2008, n° 06-1145, *Min. c/Cne de Pamiers* : *RJF* 10/2008, n° 1054.
(177) CE, 16 janv. 1956, n°s 13.019 et a., *Régie municipale des eaux minérales de Royat*, préc.
(178) CAA Bordeaux, 20 mai 1997, n° 94-1708, *Régie autonome du marché d'intérêt national de Bordeaux-Brienne* : *Dr. fisc.* 1998, n° 7, comm. 97, concl. D. Péano.
(179) CAA Douai, 30 déc. 2003, n° 01-11, *Cne du Havre* : *Dr. fisc.* 2004, n° 41, comm. 745, concl. J. Michel.
(180) CAA Marseille, 10 mai 2010, n° 07-3673, *Cne de La Ciotat* : *RJF* 5/2011, n° 556. – CAA Marseille, 30 avr. 2013, n° 12-2656, *Cne de La Ciotat*.
(181) CE, sect., 6 déc. 1983, n° 32.412 : *Dr. fisc.* 1984, n° 17, comm. 881, rendu à propos des offices du tourisme.
(182) CE, 7 mars 2012, n° 331.970, *Cne de Saint-Cyprien*, préc.
(183) Au sens de CGI, art. 207, 1-6°.
(184) V. Daumas, concl. préc.
(185) CGI, art. 207, 1, 6° bis.
(186) CGI, art. 207, 1, 9° à 11°. L'exonération s'applique dans ce cas à tous les revenus que ces entités retirent des activités qu'elles conduisent dans le cadre des missions du service public de l'enseignement supérieur et de la recherche et, en particulier, de leurs activités de formation (initiale et continue) et de la valorisation des résultats de la recherche.
(187) CGI, art. 206, 1, *in fine*.

Par ailleurs, les syndicats professionnels et leurs unions[188] sont exonérés d'IS pour leurs activités portant sur l'étude et la défense des droits et des intérêts collectifs matériels et moraux de leurs membres ou des personnes qu'ils représentent[189].

Un régime similaire s'applique aux congrégations et, depuis la loi du 4 août 2008 de modernisation de l'économie (art. 140), aux fonds de dotation (c'est-à-dire aux personnes morales de droit privé à but non lucratif qui, constituées en vue de recevoir et gérer en les capitalisant des biens et droits de toute nature qui lui sont apportés à titre gratuit et irrévocable, utilisent les revenus de la capitalisation en vue de la réalisation d'une œuvre ou d'une mission d'intérêt général ou les redistribuent pour assister une personne morale à but non lucratif dans l'accomplissement de ses œuvres et de ses missions d'intérêt général).

Les conditions de ce non-assujettissement – posées à l'égard de la taxe sur la valeur ajoutée[190] – s'appliquent en matière d'impôt sur les sociétés[191]. Précisées par la jurisprudence, ces conditions sont essentiellement fondées sur des préoccupations d'égale concurrence. Elles sont au nombre de deux et s'appliquent cumulativement :

1) La gestion de l'organisme sans but lucratif doit être désintéressée ;

Le caractère désintéressé de la gestion résulte de la réunion des conditions suivantes :

– l'organisme doit, en principe, être géré et administré à titre bénévole par des personnes n'ayant (elles-mêmes ou par personne interposée) aucun intérêt direct ou indirect dans les résultats de l'exploitation. Lorsqu'elle est exceptionnellement admise, la rémunération des dirigeants ne doit pas excéder certaines limites ;

– l'organisme ne doit procéder, sous quelque forme que ce soit, à aucune distribution directe ou indirecte de bénéfice ;

– sous réserve du droit de reprise des apports, les membres de l'organisme et leurs ayants droit ne doivent pas pouvoir être déclarés attributaires d'une part quelconque de l'actif[192].

2) Les services (découlant de la poursuite de son objet social ou philanthropique) rendus par l'organisme ne doivent pas être offerts en concurrence avec ceux proposés au même public par des entreprises commerciales exerçant une activité identique dans la même zone géographique d'attraction[193].

a) À supposer que l'organisme sans but lucratif intervienne dans un domaine d'activité et dans un secteur géographique où existent des entreprises commerciales, l'exonération peut lui demeurer acquise à condition qu'il « exerce son activité dans des conditions différentes de celles des entreprises commerciales »[194]. Pour l'application de ce critère de non-concurrence, le juge s'attache à vérifier l'existence d'une concurrence *effective* et non simplement *potentielle*[195]. Relevant d'un mécanisme de « preuve objective », l'appréciation des différences avec le secteur lucratif repose sur la mise en œuvre d'un faisceau d'indices qui – connu sous le nom de règle des « quatre P » – se rapportent :

– aux « produits proposés » par l'organisme, selon qu'ils répondent à des besoins suffisamment ou insuffisamment satisfaits par le marché ;

(188) Le bénéfice de l'exonération est indépendant de la forme juridique de la structure syndicale en cause. Il suppose toutefois que celle-ci fonctionne conformément aux dispositions qui la régissent.
(189) CGI, art. 207, 1, 1°.
(190) CGI, art. 261, 7, 1°.
(191) CGI, art. 207, 1, 5° bis.
(192) CGI, art. 207, 7, 1°, *d*.
(193) CE, sect., 1er oct. 1999, n° 170.289, *Assoc. Jeune France : Dr. fisc.* 2000, n° 7, comm. 106, concl. J. Courtial ; *Rec. CE* 1999, p. 285.
(194) CE, sect., 1er oct. 1999, n° 170.289, *Assoc. Jeune France*, préc.
(195) CE, 13 févr. 2013, n° 342.953, *Assoc. Groupe de plongée de Carantec : Dr. fisc.* 2013, n° 16, comm. 249, concl. F. Aladjidi, note Th. Lamulle, confirmant toutefois que, la majorité des bénéficiaires des prestations de l'association étant des vacanciers domiciliés hors du département désireux de pratiquer la plongée sous-marine, sa zone géographique d'attraction devait être regardée comme couvrant à tout le moins l'ensemble du territoire de la Bretagne et ses côtes.

– au public visé, selon que ce public peut, ou non, normalement accéder aux services offerts par les entreprises commerciales ;

– aux prix pratiqués, selon que les prix pratiqués sont ou non inférieurs à ceux du secteur concurrentiel ou, le cas échéant, modulés en fonction de la situation des bénéficiaires ;

– aux recours à la publicité (l'organisme ne devant pas recourir à des méthodes commerciales excédant les besoins de l'information du public sur les services qu'il offre).

b) Retenus en matière de taxe sur la valeur ajoutée, les critères dégagés dans l'arrêt *Association Jeune France* ont été ultérieurement appliqués en matière d'IS et, à l'époque, de taxe professionnelle[196].

c) L'arrêt *Association Jeune France* n'est pas sans lien avec les solutions antérieures, selon lesquelles un organisme poursuit un but lucratif (et est, partant, passible des impôts commerciaux) s'il entretient des liens privilégiés avec des entreprises du secteur lucratif dans l'intérêt desquelles il agit et qui en retirent un avantage concurrentiel[197].

Lorsque ces conditions sont réunies, les organismes sans but lucratif sont exonérés d'impôt sur les sociétés au titre de leurs activités non lucratives. Toutefois, ils peuvent être assujettis à cet impôt au titre de leurs revenus « patrimoniaux » qui relèvent d'un taux d'imposition réduit (V. *infra*, n° 1700).

À condition que leurs activités non lucratives « restent significativement prépondérantes », les organismes sans but lucratif bénéficient par ailleurs d'une franchise au titre des activités lucratives accessoires. Cette franchise (commune à l'ensemble des impôts commerciaux) est fixée, pour 2016, à 61 145 € par an[198]. Le caractère significativement prépondérant des activités non lucratives doit s'apprécier, en particulier, en tenant compte des moyens matériels et humains qui y sont affectés.

Les organismes ne bénéficiant pas de la franchise peuvent conserver un caractère non lucratif si leurs opérations lucratives sont dissociables de leurs activités non lucratives et si ces dernières demeurent significativement prépondérantes. Dans ce cas, les organismes en cause sont admis à « sectoriser » leurs activités lucratives, c'est-à-dire à isoler au sein de leurs activités un secteur lucratif dont les résultats seront, seuls, passibles de l'IS.

Naturellement, dans les autres cas (activités lucratives prépondérantes ou indissociables des activités non lucratives), les organismes considérés sont passibles de l'IS dans les conditions du droit commun.

§ 2. – Les dérogations

A. – L'option des sociétés de personnes pour l'assujettissement à l'impôt sur les sociétés

1612. – **Option irrévocable pour l'IS.** Sauf exception, les sociétés de personnes sont autorisées à opter pour leur assujettissement à l'impôt sur les sociétés.

1) Cette option est légalement ouverte :

– aux sociétés en nom collectif[199] ;

– aux sociétés en commandite simple[200] ;

(196) CE, 1er mars 2000, n° 197.584, *Assoc. Foire nationale des vins : Dr. fisc.* 2000, n° 40, comm. 732, concl. J. Arrighi de Casanova.

(197) CE, 6 nov. 1995, n° 147.388, *Centre interservices de santé et de médecine du travail en entreprise : Dr. fisc.* 1996, n° 12, comm. 356, concl. Ph. Martin. – V. également CE, ass., nos 85.586 et a. : *Dr. fisc.* 1974, n° 17-18, comm. 531, concl. J. Delmas-Marsalet, et CE, 13 déc. 1993, n° 115.097, *Assoc. Clinique Saint-Martin-la-Forêt : Dr. fisc.* 1994, n° 10, comm. 435, concl. F. Loloum ; *Rec. CE* 1993, p. 364. Les solutions retenues dans ces arrêts ne sont donc pas privées d'intérêt.

(198) CGI, art. 206, 1 bis. Instituée par la loi de finances pour 2000 (L. 30 déc. 1999, art. 15), la franchise avait été portée à 60 000 € par la loi de finances pour 2002 (L. 28 déc. 2001). La loi de finances pour 2015 a prévu sa réévaluation annuelle en fonction de l'inflation. Elle était fixée à 60 540 € pour 2015.

(199) CGI, art. 206, 3, *a*.

(200) CGI, art. 206, 3, *b*.

Dans ce dernier cas, l'option ne porte que sur la part des bénéfices correspondant aux droits des associés commandités, la part des bénéfices correspondant aux droits des associés commanditaires étant passible de plein droit de l'IS[201].

– aux sociétés civiles, y compris les sociétés civiles professionnelles[202] et les exploitations agricoles à responsabilité limitée (EARL) ;

– aux EURL dont l'associé unique est une personne physique[203] ;

Les entreprises individuelles à responsabilité limitée étaient initialement assimilées à des EURL (ou EARL) dont l'associé unique est une personne physique[204]. Pourtant personne physique, l'entrepreneur individuel à responsabilité limitée pouvait donc opter pour l'IS. La première loi de finances rectificative pour 2011[205] a supprimé cette assimilation de droit en la remplaçant par une simple option. Son exercice produit des effets étendus : « l'option [pour l'assimilation à l'EURL ou l'EARL], exercée dans des conditions fixées par décret, est irrévocable et vaut option pour l'impôt sur les sociétés ».

– aux sociétés en participation (et aux sociétés créées de fait) pour la part des bénéfices correspondant aux droits des associés indéfiniment responsables connus de l'administration[206].

L'option est également ouverte aux groupements d'intérêt public ou GIP[207].

2) Par exception, certaines entités regardées comme des sociétés de personnes ne sont pas autorisées à opter pour l'IS. Il s'agit notamment des sociétés civiles de moyens et des groupements d'intérêt économique[208].

La même solution est retenue à l'égard des sociétés immobilières de copropriété[209]. De même, l'option pour l'IS d'une société de personnes issue de la transformation d'une société de capitaux intervenue depuis moins de quinze ans ne peut être exercée que dans un délai de trois mois à compter de cette transformation[210]. Il est admis, toutefois, que les SARL « de famille » qui, ayant d'abord opté pour le régime fiscal des sociétés de personnes (V. *infra*, n° 1614), se sont ensuite transformées en sociétés de personnes, sont hors du champ d'application de cette disposition[211].

Lorsqu'elle est régulièrement exercée, cette option est irrévocable. Elle conduit à l'assujettissement de la société à l'impôt sur les sociétés dans les conditions ordinaires.

L'option doit être notifiée avant la fin du troisième mois de l'exercice au titre duquel la société souhaite être soumise pour la première fois à l'IS[212]. Elle doit être signée conformément aux statuts ou, dans le silence des statuts, par tous les membres de la société de personnes. Cette règle est appliquée strictement[213].

Une seule exception au caractère irrévocable de l'option pour l'IS est prévue. Elle concerne les sociétés de personnes constituées au sein du groupe familial qui, exerçant une activité industrielle, commerciale ou artisanale, auraient opté pour l'IS avant le 1er janvier 1981[214].

(201) CGI, art. 206, 4.
(202) CGI, art. 206, 3, *b*.
(203) CGI, art. 206, 3, *e*.
(204) CGI, art. 1655 sexies.
(205) L. 29 juill. 2011, art. 15.
(206) CGI, art. 206, 3-*c*.
(207) CGI, art. 206, 3-*g*.
(208) CGI, art. 206, 3, *a contrario*.
(209) CGI, art. 239, 1, *a*.
(210) CGI, art. 239, 1, *b*.
(211) RES n° 2009/03 FE, 27 janv. 2009 repris au BOI-IS-CHAMP-40, n° 30.
(212) CGI, art. 239, 1, al. 2.
(213) V. CE, 28 déc. 2007, n° 277.370, *Naye* : *Dr. fisc.* 2008, n° 7, comm. 172, concl. E. Glaser, où il est jugé que, lorsque les deux seuls associés sont des conjoints, l'option revêtue de la signature d'un seul d'entre eux n'est pas régulière, alors même qu'ils seraient mariés sous le régime de la communauté légale.
(214) CGI, art. 239, 3.

Naturellement, une option exercée dans des conditions irrégulières n'est ni opérante ni, *a fortiori*, irrévocable. Il en va de même d'une option fondée sur la seule doctrine administrative[215].

B. – L'option des sociétés de capitaux pour le non-assujettissement à l'impôt sur les sociétés

1613. – **Évolution de la législation.** Longtemps, seules certaines SARL de famille ont pu opter pour leur non-assujettissement à l'impôt sur les sociétés. La loi du 4 août 2008 de modernisation de l'économie retient un nouveau cas d'option, incontestablement plus significatif. Directement inspirée de la législation américaine – le *Small Business Investment Act* de 1958 – cette loi introduit un régime optionnel de « translucidité fiscale » ouvert aux PME « en phase d'amorçage ».

1614. – **SARL de famille.** 1) Lorsqu'elles exercent une activité industrielle, commerciale, artisanale ou agricole, les SARL constituées au sein du groupe familial peuvent opter pour le régime des sociétés de personnes[216].

L'option n'est pas ouverte au titre des SARL exerçant à titre principal une activité libérale ou civile. En revanche, elle demeure possible si la SARL « de famille » exerce, à titre accessoire, une activité de cette nature qui est indissociable de son activité industrielle, commerciale ou artisanale ou agricole[217].

Ces sociétés sont alors exclues du champ d'application de l'impôt sur les sociétés pour « relever » de l'impôt sur le revenu.

Ce régime est issu de la loi de finances pour 1985[218] qui a conféré un caractère permanent à l'option des SARL de famille pour le régime fiscal des sociétés de personnes qui avait été admis à titre transitoire, pour deux ans, par le décret du 20 mai 1955 puis, pour cinq ans, par la loi de finances pour 1981[219].

2) Les SARL « de famille » s'entendent des SARL formées uniquement entre personnes parentes en ligne directe ou entre frères et sœurs ainsi que les époux et partenaires civils.

a) Selon l'administration fiscale, la société peut comprendre soit des parents en ligne directe, soit des frères et sœurs, soit des conjoints ou simultanément des membres de l'un et l'autre de ces groupes. Toutefois, chacun des associés doit être directement uni aux autres soit par des liens de parenté directe ou collatérale jusqu'au deuxième degré, soit par le mariage ou un pacte civil de solidarité. Tel ne serait pas le cas, par exemple, d'une société constituée entre deux frères et le fils de l'un d'eux ou entre deux beaux-frères[220].

b) L'option, qui doit être exercée avec l'accord de tous les associés[221], est réputée être le fait de la société elle-même. Il en résulte qu'elle n'a pas à être renouvelée à l'occasion de l'entrée dans le capital de nouveaux associés appartenant au groupe familial. À cet égard, l'option est opposable à tout nouvel associé, sans que l'administration soit tenue de mettre l'intéressé en demeure d'accepter l'option précédemment exercée par la société dont il est devenu membre[222].

Lorsqu'elle est régulièrement exercée, l'option produit ses effets sans limitation de durée – à supposer toutefois que les conditions légales demeurent réunies pendant toute la période considérée

(215) CE, 7 oct. 1987, n° 66.210, *Palatchi* : *Dr. fisc.* 1988, comm. 439, concl. B. Martin-Laprade, à propos de l'option d'une société civile fondée, avant la loi de finances rectificative pour 1992, 31 déc.1992, art. 61, sur la seule doctrine administrative.
(216) CGI, art. 239 bis AA.
(217) CE, 7 août 2008, n° 283.238, *Joly* : *Dr. fisc.* 2008, n° 36, p. 6, non reproduit.
(218) L. 29 déc. 1984, art. 83.
(219) L. 30 déc. 1980, art. 52.
(220) BOI-IS-CHAMP-20-20-10, n° 70.
(221) CGI, ann. III, art. 46 terdecies D.
(222) CE, 11 juin 1986, n°s 46697 et a. : *Dr. fisc.* 1986, n° 39, comm. 1594.

(V. *infra*, pt *c*). Elle peut toutefois être révoquée librement. La renonciation doit alors être notifiée avant la date d'ouverture du premier exercice auquel la renonciation s'applique[223]. Si l'option a été exercée puis révoquée, une nouvelle option pour le régime des sociétés de personnes n'est plus possible[224].

c) L'abandon par la SARL de son activité industrielle, commerciale, artisanale ou agricole entraîne la caducité de l'option[225]. Il en va de même si la société perd son caractère familial au sens du dispositif légal. L'administration admet toutefois des atténuations à cette dernière règle pour faire face aux situations nées d'un décès[226].

1615. – **Jeunes PME indépendantes.** Depuis la loi du 4 août 2008 de modernisation de l'économie (art. 30), un nouveau cas d'option pour le régime fiscal des sociétés de personnes est prévu en faveur de certaines sociétés de capitaux. Tirant son inspiration du régime des sociétés « Subchapter S » américaines, ce texte ouvre une option pour le régime fiscal des sociétés de personnes, aux PME indépendantes non cotées créées depuis moins de cinq ans[227].

L'option a pu être exercée pour l'imposition des résultats des exercices ouverts à compter du 5 août 2008.

Pour l'essentiel, l'exercice de l'option permet aux actionnaires de ces PME « en phase d'amorçage » d'être imposés à l'impôt sur le revenu, en leur nom personnel, tout en conservant, sur le plan patrimonial, le bénéfice d'un régime de responsabilité limitée à leurs apports.

Sur le plan fiscal, l'intérêt de ce régime est de permettre aux entrepreneurs d'imputer immédiatement les éventuels déficits sur leur propre revenu, sans attendre que la société devienne bénéficiaire (et de les imputer alors sur son résultat). Le dispositif permet, dans cette mesure, de faire supporter à l'État une part des pertes subies, le cas échéant, en début d'activité. Selon l'exposé des motifs de ce texte « un tel régime, novateur en droit français mais pratiqué de longue date dans d'autres pays, permet de faciliter l'investissement des personnes physiques dans les entreprises en amorçage ». Le coût de cette mesure (qui ne figure toutefois pas au nombre des « dépenses fiscales » évaluées chaque année) est estimé à 60 M€ par an.

L'expérience américaine paraît, à cet égard, particulièrement encourageante : le dispositif américain dont s'inspire le régime français serait à l'origine de 10 à 20 % des créations d'entreprises observées outre Atlantique.

L'application de ce régime optionnel suppose la réunion de conditions tenant tout à la fois à la société et à ses associés :

1) la société peut indifféremment revêtir la forme d'une société anonyme, d'une société par actions simplifiée ou d'une société à responsabilité limitée.

L'option n'est pas ouverte aux sociétés revêtant une autre forme et, notamment, aux sociétés en commandite. À cet égard, il est admis que les EURL dont l'associé unique est une personne physique qui auraient précédemment opté pour l'IS (ou les SARL qui seraient de nouveau assujetties à l'IS après avoir relevé, un temps, du régime des sociétés de personnes en tant que SARL « de famille ») peuvent exercer l'option pour le régime des sociétés de personnes[228].

(223) CGI, ann. III, art. 46 terdecies C, al. 1er. Pour un cas où une option tardive est néanmoins opposée au contribuable, V. CE, 5 nov. 2014, n° 367.371, *Perez* : *Dr. fisc.* 2015, n° 12, comm. 221, concl. V. Daumas, note L. Chatain-Autajon.
(224) Même disposition, al. 2.
(225) CE, 5 févr. 2014, n° 345436, *Bocobza* : *Dr. fisc.* 2014, n° 7, act. 109, pour le cas d'une société dont l'activité, initialement commerciale, a acquis ultérieurement, dans les faits, un caractère purement « patrimonial ».
(226) BOI-IS-CHAMP-20-20-10, n° 20.
(227) CGI, art. 239 bis AB.
(228) BOI-IS-CHAMP-20-20-20-10, n° 10.

La société doit, en outre, cumulativement :

– exercer à titre principal une activité industrielle, commerciale, artisanale, agricole ou libérale, à l'exclusion de la gestion de son propre patrimoine mobilier ou immobilier.

L'option est ouverte, en particulier, aux sociétés d'exercice libéral dès lors qu'elles revêtent la forme d'une SA, d'une SAS ou d'une SARL ;

– ne pas être cotée en bourse et avoir été créée depuis moins de cinq ans ;

L'option n'est ouverte que si les titres de la société de capitaux ne sont pas admis aux négociations sur un marché d'instruments financiers (français ou étranger).

L'option est ouverte aussi bien aux sociétés nouvellement créées (qui opteraient dès leur création pour le régime fiscal des sociétés de personnes) qu'aux sociétés « récentes » (mais qui peuvent avoir clôturé un ou plusieurs exercices en étant soumises à l'IS). La condition tenant à l'âge de la société « s'apprécie à la date d'ouverture du premier exercice d'application de l'option »(229) c'est-à-dire, ainsi que le relève la doctrine administrative, à la date d'effet de l'option et non pas à la date à laquelle elle est matériellement exercée(230).

– employer moins de cinquante salariés et réaliser un chiffre d'affaires annuel inférieur à 10 M€ (ou avoir un total de bilan inférieur à cette somme au cours de l'exercice) ;

2) son capital social doit être détenu, cumulativement :

– à 50 % au moins par une ou plusieurs personnes physiques ;

– à 34 % au moins par une ou plusieurs personnes ayant la qualité de dirigeant (*i.e.*, selon le type de société, président, directeur général, président du conseil de surveillance, membre du directoire ou gérant) ou un membre de son foyer fiscal au sens de l'impôt sur le revenu.

a) On observera, sans y insister, que la définition légale des PME au regard de ce dispositif s'éloigne de la définition européenne de ces entreprises – fréquemment retenue en droit fiscal (V. *supra*, n° 1595, 3).

b) La condition tenant à la date de création de la PME s'apprécie à la date d'ouverture du premier exercice d'application de l'option (V. *supra*, pt 1, *in fine*).

Les autres conditions – en dehors de celle tenant à l'effectif salarié – s'apprécient de manière continue au cours des exercices couverts par l'option. Lorsque l'une d'entre elles n'est plus respectée au cours de l'un de ces exercices, l'option est immédiatement caduque et l'IS est applicable à compter de ce même exercice, c'est-à-dire, selon l'administration, dès le premier jour de l'exercice considéré(231).

La condition tenant à l'effectif salarié relève en principe de la même règle – ce qui pourrait se révéler contre-productif en période de chômage massif. C'est la raison pour laquelle le législateur a décidé d'atténuer(232) la règle de déchéance qui y est attachée pendant une période de quatre ans (de 2015 à 2018).

c) Les pourcentages de détention du capital (droits financiers et droits de vote) par des personnes physiques et des dirigeants sont déterminés abstraction faite des participations détenues dans le capital social par des sociétés de capital-risque, des fonds communs de placement à risques, des sociétés de développement régional, des sociétés financières d'innovation et des sociétés unipersonnelles d'investissement à risque (en l'absence de lien de dépendance entre la PME en cause et les sociétés ou fonds précités). Il en va de même (sous la même réserve) des participations qui seraient détenues par des structures équivalentes établies dans un autre État de l'Union européenne, en Islande, en Norvège ou au Liechtenstein.

(229) CGI, art. 239 bis AB, II-3°.
(230) BOI-IS-CHAMP-20-20-20-10, n° 220.
(231) BOI-IS-CHAMP-20-20-20-10, n° 250.
(232) L. fin. 2016, 29 déc. 2015, art. 15, I-3°, prévoyant que, lorsque le seuil de cinquante salariés est atteint ou dépassé au cours d'un exercice clos à compter du 31 décembre 2015 et jusqu'au 31 décembre 2018, l'option continue de produire ses effets au titre de cet exercice et des deux exercices suivants, dans la limite de la période de validité de l'option.

d) Le projet gouvernemental dont ce texte est issu avait retenu, s'agissant des personnes physiques, un taux de détention minimal de 75 %. Il a été ramené à 50 % à la suite de l'adoption d'un amendement sénatorial (adopté sur avis favorable du Gouvernement).

3) L'option – qui suppose l'accord de tous les associés – est valable, sauf renonciation, pour une période de cinq exercices (qui correspond à la durée maximale d'application du régime, l'option étant non renouvelable).

L'option (ou la renonciation) doit être notifiée au service des impôts dans les trois premiers mois du premier exercice au titre duquel elle s'applique(233).

En cas de sortie anticipée du régime fiscal des sociétés de personnes, quel qu'en soit le motif, la société ne peut plus exercer une nouvelle option.

L'accord des sociétés et fonds à risque éventuellement présents au capital (et dont la participation est normalement neutralisée) n'est pas exigé pour l'exercice de l'option.

Sur les cas dans lesquels l'option peut être frappée de caducité, V. *supra*, pt 2-*a*.

C. – Les exonérations applicables aux sociétés de capitaux

1616. – **Variété des exonérations.** Certaines sociétés passibles de l'impôt sur les sociétés ne sont pas effectivement soumises à cet impôt car elles en sont totalement ou partiellement exonérées.

Ces exonérations, nombreuses et diverses, peuvent être rangées en deux groupes :

– les exonérations communes à l'ensemble des entreprises et applicables, partant, aux sociétés de capitaux ;

– les exonérations propres aux sociétés de capitaux.

Les cas d'exonération dont relèvent les personnes publiques et les organismes sans but lucratif sont étudiés *supra*, nos 1610 et 1611).

1617. – **Exonérations générales.** Certaines exonérations ne sont pas propres à l'impôt sur les sociétés mais découlent de l'application de dispositifs conçus, à titre principal, pour l'imposition des bénéfices industriels et commerciaux (V. *supra*, n° 1448).

Ces exonérations (qui relèvent généralement de la réglementation *de minimis* – V. *supra*, n° 1595) sont prévues en faveur :

• des entreprises nouvelles créées dans certaines zones du territoire(234), à savoir :

– les zones d'aides à finalité régionale (pour les entreprises créées jusqu'au 31 décembre 2020) ;

– les zones de revitalisation rurale et les zones de redynamisation urbaine (pour les entreprises créées avant le 31 décembre 2011) ;

• des jeunes entreprises innovantes créées jusqu'au 31 décembre 2016(235) ;

• des entreprises créées (jusqu'au 31 décembre 2020) dans l'une ou l'autre des trois « générations » de zones franches urbaines (respectivement délimitées en 1993, 2003 et 2006) ou implantées, au 1er janvier 2006, dans une zone de troisième génération(236) ;

• des entreprises participant, au 16 novembre 2009, à un projet de recherche relevant d'un pôle de compétitivité(237) ;

• des entreprises exerçant des activités nouvelles créées (entre le 1er janvier 2007 et le 31 décembre 2017) dans des bassins d'emplois à redynamiser(238) ;

(233) V. CGI, ann. III, art. 46 terdecies DA.
(234) CGI, art. 44 sexies.
(235) CGI, art. 44 sexies-0 A et art. 44 sexies A.
(236) CGI, art. 44 octies et 44 octies A.
(237) CGI, art. 44 undecies.
(238) CGI, art. 44 duodecies.

• des entreprises exerçant certaines activités dans des zones de restructuration de la défense[239] ;

• des entreprises créées ou reprises (entre le 1er janvier 2011 et le 31 décembre 2020) dans les zones de revitalisation rurale[240].

1618. – **Exonération des sociétés créées pour la reprise d'entreprises industrielles en difficulté.** Sous certaines conditions, les sociétés de capitaux créées spécialement pour la reprise d'entreprises ou d'établissements industriels en difficulté bénéficient d'une exonération d'impôt sur les sociétés à raison des bénéfices réalisés au cours de leurs vingt-quatre premiers mois d'activités[241].

Institué par la loi de finances pour 1989[242], ce régime d'exonération n'a jamais été applicable qu'aux seules sociétés passibles de l'IS. La raison de son insertion dans les dispositions du CGI, concernant l'IR résulte sans doute du fait que cette mesure s'inscrivait dans un dispositif d'ensemble (comportant en particulier l'aménagement du dispositif d'exonération dégressive des entreprises nouvelles) applicable aux entreprises indépendamment de leur régime fiscal[243].

À la suite d'une décision de la Commission européenne du 16 décembre 2003 concluant à son incompatibilité avec le droit communautaire, l'administration a décidé que le régime de faveur de 1989 ne serait plus applicable pour la détermination des résultats des exercices clos à compter du 31 mars 2003[244]. Cette déclaration d'incompatibilité, si elle emportait obligation pour les autorités nationales de supprimer ce régime, n'a pas eu par elle-même pour effet de soumettre à l'IS les sociétés qui en avaient précédemment bénéficié[245].

Par la suite, la loi de finances rectificative pour 2004[246] a procédé au réaménagement complet du dispositif d'exonération. Ultérieurement validé par la Commission européenne[247], celui-ci s'applique actuellement aux sociétés créées jusqu'au 31 décembre 2020[248].

Les éléments essentiels de ce dispositif complexe (et particulièrement mal rédigé) sont les suivants :

On peut se reporter, pour le détail de cette mesure, aux dispositions de l'article 44 septies du CGI[249] et au long commentaire général qu'en a donné l'administration[250].

1) L'entreprise reprise doit :

– avoir fait, en principe, l'objet d'une cession ordonnée dans le cadre d'une procédure de sauvegarde ou de redressement judiciaire ;

– exercer une activité industrielle, étant précisé que certains secteurs d'activité ne sont pas éligibles.

Les secteurs exclus sont, par exemple, le secteur de la construction automobile ou celui de la transformation de produits agricoles. Présentent un caractère industriel au sens de ce dispositif, « les entreprises exerçant une activité qui concourt directement à la fabrication ou la transformation de biens corporels mobiliers et pour laquelle le rôle des installations techniques, matériels et outillages mis en œuvre est prépondérant »[251].

---

(239) CGI, art. 44 terdecies.
(240) CGI, art. 44 quindecies.
(241) CGI, art. 44 septies.
(242) L. 23 déc. 1988, art. 14, A.
(243) CGI, art. 44 sexies.
(244) Instr. 5 mars 2004 : *BOI* 4 H-2-04, anc. – *Adde* Rép. min. Terrot, n° 41.169 : *JOAN* Q 10 août 2004, p. 6286, anc.
(245) CE, 30 mars 2011, n° 335.551, *Sté Syft Holding* : *Dr. fisc.* 2011, n° 21, comm. 357.
(246) L. 30 déc. 2004, art. 41.
(247) V. BOI-IS-GEO-20-10, n° 1.
(248) V., en dernier lieu, deuxième L. fin. rect. 2014, 29 déc. 2014, art. 47.
(249) Modifié notamment par L. fin. rect. 2006, 30 déc. 2006, art. 87, L. fin. rect. 2007, 25 déc. 2007, art. 45, et deuxième L. fin. rect. 2008, 30 déc. 2008, art. 114.
(250) BOI-IS-GEO-20-10.
(251) CE, 5 mai 2008, n° 300.848, *Min. c/Sté Midi Asphalte Entreprise* : *Dr. fisc.* 2008, n° 25, comm. 382, concl. P. Collin, refusant le bénéfice de la mesure à une entreprise de bâtiment et de travaux publics.

2) Le capital de la société nouvelle créée pour reprendre l'entreprise en difficulté ne doit pas être détenu (directement ou indirectement) par les personnes qui ont été associées ou exploitantes ou qui ont détenu plus de 50 % du capital de cette entreprise pendant l'année précédant la reprise.

Les droits de vote ou les droits à dividendes dans la société créée ou l'entreprise en difficulté sont détenus indirectement par une personne lorsqu'ils appartiennent :

– Aux membres du foyer fiscal de cette personne ;

– À une entreprise dans laquelle cette personne détient plus de 50 % des droits sociaux y compris, s'il s'agit d'une personne physique, ceux appartenant aux membres de son foyer fiscal ;

– À une société dans laquelle cette personne exerce en droit ou en fait la fonction de gérant ou de président, directeur général, président du conseil de surveillance ou membre du directoire.

Cette règle tend à s'assurer de l'indépendance juridique de la société créée pour la reprise et de l'entreprise en difficulté. L'administration retient également (ce qui est conforme à l'esprit du dispositif) une condition d'indépendance économique avec l'entreprise cédante[252] – ce qui suppose qu'elle existe toujours. Tel ne serait pas le cas par exemple, si la société nouvelle « travaille de manière prépondérante avec l'entreprise cédante comme fournisseur, sous-traitant ou client, soit directement, soit, par exemple, par l'intermédiaire d'une société interposée » ou est « liée à l'entreprise cédante par un contrat de concession de licence de marque ou de brevet ».

3) L'exonération s'applique, selon les cas, de plein droit ou sur agrément ministériel.

L'exonération s'applique sur agrément (de droit) lorsque l'entreprise est créée dans une zone d'aide à finalité régionale (dans une zone éligible à la prime d'aménagement du territoire jusqu'en 2007) ou lorsque la société nouvelle est une petite ou une moyenne entreprise (les deux hypothèses sont ici distinguées). La procédure d'agrément permet de s'assurer que l'opération de reprise répond bien à la réglementation européenne particulière applicable dans chacun de ces différents cas.

L'obtention de l'agrément est légalement subordonnée à la souscription, par la société nouvelle, d'un engagement de maintien (pendant une durée de cinq ans) des emplois retenus pour la détermination du plafond d'exonération (V. *infra*, pt 4).

L'exonération est de plein droit dans les autres hypothèses (mais elle s'applique alors dans les limites de la réglementation européenne *de minimis*, V. *supra*, n° 1595).

4) Le montant de l'exonération est plafonné, soit au titre de la réglementation européenne *de minimis* soit, s'agissant des opérations agréées, par application de règles spéciales particulièrement complexes.

Le règlement (CE) n° 1998/2006 de la Commission du 15 décembre 2006 concernant l'application des articles 87 et 88 du traité aux aides *de minimis* permet donc de déterminer le plafond de droit commun.

Les plafonds spécifiques s'appliquent en cas d'implantation de la société nouvelle dans une ou plusieurs zones d'aide à finalité régionale, qu'elle ait ou non la qualité de PME (« plafond régional ») ou lorsque la société nouvelle répond à la définition européenne de la petite ou de la moyenne entreprise (« plafonds PME »). Ils sont déterminés, principalement, sur la base du coût salarial brut des emplois créés ou maintenus par la société nouvelle[253].

5) Lorsqu'une société nouvelle interrompt, au cours des trois premières années d'exploitation, l'activité précédemment reprise, l'impôt sur les sociétés « dont elle a été dispensée » en application du dispositif d'exonération devient immédiatement exigible.

La même solution est retenue en cas de dissolution, d'apport ou de fusion de la société nouvelle. L'IS immédiatement exigible est naturellement assorti des intérêts de retard. En revanche, la

(252) BOI-IS-GEO-20-10-10, n° 200.
(253) BOI-IS-GEO-20-10-30.

circonstance que la société nouvelle absorbe ultérieurement une société tierce ne remet pas en cause l'exonération(254).

1619. – Autres exonérations spéciales. Fondées sur des considérations d'ordre organique, ces exonérations propres à l'impôt sur les sociétés s'appliquent selon les cas de plein droit ou sur option. Supposant la réunion de conditions variables, elles s'appliquent, de manière générale, lorsque les sociétés visées par l'exonération fonctionnent en conformité avec les dispositions qui les régissent. Ce régime d'exonération s'applique à :

1) certaines sociétés coopératives ;

Relèvent de cette exonération :
– les coopératives agricoles d'approvisionnement et d'achat et leurs unions(255) ;
– les coopératives de production, transformation, conservation et vente et leurs unions(256) ;
– les coopératives artisanales et leurs unions(257) ;
– les coopératives de construction(258).

2) certaines sociétés d'investissement immobilier ;

Sont visées par une exonération :
– les sociétés immobilières d'investissement et les sociétés immobilières de gestion(259) ;
– les sociétés de placement à prépondérance immobilière à capital variable(260) ;
– sur option, les sociétés d'investissements immobiliers cotées(261).

Corrélativement, les SPPICAV et les SIIC sont tenues à une obligation de distribution massive de leurs bénéfices aux associés.

Par ailleurs, les sociétés immobilières de copropriété, fiscalement transparentes(262), sont privées du droit d'opter pour l'IS (V. *supra*, n° 1602), alors que, parallèlement, les sociétés civiles de placement immobilier(263) relèvent du régime des sociétés de personnes même si elles ont la forme de sociétés de capitaux (V. *supra*, n° 1603). Enfin, on rappelle que l'exonération d'IS prévue en faveur des sociétés immobilières pour le commerce et l'industrie (SICOMI) a été progressivement supprimée entre 1991 et 1995(264).

3) certaines sociétés de placement à risque(265) ;

4) certaines sociétés d'investissement en valeurs mobilières ;

L'exonération est applicable de plein droit pour la partie de leurs bénéfices correspondant aux produits et plus-values tirés de leur portefeuille :
– aux sociétés d'investissement à capital fixe (SICAF) qui sont, comme les anciennes sociétés mobilières d'investissement ordinaires (SIO), soumises à une obligation intégrale de distribution(266) ;
– aux sociétés d'investissement à capital variable ou SICAV(267).

---

(254) CAA Lyon, 27 déc. 2007, n° 04-597, *Sté Gaillard* : *RJF* 6/2008, n° 648.
(255) CGI, art. 207, 1, 2°.
(256) CGI, art. 207, 1, 3°.
(257) CGI, art. 207, 1, 3° bis.
(258) CGI, art. 207, 1, 7° et 8°.
(259) CGI, art. 208 B.
(260) CGI, art. 208, 3° nonies.
(261) CGI, art. 208 C.
(262) CGI, art. 1655 ter.
(263) CGI, art. 239 septies.
(264) CGI, art. 208, 3° quater.
(265) Relèvent de cette exonération :
– pendant dix ans après leur création, les sociétés unipersonnelles d'investissement à risque (CGI, art. 208 D). La loi du 4 août 2008 de modernisation de l'économie (art. 34) a supprimé ce cas d'exonération pour les sociétés créées après le 1er juillet 2008 ;
– sur option, les sociétés de capital-risque (CGI, art. 208, 3° septies).
(266) CGI, art. 208, 1° bis.
(267) CGI, art. 208, 1° bis A. L'exonération prévue en faveur des sociétés de développement régional (CGI, art. 208, 1° ter, anc.) a été supprimée par la loi de finances pour 2014 (L. 30 déc. 2013, art. 26, I-u).

5) sous certaines conditions, à certaines entités diverses et, notamment, aux organismes d'habitations à loyer modéré[268], aux unions d'économie sociale[269], aux sociétés agréées pour le financement des télécommunications[270] et aux sociétés d'économie mixte d'aménagement urbain[271].

• L'exonération d'IS prévue en faveur des organismes d'habitations à loyer modéré n'est pas liée au seul statut des organismes en cause, mais a été instituée eu égard à la nature de leur activité. Dès lors, ne peut bénéficier de cette exonération « un office public ou une société d'habitations à loyer modéré qui exerce, autrement que de manière accessoire, une activité de promotion immobilière qui n'est pas destinée à permettre l'accession à la propriété de personnes aux revenus modestes »[272].

• Alors qu'elles pouvaient exercer une activité concurrentielle, les institutions de prévoyance et mutuelles ont longtemps été exonérées d'IS (sauf à raison de leurs revenus patrimoniaux) sur la base de la seule doctrine administrative.

En réaction aux observations des autorités communautaires critiquant l'existence d'un tel régime de faveur, la loi de finances rectificative pour 2006[273] avait prévu un retour progressif des institutions de prévoyance et des mutuelles dans le droit commun fiscal notamment en matière d'IS[274]. Cette normalisation n'était toutefois que partielle et la loi avait prévu, entre autres mécanismes dérogatoires, l'exonération des résultats liés à la gestion des contrats d'assurance-maladie dits « solidaires et responsables »[275]. Initialement fixée à 2008, l'entrée en vigueur de ce nouveau régime a été reportée d'année en année et, une quatrième fois, par la loi de finances pour 2011[276] en raison de l'ouverture en 2007 d'une enquête de la Commission européenne.

La Commission ayant finalement conclu, le 21 janvier 2011, à l'incompatibilité du dispositif relatif aux contrats « solidaires et responsables » au regard du droit européen des aides d'État, la quatrième loi de finances rectificative pour 2011[277] a abrogé le dispositif considéré. Cette même loi a par ailleurs confirmé, en l'aménageant, l'assujettissement progressif à l'IS de ces organismes : par le jeu d'un mécanisme de « provision de solvabilité » déductible du résultat imposable, les institutions de prévoyance et les mutuelles ont pu être imposées à hauteur de 40 % de leur résultat pour l'exercice ouvert en 2012 et 60 % de leur résultat pour l'exercice ouvert en 2013[278]. Depuis 2014, ce mécanisme dérogatoire n'est plus applicable.

§ 3. – Le régime des groupes fiscalement intégrés

1620. – Consolidation fiscale. 1) Institué par la loi de finances pour 1988[279], le régime des groupes de sociétés intégrés est exclusivement applicable aux sociétés soumises à l'impôt sur les sociétés français dans les conditions du droit commun[280].

Le régime résultant de la loi de finances pour 1988 est un régime optionnel applicable de plein droit. Il a succédé à un régime de groupes applicable sur agrément[281]. Sous cette réserve, les conditions générales d'application du régime sur agrément, résultant de la loi de finances rectificative pour

(268) CGI, art. 207, 1, 4° et 4° bis.
(269) CGI, art. 207, 1, 4° quater.
(270) CGI, art. 208, 3° quinquies.
(271) CGI, art. 207, 6° bis.
(272) CE, 21 déc. 2007, n°s 291.674 et a., *Sté HLM Anjou Castors : Dr. fisc.* 2008, n° 12, comm. 224.
(273) L. 30 déc. 2006, art. 88.
(274) CGI, art. 217 septdecies.
(275) CGI, art. 207, 2, anc.
(276) L. 29 déc. 2010, art. 15.
(277) L. 28 déc. 2011, art. 65.
(278) V. BOI-IS-GEO-20-40.
(279) L. 30 déc. 1987, art. 68.
(280) CGI, art. 223 A et s.
(281) CGI, art. 209 sexies.

1971[282], étaient similaires à celles aujourd'hui prévues : « une société française dont 95 % au moins du capital est détenu directement ou indirectement par une autre société française peut, sur agrément du ministre de l'Économie et des Finances, être assimilée à un établissement de la société mère pour l'assiette de l'impôt sur les sociétés »[283]. Ce dispositif a été abrogé à compter du 1er janvier 1988. Toutefois, les agréments antérieurement délivrés demeurent valables jusqu'à leur terme[284].

Le régime de l'intégration fiscale connaît un succès réel. Pour 2009, l'administration fiscale estimait à 5 000 le nombre de groupes fiscalement intégrés (« fédérant » au total 80 000 sociétés).

Les sociétés soumises à l'IS français dans les conditions du droit commun s'entendent des sociétés dont les résultats imposables (et non l'imposition elle-même) sont déterminés dans les conditions ordinaires. Tel n'est pas le cas, bien évidemment, des sociétés bénéficiant d'une exonération spéciale[285]. En revanche, les PME sont regardées comme soumises à l'IS dans les conditions du droit commun, alors que leurs résultats (déterminés dans des conditions pouvant être regardées comme ordinaires, V. toutefois *infra*, n° 1642) sont frappés partiellement (sous certaines conditions) à un taux réduit de 15 % (V. *infra*, n° 1699). La loi assimile à ces sociétés « ordinaires » celles soumises à cet impôt « selon les modalités prévues à l'article 214 du CGI » (les sociétés visées par cette assimilation sont les sociétés coopératives soumises à l'IS au taux normal mais autorisées à retrancher de leur résultat les ristournes distribuées aux associés coopérateurs ou, le cas échéant, la part de bénéfice distribuée aux travailleurs). Jusqu'en 2011, étaient également concernées par cette assimilation les sociétés qui, exploitant dans un département d'outre-mer une activité relevant d'un secteur éligible à la défiscalisation, bénéficiaient à ce titre (V. *infra*, n° 1698) d'une réfaction d'assiette de 33,33 % pour l'application de l'IS[286].

Même lorsqu'elles ont opté pour l'exonération d'IS, les sociétés d'investissements immobiliers cotées (SIIC) peuvent constituer un « quasi-groupe intégré » avec les filiales qu'elles détiennent (directement ou indirectement) à 95 % au moins de manière continue. Ce régime original permet d'étendre l'exonération d'IS à l'ensemble des filiales en cause[287].

Dans le cadre du régime de l'intégration fiscale, les établissements stables de sociétés de capitaux étrangères sont légalement assimilés à des sociétés soumises à l'IS français.

Pour pouvoir appartenir à un groupe fiscalement intégré, les sociétés relevant de plein droit du régime simplifié d'imposition (V. *infra*, n° 1656) doivent opter pour le régime réel normal[288].

2) Le régime d'intégration consiste à permettre, sous certaines conditions, à une société unique – la société intégrante – de se constituer seule redevable de l'impôt sur les sociétés français dû à raison du résultat global des sociétés du groupe qu'elle forme avec ses filiales directes ou indirectes.

La société intégrante est parfois qualifiée de société mère ou de société tête de groupe.

Le régime de l'intégration fiscale des groupes de sociétés ne doit pas être confondu ni avec le régime des sociétés mères et filiales qui, très ancien, intéresse la détermination du résultat imposable (V. *infra*, n° 1658) ni avec ceux du bénéfice mondial et du bénéfice (mondial) consolidé qui se rapportaient (exclusivement ou principalement) aux règles de territorialité de l'IS (V. *infra*, nos 1639 et s.).

Sur la proposition de directive ACCIS, visant à déterminer un régime européen des groupes de sociétés intégrés, V. *supra*, n° 1596.

3) Au sens du régime de l'intégration fiscale, la notion de « groupe » est *spéciale*. Reposant sur des critères autonomes, propres au droit fiscal, elle ne se confond

(282) L. 24 déc. 1971, art. 1er.
(283) CGI, art. 209 sexies, I.
(284) L. fin. 1988, 30 déc. 1987, art. 68.
(285) CE, 30 mars 2011, n° 335.551, *Sté Syft Holding : Dr. fisc.* 2011, n° 21, comm. 357, à propos d'une filiale ayant bénéficié d'une exonération, fût-elle incompatible avec le droit européen des aides d'État, au titre de la reprise d'une entreprise en difficulté.
(286) CGI, art. 217 bis, ancien.
(287) CGI, art. 208 C, II.
(288) CAA Douai, 24 juill. 2008, n° 07-1033, *Sté Les Quat'Saisons*, inédit.

pas avec les notions similaires pouvant exister dans d'autres branches du droit et notamment en droit des sociétés.

a) La notion de groupe intégré n'est pas la seule notion de groupe propre au droit fiscal. Un régime fiscal de groupe, différent de l'intégration fiscale, existe ainsi pour le paiement consolidé de la TVA(289) ou pour la détermination des modalités de certaines obligations déclaratives(290).

b) L'autonomie fiscale de la notion de groupe intégré ne signifie pas, naturellement, que la loi fiscale n'appréhenderait jamais le groupe à travers la notion retenue dans une autre branche du droit, qui se trouverait acclimatée en droit fiscal. C'est le cas notamment de la notion de groupe du droit des sociétés, qui fondée sur le concept de « contrôle » (V. C. com., art. L. 233-3 et, surtout, art. L. 233-16 relatif à l'établissement de comptes consolidés), est parfois retenue en droit fiscal – y compris d'ailleurs pour certaines règles de l'intégration fiscale.

c) Ce phénomène peut être illustré par les règles fiscales relatives au « reporting pays par pays » introduites par la loi de finances pour 2016(291) à la suite des travaux de l'OCDE portant sur la lutte contre l'érosion de la base d'imposition et le transfert de bénéfices (« BEPS » pour *Base erosion and profit shifting* – action 13).

• Applicable aux exercices ouverts à compter du 1er janvier 2016, l'obligation de « reporting pays par pays » impose aux sociétés multinationales de souscrire une déclaration « comportant la répartition pays par pays des bénéfices du groupe et des agrégats économiques, comptables et fiscaux, ainsi que des informations sur la localisation et l'activité des entités le constituant »(292).

• Les déclarations souscrites à ce titre peuvent faire l'objet, sous condition de réciprocité, d'un échange automatique avec les États ou les territoires ayant conclu avec la France un accord à cet effet.

La liste des États ou territoires qui, ayant adopté une réglementation similaire, ont conclu avec la France un accord permettant d'échanger de façon automatique les déclarations pays par pays et respectent les obligations en découlant, est publiée par un arrêté. Cette liste des États et territoires « collaboratifs pour le reporting » joue un rôle dans la détermination du champ de l'obligation déclarative.

• L'obligation de reporting pèse *prioritairement* sur les personnes morales établies en France qui répondent cumulativement aux critères suivants :

– établir des comptes consolidés(293) ;

– détenir ou contrôler, directement ou indirectement, une ou plusieurs entités juridiques établies hors de France ou y disposer de succursales ;

– réaliser un chiffre d'affaires annuel hors taxes consolidé supérieur ou égal à 750 M€ ;

– ne pas être détenues par une ou des entités juridiques situées en France et tenues au dépôt de cette déclaration, ou établies hors de France et tenues au dépôt d'une déclaration similaire en application d'une réglementation étrangère.

Subsidiairement, une personne morale établie en France qui est détenue ou contrôlée, directement ou indirectement, par une personne morale établie dans un État ou territoire ou territoire « non collaboratif pour le reporting » (et qui serait tenue au dépôt de la déclaration si elle était établie en France) dépose la déclaration si elle a été désignée par le groupe à cette fin (et en a informé l'administration fiscale) ou si elle ne peut démontrer qu'une autre entité du groupe, située en France ou dans un pays ou territoire « collaboratif pour le reporting », a été désignée à cette fin.

• Le défaut de production de la déclaration de reporting dans le délai prescrit peut être sanctionné par l'application d'une amende ne pouvant excéder 100 000 €(294).

---

(289) Quatrième L. fin. rect. 2010, 29 déc. 2010, art. 50. – CGI, art. 1693 ter et 1693 ter et 1693 ter A).

(290) V. LPF, art. L. 13 AA et 223 quinquies B, relatifs aux obligations documentaires en matière de prix de transfert et aux déclarations devant être produites annuellement en la matière.

(291) L. 29 déc. 2015, art. 121. – CGI, art. 223 quinquies C. Codifiée dans le chapitre consacré à l'IS, cette obligation de *reporting* ne semble applicable qu'aux sociétés passibles de cet impôt.

(292) Le contenu de cette déclaration sera déterminé par décret (non publié à ce jour). Obligatoirement souscrite sous forme dématérialisée, cette déclaration doit être produite dans les douze mois suivant la clôture de l'exercice.

(293) Dans le silence de la loi fiscale sur ce point, cette condition fait référence, indiscutablement, à la notion de comptes consolidés du Code de commerce.

(294) CGI, art. 1729 F.

4) Dans cette mesure, le régime des groupes conduit à l'effacement partiel de la personnalité fiscale des filiales qui ne seront plus personnellement soumises à une imposition de leurs bénéfices.

Cet effacement des filiales est limité. Chaque société reste tenue de déterminer et de déclarer son résultat propre dans les conditions ordinaires. Elle peut, le cas échéant, faire personnellement l'objet d'un contrôle et d'une rectification de ses déclarations. À cet égard, le contrôle des sociétés appartenant à un groupe intégré s'opère en principe dans les conditions de droit commun. Certaines règles dérogatoires sont toutefois prévues, étant précisé que les conséquences des rectifications envisagées à l'issue d'un contrôle sont portées à la connaissance de la société abstraction faite de son appartenance au groupe[295]. L'exception majeure se rapporte au principe de non-renouvellement des vérifications de comptabilité. L'administration possède en effet la faculté légale de procéder à plusieurs contrôles de la société mère pour la même période et les mêmes impôts[296]. Selon l'administration, cette dérogation (qui doit rester d'application exceptionnelle) ne saurait viser que les impôts concernés par le régime de l'intégration fiscale[297].

Par ailleurs, chaque société du groupe est tenue solidairement au paiement de l'IS dans certaines limites (V. *infra*, n° 1627).

1621. – Société intégrante et sociétés filiales. **De manière générale, le groupe est constitué par un ensemble de sociétés qui, soumises à l'impôt sur les sociétés français dans les conditions du droit commun, sont reliées entre elles par une chaîne de participation de 95 % au moins.**

• Pour que le régime de l'intégration fiscale soit applicable, les exercices des différentes sociétés du groupe doivent coïncider[298].

Un établissement stable français d'une société étrangère peut être assimilé à une société soumise à l'IS français pour l'application de l'ensemble des règles du régime de l'intégration fiscale. Il peut aussi bien, à cet égard, avoir la qualité de société intégrante que celle de filiale intégrée. Naturellement, les sociétés françaises détenues à travers cet établissement ne peuvent appartenir au groupe que si les titres de ces sociétés sont inscrits à l'actif du bilan fiscal de l'établissement[299].

• À la suite d'un arrêt de la Cour de justice de l'Union européenne se rapportant au régime de groupe néerlandais[300], la deuxième loi de finances rectificative pour 2014 a modifié le régime de l'intégration fiscale en vue de permettre la formation de groupes « horizontaux »[301].

Désormais, une société française, détenue à 95 % au moins de manière continue par une « entité mère non résidente » européenne, directement ou indirectement, par l'intermédiaire de sociétés « étrangères » européennes[302], elles-mêmes détenues dans les mêmes conditions par cette entité, peut se constituer seule redevable de l'IS à raison du résultat d'ensemble du groupe formé par elle-même et les sociétés françaises détenues à 95 % au moins de manière continue par l'« entité mère

(295) LPF, art. L. 48 al. 2.
(296) LPF, art. L. 51.
(297) BOI-CF-PGR-20-40, n° 200. Sur les règles spéciales de prescription à l'égard des déficits (ou des moins-values nettes à long terme) imputés sur le résultat (ou la moins-value nette à long terme) d'ensemble, V. LPF, art. L. 169, al. 4 et 45. Sur les règles d'extension de la compétence de la commission nationale des impôts directs et des taxes sur le chiffre d'affaires à l'égard des sociétés intégrées, V. L. fin. rect. 2007, 25 déc. 2007, art. 16. – LPF, art. L. 59 C. – V. CGI, art. 1651 L.
(298) CGI, art. 223 A, al. 6.
(299) CGI, ann. III, art. 46 quater-0 ZF, al. 3.
(300) CJUE, 12 juin 2014, n°s 39/13 et a., *Sté SCA Group Holding et a. : Dr. fisc.* 2014, n° 37, comm. 524, note R. Schneider, retenant notamment que la liberté d'établissement s'oppose à une législation d'un État membre en vertu de laquelle un régime d'entité fiscale unique est accordé à une société mère résidente qui détient des filiales résidentes, mais est exclu pour des sociétés sœurs résidentes dont la société mère commune n'a pas son siège dans cet État membre et n'y dispose pas d'un établissement stable.
(301) CGI, art. 223 A, I, al. 2, notamment.
(302) C'est-à-dire établie dans un autre État de l'UE ou un État assimilé (Islande, Norvège et Liechtenstein). L'« entité mère étrangère » et les sociétés « étrangères » doivent être soumises à un impôt équivalent à l'IS français. Sous réserve de la réglementation étrangère qui leur est applicable, ces sociétés doivent ouvrir et clore leurs exercices aux mêmes dates que les sociétés du groupe).

non résidente » européenne, directement ou indirectement, par l'intermédiaire de cette société française, de sociétés « étrangères » européennes, de sociétés « intermédiaires » européennes ou d'autres sociétés françaises membres de ce groupe.

Ainsi, dans l'hypothèse la plus simple, à supposer les conditions tenant au niveau des participations respectées, les différentes filiales françaises, détenues directement par une société étrangère européenne peuvent former, avec d'éventuelles sous-filiales françaises détenues indirectement par cette même société, un groupe intégré fiscalement. Dans cette même hypothèse, l'une quelconque des filiales directes peut prendre la position de société intégrante (cette filiale étant en réalité désignée par l'« entité mère non résidente » européenne dont l'accord doit accompagner l'option pour l'application du régime d'intégration).

La détermination du périmètre d'un groupe horizontal et son régime, qui sont d'une très grande complexité, ne sont pas présentés dans le présent ouvrage.

• Le régime des groupes fiscalement intégrés fait l'objet d'aménagements particuliers destinés à prendre en compte les spécificités capitalistiques de certains secteurs d'activité. Le régime des groupes a ainsi été adapté pour pouvoir être applicable :

– aux sociétés d'assurance, aux mutuelles ou aux instituts de prévoyance, alors qu'il n'existe pas (ou pas nécessairement) de liens en capital entre les entités composant ces groupes[303]. Des modifications du même ordre ont été introduites deux ans plus tard pour permettre l'application du régime aux réseaux bancaires mutualistes qui reposent sur une structure capitalistique « inversée », l'organe central étant détenu par des caisses ou banques régionales elles-mêmes détenues en partie par les clients sociétaires[304] ;

– au « groupe intégré public » constitué de plusieurs établissements publics industriels et commerciaux et leurs filiales[305].

Ces adaptations ne sont pas présentées dans le présent ouvrage.

1622. – **Sociétés filiales.** 1) Pour pouvoir appartenir au groupe dominé par la société intégrante, les filiales doivent être des sociétés passibles de l'impôt sur les sociétés français (de plein droit ou sur option) dans les conditions du droit commun.

Cette condition peut être remplie indifféremment par des sociétés françaises ou des établissements stables français de sociétés étrangères. En revanche, la loi fiscale exclut qu'une société étrangère, qu'elle soit ou non européenne, puisse *appartenir* à un groupe intégré français (en dehors du cas particulier où elle posséderait en France un établissement stable). Cette exclusion (sur la validité de laquelle la Cour de justice des Communautés européennes ne s'était pas prononcée dans l'arrêt *Sté Papillon*, V. *infra*, *b*) a été jugée compatible avec le droit de l'Union européenne[306].

2) Par ailleurs, le capital de chaque société doit être détenu directement ou indirectement à 95 % au moins par la société intégrante.

• Ce seuil de participation est un des plus élevés dans les pays développés. Les régimes comparables existant dans d'autres États retiennent un seuil compris entre 50 % et 75 % (Allemagne, Autriche, Danemark, Espagne, Irlande, Italie, et Royaume-Uni). Le seuil se situe entre 75 % et 90 % aux États-Unis, en Finlande et au Portugal. Il est supérieur à 90 % au Japon, au Luxembourg, en Norvège, aux Pays-Bas, en Pologne et en Suède. Certains États ne connaissent pas de régime d'intégration fiscale comparable au régime français (Belgique, Canada, Grèce, Hongrie ou Suisse, par exemple).

---

(303) L. fin. rect. 2006, 30 déc. 2006, art. 88, V.

(304) Deuxième L. fin. rect. 2008, 30 déc. 2008, art. 91.

(305) Première L. fin. rect. 2014, 8 août 2014, art. 20. – CGI, art. 223 A bis. Cette mesure a été conçue dans le cadre de la réorganisation du groupe SNCF.

(306) CJUE, 25 févr. 2010, n° C-337/08, *X Holding BV* : *Dr. fisc.* 2010, n° 10, act. 68, jugeant, à propos du droit néerlandais, que la liberté d'établissement ne s'oppose pas « à la législation d'un État membre qui ouvre la possibilité, pour une société mère, de constituer une entité fiscale unique avec sa filiale résidente, mais empêche la constitution d'une telle entité fiscale unique avec une filiale non-résidente dès lors que les bénéfices de cette dernière ne sont pas soumis à la loi fiscale de cet État membre ».

Le niveau élevé de ce seuil permet d'assimiler la participation dans la filiale à une participation intégrale et, partant, de renoncer purement et simplement (c'est-à-dire sans aucun retraitement fiscal particulier) à la taxation personnelle de la filiale (y compris pour la fraction de ses résultats correspondant aux droits des associés minoritaires).

• La détention de 95 % du capital s'entend de la détention en pleine propriété de 95 % des droits financiers et de 95 % des droits de vote[(307)]. Cette condition doit être remplie de manière continue pendant toute la durée de l'exercice.

• Le pourcentage des droits détenus indirectement est apprécié en multipliant entre eux les taux de détention successifs. Toutefois, pour cette appréciation, la société qui détient 95 % au moins du capital d'une autre société est considérée comme détenant ce capital en totalité, c'est-à-dire à 100 %[(308)]. Lorsqu'une société est détenue par plusieurs sociétés filiales, les participations correspondantes sont additionnées.

• Depuis la loi de finances rectificative pour 2006[(309)], le taux de détention du capital est, dans la limite maximale de 10 %, déterminé abstraction faite des titres qui, détenus par les salariés ou mandataires sociaux, ont été *émis* dans le cadre d'un plan d'options de souscription ou d'achat d'actions (*stock-options*), d'une procédure d'attribution gratuite d'actions ou d'une augmentation de capital réservée aux adhérents d'un plan d'épargne d'entreprise. S'agissant, dans les mêmes hypothèses, des titres attribués *après rachat*, la neutralisation suppose que les titres ont été attribués à des salariés ne possédant pas la qualité de mandataires sociaux.

L'administration admet qu'il soit fait par ailleurs abstraction des titres détenus (dans les conditions et limites prévues par le droit commercial) par une société dans son propre capital[(310)].

3) Dans l'état initial du droit, il ne pouvait être tenu compte, aux termes de la loi, que des seules participations détenues indirectement par la société intégrante par l'intermédiaire de sociétés appartenant elles-mêmes au groupe – c'est-à-dire, inévitablement, de sociétés filiales elles-mêmes soumises à l'impôt sur les sociétés français.

Sous l'angle territorial, la société filiale devait être une société française ou une société étrangère possédant un établissement stable en France. Il en résultait, notamment, qu'une société intégrante qui détenait ses sous-filiales françaises par le biais d'une filiale établie dans un autre État membre de l'Union européenne, ne pouvait bénéficier de manière générale du régime de l'intégration fiscale (alors qu'une société française avait évidemment la faculté de constituer un groupe intégré avec ses sous-filiales françaises lorsque sa filiale intermédiaire était établie en France).

4) À la suite de l'arrêt *Sté Papillon* de la Cour de justice des Communautés européennes, la loi a mis le droit français en conformité avec le droit de l'Union européenne.

a) Désormais, depuis la troisième loi de finances rectificative pour 2009[(311)] et toutes autres conditions étant par ailleurs remplies, un groupe fiscalement intégré peut comprendre des sous-filiales françaises détenues par le biais de sociétés « européennes » légalement qualifiées d'« intermédiaires » alors, pourtant, que ces sociétés intermédiaires ne sont pas (et ne peuvent pas être) personnellement membres de ce groupe.

Saisie par le Conseil d'État par voie préjudicielle[(312)], la Cour de justice des Communautés européennes a considéré que le droit communautaire s'opposait à l'introduction, dans une législation

(307) CGI, ann. III, art. 46 quater-0 ZF, al. 1er.
(308) CGI, ann. III, art. 46 quater-0 ZF, al. 2.
(309) L. 30 déc. 2006, art. 82.
(310) BOI-IS-GPE-10-20-20, n° 30.
(311) L. 30 déc. 2009, art. 33.
(312) CE, 10 juill. 2007, n° 284.785, *Sté Papillon : Dr. fisc.* 2007, n° 42, comm. 916, note J.-L. Pierre. – Comp. CAA Paris, 24 juin 2005, nos 04-1300 et a., *Sté Papillon : Dr. fisc.* 2005, n° 42, comm. 697, note G. Le Camus et C. Kosman.

nationale, d'une telle restriction : le principe de liberté d'établissement « doit être interprété en ce sens qu'il s'oppose à la législation d'un État membre en vertu de laquelle un régime d'imposition de groupe est accordé à une société mère résidente de cet État membre qui détient des filiales et des sous-filiales également résidentes dudit État, mais est exclu pour une telle société mère si ses sous-filiales résidentes sont détenues par l'intermédiaire d'une filiale résidente d'un autre État membre »(313). Il devait en aller de même dans le cas d'une sous-filiale détenue par la société tête de groupe par le biais d'une filiale établie dans un État tiers, membre de l'Espace économique européen, c'est-à-dire, par exemple, en Islande ou en Norvège(314).

b) Pour avoir la qualité de « société intermédiaire », la société étrangère doit cumulativement :

– être établie dans un État de l'Union européenne autre que la France ou en Islande en Norvège ou au Liechtenstein ;

– être soumise, dans cet État, à un impôt équivalent à l'impôt sur les sociétés français (tout en ayant des exercices comptables coïncidant avec celui des sociétés du groupe) ;

– être détenue (directement ou indirectement) à 95 % au moins, de manière contenue, par la société intégrante.

La société intermédiaire doit également avoir donné son accord pour que ses filiales françaises puissent appartenir au groupe fiscalement intégré.

Naturellement, les résultats propres d'une telle « société intermédiaire » (qui ne peut, par hypothèse, appartenir au groupe faute d'être soumise à l'IS français) ne sont aucunement pris en compte dans la détermination du résultat d'ensemble du groupe. Par ailleurs, des règles spéciales sont applicables, dans ce cas, lors du retraitement du résultat d'ensemble (V. *infra*, n° 1625, 4).

1623. – **Société tête de groupe.** 1) La société intégrante doit être une société passible de l'impôt sur les sociétés français (de plein droit ou sur option) dans les conditions du droit commun. Il peut s'agir indifféremment d'une société française ou d'un établissement stable français d'une société étrangère (V. *infra*, n°s 1632 et 1635).

Dans ce dernier cas, les titres des filiales françaises directes de la société étrangère doivent être inscrits à l'actif du bilan fiscal de l'établissement considéré.

2) Les conditions supplémentaires que doit remplir la société intégrante sont formulées de manière plus complexe. Le droit positif repose pourtant sur une idée simple : doit être érigée en société intégrante la seule société du groupe qui n'est pas détenue directement ou indirectement, à 95 % au moins, par une autre société appartenant au groupe – auquel cas c'est cette autre société qui doit être la société intégrante. Les textes retiennent plus précisément les règles suivantes :

a) *en principe*, « le capital de la société mère *ne doit pas* être détenu à 95 % au moins, directement ou indirectement, par une autre personne morale soumise à l'impôt sur les sociétés dans les conditions de droit commun »(315) ;

Ce principe est issu de la loi de finances rectificative pour 1999(316). Il était prévu auparavant que le capital de la société intégrante ne devait pas « être détenu à 95 % au moins, directement ou

(313) CJCE, 27 nov. 2008, n° C-418/07, *Sté Papillon* : *Dr. fisc.* 2008, n° 52, comm. 644, obs. P. Dibout ; *ibid.* n° 640, p. 8 et s. *Adde* concl. av. gén. J. Kokott : *Dr. fisc.* 2008, n° 37, p. 4, jugeant que la restriction considérée ne pouvait être regardée comme justifiée par la nécessité de maintenir la cohérence du système de l'intégration fiscale ou par toute autre raison impérieuse d'intérêt général.

(314) Accord sur l'EEE, art. 31.

(315) CGI, art. 223 A.

(316) L. 30 déc. 1999, art. 28, I.

indirectement, par une autre personne morale passible de l'impôt sur les sociétés ». Cette règle interdisait de manière générale à une filiale à 95 % ou plus d'une autre société entrant dans le champ d'application de l'IS – mais exonérée totalement ou partiellement de cet impôt – de constituer un groupe fiscalement intégré. Depuis ce texte, une société détenue directement à 95 % ou plus par une société passible de l'impôt sur les sociétés sans y être effectivement soumise peut normalement être société intégrante.

Le non-respect de la condition de « non-détention à 95 % » de la société intégrante entraîne normalement la fin du régime d'intégration fiscale à compter de la clôture de l'exercice en cours au moment du dépassement du seuil. Toutefois, si la condition est de nouveau respectée au plus tard à la clôture de ce même exercice, le régime peut continuer à s'appliquer si les sociétés concernées indiquent à l'administration « de manière précise, la nature, les circonstances et les justifications juridiques, économiques ou sociales de l'opération à l'origine » du dépassement(317).

En cas d'acquisition à hauteur de 95 % au moins du capital de la société intégrante au cours d'un exercice, le groupe est maintenu jusqu'à la clôture de l'exercice considéré en dépit de cette prise de contrôle. Dans cette hypothèse, la société cessionnaire des titres de la société intégrante peut se substituer à celle-ci dès l'exercice suivant, en constituant un nouveau groupe avec les sociétés considérées. La société cessionnaire doit alors exercer l'option pour la constitution du nouveau groupe au plus tard à l'expiration du délai prévu pour le dépôt de la déclaration de résultat de l'exercice au cours duquel la prise de contrôle a eu lieu(318).

Alors même qu'elle est détenue par une société étrangère possédant un établissement stable en France, une société française peut prendre la position de société intégrante si ses titres ne sont pas inscrits, sur le plan fiscal, à l'actif du bilan de l'établissement considéré(319).

b) *toutefois*, le capital de la société intégrante peut être détenu indirectement à 95 % ou plus :

– par une autre société soumise à l'impôt sur les sociétés dans les conditions de droit commun, par l'intermédiaire d'une ou plusieurs sociétés non soumises à cet impôt dans ces mêmes conditions ;

– » par l'intermédiaire d'une ou plusieurs sociétés soumises à l'impôt sur les sociétés dans les conditions du droit commun mais dont le capital n'est pas détenu, directement ou indirectement, par cette autre société à 95 % au moins »(320).

• La première exception est issue de la loi de finances pour 2002(321). Avant cette loi, une société ne pouvait avoir la qualité de société intégrante lorsqu'elle était elle-même détenue (directement ou indirectement) à 95 % ou plus par une autre société soumise à l'impôt sur les sociétés dans les conditions du droit commun. La loi de finances pour 2002 a supprimé cette incohérence.

La seconde exception résulte de la troisième loi de finances rectificative pour 2009(322). Elle permet à une société d'avoir la qualité de société intégrante alors même qu'elle est indirectement détenue à 95 % ou plus par une autre société soumise à l'IS, dès lors que cette détention à 95 % résulte de l'interposition d'une filiale qui, non détenue à 95 % par cette autre société, ne peut elle-même appartenir au groupe fiscalement intégré qui aurait à sa tête cette autre société.

Il semble que ces deux exceptions peuvent s'appliquer alternativement ou simultanément (elles ne sont donc pas exclusives l'une de l'autre).

• En application du droit positif, une société tête de groupe peut, par exemple, être détenue à 95 % ou plus :

– directement par une société étrangère (ne possédant pas en France d'établissement stable à l'actif duquel les titres de la société mère seraient inscrits sur le plan fiscal), par une société de personnes non passible de l'IS ou par une société exonérée de cet impôt ;

(317) CGI, ann. III, art. 46 quater-0 ZD, 3.
(318) CGI, art. 223 L, 6-*d*.
(319) BOI-IS-GPE-10-20-10, n° 60.
(320) CGI, art. 223 A.
(321) L. 28 déc. 2001, art. 85, I-K.
(322) L. 30 déc. 2009, art. 33, I-1°*a*.

– indirectement par une société française, lorsque la détention à 95 % ou plus résulte de l'interposition d'une ou plusieurs sociétés non passibles de l'IS dans les conditions du droit commun (et en particulier, une ou plusieurs sociétés de personnes) ou de celle de différentes filiales que cette société ne détient (directement ou indirectement) qu'à moins de 95 %.

• L'administration a pu considérer toutefois que les dispositions réglementaires générales selon lesquelles, pour l'application du régime de l'intégration fiscale, une société « qui détient 95 % au moins du capital d'une autre société est considérée comme détenant ce capital en totalité »[323] ne sont pas applicables pour apprécier les conditions de détention de la société intégrante[324].

Du fait de l'existence de cette interprétation, lorsqu'une société se trouvait *en raison de la règle d'arrondissement à 100 % d'une détention à 95 %* détenue à 95 % ou plus par une autre société soumise à l'IS, une forme de choix a pu exister dans la détermination de la société intégrante.

1624. – **Périmètre du groupe.** Le groupe apparaît à la suite de l'exercice, par la société intégrante, d'une option. Cette option, valable cinq ans, est renouvelable[325] par tacite reconduction.

La loi fiscale ne prévoit pas la possibilité, pour la société intégrante, de mettre fin au groupe de manière anticipée. Ce résultat peut toutefois être obtenu par l'éviction simultanée, par la société tête de groupe, de l'ensemble de ses filiales.

La formation du groupe est le fruit du concours de volonté des sociétés concernées :

– la société intégrante détermine librement le périmètre du groupe : elle peut en exclure telle ou telle de ses filiales, alors même qu'elle remplirait les conditions légales permettant de l'intégrer ;

– les filiales peuvent (au moins sur le plan théorique) s'opposer à leur intégration dans le groupe ou décider librement (sous la même réserve) d'en sortir. Il en va de même *mutatis mutandis* des sociétés étrangères « intermédiaires » (V. *supra*, n° 1622, 3).

• Pour produire ses effets au titre d'un exercice, l'option de la société intégrante pour le régime de l'intégration fiscale doit être notifiée à l'administration avant l'expiration du délai de souscription de la déclaration de résultat de l'exercice précédent. Une telle option peut toutefois être valablement formulée pour le compte d'une société en formation[326].

Pour mettre fin au régime d'intégration à l'issue d'une période quinquennale, la dénonciation de l'option doit intervenir avant l'expiration du délai de souscription de la déclaration de résultat du dernier exercice de la période quinquennale considérée.

• Les accords des entités membres du groupe (filiales, sous-filiales, établissements stables de sociétés étrangères) et des sociétés intermédiaires doivent être formulés avant l'expiration du délai de la souscription de la déclaration de résultats de l'exercice précédant celui où la société devient membre du groupe ou devient une société intermédiaire. Ces accords (dont la durée de validité semble également être de cinq ans) sont renouvelés par tacite reconduction, sauf dénonciation, dans les mêmes conditions que celle pouvant concerner l'option de la société intégrante. Selon l'administration, une société nouvelle doit clore un premier exercice avant de rejoindre un groupe[327].

• Le périmètre du groupe n'est pas figé à la date de l'option initiale. Il peut varier annuellement (les variations du périmètre du groupe devant être notifiées à l'administration fiscale).

(323) CGI, ann. III, art. 46 quater-0 ZF, al. 2.
(324) Instr. 2 avr. 2008 : *BOI* 4 H-2-08, n° 12, anc., non reprise au *BOFiP-Impôts*, V. BOI-IS-GPE-10-20-10.
(325) Depuis L. fin. rect. 1999, 30 déc. 1999, art. 38.
(326) CE, 7 mars 2012, n° 335.046, *Min. c/Sté Alimentation générale de la Cigale* : *RJF* 6/2012, n° 577 ; *BDCF* 6/2012, n° 73, concl. V. Daumas, jugeant que, dans une telle hypothèse, la société en formation peut être regardée comme ayant détenu le capital des autres sociétés du groupe de manière continue pendant tout l'exercice « en cours au moment de sa formation ».
(327) BOI-IS-GPE-10-40, n° 110.

1625. – Détermination et retraitement du résultat du groupe. 1) Déterminé par la société intégrante, le résultat d'ensemble du groupe est égal à la somme algébrique des résultats (positifs ou négatifs) des sociétés appartenant au périmètre du groupe. Il en résulte une compensation immédiate – et sans limitation particulière – des déficits constatés et des bénéfices réalisés par les différentes sociétés du groupe. Cette compensation (qui s'applique également aux plus-values et moins-values nettes à long terme) constitue l'intérêt principal du régime de l'intégration fiscale.

Les déficits (et moins-values nettes à long terme) constatés, le cas échéant, pendant la période d'intégration sont « transférés » par les filiales à la société intégrante. Ce transfert est en principe définitif. La cessation du groupe (ou la « désintégration » d'une filiale) ne conduit pas sauf exception (V. *infra*, n° 1626, 5 *in fine*) à la « restitution » à la filiale des déficits et moins-values transférés et non encore imputés.

2) Ce résultat d'ensemble fait l'objet de différents retraitement et ajustements.

a) La majorité des ajustements consistent à neutraliser certaines opérations internes au groupe.

• C'est le cas, notamment, des abandons de créances consentis ou des subventions versées entre les sociétés du groupe (qui sont fiscalement neutralisés), des plus ou moins-values de cession d'immobilisations ou de titres intervenant au sein du groupe (dont il fait, sous certaines conditions, abstraction pour la détermination du résultat d'ensemble) ou encore des provisions pratiquées par une société à raison des créances « douteuses » qu'elle détient sur une autre société du groupe (qui doivent être réintégrées dans le résultat d'ensemble).

• Dans cet ordre d'idées, la loi retient, selon le cas, la neutralisation *intégrale* ou *renforcée* des distributions de dividendes intervenant entre sociétés du groupe :

– lorsque ces dividendes n'ouvrent pas droit à l'application du régime des sociétés mère et filiales (V. *infra*, n° 1663), la loi prévoit la *neutralisation intégrale* des dividendes versés par une société membre du groupe depuis plus d'un exercice à une autre société du groupe intégré(328). La même règle de neutralisation intégrale s'applique aux dividendes perçus par une société du groupe et versés par une société « intermédiaire », une société « étrangère » ou l'« entité mère non résidente » (au sens du régime de l'intégration fiscale) lorsque la société mère apporte la preuve que ces dividendes proviennent de produits de participation versés par une société membre du groupe depuis plus d'un exercice ;

– dans le cas inverse, la loi retient désormais(329) la *neutralisation renforcée* des dividendes versés par une société membre du groupe à une autre société du groupe intégré : une quote-part pour frais et charges déterminée au taux réduit de 1 % doit être réintégrée dans le résultat individuel(330) de la société bénéficiaire de la distribution. Une quote-part déterminée au même taux réduit est applicable lorsque les dividendes sont versés à une société membre d'un groupe intégré à raison de sa participation dans une société soumise à un impôt équivalent à l'IS français dans un État membre de l'UE ou

---

(328) Cette règle n'a pas été modifiée à la suite de l'arrêt *Groupe Steria*.

(329) Avant la loi de finances rectificative pour 2015 (L. 29 déc. 2015, art. 40), la loi retenait (sous réserve du respect d'une durée minimale d'appartenance au groupe) la neutralisation intégrale des distributions intragroupes – cette mesure étant par définition insusceptible de s'appliquer lorsque les dividendes étaient versés par des sociétés étrangères non soumises à l'IS français (CGI, art. 223 B). Cette différence de traitement a été jugée contraire à la liberté d'établissement (CJUE, 2 sept. 2015, aff. C-386/14, *Groupe Steria : Dr. fisc.* 2015, n° 40, comm. 611, note M.-P. Hôo et C. Maignan, jugeant que la liberté d'établissement s'oppose à une législation d'un État membre relative à un régime d'intégration fiscale en vertu de laquelle une société mère intégrante bénéficie de la neutralisation de la réintégration d'une quote-part de frais et charges forfaitairement fixée à 5 % du montant net des dividendes perçus par elle des sociétés résidentes parties à l'intégration, alors qu'une telle neutralisation lui est refusée, en vertu de cette législation, pour les dividendes qui lui sont distribués par ses filiales situées dans un autre État membre qui, si elles avaient été résidentes, y auraient été objectivement éligibles, sur option. À la suite de cette décision, les pouvoirs publics ont pris le parti, pour égaliser le traitement des distributions internes et transeuropéennes, de généraliser la règle de réintégration d'une quote-part de frais et charges au taux réduit de 1 % ; V. *infra*, n° 1663).

(330) Il en résulte une exception très exceptionnelle à la règle selon laquelle les résultats d'une société membre d'un groupe intégré sont déterminés selon les règles qui seraient applicables en l'absence de groupe.

un État assimilé qui, si elle était établie en France, remplirait toutes les conditions – autres que celle d'être soumise à l'IS français – pour être membre de ce groupe (V. *infra*, n° 1622).

La loi de finances pour 2011[331] a mis fin, à cet égard, à la possibilité pour une société de cumuler l'exonération des dividendes reçus de ses filiales et la déduction, au titre de l'exercice de la cession ou de l'échange des titres correspondant, d'une moins-value résultant de leur dépréciation liée, justement, à ces distributions de dividendes : lorsque les titres de participation cédés n'ont pas été conservés pendant un délai de deux ans, leur prix de revient est diminué, pour la détermination de la plus-value ou moins-value de cession, du montant des distributions précédemment neutralisées[332].

b) Les dispositifs de sous-capitalisation des sociétés (V. *infra*, n° 1677) s'appliquent selon des modalités particulières[333]. Il en va de même de la limitation générale (V. *infra*, n° 1680) de déduction des charges financières[334]. En application de cette disposition[335], lorsque le montant total des charges financières nettes d'un groupe fiscalement intégré est égal ou supérieur à 3 M€, les charges financières nettes afférentes aux sommes laissées ou mises à disposition de sociétés membres du groupe par des personnes qui n'en sont pas membres sont réintégrées au résultat d'ensemble pour une fraction égale à 15 % (en 2013) puis 25 % (depuis 2014) de leur montant. Les charges financières nettes s'entendent de la somme des charges ou produits financiers nets (au sens du dispositif applicable aux sociétés isolées de chacune des sociétés membres du groupe).

c) À l'inverse, un dernier ajustement – incontestablement pénalisant – résulte de l'application du dispositif issu de l'amendement « Charasse ». Ce dispositif vise à interdire la déduction des charges financières résultant d'une « acquisition à soi-même » d'une société en vue de son intégration dans un groupe (l'acquisition à soi-même pouvant résulter de l'acquisition d'une société aussi bien auprès d'un actionnaire extérieur contrôlant le groupe qu'auprès d'une société que cet actionnaire contrôle). Dans ces hypothèses, le résultat d'ensemble est majoré des charges financières « présumées » liées à une telle acquisition. Déterminées forfaitairement en fonction de l'endettement général du groupe, ces charges sont réintégrées pendant une période qui prend fin, désormais, au terme du huitième exercice suivant celui au cours duquel l'acquisition à « soi-même » a été réalisée[336]. Passablement complexe, le régime applicable en la matière a été modifié en dernier lieu par la troisième loi de finances rectificative pour 2009[337].

La situation de « contrôle » d'une société s'apprécie à la date de l'opération d'acquisition en cause, sans que l'administration puisse valablement se référer à la période antérieure à cette opération[338]. Confirmant la solution jurisprudentielle retenue dans le silence de la loi fiscale sur ce point (même arrêt), l'article 223 B, alinéa 7, du CGI renvoie expressément depuis la loi de finances rectificative pour 2005[339] aux règles du droit des sociétés commerciales[340] pour ce qui concerne l'appréciation de la situation de « contrôle » (V. sur ce point *infra*, n° 1679, 2-*b*).

d) Des règles spéciales sont applicables en présence de sociétés « intermédiaires » ou « étrangères », européennes (V. *supra*, n° 1621 et n° 1622, 3). Ainsi, et pour ne donner qu'un exemple simple, un abandon de créance (ou une subvention) consenti par une société « intermédiaire » à une société du groupe peut être déduit du résultat d'ensemble s'il correspond, en fait, à une charge supportée par une autre société du groupe[341].

(331) L. 29 déc. 2010, art. 11.
(332) CGI, art. 223 B, al. 3.
(333) CGI, art. 223 B, al. 14 à 19.
(334) CGI, art. 223 B bis.
(335) Issue de L. fin. 2013, 29 déc. 2012, art. 23, III.
(336) CGI, art. 223 B, al. 7.
(337) L. 30 déc. 2009, art. 33.
(338) CE, 13 juill. 2011, n° 312.285, *Sté FTR : Dr. fisc.* 2011, n° 29, act. 233.
(339) L. 30 déc. 2005, art. 40.
(340) C. com., art. L. 233-3.
(341) Il est plus précisément déductible à hauteur de la fraction de son montant pour laquelle la société mère apporte la preuve qu'il provient d'une aide (abandon de créance, subvention directe ou indirecte) consentie, sans avoir été pris en compte pour la détermination du résultat d'ensemble, par une autre société du groupe à cette société « intermédiaire ». Des règles symétriques s'appliquent lorsqu'une aide est consentie par une société du groupe à une société « intermédiaire ».

1626. – Établissement de l'impôt. 1) L'application du régime de l'intégration fiscale s'accompagne d'un renforcement des obligations déclaratives des différentes sociétés du groupe (étant précisé que chaque société demeure tenue de souscrire dans les délais légaux la déclaration de son résultat propre).

a) Les obligations déclaratives spéciales sont les suivantes :

• la société intégrante doit souscrire une déclaration spéciale faisant ressortir le résultat d'ensemble du groupe ;

• les filiales intégrées sont soumises à une double obligation déclarative. Elles sont tenues de déclarer :

– leur résultat propre (corrigé) pris en compte dans le résultat d'ensemble ;

– leur résultat propre « hors groupe », c'est-à-dire non corrigé des règles propres à l'intégration fiscale.

b) Les groupes de sociétés peuvent relever (pour l'assiette, le recouvrement et le contrôle de l'IS) de la Direction des grandes entreprises (DGE). S'agissant des sociétés, dépendent de manière générale de cette direction :

– les sociétés (ou les établissements stables des sociétés étrangères) dont le chiffre d'affaires annuel hors taxes (ou le total de l'actif brut du bilan) est supérieur à 400 M€ ;

– les sociétés qui sont liées directement ou indirectement par un lien descendant ou ascendant à plus de 50 % avec une société (ou à un établissement stable) répondant à l'un ou l'autre des critères précédant ;

– les sociétés qui appartiennent à un groupe intégré fiscalement lorsque celui-ci comprend au moins une société (ou un établissement stable) répondant à l'un ou l'autre des critères de chiffres d'affaires ou d'actif brut(342).

Sur la date de prise d'effet de l'« affiliation » à la DGE, V. CGI, ann. III, art. 344-0 C.

2) Le bénéfice d'ensemble du groupe est soumis à l'impôt sur les sociétés au nom de la société tête de groupe qui est seule redevable légale de cet impôt. Il est liquidé par application des taux usuels.

Le taux réduit de 15 % applicable, dans certaines limites, aux résultats des PME est susceptible de s'appliquer au résultat d'ensemble d'un groupe fiscalement intégré (V. *infra*, n° 1699).

Le régime du long terme s'applique, le cas échéant, aux plus-values ou moins-values nettes à long terme d'ensemble du groupe (V. *infra*, nos 1665 et s.).

3) Lorsque le résultat d'ensemble est déficitaire, ce déficit fiscal constitue une charge des exercices suivants sans limitation de durée (V. *infra*, n° 1684).

L'option pour le report en arrière des déficits est ouverte à la société intégrante dans les conditions ordinaires (V. *infra*, n° 1685).

1627. – Paiement de l'impôt. 1) Le paiement de l'impôt s'opère dans les conditions usuelles (V. *infra*, nos 1716 et s.), étant précisé que la société intégrante en est seule redevable au titre de chaque exercice(343).

Corrélativement, la société intégrante est substituée aux sociétés du groupe pour l'imputation, sur ce montant d'IS, des crédits d'impôt qui pourraient leur être ouverts(344).

La société intégrante était également seule redevable de l'imposition forfaitaire annuelle (V. *infra*, n° 1711).

2) Les sociétés filiales sont toutefois solidairement tenues au paiement de l'impôt sur les sociétés.

(342) CGI, ann. III, art. 344-0 A.
(343) CGI, art. 223 O.
(344) Même disposition.

Chaque société du groupe est tenue solidairement au paiement de l'IS et, le cas échéant, des intérêts de retard et sanctions fiscales, dont la société intégrante est redevable, à hauteur de l'impôt et des pénalités qui seraient dus par la société si celle-ci n'était pas membre du groupe[345].

Lorsqu'un groupe fiscalement intégré relève de la Direction des grandes entreprises, le paiement de l'IS (acomptes et solde) s'opère obligatoirement par voie de télérèglement auprès du comptable de ce service à compétence nationale[346].

Le paiement de l'IS par la société intégrante fait naître au profit de cette dernière une créance sur chacune de ses filiales bénéficiaires. Schématiquement, cette créance est égale à l'impôt qui serait versé par la filiale si elle n'appartenait pas au groupe. Cet enrichissement de la société intégrante n'est pas regardé par l'administration comme imposable.

3) Naturellement, les « conventions d'intégration » qui prévoient normalement les modalités de répartition de la charge d'IS entre les différentes sociétés du groupe sont radicalement sans influence sur la qualité de redevable légal de la société intégrante.

a) Pour autant, ces conventions d'intégration ne sont pas, loin s'en faut, dépourvues de toute incidence fiscale.

b) Confronté à ces conventions, le Conseil d'État a affirmé :

– en premier lieu, que les règles fiscales de l'intégration (ni aucune autre disposition législative) « ne déterminent les conditions de répartition de la charge de l'impôt entre les sociétés d'un groupe intégré » ;

– en second lieu, que ces mêmes règles n'impliquent pas davantage que l'économie d'impôt résultant, le cas échéant, de l'application du régime d'intégration « ne bénéficie qu'à la seule société mère »[347].

La Haute juridiction en a déduit l'existence d'un principe de liberté de la répartition de la charge fiscale entre les sociétés du groupe : « les sociétés membres d'un groupe intégré sont libres de prévoir par une convention d'intégration les modalités de répartition entre ces sociétés de la charge de l'impôt ou le cas échéant de l'économie d'impôt résultant du régime d'intégration ». Cette liberté n'est pas naturellement absolue et les stipulations conventionnelles doivent répondre – sauf à donner lieu à l'identification de subventions indirectes consenties entre les sociétés du groupe – à un certain nombre d'exigences :

– la convention doit procéder à une répartition tenant compte des résultats propres de chaque société du groupe ;

– cette répartition ne doit porter atteinte ni à l'intérêt social propre de chaque société ni aux droits des associés ou des actionnaires minoritaires[348].

c) Ont été considérées comme respectant ces principes, les conventions d'intégration prévoyant :

– la réallocation aux filiales déficitaires, par la société intégrante, d'une somme égale aux économies d'IS générées par la prise en compte de leurs déficits dans le résultat d'ensemble[349] ;

– la répartition de la charge d'IS d'ensemble au prorata des résultats des sociétés membres du groupe[350] ;

– que la société intégrante supporte seule (c'est-à-dire sans demander aucune contribution aux filiales) la charge définitive de l'IS dû à raison du résultat d'ensemble[351].

1628. – « Désintégration » d'une filiale. Une filiale intégrée peut, pour différentes causes, quitter ou être évincée du groupe intégré. Naturellement, la

(345) CGI, art. 223 A *in fine*.
(346) CGI, art. 1681 septies.
(347) CE, 12 mars 2010, n° 328.424, *Min. c/St Wolseley Centers France : Rec. CE* 2010, tables p. 740 ; *Dr. fisc.* 2010, n° 15, comm. 272, concl. L. Olléon, note Ph. Durand et O. Fouquet. – CE, 24 nov. 2010, n° 334.032, *Min. c/Sté Océ NV* et n° 333.867, *Sté Saga : Dr. fisc.* 2011, n° 10, comm. 245, concl. L. Olléon, note Ph. Durand et O. Fouquet. – CE, 5 juill. 2013, n° 351.874, *Min. c/Sté Kingfisher International France : Dr. fisc.* 2013, n° 42, comm. 483, concl. V. Daumas, note O. Fouquet et Ph. Durand. – V. antérieurement CE, 11 déc. 2009, n° 301.341, *Sté GE Healthcare Clinical Systems : Dr. fisc.* 2009, n° 52, comm. 603, concl. L. Olléon.
(348) CE, 12 mars 2010, *Min. c/St Wolseley Centers France*, préc.
(349) CE, 24 nov. 2010, n° 334.032, *Min. c/Sté Océ NV*, préc.
(350) CE, 12 mars 2010, n° 328.424, *Min. c/St Wolseley Centers France*, préc.
(351) CE, 5 juill. 2013, n° 351.874, *Min. c/Sté Kingfisher International France*, préc.

« désintégration » d'une filiale entraîne (sauf cas particuliers) l'éviction des sociétés qui, le cas échéant, étaient détenues par la société intégrante par son intermédiaire.

Les causes de « désintégration » sont nombreuses. Hors les cas où la filiale disparaît juridiquement (par dissolution ou absorption notamment), on peut mentionner :

– la perte, par la société filiale, de la qualité de société passible de l'IS à la suite d'un changement de régime fiscal ;

– la réduction à moins de 95 % du taux de détention directe ou indirecte de la société intégrante dans son capital ;

– l'éviction du groupe décidée par la société intégrante ;

– la non-reconduction de l'option par la filiale à l'échéance du régime optionnel.

Cette sortie du groupe entraîne, de manière générale, la remise en cause de certains des correctifs apportés lors de la détermination du résultat d'ensemble pendant la phase d'intégration.

Cette remise en cause peut concerner, par exemple, les plus-values de cession d'immobilisations ou les subventions « intragroupes » qui doivent être « déneutralisées ».

La « désintégration » de la filiale ne conduit pas à la « restitution » à la filiale des déficits (et moins-values à long terme) qui, nés pendant la période d'intégration, ont été transférés à la société intégrante et n'ont pas encore été imputés. La solution inverse est retenue pour les déficits (et moins-values à long terme) qui, constatés à la clôture d'un exercice antérieur à l'intégration et non encore imputés, lui sont « restitués ».

1629. – Restructuration et cessation du groupe. Les restructurations (fusions, scissions, apports partiels d'actif) affectant les sociétés du groupe donnent lieu à l'application de mécanismes hautement complexes qui ne seront pas exposés dans le détail.

On retiendra, par exemple, que des dispositifs spéciaux permettent la constitution immédiate d'un nouveau groupe en cas de scission ou d'absorption de la société intégrante.

On s'attardera davantage sur l'hypothèse, plus simple, de la cessation du groupe.

Parmi les causes de cessation du groupe, on peut relever :

– la disparition juridique de la société intégrante ;

– l'éviction (ou l'absorption) simultanée de l'ensemble des filiales par la société intégrante ;

– la perte, par la société intégrante, de la qualité de société passible de l'IS à la suite d'un changement de régime fiscal ;

– la « filialisation » à 95 % au moins de la société intégrante par une autre société soumise à l'IS français (ou l'option pour l'IS d'une société de personnes qui la détenait déjà à 95 % au moins).

Dans tous les cas, le groupe est dissous, cette dissolution prenant effet au premier jour de l'exercice de survenance de l'événement qui est à l'origine de la cessation.

De manière générale, la cessation du groupe entraîne des conséquences similaires à celles rencontrées en cas de « désintégration » d'une filiale.

La principale règle ici applicable est que le déficit d'ensemble encore reportable reste définitivement acquis à l'ancienne société intégrante. Il en va de même de l'éventuelle moins-value nette à long terme d'ensemble.

Elle est toutefois écartée lorsqu'une procédure collective affectant la société intégrante entraîne la cessation du groupe. En effet, la loi autorise désormais la « restitution » aux filiales de la fraction du déficit (non précédemment imputée au niveau du résultat d'ensemble) qu'elles ont transmis à la société intégrante lorsque, celle-ci ayant été mise en liquidation judiciaire, les titres des filiales sont cédés dans le cadre de la procédure de liquidation[352]. En l'absence de dispositions en ce sens, les

(352) Deuxième L. fin. rect. 2008, 30 déc. 2008, art. 28. – CGI, art. 223 E, mod. – CGI, ann. III, art. 46 quater-0 ZJ bis, 3 nouveau.

déficits et moins-values resteraient définitivement acquis à la société intégrante et seraient définitivement perdus dès lors que celle-ci est liquidée. Dans la même hypothèse, le régime des groupes a été modifié pour permettre l'intégration immédiate (sans solution de continuité) d'une filiale à un nouveau groupe fiscalement intégré(353).

SOUS-SECTION 2

LE CHAMP D'APPLICATION TERRITORIAL DE L'IMPÔT SUR LES SOCIÉTÉS

§ 1. – Le principe de territorialité de l'impôt sur les sociétés

1630. – **Principe légal et conventions internationales.** La loi fiscale retient à propos de l'impôt sur les sociétés un principe de territorialité. Celui-ci comporte depuis 2010 deux volets distincts.

La loi n'est pas la source exclusive des règles de territorialité applicables en matière d'IS. L'administration a entièrement élaboré un régime dérogatoire en faveur des quartiers généraux des sociétés multinationales situés en France. Applicable sur accord préalable de l'administration, il consiste en une détermination forfaitaire du bénéfice passible de l'impôt français (V. *infra*, n° 1656).

1) Une première règle a été posée dès l'origine par le droit interne pour l'impôt sur les bénéfices industriels et commerciaux(354). Elle est d'une grande simplicité : sous réserve de « ceux dont l'imposition est attribuée à la France par une convention internationale relative aux doubles impositions », l'assiette de l'impôt sur les sociétés est déterminée « en tenant compte uniquement (en premier lieu) des bénéfices réalisés dans les entreprises exploitées en France ».

2) La troisième loi de finances rectificative pour 2009(355) a complété ce principe de territorialité « classique » par une seconde règle qui – présentant un caractère expressément interprétatif du droit antérieur – étend le champ d'application de l'impôt français à certains revenus de nature immobilière afférents à des immeubles ou droits immobiliers « français »(356).

a) Les revenus immobiliers visés par le dispositif sont les revenus immobiliers de source française pour l'application de l'IR. Il s'agit en résumé :

– des revenus d'immeubles sis en France ou de droits relatifs à ces immeubles ;

– des profits immobiliers réalisés dans le cadre d'une activité de marchand de biens (et les profits assimilés) relatifs à des immeubles situés en France, à des droits immobiliers s'y rapportant ou à des titres de sociétés non cotées à prépondérance immobilière « française » ;

– des plus-values immobilières relatives à des biens immobiliers situés en France ou à des droits relatifs à ces biens (et des gains qui leur sont assimilés) ;

– des gains de cession de titres (ou droits) possédés dans certaines sociétés (ou entités), françaises ou étrangères, lorsqu'elles sont à prépondérance immobilière « française ». Relèvent notam-

(353) CGI, art. 223 L.
(354) L. 31 juill. 1917, art. 3.
(355) L. 30 déc. 2009, art. 22.
(356) CGI, art. 209, I, al. 1er.

ment de cette catégorie, les gains de cession de titres de sociétés d'investissements immobiliers cotées ou de titres de sociétés cotées (en France ou à l'étranger), à prépondérance immobilière « française »[357].

b) Avant l'intervention de la troisième loi de finances rectificative pour 2009, cette solution était partiellement acquise :

– indépendamment du point de savoir si elles exploitaient, ou non, une entreprise en France, les sociétés étrangères pouvaient supporter un prélèvement spécial (distinct de l'IS) frappant, sous réserve des conventions internationales, les plus-values de cession d'immeubles réalisées en France par des sociétés étrangères[358]. Ce prélèvement est toujours applicable (V. *infra*, n° 1631) ;

– de manière plus discutable, le Conseil d'État avait pu admettre, dans un cas similaire, la taxation à l'IS français des revenus tirés, par une société étrangère, de la location d'immeubles situés en France[359]. Cette solution était fondée sur l'article 206, 1, du CGI qui, prévoyant l'imposition à l'IS de toute personne morale se livrant « à une exploitation ou des opérations de caractère lucratif », ne semblait pas, pourtant, exprimer une règle de territorialité. Contestée en doctrine, cette solution avait été fragilisée par un arrêt du Conseil d'État[360], ce qui a justifié l'intervention d'une disposition législative interprétative, susceptible de s'appliquer pour le règlement des litiges en cours ;

– étaient également passibles de l'IS français les revenus immobiliers auxquels une société de capitaux étrangère avait anormalement renoncé, en mettant gratuitement à la disposition d'un tiers un immeuble situé en France[361]. Cette solution était fondée sur l'idée (passablement moralisatrice) selon laquelle un acte anormal de gestion « commis » en France doit toujours être passible de l'impôt français. L'imposition en France ne semblait pas possible, en revanche, en l'absence d'acte anormal de gestion[362].

3) Comme en matière d'impôt sur le revenu, la France s'entend des départements de France métropolitaine (y compris les départements de Corse) et des départements d'outre-mer.

a) Les autres territoires appartenant à la République française sont considérés comme des territoires étrangers pour l'application de l'IS.

Les bénéfices réalisés dans une entreprise exploitée sur le plateau continental adjacent au territoire français (en l'espèce en mer d'Iroise) sont passibles de l'impôt français[363].

b) Posé en pleine période coloniale, le principe de territorialité « place la France à part au sein des pays développés, dont la plupart ont adopté un régime mondial d'impôt sur les sociétés »[364]. Cette règle permettait d'éliminer simplement les doubles impositions susceptibles de résulter de la coexistence des impôts français et des impôts coloniaux et, en tout état de cause, de ne pas soumettre à l'impôt français les résultats des comptoirs extérieurs des sociétés françaises.

Dans le monde, la France est aujourd'hui l'un des seuls États (avec le Danemark et la Suisse) à appliquer le principe de territorialité, ce qui conduit, naturellement, à s'interroger sur l'opportunité de son maintien.

(357) CGI, art. 164 B, *a* et *e* à *e* ter.
(358) CGI, art. 244 bis A.
(359) CE, 19 juin 1963, n° 55.936 : *Dr. fisc.* 1964, n° 48 bis, comm. 144, concl. M. Martin.
(360) CE, 31 juill. 2009, n° 296.471, *Sté Overseas Thoroughbred Racing Stud Farms* : *Dr. fisc.* 2009, n° 50, comm. 580, concl. E. Glaser, note P. Dibout.
(361) V. par ex. CAA Nantes, 17 févr. 1998, n° 95-1196, *Sté Darcon Holdings* : *Dr. fisc.* 1998, n° 28, comm. 652, pour le cas d'une société panaméenne.
(362) comp., dans des cas où des conventions internationales étaient applicables, CAA Lyon, plén., 25 avr. 1991, n° 89-1587, *Sté Boliden Aktiebolag* : *Dr. fisc.* 1991, n° 40, comm. 1752, pour une mise à disposition gratuite justifiée par la politique sociale d'une entreprise suédoise, et, plus discutable au fond, CAA Paris, 7 déc. 1995, n° 94-1904, *Sté Frères Bourgeois* : *Dr. fisc.* 1996, n° 13, comm. 387, pour le cas d'une mise à disposition gratuite, au dirigeant d'une société belge, d'un appartement situé à une adresse prestigieuse, justifiée par la nécessité de superviser d'importants investissements effectués en France.
(363) CE, 16 déc. 1998, n° 156.535, *Sté Services Pétroliers Schlumberger* : *Dr. fisc.* 1999, n° 24, comm. 484, concl. G. Goulard.
(364) Concl. M.-H. Mitjavile sur CE, sect., 16 mai 2003, n° 222.956, *Sté Télécoise* : *Dr. fisc.* 2003, n° 30-35, comm. 582.

A. – Les règles du droit interne

1631. – **Indifférence de la nationalité.** 1) Qu'elles soient françaises ou étrangères, les sociétés sont légalement imposables à l'impôt sur les sociétés français à raison, tout à la fois :

– des résultats des entreprises qu'elles exploitent en France ;

– de leurs revenus immobiliers de source française ;

– de leurs revenus dont l'imposition est attribuée à la France par une convention internationale relative aux doubles impositions[365].

a) L'administration retient pour l'imposition des sociétés établies en France un principe de mondialité à l'égard des gains « étrangers » *ne se rattachant pas à une entreprise exploitée hors de France*. Dans cette hypothèse, sous réserve des conventions internationales, les sociétés françaises doivent, selon l'administration, comprendre dans leurs résultats imposables en France les gains immobiliers « étrangers », les produits de droits de la propriété intellectuelle cédés ou concédés hors de France et les gains des placements financiers effectués hors de France[366].

b) Sous réserve des stipulations des conventions internationales (qui peuvent entraîner ou au contraire exclure une imposition à l'IS français), le régime fiscal de certains gains (présentant généralement le caractère de revenus « passifs ») réalisés par des sociétés étrangères ne se livrant pas à une activité exploitée en France est plus complexe. Par application de dispositions législatives particulières, certains de ces gains sont sujets à taxation en France sans être pour autant soumis à l'IS français. La taxation s'opère en effet par voie de retenue à la source ou par application d'un prélèvement particulier distinct de l'IS. C'est le cas :

– des revenus de capitaux mobiliers versés par un débiteur établi en France à une société étrangère. Ces revenus sont soumis à une retenue à la source (V. *infra*, n° 1710, 1-*c*) présentant le caractère d'une imposition définitive[367] ;

– des revenus des droits de la propriété intellectuelle versés par un débiteur exerçant une activité en France à une société étrangère ne possédant pas en France d'installation professionnelle permanente. Ces revenus sont soumis à une retenue à la source[368] imputable sur le montant de l'IS éventuellement exigible[369]. La retenue est également exigible à raison des sommes payées à une telle société étrangère en rémunération de prestations de toute nature fournies ou utilisées en France ;

– des plus-values de cession d'immeubles (ou de droits assimilés) réalisées par une personne morale – quelle qu'en soit la forme – dès lors que ces immeubles (ou droits) sont situés en France (ou se rattachent à des immeubles situés en France) sont soumis à un prélèvement spécial[370]. La précision selon laquelle cette imposition vise les personnes morales quelle qu'en soit la forme a été introduite par la deuxième loi de finances rectificative pour 1993[371], à la suite d'un arrêt qui avait écarté l'application du prélèvement institué par ce texte aux gains « immobiliers » des sociétés étrangères présentant la forme de sociétés de capitaux[372] ;

– des plus-values de cession de titres d'une société de capitaux établie en France réalisées par une personne morale – quelle qu'en soit la forme – dès lors que cette dernière a détenu une participation substantielle dans le capital de la société dont les titres sont cédés à un moment quelconque au cours des cinq dernières années précédant la cession[373]. La précision légale selon laquelle le prélèvement exigible[374] vise les personnes morales quelle qu'en soit la forme a été également introduite à

(365) CGI, art. 209, I.
(366) BOI-IS-CHAMP-60-10-20, n°s 40 et 230 à 270.
(367) CGI, art. 119 bis, 2.
(368) CGI, art. 182 B.
(369) CGI, art. 219 quinquies.
(370) CGI, art. 244 bis A.
(371) L. 30 déc. 1993, art. 43.
(372) CE, 12 févr. 1992, n° 79.523, *Sté Croninvest Establishment* : *Dr. fisc.* 1993, n° 30, comm. 1537, concl. M.-D. Hagelsteen.
(373) CGI, art. 244 bis B.
(374) Perçu selon les modalités prévues à CGI, art. 244 bis A, IV.

la suite de l'arrêt *Sté Croninvest Establishment* précité. L'intérêt de cette intervention législative a été ultérieurement confirmé(375).

c) Les personnes morales ayant des activités en France ou y possédant des biens, sans y avoir leur siège social, peuvent être invitées par l'administration à désigner un représentant en France pour recevoir les communications relatives à l'assiette, au recouvrement et au contentieux de l'impôt sur les sociétés (CGI, art. 223 quinquies A). Cette obligation ne pèse pas sur les sociétés ayant leur siège social dans un État membre de l'UE ni, depuis la deuxième loi de finances rectificative pour 2014 (art. 62), en Islande ou en Norvège.

2) À l'inverse, elles ne sont pas soumises à cet impôt à raison des résultats de leurs exploitations ou des revenus immobiliers étrangers.

La nationalité d'une société résulte, sauf en cas de fictivité, du lieu de son siège social c'est-à-dire, en règle générale, du lieu de son principal établissement à partir duquel s'exerce la direction effective de la société(376).

L'assujettissement d'une société étrangère à l'IS français suppose, en tout état de cause, qu'elle entre dans le champ d'application *ratione personae* de cet impôt (V. *supra*, n° 1601, *in fine*).

3) Naturellement, si les bénéfices des exploitations étrangères ne sont pas compris dans la base d'imposition de l'impôt français, les pertes subies à raison des exploitations étrangères ou, sans doute, les déficits ou pertes immobiliers étrangers ne sauraient diminuer le résultat imposable en France.

Ce second aspect du principe de territorialité s'applique bien évidemment de la même manière aux sociétés françaises et étrangères.

1632. – **Localisation des exploitations.** Non définis par la loi, les critères de localisation des exploitations ont été précisés par la jurisprudence.

On date généralement de 1942 la formation des règles actuellement retenues(377). Cette opinion répandue mériterait d'être nuancée. En effet, on trouve dans la jurisprudence antérieure des arrêts retenant déjà les trois critères jurisprudentiels actuels.

Dans la jurisprudence fiscale, trois hypothèses distinctes permettent de caractériser (en cas d'exercice habituel d'une activité) l'existence d'une exploitation localisable :

– l'établissement, défini comme une installation possédant un caractère de permanence et une autonomie propre ;

– la représentation de la société par des préposés exerçant une activité pour son compte sans détenir, selon la formule doctrinale, une « personnalité professionnelle indépendante » ;

En revanche, lorsque les « représentants » ont une personnalité professionnelle indépendante (commissionnaires, courtiers ou, de manière générale, intermédiaires à statut indépendant), l'entreprise qui effectue des opérations par leur entremise doit être considérée comme n'exerçant personnellement aucune activité dans l'État où ces derniers exercent leur activité.

Sur la question de savoir si la représentation d'une société dans un État peut résulter de la localisation dans cet État d'une de ses filiales, V. *infra*, n° 1635.

– le cycle commercial complet se détachant des autres activités de la société.

(375) CE, 25 avr. 2003, n° 241.210, *Sté Eurofind Holding Ltd* : *Dr. fisc.* 2003, n° 36, comm. 601, concl. L. Vallée.

(376) Pour la détermination du lieu du siège social, le Conseil d'État fait primer le lieu où sont prises les décisions stratégiques de la société sur celui où se tiennent les réunions de son conseil d'administration (CE, 7 mars 2014, n° 371.435, *Sté Compagnie internationale des wagons-lits et du tourisme* : *Dr. fisc.* 2016, n° 11, act. 169).

(377) CE, 15 juin 1942, n° 72.013, 4e esp. : *Rec. CE* 1942, p. 204.

Parfaitement symétriques, ces critères s'appliquent aussi bien à l'égard des sociétés françaises exploitant des entreprises hors de France qu'aux sociétés étrangères se livrant à une exploitation en France.

Ainsi, au regard du droit interne français :

– une société possédant son siège en France ne sera pas passible de l'impôt français à raison de ses établissements étrangers, à raison de l'activité de ses représentants à l'étranger ou au titre des cycles commerciaux complets qu'elle y réalise ;

– à l'inverse, une société ne possédant pas son siège en France sera imposable en France à raison des établissements qu'elle y possède, de l'activité que ses représentants y exercent pour son compte ou des cycles commerciaux complets qu'elle y réalise.

Au cours de la période récente, les principales difficultés tranchées par le juge fiscal concernent les chantiers exploités à l'étranger(378) pour lesquels le juge fait prévaloir des critères tirés de la durée, l'importance et la continuité des opérations de construction, et la notion de « cycle commercial complet » (qui fait l'objet de la part du juge de cassation d'un contrôle de la qualification juridique des faits). Il a été jugé, par exemple, que les opérations d'une société consistant en la vente à l'étranger de produits ouvragés achetés hors de France ne sont pas constitutives d'un cycle commercial complet à l'étranger dès lors que l'intégralité des tâches de gestion et de direction y afférentes est exercée en France, où la société a son siège et son seul établissement, et qu'elles ne peuvent en conséquence être regardées comme détachables de l'activité de négoce exercée en France par cette société(379).

1633. – Résultat des exploitations. La principale difficulté découlant du principe de territorialité est qu'il exige, en présence d'éléments d'extranéité, une ventilation du résultat mondial de la société entre la France et les États étrangers en vue de rattacher à chaque implantation les produits et les charges liés à son activité propre.

1) Cette difficulté est largement éliminée lorsque chacune des exploitations, française ou étrangère, établit des documents comptables retraçant les résultats de son activité propre.

En l'absence de comptabilité autonome pour chaque implantation, chacun des résultats « territoriaux » doit être reconstitué. De manière générale, cette détermination est opérée par comparaison, sur la base du chiffre d'affaires attaché à chaque exploitation. Naturellement, le résultat des opérations « inter-exploitations » doit être déterminé comme si ces opérations avaient été réalisées (dans des conditions normales) par des entités tierces. La répartition des charges générales, communes aux différentes implantations, est opérée proportionnellement au chiffre d'affaires généré par chacune des exploitations.

2) Dès lors qu'elles sont dépourvues de personnalité juridique, les succursales françaises des sociétés étrangères ne sont pas soumises à l'obligation de tenir une comptabilité selon les modalités prévues par la loi commerciale(380). Elles doivent néanmoins être en mesure de présenter à l'administration, sur demande de celle-ci, les documents comptables et pièces justificatives(381) propres à justifier l'exactitude des résultats indiqués dans les déclarations qu'elles sont tenues de souscrire(382).

3) Les sociétés françaises exerçant une activité à l'étranger supportent des obligations déclaratives particulières. Ces sociétés doivent déclarer, d'une part, les éléments comptables concernant leur activité « mondiale » et, d'autre part, les éléments « afférents aux seules opérations qui participent à la réalisation du résultat imposable en France »(383). De leur côté, les sociétés étrangères ne sont tenues

(378) CE, 18 févr. 1987, n° 44.545, *Min. c/Sté Nicoletti : Dr. fisc.* 1988, n° 16-17, comm. 809.
(379) CE, 4 juill. 1997, n° 146.930, *Sté Marbrek : Dr. fisc.* 1997, n° 44, comm. 1153, concl. G. Goulard.
(380) C. com., art. L. 123-12 et s.
(381) CGI, art. 54.
(382) CE, 13 juill. 2011, n° 313.440, *Sté Stanford Research Institute International : Dr. fisc.* 2011, n° 39, comm. 529, concl. Cl. Legras.
(383) CGI, ann. III, art. 38 terdecies A.

de déclarer que les éléments afférents à leurs activités exploitées en France[384]. Elles peuvent en outre être invitées par le service des impôts à désigner un représentant en France autorisé à recevoir les communications relatives à l'assiette, au recouvrement et au contentieux de l'impôt[385].

4) Logiquement, les solutions jurisprudentielles sont le plus souvent liées aux charges déductibles de l'assiette de l'impôt français. En raison de la territorialité de l'IS, les appauvrissements se rattachant à une exploitation étrangère dont les profits échappent à l'impôt français ne peuvent, en principe, affecter les résultats imposables en France[386]. Une société française ne peut ainsi déduire de son résultat imposable en France la part des frais financiers supportés au titre de l'acquisition de son siège social pour leur fraction correspondant à l'utilisation que font de ce siège ses succursales étrangères[387]. De même, une commission versée à un intermédiaire en vue de l'obtention d'un marché à l'étranger ne peut être déduite des résultats imposables en France pour sa fraction se rattachant à des opérations déployées à l'étranger[388].

Ces solutions contrastent, de prime abord, avec celles admettant la déduction des pertes (subies ou régulièrement provisionnées) résultant des aides apportées par une société française à un de ses établissements étrangers avec lequel elle entretient des relations commerciales favorisant le maintien ou le développement de ses activités françaises[389]. En réalité, ces dernières solutions sont fondées sur la prise en compte de l'intérêt propre de l'exploitation française[390].

1634. – Présomption de distribution des bénéfices français des sociétés étrangères. 1) En principe, les bénéfices réalisés en France par les sociétés étrangères sont « réputés distribués », au titre de chaque exercice, à des associés n'ayant pas leur domicile fiscal ou leur siège social en France[391]. Ils doivent, par suite, sous réserve des conventions internationales, donner lieu à l'application d'une retenue à la source[392].

La retenue à la source est, en principe, liquidée à un taux de 30 % sur la base de l'intégralité des résultats (imposables ou exonérés) après déduction de l'IS français supporté[393]. Son montant peut être révisé, sur demande de la société étrangère, lorsque les sommes auxquelles la retenue a été appliquée excèdent le montant total des distributions auxquelles elle a effectivement procédé. L'excédent éventuel de perception est alors restitué[394].

2) Ces dispositions ne s'appliquent pas, toutefois, lorsque la société étrangère a son siège de direction effective dans un État européen[395] où elle est effectivement soumise à un impôt sur les sociétés.

---

(384) CGI, ann. III, art. 38 quaterdecies.
(385) CGI, art. 223 quinquies A et 218 A, 2.
(386) CE, plén., 25 oct. 1972, n°s 81999 et a. : *Dr. fisc.* 1973, n° 22, comm. 843, concl. L. Mehl.
(387) CE, 7 oct. 1988, n° 45.857 : *Dr. fisc.* 1989, n° 6, comm. 182, concl. M. de Saint Pulgent.
(388) CAA Paris, 9 déc. 1997, n° 95-3136, *Sté Cie Fives-Lille : Dr. fisc.* 1998, n° 20-21, comm. 456.
(389) Ainsi, la normalité de l'aide apportée à une filiale étrangère peut s'apprécier en tenant compte de la nécessité « d'assurer le développement commercial du groupe à l'étranger » (CE, sect., 16 mai 2003, n° 222.956, *Sté Télécoise : Rec. CE* 2003, p. 227 ; *Dr. fisc.* 2003, n° 30-35, comm. 582, concl. M.-H. Mitjavile). V. également CE, 4 déc. 2013, n° 355.694, *Sté Kepler Equities : Dr. fisc.* 2014, n° 30, comm. 465, concl. V. Daumas, note Ph. Legentil, autorisant la déduction des pertes correspondant aux aides apportées à une succursale étrangère lorsque celle-ci « entretient avec le siège des relations commerciales favorisant le maintien ou le développement des activités en France de la société ».
(390) V. CE, 26 mars 2008, n° 296.625, *Sté Tornier : BDCF* 6/2008, n° 72, concl. P. Collin.
(391) CGI, art. 115 quinquies.
(392) CGI, art. 119 bis, 2.
(393) CGI, art. 187 applicable sur renvoi de CGI, art. 119 bis, 2. Le taux de 75 % applicable (CGI, art. 187, 2) pour les produits *payés* dans un ETNC (V. *supra*, n° 1374, 2) n'est pas applicable au cas particulier (BOI-RPPM-RCM-30-30-20-80, n° 130, sol. impl.).
(394) Il en est de même dans la mesure où elle justifie que les bénéficiaires de ces distributions ont leur domicile fiscal ou leur siège en France, et qu'elle leur a transféré les sommes correspondant à la retenue.
(395) C'est-à-dire, au sens de ce dispositif, membre de l'Union européenne ou (depuis L. fin. rect. 2015, 29 déc. 2015, art. 29) un autre État partie à l'accord sur l'Espace économique européen.

B. – L'incidence des conventions internationales

1635. – **Critère conventionnel de l'établissement stable.** Conformément aux solutions préconisées par l'OCDE, les conventions fiscales visant à éviter les doubles impositions signées par la France retiennent un critère voisin de celui retenu par le droit interne français : celui de l'établissement stable. Ce critère joue de manière très simple : les bénéfices d'une entreprise d'un État contractant ne sont imposables que dans cet État, à moins que l'entreprise n'exerce son activité dans l'autre État contractant par l'intermédiaire d'un établissement stable qui y est situé.

Dans la plupart des conventions, l'établissement stable fait d'abord l'objet d'une définition générale. C'est très habituellement la suivante : « une installation fixe d'affaires par l'intermédiaire de laquelle une entreprise exerce tout ou partie de son activité »(396). Les conventions dressent ensuite la liste indicative des situations couvertes par cette expression et énumèrent les cas dans lesquels cette qualification est exclue.

Constituent généralement des établissements stables, les sièges de direction (ou parfois d'exploitation), les succursales, les bureaux(397), les usines, les ateliers, les lieux d'extraction quelconques de ressources naturelles (mine, carrière et, parfois, puits de pétrole ou de gaz), les chantiers de construction (ou de montage) durables (six ou douze mois en général) ou les magasins de vente. De même, une entreprise est généralement regardée comme possédant un établissement stable dans un État contractant si elle y est représentée par un agent (autre qu'un courtier, un commissionnaire général ou toute autre personne jouissant d'un statut indépendant) agissant pour son compte et disposant de pouvoirs lui permettant de conclure des contrats en son nom.

La filiale française d'une société étrangère ne peut constituer un établissement stable de cette dernière que si elle ne peut être considérée comme un agent indépendant de la société étrangère et si elle exerce habituellement en France, en droit ou en fait, des pouvoirs lui permettant d'engager cette société dans une relation commerciale ayant trait aux opérations constituant les activités propres de celle-ci(398). Un commissionnaire ne peut en principe constituer un établissement stable de son commettant(399).

À l'inverse, ne constituent pas généralement un établissement stable, les installations utilisées, par exemple, aux seules fins de stockage, d'exposition ou de livraison de marchandises appartenant à l'entreprise ou affectées à l'exercice d'une activité de caractère préparatoire ou auxiliaire ou aux seules fins d'acheter des marchandises ou de réunir des informations.

Une même société étrangère peut posséder différents établissements stables en France(400). En l'absence de missions communes et d'unité de direction, le résultat de chacun de ces établissements doit être déterminé distinctement, les charges imputables à l'un ne pouvant diminuer les résultats imposables de l'autre (même arrêt).

1636. – **Critères conventionnels complémentaires.** S'agissant des revenus ne se rattachant pas à l'exploitation d'une entreprise, les conventions fiscales retiennent

(396) Modèle OCDE, art. 5.

(397) Pour le cas d'un « bureau de journal », regardé comme ne constituant pas un établissement stable au sens de la convention fiscale franco-britannique, V. CE, 28 mai 2014, n° 360.890, *Sté Al Hayat Publishing Company* : *Dr. fisc.* 2014, n° 26, comm. 405, les stipulations conventionnelles ayant été éclairées sur le point considéré par les commentaires formulés, antérieurement à leur adoption, par le comité fiscal de l'OCDE.

(398) CE, sect., 20 juin 2003, n° 224.007, *Interhome AG* : *Dr. fisc.* 2004, n° 30-36, comm. 657, note P. Masquart.

(399) CE, 31 mars 2010, n° 304.715 et a., *Sté Zimmer* : *RJF* 06/2010, n° 568, relevant qu'il ne peut en aller autrement que si, en dépit de la qualification de commission donnée par les parties au contrat qui les lie, le commettant se trouve personnellement engagé par les contrats conclus avec des tiers par son commissionnaire qui doit alors, de ce fait, être considéré comme son représentant et constituer, à son égard, un établissement stable.

(400) CE, 10 avr. 2009, n° 275.534, *Sté Turkish Airlines* : *Dr. fisc.* 2009, n° 29, comm. 421, concl. J. Boucher.

d'autres critères. Ces critères, qui jouent comme en matière d'impôt sur le revenu, se rapportent, par exemple, à certains gains ou revenus de nature immobilière, aux revenus financiers, aux plus-values sur titres ou aux produits de la propriété industrielle.

Jugé, pour l'application de la convention fiscale franco-italienne, que les stipulations conventionnelles relatives à l'imposition des revenus immobiliers n'exigent pas que de tels revenus, lorsqu'ils sont réalisés par un établissement stable français d'une société étrangère, fassent l'objet, après sectorisation, d'une imposition séparée[401].

1637. – **Détermination du bénéfice imposable en France.** Les conventions fiscales prévoient de manière générale que le bénéfice rattaché à un établissement stable correspond au bénéfice que celui-ci aurait pu réaliser s'il avait constitué une entreprise distincte exerçant des activités identiques ou analogues dans des conditions similaires (et traitant en toute indépendance avec l'entreprise dont il est géographiquement détaché).

Selon le modèle OCDE, sont admises en déduction du résultat les dépenses exposées aux fins poursuivies par cet établissement stable, y compris les dépenses de direction et les frais généraux d'administration ainsi exposés, soit dans l'État où est situé cet établissement stable, soit ailleurs.

1638. – **Rescrit spécifique.** Une société étrangère peut rencontrer des difficultés pour déterminer avec certitude si elle possède ou non un établissement stable en France au sens de la convention fiscale liant la France avec l'État étranger dans lequel elle est établie. Pour réduire ces difficultés, la loi de finances rectificative pour 2004[402] a introduit une procédure d'accord tacite particulière qui permet à la société non-résidente de connaître *a priori* la position de l'administration sur ce point et, le cas échéant, de lui opposer cette appréciation[403].

Cette procédure permet plus précisément à un contribuable non-résident de recevoir l'assurance qu'il ne dispose pas en France d'un établissement stable au sens de la convention fiscale liant la France à l'État dans lequel ce contribuable réside fiscalement (V. *supra*, n° 1056).

§ 2. – Les exceptions au principe de territorialité de l'impôt sur les sociétés

A. – Les anciens régimes de faveur

1639. – **Pluralité de régimes.** Jusqu'à une époque récente, la loi fiscale organisait différents régimes de faveur dérogeant au principe de territorialité de l'impôt sur les sociétés. Assez paradoxalement, ces régimes ont été successivement abrogés.

1) Supprimé par la deuxième loi de finances rectificative pour 2011[404], le plus ancien de ces régimes portait les effets les plus importants. Introduit par la loi du 12 juillet 1965 modifiant, notamment, l'imposition des entreprises (art. 22), ce

(401) CE, 5 avr. 2013, n° 349.741, *Sté Mercurio* : *RJF* 7/2013, n° 751 ; *BDCF* 7/2013, n° 83, concl. V. Daumas, retenant que, dans ce cas, les revenus immobiliers doivent être compris dans les résultats de cet établissement et « imposés selon la législation interne de cet État applicable aux entreprises résidentes [placées] dans la même situation ».
(402) L. 30 déc. 2004, art. 19.
(403) LPF, art. L. 80 B, 6°.
(404) L. 19 sept. 2011, art. 3.

régime dérogatoire de territorialité comportait deux volets distincts : le bénéfice mondial simple et le régime du bénéfice mondial consolidé.

Ces deux régimes de faveur étaient respectivement dénommés régime du « bénéfice mondial » et régime du « bénéfice mondial consolidé » (BMC).

L'administration ne publiait pas la liste des sociétés bénéficiant d'un agrément pour l'un ou l'autre des deux régimes. Lors de la discussion du projet de loi de finances pour 2009, le ministre du Budget, M. E. Woerth, s'était opposé (avec succès) à l'adoption d'un amendement qui prévoyait le dépôt d'un rapport gouvernemental sur l'impact de ce dispositif. Après avoir affirmé qu'il ne fallait pas « fantasmer sur ce régime » et que « le rapporteur général et le président de la Commission des finances [de l'Assemblée nationale] ont [sur ce point] toutes les informations qu'ils demandent », le ministre avait ajouté : « ne croyez pas qu'il y ait douze entreprises [concernées]. Divisez par trois et vous aurez le chiffre réel »[(405)]. Le ministre disait vrai. Lors des débats concernant l'adoption de la deuxième loi de finances rectificative pour 2011, on a appris que le régime du bénéfice mondial consolidé (seul utilisé au cours de la période récente) concernait onze groupes en 2000 et cinq en 2011 (quatre sociétés cotées, à savoir *Total*, *Vivendi*, *Euro Media* et *NRJ*, et une société non cotée dont la raison sociale n'a pas été rendue publique).

Au début du mois de juillet 2011, lors des *Rencontres économiques* d'Aix-en-Provence, la direction de *Total* avait annoncé que ce groupe renoncerait prochainement au régime du bénéfice mondial consolidé (en ne sollicitant pas le renouvellement de son agrément). Il est vrai que cette mesure – devenue particulièrement coûteuse en termes d'image – ne présentait plus d'intérêt au plan fiscal (les exploitations françaises de *Total* étant déficitaires depuis près de dix ans – V. *infra*, n° 1640, 3). De fait, au moment de sa suppression, le principal bénéficiaire du dispositif de faveur était (selon les travaux préparatoires de la deuxième loi de finances rectificative pour 2011) la société *Vivendi* dont l'économie cumulée d'IS s'élèverait à 3,3 Md€ depuis 2005, soit un peu plus de 500 M€ par an[(406)]. Cette société (qui avait cumulé près de 11 Md€ de pertes sur trois exercices) avait obtenu l'agrément en août 2004 moyennant la souscription d'engagements précis en termes de création d'emplois (2 100 en cinq ans). Certains n'ont pas manqué de relever que la seule économie d'IS représentait (sur la base du salaire moyen établie par l'INSEE) environ la rémunération de 15 000 emplois par an. La société *Vivendi* avait d'ailleurs sollicité, en juin 2011, le renouvellement de son agrément[(407)]. Auparavant, le Conseil des prélèvements obligatoires avait recommandé la suppression du régime du bénéfice mondial consolidé[(408)].

Formellement, les dispositions législatives organisant les deux volets de ce régime sont toujours en vigueur[(409)]. Cela étant, aux termes de la loi de finances rectificative pour 2011[(410)], le régime de bénéfice mondial s'applique aux bénéfices « réalisés au titre des exercices clos avant le 6 septembre 2011 », soit la date d'adoption en Conseil des ministres du projet de loi dans lequel figurait cette disposition. Il est piquant de noter que, quelques mois avant cette suppression (résultant d'un amendement adopté à l'unanimité par la Commission des finances de l'Assemblée nationale), le Sénat avait rejeté, le 28 avril 2011, une proposition de loi déposée par les sénateurs socialistes (et apparentés) qui, tendant notamment « à restreindre le "mitage" de l'impôt sur les sociétés », prévoyait (outre la mise en œuvre d'un impôt minimal sur les sociétés) l'abrogation de l'article 209 *quinquies* du CGI.

(405) Débats AN, 2e séance, 23 oct. 2008.
(406) Commission des finances du Sénat, rapport sur le projet de deuxième loi de finances rectificative pour 2011, n° 787, 8 sept. 2011, présenté par M. Ph. Marini, p. 119.
(407) Commission des finances du Sénat, rapport préc., p. 120.
(408) Rapport de synthèse *Entreprises et « niches » fiscales et sociales – Des dispositifs dérogatoires nombreux*, oct. 2010, prop. n° 54, p. 282, où l'on peut lire notamment que « la suppression de ce régime, dont l'utilité économique n'est pas démontrée, apparaît souhaitable : elle aurait un impact modeste sur les grands groupes bénéficiaires, tout en permettant un gain budgétaire significatif pour l'État ». *Adde*, le rapport particulier *Les dépenses fiscales et modalités dérogatoires de l'imposition des entreprises soumises à l'IS*, comportant des développements substantiels sur le régime du BMC, p. 76 et s.
(409) CGI, art. 209 quinquies.
(410) L. 19 sept. 2011, art. 3.

En dépit de cette « suppression », les éléments principaux de ces régimes anciens sont présentés en raison de l'intérêt théorique qui s'y attache. Pour la présentation détaillée de ces régimes, V. la deuxième édition de cet ouvrage, n°s 1529 et s.

Applicable sur agrément et passablement complexe, ce régime dérogatoire comportait des obligations déclaratives spéciales particulièrement lourdes. sa gestion – et en particulier les retraitements comptables qu'il supposait – était pour cette raison à l'origine de coûts administratifs importants pour la société agréée.

C'est la raison pour laquelle seuls de très grands groupes étaient placés sous ce régime, auxquels ne pouvaient pas accéder *de facto* les petites et moyennes entreprises.

Les sociétés bénéficiant de l'agrément permettant l'application du régime du bénéfice mondial ou consolidé (et celles appartenant à son périmètre de consolidation) relevaient d'ailleurs de plein droit de la compétence de la Direction des grandes entreprises[(411)].

2) Au vu de cette donnée, la loi de finances pour 2009[(412)] avait introduit un dispositif de consolidation provisionnelle des pertes étrangères des PME qui, applicable sur simple option, apparaissait comme un succédané des régimes de bénéfice mondial depuis abrogés (V. *infra*, n°s 1640 et s.).

1° Les régimes anciens de « bénéfice mondial » (régimes applicables jusqu'en 2011)

1640. – Éléments d'identité. 1) Les deux régimes authentiques de bénéfice mondial présentaient deux points communs.

a) Ouverts aux seules sociétés passibles de l'impôt sur les sociétés, ils étaient fondés d'abord, sur une disposition législative unique, d'ailleurs particulièrement lapidaire. En voici le texte : « les sociétés françaises agréées à cet effet par le ministre de l'Économie et des Finances peuvent retenir l'ensemble des résultats de leurs exploitations directes ou indirectes, qu'elles soient situées en France ou à l'étranger, pour l'assiette des impôts établis sur la réalisation et la distribution de leurs bénéfices »[(413)].

L'intégralité des conditions d'application de ces régimes était fixée par des dispositions réglementaires[(414)] auxquelles le texte légal renvoyait sans plus de précision[(415)]. On ne peut sérieusement considérer, à cet égard, que le législateur avait épuisé sa compétence normative en posant seulement les règles qu'on lit sous l'article 209 quinquies du CGI.

Issues pour l'essentiel d'un décret du 11 septembre 1967, ces dispositions réglementaires avaient été adaptées par un décret du 16 décembre 1991 pour permettre l'articulation de ces régimes avec le « régime interne » des groupes consolidés).

b) Tous deux supposaient ensuite l'obtention préalable, par la société intéressée, d'un agrément du ministre des Finances pris après avis du Comité des investissements à caractère économique et social. La décision d'octroi de l'agrément ne reposait sur aucune condition légale et présentait donc un caractère discrétionnaire.

(411) CGI, ann. III, art. 344-0 A, 4°.
(412) L. 27 déc. 2008, art. 22.
(413) CGI, art. 209 quinquies, al. 1er.
(414) CGI, ann. II, art. 103 à 134 A.
(415) CGI, art. 209 quinquies, al. 2.

L'agrément était accordé pour une durée de cinq ans. Il pouvait être renouvelé par périodes de trois ans[(416)]. Il était initialement prévu par la réglementation qu'une renonciation anticipée à l'agrément (ou sa dénonciation ministérielle) était possible en cas d'augmentation massive du taux de l'IS[(417)].

Compte tenu de l'intérêt qui s'attachait à ces régimes de faveur, le ministre faisait, à n'en pas douter, usage de la faculté (qui lui est ouverte par les textes) de conditionner l'octroi de l'agrément à la souscription et l'exécution de certains engagements d'ordre économique ou social[(418)].

Selon l'article 1649 nonies A du CGI « l'inexécution des engagements souscrits en vue d'obtenir un agrément administratif ou le non-respect des conditions auxquelles l'octroi de ce dernier a été subordonné entraîne le retrait de l'agrément, la déchéance des avantages fiscaux qui y sont attachés et l'exigibilité des impositions non acquittées du fait de celui-ci ». Les intérêts de retard sont naturellement applicables. Le ministre des Finances est toutefois légalement autorisé à limiter les effets de la déchéance à une fraction des avantages obtenus du fait de l'agrément. La réglementation applicable en matière de bénéfice mondial renvoie à cette disposition générale et prévoit, en outre, certains cas particuliers de retrait d'agrément[(419)].

2) Ces deux régimes ne sont plus applicables pour l'imposition des résultats des exercices clos à compter du 6 septembre 2011[(420)].

Pour les groupes agréés dont l'exercice fiscal est aligné sur l'année civile, les bénéfices réalisés en 2010 sont donc les derniers à avoir pu relever d'un régime de bénéfice mondial.

• La suppression du régime pour l'imposition des résultats des exercices clos à compter du 6 septembre 2011 pose évidemment la question du sort des engagements souscrits au titre d'agréments en cours à cette date et des incidences de leur inexécution partielle pour le passé. On a pu regretter que le législateur n'ait pas retenu la solution consistant à supprimer ce régime *au fur et à mesure* de l'échéance des différents agréments en cours. Mais celle-ci aurait suscité, à n'en pas douter, certaines interrogations en terme d'égalité (si l'on peut utiliser ce principe à l'égard d'un régime si fortement dérogatoire).

• La question de la « rétroactivité » de la suppression du régime de bénéfice mondial consolidé a donné lieu à des débats lors de la discussion du projet de loi devant les chambres.

Devant l'Assemblée nationale[(421)], le ministre des Finances, M. F. Baroin, avait souligné la contradiction, chez certains parlementaires de la majorité, de marquer tout à la fois un fort attachement à la non-rétroactivité des dispositifs de nature fiscale tout en prônant la suppression d'une mesure qui aurait un effet rétroactif pour les engagements en cours. Il s'était fait ensuite plus grave : « en tant que membre du Gouvernement, il est de mon devoir d'attirer l'attention de la représentation nationale sur le risque, réel et sérieux, de censure du Conseil constitutionnel » (celui-ci ne sera pas saisi toutefois de la loi en cause). M. G. Carrez, rapporteur général de la Commission des finances, était en faveur de l'« application immédiate » de la suppression : « la question qui se pose est la suivante : un agrément administratif l'emporte-t-il sur la décision du législateur, qui est pleine et entière aux termes de l'article 34 de la Constitution, de fixer l'assiette, le taux et les modalités de recouvrement d'un impôt ? Je pense que non ». Il avait reçu le soutien de M. J. Cahuzac, président de la même commission : « j'entends l'argumentation juridique du ministre : il est vrai qu'il y a une rétroactivité au sens de l'agrément mais il n'y aura pas de rétroactivité au sens de la loi », l'agrément donné par l'administration fiscale ne pouvant évidemment selon lui « l'emporter sur un vote de la représentation nationale puis du Parlement ». Il avait conclu en ces termes : « il n'y a donc pas le moindre risque de rétroactivité, les choses ayant été

(416) CGI, ann. II, art. 132.
(417) CGI, ann. II, art. 133, anc.
(418) CGI, art. 1649 nonies A, 1, et CGI, ann. II, art. 130, al. 2.
(419) CGI, ann. II, art. 134, 1, *a* à *c*.
(420) Deuxième loi de finances rectificative pour 2011, 19 sept. 2011, art. 3.
(421) Débats AN, 1re séance, 7 sept. 2011.

examinées de façon très sérieuse par les services de la Commission des finances ». Pour le député centriste Ch. de Courson, le risque était faible que l'un des quatre derniers bénéficiaires engage une procédure contentieuse, demandant une indemnité pour avoir été privé du bénéfice de l'agrément pendant la période de trois ans : « mes chers collègues, mettez-vous à la place du directeur financier de l'une ou l'autre des quatre entreprises concernées. Engageriez-vous un tel contentieux ? J'en doute beaucoup ».

Au Sénat (où la suppression a été adoptée sans débats), le rapporteur général de la Commission des finances avait relevé : « sur le plan des principes, il eût sans doute été préférable de garantir la continuité des agréments en cours (...). La situation très dégradée de nos finances publiques peut cependant justifier une telle mesure »[422].

• La suppression du régime a essentiellement affecté la société *Vivendi* qui avait demandé en juin 2013 le renouvellement de son agrément pour une période de trois ans.

• Le coût du dispositif avait fortement baissé au cours de la période récente (en passant de 1,5 Md€ en 2001 à 489 M€ en 2007). Il était toutefois marqué par quelques incertitudes (les parlementaires de l'opposition contestant l'évaluation de 461 M€ pour 2011 contenue dans les documents annexés au projet de loi de finances).

3) Ces deux régimes offraient comme principal avantage l'imputation sur l'assiette de l'impôt sur les sociétés dû en France des déficits subis hors de France par les filiales et les établissements étrangers de la société agréée.

Comme le souligne un rapport du Sénat, il pouvait donc « permettre des économies d'impôt substantielles »[423].

Symétriquement, lorsqu'ils étaient positifs, les résultats étrangers (qui avaient généralement supporté un impôt étranger) majoraient l'assiette imposable en France. La double imposition pouvant en résulter était éliminée par imputation, sur l'impôt dû en France, de l'impôt supporté à l'étranger sous réserve de l'application de la règle du « butoir » (V. *infra*, n° 1641, 1-*b*).

1641. – Éléments de dualisme. En dépit de ces éléments d'unité, les deux régimes susceptibles d'être autorisés sur le fondement de l'article 209 quinquies du Code général des impôts revêtaient une portée radicalement différente du point de vue des principes.

1) Le régime du bénéfice mondial *simple* se traduisait seulement par une dérogation au principe de territorialité retenu en matière d'impôt sur les sociétés. Il permettait à la société française agréée de déterminer son résultat imposable en France en retenant l'ensemble de son résultat français et des résultats de ses exploitations directes situées hors de la France métropolitaine et des départements d'outre-mer.

a) Ce régime consistait à appliquer à la société de capitaux agréée la règle de territorialité que l'on applique de plein droit aux personnes physiques pour l'imposition de leurs revenus : à l'instar de ceux de ses exploitations directes françaises, les résultats des exploitations directes étrangères de la société étaient passibles de l'IS français.

Les exploitations directes s'entendaient « des succursales, bureaux, comptoirs, usines et installations permanentes de toute nature n'ayant pas une personnalité juridique distincte et dans lesquels la société ou la personne morale agréée exerce tout ou partie de son activité »[424].

Naturellement, l'imposition des sociétés françaises au titre de l'ensemble de leurs exploitations directes françaises ne résultait aucunement de ce régime mais procédait de l'application des règles générales de l'IS.

(422) Commission des finances du Sénat, rapport sur le projet de deuxième loi de finances rectificative pour 2011, n° 787, 8 sept. 2011, présenté par M. Ph. Marini, p. 120.
(423) Rapport d'information n° 347, 2006/2007, portant notamment sur la notion de centre de décision économique.
(424) CGI, ann. II, art. 114, 1.

Le résultat des exploitations directes étrangères était déterminé sur la base d'un bilan « fiscal » qui, exprimé en monnaie locale, était établi par application des règles françaises. Le résultat d'ensemble était égal, en principe, à la somme algébrique des résultats français et des résultats des exploitations directes étrangères[425].

Qu'ils soient positifs ou négatifs, les résultats des exploitations étrangères suivaient le même régime. En d'autres termes, le déficit subi, le cas échéant, à l'étranger diminuait le résultat imposable en France.

b) Le résultat d'ensemble était soumis à l'impôt sur les sociétés français dans les conditions du droit commun.

Au titre de chaque exercice, la société agréée était autorisée à imputer sur le montant de l'impôt sur les sociétés dont elle est redevable en France, les prélèvements fiscaux étrangers opérés, au titre du même exercice, sur les bénéfices de ses exploitations directes situées hors de France.

Les prélèvements fiscaux s'entendaient des « impôts de quotité, exprimés en unité monétaire, assis sur un résultat fiscal, non déductibles de ce résultat et qui sont versés, à titre définitif et sans contrepartie, au profit d'États souverains, d'États membres d'États fédéraux ou confédérés ou de territoires non souverains jouissant de l'autonomie financière par rapport à l'État souverain dont ils dépendent ». La liste des prélèvements fiscaux imputables était mentionnée dans la décision d'agrément. Toute imputation des amendes et pénalités fiscales était exclue[426].

La société devait justifier du paiement effectif des sommes dont elle entendait opérer l'imputation. Les rappels et dégrèvements d'impôt (qui devaient être notifiés par la société agréée à l'administration) donnaient lieu à régularisation. Naturellement, les montants des impôts étrangers étaient convertis, le cas échéant, en euros à la date de clôture de l'exercice au titre duquel ils avaient été acquittés[427].

Au titre de chaque exercice, les sommes imputables étaient limitées, pour chaque État dans lequel la société agréée possédait des exploitations directes, au montant de l'IS français qui aurait correspondu au résultat (reconstitué selon les règles du droit français) des exploitations situées dans cet État. Ce « butoir fiscal » entraînait une pénalisation des sociétés agréées possédant des exploitations directes dans un État où le taux d'imposition des bénéfices était plus élevé qu'en France. Les sommes excédentaires (appréciées État par État) pouvaient toutefois être imputées sur l'impôt français, dans la même limite, au titre des cinq exercices suivants, après imputation des prélèvements subis au cours de l'exercice dans l'État considéré[428].

Lorsque le montant de l'IS français dû par la société agréée au titre d'un exercice à raison du résultat consolidé était insuffisant pour permettre la déduction des impôts étrangers dont l'imputation était (en tout ou partie) autorisée, la fraction non déduite de ces impôts était ajoutée successivement au montant des impôts étrangers imputables au titre des exercices suivants jusqu'au cinquième exercice inclusivement. Ce report était effectué après imputation des impôts étrangers afférents à chacun de ces exercices, en retenant en priorité les impôts afférents aux exercices les plus anciens. Les impôts étrangers qui (après report) ne pouvaient être imputés n'étaient en aucun cas remboursés par le Trésor[429].

2) Le régime du bénéfice mondial *consolidé* était un prolongement du régime mondial simple. S'il emportait, comme dans le cas précédent, une exception au principe de territorialité, il conduisait, plus encore, à faire obstacle à ce que des conséquences ordinaires soient tirées de la personnalité morale reconnue aux exploitations indirectes, françaises ou étrangères, de la société agréée.

(425) CGI, ann. II, art. 116.
(426) CGI, ann. II, art. 122, 1.
(427) CGI, ann. II, art. 122, 5.
(428) CGI, ann. II, art. 122, 2, al. 2.
(429) CGI, ann. II, art. 122 bis.

a) En effet, le régime de bénéfice mondial *consolidé* permettait aux sociétés ayant une activité internationale de consolider leurs résultats normalement imposables en France avec :

– le résultat de ses exploitations directes situées hors de France ;

– le résultat de ses « exploitations indirectes », qu'elles soient situées en France ou hors de France.

• Même s'il le dépassait dans sa portée, le régime du bénéfice mondial consolidé s'apparentait à cet égard au régime fiscal « interne » des groupes consolidés (V. *supra*, n° 1620).

• Les « exploitations indirectes » s'entendaient :

– des parts d'intérêts possédées par la société agréée dans des sociétés en participation, des sociétés de personnes et des personnes morales assimilées ;

– des participations que la société agréée détenait dans des sociétés de capitaux « placées sous son contrôle », c'est-à-dire des sociétés de capitaux françaises ou étrangères dans lesquelles la société agréée détenait (directement ou indirectement) 50 % au moins des droits de vote[430].

Par exception, un pourcentage inférieur à 50 % pouvait être admis, en particulier lorsque la détention d'une participation égale ou supérieure à 50 % est interdite par la législation interne de l'État dans lequel la société contrôlée est implantée ou lorsqu'elle résulte d'accords intervenus entre la France et cet État[431].

• Le régime du bénéfice mondial consolidé pouvait se combiner avec le régime « interne » de l'intégration fiscale si l'agrément pour le régime du bénéfice mondial consolidé l'autorisait[432]. Dans cette hypothèse, on appliquait (pour l'essentiel) les règles suivantes :

– le résultat d'ensemble retenu dans le cadre du régime « interne » de l'intégration fiscale se substituait aux résultats des sociétés membres du groupe pour la détermination du résultat retenu au titre du bénéfice mondial consolidé[433] ;

– pour éviter une double imposition qui aurait pu résulter, à défaut, de la règle précédente, les participations détenues par la société agréée dans des sociétés qui étaient membres du groupe fiscalement intégré n'étaient plus regardées comme des exploitations indirectes. Il en allait de même si le groupe fiscalement intégré avait été constitué par l'une des exploitations indirectes de la société agréée[434] ;

– toutefois, pour apprécier le pourcentage de contrôle de la société agréée sur ses exploitations indirectes, il était tenu compte (par exception à la règle précédente) des droits de vote que la société agréée détenait par l'intermédiaire de sociétés membres du groupe fiscalement intégré qu'elle (ou l'une de ses exploitations indirectes) avait constitué[435].

Des règles particulières étaient prévues en cas de modification des pourcentages de contrôle ou d'évolution du périmètre de consolidation[436].

b) Le résultat mondial consolidé était soumis à l'impôt sur les sociétés français dans les conditions du droit commun.

• Le résultat mondial consolidé était égal, en principe, à la somme algébrique :

– des résultats français de la société agréée ou, le cas échéant, du résultat d'ensemble déterminé au titre du régime interne des groupes fiscalement intégrés ;

– des résultats de ses exploitations directes étrangères ;

– de la part correspondant à ses droits financiers dans les résultats de ses exploitations indirectes françaises (à les supposer non intégrées fiscalement) et de ses exploitations indirectes étrangères[437].

(430) CGI, ann. II, art. 113 et 114.
(431) CGI, ann. II, art. 114, 3.
(432) CGI, ann. II, art. 113, *in fine*.
(433) CGI, ann. II, art. 114, 3.
(434) CGI, ann. II, art. 114, 3.
(435) CGI, ann. II, art. 114, 3.
(436) CGI, ann. II, art. 114, 3.
(437) CGI, ann. II, art. 116.

• Au titre de chaque exercice, la société agréée était autorisée à imputer sur le montant de l'IS dont elle était redevable :

– dans un premier temps, sous réserve de l'application de la règle du butoir (V. *supra*, n° 1641, 1-*b*), les prélèvements fiscaux étrangers opérés, au titre du même exercice sur les bénéfices de ses exploitations directes et indirectes situées hors de France ;

– dans un second temps, la fraction de l'IS payé afférent à la part des bénéfices du même exercice réalisés par chacune de ses exploitations indirectes situées en France métropolitaine ou dans les départements d'outre-mer et qui avaient été pris en compte pour la détermination du résultat consolidé.

2° Le régime de para-mondialité applicable aux PME (régime applicable jusqu'en 2013)

1642. – **Consolidation provisionnelle des pertes étrangères des PME.** 1) Compte tenu des contraintes administratives qu'ils comportaient (et des coûts en résultant), les régimes de bénéfice mondial n'étaient pas accessibles *de facto* aux petites et moyennes entreprises. C'est la raison pour laquelle la loi de finances pour 2009[438], avait établi un dispositif spécial très simple dans sa conception. Compte tenu de ses effets limités, il ne peut apparaître que comme un succédané modeste de ces régimes – dont il a d'ailleurs survécu, un temps, à la suppression.

Issu d'un amendement parlementaire accepté par la Gouvernement, ce régime produisait des effets beaucoup plus limités que les anciens régimes mondiaux véritables. Il pouvait toutefois produire des effets positifs en termes de trésorerie des entreprises.

Ce dispositif présentait, au fond, de nombreuses similitudes avec les régimes des provisions pour implantation à l'étranger qui s'appliquaient dans le passé – indépendamment du régime fiscal des entreprises considérées[439]. Inaugurés en 1972, ces différents dispositifs (variables selon la nature de l'activité de l'entreprise) sont toujours formellement en vigueur (bien que considérés par la Commission européenne comme incompatibles avec le droit européen des aides d'État). Ils sont toutefois largement privés d'intérêt, la loi de finances rectificative pour 2003[440] ayant exclu que de nouvelles provisions soient pratiquées à compter du 1er janvier 2004.

Applicable aux résultats des exercices ouverts à compter du 1er janvier 2009, ce dispositif facultatif (mais applicable sur simple option) permettait la consolidation territoriale des pertes des PME soumises à l'impôt sur les sociétés[441]. En application de ce régime, les PME pouvaient, sous certaines conditions, imputer sur leur résultat imposable en France les pertes subies dans un État étranger par leurs succursales et filiales qui y sont situées. Cette imputation – qui s'opérait par dérogation au principe de territorialité de l'impôt sur les sociétés – n'était pas définitive. En effet, les sommes correspondant aux pertes étrangères déduites faisaient l'objet d'une réintégration progressive dans les résultats de la société considérée.

Le caractère provisionnel de l'imputation des pertes étrangères permettait que leur retraitement (par application des règles fiscales françaises) ne soit aucunement exigé par la loi (V. *infra*, n° 1645).

Susceptible d'être regardé comme une aide d'État, l'avantage fiscal résultant de l'article 209 C, ancien, du CGI était subordonné au respect de la réglementation européenne des aides *de minimis* (V. *supra*, n° 1595, 2).

(438) L. 27 déc. 2008, art. 22.
(439) CGI, art. 39 octies A à 39 octies D.
(440) L. 30 déc. 2003, art. 31.
(441) CGI, art. 209 C, ancien.

2) La loi de finances pour 2014[442] a supprimé ce dispositif relevant, selon les termes de l'exposé des motifs du projet de loi, de la catégorie des « avantages dérogatoires inefficients ou inutiles ».

Ce dispositif dit parfois « conso-PME » a été utilisé par 370 redevables en 2011. Il a été à l'origine d'une dépense fiscale évaluée à 1 M€ par an.

En l'absence de toute disposition transitoire particulière, l'abrogation du régime d'imputation provisionnelle des pertes étrangères interdit de procéder à toute nouvelle imputation pour les exercices clos à compter du 31 décembre 2013. Elle n'entraîne pas, toutefois, la réintégration immédiate des sommes précédemment déduites et non encore rapportées, ainsi que semble l'avoir confirmé l'administration[443].

1643. – PME éligibles. Le bénéfice de ce régime était réservé aux petites et moyennes entreprises répondant à l'ensemble des conditions suivantes :

1) la société devait être soumise (de plein droit ou sur option) à l'impôt sur les sociétés dans les conditions du droit commun[444] ;

Ce dispositif pouvait s'appliquer *mutatis mutandis* à un établissement stable français d'une société étrangère.

La loi posait des critères de qualification de la PME qui différaient de ceux retenus en droit de l'Union européenne (V. *infra*, n° 1595, 3).

2) l'effectif du personnel de la société devait être inférieur à deux mille salariés[445] ;

Les salariés s'entendent des personnes placées dans un état de subordination vis-à-vis de la société, au moyen d'un contrat de travail, à durée déterminée ou non, et dont elle supporte directement les rémunérations. L'effectif se décompte en unités de travail par année (une personne ayant travaillé dans la société à temps plein pendant toute l'année considérée constituant une unité de travail). Les personnes n'ayant pas travaillé toute l'année ne constituent qu'une fraction de cette unité de travail, appréciée au prorata du temps de présence durant l'année considérée. Ne sont pas pris en compte dans l'effectif salarié, les travailleurs mis à disposition par une autre entreprise de manière temporaire (intérim) ou permanente et, selon la doctrine administrative, les salariés des succursales étrangères[446].

Lorsque la société appartenait à un groupe fiscalement intégré, le seuil d'effectif était apprécié globalement au niveau du groupe fiscal.

3) le capital et les droits de vote de la société ne devaient pas être détenus (directement ou indirectement) à hauteur de 25 % ou plus par une entreprise ou conjointement par plusieurs entreprises qui ne respectaient pas le seuil d'effectif précité[447].

Pour la détermination de ce pourcentage, les participations des sociétés de capital-risque, des fonds communs de placement à risques, des sociétés de développement régional, des sociétés financières d'innovation et des sociétés unipersonnelles d'investissement à risques n'étaient pas prises en compte, à la condition qu'il n'existait pas de lien de dépendance (V. *infra*, n° 1670, 3) entre la société considérée et ces fonds ou sociétés.

1644. – Déficits consolidables. Seuls les déficits subis à l'étranger par certaines entités dépendantes de la PME française étaient susceptibles de s'imputer sur les résultats de cette dernière.

(442) L. 29 déc. 2013, art. 26, I.
(443) BOI-IS-CHAMP-60-20-40, n° 1.
(444) CGI, art. 209 C, I.
(445) CGI, art. 209 C, II-*a*.
(446) BOI-IS-CHAMP-60-20-40, n°s 20 et 30.
(447) CGI, art. 209 C, II, *b*.

La loi ne précisait pas expressément que les entités (succursales ou filiales) de la société française ne devaient pas être situées en France. Cette interprétation pouvait toutefois se déduire de la condition d'assujettissement de ces entités à « à un impôt équivalent à l'impôt sur les sociétés » français qui, par définition, ne pouvait concerner que des entités établies dans un État étranger (ou une entité territoriale assimilée) et, plus encore, de la condition tenant à l'existence d'une convention fiscale conclue entre la France et l'État considéré (V. *infra*, pt 2).

1) Les déficits susceptibles d'être consolidés au niveau de la société devaient avoir été subis :

– soit par une de ses succursales étrangères (c'est-à-dire un établissement situé hors de France non doté de la personnalité morale) ;

– soit par une filiale établie à l'étranger dans laquelle la société détient *directement* (et de manière continue) 95 % au moins du capital.

Pour l'appréciation du niveau de participation au capital, il était tenu compte des droits à dividendes et des droits de vote attachés aux seuls titres détenus en pleine propriété(448).

Cette dernière condition n'était pas opposable à une société qui, par application de la législation de l'État dans lequel était établie sa filiale, n'était pas autorisée à détenir 95 % au moins du capital de celle-ci. Dans cette hypothèse, la société devait toutefois détenir dans le capital de sa filiale la part la plus élevée légalement autorisée dans l'État considéré. Les modalités de déduction et de réintégration des déficits tenaient compte de cette situation (V. *infra*, n° 1645).

2) Ces entités (succursales ou filiales) devaient en outre :

– être situées dans un État (autre que la France) de l'Union européenne ou dans un État (même extra-européen) ayant conclu avec la France une convention fiscale contenant une clause d'assistance administrative en matière d'échange de renseignements et de lutte contre la fraude et l'évasion fiscale ;

– être soumises « à un impôt équivalent à l'impôt sur les sociétés » français(449).

1645. – Déduction et réintégration ultérieure des déficits étrangers. Lorsque l'ensemble des conditions d'application du régime étaient réunies :

1) la société pouvait sur option déduire de son propre résultat imposable l'intégralité des déficits subis, au cours du même exercice, par ses succursales et filiales étrangères ;

En l'absence de disposition législative contraire, l'option ne présentait aucun caractère global : elle pouvait être exercée « isolément » pour chaque entité étrangère et chaque exercice.

2) cette imputation ne présentait pas, toutefois, un caractère définitif. La loi prévoyait tout au contraire que les déficits déduits des résultats d'un exercice devaient être rapportés au résultat imposable de ses exercices suivants(450). Plus précisément, les déficits déduits devaient être rapportés :

– prioritairement, « au fur et à mesure des résultats bénéficiaires ultérieurs de la succursale ou de la filiale » ;

– subsidiairement, au résultat imposable du cinquième exercice suivant celui de leur déduction.

Compte tenu du caractère provisionnel de l'imputation, il n'était aucunement nécessaire de « retraiter » (par application des règles fiscales françaises) le déficit constaté localement (par application des règles étrangères). Le déficit imputable était, en d'autres termes, le déficit déterminé

(448) CGI, ann. III, art. 46 quater-0 ZS ter, I.
(449) CGI, art. 209 C, I, al. 1er.
(450) CGI, art. 209 C, III.

par application des règles étrangères applicables dans l'État où l'entité est établie. De même, le *quantum* des réintégrations ultérieures était opéré par référence au bénéfice « non retraité ».

En ce sens, le régime était incontestablement plus simple que les régimes de mondialité authentiques qui supposaient la mise en œuvre de tels retraitements du résultat (tant pour les bénéfices que pour les déficits).

Dans l'hypothèse où le taux de participation de la société dans le capital de sa filiale était inférieur à 95 % (V. *supra*, n° 1644), le déficit imputable était retenu en proportion de ce taux. Il en allait de même, symétriquement, des bénéfices pris en compte dans le cadre du mécanisme de réintégration ultérieure.

Par exception, les déficits antérieurement déduits (et non encore rapportés) faisaient l'objet d'une réintégration immédiate dans le cas où, en particulier, le taux de participation de la société dans le capital de sa filiale devenait inférieur à 95 % au cours d'un exercice[451].

Naturellement, l'application du régime issu de la loi de finances pour 2009[452] supposait la mise en œuvre d'une procédure de suivi des déficits imputés. Un décret du 15 avril 2009 (dont l'intervention n'était pas prévue par cette loi) avait précisé la teneur des obligations déclaratives liées à l'application de ce dispositif. La PME devait en particulier joindre à sa déclaration de résultats un état comportant le suivi par exercice des déficits déduits de son résultat imposable et de ceux rapportés à son résultat imposable, pour chaque succursale ou filiale[453].

En l'absence de disposition législative contraire, la fraction du déficit fiscal d'une PME résultant de la prise en compte de déficits « étrangers » pouvait faire l'objet, semble-t-il, d'un report en arrière dans les conditions du droit commun (V. *infra*, n° 1685).

B. – Les régimes de défaveur

1646. – Évasion fiscale internationale. D'autres exceptions légales au principe de territorialité visent à réprimer l'évasion fiscale internationale. Lorsque ces exceptions s'appliquent, une société française sera imposable en France au titre des bénéfices réalisés par une exploitation ou une entité établie à l'étranger.

Naturellement, l'application de ces régimes essentiellement punitifs est sans effet sur les règles de territorialité applicables aux pertes subies à l'étranger. Celles-ci demeurent strictement cantonnées hors de France.

1° La lutte contre la délocalisation de bénéfices dans un État à fiscalité privilégiée[454]

1647. – Entreprise soumise à un régime fiscal privilégié. Lorsqu'une société établie en France et passible de l'impôt sur les sociétés exploite une entreprise hors de France et que cette entreprise est soumise localement à un régime fiscal privilégié, les bénéfices ou revenus positifs de cette entreprise sont imposables à l'impôt sur les sociétés français au nom de la société imposable en France, en proportion des droits que celle-ci possède dans ces bénéfices[455].

1) Selon les dispositions réglementaires prises pour l'application de l'article 209 B du CGI, une personne morale établie en France peut s'entendre indifféremment d'une personne morale dont le siège est situé en France ou d'une entreprise exploitée en France par une personne morale dont le siège est situé hors de France[456]. Relève de ce dernier cas de figure l'établissement stable français d'une société étrangère à l'actif duquel seraient inscrits les droits en cause.

(451) CGI, art. 209 C, V.
(452) L. 27 déc. 2008, art. 22.
(453) CGI, ann. III, art. 46 quater-0 ZS ter.
(454) CGI, art. 209 B.
(455) CGI, art. 209 B, I, 1.
(456) CGI, ann. II, art. 102 SA, I.

2) Dans son économie générale actuelle, l'article 209 B du CGI est issu de la loi de finances pour 2005[457] qui en a entièrement refondu les mécanismes d'application.

Ce dispositif a pour origine un mécanisme posé par la loi de finances pour 1980[458]. Initialement, l'article 209 B du CGI s'appliquait lorsqu'une société française détenait 25 % des titres d'une société étrangère soumise à un régime fiscal privilégié. La loi de finances pour 1993[459] avait étendu à cette première hypothèse celle dans laquelle la société française détenait directement ou indirectement dans une société ou un groupement étranger, soit 10 % des droits, soit une participation égale ou supérieure à 150 MF. Cette modification a permis qu'une société ne puisse échapper à l'application de l'article 209 B du CGI tout en bénéficiant du régime des sociétés mères et filiales (au titre duquel se trouvaient alors retenus ces seuils d'application).

La refonte effectuée par la loi de finances pour 2005 a visé à adapter les règles de l'article 209 B du CGI à la jurisprudence de la Cour de justice des Communautés européennes[460] et du Conseil d'État[461].

L'article 209 B du CGI avait été modifié par la troisième loi de finances rectificative pour 2009[462] qui en avait durci les modalités d'application dans ses aspects intéressant les États ou territoires non coopératifs (V. *supra*, n° 1374, 2). Les aménagements apportés par ce texte ont été partiellement remis en cause par la deuxième loi de finances rectificative pour 2012[463] qui unifie les règles applicables aux entreprises et entités établies ou constituées dans tous les États tiers à l'Union européenne.

3) Le Conseil d'État a refusé de transmettre au Conseil constitutionnel une QPC par laquelle il était soutenu, notamment, que l'article 209 B du CGI, en permettant d'imposer une société au-delà de ses capacités contributives à raison des bénéfices réalisés par un tiers et sans que l'intention frauduleuse de l'implantation de ce tiers dans un pays à fiscalité privilégiée soit démontrée, méconnaissait le principe constitutionnel d'égalité devant les charges publiques[464].

4) Sur renvoi à l'article 238 A du CGI, une entreprise est regardée comme soumise à un régime fiscal privilégié lorsqu'elle est exploitée dans un État (ou un territoire) où elle n'est pas imposable ou s'y trouve assujettie à une imposition des bénéfices dont le montant est inférieur de plus de la moitié à celui de l'impôt sur les bénéfices ou sur les revenus qu'elle aurait supporté dans les conditions de droit commun en France, si elle y avait été domiciliée ou établie. Cette définition est celle retenue depuis la loi de finances pour 2005[465].

5) La loi de finances pour 2011[466] a prévu la publication annuelle, en annexe au projet de loi de finances initiale, d'un rapport comportant notamment des données quantitatives relatives à l'application de l'article 209 B du CGI.

1648. – Entité juridique soumise à un régime fiscal privilégié. Le même régime s'applique lorsqu'une société française passible de l'impôt sur les sociétés détient directement ou indirectement plus de 50 % des actions, parts, droits financiers ou

(457) L. 30 déc. 2004, art. 104.
(458) L. 18 janv. 1980, art. 70.
(459) L. 30 déc. 1992, art. 107.
(460) CJCE, Gde ch., 12 sept. 2006, n° 196/04, *Sté Cadbury Schweppes* : *RJF* 5/2006, n° 1644.
(461) CE, ass., 28 juin 2002, n° 232.276, *Min. c/Sté Schneider Électric* : *Dr. fisc.* 2002, n° 36, comm. 657, p. 1133 et s., étude P. Dibout ; *Rec. CE* 2002, p. 233 ; *BDCF* 10/2002, n° 120, concl. contr. S. Austry.
(462) L. 30 déc. 2009, art. 22.
(463) L. 16 août 2012, art 14.
(464) CE, 2 févr. 2012, n° 351.600, *Sté Sonepar* : *Dr. fisc.* 2012, n° 10, comm. 180 ; *RJF* 05/2012, n° 505 ; *BDCF* 5/2012, n° 63, relevant que le dispositif contesté a « pour objet de dissuader les entreprises passibles de l'impôt sur les sociétés de localiser une partie de leurs bénéfices dans des sociétés établies dans des États ou territoires à fiscalité privilégiée », que « le contribuable peut échapper à cette imposition s'il établit que les opérations du tiers en cause n'ont pas principalement pour objet d'échapper à l'impôt français » et que « l'application de ce texte repose ainsi sur des critères objectifs et rationnels qui sont proportionnés à l'objectif constitutionnel de lutte contre l'évasion fiscale poursuivi par le législateur ».
(465) L. 30 déc. 2004, art. 104. Sur la définition posée à l'article 238 A du CGI, V. *supra*, n° 1374, 2, *a*. Sur les modalités de cette comparaison, V. CE, 21 nov. 2011, n° 325.214, *Min. c/Sté industrielle et financière de l'Artois*, et n° 327.207, *Min. c/ Sté Cie des Glénans* : *Dr. fisc.* 2012, n° 5, comm. 128, concl. P. Collin, note Ph. Durand.
(466) L. 29 déc. 2010, art. 136.

droits de vote dans une entité juridique établie ou constituée hors de France et soumise à un régime fiscal privilégié[467].

1) Au sens de ce dispositif, une « entité juridique » s'entend d'une personne morale, d'un organisme, d'une fiducie ou d'une institution comparable. Ce second cas d'application de l'article 209 B du CGI est le plus important en pratique.

2) La condition tenant au taux de détention minimal doit être appréciée, en principe, à la clôture de l'exercice de l'entité juridique étrangère ou, en l'absence d'exercice clos au cours d'une année, à la clôture de l'exercice de la société française[468].

3) En vertu d'une clause anti-abus visant les participations qui auraient pu être volontairement « morcelées » (dite clause « anti-fractionnement »), le taux de détention de 50 % est ramené à 5 % lorsque plus de la moitié des titres de l'entité juridique établie ou constituée hors de France sont détenus :

– par des entreprises établies en France qui, dans le cas où l'entité étrangère est cotée sur un marché réglementé, agissent de concert ;

– par des entreprises qui sont placées directement ou indirectement dans une situation de contrôle ou de dépendance à l'égard de la société française[469].

La loi retient une conception très large de la détention indirecte[470]. Elle assimile à l'hypothèse classique de la détention par l'intermédiaire de sociétés interposées (chaîne de participation) les détentions directes ou indirectes de titres (actions, parts, droits financiers ou droits de vote) par :

– un salarié ou d'un dirigeant de droit ou de fait de la société française ;

– une personne physique (ou un membre de son groupe familial) lorsque l'une au moins de ces personnes est directement ou indirectement détentrice de titre dans la société française ;

– une entreprise ou une entité juridique ayant en commun avec la société française un actionnaire (ou assimilé) qui dispose directement ou indirectement du nombre le plus élevé de droits de vote dans cette entreprise ou entité juridique et dans cette société ;

– un partenaire commercial de la société française dès lors que les relations entre cette personne morale et ce partenaire sont telles qu'il existe entre eux un lien de dépendance économique.

Ces titres sont seulement pris en compte pour apprécier le taux de détention. Ils ne sont pas pris en compte pour le calcul de la fraction imposable en France des résultats de l'entité juridique étrangère[471].

1649. – Revenus réputés distribués. Lorsqu'ils sont réalisés par une entité juridique, les bénéfices imposables en France sont réputés constituer un revenu de capitaux mobiliers pour société établie en France. Ils sont naturellement imposables au nom de celle-ci dans la proportion des actions, parts ou droits financiers qu'elle détient directement ou indirectement dans l'entité juridique considérée.

Avant la loi de finances pour 2005, le revenu imposable en France en vertu de l'article 209 B du CGI n'était pas légalement défini. Le juge fiscal considérait que ce revenu ne pouvait, dès lors, avoir une autre nature que celle du résultat de l'exploitation étrangère[472]. Or, les conventions fiscales retiennent généralement que les bénéfices des entreprises d'un État contractant ne sont imposables que dans celui-ci, sauf si l'entreprise exerce son activité par le biais d'un établissement stable situé dans l'autre État. Dans cette mesure, les conventions fiscales privaient d'effet les dispositions de l'article 209 B du CGI sauf dans l'hypothèse où :

– la convention (ou un avenant à celle-ci) prévoit expressément la possibilité pour la France d'appliquer l'article 209 B du CGI ce qui est le cas pour les conventions liant la France à vingt-cinq États, dont les États-Unis, l'Espagne, le Japon ou la Russie, par exemple ;

(467) CGI, art. 209 B, I, 1.
(468) CGI, ann. II, art. 102 SA, II.
(469) CGI, art. 209 B, I, 1, al. 2.
(470) CGI, art. 209 B, I, 2.
(471) CGI, art. 209 B, I, 2, *in fine*.
(472) CE, ass., 28 juin 2002, n° 232.276, *Min. c/Sté Schneider Électric* : *Dr. fisc.* 2002, n° 36, comm. 657, p. 1133 et s., étude P. Dibout ; *Rec. CE* 2002, p. 233 ; *BDCF* 10/2002, n° 120, concl. contr. S. Austry.

– la convention contient (dans ses stipulations concernant, paradoxalement, l'élimination des doubles impositions) une disposition permettant de déroger au principe de territorialité et, partant, selon l'administration, d'appliquer l'article 209 B du CGI. Cette stipulation a généralement la forme suivante : « nonobstant toute autre disposition de la présente Convention, les revenus qui sont imposables ou ne sont imposables que [dans l'autre État] conformément aux dispositions de la Convention, et qui constituent des revenus d'un résident de France sont pris en compte pour le calcul de l'impôt français lorsqu'ils ne sont pas exemptés de l'impôt sur les sociétés en application de la législation interne française ». Cette clause se trouve dans une quinzaine de conventions, notamment celles conclues avec la Suisse et l'Ukraine, par exemple).

À cet égard, toutes les conventions en vigueur, sauf celles conclues avec la Chine, le Liban et la Thaïlande, stipulent que les éléments du revenu d'un résident d'un État contractant qui ne sont pas expressément mentionnés dans la convention ne sont imposables que dans cet État (ce qui est le cas des revenus « réputés constituer » des capitaux mobiliers au sens de l'article 209 B).

1650. – Présomption d'inapplicabilité européenne (clause de sauvegarde européenne). Dans le cadre du régime applicable depuis le 1er janvier 2006, l'article 209 B du Code général des impôts n'est pas, en principe, applicable lorsque l'entreprise ou l'entité juridique est établie ou constituée dans un État de l'Union européenne.

Cette présomption d'inapplicabilité ne peut être levée que si l'exploitation de l'entreprise ou la détention des actions, parts, droits financiers ou droits de vote de l'entité juridique par la personne morale passible de l'impôt sur les sociétés peut être regardée comme constitutive d'un « montage artificiel » dont le but serait de contourner la législation fiscale française(473).

Selon ses concepteurs, cette présomption d'inapplicabilité, qui fait écho à la jurisprudence de la Cour de justice de l'Union européenne, permet d'assurer la compatibilité du dispositif français avec le droit européen. De nombreux éléments donnent à penser que le dispositif antérieur était incompatible avec le droit communautaire et, en particulier, avec les principes communautaires de liberté d'établissement et de libre circulation des capitaux(474). Ainsi, la Commission européenne avait adressé au printemps 2002, une mise en demeure au gouvernement français lui notifiant que l'application de l'article 209 B du CGI à des sociétés françaises détenant certaines filiales (sociétés captives de réassurance) au Luxembourg pouvait être contraire au droit communautaire, en raison de son application systématique et sans discernement.

Selon la Cour de justice de l'Union européenne, la libre circulation des personnes et la liberté d'établissement s'opposent en principe « à l'incorporation, dans l'assiette imposable d'une société résidente établie dans un État membre, des bénéfices réalisés par une société étrangère contrôlée dans un autre État membre lorsque ces bénéfices y sont soumis à un niveau d'imposition inférieur à celui applicable dans le premier État ». Il ne peut en aller autrement que si une telle incorporation « ne concerne que les montages purement artificiels destinés à éluder l'impôt national normalement dû ». L'application d'une telle mesure d'imposition doit en conséquence être écartée « lorsqu'il s'avère, sur la base d'éléments objectifs et vérifiables par des tiers, que, nonobstant l'existence de motivations de nature fiscale, ladite société contrôlée est réellement implantée dans l'État membre d'accueil et y exerce des activités économiques effectives »(475).

1651. – Inapplicabilité opérationnelle (clause de sauvegarde extra-européenne). Lorsque l'entreprise ou l'entité juridique est établie ou constituée dans un

(473) CGI, art. 209 B, II.
(474) TFUE, art. 49 et art. 63.
(475) CJCE, Gde ch., 12 sept. 2006, n° 196/04, *Sté Cadbury Schweppes* : *RJF* 5/2006, n° 1644, § 51 et 75, relevant également sur ce point que « la société résidente, qui est la mieux placée à cet effet, doit être mise en mesure de produire des éléments concernant la réalité de l'implantation de la société étrangère contrôlée et le caractère effectif des activités de celle-ci ». – Sur cet arrêt, V. également *supra*, n° 949, *b*.

État tiers à l'Union européenne, le dispositif de l'article 209 B du Code général des impôts ne s'applique pas lorsque la personne morale établie en France « démontre que les opérations de l'entreprise ou de l'entité juridique [étrangère] ont principalement un objet et un effet autres que de permettre la localisation de bénéfices dans un État ou territoire où elle est soumise à un régime fiscal privilégié »[(476)].

Cette condition est réputée remplie notamment lorsque l'entreprise ou l'entité juridique étrangère « a principalement une activité industrielle ou commerciale effective exercée sur le territoire de l'État de son établissement ou de son siège »[(477)].

1) Dans son volet extra-européen, la teneur de la « clause de sauvegarde » est issue de la deuxième loi de finances rectificative pour 2012[(478)]. Considérablement simplifiée, la nouvelle clause – applicable aux exercices clos à compter du 31 décembre 2012 – est inspirée des motifs de la décision du Conseil d'État refusant de transmettre au Conseil constitutionnel la QPC dirigée contre l'article L. 209 B du CGI[(479)]. Cette loi fait référence à l'objet *et* l'effet autres que la délocalisation de la matière imposable, alors que le projet de loi faisait uniquement référence (comme le dispositif légal antérieur) à l'« effet » autre et la jurisprudence du Conseil d'État[(480)] à l'« objet » autre que cette délocalisation.

2) Par cette loi, le législateur aurait souhaité durcir les conditions de dévolution de la charge de la preuve au titre de la clause de sauvegarde extra-européenne.

• En effet, si l'on en croit les travaux préparatoires, l'intention du législateur était, pour renforcer les moyens de l'administration, de « renverser la charge de la preuve sur le contribuable en subordonnant la non-application du dispositif à la démonstration par la personne morale établie en France de l'effet principalement autre que fiscal des opérations de l'entité détenue à l'étranger »[(481)].

• En réalité, il revient clairement désormais à la société française de démontrer – en toute hypothèse – que les opérations de l'entreprise ou de l'entité juridique extra-européenne ont principalement un objet « extra-fiscal ». Ceci n'était légalement exigé, auparavant[(482)] que lorsque l'entreprise ou l'entité juridique extra-européenne, alternativement :

– avait une activité « immatérielle » (notamment « intragroupe ») significative. Tel était le cas lorsque ses revenus provenaient soit, pour plus de 20 %, de la gestion d'actifs financiers (pour son propre compte ou pour celui d'entreprises appartenant au même groupe) ou de la cession ou concession de droits de la propriété intellectuelle, soit, pour plus de 50 %, d'opérations précédemment visées et de la fourniture de prestations de services intragroupes ;

– était établie ou constituée dans un État ou territoire étranger non coopératif (V. *supra*, n° 1374, 2).

• Toutefois, cette preuve est désormais présumée apportée – en toute hypothèse – s'il apparaît que l'entreprise ou l'entité juridique étrangère a principalement une activité industrielle et commerciale effective sur le territoire de l'État de son établissement ou de son siège, ce dernier élément semblant pouvoir relever d'un régime de preuve objective[(483)].

---

(476) CGI, art. 209 B, III, al. 1er.

(477) *Ibid.*, al. 2nd.

(478) L. 16 août 2012, art. 14. Pour des cas où la clause de sauvegarde, dans sa rédaction antérieure à ce texte, a joué avec succès, V. CE, 30 déc. 2015, nos 372.522 et 372.733, *Min. c/Sté BNP Paribas : Dr. fisc.* 2016, n° 21, comm. 342, concl. É. Bokdam-Tognetti, note S. Austry ; *RJF* 2016, nos 225 et 226, chron. N. Labrune, à propos de filiales de la banque établies à Guernesey et à Hongkong (le Conseil d'État admettant dans le cas de Guernesey, avec un pragmatisme un peu extrême, la justification tirée du développement d'une activité de banque privée au profit d'une clientèle attirée, notamment, par la législation fiscale de cette île anglo-normande).

(479) CE, 2 févr. 2012, n° 351.600, *Sté Sonepar*, préc.

(480) CE, 2 févr. 2012, n° 351.600, *Sté Sonepar*, préc. – CE, 26 déc. 2012, n° 349.070, *Sté BNP Paribas : RJF* 3/2013, n° 271. – CE, 26 déc. 2012, n° 349.070, *Sté BNP Paribas : RJF* 03/2013, n° 271.

(481) Projet de loi, Exposé des motifs.

(482) CGI, art. 209 B, III et III bis, anciens.

(483) On veut dire par là que, dans de nombreuses hypothèses, la charge de la preuve n'est pas dévolue à une partie désignée par le juge mais que celui-ci considère, tout au contraire, que l'établissement des faits (qui résulte alors « de l'instruction » ou de l'examen « des pièces du dossier ») relève de son propre office.

3) Avant la loi de finances pour 2005[484], l'application de la clause de sauvegarde supposait que l'entité étrangère réalise « de manière prépondérante sur le marché local » les opérations constitutives de son activité industrielle ou commerciale[485].

1652. – **Modalités d'imposition.** Le bénéfice de l'entreprise ou le revenu de capitaux mobiliers procédant de l'activité de l'entité est réputé acquis le premier jour du mois qui suit la clôture de l'exercice de l'entreprise ou de l'entité juridique établie ou constituée hors de France. Il est déterminé selon les règles de droit commun[486].

Le bénéfice imposable en France est déterminé, à partir d'un compte de bilan spécial[487], selon les règles du CGI, à l'exclusion expresse de celles relatives à l'intégration fiscale[488]. Il en résulte que ce bénéfice doit être « reconstitué » selon les règles fiscales françaises.

Les revenus réputés acquis à la société française ne sauraient ouvrir droit, à son profit, au régime des sociétés mères et filiales[489]. Rien ne s'oppose, en revanche, à ce qu'ils soient compris dans le résultat d'ensemble d'un groupe intégré fiscalement[490]. L'impôt acquitté localement par l'entreprise (ou l'entité juridique) établie hors de France est imputable sur l'impôt établi en France, à condition d'être comparable à l'impôt sur les sociétés français[491].

Si le revenu imposable en France procède de l'activité d'une entité, l'impôt étranger est imputable en France dans la seule proportion des droits détenus directement ou indirectement par la société dans cette entité.

Lorsque les produits ou revenus de l'entreprise ou de l'entité juridique comprennent des dividendes, intérêts ou redevances qui proviennent d'un État (ou territoire) autre que celui dans lequel l'entreprise ou l'entité juridique est établie ou constituée, les retenues à la source auxquelles ont donné lieu ces revenus sont imputables dans la même proportion. Cette imputation est toutefois subordonnée à la condition que l'État ou le territoire d'où proviennent ces revenus soit la France ou un État (ou territoire) lié à la France par une convention d'élimination des doubles impositions en matière d'impôt sur les revenus « et qui n'est pas non coopératif » (V. *supra*, n° 1374, 2) auquel cas l'imputation se fait au taux fixé dans la convention[492].

Pour éviter toute double imposition, les revenus réputés distribués à la société française seraient exonérés s'ils venaient à lui être distribués effectivement, en tout ou partie, par l'entité établie hors de France.

La personne morale établie en France peut en effet retrancher de son bénéfice net total les dividendes et produits de participation reçus de l'entité juridique établie ou constituée hors de France, dans la limite de la quote-part des bénéfices ou revenus positifs qui sont réputés constituer, pour elle, un revenu de capitaux mobiliers et à raison duquel elle a été soumise à l'IS[493].

2° Les autres régimes applicables aux sociétés

1653. – **Autres dispositifs.** Certains mécanismes liés à la répression de l'évasion fiscale internationale sont applicables à la généralité des entreprises, qu'elles soient

(484) L. 30 déc. 2004, art.104.
(485) V. pour une application de cet élément du dispositif ancien, CE, 26 déc. 2012, n° 349.070, *Sté BNP Paribas* : préc. *supra*, pt 1.
(486) CGI, art. 209 B, I, 3.
(487) CGI, ann. II, art. 102 U.
(488) CGI, art. 209 B, I-3.
(489) V. BOI-IS-BASE-60-30-20, n° 60.
(490) V. BOI-IS-BASE-60-30-20, n° 370.
(491) CGI, art. 209 B, I, 4.
(492) CGI, art. 209 B, I, 5.
(493) CGI, art. 102 Y, ann. II. Il est un peu étrange que la doctrine administrative précise, en dépit de cette exonération intégrale posée par voie réglementaire, que le régime des sociétés mères et filiales pourrait, le cas échéant, trouver à s'appliquer lors des distributions effectives bénéficiant à la société française (V. BOI-IS-BASE-60-30-20, n° 60).

ou non passibles de l'impôt sur les sociétés. Ces dispositifs, qui trouvent naturellement application à l'égard des sociétés de capitaux, concernent :

– les transferts indirects de bénéfice à l'étranger[494] ;
– les paiements à des résidents étrangers soumis à un régime fiscal privilégié[495] ;
– les transferts d'actifs hors de France[496] ;

Ces dispositifs sont étudiés au titre de l'impôt sur le revenu (V. *supra*, n°s 1374).

Le mécanisme prévu à l'article 155 A du CGI (V. *supra*, n° 1374, 2, d) ne semble pas permettre l'imposition d'une société de capitaux. Ce dispositif a été exclusivement conçu[497] pour l'application de l'IR et c'est à ce titre qu'il est d'ailleurs toujours codifié. Sans doute le législateur a-t-il procédé à une réécriture du dispositif initial[498] et aménagé les modalités de recouvrement des impositions dues en application de ce texte[499] – toutes modifications qui ont distendu les liens rattachant l'article 155 A à l'IR. Mais il semble bien, au demeurant, que l'intention du législateur a toujours été de ne taxer, à ce titre, que les personnes physiques. La doctrine administrative est toutefois en sens contraire et envisage expressément l'imposition à l'IS des prestataires ayant la forme de sociétés de capitaux[500], ce qui semble contestable. V., d'ailleurs, pour un cas où l'administration, renonçant en cours d'instance à imposer une société passible de l'IS sur le fondement de l'article 155 A du CGI pour se placer sur le terrain de l'acte anormal de gestion[501].

SECTION 3

LA DÉTERMINATION DU RÉSULTAT IMPOSABLE À L'IMPÔT SUR LES SOCIÉTÉS

§ 1. – Le principe de l'application des règles des bénéfices industriels et commerciaux

1654. – **Règles des bénéfices industriels et commerciaux.** L'assiette de l'impôt sur les sociétés est déterminée, sauf disposition contraire, par application des règles relatives aux bénéfices industriels et commerciaux : « sous réserve des dispositions [propres à cet impôt], les bénéfices passibles de l'impôt sur les sociétés sont déterminés d'après les règles fixées par les articles 34 à 45 [bénéfices industriels et commerciaux], 53 A à 57 [imposés selon le régime réel] et 302 septies A bis [ou simplifié] »[502].

1655. – **Bénéfice imposable.** Le bénéfice imposable à l'impôt sur les sociétés est déterminé, sauf disposition contraire, par application des règles retenues en matière de bénéfices industriels et commerciaux.

(494) CGI, art. 57.
(495) CGI, art. 238 A.
(496) CGI, art. 238 bis-0 I.
(497) L. fin. 1973, 20 déc. 1972, art. 18.
(498) L. fin. 1980, 18 janv. 1980, art. 71.
(499) L. fin. 1990 ; L. 29 déc. 1989, art. 71.
(500) BOI-IR-DOMIC-30, n° 160.
(501) CE, 9 mars 2007, n° 284.053, *Sté Cie Internationale de Services* : *Dr. fisc.* 2007, n° 44-45, comm. 949.
(502) CGI, art. 209, I, al. 1er.

L'application de ces règles découle en elle-même de l'assujettissement à l'impôt sur les sociétés : elle est totalement indépendante de la nature de l'activité (qui peut être agricole, libérale ou civile).

Naturellement, certaines solutions sont inapplicables, par construction, aux entreprises revêtant la forme sociétaire. C'est le cas, en particulier, de celles se rapportant à la distinction fiscale entre patrimoine professionnel et patrimoine privé de l'exploitant individuel : l'actif professionnel d'une société se confond avec son patrimoine social.

Les entités dépourvues de la personnalité morale pouvant être passibles de l'IS sont tenues d'établir un bilan fiscal permettant notamment d'identifier les éléments de leur actif et de mesurer « leur » enrichissement périodique[(503)].

Comme en matière de bénéfices industriels et commerciaux, le bénéfice imposable est le bénéfice annuel net.

Le fait générateur de l'IS est constitué par la clôture de l'exercice comptable, c'est-à-dire par l'achèvement de la période de réalisation des profits imposables[(504)]. Cette règle fondamentale est naturellement indépendante du point de savoir si l'exercice social coïncide, ou non, avec l'année civile.

Il en résulte que, de manière générale, les modifications législatives relatives aux règles d'assiette de l'IS s'appliquent « immédiatement » pour l'imposition des résultats des exercices en cours – et non pas seulement pour l'imposition des résultats des exercices ouverts après leur entrée en application[(505)]. La même solution s'applique en principe pour toutes les autres règles de fond et en particulier pour celles relatives au taux d'imposition (V., sur cette « petite rétroactivité de la loi fiscale », *supra*, n° 904 *in fine*).

On retrouve donc, en matière d'impôt sur les sociétés, la double définition du bénéfice imposable :

– dans une perspective synthétique, le bénéfice imposable est défini comme la différence entre les valeurs de l'actif net à la clôture et à l'ouverture de l'exercice, cette différence étant diminuée des suppléments d'apports et augmentée des prélèvements opérés, au cours de la même période, par les associés ;

– dans une perspective analytique, le bénéfice est déterminé d'après les résultats d'ensemble des opérations de toute nature effectuées par la société et comprend, en particulier, le résultat des cessions d'éléments de l'actif immobilisé qu'elles interviennent en cours ou en fin d'exploitation[(506)]. Il est égal, pour chaque exercice, à l'excédent des produits imposables de la société sur les charges déductibles supportées par elle au cours de la même période (V. *supra*, n° 1449).

Comme en matière de bénéfices industriels et commerciaux, les charges déductibles du résultat sont constituées de manière générale par :

– les frais généraux et autres charges immédiatement déductibles (V. *supra*, nos 1461 et 1463) ;

– les amortissements[(507)] réellement effectués par l'entreprise (V. *supra*, n° 1464) ;

– les provisions constituées en vue de faire face à des pertes ou charges futures (V. *supra*, n° 1466).

En outre, les sociétés et personnes morales passibles de l'IS sont personnellement soumises à cet impôt à raison de la part des bénéfices correspondant aux droits qu'elles détiennent en qualité d'associées d'une société de personnes[(508)].

(503) V. pour les sociétés en participation, CGI, art. 238 bis M, et pour les sociétés créées de fait, CGI, art. 238 bis L.

(504) CE, ass., 16 mars 1956, n° 35.663, *Garrigou* : *Rec. CE* 1956, p. 121 ; *D.* 1956, jurispr. p. 253 concl. P. Laurent.

(505) CE, 27 juin 2008, n° 276.848, *Sté d'exploitation des sources Roxane* : *Dr. fisc.* 2008, n° 38, comm. 492, concl. L. Olléon, à propos de la réintégration de la quote-part de frais et charges dans le cadre du régime des sociétés mères et filiales.

(506) CGI, art. 38, 1.

(507) La déduction exceptionnelle (ou « suramortissement ») en faveur de l'investissement (V. *supra*, n° 1465) est applicable aux sociétés passibles de l'IS.

(508) CGI, art. 218 bis.

Certaines mesures particulières sont par ailleurs prévues en faveur des sociétés de capitaux. On retiendra notamment que les sociétés passibles de l'IS peuvent :

– à condition que ces opérations bénéficient (selon une règle de proportionnalité ou d'uniformité) à l'ensemble des salariés de l'entreprise, déduire de leur résultat fiscal les charges exposées du fait de la levée de *stock-options* (ou de l'attribution gratuite d'actions) consenties à leurs salariés(509) ;

– déduire de leur résultat le versement complémentaire de l'entreprise effectué à l'occasion de l'émission ou de l'achat en bourse d'actions réservées aux salariés(510). La même solution est retenue à l'égard des sociétés coopératives ouvrières de production à l'occasion de l'émission de parts sociales destinées exclusivement à leurs salariés(511) ;

– amortir (sur une durée de cinq ans et dans la limite de 1 % du total de l'actif de cette entreprise), les sommes versées pour la souscription en numéraire au capital d'une entreprise innovante répondant à la définition européenne des PME dont elles ne détiennent pas (directement ou indirectement) plus de 20 % du capital ou des droits de vote(512) ;

– déduire au titre de chaque exercice de versement, les sommes versées (sous certaines conditions) pour la souscription des parts de copropriété de navires(513).

– pratiquer dans la limite de 25 % du bénéfice imposable de l'exercice, dès l'année de réalisation de l'investissement, un amortissement exceptionnel égal à 50 % du montant des sommes effectivement versées pour la souscription au capital des sociétés(514) pour le financement de la pêche artisanale, ou Sofipêche(515) ;

– déduire de leurs résultats imposables une somme égale au montant des investissements productifs, diminuée de la fraction de leur prix de revient financée par une subvention publique, qu'elles réalisent dans un département d'outre-mer pour l'exercice de certaines(516) activités économiques éligibles(517). Cette mesure (supposant la réunion de conditions nombreuses) s'applique selon les cas de plein droit ou sur agrément. Un régime de faveur adapté s'applique, sous des conditions voisines, aux *bénéfices investis* à Saint-Pierre-et-Miquelon, en Nouvelle-Calédonie, en Polynésie française, à Saint-Martin, à Saint-Barthélemy, dans les îles Wallis et Futuna et les Terres australes et antarctiques françaises(518) ;

– pratiquer, dès l'année de réalisation de l'investissement, un amortissement exceptionnel égal à 50 % du montant des sommes effectivement versées pour la souscription de parts de sociétés d'épargne forestière dans la limite de 15 % du bénéfice imposable de l'exercice et au plus de 100 000 €(519). Des dispositifs similaires s'appliquent au titre des sommes effectivement versées pour la souscription en numéraire au capital de sociétés d'approvisionnement à long terme d'électricité(520) ou de PME exerçant ou créant des activités dans les zones franches urbaines(521).

Jusqu'en 2013(522), des mécanismes voisins s'appliquaient :

– à la souscription en numéraire au capital de sociétés d'investissement régional et de sociétés d'investissement pour le développement rural(523) ;

– sur agrément, à la souscription en numéraire au capital de sociétés pour le financement de l'industrie cinématographique et audiovisuelle(524) ou SOFICA(525).

(509) CGI, art. 217 quinquies.
(510) CGI, art. 217 sexies.
(511) Même disposition.
(512) CGI, art. 217 octies. – L. fin. rect. 2013, 29 déc. 2013 (art. 15) mod., en vue d'être mis en conformité avec le droit européen des aides d'États, par L. fin. rect. 2014, 29 déc. 2014, art. 76 et par L. fin. rect. 2015, 29 déc. 2015, art. 81.
(513) CGI, art. 217 nonies.
(514) CGI, art. 238 bis HO.
(515) CGI, art. 217 decies.
(516) CGI, art. 199 undecies B.
(517) CGI, art. 217 undecies.
(518) CGI, art. 217 duodecies.
(519) CGI, art. 217 terdecies.
(520) CGI, art. 217 quindecies.
(521) CGI, art. 217 sexdecies.
(522) L. fin. 2014, 29 déc. 2013, art. 26, I.
(523) CGI, art. 217 quaterdecies, anc.
(524) CGI, art. 238 bis HE.
(525) CGI, art. 217 septies, anc.

1656. – Régime réel d'imposition. Les sociétés passibles de l'impôt sur les sociétés relèvent sauf exception limitée d'un régime d'imposition réel.

1) Le régime applicable est généralement le régime réel « normal ». Les sociétés dont le chiffre d'affaires hors taxes de l'année précédente n'excède pas 763 000 € (activités de vente, de restauration et de fourniture de logement) ou 230 000 € (autres activités) relèvent normalement (sauf option pour le régime normal) du régime réel simplifié[526]. Ce régime se distingue essentiellement du précédent par l'allègement des obligations comptables et déclaratives mises à la charge du contribuable.

En revanche, le régime d'imposition forfaitaire dit « micro-BIC »[527] n'est pas applicable aux sociétés – qu'elles soient d'ailleurs passibles ou non de l'IS (V. *supra*, n° 1452).

2) La deuxième loi de finances rectificative pour 2002[528] a institué un régime d'imposition forfaitaire applicable, sur option, aux sociétés dont le chiffre d'affaires provient pour 75 % au moins de l'exploitation de navires armés au commerce[529]. Ce régime[530] est destiné à favoriser le développement de la flotte de transport maritime, et les emplois dans ce secteur d'activité exposé à une concurrence internationale très vive. Existant sous une forme voisine dans d'autres États européens, ce régime consiste à retenir une taxation au tonnage. Plus précisément, il consiste à déterminer, pour chaque navire éligible, un bénéfice annuel « partiel » brut déterminé en fonction de la jauge internationale du navire. Même s'il est réservé aux navires dont la gestion stratégique et commerciale est assurée à partir de la France, ce régime forfaitaire optionnel a été considéré par le Conseil des ministres de la Communauté européenne comme conforme au droit communautaire (pour respecter les exigences qu'il comporte relatives aux aides au transport maritime).

Ce régime optionnel ne s'applique en tout état de cause qu'aux bénéfices imposables provenant de l'exploitation de ces navires (et à condition que la gestion stratégique et commerciale du navire considéré soit assurée à partir de la France).

L'option n'est possible que si la société s'engage à maintenir ou à augmenter (au cours d'une période décennale) la proportion de tonnage net qu'elle exploite sous un pavillon européen.

L'option est formulée pour une période irrévocable de dix années et est renouvelable au terme de cette période.

On estime que l'application de ce régime optionnel correspond à une économie de la moitié environ de l'IS qui serait dû en application du régime normal d'imposition.

3) Prévu depuis 1997 par la seule doctrine administrative[531], un autre régime d'imposition forfaitaire concerne les « quartiers généraux » (*i.e.* les entités qui, au sein d'un groupe international, exercent au profit des sociétés du groupe certaines fonctions de direction, de gestion, de coordination ou de contrôle), les « centres de logistiques » (*i.e.* les entités exerçant au profit exclusif d'un tel groupe des fonctions de stockage, de conditionnement et de distribution) et, depuis 2005[532], les « centres de coordination de recherche et de développement » (*i.e.*, les entités fournissant au sein d'un groupe des prestations de coordination de la recherche non susceptibles d'être commercialisées auprès de tiers). Ce dispositif consiste à déterminer, pour ces activités, une base d'imposition à l'IS forfaitaire en appliquant un taux de marge (déterminé au cas par cas) aux frais exposés à ce titre par l'entité[533].

Regardé, s'agissant des quartiers généraux, comme une « pratique fiscale dommageable » au sens du Code de conduite européen dans le domaine de la fiscalité des entreprises adopté le 1er décembre 1997, ce régime doctrinal a été modifié en octobre 2002 (conformément aux conclusions adoptées en novembre 2000 par le Conseil ECOFIN à la suite du rapport « Primarolo » du 23 novembre 1999 qui avait décidé sur ce point que la marge appliquée aux entités éligibles devait faire « l'objet d'une révision périodique en référence aux critères commerciaux habituels »). Désormais, la doctrine

(526) CGI, art. 302 septies A bis.
(527) CGI, art. 50-0.
(528) L. 30 déc. 2002, art. 19.
(529) CGI, art. 209-0 B. Depuis 2015, l'application du régime est subordonnée à ce que la société (ou le groupe auquel elle appartient) exploite 25 % au moins du tonnage total de sa flotte sous pavillon européen (UE et EEE).
(530) Mod. L. fin. rect. 2005, 30 déc. 2005, art. 47, et deuxième L. fin. rect. 2014, 29 déc. 2014, art. 74 et 75.
(531) V. Instr. 21 janv. 1997 : *BOI* 13 G-1-97, anc. reprise au BOI-SJ-RES-30-10 et BOI-SJ-RES-30-20.
(532) V. Instr. 24 févr. 2005 : *BOI* 4 C-2-05, anc. reprise au BOI-SJ-RES-30-30.
(533) V., pour une espèce où le taux de marge applicable à un quartier général, non contesté, avait été fixé à 8 %, CE, 26 janv. 2011, n° 331.342, *Sté Seyfert* : *Dr. fisc.* 2011, n° 20, comm. 347, concl. N. Escaut.

administrative prévoit que « le taux de marge originellement admis n'est pas intangible pour toute la durée d'existence du quartier général, mais fixé, dans le cadre de la procédure de négociation, pour une période qui ne pourra être inférieure à trois ans ni supérieure à cinq ans. Il est par ailleurs susceptible d'être modifié, avant l'expiration de ce délai, en fonction des changements intervenus dans la nature ou les conditions d'exercice des activités et à compter de l'exercice au titre duquel interviennent ces changements. Il incombe aux entreprises titulaires des accords de signaler à l'administration de tels changements dans le délai d'un mois »[534]. La même mesure a été appliquée parallèlement aux centres de logistiques[535] puis aux centres de coordination de recherche et de développement[536].

§ 2. – Les dérogations et solutions particulières

1657. – Produits, plus-values, charges et déficit. Le principe selon lequel le bénéfice imposable à l'impôt sur les sociétés est déterminé selon les règles des bénéfices industriels et commerciaux comporte des exceptions. Relativement peu nombreuses, ces solutions dérogatoires concernent :

– certains produits financiers, qui peuvent relever d'une exonération spéciale prévue au titre du régime des sociétés mères et filiales (V. *infra*, n°s 1658 et s.) ;

– le régime des plus-values à long terme qui, dans les hypothèses les plus courantes, ne trouve pas application à l'égard des sociétés de capitaux (V. *infra*, n° 1665) ;

– certaines charges, et notamment les charges financières, dont la déductibilité fait l'objet de restrictions particulières (V. *infra*, n° 1677) ;

– le régime du report déficitaire, qui plus souple que pour les autres entreprises, comporte notamment la possibilité optionnelle de report en arrière des déficits (V. *infra*, n° 1685).

La loi fiscale comporte également des dispositifs qui, tendant à la neutralisation des incidences fiscales des transformations et restructurations de sociétés de capitaux, influent sur les conditions de détermination du résultat imposable dans les hypothèses considérées. Particulièrement complexes, ces dispositifs ne feront l'objet que d'une présentation sommaire (V. *infra*, n°s 1690 et s.).

A. – Exonérations spéciales applicables à certains produits

1° Dividendes reçus par une société mère (régime des sociétés mères et filiales)

1658. – Exonération ancienne. En principe, les dividendes perçus par une société passible de l'impôt sur les sociétés sont imposables dans les conditions ordinaires. Il en va de même des autres revenus mobiliers dont elle peut bénéficier.

Lorsque les dividendes distribués (que l'on suppose de source étrangère) ont été soumis à l'étranger à une retenue à la source, la société bénéficiaire des dividendes est en droit, le cas échéant, d'imputer sur le montant d'IS exigible les crédits d'impôt correspondants[537].

Toutefois, la loi prévoit depuis 1920 une exonération presque intégrale des dividendes reçus de ses filiales par une société mère[538].

(534) Instr. 11 oct. 2002 : *BOI* 4 C-5-02, anc., n° 37, reprise au BOI-SJ-RES-30-10, n° 370.
(535) *Ibid.*, n° 79, reprise au BOI-SJ-RES-30-10, n° 210.
(536) V. Instr. 24 févr. 2005 : *BOI* 4 C-2-05, anc., n° 25, reprise au BOI-SJ-RES-30-30, n° 10.
(537) CGI, art. 220.
(538) CGI, art. 145 et 216.

Contrairement à ce que l'on pourrait penser, le régime des sociétés mères et filiales[539] applicable en France n'est pas apparu en France à l'occasion de la transposition de la directive n° 90/435/CEE du 23 juillet 1990 concernant le régime fiscal commun applicable aux sociétés mères et aux filiales d'États membres différents (sur cette directive, refondue en 2011 et modifiée en 2014 et 2015, notamment, V. *supra*, n° 1596).

Très ancien, ce régime trouve son origine dans la loi du 31 juillet 1920 portant fixation du budget général de l'exercice 1920 (art. 27) qui a institué un cas d'exonération de la taxe sur le revenu des capitaux mobiliers[540]. Selon les travaux préparatoires de la loi de finances pour 1920, cette exonération (qui, compte tenu du mode de taxation des revenus des capitaux mobiliers, bénéficia, à l'époque, aux sociétés distributrices) visait à ne pas entraver le développement des sociétés *omnium* (alors que la loi du 25 juin 1920 portant création de nouvelles ressources fiscales, en aggravant fortement la taxation des revenus, pouvait rendre insupportable une double imposition jusque-là acceptable). À l'origine, l'exonération trouvait à s'appliquer sans prise en compte du niveau de la participation au capital de la société distribuant des dividendes[541].

Le Conseil d'État considère cependant que le régime des sociétés mères résultant des dispositions des articles 145 et 216 du CGI, alors même qu'il est issu de textes législatifs antérieurs à la directive du 23 juillet 1990 concernant le régime fiscal commun applicable aux sociétés mères et filiales d'États membres différents et qu'il n'a pas été modifié à la suite de son intervention « doit être regardé comme assurant la transposition en droit interne de ses objectifs »[542]. Le coût budgétaire de cette mesure (qui n'est plus regardée comme une dépense fiscale), a été évalué à 24 Md€ pour 2013 où il aurait concerné plus de 40 000 sociétés mères. Aucune évaluation de ce coût n'a été rendue publique depuis 2014.

1659. – Champ d'application du régime. 1) Optionnel, le régime d'exonération des sociétés mères et filiales est exclusivement applicable aux personnes soumises, de plein droit ou sur option à l'impôt sur les sociétés au taux normal (CGI, art. 145,1).

L'option est annuelle et n'est soumise à aucune obligation déclarative particulière. Elle doit être exercée pour l'ensemble des titres détenus par une société participante dans une même société distributrice (BOI-IS-BASE-10-10-10-10, n° 30).

Ce régime est susceptible de s'appliquer aux sociétés françaises comme aux établissements stables de sociétés étrangères.

Depuis la loi de finances pour 1989 (L. 23 déc. 1988, art. 73), la loi n'exige plus que les sociétés en cause revêtent une forme juridique particulière. Auparavant le régime des sociétés mères était réservé aux « sociétés par actions ou à responsabilité limitée ».

La condition tenant à l'assujettissement à l'IS n'est expressément prévue qu'à l'égard de la société mère et la loi ne précise pas la forme fiscale que doit revêtir la filiale. Il résulte toutefois de l'économie générale du régime qu'une société non passible de l'IS ne saurait constituer une filiale au sens du régime des sociétés mères et filiales[543]. Le Conseil d'État a jugé, à cet égard, que le régime des sociétés

(539) Dans le Code général des impôts, le régime est officiellement dénommé « régime des sociétés mères »). Retenue par la doctrine administrative (V. BOI-IS-BASE-10-10), l'expression alternative « régime des sociétés mères et filiales » est toutefois fréquemment utilisée.
L. 29 juin 1872 et 29 mars 1914 – notamment par la doctrine administrative (V. BOI-IS-BASE-10-10).

(540) L. 29 juin 1872 et 29 mars 1914. V sur ce point G. Gest, *Histoire et esprit du régime des sociétés mères : Dr. fisc.* 2014, n° 41, étude 565.

(541) Cass. civ., 15 juill. 1930, *Adm. de l'enregistrement c/Sté générale de crédit industriel et commercial : DH* 1930, p. 473.

(542) CE, 15 déc. 2014, n° 380642, *Sté Technicolor : Rec. CE* 2014, p. 387 ; *Dr. fisc.* 2015, n° 11, comm. 203, concl. É. Crépey, note O. Fouquet. La Haute juridiction en déduit que – le législateur n'ayant pas entendu traiter différemment les situations « françaises » et les situations « transeuropéennes » qui sont seules dans le champ de la directive – les dispositions du régime interne « doivent en conséquence être interprétées à la lumière de ses objectifs, dès lors qu'une telle interprétation n'est pas contraire à leur lettre » (même arrêt). V. également CE, 12 nov. 2015, n° 367256, *Sté Metro Holding France : Dr. fisc.* 2015, n° 49, comm. 717, concl. B. Bohnert.

(543) C'est évidemment l'interprétation retenue par l'administration (BOI-IS-BASE-10-10-10, n° 150). V. également CE, 20 févr. 2012, n° 321.224, *Sté Participasahn : Dr. fisc.* 2012, n° 17, comm. 276, concl. D. Hedary, note O. Fouquet, où est jugé que le régime des sociétés mère « tend à prévenir le risque de double imposition des dividendes provenant des filiales ».

mères n'est pas applicable lorsque les produits qu'elle a reçus ont « transité » par une société de personnes dont elle est associée[544].

2) L'application du régime est indépendante de la nature de l'activité de la société mère. Il ne semble pas exigé, à cet égard, que la société considérée exerce une activité économique opérationnelle.

Sauf à donner de la nouvelle clause anti-abus générale, il apparaît difficile d'exclure du régime des sociétés mères les sociétés exerçant une activité purement patrimoniale et notamment les holdings pures (*i.e.* « non-animatrices ») de leur groupe[545].

3) Pour pouvoir bénéficier de ce régime, la société doit détenir dans le capital de sa filiale une participation répondant à deux conditions cumulatives.

a) Les titres de participations doivent revêtir la forme nominative ou être déposés dans un établissement désigné par l'administration.

b) Sauf exceptions limitées, la société mère doit détenir une participation représentant au moins 5 % du capital de la société émettrice[546].

• Le franchissement de ce seuil de 5 % – qui permet à la société détentrice de la participation d'accéder à la qualité (*i.e.* au statut) de société mère[547] – est apprécié en tenant compte à la fois des titres détenus en *pleine propriété* et, depuis la loi de finances rectificative pour 2015, des titres détenus en *nue-propriété*.

• Ignoré des textes, le cas des titres détenus en usufruit demeure marqué par des incertitudes en dépit des décisions juridictionnelles auxquelles il a donné lieu. Sans doute est-il établi qu'une société dont *l'intégralité* de la participation détient dans une filiale consiste dans des titres détenus en *usufruit* ne peut bénéficier du régime des sociétés mères[548]. Il fait peu de doute, ensuite, que des titres détenus en usufruit ne peuvent être pris en compte pour apprécier le dépassement du seuil de 5 % permettant de reconnaître à une société la qualité de société mère[549]. Mais, à supposer que cette qualité lui soit reconnue, la question demeure posée de savoir si les produits attachés à des titres détenus en usufruit peuvent, ou non, être exonérés[550].

• Les titres prêtés, mis en pension, remis en garantie ou inscrits en compte de transaction par un établissement financier ne peuvent être pris en compte par aucune des parties au contrat en cause pour l'application du régime des sociétés mères.

En revanche, les titres que le constituant a transférés dans un patrimoine fiduciaire (CGI, art. 238 quater B) peuvent l'être à condition que le constituant conserve l'exercice des droits de vote attachés aux titres transférés ou que le fiduciaire exerce ces droits dans le sens déterminé par le constituant[551].

---

(544) CE, plén., 24 nov. 2014, n° 363556, *Sté Artémis : Dr. fisc.* 2015, n° 3, comm. 57, concl. E. Cortot-Bouchet, note Ph. Derouin, à propos de dividendes reçus via une *general partnership* américaine. V., sur cet arrêt, *supra*, n°s 1601 et 1605.

(545) Sur la typologie des sociétés holding, V. *infra*, n° n° 1766.

(546) La notion de « participation » revêt un sens particulier dans le cadre du régime des sociétés mères et filiales. Cette notion diffère notamment de celle retenue pour l'application du régime des plus-values professionnelles (V. *infra*, n° 1668). De simples titres de placement peuvent ainsi correspondre à une participation au sens du régime des sociétés mères et filiales. S'agissant des sociétés exerçant une activité de marchand de biens (CGI, art. 35, I-1°), l'exonération n'est pas applicable, toutefois, aux parts de sociétés immobilières qui sont inscrites en stock à l'actif de leur bilan (CGI, art. 145, 6-e).

(547) CE, 5 nov. 2014, n° 370.650, *Sté Sofina : Dr. fisc.* 2015, n° 11, comm. 202, concl. V. Daumas, note O. Fouquet. V. également CE, 3 déc. 2014, n° 363.819, *Min. c/Sté Financière Pinault : RJF* 03/2015, n° 191, dans le cas où des droits de vote double étaient attachés à des titres détenus par des tiers.

(548) CJCE, 22 déc. 2008, aff. C-48/07, *Belgique c/Sté Les Vergers du Vieux Tauves : Dr. fisc.* 2009, n° 12, comm. 254, note. J.-Ch. Gracia. – V., dans le même sens, CE, 20 févr. 2012, n° 321.224, *Sté Participasanh : Dr. fisc.* 2012, n° 17, comm. 276, concl. D. Hedary, note O. Fouquet.

(549) Ainsi que l'a relevé le Conseil d'État, la qualité d'usufruitier, si elle permet une participation aux éventuels bénéfices, « ne confère pas à son titulaire des droits équivalents, notamment vis-à-vis du capital et de l'exercice du droit de vote, à ceux d'un propriétaire détenteur du titre » (CE, 20 févr. 2012, *Sté Participasanh*, préc.).

(550) La réponse donnée par le Conseil d'État – en formation sous-section jugeant *Sté Metro Holding France* seule et avant la lecture de l'arrêt *Société Sofina* – ne semblant pas constituer un précédent éclairant (CE, 23 mars 2012, n° 335.860, *Sté financière Aubert : RJF* 7/2012, n° 688.

(551) Deuxième L. fin. rect. 2014, 29 déc. 2014, art. 72. – CGI, art. 145, 1, *in fine*.

• La loi n'impose pas que des droits de vote soient attachés à chacun des titres de participation détenus par la société mère[552]. Le Conseil d'État considère, à cet égard, que les dispositions législatives – invalidées depuis par le Conseil constitutionnel[553] – selon lesquelles « le régime fiscal des sociétés mères n'est pas applicable (…) aux produits des titres auxquels ne sont pas attachés de droits de vote, sauf si la société détient des titres représentant au moins 5 % du capital et des droits de vote de la société émettrice »[554], n'avaient « ni pour objet, ni pour effet de réserver l'application du régime fiscal des sociétés mères aux seules sociétés détenant des titres de participation représentant au moins 5 % du capital et 5 % des droits de vote ».

• Lorsque la société participante est contrôlée par un ou plusieurs organismes à but non lucratif (CGI, art. 206, 1 bis), le régime des sociétés mère est applicable si cette société, à défaut d'atteindre le seuil de 5 %, possède au moins 2,5 % du capital et 5 % des droits de vote de sa filiale. Lorsque cette exception joue, l'obligation de conservation des titres est portée à cinq ans (CGI, art. 145, 1-b et 1-c).

c) Cette condition – indépendante du prix de revient de la participation – doit être observée à la date de mise en paiement des dividendes[555].

Se distinguant de nombre d'autres législations européennes, la loi française retient un taux inférieur au seuil de 10 % posé par la directive n° 2011/96/UE du 30 novembre 2011 concernant le régime fiscal commun applicable aux sociétés mères et filiales d'États membres différents (art. 3). Dans l'état initial du droit communautaire[556], ce seuil était fixé à 25 %. La directive n° 2003/123/CE du 22 décembre 2003 (art. 1er, 3-a), l'avait successivement ramené à 15 % (à compter du 1er janvier 2007) puis 10 % (à compter du 1er janvier 2009).

Il en résulte qu'une société peut avoir la qualité de société mère au regard de la loi française sans être regardée comme telle au sens de la législation d'un autre État membre. Dans cette hypothèse, la société mère française recevra des dividendes qui auront pu être frappés par une retenue à la source dans cet État membre.

Le seuil de 5 % a été fixé par la loi de finances pour 2001[557]. Le régime antérieur prévoyait alternativement un seuil de participation de 10 % ou un prix de revient de la participation de 22,8 M€. Cette condition alternative tenant au prix de revient de la participation[558] a été réintroduite, d'abord à l'égard des organismes locaux dépendants de certains groupes bancaires mutualistes[559] puis, ensuite, pour les sociétés anonymes coopératives d'intérêt collectif pour l'accession à la propriété[560].

Si, à la date de mise en paiement des dividendes, la participation dans le capital de la société émettrice est réduite à moins de 5 % du fait de l'exercice d'options de souscription d'actions, le régime des sociétés mères et filiales reste applicable si ce pourcentage est à nouveau atteint à la suite de la première augmentation de capital suivant cette date et au plus tard dans un délai de trois ans[561].

2) la loi prévoit que les titres de participation doivent « avoir été conservés pendant un délai de deux ans »[562].

---

(552) Même arrêt, relevant que ces mêmes dispositions n'imposent pas, *a fortiori*, que les droits de vote éventuellement attachés aux titres de participation soient strictement proportionnels à la quotité de capital qu'ils représentent.
(553) V. *infra*, n° 1661, 2).
(554) CGI, art. 145, 6-*b* ter, puis 6-*c*). Le Conseil d'État interprète cette règle comme signifiant « les produits des titres de participation auxquels aucun droit de vote n'est attaché ne peuvent (…) être déduits du bénéfice net total de la société mère sauf si la société détient des titres représentant au moins 5 % du capital et des droits de vote de la société émettrice ».
(555) CGI, art. 145, 1, b.
(556) Dir. n° 90/435/CEE, 23 juill. 1990, art. 3.
(557) L. 30 déc. 2000, art. 9.
(558) CGI, art. 145, 9.
(559) L. fin. rect. 2001, 28 déc. 2001, art. 65.
(560) L. fin. rect. 2007, 25 déc. 2007, art. 21.
(561) CGI, art. 145, 1, *b*.
(562) CGI, art. 145, 1, *c*. Cette règle résulte de la loi de finances rectificative pour 2005 (L. 30 déc. 2005, art. 39). Il était exigé auparavant que les titres de participation aient été souscrits à l'émission ou, à défaut, que la société participante, ait pris l'engagement de les conserver pendant un délai de deux ans.

• La signification de cette formule légale un peu maladroite est la suivante :

– l'exonération est susceptible de s'appliquer aux distributions intervenant au cours de la première année de détention des titres de participation (ce que le texte légal semble de prime abord exclure) ;

– toutefois, elle n'est pas définitivement acquise pour les distributions intervenant au cours des deux premières années de détention de la participation : l'exonération est remise en cause en cas de non-respect du délai minimal de conservation des titres pendant deux ans.

• En cas de non-respect du délai de conservation, la société mère est tenue de verser au Trésor une somme égale au montant de l'impôt (majoré de l'intérêt de retard) dont elle a été exonérée indûment. Ce versement est exigible dans les trois mois suivant la cession des titres.

La loi retient des modalités particulières de décompte de la durée de conservation en cas de cessions liées à des opérations de restructuration de sociétés :

– en cas d'apport de titres de participation sous le régime spécial des fusions, le délai de conservation est décompté à partir de la date de souscription ou d'acquisition par la société apporteuse jusqu'à la date de cession par la société bénéficiaire de l'apport (V. également *infra*, n° 1662, *b*, *in fine*) ;

– les titres échangés d'une offre publique d'échange, d'une fusion (ou d'une opération assimilée) sont réputés détenus jusqu'à la cession des titres reçus en échange à condition(563) que ces opérations présentent effectivement un caractère intercalaire – V. *infra*, n° 1662, *a*) ;

– le délai de conservation n'est pas interrompu en cas de fusion entre la société mère et sa filiale si l'opération est placée sous le régime spécial des fusions. La doctrine administrative retient une solution similaire en cas d'absorption de la filiale par une société autre que la société mère.

Adoptant une attitude particulièrement constructive, le Conseil d'État retient une interprétation « neutralisante » de la loi. Il considère, à la lumière de la directive européenne du 30 novembre 2011(564), que la condition légale tenant à la conservation des titres pendant deux ans ne peut être regardée, en raison de son objet, « que comme s'appliquant aux titres de participation donnant droit à la qualité de société mère »(565).

Il en résulte que, dès lors que la société mère a détenu deux ans ou plus une quotité de titres représentant au moins 5 % du capital de la filiale, l'exonération est applicable aux produits attachés à l'ensemble des titres de celle-ci, quand bien même la condition de conservation ne serait pas respectée pour certains d'entre eux(566).

1660. – Participations exclues du régime d'exonération. L'application du régime fiscal des sociétés mères et filiales est exclue à l'égard des distributions opérées par certaines filiales.

1) Issue de la troisième loi de finances rectificative pour 2009(567), une première exclusion concerne les dividendes perçus de filiales établies dans un État ou territoire non coopératif (V. *supra*, n° 1374, 2). Légalisant mot pour mot une réserve

(563) L. fin. 2011, 29 déc. 2010, art. 11.

(564) Dir. 23 juill. 1990, art. 3, 2, 2e al.

(565) L'adoption de cette solution conduit le Conseil d'État à rejeter la QPC selon laquelle le régime interne serait à l'origine, en violation des principes d'égalité devant la loi et les charges publiques, d'une différence de traitement entre situations « internes » et situations « transeuropéennes ». Comp. CE, 12 nov. 2015, n° 367.256, *Sté Metro Holding France : Dr. fisc.* 2015, n° 49, comm. 717, concl. B. Bohnert (V. sur cet arrêt, *infra*, n° 1661). Pour un autre cas où une telle interprétation neutralisante n'a pu être retenue, à l'égard d'une opération purement interne, au motif que le texte de transposition de droit interne s'écartait clairement de la directive européenne, V. CE, 30 janv. 2013, n° 346.683, *Sté Ambulances de France : Dr. fisc.* 2013, n° 10, comm. 185, concl. Cl. Legras, à propos du régime fiscal des scissions de sociétés.

(566) On peut en déduire que, symétriquement, l'exonération est intégralement exclue si la société mère n'a pas détenu pendant deux ans ou plus la quotité de titres lui conférant cette qualité, quand bien même la condition de conservation serait respectée à l'égard de certains titres.

(567) L. 30 déc. 2009, art. 22.

d'interprétation formulée un an auparavant par le Conseil constitutionnel[568], la loi comporte désormais une clause de sauvegarde : le régime des sociétés mères demeure par exception applicable « si la société mère apporte la preuve que les opérations de la société établie hors de France dans laquelle est prise la participation correspondent à des opérations réelles qui n'ont ni pour objet ni pour effet de permettre, dans un but de fraude fiscale, la localisation de bénéfices dans un État ou territoire non coopératif »[569].

2) Rétablie après une parenthèse d'un an[570] par la loi de finances rectificative pour 2015, une deuxième série d'exclusions, plus anciennes, est justifiée par le fait que les produits reçus par la société mère n'auront pas été prélevés sur des bénéfices frappés par l'impôt sur les sociétés.

Cette exclusion concerne les distributions opérées par un certain nombre de sociétés passibles de l'IS mais bénéficiant de divers mécanismes d'exonération. Sont visées par cette exclusion[571], lorsqu'ils ont été prélevés sur des bénéfices exonérés ou correspondent aux résultats d'opérations exonérées, les produits *lato sensu* versés par :

– les sociétés d'investissement ;

– les sociétés immobilières pour le commerce et l'industrie (SICOMI) et les sociétés qui redistribuent les dividendes d'une SICOMI ;

– les sociétés agréées pour le financement des télécommunications ;

– les sociétés de capital-risque ;

– les sociétés d'investissements immobiliers cotées (SIIC), leurs filiales et les sociétés étrangères ayant une activité identique aux SIIC et qui sont exonérées, dans l'État où elles ont leur siège de direction effective, de l'IS de cet État.

– les sociétés de placement à prépondérance immobilière à capital variable (SPICAV) et leurs filiales ayant opté pour le régime d'exonération des SIIC.

3) Issue de la transposition d'une directive du 8 juillet 2014[572] modifiant la directive du 30 novembre 2011, une troisième exclusion concerne les « produits des titres d'une société, dans la proportion où les bénéfices ainsi distribués sont déductibles du résultat imposable de cette société »[573].

1661. – Exclusion exclue (cas des titres auxquels ne sont pas attachés de droit de vote). 1) Pendant près de quarante ans, la loi a comporté une règle d'exclusion concernant les titres auxquels ne sont pas attachés des droits de vote.

(568) Cons. const., 20 janv. 2015, 2014-437 QPC, *Assoc. franç. des entreprises privées et a.*, § 10.

(569) L. fin. rect. 2015, 29 déc. 2015, art. 29, I-C-2°-b. – CGI, art. 145, 6-d, prenant le relais de la réserve constitutionnelle d'interprétation, pour les exercices clos à compter du 31 décembre 2015.

(570) Dans la loi deuxième loi de finances rectificative pour 2014, le législateur avait supprimé les différentes exclusions spéciales en considérant qu'elles allaient entrer dans le champ d'une nouvelle exclusion globale ainsi conçue : le régime fiscal des sociétés mères n'est pas applicable « aux produits des titres prélevés sur les bénéfices d'une société afférents à une activité non soumise à l'impôt sur les sociétés ou à un impôt équivalent » (L. 29 déc. 2014, art. 72, I-1°-a, adopté). Saisi de cette loi, le Conseil constitutionnel a censuré cette disposition au motif que le législateur avait, eu égard à l'imprécision de la rédaction de ce texte, méconnu l'étendue de sa compétence (Cons. const., 29 déc. 2014, n° 2014-708 DC, *Deuxième loi de finances rectificative pour 2014*, § 31, reprochant en particulier au texte adopté de ne pas préciser si l'exclusion devait s'appliquer, ou non, aux dividendes redistribués par une filiale ayant elle-même bénéficié du régime des sociétés mères).

(571) L. fin. rect. 2015, 29 déc. 2015, art. 29, I-C-2°, a et c. CGI, art. 145, 6, a et f à j.

(572) Cons. UE, dir. n° 2014/86/UE modifiant la directive n° 2011/96/UE concernant le régime fiscal commun applicable aux sociétés mères et filiales d'États membres différents. Cette modification était liée à la préoccupation d'éviter les situations de double non-imposition découlant de possibles asymétries dans le traitement fiscal appliqué aux distributions de bénéfices entre États membres.

(573) 2e L. fin. rect. 2014, 29 déc. 2014, art. 72. – CGI, art. 145, 6-b.

Cette exclusion avait été posée par la loi du 13 juillet 1978 relative à l'orientation de l'épargne vers le financement des entreprises. Ayant institué en droit des sociétés, la catégorie des actions à dividendes prioritaires sans droit de vote, cette loi avait posé que ces actions ne seraient pas considérées comme des titres de participation au sens du régime des sociétés mères (art. 23).

L'exclusion, qui présentait un caractère absolu, avait été généralisée à tous les titres auxquels ne sont pas attachés des droits de vote par la loi de finances pour 1993 (L. 30 déc. 1992, art. 104, II et III). Elle s'appliquait donc de la même manière aux actions à dividende prioritaire, aux actions de préférence sans droit de vote et aux actions d'autocontrôle.

Dans le dernier état du droit, cette exclusion avait été atténuée : elle comportait une exception selon laquelle les produits des titres auxquels ne sont pas attachés des droits de vote demeuraient exonérés si la société détenait « des titres représentant au moins 5 % du capital et des droits de vote de la société émettrice »[574].

Cette exception à l'exclusion avait été introduite par loi de finances rectificative pour 2005[575].

2) Cette exclusion a été invalidée par le Conseil constitutionnel, tant dans sa forme absolue que dans sa forme atténuée, au motif de la différence de traitement contraire aux principes d'égalité devant la loi et devant les charges publiques qui en résultait en fonction de la localisation géographique des filiales[576].

Complexes, les étapes du raisonnement suivi par le juge constitutionnel pour conclure à l'invalidation sont les suivantes :

– même si elle ne résulte pas directement de la loi, une différence de traitement « à rebours »[577] se produit, par ricochet, du fait de l'existence de cette exclusion ;

– celle-ci est en effet insusceptible de s'appliquer dans les situations « transeuropéennes », dans la mesure où il résulte d'une jurisprudence constante[578], qu'elle est incompatible avec les dispositions de la directive européenne du 30 novembre 2011. Elle ne trouve à s'appliquer que dans les situations autres que « transeuropéennes », à savoir les situations internes et les situations transnationales intéressant un État tiers ;

– reposant sur la localisation géographique des filiales, cette différence de traitement est sans rapport avec l'objectif poursuivi par le législateur lorsqu'il a institué cette exclusion et qui était de « favoriser l'implication des sociétés mères dans le développement économique de leurs filiales » ;

– il en résulte une méconnaissance des principes constitutionnels d'égalité devant la loi et devant les charges publiques[579].

L'exclusion atténuée n'est plus, en conséquence, susceptible de s'appliquer pour les exercices en cours à la date de publication de la décision *Société Natixis*, soit le 10 juillet 2016.

---

(574) CGI, art. 145, 6-b ter, puis (2e L. fin. rect. 2014, 29 déc. 2014, art. 72), art. 145, 6-c.

(575) L. 30 déc. 2005, art. 39.

(576) Cons. const., 3 févr. 2016, n° 2015-520 QPC, *Sté Metro Holding France*, et Cons. const., 8 juill. 2016, n° 2016-553 QPC, *Sté Natixis*. La succession de ces deux décisions a donné lieu à une péripétie doctrinale. Dans une instruction du 7 juin 2016 (BOI-IS-BASE-10-10-10-20, n° 60), l'administration, sans attendre la décision *Société Natixis*, a indiqué, en faisant référence à la décision *Société Metro Holding France*, que l'exonération devait s'appliquer indifféremment aux titres pourvus, ou non, de droits de vote. Deux jours plus tard, elle est revenue sur cette modification en rétablissant sa doctrine immédiatement antérieure qui, résultant d'une instruction du 1er avril 2015, se limitait à reproduire le dispositif légal alors en vigueur.

(577) Cette différence de traitement « à rebours » s'opère au détriment – non pas des sociétés françaises par rapport aux autres sociétés européennes – mais des sociétés françaises recevant des produits de filiales françaises ou établies dans un État tiers par rapport aux sociétés françaises recevant des produits de filiales établies dans un autre État de l'Union européenne.

(578) Il semble bien que cette jurisprudence constante du Conseil d'État se résume en réalité à la seule décision de renvoi, CE, 12 nov. 2015, n° 367256, *Sté Metro Holding France* : *Dr. fisc.* 2015, n° 49, comm. 717, concl. B. Bohnert.

(579) Sur la portée de cette décision abondamment commentée, V. notamment S. Austry et D. Gutmann, *Discrimination par ricochet et principe d'égalité : jusqu'où peut aller la jurisprudence Metro Holding ?* : *RJF* 4/2016, p. 418 et s. – O. Fouquet, *La discrimination à rebours franco-européenne sanctionnée* : *Dr. fisc.* 2016, n° 6, act. 74.

Elle peut, par ailleurs, être invoquée pour les exercices antérieurs dans toutes les instances introduites à cette date de publication et non encore jugées définitivement[580].

1662. – **Dispositifs « anti-abus ».** 1) Suite à la modification, par une directive du 27 janvier 2015[581], de la directive mère-fille du 30 novembre 2011, l'exonération prévue au titre du régime des sociétés mères et filiales ne s'applique pas « aux produits des titres de participation distribués dans le cadre d'un montage ou d'une série de montages »[582] qui « ayant été mis en place pour obtenir, à titre d'objectif principal ou au titre d'un des objectifs principaux, un avantage fiscal allant à l'encontre de l'objet ou de la finalité de ce même [régime], n'est pas authentique compte tenu de l'ensemble des faits et circonstances pertinents »[583].

• Pour l'application de cette clause anti-abus (qui s'applique au titre des exercices ouverts à compter du 1er janvier 2016), un montage (qui peut comprendre plusieurs étapes ou parties), ou une série de montages, est considéré comme non authentique dans la mesure où il « n'est pas mis en place pour des motifs commerciaux valables qui reflètent la réalité économique »[584]. Un montage est donc « authentique » – *i.e.* non abusif ou légitime[585] – lorsque, alternativement :

– il n'a pas été principalement mis en place pour bénéficier de l'exonération prévue par le régime des sociétés mères et filiales à l'encontre de son objet ou de sa finalité ;

– il est a été mis en place pour un motif économique valable.

• Avant cette modification, la directive du 30 novembre 2011 prévoyait seulement qu'elle « ne fait pas obstacle à l'application des dispositions nationales ou conventionnelles nécessaires pour prévenir la fraude fiscale ou les abus »[586].

2) Antérieurement, à la suite du constat des nombreux abus auxquels il a pu donner lieu, le régime fiscal des sociétés mères et filiales avait été complété par différents dispositifs « anti-abus » *ponctuels*.

a) La loi de finances pour 2011[587] a entendu mettre fin à la possibilité pour une société de cumuler l'exonération des dividendes reçus de ses filiales en application du régime des sociétés mères et filiales (ou, d'ailleurs, de celui de l'intégration fiscale) et de la déduction, consécutivement à une fusion (ou une opération assimilée) d'une moins-value (à court terme) résultant de la cession ou de l'échange

(580) Cons. const., 8 juill. 2016, n° 2016-553 QPC, *Sté Natixis*, § 10. V., *mutatis mutandis*, Cons. const., 3 févr. 2016, n° 2015-520 QPC, *Sté Metro Holding France*, § 12.

(581) Cons. UE, 27 janv. 2015, dir. n° 2015/121/UE. Plus ambitieuse, mais restée lettre porte, une précédente proposition de directive (en date 21 novembre 2013), reposait quant à elle sur la notion de montage artificiel. Elle comportait – exercice délicat – une définition analytique de ces montages faisant intervenir cinq indices principaux (et, notamment, celui tenant à la circularité des opérations).

(582) L. fin. rect. 2015, 29 déc. 2015, art. 29, I-C-2°-c. – CGI, art. 145, 6-k.

(583) L. fin. rect. 2015, 29 déc. 2015, art. 29, I-B-3°. – CGI, art. 119 ter, 3, applicable sur renvoi. On observera, sans y insister, que la clause anti-abus, fait intervenir l'idée de la recherche d'un objectif principalement fiscal, alors que le droit interne français de répression de l'abus de droit fiscal (LPF, art. L. 64) retient lui celle d'objectif exclusivement fiscal (V. *infra*, n° 950, 1).

(584) La conception plus ou moins souple que le juge retiendra de la notion de « motif commercial valable », qui est au cœur du dispositif anti-abus, sera évidemment déterminante. La doctrine administrative (qui a fait l'objet d'une consultation publique ayant pris fin le 7 juillet 2016) prévoit toutefois d'ores et déjà que sont « susceptibles d'être considérées comme présentant des motifs valables au sens de la clause des structures de détention patrimoniale, d'activités financières ou encore des structures répondant à un objectif organisationnel » (BOI-IS-BASE-10-10-10-10, n° 220). V. cependant. F. Deboissy, *Société holding et clause anti-abus : le régime mère-fille est-il réservé aux entreprises ? : Dr. fisc.* 2016, n° 16, ét. 287.

(585) L'expression de montage « non authentique » est pour le moins étrange : en bon français, un montage authentique renvoie plutôt, semble-t-il, à l'idée de montage abusif.

(586) Art. 1er, 2, anc., et art. 1er, 4, actuel. Restée lettre morte, la proposition de directive du 21 novembre 2013, tout en proposant l'introduction d'un dispositif anti-abus ambitieux, envisageait une modification significative de ce dispositif (en autorisant les mesures « nécessaires afin d'éviter l'évasion fiscale ».

(587) L. 29 déc. 1010, art. 11.

de ces titres dépréciés, cette dépréciation résultant justement de ces distributions de dividendes. Pour ce faire, le législateur a choisi une solution technique qui ne frappe pas par sa simplicité : la « non-interruption » du délai de conservation de titres de la filiale – en dépit de la fusion (ou de l'opération assimilée) dont elle fait l'objet – suppose légalement que cette opération a effectivement été placée sous un régime de sursis d'imposition – ce qui interdit que la perte résultant de l'échange de titres consécutif à cette opération soit déduite du résultat de la société mère. À défaut, le délai de conservation des titres est regardé comme interrompu, ce qui peut conduire à la remise en cause du régime d'exonération.

b) La deuxième loi de finances rectificative pour 2012[588] a introduit trois dispositifs de lutte contre des montages optimisants « anti-coquillards » de même nature que dans le cas précédent et concernant :

– les sociétés à prépondérance financière (*i.e.* les sociétés dont l'actif est principalement constitué de titres insusceptibles de relever du régime du long terme) qui pouvaient cumuler le bénéfice du régime d'exonération des sociétés mères et filiales et la possibilité de déduire, de manière abusive, soit une moins-value à court terme (en cas de cession des titres de la filiale préalablement vidée de toute substance), soit une provision pour dépréciation (en cas de conservation à leur actif de ces mêmes titres). La loi a donc interdit la déduction de la moins-value à court terme ou de la provision constatée par la société mère, à hauteur des bénéfices distribués précédemment en franchise d'impôt (cette mesure étant toutefois ciblée sur les distributions réalisées au cours de l'exercice de réalisation de la perte et des cinq exercices précédents) ;

– les sociétés relevant du régime fiscal des marchands de biens qui peuvent réaliser un montage optimisant similaire à l'égard des titres de sociétés immobilières comptabilisés en stocks. La loi a donc exclu ces titres du champ d'application du régime des sociétés mères et filiales ;

– les sociétés qui, moins de deux ans après l'acquisition des titres d'une autre société, absorbent cette dernière sous le régime spécial des fusions et déduisent, à cette occasion, une moins-value à court terme résultant de l'annulation des titres de la société ainsi absorbée. Dans ce cas, la loi a donc interdit la déduction de la moins-value à court terme constatée par la société absorbante à hauteur des bénéfices distribués en franchise d'impôt par la société absorbée depuis son acquisition.

3) Au-delà, le Conseil d'État a conclu à l'existence d'un abus de droit par fraude à la loi fiscale dans le cas des montages reposant sur la prise de participation réalisée par une société dans une société « liquide ». Les faits de cette affaire sont, il faut en convenir, classiques. La société « mère » (*i.e.* le « coquillard ») :

– avait pris des participations dans différentes sociétés « liquides » (*i.e.* les « coquilles »), c'est-à-dire des sociétés n'exerçant plus aucune activité et ne détenant plus aucun actif corporel ou incorporel – si ce n'est d'importantes liquidités ;

– n'avait manifestement jamais eu l'intention ni de les animer, ni de valoriser ses participations, les réserves des sociétés étant massivement distribuées peu de temps après l'acquisition des titres, ce qui contribuait à vider les sociétés filiales de toute substance (*i.e.* de vider les coquilles de leurs liquidités) ;

– avait parallèlement comptabilisé pour ce motif une provision pour dépréciation de titres de ses filiales, provision déductible de son résultat fiscal[589].

a) Dans cette affaire, la société requérante avait acquis des titres de sociétés qui, ayant cessé toute activité et n'employant plus aucun salarié, détenaient des actifs exclusivement constitués de liquidités. Ces sociétés lui avaient ensuite versé des dividendes, d'un montant très légèrement supérieur au coût d'acquisition des titres, qui avaient bénéficié du régime d'exonération des sociétés

(588) L. 16 août 2012, art. 16.
(589) CE, 17 juill. 2013, n° 352.989, *Min. c/Sté Garnier Choiseul Holding : Dr. fisc.* 2013, n° 41, comm. 477, concl. F. Aladjidi, note F. Deboissy et G. Wicker.

mères (la société requérante s'étant engagée à conserver les titres acquis pendant une durée de deux ans – tout en les comptabilisant, non sans paradoxe, comme des titres de placement). Parallèlement, la société requérante avait déduit de son résultat imposable une provision pour dépréciation des titres litigieux – de sorte qu'elle avait dégagé, au titre de l'exercice considéré, un déficit fiscal qui lui a permis de réaliser une économie immédiate d'IS. Le Conseil d'État a conclu à l'abus de droit en considérant :

– d'une part, que si l'achat des titres de ces sociétés a permis à la société contribuable d'améliorer sa trésorerie, ce gain de trésorerie était négligeable et sans commune mesure avec l'avantage fiscal retiré des opérations litigieuses, de sorte qu'elles devaient être regardées comme ayant poursuivi un but exclusivement fiscal ;

– d'autre part, que l'objectif poursuivi par le législateur (tel qu'il ressort des travaux préparatoires des textes ayant, depuis 1920, successivement aménagé ce régime et de ses conditions d'application elles-mêmes) a été de favoriser l'implication de sociétés mères dans le développement économique de sociétés filles pour les besoins de la structuration et du renforcement de l'économie française. À cet égard, le fait d'acquérir des sociétés ayant cessé leur activité initiale et liquidé leurs actifs dans le but d'en récupérer les liquidités par le versement de dividendes exonérés d'IS, sans prendre aucune mesure de nature à leur permettre de reprendre et développer leur ancienne activité ou d'en trouver une nouvelle, va à l'encontre de cet objectif[590].

b) Ce faisant, le Conseil d'État a largement confirmé la validité de la grille d'analyse élaborée en la matière par le Comité consultatif pour l'abus de droit fiscal saisi à de nombreuses reprises d'affaires intéressant le régime des sociétés mères et filiales[591].

c) Le Conseil d'État avait auparavant reconnu l'existence d'un abus de droit par fraude à la loi dans un cas où une société française (qui avait acquis des participations dans des holdings luxembourgeoises dépourvues de toute substance) avait fait en sorte (en jouant sur les différences affectant, à l'époque, les seuils d'application des deux dispositifs), d'une part, de bénéficier du régime d'exonération des sociétés mère et filiales au titre des dividendes versés par les holdings et, d'autre part, de ne pas tomber sous le coup du dispositif de l'article 209 B du CGI (V. *supra*, n° 1647) relatif à l'imposition en France des bénéfices délocalisés dans les États à fiscalité privilégiée[592].

1663. – **Modalités d'exonération.** Lorsque les conditions d'application du régime des sociétés mères et filiales sont réunies, les produits nets des participations « touchés [*sic*] au cours d'un exercice par une société mère » peuvent être retranchés de son résultat soumis à l'impôt sur les sociétés, défalcation faite d'une quote-part de frais et charges[593]. Cette exonération concerne aussi bien les dividendes reçus des filiales françaises qu'étrangères.

L'option est annuelle. Elle s'exerce à l'occasion de la souscription de la déclaration annuelle de résultat.

Les « produits nets de participation » sont les revenus distribués trouvant leur origine dans les résultats que dégage la filiale et dont le versement à la société mère procède des droits attachés aux participations de celle-ci dans ladite filiale. Tel n'est pas le cas de l'avantage consenti par une filiale à sa société mère (découlant au cas d'espèce de la cession à un prix inférieur à leur valeur vénale de titres détenus par la filiale dans une société tierce) alors même que cet avantage est regardé fiscalement comme un revenu distribué[594].

(590) CE, 17 juill. 2013, n° 352.989, *Min. c/Sté Garnier Choiseul Holding*, préc.

(591) V. notamment Comité consultatif pour la répression des abus de droit, Rapport 2008 : *BOI* 13 L-7-09, n°s 23 à 27, et Comité de l'abus de droit fiscal, Rapport 2009 : *BOI* 13 L-5-10, n°s 9 à 18, Rapport 2010 : *BOI* 13 L-3-11, n° 11 et, surtout n° 12, et Rapport 2011 : *BOI* 13 L-3-12, n°s 17 et 18.

(592) CE, 27 juill. 2009, n° 295.358, *Caisse interfédérale de crédit mutuel* : *Dr. fisc.* 2009, n° 42, comm. 506, concl. E. Glaser. – V. également CE, 11 mai 2015, n° 365.564, *Sté Natixis* : *Dr. fisc.* 2015, n° 31-35, comm. 526, concl. É. Bokdam-Tognetti, note N. de Boynes.

(593) CGI, art. 216, I. L'existence de cette quote-part constitue, en creux, la traduction d'un principe du droit fiscal très général selon lequel il ne saurait y avoir de charges déductibles là où il n'y a pas de revenus imposables.

(594) CE, 6 juin 1984, n°s 35415 et a., *Sté Cie financière de Suez* : *Dr. fisc.* 1985, n° 7, comm. 287 ; *RJF* 8-9/1984, n° 940.

En principe, la quote-part de frais et charges est déterminée uniformément[595] au taux de 5 % du produit total des participations.

Depuis 2016, ce taux est fixé à 1 % dans le cas des distributions « intragroupes » et les distributions « transeuropéennes » qui leur sont assimilées.

L'intervention, en 2015, de l'arrêt *Groupe Steria*[596] a en effet conduit le législateur[597] à instituer une quote-part pour les distributions « intragroupes ». Applicable pour la détermination des résultats des exercices ouverts depuis le 1er janvier 2016, cette quote-part déterminée au taux réduit de 1 % s'applique indifféremment aux distributions reçues :

– par une société membre d'un groupe fiscalement intégré à raison d'une participation dans une autre société membre de ce groupe ;

– par une société membre d'un groupe intégré à raison d'une participation dans une société soumise à un impôt équivalent à l'IS français dans un État membre de l'UE ou un État assimilé[598] qui, si elle était établie en France, remplirait toutes les conditions – autres que celle d'être soumise à l'IS français – pour être membre de ce groupe[599].

Lorsque les dividendes reçus d'une filiale étrangère ont supporté une retenue à la source dans l'État où elle est située, l'assiette de la quote-part comprend les crédits d'impôt correspondant à cette retenue.

Le taux de détermination de la quote-part est fixé au niveau maximal prévu en la matière par le droit de l'Union européenne[600].

Déjà fixée précédemment à 5 %[601], la quote-part avait été supprimée par la loi de finances pour 1993 du 30 décembre 1992, article 104. Elle avait par la suite été rétablie au taux de 2,5 % par la loi de finances pour 1999[602].

La loi de finances pour 2011[603] a supprimé le butoir « réel » antérieurement en vigueur : fixée, pour chaque période d'imposition, à 5 % des dividendes reçus, la quote-part intégrée dans le résultat peut désormais excéder le montant total des frais et charges de toute nature exposés par la société mère au cours de la même période[604].

Lorsque la filiale est située dans un autre État membre de l'Union européenne, les distributions de dividendes ne supportent (en application du droit européen) aucune retenue à la source si la société bénéficiaire a la qualité de société mère par application de la législation de cet État membre. Par ailleurs, de très nombreuses conventions internationales réduisent nettement (ou même suppriment) les retenues à la source sur les dividendes reçus par une société mère française.

La Cour de justice des Communautés européennes a considéré que la directive du 23 juillet 1990 doit être interprétée en ce sens qu'elle ne s'oppose pas à la réglementation d'un État membre qui (comme dans le cas français) inclut dans la base de calcul de la quote-part de frais et charges, les crédits d'impôt qui ont été octroyés en vue de compenser une retenue à la source opérée par l'État membre où est implantée la filiale[605].

(595) Depuis L. fin. 2000, 30 déc. 1999, art. 20.

(596) CJUE, 2 sept. 2015, aff. C-386/14, *Groupe Steria : Dr. fisc.* 2015, n° 40, comm. 611, note M.-P. Hôo et C. Maignan. V., sur cet arrêt, *supra*, n° 1625, 2).

(597) L. fin. rect. 2015, 29 déc. 2015, art. 40, I-B.

(598) C'est-à-dire, plus précisément, un autre État partie à l'accord sur l'Espace économique européen ayant conclu avec la France une convention d'assistance administrative en vue de lutter contre la fraude et l'évasion fiscales, soit l'Islande, la Norvège et le Liechtenstein.

(599) CGI, art. 216, I, al. 2.

(600) Dir. n° 90/435/CEE, 23 juill. 1990, anc., et Dir. n° 2011/96/UE, 30 nov. 2011, concernant le régime fiscal commun applicable aux sociétés mères et aux filiales d'États membres différents, art. 4.

(601) L. 12 juill. 1965 modifiant, notamment, l'imposition des entreprises, art. 20, 1.

(602) L. 30 déc. 1998, art. 43. Sur l'entrée en application « rétrospective » de cette dernière loi, V. CE, 27 juin 2008, n° 276.848, *Sté d'exploitation des sources Roxane : Dr. fisc.* 2008, n° 37, comm. 492, concl. L. Olléon.

(603) L. 29 déc. 2010, art. 10.

(604) CGI, art. 216, I, *a contrario*.

(605) CJCE, 3 avr. 2008, n° 27/07, *Banque fédérative du crédit mutuel : JOUE* n° C 128, 24 mai 2008, p. 13.

2° Aide reçue par une société filiale

1664. – Abandons de créances consentis à l'entreprise. 1) Un abandon de créances consenti par ses créanciers à une entreprise se traduit en principe pour elle par un profit imposable.

Le plus souvent en pratique, l'aide étant justifiée par la situation économique difficile de l'entreprise bénéficiant de l'aide, l'existence de ce profit imposable ne se traduit pas par une imposition effective mais par une simple réduction de son déficit.

Cette solution générale, qui s'applique à toutes les aides interentreprises quelle que soit leur nature commerciale ou financière, concerne toutes les entreprises bénéficiant d'une aide, indépendamment de leur régime fiscal.

Sur le régime de déduction applicable à l'entreprise ayant consenti l'aide, V. *infra*, n° 1683.

2) La loi prévoit une exception à ce principe, qui se rapporte aux abandons de créances consentis dans le cadre des relations entre mère et filiale. En effet, lorsqu'ils ne sont pas déductibles des résultats imposables de la société mère (V. *supra*, n° 1683), les abandons de créances consentis par celle-ci à une de ses filiales peuvent ne pas être pris en compte pour la détermination du résultat imposable de la société filiale.

Cette mesure résulte de la loi de finances pour 1983(606). Sont essentiellement visés par ce dispositif les abandons de créances à caractère financier (retenus pour leur montant non déductible de ses résultats) par laquelle une société mère consent une aide à sa filiale pour préserver la valeur de sa participation, sauvegarder son renom ou, le cas échéant, limiter les risques de mise en jeu de sa responsabilité.

Pour que cette mesure soit applicable :

– la société mère doit détenir, dans le capital de la société à laquelle elle consent l'abandon, une participation répondant aux conditions d'application (V. *supra*, n° 1659) du régime des sociétés mères et filiales(607) ;

– la société filiale doit s'engager à augmenter son capital au profit de la société mère, d'une somme au moins égale aux abandons de créances considérés et satisfaire à cet engagement dans les deux ans(608).

L'augmentation de capital doit être effectuée (en numéraire ou par conversion de créance) avant la clôture du second exercice suivant. En cas de manquement à l'engagement pris, la société bénéficiaire des aides doit rapporter le montant des abandons reçus aux résultats imposables de l'exercice au cours duquel ceux-ci sont intervenus(609).

3° Traitement fiscal des plus ou moins-values

1665. – Généralités. 1) Au sens strict, le régime des plus ou moins-values professionnelles (V. *supra*, n°s 1491 et s.) permet de traiter le résultat des opérations de cession par une entreprise d'éléments de son actif immobilisé.

Sur le plan théorique, l'existence de ce régime repose sur la préoccupation de réserver un traitement fiscal favorable aux résultats découlant de la réalisation d'opérations exceptionnelles au titre desquelles l'intention spéculative de l'entreprise est normalement affaiblie alors que le gain constaté peut, le cas échéant, revêtir en tout ou partie un caractère fictif pour résulter de la seule érosion monétaire.

(606) L. 29 déc. 1982, art. 15.
(607) CGI, art. 145.
(608) CGI, art. 216 A. L'engagement doit être joint à la déclaration de résultats de l'exercice au cours duquel les abandons sont intervenus.
(609) CGI, art. 216 A.

De manière générale, les éléments de détermination des plus-values professionnelles ne sont pas corrigés de l'érosion monétaire observée depuis leur réalisation.

À cet égard, la réévaluation « libre » (par opposition à « légale ») du bilan, c'est-à-dire l'opération comptable par laquelle une entreprise réévalue l'ensemble des immobilisations corporelles et financières qu'elle détient, dégage le plus souvent des plus-values d'actif qui sont imposables dans les conditions du droit commun. Dans le passé, au cours de périodes où l'érosion monétaire était élevée, différents régimes de réévaluation obligatoires ont été successivement institués[610]. Ils comportaient l'exonération intégrale des plus-values d'actif qui étaient constatées « en franchise d'impôt » ou « de tout impôt ».

2) Ces conditions favorables consistent de manière générale à appliquer un taux d'imposition réduit aux plus-values nettes *à long terme*.

Corrélativement, les moins-values nettes à long terme ne peuvent venir en diminution du résultat imposé au taux ordinaire (V. *infra*, n° 1675).

Sauf exception, ce taux réduit est actuellement fixé à 15 %[611].

Le taux d'imposition réduit de 15 % s'applique aux exercices ouverts à compter du 1er janvier 2005. Il était auparavant fixé à 19 %.

Son application a longtemps été tributaire de l'inscription du montant net d'IS des plus-values à long terme à la *réserve spéciale des plus-values à long terme*[612]. Cette exigence a été supprimée pour les exercices ouverts à compter du 1er janvier 2004[613].

3) De leur côté, les plus-values et moins-values nettes *à court terme* sont en principe considérées comme des éléments du résultat ordinaire.

Les plus-values nettes à court terme sont donc soumises à l'IS au taux de droit commun (sans préjudice, pour les PME, de l'application du taux réduit).

Symétriquement, les moins-values à court terme suivent en principe le régime des pertes courantes et diminuent le résultat imposable au taux normal. Il existe toutefois des exceptions, notamment à l'égard des moins-values à court terme consécutives à la cession de titres de participation (V. *infra*, n° 1668).

a) Champ d'application du régime du long terme

1666. – Champ d'application réduit. Sur le plan positif, le régime des plus ou moins-values ne s'applique que de manière limitée aux sociétés passibles de l'impôt sur les sociétés :

– sous réserve d'exceptions limitées, ce régime n'est plus applicable (alors que c'est normalement son objet principal) aux résultats des opérations de cession d'éléments de l'actif immobilisé ;

– il s'applique en revanche à certains profits qui (faute de présenter un quelconque caractère exceptionnel ou de découler de la cession d'immobilisation) ne constituent pas « par nature » des plus-values.

Plus précisément, seuls peuvent relever aujourd'hui du régime favorable des plus-values à long terme :

– les revenus (produits et plus-values) des droits de la propriété industrielle ;

(610) V. en dernier lieu L. fin. 1977, 29 déc. 1976, art. 61, et L. fin. 1978, 30 déc. 1977, art. 69. – CGI, art. 238 bis I et 238 bis J.

(611) L. fin. rect. 2004, 30 déc. 2004, art. 39, I-A. – CGI, art. 219, I-*a*.

(612) CGI, art. 209 quater, prévoyant que les sommes prélevées sur cette réserve sont rapportées (sous déduction de l'IS perçu lors de la réalisation de la plus-value) aux résultats de l'exercice en cours lors de ce prélèvement sauf en cas de dissolution de la société, d'incorporation des réserve au capital ou d'imputation de pertes sur la réserve.

(613) L. fin. rect. 2004, préc., art. 39, II-A.

– les plus-values réalisées sur certains titres. Pour les exercices ouverts à compter du 1er janvier 2008, le régime du long terme concerne (sauf exclusions particulières) les titres de participation, les titres de sociétés à prépondérance immobilière cotées et certains titres de placement à risque.

1667. – Cessions d'immobilisation (principe). De manière générale, les gains (ou pertes) consécutifs à la cession (entendue au sens le plus large) d'un élément quelconque de l'actif immobilisé ne relèvent plus, depuis la loi du 10 novembre 1997 portant mesures urgentes à caractère fiscal et financier (art. 2), du régime des plus ou moins-values.

Sur le plan strictement juridique, c'est plus précisément le régime des plus-values *à long terme* qui n'est plus applicable dans ces hypothèses. Les plus ou moins-values à court terme étant assimilées au résultat courant, c'est l'ensemble des plus ou moins-values qui, en pratique, relève de ce régime.

Applicable pour les exercices ouverts à compter du 1er janvier 1997, cette exclusion concerne en principe tous les gains de cession d'immobilisation réalisés par une société de capitaux, qu'ils se rapportent à des biens meubles ou immeubles et corporels ou incorporels.

En raison de leur nature propre (qui en fait des biens aisément « délocalisables » hors de France), des exceptions significatives sont toutefois prévues à l'égard des éléments incorporels de l'actif (V. *infra*, nos 1668 et 1670).

Ces gains ou pertes sont considérés comme des éléments du résultat ordinaire[614] – sans doute en tant que plus ou moins-values à court terme.

Il en résulte que, indépendamment du caractère amortissable ou non amortissable de l'immobilisation en cause :

– la plus-value éventuelle (égale à l'excédent du prix de cession sur la valeur comptable nette) est assimilée à un produit courant quels que soient la durée de détention de l'immobilisation et le montant des amortissements précédemment déduits, le cas échéant, des résultats ;

– la moins-value éventuelle (égale à l'excédent de la valeur comptable nette sur le prix de cession) est assimilée à une charge courante ; elle diminue le résultat imposable et contribue, le cas échéant, à la formation d'un déficit fiscal reportable sans limitation de durée sur les bénéfices des exercices suivants.

1668. – Cessions de titres de participation (« niche Copé »). Par exception, la loi a admis que le régime des plus ou moins-values à long terme pouvait, sous certaines conditions, continuer à s'appliquer aux gains de cession de titres de participation (c'est-à-dire à certaines immobilisations financières).

1) Passablement complexe, le régime actuellement applicable conduit à distinguer sur le plan fiscal trois catégories de titres susceptibles de relever, selon des modalités d'imposition distinctes, du régime du long terme.

• Le régime du long terme est légalement insusceptible de s'appliquer :

– aux titres de portefeuille présentant le caractère de titres de placement[615], sauf s'il s'agit de titres de « capital-risque » (V. *infra*, pt *c*). Les titres de placement sont notamment les obligations et titres assimilés et les parts sociales et actions s'analysant comme de simples placements ;

– aux titres de sociétés établies dans un État ou territoire non coopératif[616] sauf, conformément à la réserve d'interprétation formulée par le Conseil constitutionnel, que « le contribuable puisse être admis à apporter la preuve de ce que la prise de participation dans une société établie dans un tel État ou territoire correspond à des opérations réelles qui n'ont ni pour objet ni pour

(614) CGI, art. 219, I-*a* quater.
(615) CGI, art. 219, I-*a* ter, al. 1er.
(616) CGI, art. 219, I-*a* sexies-0 bis. – V. *infra*, n° 1374, 2-*b*.

effet de permettre, dans un but de fraude fiscale, la localisation de bénéfices dans un tel État ou territoire »[(617)] ;

– aux titres de sociétés à prépondérance immobilière *non cotées*, c'est-à-dire de sociétés non cotées dont l'actif est constitué à plus de 50 % de sa valeur réelle par des immeubles, des droits immobiliers, ou des titres d'autres sociétés à prépondérance immobilière (et des droits correspondant à des contrats de crédit-bail immobilier). Il est toutefois fait abstraction des immeubles et droits de nature immobilière affectés à la propre exploitation « professionnelle » de la société[(618)]. Le régime du long terme est en revanche susceptible de s'appliquer pour les titres de sociétés à prépondérance immobilière cotées (V. *infra*, pt *b*) ;

– aux titres de sociétés « à prépondérance financière », c'est-à-dire de sociétés dont l'actif est majoritairement constitué de titres exclus du régime du long terme « et dont l'activité consiste de manière prépondérante en la gestion de ces mêmes valeurs pour leur propre compte »[(619)] ;

– de manière générale, à l'ensemble des titres de portefeuille (titres de participation y compris) détenus moins de deux ans à la date de la cession.

• Sur le plan fiscal, les gains ou pertes de cession portant sur de tels titres sont traités en principe comme des éléments du résultat ordinaire :

– les plus-values sont passibles de l'IS au taux de droit commun (sans préjudice, pour les PME, de l'application du taux réduit) ;

– les moins-values sont imputables, en principe, sur ce même résultat.

Il existe toutefois des exceptions à ce principe – qui tendent essentiellement à limiter l'imputation de moins-values à court terme (pouvant être générée artificiellement) sur le résultat ordinaire. Ainsi, la cession « intra-groupe » (*i.e.* entre entreprises liées) de titres de participation détenus moins de deux ans relève, depuis la loi de finances pour 2011[(620)], d'un dispositif de « mise en suspens » du résultat de l'opération. Initialement, ce dispositif conduisait de la même manière au report de l'imposition du gain ou de la déduction de perte de cession. Depuis la quatrième loi de finances rectificative pour 2011[(621)], il ne s'oppose plus qu'à la déduction immédiate des moins-values de cession[(622)]. De même, la déduction de la moins-value à court terme résultant de la cession de titres de participation d'une société en difficulté acquis en contrepartie d'un apport est limitée[(623)].

a) En principe, les gains nets de cession de titres de participation détenus depuis au moins deux ans relèvent, depuis le 1er janvier 2007, d'un régime de long terme « renforcé ».

Ces gains sont en effet exonérés, sous réserve de l'imposition (au taux ordinaire de l'impôt sur les sociétés) d'une quote-part de frais et charges fixée forfaitairement, en dernier lieu, à 12 % du montant *brut* des gains[(624)].

• Corrélativement, les moins-values à long terme consécutives aux mêmes cessions sont sans incidence aucune sur le plan fiscal.

• Même si M. J.-F. Copé, alors ministre du Budget, lui a donné son nom, le dispositif d'exonération est formellement issu d'un amendement de M. Ph. Marini, alors rapporteur général de la Commission des finances du Sénat. Celui-ci a pris place dans la loi de finances rectificative pour 2004[(625)] qui a prévu la réduction progressive du taux d'imposition frappant les plus-values à long terme sur titres de participation : fixé auparavant à 19 %, il a successivement été ramené à 15 % en 2005, puis 8 % en 2006, l'exonération intégrale étant applicable depuis 2007.

(617) Cons. const., 20 janv. 2015, n° 2014-437 QPC, *Assoc. franç. des entreprises privées et a.*, § 10.
(618) CGI, art. 219, I-*a* sexies-0 bis.
(619) CGI, art. 219, I-*a* ter, al. 2.
(620) L. 29 déc. 2010, art. 13.
(621) L. 28 déc. 2011, art. 41.
(622) CGI, art. 219, I-*a* septies.
(623) Deuxième L. fin. rect. 2012, 16 août 2012, art. 18 – CGI, art. 39 quaterdecies, 2 bis.
(624) CGI, art. 219, I-a quinquies.
(625) L. 30 déc. 2004, art. 39.

Selon les promoteurs de ce dispositif, il s'agissait, en alignant la législation fiscale française sur celle de la plupart des autres États membres de l'Union européenne (Allemagne, Autriche, Espagne, Italie, Luxembourg, Pays-Bas, Royaume-Uni, Suède), de renforcer l'attractivité de la France pour l'implantation, par les grands groupes européens, de leurs *holdings* de détention de titres de participation.

• Pour l'application de ce principe, sont regardés du point de vue fiscal comme des titres de participation :

– ceux qui sont définis comme tels en droit comptable, c'est-à-dire, selon le Conseil d'État, « les parts sociales et actions dont la possession durable est estimée utile à l'entreprise en raison, notamment, du contrôle ou de l'influence qu'elle permet à celle-ci d'exercer sur la société émettrice »[626].

Tel est le cas, notamment, de titres acquis dans le but de détenir une minorité de blocage[627].

– par assimilation – et sous réserve du respect de certaines prescriptions comptables[628] :

1) les titres acquis à l'issue d'une offre publique d'achat (OPA) ou d'une offre publique d'échange (OPE) par l'entreprise qui en est l'initiatrice ;

2) les titres ouvrant droit à l'application du régime des sociétés mères et filiales[629].

• L'exonération du gain net, si elle est intégrale, s'accompagne de la réintégration dans le résultat courant (frappé au taux normal de l'IS) d'une quote-part pour frais et charges. Antérieurement fixé à 5 %, le taux de cette quote-part a été successivement porté à 10 %[630] puis 12 %[631]. Ce nouveau taux est applicable aux exercices clos à compter du 31 décembre 2012 (et est donc susceptible de concerner des cessions de titres intervenues avant le 28 septembre 2012, date d'adoption en Conseil des ministres du projet de loi dans lequel figurait cette disposition).

• De manière générale, les gains de cession considérés donnent lieu *de facto*, en raison de ce mécanisme, à une imposition établie au taux de 4 % sur la base de leur montant *brut*.

Avant la loi de finances pour 2013[632], la quote-part pour frais et charges était déterminée à raison du *résultat net* des plus-values, c'est-à-dire de la somme algébrique des plus-values et moins-values à long terme consécutives à des cessions de titres de participation réalisées au cours de l'exercice. Depuis cette loi, la quote-part est déterminée à raison du *montant brut* des plus-values : les moins-values à long terme éventuelles ne sont plus imputables sur l'assiette de la quote-part.

b) Par exception, les gains de cession de titres de sociétés à prépondérance immobilière cotées sont, depuis la loi de finances pour 2008[633], taxés au taux réduit spécial de 19 % lorsque les titres cédés ont été détenus depuis au moins deux ans.

• Le taux de 19 % résulte de la loi de finances pour 2009[634]. Antérieurement fixé à 15 %, il avait été porté à 16,5 % par la loi de finances pour 2008[635]. Cette même loi a exclu du régime du long terme les gains de cession de titres de sociétés à prépondérance immobilière *non cotées*[636]. Le régime du long terme n'est pas davantage applicable, naturellement, aux gains de cession de titres de sociétés à prépondérance immobilière cotées détenus depuis moins de deux ans.

(626) V. CE, 20 oct. 2010, n° 314.247, *Sté Alphaprim*, et n° 314.248, *Sté Hyper Primeurs* : *Dr. fisc.* 2010, n° 50, comm. 594, concl. E. Geffray. – CE, 12 mars 2012, n° 342.295, *Sté Alci* : *Rec. CE* 2012, tables p. 721. – CE, 20 mai 2016, n° 392.527, *Min. c/Sté Lemaire* : *Dr. fisc.* 2016, n° 26, comm. 391, concl. E. Cortot-Boucher, note O. Fouquet. Cette dernière décision fait ressortir que la condition fondamentale est celle de l'utilité pour l'activité de l'entreprise détentrice des titres (la qualification de titres de participation a en effet été retenue alors que le contribuable détenait moins de 1 % du capital de la société émettrice – ceci lui permettant néanmoins d'exercer son activité dans des conditions privilégiées). À une époque où la « connexion fiscalo-comptable » est régulièrement célébrée, il est piquant de relever que le Conseil d'État fait toujours référence à la définition, passablement périmée, figurant dans le Plan comptable général de 1982 (la réglementation comptable actuelle ne comporte pas, en effet, de définition particulière de ces titres).

(627) CE, 20 oct. 2010, *Sté Alphaprim*, préc.

(628) Les titres doivent être inscrits en comptabilité au compte de titres de participation ou à une subdivision spéciale d'un autre compte du bilan correspondant à leur qualification comptable.

(629) CGI, art. 219, I-*a* quinquies, al. 3. V., sur les conditions d'application de ce régime, *supra*, n°s 1658 et s.

(630) Deuxième L. fin. rect. 2011, 19 sept. 2011, art. 5.

(631) L. fin. 2013, 29 déc. 2012, art. 22.

(632) L. 29 déc. 2012, art. 22.

(633) L. 24 déc. 2007, art. 26.

(634) L. fin. 2009, art. 25, II, applicable aux cessions réalisées à compter du 1er janv. 2009.

(635) L. 24 déc. 2007, art. 26, III-4°, ce taux étant applicable aux exercices ouverts à compter du 31 déc. 2007.

(636) L. préc., art. 26, III-2°, applicable aux cessions intervenues à compter du 26 sept. 2007.

• En revanche, les gains de cession de titres de sociétés à prépondérance immobilière non cotées sont purement et simplement exclus du régime du long terme.

c) Par exception également, les gains de cession de titres de « capital-risque » sont soumis au régime du long terme lorsque les titres cédés ont été détenus depuis au moins cinq ans.

Les titres de capital-risque s'entendent des parts de fonds communs de placement à risque (FCPR) et des actions de sociétés de capital-risque (SCR).

Dans le cadre de ce régime, ces gains sont de manière générale :

– exonérés (sans prise en compte d'une quelconque quote-part de frais et charge) dans la proportion de l'actif du FCPR ou de la SCR considéré, représentatifs de titres de participation (autres que des titres de sociétés à prépondérance immobilière non cotées ou de sociétés établies dans un État ou territoire non coopératif) détenus par cette entité depuis deux ans au moins ;

– soumis au taux réduit ordinaire de 15 % dans la proportion inverse.

Naturellement, les gains de cession de titres de capital-risque détenus depuis moins de cinq ans sont exclus du régime du long terme.

d) Par exception enfin, les gains de cession de titres de société « à prépondérance télévisuelle » sont imposés au taux de 25 % (CGI, art. 219, I-a-1° et 2°).

• Issue de la loi de finances pour 2016 (L. 29 déc. 2015, art. 114), cette règle vise, plus précisément :

– les titres de sociétés dont l'actif est, à la date de la cession, constitué pour plus de 50 % de sa valeur réelle par une autorisation de diffuser un service de télévision par voie hertzienne terrestre en mode numérique (*i.e.* la TNT) ;

– les titres de sociétés contrôlant une société répondant à la définition précédente et dont l'actif est, à la date de la cession, constitué pour plus de 50 % de sa valeur réelle par les titres de cette même société.

• Ce régime d'imposition[(637)] s'applique à la première cession de titres suivant la délivrance de l'autorisation d'émettre par le Conseil supérieur de l'audiovisuel[(638)].

2) Sous réserve de l'application de taux réduits distincts, les modalités d'imposition des gains de cession sont identiques.

a) Le gain de cession est calculé par différence entre le prix de cession et le coût de revient des titres cédés.

Lorsque les frais supportés lors de l'acquisition des titres de participation cédés ont été déduits, le coût de revient des titres est diminué à due concurrence. Lorsque les titres cédés ont fait l'objet d'une provision pour dépréciation, le gain est déterminé abstraction faite de cette provision (qui doit par ailleurs faire l'objet d'une reprise à la clôture de l'exercice de la cession).

b) En cas de cession de titres de même nature acquis à des dates et des prix différents, celle-ci est réputée porter par priorité sur les titres acquis (ou souscrits) aux dates les plus anciennes.

Pour les titres de participation « authentiques » (par opposition aux titres assimilés à des titres de participation), il est admis que le gain de cession puisse être déterminé par application de la règle du prix de revient moyen pondéré.

(637) L'excédent éventuel des moins-values à long terme ne peut être imputé que sur les plus-values à long terme imposables aux taux de 15 %, 19 % ou 25 % réalisées au cours des dix exercices suivants (cette imputation pouvant s'opérer sans correction des écarts de taux). Les provisions pour dépréciation des titres de société « à prépondérance télévisuelle » sont soumises au régime applicable à ces mêmes titres.

(638) Ce régime d'imposition dérogatoire, qui peut s'appliquer parallèlement à la taxe spéciale de 5 % assise sur le prix de cession des titres (CGI, art. 1019), est un élément du volet fiscal conçu en réaction au projet de cession par la société *Diversité TV* de la chaîne de la TNT *Numéro 23*.

3) Les provisions pour dépréciation comptabilisée relativement à des titres de participation suivent sur le plan fiscal le régime des moins-values associé à ces mêmes titres.

Ainsi, par exemple, une provision pour dépréciation de titres de sociétés à prépondérance immobilière cotées détenus deux ans ou plus, qui doit être regardée comme une moins-value à long terme, ne peut venir en déduction du résultat courant. Corrélativement, la reprise d'une telle provision ne majore pas le résulte courant mais conduit à l'apparition d'une plus-value à long terme relevant du taux de 19 %.

1669. – **Tableau récapitulatif.** Le tableau suivant résume les cas où le régime des plus-values à long terme est éventuellement applicable.

TABLEAU SOMMAIRE DU RÉGIME FISCAL DES TITRES DÉTENUS EN PORTEFEUILLE PAR UNE SOCIÉTÉ PASSIBLE DE L'IS

TITRES DE PARTICIPATION							TITRES DE PLACEMENT		
Cas général		Cas particuliers (4)					Titres de capital-risque		Autres titres
		Titres de sociétés à prépondérance immobilière			Titres de sociétés à prépondérance financière	Titres de sociétés établies dans un ETNC (3)			
		Cotées		Non cotées					
Détenus – de 2 ans	Détenus 2 ans ou +	Détenus – de 2 ans	Détenus 2 ans ou +				Détenus – de 5 ans	Détenus 5 ans ou +	
CT	LT Exonération QPFC de 12 % (1)	CT	LT 19 %	CT			CT	LT Exonération sans QPFC (1) ou 15 % (2)	CT

(1) QPFC : quote-part de frais et charges.

(2) L'exonération s'applique de manière générale dans la proportion de l'actif du fonds ou de la société représenté par des titres de participation (autres que des titres de sociétés non cotées à prépondérance immobilière ou de titres de sociétés établies dans un ETNC) détenus depuis au moins deux ans. Le taux de 15 % s'applique de manière générale dans la proportion inverse.

(3) Suite à une réserve d'interprétation formulée par le Conseil constitutionnel, le contribuable peut toutefois échapper à l'exclusion systématique du régime du long terme (V. *supra*, n° 1668, 1).

(4) Ce tableau ne comporte pas les règles spéciales applicable aux titres de sociétés à prépondérance « télévisuelle (V. *supra*, n° 1668, 1-d).

1670. – **Gains de cession de droits de la propriété industrielle (plus-values véritables).** 1) Les gains de cession de droits de la propriété industrielle réalisés par des sociétés passibles de l'impôt sur les sociétés peuvent, depuis la loi de finances pour 2008[639], relever du régime du long terme[640]. Ils sont dans ce cas taxés au taux réduit ordinaire de 15 %.

Avant cette loi, conformément au principe d'exclusion posé en 1997 (principe selon lequel le régime du long terme n'est plus applicable aux gains provenant de la cession par des sociétés de capi-

(639) L. 24 déc. 2007, art. 14, I.
(640) CGI, art. 219, I, *a* quater, al. 3.

taux d'éléments de leur actif immobilisé – V. *supra*, n° 1667), le régime du long terme ne pouvait s'appliquer s'agissant de ces gains qu'aux entreprises relevant de l'IR.

2) Entrent dans le champ d'application du régime des plus ou moins-values à long terme, les cessions de brevets, d'inventions brevetables (et, dans les deux cas, de leurs perfectionnements) et les cessions de procédés de fabrication industriels.

L'application de cette mesure à un procédé de fabrication industriel suppose la réunion des conditions suivantes :

– le procédé doit constituer le résultat d'opérations de recherche ;

– il doit être l'accessoire indispensable de l'exploitation d'un brevet ou d'une invention brevetable ;

– il doit être cédé ou concédé simultanément au brevet ou à l'invention brevetable dont il est l'accessoire et aux termes du même contrat que celui-ci[641].

Le régime des plus ou moins-values à long terme s'applique sous les mêmes conditions aux gains de cession de certificats d'obtention végétale[642].

En revanche, pour les sociétés passibles de l'IS, le régime des plus ou moins-values à long terme ne s'applique pas aux autres gains de cession de droits de la propriété industrielle (comme les gains de cession de marques, de dessins et modèles, de savoir-faire ou de droits portant sur des logiciels).

3) Le régime du long terme s'applique si les trois conditions suivantes sont réunies :

a) les droits cédés doivent présenter le caractère d'élément de l'actif immobilisé ;

b) lorsque les droits ont été acquis à titre onéreux, le régime du long terme ne s'applique que si les droits cédés ont été acquis depuis deux ans au moins ;

Le régime applicable déroge sur deux points aux règles ordinaires gouvernant les plus-values à long terme :

– aucune condition de délai n'est exigée lorsque les droits cédés ont été acquis à titre gratuit ou créés par l'entreprise elle-même ;

– la plus-value relève en totalité du long terme, alors même que les droits cédés ont pu être totalement ou partiellement amortis.

c) le cédant et le cessionnaire des droits de la propriété intellectuelle ne doivent pas être des entreprises liées.

Les entreprises liées s'entendent de celles qui entretiennent entre elles des liens de dépendance. Selon une définition légale désormais classique[643] de tels liens sont réputés exister entre deux entreprises lorsque, alternativement :

– l'une détient (directement ou par personne interposée) le contrôle de l'autre, en détenant la majorité de son capital social ou en y exerçant en fait le pouvoir de décision ;

– elles sont placées l'une et l'autre sous le contrôle direct ou indirect d'une même tierce entreprise[644].

1671. – Revenus de la propriété industrielle (plus-values par assimilation). 1) En vue de les soumettre à un taux d'imposition réduit (ici 15 %), certains éléments du résultat ordinaire sont légalement assimilés à des plus-values à long terme pour l'application des bénéfices industriels et commerciaux[645] et, partant, pour celle de l'impôt sur les sociétés.

Ce régime relève à titre principal des BIC. Dans le cadre de l'IR, le taux d'imposition de ces gains est de 16 % augmenté des impositions sociales.

---

(641) CGI, art. 39 terdecies, 1, applicable sur renvoi.
(642) CGI, art. 238 bis G.
(643) L. fin. 1972, 29 déc. 1971, art. 42.
(644) CGI, art. 39, 12, al. 3 et s., applicable sur renvoi.
(645) CGI, art. 39 terdecies, 1, al. 2.

2) Cette assimilation s'applique aux revenus tirés de droits de la propriété industrielle détenus par des entreprises et, plus précisément, au « résultat net » de la concession (ou, depuis 2011, de la sous-concession) de licences d'exploitation de brevets ou droits assimilés.

Ce résultat net s'entend de la différence entre les redevances acquises au cours de l'exercice et certaines dépenses (frais d'étude et de maintenance des brevets notamment), à l'exclusion des dépenses déduites à un autre titre de l'assiette de l'IS (dépenses de recherches et amortissement des brevets).

Les droits de la propriété industrielle visés par ce dispositif sont les mêmes que dans le cas des gains de cession (V. *supra*, n° 1670, 2).

3) Comme dans le cas des gains de cession, l'application du régime du long terme aux revenus en cause suppose cumulativement :

– que les droits concédés (ou sous concédés) présentent le caractère d'élément de l'actif immobilisé ;

– lorsque ces droits ont été acquis à titre onéreux, qu'ils soient détenus par le concédant (ou le sous-concédant) depuis deux ans au moins.

a) Posée par la loi de finances pour 1972[(646)], la restriction à l'application du régime des plus-values à long terme[(647)] qui pouvait résulter de l'existence de lien de dépendance (V. *supra*, n° 1670, 3-*c*) entre l'entreprise concédante et l'entreprise concessionnaire a été supprimée[(648)].

b) En contrepartie de la suppression de cette exclusion, les redevances versées par l'entreprise concessionnaire en présence de tels liens de dépendance ne sont plus déductibles de son résultat que dans la limite du rapport entre le taux réduit applicable au titre du régime du long terme et le taux normal de l'IS[(649)].

Conformément aux déclarations du Président de la République lors des États généraux de l'industrie de 2010, cette limitation (qui incitait les groupes à privilégier la concession de l'exploitation de brevet à une filiale étrangère plutôt que française) a été aménagée. Tout en maintenant le principe de la déduction partielle en présence de liens de dépendance, le législateur l'a assorti d'une exception consistant dans un dispositif « anti-abus »[(650)] qui s'est trouvé rapidement renforcé[(651)]. Plus précisément, la suppression de la limite de déduction des redevances supposait, selon le dispositif anti-abus initial, marqué par de graves insuffisances, que le concessionnaire exploite « de manière effective » (au sens du Code de la propriété intellectuelle) les droits lui étant concédés[(652)]. Désormais, l'entreprise concessionnaire doit démontrer – dans le cadre d'une documentation présentant l'économie générale de l'exploitation de la licence :

– d'une part, que l'exploitation du droit concédé est réelle et ne peut être regardée comme constitutive d'un « montage artificiel dont le but serait de contourner la législation fiscale française » ;

– d'autre part, que cette opération « cré [e] une valeur ajoutée (...) sur l'ensemble de la période d'exploitation de la concession »[(653)].

Naturellement, si l'entreprise concessionnaire n'apporte pas cette double preuve tenant à la réalité et à l'intérêt économique de la concession, le mécanisme de déduction partielle posé par la loi de finances rectificative pour 2001 (précitée) est applicable (il conduit, pour les sociétés passibles de l'IS, à limiter la déduction des redevances supportées à 15/33,33^e^, soit 45 %, de leur montant).

c) La loi de finances pour 2011 a par ailleurs étendu, sous certaines conditions « anti-abus », le régime des plus-values à long terme aux revenus tirés de la « concession par le concessionnaire »[(654)], c'est-à-dire

(646) L. 29 déc. 1971, art. 42.
(647) V. CGI, art. 39 terdecies, 1 bis, anc.
(648) L. fin. rect. 2001, 28 déc. 2001, art. 54.
(649) CGI, art. 39, 12, al. 1er.
(650) L. fin. 2011, 29 déc. 2010, art. 126.
(651) L. fin. 2012, 28 déc. 2011, art. 11.
(652) CGI, art. 39, 12, al. 1er, anc.
(653) CGI, art. 39, 12, al. 1er, applicable aux exercices ouverts à compter du 13 oct. 2011.
(654) L. préc., art. 126.

de la sous-concession de droits de la propriété industrielle[655]. En effet, l'exclusion des sous-concessions du bénéfice du taux réduit pouvait limiter la possibilité pour les entreprises de développer des partenariats avec les détenteurs publics et privés de ces brevets, alors même que les concédants n'avaient pas, dans certains cas, bénéficié du taux réduit (cas des entreprises étrangères ou des organismes publics de recherche).

Plus précisément, le régime du long terme est applicable (toutes autres conditions étant par ailleurs remplies) si l'entreprise sous-concédante, cumulativement :

– est la première entreprise bénéficiant à ce titre du régime des plus-values à long terme ;

– apporte la preuve (selon des modalités identiques à celles désormais applicables dans le cas de la concession simple) de réalité et de l'intérêt économique de la sous-concession[656].

Dans le but de limiter les abus auxquels pourrait donner lieu la sous-concession, la loi de finances pour 2012[657] a prévu :

– d'une part, d'interdire au sous-concédant de bénéficier tout à la fois de la taxation des plus-values à long terme (15 % pour les sociétés passibles de l'IS) pour les redevances reçues du sous-concessionnaire et de la déduction de son résultat passible de l'IS au taux normal (33,33 %) des redevances versées au concédant. Désormais, le taux réduit de 15 % s'applique à la différence entre les redevances perçues du sous-concessionnaire et les redevances versées au concédant[658] ;

– d'autre part, de limiter partiellement (à hauteur de 15/33e, soit 45 %) la déduction du résultat (passible de l'IS au taux normal) de la charge correspondant, le cas échéant, à l'excédent des redevances versées au concédant sur les perçues du sous-concessionnaire[659]. Ainsi, cette charge est déductible dans la même proportion que si elle avait été déduite du résultat (taxé à taux réduit) de la sous-concession (V. tiret précédent) ;

– enfin, de prévoir un dispositif de même nature dans le cas où l'entreprise sous-concédante paye et perçoit des redevances lors d'exercices différents[660].

b) Contenu du régime du long terme

1672. – **Traitement fiscal des plus ou moins-values nettes à long terme.** Pour chaque exercice, l'application du régime des plus et moins-values à long terme conduit à distinguer différents ensembles de résultats à long terme :

– la plus ou moins-value nette à long terme relevant du régime d'exonération (titres de participation « ordinaires ») ;

– les différentes plus ou moins-value nettes à long terme relevant des différents régimes de taxation à taux réduit (autres cas).

Dans chaque cas, les plus ou moins-values nettes à long terme résultent de la compensation des gains et des pertes de l'exercice dans la catégorie considérée.

1673. – **Plus ou moins-value nette à long terme relevant du régime d'exonération.** La plus-value nette à long terme éventuellement constatée à la clôture de l'exercice est par définition exonérée.

En contrepartie du régime d'exonération, la moins-value à long terme éventuellement constatée à la clôture d'un exercice est, dans ce cas, insusceptible d'être reportée sur d'éventuelles plus-values à long terme taxées qui seraient réalisées ultérieurement. Cette moins-value ne peut davantage diminuer le résultat « ordinaire » de l'exercice ou des exercices suivants.

1674. – **Plus-values nettes à long terme relevant des régimes de taxation.** Théoriquement, chacune des plus-values nettes à long terme réalisées dans chaque

(655) V., refusant l'application de ce régime sous l'empire du droit antérieur, CE, 27 févr. 2013, n° 356.414, *Sté Ipsen* : *Dr. fisc.* 2013, n° 23, comm. 308, concl. N. Escaut, note J.-L. Pierre.
(656) CGI, art. 39 terdecies, 1, al. 10.
(657) L. 28 déc. 2011, art. 11.
(658) CGI, art. 39, 12 bis, al. 1er.
(659) CGI, art. 39, 12 bis, al. 2.
(660) CGI, art. 39, 12 bis, al. 3.

catégorie devrait être taxée séparément (en appliquant selon le cas le taux réduit « de droit commun » de 15 % ou ceux de 19 % ou, éventuellement 25 %).

La loi permet toutefois l'intervention préalable de certaines compensations qui réduisent le montant de la plus-value nette à long terme imposable.

Plus précisément, une plus-value nette à long terme imposable de l'exercice peut être diminuée :

1) de la moins-value nette à long terme relevant d'un autre régime de taxation, constatée à la clôture du même exercice ;

2) de la moins-value nette à long terme relevant du même ou d'un autre régime de taxation, subie au cours de l'un des dix exercices antérieurs, et restant en report (c'est-à-dire n'ayant pas été précédemment imputée) ;

Dans les deux cas, la compensation des plus et moins-values nettes relevant de taux différents s'opère pour leur montant nominal, sans correction liée à la différence des taux d'imposition applicables.

En revanche, l'imputation ou le report d'une moins-value nette à long terme relevant du régime d'exonération est exclu.

3) du déficit « ordinaire » subi au cours de l'exercice sans qu'il y ait lieu de distinguer entre le déficit courant et d'éventuelles moins-values à court terme (CGI, art. 39 quindecies, I-1, al. 2).

Naturellement, les déficits ordinaires annulés par cette imputation cessent d'être reportables. On observera que cette imputation (qui peut être justifiée par des considérations financières ou économiques) conduit, sur le plan théorique, à un « gaspillage » du déficit ordinaire (dans la mesure où il aurait pu être utilisé pour réduire l'assiette imposable au taux normal et non pas seulement une assiette imposable à un taux réduit).

La plus-value nette à long terme « finale » résultant de ces éventuelles compensations est taxée au taux correspondant à sa catégorie.

Avant la loi de finances rectificative pour 2004[661], la taxation au taux réduit était conditionnée à ce que le montant de la plus-value ne soit pas distribué mais porté à un compte de réserve spécial. Cette obligation a aujourd'hui disparu (V. *supra*, n° 1665, 2, *in fine*).

1675. – **Moins-values nettes à long terme relevant des régimes de taxation.** La moins-value nette à long terme subie à la clôture d'un exercice dans une catégorie relevant d'un régime de taxation peut :

1) diminuer la plus-value nette à long terme relevant d'un autre régime de taxation, constatée à la clôture du même exercice ;

2) diminuer la plus-value nette à long terme relevant du même ou d'un autre régime de taxation constatée à la clôture de l'un des dix exercices suivants.

Naturellement, imputer cette moins-value sur une plus-value exonérée ne présenterait strictement aucun intérêt.

Dans le second cas, la compensation des plus et moins-values nettes relevant de taux différents s'opère pour leur montant nominal sans correction liée à la différence des taux d'imposition applicables.

En revanche, cette moins-value nette à long terme ne peut en aucun cas venir en déduction du résultat « ordinaire » de l'exercice ou des exercices suivants[662].

S'agissant des PME, la moins-value nette ne peut davantage s'imputer sur la fraction du résultat ordinaire soumis au taux réduit de 15 % (V. *infra*, n° 1699).

(661) L. 30 déc. 2004, art. 39, II-A.
(662) La seule exception à cette règle concerne la cessation d'entreprise (V. *infra*, n° 1690).

Le régime d'imposition des plus-values à long terme s'accompagne naturellement d'obligations déclaratives spéciales destinées, en particulier, à permettre le suivi des gains en report.

B. – Restrictions particulières à la déductibilité des charges

1° Charges financières

1676. – Multiplication des restrictions à la déduction des charges financières. 1) La législation fiscale française a longtemps été caractérisée par une forme de permissivité à l'égard des charges financières supportées par les entreprises.

La « préférence pour l'endettement » dans le financement des activités sociales peut être nourrie par la différence de traitement fiscal entre, d'une part, les emprunts rémunérés par le paiement d'intérêts (intégralement ou largement déductibles fiscalement du résultat de l'entreprise emprunteuse) et, d'autre part, les capitaux propres rémunérés par le versement de dividendes (qui en revanche ne sont pas déductibles du résultat de l'entreprise qui les distribue).

2) Le même constat ne peut plus être fait aujourd'hui. En effet, les différentes limitations successivement introduites, qui forment un ensemble complexe, ont considérablement durci les conditions de déduction des charges financières.

La permissivité dans la déduction des charges financières emportait de nombreuses conséquences négatives, tant sur le plan économique et social que sur le plan fiscal :

– la sous-capitalisation des sociétés françaises ;

– l'érosion des bénéfices et, par voie de conséquence, des bases imposables par des montages reposant sur un endettement important (cette érosion des bénéfices pouvant par ailleurs produire des effets négatifs sur la situation des salariés et des associés minoritaires des sociétés en cause) ;

– la « localisation » en France de dettes d'entreprises, alors que, dans le même temps, le capital des entreprises pouvait être préférentiellement déplacé hors de France (donnant lieu à des flux d'intérêts quittant la France vers l'étranger). La législation de certains États étrangers – on pense en particulier au régime belge dit des « intérêts notionnels » reposant sur la déduction de charges financières « fictives » déterminée à raison du montant des capitaux propres – pouvant inciter les entreprises françaises à y transporter leurs capitaux.

3) La liste de ces dispositifs est impressionnante. La déduction des intérêts supportés par une société soumise à l'impôt sur les sociétés peut en effet être limitée, successivement, à raison :

– du caractère excessif du taux d'intérêt pratiqué (V. *infra*, n°s 1677 et 1678, 1) ;

– de l'insuffisance de l'imposition de l'entreprise liée créancière des intérêts, notamment lorsqu'elle est établie hors de France (V. *infra*, n° 1678, 2-*a*) ;

– de la situation de sous-capitalisation de l'entreprise, appréciée dans ses relations avec les entreprises qui lui sont liées (V. *infra*, n° 1678, 2-*b*) ;

– du fait, s'agissant des charges liées à l'acquisition de titres de participation, que les décisions prises à l'égard de ces titres ne sont pas prises à partir de France (V. *infra*, n° 1679) ;

– du mécanisme de limitation générale de déduction (ou « rabot fiscal ») des charges financières nettes supportées par les grandes entreprises (V. *infra*, n° 1680).

• En outre, la déduction des charges financières supportées par une société passible de l'IS – qui peut évidemment se heurter aux restrictions générales découlant de la théorie de l'acte anormal de gestion – peut se trouver limitée par :

– certaines dispositions relatives à la lutte contre l'évasion fiscale internationale, en vertu desquelles les intérêts des créances payés ou dus par une personne morale établie en France à des personnes qui, domiciliées ou établies dans un État étranger ou un territoire situé hors de France, y sont soumises à un régime fiscal privilégié, ne sont admis comme charges déductibles pour l'établissement de l'impôt sur les sociétés que si le débiteur apporte la preuve que les dépenses correspondent à des opérations réelles et qu'elles ne présentent pas un caractère anormal ou exagéré[663] ;

– le mécanisme dit de l'amendement « Charasse », limitant, dans les groupes fiscalement intégrés, la déduction des charges financières résultant d'« acquisitions à soi-même » de sociétés (V. *supra*, n° 1625, 3).

• Il serait salutaire de simplifier cet arsenal législatif qui, compte tenu de l'enchevêtrement des mécanismes successivement applicables, a atteint un niveau de complexité peu acceptable.

1677. – **Intérêts servis aux associés.** 1) Dans le but de lutter contre la sous-capitalisation des entreprises (en renchérissant son coût fiscal), la loi limite la déduction des rémunérations servies aux associés à raison des sommes qu'ils laissent ou mettent à la disposition d'une société en sus de leur part du capital.

Cette limitation est indépendante de la forme juridique de la société considérée. Elle s'applique aussi bien aux intérêts versés par une société passible de l'IS que par une société non passible de cet impôt[664].

Les sommes laissées ou mises à la disposition d'une société s'entendent des créances de toute nature que détiennent les associés sur la société. Elles peuvent correspondre, en particulier, à des prêts d'argent ou à des sommes laissées en compte courant. Il a été jugé, en revanche, que lorsqu'un dirigeant souscrit personnellement un emprunt bancaire pour le mettre à la disposition de la société, la limitation de déductibilité des intérêts ne trouve pas à s'appliquer lorsque la société, supportant directement les charges d'emprunt, devient personnellement débitrice de la banque[665].

2) Cette limitation générale de déductibilité est relativement simple dans son principe :

– aucune déduction n'est possible lorsque le capital de la société considérée n'est pas entièrement libéré ;

Cette condition ne s'applique, en pratique, qu'aux sociétés par actions qui sont seules admises à « étaler dans le temps » la libération de leur capital social[666].

Si le capital n'est pas entièrement libéré, les intérêts versés aux associés sont intégralement exclus des charges déductibles du résultat de la société.

– si tel n'est pas le cas, les intérêts (et sommes assimilées) versés aux associés en rémunération des sommes laissées ou mises à disposition de celle-ci ne sont déductibles du résultat fiscal que dans la limite d'un plafond.

La limitation vise tous les associés (dirigeants ou non) et s'applique à toutes les sommes que ces derniers laissent ou mettent à la disposition de la société, sous quelque forme que ce soit. Elle s'applique en particulier aux versements en compte courant, aux prêts, aux dépôts ou encore aux souscriptions de bons de caisse ou à un emprunt obligataire[667].

3) Ce plafond de déductibilité est égal aux intérêts calculés sur la base d'un taux maximal correspondant « à la moyenne annuelle des taux effectifs moyens pratiqués par les établissements de crédit pour des prêts à taux variable aux entreprises, d'une durée initiale supérieure à deux ans »[668].

Cette moyenne annuelle (qui varie en fonction de la date de clôture de l'exercice) résulte de la combinaison de moyennes trimestrielles publiées par arrêté du ministre des Finances. Pour 2015, s'agissant des entreprises dont l'exercice coïncide avec l'année civile, le taux maximal des intérêts déductibles est de 2,15 %[669].

---

(663) CGI, art. 238 A, al. 1er, définissant par ailleurs la notion de « régime fiscal privilégié ». – V. *supra*, n° 1374, 2-*a*.
(664) CGI, art. 39, 1, 3°.
(665) CE, 28 mars 2008, n° 295.735, *Lescure : Dr. fisc.* 2008, n° 19-20, comm. 314, concl. C. Landais.
(666) BOI-BIC-CHG-50-50-20, n° 1.
(667) BOI-BIC-CHG-50-50-20, n° 10.
(668) CGI, art. 39, 1-3°.
(669) BOI-BIC-CHG-50-50-30, n° 40.

Les intérêts excédant cette limite sont réintégrés dans le résultat imposable (sans pouvoir faire l'objet d'aucune déduction différée). En cas de variation des sommes laissées à disposition de la société en cours d'exercice, la limite de déduction s'applique *prorata temporis*.

Selon l'administration, les intérêts versés par une même société à ses différents associés doivent faire l'objet d'un traitement séparé. Il en résulte que des intérêts calculés à un taux excédant la limite de déduction ne peuvent être compensés par des intérêts calculés à un taux inférieur à cette limite[670].

1678. – Intérêts servis aux entreprises liées. 1) Applicable à toutes les entreprises, la limitation générale de déductibilité des charges financières (V. *supra*, n° 1677) est applicable aux sociétés passibles de l'impôt sur les sociétés.

La limitation générale de déductibilité ne s'applique pas toutefois à certaines sociétés coopératives[671].

a) Toutefois, s'agissant de ces sociétés, la limitation générale précitée est *assortie* d'un dispositif spécial limitant la déduction des intérêts versés par une société à une entreprise qui lui est liée[672].

Les entreprises liées sont définies ici par référence à l'article 39, 12 du CGI. La situation de dépendance entre deux sociétés est caractérisée lorsque l'une détient (directement ou par personne interposée) la majorité du capital social de l'autre (ou y exerce en fait le pouvoir de décision) ou lorsqu'elles sont placées l'une et l'autre sous le contrôle d'une même tierce entreprise (V. *supra*, n° 1670, 3).

b) Si, de manière générale, le dispositif spécial tend à durcir les conditions de déduction des intérêts, il présente un élément favorable aux entreprises. Le taux maximal permettant de déterminer le plafond de déductibilité peut en effet être plus élevé que dans le cadre du dispositif général.

Ainsi, les intérêts déductibles du résultat fiscal peuvent être déterminés « d'après le taux que [l'] entreprise emprunteuse aurait pu obtenir d'établissements ou d'organismes financiers indépendants dans des conditions analogues » s'il est supérieur au taux ordinairement applicable[673].

2) Le régime spécial de déduction des intérêts versés à une entreprise liée comporte deux éléments, tous deux fondés sur la préoccupation des pouvoirs publics de lutter contre la situation de sous-capitalisation de la société débitrice des intérêts – notamment lorsque des indices peuvent donner à penser que cette situation pourrait être artificiellement entretenue à des fins d'optimisation fiscale.

Le régime de l'IS comportait dès l'origine une limitation de la déduction fiscale des intérêts versés à ses associés par une société sous-capitalisée : les intérêts servis aux associés « à raison des sommes versées par eux dans la caisse sociale en sus de leur part de capital » n'étaient admis en déduction des résultats, s'agissant des associés « possédant en droit ou en fait, la direction de l'entreprise », que « dans la mesure où ces sommes n'excéd [ai] ent pas, pour l'ensemble desdits associés (…), la moitié du capital social »[674]. Cette limite avait été portée au montant du capital social lui-même, puis à une fois et demie le montant du capital social[675]. Le « ratio d'endettement » actuellement applicable fait écho à cette dernière limite (V. *infra*, pt *b*).

Modifié en dernier lieu par la loi de finances rectificative pour 1990[676], ce dispositif – nettement moins élaboré que celui actuellement applicable – comportait une fragilité particulièrement grave découlant d'une modification introduite par l'ordonnance du 28 septembre 1967 destinée à encourager l'épargne et le développement du marché financier (art. 2, al. 2). Ce dernier texte avait en effet

(670) BOI-BIC-CHG-50-50-30, n° 130.
(671) CGI, art. 212, IV.
(672) CGI, art. 212.
(673) CGI, art. 212, I-*a*.
(674) CGI, art. 212 initial.
(675) L. fin. 1977, 29 déc. 1976, art. 10, II.
(676) L. 29 déc. 1990, art. 22.

exclu du dispositif de limitation les intérêts servis par une société filiale à sa société mère sens du régime des sociétés mères et filiales[677] applicable par construction aux seules sociétés soumises à l'IS français (V. *infra*, n°s 1658 et s.). Du fait de cette exclusion, le dispositif de limitation n'était *de facto* applicable, dans les groupes de sociétés, qu'aux seuls groupes « étrangers ». Ainsi, « la filiale française d'une société mère étrangère [était] soumise à ce dispositif, tandis que la filiale française d'une société mère française ne l'[était] pas »[678].

Clairement incompatibles avec la liberté d'établissement protégée par le droit de l'Union européenne[679], ces dispositions rencontraient par ailleurs un obstacle à leur application du fait des stipulations de nombre de conventions fiscales signées par la France[680].

Ces deux arrêts appelaient une refonte complète du mécanisme de limitation de déduction des intérêts servis aux associés. Celle-ci a résulté de la loi de finances pour 2006[681]. Ce nouveau mécanisme a été complété à plusieurs reprises et en dernier lieu par la loi de finances pour 2014[682].

a) En premier lieu, la société contribuable doit être en mesure de démontrer, à la demande de l'administration, que l'entreprise liée qui a mis les sommes à sa disposition est, au titre de l'exercice en cours, assujettie à raison de ces mêmes intérêts à un impôt sur le revenu ou les bénéfices dont le montant est au moins égal au quart de l'impôt sur les bénéfices déterminé dans les conditions de droit commun[683], soit 8,33 %.

α) Inspirée des travaux menés par l'OCDE sur l'érosion de la base d'imposition et le transfert de bénéfices (plan d'action BEPS) et posée par la loi de finances pour 2014[684], cette limitation conditionnant la déductibilité des intérêts à ce qu'il fasse l'objet d'une imposition minimale entre les mains de la société prêteuse est applicable aux exercices clos à compter du 25 septembre 2013, soit à la date du Conseil des ministres au cours duquel le projet contenant cette disposition a été adopté. Concluant à la conformité de ce dispositif dans son ensemble, le Conseil constitutionnel a rejeté en particulier le grief dirigé contre cette clause de rétroactivité[685].

β) Dans l'hypothèse où l'entreprise liée prêteuse est domiciliée ou établie à l'étranger, l'impôt sur le revenu ou les bénéfices déterminé dans les conditions de droit commun s'entend de celui dont elle aurait été redevable en France sur les intérêts perçus, si elle y avait été domiciliée ou établie[686]. Dans la mesure où le dispositif s'applique de la même manière que l'entreprise prêteuse soit française ou étrangère, il semble difficile d'en contester la conformité au droit de l'Union européenne (sauf à considérer que le législateur n'aurait entendu viser, en fait, que les sociétés étrangères). La Commission des finances de l'Assemblée nationale n'a pas retenu, à cet égard, un amendement prévoyant une clause de sauvegarde qui (comme pour le dispositif de l'article 209 B du CGI – V. *supra*, n° 1650) excluait l'application de la mesure pour les opérations réalisées au sein de l'Union européenne sauf si elles constituaient un montage artificiel dont le but aurait été de contourner la législation fiscale française.

γ) La condition selon laquelle l'entreprise créancière des intérêts est « assujettie » au titre de « l'exercice en cours » à un impôt minimal manque doublement de précision.

• L'exercice « en cours » devrait s'entendre de celui de l'entreprise créancière des intérêts. Lorsque les exercices des deux entreprises ne coïncident pas, la condition d'imposition minimale devrait donc être appréciée à la clôture de l'exercice de l'entreprise créancière au cours duquel l'entreprise débitrice a opéré la déduction des intérêts.

(677) CGI, art. 145.
(678) Concl. G. Goulard sur CE, sect., 30 déc. 2003, n° 249.047, *Sté Coréal Gestion : Dr. fisc.* 2004, n° 16, comm. 428, note A. Lefeuvre ; *RJF* 03/2004, n° 233, p. 176, concl. Goulard.
(679) CE, sect., 30 déc. 2003, n° 249.047, *Sté Coréal Gestion*, préc.
(680) CE, sect., 30 déc. 2003, n° 233.894, *Sté Andritz : Dr. fisc.* 2004, n° 16, comm. 427, concl. G. Bachelier, note P. Masquart.
(681) L. 30 déc. 2005, art. 113, applicable sur ce point aux exercices ouverts à compter du 1er janv. 2007.
(682) L. 29 déc. 2013, art. 22.
(683) CGI, art. 212, I-*b*.
(684) L. 29 déc. 2013, art. 22.
(685) Cons. const., 29 déc. 2013, n° 2013-685 DC, *Loi de finances pour 2014*, § 28 à 40 relevant notamment que celle-ci, destinée à éviter que l'annonce de la réforme n'entraîne des effets contraires à l'objectif de rendement poursuivi, est justifiée par un motif d'intérêt général suffisant.
(686) CGI, art. 212, I-*b*, al. 2.

• La condition d'assujettissement minimal doit être interprétée comme signifiant – non pas que l'entreprise créancière des intérêts a été effectivement imposée à cet impôt minimal – mais que les intérêts en cause ont été *compris dans des bases imposables* relevant d'un taux d'imposition suffisant. Cette condition peut être remplie lorsque l'entreprise n'est pas soumise à une imposition effective au motif, par exemple :

– que son résultat est déficitaire à la clôture de l'exerce considéré ;

– qu'elle bénéficie de crédits d'impôt dont le montant excède celui de la cotisation dont elle est théoriquement redevable ;

– qu'elle appartient à un groupe fiscalement intégré (ou un groupe de même nature constitué sur la base du droit fiscal étranger) qui la conduit à ne pas être personnellement redevable de l'impôt frappant ses résultats.

Il résulte des débats parlementaires que cette condition pourra être satisfaite lorsque les bénéfices de l'entreprise (étrangère) créancière des intérêts auront été imposés en France, au niveau de la société débitrice, par application de l'article 209 B du CGI[(687)].

Sur le cas dans lequel l'entreprise créancière des intérêts est une société de personnes, V. *infra*, pt ε.

δ) L'intention du législateur a été, à des fins de rendement, de lutter contre les schémas d'optimisation visant à créer artificiellement des charges d'intérêts déductibles du résultat d'une société, alors que, dans le même temps, ces intérêts sont peu ou pas imposés dans les résultats de la société liée qui lui a octroyé l'emprunt qui est à l'origine de ces intérêts, notamment lorsque cette société bénéficie en France ou à l'étranger d'un régime de faveur pour l'imposition de ses résultats ou est établie dans un territoire permettant de tirer partie, s'agissant des « opérations financières hybrides » de la différence de qualification juridique de ces opérations au regard des deux législations en présence (le « produit hybride » étant par exemple regardé dans un État comme produisant des intérêts déductibles et dans l'autre État des dividendes exonérés).

ε) Le dispositif s'applique selon des modalités particulières lorsque les intérêts sont versés à une « entité transparente » qui n'est pas personnellement assujettie à un impôt sur ses résultats. Lorsque l'entreprise prêteuse est une société de personnes, un groupement assimilé, un organisme de placement collectif en valeurs mobilières (ou une entité de même nature constituée sur le fondement d'un droit étranger et située dans un État membre de l'Union européenne ou dans un autre État « coopératif » avec la France), le dispositif ne s'applique qu'en présence de lien de dépendance (V. *supra*, pt 1-*a*) entre l'entité considérée (que l'on suppose par ailleurs liée, par construction, avec la société débitrice des intérêts) et un ou plusieurs détenteurs de parts de cette même entité. Dans cette hypothèse, « l'impôt sur ces intérêts [*i.e.* la condition d'imposition minimale] est apprécié au niveau de ces détenteurs de parts »[(688)].

b) En second lieu, les intérêts versés par une société *sous-capitalisée* à des entreprises liées font l'objet de règles de déduction restrictives[(689)].

Ces règles spéciales s'appliquent aux seules sociétés passibles de l'IS. Elles sont mises en œuvre après que les réintégrations exigées au titre de la limite générale ont été, le cas échéant, effectuées.

La loi exclut leur application à certaines sociétés et, notamment, aux établissements de crédit et aux sociétés chargées de la gestion centralisée de la trésorerie d'un groupe[(690)].

• La loi ne définit pas directement la sous-capitalisation. Il ressort toutefois du texte légal – dont la rédaction est d'une complexité inutile[(691)] – qu'une société est regardée comme sous-capitalisée lorsqu'elle répond *simultanément*, au titre

(687) Débats AN, 12 déc. 2012, 3e séance, le ministre du Budget, M. B. Cazeneuve, s'engageant même à ce que cette précision, qui ne lui semblait pas relever du domaine de la loi, « soit apportée dans l'instruction administrative ».

(688) CGI, art. 212, I-*b*, al. 2.

(689) CGI, art. 212, II.

(690) CGI, art. 212, II, 2.

(691) La complexité structurelle du dispositif légal tient à que ses concepteurs, et après eux le législateur, ont eu la fausse bonne idée de recourir à une règle unique pour définir, d'une part, les critères de la sous-capitalisation et, d'autre part, le montant de la réintégration à opérer lorsque la sous-capitalisation est constatée.

d'un même exercice, aux trois conditions suivantes – qui correspondent à trois ratios différents :

– le montant moyen des sommes laissées ou mises à la disposition de la société par des entreprises liées excède une fois et demie le montant de ses capitaux propres (ratio d'endettement) ;

Le montant des capitaux propres est apprécié, au choix du contribuable, à l'ouverture ou à la clôture de l'exercice. La doctrine administrative admet, sous certaines conditions, que ce ratio d'endettement s'apprécie au regard, non pas des capitaux propres, mais du capital social s'il est d'un montant supérieur[692].

Depuis la loi de finances pour 2011[693], les intérêts rémunérant des prêts *garantis* par une entreprise liée suivent sous certaines conditions (et sauf exclusions particulières) le même régime que les intérêts afférents aux sommes directement laissées ou mises à disposition par une entreprise liée[694].

– le montant des intérêts versés par la société considérée à des entreprises liées excède 25 % du montant de son résultat courant « corrigé » (ratio de couverture d'intérêts) ;

Schématiquement, ce dernier montant s'entend du résultat comptable courant avant impôts, majoré des intérêts en cause et des amortissements déduits.

– le montant des intérêts versés par la société considérée à des entreprises liées excède celui des intérêts qu'elle a reçus de ces mêmes entreprises (ratio des intérêts servis par des entreprises liées).

• Lorsqu'une sous-capitalisation est constatée, la société considérée doit normalement réintégrer dans son résultat la fraction des intérêts excédentaires.

Ceux-ci sont déterminés par référence au plus élevé des trois ratios qui ont conduit à la regarder comme sous-capitalisée.

Selon le cas, la société doit ainsi réintégrer dans son résultat imposable la fraction des intérêts :

– correspondant au montant des sommes laissées ou mises à sa disposition excédant 1,5 fois ses capitaux propres ;

– excédant 25 % du montant de son résultat courant « corrigé » ;

– excédant le montant des intérêts qu'elle a reçu des entreprises qui lui sont liées.

• Aucune réintégration n'est toutefois exigée si la fraction excédentaire ainsi déterminée est inférieure à 150 000 €.

Il en va de même si la société apporte la preuve que le ratio d'endettement du « groupe » auquel elle appartient est supérieur ou égal à son propre ratio d'endettement au titre de l'exercice[695]. La notion de groupe est retenue ici dans une perceptive « non fiscale » : le groupe s'entend de « l'ensemble des entreprises françaises ou étrangères placées sous le contrôle exclusif d'une même société ».

• La réintégration opérée n'est pas nécessairement définitive. En effet, les intérêts précédemment réintégrés peuvent être déduits au titre des exercices suivants, dans la mesure où il existe, au titre de ces exercices, « un espace de déduction » des intérêts.

Cette dernière condition suppose que la société ne soit pas regardée, à la clôture des exercices en cause, comme sous-capitalisée par application des trois ratios légaux.

Pour chacun des exercices suivants, le report est possible dans la limite de la différence entre les intérêts déductibles par application de la limite générale et 25 % du résultat courant « corrigé » de la société

(692) RES n° 2009/38 FE, 23 juin 2009, repris au BOI-IS-BASE-35-20-30-10, n° 90.
(693) L. 29 déc. 2010, art. 12.
(694) CGI, art. 212, II-3.
(695) CGI, art. 212, III.

considérée (soit le ratio de couverture d'intérêts) pour l'exercice considéré(696). À compter de la deuxième année de report, une décote annuelle s'applique au taux de 5 % à la fraction des intérêts reportables(697).

1679. – Charges financières liées à l'acquisition de titres de participation. 1) La quatrième loi de finances rectificative pour 2011(698) a introduit une limitation particulière à la déductibilité des charges financières afférentes à l'acquisition de titres de participation.

Seules sont visées par cette limitation – dénommée en pratique « amendement Carrez » – les sociétés passibles (de plein droit ou sur option) de l'impôt sur les sociétés détenant des titres de participation dont la valeur totale est égale ou supérieure à 1 M€(699).

Cette mesure résulte d'un amendement présenté par G. Carrez au nom de la Commission des finances de l'Assemblée nationale. Selon l'exposé des motifs de cet amendement, le but de cette mesure est de lutter contre certains abus consistant dans le rattachement artificiel à des résultats imposables en France de charges financières afférentes à des titres de sociétés gérés depuis l'étranger.

Les titres de participation s'entendent pour l'application de cette mesure comme en matière de plus-values professionnelles(700). Les charges financières correspondent en principe à l'ensemble des intérêts et assimilés venant rémunérer des sommes laissées ou mises à disposition de la société.

Le dispositif s'applique indifféremment aux sociétés établies en France et aux établissements français de sociétés établies à l'étranger. Il peut également s'appliquer, selon l'administration, aux sociétés passibles de l'IS associées d'une société de personnes(701).

2) En vertu de ce dispositif, les charges financières afférentes à l'acquisition des titres de participation sont réintégrées dans le résultat imposable de l'exercice lorsque l'entreprise qui a acquis les titres *n'est pas en mesure de démontrer* :

a) que les *décisions relatives à ces titres* sont effectivement prises « à partir de France », c'est-à-dire, alternativement :

– par la société en cause elle-même,

– par une autre société établie en France la contrôlant,

– par une société établie en France directement contrôlée par cette autre société ;

b) en outre, *lorsqu'un contrôle ou une influence est exercé sur la société dont les titres sont détenus*, que ce contrôle ou cette influence est effectivement exercé « à partir de France », par une société répondant à l'une ou l'autre des conditions précitées(702).

• Selon la doctrine administrative, toutes les acquisitions à titre onéreux et, notamment, celles réalisées par voie d'échange de titres ou par voie d'apport entrent dans le champ du dispositif(703).

• La mesure concerne aussi bien les charges afférentes aux titres acquis au cours d'exercices ouverts à compter du 1er janvier 2012 que celles concernant les titres de participation acquis au cours de l'un ou l'autre des huit exercices précédents (V. *infra*, pt 3).

---

(696) CGI, art. 212, II, al. 6.
(697) CGI, art. 212, II-1, al. 6.
(698) L. 28 déc. 2011, art. 40.
(699) CGI, art. 209, IX, 1 et 5.
(700) V. *supra*, n° 1668. Selon l'administration, les charges afférentes à des titres de participation détenus dans des sociétés à prépondérance immobilière cotées ou non cotées ne sont pas visées par la mesure de limitation (BOI-IS-BASE-35-30-10, n° 60).
(701) BOI-IS-BASE-35-30-10, n° 10. Dans cette hypothèse, les charges financières dont la déduction est éventuellement limitée auront été supportées par la société de personnes.
(702) La validité de cette condition « territoriale » tenant à la localisation du « centre de décision » au regard du droit de l'Union européenne est évidemment sujette à interrogation.
(703) BOI-IS-BASE-35-30-10, n° 30.

• La notion de contrôle est appréciée par référence au Code de commerce. En application de ce code, une société est considérée comme en contrôlant une autre :

– lorsqu'elle détient (directement ou indirectement) une fraction du capital lui conférant la majorité des droits de vote dans les assemblées générales de cette société ;

– lorsqu'elle dispose seule de la majorité des droits de vote dans cette société en vertu d'un accord (à le supposer non contraire aux intérêts de la société) conclu avec d'autres associés ;

– lorsqu'elle détermine en fait, par les droits de vote dont elle dispose, les décisions dans les assemblées générales de cette société ;

– lorsqu'elle est associée de cette société et dispose du pouvoir de nommer (ou de révoquer) la majorité des membres des organes d'administration, de direction ou de surveillance de cette société[(704)].

3) L'ensemble du dispositif repose donc sur un mécanisme de preuve reposant sur la société détentrice des titres. Particulièrement complexe, la démonstration que celle-ci doit apporter pour échapper à la mesure de limitation présente différents caractères.

a) Objet de la preuve. La société doit prouver qu'elle constitue un « centre de décision autonome » disposant, d'une part, d'une autonomie propre pour la gestion des titres en cause et, d'autre part, du contrôle ou de l'influence sur la société détenue.

Constitue ainsi un centre de décision, « la société qui dispose du pouvoir de décision sur ses titres et qui participe effectivement au processus de décision de la société, notamment au travers des assemblées générales afférentes aux sociétés dont les titres sont détenus »[(705)].

b) Moyens de preuve. La preuve requise peut être apportée par tous moyens et, notamment, à partir des organigrammes des sociétés en cause et de tout élément de fait établissant la réalité des processus de décision en leur sein.

La doctrine administrative contient de nombreuses précisions sur le faisceau d'indices pouvant être utilisé en la matière[(706)].

c) Période au titre de laquelle la preuve doit être apportée. Il convient de distinguer selon que les titres de participation en cause ont été acquis au cours d'un exercice ouvert à compter du 1er janvier 2012 ou au cours d'un exercice antérieur.

• Pour les titres acquis au cours d'un exercice ouvert à compter du 1er janvier 2012, la société dispose d'une certaine latitude : la preuve attendue peut être apportée, soit au titre de l'exercice d'acquisition des titres, soit au titre de l'exercice suivant.

• Pour les titres acquis au cours d'un exercice antérieur au 1er janvier 2012 et toujours détenus à cette date, la preuve doit être apportée au titre du premier exercice ouvert à compter du 2 janvier 2012 (*i.e.*, pour les sociétés dont l'exercice coïncide avec l'année civile, au titre de l'exercice 2013).

d) Époque à laquelle la preuve doit être apportée. Selon la doctrine administrative, la preuve doit être apportée *au moment du dépôt de la déclaration de résul-*

(704) C. com., art. L. 233-3, I. Une société est également présumée exercer ce contrôle lorsqu'elle dispose (directement ou indirectement) d'une fraction des droits de vote supérieure à 40 % et qu'aucun autre associé ou actionnaire ne détient (directement ou indirectement) une fraction supérieure à la sienne (*ibid.*, II). En outre, deux ou plusieurs personnes agissant de concert sont considérées comme en contrôlant conjointement une autre lorsqu'elles déterminent en fait les décisions prises en assemblée générale (*ibid.*, III).

(705) BOI-IS-BASE-35-30-10, n° 90.

(706) BOI-IS-BASE-35-30-10, nos 90 à 130.

tats à partir des éléments de preuve « récoltés »[707] sur l'ensemble de la période au titre de laquelle la preuve doit être apportée (V. *supra*, pt *c*).

Rien n'interdit toutefois que ces éléments puissent être apportés ultérieurement, que ce soit lors d'un éventuel contrôle fiscal ou d'une possible instance contentieuse.

4) Pour l'application de ce dispositif, les charges financières afférentes à l'acquisition des titres acquis sont (comme dans le cas de l'« amendement Charasse » – V. *supra*, n° 1625, 3) appréciées forfaitairement : ces charges sont réputées égales – au titre de chaque exercice – à une fraction des charges financières totales de l'entreprise les ayant acquis, cette fraction étant égale au rapport entre le prix d'acquisition de ces titres et le montant moyen, au cours de l'exercice, de la dette de l'entreprise les ayant acquis.

• La réintégration s'applique pour l'exercice au titre duquel la démonstration doit être apportée (V. *supra*, pt 3-*c*) et pour les exercices clos jusqu'au terme de la huitième année suivant celle de l'acquisition.

Des modalités particulières sont prévues en cas de fusion, de scission ou d'opération assimilée intéressant la société détenant les titres au cours de cette période de réintégration.

• Le dispositif ne s'applique pas au titre des exercices pour lesquels l'entreprise apporte la preuve :

– soit que les acquisitions n'ont pas été financées par des emprunts dont elle ou une autre société du groupe (au sens économique et non au sens fiscal) auquel elle appartient supporte les charges ;

– soit que le ratio d'endettement du groupe auquel elle appartient est supérieur ou égal à son propre ratio d'endettement (*i.e.* le rapport existant entre le montant total de ses dettes et le montant de ses capitaux propres).

• Les fractions d'intérêts non déductibles au cours de l'exercice en application du dispositif concernant la limitation de déduction des intérêts servis aux entreprises liées (V. *supra*, n° 1678) ou de l'« amendement Charasse » (V. *supra*, n° 1625, 3) ne sont pas prises en compte pour le calcul des charges financières devant être rapportées au bénéfice de l'exercice.

1680. – Limitation générale de la déduction des charges financières nettes. 1) Dans le but de rapprocher la législation fiscale française, jugée trop permissive, des « standards » des autres États de l'Union européenne, la loi de finances pour 2013[708] a institué une limitation générale à la déductibilité des intérêts d'emprunt supportés par les entreprises soumises à l'impôt sur les sociétés[709].

• Outre la préoccupation (classique) de lutter contre la sous-capitalisation des entreprises, deux raisons ont conduit au durcissement des conditions de déduction des charges financières :

– le caractère favorable de la légalisation française conduisait les groupes internationaux à « localiser leur endettement » en France, c'est-à-dire à faire supporter des charges d'emprunt à leurs filiales françaises (ce qui participait à l'érosion des bases d'IS en France) ;

– la volonté de réduire le « différentiel de taxation » entre les sociétés françaises (la sous-taxation des grandes entreprises étant partiellement liée à la déduction, par ces entreprises, de charges financières élevées).

• Ce dispositif s'inspire de la législation allemande qui comporte depuis 2008 un plafonnement général en vertu duquel le montant net des intérêts d'emprunt (excédent des intérêts servis sur les intérêts perçus) n'est déductible qu'à hauteur de 30 % de l'excédent brut d'exploitation de l'entreprise. Des dispositifs voisins ont été introduits plus récemment en Italie et en Espagne.

2) De manière générale, le mécanisme de limitation consiste, en présence de charges financières *nettes* égales ou supérieures à 3M€, à n'admettre la déduction de ces charges que pour 85 % de leur montant puis, depuis 2014, pour 75 % de leur montant.

(707) BOI-IS-BASE-35-30-10, n° 190.
(708) L. 29 déc. 2012, art. 23, II et IV.
(709) CGI, art. 212 bis.

a) Sur le plan technique, le mécanisme consiste en la réintégration dans le résultat imposable d'une fraction des charges financières nettes exposées par l'entreprise au cours de l'exercice. Pour les sociétés dont l'exercice coïncide avec l'année civile, la réintégration doit être opérée au taux de 15 % pour les exercices 2012 et 2013 et au taux de 25 % pour les exercices clos à compter de 2014. La fraction non déductible des charges financières nettes est définitivement « perdue » (pour ne pouvoir faire l'objet d'aucune déduction différée).

b) Pour l'application de ce dispositif qualifié lors des débats parlementaires de « coup de rabot », le montant des charges financières nettes est entendu comme l'excédent des charges financières venant rémunérer des sommes laissées ou mises à disposition de la société (charges liées à la rémunération des prêts consentis à l'entreprise, à des escomptes bancaires ou à des emprunts obligataires émis, par exemple) sur le total des produits financiers venant rémunérer des sommes laissées ou mises à disposition de tiers par cette même société (produits correspondant aux intérêts des prêts consentis à des tiers ou au revenu des obligations souscrites par l'entreprise, par exemple). Bien évidemment, seule une différence positive entre les deux termes est constitutive d'une charge financière nette.

c) Ne présentant aucunement le caractère d'un abattement (et qualifié un peu maladroitement de « franchise » par l'exposé des motifs du projet de loi), le seuil de 3 M€ est en réalité un seuil d'application du dispositif destiné, selon les termes utilisés par le rapporteur général de la Commission des finances de l'Assemblée nationale à « préserver les PME ». Le mécanisme de réintégration s'applique dès lors que le montant des charges financières nettes de l'entreprise est supérieur à 3 M€ – et en aucun cas pour la seule fraction de ces charges excédant 3 M€.

d) De nombreuses modalités d'application du dispositif ne sont pas précisées par la loi mais le sont par le commentaire administratif dont il a fait l'objet (après consultation publique). Tel est le cas, en particulier :

– de la définition précise des charges et des produits financiers dont la comparaison permet de déterminer les charges financières nettes[710] et, spécialement, de la définition des charges financières « incluses » dans des loyers acquittés par l'entreprise au titre, par exemple, des contrats de crédit-bail ou de location avec option d'achat[711] ;

– des modalités de la combinaison de cette mesure de limitation générale et des autres mesures limitant la déduction des charges financières, étant seulement précisé sur ce point que le caractère général de la mesure conduit logiquement à l'appliquer, en dernier lieu, *après* les différentes mesures spéciales, c'est-à-dire au *quantum* de charges financières nettes *demeurant déductibles* après application successive des autres dispositifs[712].

e) La limitation de déduction s'applique *mutatis mutandis* aux sociétés membres d'un groupe fiscalement intégré (V. *supra*, n°s 1620 et 1625). Toutefois, dans ce cas, la mesure de plafonnement ne s'applique qu'aux seules charges financières nettes résultant d'opérations réalisées avec des sociétés tierces n'appartenant pas au groupe fiscalement intégré[713].

f) À la suite d'un amendement gouvernemental adopté *in extremis*, la loi a (prétendument) pris en compte la situation particulière des collectivités publiques (notamment territoriales) qui, cocontractantes de sociétés privées susceptibles d'être concernées par la limitation de déduction des charges financières, risquaient de devoir supporter « par ricochet » un surcoût imprévu d'origine fiscale (il s'agissait en réalité de tenir compte des intérêts particuliers, c'est le cas de le dire, desdites sociétés).

Pour ce faire, la loi a exclu – à titre transitoire – l'application de la limitation de déduction aux charges financières supportées par les délégataires, concessionnaires et partenaires privés de collectivités publiques (ou le cas échéant par des sociétés *holding* détenant les titres des tels opérateurs) lorsque ces charges se rapportent à des équipements publics acquis ou construits par eux dans le cadre de délégations de service public, de contrats de concession (notamment de travaux publics), de contrats de partenariat « public-privé » ou de baux emphytéotiques[714].

(710) BOI-IS-BASE-35-40, n°s 50 et s.
(711) BOI-IS-BASE-35-40, n°s 100 et s.
(712) BOI-IS-BASE-35-10, n°s 70 à 100.
(713) CGI, art. 223 B bis.
(714) Dans l'esprit du gouvernement, cette exclusion devait être permanente. Son caractère transitoire résulte d'un sous-amendement qui, fermement soutenu par M. Ch. Eckert, alors rapporteur général de la Commission des finances

g) La loi de finances rectificative pour 2013[715] a exclu l'application de réintégration forfaitaire des charges financières nettes à la fraction de ces charges afférentes aux contrats de financement des stocks (en pratique certains produits d'origine agricole) relevant en vertu d'une obligation réglementaire d'une rotation lente – *i.e.* supérieure à trois ans (vins et alcools essentiellement). Ces charges demeurent néanmoins prises en compte pour apprécier le franchissement du seuil de 3 M€ conditionnant l'application du mécanisme de réintégration (V. *supra*, pt 2).

h) Enfin, la loi de finances pour 2015[716] a posé la même exclusion pour les charges financières supportées par les sociétés de capitaux agréées qui ont pour activité l'acquisition de contrats d'approvisionnement à long terme d'électricité.

2° Autres charges

1681. – Jetons de présence. La loi pose depuis 1975[717] une *limite spéciale* à la déductibilité des jetons de présence alloués, dans les sociétés anonymes, aux membres du conseil d'administration ou du conseil de surveillance.

Avant cette double intervention législative, le Conseil d'État appliquait à ces sommes les règles générales de déductibilité des charges[718].

Au titre d'un exercice, les sommes versées à ce titre sont déductibles du résultat imposable dans la limite de 5 % du produit de la moyenne des rémunérations déductibles attribuées au cours de cet exercice aux salariés les mieux rémunérés de l'entreprise par le nombre des membres composant le conseil.

Les personnes les mieux rémunérées s'entendent, suivant que l'effectif du personnel excède ou non 200 salariés, des dix ou des cinq personnes dont les rémunérations directes ou indirectes ont été les plus importantes au cours de l'exercice[719].

Pour les sociétés employant moins de cinq personnes, les jetons de présence alloués sont déductibles de l'assiette de l'impôt sur les sociétés dans la limite de 457 € par membre du conseil d'administration ou du conseil de surveillance[720].

L'introduction de ces règles de déductibilité spéciales n'interdit pas l'application, aux jetons de présence, des règles générales de déductibilité des charges. Se référant aux travaux préparatoires des dispositions législatives dont est issu l'article 210 sexies du CGI, une cour administrative d'appel a ainsi jugé que le législateur, en fixant un plafond de déductibilité des jetons de présence de l'IS, « n'a pas

de l'Assemblée nationale, a été adopté en dépit des réserves du gouvernement (V. Débats AN, 2e séance, 13 déc. 2012, M. J. Cahuzac, ministre du Budget, appelant « l'attention des députés sur le risque juridique que ce sous-amendement ferait courir »). La disposition selon laquelle l'exclusion du traitement défavorable ne s'applique qu'aux contrats « déjà signés » (*i.e.* en cours) au 29 décembre 2012, a donné lieu à une codification mouvementée. Pour une raison qui mériterait d'être expliquée, un décret de codification (D. 3 juin 2013, art. 1er) l'a « disjointe » du V de l'article 212 bis du CGI. Ne se trouvant plus nulle part dans le code, cette disposition s'est donc trouvée, sur un plan strictement « optique », comme abrogée. Elle demeurait néanmoins applicable, cette « disjonction » – particulièrement suspecte sur le plan juridique – ne pouvant avoir pour effet – sauf validation législative implicite – de rendre permanente cette exclusion qui n'est légalement que provisoire). Après que ce « problème » eut été signalé aux services du Premier ministre en charge du service public de la diffusion du droit, la disposition « disjointe » est réapparue, comme spontanément, dans la codification électronique (le décret de codification précité n'ayant été ni modifié ni abrogé partiellement). À noter que la disposition reste bien « disjointe » dans les codes réalisés par des éditeurs privés (V. *Code général des impôts et Livre des procédures fiscales*, LexisNexis, 2015, p. 386).

(715) L. 29 déc. 2012, art. 37.

(716) L. 29 déc. 2014, art. 74. La mesure (qui est sujette à une autorisation de la Commission européenne) vise à alléger les charges fiscales d'*Exeltium* – *i.e.* le consortium constitué par des entreprises industrielles « électro-intensives » en vue de procéder à des achats groupés d'électricité (V. également CGI, art. 238 bis HV).

(717) L. fin. 1976, 30 déc. 1975, art. 15. – Première L. fin. rect. 1976, 22 juin 1976, art. 8, I et II.

(718) CE, plén., 16 mai 1975, n° 92.036 : *Dr. fisc.* 1975, n° 46-47, comm. 1489, concl. M.-A. Latournerie, admettant la déductibilité des jetons de présence versés aux administrateurs en relevant qu'il n'est pas soutenu qu'ils seraient exagérés.

(719) CGI, art. 39, 5, applicable sur renvoi.

(720) CGI, art. 210 sexies. Cette limite n'est pas réévaluée annuellement.

entendu exclure (...) la condition plus générale de déductibilité d'une charge tenant à l'exercice d'une activité effective des administrateurs »[(721)].

1682. – Impôts et taxes. Les impôts et taxes mis à la charge d'une entreprise sont, en principe, déductibles de son résultat. La loi prévoit des exceptions à cette solution générale. Certaines, posées en matière de bénéfices industriels et commerciaux, sont communes aux entreprises individuelles et aux sociétés (V. *supra*, n° 1463, 2).

D'autres limitations sont propres aux sociétés passibles de l'impôt sur les sociétés. C'est ainsi, par exemple, que les sociétés de capitaux ne peuvent déduire de leur résultat fiscal :

1) l'impôt sur les sociétés lui-même ;

2) les trois contributions additionnelles à l'impôt sur les sociétés :

- la contribution sociale des sociétés (V. *infra*, n° 1708) ;
- la contribution exceptionnelle (V. *infra*, n° 1709) ;
- la contribution additionnelle sur les montants distribués (V. *infra*, n° 1710) ;

En revanche, la contribution sociale de solidarité des sociétés et sa contribution additionnelle (V. *infra*, n° 1708, *in fine*) sont déductibles du résultat fiscal[(722)].

3) la taxe annuelle sur les véhicules de tourisme des sociétés[(723)] ;

S'agissant des sociétés de personnes, cette taxe est déductible du résultat fiscal au prorata des droits des associés non passibles de l'IS.

4) la taxe « Apparu » sur les loyers abusifs réclamés au titre de micro-logements (V. *infra*, n° 1408).

1683. – Abandons de créances consentis par l'entreprise. Une société peut, pour des motifs variables, consentir à une entreprise dont elle est la créancière un abandon de créances (ou lui octroyer une aide interentreprises revêtant une autre forme). Se pose alors la question de la déductibilité du montant des aides des résultats des entreprises qui les consentent.

Sur le caractère normalement imposable de l'aide pour l'entreprise qui en bénéficie, V. *infra*, n° 1664.

Les solutions exposées ici s'appliquent indistinctement à toutes les entreprises, indépendamment de leur régime fiscal.

S'appuyant partiellement sur la distinction jurisprudentielle opposant aides à caractère commercial et aides à caractère financier, la seconde loi de finances rectificative pour 2012[(724)] distingue, du point de vue de leur déductibilité des résultats, les aides à caractère commercial et les aides à caractère « autre que commercial ».

Le nouveau régime de déductibilité s'applique « aux exercices clos à compter du 4 juillet 2012 »[(725)].

(721) CAA Versailles, 15 juill. 2010, n° 09-1944, *Sté Ferrero France* : *Dr. sociétés* 2010, n° 240, obs. J.-L. Pierre, refusant, faute de toute contrepartie pour l'entreprise, la déduction des jetons de présence versés à un administrateur en l'absence de toute participation de l'intéressé au conseil d'administration. – *Adde*, CE, 14 déc. 2011, n° 344.158, *Sté Ferrero France*, inédit, refusant l'admission du pourvoi en cassation dirigé contre l'arrêt d'appel préc.

(722) Avant 2006, l'IFA venait s'imputer sur le montant d'IS exigible lui-même. À compter de 2006 (L. fin. 2006, 30 déc. 2005, art. 21-II) et jusqu'à sa suppression, l'IFA était, en l'absence de disposition contraire en ce sens, déductible de l'assiette de l'IS (V. *infra*, n° 1711).

(723) CGI, art. 1010.

(724) L. 16 août 2012, art. 17.

(725) L. préc., art. 17, II.

1) En application de cette loi, « sont exclues des charges déductibles pour l'établissement de l'impôt les aides de toute nature consenties à une autre entreprise, à l'exception des aides à caractère commercial »[(726)].

Avant cette loi, la déductibilité d'une aide supposait à titre principal qu'elle ait été consentie dans le cadre d'une gestion normale – cette condition s'appliquant tout à la fois aux aides à caractère commercial et aux aides à caractère financier :

• octroyée à un partenaire commercial (pouvant aussi bien être une entreprise tierce qu'une entreprise liée) et justifiée par la préoccupation de l'entreprise de sauvegarder ses débouchés ou de maintenir ses sources d'approvisionnement, une aide à caractère commercial était – lorsqu'elle présentait un intérêt suffisant pour l'entreprise l'ayant consentie – intégralement déductible des résultats de cette entreprise ;

• octroyée par une entreprise à sa filiale et liée à la volonté de cette entreprise de préserver la valeur de sa participation, de sauvegarder son renom ou, le cas échéant, de limiter les risques de mise en jeu de sa responsabilité, une aide à caractère financier n'était pas déductible, selon la jurisprudence du Conseil d'État, pour la fraction de son montant qui avait pour effet d'accroître la valeur de la participation de la société mère dans le capital de sa filiale. À l'inverse, lorsqu'elle présentait un intérêt suffisant pour l'entreprise l'ayant consentie, l'aide à caractère financier était déductible :

– pour l'intégralité de la fraction de son montant correspondant à la situation nette négative de la filiale ;

– dans la proportion du capital détenu par des associés autres que la société mère, pour la fraction de son montant excédant la situation nette négative de la filiale[(727)].

Il en résulte que les aides à caractère commercial sont intégralement déductibles lorsqu'elles sont consenties par une entreprise dans le cadre d'une gestion normale.

Par exception, en vertu d'une disposition expresse de la loi[(728)], les abandons de créances à caractère commercial consentis (ou supportés) dans le cadre d'un plan de sauvegarde ou de redressement sont déductibles des résultats des entreprises qui les consentent (ou les supportent) sans qu'il y ait lieu de rechercher s'ils correspondent à une gestion normale de l'entreprise créancière[(729)].

En l'absence de définition légale, on peut retenir, avec la doctrine administrative, que peut être « qualifié de commercial l'abandon d'une créance trouvant son origine dans des relations commerciales entre deux entreprises et consenti soit pour maintenir des débouchés, soit pour préserver des sources d'approvisionnement »[(730)].

2) À l'inverse, les aides présentant un caractère autre que commercial sont en principe non déductibles.

Même si cela ne ressort pas directement du texte légal, qui ne les vise pas nommément, cette restriction nouvelle s'applique essentiellement aux aides financières, comme le fait clairement apparaître l'exposé des motifs du projet de loi. Selon la doctrine administrative, une aide doit être qualifiée de financière lorsque, simultanément, la nature de la créance, les liens existant entre l'entreprise créancière et l'entreprise débitrice (qui doivent être exclusifs de toute relation commerciale) ainsi que les motivations de l'abandon présentent un caractère strictement financier[(731)].

---

(726) CGI, art. 39, 13, al. 1er.

(727) CE, plén., 30 avr. 1984, n° 16.253 : *Dr. fisc.* 1980, n° 30, comm. 1642 ; *RJF* 6/1980, n° 467, concl. B. Martin-Laprade ; *Rec. CE* 1984, p. 206. – CE, 1er juill. 1991, n° 61.065, *Sté La Bellignite : Dr. fisc.* 1991, n° 42, comm. 1926 ; *RJF* 8-9/1991, n° 1066.

(728) CGI, art. 39, 1-8°. Introduite par la loi du 26 juillet 2005 de sauvegarde des entreprises (art. 182), cette disposition est issue d'un amendement parlementaire qui visait indistinctement les abandons de créances à caractère commercial ou financier. Le « recentrage » de la mesure sur les seules aides à caractère commercial résulte d'un amendement du Gouvernement.

(729) Cet élément, qui ne résulte pas expressément du texte légal, ressort clairement des débats parlementaires de la loi de sauvegarde des entreprises l'entreprise (V. notamment Sénat, Commission des finances, avis n° 355, 26 mai 2005).

(730) BOI-BIC-BASE-50, n° 120.

(731) BOI-BIC-BASE-50, n° 130.

Selon le même exposé des motifs, le dispositif vise à mettre fin à des pratiques optimisantes consistant, pour une société, à accorder des aides fiscalement déductibles à sa filiale en difficulté dans le seul but de sauvegarder la valeur de sa participation dans cette filiale, plutôt qu'à la recapitaliser – « ces pratiques sont principalement constatées à l'égard de filiales étrangères, conduisant à la remontée en France de pertes étrangères ».

Par exception, ces aides sont déductibles dans certaines limites lorsqu'elles sont consenties à des entreprises connaissant des difficultés financières. Relèvent plus précisément de cette exception les aides consenties, alternativement :

– en application d'un accord constaté ou homologué par le président du tribunal de commerce dans le cadre d'une procédure de conciliation destinée à mettre fin aux difficultés de l'entreprise ou à assurer sa sauvegarde ;

– à une entreprise pour laquelle une procédure de sauvegarde, de redressement judiciaire ou de liquidation judiciaire est ouverte[(732)].

Ces aides « sont déductibles à hauteur de la situation nette négative de l'entreprise qui en bénéficie et, pour le montant excédant cette situation nette négative, à proportion des participations détenues par d'autres personnes que l'entreprise qui consent les aides »[(733)].

Conformément à la jurisprudence antérieure, qui conserve ici tout son intérêt, la situation nette de la filiale est celle qui ressort de l'application des seules règles comptables[(734)]. Elle doit être appréciée à la clôture de l'exercice au cours duquel l'aide a été consentie et non à la date à laquelle elle est accordée[(735)]. Cette solution (qui infirme la doctrine administrative) fait ressortir que la non-déduction n'est pas liée à la théorie de l'acte anormal de gestion (ce qui aurait conduit, si elle était sollicitée, à se placer à la date de l'acte en cause) mais, plus fondamentalement, au principe selon lequel les charges supportées par une entreprise doivent, pour être immédiatement déductibles, correspondre à un appauvrissement réel, c'est-à-dire être dépourvues de contrepartie à l'actif immobilisé (V. *supra*, n° 1461). Elle comporte toutefois plusieurs inconvénients réels : les conséquences fiscales d'une aide peuvent être incertaines à la date où elle est consentie ; des opérations de recapitalisation nécessaires à la survie d'une filiale pourraient se trouver différées pour un motif purement fiscal ; la solution retenue par le Conseil d'État est difficile à appliquer lorsque des changements affectent l'existence même de la filiale ou la propriété de ses titres. Ces inconvénients ont conduit l'administration à prendre acte de la décision du Conseil d'État tout en réaffirmant sa doctrine antérieure, ce qui autorise les entreprises à choisir entre la solution jurisprudentielle et la solution doctrinale[(736)].

C. – Report déficitaire

1° Report en avant

1684. – Report déficitaire ordinaire. 1) Une société constatant un déficit à la clôture d'un exercice n'acquitte pas d'impôt sur les sociétés au titre de la période d'imposition considérée.

Les sociétés déficitaires dont le chiffre d'affaires excède la limite d'imposition de l'IFA doivent toutefois acquitter cet impôt (V. *infra*, n° 1711).

2) Par exception au principe d'indépendance des exercices, ce déficit fiscal n'est pas toutefois perdu. Fiscalement regardé comme une charge de l'exercice suivant, il

(732) CGI, art. 39, 13, al. 2.
(733) CGI, art. 39, 13, al. 3.
(734) CE, 30 déc. 2009, n° 297.274, *Sté Haussmann Promo Île-de-France* : *Dr. fisc.* 2010, n° 14, comm. 259, concl. E. Glaser.
(735) CE, 31 juill. 2009, n° 297.274, *Sté Haussmann Promo Île-de-France* : *Dr. fisc.* 2009, n° 41, comm. 498, concl. E. Glaser.
(736) BOI-BIC-BASE-50-20-10, n° 110.

peut être déduit dans certaines limites du bénéfice réalisé pendant ledit exercice. Si ce bénéfice n'est pas suffisant pour que la déduction puisse être intégralement opérée, l'excédent du déficit est successivement reporté sur les exercices ultérieurs[737].

Propre à l'IS, le mécanisme de report en arrière des déficits est examiné *infra*, n° 1685.

Depuis la loi de finances pour 2004[738], ce report « en avant » des déficits antérieurs peut s'opérer, en principe, sans limitation de durée.

Le mécanisme de report illimité « en avant » s'applique aux déficits constatés à la clôture d'un exercice ouvert à compter du 1er janvier 2004. Il s'est également appliqué aux déficits qui demeuraient reportables à la clôture de l'exercice précédant le premier exercice ouvert à compter du 1er janvier 2004.

Dans le cadre du régime antérieur, le report n'était possible que pendant cinq exercices. Au terme du délai de report, la perte non imputée était fiscalement perdue. Pour tenir compte du fait que, par hypothèse, tout déficit correspond en partie à des amortissements pratiqués à titre obligatoire[739], la loi prévoyait que la fraction du déficit correspondant à ces amortissements pouvait être isolée du déficit ordinaire. La limitation du délai de report n'était « pas applicable à la fraction du déficit qui correspond aux amortissements régulièrement comptabilisés mais réputés différés en période déficitaire » (c'est-à-dire aux « amortissements réputés différés »). Ce dispositif a naturellement été supprimé par la loi de finances pour 2004.

Le Conseil d'État considère que le report « en avant » est possible sur les bénéfices ultérieurement déclarés comme sur ceux qui procéderaient d'un rehaussement d'imposition[740]. Naturellement, cette solution a perdu beaucoup de son intérêt depuis que la législation admet le report « en avant » sans limitation de durée.

Le déficit « ordinaire » en report peut également (à supposer que la société y trouve intérêt) s'imputer sur la plus-value nette à long terme (V. *supra*, n° 1674).

3) Le report en avant est soumis à trois conditions cumulatives.

a) La société qui entend opérer l'imputation d'un déficit antérieur doit justifier de l'existence de celui-ci.

Pour un cas où – par application de la présomption de sincérité des déclarations – l'existence du déficit reportable a pu être considérée comme justifiée par les déclarations de la société elle-même, V. *supra*, n° 956.

b) Un déficit ne peut normalement être imputé par une autre entreprise que celle qui l'a antérieurement subi. Il résulte de ce principe (dont relèvent toutes les entreprises, indépendamment de leur statut fiscal) que le report en avant suppose le maintien de l'identité de l'entreprise : « la mise en œuvre du droit au report déficitaire (...) est subordonnée à la condition que la personne de l'exploitant et l'objet de l'entreprise soient restés les mêmes »[741]

S'agissant des sociétés, le Conseil d'État considère, que « l'exercice par une société du droit au report déficitaire est subordonné, notamment, à la condition qu'elle n'ait pas subi, dans son activité réelle, de transformations telles qu'elle ne serait plus, en réalité, la même »[742].

Les conséquences de ce principe sont examinées par ailleurs (V. *infra*, n° 1694).

Dans le cadre du régime de l'intégration fiscale des groupes de sociétés, les déficits constatés par une société pendant l'intégration « appartiennent » (définitivement, sauf cas particulier) à la société

(737) CGI, art. 209, al. 3.
(738) L. 30 déc. 2003, art. 89.
(739) CGI, art. 39 B.
(740) CE, 29 oct. 1990, n° 51.067, *Sté Entr. Rabadan : Dr. fisc.* 1991, n° 52, comm. 2545, concl. J. Gaeremynck.
(741) CE, 22 déc. 1982, n° 24.813 : *Dr. fisc.* 1983, n° 22, comm. 1153, concl. P. Rivière.
(742) CE, 18 mai 2005, n° 259.275, *Sté Sophie B : Dr. fisc.* 2005, n° 48, comm. 769, concl. P. Collin.

intégrante et sont uniquement imputables (sans limitation de durée) sur le résultat d'ensemble du groupe[743]. À l'inverse, les déficits subis par une société du groupe au titre d'exercices antérieurs à son entrée dans le groupe ne sont imputables que sur ses bénéfices propres et non sur le résultat d'ensemble[744].

Dans le cadre du régime fiscal des fusions de sociétés (et opérations assimilées), les déficits antérieurs de la société absorbée peuvent, sur agrément préalable, être transférés à la société bénéficiaire des apports[745].

c) Depuis la deuxième loi de finances rectificative pour 2011[746], le montant des déficits antérieurs imputables sur les bénéfices d'un exercice suivant est limité.

La quatrième loi de finances rectificative pour 2011[747] a précisé que la limite d'imputation concerne l'ensemble des déficits reportables d'une société, c'est-à-dire aussi bien les déficits dégagés au titre d'exercices clos après l'entrée en application de la deuxième loi de finances rectificative pour 2011 (soit le 21 septembre 2011) que les déficits des exercices antérieurs encore en report à cette même date. L'intervention de cette disposition législative expressément interprétative[748] a été rendue nécessaire, probablement, par l'existence d'une solution doctrinale très générale qui – pouvant être lue comme s'écartant des principes les mieux établis du droit fiscal transitoire – retient que « la législation à prendre en considération pour la détermination du déficit dont le montant est susceptible de report est la législation qui était en vigueur à la clôture de l'exercice où ce déficit a pris naissance et non pas celle qui s'applique au moment de l'imposition des résultats sur lesquels le déficit est imputé »[749].

Cette limitation conduit les entreprises réalisant un bénéfice excédant 1 M€ à devoir acquitter un impôt minimal *indépendamment du montant de leurs déficits antérieurs reportables.*

Plus précisément, depuis la loi de finances pour 2013[750], le montant imputable est limité à 1 M€ majoré de 50 % de la fraction du bénéfice excédant ce seuil.

Initialement, la limite de 1 000 000 € était majorée de 60 % de la fraction du bénéfice excédant ce seuil. Cette mesure avait pour objet de rapprocher le droit fiscal français « des règles applicables en matière de déficits chez certains de nos voisins européens et en particulier, du régime actuel de l'Allemagne »[751]. Lors de la discussion du projet de loi de finances pour 2013, l'Assemblée nationale a rejeté un amendement parlementaire qui tendait à limiter à deux ans la baisse du plafond à 50 %, afin de ne s'écarter que provisoirement de l'objectif de convergence fiscale franco-allemande.

Depuis la loi de finances pour 2013[752], cette limite de 1 M€ est également majorée « du montant des abandons de créances consentis à une société en application d'un accord constaté ou homologué [au titre de la prévention des difficultés des entreprises] ou dans le cadre d'une procédure de sauvegarde, de redressement judiciaire ou de liquidation judiciaire ouverte à son nom »[753]. Passablement obscur (la lettre du texte ne permet pas de savoir si la majoration intéresse le déficit reportable de la société qui consent l'aide ou celui de la société qui en bénéficie), le sens de ce dispositif légal est parfaitement éclairé par les travaux préparatoires : sans doute l'exposé des motifs de l'amendement parlementaire dont est issue cette disposition précise-t-il qu'elle tend à « apporter un soutien

(743) CGI, art. 223 E. – V. *supra*, n° 1625.
(744) CGI, art. 223 I, I.
(745) CGI, art. 209, II. – V. *infra*, n° 1695, 4.
(746) L. 19 sept. 2011, art. 2.
(747) L. 28 déc. 2011, art. 31, II.
(748) L. préc., art. 31, III.
(749) BOI-IS-DEF-10-20, n° 10.
(750) L. 29 déc. 2012, art. 24.
(751) Exposé des motifs de la lettre rectificative au projet de deuxième loi de finances rectificative pour 2001. L'introduction de ces règles est liée, au moins en partie, à la préoccupation de limiter les incidences, sur le produit de l'IS, de la déduction par la *Société générale* des pertes très importantes qu'elle a subies dans l'affaire *Kerviel* (sur cette affaire, V. également *supra*, n° 951).
(752) L. 29 déc. 2012, art. 24.
(753) CGI, art. 209, I, al. 4.

en trésorerie aux entreprises qui, en abandonnant leurs créances, aident elles-mêmes des entreprises qui rencontrent des difficultés »[754]. Mais, lors de la discussion, le Gouvernement a – phénomène étrange – subrepticement donné des indications allant strictement en sens inverse[755]. C'est donc finalement à bon droit que la doctrine administrative retient (exemple chiffré à l'appui) la solution soutenue en séance par le Gouvernement : la majoration légale s'applique exclusivement « pour la détermination des résultats d'une société bénéficiaire d'abandons de créances »[756].

La fraction de déficit non admise en déduction en application de cette limitation est reportable dans les mêmes conditions (sans limitation de durée) sur les exercices suivants.

2° Report en arrière

1685. – *Carry back.* 1) La loi de finances pour 1985[757] a institué un dispositif optionnel qui, propre à l'impôt sur les sociétés, permet à une société de procéder au report en arrière de ses déficits[758]. Cette faculté est ouverte à toutes les sociétés passibles de l'impôt sur les sociétés, indépendamment de leur forme et de leur activité.

Initialement, ce dispositif n'était applicable que si (entre autres conditions) la société avait réalisé (au cours des trois exercices précédant celui de l'option) un investissement net en biens amortissables au moins égal au total des amortissements pratiqués à la clôture des mêmes exercices. La loi de finances rectificative pour 1989[759] a simplifié le dispositif en supprimant cette condition (qui avait d'ailleurs été assouplie par la loi de finances pour 1986[760].

L'introduction du *carry back* était une revendication du patronat français qui faisait valoir que ce mécanisme existait dans de nombreux États comparables à la France. Le projet gouvernemental faisait intervenir un mécanisme de crédit d'impôt classique. C'est lors des débats au Sénat que le dispositif a reçu sa forme actuelle (permettant notamment la mobilisation de la créance née du report en arrière des déficits auprès d'un établissement financier).

De manière assez inhabituelle, la loi donne des indications précises sur l'intérêt de ce dispositif : il « améliore les résultats (...) et contribue au renforcement des fonds propres » de la société qui le met en œuvre[761].

Le dispositif est ouvert aux sociétés soumises à l'IS en France sans distinction selon que ces entreprises sont françaises ou étrangères[762].

2) Ce dispositif a été significativement durci par la deuxième loi de finances rectificative pour 2001[763].

Les règles issues de cette loi se sont appliquées, non pas seulement aux déficits constatés au titre des exercices clos à compter du 21 septembre 2011, mais également, sous l'effet d'une disposition

(754) Les mêmes indications sont données lors des débats en séance publique par M. Ch. Eckert, rapporteur général de la Commission des finances de l'Assemblée nationale : le dispositif « a pour objet d'apporter un soutien aux entreprises qui aident d'autres entreprises en difficulté, en permettant d'augmenter le plafond du déficit reportable en avant du montant des abandons de créances consentis à ces entreprises en difficulté » (Débats AN, 3e séance, 13 déc. 2012).

(755) Voilà ce qu'indique le ministre représentant en séance le gouvernement en réponse aux indications précitées (il s'agit de B. Hamon, alors ministre délégué à l'économie sociale et solidaire et à la consommation) : « L'amendement (...) a pour objet de permettre la majoration du bénéfice d'imputation du montant des abandons de créances réalisés à leur profit, et le Gouvernement y est favorable » – M. Eckert ne semblant pas remarquer le retournement de son amendement, se contentant de relever benoîtement (non sans déclencher quelques sourires) que « la complexité [d'un aspect de la règle en discussion] s'évanouit complètement après les explications du ministre » (mêmes débats).

(756) BOI-IS-DEF-10-30, n° 220.

(757) L. 29 déc. 1984, art. 19.

(758) CGI, art. 220 quinquies.

(759) L. 29 déc. 1989, art. 11.

(760) L. 30 déc. 1985, art. 4.

(761) CGI, art. 220 quinquies, I, al. 3.

(762) CAA Paris, 30 déc. 1997, n° 94-686, *Sté Marshall Cavendish International Ltd* : *RJF* 11/2000, n° 1247.

(763) L. 19 sept. 2011, art. 2, II.

expressément interprétative, aux déficits en report à la clôture de l'exercice précédent le premier exercice clos à compter de cette même date[764].

Ce durcissement a porté sur quatre aspects de la mesure :

a) le déficit susceptible d'être reporté en arrière, ne peut, en tout état de cause, excéder 1 000 000 € (V. *infra*, n° 1686, 2) ;

b) le déficit ne peut être reporté en arrière que sur le bénéfice fiscal du seul l'exercice (immédiatement) précédent, et non plus, comme auparavant, sur les bénéfices fiscaux des trois exercices précédents (en commençant par l'exercice le plus ancien) ;

c) l'option pour le report en arrière des déficits ne peut plus être exercée, désormais, qu'au titre de l'exercice au cours duquel le déficit est constaté et non, comme auparavant[765], sur ce déficit et l'ensemble des déficits antérieurs en report ;

La quatrième loi de finances rectificative pour 2011[766] a clarifié sur ce point la rédaction du dispositif légal (où subsistait maladroitement une référence aux déficits reportables à la clôture de l'exercice).

d) l'option doit être exercée dans les mêmes délais que ceux prévus pour le dépôt de la déclaration de résultats de l'exercice considéré (V. *infra*, n° 1687).

1686. – Imputation limitée du déficit sur l'exercice bénéficiaire précédent. 1) Lorsque l'option pour le report en arrière est exercée, le déficit constaté par une société à la clôture d'un exercice (et lui seul) est considéré comme une charge de l'exercice précédent (et lui seul).

Confirmant la doctrine administrative, le Conseil d'État a jugé que l'option pour le report en arrière des déficits constitue une décision de gestion qui est opposable à la société qui l'a exercée[767].

L'option ne peut pas être exercée au titre d'un exercice au cours duquel intervient une cession ou une cessation totale d'entreprise, une fusion de sociétés ou une opération assimilée, ou un jugement prononçant la liquidation judiciaire de la société[768].

L'option peut être exercée par une société de capitaux à raison de la quote-part du déficit correspondant à ses droits dans les résultats d'une société de personnes[769]. En outre, les déficits fiscaux peuvent comprendre, semble-t-il, des déficits « étrangers » d'une PME (V. *supra*, n° 1642).

Dans les groupes fiscalement intégrés, l'option (exercée par la société intégrante) concerne le déficit d'ensemble.

2) Le montant du déficit reportable en arrière est toutefois limité, depuis la deuxième loi de finances rectificative pour 2011[770] au montant le plus faible entre le bénéfice déclaré au titre de l'exercice précédent et le montant de 1 M€.

Avant cette loi, la seule limite particulière au report en arrière correspondait au montant cumulé des bénéfices des trois exercices d'imputation.

Une société n'est pas légalement tenue de faire porter son option sur l'ensemble des déficits susceptibles de faire l'objet du report en arrière[771].

Le déficit qui n'a pu être reporté en arrière compte tenu de cette limite demeure reportable en avant dans les conditions du droit commun (V. *supra*, n° 1684).

(764) Quatrième L. fin. rect. 2011, 28 déc. 2011, art. 31, II et III.
(765) Depuis L. fin. 1986, 30 déc. 1985, art. 4.
(766) L. 28 déc. 2011, art. 31, I-1°.
(767) CE, 30 déc. 1998, *Sté Ona International* : *Dr. fisc.* 1999, n° 48, comm. 861, concl. F. Loloum.
(768) CGI, art. 220 quinquies, II. Sur les modalités d'application de cette exclusion, V. CAA Bordeaux, 4 mars 2008, n° 05-1557, *Sté Cie des clôtures de Guyane* : *RJF* 11/2008, n° 1169.
(769) CAA Paris, 30 déc. 1997, n° 94-686, *Sté Marshall Cavendish International Ltd* : *RJF* 11/2000, n° 1247.
(770) L. 19 sept. 2011, art. 2, II-2°.
(771) CE, 4 août 2008, n° 285.201, *Min. c/Sté Kaufman et Broad Participations* : *Dr. fisc.* 2006, n° 44, comm. 705.

3) Naturellement, le déficit reporté en arrière ne peut être simultanément reporté sur les résultats des exercices suivant celui au titre duquel il a été constaté[772].

4) Le bénéfice sur lequel est imputé le déficit reporté en arrière s'entend du bénéfice fiscal de l'exercice précédant celui ayant fait apparaître le déficit et qui a servi d'assiette à la liquidation de l'impôt sur les sociétés au taux normal ou au taux réduit applicable aux petites et moyennes entreprises (V. *infra*, n° 1699).

Dans le cas des PME, l'administration admet que l'imputation est réputée porter par priorité sur la fraction du bénéfice soumise, le cas échéant, au taux normal de l'IS[773].

Le bénéfice d'imputation doit toutefois être diminué :

a) des sommes distribuées prélevées sur ce bénéfice ;

En effet, la loi retient toujours que le bénéfice d'imputation doit être « retenu dans la limite de la fraction non distribuée de ce bénéfice ». Cette limite légale, largement dépourvue de fondement depuis la suppression de l'avoir fiscal, est rappelée par la doctrine administrative[774].

b) des bénéfices ayant donné lieu à un impôt payé au moyen de crédits d'impôt (quels qu'ils soient) ou ayant ouvert droit au crédit d'impôt prévu en cas de rachat d'une entreprise par ses salariés[775] ;

c) des bénéfices exonérés (ou abattus) en application de certains régimes de faveur.

Cette règle concerne, par exemple, les entreprises nouvelles[776], les jeunes entreprises innovantes[777], les entreprises implantées dans des zones franches urbaines[778], dans des pôles de compétitivité[779] ou exerçant certaines activités dans un département d'outre-mer[780].

Ces deux dernières séries de limitations résultent de la loi de finances rectificative pour 1989[781].

5) Cette imputation réduit *a posteriori* l'assiette de l'impôt sur les sociétés de l'exercice d'imputation et fait apparaître, partant, un excédent d'imposition au titre de cet exercice.

L'application de l'article 220 quinquies du CGI a pour effet de doter la société considérée d'une créance sur le Trésor et non de remettre en cause l'IS initialement dû. La société ayant opté pour ce régime ne peut donc valablement prétendre qu'elle aurait été initialement victime d'une taxation excessive au sens de l'article L. 80, alinéa 3, du LPF, selon lequel « les compensations de droits sont opérées dans les mêmes conditions au profit du contribuable qui a fait l'objet d'une rectification lorsqu'il démontre qu'une taxation excessive a été établie à son détriment ou lorsque la rectification fait apparaître une double imposition ». La société ne peut donc se prévaloir de cette disposition pour demander la compensation de cette créance avec les droits procédant de rectifications ultérieurement opérées[782].

1687. – **Modalités de l'option pour le report en arrière.** 1) La deuxième loi de finances rectificative pour 2011[783] a précisé le délai et les modalités de l'option pour le report en arrière des déficits.

(772) CGI, art. 220 quinquies, I, al. 2.
(773) BOI-IS-DEF-20-10, n° 100.
(774) BOI-IS-DEF-20-10, n° 120.
(775) CGI, art. 220 quater et 220 quater A.
(776) CGI, art. 44 sexies.
(777) CGI, art. 44 sexies A.
(778) CGI, art. 44 octies.
(779) CGI, art. 44 undecies.
(780) CGI, art. 44 quaterdecies.
(781) L. 29 déc. 1989, art. 11.
(782) CE, 12 janv. 2005, n° 257.652, *Sté Europinvest : Dr. fisc.* 2005, n° 22, comm. 443, concl. L. Vallée.
(783) L. 19 sept. 2011, art. 2, II.

a) Dans le silence des textes, le juge fiscal avait considéré que « lorsqu'une entreprise déclar [ait] opter pour le report en arrière des déficits, cette déclaration constitu [ait] une réclamation au sens de l'article L. 190 du LPF »(784). L'option pouvait donc s'exercer dans les formes, conditions et délais prévus pour les réclamations contentieuses par ce même code.

b) L'assimilation de la déclaration pour le report en arrière à une réclamation contentieuse produisait les conséquences suivantes relativement aux délais d'exercice de l'option :

– en principe, la réclamation était relative à l'exercice déficitaire au titre duquel la demande de report était effectuée. L'option devait donc être exercée avant la fin de la deuxième année suivant celle de la clôture de l'exercice déficitaire ;

– dans l'hypothèse où le report en arrière était opéré sur des résultats antérieurs devenus bénéficiaires à la suite d'une procédure de rectification (V. *infra*, pt 2), la mise en recouvrement des suppléments d'IS correspondants constituait la réalisation de l'événement qui motivait (au sens de l'article R. 196-1, c, du LPF) la demande de report en arrière. Celle-ci pouvait donc être valablement présentée jusqu'à la fin de la deuxième année suivant la mise en recouvrement de ces suppléments d'IS(785).

2) L'option pour le report en arrière des déficits (qui ne peut plus être exercée, désormais, qu'au titre de l'exercice au cours duquel le déficit est constaté) doit être exercée dans les mêmes délais que ceux prévus pour le dépôt de la déclaration de résultats de l'exercice considéré.

Cette modification fait échec, semble-t-il, à la jurisprudence du Conseil d'État qui avait jugé que l'option pour le report en arrière des déficits pouvait tendre à leur imputation sur des résultats devenus bénéficiaires à la suite d'une procédure de rectification(786). Ce faisant, le juge fiscal considérait implicitement comme illégales les dispositions réglementaires qui retenaient (et retiennent toujours) que le bénéfice d'imputation « s'entend du bénéfice fiscal déclaré »(787). Il n'y avait pas lieu de distinguer, à cet égard, selon que le résultat était devenu bénéficiaire en raison de rehaussements des résultats déclarés ou de la remise en cause d'un régime d'exonération dont le contribuable s'était initialement prévalu (même arrêt). Sur le délai d'exercice de l'option alors retenu dans cette hypothèse, V. *supra*, pt 1.

La décision par laquelle l'administration refuse à une société le bénéfice du report en arrière de ses déficits ne peut faire l'objet d'un recours pour excès de pouvoir(788).

1688. – Créance sur le Trésor non imposable. L'excédent d'impôt sur les sociétés révélé par cette imputation ne donne pas lieu à restitution immédiate. Il fait naître au profit de la société une créance d'égal montant(789).

Le montant de la créance est égal au produit du déficit imputé par le taux de l'IS applicable à l'exercice antérieur bénéficiaire. Cette dernière règle résulte de la loi de finances pour 2001(790) qui a rétabli sur ce point le dispositif initial. Auparavant, la loi de finances rectificative pour 1989(791) avait tiré les conséquences des baisses successives du taux de l'IS – d'où il résultait un avantage comparatif du report en arrière sur le report en avant – en posant que le montant de cette créance était égal au produit du déficit reporté en arrière par le taux de l'impôt sur les sociétés applicable à son exercice d'origine. Dans le cas des PME (V. *infra*, n° 1699), l'administration retient que l'imputation doit s'opérer par priorité sur la fraction du bénéfice soumise, le cas échéant, au taux normal de l'IS(792).

---

(784) CE, 19 déc. 2007, nos 285.588 et a., *Sté Vérimédia : Dr. fisc.* 2008, n° 7, comm. 173, concl. C. Landais. – V. également : CE, 30 juin 1997, n° 178.742, *Min. c/Sté Sectronic : Dr. fisc.* 1997, n° 50, comm. 1301 ; *RJF* 8-9/1997, n° 776, concl. J. Arrighi de Casanova, p. 511. – CE, 30 déc. 1998, n° 170.959, *Sté Sétic*, et n° 181.394, *Sté Ona International : Dr. fisc.* 1999, n° 48, comm. 861, concl. F. Loloum.

(785) CE, 19 déc. 2007, *Sté Vérimédia*, préc.

(786) CE, 19 déc. 2007, nos 285.588 et a., *Sté Vérimédia : Dr. fisc.* 2008, n° 7, comm. 173, concl. C. Landais.

(787) CGI, ann. III, art. 46 quater-0 S, 1° bis.

(788) CE, 30 déc. 1998, *Sté Ona International*, préc.

(789) CGI, art. 220 quinquies, I, al. 3.

(790) L. 30 déc. 2000, art. 7, III.

(791) L. 29 déc. 2989, art. 11.

(792) BOI-IS-DEF-20-10, n° 100.

Cette créance née du report en arrière (qui constitue sur le plan comptable un produit de l'exercice au cours duquel l'option est exercée) n'est pas imposable à l'impôt sur les sociétés[(793)]. Elle doit donc faire l'objet d'une déduction extracomptable tant qu'elle figure au bilan.

1689. – Créance sur le Trésor remboursable ou imputable. 1) Normalement inaliénable et incessible, la créance est remboursée au terme des cinq années suivant celle de la clôture de l'exercice au titre duquel l'option ou le report en arrière a été exercé.

a) Par exception à cette règle d'incessibilité, la loi autorise la cession de la créance de *carry back* à un établissement de crédit[(794)] par voie de bordereau *Dailly*[(795)].

b) La loi prévoit (ou prévoyait encore récemment) deux hypothèses de remboursement anticipé de la créance de *carry back* :

– la première mesure – permanente – concerne les entreprises faisant l'objet d'une procédure collective (procédure de sauvegarde, redressement ou d'une liquidation judiciaire). Ces sociétés peuvent, par exception, demander le remboursement de leur créance non utilisée à compter de la date du jugement qui a ouvert ces procédures. Ce remboursement est effectué sous déduction d'un intérêt (calculé au taux de l'intérêt légal) appliqué à la créance restant à imputer[(796)].

– une seconde mesure a présenté un caractère conjoncturel. Dans le cadre du plan de relance de l'économie consécutif à la crise financière internationale (et conformément à une annonce faite par le Président de la République dans son discours de Douai, le 4 décembre 2008), la deuxième loi de finances rectificative pour 2008[(797)] a institué une procédure de remboursement immédiat des créances de *carry back* (art. 94, I). Le montant global des remboursements opérés dans le cadre de cette mesure exceptionnelle a été de près de 2 M€.

2) Toutefois, dans ce même délai, la société peut utiliser la créance pour le paiement de l'impôt sur les sociétés dû au titre des exercices successivement clos.

Si la société détient plusieurs créances, celles-ci ne peuvent être imputées sur l'IS qu'en respectant l'ordre dans lequel elles sont apparues[(798)].

La créance peut être utilisée pour le paiement des acomptes, puis du solde de l'IS. Elle peut également, le cas échéant, être imputée sur des cotisations d'IS supplémentaires. Elle ne l'est pas, en revanche, sur les impositions autres que l'IS, quand bien même elles seraient complémentaires à cet impôt[(799)].

3) Dans ce cas, à l'issue du délai de cinq ans, la créance n'est remboursée par le Trésor qu'à hauteur de la fraction qui n'a pas été imputée sur l'impôt exigible[(800)].

Initialement fixé à dix ans, le délai de remboursement actuellement retenu résulte de la loi de finances pour 1987[(801)].

L'administration a précisé qu'une société peut, à l'issue du délai de cinq ans, demander à ce que la créance née du report en arrière de déficits soit affectée au paiement de ses autres dettes fiscales, à supposer qu'il s'agisse d'impôts d'État[(802)].

Ne pouvant être utilisée (sauf cession à un établissement de crédit) qu'au paiement d'un impôt « futur », la créance née du report en arrière des déficits ne peut constituer, dans le cadre du sursis de paiement, une garantie propre à assurer le recouvrement de cotisations d'impôt antérieures[(803)].

(793) CGI, art. 220 quinquies, I, al. 3.
(794) CGI, art. 220 quinquies, I, al. 6.
(795) C. monét. fin., art. L. 313-23 et s.
(796) L. fin. rect. 2003, 30 déc. 2003, art. 14. – CGI, art. 220 quinquies, I, al. 5.
(797) L. 30 déc. 2008, art. 94, I.
(798) CGI, ann. III, art. 46 quater-0 U, I.
(799) BOI-IS-DEF-20-20, n° 30.
(800) CGI, art. 220 quinquies, I, al. 4.
(801) L. 30 déc. 1986, art. 83.
(802) BOI-REC-PRO-10-20-30.
(803) CE, 25 janv. 1989, n° 92.439, *Min. c/Sté SRM International : Dr. fisc.* 1989, n° 44, comm. 2041, concl. Ph. Martin.

En cas de fusion, de scission ou d'apport partiel d'actif intervenant au cours des cinq années suivant celle de la clôture de l'exercice au titre duquel l'option a été exercée, la créance de la société absorbée, scindée ou apporteuse peut être transférée à la ou les sociétés bénéficiaires des apports. En cas de scission ou d'apport partiel d'actif, la créance est transmise au prorata du montant de l'actif net réel apporté à la ou aux sociétés bénéficiaires des apports, apprécié à la date d'effet de l'opération[804].

D. – Dissolution, transformation et restructuration de sociétés

1690. – Cession ou cessation d'entreprise et dissolution de société. 1) De manière générale, la dissolution d'une société produit les conséquences fiscales de la cession ou de la cessation d'entreprise[805].

Un régime spécial facultatif (V. *infra*, nos 1695 et s.) conduit toutefois à écarter ces conséquences lorsque la dissolution découle d'une opération de fusion ou de scission de sociétés.

La cession ou cessation partielle d'entreprise devrait, en principe, produire les mêmes effets que la cession ou cessation totale. L'imposition porte sur les éléments afférents à l'établissement cédé ou fermé, ou à la branche d'activité cédée ou abandonnée. La doctrine administrative admet toutefois qu'il convient de s'abstenir d'établir immédiatement l'imposition des bénéfices non encore taxés, « à moins que les intéressés ne le demandent ». Si tel n'est pas le cas, les bénéfices qui ne sont pas taxés immédiatement le seront ultérieurement, en même temps que ceux de la partie conservée d'entreprise[806].

2) L'un comme l'autre de ces événements entraîne donc, à ce titre, l'imposition immédiate « des bénéfices réalisés dans cette entreprise ou exploitation et qui n'ont pas encore été imposés »[807]. Cette imposition immédiate concerne les résultats d'exploitation de l'exercice, les provisions antérieures devenant sans objet, les autres bénéfices en sursis d'imposition et les plus-values réalisées ou constatées à l'occasion de la cessation.

Selon l'administration, sont également imposables immédiatement les profits latents sur les stocks transférés aux associés – l'avantage que ceux-ci retirent de l'opération pouvant, le cas échéant, revêtir le caractère d'une distribution en nature de revenus de capitaux mobiliers[808].

L'imposition immédiate est établie sur la base d'une déclaration spéciale souscrite dans les soixante jours de la cessation d'activité (qui correspond, en cas de liquidation de société, à la date d'approbation des comptes définitifs de liquidation). L'imposition établie sur cette base est acquittée spontanément sous déductions des acomptes d'IS déjà versés[809].

Par ailleurs, la dissolution d'une société passible de l'IS entraîne l'imposition des associés au titre du boni de liquidation[810].

Le déficit éventuellement constaté à la clôture de l'exercice de cessation ou de dissolution ne peut, en principe, faire l'objet d'aucune imputation ou report.

Il ne peut, en particulier, faire l'objet d'une option pour le report en arrière[811].

Un régime dérogatoire s'applique sur agrément préalable dans le cadre du régime spécial des fusions de sociétés et opérations assimilées (V. *infra*, n° 1695, 4).

La moins-value nette à long terme constatée à l'occasion de la cessation ou de la dissolution d'une société peut (comme celles demeurant, le cas échéant, en report à cette date) être déduite des bénéfices de l'exercice pour une fraction de leur montant.

(804) CGI, art. 220 quinquies, II.
(805) CGI, art. 221, 2.
(806) BOI-BIC-CESS-30-20, nos 190 et 200.
(807) CGI, art. 221, 2, et art. 201, 1.
(808) BOI-BIC-CESS-30-20, n° 30.
(809) CGI, ann. III, art. 360 bis.
(810) CGI, art. 112, 3°.
(811) CGI, art. 220 quinquies, II, al. 1er. – V. *supra*, n° 1685.

Cette fraction est égale au rapport existant entre le taux d'imposition des plus-values à long terme (applicable lors de la constatation de la moins-value à long terme) et le taux d'imposition du bénéfice ordinaire applicable à l'exercice de la dissolution[812]. Dans la généralité des cas, cette fraction est donc égale actuellement à 45 %.

1691. – Disparition des moyens de production. Un cas particulier de cessation d'entreprise tient à la situation de « disparition durable des moyens de production » envisagée par la deuxième loi de finances rectificative pour 2012[813].

Comme le fait ressortir l'exposé des motifs du projet de loi en cause, ce dispositif s'inscrit dans le cadre d'un ensemble de mesures « anti-abus » destinées à lutter contre les montages qui permettent, par une utilisation « optimisante » de certains mécanismes légaux, de conserver ou d'échanger des déficits reportables d'un exercice sur l'autre et qui, une fois imputés sur les bénéfices, ont pour effet de minorer l'assiette taxable. Il s'agirait par exemple d'éviter le transfert à une société intégrante de déficits liés à des filiales mises en sommeil puis opportunément réactivées après cession des actifs.

En application de ce texte, la « disparition des moyens de production nécessaires à la poursuite de l'exploitation pendant une durée de plus de douze mois » emporte en principe les conséquences fiscales de la cessation d'entreprise[814].

1) Par exception, une disparition durable des moyens de production n'entraîne pas ces mêmes conséquences :

– de plein droit, si elle résulte d'un cas de force majeure ou est suivie de la cession de la majorité des droits sociaux de la société considérée ;

– sur agrément du ministre chargé du budget, « lorsque l'interruption et la reprise sont justifiées par des motivations principales autres que fiscales »[815].

2) En dépit de la maladresse entachant la rédaction du texte légal (qui semble renvoyer ici à l'article 221 bis du CGI), aucune atténuation conditionnelle de l'imposition n'est possible au titre de la disparition des moyens de production (comp., en matière de transformation de société ou de changement d'activité, *infra*, n°s 1692 et 1694, 2).

3) L'administration a apporté sur ce point les précisions suivantes :

Les moyens de production nécessaires à la poursuite de l'exploitation s'entendent en principe de l'ensemble des immobilisations corporelles, incorporelles et financières, des stocks et des moyens humains sans lesquels l'exploitation, quelle que soit sa nature (industrielle, commerciale, financière ou autre), ne peut être déployée par la société[816] ;

S'agissant des biens (immobilisations corporelles, incorporelles ou stocks), leur disparition peut notamment résulter d'une opération de cession, d'échange, d'apport, de transfert, ou de mise au rebut sans remplacement. S'agissant des moyens humains, la disparition peut notamment résulter d'une procédure de licenciement, de la mise à disposition d'une autre entreprise du personnel ou du non-renouvellement de contrats de travail à durée déterminée. En revanche, la mise au chômage partiel n'est pas de nature à caractériser une disparition du personnel[817].

1692. – Transformations de sociétés. 1) La transformation se définit comme l'opération par laquelle une société adopte une forme juridique différente de celle qu'elle possédait auparavant.

Sur le plan fiscal, les conséquences d'une telle opération sont différentes selon que la transformation entraîne :

– la création, ou non, d'une personne morale nouvelle ;

(812) CGI, art. 39 quindecies, 2, appliqué *mutatis mutandis*.
(813) L. 16 août 2012, art 15.
(814) CGI, art. 221, 5.
(815) Même disposition.
(816) BOI-IS-CESS-10, n° 90.
(817) BOI-IS-CESS-10, n°s 100 et 120.

– en l'absence de création d'une personne morale nouvelle, le changement, ou non, du régime fiscal antérieurement applicable à la société considérée.

2) Dans certains cas, la transformation d'une société est telle qu'elle est regardée comme emportant *création d'une personne morale nouvelle*. Un tel événement produit les conséquences fiscales de la cession ou de la cessation d'entreprise, à savoir l'imposition immédiate « des bénéfices réalisés dans cette entreprise ou exploitation et qui n'ont pas encore été imposés » – sans possibilité, sauf exception limitée, d'atténuation conditionnelle de ces conséquences fiscales[(818)].

a) Les bénéfices faisant l'objet de cette imposition immédiate sont les mêmes que dans le cas de la cessation d'entreprise (V. *supra*, n° 1690, 2). Lorsque la société était soumise à l'IS, une telle transformation entraîne également l'imposition d'un boni de « transformation ».

La seule hypothèse dans laquelle la loi admet d'atténuation conditionnelle des conséquences fiscales de la création d'une personne morale nouvelle est celle de la transformation d'une société d'avocats non soumise à l'IS en association d'avocats[(819)].

b) Les hypothèses dans lesquelles une transformation de société emporte création d'une personne morale nouvelle sont en pratique exceptionnelles. En effet, en vertu des principes généraux du droit des sociétés, « la transformation régulière d'une société en une société d'une autre forme n'entraîne pas la création d'une personne morale nouvelle »[(820)]. Ce pourrait être le cas, par exemple, de la transformation d'une société en association.

Le Conseil d'État considère que la transformation d'une société créée de fait, qui n'est pas une personne morale, en une société de droit dotée de la personnalité juridique entraîne la création d'une personne morale nouvelle[(821)].

3) *En l'absence de création d'une personne morale nouvelle*, la transformation d'une société produit des conséquences très différentes selon que cette transformation se traduit, ou non, par le changement du régime fiscal précédemment applicable à la société en cause.

a) Lorsque le régime fiscal applicable à la société transformée ne se trouve pas modifié, la transformation d'une société passible de l'impôt sur les sociétés est entièrement neutre sur le plan fiscal.

Ainsi, dès lors que ces sociétés sont toutes passibles de l'IS, la transformation d'une SARL en SA ou celle d'une SA en SAS n'entraîne aucune conséquence fiscale particulière en matière d'IS.

b) À l'inverse, dès lors qu'elle se traduit par la modification du régime fiscal antérieurement applicable, la transformation d'une société de capitaux en société de personnes produit normalement les effets d'une cessation d'entreprise.

Elle entraîne donc en principe l'imposition immédiate de l'ensemble des bénéfices non encore taxés (V. *supra*, n° 1690).

Une telle transformation entraîne également :

– la perte du droit au report des déficits antérieurement subis, étant précisé que ces déficits sont cependant imputables sur les résultats (et plus-values) faisant l'objet de l'imposition immédiate ;

– l'imposition des associés au titre du boni « de transformation »[(822)].

(818) CGI, art. 221, 2, et art. 201, 1.
(819) CGI, art. 151 octies C.
(820) C. civ., art. 1844-3.
(821) CE, 20 déc. 2013, n° 349.787, *Hyest*, jugeant, à propos de la création d'une société civile professionnelle, que les dispositions, préc., de l'article 1844-3 du Code civil ne s'appliquent qu'aux changements de forme de sociétés dotées de la personnalité juridique. V. précédemment CE, plén., 19 avr. 1974, n°s 87.740 et a. : *Rec. CE* 1974, p. 239.
(822) CGI, art. 111 bis.

Toutefois, lorsque certaines conditions sont réunies, les conséquences fiscales de la transformation sont légalement atténuées[823].

Le champ de l'atténuation légale est très large : il englobe les « bénéfices en sursis d'imposition », les « plus-values latentes incluses dans l'actif social » et, depuis la loi de finances rectificative pour 2003[824], « les profits non encore imposés sur les stocks »[825].

Cette atténuation conditionnelle suppose – en l'absence de création d'une personne morale nouvelle – que les conditions suivantes soient réunies :

– « aucune modification [n'est apportée] aux écritures comptables » ;

– l'imposition de l'ensemble des bénéfices, plus-values et profits (qui devraient normalement faire l'objet d'une imposition immédiate) « demeure possible dans le cadre du nouveau régime fiscal applicable à la société (...) concernée »[826]. Le Conseil d'État interprète cette règle strictement. Ainsi, les plus-values latentes incluses dans son actif social ne peuvent échapper à l'imposition immédiate que « si l'imposition de ces plus-values, lorsqu'elles seront réalisées par la société après sa transformation, reste possible entre les mains des associés de la société de personnes selon un régime garantissant l'imposition de l'intégralité du montant des plus-values en sursis d'imposition »[827].

Lorsque ces conditions sont réunies, la doctrine administrative admet également l'atténuation des conséquences de la transformation sur l'imposition des associés au titre du boni « de transformation ».

c) Enfin, la transformation d'une société de personnes en société de capitaux entraîne des conséquences qui diffèrent selon que la société considérée exerce, ou non, une activité professionnelle[828].

La distinction suivante est en effet opérée :

• lorsque la société exerce une activité professionnelle, il est fait application des mêmes règles qu'en cas de changement de régime fiscal d'une société jusqu'alors passible de l'IS (principe d'imposition immédiate assorti d'une exception conditionnelle[829]) ;

• lorsque la société exerce une activité « non professionnelle », c'est-à-dire une activité de gestion de son propre patrimoine mobilier ou immobilier, le changement de régime fiscal conduit à l'imposition immédiate des revenus et plus-values non encore imposés[830]. La seule possibilité d'atténuation de cette règle concerne les plus-values latentes incluses dans le patrimoine ou l'actif social pour lesquelles la société a le choix entre :

– leur imposition immédiate selon les règles des plus-values des particuliers,

– l'inscription au bilan des biens considérés pour une valeur nette « reconstituée », c'est-à-dire pour leur valeur d'origine diminuée des amortissements et provisions qui auraient dû être effectués, si l'IS avait été applicable, depuis leur acquisition.

1693. – **Transfert du siège ou d'un établissement à l'étranger.** 1) Le transfert du siège social d'une société soumise à l'impôt sur les sociétés (ou de l'un de ses établissements) dans un État étranger emporte des conséquences fiscales différentes selon que le transfert a lieu à destination d'un autre État de l'Union européenne (ou un État assimilé) ou à destination d'un autre État.

• Le droit actuellement applicable résulte de la troisième loi de finances rectificative pour 2012[831]. Le dispositif institué par ce texte concerne les transferts opérés depuis le 14 novembre 2012. Avant

(823) CGI, art. 221 bis.
(824) L. 30 déc. 2003, art. 56.
(825) V., retenant la solution inverse avant l'intervention de cette loi, CE, 16 mai 2008, n° 294.305, *Sté Lamy : Dr. fisc.* 2008, n° 24, comm. 373, concl. F. Séners.
(826) CGI, art. 221 bis.
(827) CE, 28 juill. 2000, n° 138.342, *Sté Les Chapelains : Dr. fisc.* 2001, n° 5, comm. 59, concl. J. Courtial.
(828) CGI, art. 202 ter.
(829) CGI, art. 202 ter, I.
(830) CGI, art. 202 ter, II.
(831) L. 29 déc. 2012, art 30.

l'intervention de cette loi, le transfert du siège d'une société soumise à l'IS français (ou de l'un de ses établissements) :

– emportait les conséquences fiscales de la cessation d'entreprise lorsque ce transfert était opéré vers un État tiers à l'Union européenne ;

– n'emportait pas ces mêmes conséquences[(832)], qu'il se soit accompagné ou non de la perte de la personnalité juridique en France, lorsque ce transfert était opéré vers un autre État de l'Union européenne. Il n'en allait autrement, selon l'administration, que lorsque ce transfert s'accompagnait du transfert de l'ensemble des éléments de l'actif immobilisé à l'étranger et emportait, partant, fin de l'assujettissement à l'IS en France. À cet égard, toujours selon l'administration, le transfert « isolé » (*i.e.* sans transfert de siège ni transfert d'établissement) d'un élément de l'actif dans l'Union européenne devait (et doit toujours aujourd'hui) s'analyser en une cession d'actif emportant imposition immédiate de la plus-value latente afférente à cet élément transféré.

• La loi fiscale prévoit également que le changement de nationalité d'une société par actions et le transfert de son siège social à l'étranger n'entraînent pas les conséquences fiscales de la cessation d'entreprise lorsqu'ils sont décidés par son assemblée générale extraordinaire – et à condition que le pays d'accueil ait conclu avec la France une convention spéciale permettant à la société d'acquérir sa nationalité et de transférer le siège social sur son territoire, et conservant sa personnalité juridique « antérieure »[(833)]. Il semble qu'aucune convention de cette nature n'ait été à ce jour conclue par la France.

• En ce qu'elles s'appliquent à un transfert de siège, les règles ci-après s'appliquent indistinctement, selon l'administration, au transfert du siège social statutaire qu'à celui du siège de direction effective[(834)]. En ce qu'elles s'appliquent aux transferts d'établissement, ces règles s'appliquent indistinctement aux sociétés qui possèdent, ou non, leur siège en France[(835)]. En d'autres termes, le « rapatriement » d'un établissement dans l'État du siège d'une société étrangère peut donner lieu à une imposition à l'IS français.

2) Le transfert du siège ou d'un établissement dans un État tiers à l'Union européenne (autre que l'Islande ou la Norvège) est légalement regardé comme emportant cessation d'entreprise en France. L'impôt sur les sociétés est dans ce cas immédiatement établi à raison des bénéfices réalisés et qui n'ont pas encore été imposés.

Dans cette hypothèse, l'impôt est immédiatement établi à raison des bénéfices (y compris les plus-values) réalisés et non encore taxés comme en cas de cessation d'entreprise (V. *supra*, n° 1690).

L'assimilation de l'Islande et la Norvège à des États de l'Union européenne résulte du fait que ces États sont parties à l'accord sur l'Espace économique européen et ont conclu avec la France une convention d'assistance administrative en vue de lutter contre la fraude et l'évasion fiscales ainsi qu'une convention d'assistance mutuelle en matière de recouvrement ayant une portée similaire à celle prévue par le droit de l'Union européenne[(836)]. Le Liechtenstein ne répond pas en revanche à cette dernière condition.

3) Le transfert du siège ou d'un établissement effectué dans un autre État membre de l'Union européenne (ainsi qu'en Islande ou en Norvège) fait l'objet d'un dispositif particulier.

Ce régime s'applique au transfert dans un autre État européen d'un établissement implanté en France indépendamment de la localisation du siège de la société dont dépend cet établissement (qui peut indifféremment être établie en France, dans un autre État de l'Union européenne ou hors de l'Union).

(832) L. fin. 2005, 30 déc. 2004, art. 34.
(833) CGI, art. 221, 3.
(834) V. pour le cas des transferts « intra-européens », BOI-IS-CESS-30, n° 40.
(835) V. pour le cas des transferts « intra-européens », BOI-IS-CESS-30, n° 40.
(836) Cons. UE, dir. n° 2010/24/UE, 16 mars 2010 concernant l'assistance mutuelle en matière de recouvrement des créances relatives aux taxes, impôts, droits et autres mesures.

a) Un tel transfert ne donne lieu à imposition que s'il s'accompagne du transfert d'éléments d'actif immobilisés, qu'ils soient corporels ou incorporels.

• Alors que le transfert d'un établissement suppose nécessairement le transfert concomitant des éléments d'actif qui le constituent, un transfert du siège peut être réalisé sans aucun transfert d'immobilisation. Lorsqu'il est effectué dans un autre État membre de l'Union européenne, en Islande ou en Norvège, un tel transfert est donc neutre au regard de l'IS(837).

• Selon la doctrine administrative, le transfert d'actifs s'entend :

– pour les biens meubles incorporels, les immeubles (bâtis ou non bâtis) et les immobilisations financières, du « transfert comptable » du bien, à savoir « la sortie de l'actif du bilan de la société ou de l'établissement résultant du transfert du siège ou de l'établissement et l'inscription de cet actif au bilan du siège ou de l'établissement transféré »(838). S'agissant des immeubles qui, au regard de la loi semblent pouvoir indifféremment être situés en France ou hors de France, la doctrine administrative considère toutefois qu'aucune imposition n'est exigible à raison de la plus-value latente à la date du transfert dans l'un des États de l'Union européenne ou assimilés (V. *infra*, pt *b*) ;

– pour les biens meubles corporels, du même « transfert comptable » ou du transfert physique du bien(839).

• Sur le cas du transfert de l'intégralité des éléments de l'actif, V. *infra*, pt *d*.

b) Si cette condition est satisfaite, l'impôt sur les sociétés est exigible, en principe, à raison des plus-values latentes constatées sur les éléments de l'actif immobilisé transférés et des plus-values en report ou en sursis d'imposition sur ces mêmes éléments.

• Les plus-values latentes s'entendent de la différence entre la valeur réelle des biens à la date du transfert et leur valeur nette comptable.

• S'agissant des immeubles (bâtis ou non bâtis), l'imposition peut, selon la doctrine administrative, être reportée au jour de la cession effective (mais purement hypothétique) de l'immeuble considéré(840). Cette exclusion purement doctrinale – qui semble concerner les immeubles indépendamment de leur lieu de situation – a été introduite à la suite de la consultation publique à laquelle a donné lieu le premier commentaire administratif du dispositif.

• Certaines opérations ne donnent pas lieu à l'application de ces règles d'imposition spéciales. C'est le cas, par exemple, de la sortie d'un élément de l'actif immobilisé du bilan à l'occasion du transfert du siège social lorsque cette sortie n'est pas liée à ce transfert mais résulte d'un autre événement, comme par exemple une vente. Ces situations s'analysent en une cession, donnant lieu à la réalisation d'une plus-value imposable dans les conditions de droit commun (l'IS dû à raison de cette plus-value ne pouvant, en conséquence, bénéficier de l'option pour un paiement fractionné – V. *infra*, pt 3-*c*).

• Le montant de l'IS dû à raison des plus-values latentes et des plus-values en report ou en sursis d'imposition sur les éléments de l'actif immobilisé transférés est déterminé définitivement au jour du transfert. Ainsi, les plus-values ou les moins-values réalisées ultérieurement sur les éléments d'actif transférés, notamment lors de leur cession ultérieure, sont sans incidence sur le montant de l'impôt dû à l'occasion du transfert(841).

c) L'impôt est acquitté dans les deux mois suivant le transfert des actifs :

– soit, en une fois, pour la totalité de son montant ;

– soit, sur demande expresse de la société, selon un mécanisme de paiement fractionné sur cinq ans.

(837) BOI-IS-CESS-30, n° 1.
(838) BOI-IS-CESS-30, n° 60.
(839) *Ibid.*
(840) BOI-IS-CESS-30, n° 100.
(841) BOI-IS-CESS-30, n° 120. La réalisation effective de la plus-value a pour effet, en revanche, de mettre fin au différé de paiement, V. *infra*, pt 3-*c*.

• Selon l'administration, l'option pour le paiement fractionné concerne tant l'IS que, le cas échéant, les contributions additionnelles à cet impôt[842]. Tel n'est pas le cas, en revanche, de l'IS afférent à la quote-part de frais et charges liée au gain (latent) consécutif à un transfert de titres de participation relevant du secteur exonéré du long terme : aux termes de la doctrine administrative, « la quote-part de frais et charges n'est pas constitutive d'une plus-value »[843].

• En cas d'option pour le paiement fractionné, le solde de l'IS est acquitté par fractions égales au plus tard à la date anniversaire du premier paiement au cours des quatre années suivantes (le solde des fractions dues pouvant toutefois être versé à tout moment, en une seule fois, avant chaque date anniversaire du premier paiement).

L'impôt devient immédiatement exigible en cas de non-respect de l'une des échéances de paiement ou lorsqu'intervient, dans le délai de cinq ans, l'un des événements suivants :

– le transfert d'un ou plusieurs éléments de l'actif précédemment transférés dans un État étranger autre qu'un État de l'Union européenne (ou un État assimilé) ;

– la cession des actifs ou la dissolution de la société.

• Pour assurer l'application de ces règles de déchéance, la société placée sous le régime optionnel de paiement fractionné doit porter annuellement à la connaissance de l'administration (en adressant un état de suivi au service des impôts des non-résidents) les renseignements nécessaires au suivi de la situation des éléments transférés.

• La question de la compatibilité de ce dispositif avec le droit de l'Union européenne peut se poser. La Cour de justice de l'Union européenne a jugé, à cet égard, que la liberté d'établissement[844] :

– ne s'oppose pas la législation nationale d'un État membre imposant la taxation des plus-values latentes afférentes à des éléments d'actif au moment où la société, en raison du transfert de son siège de direction effective dans un autre État de l'Union européenne, cesse de réaliser des bénéfices taxables dans son État d'origine, alors même que le montant de l'imposition dû à cette occasion se trouve fixé définitivement, sans prise en considération des gains ou pertes susceptibles d'être effectivement réalisés ultérieurement lors de la cession des éléments d'actif considérés[845] ;

– s'oppose en revanche à la légalisation d'un État membre imposant le recouvrement immédiat, au moment même du transfert, d'une telle imposition[846].

Ce n'est donc qu'au prix d'un raisonnement *a contrario* que l'on peut déduire de ce dernier arrêt que l'existence d'un mécanisme de paiement fractionné garantit la compatibilité au droit de l'Union européenne d'un dispositif de taxation des plus-values latentes consécutives à un transfert intra-européen de siège ou d'établissement.

d) Naturellement, le transfert du siège ou d'un établissement vers un autre État membre de l'Union européenne (ou assimilé) peut éventuellement emporter d'autres conséquences fiscales :

– s'il s'accompagne du transfert intégral des éléments de l'actif de la société ou de l'établissement, ce transfert est regardé comme mettant fin à l'assujettissement de l'entité en cause à l'impôt sur les sociétés français ;

Ceci entraîne, selon l'administration, l'imposition immédiate de la société au titre des bénéfices d'exploitation non encore taxés, des provisions devant sans objet et des plus-values latentes, en report ou en sursis d'imposition sur les éléments transférés[847].

Par ailleurs, la fin d'assujettissement à l'IS devrait entraîner la taxation des associés à raison des revenus qui leur sont alors présumés distribués[848]. La doctrine administrative admet toutefois que

(842) BOI-IS-CESS-30, n° 110.
(843) BOI-IS-CESS-30, n° 100.
(844) TFUE, art. 49.
(845) CJUE, Gde ch., 29 nov. 2011, n° 371/10, *National Grid Indus BV* : *RJF* 2/2012, n° 192, à propos de l'*exit tax* néerlandaise. – *Adde* CJUE, 6 sept. 2012, n° 38/10, *Commission c/Portugal* : *RJF* 01/2013, n° 115, étendant cette solution au cas du transfert d'établissement.
(846) CJUE, Gde ch., 29 nov. 2011, n° 371/10, *National Grid Indus BV*, préc.
(847) BOI-IS-CESS-30, n° 220, notant toutefois que l'IS exigible au titre des plus-values peut faire l'objet du paiement fractionné.
(848) CGI, art. 111 bis.

cette mesure n'est pas applicable lorsque ce transfert est réalisé vers un État membre de l'Union européenne (ou assimilé). Le transfert est donc fiscalement neutre à l'égard des associés[(849)].

– s'il s'accompagne d'un transfert seulement partiel des éléments de l'actif de la société (ou de l'établissement), ce transfert peut être regardé, le cas échéant, comme constitutif d'un changement d'activité réelle de l'entité en cause – ce qui entraîne pour elle les conséquences fiscales de la cessation d'entreprise (V. *infra*, n° 1694).

La présomption de distribution ne s'applique pas dans la mesure où l'entité conserve, par hypothèse, une activité en France et reste donc assujettie à l'IS en France. Ce transfert n'entraîne donc pas les conséquences fiscales de la cessation d'entreprise à l'égard des associés et demeure fiscalement neutre à leur égard[(850)].

1694. – Modification de l'activité sociale. Aux termes de la loi, « le changement de l'objet social ou de l'activité réelle d'une société emporte cessation d'entreprise »[(851)].

Ces dispositions s'appliquent aux sociétés soumises de plein droit ou sur option à l'IS. Un dispositif (passablement différent aujourd'hui) se rapporte à ceux de ces changements qui intéressent les sociétés non passibles de cet impôt[(852)].

1) Naturellement, seuls des changements suffisamment significatifs peuvent donner lieu à cette assimilation. Le droit applicable a passablement évolué sur ce point.

L'administration considère que la modification de l'objet social statutaire ne constitue pas, à elle seule, une cause de cessation d'entreprise. Encore faut-il qu'elle « s'accompagne d'un changement effectif de l'activité exercée »[(853)].

a) L'assimilation légale du « changement de l'objet social ou de l'activité réelle d'une société » à une cessation d'entreprise résulte de la loi de finances pour 1986[(854)].

• Auparavant, le Conseil d'État (statuant en matière de report déficitaire) avait considéré que le maintien du droit au report déficitaire était exclu lorsqu'une société avait subi « dans sa composition et son activité, des transformations telles que, tout en ayant conservé son identité juridique, elle n'était plus en réalité la même »[(855)].

• Présentée par les pouvoirs publics comme un ralliement à la jurisprudence fiscale, l'intervention législative de 1986 aboutit, en réalité, à un durcissement de l'état du droit : « désormais, il n'est plus nécessaire que des changements interviennent dans la composition du capital pour que le report déficitaire soit refusé »[(856)].

Le dispositif issu de la loi de finances pour 1986 n'a pas été regardé comme présentant un caractère interprétatif du droit antérieur[(857)].

b) Soucieuses de ne pas inciter les entreprises à demeurer enfermées dans une activité déclinante et de ne pas dresser d'obstacles fiscaux à leur adaptation

(849) *Ibid.*
(850) BOI-IS-CESS-30, n° 240.
(851) CGI, art. 221, 5.
(852) CGI, art. 202 ter.
(853) Doc. adm. DGI, 4 A-6123, n° 28, anc., non repris au *BOFiP* concernant les sociétés soumises à l'IS. – V. toutefois BOI-BIC-CESS-10-20-30, n° 80, pour les sociétés relevant de l'IR.
(854) L. 30 déc. 1985, art. 8.
(855) CE, 29 nov. 1972, n° 81.954 : *Dr. fisc.* 1973, n° 49, comm. 1692, concl. J. Delmas-Marsalet. – *Adde* CE, 22 déc. 1982, n° 24.813 : *Dr. fisc.* 1983, n° 22, comm. 1153, concl. P. Rivière, et CE, 18 nov. 1985, n° 43.321, *Sté Beauvallet* : *Dr. fisc.* 1986, n° 10, comm. 477, concl. O. Fouquet, faisant référence à la conservation par la société de « sa personnalité juridique ».
(856) P. Collin, concl. sur CE, 18 mai 2005, n° 259.275, *Sté Sophie B* : *Dr. fisc.* 2005, n° 48, comm. 769.
(857) V. CE, plén., 8 juin 1990, n° 92.501 : *Dr. fisc.* 1991, n° 5, comm. 138, concl. O. Fouquet, sol. impl.

économique, la doctrine administrative et, plus encore, la jurisprudence du Conseil d'État avaient retenu une lecture souple de ce dispositif.

• Selon la doctrine administrative ancienne, seul un « changement d'activité (...) profond » pouvait emporter cessation d'entreprise. Ainsi, un accroissement (ou une baisse) même important du volume des opérations réalisées ou le développement ou d'abandon d'un secteur revêtant une importance moindre que les autres secteurs d'activité de la société ne pouvaient constituer un tel événement[858].

• De son côté, le Conseil d'État avait ainsi fait preuve d'un libéralisme incontestable dans l'application du dispositif. La jurisprudence de la Haute juridiction administrative pouvait être schématisée ainsi : seul un changement profond touchant à la *nature* même de l'activité pouvait emporter cessation d'entreprise. À l'inverse, des modifications très importantes touchant à l'importance et aux modalités de l'activité n'ont pas cet effet, à supposer toutefois que l'activité initiale ne se trouve pas complètement marginalisée.

Ainsi, lors de la première application du nouveau dispositif (en statuant il est vrai « dans les circonstances de l'espèce »), le Conseil d'État avait considéré que n'avait pas subi un changement d'une importance telle qu'il emporte cessation de l'entreprise, la société qui, après avoir exploité un commerce de vêtements de prêt-à-porter (puis cédé son droit au bail, sa clientèle, ses immobilisations et son stock), avait repris (après une période d'activité de trente et un mois et dans une ville proche) une activité de vente de vêtements de sport[859]. De même, le recentrage de l'activité d'exploitation d'une dizaine de supermarchés (concomitante à leur revente) sur l'activité (exercée dans les mêmes locaux) de vente de produits de boucherie et de charcuterie n'a pas été regardé comme emportant cessation d'entreprise alors, pourtant, que le chiffre d'affaires de la société avait chuté de 80 % et le nombre de ses employés des deux tiers[860].

Présentée comme rigoureuse, une autre application contentieuse du dispositif légal de 1986 apparaît, dans cette perspective, justifiée : eu égard « à l'importance prise par son activité nouvelle » (la commercialisation d'isolants thermiques) et « au caractère déclinant, au point de devenir marginal, de l'activité initiale » (la prise de participation au capital de sociétés et la gestion de valeurs mobilières), l'activité de la société considérée (dont l'objet social avait été statutairement modifié) a été regardée comme devenue radicalement différente. Logiquement, ce changement a été considéré comme emportant cessation d'entreprise, et non comme une simple adjonction d'activité[861]. De même, est constitutif d'une cessation d'entreprise, le changement d'activité d'une société qui, précédemment opérationnelle, est devenue une société *holding* à la suite de l'apport de son activité industrielle et commerciale à une de ses filiales[862].

c) Dans la deuxième loi de finances rectificative pour 2012[863], le législateur a entendu, selon des termes utilisés par les travaux préparatoires, mettre fin à la « conception permissive » de la notion de changement d'activité réelle et « objectiver les règles » en la matière.

Selon les travaux préparatoires, la notion de changement d'activité réelle – insuffisamment définie par la loi – a été interprétée par le juge administratif de telle sorte qu'il est assez aisé de conserver le bénéfice de déficits reportables alors même que l'activité évolue significativement.

Désormais, la loi prévoit expressément que le changement de l'activité réelle d'une société peut s'entendre *notamment* de deux causes identifiées – l'adjonction d'une activité, d'une part, l'abandon ou le transfert, même partiel, d'une ou de

(858) Doc. adm. DGI, 4 A-6123, n° 30, anc., non repris au *BOFiP* concernant les sociétés soumises à l'IS. – V. toutefois BOI-BIC-CESS-10-20-30, n° 90, pour les sociétés relevant de l'IR.
(859) CE, 18 mai 2005, n° 259.275, *Sté Sophie B* : *Dr. fisc.* 2005, n° 48, comm. 769, concl. P. Collin.
(860) CE, 30 nov. 2007, n° 284.621, *Sté Marché Actif* : *Dr. fisc.* 2008, n° 10, comm. 197, concl. L. Olléon, note J.-L. Pierre.
(861) CE, 10 juill. 2007, n° 288.484, *Sté Final* : *Dr. fisc.* 2008, n° 4, comm. 82, note crit. J.-L. Pierre.
(862) CE, 30 juin 2010, n° 308.531, *Sté financière Montrachet* : *Dr. fisc.* 2010, n° 36, comm. 460, concl. J. Burguburu.
(863) L. 16 août 2012, art. 15.

plusieurs activités, d'autre part – à la condition que l'événement considéré ait un impact significatif sur l'activité de l'entreprise *ou* les moyens matériels *et* humains qui lui sont affectés[864].

• Cet impact significatif est légalement défini comme l'augmentation (pour l'adjonction) ou la réduction (pour l'abandon ou le transfert) de plus de 50 %, soit du chiffre d'affaires (impact sur l'activité), soit de l'effectif moyen du personnel et du montant brut des éléments de l'actif immobilisé de la société (impact sur les moyens d'exploitation).

Dans les deux séries de cas, ces variations sont mesurées entre l'exercice précédant celui de survenance de l'événement et l'exercice de sa survenance ou l'exercice suivant.

L'adjonction d'activité, qui doit se distinguer de sa simple augmentation, suppose l'exercice d'une activité différente de l'activité antérieure[865]. Symétriquement, la simple diminution du volume d'une activité ne caractérise pas un changement significatif d'activité, en l'absence d'abandon ou de transfert[866].

• Cette belle construction mathématique est assortie de deux éléments de souplesse introduits par le législateur :

– elle est d'abord précédée de l'adverbe *notamment*, ce qui signifie que l'administration fiscale reste en droit, sous le contrôle du juge fiscal, d'identifier des changements profonds d'activité d'une autre nature que ceux qui sont maintenant quantifiés par la loi ;

– elle comporte, symétriquement, une dérogation : par exception – et sur agrément délivré par le ministre chargé du budget – les adjonctions, abandons ou transferts d'activités entraînant des variations significatives au plan quantitatif peuvent ne pas être considérés comme emportant cessation d'entreprise lorsque les opérations considérées sont « indispensables à la poursuite de l'activité à l'origine des déficits et à la pérennité de l'emploi »[867].

2) Au fond, lorsqu'il emporte cessation d'entreprise, le changement affectant l'objet ou les activités réelles de la société peut produire deux séries de conséquences fiscales.

a) Il entraîne, d'abord, la perte du droit au report des déficits antérieurement subis (V. *supra*, n° 1690).

La perte du droit au report des déficits antérieurement subis survient à compter de l'exercice au cours duquel est intervenu le changement en cause. Logiquement, la loi exclut dans cette hypothèse toute possibilité de report en arrière des déficits. La perte du droit au report s'applique, de la même manière, aux moins-values à long terme non encore imputées à la date du changement.

Lorsqu'une fusion ou une opération assimilée est placée sous le régime spécial (V. *infra*, n° 1695), le déficit de la société absorbée ou apporteuse peut – sur agrément préalable – être transféré à la société absorbante ou bénéficiaire de l'apport[868].

b) Un tel changement devrait conduire, ensuite, à l'imposition immédiate des bénéfices non encore taxés (V. *supra*, n° 1690).

En revanche, il n'entraîne évidemment pas la liquidation de l'entreprise et ne saurait, en conséquence, conduire à l'imposition d'un quelconque boni de liquidation[869].

La loi tempère toutefois la rigueur de cette règle en renvoyant sur ce point au dispositif concernant, en l'absence de création d'une personne morale nouvelle, le changement du régime fiscal applicable à une société de capitaux.

(864) CGI, art. 221, 5-*b*.
(865) BOI-IS-CESS-10, n° 280.
(866) *Ibid.*, n° 340.
(867) CGI, art. 221, 5-*c-i*.
(868) CGI, art. 209, II.
(869) CE, 7 juill. 2010, n° 309.009, *Sobrie : Dr. fisc.* 2010, n° 37, comm. 482, concl. J. Burguburu, note Ch. de la Mardière.

Il en résulte que le mécanisme d'atténuation conditionnelle de l'imposition immédiate[870] est applicable *mutatis mutandis*.

Il en résulte que l'atténuation de l'imposition immédiate suppose, en particulier, que l'imposition de l'ensemble des bénéfices, plus-values et profits en cause demeure possible dans le cadre de la nouvelle activité.

Par exception, les provisions réglementées antérieurement constituées échappent à l'atténuation conditionnelle et doivent faire l'objet d'une réintégration immédiate[871].

1695. – Fusion de sociétés. 1) En droit commercial, la fusion de sociétés est légalement définie comme l'opération par laquelle une ou plusieurs sociétés transmettent leur patrimoine à une société existante ou à une nouvelle société qu'elles constituent[872].

Les associés des sociétés qui fusionnent reçoivent des parts ou des actions de la ou des sociétés bénéficiaires et, éventuellement, une soulte en espèces dont le montant ne peut dépasser 10 % de la valeur nominale des parts ou des actions attribuées[873].

La fusion entraîne la dissolution sans liquidation des sociétés qui disparaissent et la transmission universelle de leur patrimoine aux sociétés bénéficiaires, dans l'état où il se trouve à la date de réalisation définitive de l'opération[874].

Elle entraîne simultanément l'acquisition, par les associés des sociétés qui disparaissent, de la qualité d'associés des sociétés bénéficiaires, dans les conditions déterminées par le contrat de fusion ou de scission[875].

2) Sur le plan des principes, la fusion de sociétés devrait toujours entraîner, en matière d'impôt sur les sociétés notamment, les conséquences attachées à la dissolution de la société absorbée, c'est-à-dire celles d'une cessation d'entreprise (V. *supra*, n° 1690). La loi fiscale retient d'ailleurs expressément cette solution[876].

En l'absence de dispositions particulières contraires, devraient en résulter (pour l'imposition des résultats) les conséquences fiscales suivantes :

a) pour la société absorbée (outre la perte définitive du droit au report des déficits antérieurement subis), l'imposition immédiate :

– du bénéfice d'exploitation afférent à la période écoulée entre la clôture du dernier exercice et le jour où la fusion devient effective ;

– des divers éléments du bénéfice dont l'imposition a été différée (et, en particulier, des provisions « non encore employées » et des plus-values antérieurement placées en report) ;

– des plus-values dégagées à l'occasion de la cession de ses éléments d'actif (plus-values de fusion) ;

b) pour la société absorbante, la reprise à son bilan, pour leur valeur d'apport, de tous les éléments apportés et, corrélativement, l'obligation :

– de déterminer (en cas de cession ultérieure de ces éléments) les plus-values à partir de leur valeur d'apport et de leur date d'entrée dans son patrimoine ;

– de procéder (s'agissant des immobilisations amortissables) aux amortissements nécessaires à partir de ces mêmes valeurs et dates, en fonction de leur durée d'utilisation probable (le mode d'amortissement dégressif étant par construction écarté s'agissant nécessairement de biens usagés).

De manière générale, la réalisation de la fusion ne génère en elle-même aucun profit pour la société absorbante (mais ce peut être le cas dans certaines hypothèses particulières comme, par exemple, lorsqu'elle détient une créance sur la société absorbée).

(870) CGI, art. 221 bis. – V. *supra*, n° 1692, 2.
(871) CGI, art. 221 bis.
(872) C. com., art. L. 236-1.
(873) Même disposition.
(874) C. com., art. L. 236-3, I.
(875) Même disposition.
(876) CGI, art. 221, 2.

Naturellement, ces conséquences coûteuses constitueraient un frein à la restructuration et au regroupement des entreprises. C'est la raison pour laquelle la loi fiscale a posé, assez tôt, des règles spéciales visant à organiser la neutralité fiscale de ces opérations[877]. Cette question a donné lieu plus tard à une des rares interventions du législateur communautaire dans le domaine de la fiscalité directe des entreprises[878].

Applicable sur agrément préalable, un dispositif particulier assez similaire existait dès l'origine de l'IS. Il conférait un caractère intercalaire à la fusion sauf en ce qui concernait « les plus-values (...) réalisées sur les marchandises » apportées[879] qui demeuraient taxables (comme, naturellement, les provisions devenues sans objet et le bénéfice d'exploitation de l'exercice). Ce régime avait été modifié par la loi du 12 juillet 1965 précitée. Bien que modifiée à près de vingt reprises, cette loi (qui supprimait l'exigence d'un agrément préalable pour les fusions tout en le maintenant pour les scissions et apports partiels d'actif) est directement à la base du dispositif actuel. C'est ce texte qui, en particulier, est à l'origine de la distinction entre biens amortissables et biens non amortissables dans le traitement de la plus-value de fusion (cette modification était rendue nécessaire par la réforme intégrale du régime des plus-values professionnelles que cette loi introduisait par ailleurs).

La directive du Conseil du 23 juillet 1990, n° 90/434/CEE, a organisé le régime fiscal commun applicable aux fusions « intracommunautaires » et opérations assimilées. La Cour de justice des Communautés européennes s'était reconnue compétente pour en interpréter les dispositions – y compris à l'occasion d'un litige purement interne non directement régi par cette directive – dès lors que le législateur national a décidé, lors de sa transposition en droit national, d'appliquer le même traitement aux situations purement internes et à celles relevant de la directive, « en sorte qu'il a aligné sa législation interne sur le droit communautaire »[880]. Dans le cas d'une opération purement interne, le contribuable peut donc, en raison de cet alignement, invoquer les dispositions de la directive. Il appartient toutefois au juge national – et exclusivement à celui-ci – d'apprécier les limites que le législateur national a pu apporter à l'application du droit communautaire dans de telles opérations (même arrêt).

3) Le régime spécial des fusions est incontestablement complexe dans ses modalités techniques. Sa logique profonde est pourtant d'une grande simplicité : il tend à conférer, sur le plan fiscal, un caractère intercalaire à l'opération de restructuration réalisée par le biais de la fusion.

Lorsque certaines conditions sont réunies, le même caractère intercalaire est reconnu *mutatis mutandis* aux apports partiels d'actif (V. *infra*, n° 1696) et aux scissions de société (V. *infra*, n° 1697).

Selon le Conseil d'État, le régime spécial déterminé par la loi, a pour but d'assurer la neutralité au plan fiscal des opérations de fusion de sociétés : « à cette fin, sauf lorsqu'il en a disposé autrement, [le législateur a entendu] regarder de telles opérations comme des opérations intercalaires ». En conséquence, eu égard à cet objectif et en l'absence de dispositions contraires, les éléments de l'actif immobilisé reçus en apport par une société à l'occasion d'une fusion placée sous le régime spécial, doivent être regardés comme figurant dans son patrimoine depuis la date de leur acquisition ou de leur création par la société absorbée. La même solution est applicable en cas d'apport partiel d'actif relevant du régime spécial[881].

---

(877) V. notamment L. 12 juill. 1965 modifiant l'imposition des entreprises et des revenus de capitaux mobiliers, art. 14 et s.

(878) V. Dir. 23 juill. 1990 concernant le régime fiscal commun applicable aux fusions, scissions, apports d'actifs et échanges d'actions intéressant des sociétés d'États membres différents.

(879) CGI, art. 210.

(880) CJCE, 17 juill. 1997, n° C 28/95, *Leur-Bloem : Dr. fisc.* 1997, n° 38, comm. 979, étude Ph. Derouin, p. 1100.

(881) CE, 11 févr. 2013, n° 356519, *Min. c/Sté Heineken France : Dr. fisc.* 2013, n° 26, comm. 354, concl. B. Bohnert, note M. Chadefaux, décidant, en conséquence, que la durée de détention de titres doit être déterminée en fonction de la date à laquelle ils sont initialement entrés dans le capital de la société ayant consenti l'apport et non en fonction de celle de la réalisation de l'apport.

Le texte organisant le régime spécial des fusions et opérations assimilées a fait l'objet de plusieurs commentaires administratifs généraux[(882)].

4) Normalement applicable de plein droit (c'est-à-dire sans agrément préalable) et présentant légalement un caractère facultatif, le régime spécial s'applique aux fusions auxquelles participent exclusivement des personnes morales ou organismes passibles de l'impôt sur les sociétés[(883)].

En présence d'apports faits à des personnes morales étrangères par des personnes morales françaises, le régime spécial des fusions n'est applicable que si ces apports ont été préalablement agréés par l'administration[(884)]. Les conditions d'octroi de cet agrément sont les mêmes que celles exigées, le cas échéant, en matière d'apports partiels d'actif et de scission de société (V. *infra*, n° 1696, 5).

Par ailleurs, un agrément spécial doit, en toute hypothèse, être obtenu en vue de permettre que les déficits antérieurs subis par la société absorbée (et non encore déduits) puissent être reportés sur les bénéfices ultérieurs de la société absorbante. Cet agrément est de droit lorsque les conditions – telles qu'elles ont été « identifiées » par le Conseil constitutionnel – sont réunies[(885)].

Les fusions relevant du régime spécial peuvent, indifféremment, revêtir deux formes distinctes :

– la fusion-absorption, c'est-à-dire l'opération par laquelle « une ou plusieurs sociétés absorbées transmettent, par suite et au moment de leur dissolution sans liquidation, l'ensemble de leur patrimoine à une autre société préexistante absorbante » ;

– la fusion simple, c'est-à-dire celle par laquelle « deux ou plusieurs sociétés absorbées transmettent, par suite et au moment de leur dissolution sans liquidation, l'ensemble de leur patrimoine à une société absorbante qu'elles constituent ».

En toute hypothèse, la transmission doit s'opérer moyennant l'attribution aux associés des sociétés absorbées des titres de la société absorbante et, éventuellement, d'une soulte ne dépassant pas 10 % de la valeur nominale de ces titres[(886)].

Lorsqu'elles n'entrent pas dans le champ d'application de la directive du 23 juillet 1990, précitée, sont exclues du champ d'application du régime spécial, les opérations de fusion mettant en cause (comme apporteuse ou bénéficiaire d'un apport) une société dont le siège est situé dans un État (ou un territoire) n'ayant pas conclu avec la France une convention fiscale contenant une clause d'assistance administrative en vue de lutter contre la fraude et l'évasion fiscales[(887)].

5) Fondamentalement, l'application du régime spécial tend à conférer sur le plan fiscal un caractère intercalaire à la fusion : l'imposition de la société absorbée est supprimée, pour être reportée sur la société absorbante qui la supportera à son nom.

Par ailleurs, se trouve exonérée d'IS la plus-value éventuellement réalisée par la société absorbante lors de l'annulation des actions ou parts de son propre capital qu'elle reçoit ou qui correspondent à ses droits dans la société absorbée.

a) La société absorbée bénéficie donc d'une exonération. Cette mesure concerne :

– les plus-values nettes et les profits dégagés sur l'ensemble des éléments d'actif apportés du fait d'une fusion ne sont pas soumis à l'impôt sur les sociétés[(888)] ;

(882) V. en dernier lieu BOI-IS-FUS.
(883) CGI, art. 210 C, 1.
(884) CGI, art. 210 C, 2.
(885) CGI, art. 209, II. – V. également *supra*, n° 935, 1.
(886) CGI, art. 210-0 A, I, 1°.
(887) CGI, art. 210-0 A, II.
(888) CGI, art. 210 A, 1.

Lorsqu'elle se rapporte à un élément non amortissable, l'exonération de la plus-value de fusion réalisée par la société absorbée a pour contrepartie l'obligation, pour la société absorbante, de déterminer les plus-values éventuellement réalisées ultérieurement à l'occasion de la cession d'un élément de cette nature d'après la valeur qu'il avait, du point de vue fiscal, dans les écritures de la société absorbée.

Lorsqu'elle se rapporte à un élément amortissable, la plus-value de fusion réalisée par la société absorbée est exonérée en ce qui la concerne. Elle est toutefois imposée (de manière échelonnée) entre les mains de la société absorbante. En contrepartie de cette imposition, la société absorbante est en droit, s'agissant de ces éléments, de déterminer les amortissements et plus-values de cession ultérieurs par référence à la valeur qui leur a été attribuée lors de l'apport. Lorsqu'une fusion à « l'endroit » (c'est-à-dire lorsque la situation de contrôle de l'actionnaire de la société absorbante est maintenue après la fusion) met en présence des sociétés sous contrôle distinct, la valeur d'apport des biens correspond à leur valeur réelle. Dans toutes les autres hypothèses, la valeur d'apport est la valeur nette comptable des biens telle qu'elle figure au bilan de la société absorbée.

– les provisions figurant au bilan de la société absorbée qui ne sont soumises à l'impôt sur les sociétés que si elles deviennent sans objet[(889)].

Dans le cadre du régime spécial, les seuls résultats imposables de la société absorbée tiennent théoriquement (outre aux provisions constituées devenues sans objet) aux opérations qu'elle a réalisées depuis le début de l'exercice en cours à la date de la fusion. Cette règle est toutefois écartée (aussi bien pour les résultats bénéficiaires que déficitaires) lorsque le traité de fusion prend rétroactivement effet au premier jour de cet exercice – à condition naturellement que l'exercice en cours de la société absorbante n'ait pas débuté à une date postérieure à la date de prise d'effet de la fusion[(890)].

Dans ce cas, les acomptes d'IS acquittés par la société absorbée au titre de la période intercalaire peuvent être « transférés » à la société absorbante[(891)].

b) Le bénéfice de ces mesures est subordonné à la condition que la société absorbante s'engage, dans l'acte de fusion, à respecter un certain nombre de prescriptions. La société absorbante doit :

– reprendre à son passif les provisions dont l'imposition est différée ;

– se substituer à la société absorbée pour la réintégration des résultats dont la prise en compte avait été différée pour l'imposition de cette dernière.

À cet égard, la société absorbante doit :

– calculer les plus-values réalisées ultérieurement à l'occasion de la cession des immobilisations non amortissables qui lui sont apportées d'après la valeur qu'elles avaient, du point de vue fiscal, dans les écritures de la société absorbée ;

– réintégrer dans ses bénéfices imposables les plus-values dégagées lors de l'apport des biens amortissables. Cette réintégration est normalement échelonnée dans le temps. Elle s'opère sur une période plus ou moins longue, en fonction de la nature de l'élément d'actif dont l'apport est à l'origine de la plus-value devant être réintégrée. Cette réintégration permet de conférer un caractère intercalaire à l'opération de fusion : en contrepartie, les amortissements et les plus-values ultérieurs afférents aux éléments amortissables sont calculés d'après la valeur qui leur a été attribuée lors de l'apport.

En principe, la réintégration échelonnée s'effectue par parts égales sur une période de cinq ans. Lorsque l'élément d'actif considéré est une construction (ou un élément assimilé) amortissable sur une période de quinze ans au moins, la réintégration est effectuée par parts égales sur une période de quinze ans. Un délai particulier de réintégration est prévu lorsque ces derniers éléments ont une part prépondérante dans la plus-value nette globale.

En cas de cession d'un bien amortissable au cours de la période de réintégration, la fraction de la plus-value afférente à ce bien qui n'a pas encore été réintégrée fait l'objet d'une imposition immédiate.

(889) CGI, art. 210 A, 2.

(890) CE, 26 mai 1993, n°s 78156 et a., *Sté Aussedat-Rey* : *Dr. fisc.* 1993, n° 32-37, comm. 1642, concl. J. Arrighi de Casanova.

(891) BOI-IS-FUS-40-10-30, n°s 110 et 120.

Les droits afférents à certains contrats de crédit-bail ou les titres du portefeuille dont le résultat de cession est exclu du régime des plus ou moins-values à long terme (titres de placement notamment) sont assimilés à des éléments de l'actif immobilisé. En cas de cession ultérieure de ces droits ou titres, la plus-value réalisée par la société absorbante est calculée d'après la valeur que ces titres avaient, du point de vue fiscal, dans les écritures de la société absorbée ;

– inscrire à son bilan les éléments autres que les immobilisations pour la valeur qu'ils avaient, du point de vue fiscal, dans les écritures de la société absorbée.

À défaut, la société absorbante doit comprendre dans ses résultats de l'exercice au cours duquel intervient l'opération le profit correspondant à la différence entre la nouvelle valeur de ces éléments et la valeur qu'ils avaient, du point de vue fiscal, dans les écritures de la société absorbée.

6) La mise en œuvre du régime spécial suppose naturellement que des obligations déclaratives particulières soient accomplies par les sociétés en présence.

Ces sociétés doivent joindre à leur déclaration de résultat un état faisant apparaître, pour chaque nature d'éléments, les renseignements nécessaires au calcul du gain de cession ultérieur des éléments considérés[892].

1696. – **Apports partiels d'actif.** 1) L'apport partiel d'actif peut se définir, de manière générale, comme « l'opération par laquelle une personne morale apporte une partie de ses éléments d'actif à une autre personne morale et reçoit en échange des titres émis par la société bénéficiaire des apports »[893].

Contrairement à la fusion ou à la scission, l'apport partiel d'actif ne se traduit pas par la disparition de la société apporteuse. L'apport en société est toutefois légalement regardé comme constitutif, en principe, de la cessation d'activité de la société apporteuse[894].

2) Sous certaines conditions, les apports partiels d'actif portant sur une branche complète d'activité peuvent, pour l'application de l'impôt sur les sociétés, relever du régime spécial des fusions lorsqu'ils sont réalisés entre sociétés passibles de cet impôt[895].

À défaut d'application du régime spécial, la société apporteuse serait imposable à l'IS à raison de la plus-value réalisée lors de l'apport partiel. Par ailleurs, cette société serait imposable au titre de la répartition des titres rémunérant l'apport (cette opération étant regardée comme une distribution). Enfin, selon l'administration, un apport partiel portant sur une branche complète d'activité constitue « une cessation partielle d'entreprise et entraîne, dès lors, les conséquences fiscales d'une telle opération »[896].

3) Proche du régime spécial des fusions – et présentant comme ce dernier un caractère facultatif – le régime spécial des apports partiels d'actif s'applique, selon les cas, de plein droit ou sur agrément préalable.

Le régime spécial n'est pas applicable aux opérations d'apport partiel d'actif (n'entrant pas dans le champ d'application de la directive du 23 juillet 1990, préc.) lorsqu'une société, apporteuse ou bénéficiaire d'un apport, a son siège dans un État ou territoire n'ayant pas conclu avec la France une convention fiscale contenant une clause d'assistance administrative en vue de lutter contre la fraude et l'évasion fiscales[897].

4) Le régime spécial s'applique de plein droit si les conditions suivantes sont réunies :

– la société bénéficiaire de l'apport partiel est une société de capitaux française[898] ;

(892) CGI, art. 54 septies. – CGI, ann. III, art. 38 quindecies.
(893) BOI-IS-FUS-20-10, n° 60.
(894) CGI, art. 221, 2.
(895) CGI, art. 210 B et 210 C.
(896) BOI-IS-FUS-20-40-30, n° 100, admettant toutefois qu'il n'y a pas lieu d'établir dans ce cas l'imposition immédiate des résultats de la branche d'activité ou de l'établissement apporté.
(897) CGI, art. 210-0 A, II.
(898) CGI, art. 210 C, 2.

– l'apport partiel d'actif porte sur une ou plusieurs branches complètes d'activités ou des éléments assimilés[899] ;

La loi interne semble conforme au droit de l'Union européenne qui donne de la « branche complète d'activité » (au sens des règles qu'il établit) la définition suivante : « ensemble des éléments d'actif et de passif d'une division d'une société qui constituent, du point de vue de l'organisation, une exploitation autonome, c'est-à-dire un ensemble capable de fonctionner par ses propres moyens »[900].

Les dispositions réglementaires prises pour l'application de l'article 210 B du CGI précisent que, pour pouvoir relever du régime spécial, l'apport partiel doit porter « sur l'ensemble des éléments qui forment soit une, soit plusieurs branches complètes et autonomes d'activité », être rémunéré « par l'attribution de droits représentatifs du capital de la société bénéficiaire » – les apports pouvant toutefois « faire l'objet de règlements sous une autre forme dans la limite de 10 % de la valeur nominale des droits attribués » et ne pas entraîner la dissolution de la société apporteuse[901].

Selon le Conseil d'État, le régime spécial peut s'appliquer à la condition que l'apport partiel d'actif concerne « une branche d'activité susceptible de faire l'objet d'une exploitation autonome chez la société apporteuse comme chez la société bénéficiaire de l'apport, sous réserve que cet apport opère un transfert complet des éléments essentiels de cette activité tels qu'ils existaient dans le patrimoine de la société apporteuse et dans des conditions permettant à la société bénéficiaire de l'apport de disposer durablement de tous ces éléments »[902].

– la société apporteuse prend l'engagement (dans l'acte d'apport) de « conserver pendant trois ans les titres remis » en contrepartie de l'apport et « de calculer ultérieurement les plus-values de cession afférentes à ces mêmes titres par référence à la valeur que les biens apportés avaient, du point de vue fiscal, dans ses propres écritures »[903].

Le non-respect de l'engagement de conservation des titres est normalement sanctionné par la déchéance rétroactive du régime spécial. Les titres représentatifs d'un apport partiel grevés de l'engagement de conservation peuvent toutefois être apportés, sans remise en cause du régime spécial, dans le cadre d'une fusion (ou d'une scission ou d'un apport partiel d'actif) également placée sous le régime spécial, si la société bénéficiaire de l'apport conserve les titres reçus jusqu'à l'expiration du délai de conservation en cours[904].

5) Le régime spécial s'applique sur agrément préalable lorsque les conditions précédentes ne sont pas réunies.

Depuis la loi de finances pour 2000[905], l'agrément est de droit lorsque (compte tenu des éléments faisant l'objet de l'apport) l'opération :

– est « justifiée par un motif économique, se traduisant notamment par l'exercice par la société bénéficiaire de l'apport d'une activité autonome ou l'amélioration des structures, ainsi que par une association entre les parties » ;

– n'a « pas comme objectif principal ou comme un de ses objectifs principaux la fraude ou l'évasion fiscales » ;

– comporte des « modalités [permettant] d'assurer l'imposition future des plus-values mises en sursis d'imposition »[906].

Reproduisant fidèlement les termes de l'arrêt *Leur-Bloem* de la Cour de justice des Communautés européennes, les dispositions prévoyant les conditions d'octroi de l'agrément sont certainement compatibles avec la directive du 23 juillet 1990, précitée (V. *infra*, n° 1695, 2).

(899) CGI, art. 210 B, 1.
(900) Dir. CEE 23 juill. 1990, préc., art. 2, *i*.
(901) CGI, ann. II, art. 301 E et 301 F.
(902) CE, 27 juill. 2005, n° 259.052, *Sté La Bergère lorraine : Dr. fisc.* 2006, n° 8, comm. 191, concl. L. Olléon.
(903) CGI, art. 210 B, 1, *a* et *b*.
(904) CGI, art. 210 B bis.
(905) L. 30 déc. 1999, art. 22.
(906) CGI, art. 210 B, 3.

6) Les conséquences de l'application du régime spécial sont similaires à celles prévues en matière de fusion de sociétés.

a) Pour la *société apporteuse*, la conséquence principale tient, en matière d'IS, à l'exonération de la plus-value d'apport (étant précisé que, dès lors que la société continue d'exister, l'apport partiel est sans incidence sur la date de détermination de ses résultats qui demeurent logiquement imposables à la clôture de l'exercice).

Sous réserve qu'ils ne se rapportent pas à l'activité transférée, ses déficits antérieurs restent reportables sur ses bénéfices ultérieurs dans les conditions de droit commun (V. *supra*, n° 1684). Tel n'est pas le cas, en principe, des déficits se rapportant à l'activité transférée. Toutefois, ces déficits peuvent, sur agrément préalable, être transférés à la société bénéficiaire de l'apport partiel[907].

En cas de cession ultérieure des titres remis en rémunération de l'apport partiel, la plus-value réalisée par la société apporteuse est déterminée par référence à la valeur que les biens apportés avaient, au plan fiscal, dans ses propres écritures[908].

b) Les conséquences de l'application du régime spécial sont plus nombreuses pour la *société bénéficiaire de l'apport*. Pour l'essentiel, la société apporteuse doit :

– inscrire à son bilan les éléments autres que les immobilisations pour la valeur qu'ils avaient, du point de vue fiscal, dans les écritures de la société apporteuse ;

– calculer les plus-values réalisées ultérieurement à l'occasion de la cession des immobilisations non amortissables qui lui sont apportées d'après la valeur qu'elles avaient, du point de vue fiscal, dans les écritures de la société apporteuse ;

– procéder à l'amortissement des immobilisations amortissables qui lui sont apportées. Selon les cas, cet amortissement est opéré par poursuite du plan d'amortissement en cours dans les écritures de la société apporteuse (inscription des immobilisations à leur valeur comptable) ou dans les conditions ordinaires (inscription des immobilisations à leur valeur réelle) ;

– procéder à la réintégration étalée des plus-values dégagées par la société apporteuse lors de l'apport des biens amortissables.

1697. – Scission de société. 1) En droit commercial, la scission de société est légalement définie comme l'opération par laquelle une société transmet son patrimoine à plusieurs sociétés existantes ou à plusieurs sociétés nouvelles[909].

Les associés de la société scindée reçoivent des parts ou des actions de la ou des sociétés bénéficiaires et, éventuellement, une soulte en espèces dont le montant ne peut dépasser 10 % de la valeur nominale des parts ou des actions attribuées[910].

La scission entraîne la dissolution sans liquidation de la société scindée et la transmission universelle de son patrimoine aux sociétés bénéficiaires, dans l'état où il se trouve à la date de réalisation définitive de l'opération[911].

Elle entraîne simultanément l'acquisition, par les associés de la société scindée, de la qualité d'associés des sociétés bénéficiaires, dans les conditions déterminées par le contrat de fusion[912].

2) Sur le plan fiscal, la scission produit donc en principe l'ensemble des conséquences fiscales de la dissolution de la société scindée, c'est-à-dire celles d'une cessation d'entreprise (V. *supra*, n° 1690).

La scission suppose la réalisation d'un apport en société qui est lui-même légalement regardé comme constitutif, en principe, de la cessation d'activité de la société apporteuse[913].

(907) CGI, art. 209, II.
(908) CGI, art. 210 B, 1, *b*.
(909) C. com., art. L. 236-1.
(910) Même disposition.
(911) C. com., art. L. 236-3, I.
(912) Même disposition.
(913) CGI, art. 221, 2.

3) Toutefois, à supposer que l'ensemble des sociétés possèdent le statut fiscal de sociétés de capitaux, le régime spécial des fusions peut s'appliquer. Comme en matière d'apports partiels d'actif, le régime spécial (qui demeure facultatif) s'applique selon les cas de plein droit ou sur agrément préalable.

La directive du Conseil du 23 juillet 1990, précitée, définit la scission de société (au sens des règles qu'elle établit) comme « l'opération par laquelle une société transfère, par suite et au moment de sa dissolution sans liquidation, l'ensemble de son patrimoine, activement et passivement, à deux ou plusieurs sociétés préexistantes ou nouvelles, moyennant l'attribution à ses associés, selon une règle proportionnelle, de titres représentatifs du capital social des sociétés bénéficiaires de l'apport et, éventuellement, d'une soulte en espèces ne dépassant pas 10 % de la valeur nominale ou, à défaut de valeur nominale, du pair comptable de ces titres » (art. 2, *b*).

Le régime spécial n'est pas applicable aux opérations de scission n'entrant pas dans le champ d'application de la directive communautaire du 23 juillet 1990 (préc.), lorsqu'une société, apporteuse ou bénéficiaire d'un apport, a son siège dans un État ou territoire n'ayant pas conclu avec la France une convention fiscale contenant une clause d'assistance administrative en vue de lutter contre la fraude et l'évasion fiscales(914).

4) Le régime spécial s'applique de plein droit si les conditions suivantes sont réunies(915) :

– la société scindée doit comporter au moins deux branches complètes d'activités (ou éléments assimilés) ;

– chacune des sociétés bénéficiaires des apports reçoit une ou plusieurs de ces branches d'activités ;

La notion de branche complète d'activité s'entend comme en matière d'apports partiels d'actif (V. *supra*, n° 1696, 4).

– aucune des sociétés bénéficiaires des apports n'est une personne morale étrangère ;

– les associés de la société scindée se voient attribuer des titres des sociétés bénéficiaires des apports proportionnellement à leurs droits dans le capital de la société scindée ;

Pour l'application de cette règle, il est fait abstraction des titres « auto-détenus » par la société scindée ou détenus par l'une des sociétés bénéficiaires de l'apport.

Ce principe de répartition proportionnelle tend à exclure du champ d'application du régime spécial les opérations de « scission-partage », c'est-à-dire la réalisation d'une opération patrimoniale, sous couvert d'une scission(916).

– les associés « principaux » de la société scindée s'engagent, dans l'acte de scission, à conserver pendant trois ans les titres représentatifs de l'apport (les droits de vote détenus par ces associés devant représenter au total 20 % au moins du capital de la société scindée).

Ces associés « principaux » sont définis légalement comme ceux qui alternativement :

– détiennent dans la société scindée 5 % au moins des droits de vote ;

– détiennent au moins 0,1 % des droits de vote de la société scindée et y exercent (ou y ont exercé) dans les six mois précédant l'approbation de la scission (directement ou indirectement) des fonctions de direction, d'administration ou de surveillance(917).

Le défaut de souscription de l'engagement de conservation ou le non-respect de l'obligation de conservation par un associé d'une société scindée n'entraîne pas la déchéance rétroactive du régime spécial mais l'application d'une amende fiscale à l'intéressé(918). Les titres représentatifs d'une scission

(914) CGI, art. 210-0 A, II.
(915) CGI, art. 210-0 A, I, 2°, art. 210 B et art. 210 C, 2.
(916) BOI-IS-FUS-20-10, n° 50.
(917) CGI, art. 210 B.
(918) CGI, art. 1768. – CGI, art. 1734 ter A, anc.

grevés de l'engagement de conservation peuvent toutefois être apportés, sans que l'infliction de l'amende ne soit encourue, dans le cadre d'une fusion (ou d'une scission ou d'un apport partiel d'actif) également placée sous le régime spécial, si la société bénéficiaire de l'apport conserve les titres reçus jusqu'à l'expiration du délai de conservation en cours[919].

5) À défaut de l'une ou l'autre de ces conditions, le régime spécial n'est applicable que sur agrément préalable.

Les conditions de délivrance de l'agrément sont les mêmes que dans le cas des apports partiels d'actif (V. *supra*, n° 1696, 5).

6) Les effets de l'application du régime spécial sont identiques, *mutatis mutandis*, à ceux retenus en matière de fusion de sociétés.

La société scindée est regardée comme la société absorbée et la société bénéficiaire des apports comme la société absorbante.

SECTION 4

LE TRAITEMENT FISCAL DU RÉSULTAT IMPOSABLE À L'IMPÔT SUR LES SOCIÉTÉS

SOUS-SECTION 1

LE CALCUL DE L'IMPÔT SUR LES SOCIÉTÉS

§ 1. – La détermination de l'impôt brut

A. – Taux normal

1698. – Taux de droit commun. Depuis la loi de finances pour 1993[920], le taux normal de l'impôt sur les sociétés est fixé à 33 1/3 %.

Ce taux s'applique, en principe, à l'intégralité du bénéfice imposable – indépendamment de l'emploi qui en est fait. En effet, cette même loi a abrogé définitivement le mécanisme de double taux de l'impôt sur les sociétés (en vigueur depuis 1989) qui conduisait à l'exigibilité d'un supplément d'impôt sur les sociétés sur la fraction du bénéfice faisant l'objet d'une distribution. Cela étant, la deuxième loi de finances rectificative du 17 août 2012 (art. 6) a institué une « contribution additionnelle à l'impôt sur les sociétés au titre des montants distribués » (V. *infra*, n° 1710) qui produit des effets largement similaires.

Le taux de 33 1/3 % s'est appliqué aux exercices ouverts à compter du 1er janvier 1993.

Le projet de loi de finances pour 2017 envisage l'abaissement à 28 % du taux normal de l'IS[921]. Si le dispositif projeté était adopté en l'état :

– dès 2017, pour l'ensemble des PME (au sens indiqué *infra*, n° 1699), dans la limite de 75 000 € de bénéfice ;

– en 2018, pour l'ensemble des sociétés, dans la limite de 500 000 € de bénéfice ;

(919) CGI, art. 210 B bis.
(920) L. 30 déc. 1992, art. 11.
(921) Selon l'exposé des motifs du projet de loi, l'adoption de cette mesure permettrait de rapprocher le taux de l'IS français du taux moyen observé au sein de l'UE (hors Royaume-Uni) qui s'établit à 23,2 % (20 % au Royaume-Uni). Ce taux moyen n'a pas pas grande signification pour n'être ni pondéré, ni corrigé des écarts existant entre les règles d'assiette conduisant à la détermination du bénéfice imposable.

– en 2019, pour les sociétés (ou groupes intégrés) réalisant un chiffre d'affaires HT inférieur à 1 Md€, sur l'ensemble de leurs bénéfices ;

– en 2020, pour l'ensemble des sociétés, quel que soit le montant de leur chiffre d'affaires.

Pour les exploitations situées dans les départements d'outre-mer et relevant des secteurs éligibles à la défiscalisation[922], les taux de l'IS (qu'il s'agisse du taux normal ou des taux réduits applicables aux plus-values à long terme) s'appliquaient après une réfaction d'assiette d'un tiers[923]. Cette mesure de faveur, qui conduisait notamment à appliquer aux résultats de ces exploitations un taux « normal » d'IS de 22,22 %, devait s'appliquer jusqu'au 31 décembre 2017. La loi de finances pour 2012[924] a supprimé par anticipation cette réfaction d'assiette qui ne s'applique plus aux résultats des exercices clos à compter du 31 décembre 2011.

Par ailleurs, lorsqu'ils ne sont pas exonérés, les revenus patrimoniaux des organismes publics ou privés à but non lucratif sont soumis à l'IS à un taux réduit (V. *supra*, n° 1700).

Le taux de droit commun de l'IS a longtemps été fixé à 50 %. La loi de finances pour 1986[925] avait abaissé le taux à 45 % pour les seuls bénéfices non distribués et affectés à une réserve spéciale. Cette disposition n'est jamais appliquée en raison de la première loi de finances rectificative pour 1986[926] qui, supprimant cette condition d'affectation, fixe à 45 % le taux d'IS. Il sera ramené à 42 % par la loi du 17 juin 1987 sur l'épargne (art. 66).

La loi de finances pour 1989[927] a abaissé le taux d'IS à 39 % tout en prévoyant un supplément d'IS exigible au titre des bénéfices distribués (en vue de maintenir la taxation de cette fraction des bénéfices au taux de 42 %). Les lois de finances pour 1990[928] et pour 1991[929] ont diminué le taux d'IS à 37 % puis 34 %. Elles ont maintenu le dispositif de supplément d'IS qui sera supprimé *de facto* par la loi de finances pour 1992[930] puis *de jure* par la loi de finances pour 1993[931].

ANNÉE D'IMPOSITION (OUVERTURE DE L'EXERCICE)	TAUX DE L'IS	SUPPLÉMENT D'IS EN CAS DE DISTRIBUTION
1949	24 %	–
1950 à 1952	34 %	–
1953	36 %	–
1954	28 %	–
1955	41,8 %	–
1956 et 1957	45,6 %	–
1958 à 1985	50 %	–
1986 et 1987	45 %	–
1988	42 %	–
1989	39 %	3/58e
1990	37 %	5/58e
1991	34 %	8/58e
1992	34 %	0 %
Depuis 1993	33 1/3 %	–

(922) CGI, art. 199 undecies B.
(923) CGI, art. 217 bis.
(924) L. 28 déc. 2011, art. 10.
(925) L. 30 déc. 1985, art. 3.
(926) L. 11 juill. 1986, art. 1er.
(927) L. 23 déc. 1988, art. 12.
(928) L. 29 déc. 1989, art. 18.
(929) L. 29 déc. 1990, art. 4.
(930) L. 30 déc. 1991, art. 10.
(931) L. 30 déc. 1992, art. 11.

Applicable de 1958 à 1985, le taux de 50 % peut apparaître très élevé. Il convient toutefois de relever qu'il s'est appliqué au cours d'une période pendant laquelle le contrôle des bénéfices déclarés a pu ne pas toujours être très efficace (et où le taux de 50 % a pu se trouver appliqué, en conséquence, à une assiette anormalement réduite).

Comme on pouvait l'imaginer (V. la précédente édition de cet ouvrage), la situation des finances publiques, dont l'état calamiteux s'est trouvé aggravé par la crise économique et financière, a conduit le législateur à rétablir une taxation *renforcée* des bénéfices distribués (V. *infra*, n° 1710).

B. – Taux réduits

1699. – **Bénéfices des PME.** Depuis la loi de finances pour 2001[932], le bénéfice imposable des petites et moyennes entreprises soumises de plein droit ou sur option à l'impôt sur les sociétés est partiellement taxé à un taux réduit. Ce taux réduit – qui s'applique à la fraction du bénéfice imposable qui n'excède pas 38 120 € – est fixé à 15 %[933].

La loi précitée a prévu une diminution en deux temps du taux d'imposition des bénéfices des PME : un taux réduit de 25 % a été appliqué pour les exercices ouverts en 2001, puis un taux de 15 % pour les exercices ouverts à compter de 2002.

Pour l'application de ce régime, une PME s'entend d'une société :

– ayant réalisé un chiffre d'affaires inférieur à 7 630 000 € (hors taxes) au cours de l'exercice annuel considéré ;

– dont le capital (entièrement libéré) est détenu de manière continue pour 75 % au moins par des personnes physiques ou par une autre société (répondant à la condition tenant au chiffre d'affaires) directement détenue, pour 75 % au moins, par des personnes physiques.

1) On peut relever, sans y insister, que la loi pose des critères autonomes de qualification de la PME. Ces critères sont en effet distincts de ceux retenus en droit européen (V. *infra*, n° 1595, 3).

2) La condition tenant au chiffre d'affaires est appréciée en tenant compte (selon l'administration) du volume des activités réalisées à l'étranger et non imposables en France. Il est fait abstraction de la fraction du chiffre d'affaires lié à la perception de produits financiers ou de produits exceptionnels.

La condition tenant au capital s'apprécie au niveau des droits financiers et des droits de vote. Pour déterminer le pourcentage de participation des personnes physiques, il est fait abstraction des participations des sociétés de capital-risque, des fonds communs de placement à risques, des sociétés de développement régional et des sociétés financières d'innovation, sauf existence d'un lien de dépendance (V. *supra*, n° 1677, 2) entre la société en cause et l'un ou l'autre de ces organismes.

La limite légale d'application du taux réduit est déterminée abstraction faite des plus-values taxées à un taux réduit (V. *supra*, n°s 1665 et s.) et des bénéfices exonérés ou situés hors du champ d'application de l'impôt.

3) Le taux réduit est susceptible de s'appliquer à un groupe fiscalement intégré (V. *supra*, n°s 1620 et s.). La condition tenant à la détention du capital s'apprécie au niveau de la société tête de groupe. Celle tenant au chiffre d'affaires est appréciée en faisant la somme des chiffres d'affaires de chacune des sociétés membres de ce groupe.

1700. – **Revenus patrimoniaux des établissements publics et organismes sans but lucratif.** 1) Alors même qu'ils ne seraient pas passibles des impôts « commerciaux », les établissements publics, les associations et les collectivités sans but lucratif sont en principe taxables à l'impôt sur les sociétés à raison de certains de leurs revenus « patrimoniaux ».

(932) L. 30 déc. 2000, art. 7.
(933) CGI, art. 219, I, *b*.

a) Les organismes visés par ce dispositif sont, sauf exception, les établissements publics et les associations et collectivités non soumises à l'IS en vertu d'une autre disposition[934] ainsi que, sous la même réserve, les associations intermédiaires agréées et les associations agréées de services aux personnes[935].

b) Ce régime d'imposition des revenus patrimoniaux ne s'applique pas :

– depuis la loi de finances pour 2005[936], aux fondations reconnues d'utilité publique, cette mesure visant à compenser la suppression de l'avoir fiscal dont elles pouvaient bénéficier antérieurement ;

– depuis la loi de modernisation pour l'économie du 4 août 2008 (art. 140), aux fonds de dotation dont les statuts ne prévoient pas la possibilité de consommer leur dotation en capital (V. *supra*, n° 1611) ;

– aux établissements scientifiques, d'enseignement et d'assistance[937].

2) Ces revenus patrimoniaux sont, sauf exonération, frappés au taux réduit de 24 % ou, pour certains revenus mobiliers, à un taux réduit de 10 % ou 15 %[938].

a) Certains revenus sont exonérés d'IS. Il s'agit de certains produits financiers ou soumis à un prélèvement ou une retenue à la source libératoire.

b) Le taux de 24 % correspond au taux initial de l'IS. Il s'est transformé en taux réduit en raison de l'augmentation du taux de droit commun de cet impôt. Il s'applique notamment aux revenus suivants :

– revenus locatifs des immeubles bâtis et non bâtis dont l'organisme est propriétaire ;

– revenus tirés de l'exploitation des propriétés agricoles ou forestières ;

– revenus des valeurs mobilières étrangères autres que les dividendes.

c) Le taux de 15 % s'applique aux dividendes versés par des sociétés de capitaux sans qu'il y ait lieu de distinguer, depuis la troisième loi de finances rectificative pour 2009[939], que ces sociétés sont françaises ou étrangères. Avant cette loi, une exonération s'appliquait aux dividendes reçus des (seules) sociétés françaises soumises à l'IS. Sa compatibilité avec le droit communautaire était évidemment discutable.

d) Le taux de 10 % s'applique aux revenus d'obligations et de titres assimilés, aux produits des créances négociables ou au produit de parts de fonds communs de créances.

e) Selon le Conseil d'État, les revenus de capitaux mobiliers dont une association dispose présentent un caractère imposable alors même que l'association n'en aurait la disposition qu'à titre de dépositaire. Tel n'est pas le cas, en revanche, des revenus patrimoniaux découlant, pour une association, de l'accomplissement d'une activité indissociable du but non lucratif qu'elle poursuit et dont la perception découle, non de la mise en valeur d'un patrimoine ou du placement de sommes disponibles, mais de la réalisation même de la mission désintéressée qui correspond à son objet social[940].

f) Les plus-values ne sont pas regardées comme des revenus et sont donc hors du champ d'application de ce régime spécial d'imposition. Par ailleurs, les revenus « patrimoniaux » concourant directement à l'exécution même de l'activité non lucrative de l'organisme et provenant d'un bien indissociable des autres moyens qui y sont affectés ne sont pas imposables[941].

g) La troisième loi de finances rectificative pour 2009 (préc. *supra*, pt *c*) a supprimé le seuil de mise en recouvrement (150 €) et le mécanisme de décote qui lui était associé lorsque l'IS dû était compris entre 150 € et 300 €[942].

1701. – Plus-values à long terme. Certaines plus-values à long terme demeurent soumises à des taux réduits d'imposition (ou sont même exonérées) lorsqu'elles sont

(934) CGI, art. 206, 5.
(935) CGI, art. 206, 5 bis.
(936) L. 30 déc. 2004, art. 20.
(937) CGI, art. 206, 5.
(938) CGI, art. 206, 5, et art. 219 bis.
(939) L. 30 déc. 2009, art. 34.
(940) CE, plén., 4 juill. 2014, n° 361.316, *Caisse de règlements pécuniaires des avocats de Rhône-Alpes* : *Dr. fisc.* 2014, n° 42, comm. 588, concl. B. Bohnert.
(941) V., pour le cas des revenus tirés d'un domaine agricole affecté par un centre d'aide par le travail à la rééducation professionnelle de travailleurs handicapés dont il a la charge, CE, 22 oct. 1980, n° 4906 : *Dr. fisc.* 1981, n° 5, comm. 204.
(942) CGI, art. 219 bis, II et III, anc.

réalisées par une société passible de l'impôt sur les sociétés (V. *supra*, n°s 1665 et s.). Dans cette hypothèse, elles ne sont naturellement pas comprises dans l'assiette imposable à l'impôt sur les sociétés au taux ordinaire.

§ 2. – L'imputation des crédits et réductions d'impôt sur les sociétés

A. – Crédits d'impôt attachés à certains revenus

1702. – **Revenus ayant subi une retenue à la source.** Certains revenus compris dans le bénéfice imposable d'une société passible de l'impôt sur les sociétés peuvent ouvrir droit à un crédit d'impôt.

À supposer qu'elle soit en mesure d'en justifier l'existence, la société peut, dans ce cas, retrancher de l'impôt sur les sociétés mis à sa charge le montant du crédit imputable.

L'excédent non imputable peut faire l'objet d'une restitution.

Pour l'essentiel, les revenus ouvrant droit à ces crédits d'impôt sont les revenus mobiliers de source française ou étrangère ayant été soumis à une retenue à la source à l'occasion de leur versement à la société[943].

1) S'agissant des revenus de source française, cette situation se rencontre essentiellement pour les produits de bons de caisse et, éventuellement, les produits de certaines obligations anciennement émises. En revanche, les autres revenus mobiliers et, en particulier, les dividendes de source française n'ouvrent plus droit à aucun crédit d'impôt depuis la suppression du mécanisme de l'avoir fiscal[944].

2) S'agissant des revenus d'origine étrangère, l'ouverture d'un crédit d'impôt suppose que le revenu trouve sa source dans un État lié avec la France par une convention fiscale prévoyant l'imputation totale ou partielle, sur l'impôt français, de l'impôt retenu à l'étranger. C'est généralement le cas pour les revenus mobiliers (dividendes et intérêts d'obligations, tantièmes et jetons de présence reçus en qualité d'administrateur) mais également pour certaines redevances de droits de la propriété intellectuelle ou assimilés. Dans ces hypothèses, le crédit d'impôt est déterminé en appliquant au montant brut des produits un taux de prélèvement défini par la convention applicable.

a) Par application de la règle du butoir, le montant imputable du crédit d'impôt est limité au montant de l'IS, dû au titre de l'exercice, correspondant aux revenus auquel il est attaché. Son excédent éventuel sur le montant d'IS exigible n'est ni reportable ni restituable. Il en résulte que les crédits d'impôt attachés à des revenus perçus au cours d'un exercice déficitaire sont, à cet égard, perdus (V. également *infra*, pt *b*). Ceci conduit naturellement les entreprises à optimiser, selon des modalités parfois acrobatiques, la gestion de ces crédits d'impôt[945].

b) Une entreprise déficitaire à la clôture d'un exercice ne supporte pas d'IS au titre de l'exercice considéré et ne peut, par construction, procéder à imputation d'un crédit d'impôt étranger sur l'impôt exigible en France. La question de savoir si elle peut, à défaut, déduire les crédits d'impôt non imputés de son résultat imposable (et, partant, augmenter ses déficits reportables) est délicate. Sans doute cette déduction doit-elle être admise par application des règles générales de détermination du résultat imposable[946]. Mais il a été jugé que des stipulations conventionnelles peuvent s'opposer à cette

(943) CGI, art. 220.
(944) L. fin. 2004, 30 déc. 2003, art. 93.
(945) V. CE, 7 sept. 2009, n° 305.586, *Sté Axa*, et n° 305.596, *Sté Henri Goldfarb : Dr. fisc.* 2009, n° 39, comm. 484, concl. L. Olléon, retenant, à propos de l'ancien avoir fiscal, le caractère non abusif d'une vente à réméré de titres. – Comp. CGI, art. 220, 1-*a*, al. 3 et s., issu de L. fin. 2011, 29 déc. 2010, art. 14, privant largement d'intérêt ce type de cession temporaire de titres.
(946) CGI, art. 39, 1-4°.

déduction[947], notamment lorsqu'elles prévoient, en présence d'un revenu de source étrangère assorti d'un crédit d'impôt imputable sur l'impôt français, que « l'impôt [étranger] n'est pas déductible pour le calcul du revenu imposable en France »[948].

Cette solution critiquable, qui contredit la préoccupation fréquemment observée en jurisprudence selon laquelle la situation du contribuable ne peut se trouver normalement aggravée du fait de l'application d'une convention fiscale internationale[949], a cependant été réaffirmée par le Conseil d'État[950].

B. – Crédits d'impôt attachés à certaines dépenses

1703. – Variété des crédits et réductions d'impôt. De très nombreuses dépenses de l'entreprise ouvrent droit à des crédits ou, plus rarement, à des réductions d'impôt sur les sociétés. Ces mesures peuvent être de deux types. Les premières sont ouvertes à toutes les entreprises (soumises à un régime réel d'imposition) indépendamment de leur statut fiscal ; les secondes sont propres aux sociétés de capitaux.

1704. – Niches partagées. La liste des crédits et réductions d'impôt communs à l'impôt sur le revenu et à l'impôt sur les sociétés est impressionnante.

Leur nombre est révélateur de la pathologie affectant notre système fiscal – étant précisé que les différents avantages résultant de ces dispositifs sont normalement cumulables, sauf application des règles européennes relatives aux aides d'État (la liste de ces mesures est indiquée *supra*, n° 1545, 2).

Le dispositif de plafonnement « global » des « niches fiscales » ne s'applique pas aux avantages fiscaux intéressant la fiscalité des entreprises (V. *supra*, n° 1543).

1705. – Niches propres. Les sociétés passibles de l'impôt sur les sociétés possèdent leurs « niches fiscales » particulières. Les crédits et réductions d'impôt propres aux sociétés de capitaux sont moins nombreux que ceux applicables à la généralité des entreprises (même si l'on peut déceler une tendance, au cours de la période récente, à leur augmentation).

Naturellement, dans le silence de la loi, les crédits et réductions d'impôt prévus en matière d'IR ne trouvent pas légalement application en matière d'IS. C'est le cas, par exemple, des crédits d'impôt prévus au titre du paiement de cotisations syndicales[951] ou des primes d'assurance pour loyers impayés[952].

Les crédits et les réductions d'IS tendent, de la même manière, à la diminution directe de l'impôt exigible. Comme en matière d'IR, elles se distinguent en ce que, contrairement à la solution retenue à l'égard des crédits d'impôt, le montant d'une réduction d'impôt qui excède l'impôt théoriquement exigible ne peut donner lieu à restitution. Il en résulte qu'il convient de procéder à l'imputation préalable des réductions d'impôt.

(947) CE, 11 juill. 1991, n° 57.391, *Sté française des techniques Lummus* : *Dr. fisc.* 1993, n° 31, comm. 1588. – *Adde*, CE, 20 nov. 2002, n° 230.530, *Sté Éts Soulès et Cie* : *Dr. fisc.* 2002, n° 50, act. 234 ; *Rec. CE* 2002, p. 406.
(948) CAA Versailles, 16 juill. 2012, n° 11-1877, *Min. c/Sté Céline* : *Dr. fisc.* 2012, n° 49, comm. 547, concl. J.-E. Soyez, note crit. O. Fouquet et Ph. Durand.
(949) Sur cette « idée » de non-aggravation, V. en dernier M.-H. Mitjavile concl. sur CE, 8 juill. 2002, n° 225.159, *Lecat* : *BDCF* 11/2002, n° 133.
(950) CE, 12 mars 2014, n° 362.528, *Sté Céline* : *Dr. fisc.* 2014, n° 22, comm. 356, concl. F. Aladjidi, note Ph. Durand. Le Conseil d'État retient sur ce point qu'il appartient le cas échéant au juge fiscal « de faire application, pour la détermination de l'assiette de l'impôt dû par [une] entreprise, des stipulations claires d'une convention excluant la possibilité de déduire l'impôt acquitté dans cet autre État d'un bénéfice imposable en France ».
(951) CGI, art. 199 quater C.
(952) CGI, art. 200 nonies.

On dénombre actuellement, au titre des mesures spécifiques aux sociétés de capitaux[953], sept dispositifs de crédit d'impôt et deux mécanismes de réduction d'impôt « opérationnels »[954].

• Différents dispositifs temporaires, s'ils sont toujours présents dans la codification fiscale, n'ont pas été prorogés et se trouvent donc aujourd'hui périmés :

– le crédit d'impôt pour investissements en faveur des entreprises implantées dans certains secteurs de la région Nord-Pas-de-Calais[955] ;

– la réduction d'impôt en faveur des PME de croissance[956] ;

– le crédit d'impôt pour dépenses de distribution de programmes audiovisuels[957].

• Par ailleurs, la loi prévoit également deux mécanismes de crédits d'IS en cas de reprise d'entreprise par ses salariés[958]. Si ces dispositions sont toujours susceptibles de s'appliquer (en donnant naissance aux crédits d'impôt correspondants), une opération de reprise ne peut plus, en revanche, être placée sous l'un ou l'autre de ces dispositifs qui présentaient un caractère temporaire.

• Enfin, une réduction d'impôt, dont la période effective d'application n'a été que de quelques mois, avait été introduite en faveur des entreprises finançant des projets de recherche ou souscrivant au capital de PME innovantes ou à des FCPI[959].

On ne peut, dans le cadre de cet ouvrage, donner le détail de chacun de ces dispositifs. On se contentera donc de quelques illustrations qui mettent en lumière les caractères de la législation fiscale contemporaine (et confirment, s'il en était besoin, ses travers).

1) Seront présentées en détail les deux mesures suivantes :

– le crédit d'impôt pour création de jeux vidéo[960] ;

– la réduction d'impôt au titre de la participation à l'acquisition des trésors nationaux[961].

2) Les mesures qui ne font pas l'objet d'un examen détaillé dans le cadre de cet ouvrage sont les suivantes :

– le crédit d'impôt en faveur des sociétés de production déléguée d'œuvres cinématographiques[962] ou audiovisuelles[963] ;

– le crédit d'impôt pour dépenses de production d'œuvres phonographiques[964] ;

– le crédit d'impôt pour le rachat du capital d'une société par ses salariés[965] ;

– la réduction d'impôt pour souscription au capital de sociétés de presse[966] ;

– le crédit d'impôt en faveur des sociétés de production exécutive d'œuvres cinématographiques ou audiovisuelles « étrangères »[967] ;

– le crédit d'impôt pour dépenses d'adhésion à un groupement de prévention agréé[968] ;

(953) La question se pose, évidemment, de savoir si le fait que ces mesures soient insusceptibles de s'appliquer aux autres entreprises ne contrevient pas au principe constitutionnel d'égalité devant les charges publiques.
(954) On rappelle que depuis la loi de finances pour 2006 (L. 30 déc. 2005, art. 21), l'imputation de l'IFA sur le montant de l'IS exigible n'est plus légalement prévue (comp. CGI, art. 220 A, anc.).
(955) L. fin. rect. 1992, 31 déc. 1992, art. 51. – CGI, art. 220 septies.
(956) L. fin. 2007, 21 déc. 2006, art. 13. – CGI, art. 220 decies et 200 S.
(957) L. fin. rect. 2006, 30 déc. 2006, art. 103. – CGI, art. 220 duodecies et 220 W.
(958) CGI, art. 220 quater et art. 220 quater A.
(959) L. 26 juill. 2005 pour la confiance et la modernisation de l'économie, art. 21 – non codifié.
(960) L. 5 mars 2007 relative à la modernisation de la diffusion audiovisuelle et à la télévision du futur, art. 37. – CGI, art. 220 terdecies.
(961) L. 4 janv. 2002 relative aux musées de France, art. 23. – CGI, art. 238 bis-0A.
(962) L. fin. 2004, 30 déc. 2003, art. 88.
(963) L. fin. rect. 2004, 30 déc. 2004, art. 48. – CGI, art. 220 sexies et 220 F.
(964) L. 1er août 2006 relative au droit d'auteur et aux droits voisins dans la société de l'information, art. 36. – CGI, art. 220 octies et 220 Q.
(965) L. 30 déc. 2006 pour le développement de la participation et de l'actionnariat salarié, art. 38. – CGI, art. 220 nonies.
(966) L. fin. 2007, 21 déc. 2006, art. 14. – CGI, art. 220 undecies.
(967) L. fin. 2009, 27 déc. 2008, art. 131, art. 220 quaterdecies et art. 220 Z bis.
(968) L. 2 août 1989 relative à la prévention du licenciement économique et au droit à la conversion, art. 9. – CGI, art. 244 quater D.

– le crédit d'impôt en faveur des entrepreneurs de spectacles vivants[969].

1706. – Crédit d'impôt pour création de jeux vidéo. 1) Codifié successivement aux articles 244 quater S puis 220 terdecies du Code général des impôts, un dispositif de crédit d'impôt en faveur de la création de jeux vidéo a été introduit par la loi du 5 mars 2007 relative à la modernisation de la diffusion audiovisuelle et à la télévision du futur (art. 37). Avant même son entrée en application, son régime a été modifié par la loi de finances rectificative pour 2007[970]. D'autres aménagements lui ont plus classiquement été apportés par la loi de finances rectificative pour 2013[971].

L'objectif principal poursuivi par la loi de finances rectificative pour 2007 a été de renforcer la compatibilité du dispositif antérieur avec les engagements européens de la France. La même loi a également subordonné le bénéfice du crédit d'impôt au respect, par les entreprises de création de jeux vidéo, de la législation sociale en vigueur. La loi de finances rectificative pour 2013 a apporté différentes mesures d'assouplissement au dispositif antérieur.

2) Destiné à soutenir la création européenne exposée, en la matière, à une très forte concurrence internationale, il permet aux entreprises de création de jeux vidéo passibles de l'impôt sur les sociétés de bénéficier d'un crédit d'impôt au titre des dépenses qu'elles exposent en vue de la création d'un jeu vidéo précédemment agréé.

• La loi pose désormais une définition fiscale du jeu vidéo : « tout logiciel de loisir mis à la disposition du public sur un support physique ou en ligne intégrant des éléments de création artistique et technologique, proposant à un ou plusieurs utilisateurs une série d'interactions s'appuyant sur une trame scénarisée ou des situations simulées et se traduisant sous forme d'images animées, sonorisées ou non ».

• La procédure d'agrément qui relève du Centre national de la cinématographie (et d'un comité d'experts placé auprès de cet établissement) est assez complexe. Elle suppose une demande d'agrément provisoire suivie, après l'achèvement du jeu vidéo, d'une demande d'agrément définitif. En cas de création commune du jeu vidéo, il appartient à chaque entreprise de présenter une demande d'agrément provisoire puis définitif[972].

L'agrément définitif doit être obtenu dans le délai de trente-six mois ou soixante-douze mois[973], lorsque le coût de développement du jeu excède 10 M€. Dans ce dernier cas toutefois, seules ouvrent droit au crédit d'impôt les dépenses engagées dans les trente-six mois précédant la délivrance de l'agrément définitif[974].

Sur les conséquences liées à la non-obtention de l'agrément définitif dans le délai, V. *infra*, pt 4, *in fine*.

• Les jeux vidéo ouvrant droit au bénéfice du crédit d'impôt doivent répondre aux conditions suivantes :

– avoir un coût de développement supérieur ou égal à 1 M€[975] ;

– être destinés à une commercialisation effective auprès du public ;

– être réalisés principalement avec le concours d'auteurs et de collaborateurs de création qui sont, soit de nationalité française, soit ressortissants d'un autre État membre de l'Union européenne, d'Islande, de Norvège ou du Liechtenstein. À cet égard, les étrangers non européens sont assimilés aux citoyens français s'ils ont la qualité de résidents français ;

– contribuer au développement de la création française et européenne en matière de jeux vidéo ainsi qu'à sa diversité en se distinguant notamment par la qualité, l'originalité ou le caractère innovant du concept et le niveau des dépenses artistiques.

(969) L. fin. 2016, 29 déc. 2015, art. 113. – CGI, art. 220 quindecies.
(970) L. 25 déc. 2007, art. 91.
(971) L. 29 déc. 2013, art. 25, 27 et 28.
(972) D. 29 mai 2008.
(973) Depuis L. fin. rect. 2013, 29 déc. 2013, art. 25.
(974) CGI, art. 220 terdecies, IV-2.
(975) 150 000 € avant L. fin. rect. 2013, 29 déc. 2013, art. 27.

Le respect de ces deux dernières conditions de création est vérifié au moyen d'un barème de points défini par voie réglementaire[976].

• Le bénéfice du crédit d'impôt est subordonné au respect, par les entreprises de création de jeux vidéo, de la législation sociale en vigueur.

• Par ailleurs, n'ouvrent pas droit au bénéfice du crédit d'impôt les jeux vidéo comportant des séquences à caractère pornographique ou de très grande violence, susceptibles de nuire gravement à l'épanouissement physique, mental ou moral des utilisateurs. Cela étant, en l'absence de telles séquences, les jeux vidéo spécifiquement destinés à un public d'adultes (et qui sont commercialisés comme tels) peuvent, depuis la loi de finances rectificative pour 2013[977], ouvrir droit au crédit d'impôt à la condition que « leur contribution au développement et à la diversité de la création française et européenne en matière de jeux vidéo présente un niveau particulièrement significatif » (cette condition étant déterminée au moyen du barème de points mentionné plus haut).

3) Pour la création d'un jeu vidéo déterminé, le crédit d'impôt calculé au titre de chaque année est égal à 20 % du montant total des dépenses de toute nature engagées – directement ou indirectement – au titre de cette création – à condition qu'elles correspondent à des opérations effectuées en France, dans un autre État membre de l'Union européenne, en Islande, en Norvège ou au Liechtenstein et qu'elles entrent dans la détermination du résultat imposable.

a) Ces dépenses comprennent les rémunérations versées aux auteurs, les dépenses de personnels, une quote-part des dépenses de fonctionnement et les dotations aux amortissements des immobilisations (autres qu'immobilières) créées ou acquises à l'état neuf et affectées directement à la création du jeu vidéo.

Les dépenses de personnel s'entendent des salaires et cotisations sociales relatifs aux salariés affectés directement à la création du jeu vidéo ou même[978] des personnels techniques et administratifs qui y concourent.

b) Les dépenses de création « confiées à d'autres entreprises ou organismes » entrent dans la base de calcul du crédit d'impôt dans la limite d'un million d'euros par exercice. En revanche, les subventions publiques reçues par les entreprises à raison des opérations ouvrant droit au bénéfice du crédit d'impôt sont déduites des bases de calcul de ce crédit d'impôt.

c) Le crédit d'impôt est plafonné pour chaque entreprise à 3 M€ par exercice. Lorsque l'exercice est d'une durée inférieure ou supérieure à douze mois, le montant du plafond est diminué ou augmenté dans les mêmes proportions que la durée de l'exercice.

4) Le crédit d'impôt est imputé sur l'impôt sur les sociétés dû par l'entreprise au titre de l'exercice au cours duquel celle-ci a exposé les dépenses. Si le montant du crédit d'impôt excède l'impôt dû au titre de cet exercice, l'excédent est restitué[979].

• Depuis la troisième loi de finances rectificative pour 2009[980], l'excédent peut, s'il n'a pas fait l'objet d'une demande de restitution, donner naissance à une créance sur le Trésor d'égal montant susceptible d'être mobilisée (par voie de cession *Dailly*) à un établissement de crédit.

• En cas de non-obtention de l'agrément définitif dans un délai de trente-six mois à compter de l'agrément provisoire (soixante-douze mois pour les jeux dont le coût de développement est supérieur à 10 M€), l'entreprise doit reverser le crédit d'impôt dont elle a bénéficié. Le crédit d'impôt fait, à défaut, l'objet d'une reprise au titre de l'exercice au cours duquel intervient la décision de refus de l'agrément définitif. Pour les jeux dont le coût de développement est supérieur à 10 M€, l'entreprise doit reverser (sous la même sanction) la fraction du crédit d'impôt correspondant aux dépenses exposées antérieurement à la période de trente-six mois qui a précédé la date de délivrance de l'agrément définitif[981].

(976) V. D. 23 juin 2015, D. 29 mai 2008 et A. 29 mai 2008.
(977) L. 29 déc. 2013, art. 28.
(978) Depuis L. fin. rect. 2013, 29 déc. 2013, art. 27.
(979) CGI, art. 220 X.
(980) L. 30 déc. 2009, art. 63.
(981) CGI, art. 220 X, III-2.

1707. – Réduction d'impôt au titre de la participation à l'acquisition des trésors nationaux. La loi du 4 janvier 2002 relative aux musées de France (art. 25) a institué une réduction d'impôt sur les sociétés liée au versement de sommes destinées à l'acquisition, par l'État ou une autre collectivité publique, d'un bien culturel présentant le caractère de trésor national[982].

Codifiée au titre des dispositions communes à l'IR et à l'IS, cette mesure de faveur n'est applicable qu'aux sociétés de capitaux imposées d'après leur bénéfice réel. Elle ne doit pas être confondue avec une mesure voisine qui, établie par la même loi, est applicable à toutes les entreprises acquérant personnellement un trésor national (V. *supra*, n° 1564, où est notamment précisé le contenu de cette dernière notion).

Plus précisément, l'acquisition publique doit porter sur :

– un trésor national au propriétaire duquel l'État a fait une offre d'achat ;

– un bien culturel situé en France ou à l'étranger dont l'acquisition présenterait un intérêt majeur pour le patrimoine national au point de vue de l'histoire, de l'art ou de l'archéologie.

Dans ce dernier cas, la saisine pour avis motivé de la commission consultative des trésors nationaux est obligatoire.

Non-déductibles pour la détermination du bénéfice imposable de la société, les versements effectués ouvrent droit à une réduction d'impôt dont le montant est égal à 90 % des versements – à les supposer acceptés par les ministres chargés de la culture et du budget. La réduction est toutefois plafonnée à 50 % du montant de l'impôt dû par la société au titre de l'exercice considéré.

La réduction d'impôt s'applique sur l'IS dû au titre de l'exercice au cours duquel les versements sont acceptés par l'autorité publique. Pour les sociétés membres d'un groupe fiscalement intégré, la limite de 50 % s'applique à l'IS dû par la société intégrante au titre du résultat d'ensemble.

Ce dispositif a permis, par exemple, l'acquisition en 2007 de *La Fuite en Égypte* de Nicolas Poussin pour le Musée du Louvre et le Musée des Beaux-arts de Lyon.

SOUS-SECTION 2

LES IMPOSITIONS COMPLÉMENTAIRES À L'IMPÔT SUR LES SOCIÉTÉS

1708. – Contribution sociale des sociétés. Instituée par la loi de financement de la sécurité sociale pour 2000[983], cette contribution annuelle frappant les sociétés est assise sur le montant de l'impôt sur les sociétés retenu après un abattement annuel de 763 000 €[984].

Lorsqu'un exercice ou une période d'imposition est inférieur ou supérieur à douze mois, l'abattement de 763 000 € est ajusté à due proportion.

Outre les sociétés dont le montant de la cotisation d'impôt sur les sociétés n'excède pas 763 000 €, échappent à cette contribution :

– les sociétés ayant réalisé un chiffre d'affaires de moins de 7 630 000 € à condition que leur capital, entièrement libéré, soit détenu de manière continue, pour

(982) CGI, art. 238 bis-0 A.
(983) L. 29 déc. 1999, art. 6.
(984) CGI, art. 235 ter ZC.

75 % au moins, par des personnes physiques ou par une autre société (répondant à la condition tenant au chiffre d'affaires) directement détenue, pour 75 % au moins, par des personnes physiques.

Il s'agit, dit autrement, des petites et moyennes entreprises éligibles au taux réduit de l'impôt sur les sociétés (V. *supra*, n° 1699).

En outre, les organismes à but non lucratif assujettis à l'impôt sur les sociétés à raison de leurs seuls revenus patrimoniaux sont en dehors du champ d'application de cette contribution.

– certaines sociétés d'investissement immobilier[985] (sociétés d'investissements immobiliers cotées et sociétés de placement à prépondérance immobilière à capital variable), pour certains éléments de leur résultat.

Pour la société mère d'un groupe intégré fiscalement, le chiffre d'affaires à prendre en considération pour l'application de cette exonération est la somme des chiffres d'affaires de chacune des sociétés membres de ce groupe.

Juridiquement distincte de l'impôt sur les sociétés, la contribution est calculée au taux de 3,3 % sur le montant d'impôt sur les sociétés correspondant aux différents éléments du résultat imposable à cet impôt (ce qui correspond, s'agissant du résultat ordinaire, à une majoration d'un point du taux d'imposition à l'impôt sur les sociétés).

Les crédits d'impôt de toute nature, la créance née du report en arrière des déficits et l'imposition forfaitaire annuelle ne sont pas imputables sur la contribution.

S'agissant des groupes fiscalement intégrés, la contribution – due par la société mère – est assise sur l'impôt sur les sociétés afférent au résultat (et à la plus-value nette) d'ensemble du groupe.

Non déductible pour la détermination du résultat imposable à l'impôt sur les sociétés, la contribution sociale est établie et contrôlée comme cet impôt et sous les mêmes garanties et sanctions[986].

Il en résulte que la contribution sociale donne lieu, comme l'IS, au paiement de quatre acomptes provisionnels. Pour 2016, son produit est estimé à 1,2 Md€.

1) Cette contribution ne doit pas être confondue avec « la contribution sociale de solidarité des sociétés » et sa « contribution additionnelle » qui, prévues par le Code de la sécurité sociale[987], frappent indistinctement les sociétés de personnes et les sociétés de capitaux à raison de leur chiffre d'affaires annuel lorsqu'il excède 19 M€ pour la contribution due au titre de l'année 2015 et 2016[988] contre 3,25 M€ pour 2014[989]. Pour la généralité des redevables, le taux applicable est de 0,13 % pour la C3S et de 0,03 % pour sa contribution additionnelle[990]. Ces taux très faibles limitent les défauts de ces deux impositions dont l'assiette – totalement indépendante des charges supportées par les entreprises – est peu représentative de leur capacité contributive réelle (et en particulier de leur rentabilité).

2) Dans le passé récent, il a également existé deux contributions annuelles additionnelles à l'IS. Instituées en 1995 et 1997, elles participaient des différentes mesures de « durcissement fiscal » généralisé, destinées à rééquilibrer les comptes publics en vue de permettre la qualification de la France pour le « passage » à l'euro.

Instituée par la première loi de finances rectificative pour 1995[991], la surtaxe « Juppé » atteignait toutes les sociétés passibles de l'IS[992]. Elle était au départ (de 1995 à 2000) calculée au taux de 10 %,

(985) CGI, art. 235 ter ZC, III bis.
(986) CGI, art. 235 ter ZC, V.
(987) CSS, art. L. 651-1 et s. et L. 245-13.
(988) L. fin. sécurité sociale pour 2016, 21 déc. 2015, art. 9. La C3S devrait être définitivement supprimée à compter de 2017.
(989) Première loi de financement rectificative pour la sécurité sociale pour 2014, 8 août 2014, art. 3, I-11°.
(990) Ces taux s'appliquent à la fraction du chiffre d'affaires subsistant après un abattement de 19 M€ (3,25 M€ pour 2014). Antérieurement, la C3S frappait (sans abattement) les entreprises dont le chiffre d'affaires annuel excédait 760 000 €.
(991) L. 4 août 1995, art. 1er.
(992) CGI, art. 235 ter ZA.

sur la base du montant brut de cet impôt. La loi de finances pour 2001 (art. 9) avait prévu la réduction de ce taux à 6 % (pour 2001) et 3 % (pour 2002). La loi de finances pour 2005[(993)] a procédé sa suppression progressive en réduisant le taux d'imposition à 1,5 % (pour 2005) et en décidant de sa disparition à compter de 2006.

Une seconde contribution – la « surtaxe Strauss-Kahn » – a été instituée pour trois ans par la loi du 10 novembre 1997 portant mesures urgentes à caractère fiscal et financier (art. 1er). Elle atteignait les sociétés soumises à l'IS (autres que les PME indépendantes) dont le chiffre d'affaires annuel excédait 50 MF[(994)]. Elle était calculée au taux de 15 % (1997 et 1998) puis de 10 % (1999) sur la base du montant brut de l'IS mis à la charge des contribuables (10 % des sociétés étaient concernées par cette contribution).

3) Par ailleurs, les sociétés de capitaux appartenant à certains secteurs d'activité peuvent, au gré des circonstances économiques et sociales, être soumises à des prélèvements spéciaux liés à leurs résultats. On peut donner deux exemples récents de ces mesures (qui sont généralement prises à la suite d'une phase de concertation avec les entreprises considérées).

a) Les entreprises (en particulier le groupe *Total*) dont l'objet principal est d'effectuer la première transformation du pétrole brut ou de distribuer les carburants issus de cette transformation sont régulièrement appelées à acquitter une contribution « exceptionnelle ». Liquidée, déclarée, recouvrée et contrôlée comme en matière de taxes sur le chiffre d'affaires, cette contribution est assise sur le montant (abattu) de la provision pour hausse des prix figurant au bilan de l'entreprise redevable :

– la loi de finances rectificative du 28 décembre 2007[(995)] avait institué une contribution liquidée au taux de 25 % sur le montant de la provision après abattement de 15 M€. Le montant de cette contribution (qui n'était pas admise en déduction pour la détermination du résultat imposable) était imputable, par le redevable, sur l'impôt sur les sociétés dû au titre de l'exercice au cours duquel la provision sur laquelle elle était assise était réintégrée. Neuf entreprises avaient ainsi supporté (pour un total de 160 M€) cette contribution dont le produit était affecté au fonds social pour le chauffage des ménages, c'est-à-dire au financement de la « prime à la cuve » allouée aux ménages modestes chauffés au fioul)[(996)] ;

– la première loi de finances rectificative pour 2011[(997)] a institué une contribution liquidée au taux de 15 % sur le montant de la provision après abattement de 100 000 €. Une cinquantaine d'entreprises ont supporté (pour un total de 115 M€) cette contribution (normalement déductible des résultats) qui a été « affectée » au financement de la majoration de 4,6 % (décidée *in extremis*) du barème kilométrique utilisé pour la détermination des frais professionnels dans le cadre de l'IR[(998)].

b) Une taxe annuelle sur le résultat des entreprises ferroviaires[(999)] a été instituée par la loi de finances pour 2011[(1000)]. Elle s'inscrit dans un dispositif d'ensemble tendant à assurer l'équilibre d'exploitation d'une quarantaine de lignes ferroviaires structurellement déficitaires mais cruciales en termes d'aménagement du territoire[(1001)].

c) Le secteur bancaire est également le siège d'une fiscalité additionnelle spécifique. Mais celle-ci est liée aux opérations réalisées et non aux résultats des établissements bancaires (les impositions en cause ne frappant d'ailleurs pas exclusivement les entreprises passibles de l'IS). C'est le cas de la taxe sur les transactions sur devises[(1002)] restée virtuelle[(1003)], de la taxe de risque systémique[(1004)] insti-

(993) L. 30 déc. 2004, art. 25.
(994) CGI, art. 235 ter ZB, anc.
(995) L. 25 déc. 2007, art. 67.
(996) V. antérieurement, posant un dispositif similaire, L. fin. 2001, 30 déc. 2000, art. 11, II.
(997) L. 29 juill. 2011, art. 16.
(998) Instr. 13 avr. 2011 : *BOI* 5 F-8-11, anc.
(999) CGI, art. 235 ter ZF.
(1000) L. 29 déc. 2010, art. 65, II.
(1001) Recouvré comme en matière de TVA, cet impôt est assis sur le résultat imposable à l'IS (retenu hors déficit reportable et amortissements « ordinaires ») des entreprises exploitant en France une entreprise ferroviaire (et dégageant un chiffre d'affaires supérieur à 300 M€). La taxe est liquidée à un taux fixé entre 5 % et 25 % (par arrêté conjoint des ministres chargés respectivement des transports, de l'économie et du budget). Son montant annuel est plafonné à 200 M€. Cette taxe a été assortie en 2014 d'une taxe additionnelle exceptionnelle (deuxième L. fin. rect. 2014, 29 déc. 2014, art. 4).
(1002) L. fin. 2002, 28 déc. 2001, art. 88.
(1003) CGI, art 235 ter ZD, anc.
(1004) CGI, art. 235 ter ZE.

tuée en 2011[1005], de sa taxe additionnelle[1006], de la taxe « emprunts toxiques »[1007] et des différentes composantes de la taxe sur les transactions financières instituée en 2012[1008], à savoir la taxe (au taux de 0,2 %) sur les achats d'actions[1009], la taxe (au taux de 0,01 %) sur les ordres annulés dans le cadre du *trading* haute fréquence[1010] et la taxe (au taux de 0,01 %) sur les acquisitions de contrats d'échange sur défaut souverain[1011] qui s'apparentent à des taxes sur le chiffre d'affaires[1012].

Une contribution « bancaire » aujourd'hui disparue présentait davantage de liens avec l'imposition des résultats. Il s'agit de la contribution des institutions financières[1013] qui, instaurée à titre exceptionnel pour 1982[1014], reconduite pour 1983 et 1984 puis pérennisée[1015], a été supprimée sur trois ans à compter de 2003[1016]. Cette taxe (principalement acquittée par des établissements bancaires) frappait annuellement une base constituée par les frais généraux (essentiellement les frais de personnel) et les dotations aux amortissements, comptabilisés au cours de l'année précédente. Le taux de la taxe, qui était de 1 % jusqu'en 2002, avait été ramené à 0,8 % en 2003 puis 0,4 % en 2004, la taxe étant supprimée à partir de 2005. La contribution (dont le montant brut était diminué d'un abattement forfaitaire de 3 000 €) était exclue des charges déductibles pour la détermination du résultat imposable de l'exercice au titre duquel elle était due. Les entreprises déficitaires bénéficiaient, dans la limite du déficit, d'un report de six mois pour le paiement de la contribution.

1709. – Contribution exceptionnelle sur l'impôt sur les sociétés. La quatrième loi de finances rectificative pour 2011[1017] a institué une contribution exceptionnelle sur l'impôt sur les sociétés due par les sociétés réalisant un chiffre d'affaires annuel supérieur à 250 M€. Applicable, dans le cas général, de 2011 à 2016, cette contribution est égale à une fraction du montant (et non de l'assiette) de l'impôt sur les sociétés dû par la société[1018]. Pour 2011 et 2012, cette fraction était égale à 5 %. Elle a été portée à 10,7 % à compter de 2013 par la loi de finances pour 2014[1019].

1) La majoration de 5 % à 10,7 % du taux de la contribution exceptionnelle sur l'IS a été décidée, sur amendement du gouvernement, pour compenser la perte de recettes fiscales liée à l'abandon du projet de contribution sur l'excédent brut d'exploitation des grandes entreprises (V. *infra*, n° 1712).

2) Cette contribution (qui peut aussi bien être mise à la charge de sociétés ou autres entités établies en France que des établissements français de sociétés étrangères) devait initialement s'appliquer aux exercices clos entre le 31 décembre 2011 et le 30 décembre 2013. Elle a été prorogée par deux lois successives :

– la loi de finances pour 2013[1020] a reconduit cette mesure exceptionnelle pour deux années supplémentaires (2014 et 2015) ;

– la première loi de finances rectificative pour 2014[1021] l'a prorogée d'une année supplémentaire (2016).

(1005) L. 29 déc. 2010, art. 42.
(1006) Deuxième L. fin. rect. 2012, 16 août 2012, art. 9.
(1007) Deuxième L. fin. rect. 2014, 29 déc. 2014, art. 26. – CGI, art. 235 ter ZE bis. Applicable jusqu'au 31 décembre 2018, cette taxe est destinée à financer le fonds de soutien aux collectivités territoriales ayant contracté des « emprunts toxiques » (*i.e.* des emprunts dont le taux, généralement indexé sur le cours du franc suisse, a été parfois à l'origine de l'aggravation insupportable des charges financières des collectivités qui y avaient eu recours).
(1008) Première L. fin. rect. 2012, 14 mars 2012, art. 5.
(1009) CGI, art. 235 ter ZD.
(1010) CGI, art. 235 ter ZD bis.
(1011) CGI, art. 235 ter ZD ter.
(1012) Ces impositions sont établies, recouvrées et contrôlées selon les mêmes procédures et sous les mêmes sanctions et garanties que les TCA.
(1013) CGI, art. 235 ter Y, anc.
(1014) Première L. fin. rect. 1982, 28 juin 1982, art. 4.
(1015) L. fin. 1985, 29 déc. 1984, art. 21.
(1016) L. fin. 2003, 30 déc. 2002, art. 15.
(1017) L. 28 déc. 2011, art. 30.
(1018) CGI, art. 235 ter ZAA.
(1019) L. 29 déc. 2013, art. 16.
(1020) L. 29 déc. 2012, art. 30.
(1021) L. 8 août 2014, art. 15. Sauf nouvelle prorogation, la contribution devrait donc cesser d'être perçue pour les exercices clos à compter du 31 décembre 2016.

Sauf nouvelle reconduction, la contribution ne sera plus applicable au 1er janvier 2017.

3) L'assiette de la contribution exceptionnelle est le montant d'IS exigible à raison du résultat ordinaire et des plus-values nettes à long terme. Ce montant est déterminé avant imputation des réductions et crédits d'impôt et des créances fiscales de toute nature. Selon l'administration, le chiffre d'affaires à prendre en compte s'entend du montant hors taxes des recettes réalisées par le redevable dans l'accomplissement de son activité professionnelle « normale et courante », à l'exclusion des produits financiers et des produits exceptionnels[1022].

Si elle est déductible de l'assiette de l'IS, la taxe exceptionnelle sur les hautes rémunérations versées (en 2013 et 2014) par les entreprises (V. *supra*, n° 1584) n'est pas admise en déduction des résultats imposables pour le calcul de la contribution exceptionnelle sur l'IS[1023]. Il en résulte qu'un montant d'IS spécial, calculé sur la base d'un résultat dans lequel le montant de la taxe exceptionnelle aura été réintégré, doit être déterminé pour asseoir, dans ce cas, la contribution exceptionnelle.

4) Dans les groupes fiscalement intégrés, la contribution est due par la société mère, le seuil tenant au chiffre d'affaires étant alors apprécié en totalisant les chiffres d'affaires de chacune des sociétés membres du groupe[1024]. La contribution est assise sur l'IS afférent au résultat (et à la plus-value nette) d'ensemble du groupe, déterminé dans les mêmes conditions que pour les sociétés « isolées ».

5) La contribution est établie, contrôlée et recouvrée comme l'IS et sous les mêmes garanties et sanctions. Les crédits d'impôt de toute nature, la créance née du report en arrière des déficits (V. *supra*, n° 1688) et l'imposition forfaitaire annuelle (IFA) ne sont pas imputables sur la contribution.

La deuxième loi de finances rectificative pour 2012[1025] a prévu le versement anticipé (au plus tard à la date prévue pour le versement du quatrième acompte d'IS) d'une fraction de la contribution exceptionnelle. Cette fraction est égale à 75 % ou 95 % de la contribution totale estimée selon que le chiffre d'affaires réalisé par la société (ou le groupe intégré) au titre de l'exercice précédent est inférieur ou égal ou supérieur à 1 Md€[1026].

6) La contribution exceptionnelle n'est pas fiscalement déductible du résultat imposable pour l'établissement de l'IS[1027].

1710. – Contribution additionnelle sur les revenus distribués. 1) La deuxième loi de finances rectificative pour 2012[1028] a institué une « contribution additionnelle à l'impôt sur les sociétés au titre des montants distribués ».

a) Selon l'exposé des motifs du projet de loi, l'institution de cette contribution (dont le produit attendu ou réalisé n'est pas précisé par les documents budgétaires) vise à compenser de manière pérenne la perte de recettes liée à la suppression de la retenue à la source frappant les revenus distribués à des organismes de placements collectifs étrangers. Décidée par la même loi[1029], cette suppression tend à mettre le droit français en conformité avec le droit communautaire, à la suite d'un arrêt de la Cour de justice de l'Union européenne ayant jugé que la liberté de circulation des capitaux garantie par le droit de l'Union européenne s'opposait à une législation qui, comme la loi française[1030], soumettait à retenue les dividendes de source française versés à des organismes de placement collectif en valeurs mobilières (OPCVM) non-résidents tandis que ces mêmes dividendes n'y étaient pas soumis lorsqu'ils étaient versés à des OPCVM résidents de France[1031].

b) La validité de cette contribution (ou de certains de ces éléments) est actuellement contestée, tant devant le Conseil constitutionnel que devant la Cour de justice de l'Union européenne (V. *infra*, pt 6).

(1022) BOI-IS-DECLA-20-30, n° 80.
(1023) L. fin. 2014, 29 déc. 2013, art. 15, VII.
(1024) Le Conseil constitutionnel a rejeté la QPC dirigée contre cette règle (Cons. const., 6 mars 2015, n° 2014-456 QPC, *Sté Nextradio*).
(1025) L. 16 août 2012, art. 12.
(1026) CGI, art. 1668 B.
(1027) CGI, art. 213.
(1028) L. 16 août 2012, art. 6.
(1029) Deuxième L. fin. rect. 2012, préc., art. 6.
(1030) CGI, art. 119 bis, 2, anc.
(1031) CJUE, 10 mai 2012, aff. C-338/11 et a., *Santander Asset Management SGIIC SA et a.*

c) Cette contribution ne doit pas être confondue avec la retenue à la source[1032] à laquelle sont en principe assujetties les distributions opérées par des entités françaises au profit de bénéficiaires non résidents de France (CGI, art. 119 bis).

• Le régime de cette retenue à la source est complexe. On en retiendra les règles essentielles.

Sauf exonération, la retenue à la source est exigible, sur la base du montant brut décaissé par la société, à l'un ou l'autre des taux suivants, qui s'appliquent sous réserve des conventions internationales :

– 21 % pour les dividendes et produits assimilés distribués à des personnes physiques domiciliées dans un État de l'Union européenne, en Islande, en Norvège ou au Liechtenstein ;

– 15 % pour les dividendes distribués à des organismes sans but lucratif européens ;

– 75 % pour les produits payés hors de France dans un État ou territoire non coopératif

– 30 % dans les autres cas.

• En dehors des distributions « transeuropéennes » de dividendes à une société mère (V. point suivant), les principales exonérations légales concernent les distributions en faveur d'institutions publiques, d'organisations internationales, de sociétés de capital-risque et d'organismes de placement collectif.

• Les dividendes distribués par une société française à une société européenne étrangère ayant à son égard la qualité de société mère[1033] sont exonérés de retenue à la source.

• Cette exonération est subordonnée, en premier lieu, à ce que la société française distributrice soit soumise à l'IS français au taux normal.

• Elle suppose, ensuite, que la société européenne étrangère réponde aux conditions suivantes :

– avoir son siège de direction effective dans un État membre de l'UE, en Islande en Norvège ou au Liechtenstein – et ne pas être pas considérée, aux termes d'une convention fiscale conclue avec un État tiers, comme ayant sa résidence fiscale hors de l'UE ou de l'Espace économique européen ;

– revêtir la forme d'une société de capitaux ou d'une entité assimilée[1034] et être passible dans l'État membre de l'Union européenne ou dans l'État partie à l'accord sur l'Espace économique européen où elle a son siège de direction effective, de l'IS de cet État, sans possibilité d'option et sans en être exonérée ;

– détenir directement, de façon ininterrompue depuis deux ans ou plus, en pleine propriété ou en nue-propriété, 10 % au moins du capital de la société distributrice[1035]. Légalisant la doctrine administrative, la loi prévoit désormais expressément que ce taux de participation est ramené à 5 % lorsque la société mère européenne étrangère, bénéficiaire effectif des dividendes, se trouve privée de toute possibilité d'imputer la retenue à la source[1036] ;

– justifier auprès du débiteur (ou de la personne qui assure le paiement de ces revenus) qu'elle est le *bénéficiaire effectif* des dividendes et qu'elle remplit les différentes conditions précitées.

(1032) Le Conseil d'État a précisé, à cet égard, qu'en instituant la contribution de 3 %, « le législateur a entendu créer une imposition qui, au regard du droit interne, n'est pas une retenue à la source » (CE, 27 juin 2016, n° 398.585, *Sté Apsis : Dr. fisc.* 2016, n° 27, comm. 397, concl. N. Escaut (3e esp.). La question est posée (V. *infra*) de savoir s'il en va de même au regard du droit de l'UE.

(1033) L'exonération s'applique également aux dividendes distribués :
– aux établissements stables des sociétés remplissant les conditions énumérées ci-après, lorsque ces établissements stables sont situés en France, dans un autre État membre de l'UE ou en Islande, en Norvège ou au Liechtenstein ;
– sous certaines conditions particulières (L. fin. rect. 2014, 29 déc. 2014, art. 58. – CGI, art. 119 bis, 2-2°), à certains organismes de placement collectif établis dans ces mêmes États.

(1034) Ces formes sociales sont énumérées à la partie A de l'annexe I à la directive n° 2011/96/UE du Conseil du 30 novembre 2011 concernant le régime fiscal commun applicable aux sociétés mères et filiales d'États membres différents. On retient les formes équivalentes lorsque la société a son siège de direction effective dans un État partie à l'accord sur l'Espace économique européen.

(1035) Ou, à défaut, prendre l'engagement de conserver cette participation de façon ininterrompue pendant un délai de deux ans au moins et désigner, comme en matière de TCA, un représentant responsable du paiement de la retenue à la source en cas de non-respect de l'engagement.

(1036) La doctrine administrative en cause (BOI-RPPM-RCM-30-30-20-40) avait tiré les conséquences de l'arrêt *Denkavit* de la Cour de justice des Communautés européennes (CJCE, 14 déc. 2006, aff. C-170/05, *Sté Denkavit : Dr. fisc.* 2006, n° 52, act. 264 ; *Dr. sociétés* 2007, comm. 39, note J.-L. Pierre ; *RJF* 3/2007, n° 375 ; *BDCF* 3/2007, n° 39, concl. L. A. Geelhoed. L'impossibilité d'imputer la retenue à la source peut résulter, notamment, de l'application d'un régime d'exonération ou de la constatation d'un résultat déficitaire non assorti d'une possibilité de report d'imputation du crédit d'impôt correspondant à la retenue à la source (Instr. préc., n° 110).

• Même si les conditions précédentes sont réunies, l'exonération peut ne pas être applicable en raison de la présence, dans le dispositif légal, d'une clause anti-abus.

Depuis la loi de finances rectificative pour 2015[(1037)], la clause anti-abus définie pour la retenue à la source s'applique également dans le régime des sociétés mères et filiales – c'est à ce titre qu'elle est présentée dans le présent ouvrage (V. *supra*, n° 1662, 1).

• Depuis la même loi[(1038)], la retenue à la source n'est pas applicable aux produits distribués à une société étrangère[(1039)], dès lors – que son résultat fiscal, déterminé selon les règles de l'État où est situé son siège, étant déficitaire – elle fait l'objet d'une procédure comparable à la procédure française de liquidation judiciaire[(1040)].

• La deuxième loi de finances rectificative pour 2014 (L. 29 déc. 2014, art. 79) a institué une procédure de régularisation (LPF, art. L. 62 A) ouverte aux sociétés ayant fait l'objet d'une vérification de comptabilité ayant conduit à des rectifications liées à des transferts indirects de bénéfices à l'étranger (CGI, art. 57) ou à des paiements dans un territoire où s'applique un régime fiscal privilégié (CGI, art. 238 A). Cette régularisation, qui n'est pas applicable lorsque le bénéficiaire des revenus distribués est établi dans un ETNC (V. *supra*, n° 1374, 2) permet d'échapper au paiement de la retenue à la source. Elle suppose notamment que les sommes qualifiées de revenus distribués soient « rapatriées » en France dans les soixante jours de l'engagement de la procédure.

2) Sous réserve des exonérations, cette contribution frappe, au taux de 3 %, toutes les distributions mises en paiement par des sociétés (ou entités) françaises ou étrangères passibles (de plein droit ou sur option) de l'impôt sur les sociétés français[(1041)].

Applicable aux distributions opérées à compter du 17 août 2012, la contribution additionnelle frappe les sociétés assujetties indépendamment de la qualité (personne physique ou morale, entreprise ou particulier) et de la domiciliation (en France ou hors de France) du bénéficiaire des montants distribués.

Sur le plan pratique, les distributions s'entendent essentiellement de celles résultant d'une délibération ou d'une décision officielle des organes sociaux compétents (distribution de dividendes) et des sommes réputées distribuées, comme par exemple les rémunérations et avantages occultes, les rémunérations exagérées, les sommes correspondant aux dépenses et « charges somptuaires » ou les distributions indirectes ou déguisées[(1042)].

Pour les bénéfices réputés distribués à l'étranger au motif qu'ils ont été réalisés en France par des sociétés étrangères (V. *supra*, n° 1632), la contribution est assise sur les seuls montants qui cessent effectivement d'être à la disposition de l'exploitation française.

(1037) L. fin. rect. 2015, 29 déc. 2015, art. 29, I et II. La clause anti-abus précédemment applicable était ainsi conçue : l'exonération de retenue à la source n'est pas applicable « lorsque les dividendes distribués bénéficient à une personne morale contrôlée directement ou indirectement par un ou plusieurs résidents d'États qui ne sont pas membres de l'Union [européenne], sauf si cette personne morale justifie que la chaîne de participations n'a pas comme objet principal ou comme un de ses objets principaux de tirer avantage [de cette exonération] » (CGI, art. 119 ter, 3, anc.). Dans trois décisions rendues le même jour, le Conseil d'État a posé quatre questions préjudicielle à CJUE à propos de cette dernière clause anti-abus (V. CE, 30 déc. 2015, n°s 374.836 et 374.841, *Sté Holcim France et a.*, et n° 366.268, *Sté Cameron France : Dr. fisc.* 2016, n° 13, comm. 257, concl. É. Bokdam-Tognetti, note A. Maitrot de la Motte).

(1038) L. fin. rect. 2015, 29 déc. 2015, art. 82. – CGI, art. 119 quinquies.

(1039) Le siège de direction effective de la société doit être situé dans un État membre de l'Union européenne ou dans un État ou territoire ayant conclu avec la France une convention d'assistance administrative en vue de lutter contre la fraude et l'évasion fiscales. La société doit être soumise à l'IS de l'État ou du territoire considéré. Le dispositif s'applique selon les conditions et des modalités particulières aux établissements stables déficitaires de sociétés étrangères en liquidation judiciaire.

(1040) Dans le cas où la procédure de liquidation judiciaire n'existe pas dans le droit de l'État étranger considéré, la société déficitaire doit se trouver en état de cessation définitive des paiements. Conformément à la position adoptée par le Conseil d'État, la loi retient le caractère cumulatif de ces deux conditions (CE, plén., 9 mai 2012, n° 342.221, *Sté GBL Energy : Dr. fisc.* 2013, n° 4, comm. 80, concl. L. Olléon, note G. Blanluet, retenant cette solution au motif que, dans les situations internes, les dividendes distribués à une société déficitaire n'échappent pas définitivement à l'impôt – ce qui suppose toutefois qu'elle redevienne un jour bénéficiaire).

(1041) CGI, art. 235 ter ZCA.

(1042) V. BOI-IS-AUT-30, n° 70.

3) La contribution additionnelle à l'impôt sur les sociétés au titre des montants distribués n'est pas applicable aux montants distribués :

– par les sociétés répondant à la définition européenne des petites et moyennes entreprises ;

La société doit, à ce titre, employer moins de 250 personnes, réaliser un chiffre d'affaires n'excédant pas 50 M€ ou avoir un total de bilan annuel n'excédant pas 43 M€ (V. *supra*, n° 1595, 3).

– par les organismes de placement collectif en valeurs mobilières (et les autres organismes de placement collectifs) ;

En l'absence d'une telle exonération, les dividendes redistribués par ces organismes – qui ont normalement été frappés par la contribution lorsqu'ils leur ont été versés – feraient ici l'objet d'une double imposition.

Cette exonération a été étendue, d'abord à titre temporaire[1043] puis de manière pérenne[1044], aux distributions effectuées par une société d'investissements immobiliers cotée (SIIC) dans le cadre de leur obligation légale de distribution[1045].

– entre sociétés appartenant à un même groupe fiscalement intégré[1046] ;

Si la distribution a eu lieu avant l'événement qui a entraîné sa sortie du groupe, l'exonération s'étend aux montants mis en paiement par une filiale intégrée au cours du premier exercice dont le résultat n'est plus pris en compte dans le résultat d'ensemble.

Cette exonération ne semble pas s'étendre aux distributions opérées, par une société membre d'un groupe intégré[1047], à une société étrangère « intermédiaire » (V. *supra*, n° 1622, 4-*b*).

– sous forme d'actions ou en certificats coopératifs d'investissement ou d'associés.

Cette exonération est destinée à favoriser fiscalement un mode de distribution qui conduit au renforcement des capitaux propres de la société distributrice. Elle n'est toutefois définitivement acquise que si la société considérée ne procède pas, dans le délai d'un an, au rachat des titres (en vue de leur annulation dans le cadre d'une opération de réduction de capital non motivée par des pertes). En cas de non-respect de cette condition (pour laquelle le délai court à compter de la date à laquelle les titres ont été remis à leurs bénéficiaires), la société distributrice est tenue de verser une somme égale au montant de la contribution dont elle a été exonérée, majorée de l'intérêt de retard (ce versement devant être opéré spontanément lors du premier versement d'acompte d'IS suivant le mois au cours duquel il est procédé au rachat).

4) Assise sur les montants mis en paiement (ou réputés tels) au cours de l'exercice, la contribution additionnelle est liquidée au taux de 3 %.

Les sommes réputées distribuées au titre d'un exercice sont considérées comme mises en paiement à la clôture de cet exercice[1048].

(1043) Troisième L. fin. rect. 2012, 29 déc. 2012, art. 36.

(1044) L. fin. rect. 2013, 29 déc. 2013, art. 33.

(1045) CGI, art. 208 C, II.

(1046) Selon le Conseil d'État, cette exonération ne peut trouver application qu'en cas d'exercice effectif de l'option pour le régime de l'intégration fiscale. Compte tenu de ses termes mêmes comme des travaux préparatoires de la loi dont il est issu, le dispositif légal ne peut être interprété, sur ce point, comme permettant d'appliquer l'exonération – en l'absence d'option ou lorsqu'elle n'est pas ouverte – à l'ensemble des groupes dans lesquels les chaînes de participation sont supérieures ou égales à 95 % (CE, 27 juin 2016, n° 399.506, *Sté Layher* : *Dr. fisc.* 2016, n° 27, comm. 397, concl. N. Escaut, 1re esp.). Cette exonération a été abrogée par le Conseil constitutionnel (Cons. const., 30 sept. 2016, n° 2016-571 QPC, *Sté Layher*). La date de prise d'effet de cette abrogation a toutefois été reportée au 1er janvier 2017 pour permettre aux pouvoirs publics d'adopter, dans l'intervalle, les mesures appropriées pour remédier à l'inconstitutionnalité constatée.

(1047) Elle s'applique en revanche aux distributions entre sociétés d'un même groupe bancaire mutualiste et aux distributions effectuées entre sociétés d'investissements immobiliers cotées (SIIC) formant un « quasi-groupe intégré » (V. *supra*, n° 1620, 1).

(1048) CGI, art. CGI, art. 235 ter ZCA, III.

5) La contribution est établie, contrôlée et recouvrée comme l'impôt sur les sociétés et sous les mêmes garanties et sanctions[(1049)].

Elle est payée spontanément lors du premier versement d'acompte d'IS suivant le mois de la mise en paiement de la distribution (les sommes réputées distribuées au titre d'un exercice étant, comme on l'a vu, considérées comme mises en paiement à la clôture de cet exercice). Par exception, pour les distributions mises en paiement avant le 1er septembre 2012, la contribution a dû être payée lors du versement d'acompte d'IS du 15 décembre 2012.

Les crédits d'impôt de toute nature ainsi que la créance née du report en arrière des déficits et l'IFA ne sont pas imputables sur le montant exigible au titre de la contribution sur les montants distribués.

La contribution additionnelle sur les montants distribués n'est pas fiscalement déductible du résultat pour l'établissement de l'IS[(1050)].

6) Cette contribution a fait et fait actuellement l'objet de plusieurs procédures contentieuses parallèles[(1051)], et son avenir apparaît au moins partiellement compromis[(1052)].

Par deux arrêts rendus le 27 juin 2016, le Conseil d'État :

– a transmis au Conseil constitutionnel une QPC selon laquelle le législateur aurait méconnu le principe d'égalité devant la loi et le principe d'égalité devant les charges publiques en introduisant une exonération limitée, s'agissant des groupes de sociétés, aux distributions intervenant entre sociétés appartenant à un groupe intégré fiscalement[(1053)]. La Haute juridiction a suivi les requérants sur ce point[(1054)] ;

– a transmis à la Cour de justice de l'Union européenne – tout en mettant « entre parenthèses » la QPC selon laquelle la loi serait « par ricochet » à l'origine, au détriment des sociétés françaises, d'une discrimination « à rebours » contraire aux principes d'égalité devant la loi et d'égalité devant les charges publiques – une double question préjudicielle portant sur la compatibilité de la contribution de 3 % avec la directive mère-fille du 30 novembre 2011[(1055)].

1711. – Imposition forfaitaire annuelle (régime applicable jusqu'en 2013). 1) Instituée par la loi de finances pour 1974[(1056)], l'imposition forfaitaire annuelle des sociétés (IFA) avait vu son régime profondément modifié par la loi de finances

(1049) CGI, art. CGI, art. 235 ter ZCA, III.

(1050) CGI, art. 213.

(1051) De son côté, la Commission européenne aurait engagé au printemps 2015, la première étape pouvant conduire à l'ouverture officielle d'une procédure d'infraction contre la France (en l'invitant, par la voie d'une mise en demeure, à présenter ses observations relativement aux griefs dirigés contre la taxe de 3 %).

(1052) Dans la logique de l'arrêt *Groupe Steria* (V. *supra*, n° 1625, 2), il fait peu de doute, en effet, que le régime de la contribution de 3 % méconnaît, à tout le moins, la liberté d'établissement en ce qu'il comporte une exonération insusceptible de s'appliquer lorsque la distribution est opérée au profit d'une société établie, à l'étranger, dans un autre État de l'UE.

(1053) CE, 27 juin 2016, n° 399.506, *Sté Layher : Dr. fisc.* 2016, n° 27, comm. 397, concl. N. Escaut (1re esp.). Le Conseil d'État a en revanche refusé de transmettre les QPC selon lesquelles (en résumé) :

– l'application de la contribution à des distributions portant sur des bénéfices mis en réserve avant l'entrée en vigueur de la loi porterait atteinte à une situation légalement acquise (CE, 27 juin 2016, n° 399.757, *Sté Soparfi, ibid.* (2e esp.) ;

– la contribution méconnaîtrait l'exigence de prise en compte des facultés contributives en pouvant être due même en cas de résultat déficitaire (CE, 27 juin 2016, n° 398.585, *Sté Apsis : ibid.* (3e esp.).

(1054) Le Conseil constitutionnel a prononcé l'abrogation, à compter du 1er janvier 2017, de l'exonération prévue en faveur des groupes fiscalement intégrés (Cons. const., 30 sept. 2016, n° 2016-571 QPC, *Sté Layher*).

(1055) CE, 27 juin 2016, n° 399.024, *Assoc. française des entreprises privées et a. : Dr. fisc.* 2016, n° 27, comm. 397, concl. N. Escaut. (4e esp.). Ces deux questions « emboîtées » sont les suivantes : 1) l'article 4, § 1 de la directive (qui prévoit que les États s'abstiennent d'imposer les bénéfices distribués lorsqu'ils sont perçus par une société mère) s'oppose-t-il à une imposition telle que la contribution de 3 % qui est perçue à l'occasion de la distribution de bénéfices par une société passible de l'IS en France et dont l'assiette est constituée par les montants distribués ? 2) En cas de réponse négative à cette première question, une imposition telle que cette même contribution doit-elle être regardée comme une « retenue à la source », dont sont exonérés, selon l'article 5 de la directive, les bénéfices distribués par une filiale à sa mère ?

(1056) L. 27 déc. 1973, art. 22.

pour 2006[1057]. Conçue à l'origine comme une imposition alternative à l'impôt sur les sociétés en l'absence de bénéfices suffisants, elle conservait ce caractère. Mais, pour les sociétés bénéficiaires, elle était aussi devenue à compter de 2006 une imposition cumulative à l'impôt sur les sociétés.

a) À l'origine, l'objet de l'IFA était d'inciter à la liquidation des sociétés « en sommeil ». Le taux (unique) de l'IFA était de 1 000 F. Il a été porté à 3 000 F par la loi de finances pour 1978[1058]. La loi de finances pour 1984[1059] avait modifié cette perspective : en introduisant une taxation progressive en fonction du chiffre d'affaires, elle avait amorcé la transformation de l'IFA en substitut à l'IS pour les sociétés déficitaires. Le montant de l'IFA était alors compris entre 4 000 F à 17 000 F. Par la suite, le tarif de cet impôt a été successivement durci à cinq reprises, ce qui avait renforcé son caractère d'imposition alternative à l'IS. À la veille de la réforme de 2006, le tarif de l'IFA était compris entre 1 125 € et 30 000 €.

b) Avant la loi de finances pour 2006, l'IFA était imputable sur le montant de l'IS exigible dû pendant l'année d'exigibilité de cette imposition et les deux années suivantes[1060]. Après cette loi, l'IFA n'était plus imputable sur l'IS mais constituait une charge déductible pour la détermination du résultat fiscal. Selon le gouvernement, cette modification mettait un terme à une situation insatisfaisante où l'IFA constituait une charge définitive pour les entreprises déficitaires : le nouveau dispositif les autorisait à imputer l'IFA sur des déficits dont le report (V. *supra*, n° 1684) était illimité dans le temps[1061].

c) Parallèlement aux aménagements décrits plus haut, la loi de finances pour 2006 avait :
- fortement relevé (à 400 000 €) le seuil d'application de l'impôt ;
- créé une tranche d'imposition supplémentaire (lorsque le chiffre d'affaires a dépassé 500 M€) ;
- prévu que le chiffre d'affaires à prendre en compte serait désormais apprécié hors taxes.

2) En août 2008, s'exprimant à l'université d'été du Mouvement des entreprises de France (MEDEF) et confirmant les engagements pris en décembre 2007 par le Président de la République, le ministre du Budget avait annoncé la suppression sur trois ans de l'imposition forfaitaire annuelle des sociétés. Cette mesure a été inscrite dans la loi de finances pour 2009.

a) L'IFA présentait un triple inconvénient :

– elle était adossée à une assiette – le chiffre d'affaires – ne prenant aucunement en compte les charges supportées par les entreprises assujetties et pouvant, en conséquence, ne pas refléter leur capacité contributive réelle ;

– le poids de cet impôt rapporté au chiffre d'affaires était d'autant plus faible que celui-ci était important, l'IFA présentait un caractère dégressif ;

– d'une certaine manière, elle pénalisait les entreprises qui, situées en aval de la chaîne productive, réalisaient par construction un chiffre d'affaires plus élevé que les entreprises situées plus en amont.

b) Le mécanisme de suppression progressive retenu par la loi de finances pour 2009[1062] était le suivant :

– à compter du 1er janvier 2009, les deux premières tranches du barème étaient supprimées. La limite d'imposition était donc relevée de 400 000 € à 1 500 000 € (ce qui entraînait le non-assujettissement de 210 000 sociétés) ;

– à compter du 1er janvier 2010, les deux tranches suivantes étaient supprimées, la limite d'imposition étant portée à 15 000 000 € (entraînant le non-assujettissement de 130 000 sociétés supplémentaires) ;

– à compter du 1er janvier 2011, l'IFA était supprimé pour les 22 500 sociétés restant imposées en 2010.

(1057) L. 30 déc. 2005, art. 21.
(1058) L. 30 déc. 1977, art. 3.
(1059) L. 29 déc. 1983, art. 12.
(1060) CGI, art. 220 A, anc.
(1061) CGI, art. 209, al. 3.
(1062) L. 27 déc. 2008, art. 14.

3) La situation difficile des finances publiques a conduit au report de la dernière étape de suppression : *in extremis*, la loi de finances pour 2011 (1063) a reporté à 2014 la suppression de l'IFA. Dans le cas général, cette imposition s'est donc appliquée pour la dernière fois au titre de 2013.

a) À la veille de sa suppression, l'IFA frappait 25 000 entreprises, dont 17 000 réalisant un chiffre d'affaires inférieur à 50 M€.

b) La disparition de l'IFA devait, d'une certaine manière, être compensée par la création d'une contribution qui, assise sur l'excédent brut d'exploitation des entreprises, devait frapper les sociétés à raison d'une assiette plus représentative de leurs facultés contributives réelles. Le gouvernement ayant, dans l'immédiat, renoncé à instituer cet impôt (V. *infra*, n° 1712), la disparition de l'IFA a été compensée par une majoration de la contribution exceptionnelle sur l'impôt sur les sociétés (V. *supra*, n° 1709).

4) Dans la période récente, l'imposition forfaitaire annuelle relevait d'un régime très simple : les sociétés passibles de l'impôt sur les sociétés étaient en principe assujetties à une imposition annuelle dont le montant était fixé en fonction – non pas de leurs bénéfices – mais du chiffre d'affaires hors taxes qu'elles avaient réalisé aux cours de l'exercice précédent (1064).

a) Le Conseil d'État a refusé de transmettre au Conseil constitutionnel, au motif de son absence de caractère sérieux, une QPC critiquant l'absence de définition, par le législateur, du fait générateur de l'IFA (1065).

b) Seules les sociétés dont le chiffre d'affaires annuel excédait 15 M€ étaient imposables à l'IFA. Selon l'administration, le montant du chiffre d'affaires s'appréciait au regard du total formé par les recettes courantes de l'entreprise et ses produits financiers, à l'exclusion des produits exceptionnels. Il était tenu compte, le cas échéant, des produits reçus de ses filiales et exonérés en application du régime des sociétés mères (1066).

Dans les groupes fiscalement intégrés, l'IFA était calculée à raison des chiffres d'affaires respectifs de chacune des sociétés appartenant au périmètre d'intégration (et non en fonction du chiffre d'affaires global du groupe). Seule redevable des cotisations d'IFA (1067), la société mère pouvait déduire le total correspondant du résultat d'ensemble.

c) En l'absence de règles de territorialité propres à cet impôt, le juge considérait que l'IFA devait être assis sur le seul chiffre d'affaires se rattachant aux résultats passibles de l'IS français – c'est-à-dire abstraction faite du chiffre d'affaires de ses établissements stables dont les bénéfices étaient imposables à l'étranger (1068).

À cet égard, seules étaient assujetties à l'IFA les personnes morales passibles de l'IS français à raison de l'exploitation ou des opérations auxquelles elles se livraient *personnellement*. Lorsqu'elle était seulement imposable à l'IS français à raison de ses droits dans une personne morale elle-même non passible de cet impôt, une société étrangère ne pouvait être soumise à l'IFA (1069).

d) La loi prévoyait un certain nombre d'exonérations en faveur, par exemple :

– des organismes sans but lucratif imposés à l'IS sur leurs seuls revenus « patrimoniaux » ;

– des jeunes entreprises innovantes et des autres entreprises bénéficiant de régimes de faveur similaires. Dans ce cas, l'exonération d'IFA est subordonnée (1070) au respect de la réglementation européenne des aides *de minimis* (V. *supra*, n° 1595, 2).

(1063) L. 29 déc. 2010, art. 20.
(1064) CGI, art. 223 septies.
(1065) CE, 24 juin 2013, n° 366.492, *Sté France Télécom* : *Dr. fisc.* 2013, n° 36, comm. 43, concl. Cl. Legras, relevant en substance que, selon une jurisprudence constante, le juge fiscal déduit du contenu des dispositions législatives relatives à l'IFA que le fait générateur de cet impôt réside dans la situation fiscale de l'entreprise au 1er janvier de l'année d'imposition.
(1066) BOI-IS-AUT-40-20, n° 80.
(1067) CGI, art. 223 A, al. 1er.
(1068) CE, 22 mai 2009, n° 300.478, *Sté Mehrweg Dépôt* : *Dr. fisc.* 2009, n° 26, comm. 384, concl. J. Boucher, jugeant que la preuve de l'existence d'un tel établissement incombait à la société considérée, qui devait également justifier de la part de son chiffre d'affaires qui était imputable à celui-ci.
(1069) CE, 7 mars 1990, n° 91.573, *Sté Canny Bowen*, et n° 96.231, *Sté Jurgen B. Mulder* : *Dr. fisc.* 1990, n° 44, comm. 2059, concl. M.-D. Hagelsteen.
(1070) CGI, art. 209 C, I.

– les sociétés nouvelles dont le capital est constitué pour la moitié au moins par des apports en numéraire, pour leurs trois premières années d'activité ;

– les sociétés en liquidation judiciaire, pour la période postérieure au jugement déclaratif de liquidation[(1071)].

e) Au cours de la période récente, le tarif de l'IFA était le suivant :

<table>
<tr><th rowspan="2">MONTANT ANNUEL DU CHIFFRE D'AFFAIRES HT</th><th colspan="3">MONTANT DE L'IFA</th></tr>
<tr><th>2006-2008</th><th>2009</th><th>2010 À 2013</th></tr>
<tr><td>Inférieur à 400 000 €</td><td>0 €</td><td rowspan="3">0 €</td><td rowspan="3">0 €</td></tr>
<tr><td>De 400 000 € à 750 000 €</td><td>1 300 €</td></tr>
<tr><td>De 750 000 € à 1,5 M€</td><td>2 000 €</td></tr>
<tr><td>De 1,5 M€ à 7,5 M€</td><td colspan="3">3 750 €</td></tr>
<tr><td>De 7 500 000 € à 15 M€</td><td colspan="3">16 250 €</td></tr>
<tr><td>De 15 M€ à 75 M€</td><td colspan="3">20 500 €</td></tr>
<tr><td>De 75 M€ à 500 M€</td><td colspan="3">32 750 €</td></tr>
<tr><td>Égal ou supérieur à 500 M€</td><td colspan="3">110 000 €</td></tr>
</table>

f) L'imposition forfaitaire annuelle devait être payée spontanément à la caisse du comptable chargé du recouvrement de l'impôt sur les sociétés, au plus tard le 15 mars[(1072)]. Depuis 2006, elle constituait une charge déductible du résultat imposable à l'impôt sur les sociétés et non plus un montant imputable ou reportable sur l'impôt sur les sociétés exigible (V. *supra*, pt 1-*b*).

Dans les groupes fiscalement intégrés, chaque société du groupe était tenue solidairement avec la société intégrante au paiement à hauteur de l'impôt qui aurait été dû par elle si elle n'avait pas été membre du groupe[(1073)]. La solidarité s'étendait, selon les mêmes modalités, aux intérêts de retard et aux sanctions fiscales.

1712. – **Contribution *avortée* sur l'excédent brut d'exploitation des grandes entreprises.** 1) Dans l'intention du gouvernement, la loi de finances pour 2014 devait remplacer l'imposition forfaitaire annuelle (V. *supra*, n° 1711) par une « contribution sur l'excédent brut d'exploitation » des entreprises.

Celle-ci devait frapper annuellement les entreprises soumises à l'impôt sur les sociétés réalisant un chiffre d'affaires supérieur à 50 M€.

a) Selon l'exposé des motifs du projet de loi de finances pour 2014, la création de cette contribution devait constituer la première étape d'une « réforme structurelle de la fiscalité des entreprises » visant à limiter le poids des impôts dits « de production » (c'est-à-dire des impositions qui, comme l'IFA ou la C3S, sont assises sur le chiffre d'affaires des entreprises) en leur substituant une taxation assise sur leur résultat économique, c'est-à-dire une assiette reflétant mieux leur profitabilité et leur capacité contributive réelle.

Le produit de la contribution sur l'excédent brut d'exploitation (CEBE), à laquelle auraient dû être assujetties les 8 000 plus grandes entreprises françaises, était évalué à 2,5 Md€ dans le projet de loi de finances.

b) Pour l'essentiel, cette contribution devait obéir aux règles d'assiette suivantes[(1074)].

• La CEBE aurait dû frapper les sociétés (et autres entités) soumises à l'impôt sur les sociétés qui, exploitant une entreprise en France, réalisaient un chiffre d'affaires annuel supérieur à 50 M€. La condition tenant à l'exploitation d'une entreprise en France était identique à celle gouvernant, au regard du droit interne, la territorialité de l'IS (V. *supra*, n° 1631).

(1071) CGI, art. 223 septies à 223 nonies A.
(1072) CGI, art. 1668 A.
(1073) CGI, art. 223 A, dernier al.
(1074) Projet de loi de finances pour 2014, art. 10.

• Le chiffre d'affaires retenu pour la détermination du seuil d'assujettissement était celui qui est réalisé au cours d'une période de référence (*i.e.* l'année civile dans le cas général). Il était le cas échéant corrigé *prorata temporis* pour correspondre à une année pleine. Lorsqu'une société était membre d'un groupe fiscalement intégré, le chiffre d'affaires à retenir devait s'entendre de la somme des chiffres d'affaires de chacune des sociétés membres du groupe.

• La contribution devait être assise sur l'excédent brut d'exploitation (EBE) produit par l'entreprise au cours la période annuelle de référence.

De manière générale, l'excédent brut d'exploitation est le solde intermédiaire de gestion faisant ressortir les ressources que l'entreprise retire de son exploitation après avoir rémunéré ses salariés. Il est obtenu en retranchant de la valeur ajoutée dégagée par l'entreprise les charges de personnels et les impôts et taxes qu'elle a supportés. Il mesure ainsi la performance économique de l'entreprise, indépendamment de son mode de financement et de ses politiques d'investissement et de distribution.

• Dans une perspective analytique, l'excédent brut d'exploitation devait être défini comme :

– l'excédent de la *valeur de la production* (chiffre d'affaires *lato sensu*, majoré, le cas échéant, de la valeur de la production immobilisée et de la variation positive des stocks et, dans l'hypothèse exceptionnelle où ces gains se rapporteraient à une activité normale et courante de l'entreprise, des plus-values de cession d'immobilisations) ;

– sur la *valeur des consommations en provenance de tiers* (achats de biens courants, achats de services et impôts de consommation supportés) augmentées le cas échéant de la variation négative des stocks et (dans la même hypothèse que pour les plus-values) des moins-values de cession d'immobilisations ;

– diminué de la masse salariale (salaires et cotisations patronales) et des impôts autres que ceux frappant les bénéfices.

• Dans une perspective plus synthétique, l'EBE était égal au résultat d'exploitation majoré des dotations aux amortissements et des dotations aux provisions précédemment déduites de ce résultat (et minoré des reprises sur provisions comprises dans ce résultat).

Naturellement, les éléments concourant à la détermination du résultat financier de l'entreprise (et, spécialement, les charges financières supportées par elle) étaient radicalement sans incidence sur le montant de son EBE. À la différence du résultat imposable à l'IS, l'EBE n'était donc pas susceptible d'être manipulé par le biais de l'endettement (V. sur ces questions *supra*, n° 1676). Comme le soulignaient les travaux préparatoires, « son assiette est (...) moins susceptible de donner lieu à optimisation à des fins fiscales »[(1075)].

• Sur le plan pratique, l'EBE devait être déterminé à partir de la *valeur ajoutée* de l'entreprise, telle que retenue pour l'assiette de la CVAE (V. *infra*, n° 2037) sans qu'il soit fait application, toutefois, des règles de plafonnement de la valeur ajoutée en fonction du chiffre d'affaires[(1076)]. L'EBE était déterminé en imputant sur la valeur ajoutée les charges de personnel et les charges fiscales de l'entreprise (à l'exclusion des impôts et taxes déjà déduits pour la détermination de la valeur ajoutée elle-même et des impôts frappant ses bénéfices).

c) La CEBE devait être liquidée au taux de 1 %. Ce taux aurait pu être appelé à augmenter dans le futur, en compensation de la diminution, fréquemment évoquée, du taux de l'IS.

d) Appelée à être établie, contrôlée et recouvrée comme l'IS et sous les mêmes garanties et sanctions, la CEBE devait être liquidée et déclarée annuellement par l'entreprise redevable. Elle devait être spontanément acquittée lors du dépôt du relevé de solde (V. *infra*, n° 1720) de l'IS et n'était pas déductible du résultat soumis à cet impôt.

Dans les groupes fiscalement intégrés, la CEBE due par les différentes sociétés membres du groupe devait être acquittée en totalité par la société intégrante.

2) La publication du projet de loi de finances pour 2014 suite à son adoption, le 25 septembre 2013, par le Conseil des ministres, a déclenché une vague d'indignation spectaculaire à l'encontre de la contribution sur l'excédent brut d'exploitation.

(1075) Évaluations préalables du projet de loi de finances pour 2014, p. 60.
(1076) CGI, art. 1586 sexies, I-7.

Il faut même convenir que cette hostilité était sans commune mesure avec le nombre d'entreprises effectivement concernées par la taxation.

Les critiques se sont focalisées sur un point : les règles d'assiette de la taxe ne permettant pas de déduire les dotations aux amortissements, la contribution frapperait indirectement les investissements des entreprises.

En réalité, autant que les amortissements, c'est la non-déductibilité des charges financières de l'assiette de la taxe – qui mettait en péril les stratégies de planification fiscale des grandes entreprises – qui était en cause.

3) Quelques jours plus tard, le 1er octobre 2013, le gouvernement faisait savoir, par la voie de son ministre du Budget, qu'il procéderait aux différents ajustements techniques permettant de faire en sorte que le nouvel impôt ne pénalise pas l'investissement.

Plus précisément, le projet de contribution sur l'excédent *brut* d'exploitation se transformait en contribution sur l'excédent *net* d'exploitation – c'est-à-dire de l'excédent brut d'exploitation diminué des dotations aux amortissements de l'exercice.

Inventé pour les besoins de la cause, l'excédent *net* d'exploitation n'est pas un solde intermédiaire de gestion utilisée en comptabilité.

Afin de ne pas affecter le rendement du nouvel impôt, l'amenuisement de son assiette globale résultant de la déduction des amortissements devait s'accompagner d'une augmentation de son taux (les taux de 1,3 % puis de 1,15 % ayant été successivement évoqués).

4) Cette transformation n'a que peu réduit le mouvement d'hostilité à l'égard du nouvel impôt et, le 6 octobre 2013, M. P. Moscovici, ministre de l'Économie et des Finances, annonçait l'abandon pur et simple du nouveau projet de taxation.

Un amendement en ce sens était déposé par le gouvernement devant l'Assemblée nationale dès le 8 octobre 2013. En contrepartie de son adoption (qui entraînait une baisse des recettes fiscales de l'État), le taux de la contribution exceptionnelle sur l'impôt sur les sociétés a été majoré de plus de 110 %, pour être porté à 10,7 % (V. *infra*, n° 1709).

On peut sans doute regretter que le projet de CEBE n'ait pas prospéré. Elle présentait en effet le triple avantage d'offrir un bon rendement budgétaire sans pénaliser l'emploi tout en limitant les possibilités d'optimisation fiscale. On peut partager à cet égard le constat opéré par M. F. Marc, rapporteur général du budget au Sénat : « La contribution sur l'EBE se voulait la première pierre d'une modernisation en profondeur de la fiscalité sur les entreprises. Le diagnostic est connu et partagé. Il faut en particulier remettre à plat l'IS. Le corollaire de son assiette étroite est son taux nominal trop élevé, qui pénalise la France en matière de comparaisons internationales et donc d'attractivité du territoire./À cet égard, la hausse de la surtaxe IS n'est pas satisfaisante puisqu'elle contribue à relever un peu plus le taux facial de l'IS »(1077).

La proposition d'une taxe sur l'excédent net d'exploitation devrait être à nouveau au cœur des débats des Assises de la fiscalité des entreprises qui ont été ouvertes, le 29 janvier 2014, à l'initiative du gouvernement.

1713. – **Taxe exceptionnelle de solidarité due à raison des hautes rémunérations versées (renvoi).** Sur le régime de cette imposition temporaire frappant les entreprises (qu'elles soient ou non passibles de l'impôt sur les sociétés), V. *infra*, n° 1584.

(1077) Commission des finances du Sénat, rapport général sur le projet de loi de finances pour 2014, n° 156, t. II, 21 nov. 2013, p. 124.

SECTION 5

ÉTABLISSEMENT ET PAIEMENT DE L'IMPÔT SUR LES SOCIÉTÉS

§ 1. – Établissement de l'impôt

1714. – Lieu d'établissement de l'impôt. L'impôt sur les sociétés est établi sous une cote unique au nom de la personne morale pour l'ensemble de ses activités imposables en France[(1078)]. Il est établi au lieu du principal établissement, qui correspond normalement au lieu du siège social.

L'impôt peut également être établi au lieu de direction effective de la société. Par ailleurs, les sociétés étrangères imposables en France sont imposées au lieu de leur principal établissement ou, à défaut, au service des impôts des entreprises étrangères.

Pour les sociétés en participation (et les sociétés créées de fait) l'impôt est établi au nom du gérant connu des tiers[(1079)]. C'est un cas où l'IS peut se trouver mis à la charge d'une personne physique.

1715. – Obligations déclaratives. 1) L'impôt sur les sociétés est en principe établi sur la base de la déclaration annuelle des résultats. Depuis le 1er janvier 2013, celle-ci doit être effectuée par voie électronique, quelle que soit l'importance du chiffre d'affaires de l'entreprise[(1080)].

La généralisation à toutes les sociétés passibles de l'IS de l'obligation de télétransmission de la déclaration annuelle de résultats résulte de la quatrième loi de finances rectificative pour 2011[(1081)]. Auparavant, seules les sociétés relevant de la DGE (V. *supra*, n° 1626, 1-*a*) et celles dont le chiffre d'affaires hors taxes excédait 15 M€ étaient tenues de souscrire leur déclaration par voie électronique.

Le non-respect de cette obligation est sanctionné par une majoration de 0,2 % des droits dus[(1082)].

L'obligation de déclaration par voie électronique s'étend aussi aux contributions complémentaires à l'IS.

2) La déclaration doit être transmise, en principe, dans les trois mois de la clôture de l'exercice[(1083)]. Toutefois, pour les sociétés dont l'exercice coïncide avec l'année civile (ou lorsqu'aucun exercice n'est clos au cours d'une année), la date limite de transmission de la déclaration est reportée du 31 mars au deuxième jour ouvré suivant le 1er mai[(1084)].

Naturellement, les sociétés qui se soustraient à leurs obligations déclaratives encourent normalement la taxation d'office[(1085)]. Par ailleurs, l'administration fiscale est en droit de contrôler la sincérité des déclarations souscrites en procédant, en particulier, à une vérification de comptabilité de la société[(1086)].

Sur les obligations déclaratives particulières pesant sur les sociétés exerçant une activité extraterritoriale, V. *supra*, n° 1633.

(1078) CGI, art. 218, al. 1er.
(1079) CGI, art. 218, al. 2.
(1080) CGI, art. 1649 quater B quater.
(1081) L. 28 déc. 2011, art. 53.
(1082) CGI, art. 1738, 1.
(1083) CGI, art. 223, 1.
(1084) CGI, art. 223, 1. – CGI, ann. III, art. 344 I-0 bis. Le report de cette date limite légale est fréquemment décidé par l'administration.
(1085) LPF, art. L. 66, 2°.
(1086) LPF, art. L. 13 et art. L. 47 et s.

§ 2. – Paiement de l'impôt

1716. – Paiement spontané. L'impôt sur les sociétés est liquidé par la société elle-même. Le paiement (qui doit être opéré spontanément, sans émission préalable d'un acte d'imposition) repose sur un mécanisme d'acomptes provisionnels. Plus précisément, la loi impose le versement de quatre acomptes successifs, suivis du paiement du solde de l'impôt(1087).

Avant la fusion des administrations fiscales et financières dans la Direction générale des finances publiques, le versement des acomptes et du solde était effectué auprès des comptables de la Direction générale des impôts ou, pour les sociétés relevant de cette direction, du comptable de la Direction des grandes entreprises. Sur les règles de compétence initiales, V. *supra*, n° 1593.

Sauf dans l'hypothèse où l'impôt frappe une entité dépourvue de la personnalité morale (V. *supra*, n° 1609, 2), le redevable légal de la cotisation d'IS est la société elle-même. Des cas de solidarité sont naturellement prévus par la loi fiscale. En dehors de l'hypothèse particulière de la solidarité « limitée » des filiales dans les groupes fiscalement intégrés (V. *supra*, n° 1627, 2), le seul cas de solidarité légale méritant d'être signalé est celui(1088) qui concerne les dirigeants de droit ou de fait « défaillants » (V. *infra*, n° 1722, 2).

1717. – Époque du paiement. De manière générale (c'est-à-dire pour les sociétés dont l'exercice coïncide avec l'année civile), les quatre acomptes doivent être versés (sauf mesure d'assouplissement) le 15 mars, le 15 juin, le 15 septembre et le 15 décembre. Le solde est versé, quant à lui, le 15 avril au plus tard(1089).

DATES LIMITES DE VERSEMENT DES ACOMPTES D'IS EN FONCTION DES DATES DE CLÔTURE DES EXERCICES

DATE DE CLÔTURE COMPRISE ENTRE :	1ER ACOMPTE	2E ACOMPTE	3E ACOMPTE	4E ACOMPTE
le 20 nov. et le 19 févr. inclus	15 mars	15 juin	15 sept.	15 déc.
le 20 févr. et le 19 mai inclus	15 juin	15 sept.	15 déc.	15 mars
le 20 mai et le 19 août inclus	15 sept.	15 déc.	15 mars	15 juin
le 20 août et le 19 nov. inclus	15 déc.	15 mars	15 juin	15 sept.

Les sociétés nouvelles (ou nouvellement soumises à l'IS) sont dispensées du versement de tout acompte au cours de leur premier exercice d'activité (ou de leur première période d'imposition à l'IS). De même, les sociétés dont le montant de l'impôt dû au titre d'un exercice n'excède pas 3 000 € échappent à l'obligation de verser des acomptes au cours de l'exercice suivant(1090).

Par ailleurs, comme en matière d'IR, le contribuable qui estime que le montant des acomptes déjà versés au titre d'un exercice excède la cotisation totale d'IS exigible au titre de l'exercice concerné peut se dispenser, en tout ou partie, de nouveaux versements d'acomptes(1091).

1718. – Montant des acomptes (régime général). Pour la généralité des sociétés de capitaux, le calcul des acomptes exigibles au cours d'un exercice repose exclusi-

(1087) CGI, art. 1668.
(1088) LPF, art. L. 267.
(1089) CGI, art. 1668, 1. – CGI, ann. III, art. 360 bis.
(1090) CGI, ann. III, art. 359, 3.
(1091) CGI, art. 1668, 4 bis.

vement sur le montant de l'impôt sur les sociétés exigible au titre de l'exercice précédent.

Plus précisément, le montant total des acomptes provisionnels est en principe égal au montant d'impôt sur les sociétés calculé sur la base des éléments « courants » de résultat du dernier exercice compte tenu des différents taux applicables à ces éléments[1092].

Au demeurant, les règles de détermination des acomptes sont plus complexes car le premier acompte vient à échéance à une époque où le délai de déclaration des résultats de l'année précédente n'est pas expiré. Il peut en résulter que les résultats « courants » et le montant de l'IS « courant » exigible au titre de l'année précédente ne soient pas encore précisément connus à la date de paiement du premier acompte.

1) Le premier acompte est provisoirement déterminé sur la base du quart de l'impôt « courant » exigible au titre de l'avant-dernier exercice. Il est régularisé, à l'occasion du versement du deuxième acompte, une fois connus les résultats et le montant de l'impôt exigible au titre de l'exercice précédent.

2) Chacun des deuxième, troisième et quatrième acomptes est égal au quart de l'impôt « courant » exigible au titre de l'exercice précédent.

Naturellement, les insuffisances constatées dans le paiement des acomptes peuvent donner lieu[1093] à l'application de pénalités (majoration de 5 % assortie des intérêts de retard).

1719. – **Montant du quatrième acompte (régime spécial).** 1) Un régime spécial a été introduit[1094] pour les grandes entreprises dont les résultats sont en augmentation significative. Leurs trois premiers acomptes restent déterminés dans les conditions générales, en fonction des résultats « courants » et de l'impôt « courant » exigible au titre de l'exercice précédent (V. *supra*, n° 1718).

2) En revanche, le quatrième acompte est déterminé de telle sorte que le total des quatre acomptes versés se rapproche du montant de l'impôt correspondant au bénéfice réel de l'exercice en cours.

En période d'augmentation du rendement de l'impôt sur les sociétés – et dans le souci d'anticiper les rentrées fiscales – les pouvoirs publics ont souhaité que, pour les grandes entreprises, le montant du dernier acompte ne soit plus calculé sur la base de l'impôt exigible au titre de l'exercice précédent, mais sur la base de celui exigible au titre de l'exercice en cours à la date de son versement. La mise en œuvre de cet expédient budgétaire suppose d'anticiper, dès le 15 décembre, le montant des résultats qui ne pourront être arrêtés, par hypothèse, avant le 31 décembre.

3) Pour l'application de ce dispositif, les grandes entreprises – qui s'entendent de celles dont le chiffre d'affaires annuel est égal ou supérieur à 250 M€ – sont soumises à des obligations d'autant plus étendues que leur chiffre d'affaires est plus élevé.

a) La mesure était initialement applicable aux sociétés dont le chiffre d'affaires annuel hors taxes excédait 1 Md€. La loi de finances rectificative pour 2006[1095] et la loi de finances pour 2013[1096] ont successivement ramené le seuil d'application du dispositif à 500 M€, puis 250 M€. En 2016, mille sociétés environ sont concernées par ce dispositif.

(1092) CGI, art. 1668, 1.
(1093) CGI, art. 1731.
(1094) L. fin. rect. 2005, 30 déc. 2005, art. 1er.
(1095) L. 30 déc. 2006, art. 2.
(1096) L. 29 déc. 2012, art. 26.

CHIFFRE D'AFFAIRES DE LA GRANDE ENTREPRISE	TAUX D'AUGMENTATION (1) DU BÉNÉFICE DE L'EXERCICE EN COURS DÉCLENCHANT L'APPLICATION DU RÉGIME SPÉCIAL (3)	PROPORTION MINIMALE (2) DU TOTAL DES QUATRE ACOMPTES PAR RAPPORT À L'IMPÔT EFFECTIVEMENT DÛ (3)
De 250 millions à 1 milliard	33,33 %	75 %
De 1 milliard à 5 milliards	17,64 %	85 %
Plus de 5 milliards	5,26 %	95 %

(1) Ces « taux d'augmentation » du bénéfice ne sont pas formellement prévus par la loi. Ils se déduisent de l'économie générale du dispositif : le montant de l'acompte « spécial » (déterminé à raison du bénéfice futur estimé) devant légalement excéder le montant de l'acompte « ordinaire » (déterminé en fonction du dernier bénéfice connu), le montant du dernier bénéfice connu doit être inférieur respectivement à 75 %, 85 % et 95 % du bénéfice futur estimé (en supposant naturellement que le taux de l'IS soit le même pour chacun des deux exercices considérés).

Avant la loi de finances pour 2013, ces taux étaient respectivement de 50 %, 25 % et 11,1 %.

(2) Avant la loi de finances pour 2013, ces taux étaient respectivement de 66,66 %, 80 % et 90 %.

(3) Le projet de loi de finances pour 2017 envisage de renforcer la « contemporanéité » de l'IS dû par les grandes entreprises. Si le dispositif projeté était adopté en l'état :

– les taux « cibles » de 75 %, 85 % et 95 % seraient respectivement portés, à compter du 1er janvier 2017, à 80 %, 90 % et 98 % ;

– les taux implicites d'augmentation du bénéfice de 33,33 %, 17,64 % et 5,26 % se trouveraient respectivement établis, à compter de la même date, à 25 %, 11,11 % et 2,04 %.

b) Selon l'administration, le montant du chiffre d'affaires s'apprécie au regard des recettes découlant des activités « normales et courantes » de l'entreprise, à l'exclusion des produits financiers et des produits exceptionnels[1097].

Dans les groupes de sociétés fiscalement intégrés, la condition tenant au chiffre d'affaires est appréciée en faisant la somme algébrique des chiffres d'affaires de chacune des sociétés membres du groupe[1098].

c) Pour les grandes entreprises soumises à ce régime spécial, les pénalités usuelles (V. *supra*, n° 1718 *in fine*) sont exigibles lorsqu'une différence significative est constatée entre le montant des acomptes calculés sur la base du résultat de l'exercice en cours et l'impôt effectivement dû[1099].

1720. – Solde de liquidation. Après liquidation de l'impôt sur les sociétés, l'impôt dû peut être comparé avec le montant total des acomptes versés :

• si le montant de l'impôt dû excède celui des acomptes versés, la différence (appelée « solde de liquidation ») doit être acquittée par la société (lors du dépôt du relevé de solde), au plus tard :

– le 15 mai de l'année suivante, pour les sociétés dont l'exercice coïncide avec l'année civile (ou si aucun exercice n'est clos en cours d'année),

– le 15 du quatrième mois qui suit la clôture de l'exercice, dans les autres cas[1100] ;

Jusqu'en 2013, toutes les sociétés (ayant clos un exercice en cours d'année) devaient verser le solde de liquidation au plus tard le 15 du quatrième mois suivant la clôture de l'exercice. Les sociétés dont l'exercice coïncidait avec l'année civile devaient donc opérer ce versement le 15 avril, c'est-à-dire avant même l'échéance déclarative concernant les résultats eux-mêmes (deuxième jour ouvré suivant

(1097) BOI-IS-DECLA-20-10-10, n° 180.
(1098) CGI, art. 1668, 1.
(1099) CGI, art. 1731 A.
(1100) CGI, art. 1668, 2.

le 1er mai – V. *supra*, n° 1715). Il en résultait que ces sociétés étaient conduites à effectuer, avant l'établissement définitif de leurs résultats, une évaluation provisoire de ceux-ci et de déposer, en conséquence, plusieurs relevés de solde.

Le *Programme de simplification* gouvernemental rendu public le 17 juillet 2013 a indiqué que les sociétés dont l'exercice coïncide avec l'année civile ne seraient plus dans l'obligation de déposer leur relevé de solde avant d'avoir déterminé précisément le montant de leur résultat. Depuis 2014, en application de cette mesure de simplification introduite par la loi de finances rectificative pour 2013[1101], la déclaration de résultats doit donc être souscrite au plus tard le deuxième jour ouvré suivant le 1er mai et le relevé de solde au plus tard le 15 mai.

Des pénalités (majoration de 5 % assortie des intérêts de retard) sont exigibles en cas de paiement tardif du solde de liquidation.

• dans le cas inverse, les acomptes excédentaires sont remboursés d'office par l'administration.

Ce remboursement spontané s'opère après imputation des acomptes excédentaires sur les autres impôts directs dont la société est, le cas échéant, débitrice. Supposant depuis la loi de finances rectificative pour 2013[1102] le dépôt préalable de la déclaration de résultats (ce qui est de nature à « sécuriser » davantage la procédure), le remboursement doit être effectué dans les trente jours du dépôt du relevé de solde.

Dans le cadre du plan de relance de l'économie consécutif à la crise financière internationale de 2008, la deuxième loi de finances rectificative pour 2008[1103] avait institué une procédure de remboursement immédiat des acomptes d'IS excédentaires.

1721. – **Modalités de paiement.** Les acomptes et le solde de l'impôt sur les sociétés devraient pouvoir être acquittés par tous les moyens de paiement légalement admis.

En réalité, depuis le 1er octobre 2012, toutes les sociétés passibles de cet impôt sont tenues d'en acquitter les acomptes et le solde par voie électronique indépendamment de l'importance de leur chiffre d'affaires[1104].

1) La généralisation de l'obligation de télérèglement de l'IS à toutes les entreprises résulte de la quatrième loi de finances rectificative pour 2011[1105].

Auparavant, la grande majorité des sociétés y étaient néanmoins tenues. En effet, étaient déjà soumises[1106] à l'obligation de recourir au paiement par télérèglement :

– d'une part, les sociétés dont le chiffre d'affaires hors taxes de l'exercice précédent excédait 500 000 € ou, pour les paiements exigibles à compter du 1er octobre 2011, 230 000 € ;

– d'autre part, les sociétés relevant de la Direction des grandes entreprises (V. *supra*, n° 1626).

2) Le non-respect de cette obligation entraîne l'application d'une sanction au taux de 0,2 % des sommes dont le versement n'est pas régulièrement effectué[1107].

1722. – **Solidarité au paiement.** 1) Dans le cadre du régime de consolidation fiscale, chaque société du groupe est tenue solidairement au paiement de l'impôt sur les sociétés dont la société mère est redevable, à hauteur de l'impôt qui serait dû par la société si celle-ci n'était pas membre du groupe[1108].

(1101) L. 29 déc. 2013, art. 20, III et IV.
(1102) L. 29 déc. 2013, art. 20, III et IV.
(1103) L. 30 déc. 2008, art. 93.
(1104) CGI, art. 1681 septies, 4.
(1105) L. 28 déc. 2011, art. 53.
(1106) Troisième L. fin. rect. 2009, 30 déc. 2009, art. 29.
(1107) CGI, art. 1738, 1.
(1108) CGI, art. 223 A, dernier al.

Le cas échéant, la solidarité s'étend, selon les mêmes modalités, aux intérêts de retard et aux sanctions fiscales.

2) Par ailleurs, par application des dispositions générales du Livre des procédures fiscales, toute personne qui exerce en droit ou en fait, directement ou indirectement, la direction effective d'une société, peut être judiciairement déclarée débiteur solidaire des impositions dues par cette société lorsqu'elle est responsable des manœuvres frauduleuses ou de l'inobservation grave et répétée des obligations fiscales qui ont rendu impossible le recouvrement des impositions et des pénalités dues par la société[1109].

Le prononcé de la responsabilité solidaire relève de la compétence du président du tribunal de grande instance du lieu du siège social de la société en cause, sur assignation du comptable public en charge du recouvrement des sommes en cause[1110].

Bibliographie

• P. Beltrame, *L'imposition des revenus*, Berger-Levrault, 1970 ; *L'apparition de l'impôt sur les sociétés et l'unification de l'impôt sur le revenu*, in *Histoire du droit des finances publiques*, vol. II – *Les grandes étapes de l'évolution de la fiscalité d'État textes à l'appui*, Economica, 1987, p. 91 et s. – M. Chrétien, *Les gains en capital : Dr. fisc.* 1976, n° 21, p. 536 et s., *ibid.* n° 24, p. 587 et s. ; *ibid.* n° 28, p. 688 et s. ; *ibid.* n° 30, p. 754 et s. – M. Cozian, *La loi du 19 juillet 1976 sur l'imposition des plus-values ou la montagne accouchant d'une souris : Dr. fisc.* 1976, n° 30, p. 750 et s. ; *Précis de fiscalité des entreprises*, Litec, coll. « Fiscal », 32e éd., 2008 ; *Les grands principes de la fiscalité des entreprises*, Litec, coll. « Fiscal », 4e éd., 2000. – C. David, *L'impôt sur le revenu des ménages*, Economica, 1987. – F. Deboissy, *Le revenu imposable est un revenu net : RTD com.* 2000, n° 3, p. 746 et s. – H. Isaïa et J. Spindler, *La création d'un système d'imposition des revenus*, in *Histoire du droit des finances publiques*, vol. II – *Les grandes étapes de l'évolution de la fiscalité d'État textes à l'appui*, Economica, 1987, p. 13 et s. – G. Orsoni, *Peut-on supprimer l'impôt sur le revenu : RF fin. publ.* 1990, n° 29, p. 71 et s. – B. Plagnet, *La consécration par le droit fiscal de la définition économique du revenu ?*, in *Histoire du droit des finances publiques*, vol. II – *Les grandes étapes de l'évolution de la fiscalité d'État textes à l'appui*, Economica, 1987, p. 189 et s. – P.-F. Racine, *Réflexions sur la notion de revenu : BF Lefebvre* 1984, n° 2, p. 67 et s.

(1109) LPF, art. L. 267.
(1110) Même disposition.

SOUS-TITRE 3

L'IMPOSITION DU PATRIMOINE

1723. – **Imposition de la richesse acquise.** L'imposition du patrimoine constitue, avec celle de la consommation et du revenu, l'une des trois formes que peut emprunter la taxation des contribuables. Par opposition aux deux autres, qui renvoient à l'idée économique de flux, l'imposition du patrimoine – ou du capital – retient pour assiette la richesse acquise.

Le patrimoine est depuis fort longtemps retenu comme élément d'assiette[(1)]. Une explication simple peut être trouvée dans la visibilité, au sens premier du terme, des biens immeubles qui constituaient autrefois l'essentiel de la richesse des contribuables. L'établissement de l'assiette de l'impôt et son contrôle en étaient facilités.

Fortement connotée sur un plan politique, l'imposition du patrimoine s'inscrit dans une logique redistributive. En France, les voies retenues sont plurielles et répondent aux deux modalités d'imposition susceptibles d'être mises en œuvre. Les patrimoines sont effectivement frappés, soit directement et de manière périodique (impôt de solidarité sur la fortune, chapitre 1), soit indirectement et de manière ponctuelle (droits d'enregistrement, chapitre 2).

(1) Il a été démontré, ainsi, qu'une imposition sur la fortune existait déjà au Moyen Âge en France (A. Rigaudière, *Les origines médiévales de l'impôt sur la fortune*, in *L'impôt au Moyen Âge – I. Le droit d'imposer*, Comité pour l'histoire économique et financière de la France, 2002, p. 227-287).

C H A P I T R E 1

L'IMPÔT DE SOLIDARITÉ SUR LA FORTUNE

S E C T I O N 1

LES CARACTÈRES GÉNÉRAUX DE L'IMPÔT DE SOLIDARITÉ SUR LA FORTUNE

§ 1. – Les enjeux politiques et économiques

1724. – Promesse fiscale. En janvier 1981, le Congrès du Parti socialiste désigne François Mitterrand comme candidat à l'élection présidentielle. Il ratifie parallèlement « les 110 propositions » qui constitueront le programme du candidat socialiste. L'une de ces propositions marquera l'histoire fiscale française : « un impôt sur les grandes fortunes, selon un barème progressif, sera institué ». Quelques mois plus tard, François Mitterrand accède à la Présidence de la République et cette proposition se trouve concrétisée dans la loi de finances pour 1982[(1)]. Prend ainsi corps, dans le système fiscal français, l'idée que la fortune confère à ceux qui la possèdent, des facultés contributives supplémentaires qu'un impôt complémentaire à l'impôt sur le revenu doit atteindre.

1) Auparavant, à l'époque moderne, le seul impôt *général* sur la fortune qu'a connu la France semble avoir été l'impôt de solidarité nationale institué par une ordonnance du 15 août 1945. S'agissant des personnes physiques, cet impôt exceptionnel comportait deux contributions distinctes. La première a frappé l'accroissement de fortune observé entre le 1er janvier 1940 et le 4 juin 1945 selon un barème progressif (au taux marginal de 100 %). La seconde a opéré un prélèvement progressif (au taux marginal de 20 %) sur la valeur nette des patrimoines existant au 4 juin 1945.

2) De nombreuses propositions d'instauration d'un impôt sur la fortune avaient été formulées au cours de la Troisième République (proposition *Javal* de 1911, projet *Caillaux* de 1914 et proposition *Blum* de 1920) puis de la Quatrième République (proposition de la CGT de 1946 et proposition *Leenhardt* de 1953). Sous la Cinquième République, des propositions de loi émanant des formations de gauche se succédèrent, dans le sillage du « Programme commun » de 1972[(2)], en vue de l'instauration d'un tel impôt. En 1978, une commission d'étude d'un prélèvement sur les fortunes (dite « commission des sages » ou commission *Ventejol*) est installée afin d'éclairer le gouvernement de

(1) L. 30 déc. 1981, art. 2 à 9.

(2) Ce texte prévoyait l'institution d'un « nouvel impôt annuel, progressif et à faible taux [frappant] le capital des sociétés et les grosses fortunes ».

Raymond Barre sur cette question[3]. Cette commission avait conclu, conformément aux vœux du Président de la République V. Giscard d'Estaing, « qu'il serait inopportun d'instituer en France une imposition annuelle de la fortune »[4].

1725. – Impôt de classe. Lors de son instauration, l'impôt sur les grandes fortunes est présenté par le Gouvernement comme « socialement juste, économiquement raisonnable et techniquement simple ». Cette triple affirmation mériterait d'être examinée dans le détail. Relevons surtout que l'impôt sur les grandes fortunes est dénoncé par ses détracteurs – et parfois assumé par ses partisans – comme un « impôt de classe ». Il fait naturellement l'objet de très vives critiques de la part de l'opposition qui souligne les effets économiques désastreux que ne manquera pas de produire l'imposition du capital et le caractère confiscatoire qu'elle revêtira nécessairement.

1) Une des critiques fréquemment adressées à l'ISF tient au coût élevé qui résulterait de sa gestion : il est même souvent présenté comme « plus cher à percevoir qu'il ne rapporte ». Aussi tenace qu'infondée, cette rumeur tient peut-être au fait que le taux « d'intervention » de l'ISF (c'est-à-dire son coût de gestion rapporté à son produit) se situe (comme d'ailleurs celui de l'IR) à peu près au double du taux d'intervention moyen concernant l'ensemble des recettes fiscales[5].

2) L'ISF comporte une charge politique qui contraste avec ses enjeux budgétaires réels.

a) Le nombre de redevables a certes considérablement augmenté lors des dix dernières années, au cours desquelles on est passé de 179 000 foyers redevables en 1997 à près de 566 000 en 2008 (soit une augmentation de plus de 300 % en douze ans). En 2011, il aurait pu sans doute dépasser les 600 000. Toutefois, compte tenu de la forte majoration du « point d'entrée » de l'ISF décidée en 2011 (V. *infra*, n° 1799), le nombre de foyers redevables n'a été cette année-là que de 290 000 environ. Il a été de 331 000 en 2014 et dépasse les 340 000 en 2015.

b) Toutefois, le produit de cet impôt (5,35 Md€ attendus pour 2016) apparaît modeste au regard des masses du budget général de l'État. En effet, le produit de l'ISF correspond à environ 1 % des recettes fiscales étatiques.

	2003	**2004**	**2005**	**2006**	**2007**	**2008**	**2009**	**2010**	**2011**
Produit (1) en Md€	2,16	2,44	2,80	3,32	4,03	3,81	3,27	4,46	4,32
						565 966	559 727	593 878	291 430

2012 (2)	**2013**	**2014**	**2015 (3)**	**2016 (4)**
5,04	4,39	5,19	5,22	5,35
290 065	312 406	331 010	342 942	

(1) Pour 2003 à 2015, les indications figurant dans le tableau sont issues des rapports annuels de la DGI (2003 à 2007) puis de la DGFiP (2008 à 2015). Le nombre de redevables correspond aux seules déclarations spontanées. Le produit est le montant des paiements reçus annuellement (y compris lorsqu'ils procèdent du contrôle fiscal).

(3) Il s'était agi, surtout, de mettre fin aux divisions que connaissait sur ce point la majorité, depuis le dépôt, le 8 juin 1976, d'une proposition en ce sens par des parlementaires de droite.

(4) La commission avait considéré qu'une solution alternative – dépourvue d'effets économiques néfastes et plus efficace sur le plan social et financier – pourrait résider dans une réforme des droits de succession et de donation. Fort intéressante, mais restée lettre morte, la solution proposée consistait dans l'introduction d'une surtaxe déterminée en fonction du niveau de fortune de l'héritier ou du donataire (alors que, selon la conception classique, le montant de ces droits n'est déterminé qu'à raison de la valeur des biens transmis).

(5) Selon les rapports annuels de la DGFiP, ce taux moyen est de 1,02 % en 2011 et 0,94 % en 2012, 0,88 % en 2013 et 0,86 % en 2014.

(2) Le produit pour 2012 correspond au total formé par le produit de l'ISF proprement dit, évalué à 2,90 Md€, et celui de la contribution exceptionnelle différentielle sur la fortune (V. *infra*, n° 1731) évalué à 2,14 Md€.

(3) Les prévisions initiales de la loi de finances pour 2015 (5,59 Md€) ont été révisées à la baisse (L. fin. rect. 2015). Le Compte général de l'État pour 2015 fait toutefois ressortir un « produit brut de l'impôt de solidarité sur la fortune [de] 7 024 M€ en 2015, en augmentation de 200 M€, essentiellement en raison de la lutte contre la fraude menée par le service du traitement des déclarations rectificatives » (p. 161).

(4) Prévisions initiales pour 2016 (L. fin. 2016).

c) Les enjeux politiques de l'ISF se rattachent, au moins en partie, à sa très forte concentration : les dernières données disponibles font ressortir que la moitié des redevables les moins fortunés acquittent seulement le dixième du produit total de l'impôt alors que le centième des plus fortunés en acquitte près du tiers[(6)].

1726. – Tabou fiscal. 1) Devenu un enjeu politique de premier plan, l'impôt sur les grandes fortunes ne résista pas à l'alternance politique de 1986. Conduit par Jacques Chirac, le Gouvernement de la première cohabitation propose et obtient la suppression de l'impôt sur les grandes fortunes[(7)]. Dans un mouvement inverse, celui-ci sera rétabli à la fin de l'année 1988, sous le nom d'impôt de solidarité sur la fortune, à la faveur de la réélection à la Présidence de la République de François Mitterrand[(8)].

On rapporte souvent que Jacques Chirac, candidat malheureux à l'élection présidentielle de 1988, était convaincu que sa défaite était liée, au moins en partie, à la suppression de l'impôt sur les grandes fortunes. Toujours est-il que, par la suite, les gouvernements libéraux ou conservateurs, forts de cet enseignement, ont soigneusement évité de s'attaquer frontalement à l'impôt de solidarité sur la fortune. Ils ont toutefois été à l'origine de très nombreuses corrections qui en ont considérablement érodé la portée réelle[(9)].

Outre l'apparition successive de puissantes exonérations, l'illustration la plus nette de ce phénomène a été l'introduction du « bouclier fiscal » par la loi de finances pour 2006 (V. *supra*, n° 1585). Ainsi, même si ce n'était pas sa fonction exclusive, le « bouclier fiscal » conduisait *de facto* à un plafonnement vigoureux de l'ISF dû par les plus fortunés. Il suffit de rappeler, à cet égard, que – s'agissant des taux « retenus » (V. *supra*, n° 1586) au titre du bouclier fiscal – la somme du taux marginal de l'IR (40 %) et de ceux des contributions sociales (12,1 % pour les revenus du capital, à l'époque) épuisait déjà en totalité le droit d'imposition directe sur les revenus (50 %) auquel s'est limité, un temps, l'État. Plus discrète, la réduction de dix à six ans de la durée du délai de reprise de droit commun[(10)] a participé de ce même mouvement (V. *infra*, n° 1827).

2) En novembre 2010, pris dans le bourbier politique du « bouclier fiscal », le Président de la République fait part de son intention – apparemment très ferme – de supprimer tout à la fois ce dispositif et l'impôt de solidarité sur la fortune lui-même. La cause semblait entendue.

Il était initialement envisagé de compenser la perte nette de recettes fiscales découlant de cette double mesure par l'introduction d'un impôt sur les revenus du patrimoine qui aurait présenté

(6) V. les éléments déjà anciens donnés dans la précédente édition de cet ouvrage, n° 1709, p. 1297.
(7) Première L. fin. rect. 1986, 11 juill. 1986, art. 24.
(8) L. fin. 1989, 23 déc. 1988, art. 26.
(9) De leur côté, les gouvernements de gauche ont souvent durci (ou tenté de durcir) les règles de l'ISF. Les illustrations les plus remarquables en sont la loi de finances pour 1999 et, dans une moindre mesure, celle pour 2013.
(10) LPF, art. L. 186, mod. par la loi TEPA, 21 août 2007, art. 12.

l'originalité de frapper les plus-values latentes constatées annuellement par les particuliers[11]. Ce dispositif particulièrement déconcertant – qui pouvait s'analyser comme un impôt sur les revenus « même non distribués » – a finalement été écarté[12].

Pressé par de nombreux parlementaires de la majorité et conscient des risques politiques majeurs que ferait peser la suppression de l'impôt sur la fortune sur le sort des échéances électorales de 2012, le président Sarkozy a finalement renoncé à cette double suppression : la loi de finances rectificative du 29 juillet 2011 – si elle supprime bien le « bouclier fiscal » – maintient l'imposition annuelle de la fortune (V. *infra*, n° 1729).

Un temps envisagée, la modification de l'appellation « impôt de solidarité sur la fortune » n'a pas finalement prospéré.

Ce maintien de l'ISF s'est accompagné d'une forte atténuation de son tarif et de sa progressivité (V. *infra*, n° 1803) ainsi que de la suppression des mécanismes de plafonnement qui lui étaient propres (V. *infra*, n°s 1817 et s.). L'alternance présidentielle de 2012 a conduit à la remise en cause « para-rétroactive » de ces différentes mesures (V. *infra*, n° 1730).

1727. – **Splendide isolement fiscal.** L'imposition annuelle du patrimoine est aujourd'hui un trait original du système fiscal français. Plus encore, l'impôt sur la fortune français est souvent présenté comme une véritable anomalie fiscale sur le plan du droit fiscal comparé.

Force est de constater, en effet, que la plupart des États (finalement assez nombreux) ayant connu un impôt annuel sur la fortune l'ont aujourd'hui supprimé. Tel est le cas de l'Allemagne, de l'Autriche, du Danemark, des États-Unis (au niveau fédéral), de l'Irlande, du Japon, de la Suède ou, plus récemment, de la Finlande et du Luxembourg (pour les personnes physiques).

En dehors de la France, il semble qu'un impôt annuel sur la fortune n'existe plus au niveau national qu'en Espagne (à titre temporaire), en Argentine, en Arménie, en Colombie, en Grèce, en Inde, au Liechtenstein, au Luxembourg (pour certaines personnes morales) et en Norvège. Des formes variables d'imposition annuelle du patrimoine existent cependant au niveau local en Italie, en Suisse et aux États-Unis (où sont perçues au niveau des municipalités et des comtés les *property taxes*).

Le cas des Pays-Bas est un peu particulier. L'imposition de la fortune et celle des revenus du capital ont été fusionnées en 2001 pour former un impôt frappant, notamment, le rendement théorique du capital. À ce titre, l'impôt s'applique au taux de 4 % sur les revenus du capital qui sont eux-mêmes fixés forfaitairement à 30 % de la valeur vénale de celui-ci.

En Espagne, un prélèvement exceptionnel sur la fortune avait été institué en 1977 puis pérennisé sous le nom d'impôt sur le patrimoine. Supprimé fin 2008 conformément à un engagement électoral du Président du gouvernement socialiste, l'impôt a été provisoirement rétabli.

Fin 2012, dans un contexte similaire, la Grande Bretagne a finalement renoncé, après un débat animé au sein de la coalition gouvernementale, à l'introduction d'un impôt annuel sur la fortune (cette mesure étant vivement soutenue par le vice-Premier ministre libéral démocrate).

1728. – **Exode fiscal.** Selon ses nombreux détracteurs, le poids de l'impôt de solidarité sur la fortune constituerait l'une des causes essentielles de l'exode fiscal que connaît notre pays. Ce serait l'effet économique le plus désastreux de l'impôt de solidarité sur la fortune.

En réalité, c'est le régime d'imposition des plus-values sur titres qui semble davantage à l'origine de ce phénomène – ainsi que la problématique de l'*exit tax* le fait clairement ressortir (V. *supra*, n° 1373).

(11) Sur l'imposition des plus-values latentes dans le cadre de l'*exit tax*, V. *supra*, n° 1373.
(12) Sur la tentative (restée infructueuse) de prise en compte de certains revenus *potentiels* dans le mécanisme de plafonnement de l'ISF en fonction des revenus, V. *infra*, n° 1821.

Un *Observatoire des délocalisations fiscales* a été institué en 1999 au sein du ministère du Budget. Selon les données recensées par cet organisme (qui ne sont malheureusement pas publiées avec une grande régularité), plusieurs centaines de contribuables choisiraient l'exil chaque année pour s'établir, principalement, en Belgique, en Suisse, au Royaume-Uni et aux États-Unis. Depuis dix ans, ce sont près de 5 000 contribuables qui se seraient ainsi « évadés » de France(13).

ANNÉE	2002	2003	2004	2005	2006	2007	2008	2009	2010	2011	2012	2013
Redevables de l'ISF « délocalisés » hors de France	383	368	574	697	901	908	896	903	800	540	620	714
Redevables de l'ISF « relocalisés » en France	206	196	288	406	526	521	518	501	129	110	103	74

Naturellement, il est extrêmement difficile de déterminer la cause exacte de ces départs qui, pouvant ne pas être exclusivement motivés par des raisons fiscales, coexistent d'ailleurs avec des « retours » fiscaux.

Le « coût fiscal » de ces départs est difficile à mesurer (on estime toutefois à plus de 18 Md€ les bases d'ISF perdues du fait de ces délocalisations). Le coût économique est également difficile à approcher – il semble que l'on ne tient pas suffisamment compte, à cet égard, de l'exonération des placements financiers des non-résidents (V. *infra*, n° 1751).

1729. – Réforme réformée. 1) Quelques mois avant la fin du quinquennat de Nicolas Sarkozy, la première loi de finances rectificative pour 2011(14) avait introduit des aménagements nombreux à la fiscalité du patrimoine. Elle comportait à ce titre une réforme importante de l'impôt de solidarité sur la fortune.

Ce texte comportait d'autres dispositions fiscales dont les principales étaient les suivantes :

– suppression du « bouclier fiscal »(15) et introduction parallèle, en faveur des contribuables de condition modeste, d'un plafonnement en fonction des revenus de la taxe foncière afférente à la résidence principale ;

– durcissement du barème d'imposition des droits de mutation à titre gratuit et des règles concernant le « rappel fiscal » des donations antérieures ;

– restauration d'une *exit tax* consistant dans l'imposition des plus-values latentes constatées par un particulier lors du transfert de son domicile fiscal hors de France(16).

2) Les modifications concernant l'impôt de solidarité sur la fortune(17) étaient profondes :

a) la plus spectaculaire tenait à la refonte intégrale du barème de l'impôt :

– le « point d'entrée » de l'impôt de solidarité sur la fortune était rétroactivement porté, pour 2011, de 800 000 € à 1 300 000 € (V. *infra*, n° 1799) ;

– à compter de 2012, un barème progressif extrêmement simplifié était applicable ;

(13) Les données contenues dans le tableau suivant sont notamment issues du rapport de la commission d'enquête de l'Assemblée nationale sur l'exil des forces vives de la France (8 oct. 2014, n° 2250, p. 117).

(14) L. 29 juill. 2011.

(15) Cette suppression a pris effet à compter de l'imposition des revenus réalisés en 2011, eu égard aux impôts acquittés en 2011 et 2012 (V. *supra*, nos 1585 et s.).

(16) V. *supra*, n° 1373. Le projet de loi de finances pour 2011 comportait également la création d'une taxe sur les résidences secondaires des non-résidents. Pressé par les sénateurs représentant les Français établis hors de France (comme par de nombreux gouvernements étrangers), l'exécutif a finalement renoncé, dès avant le début de la discussion publique du projet devant le Sénat, à l'institution de ce nouvel impôt (V. *supra*, n° 1372.

(17) L. préc., art. 1er.

Ce barème, qui ne comportait que deux taux, était applicable selon les principes de la progressivité « brute » (ou « pure et simple »). Un dispositif de décote destiné à gommer les inévitables effets de seuils en résultant lui était associé.

b) le mécanisme de plafonnement de l'impôt de solidarité sur la fortune en fonction des revenus était supprimé dans tous ses éléments à compter de 2012 (V. *infra*, n°s 1817 et s.) ;

c) enfin, à la suite d'un amendement de la Commission des finances de l'Assemblée nationale, le montant de la réduction d'impôt au titre des personnes à charge (dont le champ d'application était étendu aux autres personnes que les enfants mineurs) était doublé (V. *infra*, n° 1805).

1730. – **« Détricotage » fiscal.** 1) Conformément aux engagements pris par le nouveau Président de la République au cours de la campagne électorale, l'alternance politique de 2012 a conduit à la large remise en cause de ces modifications.

Certaines des mesures issues de la première loi de finances rectificative pour 2011 [18] n'ont pas été remises en cause et sont donc toujours applicables :

– les premières, favorables aux redevables, se rapportent aux conditions d'exonération, au titre des biens professionnels, des parts et actions détenues par des dirigeants de sociétés de capitaux (V. *infra*, n°s 1770 et s.) et aux conditions d'exonération partielle prévue au titre des pactes *Dutreil* (V. *infra*, n° 1781) ;

– les deuxièmes, liées à la lutte contre l'évasion fiscale internationale, ont trait, d'une part, aux règles d'imposition des biens détenus par le biais d'un *trust* et au prélèvement particulier institué pour garantir leur application effective (V. *infra*, n° 1743, 3) et, d'autre part, aux règles de détermination de la valeur des parts des sociétés à prépondérance immobilière en présence de créances détenues, sur de telles sociétés, par des personnes (et notamment leurs associés) non domiciliées fiscalement en France (V. *infra*, n° 1750, 3) ;

– les troisièmes, d'ordre procédural, consistent dans des mesures de simplification concernant les obligations déclaratives des redevables « modestes » (V. *infra*, n° 1825) et des modalités d'établissement de l'impôt applicables à leur égard (V. *infra*, n° 1828).

2) Le retour au *statu quo ante* (qui n'a pas été absolument intégral) s'est opéré en deux temps :

a) pour 2012, la deuxième loi de finances rectificative pour 2012 [19] a neutralisé la réforme issue de la loi de finances rectificative du 29 juillet 2011, en rétablissant le niveau d'imposition résultant du barème antérieur à celle-ci. Ce rétablissement « para-rétroactif » a reposé sur la perception exceptionnelle, pour la seule année 2012, d'une imposition spéciale dénommée « contribution exceptionnelle sur la fortune » (V. *infra*, n° 1731) ;

Loin d'être seulement neutralisée par cet « aller-retour législatif », la situation de certains redevables a pu se trouver aggravée du fait de l'absence, pour 2012, de tout plafonnement du montant de l'imposition sur la fortune en fonction des revenus (V. *infra*, n° 1803).

b) la loi de finances pour 2013 [20] est très largement revenue sur la réforme de 2011. Elle rétablit ainsi tout à la fois :

– un barème progressif par tranches similaire à celui applicable jusqu'en 2011 [21] (V. *infra*, n° 1799) ;

(18) L. 29 juill. 2011.
(19) L. 16 août 2012, art. 4.
(20) L. 29 déc. 2012, art. 13.
(21) Pour 2011, la première loi de finances rectificative pour 2011 (L. 29 juill. 2011, art. 1er, IV-1°) a rétroactivement porté le point d'entrée de l'ISF à 1 300 000 €.

Le nouveau barème comporte plusieurs différences avec celui qui était applicable avant la réforme « Sarkozy » de l'été 2011 :

• le nombre de tranches est réduit alors que les différents taux diminuent, surtout dans le haut du barème,

	BARÈME INITIAL 2011 (POINT D'ENTRÉE : 800 000 €)	**BARÈME 2013 (POINT D'ENTRÉE : 1 300 000 €)**
Tranche 1	< à 0,8 M€ : 0 %	< à 0,8 M€ : 0 %
Tranche 2	entre 0,8 M€ et 1,3 M€ : 0,55 %	entre 0,8 M€ et 1,3 M€ : 0,5 %
Tranche 3	entre 1,3 M€ et 2,57 M€ : 0,75 %	entre 1,3 M€ et 2,57 M€ : 0,70 %
Tranche 4	entre 2,57 M€ et 4,04 M€ : 1 %	entre 2,57 M€ et 5 M€ : 1 %
Tranche 5	entre 4,04 M€ et 7,71 M€ : 1,3 %	entre 5 M€ et 10 M€ : 1,25 %
Tranche 6	entre 7,71 M€ et 16,79 M€ : 1,65 %	> à 10 M€ : 1,5 %
Tranche 7	> à 16,79 M€ : 1,85 %	–

• le point d'entrée de l'ISF (1 300 000 €) ne correspond plus depuis 2013[22] à la limite supérieure de la première tranche du barème (800 000 €). Le ressaut d'imposition qui en résulte est limité par un mécanisme de décote qui n'existait pas en 2011 ou auparavant (V. *infra*, n° 1801),

• le mécanisme de correction du barème en fonction de l'érosion monétaire (qui existait à la veille de la réforme de 2011) n'est pas rétabli (V. *infra*, n° 1675) ;

– des règles de plafonnement inspirées du dispositif « Rocard » (V. *supra*, n° 1818, 2).

Dans la loi de finances pour 2013, le législateur avait préféré au dispositif de « plafonnement du plafonnement » un mécanisme plus général consistant à plafonner l'IR et l'ISF en fonction du total formé par les revenus « réels » et certains revenus « virtuels ». Censuré par le Conseil constitutionnel, cet élément important du mécanisme de plafonnement n'a pas à ce jour été remplacé[23], de sorte que les règles de plafonnement actuellement applicables apparaissent très favorables (et particulièrement perméables à l'évitement fiscal).

Par ailleurs, la loi de finances pour 2013 a durci les règles d'imputation des éléments de passif pour la détermination de l'actif net imposable (V. *infra*, n° 1797) et supprimé la réduction d'ISF au titre des personnes à charge (V. *infra*, n° 1805).

1731. – Contribution exceptionnelle sur la fortune. 1) Souhaitant neutraliser les modifications de l'été 2011, le législateur a choisi la voie de la prudence : plutôt que d'anéantir rétroactivement la réforme (ce qui n'aurait pas manqué de susciter de graves difficultés constitutionnelles), il a choisi d'établir « non rétroactivement » une contribution exceptionnelle sur la fortune, présentant un caractère *différentiel*.

a) Saisi de la loi de finances rectificative du 16 août 2012, le Conseil constitutionnel a rejeté l'ensemble des griefs dirigés contre cette contribution[24]. La Haute juridiction a notamment retenu que la contribution exceptionnelle sur la fortune, alors même qu'elle était établie en fonction de la valeur des biens et droits détenus au 1er janvier 2012 (V. *infra*, pt 2-*a*), ne présentait pas

(22) Il en est allé de même en 2011, compte tenu de la mesure rétroactive évoquée à la note précédente.

(23) On pouvait penser que cette censure conduirait à une réponse législative énergique – qui aurait pu prendre la forme du rétablissement du plafonnement « Juppé » (V. *infra*, n° 1820). Il n'en a rien été, et les tentatives de prise en compte de certains revenus capitalisés par les contribuables sont restées infructueuses (V. *infra*, nos 1821 et s.).

(24) Cons. const., 9 août 2012, n° 2012-654 DC, *Deuxième loi de finances rectificative pour 2012*, § 26 à 37.

un caractère rétroactif, dans la mesure où elle possédait un fait générateur qui lui était propre – à savoir la situation du redevable à la date de l'entrée en vigueur de la loi l'ayant établie, soit au 18 août 2012[25] ;

b) D'autres contributions exceptionnelles liées à l'impôt sur la fortune ont existé dans le passé. Elles n'avaient toutefois pas la fonction différentielle de la contribution de 2012 (mais une simple fonction financière) :

– la loi de finances pour 1984[26] avait institué une « majoration conjoncturelle » de 8 % de l'IGF. Reconduite pour 1985[27] et 1986[28], elle n'a évidemment pas survécu à la suppression de l'IGF lui-même[29] ;

– la première loi de finances rectificative pour 1995[30] avait institué une majoration exceptionnelle de 10 % de la cotisation d'ISF qui s'est appliquée de 1995 à 1998. Majorant de 10 % les différents taux applicables, la loi de finances pour 1999[31] avait intégré cette majoration exceptionnelle dans le barème général, ce qui s'est révélé, non sans paradoxe, favorable aux contribuables[32].

2) Applicable pour la seule année 2012, la contribution exceptionnelle présentait les caractères suivants :

a) les assujettis à cette contribution ont été les personnes redevables de l'impôt de solidarité sur la fortune au titre de l'année 2012, c'est-à-dire celles dont le patrimoine net imposable excédait (au 1er janvier 2012) 1 300 000 € ;

Toutefois, les redevables ayant transféré leur domicile fiscal hors de France entre le 1er janvier et le 4 juillet 2012 (date d'adoption en Conseil des ministres du projet dont la loi est issue) n'ont été passibles de la contribution exceptionnelle sur la fortune (CEF) qu'à raison de leurs biens situés en France.

Par ailleurs, le fait générateur de l'imposition étant « la situation du contribuable à la date de l'entrée en vigueur de la loi de finances rectificative », seuls ont été redevables de la contribution exceptionnelle sur la fortune « les contribuables en vie à la date du fait générateur »[33].

b) cette contribution exceptionnelle sur la fortune a été « assise sur la valeur nette imposable de leur patrimoine retenue pour le calcul de l'impôt de solidarité sur la fortune au titre de l'année 2012 » ;

La CEF a donc été « établie en fonction de la valeur des biens et droits détenus au 1er janvier 2012 »[34]. La loi a donc écarté le principe selon lequel l'assiette d'un impôt est appréciée à la date de son fait générateur. Ainsi, les variations de la composition ou de la valeur du patrimoine observées entre le 1er janvier 2012 et la date d'introduction de la CEF sont restées sans incidence sur l'assiette (et le montant) de cette contribution.

c) la contribution exceptionnelle sur la fortune *brute* a été liquidée selon le barème progressif applicable pour 2011 à l'impôt de solidarité sur la fortune, à savoir :

VALEUR NETTE IMPOSABLE DU PATRIMOINE	TARIF APPLICABLE
N'excédant pas 800 000 €	0 %
Supérieure à 800 000 € et inférieure ou égale à 1 310 000 €	0,55 %

(25) Décision précitée, § 36. Sur les incidences de cette règle sur la détermination des redevables de la contribution, V. *infra*, pt 2-*a*. Sur un inconvénient découlant, paradoxalement, de la non-rétroactivité de la contribution, V. *infra*, pt 3-*b*.
(26) L. 29 déc. 1983, art. 2 *in fine*.
(27) L. fin. 1985, 29 déc. 1984, art. 26, II.
(28) L. fin. 1986, 30 déc. 1985, art. 19, II.
(29) Première L. fin. rect. 1986, 11 juill. 1986, art. 24.
(30) L. 4 août 1995, art. 3.
(31) L. 30 déc. 1998, art. 13.
(32) En effet, contrairement à la majoration elle-même, le montant d'ISF correspondant à la majoration était pris en compte dans le mécanisme de plafonnement de l'impôt en fonction des revenus.
(33) Cons. const., 9 août 2012, 2012-654 DC, *Deuxième loi de finances rectificative pour 2012*, § 36.
(34) *Ibid.*

VALEUR NETTE IMPOSABLE DU PATRIMOINE	TARIF APPLICABLE
Supérieure à 1 310 000 € et inférieure ou égale à 2 570 000 €	0,75 %
Supérieure à 2 570 000 € et inférieure ou égale à 4 040 000 €	1 %
Supérieure à 4 040 000 € et inférieure ou égale à 7 710 000 €	1,3 %
Supérieure à 7 710 000 € et inférieure ou égale à 16 790 000 €	1,65 %
Supérieure à 16 790 000 €	1,80 %

d) la contribution exceptionnelle sur la fortune a présenté un caractère différentiel. En effet, la loi avait prévu que le montant *brut* de l'impôt de solidarité sur la fortune dû au titre de l'année 2012 était imputable sur celui de la contribution exceptionnelle.

Le montant brut d'ISF s'entendait ici de son montant avant imputation, le cas échéant, des réductions d'impôt prévues au titre des personnes à charge (V. *infra*, n° 1805), de l'investissement dans le capital de PME (V. *infra*, n° 1806) ou en faveur des donateurs (V *infra*, n° 1814). Favorable aux redevables, cette règle a permis de préserver l'application de ces réductions d'impôt. En revanche, comme cela a été souligné au cours des travaux préparatoires, l'excédent des réductions d'impôt sur l'ISF dû n'a pu venir en déduction du montant de la CEF[(35)].

Il en résulte que le montant *net* de la contribution exceptionnelle a été égal à la différence entre le montant d'impôt sur la fortune dû sur la base des textes issus de la réforme de juillet 2011 et le montant de cet impôt qui aurait été exigible en l'absence de cette réforme.

L'excédent éventuel du montant de l'ISF dû au titre de l'année 2012 sur le montant brut de la CFE n'a pas été restituable[(36)]. Ce cas de figure a pu se rencontrer pour les redevables dont le patrimoine net imposable avoisinait 1 400 000 €.

3) La réforme de l'été 2011 s'est donc trouvée entièrement neutralisée.

Le couple formé par l'ISF « 2012 » et la CEF a présenté toutefois deux différences importantes avec l'ISF « ordinaire » :

a) aucun dispositif de plafonnement ne s'est appliqué directement ou indirectement à cet « ensemble fiscal » :

– directement, le plafonnement propre à l'ISF, supprimé par la première loi de finances rectificative pour 2011[(37)], n'a été rétabli qu'à compter de 2013 par la loi de finances pour 2013 (V. *infra*, n°s 1817 et s.) ;

– indirectement, s'il y a bien eu un ultime « bouclier fiscal » portant le millésime « 2012 » (V. *supra*, n° 1585), celui-ci a conduit (compte tenu du décalage temporel prévu par le dispositif légal) à comparer les revenus de 2010 et les impositions acquittées en 2010 ou 2011, et non pas l'ISF et la CEF de 2012.

Cette absence de plafonnement[(38)] a été contestée, en vain, devant le Conseil constitutionnel (V. *infra*, n° 1732) ;

b) alors que la dette d'ISF – certaine au 1er janvier, jour du fait générateur de l'impôt – est déductible de l'assiette de l'ISF lui-même (V. *infra*, n° 1795, 2), la dette de CEF ne semble pas avoir pu l'être[(39)].

(35) Rapp. n° 79 de la Commission des finances de l'Assemblée nationale, présenté par M. Ch. Eckert, sur le projet de loi de finances rectificative pour 2012, p. 123, relevant très curieusement que cela aurait revenu à « utiliser deux fois ces réductions d'impôt, à la fois pour l'ISF et pour la contribution exceptionnelle ».

(36) L. fin. rect. 16 août 2012, art. 4, III.

(37) L. 29 juill. 2011.

(38) Par la suite, le ministre de l'Économie et des Finances et le ministre du Budget ont dû reconnaître que, pour l'année 2012, plusieurs milliers de foyers avaient supporté une imposition directe globale excédant 85 % de leur revenu fiscal de référence (V. *infra*, n° 1732, 2-c *in fine*).

(39) Rép. min. Carrez, n° 9070 : *JOAN Q* 23 avr. 2013, p. 4432.

C'est une conséquence paradoxale de la non-rétroactivité, sur ce point, de la deuxième loi de finances rectificative pour 2012 ;

e) la contribution a été établie, contrôlée et recouvrée selon les mêmes procédures et sous les mêmes sanctions, garanties et privilèges que l'ISF[40].

§ 2. – Les caractères techniques et juridiques

1732. – **Impôt en capital ou impôt d'après le capital ?** Assis sur des biens retenus pour leur valeur vénale, l'impôt de solidarité sur la fortune présente incontestablement le caractère d'un impôt synthétique sur le patrimoine. Mais s'agit-il d'un impôt *prélevé sur* le capital ou d'un impôt *mesuré d'après* le capital ?

Pour le Conseil constitutionnel, l'impôt de solidarité sur la fortune est « normalement » un impôt d'après le capital et non un impôt en capital : en instituant un impôt sur la fortune, « le législateur a entendu frapper la capacité contributive que confère la détention d'un ensemble de biens et qui résulte des revenus en espèce [*sic*] ou en nature procurés périodiquement par ces biens, qu'ils soient ou non soumis par ailleurs à l'impôt sur le revenu ; (...) en effet, en raison de son taux et de son caractère annuel, l'impôt [sur la fortune] est appelé normalement à être acquitté sur les revenus des biens imposables »[41].

Cette affirmation constitutionnelle nuancée emporte une conséquence majeure. Lorsque la propriété d'un bien est démembrée, c'est en principe le titulaire de l'usufruit (ou du droit d'usage) qui doit seul supporter la taxation (V. *infra*, n° 1741). Lui seul, en effet, retire des revenus (en espèces ou en nature) du bien considéré.

Le Conseil constitutionnel en a déduit qu'une disposition adoptée par le Parlement[42] retenant le principe de la taxation exclusive de « l'auteur *[sic]* du démembrement » de propriété est contraire à la Constitution : l'impôt de solidarité sur la fortune ne doit pas pouvoir « être assis sur un bien dont le contribuable nu-propriétaire ne tirerait aucun revenu, alors que serait prise en compte dans le calcul de l'impôt la valeur en pleine propriété dudit bien »[43].

La jurisprudence constitutionnelle initiale laissait toutefois subsister une interrogation importante. Sans doute, le fait qu'un bien soit improductif de revenus *pécuniaires* ne devait pas entraîner de plein droit son non-assujettissement à l'impôt de solidarité sur la fortune, dès lors que le bien pouvait procurer des revenus en nature liés à la jouissance du bien. Mais pouvait-on taxer des biens qui ne procuraient ni revenus en espèces ni d'authentiques revenus en nature ?

Un arrêt de la Cour de cassation avait pu être interprété comme l'interdisant[44]. Mais un arrêt ultérieur retenait la solution inverse et admettait la taxation de biens totalement improductifs de revenus[45].

Particulièrement explicite, une décision récente du Conseil constitutionnel a mis fin à cette interrogation : « l'impôt de solidarité sur la fortune ne figure pas au

(40) Les redevables titulaires de patrimoines « modestes » (*i.e.* n'excédant pas, à l'époque, 3 000 000 €) ont été dispensés de toute obligation déclarative au titre de la CEF. En revanche, les titulaires de patrimoines « importants » (*i.e.* excédant à l'époque, 3 000 000 €) ont dû souscrire une déclaration spéciale de CEF. Cette obligation déclarative a dû être accomplie au plus tard le 15 novembre 2012 (et s'accompagner du paiement de la contribution).

(41) Cons. const., 29 déc. 1998, n° 98-405 DC, *Loi de finances pour 1999*, § 27. – V. antérieurement Cons. const., 30 déc. 1981, n° 81-133 DC, *Loi de finances pour 1982*, § 7.

(42) L. fin. 1999, 30 déc. 1998, art. 15.

(43) V. Cons. const., 29 déc. 1998, n° 98-405 DC, *Loi de finances pour 1999*, § 28.

(44) Cass. com., 25 janv. 2005, n° 03-10.068, *Imbert de Trémiolles* : *Dr. fisc.* 2005, n° 13, comm. 327 ; *Dr. fisc.* 2005, n° 17, comm. 391, note J. Grosclaude ; *Bull. civ.* 2005, IV, n° 16.

(45) Cass. com., 15 mai 2007, n° 06-11.701, *Vuillième* : *RJF* 10/2007, n° 1173.

nombre des impositions sur le revenu ». En instituant cet impôt, « le législateur a entendu frapper la capacité contributive que confère la détention d'un ensemble de biens et de droits » ; la prise en compte de cette capacité contributive « n'implique pas que seuls les biens productifs de revenus entrent dans l'assiette de l'impôt de solidarité sur la fortune »(46) ; elle n'exige pas davantage que « cet impôt ne doive être acquitté qu'au moyen des revenus des biens imposables »(47).

1) En réalité, dans l'arrêt *Imbert de Trémiolles*, la Cour de cassation avait exclusivement jugé qu'il ne pouvait être utilement déduit de la jurisprudence constitutionnelle que seuls les biens procurant effectivement un revenu en espèces pouvaient être frappés par l'ISF. C'est par une interprétation *a contrario* (dont la validité était discutable) que des commentateurs avaient pu déduire que cet arrêt interdisait purement et simplement la taxation des biens improductifs de revenus.

Dans l'arrêt *Vuillième*, il était soutenu devant la Cour de cassation qu'un bien n'est imposable à l'ISF que dans la mesure où il procure un revenu en espèce ou en nature. La cour avait rejeté ce moyen en considérant que les dispositions législatives relatives à l'assiette de l'ISF « n'établi [ssaient] aucune distinction selon que les biens, droits et valeurs appartenant au contribuable [étaient] ou non productifs de revenus ». Il en résultait, au cas d'espèce, que les titres d'une société étaient imposables à l'ISF alors même que celle-ci n'aurait procédé, depuis sa création, à aucune distribution de dividendes.

Même non publié au *Bulletin*, l'arrêt *Vuillième* ne semblait pas constituer une simple décision d'espèce s'écartant d'une solution de principe qui aurait été antérieurement fixée. D'ailleurs, certains arrêts d'appel avaient adopté les motifs de l'arrêt *Vuillième*(48).

2) Une autre série de questions, qui a reçu un nouvel éclairage constitutionnel, revêt une importance particulière : peut-on admettre qu'un redevable soit conduit à céder une partie de ses biens pour faire face à la charge fiscale résultant notamment de l'ISF ? L'application de l'ISF peut-elle conduire à un appauvrissement périodique net du contribuable ? L'ISF pourrait-il, au-delà, présenter un caractère confiscatoire ? Ces questions avaient perdu beaucoup de leur acuité à la suite de l'introduction puis du renforcement du « bouclier fiscal ». En effet, l'application de ce mécanisme était de nature à gommer les effets éventuellement confiscatoires de l'ISF. La suppression du bouclier fiscal (V. *supra*, n° 1585) fait naturellement ressurgir cette menace.

a) La Cour de cassation avait statué à plusieurs reprises sur cette question. On pouvait déduire de ces arrêts une prohibition de l'impôt confiscatoire *entendu restrictivement*. Dans un premier arrêt, la cour avait ainsi considéré que, par une appréciation souveraine, le juge du fond avait retenu que des requérants « ne justifiaient pas avoir été dans l'obligation de céder une partie de leur patrimoine pour acquitter leurs charges fiscales » et, qu'en conséquence, « le caractère confiscatoire des impositions mises à leur charge n'était pas établi »(49). Dans un arrêt ultérieur, la Haute juridiction judiciaire avait confirmé un arrêt d'appel où était constaté que « le mécanisme de calcul de l'impôt de solidarité sur la fortune, avec en outre son plafonnement pour l'une des années concernées, n'avait pas entraîné pour [les redevables requérants] des prélèvements d'impôt de solidarité sur la fortune et d'impôt sur le revenu qui soient supérieurs aux revenus dont ils avaient disposé »(50). La même conception restrictive se retrouve dans la jurisprudence de la Cour européenne des droits de l'homme qui a regardé comme irrecevables (pour défaut manifeste de fondement) les requêtes présentées par des contribuables qui prétendaient avoir subi une atteinte au droit au respect de leurs biens protégé par l'article 1er du premier protocole additionnel à la Convention EDH(51).

(46) Cons. const., 29 sept. 2010, n° 2010-44 QPC, *Mathieu*, § 11.
(47) Cons. const., 29 déc. 2012, n° 2012-662 DC, *Loi de finances pour 2013*, § 90.
(48) V. CA Paris, 4 avr. 2008, n° 06-21688, *Rase* : *RJF* 11/2008, n° 1262, rendu à propos d'une créance improductive de revenus.
(49) Cass. com., 13 nov. 2003, n° 01-15.611, *Binet* : *Dr. fisc.* 2004, n° 53, comm. 940.
(50) Cass. com., 25 janv. 2005, n° 03-10.068, *Imbert de Trémiolles*, préc. – V. également, dans un sens similaire, Cass. com., 7 oct. 2009, n° 07-13.600, *Paillaud* : *Dr. fisc.* 2009, n° 38, comm. 472, note S. Quilici. – Cass. com., 23 juin 2009, n° 08-17.681, *Cailliau*, et n° 08-15.494, *Loge* : *ibid.* – Cass. com., 7 juill. 2009, n° 08-16.762, *Bacou* : *ibid.* – Cass. com., 4 mai 2010, n° 09-67.047, *Mirabel* : *RJF* 8-9/2010, n° 861.
(51) CEDH, 4 janv. 2008, nos 25834/05 et a., *Imbert de Trémiolles* : *Dr. fisc.* 2008, n° 10, comm. 264, note E. J. Van Brustem.

b) La jurisprudence du Conseil constitutionnel est plus riche d'enseignements.

• Dans un premier temps, alors pourtant qu'il avait déjà censuré, par une forme de consécration d'un principe de non-confiscation fiscale, une disposition instituant un prélèvement au motif de son taux excessif[52], le Conseil constitutionnel, qui n'avait pas relevé d'office la question de la conformité à la Constitution de la limitation du plafonnement de l'ISF[53], avait conclu à la conformité de ce dispositif aux droits et libertés que la Constitution garantit : « en limitant (...) l'avantage tiré par les détenteurs des patrimoines les plus importants du plafonnement de [l'ISF] par rapport aux revenus du contribuable, le législateur a entendu faire obstacle à ce que ces contribuables n'aménagent leur situation en privilégiant la détention de biens qui ne procurent aucun revenu imposable »[54]. Or, en application de ce mécanisme de « plafonnement du plafonnement » (V. *infra*, n° 1820), le poids des impositions des revenus et de l'ISF supportés par un même redevable pouvait excéder, à l'époque, 85 % de ses revenus.

• Si la validité du mécanisme de « plafonnement du plafonnement » était donc acquise, la question de la conformité à la Constitution d'une éventuelle suppression de tout dispositif de plafonnement de l'ISF restait en suspens. Cette question a fait l'objet de trois décisions du Conseil constitutionnel :

– par une première décision, le Conseil constitutionnel a comme justifié la profonde réforme du barème de l'ISF (et la forte baisse des taux d'imposition en résultant) par la volonté du législateur d'éviter que la suppression concomitante du plafonnement de l'ISF et du « bouclier fiscal » aboutisse à faire peser sur une catégorie de contribuables une charge excessive au regard de leurs facultés contributives[55] ;

– par une deuxième décision, après avoir relevé que la deuxième loi de finances rectificative pour 2012 « met en œuvre, en cours d'année, de nouvelles orientations fiscales qui incluent, de manière non renouvelable, la création d'une contribution exceptionnelle sur la fortune exigible au titre de la seule année 2012 », le Conseil a considéré que « la rupture de l'égalité devant les charges publiques qui découle de l'absence de dispositif de plafonnement ou produisant des effets équivalents ne doit pas conduire à juger cette contribution exceptionnelle contraire à la Constitution »[56] ;

– par une troisième décision, le juge constitutionnel a considéré que le législateur, en rétablissant le mécanisme de plafonnement propre à l'ISF, « a entendu éviter la rupture caractérisée de l'égalité devant les charges publiques qui résulterait de l'absence d'un tel plafonnement » et qu'il a pu valablement fixer à 75 % du total des revenus le montant maximal de la charge fiscale correspondant à la somme de l'ISF et des impôts dus au titre des revenus et produits de l'année précédente[57]. Le Conseil constitutionnel a toutefois considéré qu'en intégrant, dans le revenu du contribuable retenu au titre du mécanisme de plafonnement, certains revenus « virtuels » (V. *infra*, n° 1821), c'est-à-dire des sommes « qui ne correspondent pas à des bénéfices ou revenus que le contribuable a réalisés ou dont il a disposé au cours de la même année », le législateur a fondé son appréciation sur des critères qui méconnaissent l'exigence de prise en compte des facultés contributives »[58].

Dans cette même décision, le juge constitutionnel refuse d'invalider la réforme de l'ISF qui, accroissant le nombre de tranches et rehaussant les taux du barème de cet impôt, s'est notamment traduite par l'instauration d'un taux marginal d'imposition de 1,5 %, applicable à la fraction de la valeur nette taxable du patrimoine supérieure à 10 M€ : ce taux « prend en compte les facultés contributives des personnes qui détiennent de tels patrimoines [et] n'a pas pour conséquence, par ses effets sur le patrimoine de ces contribuables, de porter atteinte à leur droit de propriété » (même décision, § 91, relevant toutefois que cette réforme s'est accompagnée du maintien de l'exclusion totale ou partielle de nombreux biens et droits hors de l'assiette de l'ISF – V., sur cette incidente, *infra*, n° 1761).

(52) Cons. const., 16 janv. 1986, n° 85-200 DC, Loi relative à la limitation des possibilités de cumul entre pensions de retraite et revenus d'activité, § 16 à 19.

(53) Cons. const., 28 déc. 1995, n° 95-369 DC, *Loi de finances pour 1996.*

(54) Cons. const., 11 févr. 2011, n° 2010-99 QPC, *Noblins*, § 5, relevant sur ce point que le législateur avait fondé son appréciation sur des critères objectifs et rationnels en rapport avec les facultés contributives de ces contribuables et que cette appréciation n'entraînait pas de rupture caractérisée de l'égalité devant les charges publiques.

(55) Cons. const., 28 juill. 2011, n° 2011-638 DC, *Première loi de finances rectificative pour 2011*, § 18.

(56) Cons. const., 9 août 2012, 2012-654 DC, *Deuxième loi de finances rectificative pour 2012*, § 34.

(57) Cons. const., 29 déc. 2012, n° 2012-662 DC, *Loi de finances pour 2013*, § 93.

(58) Même décision, § 95.

• La jurisprudence constitutionnelle peut donc être synthétisée ainsi :

– dans le cadre d'une imposition pérenne déterminée selon le barème progressif « traditionnel » de l'ISF, un plafonnement du montant de la charge fiscale correspondant à la somme de l'ISF et des impôts dus au titre des revenus et produits de l'année précédente est nécessaire pour éviter la rupture caractérisée de l'égalité devant les charges publiques ;

– un plafond à 75 % des revenus réels du contribuable ne méconnaît pas les exigences du principe d'égalité devant les charges publiques. Il en va sans doute de même d'un plafond à 85 % ;

– un mécanisme de limitation des effets du plafonnement (« plafonnement du plafonnement ») de l'ISF n'est pas en lui-même contraire à la Constitution ; tel est le cas, en revanche, d'un dispositif tendant à inclure dans les revenus servant au calcul du plafond des revenus que le contribuable n'a pas effectivement réalisés ou dont il n'a pas effectivement disposé.

c) Si en 2013, l'écueil de la confiscation semble complètement évité du fait de l'application « absolue » d'un mécanisme de plafonnement propre à l'ISF (V. *infra*, n° 1818, 5), il en va différemment en 2012 où, à l'inverse, aucun mécanisme de plafonnement n'a pu trouver application (V. *infra*, n° 1818, 4). Il en a résulté qu'un certain nombre de foyers fiscaux ont supporté, pour cette année, un taux global d'imposition très élevé (et confiscatoire au sens de la jurisprudence constitutionnelle) :

TAUX GLOBAL D'IMPOSITION POUR 2012 (1)	NOMBRE DE FOYERS FISCAUX CONCERNÉS
Supérieur à 75 %	11 960
Supérieur à 85 %	9 910
Supérieur à 100 %	8 010

(1) Ces données[59] ont été déterminées par le ministère du Budget en retenant, au numérateur l'IR total (impôt progressif et impositions alternatives proportionnelles), l'impôt total sur la fortune (ISF et CEF) et les contributions sociales sur les seuls revenus du patrimoine et, au dénominateur, le revenu fiscal de référence de 2011.

Interrogé devant l'Assemblée nationale sur le sort de ces contribuables, M. Bernard Cazeneuve, ministre délégué au budget, a relativisé la gravité de leur situation : « Monsieur le député, il y a en France 37 millions de contribuables. Parmi eux, 300 000 acquittent l'ISF (...) et 8 000 paieraient un impôt supérieur à leurs revenus juridiques. C'est dire si ces 8 000, dont se préoccupe beaucoup l'opposition ces derniers jours, sont aux contribuables ce que les poissons volants sont aux espèces marines : ils ne constituent pas la majorité du genre ! (...) Ces 8 000 contribuables (...) ont le choix de l'optimisation. Car il existe, monsieur le député, deux catégories de contribuables : ceux qui reçoivent un revenu dont ils ne décident pas du montant et ceux – les 8 000 – qui décident du montant du revenu qu'ils perçoivent »[60].

1733. – Impôt affecté ou impôt non affecté ? Contrairement à une idée erronée, mais largement répandue, le produit de l'impôt de solidarité sur la fortune n'est pas matériellement affecté au financement du revenu minimum d'insertion (ni, désormais, du revenu de solidarité active). C'est une recette fiscale qui abonde le budget général de l'État sans être grevée d'aucune affectation spéciale.

1) Les coûts budgétaires liés au financement du revenu minimum d'existence excèdent le double du produit de l'ISF.

2) La confusion qui est faite à ce propos résulte d'un passage de la *Lettre à tous les Français*, rendue publique en avril 1988, lors de la campagne présidentielle, par François Mitterrand : « Je demanderai donc

(59) Ces éléments figurent dans une lettre adressée en avril 2013 par le ministre de l'Économie et des Finances et le ministre du Budget à la Commission des finances de l'Assemblée nationale (qui les avait réclamés dans le contexte de l'affaire *Depardieu* – l'acteur ayant affirmé dans la presse, en décembre 2012, qu'il avait supporté une charge fiscale correspondant à 85 % de ses revenus en 2012). Cela étant, en 2011, en dépit du « bouclier fiscal » qui était alors applicable, il semble que 5 221 foyers, 6 203 foyers et 6 343 foyers étaient respectivement imposés à plus de 100 %, 85 % et 75 % de leur revenu fiscal de référence.

(60) AN, première séance du 22 mai 2013, Questions au Gouvernement.

au prochain gouvernement qu'un revenu minimum soit attribué aux victimes de la nouvelle pauvreté. (...). Comment financer ? En grande partie par le rétablissement de l'impôt sur les grandes fortunes. Les Français comprendront que celui qui a beaucoup aide celui qui n'a plus rien ». L'exposé des motifs du projet de loi de finances pour 1989 (art. 18) contient des précisions similaires : « Comme le Président de la République s'y est engagé, le Gouvernement vous propose de rétablir un impôt sur la fortune afin de marquer le nécessaire effort de solidarité qui doit être accompli en faveur des plus démunis et de pourvoir au financement du revenu minimum d'insertion ». Toutefois, ni cette loi de finances, ni une quelconque loi ultérieure n'ont juridiquement affecté le produit de l'ISF à cette dépense(61). Cette fiction a toutefois la vie dure. La Cour européenne des droits de l'homme relève ainsi : « Comme son nom l'indique, [l'ISF] a été créé comme un impôt de solidarité afin de financer une partie du revenu minimum d'insertion »(62).

1734. – **Impôt direct ou impôt indirect ?** Prenant appui sur les dispositions relatives à son assiette(63) et à son recouvrement(64), le Conseil d'État a jugé que l'impôt sur la fortune, qui est « assis et recouvré selon les mêmes règles que les droits de mutation par décès, est au nombre des droits d'enregistrement ». Son contentieux ressortit, en conséquence, « à la compétence des tribunaux judiciaires »(65). Peut-on en déduire que l'impôt de solidarité sur la fortune est un impôt indirect ?

Une réponse négative s'impose. L'impôt de solidarité sur la fortune est un impôt annuel, déclaratif et progressif dû par les personnes physiques dont le patrimoine net imposable excède un seuil établi par la loi. Il frappe donc annuellement, et sans possibilité de répercussion immédiate, une matière imposable présentant un caractère de permanence. C'est incontestablement un impôt direct. Au surplus, la qualification d'impôt direct (d'ailleurs retenue à son égard dans les évaluations que comportent les lois de finances ou en comptabilité nationale) avait été expressément retenue par la loi pour l'application du mécanisme du « bouclier fiscal »(66).

Paradoxalement, alors qu'il relève fondamentalement de la catégorie des impôts directs, l'ISF doit certainement être regardé comme un *impôt indirect* pour l'application des dispositions législatives ou réglementaires (notamment procédurales) pouvant actuellement faire référence à cette notion.

1) Ainsi, la qualification d'impôt direct retenue pour l'ISF par les textes relatifs au « bouclier fiscal » ne peut pas sérieusement conduire à s'interroger sur l'éventuel abandon de la jurisprudence *Vergne*, accidentellement devenue *contra legem*(67). Dans cet ordre d'idées, les modifications affectant, pour les « petits redevables » de l'ISF, les modalités d'établissement et de recouvrement de cet impôt ne sauraient entraîner la remise en cause de la compétence du juge judiciaire en la matière : même perçu dans ce cas par voie de rôle nominatif (V. *infra*, n°s 1828 et 1706, 2), l'ISF devrait rester un impôt indirect au sens des règles de répartition des compétences juridictionnelles en contentieux fiscal (on peut observer au passage que la première loi de finances rectificative pour 2011(68) a pris soin de maintenir le principe légal selon lequel l'ISF est « assis et recouvré selon les mêmes règles que les droits de mutation par décès »(69).

(61) Cette question a d'ailleurs été l'occasion de vives tensions au sommet de l'État : favorable à ce que l'affectation de l'ISF au financement du RMI soit juridiquement consacrée, François Mitterrand s'est heurté sur ce point à un ferme refus de son Premier ministre, Michel Rocard.

(62) CEDH, 4 janv. 2008, n°s 25834/05 et a., *Imbert de Trémiolles*, préc. *Adde*, proposition de loi visant à supprimer l'ISF déposée le 13 juillet 2005 par M. L. Luca et a. qui énonce – à tort : « institué dans le but de financer le RMI, l'impôt de solidarité sur la fortune relève, selon d'éminents juristes, d'une conception pervertie de l'impôt puisqu'un impôt n'a pas pour vocation de couvrir une charge particulière de l'État » (AN, XIIe Législature, n° 2499).

(63) CGI, art. 885 D.

(64) CGI, art. 1723 ter-00 A.

(65) CE, 13 oct. 1986, n° 72.113, *Vergne* : *RJF* 12/1986, n° 1126.

(66) CGI, art. 1er et 1649-0 A.

(67) Prenant appui sur les dispositions relatives à son assiette (CGI, art. 885 D) et à son recouvrement (CGI, art. 1723 ter-00 A), le Conseil d'État a jugé que l'ISF, qui est « assis et recouvré selon les mêmes règles que les droits de mutation par décès, est au nombre des droits d'enregistrement dont le contentieux ressortit à la compétence des tribunaux judiciaires » (CE, 13 oct. 1986, n° 72.113, *Vergne* : *RJF* 12/1986, n° 1126).

(68) L. 29 juill. 2011, art. 1er, I-7°.

(69) CGI, art. 1723 ter-00 A, I, al. 1er.

2) L'ISF ne peut davantage être regardé comme un impôt direct au sens, par exemple, des dispositions réglementaires prévoyant que les réclamations en matière d'impôts directs doivent, sauf exceptions, être communiquées pour avis au maire ou à la commission communale des impôts directs lorsque le litige porte sur une question de fait[70].

3) Compte tenu des conditions d'exigibilité de cet impôt et, spécialement, des nouvelles règles de plafonnement qu'il comporte[71], les dispositions selon lesquelles « l'administration peut accorder sur la demande du contribuable (...) des remises totales ou partielles d'impôts directs régulièrement établis lorsque le contribuable est dans l'impossibilité de payer par suite de gêne ou d'indigence »[72] devraient en tout état de cause rester inappliquées à l'égard de cet impôt.

SECTION 2

LE CHAMP D'APPLICATION DE L'IMPÔT DE SOLIDARITÉ SUR LA FORTUNE

1735. – Emprunts à l'impôt sur le revenu. L'impôt de solidarité sur la fortune frappe les personnes physiques dont la valeur du patrimoine net imposable, appréciée au 1er janvier de l'année d'imposition, excède un seuil déterminé par la loi. Comme pour les années 2011 à 2015, ce seuil – également dénommé « point d'entrée » de l'impôt de solidarité sur la fortune – est de 1 300 000 € pour l'impôt dû au titre de l'année 2016.

1) Pour l'année 2013, le projet de loi de finances initiale prévoyait que le seuil se trouve porté à 1 310 000 €. À la suite d'un amendement adopté à l'initiative de la Commission des finances de l'Assemblée nationale, la loi de finances pour 2013 l'a maintenu à son niveau antérieur, soit 1 300 000 €[73].

2) Depuis 2013 (et comme en 2011), le « point d'entrée » de l'ISF se situe à un niveau supérieur à la limite supérieure de la première tranche du barème progressif de cet impôt qui est fixée à 800 000 €. En d'autres termes, l'ISF frappe les personnes dont la valeur du patrimoine imposable excède 1 300 000 €, pour la part qui excède 800 000 € (sur cette dissociation et le ressaut d'imposition en résultant, V. *infra*, n° 1799, *a*).

3) Les personnes dont le patrimoine net imposable serait par extraordinaire exactement égal à 1 300 000 € ne sont pas passibles de l'ISF (V. *infra*, n° 1799, *b*).

Sous cette réserve, le champ d'application de l'impôt de solidarité sur la fortune présente de nombreuses similitudes avec celui de l'impôt sur le revenu. Celles-ci se rapportent aux personnes imposables (§ 1) et aux règles de territorialité applicables (§ 2).

§ 1. – Le champ d'application personnel de l'impôt

1736. – Personnes physiques. 1) L'impôt de solidarité sur la fortune frappe exclusivement les personnes physiques prises en leur qualité de propriétaire[74]. Les personnes morales (de droit public ou de droit privé) ne s'y trouvent jamais directement assujetties.

(70) LPF, art. R. 198-3.
(71) V. *infra*, n° 1819.
(72) LPF, art. L. 247, 1°.
(73) L. 29 déc. 2012, art. 13.
(74) Sur les situations dans lesquelles un bien doit légalement être compris dans le patrimoine imposable d'un autre que son propriétaire, V. *infra*, nos 1741 et s.

Pour priver d'intérêt les montages fiscaux consistant à transférer la propriété de biens immobiliers situés en France à des entités établies à l'étranger, une taxe spéciale sur la valeur vénale des immeubles possédés en France par des personnes morales a été instituée[75]. Ayant donné lieu à de nombreuses difficultés contentieuses, cette imposition a été entièrement révisée à la suite d'un arrêt de la Cour de justice des Communautés européennes ayant conclu à l'invalidité d'une législation nationale qui, comme celle alors en vigueur en France, retenait des conditions d'exonération différentes selon que les entités considérées étaient situées en France ou dans un autre État membre[76]. Issu de la loi de finances rectificative pour 2007[77], le régime actuellement applicable est schématiquement le suivant :

a) Les entités juridiques (personnes morales, organismes, fiducies ou institutions comparables) qui possèdent un ou plusieurs immeubles situés en France (ou sont titulaires de droits réels portant sur de tels biens) sont en principe redevables d'une taxe annuelle égale à 3 % de la valeur vénale de ces immeubles (ou droits). La taxe est due à raison des immeubles (ou droits immobiliers) possédés directement ou par entité interposée, indépendamment du nombre de niveaux d'interposition[78].

b) Les redevables de la taxe sont les propriétaires des biens immobiliers au 1er janvier de l'année d'imposition. En présence d'une chaîne de participations, ont cette qualité la ou les personnes morales qui, dans cette chaîne, « sont les plus proches des immeubles ou droits immobiliers et qui ne sont pas exonérées »[79].

c) Le régime de la taxe comporte de très nombreuses exonérations. Ainsi, la taxe n'est pas applicable, notamment :

• aux organisations internationales, aux États souverains et à leurs subdivisions politiques et territoriales (ainsi qu'aux personnes morales, organismes, fiducies ou institutions comparables qui seraient contrôlés majoritairement par de telles entités publiques) ;

• aux entités juridiques dont les actifs immobiliers situés en France, représentent (abstraction faite des immeubles affectés directement ou indirectement à une activité professionnelle autre qu'immobilière) moins de la moitié des actifs français détenus directement ou indirectement ;

• aux entités juridiques dont les titres font l'objet de négociations significatives et régulières sur un marché réglementé (ainsi qu'aux personnes morales dont ces entités détiennent directement ou indirectement la totalité du capital social) ;

• aux entités juridiques ayant leur siège en France, dans un autre État membre de l'Union européenne ou dans un pays ou territoire ayant conclu avec la France une convention d'assistance administrative en vue de lutter contre la fraude et l'évasion fiscales ou dans un État ayant conclu avec la France une convention comportant une clause d'égalité de traitement, qui, alternativement :

– déclarent annuellement la situation, la consistance et la valeur des immeubles possédés au 1er janvier, l'identité et l'adresse des associés ou membres qui détiennent plus de 1 % des actions, parts ou autres droits ainsi que le nombre de titres détenus par chacun d'eux (l'exonération étant alors proportionnelle au nombre de titres dont la propriété a ainsi été révélée),

– dont la valeur de la quote-part qu'elles détiennent dans des immeubles (ou droits immobiliers) français est inférieure à 100 000 € ou à 5 % de la valeur vénale de ces biens (ou droits),

– sont reconnues d'utilité publique (ou dont la gestion est désintéressée), et dont l'activité ou le financement justifie la propriété des immeubles ou droits immobiliers[80].

d) Lorsqu'elle est exigible, la taxe est recouvrée selon les règles et sous les sanctions et garanties applicables aux droits d'enregistrement[81]. Elle n'est pas déductible pour l'assiette de l'IR ou de l'IS[82].

2) Au demeurant, le patrimoine possédé par des personnes morales est frappé indirectement[83] entre les mains des personnes physiques qui en sont, le cas

(75) CGI, art. 990 D et s.
(76) CJCE, 11 oct. 2007, n° C-451/05, *Sté Européenne et luxembourgeoise d'investissement* : *Dr. fisc.* 2007, n° 50, comm. 1047.
(77) L. 25 déc. 2007, art. 20.
(78) CGI, art. 990 D, al. 1er.
(79) CGI, art. 990 F, al. 1er.
(80) CGI, art. 990 E.
(81) CGI, art. 990 F, al. 4.
(82) CGI, art. 990 G.
(83) Sur la tentative avortée d'imposer *directement* entre les mains de leurs associés personnes physiques les biens « non professionnels » appartenant à des sociétés exerçant une activité professionnelle, V. *infra*, n° 1764, 4.

échéant, les associés ou membres. Ainsi, les actions et parts sociales sont (sous réserve des exonérations légales, il est vrai assez nombreuses) des éléments du patrimoine imposable des associés personnes physiques.

La formule selon laquelle l'ISF frappe le redevable en sa qualité de propriétaire mérite sans doute d'être nuancée. La règle de l'imposition par foyer (V. *infra*, n° 1737) peut conduire à soumettre à une imposition commune unique des propriétaires distincts. Dans cet ordre d'idées, les biens des enfants mineurs sont normalement taxés avec ceux de leurs parents (V. *infra*, n° 1740). Par ailleurs, les règles concernant l'imposition des biens dont la propriété est démembrée conduisent le plus souvent à taxer une personne – l'usufruitier – qui n'a pas la qualité de propriétaire (V. *infra*, n° 1741). De même, les présomptions de propriété applicables à certains biens (V. *infra*, n° 1760) peuvent, lorsqu'elles ne sont pas utilement combattues par le redevable, conduire à l'assujettir sans qu'il ne soit titulaire à leur égard d'un authentique droit de propriété. Enfin, le principe de transparence fiscale retenu pour la fiducie conduit à imposer le constituant au titre des biens ou droits dont il a transféré la propriété au fiduciaire (V. *infra*, n° 1743, 1). Il en va de même *mutatis mutandis* pour les biens détenus par le biais d'un *trust* (V. *infra*, n° 1743, 2 et 3).

1737. – **Imposition par foyer.** 1) L'impôt de solidarité sur la fortune est, comme l'impôt sur le revenu, un impôt fréquemment collectif. Il ne frappe pas nécessairement un contribuable isolé mais, le cas échéant, la cellule familiale formée autour d'un couple (époux, concubins notoires ou partenaires civils) dont les membres font obligatoirement l'objet d'une imposition commune. La composition du foyer fiscal s'apprécie au 1er janvier de l'année d'imposition qui constitue le fait générateur de l'impôt.

a) La règle de l'imposition par foyer retenue en matière d'ISF n'a pas la même fonction et ne produit pas d'ailleurs les mêmes conséquences qu'en matière d'IR[84]. En effet, la globalisation des patrimoines n'est corrigée par aucun mécanisme de quotient familial (ou d'atténuation de la progressivité de l'impôt). Elle est donc très généralement défavorable aux redevables soumis à imposition commune (le seul cas où elle ne l'est pas étant celui dans lequel le patrimoine net de l'un des redevables est négatif).

b) Cette caractéristique de l'ISF n'a pas été jugée contraire à la Constitution[85].

2) En matière d'impôt de solidarité sur la fortune, le foyer fiscal diffère de celui retenu pour l'application de l'impôt sur le revenu. En effet, indépendamment de l'existence ou de la nature des liens juridiques qui les structurent, tous les couples stables font en principe l'objet d'une imposition commune obligatoire.

1738. – **Époux.** L'imposition commune est de droit pour les époux, quel que soit leur régime matrimonial[86].

1) Renvoyant partiellement aux règles de l'IR, la loi prévoit deux exceptions qui concernent les époux séparés de biens ne vivant pas sous le même toit et les époux en instance de divorce (ou de séparation de corps) autorisés à résider séparément. En revanche, l'abandon du domicile conjugal par l'un ou l'autre des époux ne constitue pas (à la différence de la solution légalement retenue pour l'IR) un cas d'imposition distincte à l'ISF (comp. *supra*, n° 1382).

2) Le dispositif légal applicable en la matière est issu de la loi de finances rectificative pour 1991[87]. Les textes antérieurs ne précisaient pas les conditions dans lesquelles les époux devaient faire l'objet d'une imposition commune. La position de l'administration (favorable à la transposition des règles de l'IR) avait été fragilisée par un arrêt de la Cour de cassation rendu en matière d'impôt sur les grandes fortunes dans lequel la Haute juridiction avait jugé que des époux qui n'habitaient pas de manière permanente sous le même toit, ne constituaient pas un foyer fiscal au regard des dispositions régissant

(84) Sur l'ancienne réduction d'ISF au titre des personnes à charge, V. la deuxième édition de cet ouvrage, n° 1677.
(85) Cons. const., 29 sept. 2010, n° 2010-44 QPC, *Mathieu*, § 14.
(86) CGI, art. 885 A, al. 4.
(87) L. 29 déc. 1991, art. 27.

cet impôt[88]. Selon l'administration, cette décision (qui infirmait la doctrine administrative) aurait pu être abusivement utilisée par les redevables pour scinder leurs patrimoines et, partant, éluder l'impôt.

1739. – **Concubins notoires et partenaires civils.** En principe, les concubins notoires même non liés par un pacte civil de solidarité font obligatoirement l'objet d'une imposition commune[89]. Posée dès l'origine de l'impôt sur la fortune, cette solution est légalement étendue depuis 1999 aux partenaires civils, c'est-à-dire aux personnes liées par un pacte civil de solidarité (PACS) conclu en application de l'article 515-1 du Code civil.

1) Cette forme d'assimilation des concubins notoires à des époux – qui ne se rencontre évidemment pas en matière d'IR (V. *infra*, n° 1381) – n'a pas été jugée contraire à la Constitution[90].

2) L'imposition commune des concubins notoires est écartée[91] si l'un ou l'autre d'entre eux est par ailleurs marié (ou lié par un PACS) et fait l'objet d'une imposition commune à l'ISF avec son conjoint (ou partenaire civil).

3) Dans l'état initial de la jurisprudence de la Cour de cassation, seules les personnes de sexe différent pouvaient entretenir des relations de concubinage. La loi du 15 novembre 1999 instaurant le PACS a modifié le Code civil qui définit désormais le concubinage comme « une union de fait, caractérisée par une vie commune présentant un caractère de stabilité et de continuité, entre deux personnes, de sexe différent ou de même sexe, qui vivent en couple »[92]. Partant, des personnes de même sexe peuvent être concubins notoires et soumis, en conséquence, à une imposition commune à l'ISF.

4) Contrairement à la solution initialement retenue en matière d'IR, l'imposition commune des partenaires civils à l'ISF a toujours été immédiate, pour n'avoir jamais été tributaire de l'écoulement d'une quelconque période « probatoire » (V. *infra*, n° 1383).

1740. – **Enfants mineurs.** Les biens appartenant aux enfants mineurs sont imposés avec ceux de leurs parents qui ont l'administration légale de leurs biens. Les enfants mineurs sont, en quelque sorte, rattachés de plein droit et obligatoirement au foyer fiscal de leurs parents[93].

1) En revanche, aucune disposition ne prévoit, à la différence de l'IR, le rattachement au foyer des enfants majeurs ou des personnes invalides recueillies sous le toit du contribuable. À cet égard, les dispositions permettant l'imposition distincte à l'IR d'un enfant mineur[94] ne s'appliquent pas en matière d'ISF[95].

2) Selon l'administration, lorsque les parents ne font pas l'objet d'une imposition commune à l'ISF, les biens des enfants mineurs peuvent être répartis par moitié entre les deux parents, à condition qu'ils exercent conjointement l'autorité parentale[96].

1741. – **Nu-propriétaire et usufruitier (principe légal).** 1) La loi pose à l'égard des biens dont la propriété est démembrée un principe très clair : « les biens ou droits grevés d'un usufruit (...) sont compris dans le patrimoine de l'usufruitier (...) pour leur

---

(88) Cass. com., 22 oct. 1991, n° 89-18.099, *De Gramont* : *Bull. civ.* 1991, IV, n° 305.
(89) CGI, art. 885 E, al. 2.
(90) Cons. const., 30 déc. 1981, n° 81-133 DC, *Loi de finances pour 1982*, § 4 et s. – *Adde* Cons. const., 29 sept. 2010, n° 2010-44 QPC, *Mathieu*, § 9.
(91) La doctrine administrative considère, sans doute à juste titre, que la règle de l'imposition commune des époux (et partenaires civils) est d'application prioritaire par rapport à celle de l'imposition commune des concubins notoires (V. BOI-PAT-ISF-30-10-30, n° 30, privilégiant la prise en compte du « foyer légal » sur le « foyer réel » des redevables).
(92) C. civ., art. 515-8.
(93) Cette règle n'est évidemment pas applicable aux mineurs émancipés qui peuvent être personnellement soumis à l'ISF.
(94) CGI, art. 6, 2.
(95) CA Paris, 9 déc. 2004, n° 03-20, *Jardel* : *RJF* 10/2005, n° 1134.
(96) BOI-PAT-ISF-30-10-10, n° 70.

valeur en pleine propriété »[97]. En d'autres termes, l'usufruitier est en principe assimilé à un plein propriétaire pour l'application de l'impôt de solidarité sur la fortune.

Cette règle s'applique *mutatis mutandis* aux personnes qui, sans posséder la qualité d'usufruitier, sont titulaires sur le bien d'un « droit d'usage accordé à titre personnel » ou, s'agissant des immeubles, d'un « droit d'habitation ».

a) Naturellement, si l'usufruit ne porte que sur une fraction du bien, l'usufruitier n'est imposable, dans les cas où le principe s'applique, que sur la valeur en pleine propriété de cette fraction.

b) Le droit d'usage ou d'habitation doit posséder les caractères d'un *droit réel* pour entraîner l'imposition de son titulaire sur la valeur en pleine propriété du bien qui en est grevé. Tel pourrait être le cas du vendeur en viager qui s'est réservé le droit d'occupation du bien vendu. En revanche, faute de posséder un quelconque droit réel sur le bien loué, le locataire « ordinaire » d'un bien n'est jamais passible de l'ISF à raison de ce bien. Il en va de même du bénéficiaire d'un simple prêt à usage[98]. La solution inverse devrait être retenue dans le cas du bail emphytéotique – qui confère à l'emphytéote un droit réel sur le bien qui en fait l'objet[99].

2) Fermement conforté par la jurisprudence constitutionnelle, le fondement de cette solution[100] réside dans le fait que l'impôt de solidarité sur la fortune est normalement acquitté grâce aux revenus que procure le bien imposé (V. *supra*, n° 1732).

1742. – **Nu-propriétaire et usufruitier (exceptions légales).** Ce principe comporte trois séries de dérogations légales qui, lorsqu'elles trouvent à s'appliquer, sont généralement favorables aux intéressés[101].

D'une certaine manière, l'article 885 O *quinquies* du CGI retient une forme d'imposition « séparée » de l'usufruit qui, grevant des parts ou actions de société, a été réservé par un ancien dirigeant à l'occasion de leur transmission à un membre de son groupe familial possédant la qualité de dirigeant. Dans cette hypothèse, le dirigeant retraité est imposable à raison de la valeur du seul usufruit des titres (V. *infra*, n° 1771, 5).

Ces exceptions conduisent à imposer séparément l'usufruitier et le nu-propriétaire à raison de la valeur du droit qu'ils possèdent respectivement sur le bien démembré – et à condition, pour l'usufruit, que ce droit ne soit « ni vendu ni cédé à titre gratuit » par son titulaire.

En cas d'imposition séparée des titulaires de droits démembrés, la valeur respective de chacun des droits est obligatoirement déterminée (en fonction de l'âge de l'usufruitier ou de la durée de l'usufruit) par application des règles légales[102].

Ces exceptions s'appliquent *mutatis mutandis* lorsque le droit démembré est un droit d'usage ou d'habitation. La valeur de ce droit est alors égale à 60 % de la valeur qu'aurait l'usufruit viager correspondant[103].

Les trois exceptions présentent un point commun, pour ne concerner que des hypothèses dans lesquelles la constitution d'usufruit est fiscalement « en dehors de tout soupçon » :

1) l'usufruit (ou le droit d'usage ou d'habitation) a été réservé par le vendeur à l'occasion de la cession d'un bien consentie à un « tiers authentique »[104] ;

(97) CGI, art. 885 G.
(98) BOI-PAT-ISF-30-20-20, n° 180.
(99) Si tel était le cas, pour éviter toute double imposition, le bien donné à bail emphytéotique ne devrait être compris dans le patrimoine du bailleur que sous déduction de la valeur des droits imposée entre les mains de l'emphytéote.
(100) La règle fiscale fait ici écho à la règle civile, selon laquelle « l'usufruitier est tenu, pendant sa jouissance, de toutes les charges annuelles de l'héritage, telles que les contributions et autres qui dans l'usage sont censées charges des fruits » (C. civ., art. 608).
(101) CGI, art. 885 G.
(102) V. CGI, art. 669, applicable, notamment, à tous les droits d'enregistrement.
(103) CGI, art. 762 bis.
(104) CGI, art. 885 G, b. Sur renvoi à l'article 751 du CGI, les « tiers authentiques » doivent s'entendre des personnes autres que les héritiers présomptifs, leurs descendants, les donataires ou les légataires (ou toute per-

2) l'usufruit (ou le droit d'usage ou d'habitation) a été réservé par le donateur d'un bien ayant fait l'objet d'un don (ou d'un legs) à une personne publique[(105)] ou une association reconnue d'utilité publique[(106)] ;

3) pouvant être qualifié de « légal » pour prendre directement sa source dans la loi, l'usufruit a été constitué en application de l'une ou l'autre de trois dispositions du Code civil[(107)].

a) La loi fiscale a dressé une liste de ces dispositions – cette liste ayant été par la suite expressément qualifiée de limitative[(108)]. Compte tenu des modifications ultérieures du Code civil, le seul des trois cas de démembrement visés susceptible de s'ouvrir aujourd'hui est l'usufruit « forcé » du second conjoint du défunt en présence d'enfant d'un premier lit[(109)].

b) Le texte légal vise également deux cas de démembrement qui, ouverts par application de dispositions du Code civil aujourd'hui abrogées, peuvent toujours se rencontrer :

– la nue-propriété du conjoint survivant, en l'absence de descendant, après réduction de la part réservataire des ascendants à l'usufruit de ladite part[(110)] ;

– l'usufruit légal du conjoint survivant constitué par une succession ouverte avant le 1er juillet 2002[(111)].

c) Pour les successions ouvertes depuis le 1er juillet 2002, l'usufruit du conjoint survivant[(112)] ne fait l'objet d'aucune exception à la règle fiscale d'assimilation de l'usufruitier à un plein propriétaire.

d) Le droit temporaire au logement[(113)] que détient (pour un an) le conjoint survivant sur l'habitation principale transmise aux héritiers n'est ni cessible, ni transmissible. La doctrine administrative en déduit qu'il ne saurait être compris dans le patrimoine imposable du conjoint survivant pour être dépourvu de toute valeur patrimoniale[(114)]. Cette analyse n'est pas pleinement convaincante : on pourrait considérer que le conjoint survivant est titulaire d'un droit (probablement réel) assimilable à un « droit d'habitation ou d'un droit d'usage accordé à titre personnel », ce qui pourrait justifier sa taxation comme plein propriétaire[(115)]. La doctrine administrative n'est pas en ce sens, qui envisage dans ce cas la seule imposition des héritiers – tout en admettant l'application à leur profit de l'abattement légal de 30 %[(116)].

e) Pour priver d'intérêt certaines pratiques (par ex. la transmission temporaire d'usufruit à une personne morale ou à un enfant non redevable), l'administration avait souhaité la modification substantielle du principe légal. Dans le projet de loi de finances pour 1999 (art. 10), il était prévu (sauf exception) d'imposer sur la valeur en pleine propriété « l'auteur du démembrement », c'est-à-dire la personne qui a constitué sur le bien considéré l'usufruit (ou, en cas de transmission à titre gratuit, après constitution de l'usufruit, du droit réservé, le nouveau titulaire de ce droit). Adoptée par le Parlement, cette disposition a été censurée par le Conseil constitutionnel (V. *supra*, n° 1732).

---

sonne interposée au sens de l'article 911 du Code civil, à savoir père, mère, enfant, descendant ou époux de l'un d'entre eux).

(105) Les personnes publiques visées par le dispositif légal sont l'État, les départements, les communes ou syndicats de communes et leurs établissements publics et les établissements publics nationaux à caractère administratif. Même si, ni la loi ni la doctrine administrative ne le précisent, le même régime semble susceptible de s'appliquer en cas de don ou legs consenti à une région ou à toute autre collectivité territoriale.

(106) CGI, art. 885 G, *c*.

(107) CGI, art. 885 G, *a*.

(108) L. fin. 1990, 29 déc. 1989, art. 10, II, ayant notamment exclu toute imposition répartie des droits démembrés issus d'une donation entre époux (comp. Cass. com., 18 avr. 1989, n° 87-16.082 : *Bull. civ.* 1989, IV, n° 124). Selon ses termes mêmes, la disposition législative précitée revêtait un caractère interprétatif du droit antérieur, ce que n'a pas admis la Haute juridiction judiciaire (Cass. com., 7 avr. 1992, n° 89-20.418 : *Bull. civ.* 1992, IV, n° 150. – Comp. Cass. com., 22 févr. 2005, n° 02-18.625 : *Bull. civ.* 2005, IV, n° 34).

(109) C. civ., art. 1098.

(110) C. civ., art. 1094, anc.

(111) C. civ., art. 767, anc.

(112) C. civ., art. 757.

(113) C. civ., art. 763.

(114) BOI-PAT-ISF-30-50-10, n° 100.

(115) CGI, art. 885 G.

(116) BOI-PAT-ISF-30-50-10, n° 110. Sur cet abattement, V. *infra*, n° 1789.

Au demeurant, l'administration a mis en garde les redevables contre ce type de montages qui, n'ayant pu être directement combattus par la loi, pourraient selon elle être critiqués sur le terrain de la fraude à la loi[117]. Cet avertissement n'est pas de pure forme : la Cour de cassation a considéré comme constitutive d'un abus de droit l'opération consistant, pour un redevable, à apporter un immeuble en usufruit à une société dont il est l'associé unique, dans le but d'en distraire la valeur en pleine propriété de son patrimoine imposable[118].

1743. – **Constituant (fiducie et *trust*).** 1) En droit français, la fiducie est l'opération par laquelle une personne (le constituant) transfère à une autre personne (le fiduciaire) la propriété de biens ou droits (présents ou futurs), à charge pour cette dernière de les tenir séparés de son patrimoine propre et de les gérer dans un but déterminé au profit d'un ou plusieurs bénéficiaires[119].

La technique de la fiducie a été introduite en droit français par une loi du 19 février 2007. Initialement réservée aux personnes passibles de l'impôt sur les sociétés[120], la fiducie a été étendue aux autres personnes (et en particulier aux personnes physiques) par la loi du 4 août 2008 de modernisation de l'économie (art. 18). Prise sur habilitation de ce texte, l'ordonnance du 30 janvier 2009 portant diverses mesures relatives à la fiducie a aménagé les règles fiscales pour tenir compte de cette extension. Conformément à l'habilitation législative (qui a posé que, pour la perception des impôts directs, « le constituant reste redevable de l'impôt »), le régime fiscal de la fiducie est gouverné par un principe de neutralité fiscale.

Sous l'effet d'une disposition expresse de la loi, les biens ou droits transférés dans un patrimoine fiduciaire sont compris dans le patrimoine du constituant pour leur valeur vénale nette[121]. Il en va de même des biens éventuellement acquis en remploi, ainsi que les fruits tirés de l'exploitation de ces biens ou droits. En d'autres termes, le principe de neutralité fiscale retenu à l'égard de la fiducie conduit à considérer que, sur le plan fiscal, les biens n'ont pas quitté le patrimoine du constituant : l'imposition des biens est effectuée dans les mêmes conditions que s'ils étaient directement détenus par le constituant.

Compte tenu de ce principe, la règle selon laquelle « les biens ou droits transférés dans un patrimoine fiduciaire sont compris dans le patrimoine du constituant pour leur valeur vénale nette » ne saurait être regardée comme faisant obstacle à l'application des exonérations prévues en faveur des biens professionnels (V. *infra*, n°s 1762 et s.) ou, sans doute, des titres faisant l'objet d'un engagement de conservation (V. *infra*, n° 1781). Dans cet ordre d'idées, l'abattement prévu à l'égard de la résidence principale (V. *infra*, n° 1789) s'applique alors même que le constituant l'aurait « placée » en fiducie.

2) Le cas des biens confiés à un *trust* (entité relevant par hypothèse d'un droit étranger) n'était pas, jusqu'à la loi de finances rectificative du 29 juillet 2011, directement réglé par les textes.

La Cour de cassation avait toutefois décidé que de tels biens pouvaient être imposés dans le patrimoine du constituant, dès lors que ce dernier avait conservé le droit d'en jouir et d'en disposer, en dépit du transfert de leur « propriété légale » au *trustee*[122].

(117) BOI-PAT-ISF-30-20-20, n° 200.
(118) Cass. com., 7 déc. 2010, n° 10-10.054, *Prouvost* : *RJF* 4/2011, n° 526, l'abus de droit étant révélé, entre autres circonstances, par le fait que l'immeuble considéré n'était pas affecté à une activité professionnelle.
(119) C. civ., art. 2011.
(120) C. civ., art. 2014 anc.
(121) CGI, art. 885 G bis.
(122) Cass. com., 31 mars 2009, n° 07-20.219, *d'Elbée* : *Dr. fisc.* 2009, n° 24, comm. 365, note crit. G. Blanluet et J.-P. Le Gall ; *Bull. civ.* 2009, IV, n° 46, pour le cas d'un *trust* révocable géré au bénéfice du constituant.

3) La première loi de finances rectificative pour 2011[123] introduit à cet égard plusieurs innovations.

a) La loi pose pour la première fois une définition générale du *trust*[124]. On doit entendre par *trust* « l'ensemble des relations juridiques créées dans le droit d'un État autre que la France par une personne qui a la qualité de constituant, par acte entre vifs ou à cause de mort, en vue d'y placer des biens ou droits, sous le contrôle d'un administrateur, dans l'intérêt d'un ou de plusieurs bénéficiaires ou pour la réalisation d'un objectif déterminé »[125].

Le constituant du trust s'entend, alternativement, soit de la personne physique qui l'a constitué, soit, lorsqu'il a été constitué par une personne physique agissant à titre professionnel ou par une personne morale, de la personne physique qui y a placé des biens et droits[126].

Des obligations déclaratives nouvelles sont mises à la charge des *trustees*. L'administrateur d'un *trust* dont le constituant ou l'un au moins des bénéficiaires a son domicile fiscal en France, ou qui comprend un bien ou un droit qui y est situé, est tenu d'en déclarer la constitution, la modification ou l'extinction, ainsi que le contenu de ses termes[127].

b) Les biens ou droits placés dans un *trust* (ainsi que les produits qui y sont capitalisés) sont en principe compris, pour leur valeur vénale nette au 1er janvier de l'année d'imposition, selon le cas, dans le patrimoine du constituant ou, après le décès de ce dernier, dans celui des bénéficiaires – qui sont alors légalement réputés avoir la qualité de constituant[128].

Cette règle écarte donc toute discussion (ou tout moyen de contestation) liée au contenu de l'acte de *trust*. Elle s'applique dans tous les cas, que les *trusts* soient révocables ou irrévocables, simples ou discrétionnaires.

S'agissant des redevables non domiciliés en France, seuls devraient être imposables (sous réserve des conventions internationales) les biens et droits, autres que les placements financiers, situés en France, ainsi que les produits capitalisés correspondant à des biens ou droits « français » (V. *infra*, n° 1750).

Pour inciter, s'il en était besoin, à la déclaration régulière des biens placés dans un *trust*, la première loi de finances rectificative pour 2011[129] a par ailleurs institué un prélèvement spécial susceptible de frapper annuellement (depuis 2012) au taux marginal de l'ISF (soit 0,50 % en 2012 et 1,5 % depuis 2013) les *trusts* « intéressant la France »[130]. Le redevable légal de ce prélèvement *sui generis* frappant théoriquement le constituant et le(s) bénéficiaire(s) d'un *trust* est le *trustee* – le constituant et le(s) bénéficiaire(s) n'ayant à cet égard que la qualité de débiteurs solidaires.

Abstraction faite du cas particulier des « impatriés » (V. *infra*, n° 1749), le prélèvement est dû :

– pour les personnes fiscalement domiciliées en France, à raison des biens et droits situés en France ou hors de France et des produits capitalisés placés dans le *trust* ;

– pour les personnes non fiscalement domiciliées en France, à raison des seuls biens et droits, autres que les placements financiers, situés en France et des produits capitalisés (correspondant à ces biens ou droits) placés dans le *trust*.

(123) L. 29 juill., art. 14.
(124) Cette définition est directement inspirée de celle posée par la Convention de La Haye du 1er juillet 1985 relative à loi applicable au *trust* et à sa reconnaissance (art. 2). Cette convention n'a toujours pas été ratifiée par la France (qui l'a pourtant signée il y a plus de vingt ans, le 26 novembre 1991).
(125) CGI, art. 792-0 bis, I-1.
(126) Même disposition, I-2.
(127) CGI, art. 1649 AB.
(128) CGI, art. 885 G ter.
(129) L. 29 juill. 2011, art. 14, I-6°.
(130) CGI, art. 990 J.

Essentiellement destiné à jouer le rôle de garantie de la bonne application des nouvelles règles de l'ISF concernant les *trusts*, le prélèvement n'a vocation à frapper que des biens qui n'ont pas été régulièrement déclarés à l'administration. Ainsi, le prélèvement sur les *trusts* n'est pas dû à raison de la fraction de l'assiette :

– retenue dans l'assiette de l'ISF d'un constituant – à la suite, sans doute, de la déclaration spontanée du redevable (et donc à l'exclusion des cas où la taxation résulte de la révélation postérieure de l'existence du *trust*) ;

– déclarée (dans le cadre des nouvelles obligations des *trustees*) et non imposables à l'ISF (que ce soit en raison des exonérations matérielles ou territoriales).

Par ailleurs, le prélèvement spécial n'est pas applicable, à condition que leur administrateur soit soumis à la loi d'un État ou territoire ayant conclu avec la France une convention d'assistance administrative en vue de lutter contre la fraude et l'évasion fiscales, aux *trusts* « caritatifs » irrévocables et aux trusts constitués par des entreprises (ou des groupes d'entreprises) en vue de gérer un régime de retraite supplémentaire[131].

§ 2. – Le champ d'application territorial de l'impôt de solidarité sur la fortune

1744. – **Emprunts à l'impôt sur le revenu.** Les règles déterminant le champ d'application territorial de l'impôt de solidarité sur la fortune s'inspirent nettement de celles applicables en matière d'impôt sur le revenu. Cette similitude se vérifie au regard des principes retenus en droit interne et de l'incidence des conventions internationales.

A. – Les principes de droit interne

1745. – **Distinction des résidents et des non-résidents.** Comme en matière d'impôt sur le revenu, la loi distingue – indépendamment de leur nationalité – les contribuables domiciliés en France et les contribuables non domiciliés en France[132].

Sous réserve des exonérations légales, ces personnes sont respectivement soumises à une obligation fiscale « illimitée » ou « limitée » en matière d'impôt de solidarité sur la fortune.

1) Dans les deux cas, les intéressés ne sont naturellement redevables de l'ISF que dans la mesure où la valeur nette de leur patrimoine imposable excède le seuil de cession consistant dans la limite de la première tranche du barème d'imposition (V. *infra*, n° 1799).

2) Depuis la loi du 4 août 2008 de modernisation de l'économie, les « impatriés en France » sont, au cours d'une période transitoire, assimilés à des non-résidents (V. *infra*, n° 1749).

1746. – **Détermination du domicile fiscal.** Le domicile fiscal doit être défini au titre de l'impôt de solidarité sur la fortune comme en matière d'impôt sur le revenu, c'est-à-dire par application de l'article 4 B du Code général des impôts. Cette solution, d'abord retenue par l'administration, a été confirmée par la jurisprudence[133].

1) Sont considérées[134] comme ayant leur domicile fiscal en France, les personnes qui remplissent l'un ou l'autre des critères suivants :

– elles ont en France leur foyer ou (à défaut de foyer, que ce soit en France ou hors de France) le lieu de leur séjour principal ;

---

(131) CGI, art. 990 J, II.
(132) CGI, art. 885 A.
(133) Cass. com., 30 mai 2000, n° 98-10.983, *Marchand : Dr. fisc.* 2000, n° 52, comm. 1069 ; *Bull. civ.* 2000, IV, n° 114.
(134) CGI, art. 4 B, 1.

– elles exercent en France une activité professionnelle, salariée ou non, à moins qu'elles ne justifient que cette activité y est exercée à titre accessoire ;

– elles ont en France le centre de leurs intérêts économiques (pour y posséder, notamment, la part prépondérante de leur patrimoine mondial ou tirer des biens situés en France l'essentiel de leurs revenus mondiaux). Il a été jugé, à cet égard, que l'importance relative du patrimoine « français » du redevable peut être appréciée en tenant compte de ses placements financiers en France, alors, pourtant, que ceux-ci seraient exonérés d'ISF (V. *infra*, n° 1751), si l'intéressé n'était pas domicilié en France[135].

2) La domiciliation fiscale du redevable s'apprécie à la date du fait générateur de l'ISF, c'est-à-dire au 1er janvier de chaque année d'imposition. Ainsi, le changement de domicile en cours d'année ne peut avoir d'influence qu'au titre de l'ISF dû au 1er janvier de l'année suivante[136].

3) Selon l'administration, les dispositions de l'article 4 B, 2, du CGI selon lesquelles sont considérés comme domiciliés fiscalement en France, les agents de l'État qui exercent leurs fonctions ou sont chargés de mission dans un pays étranger et qui ne sont pas soumis, dans ce pays, à un impôt personnel sur l'ensemble de leurs revenus, s'appliquent en matière d'ISF[137]. Compte tenu de l'objet particulier de cette disposition, cette interprétation mériterait d'être confirmée en jurisprudence.

1747. – Obligation fiscale « illimitée » des résidents de France. Les personnes fiscalement domiciliées en France sont soumises, en principe, à une obligation fiscale dite « illimitée ». Elles sont normalement imposables à raison de leur patrimoine mondial, c'est-à-dire à raison de la totalité de leurs biens, qu'ils soient situés en France ou hors de France.

1) En matière d'ISF comme en matière d'IR, la France s'entend de la France métropolitaine et des départements d'outre-mer (Guadeloupe, Martinique, Guyane, Réunion et, depuis le 1er janvier 2014, Mayotte). En revanche, les autres collectivités d'outre-mer sont regardées comme des espaces étrangers (*i.e.*, des « juridictions fiscales » étrangères) pour l'application de l'ISF.

2) Le cas des ressortissants français domiciliés à Monaco fait l'objet de règles spéciales (V. *infra*, n° 1754, 2).

1748. – Obligation fiscale « limitée » des non-résidents de France. Les personnes non fiscalement domiciliées en France sont soumises à une obligation fiscale limitée. Elles sont en principe imposables « à raison de leurs biens situés en France » c'est-à-dire en fonction des seuls éléments « français » de leur patrimoine. Toutefois, les placements financiers réalisés en France par des non-résidents relèvent de plein droit d'une exonération intégrale[138].

L'administration considère, par analogie avec les règles d'imposition à l'IR, que les critères de domiciliation fiscale doivent être, le cas échéant, appréciés distinctement pour chacune des personnes composant le foyer fiscal. Ainsi, les biens « étrangers » appartenant au conjoint ou aux enfants d'un redevable fiscalement domicilié en France ne sont compris dans l'assiette de l'impôt que pour autant que ce conjoint et ces enfants sont eux-mêmes personnellement considérés comme fiscalement domiciliés en France[139].

ANNÉE	2006	2007	2008	2009	2010
Nombre de non-résidents redevables de l'ISF	5 237	6 300	6 942	7 350	8 044

(135) Cass. com., 3 mars 2009, n° 08-12.600, *Granier* : *Dr. fisc.* 2009, n° 16, comm. 284, note B. Delaunay. – V. pour un autre cas d'application du critère économique, Cass. com., 30 mai 2000, *Marchand*, préc.
(136) Cass. com., 21 juin 2011, n° 10-23.136, *Chenel* : *RJF* 12/2011, n° 1386.
(137) BOI-PAT-ISF-20-10-20, n° 80.
(138) CGI, art. 885 L. Sur cette exonération, V. *infra*, n° 1751.
(139) BOI-PAT-ISF-30-10-40, n° 10.

En 2010 (les données les plus récentes publiées sur ce point se rapportent à cette période), les contribuables non-résidents ont acquitté 65 M€ au titre de l'ISF.

1749. – Obligation fiscale « transitoirement limitée » des « impatriés ». La loi du 4 août 2008 de modernisation de l'économie (art. 121, III) a renforcé le régime prévu en faveur des « impatriés ». Désormais, ce dispositif (qui intéresse essentiellement l'imposition des revenus) produit également des effets en matière d'impôt de solidarité sur la fortune[140].

Pour l'application de ce dispositif de faveur, les « impatriés » s'entendent légalement des salariés (ou des dirigeants de société assimilés) « appelés de l'étranger à occuper un emploi dans une entreprise établie en France pendant une période limitée »[141]. Issu de la loi de finances rectificative pour 2003[142], le régime fiscal initial des « impatriés » ne comportait aucune mesure particulière en matière d'ISF (V. *supra*, n° 1396). La modification introduite par la loi de modernisation de l'économie est issue d'un amendement de la Commission des finances du Sénat accepté par le Gouvernement.

En 2014 (dernière année pour laquelle cette donnée a été rendue publique), le coût de cette mesure a été de 14 M€ (pour un nombre de bénéficiaires inconnus). Aucune estimation de ce coût n'a été donnée pour 2015 et 2016.

À condition de ne pas avoir été fiscalement domicilié en France au cours des cinq années civiles précédant celle au cours de laquelle il a son domicile fiscal en France, un « impatrié » est – à titre transitoire – considéré comme un non-résident de France : il n'est imposable à l'impôt de solidarité sur la fortune qu'à raison des seuls biens qu'il possède en France.

Ce dispositif concerne les transferts de domicile en France réalisés à compter du 6 août 2008.

La mesure (qui bénéficie à l'impatrié indépendamment de sa nationalité) s'applique jusqu'au 31 décembre de la cinquième année qui suit celle au cours de laquelle l'impatrié a établi son domicile fiscal en France (à condition, naturellement, que l'intéressé conserve pendant la période considérée la qualité de résident de France).

L'administration a confirmé que la condition de non-domiciliation fiscale en France pendant les cinq années précédant celle de la domiciliation fiscale en France doit s'apprécier au regard des dispositions du droit interne[143] ou, le cas échéant, des stipulations de la convention fiscale internationale applicable[144].

1750. – Biens situés en France. Les règles de localisation des biens applicables en matière d'impôt de solidarité sur la fortune sont celles prévues en matière de droits de mutation par décès[145].

En application de ces dispositions obscures et inutilement complexes (CGI, art. 750 ter), sont regardés comme des biens situés en France :

1) lorsqu'ils sont *directement détenus* par le redevable domiciliés hors de France :

a) les biens meubles et immeubles situés en France, c'est-à-dire, *notamment* :

– les immeubles et les droits réels immobiliers situés en France,
– les biens meubles corporels ayant une assise matérielle en France,
– les créances détenues sur un débiteur établi ou fiscalement domicilié en France,

(140) CGI, art. 885 A, 1°, al. 2 et 3.
(141) CGI, art. 81 C, I.
(142) L. 30 déc. 2003, art. 23.
(143) CGI, art. 4 B.
(144) BOI-PAT-ISF-20-10-20, n° 90.
(145) CGI, art. 750 ter et 885 D.

– les valeurs mobilières françaises[146] et les « parts d'intérêt »[147] détenues dans des sociétés ayant en France leur siège social statutaire ou leur siège de direction effective,

– même si la loi ne le précise pas expressément, les fonds de commerce exploités en France ;

b) les titres de sociétés étrangères à prépondérance immobilière « française », entendues ici comme les sociétés ou personnes morales *non cotées* dont le siège est situé *hors de France* et dont l'actif est *principalement constitué de biens immobiliers situés en France*[148] ;

2) depuis la loi de finances pour 1999[149], les immeubles et droits immobiliers situés en France détenus *indirectement* par le redevable avec les membres de son groupe familial. Sont visés ici – indépendamment de toute condition de « prépondérance immobilière » – les actions, parts ou droits détenus par un non-résident dans toute entité[150] que son groupe familial contrôle majoritairement[151], directement ou indirectement[152], dans la mesure où ces titres ou droits sont représentatifs d'immeubles situés en France ou de droits immobiliers « français » ;

3) depuis la première loi de finances rectificative pour 2011[153], les biens et droits « français » composant un *trust* et les produits capitalisés en étant issus[154].

1751. – Exonération des placements financiers des non-résidents de France. Les personnes physiques qui n'ont pas en France leur domicile fiscal ne sont pas imposables au titre de leurs placements financiers effectués en France[155]. Ainsi, l'impôt de solidarité sur la fortune ne saurait constituer un obstacle à la réalisation, par des non-résidents, de placements financiers en France.

1) Cette mesure d'exonération semble insusceptible de s'appliquer aux personnes relevant du statut des « impatriés » (V. *supra*, n° 1749). Elle est sans incidence sur les conditions de localisation du centre des intérêts économiques du redevable (V. *supra*, n° 1746).

2) Il avait été initialement prévu que l'exonération n'était pas applicable (pour le calcul de l'impôt de l'année suivant la date du transfert et l'année suivante) aux résidents de France de nationalité française ayant transféré (à compter de la date de l'introduction de l'IGF) leur domicile fiscal hors de France[156]. Cette disposition a été rétroactivement abrogée à compter du 1er janv. 1989[157]. On a en effet considéré que son maintien aurait pu inciter ces redevables à expatrier leurs placements financiers hors de France.

---

(146) La notion de « valeurs mobilières » n'est pas précisément définie. Elle renvoie pour l'essentiel aux actions et obligations émises par les sociétés (quelle que soit la composition de leur actif) possédant en France leur siège statutaire ou leur siège de direction effective et aux obligations émises par ces sociétés ou les personnes publiques françaises – étant précisé, toutefois, que les placements financiers « français » des non-résidents sont exonérés d'ISF (V. *infra*, n° 1751).

(147) Passablement désuète, la notion de « parts d'intérêts » semble correspondre aux « parts sociales » émises dans des sociétés françaises autres que les sociétés par actions.

(148) CGI, art. 750 ter, 2° al. 4. La prépondérance immobilière française est déterminée sans prendre en considération les immeubles français affectés par la société à sa propre exploitation industrielle, commerciale, agricole ou à l'exercice d'une profession non commerciale (*ibid.*, al. 5). Selon la doctrine administrative (V. BOI-PAT-ISF-20-10-30, nos 50 à 120), la prépondérance immobilière « française » est établie lorsque la valeur des actifs immobiliers français (immeubles, droits réels immobiliers, titres de sociétés elles-mêmes à prépondérance immobilière) « représente plus de 50 % de l'actif social situé en France » (*ibid.*, n° 100). Les titres de la société étrangère à prépondérance immobilière française détenus par des personnes non domiciliées en France doivent être compris dans l'assiette de l'ISF « à concurrence de la proportion existant entre la valeur des immeubles situés sur le territoire français et celle de l'actif total de la société situé tant en France qu'à l'étranger » (*ibid.*, n° 110).

(149) L. 30 déc. 1998, art. 23. Cette situation correspond par ailleurs à un cas de non-application de l'exonération des placements financiers prévue par la loi (CGI, art. 885 L) en faveur des non-résidents (V. *infra*, n° 1752, 1-*b*).

(150) Il peut s'agir de toute personne morale ou organisme, français ou étranger (CGI, art. 750 ter, 2° al. 2).

(151) L'intéressé « seul ou conjointement avec son conjoint, leurs ascendants ou descendants ou leurs frères et sœurs » doit détenir (directement ou indirectement) « plus de la moitié des actions, parts ou droits dans l'entité considérée (même disposition).

(152) Les titres ou droits peuvent être détenus « directement ou par l'intermédiaire d'une chaîne de participations (...) quel que soit le nombre de personnes morales ou d'organismes interposés » (même disposition).

(153) L. 29 juill. 2011, art. 14, I-2°.

(154) Sur les *trusts*, V. *supra*, n° 1743, 2 et 3.

(155) CGI, art. 885 L.

(156) CGI, art. 885 L, al. 3, anc.

(157) L. fin. 1990, 29 déc. 1989, art. 10, III.

3) Selon la doctrine administrative(158), se trouvent notamment exonérés en application de cette disposition :

– les dépôts à vue ou à terme (en euros ou en devises) effectués dans des établissements français et les bons ou titres de même nature ;

– les obligations, actions ou droits sociaux et comptes courants d'associés détenus sur ou dans une société ou une personne morale ayant en France son siège social ou son siège de direction effective ;

– les bons et contrats de capitalisation et les placements de même nature (notamment les contrats d'assurance-vie) souscrits auprès de compagnies d'assurances établies en France.

4) Le coût budgétaire de cette mesure d'exonération (largement tributaire, il est vrai, de la bonne tenue des cours de bourse) est en diminution constante au cours de la période récente. En 2010 (dernière année pour laquelle ces données ont été rendues publiques), la mesure avait bénéficié à 8 000 foyers, pour un coût de 104 M€. Ce coût ressort à 50 M€ pour 2014 et 2015. Il est évalué au même montant pour 2016.

1752. – **Investissements mobiliers « non-exonérés » des non-résidents de France.** Ne sont pas légalement considérés comme des placements financiers et sont, en conséquence, exclus de l'exonération :

1) en application *directe* de la loi :

a) en premier lieu(159), les parts ou actions *directement* détenues par un non-résident dans une société à prépondérance immobilière « française », c'est-à-dire dans une société (française ou étrangère) non cotée(160) dont l'actif est principalement constitué d'immeubles (ou de droits immobiliers) situés sur le territoire français – l'exclusion de l'exonération jouant dans la proportion de la valeur de ces biens dans l'actif total, français ou étranger, de la société ;

Selon la doctrine administrative, la société est à prépondérance immobilière lorsque la valeur des actifs immobiliers français (immeubles, droits réels immobiliers, titres de sociétés elles-mêmes à prépondérance immobilière), autres que les immeubles affectés par la société à sa propre exploitation industrielle, commerciale, agricole ou à l'exercice d'une profession non commerciale, « représente plus de 50 % de l'actif social situé en France »(161).

La valeur des titres de sociétés dont l'actif est principalement constitué de biens immobiliers français doit être comprise dans l'assiette de l'ISF à concurrence de la proportion existant entre la valeur de ces biens et celle de l'actif social total situé tant en France qu'à l'étranger(162).

b) en second lieu(163) – indépendamment de toute « prépondérance immobilière » – les actions, parts ou droits détenus par un non-résident dans toute entité que son groupe familial contrôle majoritairement, directement ou indirectement, dans la mesure où ces titres ou droits sont représentatifs d'immeubles situés en France ou de droits immobiliers « français »(164) ;

---

(158) BOI-PAT-ISF-30-40-50, n° 40.

(159) CGI, art. 885 L, al. 2, 1re phr.

(160) S'agissant des sociétés (françaises ou étrangères) à prépondérance immobilière « française », le dispositif légal ne limite pas l'exclusion de l'exonération aux seules sociétés *non cotées*. Cette réserve classique résulte de la seule doctrine administrative qui retient que les titres des sociétés considérées « ne doivent pas être admis aux négociations sur un marché réglementé français ou étranger (…) » (V. actuellement, BOI-PAT-ISF-30-40-50, n° 120, *in fine*). Elle a été évoquée dans les travaux préparatoires de la loi de finances pour 1999 où elle est présentée comme découlant de la pratique (V. Commission des finances de l'Assemblée nationale, Rapport général sur le projet de loi de finances pour 1999, n° 1111, 8 oct. 1998, vol. 1, part. 2, art. 15).

(161) V. BOI-PAT-ISF-30-40-50, nos 100 à 150, spéc. n° 120.

(162) *Ibid.*, n° 150.

(163) CGI, art. 885 L, al. 2, 2nde phr., et art. 750 ter, 2°, al. 2. Issue de la loi de finances pour 1999 (L. 30 déc. 1998, art. 23), ce cas d'exclusion est applicable depuis le 1er janvier 1999.

(164) Selon la doctrine administrative, la valeur imposable des titres ou droits détenus par l'intéressé (ou un autre membre de son foyer fiscal) correspond :

2) *indirectement*, du fait de l'existence mécanisme légal anti-abus, les placements correspondant à des prêts consentis par des non-résidents à une société, française ou étrangère, à prépondérance immobilière « française » ;

Depuis la première loi de finances rectificative pour 2011[(165)], la valeur des titres d'une société, française ou étrangère, non cotée et à prépondérance immobilière « française »[(166)], doit être déterminée sans opérer la déduction du montant des créances que détiendraient sur celle-ci (directement ou par l'intermédiaire d'une ou plusieurs sociétés interposées) des non-résidents de France[(167)]. Cette mesure est destinée à lutter contre les schémas d'optimisation fiscale consistant, pour un non-résident possédant un patrimoine immobilier « français » par l'intermédiaire d'une telle société, à imputer sur la valeur de ce patrimoine le montant des prêts consentis à cette société alors que, dans le même temps, les créances correspondant à ces prêts ne sont pas imposables à l'ISF pour correspondre, selon le cas, à des placements financiers « étrangers » non imposables ou à des placements financiers « français » exonérés[(168)].

3) selon *l'interprétation administrative* de la loi fiscale, les *titres de participation*, c'est-à-dire les titres « permett [a] nt d'exercer une certaine influence dans la société émettrice »[(169)].

Selon l'administration, ce caractère doit être présumé (par analogie, prétendument, avec le régime des sociétés mère et filiales ; V. *supra*, n°s 1658 et s.) lorsque les titres considérés, représentant 10 % au moins du capital social, ont été souscrits à l'émission ou, dans le cas inverse, sont détenus depuis deux ans au moins[(170)].

1753. – **Neutralisation interne des doubles impositions.** À la différence de l'impôt sur le revenu, un mécanisme de neutralisation des doubles impositions applicable en matière d'impôt de solidarité sur la fortune résulte directement du droit interne. Posé en matière de droits de mutation par décès[(171)], ce mécanisme s'applique *mutatis mutandis* à l'impôt sur la fortune[(172)].

1) En l'absence de convention internationale pertinente, les doubles impositions sont éliminées par imputation, sur l'impôt de solidarité sur la fortune dû en France, des impôts sur la fortune ou le capital acquittés à l'étranger au titre des meubles ou immeubles situés hors de France.

Cette mesure trouve à s'appliquer sans difficulté lorsqu'est perçu dans l'État étranger un impôt de *même nature* que l'ISF, c'est-à-dire un impôt annuel frappant les personnes physiques à raison de la valeur vénale de leur patrimoine net. Cette situation ne se rencontrera que rarement en pratique. À cet égard, l'ad-

– à leur valeur totale, lorsque l'entité est « située » en France ;

– à la fraction de leur valeur totale représentative de biens immobiliers « français », lorsque l'entité à son siège statutaire ou son siège de direction effective à l'étranger (BOI-PAT-ISF-20-10-30, n° 230).

(165) L. 29 juill. 2011, art. 40.

(166) Au regard des règles des droits de mutation à titre onéreux, selon lesquelles une société est à prépondérance immobilière « française » lorsque, quelle que soit sa nationalité, son actif est (ou a été au cours de l'année précédente) principalement constitué d'immeubles ou de droits immobiliers situés en France ou de participations dans des personnes morales, quelle que soit leur nationalité, dont les titres ne sont pas cotés et elles-mêmes à prépondérance immobilière (CGI, art. 726, I-2°).

(167) CGI, art. 885 T ter.

(168) Pour l'application des droits de mutation à titre onéreux, une société est à prépondérance immobilière « française » lorsque, quelle que soit sa nationalité, son actif est (ou a été au cours de l'année précédente) principalement constitué d'immeubles ou de droits immobiliers situés en France ou de participations dans des personnes morales, quelle que soit leur nationalité, dont les titres ne sont pas cotés et elles-mêmes à prépondérance immobilière (CGI, art. 726, I-2°),

(169) BOI-PAT-ISF-30-40-50, n° 60. La preuve que les titres détenus dans ces conditions ne sont pas des titres de participation peut, en toute hypothèse, être rapportée par le redevable (*ibid.*, n°s 70 à 90).

(170) De manière surprenante, l'analogie retenue par la doctrine administrative avec le régime des sociétés mères et filiales est opérée sur des bases périmées depuis respectivement 2001 et 2005. Toutefois, depuis le 1er janvier 2016, des titres représentant plus de 10 % du capital social sont présumés constituer, en droit commercial, des titres de participation (C. com., art. R. 123-184).

(171) CGI, art. 784 A.

(172) CGI, art. 1723 ter-00 A.

ministration a précisé (à bon droit) que les impôts comparables aux impôts locaux français (taxes foncières sur les propriétés bâties et non bâties, taxe professionnelle ou, depuis 2010, cotisation foncière des entreprises) ne sont pas de même nature que l'ISF et ne sont donc pas susceptibles d'être pris en compte[173].

2) Logiquement, l'imputation de l'impôt étranger est limitée au montant d'impôt de solidarité sur la fortune dû en France au titre du bien étranger considéré.

Aucune imputation ne peut avoir lieu en conséquence à l'égard des biens exonérés (ou non compris dans l'assiette) de l'impôt français ayant supporté un impôt sur la fortune à l'étranger. Ainsi, aucune imputation d'impôt étranger ne peut être effectuée lorsque cet impôt aura par exemple frappé des biens professionnels exclus de l'assiette de l'impôt français[174].

B. – L'incidence des conventions internationales

1754. – **Stipulations conventionnelles applicables.** Comme en matière d'impôt sur le revenu, les conventions fiscales internationales peuvent apporter des dérogations aux solutions du droit interne. Tel est le cas lorsqu'une convention signée par la France vise directement l'impôt de solidarité sur la fortune ou, à défaut, comporte des stipulations suffisamment précises pour déterminer les modalités de l'imposition de la fortune en présence d'éléments d'extranéité. Une soixantaine de conventions bilatérales répondent à l'une ou l'autre de ces conditions.

L'application des conventions permet, d'abord, d'éliminer les difficultés liées à la détermination du lieu de la résidence fiscale. Les stipulations propres à l'impôt de solidarité sur la fortune organisent, ensuite, la répartition du droit d'imposer de chacun des États à l'égard des différentes catégories de biens. Naturellement, lorsque cette répartition consiste en un partage du droit d'imposer, elles posent des mécanismes visant à éliminer la double imposition qui en résulte.

1) Les conventions fiscales applicables en matière d'ISF retiennent naturellement des solutions variables. Le plus souvent, ces conventions, tout en retenant un principe d'imposition exclusive de la fortune par l'État de la résidence fiscale, prévoient la solution de l'imposition partagée en matière immobilière (et à l'égard des participations substantielles dans des sociétés à prépondérance immobilière), les doubles impositions étant éliminées par un mécanisme de crédit d'impôt. Naturellement, les conventions retiennent fréquemment à cet égard la règle du taux effectif.

2) Certaines conventions contiennent des stipulations originales :

a) selon un avenant du 26 mai 2003 à la convention fiscale franco-monégasque du 18 mai 1963, « les personnes physiques de nationalité française qui ont transporté à Monaco leur domicile ou leur résidence à compter du 1er janvier 1989 sont assujetties à l'impôt sur la fortune (…) dans les mêmes conditions que si elles avaient leur domicile ou leur résidence en France »[175]. Les ressortissants français qui se sont établis à Monaco après le rétablissement de l'impôt annuel sur la fortune en France sont donc assujettis à l'ISF dans les mêmes conditions que s'ils avaient conservé leur domicile fiscal en France. Applicable depuis le 1er janvier 2002, cette stipulation (proche de celle existant en matière d'IR – V. *infra*, n° 1364, 2) a, semble-t-il, entraîné une diminution sensible du nombre de résidents français à Monaco[176].

---

(173) BOI-PAT-ISF-50-20, n° 90.
(174) BOI-PAT-ISF-50-20, n° 100.
(175) Conv. 18 mai 1963, mod., art. 7, 3.
(176) La Cour de cassation a jugé que cet avenant ne présente pas de caractère discriminatoire et ménage « un juste équilibre entre les exigences de l'intérêt général et les impératifs de la protection des droits des contribuables » (Cass. com., 26 oct. 2010, n° 09-15.044, *Mettey* : *Bull. civ.* 2010, IV, n° 160 ; *Dr. fisc.* 2011, n° 3, comm. 117, note J.-P. Maublanc). Rétroactive, la règle résulte d'un avenant à la convention fiscale franco-monégasque signé le 26 mai 2003 et publié par un décret d'août 2005. La Cour EDH a écarté les critiques dirigés contre cette rétroactivité au motif, notamment, de l'annonce publique de la mesure dès l'automne 2001 et de la non-application d'une quelconque sanction pour la période couverte par la rétroactivité (CEDH, 15 janv. 2015, nos 36918/11 et a., *Arnaud et a. c/France* : *Dr. fisc.* 2015, n° 13, act. 199 ; *Dr. fisc.* 2016, n° 9, comm. 206, chron. L. Ayrault, § 54 et s.).

b) les conventions fiscales (ou leurs protocoles) conclues par la France avec certains États retiennent parfois une mesure de faveur au profit des personnes (ayant la nationalité de l'État considéré sans avoir la nationalité française) qui deviennent résidents de France. Ce régime est proche, au fond, de celui de l'« impatriation » désormais prévu par le droit interne (V. *supra*, n° 1749) : les biens possédés hors de France par ces « néo-résidents français » de nationalité étrangère ne deviennent imposables en France qu'à compter de l'expiration d'un certain délai (cinq ans en général). Il est prévu par les conventions conclues avec l'Allemagne, l'Autriche, l'Australie, le Canada, l'Espagne, les États-Unis, l'Italie, le Royaume-Uni et les États du Golfe arabo-persique (sauf l'Arabie saoudite). Certaines de ces conventions prévoient que ce mécanisme peut jouer à plusieurs reprises pour un même individu, à condition qu'il retrouve la qualité de résident de France après l'avoir perdue pendant une durée minimale (trois ans en général) ;

c) les conventions fiscales liant la France et les États du Golfe arabo-persique (Arabie saoudite, Bahreïn, Émirats arabes unis, Koweït, Oman et Qatar) présentent deux particularités :

– le patrimoine immobilier que possède en France un résident de ces États n'est imposable que si sa valeur excède la valeur brute de ses placements financiers « français » – placements dont on sait qu'ils bénéficient d'une exonération légale intégrale(177) ;

– ces conventions contiennent une clause de la nation la plus favorisée pour l'imposition de la fortune(178). Elle consiste à étendre de plein droit, à l'égard de l'État considéré, les dispositifs plus favorables introduits par une convention liant la France et certains États tiers. Selon le cas, l'extension n'est applicable que si l'État « fiscalement plus favorisé » est membre du Conseil de coopération des États arabes du Golfe (Bahreïn, Omar et Qatar), de la Ligue des États arabes (Arabie saoudite) ou, dans une perspective inverse, n'est membre ni des Communautés européennes ni de l'Association européenne de libre échange (Émirats arabes unis et Koweït).

SECTION 3

LE PATRIMOINE IMPOSABLE À L'IMPÔT DE SOLIDARITÉ SUR LA FORTUNE

1755. – **Valeur vénale du patrimoine net global.** L'impôt de solidarité sur la fortune est assis sur le patrimoine net global des membres du foyer imposable. Sous réserve des exonérations légales (§ 2), tous les biens présentant une valeur patrimoniale sont en principe imposables (§ 1).

RÉPARTITION DES BASES IMPOSABLES TOTALES D'ISF

Catégorie de biens	Bases (2003)	Part (2003)	Bases (2008)	Part (2008)
Résidences principales	69 Md€	13 %	162 Md€	15 %
Autres immeubles	121 Md€	23 %	275 Md€	26 %
Droits sociaux	15 Md€	3 %	34 Md€	3 %
Valeurs mobilières	179 Md€	34 %	300 Md€	28 %
Liquidités	66 Md€	13 %	143 Md€	13 %
Autres biens meubles	73 Md€	14 %	154 Md€	14 %

(177) V. *supra*, n° 1751.
(178) V., pour un cas où cette clause est invoquée en vain, Cass. com., 19 janv. 2010, n° 08-20.936, *Al Sheikh* : *Dr. fisc.* 2010, n° 16, comm. 287, note J.-L. Pierre.

Naturellement, ces données globales (qui sont les plus récentes qui ont été publiées) dissimulent de fortes disparités entre les redevables. Ainsi, pour les assujettis à l'ISF atteignant la dernière tranche du barème (patrimoine imposable supérieur à 16,54 M€ en 2008), la part des biens immeubles est de 8 % de leur actif brut, celle des biens meubles s'élevant à 92 %. À l'opposé, pour les redevables dont le patrimoine ne dépasse pas la deuxième tranche du barème de l'ISF (1,29 M€ en 2008), la répartition du patrimoine est équilibrée : 51 % de l'assiette imposable est constituée de biens immeubles et 49 % de biens meubles.

§ 1. – Les biens imposables

1756. – **Biens, créances et fraction non consommée du revenu.** 1) Le patrimoine imposable est constitué par l'ensemble des biens, droits et valeurs appartenant à l'un ou l'autre des membres du foyer imposable à l'impôt de solidarité sur la fortune(179). La loi ne distingue pas, à cet égard, selon que ces biens, droits et valeurs sont ou non productifs de revenus (V. *infra*, n° 1732). Elle ne dresse pas davantage la liste des biens retenus dans l'assiette de l'impôt.

Naturellement, le caractère imposable d'un bien suppose de manière générale qu'il possède une valeur patrimoniale et qu'il soit normalement transmissible ou cessible.

2) Il peut s'agir, sous réserve des exonérations légales :
- des immeubles bâtis ou non bâtis, indépendamment de leur affectation ;
- des droits immobiliers ;
- des meubles corporels de toute nature (meubles meublants, véhicules automobiles, navires, aéronefs, chevaux, alcools, métaux précieux, bijoux, notamment) ;
- des entreprises et exploitations de toute nature ;
- des fonds de commerces, charges et offices ;
- des droits sociaux, valeurs mobilières et autres titres de créances ;
- des dépôts et soldes créditeurs bancaires ;
- des droits patrimoniaux de la propriété intellectuelle ;
- des sommes inscrites au crédit d'un compte courant d'associé ;
- de toute autre créance.

Selon l'administration, « il ne doit pas être tenu compte, en tant que tels, des revenus perçus au cours de l'année précédente ou des années antérieures »(180). Il en résulte que seule la fraction non consommée de ces revenus (liquidités, disponibilités financières et biens de toute nature acquis en emploi des revenus) doit être comprise dans l'assiette de l'impôt, dès lors que ces avoirs ou biens font partie du patrimoine du redevable au 1er janvier de l'année d'imposition.

Outre le cas des biens dont la propriété est démembrée (V. *supra*, n° 1741), ou celui des biens détenus à titre précaire (qui, n'étant pas, pour leur possesseur, l'objet d'un droit de propriété, ne sont pas imposables entre ses mains), les principales difficultés tiennent aux droits de créance.

Les créances imposables sont les créances certaines (indépendamment de la date de leur échéance ou de leur éventuelle indisponibilité). Ainsi, la créance correspondant à une indemnité d'expropriation est imposable alors même que l'indemnité est encore consignée(181).

(179) CGI, art. 885 E, al. 1er.
(180) BOI-PAT-ISF-10, n° 40.
(181) Cass. com., 13 janv. 1998, n° 95-22.140, *Fayard : Dr. fisc.* 1998, n° 12, comm. 227.

S'appuyant sur l'idée que l'ISF frappe la seule fraction non consommée du revenu (et non le revenu lui-même), la Cour de cassation a toutefois considéré – assez curieusement – que les « créances de revenus » ne sont pas imposables tant que le revenu correspondant n'a pas été perçu(182). Cette solution (rendue en matière de revenus tirés de droits de la propriété littéraire et artistique) semblait pouvoir s'appliquer aux créances de revenus de toute nature. Très fragile (pour nier d'une certaine manière la notion de créance), la solution de l'arrêt *Kundera* semble avoir été abandonnée par un arrêt ultérieur(183).

1757. – **Rentes viagères.** Sous réserve des exonérations, les rentes viagères sont, quel que soit leur mode de constitution, imposables dans le patrimoine du crédirentier (où elles sont retenues pour leur valeur de capitalisation). Cette solution s'applique, en particulier, en cas de vente d'un immeuble en viager(184).

1) Les droits à pension de retraite devant être servie après la cessation d'une activité professionnelle, en raison de cette activité, sont regardés comme dépourvus de valeur patrimoniale (faute d'être ni cessibles ni transmissibles). Ils ne présentent donc pas le caractère d'un élément de patrimoine et sont hors du champ d'application de l'impôt.

2) Il en est de même, en dépit de leur caractère mixte (indemnitaire et alimentaire), des rentes viagères servies à titre de prestation compensatoire en cas de divorce(185). L'administration, qui s'est rangée à cette décision, admet toutefois que, dans cette hypothèse, le redevable demeure en droit de déduire de son patrimoine la dette correspondant à la valeur de capitalisation de la prestation compensatoire dont il est débiteur(186).

1758. – **Assurance-vie.** 1) Dans la phase d'épargne, le caractère imposable d'un contrat d'assurance-vie dépend, à titre principal, de son caractère rachetable(187).

Ces règles s'appliquent de la même manière aux contrats d'assurance-vie *stricto sensu*, aux contrats et bons de capitalisation(188) et aux contrats qui peuvent leur être assimilés(189).

Pour l'application du mécanisme de plafonnement de l'ISF, le traitement des *revenus* capitalisés sur de tels instruments suscite des difficultés. Celles-ci font l'objet de développements particuliers (V. *infra*, n° 1819, 3-*b*-3).

a) Les contrats rachetables sont, en toutes hypothèses, imposables dans le patrimoine de leur souscripteur pour leur valeur de rachat appréciée au 1er janvier de l'année d'imposition.

b) Les contrats non rachetables sont seulement imposables (de manière générale) à hauteur des primes versées par le souscripteur après l'âge de soixante-dix ans.

(182) Cass. com., 13 déc. 2005, n° 03-18.756, *Kundera : Dr. fisc.* 2006, n° 13, comm. 293, rapp. Ch. Guéguen, note E. Cornut ; *Bull. civ.* 2005, IV, n° 253.

(183) Cass. com., 21 févr. 2012, n° 11-14.824, *Adm. c/Faurre : RJF* 6/2012, n° 660, retenant l'inclusion dans l'assiette de l'ISF de la créance se rapportant à des jetons de présence au motif que cette créance était certaine au jour du fait générateur de l'impôt.

(184) Cass. com., 26 avr. 1994, n° 92-17.136, *Lecœur : Dr. fisc.* 1994, n° 26, comm. 1274 ; *Bull. civ.* 1994, IV, n° 155.

(185) Cass. com., 19 avr. 2005, n° 03-11.750, *Lambrey de Sousa : Dr. fisc.* 2005, n° 23, comm. 467 ; *Bull. civ.* 2005, IV, n° 94.

(186) BOI-PAT-ISF-30-60-10, n° 160.

(187) CGI, art. 885 F.

(188) Les bons et contrats de capitalisation présentent toutefois une différence très importante avec les contrats d'assurance-vie. Les sommes figurant sur ces contrats et bons n'entrent dans la base taxable à l'ISF que pour leur prix de souscription, c'est-à-dire la valeur nominale du capital, net de frais, versé par le souscripteur, à l'exclusion des intérêts courus ou échus et non encaissés (BOI-PAT-ISF-30-50-20, n° 50).

(189) C'est le cas, selon la doctrine administrative, des contrats d'assurance de groupe ou « contrats Madelin » (BOI-PAT-ISF-30-40-30-40, n° 110). Cela étant, à l'échéance du contrat, la valeur de capitalisation d'une rente constituée par le biais d'un contrat « Madelin » peut bénéficier, le cas échéant, des exonérations prévues en faveur des rentes constituées dans le cadre d'une activité professionnelle (V. *infra*, n° 1778) ou versées en réparation d'un préjudice corporel (V. *infra*, n° 1777). V. sur ces différents points BOI-PAT-ISF-30-20-10, nos 170 et s.

• Issue de la loi de finances rectificative pour 1991[190], cette dernière règle n'est toutefois applicable qu'aux seuls contrats conclus depuis le 20 novembre 1991.

• Un contrat d'assurance-vie est regardé comme demeurant rachetable en dépit de restrictions pouvant affecter à titre temporaire l'exercice de la faculté de rachat[191].

• Les contrats non rachetables sont à distinguer de ceux comportant une clause qui a pour seule conséquence de « geler » provisoirement la faculté d'exercice du droit de rachat : celui-ci est acquis par son titulaire mais se trouve frappé contractuellement d'une indisponibilité temporaire. S'appuyant sur la jurisprudence de la Cour de cassation[192], l'administration considère que la présence d'une telle clause d'indisponibilité temporaire n'a pas pour effet de rendre le contrat non imposable à l'ISF[193]. La validité de cette solution a été confirmée par le Conseil d'État qui a rejeté le recours pour excès de pouvoir dirigé contre l'instruction exprimant cette interprétation[194]. Il semble donc bien que seule une renonciation définitive à l'exercice du droit de rachat puisse priver un contrat rachetable de ce caractère (et conduire à ce qu'il puisse être exclu du patrimoine imposable à l'ISF du souscripteur).

Le cas similaire des contrats dits à « bénéfice différé » a été réglé par la loi de finances rectificative pour 2013[195]. Souvent présentés comme des contrats « anti-ISF », ces instruments consistent de manière générale à « isoler » les intérêts produits par le capital investi sur le contrat, en les « transformant » en une créance garantie mais non rachetable pendant une certaine période. Désormais, la créance de « bénéfice différé » que le souscripteur d'un tel contrat détient sur l'assureur doit être comprise dans son patrimoine imposable[196].

2) Après la phase d'épargne, c'est-à-dire à l'échéance du contrat, la rente capitalisée (ou le capital acquis) est imposable à l'impôt de solidarité sur la fortune dans le patrimoine du bénéficiaire du contrat dans les conditions du droit commun.

1759. – **Date d'appréciation de la consistance du patrimoine.** La composition du patrimoine s'apprécie au jour du fait générateur de l'impôt, c'est-à-dire au 1er janvier de l'année d'imposition. Toute modification intervenant après cette date, dans le courant de l'année d'imposition, et touchant à la consistance ou la valeur du patrimoine demeure en principe sans incidence sur l'assiette l'impôt dû au titre de l'année en cause, sans qu'il y ait lieu de distinguer selon que le patrimoine s'accroît, diminue ou change de composition. Il n'en va autrement que si la loi civile confère un caractère rétroactif à ces modifications.

1) La principale difficulté à laquelle donne lieu l'application de cette règle tient aux mutations de biens assorties d'une condition. Il convient de distinguer, naturellement, les conditions résolutoires et les conditions suspensives :

– le bien cédé par un acte assorti d'une condition suspensive demeure dans le patrimoine du cédant jusqu'à la date de réalisation de la condition ;

– la solution inverse s'applique en présence d'une condition résolutoire. Dans ce dernier cas, le transfert de propriété s'opère immédiatement. Toutefois, si la condition résolutoire se produit, le cessionnaire est regardé comme ayant perdu rétroactivement la propriété du bien cédé. La réalisation d'une telle condition peut donc être de nature à remettre en cause une imposition antérieurement établie.

2) S'agissant des créances litigieuses, l'administration considère que celui dont la créance est contestée doit l'inclure dans son patrimoine imposable, aussi longtemps que la contestation subsiste.

(190) L. 30 déc. 1991, art. 26.
(191) Cass. com. 15 mars 2011, n° 10-11.575, *Adm. c/Felciai* : *Dr. fisc.* 2011, n° 12, act. 99, pour un cas où, dans le cadre d'une délégation intervenue en garantie d'un contrat de prêt, le souscripteur du contrat ne pouvait, pendant toute la durée de celui-ci, exercer sa faculté de rachat qu'avec l'accord de la compagnie d'assurances déléguée.
(192) Cass. com., 24 juin 1997, n° 95-19.577, *Junca* : *RJF* 11/1997, n° 1076.
(193) Instr. 4 janv. 2010 : *BOI* 7 S-4-10, anc., reprise au BOI-PAT-ISF-30-20-10, n° 160.
(194) CE, 3 déc. 2012, n° 349.202, *Gentil* : *Dr. fisc.* 2013, n° 11, comm. 193, concl. B. Bohnert, note S. Quilici.
(195) L. 29 déc. 2013, art. 11.
(196) CGI, art. 885 F, al. 2.

À l'inverse, celui qui en revendique la propriété peut ne pas la comprendre dans son patrimoine imposable tant que la créance demeure litigieuse. La jurisprudence semble dans le même sens[197].

1760. – Présomptions de propriété. De manière générale, les présomptions de propriété posées en matière de droits de succession s'appliquent pour l'établissement de l'impôt de solidarité sur la fortune. Ces présomptions peuvent, en premier lieu, être tirées du droit civil : théorie de l'apparence, règle de l'accession[198] ou présomption de propriété établie à l'égard du possesseur de meubles[199].

La théorie de la simulation peut également conduire à inclure dans le patrimoine taxable du redevable les biens qu'une personne interposée porte pour le compte de celui-ci[200].

Il peut s'agir, en second lieu, de présomptions légales purement fiscales posées en matière de droits de mutation à titre gratuit ou aux droits d'enregistrement en général. Ces présomptions simples concernent, par exemple, la propriété des valeurs déposées sur des comptes indivis[201], celle des valeurs mobilières, parts sociales et créances, au titre desquelles le redevable, propriétaire antérieur, a effectué des opérations ou perçu des revenus au cours de l'année précédant celle de l'imposition[202] ou celle des immeubles (ou des fonds de commerce) pour lesquels la taxe foncière ou la taxe professionnelle (ou, depuis 2010, la cotisation foncière des entreprises) a été établie et acquittée au cours de deux années distinctes[203].

En outre, l'article 754 B du CGI (dont l'application en matière d'ISF est formellement prévue par l'article 885 C du même code) établit une présomption de propriété des dirigeants sociaux sur les titres émis par la société (actions et valeurs mobilières) lorsque les intéressés ne justifient pas de l'accomplissement de toutes diligences pour la « mise au nominatif » de ces titres.

Par ailleurs, les biens ou droits transférés dans un patrimoine fiduciaire (comme ceux éventuellement acquis en remploi ainsi que les fruits tirés de l'exploitation des biens ou droits transférés) sont compris dans le patrimoine du constituant pour leur valeur vénale nette (V. *supra*, n° 1743, 1). Il en va de même *mutatis mutandis* dans le cadre du régime des *trusts* (V. *infra*, n° 1743, 2).

§ 2. – Les biens exonérés

1761. – Spécialité des exonérations. 1) La loi fiscale prévoit de nombreuses exonérations – totales ou partielles – à l'égard de certains biens.

La décision par laquelle le Conseil constitutionnel s'est prononcé sur la réforme de l'ISF par la loi de finances pour 2013[204] peut être lue comme « sanctuarisant » les exonérations légalement applicables en matière d'ISF.

Contestant la conformité à la Constitution de ces dispositions, les parlementaires requérants soutenaient qu'elles méconnaissaient le principe d'égalité devant l'impôt et les charges publiques. Ils faisaient notamment valoir que, « compte tenu de la faiblesse du rendement des placements à revenu fixe, de l'alignement de la fiscalité des revenus du capital sur celle applicable aux revenus du travail et de l'instauration d'une nouvelle tranche marginale d'impôt sur le revenu à 45 %, ces dispositions conduis [ai] ent à une confiscation de l'intégralité des revenus du capital et d'une partie des revenus du travail »[205].

---

(197) Cass. com., 13 janv. 1998, n° 96-10.352, *Picoty* : *Bull. civ.* 1998, IV, n° 17 ; *Dr. fisc.* 1998, n° 11, comm. 197.
(198) C. civ., art. 546.
(199) C. civ., art. 2279.
(200) Cass. com., 20 mai 2008, n° 07-14.426 : *Dr. fisc.* 2008, n° 38, comm. 497, note J.-L. Pierre.
(201) CGI, art. 753.
(202) CGI, art. 752.
(203) CGI, art. 1881 et 1882.
(204) L. 29 déc. 2012, art. 13.
(205) Cons. const., 29 déc. 2012, n° 2012-662 DC, *Loi de finances pour 2013*, § 89.

Le Conseil constitutionnel a rejeté ce grief : c'est sans méconnaître aucun principe constitutionnel que « le législateur a pu accroître le nombre de tranches et rehausser les taux de l'imposition pesant sur le patrimoine alors qu'il a assujetti dans le même temps les revenus du capital au barème de l'impôt sur le revenu et qu'il a maintenu les taux particuliers de prélèvements sociaux sur les revenus du capital ». Mais le juge assortit ce rejet d'une forme de réserve inédite : si le législateur a pu le faire « c'est en raison [notamment] du maintien de l'exclusion totale ou partielle de nombreux biens et droits hors de l'assiette de cette imposition »[206].

La question se pose évidemment de savoir quels cas d'exonération ont pu ainsi se trouver « sanctuarisés » (c'est-à-dire ne pourraient être purement et simplement supprimés qu'au prix d'une diminution significative du taux marginal de l'ISF). On songe à l'exonération prévue en faveur des biens professionnels et, éventuellement, à celle des œuvres d'art (alors, paradoxalement, que l'existence de ces mêmes exonérations pourrait conduire à regarder l'assiette de l'ISF comme réduite au-delà de ce qu'autorisent les exigences de l'égalité devant l'impôt).

2) De prime abord, on pourrait penser que ces exonérations sont principalement empruntées à celles légalement retenues en matière de droits de succession. En effet, aux termes même de la loi, « l'impôt de solidarité sur la fortune est assis [en principe] selon les mêmes règles que les droits de mutation par décès (...) »[207]. En réalité, la majorité des cas d'exonération qui auraient vocation à s'appliquer à ce titre sont expressément écartés en matière d'impôt de solidarité sur la fortune[208].

Les principales exonérations qui, applicables en matière de droits de mutation par décès, sont légalement exclues en matière d'ISF concernent :

- certains immeubles à usage d'habitation principale[209] ;
- certains terrains (non boisés) situés dans des espaces naturels faisant l'objet d'un engagement de gestion en vue de la conservation de ces espaces[210] ;
- les immeubles classés ou inscrits à l'inventaire supplémentaire des monuments historiques et ouverts au public[211] ;
- les immeubles (et droits immobiliers) situés en Corse[212].

Particulièrement étendu et puissant, le régime d'exonération applicable en matière d'impôt de solidarité sur la fortune présente, en conséquence, un caractère spécial fortement marqué.

Aucune règle supérieure n'exige que les biens non productifs de revenus bénéficient *ipso facto* d'une exonération d'ISF (V. *supra*, n° 1732).

En dépit de très nombreuses propositions parlementaires en ce sens, la résidence principale du redevable n'est pas exonérée d'ISF. Elle est toutefois retenue dans la base d'imposition après application d'un abattement significatif (V. *infra*, n° 1789) qui ne doit pas toutefois être regardé comme une exonération partielle (V. *infra*, n° 1797, 1).

Il existe par ailleurs deux exonérations de fait en matière d'ISF. La première est liée au mode de taxation des biens dont la propriété est démembrée. En principe, c'est normalement l'usufruitier (ou assimilé) qui est imposé sur la valeur en pleine propriété du bien (V. *supra*, n° 1741) ; dans cette hypothèse, et corrélativement, le nu-propriétaire n'est pas imposable à raison du droit qu'il détient

(206) Même décision, § 91, l'autre raison invoquée tenant à la fixation à 1,5 % du nouveau « taux marginal maximal » (*sic*) de l'ISF. Paradoxalement, dans la perspective strictement inverse, il a pu être soutenu que la multiplication des cas d'exonération de l'ISF posait la question de la conformité à la Constitution de l'ISF, dans un contexte où le juge constitutionnel avait accepté de distendre le lien entre la productivité d'un bien et son imposabilité à l'ISF (O. Fouquet, *L'assiette de l'ISF est-elle constitutionnelle ?* : *Dr. fisc.* 2010, n° 42-43, act. 398).

(207) CGI, art. 885 D.

(208) CGI, art. 885 H, al. 1er.

(209) CGI, art. 793, 2, 4° à 6°.

(210) CGI, art. 793, 2, 7°.

(211) CGI, art. 795 A.

(212) CGI, art. 1135 bis.

sur le bien. La seconde concerne les bons et contrats de capitalisation anonymes. Ces titres sont soumis à un prélèvement spécial annuel au taux de 2 % du nominal[(213)]. Ce prélèvement d'office, introduit pour éviter que les redevables recourent à ces placements pour éluder l'IGF, est (en quelque sorte) regardé comme libératoire de l'ISF par l'administration[(214)].

A. – Les biens professionnels

1762. – **Entreprises individuelles et entreprises sociétaires.** Les personnes exerçant une activité professionnelle sont exonérées d'impôt de solidarité sur la fortune au titre des « biens professionnels » qu'elles possèdent. Cette exonération s'applique dans des conditions différentes selon que le redevable exerce cette activité dans une entreprise individuelle ou une société. L'exonération porte, dans le premier cas, sur les biens dépendants de l'entreprise et, dans le second, sur des parts ou actions détenues dans le capital de la société considérée.

1) La Cour de cassation considère à cet égard que les deux cas d'exonération sont exclusifs l'un de l'autre : ainsi, des titres de société ne peuvent être regardés comme des biens professionnels au seul motif qu'ils dépendraient d'une entreprise individuelle (V. *infra*, n° 1770, 2).

2) Au fond, la véritable opposition réside plutôt dans l'exercice de la profession dans une entreprise individuelle ou une société de personnes, d'une part, ou dans l'exercice de fonctions de direction dans une société de capitaux, d'autre part. Alors que, dans les deux premiers cas, l'exonération est subordonnée à des conditions qui, très similaires, sont exclusivement qualitatives, elle est également tributaire, dans le dernier cas, de conditions quantitatives appréciées objectivement.

3) L'exonération intégrale de tous les biens professionnels n'était pas prévue dans le cadre de l'IGF. Toutefois, compte tenu de la situation économique de l'époque, le Gouvernement avait, dès septembre 1982, décidé de différer (jusqu'en 1985) le paiement de la fraction de l'impôt dû à raison de ces biens. La loi de finances pour 1984[(215)] a rétroactivement introduit cette exonération. À bien y regarder, les biens professionnels ne sont pas formellement exonérés : la loi prévoit qu'ils ne sont « pas pris en compte pour l'assiette de l'ISF »[(216)]. Cette nuance sémantique semble sans conséquence[(217)].

4) Au plan légal, seules les personnes exerçant une activité indépendante peuvent être exonérées au titre des biens professionnels. La doctrine administrative étend toutefois cette exonération aux salariés, à l'égard des biens, droits ou valeurs nécessaires à l'exercice de leur profession. La condition de nécessité est appréciée strictement : elle doit résulter d'une « obligation légale ou réglementaire faite au salarié » ou découler « intrinsèquement et directement des conditions de fait d'exercice de la profession sans résulter d'un choix individuel ou d'une simple commodité »[(218)].

5) Aucune donnée ne semble jamais avoir été publiée relativement au nombre de bénéficiaires de l'exonération des biens professionnels ni au coût de cette « dépense fiscale ».

1° Les biens dépendants d'une entreprise individuelle

1763. – **Exonération des biens nécessaires à l'entreprise.** 1) Les biens nécessaires à l'exercice, à titre principal, tant par leur propriétaire que par le conjoint de

(213) CGI, art. 990 A et s.
(214) BOI-ENR-TIM-40-10, n° 50.
(215) L. 29 déc. 1983, art. 19 et 20.
(216) CGI, art. 885 A *in fine*.
(217) La loi utilise d'ailleurs souvent une formule similaire pour les autres exonérations. La question peut se poser, toutefois, de savoir si l'exonération des biens professionnels est une *règle générale* de l'ISF ou une *règle dérogatoire* dans le régime de cet impôt. Un arrêt récent de la Cour de cassation semble aller dans le sens de la première qualification, qui retient que les exceptions à l'exemption des biens professionnels doivent être interprétées strictement (Cass. com., 20 oct. 2015, n° 14-19.598, *Adm. c/Cabri-Wiltzer : Bull. civ.* 2015, IV, n° en cours ; *Dr. fisc.* 2016, n° 6, comm. 162, note J.-P. Maublanc ; *RJF* 01/2016, n° 95, avis Ch. Pénichon). Sur cet arrêt, V. *infra*, n° 1768, 1-*b*.
(218) BOI-PAT-ISF-30-30-10-10, n° 80.

celui-ci, d'une profession industrielle, commerciale, artisanale, agricole ou libérale sont considérés comme des biens professionnels[219].

a) En revanche, les activités civiles consistant dans la gestion d'un patrimoine privé, mobilier ou immobilier, ne sont pas éligibles à cette exonération[220].

b) La qualification de biens professionnels suppose que l'activité qui l'autorise soit exercée à titre principal. Lorsque l'exploitant exerce simultanément plusieurs professions, l'activité principale est, selon la doctrine administrative, celle qui constitue « l'essentiel des activités économiques » du redevable (c'est-à-dire, notamment, celle à laquelle le redevable consacre le plus de temps ou pour laquelle ses responsabilités sont les plus importantes). Si ce critère n'est pas décisif, il convient de considérer que l'activité principale est celle qui procure la plus grande part de ses revenus « professionnels » (V. *infra*, n° 1771, 3) à l'intéressé[221].

À cet égard, sont présumées constituer une seule profession, les différentes activités professionnelles exercées par une même personne et qui sont soit similaires, soit connexes et complémentaires[222]. Logiquement limitée aux diverses activités exercées par une même personne, cette présomption n'est pas applicable à celles exercées par différents membres du foyer fiscal[223].

c) L'activité professionnelle, dont l'existence doit être établie par le redevable[224], doit être personnellement exercée par l'intéressé pendant l'année d'imposition[225]. Tel n'est pas le cas du propriétaire d'un vignoble donné à bail à métayage qui (même imposé à ce titre selon les règles des bénéfices agricoles) ne participe pas à l'exploitation[226] ou d'un industriel retraité[227].

d) Les loueurs en meublé professionnels peuvent bénéficier de l'exonération au titre des locaux d'habitation qu'ils louent meublés. En matière d'ISF (comme, désormais, en matière d'IR), la qualité de loueur en meublé professionnel est reconnue aux personnes qui, simultanément :

– sont inscrites au registre du commerce et des sociétés en cette qualité ;

– réalisent plus de 23 000 € de recettes annuelles au titre de cette activité ;

– retirent de cette activité un bénéfice annuel net (au sens des règles de l'IR) dont le montant correspond à plus de 50 % des revenus « professionnels » (V. *infra*, n° 1771, 3) du foyer[228].

e) Les exonérations prévues au titre des biens dépendant des entreprises individuelles, d'une part, et au titre des parts ou actions appartenant aux dirigeants des sociétés de capitaux, d'autre part, peuvent légalement[229] s'appliquer simultanément (V. *infra*, n° 1770, 4).

---

(219) CGI, art. 885 N. La loi vise le « propriétaire » et « son conjoint » – sans référence aucune à une éventuelle imposition commune à l'ISF. Plus englobante, la doctrine administrative admet (BOI-PAT-ISF 30-30-10-20, n° 190) que l'exercice de la profession puisse être également le fait de l'un quelconque des membres du foyer fiscal du redevable propriétaire des biens en cause (partenaire civil, concubin notoire ou, le cas échéant, enfant mineur « rattaché »).

(220) Cass. com., 18 déc. 1990, n° 89-15.339, *Feingold* : *Bull. civ.* 1990, IV, n° 331.

(221) BOI-PAT-ISF-30-30-10-30, n°s 10 à 30. La jurisprudence de la Cour de cassation est dans le même sens, qui refuse que la qualification d'activité principale soit subordonnée :

– isolément, ou même prioritairement, au critère tiré de l'importance relative de la rémunération s'y rapportant (Cass. com., 14 nov. 2006, n° 04-19.258, *Bard* : *RJF* 3/2007, n° 361. – Cass. com., 8 mars 2005, n° 02-13.373, *Coret* : *Bull. civ.* 2005, IV, n° 50 ; *Dr. fisc.* 2005, n° 17, comm. 392. – Comp., antérieurement, semblant attacher davantage d'importance au critère tiré de la rémunération, Cass. com., 6 oct. 1998, n° 96-20.845, *Varenard de Billy* : *Dr. fisc.* 1998, n° 48, comm. 1056) ;

– à ce que cette activité procure à l'intéressé des revenus suffisants pour faire face à ses besoins normaux (Cass. com., 12 janv. 1999, n° 97-12.650, *Pingard* : *Bull. civ.* 1999, IV, n° 13 ; *Dr. fisc.* 1999, n° 10, comm. 199).

Dans le cadre du foyer fiscal, il y a lieu, pour apprécier le caractère principal de la profession, de considérer distinctement la situation de chaque époux, partenaire de pacte civil de solidarité ou concubin notoire (BOI-PAT-ISF-30-30-10-30, n° 40).

(222) CGI, art. 885 N, al. 2.

(223) BOI-PAT-ISF-30-30-10-30, n° 60.

(224) Cass. com., 8 mars 2005, *Coret*, préc.

(225) Cass. com., 16 déc. 2008, n° 07-19.869, *Measson* : *RJF* 4/2009, n° 409. Même hors d'état d'exercer une activité professionnelle, un majeur protégé peut néanmoins être regardé comme exerçant personnellement l'activité considérée dès lors que les actes accomplis par un tuteur en représentation d'une personne protégée sont réputés accomplis par elle (Cass. com., 30 oct. 1989, n° 88-14.330, *de Sparre* : *Bull. civ.* 1989, IV, n° 266 ; *Dr. fisc.* 1989, n° 51, comm. 2165, à propos d'un majeur sous tutelle associé d'une société civile agricole).

(226) Cass. com., 6 oct. 1998, *Varenard de Billy*, préc.

(227) Cass. com., 12 janv. 1999, *Pingard*, préc.

(228) CGI, art. 885 R.

(229) CGI, art. 885 N, al. 3.

2) Ces biens sont intégralement exonérés d'impôt de solidarité sur la fortune.

a) Ces biens peuvent consister indifféremment dans des éléments de l'actif circulant (stocks et créances professionnelles) ou de l'actif immobilisé corporel ou incorporel (comme, en particulier, les immeubles professionnels et le fonds commercial ou artisanal).

Selon la doctrine administrative[230], l'inscription de biens au bilan de l'entreprise (ou leur mention sur le document en tenant lieu) fait présumer leur caractère professionnel, l'administration ayant toutefois la faculté de rapporter la preuve qu'ils ne sont pas nécessairement et effectivement affectés à l'exercice de la profession[231].

b) Naturellement, les biens affectés simultanément à plusieurs activités ne peuvent être regardés comme des biens professionnels que dans la mesure où ils sont nécessaires à l'exercice de l'activité principale. Par ailleurs, la valeur de ces biens n'est retenue au titre des biens professionnels que pour la fraction correspondant à l'utilisation effective pour les besoins de cette activité[232].

c) Les biens de toutes natures peuvent relever de ce cas d'exonération. Celle-ci s'étend aux liquidités, à la condition, toutefois, qu'elles puissent être regardées comme « nécessaires à l'activité de l'entreprise »[233].

2° Les titres de société

a) Règles communes aux titres de toutes les sociétés

1764. – Sociétés de personnes et sociétés de capitaux. Des droits sociaux appartenant à un redevable[234] peuvent être regardés comme des biens professionnels de celui-ci.

a) Les droits sociaux s'entendent des actions (cotées ou non cotées) et des parts sociales. L'exonération est également susceptible de s'appliquer à des titres dont la propriété est démembrée.

Des obligations (qui ne sont pas des participations au capital de sociétés) ne peuvent être regardées comme des biens professionnels[235]. La même analyse peut être faite à l'égard de sommes laissées en compte courant d'associé[236] et des parts de fonds commun de placement[237].

b) L'exonération est susceptible de s'appliquer de la même manière aux droits détenus dans des sociétés françaises ou étrangères.

c) Elle ne doit pas être confondue avec l'exonération partielle applicable – en dehors de toute référence à la notion de bien professionnel – aux titres faisant l'objet d'un pacte « Dutreil » (V. *infra*, n° 1781) ou à ceux détenus par des salariés et mandataires sociaux (V. *infra*, n° 1782).

1765. – Activité opérationnelle extra-patrimoniale. La qualification de biens professionnels, qui conduit à une exonération normalement intégrale, suppose

---

(230) BOI-PAT-ISF-30-30-10-40, n° 20. Selon la doctrine administrative, l'absence d'inscription donne lieu à la présomption inverse (*ibid.*).

(231) V., faisant référence à cette solution, Cass. com., 15 juin 1993, n° 91-12.745 : *Bull. civ.* 1993, IV, n° 249.

(232) BOI-PAT-ISF-30-30-10-30, n° 50.

(233) Cass. com., 14 déc. 2010, n° 10-10.139, *Hoquet* : *Dr. fisc.* 2011, n° 18-19, comm. 337, note J.-L. Pierre. Ainsi, même placées, des liquidités peuvent être regardées comme des biens professionnels si elles demeurent utilisées pour les besoins de l'exploitation (Cass. com., 3 juin 1998, n° 96-16.470, *Roudaut* : *Dr. fisc.* 1998, n° 50, comm. 1122). À l'inverse, les sommes appréhendées en vue de placement à caractère privé ne sauraient être exonérées (même arrêt).

(234) Si la loi vise le seul « redevable », l'exonération s'applique de la même manière lorsque les titres appartiennent à un autre membre de son foyer fiscal au sens de l'ISF (conjoint, partenaire civil, concubin notoire ou enfant mineur « rattaché »).

(235) Cass. com., 15 févr. 1994, n° 91-22.140, *Corpet* : *Dr. fisc.* 1994, n° 16-17, comm. 795.

(236) Cass. com., 4 oct. 1988, n° 87-10.671, *Barre* : *Bull. civ.* 1988, IV, n° 262 ; *Dr. fisc.* 1989, n° 22-23, comm. 1142. – Cass. com., 29 mars 1989, n° 87-17.650, *Fayat* : *Bull. civ.* 1989, IV, n° 108 ; *RJF* 5/1989, n° 645. La Cour de cassation refuse de considérer les avances inscrites en compte courant d'associé comme des apports qui seraient, si l'on peut dire, « non capitalisés ».

(237) Cass. com., 18 janv. 2011, n° 10-11.941, *Derville* : *Dr. fisc.* 2011, n° 17, comm. 330, note J.-L. Pierre. – Cass. com., 21 févr. 2012, n° 11-14.824, *Adm. c/Faurre* : *RJF* 6/2012, n° 660. Sur la qualification des actions figurant à l'actif d'un tel fonds, V. *infra*, n° 1772, 1-*e*.

qu'une condition préalable soit satisfaite : la société doit exercer à titre principal une activité industrielle, commerciale, artisanale, agricole ou libérale[(238)].

À l'inverse, ne peuvent être considérées comme des biens professionnels « les parts ou actions de sociétés ayant pour activité principale la gestion de leur propre patrimoine mobilier ou immobilier »[(239)]

Cette règle s'accompagne de deux tempéraments respectivement applicables, sous certaines conditions, aux sociétés holding et aux sociétés immobilières.

1766. – **Holdings passives ou animatrices.** 1) En première analyse, une société ayant pour objet de détenir des participations dans d'autres sociétés a comme activité principale la gestion de son propre patrimoine. Partant, les parts ou actions détenues dans une telle société, ne devraient jamais pouvoir être considérées comme des biens professionnels exonérés[(240)]

2) Deux séries de règles conduisent toutefois à nuancer nettement cette affirmation.

a) La doctrine administrative considère de longue date que, lorsqu'elle est *animatrice de son groupe*, une société holding peut être *assimilée* à une société exerçant une activité opérationnelle extra-patrimoniale[(241)]. Cette assimilation conditionnelle, qui conduit à ce que les titres de la société holding puissent être *directement* exonérés comme biens professionnels, a été ultérieurement confirmée, tant par la jurisprudence que par la loi.

1. L'assimilation est subordonnée à ce que la société holding soit l'*animatrice effective de son groupe*[(242)], ce qui suppose que, ne se bornant pas à exercer ses simples prérogatives usuelles d'actionnaire, elle participe activement à la gestion des sociétés du groupe, en prenant des décisions de politique commerciale ou d'orientation stratégique revêtant, à leur égard, un caractère obligatoire[(243)].

2. Cette condition, qui ne suppose pas nécessairement l'existence de structures importantes au sein de la holding[(244)], ne saurait être établie par la seule identité du dirigeant de celle-ci et des filiales[(245)] ni par la seule importance de la participation de la société dans le capital de sa filiale[(246)].

(238) CGI, art. 885 O quater, *a contrario*.

(239) CGI, art. 885 O quater. Tel est le cas d'une société ayant pour activité la location d'immeubles nus, lorsque ces opérations ne s'accompagnent d'aucune fourniture d'équipements ou prestations de services nécessaires à l'exploitation des locaux (Cass. com., 19 mars 2013, n° 12-12.678, *Louault* : *RJF* 7/2013, n° 777).

(240) CGI, art. 885 O quater. Tel est le cas d'une société ayant pour activité la location d'immeubles nus, lorsque ces opérations ne s'accompagnent d'aucune fourniture d'équipements ou prestations de services nécessaires à l'exploitation des locaux (Cass. com., 19 mars 2013, n° 12-12.678, *Louault* : *RJF* 7/2013, n° 777).

(241) En dépit de quelques tentatives en ce sens (V. récemment l'amendement n° 94 présenté le 19 juin 2014 par M. G. Carrez et a. lors de la discussion devant l'Assemblée nationale du projet de loi de finances rectificative pour 2014), cette solution n'est pas expressément consacrée par la loi. La question se pose d'ailleurs de savoir si une holding animatrice exerce, ou non, une activité intrinsèquement commerciale (dans l'affirmative, l'assimilation légale en cause serait superfétatoire sur le plan des principes).

(242) Cass. com., 8 févr. 2005, n° 03-13.767, *Elias* : *Dr. fisc.* 2005, n° 17, comm. 393. La condition d'effectivité interdit qu'une société qui a recherché – en vain – de prendre des participations dans d'autres sociétés ne peut être qualifiée d'animatrice, faute de n'appartenir à aucun groupe (Cass. com., 16 juin 1992, n° 89-21.949, *Sala* : *Dr. fisc.* 1993, n° 5, comm. 156 ; *RJF* 10/1992, n° 1436).

(243) Cass. com., 10 déc. 2013, n° 12-23.720, *Mulliez* : *Dr. fisc.* 2014, n° 13, comm. 244, 2e esp., note F. Deboissy). Tel n'est pas le cas d'une société se bornant à assurer la gestion des valeurs apportées par son associé unique et de son patrimoine (Cass. com., 8 oct. 2013, n° 12-20.432, *Epton* : *Dr. fisc.* 2014, n° 13, comm. 244, 1re esp., note F. Deboissy).

(244) Cass. com., 27 sept. 2005, n° 03-20.665, *Gros* : *Dr. fisc.* 2005, n° 50, comm. 811, relevant également que l'animation ne suppose pas la fourniture à titre habituel de services spécifiques aux filiales.

(245) Cass. com. 19 nov. 1991, n° 89-19.474, *Davies* : *RJF* 02/1992, n° 270. – Cass. com., 15 févr. 1994, *Corpet*, préc. De même, la proximité familiale des dirigeants d'une société et de ses filiales ne permet pas à elle seule de retenir la qualification de société animatrice (Cass. com., 8 juill. 1997, n° 95-14.084, *Bedrossian* : *Dr. fisc.* 1997, n° 42, comm. 1092.

(246) Cass. com., 8 juill. 1997, *Bedrossian*, préc., pour un cas de détention de la quasi-totalité du capital par la holding.

3. La définition de la holding animatrice suscite actuellement de réelles difficultés[247] – étant précisé que la forme juridique[248] de la société est sans incidence sur cette qualification.

• La loi comporte, à deux reprises, la même définition – très vague[249] – des sociétés holding animatrices de leur groupe. Posée au titre des réductions d'impôt « ISF-PME » (V. *infra*, n° 1810, 2-*a*) et « IR-Madelin » (V. *supra*, n° 1560), la formule légale procède de la reproduction servile[250] d'une définition initialement conçue par la doctrine administrative[251] : une « société holding animatrice s'entend d'une société qui, outre la gestion d'un portefeuille de participations, participe activement à la conduite de la politique de [son] groupe et au contrôle de [ses] filiales »[252]. La question se pose, naturellement, de savoir si cette définition doit être regardée comme spéciale aux mesures de réduction d'impôt au titre desquelles elle est légalement posée ou présente, au contraire, un caractère général. On peut penser que c'est la seconde interprétation qui doit être retenue.

• Au cours de l'année 2013, en présence d'une jurisprudence encore marquée par de nombreuses incertitudes, l'administration s'était attelée à en clarifier les contours par la voie d'instruction[253]. Alors, pourtant, que cette entreprise avait été engagée à la demande des organisations patronales, le projet conçu par la direction de la législation fiscale a suscité une forte hostilité lors des consultations informelles dont il a fait l'objet. Compte tenu des réserves exprimées, le ministre des Finances a fait savoir le 5 juin 2014 que la publication de la nouvelle instruction était repoussée[254].

• Quatre solutions, dont certaines ont été admises en jurisprudence, semblent toutefois pouvoir être considérées comme acquises au regard du dispositif légal actuel :

– il revient au redevable d'établir par la production d'éléments concrets[255] que la société dont il détient les titres présente les caractères d'une holding animatrice[256] ;

– en dépit du fait que le texte légal, pris à la lettre, évoque le « contrôle de leurs filiales », une holding animatrice peut animer une filiale unique[257] ;

– une holding animatrice ne doit pas nécessairement contrôler et animer toutes ses filiales. Dans le cas où plusieurs de ses filiales ne sont pas contrôlées ou animées par elle, l'administration devrait pouvoir désormais admettre, en effet, qu'une société holding reste animatrice dès lors que la valeur

---

(247) Reprenant une idée émise par la Fédération nationale du droit du patrimoine, le rapport d'information élaboré, au sein de la Commission des finances de l'Assemblée nationale, par la mission d'information sur l'investissement productif à long terme a proposé l'introduction d'une procédure de rescrit en vue de « sécuriser » la qualification de holding animatrice (AN, n° 3063, 16 sept. 2015, p. 53). Non soutenu, l'amendement en ce sens présenté par un député lors de la discussion du projet de loi de finances pour 2016 n'a pas été adopté (amendement n° I-CF285, 2 oct. 2015, présenté par O. Carré).

(248) Une société peut être animatrice de son groupe indépendamment de son caractère civil ou commercial (la question pourrait d'ailleurs se poser de savoir si une société civile animatrice de son groupe n'est pas une société civile *à objet commercial* passible de plein droit de l'IS). En pratique, dans la mesure où c'est l'obtention de l'exonération prévue à l'article 885 O bis du CGI qui est recherchée, la société est presque toujours passible de l'IS, à raison de sa forme ou le cas échéant sur option.

(249) Présenté lors de l'examen du projet de loi de finances pour 2016, un amendement (préc.) tendant à préciser cette définition (en reprenant la proposition faite par les trois grandes professions du droit [avocats notaires et experts-comptables]) n'a pas été soutenu.

(250) L. fin. 2001, 29 déc. 2010, art. 38, III-H et V-E. La doctrine administrative définissait *les* sociétés holding alors que la loi définit *la* société holding. Il en résulte une double erreur grammaticale qui donne une bien piètre image de la qualité du travail législatif.

(251) La doctrine administrative initiale se référait également à la notion de holding « active » (Instr. 19 mai 1982 : *BOI* 7 R-2-82, n° 287, anc.).

(252) CGI, art. 885-0 V bis, V, al. 3, et 199 terdecies-0 A, VI quater, al. 3. Les mêmes textes précisent que la société holding peut « rend [re] le cas échéant et à titre purement interne, des services spécifiques, administratifs, juridiques, comptables, financiers et immobiliers ».

(253) La doctrine administrative actuelle se contente sur ce point de reproduire les termes du dispositif légal (V. BOI-PAT-ISF-40-30-10-20, n° 450).

(254) Dans cet ordre d'idées, la définition conjointement élaborée par les conseils professionnels supérieurs des notaires, des avocats et des experts-comptables et transmise en novembre 2015 à la Commission des finances de l'Assemblée nationale n'a pas prospéré (il est vrai qu'elle retenait une conception très extensive des notions d'animation et de contrôle).

(255) Cass. com., 7 déc. 1993, n° 91-22.099, *Bleustein-Blanchet* : *Bull. civ.* 1993, IV, n° 455 ; *RJF* 4/1994, n° 495.

(256) Cass. com., 8 oct. 2013, n° 12-20.432, *Epton* : *Dr. fisc.* 2014, n° 13, comm. 244, 1re esp., note F. Deboissy.

(257) V. en ce sens, Cass. com., 2 juin 1992, n° 90-14.613, *Mantelet* : *Dr. fisc.* 1992, n° 48-49, comm. 2312 ; *RJF* 8-9/1992, n° 1276, sol. impl. Le texte légal lui-même d'ailleurs que la société holding doit contrôler « au moins une filiale » (CGI, art. 885-0 V bis, V, al. 2).

des participations afférentes à ses filiales contrôlées et animées est égale ou supérieure à 50 % de la valeur de son actif brut ;

– la circonstance que la société holding fournit à ses filiales des services administratifs, juridiques, comptables, financiers ou encore immobiliers ne suffit pas à démontrer qu'elle participe activement à la conduite de la politique de son groupe et, partant, à caractériser une holding animatrice[258].

• En revanche, des interrogations sérieuses demeurent :

– la condition de contrôle des filiales peut être regardée comme satisfaite alors même que la société holding ne détient pas (directement ou indirectement) la majorité des droits de vote dans ces sociétés. Mais pourrait-on admettre que, comme en droit des sociétés, le contrôle puisse être établi lorsque la holding dispose (directement ou indirectement) d'une fraction des droits de vote supérieure à 40 % et qu'aucun autre associé ne détient (directement ou indirectement) une fraction supérieure à la sienne[259] ?

– une même filiale peut-elle être co-animée[260] par une holding animatrice et un ou plusieurs autres associés (possédant ou non cette qualité) ?

– quels éléments concrets[261] permettent d'établir qu'une holding animatrice participe activement à la conduite de la politique de son groupe ?

4. En application d'une mesure de tempérament admise par la doctrine administrative, la condition tenant à la rémunération des fonctions de direction exercées dans une société holding animatrice est appréciée selon des modalités particulières (V. *infra*, n° 1771, 2-f).

b) Les titres détenus dans une société holding « passive » (ou « non-animatrice » de son groupe) ne peuvent directement bénéficier de l'exonération prévue en faveur des biens professionnels. La loi admet toutefois qu'ils puissent l'être *indirectement*, dans la mesure où ils sont représentatifs de titres d'une *société de capitaux* opérationnelle dans laquelle le redevable exerce des fonctions de direction, ceci dans la limite d'un niveau unique d'interposition.

Ils peuvent alors être exonérés à concurrence de la valeur réelle de son actif brut qui correspond à des participations détenues par la *holding* dans la ou les sociétés de capitaux opérationnelles où le redevable exerce des fonctions de direction (V. *infra*, n° 1772, 2-*c*).

Cette mesure, qui concerne toutes les sociétés interposées quels qu'en soient la forme et le régime fiscal, n'est pas applicable lorsque l'activité professionnelle est exercée dans une société de personnes.

1767. – **Sociétés immobilières.** 1) Des titres de sociétés immobilières (entendues comme les sociétés ayant pour activité principale la gestion de leur propre patrimoine immobilier) ne devraient jamais pouvoir recevoir la qualification de biens professionnels.

2) La *doctrine administrative* admet toutefois que les titres détenus directement[262] dans de telles sociétés[263] par le redevable (ou un membre de son foyer fiscal) puissent bénéficier de l'exonération dans la stricte mesure où ils sont représentatifs d'un immeuble professionnel. Cette exonération, qui est indépendante de

(258) Ainsi, une société holding ayant conclu avec sa filiale des conventions de cautionnement et de trésorerie – circonstances caractérisant le simple soutien financier d'un actionnaire – n'a pas, de ce fait, le caractère de holding animatrice, dès lors qu'il n'est pas démontré qu'elle serait intervenue dans la détermination des options stratégiques ou opérationnelles de sa filiale (Cass. com., 6 mai 2014, n° 13-11.420, *Porche* : *Bull. civ.* 2014, IV, n° 79 ; *Dr. fisc.* 2014, n° 37, comm. 523, note J.-L. Pierre).

(259) V. C. com., art. L. 233-3.

(260) On pourrait invoquer en ce sens un argument de texte : comme la doctrine ancienne, la loi énonce que la société doit *participer* activement à la conduite de son groupe. Toutefois, selon toute vraisemblance, cette formule relève davantage de la maladresse rédactionnelle qu'elle ne révèle la véritable intention du législateur.

(261) On peut penser, notamment, à la conclusion d'une convention d'animation stipulant que la filiale doit appliquer les éléments de politique de groupe déterminés par la holding.

(262) La doctrine administrative n'envisage pas le cas de la détention indirecte.

(263) Le cas des SCI (c'est-à-dire de sociétés ayant pour objet la location ou la mise à disposition des immeubles leur appartenant) est le plus fréquent en pratique. L'exonération peut cependant s'appliquer à toute autre société possédant un ou plusieurs immeubles (BOI-PAT-ISF-30-30-10-20, n° 110).

la forme juridique et du régime fiscal de la société en cause, est subordonnée à la réunion des conditions suivantes :

a) la société immobilière donne en location ou met à la disposition d'une société opérationnelle un immeuble (ou une fraction d'immeuble) qui est exclusivement affecté[(264)] par cette dernière à son activité industrielle, commerciale, artisanale, agricole ou libérale ;

La doctrine administrative admet également l'application de l'exonération dans les deux hypothèses suivantes :

– les immeubles appartenant à la société immobilière sont loués (ou mis à disposition) de l'exploitation individuelle du redevable ;

– le redevable donne en location à une société opérationnelle un immeuble lui appartenant[(265)].

b) le détenteur des titres de la société immobilière est par ailleurs associé (directement ou indirectement, dans la limite d'un niveau unique d'interposition)[(266)] de la société opérationnelle ;

Il est indifférent, à cet égard, que tous les associés de la société immobilière soient par ailleurs associés directs ou indirects de la société opérationnelle[(267)], exercent tous une activité professionnelle au sein de celle-ci ou, *a fortiori*, qu'ils possèdent tous la qualité de dirigeant de cette société[(268)]. De même, la doctrine administrative ne subordonne pas le bénéfice de l'exonération au fait que les associés de la société immobilière soient les seuls associés de la société opérationnelle[(269)].

c) les titres détenus par le redevable (ou les membres de son foyer) dans la société opérationnelle ont eux-mêmes le caractère de biens professionnels.

1. Lorsque ces conditions sont réunies, les titres détenus par chacun des dirigeants en cause (ou les membres de leur foyer fiscal) dans la société immobilière sont regardés comme professionnels dans une limite (*i.e.* un seuil en valeur) qui a été précisée par la doctrine administrative[(270)]. Cette limite est égale au produit :

– de la quote-part des droits détenus par les intéressés (directement ou, sans doute, indirectement[(271)], dans la limite d'un niveau unique d'interposition) dans la société opérationnelle[(272)] ;

---

(264) L'exonération n'est pas applicable lorsque l'immeuble appartenant à la société immobilière permet seulement le logement de fonction du dirigeant de la société opérationnelle, sans être le lieu de l'activité de cette dernière (Cass. com., 3 févr. 2015, n° 13-25.263, *Journel : Dr. fisc.* 2015, n° 11, comm. 205, dans une affaire où le seul argument invoqué par le redevable, pris de l'utilisation professionnelle d'une villa comme lieu d'accueil et de réception privilégié pour les contacts et relations professionnels, n'était étayé d'aucune pièce).

(265) Sur la détermination de la limite d'exonération applicable dans ce cas, V. BOI-PAT-ISF-30-30-10-20, n° 150. Ce cas d'exonération s'applique *mutatis mutandis* lorsque le redevable donne en location-gérance à une société opérationnelle le fonds de commerce lui appartenant (*ibid.*, n° 170). La Cour de cassation considère toutefois, eu égard à la formulation de la doctrine administrative, que l'exonération n'est pas applicable en cas de détention indirecte de la société opérationnelle (Cass. com., 6 oct. 2015, n° 14-23.104, *Nouet : Dr. fisc.* 2015, n° 50, comm. 729, note J.-F. Desbuquois), ce qui est pourtant admis dans le cas des immeubles.

(266) Dans le cas considéré, la détention de la société opérationnelle « par l'intermédiaire d'une société interposée » est envisagée par la doctrine administrative (V. BOI-PAT-ISF-30-30-10-20, n° 110).

(267) Certes, la doctrine administrative indique-t-elle que « lorsque tous les associés de la société immobilière détiennent (…) dans la société d'exploitation une participation à caractère professionnel, chaque associé peut considérer comme un bien professionnel, dans une certaine limite, ses parts ou actions dans la société immobilière » (BOI-PAT-ISF-30-30-10-20, n° 110). Mais cette formule maladroite ne saurait être prise au pied de la lettre, voire interprétée *a contrario*. La doctrine indique en effet plus loin que « si l'un des membres de la société immobilière n'exerce pas d'activité professionnelle dans la société d'exploitation, il n'y a pas lieu d'exclure la valeur de sa quote-part dans l'ensemble immobilier pour calculer la valeur des parts ou actions des autres associés ayant un caractère professionnel » (*ibid.*, n° 140).

(268) BOI-PAT-ISF-30-30-10-20, n° 140.

(269) BOI-PAT-ISF-30-30-10-20, n° 110.

(270) BOI-PAT-ISF-30-30-10-20, n° 150.

(271) Dans le cas considéré, la doctrine administrative ne précise pas expressément que la limite d'exonération peut être déterminée en tenant compte des droits détenus indirectement dans la société opérationnelle (V. BOI-PAT-ISF-30-30-10-20, n 110).

(272) La doctrine administrative, qui fait indifféremment référence à la détention des droits (*ibid.*, n° 130) ou du capital (*ibid.*, n° 120), ne précise pas la nature des droits dont la possession est exigée.

– par la valeur de l'immeuble (ou de la fraction de l'immeuble) professionnel concédé à la société opérationnelle[273].

2. Dans le cas général[274], cette règle complexe conduit à exonérer intégralement les titres de la société immobilière dès lors que le pourcentage des droits que le redevable détient dans la société opérationnelle est égal ou supérieur à celui des droits qu'il détient dans la société immobilière.

1768. – **Portée de l'exonération.** 1) Seule la fraction de la valeur des parts ou actions correspondant aux éléments du patrimoine social nécessaires à l'activité industrielle, commerciale, artisanale, agricole ou libérale est considérée comme un bien professionnel exonéré d'impôt sur la fortune[275]. Cette règle conduit, en particulier, à limiter l'exonération lorsque la société exerce accessoirement à son activité « professionnelle » une activité civile de gestion de son propre patrimoine mobilier ou immobilier. L'exonération ne s'applique alors qu'au prorata de la part de la valeur réelle nette des actifs « professionnels » de la société dans la valeur nette réelle totale de son actif social.

a) Cette dernière solution ne résulte pas de la loi mais de la seule doctrine de l'administration[276]. Celle-ci n'a pas précisément énoncé la méthode de détermination du prorata d'exonération. Il ressort toutefois d'un exemple donné par voie d'instruction que ce prorata est égal au rapport entre :

– au numérateur : la valeur de l'actif net total de la société, minorée de la valeur réelle des éléments non professionnels de l'actif[277] et majorée de la valeur réelle des éléments de passif dépourvus de caractère professionnel[278] ;

– au dénominateur, l'actif net total de la société.

Appliqué à la valeur réelle des titres possédés par le redevable, ce prorata permet de déterminer la fraction exonérée de cette valeur – l'excédent de la valeur réelle des titres sur cette fraction exonérée correspondant à la fraction imposable de la valeur des titres considérés[279].

b) Dans le cas où la valeur retenue pour les titres de la société correspond à leur valeur mathématique (et dans ce cas seulement), cette méthode revient à imposer le redevable, au prorata de sa participation au capital social, à raison de la valeur nette réelle des éléments « non professionnels » de l'actif. En revanche, chaque fois que la valeur retenue pour les titres de la société est supérieure à leur simple valeur mathématique, cette méthode peut apparaître discutable dans la mesure où elle peut conduire à imposer les redevables à raison d'un montant plus élevé que la valeur réelle de la fraction des biens « non professionnels » correspondant aux droits qu'ils détiennent directement dans la société.

2) À l'inverse, la fraction de la valeur des titres correspondant à des éléments du patrimoine social non nécessaires à l'activité « professionnelle » de la société ne peut bénéficier de l'exonération posée en faveur des biens professionnels.

(273) Et non celle de la quote-part détenue par les intéressés dans la société immobilière.

(274) À savoir une société immobilière dont le patrimoine ne comporte que des immeubles professionnels sans être grevé d'un passif significatif et dont les titres sont valorisés selon la méthode mathématique.

(275) CGI, art. 885 O ter.

(276) V. BOI-PAT-ISF-30-30-40-20, n° 130.

(277) Les éléments d'actif non professionnels sont tous les biens (meubles ou immeubles) non affectés à l'activité professionnelle proprement dite et, notamment, les placements financiers hors de proportion avec l'activité sociale et la trésorerie dite excessive.

(278) Il peut s'agir, par exemple, de dettes sociales se rapportant à des emprunts souscrits pour acquérir un bien (meuble ou immeuble) non affecté à l'activité professionnelle. Les sommes inscrites au crédit de comptes courants d'associés sont présumées constituer des dettes professionnelles (BOI-PAT-ISF 30-30-40-20, n° 110).

(279) Cette méthode de calcul donne des résultats apparemment logiques dans le cas où la valeur respective des éléments de passif, professionnels ou non professionnels, est inférieure à celle des éléments d'actif correspondants. Elle aboutit, dans le cas inverse, à l'apparition de taux d'exonération un peu étranges (prorata négatif ou supérieur à 1). Dans ces hypothèses, il ne faut pas s'attacher au montant de la fraction exonérée de la valeur des titres lui-même (qui peut être négatif ou supérieur à la valeur totale des titres considérés) pour ne s'intéresser qu'à la fraction imposable de la valeur des titres déterminée par la différence entre la valeur totale de l'actif et le montant – même étrange – exonéré.

Cette fraction doit donc, en tout état de cause, demeurer comprise dans le patrimoine taxable des propriétaires des titres[280].

a) Dans le but de renforcer l'effectivité de ce dispositif[281] et d'en faciliter la gestion administrative[282], la loi de finances pour 2013 avait procédé à sa réécriture complète : renversant la perspective antérieure, la loi adoptée posait que « les éléments du patrimoine social non nécessaires à l'activité industrielle, commerciale, artisanale, agricole ou libérale de la société ne sont pas considérés comme des biens professionnels et doivent être compris, pour leur valeur au 1er janvier de l'année d'imposition, dans le patrimoine du ou des propriétaires des parts ou actions, à concurrence du pourcentage détenu dans cette société », cette règle devant s'appliquer « quel que soit le nombre de niveaux d'interposition entre la société et les biens non nécessaires à son activité » (art. 13, I-*c*). Ce dispositif a été censuré par le Conseil constitutionnel, au motif qu'il définissait une assiette fiscale sans lien avec les facultés contributives des redevables[283].

b) Cette décision du juge constitutionnel a, d'une certaine manière, trouvé un prolongement inattendu dans l'affaire *Cabri-Wiltzer* jugée en 2016 par la Cour de cassation.

Dans cette affaire, l'administration fiscale entendait faire juger, en substance, que des titres de participation[284] inscrits au bilan d'une société dont les titres sont qualifiés de biens professionnels ne présentent eux-mêmes un caractère professionnel qu'à la condition que les éléments composant le patrimoine social des sociétés détenues (directement ou indirectement) par cette société soient, eux-mêmes, nécessaires à l'activité professionnelle de cette dernière. Dans un groupe de sociétés, il convenait donc, selon l'administration, de procéder à l'examen détaillé des éléments composant l'actif social des filiales et sous-filiales de la société détenue par le redevable pour déterminer dans quelle proportion les participations correspondantes pouvaient, en tant qu'éléments du patrimoine social de cette société, être considérées comme des actifs professionnels. La présence d'éléments non professionnels dans l'actif social des sociétés détenues directement ou indirectement par la société dirigée par le redevable devait conduire, en d'autres termes, à la dégradation proportionnelle du taux d'exonération applicable aux titres possédés dans le capital de celle-ci.

Cette analyse a été écartée par la Cour de cassation au motif que la règle de limitation de l'exonération aux éléments du patrimoine social nécessaires à l'activité professionnelle de la société (CGI, art. 885 O ter), qui « est d'interprétation stricte », ne saurait s'appliquer qu'à la société qualifiée de bien professionnel dans laquelle le contribuable détient des titres. Elle n'est pas applicable, en revanche, aux actifs des filiales, directes ou indirectes, de cette même société[285].

Généralement approuvée par la doctrine scientifique[286], la solution retenue par la Cour de cassation n'apparaît pas pleinement satisfaisante même si, à l'évidence, elle est particulièrement favorable aux intérêts des redevables.

---

(280) CGI, art. 885 O ter.

(281) On peut penser, d'ailleurs, qu'il n'est pas toujours très correctement appliqué.

(282) Il s'agissait également, sur ce point, de combattre la jurisprudence de la Cour de cassation qui s'était opposée à l'« incorporation directe » dans le patrimoine imposable du redevable de la valeur des biens (ou de la fraction des biens) dépourvus de caractère professionnel (Cass. com., 27 avr. 2011, n° 10-16.539, *Barberot* : *RJF* 8-9/2011, n° 1002, imposant, à propos de la fraction exagérée de la trésorerie de l'entreprise, le « détour » juridique par la valeur des titres).

(283) Cons. const., 29 déc. 2012, n° 2012-662 DC, *Loi de finances pour 2013*, § 96, relevant que la règle censurée aurait pu conduire à ce qu'un redevable soit imposé à raison de biens dont il n'aurait pas été nécessairement établi qu'il aurait eu, dans les faits, la disposition.

(284) Selon la doctrine administrative, des titres de participation « doivent s'entendre des titres dont la possession durable est estimée utile à l'activité de l'entreprise, notamment parce qu'elle permet d'exercer une certaine influence dans la société émettrice des titres » (BOI-PAT-ISF-30-30-40-20, n° 60). Sont notamment présumés constituer des actifs professionnels, les titres inscrits au bilan et répondant aux conditions d'application du régime des sociétés mère et filiales (*ibid.*).

(285) Cass. com., 20 oct. 2015, n° 14-19.598, *Adm. c/Cabri-Wiltzer* : *Bull. civ.* 2015, IV, n° en cours ; *Dr. fisc.* 2016, n° 6, comm. 162, note J.-P. Maublanc ; *RJF* 01/2016, n° 95, avis Ch. Pénichon.

(286) La solution est approuvée au motif, notamment, que l'on ne saurait imputer au redevable une quelconque responsabilité fiscale quant à la composition des actifs de sociétés dont il ne possède pas nécessairement la maîtrise. Cette position apparaît dénuée de toute valeur : l'exonération considérée n'est jamais subordonnée, d'abord, à ce que le redevable exerce un contrôle sur la société qu'il dirige (V. *infra*, n° 1772 et, plus encore, n° 1773). On voit mal surtout, pour quelle raison le bénéfice d'une exonération devrait nécessairement être subordonné à ce que le contribuable soit apte à satisfaire *proprio motu* les conditions qu'elle comporte.

Formaliste à l'excès, elle fait bien peu de cas de la règle de proportionnalité devant dominer, logiquement, le régime d'exonération des biens professionnels. Elle constitue surtout une forme d'invitation à l'évitement de l'impôt : il pourrait suffire, en effet, d'organiser la « filialisation » de la détention d'éléments d'actifs non professionnels pour échapper à toute « dégradation » de l'exonération en cause.

On pouvait penser, en conséquence, que l'administration fiscale s'efforcerait de faire rapidement infirmer cette solution jurisprudentielle par la voie législative. Il n'en a rien été, du moins dans les deux lois de finances adoptées à la fin de l'année 2015.

Tout laisse à penser que c'est la crainte d'une censure constitutionnelle – crainte probablement exagérée sur le plan des principes[287] – qui est à l'origine de l'étonnante passivité de l'administration sur ce point.

3) Une des principales difficultés se rapportant à l'application de ces règles tient aux liquidités détenues et aux placements financiers réalisés par les sociétés en cause.

Ces valeurs sont, pour ces sociétés, présumées constituer des biens professionnels dès lors que leur détention ou leur acquisition découle de l'activité sociale ou résulte d'apports effectués sur des comptes courants d'associés[288]. Naturellement, il s'agit d'une présomption simple fréquemment combattue par le fisc.

L'administration est en effet en droit de démontrer que ces liquidités et placements ne sont pas nécessaires à l'accomplissement de l'objet social et, par voie de conséquence, de remettre en cause la qualification de biens professionnels pour la fraction de la valeur des parts ou actions correspondant à ces liquidités ou placements « excessifs ». À cet égard, l'absence de remploi à bref délai des liquidités retirées de la cession d'actifs sociaux n'est pas de nature à faire regarder ces sommes comme étrangères à l'actif social professionnel[289]. Cependant, le caractère d'éléments d'actif professionnels a été dénié à des titres correspondant à des placements hors de proportion avec l'activité de la société et regardés comme non nécessaires à la réalisation de l'objet social faute, en particulier, d'être utilisés pour financer la trésorerie de l'entreprise[290].

De même, la présence dans l'actif social d'un immeuble dépourvu de caractère professionnel doit conduire à une « dégradation » du taux d'exonération des titres de la société en cause.

b) Parts de sociétés de personnes

1769. – Sociétés non passibles de l'impôt sur les sociétés. Les parts des sociétés de personnes (c'est-à-dire des sociétés non passibles de l'impôt sur les sociétés)

---

(287) Cette crainte n'a pu que se trouver renforcée par la conception pour le moins extensive qu'a le Conseil constitutionnel de l'autorité de la chose jugée attachée à ses propres décisions (V. *infra*, n° 1822, 4). On rappelle que le Conseil constitutionnel a jugé, en substance, que les dispositifs de limitation de l'exonération applicable, dans le cadre du régime des biens professionnels, à des titres de sociétés ne peuvent conduire à comprendre dans la base d'imposition du redevable la valeur de biens dont il n'est pas nécessairement établi qu'ils sont dans les faits à sa disposition (V. Cons. const., 29 déc. 2012, n° 2012-662 DC, *Loi de finances pour 2013*, § 96). Alors, pourtant, que les données de l'affaire *Cabri-Wiltzer* étaient passablement différentes – les biens dont l'exonération aurait pu être limitée appartenaient bien au redevable – l'avocat général (avis précité) s'est fermement appuyé sur cette décision du juge constitutionnel pour défendre la position finalement retenue par la Cour de cassation.

(288) Cass. com., 18 mai 2005, n°s 03-14.469 et a., *Soalhat* : *Dr. fisc.* 2006, n° 3, comm. 67 ; *Bull. civ.* 2005, IV, n° 105.

(289) Cass. com., 18 mai 1993, n° 91-15.463, *Lagasse* : *Bull. civ.* 1993, IV, n° 193. – Cass. com., 18 mai 2005, n°s 03-14.469 et a., *Soalhat*, préc.

(290) Cass. com., 8 févr. 2005, n° 03-12.421, *Gandois* : *Dr. fisc.* 2005, n° 17, comm. 394. *Adde*, pour un autre cas où un faisceau d'éléments relevés par l'administration fait ressortir que le montant des liquidités et placements financiers figurant à l'actif social sont hors de proportion avec ses besoins en trésorerie, Cass. com., 14 déc. 2010, n° 10-10.139, *Hoquet* : *RJF* 04/2011, n° 522. – *Adde* pour un cas où des placements financiers, constituant l'essentiel de l'actif de la société considérée, excédaient cent fois son chiffre d'affaires annuel, Cass. com., 21 janv. 2014, n° 12-28.988, *Bertrand* : *Dr. fisc.* 2014, n° 20, comm. 324.

dans lesquelles le redevable exerce son activité professionnelle principale sont intégralement exonérées d'impôt de solidarité sur la fortune(291). L'exonération – indépendante du niveau de la participation du redevable dans le capital de la société de personnes – est exclusivement liée à la nature de l'activité sociale et à celle de l'associé au sein de la société.

1) Le redevable doit exercer effectivement son activité professionnelle principale dans la société(292). Une activité salariale ne semble pas pouvoir ici être prise en compte à ce titre.

2) Le dispositif légal ne vise que le redevable lui-même – et non pas (comme dans le cas des entreprises individuelles) son conjoint. L'exonération doit toutefois s'appliquer de la même manière – à la condition que les intéressés fassent l'objet d'une imposition commune à l'ISF – lorsque l'activité professionnelle est le fait du conjoint, du partenaire civil, du concubin notoire ou, éventuellement, de l'enfant mineur du propriétaire des parts.

3) La qualification de biens professionnels suppose que l'activité correspondante soit exercée *à titre principal*. Pour déterminer si les fonctions professionnelles sont exercées à titre principal, il convient en premier lieu d'examiner, comme dans le cas des professions exercées sous la forme individuelle (V. *supra*, n° 1763), si ces fonctions constituent « l'essentiel des activités économiques du redevable ». Si ce premier critère n'apparaît pas décisif, est retenue(293) la fonction qui procure à l'intéressé la plus grande partie de ses revenus « professionnels » (V. *infra*, n° 1771, 3).

4) Les parts détenues par le redevable dans plusieurs sociétés de personnes constituent un seul bien professionnel lorsque les sociétés en cause ont des activités soit similaires, soit connexes et complémentaires(294). Par ailleurs, la loi prévoit expressément(295) la possibilité d'application simultanée, au profit d'un même redevable, de l'exonération des parts détenues dans une société de personnes et de celle de la participation qu'il détient en tant que dirigeant dans une société de capitaux (V. *infra*, n° 1770, 4).

c) Parts et actions de sociétés de capitaux

1770. – Sociétés passibles de l'impôt sur les sociétés. Les parts et actions de sociétés soumises à l'impôt sur les sociétés (de plein droit ou sur option) peuvent être considérées comme des biens professionnels du redevable. Outre les conditions générales relatives à la nature de l'activité sociale(296), l'exonération normalement intégrale(297) alors applicable suppose la réunion de conditions tenant :

– à l'exercice de fonctions de direction dans la société ;

– à l'importance de la participation détenue dans le capital social(298).

1) Naturellement, ces conditions sont appréciées au 1er janvier de l'année d'imposition.

2) Selon la Cour de cassation, l'existence de ce cas d'exonération assorti de conditions spéciales(299) interdit d'appliquer le régime d'exonération propre aux biens dépendant d'une entreprise individuelle(300) à des titres de sociétés de capitaux(301).

---

(291) CGI, art. 885 O. La loi évoque les « sociétés de personnes soumises à l'impôt sur le revenu » ce qui n'a pas grand sens.

(292) La circonstance que le droit commercial attribue la qualité de commerçant aux associés des sociétés en nom collectif (C. com., art. L. 221-1) ne suffit pas à établir que l'associé d'une telle société exerce effectivement et à titre principal, au sein de celle-ci, une activité professionnelle permettant de qualifier de biens professionnels exonérés les parts qu'il détient dans cette personne morale (Cass. com., 6 avr. 1999, n° 97-12.974, *Zapp* : *Dr. fisc.* 1999, n° 41, comm. 751).

(293) BOI-PAT-ISF-30-30-20, n° 50.

(294) CGI, art. 885 O, al. 2, confirmant la doctrine administrative antérieure.

(295) CGI, art. 885 O, al. 3.

(296) V. *supra*, n° 1765.

(297) V. *supra*, n° 1768.

(298) CGI, art. 885 O bis.

(299) CGI, art. 885 O bis.

(300) CGI, art. 885 N.

(301) Cass. com., 22 févr. 2000, n° 97-17.828, *Dufort* : *RJF* 5/2000, n° 720. – Cass. com., 17 mars 2009, n° 08-11.030, *Patoureau* : *Dr. fisc.* 2009, n° 23, comm. 359, note P. Fumenier. – Cass. com., 20 sept. 2011, n° 10-19.775, *DGFiP c/Barillé* : *Dr. fisc.* 2012, n° 12, comm. 204, note A. Arnaud-Emery. – Cass. com., 3 juin 2014, n° 13-18.181, *Martin* : *RJF* 10/2014, n° 951.

3) Des participations détenues par un même dirigeant dans des sociétés de capitaux distinctes peuvent constituer des biens professionnels.

• Avant 2012, tel était le cas lorsque, chaque participation prise isolément répondant aux conditions de l'exonération, les sociétés en cause avaient « effectivement des activités soit similaires, soit connexes et complémentaires »[302]. Ne pouvaient, notamment, être regardées comme formant un bien professionnel unique, des participations détenues dans des sociétés n'entretenant entre elles que de simples relations commerciales[303]. Tel pouvait être le cas, en revanche, de sociétés qui, même non liées par des liens capitalistiques, entretenaient des rapports économiques étroits induisant une situation de dépendance économique[304].

• Depuis 2012[305], cette condition générale tenant à la « proximité » de l'activité des sociétés est supprimée[306]. L'exonération au titre des biens professionnels est acquise dès lors que chaque participation « parallèle » prise isolément satisfait aux différentes conditions légales posées en la matière. La seule incidence de la « proximité » de l'activité des sociétés en cause tient désormais à un assouplissement de l'appréciation de la condition tenant, dans cette hypothèse, à la rémunération du dirigeant, V. *infra*, n° 1771, 4).

4) Par ailleurs, depuis la première loi de finances rectificative pour 2011[307], un même redevable peut – sans qu'il ne soit exigé de liens particuliers entre les activités et sociétés en présence – bénéficier simultanément :

– en tant que travailleur indépendant, de l'exonération prévue en faveur des biens professionnels dépendant d'une entreprise individuelle ou des parts et actions de sociétés de personnes, d'une part ;

– en tant que dirigeant social, de l'exonération prévue au titre des parts et actions détenues dans une ou plusieurs sociétés de capitaux, d'autre part.

L'exonération simultanée n'est acquise que si chaque profession ou participation, prise isolément, satisfait aux conditions légales ordinaires. Sauf à priver la loi précitée de la plus grande part de son effet utile, on doit toutefois considérer dans ce cas que la condition relative à la rémunération du dirigeant (qui doit représenter plus de la moitié des revenus « professionnels » à raison desquels l'intéressé est soumis à l'impôt sur le revenu – V. *infra*, n° 1771, 2) doit être appréciée globalement (*i.e.* en faisant masse des rémunérations perçues en tant que travailleur indépendant et en tant que dirigeant social).

1771. – **Exercice de fonctions de direction rémunérées.** 1) Dans les sociétés soumises à l'impôt sur les sociétés, le bénéfice de l'exonération est légalement réservé aux personnes exerçant l'une ou l'autre des fonctions de direction suivantes :

– gérant statutaire des SARL et des sociétés en commandite par actions ;

– président du conseil d'administration, directeur général, président du conseil de surveillance ou membre du directoire d'une société par actions ;

Les sociétés par actions s'entendent, comme en droit des sociétés, des SA et des SAS et des sociétés en commandite par actions (SCA)[308].

Selon la doctrine administrative, les fonctions de directeur général *délégué* ouvrent droit à l'application de l'exonération[309]. Du fait de cette mesure doctrinale, l'ajout de cette nouvelle catégorie de dirigeants dans l'énumération légale des fonctions éligibles a été, assez curieusement, jugé inutile et inadéquat[310] ;

---

(302) CGI, art. 885 O bis, 2° anc.
(303) Cass. com., 11 mars 2008, n° 07-10.643, *Tavitian* : *RJF* 6/2008, n° 753.
(304) Cass. com., 28 sept. 2010, n° 09-68.574, *DGFiP c/Goffi* : *Dr. fisc.* 2011, n° 12, comm. 271, note S. Quilici.
(305) Première L. fin. rect. 2011, 29 juill. 2011, art. 39, III.
(306) CGI, art. 885 O bis, 2°.
(307) L. 29 juill. 2011, art. 39.
(308) Dans les SCA, seule la fonction de président du conseil de surveillance est susceptible d'être rencontrée à ce titre.
(309) BOI-PAT-ISF-30-30-30-10. Cette fonction a été légalisée par la loi du 15 mai 2001 relative aux nouvelles régulations économiques, art. 107 (V. C. com., art. L. 225-53).
(310) V. Commission des finances du Sénat, Rapport général sur le projet de loi de finances rectificative pour 2011, n° 620, 15 juin 2011, t. I, p. 287 et 288.

– associé en nom d'une société de personnes – que l'on suppose alors soumise à l'impôt sur les sociétés sur option(311).

a) La qualification de bien professionnel suppose, en toutes hypothèses, que leur propriétaire ait été régulièrement nommé à l'une des fonctions précitées(312). La Haute juridiction judiciaire retient cette solution alors que la loi ne pose aucune condition formelle de cet ordre pour les dirigeants autres que les gérants des sociétés à responsabilité limitée ou en commandite par actions (dont il est expressément précisé qu'ils doivent être nommés conformément aux statuts pour que l'exonération trouve à s'appliquer).

b) La jurisprudence regarde l'énumération légale des fonctions ouvrant droit à exonération comme limitative. Il en résulte que les fonctions de directeur général adjoint, non visées par le dispositif légal, n'ouvrent pas droit à exonération(313).

Dans les sociétés par actions simplifiées (ou SAS, qui sont légalement assimilées à des SA – V. *supra*, n° 1602), l'administration considère, en l'absence de dispositions particulières, que l'exonération est applicable *ratione personae* si l'intéressé est titulaire de fonctions dont l'étendue est au moins équivalente à celles énumérées pour les sociétés anonymes(314).

c) Le dispositif légal n'évoque que les fonctions exercées par le redevable lui-même – et non pas (comme dans le cas des entreprises individuelles) son conjoint. L'exonération doit toutefois s'appliquer de la même manière – à la condition que les intéressés fassent l'objet d'une imposition commune à l'ISF – lorsque les fonctions de direction sont assumées par le conjoint, le partenaire civil, le concubin notoire ou, éventuellement, l'enfant mineur du propriétaire des parts ou actions.

2) L'exercice de ces fonctions – qui doivent être effectives – doit donner lieu à une rémunération *normale* représentant *plus de la moitié* des revenus « professionnels » à raison desquels « l'intéressé est soumis à l'impôt sur le revenu »(315).

a) Les revenus « professionnels » s'entendent de ceux relevant de la catégorie des TSP, des BIC, des BA, des BNC et des revenus des dirigeants mentionnés à l'article 62 du CGI. Ils sont retenus pour leur montant net des charges fiscalement déductibles.

Marquée par une certaine ambiguïté, la formule légale semble plutôt renvoyer aux revenus du foyer auquel appartient le redevable et non à ses revenus professionnels « personnels ». Toutefois, dans la situation où chacun des conjoints exerce une activité professionnelle, la doctrine administrative admet que l'importance relative des revenus professionnels s'apprécie distinctement pour chacun d'eux(316).

b) Les *jetons de présence* alloués aux membres du conseil d'administration (ou de surveillance) en contrepartie de leur participation auxdits conseils qui, rémunérant indistinctement et forfaitairement cette participation et non une activité effective, ne constituent pas la rémunération d'une activité professionnelle(317).

Les dividendes versés par une société (qui constituent la rémunération du capital investi) ne peuvent être pris en compte pour apprécier le caractère *prépondérant* de la rémunération perçue par un de ses dirigeants au titre de ses fonctions de direction(318). Sur l'incidence des dividendes sur le caractère *normal* de la rémunération, V. *infra*, pt *d*.

c) Les fonctions de direction doivent être exercées par une personne physique agissant personnellement. Il en résulte que l'exonération n'est pas applicable à des actions détenues par un redevable dans une société lorsque ces fonctions y sont exercées par une seconde société, la circonstance que le redevable exerce des fonctions de direction dans cette seconde société demeurant sans incidence sur cette exclusion(319).

(311) CGI, art. 885 O bis, 1°.
(312) Cass. com., 26 nov. 2003, n° 01-14.079, *Mamet* : *Bull. civ.* 2003, IV, n° 179 ; *RJF* 03/2004, n° 326.
(313) Cass. com., 9 mars 1999, n° 97-13.065, *Ribourel* : *Dr. fisc.* 1999, n° 13, p. 526 ; *Bull. civ.* 1999, IV, n° 58.
(314) V., en dernier lieu, Rép. min. Jacquat, 30 nov. 2004, n° 43.184 : *JOAN Q*, p. 9443, anc., non reprise au *BOFiP-Impôts*. – V. toutefois, *infra*, n° 1781, 3, à propos du régime d'exonération prévu au titre des pactes « Dutreil ».
(315) CGI, art. 885 O bis, 1°, al. 2.
(316) BOI-PAT-ISF-30-30-30-10, n° 410.
(317) Cass. com., 29 juin 1999, n° 97-12.468, *de la Motte-Bouloumié* : *Bull. civ.* 1999, IV, n° 141.
(318) BOI-PAT-ISF-30-30-30-10, n° 310.
(319) Cass. com., 22 févr. 2000, n° 97-17.828, *Dufort* : *RJF* 5/2000, n° 720.

Selon les termes mêmes du dispositif légal, l'exonération des parts ou actions prévues en faveur des dirigeants de sociétés de capitaux suppose que la même personne en soit le propriétaire et exerce les fonctions de direction auxquelles elle est subordonnée. La doctrine administrative admet toutefois que l'exonération puisse s'appliquer lorsque les parts ou actions sont la propriété personnelle du conjoint (époux ou partenaire civil) du dirigeant, de son concubin notoire ou de l'un de leurs enfants mineurs(320). Cela étant, les conditions relatives à l'exercice des fonctions de direction et à leur rémunération doivent être réunies par le même individu et non au niveau du foyer fiscal. Ainsi, le redevable qui exerce des fonctions non rémunérées ne peut bénéficier de l'exonération, alors même que, compte tenu des rémunérations perçues par son conjoint au titre d'autres fonctions de direction, la condition tenant à la rémunération se trouverait globalement remplie au niveau du foyer fiscal(321).

Dès lors que le conseil de surveillance est légalement censé exercer un contrôle permanent de la gestion de la société par le directoire, ne peut être regardé comme exerçant de façon effective les fonctions de président de ce conseil, le redevable qui s'est contenté, ainsi que le font ressortir les procès-verbaux des délibérations dudit conseil, d'y mener les débats mais n'est pas intervenu de façon active sur les questions relatives à la gestion de la société(322).

d) Un *caractère normal* est reconnu à la rémunération lorsque son montant est en rapport avec la rémunération courante des personnes exerçant pleinement des fonctions similaires(323). Ce caractère est apprécié en tenant compte :

– des seules rémunérations perçues en contrepartie de l'exercice des fonctions de direction(324) ;

– des seules rémunérations *actuelles* du dirigeant(325).

Le caractère *normal* de la rémunération perçue par un dirigeant au titre de ses fonctions peut être apprécié en tenant compte des dividendes qui lui sont versés par cette société, à la double condition que l'importance de ces derniers contrebalance la faiblesse de la rémunération et que cette situation résulte de motifs économiques(326). Les dividendes ne sont en revanche pas pris en compte pour apprécier le caractère prépondérant, au plan professionnel, de la rémunération du dirigeant (V. *supra*, pt *b*).

e) En présence de participations détenues parallèlement par un même dirigeant dans des sociétés de capitaux distinctes, la condition tenant à la rémunération du dirigeant donne lieu, depuis 2012(327), à la distinction suivante :

– indépendamment du caractère similaire ou connexe et complémentaire des activités des sociétés en cause, la somme des rémunérations reçues au titre des fonctions exercées dans les différentes sociétés est prise en compte pour apprécier si la condition selon laquelle les fonctions de direction donnent lieu à une rémunération représentant *plus de la moitié* des revenus « professionnels » du foyer de l'intéressé est satisfaite(328) ;

– lorsque les sociétés en cause ont des activités similaires ou connexes et complémentaires, la condition tenant au caractère *normal* de la rémunération s'apprécie *globalement* au regard des fonctions exercées dans les différentes sociétés dont les titres forment le bien professionnel en cause(329).

f) Une mesure de tempérament est prévue par la doctrine administrative lorsque les fonctions de direction sont exercées dans une société *holding animatrice de son groupe* (sur cette notion, V. *supra*,

(320) BOI-PAT-ISF-30-30-30-10, n° 180.

(321) Cass. com., 26 févr. 2008, n° 07-10.515, *Vigneron* : *RJF* 6/2008, n° 751.

(322) Cass. com., 29 mars 2011, n° 10-15.571, *Verheyde* : *RJF* 07/2011, n° 902, retenant cette solution alors, pourtant, que les seules dispositions du Code de commerce relatives aux fonctions spécifiques du président du conseil de surveillance posent que celui-ci est chargé « de convoquer le conseil et d'en diriger les débats » (C. com., art. L. 225-81).

(323) BOI-PAT-ISF-30-30-30-10, n° 210.

(324) Cass. com., 23 avr. 2003, n° 99-19.352, *Lejosne* : *Dr. fisc.* 2003, n° 38, comm. 651, excluant la prise en compte d'éléments de rémunération supplémentaires perçus en contrepartie d'une activité de conseil en stratégie au profit de la société en cause et de ses filiales.

(325) Cass. com., 7 avr. 2009, n° 08-12.641, *Adm. c/Mailleux* : *Dr. fisc.* 2009, n° 27, comm. 395, note P. Fumenier, refusant la prise en compte d'éléments de rémunération perçus plus d'un an après le 1er janvier de l'année d'imposition.

(326) BOI-PAT-ISF-30-30-30-10, n° 310.

(327) Première L. fin. rect. 2011, 29 juill. 2011, art. 39, III.

(328) Comp. antérieurement, appliquant cette solution au cas où les sociétés en cause ont des activités soit similaires, soit connexes et complémentaires, Cass. com., 17 mars 2009, n° 08-11.030, *Patoureau* : *Dr. fisc.* 2009, n° 23, comm. 359, note P. Fumenier.

(329) CGI, art. 885 O bis, 2°.

n° 1766, 2-*a*). Dans ce cas, en effet, il est admis que l'exonération « puisse s'appliquer alors même que les fonctions de direction qu'y exerce le redevable ne sont pas ou peu rémunérées »[330], ce qui se rencontre fréquemment en pratique. L'application de cette mesure est subordonnée à la double condition que l'intéressé :

– exerce simultanément des fonctions de direction au sein d'une ou plusieurs filiales dont la société holding détient une *participation substantielle*[331] ;

– perçoive, à raison de l'exercice de ses fonctions de direction au sein de la société holding animatrice et d'une ou plusieurs filiales, une ou des rémunérations dont le *montant cumulé*, le cas échéant, excède 50 % de ses revenus professionnels.

g) Les redevables qui, après avoir bénéficié pendant trois ans au moins de l'exonération prévue en faveur des dirigeants, transmettent (tout en conservant leur usufruit) la nue-propriété de titres de sociétés à un membre de leur groupe familial exerçant des fonctions de direction dans la société considérée, bénéficient d'une exonération partielle d'ISF. Même si cette condition n'est pas expressément prévue par la loi, ce dispositif vise essentiellement les dirigeants qui cessent leur activité à l'occasion de leur départ en retraite. Les titres détenus en usufruit par ces dirigeants « retraités » continuent à être regardés comme des biens professionnels « à hauteur de la quotité de la valeur en pleine propriété des titres ainsi démembrés correspondant à la nue-propriété »[332]. En d'autres termes, les dirigeants « retraités » sont imposés sur la seule valeur de l'usufruit des titres et non sur leur valeur en pleine propriété (comp. *supra*, n° 1741). L'application de ce régime de faveur suppose, en principe, que le démembrement de propriété des titres soit concomitant à la date de cessation d'activité[333].

1772. – Niveau de la participation au capital social (condition ordinaire).
1) En principe, le dirigeant doit posséder 25 % au moins des *droits de vote* dans la société[334].

a) Cette condition n'est légalement exigée ni des associés en nom des sociétés de personnes (que l'on suppose alors soumises à l'IS sur option), ni des gérants des sociétés en commandite par actions, ni, dans les SARL, des gérants majoritaires ou appartenant à un collège de gérance majoritaire.

b) Jusqu'à la première loi de finances rectificative pour 2011[335], cette condition concernait la détention du capital, entendue comme celle des droits de vote *et* des droits financiers.

Les travaux préparatoires ne font pas ressortir clairement les motifs de cette modification. Le rapport général de la commission des finances du Sénat indique seulement qu'elle « correspond mieux à la réalité économique des entreprises », tout en étant cohérente avec la jurisprudence du Conseil constitutionnel qui, pour admettre la conformité à la Constitution de l'exonération des biens professionnels, avait « pris en considération le lien entre les droits de vote et la maîtrise de l'outil de travail »[336].

Tout laisse à penser, en réalité, que cette modification est liée à la volonté de neutraliser (discrètement) les incidences fiscales que pourrait avoir le démembrement de la propriété des titres détenus dans le capital d'une société – les droits de vote étant, à la différence des droits financiers, toujours « partagés » entre l'usufruitier et le nu-propriétaire[337].

(330) BOI-PAT-ISF-30-30-40-10, n° 225.

(331) La participation doit être au minimum de 50 % (lorsque la holding poursuit une activité opérationnelle propre) ou de 25 % (lorsque son activité se limite à l'animation de son groupe).

(332) CGI, art. 885 O quinquies.

(333) BOI-PAT-ISF-30-30-40-30, n° 40, retenant certains assouplissements en la matière.

(334) CGI, art. 885 O bis, 2°.

(335) L. 29 juill. 2011, art. 39, III.

(336) Commission des finances du Sénat, Rapport général sur le projet de L. fin. rect. 2011, n° 620, 15 juin 2011, t. I, p. 287). Dans sa décision sur la loi de finances pour 1984, en effet, le Conseil constitutionnel avait admis que des titres de sociétés de capitaux puissent être intégralement exonérés comme biens professionnels aux motifs que ces titres « par le pouvoir qu'[ils] confèrent à leur propriétaire dans la société où il jouit de l'influence liée à une fonction de gestion de direction ou d'administration donnent à celui-ci une maîtrise telle de son instrument de travail qu'[ils] peuvent être considéré [s] comme des biens professionnels dès lors qu'[ils] représentent une part substantielle du capital lors des votes sociaux » (Cons. const., 29 déc. 1983, n° 83-164 DC, *Loi de finances pour 1984*, § 8).

(337) En principe, sauf dérogations des statuts, le droit de vote appartient au nu-propriétaire des parts grevées d'usufruit, sauf pour les décisions concernant l'affectation des bénéfices, où il est réservé à leur usufruitier (C. civ., art. 1844,

2) Pour la détermination du niveau de la participation au capital, il est tenu compte des droits détenus directement par le dirigeant et les membres de son groupe familial mais également – au prorata de cette participation et *dans la limite d'un seul niveau d'interposition* – de ceux détenus (par les mêmes personnes) par l'intermédiaire d'une ou plusieurs sociétés possédant une participation dans la société où les fonctions de direction sont exercées.

a) Même si l'exercice comptable de la société en cause ne coïncide pas avec l'année civile, la condition tenant au niveau des droits de vote s'apprécie au 1er janvier de l'année d'imposition. Les variations du pourcentage de participation en cours d'année ne sont pas prises en considération(338).

b) Le groupe familial du dirigeant comprend :

- son conjoint ou assimilé (partenaire civil ou, selon l'administration, concubin notoire) ;
- ses enfants (majeurs ou mineurs) ou ceux de son conjoint (ou assimilé) ;
- ses ascendants, descendants, frères et sœurs ;
- les ascendants, descendants, frères et sœurs de son conjoint (ou assimilé).

En revanche, les conjoints (ou assimilés) des frères et sœurs n'appartiennent pas au groupe familial. Il n'est donc pas tenu compte des droits qui leur appartiendraient *en propre*(339).

c) En cas de détention indirecte de la société de capitaux où se trouvent exercées les fonctions de direction, les droits détenus(340) dans la société interposée ne peuvent pas toujours être directement qualifiés de biens professionnels. C'est le cas, par exemple, lorsque celle-ci est une société *holding* ne jouant aucun rôle d'animation de son groupe(341). Mais cette règle peut s'appliquer en présence de toute société interposée, quels que soient sa forme juridique, son régime fiscal ou la nature de son activité(342).

Dans cette hypothèse, les titres de la société interposée peuvent toutefois – dans la mesure où ils sont représentatifs des titres de la société détenue indirectement et dans la limite d'un niveau unique(343) d'interposition – faire l'objet d'une exonération partielle. En d'autres termes, toutes autres conditions étant par ailleurs remplies, l'exonération est applicable aux titres de la société holding elle-même, dans la mesure où leur valeur est représentative des titres de la société opérationnelle.

Plus précisément, les titres de la société holding sont exonérés « à concurrence de la valeur réelle de l'actif brut de la société [interposée] qui correspond à la participation dans la société dans laquelle le redevable exerce ses fonctions »(344). La valeur des titres de la société interposée se trouve en d'autres

---

applicable à toutes les formes de sociétés sauf dispositions législatives contraires en vertu de l'article 1834 du même code). Dans les SA et (en vertu des art. L. 226-1, al. 2, et L. 227-1, al. 3 du C. com.) dans les SCA et les SAS, « le droit de vote (...) appartient à l'usufruitier dans les assemblées générales ordinaires et au nu-propriétaire dans les assemblées générales extraordinaires » (C. com., art. L. 225-110). Les statuts, s'ils peuvent déroger à ces règles (même disposition), ne peuvent priver l'usufruitier du droit de voter les décisions concernant les bénéfices sociaux (Cass. com., 31 mars 2004, n° 03-16.694 : *Bull. civ.* 2004, IV, n° 70).

(338) BOI-PAT-ISF-30-30-30-20, n° 90.

(339) Cass. com., 27 oct. 1992, n° 90-16.473, *Directeur général des impôts c/Cambou : Bull. civ.* 1992, IV, n° 326, *a contrario*. Lorsque des titres appartiennent à la commuté conjugale formée par le frère ou la sœur du redevable et son conjoint, il est tenu compte des droits de vote attachés à la totalité des titres – dont les intéressés sont propriétaires conjointement et pour le tout avec leur conjoint – et non pas, comme le soutenait l'administration, à la seule moitié de ceux-ci (même arrêt).

(340) Par le dirigeant ou par un membre de son foyer fiscal au sens de l'ISF.

(341) V. *supra*, n° 1766.

(342) La société interposée n'est pas nécessairement une société holding « passive ». Il peut s'agir d'une holding « animatrice » ou d'une société opérationnelle « ordinaire », dans laquelle le redevable n'exerce pas de fonction de direction. Dépourvus de la personnalité morale, les fonds communs de placement ne peuvent être considérés comme des personnes interposées à l'égard des actions et parts sociales pouvant figurer à leur actif. Ainsi, le porteur de parts d'un fonds commun de placement d'entreprise (FCPE), qui ne peut évidemment être considéré comme détenant directement des actions figurant à l'actif du fonds, ne peut davantage être regardé comme les détenant indirectement. Partant, ces actions ne peuvent bénéficier de l'exonération prévue en faveur des biens professionnels (Cass. com., 18 janv. 2011, n° 10-11.941, *Derville : Dr. fisc.* 2011, n° 17, comm. 330, note J.-L. Pierre. – Cass. com., 21 févr. 2012, n° 11-14.824, *Adm. c/Faurre : RJF* 6/2012, n° 660).

(343) La doctrine administrative semble admettre, sans en préciser exactement les contours, qu'une exception à cette règle pourrait être applicable en présence de sociétés exerçant des activités, soit similaires, soit connexes et complémentaires (V. BOI-PAT-ISF-30-30-30-20, n° 70).

(344) CGI, art. 885 O bis, 2°.

termes exonérée au prorata de la valeur réelle des titres de la société opérationnelle dans l'actif brut de la société interposée[345].

En bonne logique, l'exonération ne devrait s'appliquer que dans la mesure où les titres de la société opérationnelle « représentés » sont eux-mêmes exonérés : l'exonération des titres de la société interposée pourrait se trouver « dégradée » à raison de la présence d'éléments dépourvus de caractère professionnels à l'actif de la société opérationnelle. On pourra toutefois tirer argument de la jurisprudence *Cabri-Wiltzer*[346] pour voir écarté ce mécanisme de limitation du taux d'exonération des titres de la société interposée.

d) La doctrine administrative selon laquelle les titres que le redevable possède en usufruit peuvent être retenus pour apprécier l'importance de ses droits de vote a été réaffirmée[347]. S'agissant des sociétés par actions, cette solution peut s'appuyer sur les règles du droit des sociétés qui prévoient que, sauf dispositions statutaires contraires, les droits de vote attachés aux actions appartiennent à leur usufruitier dans les assemblées générales ordinaires[348]. La solution administrative est plus discutable s'agissant des autres sociétés et, en particulier, des SARL. En effet, dans ces autres sociétés, le droit de vote appartient, sauf dispositions statutaires contraires, au nu-propriétaire des parts sociales, sauf pour les décisions concernant l'affectation des bénéfices, où il est réservé à l'usufruitier[349].

3) La condition tenant au niveau de participation a été assouplie par la première loi de finances rectificative pour 2011[350]. En effet, le respect de la condition de possession de 25 % au moins des droits de vote n'est pas exigée si, consécutivement à une augmentation de capital, le redevable possède toujours (le cas échéant, avec son groupe familial) 12,5 % au moins des droits de vote dans la société.

a) Applicable depuis le 1er janvier 2012, cette mesure lève l'obstacle fiscal que pouvait constituer la condition tentant au seuil ordinaire de 25 % lorsque l'entrée au capital d'associés « étrangers au cercle familial » était envisagée pour assurer la croissance (ou la survie) d'une entreprise familiale : la dilution du capital n'entraîne plus nécessairement la perte du bénéfice de l'exonération d'ISF.

b) L'exonération suppose toutefois dans ce cas que le redevable :

– a respecté (le cas échéant, avec son groupe familial) la condition tenant au seuil ordinaire de 25 % au cours des cinq années ayant précédé l'augmentation de capital ;

– est partie à un pacte conclu avec d'autres associés ou actionnaires représentant au total 25 % au moins des droits de vote et exerçant un pouvoir d'orientation dans la société.

1773. – Importance patrimoniale de la participation (condition alternative). Par exception, la condition de détention de 25 % (ou, sous certaines conditions, de 12,5 %) au moins des droits de vote dans la société n'est pas exigée si la valeur des parts ou actions détenues par un redevable excède 50 % de la valeur brute de son patrimoine taxable, y compris ces parts ou actions.

(345) L'expression légale « à concurrence de » (que la doctrine administrative utilise parfois au sens strict (V. BOI-PAT-ISF 30-30-10-20, n° 130) – n'est pas claire. La doctrine administrative utilise d'ailleurs indifféremment cette expression et l'expression « à hauteur de » (V. par ex. BOI-PAT-ISF-30-30-30-20, n° 70). Les exemples donnés dans le commentaire administratif du dispositif (V. BOI-PAT-ISF-30-30-30-20, n° 70, et BOI PAT-ISF-30-30-40-20, n° 140) révèlent qu'elle doit s'entendre comme signifiant « au prorata de ».

(346) Cass. com., 20 oct. 2015, n° 14-19.598, *Adm. c/Cabri-Wiltzer : Bull. civ.* 2015, IV, n° en cours ; *Dr. fisc.* 2016, n° 6, comm. 162, note J.-P. Maublanc ; *RJF* 01/2016, n° 95, avis Ch. Pénichon. Sur cette solution, V. *supra*, n° 1768, 1-*b*.

(347) BOI-PAT-ISF-30-30-30-20, n° 80. En revanche, la solution admettant la prise en compte des droits de vote attachés aux titres appartenant à une société interposée détenue elle-même en usufruit (RES n° 2005/99 ENR, 13 sept. 2005, anc.) n'a pas été reprise au *BOFiP-Impôts*. Elle pourrait donc être regardée comme rapportée.

(348) C. com., art. L. 225-110, al. 1er et 4.

(349) C. civ., art. 1844, al. 3 et 4.

(350) L. 29 juill. 2011, art. 39, III.

1) Cette condition « de substitution » ne présente pas d'intérêt dans le cas des dirigeants pour lesquels la condition « principale » est légalement neutralisée (V. *supra*, n° 1772, 1-*a*).

2) Le seuil de 50 % résulte de la loi pour l'initiative économique du 1er août 2003 (art. 49). Avant 2004, la loi retenait le seuil de 75 %.

3) Il s'apprécie en tenant compte, le cas échéant, des titres détenus par les autres membres du foyer fiscal (dans sa composition retenue pour l'établissement de l'ISF) :

– conjoint soumis à imposition commune, partenaire civil ou concubin notoire ;

– enfants mineurs ou ceux de son conjoint (ou assimilé) lorsque l'un ou l'autre a l'administration légale des biens de ceux-ci.

En revanche, les titres détenus par les membres du groupe familial autres que ceux appartenant au foyer fiscal du redevable ne peuvent être retenus pour l'appréciation de ce seuil[351].

4) Aux termes de la loi, la condition tenant à l'importance patrimoniale de la participation s'apprécie en tenant compte exclusivement des participations directes des intéressés. Afin d'assurer à l'ISF « une certaine neutralité à l'égard des différentes formes d'organisation du capital et des structures d'entreprises », l'administration admet toutefois de tenir compte de la valeur des titres détenus indirectement par le biais d'une ou plusieurs sociétés interposées – *dans la limite d'un seul niveau d'interposition*[352].

5) Le seuil de 50 % peut être apprécié en faisant masse de la valeur des participations détenues par le redevable dans plusieurs sociétés dans lesquelles il exerce simultanément des fonctions de direction rémunérées[353]. Légalement, l'exonération suppose que les fonctions de direction (qui doivent être effectivement exercées) donnent lieu à une rémunération normale représentant plus de la moitié des revenus « professionnels » (V. *supra*, n° 1771) de l'intéressé[354].

1774. – **Biens ruraux professionnels par assimilation.** Des biens ruraux peuvent être exonérés d'impôt de solidarité sur la fortune en application des dispositions générales relatives aux biens professionnels. Mais la loi prévoit également des dispositifs complémentaires qui étendent la qualification de biens professionnels à certains biens ruraux donnés à bail[355]. Lorsque cette assimilation s'applique, ces biens sont intégralement exonérés.

Ce dispositif complémentaire s'applique lorsque le bien rural est donné à bail à long terme (dix-huit ans au minimum) ou à bail cessible[356] à un membre du groupe familial « élargi » (conjoint du bailleur, l'un de leurs frères et sœurs, l'un de leurs ascendants ou descendants ou le conjoint de l'un de leurs ascendants ou descendants) exerçant à titre principal l'activité d'exploitant agricole[357]. L'exonération s'applique également lorsque les biens ruraux sont donnés à bail à une société à objet principalement agricole que le groupe familial contrôle majoritairement (ou que les biens loués sont mis à disposition d'une telle société ou que le droit au bail se rapportant à ces biens lui est apporté). Les biens ruraux sont alors considérés comme des biens professionnels à concurrence de la participation détenue dans la société considérée par ceux des membres du groupe familial qui y exercent leur activité professionnelle principale[358].

Cette exonération s'applique *mutatis mutandis* aux parts de groupements fonciers agricoles (ou de groupements agricoles fonciers) *non exploitants* dans la mesure où ces parts sont représentatives

(351) BOI-PAT-ISF-30-30-30-20, n° 150.

(352) *Ibid.*, n° 160.

(353) Il ne semble plus exigé, désormais, que les sociétés en cause aient des activités similaires ou connexes et complémentaires (comp. Doc. adm. DGI, 7 S-3323, n° 42, anc., et BOI-PAT-ISF-30-30-30-20, n° 170, al. 1er).

(354) Passablement obscure sur ce point, la doctrine administrative semble considérer (en dépit de l'intervention de la première loi de finances rectificative pour 2011 – V. *supra*, n° 1771, 2-*e*) que cette dernière condition ne peut s'apprécier en globalisant les rémunérations liées aux différentes fonctions de direction que si les sociétés en cause ont des activités similaires ou connexes et complémentaires (BOI-PAT-ISF-30-30-30-20, n° 170, al. 3).

(355) CGI, art. 885 P et 885 Q.

(356) C. rur. pêche marit., art. L. 416-1 et s. et L. 418-1 et s.

(357) CGI, art. 885 P, al. 1er.

(358) CGI, art. 885 P, al. 2 et 3.

d'apports constitués par des immeubles ruraux donnés à bail à un membre du groupe familial « élargi » de leur détenteur[359]. L'exonération suppose toutefois que les parts soient détenues par le redevable depuis deux ans au moins au 1er janvier de l'année d'imposition – cette condition n'étant pas exigée lorsque les parts ont été reçues en rémunération d'apports de biens ruraux (ou de droits assimilés) lors de la constitution (ou d'une augmentation du capital) du groupement.

Lorsqu'ils ne relèvent pas de cette assimilation, les biens ruraux donnés à bail peuvent bénéficier sous certaines conditions d'une exonération partielle (V. *infra*, n° 1784).

B. – Les autres exonérations intégrales

1775. – **Œuvres d'art, antiquités et objets de collection.** Les objets d'antiquité, d'art ou de collection ne sont pas compris dans les bases d'imposition à l'impôt de solidarité sur la fortune[360].

1) Diverses considérations peuvent justifier cette exonération intégrale retenue dès 1982 dans le cadre de l'IGF. En premier lieu, cette mesure favorise le maintien sur le territoire national des œuvres d'art. En second lieu, elle élimine (de manière certes fort radicale) les difficultés auxquelles pourrait donner lieu la détermination de la valeur de ces biens. Cette exonération se retrouve (ou se retrouvait) dans la plupart des États européens appliquant (ou ayant appliqué) un impôt sur la fortune, même si, généralement, les législations étrangères retiennent (ou retenaient) un mécanisme d'exonération plafonnée. Ceci semble exclure que des considérations liées à ce que l'entourage familial de L. Fabius (ministre du Budget en 1982) aurait trouvé un intérêt personnel à l'existence de cette exonération aient pu jouer un quelconque rôle lors de son introduction.

2) Cette mesure d'exonération se heurte très régulièrement à l'hostilité des parlementaires. On en donnera les deux exemples les plus récents (en indiquant seulement que des épisodes similaires s'étaient produits, notamment, en 1999[361], 1997 et 1992). Au printemps 2011, lors de la discussion de la loi de finances rectificative du 29 juillet 2011, la Commission des finances de l'Assemblée nationale avait adopté (contre l'avis, pourtant, de son rapporteur général) l'amendement *Le Fur* supprimant cette exonération ; conformément aux souhaits du Président Nicolas Sarkozy, cet amendement, qui avait suscité un fort émoi, a été rejeté par l'Assemblée nationale. En octobre 2012, lors de la discussion du projet de loi de finances pour 2013, c'est cette fois-ci le Président François Hollande qui s'est fermement opposé à l'amendement de la Commission des finances de l'Assemblée subordonnant l'exonération, s'agissant des œuvres dont la valeur est supérieure à 50 000 €, à ce qu'elles soient exposées au public.

3) L'exonération a été étendue[362] aux parts de sociétés civiles « de famille »[363] détenant en pleine propriété des immeubles classés ou inscrits à l'inventaire supplémentaire des monuments historiques, à concurrence de la fraction de la valeur des parts représentatives des objets d'antiquité, d'art ou de collection[364]. En revanche, la fraction de la valeur des parts représentatives des immeubles eux-mêmes (ou des meubles « ordinaires ») ne bénéficie pas de l'exonération.

4) Dans un souci de simplification, l'administration considère désormais que les bijoux, les objets d'art, de collection et d'antiquité doivent être définis comme en matière de taxe forfaitaire sur les métaux précieux[365], c'est-à-dire par référence à la nomenclature douanière[366]. Ces biens s'entendent

(359) CGI, art. 885 Q.
(360) CGI, art. 885 I.
(361) Lors de la discussion du projet de loi de finances pour 1999, un amendement adopté par la Commission des finances de l'Assemblée nationale avait prévu :
– la taxation des objets d'antiquité, d'art ou de collection non présentées, sauf cas particuliers, au public ;
– la valorisation forfaitaire de ces biens – sauf apport de la preuve contraire – à 3 % de la valeur des autres éléments du patrimoine déclaré du redevable (V. Commission des finances de l'Assemblée nationale, Rapport général sur le projet de loi de finances pour 1999, n° 1111, 8 oct. 1998, vol. 1, part. 2, art. add. après art. 8).
(362) L. fin. 1996, 30 déc. 1995, art. 6, II.
(363) Au sens de CGI, art. 795 A.
(364) CGI, art. 885 I, al. 2.
(365) CGI, art. 150 VI et s.
(366) BOI-PAT-ISF-30-40-20, n° 10. – Comp. Doc. adm. DGI, 7 S-3431, anc., qui énumérait avec une grande méticulosité les biens pouvant être regardés comme des œuvres d'art.

de manière générale de ceux qui tirent leur intérêt de leur rareté, de leur présentation ou de leur regroupement. La qualification peut découler du prix de l'objet concerné, lequel doit être sensiblement supérieur à la valeur d'un bien similaire destiné à un usage courant[367]. La qualification d'objets d'antiquité demeure en principe réservée aux biens de plus de cent ans d'âge. Cela étant, des objets moins anciens peuvent recevoir cette qualification s'ils présentent cependant un réel intérêt artistique ou culturel et sont valorisés comme tel sur le marché de l'art. Tel peut être le cas par exemple de meubles « Art nouveau » ou « Art déco » qui ont vocation à bénéficier de l'exonération d'ISF[368].

1776. – Droits des créateurs. La loi prévoit une exonération *personnelle* en faveur des inventeurs et des auteurs. Ainsi, les droits patrimoniaux de la propriété industrielle ne sont pas compris dans l'assiette de l'impôt de solidarité sur la fortune de leur inventeur. Il en va de même des droits de la propriété littéraire et artistique (et assimilés) figurant dans le patrimoine de leurs auteurs[369].

1) Naturellement, les droits extrapatrimoniaux des créateurs sont en dehors du champ d'application de l'ISF.

2) À l'origine, les droits de la propriété littéraire et artistique étaient assimilés à des œuvres d'art et étaient, à ce titre, exonérés d'ISF quelle que soit la qualité de leur propriétaire. La loi de finances pour 2000[370] a mis fin à ce régime, sans doute par trop favorable. Désormais, les droits de la propriété littéraire et artistique (et assimilés) relèvent du même régime que les droits de la propriété industrielle : l'exonération est *personnellement réservée* aux *auteurs* des œuvres de l'esprit.

1777. – Indemnisation des dommages corporels. 1) Sont intégralement exonérées d'impôt de solidarité sur la fortune, la valeur de capitalisation des rentes ou les indemnités versées en capital perçues en réparation de dommages corporels liés à un accident ou à une maladie[371].

Lorsque la réparation du préjudice a pris la forme du versement d'une indemnité en capital, le redevable est fondé à déduire de son patrimoine net imposable le montant (corrigé de l'érosion monétaire) de l'indemnité en cause[372]. Lorsque les indemnités sont versées sous forme de rente, la valeur de capitalisation de celle-ci n'est pas prise en compte dans l'assiette de l'ISF.

2) Cette exonération, qui s'applique au redevable qui a subi directement l'atteinte à son intégrité physique, a été étendue par la jurisprudence aux ayants droit de la victime qui, indirectement, en supportent les conséquences morales ou économiques[373] puis, par le législateur, au conjoint survivant « en cas de transmission à titre gratuit par décès »[374].

a) Cette mesure s'applique, en particulier, aux indemnités allouées aux personnes contaminées à la suite d'une transfusion sanguine par le virus du VIH et aux orphelins de parents victimes de persécutions antisémites[375].

b) En revanche, la valeur de capitalisation des rentes ou indemnités allouées en réparation d'un dommage matériel ne relève pas de cette exonération. Il en va de même du capital-décès qui, versé en exécution d'un contrat d'assurance au conjoint survivant à la suite du décès accidentel de son époux, présente un caractère forfaitaire et non indemnitaire[376]. Issue de la loi de finances rectificative

(367) *Ibid.*, n° 130.
(368) *Ibid.*
(369) CGI, art. 885 I, al. 3 et 4.
(370) L. 30 déc. 1999, art. 29.
(371) CGI, art. 885 K.
(372) BOI-PAT-ISF-30-40-40, n° 90.
(373) Cass. com., 27 juin 2000, n° 97-21.638, *Prothon : Dr. fisc.* 2001, n° 6, comm. 100 : *Bull. civ.* 2000, IV, n° 133.
(374) L. fin. rect. 2007, 25 déc. 2007, art. 42.
(375) BOI-PAT-ISF-30-40-40, n° 50.
(376) Cass. com., 16 nov. 1999, n° 96-20.814, *Flahault : Dr. fisc.* 2000, n° 29, comm. 607.

pour 2007[377], la nouvelle formulation de l'article 885 K du CGI ne semble pas de nature à modifier cette solution.

1778. – **Rentes viagères constituées dans le cadre d'une activité professionnelle.** La valeur de capitalisation des rentes viagères constituées dans le cadre d'une activité professionnelle est exonérée si certaines conditions sont réunies[378].

1) Sont essentiellement visées par ce dispositif les rentes constituées dans le cadre d'un plan d'épargne-retraite populaire (PERP), d'un plan d'épargne pour la retraite collectif (PERCO) ou d'un contrat d'assurance de groupe (contrat « Madelin »). La rente, qui peut être allouée[379] au souscripteur ou à son conjoint, peut avoir été constituée auprès d'un organisme français ou étranger.

2) Les conditions légales d'exonération tiennent :

– aux modalités de versement des primes (qui doivent être régulièrement échelonnées dans leur montant et leur périodicité pendant une durée d'au moins quinze ans en principe) ;

– à la date d'entrée en jouissance des rentes (qui doit intervenir, au plus tôt, lors de la liquidation de la pension du redevable dans un régime obligatoire d'assurance vieillesse ou lorsque l'intéressé a atteint l'âge légal de la retraite (c'est-à-dire un âge actuellement compris entre soixante à soixante-deux ans, en fonction de la date de naissance de l'intéressé).

3) Dans les cas exceptionnels où le dénouement du plan conduit au versement au souscripteur d'un capital, celui-ci est normalement imposable dans le patrimoine du souscripteur.

1779. – **Titres de PME.** 1) Les titres reçus lors de la souscription au capital d'une petite ou moyenne entreprise (PME) sont, sous certaines conditions, intégralement exonérés d'impôt de solidarité sur la fortune[380].

a) Ce cas d'exonération a été institué par la loi pour l'initiative économique[381]. Les apports peuvent avoir lieu lors de la souscription du capital initial ou[382] à l'occasion d'une augmentation de capital. Lorsqu'ils ne sont pas effectués en numéraire, les apports doivent porter sur des biens nécessaires à l'exercice de l'activité sociale, à l'exclusion d'actifs immobiliers et de valeurs mobilières. En 2010 (dernière année pour laquelle ces données ont été rendues publiques), cette mesure avait bénéficié à 21 000 foyers, pour un coût total de 9 M€ pour le budget de l'État. Ce coût est évalué à 20 M€ pour 2016.

b) Sont seuls visés par l'exonération les titres reçus lors de la création de la société (souscription au capital initial) ou à l'occasion d'augmentations de capital ultérieures. En revanche, sont exclus du champ de l'exonération, les titres acquis par un redevable après leur émission (et notamment par voie de succession ou de donation) ou à l'occasion d'opérations de fusion ou de scission. N'ouvrent pas davantage droit à l'exonération les apports en compte courant ou, naturellement, les acquisitions d'obligations.

c) Ce régime d'exonération peut se cumuler, le cas échéant, avec le mécanisme de réduction d'ISF au titre de l'investissement dans le capital de PME (V. *infra*, n° 1806).

2) L'exonération s'applique si les conditions suivantes sont réunies :

– la société bénéficiaire de l'apport doit exercer exclusivement une activité industrielle, commerciale, artisanale, agricole ou libérale, à l'exclusion des activités de gestion de patrimoine mobilier ou immobilier ;

Lorsqu'elles sont animatrices de leur groupe (V. *infra*, n° 1767, 2-*a*), les sociétés *holding* sont regardées comme des sociétés opérationnelles directement éligibles[383].

(377) L. 25 déc. 2007, art. 42.
(378) CGI, art. 885 J.
(379) Dans la phase de d'épargne (*i.e.* de constitution de la rente), les droits liés à l'un ou l'autre de ces plans ne sont pas imposables.
(380) CGI, art. 885 I ter.
(381) L. 1er août 2003, art. 48.
(382) Depuis la loi TEPA, 21 août 2007, art. 16.
(383) BOI-PAT-ISF-30-40-70-10, n° 110.

– elle doit répondre à la définition européenne des petites et moyennes entreprises ;

La société doit, à ce titre, employer moins de 250 personnes, réaliser un chiffre d'affaires n'excédant pas 50 M€ ou avoir un total de bilan annuel n'excédant pas 43 M€ (V. *supra*, n° 1595, 3).

À la différence des autres conditions (qui s'apprécient au 1er janvier de l'année d'imposition), la condition tenant à la qualité de PME s'apprécie au jour de la souscription des titres. La perte ultérieure de cette qualité est radicalement sans incidence sur l'application de l'exonération(384).

– elle doit avoir son siège de direction effective dans un État membre de l'Union européenne ou(385) dans un autre État partie à l'accord sur l'Espace économique européen ayant conclu avec la France une convention fiscale qui contient une clause d'assistance administrative en vue de lutter contre la fraude et l'évasion fiscales (c'est-à-dire en Islande, en Norvège ou au Liechtenstein).

3) La loi TEPA du 21 août 2007 et la loi de finances rectificative pour 2007 ont successivement étendu cette exonération :

a) aux titres reçus en contrepartie d'investissements réalisés indirectement – dans la limite d'un seul niveau d'interposition – dans le capital d'une ou plusieurs PME opérationnelles, directement éligibles, par le biais d'une PME *holding*(386) ;

La PME *holding* doit satisfaire à l'ensemble des conditions applicables à la société opérationnelle, à l'exception de celle tenant à la nature de l'activité exercée. Elle doit avoir pour objet exclusif de détenir des participations dans le capital de PME directement éligibles. L'exonération s'applique dans la limite de la fraction de la valeur réelle de l'actif brut de la PME *holding* qui est représentative d'apports à une PME directement éligible.

L'apport à la PME *holding* doit obligatoirement être effectué en numéraire.

b) aux parts de fonds d'investissement de proximité(387) puis aux parts de fonds communs de placement dans l'innovation ou aux parts de fonds communs de placement à risques(388), à condition que l'actif des fonds considérés comprenne un pourcentage minimal de titres reçus à l'occasion de la souscription au capital de « jeunes » PME directement éligibles.

La PME, qui doit exercer son activité ou être juridiquement constituée depuis moins de cinq ans, doit répondre à certaines conditions supplémentaires posées au titre du dispositif relatif à la réduction d'ISF au titre de l'investissement dans le capital de PME (V. *infra*, n° 1806). L'exonération est limitée à la fraction de la valeur des parts de ces fonds représentative de titres reçus par eux en contrepartie de souscriptions au capital de « jeunes » PME opérationnelles directement éligibles.

1780. – Placements financiers des non-résidents (renvoi). Quelle que soit leur nationalité, les personnes physiques qui n'ont pas en France leur domicile fiscal ne sont pas imposables à l'impôt de solidarité sur la fortune au titre de leurs placements financiers effectués en France (V. *supra*, n° 1751).

C. – Les exonérations partielles ou plafonnées

1781. – Titres faisant l'objet d'un pacte « Dutreil ». 1) L'exonération au titre des biens professionnels des droits sociaux détenus dans le capital de sociétés de

(384) BOI BOI-PAT-ISF-30-40-70-10, n° 160.
(385) Depuis la loi TEPA, art. 16.
(386) Loi TEPA, art. 16.
(387) Loi TEPA, art. 16.
(388) L. fin. rect. 2007, 25 déc. 2007, art. 38.

capitaux suppose la réunion de conditions tenant tout à la fois à la possession de la qualité de dirigeant et à l'importance de la participation correspondante (V. *supra*, n° 1770). Ainsi, les droits sociaux possédés par des associés « non dirigeants » ne peuvent, par construction, relever de l'exonération prévue au titre des biens professionnels.

De même, les dirigeants de sociétés de capitaux (ou les associés « à titre professionnel » d'une société de personnes) peuvent ne pas répondre à l'ensemble des conditions permettant à leur participation d'être intégralement exonérée au titre des biens professionnels. C'est le cas par exemple lorsque l'actif social comprend des éléments dépourvus de caractère professionnel. Dans ce cas de figure, la conclusion d'un pacte « Dutreil » peut permettre l'exonération partielle de la fraction imposable de la valeur des titres détenus par le dirigeant ou l'associé[389].

Pour tenir compte des difficultés pouvant résulter (notamment dans les entreprises familiales) de cet état de fait, la loi du 1er août 2003 pour l'initiative économique (ou loi « Dutreil ») a institué un cas d'exonération partielle reposant sur un engagement collectif de conservation des droits sociaux[390].

a) Ce dispositif n'est pas juridiquement réservé aux associés de sociétés de capitaux même si c'est à leur égard qu'il joue le plus fréquemment. L'exonération partielle peut jouer de la même manière à l'égard des associés « ordinaires » des sociétés de personnes.

b) Les bases faisant l'objet d'un engagement collectif sont en augmentation constante depuis 2004. Elles s'établissaient à plus de 12 Md€ en 2007. En 2010 (dernière année pour laquelle ces données ont été rendues publiques), le coût total de la mesure d'exonération (qui avait bénéficié à 14 400 foyers) a été de 160 et 170 M€ en 2014 et 2015. Il est évalué à 180 M€ pour 2016.

c) Avant l'introduction de cette mesure, les sociétés présentant un actionnariat familial prépondérant pouvaient rencontrer des difficultés réelles. Les fonctions de direction éligibles ne pouvant être multipliées à l'envi, la stabilité de la répartition du capital (et le maintien du caractère familial de l'actionnariat) supposait le versement régulier de dividendes d'un montant suffisant pour permettre aux associés « non dirigeants » de faire face à la charge d'ISF. Le développement (voire la pérennité) de ces sociétés pouvait naturellement se trouver fragilisé du fait de cette forme d'emploi contraint des bénéfices sociaux.

2) Les droits sociaux faisant l'objet d'un pacte « Dutreil » sont, sous certaines conditions, exonérés à concurrence des trois quarts de leur valeur.

Initialement fixé à 50 %, le taux de l'exonération a été porté à 75 % par la loi de finances pour 2006[391]. Cette majoration du taux d'exonération n'a pas été invalidée par le Conseil constitutionnel, ce qui ne relevait pas de l'évidence compte tenu des motifs de sa première décision[392].

3) L'application de ce régime de faveur suppose la réunion des conditions suivantes :

a) la société dont les titres sont détenus (directement ou indirectement) par le redevable doit exercer une activité industrielle, commerciale, artisanale, agricole ou libérale ;

Selon l'administration, il n'est pas exigé que la société en cause (qui peut d'ailleurs indifféremment posséder son siège en France ou hors de France) exerce à titre exclusif l'une ou l'autre de ces activités

(389) Comme l'admet d'ailleurs la doctrine administrative, le régime général d'exonération prévu en faveur des biens professionnels et celui prévu en faveur des titres objet d'un engagement collectif de conservation ne sont pas exclusifs l'un de l'autre mais peuvent au contraire se compléter (BOI-PAT-ISF-30-40-60, n° 20).

(390) CGI, art. 885 I bis.

(391) L. 30 déc. 2005, art. 26.

(392) Comp. Cons. const., 31 juill. 2003, n° 2003-477 DC, *Loi pour l'initiative économique*, § 13, et Cons. const., 29 déc. 2005, n° 2005-530 DC, *Loi de finances pour 2006 économique*, § 50.

« professionnelles ». Ainsi, l'exonération partielle est applicable aux titres d'une société qui exerce à la fois une activité civile et une activité industrielle, commerciale, artisanale, agricole ou libérale, dans la mesure où son activité civile demeure secondaire. Le caractère prépondérant de l'activité « professionnelle » s'apprécie au regard de deux critères cumulatifs que sont le montant du chiffre d'affaires procuré par cette activité et celui de l'actif brut immobilisé qui y est affecté, ces deux montants devant représenter respectivement au moins 50 % du montant du chiffre d'affaires total et du montant total de l'actif brut[(393)]. Lorsque l'actif d'une société comprend ainsi des éléments « non professionnels » (qui conduit à une limitation de l'exonération de la valeur des titres dans le cadre du régime des biens professionnels, V. *supra*, n° 1440, 4), un pacte « Dutreil » peut être utilisé pour atténuer substantiellement (à hauteur de 75 %) l'imposition partielle en résultant.

L'activité financière des sociétés holdings les exclut normalement du champ d'application de l'exonération partielle. Toutefois, les titres d'une société *holding* peuvent relever *directement* de l'exonération, lorsque cette société est effectivement animatrice de son groupe[(394)]. Sur la notion de société holding animatrice, V. *infra*, n° 1766, 2-*a*.

Les titres de la société faisant l'objet de l'engagement collectif peuvent être détenus directement ou indirectement (dans la limite de deux niveaux d'interposition) par le redevable. En cas de détention indirecte, l'exonération partielle s'applique à la valeur des titres de la société détenus directement par le redevable dans la limite de la fraction de la valeur réelle de l'actif brut de celle-ci représentative de la valeur de la participation (directe ou indirecte) ayant fait l'objet de l'engagement collectif de conservation.

b) les associés signataires du pacte doivent souscrire (et tenir) un engagement (collectif puis individuel) de conservation de leurs titres pendant une durée minimale ;

α) Les règles tenant à l'engagement collectif (en particulier à sa durée) ont été modifiées à plusieurs reprises. Le dispositif actuellement en vigueur résulte pour l'essentiel de la loi de finances pour 2008[(395)] et, dans une moindre mesure, de la première loi de finances rectificative pour 2011[(396)] qui ont, tour à tour, substantiellement assoupli le régime antérieurement applicable.

β) Dans sa version initiale, le dispositif supposait la conclusion d'un engagement collectif d'une durée minimale de six ans. La loi de finances pour 2008, précitée, lui a substitué deux engagements distincts : un engagement collectif d'une durée minimale de deux ans suivi d'un engagement individuel portant la durée totale de conservation à six ans au moins.

γ) Le non-respect de l'un ou l'autre de ces engagements ne produit pas les mêmes effets.

• La rupture de l'engagement *collectif* avant l'expiration de la durée minimale de deux ans peut entraîner la remise en cause *ab initio* de l'exonération partielle à l'égard des tous les signataires du pacte. Il n'en va autrement que si les signataires du pacte autres que le cédant conservent collectivement une participation minimale (de 20 % ou de 34 % selon le cas) dans le capital social – le cédant perdant toutefois *ab initio* le bénéfice du régime de faveur. La première loi de finances rectificative pour 2011 (préc.) a, sur ce point, introduit deux assouplissements. N'entraînent pas désormais la remise en cause de l'engagement collectif :

– la cession (ou la donation) des titres soumis à l'engagement intervenant au profit d'autres signataires de l'engagement collectif (ce qui autorise la « circulation » des titres entre les signataires du pacte). Naturellement, le bénéfice de l'exonération est subordonné à ce que ces autres signataires conservent les titres jusqu'au terme initialement prévu ;

– l'admission d'un nouvel associé dans l'engagement collectif (ce qui autorise la substitution d'un associé « entrant » à un associé « sortant »). Le maintien du régime de faveur au profit des signataires suppose toutefois dans ce cas que l'engagement collectif soit reconduit pour une durée minimale de deux ans.

(393) BOI-PAT-ISF-30-40-60-10, n° 10.
(394) BOI-PAT-ISF-30-40-60-10, n° 40.
(395) L. 24 déc. 2007, art. 15, III.
(396) L. 29 juill. 2011, art. 12, II.

• La rupture de l'engagement *individuel* avant l'expiration de la durée globale minimale de six ans entraîne pour le cédant la remise en cause *ab initio* du bénéfice de l'exonération partielle. Selon une interprétation administrative qui mériterait d'être confirmée, cette remise en cause est de droit, alors même que la rupture de l'engagement individuel :

– ne serait constatée que sur une partie des titres. Ainsi, « dès lors qu'un signataire cède un seul de ses titres en cours d'engagement collectif, il perd le bénéfice de l'exonération partielle d'ISF, au titre de l'année en cours ainsi qu'au titre des années précédentes pour lesquelles l'exonération s'est appliquée, et cela pour la totalité des titres détenus inclus dans le pacte, y compris (...) pour les titres qu'il a conservés »[397].

– s'inscrirait dans une opération de « circulation » des titres (V. *infra*, pt précédent) entre les signataires de l'engagement collectif[398].

• Au-delà de cette durée de six ans, l'exonération partielle est subordonnée à la condition que les titres restent la propriété du redevable (V. *infra*, pt 4).

• Par ailleurs, lorsque les titres de la société faisant l'objet du pacte sont détenus indirectement par le redevable, le bénéfice de l'exonération partielle est subordonné à la condition que les participations soient conservées inchangées à chaque niveau d'interposition pendant toute la durée de l'engagement collectif.

c) l'engagement doit porter sur une part minimale des droits de la société considérée :

– au moins 20 % des droits de vote *et* des droits financiers pour les sociétés cotées ;

– au moins 34 % des parts ou actions pour les sociétés non cotées ;

• La première loi de finances rectificative pour 2011 (préc.) a maintenu la règle selon laquelle, dans les sociétés cotées, l'engagement collectif doit porter, au minimum, sur 20 % des droits de vote et des droits financiers. La mesure d'assouplissement adoptée par le Sénat (selon laquelle, à compter de 2012, l'engagement collectif aurait pu ne porter que sur 20 % des droits de vote) a été écartée, conformément à la position de la commission mixte paritaire.

• Cette condition doit être satisfaite pendant toute la durée de l'engagement collectif. Elle est assortie de règles passablement complexes permettant, sous certaines conditions, que l'exonération partielle ne soit pas remise en cause en cas de restructuration de la société considérée ou[399] des sociétés interposées.

d) un au moins des associés signataires du pacte doit avoir la qualité de dirigeant et la conserver pendant une durée minimale de cinq ans.

• Cette condition s'apprécie différemment dans les sociétés de personnes et les sociétés de capitaux :

– lorsque la société n'est pas soumise à l'IS, l'un au moins des associés signataires doit exercer son activité principale dans la société (V. *supra*, n° 1769) ;

– dans le cas inverse, l'un au moins des associés signataires ou réputés signataires doit exercer dans la société l'une des fonctions de direction éligibles pour l'exonération d'ISF au titre des biens professionnels (V. *supra*, n° 1771). La doctrine administrative considère que, dans les sociétés par actions simplifiées (ou SAS, qui sont légalement assimilées à des SA – V. *supra*, n° 1602), les fonctions de direction sont les mêmes que dans les sociétés anonymes (SA) à la condition que leur étendue soit, conformément aux statuts de la SAS, au moins équivalente à celle concernant les SA[400].

• L'exonération est subordonnée à l'exercice continu et effectif d'une fonction de direction par l'un au moins des associés signataires pendant toute la durée de cinq ans. Il n'est pas exigé, toutefois, que les fonctions de direction soient assurées par la même personne (physique ou morale) pendant cette durée[401].

• La loi du 1er août 2003 pour l'initiative économique avait prévu la présence d'un dirigeant pendant six ans au moins (c'est-à-dire pendant toute la durée minimale de l'engagement collectif

(397) Rép. min. Moyne-Bressand, n° 19.550 : *JOAN* Q 13 août 2013, p. 8722.
(398) Rép. min. préc.
(399) L. fin. rect. 2006, 30 déc. 2006, art. 57.
(400) BOI-PAT-ISF-30-40-60-10, n° 380.
(401) BOI-PAT-ISF-30-40-60-10, n° 350.

alors prévue). La loi de finances pour 2008[402] a assoupli cette condition. Désormais, la loi exige que l'un des signataires possède effectivement la qualité de dirigeant pendant les cinq années qui suivent la conclusion du pacte. Naturellement, le non-respect de cette condition entraîne la remise en cause *ab initio* de l'exonération partielle à l'égard de tous les associés signataires du pacte.

4) Si ces conditions sont satisfaites, l'exonération partielle peut porter ses effets (à compter de l'année suivant celle de l'enregistrement de l'engagement collectif) sans limitation de durée, dès lors que les titres sont conservés par le redevable (ou ses ayants droit).

Après expiration du délai global de conservation de six ans, la cession de ses titres par le redevable entraîne la remise en cause de l'exonération dont il a bénéficié pour l'année en cours (cette question étant normalement sans objet pour les années suivantes, les titres ne figurant plus dans le patrimoine de l'intéressé). Selon la doctrine administrative, cette remise en cause a lieu que la cession porte sur l'intégralité des titres ayant fait l'objet de l'engagement collectif de conservation ou seulement sur une partie d'entre eux[403]. En cas de cession partielle, les titres conservés par le redevable ne peuvent donc bénéficier de l'exonération que si un nouveau pacte « Dutreil » est conclu.

1782. – **Titres détenus par des salariés et mandataires sociaux.** 1) De manière générale, les parts ou actions possédées par un salarié dans la société qui l'emploie ne sont pas exonérées au titre des biens professionnels.

L'article 885 O bis, dernier alinéa, du CGI prévoit toujours l'exonération partielle (dans la limite de 150 000 €) des parts ou actions acquises par un salarié lors de la constitution d'une société créée pour le rachat de tout ou partie du capital d'une entreprise au sein de laquelle il exerce son activité professionnelle principale[404].

2) Dans un même ordre d'idées, certains mandataires sociaux peuvent ne pas être en mesure de bénéficier de l'exonération prévue au titre des biens professionnels (V. *supra*, n°s 1770 et s.).

Plus large que celle des dirigeants, la catégorie des mandataires sociaux comprend également, selon la doctrine administrative, les administrateurs et les membres du conseil de surveillance[405].

Il peut en aller de même de certains dirigeants sociaux.

C'est le cas notamment des dirigeants qui, ne détenant pas suffisamment de droits de vote dans les sociétés qu'ils dirigent (V. *supra*, n° 1772), ne respectent pas davantage la condition alternative tenant à l'importance patrimoniale de leur participation dans les sociétés en cause (V. *supra*, n° 1773).

3) La loi de finances pour 2006[406] a toutefois prévu, dans ces deux cas, une exonération partielle, à concurrence des trois quarts de la valeur des titres[407].

En 2010 (dernière année pour laquelle ces données ont été rendues publiques), la mesure avait bénéficié à 11 700 foyers, pour un coût total de 127 M€ pour le budget de l'État. Ce coût a été de 50 et 55 M€ en 2014 et 2015. Il a été évalué à 60 M€ pour 2016.

---

(402) L. 24 déc. 2007, art. 15, III, 2°.
(403) BOI-PAT-ISF-30-40-60-20, n° 150.
(404) Compte tenu de l'économie du dispositif (lié à l'application des articles 220 quater ou 220 quater A du CGI visant respectivement des opérations antérieures à 1987 et 1991), ce droit à exonération, s'il peut toujours produire ses effets à l'égard de titres reçus lors d'opérations anciennes, ne peut plus être « ouvert » actuellement.
(405) BOI-PAT-ISF-30-40-80, n° 50. Cette solution ne vaut que pour l'application de cette exonération.
(406) L. 30 déc. 2005, art. 26.
(407) CGI, art. 885 I quater.

4) Cette exonération partielle (qui est exclusive de l'application de tout autre régime de faveur au titre de l'impôt de solidarité sur la fortune) est subordonnée aux conditions suivantes :

a) la société doit exercer une activité industrielle, commerciale, artisanale, agricole ou libérale ;

Selon l'administration, il n'est pas exigé que la société en cause (qui peut d'ailleurs indifféremment posséder son siège en France ou hors de France) exerce à titre exclusif l'une ou l'autre de ces activités professionnelles. Ainsi, l'exonération partielle est applicable aux titres d'une société qui exerce à la fois une activité civile et une activité industrielle, commerciale, artisanale, agricole ou libérale, dans la mesure où cette activité civile n'est pas prépondérante[(408)].

L'activité financière des sociétés holdings les exclut normalement du champ d'application de l'exonération partielle. Toutefois, lorsqu'elles sont animatrices de leur groupe (V. *infra*, n° 1766, 2-*a*), les sociétés *holding* sont regardées comme des sociétés opérationnelles directement éligibles[(409)].

b) le redevable propriétaire des titres doit exercer son activité principale[(410)] dans cette société, comme salarié ou mandataire social ;

Le dispositif légal vise indistinctement les sociétés passibles de l'IS et les sociétés qui ne sont pas passibles de cet impôt. En pratique, dans les sociétés de personnes, seuls les simples salariés (ou, éventuellement, les mandataires sociaux non associés) auront intérêt à se prévaloir de cette exonération dans la mesure où les parts de sociétés de personnes dans lesquelles un associé exerce son activité professionnelle principale ont le caractère de biens professionnels intégralement exonérés d'ISF[(411)].

c) les parts ou actions doivent rester la propriété du redevable pendant une durée minimale de six ans courant à compter du 1er janvier de l'année au titre de laquelle l'exonération a été demandée.

• En principe, toute cession ou donation des titres pendant le délai de six ans entraîne la remise en cause *ab initio* de l'exonération partielle – étant précisé qu'en cas de cession partielle des titres, la remise en cause est limitée à la fraction des titres transmis[(412)]. Au-delà de la période de six ans, la cession n'emporte aucune incidence fiscale au titre de l'année en cours[(413)].

• La doctrine administrative a apporté à ce dispositif de nombreuses précisions et assouplissements visant, en particulier, le cas des titres possédés par un membre du groupe familial du salarié ou mandataire social et le cas des titres dont la propriété est démembrée[(414)].

• Le dispositif légal est assorti de mécanismes complémentaires visant, en particulier :

– à étendre l'exonération partielle :

• aux titres détenus par le redevable dans une société qui a des liens de dépendance avec la ou les sociétés dans laquelle ou lesquelles le redevable exerce ses fonctions ou activités. La situation de dépendance entre deux sociétés est caractérisée lorsque l'une détient (directement ou par personne interposée) la majorité du capital social de l'autre (ou y exerce en fait le pouvoir de décision) ou lorsqu'elles sont placées l'une et l'autre sous le contrôle d'une même entreprise tierce[(415)] ;

• aux parts de fonds communs de placement d'entreprise ou aux actions de sociétés d'investissement à capital variable d'actionnariat salarié, l'exonération étant alors limitée à la fraction de la valeur

(408) BOI-PAT-ISF-30-40-80, n° 10.
(409) BOI-PAT-ISF-30-40-80, n° 20.
(410) Comme pour l'application du régime des biens professionnels aux entrepreneurs individuels et aux associés des sociétés de personnes (V. *supra*, n° 1763, 1-*b*, et n° 1769, 3), l'activité principale s'entend de celle qui constitue pour le redevable l'essentiel de ses activités économiques. Jugé, à cet égard, que l'exercice à titre principal d'une activité n'implique pas nécessairement que celle-ci donne lieu à rémunération (Cass. com., 5 janv. 2016, n° 14-23.681, *Petit : Bull. civ.* 2016, IV, n° en cours ; *Dr. fisc. 2016*, n° 5, comm. 146, note E. Kornprobst).
(411) CGI, art. 885 O. – V. *infra*, n° 1769.
(412) BOI-PAT-ISF-30-40-80, n° 250.
(413) *Ibid.*
(414) BOI-PAT-ISF-30-40-80, nos 100 et 110.
(415) CGI, art. 39, 12.

des parts ou actions de ces organismes représentative des titres de la société dans laquelle le redevable exerce son activité principale (ou de titres de sociétés qui lui sont liées) ;

– à maintenir l'exonération partielle :

• en cas de fusion ou de scission de la société considérée pendant la durée de six ans conditionnant l'application du régime de faveur,

• lorsque le redevable, détenant les titres considérés depuis au moins trois ans, cesse ses fonctions ou activités pour faire valoir ses droits à la retraite. Naturellement, l'exonération reste subordonnée dans ce cas au respect de la condition tenant à la conservation des titres pendant une durée de six ans.

1783. – **Biens en nature de bois et forêts.** Les bois et forêts sont exonérés d'impôt de solidarité sur la fortune à concurrence des trois quarts de leur valeur lorsque, entre autres conditions, ces biens font l'objet d'un engagement d'exploitation trentenaire(416).

Le redevable peut céder (à titre onéreux ou à titre gratuit) le bien faisant l'objet d'un engagement trentenaire en cours sans perdre pour le passé le bénéfice de l'exonération partielle d'ISF (cette question étant évidemment sans intérêt pour le futur). Ce maintien du droit à exonération suppose toutefois que le cessionnaire du bien respecte, pour le temps restant à courir dans la période trentenaire, l'engagement de gestion pris par le cédant. En d'autres termes, le non-respect par le cessionnaire de l'engagement de gestion pris par le cédant entraîne la déchéance du régime de faveur dont a bénéficié ce dernier dans le passé(417).

Naturellement, ce cas d'exonération (emprunté aux droits de mutation par décès) ne présente d'intérêt que lorsque ces bois et forêts ne peuvent bénéficier de l'exemption prévue au titre des biens professionnels.

Depuis 2011, les redevables bénéficiaires de cette mesure sont tenus de produire, selon un rythme décennal, un bilan de gestion auprès de la direction départementale chargée de la forêt. En l'absence de toute disposition en ce sens, le non-respect de cette obligation par le redevable ne semble pas toutefois de nature à le priver du bénéfice de l'exonération.

Cette exonération partielle s'applique *mutatis mutandis* aux parts de groupements forestiers et, depuis la première loi de finances rectificative pour 2013(418), aux sommes déposées sur un compte d'investissement forestier et d'assurance ou CIFA(419). Elle ne s'applique pas, en revanche, aux parts de sociétés d'épargne forestière.

Lorsque les parts ont été acquises à titre onéreux, elles doivent en outre être détenues par le redevable depuis deux ans au moins au 1er janvier de l'année d'imposition.

En 2010 (dernière année pour laquelle ces données ont été rendues publiques), cette mesure avait bénéficié à 62 300 foyers, pour un coût total de 50 M€ pour le budget de l'État. Ce coût est évalué à 46 M€ pour 2016.

1784. – **Biens ruraux donnés à bail.** Les biens ruraux (c'est-à-dire les biens affectés à une exploitation agricole) peuvent être exonérés d'impôt de solidarité sur la fortune en tant que biens professionnels par application des règles générales ou spéciales (V. *supra*, n° 1774). Lorsque ces cas d'exonération ne trouvent pas à s'appliquer, c'est-à-dire, en pratique, lorsque des terrains agricoles ne sont pas exploités

(416) CGI, art. 885 H et art. 793, 2, 2°.

(417) Cass. com., 11 juin 2013, n° 12-19.890, *Garelli : Dr. fisc.* 2013, n° 47, comm. 523, note J.-P. Maublanc, pour le cas où l'acheteur d'un massif forestier s'était livré à des coupes non conformes au plan de gestion. Dans cette situation, le cédant et le cessionnaire sont solidaires du paiement des droits et pénalités exigibles du fait de la déchéance de l'exonération partielle (CGI, art. 1840 G, II, prévoyant notamment l'exigibilité d'un « supplément de droit » égal, respectivement, à 30 %, 20 % et 10 % de la réduction consentie selon que le manquement est constaté avant l'expiration de la dixième, vingtième ou trentième année).

(418) L. 29 déc. 2013, art. 32.

(419) Remplaçant le compte épargne d'assurance pour la forêt (CEAF), le CIFA est alimenté par des versements qui sont légalement plafonnés. Les sommes déposées sur le CIFA sont normalement employées pour financer les travaux de reconstitution forestière à la suite de la survenance d'un sinistre naturel d'origine sanitaire, climatologique, météorologique ou lié à l'incendie (ou les travaux de prévention d'un tel sinistre).

directement ou indirectement par le redevable ou par un membre de son groupe familial élargi, une exonération partielle ou plafonnée est susceptible de s'appliquer.

L'exonération s'applique aux biens ruraux donnés à bail à long terme (durée minimale de dix-huit ans) ou à bail cessible(420) à un tiers. Elle joue à concurrence des trois quarts de la valeur des biens donnés en location lorsque cette valeur n'excède pas (quel que soit le nombre de baux) la limite de 101 897 € et à concurrence de la moitié de la valeur des biens au-delà de cette limite(421).

Résultant de la loi de finances pour 2015(422), cette limite (qui était également celle applicable de 2011 à 2013) s'applique pour l'ISF dû au titre de l'année 2015 et des années suivantes(423). Cette loi a en effet exclu que la limite d'exonération soit, désormais, réévaluée chaque année dans la même proportion que la limite supérieure de la première tranche du barème de l'IR(424).

Ce cas d'exonération s'applique *mutatis mutandis* aux parts de groupements fonciers agricoles (ou d'anciens groupements agricoles fonciers) non exploitants ou, dans la mesure où elles sont représentatives de biens de nature agricole, aux parts de groupements fonciers ruraux. Dans ces différentes hypothèses, seule la fraction de la valeur des parts représentative de la valeur nette des biens donnés à bail à long terme ou à bail cessible bénéficie de l'exonération partielle. Depuis la deuxième loi de finances rectificative pour 2008(425), l'exonération n'est plus réservée aux parts représentatives d'apports constitués par des immeubles ou des droits immobiliers à destination agricole (mais s'applique également à celles reçues en contrepartie d'apports en numéraire). L'exonération ne s'applique aux parts acquises à titre onéreux (par opposition à celles ayant rémunéré un apport) que si elles sont détenues par le redevable depuis deux ans au moins au 1er janvier de l'année d'imposition(426).

SECTION 4

L'ASSIETTE ET LA LIQUIDATION DE L'IMPÔT DE SOLIDARITÉ SUR LA FORTUNE

§ 1. – La détermination de la base d'imposition

1785. – Valeur nette du patrimoine global imposable. La base d'imposition à l'impôt de solidarité sur la fortune est constituée par la valeur nette du patrimoine global imposable. Elle correspond à la valeur totale des éléments d'actif imposables diminuée de celle des éléments de passif fiscalement admis en déduction. Cette valeur est déterminée en se plaçant au 1er janvier de l'année d'imposition qui constitue le fait générateur de l'impôt.

(420) C. rur. pêche marit., art. L. 418-1 et s.

(421) CGI, art. 885 H, al. 4.

(422) L. 29 déc. 2014, art. 16.

(423) Établie à 100 000 € en 2009 (L. fin. 2009, 27 déc. 2008, art. 39), la limite avait été réévaluée (en fonction de l'érosion monétaire) à 100 393 € pour 2010 puis 101 897 € pour 2011. Compte tenu du gel du barème de l'IR, la limite était demeurée à ce dernier montant en 2012 et 2013. Elle avait ensuite été réévaluée (en fonction de l'érosion monétaire) à 102 717 € pour 2014.

(424) Ce faisant, la loi de finances pour 2015 a « reconnecté » les limites respectivement applicables en matière d'ISF et de droits de mutation à titre gratuit (CGI, art. 793 bis). En effet, en cette dernière matière, la correction annuelle en fonction de l'érosion monétaire avait été supprimée trois ans auparavant (deuxième L. fin. rect. 2012, 16 août 2012, art. 5, I-H).

(425) L. 30 déc. 2008, art. 41.

(426) V. sur ces différentes questions BOI-PAT-ISF-30-40-10, nos 180 à 230.

La base d'imposition est déterminée – sous sa responsabilité – par le redevable à l'occasion de l'accomplissement de ses obligations déclaratives. La valeur déclarée est naturellement susceptible de faire l'objet d'un contrôle ultérieur de l'administration.

A. – L'évaluation des éléments d'actif

1786. – Valeur vénale réelle des biens. Les biens imposables sont en principe retenus dans la base d'imposition pour leur *valeur vénale réelle* au 1er janvier de l'année d'imposition. Cette règle, empruntée aux droits de mutation par décès[(427)], s'accompagne de solutions particulières assez nombreuses.

1) Par transposition des règles retenues en matière de droits de succession[(428)], la valeur vénale des biens imposables est déterminée, sauf exception, par voie de déclaration estimative du redevable.

2) Cette règle s'applique indistinctement aux biens imposables situés en France ou à l'étranger.

3) En principe, les biens dont la propriété est démembrée sont compris, pour leur valeur en pleine propriété, dans le patrimoine de l'usufruitier[(429)]. Dans les cas où l'imposition séparée de l'usufruitier et du nu-propriétaire est légalement admise, la valeur respective des deux droits est obligatoirement déterminée par application de l'article 669 du CGI en fonction de l'âge de l'usufruitier ou de la durée de l'usufruit (V. *supra*, n° 1741).

1° L'évaluation des immeubles

1787. – Évaluation par comparaison. La valeur vénale des immeubles est normalement déterminée par comparaison ou, pour les immeubles de rapport et à défaut d'éléments de comparaison pertinents, en fonction des revenus que leur propriétaire en retire.

Dans d'assez nombreuses hypothèses, cette valeur peut faire l'objet d'une décote pour tenir compte de la situation particulière de droit ou de fait dans laquelle se trouve l'immeuble au jour du fait générateur de l'impôt.

1) L'administration considère ainsi que les immeubles classés comme monuments historiques doivent être évalués en tenant compte de l'incidence des contraintes découlant de ce régime[(430)].

2) L'évaluation de la valeur vénale d'un immeuble s'opère normalement par référence aux prix convenus lors des ventes immobilières portant sur des biens similaires. Si de telles ventes peuvent être utilisées comme éléments de comparaison, c'est toutefois à la condition qu'elles aient été conclues avant le 1er janvier de l'année d'imposition[(431)].

3) Le simple constat d'un préjudice, fût-il avéré, ne justifie pas à lui seul l'application d'un abattement pour la détermination de la valeur d'un bien immobilier : encore incombe-t-il au redevable de justifier de la dépréciation de la valeur de son bien elle-même[(432)].

4) Sur le cas des immeubles détenus par l'intermédiaire d'une société, V. *infra*, n° 1792.

1788. – Sous-évaluation chronique. La sous-évaluation des biens immobiliers dans les déclarations d'impôt de solidarité sur la fortune est parfois présentée comme un phénomène endémique. Cette opinion, si elle n'est pas fondamentalement erronée, est sans doute très exagérée.

(427) CGI, art. 855 S, al. 1er.
(428) CGI, art. 758 et 761.
(429) CGI, art. 885 G.
(430) BOI-PAT-ISF-30-50-10, n° 160.
(431) Cass. com., 29 nov. 1994, n° 92-21.898, *Jourdan-Barry : Dr. fisc.* 1995, n° 7, comm. 303.
(432) Cass. com., 15 mai 2012, n° 11-18.397, *Provitolo : Dr. fisc.* 2012, n° 21, act. 239, à propos du préjudice esthétique subi par le propriétaire d'une villa du fait de l'implantation, à l'arrière de celle-ci, qu'un pylône supportant une antenne-relais téléphonique.

Il est incontestable, au demeurant, que les propriétaires fonciers ne sont pas toujours en mesure de connaître exactement la réalité du marché immobilier, ce qui peut les conduire à retenir une valeur minorée pour tel ou tel élément de leur patrimoine foncier. Consciente de cette difficulté, l'administration fiscale a souhaité la création d'un dispositif propre à accompagner les redevables dans cette tâche d'évaluation difficile : désormais, les informations relatives aux transactions immobilières dont dispose l'administration sont mises gratuitement à la disposition des particuliers – au grand dam des professionnels de l'évaluation immobilière.

Adopté sur amendement gouvernemental dans la quatrième loi de finances rectificative pour 2011[433], ce dispositif est destiné à mettre fin à l'« asymétrie d'information entre le contribuable et l'administration » en matière d'évaluation immobilière[434]. Attendu pour la fin 2012, il n'est devenu opérationnel qu'au dernier trimestre 2013, après la publication du décret en Conseil d'État nécessaire à son application[435]. Plus précisément, l'application fonctionne depuis le 6 novembre 2013 au profit, dans une première phase, des seuls habitants de Paris et du Limousin (il devrait être accessible à l'ensemble des contribuables avant la fin de l'année 2013).

Reposant sur une application informatique sécurisée dénommée « PATRIM-Rechercher des transactions immobilières » (l'appellation « PATRIM-Usagers » était initialement projetée), ce « téléservice » permet à toute personne physique faisant état de la nécessité fiscale d'évaluer la valeur vénale d'un bien immobilier (pour la détermination de l'assiette de l'ISF notamment) d'obtenir gratuitement communication (par voie électronique) des éléments d'information relatifs aux ventes (et opérations assimilées) de biens immobiliers présentant certaines caractéristiques (*a minima*, type et superficie du bien) intervenues dans un périmètre géographique et durant une période déterminés[436] – étant précisé que le service ne couvre pas les ventes des biens situés dans les départements d'Alsace et de Moselle (en raison du particularisme local tenant à l'existence du Livre foncier) et de Mayotte. Si l'on en croit l'administration, cette application devrait permettre aux particuliers « de sécuriser l'évaluation de leurs biens dans le cadre d'une obligation déclarative et de renforcer la qualité du dialogue entre les usagers et l'administration dans le cadre de procédures de contrôle (...) ».

Ces informations (qui ne peuvent concerner que des opérations réalisées depuis moins de dix ans) sont réservées à l'usage personnel du demandeur – la loi prévoyant à cet égard que l'usager doit justifier de sa qualité et accepter l'enregistrement de sa consultation. L'utilisation du service (auquel on accède grâce à la procédure sécurisée d'authentification préalable mise en œuvre pour la déclaration des revenus en ligne) est limitée à cinquante consultations par utilisateur par période de trois mois, sauf dérogation expresse et justifiée. Au-delà, l'utilisateur peut se voir interdire l'accès au service pendant six mois[437].

Comme on pouvait s'y attendre, le législateur a pris soin de préciser que la circonstance que le prix ou l'évaluation d'un bien immobilier ait été déterminé sur le fondement d'informations obtenues par le biais de « PATRIM-Rechercher des transactions immobilières » ne fait pas obstacle au droit de l'administration de rectifier ce prix ou cette évaluation[438]. Une interrogation demeure toutefois : l'administration ne sera-t-elle pas tentée de reprocher à un redevable ayant consulté le service de ne pas avoir tenu compte des informations obtenues à ce titre, en persistant à déclarer une valeur significativement minorée pour tel ou tel élément immobilier de son patrimoine ?

1789. – Résidence principale et résidence secondaire. 1) La Cour de cassation considère que, pour la détermination de la base d'imposition à l'impôt de solida-

(433) L. 28 déc. 2011, art. 57. – LPF, art. L. 107 B.

(434) Rapp. n° 164 de la Commission des finances du Sénat, présenté par Mme N. Bricq, sur le projet de loi de finances rectificative pour 2011, p. 333.

(435) D. 2 août 2013 relatif à la mise en place du service de communication électronique au public des informations permettant l'appréciation de la valeur vénale des immeubles à des fins administratives ou fiscales. – LPF, art. R. 107 B-1 et R. 107 B-2.

(436) LPF, art. L. 107 B et art. R. 107 B-1, IV.

(437) LPF, art. R. 107 B-2, IV.

(438) LPF, art. L. 107 B.

rité sur la fortune, la résidence principale du redevable doit être évaluée en fonction de cette circonstance – et non comme un immeuble libre de toute occupation[439].

Selon la doctrine administrative, la notion de résidence principale doit s'entendre du « logement dans lequel le redevable réside effectivement et de manière habituelle pendant la majeure partie de l'année »[440].

Elle admet donc à ce titre l'application d'un abattement, auquel la loi de finances pour 1999[441] a conféré valeur légale. Initialement fixé à 20 %, le taux de cet abattement a été porté à 30 % par la loi TEPA du 21 août 2007 (art. 14). Il n'est aucunement plafonné en valeur[442].

En dépit de très nombreuses tentatives parlementaires en ce sens, l'exonération intégrale de la résidence principale n'a jamais été décidée par la loi. Les enjeux budgétaires ne sont évidemment pas étrangers à ce refus qui a pu être justifié, parfois, par des préoccupations (un peu exagérées sans doute) d'ordre constitutionnel. La forte majoration du « point d'entrée » de l'ISF (passé en 2011 de 800 000 à 1 300 000 €) participe toutefois de cette considération[443].

L'ordre de grandeur du coût budgétaire de cette mesure (qui n'est plus regardée comme une dépense fiscale mais comme une simple modalité du calcul de l'ISF) est de 490 M€ pour 2016.

2) La résidence principale du redevable est, en conséquence, retenue dans le patrimoine imposable à l'impôt de solidarité sur la fortune à concurrence de 70 % de sa valeur vénale[444].

L'existence de cet abattement, qui ne saurait être juridiquement regardé comme une exonération partielle, est sans incidence sur la déduction des dettes se rapportant, le cas échéant, à la résidence principale (V. *infra*, n° 1797, 1).

Cette mesure n'est pas applicable, selon la doctrine administrative, lorsque le redevable est propriétaire de sa résidence principale par l'intermédiaire d'une personne interposée et spécialement d'une société civile immobilière (V. *infra*, n° 1792, 2).

En revanche, les résidences secondaires dont le redevable se réserve la jouissance sont retenues pour leur valeur libre de toute occupation.

a) La loi précise qu'en cas d'imposition commune de plusieurs redevables, un seul immeuble est susceptible de bénéficier de l'abattement de 30 %[445].

b) L'administration considère que l'abattement légal s'applique à la résidence grevée, au profit du conjoint survivant, d'un droit temporaire au logement (V. *supra*, n° 1741, 3-*b*).

1790. – Immeubles indivis, immeubles loués et immeubles prêtés. 1) La situation d'indivision altère la valeur de l'immeuble indivis. En conséquence, la valeur propre de droits immobiliers indivis diffère de la seule fraction de la valeur vénale totale du bien correspondant à la proportion des droits indivis[446]. Il n'y a pas lieu, à cet égard, de distinguer selon que l'état d'indivision résulte d'une succession ou a été choisi délibérément par les coïndivisaires[447].

(439) Cass. com., 13 févr. 1996, n° 93-20.878, *Fleury : Dr. fisc.* 1996, n° 15, comm. 503 ; *Bull. civ.* 1996, IV, n° 47.
(440) BOI-PAT-ISF-30-50-10, n° 120.
(441) L. 30 déc. 1998, art. 17.
(442) Les nombreuses tentatives parlementaires en ce sens sont restées lettre morte.
(443) V. notamment Commission des finances du Sénat, Rapp. n° 620, 15 juin 2011, présenté par M. Ph. Marini, sur le projet de loi de finances rectificative pour 2011, t. I, p. 117, relevant que « cette évolution tend à répondre de manière concrète à la situation des personnes entrées dans l'ISF du seul fait de l'accroissement récent des prix de l'immobilier ». V., dans le même sens, les indications contenues dans le rapport de la Commission des finances de l'Assemblée nationale, citées *infra*, n° 1803, 4).
(444) CGI, art. 885 S, al. 2.
(445) Sur le cas des résidences principales dont la propriété est démembrée, V. BOI-PAT-ISF-30-50-10, n° 140.
(446) Cass. com., 19 juin 1990, n° 89-10.394, *Fayard : Bull. civ.* 1990, IV, n° 184. – Cass. com., 14 déc. 1999, n° 97-18.810, *Leflaive : Dr. fisc.* 2000, n° 40, comm. 739. – Cass. com., 16 févr. 2016, n° 14-23.301, *Lœillet : Dr. fisc.* 2016, n° 11, comm. 222.
(447) Cass. com., 22 févr. 2000, n° 97-17.821, *Ferrière : Bull. civ.* 2000, IV, n° 37.

En pratique, des décotes de 10 % à 30 % semblent pouvoir être admises en fonction, essentiellement, du nombre de coïndivisaires.

2) Il en est de même des immeubles donnés en location[448].

Pour les immeubles loués à usage d'habitation, une décote de 10 % à 25 % semble pouvoir être admise, en fonction de la durée du bail restant à courir. S'agissant des logements (encore) loués sous le régime de la loi du 1er septembre 1948 portant notamment modification de la législation relative aux rapports des bailleurs et locataires, une décote supérieure pourrait être admise (parfois évoqué, le taux de décote de 40 % n'est toutefois retenu ni par la jurisprudence ni par la doctrine administrative).

3) En revanche, les immeubles mis gratuitement à disposition d'un tiers doivent être évalués comme libres de toute occupation.

1791. – **Immeubles hypothéqués et immeubles démembrés.** Selon la Cour de cassation, le fait que l'immeuble est grevé d'une hypothèque n'altère pas sa valeur réelle : « l'hypothèque n'ayant pour objet que de garantir le remboursement de la dette contractée par le débiteur ne saurait avoir une incidence sur la valeur vénale de l'immeuble qu'elle grève »[449].

Naturellement, la dette garantie par l'hypothèque est, à la supposer certaine, un élément de passif déductible de l'assiette de l'ISF.

La même solution s'applique lorsque l'immeuble imposable fait l'objet d'un démembrement de propriété. Ainsi, aucun abattement (qui pourrait être justifié par l'aléa lié à la réunion des droits) ne peut s'appliquer au profit de l'usufruitier.

L'exclusion de toute décote sur la valeur des immeubles dont la propriété est démembrée pouvait se déduire (sans difficulté) de la jurisprudence de la Cour de cassation en matière de valeurs mobilières (V. *infra*, n° 1792). Elle a été expressément confirmée en 2007 par la Haute juridiction : l'article 885 G du CGI « a pour but de faire obstacle à la prise en compte du démembrement pour la détermination de l'assiette de l'impôt de l'ISF et s'oppose à l'application de tout abattement dont l'objet serait de constater une diminution de valeur du bien au titre de ce démembrement »[450].

2° L'évaluation des meubles

1792. – **Titres et valeurs mobilières.** 1) Les valeurs mobilières *cotées* sont évaluées, sur option du redevable :

– soit, selon le dernier cours connu au 1er janvier de l'année d'imposition ;
– soit, selon la moyenne des trente derniers cours précédant la même date[451].

Ce principe ne souffre aucune exception. C'est ainsi que les circonstances que la propriété des valeurs mobilières est démembrée[452] ou qu'un droit de préemption stipulé par pacte d'actionnaires affecte la liquidité des titres[453] ne font pas obstacle à l'application des règles légales qui, selon la Cour de cassation, sont « claires et ne souffr [ent] aucune dérogation »[454].

(448) Cass. com., 16 janv. 2001, n° 98-11.545, *Lenoir*, inédit.
(449) Cass. com., 3 juill. 2001, n° 98-15.971, *Durreche* : *Bull. civ.* 2001, IV, n° 129.
(450) Cass. com., 20 mars 2007, n° 05-16.751, *Vrillaud* : *Dr. fisc.* 2007, n° 40, II, comm. 13.775 ; *RJF* 7/2007, n° 858.
(451) CGI, art. 885 T bis.
(452) Cass. com., 20 nov. 1998, n° 96-20.128, *Lansard* : *Dr. fisc.* 1998, n° 52, comm. 1178. – Cass. com., 12 janv. 1999, n° 97-11.590, *Celier* : *Dr. fisc.* 1999, n° 10, comm. 200. La Cour de cassation a donné une portée générale à cette solution qui n'est plus désormais fondée sur les dispositions de l'article 885 T bis du CGI mais sur celles de son article 885 G (V. *supra*, n° 1791).
(453) Cass. com., 8 juill. 1997, n° 95-16.803, *Desanges* : *Bull. civ.* 1997, IV, n° 226.
(454) Même arrêt.

2) La valeur des titres *non cotés* est déterminée comme en matière de droits de mutation par décès, c'est-à-dire par application (ou par combinaison) de différentes méthodes de valorisation (valeur mathématique, valeur de rendement, valeur de productivité et valeur de comparaison).

• Selon l'administration, la circonstance que des titres font l'objet d'un engagement de conservation dans le cadre d'un pacte « Dutreil » (V. *supra*, n° 1781) n'altère en rien leur valeur(455).

• Même si la Cour de cassation ne l'a pas encore confirmé, il est généralement admis que la valeur des parts détenues dans une société civile immobilière ne se confond pas (abstraction faite des éventuelles dettes grevant le passif social) avec la valeur des immeubles figurant à l'actif social (sur la non prise en compte, pour la valorisation des titres d'une société non cotée « à prépondérance immobilière française », des créances détenues sur la société par des non-résidents, V. *supra*, n° 1750, 3).

Dans cette hypothèse, la valeur des parts pourrait faire l'objet d'une décote (pouvant aller jusqu'à 20 %) en fonction, notamment, du nombre d'associés (et de leurs liens éventuels), de la structure de détention du capital social et de la rigidité des clauses statutaires affectant, le cas échéant, la liberté de cession des parts sociales (clauses prévoyant l'incessibilité temporaire des parts ou l'agrément du cessionnaire par les autres associés notamment).

L'abattement prévu en faveur de la résidence principale du redevable (V. *supra*, n° 1789, 1) n'est pas applicable pour la détermination de la valeur des parts que le redevable détient dans la société civile immobilière qui serait propriétaire du logement constituant sa résidence principale(456).

• Naturellement, la détermination de la valeur des liquidités (soldes positifs des comptes bancaires notamment) ne soulève aucune difficulté. Les dépôts libellés en monnaie étrangère sont convertis en euros par application du dernier cours connu au jour du fait générateur de l'impôt.

• Selon l'administration, les actions de sociétés d'investissement à capital variable (Sicav) et les parts de fonds communs de placement (FCP) doivent être évaluées « à leur dernière valeur de rachat connue au 1er janvier de l'année d'imposition, à l'exclusion de toute autre méthode »(457). Un rescrit interprétatif a introduit en 2009 une exception à cette règle à l'égard des titres affectés par l'affaire *Madoff*. En effet, sur la base d'une recommandation prise le 18 décembre 2008 par l'Autorité des marchés financiers, les organismes de placement ayant investi plus de 5 % de leur actif dans des fonds étrangers affectés par cette fraude ont pu (à titre exceptionnel et temporaire) suspendre les souscriptions et les rachats et, en conséquence, ne plus calculer de valeur liquidative pour les actions et parts considérées. Dans ce contexte, l'administration a admis que – pour la détermination de l'assiette de l'ISF dont le fait générateur est postérieur à la suspension des souscriptions et des rachats – la valeur des actifs exposés dans le cadre de l'affaire *Madoff* soit, sous réserve du cas où cette valeur aurait été garantie par le gestionnaire aux porteurs de parts ou actions, considérée comme nulle pour l'évaluation des parts et actions des organismes de placement concernés(458).

1793. – **Meubles meublants.** La valeur des meubles meublants (entendus au sens large) peut être déterminée sur des bases simplifiées admises par l'administration. Le plus souvent, ces biens font l'objet d'une évaluation globale des différents objets composant le mobilier, ce qui permet d'écarter le forfait légal de 5 % prévu en matière de droits de succession(459) dont l'application serait généralement très défavorable au redevable.

Les dispositions de l'article 764 du CGI permettant de déterminer la valeur de meubles par référence au prix exprimé dans un acte de vente publique (intervenue dans les deux ans du jour

(455) BOI-PAT-ISF-30-40-60-20, n° 20.
(456) BOI-PAT-ISF-30-50-10, n° 120. L'abattement en cause est en revanche applicable lorsque l'immeuble est détenu par l'intermédiaire d'une société immobilière de copropriété. En effet, dans ces sociétés (qui sont légalement transparentes) les associés sont réputés être directement propriétaires des logements correspondant à leurs droits (V. *supra*, n° 1603, 2).
(457) BOI-PAT-ISF-30-50-20, n° 300.
(458) RES n° 2009/37 ENR, 2 juin 2009 repris au BOI-PAT-ISF-30-50-20, n° 310.
(459) CGI, art. 764.

du fait générateur) ou, pour les bijoux et pierreries, par référence à l'évaluation faite dans des contrats d'assurance sont susceptibles de s'appliquer en matière d'ISF (même si, en pratique, cette solution semble peu fréquemment mise en œuvre). Ces règles sont résumées dans le tableau suivant.

<table>
<tr><th>MEUBLES MEUBLANTS</th><th>BIJOUX, PIERRERIES, OBJETS D'ART OU DE COLLECTION</th><th>AUTRES MEUBLES</th></tr>
<tr><td colspan="3">1) Prix net exprimé dans un acte de vente publique intervenue dans les 2 ans suivant le fait générateur</td></tr>
<tr><td>2) À défaut de vente publique, estimation contenue dans un inventaire dressé par un commissaire-priseur judiciaire, un huissier ou un notaire dans les 5 ans suivant le fait générateur.</td><td>2) À défaut de vente publique la plus élevée des estimations contenues dans les actes suivants :
a) acte estimatif quelconque établi dans les 5 ans suivant le fait générateur ;
b) contrat d'assurance contre le vol ou contre l'incendie en cours au jour du fait générateur et conclus par le redevable ou ses auteurs, moins de dix ans avant le fait générateur.</td><td>2) À défaut de vente publique, estimation contenue dans un acte estimatif quelconque établi dans les 5 ans suivant le fait générateur.</td></tr>
<tr><td>3) À défaut d'inventaire dressé dans les formes prescrites :
a) valeur résultant de la déclaration détaillée et estimative du redevable ;
b) sous réserve de la double présomption suivante :
– présomption (simple) de l'existence de meubles meublants ;
– présomption (simple) selon laquelle la valeur de ces meubles meublants est égale à 5 % de la valeur des autres biens meubles et immeubles figurant à l'actif[1571].</td><td colspan="2">3) À défaut des actes estimatifs précédents, valeur résultant de la déclaration détaillée et estimative du redevable – sans aucune évaluation forfaitaire minimale.</td></tr>
</table>

1794. – Autres biens meubles (créances, véhicules, valeur des rentes). D'autres solutions particulières sont applicables :

– quelle que soit la date de leur échéance, les créances à terme sont en principe retenues pour leur valeur nominale, majorée des intérêts courus et des intérêts échus non encore payés[461]. Cette règle ne s'applique pas aux créances qui, venues à échéance avant le fait générateur de l'impôt, doivent être retenues pour leur valeur vénale[462], sur la base de la déclaration estimative du redevable[463] ;

(460) Selon la doctrine administrative, le forfait est calculé sur la base de la valeur brute de l'actif mobilier et immobilier (BOI-ENR-DMTG-10-40-10-20, n° 90, solution retenue en matière de droits de mutation part décès).
(461) CGI, art. 760. Cette règle est écartée par la doctrine administrative à l'égard des bons de capitalisation (V. *supra*, n° 1794).
(462) CGI, art. 758.
(463) Cass. com., 9 oct. 2007, n° 06-16.528, *Holder : Dr. fisc.* 2007, n° 49, comm. 1029.

La créance détenue sur une société en difficulté peut être retenue pour sa valeur probable de recouvrement[464]. Celle-ci se confond avec sa valeur nominale, dès lors que le redevable n'est pas en mesure de prouver qu'elle est totalement ou partiellement irrécouvrable au jour du fait générateur de l'impôt[465]. Ces règles s'appliquent en particulier aux comptes courants d'associés ouverts dans les comptes d'une société en difficulté[466].

– les véhicules automobiles peuvent être évalués sur la base de *l'argus* ;

– les rentes viagères sont retenues (dans le patrimoine du crédirentier) pour leur valeur de capitalisation.

Pour les rentes constituées entre particuliers, il peut être fait application des barèmes qui, établis par l'administration, permettent de déterminer la valeur d'une rente en fonction de l'âge du crédirentier.

Par ailleurs, l'administration admet que, par exception à la règle générale d'évaluation des créances, les bons du Trésor, bons d'épargne et bons de capitalisation peuvent être retenus pour leur seule valeur nominale, à l'exclusion des intérêts courus ou échus et non encaissés au jour du fait générateur[467].

Jusqu'en 2013, la loi prévoyait que les stocks de vins et d'alcools d'une entreprise industrielle, commerciale ou agricole étaient retenus pour leur valeur comptable[468]. Posée en 1981 lors de la création de l'IGF, à une époque où les biens professionnels pouvaient être compris dans l'assiette de l'impôt, cette règle avait pour objet « historique » de « favoriser la conservation des vins et spiritueux en évitant la taxation des plus-values "latentes" liées au vieillissement de ces produits »[469]. Même si elle avait perdu une large part de son intérêt pratique avec l'introduction, par la loi de finances pour 1984 (V. *infra*, n° 1762, 2), de l'exonération intégrale des biens professionnels, cette règle a subsisté dans le CGI jusqu'à son abrogation par la loi de finances pour 2014[470].

B. – La déduction des éléments de passif

1795. – Principe de déduction du passif. 1) En principe, les dettes personnelles du redevable, certaines au 1er janvier de l'année d'imposition, sont déductibles pour la détermination de l'actif net imposable.

a) Seules les dettes personnelles du redevable (ou d'un membre du foyer imposable à l'ISF) sont imputables sur son patrimoine imposable. Ainsi, un usufruitier, même redevable de l'ISF sur la valeur en pleine propriété de parts sociales, ne peut imputer sur la valeur de ces parts des éléments de passif incombant au nu-propriétaire[471]. Pour un motif similaire, un redevable ne peut déduire de son assiette imposable à l'ISF le résultat négatif net d'une société qu'il dirige dès lors qu'il n'établit pas qu'il était personnellement tenu d'y contribuer à la date du fait générateur de l'imposition en cause[472].

b) La question de savoir si l'administration peut, par transposition de la théorie de l'acte anormal de gestion, refuser la prise en compte d'une dette qui ne correspondrait pas à une « gestion patri-

(464) Cass. com., 23 févr. 1999, n° 96-19.587, *Revaud* : *Dr. fisc.* 1999, n° 23, comm. 460.
(465) Cass. com., 11 mars 2008, n° 07-10.643, *Tativian* : *RJF* 6/08, n° 753.
(466) Cass. com., 19 janv. 2010, n° 09-10.994, *Verga* : *RJF* 5/2010, n° 543. – Cass. com., 15 mai 2012, n° 11-17.848, *Wibaux* : *Dr. fisc.* 2012, n° 21, act. 238, relevant que c'est au redevable d'apporter la preuve des difficultés financières de la société qui, selon lui, sont de nature à justifier que le compte courant dont il est titulaire soit évalué à sa valeur probable de recouvrement et non à la valeur, supérieure, pour laquelle il figure au bilan. – Cass. com., 9 juill. 2013, n° 12-21.836, *Roussel* : *Dr. fisc.* 2013, n° 45, comm. 504, note S. Dorison et E. Delaby, retenant que la valeur d'une telle créance, qui doit être déterminée en fonction des possibilités réelles de remboursement de la société, doit tenir compte de sa situation financière d'ensemble et, notamment, de la valeur de ses actifs immobiliers.
(467) BOI-PAT-ISF-30-50-20, n° 50.
(468) CGI, art. 885 T.
(469) BOI-PAT-ISF-30-50-20, n° 320.
(470) L. fin. 29 déc. 2013, art. 26, I. Cette abrogation a pu toutefois conduire à l'aggravation de l'imposition des associés non dirigeants des sociétés de capitaux détenant des stocks de vins et d'alcools.
(471) Cass. com., 18 mai 2005, nos 03-14.469 et a., *Soalhat* : *Dr. fisc.* 2006, n° 3, comm. 67 ; *Bull. civ.* 2005, IV, n° 105.
(472) Cass. com., 31 janv. 2006, n° 04-15.259, *Carité* : *RJF* 5/2006, n° 616.

moniale normale » n'est pas envisagée par la doctrine administrative. Inédite en jurisprudence, elle appelle très probablement une réponse négative[473].

c) En cas de rattachement par moitié, à chacun des patrimoines de leurs parents, des biens des enfants mineurs d'un couple ne faisant pas l'objet d'une imposition commune à l'ISF (V. *supra*, n° 1740, 2), les dettes se rapportant à ces biens sont déductibles dans la même proportion.

d) La situation du quasi-usufruitier – c'est-à-dire de l'usufruitier d'une somme d'argent ou de tout autre bien consomptible – suscite une difficulté particulière. Celle-ci résulte de la coexistence de deux règles :

– en sa qualité d'usufruitier, le quasi-usufruitier est en principe personnellement imposable à raison de la valeur en pleine propriété du bien considéré (V. *supra*, n° 1741) ;

– à la fin de l'usufruit, le quasi-usufruitier est légalement tenu de restituer au nu-propriétaire, non pas les biens eux-mêmes, qui se sont trouvés consommés par l'usage qu'il en a fait, mais, alternativement, « des choses de même quantité et même qualité » ou « leur valeur estimée à la date de la restitution »[474].

La question s'est posée de l'incidence de cette obligation sur la détermination du passif déductible en matière d'ISF. Relevant, très justement, que la déduction à titre de passif de la valeur du bien objet du quasi-usufruit viderait de sa portée la règle selon laquelle l'usufruitier est imposable sur la valeur en toute propriété du bien, la doctrine administrative avait considéré que, pour l'assiette de l'ISF, « l'obligation prévue à l'article 587 du Code civil ne s'analyse pas comme une dette, mais comme une obligation de restituer le bien objet du quasi-usufruit »[475]. Confirmant une solution d'abord retenue en matière de droits de mutation par décès[476], la Cour de cassation a infirmé cette interprétation : le quasi-usufruitier « se trouve tenu, en application [de l'art. 587 du Code civil], d'une dette de restitution exigible au terme de l'usufruit et qui, prenant sa source dans la loi, est déductible de l'assiette de l'ISF jusqu'à la survenance de ce terme »[477]. Non sans paradoxe[478], le nu-propriétaire des biens objets du quasi-usufruit doit corrélativement, le cas échéant, comprendre dans son actif imposable à l'ISF la créance correspondant à cette « dette de restitution ».

e) Les dettes déduites du patrimoine imposable doivent pouvoir être justifiées par le redevable. L'étendue des obligations déclaratives liées à l'imputation d'éléments de passif varie en fonction de la valeur nette du patrimoine imposable (V. *infra*, n° 1827).

2) Sur le plan pratique, les éléments de passif peuvent correspondre à :

– des emprunts bancaires (pour le montant du capital restant dû et le montant des intérêts échus et non payés et des intérêts courus au 1er janvier de l'année d'imposition) ;

– des dettes envers des prestataires de services ou des entrepreneurs de travaux ;

– des découverts bancaires et des comptes débiteurs ;

– des dépôts de garantie reçus de locataires en début de bail ;

– du capital constitutif des rentes viagères dont le paiement incombe au redevable ;

– des dettes fiscales lorsque, le fait générateur de l'impôt s'étant produit, elles n'ont pas encore été acquittées au 1er janvier de l'année d'imposition.

(473) V., insusceptible d'interprétation *a contrario* sur ce point, Cass. com., 12 juin 2012, n° 11-11.424, *Lafforgue : Bull. civ.* 2012, IV, n° 123 ; *Dr. fisc.* 2012, n° 25, act. 269.

(474) C. civ., art. 587.

(475) RES 23 janv. 2007, n° 2007/01 FP, repris au BOI-PAT-ISF-30-60-20, n° 50.

(476) Selon la Cour de cassation, en cas de quasi-usufruit, « l'usufruitier se trouve tenu (…) d'une dette de restitution exigible au terme de l'usufruit (…) » (Cass. com., 27 mai 2015, n° 14-16.246, *Donier : Dr. fisc.* 2015, n° 24, act. 349 ; *Bull. civ.* 2015, IV, n° en cours). Cette dette est déductible de l'actif successoral lorsque l'usufruit s'éteint au décès de l'usufruitier.

(477) Cass. com., 24 mai 2016, n° 15-17.788, *Mulliez : Dr. fisc.* 2016, n° 27, comm. 402, note J.-F. Desbuquois et R. Mortier ; *Bull. civ.* 2015, IV, n° en cours. Retenue dans le silence des moyens du redevable sur ce point, la solution a été rendue à propos des dividendes distribués par prélèvement sur les réserves à l'usufruitier de droits sociaux. Elle semble toutefois présenter un caractère général.

(478) Eu égard aux principes appliqués fermement par le Conseil constitutionnel sur ce point.

a) Selon l'administration, la cotisation d'ISF née au 1er janvier de l'année d'imposition est déductible de l'assiette de cet impôt dû au titre de la même année[479]. En pratique, cette déduction s'opère en ajoutant au passif déductible – dans le cadre d'un second calcul de la cotisation d'ISF – le montant d'ISF déterminé en fonction du patrimoine net dans le cadre d'un premier calcul.

b) Naturellement, le montant des dettes est déterminé par application de règles similaires à celles tenant à la valorisation des créances. Ainsi, les dettes viagères sont retenues (dans le patrimoine du débirentier) pour leur valeur de capitalisation.

c) Est également déductible, la valeur de capitalisation des pensions alimentaires dont le paiement, incombant au redevable, résulte d'une décision judiciaire. Cette solution s'applique également à l'égard des prestations compensatoires, alors même que la valeur de capitalisation d'une telle prestation ne constitue pas un élément d'actif imposable pour son bénéficiaire (V. *supra*, n° 1757, 2).

3) Lorsqu'elles sont relatives à un élément d'actif imposable, les dettes sont imputables sans limitation particulière. Il en va différemment lorsqu'elles sont relatives à un élément d'actif exonéré (V. *infra*, n° 1797).

1796. – Dettes futures, éventuelles, incertaines et prescrites. 1) Les dettes futures ou simplement éventuelles au 1er janvier de l'année d'imposition ne sont pas déductibles.

Tel est le cas en particulier d'une dette résultant d'un engagement de caution solidaire du redevable, dès lors que ce dernier ne justifie pas de la mise en jeu de cet engagement au jour du fait générateur de l'impôt[480] ou d'une dette affectée d'une condition et non d'un terme[481].

2) De même, les dettes incertaines au 1er janvier de l'année d'imposition ne peuvent venir en déduction de l'actif.

Ainsi, les intérêts d'emprunt non courus au 1er janvier de l'année d'imposition, qui n'ont pas d'existence certaine compte tenu de la possibilité de remboursement anticipé de l'emprunt, ne sont pas déductibles de l'assiette de cet impôt[482].

Les dettes litigieuses relèvent de ce cas de figure : « une dette faisant l'objet d'un contentieux n'est pas certaine, de sorte qu'elle ne peut figurer en l'état au passif déductible » de celui qui en conteste l'existence[483].

Même fixée dans son montant par un arrêt d'appel, une dette demeure incertaine, dès lors que le débiteur s'est pourvu en cassation contre cet arrêt[484].

La conclusion d'une transaction ou d'un protocole d'accord mettant fin à la contestation portant sur le montant d'une dette la rend rétroactivement certaine[485].

Cette solution s'applique en particulier à une dette fiscale résultant d'une procédure de rectification. Lorsque les impositions supplémentaires sont contestées par le redevable, la dette devient incertaine à compter de la date de cette contestation. Elle le demeure (et ne peut figurer au passif déductible de l'assiette de l'impôt de solidarité sur la fortune) aussi longtemps qu'elle reste litigieuse[486].

(479) BOI-PAT-ISF-30-60-10, n° 100.

(480) Cass. com., 24 mai 1994, n° 92-14.838, *Le Pen : Dr. fisc.* 1994, n° 39, comm. 1630. – Cass. com., 23 févr. 1999, n° 96-19.587, *Revaud : Dr. fisc.* 1999, n° 23, comm. 460.

(481) Cass. com., 20 sept. 2011, n° 10-17.555, *Morel : RJF* 12/2011, n° 1387, à propos d'un complément de prix subordonné à la réalisation d'un événement encore incertain.

(482) Cass. com., 19 avr. 2005, n° 03-12.458, *Bogdan : Dr. fisc.* 2005, n° 23, comm. 466 ; *Bull. civ.* 2005, IV, n° 93.

(483) Cass. com., 2 juill. 1996, n° 94-18.015, *Borganetti : RJF* 12/1996, n° 1485, à propos d'une dette fiscale contestée par le redevable.

(484) Cass. com., 14 nov. 2006, n° 04-16.419, *Le Guay : Bull. civ.* 2006, IV, n° 224.

(485) Cass. com., 14 nov. 2006, *Le Guay*, préc. – Cass. com., 4 nov. 2008, n° 07-19.800, *Chupin : RJF* 2/2009, n° 168.

(486) Cass. com., 13 janv. 1998, n° 96-10.352, *Picoty : Dr. fisc.* 1998, n° 11, comm. 197 ; *Bull. civ.* 1998, IV, n° 17. – Cass. com., 18 mai 2005, nos 03-14.469 et a., *Soalhat : Dr. fisc.* 2006, n° 3, comm. 67 ; *Bull. civ.* 2005, IV, n° 105.

L'administration admet, en revanche, que les impositions supplémentaires acceptées par le redevable dans le cadre de la procédure de rectification (et non contestées par lui) sont déductibles de son patrimoine imposable.

Dans l'hypothèse ou une transaction fiscale a été conclue, la dette déductible est limitée au montant des sommes restant dues au titre de cette transaction, et non à l'intégralité des droits et pénalités réclamés avant l'intervention de celle-ci[487].

Le redevable, qui a déterminé spontanément le montant de sa dette d'IR, n'est pas en droit de la porter intégralement au passif de son patrimoine dès lors qu'il a été informé par l'administration du caractère exagéré du montant ainsi calculé[488].

Contrairement au sursis de paiement, le report d'imposition n'a pas pour effet de différer le paiement d'une imposition précédemment établie. Ce mécanisme consiste seulement à rattacher à une période d'imposition ultérieure, au cours de laquelle se produit l'événement mettant fin au report, un élément d'assiette définitivement déterminé. Il en résulte que la « dette d'impôt » correspondant à cette assiette en report n'est pas déductible de l'actif taxable au titre de l'ISF tant qu'il n'a pas été mis fin au report[489].

3) Enfin, les dettes prescrites ne sont pas déductibles, à moins, naturellement, qu'il soit justifié par le redevable que la prescription a été interrompue à leur égard[490].

Les dettes échues depuis plus de trois mois sont présumées remboursées[491]. Leur déductibilité suppose, en conséquence, la production d'une attestation spéciale du créancier[492].

1797. – Traitement des dettes relatives à un élément d'actif non taxé. 1) Avant la loi de finances pour 2013, les dettes, même contractées pour l'achat (ou dans l'intérêt) d'un bien *intégralement exonéré* d'impôt de solidarité sur la fortune demeuraient théoriquement déductibles pour la détermination du patrimoine net imposable. Toutefois, elles devaient être imputées par priorité sur la valeur du bien exonéré et ce n'était qu'en présence d'un excédent de passif que cet excédent pouvait être imputé sur l'actif imposable, c'est-à-dire sur la valeur des autres biens taxés. Cette règle, issue du régime des droits de mutation par décès[493], s'appliquait en particulier aux dettes professionnelles.

En cas d'exonération *partielle*, les dettes en cause étaient déductibles de l'actif brut à concurrence de la fraction de la valeur de ces biens qui n'était pas exonérée.

a) Ce régime d'imputation s'appliquait exclusivement en présence d'éléments exonérés d'ISF. Il ne pouvait trouver application dans les deux hypothèses suivantes n'étant (ou ne pouvant être) regardées comme se rapportant à des cas d'exonération :

– dans la mesure où, selon la Cour de cassation, « le bien grevé d'usufruit étant, pour l'impôt de solidarité sur la fortune, compris dans le patrimoine de l'usufruitier pour sa valeur en pleine propriété, il ne constitue pas un bien exonéré », la règle de taxation de l'usufruitier sur la valeur en pleine propriété d'un bien démembré ne saurait être regardée comme posant une exonération en faveur du nu-propriétaire, ce dernier était parfaitement en droit de déduire de son patrimoine imposable la dette contractée pour l'acquisition de la nue-propriété alors même que la valeur de ce droit démembré se trouve comprise, avec celle de l'usufruit, dans le patrimoine de l'usufruitier[494] ;

(487) Cass. com., 30 nov. 2004, n° 02-15.825, *Demaegdt : Dr. fisc.* 2005, n° 20, comm. 413 ; *Bull. civ.* 2004, IV, n° 207.
(488) Cass. com., 18 mai 2005, n°s 03-14.469 et a., *Soalhat*, préc.
(489) Cass. com., 6 mai 2014, n° 13-11.420, *Porche : Dr. fisc.* 2014, n° 37, comm. 523, note J.-L. Pierre, rendu en matière de plus-values de cession de titres.
(490) CGI, art. 773, 5°.
(491) CGI, art. 773, 1°.
(492) LPF, art. L. 20. La Cour de cassation a jugé que le juge de l'impôt ne peut refuser de se prononcer sur le caractère probant de l'attestation éventuellement produite (Cass. com., 4 juill. 2006, n° 03-15.627, *Morgaine : Bull. civ.* 2006, IV, n° 162 ; *Dr. fisc.* 2006, n° 41, comm. 660).
(493) CGI, art. 769.
(494) Cass. com., 31 mars 2009, n° 08-14.645, *Theiller et a. : Dr. fisc.* 2009, n° 23, comm. 358, note S. Quilici.

– la résidence principale du redevable est retenue dans le patrimoine imposable à l'ISF à concurrence de 70 % de sa valeur vénale (V. *supra*, n° 1789). Pour autant, cet abattement de 30 % ne s'analyse pas juridiquement comme une exonération partielle (liée à la définition du champ d'application de l'impôt) mais relève des règles d'évaluation de l'assiette de l'impôt. Il en résulte que le capital restant dû au titre d'un emprunt souscrit pour l'achat d'une résidence principale était (et demeure aujourd'hui) entièrement déductible du patrimoine imposable et non pas seulement pour 70 % de son montant[495].

b) Cette limitation de la prise en compte des éléments de passif était générale. Elle s'appliquait à toutes les dettes et non pas seulement à celles résultant d'un contrat de prêt[496].

2) Depuis la loi de finances pour 2013[497], les dettes contractées par le redevable pour l'acquisition ou dans l'intérêt de biens qui ne sont *pas pris en compte* pour l'assiette de l'impôt de solidarité sur la fortune dû par l'intéressé ou qui en sont *intégralement exonérés* ne sont pas imputables sur l'actif brut, c'est-à-dire sur la valeur des biens taxables[498].

Ces dettes sont donc intégralement « perdues » sur le plan de l'imposition du patrimoine.

En cas d'exonération *partielle*, les dettes considérées demeurent, comme sous l'empire du droit antérieur, déductibles de l'actif brut à concurrence de la fraction de la valeur de ces biens qui n'est pas exonérée, c'est-à-dire dans la proportion inverse de l'exonération applicable.

a) Ce nouveau régime d'imputation s'applique pour l'établissement de l'ISF dû à compter de 2013. La solution retenue dans l'arrêt *Theiller*[499] est donc privée de portée.

b) La règle d'imputation partielle des dettes contractées pour l'acquisition ou dans l'intérêt de biens partiellement exonérés s'applique par exemple aux dettes contractées pour l'acquisition de bois et forêts ou de titres de sociétés faisant l'objet d'un pacte « Dutreil » (exonérés, dans les deux cas, pour les trois quarts de leur valeur), qui ne sont déductibles de l'actif imposable que pour le quart de leur montant.

c) Ainsi que le relève la doctrine administrative, la restriction à l'imputation ne saurait s'appliquer aux dettes légales qui, par construction, ne peuvent être regardées comme ayant été « contractées » par le redevable[500].

§ 2. – La liquidation de l'impôt de solidarité sur la fortune

1798. – **Impôt théorique et impôt exigible.** L'impôt de solidarité sur la fortune frappe les personnes dont la valeur nette du patrimoine imposable excède 1 300 000 €. À supposer cette condition remplie, la liquidation de l'impôt consiste en premier lieu à appliquer à la base d'imposition nette le barème de l'impôt. Ce montant d'impôt théorique fait ensuite, le cas échéant, l'objet de diverses corrections.

Jusqu'en 2011, les opérations de liquidation de l'ISF étaient en toutes hypothèses (sauf en cas de mise en œuvre d'une procédure de rectification) à la charge du redevable lui-même. Depuis 2012,

(495) La doctrine administrative est d'ailleurs en ce sens (V. BOI-PAT-ISF-30-60-30, n° 40).
(496) Cass. com., 7 avr. 2009, n° 08-16.008, *Jung : RJF* 8-9/2009, n° 797, à propos d'un découvert bancaire que le redevable avait reconnu avoir partiellement utilisé dans l'intérêt de biens professionnels exonérés.
(497) L. 29 déc. 2012, art. 13, I-B.
(498) CGI, art. 885 G quater.
(499) Cass. com., 31 mars 2009, n° 08-14.645, *Theiller et a.*, préc.
(500) BOI-PAT-ISF-30-60-30, n° 40. La non-application de la restriction concerne notamment les dettes fiscales.

cette règle est écartée pour les « petits » redevables de l'ISF dont l'imposition est, dans la généralité des cas, liquidée par l'administration parallèlement à l'IR, sur la base déclarée par le redevable (V. *infra*, n° 1828).

A. – Le barème de l'impôt

1°Règles positives

1799. – Barème progressif par tranche. 1) Si l'on excepte la parenthèse de 2012 (V. *infra*, n° 1803), le tarif de l'impôt de solidarité sur la fortune a toujours été fondé sur un barème *progressif par tranches*(501).

Destinée à éliminer tout effet de seuil dans l'application du barème progressif, cette méthode consiste, successivement :

– à décomposer, en fonction des tranches délimitées par le barème, le patrimoine total en différentes fractions ;

– à soumettre chacune de ces fractions (et elle seulement) au taux d'imposition de la tranche correspondante. Cette opération permet de déterminer une ou plusieurs « cotisations partielles » ;

– à faire la somme de ces différentes « cotisations partielles », ce qui donne le montant total de l'impôt.

2) Issu de la loi de finances pour 2013(502), le barème applicable depuis 2013 est le suivant :

FRACTION DE LA VALEUR NETTE TAXABLE DU PATRIMOINE (BARÈME APPLICABLE À COMPTER DE 2013)	TAUX APPLICABLE
N'excédant pas 800 000 €	0 %
Comprise entre 800 000 € et 1 300 000 €	0,50 %
Comprise entre 1 300 000 € et 2 570 000 €	0,70 %
Comprise entre 2 570 000 € et 5 000 000 €	1 %
Comprise entre 5 000 000 € et 10 000 000 €	1,25 %
Supérieure à 10 000 000 €	1,50 %

Le barème de l'ISF a passablement évolué depuis l'origine. Le barème institué par la loi de finances pour 1989(503) frappait les redevables dont la valeur nette du patrimoine imposable excédait 4 MF. Les cinq taux alors applicables s'échelonnaient entre 0 % et 1,1 %, ce dernier taux étant applicable à la fraction du patrimoine net imposable excédant, à l'époque, 20 MF. La loi de finances pour 1990(504) a créé une sixième tranche au taux de 1,5 % frappant la fraction du patrimoine net imposable excédant, à l'époque, 40 MF. La première loi de finances rectificative pour 1995(505) a institué une majoration exceptionnelle de 10 % concernant notamment les cotisations d'ISF. Cette majoration « Juppé » s'est appliquée de 1995 à 1998 avant d'être intégrée par la loi de finances pour 1999(506) dans le barème général (dont les différents taux ont été majorés de 10 %). Cette même loi a introduit une septième tranche d'imposition frappant au taux de 1,8 % la fraction du patrimoine net imposable excédant, à l'époque, 100 MF. Sous réserve du « passage à l'euro » et de l'actualisation (à partir de 2005) du barème en fonction de l'érosion monétaire (V. *infra*, n° 1804), le tarif de l'ISF résultant de ces différents textes est resté inchangé jusqu'en 2010.

En le ramenant à 1,5 %, la loi de finances pour 2013 rétablit le taux marginal de l'ISF à son niveau de 1994 (ce taux s'appliquant toutefois, à l'époque, à la fraction du patrimoine excédant un seuil équivalent à 6,5 M€ environ).

(501) CGI, art. 885 U.
(502) L. 29 déc. 2012, art. 13, I-D.
(503) L. 23 déc. 1988, art. 26, VI.
(504) L. 29 déc. 1989, art. 10, I.
(505) L. 4 août 1995, art. 3, I.
(506) L. 30 déc. 1998, art. 13, II.

Le régime applicable pour l'année 2012, au cours de laquelle deux contributions sur la fortune ont pu se cumuler, fait l'objet d'une présentation particulière (V. *infra*, n° 1803).

3) Naturellement, ces taux sont appliqués à la valeur vénale du patrimoine – et non pas au revenu qui en est, le cas échéant, périodiquement retiré.

Il peut en résulter, sans doute, une déformation dans la perception de la réalité de la pression fiscale résultant de l'ISF. Par exemple, frapper annuellement au taux de 1,5 % la valeur d'un patrimoine dont le rendement annuel est de 3 % revient à prélever 50 % des revenus correspondants.

1800. – « Point d'entrée de l'impôt ». On pourrait s'attendre à ce que, conformément à une solution usuelle en présence d'un impôt progressif par tranches, la limite d'imposition (ou « point d'entrée ») de l'impôt de solidarité sur la fortune corresponde à la limite supérieure de la première tranche du barème de cet impôt.

Si cela a bien été le cas dans le passé, ce n'est plus le cas depuis la première loi de finances rectificative pour 2011 qui a opéré une dissociation entre ces deux limites.

Pour l'année 2011, compte tenu de la revalorisation de 1,5 % environ de la limite supérieure de la première tranche du barème de l'IR[507], le point d'entrée de l'ISF aurait dû être de 800 000 €. Tout en portant rétroactivement ce « point d'entrée » à 1 300 000 €, la première loi de finances rectificative pour 2011[508] n'a pas modifié le barème de l'impôt lui-même (dont la limite supérieure de la première tranche s'est trouvée fixée à 800 000 €).

Ainsi, depuis cette loi (abstraction faite de la parenthèse de 2012) :

- seuls les redevables dont la valeur du patrimoine net imposable est supérieure à 1 300 000 € sont passibles de l'impôt de solidarité sur la fortune ;
- c'est la fraction de la valeur de ce patrimoine qui excède 800 000 € (et non 1 300 000 €) qui est soumise à l'impôt.

Dit autrement, du fait de cette dissociation, les redevables de l'impôt de solidarité sur la fortune « entrent » directement dans la troisième tranche du barème.

Il résulte de cette dissociation un effet de seuil (ou ressaut d'imposition) qui est clairement illustré par ce simple exemple : un redevable dont le patrimoine net imposable est égal à 1 299 990 € échappe à l'ISF ; celui dont le patrimoine net imposable est égal à 1 300 010 € est redevable d'une cotisation d'ISF de 2 500 €.

Le tableau suivant fait ressortir l'évolution du « point d'entrée » de l'ISF. Sur la revalorisation du barème de cet impôt en fonction de l'érosion monétaire, V. *infra*, n° 1804.

ANNÉE D'IMPOSITION	LIMITE D'IMPOSITION (OU « POINT D'ENTRÉE ») DE L'ISF
1989	4 000 000 F
1990	4 130 000 F
1991	4 260 000 F
1992 et 1993	4 390 000 F
1994	4 470 000 F
1995	4 530 000 F
1996	4 610 000 F
1997 à 2004	4 700 000 F (puis, à compter de 2002, année du » passage » à l'euro, 720 000 €)

(507) L. fin. 2011, 29 déc. 2010, art. 2.
(508) L. 29 juill. 2011, art. 1er, IV-1°.

ANNÉE D'IMPOSITION	LIMITE D'IMPOSITION (OU « POINT D'ENTRÉE ») DE L'ISF
2005	732 000 €
2006	750 000 €
2007	760 000 €
2008	770 000 €
2009 et 2010	790 000 €
2011	1 300 000 € (800 000 € avant la première LFR pour 2011)
2012 et suivantes	1 300 000 €

1801. – **Effet de seuil et décote.** Face à la difficulté résultant de la disjonction entre « point d'entrée » et limite supérieure de la première tranche du barème de l'impôt, le législateur a conçu un mécanisme correctif qui atténue cet effet de seuil sans le supprimer totalement. Le mécanisme retenu est celui de la décote – le montant de la décote venant en diminution du montant de l'impôt exigible.

Plus précisément, pour les redevables dont le patrimoine a une valeur nette taxable comprise entre 1 300 000 € et 1 400 000 €, le montant de l'impôt brut découlant du barème progressif est réduit d'une somme égale à la différence entre 17 500 € et 1,25 % de la valeur nette taxable de ce patrimoine(509).

Les textes relatifs à la décote donnent à penser que les personnes dont le patrimoine net imposable est exactement égal à 1 300 000 € (il en existe peut-être) sont passibles de l'ISF. En réalité, il faut faire primer la règle légale selon laquelle les redevables de cet impôt sont ceux dont « la valeur [des] biens est supérieure à 1 300 000 € »(510). La doctrine administrative est d'ailleurs en ce sens(511). En revanche, pour 2011, l'ISF a été dû par les « personnes physiques dont la valeur nette taxable du patrimoine est supérieure ou égale à 1 300 000 € »(512).

En d'autres termes, l'impôt mis à la charge des redevables dont la valeur du patrimoine net imposable est comprise entre 1 300 000 € et 1 400 000 € fait l'objet d'un lissage proportionnel, le montant d'impôt étant ramené à 1 250 € (contre 2 500 € avant décote) pour un patrimoine égal à 1 300 000 € et restant inchangé (à 3 200 €) pour un patrimoine égal à 1 400 000 €.

Ce dispositif de décote laisse subsister un ressaut d'imposition de 1 250 € lors du franchissement de la limite d'imposition de 1,3 M€ – ce montant jouant le rôle d'« impôt minimal » pour tous les redevables imposables. Il aurait fallu, pour éviter ce « défaut », appliquer une décote (il est vrai plus coûteuse pour les finances publiques) égale à la différence entre 35 000 € et 2,5 % de la valeur nette du patrimoine imposable.

1802. – **Absence de quotient familial.** Le barème progressif de l'impôt de solidarité sur la fortune s'applique comme en matière d'impôt sur le revenu (V. *supra*, nos 1535 et 1799).

Toutefois, aucun mécanisme de correction de la progressivité du barème de l'impôt n'est prévu en cas d'imposition commune de plusieurs individus.

(509) CGI, art. 885 U, 2.
(510) CGI, art. 885 A.
(511) BOI-PAT-ISF-20-10, n° 20.
(512) Première L. fin. rect. 2011, 29 juill. 2011, art. 1er, IV-1°.

Cette absence de « quotient familial » n'a pas été considérée comme contraire à la Constitution[513]. Même si la décision relative au texte ayant institué l'impôt sur les grandes fortunes[514] n'aborde pas cette question, il ressort des délibérations du Conseil constitutionnel s'y rapportant que ces « modalités autres que le quotient familial » tiennent au mécanisme du seuil d'imposition (V. *supra*, n° 1800) qui a pu être présenté, à l'époque, comme un « abattement général et forfaitaire » qui, empreint de simplicité, avait au surplus le mérite de ne pas favoriser les possesseurs de patrimoine important.

2°Précisions complémentaires

1803. – Barème progressif pur et simple (parenthèse de 2012). 1) Le barème de l'impôt de solidarité sur la fortune introduit par la première loi de finances rectificative pour 2011[515] dans le cadre de la réforme plus globale de la fiscalité du patrimoine présentait de nombreuses particularités. Même s'il ne s'est appliqué qu'au titre de l'année 2012, il mérite pour cette raison d'être brièvement décrit.

Il est question ici du barème de l'ISF *stricto sensu* et non de l'imposition globale qui a résulté, en 2012, du cumul de l'ISF et de la contribution exceptionnelle sur la fortune (V. *supra*, n° 1731).

2) Ce barème présentait d'abord la particularité de ne comporter que deux tranches :

VALEUR NETTE TAXABLE DU PATRIMOINE (BARÈME APPLICABLE EN 2012)	TAUX APPLICABLE
Égale ou supérieur à 1 300 000 € et inférieure à 3 000 000 €	0,25 %
Égale ou supérieur à 3 000 000 €	0,50 %

Les seuils de ce barème auraient dû être corrigés – dès 2012 – de l'érosion monétaire observée en 2011. En réalité, ils ne l'ont pas été en raison du gel du barème de l'impôt sur le revenu dû (notamment) au titre de l'année 2011 décidé par la quatrième loi de finances rectificative pour 2011[516].

Conformément à la solution toujours retenue en matière d'ISF, ce barème s'appliquait sans mécanisme de quotient familial.

3) En outre, contrairement à la tradition fiscale française, ce barème s'est appliqué selon la méthode de la *progressivité brute* (ou pure et simple), par opposition à la progressivité par tranches (V. *supra*, n° 1535) habituellement mise en œuvre.

a) Cela signifie que l'assiette de l'impôt (ici la valeur nette du patrimoine imposable) a été frappée dans son intégralité (c'est-à-dire dès le premier euro) par le taux désigné, en fonction de cette assiette, par le barème progressif.

b) Naturellement, cette méthode produisait des effets de seuil (ou ressauts d'imposition). Ainsi, en l'absence de mécanisme correctif, le taux d'imposition appliqué à un patrimoine de 3 000 010 € aurait été le double de celui appliqué à un patrimoine de 2 999 990 €. Un ressaut de même nature se serait produit lors du franchissement du premier seuil.

C'est la raison pour laquelle le tarif issu de la première loi de finances rectificative pour 2011 comportait un mécanisme de lissage destiné à limiter ou à supprimer cet effet de seuil. La technique retenue était celle de la décote – la décote venant en réduction du montant brut de l'impôt résultant du barème[517].

Les modalités techniques de cette mesure (dont on simplifie au passage l'expression mathématique inutilement ampoulée) étaient passablement complexes :

– le montant brut de l'ISF dû par les redevables dont le patrimoine net taxable était compris entre 1,3 et 1,4 M€ était réduit de la différence entre 24 500 € et 1,75 % de la valeur de ce patrimoine.

(513) Cons. const., 29 sept. 2009, n° 2010-44 QPC, *Mathieu*, § 14, où il est jugé qu'en créant l'ISF, le législateur, qui a considéré que la composition du foyer fiscal n'avait pas, pour la détermination de la capacité contributive de celui-ci, la même incidence qu'en matière d'IR, avait pu pendre en compte les capacités contributives des redevables selon d'« autres modalités » que le quotient familial.

(514) Cons. const., 30 déc. 1981, n° 81-133 DC, *Loi de finances pour 1982*.

(515) L. 29 juill. 2011, art. 1er.

(516) L. 28 déc. 2011, art. 16.

(517) CGI, art. 885 U, I-2, anc.

Ainsi, il était réduit de 1 750 € (pour ressortir à 1 500 €) pour les redevables dont le patrimoine était égal strictement à 1,3 M€ ;

– le montant brut de l'ISF dû par les redevables dont le patrimoine net taxable était compris entre 3 et 3,2 M€ était réduit de la différence entre 120 000 € et 3,75 % de la valeur de ce patrimoine. Ainsi, il était réduit de 7 500 € (pour ressortir à 7 500 €) pour les redevables dont le patrimoine était égal strictement à 3 M€.

c) S'il conduisait à un lissage correct pour le franchissement du second seuil (3 M€), ce dispositif de décote laissait subsister un ressaut d'imposition de 1 500 € pour le franchissement du premier seuil (1,3 M€) – ce montant jouant le rôle d'« impôt minimal » pour tous les redevables imposables (il aurait fallu, pour éviter cet inconvénient appliquer dans ce cas une décote [il est vrai plus onéreuse] égale à la différence entre 45 500 € et 3,25 % de la valeur nette du patrimoine imposable).

Naturellement, les différents montants retenus au titre du mécanisme de décote avaient vocation à être corrigés annuellement de l'érosion monétaire et ajustés pour neutraliser les modifications affectant, pour la même raison, les limites des tranches du barème lui-même. En réalité, ils ne l'ont pas été compte tenu du gel du barème de l'IR (V. *supra*, n° 1534).

4) Au fond, la modification opérée par la première loi de finances rectificative pour 2011 était spectaculaire : le barème était simplifié à l'extrême (en passant de six à deux tranches), alors que le taux marginal de l'impôt de solidarité sur la fortune était presque divisé par quatre.

Cette baisse radicale des taux était justifiée ainsi dans l'exposé des motifs du projet de loi de finances rectificative pour 2001 : « le Gouvernement propose (...) de reconstruire un ISF plus simple, plus juste et économiquement plus efficace, qui rendrait les mécanismes de plafonnement et de bouclier superflus ».

Elle était toutefois tempérée par le passage de la progressivité par tranches à la progressivité brute.

Plus encore, le nouveau taux marginal était inférieur au premier taux d'imposition du barème progressif antérieur (V. *supra*, n° 1730, 2-*c*).

Il ne faut pas en déduire, toutefois, que les charges fiscales des redevables se trouvaient réduites dans la même proportion. Le nouveau barème s'appliquait, d'abord, selon la méthode de la progressivité brute (V. *supra*, pt 2), alors que le mécanisme propre à l'ISF de plafonnement de l'impôt en fonction des revenus (V. *infra*, n°s 1817 et s.) était supprimé. Surtout, cette refonte intégrale du barème ne peut être dissociée de la suppression du « bouclier fiscal » (qui bénéficiait massivement aux redevables les plus imposés à l'ISF). L'appréciation exacte de l'impact de cette réforme a d'ailleurs fait l'objet, au printemps 2011, de vives discussions lors des débats parlementaires de la première loi de finances rectificative pour 2011.

Sur les incidences globales de ces deux modifications en fonction des catégories de redevables, V. la précédente édition de cet ouvrage, n° 1674.

Cette réduction radicale des taux d'imposition correspondait à une nécessité : la réforme de l'impôt de solidarité sur la fortune s'accompagnait en effet de la suppression du « bouclier fiscal » et de celle du mécanisme de plafonnement propre à cet impôt. Cette double disparition supposait donc une forte réduction du taux marginal de l'impôt sur la fortune, sauf à observer, dans certains cas, des phénomènes de confiscation fiscale.

Par ailleurs, les taux d'imposition antérieurs (étagés entre 0,55 % à 1,80 %) avaient été fixés à une époque où le rendement réel des actifs était (pour diverses raisons économiques) beaucoup plus élevé qu'aujourd'hui. Selon le gouvernement, « compte tenu de l'évolution du rendement réel des actifs, [l] es taux [actuels], notamment les taux les plus élevés, [étaient] devenus confiscatoires ».

Saisi de la loi de finances rectificative du 29 juillet 2011, le Conseil constitutionnel a considéré que cette diminution ne méconnaissait ni le principe d'égalité devant les charges publiques ni l'exigence de bon emploi des deniers publics[518]. Le juge constitutionnel a relevé, pour ce faire, que la loi, en modi-

(518) Cons. const., 28 juill. 2011, n° 2011-638 DC, *Première loi de finances rectificative pour 2011*, § 18 et 19.

fiant le barème de l'impôt de solidarité sur la fortune, avait entendu éviter que la suppression concomitante du plafonnement de l'ISF et du « bouclier fiscal » aboutisse à faire peser sur une catégorie de contribuables une charge excessive au regard de leurs facultés contributives. Le juge constitutionnel a considéré notamment que le législateur, en réduisant le nombre de tranches et en abaissant les taux de l'impôt de solidarité sur la fortune, n'avait commis aucune erreur manifeste d'appréciation et n'avait pas, « en tout état de cause », supprimé toute progressivité du barème de cet impôt.

1804. – **Question de l'actualisation annuelle du barème.** La question de l'actualisation des tranches du barème de l'impôt sur la fortune en fonction de l'érosion monétaire a soulevé beaucoup de difficultés.

1) De 1983 jusqu'en 1996 (et sauf en 1993), le barème a été actualisé chaque année, à l'image du barème de l'impôt sur le revenu.

a) Pendant la période d'application de l'IGF (1982-1986), la revalorisation du barème de l'impôt sur la fortune a toujours été significativement inférieure à l'érosion monétaire et, partant, à celle du barème de l'IR. Ainsi, en 1983, les différentes tranches du barème de l'IR ont été uniformément revalorisées de 12,3 %, alors que celles de l'IGF (alors au nombre de quatre) étaient augmentées dans des proportions variant de 6 % à 10 %(519). Des écarts du même ordre peuvent être observés au cours des années suivantes, jusqu'à la suppression de l'IGF(520).

b) En revanche, les actualisations du barème de l'ISF opérées à compter de 1990 ont toujours été calquées (au moins approximativement) sur l'érosion monétaire et ont généralement épousé, en conséquence, celles du barème de l'IR(521).

2) En revanche, de 1997 à 2004, aucune actualisation n'est intervenue.

Le plus souvent, l'actualisation proposée dans le projet de loi de finances initiale était, pour chacune de ces années, écartée par la voie d'un amendement parlementaire.

3) Mettant fin à cette situation très pénalisante pour les redevables, la loi de finances pour 2005(522) a introduit deux modifications de portée très différente :

a) cette loi a, en premier lieu, procédé à l'actualisation du barème pour 2005 ;

La correction opérée par ce texte a été limitée : le barème issu de la loi de finances pour 1997 a été corrigé de l'érosion monétaire observée en 2004 et non de l'érosion monétaire totale observée entre 1997 et 2004 (ce qui aurait conduit à retenir dès 2005 un seuil de 800 000 € environ – il ne sera retenu qu'en 2011).

b) elle a, en second lieu, prévu la mise en œuvre, à compter de 2006, d'une « indexation automatique annuelle » du barème calquée sur celle applicable en matière d'impôt sur le revenu : les limites des tranches du tarif de l'impôt de solidarité sur la fortune étaient actualisées chaque année dans la même proportion que la limite supérieure de la première tranche du barème de l'impôt sur le revenu(523).

α) Naturellement, en l'absence de dispositions particulières, la réforme de l'IR consistant dans l'intégration de l'abattement de 20 % dans le barème de l'impôt(524) se serait traduite, l'année suivante, par une majoration de 25 % des limites des différentes tranches du barème de l'ISF. La loi de finances pour 2006 a anticipé ces effets induits de la réforme du barème de l'IR en prévoyant que pour les impositions établies en 2007, il ne serait pas tenu compte de l'augmentation des limites des tranches du barème de l'IR pour l'augmentation des limites et montants évoluant chaque année comme la limite supérieure de la première tranche de ce barème(525).

(519) L. fin. 1983, 29 déc. 1982, art. 16.
(520) V. L. fin. 1984, 29 déc. 1983, art. 19, VI. – L. fin. 1985, 29 déc. 1984, art. 26. – L. fin. 1986, 30 déc. 1985, art. 19.
(521) V. L. fin. 1990, 29 déc. 1989, art. 10. – L. fin. 1991, 29 déc. 1990, art. 16. – L. fin. 1992, 30 déc. 1991, art. 37. – L. fin. 1994, 30 déc. 1993, art. 7. – L. fin. 1995, 29 déc. 1994, art. 4. – L. fin. 1996, 30 déc. 1995, art. 6.
(522) L. 30 déc. 2004, art. 17, 1° et 2°.
(523) CGI, art. 885 U, II, anc.
(524) L. fin. 2006, 30 déc. 2005, art. 75.
(525) L. fin. 2006, 30 déc. 2005, art. 75, V.

β) Compte tenu de la modicité du coefficient applicable (0,39 %), l'application du mécanisme de réévaluation n'a pas conduit à une majoration de la limite supérieure de la première tranche au titre de 2010. Les différentes tranches du barème ont été relevées de 1,5 % au titre de 2011.

4) La première loi de finances rectificative pour 2011[526], si elle avait profondément reformé le tarif de l'impôt de solidarité sur la fortune (V. *supra*, n° 1803, 2), avait maintenu ces règles d'actualisation (qui se sont donc appliquées de 2006 à 2011).

Cette loi en avait même étendu le champ d'application aux différents montants et seuils intervenant dans le mécanisme de décote qu'elle introduisait par ailleurs (V. *supra*, n° 1803, 2-*b*).

5) La quatrième loi de finances rectificative pour 2011[527] a décidé le gel du barème de l'impôt sur le revenu « dû au titre de l'année 2011 et des années suivantes ».

Ce gel du barème avait été décidé sans limitation de durée (V. *supra*, n° 1534).

En conséquence, sauf dispositions législatives contraires, les différents seuils et limites dont les montants évoluent légalement comme le barème de l'impôt sur le revenu se sont trouvés eux-mêmes « gelés ».

Ainsi, contrairement à ce que l'on pouvait attendre, les tranches du barème de 2012 n'ont pas été revalorisées fin 2011.

6) Les dispositions tarifaires issues de la loi de finances pour 2013[528] ont supprimé le mécanisme d'actualisation automatique issu de la loi de finances pour 2005[529]. Ce faisant, le législateur s'est orienté (semble-t-il durablement) vers l'absence de tout mécanisme de revalorisation du barème en fonction de l'érosion monétaire.

La suppression du dispositif d'actualisation automatique conduit à un gel du barème de l'ISF indépendant de celui de l'IR (et probablement plus durable que celui-ci).

B. – Les réductions d'impôt

1° Généralités

1805. – **Investisseurs et donateurs.** 1) Depuis 2013, la loi ne comporte plus que deux mécanismes de réduction d'impôt en matière d'impôt de solidarité sur la fortune.

Existant depuis l'origine de l'ISF, la réduction au titre des personnes à charge, supprimée par la loi de finances pour 2013[530], s'est appliquée pour la dernière fois en 2012. Précédemment fixé à 150 € par personne à charge, le montant de cette réduction d'impôt[531] avait été porté à 300 € par la première loi de finances rectificative pour 2011[532] qui avait par ailleurs élargi son champ d'application à l'ensemble des personnes dont le contribuable assume (à titre exclusif ou principal) la charge d'entretien. Le Conseil constitutionnel a jugé également conformes à la Constitution la majoration puis la suppression de cette réduction d'impôt[533].

(526) L. 29 juill. 2011, art. 1er, I-2°.
(527) L. 28 déc. 2011, art. 16.
(528) L. 29 déc. 2012, art. 13, I-D.
(529) Comp. CGI, art. 885 U, nouv. et art. 885 U, II, anc.
(530) L. 29 déc. 2012, art. 13, I-E.
(531) CGI, art. 885 V, anc.
(532) L. 29 juill. 2011, art. 1er, I-3°.
(533) Cons. const., 28 juill. 2011, n° 2011-638 DC, *Loi de finances rectificative pour 2011*, § 20. – Cons. const., 29 déc. 2012, n° 2012-662 DC, *Loi de finances pour 2013*, § 91. Sur le régime de cette ancienne réduction d'impôt (qui pouvait se cumuler sans limitation particulière avec les deux réductions d'ISF actuellement existantes), V. la deuxième édition de cet ouvrage, n° 1677.

Étudié par ailleurs (V. *supra*, n° 1799, *b*), un mécanisme de décote est applicable en matière d'ISF. Même si son application conduit à une diminution de l'impôt exigible, cette mesure, qui fait partie intégrante du tarif de l'impôt, ne peut s'analyser comme une réduction d'impôt[534].

2) Leur application diminuera en tout ou partie la cotisation exigible ; l'excédent qui peut se dégager à la suite de cette imputation ne peut, en revanche, donner lieu, ni à restitution, ni à un quelconque report sur une année ultérieure.

3) Toutes deux issues de la loi en faveur du travail, de l'emploi et du pouvoir d'achat (TEPA) du 21 août 2007 (mais déjà envisagées au cours des travaux préparatoires de la loi de finances pour 2005), ces deux mesures de réduction d'impôt de solidarité sur la fortune sont extrêmement puissantes : l'avantage fiscal total obtenu (pour un même redevable et au cours de la même année) au titre de ces deux imputations peut atteindre, en dépit du durcissement partiel résultant de la loi de finances pour 2011, le montant global de 45 000 €.

Par application du barème pour 2016, un montant d'ISF de 45 000 € correspond à un patrimoine net taxable d'environ 5,8 M€.

Le montant maximal de la réduction d'ISF était initialement fixé, pour les deux réductions d'ISF, à 50 000 €. En avril 2009, le Président de la République avait demandé au ministère des Finances d'étudier le relèvement de ce plafond (qui aurait pu, à compter de 2010, être porté à 100 000 €). En juin 2009, le Premier ministre avait indiqué qu'il entendait examiner cette question « avec une certaine prudence » ; il est vrai que ce relèvement n'aurait été susceptible d'intéresser que 1 700 redevables. Un an plus tard, après que le débat sur les « niches fiscales » ait fait rage, c'est la solution strictement inverse qui a été retenue (une diminution du taux et du montant maximal de la réduction d'impôt ayant été décidée pour le volet « investissement » de la mesure).

La première concerne les *investisseurs* dans certaines petites et moyennes entreprises (V. *infra*, n° 1806). Dénommé en pratique « ISF-PME », ce dispositif a rencontré dès l'origine un franc succès.

Son application a même participé, pour la première fois en 2008, à une baisse assez significative du rendement annuel de l'ISF (plus de 5 % de baisse).

La montée en puissance de la seconde mesure issue de la loi TEPA à laquelle ce premier dispositif est associé – la réduction d'impôt en faveur des *donateurs* (V. *infra*, n° 1814) – a été plus lente. Mais il est devenu un instrument important du financement de certains organismes de recherche et d'enseignement.

En dépit du rééquilibrage des deux mesures, la réduction d'impôt « ISF-PME » absorbe la plus grande partie de leur coût global (plus de 80 % en 2016).

Ainsi, en 2014, le coût total de la réduction « ISF-PME », qui a bénéficié à 53 700 redevables, a été de 528 M€. Il est évalué à 620 M€ pour 2016. Pour la même année, celui de la réduction « ISF-Donation », qui a bénéficié à 37 842 redevables, a été de 130 M€. Il est évalué à 150 M€ pour 2016.

Le bénéfice de ces deux imputations est subordonné à l'accomplissement de certaines obligations déclaratives[535].

4) Pour la détermination de l'impôt dû depuis l'année 2012, aucune de ces deux réductions d'impôt ne peut, en tout état de cause, trouver application lorsqu'elle viendrait s'imputer sur des cotisations d'impôt de solidarité sur la fortune ayant donné lieu à une majoration en raison de certains manquements particulièrement graves relevés à l'encontre du redevable[536].

(534) Il en résulte que les limitations prévues *infra* au point 4) ne sont aucunement applicables à la décote.
(535) CGI, ann. III, art. 299 septies et 299 nonies.
(536) CGI, art. 1731 bis, 2.

Issue de la première loi de finances rectificative pour 2012[537], cette mesure concerne les manquements sanctionnés par une majoration de 40 % au moins des droits en principal. Ces manquements sont :

– le défaut (ou le retard) de déclaration dans les 30 jours d'une mise en demeure[538] ;

– l'insuffisance de déclaration en présence d'un manquement délibéré, de manœuvres frauduleuses ou d'abus de droit[539] ;

– le défaut de déclaration en cas de découverte d'une activité occulte[540] et l'opposition à contrôle fiscal[541] – à supposer que ces manquements soient susceptibles d'être effectivement réprimés pour l'établissement de l'ISF, ce que donnent à penser les termes de la loi[542] et la doctrine administrative[543].

2° Réduction pour investissement dans des PME indépendantes (ISF-PME)

1806. – **Investisseurs avertis.** 1) Concrétisant une idée avancée dès octobre 2004 par le ministre des Finances, la loi TEPA du 21 août 2007 (art. 16, II) a institué une réduction d'impôt de solidarité sur la fortune en faveur des investisseurs dans le capital de PME indépendantes non cotées[544].

a) Depuis son institution, il y a près de dix ans, le régime de la réduction d'impôt « ISF-PME » a été modifié par plus de vingt-cinq textes législatifs distincts – ce qui relève, en soi, la pathologie de notre législation fiscale. Les deux modifications principales sont issues :

– de la loi de finances pour 2011 (L. 29 déc. 2010, art. 38), qui a réduit le montant de l'avantage fiscal tout en introduisant une série de mesure anti-abus qui demeurent généralement applicables ;

– de la loi de finances rectificative pour 2015 (L. 29 déc. 2015, art. 24), qui a mis le dispositif en conformité avec les nouvelles règles européennes concernant l'encadrement des aides d'État.

b) Les aménagements apportés par la loi de finances rectificative pour 2015 sont profonds.

• À la suite de ces modifications (qui se sont traduites par un net durcissement des conditions d'application du dispositif) :

– les régimes d'investissement *direct*, d'une part, et *indirect* (*via* une société holding), d'autre part, sont intégralement placés sous le nouveau règlement général d'exemption par catégories[545]. Dans cette mesure, ils ne sont plus soumis au régime *de minimis*[546] ;

– le régime d'investissement *intermédié* (*via* des fonds) a été notifié à la Commission européenne. Confirmant les indications données dans l'exposé des motifs de la loi en cause, la Commission a validé ce volet du dispositif[547].

• Les règles issues de la loi de finances rectificative pour 2015 s'appliquent :

– aux souscriptions effectuées à compter du 1er janvier 2016 (ou, s'agissant des investissements de suivi, aux investissements complétant des souscriptions au capital initial effectuées à compter de cette même date) ;

---

(537) L. 14 mars 2012, art. 17.
(538) CGI, art. 1728, 1-*b*.
(539) CGI, art. 1729.
(540) CGI, art. 1728, 1-*c*.
(541) CGI, art. 1732.
(542) CGI, art 1731 bis, 2.
(543) BOI-PAT-ISF-60-20, n° 70.
(544) CGI, art. 885-0 V bis.
(545) RGEC – Règl. UE, 17 juin 2014, n° 651/2014, déclarant certaines catégories d'aides, notamment en faveur de l'accès des PME au financement des risques, compatibles avec le marché intérieur en application des articles 107 et 108 du Traité sur le fonctionnement l'Union européenne (art. 21, notamment). V. également la communication de la Commission européenne du 22 janvier 2014 (n° 2914/C 19/04) définissant de nouvelles lignes directrices relatives aux aides d'État visant à promouvoir les investissements en faveur du financement des risques.
(546) V., en dernier lieu, Règl. UE n° 1407/2013 de la Commission, 18 déc. 2013, relatif à l'application des articles 107 et 108 du Traité sur le fonctionnement de l'Union européenne aux aides *de minimis*. En application de cette réglementation, une entreprise ne peut, recevoir des aides excédant, dans le cas général, le plafond de 200 000 € sur une période de trois exercices fiscaux. Ce plafond s'apprécie en retenant l'ensemble des aides publiques perçues, dès lors que ces aides n'ont pas été notifiées à la Commission européenne ou ne sont pas couvertes par un règlement d'exemption.
(547) Déc. 5 nov. 2015 (aff. C-2015/7544).

– aux souscriptions de parts de fonds dont l'agrément a été délivré à compter du 1er janvier 2016.

• Au fond, les principaux[548] aménagements apportés de la loi de finances rectificative pour 2015 sont les suivants :

– la réduction d'impôt (qui était jusqu'alors applicable indépendamment de toute condition de cette nature) est « recentrée » sur les souscriptions au capital de PME « âgées » de moins de sept ans au moment de l'investissement initial – cette condition n'étant écartée qu'en cas de besoin de financement important[549] lié à un projet d'intégration d'un nouveau marché ;

– un dirigeant-associé ne peut plus désormais, sauf exception limitée liée à la notion d'« investissement de suivi », bénéficier de la réduction d'impôt « ISF-PME » en participant à une augmentation de capital de sa propre société[550] ;

– le montant des versements reçus au titre des souscriptions (directes, indirectes ou intermédiés) et des aides au titre du financement des risques ne doit pas excéder, au total, pour la généralité des entreprises, 15 M€ (dans le cadre des règles antérieures, liées à la réglementation européenne du « capital-investissement », le plafond s'élevait à 2,5 M€ par période glissante de douze mois).

• Le commentaire général[551] du dispositif résultant de la loi de finances rectificative pour 2015, qui a fait l'objet d'une consultation publique au cours de l'été 2016, devrait être publié au début de l'année 2017.

c) La compatibilité du dispositif antérieur à la loi de finances rectificative pour 2015 avec le droit de l'Union européenne avait été reconnue par la Commission européenne à l'égard des petites et moyennes entreprises en phase d'amorçage, de démarrage ou d'expansion[552]. Pour les autres PME, la réduction d'ISF s'appliquait sous le régime de la réglementation *de minimis*[553]. Sur ces différentes questions[554], V. la précédente édition de cet ouvrage, *supra* n° 1806.

2) En application de ce mécanisme, le redevable peut diminuer son impôt de solidarité sur la fortune à hauteur de 50 % des investissements effectués en numéraire dans le capital d'une PME éligible directement (V. *infra*, n° 1809) ou indirectement, par le biais d'une société *holding* (V. *infra*, n° 1811) ou de certains fonds d'investissement (V. *infra*, n° 1812).

Ramené à 50 % par la loi de finances pour 2011[555], le taux de la réduction d'impôt était initialement de 75 %.

3) Cette imputation est limitée – sous réserve de la prise en compte de celle prévue au titre des dons à des organismes d'intérêt général – à un montant fixé à 45 000 € (ou 18 000 € lorsque les investissements sont réalisés par le biais de fonds d'investissement).

Initialement, le montant maximal de la réduction d'impôt était de 50 000 €. Il a été ramené à 45 000 € par la loi de finances pour 2011[556].

4) La réduction d'impôt est subordonnée à la conservation, par le redevable, des titres reçus jusqu'au 31 décembre de la cinquième année suivant celle de la souscription (V. *infra*, n° 1809).

(548) D'autres modifications sont moins fondamentales :
– la société « cible » ne doit pas être qualifiable d'entreprise en difficulté au sens du droit de l'Union européenne ;
– les apports de biens en nature sont exclus de l'assiette de la réduction d'impôt.

(549) Le besoin d'investissement de l'entreprise doit être supérieur à la moitié de son chiffre d'affaires moyen des cinq années précédentes.

(550) Cette exclusion résulte de la condition légale tenant à ce que le souscripteur ne soit pas (sauf investissement de suivi) associé ou actionnaire de la société – condition qui n'est d'ailleurs pas prévue par le RGEC.

(551) V. les quatre unités documentaires rattachées à l'instruction BOI-PAT-ISF-40-30, ayant fait l'objet d'une consultation publique entre 6 juillet 2016 et 31 août 2016.

(552) Déc. 11 mars 2008 (Aide d'État n° 596/A/2007).

(553) V. *supra*, n° 1595, 2.

(554) Dans le cadre du régime antérieur à 2016, le non-respect des règles européennes par la PME bénéficiaire (directe ou indirectement) des investissements était sans incidence sur la situation fiscale du redevable.

(555) L. 29 déc. 2010, art. 38, V.

(556) L. 29 déc. 2010, art. 38, V.

1807. – Conditions tenant au souscripteur. La réduction d'impôt de solidarité sur la fortune peut s'appliquer indistinctement à tous les redevables, qu'ils soient ou non, domiciliés en France.

Depuis la loi de finances rectificative pour 2015, le souscripteur ne doit pas, sauf dans le cas des « investissements de suivi », être déjà associé ou actionnaire de la société « cible »(557).

1) Initialement, la réduction d'impôt ne pouvait s'appliquer aux investissements dans le capital d'une société lorsque, le redevable (ou son conjoint *lato sensu*) exerçant des fonctions de direction au sein de celle-ci, les droits sociaux reçus en contrepartie des versements étaient exonérés au titre des biens professionnels. La loi de finances pour 2008(558) avait levé cette exclusion : les redevables qui investissaient dans une petite ou moyenne entreprise qu'ils dirigeaient avaient le droit de réduire leur cotisation d'impôt de solidarité sur la fortune à raison des versements leur permettant d'acquérir des titres exonérés de cet impôt. Cette faculté (exceptionnelle sur le plan des principes) a été indirectement remise en cause par la loi de finances rectificative pour 2015, sauf en cas d'investissement de suivi (V. *infra*, n° 1808, 2-*b*).

2) En cas de souscriptions effectuées en indivision par des personnes physiques, chaque membre de l'indivision peut bénéficier de l'avantage fiscal à concurrence de la fraction de la part de sa souscription représentative de titres reçus en contrepartie de souscriptions au capital de sociétés éligibles(559).

3) La loi prévoit le non-cumul de la réduction « ISF-PME » avec d'autres régimes fiscaux de faveur(560). Ainsi, notamment, la réduction d'impôt ne s'applique pas à la fraction des versements ayant ouvert droit par ailleurs :

– à la réduction d'IR (avantage « Madelin ») en faveur des souscriptions au capital de PME (V. *infra*, n° 1560) ;

– à la réduction d'IR en valeur des souscriptions de parts de FCPI ou de FIP.

Par ailleurs, depuis la loi de finances pour 2011(561), la réduction d'ISF ne s'applique pas à l'égard des titres figurant dans un plan d'épargne en actions ou un plan d'épargne salariale.

4) En revanche, cette réduction d'impôt peut se cumuler avec les dispositifs d'exonération d'ISF prévus en faveur des biens professionnels (V. *supra*, n°s 1764 et s.) et en faveur des titres reçus lors de la souscription du capital de PME (V. *supra*, n° 1779).

5) Le redevable doit naturellement joindre à sa déclaration un certain nombre de pièces justifiant de la réalité et du montant de sa souscription.

1808. – Conditions tenant aux souscriptions. 1) Pour ouvrir droit à l'avantage fiscal, les souscriptions au capital doivent exclusivement être effectuées en numéraire(562).

Au titre d'une année d'imposition, les versements pris en compte sont ceux effectués entre la date limite de dépôt de la déclaration de l'année précédente et celle l'année considérée.

2) Depuis la loi de finances rectificative pour 2015, seules sont éligibles au dispositif de réduction d'impôt, les souscriptions :

a) au capital initial ;

b) aux augmentations de capital :

• sans condition particulière(563), sur ce point, lorsque le souscripteur n'est ni associé ni actionnaire de la société bénéficiaire,

(557) CGI, art. 885-0 V bis, I-1° *b* et *c*.
(558) L. 24 déc. 2007, art. 22, 4°.
(559) CGI, art. 885-0 V bis, I-2.
(560) CGI, art. 885-0 V bis, V.
(561) L. 29 déc. 2010, art. 38, V.
(562) Avant la loi de finances rectificative pour 2015, la réduction d'impôt pouvait également procéder d'apports en nature lorsqu'ils portaient sur des biens (autres que des actifs immobiliers et des valeurs mobilières) nécessaires à l'exercice de l'activité sociale.
(563) Le régime antérieur ne comportait aucune restriction particulière sur ce point (V. *supra*, n° 1807, 1).

• à la condition, dans le cas inverse, que ces souscriptions constituent un « investissement de suivi ».

Pour ouvrir droit à la réduction d'impôt, l'investissement de suivi doit être réalisé dans les conditions cumulatives suivantes :

– le redevable a bénéficié, au titre de son premier investissement au capital de la société bénéficiaire des versements, de la réduction « ISF-PME » ;

– de possibles investissements de suivi étaient prévus dans le plan d'entreprise(564) de la société bénéficiaire des versements(565) ;

– des liens(566) ne sont pas apparus, entre-temps, entre la société bénéficiaire de l'investissement de suivi et une autre entreprise(567).

3) Les souscriptions au capital d'une société réalisées dans les douze mois suivant le remboursement, total ou partiel, par cette société de ses apports précédents n'ouvrent pas droit à la réduction d'impôt(568).

1809. – **Obligation de conservation.** Pour bénéficier définitivement de la réduction d'impôt, le redevable doit conserver les titres reçus en contrepartie des versements ayant ouvert droit à la réduction d'impôt jusqu'au 31 décembre de la cinquième année suivant celle de la souscription(569).

1) En principe, la cession de tout ou partie des titres avant l'expiration du délai de conservation entraîne la remise en cause de l'imputation opérée. Il en va de même (excepté le cas où le remboursement est consécutif à la liquidation judiciaire de l'entreprise) en cas de remboursement d'apport intervenant avant l'expiration du même délai(570) ou même, depuis la loi de finances pour 2011(571), avant le 31 décembre de la septième(572) année suivant celle de la souscription.

(564) La doctrine administrative a apporté de nombreuses précisions sur le plan d'entreprise. Ne donnant lieu à aucun formalisme particulier (il peut s'agir d'un *business plan* conçu en vue d'obtenir des fonds auprès des prêteurs et des investisseurs), il doit être établi selon des prévisions financières réalistes et cohérentes. Mis à la disposition de l'investisseur à la date de son premier investissement dans la société, il doit prévoir expressément l'intention de la société concernée de réaliser, en vue de son développement et dans la continuité de la levée de fonds au titre de laquelle il est établi, des augmentations de capital susceptible de constituer, pour les investisseurs qui entrent à son capital, des investissements de suivi. Le plan doit enfin comporter une estimation de l'importance et de l'échéance de ces futures augmentations de capital (BOI-PAT-ISF-40-30-10-10, n° 70).

(565) Dans une perspective économique, il peut sembler étrange d'exclure du bénéfice de la RI un investisseur historique participant à un « second tour de table » au seul motif que celui-ci n'avait pas été prévu par le plan d'entreprise initial.

(566) La loi renvoie sur ce point à une définition des entreprises liées figurant dans le RGEC (art. 31, § 6-*c*, et ann. I, art. 3, § 3). Selon les règles du RGEC, schématiquement, sont des « entreprises liées » les entreprises qui entretiennent entre elles l'une ou l'autre des relations suivantes :

a) une entreprise a la majorité des droits de vote des actionnaires ou associés d'une autre entreprise ;

b) une entreprise a le droit de nommer ou de révoquer la majorité des membres de l'organe d'administration, de direction ou de surveillance d'une autre entreprise ;

c) une entreprise a le droit d'exercer une influence dominante sur une autre entreprise en vertu d'un contrat conclu avec celle-ci ou en vertu d'une clause des statuts de celle-ci.

d) une entreprise actionnaire ou associée d'une autre entreprise contrôle seule, en vertu d'un accord conclu avec d'autres actionnaires ou associés de cette autre entreprise, la majorité des droits de vote des actionnaires ou associés de celle-ci.

(567) Le RGEC prévoit, par exception à la règle d'exclusion découlant de l'apparition d'un lien entre le bénéficiaire des investissements de suivi et une entreprise (autre que l'intermédiaire financier ou l'investisseur privé indépendant qui finance les risques au titre de la mesure), que cette entreprise, qualifiée de « nouvelle entité », répond à la définition européenne des PME. Les travaux préparatoires de la loi de finances rectificative pour 2015, il est vrai peu explicites sur ce point, donnent à penser que cette exception n'est pas applicable dans le cas de la réduction d'impôt « ISF-PME ».

(568) CGI, art. 885-0 V bis, V, al. 2.

(569) CGI, art. 885-0 V bis, II-1, al. 1.

(570) L. fin. 2008, 24 déc. 2007, art. 22.

(571) L. 29 déc. 2010, art. 38.

(572) Le délai de sept ans résulte de la loi « Macron » (L. 6 août 2015 pour la croissance, l'activité et l'égalité des chances économiques, art. 143, 2°, applicable aux souscriptions réalisées depuis le 13 oct. 2010). Il avait été initialement fixé à dix ans. Assoupli par la loi de finances pour 2015 (L. 29 déc. 2014, art. 7), le régime particulier applicable

La doctrine administrative admet qu'en cas de non-respect partiel de l'obligation de conservation (toutes les autres conditions étant par ailleurs respectées), la réduction d'ISF n'est remise en cause que partiellement, à hauteur du nombre de titres cédés ou remboursés[573].

2) La loi prévoit des exceptions à ce principe.

• L'avantage n'est pas remis en cause si le non-respect de l'obligation de conservation des titres résulte :

– de leur annulation pour cause de pertes ou de liquidation judiciaire ou, depuis la loi de finances rectificative pour 2015[574], d'une cession réalisée dans le cadre d'une procédure de redressement judiciaire ou de liquidation judiciaire ;

– d'une fusion ou d'une scission de la société émettrice, lorsque les titres reçus en contrepartie de ces opérations sont conservés par le redevable jusqu'au même terme du délai initial de conservation ;

• Depuis la loi de finances rectificative pour 2007[575], l'avantage n'est pas non plus remis en cause lorsque la cession des titres – présentant un caractère « forcé » – est opérée par un actionnaire minoritaire en exécution d'un pacte d'associés ou d'actionnaires. La non-remise en cause de la réduction suppose que le prix de vente des titres cédés (diminué, depuis 2012, des impôts et taxes générés par cette cession) soit, dans un certain délai, intégralement réinvesti par le cessionnaire dans la souscription de titres de PME éligibles (cette seconde souscription ne pouvant donner lieu au bénéfice de la réduction d'impôt). Ce délai, dont la durée était initialement de six mois, a été porté à douze mois par la loi de finances pour 2010[576]. Naturellement, les titres souscrits en report de l'obligation doivent être conservés jusqu'au terme du délai initial de conservation. Depuis la loi de finances rectificative pour 2015, cette exception est applicable *mutatis mutandis* lorsqu'une procédure de retrait obligatoire est mise en œuvre à l'issue d'une offre publique de retrait.

• La quatrième loi de finances rectificative pour 2011[577] a retenu une solution similaire lorsque les titres souscrits sont remis en échange dans le cadre d'une offre publique d'échange. Dans ce cas, l'avantage fiscal n'est pas remis en cause si, cumulativement :

– les titres reçus en échange sont des titres de sociétés éligibles à la réduction d'impôt ;

– la soulte éventuellement reçue par le redevable est réinvestie dans le délai de douze mois dans des titres de sociétés éligibles (la souscription ne pouvant donner lieu elle-même au bénéfice de la réduction d'impôt).

Les titres obtenus lors de l'échange et, le cas échéant, souscrits en remploi de la soulte doivent être conservés jusqu'au terme du délai applicable aux titres échangés.

• L'avantage n'est pas non plus remis en cause lorsque le non-respect de l'obligation de conservation résulte du licenciement, de la survenance de l'invalidité ou du décès du redevable ou de son conjoint ou partenaire civil[578].

1810. – Conditions tenant à la PME bénéficiaire (investissement direct). 1) Les conditions tenant à la société « cible » (qui peut être indifféremment une société de personnes ou de capitaux) sont particulièrement nombreuses.

Elles ont été durcies à plusieurs reprises et, en dernier lieu, par la loi de finances pour 2011[579] qui a souhaité mettre fin à certains abus et par la loi de finances rectificative pour 2015[580] qui a mis en conformité le dispositif légal avec les règles nouvelles du droit européen des aides d'État.

---

aux investissements dans des entreprises « solidaires » agréées (délai de cinq ans applicable) a été supprimé par la loi de finances rectificative pour 2015. Il n'a pas été repris dans le cadre de la réduction d'ISF dédiée aux « entreprises solidaires d'utilité sociale » (V. *infra*, n° 1813).

(573) BOI-PAT-ISF-40-30-30-10, n° 110.

(574) L. fin. rect. 2015, 29 déc. 2015, art. 24, II-2°-*b*.

(575) L. 25 déc. 2007, art. 38.

(576) L. 30 déc. 2009, art. 20, II.

(577) L. 28 déc. 2011, art. 27.

(578) Avant la loi de finances rectificative pour 2015, ces exceptions étaient prévues par la seule doctrine administrative. La donation à une personne physique des titres reçus en contrepartie de la souscription au capital de la société ne conduit pas à une remise en cause de l'avantage si le donataire reprend l'obligation de conservation des titres transmis et s'y conforme. À défaut, la reprise de la réduction d'impôt obtenue est effectuée au nom du donateur (CGI, art. 885-0 V bis, II-2).

(579) L. fin. 2011, 29 déc. 2010, art. 38.

(580) L. fin. rect. 2015, 29 déc. 2015, art. 24.

2) Pour les versements effectués depuis le 1er janvier 2016, la société « cible » doit cumulativement :

a) répondre à la définition européenne des PME ;

La société doit, à ce titre, employer moins de 250 personnes, réaliser un chiffre d'affaires n'excédant pas 50 M€ ou avoir un total de bilan annuel n'excédant pas 43 M€. Ces conditions s'apprécient différemment selon que la PME est une société « autonome » ou est une société « partenaire » ou une société « liée » à d'autres entreprises (V. *supra*, n° 1595, 3).

Les investissements réalisés sous forme de souscription de titres participatifs dans des sociétés coopératives peuvent ouvrir droit à la réduction d'ISF.

b) ne pas être qualifiable d'entreprise en difficulté au sens du droit de l'Union européenne ;

c) exercer *exclusivement* une activité industrielle, commerciale, artisanale, agricole ou libérale ;

1) Les investissements d'un redevable dans le capital d'une société *holding* sont directement éligibles à la réduction d'ISF si celle-ci répond aux deux conditions suivantes :

– elle est constituée et contrôle au moins une filiale depuis au moins douze mois ;

– elle présente les caractères d'une *holding* animatrice, c'est-à-dire que, outre la gestion d'un portefeuille de participations, la société « participe activement à la conduite de la politique de [son] groupe et au contrôle de [ses] filiales (...) »[581].

2) À l'inverse, ne sont pas *directement éligibles*, les sociétés exerçant une activité de gestion d'un patrimoine mobilier (et, en particulier, les activités des sociétés holding « non-animatrices »).

3) En outre, ne sont pas éligibles, ni directement ni indirectement, les sociétés :

– exerçant une activité procurant des revenus garantis en raison de l'existence d'un tarif réglementé de rachat de la production ou[582] bénéficiant d'un contrat offrant un complément de rémunération[583] ;

– exerçant des activités financières ou immobilières[584] ;

– dont les actifs sont constitués de façon prépondérante de métaux précieux, d'œuvres d'art, d'objets de collection, d'antiquités, de chevaux de course ou de concours ou (sauf si l'objet même de leur activité consiste en leur consommation ou en leur vente au détail) de vins ou d'alcools.

d) posséder son siège de direction effective dans un État membre de l'Union européenne, en Islande, en Norvège ou au Liechtenstein ;

e) être soumise à l'impôt sur les bénéfices dans les conditions du droit commun ;

L'imposition des bénéfices peut aussi bien résulter de l'assujettissement à l'IS que de l'application de l'IR. Les PME étrangères sont réputées répondre à cette condition si elles étaient passibles dans les conditions du droit de l'un ou l'autre de ces impôts si leur activité avait été exercée en France.

f) répondre à l'une au moins des trois conditions suivantes qui, appréciées à la date de l'investissement initial, sont liées au développement récent de son activité, à savoir :

– n'exercer une activité sur aucun marché ;

(581) CGI, art. 885-0 V bis, V, al. 3. Elle peut rendre à ce titre, le cas échéant et à titre purement interne, « des services spécifiques, administratifs, juridiques, comptables, financiers et immobiliers » (même disposition). Sur la définition des sociétés holding animatrices de leur groupe, V. *supra*, n° 1766, 2-*a*).

(582) Loi relative à la transition énergétique pour la croissance verte, 17 août 2015, art. 115. Cette exclusion vise essentiellement les activités de production d'électricité à partir de sources d'énergie renouvelables (V. C. énergie, art. L. 314-18).

(583) Avant la loi précitée relative à la transition énergétique pour la croissance verte (art. 114), les sociétés exerçant une activité de production d'électricité photovoltaïque (*i.e.*, « utilisant l'énergie radiative du soleil ») étaient exclues en tant que telles du dispositif. Elles ne le sont plus, désormais, que si elles procurent des revenus relevant des conditions de l'exclusion générale mentionnées plus haut.

(584) Jusqu'en 2015, ces deux exclusions n'étaient pas applicables aux « entreprises solidaires » au sens du droit du travail. Depuis la loi de finances rectificative pour 2015, ce même assouplissement est prévu, au profit des « entreprises solidaires d'utilité sociale », dans le cadre du dispositif qui leur est désormais dédié (V. *infra*, n° 1813).

– exercer une activité sur un marché, quel qu'il soit, depuis moins de sept ans après la réalisation d'une première vente commerciale ;

Le seuil de chiffre d'affaires qui caractérise le début de l'activité commerciale au sens de ces règles a été fixé par décret à 250 000 €. La durée de sept ans court du début de l'exercice suivant celui au cours duquel ce seuil a été dépassé(585).

– avoir besoin d'un investissement en faveur du financement des risques qui, sur la base d'un plan d'entreprise établi en vue d'intégrer un nouveau marché géographique ou de produits, est supérieur à 50 % du chiffre d'affaires annuel moyen des cinq années précédentes ;

g) être non cotée en bourse (*i.e.* ses titres ne doivent pas être admis aux négociations sur un marché réglementé français ou étranger), sauf si elle cotée sur un marché « dédié » aux PME(586) ;

h) employer (à la clôture de l'exercice qui suit la souscription ayant ouvert droit à la réduction) au moins deux salariés (ou, au moins un pour les sociétés exerçant une activité artisanale) ;

i) n'accorder aucune garantie en capital à ses associés ou actionnaires en contrepartie de leurs souscriptions(587) ;

Par ailleurs, les souscriptions au capital de la société ne doivent conférer aux souscripteurs que les seuls droits résultant de la qualité d'actionnaire ou d'associé, à l'exclusion de toute autre contrepartie (notamment sous la forme de tarifs préférentiels ou d'accès prioritaire aux biens produits ou aux services rendus par la société).

j) avoir reçu – au titre des souscriptions en capital (directes, indirectes ou « intermédiées ») et des aides éventuelles au titre du financement des risques sous la forme d'investissement en fonds propres ou quasi-fonds propres de prêts, de garanties ou d'une combinaison de ces instruments – un total de versements dont le montant n'excède pas le plafond de 15 M€.

Ce plafond est issu de la loi de finances rectificative pour 2015. Étant légalement conçue comme une condition tenant à la société, le non-respect de cette condition est opposable au souscripteur(588).

3) La loi prévoit désormais expressément que les conditions tenant à la nature de l'activité exercée par la société « cible », à la composition de son actif, au lieu de son siège de direction et à l'absence de contrepartie aux souscriptions doivent être respectées à la date de la souscription et de manière continue jusqu'au 31 décembre de la cinquième année suivant cette souscription.

À défaut, la réduction d'impôt fait l'objet d'une reprise au titre de l'année au cours de laquelle l'un ou l'autre de ces conditions n'est plus respectée.

Dans l'état antérieur du droit, ces solutions n'étaient prévues que par la doctrine administrative (V. notamment BOI-PAT-ISF-40-30-10-20, n° 180, anc.) qui n'avait pas toutefois précisé les conséquences de leur non-respect.

(585) D. 20 juill. 2016. – CGI, ann. III, art. 299-0 septies. V. ant. BOI-PAT-ISF-40-30-10-20, n° 73.

(586) C'est-à-dire, plus précisément, un système multilatéral de négociation où la majorité des instruments admis à la négociation sont émis par des petites et moyennes entreprises au sens du droit de l'Union européenne. Cette exception, qui résulte de la loi de finances rectificative pour 2015, peut bénéficier en pratique aux PME dont les titres sont cotés sur Enternext ou sur un marché français ou étranger non réglementé (BOI-PAT-ISF-40-30-10-20, n° 320).

(587) Cette condition (qui ne s'appliquait initialement qu'aux sociétés holding) est issue de la L. fin. 2011, 29 déc. 2010, art. 38, V-A-1°-*f*.

(588) Alors que le non-respect du plafond *de minimis* applicable dans l'état antérieur du droit de l'était pas.

Statuant au regard du droit antérieurement applicable, la Cour de cassation a censuré l'analyse selon laquelle la condition de conservation des titres pendant une durée de cinq ans (alors seule exigée) devait être comprise comme celle de titres d'une société exerçant une activité, ce qui excluait, sauf si ces titres n'ont pu être conservés par suite de leur annulation pour cause de pertes ou de liquidation judiciaire, celle de titres d'une société n'ayant plus d'activité[589]. En d'autres termes, pour la Cour de cassation, la condition tenant à l'exercice d'une activité éligible pendant cinq ans devait s'entendre de l'exercice d'une telle activité *à la supposer exercée*. Dans la mesure où l'intention du législateur a été de légaliser la doctrine administrative antérieure – qui ne retenait pas une telle analyse – la question se pose de savoir si cette solution pourra être retenue sous l'empire du régime issu de la loi de finances rectificative pour 2015.

1811. – Cas des investissements indirects *via* une société *holding*. 1) La réduction d'impôt de solidarité sur la fortune s'applique *mutatis mutandis* en cas d'investissement indirect (dans la limite d'un seul niveau d'interposition) dans le capital d'une ou plusieurs PME éligibles.

2) Plus précisément, l'investissement du redevable doit dans ce cas prendre la forme de la souscription en numéraire au capital (ou de la participation en numéraire à son augmentation ultérieure) d'une société *holding* qui cumulativement[590] :

a) vérifie l'ensemble des conditions rendant une PME éligible au dispositif (V. *supra*, n° 1810) à l'exception de celles tenant :

– à la nature de son activité (V. *infra*, n° 1810, 2-*c*) ;

– à son « âge » ou au stade développement de son activité (V. *supra*, n° 1600, 2-*f*) ;

– à son effectif salarié minimal[591] (V. *supra*, n° 1600,2-*h*) ;

– à la limitation à 15 M€ du montant total des versements dont elle a bénéficié (V. *supra*, n° 1600, 2-*j*) ;

Ces différentes conditions doivent néanmoins être vérifiées au niveau des sociétés opérationnelles au capital desquelles les souscriptions ont lieu *via* la holding.

Une condition tenant à ce que la société holding ne compte pas plus de cinquante associés ou actionnaires était applicable jusqu'en 2014. Elle a été supprimée par la loi de finances rectificative pour 2014[592]

Comme, désormais, dans le cas des investissements directs, la société holding ne doit accorder aucune garantie en capital à ses associés ou actionnaires en contrepartie de leurs souscriptions[593].

(589) Cass. com., 2 févr. 2016, n° 14-24.441, *Moisan : Bull. civ.* 2016, IV, n° en cours ; *Dr. fisc.* 2016, n° 11, comm. 221, note E. Kornprobst ; *RJF* 05/2016, n° 488, avis Ch. Pénichon, relevant que le juge d'appel avait violé la loi en lui ajoutant une condition qu'elle ne comportait pas.

(590) La société holding doit par ailleurs se conformer à de nombreuses obligations tendant à l'information des investisseurs (période de conservation des titres, mesures mises en œuvre pour assurer la liquidité de l'investissement, risques encourus par l'investisseur, modalités de prévention des conflits d'intérêts, modalités de détermination des frais et commissions, directs et indirects, notamment). Il ne semble pas, toutefois, que ces obligations soient prescrites à peine de déchéance des avantages fiscaux attachés aux souscriptions.

(591) Cette condition a été supprimée pour les souscriptions réalisées à compter de 2015 (2e L. fin. rect. 2014, 29 déc. 2014, art. 59).

(592) CGI, art. 885-0 V bis, I-3-*c*, anc. abr. par 2e L. fin. rect. 2014, 29 déc. 2014, art. 59. Contrairement à ce qui avait été initialement envisagé, cette loi n'a pas supprimé cette condition pour les seules sociétés holding constituées par des investisseurs providentiels (*business angels*). Par exception, cette condition ne s'appliquait pas, depuis 2012, aux sociétés holding détenant exclusivement des participations dans des PME dont le capital est détenu à hauteur de 10 % au moins par une ou plusieurs sociétés coopératives ou par l'une de leurs unions (L. fin. 2012, 28 déc. 2011, art. 25, I).

(593) Introduite pour les seules sociétés holding (L. fin. 2009, 27 déc. 2008, art. 106, adopté contre l'avis du Gouvernement), cette condition a été ultérieurement généralisée partiellement par la loi de finances pour 2011 (V. *supra*, n° 1810, 2-*i*) – une seconde condition (qui tenait à l'absence de mécanisme automatique de sortie au terme du délai de cinq ans) ayant été purement et simplement supprimée.

b) a pour objet exclusif de détenir des participations dans des sociétés exerçant une des activités éligibles ;

La condition relative à l'exclusivité de l'objet social est considérée comme satisfaite lorsque la société holding détient au moins 90 % de son actif brut comptable en titres de sociétés opérationnelles[594].

Les sociétés exerçant une des activités éligibles peuvent ne pas être toutes des PME au sens de ce dispositif. Toutefois, le montant de la réduction d'ISF est réduit au prorata de la part de la souscription du redevable qui ne se trouve pas *in fine* investi dans le capital de PME éligibles (V. *infra*, pt 2).

c) a exclusivement pour mandataires sociaux des personnes physiques ;

Cette dernière condition[595] a été introduite par le Parlement – initialement contre l'avis du Gouvernement – dans le but de limiter certains abus[596].

d) n'est pas déjà associée ou actionnaire de la société au capital de laquelle elle réinvestit, excepté lorsque le réinvestissement constitue un « investissement de suivi »[597].

Une soixantaine de *holdings* ISF sont particulièrement actives sur le « marché » de la défiscalisation de l'ISF – où elles se livrent à une concurrence féroce auprès des investisseurs fortunés. On ne peut s'étonner que le législateur ait entendu, dans ce contexte, renforcer la protection des investisseurs. Ainsi, depuis 2010[598], la société *holding* doit communiquer à chaque investisseur, avant la souscription de ses titres, un document d'information précisant notamment les modalités prévues pour assurer la liquidité de l'investissement au terme de la durée de blocage, les risques générés par l'investissement et la politique de diversification des risques, les règles d'organisation et de prévention des conflits d'intérêts, les modalités de calcul et la décomposition de tous les frais et commissions, directs et indirects, et le nom du ou des prestataires de services d'investissement chargés du placement des titres[599]. À cet égard, le décret devant déterminer « les conditions dans lesquelles les investisseurs sont informés annuellement du montant détaillé des frais et commissions, directs et indirects, qu'ils supportent et celles dans lesquelles ces frais sont encadrés »[600] n'a toujours pas été publié (soit un retard de plus de cinq ans). La loi de finances rectificative pour 2015 a par ailleurs prévu le plafonnement, dans des conditions prévues par décret, du montant des frais et commissions imputés directement ou indirectement par la société holding, ses conseils ou gestionnaires ou des personnes qui leurs seraient liées (CGI, art. 885-0 V bis, VII).

3) Pour la détermination de la réduction d'impôt (qui obéit pour le reste aux mêmes règles que celles prévues au titre des investissements directs), les versements opérés par le redevable sont retenus (schématiquement) pour la fraction de leur montant correspondant aux souscriptions au capital de PME directement éligibles réalisées par la société *holding* à partir des capitaux qu'elle a reçu de ses propres souscripteurs.

Au titre d'une année d'imposition, les investissements pris en compte au niveau du redevable sont ceux effectués entre la date limite de dépôt de la déclaration de l'année précédente et celle l'année considérée. Les versements de la société *holding* sont ceux effectués avec les capitaux reçus lors

(594) BOI-PAT-ISF-40-30-10-20, n° 580.
(595) Qui résulte de L. fin. 2009, 27 déc. 2008, art. 106.
(596) V. Rép. min. Adnot, 17 juill. 2008, n° 4825 : *JO* Sénat Q, p. 1459.
(597) Issue de la loi de finances rectificative pour 2015, cette condition est appréciée comme en matière d'investissement direct (V. *supra*, n° 1808). La condition tenant au fait que le souscripteur a précédemment bénéficié (au titre de son premier investissement au capital de la société bénéficiaire des versements) de la réduction d'impôt « ISF-PME » ne semble pas exigée (dans la mesure où la société holding ne peut être regardée comme le bénéficiaire direct de la réduction d'impôt).
(598) L. fin. 2010, 30 déc. 2009, art. 20, II.
(599) CGI, art. 885-0 V bis, I-3-*f*.
(600) *Ibid*.

de la constitution de son capital initial ou au titre de l'augmentation de son capital au cours de cette période ou de la période antérieure, à supposer naturellement que le redevable y ait souscrit.

4) La réduction d'impôt est subordonnée à la conservation, par le redevable, des titres de la société *holding* reçus en contrepartie de ses versements jusqu'au 31 décembre de la cinquième année suivant celle de leur souscription.

Naturellement, la société *holding* est tenue *mutatis mutandis* à cette même obligation de conservation à l'égard des titres des sociétés opérationnelles qu'elle détient(601).

1812. – **Cas des investissements « intermédiés » *via* des fonds d'investissement.** La réduction d'impôt de solidarité sur la fortune s'applique *dans ces conditions plus restrictives* lorsque les investissements dans le capital d'une ou plusieurs sociétés éligibles sont réalisés indirectement par le biais de certains fonds d'investissement(602). En application de ce dispositif (dont on fera l'économie de la présentation détaillée), le redevable peut diminuer son impôt de solidarité sur la fortune à hauteur de 50 % du montant des versements en numéraire qu'il a opéré pour la souscription en numéraire des parts des fonds, à les supposer éligibles. Le montant maximal de l'avantage fiscal en résultant – qui suppose le respect d'un engagement de conservation des parts pendant cinq ans – est fixé, dans ce cas, à 18 000 €.

1) Moins favorable que dans le cas des investissements directs (ou réalisés par le biais d'une holding-ISF), le montant de 18 000 € actuellement applicable résulte de la loi de finances pour 2011(603). Il était initialement fixé à 10 000 € avant d'avoir été porté à 20 000 € par la loi de finances rectificative pour 2007(604). Le taux de la réduction d'impôt a toujours été, quant à lui, fixé à 50 % du montant des souscriptions.

2) Est visée à ce titre la souscription en numéraire de parts de fonds d'investissement de proximité (FIP) ou, depuis la loi de finances rectificative pour 2007(605) de fonds commun de placement à risque (FCPR) ou de fonds commun de placement dans l'innovation (FCPI). Les versements du redevable sont retenus dans la limite du pourcentage de l'actif de ces fonds qui se trouve investi en souscriptions au capital de PME éligibles, étant précisé que l'actif de ces fonds doit comprendre une part minimale de tels titres.

3) Les conditions relatives aux PME bénéficiaires des investissements sont strictement identiques à celles exigées pour les investissements directs ou indirects *via* une société holding. Toutefois, du fait des caractéristiques propres aux sociétés innovantes (dont le développement est plus long), la condition tenant au niveau de développement de la société « cible » est assouplie dans le cas des fonds communs de placement dans l'innovation (FCPI) : une PME innovante est éligible au dispositif jusqu'à dix ans après sa première vente commerciale contre sept ans dans tous les autres cas(606).

4) Depuis la loi de finances rectificative pour 2015, la réduction d'impôt est applicable, toutes autres conditions étant par ailleurs remplies, lorsque les investissements sont réalisés par l'intermédiaire d'organismes européens (ou assimilés) similaires aux FCPI et FIP (ce qui n'était antérieurement admis que par la doctrine administrative). On peut déduire des dispositions transitoires de cette loi que la condition de similitude suppose nécessairement que les organismes européens (ou assimilés) aient reçu un agrément de l'autorité compétente dont ils relèvent.

5) Le bénéfice de la réduction d'ISF est subordonné à la réunion des conditions suivantes :

– les redevables doivent s'engager à conserver les parts de fonds jusqu'au 31 décembre de la cinquième année suivant celle de la souscription ;

(601) CGI, art. 885-0 V bis, II-1, al. 2.

(602) CGI, art. 885-0 V bis, III. Ce dispositif est placé sous le régime des « lignes directrices » (n° 2014/C 19/04) du 22 janvier 2014 relatives aux aides d'État visant à promouvoir les investissements en faveur du financement des risques.

(603) L. 29 déc. 2010, art. 38.

(604) L. 25 déc. 2007, art. 38, II.

(605) L. 25 déc. 2007, art. 38, II.

(606) C. monét. fin., art. L. 214-30, I-1°-*d*.

– le porteur de parts, son conjoint (ou son concubin notoire) et leurs ascendants et descendants ne doivent pas détenir ensemble plus de 10 % des parts du fonds et, directement ou indirectement, plus de 25 % des droits dans les bénéfices des sociétés dont les titres figurent à l'actif du fonds ou avoir détenu ce montant à un moment quelconque au cours des cinq années précédant la souscription des parts du fonds ;

– les parts des fonds ne doivent pas donner lieu (en fonction de la qualité de la personne) à des droits différents sur l'actif net ou sur les produits du fonds.

6) Les versements servant de base au calcul de l'avantage fiscal sont pris en compte après imputation de l'ensemble des frais et commissions supportés par le redevable. À cet égard, la loi de finances pour 2010[607] a (dans le but de lutter contre des dérives manifestes) prévu une règle selon laquelle les porteurs de parts doivent être informés annuellement (par les gestionnaires de fonds) du montant détaillé des frais et commissions (devant être encadrés par voie réglementaire) qu'ils supportent directement ou indirectement. L'année suivante, la loi de finances pour 2011[608] a prévu le renforcement des obligations de transparence pesant sur les gestionnaires de fonds.

7) Initialement, le délai maximal de réinvestissement des montants souscrits n'était pas fixé par la loi. Cette lacune du dispositif légal avait été indirectement « corrigée » par la doctrine administrative qui, nécessairement, n'avait pu retenir qu'un dispositif fort peu contraignant[609]. Considérant qu'il n'était « pas acceptable que les sommes versées par les assujettis à l'ISF puissent dormir au sein de la trésorerie des fonds », M. Jean Arthuis (président de la commission des Finances du Sénat) avait déposé, au printemps 2009, une proposition de loi qui, visant à renforcer l'efficacité de la réduction d'ISF, retenait (outre un plafonnement des rémunérations des gestionnaires de fonds) l'introduction d'un délai de réinvestissement de six mois. Cette proposition s'est trouvée intégrée (moyennant quelques assouplissements) à la loi de finances pour 2010[610] qui a précisé les obligations des fonds en les assortissant d'un régime de sanction[611]. Dans le dernier état de la législation, qui a été successivement modifiée par la troisième loi de finances rectificative pour 2012[612] et par la loi de finances rectificative pour 2013[613], le « quota de réinvestissement » des fonds est, depuis le 1er janvier 2014, de 70 % des sommes reçues (contre 60 % auparavant). En contrepartie du renforcement de cette obligation, les fonds disposent de délais plus longs pour la satisfaire. Depuis 2014, ils disposent d'un délai de vingt-neuf mois[614] à compter de la constitution du fonds (contre vingt mois auparavant) pour atteindre la moitié du « quota de réinvestissement » et d'un délai de quarante-quatre mois à compter de la même date pour l'atteindre en totalité (contre trente-deux mois auparavant).

8) Naturellement, les sociétés de gestion de ces fonds (ou les dépositaires de leur actif agissant pour le compte de ces dernières) sont tenues à des obligations déclaratives particulières[615].

Ces sociétés sont également tenues d'informer annuellement les porteurs de parts du montant détaillé des frais et commissions, directs et indirects, qu'ils supportent[616] – ces frais ayant par ailleurs fait l'objet de l'encadrement réglementaire attendu[617].

9) Les données statistiques les plus récentes concernant la réduction d'impôt « ISF-PME » datent de près de dix ans (V. la précédente édition de cet ouvrage, n° 1812, 7). Dans un référé en date du 26 novembre 2015, la Cour des comptes, constatant que « l'impact économique du dispositif est incertain », a recommandé que « l'efficacité de cette dépense fiscale soit mesurée régulièrement »[618].

(607) L. 30 déc. 2009, art. 20.
(608) L. 29 déc. 2010, art. 38, V.
(609) Instr. 11 avr. 2008 : *BOI* 7 S-3-08, n° 142, anc.
(610) L. 30 déc. 2009, art. 20.
(611) CGI, art. 1763 C.
(612) L. 29 déc. 2012, art. 25, I.
(613) L. 29 déc. 2013, art. 18.
(614) Plus précisément, un délai de quinze mois à compter de la date de clôture de la période de souscription fixée dans le prospectus complet du fonds, laquelle ne peut excéder quatorze mois à compter de la date de constitution du fonds.
(615) CGI, ann. III, art. 299 octies.
(616) CGI, art. 1763 C.
(617) C. monét. fin., art. D. 214-80 et s. La loi de finances rectificative pour 2015 a par ailleurs prévu le plafonnement, dans des conditions prévues par décret, du montant des frais et commissions imputés directement ou indirectement par les gérants et dépositaires du fonds, leurs conseils ou gestionnaires, ou des personnes qui leur seraient liées (CGI, art. 885-0 V bis, VII).
(618) V. *Dr. fisc.* 2016, n° 7-8, act. 108.

3° Réduction pour investissement dans « Entreprises solidaires d'utilité sociale »

1813. – Investissement solidaire. 1) La loi de finances rectificatives pour 2015 a « isolé » la réduction d'impôt « ISF-PME » dans le cas où elle s'applique aux entreprises solidaires d'utilité sociale[619].

Selon la législation sociale (C. trav., art. L. 3332-17-1), une entreprise peut prétendre à l'agrément « entreprise solidaire d'utilité sociale » lorsqu'elle remplit les quatre conditions suivantes :

a) l'entreprise poursuit comme objectif principal la recherche d'une utilité sociale (soutien à des « personnes en situation de fragilité » et lutte contre les exclusions et les inégalités *lato sensu*) ;

b) la charge induite par son objectif d'utilité sociale a un impact significatif sur le compte de résultat ou la rentabilité financière de l'entreprise ;

c) la politique de rémunération de l'entreprise satisfait aux deux conditions suivantes :

– la moyenne des cinq rémunérations les plus élevées de l'entreprise n'excède pas sept fois le salaire minimum ;

– la rémunération la plus élevée n'excède pas dix fois le salaire minimum ;

d) les titres de capital de l'entreprise, lorsqu'ils existent, ne sont pas cotés, ni en France, ni à l'étranger.

2) Cette restructuration du dispositif légal s'est accompagnée de quelques assouplissements conditionnels.

a) les exclusions[620] relatives à l'exercice d'une activité financière ou immobilière ne sont pas applicables aux entreprises solidaires d'utilité sociale ;

b) les conditions tenant à la date de création de l'activité sociale[621] ne s'appliquent pas à ces mêmes entreprises lorsqu'elles ont exclusivement pour objet, alternativement :

– l'exercice d'une activité financière ;

– la réalisation d'opérations relevant du logement « très social », à la condition que la société réalise son objet social sur l'ensemble du territoire national et ne procède pas à la distribution de dividendes ;

c) la condition tenant à la limitation à 15 M€ du montant total des versements reçus par une même société[622] ne s'applique pas aux versements au titre de souscriptions effectuées au capital des entreprises solidaires d'utilité sociale du secteur du logement « très social » précitées ;

d) la limite des versements est fixée à 2,5 M€ par an pour les entreprises solidaires d'utilité sociale qui ont exclusivement pour objet l'exercice d'une activité financière.

4° Réduction en cas de donation à un organisme d'intérêt général

1814. – Généreux donateurs. La loi TEPA du 21 août 2007 (art. 16, III) a institué un second dispositif de réduction d'impôt de solidarité sur la fortune. Celui-ci permet aux redevables d'imputer sur le montant d'impôt sur la fortune exigible une fraction des dons consentis à certains organismes d'intérêt général[623]. Le montant imputable est égal à 75 % du montant du don, cette imputation étant limitée, en elle-même, à 50 000 €.

1) À la différence du cas de la réduction d'impôt « ISF-PME », ni le taux ni le montant maximal de la réduction « ISF-Donations » n'ont été réduits par la loi de finances pour 2011[624].

---

(619) CGI, art. 885-0 V bis B (issu de L. 29 déc. 2015, art. 24, III).
(620) V. CGI, art. 885-0 V bis, I-1 bis-*c*. L'entreprise peut donc exercer des activités financières et immobilières, notamment.
(621) Schématiquement, dans le cadre du dispositif « ISF-PME », un investissement initial (par opposition à un investissement « de suivi ») doit, pour ouvrir droit au bénéfice de la réduction d'impôt, concerner une société ayant débuté son activité il y a moins de sept ans (CGI, art. 885-0 V bis, I-1 bis-*d*).
(622) CGI, art. 885-0 V bis, I-1 bis-*j*.
(623) CGI, art. 885-0 V bis A.
(624) V. *supra*, n° 1806.

Cela étant un plafond « commun » réduit à 45 000 € est applicable[625], depuis cette dernière loi, si le redevable bénéficie simultanément, au titre de la même année, de la RI « ISF-PME » et de la RI « ISF-Donations » (cette limite réduite s'étant appliquée aux versements réalisés à compter du 1er janvier 2011). La loi prévoit que la fraction des versements ayant donné lieu à la réduction d'impôt « ISF-Donations » ne peut parallèlement ouvrir droit à la réduction d'impôt « ISF (PME », l'intérêt de cette disposition restant à démontrer[626].

2) L'application du dispositif suppose naturellement que le don procède d'une intention libérale, c'est-à-dire qu'il soit consenti à titre gratuit, sans contrepartie matérielle, directe ou indirecte, au profit de la personne qui l'effectue. On entend par contrepartie matérielle un avantage tangible (consistant dans un bien ou un service) par opposition à une contrepartie d'ordre symbolique ou purement institutionnelle (dont l'existence ne remet pas en cause l'applicabilité du dispositif). Par exception, l'administration admet que le donateur puisse recevoir de « menus biens » lorsque leur valeur totale, devant présenter une « disproportion marquée » avec le montant du don effectué, est inférieure à 60 €[627], la doctrine administrative antérieure[628] semblant retenir le seuil fixé à l'article 23 N de l'annexe IV au CGI (soit 65 € pour les années 2011 à 2015).

3) Le bénéfice de la réduction d'ISF est subordonné à la condition que le redevable joigne à sa déclaration ou[629] fournisse dans les trois mois suivant la date limite de déclaration les pièces justificatives attestant du montant, de la date des versements et de l'identité du bénéficiaire du don. Ces pièces consistent en pratique dans des attestations (reçus fiscaux) délivrées par les organismes bénéficiaires des dons.

1815. – Conditions relatives à l'objet de la donation. Pour ouvrir droit à la réduction d'impôt, les dons doivent porter alternativement sur :

– des sommes en numéraire ;

– la pleine propriété de titres de sociétés cotées en France ou à l'étranger.

Au titre d'une année d'imposition, les dons pris en compte sont ceux effectués entre la date limite de dépôt de la déclaration de l'année précédente et celle de l'année considérée[630]. Le don ayant donné lieu à cette réduction d'impôt ne peut donner lieu à aucun autre avantage fiscal (et, en particulier, à la réduction d'IR prévue à l'article 200 du CGI – V. *supra*, n° 1559).

Par ailleurs, la loi retient un mécanisme dont on peut penser qu'il peut constituer, dans de nombreuses hypothèses, un frein au succès de cette réduction d'impôt. Les dons ouvrant droit à la réduction d'impôt sont légalement assimilés à des mutations à titre onéreux[631]. S'ils ne sont pas, en conséquence, passibles des droits de mutation à titre gratuit, les dons peuvent, lorsqu'ils portent sur des titres de sociétés, être à l'origine d'un gain en capital (très théorique) imposable à l'IR et aux contributions sociales (V. *supra*, nos 1423 et 1432). Il en résulte, toutefois, que la donation de titres dépréciés peut, à l'inverse, générer une moins-value imputable sur les plus-values de même nature réalisées la même année ou au cours des dix années suivantes (V. *supra*, n° 1515).

1816. – Conditions relatives au donataire. Les dons doivent avoir été consentis à l'un ou l'autre des organismes suivants :

– un établissement de recherche, d'enseignement supérieur, d'enseignement artistique public ou privé, d'intérêt général et à but non lucratif ou, depuis la loi

(625) CGI, art. 885-0 V bis A, III.

(626) Sauf à considérer qu'un même versement pourrait être regardé, d'une part, comme une libéralité don et d'autre part, comme un apport en société.

(627) BOI-PAT-ISF-40-40-10-10, n° 90.

(628) Instr. 9 juin 2008 : *BOI* 7 S-5-08, n° 11, anc. – Instr. 16 mai 2007 : *BOI* 5 B-14-07, nos 10 et 11, anc.

(629) Première L. fin. rect. 2011, 29 juill. 2011, art. 2, I.

(630) BOI-PAT-ISF-50-10-20-10, n° 120, retenant cette solution tant pour la déclaration d'ISF « ordinaire » que la déclaration adossée à celle de l'IR. – V. *infra* n° 1825.

(631) CGI, art. 150 duodecies.

de finances rectificative pour 2015[632], un établissement d'enseignement supérieur consulaire ;

– une fondation reconnue d'utilité publique[633] ou, depuis la loi du 4 août 2008 de modernisation de l'économie, une fondation universitaire ou une fondation partenariale, d'intérêt général ;

– une entreprise d'insertion, une entreprise de travail temporaire d'insertion, une association intermédiaire, un atelier ou chantier d'insertion, une entreprise adaptée ou, depuis la loi de finances pour 2009[634], certains groupements labélisés d'employeurs organisant des parcours d'insertion et de qualification au profit, notamment, des jeunes rencontrant des difficultés particulières d'accès à l'emploi ;

– l'Agence nationale de la recherche ;

– depuis la loi de finances pour 2011[635], certaines associations reconnues d'utilité publique de financement et d'accompagnement de la création et la reprise d'entreprises ;

– les organismes étrangers similaires aux précédents lorsqu'ils sont établis dans un autre État membre de l'Union européenne, en Islande, en Norvège ou au Liechtenstein.

1) La liste des organismes éligibles a été donnée par l'administration dans son commentaire général du dispositif[636], notamment en ce qui concerne les établissements de recherche, d'enseignement supérieur ou d'enseignement artistique[637] qui comprend, sous certaines conditions, les centres hospitaliers universitaires ou CHU[638].

À supposer que le donataire puisse être regardé comme une entreprise relevant du secteur concurrentiel au sens du droit de l'Union européenne[639], la mesure relève de la réglementation *de minimis* (V. *supra*, n° 1595, 2).

2) Les associations reconnues d'utilité publique de financement et d'accompagnement de la création et la reprise d'entreprises éligibles au mécanisme de réduction d'ISF sont l'Association pour le droit à l'initiative économique (ADIE), le Réseau Entreprendre et, depuis le 1er mars 2013, la Fédération des plates-formes France Initiative, dite « France Initiative »[640].

3) L'extension expresse du champ d'application du dispositif à certains organismes étrangers résulte de la troisième loi de finances rectificative pour 2009[641]. Elle s'applique (sous sa forme désormais organisée par la loi) aux dons consentis à compter du 1er janvier 2010.

• Lors des débats parlementaires relatifs à la loi précitée, en réponse aux interrogations inquiètes de plusieurs députés, le ministre du Budget, M. E. Woerth, avait insisté sur le point suivant : « Je vous confirme que les organismes situés dans l'Union européenne devront, au même titre que les organismes résidents, exercer une activité en France – sous réserve de dérogation doctrinale prévue pour

(632) En clair, les écoles de commerce liées aux chambres de commerce et d'industrie (L. fin. rect. 2015, 29 déc. 2015, art. 38, I-5°).

(633) Sur renvoi aux règles de l'IR relatives au régime des dons (CGI, art. 200, 1-*a*), la fondation doit satisfaire aux deux conditions cumulatives suivantes :

– poursuivre la réalisation d'un objet philanthropique, éducatif, scientifique, social, humanitaire, sportif, familial, de culturel ou environnemental ;

– présenter un caractère d'intérêt général, c'est-à-dire ne pas exercer d'activité lucrative (sauf dans le cadre d'un secteur lucratif accessoire), avoir une gestion désintéressée et ne pas fonctionner au profit d'un cercle restreint de personnes.

(634) L. fin. 2009, 27 déc. 2008, art. 105.

(635) L. 29 déc. 2010, art. 40.

(636) BOI-PAT-ISF-40-40-10.

(637) BOI-PAT-ISF-40-40-10-20.

(638) BOI-PAT-ISF-40-40-10-20, n° 470.

(639) V. BOI-PAT-ISF-40-40-10-70, n° 30, retenant cette qualification à l'égard notamment des universités publiques.

(640) D. 7 avr. 2011 mod. par D. 26 févr. 2013.

(641) L. 30 déc. 2009, art. 35.

les actions exercées au niveau international dans le domaine humanitaire, car bien sûr ces actions ne s'exercent généralement pas en France »[642].

S'appuyant sur ces travaux préparatoires on ne peut plus clairs, la doctrine administrative retient que « les dons et versements consentis au profit des organismes étrangers ne sont éligibles qu'à concurrence des actions exercées en France et à la condition que celles-ci revêtent un caractère prépondérant »[643]. Toutefois, cette limitation n'est pas applicable aux organismes étrangers ayant pour objet opérationnel de « concourir à la diffusion de la culture, de la langue ou des connaissances scientifiques françaises »[644] ou de « recueillir des dons et d'organiser à l'étranger un programme humanitaire d'aide en faveur des populations en détresse dans le monde »[645].

• La doctrine administrative antérieure à cette modification législative retenait implicitement que seuls les dons à des organismes français étaient éligibles à la réduction d'ISF. Une telle limitation était certainement contraire au droit de l'Union européenne. La Cour de justice des Communautés européennes a en effet jugé que le principe de libre circulation des capitaux[646] s'oppose à une législation nationale qui réserve, en ce qui concerne les dons faits à des organismes d'intérêt général, une mesure de déduction fiscale aux seuls dons effectués à des organismes établis sur le territoire national, sans possibilité aucune pour le contribuable de démontrer qu'un don versé à un organisme établi dans un autre État membre satisfait aux conditions légales relatives à cette mesure[647].

• Cette extension suppose normalement l'obtention, par l'organisme donataire d'un agrément en principe triennal. La liste des organismes agréés est publiée sur le site Internet de l'administration fiscale[648]. Seule la Fédération européenne pour enfants disparus et sexuellement exploités (ou *Missing Children Europe*) semble avoir jamais été titulaire de cet agrément (obtenu le 22 novembre 2011 et ayant pris fin le 31 décembre 2014). La loi retient toutefois (ce qui est sans doute de nature à lever les interrogations quant à la comptabilité du dispositif avec le droit européen), l'éligibilité d'un organisme non agréé lorsque le redevable produit, dans le délai de déclaration, les pièces justificatives attestant que cet organisme poursuit des objectifs et présente des caractéristiques similaires aux organismes français énumérés par les textes.

4) En dépit de nombreuses tentatives parlementaires en ce sens, les dons consentis à des associations autres que les associations intermédiaires n'ouvrent pas droit à la réduction d'ISF. Il en résulte que, sauf dans le cas où elles participent à l'insertion sociale des personnes les plus démunies dans le cadre de chantiers d'insertion, les associations – même reconnues d'utilité publique – ne sont pas éligibles à cette mesure de réduction d'impôt.

5) L'éligibilité des dons aux fondations universitaires et aux fondations partenariales résulte d'un amendement sénatorial à la loi de modernisation pour l'économie[649]. La Haute assemblée avait également retenu l'éligibilité des dons à des fonds de dotation (V. *supra*, n° 1611) institués par la même loi (art. 140). Issu des travaux de la commission mixte paritaire, le texte définitivement adopté ne comporte plus cette mesure (pourtant adoptée au Sénat après avis favorable du Gouvernement).

6) La doctrine administrative a également admis que les dons puissent être consentis à un organisme « collecteur de fonds »[650]. Cette interprétation apparaît des plus naturelles quand l'organisme collecteur remplit *personnellement* les conditions légales d'éligibilité. Dans le cas inverse, le bénéfice de la réduction d'impôt obéit à trois conditions particulières :

– le bénéficiaire final du don doit respecter l'ensemble des conditions légales d'éligibilité ;

(642) Débats AN, 2e séance, jeudi 10 déc. 2009.
(643) Instruction provisoire mise en consultation publique du 30 janvier au 29 février 2012, § 20 – l'instruction définitive devant être publiée prochainement, après la remise, intervenue le 10 juillet 2013, du rapport de M. G. Bachelier portant sur « Les règles de territorialité du régime fiscal du mécénat ».
(644) *Ibid.*, § 21.
(645) *Ibid.*, § 16.
(646) Traité CE, art. 56.
(647) CJCE, Gde ch., 29 janv. 2009, n° C-318/07, *Persche : Dr. fisc.* 2009, n° 21, comm. 337, retenant également que des dons effectués en nature sous forme de biens de consommation courants relèvent, en présence d'éléments d'extranéité, du principe communautaire de libre circulation des capitaux.
(648) CGI, ann. III, art. 299 decies et s.
(649) L. 4 août 2008, art. 141.
(650) BOI-PAT-ISF-40-40-10, n° 40.

– chaque don doit être individualisé dans les comptes de l'organisme collecteur (et ce jusqu'à sa remise effective au bénéficiaire final) ;

– la réduction d'impôt est acquise au donateur au titre de la période au cours de laquelle l'organisme collecteur a effectivement remis le don correspondant à l'organisme éligible (qui seul peut, dans ce cas, délivrer le reçu fiscal permettant au redevable de bénéficier de la réduction d'impôt).

C. – Le plafonnement de l'impôt

1° Le mécanisme de plafonnement spécifique

1817. – **Plafonnement spécial.** Le montant d'impôt de solidarité sur la fortune diminué, le cas échéant des imputations liées aux différentes réductions d'impôt, peut faire l'objet d'un plafonnement(651).

Propre à l'impôt de solidarité sur la fortune, ce mécanisme joue dès le stade de la déclaration(652). Faisant donc de plein droit l'objet d'un mécanisme d'auto-liquidation(653), il ne peut conduire, le cas échéant, qu'à la diminution de l'impôt de solidarité sur la fortune – à l'exclusion, notamment, de l'impôt sur le revenu lui-même.

Dans le passé récent, un dispositif de plafonnement plus général était susceptible de produire ses effets en matière d'ISF. Cet autre mécanisme résidait dans le mécanisme du « bouclier fiscal » qui s'est appliqué pour la dernière fois au titre de 2012, pour la détermination du plafonnement en fonction des impositions dues en 2011 et des revenus réalisés en 2010(654). Commun à différents impôts directs frappant les particuliers, il entraînait, lorsqu'il trouvait à s'appliquer, la diminution proportionnelle de l'ISF et des autres impôts directs concernés. Cet ancien dispositif est présenté au titre de l'imposition des revenus à laquelle il se rattachait principalement (V. *supra*, n° 1585).

1818. – **Historique du plafonnement.** 1) Les dispositions législatives relatives à l'impôt sur les grandes fortunes(655) ne prévoyaient aucun plafonnement de la cotisation d'impôt.

2) En revanche, dès l'origine, les textes relatifs à l'impôt de solidarité sur la fortune(656) ont prévu un mécanisme de plafonnement en application duquel le total formé, pour un même contribuable, par le montant d'impôt de solidarité sur la fortune et des impôts dus au titre des revenus ne pouvait excéder 70 % de ses revenus nets de frais professionnels de l'année précédente(657).

Lors des débats souvent polémiques concernant le « bouclier fiscal », le mécanisme de plafonnement de l'ISF, présenté comme une préfiguration de ce dispositif, s'est trouvé baptisé *a posteriori* « plafonnement Rocard ».

(651) CGI, art. 885 V bis.

(652) Rien n'interdit, au demeurant, que le bénéfice de la mesure de plafonnement puisse, après l'expiration du délai de déclaration, être demandé par voie de réclamation. Lorsque des propositions de rectification sont notifiées au contribuable en matière d'IR, la prescription du droit de reprise de l'administration fiscale à l'égard du plafonnement appliqué à l'ISF ne peut courir tant que les dettes d'IR en résultant, dont l'issue conditionne le niveau de ce plafonnement, ne sont pas certaines (Cass. com., 28 févr. 2006, n° 03-15.015, *Vuitton : Bull. civ.* 2006, IV, n° 53 ; *Dr. fisc.* 2007, n° 25, comm. 659).

(653) Lorsqu'elle procède à la rectification de la situation du contribuable au regard de l'ISF, l'administration doit, le cas échéant, liquider cet impôt en appliquant *spontanément* le mécanisme de plafonnement (Cass. com., 27 mai 2015, n° 14-14.257, *Patenotre : Dr. fisc.* 2015, n° 37, comm. 546, note J.-L. Pierre ; *RJF* 8-9/2015, n° 738, jugeant que « dans le cadre de son pouvoir général de rectification, il appartient à l'administration fiscale, sous le contrôle du juge de l'impôt, de [faire application des] lois et réglementations (…), fussent- [elles] en faveur du contribuable ». Il semble très exagéré de déduire de cet arrêt l'existence d'une règle selon laquelle « l'administration qui rectifie doit d'office rechercher et appliquer la solution fiscale la plus favorable au contribuable » (B. Hatoux, *Le devoir de loyauté de l'administration fiscale : RJF* 01/2016, étude, § 32).

(654) Première L. fin. rect. 2011, L. 29 juill. 2011, art. 30.

(655) L. fin. 1982, 30 déc. 1981, art. 2 et s.

(656) L. fin. 1989, 23 déc. 1988, art. 26, VII.

(657) CGI, art. 885 Y, anc.

Dans l'esprit des promoteurs du mécanisme de plafonnement, un garde-fou était nécessaire pour protéger les personnes âgées qui pouvaient être propriétaires d'une résidence principale dont la valeur vénale avait pu fortement augmenter sans disposer, pour autant, de revenus importants.

3) Par la suite, le dispositif[658] a fait l'objet d'un triple durcissement :

a) la loi de finances pour 1991[659] a porté le seuil de déclenchement du plafonnement à 85 % ;

b) la loi de finances pour 1996[660] a limité, pour les détenteurs de patrimoines les plus importants, les effets du plafonnement (V., pour le détail de ce dispositif, qui s'est appliqué pour la dernière fois en 2011, *infra*, n° 1820) ;

En vertu de ces règles de « plafonnement du plafonnement » (et hors application du « bouclier fiscal »), les revenus nets d'un redevable pouvaient, en conséquence, supporter un prélèvement excédant 85 % de ses revenus. En d'autres termes, le prélèvement fiscal annuel pouvait présenter dans ce cas un caractère véritablement confiscatoire. C'est, incontestablement, à l'époque, l'un des aspects le plus critiquables de l'ISF. Paradoxalement, c'est un gouvernement de droite qui, conduit par Alain Juppé, en est à l'origine.

c) la loi de finances pour 1999[661] a durci les conditions de déclenchement du plafonnement. Depuis cette loi, le revenu pris comme référence est majoré des revenus exonérés d'impôt sur le revenu et des déficits fiscalement non déductibles pour l'impôt sur le revenu (les plus-values devant par ailleurs être retenues sans considération des seuils, réductions et abattements prévus par la loi fiscale).

4) La première loi de finances rectificative pour 2011[662], a supprimé le mécanisme de plafonnement propre à l'impôt de solidarité sur la fortune.

En effet, le maintien de cette mesure n'était plus apparu justifié dès lors que, le tarif de l'ISF étant fortement réduit (V. *supra*, n° 1803), le spectre de la confiscation fiscale se trouvait maintenu à bonne distance.

En application de cette loi, aucun plafonnement ne s'est donc appliqué en 2012.

À cet égard, la deuxième loi de finances rectificative pour 2012[663] (qui avait établi une contribution exceptionnelle sur la fortune destinée à neutraliser pour l'année 2012 la réforme de juillet 2011) n'avait prévu l'application d'aucun mécanisme de plafonnement. Cette solution avait été admise par le Conseil constitutionnel[664], compte tenu du caractère non pérenne de cette mesure (V. *supra*, n° 1732).

5) Dans un mouvement symétrique, la loi de finances pour 2013[665] a rétabli le plafonnement spécial, justifié tout à la fois par l'absence de bouclier fiscal et les taux élevés du nouveau barème de l'impôt de solidarité sur la fortune.

Ce faisant, la loi s'est conformée à la décision précitée du Conseil constitutionnel qui avait considéré que le législateur ne pouvait rétablir le barème « traditionnel » de l'ISF sans assortir ce rétablissement d'un mécanisme de plafonnement (V. *supra*, n° 1732).

Le dispositif applicable depuis 2013 est proche, dans ses principes, de celui appliqué jusqu'en 2011. Il comporte toutefois deux différences substantielles avec ce dernier :

– le taux de plafonnement est fixé à 75 % (contre 85 % précédemment) ;

(658) Déplacé sous l'article 885 V bis du CGI.
(659) L. 29 déc. 1990, art. 16, I.
(660) L. 30 déc. 1995, art. 6, IV.
(661) L. 30 déc. 1998, art. 16, II.
(662) L. 29 juill. 2011, art. 1er, I-4°.
(663) L. 16 août 2012, art. 4.
(664) Cons. const., 9 août 2012, n° 2012-654 DC, *Deuxième loi de finances rectificative pour 2012*, § 33 et 34.
(665) L. 29 déc. 2012, art. 13-I-F.

– le plafonnement à 75 % s'applique de *manière absolue* – aucune mesure de limitation de ses effets n'ayant pu, à ce jour, être valablement introduite (V. *infra*, n° 1821).

1819. – Modalités positives de plafonnement. 1) Les modalités du mécanisme du plafonnement de l'impôt de solidarité sur la fortune issues de la loi de finances pour 2013[666] sont relativement simples.

Au lendemain de la publication de la loi de finances pour 2013, le mécanisme de plafonnement qui en était issu pouvait sembler provisoire : le mécanisme anti-abus dont il était assorti (qui tendait à assimiler certains revenus « potentiels » ou « virtuels » à des revenus réalisés par le redevable – V. *infra*, n° 1821) avait en effet été censuré par le Conseil constitutionnel.

On pouvait donc penser qu'une loi ultérieure allait introduire rapidement un dispositif anti-abus entièrement repensé ou, à défaut, restaurer l'ancien dispositif de « plafonnement du plafonnement » (V. *infra*, n° 1820).

Il n'en a rien été. Sans doute a-t-il été tenté à deux reprises, la première fois par la voie doctrinale, la seconde fois par la voie législative, de durcir le mécanisme de plafonnement en assimilant à des revenus disponibles certains produits « capitalisés ». Mais ces tentatives maladroites, et finalement modestes, ont également échoué, la première devant le Conseil d'État, la seconde devant le Conseil constitutionnel (V. *infra*, pt 3-*b*).

2) Le dispositif de plafonnement est applicable, en principe, aux seuls redevables domiciliés en France.

L'administration a précisé que la condition de domiciliation s'apprécie au 1er janvier de chaque année d'imposition. Le plafonnement de l'ISF peut donc s'appliquer, au titre de l'année considérée, à une personne qui transfère en cours d'année, son domicile hors de France. À l'inverse, la personne qui installe son domicile fiscal en France en cours d'année ne peut bénéficier du dispositif de plafonnement au titre de cette même année[667].

Par ailleurs, pour tenir compte des exigences du droit de l'Union européenne[668], la doctrine administrative admet que les non-résidents « Schumacker » (c'est-à-dire les résidents d'un autre État européen qui perçoivent la majeure partie de leurs revenus professionnels d'une activité exercée en France) peuvent également bénéficier de cette mesure[669].

3) Au titre d'une année, le total de l'impôt de solidarité sur la fortune et des impôts dus (en France et à l'étranger) au titre des revenus et produits de l'année précédente ne peut excéder 75 % d'un revenu spécial de référence[670].

a) Le dispositif de plafonnement peut s'appliquer dès le stade de la déclaration d'ISF (V. *supra*, n° 1817). Or, à la date de l'accomplissement de ces obligations déclaratives, l'IR et certaines impositions sociales auront pu ne pas avoir été établis par l'administration. Il revient dans ce cas aux redevables de procéder eux-mêmes, sous leur propre responsabilité, à leur détermination.

b) Les impôts frappant les revenus pris en compte s'entendent de l'impôt général progressif, des impositions proportionnelles alternatives à l'impôt progressif (et libératoires de l'IR), de la contribution exceptionnelle sur les hauts revenus (V. *supra*, n° 1582), des différentes contributions sociales additionnelles frappant les revenus (CSG, CRDS, prélèvement social et contributions sociales additionnelles) et, selon la doctrine administrative, des différentes taxes spéciales frappant les gains immobiliers des particuliers[671]. En revanche, étant à la charge de l'employeur, l'ancienne taxe exceptionnelle de solidarité sur les hautes rémunérations (V. *supra*, n° 1584) n'a pas pu être prise en compte.

(666) L. 29 déc. 2012, art. 13-I-F.
(667) BOI-PAT-ISF-40-60, n° 20.
(668) CJCE, 14 févr. 1995, n° C-279/93, *Centre des impôts de Cologne c/Schumacker : Dr. fisc.* 1995, n° 20, comm. 1089.
(669) *Ibid.*
(670) CGI, art. 885 V bis, I. Ce revenu spécial de référence est déterminé dans des conditions différentes du *revenu fiscal de référence* (V. CGI, art. 1417, IV) mis en œuvre dans la fiscalité directe locale ou pour la taxation spéciale des hauts revenus (V. *supra*, n° 1582).
(671) BOI-PAT-ISF-40-60, n° 140.

Ces impositions peuvent indifféremment avoir été supportées en France ou à l'étranger, la loi française étant désormais exempte de toute critique sur ce point au regard des exigences du droit de l'Union européenne[(672)].

En revanche, les taxes foncières et la taxe d'habitation ne peuvent être retenues[(673)]. Il en va de même de la taxe additionnelle au droit de bail qui – même déterminée à raison des revenus fonciers – a été regardée comme « l'accessoire d'un droit d'enregistrement » frappant la mutation de jouissance des biens loués et, par voie de conséquence, comme étrangère à la catégorie des impositions sur le revenu[(674)].

c) L'ISF pris en compte est celui obtenu après décote (V. *supra*, n° 1799, *b*) et imputation, le cas échéant, des réductions applicables à cet impôt (V. *supra*, n° 1805).

L'IR pris en compte est celui obtenu :

– après application, le cas échéant, du plafonnement des effets du quotient familial et de la décote ;

– après imputation des réductions et crédits d'impôt non représentatifs d'une imposition acquittée à l'étranger ;

– avant imputation des crédits d'impôt représentatifs d'une imposition acquittée à l'étranger et des retenues non libératoires de l'IR[(675)].

d) Lorsque l'IR a frappé des revenus de personnes ne faisant pas, en matière d'ISF, l'objet d'une imposition commune avec le redevable, le montant d'IR est réduit suivant le pourcentage du revenu de ces personnes par rapport au revenu total du foyer[(676)]. Cette solution s'applique, en particulier, dans l'hypothèse du rattachement d'un enfant majeur au foyer de ses parents pour l'application de l'IR. Lorsque l'ISF a frappé des concubins notoires, les impôts sur les revenus s'entendent du total formé par les différentes cotisations mises à la charge de chacun des intéressés.

Si ce taux de 75 % est dépassé, l'excédent constaté vient en diminution de l'impôt sur la fortune dû.

Cet excédent n'est en revanche ni imputable sur d'autres impositions ni restituable[(677)].

3) Ce revenu spécial de référence s'entend du total formé, au titre de l'année précédente, par :

a) les revenus nets de frais professionnels de cette même année après déduction des seuls déficits catégoriels dont l'imputation est fiscalement autorisée (V. *supra*, n°s 1512 et s.) ;

Les revenus nets sont déterminés à partir de l'ensemble des revenus du redevable et non pas seulement de ceux tirés des éléments de son patrimoine passible de l'ISF[(678)]. Sur le cas des plus-values de cession d'éléments du patrimoine, V. *infra*, pt *c*.

Par application de la règle d'annualité de l'ISF, seuls les déficits constatés au titre d'une année (et non les déficits, même reportables, subis au cours d'années antérieures) sont susceptibles de venir en déduction du revenu de référence[(679)].

Naturellement, la circonstance qu'un revenu soit tiré d'un bien exonéré d'impôt de solidarité sur la fortune n'interdit aucunement qu'il soit pris en compte dans le revenu de référence[(680)].

---

(672) Comp. Commission européenne, avis motivé n° IP/10/1405, 28 oct. 2010.

(673) Cass. com., 25 janv. 2005, n° 03-10.068, *Imbert de Trémiolles* : *Dr. fisc.* 2005, n° 13, comm. 327 ; *Dr. fisc.* 2005, n° 17, comm. 391, note J. Grosclaude ; *Bull. civ.* 2005, IV, n° 16.

(674) Cass. com., 8 févr. 2005, n° 02-19.750, *Millin de Grandmaison* : *Dr. fisc.* 2005, n° 18-19, comm. 402 ; *Bull. civ.* 2005, IV, n° 23.

(675) CGI, art. 885 V bis, I. – BOI-PAT-ISF-40-60, n° 70.

(676) CGI, art. 885 V bis, II, al. 2.

(677) BOI-PAT-ISF-40-60, n° 10.

(678) Cass. com., 4 mai 2010, n° 09-67.047, *Mirabel* : *RJF* 8-9/2010, n° 861.

(679) Cass. com., 13 janv. 1998, n° 96-11.964, *Raudier* : *Bull. civ.* 1998, IV, n° 19. – Cass. com., 9 oct. 2007, n° 05-18.909, *Roustan* : *RJF* 1/2008, n° 90, relevant que l'excédent de déficit non imputé et reporté sur le revenu global de l'année suivante « cesse d'être un revenu catégoriel pour devenir un déficit du revenu global ».

(680) Cass. com., 12 déc. 1995, n° 94-11.912, *Salats* : *Dr. fisc.* 1996, n° 16, comm. 537 ; *Bull. civ.* 1995, IV, n° 298.

b) les revenus exonérés d'impôt sur le revenu réalisés au cours de la même année en France ou hors de France ;

1. Les revenus exonérés s'entendent indifféremment de ceux qui le sont en application de dispositions législatives ou des stipulations d'une convention internationale. La doctrine administrative admet, à cet égard, que le revenu en nature exonéré d'IR(681) que retire le propriétaire d'un logement qui s'en réserve la jouissance ne soit pas pris en compte dans le revenu spécial de référence(682).

2. Devant demeurer « exempts d'impôts nationaux »(683), les traitements (et pensions) perçus par les fonctionnaires (et anciens fonctionnaires) des Communautés européennes doivent, selon la Cour de cassation, être exclus du revenu spécial de référence(684).

3. La question des revenus de l'assurance-vie et des produits attachés aux bons et contrats de capitalisation ainsi qu'aux placements de même nature a donné lieu à d'importantes difficultés.

• Très fortement utilisés à des fins d'optimisation fiscale, les contrats d'assurance-vie (et les placements assimilés) présentent un double avantage relativement au mécanisme de plafonnement. Celui-ci est lié à la dissymétrie existant, dans le cas des contrats « mono-support en euros » ou pour le compartiment « en euros » des contrats « multi-supports », dans le traitement fiscal respectivement applicable aux revenus générés par ces placements et aux impositions frappant ces mêmes revenus :

– les contributions sociales (CSG, CRDS, prélèvement social et autres contributions sociales) frappant les produits enregistrés sur ces contrats sont prélevées « au fil de l'eau »(685), c'est-à-dire lors de leur inscription en compte. Il en résulte que, pour l'application du mécanisme de plafonnement, ces impositions sont prises en compte (au numérateur) pour la détermination de la charge fiscale globale ;

– pour autant, ces produits ne sont regardés comme disponibles au sens des règles de l'IR que lors du dénouement du contrat(686). Tant que cet événement (qui déclenche d'ailleurs l'assujettissement à l'IR) ne s'est pas produit, ces revenus, pourtant frappés par les contributions sociales, ne sont pas pris en compte (au dénominateur) pour la détermination du revenu spécial de référence.

• Les tentatives successives destinées à mettre fin à ce traitement dissymétrique ont toutes échoué V. *infra*, n°s 1821 et 1822).

c) les produits soumis à un prélèvement libératoire réalisés au cours de la même année en France ou hors de France ;

d) les plus-values de toute nature, déterminées (comme d'ailleurs les autres revenus) sans considération des seuils, réductions et abattements légalement applicables(687).

La prise en compte des plus-values dans le revenu de référence résulte(688) du texte légal lui-même. La Cour de cassation applique évidemment cette règle(689) qu'elle avait auparavant retenue dans le silence de la loi(690).

Les plus-values de cession de titres placées en report d'imposition ou ayant donné lieu à sursis d'imposition sont prises en compte au titre de l'année d'expiration du report ou du sursis(691).

---

(681) V. *infra*, n° 1403.
(682) BOI-PAT-ISF-40-60, n° 180 *in fine*.
(683) Prot. 8 avr. 1965 sur les privilèges et immunités des Communautés européennes, art. 13.
(684) Cass. com., 19 janv. 2010, n° 09-11.174, *DGFiP c/Bourges-Maunoury : Dr. fisc.* 2010, n° 14, comm. 265. Participant de l'interprétation déraisonnablement extensive que donne la CJUE du protocole précité, cette solution apparaît des plus discutables (comp., toutefois, CJUE, 21 mai 2015, aff. C-349/14, *Min. c/Pazdziej : Dr. fisc.* 2015, n° 22, act. 330, admettant, pour le plafonnement de la taxe d'habitation, la prise en compte des rémunérations perçues par un agent de l'Union européenne dans le revenu de référence).
(685) Depuis le 1er janvier 1997 pour les contrats « mono-support en euros » et depuis le 1er juillet 2011 pour les compartiments « en euros » des contrats « multi-supports » (L. fin. rect. 2010, 29 déc. 2010, art. 22). Ce mode de prélèvement a été déclaré conforme à la Constitution (Cons. const., 17 sept. 2015, n° 2015-483 QPC, *Camus*, sous la réserve d'interprétation que la restitution au contribuable d'un éventuel trop-perçu soit assorti du versement d'intérêts moratoires).
(686) C'est-à-dire le rachat total ou partiel du contrat ou, depuis le 1er janvier 2010, le décès de l'assuré (LFSS 2010, 24 déc. 2009, art. 18, I).
(687) CGI, art. 885 V bis, II.
(688) Depuis L. fin. 1999, 30 déc. 1998, art. 16, II.
(689) Cass. com., 4 mai 2010, n° 09-70.723, *Bacou : RJF* 8-9/2010, n° 861. – Cass. com., 4 mai 2010, n° 09-67.047, *Mirabel : ibid.*
(690) Cass. com., 12 déc. 1995, n° 94-10.198, *Moret : Bull. civ.* 1995, IV, n° 297.
(691) BOI-PAT-ISF-40-60, n° 190.

Pour les gains frappés par la taxe forfaitaire sur les métaux précieux et assimilés (V. *supra*, n°s 1499 et s.), il est admis que le montant à prendre en compte à ce titre s'entend non pas du prix de cession (qui a servi de base à cette imposition) mais au montant « reconstitué » de la plus-value – ce dernier étant obtenu en divisant le montant de la taxe acquittée par le taux d'imposition applicable aux plus-values sur biens meubles, augmenté du taux de la CRDS[(692)].

À la différence des moins-values de cession de titres (qui sont imputables sur les plus-values de même nature réalisées au cours de la même année ou des dix années suivantes – V. *supra*, n° 1515), les moins-values immobilières ou de cession de biens meubles ne sont jamais déductibles des revenus imposables du contribuable pour le calcul de l'IR. Elles ne peuvent donc influer sur le revenu de référence pris en compte pour le calcul du plafonnement[(693)].

4) Élevé et en augmentation constante, le coût budgétaire du mécanisme de plafonnement s'est établi à 730 M€ en 2013 et 905 M€ en 2014. Aucune estimation de son coût n'a été donné, ni pour 2015, ni pour 2016. Par ailleurs, le nombre de bénéficiaires du dispositif est présenté comme « non déterminé » par les documents budgétaires.

RÉPARTITION DES BÉNÉFICIAIRES DU PLAFONNEMENT EN 2013

MONTANT DU PATRIMOINE NET IMPOSABLE	NOMBRE DE BÉNÉFICIAIRES DU PLAFONNEMENT
Compris entre à 0,8 M€ et 1,3 M€ (2e tranche)	0
Compris entre 1,3 M€ et 2,57 M€ (3e tranche)	1 158
Compris entre 2,57 M€ et 5 M€ (4e tranche)	1 608
Compris entre 5 M€ et 10 M€ (5e tranche)	2 190
+ de 10 M€ (6e tranche)	2 674
Total	**7 630**

En 2013, la réduction individuelle moyenne d'ISF découlant du plafonnement est de 95 000 € environ (les principaux bénéficiaires du dispositif étant évidemment les titulaires des patrimoines les plus importants).

ÉVOLUTION DU NOMBRE DE REDEVABLES BÉNÉFICIAIRES DU PLAFONNEMENT ET DU COÛT NET DU DISPOSITIF

ANNÉE	NOMBRE DE REDEVABLES « PLAFONNÉS »	COÛT NET DU PLAFONNEMENT (HORS INCIDENCE ÉVENTUELLE SUR LE « BOUCLIER FISCAL »
2013	7 630 (+ 11 %)	730 M€ (+ 42 %)
2012	–	–
2011	6 889 (+ 5 %)	514 M€ (+ 8 %)
2010	6 526 (+ 15 %)	473 M€ (+ 28 %)
2009	5 644 (+ 4 %)	368 M€ (nd)

Au cours de ces dernières années d'application, le taux d'augmentation du coût net du dispositif a toujours été supérieur aux taux d'augmentation du nombre de redevables « plafonnés ».

En 2012, aucun dispositif de plafonnement n'a été applicable à l'ensemble formé par l'ISF et la contribution exceptionnelle sur la fortune (V. *supra*, n° 1818, 4).

(692) BOI-PAT-ISF-40-60, n° 180, *in fine*.
(693) BOI-PAT-ISF-40-60, n° 180 *in fine*.

2° La question de la limitation des effets du plafonnement

1820. – « Plafonnement du plafonnement » (régime applicable jusqu'en 2011). 1) Introduit par la loi de finances pour 1996[(694)], le mécanisme de plafonnement (ou de limitation des effets) du plafonnement s'est appliqué entre 1996 et 2011[(695)].

Comment ne pas imaginer que M. Alain Juppé, qui conduisait le gouvernement de l'époque, nourrisse quelques remords de voir ainsi son nom attaché au « plafonnement du plafonnement », c'est-à-dire à l'un des dispositifs les plus nuisibles à l'attractivité fiscale de la France. L'intéressé se serait même efforcé de faire en sorte que le « plafonnement Juppé » disparaisse rapidement. Las, adopté par le Sénat à l'automne 1996, l'amendement en ce sens qu'il aurait suscité a finalement été rejeté (il faut dire qu'il s'était heurté à l'hostilité de nombre de députés « de base » emmenés par Philippe Séguin, alors président de l'Assemblée nationale).

Le dispositif « plafonnement du plafonnement », intégré au mécanisme de plafonnement propre à l'ISF, a suivi le sort de ce dernier et s'est trouvé supprimé par la première loi de finances rectificative pour 2011[(696)].

Il n'a pas été rétabli par la loi de finances pour 2013 qui lui a préféré un dispositif qui, prétendument « plus intelligent », n'a finalement pas pu être promulgué (V. *infra*, n° 1821).

Naturellement, les impositions (impôts sur les revenus et impôt de solidarité sur la fortune) mises à la charge des contribuables entrant dans le champ d'application de ce dispositif excédaient (par définition) 85 % de leur revenu (qu'elles épuisaient même parfois en totalité).

Ce dispositif avait pour seul objet de limiter les effets du plafonnement légal[(697)]. Il ne visait aucunement à accorder systématiquement aux contribuables concernés une réduction minimale d'ISF, indépendamment de l'application du mécanisme de plafonnement (même arrêt).

2) En application de ce mécanisme, la diminution de la cotisation d'impôt de solidarité sur la fortune résultant du mécanisme de plafonnement ne pouvait excéder :

– 50 % du montant de cette même cotisation avant plafonnement ;
– à condition qu'il soit supérieur à la limite précédente, le montant de l'impôt de solidarité sur la fortune correspondant à un patrimoine taxable égal à la limite supérieure de la troisième tranche du barème.

Compte tenu de l'aménagement rétroactif apporté au barème par la première loi de finances rectificative pour 2011[(698)], ce dernier montant était en 2011 de 9 505 € (au lieu de 12 255 € si cette modification n'était pas intervenue).

En raison de l'existence de cette double limite, le mécanisme de « plafonnement » du plafonnement n'était susceptible de s'appliquer qu'aux redevables dont la valeur patrimoine imposable excédait la limite supérieure de la troisième tranche du barème, soit 2 570 000 € en 2011.

Ce mécanisme avait été jugé conforme à la Constitution au terme d'une procédure de QPC[(699)]. S'appropriant l'analyse de l'administration (qui avait indiqué que le but de cette mesure était de contrecarrer les effets des montages d'optimisation fiscale consistant à minorer artificiellement les revenus pour, en présence d'un patrimoine imposable élevé, réduire parfois dans des proportions

(694) L. 30 déc. 1995, art. 6, IV.
(695) CGI, art. 885 V bis, al. 1er, *in fine*, anc.
(696) L. 29 juill. 2011, art. 1er, I-4°.
(697) Cass. com., 17 mars 2009, n° 08-13.524, *Samama* : *RJF* 7/2009, n° 704.
(698) L. 29 juill. 2011, art. 1er, IV-1°.
(699) Cons. const., 11 févr. 2011, n° 2010-99 QPC, *Noblins*.

considérables la cotisation d'ISF exigible), le juge constitutionnel avait relevé que le législateur, fondant son appréciation sur des critères objectifs et rationnels, avait entendu, en limitant l'avantage tiré du plafonnement par les détenteurs des patrimoines les plus importants, faire obstacle à ce que ces contribuables n'aménagent leur situation en privilégiant la détention de biens qui ne procurent aucun revenu imposable. Les tentatives visant à faire examiner ce dispositif par la Cour européenne des droits de l'homme s'étaient, de leur côté, révélées infructueuses.

Le « plafonnement » du plafonnement concernait une proportion assez stable des bénéficiaires du plafonnement (40 % environ). Ainsi, il a « touché » 1 742 redevables en 2002 et 1 971 en 2004. Plus de 66 % des redevables imposés dans la dernière tranche bénéficiant du plafonnement étaient atteints par cette mesure.

NOMBRE DE REDEVABLES SOUMIS AU « PLAFONNEMENT » DU PLAFONNEMENT PAR TRANCHE DE PATRIMOINE IMPOSABLE (DONNÉES 2008)

VALEUR DU PATRIMOINE IMPOSABLE	NOMBRE DE REDEVABLES
Compris dans la 4e tranche (de 2,45 M€ à 3,85 M€)	321
Compris dans la 5e tranche (de 3,85 M€ à 7,36 M€)	544
Compris dans la 6e tranche (de 7,36 M€ à 16,02 M€)	614
> à la limite supérieure de la 6e tranche (16,02 M€)	696
Total	**2 175**

1821. – **Tentative de plafonnement à raison des revenus réels et potentiels (contenu du régime censuré fin 2012).** 1) « Pour limiter l'optimisation fiscale, plutôt que de réintroduire un mécanisme que l'on appelait le "plafonnement du plafonnement" », nous avons choisi de proposer un dispositif que je crois plus intelligent et plus subtil que celui qui existait jusqu'alors ». C'est en ces termes que, s'exprimant devant l'Assemblée nationale lors de la discussion du projet de loi de finances pour 2013, le ministre de l'Économie et des Finances avait conclu un échange un peu surprenant entre MM. Gilles Carrez et Christian Eckert, respectivement président et rapporteur général de la Commission des finances.

Voici les principaux extraits de cet échange[700] :

« M. Ch. Eckert. Plutôt que de jouer sur le sens des mots et de me livrer à un numéro de claquettes, je m'efforcerai de répondre aux questions précises et pertinentes posées par le président de la Commission des finances. (...) Comme vous l'avez remarqué, le dénominateur inclut les revenus réputés réalisés (...). Les revenus capitalisés sont théoriquement pris en compte.

M. G. Carrez. Oui, mais c'est quoi exactement ?

M. Ch. Eckert. On pourrait régler cela en aparté, quitte à reprendre cette question un peu plus tard s'il en est besoin.

M. G. Carrez. Oui, je suis d'accord. »

2) L'exposé des motifs du projet de loi de finances pour 2013 était plus précis : « afin d'assurer une juste appréhension des capacités contributives des contribuables et d'assurer plus d'équité au sein de cet impôt, il est également proposé (...) d'élargir les revenus pris en compte au titre du plafonnement de l'ISF aux revenus capitalisés (...) ».

3) Plus précisément, la loi assimilait expressément à des revenus réalisés par les redevables certains de leurs revenus « virtuels » – il s'agissait d'une certaine

(700) Débats AN, 1re séance, 19 oct. 2012.

manière de revenus qu'ils étaient réputés avoir renoncé à percevoir. Étaient concernés par cette assimilation :

Naturellement, cette assimilation ne valait que pour l'application du plafonnement de l'ISF et non, en particulier, pour l'établissement de l'IR.

a) les intérêts des plans d'épargne-logement, pour le montant assujetti aux contributions sociales ;

b) les produits capitalisés dans des *trusts* (V. *supra*, n° 1743) entre le 1er janvier et le 31 décembre de l'année précédente ;

c) la variation nette de la valeur de rachat des bons ou contrats de capitalisation, des placements de même nature (notamment des contrats d'assurance-vie) et des instruments financiers de toute nature visant à capitaliser des revenus, entre le 1er janvier et le 31 décembre de l'année précédente ;

d) les plus-values ayant donné lieu à sursis ou report d'imposition ;

e) schématiquement, pour un redevable contrôlant (ou ayant contrôlé à un moment quelconque au cours des cinq dernières années) une société *holding* passible de l'impôt sur les sociétés, le bénéfice *distribuable* de la société retenu à proportion des droits du redevable dans les bénéfices sociaux.

Pour chaque année, le bénéfice distribuable devait s'entendre du bénéfice du dernier exercice clos entre le 1er janvier et le 31 décembre de l'année précédente, minoré du report bénéficiaire et majoré des sommes à porter en réserve en application des statuts et des charges exposées au profit des porteurs. Naturellement, déjà retenus au titre des bénéfices distribuables, les bénéfices *effectivement distribués* au redevable n'étaient pas pris en compte une nouvelle fois.

L'assimilation ne devait pas s'appliquer au bénéfice de sociétés exerçant de manière prépondérante une activité industrielle, commerciale, artisanale, agricole ou libérale.

La notion de contrôle avait passablement évolué au cours de la discussion parlementaire. Le projet de loi avait prévu l'application de l'assimilation lorsque les droits détenus dans les bénéfices de la société par le redevable (directement ou par personne interposée ou par l'intermédiaire du conjoint ou du concubin notoire, de leurs ascendants et descendants ou de leurs frères et sœurs) avaient dépassé au total 25 % de ces bénéfices à un moment quelconque au cours des cinq dernières années. Plus raffiné, le texte définitivement adopté (sur amendement de la Commission des finances) avait retenu l'existence d'un contrôle par le redevable dans les différentes situations suivantes :

– lorsque la majorité des droits de vote ou des droits dans les bénéfices sociaux de la société est détenue, directement ou indirectement, par le redevable ou par l'intermédiaire de son conjoint ou de son concubin notoire ou de leurs ascendants et descendants ou de leurs frères et sœurs ;

– lorsqu'il dispose seul de la majorité des droits de vote ou des droits dans les bénéfices sociaux de cette société en vertu d'un accord conclu avec d'autres associés ou actionnaires ;

– lorsqu'il dispose, directement ou indirectement, d'une fraction des droits de vote ou des droits dans les bénéfices sociaux égale ou supérieure à 33,33 % et qu'aucun autre associé ou actionnaire ne détient, directement ou indirectement, une fraction supérieure à la sienne ;

– lorsqu'il y exerce en fait le pouvoir de décision et, en particulier, lorsque, de concert avec une ou plusieurs autres personnes, il détermine en fait avec elle(s) les décisions prises en assemblée générale.

4) Cette innovation fiscale majeure – et l'intelligence et la subtilité que selon M. Moscovici elle comportait – ont laissé le Conseil constitutionnel de marbre : « en intégrant (...) dans le revenu du contribuable pour le calcul du plafonnement de l'impôt de solidarité sur la fortune et de la totalité des impôts dus au titre des revenus, des sommes [*i.e.* les intérêts et produits capitalisés, les bénéfices distribuables de sociétés financières et les plus-values ou gains ayant fait l'objet d'un sursis ou d'un report d'imposition] qui ne correspondent pas à des bénéfices ou

revenus que le contribuable a réalisés ou dont il a disposé au cours de la même année, le législateur a fondé son appréciation sur des critères qui méconnaissent l'exigence de prise en compte des facultés contributives »[(701)].

Compte tenu de cette censure, le plafonnement de l'ISF s'est appliqué en 2013 et pour les années suivantes en prenant en compte les seuls revenus *réalisés*.

En effet, les tentatives de durcissement ultérieures du dispositif de plafonnement sont restées infructueuses, qu'elles aient été réalisées par la voie législative ou doctrinale (V. *infra*, n° 1821, *a*).

1822. – Tentatives de prises en compte des revenus capitalisés sur des contrats d'assurance-vie (éléments des régimes censurés fin 2013). 1) L'assurance-vie peut, on le sait (V. *supra*, n° 1819, 3-*b*-3) être le véhicule de l'évitement de l'impôt de solidarité sur la fortune. La cause en est la dissymétrie dans le traitement fiscal des produits enregistrés sur ces contrats, s'agissant des contrats « mono-supports » en euros et des compartiments en euros des contrats « multi-supports » : pour l'appréciation du plafonnement à 75 %, les contributions sociales frappant les produits sont prises en compte (au numérateur) sans que les revenus correspondant ne le soient (au dénominateur).

2) La censure constitutionnelle, fin 2012, du dispositif assimilant certains revenus « virtuels » (et notamment les produits annuels capitalisés sur un contrat d'assurance-vie) à des revenus réalisés a contraint l'administration fiscale à une solution de repli. Adoptée dans l'urgence au printemps 2013, celle-ci a emprunté la voie doctrinale.

S'écartant de sa doctrine antérieure[(702)], l'administration a fait savoir dans une instruction publiée le 14 juin 2013 (soit la veille de la date limite de déclaration « ordinaire » pour 2013 – V. *infra*, n° 1826) que les revenus des contrats d'assurance-vie (et des placements assimilés) devaient désormais être pris en compte, chaque année, pour leur montant retenu pour l'assiette des contributions sociales[(703)].

3) Contestée par la voie du recours pour excès de pouvoir, cette instruction a été annulée par le Conseil d'État, qui a considéré que, ne se bornant pas à interpréter les dispositions législatives et comportant des dispositions « qu'il n'appartenait qu'au législateur de prévoir », elle avait, dans cette mesure, été édictée par une autorité incompétente[(704)].

4) Entre-temps, le contenu de cette instruction a fait l'objet d'une tentative de légalisation pour l'avenir : la loi de finances pour 2014 (texte adopté, art. 13) aurait dû préciser, en substance, qu'étaient également considérés comme des revenus réalisés les revenus des bons ou contrats de capitalisation (et des placements de même nature notamment les contrats d'assurance-vie) souscrits auprès d'entreprises d'assurance établies en France ou à l'étranger, pour leur montant assujetti aux impositions sociales[(705)].

(701) Cons. const., 29 déc. 2012, n° 2012-662 DC, *Loi de finances pour 2013*, § 95.

(702) Instr. 1er juin 1999 : *BOI* 7 S-6-99, nos 37 et 38, anc.

(703) BOI-PAT-ISF-40-60, nos 180 et 200. Quelques jours plus tard, un communiqué du ministère de l'Économie et des Finances (n° 708, 9 juill. 2013) avait invité les redevables concernés à souscrire, avant le 15 octobre 2013, une déclaration rectificative en vue de se conformer, le cas échéant, à cette nouvelle interprétation.

(704) CE, 20 déc. 2013, nos 371.157 et a., *Sté Axa France Vie et a.* : *Dr. fisc.* 2014, n° 1-2, act. 2, obs. O. Fouquet ; *Dr. fisc.* 2014, n° 9, comm. 187.

(705) L'amendement tendant à appliquer une règle similaire aux intérêts des plans d'épargne-logement (PEL) n'avait pas, en revanche, été adopté.

• Ce faisant, le législateur semblait, en première analyse, faire bien peu de cas de la décision du Conseil constitutionnel ayant censuré des dispositions législatives poursuivant partiellement un but similaire adoptées dans la loi de finances pour 2013 : la tentative du législateur de voir, entre autres hypothèses (V. *infra*, n° 1821), assimilée à des revenus réalisés « la variation de la valeur de rachat des bons ou contrats de capitalisation [et] des placements de même nature (...), entre le 1er janvier et le 31 décembre de l'année précédente, nette des versements et des rachats opérés entre ces mêmes dates » avait échoué devant le Conseil constitutionnel[(706)].

• On pouvait relever toutefois, en seconde analyse, que le Conseil constitutionnel n'avait pas invalidé une mesure voisine qui, prise dans la loi de finances pour 2011[(707)] au titre du « bouclier fiscal » (V. *infra*, n° 1587, 1-*b*), assimilait déjà à des revenus réalisés les revenus des bons ou contrats de capitalisation (et des placements de même nature) soumis aux impositions sociales[(708)]. Il n'était donc pas interdit de penser que la censure « en bloc » prononcée par le Conseil constitutionnel relativement aux différents volets du dispositif anti-abus contenu dans loi de finances pour 2013 pouvait avoir été principalement justifiée par l'élément de ce dispositif concernant les « dividendes potentiels ». Dans cette perspective, la validité constitutionnelle des autres éléments du dispositif et, particulièrement, celle de la mesure concernant les revenus des contrats d'assurance-vie et des supports de même nature ayant donné lieu à l'établissement des impositions sociales, qui avait été précédemment admise en 2011, n'avait pas été directement en cause en 2013. Elle aurait pu donc être à nouveau admise en 2014.

• Se montrant particulièrement insensible à cette analyse – et retenant au cas considéré une conception extensive, voire exagérée, de l'autorité de chose jugée attachée à ses propres décisions – le Conseil constitutionnel a invalidé ce dispositif au motif radical que le législateur – en adoptant sous une forme différente des dispositions ayant, en substance, un objet analogue à celui de dispositions législatives précédemment déclarées contraires à la Constitution – avait méconnu l'autorité qui s'attache à la décision rendue sur la loi de finances pour 2013 par le Conseil constitutionnel[(709)].

5) Tirant les conséquences de cette double censure, une nouvelle instruction publiée par l'administration le 8 janvier 2014 retient, comme dans le premier état de la doctrine administrative, que les produits attachés aux bons et contrats de capita-

(706) Cons. const., 29 déc. 2012, n° 2012-662 DC, *Loi de finances pour 2013*, § 95.

(707) L. 29 déc. 2010, art. 22, III-2°. – CGI, art. 1649-0 A, 6-*c*.

(708) Cons. const., 28 déc. 2010, n° 2010-622 DC, *Loi de finances pour 2011*, § 5, dénonçant seulement comme regrettable le fait que cette disposition ait été insérée, à tort, dans la première partie de la loi de finances.

(709) Cons. const., 29 déc. 2013, n° 2013-685 DC, *Loi de finances pour 2014*, § 7 à 12. Relevant d'une conception étrange de l'autorité de la chose jugée, l'analyse du Conseil constitutionnel est, au fond, des plus critiquables. Sans doute le Conseil prend-il soin de rappeler le motif qui avait à l'époque justifié la censure prononcée : en intégrant dans le revenu du contribuable, pour le calcul du plafonnement de l'ISF et de la totalité des impôts dus au titre des revenus, des sommes qui ne correspondent pas à des bénéfices ou revenus que le contribuable a réalisés ou dont il a disposé au cours de la même année, « le législateur a fondé son appréciation sur des critères qui méconnaissent l'exigence de prise en compte des facultés contributives » (Même décision, § 11). Mais on doit relever que les dispositifs étaient animés par des logiques toutes différentes – ce qui donne à penser que l'autorité de chose jugée a été opposée à tort : le dispositif adopté dans la loi de finances pour 2013 consistait en la prise en compte, dans une perspective économique, de revenus auxquels le redevable avait renoncé ; fondé, sur un souci de cohérence juridique, celui de la loi de finances pour 2014 entendait exclure que des impôts puissent être pris en compte alors que les revenus qu'ils ont frappés ne le seraient pas par ailleurs.

lisation ainsi qu'aux placements de même nature sont pris en compte au dénouement ou rachat total ou partiel du bon, contrat ou placement[710].

6) Compte tenu de la position du Conseil constitutionnel, deux solutions seulement semblent envisageables pour lutter contre ces graves[711] comportements d'évitement fiscal :

a) la restauration de l'ancien « plafonnement du plafonnement » (V. *supra*, n° 1820) ou d'un mécanisme du même ordre ;

b) l'introduction d'un principe de cohérence dans la détermination du ratio maximal de 75 %) : prévoir par voie générale – sans référence aucune à l'assurance-vie – que, pour la détermination de ce ratio, une imposition ne peut être prise en compte au numérateur de la fraction que si les revenus qu'elle a frappés sont pris en compte à son dénominateur.

7) Le projet de loi de finances pour 2017 envisage l'introduction d'un dispositif anti-abus dirigé contre les pratiques de thésaurisation dans des holdings patrimoniales (ou *cash boxes*). Si le dispositif projeté était adopté puis promulgué en l'état (ce qui apparaît douteux compte tenu des lacunes qu'il comporte), les revenus distribués à une société passible de l'IS *contrôlée* par le redevable seraient regardés – si l'existence de cette société et le choix d'y recourir ont eu pour objet *principal* d'éluder tout ou partie de l'impôt de solidarité sur la fortune – comme des revenus propres du redevable. Logiquement, cette assimilation serait limitée à la fraction des revenus distribués correspondant à une diminution artificielle des revenus pris en compte pour le calcul du plafonnement, opérée à l'encontre de l'objet ou de la finalité de ce mécanisme[712].

D. – Imputation des impôts sur la fortune étrangers

1823. – Renvoi. Cette question, qui a trait au paiement de l'impôt de solidarité sur la fortune, est étudiée *infra*, n° 1831.

E. – Secret du montant de l'impôt

1824. – Publicité oubliée. 1) En 1982, lors de l'institution de l'impôt sur les grandes fortunes, le législateur avait prévu que l'assujettissement à cet impôt ferait l'objet de certaines mesures de publicité.

Plus précisément, la loi avait prévu que – comme en matière d'impôt sur le revenu et d'impôt sur les sociétés, « une liste des personnes assujetties (...) à l'impôt sur les grandes fortunes est dressée (...) par chaque direction des services fiscaux pour les impositions établies dans son ressort./Cette liste est tenue (...) à la disposition des contribuables qui relèvent de sa compétence territoriale. L'administration peut en prescrire l'affichage »[713].

(710) BOI-PAT-ISF-40-60, n° 180.

(711) La forte chute du rendement des obligations (et, partant, des contrats d'assurance-vie) observée actuellement limite les conséquences de ces comportements. Cette situation financière exceptionnelle explique sans doute la passivité de l'administration dans la recherche d'une solution durable à cette difficulté.

(712) Sur le plan procédural, la mise en œuvre de cette mesure anti-abus donnerait lieu à l'application des garanties prévue en matière de répression des abus de droit (LPF, art. L. 64, al. 2 à 4).

(713) LPF, art. L. 111, al. 1 et 2 anc., dans sa rédaction issue de la loi de finances pour 1982 (L. 30 déc. 1981, art. 11).

Cela étant, la loi codifiée précisait (et précise toujours s'agissant de l'IR et de l'IS) que la publication ou la diffusion par tout autre moyen, soit de ces listes départementales, soit de toute indication se rapportant à ces listes et visant des personnes nommément désignées est interdite, sous peine d'amende fiscale (V. CGI, art. 1762).

2) En supprimant l'impôt sur les grandes fortunes, la première loi de finances rectificative pour 1986 n'a pas expressément abrogé ces règles de publicité. Un décret de codification s'en est toutefois chargé, déclarant « sans objet » les mesures considérées(714).

3) La loi de finances pour 1989, en restaurant sous le nom d'impôt de solidarité sur la fortune l'imposition annuelle du patrimoine n'a pas « rétabli » ces règles de publicité – mais aurait-elle pu le faire dans la mesure où elles n'avaient jamais été abrogées ? On peut toutefois se demander si le pouvoir réglementaire n'aurait pas dû procéder spontanément à ce rétablissement de la codification antérieure, dans la mesure où ces règles avaient (peut-être) retrouvé leur objet un temps disparu et que rien n'indique que le législateur ait entendu les voir abrogées(715). Il n'en a rien été(716).

SECTION 5

LES OBLIGATIONS DÉCLARATIVES ET DE PAIEMENT

§ 1. – Les obligations déclaratives

1825. – Dissociation des obligations déclaratives. Jusqu'en 2011, tous les redevables de l'impôt de solidarité sur la fortune étaient tenus de souscrire une déclaration spécifique à cet impôt.

Dans un souci de simplification, la loi de finances rectificative du 29 juillet 2011 (art. 1er, I-5°) a introduit une distinction inédite, applicable depuis 2012 :

– les redevables « importants » demeurent tenus de souscrire une déclaration spéciale au titre de l'impôt de solidarité sur la fortune ;

– les redevables « modestes » voient cette obligation déclarative « incorporée » à leur déclaration annuelle de revenus.

1) Depuis 2013, les redevables « modestes » s'entendent des titulaires de patrimoine dont la valeur nette taxable n'excède pas 2 750 000 €, c'est-à-dire la limite supérieure de la troisième tranche du barème de l'ISF(717).

(714) Décret d'incorporation, 23 nov. 1987, art. 1er.

(715) Ceci permet de souligner la légèreté avec laquelle l'administration s'est parfois autorisée à manipuler par voie de décret (simple) les dispositions législatives contenues dans le Code général des impôts.

(716) Les suites pénales que l'administration entend donner (V. communiqué de presse du ministre des Finances et des Comptes publics, n° 791, 8 juin 2016) à la divulgation par *Le Canard Enchaîné*, dans son édition du 8 juin 2016, de la liste (partiellement anonymisée) des cinquante bénéficiaires les plus importants du mécanisme de plafonnement de l'ISF seront peut-être l'occasion de s'interroger sur le maintien en vigueur, ou non, de ces règles de publicité.

(717) L. fin. 2013, 29 déc. 2012, art. 13, I-G. Ce seuil, qui n'a pas vocation dans l'état actuel du droit à être corrigé annuellement en fonction de l'érosion monétaire (V. *supra*, n° 1804), avait été initialement fixé à 3 000 000 € (cette limite s'étant appliquée pour la seule année 2012). Désormais, les redevables dont le patrimoine net taxable est compris entre 2 570 000 € et 3 000 000 € sont de nouveau soumis aux obligations déclaratives spéciales.

Les redevables « modestes » sont quatre fois plus nombreux que les « gros » : pour 2013, leur nombre est estimé, respectivement, à 60 000 et 232 000 foyers environ.

2) La première loi de finances rectificative pour 2011[(718)] comportait également deux mesures ponctuelles :

– le report du 15 juin au 30 septembre 2011 de la date limite de déclaration, cette mesure étant destinée à permettre la mise en œuvre pratique du relèvement rétroactif du « point d'entrée » de l'ISF à 1 300 000 € (V. *supra*, n° 1799) ;

– par anticipation d'une mesure applicable à titre permanent depuis 2012, la suppression dès 2011, pour les redevables dont la valeur du patrimoine imposable était inférieure à 3 M€, de l'obligation de joindre à la déclaration certains justificatifs[(719)] concernant, en particulier, les éléments de passif dont la déduction était opérée (V. *infra*, n° 1829).

A. – Les obligations ordinaires des titulaires de patrimoine « important »

1826. – Souscription d'une déclaration spéciale. Les redevables de l'impôt de solidarité sur la fortune titulaires d'un patrimoine dont la valeur nette taxable est égale ou supérieure au seuil de 2 570 000 € sont tenus de souscrire une déclaration spéciale en vue de l'établissement de cet impôt. Cette déclaration doit être déposée au service des impôts de leur domicile le 15 juin de chaque année au plus tard[(720)].

Les redevables non domiciliés en France disposent de délais spéciaux pour déposer leur déclaration[(721)]. Ils peuvent par ailleurs être invités à désigner un représentant fiscal[(722)] en France, lorsqu'ils résident en dehors des États de l'Union européenne et des États assimilés[(723)].

En cas de décès du redevable avant la date limite de déclaration, la déclaration doit être souscrite par ses héritiers dans un délai de six mois à compter du décès[(724)].

Les obligations déclaratives doivent être accomplies en utilisant le formulaire réglementaire (n° 2725, normal ou simplifié) comportant différentes annexes. La déclaration doit être signée par chacun des redevables avant d'être adressée à l'administration[(725)].

1827. – Teneur des obligations déclaratives. Dans sa déclaration, le redevable doit non seulement déterminer la base d'imposition à l'impôt de solidarité sur la fortune mais également liquider l'impôt. Par ailleurs, depuis la loi de finances pour

(718) L. 29 juill. 2011, art. 1er, IV-2° et 3°.

(719) CGI, art. 885 Z.

(720) CGI, art. 885 W, I. Une (brève) prorogation de délai est parfois accordée par l'administration aux redevables. Ainsi, pour 2013, l'expiration du délai de déclaration a été reportée au 17 juin.

(721) Depuis une instruction du 4 mai 2015 (BOI-PAT-ISF-50-10-20-20, n° 280), la date limite de déclaration est uniformément fixée au 15 juillet de l'année d'imposition pour les redevables domiciliés hors de France (y compris la Principauté de Monaco). Auparavant, la doctrine administrative retenait des dates distinctes pour les non-résidents européens (15 juill.) et extra-européens (31 août).

(722) CGI, art. 885 X. Ce représentant (qui doit être désigné dans les 90 jours) doit être autorisé par le redevable « à recevoir les communications relatives à l'assiette, au recouvrement et au contentieux de l'impôt » (CGI, art. 164 D). Il n'est pas, en cette seule qualité, habilité à souscrire la déclaration en lieu et place du redevable (et n'est pas davantage solidairement tenu avec lui au paiement de l'ISF). L'obligation de désigner un représentant en France s'impose également aux agents de l'État affectés à l'étranger, dans un État tiers à l'UE et assimilés, lorsqu'ils sont réputés avoir conservé leur domicile fiscal en France (V. *supra*, n° 1365).

(723) Cette mesure, qui s'applique aux résidents d'Islande et de Norvège, résulte de la deuxième loi de finances rectificative pour 2014 (L. 29 déc. 2014, art. 62). L'assimilation ne s'applique pas au Liechtenstein (faute, pour cet État, d'être liée avec la France par une convention d'assistance mutuelle en matière de recouvrement de l'impôt). Les résidents des « juridictions fiscales » ultramarines françaises (Nouvelle-Calédonie et Polynésie française notamment) peuvent être invités à désigner un représentant fiscal (dans la mesure où ces juridictions sont seulement *associées* à l'UE).

(724) La quatrième loi de finances rectificative pour 2010 (L. 29 déc. 2010, art. 53), si elle a supprimé, pour l'IR, les obligations déclaratives spéciales en cas de décès d'un contribuable, les a maintenues en matière d'ISF.

(725) CGI, art. 885 W, II.

1999[726], les redevables doivent joindre à leur déclaration « les éléments justifiant de l'existence, de l'objet et du montant des dettes dont la déduction est opérée »[727].

1) Naturellement, l'administration est en droit de contrôler les déclarations souscrites[728] ou, sous certaines conditions, de taxer d'office le redevable en l'absence de déclaration. Le pouvoir d'imposition de l'administration peut s'exercer (sauf interruption de la prescription) jusqu'à l'expiration de la troisième année suivant celle de la déclaration[729]. Toutefois, ce délai de prescription abrégé n'est opposable à l'administration que si l'exigibilité des droits a été suffisamment révélée par une déclaration (ou un acte équivalent) sans qu'il soit nécessaire de procéder à des recherches ultérieures. Dans le cas inverse[730], c'est le délai de prescription de droit commun (qui expire aujourd'hui à la fin de la sixième année suivant celle de réalisation du fait générateur de l'impôt) qui est applicable[731].

2) En cas de défaut de déclaration, l'administration peut taxer d'office le redevable[732]. Toutefois, la procédure de taxation d'office n'est applicable (sauf exceptions) que si le contribuable n'a pas régularisé sa situation dans les trente jours de la notification d'une mise en demeure de déclarer[733]. L'envoi de cette mise en demeure doit par ailleurs être précédé d'une procédure contradictoire visant à déterminer si le patrimoine du redevable excède le seuil d'imposition ou « point d'entrée » de l'ISF[734].

B. – Les obligations simplifiées des titulaires de patrimoine « modeste »

1828. – **Adossement à la déclaration des revenus.** Les redevables de l'impôt de solidarité sur la fortune titulaires d'un patrimoine net taxable dont la valeur n'excède pas 2 570 000 € sont dispensés de souscrire une déclaration spéciale en vue de l'établissement de cet impôt.

Cette dispense s'est appliquée à compter de 2012 où elle a concerné, cette année là, les redevables titulaires d'un patrimoine imposable n'excédant pas 3 000 000 €. Naturellement, du fait de l'abaissement de ce seuil, les redevables dont le patrimoine est compris entre 2 570 000 € et 3 000 000 € ont été à nouveau soumis, dès 2013, aux obligations déclaratives spéciales.

En effet, pour ces redevables, la déclaration concernant l'impôt de solidarité sur la fortune se trouve en principe « incorporée » à la déclaration annuelle de revenus qu'ils sont tenus de souscrire par ailleurs dans la généralité des cas.

En pratique, cet « adossement » s'est traduit par l'ajout d'un cadre simplifié, dédié à l'ISF, à la fin de la déclaration de revenus complémentaire (n° 2042 C) à la déclaration d'ensemble (n° 2042) des revenus que celle-ci se présente sous sa forme ordinaire ou sous sa forme électronique[735].

Issu de la première loi de finances rectificative pour 2011[736], cet allègement des obligations déclaratives s'accompagne, à l'égard des mêmes redevables, d'une modification

(726) L. 30 déc. 1998, art. 18.
(727) CGI, art. 885 Z. Sur les modes de preuve admis pour la justification des dettes, qui doivent légalement être compatibles avec la procédure écrite, V. Cass. com., 4 juill. 2006, n° 03-15.627, *Morgaine : Dr. fisc.* 2006, n° 41, comm. 660.
(728) LPF, art. L. 23 A.
(729) LPF, art. L. 180, al. 1er.
(730) V. par ex. Cass. com., 27 janv. 1998, n° 96-13.260, *Bourlon de Rouvre : Dr. fisc.* 1998, n° 18, comm. 388. – *Adde* Cass. com., 17 janv. 2012, n° 10-28.599, *Adm. c/Debernard : Dr. fisc.* 2012, n° 18-19, comm. 288, jugeant, assez sévèrement, que le fait que le propriétaire de titres de société a mentionné dans la déclaration d'ISF sa qualité de retraité ne suffit pas à révéler, sans qu'il soit nécessaire de procéder à des recherches ultérieures, que ces titres ne peuvent être regardés comme des biens professionnels.
(731) LPF, art. L. 186.
(732) LPF, art. L. 66, 4°, al. 1er.
(733) LPF, art. L. 67.
(734) Cass. com., 8 févr. 1986, n° 84-12.864, *Cabanié : Bull. civ.* 1986, IV, n° 25 ; *Dr. fisc.* 1986, n° 18, comm. 939, rendu en matière d'IGF. *Adde*, confirmant cette solution en matière d'ISF, BOI-PAT-ISF-60-10, n° 140.
(735) L'obligation progressive de télédéclaration de l'IR (V. *supra*, n° 1572) entraîne, par ricochet, pour les petits redevables, l'obligation de déléclarer l'ISF.
(736) L. 29 juill. 2011, art. 1er, I-5°.

importante des modalités techniques de perception de l'impôt de solidarité sur la fortune. L'impôt de solidarité sur la fortune mis à la charge de redevables « modestes » est désormais établi, recouvré et contrôlé selon les mêmes règles et sous les mêmes sanctions que l'impôt sur le revenu : le recouvrement des cotisations d'impôt de solidarité sur la fortune des redevables « modestes » est donc, désormais, assuré en vertu d'un rôle d'imposition – distinct, toutefois, de celui de l'impôt sur le revenu.

Naturellement, la taxation d'office est applicable à défaut de l'accomplissement de l'obligation déclarative « adossée »[737], ceci même si la déclaration d'ensemble des revenus est, en elle-même, régulièrement souscrite. La procédure de taxation d'office (qui doit sauf exceptions être précédée d'une mise en demeure) obéit aux règles applicables à l'égard des redevables « importants » (V. *supra*, n° 1827, 3).

Les redevables dont le patrimoine a une valeur égale ou supérieure à 2 570 000 € demeurent soumis aux obligations déclaratives spéciales antérieures. Il en va de même des redevables de l'ISF qui, le cas échéant, ne sont pas légalement tenus de souscrire une déclaration annuelle de revenus (par ex. les non-résidents de France ne disposant pas de revenus imposables en France).

Le cas des concubins notoires – toujours imposés distinctement en matière d'IR – fait l'objet d'un aménagement particulier. L'un seulement des deux concubins est tenu de porter les valeurs (brute et nette) du patrimoine (globalisé) sur sa déclaration de revenus, l'autre étant dispensé de toute déclaration[738].

1829. – **Teneur des obligations déclaratives.** Dans sa déclaration annuelle de revenus, le redevable « modeste » doit seulement faire figurer la valeur brute et la valeur nette taxable de son patrimoine imposable à l'impôt de solidarité sur la fortune[739]. Il n'est pas tenu, par ailleurs, de procéder à la liquidation de cet impôt.

Avant 2013[740], les redevables « modestes » étaient seulement tenus de porter à la connaissance de l'administration la *valeur nette* taxable de leur patrimoine.

Ces mêmes redevables ne sont pas tenus de mentionner la composition et l'évaluation détaillée du passif de leur patrimoine. Ils peuvent toutefois être amenés à porter ultérieurement ces éléments à la connaissance de l'administration, sur sa demande[741]. Par ailleurs, l'administration peut demander à ces redevables « modestes », comme aux autres assujettis à l'ISF, des éclaircissements et des justifications sur la composition de l'actif et du passif de leur patrimoine – les rectifications éventuelles des déclarations étant, en toute hypothèse, opérées selon la procédure contradictoire[742].

§ 2. – L'obligation de paiement

1830. – **Dissociation des obligations de paiement.** 1) La dissociation des obligations déclaratives opérée en matière d'impôt de solidarité sur la fortune par la première loi de finances rectificative pour 2011 (V. *supra*, n° 1825) s'est accompagnée d'une dissociation similaire quant aux modalités de paiement de cet impôt.

Avant la fusion des administrations fiscales et financières, le recouvrement de l'ISF était assuré par les comptables de la Direction générale des impôts.

(737) LPF, art. L. 66, 4°, al. 2.
(738) CGI, art. 885 W, I-2°, al. 2.
(739) CGI, art. 885 W, I-2°.
(740) L. fin. 2013, 29 déc. 2012, art. 13, I-G.
(741) LPF, art. L. 23 A.
(742) Même disposition.

Les époux et les partenaires civils sont solidaires pour le paiement de l'ISF[743]. Il en est de même des cohéritiers en cas de décès du redevable[744].

2) Sans doute, le principe demeure-t-il que l'impôt de solidarité sur la fortune est recouvré et acquitté selon les mêmes règles et sous les mêmes garanties et sanctions que les droits de mutation par décès[745]. Mais, depuis l'année 2012 :

a) ce principe s'applique aux seuls redevables titulaires d'un patrimoine dont la valeur nette taxable est égale ou supérieure à 2 570 000 € (V. *supra*, n° 1825). Ceux-ci doivent doit opérer spontanément le paiement de l'impôt de solidarité sur la fortune exigible, au moment même où ils accomplissent leurs obligations déclaratives[746]. La loi exige un paiement au comptant – sans émission préalable d'un acte d'imposition – ni possibilité de paiement fractionné ou différé des droits[747] ;

Le paiement de l'ISF en valeur du Trésor ou en créances sur l'État[748] est par ailleurs expressément exclu[749].

Par exception à la règle traditionnelle selon laquelle le retard dans le paiement des impôts ne donnant pas lieu à l'émission d'un rôle nominatif est sanctionné par l'infliction d'une majoration de 5 % assortie des intérêts de retard[750], le retard dans le paiement de l'ISF dû par les redevables « importants » est sanctionné[751] par la majoration de 10 %[752] exclusive de l'intérêt de retard[753].

b) par exception, pour les redevables « modestes », l'impôt de solidarité sur la fortune est recouvré en vertu d'un rôle rendu exécutoire[754] selon les modalités prévues (sauf exceptions) en matière d'impôts directs[755].

Après mise en recouvrement du rôle, des avis d'imposition concernant l'ISF sont adressés aux redevables « modestes » fin août ou début septembre.

Le paiement s'opère donc, dans ce cas, selon les mêmes règles et sous les mêmes garanties et sanctions que l'impôt sur le revenu.

En pratique, sauf en cas d'option pour le paiement mensuel (possible depuis 2013), le paiement de l'ISF doit intervenir à la mi-septembre. Conformément à la règle traditionnellement applicable aux impôts recouvrés par voie de rôle nominatif, le retard dans le paiement de l'ISF dû par les redevables « modestes » est sanctionné par la majoration de 10 %[756] exclusive de l'intérêt de retard[757].

En définitive, dans le cas des redevables « modestes », la seule différence notable avec l'IR tient à ce que le recouvrement de l'impôt de solidarité sur la fortune ne donne jamais lieu au paiement obligatoire d'acomptes provisionnels.

1831. – Imputation des impôts étrangers. Les redevables résidents de France et imposables à l'impôt de solidarité sur la fortune à raison de leur patrimoine mondial ont, même en l'absence de convention internationale, la faculté d'impu-

(743) CGI, art. 1723 ter-00 B. En l'absence de disposition spéciale réglant cette question, les concubins notoires (qui font normalement l'objet d'une imposition commune à l'ISF) doivent être regardés comme codébiteurs de l'impôt.
(744) CGI, art. 1709.
(745) CGI, art. 1723 ter-00 A, I, al. 1er.
(746) CGI, art. 885 W, I.
(747) CGI, art. 1723 ter-00 A, II-2°.
(748) CGI, art. 1715 et 1716.
(749) CGI, art. 1723 ter-00 A, II-1°.
(750) CGI, art. 1731.
(751) Depuis la première L. fin. rect. 2011, 29 juill. 2011, art. 1er, I-8°.
(752) CGI, art. 1730, 2-*c*.
(753) CGI, art. 1727, IV, 2.
(754) CGI, art. 1723 ter-00 A, I, al. 2.
(755) CGI, art. 1658.
(756) CGI, art. 1730.
(757) CGI, art. 1727, IV, 2.

ter sur l'impôt dû en France les impôts sur la fortune acquittés dans un État étranger, à raison des biens qui y sont situés. Cette imputation est limitée, toutefois, au montant de l'impôt acquitté en France au titre des biens situés hors de France[(758)].

1) Seuls sont imputables les impôts qui, acquittés hors de France, sont de même nature que l'ISF français (V. *supra*, n° 1753).

2) Cette règle d'imputation est posée au titre des droits de mutation par décès.

3) Naturellement, les conventions fiscales signées par la France comportant des stipulations relatives à l'impôt sur la fortune peuvent prévoir des mécanismes d'imputation similaires[(759)].

1832. – **Dation en paiement.** 1) Par dérogation au principe général, selon lequel une dette fiscale est normalement acquittée en argent, la loi autorise le redevable à se libérer de sa dette d'impôt de solidarité sur la fortune par une dation en paiement[(760)]. Applicable en matière d'impôt sur la fortune au motif que le recouvrement de cet impôt obéit, sauf disposition contraire, aux règles posées en matière de droits de mutation par décès, cette procédure, en pratique très exceptionnelle, consiste à acquitter l'impôt par le biais de la remise d'un bien à la collectivité publique.

Cette procédure exceptionnelle de règlement des droits est subordonnée à un agrément du ministre des Finances fixant la valeur libératoire reconnue aux biens offerts en paiement. La dation en paiement n'est parfaite que par l'acceptation par l'intéressé de ladite valeur. Au titre de différentes mesures de modernisation du recouvrement de l'impôt, la quatrième loi de finances rectificative pour 2011[(761)] a clarifié la procédure de dation en paiement sur un certain nombre de points tout en limitant son champ d'application aux impositions dont le montant excède 10 000 €.

2) À l'origine, dans le cadre du dispositif issu de la loi du 31 décembre 1968 tendant à favoriser la conservation du patrimoine artistique national (art. 2), seuls pouvaient faire l'objet d'une dation en paiement, les œuvres d'art, les livres, les objets de collection ou les documents, de haute valeur artistique ou historique. Par la suite, plusieurs formes de dations « immobilières » ont été successivement prévues par la loi.

a) Ces hypothèses de dations « immobilières » ont été reconsidérées par la quatrième loi de finances rectificative pour 2011, précitée. Cette loi a maintenu la possibilité de dation d'immeubles situés dans les zones d'intervention du Conservatoire de l'espace littoral et des rivages lacustres dont la situation ainsi que l'intérêt écologique ou paysager justifient la conservation à l'état naturel[(762)] et celle concernant les immeubles en nature de bois, forêts ou espaces naturels pouvant être incorporés au domaine forestier de l'État[(763)]. Elle a en revanche mis fin à la possibilité (restée semble-t-il inemployée) de procéder à des dations d'immeubles (bâtis ou non bâtis) destinés à être affectés au logement HLM[(764)].

b) De son côté, la possibilité (supprimée en matière de droits de mutation par décès par la quatrième loi de finances rectificative pour 2011, préc.) de procéder à une dation « universitaire » portant sur certaines valeurs mobilières[(765)] n'a jamais été ouverte en matière d'ISF[(766)].

(758) CGI, art. 784 A.
(759) C'est le cas, par exemple, de la convention fiscale franco-vietnamienne (Hanoï, 10 févr. 1993) qui stipule qu'un résident de France (possédant de la fortune imposable à la fois en France et au Viêtnam) bénéficie d'un crédit d'impôt (déductible de l'impôt français) égal au montant de l'impôt payé au Viêtnam sur cette fortune, ce crédit d'impôt ne pouvant « excéder le montant de l'impôt français correspondant à cette fortune » (art. 22,1-*d*).
(760) CGI, art. 1716 bis.
(761) L. 28 déc. 2011, art. 53.
(762) L. fin. 1996, 30 déc. 1995, art. 26.
(763) Loi d'orientation pour la forêt, 9 juill. 1991, art. 4, III.
(764) Loi de programmation pour la cohésion sociale, 18 janv. 2005, art. 88.
(765) L. 10 août 2007 relative aux libertés et responsabilités des universités, art. 31.
(766) CGI, art. 1723 ter-00 A, II-1° bis, anc.

Bibliographie spéciale concernant l'impôt de solidarité sur la fortune

- **Ouvrages et rapports publics.** M. Aicardi, *La fiscalité du patrimoine*, Doc. fr., 1998. – Commission « Ventejol », *Rapport au Premier ministre sur un prélèvement sur les fortunes*, 3 vol., Doc. fr., 1979. – Commission des Finances de l'Assemblée nationale, *La fiscalité du patrimoine et de l'épargne*, Rapport d'information de D. Migaud, n° 1065 (1997-2002). – Commission des Finances du Sénat, *L'impôt sur la fortune*, Rapport d'information de Ph. Marini, n° 351 (2003-2004). – Conseil des impôts, *L'imposition du capital*, 8e Rapport au Président de la République, Direction des Journaux officiels, 1986 ; *L'imposition du patrimoine*, 16e Rapport au Président de la République, Direction des Journaux officiels, 1998. – Conseil des prélèvements obligatoires, *Le patrimoine des ménages*, Rapport 2009. – P. Courtois, *L'impôt sur les grandes fortunes*, Litec, 1982. – P. Courtois, *l'impôt de solidarité sur la fortune*, Litec, 1989. – J. Grosclaude, *L'impôt sur la fortune*, Berger Levrault, coll. « L'Administration nouvelle », 1976. – J.-L. Hay, *L'imposition du capital*, PUF, coll. « Que sais-je ? », 1986, n° 2268. – Sénat, *L'impôt sur la fortune*, Étude de législation comparée, n° 40, 1998.
- **Articles.** J.-L. Albert, *La fiscalité du patrimoine : Mél. H. Jacquot*, PU Orléans, 2006, p. 17 et s. – N. Courrec du Pont et J.-Y. Mercier, *Le plafonnement de l'ISF est-il bien conforme aux exigences constitutionnelles ? : FR Lefebvre 17/2005*, comm. 34. – J. Cuber et F. Subra, *La question prioritaire de constitutionnalité sonnera-t-elle le glas de l'ISF ? : Dr. fisc.* 2010, n° 25, comm. 382. – E. de Crouy-Chanel, *L'impôt sur la fortune, le mal-aimé du système fiscal français : Rev. pol. et parl.* 2005, p. 21 et s. – O. Fouquet, *L'assiette de l'ISF est-elle constitutionnelle ? : Dr. fisc.* 2010, n° 42, act. 398 ; *Le Conseil constitutionnel et l'ISF : FR Lefebvre* 38/2012, inf. 22, p. 25. – J. Grosclaude, *De l'inconstitutionnalité de l'impôt sur la fortune en Allemagne et en France : Mél. J. Waline*, Dalloz, 2002, p. 49 et s. – W. Mastor, *L'impôt de solidarité sur la fortune à l'épreuve de la Constitution :* D. 2005, chron. p. 1257 et s. – E. Pichet, *Les conséquences économiques de l'impôt sur la fortune : Dr. fisc.* 2007, n° 14, comm. 368. – M. Sieraczek-Abitan, *Une alternative aux droits de mutation à titre gratuit et à l'impôt sur la fortune : un impôt unique sur le capital ? : Dr. fisc.* 2007, n° 13, comm. 336.

CHAPITRE 2

LES DROITS D'ENREGISTREMENT

1833. – Un peu d'histoire. Les droits d'enregistrement, en tant qu'impositions frappant des mutations ou des actes, existaient bien avant la Révolution française. Aux Xᵉ et XIᵉ siècles, les seigneurs percevaient déjà les lods et ventes sur l'aliénation des censives, le droit de quint sur l'aliénation des fiefs, les droits de rachat sur les successions roturières ou encore le droit de relief pour l'investiture et la succession des fiefs[1].

Selon de Boutaric, « les lods sont dans le contrat censuel, ce que les Coûtumes appellent en matière de Fief, *Quint et Requint, Laudimia*, du mot *Laudere*, louer, approuver ; car, en effet, ce Droit n'est autre chose que le prix de l'approbation ou du consentement que donne le Seigneur Directe au changement de main »[2].

Selon Fournier de Flaix, « Les lods et ventes étaient dus dans les mêmes cas que le quint ou le requint : échange, vente, transaction, donation en paiement, partage, louage perpétuel, donation. Ducange [Ducange, *Glossarium Laudibus et vendis*] explique fort bien que les mots lods et ventes proviennent du verbe *Laudare* approuver, *vendae* les ventes, approbation que donnait le seigneur, car il avait le droit de retrait. L'impôt remplaça le retrait, de même que l'impôt finit par remplacer le service militaire »[3].

Ces droits féodaux ont servi de référence à la création d'impôts royaux au seizième siècle. Comme l'ont relevé Championnière et Rigaud, les droits royaux sur les actes notariés remontent à un édit de juin 1581. Les actes sous seing privé n'y seront cependant soumis qu'avec un édit d'octobre 1705[4]. Quant aux mutations, les mêmes auteurs évoquent un édit de 1703 portant création du centième denier, impôt proportionnel frappant toutes les transmissions de biens immeubles[5]. La plupart de ces droits ont toutefois été supprimés avec la Révolution et le décret de l'assemblée constituante des 5 et 19 décembre 1790.

En réalité, ce que relève Esquirou de Parieu, certains droits féodaux ont été maintenus quelques années avec une faculté de rachat. Leur suppression complète a résulté du décret du 17 juillet 1793[6].

---

(1) Esquirou de Parieu, Traité des impôts, Guillaumin, 2ᵉ éd., 1867, t. 3, p. 105. – G. Demante, *Exposition raisonnée des principes de l'enregistrement en forme de commentaire de la loi du 22 frimaire an VII*, A. Durand, 1862, p. 3. – E. Vignes, *Traité élémentaire des impôts en France*, Guillaumin et Cotillon, 1862, p. 206-211. – E. Fournier de Flaix, *L'impôt dans les diverses civilisations*, t. 1, Guillaumin et Cᵉ, 1897, p. 359.

(2) De Boutaric, *Traité des droits seigneuriaux et des matière féodales*, Gaspard Henault et Forest, 1745, p. 200.

(3) E. Fournier de Flaix, *L'impôt dans les diverses civilisations*, t. 1, préc., p. 360.

(4) Championnière et Rigaud, *Traité des droits d'enregistrement, de timbre et d'hypothèques et des contraventions à la loi du 25 ventôse an XI*, t. 1, Charles Hingray, 1839, p. 20 et s.

(5) *Ibid.*

(6) Esquirou de Parieu, préc., p. 109.

Ce décret est à l'origine, dans leur forme moderne, des droits d'enregistrement. Le texte a en effet clairement identifié les deux catégories que sont les droits sur les mutations et les droits sur les actes. Modifié à plusieurs reprises, le décret a finalement été abrogé par la loi du 22 frimaire an VII, elle-même modifiée à de nombreuses reprises.

Les différents textes législatifs ont fait l'objet d'une codification spécifique en 1934[(7)]. Il sera par la suite fusionné avec les autres codes fiscaux (Code général des impôts directs, Code fiscal des valeurs mobilières, Code des contributions indirectes, Code du timbre) existants pour former le Code général des impôts[(8)] (V. *supra*, n°s 261 et s.).

Parmi les réformes contemporaines, deux doivent être soulignées résultant de la loi n° 63-254 du 15 mars 1963 et de la loi n° 69-1168 du 26 décembre 1969. Si on doit à la première une refonte de la matière et l'imposition à la taxe sur la valeur ajoutée de certaines mutations immobilières (V. *supra*, n° 1207), la seconde complète le dispositif jusqu'alors connu des formalités de l'enregistrement et de la publicité foncière par une nouvelle formalité dite fusionnée (V. *infra*, n° 1845).

1834. – **Publicité de l'opération.** Si l'on devait relever deux finalités à l'exigence de soumettre une opération, réalisée ou non au moyen d'un acte, aux droits d'enregistrement, la première serait sans aucun doute la publicité souhaitée, soit par le législateur, soit par les parties lorsque la démarche est volontaire. Enregistrer signifie en effet inscrire sur un registre. Il en va de même, *a fortiori*, de la formalité de publicité foncière ou de la formalité fusionnée qui combine les deux. Il s'agit donc d'imposer, ou de souhaiter, la diffusion de l'information de l'existence d'une opération juridique aux autorités publiques qui se chargent d'en assurer la conservation et, au besoin, l'accès.

Selon l'article 2449 du Code civil, « Les services chargés de la publicité foncière sont tenus de délivrer, à tous ceux qui le requièrent, copie ou extrait des documents, autres que les bordereaux d'inscription, qui y sont déposés dans la limite des cinquante années précédant celle de la réquisition, et copie ou extrait des inscriptions subsistantes ou certificat qu'il n'existe aucun document ou inscription entrant dans le cadre de la réquisition./Ils sont également tenus de délivrer sur réquisition, dans un délai de dix jours, des copies ou extraits du fichier immobilier ou certificat qu'il n'existe aucune fiche entrant dans le cadre de la réquisition. »

L'enregistrement et la publicité foncière constituent autant de sources d'informations à disposition des administrations fiscales, notamment lorsqu'il convient d'évaluer des biens immobiliers. On comprend alors le maintien de ces formalités malgré des recettes fiscales très réduites aujourd'hui.

Depuis le 2 janvier 2014, l'administration fiscale propose, *via* son site Internet, le service PATRIM qui permet d'obtenir une liste des ventes immobilières dans une aire donnée et pour une période identifiée afin d'aider les contribuables à évaluer leur bien immobilier.

Les parties et les tiers peuvent également retirer un intérêt de la formalité exigée ou décidée. Faut-il rappeler que certains actes juridiques non fiscaux ont un régime juridique lié à la formalité de l'enregistrement ? Tel est le cas des actes sous seing

(7) D. 27 déc. 1934, portant codification en matière d'enregistrement : *JO* 28 déc. 1934. – Pour le contenu du code, V. *Bull. lég. Dalloz*, 1934, p. 1184 et s.
(8) D. n° 48-1986, 9 déc. 1948. – D. n°s 50-478 à 50-481 et A. 6 avr. 1950.

privé à l'égard desquels l'enregistrement confère date certaine[9]. Il peut aussi s'agir d'une condition de validité des actes, ce qui est le cas des actes constitutifs, modificatifs ou d'extinction d'un contrat de fiducie[10].

1835. – **Impôts indirects.** Les droits d'enregistrement proprement dits et la taxe de publicité foncière constituent une source de recettes fiscales puisqu'il s'agit là d'impôts indirects frappant le patrimoine et, plus précisément, les mutations. Le poids des recettes fiscales en découlant est cependant aujourd'hui faible par rapport à ce qu'il a pu représenter.

Sur un montant total de droits d'enregistrement, de timbre et assimilés de 23,6 Md€ prévus au budget 2016, soit 6 % des recettes fiscales prévues[11], les recettes afférentes aux mutations à titre onéreux représentent environ 600 M€ et celles afférentes aux mutations à titre gratuit 11,8 Md€ dont 10,3 Md€ pour les seuls droits de succession. La taxe de publicité foncière est estimée à 378 M€.

1836. – **Classifications.** Le champ des droits d'enregistrement connaît plusieurs classifications selon que le critère retenu est le fait générateur, le tarif ou le service compétent.

• Retenir le fait générateur comme critère départiteur permet de différencier les droits de mutation des droits d'acte. Toujours imposable dans le premier cas, la mutation sans écrit ne l'est pas dans le second.

Comme la cession d'actions cotées n'est soumise à un droit d'enregistrement de 0,1 % que si elle donne lieu à un acte, le droit exigible est un droit d'acte. Il s'agit en revanche d'un droit de mutation lorsque le droit est exigible indépendamment du formalisme, ce qui prévaut lorsqu'il s'agit d'actions non cotées[12] (V. *supra*, n° 1884). Le nombre de droits d'acte est aujourd'hui très réduit.

• Retenir le tarif comme critère départiteur permet de distinguer les droits fixes, les droits proportionnels et les droits progressifs (V. *infra*, n°s 1858 et s.).

La progressivité se rencontre essentiellement en matière de mutation à titre gratuit. Sauf à envisager l'hypothèse d'un lien familial distendu, ou de l'absence de lien familial, les droits de donation et les droits de succession tiennent compte du degré de parenté entre le donateur ou le *de cujus* et le bénéficiaire de la mutation (V. *infra*, n°s 1898 et 1908). Un barème existe aussi en matière de cession à titre onéreux de fonds de commerce (V. *infra*, n° 1880).

• Retenir le service compétent pour procéder au recouvrement de l'impôt conduit à opposer les droits d'enregistrement *stricto sensu* à la taxe de publicité foncière ou à la formalité fusionnée. Si, dans le premier cas, le service compétent est le service des impôts[13] ; dans les autres, il s'agit du service de la publicité foncière ou, pour Mayotte, du service de la conservation de la propriété immobilière[14].

Autrefois régie par la loi du 21 ventôse an VII, la conservation des hypothèques n'existe plus depuis le 1er janvier 2013, date à laquelle lui a été substitué le service de la publicité foncière[15]. Répondant au rapport annuel de la Cour des comptes de 2008 et à la réorganisation des administrations fiscales, cette réforme a mis fin à l'une des dernières survivances de l'Ancien Régime puisque le corps des conservateurs des hypothèques avait été créé par un édit de Louis XV du 17 juin 1771[16].

(9) C. civ., art. 1377 (ex-art. 1328).
(10) C. civ., art. 2019.
(11) L. fin. 2016, n° 2015-1785, art. 172-État A.
(12) CGI, art. 726, I-1°.
(13) CGI, art. 650 à 656.
(14) CGI, art. 657.
(15) Ord. n° 2010-638, 10 juin 2010. – D. n° 2012-1462, 26 déc. 2012.
(16) Cour des comptes, rapp. annuel 2008, p. 437.

Leur statut était particulièrement dérogatoire. Moyennant certes une mise en jeu possible de leur responsabilité personnelle jusqu'à l'expiration d'un délai de dix ans après cessation de leurs fonctions, les conservateurs des hypothèques percevaient, outre l'impôt, un salaire auprès de l'usager[17]. Depuis le 1er janvier 2013, les actions en responsabilité doivent être engagées contre l'État. Le salaire du conservateur a quant à lui été remplacé par une taxe dénommée contribution de sécurité immobilière[18].

Conformément à l'article 878 du CGI, le service de la publicité foncière a en charge l'exécution des formalités civiles prescrites pour la publicité des privilèges et des hypothèques et autres droits sur les immeubles et l'exécution de la formalité fusionnée.

L'étude des droits d'enregistrement sera scindée en deux sans prétendre à l'exhaustivité. Les principaux droits exigibles (Section 2) seront développés après une présentation générale (Section 1).

SECTION 1

ÉTUDE GÉNÉRALE DES DROITS D'ENREGISTREMENT

Une démarche classique va présider à la présentation générale des droits d'enregistrement avec la reprise du triptyque assiette (§ 1), liquidation (§ 2) et recouvrement (§ 3).

§ 1. – Assiette des droits d'enregistrement

L'identification de la matière imposable implique, d'une part, de préciser le champ d'application des droits d'enregistrement (A) et, d'autre part, les modalités de leur évaluation (B).

A. – Champ d'application

L'examen du champ d'application matériel (1°) va précéder celui du champ d'application territorial (2°).

1° Champ d'application matériel

Avant le 1er octobre 1970, date d'entrée en vigueur de la loi n° 69-1168 du 26 décembre 1969, il n'existait que deux formalités : la formalité de l'enregistrement (*a*) et celle de la publicité foncière (*b*). Depuis lors, une troisième formalité a fait son apparition : la formalité fusionnée (*c*).

a) La formalité de l'enregistrement

1837. – Principe. L'enregistrement, au sens propre, consiste en l'inscription sur un registre. L'objectif est donc de centraliser une information dans un lieu identifié. Cette formalité est tantôt obligatoire, tantôt facultative.

(17) CGI, anc. art. 879.
(18) CGI, art. 879.

1838. – Formalité obligatoire. Sauf cas de dispense ou d'application requise de la formalité fusionnée (V. *infra*, n° 1845), la formalité unique de l'enregistrement est obligatoire pour certains actes(19) et, en l'absence d'acte, pour certaines mutations(20).

Parmi les actes soumis obligatoirement à la formalité, figurent les actes des notaires ou des huissiers de justice, les actes portant mutation de propriété, d'usufruit de biens immeubles, ceux portant mutation de jouissance de biens immeubles, de fonds de commerce ou de clientèles, les actes de transformation ou de dissolution d'une société, les actes constatant la création d'un GIE, ceux constatant un partage de biens ou ceux afférents à une fiducie.

Parmi les mutations imposables, figurent les mutations de propriété ou d'usufruit d'immeubles, de fonds de commerce, de clientèles, cessions de droit à un bail, promesses de bail mais aussi les actes liés à la vie d'une société en l'absence d'un acte support.

Une dispense d'accomplissement de la formalité est parfois prévue sans cependant affecter l'exigibilité des droits d'enregistrement. Tel est le cas de certains actes rédigés par les notaires ou les huissiers(21).

1839. – Formalité facultative. Toute personne a la possibilité de faire enregistrer un acte non soumis obligatoirement à cette formalité. L'intérêt d'y procéder résulte principalement de l'article 1377 du Code civil(22). L'enregistrement de l'acte lui confère date certaine (V. *supra*, n° 1834).

1840. – Délais. Le délai de droit commun pour accomplir la formalité de l'enregistrement est d'un mois à compter, soit de l'acte(23), soit, pour les mutations, de leur date(24). Des délais particuliers existent cependant.

Les testaments déposés chez un notaire ou reçus par ce dernier doivent être enregistrés à la diligence des bénéficiaires dans les trois mois du décès de son auteur(25). Lorsqu'il s'agit d'un testament-partage, l'enregistrement intervient au jour de l'enregistrement de l'acte constatant le partage(26).

Les déclarations de succession doivent, en ce qui les concerne, être enregistrées dans le délai de six mois lorsque le décès intervient en France métropolitaine, délai qui est normalement porté à une année dans les autres cas(27). Le délai est porté à vingt-quatre mois pour les déclarations de succession comportant des immeubles ou des droits immobiliers pour lesquels le droit de propriété du *de cujus* est incertain(28). Lorsque la succession concerne un résident de la Guadeloupe, de la Guyane, de la Martinique, de Mayotte ou de La Réunion, le délai est, soit de six mois lorsque le *de cujus* est décédé dans le département de sa résidence, soit d'une année(29). Le délai est porté à deux ans pour La Réunion lorsque la personne est décédée ailleurs qu'à Madagascar, à l'île Maurice, en Europe ou en Afrique. Il en va de même pour Mayotte lorsque le décès s'est produit ailleurs qu'à Madagascar, aux Comores, en Europe ou en Afrique(30). Un délai spécifique existe enfin en cas de legs à un département, à un établissement public ou d'utilité publique(31).

1841. – Lieu d'accomplissement de la formalité. La formalité doit être accomplie, soit dans leur ressort, lorsqu'il s'agit d'actes de notaires ou de greffiers, soit

(19) CGI, art. 635 à 636 et 641 à 645.
(20) CGI, art. 638 à 640 A.
(21) CGI, art. 637 et ann. III, art. 245 à 248.
(22) C. civ., ex-art. 1328.
(23) CGI, art. 635.
(24) CGI, art. 638 à 639.
(25) CGI, art. 636.
(26) *Ibid.*
(27) CGI, art. 641.
(28) CGI, art. 641 bis.
(29) CGI, art. 642.
(30) *Ibid.*
(31) CGI, art. 644.

au service des impôts de leur résidence ou du lieu de l'acte, lorsqu'il s'agit d'actes huissiers(32). Les actes sous seing privé doivent être enregistrés au service des impôts du lieu de situation de l'immeuble ou, lorsque l'opération ne concerne pas un immeuble, à celui du lieu de résidence d'une des parties à l'acte(33). Les mutations verbales sont, quant à elles, soumises à la formalité au service du lieu de situation du bien ou, pour des titres sociaux, de résidence d'une des parties(34). Enfin, les déclarations de succession doivent être enregistrées au service des impôts du domicile du défunt ou, lorsqu'il était domicilié à l'étranger, au service désigné par le ministre du Budget(35).

Les actes passés à l'étranger peuvent être enregistrés dans n'importe quel service des impôts(36). En revanche, lorsqu'il s'agit d'un testament fait à l'étranger, le service compétent est celui du domicile du testateur ou, à défaut de son dernier domicile connu. L'enregistrement est également requis dans les services du ressort où se situent les immeubles qui pourraient être concernés(37). Une dérogation prévaut encore à l'égard des entreprises qui relèvent, pour la déclaration de leur résultat, du service chargé des grandes entreprises. Ce même service est compétent en matière d'enregistrement(38).

Toute formalité enregistrée dans un service autre que celui normalement imposé par la législation fiscale ne produit aucun effet libératoire. Une nouvelle présentation doit avoir lieu dans le bureau compétent.

b) La formalité de publicité foncière

1842. – **Principe.** La formalité de publicité foncière consiste, ainsi que sa dénomination l'indique, en une publicité à l'égard des tiers des actes portant mutation de propriété ou constitution de droits réels immobiliers.

1843. – **Champ limité.** La formalité de publicité foncière est, la plupart du temps, accomplie en même temps que l'enregistrement au moyen de la formalité fusionnée (V. *infra*, n° 1845). Il existe cependant quelques cas pour lesquels la formalité de publicité foncière est distincte de celle de l'enregistrement. Le champ visé est résiduel en ce qu'il concerne les actes qui, tout en étant soumis à une obligation de publicité, ne peuvent donner lieu à la formalité fusionnée.

Tel est le cas des décisions judiciaires, des baux de plus de douze ans à durée limitée ou encore les actes pour lesquels il est impossible de procéder à la formalité fusionnée(39).

Selon l'article 249 de l'annexe III du CGI, ces derniers actes sont ceux portant sur des immeubles situés en totalité dans les départements de la Moselle, du Bas-Rhin ou du Haut-Rhin et ceux qui ont fait l'objet d'un refus de publier et dont la régularisation ne peut être opérée.

1844. – **Délai et lieu d'accomplissement de la formalité.** Les modalités sont identiques à celles de la formalité fusionnée. Le délai est cependant, et de manière générale, de trois mois(40). Des délais particuliers sont toutefois prévus. Ainsi, le délai

(32) CGI, art. 650.
(33) CGI, art. 652.
(34) CGI, art. 653.
(35) CGI, art. 656.
(36) CGI, art. 654.
(37) CGI, art. 655.
(38) CGI, art. 654 bis.
(39) CGI, art. 647.
(40) D. n° 55-22, 4 janv. 1955, art. 33, C.

est de quatre mois pour les attestations notariées à compter du jour où le notaire est requis, et de trois mois pour les décisions judiciaires à compter du jour où elles sont devenues définitives, le délai étant réduit à un mois si elles prononcent la résolution, la révocation, la nullité ou la rescision d'un acte de nature à être publié[41].

c) *La formalité fusionnée*

1845. – Principe. La formalité fusionnée, encore dénommée formalité unique, résulte de la loi précitée du 26 décembre 1969 et consiste en la combinaison des formalités de l'enregistrement et de publicité foncière.

L'exigence de se soumettre aux deux formalités que sont la formalité de l'enregistrement et la formalité de publicité foncière n'implique pas nécessairement la formalité fusionnée partant du constat qu'il existe certaines situations pour lesquelles le cumul de formalités distinctes est encore exigé (V. *supra*, n° 1843).

1846. – Champ. Sauf cas d'exclusion, la formalité fusionnée doit, ou peut, être appliquée.

1) Aux termes de l'article 647 du Code général des impôts, la formalité fusionnée est exigée pour tous les actes publiés au fichier immobilier (ou dans le livre foncier pour Mayotte), c'est-à-dire des actes authentiques portant sur des immeubles ou droits réels immobiliers.

Selon la doctrine administrative, « les actes obligatoirement soumis à la formalité fusionnée sont, en principe, les suivants :

– tous actes, même assortis d'une condition suspensive, portant ou constatant entre vifs mutation ou constitution de droits réels immobiliers autres que les privilèges et hypothèques : ces droits pouvant porter sur la propriété, la nue-propriété, l'usufruit, l'usage, l'emphytéose, l'antichrèse ou les servitudes : ventes, cessions, rétrocessions, adjudications, retraits, échanges, apports en société, location-accession à la propriété… ;

– tous actes, même assortis d'une condition suspensive, portant ou constatant entre vifs un bail à vie ou consenti pour une durée illimitée ou quittance ou cession équivalente à trois années de loyers non échus.

Remarque : Même rédigé en la forme notariée, un projet de fusion n'entre pas dans le champ d'application de la publicité foncière et ne peut en aucun cas relever de la formalité fusionnée.

– les actes entre vifs dressés pour constater des clauses d'inaliénabilité temporaire et toutes autres restrictions au droit de disposer ;

– les donations et les donations-partage portant en totalité ou en partie sur des immeubles ;

– les attestations notariées établies en vue de constater la transmission ou la constitution par décès de droits réels immobiliers ;

– ceux des actes énumérés ci-après qui portent sur des droits soumis à publicité :

• actes confirmatifs de conventions entachées de causes de nullité ou de rescision,

• actes constatant l'accomplissement d'une condition suspensive,

• demandes en justice tendant à obtenir, et actes constatant, la résolution, la révocation, l'annulation ou la rescision d'une convention ou d'une disposition à cause de mort ;

– les actes déclaratifs de droits réels immobiliers : partages, licitations, procès-verbaux de bornage… ;

– les contrats de location-accession à la propriété ;

– les conventions d'indivision immobilière ;

– les actes qui interrompent la prescription acquisitive conformément aux articles 2241 et 2244 du Code civil (demande en justice, acte d'exécution forcée…) et actes de renonciation à la prescription acquisitive ;

(41) *Ibid.*, art. 33, A et B.

– les actes constitutifs de biens de famille insaisissables ;

– les cessions amiables en matière d'expropriation pour cause d'utilité publique, quel que soit le montant de l'indemnité ;

– les procès-verbaux de réorganisation foncière et de remembrement, actes d'échange d'immeubles ruraux ;

– les projets approuvés de remembrement amiable préalable à la reconstruction ;

– le règlement de copropriété des immeubles ou ensembles immobiliers ;

– les limitations administratives au droit de propriété et dérogations à ces limitations, dans la mesure où elles résultent d'actes soumis à enregistrement.

Depuis le 1er juillet 1999, l'assujettissement à la formalité fusionnée s'applique aux actes authentiques de vente, d'échange, de partage et de société portant à la fois sur des biens meubles et immeubles »[(42)].

2) La formalité fusionnée peut être accomplie à l'égard des actes qui peuvent faire l'objet d'une publicité foncière (par ex., promesses unilatérales de vente et promesses unilatérales de bail de plus de douze ans, les conventions relatives à l'exercice des servitudes légales[(43)]).

3) Sont exclus de la formalité fusionnée : les décisions judiciaires, les baux à durée limitée de plus de douze ans et les actes pour lesquels il est impossible d'y procéder.

Le champ des actes et mutations exclus de la formalité fusionnée ne cesse de se réduire puisque, après les actes mixtes, autrement dit les actes qui comportent à la fois des dispositions soumises à la formalité de publicité et des dispositions qui n'y sont pas soumises (ventes qui portent à la fois sur des biens immeubles et sur des biens meubles), les mutations à titre gratuit ont été retirées de la liste avec la loi de finances rectificative pour 2013[(44)].

1847. – **Délai.** La formalité fusionnée doit avoir lieu dans le mois de la date de l'acte, délai porté à deux mois en cas d'adjudication[(45)].

1848. – **Lieu d'accomplissement de la formalité.** La formalité fusionnée s'opère au service de la publicité foncière ou, pour Mayotte, au service de la conservation de la propriété immobilière[(46)].

Lorsque l'acte concerne plusieurs immeubles, le choix est offert au redevable.

2° Champ d'application territorial

1849. – **Droits de mutation à titre gratuit.** Les droits de mutation à titre gratuit font l'objet d'une disposition spécifique avec un champ d'application territorial défini dans l'article 750 ter du Code général des impôts. Tout dépend du domicile fiscal du donateur ou du *de cujus*.

Lorsque le donateur ou le *de cujus* a son domicile fiscal en France au sens de l'article 4 B du Code général des impôts (V. *supra*, n° 1365), tous les biens transmis sont soumis à l'imposition française. On rejoint ici la règle applicable en matière d'impôt sur le revenu étant précisé qu'elle cède devant une stipulation conventionnelle contraire. En l'absence de dispositif conventionnel, l'impôt acquitté à l'étranger est imputable sur les droits dus en France dans la limite de l'impôt acquitté sur les biens meubles et immeubles situés hors de France.

(42) BOI-ENR-DG-10-30, § 20.
(43) BOI-ENR-DG-10-30, § 40.
(44) L. fin. rect. n° 2013-1279, 29 déc. 2013, art. 17, pour les mutations à compter du 1er juill. 2014.
(45) CGI, art. 647, III.
(46) CGI, art. 657.

À défaut, ne relèvent de l'imposition française que les biens situés en France, y compris si le bénéficiaire est fiscalement domicilié hors de France. Une particularité existe toutefois lorsque le bénéficiaire a eu sa résidence fiscale en France durant six des dix dernières années au jour de la transmission. L'assiette intègre alors l'ensemble des biens transmis, y compris ceux situés à l'étranger. La double imposition est cependant là encore évitée, indépendamment de l'application d'une éventuelle convention fiscale internationale, par l'imputation possible de l'impôt étranger sur les droits dus en France à concurrence de l'impôt français sur les biens situés hors de France(47).

1850. – **Autres cas.** Pour les autres cas, on retient le lieu de situation du bien et/ou le lieu de passation des actes. Les règles varient selon l'opération.

1) La mutation d'un *bien immeuble* situé en France soumis obligatoirement à la formalité – à laquelle est assimilée celle de titres d'une personne morale à prépondérance immobilière au sens de l'article 726, I-2°(48) – est ainsi passible de droits d'enregistrement en France, quel que soit le lieu de passation de l'acte.

Les actes translatifs de propriété ou d'usufruit passés en France de biens immeubles situés à l'étranger ou à Saint-Pierre-et-Miquelon, en Nouvelle-Calédonie, en Polynésie française, dans les îles Wallis et Futuna ou dans les Terres australes et antarctiques françaises sont, quant à eux, soumis à un droit particulier de 5 %(49).

2) Sous réserve de résulter d'un acte passé en France, les mutations à titre onéreux de *biens meubles* corporels ou incorporels situés hors de France ou de titres de sociétés étrangères sont également imposables en France(50).

3) De manière générale, il est aussi possible – ce n'est bien qu'une faculté – d'enregistrer en France tout acte passé à l'étranger(51).

B. – Évaluation

1851. – **Fait générateur.** La matière imposable est évaluée à la date du fait générateur des droits d'enregistrement dus. Cela correspond soit à la date de l'acte ou de la mutation, lorsque la formalité est obligatoire, soit, lorsqu'elle est facultative, à la date de la démarche.

1852. – **Estimation des parties.** L'évaluation de la matière imposable tient normalement compte de la valeur stipulée dans la convention ou, à défaut, de la valeur vénale des biens. Certaines règles particulières sont cependant prévues dans le Code général des impôts en matière de mutation à titre gratuit.

L'administration fiscale dispose de la prérogative, lorsque la valeur stipulée lui paraît inférieure à la valeur du marché au jour du fait générateur, de la rectifier de manière à rendre exigible l'imposition normalement due(52). De manière cependant à permettre aux contribuables de bénéficier d'une information fiable, l'article L. 107 B du LPF organise la communication sur demande aux personnes qui sont tenues d'évaluer la valeur vénale d'un bien immobilier pour les besoins de leur imposition

(47) CGI, art. 784 A.
(48) CGI, art. 718 bis.
(49) CGI, art. 714.
(50) CGI, art. 718.
(51) CGI, art. 654.
(52) LPF, art. L. 17.

aux droits de mutation à titre gratuit ou à l'impôt de solidarité sur la fortune, des éléments d'information relatifs aux mutations à titre onéreux de biens comparables dans un périmètre et durant une période déterminés.

1853. – **Cas particuliers.** Pour la liquidation des droits de mutation à titre gratuit, les immeubles sont évalués selon leur valeur vénale réelle. L'occupation du bien par le propriétaire n'est pas prise en considération(53). Sauf modification du bien, sa valorisation ne peut cependant être inférieure au prix d'une adjudication intervenue dans les deux dernières années(54).

À noter que le droit d'habitation et d'usage d'un bien est de 60 % de la valeur de l'usufruit déterminée selon le barème de l'article 669 du CGI(55).

Les valeurs mobilières admises aux négociations sur un marché réglementé sont évaluées en retenant le cours moyen au jour de la transmission(56). Par exception, les droits de succession peuvent être acquittés en retenant la moyenne des trente derniers cours qui précèdent la transmission(57).

V. E. Bokdam-Tognetti, *Évaluation des titres de sociétés : (trouver) le juste prix, c'est le but ! : RJF* 1/2014, p. 3 et s.

Les créances à terme sont imposées sur le capital exprimé dans l'acte ou, lorsque le débiteur est soumis à une procédure collective, selon l'estimation des parties(58).

1854. – **Usufruit.** Le démembrement de propriété conduit à une diminution de la valeur du bien imposable en fonction de l'âge de l'usufruitier suivant un tableau codifié dans l'article 669 du Code général des impôts, ci-après reproduit.

ÂGE DE L'USUFRUITIER	VALEUR DE L'USUFRUIT	VALEUR DE LA NUE-PROPRIÉTÉ
Moins de :		
21 ans révolus	90 %	10 %
31 ans révolus	80 %	20 %
41 ans révolus	70 %	30 %
51 ans révolus	60 %	40 %
61 ans révolus	50 %	50 %
71 ans révolus	40 %	60 %
81 ans révolus	30 %	70 %
91 ans révolus	20 %	80 %
Plus de 91 ans révolus	10 %	90 %

1855. – **Corrections.** Sans entrer dans le détail, il faut tout de même préciser que la matière imposable fait parfois l'objet de retraitements – ce qui est le cas en matière de mutation à titre gratuit – pour tenir compte de la situation particulière de certains biens ou des parties au jour du fait générateur.

(53) CGI, art. 761.
(54) *Ibid.*
(55) CGI, art. 762 bis.
(56) CGI, art. 759.
(57) *Ibid.*
(58) CGI, art. 760.

1856. – Abattements. La base imposable est corrigée au moyen d'abattements dont le montant varie selon le degré de parenté existant entre la personne décédée et le successeur ou entre le donateur et le donataire. C'est ainsi que depuis le 17 août 2012, pour chaque part, un abattement de 100 000 € est appliqué au profit des ascendants ou des enfants vivants ou représentés ou, à l'exception du cas particulier prévu par l'article 796-0 ter du Code général des impôts, 15 932 € au bénéfice des frères et sœurs et 7 967 € pour les neveux et nièces[59].

Un abattement peut aussi être appliqué à raison de la situation du donataire ou du successeur. Tel est le cas, en application de l'article 779, II du Code général des impôts lorsque ce dernier est atteint d'une infirmité qui le rend incapable de travailler dans des conditions normales de rentabilité. L'abattement est alors de 159 325 €.

La transmission à titre gratuit de parts ou actions d'une société ayant une activité industrielle, commerciale, artisanale, agricole ou libérale ouvre, quant à elle, droit, sous conditions, à un abattement de 75 %[60]. Il en va de même de la transmission de biens affectés à une entreprise[61], et ce même si le défunt, au moment du décès, n'exploitait pas l'entreprise[62].

Les conditions posées par l'article 787 B du CGI sont les suivantes (Pacte Dutreil) : – un engagement collectif de conservation d'une durée minimale de deux années doit être pris par le *de cujus* ou le donateur, soit avant la transmission, soit, en cas de décès, dans les six mois qui suivent la transmission ; – l'engagement doit porter sur au moins 20 % des droits financiers et de vote si les titres sont admis sur un marché réglementé, seuil porté à 34 % autrement ; – un engagement individuel pris par les héritiers, donataires ou légataires de conservation des titres pendant au moins quatre années à compter de l'expiration du délai d'engagement collectif ; – un des signataires de l'engagement doit effectivement exercer dans la société son activité professionnelle principale s'il s'agit d'une société de personnes ou une des fonctions prévues par l'article 885 O bis du CGI autrement, et ce, durant toute la période de l'engagement collectif et pendant les trois années qui suivent la transmission ; – une attestation doit être produite par la société confirmant l'engagement collectif et la part des titres sociaux concernés.

Concernant le seuil minimum de participations pour l'engagement, l'article 787 B du CGI a été modifié par la loi de finances rectificative pour 2011 en autorisant, à côté de la possibilité de cessions ou donations déjà permises entre membres soumis à l'engagement, la possibilité pour un nouveau membre d'être admis sous réserve que l'engagement collectif soit reconduit pour une durée de deux ans. En outre, le non-respect de la condition de l'engagement collectif peut ne pas conduire à la déchéance du régime si les autres signataires répondent ensemble, sans celui qui est défaillant, aux conditions prescrites ou si le cessionnaire s'engage dans la voie initiale du cédant moyennant une reconduction de l'engagement collectif pour une période de deux années.

1857. – Reprise des donations antérieures. La base d'imposition est corrigée en fonction des donations consenties, pour les donations consenties depuis le 17 août 2012, dans les quinze années qui précèdent une nouvelle donation ou une succession[63].

Le délai de reprise des donations antérieures a été plusieurs fois modifié. De six ans, le délai a été porté à dix ans par la loi de finances rectificative pour 2011, soit son niveau antérieur à l'entrée en application de l'article 8 de la loi n° 2005-1719 du 30 décembre 2005 de finances pour 2006.

(59) CGI, art. 779.
(60) CGI, art. 787 B.
(61) CGI, art. 787 C.
(62) Cass. com., 10 sept. 2013, n° 12-21.140, *Lecart* : *Dr. fisc.* 2013, n° 41, comm. 474, note J.-F. Desbuquois ; *RJF* 12/2013, n° 1180.
(63) CGI, art. 784.

§ 2. – Liquidation des droits d'enregistrement

1858. – Variété de droits. Les droits d'enregistrement ne font pas l'objet d'un tarif unique quels que soient les actes ou mutations imposables. Les droits peuvent être fixes, proportionnels ou progressifs.

1859. – Droits fixes. Les droits sont fixes lorsque l'imposition à acquitter est indépendante de la matière imposable. Tel est le cas du droit de 125 € dû pour les actes innommés, c'est-à-dire les actes qui ne font pas l'objet d'un autre tarif[64].

Le droit de 125 € n'est pas applicable aux transactions concernant un permis de construire, de démolir ou d'aménager[65].

Tel est encore le cas des droits de 375 € ou 500 € pour certaines opérations portant sur le capital des sociétés selon que leur capital social est inférieur ou supérieur à 225 000 €[66].

1860. – Droits proportionnels. Les droits sont proportionnels lorsqu'un seul taux est applicable à la matière imposable évaluée. C'est ainsi que la cession d'un immeuble est soumise à un droit de 3,8 % à 4,5 % perçu au profit du département[67]. En tenant compte des frais d'assiette et des droits dus au profit de l'État, le taux global varie donc de 5,09006 % à 5,80665 (V. *infra*, n° 1875).

1861. – Droits progressifs. Les droits sont dits progressifs lorsqu'ils forment un barème. Plusieurs taux ont alors vocation à s'appliquer à une même assiette. On ne les rencontre que dans le cas de l'apport ou de la cession d'un fonds de commerce ou assimilé et pour les mutations à titre gratuit afin de tenir compte des situations personnelles.

1862. – Pluralité de dispositions au sein d'un même acte. Lorsque, au sein d'un même acte, plusieurs taux sont applicables en raison de dispositions soumises à des tarifs différents, il faut appliquer le tarif le plus élevé lorsque les dispositions sont dépendantes[68].

En revanche, et sauf exceptions, lorsque les dispositions sont indépendantes, chaque tarif propre à chacune des dispositions s'applique. Les exceptions visent les actes civils et sont codifiées dans l'article 672 du Code général des impôts.

Il faut alors soit appliquer cumulativement les différents tarifs lorsqu'ils sont tous proportionnels, soit prélever un seul droit fixe lorsque toutes en relèvent, soit appliquer les tarifs proportionnels et progressifs lorsque certaines dispositions en relèvent tandis que d'autres relèvent du droit fixe. Ce dernier n'est alors pas appliqué. L'imposition qui découle de cette dernière situation ne peut cependant pas être inférieure au montant résultant de l'application du droit fixe.

1863. – Condition suspensive. La présence au sein d'un acte d'une condition suspensive conduit potentiellement à l'application successive de deux prélèvements, ce qui est le cas lorsque la condition se réalise. En effet, avant la réalisation de la condition, seul le droit fixe applicable aux actes innommés de 125 € est exigible[69].

(64) CGI, art. 680.
(65) CGI, art. 635, 1-9°.
(66) Par ex., CGI, art. 809, I bis, art. 810.
(67) CGI, art. 1594 D.
(68) CGI, art. 670.
(69) CGI, art. 680.

Une fois la condition réalisée, de nouveaux droits d'enregistrement sont recouvrés sans que le droit fixe préalablement acquitté soit imputé sur les droits dus.

1864. – **Corrections.** L'imposition brute calculée après impôt peut faire l'objet de corrections essentiellement en matière de droits de mutation à titre gratuit. On signalera cependant l'existence d'un minimum de perception de 25 €[70].

1865. – **Réductions de droits de mutation à titre gratuit.** Les redevables des droits d'enregistrement au titre d'une mutation à titre gratuit peuvent bénéficier de réductions d'impôts. Sauf stipulation conventionnelle internationale organisant la réciprocité, et à l'image de l'impôt sur le revenu (V. *supra*, n° 1370), les réductions sont réservées aux nationaux et aux personnes originaires d'un territoire d'outre-mer[71].

Tout donataire ou successeur ayant trois enfants vivants ou représentés a droit à une réduction de 100 % des droits plafonnée à 305 € par enfant en sus du deuxième, montant porté à 610 € pour les transmissions en ligne directe ou entre époux ou partenaires signataires d'un pacte civil de solidarité[72].

Une autre réduction de 50 % des droits, dans la limite de 305 €, est accordée aux mutilés de guerre frappés d'une invalidité de 50 % au minimum[73].

On signalera enfin l'imputation possible des droits de mutation à titre gratuit acquittés à l'étranger dans la limite de l'impôt français acquitté sur les biens meubles et immeubles situés hors de France[74].

§ 3. – Recouvrement des droits d'enregistrement

L'étude du recouvrement des droits d'enregistrement implique de préciser, d'une part, le redevable (A) et, d'autre part, les modalités du paiement de l'imposition (B).

A. – Redevable

1866. – **Obligation au paiement.** Les articles 1705 à 1710 du Code général des impôts précisent les redevables des droits dus aux comptables publics chargés du recouvrement. Selon la situation, il s'agit de l'intermédiaire ou des parties.

C'est ainsi que les droits exigibles sur les actes passés devant un notaire, un huissier ou un greffier sont dus par ces derniers à titre d'avance.

Par exception, et sous réserve pour eux de fournir dans les dix jours de l'expiration du délai un extrait de l'acte, les greffiers et les autorités administratives sont déchargés de l'obligation de verser les droits et majorations dus afférents à des jugements rendus à l'audience[75].

Sont, au contraire, acquittés par les parties les droits exigibles sur les actes sous seing privé, ceux passés à l'étranger, les ordonnances rendues sur requête

(70) CGI, art. 674.
(71) CGI, art. 783.
(72) CGI, art. 780.
(73) CGI, art. 782.
(74) CGI, art. 784 A.
(75) CGI, art. 1706 et 1840 D.

ou mémoire ou les actes et décisions obtenus d'arbitres non encore enregistrés par ces derniers.

Il ressort de l'article 1705 du CGI que toutes les parties à un acte sont solidairement tenues du paiement des droits dus[76].

Les parties sont également solidaires pour le paiement des droits simples et des pénalités exigibles sur les sentences arbitrales et les décisions judiciaires[77].

Les bénéficiaires d'une succession sont, quant à eux, tenus d'acquitter les droits liés à la succession[78].

Les cohéritiers, à l'exception de ceux exonérés de droits de mutation par décès, sont solidairement tenus du paiement des droits dus[79]. Tel n'est en revanche pas le cas entre les héritiers et les légataires ou entre légataires[80].

La loi de finances rectificative pour 2011 dispose que, sauf à ce que la part des biens, droits, produits capitalisés placés dans un *trust* due à un bénéficiaire soit déterminée – auquel cas il appartient à ce bénéficiaire de régler les droits exigibles – le redevable est l'administrateur du *trust*[81] (sur le caractère imposable de la mutation par décès *via* un *trust*, V. *infra*, n° 1891).

1867. – **Contribution au paiement.** Si l'obligation au paiement détermine les personnes susceptibles d'être poursuivies par le comptable public, la contribution au paiement fixe la fraction d'imposition qui reste définitivement à leur charge.

C'est ainsi que si les notaires, huissiers ou greffiers sont tenus d'acquitter l'imposition, ils n'ont pas la qualité de contribuables finaux. L'article 1711 du CGI leur confère le droit d'obtenir le remboursement de l'avance consentie.

Lorsqu'il s'agit d'un acte translatif de propriété d'un bien, par acte civil ou judiciaire, les droits sont supportés, sauf stipulation contraire, par les personnes qui en sont bénéficiaires[82].

B. – Modalités de paiement

1868. – **Date de paiement.** Les droits dus sur les actes et les droits de succession doivent être acquittés avant l'exécution de la formalité. À défaut, aucun enregistrement ou publicité foncière ne peut avoir lieu[83].

Il existe cependant des exceptions, à l'image de certains actes d'huissier avec des états mensuels[84]. Une suspension de droits peut aussi être envisagée lorsque le redevable bénéficie d'un différé ou d'un fractionnement du paiement (V. *infra*, n° 1869). On peut encore relever un régime de suspension de droits dans le cas de la constitution d'une société commerciale. Les actes y afférents

(76) Cass. com., 21 juin 2011, n° 10-20.461, *Marette* : *Dr. fisc.* 2011, n° 49, comm. 614 ; *RJF* 11/2011, n° 1240.
(77) CGI, art. 1707.
(78) CGI, art. 1705.
(79) CGI, art. 1709.
(80) BOI-ENR-DG-50-10-20, § 170.
(81) CGI, art. 792-0 bis.
(82) CGI, art. 1712. – Pour une illustration : Cass. com., 26 juin 2012, n° 11-20.759, *Sté de la Sézia* : *RJF* 11/2012, n° 1076.
(83) CGI, art. 1701.
(84) CGI, art. 1723 ter.

sont enregistrés sans exigibilité des droits, lesquels devant être acquittés dans les trois mois[85].

Les notaires, huissiers, greffiers, autorités administratives ou encore les officiers d'administration de la marine qui omettent de procéder à la formalité sont tenus personnellement du paiement des droits et de la pénalité prévue à l'article 1728, 1 du CGI. Ils peuvent cependant se retourner contre les parties pour les seuls droits dus en principal[86].

1869. – Modes de paiement. Les droits d'enregistrement peuvent être acquittés par tous les moyens d'extinction de la dette fiscale habituellement reconnus. Les droits de mutation à titre gratuit peuvent toutefois être acquittés au moyen d'une dation en paiement (V. *supra*, n° 1173).

Un règlement différé ou fractionné du paiement est également possible sur les seuls droits en principal[87] dans certaines hypothèses[88].

Le crédit de paiement fractionné de l'article 1717 du CGI est applicable en matière de droits de succession, aux apports pour la constitution de sociétés, au paiement des indemnités entre officiers publics et ministériels suite à la suppression des offices, aux acquisitions effectuées dans le cadre des articles L. 626-1, L. 631-22 et L. 642-1 du Code de commerce et aux acquisitions effectuées par des Français rapatriés d'outre-mer[89].

Le crédit d'impôt différé est applicable aux droits de succession qui comportent dévolution de biens en nue-propriété ou qui donnent lieu à attribution préférentielle de l'article 832 du Code civil ou à la réduction de l'article 924-3 du même code dans les conditions de l'article 1722 bis du CGI. C'est encore applicable lorsque l'actif héréditaire comprend à concurrence de 50 % minimum des biens non liquides énumérés à l'article 404 A pour les droits dus sur la part du conjoint survivant[90].

Le paiement des droits de mutation à titre gratuit peut être différé pendant cinq années puis fractionné pendant dix ans lorsque la mutation porte sur l'ensemble des biens affectés à l'exploitation d'une entreprise individuelle ayant une activité industrielle, commerciale, artisanale, agricole ou libérale et exploitée par le donateur ou le *de cujus*. Il en va de même lorsque la mutation porte sur des titres sociaux d'une société non cotée en bourse ayant cette même activité sous condition que le bénéficiaire reçoive au moins 5 % du capital social[91].

1870. – Restitution des droits. Selon le principe posé par l'article 1961 du Code général des impôts, les droits d'enregistrement ou la taxe de publicité foncière acquittés ne sont normalement pas sujets à restitution.

Quelques exceptions existent cependant[92]. Ainsi en est-il lorsque l'acte a fait l'objet d'une annulation par décision de justice passée en force de chose jugée. Aucun droit n'est alors dû à cette occasion[93]. De même, la restitution de la taxe de publicité foncière est également prévue en cas d'erreur du conservateur[94] ou lorsque des immeubles acquis par voie amiable font l'objet d'une expropriation pour cause d'utilité publique[95]. Une réclamation doit alors être adressée avant le 31 décembre de la deuxième année qui suit.

(85) CGI, art. 1717 bis.
(86) CGI, art. 1840 C. – Pour une illustration avec un maire : Cass. com., 26 juin 2012, n° 11-20.759, *Sté de la Sézia* : *RJF* 11/2012, n° 1076.
(87) CGI, ann. III, art. 398.
(88) CGI, art. 1717 et ann. III, art. 396 et s.
(89) CGI, ann. III, art. 396.
(90) CGI, ann. III, art. 397.
(91) CGI, ann. III, art. 397 A.
(92) CGI, art. 1961 à 1965 L.
(93) CGI, art. 1961, al. 2.
(94) CGI, art. 1961 bis.
(95) CGI, art. 1962 et art. 1963.

SECTION 2

ÉTUDES PARTICULIÈRES DES DROITS D'ENREGISTREMENT

Les droits d'enregistrement frappent les mutations tant à titre onéreux (§ 1) qu'à titre gratuit (§ 2). Le caractère particulier du régime applicable aux opérations relatives aux sociétés justifie un examen séparé (§ 3).

§ 1. – Les mutations à titre onéreux

Sans développer la totalité des règles applicables, on se limitera dans la présente édition à aborder les principaux droits d'enregistrement qui frappent les cessions d'un immeuble (A), d'un fonds de commerce et assimilés (B), de droits sociaux (C) ou d'un autre bien mobilier (D).

A. – Cession d'un bien immobilier

1871. – **Champ d'application.** Aux termes de l'article 683 du Code général des impôts, « les actes civils et judiciaires translatifs de propriété ou d'usufruit de biens immeubles à titre onéreux sont assujettis à une taxe de publicité foncière ou à un droit d'enregistrement ». Rédigée en des termes généraux, cette disposition ne signifie nullement, *a contrario*, que les cessions d'immeubles sans rédaction d'un acte échappent à l'imposition. Conformément à l'article 682 du même code, toute mutation d'un immeuble est soumise aux droits d'enregistrement selon le taux prévu pour les opérations de même nature donnant lieu au paiement de la taxe de publicité foncière.

Il en ressort que les mutations verbales mais aussi les cessions d'immeubles réalisées par acte sous seing privé sont imposables, et ce même si ces dernières ne sont pas susceptibles de faire l'objet de la formalité de l'enregistrement[96].

Tous les immeubles, au sens du droit commun, situés en France sont concernés, y compris si l'acte de cession est passé à l'étranger. L'acte doit alors, dans ce dernier cas, être déclaré au service des impôts du lieu de situation de l'immeuble (V. *supra*, n° 1850).

Les cessions d'immeubles sont normalement soumises à la formalité fusionnée (V. *supra*, n° 1846). Relèvent cependant de la seule formalité de l'enregistrement les cessions d'immeubles situés dans les départements de la Moselle, du Bas-Rhin et du Haut-Rhin lorsque le rédacteur de l'acte y réside également[97].

Certaines cessions font l'objet d'un régime particulier. Tel est le cas lorsque la convention est affectée d'une condition suspensive ou résolutoire.

1) Dans l'attente de la réalisation de la condition suspensive, seul le droit fixe des actes innommés est exigible (V. *supra*, n° 1859). Lorsque la condition se réalise, l'article 676 du

(96) CGI, art. 660.
(97) CGI, art. 665 et ann. III, art. 249.

Code général des impôts dispose alors que le régime fiscal applicable est déterminé « à la date de la réalisation de la condition ». Le droit fixe perçu antérieurement ne s'impute cependant pas sur les droits exigibles postérieurement (V. *supra*, n° 1863).

2) La présence d'une condition résolutoire dans la convention – qui n'affecte pas le transfert de propriété – n'a pas d'effet sur l'exigibilité des droits perçus. Ces derniers sont établis indépendamment de l'existence d'une telle clause. La question se pose cependant des effets attachés à la réalisation de la condition et, bien évidemment, de la restitution de l'imposition acquittée. Dans une telle situation, le principe est celui de la non-restitution. D'une manière générale, seuls les cas de rescision pour lésion ou d'annulation prononcés par une juridiction, une fois la décision de justice passée en force de chose jugée, autorisent un remboursement[98].

De manière plus particulière, une restitution est encore prévue en cas d'expropriation pour cause d'utilité publique[99] (V. *supra*, n° 1870).

1872. – Exonérations. Certaines exonérations sont prévues soit de plein droit, soit sur délibération des collectivités territoriales concernées.

1) Parmi les exonérations de plein droit figurent les acquisitions et échanges faits par l'État ou par les établissements publics scientifiques, d'enseignement, d'assistance et de bienfaisance[100], celles faites par le Conservatoire de l'espace littoral et des rivages lacustres[101] ou encore par les collectivités territoriales et leurs groupements[102]. Une autre exonération est prévue par l'article 1115 du Code général des impôts au profit des personnes assujetties à la taxe sur la valeur ajoutée en cas d'acquisitions d'immeubles ou de parts de sociétés immobilières sous réserve de prendre l'engagement de revendre les biens dans le délai de cinq années[103].

Observation peut être faite de l'existence, en apparence, de certains cas d'exonération, à l'image de l'article 1594-0 G du CGI, qui, en réalité pour le A de la disposition, demeurent soumis à exigibilité d'un droit fixe de 125 €[104].

À noter qu'un contribuable a le droit de substituer au régime prévu par l'article 1115 celui codifié à l'article 1594-0 G du même code. Il lui faut seulement prendre un acte complémentaire comportant l'engagement de construire avant l'expiration du délai de revente rendant exigibles les droits d'enregistrement[105].

2) Parmi les exonérations facultatives que peuvent décider les conseils départementaux figurent les cessions et acquisitions de logements réalisées par des organismes de logements sociaux[106], les acquisitions des mutuelles de retraite des anciens combattants et victimes de guerre[107] ou encore, pour les départements d'outre-mer, les acquisitions d'immeubles dans le cadre d'un investissement dans le secteur touristique[108].

(98) CGI, art. 1961.
(99) CGI, art. 1962 et 1963.
(100) CGI, art. 1040, I.
(101) CGI, art. 1041.
(102) CGI, art. 1042.
(103) CGI, art. 1115.
(104) CGI, art. 691 bis.
(105) Cass. com., 13 déc. 2011, n° 11-11.951, *DGFiP c/ Sté 13/15 et 17 rue du commerce : Dr. fisc.* 2012, n° 7-8, comm. 147 ; *RJF* 3/2012, n° 319.
(106) CGI, art. 1594 G et 1594 H.
(107) CGI, art. 1594 I.
(108) CGI, art. 1594 I bis, 1594 I ter et 1594 J bis.

1873. – Évaluation. Conformément au principe général applicable en la matière, la base d'imposition est constituée du prix stipulé augmenté des charges(109) ou, si elle lui est supérieure, de la valeur vénale du bien(110) (V. *supra*, nos 1851 et s.).

L'évaluation d'un démembrement du droit de propriété d'un bien immeuble s'effectue selon le barème de l'article 669 du CGI ; V. *supra*, n° 1854(111).

1874. – Abattement. Par leur délibération, les conseils départementaux peuvent instituer des abattements de 7 600 € à 46 000 €, par fraction de 7 600 €, pour les immeubles à usage d'habitation sous condition de maintenir leur affectation durant trois années à compter de la date d'acquisition ou pour les terrains ou locaux à usage de garage sous condition de ne pas les affecter durant la même période à une exploitation à caractère commercial ou professionnel(112).

Cet abattement peut être limité aux seuls immeubles sis dans une zone de revitalisation rurale(113).

1875. – Tarif de droit commun. Le taux de droit commun applicable aux cessions d'immeubles est, depuis le 1er janvier 2011, de 5,09006 %(114). Considérant la possibilité reconnue aux conseils départementaux de relever le taux départemental jusqu'à 4,5 %, il peut être de 5,80665.

Le taux de 5,09006 % se décompose comme suit : taxe de publicité foncière (formalité fusionnée) ou droit d'enregistrement de 3,80 % perçu au profit des départements(115), taxe additionnelle de 1,2 % perçue soit au profit des communes de plus de 5 000 habitants ou classées comme stations de tourisme(116), soit du fonds de péréquation départemental dans les autres cas(117), frais d'assiette au taux de 2,37 % applicables sur le seul droit départemental de 3,8 %(118).

Le droit départemental peut, sur délibération du conseil départemental, évoluer dans la fourchette de 1,2 % à 4,5 %(119).

1876. – Tarifs spéciaux. Certaines cessions de biens immobiliers sont soumises à un tarif spécial :

1) de 0,71498 % applicable, sauf exonérations prévues par l'article 1594-0 G, A du Code général des impôts. Sont concernées :

Le taux de 0,71498 % est obtenu en additionnant le taux départemental de 0,7 % prévu par l'article 1594 F quinquies aux frais d'assiette de 2,14 % assis sur le taux départemental(120).

Par application de l'article 1594-0 G, A du CGI, les acquisitions d'immeubles réalisées par une personne assujettie à la taxe sur la valeur ajoutée sont soumises au droit fixe de 125 €(121) sous réserve qu'elle s'engage à effectuer les travaux conduisant à la production d'un immeuble neuf ou nécessaires pour terminer un immeuble inachevé dans le délai – susceptible de prolongations – de quatre ans suivant l'acquisition. Le non-respect de l'engagement entraîne l'exigibilité des droits dus dans le mois qui suit l'expiration du délai(122).

(109) CGI, art. 683.
(110) LPF, art. L. 17.
(111) BOI-ENR-DMTOI-10-10-10, § 125.
(112) CGI, art. 1594 F ter.
(113) *Ibid.*
(114) CGI, art. 683 et 1594 D.
(115) CGI, art. 1594 D.
(116) CGI, art. 1584.
(117) CGI, art. 1595 bis.
(118) CGI, art. 1647, V.
(119) CGI, art. 1594 D et 1594 E.
(120) CGI, art. 1647, V.
(121) CGI, art. 691 bis.
(122) CGI, art. 1840 G ter.

– les acquisitions de terrains à bâtir et d'immeubles neufs soumises de plein droit à la taxe sur la valeur ajoutée[123],

– les acquisitions, sous conditions, d'immeubles ruraux[124] ;

2) de 5 % applicable :

– aux cessions d'un immeuble situé à l'étranger, à Saint-Pierre-et-Miquelon, en Nouvelle-Calédonie, en Polynésie française, dans les îles Wallis et Futuna et les Terres australes et antarctiques françaises lorsque l'acte a été passé en France[125] ;

L'assujettissement d'un droit de 5 % aux cessions d'immeubles situés à l'étranger au moyen d'un acte passé en France n'est possible que si une convention fiscale internationale conclue par la France ne s'y oppose pas.

– aux échanges de biens immobiliers lorsque l'échange est pur et simple, autrement dit lorsque les deux immeubles ont une valeur identique. Un droit de 5 % est alors appliqué au profit de l'État sur la valeur d'un seul des deux immeubles[126].

En ce sens, on ne raisonne pas en matière de droits d'enregistrement comme en matière de TVA où l'échange est assimilé à une double vente (V. *supra*, n°s 1194 et 1262).

Lorsque les valorisations des deux immeubles diffèrent, il convient de raisonner, pour l'immeuble qui a la valeur la plus faible, selon le régime précédent de l'échange pur et simple. La différence de valorisation est juridiquement considérée telle une vente à laquelle est appliqué le tarif de droit commun (V. *supra*, n° 1875).

B. – Cession d'un fonds de commerce et assimilés

1877. – Champ d'application. Relèvent du régime applicable aux cessions de fonds de commerce, les cessions de clientèles[127], les ventes de marchandises liées à la cession du fonds de commerce[128], les cessions d'offices publics et ministériels[129], les cessions de droit à un bail ou de promesse de bail[130] mais aussi les conventions de successeur, c'est-à-dire les conventions qui permettent « à une personne d'exercer une profession, une fonction ou un emploi occupé par un précédent titulaire, même lorsque ladite convention conclue avec ce titulaire ou ses ayants cause ne s'accompagne pas d'une cession de clientèle »[131].

L'application de l'article 720 du CGI nécessite la réunion de plusieurs conditions : – existence d'un contrat entre l'ancien et le nouveau titulaire de l'activité, – caractère onéreux du contrat, – maintien de l'activité exercée, – absence de soumission à une autre disposition fiscale. L'appartenance des deux parties au même groupe ne retire en rien le caractère onéreux à la convention au sens de l'article 720[132].

1878. – Exonération. Plusieurs cas d'exonération existent à l'image, sous conditions, des acquisitions de fonds de commerce réalisées par les collectivités territoriales ou par certains établissements publics[133] et celles réalisées par des personnes

(123) CGI, art. 1594 F quinquies, A.
(124) CGI, art. 1594 F quinquies, D.
(125) CGI, art. 714.
(126) CGI, art. 684 et 1594 B.
(127) CGI, art. 719.
(128) CGI, art. 723.
(129) CGI, art. 724.
(130) CGI, art. 725.
(131) CGI, art. 720.
(132) Cass. com., 3 avr. 2013, n° 12-10.042, *Sté Valéo Sécurité Habitacle : Dr. fisc.* 2013, n° 16, comm. 281, note M.-P. Hôo ; *RJF* 7/2013, n° 775.
(133) CGI, art. 1042.

assujetties à la taxe sur la valeur ajoutée en vue de la revente moyennant engagement d'y procéder dans le délai de cinq années[134].

De manière plus spécifique, les marchandises neuves sont exonérées de droits d'enregistrement lorsqu'elles donnent lieu à perception de la taxe sur la valeur ajoutée ou en sont dispensés en application de l'article 257 bis du Code général des impôts, c'est-à-dire lors de la transmission à titre onéreux d'une universalité totale ou partielle de biens[135].

Certaines opérations font l'objet d'une exonération, d'autres bénéficient d'un taux d'imposition égal à zéro. Si le résultat est identique, on ne saurait les confondre (V. *infra*, n° 1881).

1879. – Assiette. Conformément au principe général applicable en la matière, la base d'imposition est constituée du prix stipulé augmenté des charges ou, si elle lui est supérieure, de la valeur vénale du bien[136] (V. *supra*, n°s 1851 et s.). Un abattement de 23 000 € est appliqué.

Sous certaines conditions, un abattement de 300 000 € est accordé en cas de cession en pleine propriété d'un fonds de commerce, d'un fonds agricole ou de clientèle d'une entreprise individuelle ou de parts ou actions d'une société[137].

1880. – Tarif de droit commun. Le tarif est, après l'abattement de 23 000 €, de 3 % sur la fraction comprise entre 23 000 € et 200 000 € et 5 % au-delà[138].

La lecture de l'article 719 du CGI permet de constater l'application d'un tarif de 2 % pour la fraction comprise entre 23 000 € et 107 000 €, 0,6 % pour la fraction comprise entre 107 000 € et 200 000 € et 2,6 % pour la fraction supérieure à 200 000 €. Il faut ajouter une taxe départementale de 0,6 % pour la fraction comprise entre 23 000 et 107 000 € et 1,4 % pour la fraction supérieure à 107 000 €[139] et une taxe fixée respectivement à 0,4 % et 1 % pour la fraction comprise entre 23 000 € et 107 000 € et pour la fraction supérieure à 107 000 € dont le produit est affecté soit aux communes de plus de 5 000 habitants ou classées comme stations de tourisme[140], soit au fonds de péréquation départemental[141].

1881. – Tarifs spéciaux. Sous conditions, le taux de 2 % prévu par l'article 719 du Code général des impôts est porté à zéro pour les acquisitions de fonds de commerce et de clientèles réalisées dans des zones de redynamisation urbaine ou rurale et dans les zones franches urbaines[142]. Il en découle, suivant les modalités de calcul exposées *supra*, n° 1880, une imposition au taux de 1 % pour la fraction du prix compris entre 23 000 et 107 000 €, 3 % pour celle comprise entre 107 000 et 200 000 € et 5 % au-delà.

D'autres tarifs spéciaux existent, à l'image de l'application d'un taux de 1,5 % applicable aux marchandises neuves lorsqu'elles ne sont pas exonérées sous réserve que leur prix soit stipulé article par article[143] ou de l'application d'un droit fixe de 125 € en cas de la cession d'un fonds agricole, y compris lorsqu'elle est concomitante à la cession des terres agricoles dépendant de l'exploitation[144].

(134) CGI, art. 1115.
(135) CGI, art. 723.
(136) CGI, art. 719 et 720 et LPF, art. L. 17.
(137) CGI, art. 732 ter.
(138) CGI, art. 719, 1584, 1595 et 1595 bis.
(139) CGI, art. 1595.
(140) CGI, art. 1584.
(141) CGI, art. 1595 bis.
(142) CGI, art. 722 bis.
(143) CGI, art. 723.
(144) CGI, art. 732.

C. – Cession de droits sociaux

1882. – **Champ d'application.** Les cessions de droits sociaux sont soumises à des droits d'enregistrement, soit sous la forme de droits d'acte, soit sous la forme de droits de mutation.

Conformément à l'article 726, II du CGI, le droit d'enregistrement n'est pas applicable dans le cas du rachat d'une société dans les conditions prévues par les articles 220 quater, 220 quater A ou pour les besoins d'une opération de pension conformément aux articles L. 211-27 à L. 211-34 du Code monétaire et financier[145].

1) *Les actes* passés en France, y compris pour des titres d'une société étrangère[146], portant cession d'actions ou de parts de sociétés dont le capital n'est pas divisé en actions ou encore de participations dans des personnes morales à prépondérance immobilière doivent être enregistrés dans le délai d'un mois à compter de leur date[147].

De manière plus précise, l'article 635, 2-7° vise « les actes portant cession d'actions, de parts de fondateurs ou de parts bénéficiaires ou cession de parts sociales dans les sociétés dont le capital n'est pas divisé en actions ».

Lorsque l'acte est passé à l'étranger, l'imposition n'est exigible en France que lorsque la cession porte sur des droits sociaux d'une société non cotée française ou porte sur une participation dans une personne morale à prépondérance immobilière[148].

2) Il en va de même, *en l'absence d'acte*, des cessions d'actions, de parts des sociétés dont le capital n'est pas divisé en actions et des parts de sociétés à prépondérance immobilière dont le capital n'est pas divisé en actions[149].

Aux termes de l'article 639 du CGI, « à défaut d'actes les cessions d'actions, de parts de fondateurs, de parts bénéficiaires des sociétés dont les droits sociaux ne sont pas négociés sur un marché réglementé d'instruments financiers au sens de l'article L. 421-1 du Code monétaire et financier ou sur un système multilatéral de négociation au sens de l'article L. 424-1 du même code, de parts des sociétés dont le capital n'est pas divisé en actions, ou de participations dans des personnes morales à prépondérance immobilière au sens du troisième alinéa du 2° du I de l'article 726 doivent être déclarées dans le mois de leur date ».

1883. – **Exonérations.** Plusieurs exonérations sont prévues, à titre principal, par l'article 726, II du Code général des impôts.

1) Échappent ainsi aux droits d'enregistrement aux taux de 0,1 %, 3 % ou 5 % (V. *infra*, n°s 1884 et 1885) :

a) les acquisitions de droits sociaux réalisées par une société créée en vue de racheter une autre société dans les conditions prévues aux articles 220 quater *ou* 200 quater A ;

b) les cessions de droits sociaux résultant d'opérations de pensions.

2) Échappent aux droits d'enregistrement aux taux de 0,1 % et 3 % (V. *infra*, n°s 1884 et 1885) :

a) le rachat d'actions de ses propres titres par une société en vue de les céder aux adhérents d'un plan d'épargne d'entreprise ;

(145) CGI, art. 726, II al. 2.
(146) CGI, art. 718.
(147) CGI, art. 635, 2-7° et 635, 2-7° bis.
(148) CGI, art. 718 bis.
(149) CGI, art. 639.

b) les acquisitions de droits sociaux de sociétés placées sous procédure de sauvegarde ou en redressement judiciaire ;

c) les acquisitions de droits sociaux entre sociétés membres du même groupe au sens de l'article L. 233-3 du Code de commerce ;

d) les acquisitions de droits sociaux entre sociétés membres du même groupe fiscalement intégré ;

e) les acquisitions réalisées dans le cadre d'opérations de fusion éligibles au régime de faveur(150), d'apports partiels d'actifs portant sur des branches complètes d'activité éligibles au régime fiscal de faveur(151) ou du rachat d'une entreprise(152) ;

f) les opérations imposées à la taxe sur les acquisitions de titre de capital(153).

Créée par la loi n° 2012-354 du 14 mars 2012, la taxe sur les transactions financières est composée de trois impositions codifiées dans les articles 235 ter ZD à 235 ter ZD ter du CGI. L'exonération ne concerne que les acquisitions de titre de capital soumises au taux de 0,2 %. Sont concernées les cessions non exonérées de titres d'une société anonyme dont le siège social est situé en France, ou d'un titre de capital assimilé, dont la capitalisation boursière est supérieure à 1 Md€ au 1er décembre de l'année qui précède celle de l'imposition. Plusieurs exonérations existent cependant, qui conduisent à rendre exigibles les droits d'enregistrement (opérations d'achat dans le cadre d'une émission de titres de capital, opérations réalisées par une chambre de compensation, opérations réalisées dans le cadre d'activité de tenue du marché, opérations réalisées pour le compte d'émetteurs en vue de favoriser la liquidité de leurs actions, opérations d'acquisitions d'obligations échangeables ou convertibles en actions, opérations mentionnées *supra*, 2, *c* à 2, *e*,...).

Figurent encore, parmi les exonérations, les acquisitions par les collectivités territoriales d'actions de sociétés d'économie mixte locales, celles effectuées par une société en vue de racheter une autre société dans les conditions prévues à l'article 220 nonies(154), les cessions de parts de fonds communs de placement à risques(155) ou encore et, sauf exceptions, les cessions de parts ou actions des organismes de placement collectif immobilier et des organismes professionnels de placement collectif immobilier(156).

1884. – Cession d'actions. Les cessions d'actions, de parts de fondateurs ou de parts bénéficiaires des sociétés par actions négociées sur un marché réglementé d'instruments financiers ou sur un système multilatéral de négociation ou de titres du capital souscrits par les clients des établissements de crédit mutualistes ou coopératifs sont soumises à des droits d'enregistrement au taux de 0,1 %(157).

Il en va de même des cessions de droits sociaux d'une société ayant son siège en France réalisées au moyen d'un acte passé à l'étranger. L'impôt acquitté à l'étranger est alors imputable dans la limite de l'imposition française.

1885. – Cession de parts sociales. Les cessions de titres sociaux de sociétés dont le capital n'est pas divisé en actions et qui ne relèvent pas du régime de cession des parts sociales (V. *supra*, n° 1884) emportent application à la valorisation des titres

(150) CGI, art. 210 A.
(151) CGI, art. 210 B.
(152) CGI, art. 220 quater, 220 quater A et 220 quater B.
(153) CGI, art. 235 ter ZD.
(154) CGI, art. 732 bis.
(155) CGI, art. 730 quater.
(156) CGI, art. 730 quinquies.
(157) CGI, art. 726, I-1°.

d'un abattement égal au rapport entre la somme de 23 000 € et le nombre de parts dans le capital social. Le taux applicable est de 3 %[158].

Une société en nom collectif a un capital social de 50 000 € divisé en 1 000 parts de 50 €. 500 parts sont cédées moyennant un prix unitaire de 50 €. L'abattement global de 23 000 € est divisé par le nombre de parts de la société, soit 23 € par titre. Chaque part sera donc imposée selon la formule (50 – 23) × 3 %.

Un régime différent s'applique aux cessions de participations dans des personnes morales à prépondérance immobilière puisque le taux applicable est de 5 %[159].

Même si les taux ne sont pas en tous points identiques, cette dérogation a pour finalité d'éviter que l'acquisition de parts sociales d'une société propriétaire d'un immeuble (5 % au lieu de 3 %) se révèle fiscalement plus favorable que l'acquisition de l'immeuble lui-même (5,09006 %) (V. *supra*, n° 1875). Le taux s'applique sur la valeur nette des parts cédées après déduction des emprunts contractés par la société. La loi de finances pour 2012 limite toutefois les charges déductibles au seul passif afférent à l'acquisition des biens et droits immobiliers[160].

1886. – Régimes spéciaux. Plusieurs régimes spéciaux existent, prévus dans les articles 727 à 730 quinquies du Code général des impôts. C'est ainsi que :

– la cession de parts d'intérêts et actions dont la possession assure en droit ou en fait l'attribution en propriété ou en jouissance d'un bien immeuble ou d'une fraction d'un bien immeuble donne lieu à la perception d'un droit d'enregistrement de 125 €[161] ;

– sauf à porter sur des parts ou actions émises par des personnes morales soumises à l'impôt sur les sociétés, toute cession de parts sociales qui intervient dans les trois ans de la réalisation effective d'un apport et toute cession d'actions d'apport ou de parts de fondateurs pendant la période de non-négociabilité sont considérées, du point de vue fiscal, comme ayant pour objet les biens en nature représentés par les titres cédés[162]. En outre, lorsque dans une telle hypothèse, la cession de parts ou d'actions a donné lieu à l'application d'un droit de mutation, l'attribution pure et simple des biens représentés par les titres cédés à la dissolution de la société ne donne lieu à aucun droit si elle est consentie au cessionnaire[163] ;

– sans préjudice des dispositions de l'article 1655 ter du Code général des impôts, les cessions d'actions ou de parts sociales conférant un droit de jouissance sur un immeuble sont réputées avoir pour objet l'immeuble concerné pour la perception des droits d'enregistrement[164] ;

– les cessions de parts de sociétés agricoles, même non exploitantes, sont soumises au droit fixe de 125 €[165] ;

– les cessions de parts de groupements fonciers agricoles, ruraux ou forestiers représentatives d'apports de biens indivis sont soumises à un droit de 2,5 % lorsqu'elles interviennent entre apporteurs desdits biens, leurs conjoints survivants ou leurs ayants droit à titre gratuit lorsque ces apporteurs étaient parents ou alliés jusqu'au quatrième degré inclus[166].

(158) CGI, art. 726, I-1° bis.
(159) CGI, art. 726, I-2°.
(160) CGI, art. 726, II. – V. S. Keyhani et S. Jemmar, *Les nouvelles règles de liquidation des droits d'enregistrement lors de la cession de titres de « sociétés à prépondérance immobilière » : gare aux effets collatéraux ! : Dr. fisc.* 2013, n° 17, aperçu rapide 232.
(161) CGI, art. 730.
(162) CGI, art. 727 et 729.
(163) CGI, art. 727, I-4°.
(164) CGI, art. 728 et 729.
(165) CGI, art. 730 bis.
(166) CGI, art. 730 ter.

D. – Autres cessions de biens mobiliers

1887. – **Exonération de principe.** Les ventes de meubles ne sont normalement pas soumises aux droits d'enregistrement depuis la loi n° 63-254 du 15 mars 1963[(167)]. Deux exceptions existent cependant.

1888. – **Ventes de gré à gré.** À moins qu'elles soient constatées par un acte notarié, les ventes de gré à gré ne sont normalement pas soumises à une formalité de publicité.

Les ventes de gré à gré constatées par un acte notarié sont soumises au droit fixe des actes innommés de 125 €[(168)].

Les parties ont toutefois cette possibilité moyennant le versement du droit fixe de 125 € fondé soit sur l'article 680 du Code général des impôts (actes innommés), soit sur les articles 732 et 732 A du même code en cas de :

– cession de cheptel et autres objets mobiliers dépendant d'une exploitation agricole lorsque cette cession n'est pas corrélative à la vente totale ou partielle des terres ;

– cession des installations, matériels et produits dépendant d'une exploitation de cultures marines ;

– cession d'un fonds agricole, y compris si elle est concomitante à la cession des terres agricoles dépendant de l'exploitation[(169)] ;

– cession d'un navire de pêche artisanale et du matériel servant à son exploitation[(170)]

1889. – **Ventes publiques.** Les ventes publiques – adjudications aux enchères publiques ou ventes faites avec publicité et concurrence – sont soumises à un droit de 1,2 % au profit de l'État lorsqu'elles portent sur un bien meuble incorporel non soumis à un autre tarif ou sur un bien meuble corporel lorsque le vendeur n'est pas assujetti-redevable à la taxe sur la valeur ajoutée au titre de cette opération ou exonéré par application de l'article 262, I du Code général des impôts[(171)].

En réalité, le taux applicable en cas de vente publique d'un bien meuble corporel est de 2,1 % puisque au taux de 1,2 % précité s'ajoutent un droit supplémentaire de 0,5 % au profit du département[(172)] et, sauf exceptions prévues dans l'article 1584, 2 du CGI, un droit de 0,40 % au profit des communes de plus de 5 000 habitants ou classées comme stations de tourisme[(173)] ou un droit de 0,40 % au profit du fonds de péréquation départemental dans les communes de moins de 5 000 habitants et non classées comme stations de tourisme[(174)].

Ne sont soumises à aucun droit proportionnel les ventes publiques d'objets d'art, d'antiquité ou de collection sous condition, notamment, que les cessions soient réalisées par des organismes d'intérêt général à but humanitaire d'assistance ou de bienfaisance dans le cadre des six manifestations exonérées de taxe sur la valeur ajoutée en application de l'article 261, 7-1°-*c* du Code général des impôts[(175)].

(167) *JO* 17 mars 1963.
(168) CGI, art. 680.
(169) CGI, art. 732.
(170) CGI, art. 732 A.
(171) CGI, art. 733.
(172) CGI, art. 1595.
(173) CGI, art. 1584, 1.
(174) CGI, art. 1595 bis.
(175) CGI, art. 733.

§ 2. – Les mutations à titre gratuit

Les droits de mutation à titre gratuit regroupent les droits de succession (A) et les droits de donation (B) selon que la mutation s'opère à cause de mort ou d'absence ou entre vifs.

A. – Les droits de succession

L'assiette (1°), la liquidation (2°) et les modalités de recouvrement (3°) des droits de succession vont être successivement abordées.

1° Assiette des droits de succession

1890. – Mutations imposables. Toute transmission à cause de mort – de même que l'absence[176] – est imposable. Le fait générateur est alors soit le décès du *de cujus*, soit le jugement de déclaration de l'absence[177].

L'assiette des droits exigibles est établie en tenant compte des règles du droit civil. Le Code général des impôts comporte cependant un ensemble de présomptions de propriété dans les articles 751 à 755.

L'article 751 dispose que tout bien démembré dont la nue-propriété appartient aux héritiers ou descendants du *de cujus*, à ses donataires et légataires ou une personne interposée est, sauf preuve contraire, réputé faire partie de la succession de ce dernier lorsqu'il en a conservé l'usufruit. Il en résulte une imposition sur la totalité du bien et non seulement sur la valeur de son usufruit. La présomption n'est cependant pas opposable lorsque la donation est régulière et, lorsqu'elle n'a pas été constatée dans un contrat de mariage, a été consentie par acte authentique plus de trois mois avant le décès avec une valeur de la nue-propriété déterminée selon le barème de l'article 669 du CGI (V. *supra*, n° 1854).

L'article 752 conduit également à réintégrer dans la succession, sauf preuve contraire, les titres sociaux, obligations, biens ou droits placés dans un trust et autres créances dont le *de cujus* a eu la propriété, a perçu les revenus ou à raison desquelles il a effectué une opération quelconque moins d'un an avant son décès. Cette présomption n'est pas appliquée aux biens ayant fait l'objet d'une libéralité graduelle ou résiduelle.

L'article 753 vise, quant à lui, les titres, sommes et valeurs qui se trouvent dans un compte joint avec une présomption simple de propriété conjointe des déposants. Une logique identique conduit à considérer les titres, sommes et valeurs déposés dans un coffre-fort comme étant, sauf preuve contraire, la propriété conjointe des preneurs[178].

L'article 755 pose une présomption simple concernant les avoirs figurant sur un compte ou un contrat d'assurance-vie étranger et dont l'origine et les modalités d'acquisition n'ont pas été justifiées dans le cadre de la procédure prévue à l'article L. 23 C du LPF. Ces avoirs sont alors considérés comme un patrimoine acquis à titre gratuit soumis au taux de 60 %.

1891. – *Trust* et fiducie. Une difficulté peut néanmoins se poser au vu du recours de contribuables à certains instruments juridiques de droit étranger. On pense au *trust*, institution de droit anglo-saxon, qui ne trouvait pas d'équivalent en droit français, tout du moins jusqu'à la loi n° 2011-900 du 29 juillet 2011 portant loi de finances rectificative pour 2011.

Le *trust* est défini dans l'article 2 de la convention de La Haye du 1er juillet 1985 comme visant « les relations juridiques créées par une personne, le constituant – par acte entre vifs ou à cause

(176) C. civ., art. 122 et s.
(177) C. civ., art. 128.
(178) CGI, art. 754.

de mort – lorsque des biens ont été placés sous le contrôle d'un *trustee* dans l'intérêt d'un bénéficiaire ou dans un but déterminé ». Le même article stipule que le *trust* présente les caractéristiques suivantes : – les biens du *trust* constituent une masse distincte et ne font pas partie du patrimoine du *trustee* ; – le titre relatif aux biens du *trust* est établi au nom du *trustee* ou d'une autre personne pour le compte du *trustee* ; – le *trustee* est investi du pouvoir et chargé de l'obligation, dont il doit rendre compte, d'administrer, de gérer ou de disposer des biens selon les termes du *trust* et les règles particulières imposées au *trustee* par la loi. L'article 11 stipule qu'« Un *trust* créé conformément à la loi déterminée par le chapitre précédent sera reconnu en tant que *trust* », ce qui implique « que les biens du *trust* ne fassent pas partie du régime matrimonial ni de la succession du *trustee* ». La France a signé cette convention le 26 novembre 1991 sans encore, à l'image des États-Unis d'Amérique, la ratifier.

Sur la notion, V. BOI-DJC-TRUST.

Si la loi n° 2007-211 du 19 février 2007 régit aujourd'hui la fiducie (V. aussi *supra*, n° 1743), on ne saurait la confondre avec le *trust*. Indépendamment du régime juridique applicable, la fiducie ne peut servir de véhicule juridique destiné à permettre une mutation à titre gratuit. L'article 2013 du Code civil s'y oppose en énonçant que « le contrat de fiducie est nul s'il procède d'une intention libérale au profit du bénéficiaire. Cette nullité est d'ordre public ». On comprend alors mieux le recours au *trust* qui, s'il n'est pas réglementé en France, doit pourtant être saisi par les règles nationales.

À noter que l'article 792 bis du CGI prévoit que tout contrat de fiducie conclu dans une intention libérale en vue de transmettre des biens ou des droits donne lieu, lorsqu'une telle transmission est constatée, à l'application du taux maximum prévu en cas de mutation à titre gratuit en ligne collatérale ou entre non-parents, soit 60 %. L'intention libérale fait l'objet d'une définition spécifique en ce qu'elle est caractérisée, soit lorsque la transmission s'effectue sans contrepartie, soit lorsqu'un avantage en nature ou résultant d'une minoration du prix de cession est accordé à un tiers par le fiduciaire dans le cadre de la gestion du patrimoine fiduciaire.

Les règles de territorialité peuvent en effet, notamment lorsque le principe de mondialité s'applique, conduire à intégrer dans l'assiette de l'impôt des éléments du patrimoine – ou du moins présumés faire partie du patrimoine – situés dans un *trust* à l'étranger.

La Cour de cassation s'est prononcée pour la première fois sur le sujet en matière fiscale dans un arrêt du 15 mai 2007[179]. À la question de la qualification de la transmission de biens d'un *trust* à la suite du décès de son constituant au profit du bénéficiaire, la Haute juridiction judiciaire a répondu qu'il s'agissait d'une mutation à titre gratuit, sans autres précisions par opposition au précédent *Zieseniss*[180].

La Cour de cassation a ainsi eu à connaître en 1996 d'une espèce concernant une personne de nationalité américaine décédée en France en 1965 et qui avait constitué en 1953 un *trust* de droit américain révocable. La Chase Manhattan Bank avait été chargée, en tant que *trustee*, de gérer des actions à son profit de son vivant par la voie d'un reversement des revenus réalisés. Un versement en capital était prévu à son décès au profit d'un héritier. Sur le terrain purement civil des règles de dévolution successorale, la Haute juridiction judiciaire a considéré, de manière critiquable, que le *trust* étant régulier au regard du droit américain et que sa constitution ayant été dictée par une intention libérale, il s'agissait là d'une donation indirecte, et non d'un legs particulier comme l'avait reconnu la cour d'appel, effective au jour du décès du constituant[181].

(179) Cass. com., 15 mai 2007, n° 05-18.268, *Tardieu de Maleissye* : *RJF* 2007, n° 1170, chron. B. Hatoux.
(180) V. G. Blanluet et J.-P. Le Gall, *Le trust au pied du mur* : *Dr. fisc.* 2005, n° 29, étude 27.
(181) Cass. civ., 20 févr. 1996, n° 93-19.855, *Zieseniss* : *JCP G* 1996, II, 22.647, note M. Behar-Touchais.

La loi de finances rectificative pour 2011 conforte cette jurisprudence en complétant à cette fin les articles 750 ter (territorialité), 752 (présomption de propriété) et en créant un nouvel article 792-0 bis dans le Code général des impôts.

Conforme à la définition de la convention de La Haye précitée, le *trust* y est défini comme « l'ensemble des relations juridiques créées dans le droit d'un État autre que la France par une personne qui a la qualité de constituant, par acte entre vifs ou à cause de mort, en vue d'y placer des biens ou droits, sous le contrôle d'un administrateur, dans l'intérêt d'un ou de plusieurs bénéficiaires ou pour la réalisation d'un objectif déterminé ».

On notera cependant que le constituant est toujours une personne physique, y compris si le *trust* a été créé par une personne morale. L'article 792-0 bis, I-2 du CGI dispose en effet qu'« on entend par constituant du trust (...) lorsqu'il a été constitué par (...) une personne morale, la personne physique qui y a placé des biens et droits »[182].

Toute mutation à titre gratuit *via* un *trust* est alors imposable selon les règles communes. En ce sens, le *trust* est fiscalement transparent. Le législateur a cependant prévu une imposition particulière aux droits de mutation lorsque la qualification de succession – ce qui vaut aussi pour les donations – ne s'applique pas. Les biens, droits ou produits capitalisés dans un *trust* sont alors soumis aux droits de succession, soit lorsqu'ils sont transmis aux bénéficiaires au décès du constituant sans être intégrés dans la succession, soit lorsqu'ils demeurent dans le *trust* après le décès du constituant.

Sauf exception, si au décès, la part due au bénéficiaire est déterminée, les règles communes s'appliquent en fonction du lien de parenté existant entre le constituant et le bénéficiaire. Lorsque, à cette même date, une part déterminée est due globalement à des descendants du constituant – donc sans individualisation – il est fait application du taux le plus élevé applicable aux successions en ligne directe, soit 45 %. Le reste de l'actif transmis est soumis au taux maximum applicable aux mutations en ligne collatérale ou entre non-parents, soit 60 %.

L'exception concerne l'hypothèse d'un *trust* administré selon les règles d'un État ou territoire non coopératif au sens de l'article 238-0 A du CGI ou qui a été constitué par une personne fiscalement domiciliée à l'étranger selon l'article 4 B du même code. Le taux applicable est là encore celui de 60 %, ce qui n'a d'autre but, dans ce dernier cas, que de décourager le contournement de la législation française par la création, depuis la France, d'un *trust* à l'étranger.

1892. – Territorialité. Les règles de territorialité des droits de mutation à titre gratuit ont déjà été exposées (V. *supra*, n° 1849).

1893. – Successions exonérées. Plusieurs exonérations sont prévues en matière de droits de succession dont certaines sont communes aux droits de donation et d'autres leur sont spécifiques.

1) Les exonérations communes aux successions et donations sont essentiellement codifiées dans les articles 793 et suivants du Code général des impôts. La liste étant longue, on se contentera de quelques illustrations avec la plupart des transmissions au profit d'une personne publique[183] ou d'un organisme d'utilité publique[184] ou encore les immeubles classés ou inscrits sur l'inventaire supplémentaire des monuments historiques ou les biens meubles qui en constituent le complément historique ou artistique[185]...

(182) J.-P. Le Gall, *Le nouveau régime fiscal français des trusts : une copie à revoir : Dr. fisc.* 2011, n° 48, étude 604, § 19.
(183) CGI, art. 794.
(184) CGI, art. 795.
(185) CGI, art. 795 A.

2) Parmi les exonérations propres aux successions, certaines sont liées au bénéficiaire et d'autres au contenu de l'actif transmis.

Bénéficient ainsi d'une exonération générale le conjoint survivant et le partenaire signataire d'un pacte civil de solidarité[186] mais aussi, et sans prétendre, ni rechercher, l'exhaustivité, les successions des militaires morts au cours de la guerre ou dans les trois ans de leur retour dans leurs foyers des suites d'un conflit armé ou les personnes décédées du fait d'actes de terrorisme ou des sapeurs-pompiers décédés en mission et cités à l'ordre de la Nation[187].

Introduit par l'article 11 de la loi de finances pour 2014, et applicable qu'à raison d'une seule parcelle ou de deux parcelles contiguës en indivision par succession, un nouveau cas d'exonération propre aux droits de succession a été créé à compter du 30 décembre 2013, date de sa publication, à l'égard des immeubles non bâtis et des droits portant sur ces immeubles sous réserve de remplir quatre conditions[188] :

a) les immeubles considérés sont indivis au sein d'une parcelle cadastrale ;

b) la valeur totale des immeubles considérés est inférieure à 5 000 € lorsqu'ils sont constitués d'une seule parcelle et à 10 000 € lorsqu'ils sont constitués de deux parcelles contiguës ;

La rédaction de cette deuxième condition, issue d'un amendement parlementaire, soulève une question tenant à sa cohérence avec la première. Il est difficile en effet de concilier l'application du seuil de 10 000 € applicable lorsque les immeubles sont constitués de deux parcelles contiguës avec la restriction de l'application du texte au cas où les immeubles sont indivis au sein d'une parcelle cadastrale.

c) le droit de propriété du défunt n'a pas été constaté avant son décès par un acte régulièrement transcrit ou publié ;

d) les attestations notariées mentionnées au 3° de l'article 28 du décret n° 55-22 du 4 janvier 1955 portant réforme de la publicité foncière et relatives à ces biens sont publiées dans un délai de vingt-quatre mois à compter du décès.

Ce dernier cas d'exonération s'explique principalement par le cas particulier, au regard des droits de succession, de la Corse. L'île de Beauté a longtemps fait l'objet d'un régime particulier lié à son histoire rappelée par les rapporteurs généraux du budget lors de l'examen du projet de loi de finances pour 2014. Selon le rapporteur général du budget au Sénat, « sur le fondement des dispositions de l'article 92 de la Constitution de l'an VIII, la loi du 22 frimaire an IX a suspendu "l'empire de la Constitution", jusqu'à la paix maritime, dans les départements du Golo et du Liamone en lesquels la Corse était alors subdivisée. Un arrêté des consuls de la République du 17 nivôse an IX a prévu qu'un conseiller d'État serait nommé, par le Premier Consul, administrateur général des départements du Golo et du Liamone, qu'il serait autorisé à prendre, sous la forme d'arrêtés ou de proclamations, "toutes les mesures de gouvernement et d'administration" qu'il estimerait nécessaires et, qu'en particulier, il pourrait, en matière de "finances", imposer des contributions extraordinaires et "prononcer des dégrèvements ou remises sur celles qui existent, soit directes, soit indirectes". Par arrêté de Napoléon Bonaparte, Premier Consul, en date du même jour, le conseiller d'État Miot a été nommé administrateur général dans les départements du Golo et du Liamone »[189]. L'administrateur général Miot a alors pris un arrêté le 21 prairial an IX dont l'effet a été de substituer aux valeurs locatives le montant de la contribution foncière (V. *infra*, n° 1924). Ce régime a perduré jusqu'au 1er janvier 1949[190].

(186) CGI, art. 796-0 bis.
(187) CGI, art. 796.
(188) CGI, art. 797.
(189) *Rapp. Sénat* n° 156, t. 2, Fasc. 1, note 99, p. 88.
(190) *Rapp. AN* n° 1428, t. 2, vol. 1, p. 176 et s. – *Rapp. Sénat* n° 156, préc., p. 88.

Mais alors que le régime de droit commun devait s'appliquer, comme l'avait décidé le ministre des Finances le 24 avril 1951, les réactions ont été telles que ce dernier a finalement décidé de surseoir à cet alignement jusqu'à ce que la Parlement se prononce. Dans cette attente, un régime provisoire a été mis en place reposant sur le revenu cadastral servant de base à la contribution foncière perçue au profit des départements et des communes. Le provisoire ayant duré, la Cour de cassation s'est prononcée en 1992 contre ce dispositif au motif d'un défaut de base légale[191].

Afin de mettre un terme à cette situation, le Parlement a aligné la Corse sur la France continentale pour les successions comprenant des biens immobiliers[192], texte dont l'application a été reportée et qui a été largement neutralisé par la dernière loi de finances rectificative pour 2008. Alors que ce régime de faveur devait prendre fin le 31 décembre 2012, le Parlement a voté une prorogation supplémentaire pour cinq années dans la loi de finances pour 2013. Une prorogation de trop. Pour des motifs juridiques tenant à la rupture d'égalité devant la loi et les charges publiques, le Conseil constitutionnel a censuré cette prorogation[193]. Selon les juges constitutionnels, « le maintien du régime fiscal dérogatoire applicable aux successions sur des immeubles situés dans les départements de Corse conduit à ce que, sans motif légitime, la transmission de ces immeubles puisse être dispensée du paiement de droits de mutation »[194].

Le législateur est donc intervenu avec le vote de la loi de finances pour 2014, notamment pour exonérer de droits de succession certains immeubles non bâtis en vue de favoriser l'identification des propriétaires. Tirant les conséquences de la précédente censure, le dispositif n'a pas été limité à la Corse, ce qui a permis sa promulgation[195].

1894. – Déclaration. L'évaluation de la matière imposable relève des héritiers et légataires ou de leur mandataire. À cet effet, une déclaration détaillée doit être déposée par le successeur[196] ou une personne habilitée dans un certain délai (V. *supra*, n° 1840).

Sur la question du délai de déclaration, la Cour de cassation semble traiter de manière différente le légataire et l'héritier. Contrairement à l'héritier, le légataire dispose d'un droit au report du dépôt de la déclaration en cas de contestation de la succession[197].

L'obligation de déclarer la succession ne s'impose pas en ligne directe ou entre époux lorsque l'actif brut transmissible est inférieur à 50 000 € et en l'absence de donation du défunt non déclarée ou non enregistrée[198]. Le seuil de 50 000 € est fixé à 3 000 € dans les autres hypothèses.

1895. – Actif brut imposable. Évaluation. La matière imposable est évaluée à la date du fait générateur. Les modalités d'évaluation ont déjà été exposées dans les grandes lignes (V. *supra*, n° 1852). On se limitera, pour la présente édition, à signaler quelques spécificités.

1) Les *immeubles* sont évalués selon leur valeur vénale et bénéficient, par dérogation au principe de l'évaluation du bien libre de toute occupation[199], d'un abattement de 20 % lorsque l'immeuble était occupé à titre de résidence principale par le défunt et le demeure par son conjoint, son partenaire (PACS) ou ses enfants mineurs ou majeurs soit protégés soit infirmes et dans l'incapacité de travailler « dans des conditions normales de rentabilité »[200].

(191) Cass. com., 28 janv. 1992, n° 90-13.706, *Perrino* : *Dr. fisc.* 1992, n° 24-25, comm. 1219 ; *RJF* 4/1992, n° 569.
(192) L. fin. n° 98-1266, 30 déc. 1998 : *JO* 31 déc. 1998.
(193) Cons. const., 29 déc. 2012, n° 2012-662 DC.
(194) *Ibid.*, consid. 133.
(195) L. fin. n° 2013-1278, 29 déc. 2013, art. 11 : *JO* 30 déc. 2013.
(196) CGI, art. 800.
(197) Cass. com., 1er avr. 1997, n° 873 D, *Talfournier* : *RJF* 7/1997, n° 753. – Cass. com., 26 mars 2008, n° 07-11.703, *DGI c/ Couralet* : *RJF* 8/2008, n° 901.
(198) CGI, art. 796-0 et art. 800.
(199) CGI, art. 761.
(200) CGI, art. 764 bis.

Lorsque, dans les deux années qui ont précédé ou suivi le point de départ du délai de déclaration de la succession, les immeubles ont fait l'objet d'une adjudication, soit par autorité de justice, soit volontaire, avec admission des étrangers, les droits exigibles ne peuvent être calculés sur une somme inférieure au prix de l'adjudication, en y ajoutant toutes les charges en capital, à moins qu'il ne soit justifié que la consistance des immeubles a subi, dans l'intervalle, des transformations susceptibles d'en modifier la valeur[201].

La valeur des droits d'habitation et d'usage est de 60 % de la valeur de l'usufruit déterminée conformément au barème de l'article 669[202].

2) Sauf exceptions, les biens *meubles* sont évalués soit selon le prix fixé au cours d'une vente publique intervenue dans les deux années qui ont précédé, soit selon l'estimation contenue dans un inventaire réalisé dans les cinq années précédentes et, pour les meubles meublants, dans les conditions prescrites par l'article 789 du Code civil, soit selon une estimation des parties qui ne peut être inférieure à 5 % de l'actif brut successoral hors meubles meublants[203].

Un régime particulier est prévu pour les bijoux, pierreries et objets d'art ou de collection dès lors que leur valorisation ne peut être, sauf preuve contraire, inférieure à l'évaluation stipulée dans un contrat d'assurance contre le vol ou l'incendie conclu depuis moins de dix ans[204].

3) Les *titres sociaux côtés* sont évalués au choix entre le cours moyen de cotation au jour du décès et la moyenne des trente derniers cours qui l'ont précédé. Pour les *titres non cotés*, l'évaluation repose sur une évaluation des parties que l'administration peut contester (V. *supra*, n° 1852).

À noter qu'en cas de décès d'un dirigeant d'entreprise, il peut être tenu compte d'une dépréciation des titres ou actifs transmis en résultant[205].

4) Les *créances à terme* sont normalement évaluées au jour du décès pour leur montant nominal en ajoutant les intérêts échus et non encore payés ainsi que et les intérêts courus à la date du décès[206].

Il en va toutefois différemment lorsque le débiteur « se trouve en état de faillite, de procédure de sauvegarde, de redressement ou liquidation judiciaires ou de déconfiture » au jour du décès[207].

La différence de traitement ainsi instituée n'est pas contraire à la Constitution[208].

1896. – **Passif déductible.** Les dettes du défunt transmises aux successeurs sont déductibles de l'actif brut imposable dès lors qu'elles sont certaines et justifiées[209]. Un régime particulier s'applique toutefois aux emprunts souscrits pour l'acquisition de biens exonérés de la succession. Seule la fraction de la dette qui excède la valeur du bien concerné peut en effet être imputée sur l'actif brut[210].

Certaines dettes ne sont pas déductibles, à l'image des dettes reconnues par testament ou, sauf exceptions, celles consenties par le défunt au profit de ses héritiers[211].

(201) CGI, art. 761, al. 3.
(202) CGI, art. 762 bis.
(203) CGI, art. 764.
(204) *Ibid.*
(205) CGI, art. 764 A.
(206) CGI, art. 760.
(207) CGI, art. 760, al. 2.
(208) Cons. const., 15 janv. 2015, n° 2014-436 QPC : *RJF* 4/2015, n° 438.
(209) CGI, art. 768.
(210) CGI, art. 769.
(211) CGI, art. 773.

Les frais funéraires sont déductibles de l'actif successoral dans la limite de 1 500 €[212]. La déduction est portée à ce montant lorsque l'actif net est inférieur à ce seuil.

De même, sont encore déductibles dans la limite de leur valeur déclarée, et sous condition, les frais de reconstitution des titres de propriété d'immeubles ou de droits immobiliers pour lesquels le droit de propriété du défunt n'a pas été constaté avant son décès par un acte régulièrement transcrit ou publié, mis à la charge des héritiers par le notaire[213].

1897. – Abattements. Plusieurs abattements sont prévus en matière de droits de succession dont le montant varie en fonction du degré de parenté. Certains sont communs avec les droits de donation (V. *supra*, n° 1856). D'autres sont spécifiques aux droits de succession.

Ces dernières années, les abattements ont été fortement révisés à la hausse, notamment avec la loi n° 2007-1223 du 21 août 2007 en faveur du travail, de l'emploi et du pouvoir d'achat (TEPA), ce qui conduit de nos jours à ne plus soumettre à l'imposition 97 % des successions en ligne directe[214].

Parmi ces derniers, figure un abattement par part nette de tout héritier ou légataire d'un montant égal aux biens remis à une fondation ou association reconnue d'utilité publique, à l'État, aux collectivités territoriales ou aux établissements publics hospitaliers lorsque la donation intervient dans les six mois du décès[215]. Un abattement spécifique à l'assurance-vie d'un montant de 30 500 € existe également pour les primes versées après 70 ans[216].

On signalera enfin l'existence d'un abattement de 50 % applicable aux successions ouvertes entre le 1er janvier 2013 et le 31 décembre 2017 sur les immeubles et droits immobiliers situés en Corse[217].

Une extension du dispositif au 31 décembre 2022 votée par le Parlement dans la loi de finances pour 2014 a été jugée non conforme à la Constitution au motif de la violation du principe d'égalité devant la loi et devant les charges publiques[218]. Sur le cas particulier de la Corse en matière de droits de succession, V. *supra*, n° 1893).

À défaut d'application de tout autre abattement, commun aux droits de donation ou spécifique aux droits de succession, un abattement, pour 2016, de 1 594 € est appliqué[219].

2° Liquidation des droits de succession

1898. – Tarif. À l'exception des droits applicables entre parents jusqu'au quatrième degré inclus et ne relevant pas d'un barème progressif (55 %) ou entre parents au-delà du quatrième degré ou entre non-parents (60 %), les droits applicables à chacune des parts successorales sont progressifs. Deux barèmes

(212) CGI, art. 775.
(213) CGI, art. 775 sexies.
(214) F. Baroin : *JOAN* CR 11 mai 2011, n° 71, p. 4.
(215) CGI, art. 788, III.
(216) CGI, art. 757 B.
(217) CGI, art. 1135 bis.
(218) Cons. const., 29 déc. 2013, n° 2013-685 DC, consid. 140.
(219) CGI, art. 788, IV.

existent selon le degré de parenté entre le défunt et le successeur[220]. Pour l'imposition 2016[221] :

En ligne directe :

FRACTION DE PART NETTE TAXABLE	TARIF
Inférieure à 8 072 €	5 %
Comprise entre 8 072 € et 12 109 €	10 %
Comprise entre 12 109 € et 15 932 €	15 %
Comprise entre 15 932 € et 552 324 €	20 %
Comprise entre 552 324 € et 902 838 €	30 %
Comprise entre 902 838 € et 1 805 677 €	40 %
Supérieure à 1 805 677 €	45 %

Entre frères et sœurs vivants ou représentés :

FRACTION DE PART NETTE TAXABLE	TARIF
Inférieure à 24 430 €	35 %
Supérieure à 24 430 €	45 %

1899. – **Réductions.** Les réductions applicables en cas de succession sont communes aux droits de donation (V. *supra*, n° 1865).

3° Recouvrement des droits de succession

1900. – **Redevable.** Le redevable des droits de succession est le successeur, qu'il soit héritier ou légataire[222]. Il faut cependant signaler l'existence d'une solidarité pour les seuls cohéritiers[223] (V. *supra*, n° 1866).

Les cohéritiers bénéficiaires de l'exonération prévue par l'article 796 du CGI (militaires décédés durant une guerre, sapeurs-pompiers décédés en mission et cités à l'ordre de la Nation…) ne peuvent être actionnés en solidarité par le comptable public[224].

1901. – **Modes de paiement.** Le paiement s'opère selon les modalités communes aux droits de donation, à l'exception de la possibilité de différer ou de fractionner le paiement (V. *supra*, n° 1869) ou de payer par voie de dation en paiement (V. *supra*, n° 1173).

Les droits de succession peuvent être acquittés au moyen de valeurs du Trésor[225], de créances sur l'État au titre de l'indemnisation de rapatriés d'outre-mer[226].

B. – Les droits de donation

De manière classique, l'assiette des droits de donation (1°) sera abordée avant leur liquidation (2°) et leur recouvrement (3°).

(220) CGI, art. 777.
(221) CGI, art. 777.
(222) CGI, art. 1709.
(223) *Ibid.*
(224) CGI, art. 1710.
(225) CGI, art. 1715.
(226) CGI, art. 1716.

1° Assiette des droits de donation

1902. – Mutations imposables. Les transferts de propriété sont imposables lorsqu'il y a intention libérale du donateur et acceptation par le donataire.

L'acceptation par le donataire peut être tacite. Ainsi en est-il lorsqu'un bien donne lieu à la conclusion ultérieure d'une convention de bail avec perception de loyers[227] ou lorsque les donataires font apparaître les biens comme leur propriété dans une déclaration ISF[228].

Lorsque la donation est stipulée avec condition suspensive, seul le droit fixe de 125 € applicable aux actes innommés s'applique dans l'attente de la réalisation de la condition (V. *supra*, n° 1863).

Sur les présomptions de propriété en matière fiscale, V. *supra*, n° 1890 et sur les donations consenties *via* un *trust*, V. *supra*, n° 1891.

L'administration fiscale a la possibilité de contester la qualification apparente d'un acte lorsque l'intention des parties était libérale. C'est ainsi qu'une vente peut être requalifiée en donation en l'absence de contrepartie. La vente d'un immeuble est effectivement soumise à des droits d'un montant global de 5,09006 % alors que la transmission à titre gratuit du même bien à l'égard d'une personne qui n'est pas membre de la famille du propriétaire implique des droits de donation de 60 %. La simulation est sanctionnée par l'application d'une majoration de 80 ou de 40 % lorsqu'un abus de droit, au sens de l'article L. 64 du LPF, est caractérisé[229]. La lecture des rapports annuels du Comité de l'abus de droit est instructive quant aux montages jugés fiscalement irréguliers.

Les dons manuels sont imposables aux droits de mutation à titre gratuit en application de l'article 757 du Code général des impôts, soit lorsqu'ils sont déclarés par le donateur ou constatés par voie judiciaire, soit lorsqu'ils sont révélés par le donataire à l'administration fiscale auquel cas une déclaration ou un enregistrement est requis dans le délai d'un mois à compter de la révélation[230].

Il ressort de l'article 757 du CGI que le fait générateur de l'imposition d'un don manuel est soit :

1) sa déclaration par le donateur ;

2) sa constatation par voie judiciaire ;

Selon la Cour de cassation, « il suffit que la reconnaissance judiciaire prévue par l'article 757 du CGI figure ou dans les motifs ou dans le dispositif du jugement, qu'elle soit exempte de toute équivoque et qu'il y ait constatation certaine de la transmission de la propriété à titre de libéralité »[231]. Il n'est pas nécessaire que la reconnaissance judiciaire établisse un lien de droit entre le donateur et le donataire. Il suffit que le don manuel ait été déclaré ou reconnu par un juge dans une décision[232] ;

3) sa révélation par le donataire.

La présentation par le contribuable de ses relevés bancaires dans le cadre d'un examen contradictoire de sa situation fiscale personnelle et les explications qu'il présente à l'administration fiscale a été jugée comme valant révélation au sens de l'article 757 du CGI[233]. La question du maintien de cette jurisprudence est toutefois posée sous l'empire de l'article 635 A du CGI dans sa version antérieure à l'entrée en application de l'article 9 de la loi n° 2011-900 du 29 juillet 2011, et ce à la suite du revirement intervenu en matière de vérification de comptabilité dans le sens du rejet d'une telle qualification sans révélation volontaire de la part du contribuable[234] après la condamnation de la France

(227) Cass. com., 2 déc. 1997, n° 96-10.729, *Questembert : Bull. civ.* 1997, IV, n° 319 ; *Dr. fisc.* 1998, n° 13, comm. 257 ; *RJF* 4/1998, n° 480.
(228) Pour un cas de renonciation à un usufruit considéré comme une donation : Cass. com., 21 juin 2011, n° 10-20.461, *Marette : Dr. fisc.* 2011, n° 49, comm. 614.
(229) CGI, art. 1729, *b*.
(230) CGI, art. 635 A.
(231) Cass. com., 12 oct. 2010, n° 09-70.337, *Ettedgui : Dr. fisc.* 2011, n° 3, comm. 115 ; *RJF* 3/2011, n° 383.
(232) Cass. com., 21 févr. 2012, n° 10-27.914, *DSF du Gard c/ Sequera : RJF* 5/2012, n° 531.
(233) Cass. com., 4 oct. 2011, n° 10-23.230, *Tahiri : RJF* 1/2012, n° 72.
(234) Cass. com., 15 janv. 2013, n° 12-11.642, *DGFiP c/ Assoc. L'Arche de Marie : Dr. fisc.* 2013, n° 6, act. 76 ; *RJF* 4/2013, n° 438. – Cass. com., 16 avr. 2013, n° 12-17.414, *Pfohl : Dr. fisc.* 2013, n° 39, comm. 446 ; *RJF* 8-9/2013, n° 878.

par la Cour européenne des droits de l'homme[235]. Seule une révélation volontaire est prise en compte. Celle-ci peut résulter de l'envoi d'une lettre de l'avocat du donataire mentionnant cette information. Il n'est alors pas possible de se retrancher derrière l'absence de mandat exprès de représentation puisqu'un tel mandat n'est pas exigé en matière fiscale[236].

1903. – **Mutations exonérées.** Des exonérations sont prévues en matière de droits de donation dont certaines sont communes aux droits de succession (V. *supra*, n° 1893), à l'image des articles 794 à 795 A qui exonèrent totalement de droits les mutations à titre gratuit réalisées sous certaines conditions au profit de l'État, d'autres personnes publiques ou d'organismes d'intérêt général.

On notera particulièrement l'exonération fondée sur l'article 795-0 A du CGI en faveur des organismes agréés de même nature que ceux qui sont visés aux articles 794 et 795 du même code dont le siège est établi dans un État membre de l'Union européenne ou dans un État qui a conclu avec la France une convention d'assistance administrative en vue de lutter contre la fraude et l'évasion fiscales. En l'absence d'agrément, l'exonération n'est accordée que si le donataire ou légataire produit des pièces justificatives « attestant, d'une part, qu'il poursuit des objectifs et présente des caractéristiques similaires aux personnes morales ou aux organismes de même nature dont le siège est situé en France répondant aux conditions fixées aux articles 794 et 795 et, d'autre part, que les biens qu'il a ainsi reçus sont affectés à des activités similaires à celles mentionnées à ces mêmes articles ». L'extension du dispositif répond au risque, qui s'est concrétisé[237], d'incompatibilité du dispositif antérieur avec la liberté de circulation des capitaux.

Certaines exonérations sont cependant propres aux donations. Ainsi en est-il de l'article 757 C exonérant les dons de titres de sociétés au profit de certaines personnes telles que les universités et ouvrant droit à une réduction d'impôt de solidarité sur la fortune en application de l'article 885-0 V bis A du même code ou bien encore de l'article 796 bis qui, dans un contexte marqué par des attentats, exonère de droits les dons versés aux victimes du terrorisme ou à leur famille.

1904. – **Territorialité.** Les règles de territorialité des droits de mutation à titre gratuit ont déjà été exposées (V. *supra*, n° 1849).

1905. – **Actif imposable.** Les modalités d'évaluation de l'actif transmis à titre gratuit entre vifs sont, à quelques exceptions près, les mêmes que celles qui prévalent en matière de droits de succession et dont il a été fait été état dans l'étude générale des droits d'enregistrement (V. *supra*, n°s 1851 et s.).

L'abattement de 20 % accordé en application de l'article 764 bis sur la valeur vénale de la résidence principale ne s'applique pas en matière de droits de donation.

Les biens meubles corporels sont évalués comme en matière de droits de succession lorsqu'une vente publique a eu lieu dans les deux ans[238]. En revanche, l'évaluation selon le forfait de 5 % de l'actif brut ne s'applique pas (V. *supra*, n° 1894). En outre, les bijoux, les objets d'art et les pierreries ne peuvent être évalués à un montant inférieur à 60 % (contre 100 % en matière de successions) de la valeur stipulée dans un contrat d'assurance contre l'incendie ou le vol lorsqu'il est conclu depuis moins de dix ans[239].

(235) CEDH, 30 juin 2011, n° 8916/05, *Assoc. Les Témoins de Jéhovah c/ France : Dr. fisc.* 2011, n° 44, comm. 577, note F. Dieu. – V. également F. Deboissy et G. Wicker, *Arrêts Assoc. Les Témoins de Jéhovah c/ France : le désarmement fiscal de l'État français : Dr. fisc.* 2012, n° 51, comm. 570.
(236) Cass. com., 19 janv. 2010, n° 08-21.476, *Sibon : Dr. fisc.* 2010, n° 14, comm. 263 ; *RJF* 5/2010, n° 540.
(237) CJUE, 16 juill. 2015, aff. C-485/14, *Comm. c/ République française : RJF* 11/2015, n° 973.
(238) CGI, art. 776, I.
(239) CGI, art. 776, II.

Les valeurs mobilières négociables sont évaluées sur la base du cours moyen au jour de la transmission(240).

V. E. Bokdam-Tognetti, *Évaluation des titres de sociétés : (trouver) le juste prix, c'est le but ! : RJF* 1/2014, p. 3 et s.

La loi de finances rectificative pour 2011 a précisé que les dons manuels déclarés ou reconnus judiciairement doivent être évalués au jour de la déclaration ou de son enregistrement ou, si la valeur est supérieure, au jour de la donation(241).

1906. – Passif déductible. Depuis le 1er janvier 2005, les dettes contractées pour l'acquisition ou dans l'intérêt du bien transmis à titre gratuit entre vifs sont, sous certaines conditions, déductibles(242). Hors de ce cadre, aucune charge n'est déductible.

La déduction est permise lorsque, par exemple, l'emprunt a été souscrit hors du cadre familial pour des biens meubles ou immeubles affectés à l'exploitation d'une entreprise individuelle.

1907. – Abattements. À l'image des droits de succession, la base d'imposition de chaque donataire peut être diminuée à raison de l'application d'abattements. Certains sont communs aux droits de succession (V. *supra*, n° 1856) et d'autres spécifiques aux droits de donations. Parmi ces derniers, et pour l'imposition 2016 :

– un abattement dont le montant varie en fonction du degré de parenté entre donateur et donataire. C'est ainsi qu'un abattement de 31 865 € est appliqué lorsque la donation est consentie à un petit-enfant(243), montant réduit à 5 310 € pour un arrière-petit-enfant(244) mais porté à 80 724 € pour le conjoint ou le partenaire signataire d'un pacte civil de solidarité(245).

L'abattement ainsi accordé pour les partenaires signataires d'un pacte civil de solidarité est remis en cause lorsque le pacte est rompu durant l'année de sa conclusion ou durant l'année qui suit sans que cette rupture ait pour cause un mariage ou un décès(246).

Par ailleurs, et sous condition que le donateur soit âgé de moins de quatre-vingts ans lorsqu'il consent le don à un enfant ou à un neveu ou une nièce, au jour de la transmission et que le donataire soit majeur ou émancipé, la donation consentie à un descendant ou, à défaut de descendance, à un neveu ou une nièce ou à un petit-neveu ou une petite-nièce bénéficie d'un abattement de 31 865 €(247). Cet abattement est applicable tous les quinze ans.

– un abattement de 30 000 € appliqué aux donations familiales jusqu'aux arrière-petits-enfants ou, à défaut de descendance, aux neveux lorsque cette somme est affectée dans les deux ans à la création ou à la reprise d'une entreprise(248) ;

– un abattement de 300 000 € peut être accordé, sur option du donataire et sous conditions, en cas de donation en pleine propriété d'un fonds artisanal, d'un fonds de commerce, d'un fonds agricole ou de clientèle d'une entreprise individuelle ou de parts ou actions d'une société(249) ;

(240) CGI, art. 759.
(241) CGI, art. 757.
(242) CGI, art. 776 bis.
(243) CGI, art. 790 B.
(244) CGI, art. 790 D.
(245) CGI, art. 790 E et 790 F.
(246) CGI, art. 790 F.
(247) CGI, art. 790 G.
(248) CGI, art. 790 A bis.
(249) CGI, art. 790 A.

L'option pour l'application de l'abattement de 300 000 € est exclusive du bénéfice du régime des articles 787 B et 787 C du CGI.

– un abattement de 75 % sous conditions de la valeur de biens agricoles et de parts de groupements agricoles[250] ;

– un abattement de 2 700 € par année restant à courir jusqu'à la majorité du bénéficiaire en cas de versement en capital au profit d'un enfant suite à un divorce[251] ;

– un abattement de 35 000 à 100 000 € en cas de donation de la pleine propriété de terrains à bâtir consentie par acte authentique signé en 2015 lorsque l'acte de cession contient l'engagement du donataire de réaliser dans les quatre années des locaux neufs destinés à l'habitation[252]. Le même abattement s'applique à la donation en pleine propriété concerne un immeuble neuf pour lequel un permis de construire a été obtenu entre le 1er septembre 2014 et le 31 décembre 2016. La donation doit alors avoir été consentie par acte authentique dans les trois ans de la délivrance du permis[253].

2° Liquidation des droits de donation

1908. – Tarif. Le tarif applicable en matière de donation est identique à celui qui prévaut en matière de succession (V. *supra*, n° 1898).

Une différence existe tout de même en ce que les donations entre époux ou entre partenaires signataires d'un pacte civil de solidarité sont imposées, ce qui n'est pas le cas lorsqu'un décès survient.

Entre époux ou partenaires signataires d'un pacte civil de solidarité[254] :

FRACTION DE PART NETTE TAXABLE	TARIF
Inférieure à 8 072 €	5 %
Comprise entre 8 072 € et 15 932 €	10 %
Comprise entre 15 932 € et 31 865 €	15 %
Comprise entre 31 865 € et 552 324 €	20 %
Comprise entre 552 324 € et 902 838 €	30 %
Comprise entre 902 838 € et 1 805 677 €	40 %
Supérieure à 1 805 677 €	45 %

À noter cependant la soumission des dons et legs au profit d'un établissement public ou d'utilité publique aux mêmes droits que les successions entre frères et sœurs (V. *supra*, n° 1898)[255]. De même, la donation-partage consentie en application de l'article 1076-1 du Code civil est soumise au tarif applicable aux successions en ligne directe[256]. Le même tarif est applicable lorsque des donations sont consenties au profit d'enfants abandonnés par suite de guerre[257].

(250) CGI, art. 793.
(251) CGI, art. 757 A.
(252) CGI, art. 790 H.
(253) CGI, art. 790 I.
(254) CGI, art. 777.
(255) *Ibid.*
(256) CGI, art. 778 bis.
(257) CGI, art. 778.

1909. – Réductions. Largement modifié par la loi de finances rectificative pour 2011, le régime des réductions de droits de donation se limite depuis lors à celles qui concernent les transmissions en pleine propriété d'entreprises lorsque le donateur est âgé de moins de soixante-dix ans. Sont plus particulièrement visées les donations de parts ou actions d'une société ayant une activité industrielle, commerciale, artisanale, agricole ou libérale éligible à l'exonération partielle prévue par l'article 787 B du Code général des impôts et celles de la totalité ou d'une quote-part indivise de l'ensemble des biens meubles et immeubles, corporels ou incorporels affectés à l'exploitation d'une entreprise industrielle, commerciale, artisanale, agricole ou libérale éligible à l'exonération partielle prévue par l'article 787 C du même code (V. *supra*, n° 1856). La réduction est de 50 %[258].

3° Recouvrement des droits de donation

1910. – Redevable. Le redevable des droits de donation est normalement le donataire[259]. Rien n'exclut cependant que le donateur les prenne en charge, ce qui permet au donataire de bénéficier d'un montant plus important en ce qu'il n'a pas à prélever les droits de la somme ainsi transmise. Bien qu'elle constitue une libéralité, cette opération n'est pas imposée en tant que telle.

1911. – Modes de paiement. Le paiement s'opère selon les modalités communes aux droits de succession, à l'exception de la possibilité de paiement différé ou fractionné qui n'est pas reconnue (V. *supra*, n° 1869).

Un seul cas particulier existe avec la donation d'entreprise[260].

§ 3. – Les opérations relatives aux sociétés

Sans détailler l'ensemble des règles applicables, on se limitera à présenter les droits d'enregistrement exigibles lors de la création d'une société (A), au cours de son existence (B) ou lors de sa disparition (C).

A. – Création de la société

La création d'une société procède d'apports consentis par les membres fondateurs. Le régime juridique varie selon que l'apport se révèle pur et simple (1°), à titre onéreux (2°) ou mixte (3°).

1° Apport pur et simple

1912. – Exonération de principe. Un apport pur et simple est un apport consenti moyennant la seule remise de droits sociaux.

Depuis le 1er janvier 2000, ces apports sont normalement exonérés, y compris du droit fixe prévu aux articles 809, I bis et 810 du Code général des impôts[261].

(258) CGI, art. 790.
(259) CGI, art. 1705.
(260) CGI, ann. III, art. 397 A.
(261) CGI, art. 810 bis.

1913. – Exception. Font exception à l'exonération de principe les apports d'immeubles ou de droits immobiliers, de fonds de commerce, de clientèle, de droit à un bail ou promesse de bail faits par une personne non passible de l'impôt sur les sociétés au profit d'une société passible de l'impôt sur les sociétés[262].

De tels apports sont soumis au régime des mutations à titre onéreux. Le tarif applicable est fixé à 5 % lorsque l'apport concerne un immeuble ou un droit immobilier[263]. Il est de 3 % sur la fraction allant de 23 000 € à 200 000 € et de 5 % sur la fraction supérieure lorsqu'il s'agit d'un fonds de commerce ou de clientèle, un droit à un bail ou une promesse de bail (V. *supra*, n° 1879).

L'apporteur a cependant la possibilité de réduire son imposition en s'engageant à conserver ses titres durant trois années. Un tel engagement emporte alors l'application du seul droit fixe de 375 € ou 500 € selon que le capital social est inférieur ou supérieur à 225 000 €[264].

2° Apport à titre onéreux

1914. – Faux apport. L'apport à titre onéreux se caractérise par la remise d'un bien ou plusieurs biens moyennant contrepartie indépendante des résultats sociaux. Le soi-disant apporteur ne participe donc ni aux pertes ni aux bénéfices.

Le législateur en a tiré la conséquence en assimilant ces apports à de véritables ventes et en les soumettant au régime des mutations à titre onéreux. Les règles sont donc celles des mutations à titre onéreux, à l'exception du cas particulier des apports de biens immobiliers ou de droits immobiliers qui sont soumis à un taux particulier de 5 %.

Le taux de 5 % se décompose comme suit : taxe de publicité foncière (formalité fusionnée) ou droit d'enregistrement de 2,20 % au profit de l'État[265], droit additionnel de 1,60 % au profit des départements[266] et droit additionnel de 1,2 % perçu soit au profit des communes de plus de 5 000 habitants ou classées comme stations de tourisme[267], soit du fonds de péréquation départemental dans les autres cas[268].

3° Apport mixte

1915. – Dualité de régime. Un apport mixte est un apport, pour partie, pur et simple et, pour partie, à titre onéreux. Le régime applicable est fonction de sa qualification.

Un associé fait apport à une société de 300 000 € en numéraire avec une reprise de passif – une reprise de dettes – de 100 000 €. En réalité, l'apport est pur et simple à hauteur de 200 000 € et à titre onéreux à hauteur de 100 000 €.

Un libre choix est laissé aux parties quant à l'affectation des apports. Il est possible de stipuler dans la convention que tel bien apporté constitue un apport pur et simple ou, au contraire, constitue un apport à titre onéreux. Les contribuables sont

(262) CGI, art. 809, I-3°.
(263) CGI, art. 810, III.
(264) CGI, art. 810, III.
(265) CGI, art. 683 bis.
(266) CGI, art. 1584.
(267) *Ibid.*
(268) CGI, art. 1595 bis.

bien évidemment encouragés à inclure dans le contrat une telle clause de manière à réduire, voire à supprimer l'imposition. Il suffit de considérer comme biens apportés à titre onéreux l'ensemble des biens qui font l'objet d'une exonération. Tel est le cas de la plupart des meubles, des créances ou encore – en ce qu'elles relèvent du régime de la taxe sur la valeur ajoutée – des marchandises neuves. À défaut d'une telle précision, les services fiscaux procèdent selon la règle du prorata.

Un associé apporte à une société anonyme un immeuble évalué à 500 000 € et des marchandises neuves valorisées à 50 000 € en contrepartie de quoi la société anonyme reprend le passif de l'apporteur d'un montant de 40 000 €. L'apport est donc mixte avec un apport pur et simple de 510 000 € et un apport à titre onéreux de 40 000 €.

Sans précisions dans la convention d'apport, l'imputation est proportionnelle. L'apport à titre onéreux représente (40 000/550 000) × 100, soit 7,27 %. L'immeuble sera donc considéré comme un apport à titre onéreux à hauteur de 36 363,64 € (valeur × prorata calculé) et les marchandises neuves à hauteur de 3 636,36 €. Les marchandises neuves ne sont pas imposables puisque soumises à la taxe sur la valeur ajoutée. L'immeuble sera, quant à lui, soumis à une imposition à 5 % sur la fraction correspondante à l'apport à titre onéreux.

Au contraire, si l'acte de cession porte mention d'une imputation du passif sur les seules marchandises neuves, elles ne sont pas imposables étant soumises à la taxe sur la valeur ajoutée. L'immeuble est, quant à lui, réputé un apport pur et simple exonéré, si besoin est, au moyen d'un engagement de conservation des titres durant trois années.

1916. – Cas particulier de l'apport d'une entreprise individuelle. Lorsqu'une entreprise individuelle est apportée intégralement dans les conditions de l'article 151 octies, II du Code général des impôts, la prise en charge du passif grevant les immeubles ou droits immobiliers, le fonds de commerce, une clientèle, un droit à un bail ou une promesse de bail emporte application du tarif prévu à l'article 810, III, alinéa premier du même code sauf engagement pris de conserver les titres reçus en contrepartie durant au moins trois années. Dans une telle hypothèse, le droit de mutation est remplacé par le droit fixe de 375 € ou 500 € selon que le capital social de la société est, ou non, inférieur à 225 000 €.

B. – Opérations au cours de l'existence de la société

Une société évolue tout au long de son existence et peut être soumise, à ces occasions, aux droits d'enregistrement. Tel est le cas dans l'hypothèse d'une modification du capital social (1°) et dans celle du changement de son régime d'imposition (2°).

1° Modification du capital social

Le capital social d'une société peut varier à la hausse (*a*) ou à la baisse (*b*).

a) Augmentation de capital

1917. – Nouveaux apports. Les nouveaux apports suivent le régime de la constitution de la société (V. *supra*, n°s 1912 et s.). Il est cependant fait application du droit fixe de 375 € ou 500 € selon que le capital social évalué après apport est inférieur ou supérieur à 225 000 € en l'absence d'autres droits normalement exigibles[269].

(269) CGI, art. 810, I.

1918. – Incorporation de réserves ou de provisions. Aux termes de l'article 812 du Code général des impôts, l'augmentation de capital par incorporation de réserves ou de provisions de toute nature est enregistrée moyennant le droit fixe de 375 € ou 500 € selon que le capital social est inférieur ou supérieur à 225 000 €.

b) Réduction de capital

1919. – Unité de régime. Depuis le 1er janvier 2009, et sous réserve de la théorie de la mutation conditionnelle des apports, la réduction de capital donne lieu au droit fixe de 375 € ou 500 € selon que le capital social est ou non inférieur à 225 000 €(270). Ce droit fixe s'applique quelle que soit la modalité retenue pour la réduction de capital, à l'exception de celle qui s'opère avec rachat lorsqu'elle est mise en œuvre au moyen de deux actes. Dans une telle hypothèse, l'acte constatant l'annulation des titres est soumis au droit fixe (375 € ou 500 €) et celui constatant le rachat donne ouverture au droit d'enregistrement applicable aux cessions de droits sociaux (V. *supra*, nos 1884 et 1885).

Auparavant, l'administration considérait que les réductions de capital accompagnées d'un remboursement aux associés devaient s'analyser en un partage d'actif et emporter application du droit de partage de 1,1 %(271). La Cour de cassation a cependant contesté cette interprétation étant donné que le partage de l'actif social ne peut intervenir qu'après la liquidation de la société(272). Seul le droit fixe applicable aux actes innommés de 125 € était donc exigible. Le législateur est intervenu avec la loi de finances rectificative pour rendre exigible le droit fixe de 375 € ou 500 € selon le capital social(273).

En cas d'opérations de rachat par une société de ses propres titres suivie d'une réduction de capital constatée dans un seul acte dont le prix ne consiste pas en l'attribution de biens sociaux (par ex., attribution aux associés de rentes viagères ou d'obligations créées *ad hoc*), l'acte est soumis au droit proportionnel prévu par l'article 726 du CGI (V. *supra*, nos 1882 et s.).

2° Modification du régime d'imposition

1920. – De l'impôt sur le revenu à l'impôt sur les sociétés. Aux termes de l'article 809, II du Code général des impôts, le changement de régime d'imposition d'une personne morale dont les résultats sont soumis à l'impôt sur le revenu en faveur d'un assujettissement à l'impôt sur les sociétés rend exigibles les droits de mutation à titre onéreux sur les apports purs et simples – évalués à la date de la modification – faits par des personnes non soumises à cette imposition.

L'imposition ne concerne que les immeubles, droits immobiliers, fonds de commerce, clientèles, droit au bail ou promesse de bail. Les immeubles sont imposés au taux de 5 % et les fonds de commerce et assimilés au taux de 3 % pour la fraction allant de 23 000 € à 200 000 € et 5 % au-delà.

Un engagement de conservation des titres durant trois années emporte cependant substitution du droit fixe de 375 € ou 500 € selon que le capital social est ou non inférieur, après transformation, à 225 000 € au droit proportionnel(274).

Pour les besoins de ce dispositif, et dans les trois mois de la clôture du premier exercice au cours duquel elle est devenue passible de l'impôt sur les sociétés, la société est tenue de déclarer les immeubles, droits immobiliers, fonds de commerce,

(270) CGI, art. 814 C.
(271) CGI, art. 746.
(272) Cass. com., 23 sept. 2008, n° 07-12.493, *Dray* : *Dr. fisc.* 2008, n° 49, comm. 608, note G. Blanluet ; *RJF* 12/2008, n° 1396.
(273) CGI, art. 814 C.
(274) CGI, art. 810, III.

clientèles, droits à un bail ou promesses de bail d'immeubles reçus en apport pur et simple de personnes non soumises à l'impôt sur les sociétés[275].

Cette imposition est destinée à éviter le montage consistant, dans un premier temps, en la création d'une société dont les résultats sont soumis à l'impôt sur le revenu puis, dans un deuxième temps, à changer de régime d'imposition pour éviter l'imposition frappant les apports purs et simples.

1921. – **De l'impôt sur les sociétés à l'impôt sur le revenu.** Sauf création d'une nouvelle personne morale, le changement n'emporte l'exigibilité que du droit fixe applicable de 125 € aux actes innommés.

C. – Disparition de la société

1922. – **Dissolution de la société.** Lorsqu'elle ne comporte aucune transmission de biens entre les associés ou autres personnes, la dissolution implique d'acquitter le droit fixe de 375 € ou 500 € selon que le capital social au moment de la dissolution de l'entreprise est inférieur ou non à 225 000 €[276].

1923. – **Liquidation de la société.** La dissolution conduit en principe à la liquidation de la société[277]. Il s'agit là d'une opération préalable au partage de l'actif net. Pour les besoins de cette opération, la personnalité morale – lorsqu'elle existe – subsiste[278]. Des droits sont donc encore exigibles à raison des opérations emportant mutations des biens composant son actif. Une différence existe cependant dans le régime juridique applicable selon que le résultat de la société est soumis à l'impôt sur le revenu ou à l'impôt sur les sociétés.

1) Lorsque les résultats de la société sont imposés à l'impôt sur le revenu, une différence est faite selon la nature des biens. Les acquêts sociaux sont soumis au droit de partage au tarif de 2,5 % sur l'actif net partagé[279]. L'éventuelle soulte est, quant à elle, traitée telle une vente[280]. Lorsqu'il s'agit de corps certains ayant fait l'objet d'un apport pur et simple, sa restitution à son apporteur n'emporte aucune imposition en application de la théorie de la mutation conditionnelle des apports. Seule la taxe de publicité foncière de 0,71498 % doit être acquittée lorsqu'il s'agit d'un bien immeuble ou assimilé. Attribués à un tiers, les biens sont passibles des droits de mutation à titre onéreux correspondants en application de la théorie de la mutation conditionnelle des apports.

2) Lorsque la société est soumise à l'impôt sur les sociétés, le droit de partage de 2,5 % est exigible[281]. L'éventuelle soulte est, quant à elle, traitée telle une vente[282]. Un régime particulier s'applique toutefois aux biens qui, lors de leur apport pur et simple, ont été exonérés ou soumis au droit fixe. Sous réserve d'être attribués à une personne autre que l'apporteur, les droits de mutation à titre onéreux doivent alors être appliqués en lieu et place du droit de partage. À défaut, seule la taxe de publicité foncière est exigible au tarif de 0,71498 % pour des biens immeubles et assimilés[283].

(275) CGI, ann. II, art. 295 et s.
(276) CGI, art. 811, 2°.
(277) C. civ., art. 1844-8.
(278) C. civ., art. 1844-8, al. 3.
(279) CGI, art. 746.
(280) CGI, art. 747.
(281) CGI, art. 746.
(282) CGI, art. 747.
(283) CGI, art. 810, III.

Bibliographie spéciale concernant les droits d'enregistrement

- **Ouvrages et rapports publics.** E. Allix et M. Lecercle, *Traité théorique et pratique des droits d'enregistrement*, 1933. – P. Beltrame, *Les droits d'enregistrement*, LGDJ, 1993. – Championnière et Rigaud, *Traité des droits d'enregistrement, de timbre et d'hypothèques*, t. 1, 1839. – Conseil des impôts, *L'imposition du capital*, VIIIe rapport, Doc. fr., 1986. – Conseil des impôts, *L'imposition du patrimoine*, XVIe rapport, Doc. fr., 1998. – C. David, *Droit de l'enregistrement et taxe de publicité foncière*, Dalloz, 1984. – Esquirou de Parieu, *Traité des impôts*, t. 3, 2e éd., 1864. – V. Naquet, *Traité théorique et pratique des droits d'enregistrement*, 2e éd., 1899. – E. Pilon, *Principes et techniques des droits d'enregistrement*, Dalloz, 1929.
- **Articles.** P. Beltrame, *Les paradoxes des droits d'enregistrement : RF fin. publ.* 1993, n° 42, p. 7 et s. – F. Benac-Schmidt, *Essai sur la notion d'être moral. Réflexions sur son aspect fiscal : D.* 1992, chron. 37. – G. Blanluet, *La réduction du capital : hallali sur le droit de partage ? : RFN* 2006, n° 12, étude 18. – B. Hatoux, *L'évaluation des biens en matière d'enregistrement : RJF* 2/2002, p. 117 et s.

SOUS-TITRE 4

LES IMPÔTS DIRECTS LOCAUX

1924. – Un peu d'histoire. Aujourd'hui classées dans la catégorie des impôts directs locaux, les taxes foncières sur les propriétés bâties et non bâties, la taxe d'habitation et la contribution économique territoriale (composée de la cotisation foncière des entreprises et de la cotisation sur la valeur ajoutée des entreprises) correspondent aux anciennes contributions foncière, personnelle et mobilière et des patentes créées par l'Assemblée nationale constituante. Complétés par la contribution des portes et fenêtres, ces quatre prélèvements ont formé ce qu'il est convenu d'appeler « les quatre vieilles ».

Cette formule traduit leur origine révolutionnaire avec un décret de l'Assemblée nationale constituante en date des 23 novembre et 1er décembre 1790 pour la contribution foncière et le décret des 13 janvier et 18 février 1791 pour la contribution dite personnelle et mobilière en référence à sa structure. La contribution des patentes a, quant à elle, été créée par le décret des 2 et 17 mars 1791 en remplacement des droits de maîtrise et de jurande. Tout en proclamant la liberté du commerce et de l'industrie, le texte prévoyait, en contrepartie, une contribution aux charges publiques. Dernière des quatre vieilles, la contribution des portes et fenêtres fut créée par la loi du 4 frimaire an VII en tant qu'imposition provisoire.

Créées comme impôts d'État, elles étaient, à l'exception de la contribution des patentes, des impositions de répartition. Il a fallu attendre la loi du 8 août 1890 (art. 4) pour que la contribution, tout du moins sur les propriétés bâties, devienne un prélèvement de quotité. La contribution foncière sur les propriétés non bâties ne présentera cette caractéristique qu'avec la loi du 29 mars 1914 (1).

La distinction entre les propriétés bâties et les propriétés non bâties dans le régime de la contribution foncière date de la loi du 29 juillet 1881 portant fixation du budget général des dépenses et des recettes de l'exercice 1882 (art. 2) (2).

Si le système fiscal français a presque entièrement reposé sur ces impositions et sur les droits d'enregistrement au XIXe siècle, l'évolution de l'économie avec le développement de l'industrialisation a montré les limites d'un système principalement fondé sur les thèses physiocrates. Offrant peu de rendement – ce qui a conduit à développer les prélèvements indirects – et ne permettant pas une imposition du revenu effectivement réalisé, une réforme devenait nécessaire. Celle initiée par Joseph Caillaux avec l'impôt sur le revenu – après un premier impôt frappant les revenus des valeurs mobilières créé par la loi du 29 juin 1872 – aura finalement

(1) V. G. Jèze, *La réforme de l'impôt sur les terres en France (Loi du 29 mars 1914) : Rev. sc. législ. fin.* 1914, p. 181 et s.
(2) *JO* 2 août 1881.

raison de cet héritage révolutionnaire, tout du moins pour l'État. La loi du 31 juillet 1917 a effectivement supprimé, en tant qu'impôts d'État, les contributions personnelle et mobilière, des portes et fenêtres et des patentes tout en les maintenant pour abonder les ressources des collectivités territoriales au moyen de la technique dite des centimes additionnels. Temporaire, cette solution va perdurer à l'exception de la contribution des portes et fenêtres qui disparaît effectivement en 1926. C'est ainsi une véritable fiscalité locale qui a fait son apparition, tout du moins d'un point de vue politique. Les règles n'étaient en effet pas censées perdurer. Elles vont pourtant continuer de s'appliquer durant plusieurs décennies.

L'avènement de la Cinquième République va finalement conduire à poser les grandes orientations d'une fiscalité locale modernisée. Tel était l'objectif poursuivi par l'ordonnance n° 59-108 du 7 janvier 1959 dont la mise en application va résulter, en partie, de la loi n° 73-1229 du 31 décembre 1973. À cette occasion, les anciennes contributions foncière et mobilière sont supprimées au profit de la création des nouvelles taxes foncières sur les propriétés bâties et non bâties et de la taxe d'habitation. Il faudra encore attendre quelques mois avant de supprimer la contribution des patentes et de voir apparaître la taxe professionnelle avec la loi n° 75-678 du 29 juillet 1975, censée mettre fin à une imposition jugée antiéconomique et fort décriée.

Les critiques n'ont toutefois jamais vraiment cessé. L'assiette composée à titre principal de la valeur locative cadastrale, largement déconnectée de toute réalité pour le commun des contribuables attentif au contenu de son avis d'imposition de taxe d'habitation, la prise en compte des équipements et biens mobiliers et, ce faisant, des biens d'investissement de l'entreprise pour asseoir la taxe professionnelle ou, autrefois, une fraction des salaires, pénalisant ainsi l'emploi, a toujours mobilisé les détracteurs de la fiscalité locale. Fiscalité locale qui était pourtant ressortie renforcée par la compétence – certes limitée – reconnue aux organes délibérants locaux pour la fixation des taux par la loi n° 80-10 du 10 janvier 1980.

Des réformes ont bien été entreprises, à l'image de celle initiée, mais jamais activée, par la loi n° 90-669 du 30 juillet 1990 en vue d'imposer une révision générale des évaluations cadastrales, expression préférée à celle de valeur locative cadastrale. Aucune majorité n'a cependant souhaité prendre le risque – politique – de son application. Si la suppression de la part salaires de la taxe professionnelle, décidée en 1999 et pleinement effective en 2003, constitue une évolution importante, il aura fallu attendre 2009 et le vote de la loi de finances pour 2010 pour constater une modification substantielle du régime d'un des impôts directs locaux. Décriée pour ses effets antiéconomiques à raison de l'inclusion dans l'assiette imposable des équipements et biens mobiliers, la taxe professionnelle a vu son assiette fondre avec la volonté politique de les retirer de la base d'imposition. La taxe professionnelle en a perdu son nom et la contribution économique territoriale est née.

En réalité, plus qu'un prélèvement, la CET, pour reprendre son acronyme, est composée de deux impôts avec la cotisation foncière des entreprises et la cotisation sur la valeur ajoutée des entreprises. On pourra le constater, même si elle ne doit pas être minorée, cette réforme n'a rien d'une révolution. Tout au plus s'agit-il d'une évolution marquée par une diminution de l'assiette et le découplage de la cotisation minimum de taxe professionnelle de l'impôt au principal.

La volonté politique est cependant présente pour poursuivre ce mouvement. Après la taxe professionnelle, les autorités publiques ont décidé de s'attaquer au chantier de la valeur locative cadastrale. La méthode a cependant changé par rapport à la réforme avortée de 1990. Plutôt que de s'engager dans une réforme d'ensemble – comme en 1990 – le choix s'est porté sur une modification en plusieurs étapes en commençant par les locaux commerciaux et ceux affectés à une activité professionnelle non commerciale au sens de l'article 92 du Code général des impôts. C'est ainsi qu'une expérimentation a été lancée dans cinq départements avant d'être généralisée – toujours dans ce seul domaine auquel s'ajoutent avec la loi de finances rectificative pour 2013 les locaux affectés à un usage professionnel spécialement aménagés pour l'exercice d'une activité particulière[3] – en 2013 pour une entrée en application initialement programmée en 2015 avant d'être reportée en 2017 (V. *infra*, n° 1950). Sur le même modèle, avec une expérimentation réalisée en 2015, la seconde étape concerne les locaux à usage d'habitation et ceux servant à l'exercice d'une activité salariée à domicile. Celle-ci ne verra cependant pas le jour avant 2017. Les élections présidentielle et législatives décideront de leur sort.

1925. – **Décentralisation et fiscalité.** Si les collectivités territoriales de l'article 72 de la Constitution s'administrent librement par des conseils élus, ainsi que le prévoit son deuxième alinéa, aucune disposition constitutionnelle ne leur confère une autonomie fiscale au point de leur garantir une compétence en la matière. Le Conseil constitutionnel l'a d'ailleurs clairement affirmé en 1999 en indiquant « qu'il ne résulte ni de l'article 72-2 de la Constitution ni d'aucune autre disposition constitutionnelle que les collectivités territoriales bénéficient d'une autonomie fiscale »[4].

L'affirmation de l'absence d'autonomie fiscale par le Conseil constitutionnel repose uniquement sur les normes constitutionnelles. Elle n'exclut nullement la reconnaissance d'une autonomie fiscale des collectivités territoriales au regard d'autres normes, autonomie qui varie dans son étendue entre collectivités territoriales ou catégories de collectivités territoriales. Tout dépend de l'étendue du pouvoir fiscal de l'État que les organes délibérants des collectivités territoriales sont habilités juridiquement à exercer. De ce point de vue, l'autonomie renforcée, pour ne pas dire maximale, ne renvoie pas au concept de souveraineté. Elle se traduit par la possibilité de créer librement des prélèvements fiscaux dans les limites autorisées par la Constitution.

À s'en tenir aux collectivités relevant du droit commun, et bien qu'issu de la révision du 28 mars 2003, l'article 72-2 dispose seulement que ces dernières « peuvent recevoir tout ou partie du produit des impositions de toutes natures » avec la précision cependant que « la loi peut les autoriser à en fixer l'assiette et le taux dans les limites qu'elle détermine »[5]. Le législateur conserve donc une compétence pleine et entière dans son champ, non seulement pour créer une imposition mais aussi pour en définir le régime juridique[6], ce qui inclut le cadre d'habilitation des organes délibérants locaux à exercer une partie du pouvoir fiscal de l'État. Une telle compétence existe ainsi depuis la loi n° 80-10 du 10 janvier 1980. Deux années avant le vote des lois de décentralisation de 1982, les organes délibérants locaux se sont en effet vus reconnaître une compétence en matière de fixation des taux des impôts directs locaux.

(3) L. fin. rect. 2013, n° 2013-1279, art. 47.
(4) Cons. const., 29 déc. 2009, n° 2009-599 DC, consid. 64.
(5) Const., art. 72-2, al. 2.
(6) Const., art. 34.

La réforme de la taxe professionnelle marque cependant une inflexion en la matière. Alors que depuis plusieurs années, le constat pouvait être établi d'une suppression – compensée par l'État – de tout ou partie de certains prélèvements de nature fiscale affectés aux collectivités territoriales, cette réforme s'est traduite par une diminution substantielle du champ de compétence des organes délibérants locaux. On peut le mesurer avec la création, en tant qu'imposition, de la cotisation sur la valeur ajoutée des entreprises dont le taux est aujourd'hui déterminé par le législateur (V. *infra*, n° 2044). Si les organes délibérants locaux disposent certes encore d'une compétence en ce domaine en matière de cotisation foncière des entreprises (V. *infra*, n° 2026), le produit fiscal de ce dernier est de moitié celui assis sur la valeur ajoutée. Ce constat est conforté au vu du régime de la nouvelle taxe additionnelle à la taxe foncière sur les propriétés non bâties (V. *infra*, n° 1928) ou de l'imposition forfaitaire des entreprises de réseaux (V. *infra*, n° 1986) dont les taux sont également fixés par le législateur.

Les développements du présent titre vont être limités dans la présente édition aux principaux prélèvements relevant de la fiscalité directe locale métropolitaine que sont les taxes foncières et la taxe d'habitation (Chapitre 1) et les prélèvements regroupés sous l'intitulé de contribution économique territoriale (Chapitre 2).

CHAPITRE 1

TAXES FONCIÈRES ET TAXE D'HABITATION

1926. – **Impôts directs locaux.** Présenter la qualification d'impôt direct local ne signifie nullement, pour les taxes foncières et la taxe d'habitation, relever de la seule compétence des organes délibérants locaux. Bien au contraire. Même si toutes les collectivités ne sont pas placées sur un pied d'égalité, ces derniers ne disposent que d'une compétence limitée dans certains éléments de l'assiette (exonérations, abattements) et de la liquidation de l'imposition (fixation encadrée des taux, correctifs de l'imposition). Le recouvrement – ce qui vaut aussi pour l'établissement des prélèvements – relève quant à lui toujours de la compétence des seuls services de l'État moyennant le prélèvement de frais d'opérations, et ce à raison de 1 % des impositions mises en recouvrement au titre des frais d'assiette et de recouvrement et 2 % de la même base au titre des frais de dégrèvement et de non-valeurs que l'État prend à sa charge (V. *infra*, n° 1977).

Les taxes foncières (et add.) et d'habitation ont représenté en 2014 un prélèvement d'environ 50,9 Md€, soit 67 % environ des recettes fiscales perçues par les collectivités territoriales et établissements publics de coopération intercommunale[1].

Le texte de la loi de finances pour 2016 n'apportant pas la précision, impôt par impôt en ce domaine, il faut se reporter à d'autres documents, et notamment le rapport de l'observatoire des finances locales, pour constater que les cotisations de taxe d'habitation se sont élevées en 2014 à 20,55 Md€. La même année, le montant était de 29,30 Md€ en matière de taxe foncière sur les propriétés bâties et 1,01 Md€ en matière de taxe foncière sur les propriétés non bâties.

On observera que les aménagements successifs imposés par le législateur, par la voie de dégrèvements ou de compensations, conduisent l'État à être de nos jours le premier contributeur local pour ces impositions.

1927. – **Spécialisation.** Alors que la fiscalité directe locale française présentait, du point de vue de la répartition des compétences et de l'affectation des crédits, les traits d'un patchwork, une spécialisation des impôts directs locaux se dessine depuis quelques années[2].

L'évolution est remarquable en ce qui concerne la taxe d'habitation qui, depuis le 1er janvier 2011, est devenue une recette de la section de fonctionnement des seuls

(1) Observatoire des finances locales, *Les finances des collectivités locales en 2015*, p. 21.
(2) CGI, art. 1379, 1379-0 *bis* et 1586. – *Adde* CGCT, art. L. 2331-3, L. 3332-1, L. 3662-1 et L. 4331-2.

communes et établissements publics de coopération intercommunale à fiscalité propre[(3)]. L'article 11 de la loi n° 2000-656 portant loi de finances rectificative pour 2000 avait déjà supprimé la part régionale de cet impôt. La réforme de la taxe professionnelle, avec la loi n° 2009-1673 de finances pour 2010, a quant à elle supprimé la part « départementale » de la taxe d'habitation ou, pour être plus juste, a transféré la compétence du conseil général, devenu conseil départemental, à l'organe délibérant communal ou intercommunal à compter du 1er janvier 2011.

Le « bloc communal » bénéficie en effet du produit fiscal attaché au taux de la part « départementale » de la taxe d'habitation, lequel s'applique à l'assiette communale. De manière cependant à tenir compte des différences susceptibles d'exister entre les assiettes communale et départementale (application d'abattements par les conseils généraux devenus conseils départementaux), un dispositif correcteur a été voté dans la loi de finances pour 2011 afin de neutraliser les effets de la réforme lorsque les organes délibérants communaux et intercommunaux ne prennent pas de délibérations en vue d'intégrer les abattements départementaux[(4)].

Les taxes foncières ont fait l'objet d'une évolution similaire depuis le 1er janvier 2011. Si les régions ont perdu toute compétence en ce domaine – ainsi que les recettes afférentes –, tel n'est pas encore le cas des départements. Une différence existe entre la taxe foncière sur les propriétés non bâties – qui relève de la seule compétence du « bloc communal » – et la taxe foncière sur les propriétés bâties qui connaît encore une affectation des recettes partagée entre le bloc communal[(5)] et le département[(6)].

Afin de compenser la suppression des parts départementale et régionale de la taxe foncière sur les propriétés non bâties, un nouveau prélèvement a été créé dont le taux est défini par le législateur (V. *infra*, n° 1928).

1928. – Taxe additionnelle à la taxe foncière sur les propriétés non bâties. Créée par la loi n° 2009-1673 du 30 décembre 2009, et codifiée à l'article 1519 I du Code général des impôts, une taxe additionnelle à la taxe foncière sur les propriétés non bâties est recouvrée au profit du « bloc communal » depuis le 1er janvier 2011.

Même si le prélèvement est intitulé « taxe additionnelle », son régime n'est pas en tous points identique à celui de la taxe foncière sur les propriétés non bâties. Deux différences peuvent être relevées : – la première en lien avec le champ d'application puisque les propriétés classées dans les première à sixième catégories et dans les huitième et neuvième catégories selon l'instruction ministérielle du 31 décembre 1908 en sont exclues ; – la seconde en lien avec le tarif. Le prélèvement additionnel est en effet liquidé sur la base d'un taux égal au produit de la somme des taux départemental et régional appliqués en ce domaine en 2010 par un coefficient de 1,0485. Les organes délibérants locaux n'ont donc aucune compétence sur ce point.

1929. – Obsolescence du régime. Par touches successives, les impôts directs locaux que sont les taxes foncières et la taxe d'habitation font l'objet d'aménagements. Sans évoquer le concept de réforme fiscale – on en est encore loin – les modifications n'ont d'autres objectifs que de corriger un système devenu archaïque

(3) CGCT, art. L. 2331-3.
(4) CGI, art. 1411, II quater.
(5) CGI, art. 1379, I-1° et 1379-0 bis.
(6) CGI, art. 1586, I-1°.

dans l'évaluation de la matière imposable et illisible pour le commun des contribuables.

Archaïques, les taxes foncières et la taxe d'habitation le sont au vu de l'assiette retenue, à savoir la valeur locative cadastrale qui n'est autre qu'une évaluation administrative du revenu des biens soumis à l'imposition (V. *infra*, n° 1945). Il est tenu compte du loyer normal que le bien était censé produire au 1er janvier 1961 pour le foncier non bâti et au 1er janvier 1970 pour le foncier bâti, soit à des dates antérieures aux chocs pétroliers dont celui de 1973 et à l'accélération de la hausse des prix de vente et des loyers dans l'immobilier. La déconnexion entre la réalité économique et ces bases ne peut donc que s'accroître avec l'incompréhension des contribuables.

L'incompréhension est normale lorsqu'il est constaté que, pour le foncier bâti, la surface réelle d'une habitation est corrigée en rajoutant 4 m² lorsque les locaux disposent de l'eau courante, 2 m² lorsqu'une installation électrique existe, 3 m² en cas de raccordement au réseau d'égout, 3 m² pour chaque W.-C ou encore 2 m² par pièce équipée d'un chauffage central[7]. Ce qui a pu être considéré comme équipements de confort en 1970 relève aujourd'hui du minimum exigé pour qualifier un logement de décent. Le décret n° 2002-120 du 30 janvier 2002[8] relatif aux caractéristiques du logement décent dispose ainsi, en son article 3, que le logement doit comporter les éléments d'équipement et de confort suivants (installation permettant un chauffage normal [sauf dans les départements d'outre-mer], installation d'alimentation en eau potable, installation d'évacuation des eaux ménagères, installation sanitaire intérieure au logement comprenant un W.-C., présence d'un réseau électrique, présence d'une cuisine ou d'un coin-cuisine).

Le problème est évidemment identifié mais la volonté politique a longtemps fait défaut. Quand bien même une actualisation a-t-elle eu lieu en 1980, aucune révision générale n'a pu être menée à son terme jusqu'à présent, et ce alors même que la loi n° 74-645 du 18 juillet 1974[9] imposait une révision tous les six ans. Si le législateur est certes intervenu en 1990 avec la volonté de substituer la notion d'évaluation cadastrale à celle de valeur locative cadastrale en révisant les bases d'imposition, aucune suite n'y a été donnée (V. *infra*, n° 1954). Les autorités publiques se sont contentées de les réévaluer chaque année.

Face à l'échec entériné de la révision initiée par la loi n° 90-669 du 30 juillet 1990[10], le Gouvernement et le Parlement tentent aujourd'hui une nouvelle approche en procédant par étapes avec, en premier lieu, la réforme de la méthode d'évaluation des locaux commerciaux et des locaux affectés à une activité professionnelle non commerciale. L'objectif poursuivi est de caler les bases d'imposition sur l'état du marché (V. *infra*, n° 1949). Même si une expérimentation a eu lieu en 2011 dans cinq départements (Bas-Rhin, Haute-Vienne, Hérault, Paris, Pas-de-Calais), l'échec de cette réforme ne fait toutefois guère de doute. Il suffit pour s'en convaincre de constater les reports successifs de son entrée en vigueur. Initialement prévue en 2014, elle fut reportée en 2015[11] puis 2016[12] et est aujourd'hui programmée en 2017[13], soit une date éloignée pour le temps politique. Le coût politique n'y est évidemment

(7) CGI, ann. III, art. 324 T.
(8) *JO* 31 janv. 2002.
(9) *JO* 19 juill. 1974.
(10) *JO* 1er août 1990.
(11) L. fin. rect. n° 2012-958, 16 août 2012, art. 37.
(12) L. fin. rect. n° 2014-1655, 29 déc. 2014, art. 32.
(13) L. fin. rect. n° 2015-1786, 29 déc. 2015, art. 48.

pas étranger. Le coût financier pourrait toutefois changer la donne après l'échec de la validation législative des valeurs locatives (V. *infra*, n°s 1949 et 1947).

Un rapport sur l'expérimentation a été présenté par le Gouvernement au Parlement en janvier 2012 conformément à la volonté du législateur[14].

La seconde étape de la réforme concerne les locaux d'habitation et ceux qui servent à l'exercice d'une activité salariée à domicile. Annoncée dans le cadre du « Pacte de confiance et de responsabilité entre l'État et les collectivités locales » élaboré à la suite d'une réunion organisée le 16 juillet 2013 à l'Hôtel de Matignon sous la présidence de Jean-Marc Ayrault, ce projet a lui aussi fait l'objet d'une expérimentation lancée en 2015 dans cinq départements (Charente-Maritime, Nord, Orne, Paris et Val-de-Marne)[15]. L'objectif est le même que pour les locaux professionnels, autrement dit caler autant que possible l'imposition sur l'état du marché[16]. Le projet ne verra pas le jour avant les prochaines élections présidentielle et législatives. Son sort est évidemment lié à celui des locaux professionnels.

Un rapport sur l'expérimentation devait être remis au Parlement au plus tard le 30 septembre 2015[17]. Seule sa première partie est aujourd'hui accessible sur le site Internet localtis. info...

1930. – Plafonnement en fonction du revenu. Si les taxes foncières et la taxe d'habitation ont pour assiette la valeur locative cadastrale, leur régime juridique ne se désintéresse pas du revenu des membres du foyer fiscal qui occupent le logement à titre de résidence principale. Des exonérations et des dégrèvements sont, ou peuvent, être accordés sur cette base. Une évolution mérite cependant d'être signalée depuis 1990 en matière de taxe d'habitation : celle qui a conduit à la création d'un plafonnement en fonction du revenu.

Reconnaissant le caractère injuste de cet impôt et, déjà, le caractère obsolète des valeurs locatives, le Gouvernement et le Parlement ont souhaité, avec la loi n° 89-935 de finances pour 1990[18], atténuer la charge fiscale pesant fortement sur les contribuables assujettis. La taxe d'habitation est en effet un impôt particulier en ce qu'il pèse sur l'occupant du logement à raison d'une assiette qui tient compte du revenu – évalué administrativement – tel qu'il devrait être perçu par le propriétaire du bien. De ce point de vue, la taxe d'habitation repose sur un élément du train de vie du contribuable, à savoir son logement pour en déduire la base d'imposition. Par son assiette, la taxe d'habitation intègre donc la catégorie des impositions sur le revenu (V. *supra*, n° 1077). L'obsolescence déjà développée des bases bouleverse cependant l'économie du prélèvement fiscal et conduit à frapper certains contribuables indépendamment de toute prise en compte de la réalité non seulement de sa situation financière mais aussi du bien occupé. Aussi, a-t-il été décidé de créer un plafonnement de la taxe d'habitation en fonction du revenu fiscal de référence sous conditions de ressources[19]. La loi n° 2000-656 du 13 juillet 2000 de finances rectificative pour 2000[20] l'a généralisé[21] (V. *infra*, n° 1975).

(14) L. fin. rect. n° 2010-1658, 29 déc. 2010, art. 34. – DGFiP, rapp., janv. 2012 : *Dr. fisc.* 2012, n° 14, act. 179.
(15) L. fin. rect. n° 2013-1279, 29 déc. 2013, art. 74.
(16) *Ibid.*, art. 74, IV-A.
(17) *Ibid.*, art. 74, II-A.
(18) *JO* 30 déc. 1989.
(19) CGI, anc. art. 1414 C.
(20) *JO* 14 juill. 2000.
(21) CGI, art. 1414 A.

Si la création d'un plafonnement de certains impôts directs a pu différer l'interrogation quant à l'extension d'un tel dispositif aux taxes foncières, le constat de l'absence de sensibilité des impôts directs locaux aux capacités contributives[22], celui du caractère régressif de la fiscalité directe locale[23] et la volonté de supprimer le « bouclier fiscal », expliquent la volonté politique de créer un plafonnement de la taxe foncière sur les propriétés bâties afférente à la seule résidence principale en fonction du revenu fiscal de référence des membres du foyer fiscal[24]. Une différence existe cependant avec la taxe d'habitation en ce que l'écrêtement de l'imposition requiert une démarche du contribuable par voie de réclamation. Il n'est pas automatique (V. *infra*, n° 1983).

1931. – **Unité dans la diversité.** Parmi les impôts directs locaux figurent trois impositions dont le régime juridique est proche : les taxes foncières sur les propriétés bâties ou non bâties et la taxe d'habitation. Cette proximité résulte non seulement de leur appartenance – malgré leur intitulé – à la catégorie juridique des impôts (V. *supra*, n° 160) mais aussi de leur base d'imposition commune : la valeur locative cadastrale. Seront donc successivement examinés l'assiette (Section 1), la liquidation (Section 2) et le recouvrement (Section 3) de ces trois prélèvements.

SECTION 1

ASSIETTE DES TAXES FONCIÈRES ET DE LA TAXE D'HABITATION

L'assiette d'une imposition est sa base imposable. Son étude implique non seulement de définir la matière imposable (§ 1) mais aussi de l'évaluer (§ 2).

§ 1. – Identification de la matière imposable

1932. – **Date du fait générateur commune.** Si la valeur locative cadastrale est une notion commune aux trois impositions – au même titre que la date du fait générateur qui est le 1er janvier de l'année d'imposition[25] – chacune a un champ d'application et des exonérations qui lui sont propres. On pourra le constater en abordant séparément les taxes foncières (A) et la taxe d'habitation (B).

A. – Les taxes foncières

1933. – **Deux pour une vieille.** Autrefois dénommées contribution foncière depuis la loi des 23 novembre et 1er décembre 1790, les taxes foncières sur les propriétés bâties et non bâties ne faisaient qu'un. Si le principe d'une imposition séparée a résulté de l'intervention du législateur avec la loi du 29 juillet 1881, il a fallu

---

(22) Conseil des prélèvements obligatoires, *La fiscalité locale*, mai 2010, p. 399.
(23) *Ibid.*, p. 400.
(24) CGI, art. 1391 B ter. – L. fin. rect. 2011, art. 31, I : *Dr. fisc.* 2011, n° 30-34, comm. 450.
(25) CGI, art. 1415.

attendre plusieurs décennies pour que les contributions foncières sur les propriétés bâties et non bâties prennent, de manière trompeuse, le nom de taxe. Les deux prélèvements vont être successivement abordés.

Dépourvues de toute contrepartie, les taxes foncières et la taxe d'habitation constituent des impôts. Si la taxe d'habitation est payée par l'occupant d'un bien immobilier, le prélèvement fiscal acquitté ne confère aucun droit à l'occupation du local. Le droit d'occuper un logement naît d'un titre juridique (bail, titre de propriété) et non du paiement de l'impôt.

1° La taxe foncière sur les propriétés bâties

1934. – **Principe.** Selon le principe posé par l'article 1380 du Code général des impôts, les propriétés bâties, c'est-à-dire les constructions attachées à perpétuelle demeure au fonds, sises en France sont imposables à la taxe foncière. On se réfère pour cela à la possibilité ou non de déplacer l'ouvrage sans dommages. Une construction posée à même le sol sans y être fixée de manière définitive n'est donc pas imposable.

Si une attache au sol est exigée[26], elle peut ne pas suffire. C'est ainsi que bien que fixés au sol avec des éléments de maçonnerie, des kiosques n'ont pas été considérés comme imposables au motif qu'ils étaient déplaçables dans l'intérêt public[27]. L'attache au sol n'est donc pas suffisante si la construction a vocation à être déplacée à tout moment.

On notera qu'une piscine semi-enterrée, sans éléments de maçonnerie et démontable, a été récemment considérée par le Conseil d'État comme imposable. La solution est toutefois particulière en ce qu'elle repose sur l'absence de preuve rapportée par le contribuable de l'absence de fixation et de la possibilité de pouvoir la déplacer sans la démolir ou la détériorer. Le doute était permis en raison de sa surface (30 m^2), de sa profondeur (1,5 m) et, surtout, de la réalisation préalable de travaux de terrassement, lesquels ont sans doute été déterminants[28]. Il va de soi qu'une piscine à poser sur le sol sans éléments de fixation n'est pas imposable.

En outre, l'immeuble doit encore pouvoir être utilisé[29]. C'est ainsi qu'un immeuble en ruine[30] ou qui fait l'objet de travaux nécessitant une démolition partielle affectant son gros-œuvre[31] n'est plus imposable à la taxe foncière sur les propriétés bâties, et ce tant qu'il est, dans son ensemble, impropre à toute utilisation. Rien n'exclut cependant son imposition à la taxe foncière sur les propriétés non bâties.

Une précision est apportée dans l'article 1381 du Code général des impôts, qui dispose que sont également imposables les installations destinées à abriter des personnes ou des biens et les lieux de stockage ainsi que des ouvrages de maçonnerie présentant le caractère de véritables constructions tels que les cheminées d'usine ou les réfrigérants atmosphériques, les ouvrages d'art et voies de communication, les bateaux aménagés et immobilisés, les terrains non cultivés et employés à un usage commercial ou industriel à l'exception des terrains affectés à la pratique du golf...

1) Une précision doit être apportée concernant les ouvrages d'art et les voies de communication[32]. Selon l'interprétation administrative, sont concernées « les constructions destinées à assurer les communications sur terre, sous terre, par fer, par air et par eau (ponts, quais, viaducs, conduites forcées, voies

(26) CE, 25 juin 1880, n° 55.770, *Cie générale de l'omnibus* : *Rec. CE* 1880, p. 597.
(27) CE, 20 janv. 1865, n° 36.871, *Cie de publicité diurne et nocturne* : *Rec. CE* 1865, p. 627. – CE, 8 mars 2002, n° 225.434, *Sté Bueil Publicité* : *Dr. fisc.* 2002, n° 28, comm. 595, concl. G. Goulard ; *RJF* 6/2002, n° 656.
(28) CE, 13 avr. 2016, n° 376.959, *SCI Sweet Home* : *Dr. fisc.* 2016, n° 27, comm. 399.
(29) V. N. Labrune, *Qu'est-ce qu'une propriété bâtie ?* : *RJF* 5/2015, chron. p. 371.
(30) CE, 16 févr. 2015, n° 364.676, *SCI Royo* : *Dr. fisc.* 2015, n° 17, 277, étude J.-M. Vié ; *RJF* 5/2015, n° 410, chron. N. Labrune, p. 371.
(31) CE, 16 févr. 2015, n° 369.862, *SCI La haie de Roses* : *Dr. fisc.* 2015, n° 17, 277, étude J.-M. Vié ; *RJF* 5/2015, n° 410, p. 371, chron. N. Labrune.
(32) CGI, art. 1381, 2°.

ferrées, routes, pistes cimentées, etc.) ainsi que les chutes d'eau aménagées avec leurs ouvrages de génie civil »[33]. La référence aux routes appelle évidemment un complément vu l'article 1394, 1° du même code qui exonère, cette fois-ci de la taxe foncière sur les propriétés non bâties, « les routes nationales, les chemins départementaux, les voies communales, y compris les places publiques servant aux foires et marchés, ainsi que les chemins des associations foncières d'aménagement foncier agricole et forestier ».

Ainsi que l'a parfaitement démontré Philippe Bissara dans ses conclusions sous la décision *Cofiroute*[34], l'article 1381, 2° du CGI ne correspond pas à la volonté du législateur telle qu'elle ressort du texte voté en 1970[35]. Selon l'article 15 du texte, « I. Les outillages et autres installations et moyens matériels d'exploitation sont exonérés de la taxe foncière sur les propriétés bâties instituée par l'ordonnance n° 59-108 du 7 janvier 1959 à l'exclusion :/D'une part, des installations destinées à abriter des personnes ou des biens, ou à stocker des produits ;/D'autre part, des ouvrages d'art et des voies de communication (...) ». En isolant les limites au principe d'imposition des outillages, installations et moyens matériels d'exploitation[36], le codificateur a donc trahi la volonté du législateur qui n'a jamais été d'exonérer – d'une manière générale – les ouvrages d'art et les voies de communication. Seuls les ouvrages d'art et voies de communication utilisés, selon l'exposé des motifs, pour une activité industrielle sont concernés.

En outre, l'exonération prévue par l'article 1394, 1° du CGI ne concernait pas à l'origine les seules propriétés non bâties puisqu'il s'agit là d'une reprise d'une exonération plus ancienne : celle posée par l'article 103 de la loi du 3 frimaire an VII aux termes duquel : « Les rues, places publiques, carrefours, fontaines publiques, les lieux publics servant aux foires et aux marchés, les ponts où il n'est perçu aucun péage, les grandes routes, les chemins vicinaux, les promenades publiques, boulevards, les rivières, ruisseaux, lacs, les rochers nus et arides, ne sont point imposables ». L'ordonnance n° 59-108 du 7 janvier 1959[37] a rendu applicables en matière de taxe foncière sur les propriétés bâties (art. 3, al. 2) et non bâties (art. 5, al. 2) les exonérations qui existaient en matière de contribution foncière. Or, l'article 1394 du CGI n'a pas repris la notion de « grandes routes ». Telle est pourtant la notion, et son texte source, que le Conseil d'État a cités dans sa décision *Cofiroute* précitée. Or, suivant les conclusions du commissaire du gouvernement Bissara, le Conseil d'État a considéré que les autoroutes constituent des propriétés bâties par nature « en raison de l'importance des travaux qu'exige leur construction, notamment en ce qui concerne leurs infrastructures ». Elles sont donc imposables à la taxe foncière sur les propriétés bâties, ce qui ne signifie pas qu'elles seront imposées puisqu'elles bénéficient de l'exonération – générale – prévue par l'article 103 de la loi du 3 frimaire an VII[38].

2) Pour être imposables, les ouvrages de maçonnerie doivent présenter le caractère de véritables constructions. Pour ce faire, ils doivent être d'une certaine importance, à l'image de socles en béton supportant les mâts des éoliennes et considérés comme tels aux motifs qu'ils étaient « de grande dimension et dont la réalisation avait nécessité des moyens matériels et financiers importants »[39].

Bien que démontables, les installations destinées à abriter les personnes, les biens ou à stocker des produits, peuvent être imposables en raison de leur importance et de leurs caractéristiques techniques. Tel a été le cas :

– des serres agricoles composées « d'une bâche de protection et d'arceaux fixés au sol soit par des plots en béton réguliers et de taille importante, soit par des vrilles et des plaques métalliques enterrées profondément » au motif que les serres constituaient « des édifications importantes, solidement arrimées au sol et qui ne sont pas destinées à être déplacées ». Partant, même si elles sont exonérées, elles entrent dans le champ d'application de l'imposition[40] ;

– des structures accolées formant un local unique de stockage à usage commercial constitué de charpentes en profilé aluminium sur lesquelles étaient tendues des bâches préformées, d'un bardage

(33) BOI-IF-TFB-10-10-20, § 110.
(34) CE, 18 juin 1984, nos 42.502, 42.503, 42.506, 42.510 et 42.511, *Cofiroute : Dr. fisc.* 1984, n° 45-46, comm. 2000.
(35) L. fin. rect. n° 70-1283, 31 déc. 1970, art. 15 : *Dr. fisc.* 1971, n° 1-2, comm. 2.
(36) Sur la notion, V. CE, 25 sept. 2013, n° 357.029, *SAS Les menuiseries du Centre : Dr. fisc.* 2013, n° 43-44, comm. 495, concl. N. Escaut ; *RJF* 12/2013, n° 1155.
(37) *JO* 9 janv. 1959.
(38) CE, 18 juin 1984, nos 42.502, 42.503, 42.506, 42.510 et 42.511, *Cofiroute*, préc.
(39) CE, 31 déc. 2008, n° 307.966, *SA La Compagnie du Vent : Dr. fisc.* 2009, n° 16, comm. 282 ; *RJF* 4/2009, n° 357.
(40) CE, 17 oct. 2007, n° 291.188, *Min. c/ Sté Agri Abri : Dr. fisc.* 2007, n° 48, comm. 1003 ; *BDCF* 1/2008, n° 11, concl. P. Collin.

extérieur en métal et de poteaux intérieurs et extérieurs raccordés à un pied métallique et ancrés au sol par des piquets métalliques vrillés de longueur importante. La construction a été considérée, malgré son caractère démontable, comme une propriété bâtie « compte tenu de son importance, de son usage et de ses caractéristiques techniques »[41].

1935. – **Exonérations réelles.** Le Code général des impôts prévoit plusieurs exonérations liées à l'immeuble imposable – ce qui n'est pas exclusif de la prise en compte de leur propriétaire – dont certaines sont permanentes et totales (1) tandis que d'autres sont temporaires (2).

1) Certaines propriétés publiques font l'objet d'une exonération permanente et totale[42]. Sont ainsi exonérées les propriétés de l'État, des régions, des départements et des communes et de leurs groupements mais aussi des établissements scientifiques, d'enseignement et d'assistance, du Centre national de la fonction publique territoriale ou des grands ports maritimes (pour les propriétés transférées par l'État en application de l'article L. 5312-16 du Code des transports)[43] dès lors qu'elles ne sont pas productives de revenus et qu'elles sont affectées à un service public ou d'utilité générale[44].

• La condition de revenus s'apprécie au niveau de la personne publique propriétaire du bien[45] sans que la réalisation d'un bénéfice soit requise. Une rémunération annuelle symbolique suffit à la juger non présente[46].

• La condition de l'affectation à un service public ou d'utilité générale s'apprécie indépendamment de la dénomination du contrat de mise à disposition de l'immeuble[47]. La condition est réputée satisfaite lorsqu'un logement est concédé à titre gratuit à un agent par nécessité absolue de service dans les cas prévus par la loi et par les textes pris pour son application. En l'absence de réglementation applicable prévoyant une telle procédure d'affectation par nécessité absolue de service, la condition d'affectation au service public est satisfaite lorsque les logements ont été octroyés à des agents en raison de la nécessité impérieuse, eu égard au service qu'ils accomplissent, de les loger soit sur place, soit à une distance des locaux de service qui permette le plein exercice des fonctions à raison desquelles, dans l'intérêt du service public, un tel logement leur a été concédé[48].

Alors que jusqu'au 31 décembre 2010, toutes les collectivités territoriales étaient placées sur un pied d'égalité pour le bénéfice de l'exonération prévue par l'article 1382, 1°, et ce grâce à l'article 1599 ter A qui la rendait applicable aux régions, le législateur y a mis fin avec l'article 108, XVIII-C-1 de la loi de finances pour 2011. Cette abrogation s'ajoute à celle d'autres articles à raison du caractère obsolète des dispositions, l'explication venant de la suppression de la part régionale de la taxe foncière. On ne pouvait qu'être très surpris de cette abrogation, du moins pour le motif de l'obsolescence de la disposition, étant donné l'absence de lien entre l'affectation du produit de l'impôt ou de compétence pour la fixation du taux et l'exonération dont bénéficiaient les immeubles d'une région. Le législateur paraît bien avoir identifié cette anomalie puisque les parlementaires ont voté dans la loi de finances rectificative pour 2011 le rajout, dans l'article 1382, 1°, des immeubles régionaux au titre des biens exonérés.

(41) CE, 23 oct. 2010, n° 326.047 et n° 326.048, *SARL Pérou Plateforme* : *Dr. fisc.* 2011, n° 16, comm. 313, concl. L. Olléon, note S. Rougé ; *RJF* 3/2011, n° 320.
(42) CGI, art. 1382, 1°.
(43) CGI, art. 1382, 2°.
(44) CGI, art. 1382, 1°.
(45) CE, 10 janv. 2005, n° 263.506, *Min. c/ Région Île-de-France* : *Dr. fisc.* 2005, n° 22, comm. 445, concl. L. Olléon ; *RJF* 4/2005, n° 342. – CE, 26 sept. 2012, n° 346.145, *Cne du Grau-du-Roi* : *RJF* 12/2012, n° 1133.
(46) pour un versement annuel de 4,57 € : CE, 24 nov. 2010, n° 323.982 et n° 323.983, *Assoc. Lehugeur-Lelièvre* : *Dr. fisc.* 2011, n° 4, comm. 130, concl. L. Olléon ; *RJF* 2/2011, n° 177. – CE, 26 sept. 2012, n° 346.145, *Cne du Grau-du-Roi* : *RJF* 12/2012, n° 1133.
(47) CE, 4 mars 2009, n° 298.981, *Synd. mixte du Pôle européen de plasturgie* : *Dr. fisc.* 2009, n° 25, comm. 385, note J.-C. Chocque.
(48) CE, 19 juin 2006, n°s 270.642, 270.643 et 370.323, *Région Île-de-France* : *RJF* 2006, n° 1208. – CE, 7 mai 2012, n° 342.240, *Assistance publique des hôpitaux de Marseille* : *Dr. fisc.* 2012, n° 29, comm. 382 ; *RJF* 7/2012, n° 708.

Les propriétés des organismes de l'État et des collectivités territoriales à caractère industriel ou commercial ne bénéficient cependant pas de l'exonération[(49)].

L'exonération peut n'être par ailleurs que partielle. En effet, et à l'exception de l'État et des régions, une collectivité territoriale propriétaire demeure imposable au titre de la part qui revient à une collectivité de même nature lorsque le bien n'est pas situé sur son territoire. C'est ainsi qu'une commune sera toujours exonérée de la part départementale ou qu'un département sera toujours exonéré de la part communale. En revanche, la fraction visant sa catégorie n'est exonérée que si l'immeuble est situé sur son territoire[(50)].

Enfin, et sauf exceptions, l'exonération ne concerne pas les immeubles incorporés gratuitement dans leur domaine par convention, tout du moins jusqu'à l'expiration de cette dernière[(51)]. Les exceptions concernent les immeubles construits dans le cadre d'une convention de partenariat public-privé, ceux construits en application de l'article L. 2122-15 du Code général de la propriété des personnes publiques, c'est-à-dire des conventions de bail conclues entre l'État et le titulaire d'une autorisation d'occupation du domaine public pour des bâtiments à construire par le titulaire ou encore ceux édifiés dans le cadre de l'article L. 6184-5 du Code de la santé publique, répondant aux besoins d'un établissement public de santé ou d'une structure de coopération sanitaire dotée de la personnalité morale publique.

2) Bénéficient encore, et de plein droit, d'une exonération permanente plusieurs ouvrages et édifices tels que les ouvrages des communes ou de leurs groupements construits pour la distribution de l'eau potable, les édifices affectés à l'exercice du culte appartenant à l'État, à une collectivité territoriale, à une association cultuelle ou à une association relevant du régime spécial applicable dans les départements du Bas-Rhin, du Haut-Rhin et de la Moselle ou les immobilisations destinées à la production d'électricité d'origine photovoltaïque.

Certaines exonérations sont soumises au vote de l'organe délibérant pour la part d'imposition qui lui revient. Ainsi en est-il des bâtiments affectés à l'activité de déshydratation de fourrages, à l'exception de ceux qui abritent des presses et des séchoirs[(52)], affectés à l'activité hospitalière[(53)] ou encore, dans les conditions prévues à l'article 1382, 1° bis des bâtiments faisant l'objet d'un contrat conclu par un établissement public d'enseignement supérieur qui confère des droits réels à des tiers sur les locaux ou les biens mis à leur disposition par l'État[(54)] mais aussi, à compter de l'imposition 2017 et sous conditions, les locaux appartenant à une collectivité territoriale ou un EPCI occupés à titre onéreux par une maison de santé[(55)].

Le cas des grands ports maritimes appelle une précision. Leur exonération est en effet prévue par le législateur, y compris lorsque les conditions posées par l'article 1382, 1° ne sont pas remplies[(56)]. Par opposition aux cas précédents, l'organe délibérant local compétent peut toutefois la remettre en cause, en tout ou partie[(57)]. En réalité, lorsqu'il décide de la remettre en cause pour partie, le dispositif s'analyse moins en une exonération qu'en un abattement applicable à la base.

---

(49) CGI, art. 1382, 1°.
(50) CGI, art. 1382, 1°.
(51) CGI, art. 1382, 1° bis.
(52) CGI, art. 1382 B.
(53) CGI, art. 1382 C.
(54) CGI, art. 1382 D.
(55) CGI, art. 1382 C bis. À l'image de l'article 1586 B du CGI, l'organe délibérant peut décider de limiter l'exonération dans le temps ou bien l'accorder de manière permanente.
(56) CGI, art. 1382 E, I.
(57) CGI, art. 1382 E, II.

3) Certaines exonérations temporaires sont également prévues par les articles 1383 et suivants du Code général des impôts[58]. Toutes ne seront cependant pas évoquées tant leur nombre est important. Citons seulement l'exonération prévue, sauf exceptions, durant deux années de toute construction nouvelle, reconstruction ou addition de construction[59], l'exonération normalement accordée pour une durée de cinq années dans les zones franches urbaines-territoires entrepreneurs[60] ou encore, et à compter de l'imposition 2015, l'exonération pour vingt années des logements neufs affectés à l'habitation principale qui ont bénéficié de l'application du taux de TVA intermédiaire[61] ou pour sept années les installations et bâtiments de toute nature achevés à compter 1er janvier 2015 affectés à la production de biogaz, d'électricité et de chaleur par la méthanisation[62]...

Par délibération du conseil départemental (ou de la métropole de Lyon), en ce qui le concerne, il est enfin possible d'exonérer totalement ou partiellement les logements faisant l'objet d'un bail à réhabilitation pendant une durée déterminée[63].

Les durées prévues d'exonération peuvent être prorogées par délibération de l'organe délibérant local. Ainsi en est-il de l'exonération prévue pour quinze années au profit des habitations à loyer modéré neuves et des habitations neuves financées au moyen de prêts aidés par l'État qui peut être prorogée par le conseil départemental (ou de la métropole de Lyon) pour la fraction affectée au département[64].

1936. – Exonérations personnelles. Certaines personnes bénéficient d'exonérations de la taxe foncière sur les propriétés bâties indépendamment de l'immeuble. Tel est le cas des ouvrages des associations de mutilés de guerre[65] ou, pour leur seule résidence principale, des personnes titulaires de l'allocation de solidarité aux personnes âgées ou de l'allocation supplémentaire d'invalidité[66].

L'exonération est étendue aux titulaires de l'allocation aux adultes handicapés dont les revenus de l'année précédente n'excèdent pas la limite prévue à l'article 1417, I du CGI[67].

Le seuil de l'article 1417, I du CGI varie selon la composition du foyer fiscal. Il est tenu compte, moyennant corrections[68], du montant des revenus de l'année précédente, lesquels ne doivent pas excéder 10 697 € pour la première part de quotient familial majorée de 2 856 € pour chaque demi-part supplémentaire. Ces montants sont portés à 12 658 €, 3 024 € pour la première demi-part et 2 856 € pour les suivantes à la Martinique, à La Réunion et à la Guadeloupe. Ils sont enfin respectivement fixés à 13 235 €, 3 643 € et 2 856 € en Guyane et à Mayotte.

Tel est également le cas, et pour leur seule résidence principale, des personnes âgées de plus de soixante-quinze ans au 1er janvier de l'année d'imposition et disposant de revenus inférieurs au seuil, ci-dessus développé, défini dans l'article 1417, I du Code général des impôts[69].

(58) S'y rajoute l'article 1382 C bis pour certains locaux occupés à titre onéreux par une maison de santé (V. *supra*, n° 1935, 2). L'organe délibérant peut décider, ou non, de limiter dans le temps l'exonération.
(59) CGI, art. 1383, I.
(60) CGI, art. 1383 B à 1383 C bis.
(61) CGI, art. 1384-0 A.
(62) CGI, art. 1387 A bis.
(63) CGI, art. 1586 B.
(64) CGI, art. 1586 A.
(65) CGI, art. 1382, 5°.
(66) CGI, art. 1390, I. – Ceux qui perdent le bénéfice de l'exonération la conservent malgré tout durant les deux années qui suivent (CGI, art. 1390, II).
(67) BOI-IF-TFB-10-50-40, § 40.
(68) CGI, art. 1417, IV.
(69) CGI, art. 1391, I.

Les contribuables qui perdent le bénéfice de cette exonération la conservent les deux années qui suivent[70].

L'exonération est encore accordée sous conditions aux personnes hébergées dans une maison de retraite qui conservent la jouissance exclusive de leur ancienne résidence principale[71].

L'exonération est accordée si le contribuable répond aux conditions fixées dans l'article 1390, dans l'article 1391 ou est à même de bénéficier du dégrèvement de 100 € prévu par l'article 1391 B (V. *infra*, n° 1973).

2° La taxe foncière sur les propriétés non bâties

1937. – **Principe.** La taxe foncière sur les propriétés non bâties frappe toutes les propriétés non bâties sises en France qui ne sont pas exonérées[72].

Par détermination de la loi, sont aussi concernés les terrains occupés par les chemins de fer, les carrières, mines et tourbières, les étangs, salines et marais salants et les terrains occupés par des serres affectées à une exploitation agricole[73].

L'administration fiscale considère que « seuls les terrains cadastrés sont imposables à la taxe foncière sur les propriétés non bâties »[74]. Cette limite résulterait de l'utilisation du cadastre. Il est permis de douter d'une telle restriction du champ d'application. Si l'établissement de l'imposition repose bien sur la valeur locative cadastrale, il est difficile de considérer les terrains cadastrables mais non cadastrés comme placés hors champ d'application[75]. Une telle restriction justifie, pour les services fiscaux, l'exclusion du « sous-sol en général (caves, champignonnières, galeries de mines, etc.) »[76], tout du moins pour la partie non visible. Il faut en effet raisonner en deux et non en trois dimensions.

Selon l'interprétation de l'administration fiscale, une différence existe entre les voies ferrées principales de circulation et leurs dépendances (taxe foncière sur les propriétés non bâties) et les voies ferrées affectées à l'exploitation (et non à la circulation proprement dite) (taxe foncière sur les propriétés bâties). Les voies ferrées mixtes sont, quant à elles, imposables à la taxe foncière sur les propriétés bâties lorsque cet usage mixte est habituel[77]. Le Conseil d'État considère que les voies ferrées servant à la circulation des tramways suivent le même régime que les trains. À l'exception de celles qui sont situées dans l'enceinte d'un établissement industriel afin de permettre l'entretien et la réparation des rames, les voies ferrées sont donc soumises à la taxe foncière sur les propriétés non bâties[78]. En revanche, un funiculaire entièrement souterrain n'est pas considéré comme un « chemin de fer » au sens de cette disposition. La voie ferrée n'est en effet qu'un accessoire de l'ensemble (par opposition au tunnel qui peut être creusé pour les besoins du passage d'une voie ferrée). Il s'agit donc d'une remontée mécanique imposable en tant que propriété bâtie[79].

La loi de finances pour 2014 prévoit expressément, à compter de 2015, l'imposition à la taxe foncière sur les propriétés non bâties des terrains non cultivés affectés à la pratique du golf lorsque l'aménagement de ces terrains ne nécessite pas la construction d'ouvrages en maçonnerie présentant le caractère de véritables constructions[80]. Il s'agit là d'un changement de régime puisque ces derniers étaient auparavant imposés à la taxe foncière sur les propriétés bâties.

(70) CGI, art. 1391, II.
(71) CGI, art. 1391 B bis.
(72) CGI, art. 1393, al. 1er.
(73) CGI, art. 1393, al. 2.
(74) BOI-IF-TFNB-10-30, § 30.
(75) Sur ce point, V. L. Ayrault, *Domaine public et taxes foncières : Dr. adm.* 2005, n° 3, p. 7-12.
(76) BOI-IF-TFNB-10-30, § 30.
(77) BOI-IF-TFB-10-10-20, § 190 et s. – *Adde.* BOI-IF-TFNB-10-30, § 40 et s.
(78) CE, 21 mai 2014, n° 365.751, *Sté Compagnie des transports strasbourgeois : Dr. fisc.* 2014, n° 28, comm. 430, note A. Ralkos ; *RJF* 9/2014, n° 816.
(79) CE, 29 oct. 2012, n° 336.354, *Sté des téléphériques de la Grande Motte : Dr. fisc.* 2013, n° 3, comm. 68 ; *RJF* 1/2013, n° 58.
(80) CGI, art. 1393.

1938. – Exonérations permanentes. Plusieurs terrains bénéficient d'une exonération permanente aux termes des articles 1394 et suivants du Code général des impôts.

1) Toutes les dépendances du domaine public ne font pas l'objet d'une exonération. Relever du régime de la domanialité publique ne conduit pas à l'application d'un régime fiscal de faveur. Pour autant, certaines dépendances bénéficient d'une exonération expresse, à l'image de la voirie ou des places publiques servant aux foires et marchés[81].

Se reporter *supra*, n° 1934 pour un développement sur les voies de communication et, de manière plus particulière, le cas des autoroutes.

2) Les autres propriétés publiques ne bénéficient d'un régime exonératoire que sous réserve de remplir certaines conditions. Outre les propriétés des grands ports maritimes transférées par l'État en application de l'article L. 5312-16 du Code des transports)[82], ne sont pas imposables les propriétés de l'État, des régions, des départements, des communes et des établissements scientifiques, d'enseignement et d'assistance non productives de revenus et affectées à un service public ou d'utilité générale[83].

Alors que jusqu'au 31 décembre 2010, toutes les collectivités territoriales étaient placées sur un pied d'égalité pour le bénéfice de l'exonération prévue par l'article 1394, 2°, et ce grâce à l'article 1599 *ter* B qui la rendait applicable aux régions, le législateur y a mis fin avec l'article 108, XVIII-C-1 de la loi de finances pour 2011. Cette abrogation s'ajoute à celle d'autres articles à raison du caractère obsolète des dispositions, l'explication venant de la suppression de la part régionale de la taxe foncière. On ne pouvait qu'être très surpris de cette abrogation, du moins pour le motif de l'obsolescence de la disposition, étant donné l'absence de lien entre l'affectation du produit de l'impôt ou de la compétence pour la fixation du taux et l'exonération dont peuvent bénéficier les immeubles d'une région. Le législateur paraît bien avoir identifié cette anomalie puisque les parlementaires ont voté dans la loi de finances rectificative pour 2011 le rajout, dans l'article 1394, 2°, des immeubles régionaux au titre des biens exonérés.

Ne bénéficient pas de l'exonération les propriétés des organismes de l'État et des collectivités territoriales à caractère industriel ou commercial mais aussi les immeubles incorporés gratuitement dans leur domaine par convention, tout du moins jusqu'à l'expiration de cette dernière[84].

Lorsqu'elle s'applique, l'exonération peut n'être que partielle. En effet, et à l'exception de l'État et des régions, une collectivité territoriale demeure imposable au titre de la part qui revient à une collectivité de même nature lorsque le bien n'est pas situé sur son territoire. C'est ainsi qu'une commune sera toujours exonérée de la part départementale ou qu'un département sera toujours exonéré de la part communale. En revanche, la fraction visant sa catégorie n'est exonérée que si l'immeuble est situé sur son territoire[85].

3) D'autres exonérations permanentes figurent également dans les articles 1394 et suivants du Code général des impôts parmi lesquelles les jardins attenants aux bâtiments des associations de mutilés de guerre qui sont exonérés de taxe foncière

(81) CGI, art. 1394, 1°.
(82) CGI, art. 1394, 3°.
(83) CGI, art. 1394, 2°. Sur ces conditions, V. L. Ayrault, *Domaine public et taxes foncières*, préc.
(84) *Ibid.*
(85) *Ibid.*

sur les propriétés bâties, les propriétés de certaines associations syndicales de propriétaires, certaines propriétés d'organismes de jardins familiaux, les propriétés soumises à la taxe foncière sur les propriétés bâties[86] mais aussi, et pour la seule part communale et intercommunale de l'imposition, la plupart des terrains situés en Corse[87]. La liste n'est pas exhaustive.

1939. – **Exonérations temporaires.** Les articles 1395 à 1395 H du Code général des impôts listent une série d'exonérations applicables pour une durée déterminée. Leur bénéfice est parfois très ciblé à l'image des terrains plantés en noyers durant les huit premières années[88], les terrains plantés en arbres truffiers durant les quinze premières années[89], les terrains ensemencés, plantés ou replantés en bois durant les trente premières années[90]... Dans la suite logique de ces exemples, les jeunes agriculteurs bénéficient d'un dégrèvement[91].

B. – La taxe d'habitation

1940. – **Imposition des locaux meublés.** Seuls les locaux meublés sont imposables à la taxe d'habitation. Tel est le principe qui ressort de l'article 1407, I du Code général des impôts. Cette disposition envisage trois situations avec :

– les locaux affectés à l'habitation ;

Selon le Conseil d'État, pour être assujetti à la taxe d'habitation, un immeuble doit contenir des meubles affectés à l'habitation au 1er janvier de l'année d'imposition. En outre, l'ameublement doit permettre un tel usage[92].

– les locaux meublés occupés à titre privatif par des personnes morales de droit privé sans être retenus pour l'établissement de la cotisation foncière des entreprises ;

– les locaux occupés sans caractère industriel ou commercial par certaines personnes morales de droit public (État, départements, communes et établissements publics autres que les établissements scientifiques, d'enseignement et d'assistance ou les centres nationaux et de gestion de la fonction publique territoriale).

1941. – **Résidences mobiles.** Les locaux mobiles ne sont pas imposables à la taxe d'habitation « classique », tout du moins tant que ces derniers gardent cette capacité.

Même immobilisées et reliées aux réseaux, les caravanes ne sont pas soumises à cette imposition[93]. Il en va de même des mobile-homes dès lors que leur mobilité n'est pas définitivement remise en cause[94]. En revanche, attachée à perpétuelle demeure et privée de tout moyen d'être déplacée, une construction est passible de la taxe d'habitation si elle répond aux autres conditions[95].

Sous réserve de constituer une habitation principale, les résidences mobiles terrestres font cependant l'objet, depuis le 1er janvier 2011, d'une imposition à la taxe

(86) CGI, art. 1394, 4° à 1394, 7°.
(87) CGI, art. 1394 B.
(88) CGI, art. 1395 A.
(89) CGI, art. 1395 B.
(90) CGI, art. 1395.
(91) CGI, art. 1647-00 bis.
(92) CE, 28 déc. 2012, n° 347.252, *Racine* : *Dr. fisc.* 2013, n° 7-8, comm. 154, concl. B. Bohnert ; *RJF* 3/2013, n° 306.
(93) CE, 21 oct. 1981, n° 20.656, *Vacheyroux* : *Dr. fisc.* 1982, n° 4, comm. 129 ; *RJF* 12/1981, n° 1093, concl. Léger.
(94) CE, 13 avr. 1988, n° 64.547, *Descarsin* : *Dr. fisc.* 1988, n° 31, comm. 1641.
(95) CE, 31 oct. 1979, n° 12.578, *Dussaux-Leroy* : *Dr. fisc.* 1980, n° 11, comm. 589 ; *RJF* 12/1979, n° 724.

annuelle frappant les résidences mobiles terrestres de moins de quinze ans à compter de la date de première mise en circulation[(96)]. Le montant de l'impôt, qui prend la forme d'un droit de timbre, varie de 100 à 150 €[(97)]. Le défaut de présentation du récépissé remis à l'occasion du paiement expose le contrevenant à une amende de 210 €[(98)].

Si l'impôt est annuel, la période d'imposition ne coïncide pas avec l'année civile. Conformément à l'article 1013, II, la période couverte s'étend du 1er octobre d'une année au 30 septembre de l'année suivante.

Le régime juridique applicable est celui des droits d'enregistrement et le produit fiscal est réparti entre les collectivités territoriales et les établissements publics de coopération intercommunale au prorata de leurs dépenses engagées au titre de l'accueil et de l'habitat des gens du voyage[(99)].

1942. – **Information de l'administration fiscale.** Si le redevable de la taxe d'habitation n'a, en tant que tel, aucune obligation d'informer les services fiscaux du caractère meublé ou non de l'habitation qu'il occupe, le propriétaire doit porter à leur connaissance toute modification de la consistance ou de l'affectation des propriétés bâties, et ce dans les quatre-vingt-dix jours de sa réalisation[(100)]. De cette démarche découle une présomption non prévue par les textes quant au caractère meublé du local. La présomption n'est toutefois pas irréfragable. Le propriétaire a toujours la possibilité de déclarer l'immeuble en état de vacance, situation qu'il lui est également possible d'établir *a posteriori*. L'administration ne peut en effet opposer un défaut de déclaration de vacance pour rejeter une réclamation[(101)]. La preuve doit alors être rapportée à l'aide d'éléments objectifs, par tout moyen, que le local était bien dépourvu de meubles à la date du 1er janvier de l'année d'imposition[(102)].

Le maintien d'un système de chauffage ne peut être opposé par l'administration fiscale pour démontrer l'absence de vacance lorsque l'argument tiré de la volonté d'éviter toute dégradation du bien est invoqué. L'administration ne saurait tout autant se fonder sur le défaut de résiliation des abonnements de gaz et d'électricité en l'absence de preuve d'une consommation[(103)]. La taxe d'habitation mise à la charge d'un contribuable a ainsi été annulée faute de preuve rapportée d'une consommation d'eau ou de téléphone et en présence d'un suivi de courrier.

1943. – **Imposition des logements vacants.** Bien que non meublés, certains locaux peuvent être imposés à la taxe d'habitation[(104)]. Les communes où ne s'applique pas la taxe sur les logements vacants[(105)] – prélèvement qu'il ne faut donc pas confondre avec la taxe d'habitation assise sur les logements vacants – peuvent, pour la part qui les concerne et celle revenant aux établissements publics de coopération intercommunale sans fiscalité propre, assujettir à la taxe d'habitation les logements vacants depuis plus de deux années au 1er janvier de l'année d'imposition. La même possibilité est offerte aux établissements publics de coopération intercom-

(96) CGI, art. 1013.
(97) CGI, art. 1013, IV.
(98) CGI, art. 1013, VIII.
(99) CGI, art. 1013, IX et X.
(100) CGI, art. 1406.
(101) CAA Bordeaux, 11 mai 1999, n° 98-319, *Faure*.
(102) CGI, art. 1415. – CAA Marseille, 22 janv. 2004, n° 00-1782, *Éliane Cazaud*.
(103) CE, 22 mai 1989, n° 78.587, *Claudine Portat*.
(104) CGI, art. 1407 bis.
(105) CGI, art. 232.

munale à fiscalité propre qui ont adopté un programme local de l'habitat. L'objectif est clairement d'inciter à la remise sur le marché de biens immobiliers inoccupés.

Créée par la loi de lutte contre les exclusions du 29 juillet 1998 et entrée en application le 1er janvier 1999, la taxe sur les logements vacants frappe les logements en situation de vacance – c'est-à-dire dont l'occupation n'a pas excédé une période de plus de quatre-vingt-dix jours consécutifs durant l'année – depuis au moins un an à la date du 1er janvier de l'année d'imposition, et ce dès lors qu'ils sont situés dans les communes appartenant à une zone d'urbanisation continue de plus de 50 000 habitants et présentant un fort déséquilibre entre l'offre et la demande de logements. Alors que seules huit agglomérations étaient concernées, la modification apportée par la loi n° 2012-1509 du 29 décembre 2012 portant loi de finances pour 2013 a élargi de manière substantielle le champ de la disposition puisque le prélèvement fiscal couvre aujourd'hui vingt-huit agglomérations(106).

Même si les logements sont inhabités et vides de tout meuble, ces locaux ne peuvent être assujettis à l'imposition que si ces derniers offrent un minimum de confort. Seuls sont donc concernés les logements pouvant être mis, sur simple décision du propriétaire, sur le marché immobilier locatif dans des conditions normales et durables d'habitation. Cette limite, telle qu'interprétée par le Conseil constitutionnel(107), a conduit le Conseil d'État à écarter les dépendances du domaine public du champ d'application de ce prélèvement(108). À noter que ne sont également pas redevables les organismes HLM et les sociétés d'économie mixte à raison des logements destinés à être attribués sous conditions de ressources(109).

La taxe sur les logements vacants est assise sur la même base d'imposition que la taxe d'habitation et son taux est égal à 12,5 % la première année puis 25 % les années suivantes(110).

1944. – **Exonérations.** Certains locaux meublés ne sont pas imposés :

– soit de plein droit, à l'image des locaux passibles de la cotisation foncière des entreprises qui ne font pas partie de l'habitation personnelle des contribuables ou encore, sans que la liste soit exhaustive, des locaux destinés au logement des élèves dans les écoles et les pensionnats ou aux étudiants dans les résidences universitaires gérées par un CROUS ou assimilé(111) ;

L'article 1407, II-4°, qui exonère de plein droit les bureaux des fonctionnaires publics, doit être combiné avec l'article 1407, I-3° qui prévoit l'imposition des personnes morales de droit public en dehors de l'exercice d'une activité industrielle ou commerciale. La première disposition restreint le champ de la seconde partant du constat que « les locaux occupés par les établissements publics ne sont pas, par eux-mêmes, au nombre des "bureaux des fonctionnaires publics", exonérés de la taxe d'habitation ». C'est ainsi que les agents d'une chambre de commerce et d'industrie sont imposables à la taxe d'habitation à raison de locaux mis à leur disposition lorsqu'ils n'ont pas le statut de fonctionnaires(112).

– soit sur délibération du conseil municipal dans les communes situées dans une zone de revitalisation rurale, les meublés de tourisme ou les chambres d'hôtes(113).

Certaines personnes bénéficient également d'une exonération parmi lesquelles figurent les établissements publics scientifiques, d'enseignement et d'assistance et le centre national de la fonction publique territoriale(114), les personnes indigentes(115),

(106) D. n° 2013-392, 10 mai 2013 : *JO* 12 mai 2013, p. 7959.
(107) Cons. const., 29 juill. 1999, n° 98-403 DC. – V. aussi : Cons. const., 29 déc. 2012, n° 2012-662 DC.
(108) CE, 18 janv. 2008, n° 290.366, n° 291.694 et n° 298.800, *Min. c/ Région Île-de-France* : *Dr. fisc.* 2008, n° 10, comm. 100 ; *BDCF* 4/2008, n° 54, concl. P. Collin ; *AJDA* 2008, p. 122, obs. Biget ; *JCP* A 2008, n° 5, p. 6 ; *RD imm.* 2008, p. 98, note N. Foulquier.
(109) CGI, art. 232, II.
(110) CGI, art. 232, IV.
(111) CGI, art. 1407, II.
(112) CE, 9 févr. 2000, n° 188.160, *Office national des anciens combattants et victimes de guerre* : *Dr. fisc.* 2000, n° 25, comm. 505 ; *RJF* 3/2000, n° 368.
(113) CGI, art. 1407, III.
(114) CGI, art. 1408, II-1°.
(115) CGI, art. 1408, II-2°.

les diplomates accrédités par le Gouvernement français pour le logement qu'ils occupent dans la commune de leur résidence officielle et sous réserve de réciprocité[116], les titulaires de l'allocation de solidarité aux personnes âgées ou de l'allocation supplémentaire d'invalidité[117] ou encore, et sous condition de ressources, les titulaires de l'allocation aux adultes handicapés, les contribuables veufs et ceux âgés de plus de soixante ans ou atteints d'une infirmité[118].

Sauf à être redevables de l'impôt de solidarité sur la fortune au titre de l'année qui précède[119], les contribuables qui perdent le bénéfice de l'exonération fondée sur l'article 1408, I-1° la conservent néanmoins durant les deux années qui suivent[120]. La même limite à l'exonération s'applique aux contribuables âgés de plus de soixante ans ou veufs dont les revenus sont inférieurs au seuil défini dans l'article 1417, I (V. *supra*, n° 1936)[121].

§ 2. – Évaluation de la matière imposable

Les taxes foncières et la taxe d'habitation reposent sur une base commune : la valeur locative cadastrale (A). Celle-ci fait l'objet de correctifs spécifiques selon l'imposition concernée (B).

A. – La valeur locative cadastrale

Les modalités de mise à jour de la valeur locative cadastrale seront développées (2°) après celles de son évaluation (1°).

1° Évaluation de la valeur locative cadastrale

1945. – **Une base commune.** Les taxes foncières et la taxe d'habitation sont liquidées en ayant recours à la valeur locative cadastrale des biens concernés[122]. Le régime n'est toutefois pas unifié. De manière somme toute logique, une différence existe entre, d'une part, la taxe foncière sur les propriétés bâties et la taxe d'habitation (*a*) et, d'autre part, la taxe foncière sur les propriétés non bâties (*b*).

a) La taxe foncière sur les propriétés bâties et la taxe d'habitation

1946. – **Catégories de locaux.** Les locaux sont aujourd'hui répartis en trois catégories selon leur usage : – usage d'habitation ou usage professionnel non-commercial (V. *infra*, n° 1947), usage industriel (V. *infra*, n° 1948) et usage commercial ou autres (V. *infra*, n° 1949).

Selon un rapport de la DGFiP de 2015 sur l'expérimentation de la réforme des valeurs locatives des locaux d'habitation révélé par un journal en ligne, le nombre de locaux concernés s'élève à 46 millions dont 35,1 millions de logements et 10,9 millions de dépendances[123].

(116) CGI, art. 1408, II-3°.
(117) CGI, art. 1414, I-1°.
(118) CGI, art. 1414, I.
(119) CGI, art. 1413 bis.
(120) CGI, art. 1414, I-1° bis.
(121) CGI, art. 1413 bis.
(122) CGI, art. 1494 à 1518 D.
(123) Site internet www.localtis.info.

Fruit de la loi n° 68-108 du 2 février 1968[124], cette classification connaîtra cependant une modification avec l'entrée en application de la réforme des valeurs locatives des locaux commerciaux et des locaux affectés à une activité professionnelle non commerciale[125]. Ces derniers locaux seront en effet regroupés en une seule et même catégorie.

1947. – **Locaux à usage d'habitation et assimilés.** La valeur locative cadastrale des locaux à usage d'habitation et de ceux servant, soit à l'exercice d'une activité salariée à domicile, soit à l'exercice d'une activité professionnelle non commerciale au sens du 1 de l'article 92 du Code général des impôts, est déterminée par comparaison avec des locaux de référence normalement choisis dans la commune ou un groupe de communes[126].

1) Solution valable pour l'ensemble des biens par comparaison, le Conseil d'État a considéré qu'un local type restructuré ou détruit ne peut ultérieurement servir de terme de comparaison pour évaluer la valeur locative d'un bien[127]. Si le législateur a entendu prévenir le risque contentieux en votant une disposition portant validation des évaluations antérieures, y compris pour les locaux faisant l'objet de l'article 1496 du CGI, le Conseil constitutionnel a écarté l'existence d'un motif impérieux d'intérêt général à même de permettre de répondre aux exigences constitutionnelles[128].

2) À compter du 1er janvier 2017, cette méthode d'évaluation administrative sera réservée aux seuls locaux à usage d'habitation ou pour l'exercice d'une activité salariée à domicile. V. *infra*, n° 1950. Une expérimentation a été menée dans cinq départements afin de réviser les valeurs locatives dans le droit fil de ce qui a été réalisé pour les locaux commerciaux et ceux affectés à une activité professionnelle non commerciale au sens de l'article 92 du CGI (V. *infra*, n° 1950). La valeur locative a été déterminée en fonction de l'état du marché locatif dans des secteurs homogènes à la date de référence du 1er janvier 2015. Les habitations ont été classées dans un des quatre sous-groupes suivants : maisons individuelles et leurs dépendances, appartements situés dans des immeubles collectifs et leurs dépendances, locaux d'habitation présentant un caractère exceptionnel et dépendances isolées. Les locaux exceptionnels ont été évalués par voie d'appréciation directe[129]. Alors qu'un rapport devait être transmis au Parlement au plus tard le 30 septembre 2015, il semble bien que le délai n'ait pas été respecté. Un journal en ligne en a révélé la première partie[130], ce qui n'est pas nécessairement de bon augure, de même que, en période pré-électorale, l'absence de date pour l'entrée en vigueur de la réforme.

Les différents locaux sont classés dans les catégories identifiées dans la commune, chaque catégorie ayant un local de référence dont la valeur locative est déterminée en fonction du loyer des locaux loués librement à des conditions de prix normales. Cette valeur est alors appliquée à la surface pondérée du local imposé, ce qui permet de tenir compte, par exemple, de la situation du bien ou de sa consistance[131].

Les locaux d'habitation présentant un caractère exceptionnel et les locaux professionnels spécialement aménagés sont évalués selon les règles applicables aux locaux à usage commercial[132].

(124) *JO* 4 févr. 1968.
(125) L. fin. rect. n° 2010-1658, 29 déc. 2010, art. 34.
(126) CGI, art. 1496.
(127) CE, 5 févr. 2014, n° 367.995, *Min. c/ Sté Ihstar : Dr. fisc.* 2015, n° 36, 528, note J. Thiry ; *RJF* 5/2014, n° 464.
(128) Const. const., 2 mars 2016, n° 2015-525 QPC, *SCI PB 12 : Dr. fisc.* 2016, n° 11, act. 147, obs. O. Fouquet ; *Dr. fisc.* 2016, n° 25, comm. 384, note A. Maitrot de la Motte ; *RJF* 5/2016, n° 467.
(129) L. fin. rect. 2013, n° 2013-1279, 29 déc. 2013, art. 74.
(130) Site internet www.localtis.info.
(131) CGI, art. 1496 et ann. II, art. 310 I.
(132) CGI, art. 1497.

1948. – **Locaux à usage industriel.** La valeur locative des locaux à usage industriel (ex. : usine) est déterminée en tenant compte des immobilisations industrielles[133].

Au sens de l'article 1499 du CGI, l'établissement industriel est celui « dont l'activité nécessite d'importants moyens techniques, non seulement lorsque cette activité consiste en la fabrication ou la transformation de biens corporels mobiliers, mais aussi lorsque le rôle des installations techniques, matériels et outillages mis en œuvre, fût-ce pour les besoins d'une autre activité, est prépondérant »[134]. La circonstance que le redevable soit ou non le propriétaire des installations n'a pas d'incidence[135].

La définition de l'établissement industriel, telle que résultant de la décision *Min. c/Sté Pétroles Miroline*, a été utilisée pour identifier la notion d'activité industrielle sur un terrain non cultivé. C'est ainsi qu'un terrain exploité comme lieu de décharge de déchets ménagers et industriels a reçu une telle qualification aux motifs que « les opérations d'enfouissement de déchets effectués sur le terrain appartenant à la société Géode Foncière requièrent d'importants moyens techniques, dont une station d'épuration, qui jouent un rôle prépondérant »[136]. La solution a été appliquée aux terrains exploités comme des carrières de manière industrielle dès lors que l'exploitation « nécessitait d'importants matériels d'extraction, de transformation et de stockage dont le rôle était prépondérant », et ce sans que l'utilisation de matériels mobiles exerce une influence sur la qualification[137].

Deux méthodes d'évaluation existent selon l'article 1500 du Code général des impôts. Tout dépend de la réunion, ou non, de deux conditions : – le bien figure à l'actif du bilan de son propriétaire ou exploitant (1re condition) qui doit être soumis à un régime réel d'imposition (2nde condition).

Une précision s'impose à la lumière de la jurisprudence du Conseil d'État. En effet, une même propriété peut se voir appliquer les deux méthodes d'évaluation. L'article 1494 du Code général des impôts dispose en effet que la valeur locative des biens concernés est déterminée « pour chaque propriété *ou fraction de propriété normalement destinée à une utilisation distincte* ». Conformément à l'article 324 de l'annexe III du même code, cette dernière notion doit être entendue comme « l'ensemble des sols terrains bâtiments et installations qui concourent à une même exploitation et font partie du même groupement topographique ». Or, si le Conseil d'État a considéré que la circonstance que les propriétés concernées appartiennent à des propriétaires différents est sans effet pour l'application de l'article 1494 précité[138], tel n'est pas le cas pour celle de l'article 1500. C'est ainsi que, malgré l'unité existant entre des terrains et des batiments et aménagements s'y trouvant au regard des articles 1494 et 324 de l'annexe III, la circonstance que les terrains appartiennent à une autre société que l'exploitant a pu entraîner, conformément à l'article 1500, l'application d'une méthode différente pour les deux.

1) Lorsque les deux conditions sont remplies, la méthode est celle prévue par l'article 1499. Les immobilisations industrielles sont alors évaluées en appliquant à leur prix de revient corrigé un taux d'intérêt qui, pour les biens acquis ou construits après le 1er janvier 1976, est égal à 8 %[139].

---

(133) CGI, art. 1499.

(134) CE, 27 juill. 2005, nos 261.899 et 273.663, *Min. c/ Sté Pétroles Miroline : Dr. fisc.* 2005, n° 47, comm. 754, concl. L. Olléon, note O. Fouquet ; *RJF* 11/2005, n° 1201, chron. Y. Bernard, p. 811. – CE, 16 janv. 2008, n° 296.840, *Min. c/ Sté MTE Le Bras : RJF* 5/2008, n° 568. – CE, 14 avr. 2008, n° 307.465, *Min. c/ SA Lorientaise de stockage : Dr. fisc.* 2008, n° 21, comm. 335, concl. N. Escaut, note H. Zapf et B. Toulemont. – CE, 9 oct. 2013, n° 354.632, *Sté Place du Marché : Dr. fisc.* 2013, n° 47, comm. 519, concl. F. Aladjidi ; *RJF* 1/2014, n° 42. – CE, 17 juin 2015, nos 362.743 et 365.720, *Sté Laboratoire interprofessionnel de production : Dr. fisc.* 2015, n° 42, comm. 632, concl. N. Escaut, note A. Ralkos ; *RJF* 10/2015, n° 788. – CE, 1er juin 2016, n° 382.330, *Min. c/ Sté Laffort Œnologie* et n° 384.739, *Sté Laffort Holding* : *RJF* 8-9/2016, nos 722 et 726, concl. N. Escaut ; *Dr. fisc.* 2016, n° 36, comm. 465.

(135) CE, 14 avr. 2008, n° 307.465, *Min. c/ SA Lorientaise de stockage*, préc.

(136) CE, 6 mars 2006, n° 259.156, *Sté Géode Foncière : Dr. fisc.* 2007, n° 24, comm. 606, concl. L. Olléon ; *RJF* 6/2006, n° 726.

(137) CE, 15 déc. 2010, n° 309.678, *SAS Carrières du Boulonnais : Dr. fisc.* 2011, n° 11, comm. 256 ; *RJF* 3/011, n° 319.

(138) CE, 21 nov. 2007, n° 293.538, *Sté Norbail Immobilier : Dr. fisc.* 2008, n° 8-9, comm. 186 ; *RJF* 2/2008, n° 161. – CE, 1er juin 2016, n° 382.330, *Min. c/ Sté Laffort Œnologie* et n° 384.739, *Sté Laffort Holding* : *RJF* 8-9/2016, nos 722 et 726, concl. N. Escaut ; *Dr. fisc.* 2016, n° 36, comm. 465.

(139) CGI, ann. II, art. 310 L et 310 M.

Le prix de revient des immobilisations industrielles s'entend du prix d'inscription au bilan avant amortissements[140]. Il est corrigé au moyen de coefficients[141].

L'article 310 L de l'annexe II du CGI porte mention de deux taux dont l'un de 8 % pour les terrains et sols et l'autre de 12 % pour les constructions et installations soumises à la taxe foncière sur les propriétés bâties. Or, par application de l'article 310 J *bis* de la même annexe, un abattement d'un tiers est appliqué au taux de 12 % lorsque le bien est acquis ou construit après le 1er janvier 1976, soit un taux effectif de 8 %.

Le prix de revient des sols et terrains est majoré de 3 % par année écoulée depuis leur entrée dans le patrimoine. Certaines déductions complémentaires peuvent être accordées pour certains biens exceptionnels, à l'image de l'usine marémotrice de la Rance[142].

2) À défaut, autrement dit, depuis le 1er janvier 2009, en l'absence d'au moins une des deux conditions prescrites, les règles sont celles applicables aux locaux à usage commercial (V. *infra*, n° 1949).

Depuis le 1er janvier 2009, et pour les acquisitions et cessions postérieures au 31 décembre 2006, lorsque les biens immobiliers pris en crédit-bail sont acquis par le crédit-preneur, la valeur locative des biens ne peut être inférieure à celle retenue au titre de l'année d'acquisition[143]. Il en va de même, mais en tenant compte du prix de cession, lorsque le bien est pris en crédit-bail par la personne qui l'a cédé[144].

1949. – **Locaux professionnels à usage commercial et autres locaux (avant 2017).** Une dernière catégorie de locaux est identifiée dans l'article 1498 du Code général des impôts avec la particularité de regrouper tous ceux qui ne relèvent pas des deux catégories précédentes.

Certains locaux, établissements ou installations de caractère industriel ou commercial font l'objet d'une évaluation selon un tarif fixé par la loi lorsqu'existent dans différentes communes des biens présentant des caractéristiques analogues sans toutefois concerner les immobilisations acquises ou créées à compter du 1er janvier 1974[145]. Tel est le cas des autoroutes et de leurs dépendances[146] ou bien encore des postes d'amarrage dans les ports de plaisance[147].

Le tarif prévu par l'article 1501 du CGI pour les autoroutes est sans portée en matière de taxe foncière en raison de l'exonération générale fondée sur l'article 103 de la loi du 3 frimaire an VII (V. *supra*, n° 1934). Cette exonération est toutefois limitée à la taxe foncière et ne concerne pas la cotisation foncière des entreprises, et ce quand bien même l'article 1467 du CGI dispose-t-il que cette imposition a pour base la valeur locative des biens « passibles » d'une taxe foncière situés en France (V. *infra*, n° 2009). Cette notion doit être entendue dans le sens de biens imposables – et non nécessairement imposés – à la taxe foncière[148].

L'évaluation repose sur la valeur locative réelle du bien dès lors, tout du moins, que le loyer est jugé normal (1re méthode). Si tel n'est pas le cas ou si le bien est occupé à titre gratuit, la valeur locative cadastrale est alors déterminée en appliquant la méthode dite par comparaison (2e méthode). En l'absence de termes de comparaison, il est procédé à une appréciation directe du bien (3e méthode).

(140) CGI, ann. III, art. 324 AE. – À noter que pour les biens transférés à la SNCF ou à SNCF Réseau, le prix de revient correspond à la valeur brute pour laquelle les immobilisations ont été inscrites au bilan de SNCF Mobilités au 31 décembre 2014 (CGI, art. 1518 D).

(141) CGI, ann. III, art. 21.

(142) CGI, ann. II, art. 310 K.

(143) CGI, art. 1499-0 A.

(144) *Ibid.*

(145) CGI, art. 1501.

(146) CGI, art. 1501, II.

(147) CGI, art. 1501, III.

(148) CE, 18 juin 1984, nos 42.502, 42.503, 42.506, 42.510 et 42.511, *Cofiroute : Dr. fisc.* 1984, n° 45-46, comm. 2000 et concl. Ph. Bissara.

Seules ces trois méthodes existent pour évaluer la valeur locative des locaux commerciaux, sachant que la méthode d'appréciation directe est d'application subsidiaire aux deux autres[149]. Les juridictions administratives ont l'obligation de vérifier que la méthode appliquée était bien celle qui devait l'être et, en cas d'irrégularité, d'y substituer la méthode d'évaluation régulière[150].

1) La première méthode (valeur locative réelle du bien) implique que le bien ait été loué, sans changement de consistance ultérieur, au 1er janvier 1970, date de référence pour les bases imposables. Tout bien construit ultérieurement ou tout bien ayant changé de consistance ne peut donc voir sa valeur locative cadastrale déterminée qu'en appliquant l'une des deux autres méthodes d'évaluation[151]. Les locaux concernés représentent 5,5 % du parc immobilier[152].

2) La deuxième méthode (méthode par comparaison) – qui représente 93 % des locaux[153] – impose que l'administration identifie un local type normalement – mais pas nécessairement[154] – situé dans la même commune et présentant des éléments de comparaison pertinents. Une différence, même significative, de superficie entre le local type et l'immeuble n'est pas dirimante si la valeur locative est ajustée afin d'en tenir compte par l'application du coefficient prévu par l'article 324 AA de l'annexe III du CGI[155]. En outre, le local type retenu ne doit pas avoir été restructuré ou détruit, faute de quoi il ne peut ultérieurement servir de terme de comparaison[156]. On notera que, faute de motif impérieux d'intérêt général, la disposition législative votée en vue de valider les évaluations antérieures a été jugée non conforme à la Constitution[157].

L'application par le juge de la méthode par comparaison doit le conduire à statuer d'office sur le terme de comparaison qu'il estime, par une appréciation souveraine, pertinent et dont il a vérifié la régularité au vu des éléments dont il dispose ou qu'il a sollicités par un supplément d'instruction[158]. La seule circonstance qu'un bail ait été conclu dans des circonstances de fait particulières ou qu'il comporte des clauses faisant supporter des charges exceptionnelles au preneur ou au bailleur ne suffit pas à considérer que le bail a été conclu à des conditions de prix anormales et à écarter le local-type comme terme de comparaison. Il appartient au juge de vérifier si le loyer était effectivement anormal au regard des prix pratiqués pour des locaux comparables[159].

On notera que lorsque l'administration a abandonné le local-type initialement retenu en lui substituant un autre local de référence, le juge administratif est tenu d'examiner les autres termes de comparaison proposés par le contribuable afin de déterminer si l'un d'eux ne serait pas plus approprié[160].

3) La troisième méthode (méthode par appréciation directe) concerne 1,5 % des locaux[161]. Elle consiste à appliquer à la valeur vénale du bien – si ce bien était libre au 1er janvier 1970 – un taux d'intérêt. La méthode est précisée dans les articles 324 AB et 324 AC de l'annexe III du CGI que le Conseil d'État a considérés comme ayant une origine législative[162].

(149) CE, 25 nov. 2005, n° 264.323, *Sté Natiocrédibail : Dr. fisc.* 2006, n° 36, comm. 554, concl. L. Olléon ; *RJF* 2/2006, n° 162. – CE, 9 mai 2012, nos 354.046 et 354.048, *Min. c/ Sté GSM Consulting : Dr. fisc.* 2012, n° 24, comm. 338, note A. Ralkos.

(150) CE, 19 nov. 2008, n° 305.305, *Min. c/ SNC Sequoia Lodge Associés*, préc.

(151) CE, 22 janv. 1996, n° 125.200, *Min. c/ Banque populaire fédérale de développement : RJF* 11/1996, n° 1304.

(152) Rapport d'information sur la révision des valeurs locatives professionnelles et commerciales, *Rapp. Sénat* n° 593, 2012, p. 10.

(153) *Rapp. Sénat* n° 593 préc., p. 10.

(154) En l'absence d'immeubles comparables dans la commune, rien n'exclut d'apprécier le caractère normal du loyer au regard d'immeubles situés dans des zones géographiques analogues : CE, 9 avr. 2014, n° 352.282, *SARL Gestion Trois Hôtels : Dr. fisc.* 2014, n° 24, comm. 378, note A. Ralkos.

(155) CE, 23 juill. 2010, n° 318.860, *Sté immobilière PB6 SAS : Dr. fisc.* 2010, n° 50, comm. 595, note H. Zapf et M. Le Tacon ; *RJF* 11/2010, n° 1041. – CE, 26 sept. 2011, n° 330.183, *SA Goodyear : Dr. fisc.* 2011, n° 45, comm. 579, note H. Zapf et A. Nikolic ; *RJF* 12/2011, n° 1316.

(156) CE, 5 févr. 2014, n° 367.995, *Min. c/ Sté Ihstar : Dr. fisc.* 2015, n° 36, 528, note J. Thiry ; *RJF* 5/2014, n° 464.

(157) Const. const., 2 mars 2016, n° 2015-525 QPC, *SCI PB 12 : Dr. fisc.* 2016, n° 11, act. 147, obs. O. Fouquet ; *Dr. fisc.* 2016, n° 25, comm. 384, note A. Maitrot de la Motte ; *RJF* 5/2016, n° 467.

(158) CE, 19 nov. 2008, n° 305.305, *Min. c/ SNC Sequoia Lodge Associés : Dr. fisc.* 2009, n° 11, comm. 239, concl. N. Escaut, note E. Meier et R. Torlet ; *RJF* 2/2009, n° 134. – CE, 30 janv. 2013, n° 327.396, *Min. c/ SEP Hôtel Campanile d'Arcueil : Dr. fisc.* 2013, n° 11, comm. 191, concl. C. Legras ; *RJF* 4/2013, n° 411.

(159) CE, 14 juin 2012, n° 346.273, *Sté Hôtel Grill de Villejuif : Dr. fisc.* 2012, n° 46, comm. 518, note H. Zapf et A. Nikolic.

(160) CE, 3 juin 2013, n° 356.350, *Sté RREEF Investment Gmbh : RJF* 8-9/2013, n° 838. – CE, 17 juill. 2013, n° 342.434, *Min. c/ Sté Invest Hôtels Marseille Bonneuil La Roche Bordeaux : RJF* 11/2013, n° 1039.

(161) *Rapp. Sénat* n° 593 préc, p. 10.

(162) CE, 9 juill. 2010, n° 317.086, *SA Genefim : Dr. fisc.* 2010, n° 46, comm. 563, concl. L. Olléon ; *RJF* 11/2010, n° 1043, p. 813, chron. V. Daumas. – CE, 7 avr. 2011, n° 326.428, *Genefim : RJF* 8-9/2011, n° 958.

1950. – Locaux professionnels à usage professionnel non industriel (à partir de 2017). Afin de permettre une révision des valeurs locatives, la quatrième loi de finances rectificative pour 2010 a aménagé une nouvelle méthode d'évaluation des locaux commerciaux et des locaux affectés à une activité professionnelle non commerciale au sens de l'article 92 du Code général des impôts[163]. Le champ de cette réforme a été étendu par la loi de finances rectificative pour 2013 aux locaux affectés à un usage professionnel spécialement aménagés pour l'exercice d'une activité particulière[164].

Cette méthode conduit donc à regrouper en une catégorie les locaux relevant aujourd'hui des articles 1496 (V. *supra*, n° 1947), 1497 (pour les seuls locaux affectés à un usage professionnel spécialement aménagés pour l'exercice d'une activité particulière) et 1498 du CGI (V. *supra*, n° 1949).

Prévue à l'origine pour entrer en vigueur en 2014, la réforme a été reportée, une première fois, en 2015, par l'article 37 de la loi n° 2012-958 de finances rectificative pour 2012[165], une deuxième fois, en 2016, en raison de difficultés – liées aux élections municipales de mars 2014 – à mettre en place les nouvelles commissions administratives[166] (commissions départementales des valeurs locatives des locaux professionnels et commissions départementales des impôts directs locaux)[167] puis une troisième fois, en 2017, par l'article 48 de la loi n° 2015-1786 de finances rectificative pour 2015[168].

Actualisée chaque année grâce aux données déclaratives transmises par les professionnels, la valeur locative des locaux concernés sera déterminée en fonction de l'état du marché avec une date de référence fixée au 1er janvier 2013 (elle était fixée à l'origine au 1er janvier 2012). Pour y parvenir, les locaux seront regroupés en sous-groupes et catégories en fonction de leur nature, de leur destination, de leur utilisation ou encore de leurs caractéristiques physiques, et ce par secteur géographique présentant une homogénéité.

La liste des sous-groupes et catégories a été publiée dans le *Journal officiel* du 12 octobre 2011[169].

Sauf pour un local à ne pas être sectorisé – auquel cas la valeur est calculée en ayant recours à la méthode de l'appréciation directe par application d'un taux de 8 % à la valeur vénale du bien libre de toute occupation à la date de référence –, la valeur locative sera obtenue en appliquant à la surface pondérée du local un tarif par mètre carré tenant compte des loyers moyens dans le secteur.

Les tarifs par mètre carré pourront être majorés ou minorés de 10 ou 15 % par application d'un coefficient de localisation afin de tenir compte de la situation de la parcelle dans le secteur d'évaluation.

La valeur locative ainsi calculée est réduite de moitié pour tenir compte de l'influence de l'affectation de l'immeuble, partielle ou totale, à un service public ou d'utilité générale.

L'effet direct de cette réforme conduit donc à écarter la méthode par comparaison qui concerne aujourd'hui près de 93 % des locaux commerciaux et assimilés (V. *supra*, n° 1949). Plutôt que d'identifier des locaux-types, la volonté est bien de privilégier l'état du marché.

La volonté politique est là. L'objectif poursuivi peut être soutenu tant il est vrai que la déconnexion du régime actuel avec la réalité économique est, bien qu'admise

(163) L. fin. rect. n° 2010-1658, 29 déc. 2010, art. 34.
(164) L. fin. rect. n° 2013-1279, 29 déc. 2013, art. 47.
(165) *Dr. fisc.* 2012, n° 36, comm. 412.
(166) Leurs modalités ont été fixées par le décret n° 2013-993 du 7 novembre 2013 (*JO* 7 nov. 2013).
(167) Rép. min. Sénat n° 9562 : *JO* Sénat Q 3 avr. 2014, p. 878.
(168) L. fin. rect. n° 2015-1786, 29 déc. 2015, art. 48.
(169) D. n° 2011-1267, 10 oct. 2011 : *JO* 12 oct. 2011.

en raison souvent d'une méconnaissance des règles applicables, aujourd'hui incomprise. Les conséquences politiques probables très élevées risquent cependant, soit de conduire à enterrer la réforme comme tel fut le cas de celle de 1990 (V. *supra*, n° 1947, 2), soit de conduire à sa neutralisation. De ce point de vue, la multiplication des dispositifs correctifs ne rassure pas. Trois peuvent être identifiés :

1) L'intitulé donné à ce premier dispositif est assez évocateur : coefficient de « neutralisation »... Son objectif est d'éviter un transfert de charges trop important inhérent au changement de méthode de calcul entre les contribuables concernés par la réforme et ceux qui ne le seront pas. Prévu pour une durée déterminée et à compter de l'imposition 2017, ce coefficient, déterminé pour chaque prélèvement et pour une collectivité territoriale, sera égal au rapport entre, d'une part, la somme des valeurs locatives non révisées au 1er janvier 2017 des propriétés bâties imposables en 2017 situées sur le territoire de la collectivité ou de l'EPCI concerné auquel sera appliqué le coefficient de revalorisation pour l'année 2013(170) et, d'autre part, la somme des valeurs locatives révisées de ces propriétés à la date de référence du 1er janvier 2013(171). Il sera appliqué à la base imposable.

2) Un deuxième dispositif a été mis en place en vue d'étaler dans le temps les effets de la réforme. Pour les seules années 2017 à 2025, les contribuables pourront bénéficier d'une réduction de leur imposition si la réforme se traduit pour eux par une augmentation de leur cotisation d'impôt. De 90 % de cette variation pour l'année 2017, le taux de cette réduction sera progressivement supprimé à raison de sa diminution de 10 points par année(172).

Un dispositif identique est prévu dans l'hypothèse inverse. L'imposition est alors majorée dans les mêmes conditions(173).

3) Signe de la crainte d'une généralisation de la réforme des valeurs locatives, et donc de ses effets politiques, un troisième mécanisme correctif a été créé par la loi de finances rectificative pour 2015(174). L'objectif est de diminuer de moitié la baisse ou la hausse des valeurs retenues pour les impositions 2017 à 2025.

b) La taxe foncière sur les propriétés non bâties

1951. – **Régime particulier.** La taxe foncière sur les propriétés non bâties est déterminée selon des modalités différentes de la taxe foncière sur les propriétés bâties et de la taxe d'habitation(175). Celles-ci sont codifiées dans les articles 1509 à 1515 du Code général des impôts et s'appuient sur le contenu de l'instruction administrative du 31 décembre 1908 pour évaluer la valeur locative cadastrale.

Selon les termes de l'article 1509, I, du CGI, « la valeur locative des propriétés non bâties établie en raison du revenu de ces propriétés résulte des tarifs fixés par nature de culture et de propriété, conformément aux règles tracées par l'instruction administrative du 31 décembre 1908 ». L'instruction administrative a donc valeur législative par renvoi(176).

(170) CGI, art. 1518 bis.
(171) L. fin. rect. n° 2010-1658, 29 déc. 2010, art. 34, XVI. – La Poste fait l'objet d'un régime particulier.
(172) *Ibid.*, art. 34, XXII-A.
(173) *Ibid.*, art. 34, XXII-B.
(174) L. fin. rect. n° 2015-1786, 29 déc. 2015, art. 48.
(175) CGI, art. 1396, I.
(176) CE, 26 sept. 2012, n° 355.287, *GFA Fiélouse-Cardet* : *RJF* 12/2012, n° 1135.

1952. – **Instruction du 31 décembre 1908.** L'instruction administrative du 31 décembre 1908 a été rédigée pour répondre à l'exigence d'une évaluation du revenu net des propriétés non bâties imposée par l'article 3 de la loi du 31 décembre 1907 portant fixation du budget général des dépenses et des recettes de l'exercice 1908.

1953. – Selon le texte administratif, il fallait interpréter cette notion de revenu net comme renvoyant « au prix de loyer que le propriétaire tire de ses immeubles lorsqu'il les afferme, ou s'il les exploite lui-même, celui qu'il pourrait en tirer en cas de location (...) le revenu net à déterminer n'est donc autre chose que la valeur locative réelle des propriétés non bâties (...) elle ne doit donc pas être confondue avec le produit net de la terre, lequel comprend, en outre du prix de fermage ou de la valeur locative, les revenus provenant tant du travail manuel ou de direction de l'exploitant, que de la mise en œuvre du capital représenté par les instruments aratoires, les machines agricoles, le bétail, les semences, les engrais, etc. »[177].

L'ensemble des propriétés non bâties a été subdivisé en treize catégories avec : 1° les terres, 2° les prés et prairies naturels, herbages et pâturages, 3° les vergers et cultures fruitières d'arbres et arbustes, etc., 4° les vignes, 5° les bois, aulnaies, saussaies, oseraies, etc., 6° les landes, pâtis, bruyères, marais, terres vaines et vagues, etc., 7° les carrières, ardoisières, sablières, tourbières, etc., 8° les lacs, étangs, mares, abreuvoirs, fontaines, etc., canaux non navigables et dépendances, salins, salines et marais salants, 9° les jardins autres que les jardins d'agrément et terrains affectés à la culture maraîchère, florale et d'ornementation ; pépinières, etc., 10° les chantiers, lieux de dépôt, terrains à bâtir, rues privées, etc., 11° les terrains d'agrément, parcs, jardins, pièces d'eau, etc., 12° les chemins de fer, canaux de navigation et dépendances, 13° les sols des propriétés bâties et des bâtiments ruraux, cours et dépendances, etc.[178]. Le législateur est cependant intervenu à plusieurs reprises pour préciser son contenu, à l'image des pépinières exploitées sur terrains non aménagés qui intègrent la première catégorie[179].

2° Mise à jour de la valeur locative cadastrale

1954. – **Actualisation et révision.** Les valeurs locatives cadastrales obtenues font l'objet théoriquement d'une mise à jour périodique sous la forme d'une révision ou d'une actualisation[180]. La modification peut aussi résulter de constructions nouvelles, d'un changement de consistance ou d'affectation du bien ou encore d'un changement des caractéristiques physiques ou d'environnement[181].

1) L'actualisation consiste à faire varier les valeurs précédentes tous les trois ans selon des coefficients arrêtés par le directeur des services fiscaux après avis de la Commission consultative départementale des évaluations foncières[182].

Un recours administratif peut être formé auprès de la commission départementale des impôts directs et des taxes sur le chiffre d'affaires[183] par le maire ou par des représentants des contribuables membres de la commission consultative, et ce dans les trente jours à compter de l'affichage.

Dans l'intervalle laissé entre deux actualisations, les valeurs locatives sont majorées en fonction de coefficients établis par la loi de finances pour tenir compte de la variation des loyers[184].

(177) Instr. 31 déc. 1908, art. 1er.
(178) Instr. 31 déc. 1908, art. 18.
(179) CGI, art. 1509, II.
(180) CGI, art. 1516.
(181) CGI, art. 1516 et 1517.
(182) CGI, art. 1518 ; CGI, ann. IV, art. 121 quinquies DC à 121 quinquies DF.
(183) CGI, art. 1651.
(184) CGI, art. 1518 bis.

2) La révision consiste, au contraire, à calculer de nouvelles bases. La modification est donc plus importante que l'actualisation, ce qui explique que le texte d'origine ait prévu une révision générale tous les six ans[185]. Aucune n'a cependant vu le jour.

La loi du 30 juillet 1990 visait à imposer une révision générale des évaluations cadastrales, expression préférée à celle de valeur locative cadastrale. La loi de 1990 est cependant restée inappliquée faute de disposition législative en ce sens alors qu'elle est prescrite par le texte du 30 juillet 1990. Cette abstention est délibérée. Les transferts induits par cette réforme sont si importants que les autorités publiques n'ont jamais souhaité prendre le risque politique de sa mise en œuvre.

Constatant l'échec de la révision initiée par la loi n° 90-669 du 30 juillet 1990[186], le législateur a toutefois engagé une réforme par étapes (V. *supra*, n°s 1929, 1947 et 1950).

B. – Corrections de la valeur locative cadastrale

La valeur locative cadastrale fait l'objet de corrections, soit à la hausse (1°), soit à la baisse (2°).

L'entrée en application de la réforme des valeurs locatives des locaux professionnels non industriels à compter de l'imposition 2017 se traduira par l'application d'un dispositif de lissage de certaines impositions jusqu'en 2025 afin de limiter les effets de la réforme (V. *supra*, n° 1950).

1° Augmentation de la base d'imposition

1955. – **Valeur locative minimum.** Évaluer la valeur locative d'une immobilisation corporelle sur la base du prix de revient d'un bien n'est pas sans risque budgétaire pour la collectivité territoriale ou l'établissement public de coopération intercommunale. Une opération de restructuration de l'entreprise peut en effet, sans modification de ses caractéristiques, conduire à réviser à la baisse les évaluations retenues à l'origine. Il suffit que le prix de cession soit inférieur au prix de revient du propriétaire initial. Aussi, et afin d'éviter que de telles opérations affectent les recettes publiques locales, l'article 1518 B du Code général des impôts fixe-t-il une valeur locative plancher qui dépend de la date de l'opération, des difficultés économiques du cédant, voire, des parties en présence.

1) En principe, seule la date de l'opération de restructuration exerce une influence sur la valeur plancher. C'est ainsi que les immobilisations corporelles acquises à la suite d'apports, de scissions, de fusions de sociétés ou de cessions d'établissement à compter du 1er janvier 1992 ne peuvent avoir une valeur locative inférieure à 80 % de son montant avant l'opération. Il en va de même des transmissions universelles du patrimoine réalisées à compter du 1er janvier 2010 conformément à l'article 1844-5 du Code civil.

La valeur plancher n'a pas cessé d'évoluer depuis 1980. Fixée aux 2/3 du montant antérieur pour les opérations réalisées entre le 1er janvier 1976 et le 31 décembre 1988, le taux est passé à 85 % pour celles réalisées entre le 1er janvier 1989 et le 31 décembre 1991 lorsque les bases des établissements concernés représentaient la même année plus de 20 % des bases de taxe professionnelle imposées au profit de la commune d'implantation.

(185) CGI, art. 1516.
(186) *JO* 1er août 1990.

Le plancher de valeur locative est toutefois plus réduit pour les opérations réalisées à compter du 1er janvier 2005 lorsque l'entreprise cédante fait l'objet d'une procédure de redressement judiciaire. Il est de 50 % pendant la procédure et les deux années qui suivent.

2) L'existence d'un lien entre les parties emporte l'application d'une valeur plancher plus élevée, exception faite lorsque l'entreprise cédante connaît des difficultés matérialisées par une procédure de sauvegarde, de redressement ou de liquidation judiciaire. Porté à 90 % lorsque les parties sont membres d'un même groupe fiscalement intégré, voire, pour les opérations réalisées à compter du 1er janvier 2011, à 100 % lorsque l'entreprise cessionnaire contrôle, directement ou indirectement, l'entreprise cédante ou que les deux sont contrôlées par la même entreprise, il est ramené à 50 % en cas de difficultés du cédant durant la procédure et les deux années qui suivent le jugement ordonnant la cession ou autorisant la cession d'actifs en cours de période d'observation.

Pour l'application de l'article 1518 B du CGI, la notion de cession d'établissement s'entend au sens du droit civil et du droit des sociétés sans qu'il y ait lieu de distinguer selon que la transmission est réalisée à titre gratuit ou à titre onéreux[187].

L'appréciation est portée *in concreto* sans exiger une continuation de la même activité par le cessionnaire. Sur ce point, la jurisprudence a évolué. Alors qu'en 2008, le Conseil d'État avait considéré qu'« un établissement doit être regardé comme ayant fait l'objet d'une cession lorsque tous les éléments mobiliers et immobiliers, corporels et incorporels, qui sont nécessaires à l'activité exercée ont été acquis par un même redevable qui y poursuit une activité identique »[188], la condition de l'identité de l'activité exercée a disparu en 2011. Suivant les conclusions de son rapporteur public, le Conseil d'État a jugé qu'« un établissement doit être regardé comme ayant fait l'objet d'une cession lorsque le même redevable a acquis l'ensemble des éléments mobiliers et immobiliers, qui étaient nécessaires à l'activité exercée par le cédant, en vue d'y exercer avec ces moyens sa propre activité »[189].

De manière plus récente, et implicite en raison d'un renvoi à la juridiction d'appel, le Conseil d'État a admis que la cession d'une branche complète d'activité constitue une cession d'établissement au sens de l'article 1518 B précité[190].

1956. – **Majoration pour la taxe foncière sur les propriétés non bâties.** Afin de dissuader les propriétaires de terrains constructibles de les maintenir en l'état alors qu'ils sont situés dans une aire marquée par de fortes tensions immobilières, l'article 1396 du Code général des impôts prévoit, sauf exonérations[191], l'application d'une majoration de 25 % de leur valeur locative cadastrale. En principe facultative – car dépendant d'une décision de l'organe délibérant local – la majoration est devenue obligatoire le 1er janvier 2015 dans les communes où s'appliquent la taxe sur les logements vacants[192] ou celle frappant les loyers élevés des logements de petite surface[193].

(187) CE, 13 déc. 2006, n° 275.239, *SNC Rocamat Pierre naturelle* : *Dr. fisc.* 2007, n° 9, comm. 234, concl. S. Verclytte ; *RJF* 3/2007, n° 288. – CE, 13 févr. 2013, n° 348.681, *Clerget* : *Dr. fisc.* 2013, n° 28, comm. 367, note B. Toulemont et A. Nikolic, *L'article 1518 B à l'heure de la CET* : *RJF* 5/2013, n° 502, étude 364.

(188) CE, 3 sept. 2008, n° 295.010, *Min. c/ SA Literie Duvivier* : *Dr. fisc.* 2008, n° 46, comm. 570, concl. P. Collin, note M. Buchet ; *RJF* 12/2008, n° 1334.

(189) CE, 3 févr. 2011, n° 327.724, *SA Distillerie Entrepôts et Usines du Languedoc et de Provence* : *Dr. fisc.* 2011, n° 20, comm. 350, concl. L. Olléon ; *RJF* 4/2011, n° 447. – CE, 7 nov. 2013, n° 341.856, *Min. c/ SARL SIF* : *Dr. fisc.* 2014, n° 4, comm. 89, concl. C. Legras, note B. Toulemont et A. Nikolic.

(190) CE, 7 nov. 2013, n° 341.856, *Min. c/ SARL SIF* : *Dr. fisc.* 2014, n° 4, comm. 89, concl. C. Legras, note B. Toulemont et A. Nikolic.

(191) CGI, art. 1396, D.

(192) CGI, art. 232.

(193) CGI, art. 234, I.

À compter du 1er janvier 2017, la majoration de 25 % sera remplacée par une majoration de 3 € par mètre carré. L'organe délibérant local compétent pourra toutefois moduler ce montant, entre 1 et 5 €. Seul un nombre entier pourra être fixé.

Un autre dispositif, cette fois-ci facultatif, est prévu dans les collectivités non concernées par la majoration de droit de 25 %. L'organe délibérant local peut voter l'application d'une majoration forfaitaire de la valeur locative des terrains non exonérés(194) comprise entre 0 et 3 € pour chaque mètre carré de terrains constructibles situés dans des zones urbaines ou, sous conditions, à urbaniser et délimitées sur un document d'urbanisme ou un document en tenant lieu(195).

La surface à laquelle la majoration s'applique est réduite de 200 m² par parcelle sachant que, pour éviter la commission d'abus, les parcelles contiguës constructibles détenues par un même propriétaire sont considérées comme ne formant qu'une seule et même parcelle. Cette réduction pourra être supprimée par l'organe délibérant local compétent à compter du 1er janvier 2017.

Par ailleurs, la majoration ne peut être supérieure à 3 % d'une valeur forfaitaire moyenne au mètre carré définie par décret(196).

1957. – **Majoration pour la taxe d'habitation. Résidences secondaires.** La tension du marché immobilier dans les communes où s'applique la taxe sur les logements vacants explique la possibilité ouverte par l'article 1407 ter du Code général des impôts à l'organe délibérant local compétent d'appliquer une majoration de 20 % à la base d'imposition des seules résidences secondaires.

Un dégrèvement, sur réclamation, est toutefois possible dans trois cas (logement situé à proximité du lieu de travail, hébergement durable dans une maison de retraite, impossibilité d'affecter le logement à son habitation principale en raison d'une cause extérieure)(197).

Le Conseil constitutionnel a validé ce dispositif tout en considérant qu'il ne pouvait s'appliquer qu'à des logements habitables(198).

2° Diminution de la base d'imposition

Plusieurs dispositions fiscales permettent de diminuer la base d'imposition retenue pour l'établissement des impôts directs locaux. En mettant de côté certaines réductions communes pour quelques biens particuliers prévues par l'article 1518 A du Code général des impôts (aéroports, installations destinées à la lutte contre la pollution des eaux et de l'atmosphère), les développements seront limités à certains abattements obligatoires ou facultatifs appliqués en matière de taxe foncière sur les propriétés bâties (*a*), de taxe foncière sur les propriétés non bâties (*b*) et de taxe d'habitation (*c*).

a) La taxe foncière sur les propriétés bâties

1958. – **Abattement général de 50 %.** Un abattement de 50 % est appliqué sur la valeur locative cadastrale des propriétés soumises à la taxe foncière sur les propriétés bâties(199). Il s'agit là de tenir compte de certains frais (gestion, assurances, entretien, réparation).

(194) CGI, art. 1396, D.
(195) CGI, art. 1396.
(196) CGI, ann. III, art. 321 H.
(197) CGI, art. 1407 ter, II.
(198) Cons. const., 29 déc. 2014, n° 2014-708 DC, consid. 11.
(199) CGI, art. 1388.

1959. – Abattement spécifique de 50 %. Prévue par la loi de finances pour 2016, l'application d'un abattement de 50 % peut être décidée par l'organe délibérant local sur la valeur locative de bâtiments faisant l'objet d'une première imposition à compter de 2016 et affectés directement aux opérations de recherche scientifique et technique évalués conformément à l'article 1499 du Code général des impôts (V. *supra*, n° 1948)(200).

1960. – Abattement spécifique de 30 %. Bénéficient d'un abattement de 30 % certains logements sociaux situés dans un quartier prioritaire de la politique de la ville et dont le propriétaire est signataire d'un contrat de ville(201).

L'abattement est applicable l'année qui suit la signature du contrat de ville et pour les impositions 2016 à 2020.

Sauf délibération contraire de l'organe délibérant compétent, un abattement identique s'applique également en Guadeloupe, Guyane, Martinique, à Mayotte ou à La Réunion. Cet abattement, qui ne peut être cumulé avec celui ouvert par l'article 1388 bis, concerne les logements sociaux qui ont fait l'objet de travaux d'amélioration réalisés avec le concours financier de l'État. L'abattement s'applique durant cinq années à compter de l'achèvement des travaux, lesquels doivent intervenir avant fin 2016(202).

Les collectivités territoriales et établissements publics de coopération intercommunale dotés d'une fiscalité propre peuvent encore, par une délibération, instituer un abattement de 30 % sur la valeur locative des locaux d'habitation situés dans des immeubles collectifs et issus de la transformation de locaux industriels ou commerciaux lorsque sont présents, sur leur territoire, un ou plusieurs quartiers prioritaires de la ville(203).

1961. – Abattement spécifique de 25 %. Créé par la loi de finances rectificative pour 2013, un abattement de 25 % est appliqué aux impositions établies au titre des années 2014 à 2018 sur décision de l'organe délibérant local compétent à la base d'imposition des locaux faisant l'objet d'une convention ou d'un contrat de résidence temporaire(204).

Le bénéfice de l'abattement est subordonné à la souscription d'une déclaration avant le 1er janvier de l'année suivant celle de l'acte. En cas de souscription hors délai, l'abattement s'applique pour la durée restant à courir après le 31 décembre de l'année de la souscription.

1962. – Abattement dégressif spécifique aux DOM. Sauf délibération contraire de l'organe délibérant compétent, un abattement dégressif dans le temps de 50 % à 30 %, voire de 80 % à 50 %, est appliqué à la base d'imposition des immeubles situés en Guadeloupe, en Guyane, en Martinique, à Mayotte ou à La Réunion et rattachés entre le 1er janvier 2009 et le 31 décembre 2018 à un établissement réunissant les conditions requises pour bénéficier du régime des zones franches dans les départements d'outre-mer(205).

(200) CGI, art. 1518 A quater.
(201) CGI, art. 1388 bis, I.
(202) CGI, art. 1388 ter.
(203) CGI, art. 1518 A ter.
(204) CGI, art. 1388 quinquies A.
(205) CGI, art. 1388 quinquies.

1963. – **Abattement dégressif spécifique à Mayotte.** Un abattement spécifique à Mayotte a été créé par l'ordonnance n° 2013-837 du 19 septembre 2013(206) dans le cas particulier de la cession par une personne publique d'un bien immobilier à un occupant irrégulier qui l'affecte en tant que sa résidence principale(207). Applicable de plein droit sauf délibération contraire de l'organe délibérant, et cumulable avec celui prévu par l'article 1388 quinquies (V. *supra*, n° 1962) – auquel cas il s'applique en second – le taux de l'abattement est dégressif dans le temps de 100 % à 0 % en diminuant de 20 points chaque année.

1964. – **Abattement dégressif spécifique aux grands ports maritimes.** Un abattement dégressif dans le temps s'applique à la base d'imposition des grands ports maritimes faisant l'objet d'un transfert de propriété de la part de l'État. L'abattement s'applique à compter de l'année qui suit ce transfert avec un taux de 100 % les deux premières années puis, 75 %, 50 % et 25 % chaque année suivante(208).

1965. – **Abattement dégressif spécifique sous condition de ressources.** Un abattement est prévu à compter de l'imposition 2015 (*de facto*, 2017) au profit des contribuables qui ont bénéficié d'une exonération fondée sur l'article 1390, I (et I bis) ou 1391, I (et II-1°) du Code général des impôts (V. *supra*, n° 1936). Afin d'amortir l'effet de la sortie de ce régime de faveur, un abattement dégressif s'applique à leur résidence principale à concurrence des deux tiers la première année qui suit la fin de l'exonération et un tiers l'année suivante(209).

1966. – ***Prorata temporis* pour les saisonniers et apprentis.** Sous condition de souscrire une déclaration avant le fait générateur de l'imposition, les propriétés bâties affectées exclusivement à l'hébergement des travailleurs saisonniers et des apprentis bénéficient d'une diminution de la base d'imposition selon la règle du *prorata temporis*(210).

b) La taxe foncière sur les propriétés non bâties

1967. – **Abattement général de 20 %.** Un abattement de 20 % est appliqué sur la valeur locative cadastrale des propriétés soumises à la taxe foncière sur les propriétés non bâties(211).

c) La taxe d'habitation

1968. – **Abattements de droit.** Un premier abattement, chronologiquement, est prévu à compter de l'imposition 2015 (*de facto*, 2017) au profit des contribuables qui ont bénéficié d'une exonération fondée sur l'article 1414, I (et I bis) du Code général des impôts (V. *supra*, n° 1944). Afin d'amortir l'effet de la sortie de ce régime de faveur, un abattement dégressif s'applique à leur résidence principale à concurrence des deux tiers la première année qui suit la fin de l'exonération et un tiers l'année suivante(212).

(206) *JO* 20 sept. 2013.
(207) CGI, art. 1388 sexies.
(208) CGI, art. 1388 septies.
(209) CGI, art. 1414, I bis.
(210) CGI, art. 1388 quater.
(211) CGI, art. 1396.
(212) CGI, art. 1414, I bis.

Un second abattement est appliqué pour charges de famille en fonction du nombre de personnes à charge présentes dans le local[(213)].

Sont considérés comme telles les enfants selon les règles retenues en matière d'impôt sur le revenu et les ascendants âgés de plus de soixante-dix ans ou infirmes sous condition de résidence commune et de revenus inférieurs au seuil prévu par l'article 1417 du Code général des impôts (V. *supra*, n° 1936).

L'abattement est égal à 10 % de la valeur locative moyenne des habitations de la commune pour chacune des deux premières personnes à charge, taux porté à 15 % à compter de la troisième. Ces taux peuvent être majorés par l'organe délibérant dans la limite de dix points.

1969. – **Abattements facultatifs.** Un conseil municipal – ou l'organe délibérant d'un établissement public de coopération intercommunale[(214)] – peut décider d'accorder le bénéfice de certains abattements supplémentaires.

1) Un premier abattement peut ainsi être accordé à la base pouvant aller jusqu'à 15 % de la valeur locative moyenne des habitations de la commune[(215)].

Il ne s'agit pas d'un abattement appliqué sur la valeur locative cadastrale mais bien d'une déduction qui repose sur le rapport entre le total des valeurs locatives cadastrales brutes, sans tenir compte des locaux exceptionnels, et le nombre de locaux[(216)].

2) Un deuxième abattement égal à un pourcentage de la valeur locative moyenne des habitations de la commune, pouvant aller jusqu'à 15 %, peut être accordé par délibération du conseil municipal en complément du premier au profit des contribuables dont les revenus sont inférieurs au seuil de l'article 1417 du Code général des impôts (V. *supra*, n° 1936) et à la condition que l'habitation principale ait une valeur locative inférieure à 130 % de la moyenne communale, ce dernier pourcentage étant automatiquement augmenté de dix points par personne à charge[(217)].

3) Sous réserve d'une déclaration avant le fait générateur de l'imposition, un troisième abattement de 10 % de la valeur locative moyenne des habitations de la commune peut être accordé par délibération du conseil municipal à certaines personnes titulaires de l'allocation supplémentaire ou de l'allocation aux adultes handicapés, aux personnes atteintes d'une infirmité ou d'une invalidité les empêchant de subvenir par leur travail aux nécessités de l'existence ou aux titulaires de la carte d'invalidité. Le bénéfice de cet abattement est aussi accordé aux personnes qui les accueillent[(218)].

4) L'abattement de 30 % prévu pour les locaux à usage d'habitation situés dans des immeubles collectifs eux-mêmes situés dans une commune ou sur le territoire d'un établissement public de coopération intercommunale à fiscalité propre comprenant au moins un quartier classé en zone urbaine sensible s'applique également à la taxe d'habitation (V. *supra*, n° 1962).

1970. – ***Prorata temporis* pour les saisonniers et apprentis.** Sous condition de souscrire une déclaration avant le fait générateur de l'imposition, les locaux affectés exclusivement à l'hébergement des travailleurs saisonniers et des apprentis bénéficient d'une diminution de la base d'imposition selon la règle du *prorata temporis*[(219)].

(213) CGI, art. 1411, II.
(214) CGI, art. 1411, II bis.
(215) CGI, art. 1411, II-2°.
(216) CGI, art. 1411, II-4°.
(217) CGI, art. 1411, II-3°.
(218) CGI, art. 1411, II-3° bis.
(219) CGI, art. 1411 bis.

SECTION 2

LIQUIDATION DES TAXES FONCIÈRES ET DE LA TAXE D'HABITATION

Le calcul des taxes foncières et de la taxe d'habitation procède de l'application d'un tarif à la base imposable (§ 1) avant corrections (§ 2).

§ 1. – Tarif de l'impôt

1971. – **Organes compétents.** Les taux des taxes foncières et de la taxe d'habitation sont votés par les organes délibérants des collectivités territoriales ou de leurs groupements lorsqu'ils sont dotés d'une fiscalité propre[220].

Les conseils municipaux et les organes délibérants des établissements publics de coopération intercommunale dotés d'une fiscalité propre sont compétents en matière de taxes foncières et de taxe d'habitation[221].

Les conseils départementaux sont compétents en matière de taxe foncière sur les propriétés bâties[222].

1972. – **Champ de compétence limité.** Le champ de compétence des organes délibérants est limité. L'évolution des taux est en effet strictement encadrée de manière à éviter autant que possible une concurrence fiscale exacerbée entre collectivités tout en permettant d'adapter la fiscalité locale à l'environnement de chaque territoire.

Selon les dispositions du Code général des impôts, soit les taux de tous les impôts directs locaux, y compris la cotisation foncière des entreprises, évoluent de manière identique, soit ils évoluent de manière différenciée[223]. Les taux des taxes foncières et de la taxe d'habitation votés par le conseil municipal ne peuvent cependant excéder deux fois et demie le taux moyen constaté l'année précédente pour le même impôt dans l'ensemble des communes du département ou, s'il est plus élevé, le taux moyen national[224].

Par ailleurs, certaines règles particulières existent qui limitent tout autant le champ de compétence des organes délibérants locaux. Ainsi, si dans les communes où les bases de la taxe foncière sur les propriétés non bâties étaient nulles l'année précédente, le conseil municipal est compétent pour fixer le taux de l'impôt, le rapport entre le taux voté et le taux moyen constaté pour cet impôt l'année précédente ne peut excéder le rapport entre le taux de taxe d'habitation de la commune pour l'année d'imposition et le taux moyen constaté en ce domaine l'année précédente dans l'ensemble des communes[225]. La même règle s'applique aux établissements publics de coopération intercommunale à fiscalité propre additionnelle[226].

(220) CGI, art. 1636 B sexies, I et 1636 B sexies A.
(221) CGI, art. 1636 B sexies, I-1.
(222) CGI, art. 1636 B sexies A.
(223) CGI, art. 1636 B sexies, I-1 et 1636 B sexies A.
(224) CGI, art. 1636 B septies.
(225) CGI, art. 1636 B sexies, I ter-1.
(226) CGI, art. 1636 B sexies, I ter-2.

Les taux des taxes foncières et de la taxe d'habitation votés par les organes délibérants locaux compétents peuvent néanmoins être diminués jusqu'au taux moyen national correspondant ou, s'il est plus élevé, au taux de la cotisation foncière des entreprises de la collectivité ou de l'établissement public de coopération internationale concernés(227). Faute d'une telle possibilité, le taux de la taxe d'habitation peut tout de même être diminué jusqu'au taux moyen national constaté l'année précédente pour cet impôt dans les collectivités de même nature lorsque le taux de la cotisation foncière des entreprises de l'année précédente est inférieur au taux moyen national constaté pour cet impôt la même année(228).

Pour les communes membres d'un établissement public de coopération intercommunale doté ou non d'une fiscalité propre, les taux des impôts directs locaux sont majorés, pour les calculs, de ceux appliqués au titre de cet établissement.

Lorsque la faculté offerte par le paragraphe 2 de l'article 1636 B sexies, I du CGI est utilisée, il devient impossible d'y recourir à nouveau durant les trois années suivantes.

De manière à neutraliser les effets de la création d'un établissement public de coopération intercommunale à fiscalité propre, les rapports entre les quatre impôts directs locaux doivent être égaux, la première année, aux rapports constatés l'année précédente entre les taux moyens pondérés de chaque impôt dans l'ensemble des communes membres(229).

§ 2. – Corrections de l'impôt

Une fois l'impôt calculé après application du tarif à la base d'imposition, des corrections peuvent être appliquées en vue de sa diminution (A). Seules seront abordées dans le présent développement les diminutions appliquées avant paiement de l'impôt. Des dégrèvements sur réclamation existent en effet (V. *infra*, n° 1983). Des frais sont également exigibles en complément (B).

A. – Corrections à la baisse de l'impôt

Plusieurs réductions d'impôt existent en faveur des redevables des trois impôts directs locaux.

1° La taxe foncière sur les propriétés bâties

1973. – **Réduction automatique.** Les personnes âgées de plus de soixante-cinq ans au 1er janvier de l'année d'imposition qui ne sont pas exonérées bénéficient d'un dégrèvement d'office de 100 € sur la cotisation de la taxe foncière frappant leur résidence principale lorsque leur revenu n'excède pas le seuil prévu par l'article 1417 (V. *supra*, n° 1936)(230).

2° La taxe foncière sur les propriétés non bâties

1974. – **Réductions soumises à déclaration.** Sur déclaration déposée avant le 31 janvier de l'année d'imposition, un dégrèvement est accordé aux associations

(227) CGI, art. 1636 B sexies, I-2.
(228) *Ibid.*
(229) CGI, art. 1636 B sexies, II.
(230) CGI, art. 1391 B.

foncières pastorales à raison des terrains classés en prés et prairies naturels, herbages et pâturages ou en landes, pâtis, bruyères, marais, terres vaines et vagues pour l'année 1995 et des vingt-deux années suivantes, soit jusqu'en 2014, à la condition que les recettes provenant d'activités autres qu'agricoles ou forestières n'excèdent ni 30 % du chiffre d'affaires tiré de l'activité agricole ni 30 000 €, remboursement de frais et taxes compris[231].

Dans les mêmes conditions déclaratives, et sur délibération des organes compétents, un dégrèvement est également accordé aux jeunes agriculteurs sans qu'il puisse excéder cinq années[232].

3° La taxe d'habitation

1975. – **Plafonnement automatique en fonction du revenu.** Sous réserve de ne pas être redevables de l'impôt de solidarité sur la fortune[233], et sous conditions de ressources, les contribuables qui ne bénéficient pas déjà d'une exonération ou d'un dégrèvement d'office (V. *supra*, n° 1944) ont droit à l'application d'un plafonnement de leur cotisation[234].

Sont concernés les contribuables dont les revenus du foyer fiscal de l'année précédente, moyennant corrections[235], sont inférieurs au seuil prévu par l'article 1417, II, à savoir, pour l'imposition 2016, 25 155 € pour la première part de quotient familial majorée de 5 877 € la première demi-part et 4 626 € pour chaque demi-part supplémentaire. Ces montants sont portés à 30 401 €, 6 449 € pour la première demi-part et 6 149 € pour la deuxième demi-part et 4 626 € pour les suivantes à la Martinique, à La Réunion et à la Guadeloupe. Ils sont enfin fixés à 33 316 € pour la première part, 6 449 € pour les deux premières demi-parts, 5 491 € pour la troisième demi-part et 4 626 € pour les suivantes en Guyane et à Mayotte.

Sous réserve que la réduction excède 15 €, l'impôt est écrêté à hauteur de 3,44 % du revenu du foyer fiscal au sens de l'article 1417, IV diminué d'un abattement fixé à 5 456 € pour la première part de quotient familial, majoré de 1 578 € pour les quatre premières demi-parts et 2 790 € pour chaque demi-part supplémentaire. Pour la Martinique, la Guadeloupe et La Réunion, l'abattement est fixé à 6 550 € pour la première part de quotient familial, majoré de 1 578 € pour les deux premières demi-parts et 2 790 € pour chaque demi-part supplémentaire. Pour la Guyane et Mayotte, l'abattement est fixé à 7 274 € pour la première part de quotient familial, majoré de 1 212 € pour les deux premières demi-parts et 2 906 € pour chaque demi-part supplémentaire.

La simplicité du dispositif – fort heureusement automatique – n'est cependant qu'apparente… Les correctifs apportés à la réforme de la taxe professionnelle et à la nouvelle répartition de la compétence et des recettes en matière d'impôts directs locaux conduisent à rendre inintelligibles les règles juridiques pour le commun des contribuables. Au lecteur de l'extrait suivant d'en juger :

« À compter de 2011, le montant du dégrèvement prévu au I est réduit d'un montant égal au produit de la base nette imposable au profit des communes et de leurs établissements publics de coopération intercommunale par la différence entre le taux global de taxe d'habitation constaté dans la commune au titre de l'année d'imposition et ce même taux global constaté en 2000, multiplié par un coefficient de 1,034./À Mayotte, à compter de 2014, le montant du dégrèvement prévu au I est réduit d'un montant égal au produit de la base nette imposable au profit des communes mahoraises et de leurs établissements publics de coopération intercommunale par la différence entre le taux global de taxe d'habitation constaté dans la commune au titre de l'année d'imposition et ce même taux global constaté en 2014 (…) »[236].

(231) CGI, art. 1398 A.
(232) CGI, art. 1647-00 bis.
(233) CGI, art. 1413 bis.
(234) CGI, art. 1414 A.
(235) CGI, art. 1417, IV.
(236) CGI, art. 1414 A, III.1.A.

Le même dispositif est appliqué aux personnes hébergées durablement dans un établissement dès lors que leur ancienne résidence principale, soumise à imposition, demeure libre de toute occupation[237].

1976. – **Réduction soumise à déclaration.** Sur déclaration déposée avant le 1er mars de chaque année[238], les gestionnaires de foyers de jeunes travailleurs, de foyers de travailleurs migrants et les organismes à but non lucratif agréés ou sous convention avec l'État sont dégrevés d'office à raison des logements loués ou sous-loués à des personnes défavorisées[239].

B. – Prise en charge des frais de l'État

1977. – **État prestataire.** La prise en charge du recouvrement par les services fiscaux n'est pas gratuite. Ce qui s'apparente à des frais d'assiette et de recouvrement est ainsi prélevé et directement supporté par le contribuable local[240], et ce au moyen d'un prélèvement fiscal égal, depuis le 1er janvier 2011, à 1 % du montant des deux taxes foncières, y compris la taxe additionnelle à la taxe foncière sur les propriétés non bâties, et de la taxe d'habitation[241].

À ce premier prélèvement fiscal, se rajoute un second de 2 % en contrepartie des frais de dégrèvement et de non-valeurs que l'État prend à sa charge[242]. Le champ des impositions concernées est le même que pour les frais d'assiette et de recouvrement, à l'exception de la taxe d'habitation frappant les locaux meublés affectés à l'habitation principale qui y échappe.

En outre, un autre prélèvement est prévu par la même disposition pour tenir compte des dégrèvements fondés sur l'article 1414 A du CGI. Sans concerner les redevables visés par les articles 1414 et 1414 A du même code à raison de leur résidence principale, le prélèvement est assis sur la valeur locative servant de base à la taxe d'habitation des locaux non affectés à l'habitation principale. Le taux est de 1,7 % pour une valeur locative supérieure à 7 622 €, 1,2 % lorsque la valeur locative est comprise entre 4 573 € et 7 622 € et 0,2 % dans les autres cas. En outre, est également prélevé en supplément 1,5 % du montant de la taxe d'habitation due pour les locaux meublés non affectés à l'habitation principale.

SECTION 3

RECOUVREMENT DES TAXES FONCIÈRES ET DE LA TAXE D'HABITATION

L'analyse du recouvrement des taxes foncières et de la taxe d'habitation implique, d'une part, de préciser le redevable de l'imposition (§ 1) et, d'autre part, de développer les modalités de paiement (§ 2).

(237) CGI, art. 1414 B.
(238) CGI, ann. III, art. 322 et 322 bis.
(239) CGI, art. 1414, II.
(240) CGI, art. 1641.
(241) CGI, art. 1641, II.
(242) CGI, art. 1641, I-A.

§ 1. – Redevable de l'impôt

1978. – Taxe d'habitation. En matière de taxe d'habitation, le redevable est normalement l'occupant du local, et ce à quelque titre que ce soit(243). Toutes les personnes juridiques, y compris les personnes morales de droit public ou de droit privé, sont concernées. Encore faut-il qu'elles aient la jouissance ou la disposition des locaux imposables(244).

La location d'un logement une partie de l'année (location saisonnière) est sans influence sur l'imposition à la taxe d'habitation. Son propriétaire est redevable de la taxe d'habitation à partir du moment où il peut être regardé à la date du 1er janvier comme entendant s'en réserver la disposition ou la jouissance. De ce point de vue, son assujettissement à la cotisation foncière des entreprises n'a pas d'incidence(245). La situation est toutefois différente lorsque la location est consentie à un étudiant à titre de résidence principale durant au moins neuf mois continus. La présence de ce dernier au 1er janvier de l'année d'imposition le rend alors redevable(246).

Ne peut être considéré comme jouissant librement d'un logement, et partant n'est pas imposable à la taxe d'habitation :

– un militaire logé gratuitement en dehors de l'enceinte militaire et qui est soumis à des règles strictes interdisant la visite de non-militaires, une visite pour vérifier la tenue des locaux et la soumission aux horaires du régiment(247) ;

– une personne âgée occupant une maison de retraite soumise à un règlement intérieur imposant des repas en commun et limitant les horaires de visite(248).

En cas d'occupation collective d'un local, l'imposition est due par le ou les occupant(s) mentionné(s) sur la convention de bail. En revanche, lorsque le bien est en jouissance à temps partagé, le redevable est la société d'attribution créée à cet effet(249).

Dans l'hypothèse d'une imposition suite à une vacance supérieure à cinq années, le redevable est celui qui dispose de l'usufruit, le preneur à bail à construction ou l'emphytéote(250).

1979. – Taxes foncières. En matière de taxes foncières, et sauf exceptions, les taxes foncières sont dues par le propriétaire actuel(251).

Pour les sociétés prévues par l'article 1655 ter du CGI, l'imposition est répartie entre tous les membres de la société en proportion de leurs parts(252).

La loi de finances rectificative pour 2008 a confirmé le statut de redevable de l'Office national des forêts(253). Le complément est apporté dans l'article 1400, V pour les forêts et terrains visés à l'article L. 221-2 du Code forestier.

Les exceptions sont plurielles et visent les hypothèses d'un démembrement de la propriété avec constitution d'usufruit, d'une location par bail emphytéotique, par bail à construction, par bail à réhabilitation ou, lorsqu'il s'agit d'une dépendance du

(243) CGI, art. 1408, I.
(244) *Ibid.*
(245) CE, 20 févr. 1991, n° 72.338, *Belliot : Dr. fisc.* 1991, n° 13, comm. 702 ; *RJF* 4/1991, n° 454. – CE, 2 juill. 2014, n° 369.073, *Min. c/ Datas : Dr. fisc.* 2014, n° 38, comm. 533.
(246) CE, 26 févr. 2016, n° 389.438, *Min. c/ Lacroix : Dr. fisc.* 2016, n° 22, comm. 351, concl. N. Escaut.
(247) CAA Bordeaux, 19 févr. 2004, n° 01-2676, *Hory : Dr. fisc.* 2004, n° 42, comm. 767, concl. Chemin ; *RJF* 7/2004, n° 737.
(248) CAA Lyon, 16 nov. 2006, n° 02-1109, *Assoc. Accueil et confort pour personnes âgées : RJF* 3/2007, n° 295.
(249) CGI, art. 1408, I, al. 3.
(250) CGI, art. 1408, I, al. 1er.
(251) CGI, art. 1400, I.
(252) CGI, art. 1400, III.
(253) L. n° 2008-1443, 30 déc. 2008 portant loi de finances rectificative pour 2008, art. 108 : *Dr. fisc.* 2009, n° 6, comm. 148.

domaine public, d'une autorisation d'occupation temporaire avec constitution d'un droit réel[254]. Dans ces cas, les impôts sont établis au nom de l'usufruitier, du preneur ou de l'occupant du domaine public.

En dehors de ces cas, et notamment en l'absence de constitution de droits réels par une convention de mise à disposition gratuite de terrains du domaine public par un département à un syndicat mixte en vue de construire et gérer un aéroport, il convient de se reporter à ses stipulations et aux statuts du syndicat pour identifier le propriétaire des installations qui y sont édifiées. Ces dernières n'ayant pas été construites dans le cadre d'un contrat de délégation de service public et n'étant pas destinées à revenir gratuitement au département, le syndicat mixte en était donc le propriétaire au sens de l'article 1400, I du CGI[255].

Lorsque l'imposition a été établie au nom d'une personne autre que le redevable légal, il appartient au juge de l'impôt « même en l'absence de toute demande des parties, de désigner le redevable légal de l'imposition au vu des éléments portés à sa connaissance et après avoir mis en cause ce redevable »[256].

§ 2. – Modalités de recouvrement de l'impôt

1980. – Modes de paiement. Les taxes foncières et la taxe d'habitation ne présentent aucune spécificité quant aux modes de paiement susceptibles d'être utilisés pour se libérer de son obligation fiscale.

Un paiement par voie de prélèvement est toutefois obligatoire lorsque la cotisation de taxe d'habitation et contribution à l'audiovisuel public ou de taxe foncière excède 10 000 €[257]. Par ailleurs, les entreprises qui ont opté pour le paiement des taxes foncières auprès du service chargé des grandes entreprises sont tenues de les régler par télérèglement[258].

Les articles 1681 ter à 1681 ter A du Code général des impôts autorisent une option quant au paiement annuel ou par mensualités de sa créance.

1981. – Solidarité fiscale. Les époux et partenaires signataires d'un PACS sont solidairement tenus du paiement de la taxe d'habitation mais uniquement, comparé à l'impôt sur le revenu, lorsqu'ils vivent sous le même toit[259].

Une décharge de responsabilité peut être demandée (V. *infra*, n° 1167).

De même, une solidarité existe entre le propriétaire et le preneur d'un immeuble[260].

1982. – Privilège du Trésor. Le Trésor bénéficie d'un privilège en matière d'impositions directes locales, lequel s'exerce normalement sur les meubles et effets mobiliers des redevables et sur le matériel d'exploitation[261]. Il est également prévu, de manière spécifique pour les taxes foncières, un privilège sur les « récoltes, fruits, loyers et revenus des biens immeubles sujets à la contribution »[262].

---

(254) CGI, art. 1400, II.
(255) CE, 28 janv. 2015, n° 371.496, *Synd. mixte Aéroport de Saint-Brieuc-Armor* : *Dr. fisc.* 2015, n° 18, comm. 294, concl. N. Escaut, note A. Ralkos.
(256) CE, 27 févr. 2013, n° 337.634, *Min. c/ CCI de Béthune* : *Dr. fisc.* 2013, n° 16, comm. 246, note M. Collet ; *RJF* 5/2013, n° 504. – CE, 21 oct. 2013, n° 358.873, *Min. c/ Semidep* : *Dr. fisc.* 2014, n° 6, comm. 154, concl. B. Bohnert ; *RJF* 1/2014, n° 45.
(257) CGI, art. 1681 sexies.
(258) CGI, art. 1681 septies.
(259) CGI, art. 1691 bis.
(260) CGI, art. 1686.
(261) CGI, art. 1920, 1.
(262) CGI, art. 1920, 2.

1983. – Dégrèvements sur réclamation. Des dégrèvements peuvent être demandés par voie de réclamation auprès de l'administration fiscale en matière de taxe foncière sur les propriétés bâties et non bâties.

1) Taxe foncière sur les propriétés bâties

Un dégrèvement sur réclamation est accordé lorsque, indépendamment de la volonté du contribuable, un immeuble normalement destiné à la location ou un immeuble que le contribuable exploite – ou entend exploiter[263] – à des fins commerciales ou industrielles est en situation de vacance durant une période supérieure à trois mois[264].

La réclamation doit être présentée dans le délai prévu par l'article R. 196-5 du LPF, à savoir au plus tard le 31 décembre de l'année suivant celle au cours de laquelle la vacance ou l'inexploitation atteint la durée minimum exigée.

Le même dégrèvement est accordé aux logements à usage locatif attribués sous conditions de ressources, vacants depuis plus de trois mois et situés dans un immeuble destiné à être démoli[265] ou à faire l'objet de travaux destinés à la réalisation d'économies de charges, au renforcement de la sécurité ou d'amélioration de la vie quotidienne[266]. Faute de disposition particulière, le délai de réclamation est celui prévu par l'article R. 196-2 du LPF.

De même, les personnes qui répondent aux conditions fixées pour le bénéfice de la réduction d'impôt automatique (V. *supra*, n° 1973) sont en droit de demander à être dégrevées lorsqu'elles sont hébergées durablement dans un établissement à la condition que leur résidence principale soumise à imposition demeure libre de toute occupation[267].

Certaines dépenses peuvent également être prises en considération de manière à en obtenir le remboursement total ou partiel par voie de dégrèvement, et ce dans le délai de réclamation propre aux impôts directs locaux prévu par l'article R. 196-2 du Livre des procédures fiscales[268].

C'est ainsi que les dépenses engagées par les organismes d'habitations à loyer modéré ou par des sociétés d'économie mixte qui ont pour objet statutaire la réalisation ou la gestion de logements ou par les organismes qui concourent au logement des personnes défavorisées, pour l'accessibilité et l'adaptation des logements aux personnes en situation de handicap peuvent être « déduites » de la taxe foncière versée aux collectivités territoriales[269]. Même si l'article 1391 C mentionne le caractère déductible des dépenses de la cotisation de taxe foncière, il s'agit bien d'un dégrèvement sur réclamation. L'impôt est en effet établi sans déclaration préalable, du moins périodique, adressée par les contribuables. Sauf à envisager certaines données connues, à l'image de l'âge, l'information ne peut qu'être portée *a posteriori* à la connaissance des services fiscaux.

L'article 1391 E présente une particularité en ce que lorsque l'imputation – *a posteriori* – des dépenses ne peut être effectuée dans sa totalité sur les cotisations des immeubles en cause, le solde est imputable sur les cotisations afférentes à d'autres immeubles du même bailleur pour la même année.

---

(263) CE, 19 sept. 2014, n° 361.566, *Sté des Entrepôts du Centre : Dr. fisc.* 2014, n° 47, comm. 639, note B. Toulemont et C. Roulleau : un contribuable peut prétendre au dégrèvement lorsqu'il résulte de l'instruction qu'il a acquis l'immeuble en vue de l'exploiter lui-même à des fins industrielles et commerciales.
(264) CGI, art. 1389, I.
(265) La production d'une autorisation de démolir est alors exigée, laquelle ne peut être postérieure à l'année au titre de laquelle le dégrèvement est demandé : CE, 28 janv. 2015, n° 368.640, *Min. c/ Office public d'habitat de la C.U. de Strasbourg : Dr. fisc.* 2015, n° 22, comm. 333, note A. Ralkos.
(266) CGI, art. 1389, III.
(267) CGI, art. 1391 B bis.
(268) CGI, art. 1391 C à E.
(269) CGI, art. 1391 C.

Répondant à la suppression du plafonnement de certains impôts directs, *alias* « bouclier fiscal », un plafonnement de la taxe foncière afférente à l'habitation principale est entré en vigueur à compter de l'imposition 2012, et ce à la suite du vote de la loi de finances rectificative pour 2011 (270). Selon le dispositif prévu, proche de celui qui existe en matière de taxe d'habitation (V. *supra*, n° 1975), les contribuables peuvent, sous conditions de ressources et sur réclamation (271), demander à bénéficier d'un écrêtement de leur cotisation de taxe foncière sur les propriétés bâties à hauteur de 50 % du revenu fiscal de référence prévu à l'article 1417, IV du Code général des impôts moyennant quelques corrections.

Depuis 2012, le dégrèvement est réduit d'un montant égal au produit de la base nette imposable au profit des collectivités territoriales ou des établissements publics de coopération intercommunale à fiscalité propre par la différence entre le taux global de la taxe foncière sur les propriétés bâties, y compris les taxes additionnelles, constaté dans ces collectivités ou établissements au titre de l'année d'imposition et ce même taux global constaté en 2011. La réduction ne profite au contribuable que si elle est au moins égale à 15 €.

2) Taxe foncière sur les propriétés non bâties

Les redevables de la taxe foncière sur les propriétés non bâties peuvent bénéficier, sur réclamation, d'un dégrèvement de l'imposition. Tel est le cas lorsque l'immeuble disparaît à la suite d'un événement extraordinaire (272) mais aussi – sauf pour l'agriculteur à être assuré – en cas d'épizootie ou de calamités agricoles avec pertes de récoltes sur pied (273) ou bien encore, et sous conditions, lorsque les terrains sont compris dans le périmètre d'une association foncière pastorale (274).

(270) CGI, art. 1391 B ter.
(271) CGI, art. 1391 B ter, VI.
(272) CGI, art. 1397.
(273) CGI, art. 1398.
(274) CGI, art. 1398 A.

C H A P I T R E 2

CONTRIBUTION ÉCONOMIQUE TERRITORIALE

1984. – Un peu d'histoire. Texte bien connu en ce qu'il constitue le point de départ de la liberté du commerce et de l'industrie, le décret de l'Assemblée nationale constituante – ou, pour prendre la terminologie actuelle une loi – des 2 et 17 mars 1791 est aussi à l'origine du droit de patente en remplacement des droits de jurande et de maîtrise.

Aux termes de l'article 7 du texte, « il sera libre à toute personne de faire tel négoce, ou d'exercer telle profession, art ou métier qu'elle trouvera bon ; mais elle sera tenue de se pourvoir auparavant d'une patente, d'en acquitter le prix suivant les taux ci-après déterminés et de se conformer aux règlements de police qui sont ou pourront être faits ».

Fondé exclusivement sur la valeur locative, et reposant ainsi sur des signes extérieurs, cet impôt a été rapidement supprimé par la Convention[1] avant d'être rétabli, davantage dans une perspective de police, par la loi du 4 thermidor an III. Dans l'intervalle, les revenus étaient soumis à la contribution mobilière.

Selon le rapport de Vernier, du 2 thermidor an III, cité par Boucard et Jèze, à propos de ce qui va devenir la loi du 4 thermidor an III, il était nécessaire de « mettre le Gouvernement en état de connaître les vrais négociants, leur genre de commerce, les ressources qu'on peut en attendre (…) les lois que l'on propose sont moins des lois fiscales que de police »[2].

On substitua alors au droit proportionnel, assis sur la valeur locative, un droit fixe. Puis la loi du 6 fructidor an IV mit en place un régime combinant un droit fixe et un droit proportionnel. Les modifications suivantes, notamment avec les lois du 25 avril 1844 et du 15 juillet 1880, n'eurent de cesse d'ajuster le tarif à l'activité exercée afin de tenir compte du développement de l'industrie des suites des progrès technologiques.

Pour plus de précisions sur l'évolution de cette imposition, V. Boucard et Jèze, *Science des finances*, Giard & Brière, 1902, t. 2, p. 662-667 et p. 702-726.

La contribution des patentes va perdurer jusqu'à la fin de l'année 1975. Sa suppression était souhaitée en réalité bien avant puisque l'ordonnance du 7 janvier 1959 l'évoquait déjà. On la considérait déjà à cette époque comme injuste car ne tenant pas compte de la capacité contributive des entreprises[3].

(1) D. 21-22 mars 1793.
(2) M. Boucard et G. Jèze, *Science des finances*, t. 2, Giard & Brière, 1902, p. 666.
(3) J.-C. Burkel, AN, séance 10 juin 1975 : *JOAN*, p. 3892.

La taxe professionnelle fait son apparition le 1er janvier 1976, date d'entrée en vigueur de la loi n° 75-678 du 29 juillet 1975. Son assiette reposait à l'origine sur la valeur locative des immobilisations corporelles et sur les salaires ou, pour les professions non commerciales employant moins de cinq salariés, sur les recettes.

La réforme a surtout eu un impact sur les assujettis puisque, sur 2 200 000 redevables, 1 400 000 petits commerçants, artisans et prestataires de services bénéficièrent immédiatement d'un allègement de 50 % de leur charge fiscale, alors que 500 000 autres redevables, pour la plupart industriels, supportèrent une augmentation de 30 à 500 % d'où des mesures de plafonnement dès la loi du 28 décembre 1976[(4)].

Objet de critiques récurrentes pour son impact antiéconomique, la taxe professionnelle a été plusieurs fois aménagée. La suppression de la part salariale – effective en 2003 – fut décidée en 1999. Intégrer une fraction des salaires dans l'assiette de l'imposition pénalisait nécessairement les entreprises à forte main d'œuvre, ce qui était décrié en une période sensible marquée par une progression constante du chômage après le choc pétrolier de 1973. La suppression de la part salariale n'a cependant pas mis fin aux critiques contre cette imposition. La base imposable comprenait en effet toujours la valeur locative des immobilisations corporelles. Or, ce choix politique revient à imposer l'outil de travail et, partant, l'investissement. C'est précisément ce qui va conduire le Président Sarkozy, au cours d'un discours le 5 février 2009, à annoncer la suppression de ce prélèvement. Le Gouvernement va cependant, et très rapidement, nuancer les propos du chef de l'État en précisant que cette suppression projetée ne concernait que les équipements et biens productifs. La contribution économique territoriale est alors en germe.

1985. – **Contribution économique territoriale.** La suppression de la taxe professionnelle a été votée par le législateur dans la loi de finances pour 2010[(5)]. En lieu et place de cet impôt décrié qui, rappelons-le, faisait lui-même suite à un impôt tout aussi contesté, a été créée la contribution économique territoriale. En réalité, ce que dissimule l'intitulé, la taxe professionnelle n'a pas été remplacée par un seul prélèvement mais par deux : la cotisation foncière des entreprises (CFE) et la cotisation sur la valeur ajoutée des entreprises (CVAE), prélèvements que le Gouvernement avait, à l'origine, dénommés cotisation locale d'activité et cotisation complémentaire.

Ces nouvelles dénominations sont le fruit de la commission des finances du Sénat.

La cotisation foncière des entreprises est assise sur la valeur locative de la plupart des biens passibles d'une taxe foncière en France dont le redevable a disposé pour les besoins de son activité professionnelle. À quelques aménagements près, notamment l'exclusion des équipements et biens mobiliers souhaitée par le Président Sarkozy, le régime juridique de ce prélèvement est celui de la taxe professionnelle.

La cotisation sur la valeur ajoutée des entreprises reprend le principe de la cotisation minimale de taxe professionnelle assise sur la valeur ajoutée auparavant prévue par l'article 1649 E du Code général des impôts. La cotisation de taxe professionnelle ne pouvait alors pas être inférieure à 1,5 % de la valeur ajoutée produite par l'entreprise. Une différence essentielle doit tout de même être relevée avec la

(4) G. Tournié, *La politique fiscale sous la Ve République*, Privat, 1985, p. 146.
(5) L. fin. n° 2009-1673, 30 déc. 2009, art. 2 et s.

taxe professionnelle qui tient au découplage de la cotisation sur la valeur ajoutée de la cotisation foncière des entreprises. La référence au découplage ne doit cependant pas être interprétée comme impliquant une déconnexion des deux prélèvements eu égard aux liens étroits qui les unissent, à commencer par le champ d'application et les exonérations.

Faut-il alors considérer l'existence de deux impôts ? Même si l'article 1447-0 du Code général des impôts dispose que la contribution économique territoriale est formée de deux composantes, que sont ces deux prélèvements, rien ne s'oppose à cette assertion. L'analyse des textes permet en effet de constater que la contribution économique territoriale n'existe aujourd'hui que par le jeu d'un plafonnement en fonction de la valeur ajoutée[(6)] (V. *infra*, n° 2051).

Jusqu'à la fin 2013, un deuxième dispositif existait à destination des entreprises[(7)] (V. *infra*, n° 2050). Il est également remarquable de constater que la CET n'apparaît pas dans le plan de classement de la base *BOFiP-I*. La cotisation foncière des entreprises est classée dans la rubrique des impôts fonciers avec les taxes foncières et la taxe d'habitation.

De ces constatations, il résulte que la contribution économique territoriale est très loin de présenter les traits d'une réforme d'ampleur. Tout au plus s'agit-il d'un aménagement de la taxe professionnelle marqué par la suppression des équipements et biens mobiliers de l'assiette de l'imposition et le découplage de la cotisation minimale de taxe professionnelle du dispositif pour la rendre autonome. Fallait-il alors changer la dénomination de l'imposition ? Les aménagements réalisés ne le justifiaient nullement. Seule la volonté politique de marquer une évolution du prélèvement l'explique. Les modifications réalisées s'inscrivent tout au plus dans le mouvement amorcé depuis la loi de finances pour 1999 avec la diminution de l'assiette.

Les aménagements au régime d'imposition ne permettent même pas de soutenir un constat de simplification du dispositif étant donné que la volonté politique de neutraliser les effets d'aubaine susceptibles d'être retirés de la réforme de la taxe professionnelle s'est traduite par la création de plusieurs impôts supplémentaires, regroupés sous l'intitulé unique – et ce faisant là encore trompeur – de l'imposition forfaitaire sur les entreprises de réseaux (IFER).

1986. – **Imposition forfaitaire sur les entreprises de réseaux.** Modifier l'assiette d'une imposition, surtout lorsqu'il s'agit de retirer les équipements et biens mobiliers, ne peut se faire sans conduire certains contribuables à acquitter un supplément d'impôt et d'autres à voir leur contribution aux charges publiques réduite. La réforme de la taxe professionnelle pouvait difficilement échapper à ce constat. Telle est la raison pour laquelle, à côté de mécanismes amortisseurs en cas d'augmentation de la charge fiscale, a été créée, en marge de la contribution économique territoriale, une imposition forfaitaire sur les entreprises de réseaux regroupant neuf prélèvements différents[(8)], et ce afin d'éviter que ces entreprises ne puissent retirer un avantage de la réforme. Les réseaux, qu'ils concernent l'énergie (canalisations de gaz, éoliennes,

(6) CGI, art. 1647 B sexies.
(7) CGI, art. 1647 C quinquies B.
(8) CGI, art. 1635-0 quinquies.

barrages hydroélectriques, centrales nucléaires), les télécommunications (centraux téléphoniques) ou le transport ferroviaire (matériel roulant), étaient auparavant particulièrement imposés.

Les secteurs concernés sont ceux de l'énergie[9], des télécommunications[10] et des transports ferroviaires[11].

1987. – Taxes consulaires. La réforme de la taxe professionnelle a également affecté les prélèvements institués au profit des chambres de commerce et d'industrie et des chambres des métiers et de l'artisanat. La technique des prélèvements additionnels à l'imposition principale demeure. Une différence existe toutefois entre, d'une part, CCI France et les chambres de commerce et d'industrie, bénéficiaires d'un prélèvement additionnel à la cotisation foncière des entreprises et à la cotisation sur la valeur ajoutée des entreprises[12] et, d'autre part, les chambres des métiers et de l'artisanat qui ne bénéficient que d'un prélèvement additionnel à la cotisation foncière des entreprises[13]. Ces dernières sont cependant également affectataires d'un prélèvement spécifique assis sur le plafond de la sécurité sociale[14].

1988. – Financement local. Destinées à se substituer à la taxe professionnelle, la cotisation foncière des entreprises et la cotisation sur la valeur ajoutée des entreprises, regroupées en une contribution économique territoriale, sont affectées au financement des collectivités territoriales et établissements publics de coopération intercommunale.

La cotisation foncière des entreprises constitue un prélèvement affecté en totalité au bloc communal[15].

La cotisation sur la valeur ajoutée des entreprises fait, quant à elle, l'objet d'une répartition assez éclatée entre les différentes collectivités territoriales et établissements publics de coopération intercommunale. Si les communes et établissements publics de coopération intercommunale bénéficient de 26,5 % du produit afférent à leur territoire[16], les départements en recueillent 23,5 %[17] ; les 50 % restants étant reversés aux régions et à la collectivité territoriale de Corse[18]. Par opposition à la cotisation foncière des entreprises, les collectivités et groupements bénéficiaires ne disposent d'aucune compétence en ce domaine (V. *infra*, n° 2044).

Le département de Mayotte perçoit 73,5 % du produit de la CVAE[19].

---

(9) Éoliennes et énergie d'origine hydraulique : CGI, art. 1519 D ; énergie d'origine nucléaire ou thermique à flamme : CGI, art. 1519 E ; énergie d'origine photovoltaïque ou hydraulique hors 1519 D : CGI, art. 1519 F ; transformateurs électriques : CGI, art. 1519 G ; installations de stockage souterrain ou de transport de gaz naturel, aux canalisations de transport d'autres hydrocarbures et aux canalisations de transport de produits chimiques : CGI, art. 1519 HA.
(10) Stations radioélectriques : CGI, art. 1519 H ; répartiteurs principaux de la boucle locale cuivre et unités de raccordement d'abonnés et cartes d'abonnés du réseau téléphonique commuté : CGI, art. 1599 quater B.
(11) Matériel roulant ferroviaire : CGI, art. 1599 quater A et 1599 quater A bis.
(12) CGI, art. 1600.
(13) CGI, art. 1601 et s.
(14) CGI, art. 1601 B.
(15) CGI, art. 1379, 4° et 1379-0 bis, I.
(16) CGI, art. 1379, 5° et 1379-0 bis, I.
(17) CGI, art. 1586, I-6°.
(18) CGI, art. 1599 bis, 3°.
(19) CGI, art. 1586, II.

La contribution économique territoriale (CET) va faire l'objet de trois développements, et ce afin de tenir compte d'une réalité juridique : la CET n'existe en effet que par le jeu d'un plafonnement (Section 3) qui s'applique à la somme de la cotisation foncière des entreprises (Section 1) et la cotisation sur la valeur ajoutée des entreprises (Section 2).

SECTION 1

COTISATION FONCIÈRE DES ENTREPRISES

Composante de la contribution économique territoriale, la cotisation foncière des entreprises suit, pour une très large part, le régime de l'ancienne taxe professionnelle. La jurisprudence en ce dernier domaine demeure donc une référence.

L'examen du régime juridique de cet impôt suivra le schéma classique : assiette (§ 1), liquidation (§ 2) puis recouvrement (§ 3).

§ 1. – Assiette de la cotisation foncière des entreprises

L'assiette d'une imposition est sa base imposable. Son étude implique non seulement de définir la matière imposable (A) mais aussi de l'évaluer (B).

A. – Identification de la matière imposable

Sauf exonération (2°), toute personne, physique ou morale, de droit public ou de droit privé, qui accomplit une activité imposable (1°) peut être redevable de la cotisation foncière des entreprises.

1° Champ d'application

1989. – **Principe. Personnes imposables.** Aux termes de l'article 1447 du Code général des impôts, « la cotisation foncière des entreprises est due chaque année par les personnes physiques ou morales, les sociétés non dotées de la personnalité morale ou les fiduciaires pour leur activité exercée en vertu d'un contrat de fiducie qui exercent à titre habituel une activité professionnelle non salariée ». La nature juridique de la personne est sans incidence.

L'article 1447 du CGI reprend très largement les termes de la disposition alors applicable en matière de taxe professionnelle, à l'exception de la référence aux sociétés non dotées de la personnalité morale et de la fiducie qui n'avait pas été envisagée. Conséquence de ce rajout : les sociétés sans personnalité morale (sociétés de fait, sociétés en participation) sont désormais imposables alors que, antérieurement, leurs associés l'étaient en lieu et place. Comme le prévoit l'article 1476, II-*a*, l'imposition est alors établie au nom du ou des gérants. Elle l'est au nom du fiduciaire lorsque l'activité est exercée en vertu d'un contrat de fiducie[20].

La lettre de l'article 1447 implique un cumul de trois critères : une activité habituelle, une activité professionnelle et une activité non salariée.

(20) CGI, art. 1476, II-*b*.

1990. – Activité habituelle. La cotisation foncière des entreprises ne frappe que les activités exercées à titre habituel, caractéristique révélée avant tout par la répétition des actes accomplis mais aussi par leur importance.

C'est ainsi qu'une pratique occasionnelle de l'activité de traducteur assermenté auprès de tribunaux et la faiblesse de la rémunération (330 F en 1976, 1 920 F en 1977, et 434 F en 1979) n'a pas permis de regarder l'activité exercée comme l'ayant été à titre habituel au sens de l'article 1447 du CGI[21]. Sur le caractère habituel de l'activité, V. BOI-IF-CFE-10-20-20-10.

On ne saurait cependant s'en tenir à la seule période de référence propre à cette imposition pour apprécier la situation (V. *infra*, n° 2008). En effet, l'activité d'un opérateur n'est pas toujours constante. C'est la raison pour laquelle il est tenu compte des années antérieures et des années postérieures.

Un contribuable marchand de biens a ainsi été imposé à la taxe professionnelle au titre d'une année au cours de laquelle il n'avait pourtant réalisé qu'une seule cession d'un bien immobilier, et ce eu égard aux opérations immobilières réalisées les années précédentes ou à celles qui ont suivi cette année singulière[22].

Faut-il alors considérer la réalisation d'une unique opération comme exclusive de la condition d'habitude ? Répondre positivement à cette question relève *a priori* du bon sens. Elle peut toutefois conduire à certains abus puisqu'il suffisait de créer des sociétés dédiées à la réalisation d'une seule opération pour échapper à l'imposition. C'est ce motif qui a conduit le Conseil d'État à faire application d'une solution intéressant l'imposition du résultat dans le cas particulier des marchands de biens[23]. L'appréciation tient alors compte non seulement de la personne morale, mais aussi de ses associés sachant que la seule détention d'une participation n'est pas caractéristique de l'exercice d'une activité économique.

Des sociétés civiles immobilières avaient été créées pour une réaliser une unique opération de construction-vente au profit d'un seul acquéreur dont la maîtrise d'ouvrage avait été confiée à un tiers. Or, si le Conseil d'État a confirmé que « la condition d'habitude prévue au I de l'article 1447 du CGI ne peut être tenue pour satisfaite lorsqu'une unique opération de construction-vente d'un immeuble a été réalisée par une SCI, au profit d'un seul acquéreur », il a ajouté qu'« il en irait toutefois différemment si les associés qui jouent un rôle prépondérant ou bénéficient principalement des activités de la société étaient des personnes se livrant elles-mêmes de façon habituelle à des opérations de construction-vente d'immeubles »[24]. En somme, la société devient transparente pour l'appréciation de la condition. L'objectif est, comme l'a indiqué Pierre Collin dans ses conclusions sous les décisions du 26 décembre 2008, « qu'il ne faut pas permettre au contribuable d'échapper à l'impôt sur les sociétés et à la TVA en créant autant de sociétés civiles que d'opérations d'achat-revente qu'il souhaite réaliser, chacune pouvant prétendre ne pas remplir la condition d'habitude ».

1991. – Activité professionnelle. Pour être imposable, l'activité exercée doit présenter un caractère professionnel, ce qui va souvent de pair avec son caractère habituel. Les deux conditions ne sauraient cependant être confondues.

On ne peut que souscrire au propos de Pierre Collin qui, dans ses conclusions sous plusieurs décisions rendues le 26 décembre 2008, a indiqué qu'« il n'y a pas d'étanchéité entre la condition d'habitude et la

(21) CE, 11 juill. 1990, n° 46.703, *Beltzung* : *Dr. fisc.* 1991, comm. 1142 ; *RJF* 10/1990, n° 1208.
(22) CE, 9 déc. 1983, n° 34.350, *Simon* : *RJF* 2/1984, n° 169.
(23) CGI, art. 35, I-1°. – CE, 25 juill. 1980, n° 12.091 : *Dr. fisc.* 1980, n° 43, comm. 2129 ; *Dr. fisc.* 1981, n° 8, comm. 331, concl. Rivière ; *RJF* 11/1980, n° 859.
(24) CE, 26 déc. 2008, n° 308.039, *Min. c/ SCI Mirabeau*, n° 308.041, *Min. c/ SCI La Renaissance* et n° 308.049, *Min. c/ SCI Gershwin* : *Dr. fisc.* 2009, n° 12, comm. 184, concl. P. Collin ; *RJF* 3/2009, n° 224.

condition tenant au caractère professionnel de l'activité, la seconde étant révélée par la première » et a rajouté : « Rappelons qu'une activité, même effectuée à titre habituel, ne peut revêtir un caractère professionnel que si elle est exercée dans un but lucratif et n'est pas limitée à la gestion d'un patrimoine privé »[(25)].

La fréquence et l'importance des prestations, révélatrices du caractère habituel de l'exercice d'une activité, peuvent donc permettre de révéler son caractère professionnel. Ce raisonnement a été appliqué à un arbitre de football. Pour la Haute juridiction administrative « le nombre des prestations d'arbitrage accomplies chaque année et l'importance des rémunérations reçues en contrepartie de ces prestations suffisent à caractériser l'exercice par M. Badet d'une activité professionnelle »[(26)].

On ne saurait cependant s'arrêter à ces deux seuls éléments caractéristiques sachant que l'imposition de l'activité dans la catégorie des bénéfices non commerciaux[(27)] ou dans celle des bénéfices industriels et commerciaux[(28)] ne suffit pas. Même si référence n'y est pas toujours faite dans les décisions, à l'image de celle intéressant l'arbitre de football, les juridictions tiennent compte – pour qualifier l'activité de professionnelle – de la mise en œuvre de moyens matériels ou intellectuels[(29)] (ou humains)[(30)].

L'absence de toute référence à cette exigence dans l'affaire concernant l'arbitre de football ou dans celle de l'enquêteur assermenté (V. *supra*, n° 1990) traduit simplement le lien implicite qui existe entre la mise en œuvre de moyens intellectuels et l'exercice de la plupart des activités libérales.

On notera qu'en présence d'un groupement d'intérêt économique ou d'un groupement européen d'intérêt économique, l'appréciation tient compte non seulement de l'activité du groupement mais aussi de celles de ses membres.

Selon le Conseil d'État, « quel que soit le domaine d'activité dans lequel il intervient et les conditions dans lesquelles il fournit des prestations, un groupement dont la gestion est désintéressée et dont les membres, quel que soit leur statut, n'exercent pas une activité à but lucratif ne saurait être regardé comme exerçant lui-même une telle activité »[(31)].

Sont en revanche exclues les opérations de gestion du patrimoine réalisées à titre privé et celles qui le sont dans un but non lucratif.

1) Les premières ne sont pas considérées comme l'exercice d'une activité professionnelle au sens de l'article 1447, ce qui est notamment le cas de la location d'un immeuble nu[(32)] à moins que, « à travers cette location, le bailleur ne se borne pas à gérer son propre patrimoine mais poursui [ve], selon des modalités différentes, une exploitation commerciale antérieure ou participe à l'exploitation du locataire »[(33)].

Les sociétés de capital-risque qui ont pour objet social la gestion d'un portefeuille de valeurs mobilières exercent une activité professionnelle au sens de l'article 1447 du CGI[(34)].

(25) Concl. P. Collins ss CE, 26 déc. 2008, n° 308.039, *Min. c/ SCI Mirabeau*, n° 308.041, *Min. c/ SCI La Renaissance* et n° 308.049, *Min. c/ SCI Gershwin* : *Dr. fisc.* 2009, n° 12, comm. 184.

(26) CE, 18 janv. 2008, n° 303.816, *Min. c/ Badet* : *Dr. fisc.* 2008, n° 21, comm. 328, concl. P. Collin, note C. de la Mardière ; *RJF* 4/2008, n° 455. – CE, 5 nov. 2008, n°s 311.951 et 311.952, *Min. c/ Poulat* : *RJF* 2/2009, n° 127.

(27) CE, 29 déc. 2000, n° 204.136, *Min. c/ Dhelens* : *Dr. fisc.* 2001, n° 28, comm. 658, concl. G. Goulard ; *RJF* 3/2001, n° 321.

(28) CE, 21 déc. 2001, n° 210.585, *Min. c/ Roullet* : *Dr. fisc.* 2002, n° 18-19, comm. 385, concl. J. Courtial.

(29) CE, 12 oct. 1994, n° 122.532, *SCI du Chêne vert* : *Dr. fisc.* 1995, n° 17, comm. 975 ; *RJF* 12/1994, n° 1328. – CE, 28 déc. 2007, n° 291.197, *Min. c/ CCI Lyon* : *Dr. fisc.* 2008, n° 15, comm. 261. – CE, 24 juin 2015, n° 368.443, *Sté AIG-FP Capital Preservation Corp.* : *Dr. fisc.* 2015, n° 29, comm. 479, concl. M.-A. Nicolazo de Barmon, note O. Fouquet ; *RJF* 10/2015, n° 795.

(30) CE, 25 oct. 2010, n° 309.473, *Sté Thomson Licensing* : *RJF* 1/2011, n° 48. – CE, 17 juin 2015, n° 369.840, *Sté Vivarte* : *Dr. fisc.* 2015, n° 46, comm. 675, concl. F. Aladjidi, note J.-L. Pierre.

(31) CE, 8 avr. 2013, n° 350.709, *GEIE Européenne de Médias* : *Dr. fisc.* 2013, n° 25, comm. 344, concl. C. Legras ; *RJF* 7/2013, n° 732.

(32) CE, 3 oct. 2003, n° 246.855, *SCI Caladoise* : *Dr. fisc.* 2004, n° 13, comm. 370, concl. L. Vallée ; *RJF* 12/2003, n° 1382.

(33) CE, 25 sept. 2013, n° 350.893, *Sté immobilière Groupe Casino SAS* : *Dr. fisc.* 2013, n° 46, comm. 509, concl. C. Legras ; *RJF* 12/2013, n° 1145.

(34) CE, 10 juin 2013, n° 341.889, *SA Institut de participation de l'ouest* : *RJF* 8-9/2013, n° 831.

Une exception notable doit être signalée depuis la création de la cotisation foncière des entreprises. Par détermination de la loi, les activités de location ou de sous-location d'immeubles nus autres qu'à usage d'habitation sont en effet depuis lors réputées exercées à titre professionnel à moins que, au cours de la période de référence (V. *infra*, n° 2008), les produits bruts qui en sont retirés soient inférieurs à 100 000 €[35].

2) Les activités non lucratives ne sont également pas soumises à la cotisation foncière des entreprises.

Le législateur a ainsi expressément exclu les activités exercées par des organismes à but non lucratif qui remplissent les conditions fixées par l'article 206, 1 bis du Code général des impôts en matière d'impôt sur les sociétés[36]. Les juridictions ne limitent cependant pas cette exclusion à la seule application de l'article 1447, II. Le premier paragraphe de l'article 1447 est également interprété dans le sens d'une exclusion des activités non concurrentielles, ce qui inclut les activités hors marché. La volonté est de ne pas fausser la concurrence entre opérateurs, quelle que soit leur nature, y compris lorsqu'il s'agit de personnes publiques.

Cette volonté d'éviter toute distorsion se retrouve dans le texte de la loi du 28 juin 1941 dont le contenu est codifié dans l'article 1654 du CGI, demeuré dans sa lettre inchangé après la réforme de la taxe professionnelle, aux termes duquel « les établissements publics, les exploitations industrielles ou commerciales de l'État ou des collectivités locales, les entreprises concessionnaires ou subventionnées, les entreprises bénéficiant de statuts, de privilèges, d'avances directes ou indirectes ou de garanties accordées par l'État ou les collectivités locales, les entreprises dans lesquelles l'État ou les collectivités locales ont des participations, les organismes ou groupements de répartition, de distribution ou de coordination, créées sur l'ordre ou avec le concours ou sous le contrôle de l'État ou des collectivités locales doivent sous réserve des dispositions des articles 133, 207, 208, 1040, 1382, 1394 et 1449 à 1463 acquitter, dans les conditions de droit commun, les impôts et taxes de toute nature auxquels seraient assujetties des entreprises privées effectuant les mêmes opérations ». Les mêmes dispositions se retrouvent dans les articles complémentaires 165 et suivants de l'annexe IV du même code. Le principe est donc celui de l'assimilation lorsqu'une personne publique intervient comme un opérateur économique privé.

Le caractère non lucratif de l'activité de l'organisme est apprécié de manière différente selon qu'il s'agit d'un organisme privé à but non lucratif ou bien d'un organisme public.

En présence d'un organisme privé à but non lucratif, la grille d'analyse est celle de la décision *Association jeune France* (sur le sujet, V. *supra*, n°s 1104 et s.)[37].

En présence d'un organisme public, la méthode est aujourd'hui différente au motif que son caractère non lucratif est présumé. L'évolution s'est produite en plusieurs temps. Trois peuvent être identifiés :

– le premier a été marqué par la décision *Communauté de communes du pays de Landerneau-Daoulas*[38] à l'occasion de laquelle, tout en vérifiant le critère de l'exercice d'une activité en concurrence avec un autre opérateur dans son aire d'at-

(35) CGI, art. 1447, I.
(36) CGI, art. 1447, II.
(37) CE, 1er mars 2000, n° 197.584, *Assoc. Foire nationale des vins* : *Dr. fisc.* 2000, n° 40, comm. 732, concl. J. Arrighi de Casanova ; *RJF* 4/2000, n° 465. – CE, 8 juill. 2015, n° 371.466, *Sté hippique de Marseille* : *Dr. fisc.* 2015, n° 40, n° 602 ; *RJF* 11/2015, n° 916.
(38) CE, 16 mai 2007, n° 272.727, *Cté de cnes du pays de Landerneau-Daoulas* : *RJF* 8-9/2007, n° 929 ; *BDCF* 8-9/2007, n° 100, concl. L. Vallée ; *AJDA* 2007, n° 26, p. 1420-1424, note L. Levoyer.

traction et celui des conditions de son exercice, le Conseil d'État n'a pas fait application du critère de la gestion désintéressée ;

Selon le Conseil d'État, « dans le cas où un service public administratif, dont la mission est présumée s'exercer dans des conditions excluant tout but lucratif, développerait des activités revêtant néanmoins un tel caractère, ces activités ne rendraient l'État passible de la taxe professionnelle que si les services ainsi offerts le sont de manière habituelle et en concurrence, dans la même zone géographique d'attraction, avec ceux proposés au même public par des entreprises commerciales exerçant une activité identique ; que, toutefois, même dans le cas où le service de l'État intervient dans un domaine d'activité et dans un secteur géographique où existent des entreprises commerciales, l'exonération de la taxe professionnelle reste acquise à l'État s'il exerce son activité dans des conditions différentes de celles des entreprises commerciales »[39].

– le deuxième est la décision *CCI Ajaccio et Corse-du-Sud*[40]. Appelé à se prononcer en matière de taxe professionnelle sur le caractère non professionnel de l'activité d'exploitation d'un aéroport par une chambre de commerce et d'industrie, le Conseil d'État s'est uniquement référé à la « nature » et aux « conditions d'exercice » de cette activité[41] ;

La référence à la nature de l'activité n'est pas sans renvoyer à son caractère concurrentiel. Le critère n'appelle cependant ici aucune prise en compte du marché local pertinent, et ce contrairement à la grille d'analyse appliquée aux organismes à but non lucratif. On rejoint en revanche l'appréciation qu'il convient de porter en matière de taxe sur la valeur ajoutée après l'arrêt *Isle of Wight council*[42].

– le troisième est marqué, en matière de taxe professionnelle, par la décision *Min. c/Synd. intercommunal de répurgation du Centre Ouest Bretagne*[43] à l'occasion de laquelle le Conseil d'État a considéré « qu'une activité exercée par un établissement public local n'est pas passible de la taxe professionnelle si cette activité ne relève pas, eu égard à son objet ou aux conditions particulières dans lesquelles elle est exercée, d'une exploitation à caractère lucratif ». On retrouve là les deux critères que le Conseil d'État a retenus en matière d'impôt sur les sociétés[44] (V. *supra*, n°s 1112 et 1610). Si une unité est ainsi assurée entre les deux impôts commerciaux reposant sur le caractère lucratif de l'activité, une différence subsiste cependant – malgré un rapprochement – avec la taxe sur la valeur ajoutée. Contrairement aux premiers, les deux critères sont cumulatifs pour cette dernière.

1992. – **Activité non salariée.** À l'image de la taxe sur la valeur ajoutée (V. *supra*, n° 1201), le caractère imposable d'une activité implique son exercice en l'absence de tout lien de subordination.

Pour considérer qu'un arbitre de football a exercé une activité assujettie à la taxe professionnelle, le Conseil d'État a relevé que « les arbitres ont toujours la faculté de refuser de donner suite à une telle demande [d'arbitrage], sans que ce refus puisse être regardé comme un manquement à une obligation

(39) CE, 16 mai 2007, n° 272.727, *Cté de cnes du pays de Landerneau-Daoulas*, préc.
(40) CE, 30 déc. 2010, n° 319.617, *CCI Ajaccio et Corse-du-Sud* : *RJF* 4/2011, n° 444 ; *BDCF* 4/2011, n° 46, concl. P. Collin.
(41) CE, 30 déc. 2010, n° 319.617, *CCI Ajaccio et Corse-du-Sud* : *RJF* 4/2011, n° 444 ; *BDCF* 4/2011, n° 46, concl. P. Collin.
(42) CJCE, Gde ch., 16 sept. 2008, n° 288/07, *Commissioners of Her Majesty's revenue & cutoms c/ Isle of Wight council* : *Europe* 2008, n° 11, comm. 385, note A.-L. Mosbrucker ; *RJF* 1/2009, n° 100. – *Adde* CE, 23 déc. 2010, n° 307.856, *Cne de Saint-Jorioz* : *Dr. fisc.* 2011, n° 13, comm. 287, concl. C. Legras, note C. Sniadower ; *RJF* 3/2011, n° 296.
(43) CE, 22 sept. 2014, n° 360.742, *Min. c/ Synd. intercommunal de répurgation du Centre Ouest Bretagne* : *Dr. fisc.* 2015, n° 18, comm. 295, concl. M.-A. Nicolazo de Barmon ; *RJF* 12/2014, n° 1112. – CE, 19 janv. 2015, n° 360.009, *Cne d'Auberive* : *Dr. fisc.* 2015, n° 45, comm. 661 ; *RJF* 4/2015, n° 322.
(44) CE, 20 juin 2012, n° 341.410, *Cne de la Ciotat* : *Dr. fisc.* 2012, n° 30, comm. 394 ; *BDCF* 10/2012, n° 110, concl. V. Daumas ; *RJF* 10/2012, n° 902 ; *ibid.* p. 795, chron. E. Bokdam-Tognetti.

contractuelle prédéterminée ; que la Fédération française de football exerce le pouvoir disciplinaire à l'égard des arbitres au même titre qu'à l'égard de tous ses autres licenciés ; qu'enfin, les arbitres disposent de l'indépendance nécessaire à l'exercice de leur mission d'arbitrage ; que, par suite, les arbitres ne sont pas liés à la Fédération française de football par un lien de subordination caractérisant l'exercice d'une activité salariée »[45].

1993. – **Activité exercée en France.** L'imposition à la cotisation foncière des entreprises ne concerne que les redevables qui ont des biens passibles de la taxe foncière en France. Eu égard à cette assiette territoriale, une entreprise établie en France ne sera donc pas imposée à raison d'un établissement situé hors des frontières nationales. Et réciproquement[46].

Un double rattachement territorial est donc nécessaire : « le redevable doit exercer une activité professionnelle non-salariée en France et cette activité doit être exercée à l'aide d'immobilisations physiquement rattachables au territoire français »[47].

Un avocat associé d'un cabinet situé en France exerçant la totalité de son activité hors de France n'est donc pas imposable en France[48].

1994. – **Défense nationale.** Selon l'article 1447 bis du Code général des impôts, sont imposables à la cotisation foncière des entreprises les « activités de construction, de fabrication ou de refonte des matériels militaires exercées par l'État dans ses établissements industriels » mais aussi « l'entretien et les grosses réparations, les activités d'étude et de recherche appliquées qui sont effectuées dans ces mêmes établissements et qui ne relèvent pas de la mise en œuvre opérationnelle des forces armées ».

L'intérêt d'une telle disposition interprétative réside principalement dans la seconde phrase, et concerne plus précisément la Direction des constructions et armes navales, devenue DCNS depuis 2003 avec un statut d'entreprise privée, et le Commissariat à l'énergie atomique.

Rares sont les décisions de justice rendues par des juridictions administratives en ce domaine. On le comprend. Souhaitant vraisemblablement éviter l'intervention du Conseil d'État, le stade de l'appel n'a jamais été dépassé.

2° Exonérations

1995. – **Dualité.** Le législateur a prévu toute une série d'exonérations à la cotisation foncière des entreprises qui, pour la plupart, reprennent celles qui existaient en matière de taxe professionnelle. Si certaines sont permanentes – dans le sens où elles ne sont assorties d'aucun terme – (*a*), d'autres sont au contraire temporaires (*b*).

a) Exonérations permanentes

1996. – **Personnes publiques.** Les collectivités territoriales, les établissements publics et organismes de l'État sont exonérés de plein droit de la cotisation foncière

(45) CE, 18 janv. 2008, n° 303.816, *Min. c/ Badet* : *Dr. fisc.* 2008, n° 21, comm. 328, concl. P. Collin, note C. de la Mardière ; *RJF* 4/2008, n° 455.
(46) CE, 31 mars 2010, n°s 304.715 et 308.525, *Sté Zimmer Ltd* : *Dr. fisc.* 2010, n° 16, comm. 289, concl. J. Burguburu, note É. Rivière, P. Escaut et É. Bonneaud ; *RJF* 6/2010, n° 568.
(47) Concl. P. Collin ss CE, 3 mai 2011, n° 341.349, *Min. c/ Schrader* : *Dr. fisc.* 2011, n° 26, comm. 405.
(48) CE, 3 mai 2011, n° 341.349, *Min. c/ Schrader*, préc.

des entreprises pour leurs activités de caractère essentiellement culturel, éducatif, sanitaire, social, sportif ou touristique[(49)].

L'exonération ne s'applique pas en cas d'affermage ou de concession[(50)]. Pour une liste d'activités présentant un caractère essentiellement culturel, éducatif, sanitaire, social, sportif ou touristique, V. BOI-IF-CFE-10-30-10-10, § 240 et s. Y figurent les activités des bureaux des écoles, des bureaux d'aide sociale, des colonies de vacances, des crèches, du service des pompes funèbres à l'exception des activités annexes telles que la vente de fleurs, la construction ou la vente de caveaux, mais aussi celles des hôpitaux, tout du moins pour les activités liées aux soins, ou encore les piscines et les remontées mécaniques.

Il en va de même des grands ports maritimes, des ports autonomes et des ports gérés par les collectivités territoriales, un établissement public ou une société d'économie mixte, à l'exception des ports de plaisance[(51)].

Exception faite des grands ports maritimes, cette exonération existait déjà en matière de taxe professionnelle. Les grands ports maritimes sont situés à Bordeaux, Dunkerque, Le Havre, La Rochelle, Marseille, Nantes Saint-Nazaire et à Rouen[(52)].

Les établissements publics d'enseignement supérieur ou de recherche peuvent aussi, sur délibération des collectivités territoriales et de leurs groupements, être exonérés pour leurs activités industrielles et commerciales dès lors qu'elles sont gérées par un service d'activités industrielles et commerciales[(53)].

Sur le sujet, V. BOI-IF-CFE-10-30-30-30.

1997. – Activités agricoles. Sauf exceptions[(54)], les exploitants agricoles et certains de leurs groupements sont exonérés de plein droit pour leur seule activité agricole[(55)].

Sont concernés ceux dont l'activité consiste en la réalisation d'opérations qui s'insèrent dans le cycle biologique de la production animale ou végétale ou qui constituent le prolongement de telles opérations[(56)].

L'exonération prévue par l'article 1450 du CGI ne s'applique pas à l'activité de production de graines, semences et plants effectuée par l'intermédiaire de tiers lorsque l'entreprise a un chiffre d'affaires supérieur, au cours de la période de référence, à 4 573 000 € HT[(57)].

Le bénéfice de l'exonération de plein droit est également reconnu aux coopératives agricoles et à leurs unions ou aux sociétés d'intérêt collectif agricole, soit lorsqu'elles emploient au plus trois salariés, soit lorsqu'elles se consacrent à certaines activités (électrification, habitat ou aménagement rural, utilisation de matériel agricole, insémination artificielle, lutte contre les maladies des animaux et végétaux, vinification, conditionnement des fruits et légumes ou organisation de ventes aux enchères)[(58)].

À noter que pour les impositions 2016 à 2018, le franchissement du seuil de trois salariés au cours de la période de référence ne fait pas perdre le bénéfice de l'exonération l'année d'imposition correspondant à la période de référence au cours de laquelle le franchissement a eu lieu et les deux années suivantes.

---

(49) CGI, art. 1449, 1°.
(50) BOI-IF-CFE-10-30-10-10, § 50.
(51) CGI, art. 1449, 2°.
(52) BOI-IF-CFE-10-30-10-10, § 620.
(53) CGI, art. 1464 H.
(54) CGI, art. 1450, al. 3 et 1451, II.
(55) CGI, art. 1450 et 1451.
(56) CE, 17 juin 2015, n°s 362.743 et 365.720, *Sté Laboratoire interprofessionnel de production* : *Dr. fisc.* 2015, n° 42, comm. 632, concl. N. Escaut, note A. Ralkos ; *RJF* 10/2015, n° 788.
(57) CGI, art. 1450, al. 3.
(58) CGI, art. 1451.

L'exonération est refusée aux groupements dont les parts sont admises aux négociations sur un marché réglementé ou offertes au public sur un système multilatéral de négociation protégé ou dont le capital est détenu à concurrence de 20 % au moins par des associés non coopérateurs au sens de l'article 207, 1 quinquies et des titulaires de certificats coopératifs d'investissement lorsque les statuts prévoient qu'ils peuvent être rémunérés[59]. Il en va de même pour les sociétés d'intérêt collectif agricole dont plus de 50 % du capital ou des voix sont détenus directement ou par l'intermédiaire de filiales par des associés autres que ceux visés à l'article L. 522-1, 1° à 3° du Code rural et de la pêche maritime.

L'exonération est encore accordée de plein droit aux sociétés coopératives agricoles et vinicoles de moins de trois salariés pour leurs activités autres que la vinification et à certains organismes susceptibles d'adhérer aux caisses de crédit agricole mutuel dont les associations syndicales qui ont un objet exclusivement agricole, les syndicats professionnels agricoles à condition que leurs opérations portent exclusivement sur des produits ou instruments nécessaires aux exploitations agricoles elles-mêmes, les sociétés d'élevage, associations agricoles reconnues par la loi et dépendant du ministère de l'Agriculture qui ont pour objet de favoriser la production agricole et les chambres d'agriculture[60].

Sur l'exonération à la taxe professionnelle des syndicats agricoles : CE, 5 mars 2009, n° 295.736, *Min. c/Section régionale conchylicole de Marennes-Oléron* : *Dr. fisc.* 2009, n° 18, comm. 304, concl. C. Legras ; *RJF* 6/2009, n° 566.

1998. – Activités artisanales. Plusieurs dispositions prévoient sous conditions l'exonération de plein droit des artisans ou de leurs coopératives. Ainsi en est-il :

– des ouvriers qui travaillent soit à façon pour les particuliers, soit pour leur compte dès lors qu'ils n'emploient que des apprentis[61] ;

Si l'artisan doit normalement travailler seul, le bénéfice de l'exonération est maintenu lorsqu'il a le soutien de sa famille (conjoint, partenaire, enfants, gendre, belle-fille) ou d'un ou de plusieurs apprentis âgés de vingt et un ans au plus au début de l'apprentissage[62]. Est également sans incidence l'embauche d'une personne handicapée[63]. L'exonération s'applique encore à la veuve d'un artisan qui continue l'exploitation avec un seul ouvrier et un ou des apprentis[64].

– des chauffeurs propriétaires de leur véhicule de moins de sept places (taxis, ambulances)[65] ;

– sauf exception, des sociétés coopératives et unions de sociétés coopératives d'artisans ou de patrons bateliers[66] ;

– des pêcheurs utilisant un ou deux bateaux pour leur activité[67].

1999. – Activités industrielles et commerciales. Sont exonérés de plein droit les sociétés coopératives ouvrières de production[68], les vendeurs dans les rues, sur les marchés, à domicile...[69], les entreprises d'édition de presse, correspondants locaux

(59) CGI, art. 1451, II-*a*.
(60) CGI, art. 1451, I-2° à 4°.
(61) CGI, art. 1452, 1°.
(62) CGI, art. 1452, 1°. – BOI-IF-CFE-10-30-10-90, § 70.
(63) *Ibid.*, § 80.
(64) CGI, art. 1452, 2°.
(65) CGI, art. 1453.
(66) CGI, art. 1454.
(67) CGI, art. 1455, 1°.
(68) CGI, art. 1456.
(69) CGI, art. 1457.

et les services de presse en ligne[70], les concessionnaires de mines[71], les loueurs en meublé d'une partie de leur habitation[72]...

L'exonération prévue pour les vendeurs à domicile indépendants ne vaut que si leur rémunération annuelle brute au titre de la période de référence est inférieure à 16,5 % du plafond de la sécurité sociale[73].

À titre de rappel, les activités des établissements publics d'enseignement supérieur ou de recherche gérés dans le cadre d'un SAIC sont exonérées de plein droit (V. *supra*, n° 1996).

Comme en matière de taxe professionnelle, les entreprises de spectacles vivants (théâtres nationaux, autres théâtres fixes, tournées théâtrales, concerts symphoniques...) bénéficient, sur délibération de l'organe délibérant local compétent, d'une exonération totale ou partielle de la cotisation foncière des entreprises[74]. De même, les entreprises exerçant une activité de vente de livres neufs au détail qui disposent au 1er janvier de l'année d'imposition du label de librairie indépendante de référence bénéficient, toujours sur délibération de l'organe compétent, d'une exonération totale[75].

2000. – Activités non commerciales. Sont exonérés de plein droit les peintres, sculpteurs, graveurs et dessinateurs, les auteurs et compositeurs, les sages-femmes, les sportifs à raison de la pratique de leur sport ou encore, et sans que la liste soit exhaustive, les établissements d'enseignement privé qui dispensent des enseignements conformes aux programmes nationaux ou sous convention avec l'État[76].

2001. – Activités à caractère social. Plusieurs organismes bénéficient d'une mesure d'exonération de plein droit de la cotisation foncière des entreprises à raison de l'exercice d'une activité à caractère social à l'image des mutuelles et de leurs unions, des organismes HLM, des associations de jardins familiaux ou de mutilés de guerre, des syndicats professionnels... [77].

L'organe délibérant compétent peut également décider d'exonérer, en tout ou partie, les caisses de crédit municipal[78].

b) Exonérations temporaires

2002. – Création ou reprise d'établissements. Sur délibération de l'organe délibérant local, une exonération est accordée pour une durée comprise entre deux et cinq années aux entreprises qui créent ou reprennent des établissements et qui bénéficient dans ce cadre de l'exonération prévue pour les entreprises nouvelles[79], de l'exonération accordée aux sociétés créées pour reprendre une entreprise industrielle en difficulté[80] ou de celle accordée aux entreprises créées ou reprises avant le 31 décembre 2013 dans une zone de revitalisation rurale[81].

(70) CGI, art. 1458 et [à compter de l'imposition 2015] art. 1464 L.
(71) CGI, art. 1463.
(72) CGI, art. 1459, 2°.
(73) CGI, art. 1457, 3°.
(74) CGI, art. 1464 A.
(75) CGI, art. 1464, I.
(76) CGI, art. 1460.
(77) CGI, art. 1461 et 1462.
(78) CGI, art. 1464.
(79) CGI, art. 44 sexies. – CGI, art. 1464 B et 1464 C.
(80) CGI, art. 44 septies. – CGI, art. 1464 B et 1464 C.
(81) CGI, art. 44 quindecies. – CGI, art. 1464 B et 1464 C.

Par ailleurs, et sauf exception, la création d'un établissement conduit automatiquement à ne pas exiger de l'entreprise la cotisation foncière des entreprises au titre de l'année de création[82]. Même si le législateur n'emploie pas le vocable d'exonération, le texte produit le même effet.

N'entrent pas dans le champ de l'article 1478, II, les entreprises productrices d'électricité. Ces dernières ne sont soumises à l'imposition qu'à compter de l'année de leur raccordement au réseau, et ce au *prorata temporis*[83].

2003. – **Aménagement du territoire.** L'aménagement du territoire justifie l'existence de certaines exonérations à la cotisation foncière des entreprises soit sur délibération de l'organe délibérant local compétent, soit, de plein droit sauf délibération contraire de l'organe délibérant. Sans reprendre le cas abordé précédemment de reprise ou de création d'une entreprise située dans une zone de revitalisation rurale (V. *supra*, n° 2002), ces exonérations ne seront qu'évoquées.

1) Bénéficient d'une exonération totale ou partielle de la cotisation foncière des entreprises sur délibération en ce sens de l'organe local délibérant compétent :

– les entreprises qui procèdent à une création, une extension, une reconversion ou à la reprise d'établissements en difficulté ayant une activité industrielle ou de recherche scientifique et technique, ou de services de direction, d'études, d'ingénierie et d'informatique. L'exonération est alors accordée pour cinq années maximum[84] ;

Pour les opérations réalisées entre le 1er janvier 2007 et le 31 décembre 2020, l'exonération s'applique dans les zones à finalité régionale. L'exonération est accordée soit sur simple demande (extension ou création d'établissements industriels ou de recherche scientifique et technique répondant à certaines conditions (volume des investissements et/ou emplois créés), soit sur agrément prévu par l'article 1649 nonies du CGI.

– les médecins et auxiliaires médicaux qui s'établissent ou se regroupent dans une commune de moins de 2 000 habitants ou une commune située dans une zone de revitalisation rurale. Applicable également aux vétérinaires investis du mandat sanitaire dès lors qu'il concerne au moins 500 bovins de plus de deux ans en prophylaxie obligatoire ou équivalents ovins/caprins, l'exonération est prévue pour une durée de deux à cinq années[85] ;

– les entreprises qui procèdent à la création ou à l'extension d'établissements situés dans le périmètre d'une zone de restructuration de la défense. Applicable pendant cinq années, l'exonération ne concerne toutefois que les opérations réalisées pendant une période de trois années courant à compter du 1er janvier de l'année qui précède celle au titre de laquelle le territoire est reconnu comme zone de restructuration de la défense[86] ;

– les jeunes entreprises innovantes pour une durée de sept années dès lors qu'elles sont créées avant le 31 décembre 2016[87].

(82) CGI, art. 1478, II.
(83) CGI, art. 1478, III.
(84) CGI, art. 1465.
(85) CGI, art. 1464 D.
(86) CGI, 1466 A, I quinquies B.
(87) CGI, art. 1466 D.

2) Bénéficient de plein droit d'une exonération totale ou partielle de la cotisation foncière des entreprises, sauf délibération contraire de l'organe local délibérant compétent :

– les entreprises situées dans des zones de revitalisation rurale dès lors qu'elles procèdent aux opérations ouvrant droit à l'exonération prévue par l'article 1465 (V. *supra*, pt 1) mais aussi les créations d'activités dans les mêmes zones réalisées par des artisans qui effectuent principalement des travaux de fabrication, de transformation, de réparation ou des prestations de services et pour lesquels la rémunération du travail représente plus de 50 % du chiffre d'affaires global, tous droits et taxes compris, ou par des entreprises qui exercent une activité professionnelle au sens du premier alinéa de l'article 92. Il en va encore de même dans les communes de moins de deux mille habitants, en cas de créations d'activités commerciales et de reprises d'activités commerciales, artisanales ou professionnelles réalisées par des entreprises exerçant le même type d'activité, dès lors qu'au cours de la période de référence prise en compte pour la première année d'imposition, l'activité est exercée dans l'établissement avec moins de cinq salariés(88) ;

– les entreprises qui procèdent à la création ou à l'extension d'établissements situés dans le périmètre d'un bassin d'emploi à redynamiser. L'exonération est accordée pour une durée de cinq années(89).

2004. – **Production d'énergie par méthanisation.** Les entreprises dont l'activité est la production de biogaz, d'électricité et de chaleur par la méthanisation bénéficient d'une exonération de la cotisation foncière des entreprises durant une période de sept ans(90).

2005. – **Avocats.** Depuis le 1er janvier 2008, suite à la réforme des conditions d'accès à la profession, les nouveaux avocats bénéficient d'une exonération de la taxe professionnelle durant les deux premières années d'exercice. Le dispositif a été maintenu pour la cotisation foncière des entreprises(91).

B. – Évaluation de la matière imposable

Le développement des principes d'évaluation de la matière imposable (1°) va précéder celui des corrections à y apporter avant l'application du tarif (2°).

1° Principes

2006. – **Fait générateur.** La cotisation foncière des entreprises est due pour l'année entière par celui qui exerce l'activité au 1er janvier de l'année d'imposition(92). C'est à cette date que le droit applicable et la situation du redevable sont appréciés.

En cas de cessation d'activité – sauf cas de cession ou de transfert –, l'imposition n'est normalement pas exigible pour les mois restant à courir(93).

(88) CGI, art. 1465 A.
(89) CGI, 1466 A, I-quinquies A.
(90) CGI, art. 1463 A.
(91) CGI, art. 1460, 8°.
(92) CGI, art. 1478, I.
(93) *Ibid.*

2007. – **Imposition déclarative.** L'imposition est établie sur la base des énonciations contenues dans la déclaration déposée par les redevables l'année précédant celle de l'imposition au plus tard le deuxième jour ouvré suivant le 1er mai[94].

En cas de création, de changement d'activité ou d'exploitant, l'année d'accomplissement de la formalité déclarative est celle qui suit cet événement[95]. Une déclaration provisoire doit cependant être transmise aux services fiscaux avant le 1er janvier. La même obligation s'impose à l'ancien exploitant en cas de changement d'exploitant[96].

Les contribuables qui n'emploient aucun salarié en France et qui n'y disposent d'aucun établissement tout en y exerçant une activité de location d'immeubles ou de vente d'immeubles doivent déposer leurs déclarations au lieu de situation de l'immeuble dont la valeur locative foncière est la plus élevée au 1er janvier de l'année d'imposition[97].

2008. – **Période de référence.** Définie dans l'article 1467 A du Code général des impôts, une période dite « de référence » est retenue pour évaluer la base imposable à la cotisation foncière des entreprises. Comme en matière de taxe professionnelle, et sauf exceptions, elle correspond à l'avant-dernière année précédant celle de l'imposition. Lorsque l'exercice ne coïncide pas avec l'année civile, il faut retenir le dernier exercice de douze mois clos au cours de cette même année.

Pour les entreprises récemment créées, et pour les deux années suivant celle de la création d'un établissement, la base d'imposition est calculée d'après les biens passibles de taxe foncière dont le redevable a disposé au 31 décembre de la première année d'activité[98]. Le même dispositif s'applique en cas de changement d'exploitant à moins qu'il ne prenne effet le 1er janvier, auquel cas le nouvel exploitant est imposé pour l'année du changement sur les bases relatives à l'activité de son prédécesseur[99].

2009. – **Matière imposable.** Conformément à l'article 1467 du Code général des impôts, la base d'imposition de la cotisation foncière des entreprises est uniquement constituée, sauf exonérations, de la valeur locative des immobilisations passibles de taxe foncière dont le redevable a disposé pour l'exercice de son activité professionnelle durant la période de référence.

Par immobilisation passible de taxe foncière, il convient d'entendre immobilisation imposable à la taxe foncière, ce qui ne signifie nullement que le bien y sera imposé. Sauf disposition expresse, les exonérations prévues en matière de taxe foncière ne sont pas opposables en matière de cotisation foncière des entreprises (V. *supra*, n° 1949).

Ne sont cependant pas retenus dans la base d'imposition à la cotisation foncière des entreprises les biens exonérés de la taxe foncière sur les propriétés bâties visés aux 11°, 12° et 13° de l'article 1382 du Code général des impôts, les biens destinés à la fourniture et à la distribution d'eau lorsqu'ils sont utilisés pour l'irrigation pour les neuf dixièmes au minimum de leur capacité et les parties communes des immeubles dont dispose l'entreprise qui exerce une activité imposable de location ou de sous-location d'immeubles[100].

(94) CGI, art. 1477, I.
(95) *Ibid.*
(96) CGI, art. 1477, II.
(97) CGI, art. 1477, IV.
(98) CGI, art. 1478, II.
(99) CGI, art. 1478, IV.
(100) CGI, art. 1467.

Les biens visés aux 11°, 12° et 13° de l'article 1382 sont – les outillages et autres installations et moyens matériels d'exploitation des établissements industriels à l'exclusion de ceux visés aux 1° et 2° de l'article 1381, – les immobilisations destinées à la production d'électricité d'origine photovoltaïque et – les ouvrages souterrains d'un centre de stockage de déchets radioactifs[101].

La différence de régime avec la taxe professionnelle est ici flagrante puisque la taxe professionnelle était assise, soit sur la valeur locative des immobilisations corporelles, soit sur une fraction des recettes et sur la valeur locative des immobilisations passibles de taxe foncière. Si, sur la proposition du Gouvernement, le législateur a retiré les équipements et biens mobiliers de l'assiette imposable, le Conseil constitutionnel a censuré le maintien d'une fraction des recettes pour les titulaires de bénéfices non commerciaux, les agents d'affaires et les fiduciaires qui employaient moins de cinq salariés et qui n'étaient pas imposables à l'impôt sur les sociétés[102].

On notera que l'imposition est établie dans chaque commune où le redevable dispose de locaux ou de terrains, en raison de la valeur locative des biens qui y sont situés[103]. Lorsque le contribuable exerce des activités de remplacement, l'imposition est établie au lieu du principal établissement mentionné sur la déclaration de résultats lorsqu'il ne dispose pas de locaux ou de terrains[104].

Le principal établissement s'entend comme le local au sein duquel le contribuable a exercé des activités de remplacement de façon prépondérante au cours de l'année considérée[105].

2010. – Disposition des immobilisations. N'entrent dans l'assiette que les immobilisations dont le redevable a eu la disposition et qui n'ont pas été détruites ou cédées au cours de la période de référence[106].

Les juridictions interprètent cette exigence comme impliquant de ne retenir que les biens placés sous le contrôle du redevable – le critère n'est donc pas la propriété juridique – et qui sont utilisés par lui pour l'exercice de son activité imposable. Il en ressort l'existence de trois critères avec l'utilisation matérielle du bien, la finalité de son utilisation et le contrôle[107]. Les deux premiers critères sont suffisants ; le critère du contrôle n'étant utile que lorsque les deux premiers ne permettent pas de se prononcer[108].

2011. – Valeur locative des biens passibles de taxe foncière. La valeur locative des biens passibles de taxe foncière est calculée selon les modalités prévues pour ces impositions[109] (V. *supra*, n°s 1946 et s.).

(101) Sur la notion d'outillages et autres moyens matériels d'exploitation des établissements industriels, V. CE, 25 sept. 2013, n° 357.029, *SAS Les menuiseries du Centre : Dr. fisc.* 2013, n° 43-44, comm. 495, concl. N. Escaut ; *RJF* 12/2013, n° 1155.

(102) Cons. const., 29 déc. 1999, n° 2009-599 DC, consid. 16 à 18 : *Dr. fisc.* 2010, n° 4, comm. 98, note L. Vallée.

(103) CGI, art. 1473.

(104) CGI, art. 1473, al. 2.

(105) CE, 15 févr. 2012, n° 333.677, *Min. c/ Signoretti-Péquin : Dr. fisc.* 2012, n° 30-35, comm. 395, concl. F. Aladjidi ; *RJF* 5/2012, n° 478.

(106) CGI, art. 1467, 1°.

(107) En matière de taxe professionnelle : CE, 19 avr. 2000, n° 172.003, *Min. c/ SA Fabricauto-Essarauto : Dr. fisc.* 2000, n° 37, comm. 660, concl. J. Courtial ; *RJF* 5/2000, n° 631 ; *RJF* 7-8/2000, p. 571 et s., chron. E. Mignon.

(108) En matière de taxe professionnelle : V. CE, 3 mai 2011, n° 312.762, *SA Bazar de l'hôtel de ville : RJF* 7/2011, n° 820.

(109) CGI, art. 1467.

2° Corrections de l'évaluation

L'évaluation de la valeur locative des biens passibles de taxe foncière retenus pour l'assiette de la cotisation foncière des entreprises peut faire l'objet de corrections qui peuvent être propres à certains éléments de la base d'imposition (*a*) ou concerner toute la base imposable (*b*).

a) Corrections spécifiques

2012. – **Valeur locative minimum.** Afin d'éviter que le redevable de la cotisation foncière des entreprises ne puisse tirer avantage de la prise en compte du prix de revient du bien comme élément d'assiette, l'article 1518 B du Code général des impôts définit une valeur locative minimum qui tient compte de sa valeur avant l'opération d'acquisition. Ayant déjà été abordé avec les taxes foncières, on se reportera au développement *supra*, n° 1955.

2013. – **Établissements industriels.** Conformément au sixième alinéa de l'article 1467 du Code général des impôts, la valeur locative des immobilisations industrielles définie à l'article 1499 fait l'objet d'un abattement de 30 %.

2014. – **Installations aéroportuaires, portuaires et de lutte contre la pollution.** Les installations aéroportuaires font l'objet d'un abattement d'un tiers(110).

Seules les installations situées sur le site de l'aérodrome affectées à l'accomplissement du service public aéroportuaire sont concernées(111). Celles affectées à la restauration sont donc exclues, et ce même si elles peuvent servir occasionnellement pour le service public aéroportuaire (accueil de passagers en cas de retards importants)(112).

Les installations de lutte contre la pollution bénéficient, quant à elles, d'un abattement de moitié, voire, sur délibération de l'organe délibérant local compétent d'une réduction de 100 % de leur montant(113).

Les installations de manutention portuaire bénéficient également d'un dispositif de faveur par l'abattement de 100 % qui leur est appliqué pour les deux premières années au titre desquelles les biens cédés entrent dans la base imposable. La réduction est ensuite ramenée à 75 %, 50 % et 25 % respectivement pour chacune des trois années suivantes(114).

2015. – **Quartiers prioritaires.** Les collectivités territoriales et établissements publics de coopération intercommunale peuvent, par une délibération en ce sens, instituer un abattement de 30 % sur la valeur locative des logements situés dans des immeubles collectifs issus de la transformation de locaux évalués conformément aux articles 1498 à 1500 du Code général des impôts et dans des communes sur le territoire desquelles sont situés un ou plusieurs quartiers prioritaires de la politique de la ville(115).

(110) CGI, art. 1518 A.
(111) CE, 8 déc. 2003, n° 227.588, *SA France Handling : Dr. fisc.* 2004, n° 25, comm. 562, concl. G. Goulard, note F. Naud ; *RJF* 3/2004, n° 261.
(112) CE, 18 mars 2015, n° 367.377, *Sté Elior Roissy : Dr. fisc.* 2015, n° 28, comm. 462, concl. F. Aladjidi ; *RJF* 6/2015, n° 496.
(113) CGI, art. 1518 A.
(114) CGI, art. 1518 A bis.
(115) CGI, art. 1518 A ter.

b) Corrections globales

2016. – Création d'établissement. La création d'établissement, c'est-à-dire l'exercice d'une activité nouvelle (sans prédécesseur), visée à l'article 1478, II, du Code général des impôts permet au nouvel exploitant de bénéficier d'un abattement de moitié de la base la première année d'imposition.

N'entrent pas dans le champ de l'article 1478, II du CGI, les entreprises productrices d'électricité. Ces dernières ne sont soumises à l'imposition qu'à compter de l'année de leur raccordement au réseau, et ce au *prorata temporis*(116).

2017. – Coopératives agricoles ou d'artisans et assimilées. Conformément au sixième alinéa de l'article 1468, I du Code général des impôts, et sauf exceptions, la base d'imposition de la cotisation foncière des entreprises est diminuée de moitié au profit des coopératives agricoles, de leurs unions et des sociétés d'intérêt collectif agricole à l'exception, depuis 1992, de celles qui font appel public à l'épargne ou les sociétés d'intérêt collectif agricole dont plus de 50 % du capital ou des voies sont détenus directement ou non par des associés autres que ceux qui ont la qualité pour être associé d'une société coopérative.

Bénéficient encore d'une diminution de moitié de leur base d'imposition les sociétés coopératives et unions de sociétés coopératives d'artisans et assimilées, lorsque leur capital est détenu à concurrence de 20 % minimum et 50 % maximum par des associés non coopérateurs(117).

2018. – Artisans. Les artisans qui effectuent, à titre principal, des travaux de fabrication de transformation, réparation, prestations de services pour lesquels la rémunération de travail représente plus de la moitié du chiffre d'affaires global toutes taxes comprises bénéficient d'un abattement de 75 % de leur base d'imposition lorsqu'ils emploient un salarié, 50 % pour deux salariés ou 25 % pour trois salariés(118).

2019. – Mutuelles. Faisant suite à la réforme du régime fiscal de faveur des mutuelles, l'article 1468, I-4° du Code général des impôts accorde aux mutuelles et à leurs unions une diminution de la base imposable égale à 60 % pour l'imposition 2013 et 40 % pour celle de 2014.

2020. – Entreprises saisonnières. Les entreprises saisonnières bénéficient d'une diminution de la base d'imposition de la cotisation foncière des entreprises au *prorata temporis* de leur activité pour tenir compte de leur caractère particulier(119).

L'organe délibérant local compétent peut appliquer cette disposition aux parcs d'attractions et de loisirs exerçant une activité saisonnière. Il faut alors une délibération concordante du conseil municipal et de l'organe délibérant de l'EPCI.

2021. – Quartiers prioritaires. Les quartiers prioritaires font l'objet de deux dispositifs complémentaires. Si le premier dépend du vote d'une délibération au niveau local (1), le second s'applique sauf délibération contraire.

(116) CGI, art. 1478, III.
(117) CGI, art. 1468, I-3°.
(118) CGI, art. 1468, I-2°.
(119) CGI, art. 1478, V.

1) Les entreprises qui procèdent à la création ou à l'extension d'établissements situés dans un ou plusieurs quartiers prioritaires de la politique de la ville peuvent, sur délibération de l'organe délibérant de la commune ou de l'établissement public de coopération intercommunale dotés d'une fiscalité propre, accorder durant cinq années maximum un abattement de la base imposable de la cotisation foncière des entreprises. L'abattement est limité, pour 2016, à 28 578 € (120).

Limitée aux établissements employant moins de 150 salariés, l'exonération s'applique aux seules entreprises qui, au cours de la période de référence, ont employé moins de 250 salariés et dont soit le chiffre d'affaires annuel hors taxe n'a pas excédé 50 M€, soit le total du bilan n'a pas excédé 43 M€. L'exonération ne s'applique pas aux entreprises dont 25 % du capital au plus ou des droits de vote sont contrôlés par une ou plusieurs entreprises ne répondant pas à ces conditions.

2) Sauf délibération contraire, et pour les seuls établissements créés ou faisant l'objet d'une extension entre le 1er janvier 2015 et le 31 décembre 2020 dans un quartier prioritaire de la politique de la ville, un abattement, fixé à 77 089 € pour 2016, s'applique durant cinq années sur la base imposable de la cotisation foncière des entreprises. Ces entreprises bénéficient en outre, les trois années suivantes, d'un abattement fixé à 60 %, 40 % puis 20 % de l'abattement appliqué la cinquième année, dernière année du premier abattement. Ce second abattement ne peut toutefois conduire à réduire la base imposable de plus de 60 %, 40 % et 20 % au cours des trois années de son application.

2022. – Zones franches urbaines-territoires entrepreneurs. Les entreprises qui procèdent à la création ou à l'extension d'établissements situés dans le périmètre d'une zone franche urbaine-territoire entrepreneurs entre 1er janvier 2006 et le 31 décembre 2014 bénéficient, sauf délibération contraire de l'organe délibérant local compétent, durant cinq années d'une diminution de leur base imposable dans la limite, pour 2016, de 77 089 € (121).

2023. – Guadeloupe, Guyane, Martinique, La Réunion, Mayotte. À moins que l'organe délibérant local compétent en décide autrement, la base d'imposition de la cotisation foncière des entreprises est diminuée dans un département d'outre-mer d'un abattement dans la limite de 150 000 € pour les établissements existants à cette date ou qui font l'objet d'une création ou d'une extension à compter de cette date sous réserve d'être exploités par des entreprises implantées dans une zone franche d'activités (122).

Le taux de l'abattement est dégressif puisqu'il est de 80 % pour chacune des années comprises entre 2010 et 2015 puis diminue de cinq points chaque année pour arriver à 60 % en 2018, terme du dispositif (123).

Certains cas de majoration du taux de l'abattement ont néanmoins été prévus par le législateur (124).

2024. – Corse. La Corse bénéficie d'un régime de faveur avec une réduction de 25 % de la base imposable (125).

(120) CGI, art. 1466 A, I.
(121) CGI, art. 1466 A, I sexies.
(122) CGI, art. 1466 F, I et 44 quaterdecies.
(123) CGI, art. 1466 F.
(124) V. CGI, art. 1466 F, III.
(125) CGI, art. 1472 A ter.

§ 2. – Liquidation de la cotisation foncière des entreprises

Le calcul de la cotisation foncière des entreprises procède de l'application d'un tarif à la base imposable (A) avant corrections (B).

A. – Tarif de l'impôt

2025. – Instances compétentes. Le taux de la cotisation foncière des entreprises est voté par les organes délibérants des conseils municipaux, des conseils départementaux, des conseils régionaux mais aussi par les instances délibérantes des établissements publics de coopération intercommunale dotés d'une fiscalité propre[126].

Le régime des établissements publics de coopération intercommunale varie cependant avec la structure juridique et les options retenues[127].

1) Les communautés urbaines, à l'exception de celles qui existaient à la date d'application de la loi Chevènement de 1999 et qui ont rejeté l'application de l'article 1609 nonies C du Code général des impôts, les métropoles, les communautés d'agglomération, les communautés de communes issues de communautés de villes ou des districts ou dont le nombre d'habitants est supérieur à 500 000 mais aussi les communautés ou syndicats d'agglomération nouvelle perçoivent la cotisation foncière des entreprises suivant le régime prévu par l'article 1609 nonies C. L'organe délibérant de l'établissement public de coopération intercommunale se substitue alors aux conseils municipaux des communes membres pour le vote du taux de l'imposition suivant des modalités qui sont normalement celles applicables aux communes (V. *infra*, n° 2026) et les limites prévues par l'article 1636 B decies.

Une « attribution de compensation » est reversée par l'établissement aux communes, à moins que celle-ci ne soit négative auquel cas la commune se doit d'en verser le montant[128].

2) À moins d'opter pour le régime de l'article 1609 nonies C, les autres communautés urbaines et les autres communautés de communes la perçoivent dans les conditions prévues par l'article 1636 B sexies du même code (V. *infra*, n° 2026). Elles peuvent cependant relever du régime prévu à l'article 1609 quinquies C lorsque, pour les communautés urbaines, l'option a été exercée en ce sens avant la date de publication de la loi Chevènement précitée ou, pour les communautés de communes, en cas de création d'une zone d'activités économiques se situant sur le territoire d'une ou de plusieurs communes membres.

Le régime prévu par l'article 1609 quinquies C conduit à ce que les communautés urbaines concernées se substituent aux communes membres en matière de cotisation foncière des entreprises. Les communautés de communes connaissent un régime différent puisque la substitution ne vaut que pour la cotisation foncière des entreprises afférente aux éoliennes[129]. Le vote des taux s'effectue alors selon les modalités prévues par l'article 1636 B decies, autrement dit selon des modalités identiques aux communes (V. *infra*, n° 2026).

(126) CGI, art. 1636 B sexies, I.
(127) CGI, art. 1379-0 bis.
(128) CGI, art. 1609 nonies C, III.
(129) CGI, art. 1609 quinquies C, II.

2026. – **Champ de compétence limité.** Le champ de compétence des organes délibérants est limité. L'évolution des taux est en effet strictement encadrée de manière à éviter une concurrence fiscale exacerbée entre collectivités tout en permettant d'adapter la fiscalité locale à l'environnement de chaque territoire. Deux régimes existent : celui prévu par l'article 1636 B sexies qui concerne les communes et certains établissements publics de coopération intercommunale (1) et celui prévu par l'article 1636 B decies pour les établissements publics de coopération intercommunale qui ne relèvent pas du précédent (2).

1) Régime prévu par l'article 1636 B sexies du Code général des impôts

Selon les dispositions du Code général des impôts, le taux de la cotisation foncière des entreprises voté par les communes et établissements publics de coopération intercommunale à fiscalité propre peut évoluer, soit de manière identique aux autres impôts directs locaux, soit de manière différenciée[130].

Lorsque l'option d'une évolution propre du taux de la cotisation foncière des entreprises est retenue par la commune ou l'établissement public de coopération intercommunale, le choix de sa fixation n'est pas libre. Le taux voté par une commune ne peut être supérieur au double du taux moyen national de cet impôt pour l'ensemble des communes[131]. Il ne peut également pas être augmenté dans une proportion supérieure à l'augmentation du taux de la taxe d'habitation ou, si elle est moins élevée, du taux moyen de la taxe d'habitation et des taxes foncières, pondéré par l'importance relative des bases de ces trois impôts pour l'année. Si l'augmentation n'est qu'une possibilité, il se peut que l'organe délibérant soit tenu de procéder à sa diminution. Elle doit alors se faire dans une proportion égale, soit à la diminution du taux de la taxe d'habitation ou à celle du taux moyen pondéré de la taxe d'habitation et des taxes foncières, soit à la plus importante de ces diminutions lorsque ces deux taux sont en baisse[132].

Certains rattrapages sont néanmoins possibles :

– pour les communes, si le taux de la cotisation foncière des entreprises est inférieur à la moyenne constatée dans les collectivités de même nature l'année précédente pour ce même impôt, une majoration peut être appliquée dans la limite de 5 % de cette moyenne, laquelle ne peut être dépassée[133].

La majoration ne s'applique cependant pas lorsque le taux moyen pondéré des autres impôts directs locaux de la collectivité est inférieur au taux moyen pondéré appliqué l'année précédente pour des collectivités de nature identique.

De même, lorsque le taux ou les bases de la cotisation foncière des entreprises étaient nuls l'année précédente, les communes ont le droit fixer le taux de l'impôt sans que le rapport entre le taux voté et le taux moyen constaté pour la cotisation foncière des entreprises dans l'ensemble des communes excède le rapport entre, d'une part, le taux moyen de la taxe d'habitation et des taxes foncières, pondéré par l'importance relative des bases de ces trois impôts dans la commune et, d'autre part, le taux moyen pondéré de ces trois impôts dans l'ensemble des communes[134] ;

(130) CGI, art. 1636 B sexies, I-1 et 1636 B sexies A.
(131) CGI, art. 1636 B septies.
(132) CGI, art. 1636 B sexies, I-1-*b*.
(133) CGI, art. 1636 B sexies, I-3.
(134) CGI, art. 1636 B sexies, I bis-1.

– pour les organes délibérants d'un établissement public de coopération intercommunale dotée d'une fiscalité propre, un rattrapage est également possible lorsque le taux de cotisation foncière des entreprises est inférieur à 75 % de la moyenne de sa catégorie l'année précédente au niveau national. Le taux de l'impôt peut alors être fixé dans cette limite sans toutefois augmenter de plus de 5 %[135].

La même possibilité de rattrapage offerte aux communes lorsque le taux ou les bases étaient nuls l'année précédente l'est aussi au profit des établissements publics de coopération intercommunale à fiscalité propre additionnelle[136].

2) Régime prévu par l'article 1636 B decies du Code général des impôts

Le régime codifié à l'article 1636 B decies a pour effet de substituer l'organe délibérant de l'établissement public de coopération intercommunale à ceux des communes qui en sont membres. Les règles applicables sont alors celles prévues par l'article 1636 B sexies, I et 1636 B septies. On observera principalement que l'obligation faite dans certains cas aux communes de diminuer le taux de la cotisation foncière des entreprises ne s'applique pas à ces établissements publics.

B. – Corrections de l'impôt

2027. – Cotisation minimale. Les entreprises peuvent être assujetties au lieu de leur principal établissement à une cotisation foncière minimale assise sur une base dont le montant est fixé par l'organe délibérant local compétent selon un barème ci-dessous reproduit[137].

À défaut de vote d'une délibération prise au plus tard le 21 janvier 2014, les bases minimum ayant fait l'objet d'une délibération en 2013 pour 2014 sont demeurées applicables sans que cela puisse préjudicier aux contribuables dont le chiffre d'affaires ou le montant des recettes est inférieur à 100 000 €.

CHIFFRE D'AFFAIRES OU RECETTES (HORS TAXES)	BASE MINIMUM
Inférieur ou égal à 10 000 €	Entre 214 et 510 €
Supérieur à 10 000 € et inférieur à 32 600 €	Entre 214 et 1 019 €
Supérieur à 32 600 € et inférieur à 100 000 €	Entre 214 et 2 140 €
Supérieur à 100 000 € et inférieur à 250 000 €	Entre 214 et 3 567 €
Supérieur à 250 000 € et inférieur à 500 000 €	Entre 214 et 5 095 €
Supérieur à 500 000 €	Entre 214 et 6 625 €

Lorsque l'entreprise n'est pas sédentaire, le lieu d'imposition est celui de délivrance du récépissé de consignation[138]. À défaut, on retient le lieu de l'habitation principale du redevable[139].

Jusqu'au 31 décembre 2013, les organes délibérants pouvaient voter une délibération réduisant de moitié la base d'imposition en faveur des contribuables dont l'activité est exercée à temps partiel ou durant moins de neuf mois dans l'année ou encore dont les recettes sont inférieures à 10 000 € HT au cours de l'année, entendue comme une période de douze mois. Cette possibilité n'existe plus. Les délibérations antérieures continuent néanmoins de s'appliquer.

(135) CGI, art. 1636 B sexies, I-5.
(136) CGI, art. 1636 B sexies, I bis-2.
(137) CGI, art. 1647 D.
(138) CGI, art. 302 octies.
(139) CGI, art. 1647 D, II-2.

La base d'imposition minimum se substitue à la base imposable du redevable si cette dernière est inférieure. Il lui est alors appliqué le tarif voté par l'organe délibérant local compétent.

La cotisation minimum n'est pas exigée des redevables hors champ ou exonérés, de ceux qui sont redevables du seul droit fixe au titre de la taxe consulaire(140) et des diffuseurs de presse qui bénéficient de l'abattement facultatif.

2028. – **Crédit d'impôt. Zone de restructuration de la défense.** L'article 1647 C septies du Code général des impôts dispose que les micro-entreprises, au sens du droit de l'Union européenne, dont l'établissement réalise, à titre principal, une activité commerciale ou artisanale et situé dans une commune classée dans la seconde catégorie des zones de restructuration de la défense ouvre droit à un crédit d'impôt compensateur des mesures prises à raison de 750 € par salarié employé depuis au moins un an – et n'ayant pas été transféré depuis un autre établissement – dans l'établissement au 1er janvier de l'année d'imposition. Ce crédit d'impôt est destiné à s'appliquer durant une période de trois années à compter du 1er janvier de l'année qui suit la création de la zone.

Sous réserve d'être soumise au régime déclaratif, l'entreprise bénéficie directement du crédit d'impôt. À défaut, une réclamation doit être déposée à cet effet.

2029. – **Prise en charge des frais de l'État.** Au même titre et selon les mêmes modalités que pour les taxes foncières et la taxe d'habitation, des frais sont prélevés en complément pour compenser certaines charges assumées par l'État (V. *supra*, n° 1977). Sans constituer une partie intégrante de l'imposition, ces frais se rajoutent au montant rendu exigible au taux de 2 % au titre des frais de dégrèvement et de non-valeurs qu'il prend à sa charge auquel se rajoute 1 % au titre des frais d'assiette et de recouvrement(141).

§ 3. – Recouvrement de la cotisation foncière des entreprises

L'analyse du recouvrement de la cotisation foncière des entreprises implique, d'une part, de préciser le redevable de l'imposition (A) et, d'autre part, de développer les modalités de paiement (B).

A. – Redevable de l'impôt

2030. – **Redevable.** Aux termes de l'article 1476 du Code général des impôts, la cotisation foncière des entreprises est établie – dans chaque commune où le redevable dispose de locaux ou de terrains(142) – au nom des personnes qui exercent

(140) CGI, art. 1601.
(141) CGI, art. 1641.
(142) CGI, art. 1473.

l'activité imposable, du ou des gérants lorsqu'il s'agit d'une société non dotée de la personnalité morale ou du fiduciaire en cas de fiducie.

À noter que depuis le 1er janvier 2011, les sociétés civiles professionnelles, les sociétés civiles de moyens et les groupements réunissant des membres de professions libérales sont redevables de la cotisation foncière des entreprises en lieu et place de leurs membres. Ces groupements ne sont donc plus, de ce point de vue, fiscalement transparents.

B. – Modalités de paiement

2031. – **Modes de paiement.** Mise en recouvrement par voie de rôle, la cotisation foncière des entreprises doit être réglée de manière dématérialisée.

L'imposition due au titre de l'année 2013 a été la dernière à permettre un paiement non dématérialisé, du moins uniquement pour les entreprises non assujetties à l'impôt sur les sociétés et dont le chiffre d'affaires réalisé l'année précédente n'a pas dépassé 80 000 €(143).

Une limite existe tout de même quant aux modalités de paiement puisque les entreprises ne peuvent régler la CFE par voie de virement(144).

Le paiement peut être annuel moyennant le paiement d'un acompte ou bien, sur option, mensuel. Lorsque le paiement est annuel, et sauf à être inférieur à 3 000 €, un acompte égal à la moitié de la cotisation acquittée l'année précédente est exigible le 31 mai de l'année d'imposition ; le solde ne l'étant lui-même qu'à compter du 1er décembre(145).

2032. – **Solidarité fiscale.** Sauf à informer le comptable public compétent dans le délai d'un mois avant le terme tel que stipulé dans le bail, le propriétaire ou, à leur place, le principal locataire est tenu du paiement de la cotisation foncière des entreprises en cas de défaillance. Ce délai est porté à trois mois en cas de déménagement avant le terme prévu dans la convention(146). Cette responsabilité est cependant limitée à la fraction de la cotisation foncière des entreprises qui concerne le mois précédent et le mois courant.

2033. – **Privilège du Trésor.** Le Trésor bénéficie d'un privilège en matière d'impositions directes locales, lequel s'exerce normalement sur les meubles et effets mobiliers des redevables et sur le matériel d'exploitation(147).

2034. – **Dégrèvement sur réclamation.** Les contribuables assujettis à la cotisation foncière des entreprises peuvent demander à bénéficier d'un dégrèvement par voie de réclamation auprès de l'administration fiscale. Fondé sur l'article 1647 bis du Code général des impôts, ce dégrèvement concerne les contribuables dont les bases d'imposition diminuent sans que cela résulte d'une modification des règles d'assiette décidée par le législateur. Pris en charge par l'État, ce dégrèvement correspond à la différence entre les bases de l'avant-dernière année et celles de la dernière année précédant l'année d'imposition.

(143) CGI, art. 1681 sexies.
(144) CGI, art. 1681 sexies, 4.
(145) CGI, art. 1681 quater A.
(146) CGI, art. 1687.
(147) CGI, art. 1920, I.

SECTION 2

COTISATION SUR LA VALEUR AJOUTÉE DES ENTREPRISES

2035. – **Deuxième composante.** Deuxième composante de la contribution économique territoriale, la cotisation sur la valeur ajoutée des entreprises constitue un impôt à part entière avec, bien que reprenant largement des éléments de la cotisation foncière des entreprises, un régime juridique propre. À l'image des développements consacrés à ce dernier impôt, vont être successivement abordés l'assiette (§ 1), la liquidation (§ 2) et le recouvrement (§ 3) de la cotisation sur la valeur ajoutée des entreprises.

§ 1. – Assiette de la cotisation sur la valeur ajoutée des entreprises

Suivant la démarche retenue pour la cotisation foncière des entreprises, l'assiette de la cotisation sur la valeur ajoutée des entreprises sera développée en abordant successivement la matière composant la base imposable (A) et son évaluation (B).

A. – Identification de la matière imposable

Une unité existe entre la cotisation foncière des entreprises et la cotisation sur la valeur ajoutée des entreprises qui les frappe. À quelques exceptions près, leur champ d'application (1°) et les exonérations (2°) sont communs.

1° Champ d'application

2036. – **Personnes imposables.** La lecture de l'article 1586 ter, I du Code général des impôts permet de constater l'unité qui existe entre la cotisation foncière des entreprises et la cotisation sur la valeur ajoutée des entreprises dont elles peuvent être également redevables. La CVAE repose en effet sur les articles 1447 et 1447 bis du Code général des impôts (V. *supra*, n° 1989). Les deux champs ne sont toutefois pas identiques puisqu'un seuil de chiffre d'affaires a été fixé pour la CVAE. Ne sont concernées que les entreprises dont le chiffre d'affaires hors taxe est supérieur à 152 500 €.

2037. – **Matière imposable.** La cotisation sur la valeur ajoutée des entreprises constitue un impôt assis sur la valeur ajoutée. Une définition en est donnée dans l'article 1586 sexies du Code général des impôts. La valeur ajoutée est le résultat d'une soustraction entre deux opérandes.

On se reportera à l'article 1586 sexies du CGI pour la liste exacte des éléments pris en compte.

Le premier opérande est le chiffre d'affaires majoré de l'entreprise. S'y intègrent le produit des ventes, des redevances, des plus-values, des refacturations de frais inscrites au compte de transfert de charges mais aussi, au titre des majorations, et sauf exceptions tirées de la volonté d'éviter toute double imposition, les autres produits de gestion courante, la production immobilisée, les subventions d'exploitation, la variation positive des stocks, les transferts de charges déductibles de la valeur ajoutée et les rentrées sur créances amorties lorsqu'elles se rapportent au résultat d'exploitation.

Le second opérande est constitué des achats stockés de matières premières, achats d'études et prestations de services, de la variation négative des stocks, des taxes sur le chiffre d'affaires, contributions indirectes, de la taxe intérieure de consommation sur les produits énergétiques, des services extérieurs à l'exception des loyers ou redevances afférents aux biens corporels pris en location ou en sous-location pour une durée de plus de six mois ou en crédit-bail, de dotations aux amortissements pour dépréciation ou des moins-values de cession d'éléments immobilisés.

La définition de la valeur ajoutée connaît parfois quelques nuances en fonction de l'activité exercée :

– pour les titulaires de bénéfices non commerciaux qui n'exercent pas l'option prévue pour le régime des créances acquises et des dépenses engagées[148], la valeur ajoutée résulte de l'excédent du chiffre d'affaires – à entendre du montant hors taxes des honoraires ou recettes encaissés en leur nom, diminué des rétrocessions, et des gains divers – majoré de l'excédent du chiffre d'affaires de l'entreprise sur les dépenses de même nature que les charges admises en déduction de la valeur ajoutée, à l'exception de la taxe sur la valeur ajoutée déductible ou décaissée[149] ;

– pour les titulaires de revenus fonciers imposables à l'impôt sur le revenu, la valeur ajoutée est égale à l'excédent du chiffre d'affaires – à entendre au sens des revenus bruts hors taxes – diminué des charges de la propriété visées à l'article 31 du Code général des impôts, à l'exception des impositions et intérêts de dettes contractées pour l'activité de location[150] ;

– pour les établissements de crédit et, sous réserve d'un agrément de l'Autorité de contrôle prudentiel, les entreprises d'investissement[151] ;

– pour les entreprises ayant pour activité principale la gestion d'instruments financiers, hors champ de l'article 1586 sexies, III et 1586 sexies, VI[152] ;

– pour les sociétés et groupements créés pour la réalisation d'une opération unique de financement d'immobilisations corporelles[153] ;

– pour les mutuelles et unions de mutuelles[154].

2° Exonérations

2038. – Unité. Si, exception faite du seuil de chiffre d'affaires exigé, le champ d'application est identique, aucune disposition ne prévoit expressément l'application automatique des exonérations de cotisation foncière des entreprises en matière de cotisation sur la valeur ajoutée des entreprises.

L'article 1586 nonies permet cependant aux entreprises de bénéficier, en ce dernier domaine, des exonérations facultatives qui ont pu leur être accordées mais aussi des exonérations de plein droit lorsqu'aucune délibération contraire n'a été votée contre leur application.

Une entreprise bénéficiaire d'une exonération de cotisation foncière des entreprises par application d'une délibération de l'organe local compétent peut, à sa demande, être également exonérée de cotisation sur la valeur ajoutée des entreprises pour la fraction revenant à la commune ou à l'établissement public

(148) CGI, art. 93 A.
(149) CGI, art. 1586 sexies, I-2 et 1586 sexies, I-5.
(150) CGI, art. 1586 sexies, I-3.
(151) CGI, art. 1586 sexies, III.
(152) CGI, art. 1586 sexies, IV.
(153) CGI, art. 1586 sexies, V.
(154) CGI, art. 1586 sexies, VI.

de coopération intercommunale concerné. La même exonération peut être accordée par les départements, les régions et la collectivité territoriale de Corse[155].

À noter que lorsque l'entreprise est exonérée de cotisation foncière des entreprises, non plus sur la base d'une délibération d'une collectivité territoriale ou d'un établissement public de coopération intercommunale mais bien sur la base d'une exonération applicable de plein droit sauf délibération contraire de l'organe local compétent, il lui est possible, sur sa demande, de bénéficier d'une exonération de cotisation sur la valeur ajoutée des entreprises[156].

Les entreprises bénéficiaires de l'abattement dégressif prévu par l'article 1466 F du CGI (V. *supra*, n° 2021) peuvent demander à ce que leur soit accordé un abattement d'un taux identique pour la fraction de valeur ajoutée taxée au profit des collectivités concernées par l'abattement de cotisation foncière des entreprises, et ce dans la limite de 2 M€ de valeur ajoutée[157].

Les entreprises bénéficiaires d'une exonération ou d'un abattement de la base nette d'imposition à la cotisation foncière des entreprises prévus par l'article 1466 A (I, I sexies et I septies) peuvent se voir accorder, sur leur demande, une exonération ou un abattement de même taux, dans la limite respectivement pour 2015 de 136 464 € et 370 859 € de valeur ajoutée par établissement, seuils réactualisés chaque année en fonction de l'évolution de l'indice des prix[158].

Quelle conséquence en tirer pour les exonérations de plein droit de cotisation foncière des entreprises qui n'ouvrent pas la possibilité aux organes délibérants locaux d'intervenir pour s'opposer à leur application ? L'article 1586 ter, II indique la réponse en énonçant que « pour la détermination de la cotisation sur la valeur ajoutée des entreprises, on retient la valeur ajoutée produite et le chiffre d'affaires réalisé au cours de la période mentionnée à l'article 1586 quinquies, à l'exception, d'une part, de la valeur ajoutée afférente aux activités exonérées de cotisation foncière des entreprises en application des articles 1449 à 1463 A et 1464 K, à l'exception du 3° de l'article 1459 et, d'autre part, de la valeur ajoutée afférente aux activités exonérées de cotisation sur la valeur ajoutée des entreprises en application des I à III de l'article 1586 nonies ». Ce faisant, et quand bien même le premier paragraphe de l'article 1586 ter ne prévoit pas leur exonération à ce titre, les entreprises bénéficient des effets attachés aux exonérations applicables de plein droit prévues en matière de cotisation foncière des entreprises, sans autres démarches à accomplir.

B. – Évaluation de la matière imposable

2039. – Fait générateur. La cotisation sur la valeur ajoutée des entreprises tient normalement compte de l'exercice d'une activité imposable au 1er janvier de l'année d'imposition[159]. C'est à cette date que le droit applicable et la situation du redevable sont appréciés.

Sans remettre en cause la date du fait générateur de l'imposition, une dérogation est prévue depuis le 1er janvier 2011 lorsque, au cours de l'année d'imposition, intervient une opération d'apport, de cession d'activité, de scission d'entreprise ou de transmission universelle du patrimoine. Dans une telle situation, la personne à laquelle est transmise l'activité devient elle-même redevable, et ce alors même qu'elle n'avait pas cette qualité au 1er janvier de l'année d'imposition[160].

(155) CGI, art. 1586 nonies, II.
(156) CGI, art. 1586 nonies, III.
(157) CGI, art. 1586 nonies, IV.
(158) CGI, art. 1586 nonies, V.
(159) CGI, art. 1586 octies, I-1.
(160) CGI, art. 1586 octies, I-2.

2040. – Imposition déclarative. L'imposition est établie sur la base des énonciations contenues dans la déclaration souscrite électroniquement(161) par les redevables dont le chiffre d'affaires est supérieur à 152 500 € hors taxes l'année précédant celle de l'imposition, et ce au plus tard le deuxième jour ouvré suivant le 1er mai(162).

La déclaration doit mentionner, par établissement ou lieu d'emploi, le nombre de salariés employés au cours de la période de référence. Lorsqu'un salarié exerce son activité dans plusieurs lieux, il convient de retenir celui dans lequel s'exerce l'activité principale en termes de temps y compris si l'entreprise n'y dispose pas de locaux dès lors que le salarié y intervient plus de trois mois. Pour les entreprises de transport, les salariés affectés à un véhicule sont déclarés au local ou au terrain de son stationnement habituel ou, à défaut, de son entretien ou de sa réparation. À défaut, il convient de retenir le lieu du principal établissement. Pour les contribuables qui n'emploient aucun salarié en France et n'y disposent d'aucun local tout en exerçant une activité de location ou sous-location d'immeubles nus imposable, une déclaration doit être déposée au lieu du dépôt de la déclaration de résultat.

Toutes ces précisions sont nécessaires à la répartition de l'impôt entre les différents bénéficiaires du produit fiscal (V. *infra*, n° 2048).

En cas de transmission universelle du patrimoine mais aussi de cession ou cessation d'entreprise ou de l'exercice d'une profession commerciale ou bien en cas de décès du contribuable, la déclaration doit être souscrite dans un délai de soixante jours décompté comme indiqué aux 1 ou 4 de l'article 201(163).

En cas d'ouverture d'une procédure collective, la déclaration de la valeur ajoutée et des effectifs salariés et celle permettant la liquidation de la CVAE doivent être souscrites dans le délai de soixante jours à compter du jour du jugement d'ouverture de ladite procédure(164).

2041. – Période de référence. La base d'imposition est déterminée en fonction du chiffre d'affaires réalisé et de la valeur ajoutée produite au cours de l'année au titre de laquelle l'imposition est établie ou au cours du dernier exercice de douze mois clos au cours de cette même année lorsque l'exercice ne coïncide pas avec l'année civile(165).

Si l'exercice clos l'année de référence est supérieur ou inférieur à douze mois, la cotisation sur la valeur ajoutée des entreprises est établie sur la base de son chiffre d'affaires et de sa valeur ajoutée(166). À défaut de clôture de l'exercice durant l'année, on retient le chiffre d'affaires réalisé entre le premier jour suivant le dernier exercice pris en compte pour cette imposition et la fin de l'année civile de référence. Lorsqu'il s'agit d'une création d'entreprise, on retient la période qui s'écoule depuis le premier jour d'activité jusqu'à la fin de l'année civile(167). Lorsque deux exercices sont clôturés la même année, on additionne les bases(168). Dans tous les cas, les données sont corrigées pour correspondre à une année entière.

2042. – Valeur ajoutée. L'évaluation de la valeur ajoutée a été précisée lors de la délimitation du périmètre de l'imposition (V. *supra*, n° 2037).

Une particularité existe cependant en ce qui concerne la prise en compte de l'activité de location ou sous-location d'immeubles nus. Réputée exercée à titre professionnel par détermination de l'article 1447 lorsque le chiffre d'affaires

(161) CGI, art. 1649 quater B quater, IV.
(162) CGI, art. 1586 octies, II.
(163) CGI, art. 1586 octies, II-2.
(164) CGI, art. 1586 octies, II-2.
(165) CGI, art. 1586 quinquies, I-1.
(166) CGI, art. 1586 quinquies, I-2.
(167) CGI, art. 1586 quinquies, I-3.
(168) CGI, art. 1586 quinquies, I-4.

est supérieur à 100 000 €, cette activité n'a été retenue pour la liquidation de la base imposable qu'à hauteur de 20 % en 2011, taux qui a augmenté et augmente encore de 10 points chaque année pour atteindre 90 % en 2018. Ce taux est applicable aux produits et aux charges de l'activité[169].

2043. – **Plafonnement.** Conformément à l'article 1586 sexies, 7 du Code général des impôts, la valeur ajoutée retenue comme base d'imposition ne peut excéder 80 % ou 85 % du chiffre d'affaires réalisé par les contribuables selon que ce dernier est ou non inférieur ou égal à 7,6 M€.

§ 2. – Liquidation de la cotisation sur la valeur ajoutée des entreprises

La liquidation de l'impôt consiste en l'application du tarif de l'imposition à la base imposable (A). L'impôt brut obtenu peut alors être corrigé (B).

A. – Tarif de l'imposition

2044. – **Tarif.** La cotisation brute sur la valeur ajoutée des entreprises est obtenue en multipliant la base d'imposition par 1,5 %[170].

On retrouve là l'ancien article 1647 E du Code général des impôts, applicable en matière de taxe professionnelle. Aucune compétence n'est donnée en ce domaine aux collectivités et groupements bénéficiaires.

B. – Corrections de l'imposition

2045. – **Dégrèvement.** L'article 1586 quater du Code général des impôts prévoit un dégrèvement de cotisation sur la valeur ajoutée des entreprises égal à la différence entre le montant de cette cotisation et l'application à la valeur ajoutée retenue pour le calcul d'un taux qui varie en fonction du chiffre d'affaires de l'entreprise (V. tableau *infra*). Le dégrèvement est majoré de 1 000 € lorsque le chiffre d'affaires est inférieur à 2 M€.

CHIFFRE D'AFFAIRES RÉALISÉ	TAUX
Inférieur à 500 000 €	0 %
Compris entre 500 000 et 3 000 000 €	0,5 % × (chiffre d'affaires – 500 000)/2 500 000
Compris entre 3 000 000 et 10 000 000 €	0,5 % + 0,9 % × (chiffre d'affaires – 3 000 000)/7 000 000
Compris entre 10 000 000 et 50 000 000 €	1,4 % + 0,1 % × (chiffre d'affaires – 10 000 000)/40 000 000
Supérieur à 50 000 000 €	1,5 %

Du seuil de 500 000 € de chiffre d'affaires réalisé, il ressort que, quelle que soit la valeur ajoutée produite, toutes les entreprises dont le chiffre d'affaires est inférieur ne seront pas imposées à la cotisation sur la valeur ajoutée des entreprises.

(169) CGI, art. 1586 sexies, II.
(170) CGI, art. 1586 ter, II-2.

Pour les sociétés membres d'un groupe intégré, et à moins que la société tête de groupe ne bénéficie des dispositions de l'article 219, I-*b* (la somme des chiffres d'affaires des sociétés membres du groupe est inférieure à 7,63 M€), le chiffre d'affaires à retenir est celui de l'ensemble des sociétés membres du groupe.

En cas d'apport, de cession d'activité ou de scission d'entreprise réalisé à compter du 22 octobre 2009 ou de transmission universelle du patrimoine réalisée à compter du 1er janvier 2010, le chiffre d'affaires est, sous certaines conditions(171), égal à la somme des chiffres d'affaires des entreprises parties à l'opération. La disposition ne s'applique cependant plus à compter de la huitième année suivant celle de l'opération.

2046. – **Cotisation minimum.** Les entreprises dont le chiffre d'affaires retenu pour le calcul de l'imposition est supérieur à 500 000 € sont tenues d'acquitter une cotisation sur la valeur ajoutée des entreprises d'un montant minimum de 250 €(172).

§ 3. – Recouvrement de la cotisation sur la valeur ajoutée des entreprises

L'étude du recouvrement de la cotisation sur la valeur ajoutée des entreprises implique, d'une part, de préciser le redevable de l'imposition (A) et, d'autre part, de développer les modalités de paiement (B).

A. – Redevable de l'impôt

2047. – **Redevable.** Selon les termes de l'article 1586 octies du Code général des impôts, la cotisation sur la valeur ajoutée des entreprises est établie au nom des personnes qui exercent l'activité imposable au 1er janvier de l'année d'imposition.

L'article 1586 octies a cependant fait l'objet d'une modification substantielle en prévoyant une dérogation lorsque vient à être réalisée au cours de l'année une opération d'apport, de cession d'activité, de scission d'entreprise ou de transmission universelle du patrimoine. L'impôt est alors également dû par le redevable qui n'exerce aucune activité imposable au 1er janvier de l'année et auquel l'activité est transmise.

B. – Modalités de paiement

2048. – **Territorialisation de la CVAE.** Fruit de la volonté de la commission des finances de l'Assemblée nationale, la cotisation sur la valeur ajoutée des entreprises est territorialisée, à partir du moment où son produit est réparti selon des critères géographiques entre les différents collectivités et établissements bénéficiaires. Cette répartition territoriale atténue le caractère national de l'imposition puisque, par opposition à la cotisation foncière des entreprises, la cotisation sur la valeur ajoutée des entreprises a une assiette et un tarif imposés par le législateur.

Selon l'article 1586 octies, III, la valeur ajoutée est imposée dans la commune où le contribuable dispose de locaux ou emploie des salariés exerçant leur activité plus de trois mois. Sans conséquence quant au tarif de l'imposition – fixé par le législateur – cette précision a pour objectif de répartir le produit fiscal entre les collectivités et établissements bénéficiaires.

(171) V. CGI, art. 1586 quater, III.
(172) CGI, art. 1586 septies.

En l'absence de déclaration, il est tenu compte de la déclaration de l'année précédente. À défaut, la répartition tient compte de la valeur locative des immobilisations imposables à la cotisation foncière des entreprises.

Plusieurs cas particuliers ont été prévus par le législateur :

1) Lorsque le contribuable dispose de plusieurs locaux ou emploie des salariés exerçant leur activité plus de trois mois dans plusieurs communes, une répartition est prévue au *prorata* qui tient compte, pour un tiers, des valeurs locatives retenues dans l'assiette et, pour les deux tiers, de l'effectif employé. Cet effectif est même affecté d'un coefficient cinq, au même titre que la valeur locative des immobilisations industrielles, lorsque cette dernière représente plus de 20 % des valeurs locatives des immobilisations imposables.

2) Les contribuables qui disposent, dans plus de dix communes, d'établissements comprenant des installations de production d'électricité d'origine nucléaire ou à flamme d'une puissance installée supérieure ou égale à 50 mégawatts[173] ou d'origine hydraulique d'une puissance supérieure à 100 kilowatts[174] voient la valeur ajoutée répartie entre les communes d'implantation de ces installations et les autres communes en fonction de la part de la valeur ajoutée provenant directement de ces installations, telle qu'elle ressort des documents comptables. Il est alors tenu compte de la puissance électrique installée pour la répartition entre les communes d'implantation. À un élément du régime près, le même dispositif s'applique aux installations d'origine photovoltaïque[175] et aux éoliennes[176].

3) Les contribuables qui n'emploient aucun salarié en France et n'y disposent d'aucun local tout en exerçant une activité de location ou sous-location d'immeubles nus imposable voient la valeur ajoutée répartie entre les lieux de situation des immeubles au *prorata* de la valeur locative foncière de chacun d'eux.

2049. – Assimilation à la taxe sur la valeur ajoutée. Recouvrée comme la taxe sur la valeur ajoutée dont elle suit le régime, la cotisation sur la valeur ajoutée des entreprises doit être spontanément acquittée par l'entreprise[177]. V. *supra*, n° 1319.

Des acomptes doivent être versés en application de l'article 1679 septies du Code général des impôts lorsque l'impôt auquel l'entreprise était tenue l'année précédente est supérieur à 3 000 €. Deux acomptes sont rendus exigibles dont l'un de 50 % au plus tard le 15 juin de l'année d'imposition et l'autre de 50 % au plus tard le 15 septembre. La régularisation intervient à l'occasion de la souscription de la déclaration l'année suivante. Lorsque les acomptes se révèlent supérieurs à l'impôt exigible, l'excédent s'impute sur les autres impôts directs dus par le redevable ; le surplus étant reversé dans les soixante jours.

L'assimilation de la cotisation sur la valeur ajoutée des entreprises à la taxe sur la valeur ajoutée connaît des limites. Depuis le 1er janvier 2011, le régime contentieux de ce premier prélèvement suit désormais les règles applicables en matière de cotisation foncière des entreprises. Si cette modification permet une unité juridique des deux composantes de la contribution économique territoriale, les contribuables sont désormais tenus d'agir avec célérité puisque leur délai de réclamation est réduit[178].

(173) CGI, art. 1519 E.
(174) CGI, art. 1519 F.
(175) CGI, art. 1519 F.
(176) CGI, art. 1519 D.
(177) CGI, art. 1586 ter, II-3.
(178) *Ibid.*

SECTION 3

DÉGRÈVEMENT DE CONTRIBUTION ÉCONOMIQUE TERRITORIALE

2050. – Juxtaposition. La contribution économique territoriale n'existe en tant que telle que par le jeu du plafonnement fondé sur l'article 1647 B sexies du Code général des impôts. Sans ce dispositif, l'état du droit révélerait seulement deux prélèvements certes proches, mais juridiquement dissociés.

Fondé sur l'article 1647 C quinquies B du CGI, un second plafonnement a existé jusqu'en 2013 dont l'objectif était de tenir compte des effets de la réforme de la taxe professionnelle. Le dispositif prévoyait que la somme de la CET, des taxes pour chambres de commerce et d'industrie et pour frais de chambres de métiers et de l'artisanat et de l'imposition forfaitaire sur les entreprises de réseaux ne devait pas être supérieure de 500 € et de 10 % à la somme des cotisations de taxe professionnelle et des taxes pour chambres de commerce et d'industrie et pour frais de chambres de métiers et de l'artisanat qui auraient été dus au titre de 2010 en application des règles antérieures. Le montant du dégrèvement auquel pouvait prétendre le contribuable était alors égal à 100 % de cette différence pour les impositions établies au titre de 2010, taux qui a diminué de 25 points par année jusqu'en 2013. Nécessitant le dépôt d'une réclamation contentieuse, le dégrèvement s'imputait en priorité sur la CFE puis sur la CVAE ; les reversements pouvant être obtenus selon les modalités prévues en matière de CFE.

2051. – Dégrèvement contentieux. Fondé sur l'article 1647 B sexies du Code général des impôts, le plafonnement en fonction de la valeur ajoutée permet aux entreprises de bénéficier d'une diminution de la cotisation foncière des entreprises effectivement due lorsque la somme de la cotisation foncière des entreprises et de la cotisation sur la valeur ajoutée des entreprises, majorée des prélèvements additionnels codifiés aux articles 1607 bis, 1607 ter et 1609 B à 1609 D, dépasse 3 % de la valeur ajoutée produite.

La valeur ajoutée prise en compte est celle retenue pour le calcul de la cotisation sur la valeur ajoutée des entreprises (V. *supra*, n° 2042). Lorsqu'il s'agit cependant de contribuables relevant du régime micro-entreprise ou déclaratif spécial, cette valeur est égale à 80 % de la différence entre le montant des recettes et celui des achats réalisés durant la période de référence (V. *supra*, n° 2041).

Les prélèvements additionnels intégrés dans le calcul du plafonnement sont la taxe spéciale d'équipement perçue au profit des établissements publics fonciers(179), la taxe spéciale d'équipement perçue au profit de l'établissement public d'aménagement en Guyane(180), la taxe spéciale d'équipement perçue au profit de l'agence pour la mise en valeur des espaces urbains de la zone dite des cinquante pas géométriques en Guadeloupe(181), la taxe spéciale d'équipement perçue au profit de l'agence pour la mise en valeur des espaces urbains de la zone dite des cinquante pas géométriques en Martinique(182).

L'application de ce dispositif, qui ne peut conduire à un prélèvement (CET) inférieur à la cotisation minimale, s'effectue au niveau de l'entreprise et non au niveau de l'établissement et ne s'applique ni aux prélèvements visés aux articles 1600 à 1601 B, ni aux frais de gestion prévus par l'article 1641 du Code général des impôts, ni à la cotisation minimale de cotisation foncière des entreprises (V. *supra*, n° 2027).

(179) CGI, art. 1607 bis et 1607 ter.
(180) CGI, art. 1609 B.
(181) CGI, art. 1609 C.
(182) CGI, art. 1609 D.

Bibliographie spéciale concernant les impôts directs locaux

- **Ouvrages et rapports publics.** M. Bouvier, *Les finances locales*, LGDJ, 16e éd., 2015. – Conseil des impôts, *L'imposition du capital*, VIIe rapport, Doc. fr., 1986. – Conseil des impôts, *La fiscalité locale*, Xe rapport, Doc. fr., 1989. – Conseil des impôts, *La taxe professionnelle*, XVe rapport, Doc. fr., 1997. – Conseil des prélèvements obligatoires, *La fiscalité locale*, Doc. fr., mai 2010. – Conseil des prélèvements obligatoires, *Fiscalité locale et entreprises*, Doc. fr., 2014. – M. Hayat, *Taxe professionnelle. Naissance et transformation d'un impôt à travers 25 ans de réforme*, Economica, 2003. – M. Pertue, *Histoire des finances locales de la révolution à nos jours*, PU Orléans, 2003. – J.-F. Picard, *Finances locales*, LexisNexis, 2013.
- **Articles.** L. Ayrault, *Domaine public et taxes foncières : Dr. adm.* 2005, n° 3, étude 4. – Y. Benard, *Qu'est-ce qu'un établissement industriel ? : RJF* 11/2005, p. 811 et s. – V. Daumas, *Valeurs locatives foncières : le mécano jurisprudentiel : RJF* 8-9/2009, p. 634 et s. O. Fouquet, *Perspectives de réforme de la taxe professionnelle : Dr. fisc.* 2004, n° 37, p. 1251 et s. – N. Labrune, *Qu'est-ce qu'une propriété bâtie : RJF* 5/2015, chron. p. 371 et s. – J. Maïa, *À la recherche d'une taxe professionnelle juste et moderne : la part du législateur et la part du juge : RJF* 11/2001, p. 908 et s. – E. Mignon, *Territorialité de la fiscalité : le juge peut-il sauver le principe d'égalité : RJF* 7/2000, p. 511 et s. – E. Mignon, *Taxe professionnelle : notion de disposition d'immobilisations corporelles : RJF* 7-8/2000, p. 571 et s. – F. Rueda, *Le juge de l'impôt foncier et la modernité au XIXe siècle : RF fin. publ.* 1999, n° 66, p. 139.

Index

(Les numéros indiqués renvoient aux paragraphes)

A

B

C

D

E

F

G

H

I

J

L

M

N

O

P

Q

R

S

U

V

Z

Table des matières

PREMIÈRE PARTIE

LA NOTION D'IMPOSITION, CRITÈRE DU DROIT FISCAL

Titre 1 : LA DÉFINITION JURIDIQUE DE L'IMPÔT

Photocomposition Nord Compo Multimédia
59650 Villeneuve-d'Ascq

Cet ouvrage a été achevé d'imprimer en novembre 2016
sur les ateliers de Normandie Roto Impression s.a.s.
61250 Lonrai
N° d'imprimeur : 1605050
Dépôt légal : novembre 2016

Imprimé en France